CB141399

PREPARAÇÃO TURBO OAB

1ª Fase da OAB

NIDAL **AHMAD**
MARINA **LISBOA**
FRANCIELE **KÜHL**

PREPARAÇÃO TURBO OAB

1ª Fase da OAB

7ª edição
revista, atualizada e ampliada

2026

EDITORA JusPODIVM
www.editorajuspodivm.com.br

EDITORA *Jus*PODIVM
www.editorajuspodivm.com.br

Rua Canuto Saraiva, 131 – Mooca – CEP: 03113-010 – São Paulo – São Paulo
Tel: (11) 3582.5757
• Contato: https://www.editorajuspodivm.com.br/central-de-relacionamento

Diagramação: Luiz Fernando Romeu *(lfnando_38@hotmail.com)*

Capa: Ana Caquetti

A286p Ahmad, Nidal

Preparação Turbo - 1ª Fase da OAB / Nidal Ahmad, Luana Porto e Franciele Kühl – 7.ed., rev., atual. e ampl. - São Paulo: Editora JusPodivm, 2025.

1056 p.

Vários autores
ISBN: 978-85-442-6386-0

1. Concurso Público. I. Ahmad, Nidal. II. Porto, Luana. III. Kühl, Franciele. IV. Título.

CDD 341. 33312

BIBLIOTECÁRIA RESPONSÁVEL

Ana Carolina Ribeiro Mois – CRB7 – RJ 007348/0

AGRADECIMENTOS

Este livro de conteúdos e resolução de questões direcionado para a preparação de 1ª fase do Exame da OAB contém exposição de assuntos que foram explicitados por professores do Ceisc, que são especialistas na prova. Saberes, dicas e prática profissional de nossos professores estão materializados em cada escrita de capítulo, e a eles agradecemos o empenho, a dedicação e o comprometimento com uma preparação adequada aos examinandos.

Por ser justo o reconhecimento da autoria de parte de conteúdo em cada disciplina, registramos aqui os nomes de todos os professores que são autores dos capítulos das 20 disciplinas que compõem a prova da OAB a partir do 38º Exame:

Alejandro Rayo
Arnaldo Quaresma
Caroline Bitencourt
Caroline Werle Junqueira
Cleize Kohls
Cristiane Pauli
Douglas Azevedo
Franciele Kühl
Guilherme Pedrozo
Guilherme Volptato
Janriê Reck
Leonardo Fetter
Letícia Sinatora Neves
Luciana Aranalde
Luiz Henrique Dutra
Maria Valentina de Moraes
Marina Falcão Lisboa Brito
Mateus Silveira
Matheus De Gregori
Mauro Stürmer
Nidal Ahmad
Rafael Novais
Patricia Strauss
Tatiane Kipper

Também registramos agradecimento especial à equipe de colaboradores do Ceisc que contribuiu de forma direta na confecção desta obra, seja na seleção de questões para o material impresso e configuração do banco de questões digital, seja na construção de cronograma ou editoração:

Bruna Giongo Couto
Bruna Mariana Machado
Eduarda Freitas da Rosa
Eduardo Bechert
Mariana Vianna
Maria Regina Lima

A todos, o nosso reconhecimento pelo trabalho dedicado e comprometido com a entrega de conteúdo de qualidade que possa ser uma ponte para o estudo direcionado e assertivo de todos que buscam a aprovação no Exame e a capacitação para o exercício profissional em Direito.

Os Organizadores

APRESENTAÇÃO

Boas-vindas aos novos futuros advogados!

Você pode estar iniciando ou dando sequência a um processo de estudo árduo que pode mudar a sua vida: preparar-se para a 1ª fase do Exame da OAB, o que exige dedicação, disciplina e, sobretudo, vontade de vencer desafios, que são diferentes para cada examinando. Conciliar a preparação para a prova com outras atividades, compromissos e atenção familiar exige muito foco. Sabemos disso e estamos aqui para ajudá-lo.

Estudar para a OAB significa mais do que a busca da habilitação para exercer a profissão; significa superar limites, bem como compreender nossa capacidade de adaptação às situações mais adversas, e cada um sabe como é a sua trajetória de luta e resistência até alcançar o objetivo: aprovar na OAB.

Trata-se de uma prova que não exige somente preparo intelectual, mas também emocional e, por que não dizer, físico. É um teste de paciência e resiliência, que, ao final, proporciona-nos experimentar uma das sensações mais intensas das nossas vidas: nos depararmos com o nome na lista de aprovados.

Porém, a busca da felicidade tem o seu preço e não vem de forma gratuita. Para alcançarmos a aprovação, algumas premissas básicas devem ser compreendidas, e a primeira, e talvez a mais importante, guarda relação com a disciplina para seguir um método de estudo adequado e estratégico. Não basta apenas um cronograma. É preciso, além dele, um material base de qualidade e, evidentemente, disciplina para segui-lo. Afinal, o comprometimento com os objetivos de aprovação é individual, e o estilo para seus estudos exitosos é coletivo.

E é exatamente nesse ponto que entra esta obra: servir de material base para organizar e alavancar o seu estudo, figurando como uma das ferramentas aptas a lhe possibilitar obter a aprovação. De posse dos conteúdos apresentados no livro e das questões de exames anteriores constantes nele, você poderá estudar e revisar os principais tópicos de cada disciplina.

Trata-se de um conteúdo base projetado e executado com muito cuidado e carinho, pois, no final das contas, interferirá na vida de milhares de pessoas que carregam o sonho de aprovar no Exame da OAB para, finalmente, obter a carteira da Ordem dos Advogados do Brasil.

O material foi elaborado por professores especialistas, com larga experiência em Exame da Ordem, e responsáveis pela aprovação de mais de 270.000 advogados e advogadas. É composto por conteúdos devidamente mapeados, focados nos temas mais recorrentes da prova, sem descuidar da profundidade que a complexidade do exame requer.

Pensando nisso, o time do Ceisc propôs estender seu comprometimento em ofertar conteúdo de qualidade e metodologia de ensino exitosa, assim como são todos os seus cursos preparatórios para o Exame da OAB, e com a *expertise* de mais de oito anos contribuindo para a realização do sonho de bacharéis em Direito em exercer a profissão.

Para elucidar, esta obra tem como objetivo oferecer, aos estudantes de Direito e aos formados na área, subsídio teórico e prático para resolução da prova de 1ª fase do exame da OAB.

As três primeiras edições do livro, com um formato multimídia – parte física de conteúdo e digital de questões comentadas em vídeo –, foram um sucesso e certamente contribuíram para que muitos estudantes tivessem logrado êxito no Exame da OAB, tendo alcançado 40 acertos com segurança na prova. A primeira edição foi esgotada antes da prova, sinal claro de que o livro despertou interesse, e seu conteúdo, dividido em partes física e digital, agradou aos estudantes. A segunda edição precisou de reimpressão e obteve muitos comentários elogiosos sobre a qualidade do conteúdo e pertinência do livro como instrumento de aprendizado, revisão e treino de resolução de questões. A terceira edição também foi esgotada antes da prova ocorrer. A quarta, a quinta e a sexta edições também estão esgotadas. Esses dados atestam a qualidade do livro e seu potencial como meio de preparação para o Exame.

Nesta 7ª edição, disponibilizamos, na parte digital do livro, material de apoio para ajudar você a memorizar ainda mais temas indispensáveis à resolução de questões: apresentamos mapas mentais de todas as disciplinas com os conteúdos dos dez temas mais recorrentes e aulas em vídeo com resumo dos temas mais recorrentes de cada disciplina. Além disso, disponibilizaremos as questões do 44º Exame em nossa plataforma digital em vídeos apresentados pelos professores.

Nesse sentido, o livro está composto por apresentação sucinta de temas recorrentes em todas as disciplinas que compuseram a prova da 1ª fase até o Exame 44º, já mencionadas.

É, portanto, uma obra que aborda temas essenciais para quem vai enfrentar a resolução de 80 questões, de 20 disciplinas diferentes, que focam tanto direito material quanto processual.

Reforçamos que esses conteúdos foram elaborados por especialistas em OAB e por professores com ampla trajetória no exercício profissional do Direito e, também, na docência, além de todos terem formação em nível de Mestrado e serem estudiosos de suas áreas e disciplinas, o que lhes dá autoridade e credibilidade na abordagem dos temas.

E, para aqueles que estão cursando Direito ou já estão formados, ter um material de apoio que seja subsídio seguro para compreensão de temas é tão essencial quanto treinar a resolução de questões. Nessa perspectiva, este livro contempla ainda questões das 20 disciplinas que compuseram a prova da OAB, na primeira fase. Foram selecionadas de forma criteriosa, tendo-se em vista os temas mais recorrentes, os quais são apresentados com gabarito ao final de cada capítulo.

E, por fim, mas não menos importante, este livro apresenta dois diferenciais: a disponibilização de um banco de questões com todas as provas anteriores da OAB, com gabarito comentado, e um cronograma digital. Para acessar as questões, basta fazer a leitura do QR-Code indicada nas páginas iniciais desta obra, seguir os passos do cadastramento para, então, ter a oportunidade de resolver mais questões e desenvolver raciocínio jurídico para obter êxito na prova.

Vale destacar que o cronograma digital é composto de um guia de estudos, com indicação de temas e organização lógica das disciplinas, considerando o período de preparação de 60 dias. Ele também deve ser acessado via QR-Code.

Desejamos a todos um excelente estudo, uma produtiva resolução de questões e, sobretudo, sucesso na primeira fase do Exame da OAB.

Os Organizadores

Para ter acesso às **Questões Comentadas em Vídeos, Cronograma Digital de Estudos e Mapas Mentais,** aponte sua câmera para o QRcode. Você deverá se **cadastrar e aceitar os termos de uso e de privacidade constantes da página**. O **acesso será liberado em até 15 dias corridos** após a compra do livro.

SOBRE AUTORES E ORGANIZADORES

ALEJANDRO CÉSAR RAYO WERLANG

Juiz de Direito no Estado do Rio Grande do Sul, tendo atuado por vários anos na função de Juiz Eleitoral. Professor da graduação, da pós-graduação e de cursos preparatórios para carreiras jurídicas. Doutorando pela Universidade de Salamanca, Espanha. Mestre em Direito. Graduado em Direito pela PUCRS. Foi Juiz-Auxiliar da Presidência do STJ, Defensor Público e Advogado.

ARNALDO QUARESMA

Defensor Público do Estado do Rio Grande do Sul. Mestrando em Direito Penal pela Universidade de Salamanca. Especialista em Direito Público. Ex-Delegado de Polícia da PC-ES.

CAROLINE BITENCOURT

Estágio Pós-Doutoral pela PUC Paraná. Doutora e Mestra em Direito e especialista em Direito Público. Atualmente é professora dos Cursos de OAB em direito constitucional do CEISC e da Universidade de Santa Cruz do Sul, vinculada ao PPGD em Direito-Mestrado e Doutorado-UNISC, e Professora de graduação e pós-graduação lato sensu da Universidade de Santa Cruz do Sul, com mais de 15 anos de experiência. Coordenadora do Curso de Especialização em direito constitucional e administrativo. Chefe do Departamento de Direito da Universidade de Santa Cruz do Sul. Membro da Rede Docente Eurolatinoamericana de Direito Administrativo. Membro da Rede Internacional de Direito Administrativo - AIDA. Presidente da Comissão de Democracia e Cidadania do Instituto Brasileiro de Direito Administrativo. Presidente do Comitê de Direitos Humanos da Universidade de Santa Cruz do Sul. Coordenadora do Grupo de pesquisa controle social e administrativo de políticas públicas e serviço público, vinculado ao CNPq. Autora de mais de 10 obras na área do Direito público e de centenas de artigos publicados em revistas Qualis e capítulos de livros. Palestrante em instituições e eventos nacionais e diversas instituições e eventos internacionais. Advogada.

CAROLINE CRISTIANE WERLE JUNQUEIRA

Mestra em Direito pelo Programa de Pós-Graduação em Direito – Mestrado e Doutorado da Universidade de Santa Cruz do Sul (UNISC), com bolsa promovida pela Capes (Coordenação de Aperfeiçoamento de Pessoal de Nível Superior). Pós-graduada em Docência no Ensino Superior. Pós-graduada em Direito de Família e Sucessões. Professora do curso de Direito da Faculdade Dom Alberto (FDA) e do Centro de Ensino Integrado Santa Cruz (CEISC).

CLEIZE KOHLS

Advogada e consultora jurídica. Doutora em Direito pela UNISC. Especialista em direito e processo do trabalho. Coordenadora de curso de pós-graduação de direito do trabalho e previdenciário do CEISC/UNISC. Professora da Universidade de Santa Cruz do Sul (UNISC) e do Centro de Ensino Integrado Santa Cruz (CEISC).

CRISTIANE PAULI

Doutora. Mestra em Direito. Especialista em Direito Empresarial. Administradora Judicial e Advogada. Conselheira da OAB. Professora de Direito Empresarial em cursos de Graduação e Pós-Graduação e sócia do Feversani, Pauli e Santos Administração Judicial. Membro da Comissão de Direito Empresarial e Tributário da OAB. Autora da "Nova Redação da Lei de Falência e Recuperação: Comentários Práticos pelo viés do Administrador Judicial", editora Rideel. Autora de Livros de Direito Empresarial pela Juspodivm. Membro do Centro de Mulheres na Reestruturação Empresarial. Embaixadora do IBAJUD.

DOUGLAS AZEVEDO

Mestre em Direito pela Universidade de Santa Cruz do Sul. Professor da graduação em Direito desde 2019. Professor de cursos preparatórios para OAB desde 2018, nas disciplinas de Direito Empresarial e Filosofia do Direito. Advogado, com mais de sete anos de experiência no Direito Empresarial, concorrencial e propriedade intelectual. Autor de obras voltadas à preparação para 1ª e 2ª fases do Exame de Ordem da OAB.

FRANCIELE KÜHL

Professora na graduação, pós-graduação e cursos preparatórios para concurso público e exame de ordem; pesquisadora; escritora e palestrante. Mestra em Direito pelo Programa de Pós-Graduação em Direito - Mestrado e Doutorado da Universidade de Santa Cruz do Sul, na área de Políticas Públicas. Pós-graduada em Direito Processual Civil. Graduada em Direito pela Faculdade Dom Alberto. Professora de Direito Administrativo no Centro de Ensino Superior Dom Alberto e nos cursos preparatórios para OAB e concursos públicos no CEISC Cursos Preparatórios Ltda. Professora integrante do Núcleo Docente Estruturante (NDE) do curso de direito da Faculdade Dom Alberto. Autora em diversos livros. Tem seu próprio Vade Mecum desde 2020. Também atua em capacitações em empresas na área de licitações e compliance.

GUILHERME PEDROZO

Especialista em Direito Tributário. MBA em Gestão de Tributos. Presidente da Comissão de Direito Tributário da Subseção de Santa Cruz do Sul. Advogado e professor do Ceisc. Ex-Contador e Distribuidor Substituto na Comarca de Santa Cruz do Sul - RS. Perito Técnico do Poder Judiciário. Palestrante. Autor de Livros em Matéria Tributária.

GUILHERME VOLPATO

Advogado. Mestre em Direito (UFSM). Professor de direito previdenciário na Faculdade Antonio Meneghetti (AMF) e curso preparatório para OAB (CEISC). Professor de cursos de pós-graduação, cursos de prática previdenciária e cursos preparatórios para concursos públicos. Graduado no Programa Especial de Graduação de Formação de Professores para a Educação Profissional (UFSM)

JANRIÊ RECK

Doutor em Direito pela Universidade do Vale do Rio dos Sinos. Mestre em Direito pela Universidade de Santa Cruz do Sul. Professor de Direito Constitucional no CEISC. Professor do Doutorado, Mestrado e Graduação em Direito da Universidade de Santa Cruz do Sul. Autor de livros e artigos científicos sobre Direito Constitucional, Administrativo e Políticas Públicas. Autor do livro "O Direito das Políticas Públicas". Membro de redes de Direito Administrativo nacionais e internacionais. Membro da Advocacia-Geral da União.

LEONARDO FETTER

Advogado. Professor. Conferencista. Consultor. Autor. Mestre em Direitos Sociais e Políticas Públicas. Especialista em Direito Processual.

LETÍCIA SINATORA NEVES

Advogada Criminalista. Mestra em Direitos Fundamentais. Especialista em Ciências Penais. Professora no CEISC de Processo Penal para preparação ao Exame da Ordem dos Advogados do Brasil e Concursos Públicos. Professora convidada na Escola da Magistratura Estadual do Rio Grande do Sul - AJURIS, e Magistratura Federal - ESMAFE RS, na disciplina de Processo Penal.

LUANA PORTO

Estágio pós-doutoral em Letras pela Universidade Federal de Santa Maria. Doutora em Letras pela Universidade Federal do Rio Grande do Sul. Professora de redação jurídica, língua portuguesa e redação desde 2006 no Ceisc e como convidada em outras instituições. Professora dos cursos de Mestrado e Doutorado em Educação da URI. Palestrante. Coordenadora Pedagógica do Ceisc. Coordenadora das seis edições do "Preparação Turbo - 1ª Fase da OAB". Autora de livro e de diversos capítulos de obras e artigos científicos.

LUCIANA ARANALDE

Advogada, Professora, Escritora e Palestrante. Mestra em Processo Civil. Pós-Graduada em Processo Civil, Direito e Processo do Trabalho, Resolución de Conflictos pela UCLM/ES e Pós-Graduada em Gestão de Riscos e Compliance. Mediadora e Instrutora Judicial. Negociadora capacitada pela CMI INTERSER Harvard Law School. Certificada em Compliance e Gestão de Riscos pelo Insper - Instituto de Ensino e Pesquisa de São Paulo.

LUIZ HENRIQUE DUTRA

Advogado e Consultor Jurídico. Palestrante. Professor da CEISC. Mestre em Direito Constitucional. Especialista em Direito Constitucional. Especialista em Direito do Trabalho. Especialista em Direito Processual do Trabalho. MBA - Identidade Empresarial. Coordenador do Curso de Pós-Graduação em Direito e Processo do Trabalho e do Curso de Pós-graduação em Direito Previdenciário do CEISC-UNISC.

MARIA VALENTINA DE MORAES

Pós-Doutoranda em Direito. Doutora e Mestra em Direito pelo Programa de Pós-Graduação Stricto Sensu em Direitos Sociais e Políticas Públicas da Universidade de Santa Cruz do Sul - UNISC, com bolsa PROSUC/CAPES. Professora na Universidade de Santa Cruz do Sul (UNISC) e no Centro de Ensino Integrado de Santa Cruz (CEISC), na área de OAB e concursos públicos, assim como na pós-graduação e prática jurídica. Pesquisadora integrante do Grupo de Pesquisa "Jurisdição Constitucional aberta" e do Projeto Integrador vinculado ao Direito Internacional sem Fronteiras. Autora de diversas obras nacionais e internacionais. Palestrante.

MARINA FALCÃO LISBOA BRITO

Mestra e doutoranda em Direito pelo PPGD da Universidade Católica de Pernambuco. Advogada com atuação em Direito Administrativo e Tributário com escritório em Recife. Especialista em Direito Administrativo pela PUC-MG. Professora de Direito Tributário e Administrativo no CEISC para OAB e concursos. Professora de graduação e pós-graduação. Presidente da Comissão de Direito Administrativo da OAB-PE. Secretária Geral da Escola Superior de Advocacia (ESA-PE). Autora na editora Juspodivm.

MATEUS SILVEIRA

Especialista em Direito Ambiental Nacional e Internacional pela Universidade Federal do Rio Grande do Sul – UFRGS-RS. Mestre em Direitos Humanos. Professor de Direito Constitucional, Direitos Humanos e Internacional na Faculdade Dom Alberto. Professor exclusivo no Centro de Ensino Integrado Santa Cruz – CEISC-RS para exame da OAB e concursos. Advogado. Consultor jurídico de Direito Ambiental, Direitos Humanos e Direitos Fundamentais.

MATHEUS DE GREGORI

Procurador do Estado do Rio Grande do Sul (PGE-RS). Mestre em Direito pela Universidade Federal de Santa Maria (UFSM). Professor universitário e de cursos preparatórios para concurso público, Exame de Ordem, prática jurídica e pós-graduação no Centro de Ensino Integrado Santa Cruz (Ceisc). Escritor e Palestrante.

MAURO STÜRMER

Doutorando em Direito pela Universidade Regional do Noroeste do Estado do Rio Grande do Sul – UNIJUÍ. Mestre em Direito Público pela Universidade de Direito de Santa Cruz do Sul (2009). Especialista em Direito Penal Militar pela Faculdade de Direito de Santa Maria - FADISMA (2007). Graduado em Ciências Jurídicas e Sociais pela Universidade Federal de Santa Maria - UFSM (2003). Analista Judiciário - Oficial de Justiça Avaliador Federal - Tribunal Militar - STM – DF. Diretor de Secretaria da 3ª Auditoria da 3ª CJM. Professor de Direito Penal e Processual Penal na Faculdade de Direito de Santa Maria, Antonio Meneghetti Faculdade (AMF) e do CEISC; Tutor e Conteudista em EAD do Conselho Nacional de Justiça

– CNJ. Instrutor Interno do Superior Tribunal Militar. Professor Convidado da TV Justiça do STF.

NIDAL AHMAD

Mestre e Especialista em Direito. Professor de Direito Penal e Processo Penal da Graduação e Pós-Graduação na Universidade de Santa Cruz do Sul (UNISC) e do Curso Preparatório CEISC, de Santa Cruz do Sul/RS. Ex-Assessor Jurídico do Ministério Público do Estado do Rio Grande do Sul, escritor e palestrante. Empreendedor e fundador do Curso Ceisc.

PATRICIA STRAUSS

Doutora em Direito pela Universidade Federal do Rio Grande do Sul (UFRGS). Mestra em Direito pela Universidade de Caxias do Sul (UCS). Pós-graduada em Environmental Policy pela Open University, Inglaterra. Pós-graduada em Droit Comparé et Européen des Contrats et de la Consommation pela Université Savoie Mont Blanc, França. Graduação em Direito pela Universidade Federal de Santa Maria (UFSM). Fundadora do Instituto Brasileiro de Direito e Maternidade (IBDMater). Embaixadora do Parent in Science. Pesquisadora visitante na Universidade de Cambridge em 2021. Professora do Curso CEISC. Membro da International Association of Consumer Law e da United Nations – UNCTAD Virtual Institute. Mãe da Chloe e da Mia.

RAFAEL NOVAIS

Mestre em Direito pela Universidade Católica de Pernambuco – UNICAP. Especialista em Direito Público, Privado e Tributário. Especialista em Giustizia Constituzionale e Tutela Giurisdizionale dei Diritti pela Universidade de Pisa/Itália. Instrutor e assessor jurídico no Tribunal de Justiça do Estado de Pernambuco – TJPE. Professor de Direito e Processo Tributário do CEISC. Palestrante, consultor e autor de obras jurídicas.

TATIANE KIPPER

Mestra em Direito pela Universidade de Santa Cruz do Sul - UNISC. Linha de Pesquisa: Constitucionalismo Contemporâneo. Possui Pós-Graduação em Direito Penal e Processual Penal pela Faculdade IDC. Professora do Curso de Direito da Universidade de Santa Cruz do Sul - UNISC. Coordenadora da Especialização em Direito Civil e Processual Civil Prático Contemporâneo da UNISC/CEISC. Professora de Processo Civil nos cursos preparatórios para Primeira e Segunda fases da OAB no CEISC. Professora de Processo Civil no curso de Especialização em Direito Civil e Processual Civil da UNISC/CEISC. Advogada militante.

SUMÁRIO

DIREITO DO TRABALHO 857

Luiz Henrique Dutra

PROCESSO DO TRABALHO 893

Cleize Kohls

DIREITO ELEITORAL 931

Alejandro César Rayo Werlang

DIREITO FINANCEIRO 981

Guilherme Pedrozo

DIREITO PREVIDENCIÁRIO 1007

Guilherme Volpato

ÉTICA

Leonardo Fetter

Sumário

1. LEGISLAÇÃO DA ORDEM DOS ADVOGADOS

Inicialmente, é importante ressaltar que é necessário estudar ética através de três normas, sendo elas:

- Legislação
  - O Estatuto da Advocacia e a OAB - Lei Federal (ordinária) nº 8.906/1994 - com mais de 80 artigos.
  - Regulamento Geral do Estatuto da Advocacia e da OAB (com cerca de 150 artigos).
  - Código de Ética e Disciplina (com 80 artigos).

▷ **Atenção:** A legislação para o estudo deve estar atualizada até a data do edital.

1.1. Natureza jurídica da OAB

Os **advogados** que compõem os órgãos de gestão da OAB **não são remunerados**. Contudo, as pessoas contratadas para trabalharem na OAB, de acordo com a CLT, são remuneradas.

Não há dúvida de que a OAB presta serviço público, com personalidade jurídica e forma federativa. A OAB tem natureza jurídica especial e única, ***sui generis***, sendo pessoa jurídica de direito público interno, que executa serviço público federal, porém não equiparável à autarquia nem à entidade paraestatal, conforme definição do STF exarada na ADI nº 3.026/DF (rel. Min. Eros Grau - Tribunal Pleno - j. 8-6-2006 - publicado em 29-9-2006).

Dentro dessa natureza jurídica diferenciada da OAB, ela tem **imunidade** quanto a tributos, isso não quer dizer isenção. Dessa forma, a OAB tem uma qualidade/direito/prerrogativa das pessoas jurídicas de direito público, qual seja, a imunidade.

Ainda, o contrato particular de honorários não exige duas testemunhas, nos termos do artigo 784, inciso III do CPC, para ser considerado título executivo extrajudicial, e isso quer dizer que o contrato de honorários é uma **exceção**, pois é sim possível ser executado como título executivo extrajudicial, ainda que não cumpra os requisitos de CPC.

Por fim, o advogado, em uma condição de gestor da OAB, tem recebido legitimidade de interferir em processos que não são "seus", mas que neles está ocorrendo violação de prerrogativas do advogado atuante.

- OAB
  - Sem vínculo com a Administração Pública
  - Imunidade Tributária (bens, rendas e serviços)
  - Membro da Diretoria ou Conselheiro - atividade gratuita (não são remunerados)
  - Pode criar seu próprio título executivo (conforme o art. 46, §1º, do Estatuto da Advocacia e da OAB)

2. ÓRGÃO DE GESTÃO DA OAB

A partir da identificação dos órgãos de gestão da OAB, é possível perceber como a OAB se organiza, como a OAB é gerida e, após, entender as eleições, pois todos os órgãos de gestão são alcançados através de eleições.

- **Órgãos de Gestão da OAB:**
- Conselho Federal
- Conselhos Seccionais
- Subseção

2.1. Conselho Federal (arts. 51 a 55 do Estatuto)

O Conselho Federal é integrado por **três Conselheiros Federais** (a chamada delegação) oriundos dos Conselhos Seccionais (equivocadamente chamados de OAB Estadual), que são eleitos (compõem a chapa do Conselho Seccional) e têm mandato de três anos.

Também são considerados membros do Conselho Federal, na forma do art. 51, inciso II do Estatuto, seus **ex-presidentes** (na qualidade de membros honorários vitalícios). Nas **deliberações,** os ex-presidentes **têm apenas direito de manifestação** (voz), não de voto (decisão).

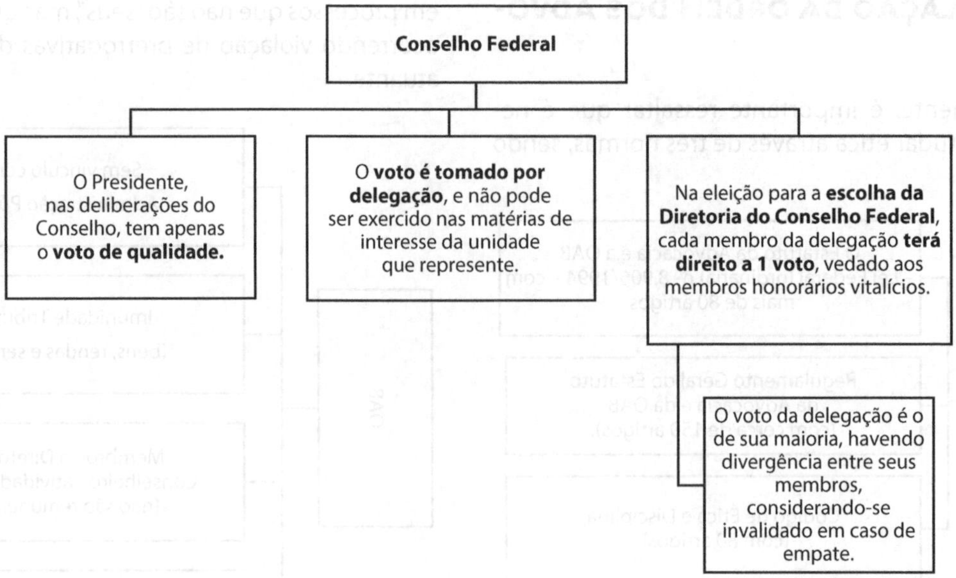

O **voto** no Conselho Federal **é por delegação**, entretanto, na escolha da Diretoria, cada membro da delegação tem um voto, na forma do art. 53, §3º, do Estatuto. Para os votos, vale a maioria da delegação (se houver empate, o voto vai ser invalidado – art. 77 do Regulamento Geral).

▷ **Importante!** A competência do Conselho Federal está instituída nos incisos do art. 54 do Estatuto da OAB:

> **Art. 54.** Compete ao Conselho Federal:
>
> I – dar cumprimento efetivo às finalidades da OAB;
>
> II – representar, em juízo ou fora dele, os interesses coletivos ou individuais dos advogados;
>
> III – velar pela dignidade, independência, prerrogativas e valorização da advocacia;
>
> IV – representar, com exclusividade, os advogados brasileiros nos órgãos e eventos internacionais da advocacia;
>
> V – editar e alterar o Regulamento Geral, o Código de Ética e Disciplina, e os Provimentos que julgar necessários;
>
> VI – adotar medidas para assegurar o regular funcionamento dos Conselhos Seccionais;
>
> VII – intervir nos Conselhos Seccionais, onde e quando constatar grave violação desta lei ou do regulamento geral;
>
> VIII – cassar ou modificar, de ofício ou mediante representação, qualquer ato, de órgão ou autoridade da OAB, contrário a esta lei, ao regulamento geral, ao Código de Ética e Disciplina, e aos Provimentos, ouvida a autoridade ou o órgão em causa;
>
> IX – julgar, em grau de recurso, as questões decididas pelos Conselhos Seccionais, nos casos previstos neste estatuto e no regulamento geral;
>
> X – dispor sobre a identificação dos inscritos na OAB e sobre os respectivos símbolos privativos;
>
> XI – apreciar o relatório anual e deliberar sobre o balanço e as contas de sua diretoria;
>
> XII – homologar ou mandar suprir relatório anual, o balanço e as contas dos Conselhos Seccionais;
>
> XIII – elaborar as listas constitucionalmente previstas, para o preenchimento dos cargos nos tribunais judiciários de âmbito nacional ou interestadual, com advogados que estejam em pleno exercício da profissão, vedada a inclusão de nome de membro do próprio Conselho ou de outro órgão da OAB;
>
> XIV – ajuizar ação direta de inconstitucionalidade de normas legais e atos normativos, ação civil pública, mandado de segurança coletivo, mandado de injunção e demais ações cuja legitimação lhe seja outorgada por lei;
>
> XV – colaborar com o aperfeiçoamento dos cursos jurídicos, e opinar, previamente, nos pedidos apresentados aos órgãos competentes para criação, reconhecimento ou credenciamento desses cursos;
>
> XVI – autorizar, pela maioria absoluta das delegações, a oneração ou alienação de seus bens imóveis;
>
> XVII – participar de concursos públicos, nos casos previstos na Constituição e na lei, em todas as suas fases, quando tiverem abrangência nacional ou interestadual;
>
> XVIII – resolver os casos omissos neste estatuto.
>
> XIX – fiscalizar, acompanhar e definir parâmetros e diretrizes da relação jurídica mantida entre advogados e sociedades de advogados ou entre escritório de advogados sócios e advogado associado, inclusive no que se refere ao cumprimento dos requisitos norteadores da associação sem vínculo empregatício; *(Incluído pela Lei nº 14.365, de 2022)*
>
> XX – promover, por intermédio da Câmara de Mediação e Arbitragem, a solução sobre questões atinentes à relação entre advogados sócios ou associados e homologar, caso necessário, quitações de honorários entre advogados e sociedades de advogados, observado o disposto no inciso XXXV do *caput* do art. 5º da Constituição Federal. *(Incluído pela Lei nº 14.365, de 2022)*
>
> Parágrafo único. A intervenção referida no inciso VII deste artigo depende de prévia aprovação por dois

terços das delegações, garantido o amplo direito de defesa do Conselho Seccional respectivo, nomeando-se diretoria provisória para o prazo que se fixar.

A eleição dos membros de todos os órgãos da OAB, conforme o art. 63 do Estatuto, acontecerá na **segunda quinzena do mês de novembro**, do último ano do mandato, mediante cédula única e **votação direta**, de **comparecimento obrigatório**, para todos os advogados regularmente inscritos na OAB.

▷ **Importante!** Com exceção do candidato a Presidente, os demais integrantes da chapa deverão ser conselheiros federais eleitos, conforme o art. 67, parágrafo único do Estatuto.

2.2. Conselhos Seccionais (arts. 56 a 59 do Estatuto)

Um Conselho Seccional por Estado (por isso conhecido como OAB Estadual – ou seção Estadual da OAB, embora não mais exista esta última denominação).

O Conselho Seccional é composto pelo **Presidente**, **sua Diretoria** e pelos **Conselheiros Estaduais** (estes têm direito de votar, de decidir e deliberar – e o voto é unipessoal, diferente do Conselho Federal, que é por delegação).

Também podem participar das reuniões do Conselho Seccional o presidente da Caixa de Assistência dos Advogados (CAA), os conselheiros federais, o presidente do Conselho Federal, presidentes das subseções, presidente do Instituto dos Advogados e ex-presidentes do próprio Conselho. Estes últimos podem participar das reuniões e têm o direito de manifestação (voz – de emitir opinião), mas não poderão participar das deliberações, ou seja, não terão o direito de votar (este será exercido apenas pelos conselheiros e diretoria).

2.2.1. Caixa de Assistência dos Advogados (art. 62 do Estatuto)

A Caixa de Assistência dos Advogados (CAA) é vinculada ao Conselho Seccional e tem como objetivo prestar assistência aos advogados inscritos no Conselho Seccional a que se vincule (órgão assistencial), conforme o art. 62 do Estatuto. Adquire personalidade jurídica quando seu Estatuto for aprovado e registrado junto ao Conselho Seccional e pode possuir patrimônio próprio, que será incorporado ao Conselho Seccional respectivo no caso de extinção da CAA.

Na forma do §7º do art. 62 do Estatuto, o Conselho Seccional, mediante **voto de dois terços** de seus membros, pode intervir na Caixa de Assistência dos Advogados, no caso de descumprimento de suas finalidades, designando diretoria provisória, enquanto durar a intervenção.

2.2.2. Tribunal de Ética e Disciplina (TED)

A atribuição do Tribunal de Ética e Disciplina está definida no art. 71 do Código de Ética e Disciplina.

- **Compete aos Tribunais de Ética e Disciplina - art. 71 do CED:**
- Julgar, em primeiro grau, os processos ético-disciplinares;
- Responder a consultas formuladas, em tese, sobre matéria ético-disciplinar;
- Exercer as competências que lhe sejam conferidas pelo Regimento Interno da Seccional ou por este Código para a instauração, instrução e julgamento de processos ético-disciplinares;
- Suspender, preventivamente, o acusado, em caso de conduta suscetível de acarretar repercussão prejudicial à advocacia, nos termos do Estatuto da Advocacia e da Ordem dos Advogados do Brasil;
- Organizar, promover e ministrar cursos, palestras, seminários e outros eventos da mesma natureza acerca da ética profissional do advogado ou estabelecer parcerias com as Escolas de Advocacia, com o mesmo objetivo;
- Atuar como órgão mediador ou conciliador nas questões que envolvam: a) dúvidas e pendências entre advogados; b) partilha de honorários contratados em conjunto ou decorrentes de substabelecimento, bem como os que resultem de sucumbência, nas mesmas hipóteses; c) controvérsias surgidas quando da dissolução de sociedade de advogados.

▷ **Atenção:** A principal atribuição será de julgar, em primeiro grau, o processo disciplinar – seria a primeira instância (a segunda instância seria uma das Câmaras vinculadas ao Conselho Seccional, ou seja, o recurso contra decisão do TED).

2.3. Subseção (arts. 60 e 61 do Estatuto)

A Subseção é **parte autônoma** do Conselho Seccional, **abrange um ou mais municípios**, desde que possua, pelo menos, **15 advogados** a ela vinculados, de acordo com o art. 60 do Estatuto. Quando tiver mais de **cem advogados** inscritos e vinculados, a subseção pode criar seu Conselho, conforme o §3º do art. 60 do Estatuto.

- **Compete à Subseção:**
- Dar cumprimento efetivo às finalidades da OAB;
- Velar pela dignidade, independência e valorização da advocacia, e fazer valer as prerrogativas do advogado;
- Representar a OAB perante os poderes constituídos;
- Desempenhar as atribuições previstas no regulamento geral ou por delegação de competência do Conselho Seccional.

Conforme o parágrafo único do art. 61 do Estatuto, **ao Conselho da Subseção**, quando houver, **compete exercer as funções e atribuições do Conselho Seccional**, na forma do regimento interno deste, e ainda: a) editar seu regimento interno, a ser referendado pelo Conselho Seccional; b) editar resoluções, no âmbito de sua competência; c) instaurar e instruir processos disciplinares, para julgamento pelo Tribunal de Ética e Disciplina; d) receber pedido de inscrição nos quadros de advogado e estagiário, instruindo e emitindo parecer prévio, para decisão do Conselho Seccional.

2.3.1. Conferência Nacional dos Advogados (arts. 145 a 149 do Regulamento Geral)

A Conferência Nacional da Advocacia Brasileira **é órgão consultivo** máximo do Conselho Federal, reunindo-se trienalmente, no segundo ano do mandato, tendo por objetivo o estudo e o debate das questões e problemas que digam respeito às finalidades da OAB e ao congraçamento da advocacia, conforme art. 145 do Regulamento Geral.

Ainda, na forma do §1º do art. 145 do Regulamento Geral, as Conferências da Advocacia dos Estados e do Distrito Federal são órgãos consultivos dos Conselhos Seccionais, reunindo-se também trienalmente, no segundo ano do mandato.

- **São membros das Conferências:**
- **Efetivos:** os Conselheiros e Presidentes dos órgãos da OAB presentes, os advogados e estagiários inscritos na Conferência, todos com direito a voto;
- **Convidados:** as pessoas a quem a Comissão Organizadora conceder tal qualidade, sem direito a voto, salvo se for advogado.

▷ **Atenção!** Os convidados, expositores e membros dos órgãos da OAB têm identificação especial durante a Conferência. Os estudantes de direito, **mesmo inscritos como estagiários na OAB**, são membros ouvintes, escolhendo um porta-voz entre os presentes em cada sessão da Conferência.

3. ELEIÇÕES E MANDATOS NA OAB

3.1. Apontamentos gerais

Os advogados votarão em chapas regularmente inscritas para o Conselho Seccional (Diretoria, Conselheiros Seccionais, Três Conselheiros Federais e Diretoria da CAA) e Subseção (Diretoria e Conselho da Subseção – se existir).

Nas eleições **diretas**, o voto será **obrigatório** para os advogados regularmente inscritos – **inscrição principal** (não votar representa multa – 20% sobre o valor da anuidade). O voto será **facultativo** para os advogados com **inscrição suplementar** (para votar deve avisar com antecedência).

▷ Cabeção, importante!

- São eleições diretas para o Conselho Seccional, Subseção e CAA, enquanto a eleição para o Conselho Federal é indireta.
- O mandato é de três anos.
- O voto é secreto e em chapas.
- Nas eleições diretas, o voto é obrigatório para todo advogado regularmente inscrito na OAB.

3.2. Dos requisitos para a candidatura

São requisitos para a candidatura (cargos de gestão na OAB) aqueles previstos nos arts. 63, § 2º, do Estatuto e 131, §6º, do Regulamento Geral:

> **Estatuto da Advocacia e da OAB**
>
> **Art. 63.** A eleição dos membros de todos os órgãos da OAB será realizada na segunda quinzena do mês de novembro, do último ano do mandato, mediante cédula única e votação direta dos advogados regularmente inscritos.
>
> (...)
>
> § 2º O candidato deve comprovar situação regular perante a OAB, não ocupar cargo exonerável ad nutum, não ter sido condenado por infração disciplinar, salvo reabilitação, e exercer efetivamente a

profissão há mais de 3 (três) anos, nas eleições para os cargos de Conselheiro Seccional e das Subseções, quando houver, e há mais de 5 (cinco) anos, nas eleições para os demais cargos. *(Redação dada pela Lei nº 13.875/2019)*

Regulamento Geral

Art. 131. São admitidas a registro apenas chapas completas, que deverão atender ao percentual de 50% para candidaturas de cada gênero e, ao mínimo, de 30% (trinta por cento) de advogados negros e de advogadas negras, assim considerados os(as) inscritos(as) na Ordem dos Advogados do Brasil que se classificam (autodeclaração) como negros(as), ou seja, pretos(as) ou pardos(as), ou definição análoga (critérios subsidiários de heteroidentificação).

§ 6º Fica delegada à Comissão Eleitoral, de cada Seccional, analisar e deliberar os casos onde as chapas das Subseções informarem a inexistência ou insuficiência de advogados negros (pretos e pardos) e advogadas negras (pretas e pardas), com condições de elegibilidade a concorrer nas chapas, no percentual aprovado em 30% (trinta por cento) referido no *caput* deste artigo.

Situação regular perante a OAB (em dia com as anuidades)	Não ocupar cargo exonerável *ad nutum*.
Não ter sido condenado por infração disciplinar, salvo reabilitação.	Exercer efetivamente a profissão há mais de 3 (três) anos, nas eleições para os cargos de Conselheiro Seccional e das Subseções, quando houver, e há mais de 5 (cinco) anos, nas eleições para os demais cargos.

▷ **Atenção!** Também não poderá ser candidato o advogado que exercer cargo público demissível *ad nutum*, ou seja, que não tem estabilidade – o fato de não ter estabilidade retira a necessária independência do advogado, não permitindo sua candidatura.

3.3. Vedação para votar

São proibidos de votar os advogados na condição de inadimplentes (devendo anuidade) e os estagiários (inscritos na OAB – estagiário paga anuidade, mas não tem direito de votar).

3.4. Eleição do Conselho Federal

A eleição no Conselho Federal é **indireta**; quem vai eleger a diretoria são os **três Conselheiros Federais** (integrantes das delegações de cada unidade federativa e eleitos junto com a chapa do Conselho Seccional).

▷ **Cuidado, cabeçones!** O presidente do Conselho Federal não precisa ser Conselheiro Federal (art. 67, par. ún., do Estatuto da OAB).

▷ **Importante:** Os três Conselheiros Federais de cada Estado, que assumem no Conselho Federal, são chamados de delegação. Nas decisões de competência do Conselho Federal, esses Conselheiros Federais apresentarão **um voto por delegação**. Para a eleição de Diretoria do Conselho Federal, o voto é individual de cada Conselheiro, não há voto por delegação.

Ainda, sobre as decisões dentro de cada órgão de gestão, é importante atentar-se para os seguintes questionamentos:

O que é ter voz?

É ter direito de manifestação.

O que é ter direito de ter voto?

É o direito de decisão.

Quem tem direito de votar e de voz dentro dos órgãos de gestão?

Os advogados que foram eleitos para isso.

Quem tem direito só de voz?

Aquelas pessoas que foram permitidas, ou seja, autorizadas a se manifestar, por exemplo, ex-presidentes.

4. INSCRIÇÃO NA OAB

Inicialmente, é necessário recordar que a condição de Advogado se adquire com a inscrição na OAB (e não com a aprovação no Exame da OAB – este é apenas um dos requisitos para postular a inscrição).

Dessa forma, os requisitos para inscrição junto a OAB estão definidos no art. 8º do Estatuto:

- Capacidade civil;
- Diploma ou certidão de graduação em direito;
- Título de eleitor e quitação do serviço militar, se brasileiro;
- Aprovação em exame de ordem;
- Não exercer atividade incompatível com a advocacia;
- Idoneidade moral;
- Prestar compromisso perante o conselho.

▷ **Atenção!** As atividades incompatíveis com a advocacia estão definidas no art. 28 do Estatuto e geram a proibição absoluta do exercício da advocacia.

O bacharel em direito, quando não graduado no Brasil, além de atender os requisitos do art. 8º do Estatuto, ainda deve fazer prova do título de graduação, obtido em instituição estrangeira, devidamente revalidado.

A falta de idoneidade moral deve ser analisada pelo Conselho Seccional (por decisão de **dois terços** de seus membros), a fim de impedir a inscrição (sendo concedido ao interessado o direito ao contraditório).

> **Exemplo**: o Conselho Federal já definiu que, a prática de violência contra a mulher, assim definida na Convenção Interamericana de Belém do Pará, constitui fator apto a demonstrar a ausência de idoneidade moral para a inscrição de bacharel em Direito nos quadros da OAB, independentemente da instância criminal. Assim, cada Conselho Seccional tem liberdade de analisar, caso a caso, a idoneidade – ou ausência dela – para fins de deferimento ou indeferimento da inscrição.

Foi instituído pelo Provimento Nº 223/2024 o Banco de Dados Nacional de Idoneidade Moral (regulamentado pela Resolução Nº 23/2024).

Diante dessa realidade, foi inserido o parágrafo terceiro no art. 20 do Regulamento Geral, determinado que, para o deferimento da inscrição, é necessário a consulta ao Banco de Dados:

> Art. 20. (...)
>
> § 3º A inscrição no quadro de advogados da OAB é condicionada à consulta, pelo Conselho Seccional onde tramita o pedido de registro, ao banco de dados nacional de inidoneidade moral, o qual é alimentado por todas as Seccionais e pelo Conselho Federal.

Deferida e autorizada a inscrição, o advogado somente receberá sua Carteira profissional depois de prestar compromisso perante o Conselho Seccional (juramento previsto no art. 20 do Regulamento Geral). Tal compromisso é **solene**, **formal** e **personalíssimo**, ou seja, não pode ser feito por procuração.

Conforme a Resolução Nº 002/2024, foi alterado o art. 20 do Regulamento Geral, sendo modificado o texto do compromisso do advogado:

Art. 20. O requerente à inscrição principal no quadro de advogados presta o seguinte compromisso, de pé e com a mão direita no peito esquerdo, perante o Conselho Seccional, a Diretoria ou o Conselho da Subseção:

Prometo exercer a advocacia com dignidade e independência, observar a ética, os deveres e prerrogativas profissionais e defender a Constituição, a ordem jurídica do Estado Democrático, os direitos humanos, a justiça social, a boa aplicação das leis, a rápida administração da justiça e o aperfeiçoamento da cultura e das instituições jurídicas.

A inscrição **deverá ser feita perante o Conselho Seccional** onde o advogado exercerá a advocacia com habitualidade. Será denominada **inscrição principal**. Ainda, poderá o advogado, **facultativamente**, buscar inscrição em outro Conselho Seccional, a denominada **inscrição suplementar**.

O advogado deverá possuir uma inscrição principal e poderá ter quantas inscrição suplementares quiser (sempre uma – e apenas uma – por Conselho Seccional).

> ▷ **Importante**! A inscrição suplementar será obrigatória quando:
>
> **1ª situação:** quando o advogado estiver atuando em mais de cinco causas em Conselho Seccional onde ele não tenha a inscrição principal.
>
> Ex.: advogado com inscrição principal no Rio Grande do Sul pode atuar – exercer a advocacia – em qualquer Estado; mas se possuir mais de cinco ações num Estado, deverá providenciar a inscrição suplementar naquele Conselho Seccional correspondente.
>
> **2ª situação:** quando o advogado for sócio de Sociedade de Advogados, deverá obrigatoriamente possuir inscrição (principal ou suplementar) perante o Conselho Seccional onde a sociedade foi registrada.

Não será exigido um novo exame de ordem para cada inscrição suplementar. Para cada inscrição (principal ou suplementar) haverá a incidência de uma anuidade (ex.: dez inscrições, dez anuidades).

> ▷ **Importante!** Para atuar nos Tribunais Superiores não haverá necessidade de Inscrição Suplementar.

4.1. Advogado estrangeiro

Para advogar no Brasil, o advogado deve se inscrever na OAB, submetendo-se aos mesmos requisitos do advogado brasileiro (terá, no entanto, que revalidar seu diploma, circunstância que não é de competência da OAB).

Pode o advogado estrangeiro, no entanto, receber uma autorização (precária) para dar Consultoria em direito estrangeiro (mediante requerimento ao Conselho Seccional).

5. LICENCIAMENTO E CANCELAMENTO DA INSCRIÇÃO

5.1. Licenciamento

Licenciamento é forma de **interrupção temporária da inscrição**. Ou seja, é uma forma de o advogado **suspender sua capacidade postulatória**, pois durante o período de licenciamento ele não pode advogar. Durante o período que o advogado estiver licenciado, ele não pagará a anuidade.

▷ **Atenção**: O advogado licenciado não perde o número da sua inscrição, tampouco sua inscrição é cancelada.

- **Hipóteses de Licenciamento:**
- Exercício - temporário - atividade incompatível;
- Doença mental curável;
- Requerimento justificado.

5.2. Cancelamento da inscrição

O cancelamento da inscrição configura **interrupção definitiva do exercício da advocacia**. Com o cancelamento, a pessoa deixa de ser advogada, **perde sua capacidade postulatória**. Pode acontecer em cinco hipóteses:

- A pedido (personalíssimo) - não precisa ser fundamentado, mas deve ser assinado pelo advogado postulante;
- EXCLUSÃO (pena mais grave do Estatuto) - a punição com a exclusão vai gerar o cancelamento da inscrição.
- O exercício de Atividade Incompatível (forma definitiva);
- Perda dos requisitos da inscrição (art. 8º do Estatuto);
- Falecimento do Advogado.

▷ **Importante!** Se a pessoa já possui atividade incompatível no ato da inscrição, haverá o seu indeferimento (art. 8º do Estatuto).

A aplicação, por **três vezes**, da pena de suspensão gerará a pena de exclusão, que acarretará o cancelamento da inscrição.

6. ESTAGIÁRIO

Para obter a inscrição como estagiário, devem ser obedecidos os requisitos do art. 9º do Estatuto, quais sejam:

- Capacidade civil;
- Título de eleitor e quitação do serviço militar, se brasileiro;
- Não exercer atividade incompatível com a advocacia;
- Idoneidade moral;
- Prestar compromisso perante o conselho;
- Ter sido admitido em estágio profissional de advocacia.

O Estagiário com inscrição na OAB **paga anuidade**, mas **não pode votar**. Além disso, o estagiário tem direito de praticar todos os atos privativos da advocacia, **desde que em conjunto com o advogado e sob a responsabilidade deste.**

Na forma do art. 29, §1º do Regulamento Geral, o estagiário inscrito na OAB pode praticar isoladamente os seguintes atos, sob a responsabilidade do advogado:

- Retirar e devolver autos em cartório, assinando a respectiva carga;
- Obter junto aos escrivães e chefes de secretarias certidões de peças ou autos de processos em curso ou findos;
- Assinar petições de juntada de documentos a processos judiciais ou administrativos.

O Estagiário, para atuar no processo, deve ter poderes, ou seja, ele deve aparecer na procuração ou no substabelecimento.

▷ **Importante!** Estagiário não pode fazer publicidade, nem mesmo em conjunto com o advogado.

É permitido ao bacharel em direito buscar inscrição como estagiário, na forma do art. 9º, § 4º, do Estatuto.

Alteração singela, mas relevante, diz respeito à possibilidade de o estágio profissional ser feito no regime de teletrabalho, fixando-se algumas exigências quanto a requisitos do termo de convênio e de estágio (art. 9º, §§ 5º e 6º, do Estatuto).

7. ADVOGADO EMPREGADO

Conforme o art. 18 do Estatuto, o advogado empregado é um **profissional assalariado**, mas esta relação de emprego **não pode retirar sua independência profissional**. Além disso, na forma do §1º do art. 18, o advogado empregado não estará obrigado à prestação de serviços profissionais de interesse pessoal dos empregadores, desde que fora da relação de emprego.

As atividades do advogado empregado poderão ser realizadas, a critério do empregador, em qualquer um dos seguintes regimes:

- **Exclusivamente presencial:** modalidade na qual o advogado empregado, desde o início da contratação, realizará o trabalho nas dependências ou locais indicados pelo empregador;
- **Não presencial, teletrabalho ou trabalho a distância:** modalidade na qual, desde o início da contratação, o trabalho será preponderantemente realizado fora das dependências do empregador, observado que o comparecimento nas dependências de forma não permanente, variável ou para participação em reuniões ou em eventos presenciais não descaracterizará o regime não presencial;

- **Misto:** modalidade na qual as atividades do advogado poderão ser presenciais, no estabelecimento do contratante ou onde este indicar, ou não presenciais, conforme as condições definidas pelo empregador em seu regulamento empresarial, independentemente de preponderância ou não.

O advogado empregado tem jornada de trabalho de **8 horas diárias e 40 semanais**, conforme o art. 20 do Estatuto.

Será considerado período de trabalho o tempo que o advogado estiver à disposição do empregador, aguardando ou executando ordens, seja no escritório, seja em atividades externas.

Ao advogado empregado serão reembolsadas as despesas feitas com transporte, hospedagem e alimentação.

▷ **Importante!** Conforme o §2º do art. 20 do Estatuto, as horas trabalhadas que excederem a jornada normal de trabalho, são remuneradas por um adicional **não inferior a cem por cento sobre o valor da hora normal, mesmo havendo contrato escrito**. Além disso, na forma do §3º do art. 20 do Estatuto, as horas trabalhadas no período das **vinte horas** de um dia até **as cinco horas** do dia seguinte, **são remuneradas como noturnas**, acrescidas do **adicional de vinte e cinco por cento**.

O salário-mínimo profissional do advogado empregado será **fixado em sentença normativa, salvo se ajustado em acordo ou convenção coletiva de trabalho**, conforme o art. 19 do Estatuto. Ainda, o advogado empregado **tem direito aos honorários de sucumbência**, conforme o art. 21 do Estatuto, entretanto, poderá acertar com o empregador, contratualmente ou em convenção coletiva, forma de partilha de tais honorários ou até renunciá-los.

8. ATIVIDADES PRIVATIVAS DO ADVOGADO

Bacharel em Direito e Estagiário inscrito na OAB não são considerados advogados, ou seja, não podem agir ou atuar naquelas atividades definidas como privativas da advocacia. Contudo, de acordo com o §2º do art. 3º do Estatuto, o estagiário inscrito na OAB, pode praticar os atos previstos no art. 1º do Estatuto, **em conjunto com advogado e sob responsabilidade deste**.

São atividades privativas da advocacia:

- Consultoria e assessoria jurídica;
- Direção e gerência jurídica;
- Visar atos constitutivos (contratos sociais) de pessoa jurídica;

▷ **Atenção:** postular em juízo: é atividade privativa, mas com exceções (*habeas corpus* em qualquer instância, *jus postulandi* trabalhista, JEC (limitação de valor), JEF/JEFP, e revisão criminal). No JEC criminal, a presença do advogado do acusado é obrigatória.

Microempresa e empresa de pequeno porte **não precisam de visto de advogado** para os seus atos constitutivos. Nestes casos, das exceções, será possível postular em juízo sem a presença do advogado.

9. SOCIEDADE DE ADVOGADOS

9.1. Conceito e formação da Sociedade de Advogados

Pessoa jurídica, formada única e **exclusivamente por advogados**, com o objetivo de atuar em atividades privativas da advocacia. Adquire personalidade jurídica, isso quer dizer que, passa a ser titular de direitos e obrigações, com o registro de seus atos constitutivos **junto ao Conselho Seccional** competente. Não é registrada na Junta Comercial ou em outro Cartório Extrajudicial.

O sócio deve ter inscrição, seja principal, seja suplementar, no Conselho Seccional onde a sociedade de advogados foi registrada. A sociedade de advogados pode ter filial, desde que seja em outro Conselho Seccional, pois não poderá a sociedade ter filial no mesmo Conselho Seccional onde está a sociedade registrada. O advogado somente pode ser sócio de **uma sociedade** de **advogados por Conselho Seccional**.

- **Modificação do § 2º do art. 16.**

O advogado impedido ou incompatibilizado com o exercício da advocacia de **forma temporária** não é considerado excluído da sociedade (devendo ser tal circunstância averbada no registro da Sociedade). Todavia, traz importante situação: o fato de que não pode ser usado o nome ou imagem do advogado temporariamente afastado.

Conforme a inclusão do art. 17-A do Estatuto, o advogado poderá se associar a uma ou mais sociedades de advogados ou sociedades unipessoais de advocacia **para prestação de serviços**, e, ainda, a presente associação dar-se-á por meio de pactuação de contrato próprio, que poderá ser de caráter geral ou restringir-se a determinada causa ou trabalho.

Conforme o art. 17-B do Estatuto, a associação de que trata o art. 17-A deverá ser registrado no Conselho Seccional da OAB em cuja base territorial tiver sede a sociedade de advogados que dele tomar parte.

O contrato de associação deve conter no mínimo:

- Qualificação das partes, com referência expressa à inscrição no Conselho Seccional da OAB competente;

- Especificação e delimitação do serviço a ser prestado;
- Forma de repartição dos riscos e das receitas entre as partes, vedada a atribuição da totalidade dos riscos ou das receitas exclusivamente a uma delas;
- Responsabilidade pelo fornecimento de condições materiais e pelo custeio das despesas necessárias à execução dos serviços;
- Prazo de duração do contrato.

▷ **Importante ficar atento nas seguintes situações:**

a) Nas sociedades de advogados, a escolha do sócio-administrador poderá recair sobre advogado que atue como servidor da administração direta, indireta e fundacional, desde que não esteja sujeito ao regime de dedicação exclusiva;

b) A sociedade de advogados e a sociedade unipessoal de advocacia deverão recolher seus tributos sobre a parcela da receita que efetivamente lhes couber, com a exclusão da receita que for transferida a outros advogados ou a sociedades que atuem em forma de parceria para o atendimento do cliente.

Essa situação tem o intuito admitir que, mesmo que a sociedade de advogados receba honorários de outros advogados que com ela tenham firmado parceria (e tenha ocorrido transferência de valores em decorrência dessa parceria), a sociedade de advogados não precisa recolher tributo sobre esta parcela de receita que não teve nela, sociedade, seu destino final (pois foi repassada ao parceiro).

Ou seja, recolherá tributos apenas e tão somente sobre a parcela que efetivamente lhe couber.

c) Cabem ao Conselho Federal da OAB a fiscalização, o acompanhamento e a definição de parâmetros e de diretrizes da relação jurídica mantida entre advogados e sociedades de advogados ou entre escritório de advogados sócios e advogado associado, inclusive no que se refere ao cumprimento dos requisitos norteadores da associação sem vínculo empregatício autorizada expressamente neste artigo).

d) A sociedade de advogados e a sociedade unipessoal de advocacia podem ter como sede, filial ou local de trabalho espaço de uso individual ou compartilhado com outros escritórios de advocacia ou empresas, desde que respeitadas as hipóteses de sigilo;

e) O impedimento ou a incompatibilidade em caráter temporário do advogado não o exclui da sociedade de advogados à qual pertença e deve ser averbado no registro da sociedade - é proibida, em qualquer hipótese, a exploração de seu nome e de sua imagem em favor da sociedade.

9.2. ADVOGADO ASSOCIADO – art. 17-A do Estatuto

*O advogado podo **associar-se** a uma ou mais sociedades de advogados ou a sociedades unipessoais de advocacia, sem vínculo empregatício, para prestação de serviços e participação nos resultados.*

Ou seja, tem uma relação sem vínculo empregatício e sem ser sócio de uma sociedade de advogados – dessa foram, para ela (a sociedade) presta serviço e participa limitadamente dos seus resultados.

Em resumo:

O advogado associado não se confunde com o advogado empregado das sociedades de advogados – e também não se confunde com sócio da sociedade.

▷ **Importante:**

a) Não será admitida a averbação do contrato de associação que contenha, em conjunto, os elementos caracterizadores de relação de emprego previstos na Consolidação das Leis Trabalhistas (CLT);

b) A associação de que trata o art. 17-A dar-se-á por meio de pactuação de contrato próprio, que poderá ser de caráter geral ou restringir-se a determinada causa ou trabalho e que deverá ser registrado no Conselho Seccional da OAB em cuja base territorial tiver sede a sociedade de advogados que dele tomar parte.

Veja-se: o dispositivo legal exige a "pactuação de contrato próprio" para a associação de advogado, podendo ser de caráter geral ou específico a determinada causa, a ser registrado no respectivo Conselho Seccional da OAB.

Cuidado – o conteúdo (cláusulas) obrigatório do Contrato de Associação:

No contrato de associação, o advogado sócio ou associado e a sociedade pactuarão as condições para o desempenho da atividade advocatícia e estipularão livremente os critérios para a partilha dos resultados dela decorrentes, devendo o contrato conter, no mínimo:

I - qualificação das partes, com referência expressa à inscrição no Conselho Seccional da OAB competente;

II - especificação e delimitação do serviço a ser prestado;

III - forma de repartição dos riscos e das receitas entre as partes, vedada a atribuição da totalidade dos riscos ou das receitas exclusivamente a uma delas;

IV - responsabilidade pelo fornecimento de condições materiais e pelo custeio das despesas necessárias à execução dos serviços;

V - prazo de duração do contrato.

▷ *Dica Olho de Tigre - não existe limites de associação; o advogado pode, então, associar-se há mais de uma sociedade dentro do mesmo Conselho Seccional.*

10. PROCURAÇÃO E MANDATO

10.1. Disposições gerais

Para que o advogado atue em nome de seu cliente, é necessário que ele receba poderes para tanto. A forma processual é a outorga da procuração. A procuração, como todo contrato, pode ter prazo determinado, contudo, se não contiver prazo, presume-se que ela tem eficácia até a conclusão da causa, conforme o art. 13 do CED.

A procuração **não se extingue ou perde valor/eficácia pelo decurso do tempo**. O advogado tem o direito de atuar sem procuração em casos de urgência – por exemplo, os direitos de seu cliente estão em perigo - mas, o advogado deve juntar a procuração no prazo de 15 dias, podendo ser prorrogado por mais 15 dias, conforme prevê o art. 104 do CPC e o art. 5ª, §1º do Estatuto.

Conforme o art. 11 do CED o advogado, atua como patrono da parte, quando no exercício do mandato, cumprindo-lhe, por isso, imprimir à causa orientação que lhe pareça mais adequada, sem se subordinar a intenções contrárias do cliente, mas, antes, procurando esclarecê-lo quanto à estratégia traçada.

▷ **Atenção! O advogado não pode aceitar procuração de quem já tenha patrono constituído**, sem prévio conhecimento deste, conforme o art. 14 do CED. Contudo, por **motivo plenamente justificável ou para adoção de medidas judiciais urgentes e inadiáveis** o advogado **pode aceitar** procuração de quem já tenha patrono constituído.

▷ DICA OLHOS DE TIGRE - As atividades de consultoria e assessoria jurídicas podem ser exercidas de modo verbal ou por escrito, a critério do advogado e do cliente, e independem de outorga de mandato ou de formalização por contrato de honorários.

▷ DICAS IMPORTANTES

1. No processo administrativo, o advogado contribui com a postulação de decisão favorável ao seu constituinte, e os seus atos constituem múnus público.
2. É garantido ao advogado a prerrogativa de, no processo administrativo, contribuir com a postulação de decisão favorável ao seu constituinte.
3. O advogado pode contribuir com o processo legislativo e com a elaboração de normas jurídicas, no âmbito dos Poderes da República.
4. As atividades de consultoria e assessoria jurídicas podem ser exercidas de modo verbal ou por escrito, a critério do advogado e do cliente, e independem de outorga de mandato ou de formalização por contrato de honorários.

10.2. Da renúncia

Nos termos do art. 16 do CED, a renúncia cessa a responsabilidade profissional, e isso quer dizer que a renúncia é a forma de extinção da procuração e dos poderes nela outorgados e, é requerida pelo advogado.

Notificado o cliente, o advogado ainda é responsável pelos atos processuais por dez dias, **salvo** se um novo profissional se habilite antes de terminado tal prazo, na forma do §3º do art. 5º do Estatuto. Ainda, não há necessidade de a renúncia ser motivada.

10.3. Da revogação

Revogação do mandado judicial é uma forma de extinção da procuração e dos poderes nela outorgados **por iniciativa do cliente**, conforme o art. 17 do CED. Na revogação, não existe o prazo de responsabilização por dez dias.

▷ **Importante!** A renúncia ou a revogação da procuração não desobriga o cliente ao pagamento dos honorários advocatícios (inclusive verba de sucumbência – neste caso, de forma proporcional ao trabalho desenvolvido).

10.4. Do substabelecimento

O substabelecimento é a forma de o advogado transferir poderes recebidos na procuração para outro advogado (relação advogado com advogado). O substabelecimento pode ser com ou sem reserva de poderes.

O substabelecimento pode ser:

- COM RESERVA DE PODERES: compartilhamento de poderes (poderá atuar tanto o advogado que substabeleceu quanto o advogado substabelecido);
- SEM RESERVA DE PODERES: o advogado que substabelece se afasta do processo (e exatamente por isso que, aqui, será necessária a anuência/concordância do cliente).

11. HONORÁRIOS ADVOCATÍCIOS

Previsão legal: arts. 22 a 26 da Lei nº 8.906/1994 (Estatuto da Advocacia e a Ordem dos Advogados do Brasil).

Os honorários advocatícios correspondem à remuneração ao profissional da advocacia pelos serviços prestados. São divididos em três tipos:

a) Convencionados;

b) Fixados por arbitramento judicial;

c) Sucumbência.

11.1. Honorários contratados/convencionados

Contratados e fixados **entre o advogado e o cliente**, sendo, como regra, uma obrigação de meio, ou seja, não depende de resultado, ainda que, excepcionalmente, possa depender de resultado, quando, por exemplo, o advogado for contratado para elaborar uma minuta de contrato.

Quando o contrato de honorários fixados entre advogado e cliente não estabelecer ou fixar forma de pagamento, o §3º do art. 22 do Estatuto orienta/sugere a seguinte forma:

- **1/3 no início;**
- **1/3 até a decisão de 1ª instância**
- **restante no final.**

▷ **Atenção! A inclusão do art. 22-A no Estatuto fi**xa e define que será permitida a dedução de honorários advocatícios contratuais dos valores acrescidos, a título de juros de mora, ao montante repassado aos Estados e aos Municípios na forma de precatórios, como complementação de fundos constitucionais.

11.1.1. Honorários cota litis *(parte na lide)*

Os honorários *cota litis* são a maneira de contratar honorários com o cliente (é fixado um percentual no resultado, no benefício que o cliente receber). O advogado deve receber em pecúnia/dinheiro e não em bens (para receber em bens, deve existir cláusula contratual declarando que o cliente não tem como pagar em dinheiro).

Não existe disposição definindo o percentual adequado dos honorários cota litis, todavia, o art. 50 do CED prevê que, quando acrescidos dos honorários da sucumbência (os honorários *cota litis* somados aos de sucumbência), não podem ser superiores às vantagens advindas a favor do cliente.

11.2. Honorários arbitrados

Os honorários fixados por arbitramento judicial, serão fixados pelo Poder Judiciário, mediante postulação, ou seja, **ação do advogado contra o cliente**, pois não foram convencionados previamente. Assim, diante da ausência de contrato escrito entre cliente e advogado e negando-se o cliente a efetuar o pagamento de honorários, a alternativa do profissional da advocacia será entrar com uma ação contra o cliente, pedindo que o juiz arbitre os honorários.

O §2º do art. 22 do Estatuto fixa critérios para o arbitramento de honorários advocatícios, na falta de estipulação ou de acordo, fixando que, obrigatoriamente, devam ser observadas as disposições nos §§ 2º, 3º, 4º, 5º, 6º, 6º-A, 8º, 8º-A, 9º e 10 do art. 85 do Código de Processo Civil:

> **Art. 85.** A sentença condenará o vencido a pagar honorários ao advogado do vencedor.
>
> § 2º Os honorários serão fixados entre o mínimo de dez e o máximo de vinte por cento sobre o valor da condenação, do proveito econômico obtido ou, não sendo possível mensurá-lo, sobre o valor atualizado da causa, atendidos:
>
> I - o grau de zelo do profissional;
>
> II - o lugar de prestação do serviço;
>
> III - a natureza e a importância da causa;
>
> IV - o trabalho realizado pelo advogado e o tempo exigido para o seu serviço.
>
> § 3º Nas causas em que a Fazenda Pública for parte, a fixação dos honorários observará os critérios estabelecidos nos incisos I a IV do § 2º e os seguintes percentuais:
>
> I - mínimo de dez e máximo de vinte por cento sobre o valor da condenação ou do proveito econômico obtido até 200 (duzentos) salários-mínimos;
>
> II - mínimo de oito e máximo de dez por cento sobre o valor da condenação ou do proveito econômico obtido acima de 200 (duzentos) salários-mínimos até 2.000 (dois mil) salários-mínimos;
>
> III - mínimo de cinco e máximo de oito por cento sobre o valor da condenação ou do proveito econômico obtido acima de 2.000 (dois mil) salários-mínimos até 20.000 (vinte mil) salários-mínimos;
>
> IV - mínimo de três e máximo de cinco por cento sobre o valor da condenação ou do proveito econômico obtido acima de 20.000 (vinte mil) salários-mínimos até 100.000 (cem mil) salários-mínimos;
>
> V - mínimo de um e máximo de três por cento sobre o valor da condenação ou do proveito econômico obtido acima de 100.000 (cem mil) salários-mínimos.
>
> § 4º Em qualquer das hipóteses do § 3º:
>
> I - os percentuais previstos nos incisos I a V devem ser aplicados desde logo, quando for líquida a sentença;
>
> II - não sendo líquida a sentença, a definição do percentual, nos termos previstos nos incisos I a V, somente ocorrerá quando liquidado o julgado;
>
> III - não havendo condenação principal ou não sendo possível mensurar o proveito econômico obtido, a condenação em honorários dar-se-á sobre o valor atualizado da causa;
>
> IV - será considerado o salário-mínimo vigente quando prolatada sentença líquida ou o que estiver em vigor na data da decisão de liquidação.
>
> § 5º Quando, conforme o caso, a condenação contra a Fazenda Pública ou o benefício econômico obtido pelo vencedor ou o valor da causa for superior ao valor previsto no inciso I do § 3º, a fixação do percentual de honorários deve observar a faixa inicial e, naquilo que a exceder, a faixa subsequente, e assim sucessivamente.
>
> § 6º Os limites e critérios previstos nos §§ 2º e 3º aplicam-se independentemente de qual seja o conteúdo da decisão, inclusive aos casos de improcedência ou de sentença sem resolução de mérito.
>
> § 6º-A. Quando o valor da condenação ou do proveito econômico obtido ou o valor atualizado da causa for líquido ou liquidável, para fins de fixação dos honorários advocatícios, nos termos dos §§ 2º e 3º, é proibida a apreciação equitativa, salvo nas hipóteses expressamente previstas no § 8º deste artigo. (Incluído pela Lei nº 14.365, de 2022)
>
> § 8º Nas causas em que for inestimável ou irrisório o proveito econômico ou, ainda, quando o valor da causa for muito baixo, o juiz fixará o valor dos honorários por apreciação equitativa, observando o disposto nos incisos do § 2º.
>
> § 8º-A. Na hipótese do § 8º deste artigo, para fins de fixação equitativa de honorários sucumbenciais, o juiz deverá observar os valores recomendados pelo Conselho Seccional da Ordem dos Advogados do Brasil a título de honorários advocatícios ou o limite mínimo de 10% (dez por cento) estabelecido no §

2º deste artigo, aplicando-se o que for maior. (Incluído pela Lei nº 14.365, de 2022)

§ 9º Na ação de indenização por ato ilícito contra pessoa, o percentual de honorários incidirá sobre a soma das prestações vencidas acrescida de 12 (doze) prestações vincendas.

§ 10. Nos casos de perda do objeto, os honorários serão devidos por quem deu causa ao processo.

11.3. Honorários de sucumbência

Os honorários de sucumbência são verbas honorárias fixada pelo Poder Judiciário, em processo judicial, em que condena a parte vencida (a parte que perdeu no processo) ao pagamento de honorários em favor do advogado da parte vencedora. O percentual deverá obedecer ao disposto no art. 85, §2º, do CPC, assim, os honorários serão fixados entre 10% e 20% sobre o valor da condenação, do proveito econômico obtido ou, não sendo possível mensurá-lo, sobre o valor atualizado da causa, atendidos:

- O grau de zelo do profissional;
- O lugar de prestação do serviço;
- A natureza e a importância da causa;
- O trabalho realizado pelo advogado e o tempo exigido para o seu serviço.

11.3.1. Honorários assistenciais

Em 2018, os honorários assistenciais foram criados, e podem ser definidos como aqueles honorários pagos a um advogado contratado por entidade sindical para prestar assistência jurídica ao trabalhador sem condições financeiras de arcar com os custos de um defensor.

Na forma do art. 22, §6º, do Estatuto, os honorários assistenciais são aqueles fixados em ações coletivas propostas por entidades de classe em substituição processual, sem prejuízo aos honorários convencionais.

Simplificando, seriam honorários de sucumbência, fixados na Justiça do Trabalho, em benefício dos advogados contratados pelos sindicatos para defesa de direitos coletivos.

11.3.2. Prescrição dos honorários

A pretensão de cobrar os honorários prescreverá em 5 (cinco) anos, nos termos do art. 25 do Estatuto e, tal prazo é contado:

- Do vencimento do contrato;
- Do trânsito em julgado da sentença que o fixou;
- Do término do serviço extrajudicial;
- Da desistência ou da transação;
- Da renúncia ou da revogação.

▷ **Dicas!**

- O advogado pode executar os honorários de sucumbência em seu nome.
- Crédito de honorários não autoriza ao advogado o saque de duplicatas ou qualquer outro título de crédito.
- O advogado **pode emitir fatura contra o cliente** para pagamento dos honorários – se o cliente pedir ou autorizar, mas esta fatura **não poderá** ser levada a protesto.
- Cheque ou nota promissória emitidos pelo cliente para pagamento dos honorários podem ser levados a protesto, desde que antes o advogado tenha tentado amigavelmente o recebimento do crédito.
- É autorizado o uso de cartão de crédito para o recebimento de honorários.

A inclusão do art. 24-A ao Estatuto trouxe, em benefício do advogado, o privilégio consistente na garantia do recebimento de seus honorários contratuais, mesmo sob bloqueio universal do patrimônio do cliente, até o montante de 20% dos bens bloqueados.

Importante ressaltar que essa possibilidade de desbloqueio não atinge os bloqueios determinados em decorrência do crime de tráfico de drogas.

Os §§ 1º a 5º dispõem sobre o pedido de desbloqueio; a ordem preferencial de pagamento dos honorários sobre os bens do cliente; a maneira como deve ser transferido esse pagamento diretamente para a conta do advogado ou do seu escritório; e a opção do advogado pela adjudicação de bem ou venda em hasta pública.

A inclusão do § 3º-A ao art. 24 do Estatuto, prevê que somente sejam consideradas válidas as disposições, as cláusulas, os regulamentos ou as convenções individuais ou coletivas que retirem do sócio o direito ao recebimento dos honorários de sucumbência "nos casos judiciais e administrativos", **após o protocolo de petição que revogue os poderes que lhe foram outorgados ou que noticie a renúncia a eles**. Ainda assim, os honorários serão devidos proporcionalmente ao trabalho realizado.

A Inclusão do § 5º ao art. 24 do Estatuto, assegura o direito aos honorários proporcionais ao trabalho realizado nos processos judiciais e administrativos em que tenha atuado, na hipótese de encerramento da relação contratual com o cliente.

A inclusão do § 6º ao art. 24 do Estatuto, deixa claro e definitivo, sem qualquer dúvida, que distrato e a rescisão do contrato de prestação de serviços advocatícios, mesmo que formalmente celebrados, não configuram renúncia expressa aos honorários pactuados.

A Inclusão do § 7º ao art. 24 do Estatuto, estipula que, na ausência de contrato de prestação de serviços advocatícios e fixação de honorários, estes devem ser arbitrados conforme as disposições contidas no art. 22.

A inclusão do parágrafo único ao art. 26 do Estatuto trouxe uma exceção à regra contida no *caput*, qual seja: "O advogado substabelecido, com reserva de poderes, não pode cobrar honorários sem a intervenção daquele que lhe conferiu o substabelecimento". No parágrafo único foi criada uma exceção, permitindo que o advogado **substabelecido com reserva de poderes** cobre diretamente o cliente, sem a participação do advogado que substabeleceu, desde que tenha, o advogado substabelecido, contrato celebrado com o cliente.

12. ADVOCACIA *PRO BONO*

Durante determinado período, entendeu-se que o advogado não poderia trabalhar sem cobrar honorários, que tal atitude poderia configurar forma de aviltamento de honorários. Com o intuito de regular essa atividade, foi adotado no sistema brasileiro a possibilidade do exercício da advocacia *pro bono*.

Considera-se advocacia *pro bono* a **prestação gratuita, eventual** e **voluntária** (G E V) de serviços jurídicos – essas são as características principais. Este tipo de atuação pode acontecer em favor de instituições sociais sem fins econômicos e aos seus assistidos, sempre que os beneficiários não dispuserem de recursos para a contratação de profissional. Também pode ser exercida para pessoas naturais hipossuficientes. Entretanto, **não poderá** o advogado atuar como *pro bono* com objetivos político-partidários ou eleitorais, nem beneficiar instituições que visem a tais objetivos, ou como instrumento de publicidade para captação de clientela.

Segundo o Provimento nº 166/2015 do Conselho Federal da OAB, os advogados que desempenharem a advocacia *pro bono* estão impedidos de exercer a advocacia remunerada, em qualquer esfera, para a pessoa natural ou jurídica que se utilize de seus serviços *pro bono* (art. 4º e § 1º).

Provimento CFOAB nº 166/2015

Art. 4º Os advogados e os integrantes das sociedades de advogados e dos departamentos jurídicos de empresas que desempenharem a advocacia pro bono definida no art. 1º deste Provimento estão impedidos de exercer a advocacia remunerada, em qualquer esfera, para a pessoa natural ou jurídica que se utilize de seus serviços pro bono.

§ 1º O impedimento de que trará este artigo cessará uma vez decorridos 3 (três) anos do encerramento da prestação do serviço pro bono.

§ 2º É igualmente vedado vincular ou condicionar a prestação de serviços pro bono à contratação de serviços remunerados, em qualquer circunstância.

▷ **Dicas Relevantes:**

1. Na falta de estipulação ou de acordo, os honorários são fixados por arbitramento judicial, em remuneração compatível com o trabalho e o valor econômico da questão, ou seja, devam ser observadas as disposições do CPC que regulam os honorários de sucumbência.

2. Consideram-se também honorários convencionados aqueles decorrentes da indicação de cliente entre advogados ou sociedade de advogados;

3. Fica permitida a dedução de honorários advocatícios contratuais dos valores acrescidos, a título de juros de mora, ao montante repassado aos Estados e aos Municípios na forma de precatórios, como complementação de fundos constitucionais.

Cuidado - essa dedução não será permitida aos advogados nas causas que decorram da execução de título judicial constituído em ação civil pública ajuizada pelo Ministério Público Federal.

4. Somente sejam consideradas válidas as disposições, as cláusulas, os regulamentos ou as convenções individuais ou coletivas que retirem do sócio o direito ao recebimento dos honorários de sucumbência "nos casos judiciais e administrativos", após o protocolo de petição que revogue os poderes que lhe foram outorgados ou que noticie a renúncia a eles.

Vale lembrar que mesmo nessa situação, os honorários serão devidos proporcionalmente ao trabalho realizado.

5. O advogado tem direito aos honorários proporcionais ao trabalho realizado nos processos judiciais e administrativos em que tenha atuado, na hipótese de encerramento da relação contratual com o cliente (seja por renúncia ou revogação);

6. No caso de bloqueio universal do patrimônio do cliente por decisão judicial, será garantido ao advogado a liberação de até 20% (vinte por cento) dos bens bloqueados para fins de recebimento de honorários e reembolso de gastos com a defesa

▷ *Cuidado - esse desbloqueio não será permitido nas causas relacionadas aos crimes previstos na Lei de Drogas.*

▷ *Dica Olho de Tigre - Quando o advogado substabelecido, com reservas de poderes, possuir contrato celebrado diretamente com o cliente emerge uma situação especial – este advogado substabelecido poderá cobrar esses honorários do cliente sem a participação do advogado que substabeleceu (art. 26, PU).*

▷ *IMPORTANTE - não pode ocorrer a condenação cumulativa em honorários assistenciais e em honorários de sucumbência, pois ambos visam remunerar o trabalho prestado pelo advogado no processo trabalhista.*

13. DIREITOS E PRERROGATIVAS DO ADVOGADO

13.1. Deveres do advogado

São deveres do advogado, de acordo com o art. 2º do CED:

Código de Ética e Disciplina

Art. 2º O advogado, indispensável à administração da Justiça, é defensor do Estado Democrático de Direito, dos direitos humanos e garantias fundamentais, da cidadania, da moralidade, da Justiça e da paz social, cumprindo-lhe exercer o seu ministério em consonância com a sua elevada função pública e com os valores que lhe são inerentes. Parágrafo único. São deveres do advogado:

I – preservar, em sua conduta, a honra, a nobreza e a dignidade da profissão, zelando pelo caráter de essencialidade e indispensabilidade da advocacia;

II – atuar com destemor, independência, honestidade, decoro, veracidade, lealdade, dignidade e boa-fé;

III – velar por sua reputação pessoal e profissional;

IV – empenhar-se, permanentemente, no aperfeiçoamento pessoal e profissional;

V – contribuir para o aprimoramento das instituições, do Direito e das leis;

VI – estimular, a qualquer tempo, a conciliação e a mediação entre os litigantes, prevenindo, sempre que possível, a instauração de litígios;

VII – desaconselhar lides temerárias, a partir de um juízo preliminar de viabilidade jurídica;

VIII – abster-se de:

a) utilizar de influência indevida, em seu benefício ou do cliente;

b) vincular seu nome ou nome social a empreendimentos sabidamente escusos;

c) emprestar concurso aos que atentem contra a ética, a moral, a honestidade e a dignidade da pessoa humana;

d) entender-se diretamente com a parte adversa que tenha patrono constituído, sem o assentimento deste;

e) ingressar ou atuar em pleitos administrativos ou judiciais perante autoridades com as quais tenha vínculos negociais ou familiares;

f) contratar honorários advocatícios em valores aviltantes.

IX – pugnar pela solução dos problemas da cidadania e pela efetivação dos direitos individuais, coletivos e difusos;

X – adotar conduta consentânea com o papel de elemento indispensável à administração da Justiça;

XI – cumprir os encargos assumidos no âmbito da Ordem dos Advogados do Brasil ou na representação da classe;

XII – zelar pelos valores institucionais da OAB e da advocacia;

XIII – ater-se, quando no exercício da função de defensor público, à defesa dos necessitados.

O advogado deve zelar por sua **liberdade** e independência, assim, nos termos do parágrafo único do art. 4 do CED, é legítima a recusa, pelo advogado, do patrocínio de causa e de manifestação, no âmbito consultivo, de pretensão concernente a direito que também lhe seja aplicável ou contrarie orientação que tenha manifestado anteriormente.

▷ **Importante!**

- Art. 5º do CED: O exercício da advocacia é incompatível com qualquer procedimento de mercantilização.
- Art. 6º do CED: É defeso (proibido) ao advogado expor os fatos em Juízo ou na via administrativa falseando deliberadamente a verdade e utilizando de má-fé.
- Art. 7º do CED: É vedado o oferecimento de serviços profissionais que implique, direta ou indiretamente, angariar ou captar clientela.

▷ **IMPORTANTE – A condição do advogado**

a) *Segundo o art. 2º do Estatuto, o advogado é indispensável à administração da justiça;*

b) *O advogado presta serviço público e exerce função social;*

c) *No processo judicial, o advogado contribui, na postulação de decisão favorável ao seu constituinte, ao convencimento do julgador, e seus atos constituem múnus público;*

d) *No processo administrativo, o advogado contribui com a postulação de decisão favorável ao seu constituinte, e os seus atos constituem múnus público;*

e) *No exercício da profissão, o advogado é inviolável por seus atos e manifestações, nos limites desta Lei;*

f) *O advogado pode contribuir com o processo legislativo e com a elaboração de normas jurídicas, no âmbito dos Poderes da República.*

13.2. Prerrogativas do advogado

O parágrafo único do art. 6º do Estatuto fixou o rol daqueles que devem dispensar ao advogado, quando no exercício da profissão, tratamento compatível com a dignidade da advocacia – devendo ser respeitada a imagem, a reputação e a integridade do advogado. Objetivamente, tal alteração vai no sentido positivo de reforçar a dignidade da atuação do advogado, como também corrobora as condições necessárias para o bom desempenho desse múnus público – e, importante, atualiza a orientação legal em harmonia com a Lei de Abuso de Autoridade (Lei nº 13.869/2019).

O inciso X do art. 7º do Estatuto garante ao advogado o uso da palavra, pela ordem, não só em juízo (como já previa o texto anterior), mas também em "tribunais administrativos", órgãos de deliberação coletiva da administração pública ou Comissão Parlamentar de Inquérito, mediante intervenção pontual e sumária. A intenção do uso da palavra pela ordem é esclarecer equívocos ou dúvidas em relação a fatos, documentos ou, ainda, afirmações que influam na decisão.

▷ **Importante!** O § 2º-B do art. 7º do Estatuto, fixou as situações de cabimento da sustentação oral pelos advogados nos recursos contra decisões monocráticas do relator que julgar o mérito ou não conhecer da apelação, recurso ordinário, recurso especial, recurso extraordinário, embargos de divergência, ação rescisória, mandado de segurança, reclamação, *habeas corpus* e outras ações de competência originária.

A realidade é que com essa regulamentação de hipóteses mais precisas de sustentação oral fica superado, ao menos parcialmente, o entendimento do Supremo Tribunal Federal firmado na ADI nº 1.105-7.

O § 6º-D do art. 7º do Estatuto traz a ideia de preservação do sigilo do conteúdo dos documentos (mídia e objetos) não relacionados com a investigação (mesmo quando for impossível que eles sejam separados daqueles que forem/devam ser apreendidos).

O § 6º-E do art. 7º do Estatuto traz a previsão no sentido de que, uma vez não observado o sigilo das informações apreendidas e não relacionadas à investigação, o representante da OAB deverá informar (via relatório), a fim de que a OAB tome as providências que entender adequadas, podendo inclusive apresentar notícia-crime contra os envolvidos, os quais deverão ser nominados e identificados no relato apresentado pelo representante.

O § 6º-I do art. 7º do Estatuto definiu a proibição para o advogado efetuar colaboração premiada contra quem seja ou tenha sido seu cliente, fixando que tal situação pode ser punida com a sanção de exclusão, prevista no inciso III do *caput* do art. 35 do Estatuto, bem como às penas do crime de violação de segredo profissional, previstas no art. 154 do CP.

Vale recordar, aqui, que as hipóteses de exclusão estão previstas no art. 38 do Estatuto:

> **Estatuto da Advocacia e a OAB**
>
> **Art. 38.** A exclusão é aplicável nos casos de:
>
> I – aplicação, por três vezes, de suspensão;
>
> II – infrações definidas nos incisos XXVI a XXVIII do art. 34.
>
> **Art. 34.** (...)
>
> (...)
>
> XXVI – fazer falsa prova de qualquer dos requisitos para inscrição na OAB;
>
> XXVII – tornar-se moralmente inidôneo para o exercício da advocacia;
>
> XXVIII – praticar crime infamante;
>
> (...)

Ou seja, como não ocorreu a inserção ou modificação em tais dispositivos, presume-se que o legislador esteja definindo que o advogado que fizer a colaboração premiada se tornará moralmente inidôneo. Definir como crime infamante não parece adequado. Melhor, com certeza, teria sido que o legislador inserisse, nos arts. 34 e 38, dispositivo específico quanto à colaboração premiada.

Nos §§ 14, 15 e 16 do art. 7º **do Estatuto,** foi atribuída competência privativa do Conselho Federal da OAB, dentro de processo disciplinar próprio, para dispor, analisar e decidir sobre a prestação efetiva do serviço jurídico realizado pelo advogado.

> ▷ **Importante!** Fez-se a previsão de nulidade do "ato praticado com violação da competência privativa do Conselho Federal da OAB". Na mesma linha e intenção, também foi fixada a competência privativa do Conselho Federal para analisar e decidir sobre "os honorários advocatícios dos serviços jurídicos realizados pelo advogado". Verdadeiramente, tal dispositivo aprofunda o caráter da OAB como entidade singular de serviço público independente, na exata definição do STF, na ADI nº 3.026.

No art. 7º-B do Estatuto, foi apenas incrementada a pena nele cominada, para o crime de violação das prerrogativas do advogado, aumentando-a de 3 (três) meses a 1 (um) ano de detenção, e multa, para 2 (dois) a 4 (quatro) anos e multa. *É vedado ao advogado efetuar colaboração premiada contra quem seja ou tenha sido seu cliente.*

O descumprimento desse dever importará em processo disciplinar – caso condenado a pena prevista será de exclusão (prevista no inciso III do caput do art. 35 do Estatuto), bem como às penas do crime de violação de segredo profissional, previstas no art. 154 do Código Penal.

13.3. Inviolabilidade do escritório (local de trabalho)

Nos termos do art. 7º, inciso II do Estatuto, é garantida ao advogado a inviolabilidade dos seus instrumentos de trabalho – aí incluídos todos os documentos relativos ao serviço da advocacia. Contudo, na forma do §6º do art. 7º do Estatuto, esta inviolabilidade pode, excepcionalmente, ser quebrada, existindo indícios de **autoria e materialidade** contra o advogado, mediante ordem judicial, específica e fundamentada, a ser cumprida na presença de representante da OAB.

13.4. Comunicação com o cliente

Nos termos do inciso II, do art. 7º do Estatuto, tem direito o advogado a comunicar-se pessoal e reservadamente com seu cliente (mesmo sem procuração), ainda que o cliente esteja recolhido na condição de incomunicável.

13.5. Prisão em flagrante do advogado

Nos termos do art. 7º, §3º do Estatuto, o advogado **somente poderá ser preso em flagrante**, por motivo de exercício da profissão, em caso de crime inafiançável, e, o advogado tem direito de, quando for preso em decorrência do exercício da profissão (da advocacia), ter a presença de representante na OAB na lavratura do flagrante, sob pena de nulidade e, nos demais casos, a comunicação expressa à seccional da OAB, conforme o inciso IV do art. 7º do Estatuto.

13.6. Local da prisão

Tem direito o advogado, antes de sentença condenatória transitada em julgado, de ser recolhido preso em sala de Estado Maior (com instalação e comodidade condigna), conforme o inciso V do art. 7º do Estatuto. Neste caso, para o reconhecimento deste direito, a motivação não importa (ou seja, mesmo que a prisão tenha origem em crime não ligado ao exercício da advocacia, ainda assim terá o advogado a prerrogativa de local especial para sua prisão).

Segundo decisões reiteradas do STF, a falta de instalações condignas para receber o advogado lhe garante o direito de prisão domiciliar (sempre até o trânsito em julgado da decisão condenatória).

13.7. Relação com o magistrado

Conforme o art. 6º do Estatuto, não existe hierarquia nem subordinação entre advogados e magistrados. Ainda, conforme o art. 7º, inciso VI, do Estatuto, é direito do advogado ingressar livremente nas salas de sessões dos tribunais, mesmo além dos cancelos que separam a parte reservada aos magistrados e tem direito de conversar com o juiz independentemente de hora marcada (ser atendido), conforme inciso VIII do mesmo dispositivo legal.

13.8. Exame de autos

O advogado tem direito a vistas dos autos em andamento (ou arquivados), mesmo sem procuração – este direito garante a possibilidade de tirar cópia e fazer apontamentos, conforme incisos XIII, XIV e XV do art. 7º do Estatuto.

▷ **Atenção!** Caso os autos estejam protegidos por sigilo, para ter acesso será necessária a procuração.

Tem o advogado, ainda, o direito de retirar os autos em carga – **para o exercício deste direito será necessária a procuração.** Excepcionalmente, será concedida carga de autos arquivados sem procuração, conforme o art. 7º, inciso XVI do Estatuto, no entanto, estando protegidos por sigilo, necessária também, neste caso, a procuração.

Resumindo:

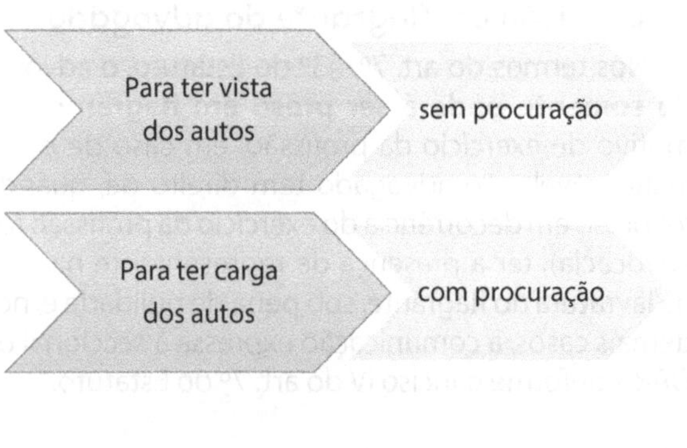

▷ **Atenção!** Sempre que os autos estiverem protegidos pelo sigilo (segredo de justiça), o acesso do advogado, seja para vistas, seja para carga, dependerá da procuração.

13.9. Exame de inquérito policial

Tem direito o advogado de fazer cópias e apontamentos de autos de prisão em flagrante ou inquérito policial, findo ou em andamento (ainda que concluso à autoridade), mesmo sem procuração. Será necessária a procuração apenas quando o Inquérito Policial estiver sob sigilo (segredo de justiça).

13.10. Desagravo (arts. 18 e 19 do Regulamento Geral)

O desagravo é a forma que a OAB tem, como instituição de classe, de responder a ofensas exaradas contra advogados no exercício (ou em razão) da profissão. Como a ofensa atinge **não só o advogado, mas todos os advogados,** o pedido pode ser feito por qualquer pessoa (e, também nesta mesma linha, o desagravo não depende de concordância do ofendido, que não pode dispensá-lo, devendo ser promovido a critério do Conselho).

Quem decide se haverá ou não o desagravo é o Conselho Seccional – no caso de urgência, poderá a diretoria do Conselho conceder imediatamente o desagravo, *ad referendum* do órgão competente do Conselho. Não sendo caso de urgência, o pedido será analisado, inclusive com a ouvida da pessoa ou autoridade que proferiu as ofensas.

O pedido de desagravo deverá ser decidido no prazo máximo de 60 (sessenta) dias. Deferido o pedido de desagravo, a sessão deverá ocorrer no prazo máximo de 30 (trinta) dias – no local da ofensa ou onde se encontre a autoridade ofensora.

13.11. Sigilo profissional

O sigilo profissional do advogado é inerente à profissão – não depende de cláusula de confidencialidade. E, importante, abrange toda e qualquer comunicação entre cliente e advogado.

Caso seja o advogado arrolado como testemunha e as perguntas digam respeitos a fatos que ele tomou conhecimento em decorrência do sigilo, ser-lhe-á autorizado e reconhecido o direito de não depor.

Exceções:

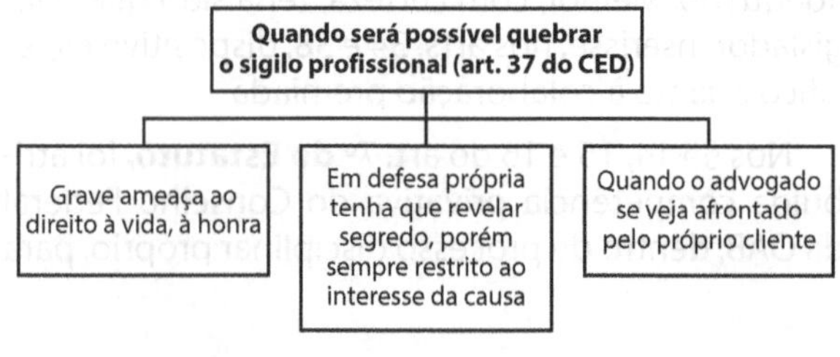

14. DIREITOS DA MULHER ADVOGADA

Fixou o Estatuto, no art. 7º-A, uma série de direitos que a advogada mulher possui, especificamente aquela que for gestante, lactante, que der à luz ou adotar. Perceba-se, então:

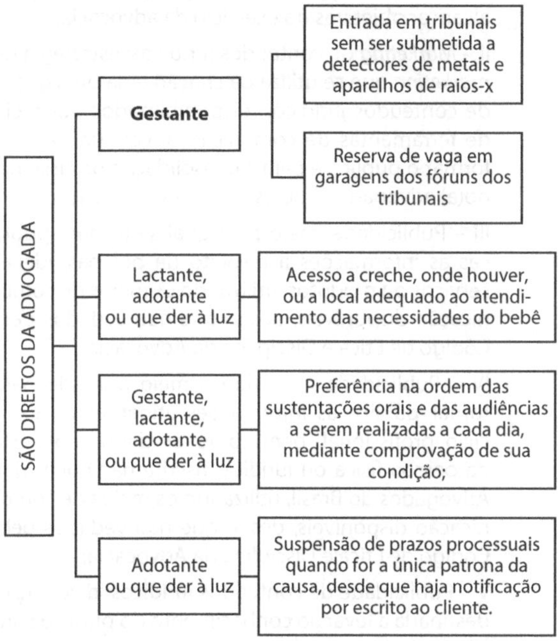

Os direitos previstos à advogada gestante ou lactante aplicam-se enquanto perdurar, respectivamente, o estado gravídico ou o período de amamentação.

Os direitos assegurados nos incisos II e III do art. 7º-A do Estatuto à advogada adotante ou que der à luz serão concedidos pelo prazo previsto no art. 392 da CLT, ou seja, pelo prazo de 120 (cento e vinte) dias.

> II - lactante, adotante ou que der à luz, acesso a creche, onde houver, ou a local adequado ao atendimento das necessidades do bebê; (Incluído pela Lei nº 13.363, de 2016)
>
> III - gestante, lactante, adotante ou que der à luz, preferência na ordem das sustentações orais e das audiências a serem realizadas a cada dia, mediante comprovação de sua condição; (Incluído pela Lei nº 13.363, de 2016)

O direito assegurado no inciso IV do art. 7º-A do Estatuto à advogada adotante ou que der à luz será concedido pelo prazo previsto no § 6º do art. 313 do CPC, ou seja, 30 (trinta) dias, contado a partir da data do parto ou da concessão da adoção, mediante apresentação de certidão de nascimento ou documento similar que comprove a realização do parto, ou de termo judicial que tenha concedido a adoção, desde que haja notificação ao cliente.

> IV - adotante ou que der à luz, suspensão de prazos processuais quando for a única patrona da causa, desde que haja notificação por escrito ao cliente.

▷ **ATENÇÃO:** O direito de suspensão de prazos processuais - sendo o único procurador e notificando o cliente, foi estendido ao advogado que adotar ou cuja esposa der à luz (art. 313, X, do CPC) - ressalte-se que, para o advogado homem, o prazo de suspensão será de 8 (oito) dias (art. 313, § 7º, do CPC). Para a mulher, tal suspensão será de 30 (trinta) dias, conforme o art. 313, § 6º, do CPC.

15. PUBLICIDADE PROFISSIONAL

A palavra-chave nas regras referentes à publicidade é a **moderação.** Não pode a publicidade ter um viés Mercantilista, Empresarial, Industrial ou Comercial.

Não pode o advogado fazer propaganda de seus serviços ou atividades, pois propaganda visa à captação de clientela e tal conduta é vedada, faz-se necessário uma leitura atenta dos arts. 40 e 42 do CED.

> **Art. 40.** Os meios utilizados para a publicidade profissional hão de ser compatíveis com a diretriz estabelecida no artigo anterior, sendo vedados:
>
> I – a veiculação da publicidade por meio de rádio, cinema e televisão;
>
> II – o uso de outdoors, painéis luminosos ou formas assemelhadas de publicidade;
>
> III – as inscrições em muros, paredes, veículos, elevadores ou em qualquer espaço público;
>
> IV – a divulgação de serviços de advocacia juntamente com a de outras atividades ou a indicação de vínculos entre uns e outras;
>
> V – o fornecimento de dados de contato, como endereço e telefone, em colunas ou artigos literários, culturais, acadêmicos ou jurídicos, publicados na imprensa, bem assim quando de eventual participação em programas de rádio ou televisão, ou em veiculação de matérias pela internet, sendo permitida a referência a e-mail;
>
> VI – a utilização de mala direta, a distribuição de panfletos ou formas assemelhadas de publicidade, com o intuito de captação de clientela.
>
> Parágrafo único. Exclusivamente para fins de identificação dos escritórios de advocacia, é permitida a utilização de placas, painéis luminosos e inscrições em suas fachadas, desde que respeitadas as diretrizes previstas no artigo 39.
>
> **Art. 42.** É vedado ao advogado:
>
> I – responder com habitualidade a consulta sobre matéria jurídica, nos meios de comunicação social;
>
> II – debater, em qualquer meio de comunicação, causa sob o patrocínio de outro advogado;
>
> III – abordar tema de modo a comprometer a dignidade da profissão e da instituição que o congrega;
>
> IV – divulgar ou deixar que sejam divulgadas listas de clientes e demandas;
>
> V – insinuar-se para reportagens e declarações públicas.

▷ **Cabeção, importante:**

- Não pode o advogado, na sua publicidade:

- Indicar o preço do trabalho;
- Divulgar que trabalha de graça, sem cobrança de honorários;
- Referir que ostenta ou ostentou cargo ou função pública;
- Veicular publicidade na rádio e na televisão;
- Relacionar, na publicidade do advogado, com outra atividade não advocatícia;
- Divulgar o serviço em carros de som ou *outdoor*.

Ainda, são admissíveis como formas de publicidade o patrocínio de eventos ou publicações de caráter científico ou cultural, assim como a divulgação de boletins, por meio físico ou eletrônico, sobre matéria cultural de interesse dos advogados, desde que sua circulação fique adstrita a clientes e a interessados do meio jurídico, conforme o art. 45 do CED.

▷ **Importante! É permitido ao advogado, na sua publicidade:**

- Divulgação em jornal, revistas e periódicos;
- Áreas de interesse e atuação;
- Títulos acadêmicos;
- Endereço, número de telefone, *e-mail* e *site*.

Além do CED, é importante se atentar ao Provimento CFOAB nº 205/2021, o qual veio para modernizar a publicidade, principalmente a publicidade na internet.

Provimento CFOAB nº 205/2021

O Conselho Federal da Ordem dos Advogados do Brasil, no uso das atribuições que lhe são conferidas pelo art. 54, V, da Lei nº 8.906, de 4 de julho de 1994, e considerando as normas sobre publicidade e informação da advocacia constantes no Código de Ética e Disciplina, no Provimento nº 94/2000, em resoluções e em assentos dos Tribunais de Ética e Disciplina dos diversos Conselhos Seccionais; considerando a necessidade de ordená-las de forma sistemática e de especificar adequadamente sua compreensão; e considerando o decidido nos autos da Proposição n. 49.0000.2021.001737-6/COP, resolve:

Art. 1º É permitido o *marketing* jurídico, desde que exercido de forma compatível com os preceitos éticos e respeitadas as limitações impostas pelo Estatuto da Advocacia, Regulamento Geral, Código de Ética e Disciplina e por este Provimento.

§ 1º As informações veiculadas deverão ser objetivas e verdadeiras e são de exclusiva responsabilidade das pessoas físicas identificadas e, quando envolver pessoa jurídica, dos sócios administradores da sociedade de advocacia que responderão pelos excessos perante a Ordem dos Advogados do Brasil, sem excluir a participação de outros inscritos que para ela tenham concorrido.

§ 2º Sempre que solicitado pelos órgãos competentes para a fiscalização da Ordem dos Advogados do Brasil, as pessoas indicadas no parágrafo anterior deverão comprovar a veracidade das informações veiculadas, sob pena de incidir na infração disciplinar prevista no art. 34, inciso XVI, do Estatuto da Advocacia e da OAB, entre outras eventualmente apuradas.

Art. 2º Para fins deste provimento devem ser observados os seguintes conceitos:

I – *Marketing* jurídico: Especialização do *marketing* destinada aos profissionais da área jurídica, consistente na utilização de estratégias planejadas para alcançar objetivos do exercício da advocacia;

II – *Marketing* de conteúdos jurídicos: estratégia de *marketing* que se utiliza da criação e da divulgação de conteúdos jurídicos, disponibilizados por meio de ferramentas de comunicação, voltada para informar o público e para a consolidação profissional do(a) advogado(a) ou escritório de advocacia;

III – Publicidade: meio pelo qual se tornam públicas as informações a respeito de pessoas, ideias, serviços ou produtos, utilizando os meios de comunicação disponíveis, desde que não vedados pelo Código de Ética e Disciplina da Advocacia;

IV – Publicidade profissional: meio utilizado para tornar pública as informações atinentes ao exercício profissional, bem como os dados do perfil da pessoa física ou jurídica inscrita na Ordem dos Advogados do Brasil, utilizando os meios de comunicação disponíveis, desde que não vedados pelo Código de Ética e Disciplina da Advocacia;

V – Publicidade de conteúdos jurídicos: divulgação destinada a levar ao conhecimento do público conteúdos jurídicos;

VI – Publicidade ativa: divulgação capaz de atingir número indeterminado de pessoas, mesmo que elas não tenham buscado informações acerca do anunciante ou dos temas anunciados;

VII – Publicidade passiva: divulgação capaz de atingir somente público certo que tenha buscado informações acerca do anunciante ou dos temas anunciados, bem como por aqueles que concordem previamente com o recebimento do anúncio;

VIII – Captação de clientela: para fins deste provimento, é a utilização de mecanismos de *marketing* que, de forma ativa, independentemente do resultado obtido, se destinam a angariar clientes pela indução à contratação dos serviços ou estímulo do litígio, sem prejuízo do estabelecido no Código de Ética e Disciplina e regramentos próprios.

Art. 3º A publicidade profissional deve ter caráter meramente informativo e primar pela discrição e sobriedade, não podendo configurar captação de clientela ou mercantilização da profissão, sendo vedadas as seguintes condutas:

I – referência, direta ou indireta, a valores de honorários, forma de pagamento, gratuidade ou descontos e reduções de preços como forma de captação de clientes;

II – divulgação de informações que possam induzir a erro ou causar dano a clientes, a outros(as) advogados(as) ou à sociedade;

III – anúncio de especialidades para as quais não possua título certificado ou notória especialização, nos termos do parágrafo único do art. 3º-A do Estatuto da Advocacia;

IV – utilização de orações ou expressões persuasivas, de autoengrandecimento ou de comparação;

V – distribuição de brindes, cartões de visita, material impresso e digital, apresentações dos serviços ou afins de maneira indiscriminada em locais públicos, presenciais ou virtuais, salvo em eventos de interesse jurídico.

§ 1º Entende-se por publicidade profissional sóbria, discreta e informativa a divulgação que, sem ostentação, torna público o perfil profissional e as informações atinentes ao exercício profissional, conforme estabelecido pelo § 1º, do art. 44, do Código de Ética e Disciplina, sem incitar diretamente ao litígio judicial, administrativo ou à contratação de serviços, sendo vedada a promoção pessoal.

§ 2º Os consultores e as sociedades de consultores em direito estrangeiro devidamente autorizadas pela Ordem dos Advogados do Brasil, nos termos do Provimento nº 91/2000, somente poderão realizar o *marketing* jurídico com relação às suas atividades de consultoria em direito estrangeiro correspondente ao país ou Estado de origem do profissional interessado. Para esse fim, nas peças de caráter publicitário a sociedade acrescentará obrigatoriamente ao nome ou razão social que internacionalmente adote a expressão "Consultores em direito estrangeiro" (art. 4º do Provimento 91/2000).

Art. 4º No *marketing* de conteúdos jurídicos poderá ser utilizada a publicidade ativa ou passiva, desde que não esteja incutida a mercantilização, a captação de clientela ou o emprego excessivo de recursos financeiros, sendo admitida a utilização de anúncios, pagos ou não, nos meios de comunicação, exceto nos meios vedados pelo art. 40 do Código de Ética e Disciplina e desde que respeitados os limites impostos pelo inciso V do mesmo artigo e pelo Anexo Único deste provimento.

§ 1º Admite-se, na publicidade de conteúdos jurídicos, a identificação profissional com qualificação e títulos, desde que verdadeiros e comprováveis quando solicitados pela Ordem dos Advogados do Brasil, bem como com a indicação da sociedade da qual faz parte.

§ 2º Na divulgação de imagem, vídeo ou áudio contendo atuação profissional, inclusive em audiências e sustentações orais, em processos judiciais ou administrativos, não alcançados por segredo de justiça, serão respeitados o sigilo e a dignidade profissional e vedada a referência ou menção a decisões judiciais e resultados de qualquer natureza obtidos em procedimentos que patrocina ou participa de alguma forma, ressalvada a hipótese de manifestação espontânea em caso coberto pela mídia.

§ 3º Para os fins do previsto no inciso V do art. 40 do Código de Ética e Disciplina, equiparam-se ao e-mail, todos os dados de contato e meios de comunicação do escritório ou advogado(a), inclusive os endereços dos *sites*, das redes sociais e os aplicativos de mensagens instantâneas, podendo também constar o logotipo, desde que em caráter informativo, respeitados os critérios de sobriedade e discrição.

§ 4º Quando se tratar de venda de bens e eventos (livros, cursos, seminários ou congressos), cujo público-alvo sejam advogados(as), estagiários(as) ou estudantes de direito, poderá ser utilizada a publicidade ativa, observadas as limitações do *caput* deste artigo.

§ 5º É vedada a publicidade a que se refere o *caput* mediante uso de meios ou ferramentas que influam de forma fraudulenta no seu impulsionamento ou alcance.

Art. 5º A publicidade profissional permite a utilização de anúncios, pagos ou não, nos meios de comunicação não vedados pelo art. 40 do Código de Ética e Disciplina.

§ 1º É vedado o pagamento, patrocínio ou efetivação de qualquer outra despesa para viabilizar aparição em rankings, prêmios ou qualquer tipo de recebimento de honrarias em eventos ou publicações, em qualquer mídia, que vise destacar ou eleger profissionais como detentores de destaque.

§ 2º É permitida a utilização de logomarca e imagens, inclusive fotos dos(as) advogados(as) e do escritório, assim como a identidade visual nos meios de comunicação profissional, sendo vedada a utilização de logomarca e símbolos oficiais da Ordem dos Advogados do Brasil.

§ 3º É permitida a participação do advogado ou da advogada em vídeos ao vivo ou gravados, na internet ou nas redes sociais, assim como em debates e palestras virtuais, desde que observadas as regras dos arts. 42 e 43 do CED, sendo vedada a utilização de casos concretos ou apresentação de resultados.

Art. 6º Fica vedada, na publicidade ativa, qualquer informação relativa às dimensões, qualidades ou estrutura física do escritório, assim como a menção à promessa de resultados ou a utilização de casos concretos para oferta de atuação profissional.

Parágrafo único. Fica vedada em qualquer publicidade a ostentação de bens relativos ao exercício ou não da profissão, como uso de veículos, viagens, hospedagens e bens de consumo, bem como a menção à promessa de resultados ou a utilização de casos concretos para oferta de atuação profissional.

Art. 7º Considerando que é indispensável a preservação do prestígio da advocacia, as normas estabelecidas neste provimento também se aplicam à divulgação de conteúdos que, apesar de não se relacionarem com o exercício da advocacia, possam atingir a reputação da classe à qual o profissional pertence.

Art. 8º Não é permitido vincular os serviços advocatícios com outras atividades ou divulgação conjunta de tais atividades, salvo a de magistério, ainda que complementares ou afins.

Parágrafo único. Não caracteriza infração ético-disciplinar o exercício da advocacia em locais compartilhados (*coworking*), sendo vedada a divulgação da atividade de advocacia em conjunto com qualquer outra atividade ou empresa que compartilhem o mesmo espaço, ressalvada a possibilidade de afixação de placa indicativa no espaço físico em que se desenvolve a advocacia e a veiculação da informação de que a atividade profissional é desenvolvida em local de *coworking*.

Art. 9º Fica criado o Comitê Regulador do *Marketing* Jurídico, de caráter consultivo, vinculado à Diretoria do Conselho Federal, que nomeará seus membros, com mandato concomitante ao da gestão, e será composto por:

I – 05 (cinco) Conselheiros(as) Federais, um(a) de cada região do país, indicados(as) pela Diretoria do CFOAB;

II – 01 (um) representante do Colégio de Presidentes de Seccionais.

III – 01 (um) representante indicado pelo Colégio de Presidentes dos Tribunais de Ética e Disciplina;

IV – 01 (um) representante indicado pela Coordenação Nacional de Fiscalização da Atividade Profissional da Advocacia; e

V – 01 (um) representante indicado pelo Colégio de Presidentes das Comissões da Jovem Advocacia.

§ 1º O Comitê Regulador do *Marketing* Jurídico se reunirá periodicamente para acompanhar a evolução dos critérios específicos sobre *marketing*, publicidade e informação na advocacia constantes do Anexo Único deste provimento, podendo propor ao Conselho Federal a alteração, a supressão ou a inclusão de novos critérios e propostas de alteração do provimento.

§ 2º Com a finalidade de pacificar e unificar a interpretação dos temas pertinentes perante os Tribunais de Ética e Disciplina e Comissões de Fiscalização das Seccionais, o Comitê poderá propor ao Órgão Especial, com base nas disposições do Código de Ética e Disciplina e pelas demais disposições previstas neste provimento, sugestões de interpretação dos dispositivos sobre publicidade e informação.

Art. 10. As Seccionais poderão conceder poderes coercitivos à respectiva Comissão de Fiscalização, permitindo a expedição de notificações com a finalidade de dar efetividade às disposições deste provimento.

Art. 11. Faz parte integrante do presente provimento o Anexo Único, que estabelece os critérios específicos sobre a publicidade e informação da advocacia.

Art. 12. Fica revogado o Provimento nº 94, de 05 de setembro de 2000, bem como as demais disposições em contrário.

Parágrafo único. Este provimento não se aplica às eleições do sistema OAB, que possui regras próprias quanto à campanha e à publicidade.

Art. 13. Este Provimento entra em vigor no prazo de 30 (trinta) dias a contar da data de sua publicação no Diário Eletrônico da OAB.

▷ **Cabeção, importante!** Ler os arts. 39 a 47-A do CED.

16. INFRAÇÕES E SANÇÕES DISCIPLINARES

16.1. Infrações disciplinares

Previsão legal: art. 34 do Estatuto da Advocacia e a OAB.

As infrações são condutas negativas ou comportamentos indesejados do advogado, definidas e tipificadas pelo Estatuto (e não podem ser objeto de interpretação extensiva ou analógica). Apenas os inscritos na OAB podem cometer infração disciplinar (não há como responsabilizar terceiro, não inscrito).

Na forma do art. 34, XXX, é infração disciplinar praticar assédio moral, assédio sexual ou discriminação.

E o Estatuto conceituou tais infrações da seguinte forma:

> I - assédio moral: a conduta praticada no exercício profissional ou em razão dele, por meio da repetição deliberada de gestos, palavras faladas ou escritas ou comportamentos que exponham o estagiário, o advogado ou qualquer outro profissional que esteja prestando seus serviços a situações humilhantes e constrangedoras, capazes de lhes causar ofensa à personalidade, à dignidade e à integridade psíquica ou física, com o objetivo de excluí-los das suas funções ou de desestabilizá-los emocionalmente, deteriorando o ambiente profissional;
>
> II - assédio sexual: a conduta de conotação sexual praticada no exercício profissional ou em razão dele, manifestada fisicamente ou por palavras, gestos ou outros meios, proposta ou imposta à pessoa contra sua vontade, causando-lhe constrangimento e violando a sua liberdade sexual;
>
> III - discriminação: a conduta comissiva ou omissiva que dispense tratamento constrangedor ou humilhante a pessoa ou grupo de pessoas, em razão de sua deficiência, pertença a determinada raça, cor ou sexo, procedência nacional ou regional, origem étnica, condição de gestante, lactante ou nutriz, faixa etária, religião ou outro fator.

▷ Importante – tais infrações, caso emerja decisão condenatório, serão punidas com a penas de suspensão, na forma do art. 37, I do Estatuto.

16.2. Sanções disciplinares

Previsão legal: arts. 35 a 43 do Estatuto.

Já as sanções disciplinares, para serem aplicadas, exigem devido processo legal (contraditório e ampla defesa) – ou seja, processo disciplinar válido. Dividem-se em **censura** (existindo atenuantes, pode ser substituída por advertência), **suspensão** e **exclusão**.

16.2.1. Censura (art. 36 do Estatuto)

A censura é aplicada, quando o advogado **comete atos contrários ao Código de Ética e Disciplina da OAB**. Não é pública e consiste em registrar no prontuário do advogado a pena.

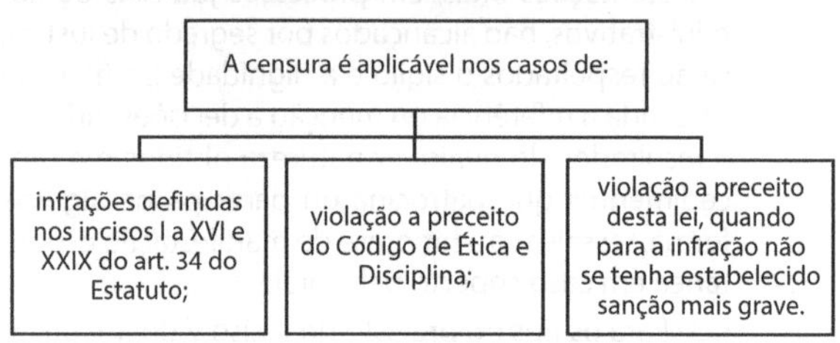

A censura é aplicável nos casos de:

- infrações definidas nos incisos I a XVI e XXIX do art. 34 do Estatuto;
- violação a preceito do Código de Ética e Disciplina;
- violação a preceito desta lei, quando para a infração não se tenha estabelecido sanção mais grave.

A censura poderá ser convertida em advertência, situação em que será apenas remetido um ofício reservado ao advogado, sem qualquer registro no prontuário.

Existindo circunstâncias atenuantes, previstas no art. 40 do Estatuto.

Art. 40 do Estatuto. Na aplicação das sanções disciplinares, são consideradas, para fins de atenuação, as seguintes circunstâncias, entre outras:
I - falta cometida na defesa de prerrogativa profissional;
II - ausência de punição disciplinar anterior;
III - exercício assíduo e proficiente de mandato ou cargo em qualquer órgão da OAB;
IV - prestação de relevantes serviços à advocacia ou à causa pública.
Parágrafo único. Os antecedentes profissionais do inscrito, as atenuantes, o grau de culpa por ele revelada, as circunstâncias e as conseqüências da infração são considerados para o fim de decidir:
a) sobre a conveniência da aplicação cumulativa da multa e de outra sanção disciplinar;
b) sobre o tempo de suspensão e o valor da multa aplicáveis.

16.2.2. Suspensão (art. 37 do Estatuto)

Aplicada a pena de suspensão, ficará o advogado proibido de exercer a advocacia em todo o território nacional (embora tenha que continuar pagando anuidade da OAB). Infrações disciplinares que podem resultar na pena de suspensão:

- todas que envolvam dinheiro (podendo ser aplicada e mantida até que devolva o dinheiro do cliente);
- erros reiterados, configurando inépcia (somente erro é censura);
- retenção abusiva de autos;
- conduta inadequada (ex.: envolvimento com drogas, álcool, escândalos, improbidade, prática de Assédio Moral, Sexual ou Discriminação, etc.).

▷ **Importante!** As penas somente poderão ser aplicadas após o trânsito em julgado da decisão condenatória.

No entanto, **existe uma exceção**: a suspensão preventiva prevista no art. 70, § 3º, do Estatuto (havendo repercussão prejudicial à dignidade da advocacia), o Tribunal de Ética e Disciplina poderá notificar o acusado para uma sessão especial, em que será analisada a aplicação ou não da suspensão preventiva (o acusado terá direito de apresentar sua defesa nesta sessão, pelo prazo de 15 minutos).

Caso aplicada a suspensão preventiva, o julgamento do processo disciplinar deve acontecer em 90 (noventa) dias, sob pena de constrangimento ilegal.

Existe, ainda, uma sanção acessória: **a multa**. É uma espécie de agravante, não existe sozinha, apenas aplicada em conjunto com a censura ou a suspensão (na exclusão, não existe multa).

16.2.3. Exclusão (art. 38 do Estatuto)

A exclusão é a pena mais grave, será pública e gerará o cancelamento da inscrição.

Será aplicada nas seguintes infrações:

- prova falsa de requisito da inscrição;
- falta de idoneidade moral para o exercício da advocacia;
- prática de crime infamante;
- terceira suspensão.

No que se refere a exclusão fundamentada em três condenações por suspensão, foi editada a Súmula n º 21/2024/OEP:

Nos processos de exclusão de advogado dos quadros da OAB, fundado em 3 (três) condenações anteriores à sanção de suspensão, o período depurador de 5 (cinco) anos regulado pelo artigo 64, inciso I, do Código Penal, deverá ser aferido entre o cumprimento da suspensão anterior e a prática de um novo fato disciplinarmente relevante, de modo que, se não transcorrer lapso temporal superior a 5 (cinco) anos entre esses marcos, a condenação anterior poderá ser computada para instrução do processo disciplinar de exclusão dos quadros da OAB.

Para aplicação da exclusão, será necessária a manifestação de dois terços do Conselho Seccional de forma favorável.

17. PROCESSO DISCIPLINAR

Será instaurado de ofício ou mediante representação (essa não pode ser anônima). A atribuição para conduzir o processo, na primeira instância, será do Tribunal de Ética e Disciplina, órgão subordinado ao Conselho Seccional. Será garantido o sigilo do processo até a decisão final, proporcionando-se ao acusado a mais ampla e constitucional defesa.

O julgamento do TED, apesar de ser a primeira instância, será colegiado (não existe decisão monocrática).

O recurso contra decisão do TED será de competência do Conselho Seccional, por uma de suas Câmaras Julgadoras. Os recursos terão, como regra, o duplo efeito (devolutivo e suspensivo).

Excepcionalmente, o recurso terá apenas efeito devolutivo nos seguintes casos:

- processo/recurso referente à eleição da OAB;
- exclusão de advogado que produziu prova falsa para inscrição nos quadros da OAB; e
- suspensão preventiva.

▷ **Importante! Alteração no § 1º do art. 69 do Estatuto.**

Foi alterada a forma de contagem de prazos, especificamente nos casos de comunicação por ofício reservado ou de notificação pessoal, **considerando-se o dia do começo do prazo o primeiro dia útil imediato ao da juntada aos autos do**

respectivo aviso de recebimento. Ou seja, simplesmente respeitando-se a legislação processual civil – na verdade, corrigiu-se o equívoco da norma revogada (que determinava o início do prazo da notificação).

> **Estatuto da Advocacia e a OAB**
>
> **Art. 69.** Todos os prazos necessários à manifestação de advogados, estagiários e terceiros, nos processos em geral da OAB, são de quinze dias, inclusive para interposição de recursos.
>
> § 1º Nos casos de comunicação por ofício reservado ou de notificação pessoal, considera-se dia do começo do prazo o primeiro dia útil imediato ao da juntada aos autos do respectivo aviso de recebimento. *(Redação dada pela Lei nº 14.365/2022)*
>
> § 2º No caso de atos, notificações e decisões divulgados por meio do Diário Eletrônico da Ordem dos Advogados do Brasil, o prazo terá início no primeiro dia útil seguinte à publicação, assim considerada o primeiro dia útil seguinte ao da disponibilização da informação no Diário. *(Redação dada Lei nº 13.688/2018)*

17.1. Prescrição no processo disciplinar

A prescrição da pretensão punitiva ocorre **após 5 (cinco) anos** da ciência oficial dos atos que poderia gerar a abertura de um processo disciplinar.

Este prazo será interrompido nas seguintes circunstâncias:

- instauração do processo disciplinar;
- notificação regular do acusado;
- decisão condenatória recorrível.

No decorrer do processo, é possível acontecer a **prescrição intercorrente**, a qual é identificada pela paralisação do processo disciplinar **por mais de três anos**.

17.2. Reabilitação (art. 41 do Estatuto)

Tem direito o advogado punido de pretender a reabilitação, uma forma de, ultrapassado determinado prazo, afastar dos seus registros a referência sobre a punição sofrida (maneira de "limpar a ficha"). O Estatuto prevê, de forma expressa, que será permitido requerer a reabilitação **após um ano** do cumprimento da pena.

▷ **Atenção:** Quando a pena disciplinar decorrer de condenação criminal, a reabilitação perante a OAB exigirá, primeiro, a reabilitação criminal.

▷ **Importante!**

Súmula nº 13/2022/OEP

O Órgão Especial do Conselho Pleno do Conselho Federal da Ordem dos Advogados do Brasil, no uso das suas atribuições conferidas no art. 86 do Regulamento Geral da Lei nº 8.906/94, considerando o julgamento do Recurso nº 49.0000.2016.006052-7/OEP, decidiu, por unanimidade de votos, em sessão ordinária realizada no dia 20 de setembro de 2022, editar a Súmula nº 13/2022, com o seguinte enunciado: "Interrompem a prescrição as decisões do Conselho Federal da OAB que inadmitam recursos interpostos contra acórdão condenatório ou mantenham a sua inadmissibilidade por ausência de violação à Lei nº 8.906/94, ausência de contrariedade à decisão do Conselho Federal ou de outro Conselho Seccional e, ainda, ausência de violação ao Regulamento Geral, ao Código de Ética e Disciplina e aos Provimentos (art. 75, da Lei 8.906/94), por ostentarem caráter condenatório, nos termos do art. 43, § 2º, II, do Estatuto da Advocacia e da OAB.".

Súmula nº 12/2022/OEP

O Órgão Especial do Conselho Pleno do Conselho Federal da Ordem dos Advogados do Brasil, no uso das suas atribuições conferidas no art. 86 do Regulamento Geral da Lei nº 8.906/94, considerando o julgamento do Recurso nº 49.0000.2018.010646-4/OEP, decidiu, por unanimidade de votos, em sessão ordinária realizada no dia 20 de setembro de 2022, editar a Súmula nº 12/2022, com o seguinte enunciado: "A AUSÊNCIA DO PARECER PRELIMINAR PREVISTO NO ART. 59, §7º, DO CÓDIGO DE ÉTICA E DISCIPLINA DA OAB, GERA NULIDADE RELATIVA, A SER RECONHECIDA SE COMPROVADO O PREJUÍZO CAUSADO".

18. PERSPECTIVA INTERSECCIONAL DE GÊNERO E RAÇA

A OAB, sempre a frente do seu tempo, editou a Resolução Nº 005/2024 onde incluiu no Código de Ética e disciplina os seguintes dispositivos:

> Art. 3º-A. O advogado e a advogada devem atuar com perspectiva interseccional de gênero e raça em todas as etapas dos procedimentos judicial, administrativo e disciplinar, afastando estereótipos, preconceitos e problemas estruturais que possam causar indevido desequilíbrio na relação entre os sujeitos.
>
> Art. 55-A. Os procedimentos na OAB observarão a tramitação e o julgamento com perspectiva de gênero e raça, a ser reconhecida de ofício ou por solicitação da parte interessada.
>
> Parágrafo único. O Conselho Federal regulamentará o disposto no caput do presente artigo, mediante edição de Provimento.
>
> Art. 71. (...)
>
> VII - em conjunto com o Conselho Federal e o Comitê de Acompanhamento e Capacitação sobre Julgamento com Perspectiva de Gênero e Raça, organizar, promover e desenvolver cursos, palestras, seminários e discussões a respeito de Julgamento com Perspectiva de Gênero e Raça, visando à formação da consciência dos julgadores, Conselheiros(as), servidores(as) e membros para afastar estereótipos, preconceitos e problemas estruturais que possam causar indevido desequilíbrio na relação entre os sujeitos.

Diante desses dispositivos gerais (onde foram fixados princípios básicos), o Provimento 228/2024 trouxe a regulamentação, onde podem ser ressaltadas as seguintes situações:

a) O processo na OAB observará a tramitação e o julgamento com perspectiva de gênero, a serem reconhecidos de ofício ou por solicitação da parte interessada.

b) Considera-se julgamento com perspectiva de gênero as atividades dos órgãos julgadores da OAB que se destinam a interpretar as normas jurídicas, bem como avaliar os fatos, elementos de informação e provas trazidos no curso do processo, buscando identificar e desconstruir as desigualdades estruturais e as assimetrias de gênero e proporcionando um espaço igualitário para todos os envolvidos no processo ético-disciplinar.

c) Reconhecida a necessidade de aplicação do julgamento com perspectiva de gênero, será atribuída tramitação prioritária ao processo ético-disciplinar correspondente.

d) Não serão deferidas perguntas que desqualifiquem a depoente, que lhe cause revitimização ou desconforto, bem como interrupções ou pressões que a impeçam de desenvolver seu raciocínio.

e) A decisão da Relatoria que indeferir o reconhecimento da tramitação e julgamento com perspectiva de gênero deverá ser fundamentada, admitindo-se a interposição de recurso ao órgão julgador colegiado (recurso esse com efeito suspensivo).

f) À advogada, enquanto parte ou procuradora, e às demais mulheres advogadas envolvidas no processo devem ser assegurados os direitos previstos no artigo 7º-A da Lei n. 8.906/94.

g) Nos casos em que a presença do ofensor possa causar humilhação, temor, intimidação ou sério constrangimento, ficam assegurados à mulher a oitiva, o depoimento pessoal e a sustentação oral sem a presença da parte contrária, sendo facultada a realização de audiências e julgamento de forma híbrida.

h) Em se tratando de ato processual realizado de forma presencial, a parte contrária deverá constituir procurador(a). Caso não o faça, será designado defensor(a) ad hoc exclusivamente para o ato processual, podendo o ofensor ter acesso, posteriormente, ao conteúdo do ato realizado, de modo a assegurar o exercício do contraditório.

i) Deferida a tramitação do processo sob perspectiva de gênero, a Comissão da Mulher Advogada será oficiada para indicar membro que poderá acompanhar, na condição de amicus curiae, todos os atos processuais, presenciais ou virtuais, resguardado o sigilo, quando necessário.

j) A Relatoria, de ofício ou a requerimento da parte interessada, verificando que a medida se revela necessária, poderá indicar a assistência psicológica gratuita à mulher, mediante convênio firmado pela OAB com instituições especializadas.

k) Nos processos com tramitação e julgamento com perspectiva de gênero, sendo revel a advogada representada, deverá ser designada defensoria dativa.

l) Os julgadores poderão se valer de marcos normativos e precedentes nacionais ou internacionais, assim como recomendações, opiniões consultivas ou observações gerais emitidas pelos organismos regionais ou internacionais que se relacionem com o tema da perspectiva de gênero.

m) A ementa do acórdão deverá conter o termo: "Julgamento segundo perspectiva de gênero".

19. INCOMPATIBILIDADE E IMPEDIMENTO

19.1. Conceito

Impedimento é a proibição parcial (limitação) do exercício da advocacia e **incompatibilidade** é a proibição total do exercício da advocacia.

A **incompatibilidade** pode ser **definitiva** (gerará o cancelamento da inscrição) ou poderá ser **temporária** (circunstância que acarretará o licenciamento da inscrição). Já o **impedimento** não gera licenciamento ou cancelamento; o advogado impedido pode advogar, tem carteira da OAB (apenas exercerá a advocacia com algumas limitações).

19.2. Causas que geram a incompatibilidade (art. 28 do Estatuto)

Conforme o art. 28 do Estatuto, a advocacia é incompatível, mesmo em causa própria, com as seguintes atividades:

Incompatibilidade

- Chefe do Poder Executivo e membros da Mesa do Poder Legislativo e seus substitutos legais;
- Membros de órgãos do Poder Judiciário, do Ministério Público, dos tribunais e conselhos de contas, dos juizados especiais, da justiça de paz, juízes classistas, bem como de todos os que exerçam função de julgamento em órgãos de deliberação coletiva da administração pública direta e indireta;
- Ocupantes de cargos ou funções de direção em Órgãos da Administração Pública direta ou indireta, em suas fundações e em suas empresas controladas ou concessionárias de serviço público;
  OBS: exceto os que não detenham poder de decisão relevante sobre interesses de terceiro, a juízo do conselho competente da OAB, bem como a administração acadêmica diretamente relacionada ao magistério jurídico.
- Ocupantes de cargos ou funções vinculados direta ou indiretamente a qualquer órgão do Poder Judiciário e os que exercem serviços notariais e de registro;
- Ocupantes de cargos ou funções vinculados direta ou indiretamente a atividade policial de qualquer natureza;
  OBS: não se aplicam ao exercício da advocacia em causa própria, estritamente para fins de defesa e tutela de direitos pessoais, desde que mediante inscrição especial na OAB, vedada a participação em sociedade de advogados.
- Militares de qualquer natureza, na ativa;
  OBS: não se aplicam ao exercício da advocacia em causa própria, estritamente para fins de defesa e tutela de direitos pessoais, desde que mediante inscrição especial na OAB, vedada a participação em sociedade de advogados.
- Ocupantes de cargos ou funções que tenham competência de lançamento, arrecadação ou fiscalização de tributos e contribuições parafiscais;
- Ocupantes de funções de direção e gerência em instituições financeiras, inclusive privadas.

▷ **Atenção!** A incompatibilidade não cessa quando o ocupante deixa de exercer o cargo que a gerou temporariamente.

Estatuto da Advocacia e a OAB

Art. 28. (...)

(...)

§ 2º Não se incluem nas hipóteses do inciso III os que não detenham poder de decisão relevante sobre interesses de terceiro, a juízo do conselho competente da OAB, **bem como a administração acadêmica diretamente relacionada ao magistério jurídico.**

Ou seja, não têm incompatibilidade Diretor ou Coordenador de Curso/Faculdade de Direito de Universidade Pública.

Gerente de banco (público ou privado) não pode advogar; no entanto, o Gerente Jurídico de banco pode, exclusivamente para o banco.

19.3. Causas que geram o impedimento

Na forma do art. 30 do Estatuto, são impedidos de exercer a advocacia:

- Os servidores da administração direta, indireta e fundacional, contra a Fazenda Pública que os remunere ou à qual seja vinculada a entidade empregadora;
- OBS: Não se incluem os docentes dos cursos jurídicos.
- Os membros do Poder Legislativo, em seus diferentes níveis, contra ou a favor das pessoas jurídicas de direito público, empresas públicas, sociedades de economia mista, fundações públicas, entidades paraestatais ou empresas concessionárias ou permissionárias de serviço público.

▷ **Atenção, cabeçones!** Membro do Poder Legislativo que faz parte da mesa diretora exerce atividade incompatível com a advocacia (não poder advogar). Então, e em resumo, quanto ao Poder Legislativo: a) faz parte da mesa – incompatível; b) não faz parte da mesa – impedimento.

Vale recordar que o impedimento aparece na carteira da OAB.

Gerente de banco (público ou privado) não pode advogar; no entanto, o Gerente Jurídico de banco pode, exclusivamente para o banco.

Por fim, destaca-se que existem alguns cargos públicos com poder de mando (p. ex.: Procurador-Geral do Estados, Defensor Público Geral, Advogado Geral da União, entre outros) que são habilitados a exercer a advocacia nos limites do seu cargo (não podem exercer em causa própria).

Quanto a possibilidade de policiais e militares atuarem em causa própria, apesar da previsão do Estatuto (os dispositivos, incluídos em 2022 pela Lei 14.365, permitiam a atuação "estritamente para fins de defesa e tutela de direitos pessoais", mediante inscrição especial na OAB), é necessária uma observação. Veja-se:

O Supremo Tribunal Federal (STF) declarou a inconstitucionalidade de dispositivos do Estatuto da Advocacia que autorizavam policiais e militares na ativa a advogar em causa própria.

A decisão unânime foi tomada no julgamento da Ação Direta de Inconstitucionalidade (ADI).

Segundo o voto da relatora, ministra Cármen Lúcia, foi julgado procedente o pedido formulado pelo Conselho Federal da Ordem dos Advogados do Brasil (OAB) contra os parágrafos 3º e 4º do artigo 28 do Estatuto (Lei 8.906/1994).

Ainda nos termos do voto da Min. Relatora, a lei dispõe há décadas sobre a incompatibilidade do exercício da advocacia e das funções exercidas por policiais e militares na ativa (sendo que o STF já concluiu que norma contra a atuação na condição de advogados, de agentes da segurança pública, mesmo que em causa própria, não ofende a Constituição).

Dessa forma, apesar dos dispositivos ainda constarem no texto da lei, diante da declaração de inconstitucionalidade, deve ser para os policiais e militares considerada a incompatibilidade absoluta (sem a possibilidade de atuarem em causa própria).

QUESTÕES DE ÉTICA - ASSUNTOS MAIS RECORRENTES

01. FGV - OAB - 39º Exame de Ordem Unificado - Primeira Fase – Q01 Durante audiência de instrução e julgamento da qual participou na qualidade de advogado, Robson foi comprovadamente ofendido por palavras desferidas pelo juiz que presidia o ato. Abalado em razão desse fato, Robson decide buscar as informações necessárias para obter desagravo público perante o Conselho Seccional competente da OAB.

A esse respeito, assinale a afirmativa correta.

a) O relator deverá solicitar informações da autoridade ofensora, como condição para a concessão do desagravo.

b) Não há previsão legal ou regulamentar de prazo máximo para concessão do desagravo, em caso de acolhimento do parecer do relator, aplicando-se o princípio da Duração Razoável do Processo.

c) O desagravo será concedido em sessão realizada para essa finalidade, amplamente divulgada, sendo vedada, em qualquer caso, a concessão imediata.

d) A sessão de desagravo deverá ser realizada, preferencialmente, no local onde a ofensa foi sofrida ou onde se encontre a autoridade ofensora.

02. FGV - OAB - 39º Exame de Ordem Unificado - Primeira Fase – Q02 Pedro, cidadão brasileiro, graduou-se em Direito em renomada instituição norte-americana. Caso deseje exercer no Brasil a profissão de advogado, Pedro deverá solicitar inscrição na Ordem dos Advogados do Brasil. Sobre a hipótese, assinale a opção que indica o requisito que, em tal ocasião, Pedro estará dispensado de apresentar.

a) Revalidação do título de graduação em Direito.

b) Aprovação em Exame de Ordem.

c) Ter sido admitido em estágio profissional de advocacia.

d) Prestação de compromisso perante o conselho.

03. FGV - OAB - 39º Exame de Ordem Unificado - Primeira Fase – Q03 Mariana deseja ingressar no quadro da Sociedade de Advogados XYZ, na qualidade de associada, sem vínculo de emprego. Ao pesquisar a legislação que rege a parceria em questão, Mariana descobriu que constitui cláusula essencial do contrato de associação

a) a qualificação das partes, com referência expressa à inscrição no Conselho Seccional da OAB competente.

b) a identificação da parte que terá a responsabilidade exclusiva pelos riscos e pelas receitas decorrentes da prestação do serviço.

c) a forma de repartição da responsabilidade pelo fornecimento de condições materiais necessárias à execução dos serviços entre as partes, vedada a atribuição da totalidade das despesas exclusivamente a uma delas.

d) a estabilidade da parceria, materializada na ausência de prazo determinado para a duração do contrato.

04. FGV - OAB - 39º Exame de Ordem Unificado - Primeira Fase – Q04 Alice Santos, advogada, está sendo investigada criminalmente por ter, supostamente, cometido fraude contra o sistema previdenciário, em conjunto com Robson Lima, seu cliente, e Leonardo Melo, seu ex-cliente. O órgão competente do Ministério Público consulta a Dra. Alice Santos sobre seu interesse em efetuar colaboração premiada.

Com base na legislação aplicável, assinale a afirmativa que apresenta, corretamente, o que ela concluiu.

a) Poderá efetuar colaboração premiada contra Leonardo Melo, já que ele não ostenta mais a condição de seu cliente.

b) Poderá efetuar colaboração premiada contra Robson Lima, por se tratar de cliente que está sendo formalmente investigado como co-autor pela prática do mesmo crime.

c) Caso efetue colaboração premiada contra Robson Lima, estará sujeita a processo disciplinar, que poderá culminar na aplicação da pena de suspensão.

d) Caso efetue colaboração premiada contra Leonardo Melo, estará sujeita às penas do crime de violação do segredo profissional.

05. FGV - OAB - 39º Exame de Ordem Unificado - Primeira Fase – Q05 Bruno, advogado, compareceu à audiência de conciliação acompanhado de seu cliente Carlos, tendo-lhe sido conferidos poderes para transacionar em juízo ou fora dele. Na audiência, foi oferecida proposta de acordo pela parte adversa, que não foi aceita por Bruno, visto que conflitava flagrantemente com os interesses de seu cliente. Contrariado, o magistrado cassou a palavra de Bruno, determinando que não se manifestasse mais durante a audiência, visto que a opção de aceitar ou não o acordo seria de decisão única de Carlos, sem possibilidade de influência de seu patrono.

Nesse contexto, de acordo com o Estatuto da Advocacia e Ordem dos Advogados do Brasil (OAB), assinale a afirmativa correta.

a) O magistrado agiu corretamente, considerando que tem o dever de manter a ordem dos trabalhos e, em sua atuação, deve fomentar a solução pacífica dos conflitos, que estava sendo inviabilizada pela resistência de Bruno ao acordo.

b) A palavra de Bruno não poderia ter sido cassada sob o fundamento de que aceitar ou não o acordo é de decisão única de Carlos sem possibilidade de influência de seu patrono, vez que o advogado é indispensável à administração da justiça e deve orientar seu cliente.

c) Em insistindo em falar com seu cliente sobre a aceitação ou não do acordo, a conduta de Bruno acarretará responsabilidade perante a OAB, em razão da violação da ordem hierárquica do magistrado.

d) Em caso de manutenção da insubordinação de Bruno, o juiz poderá determinar que a seccional competente da Ordem dos Advogados do Brasil aplique a pena de suspensão das atividades de advocacia por ele desempenhadas, por prazo não inferior a dois anos.

06. FGV - OAB - 39º Exame de Ordem Unificado - Primeira Fase – Q06 O advogado Pedro, regularmente inscrito na OAB, deseja ser sócio de determinada sociedade de advogados. É seu intuito, ainda, ser escolhido sócio administrador da mencionada sociedade de advogados. Não obstante, Pedro atua, e continuará atuando, como servidor da administração pública indireta.

À luz do Estatuto da Advocacia e da OAB, assinale a afirmativa correta.

a) Pedro poderá ser sócio da sociedade de advogados e ocupar a posição de sócio administrador, exceto se for sujeito a regime de dedicação exclusiva.

b) Há vedação legal a que Pedro seja sócio da sociedade de advogados.

c) Pedro poderá ser sócio da sociedade de advogados. Todavia, não é autorizado que ocupe a posição de sócio administrador, independentemente do regime a que sujeito.

d) Pedro poderá ser sócio da sociedade de advogados. De igual maneira, mesmo que o regime a que submetido seja de dedicação exclusiva, Pedro poderá ser sócio administrador da sociedade de advogados.

07. FGV - OAB - 39º Exame de Ordem Unificado - Primeira Fase – Q07 O advogado Edson foi contratado para prestar a um cliente assessoria jurídica quanto a uma questão imobiliária.

Considerando o caso hipotético, assinale a afirmativa correta.

a) Edson pode prestar a assessoria de modo verbal. Também não é necessária a outorga de mandato ou formalização por contrato de honorários.

b) Edson deve prestar a assessoria de modo escrito. Faz-se necessária a outorga de mandato, mesmo que não haja formalização por contrato de honorários.

c) Edson pode prestar a assessoria de modo verbal. É necessária a outorga de mandato, mesmo que não haja formalização por contrato de honorários.

d) Edson deve prestar a assessoria de modo escrito, mas não é necessária a outorga de mandato ou formalização por contrato de honorários.

08. FGV - OAB - 39º Exame de Ordem Unificado - Primeira Fase – Q08 Luana, advogada especialista em Direito Civil, é procurada por Carla, que busca ajuizar demanda para obtenção de indenização por danos morais e materiais em face de seu vizinho. Ao tomar conhecimento dos fatos, Luana percebe que aquele era o último dia possível para o ajuizamento da ação, visto que a prescrição da pretensão de sua cliente se consumaria no dia seguinte. Luana, então, peticionou, perante o juízo competente, sem, contudo, ter tido tempo hábil para anexar aos autos a procuração de sua cliente, em razão da urgência decorrente da iminente prescrição. Nesse contexto, considerando as disposições do Estatuto da Ordem dos Advogados do Brasil, assinale a afirmativa correta.

a) A advogada Luana não pode postular em juízo ou fora dele sem procuração, ainda que em situação de alegada urgência.

b) A urgência, por si só, não é suficiente para justificar a não apresentação da procuração, devendo ser conjugada com iminente risco à integridade física ou à vida do cliente.

c) Luana não está obrigada a apresentar procuração, visto que o mandato conferido por seus clientes é presumido pelos fatos narrados na inicial e pela documentação que a instrui.

d) No contexto da iminente prescrição da pretensão de sua cliente, Luana, afirmando urgência, pode atuar sem procuração, obrigando-se a apresentá-la no prazo de quinze dias, prorrogável por igual período.

09. FGV - OAB - 37º Exame de Ordem Unificado - Primeira Fase – Q06 O advogado Jefferson pretende associar-se a uma sociedade de advogados, para a prestação de serviços advocatícios e participação nos resultados. Sobre tal possibilidade, assinale a afirmativa correta.

a) É admitido que Jefferson se associe, em tais moldes, a apenas uma sociedade de advogados.

b) A associação de Jefferson a uma sociedade unipessoal de advocacia, com participação nos resultados, não é permitida, pois configuraria a presença de requisitos legais de vínculos empregatícios.

c) É admitido que Jefferson se associe, simultaneamente, a uma sociedade de advogados e a uma sociedade unipessoal de advocacia.

d) A associação de Jefferson a uma sociedade de advogados deve ser em caráter geral, não sendo admitida a restrição à determinada causa.

10. FGV - OAB - 36º Exame de Ordem Unificado - Primeira Fase – Q04 Recém formadas e inscritas na OAB, as amigas Fernanda e Júlia desejam ingressar no mercado de trabalho. Para tanto, avaliam se devem constituir sociedade unipessoal de advocacia ou atuar em sociedade simples de prestação de serviços de advocacia.

Constituída a sociedade, Fernanda e Júlia deverão observar que

a) a sociedade unipessoal de advocacia adquire personalidade jurídica com o registro aprovado dos seus atos constitutivos no cartório de registro civil de pessoas jurídicas, sujeito a homologação da OAB.

b) as procurações devem ser outorgadas à sociedade de advocacia e indicar individualmente os advogados que dela façam parte.

c) poderão integrar simultaneamente uma sociedade de advogados e uma sociedade unipessoal de advocacia com sede na mesma área territorial do respectivo Conselho Seccional.

d) os advogados integrantes da sociedade não poderão representar em juízo clientes de interesses opostos.

ÉTICA				
1 - D	2 - C	3 - A	4 - D	5 - B
6 - A	7 - A	8 - D	9 - C	10 - D

ÉTICA – QUESTÕES DA PROVA DO 43º EXAME DA OAB

01. FGV - OAB - 43º Exame de Ordem Unificado - Primeira Fase – Q01 Afonso, condenado por tráfico de drogas, cumpre pena dividindo cela com Rodrigo, preso preventivamente há mais de dois anos, sem que a instrução do processo por roubo a que responde tenha sido concluída. Indignado com a situação de Rodrigo, Afonso, que não tem formação jurídica, mas sempre foi habilidoso com a escrita, decide redigir um pedido de habeas corpus em folha de caderno, à mão, em favor de seu companheiro de cela. Considerando o disposto no Estatuto da Ordem dos Advogados do Brasil (EOAB), assinale a afirmativa correta.

a) A impetração de habeas corpus é atividade privativa de advogado regularmente inscrito na OAB, não podendo ser realizada por um leigo, ainda que em defesa de direitos fundamentais.

b) Afonso poderá redigir e impetrar o habeas corpus em favor de Rodrigo, pois a impetração desse remédio constitucional não está incluída entre as atividades privativas da advocacia.

c) Afonso somente poderia impetrar o habeas corpus se comprovasse que não havia advogado disponível para atuar no caso de Rodrigo.

d) A impetração de habeas corpus é vedada para leigos quando se trata de crimes graves, como roubo, exigindo obrigatoriamente a atuação de advogado.

02. FGV - OAB - 43º Exame de Ordem Unificado - Primeira Fase – Q02 - ANULADA O advogado Antônio comenta em matérias veiculadas em página da internet, consistente em sítio eletrônico especializado em publicar artigos acadêmicos e jurídicos, novas leis que são sancionadas e faz explicações de fácil compreensão de conceitos e normas jurídicas. De acordo com o disposto no Código de Ética e Disciplina da OAB, assinale a afirmativa correta.

a) É autorizado que Antônio responda às consultas jurídicas com habitualidade na página mencionada para promoção pessoal.

b) É vedado que Antônio mencione seu e-mail e telefone na mencionada página, assim como o nome do escritório onde trabalha.

c) Antônio não poderá fornecer, nas matérias que publica, seus meios de contato, tais como endereço e telefone, mas é permitida a referência a e-mail.

d) Não é vedado que Antônio, ao comentar a atuação de colegas advogados em tais feitos, cite casos emblemáticos para a explicação de tais normas e conceitos.

03. FGV - OAB - 43º Exame de Ordem Unificado - Primeira Fase – Q03 Roberto, advogado criminalista, foi contratado para promover a defesa de Juvenal, gestor público acusado da prática de corrupção passiva, peculato e "lavagem" ou ocultação de valores. No decorrer do processo criminal, foi decretado, pelo Juízo, o bloqueio universal do patrimônio de Juvenal, visando ao ressarcimento do suposto dano causado ao erário, o que inviabilizou o adimplemento dos honorários contratuais devidos a Roberto e o reembolso de gastos com a defesa. Sobre essa hipótese, assinale a afirmativa correta.

a) Roberto terá direito à liberação de até 20% dos bens bloqueados para fins de recebimento de honorários e o reembolso de gastos com a defesa.

b) Roberto deverá solicitar, nos próprios autos da ação penal, a liberação de até 20% dos bens bloqueados, exclusivamente para o reembolso de gastos com a defesa.

c) Em virtude da supremacia do interesse público, Roberto não fará jus à liberação de qualquer valor tornado indisponível, até que sobrevenha eventual decisão promovendo o desbloqueio do patrimônio de Juvenal.

d) Em virtude do caráter alimentar dos honorários advocatícios, caso apresente o respectivo contrato nos autos, Roberto fará jus à liberação dos bens bloqueados até a completa satisfação da verba contratada, ainda que isso implique o esvaziamento do bloqueio judicial.

04. FGV - OAB - 43º Exame de Ordem Unificado - Primeira Fase – Q04 Antônio, advogado experiente e com extensa carteira de clientes, decidiu fazer uso de instrumentos de inteligência artificial generativa para auxiliá-lo na elaboração de peças processuais. Apesar da revisão posterior, com assessoramento de seu estagiário, dos textos produzidos pela nova tecnologia, determinado Magistrado notifica-o para prestar esclarecimentos acerca de recurso interposto de forma manifestamente incabível. Ao ler a peça, Antônio identifica que foram citadas doutrina e jurisprudência de forma deturpada, em situação que poderia confundir o adversário ou iludir o Juiz da causa. Sobre esse contexto, de acordo com o Estatuto da Ordem dos Advogados do Brasil, assinale a afirmativa correta.

a) Por não ter agido de forma dolosa, Antônio não poderá sofrer qualquer sanção disciplinar, uma vez que o advogado não é responsável pelos atos praticados com culpa.

b) Em razão da gravidade da situação, após o devido processo disciplinar, Antônio poderá ser apenado com a suspensão do exercício da advocacia por período que poderá variar de 30 dias a 12 meses.

c) A Antônio poderá ser aplicada a pena de censura, a qual pode ser convertida em advertência, em ofício reservado, sem registro nos seus assentamentos, quando estiver presente circunstância atenuante.

d) Caso se trate de situação reincidente, Antônio poderá ser apenado com a sanção de exclusão, devendo ser cancelada sua inscrição na Ordem dos Advogados do Brasil.

05. FGV - OAB - 43º Exame de Ordem Unificado - Primeira Fase – Q05 Aurélio, advogado regularmente inscrito na OAB, recebeu uma ligação urgente da família de Adalberto, seu amigo de infância, informando que este havia sido preso em flagrante, acusado da prática de homicídio. Preocupado com a situação, Aurélio dirigiu-se à Delegacia de Polícia para conversar com Adalberto e prestar-lhe assistência jurídica. No entanto, o Delegado Moisés negou o pedido de Aurélio para se comunicar pessoal e reservadamente com Adalberto, justificando a negativa pela gravidade do crime e pela ausência de procuração formal outorgada ao advogado. Sobre a hipótese narrada, com base no Estatuto da OAB, assinale a afirmativa correta.

a) A negativa do Delegado foi legítima, uma vez que, em razão da gravidade do crime de homicídio, é admissível limitar a comunicação do advogado com o preso.

b) A comunicação de Aurélio com Adalberto só poderia ocorrer mediante a apresentação de procuração assinada, conforme exigido para a assistência jurídica em casos graves.

c) A atuação de Aurélio é ilegal, pois a advocacia em favor de amigos próximos caracteriza conflito ético-profissional que inviabiliza a assistência jurídica.

d) A negativa do Delegado foi ilegal, pois Aurélio tem direito de comunicar-se pessoal e reservadamente com Adalberto, mesmo sem procuração, conforme previsto no Estatuto da OAB.

06. FGV - OAB - 43º Exame de Ordem Unificado - Primeira Fase – Q06 Paulo Afrânio foi representado ao Tribunal de Ética e Disciplina do Conselho Seccional do Estado Alfa pela prática da infração disciplinar de violar, sem justa causa, sigilo profissional. Com o recebimento da representação, o Presidente designou relator, a quem competiu instruir o processo e oferecer parecer preliminar submetido ao Tribunal de Ética e Disciplina. Por se tratar de infração leve, o relator dispensou as etapas de defesa prévia e razões finais, garantindo ao representado apenas a defesa oral. Ao final, o relator ofereceu parecer preliminar no sentido da aplicação da pena de censura, submetido ao Tribunal de Ética e Disciplina que, acolhendo a proposta, aplicou a referida sanção ao advogado Paulo Afrânio. Sobre o processo disciplinar no âmbito da OAB, assinale a afirmativa correta.

a) O procedimento adotado pelo relator foi correto, porque a legislação prevê que a defesa oral, por ser mais ampla e contundente, substitui a etapa de defesa prévia e a apresentação de razões finais.

b) Nos casos de parecer preliminar do relator recomendando a aplicação de pena de censura, o Presidente do Conselho Seccional pode, desde logo, diante da baixa gravidade da pena aplicada, homologar o parecer, aplicando essa sanção.

c) A condução do processo disciplinar pelo relator foi ilegal, porque a gravidade da infração ou da sanção aplicada não autorizam que sejam reduzidas as oportunidades de defesa do representado ou que se atropelem etapas do processo disciplinar.

d) Não houve violação da ampla defesa do advogado, porque o reconhecimento de nulidades processuais está sujeito à constatação de efetivo prejuízo e, como no caso foi aplicada apenas pena de censura, não ocorreu dano suficiente a ponto de que se reconhecesse a ilegalidade do procedimento.

07. FGV - OAB - 43º Exame de Ordem Unificado - Primeira Fase – Q07 João Pedro, destacado aluno do último semestre do curso de Direito, logrou êxito no Exame da Ordem dos Advogados do Brasil, sendo então convidado a integrar, assim que formado, uma renomada sociedade de advogados da sua cidade. Apesar de ter ficado honrado com o convite, João Pedro está em dúvida, pois em seus estudos para o Exame da OAB verificou ser possível constituir sociedade unipessoal de advocacia, opção que lhe pareceu mais atrativa. Considerando o enunciado, assinale a afirmativa correta.

a) A sociedade unipessoal de advocacia de João Pedro poderá ter como sede, filial ou local de trabalho, um espaço de uso individual ou compartilhado com outros escritórios de advocacia ou empresas, desde que respeitadas as hipóteses de sigilo previstas na legislação.

b) João Pedro poderá integrar a sociedade de advogados e, simultaneamente, constituir uma sociedade unipessoal de advocacia, ambas com sede ou filial na mesma área territorial do respectivo Conselho Seccional.

c) João Pedro poderá escolher livremente a denominação da sociedade unipessoal de advocacia que vier a constituir, desde que complemente com a expressão "Sociedade Individual de Advocacia".

d) A sociedade unipessoal de advocacia de João Pedro adquirirá personalidade jurídica com o registro aprovado dos seus atos constitutivos no Conselho Federal da OAB.

08. FGV - OAB - 43º Exame de Ordem Unificado - Primeira Fase – Q08 Pedro, advogado regularmente inscrito na OAB, foi eleito Deputado Federal e deseja continuar exercendo a advocacia, patrocinando causas contra a Caixa Econômica Federal. Ele também cogita a possibilidade de concorrer ao cargo de Presidente da Câmara dos Deputados. Com base nas disposições do Estatuto da OAB, assinale a afirmativa correta sobre a possibilidade de Pedro continuar advogando.

a) Caso Pedro seja eleito Presidente da Câmara dos Deputados, ele ficará impedido de atuar em causas contra a Caixa Econômica Federal, mas poderá advogar em causas particulares.

b) Pedro, na condição de Deputado Federal, poderá advogar contra a Caixa Econômica Federal, desde que seja em causa própria, tendo em vista que o impedimento se aplica apenas a causas de terceiros.

c) Como Deputado Federal, Pedro está impedido de exercer a advocacia contra a Caixa Econômica Federal, mas pode atuar em causas que não envolvam entes públicos ou concessionárias de serviço público.

d) Pedro, como Deputado Federal, estará em situação de incompatibilidade total com o exercício da advocacia e não poderá atuar como advogado em nenhuma causa, mesmo em processos particulares.

GABARITO			
1 - B	2 - ANULADA	3 - A	4 - C
5 - D	6 - C	7 - A	8 -C

FILOSOFIA DO DIREITO

Douglas Azevedo

Sumário

1. GRÉCIA ANTIGA

1.1. Os Socráticos

Este conjunto de autores leva este nome em razão do alinhamento de sua filosofia com a de Sócrates, responsável por uma completa mudança nos temas debatidos até então, ou, como se diz, Sócrates tirou a filosofia dos céus e a trouxe para dentro da casa das pessoas. Antes de Sócrates, a principal questão debatida pelos filósofos era cosmológica e metafísica – como surgiu o mundo, as leis da natureza etc., e, em seguida, passou a se debater a humanidade e suas relações sociais, trazendo temas como justiça, política e ética para o debate. Elemento essencial para se compreender este período reside na relação sujeito-pólis (cidade), isto é, o indivíduo do período era parte de uma coletividade, e é neste meio em que vai residir a tônica da filosofia do direito deste período.

1.2. Platão

Platão, em sua obra A República, trabalha a ideia de justiça, direito e política na pólis (cidade) grega; contudo, a concepção do justo do filósofo é muito diferente das atuais, o que pode gerar um estranhamento. Em primeiro lugar, há uma grande aproximação da noção de justiça com a de direito (ao passo que, hoje em dia, separamos as leis por vigentes ou não vigentes), assim, estamos ampliando o conceito, associando-o às noções de política e virtude.

Aqui, no entanto, Platão critica a democracia, a mesma que condenou seu mestre, Sócrates, à morte. Os fundamentos são justamente no sentido de que não são os mais sábios que elaboram as leis e tomam as decisões políticas, mas, sim, a maioria – ocorrendo aqui um afastamento do justo. Ora, quem deveria, então, governar? Platão responderá: que os filósofos sejam os reis, ou que os reis sejam filósofos.

Retornando à questão da justiça, Platão entende que esta deve ser algo interno. Assim, traça uma interessante analogia: o indivíduo é justo quando as partes que compõem sua alma (razão, espírito e apetite) estão em harmonia, obedecendo à razão. Somente assim o sujeito age com justiça. Do mesmo modo, uma cidade só é justa quando a distribuição de tarefas ocorre de forma harmoniosa: os filósofos governando, os mais fortes atuando como guardiões e os demais atuando como produtores. O pleno funcionamento ordenado, no qual cada um exerce sua função conforme sua aptidão, resulta na cidade justa.

Há, portanto, um deslocamento interessante: a justiça não está só nos indivíduos, mas deve ser entendida dentro da lógica da pólis, adquirindo uma aresta social. Se há injustiça na sociedade, os indivíduos não estão dela alheios. Hoje, associamos a justiça ao sujeito – "tal pessoa é justa" ou "tal pessoa praticou um ato justo". Em nosso âmago pessoal, todos somos justos, e a sociedade que é injusta. Tal ideia é totalmente contrária aos escritos de Platão.

1.3. Aristóteles

Em sua obra Ética a Nicômaco, Aristóteles complementa sua teoria política (na qual política é a arte de bem governar a pólis) com sua teoria ética, a qual apresenta um caminho para o pleno desenvolvimento e a boa vida em sociedade. Isto porque concebe o homem como animal político, ou seja, afirma que a espécie humana só difere dos animais no momento em que se encontra em relação com seus semelhantes. Inclusive vale aqui ressaltar que o surgimento da cidade grega (a pólis) é um dos principais fatores que possibilitou o nascimento da filosofia ocidental, uma vez que o homem poderia acumular riquezas e viver de forma ociosa, tendo, assim, tempo para pensar e refletir sobre as questões da vida.

Para Aristóteles, todas as ações humanas possuem uma finalidade (logo, teleológica), isto é, a eudaimonia, traduzida como a felicidade ou o sumo bem. Para se chegar até essa felicidade, é preciso seguir o caminho racional das virtudes, entendidas como o meio-termo ou a mediana entre dois vícios (de excesso e de insuficiência. Ex.: coragem é equilíbrio, covardia é insuficiência e temeridade é excesso). Fala o autor, ainda, do hábito virtuoso e do exercício da razão, ou seja, as virtudes são aprendidas por meio do hábito, da repetição.

Ser moderado com minhas paixões é igual a ser virtuoso, e ser moderado nas minhas ações com o outro é o mesmo que justiça. Entre as virtudes, a justiça é a mais elevada, pois se estende ao próximo – é a própria excelência moral, estando presente em todas as outras virtudes. Ou seja, uma virtude só é virtude quando junta da justiça. Por exemplo, a pessoa paciente não estará sendo virtuosa se for paciente apenas quando busca um interesse pessoal, mas quando é paciente com todos de igual forma.

Ainda sobre a justiça, esta é dividida pelo autor em duas categorias:

1) A justiça *lato sensu* seria o princípio geral que possibilita a convivência social. É a ideia de seguir a lei. Aqui, temos de fazer uma ressalva importante: Aristóteles entendia a lei dentro de uma construção ética no seio da pólis; logo, a lei seria justa. Uma lei ruim não pode sequer ser considerada uma lei.

FILOSOFIA

2) Já a justiça stricto sensu refere-se apenas a determinadas ações previstas pela lei. Esta se divide também em duas:

   a) **Justiça distributiva:** dá-se no âmbito da distribuição de honrarias ou bens públicos (benefícios). Por exemplo: quem exerce uma atividade mais complexa deve receber mais. As pessoas consideradas iguais recebem quantidades iguais das coisas a serem repartidas. As pessoas consideradas desiguais recebem porções desiguais das mesmas coisas. Assim, constitui ato justo tratar igualmente as pessoas iguais e, também, justo tratar desigualmente pessoas desiguais (ex.: é justo um filho receber mais mesada do que outro caso tenha feito tarefas). Igualdades de razões – razões proporcionais ao mérito.

   b) **Justiça corretiva:** as pessoas são tratadas conforme o princípio da igualdade, no sentido absoluto da palavra. Na busca da correção da perda em relação ao ganho, a justiça corretiva (ou comutativa) não se preocupa com a qualidade das pessoas em questão, mas, sim, com o dano causado. Ideia de um para um. Ex.: se furtou alguém, devolver na igual medida. Lógica de igualdade absoluta: 1 por 1. A ideia é reparar o prejuízo ou garantir a obrigação, podendo ser ela voluntária (contrato) ou involuntária (um furto).

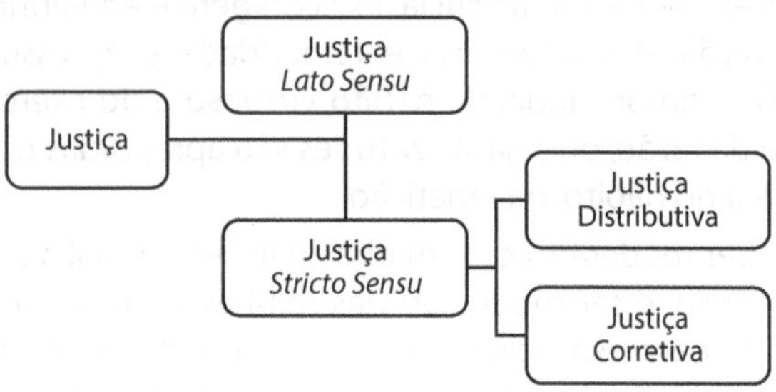

Alguns cuidados acerca dos conceitos de justo: quando abordamos as justiças em sentido estrito de Aristóteles, temos de considerar que o justo só se aplica àqueles que estão em situações semelhantes. Como o próprio autor diz, pessoas livres e proporcional ou aritmeticamente iguais: assim, não se fala em justiça quando, competindo por uma vaga, temos um adulto e uma criança de 10 anos, por exemplo. A justiça na lógica proporcional ocorre no âmbito dos semelhantes. Ou seja, entre os cidadãos da pólis – os homens, maiores de 21 anos e nascidos em Atenas, excluindo mulheres, crianças e escravos. O justo acaba sendo uma medida da elite política da época.

Outro ponto relevante é entender a justiça como uma virtude tanto em potencial como na prática. Sobre este último aspecto, vale lembrar a ideia do meio-termo: a análise de cada caso revelará o meio-termo adequado para a ação justa.

Vale destacar ainda outros dois conceitos de justo para Aristóteles:

1) **Justiça política:** melhor forma de organizar uma cidade / fazê-la funcionar bem ® todos serem felizes.

2) **Equidade:** perceber a necessidade de se buscar uma solução adequada ao caso concreto que não está na lei, que é limitada ao seu conteúdo – uma ideia de direito natural, ou seja, compreender a natureza das coisas dentro de um caso concreto (as partes, circunstâncias etc.). Em poucas palavras: regular e preencher lacunas; melhorar o justo na aplicação do caso concreto.

2. IDADE MÉDIA

Período marcado pela forte presença de Deus e da Igreja em todas as esferas da vida pública (ética, moral, explicações metafísicas etc.). Num primeiro momento, a filosofia seguia os ditames da chamada patrística (os pais da igreja), sobretudo os ensinamentos de Santo Agostinho. Só muitos séculos depois, com a escolástica, o pensamento filosófico medieval abre mais espaço para uma base filosófica mais racional, inspirada em Aristóteles, tendo como principal referência São Tomás de Aquino. No período, há de se destacar o jusnaturalismo teológico, quer dizer, o homem até pode criar leis, mas estas estão sempre fundadas na figura de Deus.

2.1. Santo Agostinho

Santo Agostinho faz uma leitura cristã da filosofia de Platão, quer dizer, na existência de um mundo ideal e um mundo sensível. Agostinho fala, assim, em uma Cidade de Deus, a qual é perfeita; e uma Cidade dos Homens, sendo esta imperfeita e marcada pelo pecado (dicotomia ser x dever ser). De igual sorte, a lei dos homens também é falha, devendo tentar se aproximar da lei de Deus, que é perfeita. E é justamente nesta última que se encontra a justiça. Em outras palavras, os homens e suas ações terrenas são incapazes de compreender e atingir a justiça; o justo dá-se somente pela graça divina. Tal lei divina é imutável e se aplica a todos na Terra.

Temos, aqui, uma nova etapa do direito natural: se antes, para os gregos, ele se referia à análise da natureza das coisas, flexibilizando o direito diante do caso concreto e do momento, com Agostinho fala-se em um direito natural teológico que não advém da "natureza", mas, sim, de Deus, sendo inflexível e imutável.

Todavia, mesmo sendo as leis humanas injustas por natureza, a elas todos devem se submeter. Isto porque Agostinho entende que a autoridade existe por um desígnio divino. Mesmo injustas, as leis terrenas devem ser aplicadas e seguidas, no intuito de se manter a ordem.

2.2. São Tomás de Aquino

Santo Tomás, por sua vez, faz uma leitura cristã da filosofia de Aristóteles: há uma justiça universal estabelecida por Deus (em Aristóteles, era a justiça natural) e também utiliza do racionalismo aristotélico, quer dizer, busca explicar a existência de Deus com base em deduções lógicas. Há, assim, uma aproximação entre razão e fé – a razão melhora a fé, diferentemente de Agostinho, para quem a razão possuía pouca importância. Há espaço, portanto, para uma racionalidade da justiça – que, é claro, deriva de Deus.

Em sua *Suma teológica,* Aquino apresenta-nos um tratado sobre as leis - sempre voltadas para a ideia de bem comum:

1) **Lei eterna:** lei de Deus, perfeita; a lei que tudo rege – o homem não a alcança.
2) **Lei divina:** intervenções de Deus na história para orientar os homens (ex.: os mandamentos) – o homem a alcança por meio da fé.
3) **Lei natural:** obra de Deus disposta na natureza, mas o ser humano é capaz de captá-la; alcançada pela razão humana.
4) **Lei humana:** lei natural que, depois de compreendida pela razão humana, é positivada (escrita).

No tocante à justiça, Tomás de Aquino utiliza as mesmas concepções de justiça aristotélicas (justiça distributiva e corretiva). Pode-se reduzir a ideia do "dar a cada um o que é seu". Esta questão, inclusive, já foi cobrada no exame da ordem.

Tem-se, assim, a justiça geral ou em sentido amplo, a qual é dotada de princípios absolutos e estabelecida por Deus, e a justiça particular, que deriva da justiça geral e, tal qual em Aristóteles, divide-se em justiça distributiva e comutativa.

A justiça distributiva também se dá na lógica meritória (igualdade proporcional), sendo aquela na qual o Estado daria bens aos indivíduos em uma relação vertical. A justiça comutativa, por sua vez, trataria das relações entre particulares sem uma relação de subordinação, logo, horizontal e equilibrada (igualdade absoluta).

3. CONTRATUALISMO

Os autores a seguir analisados (Hobbes, Locke e Rousseau) buscam explicar o surgimento da entidade estatal ou, mais precisamente, o motivo de os homens abrirem mão de parte de sua liberdade, conferindo poderes a um grupo seleto de indivíduos – quer dizer, analisam o surgimento dos Estados e as relações de poder. Para tanto, todos partem de um mesmo ponto: um Estado de Natureza no qual o homem se encontrava antes do surgimento do Estado.

3.1. Thomas Hobbes

O ponto de partida para Hobbes é o Estado de natureza, quer dizer, um momento anterior ao surgimento do Estado e da sociedade. Nesse momento, o autor entende que os homens, imbuídos de um forte senso de autopreservação, viviam num estado de guerra de todos contra todos, em que imperava a insegurança e o medo, razão pela qual afirmou ser o homem o lobo do próprio homem.

Para romper esse estado de insegurança, os homens juntam-se e, por um ato de vontade, celebram o contrato social (que, como contrato celebrado, deve ser cumprido), pelo qual transferem seus direitos e liberdades a outro homem, que passará a governar todos, criando mecanismos para proteger o direito à vida.

O Estado, portanto, deveria ser forte e com o poder centralizado. Logo, o autor defende a ideia de um Estado absolutista, pois seria o mais apto a impedir o retorno ao Estado de natureza. Nota-se, pois, que o direito passa a efetivamente surgir após a estrutura estatal estar consolidada. Ao súdito deste poder absoluto caberia, assim, o dever de obedecer aos comandos do soberano (ideia de liberdade dos súditos).

3.2. John Locke

O Estado de natureza também é o ponto de partida, mas, diferentemente do modelo hobbesiano, para Locke o homem tende a ser bom e viver bem. Existem alguns direitos no Estado de natureza (direitos naturais), a saber: a vida, a propriedade privada, a liberdade. Tem-se, pois, a adoção de uma visão jusnaturalista, na qual já existiam direitos na natureza derivados da razão humana, mesmo antes do surgimento do Estado.

O trabalho era o critério para a propriedade de terras. Eventualmente poderia haver disputas, configurando um estado de guerra temporário. Seria, portanto, interessante haver uma instituição para julgar as disputas, prevenir abusos, punir os que descumprem as leis naturais etc.

Surge, assim, o contrato social e, com o consentimento das partes, há a cessão de direitos ao Estado com o intuito de se poder criar as próprias leis, um sistema coercitivo e instituir juízes imparciais. A ideia, portanto, é a de melhorar algo que já era bom.

Assim, modelo de governo = democracia representativa; papel do Estado = garantia das liberdades individuais.

Por fim, vale destacar o direito de defesa proposto por Locke. Para o autor, se o governo representante não garante à população os direitos de liberdade e a propriedade privada, o povo pode contra ele se insurgir.

3.3. Rousseau

No Estado natural de Rousseau, o homem é bom; ele era solitário (grupo familiar, no máximo) e os indivíduos respeitavam a liberdade uns dos outros. O eventual crescimento populacional acaba por instituir o chamado Estado de sociedade, no qual alguns homens tomam para si a propriedade, dando início a uma sociedade desigual e corrompida. As leis protegem os ricos etc. Há, portanto, a corrupção do homem pela sociedade. Não há liberdade, pois só alguns fazem as leis.

O contrato social seria celebrado para sair desse Estado de sociedade para um novo modelo. Para isso, seria necessário romper a alienação inicial dos oprimidos e instaurar um modelo de democracia participativa pautada na ideia de vontade geral – entendida como o substrato das vontades coletivas; o interesse comum "norteando" a sociedade; o que cada homem quer em comum com seus semelhantes.

4. TEORIAS ÉTICAS

4.1. Immanuel Kant

Kant era iluminista, ou seja, buscava romper com a moralidade anterior que tolhia a liberdade dos indivíduos. Para tanto, Kant vai tentar elaborar uma teoria da moralidade fundada na razão – caráter universal (vale para todo mundo).

Em sua obra, Kant aborda a questão da ética da moral, bem como aspectos jurídicos e políticos, sobretudo sob a lógica de como orientar nossa ação. Nesse contexto é que o autor apresenta os imperativos. Estes (que são os princípios) podem ser tanto hipotéticos (inclinações – sede, fome, desejo etc.) como categóricos (baseados na razão). Nestes últimos, a ação passa a ser um fim em si mesma – é o certo a ser feito, é o puro dever.

Transcrevendo os imperativos categóricos de Kant, temos:

- "Age de modo que a tua ação possa se tornar uma lei universal."
- "Age de tal maneira que uses a humanidade, tanto na tua pessoa como na pessoa de qualquer outro, sempre e simultaneamente como fim e nunca como meio."
- As coisas possuem preço, as pessoas possuem dignidade.

Ex.: Por que não mentir? Segundo o imperativo hipotético, alguém pode contar uma mentira buscando evitar sofrimento, ou para se livrar de uma situação negativa. Pela lógica do imperativo categórico, o indivíduo não deve mentir, pois não é o correto; é inviável para uma ordem social que as pessoas mintam quando acreditarem que o podem fazer. Logo, o caráter universal – por meio da razão, o ser humano já consegue chegar a esta conclusão, não importa em qual cultura ele esteja inserido. Outrossim, a ação só estará conforme a moralidade, para Kant, caso eu não minta por não querer mentir; se eu não o faço em virtude de minha boa vontade, e não apenas por medo de uma punição. Logo, a boa vontade é elemento fundamental na ação moral – o indivíduo deve agir daquela forma pois ela é correta, independentemente dos fins.

Em outras palavras, o agente, ao agir, precisa querer o resultado bom, e não agir apenas por interesse pessoal. A ação é boa independentemente dos fins que se alcançam com ela. Essa boa vontade, portanto, não deve ser afetada pelas inclinações, mas, sim, pela vontade de agir por dever.

Exemplo de boa vontade: o comerciante que pratica preços justos por receio de que, caso cobre valores elevados, acabe perdendo clientes para os concorrentes. Embora o resultado seja a prática dos preços justos e em conformidade com os demais vendedores, a intenção do comerciante está moralmente maculada, pois não o faz pensando ser o certo, seu dever e obrigação, mas tão somente para evitar seu prejuízo. Caso esse comerciante exerça preços justos motivado por uma noção de dever e obrigação moral, estará, portanto, imbuído de boa vontade. Isso não quer dizer que o homem não deva se preocupar com sua felicidade (os imperativos hipotéticos), a questão é que esta não pode ser considerada quando a questão permeia a esfera do seu dever moral. É esse agir que nos tornaria, portanto, dignos da felicidade.

A lei, por sua vez, é algo cumprido pelo medo da coação, logo, é externa ao indivíduo. A boa vontade, por sua vez, é interna – a vontade de agir de forma ética está dentro do próprio sujeito.

Por fim, temos que, para Kant, a **justiça** consiste em agir conforme o imperativo categórico, pois ao assim fazê-lo, estamos adequando nossa conduta a uma máxima universal benéfica para todos.

4.2. Utilitarismo

O utilitarismo foi uma corrente filosófica pragmática e consequencialista, isto é, estava preocupada com o resultado das ações, e não com os meios. Em outras palavras, o que importa são os fins obtidos, e não os meios utilizados para se chegar até eles.

4.3. Jeremy Bentham

Para Bentham, as ações são boas quando promovem a felicidade (ação moralmente correta) e más, quando geram infelicidade (moralmente incorreta). Para melhor representar a teoria do autor, vale citar o seu princípio da utilidade: toda ação deve ser aprovada/rejeitada conforme tendência de aumentar ou reduzir o bem-estar (seu e geral).

Deve-se, portanto, agir de forma a produzir uma maior quantidade de bem-estar. Ex.: cinco pessoas estão amarradas em um trilho de trem e uma pessoa em outro. Um indivíduo, puxando uma alavanca, pode escolher matar um ou cinco. Pela lógica utilitarista, deveríamos sempre escolher poupar cinco vidas, independentemente de quem fosse essa pessoa a ser sacrificada.

Bentham trabalha a ideia, portanto, de quantidade de bem-estar/felicidade como critério para a justiça.

4.4. John Stuart Mill

Trabalha também com a qualidade do prazer, não só a quantidade. Em outras palavras, entende que alguns prazeres têm mais valor do que outros, como os prazeres do pensamento, do sentimento e da imaginação, que resultam da experiência de apreciar a beleza, a verdade, o amor, a liberdade, o conhecimento, a criação artística. Assim, por exemplo, se uma grande mansão e uma pequena biblioteca estivessem pegando fogo, deve-se salvar primeiro a biblioteca por ser mais importante, mesmo que menor.

Mill também é um crítico da chamada "ditadura das maiorias" – mostra que, num modelo democrático, muitas vezes é possível que o interesse de grupos majoritários seja prejudicial a grupos minoritários, os quais devem, portanto, ter seus direitos resguardados pelo Direito (ideia de caráter contramajoritário do âmbito de proteção). Ou seja, mesmo dentro do cálculo utilitarista, Mill entende que violar direitos de uma minoria é pior para o todo.

5. POSITIVISMO E JUSNATURALISMO

O positivismo jurídico apresenta-se de diversas formas ao longo da história e por meio de diversas escolas. Para nossa prova, vale a pena destacar a escola da exegese, por ser a pioneira e por já ter sido diretamente cobrada no exame. Positivismo exegético é a tentativa de prever todas as condutas humanas nos códigos; a simples aplicação da subsunção, ou seja, o fato amolda-se ao texto legal. O papel do juiz era o de "juiz boca de lei", pois apenas identificava o fato e aplicava a lei sem qualquer interpretação. Tal modelo, todavia, logo foi entendido como insuficiente, pois impossível de se prever todas as condutas humanas em códigos.

Para além do positivismo exegético, vale pontuar a ideia central das diversas correntes do positivismo: a ideia de direito como ciência, que recebe validade quando posto pela autoridade competente. Assim, se a lei foi criada pela autoridade devidamente incumbida de tal tarefa, e submetida ao devido processo legislativo de elaboração, tal lei é válida e eficaz, mesmo que grande parte da população a considere injusta ou insuficiente.

Alguns autores, como Bobbio, ainda vão classificar o positivismo como uma espécie de ideologia, pois, além de uma teoria, no sentido em que descreve o direito, o positivismo também é uma forma de querer o direito – a noção do dever absoluto de se obedecer às leis.

Já no que toca ao jusnaturalismo, temos a ideia de leis naturais que independem de leis positivas, ou seja, que existem regramentos na "natureza" e que o ser humano, sendo dotado de razão, compreende e segue. Por exemplo, é preciso estar escrito em um código penal que matar alguém é errado ou o ser humano é capaz de compreender, naturalmente, que tal prática é incorreta?

5.1. Hans Kelsen

Kelsen abordou o direito como ciência: se existem leis que explicam a natureza e são válidas em todo o mundo, o direito também deveria ter validade objetiva e uma base universal (notamos aqui uma certa influência kantiana). Este aspecto é fundamental na compreensão da obra do autor: a separação do direito entre o que ele é na prática jurídica (ser) do que ele é como ciência (dever ser).

Kelsen não se preocupa em trabalhar o conteúdo do direito, pois este é relativo (cada país tem leis diferentes, logo, impossível de se conceber bases universalmente válidas). Logo, direito não é aquilo que é justo, mas, sim, o que é posto por uma autoridade competente. O que Kelsen verifica ser universal é a estrutura do direito; sua manifestação normativa (dever ser); a relação de imputação que busca tornar válida/inválida uma conduta, entre outros aspectos.

A seguir, alguns pontos importantes de sua teoria que aparecem na prova.

5.1.1. Modelo escalonado e norma fundamental

O ordenamento jurídico, para Kelsen, obedece a uma ordem escalonada de validade. Quer dizer, as normas inferiores (sentenças, por exemplo) obedecem às normas (leis) e delas adquirem sua validade, recebendo, por sua vez, validade da norma superior (a Constituição).

Assim, o que dá "validade" a um sistema jurídico? Sua Constituição. O que dá validade e objetividade a uma Constituição? A Constituição anterior. Mas como proceder diante desse retorno infinito? Por meio da norma fundamental.

A norma fundamental é fictícia; pressuposta (pelo intelecto, não pela vontade) – sem ela, o retorno infinito só seria explicado por questões alheias ao direito. A Constituição, por sua vez, dá objetividade e validade às normas gerais, que, por sua vez, darão objetividade e validade às normas individuais. A norma fundamental poderia, por exemplo, ser entendida como o comando de que "devemos seguir a Constituição Federal", muito embora isto não esteja positivado em nenhum lugar – logo, pressuposta.

5.1.2. Moldura e interpretação

Kelsen aponta existirem duas espécies de indeterminação da lei:

1) **Intencional** (lei das alternativas a serem escolhidas. Ex.: trabalho comunitário ou prestação pecuniária);
2) **Não intencional** (plurissignificância das palavras). Para enfrentar os limites da interpretação, Kelsen imagina a figura de uma moldura de quadro, que representa o limite dentro do qual uma interpretação é válida, limite este estabelecido pelas próprias normas hierarquicamente superiores.

A norma superior é igual à moldura (esfera de ação da norma inferior). Há, assim, dois momentos:

1) determinação objetiva da moldura colocada pela norma superior, por meio de um ato cognoscitivo;
2) escolha subjetiva, por meio de um ato de vontade, de uma das possíveis opções apresentadas pela norma superior para transformação em Direito positivo.

Em outras palavras, primeiro o intérprete verificará os limites de aplicação impostos pelas próprias normas e, assim, decidirá, e qualquer coisa que decidir dentro desses limites configurará uma decisão válida.

Todavia, caso o magistrado realize uma interpretação fora da moldura, esta também será direito, pois se trata de intérprete autêntico. O próprio Kelsen deixa claro em sua obra que, pela via da interpretação autêntica (quer dizer, pelo órgão jurídico que a tem de aplicar), também é possível se produzir uma norma que se situe completamente fora da moldura que a norma a ser aplicada representa.

Por meio dessa interpretação, poder-se-ia, então, criar direito não só no caso em que a interpretação tem caráter geral, em que, portanto, existe interpretação autêntica no sentido usual da palavra, mas também no caso em que é produzida uma norma jurídica individual por meio de um órgão aplicador do Direito, desde que o ato deste órgão já não possa ser anulado, desde que ele tenha transitado em julgado.

É notório que, pela via de uma interpretação autêntica deste tipo, é muitas vezes criado Direito novo, especialmente pelos tribunais de última instância.

5.1.3. Kelsen versus Schmitt: quem deve ser o guardião da Constituição?

Temática que ainda não foi cobrada, mas que se mostra pertinente, sobretudo em virtude de sua popularidade acadêmica, é o debate travado entre Hans Kelsen e Carl Schmitt a respeito de quem deveria ser o guardião da Constituição.

Para Schmitt, a Constituição possui uma conotação política (sendo a soma dos poderes reais), de modo que este caráter político se sobreporia ao caráter jurídico. Assim, seu guardião deveria ser um órgão apto a manter esse seu caráter, portanto, o Presidente, eleito democraticamente.

Já Kelsen entendia que o guardião da Constituição deveria ser um órgão autônomo, com a tarefa exclusiva de efetuar o controle de constitucionalidade concentrado, ou seja, um Tribunal Constitucional. Tal Tribunal não possuiria nenhum vínculo com qualquer outro poder e seria derivado da própria Constituição, portanto, independente, e teria o poder de anular normas dissonantes do sistema constitucional.

Num primeiro momento, a visão de Carl Schmitt foi dominante, sendo, inclusive, adotada pelo regime nazista alemão. Todavia, após a Segunda Guerra Mundial, praticamente todos os países passaram a adotar o modelo kelseniano de Tribunais Constitucionais, cada um, é claro, com suas particularidades tanto no funcionamento como no próprio sistema jurídico, como o brasileiro, que permite também o controle difuso de constitucionalidade realizado por juízes de qualquer instância.

5.2. Norberto Bobbio

Norberto Bobbio, em sua obra *Teoria do ordenamento jurídico*, destaca que um ordenamento precisa, para sua devida manutenção, de três elementos:

- Unidade;

  Norma fundamental que funda e sustenta o sistema normativo;
- Coerência;

  Ordenamento sistemático – ideia de relação entre as normas;
- Completude;

  Possibilidade de que todo caso seja resolvido pelo ordenamento.

É neste último ponto que a Fundação Getúlio Vargas (FGV) tem insistido na prova: nas lacunas e nas antinomias.

Lacunas podem ser:

1) próprias: espaço vazio no sistema;
2) impróprias: originam-se da comparação do sistema real *versus* ideal (Ex.: a lei sobre aborto brasileira é injusta se comparada com a legislação alemã sobre o tema).

As **lacunas próprias** podem ser resolvidas por meio da:

1) Heterointegração: busca-se alternativa em ordenamento diverso – direito natural, internacionais, costume, doutrina etc.;
2) Autointegração: busca-se alternativa dentro do ordenamento (analogia, princípios gerais do direito, interpretação extensiva).

A analogia é utilizada naquelas situações não reguladas de forma expressa pelo legislador, momento no qual se devem buscar regras previstas para casos semelhantes, estendendo-se o alcance.

Princípios gerais de direito são aqueles postulados genéricos que, muitas vezes, dão fundamento às regras inferiores de um ordenamento jurídico. Importante lembrar que eles fazem parte do ordenamento, muito embora nem sempre estejam positivados em um texto.

Interpretação extensiva é aquela na qual se parte de uma norma e se procura estabelecer seu significado e sua abrangência, quer dizer, nos casos em que o legislador disse, no texto, menos do que tinha a intenção de dizer. A ideia, portanto, é a de se buscar a real intenção do legislador na hora da aplicação.

As **lacunas impróprias** só podem ser solucionadas pelo próprio Poder Legislativo, já as antinomias são duas normas válidas e vigentes incompatíveis entre si.

Elas podem ser:

1) aparentes/solúveis: critérios de solução:

a) critério cronológico: havendo duas normas incompatíveis, prevalece a norma posterior;
b) critério hierárquico: havendo duas normas incompatíveis, prevalece a hierarquicamente superior;
c) critério da especialidade: havendo duas normas incompatíveis, uma geral e outra especial (ou excepcional), prevalece a segunda.

2) reais/insolúveis: incompatibilidade, "impossível" de resolver.

Outro tema trabalhado pelo autor é a questão da sanção no âmbito do direito. Para Bobbio, a sanção pode ser moral (aquela que obriga a consciência dos destinatários da norma, produzindo um sentimento de culpa), social (aquela que resulta dos costumes e da vida em sociedade, objetivando tornar o convívio social mais fácil) e a sanção jurídica (criada para casos de violação de regras estipuladas pelas leis e aplicada por pessoas já determinadas), ou seja, trata-se de sanção devidamente institucionalizada.

5.3. Herbert Hart

O que interessa da teoria de Hart para se enfrentar a prova de filosofia do direito reside na distinção apontada pelo autor sobre as normas e na questão da indeterminação legislativa. Inicialmente, o autor, um dos mais importantes positivistas, entende que um ordenamento jurídico é composto de um sistema de normas primárias e secundárias:

Normas Primárias
- São regras de obrigação que impõem condutas ou abstenções.

Normas Secundárias
- Surgem para corrigir defeitos das normas primárias. Se dividem em:
  a) Modificação;
  b) Julgamento;
  c) Reconhecimento.

As normas secundárias dividem-se em:

a) de modificação – disciplinam mecanismos para modificação, revogação ou introdução de uma norma primária;

b) julgamento – que outorgam a determinadas pessoas poder de julgar violações das normas primárias;

c) reconhecimento – legitima o sistema das normas primárias – aceitação social da norma, logo, questão fática, não normativa. Atenção especial a esta última informação, pois já foi cobrada: no momento em que se fala de aceitação social da norma, abre-se espaço para juízos valorativos no universo do direito, razão pela qual o positivismo de Hart é chamado de *soft* (brando).

Outro ponto relevante para a prova abordado por Hart é a questão da textura aberta do direito, que ocorre por **dois motivos**:

1) imprecisão linguística na descrição de uma norma, prejudicando o método da subsunção e do silogismo;

2) impossibilidade de prever todas as condutas possíveis.

Para o primeiro caso, Hart utiliza como exemplo uma norma que proíbe o ingresso de veículos automotores em determinado local, mas, conforme novas tecnologias se desenvolvem, exsurge a questão acerca de se novos inventos de locomoção se enquadram na categoria de veículos automotores.

Muito embora exista tal indeterminação, ainda há grande margem de segurança na maioria dos casos, quer dizer, as normas apresentam noção de sentido. Essa noção de sentido é um núcleo de sentido fixo, o que, segundo Hart, afasta a ideia de que o direito é o que os juízes dizem. Assim, a discricionariedade estaria em um plano intermediário entre arbitrariedade e aplicação literal da lei.

5.4. Gustav Radbruch

O autor tece críticas à obediência cega das leis positivas – direito passava a ser equivalente à força – quer dizer, algo que não se questiona, obedece-se sem questionar e não deixa espaço para o seu não cumprimento.

Assim, o jurista propõe uma espécie de "retorno" aos modelos anteriores ao positivismo, a saber, o jusnaturalismo, ressaltando a existência de princípios maiores que a lei (supralegais) e que, portanto, transcenderiam o direito positivo.

6. OUTROS AUTORES E TEORIAS FUNDAMENTAIS

6.1. Rudolf von Ihering

Para Rudolf von Ihering, Direito e força confundiam-se, porquanto o Direito se tornaria vazio na medida em que desprovido de força. Em outras palavras, o autor afirma que o direito precisa possuir mecanismos de coação para ser efetivo; é necessário que existam sanções e todo um aparato que possibilite a implementação do direito.

Outro ponto explorado pelo jurista é a ideia de luta pelo Direito e de o direito ser uma força viva (sofre modificações). A paz é o fim que o direito almeja, a luta é o meio. Luta dos povos, Estado, classes, indivíduos etc. Assim, os direitos não surgem espontaneamente na cabeça dos legisladores, mas precisam sempre ser reivindicados pela população.

> Ex.: os movimentos de mulheres que foram às ruas para conquistar o direito ao voto no início do século XX; o movimento LGBT, que vem conquistando bastante espaço, com a regulamentação da união estável e do casamento entre pessoas do mesmo sexo.

6.2. Teoria política

6.2.1. Hannah Arendt

A questão dos apátridas em contextos de totalitarismo: tanto a Primeira como a Segunda Guerra resultaram, entre outros aspectos, em fluxos muito grandes de pessoas de uma região para outra. Essas pessoas, fugindo dos conflitos ou de perseguições de cunho ideológico, estavam em países estranhos, na qualidade de apátridas, não sendo titulares, portanto, de direitos (direitos humanos em especial). A autora destaca, portanto, a importância do direito a se ter direitos, o que muitas vezes implica pertencer a determinada comunidade que o aceite (o apátrida) e garanta seus direitos.

6.2.2. Montesquieu

O autor aponta, em seus estudos, os tipos de governo e em qual princípio se baseiam: despotismo (medo)/República (virtude)/Monarquia (honra). Quanto a este último, trata-se, contudo, de uma monarquia regida por *leis*. Esse modelo defendido por ele introduz a ideia de tripartição de poderes, sendo inspirado no inglês. As leis decorrem da realidade social e histórica de um povo: não há justo ou injusto, mas, sim, uma situação do que é adequado naquele contexto. Dentro do contexto da monarquia inglesa: liberdade é fazer tudo o que as leis permitem.

Em *O espírito das leis*, Montesquieu não parte do pressuposto da existência de um Direito natural, inato ao ser humano, captado pela razão. Rejeita esse argumento porque as leis, de fato, não se fundamentam na razão humana; pelo contrário, elas derivam de circunstâncias naturais sob a influência de determinados fatores físicos e morais.

Por fim, Montesquieu trabalha com a ideia da separação de poderes, que persiste até o modelo atual. Para o pensador, executivo, legislativo e judiciário precisam ser órgãos independentes e autônomos, cada um limitando a esfera de atuação do outro. Com isso, evitar-se-iam a centralização do poder e os eventuais abusos.

6.2.3. Teoria tridimensional do direito de Miguel Reale

Sobre Reale, interessa-nos conhecer sua teoria tridimensional do direito, que une os principais aspectos de três correntes jurídicas:

1) **normativistas:** leis deveriam ser compreendidas pelo seu valor intrínseco, afastando aspectos alheios na hora da interpretação. Direito, portanto, é norma;
2) **sociologismo:** leis como um produto de seu tempo e espaço (eficácia e necessidade de uma lei, por exemplo). Direito, assim, é fato;
3) **moralismo:** verificar se a lei é justa ou não e se é socialmente aceita. Para essa corrente, direito é valor.

Para Reale, todas estão corretas. Cria, assim, a teoria tridimensional do direito, na qual os elementos (norma, valor e fato) se implicam e se exigem de forma recíproca, resultando na interação dinâmica e dialética dos três elementos.

Temos, assim, a Dialética da complementaridade – norma, fato e valor correlacionam-se (interagem um sobre o outro), de tal modo que cada um deles se mantém irredutível ao outro e distinto, mas se exigindo mutuamente, o que resulta na origem da estrutura normativa como momento de realização do direito.

Exemplo 1: art. 121 do CP. O artigo determina que matar alguém resulta em uma pena corporal – há, assim, uma imputação. O valor perseguido é o valor vida, que se entende como bem tutelado por aquela sociedade naquele momento.

Exemplo 2: Um título de crédito é um documento previsto na legislação e que regulamenta um fato de ordem econômica (as relações comerciais muitas vezes operam por meio de títulos de crédito) e há, por trás disso, um valor, consistente no pronto pagamento do débito contraído.

6.2.4. Regras e princípios: Ronald Dworkin

Dworkin traz a ideia de direito como integridade, ou seja, legitimar uma decisão judicial que considere todos os aspectos fáticos, normativos e morais relevantes para a solução do caso. Com isso, cria as condições para impedir a discricionariedade do intérprete, pois a magnitude da tarefa não deixa margem a escolhas arbitrárias. Defende, assim, a ideia de uma única e melhor decisão possível para cada caso.

Como a tarefa de encontrar a decisão mais adequada para cada caso é muito árdua, Dworkin cria um juiz imaginário, inspirado na mitologia de Hércules, como uma espécie de modelo a ser seguido pelos juízes na tarefa de decidir questões jurídicas.

Contudo, o ponto mais explorado de Dworkin em provas é a diferença entre regras e princípios. Há que se lembrar, primeiramente, que nos modelos positivistas clássicos, como o de Hart, existia tão somente a figura da regra, sendo o direito, assim, um sistema fechado. Com o novo constitucionalismo pós-guerra, abriu-se espaço para questões morais por meio dos princípios. Norma jurídica, portanto, é gênero, e regra e princípios, espécie.

Princípios são mandados de otimização: ordens para que algo seja realizado ao máximo possível de acordo com as circunstâncias fáticas e possíveis – cumprimento gradual conforme as possibilidades (Ex.: direito à saúde, previsto na Constituição, em seu art. 196 diz *que tem que fazer ao seu máximo*, mas são as regras que estabelecerão as peculiaridades). É, contudo, possível aplicar os princípios diretamente.

Estão sempre em rota de colisão ® prevalência sempre se dá diante do caso concreto por juízo de ponderação – o que sucumbiu não deixa de existir. A tabela a seguir apresenta algumas outras diferenças entre princípios e regras:

REGRAS	PRINCÍPIOS
Mandado de determinação (menos abstrato).	Mandado de otimização (aplicar ao máximo possível).
Aplicadas ao modelo tudo ou nada (aplica ou não aplica – subsunção).	Aplicados na dimensão do peso/importância – prevalecem em detrimento a outro, em alguns casos – logo, não são mais importantes só naquele caso.
É possível numerar todas as exceções de uma regra (que já vêm previstas na própria regra – ex.: legítima defesa).	Aplicam-se por ponderação.
Uma regra exclui a outra.	Um princípio não é exceção a outro.

Exemplo da ponderação de princípios encontra-se na própria ementa da ADPF nº 130.

> Ponderação diretamente constitucional entre blocos de bens de personalidade: o bloco dos direitos que dão conteúdo à liberdade de imprensa e o bloco dos direitos à imagem, honra, intimidade e vida privada. Precedência do primeiro bloco. Incidência *a posteriori* do segundo bloco de direitos, para o efeito de assegurar o direito de resposta e assentar responsabilidades penal, civil e administrativa, entre outras consequências do pleno gozo da liberdade de imprensa. Peculiar fórmula constitucional de proteção a interesses privados que, mesmo incidindo *a posteriori*, atua sobre as causas para inibir abusos por parte da imprensa. Proporcionalidade entre liberdade de imprensa e responsabilidade civil por danos morais e materiais a terceiros (STF, ADPF nº 130/DF – rel. Carlos Britto – j. 30-4-2009).

No julgado, percebe-se como o STF entendeu que o bloco dos direitos da liberdade de imprensa possui precedência sobre o bloco dos direitos da personalidade. Contudo, estes últimos ainda permanecem na relação, protegendo as partes de eventuais abusos.

QUESTÕES DE FILOSOFIA – ASSUNTOS MAIS RECORRENTES

01. FGV - OAB - 39º Exame de Ordem Unificado - Primeira Fase – Q09 O Código Civil de Napoleão, de 1804, representou um momento de grande expectativa e confiança nos poderes da lei escrita. Nesse contexto, surge um importante movimento no Direito, chamado "Escola da Exegese".

Assinale a opção que, segundo Miguel Reale em seu livro Lições Preliminares do Direito, define este movimento.

a) A afirmação de que a lei é uma realidade histórica, que se situa na progressão do tempo e, por isso, deve ser interpretada segundo as tradições e o próprio espírito do povo.

b) A crença de que a lei é importante, mas se não corresponder mais aos fatos supervenientes, deve-se procurar a solução em outras fontes, como o costume, por exemplo.

c) A concepção segundo a qual cabe ao juiz julgar segundo os ditames da ciência e de sua consciência, de forma a prevalecer um direito justo, seja na falta da lei, seja contra aquilo que dispõe a lei.

d) A sustentação de que na lei positiva, e de maneira especial no Código Civil, já se encontra a possibilidade de uma solução para todos os eventuais casos ou ocorrências da vida social.

02. FGV - OAB - 39º Exame de Ordem Unificado - Primeira Fase – Q10 "E tiveste a audácia de desobedecer a essa determinação? Sim porque não foi Zeus que a promulgou; e a Justiça, a deusa que habita com as divindades subterrâneas jamais estabeleceu tal decreto entre os humanos; nem eu creio que teu édito tenha força bastante para conferir a um mortal o poder de infringir as leis divinas, que nunca foram escritas, mas são irrevogáveis; não existem a partir de ontem ou de hoje; são eternas sim e ninguém sabe desde quando vigoram."

Sófocles.

O excerto acima é parte da peça Antígona, uma das mais importantes tragédias gregas, que foi escrita por Sófocles. De acordo com Aristóteles, em seu livro Retórica, essa peça de Sófocles pode ser usada para se entender o que seria uma lei natural. Assinale a opção que apresenta, segundo Aristóteles, o conceito de lei natural.

a) Aquela que emana do diálogo comum entre diferentes comunidades políticas e resulta em um acordo que está acima de leis e tratados impostos pelo Estado.

b) Uma expressão da natureza divina, que se encarna na figura do rei ou do soberano e é a base da legitimidade da monarquia como forma de governo.

c) As tradições de uma comunidade política, que são repassadas de geração em geração sob a presunção de realizarem os anseios de justiça de um determinado povo.

d) A justiça da qual todos têm, de alguma maneira, uma intuição e que é comum a todos, independentemente de todo Estado e de toda convenção recíproca.

03. FGV - OAB - 35º Exame de Ordem Unificado - Primeira Fase – Q09 A calamidade dos que não têm direitos não decorre do fato de terem sido privados da vida, da liberdade ou da procura da felicidade... Sua situação angustiante não resulta do fato de não serem iguais perante a lei, mas sim de não existirem mais leis para eles...

Hannah Arendt

A filósofa Hannah Arendt, em seu livro As Origens do Totalitarismo, aborda a trágica realidade daqueles que, com os eventos da II Guerra Mundial, perderam não apenas seu lar, mas a proteção do governo. Com isso, ficaram destituídos de seus direitos e, também, sem a quem pudessem recorrer.

Diante disso, Hannah Arendt afirma que, antes de todos os direitos fundamentais, há um primeiro direito a ser garantido pela própria humanidade. Assinale a opção que o apresenta.

a) O direito à liberdade de consciência e credo.

b) O direito a ter direitos, isto é, de pertencer à humanidade.

c) O direito de resistência contra governos tiranos.

d) O direito à igualdade e de não ser oprimido.

04. FGV - OAB - 35º Exame de Ordem Unificado - Primeira Fase – Q10 É possível que, diante de um caso concreto, seja aceitável a aplicação tanto de uma lei geral quanto de uma lei especial. Isso, segundo Norberto Bobbio, em seu livro Teoria do Ordenamento Jurídico, caracteriza uma situação de antinomia.

Assinale a opção que, segundo o autor na obra em referência, apresenta a solução que deve ser adotada.

a) Deve ser feita uma ponderação de princípios entre a lei geral e a lei especial, de forma que a lei que se revelar menos razoável seja revogada.

b) Deve prevalecer a lei especial sobre a lei geral, de forma que a lei geral seja derrogada, isto é, caia parcialmente.

c) Deve ser verificada a data de edição de ambas as leis, pois, nesse tipo de conflito entre lei geral e lei especial, deve prevalecer aquela que for posterior.

d) Deve prevalecer a lei geral sobre a lei especial, pois essa prevalência da lei geral é um momento ineliminável de desenvolvimento de um ordenamento jurídico.

05. FGV - OAB - 34º Exame de Ordem Unificado - Primeira Fase – Q09 Mas tal como os homens, tendo em vista conseguir a paz, e através disso sua própria conservação, criaram um homem artificial, ao qual chamamos Estado, assim também criaram cadeias artificiais, chamadas leis civis, as quais eles mesmos, mediante pactos mútuos, prenderam numa das pontas à boca daquele homem ou assembleia a quem confiaram o poder soberano, e na outra ponta a seus próprios ouvidos.

Thomas Hobbes

Em seu livro Leviatã, Hobbes fala de um direito natural à liberdade de preservar sua própria vida. Porém, ele fala, também, da liberdade resultante do Pacto que institui o Estado Civil, isto é, da liberdade dos súditos.

Assinale a opção que expressa essa ideia de liberdade dos súditos, segundo Hobbes no livro em referência.

a) Agir conforme os princípios do direito internacional, das tradições e dos costumes que são amplamente conhecidos pelos governos e pelos povos.

b) Ser livre para instaurar uma assembleia soberana que decida acerca das condutas que serão permitidas, proibidas e obrigatórias no âmbito do Estado Civil.

c) O poder do mais forte de decidir sobre os mais fracos, tal qual fazem os Estados soberanos após batalharem entre si e algum deles vencer a guerra.

d) A liberdade de fazer as coisas conforme elas foram reguladas pelo poder soberano, tais como comprar, vender e realizar outros contratos mútuos.

06. FGV - OAB - 34º Exame de Ordem Unificado - Primeira Fase – Q10 John Locke, em seu livro Segundo Tratado sobre o Governo, afirma que no estado de natureza as pessoas são livres, porém não possuem as condições de fruição da liberdade. Assim, é necessário instituir uma sociedade política com um governo civil.

Assinale a opção que, segundo o autor no livro em referência, expressa os fins da sociedade política e do governo.

a) Estabelecer um processo de dominação de classe.

b) Promover a autocontenção da animalidade humana.

c) Garantir a mútua conservação da vida, da liberdade e da propriedade.

d) Assegurar o governo de um soberano forte e limitado apenas pela própria vontade.

07. FGV - OAB - 33º Exame de Ordem Unificado - Primeira Fase – Q09 Este sistema, que consiste em fazer uso da oposição e da rivalidade dos interesses, na falta de motivos melhores, é o segredo de todos os negócios humanos, quer sejam particulares, quer públicos. MADISON, James; HAMILTON, Alexander; JAY, John. In O Federalista

Os textos conhecidos na forma do livro O Federalista expressam um princípio de governo republicano que ficou conhecido como freios e contrapesos, que se propõe a assegurar a justiça e a liberdade que deveriam ser, segundo os autores, o fim de todo governo e da sociedade civil. Assinale a opção que melhor expressa, com base no livro em referência, o princípio dos freios e contrapesos.

a) Assegurar o devido processo legal, de modo que todos aqueles que sejam acusados de terem cometido um ilícito contra um particular ou contra o Poder Público possam se valer de todos os instrumentos de defesa técnica adequada, tendo em vista impedir que o magistrado da causa julgue com base em suas convicções morais, filosóficas ou religiosas.

b) Assegurar um sistema de representação eleitoral em que a população manifeste sua vontade, mas escolhendo apenas representantes que tenham passado por um devido processo de formação política oferecido pela Escola de Governo da República. Essa Escola deve ser mantida pela União e as vagas devem ser repartidas proporcionalmente entre os partidos políticos.

c) Assegurar a ampla defesa e o contraditório, de forma que no desenrolar de uma ação judicial os argumentos de acusação e defesa se coloquem em equilíbrio e, dessa forma, não haja um peso excessivo apenas para um dos lados da causa, o que geraria uma inevitável injustiça.

d) Assegurar a vontade própria de cada Poder do Estado, de modo que aqueles que o exercitam tenham a menor influência na escolha dos representantes dos demais poderes. Além disso, deve-se organizar o poder legislativo em duas casas legislativas com eleições independentes, e deve-se, também, impedir que uma facção política destrua a outra.

08. FGV - OAB - 33º Exame de Ordem Unificado - Primeira Fase – Q10 Norberto Bobbio, em seu livro Teoria da Norma Jurídica, considera a sanção uma das mais significativas características da norma jurídica. Ele diferencia a sanção jurídica da sanção moral e da sanção social, pelo fato de a sanção jurídica ser institucionalizada.

Assinale a opção que, segundo Bobbio na obra em referência, expressa as características da sanção institucionalizada.

a) A sanção que obriga a consciência dos destinatários da norma e que produz um sentimento de culpa, que é a consequência negativa ou desagradável decorrente da eventual violação da norma.

b) A sanção que resulta dos costumes e da vida em sociedade em geral, e que possui como fim tornar mais fácil ou menos difícil a convivência social.

c) A sanção que foi feita para os casos de violação de uma regra primária e que tem sua medida estabelecida dentro de certos termos, para ser executada por pessoas previamente determinadas.

d) A sanção instituída pelo direito natural e que decorre da natureza mesma das coisas, da vontade de Deus e da razão humana.

09. FGV - OAB - 32º Exame de Ordem Unificado - Primeira Fase – Q09 Miguel Reale, ao tratar do tema da validade da norma jurídica em seu livro Lições Preliminares de Direito, fala de uma dimensão denominada por ele validade social ou, ainda, eficácia ou efetividade. Segundo Reale, a eficácia seria a regra jurídica enquanto momento da conduta humana. Com base no livro em referência, assinale a opção que apresenta a ideia de eficácia ou efetividade da norma jurídica.

a) Executoriedade compulsória de uma regra de direito, por haver preenchido os requisitos essenciais à sua feitura ou elaboração.

b) Obediência das normas jurídicas às determinações formais e materiais da Constituição Federal, sem o que uma norma jurídica não teria capacidade de produzir efeitos.

c) O fundamento da norma jurídica, isto é, o valor ou o fim objetivado pela regra de direito; a razão de ser da norma, pois é impossível conceber uma regra jurídica desvinculada de sua finalidade.

d) A norma em sua dimensão experimental, pois se refere ao cumprimento efetivo do direito por parte de uma sociedade ou, ainda, aos efeitos sociais que uma regra suscita por meio de seu cumprimento.

10. FGV - OAB - 32º Exame de Ordem Unificado - Primeira Fase – Q10 Norberto Bobbio, em seu livro O Positivismo Jurídico: lições de Filosofia do Direito, afirma que o positivismo jurídico é uma teoria na medida em que se propõe a descrever o Direito, mas que também pode ser uma ideologia na medida em que se propõe a ser um certo modo de querer o Direito. Assinale a opção que, segundo Bobbio, no livro em referência, expressa essa suposta ideologia do positivismo jurídico, denominada por ele positivismo ético.

a) A ética como fundamento moral para a autoridade competente propor e aprovar a lei.

b) A lei só é válida se for moralmente aceitável por parte da maioria da população.

c) A lei deve ser obedecida apenas na medida em que se revelar socialmente útil.

d) O dever absoluto ou incondicional de obedecer a lei enquanto tal.

FILOSOFIA				
1 - D	2 - D	3 - B	4 - B	5 - D
6 - C	7 - D	8 - C	9 - D	10 - D

FILOSOFIA DO DIREITO – QUESTÕES DA PROVA DO 43º EXAME DA OAB

01. FGV - OAB - 43º Exame de Ordem Unificado - Primeira Fase – Q09 Segundo Kant, em seu livro Fundamentação da Metafísica dos Costumes, cada indivíduo, como ser moral, possui uma dignidade que lhe é própria.

Assinale a afirmativa que, segundo Kant, no livro em referência, mostra como a dignidade deve ser entendida.

a) Como o conjunto dos direitos fundamentais que devem ser assegurados pelo Estado e que permitem a cada indivíduo o exercício de sua plena cidadania.

b) Como o valor moral da humanidade que, por isso mesmo, deve ser sempre posto em cálculo ou confronto com qualquer coisa que possua um preço, a fim de se verificar o que deve prevalecer.

c) Como o valor do trabalho livre de uma pessoa no processo de transformação da natureza em bens de consumo úteis à existência e ao desenvolvimento econômico e moral da sociedade.

d) Como aquilo que não possui um preço – valor relativo –, mas um valor íntimo, ou seja, uma condição graças à qual algo deve ser considerado um fim em si mesmo.

02. FGV - OAB - 43º Exame de Ordem Unificado - Primeira Fase – Q10 Entre as diferentes correntes do positivismo jurídico, a Escola da Exegese destacou-se, sobretudo, por seus estudos em torno do Código de Napoleão. O jusfilósofo Miguel Reale, em seu livro Filosofia do Direito, afirma que, segundo essa escola, a evolução do Direito somente poderia se operar por meio do processo legislativo.

Assinale a opção que, de acordo com Reale no livro em referência, apresenta a tese fundamental da Escola da Exegese.

a) É a exegese da constituição que pode oferecer aos juristas a compreensão do ideal de justiça, que vincula e limita a liberdade de conformação legislativa da autoridade política.

b) O Direito, por excelência, é revelado pelas leis, que são normas gerais escritas e emanadas pelo Estado, constitutivas de direito e instauradoras de faculdades e obrigações.

c) A lei é o instrumento que revela os valores e princípios que são logicamente anteriores e eticamente superiores ao Estado e que conformam e estruturam o direito positivo.

d) A interpretação da lei é a atividade essencial do jurista, que deve realizá-la buscando a vontade da lei em si, seus fins sociais e as exigências do bem comum, de modo a assegurar a própria evolução do direito.

GABARITO	
1 - D	2 - B

DIREITO CONSTITUCIONAL

Caroline Bitencourt

Janriê Reck

Mateus Silveira

Sumário

1. TEORIA DA CONSTITUIÇÃO

1.1. Poder constituinte

1.1.1. Conceito

Poder constituinte é a máxima expressão da soberania popular – elemento fundamental para a criação de uma Constituição e para poder alterá-la mediante processo formal.

1.1.2. Divisões

1) **Poder constituinte originário: é também conhecido como poder inicial, inaugural, cuja função é criar um estado novo, diverso do que vigorava em decorrência da manifestação do poder constituinte que o precedeu.**

Subdivisão:

a) Histórico: o verdadeiro poder constituinte originário, estruturado pela primeira vez.

b) Revolucionário: seriam os posteriores ao histórico, rompendo por completo com a antiga ordem e instituindo uma nova.

Características:

- Inicial: inaugura uma nova ordem.
- Autônomo: terá autonomia para a instituição de uma nova ordem.
- Ilimitado juridicamente: não tem que se preocupar com o direito anterior.
- Incondicionado e soberano: não tem que se submeter a qualquer forma prefixada de manifestação.
- Poder de fato e poder político: caracterizado como uma energia, uma força social, tem sua natureza como pré-jurídica.

Formas de expressão

Outorga: caracterizada pela expressão unilateral do agente revolucionário.

Assembleia nacional constituinte: nasce com a deliberação da representação popular.

2) **Poder constituinte derivado:** é denominado como instituído, constituído, secundário ou de segundo grau. É criado e instituído pelo poder constituinte originário. É um poder limitado. Sua atuação é condicionada pelo poder constituinte originário.

Subdivisão:

a) Poder constituinte derivado reformador:

Tem em capacidade de modificar a Constituição, por meio de um procedimento específico.

Tem natureza jurídica, delimitado juridicamente.

Suas manifestações aparecem em forma de emendas constitucionais (arts. 59, I, e 60).

O poder de reforma por meio de emendas pode, em geral, se manifestar a qualquer tempo, sofrendo limites materiais, circunstanciais, formais e, algumas vezes, temporais. Esse poder consiste em alterar pontualmente determinada matéria constitucional, adicionando, suprimindo, modificando alínea(s), inciso(s), artigo(s) da Constituição.

b) Poder constituinte derivado decorrente:

Também é derivado do originário e por ele limitado, também é jurídico e encontra seus parâmetros estabelecidos pelo originário.

Sua missão é a de estruturar as Constituições dos Estados-membros – competência que decorre da capacidade de auto-organização (característica dos sistemas federativos).

Intervém para exercer uma tarefa de caráter nitidamente constituinte, tem um caráter de complementaridade com relação à Constituição Federal, com relação ao âmbito de abrangência do território dos Estados-membros.

O exercício do poder constituinte derivado decorrente foi concebido às Assembleias legislativas, conforme estabelece o art. 11 do ADCT.

c) Poder constituinte derivado revisor:

Também é limitado e condicionado, tem natureza jurídica e foi criado pelo constituinte originário.

Não se trata necessariamente de um poder, mas de um processo de revisão que está limitado pelo poder originário.

O art. 3º do ADCT determinou que a revisão constitucional aconteceria após cinco anos da promulgação constitucional, pelo voto da maioria absoluta dos membros do Congresso Nacional, em sessão unicameral.

A revisão poderia se dar numa única vez, não podendo passar por uma segunda produção de efeitos.

O limite material do poder de revisão é o mesmo derivado do poder constituinte reformador, quais sejam, as cláusulas pétreas do art. 60, § 4º e incisos.

d) Poder constituinte derivado difuso (promove apenas a alteração material da Constituição, ou seja, não altera seu texto normativo):

Pode ser caracterizado como um poder de fato, que se manifesta por meio da hermenêutica constitucional.

Se, por um lado, as mudanças implementadas pelo poder constituinte derivado reformador significam algo real, formal, palpável por meio de emendas constitucionais, por outro, o poder constituinte difuso faz suas transformações de modo espontâneo e informal, ou seja, por meio de um verdadeiro poder de fato, decorrente das transformações sociais, políticas e econômicas.

O texto é o mesmo, mas o sentido que lhe é atribuído é outro.

1.2. Princípios fundamentais

É importante lembrarmos que a Constituição não é formada apenas por regras jurídicas, mas também por princípios. Os princípios, por mais que tenham um conteúdo mais aberto e até mesmo mais abstrato, possuem igualmente força normativa, sendo sua aplicabilidade também direta, para além de servir de estrutura e interpretação para as demais regras jurídicas.

Constituição Federal

Art. 1º A República Federativa do Brasil, formada pela união indissolúvel dos Estados e **Municípios e do Distrito Federal, constitui-se em Estado Democrático de Direito e tem como fundamentos:**

I – a soberania;

Está relacionada com a independência do Brasil e de suas decisões no cenário internacional, ou seja, não há qualquer sujeição do Brasil aos demais países.

II – a cidadania;

Conhecida como Constituição cidadã, a Constituição de 1988 ampliou significativamente não apenas a participação popular, mas também os espaços de controle dos cidadãos em relação às decisões públicas. Não se resume ao nosso direito de votar e eleger nossos representantes, mas sim em participar ativamente das escolhas públicas que diretamente ou indiretamente afetam os interesses de toda coletividade.

III – a dignidade da pessoa humana;

Centra-se na ideia de que qualquer ser humano é um fim em si mesmo, ou seja, não pode ser utilizado como instrumento para obtenção de determinados fins. A integralidade da realização dos direitos fundamentais, ou seja, sua concretização tende a garantir um tratamento digno à nós indivíduos que convivemos em coletividade.

IV – os valores sociais do trabalho e da livre iniciativa; (vide Lei nº 13.874/2019)

Nesses dois princípios expressamos nossa opção por uma modelo liberal, através da livre iniciativa e na intervenção estatal apenas quando houver respaldo e previsão constitucional, contudo, também mostramos nossa preocupação e proteção com os valores sociais, ou seja, valores que nossa sociedade deve tutelar e que não podem ser transacionados.

V – o pluralismo político.

Plenamente em consonância com a proteção das liberdades, o pluralismo protege o pensamento oposto e divergente, garante a pluralidade de ideias e concretiza também o princípio democrático.

Parágrafo único. Todo o poder emana do povo, que o exerce por meio de representantes eleitos ou diretamente, nos termos desta Constituição.

Art. 2º São Poderes da União, independentes e harmônicos entre si, o Legislativo, o Executivo e o Judiciário.

Princípio presente desde a Constituição de 1891 é garantia da existência do próprio Estado democrático de direito, ou seja, o sistema de freios e contrapesos entre os poderes que exercem mutuamente suas funções e fiscalização garante que não tenhamos o império de autoritarismo e arbitrariedades, tendo tais poderes a Constituição como balizadora de sua função constitucional e de seus limites de atuação

Art. 3º Constituem objetivos fundamentais da República Federativa do Brasil:

I – construir uma sociedade livre, justa e solidária;

II – garantir o desenvolvimento nacional;

III – erradicar a pobreza e a marginalização e reduzir as desigualdades sociais e regionais;

IV – promover o bem de todos, sem preconceitos de origem, raça, sexo, cor, idade e quaisquer outras formas de discriminação.

O objetivo previsto no inciso I do artigo 3º da Constituição Federal, que estabelece como fundamental a construção de uma sociedade livre, justa e solidária, conecta-se diretamente aos princípios da prevalência dos direitos humanos, da defesa da paz, da solução pacífica dos conflitos e da concessão de asilo político. A promoção desses valores no plano internacional reforça o compromisso interno com uma sociedade baseada na dignidade humana e na solidariedade. Esse objetivo é reafirmado em outros dispositivos constitucionais, como o artigo 1º, inciso III, que consagra a dignidade da pessoa humana como um dos fundamentos da República, e o artigo 5º, que elenca os direitos e garantias fundamentais. Também o artigo 6º, ao tratar dos direitos sociais, sustenta essa diretriz voltada à justiça social.

O inciso II do artigo 3º, que trata do desenvolvimento nacional, relaciona-se com os princípios da independência nacional e da cooperação entre os povos para o progresso da humanidade. A política externa voltada à autonomia econômica e à inserção internacional por meio da colaboração mútua contribui diretamente para o fortalecimento do desenvolvimento interno. Outros artigos que reforçam esse objetivo são o artigo 170, que estabelece os princípios da ordem econômica, como a valorização do trabalho humano e a função social da propriedade, e o artigo 218, que determina a promoção do desenvolvimento científico, tecnológico e da inovação como instrumentos do progresso nacional.

O inciso III do artigo 3º, que visa erradicar a pobreza, a marginalização e reduzir as desigualdades sociais e regionais, tem relação direta com os princípios da prevalência dos direitos humanos, da cooperação entre os povos e do repúdio ao racismo. Esses princípios orientam uma política externa sensível às desigualdades globais e que busca soluções integradas com outros países para enfrentar a exclusão social. Além disso, a Constituição reforça esse compromisso nos artigos 6º, que trata dos direitos sociais, no artigo 23, inciso X, que prevê competência comum para combater as causas da pobreza, e no artigo 227, que assegura prioridade absoluta à proteção de crianças e adolescentes.

O inciso IV do artigo 3º, que impõe como objetivo a promoção do bem de todos, sem preconceitos de origem, raça, sexo, cor, idade e quaisquer outras formas de discriminação, encontra correspondência nos princípios do repúdio ao racismo, da igualdade entre os Estados e da prevalência dos direitos humanos. A atuação internacional do Brasil deve refletir esse compromisso com a igualdade e com o enfrentamento de qualquer forma de discriminação. Esse ideal é reforçado por dispositivos como o artigo 5º, caput e inciso XLII, que trata do racismo como crime inafiançável e imprescritível, o artigo 7º, inciso XXX, que proíbe diferenças salariais por motivo de sexo, idade, cor ou estado civil, e o artigo 215, parágrafo 1º, que garante a proteção das manifestações culturais dos diversos grupos formadores da sociedade brasileira.

Art. 4º A República Federativa do Brasil rege-se nas suas relações internacionais pelos seguintes princípios:

I - Independência nacional: O Brasil preserva sua soberania e toma decisões externas com base em seus próprios interesses.

Exemplo: A recusa do Brasil em participar de intervenções militares unilaterais lideradas por grandes potências, como a Guerra do Iraque (2003), reafirmando sua autonomia diplomática.

II - Prevalência dos direitos humanos: O país orienta sua política externa pela proteção da dignidade humana.

Exemplo: O posicionamento do Brasil na ONU contra violações de direitos humanos em regimes autoritários, como na antiga condenação ao regime do apartheid na África do Sul. O Brasil é signatário de inúmeros tratados internacionais nessa matéria.

III - Autodeterminação dos povos: o Brasil reconhece o direito de cada povo decidir seu destino sem interferências externas.

Exemplo: O apoio brasileiro à independência do Timor-Leste, em 2002, inclusive com participação da diplomacia e tropas em missões da ONU.

IV - Não-intervenção: O Brasil defende que nenhum país deve interferir nos assuntos internos de outro.

Exemplo: A posição brasileira de não apoiar intervenções estrangeiras na Venezuela, mantendo relações diplomáticas com base no princípio da não intervenção.

V - Igualdade entre os Estados: Todos os países são iguais em direitos e deveres, independentemente de poder econômico ou militar.

Exemplo: A atuação do Brasil no sistema ONU e no G-77, onde defende maior equilíbrio entre países desenvolvidos e em desenvolvimento.

VI - Defesa da paz: O Brasil rejeita guerras e valoriza a paz como base das relações internacionais.

Exemplo: Participação do Brasil em missões de paz da ONU, como a liderança da MINUSTAH no Haiti (2004–2017), promovendo estabilidade sem uso ofensivo da força.

VII - Solução pacífica dos conflitos: O Brasil prioriza o diálogo e meios diplomáticos para resolver disputas.

Exemplo: Mediação na crise entre Venezuela e Colômbia em 2008, por meio do Grupo do Rio, buscando uma solução negociada. Tentativa de pacificação entre o conflito entre Rússia e Ucrânia.

VIII- Repúdio ao terrorismo e ao racismo: O Brasil condena atos que atentem contra a vida, liberdade e igualdade das pessoas.

Exemplo: Apoio a resoluções da ONU contra o terrorismo e envolvimento em convenções internacionais de combate à discriminação racial, como a Conferência de Durban (2001).

IX – Cooperação entre os povos para o progresso da humanidade: O país busca parcerias internacionais que promovam o desenvolvimento global.
Exemplo: Programas de cooperação técnica com países africanos e latino-americanos na área de agricultura, saúde e educação, promovidos pela Agência Brasileira de Cooperação (ABC).

X – Concessão de asilo político: O Brasil pode acolher estrangeiros perseguidos por motivos políticos
Exemplo: O asilo concedido a Evo Morales (ex-presidente da Bolívia) em 2019, após ele renunciar e alegar risco à sua integridade física.

1.3. Eficácia das normas constitucionais

1.3.1. Normas constitucionais de eficácia plena

Normas constitucionais de eficácia plena e aplicabilidade direta, imediata e integral são aquelas normas da Constituição que, no momento em que esta entra em vigor, estão aptas a produzir todos os seus efeitos, independentemente de norma integrativa infraconstitucional. Ex.: direitos e garantias fundamentais (art. 5º, § 1º).

1.3.2. Normas constitucionais de eficácia contida

As normas constitucionais de eficácia contida são também normas ou prospectivas que têm aplicabilidade direta e imediata (assim como as de eficácia plena). Contudo, embora tenham condições de, quando da promulgação da nova Constituição, produzir todos os seus efeitos, poderá a norma infraconstitucional reduzir a sua abrangência. Ex.: liberdade de profissão (art. 5º, XIII).

1.3.3. Normas constitucionais de eficácia limitada (também conhecidas como programáticas)

São aquelas normas que, de imediato, no momento em que a Constituição é promulgada, não têm o condão de produzir todos os seus efeitos, precisando de uma lei integrativa infraconstitucional. São, portanto, de aplicabilidade mediata e reduzida, ou, segundo alguns autores, aplicabilidade diferida.

2. DIREITOS FUNDAMENTAIS

2.1. Aspectos importantes sobre os direitos fundamentais

São três as dimensões ou gerações de direitos fundamentais:

2.1.1. Primeira dimensão de direitos fundamentais

Os direitos fundamentais de primeira dimensão, denominados direitos civis, individuais e políticos, surgiram consoante as ideias iniciais de constitucionalismo, marcado pelo ascendente crescimento do pensamento individualista característico do Estado liberal burguês. O surgimento de um Estado submetido à lei (fruto das Revoluções liberais francesa, inglesa e americana).

Referem-se ao direito de liberdade dos cidadãos diante do Estado. Sua esfera de atuação é definir tanto a área de domínio do Poder Público quanto a área de domínio individual, que não deve sofrer interferência do Estado, já que apenas ele tem a função de guardião desses direitos. Por isso são denominadas liberdades negativas e exigem do Estado a abstenção, a não interferência. Ex.: direitos à vida, à liberdade, à propriedade e à igualdade perante a lei.

2.1.2. Segunda dimensão dos direitos fundamentais

Os direitos de segunda dimensão são os econômicos, sociais e culturais. Surgiram em decorrência do impacto causado pela industrialização e pelos graves problemas econômicos e sociais que acompanharam esse processo, podendo-se perceber que apenas o reconhecimento formal dos direitos de igualdade e de liberdade não é suficiente para garanti-los aos cidadãos.

Para tanto, exigiu-se do Estado uma posição efetiva para minimizar os problemas sociais, daí seu caráter de dimensão positiva. Caberá ao Estado outorgar aos cidadãos prestações de cunho assistencial, propiciando saúde, educação, trabalho e outros. É a passagem das liberdades formais abstratas para as liberdades materiais concretas. Além do caráter de direitos de cunho positivo, que é sua principal característica, trata também das liberdades sociais, que envolvem a vida em sociedade, como liberdade sindical, direito de greve, direitos dos trabalhadores.

2.1.3. Terceira dimensão dos direitos fundamentais

A terceira dimensão de direitos, sob a influência das disparidades de condições entre países, nações desenvolvidas e outras subdesenvolvidas, desperta a necessidade humanitária, voltada aos rumos da humanidade como um todo. Centra-se na razão da existência do ser humano na qualidade de gênero, não apenas como indivíduo ou uma pequena coletividade. É uma nova preocupação concernente ao ser humano no sentido relacional, em consonância com outros seres humanos, sem barreiras físicas e econômicas.

A essência desse direito está num sentimento voltado ao bem-estar universal. Obviamente, fala-se dos direitos de terceira dimensão como direitos de solidariedade, fraternidade – sua titularidade é indeterminada – de todos. Ex.: paz, proteção ao meio ambiente e às gerações futuras, qualidade de vida.

2.1.4. Características dos direitos fundamentais

- **Inalienabilidade:** a impossibilidade de transferência e de abdicação desses direitos, não importando se é a título gratuito ou oneroso.
- **Imprescritibilidade:** os direitos fundamentais não se perdem, nem possuem decurso de prazo, podendo ser invocados a qualquer momento.
- **Irrenunciabilidade:** não podem ser objeto de renúncia por parte de seu titular.
- **Inviolabilidade:** não podem ser desrespeitados por autoridades públicas ou normas infraconstitucionais.
- **Universalidade:** abrange todos os direitos dos indivíduos, sem qualquer tipo de distinção.
- **Efetividade:** o Poder Público deve atuar no sentido de garantir esses direitos.
- **Interdependência:** apesar de serem autônomos, estão diretamente ligados para atingirem suas finalidades.
- **Complementaridade:** não devem os direitos fundamentais ser interpretados isoladamente, já que eles se completam entre si.

2.1.5. Eficácia irradiante (horizontal versus vertical): sujeitos passivos de direitos fundamentais

Os direitos fundamentais têm sua incidência de forma direta tanto nas relações do Estado/cidadão (vertical) quanto nas dos particulares (horizontal), estando ambos, direta e imediatamente, vinculados à realização dos direitos fundamentais, mesmo que em diferentes graus de vinculação, quando reclamados diante da jurisdição na tutela desses direitos.

A vinculação direta e imediata dos particulares aos direitos fundamentais não implica sua aplicação na mesma proporção nas relações privadas e que nas relações entre Estado e cidadão (vertical), visto que os particulares são detentores do princípio da autonomia privada (e, também, detentores de direitos fundamentais).

Trata-se de identificar contra quem os direitos fundamentais são exercidos:

a) Estado ("eficácia vertical"), em geral;

b) terceiros, isto é, outros particulares ("eficácia horizontal" ou "eficácia perante terceiros, que não o Estado").

2.1.6. Sujeitos ativos de direitos fundamentais

Trata-se de identificar quem pode buscar a tutela dos direitos fundamentais exercidos:

a) art. 5º, *caput*: brasileiros e estrangeiros residentes;

b) teoria da compatibilidade: pessoas jurídicas também e estrangeiros não residentes. Sim, nos direitos que lhe couberem, ou seja, desde que compatíveis. Ex.: propriedade (pessoa jurídica); *habeas corpus* (estrangeiro não residente).

2.1.7. Distinção de direitos humanos e de fundamentais

Note-se que o texto constitucional atual, no § 3º do art. 5º, diz que somente os tratados internacionais em matéria de direitos humanos que tiverem a votação qualificada (3/5 em dois turnos em duas Casas) terão força de emenda constitucional – logo, força de Constituição.

Assim, há tratados internacionais em matéria de direitos humanos que não terão o *status* de norma constitucional, ou seja, se não obtiverem a votação qualificada do art. 5º, § 3º. Esses, assim como os tratados ratificados antes de 2004 (data da emenda que acrescentou o art. 5, § 3º) terão força de norma supralegal, ou seja, acima da lei ordinária e abaixo da Constituição.

2.1.8. Relação dos direitos fundamentais com os tratados internacionais em matéria de direitos humanos (art. 5º)

O art. 5º, § 2º, da CF/1988, diz que "Os direitos e garantias expressos nesta Constituição não excluem outros decorrentes do regime e dos princípios por ela adotados, ou dos tratados internacionais em que a República Federativa do Brasil seja parte".

Como se vê, a Constituição institui um sistema constitucional aberto, não excluindo outros decorrentes dos tratados internacionais em matéria de direitos humanos. O catálogo dos direitos elencados no art. 5º é exemplificativo, e não taxativo, exaustivo, pois se encontram direitos fundamentais esparsos na Constituição.

No entanto, com foi com a introdução do § 3º ao art. 5º pela EC nº 45/2004 que passaram a ter verdadeiro status constitucional: "Os tratados e convenções internacionais sobre direitos humanos que forem aprovados, em cada Casa do Congresso Nacional, em dois turnos, por três quintos dos votos dos respectivos membros, serão equivalentes às emendas constitucionais". Ou seja, após a EC nº 45/2004, os tratados internacionais aprovados com a referida votação equiparam-se às normas de direitos fundamentais, justamente por serem equiparados a uma emenda constitucional.

Já os tratados internacionais aprovados antes de 2004 (data da emenda 45) terão força de norma SUPRALEGAL, ou seja, acima da Lei ordinária (ex: código civil) e abaixo da Constituição.

Podemos resumir nesse seguinte esquema:

TRATADOS INTERNACIONAL EM MATÉRIA DE DIREITOS HUMANOS ANTES DE 2004	TRATADOS INTERNACIONAL EM MATÉRIA DE DIREITOS HUMANOS APÓS 2004- § 3º ao art. 5º	TRATADOS INTERNACIONAL EM MATÉRIA DE DIREITOS HUMANOS APÓS DE 2004 – sem a votação do § 3º ao art. 5º
STF – entendeu que terá FORÇA DE NORMA SUPRALEGAL	Se ratificados por 3/5 em 2 turnos nas 2 casas do Congresso nacional – FORÇA DE EMENDA CONSTITUCIONAL	Se NÃO FOREM ratificados por 3/5 em 2 turnos nas 2 casas do Congresso nacional – FORÇA DE NORMA SUPRALEGAL

▷ **Lembre-se! Os direitos fundamentais são cláusulas pétreas,** não podendo ser abolidos da Constituição em hipótese alguma.

Constituição Federal

Art. 60. (...)

(...)

§ 4º Não será objeto de deliberação a proposta de emenda tendente a abolir:

I – a forma federativa de Estado;

II – o voto secreto, direto, universal e periódico;

III – a separação dos Poderes;

IV – os direitos e garantias individuais.

2.1.9. Limites e restrições a direitos fundamentais

Os direitos fundamentais também não são absolutos, logo, a ideia de restrição não é estranha à disciplina dos direitos fundamentais. Também não há uma hierarquia em abstrato de normas de direitos fundamentais, devendo analisar nos casos concretos em caso de conflito, qual direito fundamental deverá prevalecer.

Sempre está presente a máxima da otimização, no sentido de máxima garantia e proteção dos direitos fundamentais nos Estados Democráticos; contudo, os direitos fundamentais por não ser absolutos, podem sofrer relativizações em face do direito fundamental de outrem.

Limitações EXPRESSAS, que dizem respeito ao próprio direito, por assim dizer, nascem juntamente com o direito. Ex: É livre a locomoção no território nacional, em tempos de paz . Também há limitações NÃO EXPRESSAS, ou seja, que podem aparecer em legislações. Ex: É livre exercício do trabalho, atendidas as qualificações que a Lei estabelecer (mediante a imposição de certas exceções ao exercício ilimitado destes determinados direitos).

2.1.10. Proporcionalidade

Restrições de ordem externa, ou seja, espécies de "limitações" práticas que serão analisadas nos casos concretos, pois a redução desse conteúdo de direito fundamental se realiza por força de algo que lhe é exterior ao seu próprio conteúdo, situações fáticas as quais poderão exigir certas restrições.

Essas restrições externas, realizadas pelo intérprete constitucional, sempre deverão observar o princípio da proporcionalidade e da concordância prática (que têm relação com sua melhor aplicação ao caso concreto, na prática, para atender a seus fins).

O princípio da proporcionalidade divide-se em três máximas:

1) Adequação: dever de adequação do meio; exige que, no caso concreto, verifique-se se o fim é legítimo, se era o meio mais adequado, apto,

útil e idôneo, no sentido de atingir a finalidade pretendida.

2) Necessidade: dever de necessidade do meio; exige-se a adoção do meio menos gravoso, que a utilização desse meio proporcionou menos desvantagens e afetação a um direito fundamental, e seus resultados trazem menores prejuízos.

3) Proporcionalidade em sentido estrito: é a análise da relação custo/benefício, obtida mediante a análise entre o resultado obtido pelo emprego do meio eleito e a afetação desvantajosa dele decorrente aos direitos fundamentais. Ex.: a própria legítima defesa – dano moral.

▷ **Lembre-se!** Em casos de Estado de Defesa e de Estado de Sítio, estão autorizadas restrições a direitos fundamentais.

2.1.11. Possibilidade de restrição a direitos fundamentais

No estado de defesa, estão autorizadas as seguintes restrições:

> **Art. 136.** (...)
>
> § 1º (...)
>
> I – restrições aos direitos de:
>
> *a)* reunião, ainda que exercida no seio das associações;
>
> *b)* sigilo de correspondência;
>
> *c)* sigilo de comunicação telegráfica e telefônica;
>
> II – ocupação e uso temporário de bens e serviços públicos, na hipótese de calamidade pública, respondendo a União pelos danos e custos decorrentes.

No estado de sítio:

> **Art. 139.** Na vigência do estado de sítio decretado com fundamento no art. 137, I, só poderão ser tomadas contra as pessoas as seguintes medidas:
>
> I – obrigação de permanência em localidade determinada;
>
> II – detenção em edifício não destinado a acusados ou condenados por crimes comuns;
>
> III – restrições relativas à inviolabilidade da correspondência, ao sigilo das comunicações, à prestação de informações e à liberdade de imprensa, radiodifusão e televisão, na forma da lei;
>
> IV – suspensão da liberdade de reunião;
>
> V – busca e apreensão em domicílio;
>
> VI – intervenção nas empresas de serviços públicos;
>
> VII – requisição de bens.

▷ **Atenção:** nesses casos, diante das circunstâncias concretas também haverá necessidade de restrição a direitos fundamentais, fazendo-se necessária a aplicação do princípio da proporcionalidade. Muitos autores referem-se a reserva do possível fática, quando o direito tutelado não possui condições de ser concretizado em sua totalidade porque os bens dispostos são finitos ou insuficientes. É relevante lembrar, contudo, que quando o intérprete constitucional precisar decidir nessas circunstâncias, deverá levar em conta o princípio da proporcionalidade.

2.2. Direitos fundamentais em espécie

2.2.1. Direito à vida (art. 5º, caput)

Direito à existência é o direito de estar vivo, de lutar pelo viver; engloba o direito de defender a própria vida, bem como o de permanecer vivo. Motivo pelo qual, por exemplo, é permitida a legítima defesa, sendo possível que, em nome da defesa de sua própria vida, seja possível tirar a vida do outro. Nessa dimensão, também engloba tanto o direito à integridade física quanto à integridade moral, pois o corpo constitui um bem vital necessário à manutenção da vida humana. Ex.: da doação de órgãos. No sentido positivo, implica que os poderes públicos realizem políticas públicas em detrimento e em benefício da dignidade de todos os cidadãos. Como exemplo temos as políticas públicas de saúde. Outra abordagem desse conteúdo pode ser no que se refere à proibição à tortura, que traz um dispositivo próprio na Constituição.

Em relação à proteção à vida, estão conectados os seguintes temas:

- Proibição de tortura: art. 5º, III – ninguém será submetido a tortura nem a tratamento desumano ou degradante.
- Proibição de pena de morte: art. 5º, XLVII – não haverá pena de morte, salvo em caso de guerra declarada, nos termos do art. 84, XIX.
- Proibição de aborto, exceto nas hipóteses: art. 128 do CP – Não se pune o aborto praticado por médico: I – se não há outro meio de salvar a vida da gestante; II – se a gravidez resulta de estupro e o aborto é precedido de consentimento da gestante ou, quando incapaz, de seu representante legal. Também em caso de anencefalia, conforme decisão do STF na ADPF nº 54[1].

---

1. BRASIL. Supremo Tribunal Federal. Arguição de Descumprimento de Preceito Fundamental. Anencefalia.

- Proibição da eutanásia: conhecida como homicídio piedoso, ou "morte bela", não é admitida no Direito Constitucional pátrio.

2.2.2. *Igualdade: material versus formal (art. 5º, caput)*

A igualdade, na Constituição de 1988, é concebida sob o aspecto formal e material. Preocupa-se com a condição de que a Lei seja aplicada de forma igual a todos que estão sujeitos às mesmas condições. Além disso, também é possível falar em função limitadora perante os particulares, que não poderão praticar condutas discriminatórias. Sob o aspecto material, reconhece a existência de desigualdades fáticas e buscará, por meio do reconhecimento dessas circunstâncias, enfrentar essas diferenças promovendo a chama Justiça distributiva, especialmente por meio de políticas públicas e ações afirmativas.

> **Art. 5º** Todos são iguais perante a lei, sem distinção de qualquer natureza, garantindo-se aos brasileiros e aos estrangeiros residentes no País a inviolabilidade do direito à vida, à liberdade, à igualdade, à segurança e à propriedade, nos termos seguintes:
>
> I – homens e mulheres são iguais em direitos e obrigações, nos termos desta Constituição; (...)

Em certos casos, admitir-se-á uma diferenciação em face das condições materiais diversas, reconhecendo uma história de desigualdade e condições físicas diferenciadas. Ex.: licença-maternidade; aposentadoria; dispensa do serviço militar para as mulheres em tempos de paz.

Cabem outras diferenças decorrentes de normas infraconstitucionais? A Lei nº 9.029/1995 proíbe atestados de gravidez para fins de admissão no emprego; a Lei nº 10.714/2003 disponibiliza telefone para denúncia; a Lei Maria da Penha; a lei de cotas raciais para ingresso em universidade pública (ADPF 186[2]); prazo para aposentadoria etc. Importante decisão do STF, na ADC nº 41[3], declarou constitucional a Lei nº 12.990/2014[4], que determina uma reserva de cotas para negros e pardos nos concursos públicos federais.

> ▷ **Atenção!** Questão da distinção de idade, peso, altura para concursos públicos.
>
> **Súm. nº 683 do STF:** O limite de idade para a inscrição em concurso público só se legitima em face do art. 7º, XXX, da Constituição, quando possa ser justificado pela natureza das atribuições do cargo a ser preenchido.

Logo, o limite de idade só se justifica em razão da natureza da atividade, e deverá atender a critérios de proporcionalidade para sua justificação.

Ex.: provas de títulos, exigência de escolaridade, altura mínima em concursos de segurança pública etc.

> STF – Votos de ministros: A jurisprudência do Supremo Tribunal Federal firmou-se no sentido de que a norma constitucional que proíbe tratamento normativo discriminatório, em razão da idade, para efeito de ingresso no serviço público (...), não se reveste de caráter absoluto, sendo legítima, em consequência, a estipulação de exigência de ordem etária, quando esta decorrer da natureza e do conteúdo ocupacional do cargo público a ser provido (...). (RTJ nº 179/210-211, rel. Min. Celso de Mello)

2.2.3. *Liberdade de expressão*

Formas de expressão: a liberdade de opinião exterioriza-se pelo exercício das liberdades, como comunicação, de religião, de expressão intelectual, artística, científica e cultural, conforme art 5º, IV e IX.

> ▷ **Importante!** Art. 5º, IV: "É livre a manifestação do pensamento, sendo vedado o anonimato".

Quanto à vedação do anonimato, nesses termos, refere-se à manifestação do pensamento entre locutores presentes, como de uma pessoa a outra (conversa, diálogo), ou de uma pessoa para com as outras (palestras, conferências, discursos).

Engloba tanto a manifestação do pensamento (art. 5º, IV) quanto o direito à informação (art. 5º, XIV, c/c art. 220 – comunicação social).

Arguição de Descumprimento de Preceito Fundamental n. 54 ajuizada pela Confederação Nacional dos Trabalhadores da Saúde. Rel. Min. Marco Aurélio Mello - Brasília-DF - j. 11-4-2012. Informativo do STF n. 661. Disponível em: http://www.stf.jus.br/arquivo/informativo/documento/informativo661.htm#ADPF%20e%20interrup%C3%A7%C3%A3o%20de%20gravidez%20de%20feto%20anenc%C3%A9falo%20-%2026

2. BRASIL. Supremo Tribunal Federal. Ação por Descumprimento de Preceito Fundamental nº 186. Rel. Ricardo Lewandowski. Disponível em: http://www.stf.jus.br/arquivo/informativo/documento/informativo663

3. BRASIL. Supremo Tribunal Federal. Ação Declaratória de Constitucionalidade nº 41/DF. Disponível em: http://redir.stf.jus.br/paginadorpub/paginador.jsp?docTP=TP&docID=13375729

4 Lei revogada pela Lei 15.142/25.

Incluem-se faculdades diversas: comunicação do pensamento, ideias, informações, expressões não verbais.

Direito de resposta: possibilidade de retrucar a ofensa veiculada na mídia (art. 5º, V: "é assegurado o direito de resposta, proporcional ao agravo, além da indenização por dano material, moral ou à imagem").

- Direito de reação ao uso indevido da mídia.
- Proteção da imagem e da honra do ofendido.
- Exercício indevido do direito de liberdade de expressão.

2.2.4. Direito à informação

> **Art. 5º** (...)
>
> (...)
>
> XIV – é assegurado a todos o acesso à informação e resguardado o sigilo da fonte, quando necessário ao exercício profissional;
>
> (...)
>
> XXXIII – todos têm direito a receber dos órgãos públicos informações de seu interesse particular, ou de interesse coletivo ou geral, que serão prestadas no prazo da lei, sob pena de responsabilidade, ressalvadas aquelas cujo sigilo seja imprescindível à segurança da sociedade e do Estado.

Direito de se informar: é uma limitação estatal diante da esfera individual, que permite ao sujeito pesquisar, buscar informações de seu interesse.

Destaca-se que para resguardar a profissão jornalística, a Constituição garante-lhe, no exercício de sua profissão, o sigilo da fonte, de modo que não se pode obrigá-lo a fornecer quem de fato lhe trouxe a informação.

Direito de ser informado: como forma de direito de receber informação, só pode ser investido, reivindicado, quando simultaneamente atribui a outrem o dever de informar, que, nos termos da Constituição, atribui-se apenas ao Poder Público, conforme os arts. 5º, XXXIII, e 37, *caput*.

▷ **Lembrete:** para proteger esse direito fundamental, temos dois importantes remédios constitucional:

HABEAS DATA: quando a informação for personalíssima, da pessoa do impetrante. Para uso desse remédio constitucional, o impetrante deve demonstrar que já fez o pedido na via administrativa, que restou indeferido ou transcorreu o prazo legal sem que houvesse respostas das autoridades públicas ou de quem detenha a informação de caráter público. Art 5º: **LXXII** - conceder-se-á "habeas-data":

a) para assegurar o conhecimento de informações relativas à pessoa do impetrante, constantes de registros ou bancos de dados de entidades governamentais ou de caráter público; b) para a retificação de dados, quando não se prefira fazê-lo por processo sigiloso, judicial ou administrativo;

MANDADO DE SEGURANÇA: quando a informação for de interesse coletivo ou geral, uma vez que o esse remédio constitucional visa proteger direito líquido e certo não amparado por habeas corpus e habeas data, justamente por ser subsidiário. Assim, nos casos em que não cabe habes data, caberá mandado de segurança. Art 5º LXIX - conceder-se-á mandado de segurança para proteger direito líquido e certo, não amparado por *"habeas-corpus"* ou *"habeas-data"*, quando o responsável pela ilegalidade ou abuso de poder for autoridade pública ou agente de pessoa jurídica no exercício de atribuições do Poder Público;

▷ **Atenção!** A Lei de Acesso à Informação (Lei nº 12.527/2011) regulamentou as disposições dos arts. 5º, XXXIII, e 37, *caput*, determinando as condições e deveres do Estado na prestação da informação.

Regra: acesso à informação!

Exceção: possibilidade de sigilo em caso de segurança do Estado e interesse público ou casos que se justifiquem em decorrência da preservação da privacidade intimidade (segredo de justiça).

Decisão do STF – O parlamentar e a condição de acesso à informação – O Plenário deu provimento a recurso extraordinário e fixou a seguinte tese de repercussão geral (Tema 832): "O parlamentar, na condição de cidadão, pode exercer plenamente seu direito fundamental de acesso a informações de interesse pessoal ou coletivo, nos termos do art. 5º, inciso XXXIII(1), da Constituição Federal (CF) e das normas de regência desse direito" (Informativo nº 899).

Prazos previstos em Lei para o sigilo:

Art. 24 da lei 12.527/2011:

> **Art. 24.** A informação em poder dos órgãos e entidades públicas, observado o seu teor e em razão de sua imprescindibilidade à segurança da sociedade ou do Estado, poderá ser classificada como ultrassecreta, secreta ou reservada.
>
> § 1º Os prazos máximos de restrição de acesso à informação, conforme a classificação prevista no *caput*, vigoram a partir da data de sua produção e são os seguintes:
>
> I - ultrassecreta: 25 (vinte e cinco) anos;
>
> II - secreta: 15 (quinze) anos; e

III - reservada: 5 (cinco) anos.

§ 2º As informações que puderem colocar em risco a segurança do Presidente e Vice-Presidente da República e respectivos cônjuges e filhos(as) serão classificadas como reservadas e ficarão sob sigilo até o término do mandato em exercício ou do último mandato, em caso de reeleição.

§ 3º Alternativamente aos prazos previstos no § 1º, poderá ser estabelecida como termo final de restrição de acesso a ocorrência de determinado evento, desde que este ocorra antes do transcurso do prazo máximo de classificação.

§ 4º Transcorrido o prazo de classificação ou consumado o evento que defina o seu termo final, a informação tornar-se-á, automaticamente, de acesso público.

§ 5º Para a classificação da informação em determinado grau de sigilo, deverá ser observado o interesse público da informação e utilizado o critério menos restritivo possível, considerados:

I - a gravidade do risco ou dano à segurança da sociedade e do Estado; e

II - o prazo máximo de restrição de acesso ou o evento que defina seu termo final.

Quanto ao sigilo de informações pessoais e o tratamento da informação:

Art. 31. O tratamento das informações pessoais deve ser feito de forma transparente e com respeito à intimidade, vida privada, honra e imagem das pessoas, bem como às liberdades e garantias individuais.

§ 1º As informações pessoais, a que se refere este artigo, relativas à intimidade, vida privada, honra e imagem:

I - terão seu acesso restrito, independentemente de classificação de sigilo e pelo prazo máximo de 100 (cem) anos a contar da sua data de produção, a agentes públicos legalmente autorizados e à pessoa a que elas se referirem; e

II - poderão ter autorizada sua divulgação ou acesso por terceiros diante de previsão legal ou consentimento expresso da pessoa a que elas se referirem.

§ 2º Aquele que obtiver acesso às informações de que trata este artigo será responsabilizado por seu uso indevido.

§ 3º O consentimento referido no inciso II do § 1º não será exigido quando as informações forem necessárias:

I - à prevenção e diagnóstico médico, quando a pessoa estiver física ou legalmente incapaz, e para utilização única e exclusivamente para o tratamento médico;

II - à realização de estatísticas e pesquisas científicas de evidente interesse público ou geral, previstos em lei, sendo vedada a identificação da pessoa a que as informações se referirem;

III - ao cumprimento de ordem judicial;

IV - à defesa de direitos humanos; ou

V - à proteção do interesse público e geral preponderante.

§ 4º A restrição de acesso à informação relativa à vida privada, honra e imagem de pessoa não poderá ser invocada com o intuito de prejudicar processo de apuração de irregularidades em que o titular das informações estiver envolvido, bem como em ações voltadas para a recuperação de fatos históricos de maior relevância.

§ 5º Regulamento disporá sobre os procedimentos para tratamento de informação pessoal.

Obs: A **Lei de Acesso à Informação (Lei nº 12.527/2011) e a Lei Geral de Proteção de Dados Pessoais (Lei nº 13.709/2018)** devem ser interpretadas de forma conjunta. A LAI assegura o direito de acesso a informações públicas, enquanto a LGPD protege os dados pessoais, inclusive no âmbito da Administração Pública. Assim, o fornecimento de informações deve respeitar a intimidade, a vida privada e os dados pessoais dos cidadãos. O art. 31 da LAI já previa a restrição de acesso a informações pessoais, e a LGPD, em seus arts. 23 a 30, reforça a necessidade de tratamento adequado e seguro dos dados pelo poder público. Portanto, a transparência deve ser garantida **sem comprometer a proteção da privacidade**, exigindo um equilíbrio entre o interesse público e os direitos fundamentais do titular dos dados.

2.2.5. Liberdade religiosa

Significado de Estado laico: "Estado separado da religião" – não possui uma religião oficial. Por isso, o exercício de qualquer religião ou mesmo a escolha por não ter nenhuma religião é uma liberdade individual e não pode o Estado trazer nenhuma imposição nesse sentido.

Art. 5º (...)

VI – é inviolável a liberdade de consciência e de crença, sendo assegurado o livre exercício dos cultos religiosos e garantida, na forma da lei, a proteção aos locais de culto e a suas liturgias;

VII – é assegurada, nos termos da lei, a prestação de assistência religiosa nas entidades civis e militares de internação coletiva;

VIII – ninguém será privado de direitos por motivo de crença religiosa ou de convicção filosófica ou política, salvo se as invocar para eximir-se de obrigação legal a todos imposta e recusar-se a cumprir prestação alternativa, fixada em lei; (...)

Art. 19. É vedado à União, aos Estados, ao Distrito Federal e aos Municípios:

I – estabelecer cultos religiosos ou igrejas, subvencioná-los, embaraçar-lhes o funcionamento ou manter com eles ou seus representantes relações de dependência ou aliança, ressalvada, na forma da lei, a colaboração de interesse público; (...)

Art. 210. Serão fixados conteúdos mínimos para o ensino fundamental, de maneira a assegurar formação básica comum e respeito aos valores culturais e artísticos, nacionais e regionais.

§ 1º O ensino religioso, de matrícula facultativa, constituirá disciplina dos horários normais das escolas públicas de ensino fundamental. (...)

▷ **Atenção! Decisões importantes!**

- Mudança de postura do STF. Nesse sentido, entendeu que não é incompatível com o Estado laico o ensino confessional nas escolas públicas (ADI nº 4439[5]). Por maioria dos votos (6 x 5), os ministros entenderam que o ensino religioso nas escolas públicas brasileiras pode ter natureza confessional, ou seja, vinculado às diversas religiões.
- Também o STF entendeu que o proselitismo religioso em rádios é compatível com o Estado Democrático de Direito. Na Ação Direta de Inconstitucionalidade (ADI) 2566, ajuizada pelo Partido da República (antigo Partido Liberal) contra dispositivo da Lei 9.612/1998 (parágrafo 1º, artigo 4º) que instituiu o Serviço de Radiodifusão Comunitária, julgou inconstitucional a proibição a proselitismo de qualquer natureza na programação das emissoras de radiodifusão comunitária
- Práticas religiosos e sacrifício de animais: No julgamento do Recurso Extraordinário (RE) 494601, no qual se discutia a validade da Lei estadual 12.131/2004 do Rio Grande do Sul, o STF chegou a seguinte tese: "É constitucional a lei de proteção animal que, a fim de resguardar a liberdade religiosa, permite o sacrifício ritual de animais em cultos de religiões de matriz africana".

- RE 1.212.272 (Tema 1.069 RG): As teses de repercussão geral fixada são as seguintes: "1 – É permitido ao paciente, no gozo pleno de sua capacidade civil, recursar-se a se submeter a tratamento de saúde por motivos religiosos. A recusa a tratamento de saúde por motivos religiosos é condicionada à decisão inequívoca, livre, informada e esclarecida do paciente, inclusive quando veiculada por meio de diretiva antecipada de vontade. 2 – É possível a realização de procedimento médico disponibilizado a todos pelo Sistema Único de Saúde, com a interdição da realização de transfusão sanguínea ou outra medida excepcional, caso haja viabilidade técnico-científica de sucesso, anuência da equipe médica com a sua realização e decisão inequívoca, livre, informada e esclarecida do paciente." (j. 25.09.2024)
- RE 979.742 (Tema 952 RG): As teses de repercussão geral fixada são as seguintes: "1 – Testemunhas de Jeová, quando maiores e capazes, têm o direito de recusar procedimento médico que envolva transfusão de sangue, com base na autonomia individual e na liberdade religiosa. 2 – Como consequência, em respeito ao direito à vida e à saúde, fazem jus aos procedimentos alternativos disponíveis no SUS podendo, se necessário, recorrer a tratamento fora de seu domicílio." (j. 25.09.2024)"

5. BRASIL. Supremo Tribunal Federal. Ação Direta de Inconstitucionalidade nº 4439. Rel. Luiz Roberto Barroso. 27-9-2017. Disponível em: https://redir.stf.jus.br/paginadorpub/paginador.jsp?docTP=TP&docID=15085915.

2.2.6. Liberdade de locomoção

A liberdade de locomoção é o mais primário dos direitos fundamentais, amplamente protegidos desde as primeiras Constituição. Tal direito fundamental é protegido pelo remédio constitucional do habeas corpus, que pode se dar na modalidade preventiva (antes que a violação ocorra), ou na modalidade repressiva (após a violação já ter ocorrido). Tal medida será estudada de forma mais profunda quando estudarmos os remédios constitucionais.

Art. 5º (...)

(...)

XV – é livre a locomoção no território nacional em tempo de paz, podendo qualquer pessoa, nos termos da lei, nele entrar, permanecer ou dele sair com seus bens; (...)

▷ **Obs.:** Vale igualmente para os estrangeiros; no entanto, deve-se observar legislação específica, que é o caso da exigência do visto, que não é um direito subjetivo, mas liberdade estatal, pois, embora possa preencher todos os requisitos para o recebimento do visto documentação e exigência, o Estado não é obrigado a concedê-lo.

A liberdade de locomoção é um direito fundamental garantido pelo art. 5º, XV, da Constituição Federal de 1988, que assegura a todos o direito de ir e vir dentro do território nacional, bem como sair e retornar ao país. Esse direito, entretanto, se refere especialmente à circulação em **vias públicas** e espaços acessíveis ao público em geral.

Apesar de sua importância, a liberdade de locomoção não é absoluta e pode sofrer **restrições legais** em situações específicas, exemplos como:

Medidas de segurança e ordem pública, por exemplo, prisões, investigações criminais ou controle sanitário;

Determinações judiciais, como prisões preventivas ou medidas cautelares que limitem a circulação;

Situações excepcionais previstas na Constituição, como o **estado de sítio**, quando podem ser adotadas medidas que restrinjam temporariamente o direito para preservar a ordem e a segurança nacional.

Essas limitações devem sempre respeitar o princípio da legalidade, serem proporcionais e baseadas em fundamentos claros, garantindo o equilíbrio entre a proteção dos direitos individuais e a necessidade de preservar a segurança pública e o interesse coletivo.

2.2.7. Liberdade de reunião

A liberdade de reunião amplamente protegida com a Constituição de 1988 é um direito fundamental que garante a manifestação coletiva do pensamento, ou seja, a liberdade de protestar de forma pacífica e organizada como garantia do exercício democrático.

> **Art. 5º** (...)
>
> (...)
>
> XVI – todos podem reunir-se pacificamente, sem armas, em locais abertos ao público, independentemente de autorização, desde que não frustrem outra reunião anteriormente convocada para o mesmo local, sendo apenas exigido prévio aviso à autoridade competente; (...)

Este é um direito, notadamente marcado pelo repúdio ao Regime Militar, anos de repressão a direitos, especialmente, liberdades.

O foco principal é a garantia da manifestação coletiva do pensamento.

Requisitos essenciais para a "liberdade de reunião":

- ser pacífica;
- sem armas;
- não frustrar outra reunião agendada;
- locais abertos ao público;
- prévia comunicação das autoridades competentes (ver decisão do STF);
- fim lícito e determinado.

O STF decidiu que não torna ilícita a liberdade de reunião a mera falta de comunicação a autoridade competente – "A exigência constitucional de aviso prévio relativamente ao direito de reunião é satisfeita com a veiculação de informação que permita ao poder público zelar para que seu exercício se dê de forma pacífica ou para que não frustre outra reunião no mesmo local". Também afirmou o Relator Ministro Fachin: "Por essas razões, seja porque a ausência de notificação prévia não implica necessariamente a ilegalidade da manifestação, seja porque a concessão do interdito não obedece ao teste da estrita necessidade e proporcionalidade, é procedente o presente recurso extraordinário" (RE nº 806.339[6]).

2.2.8. Liberdade de associação

A liberdade de associação não pode ser confundida com a liberdade de reunião, uma vez que essa pode ser exercida no seio privado e tende a ter uma maior organização e continuidade no tempo e nas suas pautas.

> **Art. 5º** (...)
>
> XVII – é plena a liberdade de associação para fins lícitos, vedada a de caráter paramilitar; [Vale tanto para associações como para cooperativas]
>
> XVIII – a criação de associações e, na forma da lei, a de Cooperativas independem de autorização, sendo vedada a interferência estatal em seu funcionamento; (...)

O art. 5º, XIX, trata do encerramento e da suspensão das atividades das associações:

- suspensão: é temporária, provisória.
- dissolução: é definitiva e só ocorre após o trânsito em julgado de sentença judicial que decretar a dissolução.

Regra geral: é a garantia de permanência e funcionamento até a desconstituição por seus associados.

Exceção: decisão judicial é a única e exclusiva forma que pode mandar impedir, mandar fechar, encerrar as atividades (não cabe processo administrativo).

> **Art. 5º** (...)
>
> (...)
>
> XXI – as entidades associativas, quando expressamente autorizadas, têm legitimidade para representar seus filiados judicial ou extrajudicialmente;
>
> (...)
>
> **Súm. nº 629 do STF:** A impetração de mandado de segurança coletivo por entidade de classe em favor dos associados independe da autorização destes.
>
> **Súm. nº 630 do STF:** A entidade de classe tem legitimação para o mandado de segurança ainda quando a pretensão veiculada interesse apenas a uma parte da respectiva categoria.

---

6. BRASIL. Supremo Tribunal Federal - RE nº 806339 - rel. Marco Aurélio - rel. p/ acórdão Edson Fachin - Tribunal Pleno - j. 15-12-2020 - Processo Eletrônico Repercussão Geral - Mérito - DJe-053 - divulg 18-3-2021 - public 19-3-2021. Disponível em: https://redir.stf.jus.br/paginadorpub/paginador.jsp?docTP=TP&docID=755376303.

2.2.9. Proteção à intimidade e à vida privada

A tutela constitucional visa proteger as pessoas de 2 atentados particulares: ao segredo da vida privada e à liberdade da vida privada. A privacidade está relacionada com a vida privada em sentido amplo e, portanto, com todas as relações pessoais, tanto aquelas de caráter íntimo como aquelas de cunho profissional, comercial, entre outras.

Engloba, entre outros, a proteção em geral da:

- Interferência na vida familiar e doméstica
- Integridade física e moral
- Ataques à honra e à reputação
- Comunicação de fatos relevantes/embaraçosos relativos à privacidade
- Utilização do nome, identidade e/ou retrato
- Sigilo das comunicações
- Intervenção de correspondência – internamente
- Espionagem
- Má utilização de informações escritas e orais
- Transmissão de dados em virtude de sigilo profissional, nos casos em que a profissão exige resguardo de sigilo
- Dados bancários e outras informações
- Proteção do domicílio

> **Art. 5º** (...)
>
> (...)
>
> X – são invioláveis a intimidade, a vida privada, a honra e a imagem das pessoas, assegurado o direito a indenização pelo dano material ou moral decorrente de sua violação; (...)

Conceito e conteúdo: a Constituição declara invioláveis a intimidade, a vida privada, a honra e a imagem das pessoas (art. 5º, X); portanto, erigiu, expressamente, esses valores humanos à condição de direito individual, considerando-os direitos conexos ao da vida.

> ▷ **Obs.:** A privacidade está relacionada com a vida privada em sentido amplo e, portanto, com todas as relações pessoais, tanto aquelas de caráter íntimo como aquelas de cunho profissional, comercial, entre outras.

Assim, outros direitos fundamentais funcionam como garantias do direito à privacidade:

- a inviolabilidade do sigilo de correspondência;
- a inviolabilidade do lar e local de trabalho;
- a proteção dos dados pessoais.

2.2.10. Proteção do domicílio

Como a proteção ao domicílio está relacionada sob o manto constitucional a proteção da intimidade e vida privada, é importante que se diga que pela perspectiva constitucional domicílio é um conceito alargado, ou seja, não apenas o local em que o sujeito reside, mas qualquer local onde desenvolve sua privacidade, intimidade, ainda que, provisoriamente.

> **Art. 5º** (...)
>
> (...)
>
> XI – a casa é asilo inviolável do indivíduo, ninguém nela podendo penetrar sem consentimento do morador, salvo em caso de flagrante delito ou desastre, ou para prestar socorro, ou, durante o dia, por determinação judicial; (...)

> ▷ Obs.: A prova coletada sem o respeito à proteção do domicílio, por violar a intimidade ou privacidade, constitui prova ilícita.

Casa, para fins constitucionais, possui um conceito extremamente amplo, incluindo locais provisórios, como quartos de hotéis, casas de praia etc., bem como o local de trabalho, desde que este possua características de inviolabilidade semelhantes às de uma residência, como espaços privados não abertos ao público. Segundo o Supremo Tribunal Federal, a inviolabilidade do domicílio (art. 5º, XI, da CF/88) abrange também locais profissionais, como escritórios, consultórios e estabelecimentos comerciais quando não abertos ao público em geral.

Hipóteses em que a Constituição permite adentrar ao domicílio sem o consentimento do morador:

- em caso de flagrante delito ou desastre;
- para prestar socorro;
- durante o dia, por determinação judicial.

2.2.11. Proteção ao sigilo das comunicações

Engloba a proteção de todo o tipo de comunicação, reservado o seu direito de não ser violado, com exceção de determinação judicial.

> **Art. 5º** (...)
>
> (...)
>
> XII – é inviolável o sigilo da correspondência e das comunicações telegráficas, de dados e das comunicações telefônicas, salvo, no último caso, por ordem judicial, nas hipóteses e na forma que a lei estabelecer para fins de investigação criminal ou instrução processual penal; (...)

Âmbito de proteção: engloba a proteção de todo tipo de comunicação, reservado o seu direito de não ser violado, com exceção de determinação judicial.

Ex.: telefônico; telégrafos (entende-se o e-mail por analogia); dados; correspondência.

Quebra do sigilo telefônico: sempre como última medida.

Lei nº 9.296/1996 – regulamentação; somente é permitido em processos penais.

Só será permitido nos crimes punidos com pena de reclusão quando houver:

- fortes indícios de autoria (para reforçar a prova);
- insuficiência de provas para a comprovação da autoria.

Quem poderá pedir a quebra de sigilo telefônico ao juiz competente?

- autoridade policial do inquérito;
- Ministério Público em inquérito e processo penal;
- juiz de ofício (somente se o processo estiver em andamento).
- Comissão Parlamentar de Inquérito -O art. 58, § 3º, traz o entendimento de que a CPI poderia pedir.

Prazo: O prazo legal é de 15 dias – prorrogáveis por mais 15 dias (art. 5º da Lei nº 9.296/1996). Em casos extraordinários, a jurisprudência tem entendido e admitido a extensão do prazo.

> **Tema 661 - Possibilidade de prorrogações sucessivas do prazo de autorização judicial para interceptação telefônica. Repercussão geral no recurso extraordinário: RE 625263**
> **Tese:**
> São lícitas as sucessivas renovações de interceptação telefônica, desde que, verificados os requisitos do artigo 2º da Lei nº 9.296/1996 e demonstrada a necessidade da medida diante de elementos concretos e a complexidade da investigação, a decisão judicial inicial e as prorrogações sejam devidamente motivadas, com justificativa legítima, ainda que sucinta, a embasar a continuidade das investigações.

A proteção de dados também é um direito fundamental, previsto no art 5º, LXXIX da Constituição.

A proteção de dados no Brasil é regulamentada principalmente pela **Lei Geral de Proteção de Dados Pessoais (LGPD)**, Lei nº 13.709/2018, que estabelece normas para o tratamento de dados pessoais em meios físicos ou digitais. A LGPD tem como objetivo assegurar direitos fundamentais como a privacidade e a proteção dos dados pessoais, além de promover a transparência e o controle do cidadão sobre suas informações.

Competência Legislativa

A proteção de dados é uma competência legislativa **privativa da União** (art. 22, inciso XXIX, da Constituição Federal), o que significa que estados e municípios não podem editar leis que conflitem com a legislação federal. No entanto, no âmbito de suas competências administrativas, estados e municípios podem criar normas complementares específicas para implementar políticas públicas em conformidade com a LGPD.

Autoridade Nacional de Proteção de Dados (ANPD)

A **ANPD** é a entidade responsável por **fiscalizar** o cumprimento da LGPD; **regulamentar** aspectos técnicos e operacionais relacionados à proteção de dados; **aplicar sanções administrativas** em caso de descumprimento da lei; **orientar empresas e cidadãos** sobre boas práticas. A ANPD foi criada por meio da MP 869/2018 (convertida na Lei nº 13.853/2019) e está vinculada diretamente à Presidência da República.

Abrangência da Proteção

A LGPD protege dados pessoais de qualquer cidadão, independentemente de onde estejam armazenados, desde que o tratamento ocorra em território brasileiro ou que os dados pertençam a residentes no Brasil. Ela abrange:

Dados pessoais: informações que identifiquem ou possam identificar uma pessoa (nome, CPF, endereço, e-mail).

Dados sensíveis: informações que demandam proteção mais rigorosa, como dados de saúde, biometria, origem racial ou étnica, opiniões políticas, religião, entre outros.

Dados anonimizados: estão fora do escopo da LGPD, desde que a anonimização seja irreversível.

2.2.12. Direito de propriedade

Sabe-se que o direito de propriedade se configura como o direito de um indivíduo, dentro dos parâmetros legais, possuir, dispor, usufruir e gozar de um bem e dos seus frutos, atendidas as exigências constitucionais, especialmente no que se refere a função social.

> **Art. 5º** (...)
> (...)
> XXII – é garantido o direito de propriedade;
> XXIII – a propriedade atenderá a sua função social;
> (...)

▷ Obs.: Propriedade intelectual também tem função social.

2.2.12.1. Formas de desapropriação (perda da propriedade para o Estado)

1) Necessidade, utilidade e interesse social: art. 5º, XXIV – "a lei estabelecerá o procedimento para desapropriação por necessidade ou utilidade pública, ou por inte0resse social, mediante justa e prévia indenização em dinheiro, ressalvados os casos previstos nesta Constituição".
2) Interesse social para fins de reforma agrária: ocorre apenas nas médias e grandes propriedades improdutivas, sendo a indenização em títulos da dívida agrária resgatáveis em 20 anos, excetuando-se a indenização pelas benfeitorias úteis e necessárias.

2.2.12.2. Função social da propriedade rural

A função social da propriedade imposta pela Constituição de 1988 impõe um olhar coletivo ao problema do acesso aquilo que é fruto do direito fundamental a propriedade, ou seja, garante-se o direito individual, contudo a preocupação de seu uso e gozo não poderá estar distante de pautas coletivas, como a produção, o acesso aos alimentos, ao meio ambiente ecologicamente equilibrado etc.

> **Art. 184.** Compete à União desapropriar por interesse social, para fins de reforma agrária, o imóvel rural que não esteja cumprindo sua função social, mediante prévia e justa indenização em títulos da dívida agrária, com cláusula de preservação do valor real, resgatáveis no prazo de até vinte anos, a partir do segundo ano de sua emissão, e cuja utilização será definida em lei.
>
> § 1º As benfeitorias úteis e necessárias serão indenizadas em dinheiro. (...)

▷ **Atenção!**

Art. 185. São insuscetíveis de desapropriação para fins de reforma agrária:

I - a pequena e média propriedade rural, assim definida em lei, desde que seu proprietário não possua outra;

II - a propriedade produtiva.

Parágrafo único. A lei garantirá tratamento especial à propriedade produtiva e fixará normas para o cumprimento dos requisitos relativos a sua função social.

Art. 186. A função social é cumprida quando a propriedade rural atende, simultaneamente, segundo critérios e graus de exigência estabelecidos em lei, aos seguintes requisitos:

I - aproveitamento racional e adequado;

II - utilização adequada dos recursos naturais disponíveis e preservação do meio ambiente;

III - observância das disposições que regulam as relações de trabalho;

IV - exploração que favoreça o bem-estar dos proprietários e dos trabalhadores.

2.2.12.3. Expropriação

Nesse caso, teremos a perda da propriedade para o Estado sem que haja o direito à indenização, além de ser possível o confisco dos bens fruto da atividade ilícita.

> **Art. 243.** As propriedades rurais e urbanas de qualquer região do País onde forem localizadas culturas ilegais de plantas psicotrópicas ou a exploração de trabalho escravo na forma da lei serão expropriadas e destinadas à reforma agrária e a programas de habitação popular, sem qualquer indenização ao proprietário e sem prejuízo de outras sanções previstas em lei, observado, no que couber, o disposto no art. 5º.
>
> Parágrafo único. Todo e qualquer bem de valor econômico apreendido em decorrência do tráfico ilícito de entorpecentes e drogas afins e da exploração de trabalho escravo será confiscado e reverterá a fundo especial com destinação específica, na forma da lei.

2.2.12.4. Propriedade imaterial (autoral)

Nesse caso está se tratando de uma propriedade que é fruto do intelecto, ou seja, os direitos que o criador terá sobre a sua criação e os frutos obtidos com ela. Tal direito é garantido ao indivíduo mesmo em obras coletivas.

> **Art. 5º** (...)
>
> (...)
>
> XXVII – aos autores pertence o direito exclusivo de utilização, publicação ou reprodução de suas obras, transmissível aos herdeiros pelo tempo que a lei fixar;
>
> XXVIII – são assegurados, nos termos da lei:
>
> *a)* a proteção às participações individuais em obras coletivas e à reprodução da imagem e voz humanas, inclusive nas atividades desportivas;
>
> *b)* o direito de fiscalização do aproveitamento econômico das obras que criarem ou de que participarem aos criadores, aos intérpretes e às respectivas representações sindicais e associativas; (...)

2.2.12.5. Propriedade industrial

Os direitos de propriedade industrial, garantidos pela Lei 9.279, cujo objetivo é proteger relações referentes às obras de cunho utilitário e de uso empresarial. No caso, a propriedade industrial garante exclusividade sobre a utilização, difusão e exploração, protegendo o seu criador e proprietário de reproduções ou mesmo de apropriação indevida. Daí a razão da necessidade de registro dos produtos, inventos, marcas, etc.

> **Art. 5º** (...)
>
> (...)
>
> XXIX – a lei assegurará aos autores de inventos industriais privilégio temporário para sua utilização, bem como proteção às criações industriais, à propriedade das marcas, aos nomes de empresas e a outros signos distintivos, tendo em vista o interesse social e o desenvolvimento tecnológico e econômico do País; (...)

3. DIREITOS DE NACIONALIDADE

Os direitos de nacionalidade estão previstos no art. 12 da CF/1988 e na Lei nº 13.445/2017.

Primária ou originária:

- Unilateral
- Decorre do nascimento
- Cada país estabelece as regras sobre outorga da nacionalidade para os que nascerem sob seu governo

Critérios:

- *Ius sanguinis* – Filiação
- *Ius solis* – Local do nascimento

Secundária ou adquirida:

- Depois de nascer (não se dá tacitamente);
- Processo de naturalização (sempre ocorre perante a Justiça Federal);
- Estrangeiros ou apátridas;
- Pode surgir o conflito de nacionalidade positivo (mais de uma nacionalidade) ou negativo (sem pátria).

3.1. Brasileiro nato

São natos aqueles cujo vínculo de nacionalidade se deu de forma originária conforme previsão constitucional. Em geral, decorre do nascimento e dizemos configurar um ato unilateral.

> **Art. 12.** São brasileiros:
>
> I – natos:
>
> *a)* os nascidos na República Federativa do Brasil, ainda que de pais estrangeiros, desde que estes não estejam a serviço de seu país;
>
> *b)* os nascidos no estrangeiro, de pai brasileiro ou mãe brasileira, desde que qualquer deles esteja a serviço da República Federativa do Brasil;
>
> *c)* os nascidos no estrangeiro de pai brasileiro ou de mãe brasileira, desde que sejam registrados em repartição brasileira competente ou venham a residir na República Federativa do Brasil e optem, em qualquer tempo, depois de atingida a maioridade, pela nacionalidade brasileira; *(Redação dada pela EC nº 54/2007)*

O Brasil adotou como primeiro critério para firmar a nacionalidade o local onde a pessoa nasceu (*ius solis*), e o art. 12, I, da CF/1988 dá as hipóteses taxativas para adquirir a nacionalidade brasileira.

Requisito: nascer em território brasileiro. Ex.: se os pais estrangeiros estiverem a serviço do país de origem, a princípio, o indivíduo que nascer no Brasil não será brasileiro nato. Nesse caso, para saber a nacionalidade, devemos analisar as peculiaridades de cada situação.

A Constituição também adotou um segundo critério, o sanguíneo, para conferir nacionalidade brasileira para filhos nascidos no estrangeiro de pai ou mãe brasileiros, estando quaisquer dos pais a serviço do Brasil.

> **Art. 12.** São brasileiros:
>
> I – natos:
>
> (...)
>
> *b)* os nascidos no estrangeiro, de pai brasileiro ou mãe brasileira, desde que qualquer deles esteja a serviço da República Federativa do Brasil; (...)

▷ **Atenção!** A expressão "a serviço do Brasil" há de ser entendida não só como atividade diplomática, mas também como qualquer função associada às atividades do Poder Público (três esferas), bem como suas autarquias.

Outro critério sanguíneo adotado pelo texto da Constituição Federal refere-se aos casos em que os pais, quaisquer deles brasileiros, não estão a serviço o Brasil (viajando de férias, p. ex.) e o filho nasce no estrangeiro.

> **Art. 12.** São brasileiros:
>
> I – natos:
>
> *c)* os nascidos no estrangeiro de pai brasileiro ou de mãe brasileira, desde que sejam registrados em repartição brasileira competente (...) (Redação dada pela EC nº 54/2007)

Ou seja, deve ser registrado em repartição brasileira competente.

> **Art. 12.** São brasileiros:
>
> I – natos:
>
> *c)* (...) ou venham a residir na República Federativa do Brasil e optem, em qualquer tempo, depois de atingida a maioridade, pela nacionalidade brasileira; (Redação dada pela EC nº 54/2007)

3.2. Nacionalidade potestativa

A aquisição da nacionalidade dá-se no momento da fixação de residência, mas fica sujeita à opção confirmativa, visto que o texto da Constituição refere casos em que os pais, quaisquer deles brasileiros, não estão a serviço do Brasil (moram em outro país, p. ex.) e o filho nasce no estrangeiro e vem a residir no Brasil.

▷ **Importante!** Aquisição de nacionalidade secundária

Os processos judiciais envolvendo litígios sobre a naturalização são de competência da Justiça Federal, bem como as causas referentes à opção de nacionalidade (art. 109, X, da CF/1988).

3.3. Do brasileiro naturalizado

A naturalização depende tanto da vontade da pessoa quanto da aquiescência do Estado.

▷ **Cuidado!** Não existe naturalização tácita, mas, sim, expressa, que se divide em ordinária ou extraordinária.

3.3.1. *Naturalização ordinária*

Segundo a redação do art. 12, II, a, da CF/1988, a naturalização ocorrerá segundo critérios estabelecidos em Lei (a Constituição se refere à Lei nº 13.445/2017).

3.3.2. *Naturalização extraordinária*

O art. 12, II, *b*, da CF/1988 dispõe que: "os estrangeiros de qualquer nacionalidade, residentes na República Federativa do Brasil há mais de quinze anos ininterruptos e sem condenação penal, desde que requeiram a nacionalidade brasileira".

Requisitos:

1. qualquer nacionalidade;

2. residentes no Brasil há mais de 15 anos ininterruptos;

3. sem condenação penal;

4. solicitação pelo estrangeiro.

3.4. Distinção entre natos e naturalizados

Regra geral: a lei não poderá estabelecer tratamento diferente entre brasileiros natos e naturalizados, salvo nos casos taxativos expressamente previstos pela Constituição Federal.

3.4.1. *Extradição*

Brasileiro não será extraditado, somente o naturalizado, na seguinte situação:

Art. 5º (...)

(...)

LI – nenhum brasileiro será extraditado, salvo o naturalizado, em caso de crime comum, praticado antes da naturalização, ou de comprovado envolvimento em tráfico ilícito de entorpecentes e drogas afins, na forma da lei; (...)

3.4.2. *Cargos privativos de brasileiros natos*

Art. 12. (...)

(...)

§ 3º São privativos de brasileiro nato os cargos:

I – de Presidente e Vice-Presidente da República;

II – de Presidente da Câmara dos Deputados;

III – de Presidente do Senado Federal;

IV – de Ministro do Supremo Tribunal Federal;

V – da carreira diplomática;

VI – de oficial das Forças Armadas;

VII – de Ministro de Estado da Defesa.

3.4.3. *Possibilidade de perda da nacionalidade brasileira*

▷ **Atenção!**
Recente alteração do texto constitucional mudou o tratamento dessa temática, em face da redação EC 131/2023.

Ou seja, devemos distinguir as seguintes hipóteses:

1) O brasileiro naturalizado: aplica-se a hipótese do art 12. § 4º, I, podendo perder a sua naturalização em face de fraude no processo de naturalização ou atentar contra a ordem constitucional:

> § 4º - Será declarada a perda da nacionalidade do brasileiro que:
>
> I - tiver cancelada sua naturalização, por sentença judicial, em virtude de fraude relacionada ao processo de naturalização ou de atentado contra a ordem constitucional e o Estado Democrático;

2) Em se tratando de brasileiro nato: não mais haverá perda de nacionalidade de brasileiro nato, mas sim para a possibilidade de renúncia de forma expressa, conforme art 12. § 4º, II:

> II - fizer pedido expresso de perda da nacionalidade brasileira perante autoridade brasileira competente, ressalvadas situações que acarretem apatridia.
>
> a) revogada; (Redação dada pela Emenda Constitucional nº 131, de 2023)
>
> b) revogada
>
> § 5º A renúncia da nacionalidade, nos termos do inciso II do § 4º deste artigo, não impede o interessado de readquirir sua nacionalidade brasileira originária, nos termos da lei.

3.4.4. *Integrar o Conselho da República*

Art. 89. O Conselho da República é órgão superior de consulta do Presidente da República, e dele participam:

(...)

VII – seis cidadãos brasileiros natos, com mais de trinta e cinco anos de idade, sendo dois nomeados pelo Presidente da República, dois eleitos pelo Senado Federal e dois eleitos pela Câmara dos Deputados, todos com mandato de três anos, vedada a recondução.

3.4.5. *Propriedade de empresa de radiofusão*

Art. 222. A propriedade de empresa jornalística e de radiodifusão sonora e de sons e imagens é privativa de brasileiros natos ou naturalizados há mais de dez anos, ou de pessoas jurídicas constituídas sob as leis brasileiras e que tenham sede no País.

4. DIREITOS POLÍTICOS E PARTIDOS POLÍTICOS FORMAS DE PARTICIPAÇÃO NO BRASIL: DEMOCRACIA REPRESENTATIVA: DIREITO DE VOTAR E ESCOLHER NOSSOS REPRESENTANTES AO PODER LEGISLATIVO E PODER EXECUTIVO

Art. 14. A soberania popular será exercida pelo sufrágio universal e pelo voto direto e secreto, com valor igual para todos, e, nos termos da lei, mediante:

Democracia direta: sem intermédio dos nossos representantes exerceremos diretamente nossas preferências.

Art. 14 (...)

I - plebiscito; Significa uma consulta prévia a população interessada, podendo ter casos expressos na Constituição e outros que dependam da vontade de nossos governantes para a convocação

II - referendo; Significa uma consulta posterior a população interessada, após decisão estatal

III - iniciativa popular.

Novidade: Consulta popular (acrescido por EC 111 de 2021)

A partir de uma emenda Constitucional é a Consulta popular que acrescentou o § 12 ao art 14 da CF : Significa uma consulta prévia a população interessada, podendo ter casos expressos na Constituição e outros que dependam da vontade de nossos governantes para a convocação

§ 13. As manifestações favoráveis e contrárias às questões submetidas às consultas populares nos termos do § 12 ocorrerão durante as campanhas eleitorais, sem a utilização de propaganda gratuita no rádio e na televisão.

4.1. Direitos políticos (arts. 14 e ss.)

- Capacidade eleitoral ativa: direito de votar.
- Capacidade eleitoral passiva: direito de ser votado.

4.1.1. *Capacidade eleitoral ativa*

Exercita-se o sufrágio ativo mediante voto.

São requisitos para exercer o direito ao voto no Brasil do voto:

a) alistamento eleitoral na forma da lei (título eleitoral);
b) nacionalidade brasileira – estrangeiros não podem se alistar como eleitores (art. 14, § 2º);
c) idade mínima de 16 anos;
d) não ser conscrito durante o serviço militar obrigatório;
e) obrigatório para os maiores de 18 anos e menores de 70 anos;
f) facultativo: maiores de 16 e menores de 18 anos; analfabetos; maiores de 70 anos de idade.

ATENÇÃO: conforme art. 60, § 4º, II, as características do voto que são cláusula pétrea são: voto direto, secreto, universal e periódico.

Art. 14. (...) São inalistáveis:

(...)

§ 2º Não podem alistar-se como eleitores os estrangeiros e, durante o período do serviço militar obrigatório, os conscritos.

4.1.2. *Capacidade eleitoral passiva (condições de elegibilidade)*

Nesse caso, trata-se das condições necessárias para o sujeito poder ser votado, ou seja, concorrer a um cargo eletivo no Brasil.

Art. 14. (...)

(...)

§ 3º São condições de elegibilidade, na forma da lei:

I - a nacionalidade brasileira;

II - o pleno exercício dos direitos políticos;

III - o alistamento eleitoral;

IV - o domicílio eleitoral na circunscrição;

V - a filiação partidária;

VI - a idade mínima de:

a) trinta e cinco anos para Presidente e Vice-Presidente da República e Senador;

b) trinta anos para Governador e Vice-Governador de Estado e do Distrito Federal;

c) vinte e um anos para Deputado Federal, Deputado Estadual ou Distrital, Prefeito, Vice-Prefeito e juiz de paz;

d) dezoito anos para Vereador.

▷ Obs.: no caso de vereador: precisa ter 18 anos completos –no Registro de candidatura ao cargo *de vereador*.

Já nos demais cargos a idade mínima é contada da data da posse do cargo.

4.1.3. Inelegibilidades

Inelegibilidades absolutas (não podem concorrer a nenhum cargo):

Inalistável: estrangeiros (LCs nº 64/1990, nº 81/1994 e nº 135/2010) e conscritos durante o serviço militar obrigatório.

Analfabeto: tem capacidade eleitoral ativa, mas não possui capacidade eleitoral passiva.

4.1.4. Inelegibilidades relativas na Constituição

São aplicáveis, em se tratando de Chefe do Executivo Federal, Estadual e Municipal:

Vedação de configuração do terceiro mandato consecutivo ao cargo de chefe do Poder Executivo.

Art. 14. (...)

(...)

§ 5º O Presidente da República, os Governadores de Estado e do Distrito Federal, os Prefeitos e quem os houver sucedido, ou substituído no curso dos mandatos poderão ser reeleitos para um único período subsequente.

Importante pensar que no caso brasileiro não é possível que os ocupantes do cargo do Poder executivo exerçam o terceiro mandato consecutivo. Nesse sentido, o STF entende que a limitação é do próprio candidato. Por exemplo, a posição do STF foi que se um prefeito que exerceu dois mandatos ininterruptos, pretende concorrer em um outro município ao cargo de prefeito em uma eleição subsequente, viola o disposto no § 5º. Ressalta-se que essa limitação de mandato é aplicada ao executivo e não aos cargos do poder legislativo (vereadores, deputados e senadores).

Art. 14. (...)

(...)

§ 6º Para concorrerem a outros cargos, o Presidente da República, os Governadores de Estado e do Distrito Federal e os Prefeitos devem renunciar aos respectivos mandatos até seis meses antes do pleito.

Para concorrer "a outros cargos", o chefe do Poder Executivo deverá renunciar ao mandato. Por exemplo, caso o prefeito municipal deseje concorrer ao cargo de Governador, ele deverá renunciar 6 meses antes do pleito. Contudo, caso o prefeito municipal queira concorrer a reeleição (por ser o mesmo cargo) não há necessidade de nenhum afastamento.

Art. 14. (...)

(...)

§ 7º São inelegíveis, no território de jurisdição do titular, o cônjuge e os parentes consangüíneos ou afins, até o segundo grau ou por adoção, do Presidente da República, de Governador de Estado ou Território, do Distrito Federal, de Prefeito ou de quem os haja substituído dentro dos seis meses anteriores ao pleito, salvo se já titular de mandato eletivo e candidato à reeleição.

▷ **Atenção aos termos:**

- Essas limitações valem apenas para cônjuge e parentes até 2º grau dos ocupantes do cargo de chefe do Poder Executivo - logo, Presidente, Governador e Prefeito, não se aplica aos cônjuges e parentes de titulares de cargos legislativos, a exemplo de Deputados, Senadores e Vereadores.
- Jurisdição do titular significa: Prefeito: todos os cargos eletivos em nível municipal (Prefeito e vereador); Governador: todos os cargos eletivos dentro do Estado (prefeito, vereador, governador, deputados estadual, deputado federal e senador do estado) e Presidente todos os cargos eletivos existentes.
- Exemplos de parentes até segundo grau: pai e mãe (1º grau); avós (2º grau), filhos (1º grau), netos (2º grau) e irmão (2º grau).

- A exceção é de cônjuge e parentes até 2º grau do Presidente, do Governador ou do Prefeito já estiver no exercício de um mandato e candidato a reeleição (mesmo cargo). Ex.: Maria candidata-se a prefeita do Município X e o seu filho Pedro candidata-se a vereador no mesmo Município. Ambos são eleitos para um primeiro mandato. Nas próximas eleições ambos querem concorrer novamente aos respectivos cargos, ela como prefeita ao segundo mandato e ele a vereador. Como nesse

CONSTITUCIONAL

caso ele, Pedro Já é titular de mandato e candidato a reeleição, não há qualquer empecilho.

Procura-se, desse modo, dar eficácia e efetividade aos postulados republicanos e democráticos da Constituição, evitando-se a perpetuidade ou alongada presença de familiares no poder.

▷ Atenção: SÚMULA VINCULANTE NESSA MATÉRIA REITERADA VEZES COBRADA NA PROVA DA OAB

Súm. Vinc. nº 18: A dissolução da sociedade ou do vínculo conjugal, no curso do mandato, não afasta a inelegibilidade prevista no § 7º do artigo 14 da Constituição Federal.

Precedentes representativos

SE A DISSOLUÇÃO SE DER POR SEPARAÇÃO DOS CÔNJUGES:

A dissolução da sociedade conjugal, no curso do mandato, não afasta a inelegibilidade prevista no art. 14, § 7º, da CF/1988. II – Se a separação judicial ocorrer em meio à gestão do titular do cargo que gera a vedação, o vínculo de parentesco, para os fins de inelegibilidade, persiste até o término do mandato, inviabilizando a candidatura do ex-cônjuge ao pleito subsequente, na mesma circunscrição, a não ser que aquele se desincompatibilize seis meses antes das eleições. (RE nº 568.596 – rel. Min. Ricardo Lewandowski – Tribunal Pleno – j. 1º-10-2008 – DJe 222 de 21-11-2008 – Tema 61)

SE A DISSOLUAÇÃO DE SER POR MORTE DE UM DOS CÔNJUGES:

Nesse caso, em uma decisão representativa em recurso extraordinário o STF entendeu que em caso de morte, afasta-se a aplicação da súmula vinculante n. 18, ou seja, nesse caso o cônjuge não está impedido a concorrer.

Art. 14. (...)

(...)

§ 8º O militar alistável é elegível, atendidas as seguintes condições:

I – se contar menos de dez anos de serviço, deverá afastar-se da atividade;

II – se contar mais de dez anos de serviço, será agregado pela autoridade superior e, se eleito, passará automaticamente, no ato da diplomação, para a inatividade.

Filiação partidária. Inexigibilidade. Res.-TSE nº 21.608/2004, art. 14, § 1º. 1. A filiação partidária contida no art. 14, § 3º, V, Constituição Federal não é exigível ao militar da ativa que pretenda concorrer a cargo eletivo, bastando o pedido de registro de candidatura após prévia escolha em convenção partidária (Res.-TSE nº 21.608/2004, art. 14, § 1º).

▷ Atenção: o Art.14 sofreu recente alteração por Emenda Constitucional a qual passamos a destacar:

§ 12. Serão realizadas concomitantemente às eleições municipais as consultas populares sobre questões locais aprovadas pelas Câmaras Municipais e encaminhadas à Justiça Eleitoral até 90 (noventa) dias antes da data das eleições, observados os limites operacionais relativos ao número de quesitos.

§ 13. As manifestações favoráveis e contrárias às questões submetidas às consultas populares nos termos do § 12 ocorrerão durante as campanhas eleitorais, sem a utilização de propaganda gratuita no rádio e na televisão."

4.1.5. Perda e suspensão de direitos políticos no Brasil

4.1.5.1. Perda

De acordo com os arts. 15, I e IV, e 12, § 4º, II, da CF/1988, dá-se o cancelamento da naturalização:

- por sentença transitada em julgado, pois o indivíduo volta à condição de estrangeiro;
- por descumprimento de obrigação a todos imposta (serviço militar obrigatório). Ex.: seja a obrigação propriamente dita, seja a alternativa (fixada em lei), no caso da escusa por força do art. 5º, VIII;
- pela aquisição de outra nacionalidade, pois a nacionalidade brasileira é pressuposto para adquirir direitos políticos.

4.1.5.2. Suspensão

Segundo os arts. 15, II, III e V, d CF/1988; 17, 3, do Dec. nº 3.927/2001 (Tratado de Amizade) e 55, II, § 1º, da CF/1988 c/c art. 1º, I, b, da LC nº 64/1990, há suspensão da nacionalidade:

- por incapacidade civil absoluta: casos de interdição;
- por condenação criminal transitada em julgado: enquanto durarem os efeitos da condenação;
- por improbidade administrativa: art. 37, § 4º, da CF/1988, sendo declarada apenas mediante processo judicial.

4.1.5.3 Anterioridade da Lei eleitoral

Art. 16. A lei que alterar o processo eleitoral **entrará em vigor na data de sua publicação, não se aplicando à eleição que ocorra até um ano da data de sua vigência.**

Regra geral: para garantir previsibilidade e evitar mudanças de regras de última hora que possam favorecer determinados grupos ou candidatos, as alterações nas normas eleitorais só produzem efeitos nas eleições que ocorram **após um ano da sua vigência**. Por exemplo: uma lei eleitoral sancionada em março de 2024 **não pode ser aplicada às eleições realizadas no mesmo ano**. Apenas valerá para as eleições de 2025 ou posteriores, desde que tenha 12 meses de vigência antes da data do pleito eleitoral.

Finalidade: Proteger a **isonomia entre os candidatos** e partidos, evitando que mudanças recentes sejam utilizadas para desequilibrar o processo eleitoral e assegurar a **transparência e confiança pública** no sistema eleitoral, garantindo que todos conheçam as regras com antecedência.

Abrangência do "processo eleitoral": o termo "processo eleitoral" abrange não apenas o **dia da eleição**, mas todas as etapas do procedimento, como registro de candidaturas, campanhas, arrecadação e prestação de contas, votação e apuração. Assim, qualquer norma que impacte diretamente essas fases deve observar o princípio da anterioridade.

Exceções e interpretação do STF: O STF já decidiu que o artigo 16 não impede alterações que sejam **meramente administrativas ou procedimentais**, desde que não causem impacto substancial na isonomia, liberdade ou competitividade do pleito. Por exemplo, uma alteração na logística de urnas eletrônicas pode ser implementada sem observar a regra da anterioridade, desde que não interfira diretamente no processo eleitoral.

4.2. Partidos políticos

Os partidos políticos são absolutamente imprescindíveis na configuração da democracia no Brasil, sendo obrigatório qualquer candidato ter filiação partidária.

> **Art. 17.** É livre a criação, fusão, incorporação e extinção de partidos políticos, resguardados a soberania nacional, o regime democrático, o pluripartidarismo, os direitos fundamentais da pessoa humana e observados os seguintes preceitos:
>
> I – caráter nacional;
>
> II – proibição de recebimento de recursos financeiros de entidade ou governo estrangeiros ou de subordinação a estes;
>
> III – prestação de contas à Justiça Eleitoral;
>
> IV – funcionamento parlamentar de acordo com a lei.
>
> § 1º É assegurada aos partidos políticos autonomia para definir sua estrutura interna e estabelecer regras sobre escolha, formação e duração de seus órgãos permanentes e provisórios e sobre sua organização e funcionamento e para adotar os critérios de escolha e o regime de suas coligações nas eleições majoritárias, vedada a sua celebração nas eleições proporcionais, sem obrigatoriedade de vinculação entre as candidaturas em âmbito nacional, estadual, distrital ou municipal, devendo seus estatutos estabelecer normas de disciplina e fidelidade partidária.

Não é obrigatório os partidos manterem as mesmas coligações nos âmbitos federal, estadual e municipal.

- É proibida coligações para os cargos da proporcional, admite-se apenas para os cargos da majoritária (prefeito e senadores).
- A partir das eleições de 2020, não é possível os partidos coligarem para cargos da proporcional, como vereadores, deputados federais e estaduais.

> § 2º Os partidos políticos, após adquirirem personalidade jurídica, na forma da lei civil, registrarão seus estatutos no Tribunal Superior Eleitoral.
>
> § 3º Somente terão direito a recursos do fundo partidário e acesso gratuito ao rádio e à televisão, na forma da lei, os partidos políticos que alternativamente:
>
> I – obtiverem, nas eleições para a Câmara dos Deputados, no mínimo, 3% (três por cento) dos votos válidos, distribuídos em pelo menos um terço das unidades da Federação, com um mínimo de 2% (dois por cento) dos votos válidos em cada uma delas; ou
>
> II – tiverem elegido pelo menos quinze Deputados Federais distribuídos em pelo menos um terço das unidades da Federação.
>
> § 4º É vedada a utilização pelos partidos políticos de organização paramilitar.
>
> § 5º Ao eleito por partido que não preencher os requisitos previstos no § 3º deste artigo é assegurado o mandato e facultada a filiação, sem perda do mandato, a outro partido que os tenha atingido, não sendo essa filiação considerada para fins de distribuição dos recursos do fundo partidário e de acesso gratuito ao tempo de rádio e de televisão.
>
> § 6º Os Deputados Federais, os Deputados Estaduais, os Deputados Distritais e os Vereadores que se desligarem do partido pelo qual tenham sido eleitos perderão o mandato, salvo nos casos de anuência do partido ou de outras hipóteses de justa causa estabelecidas em lei, não computada, em qualquer caso, a migração de partido para fins de distribuição de recursos do fundo partidário ou de outros fundos públicos e de acesso gratuito ao rádio e à televisão.

Partidos políticos determinarão suas regras de fidelidade partidária constantes em seus estatutos e poderão resultar na perda de mandato de vereadores e deputados federais que mudarem sem justa causa.

§ 7º Os partidos políticos devem aplicar no mínimo 5% (cinco por cento) dos recursos do fundo partidário na criação e na manutenção de programas de promoção e difusão da participação política das mulheres, de acordo com os interesses intrapartidários.

§ 8º O montante do Fundo Especial de Financiamento de Campanha e da parcela do fundo partidário destinada a campanhas eleitorais, bem como o tempo de propaganda gratuita no rádio e na televisão a ser distribuído pelos partidos às respectivas candidatas, deverão ser de no mínimo 30% (trinta por cento), proporcional ao número de candidatas, e a distribuição deverá ser realizada conforme critérios definidos pelos respectivos órgãos de direção e pelas normas estatutárias, considerados a autonomia e o interesse partidário.

Com o § 7º e § 8º tivemos um grande avanço para o financiamento eleitoral para incentivar mulheres na participação da política brasileira, buscando consolidar a política de igualdade de gênero na representatividade política no Brasil.

§ 9º Dos recursos oriundos do Fundo Especial de Financiamento de Campanha e do fundo partidário destinados às campanhas eleitorais, os partidos políticos devem, obrigatoriamente, aplicar 30% (trinta por cento) em candidaturas de pessoas pretas e pardas, nas circunscrições que melhor atendam aos interesses e às estratégias partidárias. (Incluído pela Emenda Constitucional nº 133, de 2024)

▷ **Importante!**

Federações Partidárias

- A Lei 14.208 alterou a 9.096 no tocante a possibilidade de formar federações partidárias. As federações são formadas por no mínimo 4 anos e não apenas nos períodos eleitorais, ou seja, não podem ser confundidas com a chamadas coligações:

Art. 11-A. Dois ou mais partidos políticos poderão reunir-se em federação, a qual, após sua constituição e respectivo registro perante o Tribunal Superior Eleitoral, atuará como se fosse uma única agremiação partidária.

§ 1º Aplicam-se à federação de partidos todas as normas que regem o funcionamento parlamentar e a fidelidade partidária.

§ 2º Assegura-se a preservação da identidade e da autonomia dos partidos integrantes de federação.

§ 3º A criação de federação obedecerá às seguintes regras:

I – a federação somente poderá ser integrada por partidos com registro definitivo no Tribunal Superior Eleitoral;

II – os partidos reunidos em federação deverão permanecer a ela filiados por, no mínimo, 4 (quatro) anos;

III – a federação poderá ser constituída até a data final do período de realização das convenções partidárias;

IV – a federação terá abrangência nacional e seu registro será encaminhado ao Tribunal Superior Eleitoral

5. DA ORGANIZAÇÃO DO ESTADO BRASILEIRO

5.1. Federalismo e organização do Estado brasileiro

O Brasil é uma Federação desde a Constituição de 1891.

Na Constituição de 1988, destacamos:

Entes federativos

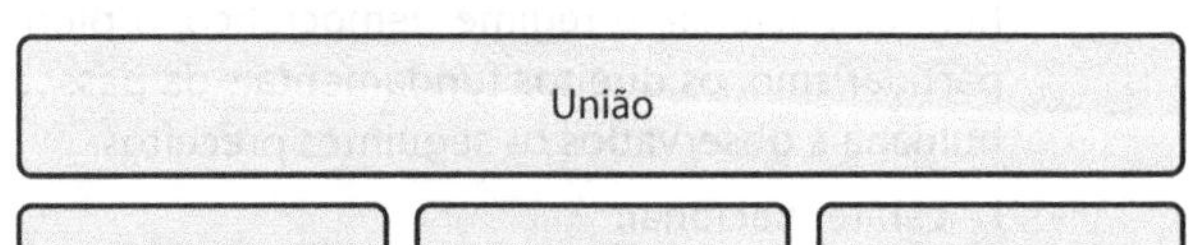

5.1.1. União Federal

5.1.1.1. Conceito

A União é o ente maior da Federação brasileira, sendo a organização que possui atribuições em todo o território nacional, gerindo o interesse nacional. A União também possui funções de representação externa de Estados e Municípios

Art. 20. São bens da União:

I – os que atualmente lhe pertencem e os que lhe vierem a ser atribuídos;

II – as terras devolutas indispensáveis à defesa das fronteiras, das fortificações e construções militares, das vias federais de comunicação e à preservação ambiental, definidas em lei;

III – os lagos, rios e quaisquer correntes de água em terrenos de seu domínio, ou que banhem mais de um Estado, sirvam de limites com outros países, ou se estendam a território estrangeiro ou dele provenham, bem como os terrenos marginais e as praias fluviais;

IV – as ilhas fluviais e lacustres nas zonas limítrofes com outros países; as praias marítimas; as ilhas oceânicas e as costeiras, excluídas, destas, as que contenham a sede de Municípios, exceto aquelas áreas afetadas ao serviço público e a unidade ambiental federal, e as referidas no art. 26, II;

V – os recursos naturais da plataforma continental e da zona econômica exclusiva;

VI – o mar territorial;

VII – os terrenos de marinha e seus acrescidos;

VIII – os potenciais de energia hidráulica;

IX – os recursos minerais, inclusive os do subsolo;

X – as cavidades naturais subterrâneas e os sítios arqueológicos e pré-históricos;

XI – as terras tradicionalmente ocupadas pelos índios.

5.1.1.2. Participação dos entes na exploração

§ 1º É assegurada, nos termos da lei, à União, aos Estados, ao Distrito Federal e aos Municípios a participação no resultado da exploração de petróleo ou gás natural, de recursos hídricos para fins de geração de energia elétrica e de outros recursos minerais no respectivo território, plataforma continental, mar territorial ou zona econômica exclusiva, ou compensação financeira por essa exploração. (Redação dada pela EC nº 102/2019)

▷ ATENÇÃO: Art. 176. As jazidas, em lavra ou não, e demais recursos minerais e os potenciais de energia hidráulica constituem propriedade distinta da do solo, para efeito de exploração ou aproveitamento, e pertencem à União, garantida ao concessionário a propriedade do produto da lavra.

5.1.1.3. Espaço de defesa do território nacional (150 km)

§ 2º A faixa de até cento e cinquenta quilômetros de largura, ao longo das fronteiras terrestres, designada como faixa de fronteira, é considerada fundamental para defesa do território nacional, e sua ocupação e utilização serão reguladas em lei.

5.1.2. Estados-Membros

Na forma do art. 1º da CF/1988, a união dos Estados-membros é indissolúvel, e, portanto, inexiste possibilidade jurídica de um Estado-membro separar-se do restante do Brasil para constituir um novo Estado, soberano e independente. Constitucionalmente, só são possíveis alterações na atual estrutura político-territorial dos Estados-membros. Assim, é vedada a secessão dos Estados brasileiros.

Os Estados brasileiros terão Constituições estaduais, conforme prevê o art. 11 do ADCT e art. 25 da CF/1988.

Art. 26. Incluem-se entre os bens dos Estados:

I - as águas superficiais ou subterrâneas, fluentes, emergentes e em depósito, ressalvadas, neste caso, na forma da lei, as decorrentes de obras da União;

II - as áreas, nas ilhas oceânicas e costeiras, que estiverem no seu domínio, excluídas aquelas sob domínio da União, Municípios ou terceiros;

III - as ilhas fluviais e lacustres não pertencentes à União;

IV - as terras devolutas não compreendidas entre as da União.

5.1.3. Municípios

No caso brasileiro, Municípios integram o Estado (art. 1º, *caput* c/c art. 18, *caput*, da CF/1988), e como tal, possuem competências constitucionais próprias e originárias, tanto legislativas quanto de auto-organização político-administrativa, detendo competências em relação ao "interesse local" (art. 30, I, da CF/1988).

Daí uma grande peculiaridade do federalismo brasileiro: os municípios são entes federativos e gozam de autonomia.

Além disso, os municípios expressam o seu poder de organização (autonomia) por Lei Orgânica Municipal, que será votada por 2/3 em 2 turnos com interstício de 10 dias entre as votações.

É importante acrescentar que os municípios não receberam da Constituição uma lista de bens que lhes pertençam aos mesmos moldes da União (Art. 20 da CF) e dos Estados (Art. 26 da CF).

5.1.4. Distrito Federal

Possui características ora de Estado-membro, ora de município. Ex.: possui Governador e Senador Distrital; é chamado de Câmara Legislativa; possui Lei orgânica e não Constituição distrital.

Nas competências legislativas, terá tanto as dos Estados-membros como as de município.

Não poderá ser dividido em municípios.

> **Art. 32.** O Distrito Federal, vedada sua divisão em Municípios, reger-se-á por lei orgânica, votada em dois turnos com interstício mínimo de dez dias, e aprovada por dois terços da Câmara Legislativa, que a promulgará, atendidos os princípios estabelecidos nesta Constituição.
>
> § 1º Ao Distrito Federal são atribuídas as competências legislativas reservadas aos Estados e Municípios.

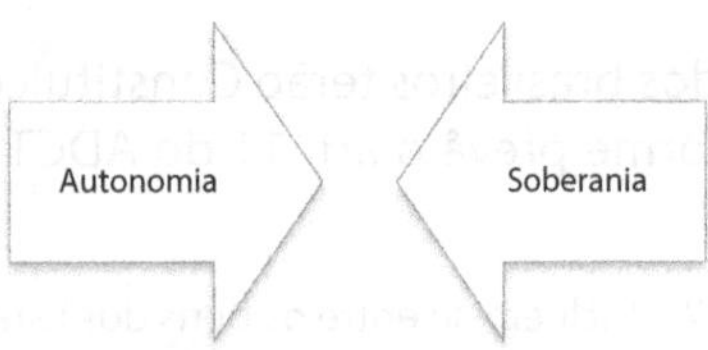

Para distinguirmos com maior clareza o que significa "O Estado Federal" (representado pela União) e o que significa Estado-Membro, estes dois conceitos são fundamentais. Diz-se que a Soberania é atributo do Estado Federal, que detém o poder/dever de manter a unidade federativa como um todo, o que lhe confere "poder" - soberania sobre os demais membros do pacto federativo. Já a autonomia é nota característica dos demais entes, haja vista que reflete e representa a ideia de descentralização, nos limites, é claro, da própria soberania. Assim, a autonomia é a possibilidade de coordenação desses entes, tanto administrativa como política e financeiramente.

5.2. Processo de alteração dos Estados-membros

- Incorporação: união de dois ou mais Estados-membros para formação de um novo e único Estado-membro, com nova personalidade jurídica, desaparecendo os Estados-membros anteriores.
- Subdivisão: seccionamento do território de um Estado-membro para criação de dois novos Estados-membros, com desaparecimento do Estado-membro anterior.
- Desmembramento: em dois casos distintos: (i) desmembramento de parte do território de um Estado-membro para anexação a outro Estado-membro já existente; ou (ii) desmembramento de parte do território para formação ou criação de novo Estado-membro ou território nessa porção desmembrada. Aqui o Estado-membro anterior continua existindo no território remanescente.

5.2.1. Procedimento (art. 18, § 3º, da CF/1988)- Procedimento mais complexo do que o de Estado-membro

1. Necessidade da prévia "aprovação da população diretamente interessada, por meio de plebiscito" (caráter vinculativo).
2. Devem ser "ouvidas as respectivas Assembleias Legislativas" (art. 48, VI, da CF/1988) antes da promulgação da lei complementar federal pelo Congresso Nacional. Devendo apenas ser ouvidas, não têm as Assembleias poder de veto ou de proibição, caráter meramente político, a fim de legitimar a futura decisão do Congresso Nacional.
3. Promulgação da lei complementar pelo Congresso definindo a incorporação, a subdivisão ou o desmembramento.

5.3. Processo de alteração: Criação, incorporação, fusão e desmembramento de municípios

Criação ("emancipação"): secção de parte do território de um Município para constituição de novo Município. O Município anterior continua existindo no território remanescente e cria-se ~~nova~~ personalidade jurídica.

Incorporação: um Município é absorvido por outro Município, desaparecendo aquele - não se altera a personalidade jurídica daquele que incorpora e desaparece daquele que foi incorporado.

Fusão: dois Municípios se unem, constituindo um novo Município (e desaparecendo os anteriores) e cria-se ~~nova~~ personalidade jurídica.

Desmembramento: secção de parte do território de um Município para inclusão dessa parte no território de outro Município. Não se alteram as personalidades jurídicas.

5.3.1. Procedimento de alteração previsto no art. 18, § 3º da CF

Lei complementar federal - O texto originário da Constituição Federal nada dispunha sobre a necessidade de uma lei complementar federal, mas alteração constitucional em 1996 trouxe essa exigência. Contudo, até hoje não foi editada a lei, logo, na prática, inexiste a possibilidade de criação de novo município.

Estudos de viabilidade técnica municipal – Sua regulamentação também deve ocorrer na lei complementar federal. Trata-se de comprovar que o novo Município tem de fato viabilidade (autonomia financeira, sobretudo). A comprovação desses estudos deverá ser feita previamente ao plebiscito, logo, não haverá plebiscito se os estudos não comprovarem a possibilidade de viabilidade.

Consulta prévia das "populações dos Municípios envolvidos" – Conforme já se viu, trata-se de uma consulta que envolve a população inteira e não somente aquela que integra a área de criação, incorporação, fusão ou desmembramento (art. 7º da Lei nº 9.709/1998 – Lei de plebiscitos e referendos).

Lei estadual determinando a "criação, incorporação, fusão ou desmembramento" de Município, isto é, conferindo personalidade e capacidade jurídica ao novo ente municipal.

Portanto, é necessário respeitar o seguinte procedimento: 1) lei federal determinando os critérios de criação; 2) estudo de viabilidade municipal; 3) plebiscito com toda a população interessada; 4) lei estadual criando o novo município.

> ▷ Obs.: Atualmente, não há possibilidade de criar novos Municípios em face da inexistência de lei complementar federal.

5.4. Repartição de Competência

No âmbito da repartição de competência, é fundamental compreender a nomenclatura para entender o que enuncia o dispositivo constitucional, sendo assim precisamos atentar a esses significados:

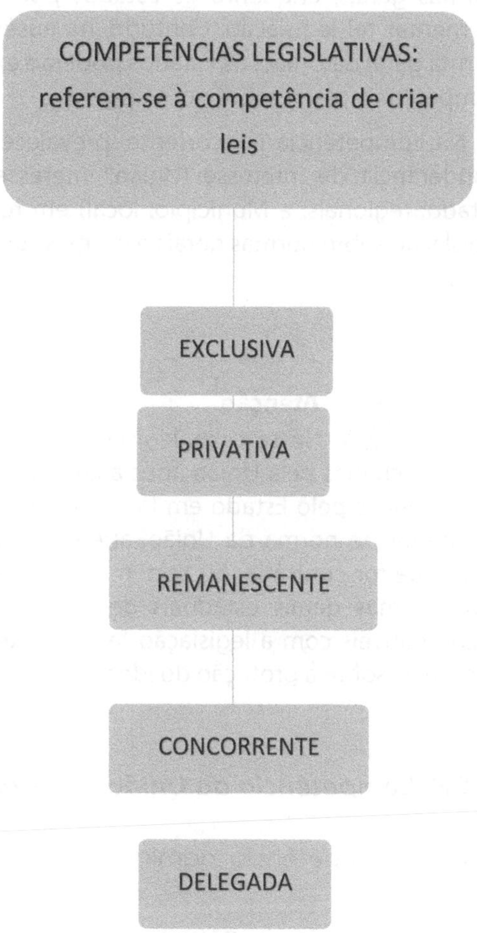

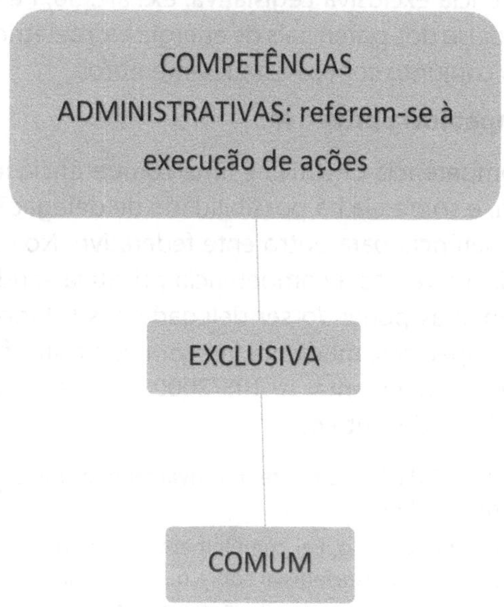

5.4.1. Tipos de competência – Nomenclaturas

- **Competência comum:**

A competência nesse caso é administrativa, significa que todos os Entes recebem atribuição sobre aquela matéria, a exemplo do art. 23 da CF/88.

> Art. 23 da CF: É competência comum da União, dos Estados, do Distrito Federal e dos Municípios:
>
> Parágrafo único. Leis complementares fixarão normas para a cooperação entre a União e os Estados, o Distrito Federal e os Municípios, tendo em vista o equilíbrio do desenvolvimento e do bem-estar em âmbito nacional.

- **Competência exclusiva:**

Não há delegação, pertence somente aquele ente que recebeu a competência. Ela poderá ser tanto uma competência exclusiva administrativa, ex.: art. 21 e art. 30, III a IX, da Constituição, quanto uma competência exclusiva Legislativa, ex.: art. 30, I e II. Porém, o uso dos potenciais de energia hidroelétrica será em conjunto com os Estados-membros.

- **Competência privativa:**

A competência privativa é uma competência legislativa, e sobre ela há possibilidade de delegação de competência para outro ente federativo. No caso brasileiro, temos a competência privativa sendo da União, mas podendo ser delegada aos Estados, matéria específica, mediante Lei complementar federal. Lei complementar nº 103/2000 – piso salarial. Ex.: art. 22 da Constituição.

> Art. 22 da CF: Compete privativamente à União legislar sobre:
>
> Parágrafo único. Lei complementar poderá autorizar os Estados a legislar sobre questões específicas das matérias relacionadas neste artigo.

- **Competência concorrente:**

Sobre a matéria, os entes recebem diferentes competências legislativas, que podem ser definidas pela lei suplementar. art. 24 da CF. A legislação concorrente, apenas União, Estados e Distrito Federal e combinado com o art. 30, II, também se estende aos municípios.

> Art. 24 da CF: Compete à União, aos Estados e ao Distrito Federal legislar concorrentemente sobre:
>
> § 1º - União Legisla sobre normas gerais, sendo que os Estados suplementarão a União (§2º). Exemplo: custas dos serviços forenses. CTN estabelece o que é taxa, Estados estabelecem as hipóteses de incidência, contribuinte e alíquotas.
>
> §1º No âmbito da legislação concorrente, a competência da União limitar-se-á a estabelecer normas gerais. Nesse caso dizemos que exerce competência plena!!
>
> § 2º A competência da União para legislar sobre normas gerais não exclui a competência suplementar dos Estados. Nesse caso, dizemos que os estados e o distrito federal exercem a chamada competência suplementar.
>
> § 3º Inexistindo lei federal sobre normas gerais, os Estados exercerão a competência legislativa plena, para atender a suas peculiaridades. Lembrar que nesse caso os estados e o Distrito Federal poderão exercer competência plena em matéria de normas gerais!
>
> § 4º A superveniência de lei federal sobre normas gerais suspende a eficácia da lei estadual, no que lhe for contrário.

Aqui se estabelece a relação entre competência plena e competência suplementar. A competência plena, como regra será da União para legislar sobre normas gerais, enquanto os Estados poderão suplementar tal legislação. Contudo, na ausência de norma geral da União, os Estados poderão exercer a competência plena sobre normas gerais.

Na competência concorrente, prevalece a preponderância de interesse (União: interesse geral; Estado: regionais; e Município: local) em relação à legislação sobre normas gerais e normas suplementares.

Atenção!

Nesse caso, legislação de normas gerais criadas pela União após a criação de normas gerais pelo Estado em face da inexistência anterior de norma da União, apenas suspende no que for contrária, ou seja, mantém validade as normas gerais estaduais desde que sejam compatíveis com a legislação federal! Exemplo: normas sobre a proteção do idoso.

5.4.2. Competência da União Federal

5.4.2.1. Competência administrativa ou material

a) Exclusiva: art. 21 da CF/1988.

b) Comum (cumulativa, concorrente, administrativa ou paralela): trata-se de competências comuns aos quatro entes federativos (art. 23, par. ún., da CF/1988). Obs.: leis complementares fixarão normas para a cooperação entre União, Estados, Distrito Federal e Municípios. O que se faz se ocorrer conflito entre os entes federativos? Deve-se observar o critério de preponderância de interesse – em que os mais amplos devem preferir aos mais restritos.

5.4.2.2. Competência legislativa

a) Privativa: art. 22 da CF/1988. Segundo o parágrafo único, poderiam ser delegadas por lei complementar, tanto aos Estados quanto ao Distrito Federal (art. 32, § 2º).

b) Concorrente: art. 24 da CF/1988. Parágrafo 1º, para normas gerais.

c) Competência tributária expressa: art. 153.

d) Competência tributária residual: art. 154, I (instituição mediante lei complementar de impostos não previstos no art. 153, desde que não tenham fato gerador e não sejam cumulativos ou tenham base de cálculo dos discriminados na Constituição).

e) Competência tributária extraordinária: art. 154, II.

5.4.3. Competência dos Estados-membros

5.4.3.1. Competência administrativa ou material

a) Comum (cumulativa, concorrente, administrativa ou paralela): trata-se de competências comuns aos quatro entes federativos (art. 23, par. ún.).

b) exclusiva: para gás canalizado. Art 25 § 2º Cabe aos Estados explorar diretamente, ou mediante concessão, os serviços locais de gás canalizado, na forma da lei, vedada a edição de medida provisória para a sua regulamentação. (Redação dada pela Emenda Constitucional nº 5, de 1995)

c) Remanescente ou reservada: são reservadas aos Estados as competências administrativas que não lhe sejam vedadas, ou competências que sobrar – após determinada a competência da União (art. 21), do Distrito Federal (art. 23), dos municípios (art. 30, III e IX) e comum (art. 23).

5.4.3.2. Competência legislativa

a) Expressa: art. 25, *caput*. Para criar as Constituições Estaduais. E também: § 3º Os Estados poderão, mediante lei complementar, instituir regiões metropolitanas, aglomerações urbanas e microrregiões, constituídas por agrupamentos de municípios limítrofes, para integrar a organização, o planejamento e a execução de funções públicas de interesse comum.

b) Reservada/remanescente: art. 25, § 1º.

c) Delegada pela União: art. 22, par. ún. (por lei complementar e matérias específicas).

d) Concorrente: art. 24 poderá ser:

Suplementar: Na competência concorrente a regra é que a União legisla normas gerais e os Estados – suplementam a legislação federal naquilo que lhe couber.

Plena: conforme § 3º Caso inexiste norma geral na União, nesses casos os Estados terão competência plena para normas gerais.

e) Tributária expressa: art. 155.

5.4.4. Competência dos Municípios

5.4.4.1. Competência administrativa ou material

a) Comum (cumulativa, concorrente, administrativa ou paralela): trata-se de competências comuns aos quatro entes federativos (art. 23, par. ún.).

b) Privativa: art. 30, III a IX.

5.4.4.2. Competências legislativas

a) Expressa: art. 29 (capacidade de auto-organização do município – lei orgânica).

b) Interesse local: art. 30, I.

c) Suplementar: art. 30, II – e também art. 24 (principalmente em se tratando de interesse local).

d) Plano diretor: art. 182, § 1º (obrigatório para cidades com mais de 20 mil habitantes, para estabelecer plano de política de expansão e desenvolvimento urbano).

5.4.5. Competência do Distrito Federal

5.4.5.1. Competência administrativa ou material

a) Comum (cumulativa, concorrente, administrativa ou paralela): trata-se de competências comuns aos quatro entes federativos (art. 23, par. ún.).

5.4.5.2. Competências legislativas

a) Expressa: art. 32, *caput* (elaboração de lei orgânica).

b) Reservada: art. 25, § 1º (toda competência que não for vedada, ao Distrito Federal estará reservada).

c) Delegada: art. 22, par. ún.

d) Concorrente: art. 24.

e) Suplementar: art. 24, §§ 1º a 4º (em caso de inércia legislativa).

f) Interesse local: art. 30, I, c/c art. 32, § 1º.

g) Competência tributária expressa: art. 155.

> Decisão relevante – MUNICÍPIO TEM COMPETÊNCIA CONCORRENTE DO ART 24 EM MATÉRIA DE SAÚDE. TAMBÉM HÁ PRECEDENTES IMPORTANTES EM RELAÇÃO A PROTEÇÃO AO MEIO AMBIENTE: STF (jusbrasil) O Plenário do Supremo Tribunal Federal (STF), por unanimidade, confirmou o entendimento de que as medidas adotadas pelo Governo Federal na Medida Provisória (MP) 926/2020 para o enfrentamento do novo coronavírus não afastam a competência concorrente nem a tomada de providências normativas e administrativas pelos estados, pelo Distrito Federal e pelos municípios. A decisão foi tomada nesta quarta-feira (15), em sessão realizada por videoconferência, no referendo da medida cautelar deferida em março pelo ministro Marco Aurélio na Ação Direta de Inconstitucionalidade (ADI) 6341.
>
> A maioria dos ministros aderiu à proposta do ministro Edson Fachin sobre a necessidade de que o artigo 3º da Lei 13.979/2020 também seja interpretado de acordo com a Constituição, a fim de deixar claro que a União pode legislar sobre o tema, mas que o exercício desta competência deve sempre resguardar a autonomia dos demais entes. No seu entendimento, a possibilidade do chefe do Executivo Federal definir por decreto a essencialidade dos serviços públicos, sem observância da autonomia dos entes locais, afrontaria o princípio da separação dos poderes. Ficaram vencidos, neste ponto, o relator e o ministro Dias Toffoli, que entenderam que a liminar, nos termos em que foi deferida, era suficiente.

5.5. Intervenção federal

5.5.1. Definição

Intervenção é a antítese da autonomia. Por ela se afasta momentaneamente a atuação autônoma do Estado, Distrito Federal ou Município que a tenha sofrido. Uma vez que a Constituição assegura a essas entidades a autonomia como princípio básico da forma de Estado adotada, decorre daí que a intervenção é medida excepcional, e só há de ocorrer nos casos nela taxativamente estabelecidos.

Por essa, entende-se que é uma medida excepcional, em que a autonomia do ente federativo que sofreu a intervenção se encontrará suprimida temporariamente, em nome da soberania do Estado e, também, como forma de garantia das próprias autonomias dos entes federativos.

Quem poderá intervir?

1) A União somente poderá intervir nos Estados-membros e no Distrito Federal.

2) Estados poderão intervir nos Municípios de seus territórios.

Caso Especial: A União poderá intervir diretamente nos Municípios se estes estiverem dentro do Território Federal.

> **Art. 34.** A União não intervirá nos Estados nem no Distrito Federal, exceto para:
>
> I – manter a integridade nacional;
>
> II – repelir invasão estrangeira ou de uma unidade da Federação em outra;
>
> III – pôr termo a grave comprometimento da ordem pública;
>
> IV – garantir o livre exercício de qualquer dos Poderes nas unidades da Federação;
>
> V – reorganizar as finanças da unidade da Federação que:
>
> a) suspender o pagamento da dívida fundada por mais de dois anos consecutivos, salvo motivo de força maior;
>
> b) deixar de entregar aos Municípios receitas tributárias fixadas nesta Constituição, dentro dos prazos estabelecidos em lei;
>
> VI – prover a execução de lei federal, ordem ou decisão judicial;
>
> VII – asseguras a observância dos seguintes princípios constitucionais:
>
> a) forma republicana, sistema representativo e regime democrático;
>
> b) direitos da pessoa humana;
>
> c) autonomia municipal;
>
> d) prestação de contas da administração pública, direta e indireta.
>
> e) aplicação do mínimo exigido da receita resultante de impostos estaduais, compreendida a proveniente de transferências, na manutenção e desenvolvimento do ensino e nas ações e serviços públicos de saúde.
>
> **Art. 35.** O Estado não intervirá em seus Municípios, nem a União nos Municípios localizados em Território Federal, exceto quando:
>
> I – deixar de ser paga, sem motivo de força maior, por dois anos consecutivos, a dívida fundada;
>
> II – não forem prestadas contas devidas, na forma da lei;
>
> III – não tiver sido aplicado o mínimo exigido da receita municipal na manutenção e desenvolvimento do ensino e nas ações e serviços públicos de saúde;

IV – o Tribunal de Justiça der provimento a representação para assegurar a observância de princípios indicados na Constituição Federal, ou para prover a execução de lei, de ordem ou de decisão judicial.

5.5.2. *Pontos de esclarecimento (análise de incisos específicos)*

a) Garantia do livre exercício (art. 34, IV, da CF/1988)

Trata-se da perturbação e/ou impossibilidade do exercício das competências constitucionais por um dos Poderes estaduais, que tanto pode vir dos dois outros Poderes estaduais quanto de terceiros (poder econômico, forças coatoras ilegítimas etc.).

b) Conceito de "dívida fundada" (art. 34, V, *a*, da CF/1988)

Segundo o art. 98 da Lei nº 4.320/1964: "A dívida fundada compreende os compromissos de exigibilidade superior a 12 (doze) meses, contraídos para atender a desequilíbrio orçamentário ou a financeiro de obras e serviços públicos".

c) Receitas tributárias (art. 34, V, *b*, da CF/1988)

Uma parte do valor dos tributos arrecadados pelos Estados deve, obrigatoriamente, ser repartida entre seus Municípios, o chamado "Fundo de Participação dos Municípios" (cf. art. 158, III e IV, c/c arts. 159, § 3º, 160 e 161, II e III, da CF/1988). O art. 160, *caput*, da CF/1988, por sua vez, é expresso ao proibir a retenção dos valores respectivos, cuja sanção se encontra então no art. 34, V, b.

d) Execução de lei federal (art. 34, VI, da CF/1988)

Existe divergência na doutrina sobre se a inexecução é o mero descumprimento da lei ou se é o ato positivo e consciente de se recusar a aplicar uma lei ao caso concreto. Alega-se que, no primeiro caso, não se justifica uma intervenção, o que cabe ao interessado é propor uma ação condenatória contra o Estado-membro no Poder Judiciário. Somente a recusa no cumprimento da lei justificaria a intervenção. Esse argumento se reforça em face da redação do art. 36, III, parte final, que fala expressamente em "recusa".

e) Execução de decisão judicial (art. 34, VI, da CF/1988)

Decisão judicial tem aqui sentido amplo, tanto sendo decisão liminar e/ou provisória no trâmite do processo quanto decisão definitiva (STF, IF nº 94, DJU 3-4-1987).

▷ Obs.: Não é mero descumprimento, ou seja, deve haver a intencionalidade de desrespeito da decisão.

f) "Princípios constitucionais sensíveis" (art. 34, VII, da CF/1988)

Na jurisprudência do STF, denominam-se princípios constitucionais "sensíveis" o conjunto de princípios expressos nas alíneas do art. 34, VII, da CF/1988 e cuja lesão (isto é, conduta inconstitucional) por parte dos Estados-membros permite a decretação da intervenção pela União (cf., p. ex., STF, RTJ nº 146/388).

5.5.3. *Pontos importantes (análise de incisos específicos acerca da intervenção estadual)*

a) Prestação de contas pelo Município (art. 35, II)

Vejamos o que determina a Constituição:

b) Aplicação de percentuais mínimos em saúde e educação (art. 35, III)

Tanto Estados-membros (art. 34, VII, e) quanto Municípios estão obrigados a aplicar um percentual mínimo da arrecadação de impostos em ações e serviços de saúde (art. 198, § 2º, II e III, da CF/1988) e de educação (art. 212 da CF/1988).

c) Princípios constitucionais sensíveis estaduais (art. 35, IV)

Note-se que esse dispositivo não enumera quais os princípios estaduais sensíveis (nem haveria como, pois cada Estado-membro é autônomo para definir o conteúdo de sua Constituição), cabendo, então, ao Tribunal de Justiça, mediante desenvolvimento jurisprudencial, definir quais são esses princípios sensíveis.

5.5.4. *Modalidades*

5.3.4.1. Modalidade padrão ex officio: chefe do Executivo (art. 36)

▷ Obs.: Juízo discricionário do Presidente, não havendo ação judicial hábil a compelir a decretação. Sujeito a controle político.

Art. 36. (...)

§ 1º O decreto de intervenção, que especificará a amplitude, o prazo e as condições de execução e que, se couber, nomeará o interventor, será submetido à apreciação do Congresso Nacional ou da Assembleia Legislativa do Estado, no prazo de vinte e quatro horas.

5.5.4.2. Modalidade de solicitação (provocação)

Na modalidade por provocação, o Presidente da República, para fazer a expedição do decreto, precisa ser provocado. As diferentes situações indicam aquele que poderá solicitar a intervenção federal.

> **Art. 36.** A decretação da intervenção dependerá [ou seja, quem pode provocar]:
>
> I – no caso do art. 34, IV [coação ao Poder Legislativo, Executivo ou Judicial], de solicitação do Poder Legislativo ou do Poder Executivo coato ou impedido, ou de requisição do Supremo Tribunal Federal, se a coação for exercida contra o Poder Judiciário;
>
> II – no caso de desobediência a ordem ou decisão judiciária [recursar-se a cumprir ordem judicial], de requisição do Supremo Tribunal Federal, do Superior Tribunal de Justiça ou do Tribunal Superior Eleitoral;
>
> III – de provimento, pelo Supremo Tribunal Federal, de representação do Procurador-Geral da República, na hipótese do art. 34, VII [violação dos princípios constitucionais sensíveis], e no caso de recusa à execução de lei federal; (...)

▷ **Atenção!** Segundo o art. 36, III, a recusa ao cumprimento de lei e violação aos princípios gera a modalidade de provocação, chamada de ação direta interventiva, proposta pelo Procurador-Geral da República.

Nesse caso, o controle é jurídico.

> **Art. 36.** (...)
>
> (...)
>
> § 3º Nos casos do art. 34, VI e VII, ou do art. 35, IV, dispensada a apreciação pelo Congresso Nacional ou pela Assembleia Legislativa, o decreto limitar-se-á a suspender a execução do ato impugnado, se essa medida bastar ao restabelecimento da normalidade.

Em todos os demais, o controle será político e exercido pelo Congresso Nacional.

Resumo:

Existem cinco procedimentos de intervenção:

1. Juízo discricionário do Presidente (art. 34, I, II, III e V), com aprovação do Congresso (art. 36, §§ 1º e 2º).
2. Solicitação do poder coacto ao Presidente (art. 34, IV, primeira parte), com aprovação posterior do Congresso (art. 36, I, e §§ 1º e 2º).
3. Requisição do STF ao Presidente no caso de coação ao Poder Judiciário (art. 34, IV, segunda parte), com aprovação posterior do Congresso (art. 36, I e §§ 1º e 2º).
4. Requisição do STF, STJ, TSE ao Presidente (art. 34, VI, segunda parte), sem necessidade de aprovação posterior do Congresso (art. 36, II c/c § 3º). CONTROLE EXCLUSIVAMENTE JURÍDICO DO STF!
5. ADI interventiva (art. 34, VI, primeira parte [recusa à aplicação de lei], VII [princípios constitucionais sensíveis]), sem necessidade de aprovação posterior do Congresso (art. 36, III c/c § 3º).

6. ESTRUTURA E FUNÇÃO DO PODER LEGISLATIVO E IMUNIDADES DOS PARLAMENTARES

6.1. Poder Legislativo

Cargo	Período do Mandato	Fundamento Legal	Tipo de Eleição	Remuneração
Vereador	4 anos	Art. 29, CF/1988	Proporcional	Variável por município, limitada a 75% do subsídio de um deputado estadual no estado correspondente. Quantidade determinada pelo número de habitantes (Art. 29, IV, CF/1988).
Deputado Estadual	4 anos	Art. 27, CF/1988	Proporcional	Limitada ao subsídio de deputados federais. Representam os estados nas Assembleias Legislativas, com número correspondente ao triplo da bancada federal do estado (Art. 27, §1º, CF/1988).
Deputado Federal	4 anos	Art. 45, CF/1988	Proporcional	Subsídio fixado nacionalmente. Representam a população na Câmara dos Deputados, com quantidade variável por estado, entre 8 e 70 deputados (Art. 45, §1º, CF/1988).
Senador	8 anos	Art. 46, CF/1988	Majoritária	Subsídio fixado nacionalmente. Representam os estados e o Distrito Federal no Senado Federal. Cada unidade da Federação elege 3 senadores. Eleição escalonada: a cada 4 anos, renova-se 1/3 ou 2/3 do Senado.

6.1.1. *Poder Legislativo federal*

No âmbito federal, o sistema é bicameral.

> **Art. 44.** O Poder Legislativo é exercido pelo Congresso Nacional, que se compõe da Câmara dos Deputados e do Senado Federal.
>
> **Art. 45.** A Câmara dos Deputados compõe-se de representantes do povo, eleitos, pelo sistema proporcional, em cada Estado, em cada Território e no Distrito Federal.
>
> § 1º O número total de Deputados, bem como a representação por Estado e pelo Distrito Federal, será estabelecido por lei complementar, proporcionalmente à população, procedendo-se aos ajustes necessários, no ano anterior às eleições, para que nenhuma daquelas unidades da Federação tenha menos de oito ou mais de setenta Deputados.
>
> § 2º Cada Território elegerá quatro Deputados.

▷ Obs.: Assim, as regras do Distrito Federal, nesse caso, são as mesmas dos Estados-membros (vide art. 27), ao passo que os territórios poderão eleger o número fixo de quatro deputados (lembrando que, atualmente, inexistem territórios federais).

No caso do Poder Legislativo estadual (art. 27) e municipal (art. 29), a estrutura é unicameral, ou seja, formada apenas pela Assembleia Legislativa, composta de deputados estaduais, representantes do povo daquele Estado.

Cálculo para obtenção do número dos deputados estaduais

> **Art. 27.** O número de Deputados à Assembleia Legislativa corresponderá ao triplo da representação do Estado na Câmara dos Deputados e, atingido o número de trinta e seis, será acrescido de tantos quantos forem os Deputados Federais acima de doze.

Logo, até o número de 12 deputados federais, multiplica-se por três (× 3). Acima de 12, a fórmula mais simples é a seguinte: y (número dos deputados estaduais) = x (número de deputados federais acima de 12) + 24.

▷ Obs.: Lembre-se que o número mínimo é de 8 e o número máximo é de 70 deputados federais.

6.1.2. *Senado Federal*

> **Art. 46.** O Senado Federal compõe-se de representantes dos Estados e do Distrito Federal, eleitos segundo o princípio majoritário.
>
> § 1º Cada Estado e o Distrito Federal elegerão três Senadores, com mandato de oito anos.
>
> § 2º A representação de cada Estado e do Distrito Federal será renovada de quatro em quatro anos, alternadamente, por um e dois terços.
>
> § 3º Cada Senador será eleito com dois suplentes.

6.1.3. *Poder Legislativo municipal*

No caso do Poder Legislativo municipal, a estrutura é unicameral, ou seja, formada apenas pela Câmara dos Vereadores, composta de vereadores, representantes do povo daquele município.

Número de vereadores (EC nº 58/2009): notar que está se tratando de número máximo. Como a emenda constitucional alterou esses números, tal situação foi objeto de votação nas casas legislativas, a favor ou não da ampliação do número de vereadores dentro do permitido pela Constituição.

6.1.4. *Sessão Legislativa*

> **Art. 57.** O Congresso Nacional reunir-se-á, anualmente, na Capital Federal, de 2 de fevereiro a 17 de julho e de 1º de agosto a 22 de dezembro.

Sessão legislativa é então o período anual de reuniões do Congresso Nacional.

Cada sessão legislativa compõe-se de dois períodos legislativos.

6.1.5. *Período Legislativo*

É cada um dos dois períodos que compõem a sessão legislativa. O primeiro período legislativo compreende aquele entre 2 de fevereiro e 17 de julho. O segundo compreende aquele entre 1º de agosto e 22 de dezembro.

6.1.6. *Sessão Legislativa Extraordinária*

É a possibilidade de convocação do Congresso Nacional para se reunir, discutir e deliberar nos períodos de recesso parlamentar (art. 57, § 6º).

Regimento Comum e Regimentos Internos: servem para organizar as regras de funcionamento dos órgãos legislativos e suas casas.

> **Art. 51.** Compete privativamente à Câmara dos Deputados:
>
> (...)
>
> III – elaborar seu regimento interno;
>
> (...)
>
> **Art. 52.** Compete privativamente ao Senado Federal:
>
> (...)
>
> XII – elaborar seu regimento interno;

(...)

Art. 57. (...)

(...)

§ 3º Além de outros casos previstos nesta Constituição, a Câmara dos Deputados e o Senado Federal reunir-se-ão em sessão conjunta para:

(...)

II – elaborar o regimento comum e regular a criação de serviços comuns às duas Casas; (...)

6.1.7. Mesas da Câmara Federal e do Senado Federal

Art. 57. (...)

(...)

§ 4º Cada uma das Casas reunir-se-á em sessões preparatórias, a partir de 1º de fevereiro, no primeiro ano da legislatura, para a posse de seus membros e eleição das respectivas Mesas, para mandato de dois anos, vedada a recondução para o mesmo cargo na eleição imediatamente subsequente.

6.1.8. Mesa do Congresso Nacional

Art. 58. (...)

§ 1º Na constituição das Mesas e de cada Comissão, é assegurada, tanto quanto possível, a representação proporcional dos partidos ou dos blocos parlamentares que participam da respectiva Casa.

6.1.9. Das Comissões parlamentares

O Congresso Nacional e suas Casas terão comissões permanentes e temporárias, constituídas na forma e com as atribuições previstas no respectivo regimento ou no ato de que resultar sua criação.

Comissões Parlamentares Permanentes: previstas nos regimentos internos de cada Casa, com responsabilidade para apreciar assuntos e emitir pareceres de sua competência. Funcionam durante todo o período da legislatura e terão a eleição de seus integrantes de forma democrática.

Comissões Parlamentares Temporárias: as Comissões temporárias são criadas "para apreciar determinado assunto, que se extinguem ao término da legislatura, ou antes dele, quando alcançado o fim a que se destinam ou expirado seu prazo de duração" (art. 22, II, do Regimento Interno da Câmara dos Deputados).

Comissões parlamentares temporárias especiais: são criadas para dar pareceres a respeito de (art. 34 do Regimento Interno da Câmara dos Deputados):

a) proposta de emenda à Constituição e projeto de código;

b) proposições que versarem sobre matéria de competência de mais de três Comissões, que devam pronunciar-se, quanto ao mérito, por iniciativa do Presidente da Câmara ou a requerimento de líder ou de presidente de comissão interessada.

Comissões Parlamentares Mistas: compostas de ambas as Casas, para debater sobre temas em comum.

6.1.10. Das Comissões Parlamentares de Inquérito

Art. 58. (...)

(...)

§ 3º As comissões parlamentares de inquérito, que terão poderes de investigação próprios das autoridades judiciais, além de outros previstos nos regimentos das respectivas Casas, serão criadas pela Câmara dos Deputados e pelo Senado Federal, em conjunto ou separadamente, mediante requerimento de um terço de seus membros, para a apuração de fato determinado e por prazo certo, sendo suas conclusões, se for o caso, encaminhadas ao Ministério Público, para que promova a responsabilidade civil ou criminal dos infratores.

As CPIs têm poderes investigatórios e não jurisdicionais, somente podendo quebrar sigilo bancário e de dados, sendo que os demais deverão ser solicitados ao juiz competente.

A denúncia ou não depende do Ministério Público. É uma espécie de "inquérito", eis sua função, instruir um possível futuro processo judicial.

Quais seus requisitos?

- **O requerimento de 1/3 dos parlamentares;**
- **o objeto determinado;**
- **prazo certo.**

> ▷ **Atenção: Prazo certo. A Constituição não diz o que é prazo certo, deixou a cargo do regimento interno (120 dias).**

Quórum de requerimento:

- 1/3
- Não é possível rejeição da instalação da CPI
- Investigação de fato certo e determinado
- Não podem apurar fatos privados
- Fatos de competência do ente
- Podem-se apurar fatos conexos
- Não podem ser considerados fatos genéricos

O que pode e o que não pode em uma CPI?

- Determinar o comparecimento de testemunhas;
- tomar-lhes depoimento;
- promover diligências;
- requisitar documentos, certidões;
- pedir informações a qualquer repartição pública ou órgão federal, estadual, municipal, distrital ou territorial;
- determinar a quebra do sigilo bancário e fiscal; acessar sigilo telefônico.
- Apurar fatos sobre o investigado, e não o réu ou indiciado.
- Não pode determinar a interceptação telefônica e de dados.
- Não pode determinar busca e apreensão, violando domicílio.
- A testemunha e o investigado podem ser conduzidos coercitivamente.
- Os investigados têm direito ao silêncio.
- Os investigados têm direito a ser acompanhados por um advogado.
- Não pode determinar a prisão de alguém.
- Pode ser entregue a quaisquer autoridades, muito embora a Constituição mencione apenas o Ministério Público.

> ▷ **CPIs e princípio da simetria: possibilidade de CPIs nas Assembleias legislativas e nas Câmaras de Vereadores.**

6.1.11. Atribuições do Legislativo

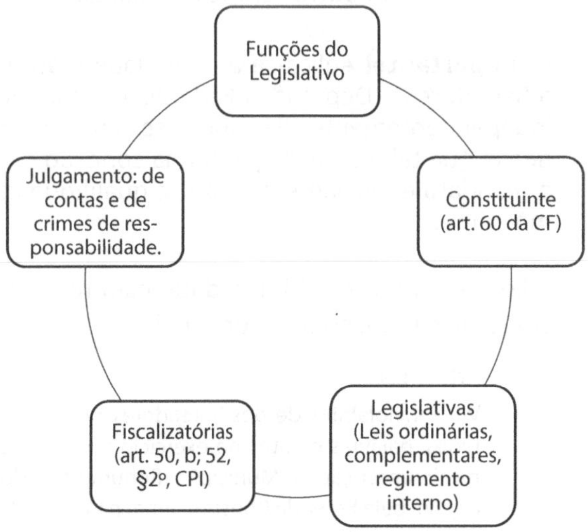

6.1.11.1. Atribuições fiscalizatórias

a) Convocação de Ministros (art. 50 da CF/1988)

> **Art. 50.** A Câmara dos Deputados e o Senado Federal, ou qualquer de suas Comissões, poderão convocar Ministro de Estado ou quaisquer titulares de órgãos diretamente subordinados à Presidência da República para prestarem, pessoalmente, informações sobre assunto previamente determinado, importando crime de responsabilidade a ausência sem justificação adequada.

b) Convocação de outras autoridades ou cidadãos (art. 58, § 2º, da CF/1988)

> **Art. 58.** (...)
>
> (...)
>
> § 2º Às comissões, em razão da matéria de sua competência, cabe:
>
> (...)
>
> III – convocar Ministros de Estado para prestar informações sobre assuntos inerentes a suas atribuições;
>
> (...)
>
> V – solicitar depoimento de qualquer autoridade ou cidadão; (...)

c) Comissões Parlamentares de Inquérito

6.1.11.2. Atribuições de julgamentos

> **Art. 49.** É da competência exclusiva do Congresso Nacional:
>
> (...)
>
> IX – julgar anualmente as contas prestadas pelo Presidente da República e apreciar os relatórios sobre a execução dos planos de governo;
>
> (...)
>
> **Art. 84.** Compete privativamente ao Presidente da República:
>
> (...)
>
> XXIV – prestar, anualmente, ao Congresso Nacional, dentro de sessenta dias após a abertura da sessão legislativa, as contas referentes ao exercício anterior;
>
> (...)
>
> **Art. 71.** O controle externo, a cargo do Congresso Nacional, será exercido com o auxílio do Tribunal de Contas da União, ao qual compete:
>
> I – apreciar as contas prestadas anualmente pelo Presidente da República, mediante parecer prévio que deverá ser elaborado em sessenta dias a contar de seu recebimento;
>
> (...)

> ▷ **Atenção!** O TCU emite parecer, mas não julga. Papel de controle externo da administração pública.

CONSTITUCIONAL

6.1.11.3. Atribuições de julgamento de crimes de responsabilidade

> **Art. 51.** Compete privativamente à Câmara dos Deputados:
>
> I – autorizar, por dois terços de seus membros, a instauração de processo contra o Presidente e o Vice-Presidente da República e os Ministros de Estado; [Câmara dos Deputados como "órgão de admissibilidade do processo"
>
> (...)
>
> **Art. 52.** Compete privativamente ao Senado Federal:
>
> I – processar e julgar o Presidente e o Vice-Presidente da República nos crimes de responsabilidade, bem como os Ministros de Estado e os Comandantes da Marinha, do Exército e da Aeronáutica nos crimes da mesma natureza conexos com aqueles;
>
> II – processar e julgar os Ministros do Supremo Tribunal Federal, os membros do Conselho Nacional de Justiça e do Conselho Nacional do Ministério Público, o Procurador-Geral da República e o Advogado-Geral da União nos crimes de responsabilidade; (Redação dada pela EC nº 45/2004)
>
> (...)

▷ **Importante!** Distinção entre crimes comuns e crimes de responsabilidade.

Crimes comuns:

São aqueles previstos na legislação penal, seja no Código Penal, seja na legislação extravagante ou especial. A competência para julgamento cabe ao Poder Judiciário;

Crimes de responsabilidade:

São graves infrações de caráter político-constitucional cometidas pelas mais altas autoridades constitucionais dos demais Poderes do Estado (isto é, aquelas arroladas no art. 52, I e II, da CF/1988), sendo competente para julgamento o Congresso Nacional.

Sanção:

Diversamente dos crimes comuns, a sanção para o caso dos crimes de responsabilidade está prevista no art. 52, par. ún., da CF/1988, que regulamenta as linhas básicas dos processos de crimes de responsabilidade:

Nos casos previstos nos incisos I e II do art. 52, funcionará como Presidente o do Supremo Tribunal Federal, limitando-se a condenação, que somente será proferida por dois terços dos votos do Senado Federal, à perda do cargo, com inabilitação, por oito anos, para o exercício de função pública, sem prejuízo das demais sanções judiciais cabíveis, isto é, sanções de natureza civil, penal ou administrativa.

▷ Obs.: No caso Dilma Rousseff, a sanção foi desmembrada, ou seja, a votação incidiu sobre cada uma das sanções, restando aprovada apenas a votação pela cassação do mandato, e não para inabilitação dos direitos políticos – algo absolutamente inédito.

6.2. Imunidade parlamentar

As imunidades parlamentares são de ordem formal e material.

A Constituição Federal regula o âmbito federal.

Não há imunidade formal para o caso de vereadores municipais.

No caso da imunidade material, para os vereadores, a circunscrição do município é que determinará seu âmbito de incidência.

6.2.1. Imunidade material

Imunidade material ou inviolabilidade (*freedom of speech*: imunidade por opinião e palavras).

a) *Inviolabilidade no âmbito civil:* quaisquer opiniões, palavras e votos proferidos não constituem dano civil, isto é, não geram direito à indenização por perdas e danos (sejam danos morais, sejam danos causadores de sanção acessória por prática de crime).
b) *Inviolabilidade no âmbito penal:* quaisquer opiniões, palavras e votos proferidos não tipificam crime, isto é, não tipificam injúria, calúnia ou difamação ou outros crimes similares.

▷ **Importante!** Aplica-se a imunidade material a Senadores e Deputados Federais e Estaduais, independentemente de onde se encontrem, desde que tal manifestação tenha conexão com o mandato e, obviamente, não se qualifique como crime.

Aos vereadores, tal imunidade está restrita ao âmbito da circunscrição municipal.

> Art. 29 (...)
>
> VIII - inviolabilidade dos Vereadores por suas opiniões, palavras e votos no exercício do mandato e na circunscrição do Município; (Renumerado do inciso VI, pela Emenda Constitucional nº 1, de 1992)

6.2.2. Imunidade formal

A imunidade formal possui duas variantes:

a) Garantia de o parlamentar não ser preso (*freedom from arrest*).

> **Art. 53.** (...)
>
> (...)
>
> § 2º Desde a expedição do diploma, os membros do Congresso Nacional não poderão ser presos, salvo em flagrante de crime inafiançável. Nesse caso, os autos serão remetidos dentro de vinte e quatro horas à Casa respectiva, para que, pelo voto da maioria de seus membros, resolva sobre a prisão. (Redação dada pela EC nº 35/2001)

b) Garantia de sustação de ação penal.

> **Art. 53.** (...)
>
> (...)
>
> § 1º Os Deputados e Senadores, desde a expedição do diploma, serão submetidos a julgamento perante o Supremo Tribunal Federal. *(Redação dada pela EC nº 35/2001)*
>
> (...)

A competência para julgamento de membros do Congresso Nacional pela prática de infrações penais comuns é do Supremo Tribunal Federal (e não dos juízes ordinários de primeira instância), art. 102, I, b, da CF.

▷ Obs.: O STF tem nova posição com base na interpretação restritiva do foro privilegiado (AP nº 937).[7] Para que o STF julgue a questão, necessariamente devem estar reunidas estas duas condições:

- Somente crimes que possuírem relação com o mandato de parlamentar.
- Cometidos após a diplomação.

Pontos de restrição.

Para o ministro **Luís Roberto Barroso**: "(i) *O foro por prerrogativa de função aplica-se apenas aos crimes cometidos durante o exercício do cargo e relacionados às funções desempenhadas*".

> i) fixar a competência do STF para processar e julgar os membros do Congresso Nacional exclusivamente quanto aos *crimes praticados após a diplomação, independentemente de sua relação ou não com a função pública em questão;*
>
> ii) serem inaplicáveis as regras constitucionais de prerrogativa de foro quanto aos crimes praticados anteriormente à diplomação ou nomeação, conforme o caso, hipótese em que os processos deverão ser remetidos ao juízo de 1ª instância competente, independentemente da fase em que se encontre;
>
> iii) reconhecer a inconstitucionalidade de todas as normas previstas em constituições estaduais, bem como na lei orgânica do DF, que contemplem hipóteses de prerrogativa de foro não previstas expressamente na CF, vedada a invocação de simetria. Nestes casos, os processos deverão ser remetidos ao juízo de 1ª instância competente, independentemente da fase em que se encontram;
>
> iv) estabelecer, quando aplicável a competência por prerrogativa de foro, que a renúncia ou a cessação, por qualquer outro motivo da função pública que atraia a causa penal ao foro especial após o encerramento da fase do art. 10 da Lei 8.038/1990 com a determinação de vista às partes para alegações finais, não altera a competência para o julgamento da ação penal.
>
> § 3º Recebida a denúncia contra o Senador ou Deputado, por crime ocorrido após a diplomação, o Supremo Tribunal Federal dará ciência à Casa respectiva, que, por iniciativa de partido político nela representado e pelo voto da maioria de seus membros, poderá, até a decisão final, sustar o andamento da ação. *(Redação dada pela EC nº 35/2001)*
>
> § 4º O pedido de sustação será apreciado pela Casa respectiva no prazo improrrogável de quarenta e cinco dias do seu recebimento pela Mesa Diretora. *(Redação dada pela EC nº 35/2001)*
>
> § 5º A sustação do processo suspende a prescrição, enquanto durar o mandato. *(Redação dada pela EC nº 35/2001)*

7. PROCESSO LEGISLATIVO FEDERAL

7.1. Processo Legislativo

Manoel Gonçalves Ferreira Filho	José Afonso da Silva
Para o autor, existe uma fase: 1) introdutória (que se refere a iniciativa),	Para o autor, existe uma fase: 1) introdutória ou de iniciativa;
2) constitutiva (que compreende a deliberação e sanção); e 3) complementar (na qual está contida a promulgação e publicação).	2) de exames de projetos nas comissões; 3) de deliberação (discussões dos projetos em plenário); 4) decisória; e 5) de revisão. Obs.: note que o autor exclui a promulgação e publicação.

▷ Obs.: **Em razão do princípio da simetria, as normas do processo legislativo são normas de reprodução obrigatória na Constituição estadual e na Lei Orgânica Municipal, no que lhe for compatível.**

7. BRASIL. Supremo Tribunal Federal. Questão de Ordem na Ação Penal 937 (445). Proc nº 83529520096190000 - Tribunal Regional Eleitoral - Rio de Janeiro - rel. Min. Roberto Barroso.

CONSTITUCIONAL

Breve explicação:

- O processo legislativo é o conjunto de etapas e procedimentos pelos quais uma proposta de lei é elaborada, debatida, revisada e finalmente transformada em lei em um sistema democrático. Esse processo varia de país para país, mas em democracias representativas, como o Brasil, os Estados Unidos e muitos outros, geralmente envolve as seguintes etapas:
- Iniciativa: O processo começa com a apresentação de uma proposta de lei. Isso pode ser feito por membros do poder legislativo, como deputados ou senadores, pelo poder executivo (governo), por cidadãos por meio de iniciativas populares. No âmbito federal, como se trata de um sistema bicameral (Senado + Câmara dos Deputados), é a iniciativa que condicionará em qual das Casas se dará cada uma das deliberações, a saber, a principal e a revisional. Assim, os projetos de lei enviados a membros do Senado começam neste. Em todos os demais casos, a deliberação principal ocorrerá na Câmara dos Deputados, incluindo a iniciativa do Presidente da República. Por excelência, a Câmara dos Deputados é o local onde se iniciam as propostas legislativas.
- Deliberação: A proposta de lei é então encaminhada para o órgão legislativo relevante (por exemplo, o Congresso, onde é debatida e analisada. Durante essa etapa, os legisladores podem propor emendas ou modificações à proposta.
- Comissões: Muitas vezes, as propostas de lei são encaminhadas para comissões legislativas especializadas que realizam análises detalhadas e emitem recomendações sobre a proposta.
- Votação: Após o debate e as revisões, a proposta é submetida a votação no órgão legislativo. Dependendo das regras do sistema, pode ser necessária uma maioria simples, maioria qualificada ou 2/3 ou 3/5 para a aprovação.
- Deliberação na outra câmara, se aprovada na Câmara dos deputados, segue ao Senado, se aprovado no Senado, segue a Câmara dos deputados
- Sanção ou veto: a proposta de lei é enviada ao chefe do poder executivo (presidente, governador...) para sua sanção ou veto. Se o chefe do executivo sancionar a lei, ela se torna oficial. Se vetar, volta a casa Legislativa que poderá derrubar pela maioria absoluta em sessão conjunta, conforme art 66 da Constituição federal.
- Promulgação: Após a sanção.
- Publicização: onde se dá publicidade a Lei aprovada.

▷ Obs.: Usurpação de iniciativa é vício de inconstitucionalidade formal, consistente na apresentação de projeto de lei versando sobre determinada matéria por quem não tem legitimidade para tal, **nesse caso, não há como convalidar esse vício de constitucional.**

▷ **Lembre-se!** É preciso conectar a matéria do processo legislativo com as questões relativas às competências legislativas, ou seja, é preciso ver a quem cabe a competência para cada espécie legislativa dependendo da matéria em questão (logo, ver com atenção arts. 21, 22, 24, 25, 30, 32, 49, 51 e 52 da CF/1988).

O que compreende o processo legislativo na Constituição?

▷ Obs.: **Em razão do princípio da simetria, as normas do processo legislativo são normas de reprodução obrigatória na Constituição estadual e na Lei Orgânica Municipal, no que lhe for compatível.**

> **Art. 59.** O processo legislativo compreende a elaboração de:
>
> I - emendas à Constituição; [atuação do Poder Constituinte derivado]
>
> II - leis complementares; [complementam conteúdo que a Constituição lhes autoriza]
>
> III - leis ordinárias; [também chamadas de leis federais/infraconstitucionais]
>
> IV - leis delegadas; [lei equiparada a lei ordinária. A competência para a sua elaboração é do Presidente da República, desde que haja pedido e delegação expressa do Congresso Nacional. A delegação é efetivada por resolução, na qual conste o conteúdo juntamente com os termos do exercício desta atribuição]
>
> V - medidas provisórias; [função atípica do Presidente da República em casos onde houver urgência e relevância da matéria em questão]
>
> VI - decretos legislativos; [regulam matérias de competência exclusiva do Congresso, tais como: ratificar atos internacionais, sustar atos normativos do presidente da República, julgar anualmente as contas prestadas pelo chefe do governo, autorizar o Presidente da República e o Vice-Presidente a se ausentarem do país por mais de 15 dias, apreciar a concessão de emissoras de rádio e televisão, autorizar em terras

indígenas etc.] [vide mais adiante a distinção entre decretos autônomos e regulamentares]

VII - resoluções. [norma jurídica destinada a disciplinar assuntos do interesse interno do Congresso Nacional]

Parágrafo único. Lei complementar disporá sobre a elaboração, redação, alteração e consolidação das leis.

7.1.1. Processo Legislativo estadual

Processo legislativo dos Estados-membros: absorção compulsória das linhas básicas do modelo constitucional federal, entre elas, as decorrentes das normas de reserva de iniciativa das leis, dada a implicação com o princípio fundamental da separação e independência dos poderes. Jurisprudência consolidada do STF. (ADI nº 637 - rel. Min. Sepúlveda Pertence - Tribunal Pleno - j. 25-8-2004 - *DJ* 1º-10-2004)

Ainda: o ato normativo abrange tanto a produção de normas gerais como individuais. Entretanto, o uso comum, quando se fala em ato normativo, é que se trate de normas gerais.

▷ **Importante!** Distinção entre decreto autônomo e regulamentar em face da Emenda Constitucional nº 32/2001.

ESPÉCIES LEGISLATIVAS

7.1.2. Emendas constitucionais

Quem pode propor?

Art. 60. A Constituição poderá ser emendada mediante proposta:

I - de um terço, no mínimo, dos membros da Câmara dos Deputados ou do Senado Federal;

II - do Presidente da República;

III - de mais da metade das Assembleias Legislativas das unidades da Federação, manifestando-se, cada uma delas, pela maioria relativa de seus membros.

(...)

STF. A eficácia das regras jurídicas produzidas pelo poder constituinte (redundantemente chamado de "originário") não está sujeita a nenhuma limitação normativa, seja de ordem material, seja formal, porque provém do exercício de um poder de fato ou suprapositivo. Já as normas produzidas pelo poder reformador, essas têm sua validez e eficácia condicionadas à legitimação que recebam da ordem constitucional. Daí a necessária obediência das emendas constitucionais às chamadas cláusulas pétreas. (ADI nº 2.356/MC e ADI nº 2.362/MC - rel. p/ o ac. Min. Ayres Britto - Tribunal Pleno - j. 25-11-2010 - *DJE* 19-5-2011)

7.1.2.1. Vedação à emenda

Art. 60. (...)

§ 1º A Constituição não poderá ser emendada na vigência de intervenção federal, de estado de defesa ou de estado de sítio.

(...)

7.1.2.2. Votação

Art. 60. (...)

§ 2º A proposta será discutida e votada em cada Casa do Congresso Nacional [logo, Senado + Câmara dos Deputados], em dois turnos [em duas votações], considerando-se aprovada se obtiver, em ambos, três quintos dos votos dos respectivos membros [é o maior quórum de votação - lembrar que nossa Constituição é rígida].

(...)

▷ **Atenção!** Não há um prazo fixo para se respeitar em relação ao interstício dos dois turnos.

A Constituição Federal de 1988 não fixou um intervalo temporal mínimo entre os dois turnos de votação para fins de aprovação de emendas à Constituição (CF, art. 60, § 2º), de sorte que inexiste parâmetro objetivo que oriente o exame judicial do grau de solidez da vontade política de reformar a Lei Maior. A interferência judicial no âmago do processo político, verdadeiro locus da atuação típica dos agentes do Poder Legislativo, tem de gozar de lastro forte e categórico no que prevê o texto da CF. (ADI nº 4.425 - rel. p/ o ac. Min. Luiz Fux - Tribunal Pleno - j. 14-3-2013 - *DJE* 19-12-2013)

7.1.2.3. Cláusula pétrea

A cláusula pétrea não pode ser abolida, ou seja, produz inconstitucionalidade, bem como pode ser objeto de mandado de segurança interposto por parlamentar ainda durante o processo legislativo.

Art. 60. (...)

(...)

§ 3º A emenda à Constituição será promulgada pelas Mesas da Câmara dos Deputados e do Senado Federal, com o respectivo número de ordem.

§ 4º Não será objeto de deliberação a proposta de emenda tendente a abolir:

I - a forma federativa de Estado;

II - o voto direto, secreto, universal e periódico;

III - a separação dos Poderes;

IV - os direitos e garantias individuais.

(...)

O STF admite a legitimidade do parlamentar - e somente do parlamentar - para impetrar mandado de segurança com a finalidade de coibir atos praticados no processo de aprovação de lei ou emenda constitucional incompatíveis com disposições constitucionais que disciplinam o processo legislativo. Precedentes do STF: MS nº 20.257/DF – Min. Moreira Alves (leading case). (RTJ 99/1031 – rel. p/ o ac. Min. Teori Zavascki – Tribunal Pleno – j. 20-6-2013 – DJE 18-2-2014)

Matéria rejeitada não pode ser reapresentada na mesma sessão legislativa (ano legislativo).

> **Art. 60.** (...)
>
> (...)
>
> § 5º A matéria constante de proposta de emenda rejeitada ou havida por prejudicada não pode ser objeto de nova proposta na mesma sessão legislativa.

A emenda constitucional não está sujeita a veto ou sanção, pois é atuação do poder constituinte derivado. Contudo, podem sofrer limitações formais, materiais, temporais.

EX.: não pode emendar a Constituição na vigência do estado de defesa e de sítio.

As emendas constitucionais podem ser declaradas inconstitucionais.

Decisão do STF: O STF já assentou o entendimento de que é admissível a ação direta de inconstitucionalidade de emenda constitucional, quando se alega, na inicial, que esta contraria princípios imutáveis ou as chamadas cláusulas pétreas da Constituição originária (art. 60, § 4º, da CF). Precedente: ADI nº 939 (RTJ 151/755). (ADI nº 1.946/MC – rel. Min. Sydney Sanches – Tribunal Pleno – j. 29-4-1999 – DJ 14-9-2001)

7.1.3. Leis complementares e leis ordinárias

A quem cabe propor?

A iniciativa das leis complementares e ordinárias cabe (art. 61 da CF/1988):

- **a qualquer membro ou Comissão da Câmara dos Deputados, do Senado Federal ou do Congresso Nacional;**
- **ao Presidente da República;**
- **ao Supremo Tribunal Federal;**
- **aos Tribunais Superiores;**
- **ao Procurador-Geral da República; e**
- **aos cidadãos conforme parágrafo 2º da art. 61.**

7.1.3.1. Presidente da República (art. 61, § 1º reserva de lei)

Se compatível, pelo princípio da simetria, pode-se aplicar também aos governadores e aos prefeitos municipais (II, alínea a - alínea e):

> **Art. 61.** (...)
>
> § 1º São de iniciativa privativa do Presidente da República as leis que:
>
> I – fixem ou modifiquem os efetivos das Forças Armadas;
>
> II – disponham sobre:
>
> *a)* criação de cargos, funções ou empregos públicos na administração direta e autárquica ou aumento de sua remuneração;
>
> *b)* organização administrativa e judiciária, matéria tributária e orçamentária, serviços públicos e pessoal da administração dos Territórios;
>
> *c)* servidores públicos da União e Territórios, seu regime jurídico, provimento de cargos, estabilidade e aposentadoria;
>
> *d)* organização do Ministério Público e da Defensoria Pública da União, bem como normas gerais para a organização do Ministério Público e da Defensoria Pública dos Estados, do Distrito Federal e dos Territórios;
>
> *e)* criação e extinção de Ministérios e órgãos da administração pública, observado o disposto no art. 84, VI, da CF;
>
> *f)* militares das Forças Armadas, seu regime jurídico, provimento de cargos, promoções, estabilidade, remuneração, reforma e transferência para a reserva.

▷ **Atenção!**

Leis Complementares:

- maioria absoluta = número inteiro acima da metade do total dos membros
- tem sua autorização para edição quando a Constituição expressamente prever;
- não podem ser tratadas por medidas provisórias ou leis delegadas.

Leis Ordinárias:

- maioria simples = número inteiro acima da metade dos membros presentes na votação, sendo que é necessário a maioria absoluta para abrir a sessão legislativa (art 47 da CF)
- respeitada a regra do art. 47 da CF/1988 (presentes na sessão a maioria absoluta dos membros);
- conhecida como lei comum, tem incidência justamente quando não há previsão específica.

Não há hierarquia entre lei ordinária e lei complementar, pois ambas têm objetos distintos.

7.1.3.2. Iniciativa popular

Somente para leis ordinárias ou complementares, não cabe no caso de emenda à Constituição.

Requisitos:

- **representar 1% do eleitorado nacional (5% em caso de município);**
- **distribuído em, pelo menos, cinco Estados da federação;**
- **com 3/10 dos eleitores em cada um desses Estados;**
- **tem início na Câmara dos Deputados.**

Art. 61. (...)

(...)

§ 2º A iniciativa popular pode ser exercida pela apresentação à Câmara dos Deputados de projeto de lei subscrito por, no mínimo, um por cento do eleitorado nacional, distribuído pelo menos por cinco Estados, com não menos de três décimos por cento dos eleitores de cada um deles.

▷ **Atenção!** A emenda constitucional estadual poderá ser de iniciativa popular, havendo previsão. Esse caso concreto aconteceu no Estado do Amapá, o qual, por emenda, acrescentou a iniciativa popular à proposta de emenda à Constituição estadual.

STF – A iniciativa popular de emenda à Constituição Estadual é compatível com a Constituição Federal, encontrando fundamento no art. 1º, parágrafo único, no art. 14, II e III e no art. 49, VI, da CF/19188. Embora a Constituição Federal não autorize proposta de iniciativa popular para emendas ao próprio texto, mas apenas para normas infraconstitucionais, não há impedimento para que as Constituições Estaduais prevejam a possibilidade, ampliando a competência constante da Carta Federal. (STF – Plenário – ADI nº 825/AP – rel. Min. Alexandre de Moraes – j. 25-10-2018 – Info 921)

7.1.4. Medidas Provisórias

Função legislativa do Presidente da República.

Art. 62. (...)

§ 1º *É vedada a edição de medidas provisórias sobre matéria:*

I – relativa a:

a) nacionalidade, cidadania, direitos políticos, partidos políticos e direito eleitoral;

b) direito penal, processual penal e processual civil;

c) organização do Poder Judiciário e do Ministério Público, a carreira e a garantia de seus membros;

d) planos plurianuais, diretrizes orçamentárias, orçamento e créditos adicionais e suplementares, ressalvado o previsto no art. 167, § 3º;

II – que vise a detenção ou sequestro de bens, de poupança popular ou qualquer outro ativo financeiro;

III – reservada a lei complementar;

IV – já disciplinada em projeto de lei aprovado pelo Congresso Nacional e pendente de sanção ou veto do Presidente da República.

A Emenda Constitucional nº 32/2001 foi um divisor de águas em matéria de medida provisória, haja vista que vedou a edição automática e indefinida de medidas provisórias, visando coibir o uso abusivo por parte do Poder Executivo.

Art. 62. (...)

(...)

§ 2º Medida provisória que implique instituição ou majoração de impostos, exceto os previstos nos arts. 153, I, II, IV, V, e 154, II, só produzirá efeitos no exercício financeiro seguinte se houver sido convertida em lei até o último dia daquele em que foi editada.

▷ **Atenção! Entendimento do STF em relação à medida provisória no âmbito estadual e municipal:** poderão Estados e Municípios adotar medidas provisórias, se houver previsão expressa na Constituição do Estado e na Lei Orgânica do município e desde que seja respeitado o princípio da simetria constitucional, ou seja, necessária a observância do tratamento da matéria na sistemática constitucional.

7.1.4.1. Perda da eficácia da medida provisória

Art. 62. (...)

(...)

§ 3º As medidas provisórias, ressalvado o disposto nos §§ 11 e 12, perderão eficácia, desde a edição, se não forem convertidas em lei no prazo de sessenta dias, prorrogável, nos termos do § 7º, uma vez por igual período, devendo o Congresso Nacional disciplinar, por decreto legislativo, as relações jurídicas delas decorrentes. [60 dias + 60 dias]

Ou seja, o instrumento que disciplina as relações jurídicas decorrentes de edição de medida provisória é o decreto legislativo.

▷ Obs.: **As medidas provisórias não convertidas em lei no prazo constitucional perdem sua eficácia desde sua edição e não a partir do ato que decreta o encerramento do prazo de sua vigência.**

CONSTITUCIONAL

Art. 62. (...)

(...)

§ 4º O prazo a que se refere o § 3º contar-se-á da publicação da medida provisória, suspendendo-se durante os períodos de recesso do Congresso Nacional.

§ 5º A deliberação de cada uma das Casas do Congresso Nacional sobre o mérito das medidas provisórias dependerá de juízo prévio sobre o atendimento de seus pressupostos constitucionais.

7.1.4.2. Pressupostos constitucionais (relevância/urgência da matéria)

O prazo para apreciação da medida provisória é de 45 dias. Após esse período, entrará em regime de urgência, logo, os demais processos ficam suspensos até que seja apreciada a medida provisória.

> § 6º Se a medida provisória não for apreciada em até quarenta e cinco dias contados de sua publicação, entrará em regime de urgência, subsequentemente, em cada uma das Casas do Congresso Nacional, ficando sobrestadas, *até que se ultime a votação, todas as demais deliberações legislativas da Casa em que estiver tramitando.*

Assim pacificou o STF sobre a interpretação do art. 62, § 6º, da CF/1988 em relação à limitação do sobrestamento apenas a projetos relacionados a leis ordinárias:

> O regime de urgência, previsto no § 6º do art. 62 da CF, a impor o sobrestamento das deliberações legislativas das Casas do Congresso seria referente somente às matérias que se mostrassem passíveis de regramento por medida provisória. Estariam excluídos do âmbito de incidência das medidas provisórias, como dispõe o art. 62, § 1º, da CF, em consequência, as propostas de emenda à Constituição, os projetos de lei complementar, os projetos de decreto legislativo, os projetos de resolução e, até mesmo, tratando-se de projetos de lei ordinária, aqueles que veiculassem temas pré-excluídos, por determinação constitucional. Em seguida, pediu vista o Ministro Roberto Barroso. (STF MS 27931/DF – rel. Min. Celso de Mello – 18-3-2015)
>
> **Art. 62.** (...)
>
> (...)
>
> § 8º *As medidas provisórias terão sua votação iniciada na Câmara dos Deputados.*
>
> (...)
>
> § 10. *É vedada a reedição, na mesma sessão legislativa (ano em que houver sido rejeitada),* de medida provisória que tenha sido rejeitada ou que tenha perdido sua eficácia por decurso de prazo.

As relações jurídicas que foram regidas por medida provisória serão conservadas e reguladas por decreto legislativo.

> **Art. 62.** (...)
>
> (...)
>
> § 11. Não editado o decreto legislativo a que se refere o § 3º até sessenta dias após a rejeição ou perda de eficácia de medida provisória, as relações jurídicas constituídas e decorrentes de atos praticados durante sua vigência conservar-se-ão por ela regidas.
>
> § 12. *Aprovado projeto de lei de conversão alterando o texto original da medida provisória, esta manter-se-á integralmente em vigor até que seja sancionado ou vetado o projeto.*
>
> *Prazo de vigência precisa ter um tópico e destaque:*

O prazo inicial de vigência de uma MPV é de 60 dias e é prorrogado automaticamente por igual período caso não tenha sua votação concluída nas duas Casas do Congresso Nacional. Se não for apreciada em até 45 dias, contados da sua publicação, entra em regime de urgência, sobrestando todas as demais deliberações legislativas da Casa em que estiver tramitando.

7.1.4.3. Tramitação da medida provisória

As Medidas Provisórias (MPVs) são normas com força de lei editadas pelo Presidente da República em situações de relevância e urgência. Apesar de produzir efeitos jurídicos imediatos, a MPV precisa da posterior apreciação pelas Casas do Congresso Nacional (Câmara e Senado) para se converter definitivamente em lei ordinária.

O prazo inicial de vigência de uma MPV é de 60 dias e é prorrogado automaticamente por igual período caso não tenha sua votação concluída nas duas Casas do Congresso Nacional. Se não for apreciada em até 45 dias, contados da sua publicação, entra em regime de urgência, sobrestando todas as demais deliberações legislativas da Casa em que estiver tramitando.

O art. 62 da CF/1988 traz as regras gerais de edição e apreciação das MPVs, definindo inclusive os assuntos e temas sobre os quais não podem se pronunciar. Já o disciplinamento interno do rito de tramitação dado pela Resolução do Congresso Nacional nº 1/2002 exige, por exemplo, sobre emendas, a formação da comissão mista e prazos de tramitação.

As fases relativas à tramitação de uma Medida Provisória no Congresso Nacional estão detalhadas logo a seguir, com a disponibilização dos principais documentos produzidos nas várias instâncias de deliberação, incluindo emendas apresentadas, parecer aprovado e quadros comparativos que demonstram as modificações promovidas no texto principal da matéria.

Publicação:

O texto da Medida Provisória é publicado no Diário Oficial da União, quando, então, passam a ser contados os prazos relativos à vigência e à sua tramitação no Congresso Nacional. Nesse momento, e nos seis dias subsequentes, podem ser oferecidas emendas à MPV perante a Comissão Mista destinada a emitir parecer sobre a matéria.

Comissão Mista:

O Presidente do Congresso Nacional, em até 48 horas após a publicação da MPV, designa uma Comissão Mista, formada por 12 Senadores e 12 Deputados titulares (com igual número de suplentes), responsável por analisar previamente os pressupostos constitucionais de relevância e urgência, o mérito e a adequação financeira e orçamentária.

Após instalada a comissão, são eleitos o Presidente e Vice-Presidente, pertencentes a Casas diferentes, e designados Relator e Relator-Revisor da matéria, este último para exercer as funções na Casa diversa da do Relator. O Presidente da Comissão Mista possui a prerrogativa de indeferir liminarmente as emendas apresentadas que forem estranhas ao texto original da MPV.

Apresentado e discutido, o texto do Relator é submetido à votação pelo colegiado, passando a constituir parecer da Comissão Mista ao ser aprovado. O parecer pode concluir, no mérito:

- pela aprovação total da MPV como foi editada pelo Poder Executivo;
- pela apresentação de Projeto de Lei de Conversão (PLV), quando o texto original da MPV é alterado; ou
- pela rejeição da matéria, com o parecer sendo obrigatoriamente encaminhado à apreciação do plenário da Câmara dos Deputados.

Câmara dos Deputados:

Analisada pela Comissão Mista, a MPV segue para o Plenário da Câmara dos Deputados, Casa iniciadora. O quórum para deliberação é de maioria simples (presente em Plenário a metade mais um dos deputados). As conclusões da deliberação da matéria incluem: a rejeição, a aprovação na íntegra (nos termos da MPV editada), ou a aprovação de projeto de lei de conversão (PLV) (com alteração do texto originalmente publicado). Rejeitada, a matéria tem a sua vigência e tramitação encerradas e é arquivada. Se aprovada (na íntegra ou na forma de PLV), é remetida ao Senado Federal.

Senado Federal:

O quórum para deliberação no Senado Federal também é de maioria simples (presente a metade mais um dos senadores) e o resultado da votação apresenta-se com as seguintes opções:

- rejeição: a matéria tem sua vigência e tramitação encerradas e é arquivada;
- aprovação na íntegra (nos termos da edição original): MPV é enviada à promulgação e se torna lei;
- aprovação do PLV recebido da Câmara dos Deputados sem alterações de mérito: o texto é remetido à sanção do Presidente da República;
- aprovação do PLV recebido da Câmara dos Deputados com emendas de mérito: a matéria retorna à Câmara dos Deputados, que delibera, exclusivamente, sobre as emendas;
- aprovação da Medida Provisória, em decorrência de preferência sobre o PLV da Câmara dos Deputados: a matéria retorna à Câmara dos Deputados, que deliberará, exclusivamente, sobre a Medida Provisória;
- aprovação de novo PLV: a matéria retorna à Câmara dos Deputados, que delibera, exclusivamente, sobre o PLV oferecido pelo Senado Federal.

Retorno à Câmara dos Deputados:

Se o Senado aprova com modificações o texto recebido da Câmara, as propostas retornam para análise da Câmara dos Deputados. As alterações promovidas pelo Senado são acatadas ou rejeitadas pela Câmara dos Deputados, sendo a matéria remetida à sanção (se aprovado o PLV) ou à promulgação (se aprovado o texto original da Medida Provisória).

Promulgação da Medida Provisória:

No caso de aprovação da MPV, a matéria é promulgada e convertida em lei ordinária pelo Presidente da Mesa do Congresso Nacional, não sendo sujeita a sanção ou veto, como ocorre com os projetos de lei de conversão.

Aprovação de Projeto de Lei de Conversão:

Quando a MPV é aprovada na forma de um Projeto de Lei de Conversão, este é enviado à sanção do Presidente da República, que poderá tanto sancioná-lo quanto vetá-lo. Caberá ao Congresso Nacional deliberar sobre o veto e, assim, concluir o processo de tramitação da matéria.

Rejeição da Medida Provisória:

Tanto a Câmara dos Deputados quanto o Senado Federal podem concluir pela rejeição da Medida Provisória, quando então a sua vigência e tramitação são encerradas e ela é arquivada.

Edição de Decreto Legislativo:

Se houver a aprovação de PLV, rejeição ou perda de eficácia da MPV, o Congresso Nacional detém a prerrogativa de disciplinar, por decreto legislativo, as relações jurídicas decorrentes de sua edição. Não se materializando a edição do referido decreto legislativo no prazo de 60 dias, as relações jurídicas constituídas durante o período de vigência conservam-se regidas pela MPV. Cabe destacar, ainda, que aprovado um PLV, a MPV mantém-se integralmente em vigor até que seja sancionado ou vetado o projeto.

7.1.5. Decretos

O Decreto Legislativo disciplina as situações do art. 49 da Constituição Federal, a saber, a competência exclusiva do Congresso Nacional. Já as situações dos arts. 51 e 52 da Constituição Federal serão disciplinadas por resolução.

7.1.5.1. Decreto regulamentar

É ditado pelo chefe do Poder Executivo, ou seja, Presidente da república e por simetria Governador e Prefeito municipal. Visa a complementar a lei, uma espécie de ato administrativo que busca dar fiel cumprimento à execução de uma lei. Também é chamado de Decreto de mera execução, sendo ato secundário, pois não inova na ordem jurídica (art. 84, IV, da CF/1988).

▷ Atenção: Art. 49. É da competência exclusiva do Congresso Nacional:

V - sustar os atos normativos do Poder Executivo que exorbitem do poder regulamentar ou dos limites de delegação legislativa;

▷ Obs.: **O decreto** não pode ser objeto de controle de constitucionalidade abstrato, pois se contrariar a lei, trata-se de caso de ilegalidade (ou inconstitucionalidade reflexa).

7.1.5.2. Decreto Legislativo

Exercido pelo Congresso Nacional, conforme suas competências descritas no art. 49 da CF/1988, constituindo ato normativo primário, passível de ação direta de inconstitucionalidade.

7.1.5.3. Decreto autônomo

É ditado pelo chefe do Poder Executivo, ou seja, Presidente da república e por simetria Governador e Prefeito municipal. Trata de temas que inovam, ou seja, temas que não foram objeto de abordagem pela lei, que silencia sobre as questões reguladas no decreto (art. 84, VI, da CF/1988).

O Supremo Tribunal Federal admite o controle, por via de ação direta de inconstitucionalidade, do decreto autônomo, revestido de conteúdo normativo, mas não o admite quando se tratar de decreto regulamentador da lei.

7.1.6. Leis Delegadas

7.1.6.1. Competência

Compete ao Presidente da República solicitar ao Congresso Nacional a delegação.

A delegação é feita por meio de resolução do Congresso Nacional, devendo expressamente indicar o conteúdo e sua forma de exercício (lembrando que cabe ao Congresso Nacional sustar os atos normativos do Poder Executivo que exorbitem do poder regulamentar ou dos limites de delegação legislativa – art. 49, V, da CF/1988).

7.1.6.2. Objeto

Não pode ser objeto de delegação:

> **Art. 68.** (...)
>
> § 1º (...)
>
> I – organização do Poder Judiciário e do Ministério Público, a carreira e a garantia de seus membros;
>
> II – nacionalidade, cidadania, direitos individuais, políticos e eleitorais;
>
> III – planos plurianuais, diretrizes orçamentárias e orçamentos.

7.1.6.3. Quanto ao veto e quanto à sanção por parte do poder executivo

> **Art. 66.** A Casa na qual tenha sido concluída a votação enviará o projeto de lei ao Presidente da República, que, aquiescendo, o sancionará.

§ 1º Se o Presidente da República considerar o projeto, no todo ou em parte, inconstitucional ou contrário ao interesse público, vetá-lo-á total ou parcialmente, no prazo de quinze dias úteis, contados da data do recebimento, e comunicará, dentro de quarenta e oito horas, ao Presidente do Senado Federal os motivos do veto.

▷ Atenção: Art. 49. É da competência exclusiva do Congresso Nacional:

V - sustar os atos normativos do Poder Executivo que exorbitem do poder regulamentar ou dos limites de delegação legislativa;

▷ **Importante!**

1) **O veto deverá ser expresso (total ou parcial) e poderá ser por questões políticas e/ou jurídicas, enquanto a sanção poderá ser tácita, decorrido o prazo de 15 dias. Pode o veto ser total ou parcial, por razões jurídicas ou políticas, não cabendo questionar as razões do veto junto ao Poder Judiciário.**

Art. 66. (...)

(...)

§ 2º O veto parcial somente abrangerá texto integral de artigo, de parágrafo, de inciso ou de alínea.

§ 3º Decorrido o prazo de quinze dias, o silêncio do Presidente da República importará sanção.

2) **O veto será apreciado pelo Congresso Nacional (pois é sessão conjunta) e pode ser rejeitado pela maioria absoluta.**

Art. 66. (...)

(...)

§ 4º O veto será apreciado em sessão conjunta, dentro de trinta dias a contar de seu recebimento, só podendo ser rejeitado pelo voto da maioria absoluta dos Deputados e Senadores.

§ 5º Se o veto não for mantido, será o projeto enviado, para promulgação, ao Presidente da República.

§ 6º Esgotado sem deliberação o prazo estabelecido no § 4º, o veto será colocado na ordem do dia da sessão imediata, sobrestadas as demais proposições, até sua votação final.

3) **Se o veto não for apreciado em 30 dias, sobrestará os demais atos legislativos.**

Art. 66. (...)

(...)

§ 7º Se a lei não for promulgada dentro de quarenta e oito horas pelo Presidente da República, nos casos dos § 3º e § 5º, o Presidente do Senado a promulgará, e, se este não o fizer em igual prazo, caberá ao Vice-Presidente do Senado fazê-lo.

Art. 67. A matéria constante em projeto de lei que tenha sido rejeitado poderá constituir objeto de novo projeto, na mesma sessão legislativa que tenha sido rejeitada, mediante a proposta de maioria absoluta dos membros de qualquer das casas do Congresso Nacional.

8. ESTRUTURA E ORGANIZAÇÃO DO PODER EXECUTIVO E RESPONSABILIDADE

Caroline Bitencourt

8.1. Estrutura e organização do Poder Executivo

8.1.1. Conceito

O Poder Executivo é órgão monocrático ou unipessoal.

Art. 76. O Poder Executivo é exercido [somente] pelo Presidente da República, [sendo] auxiliado pelos Ministros de Estado.

▷ **Lembre-se!**

No presidencialismo brasileiro, o Chefe do Executivo exerce as funções de Chefe de Governo, Chefe de Estado e Chefe da Administração Pública (todas funções descritas no art. 84 da CF/1988).

8.1.2. Mandato

O Presidente da República tem mandato de quatro anos. Contudo, esse período foi alterado pela Emenda Constitucional de Revisão n. 5/1994, pois o mandato era de cinco anos, permitida uma recondução ao cargo em período subsequente, de acordo com a Emenda Constitucional n. 16/1997.

	PRESIDENTE DA REPÚBLICA	GOVERNADOR DO ESTADO	PREFEITO MUNICIPAL
IDADE MÍNIMA	35 anos	30 anos	21 anos
MANDATO	4 anos, permitida uma recondução	4 anos, permitida uma recondução	4 anos, permitida uma recondução
ELEIÇÃO	Majoritária – caso não atinja maioria absoluta (mais de 50% dos votos no 1º turno, não computados brancos e nulos), haverá 2º turno	Majoritária – caso não atinja maioria absoluta (mais de 50% dos votos no 1º turno, não computados brancos e nulos), haverá 2º turno	Majoritária – contudo, haverá 2º turno somente nas cidades com mais de 200 mil eleitores

8.1.3. *Vacância*

> **Art. 79.** Substituirá o Presidente, no caso de impedimento, e suceder-lhe-á, no de vaga, o Vice-Presidente.

▷ Importante!

Se, decorridos 10 (dez) dias da data fixada para a posse, o Presidente ou o Vice-Presidente, salvo motivo de força maior, não tiver assumido o cargo, este será declarado vago.

No caso de o Presidente ou o Vice-Presidente não poder exercer o cargo, por impedimento ou morte, quem assume, temporariamente, é (sucessivamente):

- o Presidente da Câmara dos Deputados;
- o Presidente do Senado Federal;
- o Presidente do Supremo Tribunal Federal.

8.1.3.1. Hipóteses de vacância

Se a vacância se der mais de dois anos antes do término do mandato presidencial, a eleição será feita após **90 (noventa) dias** da abertura da última vaga (art. 81, *caput*). Nesse caso, a eleição será direta.

Se a vacância se der nos últimos dois anos de mandato, o prazo será de **30 (trinta) dias** após a abertura da última vaga. Nesse caso, a eleição será indireta.

Obs.: Os novos ocupantes do cargo permanecem até completar o período restante do mandato.

Morte de candidato antes do 2° turno

> **Art. 77.** (...)
>
> (...)
>
> § 4° Se, antes de realizado o segundo turno, ocorrer morte, desistência ou impedimento legal de candidato, convocar-se-á, dentre os remanescentes, o de maior votação. [se houver empate, o mais idoso!]

Morte de candidato após 2° turno

Será chamado a concorrer para o 2° turno o remanescente que tiver feito a maior votação no 1° turno.

Nova redação por Emenda Constitucional – atenção ao novo prazo de início dos trabalhos:

> "Art. 82. O mandato do Presidente da República é de 4 (quatro) anos e terá início em 5 de janeiro do ano seguinte ao de sua eleição."
>
> Art. 2° Para fins de distribuição entre os partidos políticos dos recursos do fundo partidário e do Fundo Especial de Financiamento de Campanha (FEFC), os votos dados a candidatas mulheres ou a candidatos negros para a Câmara dos Deputados nas eleições realizadas de 2022 a 2030 serão contados em dobro.
>
> Parágrafo único. A contagem em dobro de votos a que se refere o **caput** somente se aplica uma única vez.
>
> Art. 3° Até que entre em vigor lei que discipline cada uma das seguintes matérias, observar-se-ão os seguintes procedimentos:
>
> I - nos processos de incorporação de partidos políticos, as sanções eventualmente aplicadas aos órgãos partidários regionais e municipais do partido incorporado, inclusive as decorrentes de prestações de contas, bem como as de responsabilização de seus antigos dirigentes, não serão aplicadas ao partido incorporador nem aos seus novos dirigentes, exceto aos que já integravam o partido incorporado;
>
> II - nas anotações relativas às alterações dos estatutos dos partidos políticos, serão objeto de análise pelo Tribunal Superior Eleitoral apenas os dispositivos objeto de alteração.
>
> Art. 4° O Presidente da República e os Governadores de Estado e do Distrito Federal eleitos em 2022 tomarão posse em 1° de janeiro de 2023, e seus mandatos durarão até a posse de seus sucessores, em 5 e 6 de janeiro de 2027, respectivamente.
>
> Art. 5° As alterações efetuadas nos arts. 28 e 82 da Constituição Federal constantes do art. 1° desta Emenda Constitucional, relativas às datas de posse de Governadores, de Vice-Governadores, do Presidente e do Vice-Presidente da República, serão aplicadas somente a partir das eleições de 2026.

8.1.4. *Funções do Chefe do Executivo*

As funções de dispor, mediante decreto (organização e funcionamento da administração federal, e extinção de funções ou cargos públicos, quando vagos), conceder indulto e comutar penas, com audiência, se necessário, dos órgãos instituídos em lei, e prover e extinguir os cargos públicos federais **podem ser delegadas aos Ministros de Estado, ao Procurador-Geral da República ou ao Advogado-Geral da União,** que observarão os limites traçados nas respectivas delegações.

> **Art. 84.** Compete privativamente ao Presidente da República:
>
> I – nomear e exonerar os Ministros de Estado;
>
> II – exercer, com o auxílio dos Ministros de Estado, a direção superior da administração federal;
>
> III – iniciar o processo legislativo, na forma e nos casos previstos nesta Constituição;

IV – sancionar, promulgar e fazer publicar as leis, bem como expedir decretos e regulamentos para sua fiel execução;

V – vetar projetos de lei, total ou parcialmente;

VI – dispor, mediante decreto, sobre:

a) organização e funcionamento da administração federal, quando não implicar aumento de despesa nem criação ou extinção de órgãos públicos;

b) extinção de funções ou cargos públicos, quando vagos;

VII – manter relações com Estados estrangeiros e acreditar seus representantes diplomáticos;

VIII – celebrar tratados, convenções e atos internacionais, sujeitos a referendo do Congresso Nacional;

IX – decretar o estado de defesa e o estado de sítio;

X – decretar e executar a intervenção federal;

XI – remeter mensagem e plano de governo ao Congresso Nacional por ocasião da abertura da sessão legislativa, expondo a situação do País e solicitando as providências que julgar necessárias;

XII – conceder indulto e comutar penas, com audiência, se necessário, dos órgãos instituídos em lei;

XIII – exercer o comando supremo das Forças Armadas, nomear os Comandantes da Marinha, do Exército e da Aeronáutica, promover seus oficiais-generais e nomeá-los para os cargos que lhes são privativos;

XIV – nomear, após aprovação pelo Senado Federal, os Ministros do Supremo Tribunal Federal e dos Tribunais Superiores, os Governadores de Territórios, o Procurador-Geral da República, o presidente e os diretores do banco central e outros servidores, quando determinado em lei;

XV – nomear, observado o disposto no art. 73, os Ministros do Tribunal de Contas da União;

XVI – nomear os magistrados, nos casos previstos nesta Constituição, e o Advogado-Geral da União;

XVII – nomear membros do Conselho da República, nos termos do art. 89, VII;

XVIII – convocar e presidir o Conselho da República e o Conselho de Defesa Nacional;

XIX – declarar guerra, no caso de agressão estrangeira, autorizado pelo Congresso Nacional ou referendado por ele, quando ocorrida no intervalo das sessões legislativas, e, nas mesmas condições, decretar, total ou parcialmente, a mobilização nacional;

XX – celebrar a paz, autorizado ou com o referendo do Congresso Nacional;

XXI – conferir condecorações e distinções honoríficas;

XXII – permitir, nos casos previstos em lei complementar, que forças estrangeiras transitem pelo território nacional ou nele permaneçam temporariamente;

XXIII – enviar ao Congresso Nacional o plano plurianual, o projeto de lei de diretrizes orçamentárias e as propostas de orçamento previstos nesta Constituição;

XXIV – prestar, anualmente, ao Congresso Nacional, dentro de sessenta dias após a abertura da sessão legislativa, as contas referentes ao exercício anterior;

XXV – prover e extinguir os cargos públicos federais, na forma da lei;

XXVI – editar medidas provisórias com força de lei, nos termos do art. 62;

XXVII – exercer outras atribuições previstas nesta Constituição.

XXVIII – propor ao Congresso Nacional a decretação do estado de calamidade pública de âmbito nacional previsto nos arts. 167-B, 167-C, 167-D, 167-E, 167-F e 167-G desta Constituição. *(Incluído pela EC nº 109/2021)*

8.1.5. Ministros e Ministérios

De acordo com as disposições dos arts. 87 e 88 da CF/1988:

- o Ministro deve ter, pelo menos, 21 anos de idade e estar em pleno gozo dos direitos políticos;
- trata-se de cargo em comissão, ou seja, de livre provimento por parte do Presidente;
- os Ministérios são, basicamente, organismos responsáveis pela coordenação; muitas vezes, uma matéria demanda a ação conjunta de mais de um Ministério.

▷ **Importante!**

Súm. Vinc. nº 13: [sobre o nepotismo] A nomeação de cônjuge, companheiro ou parente em linha reta, colateral ou por afinidade, até o terceiro grau, inclusive, da autoridade nomeante ou de servidor da mesma pessoa jurídica investido em cargo de direção, chefia ou assessoramento, para o exercício de cargo em comissão ou de confiança ou, ainda, de função gratificada na administração pública direta e indireta em qualquer dos poderes da União, dos Estados, do Distrito Federal e dos Municípios, compreendido o ajuste mediante designações recíprocas, viola a Constituição Federal.

Os Ministros de Estado dirigem **Ministérios** e são **auxiliares do Presidente da República** no exercício do Poder Executivo e na direção superior da administração pública federal, conforme acima sinalizado.

Os Ministros de Estado também podem cometer crimes de responsabilidades, conforme exemplos abaixo:

- Quando convocados pela Câmara dos Deputados e pelo Senado Federal ou qualquer de suas Comissões, para prestarem, pessoalmente, informações sobre assunto previamente determinado e deixam de comparecer, salvo justificação adequada (art. 50, ***caput***, da Constituição Federal);
- Quando as Mesas da Câmara dos Deputados e do Senado Federal encaminham pedidos escritos de informações a Ministros de Estado e estes recusam a fornecê-las, não prestam as informações em 30 dias ou prestam informações falsas (art. 50, §2º, da Constituição Federal).
- Quando praticam crimes de responsabilidade conexos e de mesma natureza com os crimes de responsabilidade praticados pelo Presidente da República

8.1.6. Dos Conselhos: Conselho da República e Conselho de Defesa Nacional

O **Conselho da República** e o **Conselho de Defesa Nacional** são órgãos de **consulta do Presidente da República**, previstos nos arts. 89, 90 e 91 da Constituição Federal. Trata-se de órgão que deverão ser consultados em algumas situações, como intervenção federal, decretação de estado de sítio e estado de defesa. Seus pareceres são, contudo, **meramente opinativos**, ou seja, não vinculam.

A convocação e a presidência de ambos os Conselhos serão realizadas pelo Presidente da República, nos termos do art. 84, inciso XVIII, da Constituição Federal.

8.2. Das responsabilidades do Poder Executivo

8.2.1. Crime de responsabilidade

Os crimes de responsabilidade distinguem-se em infrações políticas (art. 85, I a IV) e crimes funcionais (art. 85, V a VII, da CF/1988).

> **Art. 85.** São crimes de responsabilidade os atos do Presidente da República que atentem contra a Constituição Federal e, especialmente, contra:
>
> I – a existência da União;
>
> II – o livre exercício do Poder Legislativo, do Poder Judiciário, do Ministério Público e dos Poderes constitucionais das Unidades da Federação;
>
> III – o exercício dos direitos políticos, individuais e sociais;
>
> IV – a segurança interna do País;
>
> V – a probidade na administração;
>
> VI – a lei orçamentária;
>
> VII – o cumprimento das leis e das decisões judiciais.

8.2.2. Natureza dos crimes de responsabilidade

Os crimes de responsabilidade não são crimes propriamente ditos, mas infrações políticas.

8.2.3. Fases do processo

Regulamentação do processo: art. 85, par. ún., da CF/1988 c/c Lei nº 1.079/1950.

> ▷ **Lembre-se!**
>
> A Lei foi recepcionada pela Constituição, conforme manifestação do STF no caso Collor de Mello.

8.2.3.1. Fase do juízo de admissibilidade ou pronúncia (art. 51, I c/c art. 86, parte inicial, da CF/1988)

Compete à Câmara dos Deputados, por votação de 2/3 dos seus membros.

8.2.3.2. Fase do julgamento (art. 52, I e par. ún., c/c art. 86, parte final, da CF/1988)

Ao Senado compete julgar se houve ou não crime de responsabilidade, também por votação de 2/3.

8.2.4. Quem poderá legislar sobre crime de responsabilidade

Somente a União detém competência para legislar sobre crimes de responsabilidade.

> ▷ **Súmula Vinculante 46** - A definição dos crimes de responsabilidade e o estabelecimento das respectivas normas de processo e julgamento são da competência legislativa privativa da União.

O Município, no Brasil, não possui competência constitucional para definir os tipos político-administrativos de infrações passíveis de ser apuradas pelo devido processo legal do impeachment, assim como para dispor sobre as regras do processo e do julgamento de Prefeito, isto porque é a União (art. 22, I, da CF/1988) que detém a competência para legislar sobre crimes de responsabilidade (que são infrações político-administrativas, não penais) e sobre o direito processual.

8.2.5. Competência nos casos de improbidade administrativa

Senado Federal – julga o Presidente da República, o Vice-Presidente da República, o Procurador-Geral da República (Chefe do Ministério Público Federal), Ministros do STF, o Advogado Geral da União e Senadores (cf. arts. 52, I e II + art. 51, I, da CF/1988).

Supremo Tribunal Federal – julga Ministros de Estado, Comandantes da Marinha, Exército e Aeronáutica, membros de Tribunais Superiores, membros do Tribunal de Contas da União e chefes de missão diplomática em caráter permanente (cf. art. 102, I, c, da CF/1988).

Superior Tribunal de Justiça – desembargadores de Tribunais de Justiça dos Estados e Distrito Federal, membros dos Tribunais de Contas dos Estados e do Distrito Federal, dos Tribunais Regionais Eleitorais e do Trabalho, membros dos Conselhos ou Tribunais de Contas dos Estados e do Distrito Federal, dos Tribunais Regionais Federais, dos Tribunais Regionais Eleitorais e do Trabalho, membros dos Conselhos ou Tribunais de Contas dos Municípios e do Ministério Público da União que oficiem perante tribunais (art. 105, I, a, da CF/1988).

Tribunais de Justiça Estaduais – julgam Prefeitos (art. 29, X, da CF/1988 c/c art. 1° do Decreto-lei n° 201/1967 – dispõe sobre a responsabilidade dos prefeitos e vereadores).

8.2.6. Responsabilidade penal do Presidente da República

8.2.6.1. Foro privilegiado

Necessidade de prévia autorização da Câmara dos Deputados para a instauração de qualquer ação judicial contra o Presidente da República, inclusive a ação penal (art. 51, I, da CF/1988).

Competência originária do STF para o processamento e julgamento do Presidente da República pela prática de crime comum (art. 102, I, b, da CF/1988).

Foro privilegiado vale somente para agentes públicos que ainda estejam no exercício do cargo. Assim, ao término do mandato, cessando o exercício do cargo, cessa também o foro privilegiado, deslocando-se a competência para exame da causa ao juiz singular de primeira instância.

Contudo, temos que ler conjuntamente ao fato que o *Presidente da República, na vigência de seu mandato, não pode ser responsabilizado por atos estranhos ao exercício de suas funções.*

Admitida a acusação contra o Presidente da República, por 2/3 da Câmara dos Deputados, será ele submetido a julgamento perante o Supremo Tribunal Federal, nas infrações penais comuns, ou perante o Senado Federal, nos crimes de responsabilidade (art. 86 da CF/1988).

8.2.6.2. Suspensão das funções do Presidente da República

Infrações penais comuns: se recebida a denúncia ou queixa-crime pelo Supremo Tribunal Federal.

Crimes de responsabilidade: após a instauração do processo pelo Senado Federal.

Se, após 180 (cento e oitenta) dias, o julgamento não estiver concluído, cessará o afastamento do Presidente, sem prejuízo do regular prosseguimento do processo (art. 86, § 2°, da CF/1988).

Questão interessante!

> **Art. 86.** (...)
>
> (...)
>
> § 3° Enquanto não sobrevier sentença condenatória, nas infrações comuns, o Presidente da República não estará sujeito à prisão.
>
> § 4° O Presidente da República, na vigência de seu mandato, não pode ser responsabilizado por atos estranhos ao exercício de suas funções.

O Presidente da República frui de imunidade temporária especial, sendo que ele não responderá por atos estranhos às suas funções. Isto significa que o Presidente só será criminalmente responsabilizado se praticar um ato durante o mandato e que esteja relacionado com a função de presidente. Se praticar outros crimes, como por exemplo, crimes de trânsito, não será responsabilizado.

A referida imunidade, presente no art. 86, § 4º, é bom lembrar, é uma imunidade temporária, acabando quando do término do mandato presidencial.

Impeachment de Prefeitos Municipais (Decreto-lei n° 201/1967)

No aspecto punitivo, tem-se feito confusão entre crimes de responsabilidade e infrações político-administrativas. É que, conforme doutrina e jurisprudência do STF, ***os denominados crimes de responsabilidade do Prefeito, tipificados no art. 1° do Decreto-lei n° 201/1967, e julgados pelo Poder***

CONSTITUCIONAL

Judiciário, são crimes comuns (com pena mais grave, inclusive, prisão).

> **Art. 1º** (...)
>
> § 1º Os crimes definidos neste artigo são de ação pública, punidos os dos itens I e II, com a pena de reclusão, de dois a doze anos, e os demais, com a pena de detenção, de três meses a três anos.
>
> § 2º A condenação definitiva em qualquer dos crimes definidos neste artigo, acarreta a perda de cargo e a inabilitação, pelo prazo de cinco anos, para o exercício de cargo ou função pública, eletivo ou de nomeação, sem prejuízo da reparação civil do dano causado ao patrimônio público ou particular.

As infrações político-administrativas, tipificadas no art. 4º do mesmo Decreto-lei, na tradição de nosso direito, são crimes de responsabilidade.

9. ESTRUTURA E ORGANIZAÇÃO DO PODER JUDICIÁRIO: NOÇÕES GERAIS

9.1. Estrutura do Poder Judiciário

> Art. 92. São órgãos do Poder Judiciário:
>
> I - o Supremo Tribunal Federal;
>
> I-A o Conselho Nacional de Justiça; (Incluído pela Emenda Constitucional nº 45, de 2004)
>
> II - o Superior Tribunal de Justiça;
>
> II-A - o Tribunal Superior do Trabalho; (Incluído pela Emenda Constitucional nº 92, de 2016)
>
> III - os Tribunais Regionais Federais e Juízes Federais;
>
> IV - os Tribunais e Juízes do Trabalho;
>
> V - os Tribunais e Juízes Eleitorais;
>
> VI - os Tribunais e Juízes Militares;
>
> VII - os Tribunais e Juízes dos Estados e do Distrito Federal e Territórios.
>
> § 1º O Supremo Tribunal Federal, o Conselho Nacional de Justiça e os Tribunais Superiores têm sede na Capital Federal. (Incluído pela Emenda Constitucional nº 45, de 2004) (Vide ADIN 3392)
>
> § 2º O Supremo Tribunal Federal e os Tribunais Superiores têm jurisdição em todo o território nacional.

9.1.1. Repartição de competências

a) *Jurisdição:* é o termo técnico que designa gênero.

b) *Competência:* é o termo técnico que designa espécie do termo jurisdição, isto é, competência é "a medida da jurisdição", ou ainda "é a possibilidade de exercer a jurisdição em um caso concreto". Logo: "Todo juiz (como símbolo do Poder Judiciário) tem jurisdição; mas nem todo juiz é competente" para decidir todos os litígios que surgirem. Disso surge a necessidade de falar-se em repartição de competências entre os vários Tribunais e Juízes. A sistemática básica da repartição de competências entre os vários Tribunais e Juízos do Poder Judiciário segue vários critérios, destacando-se, porém, três deles:

1) A competência em razão da pessoa

A competência em razão da pessoa pode ser subdividida em:

1.1) pessoa jurídica estatal envolvida no litígio (art. 109, I, da CF/1988):

> **Art. 109.** (...)
>
> I – as causas em que a União, entidade autárquica ou empresa pública federal forem interessadas na condição de autoras, rés, assistentes ou oponentes, exceto as de falência, as de acidentes de trabalho e as sujeitas à Justiça Eleitoral e à Justiça do Trabalho; (...)

Trata-se da dicotomia Justiça Federal e Justiça Estadual: quando a União Federal estiver envolvida no litígio (ou interesse seu estiver envolvido), a competência será da Justiça Federal. Inexistindo esse envolvimento ou interesse, a competência será (residualmente) da Justiça Estadual ou "Justiça ordinária" ou "Justiça comum".

> **Súm. nº 150 do STJ:** Compete à Justiça Federal decidir sobre a existência de interesse jurídico que justifique a presença, no processo, da União, suas autarquias ou empresas públicas.

1.2) agente público (isto é, pessoa física) envolvido no litígio: determinados agentes do Estado gozam de "foro privilegiado", isto é, a competência originária para o julgamento das mais altas autoridades constitucionais está (especialmente em crimes comuns e de responsabilidade) atribuída, analogamente, aos Tribunais Superiores, e não aos Tribunais e juízes de instâncias inferiores.

Ex.: STF: art. 102, I, *b* e *c*, da CF/1988; STJ: art. 105, I, *a*, *b* e *c*, da CF/1988; Tribunal de Justiça do Estado: art. 29, X, da CF/1988 – crimes comuns e contravenções penais praticados por Prefeito Municipal quando no exercício do cargo.

2) Competência em razão da matéria

Parte do Poder Judiciário tem sua competência estatuída com base em matérias ou temas específicos.

Ex.: Justiça Militar, Justiça do Trabalho, Justiça Eleitoral.

Também aqui, não se tratando de competência em razão de matéria específica, a competência será (residualmente) da Justiça Estadual ou "Justiça comum".

3) Competência em razão do lugar

A competência define-se em relação a um dado território geográfico. Juízes de Direito têm competência em razão da Comarca em que atuam; Tribunais de Justiça estaduais, em razão do território do Estado; e Tribunais Regionais Federais, em razão de determinadas regiões (ex.: o Tribunal Regional Federal da 4ª Região possui competência sobre o território dos Estados do Rio Grande do Sul, Santa Catarina e Paraná).

9.1.2. Competências originária e recursal

Tem-se competência originária quando a causa ou litígio se inicia perante um dado Juízo ou Tribunal.

Tem-se competência recursal quando a causa se iniciou em um juízo ou instância inferior e o exame do recurso (isto é, o exame da impugnação da decisão tomada nessa instância inferior) cabe a outro Juízo ou Tribunal hierarquicamente superior.

9.1.3. Justiça para questões de fato e de direito

1) Justiça para questões de fato:

a) Juízes estaduais e federais;

b) Tribunais Estaduais;

c) Tribunais Regionais Federais.

2) Justiça para questões de direito:

a) Tribunais Superiores Federais;

b) Supremo Tribunal Federal.

9.1.4. Justiça Eleitoral

Diversamente das demais Justiças, a Justiça Eleitoral é uma Justiça "caudatária", isto é, ela é constituída por juízes e Ministros vindos das demais Justiças, que fazem, portanto, as vezes de juízes e Ministros Eleitorais. Logo, inexiste uma carreira de Juiz Eleitoral.

9.1.4.1. Órgão especial

Na forma do *caput* do art. 93, tal órgão especial deve ser instituído por lei complementar, cuja iniciativa está reservada ao STF (no caso estadual, a iniciativa é do Tribunal de Justiça do Estado). A criação de um órgão especial serve, basicamente, para facilitar e desafogar a atividade do Tribunal Pleno. Nos casos previstos na lei complementar, o órgão especial toma a decisão em nome e como se fosse o Tribunal Pleno.

Art. 93. (...)

(...)

XI – nos tribunais com número superior a vinte e cinco julgadores, poderá ser constituído órgão especial, com o mínimo de onze e o máximo de vinte e cinco membros, para o exercício das atribuições administrativas e jurisdicionais delegadas da competência do tribunal pleno, provendo-se metade das vagas por antiguidade e a outra metade por eleição pelo tribunal pleno.

Algumas notas

Segundo o art. 93 da CF/1988, lei complementar, de iniciativa do Supremo Tribunal Federal, disporá sobre o Estatuto da Magistratura (trata-se da forma de ingresso, das promoções, subsídios, remoções etc.).

ÓRGÃO ESPECIAL Função de substituir o pleno	**QUINTO CONSTITUCIONAL**	**JUIZADOS ESPECIAIS**
Art. 93, XI, da CF/1988: nos tribunais com número superior a vinte e cinco julgadores poderá ser constituído órgão especial, com o mínimo de onze e o máximo de vinte e cinco membros, para o exercício das atribuições administrativas e jurisdicionais da competência do tribunal pleno. Ou seja, **requisitos: mais de 25 integrantes, poderá constituir órgão entre 11 e 25 membros.** **Deve ser instituído por Lei complementar. Ex.: no caso estadual, a iniciativa é do Tribunal de Justiça.**	Art. 94 da CF/1988: um quinto dos lugares dos Tribunais Regionais Federais, dos Tribunais dos Estados, e do Distrito Federal e Territórios será composto de membros, do Ministério Público, com mais de dez anos de carreira, e de advogados de notório saber jurídico e de reputação ilibada, com mais de dez anos de efetiva atividade profissional, indicados em lista sêxtupla pelos órgãos de representação das respectivas classes. Obs.: **Tem relação com a formação desses tribunais, logo, os tribunais são compostos de juízes de carreira promovidos por antiguidade e merecimento, de membros da OAB e também do Ministério Público.** **Após recebidas as indicações, o Tribunal forma uma lista tríplice e o chefe do Poder Executivo nomeia um.**	Art. 98, I, da CF/1988: a União, no Distrito Federal e nos Territórios, e os Estados criarão: juizados especiais, providos por juízes togados, ou togados e leigos, competentes para a conciliação, o julgamento e a execução de causas cíveis de menor complexidade e infrações penais de menor potencial ofensivo, mediante os procedimentos oral e sumaríssimo [isto é: simplificado], permitidos, nas hipóteses previstas em lei, a transação e o julgamento de recursos por turmas de juízes de primeiro grau. Poderá ser composto de juízes leigos, ou seja, não são magistrados, muito embora a homologação da sentença ocorrerá por juízes togados. Temos os juizados cíveis e criminais.

CONSTITUCIONAL

9.1.5. Garantias da magistratura

Garantias institucionais do Poder Judiciário: garantias que protegem o "órgão" Poder Judiciário ou a "instituição" Poder Judiciário como um todo. Dividem-se em:

Autonomia administrativa (art. 99, *caput* c/c art. 96 da CF/1988).

Autonomia financeira (art. 99, §§ 1º e 2º, da CF/1988).

GARANTIAS DO art. 95 da CF/1988
I – vitaliciedade [ao contrário dos servidores públicos civis, que têm somente direito à estabilidade], que no primeiro grau [isto é: na primeira instância ou entrância], só será adquirida após dois anos de exercício, dependendo a perda do cargo, nesse período, de deliberação do tribunal a que o juiz estiver vinculado, e, nos demais casos, de sentença judicial transitada em julgado.
II – inamovibilidade [impossibilidade de o juiz ser removido do cargo que ocupa], salvo por motivo de interesse público, na forma do art. 93, VIII, ou seja, pelo voto da maioria dos membros do Tribunal ou do Conselho Nacional de Justiça.
III – irredutibilidade de subsídio, ressalvado o disposto nos arts. 37, X e XI, 39, § 4o, 150, II, 153, III e § 2o, I, da CF/1988.

9.1.5.1. Vedações – proibições constitucionais aos magistrados

Art. 95. (...)

Parágrafo único. Aos juízes é vedado:

I – exercer, ainda que em disponibilidade, outro cargo ou função, salvo uma de magistério;

II – receber, a qualquer título ou pretexto, custas ou participação em processo;

III – dedicar-se à atividade político-partidária.

IV – receber, a qualquer título ou pretexto, auxílios ou contribuições de pessoas físicas, entidades públicas ou privadas, ressalvadas as exceções previstas em lei;

V – exercer a advocacia no juízo ou tribunal do qual se afastou, antes de decorridos três anos do afastamento do cargo por aposentadoria ou exoneração.

9.1.6. Competência dos tribunais

Art. 96. Compete privativamente:

I – *aos tribunais:*

a) eleger seus órgãos diretivos e elaborar seus regimentos internos, com observância das normas de processo e das garantias processuais das partes, dispondo sobre a competência e o funcionamento dos respectivos órgãos jurisdicionais e administrativos;

b) organizar suas secretarias e serviços auxiliares e os dos juízos que lhes forem vinculados, velando pelo exercício da atividade correicional respectiva;

c) prover, na forma prevista nesta Constituição, os cargos de juiz de carreira da respectiva jurisdição;

d) propor a criação de novas varas judiciárias;

e) prover, por concurso público de provas, ou de provas e títulos, obedecido o disposto no art. 169, parágrafo único, os cargos necessários à administração da Justiça, exceto os de confiança assim definidos em lei;

f) conceder licença, férias e outros afastamentos a seus membros e aos juízes e servidores que lhes forem imediatamente vinculados;

II – *ao Supremo Tribunal Federal, aos Tribunais Superiores e aos Tribunais de Justiça* propor ao Poder Legislativo respectivo, observado o disposto no art. 169:

a) a alteração do número de membros dos tribunais inferiores;

b) a criação e a extinção de cargos e a remuneração dos seus serviços auxiliares e dos juízos que lhes forem vinculados, bem como a fixação do subsídio de seus membros e dos juízes, inclusive dos tribunais inferiores, onde houver;

c) a criação ou extinção dos tribunais inferiores;

d) a alteração da organização e da divisão judiciárias;

III - aos Tribunais de Justiça julgar os juízes estaduais e do Distrito Federal e Territórios, bem como os membros do Ministério Público, nos crimes comuns e de responsabilidade, ressalvada a competência da Justiça Eleitoral.

Parágrafo único. Nos Tribunais de Justiça compostos de mais de 170 (cento e setenta) desembargadores em efetivo exercício, a eleição para os cargos diretivos, de que trata a alínea "a" do inciso I do caput deste artigo, será realizada entre os membros do tribunal pleno, por maioria absoluta e por voto direto e secreto, para um mandato de 2 (dois) anos, vedada mais de 1 (uma) recondução sucessiva. (Incluído pela Emenda Constitucional nº 134, de 2024)

9.1.7. Criação de órgãos judiciários

Qualquer órgão Judiciário (Tribunal, Vara, e os cargos que os preencherão) será criado por lei, bastando lei ordinária. Caso refira a qualquer órgão do judiciário estadual, será criado pelo legislativo estadual, por intermédio das Assembleias Legislativas. Se se tratar de outras justiças, como justiças da União, sempre será criado pelo Congresso Nacional.

Resumindo

Poder Judiciário estadual = Assembleia Legislativa.

Tribunais Superiores, Justiça Militar, do Trabalho e Federal = Congresso Nacional.

Estabelecido este esclarecimento, temos as iniciativas de projeto de lei.

9.1.7.1. Conselho Nacional de Justiça (EC no 45/2004)8

O CNJ é composto de 15 conselheiros, sendo nove magistrados, dois membros do Ministério Público, dois advogados e dois cidadãos de notável saber jurídico e reputação ilibada. Os conselheiros têm mandato de dois anos.

Entre os direitos e deveres dos conselheiros, estabelecidos pelo Regimento Interno do CNJ, estão, entre outros (disponível em: http://www.cnj.jus.br/sobre-o-cnj/quem-somos-visitas-e-contatos):

- na política judiciária: zelar pela autonomia do Poder Judiciário e pelo cumprimento do Estatuto da Magistratura, expedindo atos normativos e recomendações.
- na gestão: definir o planejamento estratégico, os planos de metas e os programas de avaliação institucional do Poder Judiciário.
- na prestação de serviços ao cidadão: receber reclamações, petições eletrônicas e representações contra membros ou órgãos do Judiciário, inclusive contra seus serviços auxiliares, serventias e órgãos prestadores de serviços notariais e de registro que atuem por delegação do poder público ou oficializado.
- na moralidade: julgar processos disciplinares, assegurada ampla defesa, podendo determinar a remoção, a disponibilidade ou a aposentadoria com subsídios ou proventos proporcionais ao tempo de serviço e aplicar outras sanções administrativas.
- na eficiência dos serviços judiciais (melhores práticas e celeridade): elaborar e publicar semestralmente relatório estatístico sobre movimentação processual e outros indicadores pertinentes à atividade jurisdicional em todo o País.

O prazo de 1 (um) ano previsto no art. 103-B, § 4º, V, da CF/1988 incide apenas para revisões de PADs, não se aplicando para atuação originária do CNJ. A competência originária do CNJ para a apuração disciplinar, ao contrário da revisional, não se sujeita ao parâmetro temporal previsto no art. 103-B, § 4º, V, da CF/1988. (STF - 2ª Turma - MS nº 34685 AgR/RR - rel. Min. Dias Toffoli - j. 28-11-2017 - Info 886)

Composição:

O Presidente do Supremo Tribunal Federal (redação dada pela EC nº 61, de 2009); um Ministro do Superior Tribunal de Justiça, que será o Corregedor Nacional de Justiça; um Ministro do Tribunal Superior do Trabalho; um Desembargador de Tribunal de Justiça; um Juiz Estadual; um Juiz do Tribunal Regional Federal; um Juiz Federal; um Juiz de Tribunal Regional do Trabalho; um Juiz do Trabalho; um Membro do Ministério Público da União; um Membro do Ministério Público estadual; dois advogados; dois cidadãos de notável saber jurídico e reputação ilibada.

9.1.8. Funções essenciais à justiça

9.1.8.1. Ministério Público

Vale lembrar que o Ministério Público não integra o Poder judiciário e goza das mesmas prerrogativas funcionais e dos mesmos impedimentos/proibições.

> **Art. 127.** O Ministério Público é instituição permanente, essencial à função jurisdicional do Estado, incumbindo-lhe a defesa da ordem jurídica, do regime democrático e dos interesses sociais e individuais indisponíveis.

9.1.8.2. Garantias institucionais e impedimentos

> **Art. 128.** O Ministério Público abrange:
>
> (...)
>
> § 5º Leis complementares da União e dos Estados, cuja iniciativa é facultada aos respectivos Procuradores-Gerais, estabelecerão a organização, as atribuições e o estatuto de cada Ministério Público, observadas, relativamente a seus membros:
>
> I - as seguintes garantias:
>
> *a)* vitaliciedade, após dois anos de exercício, não podendo perder o cargo senão por sentença judicial transitada em julgado;

8. O Conselho Nacional de Justiça (CNJ) é uma instituição pública que visa aperfeiçoar o trabalho do sistema judiciário brasileiro, principalmente no que diz respeito ao controle e à transparência administrativa e processual.

Missão do CNJ - Contribuir para que a prestação jurisdicional seja realizada com moralidade, eficiência e efetividade em benefício da Sociedade.

Visão do CNJ - Ser um instrumento efetivo do Poder Judiciário *b)* inamovibilidade, salvo por motivo de interesse público, mediante decisão do órgão colegiado competente do Ministério Público, por voto da maioria absoluta de seus membros, assegurada ampla defesa;

c) irredutibilidade de subsídio, fixado na forma do art. 39, § 4°, e ressalvado o disposto nos arts. 37, X e XI, 150, II, 153, III, 153, § 2°, I;"

II – as seguintes vedações:

a) receber, a qualquer título e sob qualquer pretexto, honorários, percentagens ou custas processuais;

b) exercer a advocacia;

c) participar de sociedade comercial, na forma da lei;

d) exercer, ainda que em disponibilidade, qualquer outra função pública, salvo uma de magistério;

e) exercer atividade político-partidária.

9.1.8.3. Advocacia Pública

A Advocacia Pública, conforme já salientado, é o órgão ao qual cabe a defesa judicial e extrajudicial das pessoas jurídicas estatais (União, Estados, Distrito Federal e suas entidades administrativas: autarquias e fundações públicas). Não foi prevista constitucionalmente uma carreira específica da Advocacia Pública no âmbito dos Municípios.

9.1.8.4.Advocacia

Art. 133. O advogado é indispensável à administração da justiça, sendo inviolável por seus atos e manifestações no exercício da profissão, nos limites da lei.

9.1.8.5. Defensoria Pública[9]

Art. 134. A Defensoria Pública é instituição permanente, essencial à função jurisdicional do Estado, incumbindo-lhe, como expressão e instrumento do regime democrático, fundamentalmente, a orientação jurídica, a promoção dos direitos humanos e a defesa, em todos os graus, judicial e extrajudicial, dos direitos individuais e coletivos, de forma integral e gratuita, aos necessitados, na forma do inciso LXXIV do art. 5° desta Constituição Federal.

§ 1° Lei complementar organizará a Defensoria Pública da União e do Distrito Federal e dos Territórios e prescreverá normas gerais para sua organização nos Estados, em cargos de carreira, providos, na classe inicial, mediante concurso público de provas e títulos, assegurada a seus integrantes a garantia da inamovibilidade e vedado o exercício da advocacia fora das atribuições institucionais.

10. DA ORDEM ECONÔMICA E SOCIAL

10.1. Ordem econômica

O art. 170 da CF/1988 traz os princípios que regem a ordem econômica.

Trata-se de um compromisso entre busca do interesse individual e interesses comunitários, tais como a proteção do meio ambiente, a busca do pleno emprego e da redução da desigualdade e o combate ao uso abusivo da propriedade.

A Constituição faz uma divisão entre duas atividades: atividade econômica e serviços públicos. Os serviços públicos ficam por conta do poder público, sendo esse o ator principal. A atividade econômica tem por ator principal os privados. O poder público poderá participar da atividade econômica de forma direta, nos casos do art. 173 da CF/1988, e de forma indireta, induzindo, regulando e planejando de modo indicativo. No campo da economia, tem-se também os monopólios relativos do petróleo e da extração de mineral nuclear.

No mesmo capítulo encontram-se normas sobre extração de outros minerais. Note-se que os minerais são bens da União, mas a atividade de extração não é monopólio estatal.

A atividade empresarial é, portanto, reservada à iniciativa privada. Caso, excepcionalmente, o poder público venha a realizá-la, há necessidade de lei para o poder público explorar. Ex.: bancos públicos.

Quando o poder público exercer atividade empresarial, o fará mediante empresas públicas ou sociedades de economia mista.

Constituição Federal

Art. 173. (...)

§ 1° A lei estabelecerá o estatuto jurídico da empresa pública, da sociedade de economia mista e de suas subsidiárias que explorem atividade

---

9. O Tribunal, por maioria, julgou improcedente a ação direta e conferiu, ainda, interpretação conforme à Constituição ao art. 3°, § 1°, da Lei n° 8.906/1994, **declarando-se inconstitucional qualquer interpretação que resulte no condicionamento da capacidade postulatória dos membros da Defensoria Pública à inscrição dos Defensores Públicos na Ordem dos Advogados do Brasil**, nos termos do voto do Relator, vencido o Ministro Dias Toffoli, que julgava parcialmente procedente a ação direta, dava interpretação conforme ao § 6° do art. 4° da Lei Complementar n° 80/1994 e modulava os efeitos da decisão. Não votou o Ministro Nunes Marques, sucessor do Ministro Celso de Mello, que proferiu voto em assentada anterior. Plenário, Sessão Virtual de 22.10.2021 a 3.11.2021.

> econômica de produção ou comercialização de bens ou de prestação de serviços, dispondo sobre:
>
> (...)
>
> II – a sujeição ao regime jurídico próprio das empresas privadas, inclusive quanto aos direitos e obrigações civis, comerciais, trabalhistas e tributários;
>
> (...)

Via de regra, será aplicado o Direito privado a estas empresas. Não há imunidade tributária, por exemplo.

O acesso aos empregos dar-se-á mediante concurso.

Há obrigatoriedade de licitação. Há também um estatuto próprio, que é a Lei nº 13.303/2016.

O artigo que rege a expressão econômica indireta do Estado está no art. 174 da CF/1988.

> **Constituição Federal**
>
> **Art. 174.** Como agente normativo e regulador da atividade econômica, o Estado exercerá, na forma da lei, as funções de fiscalização, incentivo e planejamento, sendo este determinante para o setor público e indicativo para o setor privado.

Fiscalização e incentivo: atividades obrigatórias do Poder Público.

Planejamento: vincula só o setor público; é indicativo para o privado (não pode o poder público obrigar empresários a explorar determinado ramo de negócios e não outro, por exemplo).

O art. 176 da CF/1988 expressa a extração de minerais, conforme explicado anteriormente. O bem é público, mas o concessionário é privado. É garantido ao proprietário uma participação nos resultados.

O regime de semimonopólio está presente no art. 177 da CF/1988. É semimonopólio porque, a despeito da expressão monopólio, a referida atividade pode ser passada a entidades privadas.

10.1.1. Serviços Públicos

O art. 175 da CF/1988 refere-se aos serviços públicos chamados privativos.

> **Constituição Federal**
>
> **Art. 175.** Incumbe ao Poder Público, na forma da lei, diretamente ou sob regime de concessão ou permissão, sempre através de licitação, a prestação de serviços públicos.

Os serviços públicos são privativos do Poder Público competente. Só mediante concessão ou permissão poderão ser passados a entidades privadas ou outro ente público.

Paralelamente, existem os serviços públicos exclusivos, que não podem ser delegados, como a jurisdição e as forças armadas.

Finalmente, há os serviços públicos sociais, que não precisam de concessão/permissão: saúde, educação, previdência, assistência social. Cabe ao Poder Público realizá-los, mas os privados podem também executá-los, desde que mediante regulamentação.

10.1.2. Política Urbana

A Constituição Federal delimita a política urbana, atribuindo ao Município sua execução.

> **Constituição Federal**
>
> **Art. 182.** A política de desenvolvimento urbano, executada pelo Poder Público municipal, conforme diretrizes gerais fixadas em lei, tem por objetivo ordenar o pleno desenvolvimento das funções sociais da cidade e garantir o bem-estar de seus habitantes.

A política urbana é executada pelo Município, porém as diretrizes de desenvolvimento urbano estão em lei da União (art. 22 da CF/1988 + Estatuto da Cidade, Lei nº 10.257/2001):

> **Art. 182.** (...)
>
> § 1º O plano diretor, aprovado pela Câmara Municipal, obrigatório para cidades com mais de vinte mil habitantes, é o instrumento básico da política de desenvolvimento e de expansão urbana.

O plano diretor, então, é obrigatório. Note que a Constituição Federal se refere a habitantes e não eleitores. Facultativo para os demais municípios.

> **Art. 182.** (...)
>
> (...)
>
> § 2º A propriedade urbana cumpre sua função social quando atende às exigências fundamentais de ordenação da cidade expressas no plano diretor.

Conceito de função social: atender ao plano diretor.

Caso a propriedade não cumpra sua função social:

> **Art. 182.** (...)
>
> (...)
>
> § 4º É facultado ao Poder Público municipal, mediante lei específica para área incluída no plano diretor, exigir, nos termos da lei federal, do proprietário do solo urbano não edificado, subutilizado ou não utilizado, que promova seu

> adequado aproveitamento, sob pena, sucessivamente, de:
>
> I – parcelamento ou edificação compulsórios;
>
> II – imposto sobre a propriedade predial e territorial urbana progressivo no tempo;
>
> III – desapropriação com pagamento mediante títulos da dívida pública de emissão previamente aprovada pelo Senado Federal, com prazo de resgate de até dez anos, em parcelas anuais, iguais e sucessivas, assegurados o valor real da indenização e os juros legais.

Há de se notar que são instrumentos sucessivos.

10.1.3. Política Agrária

Compete à União executar a política agrária, incluindo a fiscalização sobre a função social da propriedade.

O art. 186 da CF/1988 identifica quando uma propriedade rural cumpre sua função social:

Só a União pode desapropriar para fins de reforma agrária, tanto a desapropriação para fins de interesse social como a desapropriação-sanção.

Desapropriação-sanção: castigo pelo não cumprimento da função social. Pagamento via títulos.

> **Constituição Federal**
>
> **Art. 184.** Compete à União desapropriar por interesse social, para fins de reforma agrária, o imóvel rural que não esteja cumprindo sua função social, mediante prévia e justa indenização em títulos da dívida agrária, com cláusula de preservação do valor real, resgatáveis no prazo de até vinte anos, a partir do segundo ano de sua emissão, e cuja utilização será definida em lei.

Não confundir com a impenhorabilidade da pequena propriedade rural, trabalhada pela família (art. 5º, XXVI, da CF/1988).

> **Art. 185.** São insuscetíveis de desapropriação para fins de reforma agrária:
>
> I – a pequena e média propriedade rural, assim definida em lei, desde que seu proprietário não possua outra;
>
> II – a propriedade produtiva.

10.2. Ordem Social

A ordem social inicia com o tema seguridade social. A seguridade, contudo, é um dos elementos da ordem social prevista na Constituição Federal.

10.2.1. Seguridade Social

A seguridade social é um conjunto de serviços que visam o enfrentamento de riscos comuns ao cidadão. São três os riscos: não poder trabalhar, estar em situação de vulnerabilidade e enfrentar problemas de saúde.

Estes riscos são cobertos por três políticas públicas e serviços públicos. Os três serviços juntos compõem a seguridade social.

Previdência: impossibilidade de trabalhar.

Saúde: ausência de bem-estar físico e mental

Assistência: vulnerabilidade social.

Os três serviços públicos são prestados pelo Poder Público, mas também são abertos à iniciativa privada, sem necessidade de concessão ou permissão, com apenas o cumprimento dos requisitos constitucionais.

Previdência: contributiva e solidária.

Saúde: universal e gratuita.

Assistência: a quem necessitar.

O art. 194, V foi alterado pela reforma da previdência.

10.2.1.1. Financiamento da Seguridade

A principal receita da seguridade social vem das contribuições sociais. Não significa que não possa também ser financiada por impostos.

10.2.2. Previdência Social

Existe o regime geral, que, como o próprio nome diz, é a regra. Ele é obrigatório, de modo que o segurado não pode escolher não se filiar. É também contributivo, isto é, há a cobrança de tributo (contribuição social). Aplica-se aos trabalhadores empregados, autônomos, rurais etc.

O regime próprio é o dos servidores públicos. Pode ser da União, Estados e Municípios.

O regime facultativo, como o próprio nome diz, é opcional. Também é contributivo, por óbvio.

10.2.2.1. Cobertura

Assistência Social

Conforme afirmado anteriormente, a assistência social será prestada a quem dela necessitar.

> **Constituição Federal**
>
> **Art. 203.** A assistência social será prestada a quem dela necessitar, independentemente de contribuição à seguridade social, e tem por objetivos:
>
> I – a proteção à família, à maternidade, à infância, à adolescência e à velhice;
>
> II – o amparo às crianças e aos adolescentes carentes;

III – a promoção da integração ao mercado de trabalho;

IV – a habilitação e reabilitação das pessoas portadoras de deficiência e a promoção de sua integração à vida comunitária;

V – a garantia de um salário mínimo de benefício mensal à pessoa portadora de deficiência e ao idoso que comprovem não possuir meios de prover à própria manutenção ou de tê-la provida por sua família, conforme dispuser a lei.

VI – a redução da vulnerabilidade socioeconômica de famílias em situação de pobreza ou de extrema pobreza. (Incluído pela EC nº 114/2021)

Lei Orgânica Assistência Social

Lei nº 8.742/1993

Art. 20. O benefício de prestação continuada é a garantia de um salário-mínimo mensal à pessoa com deficiência e ao idoso com 65 (sessenta e cinco) anos ou mais que comprovem não possuir meios de prover a própria manutenção nem de tê-la provida por sua família.

§ 1º Para os efeitos do disposto no *caput*, a família é composta pelo requerente, o cônjuge ou companheiro, os pais e, na ausência de um deles, a madrasta ou o padrasto, os irmãos solteiros, os filhos e enteados solteiros e os menores tutelados, desde que vivam sob o mesmo teto.

§ 2º Para efeito de concessão do benefício de prestação continuada, considera-se pessoa com deficiência aquela que tem impedimento de longo prazo de natureza física, mental, intelectual ou sensorial, o qual, em interação com uma ou mais barreiras, pode obstruir sua participação plena e efetiva na sociedade em igualdade de condições com as demais pessoas.

§ 2º-A. A concessão administrativa ou judicial do benefício de que trata este artigo a pessoa com deficiência fica sujeita a avaliação, nos termos de regulamento. (Incluído pela Lei nº 15.077, de 2024)

§ 2º-B. (VETADO). (Incluído pela Lei nº 15.077, de 2024)

§ 3º Observados os demais critérios de elegibilidade definidos nesta Lei, terão direito ao benefício financeiro de que trata o *caput* deste artigo a pessoa com deficiência ou a pessoa idosa com renda familiar mensal per capita igual ou inferior a 1/4 (um quarto) do salário-mínimo.

I – (Revogado pela Lei nº 14.176/2021)

II – (VETADO).

§ 3º-A. O cálculo da renda familiar considerará a soma dos rendimentos auferidos mensalmente pelos membros da família que vivam sob o mesmo teto, ressalvadas as hipóteses previstas no § 14 deste artigo, nos termos estabelecidos em ato do Poder Executivo federal, vedadas deduções não previstas em lei. (Incluído pela Lei nº 15.077, de 2024)

§ 4º O benefício de que trata este artigo não pode ser acumulado pelo beneficiário com qualquer outro no âmbito da seguridade social ou de outro regime, salvo os da assistência médica e da pensão especial de natureza indenizatória.

Estatuto da Pessoa Idosa

Lei nº 10.741/2003

Art. 34. Às pessoas idosas, a partir de 65 (sessenta e cinco) anos, que não possuam meios para prover sua subsistência, nem de tê-la provida por sua família, é assegurado o benefício mensal de 1 (um) salário-mínimo, nos termos da Lei Orgânica da Assistência Social – LOAS.

Parágrafo único. O benefício já concedido a qualquer membro da família nos termos do *caput* não será computado para os fins do cálculo da renda familiar per capita a que se refere a LOAS.

Tema nº 640 do STJ: Direito previdenciário. Renda familiar per capita para fins de concessão de benefício de prestação continuada à pessoa com deficiência. Recurso repetitivo (art. 543-C do CPC e Res. 8/2008-STJ).

Aplica-se o parágrafo único do art. 34 do Estatuto da Pessoa Idosa (Lei nº 10.741/2003), por analogia, a pedido de benefício assistencial feito por pessoa com deficiência, a fim de que o benefício previdenciário recebido por pessoa idosa, no valor de um salário mínimo, não seja computado no cálculo da renda per capita prevista no art. 20, § 3º, da Lei nº 8.742/1993.

Previdência do Servidor Público

Saúde

A saúde é direito garantido a todos. A cobertura é universal e igualitária. Significa dizer que todos as pessoas e riscos devem ser atendidos e que a prestação deve ser igual a todos, pessoas desfavorecidas e abastadas.

Constituição Federal

Art. 196. A saúde é direito de todos e dever do Estado, garantido mediante políticas sociais e econômicas que visem à redução do risco de doença e de outros agravos e ao acesso universal e igualitário às ações e serviços para sua promoção, proteção e recuperação.

Trata-se de uma competência comum da União, Estados e Municípios, a qual é realizada mediante um sistema único.

Os privados podem participar livremente do sistema de saúde, desde que sigam as normas. De todo modo, a prestação dos serviços de saúde sempre será considerada de relevância pública.

▷ Atenção! Decisões importantes!

- Súmula Vinculante 61: "A concessão judicial de medicamento registrado na ANVISA, mas não incorporado às listas de dispensação do Sistema Único de Saúde, deve observar as teses firmadas no julgamento do Tema 6 da Repercussão Geral (RE 566.471)."
- Súmula Vinculante nº 60: "O pedido e a análise administrativos de fármacos na rede pública de

saúde, a judicialização do caso, bem ainda seus desdobramentos (administrativos e jurisdicionais), devem observar os termos dos 3 (três) acordos interfederativos (e seus fluxos) homologados pelo Supremo Tribunal Federal, em governança judicial colaborativa, no tema 1.234 da sistemática da repercussão geral (RE 1.366.243)."

- ADPF 1068: Decisão: Após o voto-vista do Ministro Gilmar Mendes, que afastava as preliminares arguidas e conhecia da ADPF proposta, como forma de, no mérito, julgar parcialmente procedentes os pedidos formulados, propondo a fixação da seguinte tese: (i) Por comporem a relação jurídico-administrativa existente entre o Poder Público e seus agentes, as normas de saúde, higiene e segurança do trabalho aplicáveis à administração pública são aquelas decorrentes do estatuto jurídico que rege seus servidores, de modo que a aplicação à administração pública de normas da União respeitantes ao tema no exercício de sua competência legislativa (art. 22, caput, I, c/c art. 7º, XXII, ambos da Constituição Federal) tem contornos subsidiários, quando silente ou incompleto o regime jurídico específico aplicável; (ii) É da Justiça Comum a competência para julgamento de demandas que versem sobre normas de saúde, higiene e segurança quando envolvida a Administração Pública, ainda quando sejam aplicáveis regramentos advindos da União, no que foi acompanhado pelo Ministro Alexandre de Moraes, o processo foi destacado pelo Ministro Edson Fachin. Plenário, Sessão Virtual de 29.11.2024 a 6.12.2024.

Educação

A Constituição possui um capítulo dedicado à educação. O art. 205 define o que é educação.

Constituição Federal

Art. 205. A educação, direito de todos e dever do Estado e da família, será promovida e incentivada com a colaboração da sociedade, visando ao pleno desenvolvimento da pessoa, seu preparo para o exercício da cidadania e sua qualificação para o trabalho.

Notar que há uma ordem de prioridades na educação: 1º desenvolvimento, 2º cidadania, 3º trabalho.

Já o art. 206 indica os princípios que devem reger a educação.

Constituição Federal

Art. 206. O ensino será ministrado com base nos seguintes princípios:

I – igualdade de condições para o acesso e permanência na escola;

II – liberdade de aprender, ensinar, pesquisar e divulgar o pensamento, a arte e o saber;

III – pluralismo de ideias e de concepções pedagógicas, e coexistência de instituições públicas e privadas de ensino;

IV – gratuidade do ensino público em estabelecimentos oficiais;

V – valorização dos profissionais da educação escolar, garantidos, na forma da lei, planos de carreira, com ingresso exclusivamente por concurso público de provas e títulos, aos das redes públicas; (Redação dada pela EC nº 53/2006)

VI – gestão democrática do ensino público, na forma da lei;

VII – garantia de padrão de qualidade.

VIII – piso salarial profissional nacional para os profissionais da educação escolar pública, nos termos de lei federal. (Incluído pela EC nº 53/2006)

IX – garantia do direito à educação e à aprendizagem ao longo da vida.

▷ **Importante!**

Lembrar da autonomia universitária. Notar as três atividades que compõem a educação: ensino, pesquisa e extensão.

Constituição Federal

Art. 207. As universidades gozam de autonomia didático-científica, administrativa e de gestão financeira e patrimonial, e obedecerão ao princípio de indissociabilidade entre ensino, pesquisa e extensão.

O art. 208 traz os conteúdos do direito à educação.

Idade mínima para ingresso na educação infantil (informativo STF agosto de 2018)

Idade mínima para ingresso na educação infantil e no ensino fundamental. São constitucionais a exigência de idade mínima de quatro e seis anos para ingresso, respectivamente, na educação infantil e no ensino fundamental, bem como a fixação da data limite de 31 de março para que referidas idades estejam completas. Com base nesse entendimento, o Plenário, em julgamento conjunto e por maioria, julgou procedente ação declaratória de constitucionalidade (ADC) e improcedente arguição de descumprimento de preceito fundamental (ADPF), que discutiam a validade de exigências previstas na Lei de Diretrizes e Bases da Educação Nacional (Lei 9.394/1996) e em resoluções do Conselho Nacional de Educação (CNE). (Informativos 879, 903 e 904)

Há de se notar que o ensino é livre à iniciativa privada.

Constituição Federal

Art. 209. O ensino é livre à iniciativa privada, atendidas as seguintes condições:

I – cumprimento das normas gerais da educação nacional;

II – autorização e avaliação de qualidade pelo Poder Público.

Serviço público aberto, desde que autorizado.

Há uma preferência para o financiamento do ensino público, podendo ser destinados recursos às escolas privadas.

A Administração Pública fixará conteúdos mínimos, sendo que tal possibilidade não implica violação da liberdade pedagógica.

Constituição Federal

Art. 210. Serão fixados conteúdos mínimos para o ensino fundamental, de maneira a assegurar formação básica comum e respeito aos valores culturais e artísticos, nacionais e regionais.

§ 1º O ensino religioso, de matrícula facultativa, constituirá disciplina dos horários normais das escolas públicas de ensino fundamental.

Notar a facultatividade nas escolas públicas do ensino religioso:

§ 2º O ensino fundamental regular será ministrado em língua portuguesa, assegurada às comunidades indígenas também a utilização de suas línguas maternas e processos próprios de aprendizagem.

Órgão públicos, isto é, escolas, poderão utilizar as línguas originárias.

Cultura

A Constituição Federal protege a cultura em seu art. 216.

Constituição Federal

Art. 216. Constituem patrimônio cultural brasileiro os bens de natureza material e imaterial, tomados individualmente ou em conjunto, portadores de referência à identidade, à ação, à memória dos diferentes grupos formadores da sociedade brasileira, nos quais se incluem:

I – as formas de expressão;

II – os modos de criar, fazer e viver;

III – as criações científicas, artísticas e tecnológicas;

IV – as obras, objetos, documentos, edificações e demais espaços destinados às manifestações artístico-culturais;

V – os conjuntos urbanos e sítios de valor histórico, paisagístico, artístico, arqueológico, paleontológico, ecológico e científico.

Lembrando, com base no art. 20, V, da CF/1988, que sítios arqueológicos e pré-históricos pertencem, ex lege, à União.

Art. 216. (...)

(...)

§ 5º Ficam tombados todos os documentos e os sítios detentores de reminiscências históricas dos antigos quilombos.

Esporte

A Constituição dedica um capítulo à Justiça Desportiva. Não se trata de um órgão do poder público, mas, sim, de uma organização privada. Há necessidade de esgotamento para o conhecimento das ações.

Índios

Quando a Constituição disciplinou um capítulo sobre os índios, ela passou a adotar uma perspectiva pluralista, de aceitação das diferentes culturas, e não mais de forçar uma homogeneização.

Constituição Federal

Art. 231. São reconhecidos aos índios sua organização social, costumes, línguas, crenças e tradições, e os direitos originários sobre as terras que tradicionalmente ocupam, competindo à União demarcá-las, proteger e fazer respeitar todos os seus bens.

As terras dos índios são consideradas aquelas habitadas por eles em 1988. Eventuais documentos sobre estas terras não possuem validade. É dever do poder público demarcá-las e entregá-las aos índios, lembrando que, juridicamente, a propriedade é da União. Notar que a criação de reservas dá-se por ato administrativo, e não por lei.

Art. 231. (...)

§ 1º São terras tradicionalmente ocupadas pelos índios as por eles habitadas em caráter permanente, as utilizadas para suas atividades produtivas, as imprescindíveis à preservação dos recursos ambientais necessários a seu bem-estar e as necessárias a sua reprodução física e cultural, segundo seus usos, costumes e tradições.

§ 2º As terras tradicionalmente ocupadas pelos índios destinam-se a sua posse permanente, cabendo-lhes o usufruto exclusivo das riquezas do solo, dos rios e dos lagos nelas existentes.

§ 3º O aproveitamento dos recursos hídricos, incluídos os potenciais energéticos, a pesquisa e a lavra das riquezas minerais em terras indígenas só podem ser efetivados com autorização do Congresso Nacional, ouvidas as comunidades afetadas, ficando-lhes assegurada participação nos resultados da lavra, na forma da lei.

§ 4º As terras de que trata este artigo são inalienáveis e indisponíveis, e os direitos sobre elas, imprescritíveis.

§ 5º É vedada a remoção dos grupos indígenas de suas terras, salvo, ad referendum do Congresso Nacional, em caso de catástrofe ou epidemia que ponha em risco sua população, ou no interesse da soberania do País, após deliberação do Congresso Nacional, garantido, em qualquer hipótese, o retorno imediato logo que cesse o risco.

> § 6º São nulos e extintos, não produzindo efeitos jurídicos, os atos que tenham por objeto a ocupação, o domínio e a posse das terras a que se refere este artigo, ou a exploração das riquezas naturais do solo, dos rios e dos lagos nelas existentes, ressalvado relevante interesse público da União, segundo o que dispuser lei complementar, não gerando a nulidade e a extinção direito a indenização ou a ações contra a União, salvo, na forma da lei, quanto às benfeitorias derivadas da ocupação de boa-fé.

11. CONTROLE DE CONSTITUCIONALIDADE DIFUSO E CONCENTRADO: PRINCIPAIS CARACTERÍSTICAS E DIFERENÇAS

Trata-se da verificação de constitucionalidade de todo ato estatal, normativo ou concreto, e, também, os atos jurídicos emanados da sociedade, em conformidade com a Constituição vigente. Logo, é uma tarefa atribuída ao órgão controlador, no sentido de impedir ou corrigir quaisquer máculas produzidas contra aquelas normas que são consideradas as principais do ordenamento jurídico.

Fundamentos do controle de constitucionalidade

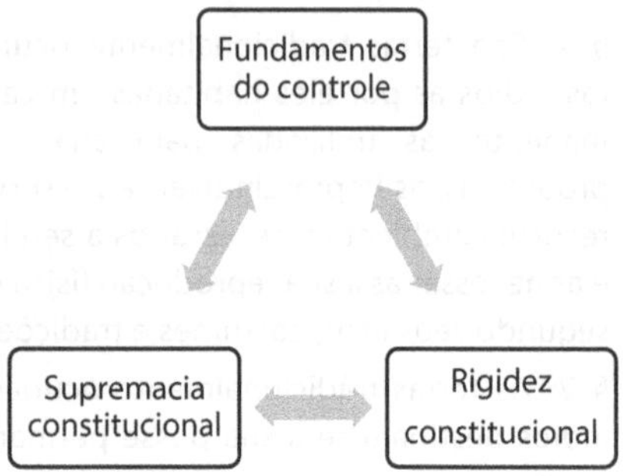

Controle preventivo

A função do controle preventivo é impedir que uma norma inconstitucional ingresse no ordenamento jurídico, portanto, trata-se do processo de elaboração legislativa. Assim, esse controle acontece em dois momentos distintos e fora da via judiciária:

1) **Comissão de Constituição e Justiça** – cuja função é analisar os aspectos constitucionais do projeto de lei ou de emenda constitucional no seu aspecto formal e material.

O que é uma Comissão de Constituição e Justiça? Entre as comissões existentes em ambas as Casas Legislativas do Congresso Nacional, destacam-se, na Câmara dos Deputados, a Comissão de Constituição, Justiça e Redação (art. 32, III, do RI), e, no Senado Federal, a Comissão de Constituição, Justiça e Cidadania (art. 101 do RI), as quais têm a função precípua de verificar a (in)constitucionalidade de proposições legislativas postas à deliberação, para que, só então, possam (ou não) ser submetidas à votação parlamentar. Ressalva-se que às Comissões de Constituição e Justiça não compete adentrar no mérito da proposta discutida, ou seja, se é oportuna ou conveniente, porquanto será enfrentado pelas comissões temáticas e, também, em Plenário. É formada por integrantes do próprio Poder Legislativo (nos âmbitos federal, estadual e municipal), devendo sempre privilegiar a formação plural em sua composição.

2) **Veto do Presidente da República** – poderá vetar projeto por entendê-lo inconstitucional, mas, em relação à emenda, não há participação do Executivo. Quanto ao veto, este poderá ser por questões de conveniência política ou por razões jurídicas, sendo que, nesse caso, interessa-nos o veto em que as razões jurídicas versam sobre a possível inconstitucionalidade da norma. O veto, contudo, seja ele jurídico ou político, não é absoluto, de maneira que retornará ao Congresso Nacional para apreciação no prazo de 30 dias, sendo que poderá ser rejeitado pelo voto da maioria absoluta dos Deputados e Senadores (inteligência do art. 66, § 4º, da CF/1988). Rejeitado o veto presidencial, prevalecerá a manifestação do Poder Legislativo, seguindo o projeto de lei à promulgação (art. 66, § 5º, da CF/1988), ato a partir do qual se tornará lei.

É possível haver controle de constitucionalidade pela via judicial ainda durante o processo legislativo?

Sim, quando for controle do processo formal legislativo, ou seja, verificado que não se respeitou o trâmite determinado na Constituição para edição normativa. Ex.: uma lei complementar em eminência de ser votada por maioria simples (o que corresponde a uma lei ordinária ou uma emenda à Constituição que não é votada em duas casas).

A outra possibilidade reconhecida na doutrina é do controle jurisdicional de constitucionalidade do processo legislativo de propostas de emendas constitucionais tendentes a abolir as cláusulas de garantia da Constituição (art. 60, § 4º, da CF/1988).

Qual o instrumento?

Pode-se provocar o controle de constitucionalidade durante o processo de edição normativa por meio de **Mandado de Segurança impetrado por parlamentar.**

11.1. Controle repressivo (ou judicial)

Divide-se em:

11.1.1. Controle difuso

Controle difuso de constitucionalidade – no controle misto da Constituição de 1988.

11.1.1.1. Conceito de controle difuso

O controle difuso é caracterizado por permitir que todo e qualquer juiz ou tribunal possa realizar, no caso concreto, a análise sobre a compatibilidade da norma infraconstitucional com a Constituição Federal.

Não é objeto central da lide, logo, **a inconstitucionalidade é o aspecto secundário da demanda.**

Nesse sentido, a alegação de (in)constitucionalidade da norma dar-se-ia de forma incidental ou prejudicial, pois a centralidade da demanda é o que ensejou o pedido no caso concreto (seja como inicial, como contestação, como recurso etc.), sendo a discussão sobre a declaração de (in)constitucionalidade apenas um elemento para apreciação do caso concreto – fundamental para a decisão da lide.

Havendo declaração de inconstitucionalidade da norma a ser aplicada no caso concreto pela via difusa, a norma contestada não será excluída do sistema jurídico, surtindo seus efeitos apenas às partes envolvidas na lide em questão.

A inconstitucionalidade não é feita como manifestação sobre o objeto principal da lide, mas, sim, sobre a questão prévia, indispensável ao julgamento do mérito. Nesse sistema, é outorgado ao interessado obter a declaração de inconstitucionalidade somente para o efeito de isentá-lo, no caso concreto, do cumprimento da lei ou ato, produzido em desacordo com a Lei maior.

11.1.1.2. Efeitos da decisão e a possibilidade de modulação

Regra geral: interpartes. A decisão que afasta o ato inconstitucional não beneficia a quem não for parte da demanda em que se reconhecer a inconstitucionalidade.

> ▷ Obs.: discutiremos com atenção o caso do recurso extraordinário diante da repercussão geral.

11.1.1.3. Restrição dos efeitos da declaração de inconstitucionalidade (também conhecida como modulação temporal dos efeitos da decisão)

Conforme já visto, vale lembrar que o poder de que dispõe no controle difuso de qualquer juiz ou Tribunal para deixar de aplicar a lei inconstitucional a determinado processo (arts. 97 e 102, III, *a, b e c, da CF/1988) pressupõe* a invalidade da lei e, com isso, a sua nulidade.

A faculdade de negar aplicação à lei inconstitucional corresponde ao direito do indivíduo de recusar-se a cumprir a lei inconstitucional, assegurando-lhe, em última instância, a possibilidade de interpor recurso extraordinário ao Supremo Tribunal Federal contra decisão judicial que se apresente, de alguma forma, em contradição com a Constituição (art. 102, III, *a).*

Tanto o poder do juiz de negar aplicação à lei inconstitucional quanto a faculdade assegurada ao indivíduo de negar observância à lei inconstitucional demonstram que o constituinte pressupôs a nulidade da lei inconstitucional. Daí segue que a sentença que declara a inconstitucionalidade tem eficácia *ex tunc.*

Porém, a Lei nº 9.868/1999 contém disposição (art. 27) que autoriza o Supremo Tribunal Federal, tendo em vista razões de segurança jurídica ou de excepcional interesse social, a restringir os efeitos da declaração de inconstitucionalidade ou a estabelecer que ela tenha eficácia a partir de seu trânsito em julgado ou de outro momento que venha a ser fixado, desde que tal deliberação seja tomada pela maioria de dois terços de seus membros.

Existindo razões de ordem pública ou sociais, é possível, desde que de maneira excepcional, no caso concreto, a declaração de inconstitucionalidade incidental com efeitos *ex nunc*, com base nos princípios da segurança jurídica e da boa-fé.

A Lei nº 9.868/1999 trouxe inovações, permitindo ao Supremo Tribunal Federal a limitação dos efeitos da declaração de inconstitucionalidade. O seu art. 27 prevê que, ao declarar a inconstitucionalidade da lei ou ato normativo, e tendo em vista razões de segurança jurídica ou de excepcional interesse social, poderá o STF, por maioria de dois terços de seus membros, restringir os efeitos daquela declaração ou decidir que ela só tenha eficácia a partir de seu trânsito em julgado ou de outro momento que venha a ser fixado. Dessa forma, permitiu-se ao STF a manipulação dos efeitos da declaração de inconstitucionalidade denominada de modulação, ou limitação temporal pela Corte, seja em relação à sua amplitude, seja em relação aos seus efeitos temporais.

11.1.1.4. Cláusula de reserva de plenário

A regra da *full bench*, também conhecida como cláusula de reserva de plenário, é, por assim dizer, um requisito para que lei ou ato normativo do Poder Público seja declarado inconstitucional, qual seja, o voto da maioria dos membros do tribunal

> **Art. 97.** Somente pelo voto da maioria absoluta de seus membros ou dos membros do respectivo órgão especial poderão os tribunais declarar a inconstitucionalidade de lei ou ato normativo do Poder Público.
>
> **Súm. Vinc. nº 10 do STF:** Viola a cláusula de reserva de plenário (CF, artigo 97) a decisão de órgão fracionário de Tribunal que embora não declare expressamente a inconstitucionalidade de lei ou ato normativo do poder público, afasta sua incidência, no todo ou em parte.

Quando estaria dispensado remeter a questão ao plenário ou órgão especial?

> **CPC**
>
> **Art. 949.** (...)
>
> Parágrafo único. Os órgãos fracionários dos tribunais não submeterão ao plenário ou ao órgão especial a arguição de inconstitucionalidade quando já houver pronunciamento destes ou do plenário do Supremo Tribunal Federal sobre a questão.

Logo, se houver pronunciamento do STF ou já fora apreciada a matéria pelo pleno ou órgão especial, as turmas ou mesmo em decisão monocrática, **não será necessário remeter ao pleno ou órgão especial.**

O STF atua no controle difuso por meio do Recurso Extraordinário, que embora evidente esteja seu papel de guardião da Constituição, faz de maneira recursal.

11.1.2. Recurso extraordinário

11.1.2.1. Conceito

Além de ser um tribunal constitucional e político, o STF é um tribunal voltado à preservação da supremacia da Constituição. Analisa, além disso, ações originárias e recursos com discussão de fato. O caráter de preservador da supremacia constitucional é encontrado no Recurso Extraordinário.

Trata-se de um recurso cuja finalidade é manter a supremacia constitucional em sede de controle difuso.

11.1.2.2. Cabimento

As hipóteses de cabimento estão expressas no art. 102, III.

Dicas de reconhecimento do recurso extraordinário.

Art. 102, III, da CF/1988:

> A alínea "a" é a reserva: use para quando a situação não se amoldar a nenhuma das outras alíneas.
>
> Alínea "b": Quando se declara a inconstitucionalidade de tratado ou lei federal.
>
> Alínea "c": Quando a discussão é sobre lei municipal ou estadual.
>
> Alínea "d": Quando a discussão é sobre a competência constitucional do Estado ou Município para editar determinada Lei, a qual afastaria lei federal.

11.1.2.3. Objeto

Contrariar dispositivo desta Constituição.

Declarar a inconstitucionalidade de tratado ou Lei federal.

Julgar válida lei ou ato de governo local contestado em face da Constituição.

Julgar válida lei local contestada em face de Lei federal.

> **Súm. nº 279 do STF:** Para simples reexame de prova não cabe recurso extraordinário.

11.1.2.4. Prazo

O comum a todos os recursos, ou seja, 15 dias (art. 1.003, § 5º, do CPC).

▷ **Atenção!** Todas as situações poderiam ser resumidas como violação à Constituição.

No primeiro caso, a decisão contraria literalmente dispositivo da Constituição (lembrando que não pode ser violação indireta, como ofensa à legalidade).

No segundo caso, algum tribunal inferior declarou a inconstitucionalidade de tratado ou lei federal (via concreta e difusa) – declaração esta que deverá ser confirmada pelo tribunal.

A terceira hipótese envolve situação em que o tribunal de origem julga válida lei local, isto é, lei estadual ou municipal, a qual tem sua constitucionalidade contestada.

Finalmente, a última hipótese tem a ver com a competência para edição de determinados atos: o tribunal verificará qual norma, se local ou federal, é constitucional, observando as regras de competência.

Note-se, portanto, que **o Recurso Extraordinário é um recurso voltado à interpretação do Direito**, e não a reexame de fatos. Isso conflui para o disposto na Súm. nº 279 do STF.

11.1.2.5. Repercussão geral no recurso extraordinário (art. 102, § 3º)

Na petição de razões, e não na de interposição, o recorrente deverá demonstrar a repercussão geral, ou seja, porque o julgamento daquele recurso é importante não só para as partes, mas também para a sociedade, com base em argumentos jurídicos, econômicos, políticos ou sociais. A decisão que não conhece recurso no que toca à repercussão geral é irrecorrível.

A repercussão geral é um dos requisitos de admissibilidade do recurso extraordinário que tem por objetivo restringir o acesso ao STF, limitando-o analisar casos de flagrante cunho constitucional e que tenham a relevância econômica, jurídica e social.

Trata-se de requisito intrínseco de admissibilidade recursal: não havendo repercussão geral, não existe poder de recorrer ao Supremo Tribunal Federal.

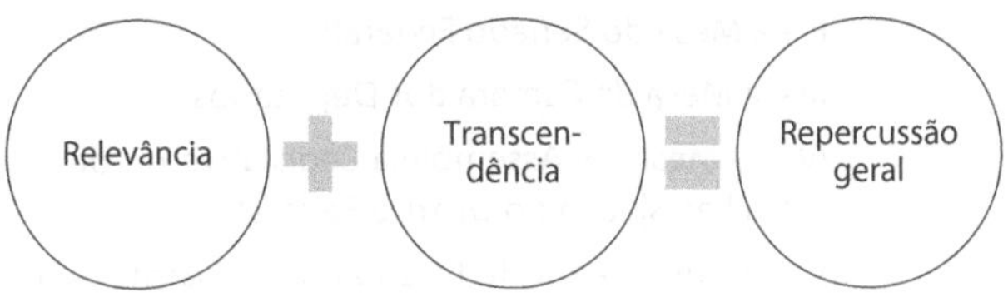

CPC

Art. 1.035. O Supremo Tribunal Federal, em decisão irrecorrível, não conhecerá do recurso extraordinário quando a questão constitucional nele versada não tiver repercussão geral, nos termos deste artigo.

§ 1º Para efeito de repercussão geral, será considerada a existência ou não de questões relevantes do ponto de vista econômico, político, social ou jurídico que ultrapassem os interesses subjetivos do processo.

§ 2º O recorrente deverá demonstrar a existência de repercussão geral para apreciação exclusiva pelo Supremo Tribunal Federal.

11.1.2.6. Repercussão geral pressuposta (art. 102, § 3º)

São casos que contrariam súmula ou jurisprudência dominante do Supremo Tribunal Federal, e tenham reconhecido a inconstitucionalidade de tratado ou de Lei Federal, nos termos do art. 97 da CF/1988.

CPC

Art. 1.035. (...)

(...)

§ 4º O relator poderá admitir, na análise da repercussão geral, a manifestação de terceiros, subscrita por procurador habilitado, nos termos do Regimento Interno do Supremo Tribunal Federal.

11.1.2.7. Quórum da repercussão geral

Somente poderá ser recusada por 2/3 dos Ministros, ou seja, oito votos contrários à repercussão geral.

No caso de apreciação pela turma: *quórum* e o momento em que é apreciada a repercussão geral pelo relator, que, se admitir o recurso extraordinário, vai levá-lo para a Turma, que decidirá pela existência da repercussão com, no mínimo, quatro votos a favor.

11.1.2.8. Efeito (ou seja, reconhecer a repercussão geral no recurso extraordinário mudou os efeitos do próprio recurso extraordinário)

Uma vez reconhecida a repercussão geral sobre a matéria, todos os demais processos pendentes que versarem sobre matéria ficarão suspensos.

CPC

Art. 1.035. (...)

(...)

§ 5º Reconhecida a repercussão geral, o relator no Supremo Tribunal Federal determinará a suspensão do processamento de todos os processos pendentes, individuais ou coletivos, que versem sobre a questão e tramitem no território nacional.

11.2. Controle concentrado (abstrato, em tese, objetivo)

11.2.1. Características

O controle concentrado caracteriza-se pela competência exclusiva (originária) do STF em apreciar a questão constitucional.

Tem por objetivo expelir do ordenamento jurídico lei ou ato normativo inconstitucionais.

É realizado em abstrato, sem que haja um caso concreto sob análise, ou seja, não caberá atos concretos.

Regulação: A Constituição de 1988 previu, inicialmente, a ADI; já em 1993, por conta da emenda Constitucional nº 3, acrescentou-se a ADC e a ADPF. A ADPF foi considerada norma de eficácia limitada, logo, dependia de regulamentação. Lei nº 9.868/1999 – regulamenta ADI e ADC. Lei nº 9.882/1999 – regulamenta a ADPF.

Uma característica do controle concentrado é ser um controle por via principal, pois, ao contrário do que acontece no controle incidental, as questões de inconstitucionalidade são o objeto central da demanda, levadas por meio de um processo constitucional autônomo, a algum Tribunal com competência para julgá-las.

O controle concentrado também é chamado de controle abstrato, pois a apreciação da inconstitucionalidade de uma norma independe de qualquer litígio, inexistindo um caso concreto.

No controle abstrato, não existem partes, e o objetivo é a defesa da Constituição por meio da eliminação de normas contrárias a ela. Por se tratar de um processo objetivo, os legitimados para solicitar esse controle formam um rol restrito.

11.2.2. Atuação do tribunal como legislador negativo

Natureza objetiva: o processo não tem partes, e, exatamente por isso, não está sujeito a princípios constitucionais, como ampla defesa e contraditório.

Seus efeitos são peculiares, quais sejam, eficácia *erga omnes*, efeito *ex tunc* e vinculantes das decisões proferidas pelo STF, isto é, são contra todos e não retroagem, considerando-se nulo o ato normativo desde a origem.

A decisão ainda vincula os órgãos do Poder Judiciário e a Administração Pública em todas as esferas, conforme o § 2º do art. 102 da CF/1988.

▷ **Atenção!** Efeitos da decisão serão *erga omnes* e vinculante.

Poder Judiciário (em todas as instâncias). Administração Pública federal, estadual e municipal (direta e indireta).
O STF somente estará vinculado a decisões futuras nos casos de decisão monocrática ou das turmas do STF, mas em se tratando de plenário do STF, não há vinculação.
Poder Legislativo, na sua função de legislar, não está vinculado, pois causaria um engessamento de sua atuação, podendo gerar uma violação ao princípio da independência dos poderes.

Quem não estaria vinculado aos efeitos vinculantes das decisões do STF?

O Poder Legislativo e a função legislativa e o Pleno do próprio STF.

11.2.3. Efeitos no tempo

A regra geral quanto ao controle difuso e concentrado é a eficácia *ex tunc* do proferimento acerca da constitucionalidade ou inconstitucionalidade da lei, contudo, no caso de existirem razões de segurança jurídica e relevante interesse público, poder-se-á, então, aplicar a modulação temporal dos efeitos (art. 27 da Lei nº 9.868/1999), para atribuir à decisão os efeitos anteriormente citados. Também, ressalta-se que é posição doutrinária consolidada a aplicação, em se tratando de controle difuso de constitucionalidade (o que significa sua possibilidade de aplicação no caso concreto).

Declarar a inconstitucionalidade a partir do trânsito em julgado da decisão – o que denominamos *ex nunc*.

Declarar a inconstitucionalidade com suspensão dos efeitos a algum tempo que deverá ser proferido na decisão (no caso sentença) – o que denominamos como feitos pró-futuro.

Declarar a inconstitucionalidade sem pronúncia de nulidade, permitindo que se opere a suspensão da aplicação da lei e dos processos em curso, para que tal pronúncia se dê em prazo razoável – o que, na prática, nada mais é do que uma restrição de efeitos.

11.2.4. Legitimidade

São legitimados para propositura da ADI, ADC e ADPF o rol constante do art. 103 da CF/1988:

> **Constituição Federal**
>
> **Art. 103.** (...)
>
> I – o Presidente da República;
>
> II – a Mesa do Senado Federal;
>
> III – a Mesa da Câmara dos Deputados;
>
> IV – a Mesa de Assembleia Legislativa ou da Câmara Legislativa do Distrito Federal;
>
> V – o Governador de Estado ou do Distrito Federal;
>
> VI – o Procurador-Geral da República;
>
> VII – o Conselho Federal da Ordem dos Advogados do Brasil;
>
> VIII – partido político com representação no Congresso Nacional;
>
> IX – confederação sindical ou entidade de classe de âmbito nacional.

▷ Obs.: Quanto à entidade de classe de representação no âmbito nacional, há necessidade de representação, pelo menos, em nove unidades da federação, constituída há, pelo menos, 1 (um) ano.

11.2.4.1. Legitimados universais x pertinência temática

Alguns autores deverão demonstrar o interesse no tema da discussão, o que ficou conhecido como **pertinência temática**. Essa pertinência – relação com a matéria objeto de questionamento – deverá ser demonstrada pela Mesa da Assembleia Legislativa, pelos governadores de Estado, pela confederação sindical ou entidade de classe no âmbito nacional.

Os demais autores não precisam demonstrar interesse nas discussões de constitucionalidade da lei ou ato normativo, pois possuem legitimidade ativa universal.

11.2.5. *Figuras importantes no controle concentrado*

▷ Obs.: Importante lembrar que tais figuras poderão ocorrer em se tratando de ADI, ADC e ADPF.

11.2.5.1. *Amicus curiae* x intervenção de terceiros

Lei nº 9.868/1999

Art. 7º Não se admitirá intervenção de terceiros no processo de ação direta de inconstitucionalidade.

(...)

§ 2º O relator, considerando a relevância da matéria e a representatividade dos postulantes, poderá, por despacho irrecorrível, admitir, observado o prazo fixado no parágrafo anterior, a manifestação de outros órgãos ou entidades.

▷ Obs.: O terceiro é aquele que tem interesse direto na causa e aparece no processo brasileiro em diferentes modalidades. Refere-se a uma pessoa, entidade ou órgão, com profundo interesse em uma questão jurídica, na qual se envolve como um terceiro, que não os litigantes, movido por um interesse maior que **o das partes envolvidas no processo. O *amicus* é amigo da corte e não das partes.**

11.2.5.2. Inconstitucionalidade por "arrastamento" ou sequencial

Existe a figura da chamada inconstitucionalidade por arrastamento – conhecida também por inconstitucionalidade sequencial ou por atração, nos casos em que há inconstitucionalidade de outro dispositivo legal com estrita relação de dependência com o preceito impugnado e declarado como inconstitucional, sem que haja requerimento nesse sentido na petição inicial.

11.2.6. *Efeitos*

11.2.6.1. Efeitos dúplices ou ambivalentes (art. 24 da Lei nº 9.868/1999)

Deve-se lembrar que serão aplicados em se tratando de ADI e ADC.

O caráter dúplice ou ambivalente dessa modalidade de controle abstrato restou inequivocamente demonstrado neste dispositivo. Convém notar que a jurisprudência do STF já acenava essa possibilidade.

Logo, possuem a chamada natureza dúplice ou equivalente, pois tanto podem declarar a inconstitucionalidade, retirando-a do ordenamento, como podem torná-la absoluta, *jure et jure* – a presunção que antes era relativa de constitucionalidade.

Lei nº 9.868/1999

Art. 24. Proclamada a constitucionalidade, julgar-se-á improcedente a ação direta ou procedente eventual ação declaratória; e, proclamada a inconstitucionalidade, julgar-se-á procedente a ação direta ou improcedente eventual ação declaratória.

▷ **Lembre-se!**

As ações do controle concentrado não admitem desistência, pois vigora o princípio da indisponibilidade.

- Foro competente é o STF (originária).
- Autores legitimados estão previstos taxativamente na Constituição.
- Não existe lide no caso concreto.
- Não se admite intervenção de terceiros.
- Efeito erga omnes.
- Inexiste prescrição ou decadência.

11.2.7. *Ação Direta de Inconstitucionalidade (genérica) (ADI)*

A ADI é regulamentada pela Lei nº 9.868/1999.

O objeto da ação direta de inconstitucionalidade não recai somente sobre a lei *stricto sensu*, podendo ser objeto qualquer ato normativo que tenha as características de abstração e generalidade, buscando assegurar a segurança das relações jurídicas para retirar qualquer lei ou ato normativo federal ou estadual que seja violador da ordem constitucional. Assim, trata-se das espécies descritas no art. 59 da CF/1988, bem como atos normativos, a exemplo dos regimentos internos dos Tribunais.

▷ **Lembre-se!**

Não cabe ADI ao STF de lei municipal.

Não caberá ADI de súmulas vinculantes.

Não caberá ADI em atos (inclusive os legislativos) com efeitos concretos.

Não caberá ADI em normas revogadas ou que já tenham perdido a eficácia.

A ação direta de inconstitucionalidade não terá cabimento no tocante a eventual ilegalidade da norma, cabendo apenas quando houver violação de atos diretamente reportados à Constituição, seja o ato normativo ou não normativo.

▷ **Lembre-se!** A competência para apreciação de inconstitucionalidades tendo como parâmetro a Constituição estadual (tanto de leis quanto de atos normativos estaduais ou municipais) é do Tribunal de Justiça, conforme previsto no art. 125, § 2º, da CF/1988 (poderá a Constituição estadual atribuir a competência ao TJ ainda que o parâmetro seja a Constituição Federal – se for o caso de norma de repetição obrigatória).

11.2.7.1. Cabimento

Caberá ADI contra Lei ou ato normativo estaduais ou federais do poder público que viole o texto constitucional, posteriores à Constituição Federal de 1988.

Atos normativos primários.

11.2.7.2. Legitimidade

Como demonstrado anteriormente, os legitimados serão os do art. 103 da CF/1988 – e sempre se tem que ter o cuido de identificar os legitimados universais e aqueles que deverão demonstrar pertinência temática. Lembrar também que, como se trata de processo objetivo de controle de lei em tese, não se fala em **sujeitos passivos**.

11.2.7.3. Competência

A competência originária é do Supremo Tribunal Federal, em conformidade com art. 102, I, *a*, da CF/1988.

11.2.7.4. Cautelar

Em relação à cautelar, como regra, possui efeitos *ex nunc* (não retroativo). Contudo, a Lei prevê que se o STF desejar atribuir efeitos *ex tunc*, deverá fazê-lo mediante manifestação expressa (art. 11, § 1º, da Lei nº 9.868/1999).

11.2.7.5. Representação de inconstitucionalidade

Sobre o controle de constitucionalidade no âmbito dos Estados-membros – representação de inconstitucionalidade:

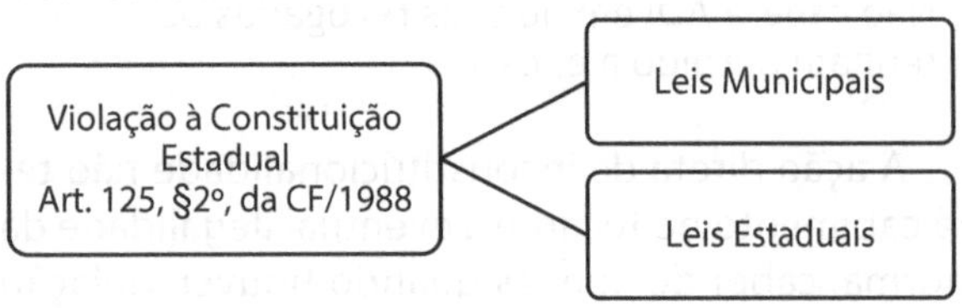

11.2.7.6. Controle de constitucionalidade na esfera dos seus Estados-membros

De acordo com o art. 125, § 2º, da CF/1988, "Cabe aos Estados a instituição de representação de inconstitucionalidade de leis ou atos normativos estaduais ou municipais em face da Constituição Estadual...". O julgamento será pelo Tribunal de Justiça respectivo.

A palavra-chave é *Constituição estadual*. Trata-se de leis municipais e estaduais.

Lei estadual poderá ser atacada via ADI (STF), em se tratando de violação à Constituição Federal, bem como, se violar também a Constituição estadual, poderá ser interposta no Tribunal de Justiça. Nesses casos, segundo jurisprudência do STF, decide-se, primeiramente, no âmbito estadual – no Tribunal de Justiça local, e, posteriormente, no STF, caso a decisão do TJ viole a Constituição. O meio é o **recurso extraordinário ao STF**.

Chama-se de dupla fiscalização ou "simultaneidade de ações diretas de inconstitucionalidade".

Contudo, o STF, recentemente, julgou constitucional o dispositivo de Constituição estadual que confere ao Tribunal de Justiça local a prerrogativa de processar e julgar ação direta de constitucionalidade contra leis e atos normativos municipais tendo como parâmetro a Constituição Federal, desde que se trate de normas de reprodução obrigatória pelos estados.

Se o TJ atribuir uma interpretação incompatível com a Constituição Federal, caberá especificadamente Recurso Extraordinário no Supremo Tribunal Federal, para que se manifesta se a norma é constitucional ou não. Veja o caso paradigma: Na Rcl. nº 383,[10] assentou-se não configurada a usurpação de competência quando os Tribunais de Justiça analisam, em controle concentrado, a constitucionalidade de leis municipais diante de normas constitucionais estaduais que reproduzem regra da Constituição de observância obrigatória.

11.2.8. Ação Direta de Inconstitucionalidade por Omissão

A concretização da ordem constitucional exige, em certos momentos, normas integrativas. Certas normas da Constituição precisam de complementação legislativa, daí a razão de ser a ADIO.

10. Disponível em: https://redir.stf.jus.br/paginadorpub/paginador.jsp?docTP=AC&docID=86809

O art. 103, § 2º, da CF/1988 prevê que:

> **Art. 103.** (...)
>
> (...)
>
> § 2º declarada a inconstitucionalidade por omissão de medida para tornar efetiva norma constitucional, será dada ciência ao poder competente para adoção de providências necessárias e, em se tratando de órgão administrativo, para fazê-lo em trinta dias.

11.2.8.1. Objeto

O objeto da ação direta de inconstitucionalidade por omissão é a morosidade de órgãos competentes, cuja inércia afeta a efetividade de norma constitucional. Logo, em tese, caberá apenas nas espécies normativas que necessitam de norma constitucional regulamentadora para que possam surtir seus efeitos. Destaca-se, também, por norma regulamentadora é necessário compreender não só as normas legais, como também as demais normas regulamentares (ou seja, aquelas que têm a função de regulamentar diplomas infraconstitucionais), e que, por não terem sido editadas, incorrem em uma omissão. Lembre-se que não se trata apenas do Legislativo, mas, sim, de órgãos e pessoas jurídicas pertencentes aos três Poderes, inclusive da Administração indireta, que deveria fazê-lo por obrigação imposta constitucionalmente.

Impossibilidade jurídica do pedido de conversão do mandado de injunção em ação direta de inconstitucionalidade por omissão. (MI nº 395 QO – rel. min. Moreira Alves – Tribunal Pleno – j. 27-5-1992 – *DJ* 11-9-1992)

11.2.8.2. Legitimidade

Anteriormente, foi abordado que os legitimados serão os do art. 103 da CF/1988 – e sempre se tem que ter o cuidado de identificar os legitimados universais e aqueles que deverão demonstrar pertinência temática. Assim, como se trata de processo objetivo de controle de lei em tese, não se fala em **sujeitos passivos**.

11.2.8.3. Competência

Trata-se de competência originária do Supremo Tribunal Federal, em conformidade com art. 102, I, *a*, da CF/1988.

11.2.9. Ação Declaratória de Constitucionalidade (ADC/ADECON)

Introduzida pela EC nº 3/1993 e aperfeiçoada pela EC nº 45/2004, a ADC tem por finalidade declarar a constitucionalidade de atos normativos federais em face da Constituição, tornando o caso julgado procedente.

11.2.9.1. Objeto

Lei ou ato normativo exclusivamente federal.

Busca-se pacificar conflitos de interpretações judiciais relativas a matéria, com intuito de tornar o que era uma **presunção relativa em uma presunção absoluta de constitucionalidade.**

A palavra-chave, quando se trata de ADC, será sempre a relevante controvérsia judicial, ou seja, devem pairar incertezas, dúvidas ou controvérsias no âmbito judicial.

11.2.9.2. Legitimados ativos

Como anteriormente pontuado, os legitimados serão os do art. 103 da CF/1988 – e sempre se tem que ter o cuidado de identificar os legitimados universais e aqueles que deverão demonstrar pertinência temática. Assim, como se trata de processo objetivo de controle de lei, em tese, não se fala em sujeitos passivos – **desconsiderar o rol reduzido do art. 13 da Lei nº 9.868/1999.**

11.2.9.3. Competência

A competência originária é do Supremo Tribunal Federal, em conformidade com art. 102, I, *a*, da CF/1988.

11.2.10. Arguição de Descumprimento de Preceito Fundamental (ADPF)

Fundamento

A ADPF está prevista no art. 102, § 1º, da CF/1988 (alterado pela EC nº 3/1993): "A arguição de descumprimento de preceito fundamental, decorrente desta Constituição, será apreciada pelo Supremo Tribunal Federal, **na forma da lei**".

A ADPF é regulada pela Lei nº 9.882/1999.

Foi considerada norma de eficácia limitada pelo art. 102, § 1º, CF/1988, até sua regulamentação pela Lei nº 9.882/1999.

Objeto

Campo de atuação da ADPF:

Completude do sistema de controle de constitucionalidade brasileiro. Distinção proposta por André Ramos Tavares.[11]

Inconstitucionalidade (apenas atos normativos) X **Descumprimento** (quaisquer atos do Poder Público - NORMATIVOS E CONCRETOS)

STF e o preceito fundamental: direitos fundamentais, princípios constitucionais, separação de poderes, cláusulas pétreas.

Exemplo de alguns objetos que passaram a ser sindicáveis no âmbito do controle abstrato de constitucionalidade perante o STF:

1) **Atos não normativos do poder público**: atos de efeito concreto; atos políticos; atos normativos secundários (só cabe ADI de atos normativos primários, ou seja, aqueles que retiram seu fundamento de validade diretamente da Constituição Federal).

2) **Leis ou atos normativos municipais:** 1) com base na constituição federal, só caberá controle de constitucionalidade abstrato via ADPF, uma vez que a ADI só é aplicável a atos normativos estaduais e federais em face da Constituição Federal; 2) em relação a constituição estadual, leis ou atos normativos municipais poderão ser controlados com Constituição estadual (art. 125, § 2º, CF/1988), nesse caso, a competência é do Tribunal de Justiça Estadual; (3) poderão ser objeto também de controle pela via difusa, nesse caso, qualquer juiz ou tribunal poderá fazer o controle da lei ou ato normativo municipal, de forma incidental.

3) **Leis ou atos normativos municipais:** (1) a ADI só é aplicável a atos normativos estaduais e federais em face da Constituição Federal; (2) somente existia controle abstrato em face da Constituição estadual (art. 125, § 2º, CF/1988); (3) ou controle difuso.

4) **Leis ou atos normativos anteriores à Constituição**.

Subsidiariedade e ADPF

Essa é uma das principais características dessa ação, ou seja, somente será possível utilizá-la quando não houver outra ação possível para atacar o preceito fundamental violado.

Lei nº 9.882/1999

Art. 4º A petição inicial será indeferida liminarmente, pelo relator, quando não for o caso de argüição de descumprimento de preceito fundamental, faltar algum dos requisitos prescritos nesta Lei ou for inepta.

§ 1º Não será admitida argüição de descumprimento de preceito fundamental quando houver qualquer outro meio eficaz de sanar a lesividade.

Legitimidade

Como tratado alhures, os legitimados serão os do art. 103 da CF/1988, e sempre se tem que ter o cuidado de identificar os legitimados universais e aqueles que deverão demonstrar pertinência temática.

Competência

A competência originária é do Supremo Tribunal Federal, em conformidade com art. 102, I, *a*, da CF/1988.

12. REMÉDIOS CONSTITUCIONAIS

São garantias ao exercício dos direitos fundamentais. Constam nos incisos do art. 5º da CF/1988, logo, também são consideradas cláusulas pétreas.

12.1. *Habeas Data*

O *habeas data* está previsto no art. 5º, LXXII, da CF/1988, com a seguinte redação:

> **Art. 5º** (...)
>
> (...)
>
> LXXII – conceder-se-á *habeas data:*
>
> *a)* para assegurar o conhecimento de informações relativas à pessoa do impetrante, constantes de registros ou bancos de dados de entidades governamentais ou de caráter público;
>
> *b)* para a retificação de dados, quando não se prefira fazê-lo por processo sigiloso, judicial ou administrativo;
>
> (...)

A Lei nº 9.507/1997 regula o *writ* e disciplina seu rito processual.

Novidade entre os *writs*, é uma tutela específica dos direitos e garantias fundamentais que visa assegurar ao cidadão interessado exibição de informações constantes nos registros públicos ou privados, nos quais estejam incluídos seus dados pessoais, para que tome conhecimento e, se for o caso, retifique eventuais erros.

12.1.1. Possibilidades

Direito de acesso aos registros relativos à pessoa do impetrante para:

11. TAVARES, André Ramos. *Curso de direito constitucional*. São Paulo: Saraiva,2018.

a) retificação desses registros;

b) complementação dos registros.

No Brasil, conforme o art. 5º, XXXIII, o acesso à informação é direito de todos e dever do Estado. Para regulamentar esse acesso, foi promulgada a Lei nº 12.527/2011, conhecida como Lei de Acesso à Informação.

O acesso à informação é a regra e o sigilo é a exceção, somente admitida quando for imprescindível para a segurança do Estado e da sociedade.

12.1.2. Habeas data *e a Lei de Acesso à Informação*

Em busca de mais transparência nos três poderes (Executivo, Legislativo e Judiciário), os brasileiros passaram a ter acesso a informações públicas de qualquer órgão público.

12.1.3. Habeas Data *x direito de petição*

Essa garantia do *habeas data* não se confunde com o direito de obter certidões (art. 5º, XXXIV, *b*, da CF/1988) ou informações de interesse particular, coletivo ou geral (art. 5º, XXXIII). Havendo recusa no fornecimento de certidões (para a defesa de direitos ou esclarecimento de situações de interesse pessoal, próprio ou de terceiros), ou informações de terceiros, *o remédio apropriado é o mandado de segurança*, e não o *habeas data*. Se o pedido for para conhecimento de informações relativas à pessoa do impetrante, como visto, o remédio será o *habeas data*.

12.1.4. Legitimidade Ativa

Quem pode impetrar com *habeas data*?

O *habeas data* poderá ser ajuizado por qualquer pessoa física, brasileira ou estrangeira, bem como por pessoa jurídica, entes despersonalizados (massa falida, herança jacente, espólio, sociedade de fato, condomínio). Saliente-se, porém, que a ação é personalíssima, vale dizer, somente poderá ser impetrada pelo titular das informações ou aqueles que os represente (p. ex., o representante do espólio).

É irrelevante a natureza jurídica da entidade, que poderá ser pública ou privada. O aspecto que determinará o cabimento da ação será o fato de o banco de dados ser de caráter público, a exemplo do Serviço de Proteção ao Crédito (SPC).

> ▷ **Importante!** Para o fim de impetrar *habeas data*, é imprescindível que tenha havido o requerimento administrativo e a negativa pela autoridade administrativa de atendê-lo, devendo tal negativa ou omissão da autoridade administrativa vir comprovada na petição inicial (art. 8º, par. ún., da Lei nº 9.507/1997). O silêncio da autoridade no prazo de 10 (dez) dias é suficiente!

Aspecto importante do cabimento do *habeas data* diz respeito à exigência legal de que a ação somente poderá ser impetrada em Juízo diante da prévia negativa da autoridade administrativa de fornecimento (ou de retificação ou de anotação da contestação ou explicação) das informações solicitadas. Trata-se de uma das exceções constitucionais ao princípio do controle jurisdicional imediato (art. 5º, XXXV), configurando hipótese de instância administrativa de curso forçado (a outra hipótese de curso forçado está prevista pelo art. 217, § 1º, da CF/1988).

A impetração do *habeas data* **não está sujeita a prazo prescricional ou decadencial**, podendo a ação ser proposta a qualquer tempo.

Necessária a notificação da autoridade coatora e a solicitação da oitiva do Ministério Público como fiscal da Lei (arts. 9º a 12 da Lei nº 9.507/1997).

No *habeas data*, o sujeito ativo da ação pode ser uma pessoa jurídica, ao contrário do *habeas corpus*.

O STF já considerou possível *habeas data* para a obtenção de informações fiscais.

No *habeas data*, não há necessidade de que o impetrante revele as causas do requerimento ou demonstre que as informações são imprescindíveis à defesa de eventual direito seu, pois o direito de acesso lhe é garantido, independentemente de motivação, até porque o acesso aos próprios dados constitui, na visão da melhor doutrina, uma materialização dos direitos de personalidade.

12.1.5. Cobrança de valores

Tanto o procedimento administrativo quanto a ação judicial de *habeas data* são gratuitos.

Estão vedadas pela Lei quaisquer cobranças de custas ou taxas judiciais dos litigantes, bem como de quaisquer valores para o atendimento do requerimento administrativo.

Ademais, não há ônus de sucumbência (honorários advocatícios) em *habeas data*.

Para o ajuizamento da ação, porém, exige-se advogado.

12.1.6. Competência

Critério: vai depender da autoridade que denegou o acesso à informação. Lembrando que é aquele que detém a informação de caráter público, podendo até mesmo ser órgão ou entidade privada.

Art. 20 da Lei nº 9.507/1997: O julgamento do *habeas data* compete:

I – Originariamente	II – Em grau de recurso
a) ao Supremo Tribunal Federal, contra atos do Presidente da República, das Mesas da Câmara dos Deputados e do Senado Federal, do Tribunal de Contas da União, do Procurador-Geral da República e do próprio Supremo Tribunal Federal; b) ao Superior Tribunal de Justiça, contra atos de Ministro de Estado ou do próprio Tribunal; c) aos Tribunais Regionais Federais contra atos do próprio Tribunal ou de juiz federal; d) a juiz federal, contra ato de autoridade federal, excetuados os casos de competência dos tribunais federais; e) a tribunais estaduais, segundo o disposto na Constituição do Estado; f) a juiz estadual, nos demais casos.	a) ao Supremo Tribunal Federal, quando a decisão denegatória for proferida em única instância pelos Tribunais Superiores; b) ao Superior Tribunal de Justiça, quando a decisão for proferida em única instância pelos Tribunais Regionais Federais; c) aos Tribunais Regionais Federais, quando a decisão for proferida por juiz federal; d) aos Tribunais Estaduais e ao do Distrito Federal e Territórios, conforme dispuserem a respectiva Constituição e a lei que organizar a Justiça do Distrito Federal; III – mediante recurso extraordinário ao Supremo Tribunal Federal, nos casos previstos na Constituição.

▷ **Importante!** Há competências descritas na Constituição Federal em relação ao STF e STJ. Nesse sentido, o art. 102, I, d: competência originária do STF para processar e julgar *habeas data* contra atos do Presidente da República; art. 105, I, b: competência originária do STJ para processar e julgar *habeas data* contra atos dos Ministros de Estado, dos Comandantes da Marinha, do Exército e da Aeronáutica, ou do próprio Tribunal.

12.2. Mandado de Injunção

Inovação no direito brasileiro, previsto no art. 5º, LXXI, da CF/1988, com a seguinte redação:

> **Art. 5º** (...)
>
> (...)
>
> LXXI – conceder-se-á mandado de injunção sempre que a falta de norma regulamentadora torne inviável o exercício dos direitos e liberdades constitucionais e das prerrogativas inerentes à nacionalidade, à soberania e à cidadania; (...)

12.2.1. Fundamento legal

Falta de norma regulamentadora + Inviabilidade do exercício

A Lei nº 13.300/2016 disciplina o processo e o julgamento dos mandados de injunção individual e coletivo, nos termos do inciso LXXI do art. 5º da CF/1988.

12.2.2. Subsidiariedade

Sendo uma característica imprescindível para o mandado de segurança, essa ação somente poderá ser interposta quando não for o caso do habeas corpos ou habeas data, nesse sentido, primeiro é necessário eliminar o cabimento dessas duas ações para então possibilitar a impetração do manado de segurança.

> **Lei nº 13.300/2016**
>
> **Art. 14.** *Aplicam-se subsidiariamente ao mandado de injunção as normas do mandado de segurança,* disciplinado pela Lei nº 12.016, de 7 de agosto de 2009, e do Código de Processo Civil, instituído pela Lei nº 5.869, de 11 de janeiro de 1973, e pela Lei nº 13.105, de 16 de março de 2015, observado o disposto em seus arts. 1.045 e 1.046.

12.2.3. Cabimento

Para André Ramos Tavares[12], há condições constitucionais para o cabimento da ação: 1º) previsão de um direito pela Constituição; 2º) necessidade de uma regulamentação que torne esse direito exercitável; 3º) falta de norma que implemente tal regulamentação; 4º) inviabilização referente aos direitos e liberdades constitucionais e prerrogativas inerentes a nacionalidade, cidadania e soberania; 5º) nexo de causalidade entre a omissão e a inviabilização.

12.2.4. Norma de eficácia limitada e o Mandado de Injunção

Entende-se que o mandado de injunção não terá cabimento nas hipóteses de normas constitucionais de eficácia plena e de eficácia contida, pois ele visa justamente a regulamentação de normas constitucionais de eficácia limitada (de princípio institutivo e de norma programática), que, de regra, exigem legislação posterior para sua aplicação.

Ainda, **não caberá** quando a norma se encontra em fase final do processo legislativo, aguardando para logo sua promulgação e sanção – a norma está em iminência de ser editada pelo órgão competente.

12. TAVARES, André Ramos. *Curso de direito constitucional*. São Paulo: Saraiva, 2018.

Assim, a presente ação é utilizada para suprimir **omissões legislativas** capazes de obstar direitos e liberdades dos cidadãos, para os quais o exercício pleno dos direitos nelas previstos **depende** necessariamente de edição normativa posterior.

▷ **Em resumo:** direito foi garantido pela Constituição, mas o seu exercício encontra-se condicionado à edição de lei regulamentadora ulterior.

12.2.5. Omissão total ou parcial

- Total = inexistência da regulamentação
- Parcial= quando a regulamentação quando forem insuficientes as normas editadas pelo órgão legislador competente.

Lei nº 13.300/2016

Art. 2º Conceder-se-á mandado de injunção sempre que a falta total ou parcial de norma regulamentadora torne inviável o exercício dos direitos e liberdades constitucionais e das prerrogativas inerentes à nacionalidade, à soberania e à cidadania.

Parágrafo único. Considera-se parcial a regulamentação quando forem insuficientes as normas editadas pelo órgão legislador competente.

12.2.6. Legitimidade

Ativo individual	Ativo coletivo	Passivo
Art. 3º São legitimados para o mandado de injunção, como impetrantes, as pessoas naturais ou jurídicas que se afirmam titulares dos direitos, das liberdades ou das prerrogativas referidos no art. 2º.	Art. 12. O mandado de injunção coletivo pode ser promovido: I - pelo Ministério Público; II - por partido político com representação no Congresso Nacional; III - por organização sindical, dispensada, para tanto, autorização especial; IV - pela Defensoria Pública; Parágrafo único. Os direitos, as liberdades e as prerrogativas protegidos por mandado de injunção coletivo são os pertencentes, indistintamente, a uma coletividade indeterminada de pessoas ou determinada por grupo, classe ou categoria.	O Poder, o órgão ou a autoridade com atribuição para editar a norma regulamentadora. STF: O STF firmou o entendimento de que os particulares não se revestem de legitimidade passiva ad causam para o processo do MI, pois somente ao Poder Público é imputável o dever constitucional de produção legislativa. Dessa forma, só podem ser sujeitos passivos do MI entes públicos, não admitindo o STF a formação de litisconsórcio passivo, necessário ou facultativo, entre autoridades públicas e pessoas privadas.

12.2.7. Competência

12.2.7.1. Sujeito Passivo

Figuram nesse polo os órgãos ou autoridades públicas que têm a obrigação de legislar, mas estejam omissos quanto à elaboração da norma regulamentadora.

Ex.: Se a omissão for legislativa federal, o mandado de injunção deverá ser impetrado em face do Congresso Nacional.

O STF firmou o entendimento de que os particulares não se revestem de legitimidade passiva ad causam para o processo do mandado de injunção, pois somente ao Poder Público é imputável o dever constitucional de produção legislativa.

Dessa forma, só podem ser sujeitos passivos do mandado de injunção entes públicos, não admitindo o STF a formação de litisconsórcio passivo, necessário ou facultativo, entre autoridades públicas e pessoas privadas.

12.2.7.2. Decisão em mandado de injunção

Decisão que reconhece o mandado de injunção:

Lei nº 13.300/2016

Art. 8º Reconhecido o estado de mora legislativa, será deferida a injunção para:

I - determinar prazo razoável para que o impetrado promova a edição da norma regulamentadora;

II - estabelecer as condições em que se dará o exercício dos direitos, das liberdades ou das prerrogativas reclamados ou, se for o caso, as condições em que poderá o interessado promover ação própria visando a exercê-los, caso não seja suprida a mora legislativa no prazo determinado.

Parágrafo único. Será dispensada a determinação a que se refere o inciso I do *caput* quando comprovado que o impetrado deixou de atender, em mandado de injunção anterior, ao prazo estabelecido para a edição da norma.

Ou seja, o Poder Judiciário está autorizado, no caso concreto, a decidir como viabilizar o direito que está impedido de ser exercido pela mora. Isso é chamado de postura concretista.

Extensão dos efeitos da decisão:

Lei nº 13.300/2016

Art. 9º *A decisão terá eficácia subjetiva limitada às partes* e produzirá efeitos até o advento da norma regulamentadora.

§ 1º Poderá ser conferida eficácia *ultra partes* ou *erga omnes* à decisão, quando isso for inerente ou indispensável ao exercício do direito, da liberdade ou da prerrogativa objeto da impetração.

§ 2º Transitada em julgado a decisão, *seus efeitos poderão ser estendidos aos casos análogos* por decisão monocrática do relator.

§ 3º O indeferimento do pedido por insuficiência de prova não impede a renovação da impetração fundada em outros elementos probatórios.

▷ **Atenção!**

- **Regra geral: *Inter partes*.**
- **Exceção:** Poderá ter efeitos ***ultra partes*** e ***erga omnes***, em se tratando tanto de casos que dependem para viabilidade do direito quanto para casos semelhantes.

Limites da decisão do mandado de injunção coletivo:

Lei nº 13.300/2016

Art. 13. No mandado de injunção coletivo, a sentença fará *coisa julgada limitadamente às pessoas integrantes da coletividade*, do grupo, da classe ou da categoria substituídos pelo impetrante, sem prejuízo do disposto nos §§ 1º e 2º do art. 9º.

Se a decisão se der pelo indeferimento por falta de provas, mediante novos elementos probatórios, não haverá litispendência. Nesse caso, poder-se-á interpor novamente o Mandado de Injunção.

Lei nº 13.300/2016

Art. 10. Sem prejuízo dos efeitos já produzidos, *a decisão poderá ser revista*, a pedido de qualquer interessado, quando sobrevierem relevantes modificações das circunstâncias de fato ou de direito.

Parágrafo único. A ação de revisão observará, no que couber, o procedimento estabelecido nesta Lei.

O que ocorre se após a decisão em Mandado de Injunção vier edição normativa sobre o que foi objeto desse mandado?

Lei nº 13.300/2016

Art. 11. A norma regulamentadora superveniente produzirá efeitos ex nunc em relação aos beneficiados por decisão transitada em julgado, salvo se a aplicação da norma editada lhes for mais favorável.

▷ **Atenção!**

Regra geral é *ex nunc*. Contudo, se for favorável ao atingido em decisão anterior à produção normativa, os efeitos passam a ser *ex tunc* (retroativos).

12.3. Mandado de Segurança Individual e Coletivo

12.3.1. Fundamento

Constituição Federal

Art. 5º (...)

(...)

LXIX – Conceder-se-á mandado de segurança para proteger direito líquido e certo, não amparado por *habeas corpus* ou *habeas data*, quando o responsável pela ilegalidade ou abuso de poder for autoridade pública ou agente de pessoa jurídica no exercício de atribuições do Poder Público;

LXX – o mandado de segurança coletivo pode ser impetrado por:

a) partido político com representação no Congresso Nacional;

b) organização sindical, entidade de classe ou associação legalmente constituída e em funcionamento há pelo menos um ano, em defesa dos interesses de seus membros ou associados;

(...)

Lei nº 12.016/2009

Art. 1º Conceder-se-á mandado de segurança para proteger direito líquido e certo, não amparado por *habeas corpus* ou *habeas data*, sempre que, ilegalmente ou com abuso de poder, qualquer pessoa física ou jurídica sofrer violação ou houver justo receio de sofrê-la por parte de autoridade, seja de que categoria for e sejam quais forem as funções que exerça.

12.3.2. Histórico

Foi retirado da Constituição Federal de 1937, retornando, posteriormente, à Constituição de 1946.

Admite-se na Constituição Federal de 1988 apenas o mandado de segurança coletivo.

É regulamentado pela Lei nº 12.016/2009 (individual e coletivo).

12.3.3. Direito líquido e certo para fins de Mandado de Segurança

O direito líquido e certo será aquele apto a realizar-se no momento da impetração, ou seja, a liquidez e certeza não residem na vontade normativa e, sim, na materialidade ou existência fática da situação jurídica. A liquidez é imprescindível para admissibilidade do conhecimento do mandado de segurança. Por isso, todas as provas que demonstrem a certeza e a liquidez deverão acompanhar a inicial.

Nem todo o direito é amparado pela via do mandado de segurança: a Constituição exige que o direito invocado seja líquido e certo.

Se a existência do direito for duvidosa, se a sua extensão ainda não estiver delimitada, se o seu exercício depender de situações e fatos ainda indeterminados, não será cabível o mandado de segurança. Esse direito incerto, indeterminado, poderá ser defendido por outras vias, mas não em sede de Mandado de Segurança.

Por essa razão, não há dilação probatória – nem espaço para produção de prova complexa no mandado de segurança. As provas devem ser pré-constituídas, documentais, levadas aos autos do processo no momento da impetração.

Isso significa que a matéria de direito, por mais complexa e difícil que se apresente, pode ser apreciada em mandado de segurança (STF). A alegação de grande complexidade jurídica do direito invocado não é motivo para obstar a utilização do mandado de segurança. A propósito, vide Súm. nº 625 do STF: "Controvérsia sobre matéria de direito não impede concessão de mandado de segurança".

12.3.4. Natureza

O Mandado de Segurança é ação de natureza **residual, subsidiária**, pois somente é cabível quando o direito líquido e certo a ser protegido não for amparado por outros remédios judiciais (*habeas corpus ou habeas data*).

12.3.5. Cabimento

É ato de qualquer autoridade do poder público ou de particular decorrente de delegação (comissivo ou omissivo). Contudo, a lei excepciona que seja contra os atos que comportem recurso administrativo com efeito suspensivo, independentemente de caução:

- ilegalidade ou abuso de poder;
- lesão ou ameaça de lesão;
- contra lei ou ato administrativo se produzirem efeitos concretos e individualizados;
- contra ato que caiba recurso administrativo com efeito suspensivo (em caso de omissão da autoridade);
- contra ato judicial de qualquer instância e natureza, desde que ilegal e violador de direito líquido e certo do impetrante e que não possa ser coibido por recursos comuns (p. ex., recurso que não enseja efeito suspensivo).

É cabível contra o chamado "ato de autoridade", entendido como qualquer manifestação ou omissão do Poder Público ou de seus delegados no desempenho de atribuições públicas.

Logo, de plano, algumas situações podem ser afastadas:

> **Lei nº 12.016/2009**
>
> **Art. 5º** *Não se concederá mandado de segurança quando se tratar:*
>
> I – de ato do qual caiba recurso administrativo com efeito suspensivo, independentemente de caução;
>
> II – de decisão judicial da qual caiba recurso com efeito suspensivo;
>
> III – de decisão judicial transitada em julgado.

12.3.6. Legitimidade

Ativo individual	Ativo coletivo	Passivo
Pessoa física ou jurídica, órgão público ou universalidade patrimonial (ex.: condomínio, espólio, massa falida). Em se tratando de particular, não há limitação à legitimidade ativa.	Art. 21. O mandado de segurança coletivo pode ser impetrado por partido político com representação no Congresso Nacional, na defesa de seus interesses legítimos relativos a seus integrantes ou à finalidade partidária, ou por organização sindical, entidade de classe ou associação legalmente constituída e em funcionamento há, pelo menos, 1 (um) ano, em defesa de direitos líquidos e certos da totalidade, ou de parte, dos seus membros ou associados, na forma dos seus estatutos e desde que pertinentes às suas finalidades, dispensada, para tanto, autorização especial.	a) autoridade pública de qualquer dos poderes da União, dos Estados, do DF e dos Municípios, bem como de suas autarquias, fundações públicas, empresas públicas e sociedades de economia mista; b) agente de pessoa jurídica privada, desde que no exercício de atribuições do Poder Público (só responderão se estiverem, por delegação, no exercício de atribuições do Poder Público). Importante! A autoridade coatora será o agente delegado (que recebeu a atribuição) e não a autoridade delegante (que efetivou a delegação). Esse é o teor da Súm. nº 510 do STF.

12.3.7. Ministério Público

O Ministério Público sempre atua como parte autônoma, com intuito de zelar pela aplicação da lei e regularidade do processo. **A falta de intimação do Ministério Público pode ser matéria de nulidade.** Agora, poderá ele tutelar em nome próprio ou em nome daqueles pelos quais é designado a representar e defender segundo a lei.

12.3.8. Prazo

O prazo para impetrar é decadencial de 120 dias.

> **Lei nº 12.016/2009**
>
> **Art. 23.** O direito de requerer mandado de segurança extinguir-se-á decorridos 120 (cento e vinte) dias, contados da ciência, pelo interessado, do ato impugnado.

12.3.9. Competência

Tem-se que aqui trabalhar por exclusão, ou seja, primeiro busca-se identificar se não é o caso de competência enumerada na Constituição:

> **Constituição Federal**
>
> **Art. 102.** Compete ao Supremo Tribunal Federal, precipuamente, a guarda da Constituição, cabendo-lhe:
>
> I – processar e julgar, originariamente:
>
> (...)
>
> *d)* o *habeas corpus*, sendo paciente qualquer das pessoas referidas nas alíneas anteriores; o mandado de segurança e o *habeas data* contra atos do Presidente da República, das Mesas da Câmara dos Deputados e do Senado Federal, do Tribunal de Contas da União, do Procurador-Geral da República e do próprio Supremo Tribunal Federal;
>
> (...)
>
> II – julgar, em recurso ordinário:
>
> *a)* o *habeas corpus*, o mandado de segurança, o *habeas data* e o mandado de injunção decididos em única instância pelos Tribunais Superiores, se denegatória a decisão;
>
> (...)
>
> **Art. 105.** Compete ao Superior Tribunal de Justiça:
>
> I – processar e julgar, originariamente:
>
> (...)
>
> *b)* os mandados de segurança e os *habeas data* contra ato de Ministro de Estado, dos Comandantes da Marinha, do Exército e da Aeronáutica ou do próprio Tribunal;
>
> (...)
>
> II – julgar, em recurso ordinário:
>
> *b)* os mandados de segurança decididos em única instância pelos Tribunais Regionais Federais ou pelos tribunais dos Estados, do Distrito Federal e Territórios, quando denegatória a decisão;
>
> (...)
>
> **Art. 108.** Compete aos Tribunais Regionais Federais:
>
> I – processar e julgar, originariamente:
>
> (...)
>
> *c)* os mandados de segurança e os *habeas data* contra ato do próprio Tribunal ou de juiz federal;
>
> (...)
>
> II – julgar, em grau de recurso, as causas decididas pelos juízes federais e pelos juízes estaduais no exercício da competência federal da área de sua jurisdição.
>
> **Art. 109.** Aos juízes federais compete processar e julgar:
>
> (...)
>
> VIII – os mandados de segurança e os *habeas data* contra ato de autoridade *federal, excetuados os casos de competência dos tribunais federais;*
>
> (...)

> Ex.: Autoridade estadual, serventuários e dirigentes estaduais ou municipais – competência da Justiça Estadual (juiz de primeiro grau).
>
> Autoridade Federal – Justiça Federal.
>
> Juiz de Direito – Tribunal de Justiça.
>
> Juiz Federal – Tribunal Regional Federal.
>
> TJ, TRF, STJ OU STF – o pleno ou o órgão especial dos tribunais.

12.3.9.1. Regra Geral

Juiz de 1º grau

1) Autoridades Municipais de qualquer órgão (Executivo, Legislativo, Administração Indireta), salvo se a Constituição estadual dispuser de maneira diversa, o que é incomum.
2) Autoridades estaduais (Executivo, Legislativo e Judiciário).

12.3.9.2. Exceções

1) Quando a autoridade coatora é Juiz, Mesa da Assembleia Legislativa, Tribunal de Contas, Governador, Secretários de Estado e Membros do Ministério Público, a Constituição Federal não especifica expressamente, mas geralmente é o TJ local.
2) Se for juiz de JEC: Câmara Recursal (Súm. nº 376 do STJ).

Admite-se desistência, independentemente do consentimento do impetrado. Porém, segundo a jurisprudência do STF, essa faculdade de desistência encontra limite no julgamento de mérito da causa. Assim, uma vez julgado o mérito do Mandado de Segurança, o demandante pode até desistir de recurso eventualmente interposto, mas a decisão recorrida será mantida intacta, pois não lhe será permitido desistir do processo, sobretudo quando a decisão lhe for desfavorável.

12.3.10. Modalidades

O Mandado de Segurança pode ser repressivo ou preventivo, conforme se destine a reparar uma ilegalidade ou abuso de poder já praticados ou apenas a afastar uma ameaça de lesão ao direito líquido e certo do impetrante.

12.4. Mandado de Segurança Coletivo

Importante lembrar alguns pontos sobre o mandado de segurança coletivo.

> **Lei nº 12.016/2007**
>
> **Art. 21.** (...)
>
> Parágrafo único. Os direitos protegidos pelo mandado de segurança coletivo podem ser:
>
> I - coletivos, assim entendidos, para efeito desta Lei, os transindividuais, de natureza indivisível, de que seja titular grupo ou categoria de pessoas ligadas entre si ou com a parte contrária por uma relação jurídica básica;
>
> II - individuais homogêneos, assim entendidos, para efeito desta Lei, os decorrentes de origem comum e da atividade ou situação específica da totalidade ou de parte dos associados ou membros do impetrante.

12.5. Ação Popular

O objeto da ação popular é anular atos comissivos ou omissivos que sejam lesivos ao patrimônio público e condenar os responsáveis pelo dano a restituir o bem ou indenizar por perdas e danos.

Na ação popular, pede-se a anulação do ato lesivo e a condenação dos responsáveis ao pagamento de perdas e danos ou à restituição de bens e valores, conforme a letra da lei.

Assim, pode-se extrair da própria finalidade da ação o direito de fiscalizar a coisa pública, um importante instrumento posto à disposição do cidadão para a proteção do patrimônio da comunidade.

Ilegalidade e lesividade representam a necessidade de se provar o vício do ato e a lesão causada ao patrimônio público em sua virtude.

Lesão ao patrimônio público, por último, é exemplificada já na letra da Lei nº 4.717/1965, regulamentadora da *actio popularis*, ou ainda à moralidade administrativa, ao meio ambiente, ao patrimônio histórico e cultural.

Atos com presunção de ilegalidade ou lesividade sujeitos à anulação por meio de ação popular:

12.5.1. Conceito de patrimônio público

O mais amplo possível, abrange coisas corpóreas ou incorpóreas, móveis ou imóveis, créditos, direitos, ações que pertençam a qualquer ente administrativo, bem como sua administração indireta.

> **Lei nº 4.717/1965**
>
> **Art. 1º** (...)
>
> § 1º Consideram-se patrimônio público para os fins referidos neste artigo, os bens e direitos de valor econômico, artístico, estético, histórico ou turístico.

▷ Obs.: Ter-se-á quase sempre, no polo passivo, a pluralidade de sujeitos, invocando também aqueles que de alguma forma tenham contribuído para ação ou omissão e, até mesmo, terceiros beneficiados.

É facultado a qualquer cidadão se habilitar como litisconsorte ou assistente no processo.

12.5.2. Falta de legitimação

a) Quem teve cancelada a naturalização por sentença transitada em julgado.
b) Quem teve sua nacionalidade cancelada administrativamente.
c) Suspensão dos direitos civis por incapacidade absoluta.
d) Suspensão dos direitos políticos por condenação criminal transitada em julgado.
e) Perda do direito político por recusa de cumprimento de obrigação a todos imposta sem o cumprimento de prestação alternativa.
f) Suspensão dos direitos políticos por condenação em ato de improbidade.

12.5.3. Da procedência ou improcedência

Procedente a demanda, o juiz invalidará os atos ilegais e condenará os responsáveis e os seus beneficiários a indenizarem em perdas e danos os prejudicados, não se esquecendo de que, quando proclamada a responsabilidade da administração pública e tendo ela que arcar com os prejuízos causados, dolosa ou culposamente, por seus funcionários, terá ação de regresso contra o agente causador do dano a ressarcir integralmente o erário público.

Já na improcedência do pedido popular, o responsável pela ação só arcará com as custas processuais e os honorários advocatícios, se for comprovada a sua má-fé ao intentá-la.

12.6. Ação Civil Pública

A ação civil pública, disciplinada pela Lei nº 7.347, de 24-7-1985, é um instrumento processual que reprime ou impede atos lesivos ao meio ambiente, ao consumidor, a bens e direitos de valor artístico, estético, histórico, turístico e paisagístico e por infrações da ordem econômica, protegendo, assim, os interesses difusos da sociedade.

Note-se que ela não está prevista no rol de garantias de direitos fundamentais do art. 5º da CF/1988, o que não impede que não o seja por equiparação, dado o conteúdo de direitos que ela visa tutelar, isso ocorre porque é um instrumento destinado à tutela dos novos direitos.

12.6.1. Requisitos

Deve ter ocorrido, ou haver a ameaça de ocorrer, dano ou lesão contra o meio ambiente, o consumidor, a ordem econômica, a livre concorrência, patrimônios histórico, turístico, artístico, paisagístico, estético, bem como a qualquer outro interesse difuso ou direito coletivo.

a) Trata-se de direito coletivo.

b) Os sujeitos são indeterminados, mesmo que os direitos sejam individuais.

c) A forma de propositura é coletiva, pois são direitos de origem comum.

d) O objeto é indivisível.

Ainda que haja outros legitimados, para o Ministério Público é um dever agir quando estiverem presentes as condições ensejadoras da ação, ao passo que para os demais é uma faculdade, podendo, inclusive, atuar de ofício, sem necessidade de provocação.

O inquérito é peça instrutória da Ação Civil Pública, contudo, não é indispensável, significando dizer que ela pode ou não ser precedida do inquérito. Em verdade, torna-se dispensável o inquérito civil quando as provas existentes do ato lesivo já sejam, por si só, capazes de prover a ação civil pública.

Quando a ação for proposta por algum dos outros legitimados, e houver desistência infundada ou abandono da ação, o Ministério Público ou outro legitimado assumirá a titularidade ativa, pois se trata da indisponibilidade do interesse público.

> ▷ Obs.: Fiscal da lei. Importante mencionar que quando o Ministério Público não figurar como parte, deverá, obrigatoriamente, intervir como fiscal da lei.

12.6.2. Legitimidade passiva

Em se tratando de polo passivo, qualquer pessoa que tenha causado lesão ou ameaça de lesão aos bens jurídicos por ela tutelados pode figurar como ré na ação civil pública, incluindo-se pessoas físicas ou jurídicas, privadas ou públicas, entes federados e entidades da administração pública indireta.

Na Ação Civil Pública, não existe foro por prerrogativa de função, sendo a competência para processo e julgamento dessa ação determinada pelo local onde ocorreu o dano. Salvo quando o ato lesivo é imputado a pessoa jurídica que tenha foro na Justiça Federal, a Ação Civil Pública deverá ser ajuizada e julgada originariamente por juízes ordinários estaduais.

◉ QUESTÕES DE DIREITO CONSTITUCIONAL – ASSUNTOS MAIS RECORRENTES

01. FGV - OAB - 39º Exame de Ordem Unificado - Primeira Fase – Q11

Bento de Souza, governador do Estado Alfa, reconhecido como grande gestor público, foi indicado para assumir a presidência da Petrobras pelo Presidente da República. Honrado com o convite e inclinado a aceitá-lo, busca orientação com seu advogado(a) a respeito da possibilidade de cumular os dois cargos.

Com base no ordenamento jurídico-constitucional brasileiro, assinale a opção que indica a orientação dada pelo(a) advogado(a).

a) Na eventualidade de Bento aceitar o convite para assumir a presidência da Petrobras, perderá o mandato de governador do Estado Alfa.

b) Bento pode assumir o cargo na Petrobras, caso peça licença do cargo para o qual foi eleito, a ele podendo retornar, caso se exonere do cargo na sociedade de economia mista.

c) Bento pode acumular os dois cargos públicos, devendo optar pela remuneração de Governador ou pela remuneração de presidente da Petrobras.

d) Bento, após sua diplomação, mesmo que renunciasse ao cargo de governador, está proibido de assumir, no período para o qual foi eleito, o cargo de presidente da Petrobras.

02. FGV - OAB - 39º Exame de Ordem Unificado - Primeira Fase – Q12

O Governador do Estado Alfa, recém-empossado, apresentou projeto de lei à Assembleia Legislativa no qual propôs políticas de proteção específicas, direcionadas às pessoas com deficiência no âmbito do seu Estado, visto ser esta uma de suas pautas durante a campanha eleitoral. Com base na situação hipotética narrada e no sistema jurídico-constitucional brasileiro, em relação ao projeto de lei, assinale a opção correta.

a) A competência para legislar sobre a proteção das pessoas com deficiência é matéria de interesse local, de competência dos Municípios.

b) Os Estados podem legislar concorrentemente com a União sobre a matéria.

c) À União compete, privativamente, legislar sobre a proteção das pessoas com deficiência.

d) O projeto de lei está de acordo com a CRFB/88, visto que trata de matéria que o texto constitucional dispõe, expressamente, ser afeta à competência residual dos Estados.

03. FGV - OAB - 39º Exame de Ordem Unificado - Primeira Fase – Q13

Emenda à Constituição inseriu novo direito social na Constituição Federal de 1988. Da análise do dispositivo normativo extraiu-se que a fruição do direito ali previsto somente seria possível com sua devida disciplina legal. Passados sete anos sem que o Congresso Nacional tivesse elaborado a referida regulamentação, mesmo após decisões do Supremo Tribunal Federal que reconheciam a mora e determinavam prazo razoável para a edição da norma regulamentadora, Fernando, que entende fazer jus a tal direito, procurou você, como advogado(a), a fim de saber se há alguma providência judicial a ser tomada para que possa usufruir do direito constitucionalmente previsto.

Sobre a hipótese, de acordo com o sistema jurídico-constitucional vigente, assinale a afirmativa que apresenta, corretamente, sua orientação.

a) A via judicial não é cabível, posto que, com base no princípio da separação de poderes, somente a produção de lei regulamentadora pelo Congresso Nacional viabilizará a fruição do referido direito social.

b) Fernando poderá ingressar com mandado de injunção perante o Superior Tribunal de Justiça, o qual, reconhecendo a existência de mora por parte do Congresso Nacional, poderá determinar que este Tribunal edite a lei regulamentadora imediatamente.

c) O mandado de injunção, a ser impetrado por Fernando perante o Supremo Tribunal Federal, pode ser utilizado para requerer que o Tribunal estabeleça as condições em que se dará o exercício do referido direito social, de modo a permitir a sua fruição.

d) Fernando tem a possibilidade de ajuizar uma ação direta de inconstitucionalidade por omissão perante o Supremo Tribunal Federal, requerendo que o Tribunal promova sua implementação imediata para todos que façam jus ao direito social.

04. FGV - OAB - 39º Exame de Ordem Unificado - Primeira Fase – Q14

O Presidente da República promulgou a Lei Federal XX/2022, versando sobre certa matéria, que também poderia ser objeto de medida provisória. Tal lei vem sendo aplicada normalmente por diversos órgãos judiciais e administrativos do País.

No entanto, convicto da inconstitucionalidade da Lei Federal XX/2022, um legitimado resolveu ajuizar ação direta de inconstitucionalidade (ADI) perante o Supremo Tribunal Federal (STF) contra o referido diploma legal. No julgamento da ADI, o Plenário do STF resolve, por maioria absoluta de seis Ministros, julgar procedente o pedido e declarar a inconstitucionalidade da Lei Federal XX/2022. Com base na situação hipotética apresentada, assinale a opção que está de acordo com o sistema brasileiro de controle de constitucionalidade.

a) A decisão final de mérito do STF no julgamento da ADI em tela vincula todo o Poder Judiciário, incluindo o próprio Pleno do Tribunal.

b) O Presidente da República poderá editar medida provisória sobre a matéria, porque, ao exercer função legislativa, não está vinculado à decisão definitiva de mérito do STF, proferida em sede de ADI.

c) A decisão definitiva de mérito proferida pelo STF no julgamento da referida ADI produz eficácia erga omnes, porque vincula plenamente todos os três Poderes do Estado (Executivo, Legislativo e Judiciário).

d) Apenas a Administração Pública direta, nas esferas federal, estadual e municipal, está vinculada à decisão definitiva de mérito proferida pelo STF em sede de ADI.

05. FGV - OAB - 39º Exame de Ordem Unificado - Primeira Fase – Q15

À luz de um caso concreto, que envolvia um cliente do escritório, dois advogados iniciaram um debate sobre a relevância do instituto da Súmula Vinculante como instrumento de interpretação. O primeiro advogado ressaltou que a importância destas súmulas é justificada por vincularem todas as estruturas estatais de poder, com exceção do Supremo Tribunal Federal (STF), criando, assim, uma estabilidade jurídica dos significados da Constituição. O segundo advogado disse que achava que o colega estava equivocado, pois o STF também estaria vinculado ao seu entendimento. Sobre o impasse surgido, de acordo com o sistema jurídico- constitucional brasileiro, assinale a afirmativa correta.

a) Os dois advogados estão equivocados, pois as súmulas vinculantes não vinculam o STF, que as edita e revê, nem tampouco o Poder Legislativo, que possui plena autonomia para legislar, mesmo em sentido contrário ao das súmulas vinculantes.

b) Os dois advogados estão equivocados, pois as súmulas vinculantes não vinculam o STF, que as edita e revê, nem tampouco o Superior Tribunal de Justiça, por ser o intérprete da legislação federal.

c) O primeiro advogado está certo e o segundo errado, pois as súmulas vinculantes, de acordo com a Constituição, vinculam todas as estruturas estatais de poder, com exceção apenas do STF, que zela pela adaptabilidade da Constituição à realidade.

d) O segundo advogado está certo e o primeiro equivocado, pois as súmulas vinculantes, de acordo com a Constituição, vinculam todas as estruturas estatais de poder, sem exceção, em razão da rigidez constitucional.

06. FGV - OAB - 39º Exame de Ordem Unificado - Primeira Fase – Q16

Vários municípios, pertencentes a diferentes estados-membros da Federação, vêm reproduzindo o teor da Lei XXX/2019, do Município Alfa. Esses diplomas vêm causando grande polêmica no mundo jurídico, já que diversos Tribunais de Justiça têm se dividido quanto à constitucionalidade ou inconstitucionalidade das referidas leis municipais. Os componentes da Mesa do Senado Federal, cientes da insegurança que tal divergência gera ao ambiente jurídico, analisam a possibilidade de, diante da grande disparidade das posições assumidas pelos diversos Tribunais de Justiça, ajuizar uma Ação Declaratória de Constitucionalidade (ADC).

Em consonância com o sistema jurídico-constitucional brasileiro, assinale a opção que deve ser apresentada aos componentes da Mesa do Senado Federal.

a) A ação prevista não geraria os resultados esperados quanto à segurança jurídica, pois uma decisão nesta espécie de ação não produz efeitos erga omnes.

b) A Mesa do Senado Federal não possui legitimidade ativa para a proposição de ação de controle concentrado do tipo apresentado.

c) Embora a decisão proferida na ação produza efeitos erga omnes, as normas municipais não poderiam ser objeto de avaliação por esta ação específica.

d) A Lei XXX/2019, em razão da natureza do ente federativo que a produziu, somente pode ser objeto de análise pela via do controle difuso de constitucionalidade.

07. FGV - OAB - 36º Exame de Ordem Unificado - Primeira Fase – Q11

Dois Estados de determinada região do Brasil foram atingidos por chuvas de tal magnitude que o fenômeno foi identificado como calamidade de grandes proporções na natureza. A ocorrência gerou graves ameaças à ordem pública, e o Presidente da República, após ouvir o Conselho da República e o de Defesa Nacional, decretou o estado de defesa, a fim de reestabelecer a paz social.

No decreto instituidor, indicou, como medida coercitiva, a ocupação e o uso temporário de bens e serviços públicos dos Estados atingidos, sem direito a qualquer ressarcimento ou indenização por danos e custos decorrentes.

Segundo o sistema jurídico-constitucional brasileiro, no caso em análise,

a) houve violação ao princípio federativo, já que o uso e a ocupação em tela importam em violação à autonomia dos Estados atingidos pela calamidade natural de grandes proporções.

b) a medida coercitiva é constitucional, pois a decretação de estado de defesa confere à União poderes amplos para combater, durante um prazo máximo de noventa dias, as causas geradoras da crise.

c) a medida coercitiva em tela viola a ordem constitucional, pois a União deve ser responsabilizada pelos danos e custos decorrentes da ocupação e uso temporário de bens e serviços de outros entes.

d) a medida coercitiva, nos termos acima apresentados, somente será constitucional se houver prévia e expressa autorização de ambas as casas do Congresso Nacional.

08. FGV - OAB - 36º Exame de Ordem Unificado - Primeira Fase – Q13

Antônio foi condenado em definitivo pela prática de diversos crimes em concurso material. Além da privação da liberdade, também foi condenado, cumulativamente, à pena de multa e à obrigação de ressarcir os danos causados às vítimas das práticas criminosas. Em caso de falecimento de Antônio, com base no texto constitucional, é correto afirmar que,

a) à exceção das penas privativas de liberdade, todas as demais podem ser estendidas aos sucessores de Antônio até o limite do valor do patrimônio transferido.

b) pelo princípio da intransmissibilidade da pena, nenhuma das obrigações ou penas decorrentes da prática criminosa pode ser transferida aos sucessores de Antônio.

c) apenas a pena de multa e obrigações de cunho patrimonial podem ser estendidas aos sucessores de Antônio até o limite do valor do patrimônio transferido.

d) a obrigação de reparar os danos causados às vítimas pode ser estendida aos sucessores de Antônio e contra eles executada até o limite do valor do patrimônio transferido.

09. FGV - OAB - 35º Exame de Ordem Unificado - Primeira Fase – Q12

Um agente público federal, em entrevista a jornal de grande circulação, expressou sua insatisfação com o baixo índice de desenvolvimento econômico e social de aproximadamente 25 por cento do amplo território ocupado pelo Estado Alfa, mais precisamente da parte sul do Estado. Por entender que a autoridade estadual não possui os recursos necessários para implementar políticas que desenvolvam essa região, afirma que faz parte da agenda do governo federal transformar a referida área em território federal. O Governador de Alfa, preocupado com o teor do pronunciamento, solicita que os procuradores do Estado informem se tal medida é possível, segundos os parâmetros estabelecidos na Constituição Federal de 1988. O corpo jurídico, então, responde que

a) embora na atual configuração da República Federativa do Brasil não conste nenhum território federal, caso venha a ser criado, constituirá um ente dotado de autonomia política plena.

b) embora não exista território federal na atual configuração da República Federativa do Brasil, a Constituição Federal de 1988 prevê, expressamente, a possibilidade de sua criação.

c) em respeito ao princípio da autonomia estadual, somente seria possível a criação de território pelo Governador de Alfa, a quem caberia a responsabilidade pela gestão.

d) ainda que o Brasil já tenha tido territórios federais, a Constituição Federal não prevê tal modalidade, o que afasta a possibilidade de sua criação.

10. FGV - OAB - 35º Exame de Ordem Unificado - Primeira Fase - Q17

Em decisão de mérito proferida em sede de ação direta de inconstitucionalidade (ADI), os Ministros do Supremo Tribunal Federal declararam inconstitucional o Art. 3º da Lei X. Na oportunidade, não houve discussão acerca da possibilidade de modulação dos efeitos temporais da referida decisão. Sobre a hipótese, segundo o sistema jurídico-constitucional brasileiro, assinale a afirmativa correta.

a) A decisão está eivada de vício, pois é obrigatória a discussão acerca da extensão dos efeitos temporais concedidos à decisão que declara a inconstitucionalidade.

b) A decisão possui eficácia temporal ex tunc, já que, no caso apresentado, esse é o natural efeito a ela concedido.

c) Nesta específica ação de controle concentrado, é terminantemente proibida a modulação dos efeitos temporais da decisão.

d) A decisão em tela possui eficácia temporal ex nunc, já que, no caso acima apresentado, esse é o efeito obrigatório.

DIREITO CONSTITUCIONAL				
1 - A	2 - B	3 - C	4 - B	5 - A
6 - C	7 - C	8 - D	9 - B	10 - B

CONSTITUCIONAL

DIREITO CONSTITUCIONAL – QUESTÕES DA PROVA DO 43º EXAME DA OAB

01. FGV - OAB - 43º Exame de Ordem Unificado - Primeira Fase - Q011 A Comissão Parlamentar Permanente da Câmara dos Deputados convocou um Ministro de Estado para prestar esclarecimentos sobre um episódio ocorrido em sua pasta. O Ministro consultou você, na condição de profissional designado(a) para prestar assessoria jurídica à pasta, se ele deveria mesmo ir, já que não se tratava de uma Comissão Parlamentar de Inquérito (CPI), que possuiria poderes de investigação próprios das autoridades judiciais.

Com base na situação descrita e no sistema jurídico-constitucional brasileiro de 1988, assinale a afirmativa correta.

a) O Ministro de Estado deve comparecer, mesmo não se tratando de uma convocação realizada por CPI, pois a Comissão Parlamentar Permanente da Câmara dos Deputados tem, de acordo com a CRFB/88, competência para convocá-lo.

b) A CRFB/88 estabelece que o Ministro de Estado, como autoridade do Poder Executivo Federal, não pode ser convocado para prestar esclarecimentos à Comissão Parlamentar Permanente, sob pena de afronta ao princípio da separação dos Poderes.

c) Assiste razão ao Ministro de Estado, porque, para prestar esclarecimentos a respeito de episódio ocorrido em sua pasta, ele só pode ser convocado por CPI, que possui poderes próprios das autoridades judiciais, incluindo o de tomar depoimentos de autoridades.

d) Como o Ministro de Estado goza das mesmas imunidades do Presidente da República, já que atua por delegação desse último agente, não pode ser convocado por Comissão Parlamentar Permanente para prestar esclarecimentos sobre episódio ocorrido em sua pasta.

02. FGV - OAB - 43º Exame de Ordem Unificado - Primeira Fase - Q12 Em razão de fenômenos climáticos que vêm ocorrendo de forma reiterada nos últimos anos, os Estados de determinada região do país vêm sofrendo grandes perdas econômicas, o que acentua o desequilíbrio socioeconômico em relação às demais regiões do país.

Por haver no plano federal o entendimento de serem necessárias medidas que incentivem as atividades econômicas da região prejudicada, surgiu a proposta para que bancos estatais concedessem juros favorecidos para financiar atividades consideradas prioritárias para a região. A essa proposta se opôs o Governador do Estado Beta, que, entendendo haver inconstitucionalidade nela, solicitou aconselhamento jurídico ao seu corpo de advogados.

Sobre a hipótese, segundo a perspectiva jurídico-constitucional brasileira, assinale a opção que apresenta, corretamente, a orientação recebida.

a) O governador do Estado Beta está correto, em razão da violação ao princípio da igualdade de tratamento entre as regiões de um Estado Federal.

b) A medida encontra respaldo constitucional por ser o combate às desigualdades regionais um objetivo fundamental da República.

c) A proposta de bancos estatais oferecerem juros favorecidos afronta a ordem constitucional, mesmo que seja lícito combater as desigualdades regionais.

d) O combate às desigualdades regionais não configura tema de índole constitucional, sendo seu enfrentamento delineado pela via legal, conforme a opção política do legislador.

03. FGV - OAB - 43º Exame de Ordem Unificado - Primeira Fase – Q13 O Presidente da República emitiu decreto autônomo, disciplinando a organização e o funcionamento da Administração Federal. O Senador da República Joelson Cruz, Presidente do Partido Político Beta, entende que esse decreto viola a Constituição da República, além de contrariar o interesse público. Por essa razão, pretende que o seu Partido ajuíze uma ação, pela via do controle concentrado de constitucionalidade, contra o ato presidencial. Todavia, por não ter formação jurídica, procura os advogados do Partido Político Beta, a fim de que lhe instruam sobre a melhor maneira de concretizar o seu intento.

Diante disso, considerando o que estabelece o sistema jurídico constitucional brasileiro, os advogados informaram, corretamente, que o decreto autônomo

a) deve ser atacado com o ajuizamento de ação popular, por se tratar de ato do Poder Executivo e em razão dos objetivos desejados pelo Senador Joelson Cruz.

b) não se submete ao controle concentrado de constitucionalidade, pois esse tipo de diploma não possui natureza normativa, apresentando natureza mandamental.

c) pode ser objeto de ação direta de inconstitucionalidade, por ser um diploma normativo que busca seu fundamento de validade diretamente na Constituição da República.

d) só pode ser objeto de apreciação por meio de arguição de descumprimento de preceito fundamental, pois esse é o instrumento adequado para impugnar atos administrativos do Poder Executivo.

04. FGV - OAB - 43º Exame de Ordem Unificado - Primeira Fase – Q14 O Presidente da República, por ter alegadamente atuado com o intuito de beneficiar pessoas de seu círculo de amizades pessoais, é acusado de influir diretamente no resultado de uma grande licitação, cujo procedimento ocorreu em órgão do Ministério X.

Enzo, francês nato e naturalizado brasileiro, com candidatura deferida para disputar a eleição para vereador no Município em que reside, resolve consultá-lo(a), como advogado(a), para saber se ele poderia ajuizar uma ação constitucional para anular a referida licitação e para preservar a intangibilidade do patrimônio público, bem como a integridade do princípio da moralidade administrativa.

Analisando a narrativa à luz do sistema jurídico-constitucional, assinale a afirmativa que apresenta, corretamente, a solução para o caso em tela.

a) Enzo, por ser francês nato, não tem legitimidade ativa para ajuizar ação constitucional com o objetivo almejado, mas pode impetrar um mandado de segurança perante o Superior Tribunal de Justiça para sustar a eficácia do ato.

b) Enzo, na qualidade de cidadão brasileiro, pode ajuizar uma ação popular perante o Supremo Tribunal Federal.

c) Enzo, no exercício de direito fundamental, pode ajuizar uma ação civil pública com o objetivo de proteger o interesse difuso de uma Administração Pública proba.

d) Enzo, por ser naturalizado brasileiro e ostentar a qualidade de cidadão, pode ajuizar uma ação popular perante o Juízo competente de primeiro grau.

05. FGV - OAB - 43º Exame de Ordem Unificado - Primeira Fase – Q15 João, pessoa com deficiência, beneficiária de pensão alimentícia devida pelo Estado Beta, ingressou com ação judicial para receber valores atrasados. Após desfecho favorável a João, o Poder Judiciário determinou que o pagamento dos débitos alimentares em precatórios seja efetuado, de acordo com a ordem cronológica de apresentação, sem estabelecer qualquer prioridade para João.

Com base na situação descrita e no sistema jurídico-constitucional brasileiro, assinale a opção que apresenta, corretamente, o esclarecimento que você, como advogado(a), daria a João.

a) João, por ser pessoa com deficiência, tem preferência no recebimento de precatórios referentes a débitos alimentares, independentemente do montante dos valores devidos.

b) As pessoas com deficiência, como João, tal como outras classes de pessoas, têm preferência no recebimento de precatórios referentes a débitos alimentares, observados os balizamentos estabelecidos pela ordem jurídica.

c) A pessoa com deficiência tem preferência absoluta, em relação a qualquer outro credor, no recebimento de precatórios e dívidas de pequeno valor, somente em casos de débitos alimentares de até cinco salários mínimos.

d) A preferência no recebimento de precatórios não se aplica a débitos alimentares, mesmo que se trate de pessoa com deficiência, considerando que todos os credores têm a mesma necessidade vital.

06. FGV - OAB - 43º Exame de Ordem Unificado - Primeira Fase – Q16 Durante um violento temporal, em que as chuvas torrenciais poderiam levar ao desabamento de uma casa, os bombeiros militares ingressaram em um domicílio, sem o consentimento do morador, à noite, para socorrer as pessoas que estavam no imóvel. Posteriormente, o morador propôs ação indenizatória por danos morais em face do ente federativo ao qual os bombeiros militares estavam vinculados, argumentando que o referido ingresso fora ilícito.

Sobre a hipótese narrada, com base no sistema constitucional brasileiro, assinale a afirmativa correta.

a) A medida adotada pelos bombeiros militares, a despeito da boa intenção deles, foi incorreta, pois o domicílio é inviolável, o que pressupõe a autorização do morador para que pudessem ingressar no local e prestar socorro.

b) A ação indenizatória não prosperará, pois os bombeiros militares, diante do desastre iminente, não precisam de consentimento do morador do imóvel para prestar socorro.

c) A despeito do direito à inviolabilidade do domicílio não ser absoluto, o consentimento do morador somente pode ser dispensado por determinação judicial, logo a ação dos bombeiros foi ilícita.

d) Houve desproporcionalidade na atuação dos agentes, o que permite a condenação do ente federativo na ação indenizatória, visto que a prestação de socorro, sem consentimento do morador, só pode ocorrer durante o dia.

GABARITO		
1 - A	2 - B	3 - C
4 - D	5 - B	6 - B

DIREITOS HUMANOS

Mateus Silveira

Sumário

1. CONCEITOS, TEORIAS E ESTRUTURAS GERAIS DOS DIREITOS HUMANOS

1.1. Fontes, princípios e classificação dos Direitos Humanos

Conceituarmos direitos humanos é algo desafiador, pois podemos apresentar diversos conceitos que se complementam, tais como o conjunto de direitos e garantias assegurados nas declarações e nos tratados internacionais de direitos humanos e o conjunto de direitos considerados indispensáveis para a vida humana pautada em liberdade, igualdade e fraternidade.

Um dos grandes elementos conceituais dos direitos humanos é o reconhecimento de que essa disciplina estabelece as liberdades públicas individuais, ou seja, aquelas prerrogativas que têm o indivíduo em face do Estado.

Há outros conceitos que podemos abordar ligados aos direitos humanos:

1) O conjunto de direitos e garantias assegurados nas declarações e tratados internacionais de direitos humanos.
2) O conjunto de direitos considerados indispensáveis para vida humana pautada na liberdade, igualdade e dignidade.
3) Dá-se o nome de liberdades públicas, de direitos humanos ou individuais àquelas prerrogativas que tem o indivíduo em face do Estado.

A expressão "direitos humanos" está ligada diretamente ao direito internacional público, pois são os tratados e documentos internacionais a principal fonte de direitos humanos que temos. Desse modo, quando falamos em direitos humanos, estamos nos referindo a direitos que são garantidos por normas de origem e natureza internacional, ou seja, por declarações ou tratados celebrados entre os Estados com o propósito específico de proteger pessoas sujeitas à jurisdição dos Estados signatários dos documentos internacionais (MAZZUOLI, Valério de Oliveira. Curso de direitos humanos. 4. ed. São Paulo: Método, 2017).

Direitos Humanos (ordem internacional) X Direitos Fundamentais (ordem interna)

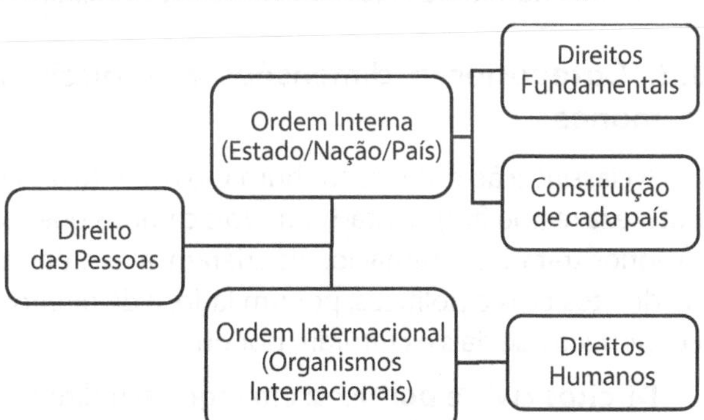

Terminologias diferenciadas:

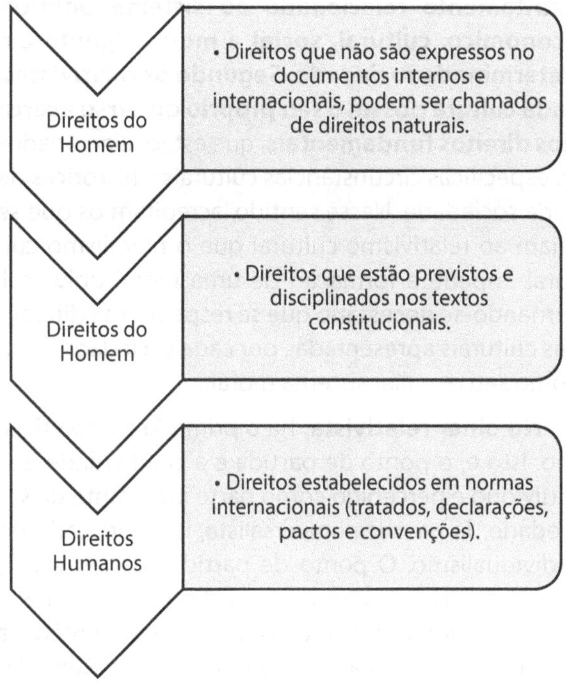

1.1.1. Características dos Direitos Humanos

Historicidade: os direitos humanos são históricos, ou seja, são direitos que se estabeleceram através dos tempos, sendo conquistados e construídos. Destacam-se os precedentes da internacionalização dos direitos humanos (Direito Humanitário, Liga das Nações e Organização Internacional do Trabalho – OIT) e a efetiva internacionalização dos direitos humanos a partir do fim da Segunda Guerra Mundial, com a criação da Organização das Nações Unidas (ONU), em 1945.

Inerência: os direitos humanos pertencem a todos os seres humanos, são inerentes à condição humana.

Universalidade: não importa a raça, a cor, o sexo, a origem, a condição social, a língua, a religião ou orientação sexual, pois todas as pessoas são titulares dos direitos humanos. Desse modo, estabelecer que os direitos humanos são universais significa que não se requer outra condição para a efetivação dos direitos além de o sujeito ser ***pessoa humana.***

▷ Atenção! **Universalismo x Relativismo cultural**

A concepção universal dos direitos humanos delineada pela Declaração Universal de 1948 e reafirmada pela Declaração de Viena de 1993 sofreu e ainda sofre fortes resistências dos adeptos do movimento do relativismo cultural.

Para os relativistas, a noção de direito está estritamente relacionada ao sistema político, econômico, cultural, social e moral vigente em determinada sociedade. Segundo os relativistas, cada cultura possui o seu próprio discurso acerca dos direitos fundamentais, que estão relacionados às específicas circunstâncias culturais e históricas de cada sociedade. Nesse sentido, acreditam os que se filiam ao relativismo cultural que o pluralismo cultural impede a formação de uma moral universal, tornando-se necessário que se respeitem as diferenças culturais apresentadas por cada sociedade, bem como seu peculiar sistema moral.

No olhar relativista, há o primado do coletivismo. Isto é, o ponto de partida é a coletividade, e o indivíduo é percebido como parte integrante da sociedade. Já na ótica universalista, há o primado do individualismo. O ponto de partida é o indivíduo, sua liberdade e autonomia (a dignidade humana como elemento individualista), para que, então, se avance na percepção dos grupos e das coletividades.

Transnacionalidade: não importa o local em que esteja o ser humano, os direitos humanos têm o viés internacional, porém, como estão ligados ao direito internacional público, há questões ligadas aos limites da soberania dos Estados que provocam um debate sobre os efeitos e a eficácia da transnacionalidade dos direitos humanos.

Indivisibilidade: os Direitos Humanos não são fracionados; implicam unicidade, assegurando não ser possível se reconhecer apenas alguns direitos humanos (atenção aos direitos sociais e aos direitos difusos e coletivos).

Interdependência: muitas vezes, para o exercício de um direito humano, passa-se obrigatoriamente pelo anterior de outra geração/dimensão.

Indisponibilidade (irrenunciabilidade): o ser humano não pode abrir mão, dispor de um direito humano, por ser inerente a ele, nem os Estados podem suprimi-los, a partir do momento que os reconhece. Por este motivo, a autorização de seu titular (pessoa humana) não justifica ou convalida qualquer violação do conteúdo protetivo dos direitos humanos.

Imprescritibilidade: um direito humano não prescreve por decurso de prazo, ou seja, não se esgotam com o passar do tempo e podem ser vindicados a qualquer tempo. Há exceções e limitações expressamente impostas por tratados internacionais que preveem procedimentos perante cortes ou instâncias internacionais.

Complementaridade: os direitos humanos devem ser interpretados em conjunto, não havendo hierarquia entre eles.

Inter-relacionalidade: os direitos humanos e os sistemas de proteção se inter-relacionam, possibilitando às pessoas escolher entre o mecanismo de proteção global ou regional, não havendo hierarquia entre eles.

Inviolabilidade: esses direitos não podem ser descumpridos por nenhuma pessoa ou autoridade.

Vedação do retrocesso ou do regresso: uma vez estabelecidos os direitos humanos, não se admite o retrocesso visando sua limitação ou diminuição. Os direitos humanos devem sempre agregar algo de novo e melhor ao ser humano, não podendo o Estado proteger menos do que já protegia anteriormente. Deste modo, os Estados estão proibidos de retroceder em matéria de proteção dos direitos humanos.

Prevalência da norma mais benéfica: na solução de um caso concreto deve prevalecer a norma mais benéfica para a vítima da violação dos direitos humanos.

1.1.2. Da interpretação conforme os direitos humanos

Todas as normas (internas e internacionais) presentes em determinado Estado e que atingem de uma ou outra forma os indivíduos sujeitos à jurisdição estatal devem ser **interpretadas em conformidade com esses direitos**, pois os direitos humanos são o núcleo-chave do direito pós-moderno (MAZZUOLI, 2014).

Portanto, todas as normas em vigor no Estado, sejam internas ou internacionais, devem ser interpretadas "CONFORME" os direitos humanos, sem qualquer exceção. A interpretação conforme os direitos humanos deve seguir, prioritariamente, o entendimento da jurisprudência dos tribunais internacionais de acordo com a organização de sistemas de direitos humanos a qual o Estado está vinculado.

1.2. Categorias e dimensões dos direitos humanos

A classificação dos direitos humanos quanto à sua natureza restou fragmentada em dois campos que os próprios tratados internacionais criaram: a existência de direitos civis e políticos, por um lado, e de direitos econômicos, sociais e culturais, por outro.

Direitos civis e políticos: em regra, são direitos relacionados à vida, liberdade e participação política dos cidadãos. Também, em regra, exigem uma **atitude negativa** dos Estados, que não podem coibir a liberdade nem proibir a manifestação política de seus nacionais.

Mas, em alguns momentos, impõe aos Estados certos **deveres positivos**, como a promoção de eleições periódicas pelos Estados (art. 25 do PIDCP; Decreto nº 592/1992).

Direitos econômicos, sociais e culturais: são os denominados direitos sociais, como o direito à alimentação, saúde, educação e habitação, que, por sua vez, obrigam os Estados a exercerem **prestações positivas**, isto é, deverão proporcionar aos cidadãos serviços e bens públicos destinados ao cumprimento de condições materiais suficientes de existência.

Há também prestações negativas, como a não interferência no direito à sindicalização (art. 8º do PIDESC; Decreto nº 591/1992).

Apesar de hoje termos diversos autores estabelecendo 4ª, 5ª e até 6ª dimensões ou gerações de direitos humanos, a classificação mais cobrada e utilizada é a que apresenta as três dimensões clássicas baseada no ideal da Revolução Francesa.

1ª Geração ou Dimensão • Direito das Liberdades • Direitos Civis e Políticos • Direitos de Defesa ou Negativos	Vida, Liberdades (religiosa, de locomoção, de manifestação etc.), Propriedade, Direitos Políticos, etc.
2ª Geração ou Dimensão • Direito das Igualdades • Direitos Sociais e Econômicos • Direitos Positivos e/ou Prestacionais	Educação, Saúde, Trabalho, Previdência Social, Assistência Social, etc.
3ª Geração ou Dimensão • Direito da Fraternidade • Direitos de Solidariedade e Coletivos • Direitos Transindividuais e/ou Difusos	Meio Ambiente, Paz, Proteção de Coletividades Vulneráveis, etc.

1.3. Evolução histórica e precedentes da internacionalização dos Direitos Humanos

Os Direitos Humanos são fruto de uma evolução histórica, ou seja, foram sendo conquistados ao logo do tempo e da História. Podemos destacar o Cilindro de Ciro na Idade Antiga, em 539 a.C.: os exércitos de Ciro, O Grande, o primeiro rei da antiga Pérsia, conquistaram a cidade da Babilônia. Mas foram as suas ações posteriores que marcaram um avanço muito importante para o Homem. Ciro libertou os escravos, declarou que todas as pessoas tinham o direito de escolher a sua própria religião, e estabeleceu a igualdade racial. Estes e outros decretos foram registados num cilindro de argila na língua arcádica em escrita cuneiforme. É considerado pela ONU uma das primeiras declarações de direitos.

A evolução histórica apresenta-nos a Carta Magna (1215), que foi possivelmente a influência inicial mais significativa no amplo processo histórico que conduziu o constitucionalismo ocidental hoje conhecido. A Magna Carta é um documento de 1215 que limitou o poder dos monarcas da Inglaterra. Com este documento, os monarcas tiveram que renunciar a certos direitos, respeitar determinados procedimentos legais, bem como reconhecer que a vontade do rei estaria sujeita à lei. Impediu, assim, o exercício do poder absoluto pelos monarcas e é amplamente visto como um dos documentos legais mais importantes no desenvolvimento da democracia moderna. A Magna Carta consagra, entre outros, o direito de todos os cidadãos livres possuírem e herdarem propriedade e serem protegidos de impostos excessivos; o direito das viúvas que possuíam propriedade de decidir não voltar a casar; o estabelecimento dos princípios processuais e a igualdade perante a lei e o direito da igreja de estar livre da interferência do governo. Contém ainda provisões que proíbem o suborno e a má conduta oficial.

A Magna Carta de 1215 é um elemento importante, mas podemos destacar as Petições de Direito da Inglaterra no século XVII, a revolução burguesa na França e a independência americana como outros marcos históricos importantes dos direitos humanos na História, pois até o processo de internacionalização dos direitos humanos, muitos países foram contribuindo um pouco para o desenvolvimento histórico dos direitos das pessoas.

1.3.1. Dos precedentes da internacionalização dos Direitos Humanos

Os direitos humanos são fruto de uma afirmação histórica da proteção dos direitos das pessoas ao longo do tempo, contudo, a doutrina baseada nas lições da Profa. Flávia Piovesan estabeleceu três elementos como os precedentes da internacionalização dos direitos humanos: o **Direito Humanitário**, a criação da **Liga das Nações e o surgimento da Organização Internacional do Trabalho (OIT), em 1919.**

1.3.1.1. A Liga das Nações Unidas

Foi uma organização internacional criada em abril de 1919, quando a Conferência de Paz de Paris adotou seu pacto fundador, posteriormente inscrito em todos os tratados de paz. Ainda durante a Primeira Guerra Mundial, a ideia de criar um organismo destinado à preservação da paz e à resolução dos conflitos internacionais por meio da mediação e do arbitramento já havia sido defendida por alguns estadistas, especialmente o presidente dos Estados Unidos, Woodrow Wilson. Contudo, a recusa do Congresso norte-americano em ratificar o Tratado de Versalhes acabou impedindo que os Estados Unidos se tornassem membro do novo organismo.

Com o fim da Primeira Guerra Mundial (1914-1918), os países vencedores reuniram-se em Versalhes, no subúrbio de Paris, na França, em janeiro de 1919, para firmar um tratado de paz, o Tratado de Versalhes. Um dos pontos do tratado era a criação de um organismo internacional que tivesse como finalidade assegurar a paz num mundo traumatizado pelas dimensões do conflito que se encerrara. Em 15-11-1920, teve lugar em Genebra, na Suíça, a Primeira Assembleia Geral da Liga das Nações. Os objetivos da organização eram impedir as guerras e assegurar a paz, com a implementação de ações diplomáticas, de diálogos e negociações para a solução dos litígios. Porém, infelizmente, não conseguiu impedir a Segunda Guerra.

Desse modo, diante do fracasso de não ter conseguido coibir a ocorrência da Segunda Guerra Mundial, em abril de 1946, o organismo se autodissolveu, transferindo as responsabilidades que ainda mantinha para a recém-criada Organização das Nações Unidas, a ONU.

1.3.1.2. A Organização Internacional do Trabalho

A Organização Internacional do Trabalho (OIT) foi criada em 1919 como parte do Tratado de Versalhes, que pôs fim à Primeira Guerra Mundial. Sua constituição converteu-se na Parte XIII do Tratado de Versalhes (1919). Fundou-se sobre a convicção primordial de que a paz universal e permanente somente pode estar baseada na justiça social. É a única das agências do Sistema das Nações Unidas com uma estrutura tripartite, composta de representantes de governos e de organizações de empregadores e de trabalhadores. A OIT é responsável pela formulação e aplicação das normas internacionais do trabalho (convenções e recomendações).

As convenções, uma vez ratificadas por decisão soberana de um país, passam a fazer parte de seu ordenamento jurídico. O Brasil está entre os membros fundadores da OIT, participando da Conferência Internacional do Trabalho desde sua primeira reunião. Na primeira Conferência Internacional do Trabalho, realizada em 1919, a OIT adotou seis convenções. Em 1944, à luz dos efeitos da Grande Depressão e da Segunda Guerra Mundial, a OIT adotou a Declaração da Filadélfia como anexo da sua Constituição. A Declaração antecipou e serviu de modelo para a Carta das Nações Unidas e para a Declaração Universal dos Direitos Humanos (DUDH).

Em junho de 1998 (86ª sessão), foi adotada a Declaração da OIT sobre os Princípios e Direitos Fundamentais do Trabalho e seu Seguimento. O documento é uma reafirmação universal da obrigação de respeitar, promover e tornar realidade os princípios refletidos nas Convenções fundamentais da OIT, ainda que não tenham sido ratificadas pelos Estados-membros.

Atualmente, a OIT estabeleceu um patamar mínimo de proteção dos trabalhadores e conseguiu identificar os sujeitos de proteção, tais como crianças, gestantes e pessoas idosas.

1.3.1.3. A tutela internacional da pessoa humana e seus três eixos de proteção

Direito Internacional dos Direitos Humanos: proteção do ser humano em todos os aspectos, englobando direitos civis e políticos, direitos sociais, econômicos, culturais e os direitos transindividuais.

Direito Internacional dos Refugiados: age na proteção do refugiado, desde a saída do seu local de residência, concessão do refúgio até seu eventual término.

Direito Internacional Humanitário: foca na proteção do ser humano na situação específica dos conflitos armados (internacionais ou não internacionais – guerras civis).

O Direito Internacional Humanitário é também conhecido como o direito internacional da guerra, pois precede a própria formação do direito internacional dos direitos humanos. Surge com a iniciativa do suíço Henri Dunant, que, após presenciar o massacre e a desumana situação de feridos na Batalha de Solferino (1859), ocorrida em solo italiano, decide criar a Cruz Vermelha e iniciar uma campanha internacional para a proteção dos militares feridos e doentes.

As regras que regulam o direito humanitário estão previstas nas Convenções de Genebra realizadas para regulação do direito humanitário.

1.3.1.4. Princípios de direito internacional humanitário

Princípio da humanidade: de acordo com este princípio, a **dignidade humana deve ser preservada** por mais precária e gravosa que seja a situação.

Princípio da necessidade: os **bens civis devem ser respeitados** e não podem ser alvo de ataques e retaliações.

Princípio da proporcionalidade: as partes devem **utilizar de seus recursos bélicos de forma proporcional a superar e vencer a parte adversa**, rejeitando-se um malefício superior aos ganhos militares pretendidos.

Comitê Internacional da Cruz Vermelha (CICV): principal **entidade responsável pelo monitoramento do cumprimento do direito internacional humanitário pelos Estados.** Em realidade, uma organização independente e não governamental cujo status e prerrogativas são reconhecidos nas próprias Convenções de Genebra. O CICV visa defender e amparar as vítimas de guerras e catástrofes naturais, além de auxiliar no contato com familiares e na busca por desaparecidos.

Embora não prevejam um órgão internacional voltado para a aplicação de sanções, os tratados que compõem o direito internacional humanitário podem ser invocados perante a Corte Internacional de Justiça (CIJ) e o Tribunal Penal Internacional (TPI).

Desse modo, o desenvolvimento do direito internacional humanitário é considerado um dos **precedentes históricos para a internacionalização dos direitos humanos.**

2. SISTEMAS DE DIREITOS HUMANOS: INTERNACIONALIZAÇÃO DOS DIREITOS HUMANOS, ONU E CARTA INTERNACIONAL DOS DIREITOS HUMANOS

Os Direitos Humanos, após a criação da ONU e com a consequente internacionalização da proteção dos direitos das pessoas em todo o mundo, podem ser divididos e identificados por sistemas: Sistema Universal ou Global de Direitos Humanos ligado à ONU, Sistemas Regionais de Direitos Humanos (Europa, América e África) e Sistemas Nacionais de Proteção aos Direitos Humanos, que se efetivam com a constitucionalização das normas internacionais que protegem os direitos das pessoas.

É importante destacar que os Direitos Humanos estão regulados nos documentos internacionais, e quando esses direitos presentes nesses documentos são colocados em constituições, há uma mudança de nomenclatura, passando-se a chamar direitos fundamentais.

Quanto aos sistemas, temos: Sistema Universal, organizado em uma estrutura principal de quatro documentos: Carta da ONU (1945), Declaração Universal dos Direitos Humanos (1948) e Pactos Internacionais (1966); a Declaração Universal, somada a esses pactos, forma o que chamamos de Carta Internacional de Direitos Humanos (*International Bill of Rights*); Sistemas Regionais, são três: europeu, americano e africano.

Para cada sistema regional temos um documento de referência: europeu – Convenção Europeia de Direitos Humanos (1950); americano – Convenção Americana sobre Direitos Humanos (1969); e africano – Carta Africana de Direitos Humanos e carta dos povos (1981); e o sistema nacional, formado, no caso do Brasil, pela Constituição Federal de 1988 e seu amplo rol de direitos e garantias fundamentais.

- **Sistemas de Direitos Humanos**
- **Sistema Universal (ONU):**

1945 – Carta das Nações

1948 – Declaração Universal de Direitos Humanos (DUDH);

1966 – Pacto Internacional dos Direitos Civis e Políticos (PIDCP);

1966 – Pacto Internacional dos Direitos Econômicos, Sociais e Culturais (PIDESC).

- **Sistemas Regionais:**

Europeu – Convenção Europeia de Direitos Humanos (1950);

Americano – Carta da OEA (1948) e a Convenção Americana sobre Direitos Humanos (1969);

Africano – Carta Africana de Direitos Humanos e carta dos povos (1981).

- **Sistema Nacional:**

Constituições Nacionais (Proteção de Direitos Fundamentais);

No Brasil, a proteção de direitos fundamentais consta na Constituição Federal de 1988.

2.1. Organização das Nações Unidas (ONU)

A ONU foi um nome concebido pelo então Presidente dos Estados Unidos, Franklin Roosevelt, utilizado pela primeira vez na Declaração das Nações Unidas de 12-1-1942, quando os representantes de 26 países assumiram o compromisso de que seus governos continuariam a lutar contra as potências do Eixo. A Carta das Nações Unidas foi elaborada pelos representantes de 50 países presentes à Conferência sobre Organização Internacional, que se reuniu em São Francisco, de 25-4 a 26-6-1945.

A Polônia não teve representante na conferência, mas assinou a declaração posteriormente e se tornou o 51º país fundador das Nações Unidas.

Entretanto, as Nações Unidas começaram a existir oficialmente em 24-10-1945, após a ratificação da Carta pela China, pelos Estados Unidos, pela França, pelo Reino Unido e pela ex-União Soviética, bem como pela maioria dos signatários. Por isso, no dia 24 de outubro é comemorado, em todo o mundo, o "Dia das Nações Unidas".

A ONU é fruto da incompetência do órgão anterior, denominado Sociedade das Nações (ou Liga das Nações). A ONU surge depois da Segunda Guerra Mundial, em 26-6-1945, após o término da Conferência de São Francisco. Os propósitos da ONU são basicamente manter a paz e a segurança internacionais. A ONU tem 51 países como membros fundadores, incluindo o Brasil, e, atualmente, 193 países-membros, sendo o Sudão do Sul o último país a se integrar.

Trata-se de uma organização internacional intergovernamental, de vocação mundial, cujo objetivo inicial é evitar conflitos ou guerras mundiais e promover a paz. A criação da ONU, com suas agências e órgãos especializados, iniciou uma nova ordem mundial, criando condutas e padrões internacionais.

As Nações Unidas são formadas por uma estrutura básica organizada em seis órgãos centrais: Assembleia Geral, Conselho de Segurança, Conselho Econômico e Social, Secretariado, Conselho de Tutela e Corte Internacional de Justiça.

Destaco o Conselho de Segurança como um dos órgãos centrais da ONU, formado por 15 membros, sendo cinco permanentes e dez temporários. Os membros permanentes são Estados Unidos, China, Rússia, França e Inglaterra, e os demais são eleitos pela Assembleia Geral para um mandato de dois anos. A grande função do Conselho de Segurança é ser o órgão responsável na ONU pela manutenção da paz e respeito aos princípios da organização.

A Corte Internacional de Justiça (CIJ) é um tribunal internacional, um órgão judicial ligado à ONU, com competência para julgar conflitos internacionais que envolvam os países signatários das Nações Unidas e qualquer outro país que se submeta à jurisdição da Corte. A CIJ pode julgar, por exemplo, conflitos internacionais que envolvam a demarcação e estipulação de limites territoriais entre dois países.

As Nações Unidas são regidas por uma série de propósitos e princípios básicos aceitos por todos os países-membros da Organização. E entre os propósitos básicos estão manter a paz e a segurança internacionais e realizar a cooperação internacional para resolver os problemas mundiais de caráter econômico, social, cultural e humanitário, promovendo o respeito aos direitos humanos e às liberdades fundamentais.

2.2. Declaração Universal dos Direitos Humanos (1948)

A DUDH é o primeiro documento universal elaborado pela ONU. É composta de um preâmbulo e trinta artigos.

Trata-se de uma recomendação do Conselho Econômico e Social da ONU, feita pela Comissão de Direitos Humanos à Assembleia Geral da ONU, que efetuou uma resolução recomendando o texto aos seus membros. No entanto, o seu alcance é de norma *jus cogens* (norma imperativa aceita por todas as nações). Segundo prevê o art. 53 da Convenção de Viena sobre o Direito dos Tratados, norma *jus cogens* é "uma norma aceita e reconhecida pela comunidade internacional dos Estados como um todo, como norma da qual nenhuma derrogação é permitida e que só pode ser modificada por norma ulterior de Direito Internacional geral da mesma natureza".

Foi adotada e proclamada pela **Res. nº 217-A** da III Assembleia Geral, em 10-12-1948, demonstrando claramente que não se constitui em uma fonte jurídica de Direito Internacional advinda de um Acordo Internacional.

Ao final, é importante destacar a presença de normas de direitos humanos de 1a e 2a dimensões na Declaração Universal dos Direitos Humanos (DUDH).

Em resumo, a base do Sistema da ONU de Direitos Humanos é formada por:

1945 – Carta das Nações

1948 – Declaração Universal de Direitos Humanos (DUDH)

1966 – Pacto Internacional dos Direitos Civis e Políticos (PIDCP)

1966 – Pacto Internacional dos Direitos Econômicos, Sociais e Culturais (PIDESC)

▷ **Observação!** Existem muitos outros tratados de direitos humanos ligados ao sistema internacional da ONU, contudo, a Carta Internacional de Direitos Humanos é formada por estes três grandes documentos que são a declaração e os dois pactos.

2.3. Pacto Internacional dos Direitos Civis e Políticos (1966)

Pacto Internacional dos Direitos Civis Políticos (PIDCP) (1966) – Res. nº 2.200-A da XXI Assembleia Geral da ONU, em 16-12-1966. Entrou em vigor em 23-3-1976. O Brasil aderiu ao Pacto em 24-1-1992, tendo o Dec. nº 592, de 6-7-1992, promulgado o pacto na íntegra.

O PIDCP disciplina a autodeterminação dos povos e a livre disposição de seus recursos naturais e riquezas; o compromisso dos Estados de implementar os direitos previstos; os direitos e deveres propriamente ditos; os mecanismos de supervisão, cujo destaque é o Comitê de Direitos Humanos; as regras de integração com os dispositivos da Carta da ONU e as normas referentes a ratificação e entrada em vigor. O PIDCP possui 53 artigos divididos em seis partes.

Destaco os **principais direitos constantes no Pacto:** direito à vida com a limitação da possibilidade de casos de aplicação da pena de morte; direito de não ser submetido a tortura nem a tratamento desumano ou degradante; direito a não ser submetido a escravidão e servidão; direito de não ser preso apenas por não cumprir obrigação contratual, proibindo qualquer tipo de prisão civil; direito a não ser condenado por atos ou omissões não definidos como crime e de não ser submetido a pena mais grave do que a aplicável na época da realização do delito, direitos esses que consagram o princípio da legalidade e da irretroatividade do direito penal nas situações que possam prejudicar o réu; direito de as pessoas terem reconhecida a sua personalidade jurídica em qualquer lugar; direito a vida privada, com ninguém podendo realizar ingerências arbitrárias ou ilegais em sua vida privada, na família, no domicílio ou na correspondência de uma pessoa, bem como a proibição de ofensas ilegais a honra e reputação de uma pessoa; e direito à liberdade de pensamento, consciência e religião.

Ainda no tocante ao PIDCP, no ano de 2009, o Brasil ratificou os dois protocolos facultativos ao Pacto Internacional dos Direitos Civis. O primeiro reconhece a competência do Comitê de Direitos Humanos da ONU para receber e apurar denúncias de violações de direitos humanos, destacando que esse órgão convencional foi criado desde o início do Pacto, em 1966. O segundo protocolo tem como objetivo abolir a adoção da pena de morte e foi adotado pela ONU em 1989.

Portanto, o Brasil é signatário do Protocolo Facultativo ao PIDCP para abolir a pena de morte, porém, esse protocolo, em seu art. 2º, item 1, estabeleceu que a proibição da pena de morte não aceitaria exceções, salvo a reserva formulada no momento da ratificação ou adesão que preveja a aplicação da pena em tempo de guerra em virtude de condenação por infração penal de natureza militar de gravidade extrema cometida em tempo de guerra; essa exceção prevista no tratado é a mesma que o Brasil segue no art. 5º, XLVII, *a*, da CF/1988. O Brasil assinou a reserva no momento da ratificação do tratado e, assim, manteve a possibilidade de aplicação de pena de morte citada na Constituição Federal.

2.4. Pacto Internacional dos Direitos Econômicos, Sociais e Culturais (1966)

O **Pacto Internacional dos Direitos Econômicos, Sociais e Culturais (PIDESC)** foi adotado pela Res. nº 2.200-A da XXI Assembleia Geral da ONU. Internacionalmente, entrou em vigor em 3-1-1976, e o Brasil aderiu ao Pacto em 24-1-1992, com o Dec. nº 591/1992, promulgando o pacto na íntegra.

O pacto social é considerado um marco, por ter assegurado destaque aos direitos econômicos, sociais e culturais, vencendo a resistência de vários Estados e mesmo da doutrina, que viam os direitos sociais, em sentido amplo, como meras recomendações ou exortações.

O Pacto, no art. 2º, item 1, obriga os países a uma **implementação progressiva** dos direitos sociais, de maneira que os direitos sejam estabelecidos "pouco a pouco" de acordo com as possibilidades financeiras de cada Estado. Desse modo, os direitos previstos no PIDESC são obrigatórios, bem como, após sua implementação, estão protegidos pela proibição do retrocesso.

O PIDESC possui 31 artigos divididos em cinco partes. Destaco os principais direitos protegidos pelo tratado: direito ao trabalho; proteção aos trabalhadores; direito de participação e organização sindical; direito à previdência social e ao seguro social; proteção a família, mulher, crianças e adolescentes; direito à educação; direito à saúde; proteção à cultura; direito ao desenvolvimento da ciência.

Em maio de 2013, entrou em vigor o Protocolo Facultativo ao Pacto Internacional de Direitos Econômicos, Sociais e Culturais. Com esse protocolo, as vítimas de violações de direitos econômicos, sociais e culturais tutelados pelo pacto que não encontrarem soluções em seus próprios Estados podem dispor de um mecanismo para apresentar suas queixas e denúncias na ONU, no órgão convencional chamado de Comitê de Direitos Econômicos, Sociais e Culturais ligado ao PIDESC. Entretanto, o Brasil ainda não integra a lista de países que ratificaram esse protocolo, portanto, o comitê não poderia receber nenhuma denúncia contra o Brasil, pois o protocolo ainda não foi assinado pelo nosso país.

Resumindo:

3. DIREITOS HUMANOS INTERNACIONAL: TRATADOS INTERNACIONAIS DIVERSOS DE PROTEÇÃO DAS PESSOAS

3.1. Convenção sobre eliminação de todas as formas de discriminação contra a mulher

A convenção foi incorporada pelo Brasil pelo Decreto nº 4.377/2002. O documento é um dos tratados internacionais do sistema global/universal de direitos humanos e busca condenar a discriminação contra a mulher e buscar meios para a eliminação de todas as formas de discriminações contra ela.

A convenção possui um protocolo facultativo (Decreto nº 4.316/2002), que permite a apresentação de denúncias sobre violação dos direitos por ela consagrados.

3.2. Convenção sobre a proteção de migrantes trabalhadores e suas famílias

Convenção Internacional sobre a Proteção dos Direitos de Todos os Trabalhadores Migrantes e dos Membros das suas Famílias, adotada pela ONU em dezembro de 1990 e em vigor desde julho de 2003, não foi ratificada pelo Brasil até o presente momento, e por este motivo não se aplica no Brasil.

3.3. Regras mínimas da ONU para o tratamento de prisioneiros

São regras estabelecidas por meio de resoluções e outras formas normativas internacionais ligadas à Assembleia Geral da ONU. Constituem-se em normas denominadas no direito internacional de *soft law*, pois não se configuram em tratados ou convenções internacionais. Entre os elementos centrais apresentados nas regras temos a necessidade de proteger os direitos humanos/fundamentais da pessoa presa que não estão entre os efeitos da pena de privação da liberdade, pois a punição ao condenado é a privação da liberdade e os elementos que dela decorrem, contudo, o condenado permanece sujeito dos demais direitos que protegem a sua dignidade como pessoa humana.

3.4. Convenção para proteção contra desaparecimento forçado

- **Convenção Internacional para a Proteção de Todas as Pessoas contra o Desaparecimento Forçado (Decreto nº 8.767/2016)**

> **Artigo 1**
>
> 1. Nenhuma pessoa será submetida a desaparecimento forçado.
>
> 2. Nenhuma circunstância excepcional, seja estado de guerra ou ameaça de guerra, instabilidade política interna ou qualquer outra emergência pública, poderá ser invocada como justificativa para o desaparecimento forçado.

Qual o conceito de desaparecimento forçado?

> **Artigo 2**
>
> Para os efeitos desta Convenção, entende-se por "desaparecimento forçado" a prisão, a detenção, o sequestro ou qualquer outra forma de privação de liberdade que seja perpetrada por agentes do Estado ou por pessoas ou grupos de pessoas agindo com a autorização, apoio ou aquiescência do Estado, e a subsequente recusa em admitir a privação de liberdade ou a ocultação do destino ou do paradeiro da pessoa desaparecida, privando-a assim da proteção da lei.

- **Convenção Interamericana sobre o Desaparecimento Forçado de Pessoas**

> **Artigo I**
>
> Os Estados Partes nesta Convenção comprometem-se a:
>
> a. não praticar, nem permitir, nem tolerar o desaparecimento forçado de pessoas, nem mesmo em estado de emergência, exceção ou suspensão de garantias individuais;
>
> b. punir, no âmbito de sua jurisdição, os autores, cúmplices e encobridores do delito do desaparecimento forçado de pessoas, bem como da tentativa de prática dele;
>
> c. cooperar entre si a fim de contribuir para a prevenção, punição e erradicação do desaparecimento forçado de pessoas; e

d. tomar as medidas de caráter legislativo, administrativo, judicial ou de qualquer outra natureza que sejam necessárias para cumprir os compromissos assumidos nesta Convenção.

Não há nenhuma exceção para a possibilidade de legalização do desaparecimento forçado:

Artigo X

Em nenhum caso poderão ser invocadas circunstâncias excepcionais, tais como estado de guerra ou ameaça de guerra, instabilidade política interna ou qualquer outra emergência pública, para justificar o desaparecimento forçado de pessoas. Nesses casos, será mantido o direito a procedimentos ou recursos judiciais rápidos e eficazes, como meio de determinar o paradeiro das pessoas privadas de liberdade ou seu estado de saúde, ou de identificar a autoridade que ordenou a privação de liberdade ou a tornou efetiva.

Na tramitação desses procedimentos ou recursos e de conformidade com o direito interno respectivo, as autoridades judiciárias competentes terão livre e imediato acesso a todo centro de detenção e a cada uma de suas dependências, bem como a todo lugar onde houver motivo para crer que se possa encontrar a pessoa desaparecida, inclusive lugares sujeitos à jurisdição militar.

3.5. Convenção interamericana para prevenir e punir a tortura

A convenção entende por tortura: todo ato pelo qual são infligidos intencionalmente a uma pessoa penas ou sofrimentos físicos ou mentais, com fins de investigação criminal, como meio de intimidação, castigo pessoal, medida preventiva, pena ou com qualquer outro fim. Entender-se-á também como tortura a aplicação, sobre uma pessoa, de métodos tendentes a anular a personalidade da vítima, ou a diminuir sua capacidade física ou mental, embora não causem dor física ou angústia psíquica.

Não serão considerados tortura pela convenção: as penas ou sofrimentos físicos ou mentais que sejam unicamente consequência de medidas legais ou inerentes a elas, contanto que não incluam a realização dos atos ou aplicação dos métodos mencionados como tortura no conceito anterior.

Quem serão responsáveis pelo delito de tortura?

a) Os empregados ou funcionários públicos que, atuando nesse caráter, ordenem sua comissão ou instiguem ou induzam a ela, cometam-no diretamente ou, podendo impedi-lo, não o façam.

b) As pessoas que, por instigação dos funcionários ou empregados públicos a que se refere a alínea anterior, ordenem sua comissão, instiguem ou induzam a ela, comentam-no diretamente ou nela sejam cúmplices.

▷ **Atenção!** O fato de haver agido por ordens superiores não eximirá o agente da responsabilidade penal correspondente.

Artigo 10

Nenhuma declaração que se comprove haver sido obtida mediante tortura poderá ser admitida como prova num processo, salvo em processo instaurado conta a pessoa ou pessoas acusadas de havê-la obtido mediante atos de tortura unicamente como prova de que, por esse meio, o acusado obteve tal declaração.

Artigo 11

Os Estados Partes tomarão as medidas necessárias para conceder a extradição de toda pessoa acusada de delito de tortura ou condenada por esse delito, de conformidade com suas legislações nacionais sobre extradição e suas obrigações internacionais nessa matéria.

3.6. Convenção para a Prevenção e Repressão do Crime de Genocídio (Decreto nº 30.822/1952)

ARTIGO I

As Partes Contratantes confirmam que o genocídio quer cometido em tempo de paz ou em tempo de guerra, é um crime contra o Direito Internacional, que elas se comprometem a prevenir e a punir.

ARTIGO II

Na presente Convenção entende-se por genocídio qualquer dos seguintes atos, cometidos com a intenção de destruir no todo ou em parte, um grupo nacional, étnico, racial ou religioso, como tal:

a) matar membros do grupo;

b) causar lesão grave à integridade física ou mental de membros do grupo;

c) submeter intencionalmente o grupo a condição de existência capazes de ocasionar-lhe a destruição física total ou parcial;

d) adotar medidas destinadas a impedir os nascimentos no seio de grupo;

e) efetuar a transferência forçada de crianças do grupo para outro grupo.

3.7. Convenções da OIT sobre Direitos Humanos

3.7.1. Convenção 169 da OIT (Decreto nº 10.088/2019 – Anexo LXXII)

A convenção aplica-se aos povos indígenas e tribais, mas quem são estes povos?

Artigo 1º

1. A presente convenção aplica-se:

HUMANOS

a) aos povos tribais em países independentes, cujas condições sociais, culturais e econômicas os distingam de outros setores da coletividade nacional, e que estejam regidos, total ou parcialmente, por seus próprios costumes ou tradições ou por legislação especial;

b) aos povos em países independentes, considerados indígenas pelo fato de descenderem de populações que habitavam o país ou uma região geográfica pertencente ao país na época da conquista ou da colonização ou do estabelecimento das atuais fronteiras estatais e que, seja qual for sua situação jurídica, conservam todas as suas próprias instituições sociais, econômicas, culturais e políticas, ou parte delas.

2. A consciência de sua identidade indígena ou tribal deverá ser considerada como critério fundamental para determinar os grupos aos que se aplicam as disposições da presente Convenção.

3. A utilização do termo "povos" na presente Convenção não deverá ser interpretada no sentido de ter implicação alguma no que se refere aos direitos que possam ser conferidos a esse termo no direito internacional.

Do respeito aos direitos humanos dos povos indígenas e tribais:

Artigo 3º

1. Os povos indígenas e tribais deverão gozar plenamente dos direitos humanos e liberdades fundamentais, sem obstáculos nem discriminação. As disposições desta Convenção serão aplicadas sem discriminação aos homens e mulheres desses povos.

2. Não deverá ser empregada nenhuma forma de força ou de coerção que viole os direitos humanos e as liberdades fundamentais dos povos interessados, inclusive os direitos contidos na presente Convenção.

Da necessidade de ouvir as populações indígenas sobre os assuntos envolvendo as suas terras:

Artigo 15

1. Os direitos dos povos interessados aos recursos naturais existentes nas suas terras deverão ser especialmente protegidos. Esses direitos abrangem o direito desses povos a participarem da utilização, administração e conservação dos recursos mencionados.

2. Em caso de pertencer ao Estado a propriedade dos minérios ou dos recursos do subsolo, ou de ter direitos sobre outros recursos, existentes nas terras, os governos deverão estabelecer ou manter procedimentos com vistas a consultar os povos interessados, a fim de se determinar se os interesses desses povos seriam prejudicados, e em que medida, antes de se empreender ou autorizar qualquer programa de prospecção ou exploração dos recursos existentes nas suas terras. Os povos interessados deverão participar sempre que for possível dos benefícios que essas atividades produzam, e receber indenização equitativa por qualquer dano que possam sofrer como resultado dessas atividades.

4. SISTEMAS REGIONAIS DE DIREITOS HUMANOS

4.1. Organização dos Estados Americanos (OEA)

A Organização dos Estados Americanos é o mais antigo organismo regional do mundo. A sua origem remonta à Primeira Conferência Internacional Americana, realizada em Washington, D.C., de outubro de 1889 a abril de 1890. Essa reunião resultou na **criação da União Internacional das Repúblicas Americanas** e começou a se organizar uma rede de disposições e instituições, dando início ao que ficaria conhecido como "Sistema Interamericano", o mais antigo sistema institucional internacional.

A **OEA foi fundada em 1948 com a assinatura, em Bogotá, Colômbia, da Carta da OEA, que entrou em vigor em dezembro de 1951**. Posteriormente, a Carta foi **emendada pelo Protocolo de Buenos Aires, assinado em 1967 e que entrou em vigor em fevereiro de 1970**; pelo Protocolo de Cartagena das Índias, assinado em 1985 e que entrou em vigor em 1988; pelo Protocolo de Manágua, assinado em 1993 e que entrou em vigor em janeiro de 1996; e pelo Protocolo de Washington, assinado em 1992 e que entrou em vigor em setembro de 1997.

A organização foi criada para alcançar nos Estados-membros, como estipula o art. 1º da Carta: "uma ordem de paz e de justiça, para promover sua solidariedade, intensificar sua colaboração e defender sua soberania, sua integridade territorial e sua independência". Para atingir seus objetivos mais importantes, a OEA baseia-se em seus principais pilares, que são a democracia, os direitos humanos, a segurança e o desenvolvimento.

4.2. Convenção Americana sobre Direitos Humanos (Pacto de São José da Costa Rica – PSJCR) (1969)

4.2.1. Dos direitos

Adotada por ocasião da Conferência Especializada Interamericana sobre Direitos Humanos, em 22-11-1969.

O Brasil só aderiu à Convenção em 9-7-1992 e a ratificou em 25-9-1992, tendo-a promulgado o Dec. nº 678/1992. O PSJCR entrou em vigor internacional em 18-7-1978. O Brasil, ao depositar a carta de adesão, fez ressalvas quanto à atuação da Comissão Interamericana de Direitos Humanos dentro do território brasileiro.

O texto do PSJCR possui uma série de "Deveres dos Estados e direitos protegidos". Há um destaque para os direitos civis e políticos, por influência do PIDCP, que, inclusive, deixou os direitos econômicos, sociais e culturais em segundo plano. Para fiscalizar a aplicação e o cumprimento do extenso rol de direitos, há os chamados "meios de proteção", ou seja, órgãos específicos para tal missão: a Comissão Interamericana de Direitos Humanos e a Corte Interamericana de Direitos Humanos.

A Convenção Americana trata essencialmente dos direitos civis e políticos, sendo semelhante ao PIDCP de 1966. Pode ser analisada em duas partes: a primeira (arts. 1º a 32 da Convenção) estabelece direitos civis e políticos acolhidos no sistema interamericano; a segunda parte da Convenção Americana (arts. 33 a 73) trata dos meios de proteção desses direitos pelos seguintes órgãos competentes: Comissão Interamericana de Direitos Humanos (CIDH) e Corte Interamericana de Direitos Humanos (COIDH).

Vamos analisar alguns direitos e temas importantes para conseguirmos compreender melhor a importância dos direitos tutelados do Pacto de São José da Costa Rica, pois esse tema é um dos mais exigidos no Exame de Ordem na prova de Direitos Humanos.

4.2.1.1. Do Direito à vida

Toda pessoa tem o direito de que se respeite sua vida. Esse direito deve ser protegido pela lei e, em geral, desde o momento da concepção. Ninguém pode ser privado da vida arbitrariamente.

4.2.1.2. Da pena de morte

Nos países em que não foi abolida a pena de morte, esta só poderá ser imposta pelos delitos mais graves, em cumprimento de sentença final de tribunal competente. A pena de morte não estenderá sua aplicação a delitos aos quais não se aplique atualmente. Não se pode restabelecer a pena de morte nos Estados que a tenham abolido. Em nenhum caso pode a pena de morte ser aplicada a delitos políticos, nem a delitos comuns conexos com delitos políticos. Não se deve impor a pena de morte a pessoa que, no momento da perpetração do delito, for menor de 18 anos ou maior de 70, nem a mulher em estado de gravidez.

4.2.1.3. Da proibição da escravidão e da servidão

A Convenção Americana não proibiu que pessoas reclusas trabalhem, só exige que o trabalho não ofenda a dignidade da pessoa humana. O pacto estabelece, inclusive, que não constituem trabalhos forçados ou obrigatórios os trabalhos ou serviços normalmente exigidos de pessoa reclusa em cumprimento de sentença ou resolução formal expedida pela autoridade judiciária competente.

4.2.1.4. Direito à liberdade pessoal

O pacto proibiu a prisão por dívidas e admitiu apenas uma exceção à proibição, ao estabelecer que a proibição não limitava os mandados de autoridade judiciária competente expedidos em virtude de inadimplemento de obrigação alimentar.

Atenção a essa proibição, que se configura em um dos fundamentos da interpretação do STF que levou à edição da Súmula Vinculante nº 25: "É ilícita a prisão civil de depositário infiel, qualquer que seja a modalidade do depósito".

4.2.1.5. Direito à propriedade privada

Toda pessoa tem direito ao uso e ao gozo de seus bens. A lei pode subordinar esse uso e gozo ao interesse social.

4.2.1.6. Direito de circulação e de residência

Toda pessoa que se encontre legalmente no território de um Estado tem o direito de nele livremente circular e de nele residir, em conformidade com as disposições legais.

4.2.1.7. Da expulsão ou retirada compulsória de pessoas de um país

Ninguém pode ser expulso do território do Estado do qual for nacional nem ser privado do direito de nele entrar, ou seja, a expulsão não se aplica aos nacionais do Estado expulsor. O estrangeiro que se encontre legalmente no território de um Estado-parte na presente Convenção só poderá dele ser expulso em decorrência de decisão adotada em conformidade com a lei. Em nenhum caso o estrangeiro pode ser expulso ou entregue a outro país, seja ou não de origem, onde seu direito à vida ou à liberdade pessoal esteja em risco de violação em virtude de sua raça, nacionalidade, religião, condição social ou de suas opiniões políticas. É proibida a expulsão coletiva de estrangeiros.

4.2.1.8. Tutela ao asilo político

Toda pessoa tem o direito de buscar e receber asilo em território estrangeiro, em caso de perseguição por delitos políticos ou comuns conexos com delitos políticos, de acordo com a legislação de cada Estado e com as convenções internacionais.

4.2.2. Meios de proteção

São competentes para conhecer de assuntos relacionados com o cumprimento dos compromissos assumidos pelos Estados-partes nessa convenção:

a) a Comissão Interamericana de Direitos Humanos, doravante denominada a Comissão;

b) a Corte Interamericana de Direitos Humanos, doravante denominada a Corte.

4.2.2.1. Comissão Interamericana de Direitos Humanos

A Comissão é um órgão criado pela OEA que, além das funções que já tinha desde a sua criação, recebeu funções pelo Pacto de São José da Costa Rica, entre elas a função principal de promover a observância e a defesa dos direitos humanos, bem como de realizar o juízo de admissibilidade dos casos que poderão chegar até a Corte.

Quem tem competência para acessar a comissão?

Qualquer pessoa ou grupo de pessoas ou entidade não governamental legalmente reconhecida em um ou mais Estados-membros da Organização pode apresentar à Comissão petições que contenham denúncias ou queixas de violação da Convenção Americana sobre Direitos Humanos por um Estado-parte.

- **A Comissão e as medidas cautelares**

Em situações de gravidade e urgência, a Comissão poderá, por iniciativa própria ou a pedido da parte, solicitar que um Estado adote medidas cautelares para prevenir danos irreparáveis às pessoas que se encontrem sob sua jurisdição, independentemente de qualquer petição ou caso pendente.

> ▷ **Atenção!** A Comissão comparecerá a todos os casos perante a Corte.

A comissão realiza o juízo de admissibilidade dos casos que não consegue solucionar ou de modo conciliatório ou por meio de recomendações que sejam seguidas pelos Estados, enviando esses casos para o julgamento da Corte Interamericana de Direitos Humanos, desde que o país denunciado se submeta à jurisdição da Corte.

4.2.2.2. Corte Interamericana de Direitos Humanos

A Corte é o órgão judicial do Pacto de São José da Costa Rica que busca resolver os casos de ofensas realizadas por países aos direitos tutelados na convenção, podendo ser chamada de órgão convencional da Convenção Americana sobre Direitos Humanos, pois foi criada pelo pacto. Somente os Estados-partes e a Comissão têm direito de submeter um caso à decisão da Corte.

- **Da competência**

A Corte tem competência para conhecer de qualquer caso, relativo à interpretação e à aplicação das disposições da Convenção Americana, que lhe seja submetido, desde que os Estados-partes, no caso, tenham reconhecido ou reconheçam a competência da Corte.

Em casos de extrema gravidade e urgência, e quando se fizer necessário evitar danos irreparáveis às pessoas, a Corte, nos assuntos de que estiver conhecendo, poderá tomar as medidas provisórias que considerar pertinentes. Se se tratar de assuntos que ainda não estiverem submetidos ao seu conhecimento, poderá atuar a pedido da Comissão.

- **Da competência consultiva da Corte**

Os Estados-membros da organização poderão consultar a Corte sobre a interpretação da Convenção Americana sobre Direitos Humanos ou de outros tratados concernentes à proteção dos direitos humanos nos Estados americanos.

- **Da decisão da Corte**

A sentença da Corte deve ser fundamentada, e será definitiva e inapelável. Os Estados-partes da Convenção comprometem-se a cumprir a decisão da Corte em todo caso em que forem partes. E a parte da sentença que determinar indenização compensatória poderá ser executada no país respectivo pelo processo interno vigente para a execução de sentenças contra o Estado.

5. SISTEMA NACIONAL DE DIREITOS HUMANOS: CONSTITUIÇÃO E LEIS PROTETIVAS DOS DIREITOS HUMANOS

5.1. Direitos humanos na Constituição Federal

Os Direitos Humanos são princípios das relações internacionais da República Federativa do Brasil, estando prevista a sua prevalência no art. 4º, II, da CF/1988.

A Constituição Federal trouxe a possibilidade de se deslocar a competência de um processo que esteja na Justiça Estadual para a Justiça Federal quando o tema for a proteção de Direitos Humanos, estabelecendo o Incidente de Deslocamento de Competência (IDC), que ocorre por meio de uma solicitação do Procurador-Geral da República (PGR) ao Superior Tribunal de Justiça (STJ) nas hipóteses de grave violação de direitos humanos, com a finalidade de assegurar o cumprimento de obrigações decorrentes de tratados internacionais de direitos humanos dos quais o Brasil seja parte. O IDC poderá ser solicitado em qualquer fase do inquérito ou do processo penal.

5.1.1. Incorporação dos tratados internacionais de Direitos Humanos ao Direito brasileiro

- **Posição hierárquica**

No art. 5º, § 3º, da CF/1988, temos a possibilidade de os tratados de direitos humanos serem incorporados à legislação brasileira com força de emenda constitucional, desde que tenham sido aprovados por votação em dois turnos, nas duas Casas do Congresso e pelo quórum mínimo de três quintos dos membros de cada Casa em cada uma das votações.

Com base na previsão do § 3º do art. 5º da CF/1988, temos tratados de direitos humanos com força de emenda ou com força de norma supralegal.

5.2. Direito a indenização e erro judiciário

Segundo a Constituição Federal, o Estado indenizará o condenado por erro judiciário, assim como o que ficar preso além do tempo fixado na sentença. Portanto, há direito de reparação de dano, de dano judiciário.

5.3. Direito da Pessoa Idosa (Lei nº 10.741/2003)

As pessoas idosas são aquelas pessoas com 60 anos ou mais, conforme definiu o Estatuto da Pessoa Idosa (Lei nº 10.741/2003).

▷ **Atenção às idades!**

A partir de 65 anos, há concessão do Benefício Assistencial previsto na Lei Orgânica da Assistência Social (LOAS) às pessoas idosas que não possuam meios para prover sua subsistência, nem de tê-la provida por sua família, assegurando a eles o benefício mensal de um salário-mínimo.

Aos maiores de 65 anos, fica assegurada a gratuidade dos transportes coletivos públicos urbanos e semiurbanos.

Prioridade especial às pessoas idosas com mais de 80 anos.

Prioridade especial às pessoas idosas maiores de 80 anos		
Atendimento prioritário (art. 3º, § 1º, da Lei nº 10.741/2003)	Atendimento de saúde (art. 15 da Lei nº 10.741/2003)	Prioridade na tramitação dos processos judiciais e administrativos (art. 71 da Lei nº 10.741/2003)

5.4. Direito das pessoas com deficiência (Lei nº 13.146/2015)

Uma das grandes novidades na proteção das pessoas com deficiência (PCD), com repercussão, inclusive, em normas do direito civil, é a presunção de sua capacidade plena, estabelecida tanto pela Convenção sobre o Direito das Pessoas com Deficiência quanto pela Lei nº 13.146/2015 (Estatuto da PCD). Desse modo, essas normas retiram qualquer menção à incapacidade civil da pessoa originada somente pelo fato de ela ter algum tipo de deficiência.

As normas que estabelecem políticas públicas para a educação brasileira de pessoas com deficiência, constantes nos arts. 28 e 30 da Lei nº 13.146/2015, devem ser implementadas nos ensinos fundamental e médio pelo Poder Público e pela iniciativa privada, sendo vedada pelas instituições particulares a cobrança de valores adicionais de qualquer natureza em suas mensalidades, anuidades e matrículas no cumprimento dessas determinações.

O direito das pessoas com deficiência está em 3 dos 4 tratados de direitos humanos incorporados com força de emenda constitucional, conforme prevê o art. 5º, § 3º, da CF/1988, que são os seguintes:

1) Convenção sobre os Direitos das Pessoas com Deficiência (Convenção de Nova York), incorporado pelo Dec. nº 6.949/2009);
2) Protocolo Facultativo da Convenção sobre o Direito das Pessoas com Deficiência, incorporado pelo Dec. nº 6.949/09;
3) Tratado de Marraqueche (Dec. nº 9.522/2018), para facilitar o acesso a obras publicadas às pessoas cegas, com deficiência visual ou com outras dificuldades para ter acesso ao texto impresso;
4) Convenção Interamericana contra o Racismo, a Discriminação Racial e Formas Correlatas de Intolerância, Dec. nº 10.932/22.

5.5. Direitos da igualdade racial

O Estatuto da Igualdade Racial, instituído pela Lei nº 12.288/2010, prevê diversas normas direcionadas à proteção da população negra no Brasil. Estabelece o conceito de população negra, para efeitos da legislação, o conjunto de pessoas que se autodeclaram pretas e pardas, conforme o quesito cor ou raça usado pela Fundação Instituto Brasileiro de Geografia e Estatística (IBGE), ou que adotam autodefinição análoga.

As ações afirmativas, que são os programas e as medidas especiais adotados pelo Estado e pela iniciativa privada para a correção das desigualdades raciais e para a promoção da igualdade de oportunidades, podem ser exemplificadas pelas políticas de cotas e reservas de vagas para a população negra que existem para acesso ao ensino universitário, técnico e tecnológico federal, bem como para o serviço público quando da realização de concursos públicos.

Outro exemplo de ação afirmativa é a obrigatoriedade do estudo da história geral da África e da história da população negra no Brasil nos estabelecimentos de ensinos fundamental e médio, públicos e privados, que foi estabelecida pela Lei de Diretrizes e Bases da Educação Nacional e, em seguida, reiterada pelo Estatuto da Igualdade Racial como ação afirmativa nacional.

As ações afirmativas são instrumentos utilizados para a implementação da igualdade material (igualdade de oportunidades), inclusive já analisadas pelo STF, que as declarou totalmente constitucionais em duas oportunidades: ADPF nº 186 (rel. Min. Ricardo Lewandowski – Tribunal Pleno – j. 26-4-2012 – acórdão eletrônico DJe-205 – divulg 17-10-2014 – public 20-10-2014) e ADC nº 41 (rel. Min. Roberto Barroso – Tribunal Pleno – j. 8-6-2017 – processo eletrônico DJe-180 – divulg 16-08-2017 – public 17-08-2017).

Já quanto aos remanescentes das comunidades dos quilombos que estejam ocupando suas terras, a Constituição Federal determinou o reconhecimento da propriedade definitiva, devendo o Estado emitir os títulos respectivos de propriedade. Essa propriedade reconhecida será registrada mediante outorga de título coletivo e pró-indiviso às comunidades com obrigatória inserção de cláusula de inalienabilidade, imprescritibilidade e de impenhorabilidade.

▷ **Atenção!** O STF, no julgamento da ADI nº 3239/DF (rel. orig. Min. Cezar Peluso – red. p/ o ac. Min. Rosa Weber – j. 8-2-2018 – Info 890), reconheceu a constitucionalidade do Dec. nº 4.887/2003, que regulamenta o procedimento para identificação, reconhecimento, delimitação, demarcação e titulação das terras ocupadas por remanescentes das comunidades dos quilombos de que trata o art. 68 do Ato das Disposições Constitucionais Transitórias (ADCT).

Para auxiliar na busca da igualdade racial e na luta de combate ao racismo no Brasil, tivemos a incorporação, com força de emenda constitucional, de um quarto tratado internacional, que é a Convenção Interamericana de contra o Racismo, a Discriminação Racial e Formas Correlatas de Intolerância, no Decreto nº 10.932/2022.

5.6. Programas Nacionais de Direitos Humanos (PNDH)

O PNDH está na sua 3ª edição.

O que é o PNDH-3?

O Terceiro Programa Nacional de Direitos Humanos, instituído pelo Decreto nº 7.037, de 21-12-2009, e atualizado pelo Decreto nº 7.177, de 12-5-2010, é produto de uma construção democrática e participativa, incorporando resoluções da 11ª Conferência Nacional de Direitos Humanos, além de propostas aprovadas em mais de 50 conferências temáticas, promovidas desde 2003, em áreas como segurança alimentar, educação, saúde, habitação, igualdade racial, direitos da mulher, juventude, crianças e adolescentes, pessoas com deficiência, pessoas idosas, meio ambiente etc.

O PNDH-3 concebe a efetivação dos direitos humanos como uma política de Estado, centrada na dignidade da pessoa humana e na criação de oportunidades para que todos e todas possam desenvolver seu potencial de forma livre, autônoma e plena. Parte, portanto, de princípios essenciais à consolidação da democracia no Brasil: diálogo permanente entre Estado e sociedade civil; transparência em todas as áreas e esferas de governo; primazia dos Direitos Humanos nas políticas internas e nas relações internacionais; caráter laico do Estado; fortalecimento do pacto federativo; universalidade, indivisibilidade e interdependência dos direitos civis, políticos, econômicos, sociais, culturais e ambientais; opção clara pelo desenvolvimento sustentável; respeito à diversidade; combate às desigualdades; erradicação da fome e da extrema pobreza.

5.7. Direito dos índios

A Constituição brasileira reconhece os índios, a sua organização social, costumes, línguas, crenças e tradições, bem como os direitos originários sobre as terras que tradicionalmente ocupam, terras essas que são de propriedade da União e da posse dos indígenas.

As terras, tradicionalmente, ocupadas pelos índios são as que eles habitam e utilizam para suas atividades produtivas, imprescindíveis à preservação dos recursos ambientais necessários a seu bem-estar e necessárias à sua reprodução física e cultural, segundo seus usos, costumes e tradições. Essas terras destinam-se à posse permanente e ao usufruto exclusivo das riquezas do solo, dos rios e dos lagos nelas existentes. É importante destacar que, mesmo as terras não sendo da propriedade dos indígenas, elas são inalienáveis e indisponíveis, e os direitos sobre elas, imprescritíveis.

5.8. Direito LGBTQIA+

A proteção da dignidade da pessoa humana estabelece a defesa das pessoas contra a discriminação originada na orientação sexual e a discriminação de gênero. Há poucas regras internacionais e nacionais de proteção à população LGBTQIA+. O STF estabeleceu a aplicação da lei do racismo para os crimes de homofobia e transfobia (ADO nº 26 e MI nº 4733).

5.9. Liberdade de expressão e pensamento

A liberdade de expressão e pensamento veda o anonimato na nossa Constituição Federal e não habilita o sujeito do direito humano a poder dizer o que bem entende sem sofrer as consequências. Por isso, a Constituição Federal prevê a possibilidade de reparação de danos e direito de resposta.

6. DIREITO DOS REFUGIADOS E ASILADOS

6.1. Direito Internacional dos Refugiados

O direito internacional dos refugiados também decorre da "Convenção de Genebra", que, a não ser pelo nome, não se identifica com aquelas relacionadas ao direito internacional humanitário.

O principal instrumento do direito internacional dos refugiados é a Convenção das Nações Unidas sobre o Estatuto dos Refugiados, adotada em 28-7-1951 e com vigência a partir de 22-4-1954.

Essa Convenção definia o que se compreendia como refugiado e ao mesmo tempo estipulava regras para a sua proteção e a concessão de asilo político pelos Estados-membros. Contudo, ela possuía uma grave limitação de tempo, pois somente se aplicava aos refugiados em relação a eventos ocorridos antes de 1º-1-1951. A esse condicionamento denominou-se "reserva temporal". Após um período de discussões internacionais, foi elaborado o Protocolo relativo ao Estatuto dos Refugiados, que entrou em vigor em outubro de 1967. Com esse protocolo, deixaram de existir limitações geográficas e temporais para o reconhecimento do status de refugiado[1] a determinadas categorias de pessoas, buscando-se agora conferir efetiva proteção **a todos aqueles que se deslocam em razão de uma crise política.**

O **Alto Comissariado das Nações Unidas para os Refugiados (ACNUR)** foi criado em 1949 e é órgão integrante do Sistema da ONU responsável por garantir e assegurar aos refugiados a observância dos seus direitos e por monitorar e acompanhar os movimentos de refugiados no globo.

No Brasil, o direito dos refugiados foi regulamentado pela Lei nº 9.474/1997, que também criou o Comitê Nacional para os Refugiados (CONARE), órgão colegiado vinculado ao Ministério da Justiça.

Vamos estudar em conjunto para distinguirmos os institutos do refúgio e do asilo político.

6.1.1. Refúgio

As pessoas que poderão estar sujeitas à condição de refugiados são aquelas que estão fora de seu país de origem em razão de fundados temores de perseguição relacionados a questões de raça, religião, nacionalidade, pertencimento a determinado grupo social ou opinião política, como também em razão de grave e generalizada violação de direitos humanos e conflitos armados.

O refúgio aplica-se, de um modo coletivo, a todas as pessoas que se enquadrarem nas condições mencionadas anteriormente, sendo possível, por esse motivo, estender-se a condição de refugiado para os ascendentes, descendentes e cônjuge da pessoa já refugiada. É possível também estender a condição para outros parentes do refugiado que se encontrem em território nacional, que não sejam os citados anteriormente, mas esses parentes deverão demonstrar dependência econômica do refugiado.

6.1.2. Asilo político

Constitui ato discricionário do Estado. Pode ser diplomático ou territorial, sendo concedido no Brasil para proteger a pessoa estrangeira que se encontre perseguida em um Estado por suas crenças, opiniões e filiação política ou por atos que possam ser considerados delitos políticos.

1. Refugiado é todo o indivíduo que está fora de seu país de origem em razão de fundados temores de perseguição relacionados a questões de raça, religião, nacionalidade, pertencimento a determinado grupo social ou opinião política, como também em razão de grave e generalizada violação de direitos humanos e conflitos armados.

Asilo diplomático, quando solicitado no exterior em locais de missão diplomática, navios de guerra e acampamentos ou aeronaves militares brasileiras, consiste na proteção ofertada pelo Estado brasileiro e na condução do asilado estritamente até o território nacional, em consonância com o disposto na Convenção Internacional sobre Asilo Diplomático.

Asilo territorial, quando solicitado em qualquer ponto do território nacional, é garantido perante unidade da Polícia Federal ou representação regional do Ministério das Relações Exteriores. O ingresso irregular no território nacional não constituirá impedimento para a solicitação de asilo territorial.

Compete ao Presidente da República decidir sobre o pedido de asilo político e sobre a revogação de sua concessão, consultado o Ministro de Estado das Relações Exteriores.

7. TRIBUNAL PENAL INTERNACIONAL (TPI) – ESTATUTO DE ROMA

O Tribunal Penal Internacional é um tribunal que julga pessoas que cometeram um dos delitos previstos no Estatuto de Roma, senão vejamos: crime de genocídio, crime de guerra, crime contra a humanidade e crime de agressão. O Brasil submete-se à jurisdição do TPI, pois é signatário do Estatuto de Roma e já incorporou o tratado à legislação brasileira, bem como o tribunal tem jurisdição complementar aqui no Brasil.

8. TRATADO DE MARRAQUECHE

O Decreto nº 9.522/2018 estabelece e incorporou o Tratado de Marraqueche para facilitar o acesso a obras publicadas às pessoas cegas, com deficiência visual ou com outras dificuldades para ter acesso ao texto impresso.

Conceito de "exemplar em formato acessível" significa a reprodução de uma obra de maneira ou forma alternativa que dê aos beneficiários acesso a ela, inclusive para permitir que a pessoa tenha acesso de maneira tão prática e cômoda como uma pessoa sem deficiência visual ou sem outras dificuldades de acesso ao texto impresso. O exemplar em formato acessível é utilizado exclusivamente por beneficiários e deve respeitar a integridade da obra original, levando em consideração as alterações necessárias para tornar a obra acessível no formato alternativo e as necessidades de acessibilidade dos beneficiários.

9. LEI DE MIGRAÇÃO (LEI Nº 13.445/2017)

A lei estabelece como princípio da política migratória brasileira: universalidade, indivisibilidade e interdependência dos direitos humanos; acolhida humanitária; garantia do direito à reunião familiar. A lei estabelece um tratamento digno para todos os estrangeiros em nosso país.

QUESTÕES DE DIREITOS HUMANOS – ASSUNTOS MAIS RECORRENTES

01. FGV - OAB - 39º Exame de Ordem Unificado - Primeira Fase – Q17

Você, como advogado(a), recebeu uma família cujo filho mais velho é pessoa com deficiência. Na conversa inicial, os pais relataram algumas situações em que certas barreiras eram verdadeiros obstáculos para que seu filho pudesse exercer seus direitos.

Com base no Estatuto da Pessoa com Deficiência, cabe a você, como advogado(a), esclarecer que uma das barreiras mais significativas é a atitudinal. Assinale a afirmativa que a caracteriza.

a) Os obstáculos existentes nas vias e nos espaços públicos e privados abertos ao público ou de uso coletivo.

b) Os comportamentos que impedem a participação social da pessoa com deficiência em igualdade de condições e oportunidades com as demais pessoas.

c) As barreiras que ocorrem nos edifícios públicos e privados, bem como nos sistemas e meios de transportes de uso coletivo.

d) Os meios que dificultam a expressão ou o recebimento de mensagens e de informações por intermédio de sistemas de comunicação e de tecnologia da informação.

02. FGV - OAB - 39º Exame de Ordem Unificado - Primeira Fase – Q18

Você atua, como advogado(a), em um caso em que seu cliente é um estrangeiro indocumentado que vive no Brasil. Isso ocorreu porque ele teve de fugir às pressas do país de origem, porque estava sendo perseguido por motivos religiosos. Ele gostaria de permanecer no Brasil e trazer a esposa. Assim, com base no que dispõe a Lei nº 9.474/97 que trata da implementação do Estatuto dos Refugiados no Brasil, assinale a afirmativa correta.

a) A perseguição por motivos religiosos não faz parte dos tipos de perseguição abrangidos no conceito de refugiado e, assim, ele deve regularizar sua documentação de estrangeiro ou deixar o país.

b) A perseguição por motivos religiosos se enquadra no conceito de refugiado e ele pode pedir refúgio no Brasil, mas o refúgio é ato personalíssimo e não se estende à sua esposa.

c) A situação condiz com a possibilidade de reconhecimento da condição de refugiado e os efeitos dessa condição são extensivos à esposa.

D) A perseguição religiosa é motivo para que o governo brasileiro o declare refugiado e a extensão dessa condição à esposa depende de decisão judicial e não administrativa.

03. FGV - OAB - 37º Exame de Ordem Unificado - Primeira Fase – Q18

Você está diante de um caso de extrema gravidade de violação de direitos previstos na Convenção Americana sobre Direitos Humanos, quando é urgente a adoção de medidas para evitar prejuízos irreparáveis às vítimas. Trata-se de um caso com demora injustificada na decisão sobre os recursos da jurisdição interna. Como advogada ou advogado que conhece o Sistema Interamericano de Proteção dos Direitos Humanos você sabe que a Corte Interamericana de Direitos Humanos pode adotar medidas provisórias que considerar cabíveis. Considerando as normas pertinentes do Sistema Interamericano, assinale a afirmativa correta.

a) Deve-se peticionar diretamente à Corte Interamericana de Direitos Humanos, ainda que o caso não esteja sob o conhecimento da Corte, para que ela adote as medidas provisórias cabíveis.

b) O caso deve ser encaminhado à Comissão Jurídica Interamericana para que, nos termos do Art. 99 da Carta da OEA, ela tome as medidas provisórias adequadas.

c) É preciso aguardar a decisão de um Tribunal Superior sobre o caso para que, após, se recorra ao Sistema Interamericano, segundo o princípio do duplo grau de jurisdição.

d) Pode-se submeter o caso à Comissão Interamericana de Direitos Humanos para que ela avalie e decida se irá solicitar medidas provisórias à Corte.

04. FGV - OAB - 36º Exame de Ordem Unificado - Primeira Fase – Q18

Você, como advogado(a), foi contratado(a) para esclarecer algumas alternativas na defesa e proteção do direito de circulação e de residência de um determinado grupo de pessoas, que vem sendo violado, em razão de preconceito. Nessa reunião, as vítimas disseram que já tentaram todas as medidas administrativas junto aos órgãos governamentais competentes e nada foi resolvido. Uma das vítimas propôs que fosse encaminhada petição para a Corte Interamericana de Direitos Humanos, a fim de instaurar um processo para a decisão daquela Corte que pudesse resultar em condenação do Estado brasileiro, indenização das vítimas e garantia dos direitos violados. Assim, com base no que dispõe a Convenção Americana sobre Direitos Humanos, cabe a você esclarecer que as vítimas

a) não têm o direito de submeter diretamente um caso à decisão da Corte Interamericana de Direitos Humanos.

b) devem comprovar o esgotamento de todos os recursos da jurisdição interna para encaminhar a petição para a Corte.

c) podem submeter o caso à decisão da Corte, mas devem requerer que sejam tomadas medidas provisórias em caráter de urgência, dada a gravidade da situação.

d) não podem enviar a petição, uma vez que o Brasil não reconhece a competência da Corte em casos relativos à aplicação da Convenção Americana de Direitos Humanos.

05. FGV - OAB - 34º Exame de Ordem Unificado - Primeira Fase – Q19

Você, como advogado(a), representa um grupo de familiares que possuem algum ente internado em estabelecimento público de tratamento de saúde mental onde, comprovadamente, tem havido tratamento cruel e degradante, violando o Art. 5º da Convenção Americana sobre Direitos Humanos. Após tentativas frustradas de resolução do problema por via administrativa junto aos órgãos competentes, você ingressou com petição na Comissão Interamericana de Direitos Humanos. Tendo em vista que se trata de uma situação de gravidade e urgência, e considerando o que dispõe o Regulamento da Comissão Interamericana de Direitos Humanos, cabe a você esclarecer aos familiares e às próprias vítimas que, mesmo diante da gravidade e urgência da situação, a Comissão

a) deverá emitir o seu relatório final com recomendações para o Estado brasileiro, caso ele seja considerado responsável pelas violações ocorridas.

b) pode decidir liminarmente o caso, porém essa decisão liminar favorável às vítimas deverá ser homologada pelo Superior Tribunal de Justiça brasileiro para que possa ser devidamente executada.

c) deverá encaminhar de imediato o caso para a Corte Interamericana de Direitos Humanos para que esta adote medida prévia que vise à garantia dos direitos violados das vítimas.

d) poderá solicitar que o Estado brasileiro adote medidas cautelares para prevenir danos irreparáveis às pessoas vítimas da violação dos Direitos Humanos.

06. FGV - OAB - 33º Exame de Ordem Unificado - Primeira Fase – Q19

Você, como advogada(o) atuante na defesa dos Direitos Humanos, foi convidada(o) para participar de um programa de debate na rádio local sobre a questão da pena de morte. Um dos debatedores, em certo ponto do programa, afirmou que, caso fosse aprovada uma Proposta de Emenda Constitucional (PEC) suprimindo a vedação da pena de morte presente na Constituição, o Brasil poderia adotar esse tipo de pena. Na opinião desse debatedor, tratar-se-ia apenas de vontade política e não de questão jurídica. Diante disso, cabe a você esclarecer que

a) essa PEC poderia ser aprovada pelo Congresso Nacional e surtir seus efeitos jurídicos mas, por se tratar de uma questão política, o ideal seria que essa decisão fosse precedida de amplo debate popular.

b) essa PEC poderia ser aprovada pelo Congresso Nacional mas, de acordo com a Constituição da República, uma decisão nesse sentido somente poderia ser implementada após aprovação em referendo popular.

c) essa PEC não é juridicamente adequada, porque tal vedação é cláusula pétrea da Constituição e porque o Brasil promulgou o Protocolo Adicional à Convenção Americana sobre Direitos Humanos referente à abolição da pena de morte.

d) de acordo com a Constituição da República e a Convenção Americana sobre Direitos Humanos, apenas o Supremo Tribunal Federal poderia admitir a pena de morte, porque possui competência para relativizar a proteção a um direito fundamental, desde que para proteger outro direito fundamental.

07. FGV - OAB - 32º Exame de Ordem Unificado - Primeira Fase – Q18

Como advogada(o) atuante na área dos Direitos Humanos, você foi convidada(o) para participar de um evento na OAB sobre o Sistema Interamericano de Direitos Humanos. Em meio ao debate, foi alegado que a Convenção Americana dos Direitos Humanos não vincula juridicamente os Estados que a ratificaram, mas apenas cria um compromisso moral. Em relação a tal alegação, é fundamental invocar o conhecido e importante Caso Velásquez Rodriguez. Essa decisão da Corte Interamericana dos Direitos Humanos é especialmente relevante porque

a) foi a primeira condenação do Brasil pela Corte Interamericana de Direitos Humanos e obrigou o Estado brasileiro a reconhecer suas omissões, a indenizar os familiares da vítima e a promover ajustes no sistema de saúde pública brasileiro.

b) afirmou que os Estados partes devem prevenir, investigar e punir toda violação dos direitos reconhecidos pela Convenção Americana, bem como procurar, ademais, o restabelecimento, se possível, do direito violado e, se for o caso, a reparação dos danos produzidos pela violação dos Direitos Humanos.

c) admitiu que o Sistema Interamericano dos Direitos Humanos é formado por um conjunto de órgãos que estão vinculados à Secretaria Geral da Organização dos Estados Americanos e subordinados à Assembleia Geral dessa mesma Organização, deforma que suas decisões apenas adquirem força vinculante quando confirmadas pela Assembleia Geral.

d) estabeleceu o procedimento de eficácia das próprias decisões da Corte, que, após serem prolatadas, deverão ser encaminhadas para os tribunais superiores dos Estados partes da Convenção Americana dos Direitos Humanos, a fim de que sejam ratificadas por esses tribunais. Somente após essa confirmação é que as decisões se tornarão juridicamente vinculantes.

08. FGV - OAB - 31º Exame de Ordem Unificado - Primeira Fase – Q19

Recentemente houve grande polêmica na cidade de Piraporanga, porque o Prefeito proibiu o museu local de realizar uma exposição, sob a alegação de que as obras de arte misturavam temas religiosos com conteúdos sexuais, além de haver quadros e esculturas obscenas. Você é contratada(o) para atuar no caso pelos autores das obras de arte e por intelectuais. Com base na Convenção Americana de Direitos Humanos e na Constituição Federal de 1988, assinale a opção que apresenta o argumento que você, como advogada(o), deveria adotar.

a) A censura prévia por autoridades administrativas competentes, como mecanismo eficaz para assegurar o respeito à reputação de pessoas e como forma de garantir a moralidade pública, deve ser admitida.

b) O exercício da liberdade de expressão e o da criação artística estão sujeitos à censura prévia, mas apenas por força de lei devidamente justificada, como forma de proteção da honra individual e da moral pública.

c) A liberdade de expressão e de criação artística estão sujeitas à censura prévia pelas autoridades competentes quando elas ocorrem por meio de exposições em museus, tendo em vista a proteção da memória nacional e da ordem pública.

d) A lei pode regular o acesso a diversões e espetáculos públicos, tendo em vista a proteção moral da infância e da adolescência, sendo vedada, porém, toda e qualquer censura prévia de natureza política, ideológica e artística.

09. FGV - OAB - 30º Exame de Ordem Unificado - Primeira Fase – Q18

Um rapaz, que era pessoa em situação de rua, acabou de sair da prisão. Ele fora condenado pelo crime de latrocínio e, posteriormente, a defensoria pública ajuizou, a seu favor, uma ação de revisão criminal, na qual ele foi absolvido por ausência de provas, caracterizando, assim, um erro judiciário. Nesse período, ele ficou cinco anos preso. Agora a família indaga se existe um direito de indenização em função de condenação por erro judiciário. Assinale a opção que apresenta a informação que você, na condição de advogado(a) especializado(a) em Direitos Humanos, deve prestar à família, com base na Convenção Americana Sobre Direitos Humanos.

a) O direito à indenização está previsto na Convenção Americana Sobre Direitos Humanos de forma geral, mas não há previsão expressa de indenização por erro judiciário; portanto, essa é uma construção argumentativa que deve ser produzida no caso concreto.

b) A indenização por erro judiciário não é uma matéria própria do campo dos Direitos Humanos, por isso não existe tal previsão nem na Convenção Americana Sobre Direitos Humanos, nem em nenhum outro tratado de Direitos Humanos de que o Brasil seja signatário.

c) A Convenção Americana Sobre Direitos Humanos assegura o direito à indenização por erro judiciário, mas o restringe aos erros que resultam em condenação na esfera civil, excluindo eventuais erros que ocorram na jurisdição penal.

d) A Convenção Americana Sobre Direitos Humanos dispõe que toda pessoa tem direito de ser indenizada conforme a lei, no caso de haver sido condenada em sentença transitada em julgado por erro judiciário.

10. FGV - OAB - 30º Exame de Ordem Unificado - Primeira Fase – Q19

Em uma cidade brasileira de fronteira, foi detectado um intenso movimento de entrada de pessoas de outro país para trabalhar, residir e se estabelecer temporária ou definitivamente no Brasil. Após algum tempo, houve uma reação de moradores da cidade que começaram a hostilizar essas pessoas, exigindo que as autoridades brasileiras proibissem sua entrada e a regularização documental. Você foi procurado(a), como advogado(a), por instituições humanitárias, para redigir um parecer jurídico sobre a situação. Nesse sentido, com base na Lei nº 13.445/17 (Lei da Migração), assinale a afirmativa correta.

a) A admissão de imigrantes por meio de entrada e regularização documental não caracteriza uma diretriz específica da política migratória brasileira, e sim um ato discricionário do chefe do Poder Executivo.

b) A promoção de entrada e a regularização documental de imigrantes são coisas distintas. A política migratória brasileira adota o princípio da regularização documental dos imigrantes, mas não dispõe sobre promoção de entrada regular de imigrantes.

c) A política migratória brasileira rege-se pelos princípios da promoção de entrada regular e de regularização documental, bem como da acolhida humanitária e da não criminalização da migração.

d) O imigrante, de acordo com a Lei da Migração, é a pessoa nacional de outro país que vem ao Brasil para estadas de curta duração, sem pretensão de se estabelecer temporária ou definitivamente no território nacional.

DIREITOS HUMANOS				
1 - B	2 - C	3 - D	4 - A	5 - D
6 - C	7 - B	8 - D	9 - D	10 - C

DIREITOS HUMANOS - QUESTÕES DA PROVA DO 43º EXAME DA OAB

01. FGV - OAB - 43º Exame de Ordem Unificado - Primeira Fase - Q17 Na condição de advogado(a), você foi procurado por um grupo de mães de crianças entre 6 e 10 anos que tentaram, sem sucesso, matricular seus filhos na rede básica de ensino. Elas alegam que já envidaram todos os esforços no âmbito administrativo, sendo-lhes sempre apresentada a justificativa da inexistência de vagas. Considerando a situação hipotética em questão, assinale a afirmativa correta.

a) Caso seja demonstrada a inércia do Estado em prover o efetivo acesso ao ensino de primeiro grau, comprovando-se ainda que a situação foi devidamente submetida ao crivo do Poder Judiciário local, esgotados todos os recursos cabíveis, frustrada a obtenção de tutela eficaz, o caso poderá ser submetido diretamente pelas vítimas à análise da Comissão Interamericana de Direitos Humanos.

b) De acordo com a interpretação fixada pelo Supremo Tribunal Federal em relação ao direito à educação, em razão do seu desenvolvimento progressivo, não se pode configurá-lo como típico direito subjetivo, cujo efetiva implementação possa ser determinada por decisão judicial.

c) Apesar de o direito à educação, em razão da sua natureza social, estar previsto no Protocolo Adicional de São Salvador, no âmbito do Sistema Regional Americano de Proteção dos Direitos Humanos foram previstos meios próprios para sua proteção, não sendo possível a utilização do sistema de petições individuais regulado pela Convenção Americana sobre Direitos Humanos.

d) Em razão de o Brasil não ter ratificado o Protocolo Adicional de São Salvador, o caso em questão não poderá ser submetido aos órgãos integrantes do Sistema Regional Americano de Proteção dos Direitos Humanos.

02. FGV - OAB - 43º Exame de Ordem Unificado - Primeira Fase - Q18 Na condição de advogado(a), você é procurado(a) por uma Organização não Governamental que atua na defesa e proteção dos Direitos Humanos de grupos minoritários no Brasil. A entidade solicita esclarecimentos quanto aos mecanismos de que dispõe para levar ao conhecimento das instâncias competentes, no âmbito do sistema global de proteção dos Direitos Humanos, uma situação que entende violar a Convenção para a Prevenção e a Repressão do Crime de Genocídio, com o objetivo de responsabilizar o Estado brasileiro. Nesse contexto, você deve esclarecer que, para a obtenção da finalidade pretendida, dentre os mecanismos existentes em nível global, as Organizações não Governamentais podem submeter o caso em questão diretamente à apreciação

a) da Corte Internacional de Justiça.

b) do Tribunal Penal Internacional.

c) do Conselho de Direitos Humanos das Nações Unidas.

d) do Alto Comissariado das Nações Unidas para os Direitos Humanos.

GABARITO	
1 - A	2 - C

DIREITO INTERNACIONAL

Mateus Silveira

Sumário

1. INTRODUÇÃO AO DIREITO INTERNACIONAL

1.1. Diferença de Direito Internacional Público e Privado

A disciplina de Direito Internacional, na 1ª fase do Exame de Ordem, em regra, aparece com duas questões na prova, as quais abordam ou direito internacional privado ou direito internacional público.

Direito Internacional Privado

- Regula as relações jurídicas entre pessoas, que tenham a presença de um elemento estrangeiro, e o conflito de leis no espaço, definindo qual o direito ou a jurisdição aplicável.

Direito Internacional Público

- É o conjunto de princípios e normas, positivas e costumeiras, representativas dos direitos e deveres aplicáveis no âmbito da sociedade internacional.

1.2. Direito Internacional Privado

É o conjunto de princípios e regras sobre qual direito será aplicável numa relação com elemento estrangeiro e conflito de leis no espaço, buscando a solução de relações jurídicas com características internacionais privadas, quando, numa relação jurídica, tivermos mais de uma legislação estrangeira envolvida e com possibilidade de mais de uma jurisdição.

Na verdade, esse direito é um sobredireito, pois indica o direito aplicável e não soluciona o litígio (traz normas conflituais e indiretas).

O Direito Internacional Privado busca encontrar **elementos de conexão**, que são regras que apontam o direito aplicável a uma ou várias situações jurídicas unidas a mais de um sistema legal.

São exemplos, entre outros, de elementos de conexão: nacionalidade, domicílio e residência habitual da pessoa física, *lex rei sitae* (**lei do local da situação da coisa**), *lex loci delicti commissi* (**lei do lugar onde foi cometido o ato ilícito**), *lex fori* (**lugar do foro**) e *lex loci actus* (**lei do lugar da ação ou obrigação**).

Normas e artigos importantes para a prova de Direito Internacional Privado:

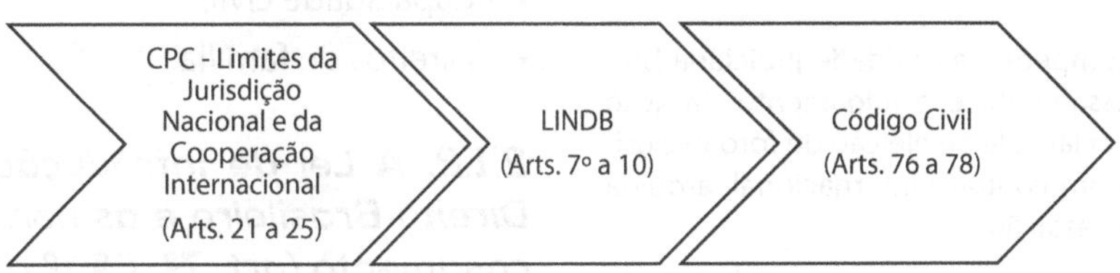

1.2.1. Código de Processo Civil: dos limites da jurisdição nacional e da cooperação internacional

Situações em que encontramos uma **competência concorrente**, ou seja, a justiça brasileira tem competência, mas outros judiciários de diferentes países que possam estar envolvidos na relação jurídica também poderão ser competentes (arts. 21 e 22 do CPC):

> **Art. 21.** Compete à autoridade judiciária brasileira processar e julgar as ações em que:
>
> I - o réu, qualquer que seja a sua nacionalidade, estiver domiciliado no Brasil;
>
> II - no Brasil tiver de ser cumprida a obrigação;
>
> III - o fundamento seja fato ocorrido ou ato praticado no Brasil.
>
> Parágrafo único. Para o fim do disposto no inciso I, considera-se domiciliada no Brasil a pessoa jurídica estrangeira que nele tiver agência, filial ou sucursal.
>
> **Art. 22.** Compete, ainda, à autoridade judiciária brasileira processar e julgar as ações:
>
> I - de alimentos, quando:
>
> *a)* o credor tiver domicílio ou residência no Brasil;
>
> *b)* o réu mantiver vínculos no Brasil, tais como posse ou propriedade de bens, recebimento de renda ou obtenção de benefícios econômicos;
>
> II - decorrentes de relações de consumo, quando o consumidor tiver domicílio ou residência no Brasil;
>
> III - em que as partes, expressa ou tacitamente, se submeterem à jurisdição nacional.

1.2.1.1. Da competência exclusiva

Na competência exclusiva, só o judiciário brasileiro tem competência para analisar a relação jurídica com a exclusão de outros judiciários de países estrangeiros, portanto, nos casos do art. 23 do CPC só vale a manifestação do judiciário brasileiro.

> **Art. 23.** Compete à autoridade judiciária brasileira, com exclusão de qualquer outra:
>
> I - conhecer de ações relativas a imóveis situados no Brasil;
>
> II - em matéria de sucessão hereditária, proceder à confirmação de testamento particular e ao inventário e à partilha de bens situados no Brasil, ainda que o autor da herança seja de nacionalidade

estrangeira ou tenha domicílio fora do território nacional;

III – em divórcio, separação judicial ou dissolução de união estável, proceder à partilha de bens situados no Brasil, ainda que o titular seja de nacionalidade estrangeira ou tenha domicílio fora do território nacional.

Não existe litispendência envolvendo processos com as mesmas partes, mesmas causas e pedidos que estejam tramitando em tribunais de diferentes países, por exemplo, um processo que esteja tramitando no tribunal da Noruega e também em um tribunal do Brasil, conforme prevê o art. 24 do CPC:

Art. 24. A ação proposta perante tribunal estrangeiro não induz litispendência e não obsta a que a autoridade judiciária brasileira conheça da mesma causa e das que lhe são conexas, ressalvadas as disposições em contrário de tratados internacionais e acordos bilaterais em vigor no Brasil.

Parágrafo único. A pendência de causa perante a jurisdição brasileira não impede a homologação de sentença judicial estrangeira quando exigida para produzir efeitos no Brasil.

1.2.1.2. Da validade da cláusula de eleição de foro

Art. 25. Não compete à autoridade judiciária brasileira o processamento e o julgamento da ação quando houver cláusula de eleição de foro exclusivo estrangeiro em contrato internacional, arguida pelo réu na contestação.

§ 1º Não se aplica o disposto no *caput* às hipóteses de competência internacional exclusiva previstas neste Capítulo.

§ 2º Aplica-se à hipótese do *caput* o art. 63, §§ 1º a 4º.

> ▷ **Atenção!** Quanto ao Código Civil, há três artigos importantes para o direito internacional privado que estabelecem regras de domicílio, que são os arts. 76, 77 e 78 do CC. Esses artigos devem ser lidos e estudados para prova.

1.2.2. Da arbitragem e o Direito Internacional Privado

A arbitragem é válida para dirimir litígios patrimoniais disponíveis, e tratando-se de uma arbitragem realizada no estrangeiro, ela só terá validade no Brasil se estiver de acordo com regras de tratados internacionais assinados pelo Brasil, ou então for homologada pelo STJ no processo de homologação de decisão estrangeira previsto pelo Código de Processo Civil.

Lei nº 9.307/1996

Art. 34. A sentença arbitral estrangeira será reconhecida ou executada no Brasil de conformidade com os tratados internacionais com eficácia no ordenamento interno e, na sua ausência, estritamente de acordo com os termos desta Lei.

Parágrafo único. Considera-se sentença arbitral estrangeira a que tenha sido proferida fora do território nacional.

Art. 35. Para ser reconhecida ou executada no Brasil, a sentença arbitral estrangeira está sujeita, unicamente, à homologação do Superior Tribunal de Justiça.

2. LINDB

2.1. Da Lei de Introdução às Normas do Direito Brasileiro (Dec. nº 4.657/1942)

2.1.1. A Lei de Introdução às Normas de Direito Brasileiro e a personalidade da pessoa natural

Lei em que é domiciliada a pessoa regula (Art. 7º):

- Começo e o fim da personalidade;
- Nome;
- Capacidade civil;
- Direitos de família.

2.1.2. A Lei de Introdução às Normas de Direito Brasileiro e as normas relativas ao casamento (art. 7º, §§ 1º a 7º)

De acordo com o art. 7º da LINDB, aplica-se a lei brasileira para os casamentos realizados no Brasil quanto aos impedimentos dirimentes e às formalidades da celebração.

O casamento de estrangeiros poderá ser celebrado perante autoridades diplomáticas ou consulares do país de ambos os nubentes, mas atenção: esse dispositivo só se aplica quando os nubentes tiverem a mesma nacionalidade.

Quanto à invalidade do matrimônio, a lei que regerá essa situação será a do domicílio dos nubentes. Tendo eles domicílio diverso, valerá a lei do primeiro domicílio conjugal. Do mesmo modo, é regulado o regime legal de bens, que será fixado o do domicílio dos nubentes, que, se antes do casamento for diverso, valerá o primeiro domicílio conjugal.

2.1.3. Regras para determinação de domicílio de modo subsidiário na Lei de Introdução às Normas de Direito Brasileiro

O domicílio do chefe da família estende-se ao outro cônjuge e aos filhos não emancipados, salvo em caso de abandono. O mesmo acontece quanto ao domicílio do tutor ou curador aos incapazes sob sua guarda. E quando a pessoa não tiver domicílio, considerar-se-á domiciliada no lugar de sua residência ou no local em que se encontre.

LINDB – Temas:

- Bens - Art. 8º
- Obrigações - Art. 9º
- Sucessões – Art. 10

2.1.4. Regras para os direitos reais na Lei de Introdução às Normas do Direito Brasileiro (art. 8º)

Para qualificar os bens imóveis e regular as relações a eles concernentes, aplicar-se-á a lei do país em que estiverem situados.

Quanto aos bens móveis que o proprietário trouxer e/ou transportar para outros lugares, aplicar-se-á **a lei do país** em que for **domiciliado o proprietário.**

2.1.5. A Lei de Introdução às Normas do Direito Brasileiro e as obrigações (art. 9º)

Para se qualificar e reger as obrigações, aplicar-se-á a lei do país em que se constituírem, e destinando-se a obrigação a ser executada no Brasil, e dependendo de forma essencial, será esta observada, admitindo-se as peculiaridades da lei estrangeira quanto aos requisitos extrínsecos do ato.

Caso não tenhamos o local de constituição e os sujeitos da norma sejam ausentes, o contrato reputar-se-á constituído no lugar onde reside o proponente.

2.1.6. Lei de Introdução às Normas do Direito Brasileiro e sucessões (art. 10)

Qualquer que seja a natureza e a situação dos bens, a sucessão por morte ou por ausência obedece à lei do país em que domiciliado o defunto ou o desaparecido, bem como a sucessão de bens de estrangeiros, situados no País, será regulada pela lei brasileira em benefício do cônjuge ou dos filhos brasileiros, ou de quem os represente.

Sempre que não lhes seja mais favorável a lei pessoal do *de cujus*, este mesmo dispositivo constará também previsto no art. 5º, XXXI, da CF/1988.

Já no tocante à capacidade de suceder a lei do **domicílio do herdeiro** ou legatário, será a lei reguladora.

> ▷ **Atenção!** O juiz poderá julgar uma demanda utilizando lei estrangeira, desde que tenha competência para realizar o julgamento previsto no Código de Processo Civil. Além disso, não conhecendo a lei estrangeira, poderá o juiz exigir de quem a invoca prova do texto e da vigência (art. 14 da LINDB).

2.1.7. Demais pontos importantes da Lei de Introdução às Normas do Direito Brasileiro

Quando as declarações de vontade, leis, atos e sentenças de outro país ofenderem a soberania nacional, a ordem pública e os bons costumes, não terão eficácia no Brasil.

Tratando-se de brasileiros, são competentes as autoridades consulares brasileiras para celebrar o casamento e os demais atos de Registro Civil e de tabelionato, inclusive o registro de nascimento e de óbito dos filhos de brasileiro ou brasileira nascidos no país da sede do Consulado.

2.1.8. Competência do Judiciário brasileiro

A autoridade judiciária brasileira é competente para julgar uma demanda quando o réu for domiciliado no Brasil ou aqui tiver de ser cumprida a obrigação. Contudo, só à autoridade judiciária brasileira compete conhecer das ações relativas a imóveis situados no Brasil.

2.2. Resumindo a LINDB

LINDB - Dec nº 4.657/1942

Art. 7º - Direito de família, Capacidade, Personalidade (início e fim) e Nome. Elemento de conexão: Domicílio Ex: 1º domicílio conjugal ou dos nubentes.	Art. 8º - Bens Imóveis e Móveis. Elemento de conexão: Imóveis = Local da situação do bem; Móvel = domicílio do proprietário.
Art. 9º - Obrigações e Contratos. Elemento de Conexão: Local de constituição da obrigação ou local da residência proponente.	Art. 10 - Sucessão por morte ou ausência. Elemento de conexão: Lei do país em que domiciliado o de cujus.

3. HOMOLOGAÇÃO DE DECISÃO ESTRANGEIRA E DA CONVENÇÃO DA APOSTILA DE HAIA

3.1. Homologação de Decisão Estrangeira

Decisão Estrangeira é homologada no STJ:

Constituição Federal

Art. 105. Compete ao Superior Tribunal de Justiça:

I – processar e julgar, originariamente:

(...)

i) a homologação de sentenças estrangeiras e a concessão de exequatur às cartas rogatórias; (...)

Execução e cumprimento da decisão estrangeira homologada na Justiça Federal:

Art. 109. Aos juízes federais compete processar e julgar:

(...)

X – os crimes de ingresso ou permanência irregular de estrangeiro, a execução de carta rogatória, após o "exequatur", e de sentença estrangeira, após a homologação, as causas referentes à nacionalidade, inclusive a respectiva opção, e à naturalização; (...)

3.1.1. Homologação de decisão estrangeira (arts. 15 da LINDB e 960 a 965 do CPC)

Sentença estrangeira: advinda de um tribunal estrangeiro (p. ex., uma decisão de um tribunal italiano). As decisões do tribunal estrangeiro não valem de imediato no Brasil, por este motivo precisam ser homologadas para terem força executiva no País.

Sentença internacional: advinda de um tribunal internacional (p. ex., Corte Internacional de Justiça [CIJ], Tribunal Penal Internacional [TPI] e Corte Interamericana de Direitos Humanos [COIDH]). As decisões dos tribunais internacionais têm validade em todos os países que se submetem à jurisdição do tribunal, ou seja, têm validade nos países signatários submetidos às suas decisões.

A homologação de sentença estrangeira e a concessão de *exequatur* às cartas rogatórias é realizada pelo STJ desde a EC nº 45/2004, conforme dispõe o art. 105, I, i, da CF/1988. Após a homologação e a concessão da *exequatur* pelo STJ, compete ao Juiz Federal a execução de carta rogatória e o cumprimento da sentença estrangeira homologada (art. 109, X, da CF/1988).

As regras de homologação de sentença estrangeira que estavam inicialmente dispostas no art. 15 da LINDB, agora são estabelecidas pelo Código de Processo Civil, nos arts. 960 a 965, e somente de modo subsidiário se utiliza a norma da LINDB e do Regimento Interno do STJ.

O STJ regula também o procedimento de homologação, que está disciplinado nos arts. 216-A a 216-X do Regimento Interno do STJ (RISTJ), introduzidos pela ER nº 18/2014 do STJ, **contudo, atenção,** pois o Código de Processo Civil traz as regras gerais, sendo o **RISTJ e o art. 15 da LINDB utilizados apenas de forma supletiva (SEC nº 14.812-EX – rel. Min. Nancy Andrighi – por unanimidade – j. 16-5-2018 – *DJe* 23-5-2018 – Informativo 626).**

Ainda quanto à homologação de decisão estrangeira, destacam-se:

a) **Da superação da Súm. nº 420 do STF**: "Não se homologa sentença proferida no estrangeiro sem prova do trânsito em julgado".

O STJ é que homologada a "Sentença Estrangeira", segundo o art. 105, I, i, da CF/1988.

Outro elemento é que a Súm. nº 420 do STF foi editada pelo Supremo em 8-7-1964, ou seja, na vigência da Constituição anterior e do Código de Processo Civil revogado. Assim, a súmula do STF, apesar de não dito de forma expressa pelos tribunais, já foi superada pela nova legislação vigente.

b) A reciprocidade com o país de origem da decisão não é requisito para a homologação de sentença estrangeira (art. 26, § 2º, do CPC).

c) Não cabe homologação de sentença em matérias de competência exclusiva do poder judiciário brasileiro.

d) É possível a homologação parcial da decisão estrangeira.

e) É possível homologar decisões estrangeiras interlocutórias e decisões arbitrais, por meio de carta rogatória.

f) Segundo o STJ, as decisões estrangeiras precisam respeitar o princípio da efetividade, ou seja, todo pedido de homologação de sentença alienígena, por apresentar elementos transfronteiriços, demanda a imprescindível existência de algum ponto de conexão entre o exercício da jurisdição pelo Estado brasileiro e o caso concreto a ele submetido.

SENTENÇA ESTRANGEIRA CONTESTADA. CONDENAÇÃO EM MONTANTE SUPERIOR A DEZOITO BILHÕES DE DÓLARES, SOB A ALEGAÇÃO DE DANOS AMBIENTAIS. AUSÊNCIA DE JURISDIÇÃO BRASILEIRA E DE INTERESSE DE AGIR. EXTINÇÃO DO PROCESSO SEM RESOLUÇÃO DO MÉRITO.

1. Não há dúvida quanto à existência de coisa julgada e, até mesmo, a interposição dos recursos ordinários e extraordinários possíveis, não constituindo óbice, para a configuração do trânsito em julgado, o ajuizamento da ação extraordinária de proteção no âmbito do direito equatoriano.

2. Tampouco se verificou qualquer irregularidade na representação para o ajuizamento da presente ação de homologação da sentença estrangeira.
3. Em conformidade com o princípio da efetividade, todo pedido de homologação de sentença alienígena, por apresentar elementos transfronteiriços, demanda a imprescindível existência de algum ponto de conexão entre o exercício da jurisdição pelo Estado brasileiro e o caso concreto a ele submetido.
4. Na hipótese em julgamento, é certa a ausência de jurisdição brasileira – questão que é pressuposto necessário de todo e qualquer processo –, haja vista que: a) a Chevron Corporation, empresa norte-americana contra a qual foi proferida a sentença estrangeira, não se encontra situada em território nacional; b) a Chevron do Brasil, pessoa jurídica distinta da requerida e com patrimônio próprio, não integrou o polo passivo da lide originária; e c) não há nenhuma conexão entre o processo equatoriano e o Estado brasileiro.
5. Sentença estrangeira não homologada.
(SEC nº 8.542/EX – rel. Min. Luis Felipe Salomão – Corte Especial – j. 29-11-2017 – *DJe* 15-3-2018)

3.2. Convenção da Apostila

A prova dos fatos ocorridos em país estrangeiro rege-se pela lei que nele vigorar, quanto ao ônus e aos meios de produzir-se, não admitindo aos tribunais brasileiros provas que a lei brasileira desconheça (art. 13 da LINDB).

▷ **Atenção! QUANTO A PROVAS** – Convenção sobre a Obtenção de Provas no Estrangeiro em Matéria Civil ou Comercial: Dec. nº 9.039/2017.

O Brasil **não autorizou a OBTENÇÃO DE PROVAS POR REPRESENTANTES DIPLOMÁTICOS, AGENTES CONSULARES OU COMISSÁRIOS**, pois não aceitou estes elementos previstos no tratado internacional.

4. DIREITO INTERNACIONAL PÚBLICO

4.1. Direito Internacional Público

Regula ou regra a relação entre Estados, e outros sujeitos de Direito Internacional, como os organismos internacionais intergovernamentais (ONU, BIRD, FMI) e os indivíduos, principalmente nas normas de proteção internacional da pessoa.

O Direito Internacional Público tem como características importantes para a sua compreensão: inexistência de uma autoridade superior, falta de coercibilidade para o cumprimento dos regramentos estabelecidos, sistema de sanções frágeis, descentralização das decisões e dever do respeito à soberania dos Estados, tendo com fonte mais importante os tratados internacionais.

São fundamentos do Direito Internacional Público (DIP):

- Soberania;
- Manifestação de Vontade;
- Pacta Sunt Servanda.

O que fundamenta o DIP é a soberania estatal (art. 1º, I da CF/1988), manifestação da vontade ou consentimento e o pacta *sunt servanda*.

SOBERANIA: é a qualidade que caracteriza o poder supremo de um Estado (independência, autoridade dentro e fora do seu território) (arts. 1º, I, 4º, I, III e V, e 170, I, da CF/1988).

PACTA SUNT SERVANDA: liberdade de contrair obrigações (direitos e deveres), compromissos livremente firmados devem ser cumpridos.

MANIFESTAÇÃO DA VONTADE: os países livremente consentem em celebrar um tratado após as negociações diplomáticas sobre o tema.

4.1.1. Conceitos importantes

POPULAÇÃO: é o conjunto de habitantes que mantêm ligação estável com determinado Estado, por meio de um vínculo jurídico, ou seja, o vínculo da nacionalidade. Inclui os nacionais residentes dentro e fora (emigrantes) do território nacional. Não inclui os estrangeiros residentes no território do Estado.

NACIONALIDADE: é o vínculo jurídico-político de fidelidade entre o Estado e o indivíduo, atribuído pelo Estado no exercício de seu poder soberano.

TERRITÓRIO: é o espaço onde se exerce a soberania estatal. Ele determina os limites do exercício do poder do Estado. **Delimitar um território significa estabelecer seus limites**, o que é feito por tratados ou costumes. Demarcar um território significa implantar marcos físicos sobre o território.

▷ **Atenção! Não confundir limite com fronteira.** Limite é um ponto que determina, com certa precisão, até onde vai o território do Estado, já **fronteira é uma região em torno do limite territorial**, sobre o qual o Estado tem interesse de zelar para garantir sua segurança nacional.

4.1.2. Personalidade jurídica de direito internacional

Significa quais sujeitos gozam de aptidão internacional para contrair direitos e deveres no direito internacional público.

INTERNACIONAL

Os Estados e as organizações internacionais intergovernamentais e os particulares ou indivíduos têm personalidade jurídica internacional, ou seja, são sujeitos do Direito Internacional. Os indivíduos, as pessoas se configuram muito mais como sujeitos de direito internacional, uma vez que o objeto dos acordos internacionais de direitos humanos estabelece a proteção de todos os seres humanos.

▷ **Atenção!** A Anistia Internacional e o Comitê Internacional da Cruz Vermelha não são organizações internacionais, mas, sim, Organizações Não Governamentais de atuação internacional. Por esse motivo, não celebram tratados, não sendo, portanto, considerados sujeitos de direito internacional.

Destaco que Ongs de atuação internacional e entidades esportivas, por exemplo, o Greenpeace e a Fifa, não são organizações internacionais para o direito internacional público, pois não foram constituídas por Estados em tratados internacionais.

4.1.3. Organizações internacionais, também chamadas de organizações internacionais intergovernamentais

São pessoas jurídicas de direito público externo formadas pela reunião de dois ou mais Estados que têm uma finalidade em comum. Após serem constituídas, adquirem personalidade internacional, independente da de seus membros constituintes (ONU, OIT, OTAN E FMI).

5. DIREITO DOS TRATADOS

5.1. Tratados internacionais

Principal fonte jurídica de direito internacional público, o tratado é um acordo internacional celebrado por escrito entre dois ou mais Estados ou outros sujeitos sob égide do Direito Internacional.

No Brasil, quem pode assinar tratados, em regra, é o nosso Chefe de Estado, ou seja, o Presidente da República, mas também podem assinar e negociar tratados **o Ministro das Relações Exteriores, bem como os chamados PLENIPOTENCIÁRIOS** (pessoas escolhidas pelo Presidente com a confirmação do Ministro das Relações Exteriores) e **Chefes de Delegação Nacional**, ambos necessitando de **CARTA DE PLENOS PODERES do Chefe de Estado.**

▷ **Atenção!** Os tratados são normas de direito externo até serem internalizados pelos ordenamentos jurídicos de cada nação. O Brasil adotou a teoria da incorporação no art. 5º, §§ 2º e 3º, da CF/1988.

No Brasil, após assinado (art. 84, VIII, da CF/1998), o tratado é enviado ao Congresso Nacional, devendo ser aprovado nas duas Casas (art. 49, I, da CF/1988). Aprovado, é emitido pelo **Presidente do Congresso Nacional um Decreto Legislativo autorizando o Presidente a ratificar o acordo e, uma vez ratificado por decreto presidencial, o tratado será promulgado e publicado, passando a valer no território nacional.**

▷ **Cuidado! Cuidado com os termos reserva e denúncia!**

Reserva significa uma declaração unilateral, qualquer que seja a sua redação ou denominação, feita por um Estado ao assinar, ratificar, aceitar ou aprovar um tratado, ou a ele aderir, com o **objetivo de excluir ou modificar o efeito jurídico de certas disposições do tratado em sua aplicação** a esse Estado.

Denúncia é um ato unilateral, de efeito jurídico inverso ao da ratificação e da adesão, manifestando o Estado sua **vontade de deixar de ser parte no acordo internacional.**

▷ **Atenção a ADC nº 39 do STF**: "A denúncia pelo Presidente da República de tratados internacionais aprovados pelo Congresso Nacional, para que produza efeitos no ordenamento jurídico interno, não prescinde da sua aprovação pelo Congresso". Este entendimento vale a partir da publicação da ata do julgamento em 26/06/2023, mantendo-se a eficácia das denúncias realizadas até esse marco temporal.

Hierarquia dos tratados – incorporados à legislação brasileira

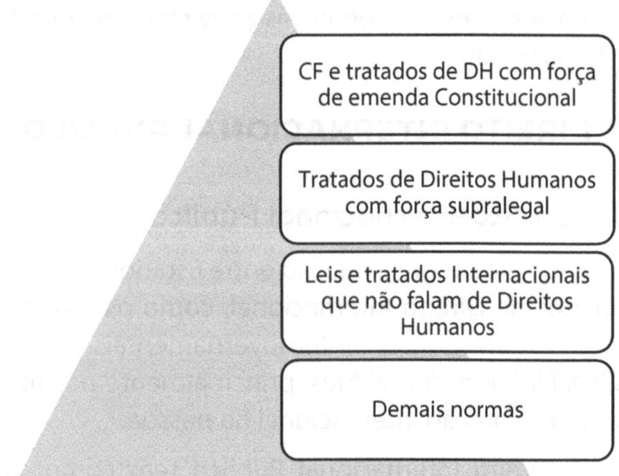

5.2. Tratados internacionais com força de Emenda

1) Convenção sobre os Direitos das Pessoas com Deficiência (Convenção de Nova Iorque) – Decreto nº 6.949/2009.
2) Protocolo Facultativo à Convenção Internacional sobre os Direitos das Pessoas com Deficiência – Decreto nº 6.949/2009.
3) Tratado de Marraqueche – Decreto nº 9.522/2018.
4) Convenção Interamericana Contra o Racismo, a Discriminação Racial e Formas Correlatas de Intolerância – Decreto nº 10.932/2022.

6. MISSÕES DIPLOMÁTICAS

6.1. Das missões diplomáticas

Agentes diplomáticos: são responsáveis pela representação do próprio Estado em território estrangeiro, perante governos estrangeiros.

Missão diplomática: é formada pelo conjunto de diplomatas que representam os Estados ou organizações intergovernamentais.

Direito de legação: consiste na prerrogativa dos Estados de enviar (ativa) e receber (passiva) agentes diplomáticos (embaixadores) de outros Estados.

Os Embaixadores são a própria representação da nação no Estado estrangeiro ou no organismo internacional, sendo responsáveis pela representação política.

O **chefe da missão diplomática é chamado de embaixador ou núncio.** Também em **missões sem embaixadas, o chefe poderá ser chamado de enviado ou ministro ou encarregado de negócios**.

Embaixador é uma função ocupada, e não uma classe da carreira diplomática; o último nível da carreira diplomática é ministro de primeira classe.

As **embaixadas**, que são o **local** onde funciona a **missão diplomática**, compreendendo o conjunto de suas instalações físicas, **são invioláveis, segundo a Convenção de Viena.**

Agentes consulares: são funcionários públicos enviados pelo Estado para a proteção de seus interesses e de seus nacionais.

Consulados são repartições públicas estabelecidas pelos Estados em portos ou cidades de outros Estados. São responsáveis pela representação **comercial, administrativa e a de caráter notarial.**

A nomeação do cônsul depende de aceitação prévia do nome indicado (feito mediante o *exequatur*, que é a autorização concedida pelo Estado receptor que admite o agente consular para o exercício de suas funções), competindo tal função a cada Estado individualmente, nos termos de sua legislação específica. Carta patente é o documento que representa a investidura do agente consular.

6.1.1. Imunidade

Em razão do desempenho das suas funções, os agentes diplomáticos gozam de privilégios e imunidades.

Esses privilégios e imunidades podem ser classificados em: **inviolabilidade, imunidade de jurisdição civil, administrativa e criminal, e isenção fiscal.**

A inviolabilidade abrange o local da missão diplomática e as **residências particulares dos agentes diplomáticos.** Nesses locais, o Estado acreditado não pode exercer nenhum tipo de coação (invasão pela polícia), a não ser que haja autorização do chefe da missão. Do mesmo modo, não pode haver uma citação dentro da missão.

A inviolabilidade cessa se os locais da missão forem utilizados de modo incompatível com as suas funções. Cessa, ainda, em caso de emergência (incêndio). É inviolável também a correspondência.

A inviolabilidade também significa que os **agentes diplomáticos não podem ser presos.** O **Estado acreditado deverá proteger os imóveis da missão**, bem como a própria pessoa dos agentes diplomáticos.

Os atos da missão, praticados como representante do Estado acreditante (assinatura de tratado), não podem ser apreciados pelos tribunais do Estado acreditado.

Quanto às questões penais, o **agente diplomático goza de imunidade de jurisdição criminal**. É **absoluta e aplica-se a qualquer delito.** Ele tem ainda imunidade de jurisdição civil e administrativa. A imunidade de jurisdição não significa que ele esteja acima da lei, mas apenas que ele **deverá ser processado no Estado acreditante.**

Poderá haver renúncia à imunidade de jurisdição do agente diplomático ou de qualquer pessoa que dela se beneficie. De modo geral, sustenta-se que a imunidade penal **cessa em caso de flagrante delito que não esteja ligado ao exercício de suas funções.**

A imunidade de jurisdição civil, administrativa e penal não se aplicará quando:

INTERNACIONAL

a) em uma **ação real sobre imóvel privado** situado no território do Estado acreditado, salvo se o agente diplomático o possuir por conta do Estado acreditado para os fins da missão;

b) em uma **ação sucessória** na qual o agente diplomático figure, a título privado e não em nome do Estado, como executor testamentário, administrador, herdeiro ou legatário;

c) em uma **ação referente a qualquer profissão liberal ou atividade comercial** exercida pelo agente diplomático no Estado acreditado fora de suas funções oficiais.

No tocante às imunidades, ainda temos o fato de que o agente diplomático não é obrigado a prestar depoimento como testemunha em processos judiciais que correm no país acreditado.

A execução relativa aos casos mencionados no parágrafo anterior poderá ser realizada desde que não afete a inviolabilidade da pessoa ou da residência do diplomata.

▷ **Atenção!** A imunidade de jurisdição de um agente diplomático no Estado acreditado **não o isenta da jurisdição do Estado acreditante.**

6.1.2. Da renúncia das imunidades

O **Estado acreditante pode renunciar à imunidade de jurisdição dos seus agentes diplomáticos** e das demais pessoas que gozam de imunidade, porém, essa renúncia **será sempre expressa.** A renúncia à imunidade de jurisdição, no tocante às ações civis ou administrativas, **não implica renúncia à imunidade quanto às medidas de execução da sentença, para as quais nova renúncia é necessária.**

Ao iniciar uma ação judicial, o agente diplomático que goza de imunidade de jurisdição não poderá invocar a imunidade no tocante a uma reconvenção ligada à ação principal.

Se um agente diplomático ou uma pessoa que goza de imunidade de jurisdição iniciar uma ação judicial, não lhe será permitido invocar a imunidade de jurisdição no tocante a uma reconvenção ligada à ação principal.

6.1.3. Da isenção de impostos ao representante diplomático

O agente diplomático gozará de isenção de todos os impostos e taxas, pessoais ou reais, nacionais, regionais ou municipais, salvo as seguintes exceções:

a) os impostos indiretos que estejam normalmente incluídos no preço das mercadorias ou dos serviços;

b) os impostos e taxas sobre bens imóveis privados situados no território do Estado acreditado, a não ser que o agente diplomático os possua em nome do Estado acreditante e para os fins da missão;

c) os direitos de sucessão percebidos pelo Estado acreditado;

d) os impostos e taxas sobre rendimentos privados que tenham a sua origem no Estado acreditado e os impostos sobre o capital referentes a investimentos em empresas comerciais no Estado acreditado;

e) os impostos e taxas que incidem sobre a remuneração relativa a serviços específicos;

f) os direitos de registro, de hipoteca, custas judiciais e imposto de selo relativos a bens imóveis.

6.2. Da diplomacia e da solução pacífica dos conflitos

É um dos princípios das relações internacionais previstos no art. 4º, VII, da CF/1988 a "solução pacífica dos conflitos". Este princípio também está presente na Carta das Nações da ONU, da qual o Brasil é signatário e um dos fundadores da ONU.

▷ **Atenção!**

#Ficaadica:

1) Os locais da missão diplomática não podem ser violados.
2) O agente diplomático goza de isenção de impostos e taxas, havendo exceções a esse respeito.
3) Os bens da embaixada são invioláveis e não podem ser objetos de penhora.
4) A correspondência e a comunicação oficial da missão diplomática são invioláveis.
5) A mala diplomática não poderá ser aberta ou retida.

7. NACIONALIDADE

7.1. Introdução

Pode ser adquirida de dois modos: originária e derivada.

Originária: adquirida com o nascimento.

Derivada ou **secundária:** adquirida por vontade posterior.

A nacionalidade originária pode se dar por dois critérios:

a) ***Ius soli:*** é nacional aquele que nascer no solo do país (compreendendo extensões territoriais, como navios de guerra e navios mercantes em alto-mar).
b) ***Ius sanguinis:*** é nacional aquele que for filho, ou seja, que tiver a filiação de nacional do país.

No Brasil, a regra é o *ius soli*: nasceu em solo brasileiro, será brasileiro. Contudo, há exceções, nas quais a Constituição adotou o *ius sanguinis*.

7.2. Nacionalidade originária ou primária no Brasil

São brasileiros natos os casos previstos nas hipóteses do art. 12, I, *a*, *b* e *c*, da CF/1988:

a) os nascidos na República Federativa do Brasil, ainda que de pais estrangeiros, desde que estes não estejam a serviço de seu país;

***Ius soli* + não ser filho de estrangeiros que estejam a serviço do seu país no Brasil. É a regra da nacionalidade no nosso país.**

▷ **Atenção!** Atenção para a exceção, pois necessitamos de um casal de estrangeiros, e um deles deve estar a serviço do seu país no Brasil para que seu filho seja da sua nacionalidade.

b) os nascidos no estrangeiro, de pai brasileiro ou de mãe brasileira, desde que qualquer deles esteja a serviço da República Federativa do Brasil;

***Ius sanguinis* + o trabalho no exterior para o brasileiro.**

c) os nascidos no estrangeiro de pai brasileiro ou de mãe brasileira, desde que sejam registrados em repartição brasileira competente ou venham a residir na República Federativa do Brasil e optem, em qualquer tempo, depois de atingida a maioridade, pela nacionalidade brasileira;

1ª parte: *ius sanguinis* + registro no exterior na repartição pública competente (em regra consulados); 2ª parte: nascimento no exterior + *ius sanguinis* + venha a residir no Brasil + maioridade + opção (manifestação de vontade) pela nacionalidade.

▷ **Atenção!** As mudanças no art. 12, I, *c*, da CF/1988, que ocorreram com a EC de revisão nº 3/1994 (tirou a possibilidade do registro em repartição competente no exterior) e a EC nº 54/2007, pois criaram uma situação para os nascidos entre as duas revisões, regulada no art. 95 do ADCT:

> **Art. 95.** Os nascidos no estrangeiro entre 7 de junho de 1994 e a data da promulgação desta Emenda Constitucional, filhos de pai brasileiro ou mãe brasileira, poderão ser registrados em repartição diplomática ou consular brasileira competente ou em ofício de registro, se vierem a residir na República Federativa do Brasil.

7.3. Nacionalidade derivada ou secundária no Brasil

A nacionalidade derivada é aquela que se dá por meio da manifestação da vontade do estrangeiro que busca se tornar brasileiro. Alguns elementos podem ser utilizados como objeto de análise para a concessão da nacionalidade derivada, como **casamento com brasileiro(a), trabalho no Brasil ou para o Brasil e residência no Brasil.**

A Constituição brasileira menciona somente a hipótese de residência como forma de adquirir a nacionalidade derivada para estrangeiro, mas a Lei de Migração prevê outras possibilidades que levam em conta os critérios mencionados.

São brasileiros naturalizados aqueles previstos no art. 12, II, *a* e *b*, da CF/1988:

a) os que, na forma da lei, adquiram a nacionalidade brasileira, exigidas aos originários de países de língua portuguesa apenas residência por um ano ininterrupto e idoneidade moral;

1ª parte: poderão se naturalizar os estrangeiros que cumprirem os requisitos constantes na lei (arts. 64 a 72 da Lei nº 13.445/2017); **2ª parte**: poderão se naturalizar os indivíduos originários de países de língua portuguesa que tenham residência ininterrupta de um ano no país e idoneidade moral.

b) **os estrangeiros de qualquer nacionalidade residentes** na República Federativa do Brasil **há mais de quinze anos ininterruptos e sem condenação penal**, desde que requeiram a nacionalidade brasileira.

Esta hipótese de naturalização também é chamada de naturalização extraordinária.

A naturalização no Brasil está regulada pela Lei de Migração (arts. 64 a 72 da Lei nº 13.445/2017).

São tipos de naturalização no Brasil:

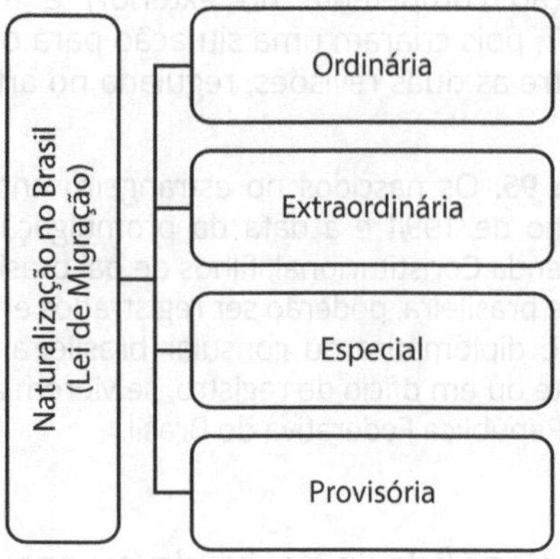

7.4. Naturalização ordinária

Para que o estrangeiro consiga se naturalizar, a lei exige o preenchimento das seguintes condições: capacidade civil no Brasil, residência em território nacional (pelo prazo mínimo de quatro anos), comunicar-se em língua portuguesa e não possuir condenação penal ou estiver reabilitado (se foi condenado, já ter cumprido integralmente a pena).

O requisito da residência no Brasil será reduzido para o prazo de, no mínimo, 1 (um) ano se o estrangeiro naturalizando preencher quaisquer das seguintes condições: tiver filho brasileiro; tiver cônjuge ou companheiro brasileiro e não estiver dele separado legalmente ou de fato no momento de concessão da naturalização; houver prestado ou poder prestar serviço relevante ao Brasil; e ter sido recomendado por sua capacidade profissional, científica ou artística.

7.5. Naturalização extraordinária

É uma naturalização concedida ao estrangeiro que comprovar ter fixado no Brasil residência há mais de 15 (quinze) anos ininterruptos e sem condenação penal. Esta forma de naturalização está prevista nos arts. 67 da Lei nº 13.445/2017 e 12, II, b, da CF/1988.

7.6. Naturalização especial

Utiliza os mesmos critérios da naturalização ordinária, com exceção do critério da residência no Brasil, pois ela troca esse critério por outros: ou que o naturalizando seja cônjuge ou companheiro, há mais de 5 (cinco) anos, de integrante do Serviço Exterior Brasileiro em atividade ou de pessoa a serviço do Estado brasileiro no exterior; ou que o naturalizando tenha sido empregado em missão diplomática ou em repartição consular do Brasil por mais de 10 (dez) anos ininterruptos.

7.7. Naturalização provisória

É a naturalização que poderá ser concedida ao migrante criança ou adolescente que tenha fixado residência em território nacional antes de completar 10 anos de idade, e deverá ser requerida por intermédio de seu representante legal. Esta naturalização será convertida em definitiva se o naturalizando expressamente assim o requerer no prazo de 2 (dois) anos após atingir a maioridade.

Os pedidos de naturalização serão apresentados pelos estrangeiros na Polícia Federal e/ou no Ministério das Relações Exteriores, mas a concessão da naturalização é de competência exclusiva do Ministério da Justiça. No curso do processo de naturalização, o naturalizando poderá requerer a tradução ou a adaptação de seu nome à língua portuguesa. O nome do naturalizando será mantido no cadastro com o nome traduzido ou adaptado associado ao nome anterior.

▷ **Atenção!** O naturalizado terá o prazo de até 1 (um) ano, após a concessão da naturalização, para comparecer perante a Justiça Eleitoral para o devido cadastramento.

Os efeitos da naturalização ocorrem após a publicação no Diário Oficial do ato de naturalização.

7.8. Da perda da nacionalidade

O **naturalizado terá a naturalização cancelada em razão de condenação por sentença judicial por fraude relacionada ao processo de naturalização ou de atentado contra a ordem constitucional e o Estado Democrático**, conforme dispõe o inciso I do § 4º do art. 12 da CF/1988, texto da redação dada pela Emenda Constitucional nº 131 de 2023.

▷ **Cuidado! O risco de geração de situação de apátrida será levado em consideração antes da efetivação do cancelamento da naturalização brasileira.**

▷ **Atenção para novidade = Brasileiro Nato não perde mais a nacionalidade brasileira!**

Para os brasileiros natos, a EC nº 131/2023 retirou qualquer possibilidade de perda da nacionalidade nata. Portanto, a partir da EC nº 131/2023, brasileiro nato não perde a nacionalidade brasileira. A única forma de um nacional nato deixar de ser brasileiro é a renúncia a nacionalidade através de pedido expresso de perda da nacionalidade brasileira perante a autoridade nacional competente, contudo a constituição federal destaca que nas situações que acarretem apatridia para o renunciante, a própria renúncia poderá ser impedida ou limitada. (art. 12, § 4º, II, da CF/1988 com redação da EC nº 131/2023).

Quanto a renúncia da nacionalidade nata, ela não é definitiva, pois se o antigo nacional nato tiver interesse no retorno da nacionalidade, ele poderá readquirir sua nacionalidade originária nos termos que serão regulados por lei.

7.9. Da quase nacionalidade

Aos portugueses com residência permanente no País, se houver reciprocidade em favor dos brasileiros, serão atribuídos os direitos inerentes ao brasileiro, salvo os casos previstos na Constituição Federal. Essa situação trata-se da **quase nacionalidade ou, como a doutrina chama, brasileiros por equiparação**. A reciprocidade evidencia-se no presente caso, uma vez que, com o Dec. nº 3.927/2001, promulgou-se o Tratado de Amizade, Cooperação e Consulta entre a República Federativa do Brasil e a República Portuguesa, celebrado em Porto Seguro, em 22 de abril de 2000.

7.10. Das distinções constitucionais entre brasileiros natos e naturalizados

Em regra, brasileiros natos e naturalizados devem ser tratados como iguais, podendo somente a Constituição Federal prever algumas distinções específicas entre os dois. Existem somente as seguintes diferenças entre brasileiros natos e naturalizados na Constituição:

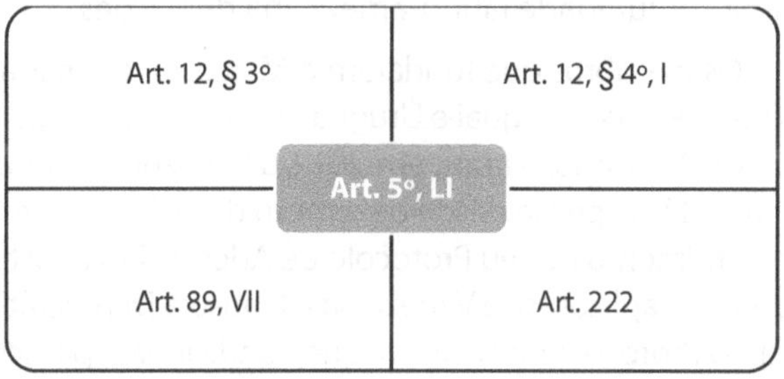

7.11. Cargos privativos de brasileiros natos

> **Art. 12.** (...)
>
> (...)
>
> § 3º São privativos de brasileiro nato os cargos:
>
> I – de Presidente e Vice-Presidente da República;
>
> II – de Presidente da Câmara dos Deputados;
>
> III – de Presidente do Senado Federal;
>
> IV – de Ministro do Supremo Tribunal Federal;
>
> V – da carreira diplomática;
>
> VI – de oficial das Forças Armadas;
>
> VII – de Ministro de Estado da Defesa.

Mnemônico: "MP³.COM"

M = Ministro do STF

P³ = três cargos que começam com P (Presidente da República, Presidente da Câmara e Presidente do Senado)

C = Carreira Diplomática

O = Oficial das Forças Armadas

M = Ministro de Estado da Defesa

▷ **Atenção!** Se todos os ministros do STF devem ser brasileiros natos, temos uma hipótese não listada no § 3º do art. 12, que é o cargo de Presidente do Conselho Nacional de Justiça, uma vez que só preside o CNJ o Presidente ou o Vice-Presidente do STF, por força do disposto no § 1º do art. 103- B da CF/1988.

Resumindo nacionalidade:

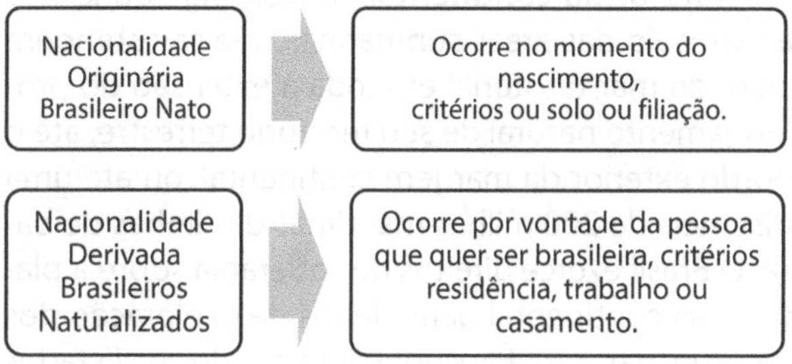

8. DOMÍNIO PÚBLICO INTERNACIONAL

O **mar territorial** brasileiro compreende uma faixa de 12 milhas marítimas de largura, medidas a partir da linha de baixa-mar do litoral continental e insular. Nos locais em que a costa apresente recortes profundos e reentrâncias ou em que exista uma franja de ilhas ao longo da costa na sua proximidade imediata, será adotado o método das linhas de base retas para realizar a medida da extensão do mar territorial. A soberania do Brasil estende-se ao mar territorial, ao espaço aéreo sobrejacente, bem como ao seu leito e subsolo.

Na **zona contígua**, o Brasil poderá tomar as medidas de fiscalização necessárias para: evitar as infrações às leis e aos regulamentos aduaneiros, fiscais, de imigração ou sanitários, no seu território ou no seu mar territorial; e reprimir as infrações às leis e aos regulamentos, no seu território ou no seu mar territorial. Por exemplo: as autoridades policiais brasileiras poderão prender pessoas em área de zona contígua que tenham realizado um crime em território brasileiro e estejam fugindo.

Zona econômica exclusiva (ZEE) é uma faixa de 200 milhas marítimas contadas a partir da linha base, onde há o direito exclusivo do Brasil de investigação e exploração científica econômica. O Brasil, no exercício de sua jurisdição, tem o direito exclusivo de regulamentar a investigação científica marinha, a proteção e preservação do meio marítimo, bem como a construção, a operação e o uso de todos os tipos de ilhas artificiais, instalações e estruturas. A investigação científica marinha na ZEE só poderá ser conduzida por outros Estados com o consentimento prévio do governo brasileiro, bem como a realização de exercícios ou manobras militares, em particular as que impliquem o uso de armas ou explosivas, porém é reconhecido a todos os Estados o gozo na ZEE das liberdades de navegação e sobrevoo e o uso do mar internacionalmente lícito, relacionado com as referidas liberdades, como as ligadas à operação de navios e aeronaves.

Plataforma continental corresponde ao leito e ao subsolo das áreas submarinas que se estendem além do mar territorial em toda a extensão do prolongamento natural de seu território terrestre, até o bordo exterior da margem continental, ou até uma distância de 200 milhas marítimas das linhas de base. O Brasil exerce direitos de soberania sobre a plataforma continental para efeitos de exploração dos recursos naturais. É reconhecido a todos os Estados o direito de colocar cabos e dutos na plataforma continental. O traçado da linha para a colocação de tais cabos e dutos na plataforma continental dependerá do consentimento do governo brasileiro.

Alto-mar é um conceito de direito do mar, definido como todas as partes do mar não incluídas no mar territorial e na zona econômica exclusiva de um Estado costeiro, nem nas águas arquipelágicas de um arquipélago. Em outras palavras, alto-mar é o conjunto das zonas marítimas que não está sob jurisdição de nenhum Estado. Nos termos do direito do mar, qualquer reivindicação de soberania sobre tais zonas, da parte de um estado, é ilegítima.

Rios internacionais são aqueles que correm em mais de um Estado, quer sejam limítrofes (formam fronteira entre dois Estados), quer de curso sucessivo (correm no território de um Estado em seguida ao de outro). A importância da navegação fluvial somou-se aos interesses econômicos da utilização dos recursos naturais (geração de energia hidrelétrica, irrigação etc.) para criar a necessidade de disciplina internacional para tais rios, de que são exemplos o Danúbio, na Europa, e a Bacia do Prata, na América do Sul. A disciplina de tais situações é realizada por meio de entendimentos ou tratados específicos para cada situação e, por vezes, até mesmo por atos unilaterais. Aplica-se nesta matéria um princípio básico que regula os rios internacionais: o da soberania dos Estados sobre os trechos que correm dentro de seus respectivos limites.

Espaço aéreo é a porção da atmosfera localizada sobre o território ou mar territorial de um Estado. O Direito Internacional Público reconhece a soberania exclusiva do Estado sobre o espaço aéreo sobrejacente. Tal espaço, diferentemente do mar territorial, não comporta direito de passagem inocente, razão pela qual, em princípio, uma aeronave estrangeira somente pode sobrevoar o território de determinado Estado com o consentimento deste.

9. DIREITO COMUNITÁRIO E DIREITO DE INTEGRAÇÃO REGIONAL (MERCOSUL E OUTRAS INSTITUIÇÕES)

O Mercado Comum do Sul (Mercosul) é um órgão de integração regional da América Latina fundado em 1991.

O Mercosul é instrumento fundamental para a promoção da cooperação, do desenvolvimento, da paz e da estabilidade na América do Sul. É o principal instrumento com o qual o Brasil conta para cumprir o disposto no parágrafo único do art. 4º da CF/1988: "A República Federativa do Brasil buscará a integração econômica, política, social e cultural dos povos da América Latina, visando à formação de uma comunidade latino-americana de nações".

Os membros que fundaram o Mercosul foram Brasil, Argentina, Paraguai e Uruguai, signatários do Tratado de Assunção, e após, em 2012, a Venezuela aderiu, mas está suspensa desde dezembro de 2016, por descumprimento de seu Protocolo de Adesão. Em agosto de 2017, aplicou-se à Venezuela a Cláusula Democrática do Protocolo de Ushuaia, que condiciona a participação do bloco ao respeito da democracia.

Todos os demais países sul-americanos relacionam-se com o Mercosul na qualidade de Estados associados. A Bolívia aparece com o status de Estado associado em processo de adesão.

O Mercosul conta com um sistema próprio de soluções de controvérsias estabelecido pelo Protocolo de Brasília, de 1991, que depois foi substituído pelo Protocolo de Olivos, de 2002. Uma das principais inovações do Protocolo de Olivos foi a criação do Tribunal Permanente de Revisão (TPR), órgão principal do sistema, em razão de sua competência para conhecer e resolver os recursos de revisão contra os laudos dos Tribunais Arbitrais Ad Hoc (TAHM). O TPR entrou em funcionamento em agosto de 2004.

O Acordo de Cooperação e Assistência Jurisdicional em Matéria Civil, Comercial, Trabalhista e Administrativa entre os Estados Partes do Mercosul, a República da Bolívia e a República do Chile foi promulgado no Brasil por meio do Decreto nº 6.891/2009, tendo por finalidade estabelecer as bases em que a cooperação e a assistência jurisdicional entre os Estados-membros serão realizadas. Vejamos as principais normas do acordo:

> **Artigo 2**
>
> Para efeitos do presente Acordo, os Estados Partes indicarão uma Autoridade Central encarregada de receber e dar andamento a pedidos de assistência jurisdicional em matéria civil, comercial, trabalhista e administrativa. Para tanto, as Autoridades Centrais comunicar-se-ão diretamente entre si, permitindo a intervenção das respectivas autoridades competentes, sempre que necessário.
>
> **Artigo 3**
>
> Os nacionais, os cidadãos e os residentes permanentes ou habituais de um dos Estados Partes gozarão, nas mesmas condições dos nacionais, cidadãos e residentes permanentes ou habituais de outro Estado Parte, do livre acesso à jurisdição desse Estado para a defesa de seus direitos e interesses.
>
> O parágrafo anterior aplicar-se-á às pessoas jurídicas constituídas, autorizadas ou registradas de acordo com as leis de qualquer dos Estados Partes.
>
> (...)
>
> **Artigo 12**
>
> A autoridade jurisdicional encarregada do cumprimento de uma carta rogatória aplicará sua lei interna no que se refere aos procedimentos.
>
> Não obstante, a carta rogatória poderá ter, mediante pedido da autoridade requerente, tramitação especial, admitindo-se o cumprimento de formalidades adicionais na diligência da carta rogatória, sempre que isso não seja incompatível com a ordem pública do Estado requerido.
>
> O cumprimento da carta rogatória deverá efetuar-se sem demora.
>
> (...)
>
> **Artigo 23**
>
> Se uma sentença ou um laudo arbitral não puder ter eficácia em sua totalidade, a autoridade jurisdicional competente do Estado requerido poderá admitir sua eficácia parcial mediante pedido da parte interessada.

10. SISTEMA DE SOLUÇÃO DE CONTROVÉRSIAS DA OMC

A Organização Mundial de Comércio (OMC) tem um sistema de solução de controvérsias, desde a sua criação, que toca a todos os países-membros da organização.

O órgão da OMC competente para administrar o SSC é o Órgão de Solução de Controvérsias (OSC). Somente os Membros da OMC – isto é, Estados, territórios aduaneiros autônomos e determinadas organizações internacionais (no caso, a União Europeia) – podem participar desse mecanismo, sendo o recurso vedado a outros atores, como empresas, pessoas físicas e organizações não governamentais.

O Sistema de Solução de Controvérsias da OMC tem as seguintes características:

- Abrangência: o sistema aplica-se a todos os casos e a todos os países-membros, que em regra estão obrigados ao sistema.
- Automaticidade: com uma jurisdição "quase obrigatória" ou muito difícil de não ser implementada.
- Duplo grau de jurisdição: foi criado um órgão revisor chamado de Órgão de Apelação (AO).
- Exequibilidade: existência de meios específicos para estimular o cumprimento das recomendações dos relatórios adotados pelo OSC.

11. DIREITO INTERNACIONAL DO TRABALHO

A Organização Internacional do Trabalho (OIT) é o principal órgão internacional, com mais de 100 anos de atuação na proteção dos trabalhadores e das relações de trabalho no mundo.

O estrangeiro, em regra, para trabalhar no Brasil, necessitará de visto temporário e, além disso, a autorização de trabalho do estrangeiro se dá pelo Ministério do Trabalho (ou órgão correspondente), pois trata-se de ato administrativo de competência do órgão governamental, que concede a autorização de trabalho no país.

12. LEI DE MIGRAÇÃO (LEI Nº 13.445/ 2017)

12.1. Princípios, diretrizes e direitos que regem a política migratória brasileira

A Lei nº 13.445/2017 veio para estabelecer uma nova relação com os estrangeiros no Brasil, determinando princípios e diretrizes que respeitam as normas internacionais de proteção aos direitos humanos (art. 3º da Lei nº 13.445/2017). Destacamos os princípios da não criminalização da migração, acolhida humanitária, garantia do direito de reunião familiar e repúdio a práticas de expulsão ou de deportação coletivas já cobrados no exame.

> **Art. 3º** A política migratória brasileira rege-se pelos seguintes princípios e diretrizes:
>
> I – universalidade, indivisibilidade e interdependência dos direitos humanos;
>
> II – repúdio e prevenção à xenofobia, ao racismo e a quaisquer formas de discriminação;
>
> III – não criminalização da migração;
>
> IV – não discriminação em razão dos critérios ou dos procedimentos pelos quais a pessoa foi admitida em território nacional;
>
> V – promoção de entrada regular e de regularização documental;
>
> VI – acolhida humanitária;
>
> VII – desenvolvimento econômico, turístico, social, cultural, esportivo, científico e tecnológico do Brasil;
>
> VIII – garantia do direito à reunião familiar;
>
> IX – igualdade de tratamento e de oportunidade ao migrante e a seus familiares;
>
> X – inclusão social, laboral e produtiva do migrante por meio de políticas públicas;
>
> XI – acesso igualitário e livre do migrante a serviços, programas e benefícios sociais, bens públicos, educação, assistência jurídica integral pública, trabalho, moradia, serviço bancário e seguridade social;
>
> XII – promoção e difusão de direitos, liberdades, garantias e obrigações do migrante;
>
> XIII – diálogo social na formulação, na execução e na avaliação de políticas migratórias e promoção da participação cidadã do migrante;
>
> XIV – fortalecimento da integração econômica, política, social e cultural dos povos da América Latina, mediante constituição de espaços de cidadania e de livre circulação de pessoas;
>
> XV – cooperação internacional com Estados de origem, de trânsito e de destino de movimentos migratórios, a fim de garantir efetiva proteção aos direitos humanos do migrante;
>
> XVI – integração e desenvolvimento das regiões de fronteira e articulação de políticas públicas regionais capazes de garantir efetividade aos direitos do residente fronteiriço;
>
> XVII – proteção integral e atenção ao superior interesse da criança e do adolescente migrante;
>
> XVIII – observância ao disposto em tratado;
>
> XIX – proteção ao brasileiro no exterior;
>
> XX – migração e desenvolvimento humano no local de origem, como direitos inalienáveis de todas as pessoas;
>
> XXI – promoção do reconhecimento acadêmico e do exercício profissional no Brasil, nos termos da lei; e
>
> XXII – repúdio a práticas de expulsão ou de deportação coletivas.

12.1.1. Dos direitos dos estrangeiros no Brasil

Os estrangeiros no Brasil são sujeitos de direitos fundamentais, assim prevê a nossa Constituição Federal e a Lei nº 13.445/2017. A Lei de Migração traz um rol de garantias e direitos fundamentais aos estrangeiros, destacando-se o direito ao acesso aos serviços de saúde, acesso à justiça brasileira, direito à educação pública e o direito de reunião familiar, entre outros que estão previstos no art. 4º da Lei nº 13.445/2017.

> **Art. 4º** Ao migrante é garantida no território nacional, em condição de igualdade com os nacionais, a inviolabilidade do direito à vida, à liberdade, à igualdade, à segurança e à propriedade, bem como são assegurados:
>
> I – direitos e liberdades civis, sociais, culturais e econômicos;
>
> II – direito à liberdade de circulação em território nacional;
>
> III – direito à reunião familiar do migrante com seu cônjuge ou companheiro e seus filhos, familiares e dependentes;
>
> IV – medidas de proteção a vítimas e testemunhas de crimes e de violações de direitos;
>
> V – direito de transferir recursos decorrentes de sua renda e economias pessoais a outro país, observada a legislação aplicável;
>
> VI – direito de reunião para fins pacíficos;
>
> VII – direito de associação, inclusive sindical, para fins lícitos;
>
> VIII – acesso a serviços públicos de saúde e de assistência social e à previdência social, nos termos da lei, sem discriminação em razão da nacionalidade e da condição migratória;
>
> IX – amplo acesso à justiça e à assistência jurídica integral gratuita aos que comprovarem insuficiência de recursos;
>
> X – direito à educação pública, vedada a discriminação em razão da nacionalidade e da condição migratória;
>
> XI – garantia de cumprimento de obrigações legais e contratuais trabalhistas e de aplicação das normas de proteção ao trabalhador, sem discriminação em razão da nacionalidade e da condição migratória;
>
> XII – isenção das taxas de que trata esta Lei, mediante declaração de hipossuficiência econômica, na forma de regulamento;
>
> XIII – direito de acesso à informação e garantia de confidencialidade quanto aos dados pessoais do migrante, nos termos da Lei nº 12.527, de 18 de novembro de 2011;
>
> XIV – direito a abertura de conta bancária;
>
> XV – direito de sair, de permanecer e de reingressar em território nacional, mesmo enquanto pendente pedido de autorização de residência, de

prorrogação de estada ou de transformação de visto em autorização de residência; e

XVI – direito do imigrante de ser informado sobre as garantias que lhe são asseguradas para fins de regularização migratória.

12.2. Documentos de viagem

São documentos de viagem previstos pela Lei de Migração (art. 5º da Lei nº 13.445/2017):

I – passaporte;

II – laissez-passer;

III – autorização de retorno;

IV – salvo-conduto;

V – carteira de identidade de marítimo;

VI – carteira de matrícula consular;

VII – documento de identidade civil ou documento estrangeiro equivalente, quando admitidos em tratado;

VIII – certificado de membro de tripulação de transporte aéreo; e

IX – outros que vierem a ser reconhecidos pelo Estado brasileiro em regulamento.

12.3. Condição jurídica do migrante visitante

Imigrante: pessoa nacional de outro país ou apátrida que trabalha ou reside e se estabelece temporária ou definitivamente no Brasil.

Emigrante: brasileiro que se estabelece temporária ou definitivamente no exterior.

Residente fronteiriço: pessoa nacional de país limítrofe ou apátrida que conserva a sua residência habitual em município fronteiriço de país vizinho.

Visitante: pessoa nacional de outro país ou apátrida que vem ao Brasil para estadas de curta duração, sem pretensão de se estabelecer temporária ou definitivamente no território nacional.

Apátrida: pessoa que não seja considerada nacional por nenhum Estado, segundo a sua legislação, nos termos da Convenção sobre o Estatuto dos Apátridas, de 1954, promulgada pelo Decreto nº 4.246, de 22 de maio de 2002, ou assim reconhecida pelo Estado brasileiro.

12.3.1. Do visto

O visto é o documento que dá a seu titular expectativa de ingresso em território nacional (art. 6º da Lei nº 13.445/2017). O visto será concedido por embaixadas, consulados gerais, consulados, vice-consulados e, quando habilitados pelo órgão competente do Poder Executivo, por escritórios comerciais e de representação do Brasil no exterior. Temos cinco tipos de vistos: visita, temporário, diplomático, oficial e de cortesia. Importante ler os arts. 13 e 14 da Lei nº 13.445/2017, que estabelecem as regras dos vistos de visita e temporários.

Dos tipos de visto (art. 12 da Lei nº 13.445/2017):

I – de visita; (sem intenção de estabelecer residência)

II – temporário; (com o intuito de estabelecer residência por tempo determinado)

III – diplomático;

IV – oficial;

V – de cortesia.

12.4. Medidas de retirada compulsória de estrangeiros (Lei nº 13.445/2017)

São medidas de retirada compulsória de estrangeiros no Brasil: deportação, expulsão, extradição e repatriação.

12.4.1. Deportação (arts. 50 a 53 da Lei nº 13.445/2017)

Medida decorrente de procedimento administrativo que consiste na retirada compulsória de pessoa que se encontre em situação migratória irregular em território nacional. Portanto, a deportação trata-se de uma irregularidade administrativa, ou seja, o estrangeiro entra com um visto de turista, mas excede o prazo de permanência, trabalhando sem a devida autorização.

Pontos principais:

A) a deportação é medida decorrente de procedimento administrativo que consiste na retirada compulsória de pessoa que se encontre em situação migratória irregular em território nacional (art. 50 da Lei nº 13.445/2017);

B) o estrangeiro será notificado expressamente de todas as irregularidades verificadas e receberá um prazo não inferior a 60 dias para realizar a regularização, que poderá ser prorrogado por igual período, por despacho fundamentado e mediante compromisso da pessoa de manter atualizadas suas informações domiciliares;

C) vencido o prazo determinado sem a reparação das irregularidades, será realizada a deportação;

D) todos os procedimentos relativos a deportação devem respeitar o contraditório e a ampla defesa e também garantir recurso com efeito suspensivo;

E) se a pessoa for apátrida, o procedimento de deportação dependerá de prévia autorização da autoridade competente;

F) a deportação não será realizada se a medida configurar extradição não admitida pela legislação brasileira.

12.4.2. Expulsão (arts. 54 a 60 da Lei nº 13.445/2017)

Consiste em medida administrativa de retirada compulsória de migrante ou visitante do território nacional, conjugada com o impedimento de reingresso por prazo determinado. A expulsão poderá ocorrer com a condenação em sentença transitada em julgado relativa à prática de: crime de genocídio, crime contra a humanidade, crime de guerra ou crime de agressão, nos termos definidos pelo Estatuto de Roma do Tribunal Penal Internacional, ou crime comum doloso, passível de pena privativa de liberdade, consideradas a gravidade e as possibilidades de ressocialização em território nacional.

Não podem os estrangeiros ser expulsos se a medida configurar extradição inadmitida pela legislação brasileira; ou se o expulsando tiver filho brasileiro que esteja sob sua guarda ou dependência econômica ou socioafetiva ou tiver pessoa brasileira sob sua tutela; tiver cônjuge ou companheiro residente no Brasil, sem discriminação alguma, reconhecido judicial ou legalmente; tiver ingressado no Brasil até os 12 anos de idade, residindo desde então no País; for pessoa com mais de 70 anos que resida no País há mais de 10 (dez) anos, considerados a gravidade e o fundamento da expulsão.

No processo de expulsão, serão garantidos o contraditório e a ampla defesa. Se não houver defensor constituído, a Defensoria Pública da União será notificada da instauração de processo de expulsão.

A existência de processo de expulsão não impede a saída voluntária do expulsando do País.

12.4.3. Extradição (arts. 81 a 99 da Lei nº 13.445/2017)

É a medida de cooperação penal internacional que pode ser requerida por via diplomática ou por autoridades centrais designadas para cuidarem da extradição. Nessa medida, o Estado brasileiro solicita ou recebe a solicitação de outro Estado para a entrega de pessoa sobre quem recaia condenação criminal definitiva ou para fins de instrução de processo penal em curso. A extradição é um processo que passa pela via diplomática e pelo controle de legalidade do STF.

Os brasileiros natos não podem ser extraditados do Brasil para outros Estados, bem como os brasileiros naturalizados só poderão ser extraditados do Brasil em duas situações específicas: por crime comum antes da naturalização ou por tráfico de entorpecentes a qualquer tempo.

Não se concederá a extradição quando: o fato que motivar o pedido não for crime no Brasil ou no Estado requerente; o Brasil for competente, segundo suas leis, para julgar o crime imputado ao extraditando; a lei brasileira impuser ao crime pena de prisão inferior a 2 (dois) anos; o extraditando estiver respondendo a processo ou já houver sido condenado ou absolvido no Brasil pelo mesmo fato em que se fundar o pedido; a punibilidade estiver extinta pela prescrição, segundo a lei brasileira ou a do Estado requerente; o fato constituir crime político ou de opinião; o extraditando tiver de responder, no Estado requerente, perante tribunal ou juízo de exceção; ou o extraditando for beneficiário de refúgio ou de asilo territorial no Brasil.

Entre as condições para o Brasil realizar a extradição para outro país estão o fato de o crime ter sido cometido no território do Estado requerente ou serem aplicáveis ao extraditando as leis penais desse Estado, e estar o extraditando respondendo a processo investigatório ou a processo penal ou ter sido condenado pelas autoridades judiciárias do Estado requerente a pena privativa de liberdade.

12.4.4. Da prisão cautelar em extradição

Com o objetivo de assegurar a executoriedade da medida de extradição, é possível, em caso de urgência, que o Estado interessado na extradição realize prévia ou conjuntamente com a formalização do pedido extradicional o pedido de prisão cautelar (art. 84, *caput*, da Lei nº 13.445/2017), que será requerido por via diplomática ou por meio de autoridade central do Poder Executivo.

12.4.5. Repatriação (art. 49 da Lei nº 13.445/2017)

Consiste em medida administrativa da devolução ao país de procedência ou de nacionalidade da pessoa em situação de impedimento de ingresso, identificada no momento da entrada no território nacional. Na repatriação, o impedimento de ingresso dá-se no momento da entrada do estrangeiro no Brasil, e por esse motivo não será permitida a entrada dele, que deverá retornar, às expensas da empresa transportadora, para o país de origem da viagem.

12.4.6. Entrega de nacionais ou estrangeiros

É o envio de um indivíduo para ser julgado pelo Tribunal Penal Internacional (TPI). Pode ocorrer com brasileiros natos, naturalizados ou estrangeiros. A Constituição Federal proíbe a extradição de brasileiros natos; porém, quanto à entrega, nada menciona. Além disso, é importante salientar que o Brasil integra o TPI, fazendo parte do órgão, conforme dispõe o art. 5º, § 4º, da CF/1988. A entrega é promovida pela autoridade brasileira e deve ter a concordância do acusado.

QUESTÕES DE D. INTERNACIONAL - ASSUNTOS MAIS RECORRENTES

01. FGV - OAB - 39º Exame de Ordem Unificado - Primeira Fase – Q21

Um jato privado, de propriedade de empresa inglesa, causou um acidente ao colidir com uma aeronave comercial brasileira em território nacional, provocando várias mortes, entre passageiros e tripulantes. A família de uma das vítimas brasileiras propõe uma ação contra a empresa inglesa no Brasil, formulando pedido de reparação por danos materiais e morais. A empresa ré alega que a competência para julgar o caso é da justiça inglesa.

Sobre a hipótese apresentada, segundo o direito brasileiro, assinale a afirmativa correta.

a) O acidente ocorreu no Brasil e, assim, a justiça brasileira é competente para julgá-lo.

b) A ré é uma empresa estrangeira que não opera no Brasil, o que impede a justiça brasileira de julgar o caso.

c) A justiça brasileira é competente para julgar o caso, porque a vítima é brasileira.

d) O caso deve ser remetido por carta rogatória à justiça inglesa, a quem cabe julgá-lo.

02. FGV - OAB - 39º Exame de Ordem Unificado - Primeira Fase – Q22

Em uma disputa judicial estabelecida no Brasil referente a um contrato de compra e venda internacional de mercadorias, regido por lei estrangeira, uma sociedade empresária a invocou para fundamentar a sua pretensão perante a outra parte. Você, como advogado(a) especializado(a) em Direito Internacional, foi procurado(a) pela sociedade para avaliar a validade de invocar a lei estrangeira no caso em tela.

Sobre a hipótese apresentada, assinale a afirmativa correta.

a) A alegação de lei estrangeira pelos litigantes viola a ordem pública.

b) A parte que invocar a lei estrangeira provar-lhe-á o texto e a vigência, se assim o juiz determinar diante do seu desconhecimento daquela.

c) A alegação de lei estrangeira pelos litigantes depende da concordância da parte contrária.

d) Ao juiz é vedado transferir o encargo de comprovar o teor e a vigência da lei estrangeira à parte.

03. FGV - OAB - 37º Exame de Ordem Unificado - Primeira Fase – Q21

Em Londres, uma sociedade empresária chinesa contratou, com uma sociedade empresária alemã, a entrega de 20.000 toneladas de minério de ferro no Porto de Santos, São Paulo. Por problemas relacionados ao desembarque da mercadoria, a sociedade empresária chinesa resolveu demandar em face da alemã. De acordo com as normas de Direito Internacional Privado brasileiro, assinale a afirmativa correta.

a) A competência para processar e julgar a demada é exclusivamente da autoridade judiciária inglesa.

b) A competência para processar e julgar a demanda é concorrentemente das autoridades judiciárias alemã e chinesa.

c) A Justiça brasileira é concorrentemente competente para processar e julgar a demanda.

d) A Justiça alemã é exclusivamente competente para processar e julgar a demanda.

04. FGV - OAB - 36º Exame de Ordem Unificado - Primeira Fase – Q21

Um brasileiro, casado com uma espanhola, faleceu durante uma viagem de negócios a Paris. O casal tinha dois filhos nascidos na Espanha e era domiciliado em Portugal. Ele deixou bens no Brasil. Assinale a opção que indica a lei que regulará a sucessão por morte.

a) A brasileira.

b) A espanhola.

c) A francesa.

d) A portuguesa.

05. FGV - OAB - 35º Exame de Ordem Unificado - Primeira Fase – Q20

Thomas, inglês, e Marta, brasileira, que se conheceram na Inglaterra, são grandes admiradores das praias brasileiras, motivo pelo qual resolvem se casar em Natal, cidade de domicílio de Marta. Em seguida, constituem como seu primeiro domicílio conjugal a capital inglesa. O casal, que havia se mudado para Portugal passados cinco anos do início do vínculo conjugal, resolve lá se divorciar. Os consortes não tiveram filhos e, durante o matrimônio, adquiriram bens em Portugal, bem como um imóvel em Natal, onde passavam férias. Acerca do caso narrado, e com base no que dispõem o Código de Processo Civil e a Lei de Introdução às Normas do Direito Brasileiro, assinale a afirmativa correta.

a) O casal poderia buscar as autoridades consulares brasileiras em Portugal para a realização do divórcio, sendo consensual.

b) Se consensual o divórcio, a sentença estrangeira que o decreta produz efeitos no Brasil, independentemente de homologação pelo Superior Tribunal de Justiça.

c) Se o casal não fez opção expressa pelo regime de comunhão parcial de bens, deverá ser observado o regime legal previsto no Código Civil brasileiro, haja vista que o casamento fora celebrado no país.

d) Inexistindo acordo entre os cônjuges a respeito da partilha do imóvel situado no Brasil, é possível a homologação da sentença proferida pelo Poder Judiciário português que decretou o divórcio, inclusive no ponto em que determina a partilha do referido bem.

06. FGV - OAB - 33º Exame de Ordem Unificado - Primeira Fase – Q21

Carlyle Schneider, engenheiro suíço, morava em Madison, Wisconsin, Estados Unidos da América, há 12 anos. Em meados de 2015, participou da construção de dois edifícios em Florianópolis, Brasil, dos quais se afeiçoou de tal modo, que decidiu adquirir uma unidade residencial em cada prédio. Portanto, apesar de bem estabelecido em Madison, era o Sr. Schneider proprietário de dois imóveis no Brasil. Em 10/12/2017, viajou à Alemanha e, ao visitar um antigo casarão a ser restaurado, foi surpreendido pelo desabamento da construção sobre si, falecendo logo em seguida. Carlyle Schneider deixou 3 (três) filhos, que moravam na Suíça. A respeito dos limites da jurisdição nacional e da cooperação internacional, com base nas normas constantes do Código de Processo Civil, assinale a afirmativa correta.

a) Em matéria de sucessão hereditária, compete exclusivamente à autoridade judiciária da Suíça, país de nacionalidade do autor da herança e de nacionalidade e residência dos herdeiros legítimos, proceder à partilha dos dois bens imóveis situados no Brasil.

b) Em matéria de sucessão hereditária, compete concorrentemente à autoridade judiciária da Alemanha, local de óbito do autor da herança, proceder à partilha dos dois bens imóveis situados no Brasil.

c) Em matéria de sucessão hereditária, compete exclusivamente ao Estado brasileiro, local de situação dos imóveis, proceder ao inventário e à partilha dos dois bens imóveis.

d) Em matéria de sucessão hereditária, compete concorrentemente à autoridade judiciária dos Estados Unidos da América, país de residência do autor da herança, proceder à partilha dos dois bens imóveis situados no Brasil.

07. FGV - OAB - 32° Exame de Ordem Unificado - Primeira Fase – Q21

Michel, francês residente em Salvador há 12 anos, possui um filho brasileiro de 11 anos que vive às suas expensas, chamado Fernando, embora o menor resida exclusivamente com sua genitora, Sofia, brasileira, na cidade de São Paulo. Sofia, ex-companheira de Michel, possui a guarda unilateral de Fernando. Por sentença transitada em julgado, Michel, que possui 47 anos, foi condenado por homicídio culposo a três anos de detenção. Com relação ao caso narrado, segundo o que dispõe a Lei de Migração (Lei nº 13.445/17), assinale a afirmativa correta.

a) Michel não poderá ser expulso do Brasil pelo fato de que sua condenação, ainda que transitada em julgado, decorre do cometimento de crime culposo.

b) A dependência econômica de Fernando em relação a Michel não é suficiente para garantir a permanência do último no país, sendo necessário, ainda, que o filho esteja sob a guarda de Michel.

c) O tempo de residência de Michel no Brasil, por ser superior há 10 anos, impossibilita que se proceda à sua expulsão.

d) É desnecessário garantir o contraditório no processo de expulsão de Michel, porquanto se presume que a referida garantia constitucional já fora observada durante o processo penal.

08. FGV - OAB - 31° Exame de Ordem Unificado - Primeira Fase – Q20

Em razão da profunda crise econômica e da grave instabilidade institucional que assola seu país, Pablo resolve migrar para o Brasil, uma vez que, neste último, há melhores oportunidades para exercer seu trabalho e sustentar sua família. Em que pese Pablo possuir a finalidade de trabalhar, acabou por omitir tal informação, obtendo visto de visita, na modalidade turismo, para o Brasil. Considerando-se o enunciado acima, à luz da Lei de Migração em vigor (Lei no 13.445/17), assinale a afirmativa correta.

A) Se Pablo, com o visto de visita, vier a exercer atividade remunerada no Brasil, poderá ser expulso do país.

B) Se Pablo, com o visto de visita, vier a exercer atividade remunerada no Brasil, poderá ser extraditado do país.

C) Pablo poderia solicitar, bem como obter, visto temporário para acolhida humanitária, diante da grave instabilidade institucional que assola seu país.

D) Pablo poderá obter asilo, em razão da profunda crise econômica que assola seu país.

09. FGV - OAB - 31° Exame de Ordem Unificado - Primeira Fase – Q21

Em função do incremento nas atividades de transporte aéreo no Brasil, a sociedade empresária Fast Plane, sediada no país, resolveu adquirir helicópteros de última geração da pessoa jurídica holandesa Nederland Air Transport, que ficou responsável pela fabricação, montagem e envio da mercadoria. O contrato de compra e venda restou celebrado, presencialmente, nos Estados Unidos da América, restando ajustado que o cumprimento da obrigação se dará no Brasil. No momento de receber as aeronaves, contudo, a adquirente verificou que o produto enviado era diverso do apontado no instrumento contratual. Decidiu a sociedade empresária Fast Plane, então, buscar auxílio jurídico para resolver a questão, inclusive para a propositura de eventual ação, caso não haja solução consensual. Considerando-se o enunciado acima, aplicando-se a Lei de Introdução às Normas do Direito Brasileiro (Decreto-lei no 4.657/42) e o Código de Processo Civil, assinale a afirmativa correta.

a) A lei aplicável na solução da questão é a holandesa, em razão do local de fabricação e montagem das aeronaves adquiridas.

b) A autoridade judiciária brasileira será competente para processar e julgar eventual ação proposta pela Fast Plane, mesmo se estabelecida cláusula de eleição de foro exclusivo estrangeiro, em razão do princípio da inafastabilidade da jurisdição.

c) A autoridade judiciária brasileira tem competência exclusiva para processar e julgar eventual ação a ser proposta pela Fast Plane para resolver a questão.

d) A autoridade judiciária brasileira tem competência concorrente para processar e julgar eventual ação a ser proposta pela Fast Plane para resolver a questão.

10. FGV - OAB - 30° Exame de Ordem Unificado - Primeira Fase – Q21

Victor, após divorciar-se no Brasil, transferiu seu domicílio para os Estados Unidos. Os dois filhos brasileiros de sua primeira união continuaram vivendo no Brasil. Victor contraiu novo matrimônio nos Estados Unidos com uma cidadã norte-americana e, alguns anos depois, vem a falecer nos Estados Unidos, deixando um imóvel e aplicações financeiras nesse país. A regra de conexão do direito brasileiro estabelece que a sucessão de Victor será regida

a) pela lei brasileira, em razão da nacionalidade brasileira do de cujus.

b) pela lei brasileira, porque o de cujus tem dois filhos brasileiros.

c) pela lei norte-americana, em razão do último domicílio do de cujus.

d) pela lei norte-americana, em razão do local da situação dos bens a serem partilhados.

DIREITO INTERNACIONAL				
1 - A	2 - B	3 - C	4 - D	5 - B
6 - C	7 - A	8 - C	9 - D	10 - C

DIREITO INTERNACIONAL - QUESTÕES DA PROVA DO 43º EXAME DA OAB

01. FGV - OAB - 43º Exame de Ordem Unificado - Primeira Fase - Q21 A cooperação jurídica internacional é uma modalidade formal de solicitar a outro país uma medida judicial, investigativa ou administrativa para um caso concreto. Esforçando-se para facilitar a cooperação jurídica nos casos de litígios e disputas internacionais, o Brasil aderiu à Convenção da Haia sobre a Obtenção de Provas no Estrangeiro em Matéria Civil ou Comercial (Convenção da Haia sobre Provas), promulgada pelo Decreto nº 9.039, de 27 de abril de 2017. Sobre a obtenção de provas no exterior, assinale a afirmativa correta.

a) A tramitação do pedido de cooperação jurídica internacional para a obtenção de prova no exterior apenas poderá ser feita com base em acordo internacional vigente entre o Brasil e o Estado Requerido.

b) A Convenção da Haia sobre a Obtenção de Provas no Estrangeiro em matéria civil e comercial prevê que a autoridade judicial deve aplicar integralmente a legislação do Estado Requerente no que diz respeito às formalidades a serem seguidas na obtenção da prova.

c) O cumprimento da Carta Rogatória em que se requer à autoridade competente de um Estado Contratante a obtenção de provas só poderá ser recusado quando, no Estado Requerido, o cumprimento não estiver no âmbito das atribuições do Poder Judiciário ou quando o Estado Requerido considerá-lo prejudicial à sua soberania ou segurança.

d) Cada Estado Contratante designará uma Autoridade Central para receber as Cartas Rogatórias procedentes de autoridade judiciária de outro Estado Contratante e de transmiti-las à autoridade competente para cumprimento. A organização dessa Autoridade Central deve ser a mesma em todos os Estados signatários da Convenção da Haia sobre Provas, sem a possibilidade de cada um legislar sobre essa organização.

02. FGV - OAB - 43º Exame de Ordem Unificado - Primeira Fase - Q22 Uma artista brasileira, que protagoniza filmes nos Estados Unidos, foi filmada em uma casa de festas no Brasil em estado de embriaguez e o vídeo foi postado por um portal de notícias americano. O vídeo "viralizou" e teve grande repercussão no Brasil. Com receio de prejudicar sua carreira com a exposição negativa de sua imagem, ela decidiu ajuizar uma ação no Brasil contra o portal de notícias, que tem sua sede nos Estados Unidos. Nesse cenário, com base nos limites da jurisdição nacional estabelecidos no Código de Processo Civil, assinale a afirmativa correta.

a) A autoridade judiciária brasileira não é competente para julgar a ação, porque o réu é pessoa jurídica estrangeira.

b) A autoridade judiciária brasileira é competente para julgar a ação, porque a autora tem nacionalidade brasileira.

c) A autoridade judiciária brasileira tem competência para processar e julgar a ação, porque os danos à imagem ocorreram no Brasil.

d) A autoridade brasileira deve remeter o caso, por carta rogatória, à justiça norte-americana, tendo em vista que o portal de notícias é sediado nos Estados Unidos.

GABARITO	
1 - C	2 - C

INTERNACIONAL

DIREITO TRIBUTÁRIO

Guilherme Pedrozo
Rafael Novais

Sumário

1. INTRODUÇÃO E CONCEITO DE TRIBUTO

Autor: Guilherme Pedrozo

Ao iniciarmos o estudo do direito tributário, compreende-se necessário estudar o conceito de tributo e suas repercussões diante da matéria que será objeto de análise no presente curso.

Leciona o art. 3º do Código Tributário Nacional (CTN) que tributo é:

> **Art. 3º** Tributo é toda prestação pecuniária compulsória, em moeda ou cujo valor nela se possa exprimir, que não constitua sanção de ato ilícito, instituída em lei e cobrada mediante atividade administrativa plenamente vinculada.

Diante do referido no artigo, compreende-se que tributo é toda prestação pecuniária compulsória, ou seja, uma vez prevista em norma criada pelo respectivo ente competente, ocorrendo o fato gerador e sem qualquer dispensa prevista na Constituição Federal (imunidades) ou em norma infraconstitucional (isenções ou convênios), o tributo terá que ser pago pelo sujeito passivo. Diante disso, o pagamento do tributo é obrigatório, compulsório.

Outrossim, o pagamento do referido tributo previsto em norma deverá ser realizado, via de regra, em dinheiro. Entretanto, o próprio Código Tributário Nacional faculta a possibilidade de o pagamento tributário ser realizado mediante a dação em pagamento de bem imóvel, uma vez presente tal opção nas formas de extinção do crédito tributário.

> **Art. 156.** Extinguem o crédito tributário:
>
> (...)
>
> XI – a dação em pagamento em bens imóveis, na forma e condições estabelecidas em lei. *(Incluído pela LC nº 104/2001)*

Mas questiona-se: será sempre possível realizar a extinção do crédito tributário, ou seja, o pagamento mediante dação em pagamento de bem imóvel? A resposta é negativa. Somente poderá ser assim realizada mediante a existência de alguns requisitos: a) necessidade de lei específica do ente competente; e b) que o contribuinte atenda as condições e requisitos dispostos nestas lei específica.

Ainda, além do ponto exposto, pergunta-se: poderão os entes competentes criar norma infraconstitucional que estabeleça novas formas de extinção do crédito tributário, por exemplo, dação em pagamento de bem móvel?

Mediante análise legalista e constitucionalista, compreende-se que não, visto que a Constituição Federal, no seu art. 146, é bastante clara ao afirmar que as normas gerais de direito tributário somente poderão ser realizadas pela União, mediante lei complementar.

Entretanto, não podemos descuidar que o Supremo Tribunal Federal, na ADI nº 2405/RS (Min. Carlos Britto, 6-11-2002), facultou a possibilidade de que os entes competentes possam criar novas formas de extinção, desde que sejam observados os preceitos constitucionais.

Ainda sobre o conceito de tributo, leciona o art. 3º do CTN que nenhum tributo poderá ter caráter sancionatório, ou seja, ser forma de punição a qualquer pessoa. Por esta razão, compreende-se que, se alguém vende drogas, pratica o jogo do bicho ou realiza crime ambiental, para este jamais poderá ser criado um tributo como espécie de sanção ou punição pelo ato realizado.

Mas, importante dizer que os frutos oriundos da atividade ilícita poderão ser tributados, visto que na forma do art. 118, I, do CTN, abstrai-se a validade dos fatos jurídicos praticados pelo contribuinte. Logo, para o direito tributário, aplicamos o princípio da *pecunia non olet*, ou seja, o dinheiro não tem cheiro.

Igualmente, sempre é importante referir que nenhum tributo poderá ser exigido, igualmente, como forma de pena, punição. É proibido que os entes competentes se utilizem do tributo como forma de punição. Exemplifico: será possível proibir um comerciante de realizar a emissão de nota fiscal por estar devendo tributo? A resposta é negativa, eis que estaríamos nos utilizando do tributo como forma de pena.

Por fim, vale ressaltar que nenhum tributo será pago sem lei que o estabeleça, atendendo ao princípio máximo da legalidade estrita, na forma do art. 150, I, da CF/1988, bem como o administrador público deverá analisar objetivamente o que está contido na norma (vinculação total) para tributar o contribuinte, não podendo, assim, realizar nenhum ato discricionário para a cobrança dele.

2. COMPETÊNCIA TRIBUTÁRIA

Autor: Guilherme Pedrozo

Mas, afinal de contas, quem poderá criar o que compreendemos por tributo? Lembre-se de que a Constituição Federal não criará nenhum tributo ou fará sua exigência, mas, tão somente, a nossa Carta Mãe entregará poderes para que os respectivos entes competentes (União, Estados, Distrito Federal e Municípios) venham a criar as espécies tributárias.

Quais são os tributos que cada um dos entes competente será titular da competência:

Tributos | Entes	União	Estados	D. Federal	Municípios
Impostos	II, IE, IR, IPI, IOF, ITR, IGF, IS Imp. Ext. Guerra | Imp. Residual	ICMS, IPVA e ITCD IBS	ICMS, IPVA, ITCD e IBS ISS, ITBI e IPTU	ISS, ITBI, IPTU e IBS
Taxas	Taxas (Comum)	Taxas (Comum)	Taxas (Comum)	Taxas (Comum)
Cont. Melhoria	Cont. Melhoria (Comum)	Cont. Melhoria (Comum)	Cont. Melhoria (Comum)	Cont. Melhoria (Comum)
Cont. Especial	Cont. Seguridade | CIDE's | Cont. Cat. Profissional | Cont. Regime Próprio Servidor (Comum) | CBS	Cont. Regime Próprio Servidor (Comum)	Cont. Regime Próprio Servidor (Comum) & CIP	Cont. Regime Próprio Servidor (Comum) & CIP
Emp. Compulsório	Emp. Compulsórios			

▷ **Atenção!** Das competências da União, duas questões são extremamente importantes e têm recorrência em provas: será sempre e somente da União a competência para criar tipos de impostos (os chamados residuais) e novas contribuições de seguridade social residual (para custeio da previdência, saúde e assistência de todos – art. 195 da CF/1988). E tudo isso somente mediante lei complementar.

Após verificadas as competências tributárias, torna-se importante citar as características da competência tributária:

a) **Indelegável:** nenhum ente poderá transferir a sua competência legislativa de criar, majorar, reduzir e/ou extinguir tributo para outro ente competente, na forma do art. 7º do CTN.

Entretanto, muito embora indelegável a competência tributária, a capacidade ativa tributária poderá ser delegada para outra pessoa jurídica de direito público. Mas do que se trata a capacidade ativa tributária? Exercer a capacidade ativa tributária não compreende o exercício da competência legislativa de criar e/ou majorar, mas, sim, o exercício administrativo de fiscalizar, executar as normas e arrecadar tributo em nome do ente competente. Leia-se os clássicos exemplos do ITR e IR Retido na Fonte.

Por fim, nunca será demais relembrar e ressaltar que, na forma do art. 7º, § 3º, do CTN, não se compreende o exercício de delegação da capacidade ativa tributária quando um ente competente delega a uma pessoa jurídica de direito privado (sociedade empresária), por exemplo o dever desta de realizar a retenção do imposto de renda na fonte quando do pagamento do salário ao seu colaborador.

b) **Facultativa:** o ente competente, assim compreendido na forma do texto constitucional, somente criará o tributo de sua competência se assim desejar. Veja o que diz o art. 145 da CF/1988.

De outro lado, sempre é importante ressaltar que, na forma do art. 11, par. ún., da LC nº 101/2000, estabelece-se uma espécie de penalidade aos entes competentes que não venham a exigir os seus respectivos impostos. Afirma o referido parágrafo que será "vedada a realização de transferências voluntárias para o ente que não observe o disposto no *caput*, no que se refere aos impostos".

c) **Irrenunciável:** nenhum ente poderá abrir mão e/ou renunciar a competência tributária para qualquer outro ente ou pessoa jurídica, seja pública ou privada.

d) **Inalterável:** a competência tributária não poderá ser alterada mediante norma infraconstitucional, podendo, sim, ser alterada mediante emenda constitucional.

3. ESPÉCIES TRIBUTÁRIAS

Autor: Rafael Novais

O tributo, conceituado no art. 3º do CTN, enquadra-se como gênero que se divide em espécies tributárias.

O Código Tributário Nacional de 1966 adota a denominada *Teoria da Tripartição*, dividindo as espécies apenas em: *Impostos, Taxas e Contribuições de Melhoria* (art. 5º, CTN).

Já a Constituição Federal de 1988 acrescentou outras duas espécies tributárias, passando a adotar a *Teoria da Pentapartição*, dividindo-as em: *Impostos, Taxas, Contribuições de Melhoria, Empréstimos Compulsórios e as Contribuições Especiais* (arts. 145, 148, 149, 149-A, CF).

Fique esperto, para memorização adote a seguinte dica:

Tributo é um "TIME Especial"

Em que:

T – Representa as "**T**axas".

I – Representa os "**I**mpostos".

M – Representa as Contribuições de "**M**elhoria".

E – Representa os "**E**mpréstimos" Compulsórios.

Especial – Representa as Contribuições "**Especiais**".

Passemos agora à análise separada de cada uma dessas espécies tributárias.

3.1 Impostos (art. 16, CTN + art. 145, I, CF)

Caracterizam-se como espécie tributária *contributiva*, em que o sujeito passivo irá contribuir para manutenção dos serviços públicos universais (*uti universi)*, sem exigir qualquer contraprestação.

Sua incidência, portanto, se dará sobre as *manifestações de riqueza* e independem de qualquer contrapartida individualizada do poder público ao contribuinte *(tributo não vinculado)*.

Exemplo: o proprietário de veículo automotor terrestre pagará IPVA sobre seu bem, mas não poderá exigir que aqueles valores sejam revertidos em benefício dele para conservação das vias em que trafega.

As competências vêm estampadas na Constituição Federal, designando:

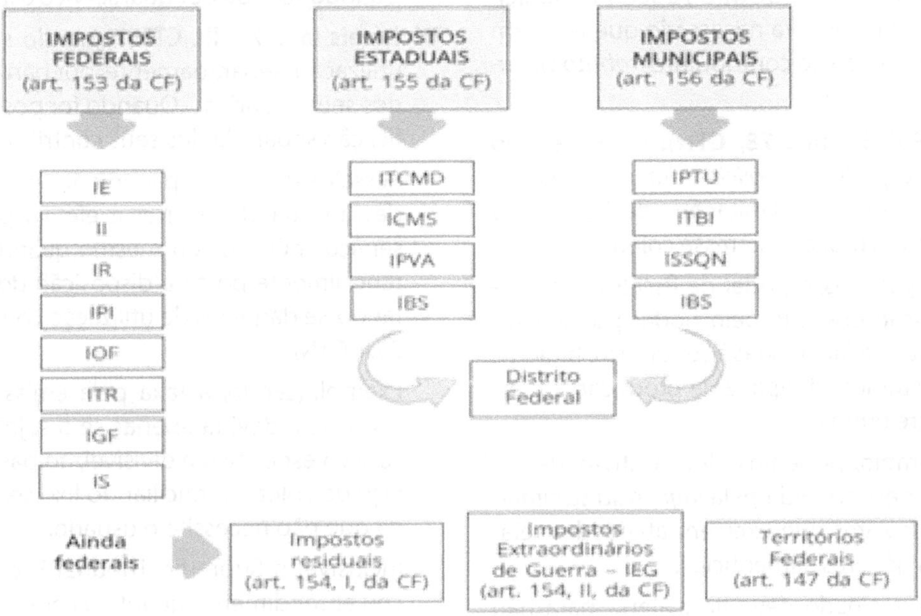

Do quadro apresentado, observe que as competências originárias para criação dos impostos encontram-se distribuídas nos arts. 153, 155 e 156 da CF, estudadas em capítulo próprio.

Entretanto, o texto constitucional também concedeu à União o poder de criação de duas novas categorias de impostos:

1. **Impostos Residuais (art. 154, I, CF):** denominada de competência residual, a União poderá criar novos impostos além daqueles existentes no ordenamento nacional. Para tanto deverá seguir os seguintes requisitos: criação mediante *Lei Complementar* (maioria absoluta), *Fato Gerador e Base de Cálculo inéditas* (não poderá repetir aqueles que já existem na seara federal, estadual ou municipal) e respeitar a sistemática da *não cumulatividade* (utilizada para tributos plurifásicos ao retirar parcela que já foi paga em momentos anteriores sobre o mesmo bem ou serviço, a exemplo do ICMS).
2. **Imposto Extraordinário de Guerra – IEG (art. 154, II, CF):** considerando que a União concentra o dever de segurança nacional, existindo guerra externa ou sua iminência poderá instituir e cobrar imposto de cunho extraordinário. Fique esperto que os requisitos previstos para os *impostos residuais* não foram repetidos aqui, dando maior liberdade para criação nestes casos. De feição temporária, o prazo máximo para sua retirada será de até 5 (cinco) anos, contados do final da guerra/celebração da paz (art. 76, CTN).

Outro aspecto importante para fins do exame de ordem consiste na separação das competências dentro do *Distrito Federal* e nos *Territórios Federais.*

O *Distrito Federal* não poderá ser dividido em Municípios (art. 32, CF), obtendo a denominada *competência cumulativa* para, ao mesmo tempo, instituir e cobrar os impostos *estaduais e municipais* (arts. 147 e 155, CF).

Já nos *Territórios Federais* encontraremos a administração sendo exercida pela *União,* existindo autorização constitucional para divisão municipal (art. 33, § 1º, CF).

Assim, não ocorrendo divisão em Municípios, a *União* exercerá a cobrança de todos os impostos (federais, estaduais e municipais). Caso exista divisão municipal no território, a *União* apenas poderá cobrar os impostos federais e estaduais, ao passo que os respectivos municípios exercerão a competência daqueles municipais (art. 147, CF).

3.2. Taxas (art. 77, CTN + art. 145, II, CF)

Diversamente dos impostos, as taxas se caracterizam como tributo de feição *contraprestacional*. Para que União, Estados, Distrito Federal e Municípios possam cobrá-las será necessário que realizem atividade direcionada ao contribuinte (*tributo vinculado)*, dividindo-as em:

1. **Taxa de Polícia (art. 78, CTN):** cobrada pelo exercício do poder de *polícia administrativa*, assim entendido como limitações de liberdades individuais em prol do interesse coletivo.

   Em outras palavras, o poder de fiscalização e regulamentação exercido pelo poder público sobre atividades relacionadas à segurança, higiene, ordem, costumes, disciplina da produção e mercado, dentre outras.

   Como exemplo, podemos citar a atividade fiscalizatória desenvolvida pela *vigilância sanitária* sobre particulares que exercem atividades relacionadas a gêneros alimentícios.

   Assim, o examinado deve ficar alerta para não confundir o poder de *polícia administrativa* com a *polícia judiciária* exercida nos serviços de segurança pública (policiais militares e civis).

   O exercício do poder de *polícia administrativa* deve ser realizado de forma regular, dentro dos limites legais e sem abuso ou desvio de poder (art. 78, parágrafo único, CTN).

   Interessante registrar que posicionamento do STF autoriza a cobrança mediante o exercício presumido do poder de polícia, quando existirem órgãos, agentes e ferramentas capazes de exercer a fiscalização ou regulamentação, mesmo que não ocorra diretamente no estabelecimento do contribuinte (RE 416.601/DF, RE 603.513/MG).

2. **Taxa de Serviço Público (art. 79, CTN):** exigidas nos casos de utilização, efetiva ou potencial, de *serviço público específico e divisível*, prestado ao contribuinte ou posto à sua disposição.

   Estudamos que o pagamento dos impostos servirá para manutenção da máquina pública com o custeio dos serviços públicos universais (*uti universi)*.

   As taxas, por sua vez, destinam-se ao custeio de serviços públicos singulares (*uti singuli*). Considerando que alguns serviços públicos serão prestados à parcela determinada da sociedade, não seria justo que todos tivessem que pagar por eles.

   Desse modo, os serviços públicos passíveis da incidência de taxas seriam:

   Específicos (art. 79, II, CTN): quando possam ser destacados em unidades autônomas de intervenção, de utilidade ou necessidades públicas – Quando se sabe por qual serviço estará pagando;

   Divisíveis (art. 79, III, CTN): quando suscetíveis de utilização, separadamente, por parte de cada um dos seus usuários – Quando for possível a identificação separada dos seus contribuintes.

   Ressalte-se que o pagamento dessa taxa será devido quando ocorrer a efetiva prestação dos serviços públicos ou mesmo quando estiver potencialmente posto à disposição do usuário, tratando-se daqueles de utilização compulsória (art. 79, I, CTN).

   Exemplificando, a taxa pela emissão de passaporte será devida apenas se o sujeito utilizar tal serviço específico e divisível, ao passo que o serviço de coleta domiciliar do lixo será devida ainda que não necessite o usuário.

   Inclusive, o Supremo Tribunal Federal já pacificou entendimento quanto à constitucionalidade da taxa de coleta domiciliar (*Súmula Vinculante n. 19*), acatando a potencialidade do serviço posto à disposição da população.

   Por outro lado, considera-se inconstitucional a taxa de iluminação pública – *TIP* (*Súmula Vinculante n. 41 e Súmula 670 do STF*), por não se tratar de serviço público específico e divisível.

   Quanto à *base de cálculo* adotada para as taxas, fique atento.

   A Constituição Federal expressamente proíbe a adoção de base de cálculo própria daquelas definidas para os *Impostos* (art. 145, § 2º, CF). A intenção é bem simples: as taxas não considerariam as manifestações de riquezas dos contribuintes (a taxa para emissão do passaporte será a mesma para todos os usuários, independentemente de suas condições financeiras).

   Entretanto, levemente contrariando o preceito constitucional, o Código Tributário Nacional dispõe apenas sobre a proibição de utilização de idêntica base de cálculo dos *Impostos* (art. 77, parágrafo único, CTN). Assim, alguns elementos inerentes aos *Impostos* (manifestações de riquezas) poderiam ser aplicados no valor da taxa (posição adotada pelo STF através da *Súmula Vinculante n. 29*).

3.3. Contribuições de Melhoria (art. 81, CTN + art. 145, III, CF)

Caracterizado também como tributo contraprestacional, apenas poderá ser instituído e cobrado quanto ocorrer *Valorização Imobiliária* decorrente de *Obras Públicas*. Em outros termos, *União, Estados, Distrito Federal e Municípios* precisaram entregar específica atividade aos contribuintes (*tributo vinculado*).

Facilitando sua memorização para o exame, lembre:

Contribuição de melhoria é um tributo "V I P"

Em que:

V I – Representa as "*V*alorização *I*mobiliária".

P – Representa obras "*Públicas*".

Merece destaque que a cobrança dessa espécie tributária exigirá o respeito a requisitos específicos, quais sejam (art. 82, CTN): *edital prévio* contendo memorial do projeto, orçamento da obra, custo a ser financiado pela contribuição, delimitação da zona beneficiada e fator de absorção do benefício para toda zona ou cada área (inciso I); prazo não inferior a 30 (trinta) dias para impugnação administrativa pelos interessados (inciso II) e regulamentação do processo administrativo, sem prejuízo da apreciação judicial (inciso III).

Outro aspecto fundamental para o exame de ordem consiste na identificação dos limites na cobrança da contribuição, dividindo-os em (arts. 81 e 82, § 1º, CTN):

1. **Limite Total:** O poder público não poderá arrecadar mais do que aquilo gasto na realização da obra, ou seja, uma espécie de "teto" para cobrança.
2. **Limite Individual:** Considerando que os imóveis poderão sofrer diferentes valorizações, a cobrança deve ser feita de maneira proporcional ao acréscimo realizado em cada um individualmente.

Imaginemos que algum Município da federação resolva realizar *Obra Pública* em determinada região, investindo R$ 100 mil reais, ocasionando *Valorização Imobiliária* em 100 unidades.

No momento da cobrança desta contribuição, terá como limite o valor R$ 100 mil reais, dividido de forma proporcional a valorização individual dos imóveis. Assim, proprietários com imóveis de maior valorização arcarão com parcela mais elevada do tributo.

3.4. Empréstimos Compulsórios (art. 15, CTN + art. 148, CF)

Considerada espécie tributária autônoma a luz da Constituição Federal, contém as seguintes características:

1. **Competência exclusiva federal:** Apenas a *União* poderá instituir essa espécie tributária, sendo proibido aos *Estados, Distrito Federal e Municípios* sua criação.
2. **Reserva de Lei Complementar:** A criação dependerá da edição de lei complementar, ou seja, será necessário a aprovação por maioria absoluta no legislativo (art. 69, CF). Deste modo, mesmo que preenchido os critérios de relevância e urgência, *não caberá Medida Provisória* (art. 62, § 1º, III, CF).
3. **Situações autorizadoras:** Nos moldes constitucionais, a instituição poderá ocorrer nos casos de despesas extraordinárias decorrentes de *calamidade pública, guerra externa ou sua iminência,* bem como nos casos de *investimento público de caráter urgente e relevante interesse nacional.*

   Fique esperto, pois tratando-se dos casos de *calamidade pública, guerra externa ou sua iminência* não será necessário respeitar os princípios constitucionais da anterioridade tributária (anual e nonagesimal). Já no *investimento público*, ainda que urgente e relevante, será necessário o respeito a *ambas* anterioridades (art. 150, § 1º, CF).

   Ademais, a doutrina aponta pela não recepção do artigo 15, inciso III, do CTN que autorizava a utilização dos empréstimos em *"conjuntura exija a absorção temporária de poder aquisitivo".*
4. **Destino da arrecadação:** A receita arrecadada com este tributo já se encontra previamente vinculada as despesas que fundamentaram a instituição (art. 148, parágrafo único, CF).
5. **Restituição:** A semelhança com qualquer empréstimo tomado junto às instituições financeiras, a *União* deverá devolver os valores arrecadados aos contribuintes em prazo definido na lei instituidora (art. 15, § único, CTN). O detalhe fica por conta da obrigação em devolver através de dinheiro e não de forma diversa (RE 175.385/CE).

3.5. Contribuições Especiais (arts. 149 e 149-A, CF)

Tributos criados com o objetivo de arrecadar valores e atuar em áreas específicas *(tributo finalístico)*. Segundo entendimento jurisprudencial, subdividem-se:

1. **Sociais:** Utilizada como forma de atuar no segmento social e garantir a manutenção dos direitos sociais (art. 6º, CF). Em regra, a competência será exercida pela *União*, destacando-se aquelas vinculadas à *Seguridade Social – Previdência, Assistência e Saúde* (art. 195, CF). Entretanto, tratando-se do regime próprio de *Previdência do Servidor Público* o recolhimento poderá ser feito pelo respectivo *Estado, Distrito Federal e Municípios* que lhe remunera (art. 149, § 1º, CF).
2. **Contribuição de Intervenção no Domínio Econômico – CIDE:** Instituídas pela *União* como forma de atuar em segmentos financeiros, estimulando ou desestimulando atividades.
3. **Corporativas:** Também de competência da União, realizando a instituição dessas contribuições para munir os sindicatos e conselhos profissionais de receitas para realização de suas atividades (CRM, CRO, CREA, dentre outros) . O destaque fica por conta da anuidade da OAB que, segundo entendimento do STF, não possui natureza jurídica de tributo (ADI 3.026/DF).
4. **Contribuição para o custeio do Serviço de Iluminação Pública – COSIP:** A competência dessa contribuição será exercida pelos *Municípios e Distrito Federal* com objetivo de arrecadar receitas para prestação do serviço de iluminação pública. Fique esperto que o artigo 149-A da CF foi acrescentado pela EC n. 39/02 para substituir as inconstitucionais Taxas de Iluminação Pública (Súmula 670, STF, e Súmula Vinculante n. 41).

4. LIMITAÇÕES AO PODER DE TRIBUTAR: PRINCÍPIOS

Autor: Guilherme Pedrozo

Para que os entes públicos, por meio dos seus poderes constituídos, exerçam a sua competência tributária, será necessário balizar suas atividades nas limitações ao exercício do poder de tributar dispostos na Constituição Federal. Serão, portanto, as limitações verdadeiras ferramentas de proteção ao contribuinte, ou também chamadas de direitos/garantias fundamentais do contribuinte.

4.1. Princípio da legalidade

Reza o art. 150, I, da CF/1988 que:

> **Art. 150.** Sem prejuízo de outras garantias asseguradas ao contribuinte, é vedado à União, aos Estados, ao Distrito Federal e aos Municípios:
>
> I – exigir ou aumentar tributo sem lei que o estabeleça;
>
> (...)

Logo, conforme o exposto, nenhum tributo poderá ser criado ou majorado sem lei que o estabeleça. Portanto, geralmente, somente o Poder Legislativo poderá criar ou majorar tributo, sempre mediante observação do devido processo legislativo.

Igualmente, torna-se importante referir que a redução e/ou extinção de tributo, via de regra, somente poderá ser realizada mediante lei, na forma do art. 97 do CTN.

Por meio de qual instrumento normativo os entes competentes deverão instituir e/ou majorar tributos? Em geral, mediante lei ordinária. Entretanto, não esqueça que existem quatro espécies tributárias que somente poderão ser instituídas mediante lei complementar.

E quais são os tributos que somente poderão ser criados por meio de lei complementar? Lembre-se sempre da GECI, ou seja, Imposto sobre Grandes Fortunas (G), Empréstimo Compulsório (E), Contribuição Social Residual (C) e Imposto Residual (I).

Ademais, com o advento da Reforma Tributária (Emenda Constitucional nº 132/2023), novos tributos somente poderão ser instituídos por meio de lei complementar: IS (153, VIII da CF), CBS (195, V da CF) e o IBS (156-A da CF).

Letra	Artigo	Espécie tributária – só lei complementar
G	153, VII, da CF/1988	Imposto sobre Grandes Fortunas
E	148 da CF/1988	Empréstimo Compulsório
C	195, § 4º, da CF/1988	Contribuição Social Residual
I	154, I, da CF/1988	Imposto Residual
C	195, V da CF/1988	Contribuição sobre Bens e Serviços
I	153, VIII da CF/1988	Imposto Seletivo
B	156-A da CF/1988	Imposto sobre Bens e Serviços

E o Poder Executivo não poderá atuar na criação ou majoração de tributos? Obviamente que a Constituição Federal lhe reservou possibilidades, mitigadas é verdade, mas verdadeiramente como forma de controlar a economia e o mercado. Diante disso, podemos afirmar que houve mitigação ao princípio da legalidade.

São exceções ao princípio da legalidade:

a) ***1ª exceção ao princípio da legalidade:*** poderá o Poder Executivo da União, mediante decreto, portaria ou resolução, alterar as alíquotas dos impostos (II, IE, IOF e IPI) a seguir descritos.

Lembre-se de que alterar alíquotas significará: majorar, reduzir, zerar e/ou restabelecer.

Outro fato que se pode questionar é o porquê é mitigado aqui o princípio da legalidade: tais impostos são extrafiscais, ou seja, servem para regular o mercado econômico. Por fim, cabe dizer que tal possibilidade encontra-se respaldada em nosso texto constitucional, no art. 153, § 1º:

> **Constituição Federal**
>
> **Art. 153.** Compete à União instituir impostos sobre:
>
> (...)
>
> § 1º É facultado ao Poder Executivo, atendidas as condições e os limites estabelecidos em lei, alterar as alíquotas dos impostos enumerados nos incisos I, II, IV e V.

b) ***2ª exceção ao princípio da legalidade:*** poderá o Poder Executivo, igualmente, por meio de decreto ou convênio, reduzir ou restabelecer as alíquotas de CIDE e ICMS Combustível.

> ▷ **Cuidado!** Não esqueça: aqui não se trata de majoração, mas tão somente redução ou retorno das alíquotas anteriores a redução.

c) ***3ª exceção ao princípio da legalidade:*** poderá o Poder Executivo, também por meio de decreto ou portaria, atualizar base de cálculo de tributo.

> ▷ **Atenção!** Aqui é importante ressaltar: trata-se de mera atualização, recomposição da base, jamais podendo representar onerosidade ao contribuinte.

Assim, é importante também salientar que esta atualização deverá observar os limites estabelecidos pelos indexadores oficiais atuais, ou seja, dentro de um máximo permitido, observando-se estes índices. Logo, se acaso a atualização for acima dos padrões de inflação atuais, significará dizer que ocorreu algo semelhante à majoração do tributo, e, logo, somente poderá ocorrer por meio de lei.

> **CTN**
>
> **Art. 97.** Somente a lei pode estabelecer:
>
> § 1º Equipara-se à majoração do tributo a modificação da sua base de cálculo, que importe em torná-lo mais oneroso.
>
> § 2º Não constitui majoração de tributo, para os fins do disposto no inciso II deste artigo, a atualização do valor monetário da respectiva base de cálculo.
>
> **Súm. nº 160 do STJ:** É defeso, ao município, atualizar o IPTU, mediante decreto, em percentual superior ao índice oficial de correção monetária.

d) ***4ª exceção ao princípio da legalidade:*** poderá, igualmente, o Poder Executivo Federal, mediante Medida Provisória, criar ou majorar qualquer espécie tributária. Entretanto, para que assim o faça, terá de atender a dois requisitos: que o tributo possa ser criado por lei ordinária e que seja convertido em lei no mesmo ano de sua edição.

> ▷ **Lembre-se!** Medida Provisória não poderá atuar em matéria reservada à lei complementar na forma do artigo 62, §1º, III da Constituição Federal.

> **Constituição Federal**
>
> **Art. 62.** Em caso de relevância e urgência, o Presidente da República poderá adotar medidas provisórias, com força de lei, devendo submetê-las de imediato ao Congresso Nacional. *(Redação dada pela EC nº 32/2001)*
>
> (...)
>
> § 2º Medida provisória que implique instituição ou majoração de impostos, exceto os previstos nos arts. 153, I, II, IV, V, e 154, II, só produzirá efeitos no exercício financeiro seguinte se houver sido convertida em lei até o último dia daquele em que foi editada. *(Incluído pela EC nº 32/2001)*

e) ***5ª exceção ao princípio da legalidade:*** poderá, por fim, o Poder Executivo alterar o prazo para pagamento de tributo por meio de decreto ou portaria, segundo decisão proferida pelo Supremo Tribunal Federal. Compreende-se pela desnecessidade de lei (norma), visto que tal matéria não está assim disposta no art. 97 do CTN, ou seja, não sendo necessária lei para tal realização.

4.2. Princípio da isonomia

Reza o art. 150, II, da CF/1988 que:

> **Art. 150.** Sem prejuízo de outras garantias asseguradas ao contribuinte, é vedado à União, aos Estados, ao Distrito Federal e aos Municípios:
>
> (...)
>
> II – instituir tratamento desigual entre contribuintes que se encontrem em situação equivalente, proibida qualquer distinção em razão de ocupação profissional ou função por eles exercida, independentemente da denominação jurídica dos rendimentos, títulos ou direitos.

Diante do que expõe o inciso supracitado, todos os contribuintes terão tratamento igualitário perante a norma tributária, carecendo somente de um trato desigual aqueles que se apresentam em uma situação de desigualdade.

Logo, não poderão os entes estabelecer diferença tributária, igualmente, em razão de cargo, função e/ou salário.

▷ **Atenção!** Questão muito lembrada em prova é aquela já decidida reiteradamente pelo Supremo Tribunal Federal, por exemplo: servidor público, por gozar desta condição, terá direito à isenção para o pagamento de custas judiciais caso necessite ingressar com demanda judicial? Oficial de Justiça, que trabalha diuturnamente com veículo próprio para o cumprimento do seu ofício, poderá gozar de isenção de ICMS para compra de veículo automotor? Tome-se como exemplo o julgamento proferido na ADI nº 4.276/MT (STF, Min. Luiz Fux, 20-8-2014), que deixou claro que será vedado aos entes estabelecer diferença em razão de cargo ou ocupação profissional.

4.3. Princípio da anterioridade

Tal princípio limitará a possibilidade e atividade dos entes competentes de cobrarem os tributos por eles, respectivamente, criados de forma imediata. Logo, este princípio servirá para informar ao contribuinte quando ele deverá e poderá ser cobrado dos respectivos tributos, uma vez realizados os fatos geradores dispostos na norma tributária. É o famoso princípio da não surpresa, que visa consagrar um prazo adequado para que o contribuinte tenha de contribuir aos cofres públicos.

▷ **Lembre-se!** Como se trata de limitação ao exercício da competência tributária, ele será observado apenas quando da criação ou majoração de tributo, visto que quando se tratar de medida desonerativa (mais favorável) ao contribuinte (redução ou extinção de todo e qualquer tributo), tal norma terá aplicação imediata (quando da publicação).

O princípio da anterioridade, com razão precípua da necessidade de evitar a surpresa aos contribuintes, é entendido, conforme o texto constitucional, pela anterioridade do exercício e a anterioridade nonagesimal.

> **Constituição Federal**
>
> **Art. 150.** Sem prejuízo de outras garantias asseguradas ao contribuinte, é vedado à União, aos Estados, ao Distrito Federal e aos Municípios:
>
> (...)
>
> III – cobrar tributos:
>
> (...)
>
> *b)* no mesmo exercício financeiro em que haja sido publicada a lei que os instituiu ou aumentou; *(Vide EC nº 3/1993)*
>
> *c)* antes de decorridos noventa dias da data em que haja sido publicada a lei que os instituiu ou aumentou, observado o disposto na alínea *b*; *(Incluído pela EC nº 42/2003)*
>
> (...)

Diante disto, na forma do art. 150, III, *b*, da CF/1988 todo tributo criado ou majorado somente poderá ser exigido no primeiro dia do exercício seguinte, ou seja, uma vez publicado, por exemplo, no ano de 2017, somente poderá ser exigido no primeiro dia do ano de 2018.

E para evitar esta surpresa, sobreveio alteração no texto constitucional, vindo a estabelecer igualmente a necessidade de observância do princípio da anterioridade nonagesimal. Assim, na forma do art. 150, III, *c*, da CF/1988, todo tributo criado ou majorado, somente poderá ser exigido após 90 (noventa) dias da publicação, desde que respeitado igualmente o princípio da anterioridade do exercício.

▷ Atenção: a anterioridade nonagesimal terá seu início (contagem) da data da publicação da norma. Assim, jamais terá início após a contagem da anterioridade do exercício.

Logo, via de regra, todos os tributos criados ou majorados deverão aguardar as duas anterioridades (requisitos cumulativos), ou seja, somente poderão ser exigidos no primeiro dia do exercício seguinte ao de sua publicação, somado a 90 (noventa) dias, igualmente contados da publicação.

Entretanto, entendeu por bem o constituinte reservar a alguns tributos uma possibilidade de exigência mitigada, justamente para enfrentar o mercado econômico (política, econômica e social) ou a necessidade de exigência do tributo. Assim, positivou o constituinte, mitigando, portanto, os princípios da anterioridade, o art. 150, § 1º, da CF/1988.

Logo, conforme explanado no parágrafo anterior, assim compreendeu o constituinte:

a) Terão exigência imediata, ou seja, mesmo que majorados ou criados poderão ser exigidos tão logo publicados: Imposto de Importação, Imposto de Exportação, Imposto sobre Operações Financeiras, Empréstimo Compulsório de Guerra Externa ou sua Iminência, Empréstimo Compulsório de Calamidade e Imposto Extraordinário de Guerra.

b) Outrossim, terão exigência respeitando apenas a anterioridade nonagesimal, ou seja 90 (noventa) dias após a sua publicação, sendo, portanto, possível a sua exigência no mesmo ano de sua publicação: Imposto sobre Produtos Industrializados, Contribuições de Seguridade Social (Já Existentes ou Novas) e o Restabelecimento da CIDE/ICMS Combustíveis.

c) E outros tributos, de forma excepcional, terão exigência respeitando apenas a anterioridade do exercício, ou seja, podendo ser majorados em 28 de dezembro, publicados em 29 de dezembro e já exigidos no dia 1º de janeiro: Imposto de Renda (alíquotas, base de cálculo = tudo) e Base de Cálculo Majorada (apenas) de IPVA e IPTU.

Ainda, outra questão de grande valia sobre o princípio da anterioridade é de que a modificação de prazo para pagamento, mesmo que venha a antecipar a arrecadação/pagamento, não estará sujeita à anterioridade, na forma da Súm. Vinc. nº 50 do STF, sendo assim passível de exigência de imediato (a partir da publicação).

> **Súm. Vin. nº 50 do STF:** Norma legal que altera o prazo de recolhimento de obrigação tributária não se sujeita ao princípio da anterioridade.

Por fim, não esqueça:

- Redução ou Extinção de Tributo: efeito imediato, ou seja, da publicação.
- Redução ou Extinção de Benefício Fiscal: via de regra, respeitará as duas anterioridades, por significar aumento indireto na carga tributária.

4.4. Princípio da irretroatividade

Reza o art. 150, III, *a*, da CF/1988 que:

> **Art. 150.** Sem prejuízo de outras garantias asseguradas ao contribuinte, é vedado à União, aos Estados, ao Distrito Federal e aos Municípios:
>
> (...)
>
> III – cobrar tributos:
>
> *a)* em relação a fatos geradores ocorridos antes do início da vigência da lei que os houver instituído ou aumentado;
>
> (...)

Em face do disposto na presente alínea, a norma tributária não poderá retroagir, ou seja, não poderá atingir fatos geradores que ocorreram antes de sua vigência. Dessa forma, aplica-se a lei vigente, alíquota e base de cálculo que estiverem em vigor quando da ocorrência do fato gerador. Logo, conclui-se: a norma tributária, via de regra, não poderá retroagir justamente para preservar o direito adquirido, o ato jurídico perfeito e proporcionar a todos a segurança jurídica.

E vale dizer, ainda, que a Constituição Federal não traga nenhuma mitigação ou exceção o Código Tributário Nacional apresenta-nos, pelo menos, quatro exceções a este princípio:

a) **1ª exceção ao princípio da irretroatividade:** a norma nova que tenha caráter interpretativo da norma antiga, que venha a solucionar pontos obscuros, portanto, da norma antiga, desde que não cause penalidade ao contribuinte, poderá retroagir. Assim, a lei nova de caráter interpretativo poderá retroagir, desde que não cause onerosidade ao contribuinte.

> **CTN**
>
> **Art. 106.** A lei aplica-se a ato ou fato pretérito:
>
> I – em qualquer caso, quando seja expressamente interpretativa, excluída a aplicação de penalidade à infração dos dispositivos interpretados;
>
> (...)

b) **2ª exceção ao princípio da irretroatividade:** a norma nova que venha a deixar de tratar ato como infração (extinguir multa) ou reduzir a infração (reduzir o percentual da multa) poderá retroagir para fatos geradores já ocorridos, desde que exista ato pendente de julgamento (seja judicial ou administrativo). Vale ressaltar: trata-se de retroatividade mais benéfica somente e tão exclusivamente no campo das infrações (jamais no tocante às alíquotas ou base de cálculo).

> **Art. 106.** A lei aplica-se a ato ou fato pretérito:
>
> (...)
>
> II – tratando-se de ato não definitivamente julgado:
>
> *a)* quando deixe de defini-lo como infração;
>
> (...)
>
> *c)* quando lhe comine penalidade menos severa que a prevista na lei vigente ao tempo da sua prática.

c) **3ª exceção ao princípio da irretroatividade:** a norma nova que venha extinguir obrigação acessória (obrigação de fazer ou não fazer), desde que descumprimento inicial não tenha ocorrido com a ideia de fraude, bem como para que o contribuinte não realizasse o pagamento do tributo.

> **Art. 106.** A lei aplica-se a ato ou fato pretérito:
>
> (...)
>
> II – tratando-se de ato não definitivamente julgado:
>
> *b) quando deixe de tratá-lo como contrário a qualquer exigência de ação ou omissão, desde que não tenha sido fraudulento e não tenha implicado em falta de pagamento de tributo;*

d) **3ª exceção ao princípio da irretroatividade:** por fim, poderá retroagir norma nova que venha a instituir ou estabelecer novos critérios de fiscalização e/ou proporcionar ao crédito tributário nova classificação.

> **CTN**
>
> **Art. 144.** O lançamento reporta-se à data da ocorrência do fato gerador da obrigação e rege-se pela lei então vigente, ainda que posteriormente modificada ou revogada.
>
> § 1º Aplica-se ao lançamento a legislação que, posteriormente à ocorrência do fato gerador da obrigação, tenha instituído novos critérios de apuração ou processos de fiscalização, ampliado os poderes de investigação das autoridades administrativas ou outorgado ao crédito maiores garantias ou privilégios, exceto, neste último caso, para o efeito de atribuir responsabilidade tributária a terceiros.

4.5. Princípio do não confisco

Reza o art. 150, IV, da CF/1988 que:

> **Art. 150.** Sem prejuízo de outras garantias asseguradas ao contribuinte, é vedado à União, aos Estados, ao Distrito Federal e aos Municípios:
>
> (...)
>
> IV – utilizar tributo com efeito de confisco;
>
> (...)

TRIBUTÁRIO

Conforme o exposto, nenhum ente público poderá estabelecer ou exigir tributo com caráter confiscatório, ou seja, que impeça o uso adequado da propriedade ou não possibilite o livre exercício da atividade privada.

Importante, ainda, ressaltar que o STF (RE nº 582.461/SP, Min. Gilmar Mendes, 18-5-2011) passou a aplicar o presente dispositivo para as multas, ou seja, nenhuma multa (penalidade) poderá ser exigida com caráter confiscatório, por exemplo, multa moratória (por atraso no pagamento) não poderá ter percentual superior a 20% (vinte por cento).

▷ **Atenção!** Sobre a matéria, importante colacionar três súmulas que têm trato recorrente em provas:

a) Reza a Súm. nº 70 do STF que será "inadmissível a interdição de estabelecimento como meio coercitivo para cobrança de tributo". Logo, nenhum ente competente, com o afã de exigir o crédito tributário do contribuinte, poderá interditar seu estabelecimento como forma de o coagir ao pagamento do tributo devido.

b) Ainda, na forma da Súm. nº 323 do STF, compreende-se que será "inadmissível a apreensão de mercadorias como meio coercitivo para pagamento de tributos". Assim, não poderá o ente competente, como forma de coagir o contribuinte devedor de tributos, reter-lhe mercadorias.

c) Por fim, na forma da Súm. nº 547 do STF, não será "lícito à autoridade proibir que o contribuinte em débito adquira estampilhas, despache mercadorias nas alfândegas e exerça suas atividades profissionais". Assim, se algum contribuinte profissional liberal for devedor de ISSQN, em razão do desempenho de suas atividades, não poderá o ente municipal impedir o exercício de sua atividade

▷ **Mas, cuidado! Nem toda apreensão de mercadorias será ilegal. A Súm. nº 323 do STF trata da impossibilidade de o ente competente, como forma de coagir o contribuinte, aprender ou reter mercadorias de forma genérica. Agora é óbvio, se alguém cometer o crime de descaminho ou contrabando, poderá ocorrer a apreensão das mercadorias, objeto de ilícito penal.**

4.6. Princípio da liberdade de tráfego

Reza o art. 150, V, da CF/1988 que:

> **Art. 150.** Sem prejuízo de outras garantias asseguradas ao contribuinte, é vedado à União, aos Estados, ao Distrito Federal e aos Municípios:
>
> (...)
>
> V – estabelecer limitações ao tráfego de pessoas ou bens, por meio de tributos interestaduais ou intermunicipais, ressalvada a cobrança de pedágio pela utilização de vias conservadas pelo Poder Público;
>
> (...)

Nenhum tributo poderá impedir o livre exercício do direito de ir e vir, salvo a própria mitigação exposta no inciso mencionado no que tange à cobrança de pedágios.

▷ **Lembre-se!** Salvo melhor juízo, quem cobra pedágio não cobra tributo, mas, sim, tarifas ou preço público, em que o contribuinte pagará para permissionários e/ou concessionárias do serviço público.

4.7. Princípio da uniformidade geográfica

Reza o art. 151, I e II, da CF/1988 que:

> **Art. 151.** É vedado à União:
>
> I – instituir tributo que não seja uniforme em todo o território nacional ou que implique distinção ou preferência em relação a Estado, ao Distrito Federal ou a Município, em detrimento de outro, admitida a concessão de incentivos fiscais destinados a promover o equilíbrio do desenvolvimento sócio-econômico entre as diferentes regiões do País;
>
> II – tributar a renda das obrigações da dívida pública dos Estados, do Distrito Federal e dos Municípios, bem como a remuneração e os proventos dos respectivos agentes públicos, em níveis superiores aos que fixar para suas obrigações e para seus agentes;
>
> (...)

Tal princípio tem força coercitiva diretamente para a União. Assim, o presente ente federativo, em razão do texto constitucional, não poderá tratar os demais entes federativos e seus contribuintes de forma desigual. Ex.: a incidência sobre o Imposto de Renda que será considerado no Rio Grande do Sul, igualmente deverá ser no Rio de Janeiro, não podendo haver tratamento diferenciado. A justificativa para a presente norma cogente é: respeito à isonomia e ao pacto federativo.

Entretanto, o mesmo inciso I trabalha com uma mitigação em que faculta à União conceder tratamento diferenciado na tributação de sua competência, a fim de proporcionar desenvolvimento socioeconômico de determinada região. Aqui se encontra o clássico exemplo da Zona Franca de Manaus.

Na forma do inciso II do artigo supraindicado, a União também não poderá conceder tratamento diferenciado para seus servidores, bem como as obrigações de dívidas públicas. Logo, se um Magistrado Federal tem retenção de 27,5% de seu ordenado, o mesmo valerá para o Magistrado Estadual, não podendo, portanto, a União conceder tratamento diferenciado para o federal em face de este pertencer aos quadros federais.

4.8. Princípio da isenção heterônoma

Reza o art. 151, III, da CF/1988 que:

> **Art. 151.** É vedado à União:
>
> (...)
>
> III – instituir isenções de tributos da competência dos Estados, do Distrito Federal ou dos Municípios.

Na forma do presente inciso, a União não poderá se intrometer no que tange a benefícios fiscais nos tributos que não são de sua competência. Assim, não caberá isenções heterônomas, ou seja, a União não poderá conceder isenção de tributos que são de competência dos demais entes.

Segundo o STF (RE nº 229.096/RS, Min. Carmen Lúcia, 16-8-2007), os Tratados ou Convenções Internacionais, uma vez ratificados pelo Presidente da República, este agindo como Chefe de Estado (Pessoa Jurídica de Direito Público Internacional), poderão isentar tributos estaduais e municipais, observando o disposto no art. 98 do CTN. Assim, na forma do referido artigo, os tratados e as convenções internacionais revogam ou modificam a legislação tributária interna, e serão observados pela que lhes sobrevenha.

> **CTN**
>
> **Art. 98.** Os tratados e as convenções internacionais revogam ou modificam a legislação tributária interna, e serão observados pela que lhes sobrevenha.

4.9. Princípio da não discriminação

Reza o art. 152, da CF/1988 que:

> **Art. 152.** É vedado aos Estados, ao Distrito Federal e aos Municípios estabelecer diferença tributária entre bens e serviços, de qualquer natureza, em razão de sua procedência ou destino.

Logo na forma do referido artigo os entes (Estados, Distrito Federal e os Municípios) não poderão estabelecer discriminação tributária (cobrar mais ou menos tributo) em razão da origem e/ou destino de produtos, bens e/ou serviços. Logo, por exemplo, alguém que tenha um carro importado não terá de pagar mais IPVA em razão do seu carro ser estrangeiro em detrimento de um contribuinte que tenha um carro nacional.

4.10. Princípio da Simplicidade

Em todas as pautas e discussões tributárias, um dos elementos que sempre foi discutido entre acadêmicos e operadores do direito foi a necessidade de simplificar o sistema tributário nacional, considerado completo e rebuscado. Nesse sentido, é inadmissível compreender e/ou até mesmo exemplificar em sala de aula o sempre o inacessível sistema tributário aplicado em nosso país. Daí, igualmente, podemos compreender os motivos pelos quais os agentes externos jamais ousaram introduzir e/ou aventurar-se em meio a esse "carnaval tributário".

Afinal de contas, como explicar para um empresário estrangeiro a tributação aqui aplicada, se nem os nativos brasileiros são capazes de explicar como e por que realizam o pagamento de determinados tributos? De que forma explicar para o empresário, de um modo geral, as milhares de horas perdidas no cumprimento de inúmeras obrigações acessórias?

No direito tributário, obrigações acessórias são aquelas impostas aos contribuintes ou responsáveis por tributos, que não consistem no pagamento do tributo em si, mas em cumprir determinadas formalidades, registros, declarações ou outras obrigações de natureza administrativa para garantir o correto controle, fiscalização e arrecadação dos tributos. Em resumo, são todas as exigências documentais e procedimentais que devem ser cumpridas em relação aos tributos.

Essas obrigações podem incluir a apresentação de declarações periódicas (como a declaração de imposto de renda), a manutenção de livros contábeis específicos, a emissão de documentos fiscais (como notas fiscais), a entrega de informações aos órgãos fiscais, entre outras.

O descumprimento das obrigações acessórias pode acarretar em penalidades e multas, além de aumentar o risco de fiscalização e autuação por parte da autoridade tributária. Portanto, é fundamental que os contribuintes estejam atentos e cumpram todas as obrigações acessórias exigidas pela legislação tributária.

Logo, diante dessas observações preliminares, a reforma tributária busca que este "novo" sistema seja mais claro, simples e prático para toda população. Diante disso, em razão desse princípio, certamente o sistema tributário precisará ser mais prático para o homem médio, ou seja, necessita fazer com que o cidadão comum tenha, por meio da simplicidade, a noção da carga tributária incidente sobre suas transações e operações mercantis.

Ademais, pelo princípio da simplicidade, certamente ocorrerá a diminuição dos litígios, eis que não existirá espaço para questionamentos e compreensões indevidas. Diante disso, não será apenas o sujeito passivo da relação que será beneficiado com a observância deste princípio, mas também os gestores públicos igualmente estarão beneficiados com a observância deste.

Por fim, e não menos importante, se o sistema é simples e prático, certamente além da economia de algumas horas para o cumprimento das obrigações acessórias, os valores operacionais para a consecução das referidas obrigações certamente serão reduzidos.

4.11. Princípio da Transparência

Certamente vinculado ao princípio da simplicidade, igualmente a reforma introduziu o princípio da transparência pelo qual obrigará ao gestor público, fiel guardião da arrecadação, a adotar medidas práticas e simplificadas na demonstração do quantum cada contribuinte estará "arrecadando" quando das transações e operações mercantis.

O fato é de que, atualmente, com o sistema anterior tributário, muito embora a existência e possível aplicabilidade da não cumulatividade para os principais tributos incidentes nas relações de consumo (IPI, ISSQN, ICMS), sempre se concluiu pela regressividade e cumulatividade destes tributos, repercutindo e onerando ao consumidor final.

O sistema tributário brasileiro é considerado regressivo porque a carga tributária incide de forma mais pesada sobre os contribuintes de renda mais baixa, em comparação com os de renda mais alta. Isso ocorre devido à predominância de impostos indiretos, como o Imposto sobre Circulação de Mercadorias e Serviços (ICMS), o Imposto sobre Produtos Industrializados (IPI) e o Imposto sobre Serviços (ISS), que são cobrados sobre o consumo de bens e serviços.

Um exemplo claro disso é o ICMS, que é um imposto estadual sobre o consumo. Ele é aplicado sobre uma ampla gama de produtos e serviços essenciais para a população, como alimentos, energia elétrica, água, medicamentos, entre outros. Como esses itens são consumidos em maior proporção pelos contribuintes de renda mais baixa, acabam pagando uma parcela maior de sua renda em impostos, em comparação com os contribuintes de renda mais alta, que possuem mais capacidade de poupança e investimento.

Além disso, há uma série de isenções e incentivos fiscais que beneficiam principalmente os contribuintes de maior renda, como a isenção de imposto de renda sobre lucros e dividendos e a redução de alíquotas sobre ganhos de capital, contribuindo para a regressividade do sistema tributário. Desta forma e através do referido princípio, buscará o constituinte derivado obrigar ao gestor público informar ao consumidor toda carga incidente sobre a operação mercantil, de forma simples, prática, objetiva e transparente.

Ademais, através deste princípio, todas as informações fiscais, desde a legislação tributária até o momento da consumação/arrecadação deverão estar de forma transparente demonstrada, visando igualmente a respaldar o consumidor não apenas sobre a tributação, mas também possibilitando a ele indicar aos nossos legisladores como e de que forma poderíamos ter uma tributação mais justa, simples e igualitária.

4.12. Princípio da Justiça Fiscal

Conforme acima já explicitado o sistema "velho" tributário jamais buscou a realização da justiça tributária. É impossível pensar em justiça fiscal em nosso país, quando alguém que ganha um salário-mínimo mensal venha assumir o mesmo ônus tributário incidente sobre um "saco de arroz" daquele empresário milionário que igualmente faz aquisição da mesma mercadoria.

Logo, mediante a observância do referido princípio, caberá ao legislador e sobretudo, aos gestores públicos, arrecadar de forma justa, inclusive vindo a desonerar os produtos considerados essenciais à coletividade.

Nesse sentido, fica evidente a preocupação da reforma tributária no respeito ao princípio, quando estabelece a possibilidade de "cashback" para aqueles contribuintes de menor poder aquisitivo. Diante disso, o que se deseja é de quem ganha menos venha ter uma menor carga tributária, buscando a realização verdadeira de uma justiça fiscal igualitária para todos.

Por fim, outro lastro importante traduzido pela reforma tributária são os regimes diferenciados para determinados produtos, bens, serviços e direitos, justamente buscando a realização da justiça tributária.

4.13. Princípio da Cooperação

O princípio da cooperação é talvez o princípio mais comemorado por todos os sujeitos passivos das relações jurídicas tributárias. Certamente, uma vez respeitado, todos os contribuintes e responsáveis tributários gozarão de uma menor animosidade por parte dos gestores públicos fiscais.

Reza o referido princípio e se espera dele que os gestores públicos colaborem, de forma igualitária e respeitosa, com os sujeitos passivos, orientando e colaborando para uma tributação mais justa, eficiente e menos punitiva.

Espera-se ainda que, com a observância deste princípio, as autoridades administrativas fiscais adotem boas práticas na orientação e administração tributária, orientando os contribuintes de que forma poderão buscar a conformidade fiscal, sempre creditando, nestes últimos, a boa-fé e o respeito.

Afinal de contas, não seriam os sujeitos passivos os grandes clientes dos gestores públicos? Parece-me que a resposta é totalmente positiva. Logo, dessa feita, toda e qualquer abordagem não poderá ser estritamente punitiva, mas também de auxílio e cooperação.

O princípio da cooperação no direito tributário refere-se à colaboração entre o Fisco (órgão responsável pela arrecadação dos tributos) e o contribuinte, visando a facilitar o cumprimento das obrigações tributárias de forma mais eficiente e menos punitiva. Quando este princípio é respeitado, cria-se um ambiente de diálogo e parceria entre o poder público e os contribuintes, o que pode resultar em uma redução da abordagem punitiva por parte dos gestores públicos.

Um exemplo prático disso seria o programa de conformidade tributária, no qual o Fisco estabelece diretrizes e critérios claros para que as empresas possam se autoavaliar e corrigir eventuais irregularidades fiscais de forma voluntária e proativa. Ao aderir a esse programa, as empresas se comprometem a colaborar com o Fisco na identificação e regularização de possíveis erros ou omissões nas suas declarações fiscais.

Ao invés de simplesmente aplicar multas e sanções após a identificação de irregularidades, o Fisco pode oferecer incentivos e benefícios para as empresas que adotam medidas de autorregularização e compliance tributário. Isso pode incluir a redução de multas e juros, a possibilidade de parcelamento de débitos ou até mesmo a exclusão de penalidades, dependendo do grau de colaboração e conformidade demonstrado pelas empresas.

Dessa forma, ao promover uma cultura de cooperação e autorregulação, o Fisco não apenas incentiva o cumprimento voluntário das obrigações tributárias, mas também reduz a necessidade de medidas punitivas mais severas, contribuindo para um ambiente mais harmonioso e colaborativo entre o poder público e os contribuintes.

E, desta forma, se a conduta for proativa e respeitando a boa-fé do contribuinte, certamente este terá o direito de optar entre boas e más práticas tributárias, e sobretudo, poderá buscar uma maior eficiência no desejo de arrecadar, sem medo de qualquer multa qualificada e/ou isolada por parte do fisco.

Tudo isso acarretará um melhor relacionamento, arrecadação e eficácia nos negócios praticados pelos sujeitos passivos.

4.14. Princípio da Defesa do Meio Ambiente

Certamente um dos grandes fatores da criação do referido princípio foi a adesão da Agenda 2030 patrocinada pela ONU, a qual visará chegarmos ao ano de 2030 com um mundo melhor e, sobretudo, sem comprometer a qualidade de vida das próximas gerações.

E quando, falamos em qualidade de vida, precisamos evidenciar o devido cuidado ao meio ambiente. Este precisa ser respeitado e cuidado por todos, conforme previsão já constante em nossa Constituição Federal (art. 225). Nessa perspectiva, coube ao sistema tributário incentivar práticas fiscais de modo a proteger, fiscalizar e, também, evitar práticas reiteradas que venham a prejudicar o meio ambiente.

O referido princípio buscará, uma vez observado, estar alinhado com um mundo desenvolvido sustentável e que observe práticas de sustentabilidade que colaborem com um consumo menos prejudicial e melhor organizado, inclusive, ambientalmente falando.

Fica evidenciada a preocupação com a observância deste princípio, com a criação do imposto seletivo, que certamente visará a diminuir o consumo sobre produtos/bens/serviços que sejam danosos ao meio ambiente.

Igualmente ficou evidenciada a preocupação ambiental, quando trouxe o constituinte derivado a possibilidade de os estados adotarem alíquotas diferenciadas em razão do impacto ambiental do veículo.

Logo, diante do princípio, requer que os gestores públicos estejam relacionando a tributação aplicada com os cuidados ambientais necessários para um desenvolvimento ambiental sustentável e melhor para todos.

5. LIMITAÇÕES AO PODER DE TRIBUTAR: IMUNIDADES

Autor: Guilherme Pedrozo

Imunidade é a dispensa constitucional de pagar tributo, ou seja, trata-se de formas de dispensas constitucionais para que o contribuinte não realize o pagamento do crédito tributário. Ademais, vale ressaltar que se apresentam dois tipos de imunidades: as específicas e as genéricas.

As imunidades específicas são todas aquelas dispostas no texto constitucional, que dizem respeito a determinado caso concreto. E o mais importante: poderão albergar (dispensar) qualquer espécie tributária. Aqui, exemplificando, apresentam-se os casos no texto constitucional: não incidir ISS de serviço destinado ao exterior, não incidir contribuição social para as entidades de assistência social sem fins lucrativos, entre outros.

Outrossim, também se apresentam na Carta Magna as imunidades genéricas, dispostas todas no art. 150, VI, e apresentam dispensa constitucional apenas no que tange aos impostos. São espécies de imunidades genéricas:

a) **1ª espécie** (art. 150, VI, *a*, da CF/1988) – Imunidade recíproca: os entes públicos (União, Estados, Distrito Federal e Municípios) não poderão cobrar impostos entre si sobre o patrimônio, renda e serviços. Assim, exemplificando, a União não poderá cobrar IR sobre a renda auferida pelo Município, bem como o Estado não poderá cobrar IPVA dos automóveis da União.

Sobre a presente espécie de imunidade genérica vale ressaltar que ela é extensiva às autarquias e fundações públicas, na forma do art. 150, § 2º, da CF/1988, desde que renda, patrimônio e serviços sejam destinados e/ou utilizados para o cumprimento da finalidade essencial das referidas entidades públicas citadas.

Ademais para que estas autarquias e fundações públicas gozem de imunidade, elas precisam cumprir alguns requisitos que estão dispostos no art. 150, §§ 2º e 3º, da CF/1988:

- Ser mantidas ou instituídas pelo poder público;
- Manter atividade essencialmente pública;
- Não entrar na concorrência privada.

Também cabe ressaltar a posição do Supremo Tribunal Federal em relação à omissão da Constituição Federal, de que as Empresas Públicas e Sociedades de Economia Mista também terão direito a gozar desta espécie de imunidade genérica recíproca, desde que explorem atividade essencial pública em caráter de monopólio e não visem lucro. Neste condão, foram deferidas as imunidades para os Correios (Agência e não Franquia), Infraero, Casa da Moeda, entre outros.

Agora, com o texto da reforma tributária, o posicionamento exposto pelo STF ficou evidenciado, pois deixa claro que os Correios (empresa pública de serviço postal) igualmente estarão agraciados pela imunidade genérica recíproca, ou seja, sobre estes não poderá ocorrer a incidência de impostos, uma vez observados os requisitos contidos no artigo 150, §2º e §3º da Constituição Federal.

b) 2ª espécie (art. 150, VI, *b*, da CF/1988) – Imunidade a templos de qualquer culto: a presente imunidade, tão criticada contemporaneamente, visa proteger a liberdade religiosa. Lembrando que a Constituição Federal não objetivou ser aquela ou outra a religião a ser imunizada, em razão de vivermos em um estado laico.

Portanto, gozarão desta imunidade toda e qualquer religião que prestigie um Deus, que tenha como objetivo levar a palavra de Deus para toda uma comunidade. Entretanto, para que estas religiões gozem desta espécie de imunidade genérica sobre seu patrimônio, renda e serviços, deverão aplicar seu patrimônio ou renda auferida para o cumprimento da finalidade essencial.

Logo, se a igreja ou templo faz um bingo para manter a "Casa do Senhor", ou seja, a renda auferida será revertida para a finalidade essencial, não terá que pagar impostos sobre tal valor recebido. O mesmo vale para cobrança de dízimos, estacionamento para fiéis ou até mesmo cemitério em nome da instituição religiosa. Tudo isso observando o disposto no art. 150, § 4º, da CF/1988.

▷ **Atenção!** É sempre importante referir algumas dúvidas que os alunos apresentam sobre esta imunidade. Inicialmente, questionam os alunos se a propriedade privada locada por algum templo gozará de imunidade? Muita atenção, pois houve alteração recente em nossa Constituição Federal: a resposta é positiva, eis que, conforme o art. 156, § 1º-A, mesmo o imóvel não sendo de propriedade do templo, resolveu o Constituinte Derivado estender a imunidade para estes casos.

De outro lado, se, porventura, o veículo for de propriedade do padre/pastor, haverá imunidade no tocante ao IPVA? A resposta é negativa, visto que, para gozar da imunidade, o patrimônio (via de regra) precisa ser de propriedade do templo.

Por fim, poderá ser questionado em prova: e as taxas para recolhimento de lixo do templo deverão ser pagas por este último? Responda positivamente, visto que a imunidade genérica abrange apenas os impostos. Logo os templos, salvo em caso de isenção tributária patrocinada pelo ente municipal, terão de pagar as taxas de recolhimento de lixo.

Igualmente sobre esta imunidade algumas perguntas restarão em aberto, fazendo-se necessária a devida resposta:

1) Maçonaria goza de imunidade? Não, visto tratar-se de filosofia de vida.
2) Cemitério em nome de empresa privada goza de imunidade? Não, visto ser empresa privada que visa ao lucro.

Ademais, importante acréscimo trouxe a reforma tributária, a qual igualmente trouxe a previsão de que as organizações assistenciais e beneficentes pertencentes a estas entidades religiosas igualmente restarão imunes ao pagamento de impostos.

Logo, se uma entidade religiosa, além dos seus cultos, igualmente apresenta em sua organização atividades complementares assistenciais ou beneficentes, sobre estas atividades não existirá a incidência de qualquer imposto. Sendo assim, se uma entidade religiosa contém em sua estrutura um banco de alimentos para ajudar a população carente, sobre esta atividade não poderá ocorrer a incidência de impostos.

c) 3ª espécie (art. 150, VI, *c*, da CF/1988) – Imunidade subjetiva: tal imunidade contempla algumas pessoas, ou seja, observando igualmente o art. 150, VI, *c*, e o art. 150, § 4º, da Carta Magna, os partidos políticos e suas fundações, sindicato dos trabalhadores, instituições de educação e de assistência social sem fins lucrativos terão direito a não pagar impostos sobre seus patrimônios, rendas e serviços, desde que observado o cumprimento da lei e revertido patrimônio, renda e serviços para o cumprimento da finalidade essencial.

Na forma do art. 150, VI, *c*, da CF/1988, será vedado aos entes instituir impostos sobre patrimônio, renda ou serviços dos partidos políticos, inclusive suas fundações, das entidades sindicais dos trabalhadores, das instituições de educação e de assistência social, sem fins lucrativos, atendidos os requisitos da lei.

Mas, e se a prova lhe perguntar sobre os sindicatos patronais? Responda negativamente, visto que esta imunidade abrangerá apenas os sindicatos dos trabalhadores.

Contudo, diferentemente das demais espécies de imunidades genéricas, a Carta Mãe elenca a necessidade do cumprimento dos requisitos previstos em lei. Quais seria a lei, o artigo e seus requisitos? São aqueles dispostos no art. 14 do CTN. Assim, para essas pessoas gozarem desta imunidade, também deverão se ater aos requisitos deste artigo, além daquele já disposto no artigo 150, §4º da CF.

Questões envolvendo estes requisitos são bastante comuns, por exemplo: entidade imune precisa cumprir as obrigações acessórias? A resposta é positiva. A imunidade dispensará tão somente o cumprimento do dever de pagar tributo.

Vale ressaltar igualmente que, nesta imunidade, as entidades de assistência social sem fins lucrativos, na forma do art. 195, § 7º, da CF/1988, também terão imunidade no que tange às contribuições de seguridade social, tratando-se aqui de clássico exemplo de imunidade específica.

Afirma o art. 195, § 7º, da CF/1988 que são isentas, na realidade imunes, pois a dispensa está na Constituição Federal, de contribuição para a seguridade social às entidades beneficentes de assistência social que atendam às exigências estabelecidas em lei, ou seja, aqueles requisitos do art. 14 do CTN.

Muitos costumam questionar a expressão "isenção" disposta no art. 195, § 7º, da CF/1988. Segundo posição firmada na doutrina e em diversos julgados, trata-se de erro disposto na Constituição, visto que, se ocorrer dispensa do dever de pagar e estando previsto na Carta Mãe, deverá ser considerada imunidade.

Outro fato também de suma importância no que tange ao art. 195, § 7º, da CF/1988 é a imunidade das entidades de assistência social sem fins lucrativos, que diz respeito apenas às entidades e não aos seus colaboradores. Logo, quem apenas deixará de satisfazer, por exemplo, o INSS (contribuição de seguridade social patronal) será a entidade e não seus funcionários.

Por fim, no que tange a esta imunidade subjetiva, poderá surgir uma questão: caso as pessoas imunes venham a locar um imóvel de sua propriedade a empresa privada e utilizem os valores locatícios para o cumprimento da finalidade essencial, poderão elas gozar desta imunidade? Sim, na forma da Súm. Vinc. nº 52 e da Súm. nº 724 do STF, continuarão a gozar desta imunidade genérica, não ocorrendo portanto a incidência do IPTU.

d) 4ª espécie (art. 150, VI, *d* e *e*, da CF/1988) – Imunidade objetiva: a imunidade diz respeito à espécie de imunidade genérica no tocante a determinados objetos. Portanto, os livros, periódicos, jornais e papéis destinados à sua impressão, bem como CDs e DVDs confeccionados por artistas ou intérpretes brasileiros não pagarão impostos.

Afirma o art. 150, VI, *d*, da CF/1988 que será vedado aos entes instituir impostos sobre livros, jornais, periódicos e o papel destinado à sua impressão.

Mas é importante que se diga: a imunidade aqui será apenas no tocante ao objeto e não sobre eventual renda auferida, por exemplo, com a venda do objeto ou imóvel. Assim, vamos imaginar uma empresa que tenha por objetivo a confecção e a venda de jornal. A imunidade será tão somente do jornal, e não do imóvel da empresa ou das receitas auferidas pela empresa.

E para gozarem desta imunidade, quais são os requisitos necessários que devem ser observados pelas empresas que exploram este comércio? Os livros, periódicos e jornais deverão transmitir pensamento e ter uma ideia formalmente orientada, independentemente do conteúdo. Portanto, inclusive as revistas com apelo sexual gozarão desta imunidade.

E as revistas com finalidade de marketing, que desejam prioritariamente vender produtos? Estas revistas não gozarão de imunidade.

A lista telefônica gozará desta imunidade? Sim, visto que ela tem caráter informativo.

Vale ressaltar, ainda, que inclusive o papel fotográfico destinado à impressão dos objetos imunes gozará de imunidade, ao contrário da tinta destinada à impressão, que não terá imunidade.

Na forma da Súm. nº 657 do STF, "a imunidade prevista no art. 150, VI, *d*, da CF/1988 abrange os filmes e papéis fotográficos necessários à publicação de jornais e periódicos".

Por fim, em recente julgado do Supremo Tribunal Federal (RE nº 330.817, Min. Dias Toffoli, 8-3-2017), a imunidade tributária constante do art. 150, VI, *d*, da CF/1988 aplica-se ao livro eletrônico (e-book), inclusive aos suportes exclusivamente utilizados para fixá-lo. Tal julgamento tornou-se Súmula Vinculante, de nº 57.

Já no que tange ao art. 150, VI, *e*, da CF/1988, igualmente gozarão de imunidade, sendo vedado aos entes instituir impostos sobre os fonogramas (CDs) e videofonogramas (DVDs) musicais produzidos no Brasil contendo obras musicais ou literomusicais de autores brasileiros e/ou obras em geral interpretadas por artistas brasileiros, bem como os suportes materiais ou arquivos digitais que os contenham, salvo na etapa de replicação industrial de mídias ópticas de leitura a laser.

Sempre importante ressaltar que esta imunidade abrangerá todas as etapas produtivas dos CDs e DVDs, não ocorrendo a imunidade apenas na etapa da replicação (produção de várias cópias).

Por fim e não menos importante, torna-se relevante lembrar duas regras importantíssimas sobre as imunidades tributárias genéricas (todas elas):

a) A imunidade tributária apenas dispensará o sujeito passivo do dever de pagar (obrigação principal). Porém, o mesmo ainda terá que cumprir com suas obrigações acessórias.

b) As regras sobre imunidade tributária deverão ser definidas em lei complementar.

6. LEGISLAÇÃO TRIBUTÁRIA

Autor: Rafael Novais

6.1 Espécies

A expressão *Legislação Tributária* aparece no segundo livro do Código Tributário Nacional como *Gênero* que se divide nas seguintes *espécies: Leis, Tratados e Convenções Internacionais, Decretos* e as *Normas Complementares* (art. 96, CTN).

No momento da prova, lembre:

Legislação Tributária é a "LETRA DE NORMAS"

Em que:

LE – Representa as *"**Leis**"*.

TRA – Representa os *"**Tra**tados e Convenções Internacionais"*.

DE – Representa os *"**De**cretos"*.

NORMAS – Representa as *"**Normas** Complementares"*.

Analisemos os principais aspectos dessas espécies:

a) **Leis (art. 97, CTN):** Considerada regra geral no direito tributário, a maioria das matérias estarão reservadas à edição de lei (*Princípio da legalidade tributária*).

Assim, dependem da edição de lei: instituição, extinção, majoração ou redução de tributos, definição dos fatos geradores das obrigações tributárias principais, fixação de alíquotas e bases de cálculo, a cominação de penalidades em infrações cometidas, as hipóteses de exclusão, suspensão e extinção de créditos tributários, ou de dispensa ou redução de penalidades.

Ressalte-se, ainda, o rol de matérias tributárias que necessitam da edição de *Lei Complementar,* aprovadas pela maioria absoluta (art. 146, CF):

1. Dispor sobre conflitos de competência entre os entes políticos *(União, Estados, Distrito Federal e Municípios).*
2. Regulação das limitações constitucionais ao poder de tributar (princípios e imunidades).
3. Normas gerais para definição de tributos e de suas espécies, obrigação, lançamento, crédito, prescrição e decadência tributários, adequado tratamento tributário ao ato cooperativo praticado pelas sociedades cooperativas e definição de tratamento diferenciado e favorecido para as microempresas e para as empresas de pequeno porte.

b) **Tratados e Convenções Internacionais (art. 98, CTN):** Utilizada pela União como mecanismo de atuação no cenário internacional, regulamentando e/ou fiscalizando eventuais impactos tributários (Bitributação internacional, por exemplo). Os *Tratados e Convenções revogam ou modificam a legislação tributária interna, e serão observados pela que lhes sobrevenha.*

c) **Decretos:** Detêm como principal missão realizar a aplicabilidade prática das leis, regulamentando alguns importantes pontos (regulamentos estaduais do ICMS em complemento das leis instituidoras, por exemplo).

d) **Normas Complementares:** Subdividem-se em atos normativos (realizados por autoridades administrativas), decisões administrativas (tomadas em processos administrativos quando a lei der eficácia normativa), práticas reiteradas (costumes realizados pela administração tributária) e convênios (celebrados entre os entes como forma de colaborar com a fiscalização de tributos).

6.2 Vigência, aplicação, integração e interpretação

Sobre a *vigência da legislação tributária*, o Código Tributário Nacional apresenta a seguinte divisão:

I – Vigência no Espaço: Corresponde à identificação da *base territorial* de aplicação da legislação. Utilizando-se do *princípio da territorialidade* a norma tributária será aplicada dentro do espaço territorial do ente político.

Assim, por exemplo, as legislações sobre IPTU Municipal apenas poderão ser aplicadas dentro do respectivo município.

Tratando-se do exame da OAB, fique esperto para possíveis exceções previstas em *normas gerais ou convênios* (art. 102, CTN).

II – Vigência no Tempo: Atrela-se à identificação do exato momento que a norma jurídica começa a ter validade no ordenamento jurídico. Aplicam-se aqui as previsões gerais da *Lei de Introdução às Normas do Direito Brasileiro – LINDB* (Decreto-lei n. 4.657/42).

Deste modo, o legislador estará livre para estipular o momento de início da vigência da lei, podendo estabelecer na data da publicação da norma ou mesmo a *vacatio legis* (concessão de prazo para iniciar a vigência).

Na omissão, será considerada vigente após 45 (quarenta e cinco) dias de oficialmente publicada. Para *Normas Complementares e Impostos sobre Patrimônio e Renda,* o CTN estabeleceu disciplinamento (arts. 103 e 104, CTN).

Quanto à *aplicação da legislação tributária,* a regra segue o *princípio da irretroatividade,* determinando a aplicação para situações futuras e pendentes (art. 105, CTN).

Entretanto, importantes exceções existem para aplicação da norma ao passado (arts. 106 e 144, § 1º, CTN):

1. Lei meramente *interpretativa*, excluída a aplicação de penalidade à infração dos dispositivos interpretados.

2. Tratando-se de ato não definitivamente julgado, deixar de definir como infração, contrário à ação ou omissão, ou lhe comine penalidades menos severas.

3. Estabeleça novos critérios de fiscalização e garantias ao crédito tributário.

Existindo omissões na *Legislação Tributária*, as modalidades de *integração* também foram disciplinadas, aplicando-se a seguinte sequência (art. 108, CTN):

1º) Analogia;

2º) Princípios gerais do direito tributário;

3º) Princípios gerais de direito público; e

4º) Equidade.

Atente-se que a utilização da analogia não poderá resultar na exigência de tributo não previsto em lei, ao passo em que o emprego da equidade não poderá resultar na dispensa do pagamento de tributo devido (art. 108, §§ 1º e 2º, CTN).

Os critérios de *interpretação da legislação tributária* serão definidos pela prática, dependendo da modalidade adotada. O CTN, entretanto, disciplina regras pontuais:

a) **Conjunção com ramo do Direito Privado (arts. 109 e 110, CTN):** Considerando a relação interdisciplinar, a interpretação deve prezar pela independência do direito tributário sobre conceito e formas de seus ramos, não podendo impor suas diretrizes para mudar outros ramos.

b) **Interpretação Literal (art. 111, CTN):** Aqui não existirá margem para novas interpretações, devendo prevalecer aquilo que foi dito na legislação. Aplicam-se aos casos suspensão e exclusão (não extinção) do crédito tributário, outorga de isenção e dispensa do cumprimento de obrigações acessórias.

c) **Dúvida nas Penalidades (art. 112, CTN):** Valendo-se da máxima penal do *In dubio pro reo*, na dúvida sobre a interpretação de lei afeta a infrações e penalidade deve ser aplicada a mais favorável ao acusado.

7. OBRIGAÇÕES TRIBUTÁRIAS E O FATO GERADOR

Autor: Rafael Novais

A *obrigação tributária* surge com a realização do *fato gerador* do tributo, sendo declarada no procedimento administrativo de *lançamento*.

Nos termos do Código Tributário Nacional, dividem-se em duas espécies (art. 113, CTN):

I – Obrigação Principal (arts. 113, § 1º, e 114, CTN): Corresponde ao pagamento do *tributo ou penalidade pecuniária* e tem como *fato gerador* situação definida na *lei* como necessária e suficiente à sua ocorrência *(obrigação de DAR)*.

Como exemplo, o dever que detém o comerciante em pagar os valores correspondentes ao *ICMS* e eventuais *multas* aos Estados e Distrito Federal.

II – Obrigação Acessória (arts. 113, § 2º, e 115, CTN): Equivalem às prestações, positivas ou negativas, no interesse da arrecadação ou da fiscalização dos tributos, tendo como *fato gerador* essa prática de ato ou abstenção de fato prevista na *legislação tributária (obrigação de FAZER/NÃO FAZER)*.

Utilizando-se do mesmo exemplo acima explanado, corresponde à obrigação acessória o dever de escrituração dos livros fiscais do ICMS pelo comerciante.

Para o exame da OAB, memorize:

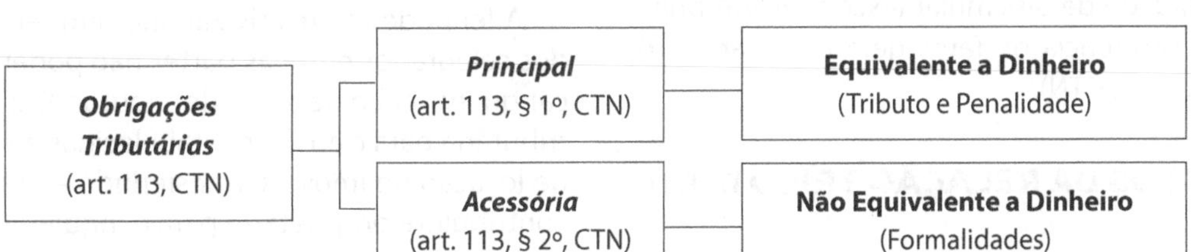

Atente-se que no direito tributário, existirá relativa independência entre as obrigações, sendo possível a permanência das *obrigações acessórias* mesmo que ocorra a suspensão ou desoneração da *obrigação principal*. A concessão de imunidades tributárias ou isenções, por exemplo, não necessariamente retiram dos sujeitos beneficiados o dever de cumprir formalidades.

Ademais, o inadimplemento da obrigação acessória ensejará a aplicação da obrigação principal penalidade (art. 113, §3º, CTN).

Quanto à interpretação do momento da ocorrência do fato gerador, explanamos:

a) **Situações de fato (art. 116, I, CTN):** Não haverá repercussão em outros ramos jurídicos além do tributário, devendo a lei específica do tributo estabelecer todas as disciplinas de sua aplicação (Ex.: Contribuição de Melhoria, Imposto de Importação e Exportação).

b) **Situações Jurídicas (art. 116, II, CTN):** Quanto à incidência tributária depender da repercussão em outros ramos jurídicos para incidir. Não trará previsão isolada, pois a conceituação de seus institutos será feita e outros ramos do direito (Ex.: A definição de transmissão da propriedade imobiliária para fins de ITBI será realizada pelo *Direito Civil*).

c) **Negócios Jurídicos Condicionais (art. 117, CTN):** A incidência dependerá do momento de implementação da condição. Se suspensiva, a tributação apenas incidirá quando a condição ocorrer; se resolutória, a tributação incidirá desde o início, ainda que posteriormente venha a ser resolvida a negociação.

d) **Interpretação independente da validade, natureza e efeitos dos atos praticados (art. 118, CTN):** Na esfera tributária prevalecerá a *"natureza econômica da tributação"* em detrimento da efetiva validade dos atos ou negócios jurídicos e seus efeitos. Dessa forma, incidirá tributos sobre fatos geradores, ainda que exista verdadeira nulidade em sua origem ou decorra de atividades ilícitas (*pecunia non olet).*

Ressalte-se, ainda, a importante regra *Antielisão Tributária* autorizando que lei estabeleça situações pelas quais a Autoridade Administrativa poderá desconsiderar atos ou negócios jurídicos praticados com a finalidade de dissimular (esconder/ludibriar/fraudar) a ocorrência de fatos geradores (art. 116, parágrafo único, CTN).

8. SUJEITOS DA RELAÇÃO TRIBUTÁRIA

Autor: Rafael Novais

8.1 Identificação dos Sujeitos

O estudo do elemento subjetivo da relação tributária significa a identificação e estudo dos sujeitos que lhe compõem.

Como *sujeito ativo* encontraremos a pessoa jurídica de direito público responsável pela exigência, ou seja, aquele detentor da *capacidade tributária ativa* para realizar a cobrança do tributo (art. 119, CTN).

Ressalte-se que nem sempre quem exige o tributo *(sujeito ativo)* será aquele que o criou/institui (competência tributária em sentido estrito), a exemplo do ITR Federal sendo exigido pelos Municípios que assim optam (art. 153, § 4º, III, CF).

Ocorrendo *desmembramento territorial* (surgimento de novos entes municipais ou estaduais), poderá ensejar a modificação do sujeito ativo diante da sub-rogação nos respectivos direitos creditícios (art. 120, CTN).

Ex.: O município de Salvador desmembrando-se da Bahia para tornar-se novo Estado. Os tributos estaduais naquele território passam a ter como credor o "Estado de Salvador".

O *sujeito passivo*, por sua vez, divide-se em (art. 121, CTN):

a) **Contribuinte:** Sujeito que pratica o *fato gerador* do tributo de forma pessoal e direta. Ex.: Proprietário de Imóvel para fins de IPTU (art. 34, CTN).

b) **Responsável tributário:** Quando não pratica o *fato gerador*, mas a lei expressamente designa sua responsabilidade (diante de verdadeira ligação com o contribuinte). Ex.: Pais respondem pelos tributos dos filhos menores (art. 134, I, CTN).

Nas *obrigações acessórias*, qualquer *pessoa* poderá ser enquadrada como sujeito passivo para cumprimento de suas prestações positivas ou negativas (art. 122, CTN).

8.2 Contratos Privados e Solidariedade

Diante do cenário legalista que define as relações tributárias, convenções particulares (acordos/contratos privados) não podem modificar a identificação do sujeito passivo da obrigação tributária (art. 123, CTN).

A lei pode até relativizar, mas em regra os acordos celebrados entre as partes não poderão modificar quem será o devedor de tributos. Ex.: Invalidade tributária para cláusulas estabelecidas em contratos de locação de imóveis, transferindo a obrigação do contribuinte proprietário para o inquilino.

Outro aspecto de fundamental importância e sempre exigidos em provas da OAB relaciona-se ao estudo da *solidariedade tributária e seus efeitos.*

Diversamente do ramo civil, a *solidariedade tributária* apenas será identificada no polo passivo da relação. Em outros termos, a relação tributária podemos encontrar uma pluralidade de devedores, mas não de credores (o que ensejaria indevida *bitributação*).

Nos termos estampados no Código Tributário Nacional, divide-se em solidariedade (art. 124, CTN):

1. **de fato:** Quando todos praticam juntos o mesmo fato gerador (ex.: três irmãos proprietários registrados de mesmo imóvel);
2. **de direito:** Quando a lei aponta pela existência de solidariedade (ex.: casos de cisão de empresas, quando as novas respondem pelas dividas da anterior).

Ressalte-se que, novamente divergindo da esfera cível, a solidariedade tributária não comporta benefício de ordem, ou seja, todos respondem pela integralidade da dívida (art. 124, parágrafo único, CTN).

Quanto aos *efeitos da solidariedade,* encontraremos (art. 125, CTN):

a) O pagamento realizado por um aproveitará a todos.

b) A isenção/remissão exonera todos os obrigados, ressalvado se concedido pessoalmente a um deles, subsistindo a solidariedade aos demais pelo saldo.

c) A interrupção da prescrição favorece ou prejudica a todos.

Entre eles, destaque a isenção/remissão como benefícios tributários que alcançará a todos (ex.: isenção do IPTU em imóvel localizado em área fomento cultural).

Entretanto, se o benefício da isenção/remissão for concedido por caráter pessoal (ex.: isenção do IPTU apenas para coproprietário portador de necessidades especiais), os demais permanecem devedores da quantia restante do tributo (retira-se apenas a parcela daquele beneficiado).

8.3. Capacidade Passiva e Domicílio Tributário

Demonstrando a importância do direito tributário com a natureza econômica do fato gerador, o dever de pagar tributos prevalecerá sobre limitações impostas por outros ramos ao devedor.

Em outros termos, a capacidade tributária passiva (responsabilidade pelo pagamento do tributo) será definida com abstração/não dependerá (art. 126, CTN):

1. **Da capacidade civil das pessoas naturais:** Independentemente se absolutamente ou relativamente incapaz, quem pratica *fato gerador* será considerado devedor de tributos. Na prática, os responsáveis tributários respondem por aqueles que não tenham discernimento para realização do pagamento do tributo.
2. **De limitações no exercício de atividades ou administração de bens ou negócios:** Ainda que tenha alguma limitação desta natureza, se realiza *fato gerador* deve tributo. Ex.: Profissional médico que sofre sanção profissional para não atuar, mas continua exercendo a profissão. Arcará com os tributos inerentes a sua atividade, independentemente das punições disciplinares.
3. **Da formal constituição da pessoa jurídica:** Não será necessária a regular formalização da *pessoa jurídica*, bastando que se configure unidade econômica ou profissional. Assim, por exemplo, empresas mesmo sem CNPJ já respondem pelos eventuais fatos geradores tributários praticados.

Quanto ao domicílio tributário, o Código Tributário Nacional consagrou regras próprias que objetivam otimizar a localização do sujeito passivo e arrecadação.

Para o exame da OAB, adote o seguinte esquema:

Pessoa	Regra (art. 127, CTN)	Inexistindo Eleição (art. 127, Incisos, CTN)	Não Cabendo Incisos (art. 127, § 1º, CTN)
Física (*natural*)	Eleição	Residência habitual ou centro habitual de atividades	Situação dos bens ou local da ocorrência dos atos e fatos
Jurídica de direito privado	Eleição	Sede ou cada um de seus estabelecimentos	Situação dos bens ou local da ocorrência dos atos e fatos
Jurídica de direito público	Eleição	Qualquer de suas repartições	Situação dos bens ou local da ocorrência dos atos e fatos

Atente-se que a regra de eleição poderá ser afastada se o sujeito passivo escolher local que impossibilite ou dificulte a fiscalização ou arrecadação, sendo aplicáveis as demais espécies da sequência (art. 127, § 2º, CTN).

9. CONSTITUIÇÃO DO CRÉDITO TRIBUTÁRIO

Autor: Rafael Novais

9.1. Constituição e Espécies de Lançamento

A expressão *Crédito Tributário*, nos termos do Código Tributário Nacional, corresponderá à *Obrigação Tributária Principal*, ou seja, ao *tributo e à penalidade tributária* (arts. 113, § 1º, e 139, CTN).

Em termos mais simples, o crédito tributário equivale ao pagamento de valores/numerário (tributos ou das multas).

Sua origem advém de *Lançamento Tributário*, considerando-o como procedimento administrativo responsável pela verificação da ocorrência do fato gerador da obrigação, identificação da matéria tributária e do sujeito passivo, bem como o cálculo do montante do tributo e da respectiva penalidade (art. 142, CTN).

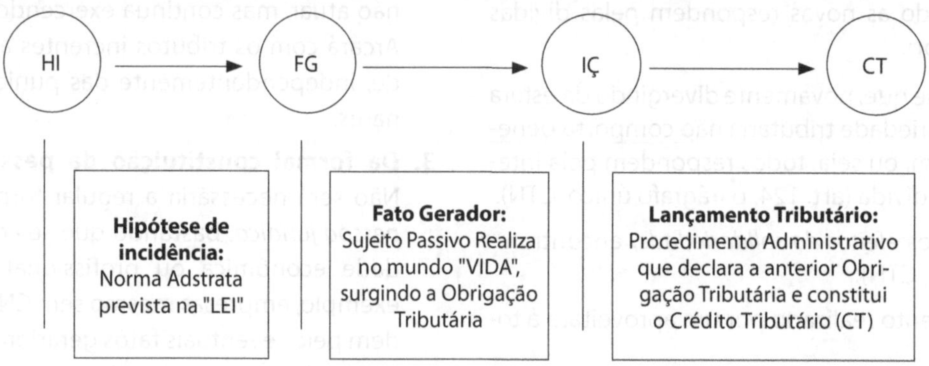

No momento do *lançamento tributário*, a Fazenda Pública deverá aplicar a lei vigente na época do *fato gerador*, ainda que posteriormente modificada ou revogada, aplicando-se o princípio da irretroatividade (art. 150, III, *a*, CF, e arts. 105 e 144, CTN).

Se necessária conversão de moeda estrangeira, também será utilizado o câmbio do momento do fato gerador (art. 143, CTN).

Entretanto, nova legislação meramente formal poderá ser utilizada no momento da realização do fato gerador (art. 144, § 1º, CTN), além das retroações já permitidas na legislação material (art. 106, CTN).

Uma vez finalizado o lançamento com a notificação ao contribuinte, só será modificado por: *impugnação do sujeito passivo, recurso de ofício e casos de iniciativa de ofício do fisco* (art. 145, CTN).

Por outro lado, não será possível o refazimento de lançamento já realizado para lhe modificar critérios jurídicos (art. 146, CTN).

As *modalidades de lançamento tributário* dividem-se em:

a) **Lançamento de Ofício (Direto):** Caracteriza-se pela predominância do papel do *fisco* na atividade administrativa de lançamento (art. 149, CTN). O contribuinte não participará dessa modalidade (ex.: IPTU e IPVA).

b) **Lançamento por Declaração (Misto):** Configura-se pela atividade desenvolvida em conjunto pelo sujeito passivo e *fisco* (art. 147, CTN). O contribuinte verificará o fato gerador e declarará, a Fazenda Pública utilizará as informações para calcular o tributo e eventual penalidade devida e ultimar os atos do lançamento (Ex.: II, IE, ITBI).

c) **Lançamento por Homologação ("Autolançamento"):** Conceitua-se pela concepção de que o próprio sujeito passivo exercerá a maioria dos procedimentos necessários ao lançamento tributário (art. 150, CTN). O contribuinte realizará a declaração, calculando o tributo e penalidade, bem como efetuará antecipadamente o pagamento dos valores devidos. O papel do fisco se resumiria apenas em verificar a legalidade no pagamento e homologá-la no prazo de 5 (cinco) anos (Ex.: ICMS, ISS, IR).

Após a constituição definitiva do *crédito tributário*, o Código elenca hipóteses em que sua exigibilidade será *suspensa, extinta ou mesmo excluída*.

10. SUSPENSÃO DA EXIGIBILIDADE DO CRÉDITO

Autor: Rafael Novais

Iniciando pelas hipóteses de suspensão da exigibilidade do crédito tributário, o examinando deve ficar atento à concepção de que ainda não se discute a existência ou extinção de valores.

Trata-se, portanto, apenas de medida temporária de sobrestamento da exigência do crédito (tributo ou multa tributária).

Dividida em 6 (seis) hipóteses, passemos à abordagem objetiva delas (art. 151, CTN):

I. Moratória: Caracteriza-se quando a respectiva Fazenda Pública concede dilação de prazo para recolhimento do tributo, sem a incidência de penalidades ou juros, por situações de proteção econômica ou social. Poderá ser concedida em caráter geral ou individual, desde que respeitando requisitos específicos. Será revogada quando verificado que contribuinte não cumpria ou deixou de cumprir os requisitos necessários, incidido multa se agir com dolo (arts. 152 a 155, CTN).

II. Depósito do montante integral: Utilizado na seara administrativa ou judicial, opera-se quando o sujeito passivo deposita os valores exigíveis como forma de obter a suspensão da exigibilidade do crédito. Geralmente, utilizado quando o contribuinte pretende a discussão dos valores. Para obter a correta suspensão, o depósito deverá ser integral e em dinheiro (art. 155, II, CTN + Súmula n. 112, STJ).

III. Reclamações e Recursos no PAT: A apresentação de impugnação (reclamações) e recursos no Processo Administrativo Tributário (PAT) também suspende a exigibilidade do crédito tributário até efetiva resposta da própria administração pública julgadora (art. 155, III, CTN).

IV. Liminar em Mandado de Segurança: A impetração do Mandado de Segurança (MS) poderá ser acompanhada de pedido liminar para suspensão da exigibilidade do crédito tributário (expedição de certidão ou liberação de mercadorias indevidamente apreendidas pelo fisco). Para sua utilização, o impetrante deverá demostrar os requisitos do *fumus boni juris* – fumaça do bom direito – & *periculum in mora* – perigo da demora (art. 7º, III, Lei n. 12.016/2009).

V. Liminar ou Tutela Antecipada em outras ações: Utilizados nas demais espécies de processos judiciais tributários, também objetiva a suspensão da exigibilidade do crédito tributário. Atualizando os ditames processuais, o contribuinte deverá demonstrar a existência dos requisitos das *tutelas provisórias* (arts. 294 e seguintes do CPC).

VI. Parcelamento: Conceitua-se como a dilação de prazo condicionada ao pagamento parcial da exação. Entre as diferenças para moratória encontramos os motivos para concessão (aqui não pelo viés econômico ou social e sim para facilitar o adimplemento da carga tributária), bem como a incidência de penalidades e juros (em regra não haverá na moratória). Aplicam-se subsidiariamente as normas relacionadas com a moratória (art. 155-A, CTN).

Fique atento, no exame da OAB mostra-se comum trocar as modalidades de suspensão com as de extinção ou exclusão. Assim, para facilitar a memorização, utilize:

Suspensão do Crédito é "REDE e COCO PARa MIM"

Em que:

RE – Representa as *"**RE**clamações e Recursos Administrativos"*.

DE – Representa o *"**DE**pósito Integral"*.

CO – Representa a *"**CO**ncessão de Medida Liminar no MS"*.

CO – Representa a *"**CO**ncessão de Tutela Antecipada/Provisória"*.

PARa – Representa o *"**PAR**celamento"*.

Min – Representa a *"**M**oratória"*.

Ressalte-se que a concessão da suspensão do crédito tributário (obrigação principal) não desonera o sujeito passivo quanto ao cumprimento das formais obrigações acessórias (art. 151, parágrafo único, CTN).

11. EXTINÇÃO DO CRÉDITO TRIBUTÁRIO

Autor: Rafael Novais

O Código Tributário Nacional expressamente apresenta as modalidades de *extinção do crédito tributário*, designando a responsabilidade funcional pela inobservância de sua disciplina (art. 141, CTN).

Entretanto, doutrina e jurisprudência caminham no sentido da aceitação quanto à edição de leis prevendo outras modalidades de extinção dos créditos tributários (confusão ou dação em pagamento de bens móveis, como exemplos).

Extinguem o crédito tributário (art. 156, CTN):

I. Pagamento: modalidade mais usual de extinção do crédito tributário, o pagamento consiste na entrega pelo sujeito passivo de numerário correspondente ao montante da exação ao sujeito ativo, extinguindo a obrigação entre eles estabelecida.

O CTN estabelece uma série de regramentos para essa modalidade, uma vez que diversas implicações podem ocorrer na atividade de pagamento, quais sejam: **cumulatividade da penalidade e**

ausência de presunções (arts. 157 e 158, CTN), **definição do local e prazo para pagamento** (arts. 159 e 160, CTN), **encargos** (art. 161, CTN), **meios para pagamento** (art. 162, CTN), **imputação** (art. 163, CTN), **consignação em pagamento** (art. 164, CTN) **e a repetição do indébito** (arts. 165 a 169, CTN).

II. **Compensação:** conceituada como o encontro de contas, caracteriza-se pela quitação de tributos mediante a compensação de créditos que o devedor tributário detém com a mesma Fazenda Pública tributante, respaldada em lei (art. 170, CTN). Atente em que créditos ainda discutidos judicialmente não podem ser utilizados na atividade de compensação, antes do trânsito em julgado da respectiva decisão (art. 170-A, CTN + **Súmula 212, STJ**).

III. **Transação:** a lei poderá determinar como modalidade de extinção dos créditos tributários a transação, assim compreendida como a celebração de acordo entre os sujeitos ativo e passivo, mediante concessões mútuas, objetivando a terminação do litígio (art. 171, CTN).

IV. **Remissão:** conceituada como o *perdão*, total ou parcial, do crédito tributário respaldado em lei do respectivo ente tributante, valendo-se de critérios sociais ou econômicos (art. 172, CTN).

V. **Decadência e prescrição:** a decadência se caracteriza como o período que a Fazenda Púbica detém para a *constituição de seu direito ao crédito tributário*. Em outros termos, o prazo para que o fisco realize o lançamento tributário quando o contribuinte efetuar o fato gerador da tributação. Aplicando previsão geral, o prazo decadencial será de 5 (cinco) anos (art. 173, CTN), iniciando contagem especial para os casos de lançamento por homologação (art. 150, § 4º, CTN).

A prescrição, por sua vez, corresponde ao período em que as Fazendas Públicas poderão efetuar a *exigência judicial de seu direito*. Seria o prazo de também 5 (cinco) anos para que o *fisco* ingresse com a ação judicial de execução fiscal (art. 174, CTN). Atente em que esse prazo poderá ser interrompido, reiniciando-se a contagem, no despacho inicial da execução fiscal, pelo protesto ou ato judicial que constitua o devedor em mora, bem como qualquer outro ato inequívoco que importe em reconhecimento do débito, ainda que extrajudicial (art. 174, parágrafo único, CTN).

VI. **Conversão de depósito em renda:** o anterior depósito utilizado para suspender a exigibilidade do crédito tributário (art. 151, II, CTN) será utilizado agora para extingui-lo quando convertido em renda em favor da respectiva Fazenda Pública. Ocorrerá quando o sujeito passivo não lograr êxito em demandas judiciais em que se discutia a exigência do crédito tributário.

VII. **Pagamento antecipado no lançamento por homologação:** nos casos de lançamento por homologação, o próprio sujeito passivo realizará a maior parte do procedimento administrativo ao verificar a ocorrência do fato gerador, declarar e calcular o tributo devido, bem como proceder ao pagamento antecipado da exação. O crédito tributário apenas será considerado extinto com a posterior homologação, expressa ou tácita, do pagamento (art. 150, §§ 1º e 4º, CTN).

VIII. **Consignação em pagamento:** a consignação em pagamento objetiva expressar o direito do devedor tributário em realizar o pagamento daquilo que entende devido e de forma correta, para não incidir em indevidas cobranças acrescidas de encargos moratórios. Apenas extinguirá o crédito tributário quando julgada procedente (art. 164, CTN).

IX. **Decisão administrativa:** considerada direito fundamental, a todos será garantido o contraditório e ampla defesa na esfera judicial e administrativa (art. 5º, LV, CF). Assim, o sujeito passivo que apresentar uma reclamação ou recurso administrativo e sagrar-se vencedor terá extinto o crédito tributário.

X. **Decisão judicial:** nos mesmos fundamentos apresentados na esfera administrativa, por meio de demandas judiciais o sujeito passivo também poderá obter decisão favorável que extinga o crédito tributário.

XI. **Dação de bens imóveis:** acrescentada por meio da LC n. 104/2001, a entrega de bem imóvel também passou a ser utilizada expressamente pelo CTN como modalidade de extinção do crédito tributário. Atente em que o respectivo ente não estaria obrigado a sua aceitação, estabelecendo na lei essa possibilidade.

12. EXCLUSÃO DO CRÉDITO TRIBUTÁRIO

Autor: Rafael Novais

Exclusão do crédito tributário caracteriza-se como medida adotada para obstar/evitar sua própria constituição por meio do lançamento tributário (art. 175, CTN).

Operam-se, basicamente, por questões econômicas ou sociais e têm previsão legal, mesmo que previstas em contrato, dividindo-se em **isenção** e **anistia**.

A **isenção** obstará a constituição do crédito tributário em relação ao **tributo**, trazendo à lei concessiva os requisitos e condições para alcance do benefício, o prazo de sua duração e, sendo o caso, o território de sua aplicação (art. 176, CTN). Como regra, a isenção não alcançaria taxas, contribuições de melhorias e espécies ainda não instituídas (art. 177, CTN).

Uma vez concedido o benefício, o ente político poderá revogá-lo a qualquer tempo, pois não gera direito adquirido. Entretanto, tratando-se de *isenções onerosas*, concedidas por *prazo certo e sob preenchimento de condições*, enquanto o sujeito passivo permanecer cumprindo os requisitos exigíveis, não poderá o poder público retirar o benefício antes de findo o prazo de concessão (art. 178, CTN).

Ex.: Estado concede isenção do IPVA aos taxistas que estimulem o turismo em determinada região pelo período de 2 (dois) anos. Enquanto estiverem cumprindo os requisitos exigidos na lei concessiva, terão direito adquirido à isenção pelos 2 (dois) anos de concessão.

A **anistia** impedirá a constituição do crédito tributário em relação à infração tributária, não se aplicando aos casos de crime, contravenções, dolo, fraude, simulação e conluio (art. 180, CTN).

Sanando a confusão existente com as modalidades de suspensão e extinção, utilize:

Exclusão do Crédito é "al Ai"

Em que:

al - Representa a *"**I**senção"*

Ai - Representa a *"**A**nistia"*

A **isenção e anistia** podem ser instituídas de forma geral ou individual (limitadamente). No caráter geral, todos que abstratamente se enquadrem na previsão legal gozam da benesse. No caráter individual, será necessário o preenchimento de requisitos e avaliação pela autoridade administrativa responsável (arts. 179 e 182 do CTN). O despacho de concessão de ambas poderá ser revogado, aplicando-se a mesma previsão de revogação da moratória (art. 155, CTN).

Ressalte-se, ainda, que a concessão desses benefícios da isenção e anistia não desobrigam o contribuinte de permanecer cumprindo as formalidades inerentes às obrigações tributárias *acessórias* (art. 175, parágrafo único, CTN).

13. GARANTIAS E PRIVILÉGIOS DO CRÉDITO, ADMINISTRAÇÃO TRIBUTÁRIA E CERTIDÕES

Autor: Guilherme Pedrozo

Reza o art. 184 do CTN que, sem prejuízo dos privilégios especiais sobre determinados bens que sejam previstos em lei, responderá pelo pagamento do crédito tributário a totalidade dos bens e das rendas, de qualquer origem ou natureza, do sujeito passivo, seu espólio ou sua massa falida, inclusive os gravados por ônus real ou cláusula de inalienabilidade ou impenhorabilidade, seja qual for a data da constituição do ônus ou da cláusula, excetuados unicamente os bens e rendas que a lei declare absolutamente impenhoráveis.

Na forma do artigo supracitado, o crédito tributário poderá servir-se, via de regra, de quaisquer bens do devedor para a satisfação do crédito dentro da execução fiscal, inclusive aqueles gravados por ato voluntário das partes com cláusula de inalienabilidade ou impenhorabilidade. Entretanto, os bens descritos no rol do art. 833 do CPC e no artigo 1º da Lei nº 8.009/1990 (único bem imóvel – família) serão impenhoráveis.

▷ **Cuidado!** Na própria Lei nº 8.009/1990 (art. 3º, IV), temos uma exceção à impenhorabilidade por dívida fiscal, visto que quando o crédito tributário for oriundo do bem imóvel, este poderá ser penhorado para pagamento destes débitos (ex.: IPTU, ITR, Taxa, Contribuição de Melhoria).

Ainda quanto às disposições legais sobre a garantia, é importante referir o art. 185 do CTN: presume-se fraudulenta a alienação ou oneração de bens ou rendas, ou seu começo, por sujeito passivo em débito para com a Fazenda Pública, por crédito tributário regularmente inscrito como dívida ativa.

Reza o artigo citado que será presumida fraude toda vez que ocorrer alienação (venda) de bens com a finalidade de não pagar tributo. O lapso temporal para definição da referida fraude é a inscrição em dívida ativa. Afirma, ainda, o parágrafo único do referido artigo que apenas não será considerado fraude se o devedor conservar bens suficientes para a satisfação do crédito tributário.

Sobre o artigo, é importante lecionar que não aplicamos para efeitos de Execução Fiscal a Súm. nº 375 do STJ, visto que aqui se trata de norma especial.

Ainda no que tange as garantias e privilégios do crédito, torna-se relevante lembrar que a Fazenda Pública, representando o ente competente dentro da Execução Fiscal, poderá solicitar a indisponibilidade dos bens do devedor do executado. Tudo isto na forma do artigo 185-A do CTN.

Esta indisponibilidade trata-se de medida futura e somente irá ocorrer acaso o devedor executado venha promover qualquer movimentação com seus bens e suas rendas.

Também, sobre a indisponibilidade é sempre importante dizer que tal medida somente será deferida se a Fazenda Pública esgotar todos os meios cabíveis capazes de encontrar algum bem em nome do devedor executado. Ou seja, tal medida somente será deferida pelo juízo quando o credor (fisco) comprovar que esgotou os meios hábeis na tentativa de encontrar bens em nome do devedor. Tudo isto na forma da S. 560 do STJ.

Já sobre preferências do crédito tributário, leciona o art. 186 do CTN que, via de regra, o crédito tributário somente será preterido em razão de créditos trabalhistas e de acidente de trabalho.

Logo, no entendimento do *caput* do artigo supracitado, o crédito tributário tem preferência, via de regra, sobre qualquer outro, independentemente da natureza do crédito. Na forma do *caput* e da regra geral, o crédito tributário apenas perde na preferência para os créditos de natureza trabalhista e de acidente de trabalho.

Entretanto, conforme o disposto parágrafo único do art. 186 do CTN, combinado com o art. 83 da Lei nº 11.101/2005, em processo de falência, o crédito tributário será satisfeito em quarto lugar, desde que tenha ocorrido o fato gerador antes da falência (se for após a decretação da falência, será extraconcursal – art. 188 do CTN).

Assim, na prática, o crédito tributário (cujo fato gerador ocorreu antes da falência) no processo de falência perderá para: extraconcursal, trabalho (limitado em 150 salários-mínimos) e acidente de trabalho e o crédito com garantia real no limite do valor do bem gravado.

Por fim, é importante salientar que em razão de nova posição proferida pelo Supremo Tribunal Federal, o parágrafo único do art. 187 do CTN passou a ser inconstitucional, ou seja, não será mais válida a regra no tocante ao concurso de preferência entre os entes competentes.

13.1. Administração pública

A administração tributária nada mais é do que a possibilidade objetiva do exercício do poder de polícia por parte da autoridade fazendária. Assim, a Fazenda Pública poderá fiscalizar e investigar o contribuinte com a finalidade de proporcionar melhor arrecadação de tributo para o respectivo ente competente.

Vale ressaltar que o exercício desta administração tributária deverá ser sempre balizado na observância dos ditames legais, bem como da capacidade contributiva e econômica do sujeito passivo.

13.1.1. Livros, documentos e fiscalização tributária

Inicialmente, nunca é demais relembrar que inclusive as pessoas imunes/isentas estarão obrigadas a cumprir os deveres obrigacionais perante a administração pública. Logo, na forma do art. 194, par. ún., do CTN, qualquer livro do contribuinte poderá ser fiscalizado, mesmo que o contribuinte venha a usufruir de imunidade ou isenção.

Também na forma do art. 195 do CTN, será de direito da administração pública ter acesso a quaisquer documentos do sujeito passivo.

E por quanto tempo o sujeito passivo terá de guardar estes livros? Na forma do art. 195, par. ún., do CTN, o contribuinte deverá guardar todos os documentos fiscais dentro do prazo prescricional.

▷ **Cuidado!** Cautela ao observar apenas o prazo de 5 (cinco) anos, visto que, por vezes, o crédito poderá ter sofrido interrupção da prescrição, devendo, portanto, o contribuinte ter cuidado com a contagem deste prazo de 5 (cinco) anos.

Ademais, a administração pública, quando do exercício de sua fiscalização, na forma do art. 196 do CTN, deverá lavrar os termos necessários para que se documente o início do procedimento de fiscalização/investigação, de acordo com a legislação aplicável, que fixará prazo máximo para a conclusão daquelas.

E quem possuir documento fiscal de terceiro deverá fornecer para a autoridade fazendária quando intimado? A regra é que sim, na forma do art. 197 do CTN; salvo quando a prestação de informações quanto a fatos sobre os quais o informante esteja legalmente obrigado a observar segredo em razão de cargo, ofício, função, ministério, atividade ou profissão.

Ainda sobre sigilo de documentos de terceiros, poderá ser questionado em prova: a autoridade fazendária poderá ter acesso a movimentações bancárias do sujeito passivo da obrigação tributária? O STF (RE nº 601.314, Min. Edson Fachin, 24-2-2016) entendeu que sim, desde que exista prévio processo administrativo em aberto e seja proporcionado ao contribuinte contraditório. Veja que, para isso, não será necessário mandado judicial.

13.1.2. Atividade cooperada

Por fim, na forma do art. 199 do CTN, as autoridades públicas poderão cooperar entre si, inclusive fazendo trocas de informações. Quando do exercício da fiscalização, ou seja, da atribuição do poder de polícia, a administração pública terá que entregar, obrigatoriamente, um termo de início de ação fiscal em que trará o motivo da fiscalização e o período que está sendo objeto de análise. Tudo isso a fim de garantir o devido processo legal.

13.2. Certidões

O contribuinte, com a finalidade de obter sua atual situação fiscal, poderá requisitar dos entes públicos a emissão de certidão. Logo, este documento trará a atual posição do contribuinte perante aquele ente competente, ou seja, se ele deve ou não tributo para o titular da competência tributária.

Assim, na forma do art. 205 do CTN, para determinados fatos, a lei poderá exigir a presença de certidão em que demonstre a atual situação fiscal do contribuinte. Logo, a lei poderá exigir que a prova da quitação de determinado tributo, quando exigível, seja feita por certidão negativa, expedida à vista de requerimento do interessado, que contenha todas as informações necessárias à identificação de sua pessoa, domicílio fiscal e ramo de negócio ou atividade e indique o período a que se refere o pedido.

Assim, por exemplo, na forma do art. 192 do CTN, "nenhuma sentença de julgamento de partilha ou adjudicação será proferida sem prova da quitação de todos os tributos relativos aos bens do espólio, ou às suas rendas". E como será realizada tal prova? Por meio da certidão negativa.

E qual certidão será expedida quando o contribuinte nada deva ao ente competente? Certidão negativa. Mas, e se ele for devedor de tributos perante aquele ente? Será expedida certidão positiva.

Entretanto, na forma do art. 206 do CTN, se houver dívida do contribuinte perante o ente público e restar, com sua exigibilidade, suspensa a certidão de que conste a existência de créditos não vencidos, em curso de cobrança executiva em que tenha sido efetivada a penhora, ou cuja exigibilidade esteja suspensa, terá ela efeito de negativa, ou seja, como se o contribuinte nada devesse ao fisco. Logo esta certidão será nominada de certidão positiva com efeito de negativa.

E, por fim, se o servidor público, a pedido ou mediante propina, emite certidão fraudulenta? Na forma do art. 208 do CTN, "a certidão negativa expedida com dolo ou fraude, que contenha erro contra a Fazenda Pública, responsabiliza pessoalmente o funcionário que a expedir, pelo crédito tributário e juros de mora acrescidos".

14. RESPONSABILIDADE TRIBUTÁRIA E DENÚNCIA ESPONTÂNEA

Autor: Guilherme Pedrozo

Via de regra, todo tributo será satisfeito pela pessoa que realiza o fato gerador, ou seja, aquele que tem vínculo direto com a realização da hipótese descrita em norma legal. Entretanto, o art. 121 do CTN afirma que será também sujeito passivo da relação tributária, além do contribuinte, o responsável.

Mas, afinal de contas, quem é o responsável? É aquele que não tem vínculo direto com a realização (fato) da hipótese prevista na norma, entretanto, a lei lhe atribui responsabilidade para satisfazer o crédito tributário.

Outrossim, antes de iniciarmos os tipos de responsabilidade, é importante referir que o próprio CTN afirma e entrega a possibilidade ao legislador ordinário de estabelecer hipóteses específicas de responsabilidade tributária, conforme leciona o art. 128.

Como o presente texto não tem o condão de exaurir qualquer matéria exposta, vamos trabalhar especificamente a responsabilidade por transferência (sucessão e terceiros), que está disciplinada entre os arts. 130 a 135 do CTN.

14.1. Responsabilidade do adquirente de bem imóvel

Reza o art. 130 do CTN que:

> **Art. 130.** Os créditos tributários relativos a impostos cujo fato gerador seja a propriedade, o domínio útil ou a posse de bens imóveis, e bem assim os relativos a taxas pela prestação de serviços referentes a tais bens, ou a contribuições de melhoria, sub-rogam-se na pessoa dos respectivos adquirentes, salvo quando conste do título a prova de sua quitação.

Assim, o disposto no artigo trata da responsabilidade dos adquirentes de bens imóveis. Portanto, todos os tributos devidos relativos ao bem imóvel que fora adquirido (impostos, taxas e contribuição de melhoria) serão transferidos ao adquirente do bem. Logo, passará à responsabilidade do adquirente os tributos devidos em razão do imóvel.

Imagine a seguinte situação: Marcelo é proprietário de um bem imóvel e deixou de pagar IPTU e IR (Imposto de Renda). Guilherme compra o imóvel de Marcelo. Quem passará a ser responsável pelo pagamento do IPTU que era devido por Marcelo? Guilherme, visto que ele adquiriu o bem imóvel com dívidas. Agora, já no tocante ao IR, quem permanecerá devedor será apenas Marcelo, visto não ser este último tributo devido em razão do bem imóvel.

Igualmente, na forma do art. 130, par. ún., do CTN, "no caso de arrematação em hasta pública, a sub-rogação ocorre sobre o respectivo preço".

Assim, para que o adquirente não venha a ser responsabilizado, deverá ter comprovação da negativa de débitos (possuir certidão negativa na data da compra) ou tal dispensa ocorrerá quando adquirir o bem em leilão judicial, visto que, neste último caso, os valores das dívidas estarão sub-rogadas pelo preço pago em hasta pública. Logo, se houver saldo pendente de pagamento pelo antigo devedor, mesmo com a realização da arrematação (compra), o adquirente não poderá ser exigido pelo saldo devido.

Por fim, sobre o exposto, cabe dizer que terá a mesma hipótese de responsabilidade o adquirente de bem móvel, na forma do art. 131, I, do CTN. Outrossim, decidiu o STJ que as mesmas possibilidades de exclusão/negativa de "herança" dos débitos tributários do adquirente de bem imóvel se aplicam ao adquirente de bem móvel.

14.2. Responsabilidade dos sucessores

Reza o art. 131, II e III, do CTN que será de responsabilidade do espólio e/ou meeiros e herdeiros eventuais débitos tributários devidos pelo *de cujus*. Portanto, na lavra dos referidos incisos, estaremos diante de uma responsabilidade por sucessão. Importante referir que o herdeiro e/ou meeiro somente poderão ser denominados responsáveis acaso venham a receber algum bem ou valor quando da partilha dos bens do *de cujus*. Se acaso nada receberem, nenhum crédito tributário do *de cujus* lhe poderá ser exigido.

Logo, na forma do art. 131 do CTN, serão pessoalmente responsáveis o sucessor, a qualquer título, e o cônjuge meeiro pelos tributos devidos pelo *de cujus* até a data da partilha ou adjudicação, limitada esta responsabilidade ao montante do quinhão do legado ou da meação, ou o espólio, pelos tributos devidos pelo *de cujus* até a data da abertura da sucessão.

Outrossim, a responsabilidade dos sucessores (herdeiro/meeiro) abrangerá tanto os valores dos tributos devidos quanto os montantes referentes às penalidades sofridas pelo *de cujus*.

14.3. Responsabilidade nas operações societárias

Na lavra do art. 132 do CTN, toda unidade resultante de operação societária passará a ser responsável pelos créditos tributários devidos pela empresa anterior. Diante disso, é correto afirmar que toda unidade resultante quando da ocorrência de uma fusão, incorporação, transformação e cisão passará a ser responsável pelos débitos tributários da empresa antiga.

Logo, a pessoa jurídica de direito privado que resultar de fusão, transformação ou incorporação de outra ou em outra é responsável pelos tributos devidos até a data do ato pelas pessoas jurídicas de direito privado fusionadas, transformadas ou incorporadas.

Assim, se a empresa "A" foi incorporada pela empresa "B", passará a empresa "B" a ser responsável tributária pelos débitos fiscais da empresa "A". De outro lado, se as empresas "Y" e "W" realizaram uma fusão, vindo a criar a empresa "X", esta última será devedora dos tributos devidos pelas empresas "Y" e "W".

Igualmente, na forma do art. 132, par. ún., do CTN: "O disposto neste artigo aplica-se igualmente aos casos de extinção de pessoas jurídicas de direito privado, quando a exploração da respectiva atividade seja continuada por qualquer sócio remanescente, ou seu espólio, sob a mesma ou outra razão social, ou sob firma individual".

Assim, quando da extinção de uma empresa, e esta for continuada por qualquer sócio antigo ou espólio, seja sob o mesmo ou outro CNPJ, a nova empresa passará a ser responsável pelos débitos fiscais da empresa antiga.

Vale ressaltar ainda que tal responsabilidade abrangerá igualmente as multas moratórias e punitivas na forma da Súm. nº 554 do STJ, visto que, "na hipótese de sucessão empresarial, a responsabilidade da sucessora abrange não apenas os tributos devidos pela sucedida, mas também as multas moratórias ou punitivas referentes a fatos geradores ocorridos até a data da sucessão".

14.4. Responsabilidade do adquirente de fundo/estabelecimento comercial

Na forma do art. 133 do CTN, será responsável tributário todo adquirente de estabelecimento ou fundo de comércio que der continuidade (sucessão) aos negócios do estabelecimento adquirido, sob o mesmo ou outro CNPJ, por eventuais débitos tributários devidos pelo antigo estabelecimento até a data do trespasse.

Assim, toda pessoa natural ou jurídica de direito privado que adquirir de outra, por qualquer título, fundo de comércio ou estabelecimento comercial, industrial ou profissional, e continuar a respectiva exploração, sob a mesma ou outra razão social ou sob firma ou nome individual, responderá pelos tributos, relativos ao fundo ou estabelecimento adquirido, devidos até a data da compra.

Outrossim, a presente responsabilidade do adquirente poderá ser integral ou subsidiária. Será integral quando o vendedor do estabelecimento não continuar no mercado e/ou não retornar no prazo de até 6 (seis) meses. Nesse caso, terá o adquirente responsabilidade integral sobre o estabelecimento ou o fundo de comércio que adquiriu.

De outro lado, acaso o alienante (vendedor) continuar no mercado comercial e/ou retornar no prazo de até 6 (seis) meses, a responsabilidade será subsidiária do adquirente, ou seja, primeiro a autoridade fazendária deverá tentar cobrar o vendedor e, se acaso não obtiver êxito, poderá cobrar do adquirente. Nesse caso, portanto, a responsabilidade do adquirente será subsidiária.

Ainda, é importante referir que o retorno ao mercado por parte do vendedor poderá ser tanto na mesma atividade que ele explorava antes da venda do estabelecimento quanto em qualquer outra atividade.

Por fim, acaso uma pessoa física ou jurídica venha a adquirir o estabelecimento ou fundo de comércio em um procedimento de falência ou recuperação judicial, este estará desobrigado a satisfazer os créditos tributários devidos pelo antigo proprietário. Tal desoneração somente não ocorrerá neste caso se o adquirente do estabelecimento ou fundo de comércio em um processo de falência ou recuperação judicial seja antigo sócio, parente ou laranja da empresa que venha a ser alienada.

14.5. Responsabilidade pessoal do sócio administrador

Por fim, no tocante ao tema responsabilidade tributária, sempre se torna importante e relevante observar o que dispõe o art. 135, III, do CTN. O referido artigo leciona sobre a responsabilidade pessoal do gerente, administrador e diretor.

Assim, serão pessoalmente responsáveis pelos créditos correspondentes a obrigações tributárias resultantes de atos praticados com excesso de poderes ou infração de lei, contrato social ou estatutos os diretores, gerentes ou representantes de pessoas jurídicas de direito privado.

E para iniciar este subitem é importante questionar: poderá o sócio administrador, gerente, diretor ser responsabilizado pessoalmente por débitos tributários de suas respectivas empresas? A resposta é, via de regra, não.

Diante disso, na forma da Súm. nº 430 do STJ, o mero inadimplemento de tributo por parte da empresa não poderá gerar responsabilidade automática do sócio administrador. Logo, via de regra, este não poderá ser chamado à responsabilidade pessoal pelos tributos devidos em nome da empresa.

De outro lado e excepcionalmente, existirão duas possibilidades básicas para que esse sócio administrador possa ser responsabilizado pessoalmente pelos débitos da empresa.

Primeiramente, o sócio poderá ser responsabilizado pessoalmente quando ocorrer a hipótese do art. 135, III, do CTN, ou seja, houver comprovação de que o sócio realizou ato com excesso de poderes, infração à lei, estatuto ou contrato social.

Assim, de primeiro momento e excepcionalmente, o sócio administrador somente poderá ser responsabilizado pessoalmente caso exista comprovação de que, por exemplo, realizou apropriação indébita previdenciária de INSS retido do seu funcionário indevidamente.

Ademais, a segunda possibilidade é que também poderá ser responsabilizado pessoalmente o sócio administrador quando houver comprovação de dissolução irregular da empresa, isto é, simplesmente decidiram encerrar as atividades sem comunicar o novo endereço ou realizar a extinção inadequada da empresa. Logo, na forma da Súm. nº 435 do STJ, poderá haver responsabilidade pessoal do sócio administrador quando ocorrer dissolução irregular da empresa.

Também se torna importante referir que, comumente, o ônus da prova, a fim de comprovar a responsabilidade pessoal do sócio administrador, será da Fazenda Pública. Somente não será quando ocorrer a inscrição em dívida ativa do sócio administrador, visto que, acaso este ato ocorra, a certidão gozará de presunção de veracidade, na forma do art. 204 do CTN.

14.6. Denúncia espontânea

A denúncia espontânea é a verdadeira delação premiada do contribuinte que está em mora para com a autoridade fazendária, ou seja, é o mandamento legal que autoriza ao contribuinte que se autodelata (entrega-se) para a autoridade fazendária o não pagamento da multa tributária. Tal instituto encontra-se previsto no art. 138 do CTN.

Diante do exposto, compreende-se o instituto da denúncia espontânea como aquela modalidade em que se autoriza o contribuinte praticante de fato gerador de tributo que não realizou a declaração e muito menos o pagamento, a tardiamente realizar a sua autodelação a fim de não ficar em débito com a autoridade fazendária. E para este contribuinte que se entregar para o fisco foi ofertado o benefício de não ter de pagar multa tributária.

> ▷ **Atenção!** O benefício da denúncia espontânea somente poderá ser utilizado pelo contribuinte quando a autoridade fazendária não tiver qualquer conhecimento sobre o fato gerador e sequer realizou qualquer medida inicial fiscalizatória para tanto.

Assim, imagine que Marcelo viaje anualmente para os Estados Unidos. Ocorre que, em sua última viagem, ele resolveu importar 20 aparelhos celulares da marca Iphone e dez notebooks da marca Apple. Inobstante a importação ter se concretizado, o referido contribuinte nada pagou de tributos para realizar o desembaraço aduaneiro quando de sua chegada ao Brasil. Passados 10 (dez) meses do fato, Marcelo, boa pessoa que é, resolve satisfazer os créditos tributários devidos em decorrência dessa importação, considerando ainda que a autoridade fazendária não tem nenhum conhecimento sobre o fato. Logo, Marcelo, acaso utilize-se do benefício da denúncia espontânea, terá o direito de pagar os tributos devidos em decorrência da importação, acrescidos dos seus juros, porém livre da multa tributária.

Por fim, outra questão importante sobre o referido instituto é que, acaso o tributo seja declarado e posteriormente (após o vencimento) venha a ser pago, não terá o contribuinte o direito da dispensa da multa, visto que, neste caso, o fisco já terá conhecimento do fato gerador em razão da constituição do crédito. Tal afirmação encontra-se respaldada pela Súm. nº 360 do STJ.

> ▷ **Cuidado!** Mesmo o tributo sendo constituído pelo lançamento por homologação, poderá o contribuinte gozar desse benefício. Somente não gozará se acaso o tributo já fora declarado pelo contribuinte.

14.7. Responsabilidade por substituição

Este tipo de responsabilidade também está definido no art. 128 do CTN, que a atribui à expressa obrigação legal de terceiro que, apesar de não ter realizado o fato gerador, tem obrigação de juros e atribuiu a si o ônus do pagamento do tributo.

No entanto, a responsabilidade substitutiva, emerge quando a lei determina que o terceiro substitui o contribuinte no pagamento. Nesse sentido, a doutrina costuma dizer que quando ocorre o fato gerador, o contribuinte acaba nem mesmo percebendo esse fato, pois quando ocorre o fato gerador, o terceiro já é responsável pelo pagamento do tributo que vem substituir, de desde logo, o contribuinte ao dever de remunerar imposto.

Essa responsabilidade pode ser de dois tipos: (1) para trás (regressiva), ou; (2) para frente (progressiva - artigo 150, § 7º, FC)

Por fim, todos os entes competentes, poderão adotar estes termos alternativos, desde que o façam com respeito aos seus próprios tributos (de sua competência) e na forma de lei específica.

Sobre a responsabilidade para trás podemos afirmar que trata-se de obrigação que poderá ser entendida como o diferimento do pagamento do imposto, independentemente do fato gerador, para o próximo elo da cadeia produtiva, que substitua os contribuintes da cadeia produtiva anterior ("back chain") pagamento do imposto devido.

De outro lado, a responsabilidade para frente, na forma do artigo 150, §7º, da CF, será aquela em que o substituto (responsável) irá substituir o contribuinte (substituído) antecipando o pagamento do tributo como fato gerador presume-se que irá ocorrer.

Sobre esta última modalidade, é importante reiterar que, acaso o fato gerador presumido (que houve antecipação de pagamento) não venha ocorrer ou ocorra sobre um valor inferior, será assegurada a restituição do valor pago.

15. IMPOSTOS EM ESPÉCIE

Autor: Guilherme Pedrozo

15.1. Impostos federais

Quando do estudo da competência tributária, vislumbrou-se, por meio de um esquema, quais os tipos de impostos que poderão ser criados pela União. Assim, toda vez que trabalharmos os impostos federais, estaremos falando da competência outorgada pela Constituição Federal na criação dos impostos previstos nos arts. 153 e 154.

15.1.1. Imposto de Importação

A presente espécie tributária será de competência da União, na forma do art. 153, I, da CF/1988, e terá como fato gerador a entrada de produtos estrangeiros em nosso país.

Para muitos doutrinadores, trata-se de tributo aduaneiro, inobstante a certeza de que, principalmente em face da importação de produtos, a incidência não estará limitada ao presente tributo, visto que poderemos ter a incidência de ICMS, IPI, PIS e COFINS.

Além da própria Constituição Federal, o Imposto de Importação é regulado pelo CTN (normas gerais – arts. 19 a 22), bem como pelo Dec.-lei nº 37/1966 e pelo Regulamento Aduaneiro.

Reza o art. 19 do CTN que o "imposto, de competência da União, sobre a importação de produtos estrangeiros terá como fato gerador a entrada destes no território nacional".

Mas, afinal de contas, qual será a concepção da palavra importação para os efeitos de incidência? A importação trata-se da incorporação/internalização de um produto no mercado interno. Logo, para efeitos de incidência, compreende-se que não bastará a entrada de produto, mas também que ele permaneça de forma definitiva em nosso país.

Com relação à questão envolvendo a palavra "produtos", será que se torna relevante a destinação do produto, ou seja, apenas aqueles que serão utilizados para industrialização estarão suscetíveis à incidência do presente imposto? A resposta é negativa. Assim, seja o produto para consumo próprio, seja para industrialização, por exemplo, estará suscetível à incidência do presente tributo.

Na forma do art. 150, I, da CF/1988 e/ou do art. 97 do CTN, o imposto de importação, em geral, somente poderá ser criado, majorado, extinto ou reduzido por meio de lei. Entretanto, na forma do art. 153, § 1º, da CF/1988, tal tributo poderá ter suas alíquotas alteradas, isto é, majoradas, reduzidas, zeradas, restabelecidas por ato do Poder Executivo. Atualmente, a competência para alterar essas alíquotas é da Câmara de Comércio Exterior (CAMEX).

Igualmente, na forma do art. 150, § 1º, da CF/1988, o imposto de importação não respeitará nenhuma das anterioridades, ou seja, terá exigência de imediato, mesmo que venha a ocorrer majoração do tributo.

Tal definição ocorre em razão de o imposto de importação ter um importante viés extrafiscal. Além do cunho arrecadatório (como natureza de imposto que apresenta), tem um papel relevante de regulação e controle do mercado econômico.

▷ **Atenção!** Não erre na sua prova! O viés econômico e o desrespeito aos princípios da anterioridade não poderão desconsiderar o princípio da irretroatividade, isto é, se houver majoração de alíquotas, estas somente poderão ser aplicadas a fatos geradores ocorridos após a modificação delas.

Afinal de contas, quando ocorrerá o efetivo fato gerador do imposto de importação? Na forma do art. 19 do CTN, afirma-se que será da entrada de produto estrangeiro. Mas, para efeitos de cobrança e de incidência, quando será considerada a entrada de produto estrangeiro?

Na forma do art. 44 do Dec.-lei nº 37/1966, considera-se ocorrido o fato gerador quando da declaração de importação realizada pelo sujeito passivo. Assim, compreende-se pela legislação aduaneira que toda mercadoria procedente do exterior por qualquer via, destinada a consumo ou a outro regime, sujeita ou não ao pagamento do imposto, deverá ser submetida a despacho aduaneiro, que será processado com base em declaração apresentada à repartição aduaneira no prazo e na forma prescritos em regulamento.

Mas, e como deverá ser realizada essa declaração? Na lavra do art. 545 do Dec. nº 6.759/2009, compreende-se que ocorrerá a declaração quando houver iniciado o despacho de importação na data do registro da declaração de importação. O registro da declaração de importação consiste em sua numeração pela Secretaria da Receita Federal do Brasil, por meio do SISCOMEX, sistema de importação habitual.

Será sujeito ativo, para cobrança do referido tributo, o ente competente, ou seja, a União. De outro lado, serão sujeitos passivos os contribuintes descritos no art. 22 do CTN. Mas note que o art. 22 do CTN deu liberdade à norma tributária para estabelecer quais, de fato, serão os contribuintes do referido tributo. Assim, na forma do art. 31 do Dec.-lei nº 37/1966, compreende-se que serão contribuintes: I) o importador, assim considerado qualquer pessoa que promova a entrada de mercadoria estrangeira no território nacional; II) o destinatário de remessa postal internacional indicado pelo respectivo remetente; e III) o adquirente de mercadoria entrepostada.

Já o art. 20 do CTN estabelece quais serão as normas gerais referentes às bases de cálculo do imposto de importação. E, na forma do referido artigo, a base de cálculo poderá ser uma unidade específica disposta na lei ou o preço pago pelo produto quando da importação.

Mas, afinal de contas, do que se trata a alíquota ad valorem? Essa alíquota é um percentual sobre o valor do fato gerador. Já a alíquota específica é um valor definido por unidade de medida, normalmente considerada quando a importação for realizada por toneladas, metros ou barris.

Por fim, já que estamos em análise das alíquotas, é importante referir que o art. 21 do CTN foi recepcionado em parte pela Constituição Federal, visto que não será permitido ao Poder Executivo alterar base de cálculo, mas tão somente as alíquotas, conforme já explicitado.

15.1.2. Imposto de Exportação

A presente espécie tributária será de competência da União, na forma do art. 153, II, da CF/1988, e determina a possibilidade de ser instituído um imposto que incidirá sobre a exportação, para o exterior, de produtos nacionais ou nacionalizados.

Assim como o Imposto de Importação, para muitos doutrinadores trata-se de tributo aduaneiro. Ademais, além da própria Constituição Federal, o Imposto de Exportação é regulado pelo CTN (normas gerais – arts. 23 a 28), bem como pelo Dec.-lei nº 1.578/1977 e pelo Regulamento Aduaneiro.

Reza o art. 23 do CTN que ocorrerá o fato gerador do presente imposto quando houver a exportação, para o estrangeiro, de produtos nacionais ou nacionalizados mediante a saída destes do nosso território nacional.

Mas o que se compreende do verbo exportar no contexto do CTN? Trata-se de registrar a saída de um produto para fora do nosso país, como forma de integrá-lo no mercado exterior.

Ademais, outra dúvida que sempre ocorre no presente tributo é a definição de produtos nacionais e nacionalizados. Produtos nacionais são todos aqueles cuja produção ocorreu em nosso país. Já os produtos nacionalizados serão aqueles, inobstante os insumos sejam produtos de fora do país, incorporados ao mercado interno e, posteriormente, retornados ao exterior com um produto pronto.

Repetindo o imposto de importação, na forma do art. 150, I, da CF/1988 e/ou do art. 97 do CTN, o imposto de exportação, em geral, somente poderá ser criado, majorado, extinto ou reduzido por meio de lei. Entretanto, tenha atenção, visto que, na forma do art. 153, § 1º, da CF/1988, tal tributo poderá ter suas alíquotas alteradas, isto é, majoradas, reduzidas, zeradas, restabelecidas por ato do Poder Executivo. Atualmente, a competência para alterar essas alíquotas é da Câmara de Comércio Exterior (CAMEX).

Igualmente, na forma do art. 150, § 1º, da CF/1988, o imposto de exportação não respeitará nenhuma das anterioridades, ou seja, terá exigência a partir da sua publicação, mesmo que venha a ocorrer majoração do tributo.

Tal definição ocorre em virtude de o imposto de exportação também apresentar um importante viés extrafiscal. Além do cunho arrecadatório (como natureza de imposto que apresenta), tem um papel relevante de regulação e controle do mercado econômico.

▷ **Não erre na sua prova!** O viés econômico e o desrespeito aos princípios da anterioridade não poderão desconsiderar o princípio da irretroatividade, isto é, se houver majoração de alíquotas, estas somente poderão ser aplicadas a fatos geradores ocorridos após a modificação delas.

Na dicção do art. 23 do CTN, compreende-se que a saída de produto nacional/nacionalizado do nosso país dará ensejo à cobrança do referido tributo. Mas, afinal de contas, quando ocorrerá a saída, de fato, do produto nacional ou nacionalizado do nosso país? Reza o art. 1º, § 1º, do Dec.-lei nº 1.578/1977 que se considera ocorrido o fato gerador no momento da expedição da Guia de Exportação ou documento equivalente.

Tal compreensão é reiterada no Regulamento Aduaneiro, quando este, no art. 213, par. ún., do Dec. nº 6.759/2009, afirma que, para efeitos de cálculo do imposto, considera-se ocorrido o fato gerador na data de registro do registro de exportação no Sistema Integrado de Comércio Exterior (SISCOMEX).

Na forma do art. 27 do CTN, será sujeito passivo da presente obrigação principal o exportador ou quem a lei a ele equiparar. E, na forma do art. 5º do Dec.-lei nº 1.578/1977, compreende-se que o contribuinte do imposto é o exportador, assim considerado qualquer pessoa que promova a saída do produto do território nacional, não sendo necessário, portanto, para a cobrança do referido tributo, que a exportação ocorra necessariamente por uma empresa. Já a sujeição ativa do presente tributo aduaneiro caberá à União.

Reza o art. 24 do CTN que a base de cálculo poderá ocorrer de duas formas, a depender de a alíquota a ser considerada ser referente a uma unidade de medida ou ao preço normal quando da exportação do produto. Lembrando que a alíquota ad valorem será referente a um percentual sobre o valor do preço normal. Já a alíquota específica é um valor definido por unidade de medida, normalmente considerada, quando a exportação for realizada, por exemplo, de commodities brasileiros.

Ademais, já que estamos em análise das alíquotas, é importante referir que o art. 26 do CTN foi recepcionado em parte pela Constituição Federal, em que não será permitido ao Poder Executivo alterar base de cálculo, mas tão somente as alíquotas do imposto de exportação, conforme explicitado.

Por fim, é sempre importante referir que o art. 28 do CTN não foi recepcionado pela Constituição Federal, visto que nenhum imposto poderá ter sua destinação vinculada, na forma do art. 167, IV, da CF/1988.

15.1.3. Imposto de Renda

A presente espécie tributária será de competência da União, na forma do art. 153, III, da CF/1988. A União poderá instituir o presente imposto para incidir sobre a renda ou os proventos de qualquer natureza. Ademais, além da própria Constituição Federal, o imposto é regulado pelo CTN (arts. 43 a 45), bem como por um arcabouço legal muito vasto, por exemplo, as Leis nº 9.430/1996, nº 7.713/1988, nº 8.891/1995, nº 9.249/1995 e nº 11.482/2007, entre outras normas legais.

Outrossim, trata-se de um importante tributo fiscal, mas que também apresenta sua certa contribuição no tocante à extrafiscalidade, visto agir como forma de promover a redistribuição da renda.

Mas como poderíamos conceituar a renda? A renda é o resultado proveniente do trabalho, do capital ou até mesmo da combinação de ambos. Sempre importante esclarecer que tal renda não é tributada de forma bruta, uma vez que ela sempre será analisada após serem realizadas deduções, ou seja, diluídas as despesas autorizadas na lei. São exemplos de renda o salário valores auferidos por meio de locações, aplicações financeiras e comissões (participações em lucro).

Já os proventos são todos os acréscimos que não estão enquadrados no conceito de renda. Para alguns doutrinadores, seriam os acréscimos patrimoniais provenientes de uma atividade que não está sendo executada na atualidade, por exemplo, nas pensões e aposentadorias.

Igualmente, para o critério de incidência do Imposto de Renda, torna-se igualmente importante definir o conceito de disponibilidade econômica e/ou jurídica. A disponibilidade econômica pressupõe o recebimento/aferimento efetivo da renda, ou seja, Guilherme trabalhou e recebeu 100 mil reais pelo seu trabalho.

De outro lado, a disponibilidade jurídica ocorrerá tão somente quando alguém tenha direito a receber algo futuramente, mas que ainda não recebeu. Assim, quem tem um cheque pré-datado (apesar de sua inexistência para o mundo jurídico) ou uma nota promissória terá a disponibilidade jurídica, e não econômica, da renda.

Ademais, para efeitos de incidência, nunca é demais ressaltar e ratificar: é necessária a aquisição, ou seja, o acréscimo da renda no capital de alguém. Tal necessidade é tamanha que é pacífico o entendimento sobre a não incidência quando do recebimento de renda por meio de processo e/ou procedimento indenizatório. Para esses casos, compreende-se que inexiste acréscimo, mas tão somente uma compensação/reparação fruto do dano ocorrido.

Justamente pelo cunho indenizatório (caráter de reparação e não de acréscimo), foram editadas inúmeras súmulas pelo Superior Tribunal de Justiça que entendem pela não incidência do imposto de renda, a saber:

a) o pagamento de férias não gozadas por necessidade do serviço não está sujeito à incidência do imposto de renda (Súm. nº 125 do STJ);

b) o pagamento de licença-prêmio não gozada por necessidade do serviço não está sujeito ao imposto de renda (Súm. nº 136 do STJ);

c) a indenização recebida pela adesão a programa de incentivo à demissão voluntária não está sujeita à incidência do imposto de renda (Súm. nº 215 do STJ);

d) são isentas de imposto de renda as indenizações de férias proporcionais e o respectivo adicional (Súm. nº 386 do STJ);

e) não incide imposto de renda sobre a indenização por danos morais (Súm. nº 498 do STJ);

f) é indevida a incidência de imposto de renda sobre o valor da complementação de aposentadoria pago por entidade de previdência privada e em relação ao resgate de contribuições recolhidas para referidas entidades patrocinadoras no período de 1º-1-1989 a 31-12-1995, em razão da isenção concedida pelo art. 6º, VII, *b*, da Lei nº 7.713/1988, na redação anterior à que lhe foi dada pela Lei nº 9.250/1995 (Súm. nº 556 do STJ).

Por fim, entendeu o Superior Tribunal de Justiça pela incidência do imposto de renda, pela ocorrência do acréscimo na renda, quando:

a) incidir o imposto de renda sobre o resultado das aplicações financeiras realizadas pelas cooperativas (Súm. nº 262 do STJ);

b) incidir imposto de renda sobre os valores percebidos a título de indenização por horas extraordinárias trabalhadas, ainda que decorrentes de acordo coletivo (Súm. nº 463 do STJ).

Na forma do art. 153, § 2º, I, da CF/1988, o imposto de renda será informado pelos critérios de generalidade, universalidade e progressividade, na forma da lei.

Sobre a generalidade, compreende-se que todas as pessoas, em geral, poderão ser devedoras do imposto de renda. Já a universalidade significa dizer que, em geral, toda e qualquer renda deverá ser tributada pelo imposto de renda. Já a progressividade significa dizer que o imposto de renda incidirá de forma progressiva, ou seja, quem ganha mais pagará mais (terá uma alíquota maior) do que aquele sujeito passivo que recebe menos.

▷ **Lembre-se!** A afirmação de que a União exigirá o Imposto de Renda sobre todas as pessoas que aufiram rendas não está correta, visto que o próprio ente, obedecidos os limites constitucionais, poderá estabelecer algumas isenções tributárias para que não ocorra a incidência do imposto de renda.

Por exemplo, na forma do art. 6º, XIV, da Lei nº 7.713/1988, ficarão isentos de imposto de renda: os proventos de aposentadoria ou reforma motivada por acidente em serviço e os percebidos pelos portadores de moléstia profissional, tuberculose ativa, alienação mental, esclerose múltipla, neoplasia maligna, cegueira, hanseníase, paralisia irreversível e incapacitante, cardiopatia grave, doença de Parkinson, espondiloartrose anquilosante, nefropatia grave, hepatopatia grave, estados avançados da doença de Paget (osteíte deformante), contaminação por radiação, síndrome da imunodeficiência adquirida, com base em conclusão da medicina especializada, mesmo que a doença tenha sido contraída depois da aposentadoria ou reforma.

Também, por exemplo, na forma do art. 10 da Lei nº 9.249/1995, os lucros ou dividendos calculados com base nos resultados apurados a partir do mês de janeiro de 1996, pagos ou creditados pelas pessoas jurídicas tributadas com base no lucro real, presumido ou arbitrado, não ficarão sujeitos à incidência do imposto de renda na fonte, nem integrarão a base de cálculo do imposto de renda do beneficiário, pessoa física ou jurídica, domiciliado no País ou no exterior.

Por fim, na forma do art. 150, I, da CF/1988 e/ou do art. 97 do CTN, o imposto de renda somente poderá ser criado, majorado, extinto ou reduzido por meio de lei.

Igualmente, na forma do art. 150, § 1º, da CF/1988, o imposto de renda não respeitará a anterioridade nonagesimal, ou seja, poderá, mesmo que majorado, ser exigido que seja respeitada apenas a anterioridade do exercício (virada do ano).

Reza o art. 43, § 1º, do CTN que "a incidência do imposto independe da denominação da receita ou do rendimento, da localização, condição jurídica ou nacionalidade da fonte, da origem e da forma de percepção". Diante disso, independerá da origem da receita para que ocorra a incidência do presente imposto. Para muitos, estará aqui, igualmente, a clara manifestação do princípio da *pecunia non olet*, ou seja, não importa a origem da receita para que seja exigido o imposto de renda.

O Supremo Tribunal Federal (HC nº 77.530/RS – Min. Sepúlveda Pertence – 25-8-1998) já afirmou que para a caracterização, em tese, de crime de sonegação fiscal, a acarretar a competência da Justiça Federal e atrair, pela conexão, o tráfico de entorpecentes, há irrelevância da origem ilícita, mesmo quando criminal, da renda subtraída à tributação. A exoneração tributária dos resultados econômicos de fato criminoso – antes de ser corolário do princípio da moralidade – constitui violação do princípio de isonomia fiscal, de manifesta inspiração ética. Assim, mesmo a renda proveniente do tráfico poderá ser tributada.

Para alguns doutrinadores, o § 1º do art. 43 do CTN igualmente trata da clássica manifestação da universalidade da renda, ou seja, não importa o local onde a renda foi auferida, e, sim, o local onde está o sujeito passivo.

Também na forma do art. 43, § 2º, do CTN, compreende-se que: "na hipótese de receita ou de rendimento oriundos do exterior, a lei estabelecerá as condições e o momento em que se dará sua disponibilidade, para fins de incidência do imposto". Assim, teremos a clássica manifestação da excepcionalidade da regra de territorialidade, visto que, na forma lecionada no presente parágrafo, rendas provenientes do exterior, de alguém que no Brasil esteja estabelecido, estarão suscetíveis ao pagamento de imposto de renda. Essa extraterritorialidade está presente na Lei nº 12.973/2014, mais precisamente no art. 81, bem como nos arts. 3º da Lei nº 7.713/1998 e 25 da Lei nº 9.249/1995.

O fato gerador do imposto de renda, para efeito de apuração, quando for da pessoa física, ocorrerá no dia 31 de dezembro de cada ano, em razão de nessa data estar se encerrado o período de apuração. Já para as pessoas jurídicas, em geral, o fato gerador será apurado de forma trimestral, na forma do art. 1º da Lei nº 9.430/1996.

A base de cálculo do imposto de renda, na forma do art. 44 do CTN, será o montante, real, arbitrado ou presumido, da renda ou dos proventos tributáveis. No tocante ao montante real, este se dá pela apuração da renda de forma efetiva, ou seja, apuração do crédito deduzido das despesas possíveis e previstas em lei.

Por exemplo, quando o sujeito passivo for uma pessoa física, a base de cálculo será o rendimento bruto, deduzidos os valores previstos nos arts. 9º a 14 da Lei nº 7.713/1998. Algumas outras deduções são observadas igualmente na Lei nº 8.134/1990, no seu art. 8º.

No tocante à possibilidade de deduções e limitações, é importante referir aqui julgado proferido pelo STF (RE nº 591.340 – Min. Marco Aurélio – 3-2-2020), que entendeu ser constitucional a limitação do direito de compensação de prejuízos fiscais do Imposto de Renda sobre Pessoa Jurídica (IRPJ) e da base de cálculo negativa da Contribuição Social sobre o Lucro Líquido (CSLL).

Já a apuração da base de cálculo no montante arbitrado somente será considerada, quando impossível de ser apurada e/ou por omissão do contribuinte, se a autoridade fazendária não conseguir apurar o montante real auferido.

E, em relação à base de cálculo, compreende-se a apuração pelo montante presumido quando optar o sujeito passivo em substituir os valores efetivamente auferidos por uma base substituta, em que será possível deduzir uma parcela inatingível (p. ex., dos dependentes) para apuração da renda auferida.

Igualmente poderá ser questionado se poderá o Poder Judiciário, considerando a não realização de atualização das bases de cálculo do imposto de renda, inserir correção monetária. Não, na palavra do STF (RE nº 388.312 – Min. Carmen Lúcia – 1º-8-2011):

> (...) não cabe ao Poder Judiciário autorizar a correção monetária da tabela progressiva do imposto de renda na ausência de previsão legal nesse sentido. Entendimento cujo fundamento é o uso regular do poder estatal de organizar a vida econômica e financeira do país no espaço próprio das competências dos Poderes Executivo e Legislativo.

Será contribuinte do imposto de renda, na forma do art. 45 do CTN, o titular da disponibilidade a que se refere o art. 43 do CTN, sem prejuízo de atribuir à lei essa condição ao possuidor, a qualquer título, dos bens produtores de renda ou dos proventos tributáveis.

Lembrando que, na forma do parágrafo único do art. 45, a lei pode atribuir à fonte pagadora da renda ou dos proventos tributáveis a condição de responsável pelo imposto cuja retenção e recolhimento lhe caibam.

Por fim, quanto às alíquotas, elas estão definidas quando for imposto de renda da pessoa física, na Lei nº 11.482/2007, e quando for jurídica, na Lei nº 9.249/1995.

15.1.4. Imposto sobre Produto Industrializado

A presente espécie tributária será de competência da União, na forma do art. 153, IV, da CF/1988. Logo, haverá a incidência do presente imposto, instituído pela União Federal, toda vez que ocorrerem operações com produtos industrializados.

Ademais, além da própria Constituição Federal, o imposto é regulado pelo CTN (arts. 46 a 51), bem como pela Lei nº 4.502/1964 e pelo Dec.-lei nº 1.199/1971. Outrossim, trata-se de tributo fiscal, mas que também apresenta certa contribuição no tocante à extrafiscalidade, visto agir como forma de regulação de mercado e da economia brasileira.

Na forma do art. 46 do CTN, teremos alguns possíveis fatos geradores do IPI. Informa o referido artigo que será fato gerador do imposto sobre produto industrializado: I) o seu desembaraço aduaneiro, quando de procedência estrangeira; II) a sua saída dos estabelecimentos a que se refere o parágrafo único do art. 51; e III) a sua arrematação, quando apreendido ou abandonado e levado a leilão.

Torna-se possível a incidência do IPI quando da importação de produto industrializado de origem estrangeira, uma vez que a Constituição Federal não estabelece nenhuma distinção entre produto nacional e internacional, sendo possível, assim, a incidência do IPI quando da importação de produto industrializado.

Igualmente, para efeitos de incidência, é possível que ocorra quando houver a saída de produto industrializado do estabelecimento do importador, independentemente se houve qualquer processamento no produto. Tal posição já está, inclusive, avalizada pelo STJ (REsp nº 888.852/ES – Min. Luiz Fux – 4-11-2008).

Logo, é importante ressaltar: segundo o STJ, o contribuinte pagará o IPI quando realizar a importação de um produto industrializado, bem como quando vier a revender esse produto para o mercado externo. Tudo isso na forma do art. 4º, I, da Lei nº 4.502/1964. Vale destacar que o STF reconheceu repercussão geral sobre essa temática, e até a presente data não houve julgamento.

Igualmente ocorrerá o fato gerador do IPI quando houver a saída de produtos industrializados dos estabelecimentos do importador, industrial ou comercial. Quem ensina sobre o presente fato gerador é o art. 3º da Lei nº 4.502/1964.

Logo, toda vez que ocorrer a saída de produtos industrializados dos estabelecimentos mencionados no art. 51, par. ún., do CTN, ocorrerá o fato gerador do IPI.

Mas, afinal de contas, como definir o conceito de operação de produto industrializado? Operação será todo negócio capaz de transferir o bem de uma pessoa para outra. Já o produto será todo aquele bem- produzido pelo homem ou até mesmo pela natureza. E, por fim, industrialização significa modificar e/ou melhorar um produto para que venha a ser consumido.

Assim, observado o critério do parágrafo único do art. 46 do CTN, compreende-se que a industrialização é o processo de transformação do produto, modificando-lhe a natureza ou a finalidade, ou o aperfeiçoe para o consumo.

Por fim, também haverá incidência do imposto sobre produtos industrializados toda vez que ocorrer a arrematação de um produto industrializado, tendo ele sido apreendido ou abandonado e posto a leilão.

Na forma do art. 150, I, da CF/1988 e/ou do art. 97 do CTN, o imposto sobre produto industrializado, em geral, poderá ser criado, majorado, extinto ou reduzido por meio de lei.

Entretanto, na forma do art. 153, § 1º, da CF/1988, poderá o Poder Executivo, por meio de um decreto ou portaria, alterar as alíquotas do IPI, por tratar-se de um tributo igualmente extrafiscal, eis que servirá para regular a economia. Assim, poderá o Poder Executivo Federal majorar, reduzir, zerar, restabelecer as alíquotas do IPI por simples ato executivo.

Igualmente, na forma do art. 150, § 1º, da CF/1988, o imposto sobre produto industrializado não respeitará a anterioridade do exercício, mas tão somente a nonagesimal. Assim, eventual majoração poderá ser exigida dentro dos 90 dias da publicação do ato/norma que resultou em aumento do tributo.

O imposto sobre produto industrializado, na forma do art. 153, § 3º, I, da CF/1988, será seletivo, ou seja, será graduado de acordo com a importância do produto. Produtos considerados supérfluos deverão pagar mais IPI do que aqueles considerados mais essenciais à coletividade.

Também, na forma do art. 153, § 3º, II, da CF/1988, o imposto sobre produto industrializado será não cumulativo, compensando-se o que for devido em cada operação com o montante cobrado nas anteriores.

O que significa ser não cumulativo? Considerando que o IPI poderá ser exigido em uma mesma cadeia tributária por mais de uma vez (incidências sucessivas), a não cumulatividade vem justamente barrar esta incidência sucessiva e cumulada, proporcionando, assim, proteção aos contribuintes de fato. Logo, para que estes contribuintes de fato (o consumidor final) não venham a ser onerados em demasia, será permitida, inclusive, a compensação dos tributos pagos na entrada do produto com aqueles que deverão ser pagos na saída do produto.

Mas dessa regra poderá surgir um questionamento: será que de toda entrada de produto que tenha sido recolhido o IPI poderá o contribuinte de direito utilizar-se do creditamento para compensar quando da sua operação de saída? A resposta é negativa. Somente poderá ocorrer o creditamento dos produtos industrializados que sejam considerados matérias-primas e/ou intermediários e que sirvam para a industrialização de um novo produto ou até mesmo sejam consumidos em novo processo de industrialização. Somente para esses casos poderá ocorrer o creditamento.

Mas, considerando o afirmado, sobre a incidência de IPI na importação de um bem, mais especificamente para uso próprio, não se estaria diante de uma infração à não cumulatividade? O STF entendeu que não, na forma do RE nº 723.651 (Min. Marco Aurélio – 24-4-2019).

Prova disso é que, por meio da Súm. nº 495 do STJ, compreendeu-se que a aquisição de bens integrantes de ativo permanente da empresa não gera direito a creditamento do IPI. Assim, se Guilherme tem uma empresa que produz garrafas plásticas e, além de insumos para industrializar as garrafas, ele adquire carros para seus funcionários, o IPI que lhe fora repassado na nota fiscal referente à compra dos carros não poderá ser creditado pela empresa de Guilherme.

Igualmente não terão direito a creditamento os combustíveis e produtos sanitários, conforme inúmeros julgados do STJ (REsp nº 1263722 – Min. Humberto Martins – 28-11-2017).

Sobre o direito ao creditamento, por meio do RE nº 592.891 (25-4-2019), entendeu a Min. Rosa Weber que o fato de os produtos serem oriundos da Zona Franca de Manaus reveste-se de particularidade suficiente a distinguir o presente feito dos anteriores julgados do Supremo Tribunal Federal sobre o creditamento do IPI quando em jogo medidas desonerativas. O tratamento constitucional conferido aos incentivos fiscais direcionados para a sub-região de Manaus é especialíssimo. A isenção do IPI em prol do desenvolvimento da região é de interesse da federação como um todo, pois este desenvolvimento é, na verdade, da nação brasileira.

A peculiaridade desta sistemática reclama exegese teleológica, de modo a assegurar a concretização da finalidade pretendida. À luz do postulado da razoabilidade, a regra da não cumulatividade esculpida no art. 153, § 3º, II da CF/1988, se compreendida como uma exigência de crédito presumido para creditamento diante de toda e qualquer isenção, cede espaço para a realização da igualdade, do pacto federativo, dos objetivos fundamentais da República Federativa do Brasil e da soberania nacional.

De outro lado, o STF (RE nº 398.365 – Min. Gilmar Mendes – 27-8-2015) entendeu não ser possível o creditamento igualmente quando se tratar de insumos isentos, não tributados ou sujeitos à alíquota zero, visto que os princípios da não cumulatividade e da seletividade, previstos no art. 153, § 3º, I e II, da CF/1988, não asseguram direito de crédito presumido de IPI para o contribuinte adquirente de insumos não tributados ou sujeitos à alíquota zero.

Sobre a regra da não cumulatividade, nunca é demais ressaltar que, se houver interferência por ato da autoridade fazendária na utilização desses créditos do IPI, haverá sobre eles a incidência de correção monetária, na forma da Súm. nº 411 do STJ. Reza a súmula que é devida a correção monetária ao creditamento do IPI quando há oposição ao seu aproveitamento decorrente de resistência ilegítima do Fisco.

Por fim, sobre a regra da não cumulatividade, destaco importante trecho julgado pelo STF (RE nº 566.819 ED – Min. Marco Aurélio – 15-10-2013), no qual didaticamente explica a não cumulatividade: consoante dispõe o inciso I do § 3º do art. 153 da Carta Federal, o IPI é seletivo. Vale dizer sobre a possibilidade de haver alíquotas diferentes, considerados não só os diversos insumos como também a variedade de produtos. Eis a essência do caráter seletivo. Ora, uma vez adquirido o insumo mediante incidência do tributo com certa alíquota, o creditamento faz-se diante do que realmente recolhido. A saída final do produto gera novo cálculo e, então, como já ocorreu o creditamento quanto ao que recolhido na aquisição do insumo, a incidência da alíquota dá-se sobre o preço, o valor total. Não se comunicam as operações a serem realizadas, deixando-se de individualizar insumos e produtos. Se não fosse assim, o pandemônio escritural se instalaria. É que o sistema consagrador do princípio da não cumulatividade, presente quer o IPI, quer o ICMS, implica crédito e débito em conta única. O raciocínio desenvolvido no tocante ao que se denomina crédito do IPI presumido, já condenado sob o ângulo da alíquota zero ou da não tributação – e, por coerência, também deve sê-lo da isenção –, considerada a entrada de insumo, resulta em subversão do sistema nacional de cobrança do tributo, partindo-se para a adoção do critério referente ao valor agregado. Potencializa-se, além do que estabelecido em lei, a seletividade. Esta acabaria gerando vantagem, à margem da previsão, para o contribuinte. Mais do que isso, deságua em duplicidade de vantagem. O contribuinte passaria a contar com o crédito inicial, presente a entrada do insumo tributado, e, posteriormente, haveria a apuração do que agregado para se estipular valor que não seria o do produto final. Pois bem, o raciocínio, além de revelar desprezo pelo sistema pátrio de cobrança do tributo, discrepa das balizas próprias à preservação do princípio da não cumulatividade. Estas direcionam sempre, quanto ao produto final, à aplicação da alíquota levando-se em conta o valor respectivo, porquanto já escriturado o crédito decorrente da satisfação do tributo no tocante ao insumo. Em última análise, diante do critério seletivo, com tributo final menor, passar-se-ia a ter jus à diferença considerado o que recolhido a maior anteriormente e já objeto do creditamento.

Traz a Constituição Federal ainda, no seu art. 153, § 3º, III, que o IPI não incidirá quando houver a destinação de um produto industrializado para o exterior, lecionando, assim, importante imunidade tributária sobre o tema.

Antes de adentrarmos os temas legais sobre o imposto sobre produto industrializado, é importante iniciar este tópico analisando uma pequena discussão que muitos autores trazem sobre a incidência de IPI versus ISSQN. Por exemplo, a industrialização de móveis para escritório é fato gerador de IPI ou ISSQN? A resposta é bastante simples. Se houver uma obrigação de dar, ou seja, o móvel não for sob encomenda, haverá a incidência do IPI. Agora, caso forem móveis sob medida, haverá a incidência de ISSQN, por tratar-se de uma obrigação de fazer (sob encomenda).

A base de cálculo do IPI, na forma do art. 47 do CTN, será:

a) quando o fato gerador for a importação de produto industrializado, o preço normal do produto acrescido do montante: do imposto sobre a importação; das taxas exigidas para entrada do produto no País e dos encargos cambiais efetivamente pagos pelo importador ou dele exigíveis;

b) quando o fato gerador for a saída de um produto industrializado do estabelecimento, o valor da operação de que decorrer a saída da mercadoria e, na falta do valor, o preço corrente da mercadoria, ou sua similar, no mercado atacadista da praça do remetente; e

c) quando o fato gerador for a arrematação em leilão, será o preço da arrematação.

O sujeito ativo do presente tributo será a União. Já o sujeito passivo, na forma do art. 51 do CTN, será o importador ou quem a lei a ele equiparar, o industrial ou quem a lei a ele equiparar, o comerciante de produtos sujeitos ao imposto, que os forneça aos contribuintes industriais, ou o arrematante de produtos apreendidos ou abandonados, levados a leilão.

As alíquotas do IPI serão determinadas por meio da famosa Tabela de Incidência do Imposto sobre Produtos Industrializados, estando lá estabelecidos quais produtos estarão sujeitos, bem como o percentual da alíquota a ser aplicada para o caso.

15.1.5. Imposto sobre Operações Financeiras

A presente espécie tributária será de competência da União, na forma do art. 153, V, da CF/1988. Assim, poderá a União instituir um imposto que incidirá quando da realização de operações de crédito, câmbio, seguro e ações.

Trata-se de um imposto que incidirá, basicamente, quando da realização de operações financeiras e de seguro. Ademais, além da própria Constituição Federal, o Imposto sobre Operações Financeiras (IOF) é regulado pelo CTN (normas gerais – arts. 63 a 67), bem como pelo Dec.-lei nº 1.783/1980 e pelo Dec. nº 6.306/2007.

Na forma do art. 63 do CTN, o imposto, de competência da União, terá como fato gerador as operações de crédito, câmbio e seguro, e sobre operações relativas a títulos e valores mobiliários.

Mas, afinal de contas, do que trata a expressão operação? Operação é um negócio jurídico capaz de transmitir bens, valores, direitos a outra pessoa. Ou seja, ocorrerá aqui a transmissão de direitos, rendas ou bens de uma pessoa para outra, seja ela pessoa física, seja jurídica. Assim, após definir a expressão operação, faz-se necessário definir as formas em que ocorrerão essas espécies de operações.

Logo, inicialmente, observando a ordem do art. 63 do CTN, podemos afirmar que operação de crédito será toda aquela em que alguma instituição financeira ou equiparada (*factoring*, p. ex.) disponibilizar alguma quantia financeira a uma pessoa natural ou jurídica, em troca de uma prestação futura. Logo, se a empresa X precisa comprar 100 computadores (necessitando de um financiamento bancário para a compra desses equipamentos), estará a se utilizar de uma operação financeira.

Sobre a incidência do IOF nas operações de *factoring*, é importante colacionar trecho da decisão proferida em sede de ADI nº 1.763/MC (STF – Min. Sepúlveda Pertence – 20-8-1998), julgada pelo STF, que entendeu que: o âmbito constitucional de incidência possível do IOF sobre operações de crédito não se restringe às praticadas por instituições financeiras, de tal modo que, à primeira vista, a lei questionada poderia estendê-la às operações de *factoring*, quando impliquem financiamento (*factoring* com direito de regresso ou com adiantamento do valor do crédito vincendo – *conventional factoring*); quando, ao contrário, não contenha operação de crédito, o *factoring*, de qualquer modo, parece substantivar negócio relativo a títulos e valores mobiliários, igualmente susceptível de ser submetido por lei à incidência tributária questionada.

Nesse ínterim, é sempre importante ressaltar a Súm. nº 664 do STF, que afirma ser inconstitucional a cobrança do IOF quando for efetuado saque em caderneta de poupança, eis que não estamos diante de uma operação de crédito, de financiamento.

Igualmente, o STJ, por meio da Súm. nº 185, afirmou que não haverá incidência de IOF quando da realização de depósitos judiciais, por também não se tratar de operações de créditos.

Já operações de câmbio são todas aquelas operações/negócios realizadas quando da compra e venda de moeda nacional e estrangeira. Assim, caso Guilherme deseje viajar para os Estados Unidos e venha a comprar dólares, ele terá de pagar o IOF referente à operação de câmbio realizado.

No tocante às operações de seguro, compreende-se que uma empresa seguradora estará, por meio de um instrumento, a obrigar-se a segurar alguém ou uma coisa que esteja exposta a riscos. Assim, mediante a contratação do seguro, estará a ocorrer o fato gerador do IOF.

Por fim, as operações de valores mobiliários são todos os negócios que envolvam compra e venda, transmissão de ações, ou seja, valores/ativos negociados no mercado de capital.

Repetindo os impostos de importação e exportação, o imposto sobre operação financeira, na forma do art. 150, I, da CF/1988 e/ou do art. 97 do CTN, em geral, somente poderá ser criado, majorado, extinto ou reduzido por meio de lei.

▷ **Atenção!** Na forma do art. 153, § 1º, da CF/1988, tal tributo poderá ter suas alíquotas alteradas, isto é, majoradas, reduzidas, zeradas ou restabelecidas, por ato do Poder Executivo.

Igualmente, na forma do art. 150, § 1º, da CF/1988, o imposto sobre operação financeira não respeitará nenhuma das anterioridades, ou seja, terá exigência a partir da sua publicação, mesmo que venha a ocorrer criação/majoração do tributo.

Tal definição ocorre em virtude de o imposto sobre operação financeira também apresentar um importante viés extrafiscal. Além do cunho arrecadatório (como natureza de imposto que apresenta), tem um papel relevante de regulação e controle do mercado econômico.

▷ **Não erre na sua prova!** O viés econômico e o desrespeito aos princípios da anterioridade não poderão desconsiderar o princípio da irretroatividade, isto é, se houver majoração de alíquotas, estas somente poderão ser aplicadas a fatos geradores ocorridos após a modificação delas.

Outro importante aspecto constitucional é o previsto no art. 153, § 5º, da CF/1988. Narra o referido parágrafo que o ouro, quando definido em lei como ativo financeiro ou instrumento cambial, sujeita-se exclusivamente à incidência do imposto de que trata o inciso V do *caput* deste artigo, devido na operação de origem; a alíquota mínima será de 1%, assegurada a transferência do montante da arrecadação nos seguintes termos: a) 30% para o Estado, o Distrito Federal ou o Território, conforme a origem; e b) 70% para o Município de origem.

Logo, quando houver utilização do ouro como ativo financeiro (moeda), haverá a incidência apenas de IOF. Agora, se o ouro for utilizado como mercadoria, por exemplo, para fabricação de joias, ocorrerá o fato gerador do ICMS.

Sobre isso, o STF proferiu decisão (RE nº 190.363), de relatoria do Min. Carlos Velloso, na qual afirmou que o ouro, definido como ativo financeiro ou instrumento cambial, sujeita-se, exclusivamente, ao IOF, devido na operação de origem (art. 153, § 5º, da CF/1988).

A base de cálculo do IOF estará no art. 64 do CTN.

No que tange às alíquotas do IOF, elas foram estabelecidas pela Lei nº 8.894/1994 (no que tange ao IOF Crédito, Câmbio, Valores Mobiliários), assim como pela Lei nº 9.718/1998, no que tange ao IOF referente aos seguros.

É importante referir que o art. 65 do CTN foi recepcionado em parte pela Constituição Federal, visto que não será permitido ao Poder Executivo alterar base de cálculo, mas tão somente as alíquotas do imposto sobre operações financeiras, conforme anteriormente explicitado.

Será sujeito ativo do referido tributo a União. De outro lado, será sujeito passivo do imposto sobre operação financeira, na forma do art. 66, qualquer uma das partes na operação, conforme dispuser a lei tributária que regulará.

Por fim, é sempre importante referir que o art. 67 do CTN não foi recepcionado pela Constituição Federal, visto que nenhum imposto poderá ter sua destinação vinculada, na forma do art. 167, IV, da CF/1988.

15.1.6. Imposto Territorial Rural

A presente espécie tributária será de competência da União, na forma do art. 153, VI, da CF/1988. Ademais, tal tributo terá como fato gerador a propriedade, o título de domínio útil ou a posse de uma propriedade imobiliária situada fora da zona rural, ou seja, incidirá sobre o patrimônio.

Ainda, é possível afirmar que o presente tributo respeitará as limitações ao poder de tributar, mais especificadamente o princípio da legalidade (art. 150, I, da CF/1988) e os princípios da anterioridade (art. 150, III, *b* e *c*, da CF/1988).

Além do art. 153, VI e § 4º, da CF/1988, utilizam-se, para efeitos/aplicação/regulação/cobrança do ITR, costumeiramente, os seguintes ordenamentos jurídicos: CTN (arts. 29 e 31), Lei nº 9.393/1996, Lei nº 11.250/2005 e Dec.-lei nº 57/1966 (art. 15).

Trata-se de tributo pessoal e que será constituído por meio do lançamento por homologação na forma do art. 10 da Lei nº 9.393/1996.

Na forma do art. 29 do CTN, ocorrerá a incidência do ITR e o seu fato gerador mediante a existência da propriedade, o domínio útil ou a posse de imóvel por natureza, como definido na lei civil, localizado fora da zona urbana do município. Igualmente reza o art. 1º da Lei nº 9.393/1996 que o Imposto Territorial Rural (ITR), de apuração anual, tem como fato gerador a propriedade, o domínio útil ou a posse de imóvel por natureza, localizado fora da zona urbana do município, em 1º de janeiro de cada ano.

Diante das definições anteriormente expostas, compreende-se que ocorrerá o fato gerador do ITR toda vez que ocorrer propriedade, domínio útil ou posse de um imóvel que não esteja localizado em zona urbana. Mas, afinal de contas, será apenas de imóvel situado fora de zona urbana que poderá ser exigido o ITR? A resposta é negativa, uma vez que, na forma do art. 15 do Dec.-lei nº 57/1966, excepcionalmente, quando um imóvel estiver localizado em área urbana, mas com uso e finalidade rural, será exigido ITR, e não IPTU.

Na forma do art. 153, § 4º, I, da CF/1988, as alíquotas do ITR serão progressivas, com a finalidade de desestimular a manutenção de propriedades improdutivas. O que isso significa? Que as alíquotas poderão ser exigidas em um percentual maior daquelas propriedades rurais que não aproveitem bem sua área, ou seja, não cumpram totalmente sua função social.

Para muitos, a progressividade da alíquota significa a clara e evidente manifestação da extrafiscalidade do tributo, visto que, exigindo-se o tributo com alíquota superior aos que detêm propriedade improdutiva, trata-se de nítida manifestação do desejo de aproveitamento das áreas rurais de forma adequada.

Em importante julgado (STF – RE nº 1.038.357 AGR/SP – Min. Dias Toffoli, 29-5-2017), o STF, representado por Dias Toffoli, decidiu que não existe inconstitucionalidade na progressividade das alíquotas do ITR, a qual leva em consideração não só o grau de utilização da terra, como também a área do imóvel, tendo em vista que tais critérios não são isolados, mas, sim, conjugados. Assim, quanto maior for o território rural e menor o seu aproveitamento, maior será a alíquota de ITR. Essa sistemática potencializa a função extrafiscal do tributo e desestimula a manutenção de propriedade improdutiva.

Ainda, afirma o inciso II do referido § 4º constitucional que o ITR não incidirá sobre as pequenas glebas rurais, ou seja, tratou o constituinte derivado de conceder uma imunidade tributária para todos os proprietários de pequenos imóveis urbanos, desde que obedecidos dois critérios: a lei e que o proprietário não possua outro imóvel em seu nome.

Pergunta-se: qual a definição de pequena gleba rural? Responde-se: é o imóvel que tenha, em geral, até 30 hectares. Tal regulação está presente no art. 2º da Lei nº 9.393/1996.

Por fim, tratou a Carta Magna, no inc. III do § 4º do art. 153, que o ITR poderá ser fiscalizado e cobrado pelos Municípios que assim optarem, na forma da lei, desde que não implique redução do imposto ou qualquer outra forma de renúncia fiscal. A regulação de tal inciso consta na Lei nº 11.250/2005.

Tal inciso leciona que poderá ocorrer delegação da capacidade ativa tributária do ITR para os Municípios, desde que estes últimos venham a manifestar vontade e assinem convênio com a Receita Federal do Brasil. Igualmente, nunca é demais ressaltar: essa delegação não é da competência (competência legislativa para criar, majorar, por exemplo), mas tão somente das funções administrativas de arrecadar e fiscalizar.

Logo, não estamos diante da alteração da sujeição ativa, mas, sim, da possibilidade de os municípios exercerem a possibilidade de cobrar/fiscalizar o referido tributo.

Afirma o art. 1º, § 2º, da Lei nº 9.393/1996 que, para os efeitos desta Lei, considera-se imóvel rural a área contínua, formada de uma ou mais parcelas de terras, localizada na zona rural do município. Diante disso, mesmo se parcela do imóvel estiver situada em zona urbana, ocorrerá o fato gerador do ITR. Logo, o que interessa, para efeitos de fato gerador, é a presença de parte de propriedade dentro de zona rural.

Mas, e se o imóvel rural estiver situado dentro do território de mais de um município, para qual deles o ITR deverá ser recolhido, ocorrendo, por óbvio, a realização de convênio? Na forma do art. 1º, § 3º, da Lei nº 9.393/1996, o imóvel que pertencer a mais de um município deverá ser enquadrado no município onde fique a sede do imóvel e, se esta não existir, será enquadrado no município onde se localize a maior parte do imóvel.

Ainda, na forma do art. 3º da Lei nº 9.393/1996, há algumas isenções tributárias (regras de não incidência do ITR):

> **Art. 3º** (...)
>
> I – o imóvel rural compreendido em programa oficial de reforma agrária, caracterizado pelas autoridades competentes como assentamento, que, cumulativamente, atenda aos seguintes requisitos:
>
> *a)* seja explorado por associação ou cooperativa de produção;
>
> *b)* a fração ideal por família assentada não ultrapasse os limites estabelecidos no artigo anterior; e
>
> *c)* o assentado não possua outro imóvel.
>
> II – o conjunto de imóveis rurais de um mesmo proprietário, cuja área total observe os limites fixados no parágrafo único do artigo anterior, desde que, cumulativamente, o proprietário:
>
> *a)* o explore só ou com sua família, admitida ajuda eventual de terceiros;
>
> *b)* não possua imóvel urbano.
>
> III – os imóveis rurais oficialmente reconhecidos como áreas ocupadas por remanescentes de comunidades de quilombos que estejam sob a ocupação direta e sejam explorados, individual ou coletivamente, pelos membros destas comunidades são isentos do Imposto sobre a Propriedade Territorial Rural – ITR.

Será contribuinte do ITR, na forma do art. 4º da Lei nº 9.393/1996, o proprietário de imóvel rural, o titular de seu domínio útil (usufrutuário) ou o seu possuidor a qualquer título, e seu domicílio fiscal será o município de localização do imóvel.

A base de cálculo do ITR será o valor fundiário do imóvel rural, na forma do art. 30 do CTN. Mas o que isso significa? Que será considerado o valor da terra nua (crua), sendo excluídos, para efeitos de expressão monetária, os valores correspondentes a benfeitorias, plantações, construções. Tal valor, em geral, será definido por ato normativo da Receita Federal do Brasil.

15.1.7. Imposto sobre Grandes Fortunas

Na forma do art. 153, VII, da CF/1988, poderá a União, mediante lei complementar, criar o Imposto sobre Grandes Fortunas. O referido imposto ainda não foi criado, utilizando-se certamente o ente competente da facultatividade da competência tributária. Lembrando que, por se tratar de imposto cuja matéria está reservada a lei complementar, não poderá ser criado por medida provisória, conforme o art. 62, § 1º, III, da CF/1988.

15.1.8. Imposto residual e extraordinário

E chegando ao final dos impostos federais, torna-se importante ainda ressaltar que será apenas e tão somente da União a possibilidade de criar impostos residuais (novos impostos) diferentes daqueles dispostos na Constituição Federal, obedecendo aos requisitos do art. 154, I, bem como instituir imposto extraordinário de guerra, na forma do art. 154, II.

15.1.9. Imposto Seletivo

Tratou a reforma tributária de inserir, na forma do artigo 153, VIII da Constituição Federal, atribuindo competência para União, um novo imposto, com nítida e total natureza extrafiscal. Trata-se do Imposto Seletivo, que, em apertada síntese, não terá em um primeiro momento natureza de arrecadação (fiscal), mas sim para produzir externalidades negativas no que tange à comercialização, produção, extração e importação de bens e serviços que sejam considerados prejudiciais à saúde e ao meio ambiente.

Logo, diferentemente da CBS e o IBS, que apresentam natureza arrecadatória, o novo imposto terá sua base tributável limitada aos serviços e produtos que, de forma prejudicial, afetam a coletividade.

Diante disto, torna-se um tributo extrafiscal, eis que terá como principal motivo de existência encarecer e limitar o consumo de bens, produtos e serviços que sejam prejudiciais à saúde e ao meio ambiente.

Mas, afinal de contas, quais são os bens, produtos e serviços que são considerados prejudiciais à saúde e ao meio ambiente? Certo é de que caberá a Lei Complementar regulamentar a criação deste novo imposto e inclusive indicar quais são estas atividades e produtos que causam prejuízo a coletividade.

Por fim, é importante dizer que muitos apontam que o novo imposto foi criado, igualmente, como forma de substituir o IPI, PIS e a COFINS.

Na forma do §6º, inciso I do artigo 153 da Constituição Federal, este novo imposto não incidirá sobre bens, serviços e produtos destinados ao exterior. Certamente tal medida tem como fundamento proteger o grande mercado exportador de produtos que são considerados nocivos à saúde, como é o caso do tabaco.

Ademais, a referida imunidade igualmente exonera a possibilidade de cobrança do novo imposto sobre operações com energia elétrica e de telecomunicações.

Já forma do §6º, inciso II do artigo 153 da Constituição Federal, o novo imposto será exigido uma única vez, ou seja, será exigido de forma monofásica, independentemente se produzido em larga cadeia produtiva.

Igualmente forma do §6º, inciso III do artigo 153 da Constituição Federal, o imposto seletivo será irá compor sua própria base de cálculo, ou seja, será calculado por fora. Sendo assim, uma vez determinado o custo do bem, serviço ou produto, haverá a incidência do referido tributo sobre o valor total.

De acordo com o §6º, inciso IV do artigo 153 da Constituição Federal, este novo imposto, considerando o caráter transitório da reforma tributária, irá compor a base de cálculo dos tributos incidentes sobre o consumo.

Certamente, discussões serão possíveis diante deste regramento, principalmente face decisões recentes proferidos pela Supremo Tribunal Federal, em razão do caráter transitório de determinadas receitas provisórias auferidas pelas sociedades mercantis.

Igualmente forma do §6º, inciso V do artigo 153 da Constituição Federal, o imposto seletivo, na forma regulamentada por lei complementar, poderá ter o mesmo fato e base de cálculo dos demais tributos já previstos em nossa carta mãe.

Desta feita, diferentemente dos novos impostos (residuais) e das contribuições de seguridade social novas (residuais), o mesmo poderá copiar os critérios materiais utilizados por outros tributos para que ocorra sua cobrança.

Na forma do §6º, inciso VI do artigo 153 da Constituição Federal, apesar da lei complementar regulamentadora, as alíquotas deste novo imposto poderão ser determinadas por lei ordinária.

Ademais, tais alíquotas poderão ser específicas, quando impossível quantificar a base de cálculo tributável por unidade, bem como poderão ser *ad valorem*, ou seja, quando possível estabelecer o valor da operação de forma unitária.

Por fim, na forma do §6º, inciso VII do artigo 153 da Constituição Federal, o imposto seletivo será exigido no momento da extração, independentemente da destinação que do resultado da extração.

15.2 Impostos estaduais e distritais

Os impostos estaduais estão previstos no art. 155 da CF/1988. Logo, os Estados e o Distrito Federal terão competência para a criação dos impostos colacionados a seguir. Assim como nos impostos federais, dada a extensão da matéria e do objetivo da presente obra, limitar-se-á o signatário a explicitar o fato gerador, bem como algumas especificidades de cada imposto.

15.2.1. Imposto sobre Transmissão Causa Mortis e Doação

Reza o art. 155, I, da CF/1988 que poderão os Estados e o Distrito Federal criar um imposto que deverá incidir sobre a transmissão quando do evento causa mortis e/ou doação de quaisquer bens ou direitos.

Logo, será fato gerador do ITCD toda transmissão de bens ou direitos que sejam advindos do evento causa mortis e/ou doação, desde que de forma graciosa.

Este imposto terá finalidade fiscal, ou seja, de arrecadação, e será constituído mediante lançamento por declaração. Outro importante tema trata da definição de qual ente será competente para a cobrança do referido imposto. Logo, na forma do art. 155, § 1º, da CF/1988, terá competência para receber o **ITCD**:

a) transmissão de bens imóveis à Estado de localização do bem;

b) transmissão de bens móveis em caso de inventário à Estado de domicílio do de cujus;

c) transmissão de bens móveis em caso de doação à Estado do doador.

Será contribuinte do referido imposto, em se tratando de evento causa mortis, os herdeiros ou legatários. Já no caso de doação, o imposto poderá ser exigido tanto do doador quanto do donatário, na forma do art. 42 do CTN.

Dispositivo inserido pela reforma tributária foi do dever de os entes competentes exigirem o ITCD com alíquotas progressivas, isto é, escalonadas de acordo com a base de cálculo (valor) dos bens que estão sendo transmitidos.

Fato ocorre que, desde os meados de 2013, o Supremo Tribunal Federal já havia se posicionado no sentido de que os estados já poderiam adotar a progressividade, porém não de forma obrigatória. Em razão da decisão, alguns entes passaram a adotar alíquotas progressivas e outros ainda não. É o caso, por exemplo, do Estado de São Paulo, que, apesar da decisão, sempre exigiu o imposto com alíquota fixa de 4%.

Agora, com a presente alteração, todos os estados membros deverão adotar a progressividade em suas alíquotas aplicadas para o cálculo do ITCD.

Vale dizer que as alíquotas, atualmente, são reguladas por Resolução do Senado Federal (Resolução nº 09/92) e a alíquota máxima prevista é de 8% (oito por cento).

Ademais, certamente a referida previsão tem igualmente como conotação aumentar o imposto incidente nestas transmissões não onerosas, eis que, com o advento da nova tributação sobre o consumo (tema principal da reforma tributária), haverá perda de arrecadação para os referidos entes competentes.

Desta feita, vários gatilhos foram observados quando da simples leitura da Emenda Constitucional 132/2023, todas estes visando ao aumento de arrecadação por parte dos estados, distrito federal e os municípios.

Ainda, nunca é demais relembrar que tais alíquotas apenas serão adotadas e exigidas de forma progressiva, conforme adoção por lei local. Diante disso, para os fatos geradores ocorridos antes da norma específica de cada ente, são igualmente observadas as anterioridades, elas não poderão ser exigidas pelos referidos entes.

No tocante ao ITCD incidente sobre inventário, doação e/ou bens provenientes do exterior, indica nossa Constituição Federal a necessidade de lei complementar para regulamentar a referida competência. Entretanto, apesar do mandamento constitucional, fato é de que até o presente momento nenhuma lei complementar foi criada para regulamentar a referida competência.

Em razão dessa omissão legal, os estados membros, utilizando da permissão indicada no artigo 24, §3º da Constituição Federal, passaram a regulamentar a competência e respectiva incidência do ITCD para estes casos. E, face à referida regulamentação realizada de forma individual por cada ente, muitos contribuintes passaram a questionaram as referidas normas estaduais, afirmando serem inconstitucionais, em razão da ausência de lei complementar geral.

Diante disso, o Supremo Tribunal Federal manifestou-se no sentido de serem inconstitucionais as referidas legislações estaduais face a ausência de lei complementar geral, o que por si só, ensejaria uma possível guerra fiscal e invasão de competência entre os entes federativos.

Tema 825 do Supremo Tribunal Federal: É vedado aos estados e ao Distrito Federal instituir o ITCMD nas hipóteses referidas no art. 155, § 1º, III, da Constituição Federal sem a intervenção da lei complementar exigida pelo referido dispositivo constitucional.

Logo, até a reforma tributária, o ITCD não poderia ser exigido pelos estados membros quando da transmissão de bens, inventário, doações oriundos do exterior.

Diante da decisão, considerando a lacuna legislativa, compreendeu o constituinte derivado realizar a regulamentação de forma provisória, até que uma lei complementar geral e de caráter nacional venha ser criada. Assim, de acordo com o que disposto na Emenda Constitucional nº 132/2023, ficou estabelecido que:

a) Doação proveniente do exterior para alguém que esteja no Brasil: o ITCD será satisfeito para o estado brasileiro onde estiver domiciliado o destinatário, ou seja, donatário;

b) Doação proveniente do exterior para alguém que esteja fora do Brasil: o ITCD será satisfeito para o estado brasileiro onde estiver localizado o bem;

c) Transmissão de bens em razão do fato causa mortis, mesmo que os bens estejam no exterior: o ITCD será satisfeito para o estado brasileiro de domicílio do sucessor ou legatário.

Vale dizer que tais possibilidades somente serão observadas para as sucessões ocorridas a partir da publicação da Emenda Constitucional nº 132/2023.

Por fim, ainda no tocante ao ITCD, trouxe a reforma tributária uma grande e sempre importante imunidade tributária. Logo, para efeitos deste imposto, não deverá ocorrer sua incidência quando da transmissão e/ou doação para instituições sem fins lucrativos com finalidade de relevância pública e social.

Ademais, com a referida imunidade, igualmente não haverá a incidência de imposto para transmissões e doações realizadas para instituições religiosas, organizações assistenciais e beneficentes.

Igualmente não ocorrerá a incidência do referido imposto quando da transmissão e/ou doação realizada para institutos científicos e tecnológicos.

Claro que a própria imunidade acaba criando uma condicionante, qual seja, para não ocorrência e incidência do referido imposto as transmissões e doações, terão de ser realizadas para consecução dos objetos sociais das entidades.

Por fim, caberá a lei complementar estabelecer as demais condições para o gozo desta imunidade.

15.2.2. Imposto sobre Circulação de Mercadorias e Serviços

Igualmente será de competência dos Estados e do Distrito Federal o imposto previsto no art. 155, II, da Carta Magna, ou seja, aquele que deverá incidir quando da ocorrência da circulação de mercadorias ou prestação de determinados serviços (ICMS). Ademais, o referido imposto tem sua regulação geral na LC nº 87/1996 e na LC nº 24/1975.

Ocorrerá fato gerador do ICMS toda vez que ocorrer circulação jurídica de mercadorias, ou seja, quando ocorrer a modificação de titularidade da propriedade de produtos por meio de uma atividade de mercancia na forma habitual. Diante disso, compreende-se impossível a incidência de ICMS quando, por exemplo, do transporte de mercadorias entre filial e matriz de uma empresa, na forma da Súm. nº 166 do STJ.

Logo, é importante definir, para efeitos de incidência do ICMS, a necessidade da ocorrência de circulação de mercadoria, ou seja, a modificação da propriedade.

Igualmente, é importante ser demonstrada que, na forma do art. 4º da LC nº 87/1996, a venda de mercadoria seja de forma habitual. Por essa razão, inclusive, foi editada a Súm. Vinc. nº 32 do STF, que deixou clara a necessidade de habitualidade para efeitos de incidência do ICMS.

Também ocorrerá a incidência do ICMS quando da prestação de serviços de transporte intermunicipal e interestadual, bem como pela prestação dos serviços de comunicação. Aqui se salienta: para que ocorra a incidência do ICMS, os serviços de comunicação deverão ser contemplados com o pagamento pelo usuário, por exemplo, televisão a cabo, telefonia celular, entre outros.

Na forma do art. 155, § 2º, I, da CF/1988 e do art. 19 da LC nº 87/1996, o ICMS será um tributo não cumulativo e indireto. Logo, o imposto satisfeito na etapa anterior poderá ser compensado com o da etapa seguinte. Trata-se de um direito constitucional de compensação do imposto incidente na etapa anterior, que é creditado (abatido/compensado) na operação seguinte.

Ainda, na forma da Constituição, reza o art. 155, § 2º, III, que o ICMS poderá ser seletivo, ou seja, ter suas alíquotas exigidas de acordo com a essencialidade da mercadoria ou do serviço prestado. Ressalta-se aqui: poderá, e não deverá, como ocorre no IPI.

Dispõe o art. 155, § 2º, IX, *a*, da CF/1988 que o importador de mercadorias, mesmo que não seja contribuinte habitual, terá que pagar ICMS quando da importação. Diante disso, torna-se inválida a Súm. nº 660 do STF, mantendo-se apenas a Súm. nº 661 e a Súm. Vinc. nº 48 do STF.

Já no inc. X do § 2º do art. 155 da CF/1988, serão encontradas algumas imunidades no que tange ao ICMS. Por exemplo, não incidirá ICMS quando da exportação de mercadorias para o exterior, podendo inclusive o exportador creditar-se de eventual imposto que venha a sofrer ao final da cadeia tributária.

Serão sujeitos passivos do ICMS aquelas pessoas previstas no art. 4º da LC nº 87/1996, ou seja, as pessoas que pratiquem operações relativas à circulação de mercadorias, importadores de bens de qualquer natureza, prestadores de serviço de transporte interestadual/intermunicipal e prestadores de serviço de comunicação.

No tocante ao **ICMS**, é importante referir que se trata do imposto mais complexo previsto em nossa Constituição Federal, bem como questão sempre lembrada pelo examinador é a de que a isenção do imposto jamais poderá ser realizada por meio de lei, mas tão somente por convênio, na forma do art. 155, § 2º, XII, g, da CF/1988 combinado com a LC nº 24/1975.

Por fim, sobre o presente imposto, já decidiu o STF, em repercussão geral, que:

a) RE nº 912.888 – Min. Alexandre de Moraes – 25-2-2021 – A tarifa de assinatura básica mensal não é serviço (muito menos serviço preparatório), e, sim, a contraprestação pelo serviço de comunicação propriamente dito prestado pelas concessionárias de telefonia, consistente no fornecimento, em caráter continuado, das condições materiais para que ocorra a comunicação entre o usuário e terceiro, o que atrai a incidência do ICMS. Fica aprovada a seguinte tese de repercussão geral: "O ICMS incide sobre a tarifa de assinatura básica mensal cobrada pelas prestadoras de serviço de telefonia, independentemente da franquia de minutos conferida ou não ao usuário".

b) RE nº 540.829 – Min. Gilmar Mendes – 11-9-2014 – (...) não incide o ICMS na operação de arrendamento mercantil internacional, salvo na hipótese de antecipação da opção de compra, quando configurada a transferência da titularidade do bem. Consectariamente, se não houver aquisição de mercadoria, mas mera posse decorrente do arrendamento, não se pode cogitar de circulação econômica.

c) RE nº 607.056 – Min. Dias Toffoli – 10-4-2013 – O fornecimento de água potável por empresas concessionárias desse serviço público não é tributável por meio do ICMS. As águas em estado natural são bens públicos e só podem ser exploradas por particulares mediante concessão, permissão ou autorização. O fornecimento de água tratada à população por empresas concessionárias, permissionárias ou autorizadas não caracteriza uma operação de circulação de mercadoria.

d) RE nº 582.641/SP – Min. Ricardo Lewandowski – 18-5-2011 – A base de cálculo do ICMS, definida como o valor da operação da circulação de mercadorias (art. 155, II, da CF/1988, c/c arts. 2º, I, e 8º, I, da LC nº 87/1996), inclui o próprio montante do ICMS incidente, pois faz parte da importância paga pelo comprador e recebida pelo vendedor na operação. A EC nº 33/2001 inseriu a alínea i no inciso XII do § 2º do art. 155 da CF/1988, para fazer constar que cabe à lei complementar "fixar a base de cálculo, de modo que o montante do imposto a integre, também na importação do exterior de bem, mercadoria ou serviço". Ora, se o texto dispõe que o ICMS deve ser calculado com o montante do imposto inserido em sua própria base de cálculo também na importação de bens, naturalmente a interpretação que há de ser feita é que o imposto já era calculado dessa forma em relação às operações internas. Com a alteração constitucional, a lei complementar ficou autorizada a dar tratamento isonômico na determinação da base de cálculo entre as operações ou prestações internas com as importações do exterior, de modo que o ICMS será calculado "por dentro" em ambos os casos.

15.2.3. Imposto sobre Propriedade de Veículo Automotor

E o último imposto de competência dos Estados e do Distrito Federal será aquele previsto no art. 155, III, da CF/1988, que terá como fato gerador a propriedade de veículo automotor.

Logo, será contribuinte do presente imposto todo proprietário e possuidor com *animus domini* de veículo automotor.

Ademais uma das grandes alterações promovidas pela reforma tributária, além da alteração da tributação sobre o consumo, foi finalmente possibilitar a incidência do IPVA sobre aeronaves e embarcações. Certamente, visando a observar o princípio da capacidade contributiva (art. 145, §1º da CF) e da isonomia tributária (art. 150, II da CF) compreendeu o legislador estender a possibilidade de cobrança do referido imposto aos proprietários de embarcações e aeronaves.

Logo, considerando a referida possibilidade, certamente os estados membros irão legislar em causa própria, para que já em 2025 possam estabelecer a cobrança do referido tributo. Torna-se relevante dizer, quem em razão dos princípios da anterioridade, a referida cobrança somente poderá ocorrer à partir de 2025, uma vez que a reforma tributária apenas fora publicada no final do ano de 2023.

Entretanto, apesar de a regra ser tributar a propriedade de embarcações e aeronaves, fato é que alguns atores e importantes segmentos da economia restarão imunes a referida tributação, como:

a) Aeronaves Agrícolas;

b) Aviação Comercial;

c) Embarcações de propriedade de pessoa jurídica que preste serviço de transporte aquaviário;

d) Embarcações de propriedade de pessoa física ou jurídica que promova a pesca industrial, artesanal, científica e/ou para subsistência.

e) Plataformas petrolíferas;

f) Tratores e máquinas agrícolas.

Cai ao lanço ainda afirmar que o CTN não traz as normas gerais do referido imposto, diferente da maioria. Logo, poderão os Estados e o Distrito Federal legislar sobre este imposto, na forma do art. 24, § 3º, da CF/1988.

Por fim, no tocante ao **IPVA**, três questões são sempre bem lembradas:

a) Poderá o referido imposto ter alíquotas diferenciadas em razão do tipo, valor, impacto ambiental e utilização do veículo, de acordo com o art. 155, § 6º, II, da CF/1988.

b) O STF (AgRg no RE nº 367.785 – Min. Eros Grau –9-5-2006) entende que não poderá existir alíquotas diferenciadas no que tange à procedência dos veículos, ou seja, não há possibilidade de diferenciar a nacionalidade do veículo para a cobrança do IPVA.

c) A base de cálculo do IPVA obedecerá apenas à anterioridade do exercício, mesmo que majorada. Assim, poderá o ente competente majorar a base de cálculo em 27 de dezembro e já exigir em 1º de janeiro do ano posterior.

15.3. Impostos municipais

Antes de adentrarmos o estudo dos impostos municipais, é importante referir que o Distrito Federal também será competente para criá-los, na forma do art. 147 da CF/1988. Ademais, conforme já exposto quando do estudo dos impostos estaduais e federais, limitar-se-á o presente estudo à identificação do fato gerador de cada imposto, bem como algumas de suas especificidades.

15.3.1. Imposto sobre Propriedade Predial e Territorial Urbana

Na forma do art. 156, I, da CF/1988, caberá aos Municípios e ao Distrito Federal a criação de impostos sobre a propriedade de imóvel urbano. Assim, todo proprietário, titular de domínio útil ou possuidor com *animus domini*, terá que satisfazer este imposto municipal que incidirá sobre a propriedade de imóvel situado em zona urbana.

O conceito de definição referente à zona urbana encontra-se no art. 32 do CTN. Assim, será urbana a área definida em lei municipal que comporte melhoramentos urbanos (p. ex., calçamento, abastecimento de água, iluminação pública). Para que o imóvel seja considerado urbano, faz-se necessária a presença de, pelo menos, dois dos cincos melhoramentos previstos no artigo suprarreferido e no seu § 1º.

Outrossim, também poderá ser fato gerador do IPTU os imóveis situados em áreas de expansão urbana, na forma do art. 32, § 2º, do CTN. Logo, para esses casos, mesmo que não existam quaisquer dos tipos de melhoramentos citados, poderá ser exigido o imposto do proprietário do imóvel.

O IPTU poderá ter alíquotas progressivas por conta da função social e em razão do valor venal. Quando ele tem alíquota progressiva no que tange à função social, será considerado extrafiscal.

Sobre a progressividade das alíquotas, definiu o STF (RE nº 586.693 – Min. Marco Aurélio – 25-5-2011) que:

"(...) surge legítima, sob o ângulo constitucional, lei a prever alíquotas diversas, presentes imóveis residenciais e comerciais, uma vez editada após a EC 29/2000".

Ainda sobre a possibilidade de termos alíquotas diferenciadas, entende o STF (RE nº 457.482 AgR) que: "(...) a cobrança do IPTU em alíquotas diferenciadas em razão da destinação dos imóveis não afronta a Constituição da República".

Será sujeito passivo o proprietário, titular do domínio útil (usufrutuário), e o possuidor com *animus domini* (aquisição do domínio pela propriedade). Lembrando ainda que o locatário jamais poderá ser sujeito passivo.

Por fim, apenas para relembrar, caso o imóvel esteja situado em zona urbana, mas tenha por finalidade o uso rural, incidirá o ITR, e não o IPTU, na forma do art. 15 do Dec.-lei nº 57/1966.

15.3.2. Imposto sobre Transmissão de Bem Imóvel

Já na forma do art. 156, II, da CF/1988, poderão os Municípios e o Distrito Federal criar um imposto que incidirá sobre a transmissão onerosa de bens imóveis, ou seja, poderão criar o ITBI. Assim, diferente do ITCD, que somente terá como fato gerador a transmissão causa mortis ou doação, para efeitos de ITBI apenas incidirá quando ocorrer a transmissão onerosa (compra e venda, por exemplo) de bem imóvel.

Também teremos a incidência de ITBI quando houver a transmissão onerosa de direitos reais sobre os bens imóveis, exceto os de garantia. Logo, incidirá ITBI na realização de servidão, usufruto, entre outros.

Para que ocorra o fato gerador, faz-se necessária a transmissão efetiva do bem imóvel. Logo, na lavra do STF (RE nº 666.096 – Min. Carmen Lúcia – 30-10-2012), os meros contratos de promessa de compra e venda não constituem fato gerador do ITBI justamente pelo fato de inexistir transmissão.

Será sujeito passivo qualquer uma das partes da operação tributária de transmissão do bem imóvel, ou seja, poderá ser tanto o transmitente quanto o adquirente. Caberão aos entes competentes determinar a sujeição passiva, que normalmente será do adquirente.

Esse imposto será satisfeito pelo ente competente onde está situado o imóvel e terá como fato gerador a transmissão do bem. Logo, mero contrato de compra e venda (de gaveta) não fará ocorrer o fato gerador deste imposto, visto que inexiste transmissão.

As alíquotas do ITBI serão proporcionais (há quem diga que, em razão do ITCD e do julgamento do STF, já poderão ser progressivas) e terão como base de cálculo o valor venal do bem imóvel transmitido, cujo montante será atribuído pela Fazenda Municipal do ente competente.

▷ **Cuidado!** Para efeitos de base de cálculo do ITBI, quando da alienação de imóvel em hasta pública, o valor considerado será aquele pago na transação, quebrando a regra da necessidade de avaliação do valor do bem pela Fazenda Municipal.

Por fim, na forma do art. 156, § 2º, I, da CF/1988, este imposto não incidirá sobre transmissão de bens incorporados ao patrimônio de pessoa jurídica em realização de capital, nem sobre transmissão de bens ou direitos decorrentes de fusão, incorporação, cisão e extinção, salvo se a pessoa jurídica tiver a empresa com finalidade de locação, compra e venda de imóveis. Trata-se de mais um caso de imunidade específica disposta na Constituição Federal.

15.3.3. Imposto sobre Serviços de Qualquer Natureza

E o último imposto de competência dos Municípios e do Distrito Federal é aquele previsto no art. 156, III, da CF/1988. Trata-se do imposto que incidirá sobre a prestação de serviços de qualquer natureza. Ademais, as normas gerais deste imposto estão posicionadas na LC nº 116/2003.

Portanto, será correto afirmar que ocorrerá o fato gerador quando da prestação de serviço, por empresa ou profissional autônomo, com ou sem estabelecimento fixo, de serviços constantes na lista anexa à LC nº 116/2003.

▷ **Cuidado!** Alguns tipos de serviço serão tributados pelo ICMS (transporte interestadual/intermunicipal e de comunicação).

De outro lado, não estarão englobados na incidência do imposto sobre serviço de qualquer natureza os serviços feitos para si próprio, aqueles decorrentes de vínculo empregatício, os serviços realizados pelos sócios e administradores, os serviços de transporte interestadual e intermunicipal e de comunicação (ICMS) e aqueles serviços que serão destinados ao exterior.

Logo, a primeira grande conclusão sobre este imposto é a de que ele somente poderá incidir sobre os serviços descritos na lista anexa e desde que previstos na norma do ente competente.

A alíquota deste imposto será de, no máximo, 5% e, no mínimo, 2%, na forma do art. 8º da LC nº 116/2003. Outrossim, usualmente, ele deverá ser recolhido para o ente competente onde está domiciliado o prestador do serviço, na forma do art. 3º da referida Lei Complementar. E, por fim, terá como base de cálculo o valor do preço do serviço, de acordo com o art. 7º da LC nº 116/2003.

Sobre o **ISSQN**, o STF proferiu importantes decisões em sede de controle concentrado e/ou repercussão geral:

a) RE nº 756.915RG – Min. Gilmar Mendes – 17-10-2013 – As pessoas que exercem atividade notarial não são imunes à tributação, porquanto a circunstância de desenvolverem os respectivos serviços com intuito lucrativo invoca a exceção prevista no art. 150, § 3º, da Constituição. O recebimento de remuneração pela prestação dos serviços confirma, ainda, capacidade contributiva. A imunidade recíproca é uma garantia ou prerrogativa imediata de entidades políticas federativas, e não de particulares que executem, com inequívoco intuito lucrativo, serviços públicos mediante concessão ou delegação, devidamente remunerados. Não há diferenciação que justifique a tributação dos serviços públicos concedidos e a não tributação das atividades delegadas. Incidência do Imposto sobre Serviços de Qualquer Natureza (ISSQN) sobre serviços de registros públicos, cartorários e notariais. Constitucionalidade. (...) As pessoas que exercem atividade notarial não são imunes à tributação, porquanto a circunstância de desenvolverem os respectivos serviços com intuito lucrativo invoca a exceção prevista no art. 150, § 3º, da Constituição. O recebimento de remuneração pela prestação dos serviços confirma, ainda, capacidade contributiva. A imunidade recíproca é uma garantia ou prerrogativa imediata de entidades políticas federativas, e não de particulares que executem, com inequívoco intuito lucrativo, serviços públicos mediante concessão ou delegação, devidamente remunerados. Não há diferenciação que justifique a tributação dos serviços públicos concedidos e a não tributação das atividades delegadas.

b) RE nº 651.703 – Min. Dias Toffoli – 29-4-2022 – As operadoras de planos de saúde realizam prestação de serviço sujeita ao Imposto Sobre Serviços de Qualquer Natureza – ISSQN, previsto no art. 156, III, da CF/1988.

c) RE nº 592.905 – Min. Eros Grau – 2-12-2009 – O arrendamento mercantil compreende três modalidades, [i] o *leasing* operacional, [ii] o *leasing* financeiro e [iii] o chamado *lease-back*. No primeiro caso há locação; nos outros dois, serviço. A lei complementar não define o que é serviço, apenas o declara, para os fins do inciso III do art. 156 da Constituição. Não o inventa, simplesmente descobre o que é serviço para os efeitos do inciso III do art. 156 da Constituição. No arrendamento mercantil (*leasing* financeiro), contrato autônomo que não é misto, o núcleo é o financiamento, não uma prestação de dar. E financiamento é serviço, sobre o qual o ISS pode incidir, resultando irrelevante a existência de uma compra nas hipóteses do *leasing* financeiro e do *lease-back*.

16. EXECUÇÃO FISCAL

Autor: Guilherme Pedrozo

Os Entes Públicos, entes que recebem a delegação de criação e/ou majoração de tributos através do texto constitucional, não dependerão do Poder Judiciário para que possam constituir os seus créditos tributários. Assim atendendo aos interesses da coletividade, os entes públicos buscaram através do recolhimento de tributos, a manutenção do mínimo necessário para o bem da coletividade. Entretanto se acaso estes tributos não forem satisfeitos, as fazendas públicas deverão buscar o pagamento dos mesmos, através da Execução Fiscal.

Assim a Execução Fiscal é o rito processual disponível para que os entes públicos possam buscar a satisfação dos débitos tributários (e também os não tributários) não satisfeitos administrativamente pelos contribuintes. Ademais tal rito apresenta legislação própria (Lei 6.830/80) e se utilizará subsidiariamente, naquilo que não contrariar a lei especial, o conteúdo normativo disposto em nosso Código de Processo de Civil.

Cai ao lanço ainda salientar que para termos Execução Fiscal faz-se necessário a existência de um título executivo extrajudicial. E qual seria este título executivo extrajudicial? É o que chamamos de Certidão de Dívida Ativa. Portanto jamais poderemos ter Execução Fiscal sem CDA.

Antes de falarmos sobre a CDA, é importante dizer que o foro competente para ajuizamento da Execução Fiscal será o do domicilio do réu, in casu, executado. De igual sorte também é inteligente informar que as Execuções Fiscais movidas pela União, Autarquias Federais, serão ajuizadas na Justiça Federal, bem como aquelas Execuções Fiscais movidas pelos Estados e Municípios, serão ajuizadas na Justiça Estadual.

Mas afinal de contas, quais são os requisitos para termos uma CDA. Leciona o artigo 2º, §5º e §6º da Lei 6.830/80 que:

> Art. 2º, §§ 5º e 6º da Lei 6.830/80
>
> § 5º - O Termo de Inscrição de Dívida Ativa deverá conter:
>
> I - o nome do devedor, dos co-responsáveis e, sempre que conhecido, o domicílio ou residência de um e de outros;
>
> II - o valor originário da dívida, bem como o termo inicial e a forma de calcular os juros de mora e demais encargos previstos em lei ou contrato;
>
> III - a origem, a natureza e o fundamento legal ou contratual da dívida;

IV - a indicação, se for o caso, de estar a dívida sujeita à atualização monetária, bem como o respectivo fundamento legal e o termo inicial para o cálculo;

V - a data e o número da inscrição, no Registro de Dívida Ativa; e

VI - o número do processo administrativo ou do auto de infração, se neles estiver apurado o valor da dívida.

§ 6º - A Certidão de Dívida Ativa conterá os mesmos elementos do Termo de Inscrição e será autenticada pela autoridade competente.

Assim para que torne-se perfeita uma CDA ela deverá atentar-se aos requisitos acima expostos. Ademais cai ao lanço ainda informar que inobstante tais requisitos positivos, o Exame da Ordem tem cobrado os requisitos negativos, ou seja, o que não faz-se necessário ter em uma Certidão de Dívida Ativa.

Súmulas

Súmula 558 STJ " Em ações de execução fiscal, a petição inicial não pode ser indeferida sob o argumento da falta de indicação do CPF e/ou RG ou CNPJ da parte executada."

Súmula 559 STJ "Em ações de execução fiscal, é desnecessária a instrução da petição inicial com o demonstrativo do débito, por tratar-se de requisito não previsto no art. 6º da Lei n. 6830/80."

Uma vez dito sobre os requisitos da CDA, uma outra pergunta pode ser realizada: a mesma poderá ser substituída após o ajuizamento da Execução Fiscal? A resposta é positiva, salvo se for para alteração do sujeito passivo, que esta jamais poderá ocorrer. Vide o teor da súmula do STJ.

Súmula 392 STJ "A Fazenda Pública pode substituir a Certidão de Dívida Ativa (CDA) até a prolação da sentença de embargos, quando se tratar de correção de erro material ou formal, vedada a modificação do sujeito passivo da execução."

Analisada a CDA, e pronto o título executivo à fim de instruir a Execução Fiscal, reza o artigo 6º da Lei 6.830/80 de que a petição inicial deverá conter:

Art. 6º da Lei 6.830/80

Art. 6º - A petição inicial indicará apenas:

I - o Juiz a quem é dirigida;

II - o pedido; e

III - o requerimento para a citação.

§ 1º - A petição inicial será instruída com a Certidão da Dívida Ativa, que dela fará parte integrante, como se estivesse transcrita.

§ 2º - A petição inicial e a Certidão de Dívida Ativa poderão constituir um único documento, preparado inclusive por processo eletrônico.

§ 3º - A produção de provas pela Fazenda Pública independe de requerimento na petição inicial.

§ 4º - O valor da causa será o da dívida constante da certidão, com os encargos legais.

Uma vez ajuizada a petição inicial a mesma será distribuída na justiça e foro competente. Tombado o feito, o mesmo será concluso ao juízo à fim de que o mesmo profira despacho inicial, mandado citar a parte para pagar ou oferecer bens à penhora no prazo de 5 dias.

Não sendo realizado o pagamento, bem como acaso não forem oferecidos bens à penhora, a parte exequente irá demandar à fim de conseguir bens que garantam o pagamento da dívida, ou seja, tentará a penhora de bens do executado. A penhora irá obedecer a seguinte ordem:

Art. 11 da Lei 6.830/80

Art. 11 - A penhora ou arresto de bens obedecerá à seguinte ordem:

I - dinheiro;

II - título da dívida pública, bem como título de crédito, que tenham cotação em bolsa;

III - pedras e metais preciosos;

IV - imóveis;

V - navios e aeronaves;

VI - veículos;

VII - móveis ou semoventes; e

VIII - direitos e ações.

§ 1º - Excepcionalmente, a penhora poderá recair sobre estabelecimento comercial, industrial ou agrícola, bem como em plantações ou edifícios em construção.

§ 2º - A penhora efetuada em dinheiro será convertida no depósito de que trata o inciso I do artigo 9º.

§ 3º - O Juiz ordenará a remoção do bem penhorado para depósito judicial, particular ou da Fazenda Pública exeqüente, sempre que esta o requerer, em qualquer fase do processo.

Outrossim cai ao lanço informar que uma das perguntas que inclusive já foram objeto de cobrança por parte da OAB foi: posso substituir bens que foram penhorados? A resposta está no artigo 15 da Lei 6.830/80.

Art. 15 da Lei 6.830/80

Art. 15 - Em qualquer fase do processo, será deferida pelo Juiz:

I - ao executado, a substituição da penhora por depósito em dinheiro, fiança bancária ou seguro garantia; e (Redação dada pela Lei nº 13.043, de 2014)

II - à Fazenda Pública, a substituição dos bens penhorados por outros, independentemente da ordem enumerada no artigo 11, bem como o reforço da penhora insuficiente.

Por fim, antes de adentrarmos aos embargos à execução fiscal, faz-se necessário abordar outra tema que igualmente já foi objeto de cobrança na

OAB. Será que todo bem poderá ser objeto de penhora para garantir a dívida tributária? A regra, na forma do artigo 184 do Código Tributário Nacional.

> Art. 184 do CTN
>
> **Art. 184.** Sem prejuízo dos privilégios especiais sobre determinados bens, que sejam previstos em lei, responde pelo pagamento do crédito tributário a totalidade dos bens e das rendas, de qualquer origem ou natureza, do sujeito passivo, seu espólio ou sua massa falida, inclusive os gravados por ônus real ou cláusula de inalienabilidade ou impenhorabilidade, seja qual for a data da constituição do ônus ou da cláusula, excetuados unicamente os bens e rendas que a lei declare absolutamente impenhoráveis.

Entretanto, inobstante a regra informar que a maioria dos bens dos contribuintes poderão servir para pagamento da dívida tributária, existem alguns bens que jamais poderão ser objeto de penhora?

Na forma do artigo supra citado o crédito tributário poderá servir-se, via de regra, de quaisquer bens do devedor para a satisfação do crédito, inclusive aquelas gravados com cláusula de inalienabilidade ou impenhorabilidade. Entretanto os bens descritos no artigo 833 do CPC e na Lei 8.009/90 (único bem imóvel – família) serão impenhoráveis.

Mas tenha cuidado visto que na própria lei 8.009/90 (art. 3º) temos uma exceção a impenhorabilidade por dívida fiscal, visto que quando o crédito tributário for oriundo do bem imóvel ele poderá ser penhorado para pagamento destes débitos (exemplo, IPTU, Taxa, Cont. de Melhoria).

Uma vez realizada à penhora ou o contribuinte vindo a oferecer bem/dinheiro/fiança/seguro para garantir à execução fiscal, nasce o direito do executado elaborar sua defesa, que via de regra, será através dos Embargos à Execução Fiscal na forma do artigo 16 da Lei 6.830/80.

17. AÇÕES TRIBUTÁRIAS

Autor: Guilherme Pedrozo

Ações antiexacionais são medidas judiciais adotadas pelo contribuinte para evitar a cobrança indevida ou injusta de tributos pela administração tributária. Essas ações têm o objetivo de proteger o patrimônio do contribuinte contra exigências fiscais consideradas ilegais ou inconstitucionais, assegurando que apenas tributos devidos e corretamente apurados sejam pagos.

17.1 Mandado de Segurança

O fundamento legal básico da presente demanda encontra-se esculpido no art. 5º, LXIX, da CF, combinado com o art. 1º da Lei nº 12.016/2009. Importante dizer que tal demanda desfruta de *status* de remédio constitucional no qual para aqueles que o utilizam fundamenta-se sempre na seguinte premissa: "lesão ou ameaça de lesão a um direito líquido e certo".

LXIX – conceder-se-á mandado de segurança para proteger direito líquido e certo, não amparado por habeas corpus ou habeas data, quando o responsável pela ilegalidade ou abuso de poder for autoridade pública ou agente de pessoa jurídica no exercício de atribuições do Poder Público;

Mas esse direito líquido e certo seria de quem? Daquele (em nosso caso, contribuinte) que venha sofrer uma ilegalidade/abuso de poder ou esteja ameaçado a sofrer constrangimento ilegal.

Mas quem cometerá tais atos? Esses atos são realizados pela autoridade pública ou agente de pessoa jurídica. Mas atenção: sempre no exercício de poder dado pelo Poder Público.

Ademais, onde se encaixa o Mandado de Segurança dentro do processo fiscal? Lembre-se que, conforme o art. 3º do CTN, o ato de cobrar tributo está vinculado à lei. Logo, se houver cobrança sem respaldo legal, poderemos estar diante da utilização da presente demanda.

Lembre-se que o Mandado de Segurança poderá ser repressivo ou preventivo. Assim utilizar-se-á o repressivo para fatos que sejam posteriores ao lançamento. Já o preventivo, quando houver uma lei que esteja a ameaçar o contribuinte e que de fato ainda não produziu efeitos sobre determinado contribuinte (sem lançamento).

Outrossim, sobre a lesão ou ameaça de lesão a um direito líquido e certo significa afirmar que trata-se de norma que está devidamente criada e/ou publicada e que uma vez confrontada com as normas bases do direito tributário estará capaz o julgador de declará-la ilegal ou inconstitucional.

Outro fato importante é que uma das grandes diferenças no Mandado de Segurança é que não existirá neste remédio constitucional dilação probatória, logo, as provas deverão ser anexadas e provadas de pleno (pré-constituída), não cabendo, portanto, a oitiva de testemunhas, realização de prova pericial e depoimento de parte.

Ademais o Mandado de Segurança será um procedimento menos custoso visto que acaso a parte impetrante não consiga o julgamento de procedência (concessão de segurança) não poderá ser condenada nos ônus sucumbenciais na forma do art. 25 da Lei nº 12.016/2009 e da Súmula nº 512 do STF.

Este procedimento especial será mais célere, visto que além de não ser possível a dilação probatória (o que poderá acarretar morosidade), terá preferência de tramitação.

E, além das características acima diagnosticadas, o Mandado de Segurança Repressivo, e apenas este, terá prazo para ajuizamento de 120 dias contados da ciência do ato que tornou a lesar o contribuinte na forma do art. 23 da Lei nº 12.016/2009. Ressalta-se que este prazo somente deverá ser observado para o repressivo, visto que no preventivo a lesão ainda não ocorreu, sendo apenas mera expectativa.

Assim diante do que exposto nos parágrafos acima, podemos afirmar que o Mandado de Segurança tem características específicas e se acaso o enunciado trouxer qualquer informação contrária a estas características, tornar-se-á impossível a utilização do presente remédio constitucional. São características essenciais do Mandado de Segurança:

- Preventivo/Repressivo: ação mais célere.
- Preventivo/Repressivo: menos custoso (sem condenação honorários).
- Preventivo/Repressivo: sem dilação probatória (provas pré-constituídas).
- Repressivo: prazo de 120 dias para ajuizamento contados da ciência do ato.

Ademais será parte impetrante do mandado de segurança qualquer parte que esteja na iminência ou já sofrer lesão a um direito seu que compreenda ser líquido e certo. De outro lado, na forma do art. 6º da Lei nº 12.016/2009, será parte impetrada a autoridade coatora, ou seja, aquela autoridade que realizou o ato que causou a lesão ou que estejam prestes a realizar a lesão a um direito líquido e certo.

Outrossim, trata-se de matéria sempre complexa aos examinandos a identificação da autoridade coatora. Assim recomenda-se inicialmente visualizar o enunciado e verificar se o mesmo não informa quem foi ou será a autoridade que realizou ou que realizará o ato. E se acaso o enunciado seja omisso, recomenda-se utilizar as seguintes partes genéricas:

> Para Tributos Federais
>
> Delegado da Delegacia da Receita Federal do Brasil
>
> Para Tributos Aduaneiros
>
> Inspetor da Delegacia da Receita Federal do Brasil
>
> Para Tributos Estaduais
>
> Delegado da Delegacia da Receita Estadual do Estado ...
>
> Para Tributos Municipais
>
> Secretário/Diretor da Secretaria da Fazenda Municipal do Município ...

Também é importante referir que existirão casos que será impossível a utilização do Mandado de Segurança. Além da forma já exposta acima, (informação contrária no enunciado as características essenciais) a própria Lei nº 12.016/2009 informa no seu art. 5º que para determinados casos será impossível a utilização do Mandado de Segurança. Ainda cai ao lanço informar que o STF também cravou posição sobre algumas possibilidades no qual se torna impossível a utilização do Mandado de Segurança por meio das Súmulas nºs 266 e 269 do STF.

> **Art. 5º.** Não se concederá mandado de segurança quando se tratar:
>
> I – de ato do qual caiba recurso administrativo com efeito suspensivo, independentemente de caução;
>
> II – de decisão judicial da qual caiba recurso com efeito suspensivo;
>
> III – de decisão judicial transitada em julgado.

Caso comum de Mandado de Segurança no Exame da Ordem: contribuinte tem uma loja matriz e outras filiais. Ele precisa transportar mercadorias entre elas. Incide ICMS? Não, em razão de não haver circulação de mercadorias. A mercadoria irá para o mesmo titular (sem transferência). Assim, caberá Mandado de Segurança Preventivo, caso visualize justo receio, ou Repressivo acaso exista apreensão de mercadorias.

Também existirá uma possibilidade, remota é verdade, de Mandado de Segurança Coletivo. Neste caso, os efeitos irão atingir determinado grupo de pessoas. Não será qualquer pessoa que poderá impetrar. O rol taxativo está no art. 5º, LXX, da CF. Assim, o que muda aqui serão os efeitos da decisão e a legitimidade ativa para demandar.

Lembrando ainda que no MS Coletivo só posso impetrar na defesa dos filiados, e conforme finalidades/objetivos institucionais. Assim, por exemplo, a OAB não poderá tutelar direito dos médicos.

Já no que tange a suspensão da exigibilidade do crédito toda vez que for possível o examinando deverá solicitar. No Mandado de Segurança ocorrerão de duas formas: depósito e liminar (jamais antecipação de tutela provisória de urgência ou de evidência).

A liminar em sede de Mandado de Segurança não servirá apenas para suspender a exigibilidade na forma do art. 151, IV, do CTN, mas também poderá ser solicitada a fim de antecipar provisoriamente os efeitos de uma decisão que somente ocorrerá ao final do processo, por exemplo, para liberar uma mercadoria, desinterditar um estabelecimento empresarial, entre outros casos.

Serão requisitos para concessão da liminar em sede de Mandado de Segurança aqueles descritos no art. 7º, III, da Lei nº 12.016/2009, ou seja, o famoso *fumus boni iuris* (direito) e a famosa *periculum in mora* (dano). Assim deverá demonstrar o impetrante que cumpre ambos os requisitos de forma cumulada.

Ademais sempre é importante lembrar que a suspensão da exigibilidade no Mandado de Segurança também poderá ocorrer mediante depósito, desde que seja integral e em dinheiro observado os requisitos da Súmula nº 112 do STJ.

Por fim, no que tange a liminar em sede de mandado de segurança, o art. 7º, § 2º, da Lei nº 12.016/2009 informa as possibilidades em que jamais poderão ser deferidos liminarmente os pedidos da parte impetrante. Entretanto é sempre bom lembrar que tal artigo foi considerado inconstitucional pelo Supremo Tribunal Federal.

Sobre o rito do Mandado de Segurança, além de ser especial, ele traz outras peculiaridades. Na forma do art. 12 da Lei nº 12.016/2009 teremos sempre a participação do Ministério Público neste procedimento. Além disto, o representante legal da autoridade coatora, deverá ser intimado para que saiba e tome conhecimento dos atos realizados pelo seu representante.

17.2 Ação Declaratória

A ação declaratória é importante instrumento que servirá ao contribuinte que sentir-se ameaçado sobre uma possível lesão utilizar-se da presente demanda a fim de declarar a inexistência ou até mesmo a existência de sua relação com a norma tributária.

Talvez uma das grandes frases que já li a respeito fora proferida pelo Dr. Rene Longo, em sua obra Direito Tributário – Teoria e Prática, em que afirma que a ação declaratória serve para que sejam estabelecidas certezas jurídicas.

Mas qual será o objetivo do contribuinte buscar a declaração de existência da relação sua com a norma tributária? Poderá o contribuinte buscar mediante a presente demanda a declaração de que lhe assiste direito a gozar de uma isenção, imunidade, compensação, entre outros.

De outro lado buscará o contribuinte a declaração da inexistência de sua relação com a norma tributária toda vez que o mesmo, sentindo-se ameaçado de sofrer uma tributação indevida, por exemplo, utilizar-se-á da presente demanda como forma de evitar que tal lesão possa ocorrer. Assim buscará neste caso, aliás, regra geral da ação declaratória, o contribuinte a declaração que o mesmo não poderá ser cobrado e/ou exigido diante de uma possibilidade iminente de ser tributado.

Leia-se, estimados leitores, a ação declaratória será utilizada antes do lançamento, ou seja, será uma forma de prevenção que poderá utilizar-se o contribuinte a fim de que não sofra em um futuro próximo uma lesão por parte do ente público.

Entretanto uma pergunta poderá existir na cabeça do leitor visto que no capítulo em que fora abordado o Mandado de Segurança Preventivo também se vislumbrou a possibilidade de utilização do remédio constitucional a fim de evitar a ameaça de lesão por parte da autoridade administrativa. E agora, como saber o examinando será irá utilizar-se do Mandado de Segurança Preventivo ou da Ação Declaratória?

O examinando deverá ler com muita atenção o enunciado e lembrar-se que para termos Mandado de Segurança Preventivo faz-se necessário que a explicação (conteúdo) do enunciado não contrarie quaisquer umas das informações básicas do rito especial do Mandado de Segurança, como, por exemplo:

- Mandado de Segurança é: ação menos custosa eis que acaso o impetrante não consiga a concessão da segurança ao final do processo ele não poderá ser condenado em honorários sucumbenciais devidos para a parte contrária.
- Mandado de Segurança é: ação que não comporta dilação probatória, ou seja, nesta ação as provas serão pré-constituídas carecendo assim o impetrante do direito de produzir provas dentro dos autos.

Logo, acaso o enunciado lecione sobre a necessidade e/ou vontade da parte em produzir provas ou receber honorários sucumbenciais em caso de vitória no presente remédio constitucional jamais poderemos utilizar-se do Mandado de Segurança. Lembrando que bastará uma informação no enunciado contrária as informações gerais do Mandado de Segurança para que não seja possível a sua utilização.

O fundamento base para utilização da presente demanda será o art. 19, I, do CPC, ação esta que será do rito comum e que nela será possível a ampla produção probatória, prova pericial, bem como oitiva de testemunhas, além de outras provas lícitas admitidas em direito. Além disso, diferente do Mandado de Segurança, a presente demanda de natureza declaratória permitirá a condenação da parte contrária em honorários sucumbenciais.

Art. 19. O interesse do autor pode limitar-se à declaração:

I – da existência, da inexistência ou do modo de ser de uma relação jurídica;

Talvez uma das grandes dificuldades dos alunos seja compreender se existe a possibilidade da realização do depósito em ação declaratória. E a resposta é altamente afirmativa, visto que inobstante inexistir lançamento, já existirá norma que ameace o contribuinte de tributação indevida. Logo com base nesta norma que ameaça, será possível o cálculo do valor do tributo que o contribuinte terá de pagar acaso seja constituído o crédito tributário.

Assim diante do exposto, mesmo que inexista lançamento, é possível a realização de depósito integral e em dinheiro em ação declaratória com base na lei que ameaça o contribuinte para suspender a exigibilidade na forma da Súmula nº 112 do STJ e art. 151, II, do CTN. Outrossim, vale ressaltar que na forma da Súmula Vinculante nº 28 do STF o presente depósito jamais poderá ser condição de ação e, portanto, será faculdade da parte (faz se quiser).

Além do depósito, o instituto regra que será utilizado pelo contribuinte para suspender a exigibilidade bem como antecipar provisoriamente os efeitos de uma decisão que somente ocorrerá no final do processo será a tutela provisória de urgência, uma vez preenchidos os requisitos da probabilidade do direito e do perigo de dano na forma dos arts. 294 e 300 do CPC.

Outra questão que talvez possa tornar-se dúvida para os examinandos é: se houver o depósito integral e em dinheiro, deverá a autoridade fazendária efetuar o lançamento? A resposta é negativa. Já, acaso a suspensão ocorra por intermédio da concessão da tutela provisória, deverá a autoridade fazendária efetuar o lançamento sob pena de ocorrer para ela a decadência do crédito tributário. Por essa razão, inclusive justifica-se a possibilidade do pedido de tutela provisória de urgência mesmo sem o lançamento do crédito tributário, justamente para evitar durante o trâmite da ação declaratória a execução fiscal por parte da autoridade fazendária.

Também é importante ressaltar que a ação declaratória não tem prazo para ajuizamento, bem como seu pedido poderá ser cumulado, ou seja, na mesma demanda poderá existir o pedido de restituição de tributos pagos indevidamente.

17.3 Ação Anulatória

A ação anulatória trata-se de demanda que será ajuizada pelo contribuinte quando o mesmo tem por objetivo a desconstituição do lançamento e/ou ato administrativo de infração lavrado pela autoridade fazendária.

Tal demanda é um procedimento do rito comum processual e não está prevista em legislação própria o seu rito ou forma de atuação. Portanto, para efeitos da presente demanda utiliza-se do CPC (rito comum) e da Lei nº 6.830/1980 como fundamento da presente demanda.

Mas afinal de contas qual será a finalidade da presente ação? A finalidade precípua e básica é reparar a lesão que ocorreu contra o contribuinte em razão de um ato e/ou lançamento realizado pela autoridade fazendária cujos mesmos justificam-se por meio de norma ilegal ou inconstitucional.

A ação anulatória, por ser um procedimento de rito comum, proporciona ao contribuinte maior dilação probatória vez que nela torna-se possível a produção de prova pericial, oitiva de testemunhas e todos os meios probatórios necessários e admitidos em direito a fim de desconstituir o ato ou lançamento tributário. Nela também será possível o pedido para que a parte contrária seja condenada em honorários sucumbenciais.

Logo uma das grandes afirmações que o examinando jamais poderá esquecer é que o mesmo utilizará a presente demanda após a realização da constituição do lançamento/ato, ou seja, após a notificação, após o auto de infração ser lavrado, entre outras possibilidades que o enunciado poderá trazer.

Entretanto, uma pergunta poderá pairar na cabeça do leitor, visto que no capítulo em que fora abordado o Mandado de Segurança Repressivo, também vislumbrou-se a possibilidade de utilização do remédio constitucional a fim de reparar lesão já realizada pela autoridade administrativa. E agora, quando o examinando irá utilizar-se do Mandado de Segurança Repressivo ou da Ação Anulatória?

O examinando deverá ler com muita atenção o enunciado e lembrar-se que para termos Mandado de Segurança Repressivo, faz-se necessário que a explicação do enunciado não contrarie quaisquer umas das informações básicas do rito especial do Mandado de Segurança, como, por exemplo:

- Mandado de Segurança é: ação menos custosa eis que acaso o impetrante não consiga a concessão da segurança ele não poderá ser condenado em honorários sucumbenciais para a parte contrária.
- Mandado de Segurança é: ação que não comporta dilação probatória, ou seja, nesta ação as

provas serão pré-constituídas carecendo assim o impetrante do direito de produzir provas dentro dos autos.

- Mandado de Segurança é: quando for repressivo terá prazo para ajuizamento de 120 dias contados da ciência do ato, prazo este que não se suspende ou interrompe.

Logo, acaso o enunciado lecione sobre a necessidade e/ou vontade da parte em produzir provas ou receber honorários sucumbenciais em caso de vitória no presente remédio constitucional, jamais poderá utilizar-se do Mandado de Segurança. O mesmo valerá, se já houver ultrapassado prazo superior a 120 dias da notificação do lançamento. Lembrando que bastará uma informação no enunciado contrária as informações gerais do Mandado de Segurança, para que não seja possível a sua utilização.

Outra questão importante, apesar de jamais ter sido cobrado na prova da OAB, é que a ação anulatória, na forma do Decreto nº 20.910/1932 no seu art. 1º, estipula prazo para ajuizamento da mesma demanda em até 5 (cinco) anos.

A ação anulatória, diante do que já exposto, será ajuizada pelo contribuinte quando o mesmo foi notificado do lançamento ou recebeu em seu domicílio fiscal um auto de infração. Daí outra pergunta pode ser realizada: se o contribuinte recebe o lançamento, não seria mais fácil o mesmo simplesmente recorrer administrativamente visto que este ato suspenderá a exigibilidade? Sim, é verdadeira a afirmação que o contribuinte poderá recorrer, mas nada o impedirá de dirigir-se diretamente ao Poder Judiciário, sem necessidade de recorrer administrativamente, em face do que previsto no art. 5º, XXXV, da CF.

Mas, afinal de contas, qual será o fundamento da presente demanda? O fundamento da ação anulatória será o art. 38 da Lei nº 6.830/1980 conforme abaixo colaciono.

> **Art. 38.** A discussão judicial da Dívida Ativa da Fazenda Pública só é admissível em execução, na forma desta Lei, salvo as hipóteses de mandado de segurança, ação de repetição do indébito ou ação anulatória do ato declarativo da dívida, esta precedida do depósito preparatório do valor do débito, monetariamente corrigido e acrescido dos juros e multa de mora e demais encargos.

Através da simples leitura do presente artigo poderá surgir uma grande dúvida. Será necessário para o ingresso da presente demanda a realização do depósito prévio da quantia cobrada no lançamento/auto de infração? A resposta é negativa visto que conforme o STF, mediante Súmula Vinculante nº 28, de ninguém poderá ser exigido o depósito como condição para ajuizamento da ação.

O depósito assim será realizado pelo contribuinte acaso ele queira e tenha condições, visto que para o mesmo assiste o direito de também suspender a exigibilidade e antecipar qualquer medida urgente pelas tutelas provisórias previstas no CPC.

Ratifica-se: a opção pelo depósito por parte do contribuinte deverá, acaso for de seu interesse, ser de forma integral e em dinheiro, eis que somente desta maneira irá ocorrer à suspensão da exigibilidade na forma da Súmula nº 112 do STJ e art. 151, II, do CTN.

Outrossim, imagine a situação em que o contribuinte recebe uma notificação para pagar uma quantia exorbitante e/ou que simplesmente não concorde com o valor. Ou talvez, sequer tenha condições de realizar o depósito. Como ficaria sua situação acaso fosse obrigatório? Simplesmente não poderia litigar. Portanto o depósito, inobstante ser a única forma que o contribuinte poderá utilizar-se para purgar a mora (evitar efeitos retroativos malignos), sempre será opção e não obrigação da parte.

Conforme acima citado, outro fato relevante é a possibilidade, aliás, a regra utilizada pela maioria dos contribuintes, de solicitar o deferimento da tutela provisória de urgência ou de evidência.

Vale ressaltar que a regra é que seja solicitado o deferimento da tutela provisória de urgência com fundamento nos arts. 294 e 300 do CPC. Diante disso, poderá o juízo deferir a pedido da parte, uma vez preenchidos os requisitos da probabilidade do direito e do perigo de dano, a concessão da tutela provisória de urgência.

E qual será a motivação para efetuar-se este pedido na inicial da ação anulatória, mediante tópico próprio na petição inicial? Será solicitada a tutela provisória de urgência não somente com o intuito de suspender a exigibilidade (art. 151, V, do CTN), mas como forma de antecipar provisoriamente os efeitos de uma decisão, que a rigor, somente ocorrerá ao final do processo, ou seja, no julgamento de mérito do processo.

Mas, e daí, como faço na prova? Depósito ou tutela de urgência? O enunciado da questão irá te direcionar. Se o problema tratar de falta de dinheiro ou quebrado, te socorre da tutela de urgência. E se o problema tratar de condições ou boas finanças por parte do cliente, te socorre do depósito integral em dinheiro. Assim, na prova, o que você deverá fazer? Optar entre depósito ou tutela de urgência. Mas se ficar na dúvida peça inicialmente a tutela de urgência e subsidiariamente o depósito.

Ademais, nunca é demais salientar que a ação anulatória poderá ser utilizada para desconstituir/reparar a lesão produzida por toda e qualquer espécie de tributo.

Por fim, no tocante à presente ação anulatória, cai ao lanço informar que ela poderá ser utilizada, subsidiariamente, como meio de defesa do contribuinte que sofre execução fiscal, desde que impossível a utilização de Embargos à Execução Fiscal e Exceção de Pré-Executividade. Se acaso ocorrer esta necessidade no Exame da Ordem, o examinando deverá distribuir a demanda por dependência aos autos da Execução Fiscal e solicitar em juízo como pedido de procedência a desconstituição da Certidão de Dívida Ativa.

17.4 Ação de Consignação em Pagamento

A ação de consignação em pagamento é o meio judicial cabível para que o contribuinte exerça o seu direito de pagar o crédito tributário quando impossibilitado (ou criada qualquer dificuldade) pela autoridade fazendária o seu recebimento. Assim o grande objetivo da presente demanda é que o contribuinte possa exercer o seu direito de extinguir o crédito tributário mediante pagamento.

Para muitos, tal demanda poderá até causar estranheza visto que no mundo fático, por vezes, não se imagina uma autoridade fazendária recusando-se a receber algum crédito tributário.

Entretanto, na forma do art. 164 do CTN e seus respectivos incisos, apresentam-se várias possibilidades de cabimento da ação de consignação em pagamento. Veja, por exemplo, o que lecionado no art. 164, I, do CTN quando o mesmo ensina a possibilidade de utilização da presente demanda quando houver recusa no recebimento (pagamento) de um tributo em razão da autoridade fazendária estar exigindo o pagamento de uma penalidade indevida ou até de outro tributo na mesma guia.

> **Art. 164.** A importância de crédito tributário pode ser consignada judicialmente pelo sujeito passivo, nos casos:
>
> I – de recusa de recebimento, ou subordinação deste ao pagamento de outro tributo ou de penalidade, ou ao cumprimento de obrigação acessória;
>
> II – de subordinação do recebimento ao cumprimento de exigências administrativas sem fundamento legal;
>
> III – de exigência, por mais de uma pessoa jurídica de direito público, de tributo idêntico sobre um mesmo fato gerador.
>
> § 1º A consignação só pode versar sobre o crédito que o consignante se propõe pagar.
>
> § 2º Julgada procedente a consignação, o pagamento se reputa efetuado e a importância consignada é convertida em renda; julgada improcedente a consignação no todo ou em parte, cobra-se o crédito acrescido de juros de mora, sem prejuízo das penalidades cabíveis.

Outra hipótese de cabimento estará prevista no art. 164, III, do CTN, visto que desta feita poderá existir dúvida para quem deve ser pago o crédito tributário ou existirá a exigência de mais de um tributo, por entes diversos referentes ao mesmo fato gerador. Logo, não se identificando ou existindo dúvida por parte do contribuinte para quem deva satisfazer o crédito tributário, deverá o mesmo ingressar com a ação de consignação em pagamento.

Secundariamente, também se pode afirmar que a ação de consignação em pagamento serve para que o contribuinte evite a mora, ou seja, evite a exigência posterior de multa e juros sobre eventual crédito não satisfeito em razão da dúvida/impossibilidade de pagamento. Mas atenção: o propósito cabal da ação de consignação é o pagamento do crédito tributário e não a discussão sobre sua validade/legalidade.

Logo, podemos concluir que as hipóteses de cabimento da ação de consignação e o respectivo fundamento para qualquer possibilidade de ação encontram-se dispostas no art. 164 e seus incisos do CTN.

Além dos fundamentos previstos no art. 164 do CTN, também teremos como fundamento da ação de consignação em pagamento o art. 539 e seguintes do CPC. E do CPC extraímos informações extremamente valiosas para o ajuizamento da presente demanda:

- **Art. 540 do CPC:** informará que a demanda deverá ser ajuizada no local do pagamento.
- **Art. 542, I, do CPC:** informará sobre a necessidade (obrigação) do depósito para que seja realizada e admitida a presente demanda.

Logo, conforme acima demonstrado, o CPC traz importantes lições para a utilização da presente demanda. De primeiro momento, ensina que o foro competente para o recebimento da presente demanda não será o domicílio do autor (regra geral), mas sim do local onde deverá ser satisfeito (pago) o tributo.

Em segundo momento, também leciona que, diferentemente das ações em que se deseja discutir o crédito tributário, o depósito aqui será condição de ação justamente pelo fato de tratar-se de demanda em que o contribuinte deseja extinguir o crédito tributário. Mas daí poderá surgir uma dúvida: e se houver caso de dúvida e/ou exigência de mais de um tributo sobre o mesmo fato gerador qual valor deverá ser depositado (o maior ou o menor ou a soma dos dois)? Sempre deverá ser depositado o maior valor exigido, mesmo que tenha-se clareza que o pagamento ao final da demanda será feito para o ente que cobra o menor valor. Isto deverá ocorrer a fim de suspender a exigibilidade na forma da Súmula nº 112 do STJ e art. 151, II, do CTN.

Lembre-se que a suspensão da exigibilidade do crédito, além de evitar a possibilidade de execução fiscal, evitará a mora (retroatividade de juros, correção e multa) em caso de improcedência da consignação, bem como dará ao contribuinte direito a emissão de certidão positiva com efeito negativa na forma do art. 206 do CTN.

Mas outras dúvidas também poderão existir no tocante à ação de consignação do art. 164, III, do CTN. A primeira delas será quando o foro competente visto que, conforme acima exposto, será do local do pagamento na forma do art. 540 do CPC. Mas qual foro deverá ser escolhido pelo contribuinte, acaso exista dúvida e a presença de mais de um requerido na demanda? O foro competente será de qualquer um dos réus da demanda, ou seja, tratar-se-á de opção (escolha) do requerente a eleição do foro na forma do art. 46, § 4º, do CPC.

A segunda dúvida sobre a presente ação será sobre o juízo competente quando tratar-se, por exemplo, de caso que envolva IPTU × ITR. Assim existindo a presença de tributo municipal e federal respectivamente, qual será o juízo que deverá ser ajuizada a demanda? O juízo que deverá ser ajuizada a demanda será da Justiça Federal, visto que existe interesse da União na presente demanda.

Por fim, a terceira dúvida que sempre recebo dos meus alunos é: existindo bitributação, ambos os entes deverão ser qualificados na demanda? Sim, ambos os entes deverão ser requeridos na demanda e lá na parte dos pedidos a citação deverá ocorrer na forma do art. 547 do CPC.

Igualmente, é importante salientar que, se a demanda for julgada procedente, obviamente, após o trânsito em julgado da decisão, a importância depositada (consignada) será convertida em renda, ocorrendo, assim, a extinção do crédito tributário, na forma do art. 156, VIII, do CTN.

Agora, se a consignação for julgada improcedente, o ente competente poderá cobrar o crédito tributário, acrescido de juros, assim como eventuais penalidades cabíveis. Ademais sempre é importante salientar que jamais teremos, por exemplo, a ação consignatária para:

- Discutir possibilidade de exigência tributária.
- Obter concessão de parcelamento, anistia ou moratória
- Reconhecimento de pagamento (via compensação de tributo).

17.5 Ação de Repetição de Indébito Tributário

A ação de repetição de indébito tributário ou simplesmente ação de restituição, será utilizada pelo contribuinte que compreender que realizou pagamento a maior ou que jamais deveria ter pagado o tributo que lhe fora exigido ou até pelo mesmo declarado. Assim ocorrendo o pagamento indevido nascerá ao contribuinte o direito de restituir.

Logo, para efeitos de ajuizamento da presente demanda, precisará o contribuinte comprovar que efetuou o pagamento, e acima de tudo demonstrar a justificativa do porquê compreende que o pagamento foi realizado de forma equivocada.

Vale dizer que tal demanda apresenta como fundamento o art. 165 do CTN e restará possível a sua utilização independentemente de prévio pedido, protesto ou reclamação administrativa.

> **Art. 165.** O sujeito passivo tem direito, independentemente de prévio protesto, à restituição total ou parcial do tributo, seja qual for a modalidade do seu pagamento, ressalvado o disposto no § 4º do art. 162, nos seguintes casos:
>
> I – cobrança ou pagamento espontâneo de tributo indevido ou maior que o devido em face da legislação tributária aplicável, ou da natureza ou circunstâncias materiais do fato gerador efetivamente ocorrido;
>
> II – erro na edificação do sujeito passivo, na determinação da alíquota aplicável, no cálculo do montante do débito ou na elaboração ou conferência de qualquer documento relativo ao pagamento;
>
> III – reforma, anulação, revogação ou rescisão de decisão condenatória.

Serão exemplos de ajuizamento da presente demanda: o pagamento de tributo que já estava extinto pela prescrição ou decadência. Também teremos a possibilidade de restituição quando for satisfeito tributo erroneamente em razão de erro de cálculo ou que sua criação/majoração tenha origem norma considerada ilegal/inconstitucional. Por fim também poderá ser ajuizada ação de restituição quando quem efetuou o pagamento tem garantia de imunidade ou de não pagamento em razão de isenção tributária.

Assim diante do que exposto, nascerá ao contribuinte o direito de restituir todo o tributo pago indevidamente, independentemente de quem tenha se equivocado e das motivações do equívoco. O direito de repetição é corolário do enriquecimento sem causa, ou seja, evitará assim que os entes públicos competentes tenham possibilidade de enriquecer sem possibilidade legal.

Logo, acaso o enunciado da peça trouxer que alguém pagou o tributo X e sendo somente o objeto da lide, terá o contribuinte direito à restituição do tributo X. Ademais, sempre é importante lembrar que ação de restituição poderá ser cumulada com a ação declaratória e anulatória, mas jamais poderá ser cumulada com Mandado de Segurança.

E quando terei a cumulação da ação de restituição com ação declaratória? Vamos supor que o contribuinte deva pagar IPI majorado e com aplicação imediata a partir de 1º de abril de 2018, não aguardando assim a anterioridade nonagesimal (erroneamente em razão do art. 150, § 1º, da CF). Logo se o contribuinte efetuar o pagamento do IPI de competência de 01 de abril de 2018 (majorado erroneamente visto que deveria ter aguardado 90 dias da publicação e não exigido de imediato) e estiver prestes a ter de pagar os próximos dois meses também de forma errônea (e estes últimos ainda não tenham sido constituídos/lançados) caberá ao mesmo, o direito de ingressar com uma ação declaratória para declarar à inexistência da relação jurídica dos próximos dois meses de IPI majorado, bem como restituir aquele pago incorretamente no dia 01 de abril de 2018.

Mas, para muitos examinandos, quando ocorrer pagamento indevido somente assistirá ao contribuinte o direito de recorrer ao Poder Judiciário por intermédio da ação de Restituição de Indébito. Está correta tal afirmativa? A resposta é não, ou seja, poderá no prazo legal o contribuinte buscar a restituição ou até mesmo a compensação do tributo pago indevidamente, seja na esfera administrativa (pedido de restituição) ou na esfera judicial.

O prazo para ajuizamento da ação de restituição será de 5 (cinco) anos contados do pagamento indevido (data da extinção do crédito) na forma do art. 168 do CTN. Assim, assistirá ao contribuinte o direito de restituir o tributo pago erroneamente seja na esfera administrativa ou judicial dentro do prazo de cinco anos contados do pagamento indevido.

Outrossim, por muito tempo sustentou-se que, para os tributos sujeitos ao lançamento por homologação, deveria adotar-se a tese dos 5 anos + 5 anos para efeitos da contagem do prazo prescricional, ou seja, teria a autoridade fazendária cinco anos para homologar e posteriormente a isto, o contribuinte mais 5 anos para restituir. Entretanto tal tese não é mais aceita, principalmente em razão do art. 3º da Lei Complementar nº 118/2005 que compreendeu ser do pagamento antecipado, ou seja, da data do pagamento a contagem do prazo prescricional para ajuizamento da ação de restituição.

Quanto à ação de repetição de indébito tributário de que trata o art. 168 do CTN, prevê a súmula 625 do STJ que "o pedido administrativo de compensação ou de restituição não interrompe o prazo prescricional para a ação de repetição de indébito tributário de que trata o art. 168 do CTN nem o da execução de título judicial contra a Fazenda Pública."

Já no tocante à legitimidade para solicitar a restituição do indébito tributário será do sujeito passivo tributário, ou seja, na forma do art. 121 do CTN caberá, portanto, o direito de restituir tanto pelo contribuinte, quanto pelo responsável. Assim podemos concluir que somente aquele que participa efetivamente da relação jurídica tributária é que poderá solicitar a restituição dos tributos pagos indevidamente.

Assim, se o contribuinte X paga determinado tributo indevidamente caberá a ele o direito de restituição. Mas daí poderá ensejar uma questão: e no tocante aos tributos indiretos, ou seja, aquele que a norma autoriza o repasse aos contribuintes de fato, a quem caberá o direito de restituir? Caberá a restituição nestes casos apenas aos contribuintes de direito obedecendo os critérios do art. 166 do CTN e da Súmula nº 546 do STF.

> **Art. 166.** A restituição de tributos que comportem, por sua natureza, transferência do respectivo encargo financeiro somente será feita a quem prove haver assumido o referido encargo, ou, no caso de tê-lo transferido a terceiro, estar por este expressamente autorizado a recebê-la.
>
> **Súmula 546 do STF.** Cabe a restituição do tributo pago indevidamente, quando reconhecido por decisão, que o contribuinte "de jure" não recuperou do contribuinte "de facto" o "quantum" respectivo.

Lembrando que contribuinte de direito é aquele que participa da relação jurídica tributária, paga normalmente o tributo, mas a lei lhe autoriza o repasse para o próximo da cadeia tributária. Já o contribuinte de fato será aquele que apenas suporta o ônus tributário, ou seja, recebe o encargo fiscal mesmo sem participar diretamente da relação jurídica tributária.

Assim para estes casos em que envolverá tributação indireta será apenas do contribuinte de direito o direito de restituir eventual tributo pago indevidamente, desde que comprove que não repassou ao próximo da cadeia ou tenha autorização do contribuinte de fato para que exerça seu direito de restituição.

Ainda sendo importante ressaltar, que nestes casos de tributação indireta e existindo necessidade de restituição por meio de peça no Exame da Ordem (ocorreu no Exame XXIV), deverá o examinando justificar o porquê da opção por determinado contribuinte, bem como, se indica abrir um tópico para falar sobre a tributação indireta e a legitimidade ativa da parte requerente.

Já no que tange a parte requerida na ação de restituição, é importante salientar, que será parte o ente competente que recebeu indevidamente o tributo pago pelo contribuinte. Mas cuidado, nem sempre a parte requerida será respectivamente o ente competente titular da competência tributária. Excepcionalmente teremos casos em que acaso houver recolhimento indevido, por exemplo, Imposto de Renda Retido Indevidamente na Fonte de Servidor Público Estadual, será parte legítima o Estado que reteve erroneamente visto que na forma da Súmula nº 447 do STJ a legitimidade processual será do ente que reteve e não do ente competente tributário.

A ação de restituição de indébito tributário sem qualquer dúvida terá natureza condenatória, ou seja, condenará o ente público que cobrou ou reteve indevidamente tributo do contribuinte a restituir o mesmo. Mas será que o contribuinte terá a devolução de apenas o quantum satisfez? A resposta é não, visto que sobre o valor satisfeito indevidamente pelo contribuinte incidirá juros e correção monetária.

O art. 167, parágrafo único, do CTN e a Súmula nº 188 do STJ afirmam que os juros moratórios serão devidos do trânsito em julgado da ação. Já no que tange à correção monetária, não existe previsão legal, utilizando-se, portanto, do conhecimento da Súmula nº 162 do STJ que fará incidir correção monetária à partir do pagamento indevido. Mas atenção, esta regra vale para tributos estaduais, distritais e municipais.

Para tributos federais recomenda-se a aplicação da taxa SELIC. Dentro desta taxa de referência estarão embutidos percentuais de correção monetária e juros moratórios. Tudo isto na forma do art. 39, § 4º, da Lei nº 9.250/1995. A Selic, em se tratando de tributos federais, incidirá a partir do pagamento indevido.

Mas cuidado, nada obstará que os entes estaduais, distritais e municipais também se utilizem de taxa Selic para restituição de tributos. Isto será possível desde que exista expressa previsão em lei local (do ente competente), bem como a Selic não seja cumulada com nenhuma outra taxa de juros e correção monetária.

> **Súmula 523 do STJ.** A taxa de juros de mora incidente na repetição de indébito de tributos estaduais deve corresponder à utilizada para cobrança do tributo pago em atraso, sendo legítima a incidência da taxa Selic, em ambas as hipóteses, quando prevista na legislação local, vedada sua cumulação com quaisquer outros índices.

Por fim cai ao lanço ainda afirmar sobre a presente demanda que a mesma poderá ser cumulada com ação declaratória e anulatória, mas jamais com Mandado de Segurança.

17.6 Ação de Embargos à Execução Fiscal

Para todo o contribuinte que sofre execução fiscal, sem sombra de dúvidas, existirá o direito de defender-se. E daí surgirá a grande questão: qual meio de defesa deverá ser utilizado pelo contribuinte que sofre execução fiscal?

A regra geral será que o contribuinte se utilizará dos Embargos à Execução Fiscal para que exerça seu direito de defesa. Eis que através da presente ação, tornar-se-á possível a ampla produção e dilação probatória. Entretanto, conforme veremos a seguir, para que exista a possibilidade de utilização desta demanda faz-se necessário a presença de dois requisitos cumulativos: garantia do juízo e prazo de 30 dias.

Logo, somente será possível a utilização dos Embargos à Execução Fiscal quando o enunciado da prova trouxer a presença, de forma expressa, dos dois requisitos para ajuizamento deste importante instrumento de defesa.

Não sendo possível utilizar-se dos Embargos à Execução Fiscal, eis que ausentes quaisquer um dos requisitos acima dispostos, recomenda-se ao examinando verificar a possibilidade de utilizar-se da Exceção de Pré-Executividade como forma de defesa. Mas para que seja possível a utilização da petição de defesa, que será patrocinada nos autos da Execução Fiscal, faz-se necessário a presença de dois requisitos: desnecessidade de dilação probatória e que a matéria possa ser conhecida de ofício pelo magistrado.

Por fim, acaso não seja possível a utilização dos Embargos à Execução Fiscal e da Exceção de Pré-Executividade, poderá ainda o contribuinte utilizar-se como medidas excepcionais de defesa: Ação Anulatória e/ou Mandado de Segurança.

Uma vez verificadas as hipóteses de defesa daquele que sofre Execução Fiscal vamos trabalhar sobre a ação que, sem dúvida alguma, é a principal e mais importante forma de defesa do contribuinte que está sofrendo execução.

A ação de Embargos à Execução Fiscal trata-se de procedimento que tem rito próprio, previsto na Lei de Execução Fiscal (Lei nº 6.830/1980) e proporciona ao contribuinte ampla dilação probatória. Trata-se de demanda (ação) e não de contestação, que deverá ser distribuída por dependência aos autos da execução fiscal na forma do art. 914, § 1º, do CPC.

Por falar no Código de Processo Civil é importante salientar que ele se utiliza das normas gerais dos embargos de qualquer execução (extrajudicial) na forma do art. 914 e seguintes do CPC quando elas não forem contrárias à lei específica (Lei de Execução Fiscal).

Assim, uma vez ajuizada execução fiscal contra o contribuinte devedor de tributo, ação esta respaldada pela Certidão de Dívida Ativa, poderá o contribuinte na forma do art. 16 da Lei nº 6.830/1980 e do art. 914 do CPC promover os Embargos à Execução Fiscal como forma de defesa, alegando todas as matérias de direito e de fato necessários para a desconstituição da CDA em razão de ilegalidade ou inconstitucionalidade.

Tal ação de Embargos à Execução Fiscal, contrariando o que lecionado no art. 914 do CPC, somente poderá ser utilizada quando presentes os requisitos da garantia do juízo (art. 16, § 1º, da Lei nº 6.830/1980) e do prazo de 30 dias. Assim jamais existirá a possibilidade de Embargos à Execução Fiscal, pelo menos para efeitos de Exame da Ordem, sem garantia do juízo.

> **Art. 16.** O executado oferecerá embargos, no prazo de 30 (trinta) dias, contados:
>
> I – do depósito;
>
> II – da juntada da prova da fiança bancária ou do seguro garantia;
>
> III – da intimação da penhora.
>
> § 1º Não são admissíveis embargos do executado antes de garantida a execução.

Mas, afinal de contas, como será e/ou é realizada a garantia do juízo? A garantia do juízo será realizada através da penhora de bem ou bens do executado, bem como através do depósito, fiança bancária e seguro garantia. Logo, o juízo estará garantido acaso ocorra qualquer uma destas 4 possibilidades. Lembrando ainda que o próprio contribuinte, caso queira, poderá ofertar um bem ou depositar a quantia executada a fim de garantir o juízo e assim possa efetuar os Embargos à Execução Fiscal.

Outrossim, além da garantia do juízo, para que exista a possibilidade de embargos faz-se necessária a observância do prazo de 30 (trinta) dias que serão contados da seguinte forma:

- Penhora 30 dias da intimação da penhora.
- Depósito 30 dias da efetiva realização do depósito.
- Fiança Bancária/Seguro Garantia 30 dias da juntada nos autos.

Estabelecidos os requisitos para que sejam admitidos os Embargos à Execução Fiscal, torna-se importante vislumbrar que o simples ajuizamento e respectiva distribuição por dependência da ação, não suspenderá o andamento de forma automática da Execução Fiscal. Daí muitos poderão questionar-se: o que deverá solicitar o embargante para que ocorra a concessão do efeito suspensivo a fim de suspender o andamento da Execução Fiscal?

Na forma do art. 919, § 1º, do CPC, poderá o embargante solicitar a concessão do efeito suspensivo da Execução Fiscal, uma vez presentes os requisitos da tutela provisória e da garantia do juízo. Logo, na forma do artigo supraindicado poderá o contribuinte/embargante sustar o andamento e os efeitos expropriatórios da Execução Fiscal por intermédio do presente pedido. Recomenda-se inclusive a abertura de tópico próprio nos Embargos à Execução Fiscal para que seja solicitada tal suspensão.

Sobre o efeito suspensivo também é importante reiterar: jamais será e/ou poderá ser solicitada a suspensão da exigibilidade do crédito visto que a Execução Fiscal neste momento já existe.

Outrossim, os Embargos à Execução Fiscal, uma vez distribuídos e recebidos pelo juízo, terão sua dinâmica processual com base em ampla e total dilação probatória às partes. Uma vez advindo sentença (julgamento de primeiro grau) caberá sobre essa decisão o recurso de apelação (regra) e de embargos declaratórios (exceção).

A petição inicial dos Embargos à Execução Fiscal terá como fundamento base de cabimento o art. 16 da Lei nº 6.830/1980 e o art. 914 do CPC. A inicial adotará igualmente os passos/estrutura do art. 319 do CPC.

Por tratar-se de ação que será distribuída por dependência aos autos da Execução Fiscal, a presente demanda deverá ser dirigida para o juízo/vara onde tramita a ação principal, obedecendo assim os requisitos do art. 46, § 5º, do CPC e o valor da causa será aquele, comumente, atribuído à execução expropriatória.

Por fim, vale ressaltar que do despacho que recebe à Execução Fiscal ocorrerá a interrupção da prescrição na forma do art. 174, parágrafo único, I, do CTN, recebendo, portanto, o fisco prazo de 5 anos para tentar cobrar o contribuinte devedor. Após este prazo – decorridos mais 1 ano de arquivamento administrativo e 5 anos do arquivamento – e ineficiente o instituto de cobrança, poderá a parte executada ou embargante solicitar o reconhecimento da prescrição intercorrente com base na Súmula nº 314 do STJ e art. 40 da Lei nº 6.830/1980.

17.7 Exceção de Pré Executividade

A Exceção de Pré-Executividade, mais conhecida como EPE, será também uma das formas em que o contribuinte que sofre Execução Fiscal poderá utilizar-se como meio de defesa. Entretanto, recomenda-se a utilização desta peça processual apenas quando impossível de ser realizado os Embargos à Execução Fiscal.

Ademais, para efeitos de identificação de peça no Exame da Ordem, normalmente, o examinador tem indicado para que o examinado produza a defesa cabível dentro dos autos da Execução Fiscal, limitando-se assim a utilização da presente petição.

Logo, podemos concluir que a Exceção de Pré-Executividade, será um meio de defesa em que o exequente poderá utilizar-se toda vez que não for possível a utilização dos Embargos à Execução Fiscal, e/ou o enunciado da peça solicite que o examinando realize defesa dentro dos autos.

Outrossim, a Exceção de Pré-Executividade foi criada por Pontes de Miranda, não tem previsão legal e/ou fundamento próprio. Trata-se de criação doutrinária e jurisprudencial em que possibilitou um meio menos custoso para aqueles contribuintes que sofrem Execução Fiscal realizarem sua defesa. Mas, afinal de contas, qual será o fundamento legal para a utilização da presente petição?

O fundamento base da EPE será a Súmula nº 393 do STJ, que possibilitará a utilização desta petição como forma de defesa daquele que sofre Execução Fiscal desde que os atos/fatos a serem alegados não necessitem de dilação probatória bem como possam ser conhecidos de ofício pelo juízo.

Assim, será comum a utilização da presente petição quando houver qualquer nulidade que possa desconstituir a CDA através de simples alegação e sem necessidade de dilação probatória, por exemplo: reconhecimento de isenção, imunidade, prescrição, decadência, entre outros.

Também outro fato comum que sinaliza a necessidade de utilização da EPE é que o enunciado irá narrar que o mesmo não tem possibilidade ou bens para ofertar em garantia (penhora) ou o prazo de 30 dias já se esgotou.

Outro fundamento subsidiário que justifica a utilização da Exceção de Pré-Executividade é o art. 5º, XXXV, da Constituição Federal, que determina que a lei não excluirá de apreciação lesão ou ameaça de lesão a um direito, assim como o art. 5º, LV, da Carta Magna, cujo referido inciso leciona sobre o direito ao contraditório e ampla defesa.

Por fim, cai ao lanço salientar que para a utilização da presente peça processual inexiste necessidade do pagamento de custas processuais iniciais, não tem valor da causa (porque é simples petição) e tem maior celeridade. Ademais da decisão que indeferir ou não acolher a EPE caberá o recurso de Agravo de Instrumento na forma do art. 1.015, parágrafo único, do CPC.

18. TRIBUTAÇÃO SOBRE CONSUMO – IBS

Autor: Guilherme Pedrozo

18.1. Competência Compartilhada

O artigo 156-A da Constituição Federal é uma das principais alterações propostas pela reforma tributária, principalmente pela supressão do ICMS e do ISS, vindo estes dois impostos a serem substituídos pelo IBS (Imposto sobre Bens e Serviços).

A competência deste novo imposto incidente sobre bens e serviços será compartilhada entre Estados, Municípios e o Distrito Federal. Vale dizer ainda que, apesar da competência compartilhada, a arrecadação será destinada respectivamente a cada um dos entes competentes, tratando-se de uma destinação específica para o destino da atividade realizada, conforme alíquota atribuída por norma específica de cada um dos entes competentes.

Mas afinal de contas o que é competência? Trata-se da outorga concedida pela Constituição Federal para que os entes possam criar e exigir os tributos, como forma de terem arrecadação.

Entretanto, apesar de a competência ser compartilhada entre os referidos entes da federação, ou seja Estados, Distrito Federal e os Municípios, torna-se relevante dizer que a União terá participação importante no IBS, vindo confeccionar a norma geral do referido imposto.

Logo, caberá à União, por meio de Lei Complementar de Caráter Nacional definir os principais aspectos para que os demais entes venham a exigir o imposto sobre bens e serviços.

Ainda, apesar da competência de a norma geral ser da União, para este ente competente nenhum valor será arrecadado (destinado) conforme acima já explicitado.

Aos demais entes, presentes na competência compartilha deste imposto caberá edição de normas que venham atribuir, por exemplo, a alíquota para as suas respectivas operações. A alíquota aplicável nas operações do presente imposto será devida para os locais onde forem destinadas a prestação do serviço ou a comercialização dos bens/direitos.

Assim, se um prestador de serviço localizado e domiciliado no município de Santa Cruz do Sul/RS vier a prestar um serviço na cidade de Florianópolis/SC, as alíquotas aplicáveis serão aquelas definidas por lei própria pelo Estado de Santa Catarina e pelo Município de Florianópolis.

Assim tenham cuidado: as entidades federativas não terão liberdade (autonomia ampla). Neste caso, no que tange ao IBS, a norma geral irá determinar basicamente todos os critérios para a cobrança do tributo, permanecendo com os entes, apenas e tão somente, a fixação das alíquotas do imposto.

18.2. Princípio da Neutralidade

Para cobrança do IBS, os entes competentes deverão observar o princípio da neutralidade. Mas, afinal de contas, o que é o referido princípio?

O princípio da neutralidade busca neutralizar os efeitos negativos que a tributação poderá ofertar sobre as tomadas de decisões praticadas pelas pessoas jurídicas e, também, pelas pessoas físicas, ou seja, atendendo ao referido princípio, estarão os entes buscando que o sistema tributário não atue de uma forma tão impactante a fim de que as pessoas façam as suas escolhas de acordo com a carga tributária.

Sem dúvida alguma, o princípio da naturalidade visa a neutralizar os possíveis efeitos de futuros planejamentos tributários, em que, através de sua observância, deverá buscar a arrecadação sobre todo e qualquer negócio ou atividade, assim minimizando os possíveis efeitos do sistema tributário sobre a tomada de decisões das pessoas.

18.3. Incidência do IBS

Na forma do artigo 156-A, §1º, inciso I da Constituição Federal, o IBS irá incidir sobre todas as operações que envolvam bens/serviços, sejam elas materiais ou imateriais (tangíveis ou intangíveis), inclusive os seus direitos, assim como sobre a prestação de serviços.

Inicialmente, torna-se relevante analisar a expressão operação, eis que, se comparado com a incidência do ICMS, que tratava sua possibilidade de incidência diante da circulação de mercadorias. Sem dúvidas, nos parece que sobre este ponto teremos uma grande alteração no sistema tributário nacional.

Modifica-se a compreensão a partir da expressão operação, em vez de circulação, eis que para a incidência do ICMS se fazia necessária a circulação jurídica da mercadoria, ou seja, a modificação da propriedade de direito.

Entretanto, agora com o IBS nos parece que não se fará mais necessária a transferência do bem/serviço de direito, confrontando, por exemplo, com a súmula 166 do STJ. Logo, não teremos mais impedimento para tributar o IBS se não houver modificação de propriedade.

> Súmula 166 do Superior Tribunal de Justiça: Não constitui fato gerador do ICMS o simples deslocamento de mercadoria de um para outro estabelecimento do mesmo contribuinte.

Outro termo que nos parece desaparecer, a partir da reforma tributária, foi a expressão mercadoria. Eis que, se confrontado com o "velho" sistema, para incidir o ICMS, tornou-se necessário que o comerciante (vendedor) praticasse os atos comerciais com intuito e volume comercial.

Logo, com a adoção da palavra bens ao invés de mercadorias, todo e qualquer bem estará sujeito a incidência da tributação sobre o consumo, não tornando-se necessário a habitualidade e volume comercial para tanto.

Assim, salvo melhor juízo, não existirá mais qualquer impedimento para tributar a alienação de veículos salvados por seguradora, diferindo-se portanto do que até então compreendido, inclusive através de súmula pelo Supremo Tribunal Federal.

> Súmula Vinculante 32 do Supremo Tribunal Federal: O ICMS não incide sobre alienação de salvados de sinistro pelas seguradoras.

Desta feita, tratou a reforma tributária de inserir na competência do IBS a incidência do imposto sobre bens materiais ou imateriais. Tal alteração ocorre para que seja possível a tributação, inclusive, sobre novos serviços digitais e tecnológicos que já surgiram e ainda poderão surgir.

Por fim, na forma do artigo 156-A, §8º da Constituição Federal, restou claro que poderá e caberá a lei complementar estabelecer o que e do que se trata operações com serviços, seu conteúdo e seu alcance. Ademais, nesta lei complementar será admitido definir a incidência sobre toda e qualquer operação que não seja classificada como operações de bens materiais ou imateriais.

Diante disto, igualmente não restará qualquer impeditivo de tributar os serviços de locações de bens móveis, que até o presente momento, estavam impedidos de serem tributados por posicionamento do Supremo Tribunal Federal.

> Súmula Vinculante 31 do Supremo Tribunal Federal: É inconstitucional a incidência do imposto sobre serviços de qualquer natureza - ISS sobre operações de locação de bens móveis.

Face ao que todo exposto o IBS terá ampla base tributável tributando-se literalmente tudo o for consumido.

18.4. Incidência do IBS na Importação

Na forma do artigo 156-A, §1º, inciso II da Constituição Federal, o IBS irá incidir, igualmente, na importação de bens materiais ou imateriais, inclusive seus direitos, seja a importação realizada por pessoa física ou jurídica, independentemente da finalidade da importação e se o importador for contribuinte habitual ou não do imposto.

Mas quais são os motivos que levam a tributar a importação:

a) Proteção da Indústria Nacional: Impor tributação sobre produtos estrangeiros pode proteger a indústria doméstica da concorrência externa, permitindo que as empresas locais sejam mais competitivas.

b) Arrecadação de Receitas: Os impostos sobre importação geram receita para o governo, que pode ser usada para financiar serviços públicos, programas sociais e infraestrutura.

c) Regulação do Comércio Internacional: Os impostos sobre importação podem ser usados para regular o comércio internacional, promovendo relações comerciais equilibradas e incentivando práticas comerciais justas.

d) Controle de Qualidade e Segurança: Alguns países impõem tarifas sobre importações para garantir que os produtos atendam aos padrões de qualidade e segurança estabelecidos.

e) Promoção de Políticas Industriais e Econômicas: A tributação sobre importações pode ser utilizada como parte de uma estratégia mais ampla para promover certos setores industriais ou objetivos econômicos, incentivando, por exemplo, a produção local de determinados bens.

Esses são apenas alguns dos motivos pelos quais os governos optam por tributar as importações de mercadorias. Atribuir pesos diferentes a esses motivos pode variar de acordo com a política econômica de cada país, o que certamente não ficou de fora da reforma tributária.

18.5. Não incidência do IBS na Exportação

Na forma do artigo 156-A, §1º, inciso III da Constituição Federal, o IBS não irá incidir sobre as exportações de bens, direitos e/ou serviços. Logo, parafraseando as imunidades já existentes sobre o ICMS e o ISS, igualmente o IBS não terá incidência.

Ademais, diante da imunidade prevista para o IBS nas exportações, da mesma forma que ocorre no ICMS, serão assegurados ao exportador a manutenção e o aproveitamento dos créditos em que o exportador seja adquirente de bem material, imaterial e/ou seus direitos.

E, se a empresa apresentar como atividade única e/ou principal a exportação de bens, direitos e serviços, o que ocorrerá com os créditos acumulados? Caberá a lei complementar, na forma do artigo 156-A, §5º, III da Constituição Federal definir como poderá ocorrer o ressarcimento destes créditos.

Por fim, vale ressaltar que se o exportador for adquirente de bens, direitos e/ou serviços isentos ou imunes, o mesmo não terá crédito para compensar e/ou obter ressarcimento na forma do artigo 156-A, §7º, I da Constituição Federal.

18.6. Legislação Única e Uniforme

Na forma do artigo 156-A, §1º, inciso IV da Constituição Federal, o IBS será exigido através de legislação única e uniforme, visando assim acabar com a guerra fiscal existente entre os estados membros.

Determinar uma legislação tributária única e uniforme pode trazer diversos benefícios, tanto para os contribuintes quanto para o governo e a economia como um todo. Aqui estão algumas razões para isso:

a) Simplicidade e Clareza: Uma legislação tributária única e uniforme simplifica o processo de pagamento de impostos para os contribuintes, reduzindo a complexidade e a burocracia associadas a diferentes regimes tributários. Isso torna mais fácil para os contribuintes entenderem suas obrigações fiscais.

b) Redução de Custos Administrativos: Uma legislação tributária uniforme reduz os custos administrativos tanto para os contribuintes quanto para o governo. Isso ocorre porque não é necessário manter sistemas tributários diferentes para diferentes regiões ou setores da economia.

c) Promoção da Equidade e Justiça Tributária: Uma legislação tributária uniforme pode contribuir para a equidade e justiça tributária, assegurando que todos os contribuintes sejam tratados de forma igual perante a lei. Isso evita disparidades injustas que podem surgir quando diferentes regiões ou setores têm regimes tributários distintos.

d) Redução da Evasão Fiscal: Uma legislação tributária uniforme pode ajudar a reduzir a evasão fiscal, pois torna mais difícil para os contribuintes explorarem brechas ou diferenças entre diferentes regimes tributários para evitar o pagamento de impostos.

e) Facilitação do Comércio e Investimento: Uma legislação tributária uniforme pode promover o comércio e o investimento, pois elimina barreiras tributárias desnecessárias entre diferentes regiões ou países. Isso pode incentivar a atividade econômica e o crescimento.

f) Previsibilidade e Estabilidade: Uma legislação tributária uniforme oferece maior previsibilidade e estabilidade para os contribuintes, permitindo--lhes planejar seus negócios e investimentos com mais confiança, sem o risco de mudanças abruptas nos regimes tributários.

Em resumo, uma legislação tributária única e uniforme pode contribuir para um sistema tributário mais eficiente, justo e favorável ao crescimento econômico.

Ademais, a única ressalva que faz o texto constitucional é a possibilidade de fixação de alíquotas, que caberá a cada ente federativo competente, por meio de lei própria.

18.7. Fixação de Alíquotas

Na forma do artigo 156-A, §1º, inciso V da Constituição Federal, o imposto sobre bens e serviços terá suas alíquotas fixadas por cada ente competente, com legislação própria.

Ademais, torna-se relevante dizer que não será necessário lei complementar do ente para fixar estas alíquotas, podendo realiza-las por meio de lei ordinária.

Talvez, trata-se de uma das poucas autonomias que terão os entes competentes para regulamentar o referido tributo.

18.8. Alíquotas

Na forma do artigo 156-A, §1º, inciso VI da Constituição Federal, para cobrança do IBS, os entes federativos competentes deverão observar, via de regra, a mesma alíquota para toda e qualquer operação.

Desta feita, fica mais uma vez evidente a observância da neutralidade tributária.

Por fim, vale ressaltar que, alguns regimes diferenciados e específicos poderão apresentar fatores redutivos de alíquotas ou, até mesmo, a não incidência do imposto por meio da aplicabilidade de alíquota zero.

18.9. Cobrança e Competência para Arrecadação

Na forma do artigo 156-A, §1º, inciso VII da Constituição Federal, o imposto sobre bens e serviços será exigido pela soma das alíquotas exigidas pelo estado membro e pelo município competente.

Entretanto, diversamente do que ocorre atualmente, por exemplo, no caso do ICMS, as alíquotas serão devidas para o local do destino, ou seja, para o estado membro e município respectivamente onde o resultado for produzido.

18.10. Não Cumulatividade

Na forma do artigo 156-A, §1º, inciso VIII da Constituição Federal, o IBS será não cumulativo, ou seja, poderá o sujeito passivo compensar o seu montante devido com o valor do imposto exigido nas operações anteriores.

A não cumulatividade ampla irá proporcionar tributar apenas o valor agregado. Assim não irá tributar várias vezes a mesma coisa, mas tão somente o que agregou em cada etapa da cadeia produtiva. Será possibilitada a compensação do que foi pago anteriormente.

Mas afinal de contas, como definir a não cumulatividade ampla? Trata-se princípio utilizado em sistemas tributários para evitar a tributação em cascata, onde o imposto incide sobre o valor total da transação em cada etapa da cadeia produtiva. Em vez disso, apenas o valor adicionado em cada estágio da produção é tributado.

Isso significa que os contribuintes podem deduzir o valor dos impostos já pagos sobre insumos e serviços adquiridos para a produção de bens ou serviços finais. Isso ajuda a evitar a duplicação da tributação e promove a eficiência econômica.

Na prática, a não cumulatividade pode ser aplicada em diversos tributos, como o Imposto sobre Bens e Serviços (IBS) e a Contribuição sobre Bens e Serviços (CBS). Aqui estão alguns exemplos de aplicabilidade da não cumulatividade no sistema tributário considerando a reforma tributária:

a) Imagine uma cadeia de produção de alimentos. Um agricultor vende trigo para uma padaria, que por sua vez utiliza o trigo para produzir pães. Com a não cumulatividade, a padaria pode deduzir o valor do tributo pago na compra do trigo do tributo a ser pago na venda dos pães, tributando apenas o valor adicionado pela padaria no processo de produção.
b) Uma montadora de automóveis compra peças e componentes de diversos fornecedores para montar seus veículos. Com a não cumulatividade do tributo, a montadora pode descontar o valor do tributo já pago sobre essas peças e componentes do valor do tributo a ser pago sobre a venda dos carros acabados, tributando apenas o valor agregado pela montadora durante o processo de produção.

Esses são apenas alguns exemplos de como a não cumulatividade pode ser aplicada no sistema tributário, promovendo uma tributação mais justa e eficiente, reduzindo distorções e incentivando a atividade econômica.

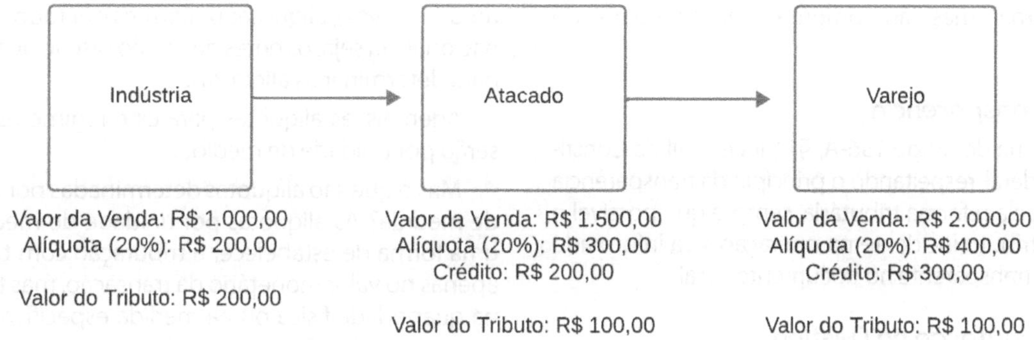

Total dos tributos incidentes na cadeia produtiva: R$ 400,00
Obs: alíquota fictícia

Vale ressaltar que a compensação somente será permitida, apesar de forma ampla, quando o imposto devido nas cadeias anteriores seja relativo aos bens materiais/imateriais, direitos ou serviços referentes a sua cadeia produtiva.

Desta forma, não poderão ser compensados os bens adquiridos pelo sujeito passivo para uso ou consumo pessoal.

Igualmente através desta possibilidade de não cumulatividade ampla, certamente as empresas irão exigir nota fiscal. Justamente para que possa se creditar. Por isto falamos em auto regulação. Mas lembre-se: o recolhimento do tributo não se dá com a simples emissão da nota fiscal.

Ademais já existe uma deixa na legislação para regulamentar a não cumulatividade: para a existência da compensação será necessário o recolhimento efetivo do tributo na etapa anterior. E o que trouxe a reforma tributária? A possibilidade de ocorrer a retenção do IBS na fonte pelo adquirente (Split Payment).

Por fim, vale dizer que caberá a lei complementar regulamentar o que poderá ou não ser compensado para efeitos da não cumulatividade.

18.11. Não Integrará Sua Própria Base de Cálculo

Na forma do artigo 156-A, §1º, inciso IX da Constituição Federal, o IBS não integrará sua própria base de cálculo, ou seja, será exigido "por fora", sobre o valor total da operação.

Ademais, o IBS igualmente não poderá integrar a base de cálculo do Imposto Seletivo, e tampouco das contribuições de seguridade social, inclusive não integrando a base da Contribuição sobre Bens e Serviços.

18.12. Benefício Fiscal

Na forma do artigo 156-A, §1º, inciso X da Constituição Federal, os entes competentes não poderão conceder incentivos e/ou quaisquer benefícios/incentivos fiscais. Certamente, trata-se de outra grande pauta da reforma tributária, pela qual buscou o Governo Federal reduzir todo e qualquer incentivo praticado pelos entes federativos.

Ademais, as únicas exceções permitidas serão aqueles regimes diferenciados e/ou específicos já previstos na reforma tributária.

18.13. Imunidade

Na forma do artigo 156-A, §1º, inciso XI da Constituição Federal, parafraseando o que já ocorria com o ICMS, não ocorrerá a incidência do IBS na de prestação de serviços de radiodifusão sonora e de sons e imagens de recepção livre e gratuita.

Logo, sobre os serviços de televisão aberta, que você sintoniza em seu televisor sem nada pagar, não ocorrerá a incidência do referido imposto. O mesmo raciocínio ocorre na sintonia de canais de rádio difusão.

18.14. Resolução do Senado Federal

Na forma do artigo 156-A, §1º, inciso XII da Constituição Federal, por meio de Resolução do Senado Federal, ocorrerá a indicação de alíquota base/referencial para cada ente federativo, nos termos de lei complementar.

Mas o que são alíquotas referenciais? São alíquotas indicadas pelo Senado Federal como forma de indicar ao ente competente qual o percentual que deverá adotar como forma de mensurar a perda de arrecadação em função da extinção dos tributos incidentes sobre o consumo (ICMS e ISSQN).

Entretanto, a aplicabilidade da alíquota base/referencial indicada somente será utilizada se o ente não definir em lei própria sua alíquota para as operações, ou seja, ela não será considerada obrigatória.

Vale dizer ainda que tais alíquotas referenciais poderão ser vinculadas pelos entes competentes, ou seja, eles poderão vincular a alíquota de acordo com a aquela indicada pelo Senado Federal.

Por fim, vale dizer ainda que tais alíquotas referenciais não estarão obrigadas a respeitar a anterioridade nonagesimal, mas tão somente a anterioridade do exercício.

18.15. Transparência

Na forma do artigo 156-A, §1º, inciso XIII da Constituição Federal, respeitando o princípio da transparência inserido pela reforma tributária, sempre que possível o valor do tributo incidente na operação será informado de forma transparente no documento fiscal.

18.16. Tributação no Destino

Na forma do artigo 156-A, §5º, IV da Constituição Federal, nos exatos termos de lei complementar, ocorrerá a definição de quem será considerado o destinatário final para efeitos de recolhimento, arrecadação e destinação tributária.

Desta feita, a destinação tributária poderá ser, inclusive, o local da entrega, da disponibilização ou da localização do bem, o da prestação ou da disponibilização do serviço ou o do domicílio ou da localização do adquirente ou destinatário do bem ou serviço, admitidas diferenciações em razão das características da operação.

18.17. Cashback

Na forma do artigo 156-A, §5º, VIII da Constituição Federal, caberá a lei complementar igualmente determinar as hipóteses de devolução do IBS pago por pessoas físicas, inclusive no tocante aos limites dos valores que serão devolvidos e quem serão os beneficiários. Tudo isto como forma de reduzir a desigualdade econômica e social do nosso país.

Vale ressaltar que na forma do artigo 156-A, §13º, o cashback será obrigatório nas operações de fornecimento de energia elétrica e de gás liquefeito de petróleo (combustíveis) ao consumidor de baixa renda.

18.18. Regimes Específicos

Na forma do artigo 156-A, §6º, da Constituição Federal, caberá a lei complementar regulamentar regimes específicos de tributação sobre algumas atividades econômicas.

Lembrando que neste regime requer-se adaptar a tributação para setores da economia, sem objetivamente favorecer estas atividades econômicas, distinguindo-se dos regimes diferenciados.

Vale ressaltar, no tocante aos regimes específicos de tributação, ainda que a tributação aqui serão distinta no tocante da CBS e do IBS, ou seja, não terão as mesmas regras para aplicação.

No inciso I do §6º, trata-se do regime específico de tributação para os combustíveis e lubrificantes, que será determinado por lei complementar. O referido regime específico será monofásico.

Serão adotados para os combustíveis e lubrificantes, além do regime monofásico (incidindo apenas uma única vez), alíquotas uniformes por todo território nacional, ou seja, os entes não terão discricionariedade para determinar as alíquotas.

Ademais, as alíquotas para este regime específico serão por unidade de medida.

Mas o que são alíquotas determinadas por unidade de medida? As alíquotas por unidade de medida são uma forma de estabelecer a tributação com base não apenas no valor monetário da transação, mas também na quantidade física ou na medida específica do produto ou serviço. Em outras palavras, em vez de serem aplicadas diretamente sobre o preço do produto ou serviço, as alíquotas são determinadas com base em uma unidade de medida específica, como peso, volume, área, número de unidades, entre outros.

Essa abordagem é comumente usada em impostos que incidem sobre produtos ou serviços que são comercializados com base em suas características físicas ou quantidades específicas, como alimentos, combustíveis, materiais de construção, entre outros.

Por exemplo, em alguns países, o imposto sobre combustíveis pode ser aplicado por litro ou por galão, em vez de uma porcentagem do preço de venda. Da mesma forma, o imposto sobre bebidas alcoólicas pode ser calculado por volume de álcool contido na bebida.

Essa metodologia de tributação por unidade de medida pode ser vantajosa em certos casos, pois torna a tributação mais precisa e justa, especialmente para produtos ou serviços cujo valor pode variar amplamente de acordo com a região, a marca ou outras variáveis. Além disso, pode ajudar a evitar distorções no mercado e promover a equidade na tributação.

Igualmente, na forma do item B, do inciso I, do §6º ocorrerá uma mitigação ao creditamento, ou seja, em razão de ser um regime monofásico não ocorrerá a possibilidade de compensação. Tudo isto ocorrerá quando a compra do combustível for para distribuição, comercialização ou revenda.

Entretanto, se o adquirente comprar o combustível para consumo, ou seja, não seja para distribuição, comercialização ou revenda, haverá a possibilidade do creditamento na forma do item C, do inciso I, do §6º.

Ademais na forma do artigo 156-A, §6º, II da Constituição Federal também ocorrerá a possibilidade de regime específico para serviços financeiros, operação com bens imóveis, planos de saúde e concursos de prognósticos (jogo legal no Brasil). Logo, a lei complementar poderá aqui determinar, base de cálculo, regras de creditamento e alíquotas alteradas para estas atividades econômicas.

Cabe dizer ainda que o artigo 10º da Emenda Constitucional 132/2023 irá determinar quais os serviços financeiros, operação com bens imóveis, planos de saúde que terão direito, por exemplo, ao regime específico.

Ainda na forma do artigo 156-A, §6º, III da Constituição Federal também ocorrerá a possibilidade de regime específico para as sociedades cooperativas, sendo opcional a adoção por estas do regime específico. Logo ela poderá optar pelo regime ou não. Tudo isto igualmente será regulado por meio de lei complementar.

Também na forma do artigo 156-A, §6º, IV da Constituição Federal ocorrerá a possibilidade de regime específico para serviços de hotelaria, parques de diversão e temáticos, agências de viagens e de turismo, bares, restaurantes, atividade esportiva (SAF´s) e aviação regional, cabendo a lei complementar determinar alterações de alíquotas, forma diversa de apuração da base de cálculo e possibilidade ou não de creditamento.

Da mesma forma do artigo 156-A, §6º, V da Constituição Federal ocorrerá também a possibilidade de regime específico para operações alcançadas por tratado ou convenção internacional, inclusive referentes a missões diplomáticas, repartições consulares, representações de organismos internacionais e respectivos funcionários acreditados;

Por fim, na forma do artigo 156-A, §6º, VI da Constituição Federal ocorrerá também a possibilidade de regime específico para serviços de transporte coletivo de passageiros rodoviário intermunicipal e interestadual, ferroviário e hidroviário, podendo prever hipóteses de alterações nas alíquotas e nas regras de creditamento.

19. TRIBUTAÇÃO SOBRE CONSUMO – CBS

Autor: Guilherme Pedrozo

19.1. Competência

O artigo 195, V da Constituição Federal, assim como no caso do Imposto sobre Bens e Serviços, é uma das principais alterações propostas pela reforma tributária, principalmente pela supressão parcial do IPI, bem como em razão da extinção da PIS e COFINS, vindo estes tributos a serem substituídos pela CBS (Contribuição sobre Bens e Serviços).

A referida contribuição será de competência da União e será instituída por lei complementar. Em razão desse fato, os valores arrecadados serão destinados para a própria União.

Sua instituição será realizada por meio de lei complementar, ou seja, será a lei complementar que irá definir todos os critérios de incidência da CBS, excetuando-se apenas a determinação das alíquotas.

Igualmente, diferente do IBS, o procedimento administrativo fiscal da CBS será regulamentado por meio de lei ordinária.

Ademais, outro ponto importante e relevante é o fato de que o IPI inicialmente seria extinto. Porém, em razão da manutenção dos benefícios para a Zona Franca de Manaus, compreendeu-se necessário mantê-lo apenas para os produtos lá industrializados. Já para as demais industrializações, a alíquota será zerada.

19.2. Incidência

Considerando o que disposto no artigo 195, V combinado com o artigo 149-B, todos da Constituição Federal, a Contribuição sobre Bens e Serviços incidirá sobre todas as operações e atividades que envolvam bens, serviços e direitos, observando inclusive o mesmo fato gerador e a base de cálculo já utilizada para determinação do IBS.

Vale ressaltar aqui, que na forma do artigo 195, §16º da Constituição Federal, para efeitos de incidência da CBS, deverão ser observadas as mesmas regras do IBS, podendo assim inclusive incidir sobre bens materiais ou imateriais.

Ainda, na forma do artigo 195, §16º da Constituição Federal combinado com o artigo 156-A, §1º, II, a CBS igualmente incidirá sobre a importação de bens materiais ou imateriais, inclusive seus direitos. Também irá incidir na importação de serviços.

Na importação, sua incidência ocorrerá mesmo que o importador não seja contribuinte e independentemente da finalidade da importação.

19.3. Imunidade

Na forma do artigo 195, §16º da Constituição Federal combinado com o artigo 156-A, §1º, III, a CBS não incidirá sobre as exportações, sendo assegurada ao exportador a manutenção e aproveitamento dos créditos tributários satisfeitos nas cadeias anteriores.

Desta feita, assim como no IBS, assegura o constituinte derivado a possibilidade de o exportador gozar de imunidade tributária, ou seja, do direito de não pagar a CBS quando da exportação de seus bens e serviços.

Por fim, e o mais importante: foi assegurado ao exportador o direito de creditar-se dos tributos pagos nas cadeias anteriores, quando por exemplo, este adquire insumos para a consecução de sua atividade.

O referido tributo, igualmente, será não cumulativo, podendo assim ser compensado o que foi pago na cadeia anterior, com o que será pago na cadeia posterior.

19.4. Alíquotas

Na forma do artigo 195, §15º da Constituição Federal, a alíquota da CBS será fixada por lei ordinária.

Igualmente na forma do artigo 195, §16º da Constituição Federal combinado com o artigo 156-A, §1º, IV e VI, a CBS observará uma legislação única em todo o território brasileiro e será exigida através de alíquota única fixada para todas as operações com bens e serviços, ressalvados os regimes estabelecidos pela própria Constituição Federal.

19.5. Não cumulatividade

Na forma do artigo 195, §16º da Constituição Federal combinado com o artigo 156-A, §1º, VIII, a CBS será não cumulativa, podendo assim ser compensado o que foi pago nas cadeias anteriores, com o que será pago na cadeia posterior.

Desta feita, assim como ocorre no IBS, esta contribuição observará a não cumulatividade de forma ampla, podendo ser compensado o tributo devido pelo contribuinte com o montante (soma) de todas as operações anteriores onde o contribuinte, por exemplo, adquiriu insumos para realização e produção de um produto.

Por fim, vale ressaltar que não poderá ser objeto de compensação os tributos oriundos de bens e serviços de uso ou consumo pessoal, na forma que será definida em lei complementar futura.

19.6. Incentivos ou Benefícios Fiscais

Na forma do artigo 195, §16º da Constituição Federal combinado com o artigo 156-A, §1º, X, a CBS não poderá ser objeto de incentivos e/ou benefícios fiscais, observando apenas os regimes diferenciados e/ou favorecidos já dispostos na Constituição Federal.

Logo, através deste mandamento, trouxe o constituinte derivado a impossibilidade de abertura de novos incentivos e/ou benefícios que possam alargar a não tributação e o favorecimento a determinados atores do mercado.

Desta feita, apenas os incentivos e benefícios já propostos na Constituição Federal, principalmente através de regimes favorecidos, é que poderão gozar de benefícios.

19.7. Imunidade Tributária Específica

Também na forma do artigo 195, §16º da Constituição Federal combinado com o artigo 156-A, §1º, XI, a CBS não irá incidir nas prestações de serviços de comunicações nas modalidades de radiodifusão sonora e de sons e imagens de recepção livre e gratuita.

Assim, não ocorrerá a incidência da CBS, assim como do IBS, nos serviços de televisionamento aberto e de rádio.

19.8. Cashback

Na forma do artigo 195, §18º da Constituição Federal, caberá a lei ordinária regulamentar como ocorrerá a devolução da CBS para pessoas físicas de menor capacidade contributiva, inclusive regulando a norma quem serão os beneficiários e os limites para o gozo da devolução dos valores pagos à título do tributo.

Tudo isso visará a reduzir as desigualdades e, sobretudo, devolver parcela dos valores pagos a título de tributo por famílias de baixa renda.

QUESTÕES DE DIREITO TRIBUTÁRIO - ASSUNTOS MAIS RECORRENTES

01. FGV - OAB - 39º Exame de Ordem Unificado - Primeira Fase – Q25

Diante da calamidade pública decretada pela União, por força da pandemia da "Gripe-22XY", foi editada a Lei Ordinária Federal nº XX/2022, de 01/05/2022, estabelecendo sua vigência e eficácia imediata, instituindo empréstimo compulsório para atender a despesas extraordinárias na área sanitária para enfrentamento da pandemia.

Diante desse cenário, a instituição e a cobrança do empréstimo compulsório

a) podem ser feitas, por cumprir o requisito constitucional de ser voltada a "atender a despesas extraordinárias, decorrentes de calamidade pública".

b) são válidas, por atenderem ao princípio da legalidade tributária.

c) desrespeitam o princípio da anterioridade tributária nonagesimal.

d) violou a exigência de ser veiculada mediante Lei Complementar.

02. FGV - OAB - 39º Exame de Ordem Unificado - Primeira Fase – Q26

O Estado Alfa notificou João em 05/05/2022 para, no prazo legal de 30 dias, pagar ou impugnar sua dívida de IPVA referente aos anos de 2020 e 2021. Este, por sua vez, quedou-se inerte e deixou transcorrer o referido prazo sem nada fazer. Logo em seguida, em 15/06/2022, a Secretaria de Fazenda do Estado Alfa, nos termos da legislação, encaminhou a Certidão de Dívida Ativa (CDA) devidamente inscrita em seus registros para o Cartório de Protesto de Títulos local, que expediu intimação ao devedor para pagamento da obrigação tributária, com os acréscimos legais e emolumentos cartorários.

João, preocupado com as repercussões decorrentes do protesto extrajudicial da CDA em seu nome, sobretudo em relação aos órgãos de proteção ao crédito, como o Serasa e o Serviço de Proteção ao Crédito – SPC, consulta você, como advogado(a).

Diante desse cenário, assinale a afirmativa correta.

a) Tal protesto viola o sigilo fiscal do contribuinte e cria um dano ao seu nome, honra e imagem.

b) Por não se tratar de um ato de natureza tributária, tal protesto será admissível apenas para a cobrança da dívida não tributária.

c) Ao possuir previsão legal expressa, não se consubstanciando em uma sanção ilegítima, o ato de protesto é válido.

d) Embora se admita tal protesto, não se autoriza a inserção do nome de João nos cadastros de órgãos de proteção ao crédito.

03. FGV - OAB - 39º Exame de Ordem Unificado - Primeira Fase – Q27

João e José receberam um imóvel residencial situado no Município Alfa por herança de seus pais. Em janeiro de 2017, com autorização de José (menor de idade), seu irmão e tutor João (maior de idade), assina como único locador um contrato de aluguel do referido imóvel com Joaquim, com prazo determinado de 3 (três) anos, constando cláusula expressa de que o locatário será o único responsável pelo pagamento de todos os impostos e taxas do imóvel locado, exonerando o locador de tal obrigação. Em dezembro de 2021, João e José são surpreendidos com uma ação de execução fiscal movida em face de ambos pelo Município Alfa para cobrança do IPTU do imóvel locado referente a todo o exercício fiscal de 2018.

Diante desse cenário e à luz do Código Tributário Nacional, a ação de execução fiscal

a) somente poderia ter sido ajuizada em face de Joaquim, único devedor do IPTU, conforme cláusula expressa contratual.

b) somente poderia ter sido ajuizada em face de João, único que figurou no contrato como locador e dotado de capacidade tributária e processual.

c) foi corretamente ajuizada, uma vez que João e José respondem pelo tributo devido, ainda que este último seja menor de idade.

d) não podia ter sido ajuizada por já estar o crédito tributário prescrito.

04. FGV - OAB - 39º Exame de Ordem Unificado - Primeira Fase – Q28

No ano de 2022, os sindicatos de enfermeiros e de médicos do Estado Alfa firmaram convenção coletiva de trabalho (CCT) com os hospitais daquele estado para que a remuneração paga pelo trabalho realizado nos plantões em final de semana passasse a ter a nomenclatura de "indenização de plantões". Assim, não seria mais necessária a retenção na fonte do respectivo Imposto sobre a Renda de Pessoa Física (IRPF) quanto a esta parcela, aumentando, como consequência, o valor líquido de salário que os médicos e enfermeiros receberiam mensalmente.

O médico João, que sempre cumpriu corretamente suas obrigações tributárias, preocupado com o decidido naquela CCT, procura o seu advogado para emitir um parecer sobre aquela situação.

Diante desse cenário, à luz do Código Tributário Nacional, assinale a afirmativa correta.

a) Em razão da natureza indenizatória que esta verba passou a ter, o IRPF não incide sobre tal parcela.

b) Embora não tenha caráter indenizatório, sobre tal parcela não haverá incidência de IRPF por se tratar de uma decisão tomada em convenção coletiva de trabalho (CCT).

c) Uma vez que se trata de classificação de verbas estabelecida por convenção coletiva de trabalho (CCT), que tem força de lei, haverá hipótese de isenção tributária de IRPF, a qual não se confunde com a não incidência.

d) Deverá ser retido na fonte o IRPF sobre as verbas com a nova denominação "indenização de plantões", pois a incidência do imposto sobre a renda independe da denominação do rendimento.

05. FGV - OAB - 39º Exame de Ordem Unificado - Primeira Fase – Q29

Um grupo de empresários da área têxtil decidiu criar um sindicato dos empregadores daquele setor, para fins de representação e defesa dos interesses da categoria econômica.

Na assembleia geral ordinária constitutiva da instituição e para elaboração do estatuto social, surgiu a dúvida a respeito da possibilidade de obtenção da imunidade tributária sobre o patrimônio, renda ou serviços das entidades sindicais. Presente uma equipe de advogados, estes são incitados a se manifestarem a respeito.

Diante desse cenário, assinale a afirmativa correta.

a) Não há previsão constitucional para imunidade tributária de impostos de sindicato de empregadores.

b) O setor têxtil se trata de categoria econômica que não permite o enquadramento na imunidade tributária de impostos dos sindicatos.

c) Tal sindicato faz jus à imunidade tributária de impostos, desde que exerça suas atividades sem finalidade lucrativa e atenda ao requisito de não distribuição de qualquer parcela do seu patrimônio ou renda.

d) Desde que os recursos provenientes das contribuições associativas sejam aplicados exclusivamente na sua área de atuação e vinculados a suas finalidades essenciais, tal sindicato poderá gozar da imunidade tributária de impostos.

06. FGV - OAB - 36º Exame de Ordem Unificado - Primeira Fase – Q25

A Secretaria da Receita Federal do Brasil lavrou, em 2022, auto de infração de um milhão de reais em face da sociedade empresária Maçã Ltda. por não ter recolhido o Imposto de Importação (II) e a Contribuição Social Sobre Lucro Líquido (CSLL) referentes ao ano de 2021, incidentes sobre a comercialização de livros eletrônicos (ebooks) por ela importados e comercializados no país. O departamento jurídico da sociedade autuada contrata você, como advogado(a), para emitir parecer para fundamentar sua defesa. Diante desse cenário, assinale a afirmativa correta.

a) O II e a CSLL são indevidos, pois os livros eletrônicos (e-books) se enquadram na imunidade tributária dos livros.

b) Apenas o II é indevido, pois os livros eletrônicos (e-books) se enquadram na imunidade tributária dos livros.

c) Apenas a CSLL é indevida, pois os livros eletrônicos (e-books) se enquadram na imunidade tributária dos livros.

d) O II e a CSLL são devidos, pois os livros eletrônicos (e-books) não se enquadram na imunidade tributária dos livros.

07. FGV - OAB - 35º Exame de Ordem Unificado - Primeira Fase – Q26

A sociedade empresária *ABC Ltda.* foi criada em janeiro de 2020 e estabelecida no município Alfa. É especializada em recauchutagem de pneus, atividade na qual o cliente entrega os pneus do seu automóvel ao estabelecimento para que esses passem por um complexo processo de recuperação da borracha e de sua forma (raspagem, colagem, vulcanização etc.), transformando o pneu velho e desgastado em um pneu novo para uso do respectivo cliente em seu automóvel. Antes de iniciar suas atividades, ainda na fase de regularização fiscal, você é chamado(a) para emitir parecer sobre qual imposto incidirá naquela operação. Diante desse cenário, incidirá

a) o Imposto sobre Serviços (ISS), uma vez que a atividade da sociedade empresária é realizada por encomenda do proprietário do automóvel, dono dos pneus.

b) o Imposto sobre Circulação de Mercadorias e Serviços (ICMS), uma vez que, na operação descrita, os pneus são considerados mercadorias.

c) o Imposto sobre Produtos Industrializados (IPI), uma vez que, na operação descrita, há um processo de industrialização na recauchutagem dos pneus, na espécie transformação.

d) o Imposto sobre Circulação de Mercadorias e Serviços (ICMS), uma vez que, nessa operação, os pneus são considerados mercadorias, acrescido do Imposto sobre Produtos Industrializados (IPI), uma vez que há um processo de industrialização na operação.

08. FGV - OAB - 34º Exame de Ordem Unificado - Primeira Fase – Q22

O Município X, desejando fomentar os pequenos negócios de tinturaria e lavanderia na cidade (item 14.10 da lista anexa à Lei Complementar 116/2003), editou, em 2018, Lei Ordinária que fixou a alíquota do Imposto sobre Serviços (ISS) em 1,5% sobre o preço desses serviços. Diante desse cenário, assinale a afirmativa correta.

a) A referida alíquota de ISS não poderia ser fixada por lei ordinária, mas sim por lei complementar municipal.

b) A referida alíquota de ISS foi fixada sobre base de cálculo equivocada, pois não deveria incidir sobre o preço do serviço.

c) A referida alíquota de ISS não viola a alíquota mínima geral de ISS estabelecida em lei complementar federal, pois os serviços de tinturaria e lavanderia constituem uma das hipóteses de exceção à regra geral de alíquota mínima.

d) A referida alíquota de ISS viola a alíquota mínima geral de ISS estabelecida em lei complementar federal.

09. FGV - OAB - 34º Exame de Ordem Unificado - Primeira Fase – Q23

Maria recebeu de seu tio, em 2019, a posse de um automóvel de alto valor para facilitar seu transporte até a faculdade. Em 2020, seu tio resolveu realizar, em favor de Maria, a doação do automóvel, sob condição suspensiva, por escritura pública. O evento previsto na condição era o de que Maria se formasse na faculdade até o fim do ano de 2021. Contudo, ela abandona a faculdade, escoando o ano de 2021 sem que se formasse. Diante desse cenário, à luz do CTN, o Imposto sobre a Transmissão Causa Mortis e Doação (ITCMD)

a) é devido na data de efetiva transferência da posse do automóvel.

b) é devido na data de efetiva lavratura da escritura pública de doação.

c) não é devido, por se tratar de doação de bem móvel.

d) não é devido, pois a doação não se tornou perfeita e acabada em virtude da ausência do implemento do evento previsto na condição.

10. FGV - OAB - 33º Exame de Ordem Unificado - Primeira Fase – Q25

Em 10/11/2020, foi publicada lei ordinária federal que majorava a alíquota de contribuição previdenciária a ser cobrada do empregador, incidente sobre a folha de salários e demais rendimentos do trabalho pagos ou creditados, a qualquer título, à pessoa física que lhe preste serviço, mesmo sem vínculo empregatício. Diante desse cenário, a nova alíquota poderá ser aplicada

a) a partir da data da publicação da lei.

b) noventa dias a contar da data da publicação da lei.

c) a partir do primeiro dia do exercício financeiro seguinte.

d) a partir de noventa dias contados do primeiro dia do exercício financeiro seguinte.

DIREITO TRIBUTÁRIO				
1 - D	2 - C	3 - C	4 - D	5 - A
6 - B	7 - A	8 - D	9 - D	10 - B

DIREITO TRIBUTÁRIO – QUESTÕES DA PROVA DO 42º EXAME DA OAB

01. João da Silva, profissional liberal, foi notificado pela Administração Tributária Federal, em 20 de janeiro de 2023, para prestar esclarecimentos sobre possíveis rendimentos não declarados recebidos no ano de 2019. Tais rendimentos foram identificados por meio de movimentação financeira de sua conta bancária, a partir da Lei Complementar Federal nº XXX/2022, publicada em 15 de dezembro de 2022, que alterou os critérios de fiscalização, ampliando os poderes de investigação do Fisco Federal, permitindo a este acesso aos dados financeiros bancários dos contribuintes (apenas créditos e débitos) para fins de fiscalização, lançamento tributário e cobrança de Imposto sobre a Renda. Irresignado com a notificação relativa aos fatos ocorridos vários anos atrás, João consulta seu(sua) advogado(a), que emite um sucinto parecer e uma orientação jurídica. Diante desse cenário e de acordo com o Código Tributário Nacional (CTN), assinale a afirmativa correta.

a) A notificação é inconstitucional por violar o princípio da irretroatividade tributária, uma vez que a referida nova lei só poderia produzir efeitos a partir da sua publicação.

b) Por não ter respeitado a anterioridade nonagesimal, que imporia a vigência e eficácia daquela nova lei somente a partir do meio do mês de março de 2023, a notificação é indevida.

c) A notificação é regular e atende às regras constitucionais e às do CTN, devendo João da Silva prestar os esclarecimentos quanto aos rendimentos recebidos e, se for o caso, recolher o imposto devido com os acréscimos devidos.

d) Não poderá ocorrer lançamento tributário fundado em dados obtidos a partir de fiscalização com base na Lei Complementar nº XXX/2022, já que ela instituiu novos critérios de apuração ou processos de fiscalização depois da ocorrência do fato gerador da obrigação.

02. Um contrato de locação residencial traz cláusula expressa de que ao locatário caberá o encargo de pagar diretamente, para o Município ou a rede bancária, o IPTU incidente sobre o imóvel locado, enquanto durar o contrato de locação, devendo remeter, posteriormente, o comprovante de pagamento ao locador. Sobre a posição do locatário, à luz do Código Tributário Nacional, assinale a afirmativa correta.

a) O locatário pode ser considerado contribuinte de direito quanto a este IPTU.

b) Em caso de inadimplemento deste IPTU, o locatário não poderá ser executado pelo Município.

c) Quanto a este IPTU, o locatário tem responsabilidade tributária por substituição ao locador.

d) O locatário é responsável tributário por sucessão do locador quanto a este IPTU.

03. Visando à melhoria do serviço de iluminação pública e da segurança no Município Alfa, foi publicada lei municipal, em 20/02/2024, instituindo uma contribuição cuja arrecadação estaria vinculada ao custeio, à expansão e à melhoria do serviço de iluminação pública e de sistemas de monitoramento para a segurança e a preservação de logradouros públicos. Acerca desta lei, assinale a afirmativa correta.

a) A contribuição poderia ser instituída e vinculada a todas essas finalidades, por expressa previsão constitucional.

b) É inconstitucional a tentativa de custear a iluminação pública por espécie tributária distinta de impostos.

c) A implantação de sistemas de monitoramento para a segurança e a preservação de logradouros públicos somente poderia ser custeada com recursos advindos de taxas, e não de uma contribuição.

d) A implantação de sistemas de monitoramento para a segurança e a preservação de logradouros públicos somente poderia ser custeada com recursos advindos de impostos, e não de uma contribuição.

04. Nova lei federal ordinária, pretendendo oferecer uma oportunidade para que os empregadores possam quitar suas dívidas de contribuição previdenciária patronal, criou um programa de parcelamento de dívidas desse tributo em até 90 (noventa) meses. Diante desse cenário, assinale a afirmativa correta.

a) A nova lei, por não ser complementar, não poderia prever o parcelamento dessas dívidas de contribuições de seguridade social.

b) O número máximo de meses de tal parcelamento extrapola o permitido pela Constituição Federal/88.

c) O parcelamento das contribuições de seguridade social, por determinação da Constituição Federal/88, precisa ser acompanhado do pagamento de uma parcela inicial que represente 20% do valor total da dívida.

d) A Constituição Federal, dada a relevância da seguridade social, veda a concessão de qualquer tipo de parcelamento de dívidas de contribuição previdenciária patronal.

05. A sociedade empresária prestadora de serviços ABC Ltda., sediada no Município Alfa, deixou de declarar ao Fisco Municipal vários serviços que prestou no território desse município. Em razão disso, um agente fiscal do ISS municipal lavrou auto de infração com multa e encargos em face da referida sociedade empresária, por não ter prestado as declarações no prazo e na forma da legislação tributária. Notificada do auto de infração para o pagamento, a sociedade empresária nem pagou nem impugnou o lançamento. Em razão do não pagamento, a Procuradoria do Município ingressou com uma ação de cobrança pelo rito comum contra a sociedade ABC Ltda., fundamentada no Código de Processo Civil. Sobre a ação de cobrança ajuizada pela Procuradoria do Município, assinale a afirmativa correta.

a) A via judicial adequada para a cobrança seria a ação de execução fiscal, e não uma ação de cobrança regida pelo Código de Processo Civil.

b) O prazo prescricional do Fisco Municipal para a constituição do crédito tributário era de cinco anos, contados do primeiro dia do exercício seguinte àquele em que o lançamento poderia ter sido efetuado.

c) O prazo decadencial do Fisco Municipal para a constituição do crédito tributário era de cinco anos contados da data do fato gerador da obrigação tributária.

d) A modalidade de lançamento efetivamente utilizada pelo agente fiscal do ISS foi o lançamento por declaração.

GABARITO				
1 - C	2 - B	3 - A	4 - B	5 - A

DIREITO ADMINISTRATIVO

Franciele Kühl

Matheus de Gregory

Maria Valentina de Moraes

Maria Lisboa

Sumário

1. NOÇÕES INTRODUTÓRIAS DO DIREITO ADMINISTRATIVO

Autora: Franciele Kühl

Antes de começar o seu estudo neste tópico entenda por que você está estudando-o. O primeiro tópico desse capítulo (noções introdutórias) não tem caído na prova da OAB, todavia, você precisa compreender para conseguir avançar no estudo da matéria do direito administrativo. Será um estudo objetivo e breve, foque em compreender o que é Administração Pública e Direito Administrativo. Bons estudos!

1.1. Conceito e fontes do direito administrativo

Como um ramo autônomo, o direito administrativo nasceu no final do século XVIII e início do século XIX, o que não significa que ele não existisse antes, mas fazia parte do *jus civile*. O direito administrativo nasceu juntamente com o direito constitucional e outros ramos do direito público a partir do momento que começou a ser desenvolvido o conceito de Estado de Direito, na fase do Estado Moderno, estruturado sobre o princípio da legalidade e da separação dos poderes,[1] Princípio da Tripartição dos Poderes de Montesquieu.

Os Estados eram governados por soberanos, que ditavam as regras e julgavam baseados em suas próprias regras. A partir do século XVI e XVII, com base nos pensamentos de limitação de poder advindos de John Locke e Montesquieu, surgem novas ideias de limitação àqueles que exercem o poder.

Portanto, o direito administrativo é um ramo recente, pertence ao direito público. O direito é dividido em dois grandes ramos: público e privado. A natureza jurídica do direito público é regular os interesses da sociedade como todo, disciplinando as relações entre sociedade e o Estado e a relação entre entidades e órgãos estatais. Uma característica marcante do direito público é a desigualdade de relações, prevalecendo o interesse público sobre o interesse privado, o que veremos claramente no decorrer da obra. Já o direito privado tem a função de regular os interesses particulares.

1. DI PIETRO, Maria Sylvia Zanella. *Direito administrativo*. 32. ed. rev. atual e apl. Rio de Janeiro: Forense, 2019.

A palavra Administração **possui uma** variação **de significados, apesar das semelhanças:**

a) Para José Cretella Júnior:[2]

Residual: tudo que não for atividade típica do Poder Legislativo e do Poder Judiciário é Administração Pública.

Subjetivo ou formal: é o complexo orgânico que responde às funções administrativas.

Material ou objetivo: consiste na atividade concreta do Estado para suprir as necessidades coletivas.

b) Para Hely Lopes Meirelles:[3]

Sentindo formal: é o conjunto de órgãos instituídos para a consecução dos objetivos do governo.

Material: é o conjunto de funções necessárias aos serviços públicos em geral.

Operacional: é o desempenho perene e sistemático, legal e técnico, dos serviços próprios do Estado ou por ele assumidos em benefício da coletividade.

Visão global: a administração é, pois, todo o aparelhamento do Estado preordenado à realização de seus serviços, visando à satisfação das necessidades coletivas.

c) Para Di Pietro:[4]

Sentido subjetivo, formal ou orgânico: designa os entes que exercem a atividade administrativa; compreende pessoas jurídicas, órgãos e agentes públicos incumbidos de exercer uma das funções em que se triparte a atividade estatal: a função administrativa.

Sentido objetivo, material ou funcional: designa a natureza da atividade exercida pelos referidos entes; nesse sentido, a Administração Pública é a própria função administrativa que incumbe, predominantemente, ao Poder Executivo.

2. CRETELLA JÚNIOR, J. *Curso de direito administrativo*. Edição revisada e atualizada de acordo com a constituição vigente. Rio de Janeiro: Forense, 1995, José. 1995. p. 17.
3. MEIRELLES, Hely Lopes. *Direito administrativo brasileiro*. 22. ed. São Paulo: Malheiros, 1997, p. 61.
4. DI PIETRO, Maria Sylvia Zanella. *Direito administrativo*. 32. ed. rev. atual e apl. Rio de Janeiro: Forense, 2019, p. 73.

1.1.1. Conceito de Direito Administrativo

Há vários autores que trabalham com os elementos e critérios que definem o que é direito administrativo (critério legalista, escola do serviço público, critério das relações jurídicas, critérios teleológico ou finalístico, negativo ou residual), mas aqui vamos trabalhar os conceitos dos doutrinadores mais conhecidos e cobrados:

a) Para Di Pietro:[5] ramo do direito público que tem por objeto os órgãos, agentes e pessoas jurídicas administrativas que integram a Administração Pública; a atividade jurídica não contenciosa que exerce e os bens e meios de que se utiliza para a consecução de seus fins, de natureza pública.

b) Para Celso Antônio Bandeira de Mello:[6] é o ramo do direito público que disciplina a função administrativa, bem como pessoas e órgãos que a exercem.

c) Para José dos Santos Carvalho Filho:[7] é o conjunto de normas e princípios que, visando sempre ao interesse público, regem as relações jurídicas entre as pessoas e órgãos do Estado e entre estes e as coletividades a que devem servir.

d) Para Hely Lopes Meirelles:[8] é o conjunto harmônico dos princípios jurídicos que regem os órgãos, os agentes e as atividades públicas tendentes a realizar concreta, direta e imediatamente os fins desejados pelo Estado.

1.2. Atividade administrativa e fontes do direito administrativo

O Estado é a pessoa jurídica soberana, formada pelos elementos povo, território e governo soberano. O Estado (com letra maiúscula) é um ente personalizado, ou seja, é uma pessoa jurídica capaz de adquirir direitos e contrair obrigações na ordem jurídica. De acordo com a Constituição Federal, a República Federativa do Brasil compreende a União, estados-membros, Distrito Federal e municípios, cada ente federado dotado de personalidade jurídica e autonomia política (art. 18 da CF/1988).

O Estado, embora uno, indivisível e indelegável, ele se desdobra em três funções: legislativa, executiva e jurisdicional. Essa separação de três Poderes, concebidas por Montesquieu, é adotada pela Constituição Federal, mas de forma flexível, isto é, cada um dos Poderes não está limitado a exercer as funções que lhe sejam típicas (normais ou ordinárias), exercendo também atividades atípicas (anormais ou extraordinárias). A seguir podemos compreender melhor essas funções:

- **Poder Legislativo**

* Função típica: produção de regras gerais e abstratas (as leis) e fiscalização do Poder Executivo.
* Função atípica: funções administrativas, como gestão de bens, pessoal e serviços; ou jurisdicional, como o julgamento de crimes de responsabilidade.

- **Poder Judiciário**

* Função típica: função jurisdicional, solução de conflitos e aplicação da lei.
* Função atípica: funções administrativas, como gestão de bens, pessoal e serviços; ou legislativa, na elaboração de regimentos internos.

- **Poder Executivo**

* Função típica: satisfação das necessidades coletivas mediante atos concretos, a função administrativa.
* Função atípica: função legislativa, quando expede medida provisória, dá início a projeto de lei.

Os entes federados são pessoas jurídicas de direito público, nos moldes do art. 41 do CC, assim como outras entidades administrativas que vamos estudar na sequência (autarquias, fundações públicas de direito público e os consórcios públicos de direito público, também denominados de associações públicas), que igualmente executam atividade de Estado, mas de forma indireta. Há, ainda, outras entidades administrativas, mas de personalidade de direito privado, que podem executar atividades administrativas do Estado (atividade em que o direito administrativo se preocupa em regular), são as empresas públicas, sociedade de economia mista, fundações públicas de direito privado e consórcios públicos de direito privado.

Assim, vejamos o esquema a seguir que trata da administração pública indireta, entidades que executam atividade administrativa por descentralização:

---

5. DI PIETRO, Maria Sylvia Zanella. *Direito administrativo*. 32. ed. rev. atual e apl. Rio de Janeiro: Forense, 2019, p. 69.
6. BANDEIRA DE MELLO, Celso Antônio. *Curso de direito administrativo*. 26. ed. São Paulo: Malheiros, 2009, p. 37.
7. CARVALHO FILHO, José dos Santos. *Manual de direito administrativo*. 30. ed. São Paulo: Atlas-Gen, 2019, p. 8.
8. MEIRELLES, Hely Lopes. *Direito administrativo brasileiro*. 22. ed. São Paulo: Malheiros, 1997, p. 40.

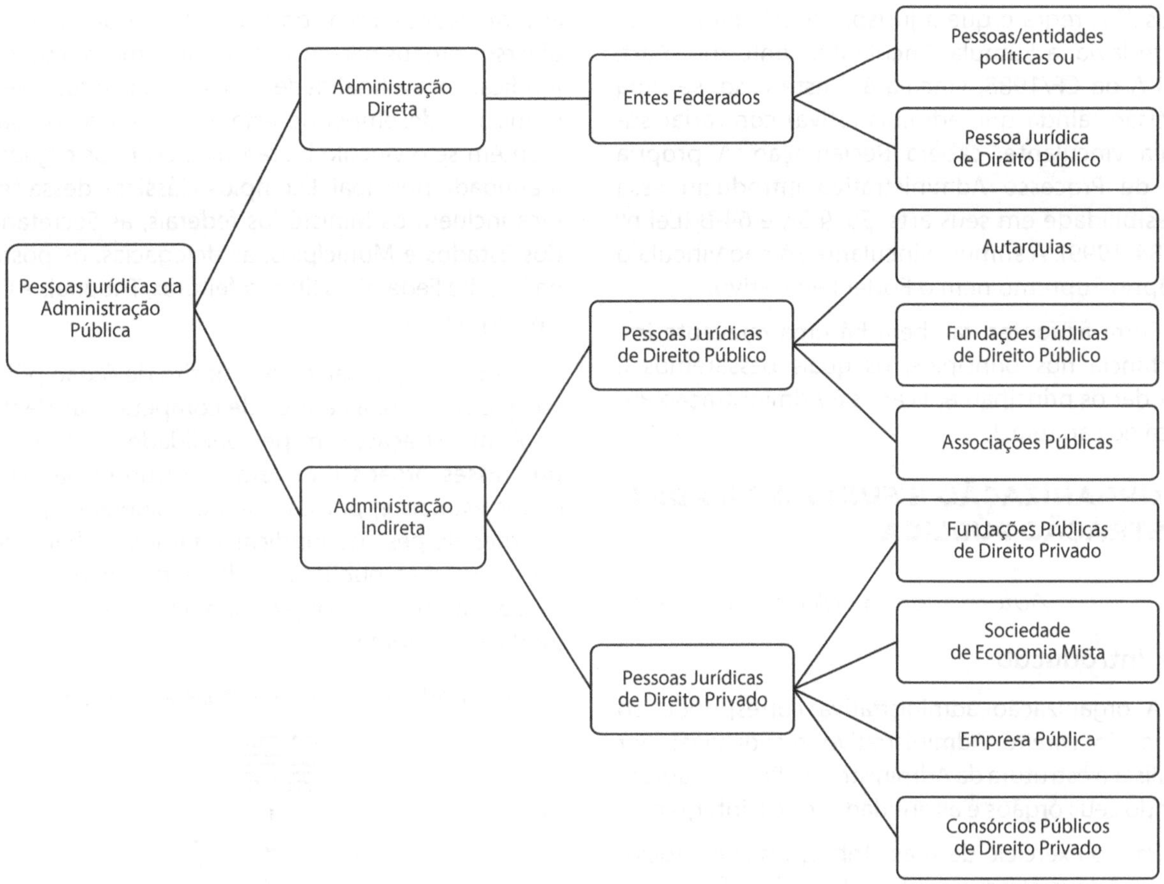

Quanto às fontes do direito administrativo, nem sempre é na lei que vamos encontrar uma regra do direito administrativo. Isto é, as fontes do direito administrativo não são unicamente oriundas da legislação. São quatro as fontes que podemos encontrar nesse ramo do direito: a norma (Constituição Federal e legislação infraconstitucional), a jurisprudência, a doutrina e os costumes.

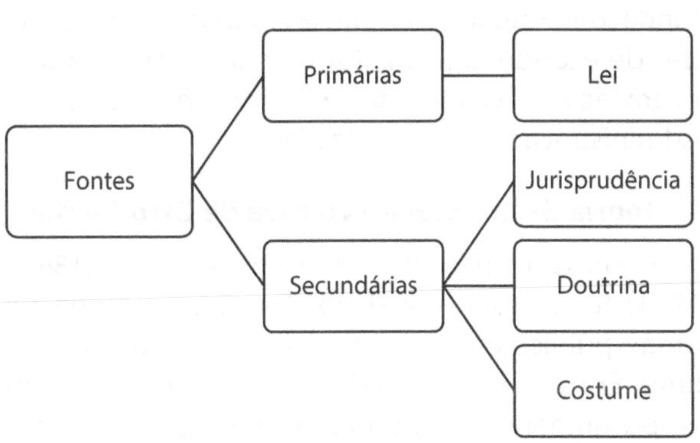

Não há dúvida de que a importância da jurisprudência foi crescendo no direito brasileiro, não só para o Direito Administrativo, mas para todos os ramos do direito. Nos livros de doutrina, nos trabalhos da advocacia, pública e privada, e mesmo nas decisões judiciais, nota-se preocupação em mencionar precedentes judiciais, especialmente decisões emanadas do Superior Tribunal de Justiça e do Supremo Tribunal Federal, ainda que não tenham caráter vinculante.

Já começam a surgir exemplos de decisões judiciais de observância obrigatória, não só para o caso concreto analisado (quebrando o princípio de que a sentença faz lei apenas entre as partes), mas para todos os casos futuros iguais; são as hipóteses de sentenças com efeito *erga omnes*, como ocorre nas ações coletivas, na ação popular, na ação civil pública, no mandado de segurança coletivo.[9]

Segundo Maria Helena Diniz, jurisprudência é "o conjunto de decisões e constantes dos tribunais, resultantes da aplicação de normas a casos semelhantes, constituindo uma norma geral

9. DI PIETRO, Maria Sylvia Zanella. *Direito administrativo*. 32. ed. rev. atual e apl. Rio de Janeiro: Forense, 2019. p. 57.

aplicável a todas as hipóteses similares ou idênticas".[10] A regra é que a jurisprudência não vincula; todavia, a Súmula Vinculante, conforme o art. 103-A da CF/1988, vinculará. Neste caso, se uma decisão (ainda que administrativa) contrariar súmula vinculante, caberá Reclamação. A própria Lei de Processo Administrativo introduziu essa possibilidade em seus arts. 56, § 3º, e 64-B (Lei nº 9.784/1999). A súmula vinculante só não vincula o próprio Supremo nem o Poder Legislativo.

Entre as fontes, também há uma relevante importância nos princípios, os quais passaremos a estudar os principais aplicados à Administração Pública no capítulo 3.

2. ORGANIZAÇÃO E FUNÇÃO DA ADMINISTRAÇÃO PÚBLICA

Autora: Marina Falcão Lisboa Brito

2.1. Introdução

A organização administrativa corresponde ao ramo do Direito Administrativo responsável por analisar a estrutura da Administração Pública, abrangendo seus órgãos e as entidades que a integram.

Para o exercício de suas atribuições constitucionais, a Administração Pública utiliza duas ferramentas distintas: a desconcentração e a descentralização. Dominar o entendimento desses mecanismos é essencial para compreender como se organiza internamente o aparato administrativo estatal.

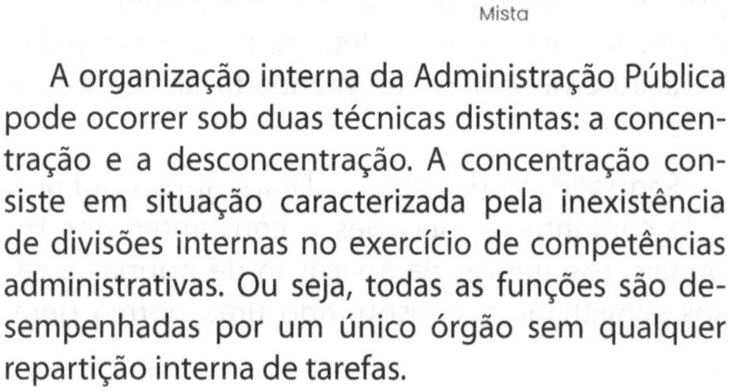

A organização interna da Administração Pública pode ocorrer sob duas técnicas distintas: a concentração e a desconcentração. A concentração consiste em situação caracterizada pela inexistência de divisões internas no exercício de competências administrativas. Ou seja, todas as funções são desempenhadas por um único órgão sem qualquer repartição interna de tarefas.

Já na desconcentração, a realidade é diferente: as atribuições administrativas são distribuídas entre diversos órgãos pertencentes a uma mesma pessoa jurídica, com a finalidade de especializar funções e otimizar o desempenho estatal. Apesar da divisão, mantém-se o vínculo hierárquico entre os órgãos e a entidade principal. Exemplos clássicos dessa técnica incluem os Ministérios federais, as Secretarias dos Estados e Municípios, as delegacias, os postos da Receita Federal, as Subprefeituras, Tribunais e Casas Legislativas.

Essa distinção parte do conceito de órgão público, que se refere a centros de competências dentro da Administração, sem personalidade jurídica própria. Esses órgãos integram a estrutura das entidades estatais e, por isso, são considerados partes internas de pessoas jurídicas – também chamados de repartições públicas. Embora façam parte das pessoas jurídicas, os órgãos não possuem existência jurídica autônoma.

O estado de São Paulo (pessoa jurídica)

Órgão responsável pela segurança Pública (Polícia civil)

Já a descentralização corresponde à técnica pela qual o Estado transfere o exercício de determinadas competências administrativas a outras pessoas jurídicas, criadas especificamente para desempenhar essas funções. Essas entidades, como autarquias, fundações públicas, empresas públicas e sociedades de economia mista, formam a chamada Administração Pública Indireta, também conhecida como Administração Descentralizada.

Teoria da Imputação Volitiva de Otto Gierke

O jurista alemão Otto Friedrich von Gierke (1841–1921) foi o responsável por formular a teoria do órgão público com base na ideia de imputação volitiva. Em sua proposta, o Estado é comparado a um corpo humano: cada órgão estatal desempenha o papel de uma parte do corpo, funcionando como uma de suas estruturas vitais – daí a expressão "órgão público".

Segundo essa analogia, a personalidade jurídica não está nas partes isoladas, mas no todo. Assim como no organismo humano apenas o corpo completo

10. DINIZ, Maria Helena. *Compêndio de introdução à ciência do direito*. 18. ed. São Paulo: Saraiva, 2007. p. 295.

possui personalidade, no Estado essa característica pertence exclusivamente à entidade estatal, e não às suas subdivisões. Dessa forma, os órgãos públicos são considerados extensões da própria pessoa jurídica do Estado, e não sujeitos autônomos.

A teoria também destaca a especialização funcional como elemento fundamental. No corpo humano, determinadas partes comandam e outras executam; da mesma forma, na estrutura estatal, há órgãos com atribuições superiores de direção e outros voltados à execução de ordens, todos organizados de forma hierárquica.

2.2. Entidades da administração indireta e seus processos de criação

Como vimos, a Administração Pública Indireta, também chamada de Administração Descentralizada, é formada por pessoas jurídicas autônomas que podem possuir natureza de direito público ou de direito privado. A classificação da entidade como pública ou privada impacta diretamente na definição do regime jurídico aplicável, além de determinar o processo formal necessário para sua criação.

As entidades de direito público – como as autarquias, fundações públicas e agências reguladoras – são **criadas por meio de lei**, conforme estabelece a Constituição Federal. Nesse caso, a personalidade jurídica surge com a entrada em vigor da própria lei instituidora, sem necessidade de qualquer registro cartorário. Por outro lado, as pessoas jurídicas de direito privado – como empresas públicas e sociedades de economia mista – seguem outro procedimento. Elas são **autorizadas por lei**. A personalidade jurídica, nesse caso, apenas se consolida com o registro dos atos constitutivos em cartório, nos termos do art. 45 do Código Civil.

A distinção entre os dois regimes – criação por lei (direito público) e autorização + registro (direito privado) – é essencial para compreender como o Estado estrutura sua atuação por meio de entes descentralizados.

2.3. Autarquias

As autarquias são entidades que integram a Administração Pública Indireta e possuem natureza jurídica de direito público interno. Sua criação ocorre por meio de **lei específica**, com o objetivo de desempenhar **funções típicas da Administração Pública**. Essas entidades são voltadas à execução de atividades públicas que demandam **gestão descentralizada**.

Na prática, diversas instituições de grande relevância nacional possuem natureza autárquica. Entre elas, destacam-se: o Instituto Nacional do Seguro Social (INSS), o Banco Central do Brasil (Bacen), o Instituto Brasileiro do Meio Ambiente e dos Recursos Naturais Renováveis (Ibama), bem como as universidades públicas, como a UFPE e a UFRJ, etc.

As autarquias apresentam um conjunto de características próprias que as distinguem no âmbito da Administração Pública Indireta. Entre os principais traços jurídicos, destacam-se:

1. **Personalidade jurídica de direito público:** Estão sujeitas ao **regime jurídico de direito público**, e não às normas de direito privado. Esse regime confere prerrogativas e sujeições típicas da atuação estatal.
2. **Criação e extinção por lei específica:** A Constituição Federal, em seu art. 37, inciso XIX, determina que a criação de autarquias deve ocorrer exclusivamente por **lei específica**. Isso quer dizer que a norma legal deve tratar **apenas da criação da entidade**, sendo vedada a inserção desse conteúdo em leis de caráter geral ou multitemático. A personalidade jurídica da autarquia nasce com a entrada em vigor da referida lei, **sem necessidade de registro em cartório**. Além disso, aplica-se o princípio da **simetria das formas**, de modo que sua extinção também exige lei específica.
3. **Autonomia gerencial, orçamentária e patrimonial:** As autarquias possuem capacidade de **autoadministração**, ou seja, podem gerir seus próprios recursos, definir sua organização interna e conduzir suas atividades com relativa liberdade. Essa autonomia é intermediária: não implica independência plena, mas representa uma desvinculação da subordinação direta típica da Administração Direta. As autarquias não estão submetidas à hierarquia da Administração Direta, embora mantenham com ela uma relação de controle. Esse controle é chamado de **supervisão ministerial** ou **tutela administrativa**, e consiste em uma fiscalização voltada ao cumprimento dos fins institucionais da entidade.
4. **Imunidade tributária:** As autarquias gozam de **imunidade quanto a impostos**, conforme o art. 150, § 2º, da Constituição Federal. Contudo, permanecem obrigadas ao pagamento de taxas, contribuições de melhoria, empréstimos compulsórios e contribuições especiais.
5. **Bens públicos:** Os bens das autarquias são classificados como públicos, conforme o art. 98 do Código Civil. Por isso, estão protegidos por **impenhorabilidade**, **inalienabilidade** e **imprescritibilidade**.

6. **Atos administrativos:** Os atos praticados pelos agentes de autarquias possuem natureza de **atos administrativos**, sendo dotados das características clássicas: **presunção de legitimidade**, **imperatividade**, **autoexecutoriedade** e **tipicidade**.
7. **Contratos administrativos:** Os ajustes firmados por autarquias são **contratos administrativos**, regidos pela **Lei nº 14.133/2021**. Esses contratos submetem-se a um regime jurídico especial, que garante à Administração Pública certas prerrogativas frente aos particulares contratados.
8. **Regime jurídico estatutário:** Via de regra, os servidores das autarquias ocupam **cargos públicos** e são regidos por **regime estatutário**. A contratação pela CLT é **excepcional** e deve ser expressamente autorizada.
9. **Prerrogativas da Fazenda Pública:** As autarquias desfrutam dos **mesmos privilégios processuais** atribuídos à Fazenda Pública. Entre eles, destaca-se: **prazos em dobro** para responder e recorrer.

Entre outros.

2.4. Fundações públicas

As fundações públicas são pessoas jurídicas de direito público interno, integrantes da Administração Pública Indireta. Sua criação ocorre por **lei específica**, com base na destinação de um **acervo patrimonial estatal** a uma finalidade de interesse público. Entre os exemplos mais conhecidos estão a **FUNAI**, a **FUNASA**, o **IBGE**, a **Funarte** e a **Fundação Biblioteca Nacional.**

Segundo entendimento majoritário na doutrina as fundações públicas se assemelham às autarquias, possuindo as **mesmas características jurídicas** dessas entidades. Assim, estão aptas a exercer **funções típicas do Estado**, como a prestação de serviços públicos e o exercício do poder de polícia.

2.5. Agências reguladoras

o surgimento das agências reguladoras no Brasil está diretamente vinculado ao contexto de reformas administrativas e ao processo de privatizações iniciado na década de 1990.

De maneira geral, uma agência reguladora é concebida como uma entidade com competência para regular uma área específica, garantindo equilíbrio entre os interesses públicos e privados em setores que envolvem concessões, permissões ou atividades econômicas relevantes.

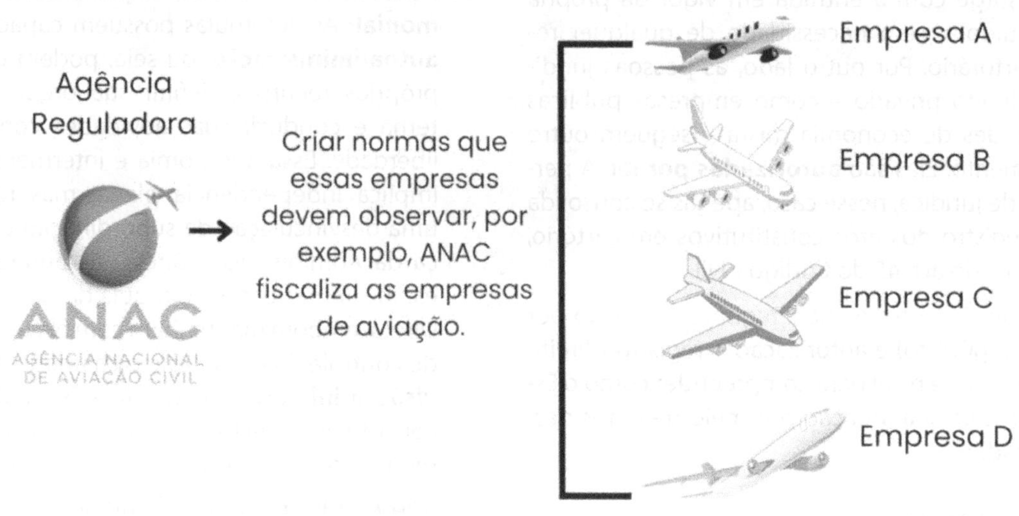

As agências reguladoras brasileiras são qualificadas como **autarquias sob regime especial**, o que significa que possuem todas as características jurídicas das autarquias em geral, mas com **peculiaridades que lhes conferem maior autonomia funcional e decisória.**

Características principais diferenciam as agências reguladoras das demais autarquias:

a) **Dirigentes com estabilidade no cargo:** Nas agências reguladoras, há **proteção contra exoneração imotivada**. A perda do cargo de dirigente só poderá ocorrer nos seguintes casos:

- **Renúncia voluntária**;
- **Condenação judicial com trânsito em julgado ou em processo administrativo disciplinar**;

- **Por infringência de quaisquer das vedações previstas no art. 8º-B da referida lei.**

b) **Mandatos com prazo fixo:** Outra peculiaridade do regime das agências reguladoras é o estabelecimento de **mandatos determinados para seus dirigentes**. Com a nova redação do art. 6º da Lei nº 9.986/2000, dada pela **Lei nº 13.848/2019**, o mandato foi uniformizado em **5 anos**, com desligamento automático ao final do período, salvo hipóteses específicas previstas em lei.

c) **Quarentena nas Agências Reguladoras:** Trata-se de um período de **seis meses**, contado a partir da exoneração ou do fim do mandato, durante o qual o ex-dirigente fica **proibido de exercer atividades ou prestar serviços** no setor regulado pela respectiva agência. Durante esse intervalo de restrição, o ex-dirigente permanece **vinculado à agência**, fazendo jus a uma **remuneração compensatória** equivalente ao salário do cargo que ocupava, bem como aos benefícios correspondentes.

2.6. Agências executivas

As agências executivas não representam uma nova categoria de pessoa jurídica na Administração Pública. Na verdade, trata-se de **autarquias, fundações públicas ou órgãos** que recebem uma **qualificação especial** do governo federal. O objetivo desse instrumento é ampliar a autonomia da entidade pública, mediante o cumprimento de **metas previamente fixadas**. A proposta das agências executivas surgiu como parte do modelo de **administração gerencial**, que buscava **aumentar a eficiência na gestão pública** por meio da flexibilização de obrigações legais e do foco em resultados. Entre os poucos exemplos, destaca-se o **Instituto Nacional de Metrologia, Normalização e Qualidade Industrial – Inmetro**, que já foi classificada como.

As principais características das entidades qualificadas como agências executivas são:

a) Trata-se de **autarquias, fundações ou órgãos públicos** que obtêm a qualificação especial por ato do Presidente da República ou por portaria de Ministro de Estado;

b) Firmam **contrato de desempenho (contrato de gestão)** com o Ministério ao qual estão vinculadas, como condição para a ampliação da autonomia administrativa;

c) Devem possuir um **plano estratégico de reestruturação e desenvolvimento institucional**, com foco na **melhoria da gestão e na redução de custos operacionais**.

2.7. Empresas estatais

As empresas estatais são pessoas jurídicas de **direito privado**, integrantes da **Administração Pública Indireta**. Enquadram-se nessa categoria as **empresas públicas**, as **sociedades de economia mista** e suas **subsidiárias**. Apesar de possuírem personalidade jurídica de direito privado, compartilham entre si um conjunto relevante de características comuns.

Essas entidades são dotadas de natureza empresarial, mas, por integrarem a estrutura estatal, submetem-se a diversos controles e regras específicas. Entre suas principais **características jurídicas**, destacam-se:

a) **Controle institucional:** Estão sujeitas à **fiscalização dos Tribunais de Contas**, bem como ao controle do **Poder Legislativo** e à atuação do **Poder Judiciário**.

b) **Obrigatoriedade de licitação:** Devem observar o dever de **licitar previamente**. No entanto, quando exploram **atividade econômica**, empresas públicas e sociedades de economia mista estão dispensadas da licitação **para contratações diretamente ligadas à sua atividade-fim**, de modo a preservar sua **competitividade no mercado** em relação a empresas privadas do mesmo setor.

c) **Concurso público obrigatório:** A seleção de pessoal efetivo deve ser realizada **por meio de concurso público**, garantindo isonomia e impessoalidade no acesso aos cargos.

d) **Vedação de acúmulo de cargos:** Aplica-se a essas entidades a **proibição constitucional de acumulação de cargos, empregos ou funções públicas**, salvo nas hipóteses expressamente previstas.

e) **Regime celetista para empregados públicos:** Os trabalhadores são contratados sob o regime da **CLT**, configurando-se como **empregados públicos**.

f) **Remuneração e teto constitucional:** A remuneração dos empregados públicos **não está submetida ao teto constitucional**, exceto nos casos em que a empresa estatal **utilize recursos públicos para pagamento de pessoal ou custeio em geral**, conforme o art. 37, § 9º, da Constituição Federal.

2.7.1. Empresas públicas

As empresas públicas são entidades integrantes da Administração Pública Indireta, classificadas como **pessoas jurídicas de direito privado**, com

capital exclusivamente público, criadas por autorização legal, podendo adotar qualquer **forma societária admitida em direito.**

Entre os exemplos mais relevantes de empresas públicas federais estão: o **Banco Nacional de Desenvolvimento Econômico e Social – BNDES**, a **Empresa Brasileira de Correios e Telégrafos**, a **Caixa Econômica Federal.**

Características das Empresas Públicas

a) **Autorização legislativa para criação:** A **criação de empresas públicas** segue um processo mais complexo do que o das autarquias. O procedimento envolve três etapas sucessivas: 1) promulgação da lei que autorizou; 2) expedição de decreto para regulamentar aquela lei; 3) por fim, proceder o registro dos atos constitutivos em cartório e na Junta Comercial para que de fato ela venha a existir.

   Ou seja, diferentemente das entidades criadas por lei (como as autarquias), a **personalidade jurídica da empresa pública só surge com o registro**, conforme determina o **art. 45 do Código Civil**. A **extinção** também segue esse mesmo rito.

b) **Capital integralmente público: O capital social** das empresas públicas deve ser **100% formado por recursos públicos**, sem qualquer participação de capital privado.

c) **Estrutura societária livre:** As empresas públicas podem adotar **qualquer forma societária permitida pelo Direito Empresarial**, como **sociedade anônima, limitada, etc.**

d) **Competência da Justiça Federal:** As causas envolvendo **empresas públicas federais** são, como regra, de competência da **Justiça Federal**, nos termos do **art. 109 da Constituição Federal**. Já as **empresas públicas estaduais, distritais ou municipais** tem suas demandas processadas pela **Justiça comum estadual**.

2.7.2. Sociedades de economia mista

As sociedades de economia mista integram a Administração Pública Indireta e são classificadas como **pessoas jurídicas de direito privado**, instituídas mediante **autorização legislativa** e organizadas **obrigatoriamente sob a forma de sociedade anônima**. Essas entidades possuem **capital majoritariamente público**, mas admitem a participação de investidores privados.

Entre os principais exemplos de sociedades de economia mista estão a **Petrobras**, o **Banco do Brasil**, a **Telebras**, a **Eletrobras**, etc. Embora compartilhem diversas semelhanças com as empresas públicas, distinguem-se por algumas características próprias.

Características das Sociedades de Economia Mista

a) **Criação por autorização legislativa:** Assim como as empresas públicas, essas sociedades **não são criadas diretamente por lei**, mas dependem de **autorização legal prévia. A personalidade jurídica** surge com o **registro dos atos constitutivos em cartório**, conforme visto.

b) **Capital majoritariamente estatal:** Para que seja considerada sociedade de economia mista, o **Estado deve deter a maioria do capital votante** – ou seja, **pelo menos 50% mais uma das ações com direito a voto.** O essencial é que o **Poder Público mantenha o controle administrativo.**

c) **Estrutura obrigatória de S.A.:** Nos termos do **art. 5º da Lei nº 13.303/2016**, as sociedades de economia mista **devem ser constituídas como sociedades anônimas**, independentemente do porte ou área de atuação.

d) **Competência da Justiça Estadual:** Apesar de eventualmente integrarem a estrutura federal, **as causas que envolvem sociedades de economia mista são processadas e julgadas pela justiça comum estadual**, nos termos do **art. 109 da Constituição Federal.**

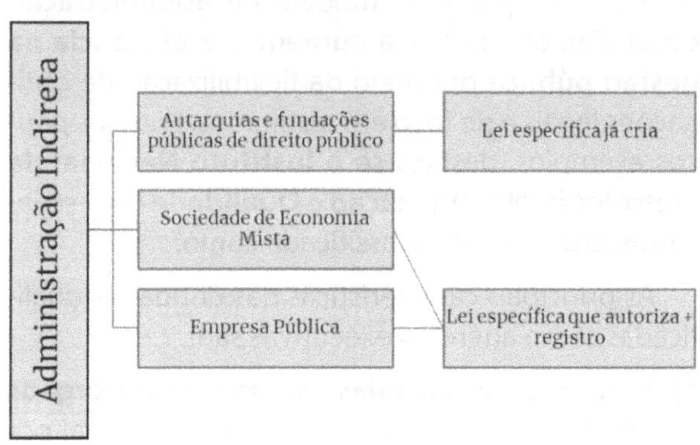

2.8. Consórcio público

Nos termos da **Lei nº 11.107/2005, o consórcio público** é compreendido como um **contrato administrativo multilateral** celebrado entre **entes federativos**, com o objetivo de atingir **finalidades de interesse comum**. A partir desse acordo, pode ser criada uma **nova pessoa jurídica autônoma**, que poderá assumir natureza **de direito público (associação pública)** ou **de direito privado.**

Uma vez constituído, o consórcio público adquire capacidade própria para exercer diversas funções administrativas em nome dos entes consorciados:

a) Celebrar **convênios, contratos e acordos de qualquer natureza**, bem como **receber repasses financeiros**, como auxílios, contribuições e subvenções de entidades e órgãos públicos.

b) **Realizar desapropriações** e **instituir servidões administrativas**, desde que exista declaração de utilidade pública, necessidade pública ou interesse social feita pelo Poder Público competente.

c) Ser contratado **diretamente** pelos entes consorciados – seja pela Administração direta ou indireta – **sem necessidade de licitação**, nos termos da lei.

d) Emitir **documentos de cobrança** e promover a **arrecadação de tarifas ou preços públicos**, em razão da prestação de serviços ou da utilização de bens públicos que estejam sob sua gestão ou, se autorizado, sob gestão dos entes consorciados.

e) Outorgar **concessões, permissões ou autorizações** para obras e serviços públicos, desde que haja **previsão expressa no contrato de consórcio público**, detalhando o objeto e as condições da delegação, respeitada a legislação de normas gerais aplicável.

Embora o **art. 3º da Lei nº 11.107/2005** indique que o consórcio público se constitui por **contrato**, a efetiva formação dessa entidade passa por diversas etapas sucessivas, que devem ser rigorosamente observadas. São elas:

a) Subscrição do **protocolo de intenções**, documento inicial que expressa a vontade política dos entes federativos em se consorciarem (art. 3º);

b) **Publicação do protocolo na imprensa oficial**, assegurando a publicidade e a transparência do processo (art. 4º, § 5º);

c) Aprovação de **lei específica** por cada ente consorciado, ratificando o protocolo de intenções, total ou parcialmente (art. 5º);

d) Celebração do **contrato de consórcio público**, com base no protocolo ratificado (art. 3º);

e) Observância das exigências previstas na **legislação civil**, exclusivamente nos casos em que o consórcio for instituído como **pessoa jurídica de direito privado** (art. 6º, II).

Quando o consórcio adotar a forma de **associação pública, a personalidade jurídica de direito público** surge **automaticamente com a ratificação legislativa do protocolo de intenções**. Nesse caso, a assinatura do protocolo pelos chefes do Poder Executivo dos entes participantes antecede a promulgação das leis ratificadoras. Com a ratificação, a nova entidade passa a existir formalmente.

- **Participação da União:** A União **só poderá integrar consórcios públicos** quando estiverem presentes **todos os Estados em cujo território** estejam localizados os municípios consorciados.

2.9. Entidades paraestatais

As chamadas **entidades paraestatais** são instituições **sem vínculo direto com a estrutura da Administração Pública**, mas que atuam em **colaboração com o Estado** na realização de atividades de interesse público. São eles: **serviços sociais autônomos**, as **entidades de apoio**, as **organizações sociais (OSs)**, as **organizações da sociedade civil de interesse público (OSCIPs)** e as **organizações da sociedade civil (OSCs)**.

2.9.1. Organizações sociais (OSs)

As **organizações sociais** são entidades **privadas e sem fins lucrativos**, que podem receber uma **qualificação especial** conferida pelo **governo federal**. Essa qualificação está prevista na **Lei nº 9.637/1998** e permite à entidade usufruir de **benefícios específicos**, como:

- **Isenções fiscais**;
- **Repasse de verbas públicas**;
- **Cessão de servidores públicos**;
- **Uso de bens públicos mediante autorização**.

As áreas em que as OSs estão autorizadas a atuar incluem: **ensino, pesquisa científica, desenvolvimento tecnológico, meio ambiente, cultura e saúde**. Nos termos do **art. 2º da Lei nº 9.637/98, a atribuição da qualificação como organização social é um ato discricionário** da Administração. Mesmo que a entidade preencha todos os requisitos legais, a concessão do título depende da **avaliação de conveniência e oportunidade**. Portanto, essas entidades **não têm direito adquirido** à qualificação, mas apenas uma **expectativa de direito**.

A relação formal entre o Estado e a organização social é firmada por meio do chamado **contrato de gestão**, instrumento que deve ser previamente aprovado pela **autoridade pública supervisora** da área de atuação da entidade.

2.9.2. OSCIPs – Organizações da sociedade civil de interesse público

As **Organizações da Sociedade Civil de Interesse Público (OSCIPs)** são entidades **privadas e sem fins lucrativos**, instituídas por iniciativa dos particulares, com a finalidade de **executar atividades não exclusivas do Estado**, sempre sob **fiscalização do Poder Público**. A relação formal entre essas organizações e a Administração Pública se dá por meio do **termo de parceria**.

A qualificação como OSCIP é regida pela **Lei nº 9.790/1999**, regulamentada pelo **Decreto nº 3.100/1999**, e permite às entidades beneficiadas **acessar vantagens específicas**, como o **recebimento de recursos públicos** para o desenvolvimento de suas atividades. De acordo com o **art. 3º da Lei nº 9.790/99**, somente podem receber essa qualificação as pessoas jurídicas de direito privado **sem finalidade lucrativa**.

O **termo de parceria**, que formaliza a cooperação entre a OSCIP e o Estado, deve **detalhar os direitos, deveres e obrigações das partes**, incluindo:

- **Metas a serem atingidas**;
- **Prazos de execução**;
- **Regras de fiscalização**;
- **Critérios de responsabilidade entre as partes**.

Uma diferença marcante em relação às organizações sociais está na **natureza da decisão que concede a qualificação**: no caso das OSCIPs, a concessão é considerada **ato vinculado**, o que significa que **todas as entidades que cumprirem os requisitos legais têm direito adquirido** à outorga do título.

2.9.3. Serviços sociais autônomos (sistema "S")

Os **serviços sociais autônomos** são entidades **privadas, sem fins lucrativos**, criadas por **autorização legislativa** com a finalidade de prestar serviços de interesse coletivo voltados a categorias profissionais específicas. Embora **não integrem a Administração Pública**, atuam em cooperação com o Estado e são conhecidos por compor o chamado **Sistema "S"** – denominação que se refere à estrutura sindical a que estão vinculados e à inicial comum em seus nomes: **SENAI, SENAC, SESC, SESI, SEBRAE**, entre outros. Essas entidades não exercem **serviços públicos em sentido estrito**, mas sim **atividades de utilidade pública**, especialmente nas áreas de capacitação profissional, educação, lazer, saúde e assistência social.

2.9.4. Entidades de apoio

As **entidades de apoio** são **pessoas jurídicas de direito privado, sem fins lucrativos**, constituídas, em regra, **sob a forma de fundação**, voltadas à **prestação de serviços sociais não exclusivos do Estado**. Possuem vínculo jurídico com órgãos da **Administração Direta ou Indireta**, formalizado predominantemente por meio de **convênios**, e seu marco normativo principal é a **Lei nº 8.958/1994**. Essas entidades são criadas com o objetivo de **apoiar atividades de ensino, pesquisa, extensão e desenvolvimento institucional, científico e tecnológico**, além de **promover a inovação**, sempre voltadas ao interesse das **instituições federais de ensino superior** e de outras **entidades científicas e tecnológicas federais. Exemplo relevante: Fundação Instituto de Pesquisas Econômicas – FIPE.**

2.9.5. Organizações da sociedade civil (OSC)

As **Organizações da Sociedade Civil (OSCs)** são **entidades privadas, sem fins lucrativos**, que podem **formalizar parcerias com o Estado** para a execução de atividades de interesse público. Essas parcerias são estabelecidas por meio de **termo de colaboração, termo de fomento** ou **acordo de cooperação**, conforme previsto na **Lei nº 13.019/2014** (Marco Regulatório das Organizações da Sociedade Civil).

3. PRINCÍPIOS DA ADMINISTRAÇÃO PÚBLICA

Autora: Maria Valentina de Moraes

3.1. Princípios da Administração Pública

São os seguintes, conforme Art. 37, *caput*, CF:

- Princípio da **L**egalidade
- Princípio da **I**mpessoalidade
- Princípio da **M**oralidade
- Princípio da **P**ublicidade
- Princípio da **E**ficiência

Princípio da Supremacia do Interesse Público: O princípio da supremacia do interesse público é basilar na construção do Direito Administrativo, sendo fundamento para os atos do Poder Público, configurando-se, de forma resumida, como a atribuição de "primazia às necessidades de uma maioria frente aos interesses de cunho individual, diluídos ou não em uma determinada sociedade".[11]

11. MEIRELES, Ivson Antonio de Souza. *Poder Judiciário e Administração Pública:* Reconstrução de parâmetros para a

Assim, o interesse coletivo, público, sobrepõe-se a interesses meramente individuais, possuindo a Administração interesses especiais em relação aos particulares. Decorre da noção de supremacia do interesse público a existência legítima de instrumentos e institutos administrativos como o Poder de Polícia, a desapropriação, intervenção, encampação, edição de medidas restritivas a direitos, entre outros. Norteia, portanto, toda a lógica administrativa.

Princípio da Indisponibilidade do Interesse Público: Também implícito no ordenamento jurídico, indica o princípio da supremacia do Interesse Público, que não cabe aos agentes públicos dispor desse interesse em nome de interesses particulares, uma vez que a atuação da Administração deve ser guiada com base na lei e não em interesses próprios dos agentes. Em razão de sua natureza de interesses próprios da coletividade, não é possível que órgãos administrativos que representam esses interesses possam dispor deles,[12] motivo pelo qual os poderes da Administração Pública possuem como característica ser "poderes-deveres", a respeito dos quais a Administração, sob pena de responder por sua omissão, não pode deixar de exercê-los.[13] É vedada, assim, a renúncia aos poderes legalmente conferidos aos agentes públicos.

Princípio da Legalidade: Indica que a vontade da Administração será aquilo que a lei determinar. Ou seja, os agentes públicos devem, no cumprimento de seus deveres, observar a lei, não podendo agir senão em virtude da lei. A Administração Pública, portanto, só pode atuar (criando obrigações, definindo impostos, realizando pagamentos...) quando existe lei que permita sua atuação. Em resumo, só pode fazer aquilo que a lei determine ou autorize.

Princípio da Impessoalidade: Também expresso no art. 37, *caput*, da CF/1988, o princípio da impessoalidade apresenta-se a partir de duas perspectivas: configura-se como a finalidade de toda atuação administrativa e garante a vedação de obtenção de benefícios ou promoção pessoal aos agentes públicos.

Como finalidade da atuação administrativa, não permite a criação de benefícios ou prejuízos para pessoas determinadas, devendo a atuação administrativa visar o interesse público. A vedação de obtenção de benefícios preceitua que todo ato é da Administração Pública, e, por tal razão, é vedada a utilização de nomes, símbolos, imagens ou cores que afastem a característica de impessoalidade que deve reger a atuação pública.

Princípio da Moralidade: O princípio da moralidade sustenta a busca por uma boa administração, devendo ser observado de forma obrigatória, preceituando, nas palavras de Saddy,[14] que, "ao realizar atividade discricional ou apreciativa, além de observar a norma jurídica, o administrador não pode se distanciar de valores éticos não protegidos diretamente pela norma jurídica, mas suscetíveis de proteção porque são subjacentes em determinada sociedade".

Relaciona-se com: ética, boa-fé e **probidade, licitude** e **honestidade**. Exemplos são as Leis **nº 8.429/1992** (*Lei de Improbidade Administrativa*) e **nº 14.230/2021** (alteração). Ato contrário a moral é nulo, não apenas inconveniente ou inoportuno.

Princípio da Publicidade: Do princípio da publicidade é possível extrair duas perspectivas: de exigência de publicações no Diário Oficial e de transparência da atuação administrativa.

O princípio da publicidade relaciona-se, assim, com a noção de visibilidade, transparência, das opções eleitas pelos agentes públicos, com a prestação de informações por parte da Administração Pública, que permitam o seu controle.[15] Ex.: incisos XIV, XXXIII e LX do art. 5º da CF/1988, a Lei nº 12.527/2011 (*Lei de Acesso à informação – LAI*), remédios constitucionais como o *Habeas Data*, a possibilidade de sigilo. Não é absoluto, podendo ser flexibilizado diante da segurança nacional, intimidade e privacidade, por exemplo.

Importante destacar, consoante entendimento do STF que há necessidade de motivação objetiva, específica e formal de atos restritivos de publicidade, não sendo suficientes fundamentações genéricas (ADPF 872).

- ARGUIÇÃO DE DESCUMPRIMENTO DE PRECEITO FUNDAMENTAL 872: Decisão: O Tribunal, por maioria, julgou procedente o pedido para reconhecer a nulidade do ato formalizado pelo Ofício n.º 10/2021 CNS/CGAD/DLOG/PF, que estabeleceu

concretização dos direitos fundamentais por meio de políticas públicas. Rio de Janeiro: Lumen Juris, 2017. p. 97.

12. BANDEIRA DE MELLO, Celso Antônio. *Curso de direito administrativo*. 35. ed. São Paulo: Malheiros, 2021.

13. DI PIETRO, Maria Sylvia Zanella. *Direito administrativo*. 35. ed. rev. atual e apl. Rio de Janeiro: Forense, 2022

14. SADDY, André. *Limites à tomada de decisão e controle judicial da Administração Pública*. Rio de Janeiro: Lumen Juris, 2018. p. 121.

15. SADDY, André. *Limites à tomada de decisão e controle judicial da Administração Pública*. Rio de Janeiro: Lumen Juris, 2018.

que todos os processos do Sistema Eletrônico de Informações da Polícia Federal sejam cadastrados com nível de acesso restrito, nos termos do voto da Relatora, vencidos os Ministros André Mendonça e Nunes Marques. Foi fixada a seguinte tese: "O ato de qualquer dos poderes públicos restritivo de publicidade deve ser motivado objetiva, específica e formalmente, sendo nulos os atos públicos que imponham, genericamente e sem fundamentação válida e específica, impeditivo do direito fundamental à informação". Plenário, Sessão Virtual de 4.8.2023 a 14.8.2023.

Princípio da Eficiência: Também disposto no art. 37, *caput*, da CF/1988, fundamenta a noção de boa prestação de serviços, de forma mais simples, menos custosa (econômica), rápida, buscando a concretização do interesse público da melhor maneira. Lembre-se: Não é absoluto, pois não tem força para afastar outros princípios que regem a administração pública, como o da legalidade (pular etapas definidas em lei) e da publicidade (não realizar publicações para diminuir custos e tempo).

Ex.: avaliações periódicas de desempenho do servidor (art. 41, § 1º, da CF/1988).

3.2. Princípios gerais da Administração Pública

Princípio da Ampla Defesa e do Contraditório: Também utilizado na perspectiva administrativa em processos e procedimentos administrativos, como o PAD.

> **Constituição Federal**
>
> **Art. 5º** (...)
>
> (...)
>
> LV – aos litigantes, em processo judicial ou administrativo, e aos acusados em geral são assegurados o contraditório e ampla defesa, com os meios e recursos a ela inerentes; [Lei nº 9.784/1999 – Processo Administrativo Federal]

- **Súmulas importantes: Súm. Vinc. nº 5 e nº 21 do STF.**

Princípio da autotutela: Previsto no art. 53 da Lei nº 9.784/1999, indica que a Administração Pública pode rever os seus atos, sem necessitar do Poder Judiciário para tanto. Prazo da Lei nº 9.784/1999: direito de anular decai em 5 (cinco) anos, salvo nos casos de má-fé.

- **Súmulas importantes: Súm. nº 346 e nº 473 do STF.**

Princípio do controle ou tutela: O princípio do controle ou tutela, como o próprio nome indica, trata da possibilidade de que a Administração Pública controle seus entes e entidades, assegurando que estejam atuando de acordo com a legalidade.[16] Refere-se, portanto, à possibilidade de que os entes administrativos controlem as entidades da Administração Indireta.

Princípio da continuidade/permanência do serviço público: O serviço público não pode ser interrompido, deve ser prestado de forma continuada. Em razão desse princípio, há a imposição de prazos rigorosos aos contraentes e o reconhecimento de privilégios à Administração, como o da encampação – quando a Administração assume a prestação do serviço, utilizando-se dos recursos humanos e materiais da empresa que o prestava, a fim de garantir sua continuidade, por exemplo.[17]

> **Lei nº 8.987/1995**
>
> **Art. 6º** (...)
>
> § 1º Serviço adequado é o que satisfaz as condições de regularidade, continuidade, eficiência, segurança, atualidade, generalidade, cortesia na sua prestação e modicidade das tarifas.
>
> (...)
>
> § 3º Não se caracteriza como descontinuidade do serviço a sua interrupção em situação de emergência ou após prévio aviso, quando:
>
> I – motivada por razões de ordem técnica ou de segurança das instalações; e,
>
> II – por inadimplemento do usuário, considerado o interesse da coletividade.
>
> § 4º A interrupção do serviço na hipótese prevista no inciso II do § 3º deste artigo não poderá iniciar-se na sexta-feira, no sábado ou no domingo, nem em feriado ou no dia anterior a feriado. *(Incluído pela Lei nº 14.015/2020)*

▷ **Atenção!** O Superior Tribunal de Justiça proíbe a interrupção de serviço essencial:

- mesmo quando há falta de pagamento, mas é necessário para a sobrevivência da pessoa;
- quando a Administração Pública não pagar a conta de serviço essencial prestado.

Princípio da continuidade: O princípio da continuidade informa sobre regularidade, utilizando-se da mesma lógica que preceitua a continuidade/permanência do serviço público: a Administração pública não pode parar.

Princípio da razoabilidade e da proporcionalidade: Configuram-se como princípios implícitos na Constituição Federal. Embora apresentados de

16. DI PIETRO, Maria Sylvia Zanella. *Direito administrativo*. 35. ed. rev. atual e apl. Rio de Janeiro: Forense, 2022.
17. DI PIETRO, Maria Sylvia Zanella. *Direito administrativo*. 35. ed. rev. atual e apl. Rio de Janeiro: Forense, 2022.

forma separada, "o segundo constitui um dos aspectos contidos no primeiro. Isso porque o princípio da razoabilidade, entre outras coisas, exige proporcionalidade entre os meios de que se utiliza a Administração e os fins que ela tem que alcançar".[18] Estão expressos no art. 2º da Lei nº 9.784/1999. Envolve, portanto, a ideia de coerência, equilíbrio, na tomada de decisões e realização das atribuições, mesmo em atos discricionários. Ex.: tatuagem como impeditivo para aprovação em concurso público; definição de altura e peso em editais de concursos públicos.

Princípio da presunção de legitimidade ou veracidade: Conhecido também como princípio da presunção de legalidade, refere-se tanto à certeza dos fatos quanto à referida presunção de legalidade. Assim, as decisões da Administração Pública são de execução imediata e podem criar obrigações para os particulares.

Princípio da especialidade: Refere-se à especialização de funções e atuações própria da Administração Pública, que garante a existência de competências e finalidades determinadas para cada ente, agente ou órgão público. Noção de descentralização.

Princípios da hierarquia e responsabilidade: O princípio da hierarquia indica a relação de subordinação e coordenação entre os órgãos da Administração Pública, com disciplina própria. Envolve hierarquia, disciplina e responsabilidade, literalmente.

Princípio da motivação: Consolidado pela doutrina e pela jurisprudência, o princípio da motivação traz a exigência de que todos os atos da Administração sejam motivados, com fundamentos de fato e de direito. Mais do que um princípio, é requisito para a viabilidade do controle da Administração Pública, como indica o art. 50 da Lei nº 9.784/1999.

Princípio da segurança jurídica, proteção à confiança e boa-fé: Referem-se à ideia de manutenção de decisões e atos da Administração Pública, realizados de boa-fé, garantindo a confiança dos cidadãos que esperam a licitude da Administração e também a segurança jurídica de que uma nova interpretação não altere prerrogativas já asseguradas em um ato realizado dentro da legalidade e boa-fé.

Princípio da máxima objetividade: Visa à definição de critérios objetivos para a atuação administrativa, mesmo quando envolvidos atos discricionários, a fim de evitar mudanças constantes em critérios definidores dessas escolhas públicas.

18. DI PIETRO, Maria Sylvia Zanella. *Direito administrativo*. 34. ed. rev. atual e apl. Rio de Janeiro: Forense, 2021. p. 123.

Princípio monocrático e da atuação colegial: Enquanto o princípio monocrático limita a discricionariedade decisional em decisões não aplicadas por agentes competentes, ao referir a concentração de responsabilidade em um agente estatal, o princípio da atuação colegial informa a prevalência da decisão de maiorias, da composição de vontade de diferentes agentes quando não respeitadas regras de competência, consenso ou maioria.[19]

Princípio do planejamento: Busca identificar os objetivos e metas prioritários e definir modos operacionais que garantam, no tempo adequado, a estrutura e os recursos necessários para a execução de ações considerando o interesse público.

Princípios da precaução e prevenção: O princípio da precaução respalda-se na adoção de medidas quando não existentes dados concretos e científicos sobre as consequências de uma ação específica, permitindo uma apreciação política dos níveis de proteção almejados; enquanto o princípio da prevenção informa sobre a tomada de medidas necessárias para prevenir prejuízos decorrentes de uma ação ou mesmo minimizar os efeitos desta.[20] À medida que, no primeiro, se desconhecem os eventuais riscos da decisão administrativo, no segundo, os riscos são conhecidos e se visa sua redução.

4. PODERES DA ADMINISTRAÇÃO PÚBLICA

Autora: Marina Falcão Lisboa Brito

4.1. Introdução

Para que possa desempenhar com eficácia as funções que lhe são atribuídas pela Constituição, a **Administração Pública** dispõe de **"poderes especiais"**. Essas competências não representam privilégios em benefício dos agentes públicos, mas sim **instrumentos funcionais vinculados ao dever de proteger o interesse coletivo**. Por isso, são denominadas pela doutrina como **poderes-deveres administrativos**.

Esses poderes são considerados **instrumentos jurídicos de atuação estatal**, e o seu exercício está sempre subordinado à finalidade pública. Sendo tradicionalmente conhecidos como:

19. SADDY, André. *Limites à tomada de decisão e controle judicial da Administração Pública*. Rio de Janeiro: Lumen Juris, 2018.

20. SADDY, André. *Limites à tomada de decisão e controle judicial da Administração Pública*. Rio de Janeiro: Lumen Juris, 2018.

a) Poder **vinculado**;

b) Poder **discricionário**;

c) Poder **disciplinar**;

d) Poder **hierárquico**;

e) Poder **regulamentar/normativo**;

f) Poder **de polícia**.

4.2. Poder Vinculado

O chamado **poder vinculado** ocorre quando a lei estabelece uma **competência administrativa delimitada em todos os seus aspectos**, sem deixar espaço para que o agente público avalie alternativas. Nesse caso, a atuação da Administração é **estritamente determinada pela norma**, cabendo ao agente apenas **cumprir a vontade legal**. Logo, não há liberdade decisória sobre se, como ou quando agir.

Exemplos:

A) Art. 20, § 2.º, Lei 8.112/1990 - "o servidor não aprovado no estágio probatório será exonerado ou, se estável, reconduzido ao cargo anteriormente ocupado, observado o disposto no parágrafo único do art. 29";

B) Art. 37, da Constituição Federal, a administração pública direta e indireta de qualquer dos Poderes da União, dos Estados, do Distrito Federal e dos Municípios obedecerá aos princípios de legalidade, impessoalidade, moralidade, publicidade e eficiência.

4.3. Poder Discricionário

Já o **poder discricionário** se caracteriza pela existência de **margem de escolha conferida por lei** ao agente público. Nesse caso, embora a competência também seja legalmente prevista, o legislador permite que a Administração avalie, **dentro dos limites fixados pela norma**, qual a solução mais adequada para atender ao interesse público, diante das **circunstâncias específicas de cada caso.**

A discricionariedade está, portanto, limitada à **conveniência e oportunidade**, permitindo ao agente optar entre diferentes condutas **igualmente válidas**, conforme os elementos concretos da situação.

Exemplos:

a. A remoção é o deslocamento do servidor, a pedido ou de ofício, no âmbito do mesmo quadro, com ou sem mudança de sede; II) a pedido, a critério da Administração (art. 36, Lei 8.112/90);

b. A qualificação de uma Organização Social, ainda que preencha todos os requisitos previstos em lei (art. 2º da Lei 9.637/1998), ficará a critério de conveniência e oportunidade a qualificação como OS;

4.4. Poder Disciplinar

O **poder disciplinar** é aquele conferido à Administração Pública para **aplicar sanções aos seus próprios agentes**, sempre que houver a prática de **infrações funcionais**. Trata-se de uma manifestação do poder de **autotutela**, voltado à manutenção da ordem e da legalidade no âmbito interno da estrutura administrativa.

Exemplo: alunos de uma escola pública, servidores públicos, empregados de empresas privadas que estejam prestando serviço a mando da Administração, etc.

4.5. Poder Hierárquico

O **poder hierárquico** é aquele que permite à Administração Pública **organizar internamente suas funções**, promovendo a **distribuição de competências** entre órgãos e agentes, e estabelecendo **relações de subordinação** no âmbito da estrutura administrativa.

Segundo a definição de **Hely Lopes Meirelles**, esse poder consiste na faculdade conferida ao Poder Executivo para "**distribuir e escalonar as funções de seus órgãos, ordenar e rever a atuação de seus agentes, estabelecendo a relação de subordinação entre os servidores do seu quadro de pessoal**". O exercício do poder hierárquico se manifesta por meio de **atribuições de comando, chefia e direção**.

Esse poder é essencial à **organização funcional da Administração**, garantindo unidade, coerência e disciplina no exercício das atividades públicas.

4.6. Poder Regulamentar (ou Normativo)

O **poder regulamentar** consiste na **faculdade conferida à Administração Pública para editar decretos e regulamentos**, com a finalidade de **complementar as leis**, assegurando sua aplicação eficaz. Esse poder é atribuído, em especial, aos **chefes do Poder Executivo**, mas também pode ser exercido por outras **autoridades e entidades com competência legalmente definida**, observando-se o **princípio da simetria entre os entes federativos**.

Embora o poder regulamentar permita a expedição de normas complementares, é fundamental ressaltar que **não se admite que tais atos infralegais alterem, contrariem ou modifiquem o conteúdo das leis**. O regulamento deve **apenas desenvolver e detalhar** os comandos legais, podendo, no entanto, **impor obrigações acessórias ou condutas complementares** aos administrados, desde que não extrapolem os limites legais.

Exemplo emblemático desse poder está previsto no **art. 84, inciso IV, da Constituição Federal de 1988**, que confere ao **Presidente da República** a competência para **expedir decretos e regulamentos** com o objetivo de assegurar a fiel execução das leis.

4.7.Poder de Polícia

O **poder de polícia** é a atividade estatal que com base na **lei**, limita **à liberdade e à propriedade dos particulares**, regulando tanto **ações** quanto **abstenções**, com o objetivo de **preservar a ordem, a segurança e o bem coletivo.**

Por exemplo, **regras de trânsito, normas de vigilância sanitária, controle de som alto em áreas residenciais, limitação da altura de prédios em praias, etc.**

O art. 78 do Código Tributário Nacional apresenta a seguinte conceituação:

> *"Considera-se poder de polícia atividade da administração pública que, limitando ou disciplinando direito, interesse ou liberdade, regula a prática de ato ou abstenção de fato, em razão de interesse público concernente à segurança, à higiene, à ordem, aos costumes, à disciplina da produção e do mercado, ao exercício de atividades econômicas dependentes de concessão ou autorização do Poder Público, à tranquilidade pública ou ao respeito à propriedade e aos direitos individuais ou coletivos".*

Ou seja, o poder de polícia é uma prerrogativa administrativa que permite à Administração Pública limitar ou disciplinar direitos de natureza individual em nome do interesse público.

Atualmente, o Supremo Tribunal Federal entende que é constitucional a delegação do poder de polícia, por meio de lei, a pessoas jurídicas de direito privado que integrem a Administração Pública indireta, desde que tenham capital majoritariamente público, prestem exclusivamente serviços públicos típicos do Estado e atuem em regime não concorrencial. Nessas hipóteses, é admitida a delegação das atividades de consentimento, fiscalização e sanção, desde que atribuídas a entidades com regime jurídico semelhante ao aplicável à Fazenda Pública.

O Supremo Tribunal Federal, no julgamento do **Tema 532 da Repercussão Geral**, firmou a seguinte **tese constitucional**:

> "É constitucional a delegação do poder de polícia, por meio de lei, a pessoas jurídicas de direito privado integrantes da Administração Pública indireta de capital social majoritariamente público que prestem exclusivamente serviço público de atuação própria do Estado e em regime não concorrencial".

Essa orientação permite a delegação **limitada** do poder de polícia a **entes paraestatais**, como empresas públicas ou sociedades de economia mista, **desde que observados os critérios legais e institucionais** indicados.

Além disso, tanto a doutrina quanto a jurisprudência reconhecem a possibilidade de delegação de atos meramente materiais do poder de polícia a particulares. Trata-se da delegação limitada à execução prática da atividade, especialmente no aspecto preventivo e fiscalizatório, sem envolver o poder decisório.

Exemplo: o uso de equipamentos operados por particulares, como radares fotográficos ou detectores de metal em aeroportos. Nessas situações, o particular apenas executa a atividade técnica; a aplicação da sanção, como a imposição de multa, permanece de competência exclusiva do Estado.

A distinção fundamental para essa análise está entre os **atos:**

- **Atos indelegáveis**:
  - o **Normatizar**;
  - o **Sancionar**.
- **Atos delegáveis**:
  - o **Consentir** (emissão de alvarás, licenças e autorizações);
  - o **Fiscalizar** (atividade de inspeção e verificação do cumprimento de normas).

4.8. Abuso de Poder na Administração Pública

O **abuso de poder** representa uma **ilegalidade na atuação administrativa**, configurando-se quando o agente público ultrapassa os limites da competência legal que lhe foi atribuída ou utiliza essa competência para fins diversos do interesse público. Esse abuso pode se manifestar sob duas modalidades clássicas:

1. **Excesso de Poder:** Ocorre quando o agente público **ultrapassa os limites de sua competência legal**, praticando um ato para o qual **não está autorizado**, ainda que movido por boa-fé.

   Exemplo: aplicar uma punição administrativa quando compete à autoridade superior fazê-lo.

2. **Desvio de Poder (ou Desvio de Finalidade):** Neste caso, o agente até possui **competência para praticar o ato**, mas o realiza com **finalidade diversa daquela prevista na lei**, violando o princípio da **finalidade pública.**

   Exemplo: chefe de determinada repartição remove seu subordinado para localidade distante em razão de uma discussão.

5. AGENTES PÚBLICOS

5.1. Conceito

Diferentes são as classificações doutrinárias sobre o conceito de agente público, caracterizando-se, de forma ampla, como todo aquele particular que desempenha alguma atividade estatal e possui um vínculo jurídico (estável ou não, a depender do caso, como será analisado) com a Administração Pública.

Quatro categorias de agentes públicos desdobram-se das classificações constitucionais e legais, sendo elas:

- agentes políticos
- agentes militares
- particulares em colaboração
- agentes administrativos

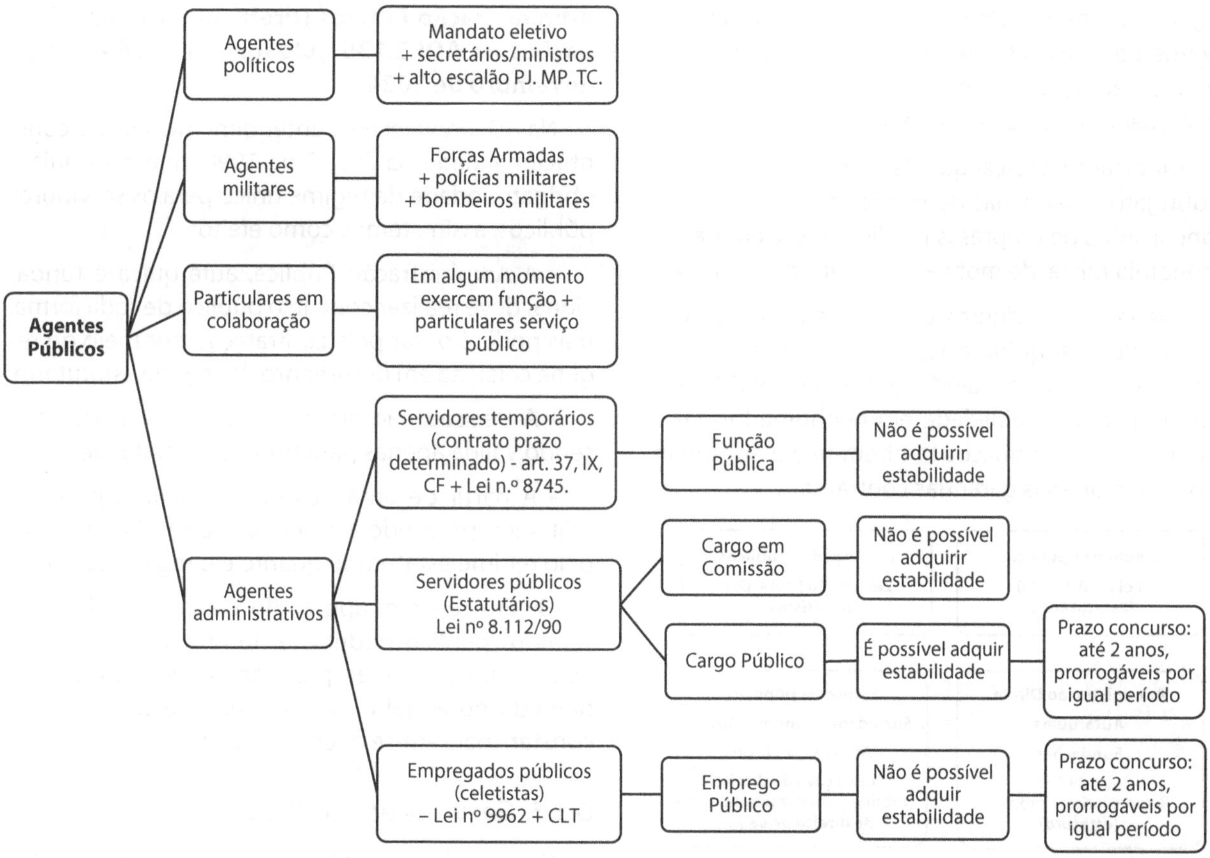

5.1.1. Agentes políticos (art. 38 da CF/1988)

São os agentes investidos para o exercício de atribuições determinadas constitucionalmente, com mandato eletivo (políticos), e os chefes dos altos escalões do governo, secretarias e ministérios, e, também, os membros dos altos escalões do Poder Judiciário, Ministério Público.

5.1.2. Agentes militares

Os agentes militares possuem dispositivos que regulam suas atividades e direitos, como os arts. 42 e 142 da CF/1988, e são aqueles que atuam nas Forças Armadas (Marinha, Exército e Aeronáutica), nas Polícias Militares e nos Corpos de Bombeiros Militares.

5.1.3. Particulares em colaboração com a Administração Pública

Nessa categoria, enquadram-se os particulares que, mediante remuneração ou não, prestam serviços ao Poder Público. Podem estar nessa função em razão de delegação do Poder Público, no caso de empregados de permissionárias e concessionárias de serviços públicos; por meio de requisição, nomeação ou designação para o exercício de funções públicas de relevância social, por exemplo, jurados e mesários; ou, ainda, gestores de negócios que assumam função pública, de forma voluntária, em situações de emergência (epidemias, enchentes etc.).[21]

5.1.4. Agentes administrativos

5.1.4.1. Servidores temporários

São aqueles contratados, na forma da Lei nº 8.475/1993, por tempo determinado, a fim de atender a alguma necessidade de natureza temporária e excepcional, como disciplina o art. 37, IX, da CF/1988. Realizam processo simplificado (não concurso público).

5.1.4.2. Servidores públicos e empregados públicos

Os servidores públicos são regidos por regime jurídico próprio (a Lei nº 8.112/1990), sendo aqueles servidores que desenvolvem funções/atribuições – ocupando cargo efetivo ou cargo em comissão – dentro da Administração Direta, suas autarquias e fundações, as quais se constituem como pessoas jurídicas de direito público. Os empregados públicos, do contrário, compõem os quadros das pessoas jurídicas com personalidade de direito privados: empresas públicas, sociedades de economia mista e fundações de direitos público com personalidade de direito privado. São

21. DI PIETRO, Maria Sylvia Zanella. *Direito administrativo*. 35. ed. rev. atual e apl. Rio de Janeiro: Forense, 2022.

regidos, por tal característica de direito privado, pelo regime da Consolidação das Leis do Trabalho (CLT), motivo pelo qual são, portanto, identificados como empregados públicos, ocupando empregos públicos.

Importante reforçar que decisão do STF destacou a obrigatoriedade, nas demissões dos empregados concursados de empresas públicas e sociedades de economia mista, de motivação do ato demissional.

Apenas os servidores ocupantes de cargo efetivo podem adquirir estabilidade. Ocupantes de cargo em comissão – ainda que sejam servidores – não adquirem estabilidade em nenhuma hipótese. Os empregados públicos também não a adquirem, possuindo apenas garantias contratuais.

Há uma **exceção** no que se refere à regra de divisão em razão da natureza de direitos público ou privado: a Lei nº 11.107/2005 define, em seu art. 6º, § 2º, que em relação aos **Consórcios Públicos**, mesmo quando tiverem personalidade jurídica de direito público (associações públicas), o **regime jurídico é o da CLT**.

Importante!

No ano de 2024 tivemos uma importante atualização no entendimento sobre o regime de contratação dos servidores estatutários da Administração Pública Direta, autarquias e fundações na ADI 2.135, julgada pelo STF em 2 de novembro de 2024.

Na ADI prevaleceu o entendimento sobre a constitucionalidade da EC. 19 de 1998, que extinguia a obrigatoriedade de regime único para os servidores públicos, assim, temos como efeito:

- A Administração Pública, autárquica e fundacional deve realizar concurso público de toda forma, mas poderá optar pela contratação por meio do regime celetista em detrimento do regime estatutário;

- A decisão não afeta os regimes já existentes, sendo válida apenas para futuras contratações;

- A partir de então os entes públicos poderão editar leis prevendo a admissão de servidores tanto pelo regime estatutário quanto elo regime celetista;

→ Em resumo, apesar do concurso público, o servidor público poderá ter também regime celetista (assim como o empregado público), o que será definido no edital e indicado na questão. Se nada constar, mantém-se a regra original.

5.1.5. Servidores públicos

Os servidores públicos são, portanto, aqueles servidores investidos em cargo público na Administração Direta, autárquica ou fundacional, regidos por regime jurídico próprio (Lei nº 8.112/1990), como definem os arts. 2º e 3º da Lei.

O servidor público pode, então, ocupar um cargo público efetivo, com ingresso mediante concurso público, como pode ocupar um cargo em comissão, de livre nomeação e exoneração. O **cargo em comissão, como regra,** não é cargo efetivo e não garante estabilidade ao servidor, sendo de **nomeação e exoneração** por parte do chefe do Poder Executivo, estabilidade destinada a **cargos de chefia, direção e assessoramento**. Assim disciplina o art. 37, V, da CF/1988.

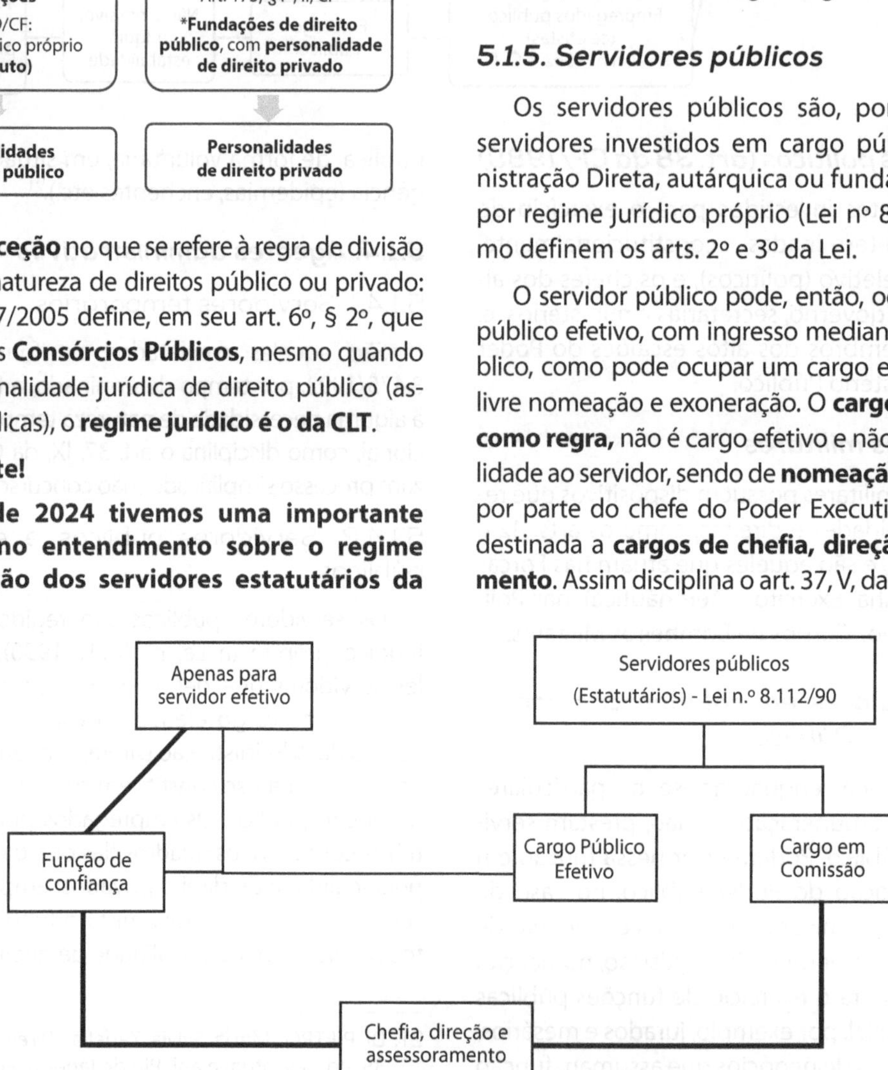

5.1.6. Cumulação de cargos

Acumular cargos públicos é, em regra, vedado pela Constituição Federal, o que é válido para cargos, empregos e funções. Porém, tanto o art. 37, XVI, da CF/1988 como o art. 118 da Lei nº 8.112/1990 apresentam exceções e regulamentações sobre o tema. Podem ser cumulados, com compatibilidade de horários:

a) dois cargos de professor;

b) um cargo de professor com outro técnico ou científico;

c) dois cargos ou empregos privativos de profissionais de saúde, com profissões regulamentadas.

> **Art. 37**, XVII, CF – a proibição de acumular estende-se a empregos e funções e abrange autarquias, fundações, empresas públicas, sociedades de economia mista, suas subsidiárias, e sociedades controladas, direta ou indiretamente, pelo poder público.

▷ **Cuidado:** apenas a compatibilidade de horários não é suficiente para que a cumulação seja lícita. É necessário que o caso envolva alguma das hipóteses previstas na Constituição Federal + o requisito da compatibilidade de horários.

▷ **Atenção!** Para além das hipóteses previstas no art. 37, XVI, da CF/1988, é possível a cumulação do *mandato de vereador*, com *outro cargo, emprego ou função pública*, desde que existente compatibilidade de horários, como indica o art. 38, III, da CF/1988: "III – investido no mandato de Vereador, havendo compatibilidade de horários, perceberá as vantagens de seu cargo, emprego ou função, sem prejuízo da remuneração do cargo eletivo, e, não havendo compatibilidade, será aplicada a norma do inciso anterior".

5.1.7. Cargos públicos

Os requisitos para a investidura em cargos públicos estão disciplinados no art. 5º da Lei nº 8.112/1990 e são: I – a nacionalidade brasileira; II – o gozo dos direitos políticos; III – a quitação com as obrigações militares e eleitorais; IV – o nível de escolaridade exigido para o exercício do cargo; V – a idade mínima de 18 anos; VI – a aptidão física e mental.

> **Súm. nº 266 do STJ:** O diploma ou habilitação legal para o exercício do cargo deve ser exigido na posse e não na inscrição para o concurso público.
>
> **Súm. nº 686 do STF:** Só por lei se pode sujeitar a exame psicotécnico a habilitação de candidato a cargo público.

Em resumo, os cargos públicos:

- são acessíveis a brasileiros e estrangeiros (estrangeiros no caso de professores em universidades, como traz a Lei nº 8.112/1990);
- devem ser criados por lei;
- devem ter investidura por concurso público (ressalvados os cargos em comissão);
- devem possuir denominação própria;
- devem ter vencimentos custeados pelos cofres públicos.

5.1.7.1. Concurso público

O concurso público é a forma de acesso aos cargos de provimento efetivo e possui requisitos próprios, podendo ser de provas ou de provas e títulos.

A validade de um concurso público é de até 2 (dois) anos, renováveis por igual período (art. 12 da Lei nº 8.112/1990 e art. 37, III, da CF/1988). Mas a Lei nº 8.112/1990 é mais restritiva do que a Constituição Federal, proibindo a abertura de novos concursos públicos enquanto não chamados todos os candidatos aprovados em concurso em aberto, ao passo que a Constituição apenas prevê uma ordem de preferência aos já aprovados.

Assim, tratando-se de **concurso público de agentes administrativos**, que se submetem ao regime jurídico da Lei nº 8.112/1990 (servidores públicos civis da União, das autarquias e das fundações públicas federais), **é vedada a abertura de novo concurso público** enquanto ainda existirem candidatos aprovados em concurso com prazo não expirado. Em se tratando de **agentes públicos não submetidos a essa lei** (os agentes militares, p. ex.), válido é o dispositivo constitucional, **cabendo a abertura de novo concurso**.

Importante o destaque a outros artigos aplicáveis aos concursos públicos: o art. 5º, § 2º, da Lei nº 8.112/1990 e a Lei nº 15.142/2025 dispõem sobre as reservas de vagas em concursos públicos, disciplinando as porcentagens de vagas destinadas a pessoas com deficiência (até 20%), em atribuições compatíveis, e a pessoas negras (30%).

▷ ATENÇÃO: a Lei n.º 15.142 de 03 de junho 2025 alterou as cotas para pessoas negras em concursos públicos para 30%, ampliando estas também para quilombolas. Assim, a partir de tal data, a lei 12.990/2014, que regulava a matéria, não possui mais aplicabilidade.

Lei 15.142/2025: *Reserva às pessoas pretas e pardas, indígenas e quilombolas o percentual de 30% (trinta por cento) das vagas oferecidas nos concursos públicos para provimento de cargos efetivos e empregos públicos no âmbito da administração pública federal direta, das autarquias, das fundações públicas, das empresas públicas e das sociedades de economia mista controladas pela União e nos processos seletivos*

ADMINISTRATIVO

simplificados para o recrutamento de pessoal nas hipóteses de contratação por tempo determinado para atender a necessidade temporária de excepcional interesse público para os órgãos da administração pública federal direta, as autarquias e as fundações públicas; e revoga a Lei nº 12.990, de 9 de junho de 2014.

> **Súm. nº 377 do STJ:** O portador de *visão monocular* tem direito de concorrer, em concurso público, às vagas reservadas aos deficientes. -> regulamentado também pela Lei n.º 14.126/2021.

> ▷ **ATENÇÃO!** Até o final de 2023, por força da súmula n.º 552 do STJ, a pessoa com surdez unilateral não possuía o direito de concorrer nas vagas reservadas à pessoa com deficiência, mas a Lei n.º 14.768/2023 reconheceu a surdez unilateral como deficiência, o que lhe concede tal direito.

5.2. Formas de provimento

5.2.1. Conceito

Provimento é o ato pelo qual o particular se vincula à Administração Pública ou a um novo cargo desta, e é investido no exercício de cargo, emprego ou função.[22]

22. DI PIETRO, Maria Sylvia Zanella. *Direito administrativo*. 35. ed. rev. atual e apl. Rio de Janeiro: Forense, 2022.

5.2.2. Formas

São formas de provimento: nomeação, readaptação, reversão, reintegração, recondução, promoção, aproveitamento.

> ▷ **Obs.: Ascenção e transferência não existem mais.**
>
> **Súm. Vinc. nº 43 do STF:** É inconstitucional toda modalidade de provimento que propicie ao servidor investir-se, sem prévia aprovação em concurso público destinado ao seu provimento, em cargo que não integra a carreira na qual anteriormente investido.

5.2.2.1. Nomeação

A nomeação é a forma originária de provimento, podendo ser em comissão (cargo em comissão) ou em caráter efetivo (com aprovação em concurso público).

A Súm. nº 15 do STF garante a nomeação quando não observada a classificação no concurso público: "Dentro do prazo de validade do concurso, o candidato aprovado tem direito à nomeação, quando o cargo for preenchido sem observância da classificação".

Tese de repercussão geral do Supremo Tribunal Federal – dentro do número de vagas, há direito subjetivo à nomeação.

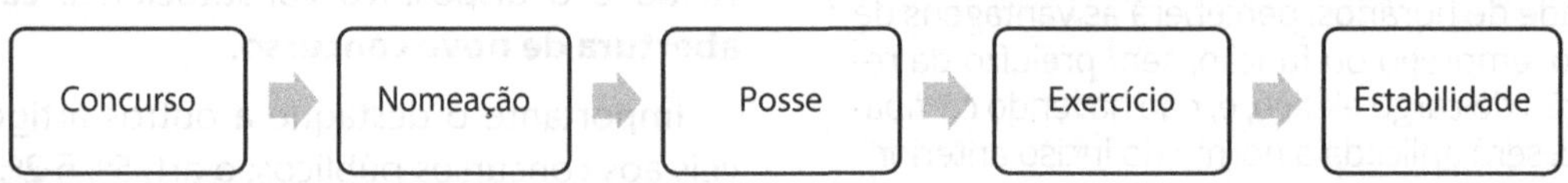

Posse (arts. 13 e 14 da Lei nº 8.112/1990): Ocorrida a nomeação (ato de provimento), após 30 dias da publicação do ato, ocorrerá a posse, que pode ser por procuração. A investidura no cargo público ocorre com a posse – assinatura do termo de posse, no qual constam os direitos, deveres e atribuições do cargo – e não com a nomeação, existindo um direito subjetivo à posse, como disciplina a Súm. nº 16 do STF.

Exercício (art. 15 da Lei nº 8.112/1990): O exercício é efetivo desempenho das atribuições do cargo público ou da função, como disciplina o art. 15 da Lei nº 8.112/1990, ocorrendo 15 dias contados da posse, sob pena de o servidor público ser exonerado de ofício.

Estágio probatório (art. 20 da Lei nº 8.112/1990): Tendo o servidor público entrado em exercício, o estágio probatório representa o período definido legalmente durante o qual, como define o art. 20 da Lei nº 8.112/1990, "a sua aptidão e capacidade serão objeto de avaliação para o desempenho do cargo". Caso não aprovado no estágio probatório, o servidor será exonerado. Se já estável (por conta de outro cargo), será reconduzido ao cargo anteriormente ocupado.

> ▷ **Atenção!** O prazo do art. 20 da Lei nº 8.112/1990 foi declarado inconstitucional à é de 3 (três) anos, conforme o art. 41 da CF/1988, que trata da estabilidade.

- Posicionamento jurisprudencial: É possível que ainda no período de estágio probatório o servidor público possa fazer pedido de recondução a cargo anteriormente ocupado.

Ainda, é possível que, durante o período de estágio, o servidor adquira uma função de confiança ou mesmo um cargo em comissão.

Estabilidade (art. 41 da CF/1988): Para adquirir estabilidade, o servidor público necessita preencher, então, como requisitos:

- aprovação em um concurso público;
- nomeação para cargo público efetivo;
- realização de três anos de efetivo exercício;
- aprovação em avaliação especial de desempenho (finaliza o estágio probatório).

Perda do cargo: Como disciplinado no art. 22 da Lei nº 8.112/1990 e no § 1º do art. 41 da CF/1988, a perda do cargo do servidor estável ocorrerá por meio:

> I – de sentença judicial transitada em julgado;
>
> II – processo administrativo disciplinar;
>
> III – procedimento de avaliação periódica de desempenho.

Outra forma de perda do cargo de servidor estável está indicada no § 4º do art. 169 da CF/1988, que, por força da Lei Complementar nº 101/2000 (Lei de Responsabilidade Fiscal), disciplina a perda do cargo por despesa de pessoal acima dos limites legais, atingindo também os servidores estáveis, se necessário.

Vacância do cargo: "O fato administrativo-funcional que indica que determinado cargo público não está provido, ou, em outras palavras, está sem titular"[23] decorrerá de exoneração, demissão, readaptação, aposentadoria, posse em outro cargo inacumulável ou falecimento.

Exoneração: A exoneração, disciplinada nos arts. 34 e 35 da Lei nº 8.112/1990, pode ocorrer a pedido do servidor ou de ofício. De ofício: em decorrência da não satisfação das condições do estágio probatório ou quando, já tomada a posse, não é iniciado o exercício por parte do servidor.

5.2.2.2. Readaptação (art. 37, § 13, da CF/1988 e art. 24 da Lei nº 8.112/1990)

A readaptação ocorre quando o servidor público, estável, passa a ter alguma limitação, verificada em inspeção médica, que o impede de cumprir as atividades e atribuições do cargo que ocupava.

Três são as possibilidades envolvidas na readaptação:

- recolocação do servidor em outra função, se disponível;
- exercer as atribuições como excedente até o surgimento da vaga, caso não haja vaga para que o servidor público seja readaptado para outra atividade;
- aposentadoria por incapacidade permanente, se julgado incapaz.

5.2.2.3. Reversão (art. 25 da Lei nº 8.112/1990)

A reversão trata do retorno (da volta) do servidor aposentado à atividade, que poderá ser:

- de ofício, no caso de aposentadoria por invalidez, quando não existirem mais os motivos da aposentadoria; (ato vinculado)
- a pedido, no interesse da Administração, desde que:
- solicitado pelo aposentado (ato discricionário);
- a aposentadoria tenha sido voluntária;
- haja estabilidade na atividade;
- a aposentadoria tenha ocorrido nos cinco anos anteriores ao pedido;
- haja cargo vago.

> ▷ **Atenção!**
>
> **Lei nº 8.112/1990**
>
> **Art. 27.** Não poderá reverter o aposentado que já tiver completado 70 (setenta) anos de idade.

5.2.2.4. Reintegração (art. 28 da Lei nº 8.112/1990 e art. 41, § 2º, da CF/1988)

- Servidor foi demitido ilegalmente e há a anulação do ato de demissão.
- O servidor será ressarcido de todas as vantagens do período afastado.
- Se o cargo tiver sido extinto, ficará em disponibilidade (art. 41, § 3º, da CF/1988).
- Ocupante será reconduzido sem direito à indenização, ou aproveitado ou posto em disponibilidade.

5.2.2.5. Recondução (art. 29 da Lei nº 8.112/1990)

A recondução, disciplinada no art. 29 da Lei nº 8.112/1990, dá-se quando ocorrido o **retorno do servidor estável** ao cargo anteriormente ocupado, podendo ocorrer quando há a **inabilitação em estágio probatório** – por não cumprimento dos requisitos deste –, ou quando houver **reintegração** (já analisada) do ocupante anterior. Não há direito à indenização para aquele que for reconduzido ao cargo anterior.

5.2.2.6. Aproveitamento (arts. 29, par. ún., 30 e 32 da Lei nº 8.112/1990)

O aproveitamento ocorre quando há o retorno do servidor posto em disponibilidade diante da extinção do cargo ou declaração de sua desnecessidade.

> **Súm. nº 39 do STF:** À falta de lei, funcionário em disponibilidade não pode exigir, judicialmente, o seu **aproveitamento**, que fica subordinado ao critério de conveniência da administração.

23. CARVALHO FILHO, José dos Santos. *Manual de direito administrativo*. 30. ed. São Paulo: Atlas-Gen, 2019. p. 671.

5.2.2.7. Promoção

É o progresso do servidor, dentro da mesma carreira. Só poderá ocorrer em cargos com plano de carreira, apresentando o art. 39, § 2º da CF/1988 como requisito para promoção a participação em cursos de formação e aperfeiçoamento. Os critérios para a promoção são merecimento e antiguidade.

5.3. Remoção (art. 36 da Lei nº 8.112/1990)

Inicialmente, cabe enfatizar que a remoção não é uma forma de provimento e, sim, o deslocamento do servidor, no mesmo quadro, de ofício ou a pedido do próprio servidor, como dispõe o art. 36 da Lei nº 8.112/1990. Entre as três modalidades de remoção, as dispostas no inciso III tratam de atos vinculados, existindo obrigatoriedade na realização do deslocamento do servidor; enquanto as modalidades dispostas nos incisos I e II permitem que a Administração Pública analise se há conveniência e oportunidade para o deslocamento, sendo, portanto, discricionários.

5.4. Teto remuneratório

Conceitos importantes, que se extraem tanto da Constituição Federal quanto da Lei nº 8.112/1990:

- Vencimento: É o valor básico recebido. "Vencimento é a retribuição pecuniária pelo exercício de cargo público, com valor fixado em lei" (art. 40 da Lei nº 8.112/1990).
- Remuneração: Vencimento básico mais as vantagens pecuniárias de natureza permanente. "Remuneração é o vencimento do cargo efetivo, acrescido das vantagens pecuniárias permanentes estabelecidas em lei. (...) § 3º O vencimento do cargo efetivo, acrescido das vantagens de caráter permanente, é irredutível" (art. 41 da Lei nº 8.112/1990).
- Subsídio: Parcela única, sem qualquer outra verba remuneratória, recebida pelos elencados no art. 39, § 4º, da CF/1988, sendo uma possibilidade para os servidores públicos organizados em carreira, como traz o § 8º do mesmo artigo, e para os policiais indicados no art. 144 da CF/1988.
- Provento: Pagamento do servidor em inatividade, aposentado ou em disponibilidade.

▷ **Atenção!**

A fixação ou alteração da remuneração ocorrerá apenas por lei específica, assegurada revisão geral anual, consoante o inciso X do art. 37 da CF/1988.

> **Art. 37.** (...)
>
> (...)
>
> XI – a remuneração e o subsídio dos ocupantes de cargos, funções e empregos públicos da administração direta, autárquica e fundacional, dos membros de qualquer dos Poderes da União, dos Estados, do Distrito Federal e dos Municípios, dos detentores de mandato eletivo e dos demais agentes políticos e os proventos, pensões ou outra espécie remuneratória, percebidos cumulativamente ou não, incluídas as vantagens pessoais ou de qualquer outra natureza, não poderão exceder o subsídio mensal, em espécie, dos Ministros do Supremo Tribunal Federal, aplicando-se como limite, nos Municípios, o subsídio do Prefeito, e nos Estados e no Distrito Federal, o subsídio mensal do Governador no âmbito do Poder Executivo, o subsídio dos Deputados Estaduais e Distritais no âmbito do Poder Legislativo e o subsídio dos Desembargadores do Tribunal de Justiça, limitado a noventa inteiros e vinte e cinco centésimos por cento do subsídio mensal, em espécie, dos Ministros do Supremo Tribunal Federal, no âmbito do Poder Judiciário, aplicável este limite aos membros do Ministério Público, aos Procuradores e aos Defensores Públicos.
>
> (...)
>
> § 11. Não serão computadas, para efeito dos limites remuneratórios de que trata o inciso XI do *caput* deste artigo, as parcelas de caráter indenizatório previstas em lei.

O teto é válido: (1) a agentes sob regime remuneratório ou subsídio; (2) a servidores da Administração direta, autárquica e fundacional; (3) a agentes públicos vinculados às sociedades de economia mista e empresas públicas que **recebam recursos da Fazenda Pública** (art. 37, § 9º, da CF/1988); (4) **a** parlamentares de estados e municípios (leitura conjunta dos arts. 27, § 2º, e 29, VI, da CF/1988); (5) a proventos dos aposentados e pensões dos dependentes do servidor falecido.

▷ **Atenção!** Na Ação Direta de Inconstitucionalidade nº 3854 (rel. Min. Gilmar Mendes – Plenário – j. 7-12-2020), foi dada interpretação conforme ao art. 37, XI, da CF/1988, sendo considerado que os magistrados estaduais se limitam ao teto dos Ministros do Supremo Tribunal Federal e não 90,25% do teto, como indicado no artigo.

A tese firmada no RE nº 663696 (rel. Min. Luiz Fux – Plenário – j. 28-2-2019) foi no sentido de que a expressão procuradores se refere também aos procuradores municipais e, assim, os procuradores do Município submetem-se ao teto remuneratório dos Ministros do STF e não ao subteto do prefeito.

Excluem-se do teto, ainda – como disciplina o artigo 42, p. ú., da Lei 8.112 – as seguintes vantagens:

> II - gratificação natalina;
>
> IV - adicional pelo exercício de atividades insalubres, perigosas ou penosas;
>
> V - adicional pela prestação de serviço extraordinário;
>
> VI - adicional noturno;

VII - adicional de férias

Súm. Vinc. nº 37 do STF: *Não cabe ao Poder Judiciário*, que não tem função legislativa, aumentar vencimentos de servidores públicos sob o fundamento de isonomia.

Súm. Vinc. nº 15 do STF: O cálculo de *gratificações* e *outras vantagens* do servidor público não incide sobre o abono utilizado para se atingir o salário-mínimo.

Súm. Vinc. nº 42 do STF: É inconstitucional a vinculação do reajuste de vencimentos de servidores estaduais ou municipais a índices federais de correção monetária.

Súm. Vinc. nº 16 do STF: Os artigos 7º, IV, e 39, § 3º (redação da EC 19/98), da Constituição, referem-se ao total da remuneração percebida pelo servidor público.

TETO – MINISTROS DO SUPREMO TRIBUNAL FEDERAL		
QUEM	**ÂMBITO**	**SUBTETO**
Agentes municipais	Geral – menos o Procurador	Prefeito
Agentes estaduais e Distrito Federal	Poder Executivo	Governador
	Poder Legislativo	Deputado estadual e distrital
	Poder Judiciário	Desembargadores do TJ

Outros dispositivos importantes: arts. 37, XII, XIII, XIV, XV e 169 da CF/1988.

O teto remuneratório, por entendimento do Supremo Tribunal Federal, vale para cada cargo de **forma isolada** e não em relação ao montante final das duas remunerações. É válido também para agentes públicos vinculados a sociedades de economia mista e empresas públicas que **recebam recursos da Fazenda Pública**.

5.5. Penalidades

Os agentes administrativos, em razão do conjunto de atribuições e responsabilidades que possuem, estão sujeitos, pelo Poder Disciplinar, a sofrer a aplicação de penalidades disciplinares quando cometidos ilícitos administrativos, que serão apurados por meio de sindicância ou processo administrativo disciplinar. Estão elencadas no art. 127 da Lei nº 8.112/1990 e podem ser: I – advertência; II – suspensão; III – demissão; IV – cassação de aposentadoria ou disponibilidade; V – destituição de cargo em comissão; VI – destituição de função comissionada.

O cancelamento dos registros das penalidades ocorrerá em 3 (três) anos, quando se tratar de advertência, e em 5 (cinco) anos, quando for o caso de suspensão, desde que o servidor não tenha praticado outras infrações neste período, como disciplina o art. 131 da Lei nº 8.112/1990.

O art. 141 da Lei indica as competências específicas para a aplicação das penalidades determinadas.

Prescrição das penalidades impostas:

Lei nº 8.112/1990

Art. 142. A ação disciplinar prescreverá:

I – em 5 (cinco) anos, quanto às infrações puníveis com *demissão, cassação de aposentadoria ou disponibilidade* e *destituição de cargo em comissão;*

II – em 2 (dois) anos, quanto à *suspensão;*

III – em 180 (cento e oitenta) dias, quanto à *advertência.*

Súm. nº 635 do STJ: Os prazos prescricionais previstos no art. 142 da Lei n. 8.112/1990 iniciam-se na data em que a autoridade competente para a abertura do procedimento administrativo toma conhecimento do fato, interrompem-se com o primeiro ato de instauração válido – sindicância de caráter punitivo ou processo disciplinar – e voltam a fluir por inteiro, após decorridos 140 dias desde a interrupção.

5.6. Demissão

A demissão configura-se como um ato administrativo que finaliza o vínculo do agente público com a Administração Pública em razão da prática de uma infração funcional de natureza grave, ou seja, trata-se de um ato com caráter punitivo.

As condutas que acarretam a demissão do servidor, como penalidades a ele impostas, estão disciplinadas no art. 132 da Lei nº 8.112/1990. São três as modalidades de penalidades, havendo penalidades leves, que não acarretam a impossibilidade de retorno ao serviço público; **moderadas, que impedem o provimento em cargo público pelo período de 5 (cinco) anos**; e aquelas **gravosas, que impedem em definitivo novo provimento**, como indica o art. 137, e seu parágrafo único, da Lei nº 8.112/1990.

O Supremo Tribunal Federal, na ADI nº 2975, pronunciou-se sobre a vedação de retorno ao serviço público disciplinada no parágrafo único do art. 137 da Lei nº 8.112/1990, entendendo que há uma inconstitucionalidade material em razão da proibição de penas perpétuas no Brasil. **Assim, o dispositivo não é válido.**

Não há discricionariedade na atuação da autoridade que tiver ciência de alguma irregularidade em relação à apuração ou não das condutas, devendo esta promover sua apuração imediata, consoante o art. 143 da Lei nº 8.112/1990 – o que é reforçado também pela Súm. nº 650 do STJ.

> **Súm. nº 650 do STJ:** A autoridade administrativa não dispõe de discricionariedade para aplicar ao servidor pena diversa de demissão quando caracterizadas as hipóteses previstas no art. 132 da Lei nº 8.112/1990.

Outro ponto importante sobre a apuração de eventuais irregularidades refere-se às denúncias reportadas à autoridade, disciplinando o art. 144 da mesma lei que devem ser devidamente identificadas. Contudo, a Súm. nº 611 do STJ firmou entendimento no sentido de que, quando devidamente motivadas e com amparo em investigação ou sindicância, há a possibilidade de que haja denúncia anônima e dessa decorra um processo administrativo disciplinar.

5.7. Sindicância (art. 145 e ss. da Lei nº 8.112/1990)

A sindicância é ferramenta pela qual a Administração Pública realiza a apuração de irregularidades que, se confirmadas, podem acarretar a responsabilização do servidor público (advertência ou suspensão) ou fornecer elementos para a abertura de um processo administrativo disciplinar. Por seu caráter inquisitório, não possui ampla defesa e contraditório. Como medida cautelar, cabe afastamento do servidor.

> **Lei nº 8.112/1990**
>
> **Art. 145.** Da *sindicância* poderá resultar:
>
> I – arquivamento do processo;
>
> II – aplicação de penalidade de advertência ou suspensão de até 30 (trinta) dias;
>
> III – instauração de processo disciplinar.
>
> Parágrafo único. O prazo para conclusão da sindicância não excederá 30 (trinta) dias, podendo ser prorrogado por igual período, a critério da autoridade superior.

Pode haver Processo Administrativo Disciplinar (PAD) sem sindicância prévia? Sim. A sindicância não é um requisito obrigatório para a instauração de um processo administrativo disciplinar.

5.8. Processo Administrativo Disciplinar

O processo administrativo disciplinar, como disciplina o art. 148 da Lei nº 8.112/1990, "é o instrumento destinado a apurar responsabilidade de servidor por infração praticada no exercício de suas atribuições, ou que tenha relação com as atribuições do cargo em que se encontre investido", e será conduzido por uma comissão composta de três servidores estáveis, designados pela autoridade competente, que indicará, entre eles, o seu presidente.

O PAD possui três fases: Instauração (arts. 149 e 150); Inquérito (arts. 153 a 166); e Julgamento (arts. 167 a 171).

Como preceitua o art. 152 da Lei nº 8.112/1990, o prazo para a conclusão do processo administrativo disciplinar não poderá exceder 60 (sessenta) dias, contados da publicação do ato que constitui a comissão, podendo ser prorrogável por igual prazo quando existentes razões para tanto.

> **Súm. nº 592 do STJ:** O excesso de prazo para a conclusão do processo administrativo disciplinar só causa nulidade se houver demonstração de prejuízo à defesa.
>
> Súmula 672 do STJ: "A alteração da capitulação legal da conduta do servidor, por si só, não enseja a nulidade do processo administrativo disciplinar."
>
> Súmula 674 do STJ: "A autoridade administrativa pode se utilizar de fundamentação per relationem nos processos disciplinares."

Comunicabilidade de esferas: Decisões judiciais apenas vinculam a Administração Pública quando houver absolvição por questões de autoria e existência do fato. Existindo absolvição por falta de provas, pode a conclusão administrativa ser diversa da esfera penal.

Outros pontos importantes: arts. 167, 171, 174, 175, 176, 181 e 182 da Lei nº 8.112/1990.

Art. 133, Lei 8.112/1990 – PAD sumaríssimo para acumulação ilegal de cargos, inassiduidade habitual e abandono de cargo (art. 140 da Lei n.º 8.112/1990).

5.9. Regime previdenciário

No que se refere ao regime de previdência social, os servidores da Administração Direta, autárquica e fundacional, contribuirão para o Regime Próprio de Previdência Social (RPPS), consoante o art. 40 e ss. da CF/1988. Por força do § 13 do mesmo dispositivo, os ocupantes de cargo em comissão, cargo temporário, mandato eletivo e emprego público contribuirão para o Regime Geral da Previdência Social (RGPS).

Em síntese:

Regime Próprio de Previdência Social: servidores públicos estáveis da Administração Direta, autarquias e fundações.

Regime Geral de Previdência Social: ocupantes de cargos em comissão; agentes políticos; empregados públicos.

A aposentadoria compulsória de que trata o art. 40 estende-se também a empregados dos consórcios públicos, empresas públicas, sociedades de economia mista e suas subsidiárias **(art. 201, § 16, da CF/1988).**

Ver também: Lei Complementar nº 152/2015 – aposentadoria compulsória aos 75 anos.

▷ **Importante!** A aposentadoria dos professores possui critério de idade próprio, dispondo a Súm. nº 726 do STF que: "Para efeito de aposentadoria especial de professores, não se computa o tempo de serviço prestado fora da sala de aula". Contudo, tese de repercussão geral do Supremo Tribunal Federal firmou entendimento de que os tempos de serviço em direção e coordenação pedagógica serão computados.

5.10. Direito à greve e associação sindical

O art. 37 da CF/1988, em seu inciso VI, dispõe sobre a possibilidade de que o servidor público tenha garantido seu direito de livre associação sindical. A exceção refere-se aos militares, por força do art. 142, IV; estes estão proibidos de se sindicalizar, bem como de entrar em greve.

Em relação à greve, traz o inciso VII do art. 37 que "o direito de greve será exercido nos termos e nos limites definidos em lei específica". Diante da ausência de lei que o regulamente, o Supremo Tribunal Federal firmou entendimento de que, em razão da omissão legislativa existente, aplicam-se aos servidores da Administração Pública as disposições da Lei nº 7.783/1989, que é a lei de greves aplicada aos trabalhadores em geral. A competência para análise da abusividade das greves de servidores será da justiça comum, federal ou estadual e não da justiça do trabalho.

6. IMPROBIDADE ADMINISTRATIVA

Autora: Franciele Kühl

6.1. Natureza, incidência, sujeitos e responsabilização

A Lei nº 8.429/1992 (Lei de Improbidade Administrativa – LIA) traz as sanções que devem ser aplicadas aos agentes públicos quando ocorre lesão à moralidade, nos moldes do art. 37, § 4º, da CF/1988. As hipóteses de improbidade administrativa estão definidas nos arts. 9º, 10 e 11, que tratam respectivamente: do enriquecimento ilícito, de atos que causam prejuízo ao erário e de atos que atentam contra os princípios da Administração Pública.

A matéria de improbidade é de competência privativa da União, não podendo os estados ou municípios legislarem sobre nos termos do art. 22, I, da CF/1988.

6.2. Responsabilidade nas três esferas e agentes públicos envolvidos

Importante saber que um ato de improbidade poderá também corresponder a um crime definido em lei, assim, não prejudica a ação penal cabível, que será concomitante com a ação civil pública de improbidade. Além disso, um ato de improbidade praticado por um servidor público também corresponde a um ilícito administrativo, o que ocasiona a instauração de procedimento para apuração de responsabilidade administrativa, de acordo com o estatuto dos servidores.

Elementos necessários para aplicação das sanções previstas no art. 37, § 4º, da CF/1988:

1) **Sujeito prejudicado:** o art. 1º da Lei nº 8.429/1992 estabelece: qualquer órgão dos três poderes ou entidade da administração pública direta ou indireta, bem como outras entidades controladas pela Administração Pública ou entidade privada que receba subvenção, benefício ou incentivo, fiscal ou creditício, de entes públicos ou governamentais.
2) **Sujeito que cometeu o ato de improbidade:** agente político, servidor, ou qualquer um que exerça, ainda que transitoriamente ou sem remuneração, por eleição, nomeação, designação, contratação ou qualquer outra forma de investidura ou vínculo, mandato, cargo, emprego ou função nas entidades descritas no sujeito prejudicado, bem como o terceiro que induza ou concorra para a prática de ato de improbidade, ou, então, que dele se beneficie de forma direta ou indireta, segundo os arts. 1º e 3º da Lei nº 8.429/1992. O STJ decidiu que não é possível ajuizar ação de improbidade somente contra o particular, sem haver litisconsórcio com o agente público no polo passivo da demanda.
3) **Ato tenha sido doloso**: a nova redação da Lei nº 8.429/1992, dada pela Lei 14.230/2021, só permite a responsabilização da conduta dolosa, não há mais possibilidades de modalidade culposa (previstas anteriormente em casos de prejuízo ao erário público). Considera-se **dolo** a vontade livre e consciente de alcançar o resultado ilícito tipificado nos arts. 9º, 10 e 11, não bastando a voluntariedade do agente. Inclusive o mero exercício da função ou desempenho de competências públicas, sem comprovação de ato doloso com fim ilícito, afasta a responsabilidade por ato de improbidade administrativa.

O enquadramento NÃO poderá ser cumulativo: "Para cada ato de improbidade administrativa, deverá necessariamente ser indicado apenas um tipo dentre aqueles previstos nos arts. 9º, 10 e 11 desta Lei" (art. 17, § 10-D).

Quando um ato de improbidade administrativa é praticado e o agente venha a falecer, os sucessores ou herdeiros deste estarão sujeitos à obrigação de reparar até o limite do valor da herança ou do patrimônio transferido (art. 8º). Essa previsão já existia, embora tenha recebido nova redação. O que é total novidade é o art. 8º-A, que estende a responsabilidade sucessória também na hipótese de alteração contratual, de transformação, de incorporação, de fusão ou de cisão societária.

6.3. Condutas que configuram ato de improbidade administrativa

É bem importante que você faça a leitura completa dos arts. 9º, 10, 11 e 12. Os três primeiros artigos mencionados vão tratar das condutas, podendo a banca trazer uma questão com a descrição exata dos seus incisos. Já o art. 12 refere-se à possibilidade de aplicar sanção conforme a conduta enquadrada.

▷ **Observações importantes:** As sanções de que trata o art. 12 só poderão ser executadas após o trânsito em julgado da sentença condenatória (art. 12, § 9º). E a multa pode ser aumentada até o dobro, se o juiz considerar que, em virtude da situação econômica do réu, o valor calculado na forma dos incisos I, II e III do *caput* do art. 12 é ineficaz para reprovação e prevenção do ato de improbidade.

Outro ponto que se deve ter cuidado é que o artigo 12, inciso III não traz as sanções de perda da função pública ou suspensão dos direitos públicos para ato de improbidade administrativa que viole princípios da administração, ou seja, essas duas penas não são possíveis para condenações no artigo 11 da LIA.

Em um breve resumo dos pontos principais desses artigos, temos:

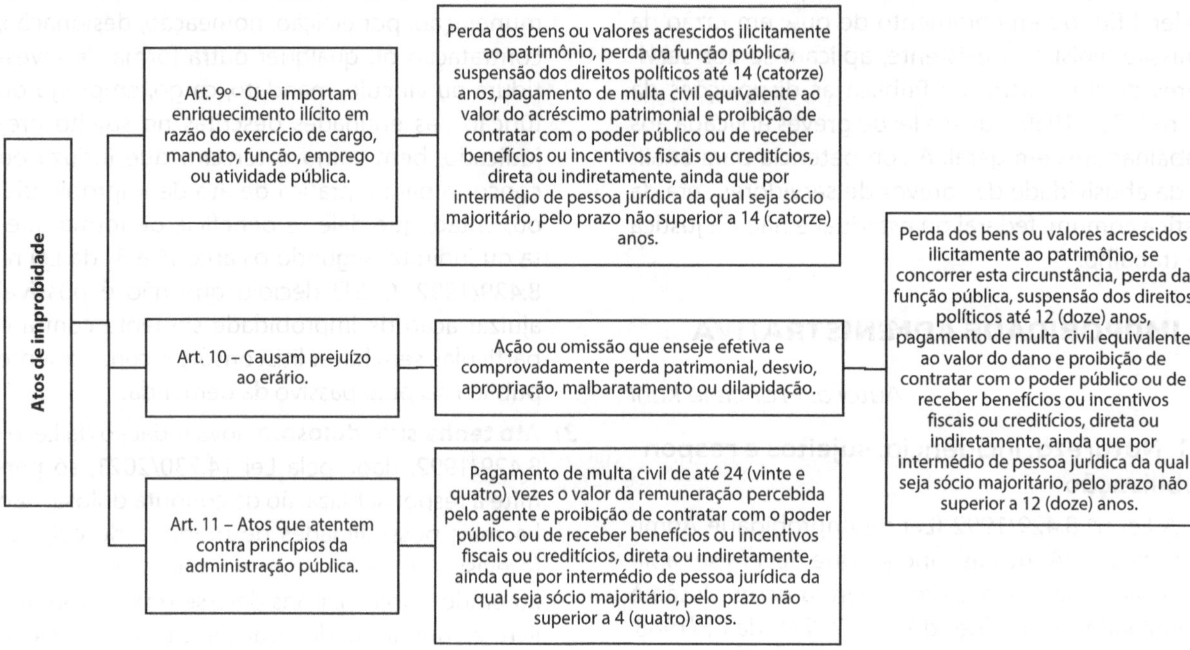

6.4. Procedimento administrativo e judicial

Qualquer pessoa poderá **representar** para que seja **instaurada investigação** destinada a apurar a prática de ato de improbidade. No § 1º do art. 14 da Lei de Improbidade está a exigência de representação escrita ou reduzida a termo e assinada, contendo a qualificação do representante, as informações do fato, a autoria e a indicação de provas de que tenha conhecimento. Se não atendidos os requisitos, a autoridade administrativa rejeitará a representação, em despacho fundamentado, mas isso não impede a representação ao Ministério Público, nos termos do art. 22.

Para apurar qualquer ilícito previsto nesta Lei, o Ministério Público, de ofício, a requerimento de autoridade administrativa ou mediante representação formulada de acordo com o disposto no art. 14 da Lei de Improbidade, poderá instaurar inquérito civil ou procedimento investigativo assemelhado e requisitar a instauração de inquérito policial. Já na apuração dos ilícitos será garantida ao investigado a oportunidade de manifestação por escrito e de juntada de documentos que comprovem suas alegações e auxiliem na elucidação dos fatos (art. 22 da Lei nº 8.429/1992).

Na ação de improbidade administrativa é possível o pedido de **indisponibilidade de bens** (art.

16), que pode ocorrer de forma antecedente ou incidental, nos moldes da tutela provisória de urgência do Código de Processo Civil. O pedido serve para garantir a integral recomposição do erário ou do acréscimo patrimonial resultante de enriquecimento ilícito. Poderá, até mesmo, ser decretada sem a oitiva do réu. Da decisão diante do pedido de indisponibilidade de bens caberá agravo de instrumento.

A ordem de indisponibilidade de bens deverá **priorizar** veículos de via terrestre, bens imóveis, bens móveis em geral, semoventes, navios e aeronaves, ações e quotas de sociedades simples e empresárias, pedras e metais preciosos e, apenas na inexistência destes, o bloqueio de contas bancárias, de forma a garantir a subsistência do acusado e a manutenção da atividade empresária ao longo do processo.

Mas cuidado, é **vedada** a decretação de indisponibilidade (art. 16, §§ 13 e 14):

- da quantia de até 40 salários-mínimos depositados em poupança, em outras aplicações financeiras ou conta-corrente.
- de bem de família, salvo se comprovado que o imóvel seja fruto de vantagem patrimonial indevida.

Outra atenção que devemos ter é que, segundo a redação do legislador, a partir das mudanças ocorridas com a Lei 14.230/2021, o Ministério Público seria o único responsável pelo ajuizamento da ação (art. 17), todavia, o Supremo Tribunal Federal decidiu, em Ação Direito de Inconstitucionalidade, que é inconstitucional a exclusividade do Ministério Público para propor ações de improbidade administrativa (ADI nº 7043), podendo também a pessoa jurídica prejudicada demandar. Assim, tanto o **Ministério Público**, quanto a **pessoa jurídica prejudicada** (nos moldes do artigo 1º, da LIA) podem **ajuizar** a **ação** de improbidade administrativa.

A propositura da ação a que se refere o *caput* do art. 17 da LIA prevenirá a competência do juízo para todas as ações posteriormente intentadas que possuam a mesma causa de pedir ou o mesmo objeto. A competência é do local do fato ou do local da pessoa jurídica prejudicada (art. 17, §4-A). Se a inicial preencher os requisitos estabelecidos na lei de improbidade (a qual segue o procedimento comum do CPC com as adaptações elencadas na LIA), o juiz mandará notificar o requerido para oferecer **contestação** no prazo de **30 dias**. Cabe no processo de improbidade administrativa pedido de tutela provisória, nos moldes do Código de Processo Civil.

É nula a decisão de mérito, total ou parcial, da ação de improbidade que (art. 17, § 10-F):

- condenar por tipo diverso daquele definido na petição inicial.
- condenar sem produção das provas por ele tempestivamente especificadas.

> ▷ **Cuidado!** Em que pese seja aplicado o procedimento comum do Código de Processo Civil, há regras do deste Código que não são aplicadas na ação de improbidade por vedação expressa no art. 17, § 19:

> **Art. 17.** (...)
>
> (...)
>
> § 19. Não se aplicam na ação de improbidade administrativa:
>
> I – a presunção de veracidade dos fatos alegados pelo autor em caso de revelia;
>
> II – a imposição de ônus da prova ao réu, na forma dos §§ 1º e 2º do art. 373 do CPC;
>
> III – o ajuizamento de mais de uma ação de improbidade administrativa pelo mesmo fato, competindo ao Conselho Nacional do Ministério Público dirimir conflitos de atribuições entre membros de Ministérios Públicos distintos;
>
> IV – o reexame obrigatório da sentença de improcedência ou de extinção sem resolução de mérito.

Embora o Código de Processo Civil seja aplicada às ações de improbidade administrativa, algumas adaptações e vedações devem ser seguidas, de acordo com a LIA.

6.5. Solução consensual

Havendo a possibilidade de solução consensual, poderão as partes requerer ao juiz a **interrupção** do prazo para a **contestação**, por período não superior a **90 (noventa) dias**. O art. 17-B da Lei nº 8.429/1992 traz os resultados que devem ser alcançados com o acordo: I – o integral ressarcimento do dano; II – a reversão à pessoa jurídica lesada da vantagem indevida obtida, ainda que oriunda de agentes privados. Assim como os requisitos para ocorrer o acordo: I – da oitiva do ente federativo lesado, em momento anterior ou posterior à propositura da ação; II – de aprovação, no prazo de até 60 (sessenta) dias, pelo órgão do Ministério Público competente para apreciar as promoções de arquivamento de inquéritos civis, se anterior ao ajuizamento da ação; III – de homologação judicial, independentemente de o acordo ocorrer antes ou depois do ajuizamento da ação de improbidade administrativa.

O acordo de não persecução cível exige o ressarcimento aos cofres públicos, dever que inclusive é imprescritível segundo o STF, ademais, pode ser proposto durante a fase investigatória, durante a ação de improbidade, na fase de execução e inclusive na fase recursal. Independente do momento do acordo, ele deve ser homologado pela autoridade judicial.

6.6. Outras observações importantes sobre a LIA

A ação de improbidade administrativa é repressiva e as suas sanções têm caráter pessoal. É vedado o uso da referida ação para controle de legalidade de políticas públicas e para proteção de patrimônio público e social, do meio ambiente e de outros interesses difusos, coletivos e individuais homogêneos (art. 17-D), visto que há ações apropriadas para isso, como a ação civil pública, mandado de segurança, ação popular, ação direta de constitucionalidade etc.

Em caso de continuidade de ilícito, após a sentença, o juiz promoverá a maior sanção aplicada, aumentada de 1/3 ou a soma das penas, o que for mais benéfico ao réu. Já no caso de prática de novos atos ilícitos pelo mesmo sujeito, o juiz somará as sanções. Sendo que, neste caso, as sanções de suspensão de direitos políticos e de proibição de contratar ou de receber incentivos fiscais ou creditícios do poder público devem observar o limite máximo legal de 20 (vinte) anos (art. 18-A).

6.7. Prescrição da pretensão punitiva

Tema sensível e que sofreu diversas alterações com a Lei nº 14.230/2021. Se antes o prazo de prescrição era (basicamente) de cinco anos, agora o prazo é de **8 anos para prescrição**. O objetivo da prescrição é dar estabilidade às relações jurídicas.

Nos parágrafos do artigo 23 da LIA, há previsões de **suspensão** e **interrupção** de prazo prescricional. Uma novidade na nova redação da LIA é que, agora, haverá possibilidade da chamada **prescrição intercorrente no prazo de 4 (quatro) anos,** ou seja, prescrição que ocorre no decorrer do processo judicial: "§ 5º Interrompida a prescrição, o prazo recomeça a correr do dia da interrupção, pela metade do prazo previsto no *caput* deste artigo". A prescrição intercorrente ocorrerá caso ultrapasse 4 anos entre os marcos interruptivo que trata o artigo 23, §4º, da LIA.

6.8. Disposições penais importantes

Por fim, concluindo nosso estudo da LIA, o art. 19, embora sofra muitas críticas, estabelece como crime a representação de improbidade quando o representante tem conhecimento de que o suposto transgressor era inocente e isso terá que ser comprovado para uma eventual responsabilização penal. Tipificação que evitaria representações pautadas na má-fé.

A previsão do *caput* do art. 20 já estava prevista na redação original, embora ela nem fosse mais necessária, pois o art. 12 e seu novo § 9º refere que todas as sanções previstas no dispositivo somente podem ser executadas após o trânsito em julgado da sentença condenatória de improbidade. Agora, os §§ 1º e 2º deram nova redação ao antigo parágrafo único, atribuindo prazo para afastamento cautelar em 90 dias, prorrogáveis uma única vez. Prazo diferente do estudado na Lei nº 8.112/1990.

Chamamos a atenção do estudante ao § 3º do art. 22, no mesmo sentido do estudado no tópico de agentes públicos: a sentença absolutória especificamente por inexistência da conduta ou pela negativa da autoria (art. 386, I e IV, do CPP) produz efeito na ação de improbidade, levando à improcedência da ação. Veja que não é qualquer sentença penal que absolve o réu.

Ademais, as sanções aplicadas, pelos mesmos fatos, em outras esferas (como em ação pela lei anticorrupção) deverão ser compensadas com as sanções previstas no art. 12 da Lei de Improbidade Administrativa. Necessariamente, estamos aqui diante da observação do princípio constitucional do *non bis in idem*.

6.9 Ações diretas de inconstitucionalidade

A Lei de improbidade administrativa sofreu muitas alterações com a promulgação da Lei 14.230, em 25 de outubro de 2021. Muitos dispositivos tiveram sua constitucionalidade discutida no Supremo Tribunal Federal, por isso devemos ficar atentos alguns pontos:

- Através da ADI 7236, em liminar (ainda não há julgamento da ação), o STF suspendeu a eficácia dos seguintes dispositivos da LIA: art. 1º, §8º; art. 12, §1º e §10; art. 17-B, §3º; art. 21, §4º e art. 23-C.
- ARE 843.989: O STF firmou as seguintes teses: 1) É necessária a comprovação de responsabilidade subjetiva para a tipificação dos atos de improbidade administrativa, exigindo-se – nos artigos 9º, 10 e 11 da LIA – a presença do elemento subjetivo – dolo; 2) A norma benéfica da Lei 14.230/2021 – revogação da modalidade culposa do ato de improbidade administrativa –, é irretroativa, em virtude do artigo 5º, inciso XXXVI, da Constituição Federal, não tendo incidência em relação à eficácia da coisa julgada, nem tampouco durante o processo de execução das penas e seus incidentes; 3) A nova lei 14.230/2021 aplica-se aos atos de improbidade administrativa culposos, praticados na vigência do texto anterior da lei, porém sem condenação transitada em julgado, em virtude da revogação expressa do texto anterior, devendo o juízo competente analisar eventual dolo por parte do agente. 4) O novo regime prescricional previsto na Lei 14.230/2021 é irretroativo, aplicando-se os novos marcos temporais a partir da publicação da lei.

Lembre-se de que estas decisões podem ser objeto de sua prova.

▪ Quadro-resumo

<table>
<tr><td>Improbidade administrativa</td><td colspan="2">Previsão no art. 37, caput e § 4º, da CF/1988, bem como na Lei nº 8.429/1992 (chamada LIA).
Não se confunde com crime de responsabilidade.
Agentes políticos podem ser responsabilizados pela LIA, como também pela lei de crimes de responsabilidade.</td></tr>
<tr><td>Responsabilidade em três esferas</td><td colspan="2">Uma conduta ilícita praticada pelo agente público pode levar à responsabilização em três esferas diferentes: civil, administrativa e penal. Embora as sanções em outras ações possam ser compensadas com as sanções da LIA.</td></tr>
<tr><td rowspan="3">Elementos necessários para configuração da LIA</td><td>Sujeito prejudicado</td><td>Administração Pública direta ou indireta, de qualquer dos poderes e entes federados, bem como sujeitos que recebam subvenção, benefício ou incentivo fiscal ou creditício, ou, então, pessoas cujo erário concorra para a criação ou custeio.</td></tr>
<tr><td>Sujeito que cometeu o ato</td><td>Agente público em sentido amplo e o terceiro beneficiado.</td></tr>
<tr><td>Ato doloso</td><td>Não há mais a possibilidade de conduta culposa, somente ação ou omissão dolosa.</td></tr>
<tr><td>Sucessores</td><td colspan="2">Podem responder no limite do valor da herança ou do patrimônio transferido nos casos de improbidade por danos ao erário ou enriquecimento ilícito. Essa responsabilidade atinge também alterações contratuais.</td></tr>
<tr><td rowspan="3">Condutas e sanções (além do dever de ressarcimento)</td><td>Art. 9º – que importam enriquecimento ilícito em razão do exercício de cargo, mandato, função, emprego ou atividade pública.</td><td>Sanções: Perda dos bens ou valores acrescidos ilicitamente ao patrimônio, perda da função pública, suspensão dos direitos políticos até 14 anos, pagamento de multa civil equivalente ao valor do acréscimo patrimonial e proibição de contratar com o poder público ou de receber benefícios ou incentivos fiscais ou creditícios, direta ou indiretamente, ainda que por intermédio de pessoa jurídica da qual seja sócio majoritário, pelo prazo não superior a 14 anos.</td></tr>
<tr><td>Art. 10 – Causam prejuízo ao erário.</td><td>Sanções: Perda dos bens ou valores acrescidos ilicitamente ao patrimônio, se concorrer esta circunstância, perda da função pública, suspensão dos direitos políticos até 12 anos, pagamento de multa civil equivalente ao valor do dano e proibição de contratar com o poder público ou de receber benefícios ou incentivos fiscais ou creditícios, direta ou indiretamente, ainda que por intermédio de pessoa jurídica da qual seja sócio majoritário, pelo prazo não superior a 12 anos.</td></tr>
<tr><td>Art. 11 – Atos que atentem contra princípios da administração pública.</td><td>Sanções: Pagamento de multa civil de até 24 vezes o valor da remuneração percebida pelo agente e proibição de contratar com o poder público ou de receber benefícios ou incentivos fiscais ou creditícios, direta ou indiretamente, ainda que por intermédio de pessoa jurídica da qual seja sócio majoritário, pelo prazo não superior a 4 anos.</td></tr>
<tr><td>Procedimento judicial, notas importantes</td><td colspan="2">• Qualquer pessoa pode representar administrativamente.
• No processo administrativo, a comissão deve dar conhecimento ao MP, ao TC ou Conselho de Contas.
• Ação deve ser ajuizada pelo MP ou PJ lesada.
• De forma antecedente ou incidental, é possível o pedido de indisponibilidade de bens.
• A ação de improbidade segue o procedimento comum do CPC.
• A contestação tem prazo de 30 dias.</td></tr>
<tr><td>Indisponibilidade de bens</td><td colspan="2">• Nos moldes da tutela provisória de urgência do CPC.
• Pode ocorrer sem oitiva prévia do réu.
• Da decisão cabe agravo de instrumento.
• Na ordem de indisponibilidade, deverá ser priorizado: veículos de via terrestre, bens imóveis, bens móveis em geral, semoventes, navios e aeronaves, ações e quotas de sociedades simples e empresárias, pedras e metais preciosos e, apenas na inexistência desses, o bloqueio de contas bancárias.
• Vedada a decretação: da quantia até 40 salários-mínimos depositados em poupança, em outras aplicações financeiras ou conta-corrente; do bem de família, salvo se comprovado que o imóvel seja fruto de vantagem patrimonial indevida.</td></tr>
<tr><td>É nula a decisão de mérito total ou parcial</td><td colspan="2">• Condenar por tipo diverso daquele definido na petição inicial.
• Condenar sem produção das provas por ele tempestivamente especificadas.</td></tr>
<tr><td>Regras do CPC que não podem ser aplicadas na ação de improbidade</td><td colspan="2">• A presunção de veracidade dos fatos alegados pelo autor em caso de revelia.
• A imposição de ônus da prova ao réu, na forma dos §§ 1º e 2º do art. 373 do CPC.
• O ajuizamento de mais de uma ação de improbidade administrativa pelo mesmo fato, competindo ao Conselho Nacional do Ministério Público dirimir conflitos de atribuições entre membros de Ministérios Públicos distintos.
• O reexame obrigatório da sentença de improcedência ou de extinção sem resolução de mérito.</td></tr>
<tr><td>Solução consensual</td><td colspan="2">• Interrompe em 90 dias o prazo da contestação.
• Desde que haja integral ressarcimento do dano e à pessoa jurídica lesada da vantagem indevida obtida, ainda que oriunda de agentes privados.</td></tr>
<tr><td>Prescrição</td><td colspan="2">Em oito anos, contados a partir da ocorrência do fato ou, no caso de infrações permanentes, do dia em que cessou a permanência. Bem como, quatro anos, no caso de prescrição intercorrente.</td></tr>
</table>

7. ATOS ADMINISTRATIVOS

Autora: Marina Falcão Lisboa Brito

7.1. Introdução

O **ato administrativo** é uma **manifestação unilateral de vontade da Administração Pública**, ou de quem atue com prerrogativas públicas, praticada no exercício da **função administrativa**, com o objetivo de **produzir efeitos jurídicos imediatos** no âmbito do Direito Público.

De acordo com Hely Lopes Meirelles, essa manifestação tem por finalidade **criar, modificar, declarar, resguardar ou extinguir direitos e obrigações**, seja em relação aos administrados, seja à própria Administração.

A doutrina costuma reconhecer cinco atributos essenciais aos atos administrativos:

1) **Imperatividade:** Também chamada de coercibilidade, essa característica traduz a capacidade do ato administrativo impor obrigações a terceiros mesmo sem sua anuência. Isso se justifica pela prevalência do interesse coletivo sobre o interesse individual, conforme previsto pelo princípio da supremacia do interesse público. Vale lembrar que nem todos os atos administrativos possuem essa característica – ela é própria apenas daqueles que impõem obrigações.

2) **Presunção de legitimidade:** Significa que os atos administrativos, quando editados, presumem-se válidos e conformes à ordem legal. Por exemplo, presume-se que o agente público responsável seja competente para praticá-lo. Dessa presunção decorrem dois efeitos: o primeiro é a possibilidade de o ato produzir efeitos de imediato (ligado à autoexecutoriedade, que será explicada a seguir); o segundo é a inversão do ônus da prova, incumbindo a quem impugnar o ato a demonstração de sua ilegalidade.

3) **Autoexecutoriedade:** Refere-se à possibilidade de o ato ser executado diretamente pela Administração, sem necessidade de autorização judicial. Essa é uma característica típica do Direito Público, distinta do regime de Direito Privado, em que normalmente se exige o pronunciamento do Poder Judiciário. Caso a Administração precisasse sempre buscar autorização judicial para agir, haveria um prejuízo evidente à eficiência e à continuidade do serviço público. Exemplos: fechar um restaurante que desrespeita normas de vigilância sanitária, apreensão de mercadorias ilegais, reboque de um carro estacionado em local proibido... Imagine se fosse necessário a autorização do Poder Judiciário para atos como esses? Seria um caos na Administração Pública!

4) **Tipicidade:** Decorre do princípio da legalidade e significa que a Administração não pode criar atos à margem do ordenamento jurídico. Para que um ato seja praticado, ele precisa estar previsto na lei – ou seja, deve corresponder a um tipo legal específico.

7.2. Elementos ou requisitos do ato administrativo

A doutrina apresenta diferentes formas de nomear os componentes essenciais dos atos administrativos, alguns chamam esses aspectos de "elementos", enquanto outros preferem o termo "requisitos de validade". O mais comum é a expressão "elementos do ato administrativo". Esses elementos, inclusive, encontram-se previstos no art. 2º da Lei nº 4.717/1965 (Lei da Ação Popular), **sendo eles: competência, objeto, motivo, finalidade e forma**.

1) **Competência ou sujeito:** Trata-se de um elemento vinculado, ou seja, não há margem de escolha quanto ao agente que deve praticar o ato. Para que o ato seja considerado válido, é indispensável que tenha sido **praticado por quem detenha a devida competência legal para tanto**. No Direito Administrativo, é sempre a norma legal que determina as atribuições específicas conferidas a cada agente público, delimitando sua atuação dentro de uma esfera previamente definida.

   A competência administrativa possui as seguintes características:

   a) **Natureza de ordem pública:** por ser determinada legalmente, sua modificação não pode ser feita pelas partes envolvidas;

   b) **Não se presume:** o agente público só detém aquelas competências que lhe foram claramente atribuídas por lei;

   c) **Improrrogabilidade:** a falta de exercício da competência por determinado agente não implica sua transferência para outro;

   d) **Irrenunciabilidade:** a Administração não pode abdicar de suas competências, uma vez que estas são estabelecidas em benefício do interesse público;

   e) **Obrigatoriedade:** o agente público tem o dever de exercer as atribuições que lhe foram conferidas;

   f) **Imprescritibilidade:** a competência não se extingue com o tempo, salvo previsão legal em sentido contrário;

g) Delegabilidade: como regra, admite a delegação da sua execução, e não da competência em si. Contudo, algumas competências são indelegáveis, como dispõe o art. 13 da mesma lei: I – edição de atos normativos; II – decisão de recursos administrativos; III – matérias de competência exclusiva do órgão ou autoridade. Já a avocação ocorre quando um órgão superior assume, de forma temporária, a competência de um órgão inferior. Só é permitida em caráter excepcional, por motivos relevantes e devidamente justificados.

Vícios de Competência

A competência é um dos elementos essenciais para a validade do ato administrativo. Quando há irregularidade no sujeito que o pratica, o ato poderá estar eivado de vício de competência. A doutrina identifica três formas clássicas de vício nessa seara:

1) **Excesso de poder:** Ocorre quando o agente público, embora possua competência para agir, ultrapassa os limites legais que lhe foram atribuídos. Ou seja, pratica ato que, por lei, não está dentro do seu campo de atribuições.
2) **Agente putativo:** É aquele que exerce uma função pública por força de uma investidura **aparentemente válida**, mas que, na realidade, é irregular. Ainda assim, houve algum grau de participação da Administração Pública no ingresso do agente. O exemplo clássico é o de um candidato que frauda o concurso público – por exemplo, adquirindo o gabarito – e toma posse no cargo, tendo sua situação descoberta posteriormente. Apesar da investidura ser viciada, os atos por ele praticados **podem ser convalidados** em favor de terceiros de boa-fé, com base na **Teoria da Aparência**, que visa proteger a confiança legítima desses terceiros na atuação do Estado.
3) **Usurpação de função pública:** Neste caso, diferentemente do agente putativo, a pessoa **nunca teve qualquer investidura no cargo público**, seja regular ou irregular. Ainda assim, passa a exercer, indevidamente, funções típicas da Administração Pública. Trata-se de conduta mais grave, tipificada como crime no artigo 328 do Código Penal. Exemplo: alguém que jamais foi aprovado em concurso começa a frequentar a repartição pública e a exercer atribuições próprias de servidor público.

2) **Objeto:** O objeto corresponde ao conteúdo do ato administrativo, isto é, à ordem que ele estabelece ou ao efeito prático que se busca atingir por meio de sua edição. Em essência, todo ato da Administração Pública visa, por meio de seu objeto, constituir, alterar ou atestar situações jurídicas que envolvam pessoas, bens ou atividades que estejam sob a esfera de atuação do poder público. Trata-se, portanto, daquilo que o ato realiza concretamente no mundo jurídico.

3) **Motivo:** O motivo corresponde à situação de fato ou de direito que autoriza o agente público a praticar determinado ato administrativo. Assim, o motivo é a necessidade, a razão de fato e de direito que fundamenta o ato administrativo – é a causa que justifica sua prática. Exemplo: O motivo da sanção administrativa é a infração cometida.

É importante distinguir motivo de motivação: o motivo refere-se às causas que ensejam o ato, enquanto a motivação é a exposição formal e escrita dessas razões no próprio ato administrativo. Sendo assim, o **motivo** é o elemento do ato administrativo que corresponde à situação de fato ou de direito que autoriza sua prática. Já a **motivação**, por sua vez, refere-se à **fundamentação do ato** – ou seja, à **exposição formal das razões** que levaram à sua prática. Trata-se de aspecto relacionado ao **elemento forma** do ato administrativo.

Em síntese, enquanto **motivo** é o conteúdo fático ou jurídico que justifica o ato, **motivação** é a descrição por escrito desse motivo.

Teoria dos Motivos Determinantes

Essa teoria estabelece que os motivos indicados pela Administração ao editar um ato vinculam sua validade. Ou seja, mesmo nos atos discricionários, uma vez declarados os motivos, eles passam a ser elementos obrigatórios de conformidade entre a realidade e a justificativa apresentada. Caso se verifique que o motivo invocado não corresponde à realidade, o ato será considerado **ilegal** e poderá ser **anulado**.

4) **Finalidade:** A finalidade representa o objetivo público que se busca atingir com a prática do ato administrativo. Por ser sempre voltada à consecução do interesse público, constitui requisito **vinculado**. Isso significa que a Administração não tem liberdade para escolher uma finalidade diferente daquela prevista, ainda que implicitamente, na norma que autoriza o ato. Caso o agente pratique o ato visando objetivo estranho ao interesse público – como favorecimento pessoal ou perseguição – estará configurado o vício de desvio de finalidade, o que implica a nulidade do ato praticado.

5) **Forma:** A forma representa o meio pelo qual o ato administrativo se manifesta externamente, abrangendo tanto o formato da expressão como os trâmites que devem ser observados para sua emissão. Trata-se de requisito vinculado, o que significa que a Administração deve seguir rigorosamente os procedimentos e modelos previamente estabelecidos em lei para que o ato seja considerado válido. A regra geral é que os atos administrativos sejam formalizados por escrito. Entretanto, há hipóteses em que se admitem manifestações verbais, gestuais ou visuais – como ocorre com sinais emitidos por equipamentos como os semáforos e gestos dos guardas de trânsito –, especialmente em situações urgentes ou de caráter temporário. Ainda assim, o respeito à forma prevista legalmente é sempre um aspecto essencial à legalidade do ato.

7.3. Classificações dos Atos Administrativos

Os atos administrativos podem ser classificados sob diversos critérios. A seguir, apresentam-se as classificações mais utilizadas na doutrina e com maior incidência em prova:

1) **Conforme os destinatários do ato:**

- **Atos gerais ou normativos:** dirigem-se a uma coletividade não especificada de pessoas. Têm alcance amplo e impessoal, como ocorre com decretos, instruções normativas e regulamentos gerais.
- **Atos individuais:** destinam-se a pessoas determinadas e específicas, como no caso de um decreto que declara a desapropriação de um imóvel específico.

2) **De acordo com as prerrogativas exercidas pela Administração:**

- **Atos de império:** caracterizam-se pela imposição da vontade da Administração, com poder de coerção sobre os administrados. Exemplo: o próprio poder de policia ao realizar interdição de estabelecimentos, embargo de obras, apreensão de bens.
- **Atos de gestão:** aqui o Estado atua em condições de igualdade com o particular, sem imposição de vontade, como em contratos de compra e venda de bens.
- **Atos de expediente:** são atos internos que têm por objetivo o andamento regular da máquina administrativa. São rotineiros, como encaminhamentos de ofícios, designações e exonerações, etc.

3) **Em relação ao grau de liberdade conferido ao agente público:**

- **Ato vinculado:** quando a lei determina previamente todos os elementos do ato, sem margem de escolha ao agente. Exemplo: concessão de licença para exercício de atividade regulamentada.
- **Ato discricionário:** a norma confere ao agente certa liberdade para decidir com base na conveniência e oportunidade. Exemplos: permissão para uso de bem público, autorização de porte de arma.

4) **Quanto à formação:**

Ato simples: é uma manifestação de vontade que torna o ato perfeito e acabado, ou seja, basta a manifestação de vontade de um **órgão** da Administração Pública.

O ato pode ser:

a. **Singular:** quando há uma única manifestação de vontade;

b. **Colegiado:** quando a decisão é tomada por comissão ou conselhos;

Ato **Composto**: o ato composto depende de mais de uma manifestação de vontade de agentes em patamar de **desigualdade** DENTRO DO MESMO ÓRGÃO. Deste modo, há uma vontade principal e outra secundária.

Ex.: A autorização (principal) que depende de um visto (manifestação complementar).

Ato Complexo: para se aperfeiçoar, é necessário mais de uma manifestação de vontade de agentes de órgãos DIFERENTES.

Ex.: Na nomeação de dirigente de agência reguladora, o decreto é assinado pelo Chefe do Executivo e referendado pelo Ministro de Estado.

5) **Conforme os efeitos jurídicos produzidos:**

- **Ato constitutivo:** cria, modifica ou extingue uma situação jurídica. Exemplo: posse em cargo público, aplicação de penalidade disciplinar, revogação de ato anterior.
- **Ato declaratório:** apenas reconhece ou atesta uma situação já existente. Exemplo: declaração de que um restaurante desrespeita normas de vigilância sanitária.
- **Ato enunciativo:** exprime opiniões, avaliações ou constatações técnicas, servindo de base para decisões posteriores. Exemplo: parecer técnico ou jurídico.

6) Quanto à possibilidade de retratação pela Administração:

- **Atos revogáveis:** podem ser retirados do ordenamento jurídico por razões de conveniência ou oportunidade, desde que não tenham gerado direito subjetivo ao destinatário. Exemplo: autorização de uso de espaço público.
- **Atos irrevogáveis:** uma vez praticados, não podem ser revogados pela Administração, salvo nos casos expressamente previstos em lei. Exemplo: licença regularmente concedida, cuja revogação somente será possível se forem descumpridos os requisitos legais.

7.4. Espécies de Atos Administrativos

A doutrina do Direito Administrativo apresenta diferentes formas de classificar as espécies de atos administrativos. Nesta abordagem, adota-se a classificação proposta por Hely Lopes Meirelles, que os divide em cinco categorias principais: normativos, ordinatórios, negociais, enunciativos e punitivos.

a) Atos normativos: São instrumentos utilizados pela Administração para editar comandos com caráter predominantemente geral e abstrato, buscando viabilizar a efetivação das leis. **Exemplos:** decretos, deliberações.

b) Atos ordinatórios: Tratam-se de manifestações internas do poder público, fundamentadas no poder hierárquico, com a finalidade de organizar o funcionamento dos órgãos e orientar a conduta dos servidores públicos. Por sua natureza interna, não se destinam a impor obrigações aos administrados. **Exemplos:** portarias, instruções, avisos, ofícios.

c) Atos negociais: São aqueles que demonstram a concordância da Administração Pública com interesses de particulares, caracterizando uma espécie de manifestação de vontade bilateral. **Exemplos:** concessões, licenças, alvarás de funcionamento.

d) Atos enunciativos: Têm como função principal certificar, reconhecer ou atestar fatos ou situações preexistentes, sem implicar manifestação de vontade decisória da Administração. **Exemplos:** certidões, pareceres, atestados.

e) Atos punitivos: Consistem em sanções aplicadas a particulares ou servidores em decorrência de infrações administrativas. **Exemplos:** multas, interdições.

7.5. Extinção do Ato Administrativo

O ato administrativo, como qualquer manifestação jurídica da Administração, passa por um ciclo: é praticado, gera efeitos e, em algum momento, deixa de produzir consequências jurídicas. Esse encerramento pode ocorrer por diversos meios, denominados formas de extinção do ato administrativo.

1) Cumprimento de seus efeitos: ocorre quando ele simplesmente cumpre sua finalidade, exaurindo seus efeitos jurídicos e materiais. **Exemplo:** quando uma ordem administrativa de desapropriação é integralmente executada e concluída.

2) Desaparecimento do sujeito ou do objeto;

3) Retirada do ato:

a) Revogação: A revogação é a retirada de um ato válido, eficaz e legal, realizada pela própria Administração, por razões de conveniência e oportunidade, ou seja, com fundamento em juízo de mérito administrativo. Trata-se de manifestação do poder discricionário, vedada para atos vinculados.

b) Anulação ou Invalidação: A anulação, também chamada de invalidação, ocorre quando se reconhece que o ato foi praticado com **ilegalidade**. Pode ser declarada tanto pela Administração quanto pelo Poder Judiciário.

c) Cassação: A cassação extingue o ato por descumprimento, pelo beneficiário, de condição essencial à sua continuidade. Nesse caso, embora o ato tenha nascido válido, ele perde seus efeitos porque a situação de fato que o justificava deixou de existir. Exemplo: licença de funcionamento concedida para restaurante é cassada porque o estabelecimento passa a funcionar como hotel.

d) Caducidade: A caducidade ocorre quando o ato administrativo, embora inicialmente válido, torna-se incompatível com nova norma legal superveniente que proíbe a situação anteriormente autorizada. Exemplo: autorização para uso de praça pública é extinta após nova lei que altera o plano diretor e define a área como exclusivamente residencial.

e) Contraposição: A contraposição se verifica quando um segundo ato, emitido por autoridade competente diferente da que expediu o primeiro, possui efeitos que se opõem ao ato anterior, fazendo-o cessar. É uma forma indireta de extinção do ato anterior. Exemplo: exoneração de servidor nomeado em cargo em comissão – o novo ato (exoneração) invalida os efeitos do anterior (nomeação).

4) **Renúncia:** A renúncia ocorre quando o próprio destinatário do ato administrativo manifesta, de forma voluntária, a desistência da vantagem que lhe havia sido conferida. Trata-se, portanto, de uma forma de extinção do ato provocada pela vontade do beneficiário. **Exemplo:** quando alguém abre mão de uma licença já concedida ou de uma autorização previamente deferida pela Administração.

8. CONTROLE DA ADMINISTRAÇÃO PÚBLICA

Autora: Franciele Kühl

8.1. Conceito

A Administração Pública tem o dever-poder de controle de seus atos, podendo exercer ela mesma o controle (princípio da autotutela). Quando o controle é exercido pelo próprio Poder que praticou o ato, chamamos de controle interno, assim como também está sujeita ao controle externo, quando um poder realiza controle sobre o outro. Esse controle não recai apenas sobre os órgãos do Poder Executivo, mas também a qualquer entidade administrativa da administração indireta, qualquer órgão, de qualquer dos Poderes, da administração direta no exercício da função administrativa.

O controle pode ser realizado pelos Poderes, de forma interna ou externa, como também pode ser exercido de forma popular, como traz a Constituição Federal, em seu art. 37, § 3º:

> **Art. 37.** (...)
>
> (...)
>
> § 3º A lei disciplinará as formas de participação do usuário na administração pública direta e indireta, regulando especialmente:
>
> I – as reclamações relativas à prestação dos serviços públicos em geral, asseguradas a manutenção de serviços de atendimento ao usuário e a avaliação periódica, externa e interna, da qualidade dos serviços;
>
> II – o acesso dos usuários a registros administrativos e a informações sobre atos de governo, observado o disposto no art. 5º, X e XXXIII;
>
> III – a disciplina da representação contra o exercício negligente ou abusivo de cargo, emprego ou função na administração pública.

O inciso II foi parcialmente disciplinado pela Lei nº 12.527/2011, regulamentada pelo Decreto nº 7.724/2012, chamada Lei de Acesso à Informação (LAI).

O controle da Administração Pública também é uma tarefa do Ministério Público (art. 129 da CF), e a principal ferramenta de controle judicial do órgão é a Ação Civil Pública.

Quanto ao âmbito de atuação do controle de atos podemos vislumbrar duas formas: **subordinação** e **vinculação.** O controle por subordinação ocorre dentro de uma mesma pessoa jurídica, realizado por autoridade hierarquicamente superior, por exemplo, o secretário de educação efetua controle de ato do diretor da escola pública, essa é uma espécie de controle interno. Já o controle por vinculação é externo, pois se refere ao controle que exerce a administração direta sobre as entidades descentralizadas (autarquias, fundações, empresas públicas e sociedades de economia mista), trata-se do controle finalístico.

8.2. Controle administrativo

O controle administrativo é o poder de fiscalização e correção que a Administração Pública tem sobre os atos. Esse controle pode se dar em razão da legalidade, **atos ilegais** devem ser **anulados**, ou pode ser **controle de mérito**, no qual a Administração Pública tem a possibilidade de **revogar atos**, quando não são mais convenientes e oportunos. Esse poder de anular e revogar atos é reconhecido pelo judiciário, nas Súm. nºs 346 e 473 do STF, e pelo legislador, no art. 53 da Lei nº 9.784/1999.

O controle pode ser por própria iniciativa da Administração Pública, ou seja, de **ofício**, como também por **provocação**. Importante destacar que o controle de mérito somente pode ser realizado pela própria administração, o Poder Judiciário (no controle externo) só pode, quando provocado, analisar a legalidade dos atos, buscando a sua anulação. Decorre do direito de apreciação do Poder Judiciário quando houver lesão ou ameaça a direito, segundo o art. 5º, XXXV, da CF/1988, assim como assegura que todos têm direito de petição nos Poderes Públicos (art. 5º, XXXIV). Outra forma de controle é a possibilidade legal de recursos administrativos.

Alguns órgãos de controle administrativo:

- Controladoria Geral, vinculado ao chefe do poder executivo, como é o caso da Controladoria Geral da União (CGU);
- Conselho Nacional de Justiça - CNJ (Art. 103-B, da CF), trata-se de órgão do Poder judiciário. Presidido pelo presidente do STF.
- Conselho Nacional do Ministério Público - CNMP (Art. 130-A da CF), ele faz parte do Poder Executivo. Presidido pelo Procurador Geral da República.

8.3. Recurso hierárquico próprio e impróprio

O **recurso próprio** é o recurso endereçado à autoridade imediatamente superior à que praticou o ato recorrido, podendo ser interposto sem necessidade de previsão legal. Já o **recurso impróprio** é aquele dirigido a uma autoridade que não ocupa posição de superioridade hierárquica em relação a quem praticou o ato recorrido. Nesta forma, só poderá ocorrer o recurso se houver previsão legal. Ex.: recurso contra decisão tomada por autarquia endereçado ao Ministro da pasta à qual a entidade recorrida está vinculada.[24]

8.4. Prescrição administrativa

A prescrição administrativa deve ser vista sob três aspectos: a possibilidade de a Administração Pública rever seus atos; a perda do prazo para que possa aplicar penalidades administrativas; e a prescrição do administrado de recorrer de decisão administrativa.

Caso a lei específica não preveja o prazo para a Administração Pública rever seus atos, será aplicada de forma subsidiária, na esfera federal, a Lei nº 9.784/1999, que disciplina o processo administrativo no âmbito federal. O art. 54 da Lei estabelece o prazo **decadencial** de 5 (cinco) anos para a Administração **anular** atos administrativos de que decorram efeitos favoráveis aos destinatários, salvo situação de má-fé, ocasião em que não será aplicado prazo decadencial.

Outro dispositivo importante sobre prescrição é o art. 142 da Lei nº 8.112/1990, estatuto dos servidores federais, que traz a prescrição de 5 (cinco) anos para a administração pública aplicar a demissão, cassação de aposentadoria ou disponibilidade e destituição de cargo em comissão; a prescrição de 180 (cento e oitenta) dias para a pena de advertência; e 2 (dois) anos a prescrição para aplicação da pena de suspensão.

No que tange ao Poder Polícia, a prescrição para punição é de 5 (cinco) anos para ação punitiva da Administração Pública Federal, Direta ou Indireta, contados da data da prática do ato ou, no caso de infração permanente ou continuada, do dia em que tiver cessado, de acordo com o art. 1º da Lei nº 9.873/1999.

A prescrição administrativa também pode ser referente ao ajuizamento da ação, no caso a perda do direito de ação. Ela ocorre em cinco anos como regra, de acordo com o artigo 1º do Decreto-Lei 20.910/32 e artigo 1º-C do Decreto-Lei 9.494/1997.

8.5. Controle legislativo

Trata-se do controle que é exercido pelo Poder Legislativo sobre a Administração Pública. São hipóteses previstas na Constituição Federal de intervenção entre poderes. O controle legislativo implica na possibilidade de interferência no Poder Judiciário (quando executa função administrativa) e no Poder Executivo, neste último, abrange a Administração Direita e Indireta. Essa possibilidade de controle constitui uma exceção ao princípio da separação de Poderes, previsto no art. 2º da CF/1988.[25]

Segundo a doutrinadora Di Pietro, esse **controle legislativo** pode ocorrer de duas formas:

1) Controle político: de legalidade e de mérito, pois vai apreciar as decisões administrativas sob o aspecto inclusive da discricionariedade. Exemplos:

a) Segundo o art. 49, I, II, III, IV, XII, XIV, XVI, XVII, da CF/1988, bem como o art. 52, III, IV, V, XI, tratam da competência do Congresso Nacional e do Senado para apreciar a priori ou a posteriori os atos do Poder Executivo.

b) Convocação de Ministro de Estado pela Câmara dos Deputados ou pelo Senado para prestar informações, sob pena de crime de responsabilidade no caso de ausência (art. 50 da CF/1988).

c) Apuração de irregularidades pelas Comissões Parlamentares de Inquérito, as quais têm poder de investigação (não de sanção) próprios das autoridades judiciais; suas conclusões são encaminhadas ao Ministério Público para que promova a responsabilidade civil ou criminal dos infratores (art. 58, § 3º, da CF/1988).

d) Competência do Senado Federal para processar e julgar o Presidente e o Vice-Presidente da República nos crimes de responsabilidade (art. 52 da CF/1988).

e) A competência do Senado para fixar, por proposta do Presidente da República, limites globais para o montante da dívida consolidada da União, estados, Distrito Federal e dos municípios; para dispor sobre o limite e condições para operação de crédito externo e dispor sobre o limite e condição de concessão de garantia da União em operação de crédito externo e interno (art. 52, VI, VII e VIII, da CF/1988).

f) Competência do Congresso Nacional para sustar os atos normativos do Poder Executivo que exorbitam o poder regulamentar ou dos limites de delegação legislativa (art. 49, V, da CF/1988).

g) Controle financeiro com o auxílio do Tribunal de Contas.

2) Controle financeiro: disciplinado entre os arts. 70 e 75 da CF/1988, refere-se à fiscalização contábil, financeira e orçamentária. Traz normas básicas, como:

a) A fiscalização abrange a contábil, a financeira, a orçamentária, a operacional e a patrimonial.

b) Os aspectos controlados são:

i. legalidade de ato;

24. DI PIETRO, Maria Sylvia Zanella. *Direito administrativo*. 35. ed. rev. atual e apl. Rio de Janeiro: Forense, 2022, p. 938.

25. DI PIETRO, Maria Sylvia Zanella. *Direito administrativo*. 35. ed. rev. atual e apl. Rio de Janeiro: Forense, 2022, p. 942.

ii. controle de legitimidade;

iii. controle de economicidade;

iv. controle de fidelidade funcional;

v. controle de resultados de cumprimento de programas de trabalho e meta.

c) As pessoas controladas são: União, estados, municípios (art. 31 da CF/1988), Distrito Federal e entidades da Administração Direta e Indireta, bem como qualquer pessoa física ou entidade pública que utilize, arrecade, guarde, gerencie ou administre dinheiro, bens e valores públicos.

d) A fiscalização compreende o controle externo, realizado pelo Poder Legislativo, com auxílio do Tribunal de Contas, ou o controle interno, feito por cada um dos Poderes. O controle externo compreende (art. 71 da CF/1988):

i. fiscalização financeira;

ii. consulta (quando emite parecer prévio sobre as contas prestadas);

iii. informação ao Congresso Nacional, às casas legislativas ou às comissões;

iv. julgamento de contas;

v. aplicação de sanção nos casos de ilegalidade ou irregularidade;

vi. correção, quando assina prazo para o órgão ou entidades adotar providências necessárias para o cumprimento da lei; ou quando susta a execução de ato impugnado;

vii. ouvidor, quando recebe denúncia de irregularidades.

De acordo com o art. 74, §§ 1º e §2º, da CF/1988, os responsáveis pelo controle interno, ao tomarem conhecimento de qualquer irregularidade ou ilegalidade, darão ciência ao Tribunal de Contas da União, sob pena de responsabilidade solidária. Inclusive, qualquer cidadão, partido político, associação ou sindicato é parte legítima para, na forma da lei, denunciar irregularidades ou ilegalidades perante o Tribunal de Contas da União.

Cabe ao Tribunal de Contas da União sustar a execução do ato impugnado, se não atendido, comunicando a decisão à Câmara dos Deputados e ao Senado Federal. Essa atribuição também cabe ao Congresso Nacional, de acordo com o art. 49, V, da CF/1988, que trata da competência do Congresso: "sustar os atos normativos do Poder Executivo que exorbitem do poder regulamentar ou dos limites de delegação legislativa".

Sobre o Tribunal de Contas, ainda cumpre ressaltar o teor da **Súm. Vinc. nº 3 do STF:** "Nos processos perante o Tribunal de Contas da União asseguram-se o contraditório e a ampla defesa quando da decisão puder resultar anulação ou revogação de ato administrativo que beneficie o interessado, excetuada a apreciação da legalidade do ato de concessão inicial de aposentadoria, reforma e pensão".

8.6. Controle judicial

O controle judicial é aquele exercido pelo Poder Judiciário, realizado mediante provocação. Para o controle judicial, temos as principais ações: mandado de segurança, *habeas corpus*, ação civil pública, ação popular, mandado de injunção, *habeas data* e ação de improbidade administrativa.

Essas são as principais, mas isso não impede outras ações, por exemplo, a Ação Direta de Inconstitucionalidade (arts. 102, I, *a*, e 103 da CF/1988 e Lei nº 9.868/1999).

– Súmula 665 do STJ: "O controle jurisdicional do processo administrativo disciplinar restringe-se ao exame da regularidade do procedimento e da legalidade do ato, à luz dos princípios do contraditório, da ampla defesa e do devido processo legal, não sendo possível incursão no mérito administrativo, ressalvadas as hipóteses de flagrante ilegalidade, teratologia ou manifesta desproporcionalidade da sanção aplicada."

– Súmula 663 do STJ: "A pensão por morte de servidor público federal pode ser concedida ao filho inválido de qualquer idade, desde que a invalidez seja anterior ao óbito."

- **Quadro-resumo sobre os aspectos principais referentes ao controle de atos:**

O que é	Instrumento jurídico de fiscalização sobre a atuação dos agentes, órgãos e entidades da Administração Pública.		
Natureza	Natureza jurídica de princípio fundamental da administração pública.		
Órgão controlador	Administrativo	Legislativo ou Parlamentar	Judicial
	Pode ocorrer de ofício ou mediante provocação. Fundado no poder da autotutela. Pode ser pela supervisão ministerial/secretarial.	Pode ser político. Ex.: quando o Congresso susta um ato normativo do Executivo, por exorbitar o Poder Regulamentador. Pode ser financeiro. Ex.: fiscalização contábil, financeira e orçamentária exercida com auxílio do Tribunal de Contas.	Somente se for provocado quando se tratar de controle externo.

Momento de controle	Prévio. Ex.: parecer da advocacia pública orientando gestor.	Concomitante. Ex.: fiscalização/auditoria de obras em execução.	Posterior. Ex.: julgamento de contas pelo Tribunal de Contas.
Origem do controle ou a extensão	Interno: dentro do mesmo Poder. Ex.: controle exercido pelas chefias sobre seus subordinados, dentro do mesmo órgão.	Externo: um Poder sobre o outro. Ex.: quando o judiciário anula ato ilegal do Executivo.	Popular (ou social): realizado pelo povo. Ex.: denúncia de irregularidade perante o Tribunal de Contas da União.
Quanto ao aspecto	Legalidade (ou legitimidade): realizado pela própria Administração, em razão do princípio da autotutela, ou pelo judiciário.	Mérito: podendo revogar atos por inconveniência e inoportunidade. Ex.: revogação de férias de servidor por situação de calamidade pública.	Obs.: O poder Judiciário pode revogar atos em razão do mérito quando se tratar de seus próprios atos, no exercício da função atípica administrativa.
Ações de controle	Mandado de segurança, *habeas corpus*, ação civil pública, ação popular, mandado de injunção, habeas data, ação de improbidade administrativa.		
Prescrição	Prazo decadencial para administração anular – regra é de 5 anos (art. 54 da Lei nº 9.784/1999); Prazo prescricional de 5 anos para ajuizar a ação.		
Recurso	Hierárquico próprio: para a autoridade superior àquela que praticou o ato recorrido.	Hierárquico impróprio: para outra autoridade não superior àquela que praticou o ato recorrido. Exige previsão legal.	Obs.: No Brasil, não é exigido esgotamento da via administrativa para acesso ao Poder Judiciário (art. 5º, XXXV, da CF/1988). A exceção se encontra no artigo 217, §1º, da CF, no que tange ao desporto.
Artigos importantes	Arts. 31, 49, V, 70, 71 e 74 da CF/1988.		

9. PROCESSO ADMINISTRATIVO

Inicialmente, é importante destacar que a Lei aqui estudada é a Lei nº 9.784/1999, e sua previsão diz respeito à esfera federal, portanto, é aplicável à administração pública direta e indireta, independentemente dos três poderes, não obrigando, assim, os estados, municípios ou Distrito Federal, os quais podem ter lei própria para tratar do tema; caso não tenham lei própria, podem utilizar a Lei nº 9.784/1999.

Ainda, havendo lei específica federal que trate do processo administrativo, a Lei nº 9.784/1999 será aplicada subsidiariamente (especialmente no que se refere ao prazo decadencial, conforme a Súm. nº 633 do STJ). É o caso, por exemplo, do PAD, cuja Lei nº 8.112/1990 disciplina seu processamento na esfera federal, aplicando-se a Lei nº 9.784/1999 apenas naquilo em que a lei específica for omissa.

9.1. Princípios e objetivos

Os princípios aplicados ao processo administrativo já foram estudados em capítulo próprio que trata dos princípios da Administração Pública. Na Lei nº 9.784/1999, podemos encontrar grande parte desses princípios no *caput do* art. 2º: "A Administração Pública obedecerá, dentre outros, aos princípios da legalidade, finalidade, motivação, razoabilidade, proporcionalidade, moralidade, ampla defesa, contraditório, segurança jurídica, interesse público e eficiência".

Todavia, é importante estudar agora os critérios que devem ser observados nos processos administrativos (art. 2º, par. ún.):

> **Lei nº 9.784/1999**
>
> **Art. 2º.** (...)
>
> Parágrafo único. Nos processos administrativos serão observados, entre outros, os critérios de:
>
> I – atuação conforme a lei e o Direito;
>
> II – atendimento a fins de interesse geral, vedada a renúncia total ou parcial de poderes ou competências, salvo autorização em lei;
>
> III – objetividade no atendimento do interesse público, vedada a promoção pessoal de agentes ou autoridades;
>
> IV – atuação segundo padrões éticos de probidade, decoro e boa-fé;
>
> V – divulgação oficial dos atos administrativos, ressalvadas as hipóteses de sigilo previstas na Constituição;
>
> VI – adequação entre meios e fins, vedada a imposição de obrigações, restrições e sanções em medida superior àquelas estritamente necessárias ao atendimento do interesse público;
>
> VII – indicação dos pressupostos de fato e de direito que determinarem a decisão;
>
> VIII – observância das formalidades essenciais à garantia dos direitos dos administrados;

IX – adoção de formas simples, suficientes para propiciar adequado grau de certeza, segurança e respeito aos direitos dos administrados;

X – garantia dos direitos à comunicação, à apresentação de alegações finais, à produção de provas e à interposição de recursos, nos processos de que possam resultar sanções e nas situações de litígio;

XI – proibição de cobrança de despesas processuais, ressalvadas as previstas em lei;

XII – impulsão, de ofício, do processo administrativo, sem prejuízo da atuação dos interessados;

XIII – interpretação da norma administrativa da forma que melhor garanta o atendimento do fim público a que se dirige, vedada aplicação retroativa de nova interpretação.

9.2. Dos direitos e deveres dos administrados

Os deveres dos administrados, cujo rol é exemplificativo, estão no art. 3º:

Lei nº 9.784/1999

Art. 3º. O administrado tem os seguintes direitos perante a Administração, sem prejuízo de outros que lhe sejam assegurados:

I – ser tratado com respeito pelas autoridades e servidores, que deverão facilitar o exercício de seus direitos e o cumprimento de suas obrigações;

II – ter ciência da tramitação dos processos administrativos em que tenha a condição de interessado, ter vista dos autos, obter cópias de documentos neles contidos e conhecer as decisões proferidas;

III – formular alegações e apresentar documentos antes da decisão, os quais serão objeto de consideração pelo órgão competente;

IV – fazer-se assistir, facultativamente, por advogado, salvo quando obrigatória a representação, por força de lei.

Destacamos aqui dois dos direitos, dos incisos III e IV, o primeiro referente ao direito de formular alegações e o segundo, que trata da facultatividade em ser assistido por advogado. O fato de ser facultativo estar assistido por advogado em processo administrativo advém do próprio princípio do informalismo, como dispõe a Súm. Vinc. nº 5 do STF: "A falta de defesa técnica por advogado no processo administrativo disciplinar não ofende a Constituição", mesmo que o processo resulte em aplicação de penalidade para o administrado. Contudo, cuidado, a lei poderá exigir, trazendo expressamente a obrigatoriedade de defesa por advogado.

Além de direitos, a lei também traz os deveres dos administrados dentro do processo administrativo (art. 4º):

Lei nº 9.784/1999

Art. 4º. São deveres do administrado perante a Administração, sem prejuízo de outros previstos em ato normativo:

I – expor os fatos conforme a verdade;

II – proceder com lealdade, urbanidade e boa-fé;

III – não agir de modo temerário;

IV – prestar as informações que lhe forem solicitadas e colaborar para o esclarecimento dos fatos.

Por fim, para fecharmos este ponto, o art. 69-A, que traz expresso outros direitos dos administrados, trata da prioridade de tramitação, em qualquer instância ou em qualquer órgão, para os processos em que a parte for: pessoa com idade igual ou superior a 60 anos; pessoa portadora de deficiência, física ou mental; pessoa portadora de tuberculose ativa, esclerose múltipla, neoplasia maligna, hanseníase, paralisia irreversível e incapacitante, cardiopatia grave, doença de Parkinson, espondiloartrose anquilosante, nefropatia grave, hepatopatia grave, estados avançados da doença de Paget (osteíte deformante), contaminação por radiação, síndrome de imunodeficiência adquirida, ou outra doença grave, com base em conclusão da medicina especializada, mesmo que a doença tenha sido contraída após o início do processo.

9.3. Processo administrativo

O processo administrativo terá início de ofício, ou seja, a própria administração pública poderá dar início ao procedimento, ou a pedido, ocasião em que será formulado requerimento por escrito com o pedido do interessado, salvo situações em que seja permitida a solicitação via oral (arts. 5º e 6º). O requerimento por escrito deve ser formulado contendo as seguintes informações: I – órgão ou autoridade administrativa a que se dirige; II – identificação do interessado ou de quem o represente; III – domicílio do requerente ou local para recebimento de comunicações; IV – formulação do pedido, com exposição dos fatos e de seus fundamentos; V – data e assinatura do requerente ou de seu representante.

A recusa do recebimento do requerimento pela falta de um desses elementos afronta o direito constitucional de petição (art. 5º, XXXIV, a), assim, deve ser dada oportunidade ao requerente de suprir eventuais falhas, orientando o interessado.

Se houver pluralidade de interessados, o requerimento poderá ser um só, salvo se houver previsão legal em contrário (art. 8º).

Mas quem são os legitimados para requerer?

De acordo com o art. 9º, podem ser **legitimidades no processo administrativo**: I – pessoas físicas ou jurídicas que o iniciem como titulares de direitos ou interesses individuais ou no exercício do direito de representação (maiores de 18 anos, segundo o art. 10); II – aqueles que, sem terem iniciado o processo, têm direitos ou interesses que possam ser afetados pela decisão a ser adotada; III – as organizações e associações representativas, no tocante a direitos e interesses coletivos; IV – as pessoas ou as associações legalmente constituídas quanto a direitos ou interesses difusos.

A competência do processo administrativo é irrenunciável, contudo, ela pode ser **delegada** e **avocada** nos casos legalmente admitidos (art. 11). Quanto à delegação, muito importante o disposto no art. 13, pois trata da **impossibilidade de ser objeto de delegação**: I – a edição de atos de caráter normativo; II – a decisão de recursos administrativos; III – as matérias de competência exclusiva do órgão ou autoridade.

O ato de delegação ou da sua revogação deve ser publicado no meio oficial, especificando as matérias e poderes transferidos, os limites da atuação do delegado, a duração e os objetivos da delegação e o recurso cabível, ato esse revogável a qualquer tempo (arts. 13 e 14). Cabe aqui lembrar o teor da Súm. nº 510 do STF: "Praticado o ato por autoridade, no exercício de competência delegada, contra ela cabe o mandado de segurança ou a medida judicial", ou seja, o mandado de segurança é contra quem praticou o ato, não importa se a competência era de outrem.

Os servidores públicos que atuarão no processo administrativo devem observar as regras de impedimento e suspeição. O art. 18 traz que está **impedido** de atuar em processo administrativo o servidor que: I – tenha interesse direto ou indireto na matéria; II – tenha participado ou venha a participar como perito, testemunha ou representante, ou se tais situações ocorrem quanto ao cônjuge, companheiro ou parente e afins até o terceiro grau; III – esteja litigando judicial ou administrativamente com o interessado ou respectivo cônjuge ou companheiro. A omissão de comunicação de impedimento da autoridade ou servidores públicos (a que alude o art. 19) constitui falta grave para efeitos disciplinares.

O art. 20 determina as hipóteses de **suspeição** de autoridade ou de servidor público, que são os casos de: amizade íntima ou inimizade notória com algum dos interessados ou com os respectivos cônjuges, companheiros, parentes e afins até o terceiro grau.

O processo administrativo não depende de forma determinada, a não ser que esteja expressamente previsto em lei, o que se dá em razão do princípio da informalismo. Os atos devem ocorrer em dias úteis, no horário normal de funcionamento e, não havendo disposição específica, os atos do órgão ou autoridade responsável pelo processo e dos administrados que dele participem devem ser praticados no prazo de 5 (cinco) dias (art. 24).

O interessado será intimado para ciência ou efetivação de diligência, devendo essa intimação observar a antecedência mínima de 3 (três) dias úteis quanto à data de comparecimento (art. 26, § 2º). A intimação pode ser efetuada por ciência no processo, por via postal com aviso de recebimento, por telegrama ou outro meio que assegure a certeza da ciência do interessado (art. 26, § 3º).

É possível que seja estabelecida consulta pública para manifestação de terceiros (pessoas não elencadas no art. 9º) quando a matéria do processo for assunto de interesse geral, desde que a decisão seja motivada e não haja prejuízo para a parte interessada, é o que dispõe o art. 31.

Bem como, além da consulta pública, poderá realizar **audiência pública** para debates sobre a matéria do processo (art. 32), oportunizando a participação de administrados, diretamente ou por meio de organizações e associações legalmente reconhecidas (art. 33).

São **direitos de defesa** do interessado (art. 38): juntar documentos e pareceres, requerer diligências e perícias, bem como aduzir alegações referentes à matéria objeto do processo. E somente poderão ser recusadas, mediante decisão fundamentada, as provas propostas pelos interessados quando sejam ilícitas, impertinentes, desnecessárias ou protelatórias (art. 38, § 2º).

Encerrada a instrução, o interessado poderá se manifestar no prazo de 10 (dez) dias, salvo outro prazo legalmente previsto (art. 44). Em caso de risco iminente, a Administração Pública poderá, motivadamente, adotar providências acauteladoras sem a prévia manifestação do interessado (art. 45).

O processo administrativo pode ser extinto, e o interessado, de forma escrita, pode desistir total ou parcialmente do pedido formulado no requerimento, bem como renunciar a direitos disponíveis (art. 51). Contudo, essa desistência não prejudica o prosseguimento do processo se a Administração Pública entender que o interesse público exige o prosseguimento.

9.4. Recursos

Das decisões administrativas cabe recurso, segunda instância administrativa. Os recursos, na Lei nº 9.784/1999, são possíveis nos casos de legalidade ou mérito. Trata-se de recurso hierárquico, isso porque ele é dirigido à autoridade que proferiu a decisão e, se não reconsiderar no prazo de 5 (cinco) dias, deve encaminhá-lo à autoridade superior (art. 56, § 1º).

O art. 57 estabelece o limite de três instâncias administrativas aos recursos!

▷ **Atenção!** Não confunda recurso, revisão e reconsideração.

Recurso administrativo é endereçado a autoridade hierarquicamente superior àquela que proferiu a decisão. Pedido de **reconsideração** pode ser feito uma única vez para a própria autoridade que proferiu a decisão. O recurso e o pedido de reconsideração são feitos no próprio processo administrativo em andamento. Já o pedido de **revisão** ocorre quando o processo administrativo já foi encerrado, mas surgem fatos novos ou circunstâncias relevantes suscetíveis de justificar a reabertura de processo administrativo, para tratar da inadequação da sanção aplicada.

> ▷ **Cuidado!** O *reformatio in pejus* (art. 65) só pode ocorrer no recurso, não pode ocorrer na revisão.

O art. 56, § 2º, refere que, "salvo exigência legal, a interposição de recurso administrativo independe de caução". Todavia, esse dispositivo deve ser lido junto com a Súm. Vinc. nº 21 do STF: "É inconstitucional a exigência de depósito ou arrolamento prévios de dinheiro ou bens para admissibilidade de recurso administrativo". Praticamente, a mesma redação se encontra na Súm. nº 373 do STF. Assim, não cabe tal exigência de depósito.

Se o recorrente alegar que a decisão administrativa contraria enunciado da súmula vinculante, caberá à autoridade prolatora da decisão impugnada, se não a reconsiderar, explicitar, antes de encaminhar o recurso à autoridade superior, as razões da aplicabilidade ou inaplicabilidade da súmula, conforme o caso, lembrando que, nessas situações de violação de súmula vinculante, cabe Reclamação Constitucional.

São legítimos para interpor recurso:

> **Lei nº 9.784/1999**
>
> **Art. 58.** Têm legitimidade para interpor recurso administrativo:
>
> I – os titulares de direitos e interesses que forem parte no processo;
>
> II – aqueles cujos direitos ou interesses forem indiretamente afetados pela decisão recorrida;
>
> III – as organizações e associações representativas, no tocante a direitos e interesses coletivos;
>
> IV – os cidadãos ou associações, quanto a direitos ou interesses difusos.

O prazo para o recurso é de 10 (dez) dias, contados a partir da ciência ou divulgação oficial da decisão recorrida (art. 59). A regra é que ele seja decidido no prazo máximo de 30 (trinta) dias. A princípio, o recurso não possui efeito suspensivo (art. 61), mas pode ser concedido se houver justo receio de prejuízo de difícil ou incerta reparação decorrente da execução. O órgão competente, ao decidir o recurso, pode: confirmar, modificar, anular ou revogar, total ou parcialmente, a decisão recorrida se a matéria for de sua competência. Inclusive, é possível agravar a decisão; todavia, nessa situação, deve ser dada oportunidade para o recorrente formular alegações.

9.5. Decisão coordenada

Uma novidade que trouxe a Lei nº 14.210/2021 à Lei nº 9.784/1999 é a decisão coordenada, que diz respeito ao regramento das situações em que a decisão administrativa deve ser tomada por três ou mais setores, órgãos ou entidades. Assim, o capítulo XI-A, acrescentado pela referida lei, visa explicar em quais condições isso será necessário e como será o procedimento para tal decisão. Vale a leitura completa do capítulo!

10. SERVIÇOS PÚBLICOS

Autora: Maria Valentina de Moraes

10.1. Conceito de serviço público

Define Hely Lopes Meirelles serviço público como "todo aquele **prestado pela Administração** ou por **seus delegados**, sob normas e controles estatais, para **satisfazer necessidades essenciais** ou **secundárias** da coletividade, ou simples conveniências do Estado" (grifos nossos). O conceito de serviço público pode ser compreendido, assim, como toda atividade prestada pela Administração Pública (Estado), visando o interesse coletivo, que obedeça a um regime de direito público, com procedimento e princípios próprios que o regem.

Os serviços públicos podem ser prestados pelo Estado, por meio da Administração Indireta, ou, ainda, por particulares. No primeiro caso, há a **outorga** ou **descentralização por serviço** da Administração Direta para a Administração Indireta; no segundo, fala-se em **delegação, descentralização por colaboração** ou **delegação negocial** da atividade para particulares.

No caso de outorga/descentralização por serviço:

- Há a transferência da titularidade e da execução do serviço.
- Ocorre apenas por lei.
- Dá-se por prazo indeterminado.

No caso de delegação/descentralização por colaboração ou delegação negocial:

- Há a transferência apenas da execução do serviço público e não da sua titularidade.
- Ocorre por contrato (nos casos de concessão e permissão) ou por ato administrativo (quando se trata de autorização).
- Dá-se por prazo determinado.

10.2. Competências

A Constituição Federal tratou de regular competências específicas para cada ente da federação e não é diferente quando falamos de serviço público. Os arts. 21 e 22 tratam das competências – administrativas e legislativas, respectivamente –, da União, enquanto o art. 23 trata das competências comuns (administrativas) e o art. 24, das concorrentes (legislativas), à União, estados e Distrito Federal. O art. 25 define as competências estatais; o art. 30, as municipais e, por fim, o art. 32, as distritais.

Competências de serviços públicos:

União: art. 21, X, XI, XII, da CF/1988.

Estados: art. 25, § 2º, da CF/1988.

Distrito Federal: art. 32, § 1º, da CF/1988.

Municípios: art. 30, V, VI, VII, da CF/1988.

10.3. Princípios do serviço público

Além de serem regidos por um regime de direito público, os serviços públicos são orientados por princípios inerentes a esse regime próprio, dispostos no § 1º do art. 6º da Lei nº 8.987/1995.

Princípio da continuidade do serviço público: Já analisado especificamente no conteúdo de princípios, o princípio da continuidade do serviço público é extremamente relevante! Vale conferir mais uma vez no material.

Princípio da igualdade dos usuários: Por conta desse princípio, não são admitidas distinções de caráter pessoal que não aquelas definidas em lei – por exemplo, a utilização de tarifas diferenciadas para idosos. O tratamento deve ser, portanto, igualitário.

Princípio da regularidade: Serviços públicos devem ser prestados com exatidão, pontualidade, periodicidade, de forma a atender as demandas, garantindo, também, seu adequado funcionamento.

Princípio da eficiência: O princípio da eficiência rege o Direito Administrativo como um todo, aplicando-se também aos serviços públicos, que devem ser prestados de forma eficiente, suficiente, considerando-se a otimização de recursos, de pessoal e melhor atendimento às demandas da sociedade.

Princípio da segurança: Contempla tanto a segurança dos usuários do serviço púbico quanto a dos não usuários, os quais não devem ser expostos a riscos. Ex.: a adequada prestação do serviço de transporte, com motoristas habilitados e veículos adequados; o serviço de educação básica prestado em locais estruturados e seguros etc.

Princípio da contemporaneidade/atualidade: A Lei nº 8.987/1995, no § 2º do art. 6º, tratou de definir o princípio da atualidade. Indica que "A atualidade compreende a modernidade das técnicas, do equipamento e das instalações e a sua conservação, bem como a melhoria e expansão do serviço". O serviço público, desta maneira, deve ser prestado visando sempre a melhoria e a expansão do serviço.

Princípio da generalidade/universalidade: O princípio da generalidade ou universalidade, assim como o princípio da igualdade (isonomia), preconiza o tratamento igualitário, sem distinções dos usuários, bem como o atendimento ao maior número possível de usuários, garantindo a universalidade dos serviços públicos.

Princípio da cortesia: O atendimento destinado aos usuários dos serviços públicos, por tal princípio, deve se dar de forma cortês, garantindo-se, ainda, de forma indireta, a existência de centrais de atendimento aos usuários nos casos de serviços de massa, como energia elétrica e telefonia, por exemplo.

Princípio da modicidade das tarifas: Este princípio preconiza que as tarifas dos serviços públicos, quando existentes, possuam um valor adequado e não visem lucro desmedido. Assim, é possível, quando autorizadas no edital da licitação, nos casos definidos em lei, a utilização de outras receitas alternativas que favoreçam a modicidade das tarifas, como disciplinam os arts. 11 e 17 da Lei nº 8.987/1995.

Princípio da transparência e participação do usuário: A classificação da transparência e participação dos usuários como princípio não é pacífica na doutrina. Destaca Carvalho Filho, "a proteção constitucional destinada à participação do usuário e a necessidade de lei para regulamentar as reclamações dos usuários, acesso a registros e informações, bem como o regime de representação contra atuações abusivas dos agentes públicos. A Lei nº 13.460, editada em 2017, tratou dessa tarefa".

Princípio da mutabilidade do regime jurídico: Visando a estar sempre em consonância com o interesse público, o princípio da mutabilidade do regime jurídico autoriza que ocorram mudanças no regime de execução de serviços públicos, não havendo, assim, um direito adquirido à manutenção de um regime jurídico específico quando envolvida a prestação de serviços públicos.

10.4. Classificações dos serviços públicos

Algumas classificações são necessárias para melhor compreendermos os serviços públicos. São elas: destinatários, titularidade, objeto, essencialidade, titularidade estatal e criação.

10.4.1. Destinatários

Gerais/coletivos/*uti universi:* Cobrados por *impostos* ou *contribuições*. São aqueles "inquantificáveis e que têm usuários inqualificáveis (...), aqueles em que não se pode mensurar a quantidade de serviço prestado, bem como seu próprio usuário (ex.: segurança pública)".

Individuais/*uti singuli:* Cobrados por taxa, tarifa ou preço público. Ao contrário dos gerais, são serviços públicos em que é possível identificar a utilização pelo usuário, como o serviço de energia elétrica residencial, sendo possível a cobrança de um valor determinado pelo consumo.

10.4.2. Titularidade

A titularidade relaciona-se com a competência para a prestação. Assim, basta questionar: *Quem é o ente titular dessa prestação?*

Podem ser: **federais** (União); **estaduais** (estados); **distritais** (Distrito Federal); **municipais** (município); **comuns** (todos os entes podem ser titulares).

10.4.3. Objeto

Administrativos: atividades que atendam a necessidades internas. São aqueles executados pela Administração Pública para o atendimento de necessidades internas desta, ou, ainda, que se refiram à preparação de outros serviços prestados ao público, como o de imprensa oficial.

Industriais/comerciais: dão lucro/renda. Podem ser delegados a particulares.

Sociais: visam atender a prestação de direitos fundamentais sociais. Podem ser delegados a particulares. São aqueles que o Estado, diretamente ou por delegação, executa para atender a demandas básicas e relevantes, bem como serviços assistenciais, tendo por finalidade a concretização de direitos fundamentais sociais previstos constitucionalmente.

10.4.4. Essencialidade

Essenciais: indispensáveis à necessidade pública. Execução privativa da Administração Pública (exceção: art. 30, V, da CF/1988). Os serviços essenciais caracterizam-se como aqueles que atendem a interesses essenciais e possuem como sujeitos da prestação apenas as entidades públicas. Prestados, portanto, exclusivamente pelo Estado.

> **Exceção:** art. 30, V, da CF/1988 – possibilidade de concessão ou permissão para execução do serviço público de transporte coletivo nos municípios.

Não essenciais: de utilidade pública. Podem ser prestados por particulares (ex.: serviço funerário). Atendem a interesses não essenciais da coletividade, mas possuem utilidade pública, podendo ser prestados pelo Estado ou por entidades de direito privado.

10.4.5. Titularidade estatal

Próprios: de titularidade exclusiva do Estado. Execução pode ser delegada por concessão ou permissão. Trata-se dos serviços públicos propriamente ditos, de titularidade da Administração Pública, que são por ela executados diretamente ou por meio de delegação.

Impróprios ou virtuais: atividades com relevância pública, nas quais os titulares são particulares. Submetem-se aos princípios do serviço público e ao Poder de Polícia. Ex.: compensação bancária – por estar elencada no art. 10, XI, da Lei nº 7.783/1989, que dispõe sobre serviços de natureza essencial, não é cabível greve.

10.4.6. Criação

Opção legislativa: serviços públicos elencados pelo Legislador, ou seja, descritos em lei ou na Constituição Federal.

Inerente: aqueles serviços que, mesmo sem estar expressos em lei, são serviços públicos por suas características, ainda que não estejam assim identificados.

10.5. Concessão, permissão e autorização

Concessão, permissão e autorização são formas de delegação da execução de serviços públicos pela Administração Pública Direta a particulares. Vejamos cada uma delas, iniciando pela concessão:

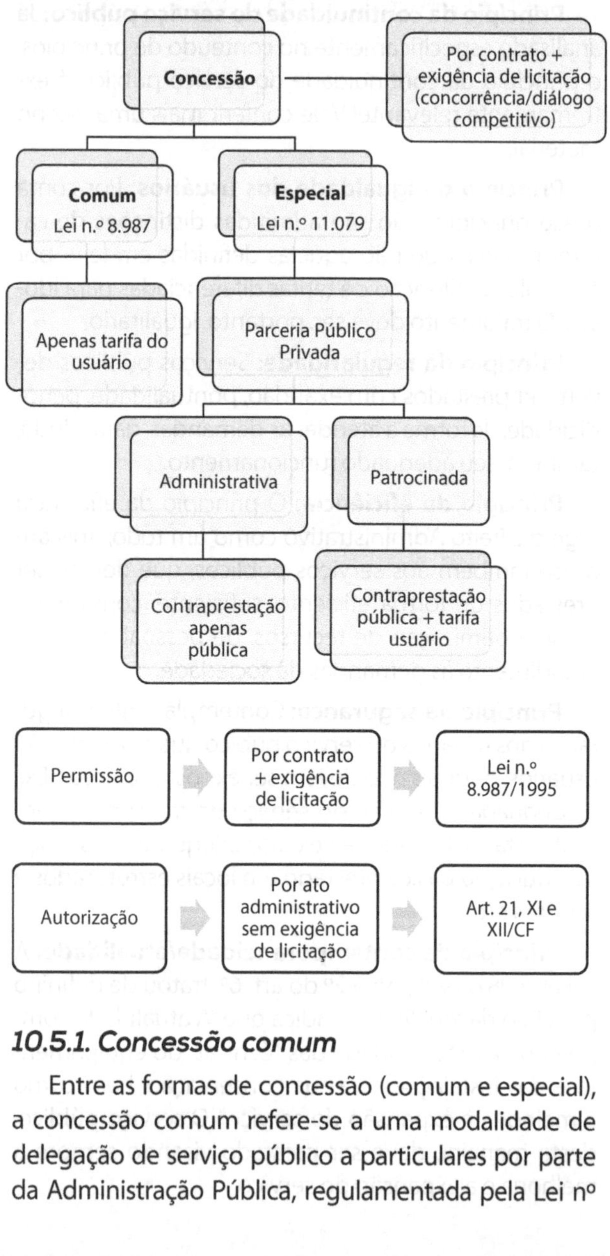

10.5.1. Concessão comum

Entre as formas de concessão (comum e especial), a concessão comum refere-se a uma modalidade de delegação de serviço público a particulares por parte da Administração Pública, regulamentada pela Lei nº

8.987/1995 – referente aos regimes de concessão e permissão.

A concessão comum está disciplinada no art. 2º, II e III, da Lei, que dispõem, respectivamente: "concessão de serviço público: a delegação de sua prestação, feita pelo poder concedente, **mediante licitação**, na modalidade concorrência ou diálogo competitivo, a pessoa jurídica ou consórcio de empresas que demonstre capacidade para seu desempenho, por sua conta e risco e por **prazo determinado**" e "concessão de serviço público precedida da execução de obra pública: a construção, total ou parcial, conservação, reforma, ampliação ou melhoramento de quaisquer obras de interesse público, delegados pelo poder concedente, **mediante licitação**, na modalidade concorrência ou diálogo competitivo, a pessoa jurídica ou consórcio de empresas que demonstre capacidade para a sua realização, por sua conta e risco, de forma que o investimento da concessionária seja remunerado e amortizado mediante a exploração do serviço ou da obra por prazo determinado".

Em resumo, são características da concessão comum:

- Por contrato, com tarifa fixada no contrato.
- Executada em nome próprio.
- Poder concedente fiscaliza (cabe ocupação temporária) e pode aplicar penalidades (previstas no contrato – poder disciplinar).
- Cabe intervenção: quando a Administração Pública se utiliza de bens e recursos humanos da concessionária para a realização da finalidade pública de prestação do serviço (art. 32 e ss. da Lei nº 8.987/1995).
- Poder concedente segue como titular (transfere apenas a execução).
- Possível a subconcessão (art. 26 da Lei nº 8.987/1995, com prévia licitação e autorização do concedente).
- Responsabilidade objetiva e direta (poder concedente responde apenas de forma subsidiária).
- Terceirização da atividade meio (art. 25, §§ 1º e 2º, da Lei nº 8.987/1995).
- Administração Pública não responde por débitos trabalhistas da concessionária.
- Art. 16 da Lei nº 8.987/1995: "A outorga de concessão ou permissão não terá caráter de exclusividade, salvo no caso de inviabilidade técnica ou econômica justificada no ato a que se refere o art. 5º desta Lei".

10.5.2. Concessão especial

Envolve uma Parceria Público-Privada (PPP) e subdivide-se em Patrocinada e Administrativa, reguladas pela Lei nº 11.079/2004. Aplicação subsidiária da Lei nº 8.987/1995. A responsabilidade, no caso das concessões especiais, é solidária, com a repartição das responsabilidades definida no contrato. O prazo mínimo é de 5 anos e o máximo de 35, já consideradas renovações no prazo máximo (art. 5º, I, Lei n.º 11.079/2004).

Concessão patrocinada: disciplinada no § 1º do art. 2º da Lei nº 11.079/2004, a concessão patrocinada pode ser tanto de serviços públicos quanto de obras públicas, envolvendo a cobrança de tarifa dos usuários aliada a uma contraprestação da Administração Pública ao concessionário.

Concessão administrativa: diferentemente da concessão patrocinada, na concessão administrativa não há a cobrança de tarifa do usuário, sendo a Administração Pública a usuária direta ou indireta do serviço. Pode, ainda, envolver a execução de obra ou instalação de bens, estando disciplinada também no art. 2º da Lei nº 11.079/2004, em seu § 2º.

Pontos importantes:

Lei nº 11.079/2004

Art. 2º (...)

§ 4º É *vedada* a celebração de contrato de parceria público-privada:

I – cujo valor do contrato seja inferior a R$ 10.000.000,00 (dez milhões de reais);

II – cujo período de prestação do serviço seja inferior a 5 (cinco) anos; ou

III – que tenha como objeto único o fornecimento de mão-de-obra, o fornecimento e instalação de equipamentos ou a execução de obra pública.

(...)

Art. 6º A contraprestação da Administração Pública nos contratos de parceria público-privada poderá ser feita por:

I – ordem bancária;

II – cessão de créditos não tributários;

III – outorga de direitos em face da Administração Pública;

IV – outorga de direitos sobre bens públicos dominicais;

V – outros meios admitidos em lei.

Art. 7º A *contraprestação* da Administração Pública será obrigatoriamente precedida da *disponibilização do serviço objeto do contrato* de parceria público-privada.

§ 1º É facultado à administração pública, nos termos do contrato, efetuar o pagamento da contraprestação relativa a parcela fruível do serviço objeto do contrato de parceria público-privada.

§ 2º O aporte de recursos de que trata o § 2º do art. 6º, quando realizado durante a fase dos investimentos a cargo do parceiro privado, deverá guardar proporcionalidade com as etapas efetivamente executadas.

(...)

Art. 9º Antes da celebração do contrato, deverá ser constituída sociedade de propósito específico, incumbida de implantar e gerir o objeto da parceria.

Art. 10. (...)

(...)

§ 3º As concessões patrocinadas em que *mais de 70%* (setenta por cento) da remuneração do parceiro privado for paga pela Administração Pública dependerão de *autorização legislativa* específica.

10.5.3. Permissão

Em sua origem, a permissão constitui-se como uma forma de delegação efetivada por ato administrativo unilateral, precário e passível de revogação unilateral, atribuindo-se ao instituto, posteriormente, sobretudo com a Lei nº 8.987/1995, um caráter contratual.[26]

Os arts. 2º, IV, e 40 da Lei nº 8.987/1995 apresentam importantes elementos das permissões, sendo rasa a sua fundamentação legal, gerando críticas doutrinárias sobre sua confusa definição. À diferença da concessão, qualquer modalidade licitatória pode ser utilizada, exigindo-se apenas a existência de licitação prévia ao contrato de permissão.

Sobre a permissão:

Disciplinada nos arts. 2º e 40 da Lei nº 8.987/1995.

- Por contrato.
- Apenas para serviço público e não obra pública.
- Sem prazo – caso fixado, cabe indenização, se revogado antes.
- Precária (pode ser revogada ou alterada a qualquer tempo).
- Poder concedente fiscaliza.
- Responsabilidade objetiva e direta (poder concedente responde de forma subsidiária).

▪ **Diferenciações importantes**

CONCESSÃO	PERMISSÃO
A título não precário – mais segura	A título precário
Licitação apenas nas modalidades concorrência ou diálogo competitivo	Licitação em qualquer modalidade
Concessão ocorre apenas para pessoa jurídica ou consórcio de empresas	Permissão ocorre para pessoa física ou jurídica (autorização também)
Prazo pode variar de acordo com o serviço, sendo vedada a renovação automática	Sem prazo (doutrina aceita), caso haja e tenha rescisão anterior, cabe indenização
Pode envolver obra pública	Não pode envolver obra pública

26. MAFINNI, Rafael. *Direito Administrativo*. 4. ed. São Paulo: Revista dos Tribunais, 2013.

10.5.4. Autorização

O reconhecimento da autorização como uma forma de delegação não é unânime na doutrina, embora conste nos incisos XI e XII do art. 21 da CF/1988. Tem como características: ato unilateral da Administração Pública; discricionário; precário; sem exigência de licitação; formalizada por decreto ou portaria.

10.6. Extinção da concessão

A Concessão, ainda que possua prazo determinado, possui outras possibilidades de extinção: termo final do prazo, rescisão, anulação, caducidade, encampação e falência ou extinção da concessionária. Cabe abordarmos um pouco de cada uma delas, elencadas no art. 35 da Lei nº 8.987/1995.

Advento do termo contratual: É o fim do contrato em razão da chegada do prazo determinado, desvinculando-se o concessionário da prestação do serviço público, embora ainda responsável pelos atos praticados quando vigente o contrato.

Rescisão: Como traz o art. 39 da Lei nº 8.987/1995: "O contrato de concessão poderá ser rescindido por iniciativa da concessionária, no caso de descumprimento das normas contratuais pelo poder concedente, mediante ação judicial especialmente intentada para esse fim", destacando o parágrafo único desse dispositivo a impossibilidade de que a prestação dos serviços públicos seja interrompida até sentença judicial transitada em julgado.

Anulação: Podendo ocorrer pela via administrativa ou judicial, a anulação se dá quando existente vício de legalidade no contrato. Assim, "Presente o vício, há presumida lesão ao patrimônio público, o que permite o ajuizamento de ação popular para postular-se a anulação do ajuste".[27]

Caducidade: De forma inversa à rescisão, a caducidade ocorre quando há a "rescisão" unilateral da Administração por descumprimento das cláusulas contratuais por parte da concessionária, podendo ser ato vinculado (art. 27 da Lei nº 8.987/1995) ou discricionário (art. 38 da Lei nº 8.987/1995). Deve-se observar, como procedimento: (1) comunicação à concessionária sobre o descumprimento e determinação de prazo para correção;

27. CARVALHO FILHO, José dos Santos. *Manual de direito administrativo*. 35. ed. São Paulo: Atlas, 2021. p. 443.

(2) instauração de procedimento administrativo para apuração, com garantia da ampla defesa e contraditório; (3) apurada a inadimplência da concessionária, será declarada a caducidade da concessão por meio de decreto expedido pelo Chefe do Poder Executivo.[28]

Encampação: Como definido no art. 37 da Lei nº 8.987/1995, a encampação refere-se à retomada, por parte da Administração Pública, da prestação do serviço público. Faz-se necessária autorização legislativa e indenização prévia.

Extinção da concessionária: A extinção da concessionária por falência ou extinção da empresa ou, ainda, falecimento ou incapacidade do titular, ocorre, como pontua Carvalho Filho,[29] "pela singela razão de que fica inviável a execução do serviço público objeto do ajuste", retornando a prestação do serviço público ao concedente, até nova concessão.

10.7. Direitos dos usuários do serviço público

A definição dos direitos dos usuários do Serviço Público dá-se pela Lei nº 13.460/2017, que elenca direitos e deveres básicos, a possibilidade de apresentação de manifestações, regulamenta ouvidorias e conselhos de usuários, bem como define a avaliação continuada dos serviços públicos pelos órgãos e entidades públicos determinados na lei. Aplica-se de forma subsidiário o Código de Defesa do Consumidor.

11. LICITAÇÕES

Autor: Matheus De Gregori

11.1 Licitação: conceito, fundamentos e princípios

Licitação é um procedimento administrativo por meio do qual a Administração Pública, seguindo os princípios do direito administrativo, seleciona a proposta mais vantajosa para contratar serviços, obras e bens. Tem como pressupostos a competição e o interesse público.

O seu fundamento constitucional está no **art. 37, XXI, da CRFB**:

> *ressalvados os casos especificados na legislação, as obras, serviços, compras e alienações serão contratados mediante processo de licitação pública que assegure igualdade de condições a todos os concorrentes, com cláusulas que estabeleçam obrigações de pagamento, mantidas as condições efetivas da proposta, nos termos da lei, o qual somente permitirá as exigências de qualificação técnica e econômica indispensáveis à garantia do cumprimento das obrigações.*

Além disso, no art. 175 da Constituição, temos que as concessões e permissões de serviços públicos serão sempre precedidos de licitação.

Quem pode **legislar** sobre licitação?

À **União**, conforme art. 22, XXVII, da CRFB, compete editar as **normas gerais** de licitação e contratação, em todas as modalidades. Contudo, já manifestou o **STF** no sentido de que Estados e Municípios podem editar normas complementares para regulamentação de seus procedimentos licitatórios, desde que observadas as normas gerais federais.

Qual é a **lei geral** de licitações?

A "Nova Lei de Licitações e Contratos" (**Lei nº 14.133/2021**) define normais gerais de licitação e contratação para administrações públicas diretas, autárquicas e fundacionais da União, dos estados, do Distrito Federal e dos municípios. Ela revogou a Lei nº 8.666/1993 (antiga Lei de Licitações e Contratos), a Lei nº 10.520/2002 (Pregão) e a Lei nº 12.462/2011 (Regime Diferenciado de Contratações Públicas – RDC).

A **quem** se aplica a Lei nº 14.133/2021?

Administrações públicas *diretas, autárquicas e fundacionais da União, dos estados, do Distrito Federal e dos municípios*, e abrange Executivo, Legislativo e Judiciário, Ministério Público, Tribunais de Contas, fundos especiais e as demais entidades controladas, direta ou indiretamente, pela Administração Pública.

Contratações realizadas no âmbito das *repartições públicas sediadas no exterior* obedecerão às peculiaridades locais e aos princípios básicos estabelecidos na Lei nº 14.133/2021.

> ▷ **Atenção!** As licitações e contratos das **empresas públicas** e as **sociedades de economia mista** (empresas estatais) são regidas pela **Lei nº 13.303/2016,** ressalvados os crimes em licitações (art. 178 da lei 14.133/21), que também são aplicáveis a essas empresas. Contudo, é preciso saber que os negócios ligados à **atividade-fim** de estatais que exploram atividade econômica, como regra, **não exigem licitação**, uma vez que o dinamismo do mercado é incompatível com toda a burocracia necessária ao procedimento. Trata-se, portanto, de licitação inexigível nesse caso.

Não precisam licitar: concessionárias de serviços públicos (em regra), empresas privadas, cartórios e registros públicos.

> ▷ **Atenção!** Seguem sendo aplicados os benefícios e vantagens para Microempresas (ME) e Empresas

28. CARVALHO FILHO, José dos Santos. *Manual de direito administrativo*. 35. ed. São Paulo: Atlas, 2021.
29. CARVALHO FILHO, José dos Santos. *Manual de direito administrativo*. 35. ed. São Paulo: Atlas, 2021. p. 447.

ADMINISTRATIVO

de Pequeno Porte (EPP) dos artigos 42 a 49 da LC nº 123/2006.

Quanto aos princípios aplicáveis às licitações, estão previstos no art. 5º da Lei nº 14.133/2021. Alguns deles são os mesmos já conhecidos em outras normas, como o "LIMPE" do art. 37 da CF e os princípios da Lei 9784/99.

PRINCÍPIOS	
Desenvolvimento nacional sustentável	Planejamento
Legalidade	Transparência
Impessoalidade	Eficácia
Moralidade	Segregação de funções
Igualdade	Motivação
Publicidade	Segurança jurídica
Probidade administrativa	Razoabilidade
Vinculação ao edital	Competitividade
Julgamento objetivo	Proporcionalidade
Eficiência	Celeridade
Interesse público	Economicidade
Assim como as disposições do Decreto-lei nº 4.657/1942 (LINDB)	

Quanto aos princípios mais específicos ao procedimento licitatório, destacamos:

- a **vinculação ao edital** e o **julgamento objetivo** das propostas: a administração pública precisa respeitar as "regras do jogo" estabelecidas no edital de licitação, sendo que os critérios para definir os vencedores não podem dar margem à subjetividade, para garantir a ampla competição e a impessoalidade no procedimento.
- o **planejamento** determina que o poder público seja organizado, visando a economia de escala, através de compras centralizadas, além de evitar a falta de bens ou serviços necessários à continuidade da atividade administrativa. A lei obriga, inclusive, que órgãos e entidades tenham um Plano Anual de Contratações.
- a **segregação de funções** significa que diferentes agentes públicos devem desempenhar as funções sujeitas à risco no procedimento licitatório, evitando equívocos, fraudes e utilização irregular do dinheiro público.
- o **desenvolvimento nacional sustentável** justifica que sejam concedidas preferências e vantagens para empresas nacionais, bem como para produtos ambientalmente corretos nas compras públicas.

11.2. Agentes públicos e participantes da licitação

Dos artigos 7º ao 10 a Lei 14.133/21 dispõe sobre os agentes públicos envolvidos com a condução da licitação: seus deveres, responsabilidades e vedações.

A principal figura é o **agente de contratação**: pessoa designada pela autoridade competente, entre **servidores efetivos** ou empregados públicos dos quadros permanentes da Administração Pública, para tomar decisões, acompanhar o trâmite da licitação, dar impulso ao procedimento licitatório e executar quaisquer outras atividades necessárias ao bom andamento do certame até a homologação.

O agente de contratação será auxiliado por equipe de apoio e responderá individualmente pelos atos que praticar, salvo quando induzido a erro pela atuação da equipe. Se a modalidade for pregão, o agente de contratação é chamado de "pregoeiro".

De acordo com o art. 14 da Lei nº 14.133/2021, **não podem** disputar a licitação:

- O autor do anteprojeto, do projeto básico ou do projeto executivo;
- A pessoa física ou jurídica que se encontre, ao tempo da licitação, impossibilitada de participar da licitação em decorrência de sanção que lhe foi imposta;
- Aquele que mantenha vínculo de natureza técnica, comercial, econômica, financeira, trabalhista ou civil com dirigente do órgão ou entidade contratante ou com agente público que desempenhe função na licitação ou atue na fiscalização ou na gestão do contrato, ou que deles seja cônjuge, companheiro ou parente em linha reta, colateral ou por afinidade, até o terceiro grau;
- Empresas controladoras, controladas ou coligadas, concorrendo entre si;
- A pessoa física ou jurídica que, nos 5 (cinco) anos anteriores à divulgação do edital, tenha sido condenada judicialmente, com trânsito em julgado, por exploração de trabalho infantil, por submissão de trabalhadores a condições análogas às de escravo ou por contratação de adolescentes nos casos vedados pela legislação trabalhista.

Saiba, porém, que é permitida:

- A participação de empresas em consórcio.
- A participação de cooperativas.

Além disso, é importante saber que a administração deverá realizar licitação exclusiva para participação de microempresas e empresas de pequeno porte (ME/EPP) nos itens de contratação cujo valor seja de até R$ 80.000,00 (oitenta mil reais), conforme Art. 48. da LC 123/06. Ainda, para aquisição de bens de natureza divisível acima de R$ 80.000,00, o ente público deverá estabelecer, cota de até 25% do objeto para a contratação de ME/EPP.

A Administração Pública poderá, nas licitações destinadas à aquisição de obras e serviços, exigir dos licitantes a subcontratação de microempresa ou empresa de pequeno porte.

Porém, a *LC 123/06* também prevê exceções ao tratamento diferenciado, nos casos em que: não houver um mínimo de 3 (três) fornecedores competitivos enquadrados ME/EPP sediados local ou regionalmente e capazes de cumprir as exigências estabelecidas no edital; quando o tratamento diferenciado e simplificado não for vantajoso para a administração pública ou representar prejuízo ao conjunto ou complexo do objeto a ser contratado; e quando a licitação for dispensável ou inexigível.

11.3. Modalidades de licitação e critérios de julgamento

A modalidade de licitação é definida pelo **objeto** que se pretende contratar, independentemente do valor a ser pago, tendo cada modalidade um rito e características próprias.

Prevê a Lei nº 14.133/21, no artigo 28, que são modalidades de licitação: o pregão, a concorrência, o concurso, o leilão e o diálogo competitivo. Foram extintas, portanto, as modalidades "tomada de preços" e o "convite". Além disso, é vedada a combinação de modalidades, bem como a criação de outras, por Estados e Municípios.

Pregão
Obrigatória para aquisição de **bens e serviços comuns**, cujo critério de julgamento poderá ser o de *menor preço* ou o de *maior desconto*
Concorrência
Contratação de **bens e serviços especiais** e de **obras** e serviços comuns e especiais de engenharia, cujo critério de julgamento poderá ser: *a) menor preço; b) melhor técnica ou conteúdo artístico; c) técnica e preço; d) maior retorno econômico; e) maior desconto*
Concurso
Escolha de trabalho técnico, científico ou artístico, cujo critério de julgamento será o de melhor técnica ou conteúdo artístico, e para concessão de prêmio ou remuneração ao vencedor.
Leilão
Alienação de bens imóveis ou de bens móveis inservíveis ou legalmente apreendidos a quem oferecer o maior lance
Diálogo competitivo
Modalidade de licitação para contratação de obras, serviços e compras em que a Administração Pública realiza **diálogos** com licitantes previamente selecionados mediante critérios objetivos, com o intuito de desenvolver uma ou mais **alternativas** capazes de atender às suas necessidades, devendo os licitantes apresentar proposta final após o encerramento dos diálogos.

Note que o pregão é obrigatório para bens e serviços comuns. Mas o que são bens ou serviços comuns? Conforme art. 6º da lei, são aqueles cujos padrões de desempenho e qualidade podem ser objetivamente definidos pelo edital, por meio de especificações usuais de mercado.

Por outro lado, os bens e serviços especiais são queles que, por sua alta heterogeneidade ou complexidade, não podem ser descritos objetivamente pelo edital. Nesse caso será obrigatória a modalidade concorrência.

▷ **Atenção!** No caso dos serviços comuns de engenharia, será possível tanto o pregão como a concorrência.

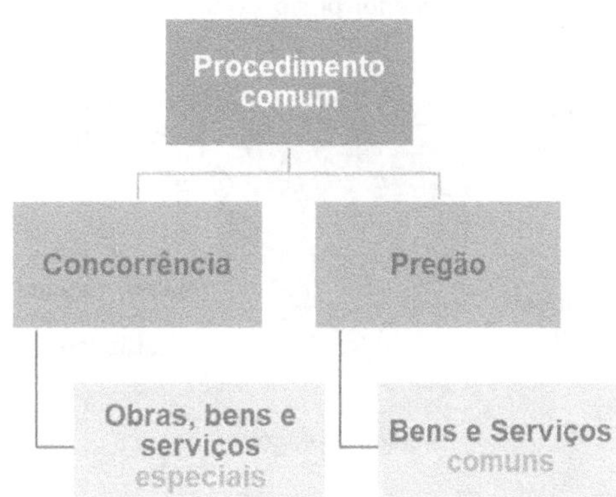

Na modalidade **concurso**, o vencedor recebe prêmio ou remuneração ao final, e deverá ceder todos os direitos autorais para a administração pública, no caso de projeto.

▷ **Atenção!** O concurso, enquanto modalidade de licitação, não se confunde com o concurso para provimento de cargos públicos efetivos, estudado na matéria de agentes públicos.

No **leilão**, haverá um leiloeiro oficial (escolhido por credenciamento ou pregão) ou servidor designado.

O **diálogo competitivo**, novidade da lei, é aplicável para contratar obras, serviços ou bens em que a administração busca alternativas ou soluções inovadoras, ainda não disponíveis no mercado, convidando a iniciativa privada a propor soluções. Haverá dois editais (duas fases): fase de diálogo e fase competitiva. Vale a leitura do art. 32, da Lei nº 14.133/21.

▷ **Atenção!** A LC 182/21 (Estatuto das *Startups*) prevê que a administração pública poderá contratar pessoas físicas ou jurídicas, isoladamente ou em consórcio, para o teste de soluções inovadoras por elas desenvolvidas ou a ser desenvolvidas, com ou sem risco tecnológico, por meio de licitação em "modalidade especial", gerando um Contrato Público para Solução Inovadora (CPSI) com as proponentes selecionadas.

Critérios de julgamento:

Antes chamados de "tipos" de licitação. Não confundir com as modalidades. A Lei nº 14.133/21 prevê os critérios de julgamento nos artigos 33 ao 39:

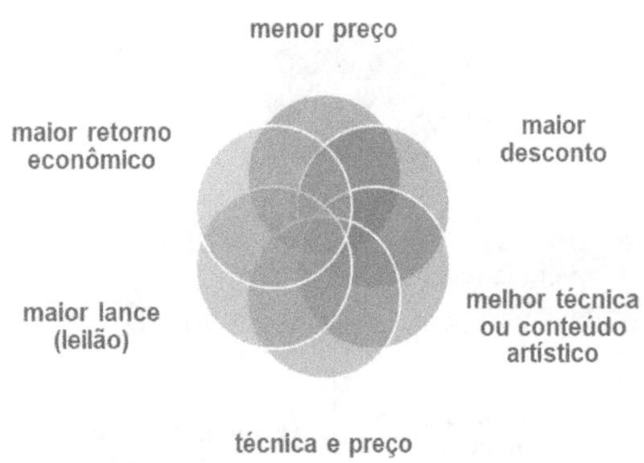

11.4 Sistema de registro de preços

Aplicável na hipótese em que o poder público visa registrar preços de bens e serviços para **aquisição eventual e futura**. Comumente usado para aquisições frequentes e contínuas, em que a administração não sabe o quantitativo exato que irá necessitar. Previso no art. 82 e seguintes da Lei 14.133/21 e regulamentado pelo Decreto 11.462/2023.

Não se trata de uma "modalidade", mas um **procedimento auxiliar** das licitações e contratos, que gera **Atas** de registro de preços, com validade de 1 (um) ano, prorrogável por igual período, onde constarão os fornecedores que venceram a licitação. Outros órgãos e entidades podem **aderir** à ata, conhecido como licitação "carona".

A licitação para registro de preços deverá ser na modalidade **pregão** ou **concorrência**, ou através de dispensa ou inexigibilidade de licitação.

▷ **Atenção!** A existência de preços registrados compromete ao fornecimento nas condições estabelecidas, mas **não obrigará** a Administração a contratar através da Ata, facultada a realização de licitação específica para a aquisição pretendida, desde que devidamente motivada, conforme art. 83, da Lei 14.133/21.

11.5. Fases da Licitação

O chamado "procedimento comum" é a sequência de atos previstos para as licitações nas modalidades pregão e concorrência. Aqui observamos uma importante mudança na lei geral, pois foi invertida a sequência da lei 8666/93, adotando-se a sequência de fases utilizada no pregão e na Lei das Estatais (Lei 13.303/16). Com essa modificação, fica como regra **que a habilitação é após o julgamento**, e a fase recursal é única, conforme Art. 17 da Lei nº 14.133/21:

> I – preparatória; II – de divulgação do edital de licitação; III – de apresentação de propostas e lances, quando for o caso; IV – de julgamento; V – de habilitação; VI – recursal; VII – de homologação.

Porém, as fases podem ser invertidas por determinação do edital, justificadamente, sendo primeiro habilitados os licitantes e depois feita a classificação das propostas.

▷ **Atenção!** A as licitações serão realizadas preferencialmente sob a forma eletrônica, admitida a utilização da forma presencial, desde que motivada.

11.5.1 Fase preparatória:

Segundo o art. 18 da Lei nº 14.133/21, a fase preparatória do processo licitatório é caracterizada pelo planejamento e deve compatibilizar-se com o "**plano de contratações anual**" do órgão ou entidade. É nessa fase que são realizadas as seguintes etapas:

- descrição da necessidade da contratação fundamentada em estudo técnico preliminar;
- definição do objeto (termo de referência, anteprojeto, projeto básico ou projeto executivo);

- condições de execução e pagamento, das garantias exigidas e ofertadas e das condições de recebimento;
- elaboração do edital de licitação e minuta do contrato;
- a análise dos riscos que possam comprometer o sucesso da licitação e a boa execução contratual.

Observe que diversos detalhes sobre as regras da licitação são definidos na fase preparatória, até porque todas as disposições devem estar definidas no instrumento convocatório, por força do princípio do julgamento objetivo e da vinculação ao edital. Os artigos 21 ao 26 da Lei 14.133/21 dispõem sobre a fase preparatória. Durante essa fase:

- Pode ser realizada **audiência pública** e consulta pública;
- Define-se a matriz de alocação de riscos entre o contratante e o contratado;
- Estabelece-se o valor estimado da contratação, que deve ser compatível com os valores de mercado;
- O **orçamento estimado** da contratação poderá ter caráter sigiloso (salvo para os órgãos de controle interno e externo), visando possibilitar maior competitividade;
- O edital pode exigir que percentual mínimo da mão de obra responsável pela execução do objeto da contratação seja constituído por:
  - mulheres vítimas de violência doméstica;
  - oriundos ou egressos do sistema prisional.
- O edital pode estabelecer **margem de preferência** para:
  - bens manufaturados e serviços nacionais que atendam a normas técnicas brasileiras;
  - bens reciclados, recicláveis ou biodegradáveis, conforme regulamento.

No caso de **Compras**, as licitações devem seguir os seguintes princípios:

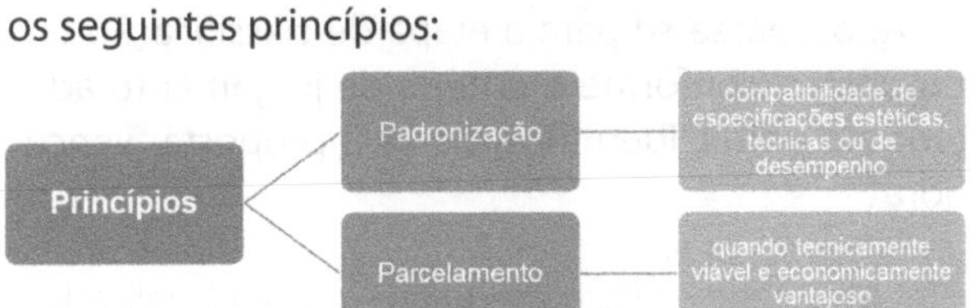

É possível, na licitação, a administração pública **indicar marca ou modelo**? Como regra, não. Porém, será admitida a indicação de marca ou modelo no Edital nas seguintes hipóteses (art. 41, Lei 14.133/21):

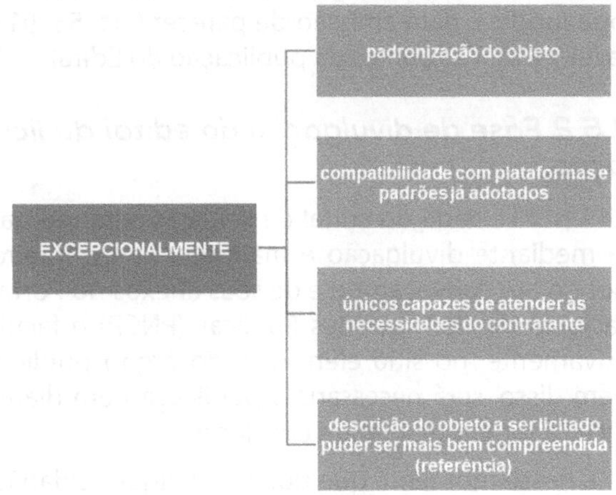

Sobre licitações para **Obras e Serviços de Engenharia** é importante saber:

- A contratação **integrada** é o regime de contratação em que o contratado é responsável por elaborar e desenvolver os **projetos básico e executivo**, além de executar a obra ou serviço de engenharia.
- A contratação **semi-integrada** é o regime de contratação em que o contratado é responsável por elaborar e desenvolver o **projeto executivo**, além de executar a obra ou serviço de engenharia.
- É vedada a realização de obras e serviços de engenharia sem projeto executivo;
- A Administração é dispensada da elaboração de projeto básico nos casos de contratação integrada;
- Execução de cada etapa será obrigatoriamente precedida da conclusão e da aprovação dos trabalhos relativos às etapas anteriores;
- Obras, serviços e fornecimento de **grande vulto** são aqueles cujo valor estimado supera R$ 200.000.000,00 (duzentos milhões de reais).

Quando se tratar de **locação de bens imóveis** pela administração pública, é necessário observar as seguintes disposições:

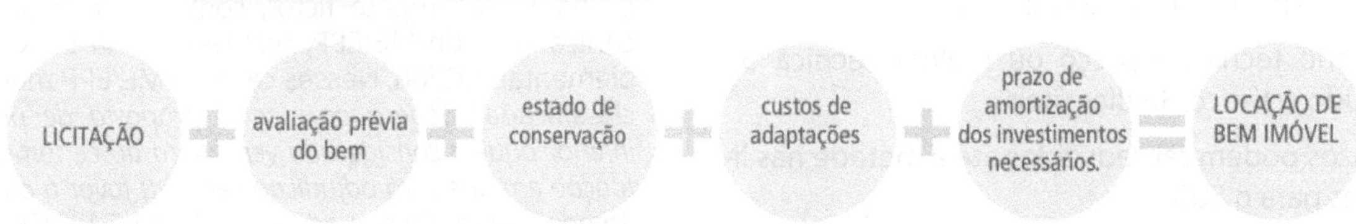

Exceção: no caso de imóvel que seja o único capaz de atender as necessidades da administração pública, será caso de licitação inexigível.

Como momento final da fase preparatória, o processo de licitação é encaminhado ao órgão de assessoria jurídica, para emissão de parecer (art. 53, §1º, da lei 14.133/21), antes da publicação do Edital.

11.5.2 Fase de divulgação do edital de licitação

A publicidade do edital de licitação será realizada mediante divulgação e manutenção do inteiro teor do ato convocatório e de seus anexos no Portal Nacional de Contratações Públicas (PNCP) e facultativamente, no sítio eletrônico do órgão público. Além disso, será necessária a publicação em diário oficial e jornais de grande circulação.

É nesse momento que poderá qualquer cidadão **impugnar o Edital**, por irregularidade na aplicação da lei ou para solicitar esclarecimento sobre os seus termos, devendo protocolar o pedido até **3 (três) dias úteis** antes da data de abertura do certame.

11.5.3 Fase de Apresentação de propostas e lances

Nesse momento, o poder público irá receber as propostas apresentadas pelos licitantes. A Lei 14.133/21 prevê **prazos mínimos** para apresentação de propostas e lances (a partir da data de divulgação do edital).

→ aquisição de bens:

8 dias úteis (se menor preço ou maior desconto) ou 15 dias úteis (demais casos).

→ serviços e obras:

10 dias úteis (se menor preço ou maior desconto), em serviços comuns e de obras e serviços comuns de engenharia;

25 dias úteis (se menor preço ou maior desconto), em serviços especiais e de obras e serviços especiais de engenharia;

60 dias úteis (regime de execução contratação integrada);

35 dias úteis (regime de execução contratação semi-integrada);

critério maior lance, 15 dias úteis;

critério técnica e preço ou melhor técnica ou conteúdo artístico, 35 dias úteis.

Prazos podem ser reduzidos até a metade nas licitações para o SUS.

Aqui é importante saber sobre os **modos de disputa** podem ser aplicados pela administração (isolada ou conjuntamente):

- aberto, hipótese em que os licitantes apresentarão suas propostas por meio de lances públicos e sucessivos, crescentes ou decrescentes;
- fechado, hipótese em que as propostas permanecerão em sigilo até a data e hora designadas para sua divulgação.

Não será permitida a utilização do modo de disputa aberto, quando se tratar de licitação cujo critério de julgamento seja técnica e preço, assim como não se pode utilizar o modo fechado para licitações do tipo menor preço e maior desconto.

Poderá ser exigida, no momento da apresentação da proposta, a comprovação do recolhimento de quantia a título de garantia de proposta, como requisito de pré-habilitação.

- GARANTIA DE PROPOSTA = **máximo 1% do valor estimado da contratação**;
- Será devolvida 10 dias após assinatura;
- Executada se recusa em contratar.

11.5.4 Fase de Julgamento:

> A primeira etapa da atividade do julgamento será a avaliação, pelo agente de contratação, da regularidade formal e material das propostas. Conforme Art. 59 da Lei 14.133/21, serão **desclassificadas** as propostas que:
>
> I - contiverem vícios insanáveis;
>
> II - não obedecerem às especificações técnicas pormenorizadas no edital;
>
> III - apresentarem preços inexequíveis ou permanecerem acima do orçamento estimado para a contratação;
>
> IV - não tiverem sua exequibilidade demonstrada, quando exigido pela Administração;
>
> V - apresentarem desconformidade com quaisquer outras exigências do edital, desde que insanável.

Após, passa-se para a etapa de classificação das propostas, conforme o critério de julgamento adotado no edital, identificando-se a proposta "vencedora".

▷ **Atenção!** É nesse momento que será aplicado o chamado "empate ficto", como preferência de contratação de ME/EPP, nos termos da Lei Complementar 123/06. Nesses casos, a ME/EPP melhor classificada *"poderá apresentar proposta de preço inferior àquela considerada vencedora do certame, situação em que será adjudicado em seu favor o objeto licitado"*. Além disso, o art. 44, § 1º, da LC 123/06 dispõe que será considerada empatada a proposta de

ME/EPP que seja até 10% superior à proposta vencedora, sendo 5% essa margem no caso de pregão.

Não sendo o caso de aplicar o benefício de ME/EPP, em caso de empate entre duas ou mais propostas, serão utilizados os seguintes **critérios de desempate**, nesta ordem (art. 60, Lei 14.133/21):

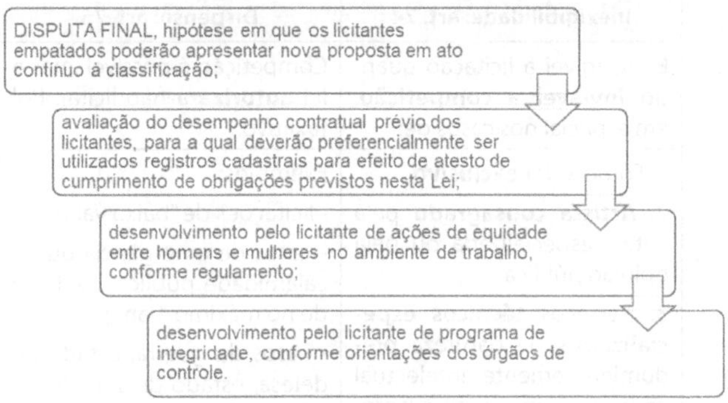

Se não houver desempate, será assegurada **preferência**, sucessivamente, aos bens e serviços produzidos ou prestados por:

1. empresas estabelecidas no território do Estado/DF do órgão;
2. empresas brasileiras;
3. empresas que invistam em pesquisa e no desenvolvimento de tecnologia no País;
4. empresas que comprovem a prática de mitigação (CO^2 - PNMC).

Definido o resultado do julgamento, a Administração poderá **negociar** condições mais vantajosas com o primeiro colocado.

- A **negociação** poderá ser feita com os demais licitantes, segundo a ordem de classificação inicialmente estabelecida, quando o primeiro colocado, mesmo após a negociação, for desclassificado em razão de sua proposta permanecer acima do preço máximo definido pela Administração.

11.5.5 Fase de Habilitação:

Concluído o julgamento, passa-se à fase de habilitação, que visa analisar a **capacidade do licitante de realizar o objeto da licitação**. É composta pela qualificação jurídica, técnica, fiscal, social e trabalhista e econômico-financeira do licitante.

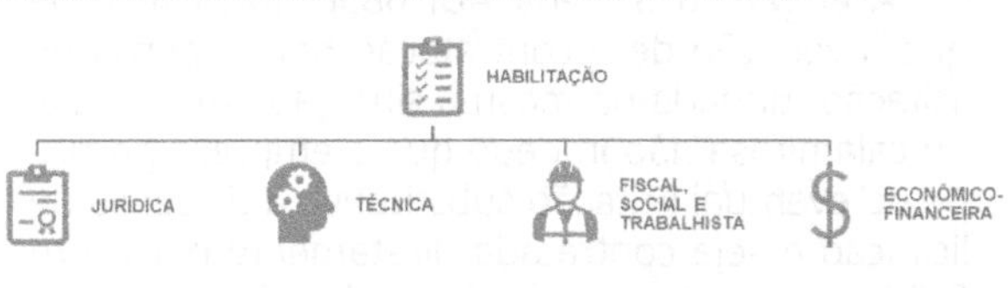

Habilitação jurídica: demonstrar a capacidade de o licitante exercer direitos e assumir obrigações documentação; Comprovação de existência jurídica da pessoa; Autorização para o exercício da atividade.

Qualificação técnica: não pode conter exigências excessivas, sob pena de restrição da competitividade. Será exigido, por exemplo:

→ Apresentação de profissional, devidamente registrado no conselho profissional competente, quando for o caso, detentor de atestado de responsabilidade técnica por execução de obra ou serviço de características semelhantes, para fins de contratação;

→ Certidões ou atestados, regularmente emitidos pelo conselho profissional competente, quando for o caso, que demonstrem capacidade operacional na execução de serviços similares de complexidade tecnológica e operacional equivalente ou superior;

Qualificação econômico-financeira: é a demonstração de saúde financeira

→ Balanço patrimonial, demonstração de resultado de exercício e demais demonstrações contábeis dos 2 (dois) últimos exercícios sociais;

→ Certidão negativa de falência.

Regularidade fiscal, social e trabalhista: certidões negativas de débitos fiscais (tributos), trabalhistas, FGTS, bem como Inscrição no cadastro de contribuintes estadual e/ou municipal.

▷ **Atenção!** As Microempresas e empresas de pequeno porte (ME/EPP) têm benefícios na LC 123/06 quanto à habilitação em licitações: podem participar ainda que não tenham regularidade fiscal e trabalhista. Se forem vencedoras, terão o prazo de 5 (cinco) dias úteis, prorrogável por igual período, para a regularização da documentação.

11.5.6 Fase de Recursos:

Divulgada a decisão final acerca da habilitação e inabilitação de licitantes, será aberto o prazo para os recursos. Quanto aos atos praticados em fases anteriores (julgamento), a intenção de recorrer deve ter sido manifestada de imediato, sob pena de preclusão.

Prevê a Lei 14.133/21, no art. 165, o cabimento de:

> *I - **RECURSO**, no prazo de 3 (três) dias úteis, contado da data de intimação ou de lavratura da ata, em face de:*
>
> *a) ato que defira ou indefira pedido de pré-qualificação de interessado ou de inscrição em registro cadastral, sua alteração ou cancelamento;*
>
> *b) julgamento das propostas;*
>
> *c) ato de habilitação ou inabilitação de licitante;*

d) anulação ou revogação da licitação;

e) extinção do contrato, quando determinada por ato unilateral e escrito da Administração;

*II - **PEDIDO DE RECONSIDERAÇÃO**, no prazo de 3 (três) dias úteis, contado da data de intimação, relativamente a ato do qual não caiba recurso hierárquico.*

11.5.7 Fase de Encerramento (homologação)

Após a fase recursal, o agente de contratação encaminhará o procedimento à autoridade superior do órgão, que analisará todo o procedimento, na chamada fase de **encerramento**, podendo, conforme art. 71 da Lei 14.133/21:

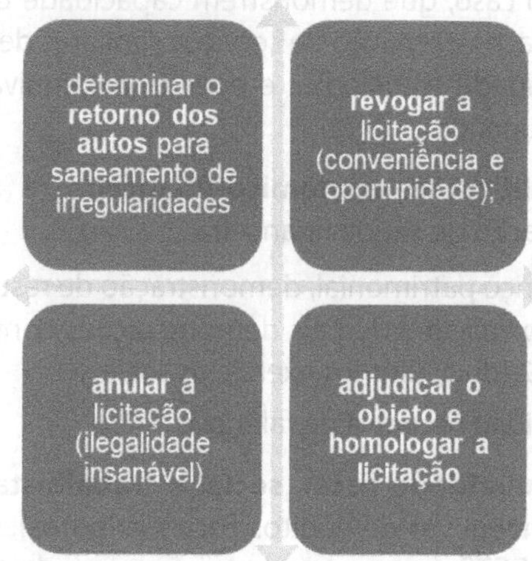

Importante!

- Ao pronunciar a **nulidade**, a autoridade indicará expressamente os atos com vícios insanáveis, tornando sem efeito todos os subsequentes que deles dependam, e dará ensejo à apuração de responsabilidade de quem lhes tenha dado causa.
- O motivo determinante para a **revogação** do processo licitatório deverá ser resultante de **fato superveniente** devidamente comprovado (com prévia manifestação dos interessados).

REVOGAÇÃO	ANULAÇÃO
• Fato superveniente; • Interesse público; • Total apenas; • Vedada após assinatura do contrato;	• Vício insanável; • Ilegalidade; • Total ou parcial; • Possível mesmo após contrato;

11.6. Contratação direta: dispensa e inexigibilidade de licitação

Existem hipóteses em que a licitação não ocorrerá, desde que preenchidos os requisitos da lei. Esses casos são chamados de dispensa e inexigibilidade de licitação.

▷ **Atenção!** Na hipótese de **contratação direta indevida** ocorrida com **dolo, fraude ou erro grosseiro**, o contratado e o agente público responsável responderão solidariamente pelo dano causado ao erário, sem prejuízo de outras sanções legais cabíveis, como a condenação por improbidade administrativa.

Inexigibilidade: art. 74	Dispensa: art. 75
É inexigível a licitação quando **inviável a competição**, em especial nos casos de:	Competição é possível, mas a lei **autoriza** a não licitar. Rol taxativo.
1. Fornecedor **exclusivo** 2. **Artista consagrado** pela crítica especializada ou pela opinião pública 3. **Serviços técnicos especializados** de natureza predominantemente intelectual com profissionais ou empresas de **notória especialização** (vedada para serviços de publicidade e divulgação). Exemplos: *estudos técnicos, planejamentos, projetos básicos ou projetos executivos; pareceres, perícias e avaliações em geral; defesa de causas judiciais ou administrativas; treinamento e aperfeiçoamento de pessoal; restauração de obras de arte e de bens de valor histórico;*	Exemplos: - licitações de "baixo valor"; - casos de emergência ou de calamidade pública, contrato de no máximo 1 ano; - casos de guerra, estado de defesa, estado de sítio, intervenção federal ou de grave perturbação da ordem; - sistema de coleta seletiva de lixo, realizados por associações ou cooperativas formadas exclusivamente de pessoas físicas de baixa renda; - aquisição de medicamentos destinados ao tratamento de doenças raras;
4. Casos de **credenciamento** público (art. 79); 5. **Imóvel** que seja o único capaz de atender necessidades.	- contratação que mantenha todas as condições definidas em edital de licitação realizada há menos de 1 (um) ano, quando: a) não surgiram licitantes interessados ou não foram apresentadas propostas válidas (deserta); b) as propostas apresentadas consignaram preços manifestamente superiores aos praticados no mercado ou incompatíveis (fracassada);

No caso de **alienação de bens públicos** (móveis ou imóveis), como regra, deve haver licitação na modalidade leilão. A Lei 14.133/21, contudo, dispõe no art. 76, I e II, que será **dispensado** o leilão em alguns casos.

▷ "**Atenção:** o STF, na ADI 6890, fixou tese de que a vedação de recontratação por dispensa de licitação fundada na mesma situação emergencial ou calamitosa não impede que a empresa participe de eventual licitação substitutiva à dispensa de licitação e seja contratada diretamente por outro fundamento previsto em lei, incluindo uma nova emergência ou calamidade pública"

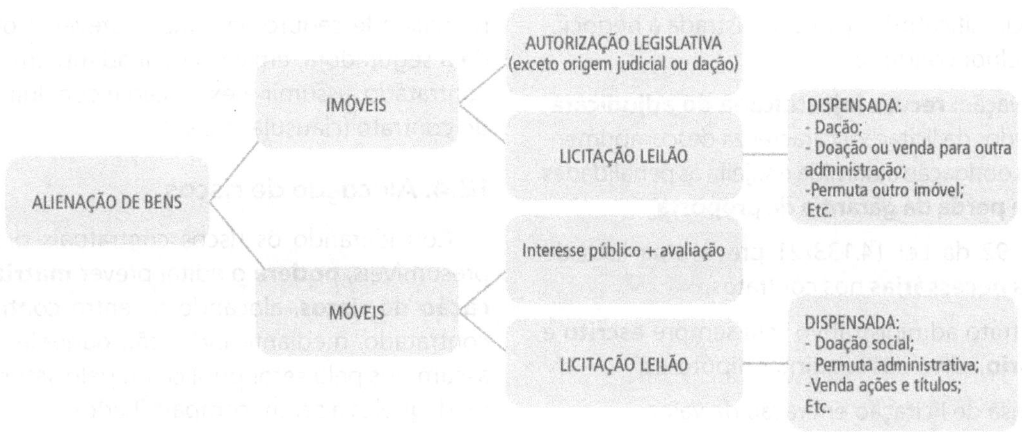

12. CONTRATOS ADMINISTRATIVOS

Autor: Matheus De Gregori

12.1. Conceito e características

Contrato administrativo é *"o ajuste que a Administração Pública, agindo nessa qualidade, firma com particular ou outra entidade administrativa para a consecução de objetivos de interesse público, nas condições estabelecidas pela própria Administração"* (Hely Lopes Meirelles. 2016, p. 239).

Observe que nem todo contrato celebrado pela administração pública será um "contrato administrativo", regido pelo direito público e com a incidência das prerrogativas e limitações de Estado. Com efeito, em determinadas situações a administração pública irá celebrar contratos regidos pelo direito privado, como nos contratos das empresas estatais, regidas pela Lei 13.303/16.

Como visto no capítulo anterior, a Lei 14.133/21 é a Lei geral de Licitações e Contratos Administrativos no Brasil. Aplica-se a Lei 14.133/21, **no que couber e na ausência de norma específica**, aos **convênios, acordos, ajustes e outros instrumentos congêneres** celebrados por órgãos e entidades da Administração Pública;

Cuidado! Há vários contratos e instrumentos congêneres na legislação esparsa:

- Lei 8.987/95 (Concessão comum);
- Lei 11.079/04 (Concessão especial – PPP);
- Lei 11.107/05 (Consórcios Públicos);
- Lei 13.019/14 (OSC – Termo de colaboração, Termo de Fomento, Acordo de cooperação);
- Convênios: são ajustes entre entidades ou órgãos da administração pública. Diferente dos contratos, as partes convenentes possuem vontades convergentes, não sendo necessária a realização de licitação antes de firmar o ajuste.

Embora regidos pelo direito público, na ausência de disposição expressa, aos contratos administrativos poderão ser aplicados, **supletivamente**, os princípios da teoria geral dos contratos e as disposições de direito privado, conforme art. 89 da Lei 14.133/21.

> ▷ **Atenção!** Os Contratos nas Estatais (Empresas Públicas e Sociedades de Economia Mista), conforme Lei 13.303/16, são regidos diretamente (e não supletivamente) pelas disposições de direito privado. Portanto, eles não têm as características dos "contratos administrativos", embora sejam contratos "da" administração pública.

A principal característica dos contratos administrativos é a **verticalidade**, decorrente da supremacia do interesse público, e que concede à administração **prerrogativas** em face dos particulares contratados. Tais prerrogativas se manifestam nas chamadas **cláusulas exorbitantes**, previstas no art. 104, da lei 14.133/21, estando presentes, implicitamente, em todos os contratos administrativos.

12.2. Formalização dos contratos administrativos

Após a licitação ou processo de contratação direta, a Administração convoca licitante vencedor para assinar o termo de contrato ou equivalente, dentro do prazo e nas condições estabelecidas no edital de licitação, sob pena de decair o direito à contratação.

- Se **nenhum licitante aceitar a contratação nos termos da proposta vencedora**, a Administração pode:

1) convocar os licitantes remanescentes para negociação, na ordem de classificação, com vistas à obtenção de preço melhor, mesmo que acima do preço do adjudicatário;

2) adjudicar e celebrar o contrato nas condições ofertadas pelos licitantes remanescentes, atendida

a ordem classificatória, quando frustrada a negociação de melhor condição.

Observação: **recusa injustificada do adjudicatário** (vencedor da licitação) caracteriza descumprimento total da obrigação assumida e sujeita às penalidades e imediata **perda da garantia de proposta**.

O art. 92 da Lei 14.133/21 prevê uma lista de **cláusulas necessárias** nos contratos.

O contrato administrativo será sempre **escrito** e **obrigatório**, salvo nas seguintes hipóteses:

- dispensa de licitação em razão de valor;
- compras com entrega imediata e integral dos bens adquiridos e dos quais não resultem obrigações futuras, inclusive quanto a assistência técnica, independentemente de seu valor.

Nesses casos o contrato administrativo pode ser substituído por um "equivalente": *carta-contrato, nota de empenho de despesa, autorização de compra ou ordem de execução de serviço*.

> ▷ **Atenção!** É considerado **nulo** e de nenhum efeito o **contrato verbal** com a Administração, **salvo** o de pequenas compras ou o de prestação de serviços de pronto pagamento.

Em atenção ao Princípio da Publicidade, a divulgação no Portal Nacional de Contratações Públicas (PNCP) é condição indispensável para a eficácia do contrato e de seus aditamentos.

12.3. Garantia

Pode ser exigida (no edital) **prestação de garantia** nas contratações de obras, serviços e fornecimentos. Caberá ao **contratado optar** por uma das seguintes modalidades de garantia:

caução em dinheiro ou em títulos da dívida pública	seguro-garantia	fiança bancária

O valor máximo a ser exigido de garantia é de **5%** do valor do contrato, podendo ser majorado, justificadamente, até **10%** do valor inicial do contrato. Em obras e serviços de engenharia de **grande vulto**: poderá exigir seguro-garantia de **até 30%**.

Trata-se de *garantia para execução do contrato*. Não confunda com *garantia da proposta* (que pode ser exigida na licitação). A garantia prestada pelo contratado **será liberada** ou **restituída** após a **fiel execução do contrato** ou após a sua **extinção por culpa exclusiva da Administração** e, quando em dinheiro, atualizada monetariamente.

Na contratação de **obras e serviços de engenharia**, o edital poderá exigir a prestação da garantia na modalidade seguro-garantia e prever a obrigação de a seguradora, em caso de inadimplemento pelo contratado, assumir a execução e concluir o objeto do contrato (cláusula *step-in*).

12.4. Alocação de riscos

Considerando os riscos contratuais previstos e presumíveis, **poderá** o edital prever **matriz de alocação de riscos**, alocando-os entre contratante e contratado, mediante indicação daqueles a serem assumidos pelo setor público ou pelo setor privado, ou daqueles a serem compartilhados.

Conforme art. 103 da Lei 14.133/21, a matriz de alocação de riscos definirá o equilíbrio econômico-financeiro inicial do contrato em relação a eventos supervenientes e deverá ser observada na solução de eventuais conflitos. Sempre que atendidas as condições do contrato e da matriz de alocação de riscos, será considerado mantido o equilíbrio econômico-financeiro, renunciando as partes aos pedidos de restabelecimento do equilíbrio relacionados aos riscos assumidos, exceto no que se refere:

- Alterações unilaterais pela Administração (previstas no art. 124, I);
- Aumento ou redução, por legislação superveniente, dos tributos diretamente pagos pelo contratado em decorrência do contrato.

> ▷ **Atenção!** Será **obrigatória** a matriz de alocação de riscos nos casos de contratação de obras e serviços de **grande vulto** ou quando adotados os regimes de **contratação integrada** e **semi-integrada**.

12.5. Prerrogativas da administração - cláusulas exorbitantes

O regime dos contratos administrativos, fundado no princípio da supremacia do interesse público sobre o privado, garante uma série de vantagens (prerrogativas) à Administração Pública, que não decorrem do acordo entre as partes. Essas vantagens não precisam estar escritas, expressamente, no contrato (são implícitas). Por isso são chamadas de "cláusulas exorbitantes", pois sua previsão **decorre da lei** (*ex lege*), e não da vontade das partes.

O exemplo mais cobrado é a possibilidade de **alteração unilateral** dos contratos, por vontade da administração, desde que respeitados os limites e condições legais. Essa é a característica da "instabilidade" ou "mutabilidade" dos contratos administrativos. Como exemplos, temos a exigência de garantia ao contratado, bem como a restrição à oposição de exceção do contrato não cumprido (art. 137, IV).

No art. 104, da Lei 14.133/21 encontramos o rol dessas prerrogativas.

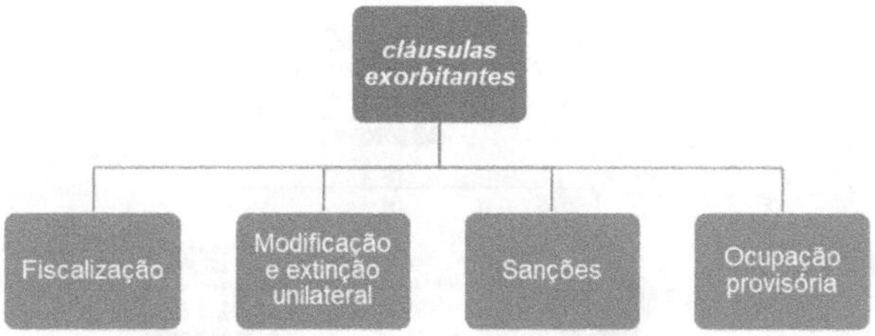

Há limites para essas vantagens. Por exemplo: as cláusulas econômico-financeiras e monetárias dos contratos não poderão ser alteradas sem prévia concordância do contratado.

▷ **Atenção!** Essas cláusulas exorbitantes não estão presentes na Lei 13.303/16, que rege os contratos das estatais. Portando, as empresas públicas e sociedades de economia mista, no geral, estão em maior "igualdade" com os contratados, pois não possuem as prerrogativas que outras entidades da administração pública gozam em relação aos seus contratos, regidos pela lei geral.

12.6. Prazos – duração dos contratos

O prazo do contrato administrativo deve ter previsão expressa no edital e **disponibilidade orçamentária**. Portanto, a regra geral é de que o contrato tenha vigência dentro do exercício financeiro, que é de no máximo um ano. Contudo, a Lei 14.133/21 prevê diversas hipóteses, entre os artigos 106 ao 114, de prazos máximos aos contratos, a depender do objeto:

- **Serviços e fornecimentos contínuos**: 5 anos (prorrogável até 10 anos)
    - → Administração terá a opção de extinguir o contrato, sem ônus, quando não dispuser de créditos orçamentários para sua continuidade ou quando entender que o contrato não mais lhe oferece vantagem.
    - → Isso ocorrerá apenas na próxima data de aniversário do contrato e não poderá ocorrer em prazo inferior a 2 (dois) meses, contado da referida data.
    - → Aplica-se ao aluguel de equipamentos e à utilização de programas de informática.
- **Prazo de até 10 anos para:**
    - → alta complexidade tecnológica e defesa nacional
    - → materiais de uso das Forças Armadas, para fins de padronização (com exceções)
    - → inovação e à pesquisa científica e tecnológica no ambiente produtivo
    - → comprometimento da segurança nacional
    - → transferência de tecnologia de produtos estratégicos para o Sistema Único de Saúde (SUS)
    - → insumos estratégicos para a saúde
- Sistemas estruturantes de tecnologia da informação: **15 anos**
- **Prazo indeterminado**: administração usuária de serviço público em monopólio
- Contratação que **gere receita** e **contrato de eficiência** que gere economia:
    - → **até 10 anos**, contratos sem investimento;
    - → **até 35 anos**, com investimento.

Os pedidos de prorrogação devem ser feitos dentro do prazo de vigência do contrato, sendo requisitos a previsão no edital e no contrato e autorização do poder público, que deve justificar por escrito a prorrogação, mantidas as demais disposições contratuais.

12.7. Execução dos contratos

Os contratos administrativos devem ser executados conforme suas cláusulas, cada parte respondendo pela inexecução que der causa.

Disposições relevantes dos artigos 115 e seguintes da Lei 14.133/21:

- → É proibido à Administração **retardar imotivadamente** a execução de obra ou serviço, ou de suas parcelas, inclusive na hipótese de posse do respectivo chefe do Poder Executivo ou de novo titular no órgão ou entidade contratante.
- → Em caso de impedimento, ordem de paralisação ou suspensão do contrato, o cronograma de execução será prorrogado automaticamente pelo tempo correspondente.
- → **Se por mais de 1 (um) mês de paralisação**, a Administração deverá divulgar, em sítio eletrônico oficial e em placa a ser afixada em local da obra de fácil visualização pelos cidadãos, **aviso público de obra paralisada**, com o motivo e o responsável pela inexecução temporária do objeto do contrato e a data prevista para o reinício da sua execução.
- → Ao longo do contrato, o contratado deverá cumprir a **reserva de cargos** prevista em lei para: pessoa com deficiência; reabilitado da Previdência Social; aprendiz; entre outras reservas de

cargos. Descumprir a reserva de cargos é causa de extinção contratual.

É interessante saber que a administração deve designar um **fiscal do contrato** (preferencialmente dentre servidores efetivos), que poderá ser auxiliado por terceiros contratados para esse fim.

O contratado deve disponibilizar um **preposto**, aceito pela Administração, no local da obra ou do serviço para representá-lo na execução do contrato.

É possível a **subcontratação**? Sim, desde que **parcial** e após autorizado pela Administração, devendo ser comprovada a capacidade técnica do subcontratado, conforme art. 122 da Lei 14.133/21.

Quanto a responsabilidade por danos causados, vale a leitura do artigo 120 da Lei 14.133/21: *"o contratado será responsável pelos danos causados diretamente à Administração ou a terceiros em razão da execução do contrato, e não excluirá nem reduzirá essa responsabilidade a fiscalização ou o acompanhamento pelo contratante".*

Além disso, apenas o contratado é responsável pelos encargos trabalhistas, previdenciários, fiscais e comerciais resultantes da execução do contrato, de modo que sua inadimplência em relação a terceiros não transfere a responsabilidade ao poder público.

Há, contudo, importante exceção: nas contratações de **serviços contínuos com regime de dedicação exclusiva de mão de obra**, a Administração responderá:

→ **Solidariamente** pelos encargos previdenciários;

→ **Subsidiariamente** pelos encargos trabalhistas.

→ Essa responsabilidade apenas ocorrerá se comprovada **falha na fiscalização** do cumprimento das obrigações do contratado (culpa *in vigilando*). O STF, no RE 760931/DF, em 2017, já havia entendimento fixado no sentido de que *a imputação da culpa "in vigilando" ou "in elegendo" à Administração Pública, por suposta deficiência na fiscalização da fiel observância das normas trabalhistas pela empresa contratada, somente pode acontecer nos casos em que se tenha a efetiva* ***comprovação da ausência de fiscalização.***

12.8. Alteração dos contratos

Os contratos administrativos podem ser alterados de forma **unilateral**, pela administração, visando alterações no projeto e especificações, ou no valor contratual, por acréscimo ou redução dos quantitativos contratados. O limite para acréscimos ou reduções é de 25%, e para reformas, o acréscimo é de até 50%, conforme art. 125 da Lei 14.133/21.

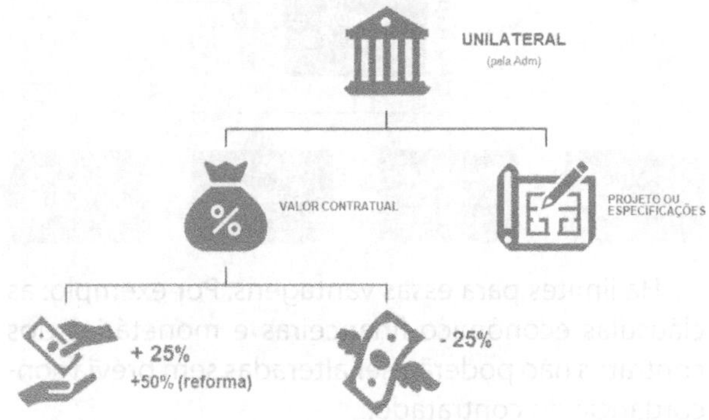

▷ **Atenção!** Nos contratos das estatais, regidos pela Lei 13.303/16, a possibilidade de alteração contratual é nos mesmos patamares (25% para acréscimos ou supressões). Contudo, dependerá de concordância do contratado. Portanto: as Empresas Públicas e Sociedades de Economia Mista **não têm a prerrogativa de alterar de forma unilateral** nesses casos.

→ A administração **não pode** alterar o objeto do contrato.

→ A administração **não pode** alterar as cláusulas econômico-financeiras de forma unilateral, a exemplo da margem de lucro do contratado.

De outro lado, é possível a alteração por acordo (**bilateral**), nas situações previstas no art. 124, II, da Lei 14.133/21. As hipóteses são as seguintes:

a) quando conveniente a **substituição da garantia** de execução;

b) quando necessária a **modificação do regime de execução** da obra ou do serviço, bem como do modo de fornecimento, em face de verificação técnica da inaplicabilidade dos termos contratuais originários;

c) quando necessária a **modificação da forma de pagamento** por imposição de circunstâncias supervenientes, mantido o valor inicial atualizado e vedada a antecipação do pagamento em relação ao cronograma financeiro fixado sem a correspondente contraprestação de fornecimento de bens ou execução de obra ou serviço;

d) para **restabelecer o equilíbrio econômico-financeiro** inicial do contrato em caso de força maior, caso fortuito ou fato do príncipe ou em decorrência de fatos imprevisíveis ou previsíveis de consequências incalculáveis, que inviabilizem a execução do contrato tal como pactuado, respeitada, em qualquer caso, a repartição objetiva de risco estabelecida no contrato.

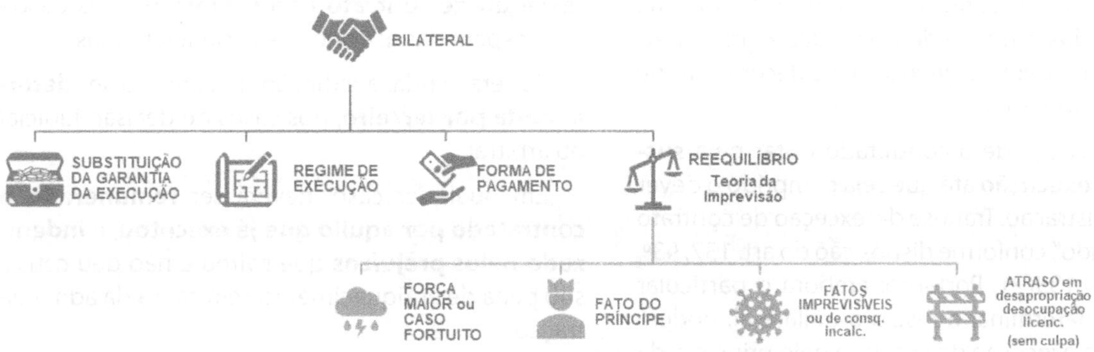

O maior destaque é para a alínea "d", que consiste na aplicação da **Teoria da Imprevisão** aos contratos administrativos. Decorre de princípio do direito privado (cláusula *rebus sic stantibus),* que determina a revisão do contrato no caso em que se torne excessivamente oneroso para uma das partes. A revisão ou recomposição dos preços poderá ocorrer nos casos de:

- Caso fortuito (atos humanos, alheios às partes) ou força maior (forças da natureza, calamidades).
- Fatos imprevisíveis, ou previsíveis, mas de consequências incalculáveis.
- Fato do príncipe: atos gerais e abstratos, praticados pelo poder público, que atingem o equilíbrio contratual.

O particular contratado tem direito à manutenção da margem de lucro inicialmente pactuada. Poderá requerer à administração a revisão (reequilíbrio econômico-financeiro). Sendo negada, caberá ação judicial.

Conforme art. 129 da Lei 14.133/21, nas alterações contratuais para **supressão** de obras, bens ou serviços, se o contratado já houver adquirido os materiais e os colocado no local dos trabalhos, *estes deverão ser pagos pela Administração pelos custos de aquisição regularmente comprovados e monetariamente reajustados, podendo caber indenização por outros danos eventualmente decorrentes da supressão, desde que regularmente comprovados*.

Além disso, haverá direito à revisão se houver, após a data da apresentação da proposta, *criação, alteração ou extinção de quaisquer tributos ou encargos legais* ou a *superveniência de disposições legais, com comprovada repercussão sobre os preços contratados*.

12.9. Extinção dos contratos

A extinção do contrato pode ser "natural", pelo simples advento do termo contratual, ou decorrente de anulação, em razão de vício de legalidade, como veremos a seguir.

Saiba, contudo, que administração pública pode **extinguir** de forma **unilateral** o contrato, desde que haja motivação por escrito e seja garantido o contraditório ao interessado, em hipóteses tais como:

→ Contratado descumprir o edital e contrato;

→ Contratado desatender determinações;

→ Alteração na empresa (afetando contrato);

→ Falência, insolvência, dissolução da sociedade ou falecimento do contratado;

→ Caso fortuito ou força maior, regularmente comprovados;

→ Atraso na obtenção da licença ambiental, desapropriação, a desocupação ou a servidão;

→ **Interesse público, justificado** pela autoridade máxima do contratante;

→ Contratado descumprir reserva de cargos (PcD, reabilitado e aprendiz);

▷ **Atenção!** Nos contratos de concessão de serviços públicos (Lei 8.987/95), a extinção por inadimplemento do particular é chamada de **caducidade**, já por motivo de interesse público chama-se **encampação.** A rescisão é a hipótese de extinção por pedido do contratado.

Por outro lado, o **contratado terá direito à extinção** (que depende de aceitação da administração ou ordem judicial) nas seguintes hipóteses:

1. Supressão contratual além do limite autorizado em lei (25%);
2. Suspensão de execução acima de 3 meses;
3. Repetidas suspensões que totalizem 90 dias úteis;
4. Atraso superior a 2 meses no pagamento;
5. Não liberação de área, local ou objeto, para execução de obra, serviço ou fornecimento, ou atraso ou descumprimento das obrigações pela Administração, relacionadas a desapropriação, a desocupação de áreas públicas ou a licenciamento ambiental.

As hipóteses de extinção dos itens 2, 3 e 4 acima ficam **vedadas** em caso de calamidade, grave perturbação da ordem ou guerra, ou se decorrerem de culpa do contratado.

Além disso, pode o contratado optar pela **suspensão da execução** até que seja cumprido o dever pela administração. Trata-se da "exceção de contrato não cumprido", conforme disposição do art. 137, §3º, II, da Lei 14.133/21. Portanto: embora o particular não possa determinar a rescisão unilateral, poderá suspender a execução do contrato pelo princípio da "**exceção de contrato não cumprido**", mas desde que respeitadas as condições acima referidas

Poderá, ainda, a extinção do contrato ser **determinada por terceiro**, nos casos de decisão judicial ou arbitral.

Em qualquer caso, deverá ser **remunerado o contratado por aquilo que já executou**, e **indenizado pelos prejuízos** que sofreu e não deu causa, sob pena de enriquecimento sem causa da administração.

12.10. Pagamento e recebimento do objeto

Quanto ao **pagamento** dos contratados pela administração:

→ Será observada a ordem cronológica para cada fonte diferenciada de recursos, subdividida nas categorias de contratos;

→ Em obras, fornecimentos e serviços, inclusive de engenharia, pode ser estabelecida remuneração variável vinculada ao desempenho do contratado (metas, padrões de qualidade, critérios de sustentabilidade ambiental e prazos de entrega);

→ Pagamento pode ser em percentual sobre o valor economizado (implantação de processos de racionalização);

→ Pagamento antecipado: não é possível (regra). Exceção: permitido se propiciar economia de recursos ou condição indispensável para a obtenção do bem ou para a prestação do serviço.

Quanto ao **recebimento do objeto** contratado:

→ Poderá ser rejeitado, no todo ou em parte, quando estiver em desacordo com o contrato.

→ O recebimento provisório ou definitivo não excluirá a responsabilidade civil pela solidez e pela segurança da obra ou serviço nem a responsabilidade ético-profissional pela perfeita execução do contrato, nos limites estabelecidos pela lei ou pelo contrato.

→ Em se tratando de projeto de obra, o recebimento definitivo pela Administração não eximirá o projetista ou o consultor da responsabilidade objetiva por todos os danos causados por falha de projeto.

→ Em se tratando de obra, o recebimento definitivo pela Administração não eximirá o contratado, pelo prazo mínimo de 5 (cinco) anos, admitida a previsão de prazo de garantia superior no edital e no contrato, da responsabilidade objetiva pela solidez e pela segurança dos materiais e dos serviços executados e pela funcionalidade da construção, da reforma, da recuperação ou da ampliação do bem imóvel, e, em caso de vício, defeito ou incorreção identificados, o contratado ficará responsável pela reparação, pela correção, pela reconstrução ou pela substituição necessárias.

12.11. Nulidade dos contratos

Tema de máxima importância, tratado pelos artigos 147 ao 150 da Lei 14.133/21. Constatada **irregularidade no procedimento licitatório ou na**

execução contratual, caso não seja possível o saneamento, poderá resultar, após devido processo administrativo, na declaração de nulidade (anulação) do contrato.

Importa saber que a declaração de nulidade será medida tomada apenas em último caso, após consideradas as **alternativas** e as consequências decorrentes da anulação, e apenas se demonstrado se tratar de medida que atende o **interesse público**.

Nessa análise, devem ser considerados, dentre outros aspectos:

- o custo de desmobilização de máquinas, equipamentos e pessoas, que já estejam no local da obra ou serviço.
- os impactos econômicos e financeiros decorrentes do atraso na fruição dos benefícios do objeto do contrato.
- fechamento de postos de trabalho diretos e indiretos em razão da paralisação;
- custo para realização de nova licitação ou celebração de novo contrato;

Caso a paralisação ou anulação não se revele medida de interesse público, o poder público deverá optar pela **continuidade do contrato** e pela solução da irregularidade por meio de **indenização por perdas e danos**, sem prejuízo da apuração de responsabilidade e da aplicação de penalidades cabíveis.

A nulidade tem efeitos retroativos (*ex tunc*), impedindo os efeitos jurídicos que o contrato deveria produzir ordinariamente e desconstituindo os já produzidos.

> ▷ **Atenção!** Ao declarar a nulidade do contrato, a autoridade, com vistas à **continuidade da atividade administrativa**, poderá decidir que ela só tenha eficácia em momento futuro, suficiente para efetuar nova contratação, por prazo de até 6 (seis) meses, prorrogável uma única vez.

Além disso: A nulidade não exonerará a Administração do dever de indenizar o contratado por prejuízos comprovados e por aquilo que já executou.

12.12. Meios alternativos de solução de controvérsias

A Lei 13.129/15, que alterou a Lei 9.307/96, permite expressamente a utilização da **arbitragem** na Administração Pública para a solução de conflitos que envolvam direitos patrimoniais disponíveis. A Lei 14.133/21 também prevê expressamente essa possibilidade, no artigo 151, permitindo que os contratos sejam alterados para inclusão de cláusula arbitral, para resolver questões como equilíbrio econômico-financeiro e indenizações.

A arbitragem na administração pública será sempre de direito e observará o princípio da publicidade. Além da arbitragem, é prevista a possibilidade de utilização de **mediação, conciliação** e **comitê de resolução de disputas** (*dispute board*).

O processo de escolha dos árbitros, dos colegiados arbitrais e dos comitês de resolução de disputas observará critérios isonômicos, técnicos e transparentes.

12.13. Irregularidades: infrações e sanções

O licitante ou o contratado será responsabilizado administrativamente por infrações, seja durante a licitação ou durante a vigência do contrato.

As infrações estão previstas no art. 155 da Lei 14.133/21:

- Dar causa à inexecução parcial ou total do contrato;
- Descumprir proposta (salvo justificativa);
- Documentação (não entregar);
- Atraso sem motivo;
- Fraudes;
- Praticar ato lesivo previsto no art. 5º da Lei nº 12.846/13 (Lei Anticorrupção).

As **sanções** estão previstas no art. 156 da Lei 14.133/21, e são cominadas conforme a gravidade da infração cometida pelo licitante ou contratado:

1. **advertência**
2. **multa** (0,5% até 30% do valor do contrato)
3. **impedimento** de licitar e contratar (por até 3 anos)
4. **declaração de inidoneidade para licitar ou contratar** (de 3 a 6 anos)

O impedimento de licitar e contratar só impede a contratação com a administração direta e indireta do ente que aplicou a sanção.

Já a declaração de inidoneidade, que é aplicada apenas para situações mais graves, impede de licitar ou contratar no âmbito da Administração Pública direta e indireta de **todos** os entes federativos.

Deverá a administração observar os princípios da proporcionalidade e razoabilidade na aplicação das sanções, sempre observado o contraditório e ampla defesa.

A **prescrição** das sanções é de 5 (cinco) anos, contados da ciência da infração, e:

→ Interrompe pela instauração do processo administrativo;

→ Suspende pela celebração de acordo de leniência (Lei nº 12.846/13);

→ Suspende por decisão judicial que inviabilize a conclusão da apuração administrativa.

Os atos previstos como infrações administrativas na Lei 14.133/21 que também sejam tipificados como atos lesivos na Lei nº 12.846/13 (Lei anticorrupção) **serão apurados e julgados conjuntamente**, nos mesmos autos, observados o rito procedimental e a autoridade competente da Lei anticorrupção.

▷ **Atenção!** Nos contratos das estatais, regidos pela Lei 13.303/16, as sanções que podem ser aplicadas pelas empresas públicas e sociedades de economia mista são as seguintes: a) advertência; b) multa; c) suspensão temporária de participação em licitação e impedimento de contratar com a Administração.

Outras disposições importantes:

→ Se a multa aplicada e as indenizações cabíveis forem superiores ao valor de pagamento eventualmente devido pela Administração ao contratado, além da perda desse valor, a diferença será descontada da garantia prestada ou será cobrada judicialmente.

→ A aplicação das sanções não exclui, em hipótese alguma, a obrigação de reparação integral do dano causado à Administração Pública.

→ A **personalidade jurídica poderá ser desconsiderada** sempre que utilizada com abuso do direito para facilitar, encobrir ou dissimular a prática dos atos ilícitos ou para provocar confusão patrimonial, e, nesse caso, todos os efeitos das sanções aplicadas à pessoa jurídica serão estendidos aos seus administradores e sócios com poderes de administração, a pessoa jurídica sucessora ou a empresa do mesmo ramo com relação de coligação ou controle, de fato ou de direito, com o sancionado (observados contraditório e ampla defesa).

12.14. Controle das contratações

Além do controle interno e o controle social, as contratações públicas serão acompanhadas e fiscalizadas por órgãos técnicos de controle, em especial, pelos Tribunais de Contas dos Estados (TCE's) e da União (TCU).

Nesse sentido, a Lei 14.133/21 prevê três "linhas de defesa" das contratações:

1. primeira linha de defesa: servidores e empregados públicos, agentes de licitação e autoridades que atuam na estrutura de governança do órgão ou entidade
2. segunda linha de defesa: unidades de assessoramento jurídico e de controle interno do próprio órgão ou entidade
3. terceira linha de defesa: órgão central de controle interno da Administração e pelo tribunal de contas.

Quando constatarem simples impropriedade formal, devem adotar medidas para o seu saneamento e para a mitigação de riscos de sua nova ocorrência, preferencialmente com o aperfeiçoamento dos controles preventivos e com a capacitação dos agentes públicos responsáveis.

▷ **Atenção!** Qualquer licitante, contratado ou pessoa física ou jurídica poderá representar aos órgãos de controle interno ou ao tribunal de contas competente contra irregularidades verificadas.

Os Tribunais de Contas **podem suspender cautelarmente** o processo licitatório. Nesse caso:

→ 25 dias úteis para emitir decisão definitiva, informando:

I - as causas da ordem de suspensão;

II - o modo como será garantido o atendimento do interesse público obstado pela suspensão da licitação, no caso de objetos essenciais ou de contratação por emergência.

- O órgão ou entidade deverá, no prazo de 10 dias úteis, admitida a prorrogação:

I - informar as medidas adotadas para cumprimento da decisão;

II - prestar todas as informações cabíveis;

III - proceder à apuração de responsabilidade, se for o caso.

13. BENS PÚBLICOS

Autora: Franciele Kühl

13.1. O que são bens públicos?

A partir do art. 98 do CC, podemos identificar que os ***bens públicos*** são aqueles pertencentes às ***pessoas jurídicas de direito público interno*** (art. 41 do CC). Os demais bens, das pessoas jurídicas de direito privado, serão bens privados (ou particulares).

13.2. Classificação dos bens

13.2.1. Quanto à titularidade

Podem ser bens federais, estaduais, distritais ou municipais.

13.2.2. Quanto à destinação (art. 99 do CC)

a) Bens de uso comum do povo: são aqueles destinados ao uso geral pelos indivíduos, bens que podem ser usados em condição de igualdade por todos, como praça, rios, ruas etc.

b) Bens de uso especial: são todos os bens que visam à execução do serviço público e dos serviços administrativos do Poder Público. Estão afetados a uma destinação específica. Esses bens só podem ser alienados após a desafetação. Ex.: edifício da prefeitura, escola pública, as mesas e cadeiras da escola, os veículos da polícia civil etc.

c) Bens dominicais: não possuem uma afetação específica, são, portanto, desafetados. Como exemplo podemos citar as terras devolutas ou um bem móvel desafetado como uma ambulância estragada, prédios desativados etc. No caso de terras devolutas (terras sem destinação específica), cabe destacar a Súm. nº 477 do STF: "As concessões de terras devolutas situadas na faixa de fronteira, feitas pelos Estados, autorizam, apenas, o uso, permanecendo o domínio com a União, ainda que se mantenha inerte ou tolerante, em relação aos possuidores".

13.2.3. Quanto à disponibilidade

a) Bens indisponíveis por natureza: os bens de uso comum do povo, como regra, pois são insuscetíveis de alienação. São bens que não possuem natureza patrimonial.

b) Bens patrimoniais indisponíveis: estes são bens que possuem natureza patrimonial, mas que o Poder Público não pode dispor em razão de estarem afetados a uma destinação específica. Os bens de uso especial e os de uso comum que sejam susceptíveis de avaliação, por exemplo, os imóveis, veículos, escolas públicas, universidades públicas, hospitais etc.

c) Bens patrimoniais disponíveis: são os bens que possuem natureza patrimonial e por não estarem afetados a uma finalidade pública podem ser alienados; claro, desde que respeitada a lei. Os bens patrimoniais são, por exemplo, a ambulância que não funciona mais e foi desafetada para ser leiloada.

13.2.4. Quanto à forma de uso

a) Uso comum: bem que é aberto ao uso da coletividade, como as praças e parques, que não exige uma autorização estatal para seu uso. Esse uso pode ser gratuito ou remunerado (art. 103 do CC).

b) Uso especial: a utilização depende de submissão às regras e consentimento. Também pode ser gratuito ou oneroso. Ex.: rodovia com pedágio.

c) Uso compartilhado: quando uma pessoa jurídica de direito público ou de direito privado utiliza o bem público de outra. Ex.: dutos com fios elétricos da pessoa jurídica de direito público estadual responsável pelo serviço que utiliza área pública municipal para instalação de tais dutos.

d) Uso privativo: bem outorgado para uso de determinada pessoa, por exemplo, uma autorização dada pelo município para uma feira de artesanatos na praça pública.

13.3. Características, garantias ou atributos

13.3.1. Inalienabilidade

Significa que bens públicos não podem ser vendidos livremente, essa regra não é absoluta (arts. 100 e 101 do CC). Os bens de uso especial e os bens de uso comum são inalienáveis (bens fora do comércio), já os bens dominicais podem ser alienados, se atendidos os requisitos estampados na lei (art. 76 da Lei nº 14.133/2021).

13.3.2. Impenhorabilidade

Os bens públicos não podem ser objeto de uma constrição judicial, de uma execução contra a Fazenda Pública, por exemplo. A característica justifica-se pelo fato de que as dívidas da Fazenda Pública são pagas em forma de precatórios e Requerimento de Pequeno Valor (RPV), segundo o art. 100 da CF/1988.

> ▷ **Atenção!** De acordo com a decisão do Supremo Tribunal Federal (Ag. Reg. nos Emb. Decl. de RE nº 851.711 - rel. Min. Marco Aurélio - j. 12-12-2017), os bens das empresas públicas, sociedade de economia mista e concessionárias que estejam afetados à prestação de serviço público também são impenhoráveis.

13.3.3. Imprescritibilidade

Trata-se da prescrição aquisitiva, ou seja, não possibilidade de usucapião (arts. 183, § 3º, e 191, par. ún., da CF/1988, art. 102 do CC e Súm. nº 340 do STF). Importante salientar que a imprescritibilidade atinge inclusive os bens não afetados. Conforme a Súm. nº 619 do STJ: "A ocupação indevida de bem público configura mera detenção, de natureza precária, insuscetível de retenção ou indenização por acessões e benfeitorias".

13.3.4. Não onerabilidade

Os bens públicos não podem ser objeto de direito real de garantia, ou seja, determinado bem público não fica sujeito à instituição de penhor, anticrese ou hipoteca para garantir débitos do ente estatal.

13.4. Formas de alienação

Para que um bem público seja alienado, em razão da sua característica de inalienabilidade, deve ser primeiro desafetado. Quando um bem está afetado, significa dizer que o bem possui uma finalidade pública específica; do contrário, quando o bem foi desafetado (desconsagração), é porque ele não está sendo utilizado para determinado fim público.

Bens públicos podem ser alienados, desde que atendidos os requisitos estampados no art. 76 da Lei nº 14.133/2021:

a) a demonstração do interesse público na alienação;

b) a avaliação prévia;

c) a realização de regular procedimento licitatório, prévio à alienação (exceto quando a lei trouxer a desnecessidade expressa);

d) autorização legislativa nos casos de bem imóveis.

Desafetado o bem público, poderá ser alienado das seguintes formas:

a) Venda: como regra, exige licitação prévia, na modalidade leilão.

b) Doação: doação de bens públicos é admitida excepcionalmente, nos moldes do art. 76 da Lei nº 14.133/2021, sem a necessidade de realização de procedimento licitatório.

c) Dação: é a entrega de um bem para equacionar dívida, se o credor consentir; nessa situação, também são necessárias lei autorizadora e prévia avaliação, sendo desnecessária a licitação.

d) Permuta: ou troca, é o ajuste no qual ocorre transferência mútua de patrimônio. Trata-se de situação de licitação dispensada, ou seja, a contratação é realizada diretamente, exigindo-se, nessa modalidade, lei autorizadora e prévia avaliação.

e) Investidura: incorporação de área pública inapropriável; também ocorre mediante licitação dispensada, regulamentada pelo art. 76 da Lei nº 14.133/2021.

f) Concessão de domínio: alienação que recai sobre terras devolutas dos entes federados, conforme a redação do art. 188, § 1º, da CF/1988.

13.5. Concessão, permissão e autorização de uso

Bens públicos, tanto os de uso comum quanto o especial ou dominical, podem ter seu uso privativo outorgado para determinados particulares. Os principais instrumentos para essa outorga são:

a) Autorização de uso de bem público: ato administrativo discricionário, unilateral, precário e que não depende de licitação; é por prazo indeterminado, como regra. Ex.: autorização de uso da rua para festa junina do bairro; autorização para o particular colocar mesas do bar na calçada pública.

b) Permissão de uso de bem público: também é ato unilateral, discricionário e precário, exige licitação, é por prazo indeterminado, como regra (permissão comum), mas pode ser por prazo determinado (permissão anômala). Ex.: a utilização de uma área pública para eventos de curta duração, de natureza recreativa, esportiva, cultural, religiosa ou educacional, como o circo instalado em um parque público.

c) Concessão de uso de bem público: é contrato administrativo bilateral, mediante prévia licitação, uso privativo e obrigatório do bem público pelo particular, que pode ser gratuita ou remunerada por parte do particular (concessionário). Ex.: concessão de jazida, segundo o art. 176 da CF/1988.

d) Concessão de direito real de uso: prevista no Decreto-lei nº 271/1967, diz respeito à utilização de terrenos públicos ou espaço aéreo.

e) Concessão de uso especial para fins de moradia: prevista na Medida Provisória nº 2.220/2001.

f) Cessão de uso: normalmente ocorre por meio de convênio ou termo de cooperação, dá-se quando um ente federativo permite a outro ente federativo usar o seu bem público para o interesse da coletividade.

ASSUNTO IMPORTANTE	OBSERVAÇÃO	NORMA EM DESTAQUE
Conceito	Bens das pessoas jurídicas de direito público	Art. 98 do CC
Espécies	Uso comum	Art. 99, I, do CC
	Uso especial	Art. 99, II, do CC
	Dominicais	Art. 99, III, do CC
Alienabilidade	Impossibilidade para bens de uso comum e uso especial	Art. 100 do CC
	Possibilidade para bens desafetados (dominicais)	Art. 101 do CC
Usucapião	Impossibilidade para qualquer espécie de bem	Art. 102 do CC e arts. 183, §3º, e 191, par. ún., da CF/1988
Características	Inalienabilidade	Arts. 100 e 101 do CC e art. 76 da Lei nº 14.133/2021
	Impenhorabilidade (STF estendeu ser cabível às pessoas jurídicas de direito privado prestadoras de serviço público)	Art. 100 da CF/1988
	Imprescritibilidade	Art. 102 do CC e arts. 183, § 3º, e 191, par. ún., da CF/1988
	Não onerabilidade	

13.6. Súmulas importantes sobre o tema

- Súmula 340, STF: Desde a vigência do Código Civil, os bens dominicais, como os demais bens públicos, não podem ser adquiridos por usucapião.

- Súmula 477, STF: As concessões de terras devolutas situadas na faixa de fronteira, feitas pelos Estados, autorizam, apenas, o uso, permanecendo o domínio com a União, ainda que se mantenha inerte ou tolerante, em relação aos possuidores.

- Súmula 480, STF: Pertencem ao domínio e administração da União, nos termos dos artigos 4º, IV, e 186, da CF/67, as terras ocupadas por silvícolas.

- Súmula 650, STF: Os incisos I e XI do art. 20 da CF/88 não alcançam terras de aldeamentos extintos, ainda que ocupadas por indígenas em passado remoto.

- Súmula 724, STF: Ainda quando alugado a terceiros, permanece imune ao IPTU o imóvel pertencente a qualquer das entidades referidas pelo art. 150, VI, c, da Constituição, desde que o valor dos aluguéis seja aplicado nas atividades essenciais de tais entidades.

- Súmula 496, STJ: Os registros de propriedade particular de imóveis situados em terrenos de marinha não são oponíveis à União.

- Súmula 619, STJ: A ocupação indevida de bem público configura mera detenção, de natureza precária, insuscetível de retenção ou indenização por acessões e benfeitorias.

14. RESPONSABILIDADE EXTRACONTRATUAL DO ESTADO

14.1. Requisitos

Inicialmente, cabe entendermos o que é a Responsabilidade Civil do Estado. Trata-se de uma obrigação imposta ao Poder Público de ressarcir danos causados aos terceiros em razão da função administrativa, sejam usuários ou não do serviço público, ainda que não se possa identificar o agente responsável.

Os requisitos para buscar reparação de um prejuízo causado pelo Poder Público são: configuração de dano causado por agentes públicos nessa qualidade.

> ▷ **Atenção!** Agente de fato (decorre do princípio da segurança jurídica), se o agente está aparentemente investido da função/cargo, seus atos praticados geram dever de indenização, ainda que haja vícios na sua investidura.

Assim, por exemplo, se um policial atira em alguém enquanto estava na praia, o Estado terá que demonstrar que, mesmo estando de folga, o agente identificou-se como policial, portanto, agiu na condição de agente público ou no uso da arma da corporação, ensejando, assim, responsabilidade direta do Estado, no mínimo pela má escolha do agente público, chamada culpa *in vigilando*.

14.2. Teoria do risco administrativo

Na teoria do risco administrativo, variante moderada da responsabilidade objetiva, o Poder Público responde pelos prejuízos causados a terceiro sem que haja a necessidade de demonstração da culpa. Contudo, há excludentes ou atenuantes de responsabilidade que podem ser alegadas pelo Estado: eventos da natureza ou causados pelo homem (caso fortuito ou força maior), por culpa exclusiva da vítima ou de terceiros.

Com a Constituição Federal de 1988 inaugurou-se, no Brasil, a fase da responsabilidade objetiva do Estado e responsabilidade subjetiva do servidor público. A matéria encontra-se no art. 37, § 6º, mas também está prevista em legislação infraconstitucional.

Conforme a redação constitucional, as pessoas jurídicas de direito público e as de direito privado prestadoras de serviço público serão responsabilizadas pelos danos que seus agentes, nessa qualidade, causarem a terceiros. A redação do § 6º engloba pessoas jurídicas da iniciativa privada que não fazem parte da Administração Pública direta e indireta. Contudo, limitando aquelas que prestam serviço público.

A partir da análise do § 6º podemos concluir que as concessionárias, permissionárias ou autorizatários que prestem serviço público também estão abrangidos pelo dispositivo constitucional. O Supremo Tribunal Federal já pacificou entendimento nesse sentido, no RE nº 591.874 (rel. Min. Ricardo Lewandowski – j. 26-8-2009), no qual reconheceu a responsabilidade objetiva em relação aos danos causados a não usuários do serviço público prestado por concessionária (o que também podemos encontrar no art. 25 da Lei nº 8.987/1995).

14.3. Ação regressiva

Vimos que um prejuízo causado pelo agente público, nessa qualidade, a um terceiro resulta no dever de reparação do dano pelo Estado (a pessoa jurídica a qual está vinculado o agente público). Mas esse prejuízo aos cofres públicos deve ser arcado somente pelo Estado? Claro que não, tanto é que o próprio art. 37, § 6º, da CF/1988 traz uma relação jurídica de responsabilidade subjetiva entre o Estado e o agente que cometeu o dano a terceiro.

Quando ocorre um dano, a ação que deve ser ajuizada pela vítima contra a pessoa jurídica prestadora de serviço público, trata-se de uma ação indenizatória ou de responsabilidade civil do Estado, cuja responsabilidade é objetiva, como regra; já para a relação entre o Estado e o Agente Público é regressiva, cuja responsabilidade requer a demonstração do dolo ou culpa do agente.

14.4. Teoria do risco integral

Na teoria do risco integral (responsabilidade objetiva também), o Estado responderá por qualquer prejuízo que for causado a terceiro, não podendo alegar nenhuma excludente de ilicitude, ou qualquer atenuante de responsabilidade; nem mesmo situações de caso de

ADMINISTRATIVO

força maior, caso fortuito, culpa exclusiva da vítima são capazes de afastar o dever de responsabilidade do Estado. Confronta com a teoria do risco administrativo, pois não comporta excludentes, são os casos de:

1) **Dano ambiental:** de acordo com o art. 14, § 1º, da Lei nº 6.938/1981, art. 225, §§ 2º e 3º, da CF/1988 e entendimento do Superior Tribunal de Justiça (REsp nº 1.373.788/SP – rel. Min. Paulo de Tarso Sanseverino – Terceira Turma – j. 6-5-2014), todos os poluidores responderão objetivamente. Entretanto, há divergências no sentido de que seria teoria do risco administrativo e não teoria do risco integral. No que tange ao dano ambiental, interessante destacar a Súm. nº 652 do STJ: "A responsabilidade civil da Administração Pública por danos ao meio ambiente, decorrente de sua omissão no dever de fiscalização, é de caráter solidário, mas de execução subsidiária".
2) **Atividade nuclear:** conforme os arts. 4º e 8º da Lei nº 6.453/1977, art. 21, XXIII, *d*, da CF/1988 e entendimento do Superior Tribunal de Justiça, se ocorrer um dano provocado por atividades que exploram serviços e instalações nucleares de qualquer natureza, a industrialização e o comércio de minérios nucleares e seus derivados, a responsabilidade será objetiva, sem a possibilidade de nenhuma das excludentes vistas anteriormente. Entretanto, há administrativistas que entendem que, na verdade, trata-se de teoria do risco administrativo. Essa modalidade já foi objeto de cobrança da FGV e ela entende que o dano nuclear está atrelado a teoria do risco integral.
3) **Queda de aeronaves por ataque terrorista ou por guerra:** com base na Lei nº 10.744/2003 e no Decreto nº 5.035/2004, a União, nesses casos, assume a responsabilidade de atos terroristas ou de guerra ocorridos em aeronaves de tenham matrícula brasileira e operada por empresa brasileira. O ato pode ocorrer no Brasil ou no exterior. Excluídas as empresas de táxi aéreo.
4) **Indenização coberta pelo seguro obrigatório para automóveis (DPVAT):** segundo o art. 5º da Lei nº 6.194/1974, o pagamento ocorrerá independentemente de culpa, haja ou não resseguro, desde que mediante simples prova. Essa modalidade é apresentada por administrativistas mais novos, mas não também não há concordância sobre a classificação nas duas teorias.

14.5. Responsabilidade subjetiva

A responsabilidade civil do Estado, também chamada de extracontratual, tem como regra a aplicação da responsabilidade objetiva (que se divide em teoria do risco administrativo e teoria do risco integral), mas há possibilidades de aplicação da responsabilidade subjetiva, em que deverá ser comprovado o dolo ou culpa para que haja o dever de reparação de danos. É o caso de:

a) empresa pública e sociedade de economia mista que explora atividade econômica (art. 173, § 1º, II, da CF/1988);
b) responsabilidade no caso de omissão: a responsabilidade em caso de omissão é subjetiva, como regra, devendo ser comprovada a negligência/omissão da atuação estatal, o dano e o nexo de causalidade, contudo, há decisões importantes tanto do Superior Tribunal de Justiça quanto do Supremo Tribunal Federal que trazem a possibilidade de responsabilidade objetiva no caso de omissão específica (dano ambiental em rompimento de barragem, dever de custódia, manutenção de rodovia, erro médico).

14.6. O Estado na posição de garantidor de integridade de coisas e pessoas sob sua custódia

Aqui encontramos um caso de responsabilidade objetiva no caso de omissão da Administração Pública, pois quando o Estado está na posição de garantidor da integridade física de pessoas ou coisas sob sua custódia, será aplicada a responsabilidade objetiva, em regra, respondendo por uma omissão específica, por exemplo:

- suicídio de preso (art. 5º, XLIX, da CF/1988; art. 948 do CC);
- aluno esfaqueado, ferido ou baleado dentro da escola;
- paciente agredido ou morto por um terceiro dentro do hospital público;
- tratamento desumano e degradante e falta de requisitos básicos de saúde e higiene nos presídios (art. 5º, III, X, XLIX, da CF/1988 e art. 1º da Lei de Execuções Penais (Lei nº 7.210/1984);
- bem privado danificado no galpão da Receita Federal.

Bem, mas e nos casos de ilícitos praticados por foragidos?

O entendimento do Superior Tribunal de Justiça e do Supremo Tribunal Federal é de que o Estado não responde, salvo quando o dano decorre direta ou indiretamente da fuga do preso foragido, ou seja, que o dano ocorreu no momento em que eles estava fugindo do sistema prisional (AREsp nº 173.291/PR – rel. Min. Castro Meira – decisão monocrática – j. 17-5-2012; REsp nº 980.844/RS – rel. Min. Luiz Fux – Primeira Turma – j. 19-3-2009; REsp nº 719.738/RS – rel. Min. Teori Albino Zavascki – Primeira Turma – j. 16-9-2008).

14.7. Responsabilização decorrente de obra

O Estado tem responsabilidade nos casos de:

1) **Má execução da obra:** obra efetuada diretamente pelo Poder Público – responsabilidade objetiva. Se foram contratados serviços de empreiteiros pelo Estado (particular contratado pelo Estado – não é serviço público, mas execução de obra), a responsabilidade é regida pelo direito privado – (responsabilidade subjetiva; e art. 120 da Lei nº 14.133/2021 – responsabilidade objetiva).
2) **Responsabilidade pelo simples fato da obra:** a obra é executada normalmente, conforme o projeto, todavia, a existência dela, por si só, causa o dano, neste caso, a responsabilidade é objetiva:

- independentemente de quem estiver executando a obra;
- não precisa haver irregularidade nela;
- a parte não precisa sofrer o ônus, mesmo que seja uma obra que beneficia o coletivo.
- Contudo, será necessário demonstrar que existe um dano anormal, extraordinário ou específico.

14.8. Responsabilização por atos judiciais, legislativos e regulamentares

14.8.1. Atos judiciais

Existem divergências quanto ao tema. A regra é que não acarretam responsabilidade civil atividades típicas de juízes, desembargadores e ministros. Até mesmo para que estes agentes possam agir sem temer que suas decisões poderão ensejar responsabilidade do Estado. Contudo, há exceção, como no caso do art. 5º, LXXV, da CF/1988 – prisão por erro do judiciário ou além do tempo da sentença.

▷ **Atenção!** Não há possibilidade de buscar responsabilidade civil se o réu foi absolvido no final, mas durante o processo houve prisão cautelar ou preventiva. E nos casos de erro judicial, o Juiz poderá responder civil e regressivamente por perdas e danos se agiu de forma dolosa ou fraudulenta (art. 143, I, do CPC).

14.8.2. Atos legislativos e regulamentares

O STF, no julgamento do RE nº 153.464 (rel. Min. Celso de Mello – j. 2-9-1992), posicionou-se pela admissibilidade de responsabilização no caso de leis inconstitucionais, desde que a vítima demonstre que o prejuízo é anormal ou especial, decorrente da norma inválida. Mesmo raciocínio é aplicado para os atos regulamentares ou normativos do Poder Executivo.

14.9. Responsabilidade dos notários e registradores

Os notários (tabeliões) e registradores, por exercerem serviço público por delegação (art. 236 da CF/1988), e não terem personalidade jurídica própria, não respondem diretamente pelos danos casados. A Jurisprudência já divergiu sobre o tema, mas, atualmente, o entendimento do Supremo Tribunal Federal é de que o Estado responde objetivamente pelos danos causados por tabeliões ou registradores, admitindo o direito de regresso contra o notário nos casos de dolo ou culpa (RE nº 175.739/SP – rel. Min. Marco Aurélio – Segunda Turma – j. 26-2-1998; RE nº 209.354/PR – rel. Min. Ellen Gracie – Segunda Turma – j. 10-3-2009; e RE nº 842.846/SC – rel. Min. Luiz Fux – j. 27-2-2019 – este com tese de repercussão geral).

14.10. Prescrição

O Decreto nº 20.910/1932 traz, em seu art. 1º, a prescrição quinquenal aplicada para qualquer direito ou ação em face da Fazenda Pública. Essa redação é reafirmada no Decreto-lei nº 4.597/1942, que também trouxe, em seu art. 2º, a mesma prescrição quinquenal para autarquias, entidades e órgãos paraestatais criados por lei e mantidos por impostos, taxas ou outras contribuições. Não diferente, a Lei nº 9.494/1997 ratificou o prazo de 5 (cinco) anos, no art. 1º-C, para obter indenização por danos causados pelos agentes públicos de pessoas jurídicas de direito público e pessoas jurídicas de direito privado que prestam serviço público.

14.11. Teses de repercussão geral importantes

TESES DE REPERCUSSÃO GERAL DO STF			
365	RE 580252	Considerando que é dever do Estado, imposto pelo sistema normativo, manter em seus presídios os padrões mínimos de humanidade previstos no ordenamento jurídico, é de sua responsabilidade, nos termos do art. 37, § 6º, da Constituição, a obrigação de ressarcir os danos, inclusive morais, comprovadamente causados aos detentos em decorrência da falta ou insuficiência das condições legais de encarceramento.	16/02/2017
592	RE 841526	Em caso de inobservância do seu dever específico de proteção previsto no art. 5º, inciso XLIX, da Constituição Federal, o Estado é responsável pela morte de detento.	30/03/2016

TESES DE REPERCUSSÃO GERAL DO STF			
940	RE 1027633	A teor do disposto no art. 37, § 6º, da Constituição Federal, a ação por danos causados por agente público deve ser ajuizada contra o Estado ou a pessoa jurídica de direito privado prestadora de serviço público, sendo parte ilegítima para a ação o autor do ato, assegurado o direito de regresso contra o responsável nos casos de dolo ou culpa.	14/08/2019
1055	RE 1209429	É objetiva a Responsabilidade Civil do Estado em relação a profissional da imprensa ferido por agentes policiais durante cobertura jornalística, em manifestações em que haja tumulto ou conflitos entre policiais e manifestantes. Cabe a excludente da responsabilidade da culpa exclusiva da vítima, nas hipóteses em que o profissional de imprensa descumprir ostensiva e clara advertência sobre acesso a áreas delimitadas, em que haja grave risco à sua integridade física.	10/06/2021
512	RE 662405	O Estado responde subsidiariamente por danos materiais causados a candidatos em concurso público organizado por pessoa jurídica de direito privado (art. 37, § 6º, da CRFB/88), quando os exames são cancelados por indícios de fraude.	29/06/2020
362	RE 608880	Nos termos do artigo 37, § 6º, da Constituição Federal, não se caracteriza a responsabilidade civil objetiva do Estado por danos decorrentes de crime praticado por pessoa foragida do sistema prisional, quando não demonstrado o nexo causal direto entre o momento da fuga e a conduta praticada.	08/09/2020
366	RE 136861	Para que fique caracterizada a responsabilidade civil do Estado por danos decorrentes do comércio de fogos de artifício, é necessário que exista a violação de um dever jurídico específico de agir, que ocorrerá quando for concedida a licença para funcionamento sem as cautelas legais ou quando for de conhecimento do poder público eventuais irregularidades praticadas pelo particular.	11/03/2020
Precedente do STJ			
O hospital que deixa de fornecer o mínimo serviço de segurança, contribuindo de forma determinante e específica para homicídio praticado em suas dependências, responde objetivamente pela conduta omissiva. (REsp 1.708.325-RS, Rel. Min. Og Fernandes, Segunda Turma, por unanimidade, julgado em 24/05/2022).			

Quadro-resumo sobre aspectos principais do tema de responsabilidade civil do Estado:

ASSUNTO	OBSERVAÇÃO		NORMA EM DESTAQUE
Responsabilidade objetiva	Teoria do risco administrativo		Art. 37, §6º, da CF /1988
	Teoria do risco integral	Dano ambiental	Art. 225, §§ 2º e 3º, da CF/1988 e STJ (REsp nº 1.373.788/SP – rel. Min. Paulo de Tarso Sanseverino – Terceira Turma – j. 6-5-2014)
		Atividade nuclear	Arts. 4º e 8º da Lei nº 6.453/1977; art. 21, XXIII, d, da CF/1988
		Queda de aeronaves por atentado terrorista ou guerra	Lei nº 10.744/2003
		DPVAT	Art. 5º da Lei nº 6.194/1974
Fundamentos do Código Civil	Responsabilidade da pessoa jurídica de direito público		Art. 43 do CC
	Atos ilícitos		Art. 186 a 188 do CC
	Perdas e danos		Art. 402 a 405 do CC
	Enriquecimento sem causa		Art. 884 a 886 do CC
	Responsabilidade civil		Art. 927 a 943 do CC
	Indenização		Art. 944 a 954 do CC
Prescrição	Direito Público – 5 anos		Art. 1º do Decreto nº 20.910/1932; art. 2º do Decreto nº 4.597/1942; art. 1º-C da Lei nº 9.494/1997
	Direito privado – 3 anos		Art. 206, §3º, V, do CC
	Dever de ressarcir o erário por ato de improbidade - imprescritível		Art. 37, § 5º, da CF/1988

ASSUNTO	OBSERVAÇÃO	NORMA EM DESTAQUE
Responsabilidade subjetiva	Estatais	Art. 173, § 1º, II, da CF/1988
	Omissão genérica	STF (RE nº180.602-8/SP – rel. Min. Marco Aurélio – Segunda Turma – j. 15-2-98)
Má execução da obra	Nova Lei de Licitações e Contratos – Responsabilidade objetiva	Art. 120 da Lei nº 14.133/2021
Concessionária	Responsabilidade objetiva – subsidiária do poder concedente	Art. 25 da Lei nº 8.987/1995
	Responsabilidade objetiva – solidária do poder concedente	Art. 4º, VI, da Lei nº 11.079/2004

15. INTERVENÇÃO DO ESTADO NA PROPRIEDADE

Autor: Matheus De Gregori

15.1. Conceito e fundamento

O Estado intervém legitimamente na propriedade privada a partir do fundamento constitucional da **função social da propriedade** (CF/88, Art. 5º, XXIII), que limita o exercício desse direito dos particulares, visando a preservação do interesse público. Pode-se dizer, assim, que só haverá direito a propriedade se cumprida a sua função social, sendo esta uma condição de possibilidade daquele direito.

Nas palavras do mestre Hely Lopes Meirelles (2016, p. 722), para o uso e gozo dos bens e riquezas particulares, o Poder Público impõe normas e limites e, quando o interesse público o exige, intervém na ***propriedade privada*** e na ordem econômica, através de atos de império tendentes a satisfazer as exigências coletivas e a reprimir a conduta antissocial da iniciativa particular. Além do fundamento constitucional, temos como fundamento principiológico a supremacia do interesse público sobre o privado.

No caso da intervenção na propriedade, o Estado age de forma vertical, ou seja, **cria imposições que de alguma forma restringem o uso da propriedade pelo seu *dominus*.** E o faz exatamente em função da supremacia que ostenta, relativamente aos interesses privados. (CARVALHO FILHO, José dos Santos. 2021, p. 855)

Em alguns casos, a intervenção é sancionatória (uma punição por "usar mal" a propriedade). Em outros, a intervenção se dá por utilidade ou necessidade pública, sem que o proprietário tenha descumprido qualquer obrigação quanto à função social do bem.

Podemos dividir a intervenção na propriedade em duas **modalidades:**

- **Supressiva** (retira a propriedade do titular). Trata-se das diferentes modalidades de Desapropriação, incluindo o "confisco" ou expropriação.
- **Restritiva** (mantém a propriedade com o titular, mas com restrições). Aqui temos 5 espécies: a Servidão Administrativa, a Requisição, a Ocupação Temporária, as Limitações Administrativas e o Tombamento.

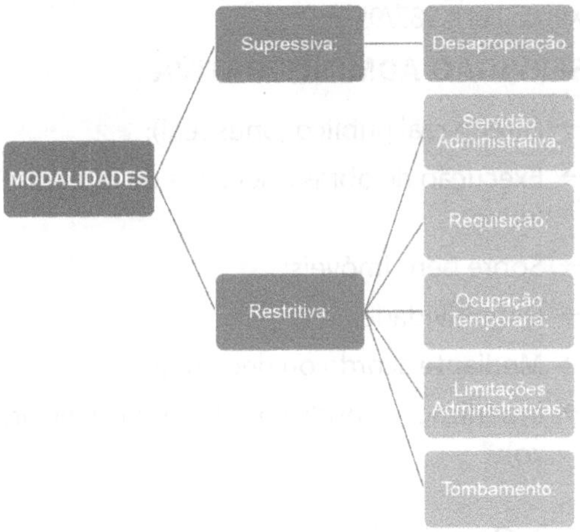

15.2. Intervenções restritivas

15.2.1. Servidão Administrativa

Conforme Carvalho Filho (2021, p. 858), servidão administrativa é *"o **direito real público** que autoriza o Poder Público a usar a propriedade imóvel para permitir a execução de obras e serviços de interesse coletivo".* **Exemplos:** instalação de redes elétricas (postes, torres e ganchos), gasodutos e oleodutos no subterrâneo, placas com nome de ruas etc.

Tem semelhança, mas difere da servidão de direito privado, regulada pelo Código Civil nos arts. 1.378 a 1.389. Por ser direito real sobre imóvel, deve ser inscrita no Registro de Imóveis para ter efeitos *erga omnes*.

Não há regramento específico desse instituto, baseando-se na função social da propriedade (arts. 5º, XXIII, e 170, III, da CF/88). O fundamento legal genérico

ADMINISTRATIVO

é art. 40 do Decreto-lei nº 3.365/1941, que regula as desapropriações por utilidade pública (*"o expropriante poderá constituir servidões, mediante indenização na forma desta lei"*).

Tem caráter permanente (definitividade), o que a difere da ocupação temporária e da requisição administrativa. É restrição específica, sobre bens determinados. Só incide sobre bens imóveis, incluindo subterrâneo e espaço aéreo.

Enseja indenização ao proprietário, mas **apenas se houver prejuízo**. Pode ser instituída de forma amigável (acordo com proprietário) ou contenciosa (decisão judicial), **não havendo autoexecutoriedade nesse instituto**.

Se for realizada de forma irregular (sem acordo ou decisão judicial), caberá ao proprietário pleitear judicialmente indenização, da mesma forma que na desapropriação indireta. Concessionários de serviços públicos podem instituir servidão, após a declaração de interesse público pelo ente estatal, conforme art. 18, XII, da Lei 8.987/95.

- **SERVIDÃO ADMINISTRATIVA**
  - → Direito real público (ônus real);
  - → Execução de obras e serviços de interesse coletivo;
  - → Sobre bens imóveis;
  - → Definitividade;
  - → Mediante acordo ou decisão judicial;
  - → Indenização condicionada (se houver prejuízo);

15.2.2. Requisição

Conforme Carvalho Filho (2021, p. 865), é modalidade de intervenção estatal através da qual o Estado utiliza **bens móveis, imóveis e serviços** particulares em **situação de perigo público iminente**.

A requisição tem **fundamento constitucional** (CF/88, Art. 5º, XXV): *no caso de iminente perigo público, a autoridade competente poderá usar de propriedade particular, assegurada ao proprietário indenização ulterior, se houver dano.*

A requisição é direito pessoal da administração pública e pode incidir sobre bens móveis, imóveis e serviços. Exemplos: *requisição de trens e caminhões para transporte de materiais de guerra; requisição de hospital particular para atendimento de calamidade pública; requisição de automóvel particular para perseguição de fugitivo.*

Sempre ligada à **urgência** e/ou **perigo** público. Marcada pela **transitoriedade**.

A indenização é condicionada (apenas se houver dano), e posterior. **Trata-se de ato autoexecutório, em vista da autorização legal e da urgência, portanto pode ser feito sem prévia autorização judicial e sem anuência do proprietário.**

Prazo prescricional de 05 (cinco) anos para buscar indenização, a contar da utilização do bem pelo poder público.

Diversos fundamentos legais para esse instituto:

> **CC/02, Art. 1.228, §2º**: O proprietário pode ser privado da coisa, nos casos de desapropriação, por necessidade ou utilidade pública ou interesse social, bem como no de requisição, em caso de perigo público iminente.
>
> **Lei nº 8.080/90** (SUS): art. 15, XIII - para atendimento de necessidades coletivas, urgentes e transitórias, decorrentes de situações de perigo iminente, de calamidade pública ou de irrupção de epidemias, a autoridade competente da esfera administrativa correspondente poderá requisitar bens e serviços, tanto de pessoas naturais como de jurídicas, sendo-lhes assegurada justa indenização.
>
> **Decreto-lei nº 4.812/42** (Dispõe sobre a requisição de bens imoveis e moveis, necessários às forças armadas e à defesa passiva da população);
>
> **Decreto-lei nº 2/66** (Autoriza a requisição de bens ou serviços essenciais ao abastecimento da população).
>
> **Lei nº 13.979/2020** (COVID-19): art. 3º, VII - requisição de bens e serviços de pessoas naturais e jurídicas, hipótese em que será garantido o pagamento posterior de indenização justa;

- **REQUISIÇÃO ADMINISTRATIVA**
  - → Direito pessoal da Administração;
  - → Perigo público iminente;
  - → Sobre bens móveis, imóveis e serviços;
  - → Transitoriedade;
  - → Autoexecutória;
  - → Indenização ulterior (se houver prejuízo);

15.2.3. Ocupação Temporária

Trata-se de forma de intervenção pela qual o Poder Público usa transitoriamente imóveis privados, como **meio de apoio à execução de obras e serviços públicos**. Exemplos: *uso de terreno baldio para deixar máquinas e equipamentos de obra pública; ocupação temporária de escola para campanha de vacinação ou eleições.*

Encontra fundamento legal específico no art. 36 do Decreto-lei nº 3.365/1941, que regula as desapropriações por utilidade pública (*"É permitida a ocupação temporária, que será indenizada, afinal, por ação própria, de terrenos não edificados, vizinhos às obras e necessários à sua realização"*).

Trata-se de direito pessoal da administração, a **recair sobre bens imóveis apenas, de forma transitória.** O instituto é semelhante à requisição, mas dela se diferencia no quesito da urgência ou perigo público, que neste caso - da ocupação - não estão presentes.

Em regra, **é autoexecutória**, bastando uma comunicação formal ao proprietário acerca da utilização. Porém, não terá autoexecutoriedade se for ocupação temporária vinculada à processo de desapropriação.

Pode ser realizada por concessionários e empreiteiros de obras públicas, desde que autorizados pelo poder público concedente.

Não admite demolições ou alterações prejudiciais à propriedade particular utilizada. Em regra, será gratuita e sem indenização. É possível, porém, que haja remuneração ao proprietário ou, caso comprovado dano, indenização posterior.

Como explica Hely Lopes Meirelles (2016, p. 760), a ocupação provisória foi estendida especificamente aos imóveis necessários à pesquisa e lavra de petróleo (DL 1.864/81) e de minérios nucleares (DL 1.865/81). Outros exemplos de previsão legal do instituto:

- Lei 3.924/61: Ocupação temporária de bens privados para que se faça a pesquisa e escavação, sempre que houver indícios de se tratar de sítio arqueológico.
- Lei 14.133/21: Quando os serviços são essenciais, pode a Administração Pública ocupar provisoriamente bens móveis, imóveis, pessoal e serviços vinculados ao objeto do contrato, na hipótese da necessidade de acautelar apuração administrativa de faltas contratuais pelo contratado, bem como na hipótese de rescisão do contrato administrativo.
- Lei 9.875/95: possibilidade de ocupação dos bens da concessionária para evitar a paralisação dos serviços públicos prestados.
- **OCUPAÇÃO TEMPORÁRIA**
  - → Direito pessoal da Administração;
  - → Necessidade de obras e serviços (sem urgência);
  - → Sobre bens imóveis;
  - → Transitoriedade;
  - → Autoexecutória (exceto se vinculada à desapropriação);
  - → Gratuita ou remuneração/indenização;

15.2.4. Limitações Administrativas

A limitação administrativa consiste, em verdade, em uma das **manifestações do poder de polícia** estudado em vários pontos do direito administrativo, e tem como objetivo o cumprimento da função social da propriedade, através de condicionamentos e restrições a sua utilização. O detalhe, aqui, é que se trata de restrições **genéricas**, sem destinatários determinados. São imposições de ordem pública.

Como explica Meirelles (2016, p. 762), esses condicionamentos e restrições (Limitações Administrativas) devem sempre corresponder *"às justas exigências do interesse público que as motiva sem produzir um total aniquilamento da propriedade ou das atividades reguladas"*.

Para que não haja dever de indenizar, não podem ser específicas (tal como a servidão ou a requisição), mas sim gerais, a condicionar todos os bens na situação hipotética prevista em lei ou no ato administrativo.

Exemplos: *proibição de construir acima de certa altura; recuo obrigatório para construir; Estudo de impacto de vizinhança (EIV), art. 36 da Lei 10.257/01) rodízio de veículos por placa em algumas cidades; áreas de preservação permanente e reserva legal nos imóveis; deveres passivos tais como suportar a fiscalização de agentes de vigilância sanitária e vistorias em elevadores*.

Há fundamento constitucional do instituto, a exemplo do art. 182 (ordem urbana).

Como fundamentos legais, temos:

→ Art. 78, CTN (definição de "poder de polícia");
→ Lei nº 10.257/01 (Estatuto das Cidades);
→ Lei nº 12.651/12 (Código Florestal);

As limitações administrativas podem decorrer diretamente da **Lei** ou de **Atos administrativos**, sempre respeitados os limites constitucionais da liberdade e propriedade individual. Explica a doutrina que as limitações podem representar, ainda, **direito subjetivo dos particulares e cidadãos interessados**, prejudicados pelo proprietário que não respeita a limitação prevista em lei, atingindo direito alheio (MEIRELLES, 2016, p. 766).

Tem como principal característica diferenciadora dos outros institutos, portanto, o caráter de ser uma **ordem geral e abstrata**, ou seja, incide sobre bens indeterminados, e não específicos. Em vista disso, não ensejam indenização ao proprietário, posto que não acarretam dano anormal e específico.

Por fim, é interessante mencionar como exemplo de limitação o **direito de preempção**, previsto no Estatuto da Cidade (art. 25 da Lei 10.257/01). Mediante lei municipal, certa área, indicada no plano diretor, ficará sujeita ao direito de preferência (preempção): no caso de alienação onerosa entre particulares, estes deverão oferecer primeiramente ao Poder Público municipal, que poderá adquirir o imóvel. Justifica-se para os casos em que o ente público deseja dar alguma finalidade para a área sujeita à preempção.

- **LIMITAÇÕES ADMINISTRATIVAS**
  - → Atos normativos de caráter geral;
  - → Derivam do poder de polícia;
  - → Destinatários indeterminados;
  - → Interesse público abstrato;
  - → Sobre bens móveis ou imóveis;
  - → Definitividade;
  - → Sem indenização;

15.2.5. Tombamento

O tombamento é instituto peculiar e bem diferente das outras intervenções, principalmente porque **visa a proteção do próprio bem que sofre a limitação**, em vista dos interesses difusos que ele representa, sendo assim uma intervenção na propriedade autorreferenciada.

Exemplos: *tombamento de casarões com arquitetura histórica, ruas, praças, bairros, vagões de trem, embarcações, achados arqueológicos, objetos pessoais de pessoa histórica, obras de arte, esculturas, e até bens imateriais (danças e músicas).*

Explica Carvalho Filho (2021, p. 877) que a origem do termo remonta ao direito português, a partir do verbo "tombar", com o sentido de: "*inventariar, registrar ou inscrever bens. O inventário dos bens era feito no Livro do Tombo, o qual assim se denominava porque guardado na Torre do Tombo. Neste local ficam depositados os arquivos de Portugal*".

O **fundamento constitucional** está no **art. 216, §1º:** *O Poder Público, com a colaboração da comunidade, promoverá e protegerá o patrimônio cultural brasileiro, por meio de inventários, registros, vigilância,* ***tombamento*** *e desapropriação, e de outras formas de acautelamento e preservação.*

O fundamento legal é o **Decreto-lei nº 25/37,** onde se encontra a fisionomia básica do instituto e o procedimento para instituição do tombamento sobre bens. Pode ser **voluntário** (feito pela inciativa do próprio proprietário) ou **compulsório** (caso o proprietário se oponha).

Poderá recair sobre bens móveis ou imóveis, de pessoas físicas ou jurídicas. Sobre bens **privados** ou **bens públicos**, nesse caso tombamento pode ocorrer reciprocamente (*Exemplo: município tomba bem da União, Estado tomba bem de município etc.*).

O tombamento deve ser averbado no registro do bem imóvel, junto ao Cartório, de modo que qualquer pessoa saiba que o bem tem o referido gravame.

O proprietário do bem tombado sofre uma série de restrições na utilização do bem, tais como a necessidade de **autorização especial** para reformas, reparos e alterações, através do Serviço do Patrimônio Histórico e Artístico Nacional.

É vedada, é claro, a destruição ou demolição do bem, salvo autorização. Imóveis vizinhos também podem sofrer restrições, caso ameacem a integridade do bem protegido.

O deslocamento de bens móveis tombados deve ser informado Serviço do Patrimônio Histórico e Artístico Nacional.

O descumprimento dessas e outras obrigações sujeita o responsável a multa.

Apesar de todas as imposições, é possível, caso requerido pelo proprietário que não tenha recursos suficientes, o auxílio do poder público para custeio das obras e demais ações necessárias à preservação do bem.

É possível a extinção do tombamento (destombamento), caso não haja mais interesse público na proteção.

- **TOMBAMENTO**
  - → Proteção do patrimônio cultural;
  - → Voluntário ou compulsório;
  - → Provisório ou definitivo;
  - → Bem móveis, imóveis, bairros e cidades;
  - → Bens públicos ("reciprocamente");
  - → Processo administrativo prévio;
  - → Regime especial de propriedade (várias restrições);
  - → Decreto-lei nº 25/37.

15.3. Desapropriação

A desapropriação é uma modalidade de intervenção supressiva da propriedade, ou seja, ela retira a propriedade de quem a titulariza, passando o domínio do bem ao poder público. Trata-se de **transferência compulsória** da propriedade particular para o **Poder Público ou seus delegados**, por utilidade ou necessidade pública ou, ainda, por interesse social, mediante prévia e justa indenização em dinheiro, salvo as exceções constitucionais de pagamento em títulos da dívida pública.

Consiste em **procedimento** e não mero ato administrativo: é uma série encadeada de atos, que garantem o contraditório e ampla defesa ao expropriado.

A desapropriação tem como fundamento a **necessidade** ou **utilidade pública**, o **interesse social** ou, ainda, o **descumprimento da função social da propriedade** (caso em que será sancionatória).

A declaração de necessidade ou utilidade pública, ou de interesse social, é ato unilateral (compulsório), manifestação do *jus imperii* estatal, de modo que não há necessidade de anuência do proprietário, que somente poderá discutir o valor da indenização no exercício do contraditório.

Contudo, os atos concretos de promoção da desapropriação não são sempre autoexecutórios, visto que é necessária autorização judicial para promover forçadamente atos expropriatórios, tais como a imissão na posse do bem.

Quais bens podem ser desapropriados?

Em regra, todos os bens do território nacional podem ser desapropriados (móveis e imóveis, ações, títulos, cotas sociais etc.). Excetuam-se, porém: moeda corrente, corpo humano, bens públicos de entidade de maior abrangência; direitos da personalidade. Os bens imóveis só podem ser desapropriados pelo ente onde estão situados.

A desapropriação de **bens públicos** é possível, mas só pelo **ente de maior abrangência** (*preponderância do interesse*), sendo necessária autorização legal ou acordo entre os entes.

Em regra, a indenização exige indenização prévia, justa e em dinheiro. Porém, sendo sancionatória, a indenização será em títulos da dívida pública ou agrária. Ainda, é possível a desapropriação "confiscatória", em que não há indenização alguma ao proprietário, confome veremos a seguir.

Além disso, saiba que a desapropriação é forma originária de aquisição da propriedade: "*não provém de nenhum título anterior, e, por isso, o bem expropriado torna-se insuscetível de reivindicação e libera-se de quaisquer ônus que sobre ele incidissem precedentemente, ficando os eventuais credores sub-rogados no preço*" (MEIRELLES, 2016, p. 728).

Com base nas previsões constitucionais distintas, dividimos a desapropriação nas seguintes modalidades:

15.3.1 Desapropriação ordinária

Pode incidir sobre bens móveis ou imóveis, em área urbana ou rural. Todos os entes podem realizar. Exige indenização prévia, justa e em dinheiro. **Não tem caráter de sanção**, visa atender **necessidade/ utilidade pública ou interesse social.**

Fundamento constitucional (CF/88, art. 5º, XXIV): *A lei estabelecerá o procedimento para desapropriação por necessidade ou utilidade pública, ou por interesse social, mediante justa e prévia indenização em dinheiro, ressalvados os casos previstos nesta Constituição.*

Fundamento legal

- Utilidade ou necessidade pública: Decreto-lei nº 3.365/41;
- Interesse social: Lei nº 4.132/62.

Exemplos:

Necessidade ou Utilidade pública: *duplicação de uma rodovia; construir uma praça; estabelecer um posto de saúde ou escola em bairro; imóvel onde existem cursos d'água para hidrelétricas; segurança nacional e defesa do Estado; calamidade e salubridade pública; exploração de serviços públicos;*

Interesse social: *loteamento de famílias de baixa renda; regularizar ocupação de imóvel por moradores "sem teto"; instalação das culturas nas áreas em cuja exploração não se obedeça a plano de zoneamento agrícola etc.*

Interessante destacar recente mudança legislativa, que incluiu no DL 3365/41 maior proteção aos **núcleos urbanos informais** ocupados predominantemente por população de baixa renda que sejam objeto de desapropriação. O art. 4º-A determina, nesses casos, que o ente expropriante deverá prever, no planejamento da ação de desapropriação, **medidas compensatórias**, tais como: realocação de famílias em outra unidade habitacional, a indenização de benfeitorias ou a compensação financeira.

É necessário diferenciar a competência para dispor sobre (legislar), da competência para desapropriar (declarar e determinar que certo bem será desapropriado), e da competência para promover (executar) os atos materiais expropriatórios (tais como: notificar o proprietário, ingressar e medir o bem, propor a ação de desapropriação etc.).

1) **Competência para legislar**: privativa da União;

2) **Competência declaratória** ou "para desapropriar" (declara a utilidade pública ou interesse social, dando início ao procedimento expropriatório): **comum** (União, Estados, DF e Municípios) + DNIT, ANTT e ANEEL (autarquias).

ADMINISTRATIVO

3) **Competência executória**: ente que declarou + concessionários/delegatários de serviços públicos (mediante autorização em lei ou contrato);

15.3.1.1 Desapropriação ordinária: procedimento

Composto por duas fases: na fase declaratória, o Poder Público manifesta sua vontade na futura desapropriação; na fase executória, adotam-se as providências para consumar a transferência do bem. O procedimento está no DL 3365/41.

Fase declaratória

Inicia-se com a publicação do **decreto expropriatório**, dando-se início do prazo caducidade de **05 anos** (*interesse social é 02 anos*). Se ocorrer caducidade do ato, só pode novo decreto, sobre o mesmo bem, após 01 (um) ano.

Deve ter a definição do bem a ser expropriado, bem como o motivo de interesse público que fundamenta e a destinação que será dada ao bem.

A declaração pode ser feita pelo legislativo, através de lei.

Efeitos:

→ Início do prazo de **caducidade** do ato declaratório;

→ direito de **penetrar** no bem, fazer medições, inspeções etc. (pode requisitar força policial);

→ Indica o **estado do bem** para fins de indenização (benfeitorias necessárias posteriores serão indenizadas, úteis apenas se forem autorizadas, e voluptuárias não serão indenizadas).

Ademais, pode haver ação anulatória do ato expropriatório, no prazo prescricional quinquenal.

▷ **Atenção!** Ao Poder Judiciário é vedado, no processo de desapropriação, decidir se se verificam ou não os casos de utilidade pública.

Fase executória

Poderá ser realizada (promovida) pelo **ente público** ou por **particulares** (*concessionários/delegatários de serviços públicos, bem como o contratado pelo poder público para fins de execução de obras e serviços de engenharia sob os regimes de empreitada por preço global, empreitada integral e contratação integrada*).

a) Inicia-se com instauração de **Processo Administrativo**, notificando-se o proprietário, com indicação do valor de indenização oferecido, para que este aceite, no prazo de 15 dias. O silêncio é considerado rejeição (Art. 10-A, Decreto-lei nº 3.365/41).

Sendo aceito, feito o pagamento, será lavrado acordo, o qual será título hábil para a transcrição no registro de imóveis. Estará finalizada a desapropriação, de forma amigável.

Pode ser utilizada a **mediação** ou **arbitragem** (Art. 10-B, Decreto-lei nº 3.365/41).

Não havendo acordo, passa-se para a via contenciosa judicial.

b) Feito o ajuizamento da **Ação de Desapropriação** pelo poder público, o réu será citado para contestar. A discussão (mérito) só poderá versar sobre o valor da indenização. Ou seja, no bojo desta ação, **só se discute o *quantum* indenizatório e questões processuais** (prescrição, ilegitimidade de parte, nulidades, etc.), como disposto no art. 20 do Decreto-lei nº 3.365/41.

Se o interessado quiser discutir em juízo outras questões (o motivo da desapropriação, vícios do decreto, por exemplo) deverá propor ação própria, em autos apartados. Poderá ser feito controle de legalidade apenas, não de mérito.

Recebida a inicial, o Juiz determina a realização de perícia do bem.

b.1) Imissão provisória na posse: será possível, mesmo antes da citação, mediante **alegação de urgência** pelo poder público + **depósito** de valor arbitrado pelo Juiz.

Mesmo discordando do valor, o proprietário pode levantar até 80% desse depósito.

Havendo concordância do interessado, poderá levantar todo o valor, encerrando-se a ação.

A imissão provisória na posse de prédios residenciais urbanos tem seu rito próprio, estabelecido no Decreto-lei nº 1.075, de 22/01/1970, que só a admite após a intimação da oferta ao expropriado e, se este a impugnar, dever ser arbitrada por perito avaliador do juízo, para as providências subsequentes e depósito da metade do valor estimado, até o limite legal.

Como explica Meirelles (2016, p. 744), a imissão definitiva na posse, em qualquer hipótese, *"só se dará após o integral pagamento do preço, conforme o fixado no acordo ou na decisão judicial final, que adjudicará o bem ao expropriante, transferindo-lhe o domínio com todos os seus consectários"*.

b.2) Sentença e Indenização

O juiz, com base no laudo pericial, fixará na sentença o valor da justa indenização.

A sentença que julga a desapropriação autoriza a imissão definitiva na posse e constitui título hábil para o registro da propriedade do bem no Registro de Imóveis. Vale ressaltar que o momento da aquisição da propriedade é a data em que se efetiva o pagamento do preço.

Sendo caso de desapropriação ordinária, a indenização será justa e em dinheiro. O pagamento se dará por precatório ou RPV. Sendo empresa estatal ou concessionária a expropriante, não se submete a regra do precatório.

O artigo 26 do Decreto-lei nº 3.365/41 determina que o valor da indenização será calculado com base no preço do imóvel no momento da perícia (avaliação), não se incluindo no valor os direitos de terceiros contra o expropriado. Jurisprudência admite que eventual locatário ou arrendatário também tenha direito a indenização pelos prejuízos sofridos.

b.3) Juros compensatórios

Caso ocorrida imissão provisória na posse e o **valor depositado for menor que o fixado em sentença**, surge o direito aos juros compensatórios. Visa-se "compensar" a perda antecipada do bem por um valor provisório "injusto". Os juros compensatórios são contados desde a data de imissão na posse, conforme Súmula 69 do STJ.

Esses juros incidem sobre a diferença entre 80% do preço ofertado em juízo e o valor do bem fixado na sentença, no montante de 6% ao ano, conforme art. 15-A do DL 3365/41.

b.4) Honorários

O Decreto-lei nº 3.365/41, no artigo 27, § 1º, prevê que a sentença que fixar o valor da indenização quando este for superior ao preço oferecido condenará o desapropriante a pagar honorários do advogado, que serão fixados entre meio e cinco por cento do valor da diferença.

Conforme Súmula 617 do STF, a base de cálculo dos honorários de advogado em desapropriação é a *diferença entre a oferta e a indenização, corrigidas ambas monetariamente.*

b.5) Juros moratórios

Os juros de mora têm lógica diferente dos compensatórios, pois visam penalizar pelo atraso no pagamento, após o trânsito em julgado da decisão. Incidem, portanto, sobre período diferente dos compensatórios, e estão previstos no art. 15-B do DL 3365/41. A regra é a mesma que incide no pagamento de precatórios, conforme art. 100 da CF.

- **DESAPROPRIAÇÃO ORDINÁRIA (resumo)**
  - → Necessidade ou utilidade pública;
  - → Interesse social;
  - → Todos os entes podem;
  - → Bens móveis ou imóveis;
  - → Urbanos ou rurais;
  - → Não é sanção;
  - → Indenização prévia, justa e em dinheiro;
  - → Decreto caduca em 05 (cinco) anos;

15.3.2 Desapropriação extraordinária urbanística

Trata-se de procedimento sancionatório, em razão do descumprimento da função social da propriedade urbana. Fundamento constitucional no **art. 182, § 4º, III** da **CF/88:**

> É facultado ao **Poder Público Municipal**, mediante lei específica para área incluída no plano diretor, exigir, nos termos da lei federal, do proprietário do solo urbano não edificado, subutilizado ou não utilizado, que promova seu adequado aproveitamento, sob pena, **sucessivamente**, de:
>
> I - parcelamento ou edificação compulsórios;
>
> II - imposto sobre a propriedade predial e territorial urbana progressivo no tempo;
>
> III - **desapropriação** com pagamento mediante títulos da dívida pública de emissão previamente aprovada pelo Senado Federal, com prazo de resgate de até dez anos, em parcelas anuais, iguais e sucessivas, assegurados o valor real da indenização e os juros legais.

Apenas os Municípios e DF têm competência para essa medida, que é regulada pela Lei nº 10.257/01 (Estatuto da Cidade), no artigo art. 8º. O caráter punitivo fica evidente pela indenização em títulos da dívida pública, e não em dinheiro.

Além disso, não pode ser feita diretamente, sendo requisitos: *1) Plano diretor; 2) Lei específica para definir área; 3) Notificação para parcelamento ou edificação compulsórios; 4) IPTU progressivo por 05 anos; 5) Desapropriação, caso ainda não cumprida a função social;*

Portanto, a desapropriação especial urbana ocorrerá nos casos em que não for cumprida a função social da propriedade prevista no Plano Diretor.

Importante saber que o **Plano Diretor é obrigatório** para todas as cidades que possuam mais de **vinte mil habitantes**, bem como nas cidades que: *sejam integrantes de regiões metropolitanas ou aglomerações urbanas, da mesma forma que nas áreas de especial interesse turístico e nos municípios inseridos na área de influência de empreendimentos ou atividades com significativo impacto ambiental de âmbito regional ou nacional e nas cidades incluídas no cadastro nacional de Municípios com áreas suscetíveis à ocorrência de deslizamentos de grande impacto,* *inundações bruscas ou processos geológicos ou hidrológicos correlatos.*

- **DESAPROPRIAÇÃO EXTRAORDINÁRIA URBANÍSTICA (resumo)**
  - → É sanção pelo descumprimento da função social;
  - → Só Município pode;
  - → Bens imóveis em zona urbana prevista no Plano Diretor;
  - → Indenização em títulos da dívida pública, resgatáveis em 10 (dez) anos;
  - → Vários requisitos para ocorrer (lei, edificação compulsória, IPTU, etc.)

15.3.3 Desapropriação extraordinária rural (para fins de reforma agrária)

Trata-se de procedimento sancionatório, em razão do descumprimento da função social da propriedade urbana. Fundamento constitucional no **art. 184** da **CF/88:**

> Compete à **União desapropriar por interesse social**, para fins de **reforma agrária**, o imóvel rural que não esteja cumprindo sua função social, mediante prévia e justa indenização em títulos da dívida agrária, com cláusula de preservação do valor real, resgatáveis no prazo de até vinte anos, a partir do segundo ano de sua emissão, e cuja utilização será definida em lei.

Apenas a União tem competência para essa medida, que é regulada pela **Lei nº 8.629/93** e **Lei complementar nº 76/93.**

As benfeitorias úteis e necessárias serão indenizadas em dinheiro.

O decreto federal caduca em 02 (dois) anos (art. 3º da LC 76/93), ou seja, publicado o decreto, a ação de desapropriação deve ser proposta nesse prazo.

Observação: É possível que Estados e municípios desapropriem área rural por interesse social, mas nesse caso a indenização será prévia, justa e em dinheiro, visto que será uma desapropriação ordinária.

Não podem ser desapropriados para fins de reforma agrária:

1) A pequena e média propriedade rural, desde que seu proprietário não possua outra;

2) Propriedade produtiva.

Portanto, só podem ser desapropriadas **grandes propriedades** (acima de 15 módulos fiscais) e que sejam **improdutivas**, de acordo com critérios da Lei nº 8.629/93, e que **não cumpra sua função social.**

Ainda, segundo art. 189 da CF, os beneficiários da distribuição de imóveis rurais pela reforma agrária receberão títulos de domínio ou de concessão de uso, **inegociáveis** pelo prazo de dez anos. Conforme a Súmula 354, STJ, a invasão do imóvel é causa de suspensão do processo expropriatório para fins de reforma agrária.

- **DESAPROPRIAÇÃO EXTRAORDINÁRIA RURAL (resumo)**
  - → É sanção pelo descumprimento da função social;
  - → Só União pode;
  - → Bens imóveis em zona rural;
  - → Só grandes propriedades + improdutivas (*média e pequena ou produtivas não*)
  - → Indenização em títulos da dívida agrária, resgatáveis em 20 (vinte) anos;
  - → Rito sumário especial (Lei complementar nº 76/93);
  - → Decreto caduca em 02 anos.

15.3.4 Desapropriação "confisco" ou expropriação

Trata-se de espécie de expropriação que não concede indenização alguma ao proprietário, sendo, portanto, confiscada sua propriedade. Tem caráter punitivo, em razão de duas situações específicas, previstas constitucionalmente, no **art. 243** da CF:

> *As propriedades **rurais e urbanas** de qualquer região do País onde forem localizadas **culturas ilegais de plantas psicotrópicas** ou a **exploração de trabalho escravo** na forma da lei serão expropriadas e destinadas à reforma agrária e a programas de habitação popular, **sem qualquer indenização** ao proprietário e sem prejuízo de outras sanções previstas em lei, observado, no que couber, o disposto no art. 5º.*

A regulamentação legal se dá pela Lei nº 8.257/91. Parte da doutrina não classifica essa espécie como desapropriação, mas como mero "confisco".

▷ **Atenção!** No entendimento do STF, a expropriação prevista no art. 243 da Constituição Federal **pode ser afastada**, desde que o proprietário **comprove que não incorreu em culpa**, ainda que "*in vigilando*" ou "*in eligendo*". STF. RE 635336 (Tema 399). 14/12/2016.

15.3.5 Desapropriação "indireta" e outros institutos

Constitui fundamento da **desapropriação indireta** o artigo 35 do Decreto-lei nº 3.365/1941, que dispõe: *"Os bens expropriados, uma vez incorporados à Fazenda Pública, não podem ser objeto de reivindicação, ainda que fundada em nulidade do processo de desapropriação. Qualquer ação, julgada procedente, resolver-se-á em perdas e danos."*

Como explica Carvalho Filho (2021, p. 945), esse dispositivo cuida da hipótese do denominado **fato consumado**: *"havendo o fato incorporação do bem ao patrimônio público, mesmo se tiver sido nulo o processo de desapropriação, o proprietário não pode pretender o retorno do bem a seu patrimônio".*

A "incorporação ao patrimônio público" significa que o bem está sendo utilizado pelo poder público, estando afetado a finalidades de interesse público.

Exemplo: *Francieli viaja para o exterior, e quando volta verifica que seu imóvel está sendo usado pela Prefeitura, como um posto de saúde. Poderá ela pleitear uma reintegração de posse?* Não. Nesse caso, chamado de "apossamento administrativo", só resta ao proprietário a busca pela indenização, através de ação de indenização por desapropriação "indireta".

O **prazo prescricional** para que o particular busque essa indenização é aplicado através de analogia com o artigo 1238 do CC/02, que regula a usucapião extraordinária. Será, portanto, de 10 anos, a partir da ocupação do bem pelo poder público. É também a partir desse momento que devem ser calculados os juros compensatórios em favor do particular, conforme Súmula 114, STJ.

A **Tredestinação** é a situação em que o imóvel desapropriado é utilizado para fim diverso daquele indicado no ato declaratório (decreto expropriatório).

Será tredestinação lícita, caso o bem seja usado para outro fim, mas igualmente de interesse público. Exemplo: *desapropriação para construir hospital, mas acaba construindo uma escola*. Nesses casos, não nenhuma ilicitude ou direito do antigo proprietário, uma vez que o interesse público foi atendido.

Será tredestinação ilícita, por outro lado, caso o bem não seja utilizado para finalidade de interesse público. Caso não seja utilizado de forma alguma, restando "abandonado", tem-se o caso de adestinação. Nesses casos, exsurge ao antigo proprietário **o direito subjetivo à retrocessão**.

Portanto, a retrocessão é o direito que surge a partir de uma **tredestinação ilícita**. Tem como fundamento o art. 519 do CC/02: *Se a coisa expropriada para fins de necessidade ou utilidade pública, ou por interesse social, não tiver o destino para que se desapropriou, ou não for utilizada em obras ou serviços públicos, caberá ao expropriado* ***direito de preferência****, pelo preço atual da coisa.*

Mais recentemente, pela Lei nº 14.620, de 2023, passou a ser prevista a tredestinação e o direito de preferência, no Art. 5º do DL 3365/41:

> § 6º Comprovada a inviabilidade ou a perda objetiva de interesse público em manter a destinação do bem prevista no decreto expropriatório, o expropriante deverá adotar uma das seguintes medidas, nesta ordem de preferência:
>
> I - destinar a área não utilizada para outra finalidade pública; ou
>
> II - ***alienar o bem a qualquer interessado, na forma prevista em lei, assegurado o direito de preferência à pessoa física ou jurídica desapropriada***.

O **direito de extensão** é o que assiste ao proprietário de exigir que na desapropriação **se inclua a parte restante do bem expropriado, que se tornou inútil ou de difícil utilização**. Tal direito estava expressamente reconhecido no artigo 12 do Decreto federal nº 4.956/1903.

A legislação posterior não se referiu a ele, mas, como tal disposição não contraria em nada o Decreto-lei nº 3.365/41 e leis subsequentes, entende-se que o preceito está em vigência (MEIRELLES, 2016, 744).

No caso de desapropriação para fins de Reforma Agrária, a Lei nº 4.504/64 consignou expressamente o direito de extensão aos que tiverem terras parcialmente expropriadas em condições que prejudiquem substancialmente a exploração econômica do remanescente (art. 19, § 1º).

O expropriado que desejar exercitar o direito de extensão deve manifestar seu desejo no acordo administrativo ou na ação judicial que se instaurar para a fixação da indenização. Caso não o faça, entende-se que renunciou ao direito, não podendo pleiteá-lo após o fim da desapropriação.

A **desapropriação por zona**, é aquela que abrange as **áreas contíguas necessárias ao desenvolvimento da obra realizada pelo Poder Público** e as zonas que vierem a sofrer **valorização extraordinária** em decorrência da mesma obra, estando prevista no artigo 4º do Decreto-lei nº 3.365/1941.

16. RESPONSABILIDADE DAS PESSOAS JURÍDICAS PELA PRÁTICA DE ATOS DANOSOS CONTRA A ADMINISTRAÇÃO PÚBLICA

Autora: Maria Valentina de Moraes

A Responsabilidade das Pessoas Jurídicas pela prática de atos danosos contra a Administração

Pública é definida na Lei n.º 12.846, conhecida como Lei Anticorrupção. **A lei não possui natureza penal**, tratando da responsabilidade administrativa e civil dessas pessoas jurídicas.

> **Art. 1º da Lei n.º 12.846.** Esta Lei dispõe sobre a responsabilização objetiva administrativa e civil de **pessoas jurídicas** pela prática de atos contra a administração pública, **nacional ou estrangeira**.
>
> **Art. 3º.** A responsabilização da pessoa jurídica não exclui a **responsabilidade individual de seus dirigentes ou administradores** ou de qualquer **pessoa natural, autora, coautora ou partícipe** do ato ilícito.
>
> § 1º A pessoa jurídica será responsabilizada independentemente da responsabilização individual das pessoas naturais referidas no caput.

Assim sendo, a responsabilização poderá ser de:

- Pessoa Jurídica nacional que pratique atos contra a Administração Pública nacional ou estrangeira;
- Pessoa Jurídica estrangeira que pratique atos contra a Administração Pública nacional;
- Individual, dos dirigentes, administradores ou qualquer pessoa que atue como autora, coautora ou partícipe;

▷ **ATENÇÃO:** No caso da responsabilização da pessoa natural pela Lei Anticorrupção, para evitar o *bis in idem*, não cabe responsabilização em relação aos mesmos atos pela Lei de Improbidade Administrativa (Lei n.º 8.429), por exemplo.

- **Mas qual a responsabilidade em cada caso?**

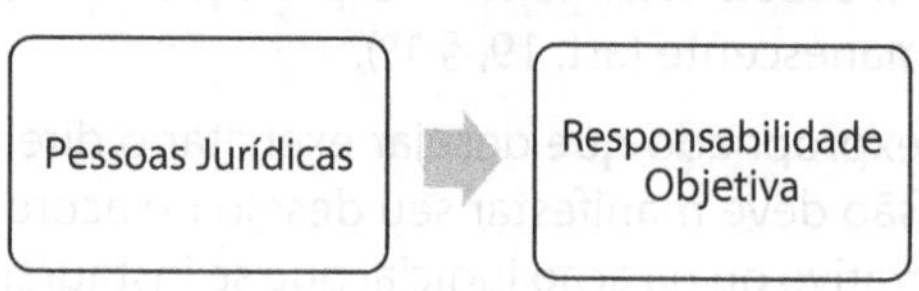

No caso das pessoas jurídicas, assim, não há necessidade de comprovar dolo ou culpa. Para caracterização da responsabilidade objetiva basta:

- Prática da conduta ou omissão
- Nexo de causalidade
- Resultado

▷ **Cuidado:** em relação aos dirigentes e administradores o artigo 3º, §2º da Lei n.º 12.846, indica a responsabilidade subjetiva.

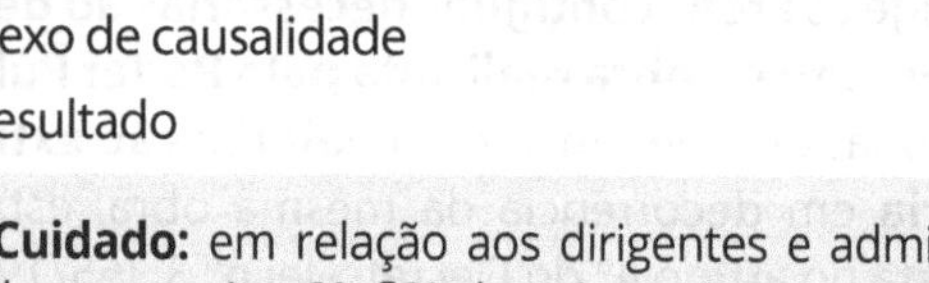

> **Art. 3º, § 2º, da Lei n.º 12.846.** Os dirigentes ou administradores somente serão responsabilizados por atos ilícitos **na medida da sua culpabilidade.**

- **Sujeitos ativos**

Quem pode praticar as condutas definidas na lei?

- **Pessoas jurídicas nacionais ou estrangeiras,** como preceitua o artigo 1º da Lei Anticorrupção;
- **Estatais,** pois aplicam-se as sanções previstas na Lei anticorrupção também às estatais por força do art. 94 da Lei n.º 13.303.

- **Atos lesivos**

A lei tratou de elencar os atos lesivos que podem ser praticados e considerados como danos à Administração Pública nacional ou estrangeira, definindo-os no artigo 5º.

> **Art. 5º, Lei n.º 12.846 – Atos lesivos.**
>
> Constituem atos lesivos à administração pública, nacional ou estrangeira, para os fins desta Lei, todos aqueles praticados pelas pessoas jurídicas mencionadas no parágrafo único do art. 1º, que atentem contra o patrimônio público nacional ou estrangeiro, contra princípios da administração pública ou contra os compromissos internacionais assumidos pelo Brasil, assim definidos:
>
> I - prometer, oferecer ou dar, direta ou indiretamente, vantagem indevida a agente público, ou a terceira pessoa a ele relacionada;
>
> II - comprovadamente, financiar, custear, patrocinar ou de qualquer modo subvencionar a prática dos atos ilícitos previstos nesta Lei;
>
> III - comprovadamente, utilizar-se de interposta pessoa física ou jurídica para ocultar ou dissimular seus reais interesses ou a identidade dos beneficiários dos atos praticados;
>
> IV - no tocante a licitações e contratos:
>
> a) frustrar ou fraudar, mediante ajuste, combinação ou qualquer outro expediente, o caráter competitivo de procedimento licitatório público;
>
> b) impedir, perturbar ou fraudar a realização de qualquer ato de procedimento licitatório público;
>
> c) afastar ou procurar afastar licitante, por meio de fraude ou oferecimento de vantagem de qualquer tipo;
>
> d) fraudar licitação pública ou contrato dela decorrente;
>
> e) criar, de modo fraudulento ou irregular, pessoa jurídica para participar de licitação pública ou celebrar contrato administrativo;
>
> f) obter vantagem ou benefício indevido, de modo fraudulento, de modificações ou prorrogações de contratos celebrados com a administração pública, sem autorização em lei, no ato convocatório da licitação pública ou nos respectivos instrumentos contratuais; ou
>
> g) manipular ou fraudar o equilíbrio econômico-financeiro dos contratos celebrados com a administração pública;

V - dificultar atividade de investigação ou fiscalização de órgãos, entidades ou agentes públicos, ou intervir em sua atuação, inclusive no âmbito das agências reguladoras e dos órgãos de fiscalização do sistema financeiro nacional.

Constituem-se como atos lesivos

- Atos lesivos ao patrimônio público, seja ele nacional ou estrangeiro;
- Atos que atentem contra os princípios da Administração Pública;
- Atos que violem compromissos internacionais assumidos pelo país;

- **Sanções**

Podem ser aplicadas sanções de natureza **administrativa (art. 6º)** e **judicial (art. 19)**, de forma isolada ou cumulativa. Dessa forma, é possível a aplicação de mais de uma sanção de natureza administrativa e de mais de uma sanção de natureza judicial, como reforçam os §§ 1º e 3º do artigo 6º da Lei n.º 12.846.

De todo modo, a obrigação de reparar o dano causado é mantida.

O artigo 7º elenca também elementos que devem ser levados em consideração na aplicação das sanções: I - gravidade da infração; II - a vantagem auferida ou pretendida pelo infrator; III - a consumação ou não da infração; IV - o grau de lesão ou perigo de lesão; V - o efeito negativo produzido pela infração; VI - a situação econômica do infrator; VII - a cooperação da pessoa jurídica para a apuração das infrações; VIII - a existência de mecanismos e procedimentos internos de integridade, auditoria e incentivo à denúncia de irregularidades e a aplicação efetiva de códigos de ética e de conduta no âmbito da pessoa jurídica; IX - o valor dos contratos mantidos pela pessoa jurídica com o órgão ou entidade pública lesados.

Art. 6º, Lei n.º 12.846 – Sanções Administrativas.

Na esfera administrativa, serão aplicadas às pessoas jurídicas consideradas responsáveis pelos atos lesivos previstos nesta Lei as seguintes sanções:

I - multa, no valor de 0,1% (um décimo por cento) a 20% (vinte por cento) do faturamento bruto do último exercício anterior ao da instauração do processo administrativo, excluídos os tributos, a qual nunca será inferior à vantagem auferida, quando for possível sua estimação; e

II - publicação extraordinária da decisão condenatória.

§ 1º As sanções serão aplicadas fundamentadamente, **isolada ou cumulativamente**, de acordo com as peculiaridades do caso concreto e com a gravidade e natureza das infrações.

§ 3º A aplicação das sanções previstas neste artigo **não exclui**, em qualquer hipótese, **a obrigação da reparação integral do dano causado**.

Art. 19, Lei n.º 12.846 – Sanções Judiciais. Em razão da prática de atos previstos no art. 5º desta Lei, a União, os Estados, o Distrito Federal e os Municípios, por meio das respectivas Advocacias Públicas ou órgãos de representação judicial, ou equivalentes, e o Ministério Público, poderão ajuizar ação com vistas à aplicação das seguintes sanções às pessoas jurídicas infratoras:

I - **perdimento dos bens**, direitos ou valores que representem vantagem ou proveito direta ou indiretamente obtidos da infração, ressalvado o direito do lesado ou de terceiro de boa-fé;

II - **suspensão ou interdição parcial** de suas atividades;

III - **dissolução compulsória** da pessoa jurídica;

IV - **proibição de receber** incentivos, subsídios, subvenções, doações ou empréstimos de órgãos ou entidades públicas e de instituições financeiras públicas ou controladas pelo poder público, pelo prazo mínimo de 1 (um) e máximo de 5 (cinco) anos.

§ 3º As sanções poderão ser aplicadas de forma **isolada ou cumulativa**.

- **Processo Administrativo de Responsabilização**

O Processo Administrativo de Responsabilização é previsto na Lei Anticorrupção, sendo definido que instrução e julgamento serão de competência da autoridade máxima de cada órgão ou entidade dos Poderes Executivo, Legislativo e Judiciário (Art. 8º); O processo administrativo para apuração da responsabilidade de pessoa jurídica será conduzido por comissão designada pela autoridade instauradora, **composta por 2 ou mais servidores estáveis.**

A comissão poderá, cautelarmente, propor à autoridade instauradora que suspenda os efeitos do ato ou processo objeto da investigação. Deve a **comissão concluir o procedimento em 180 dias** contados da publicação do ato que a instituir, podendo o prazo pode ser prorrogado, mediante ato fundamentado;

Ao final devem ser apresentados relatórios sobre os fatos e responsabilidades, com a indicação de forma motivada das sanções a serem aplicadas. A Comissão, ao final, dará ciência ao MP, para eventuais apurações de delitos (art. 15).

Poderá a autoridade agir de ofício ou mediante provocação, observados o contraditório e a ampla defesa, assim como poderá delegar a competência, vedada a subdelegação;

Haverá manifestação prévia à aplicação das sanções por parte da Advocacia Pública (art. 6º, §2º) e será concedido à pessoa jurídica prazo de 30 dias para defesa, contados a partir da intimação (art. 11).

> § 2º No âmbito do Poder Executivo federal, a Controladoria-Geral da União - CGU terá competência concorrente para instaurar processos administrativos de responsabilização de pessoas jurídicas ou para avocar os processos instaurados com fundamento nesta Lei, para exame de sua regularidade ou para corrigir-lhes o andamento.

Por fim, o processo administrativo, com o relatório da comissão, será remetido à autoridade instauradora, na forma do art. 10, **para julgamento** (Art. 12). Será cabível recurso e também pedido de reconsideração – Lei 9.784 (processo administrativo federal).

A instauração do procedimento não impede a aplicação das sanções definidas na lei, havendo, ainda, a possibilidade de inscrição do crédito em dívida ativa:

> **Art. 13, Lei n.º 12.846.** A instauração de processo administrativo específico de reparação integral do dano não prejudica a aplicação imediata das sanções estabelecidas nesta Lei.
>
> Parágrafo único. Concluído o processo e **não havendo pagamento**, o crédito apurado será inscrito em dívida ativa da fazenda pública.

- **Acordo de leniência**

A autoridade máxima de cada órgão pode celebrar acordo de leniência com aqueles que colaborem efetivamente com as investigações e o processo administrativo quando resultar (art. 16):

> I - a identificação dos demais envolvidos na infração, quando couber; e
>
> II - a obtenção célere de informações e documentos que comprovem o ilícito sob apuração.

- **Requisitos para a celebração do acordo:**

> I - a pessoa jurídica seja a **primeira a se manifestar** sobre seu interesse em cooperar para a apuração do ato ilícito;
>
> II - a pessoa jurídica **cesse completamente seu envolvimento** na infração investigada a partir da data de propositura do acordo;
>
> III - a pessoa jurídica **admita sua participação** no ilícito e **coopere plena e permanentemente** com as investigações e o processo administrativo, comparecendo, sob suas expensas, sempre que solicitada, a todos os atos processuais, até seu encerramento.

A celebração do acordo de leniência **isentará** a pessoa jurídica **das sanções** previstas no inciso II do art. 6º – publicação extraordinária – e no inciso IV do art. 19 – proibição de receber incentivos – e reduzirá em até 2/3 o valor da multa aplicável.

> **Art. 16, Lei n.º 12.846. Efeitos do acordo de Leniência**
>
> § 3º O acordo de leniência **não exime a pessoa jurídica** da obrigação de reparar integralmente o dano causado.
>
> § 5º Os **efeitos do acordo** de leniência serão **estendidos às pessoas jurídicas que integram o mesmo grupo econômico**, de fato e de direito, desde que firmem o acordo em conjunto, respeitadas as condições nele estabelecidas.
>
> § 7º Não **importará em reconhecimento da prática** do ato ilícito investigado **a proposta** de acordo de leniência **rejeitada.**

▷ **Atenção!** Em caso de descumprimento do acordo de leniência, a pessoa jurídica ficará **impedida de celebrar novo acordo pelo prazo de 3 (três) anos** contados do conhecimento pela administração pública do referido descumprimento (art. 16, §8º).

A Controladoria-Geral da União é o órgão competente para celebrar os acordos de leniência no âmbito do Poder Executivo federal, bem como no caso de atos lesivos praticados contra a administração pública estrangeira (art. 16, §10). Nos demais casos cabe a autoridade máxima do órgão administrativo.

17. INTERVENÇÃO DO ESTADO NA ORDEM ECONÔMICA

Autora: Franciele Kühl

17.1. Princípios da intervenção do Estado no domínio econômico

O Estado regulamenta, fiscaliza e cria estratégias de restrições e condicionamento, a fim de que seja atingida a justiça social e evitado o abuso de poder econômico. Nos termos do art. 170 da CF/1988, dois são os fundamentos que servem de pilares para o sistema econômico: a valorização do trabalho humano e a livre iniciativa.

17.2. Formas de intervenção no domínio econômico

O Estado pode atuar de quatro formas diferentes na ordem econômica:

a) como agente regulador (art. 174, CF);

b) como agente executor de atividade econômica (art. 173, CF);

c) como agente executor de atividade monopolística (art. 177, CF);

d) como prestador de serviço público (art. 175, CF).

17.3. Abuso do poder econômico

A Constituição Federal trabalha com três formas de abuso do poder econômico (art. 173, § 4º): "lei reprimirá o abuso do poder econômico que vise à dominação dos mercados, à eliminação da concorrência e ao aumento arbitrário dos lucros".

O abuso do poder econômico deve ser reprimido pelo Estado por meio de um conjunto de estratégias e mediante sua intervenção, objetivando neutralizar comportamentos que tenham como intuito distorcer as leis do mercado, desfavorecer a população de consumo e obter acúmulo ilegal de riquezas como resultado.

17.4. Repressão ao abuso do poder econômico

Diversas são as legislações que tratam do abuso do poder econômico, a mais importante é a Lei nº 12.529/2011, que instituiu o Sistema Brasileiro de Defesa da Concorrência (SBDC), no qual encontramos o Conselho Administrativo de Defesa Econômica (Cade), entidade judicante, uma autarquia vinculada ao Ministério da Justiça, com sede no Distrito Federal, formado pelos seguintes órgãos:

1) **Tribunal Administrativo de Defesa Econômica:** órgão judicante, que tem como membros um presidente e seis conselheiros, os quais são escolhidos entre cidadãos com mais de 30 anos, notório saber jurídico ou econômico e reputação ilibada, nomeados pelo Presidente da República, depois de aprovados pelo Senado Federal. Seu mandato é de 4 (quatro) anos, sendo vedada a recondução (art. 6º). Cabe ao tribunal, principalmente, decidir sobre a existência ou não de infrações e aplicar as penalidades previstas na lei, após um processo administrativo.
2) **Superintendência Geral:** tem função investigativa, de caráter preparatório e preventivo, ligada ao inquérito administrativo, bem como funções instrutórias e executivas em relação ao processo administrativo (art. 13).
3) **Departamento de Estudos Econômicos:** tem a função de elaborar estudos e pareceres econômicos (art. 17).

Além desses órgãos ligados à autarquia do Cade, também está ligada ao seu trabalho a Procuradoria Federal Especializada, com função de prestar assessoramento jurídico ao Cade, representá-la judicial e extrajudicialmente, promover a execução judicial, entre outras atribuições elencadas no art. 15 da Lei nº 12.529/2011.

O Ministério Público Federal também atua perante o Cade, mas com atribuição para emitir parecer, nos processos administrativos de imposição de sanções administrativas por infrações contra a ordem econômica. A atuação do Ministério Público Federal poderá ser de ofício ou por requerimento do Conselheiro Relator do Tribunal Administrativo de Defesa Econômica (art. 20).

As sanções podem ser aplicadas, independentemente da culpa, aos atos cometidos que tenham por objeto ou que possam produzir os seguintes efeitos, ainda que não sejam alcançados (art. 36, é bem importante a leitura completa deste artigo):

> **Lei nº 12.529/2011**
>
> **Art. 36.** (...)
>
> I – limitar, falsear ou de qualquer forma prejudicar a livre concorrência ou a livre iniciativa;
>
> II – dominar mercado relevante de bens ou serviços;
>
> III – aumentar arbitrariamente os lucros; e
>
> IV – exercer de forma abusiva posição dominante.

As penas que podem ser aplicadas estão previstas a partir dos arts. 37 e 38 da Lei nº 12.529/2011, que levam em consideração a gravidade da infração; a boa-fé do infrator; a vantagem auferida ou pretendida pelo infrator; a consumação ou não da infração; o grau de lesão, ou perigo de lesão, à livre concorrência, à economia nacional, aos consumidores, ou a terceiros; os efeitos econômicos negativos produzidos no mercado; a situação econômica do infrator e a reincidência.

A sanção mais comum é a multa (sanção pecuniária), mas outras também estão previstas: as obrigações de fazer ou não fazer, como a publicação da condenação (em meia página e a expensas do infrator, em jornal indicado na decisão), a proibição de contratar e participar de licitação com entidades oficiais (por prazo não inferior a cinco anos), a cisão da sociedade, transferência de controle acionário, a cessação parcial da atividade, a proibição de exercer o comércio pelo prazo de 5 (cinco) anos e inscrição no Cadastro Nacional de Defesa do Consumidor.

O rol de penalidade não é taxativo, tanto é que no art. 38, VII, o legislador deixou aberta a possibilidade de aplicação de qualquer outro ato ou providência que seja necessário para a eliminação dos efeitos nocivos à ordem econômica. Quando a penalidade for multa, será inscrita em Dívida Ativa e cobrada por execução fiscal pelo Cade, nos moldes da Lei nº 6.830/1980 (Lei de Execução Fiscal), admitindo-se a inclusão do dever no Cadastro Informativo de créditos não quitados do setor público federal (CADIN).

Para compelir o infrator a cessar com a infração, o Tribunal Administrativo pode aplicar multa diária a fim de impedir a continuidade de atos ou situações que configurem infração da ordem econômica. Caso o infrator não siga as determinações, ainda que em medida preventiva ou pelo termo de compromisso, será sujeitado a multa diária fixada no valor de R$ 5.000,00, podendo ser aumentada em até 50 vezes, se assim recomendar a situação econômica do infrator e a gravidade da infração (art. 39).

A decisão condenatória do Cade, seja ela cominando multa ou impondo obrigação de fazer ou não fazer, constitui título executivo extrajudicial (art. 93). A decisão do Tribunal Administrativo de Defesa Econômica tem caráter definitivo no âmbito administrativo, não podendo ser revista pelo Poder Executivo por meio de recurso hierárquico impróprio, vedação imposta pelo art. 9º, § 2º, da Lei nº 12.529/2011.

17.5. Prescrição

A prescrição das ações punitivas ocorrerá em 5 (cinco) anos, prazo contado da data da prática do ato ilícito ou do dia em que tiver cessado o ato, se for o caso de infração permanente ou continuada (art. 46). O prazo prescricional poderá ser interrompido caso haja a instauração da apuração da infração, tanto no âmbito judicial quanto administrativo, segundo o art. 46, § 1º, da Lei. E suspende o prazo prescricional enquanto houver a vigência do compromisso de cessação ou acordo em controle de concentrações. Ainda, prescreve em 3 (três) anos, se pendente de julgamento ou despacho e o procedimento administrativo fica paralisado, é a chamada prescrição intercorrente. Contudo, se a ação corresponder a crime, aplica-se o prazo prescricional da lei penal (art. 46) e não da Lei nº 12.529/2011.

17.6. Processo administrativo na Lei nº 12.529/2011

A apuração de ato atentatório à ordem econômica dá-se a partir do inquérito administrativo, que pode ser iniciado por ofício ou por provocação, tratando-se de procedimento investigatório de natureza inquisitorial e instaurado pela Superintendência Geral (art. 66). Se for necessário, poderá solicitar o concurso da autoridade policial ou do Ministério Público nas investigações.

Encerrado o inquérito administrativo, a Superintendência Geral tem o prazo de 10 (dez) dias para decidir sobre a instauração do processo administrativo ou, então, pelo arquivamento do inquérito (art. 67). Observe que apenas durante o processo administrativo é que será garantido o direito de ampla defesa e contraditório. Assim, da decisão que instaura o processo administrativo será determinada a notificação do representado para, no prazo de 30 (trinta) dias (podendo prorrogar por mais dez dias, mediante requisição), apresentar a defesa, podendo indicar até três testemunhas (art. 70). Caso não apresente a defesa, será considerado revel, incorrendo em confissão quanto à matéria de fato, correndo os demais prazos, independentemente de notificação (art. 71), podendo, todavia, interver a qualquer momento no processo, mesmo sendo revel, mas, neste caso, sem direito à repetição de atos já praticados.

Após o prazo de defesa, em 30 (trinta) dias a Superintendência Geral deverá, em despacho fundamentado, determinar a produção de provas (art. 72); notificará o representado a apresentar novas alegações (art. 73); apresentadas as alegações, a Superintendência Geral remeterá os autos do processo ao Presidente do Tribunal, opinando pelo arquivamento do processo administrativo ou pela configuração da infração. Recebido o processo, o Presidente do Tribunal distribuirá, por sorteio, ao Conselheiro Relator, que poderá determinar diligências à Superintendência Geral. Após as diligências que eventualmente solicite, deverá abrir prazo de 15 (quinze) dias para o representado apresentar alegações finais. Recebida as alegações finais, o Conselheiro Relator solicitará a inclusão do processo em pauta para julgamento pelo colegiado do Tribunal (art. 77).

17.7. Programa de leniência

É possível, por intermédio da Superintendência Geral, celebrar acordo de leniência, que resultará na extinção do processo punitivo da administração pública ou da redução de 1 a 2/3 da penalidade aplicável. O Acordo pode ser firmado com pessoa física e jurídica que forem autoras de infração à ordem econômica, desde que colaborem efetivamente com as investigações e o processo administrativo e dessa colaboração resulte (art. 86): identificação dos demais envolvidos na infração e obtenção de informações e documentos que comprovem a infração noticiada ou sob investigação.

No entanto, para que o acordo seja celebrado, alguns requisitos devem ser preenchidos:

> **Lei nº 12.529/2011**
>
> **Art. 86.** (...)
>
> § 1º (...)
>
> I – a empresa seja a primeira a se qualificar com respeito à infração noticiada ou sob investigação;
>
> II – a empresa cesse completamente seu envolvimento na infração noticiada ou sob investigação a partir da data de propositura do acordo;
>
> III – a Superintendência-Geral não disponha de provas suficientes para assegurar a condenação da empresa ou pessoa física por ocasião da propositura do acordo; e
>
> IV – a empresa confesse sua participação no ilícito e coopere plena e permanentemente com as investigações e o processo administrativo, comparecendo, sob suas expensas, sempre que solicitada, a todos os atos processuais, até seu encerramento.

Em caso de descumprimento do acordo de leniência, o beneficiário ficará impedido de celebrar novo acordo de leniência pelo prazo de 3 (três) anos, contado da data de seu julgamento, segundo o art. 86, § 12, da Lei nº 12.529/2011.

ASSUNTO	OBSERVAÇÃO	NORMA EM DESTAQUE
Princípios	Rol	Art. 170 da CF1988
	Livre concorrência	Súm. Vinc. Nº 49 do STF
Formas de intervenção	Agente regulador	Art. 174 da CF/1988
	Agente executor de atividade econômica	Art. 173 da CF/1988
	Agente executor de atividade monopolística	Art. 177 da CF/1988
Abuso do poder econômico	Como prestador de serviço público	Arts. 174 e 175 da CF/1988
	Previsão Constitucional	Art. 173, § 4º, da CF/1988
	Previsão infraconstitucional	Art. 36 da Lei nº 12.529/2011
Composição do Cade	Tribunal Administrativo de Defesa Econômica	Arts. 6º a 9º da Lei nº 12.529/2011
	Superintendência Geral	Art. 13 da Lei nº 12.529/2011
	Departamento de Estudos Econômicos	Art. 17 da Lei nº 12.529/2011
Responsabilidade	Objetiva e solidária	Arts. 32 e 33 da Lei nº 12.529/2011
Penas	Rol	Arts. 37 e 38 da Lei nº 12.529/2011
Prescrição	Geral – 5 anos	Art. 46 da Lei nº 12.529/2011
	Intercorrente – 3 anos	Art. 46, § 3º da Lei nº 12.529/2011
	Penal	Art. 46, § 4º da Lei nº 12.529/2011
Procedimento	Processo administrativo	Arts. 66 a 85 da Lei nº 12.529/2011
Acordo de leniência	Possibilidade	Art. 86 da Lei nº 12.529/2011

18. LGPD

Autora: Maria Valentina de Moraes

18.1 Direito Administrativo e a Lei Geral de Proteção de Dados – LGPD

A Lei Geral de Proteção de Dados, n.º 13.709, de 2018, é recente em termos de legislação. Destina uma parte importante para a regulamentação da proteção de dados por parte da Administração Pública. No artigo 4º, a lei disciplina as hipóteses nas quais não tem aplicabilidade, trazendo conceitos importantes no artigo 5º.

É o artigo 23 que trata do tratamento de dados pelo Poder Público, dispondo que o tratamento a ser realizado pelas pessoas jurídicas de direito público - referidas no parágrafo único do art. 1º da Lei nº 12.527, de 18 de novembro de 2011 (Lei de Acesso à Informação) - deverá ser realizado para o atendimento de sua finalidade pública, na persecução do interesse público, indicando como exigência que sejam informadas as hipóteses de realização do tratamento, com o fornecimento adequado e claro sobre a previsão legal, a finalidade, os procedimentos e as práticas utilizadas para a execução dessas atividades, assim como que seja indicado um encarregado para as operações de tratamento.

No que se refere às Empresas Públicas, evidencia a lei que, quando uma Empresa Pública ou uma Sociedade de Economia Mista atuarem em regime de concorrência, será dado o mesmo tratamento legal a elas que em relação às pessoas jurídicas de direito privado, ao passo que, quando estiverem operacionalizando políticas públicas, serão válidas as normativas aplicadas aos órgãos e entidades do Poder Público.

Importante destacar também os artigos 26 e 27, que tratam sobre o uso compartilhado de dados pessoais pelo Poder Público, sobretudo em relação ao que dispõe o §1º no tocante a ser vedado ao Poder Público transferir a entidades privadas dados pessoais constantes de bases de dados a que tenha acesso, elencando exceções par tanto. Assim, o uso compartilhado de dados do Poder Público com pessoas jurídicas de direitos privado será informado à autoridade nacional, salvo nas hipóteses previstas nos incisos do artigo 27.

A responsabilidade será solidária entre Operador (pessoa natural ou jurídica que realiza o tratamento de dados) e o Controlador (pessoal natural ou jurídica a quem competem as decisões referentes ao tratamento de dados pessoais). As exceções à responsabilização estão previstas no artigo 43 e vale a pena conferir.

Traz a lei, ainda, a previsão de sanções administrativas para os agentes de tratamentos de dados que pratiquem infrações, sendo elas aplicadas após procedimento administrativo com ampla defesa e de forma gradativa, isolada ou cumulativa, de acordo com as peculiaridades do caso concreto, observados os critérios do §1º do artigo 52 e as disposições do §6º do mesmo artigo em relação às cumulações de sanções.

QUESTÕES DE DIREITO ADMINISTRATIVO - ASSUNTOS MAIS RECORRENTES

01. FGV - OAB - 39º Exame de Ordem Unificado - Primeira Fase – Q30

A sociedade empresária Alfa praticou ato lesivo à administração pública do Estado Beta, pois, em matéria de licitações e contratos, obteve vantagem indevida, de modo fraudulento, em sucessivas prorrogações de contrato administrativo, sem autorização legal, no ato convocatório da licitação pública ou no respectivo instrumento contratual.

Com a devida orientação de seu advogado, visando obter isenção de sanções que provavelmente lhe seriam aplicadas, a sociedade empresária firmou com o Estado Beta acordo de leniência. No caso em tela, nos termos da chamada Lei Anticorrupção (Lei nº 12.846/13), a celebração do citado acordo isentará a sociedade empresária Alfa da proibição de receber incentivos, subsídios, subvenções, doações ou empréstimos na forma prevista na lei, bem como da sanção de

a) multa civil, e reduzirá à metade a obrigação de ressarcimento dos danos ao erário.

b) obrigação de ressarcimento ao erário e da medida de suspensão ou interdição parcial de suas atividades.

c) publicação extraordinária da decisão condenatória e reduzirá, em até 2/3 (dois terços), o valor da multa aplicável.

d) multa administrativa, e condicionará a manutenção das atividades da pessoa jurídica à adoção de programa de integridade, no prazo de 90 (noventa) dias da assinatura do acordo.

02. FGV - OAB - 39º Exame de Ordem Unificado - Primeira Fase – Q31

Diante da necessidade de vultosos investimentos em infraestrutura e para atrair a iniciativa privada, a União divulgou, pelos meios de comunicação, que pretende realizar uma parceria público-privada, na modalidade concessão patrocinada, salientando que já ficou caracterizado que cerca de 75% (setenta e cinco por cento) da remuneração do parceiro privado deverá ser paga pela Administração. Tal notícia despertou o interesse da sociedade Considera, que procurou a sua assessoria jurídica acerca da contratação pretendida.

Diante dessa situação hipotética, assinale a alternativa correta, à luz da Lei nº 11.079/2004.

a) A concessão patrocinada pretendida depende de autorização legislativa específica.

b) Acaso vença a licitação, a própria sociedade Considera poderá formalizar o respectivo contrato administrativo para implantar e gerir o objeto da parceria.

c) A contraprestação da União no contrato em questão deverá ser realizada exclusivamente por ordem bancária.

d) Não é possível que a União preste garantia das obrigações pecuniárias contraídas pela Administração Pública.

03. FGV - OAB - 39º Exame de Ordem Unificado - Primeira Fase – Q32

No ano de 2020, o Município Alfa, por meio da Secretaria Municipal de Saúde, realizou concurso público para o cargo de médico. Não obstante a inexistência de previsão legal, no curso do certame, a Secretaria de Saúde incluiu como fase do concurso exame psicotécnico e eliminou diversos candidatos. O candidato Antônio apresentou os requerimentos administrativos cabíveis para tentar reverter a decisão, mas não obteve êxito.

Assim sendo, Antônio ajuizou reclamação constitucional junto ao Supremo Tribunal Federal, julgada procedente com base na Súmula Vinculante nº 44, do STF, que dispõe "Só por lei se pode sujeitar a exame psicotécnico a habilitação de candidato a cargo público", tendo a Suprema Corte dado ciência à autoridade prolatora do ato ilegal e ao órgão competente para o julgamento do recurso.

No ano de 2022, a Secretaria Municipal de Saúde publicou edital de novo concurso público, agora para o cargo de enfermeiro. Mantida a inexistência de lei prevendo o exame psicotécnico, mais uma vez, o Município Alfa incluiu o mencionado exame em fase do concurso e o mesmo Secretário Municipal eliminou do certame a candidata Maria.

Na qualidade de advogado(a) de Maria, com base na Lei nº 9.784/99, integralmente aplicável ao Município Alfa por força de lei local, você deve

a) impetrar mandado de segurança, observado o prazo decadencial de 180 (cento e oitenta dias), pleiteando a anulação de todo concurso, em razão de descumprimento de súmula vinculante do STF.

b) ajuizar ação popular, requerendo a nomeação de Maria e a condenação do Secretário Municipal de Saúde por crime de responsabilidade, pela inobservância reiterada de súmula vinculante do STF.

c) propor ação anulatória do ato de eliminação de Maria e de afastamento cautelar do Secretário Municipal de Saúde, pelo prazo de um ano, como medida punitiva pelas ilegalidades praticadas que afrontaram o interesse público.

d) manejar pedido de reconsideração ao Secretário de Saúde, lhe alertando de que, em razão do julgamento de anterior reclamação pelo STF em caso semelhante, deve adequar sua decisão ao julgado da Suprema Corte, sob pena de responsabilização pessoal nas esferas cível, administrativa e penal.

04. FGV - OAB - 39º Exame de Ordem Unificado - Primeira Fase – Q33

A Secretaria de Fazenda do Estado Alfa acabou de adquirir novos computadores, que substituíram os antigos equipamentos que serviam aos agentes públicos lotados no órgão. Sendo assim, os antigos equipamentos, que ainda funcionam, estão sem qualquer utilidade na pasta, razão pela qual o Secretário de Fazenda instaurou processo administrativo, visando à sua alienação. No bojo do citado processo, ficou consignada a existência de interesse público devidamente justificado para a alienação dos equipamentos, assim como já foi realizada sua avaliação. A sociedade empresária Sigma possui interesse em adquirir os computadores e, em consulta a seu advogado, foi informada de que, consoante dispõe a Lei nº 14.133/21, a alienação desses bens da Secretaria de Fazenda do Estado Alfa, em regra,

a) dependerá de licitação na modalidade leilão.

b) exigirá autorização legislativa e dependerá de licitação na modalidade concorrência.

c) será promovida mediante inexigibilidade de licitação, observados o interesse social e os critérios de oportunidade e conveniência.

d) deverá ocorrer mediante prévia licitação, em modalidade compatível com o valor da avaliação dos equipamentos.

05. FGV - OAB - 39º Exame de Ordem Unificado - Primeira Fase – Q34

O Município Ômega pretende alugar o imóvel de propriedade de João, pois suas características de instalações e de localização tornam necessária sua escolha, uma vez que se trata de um prédio de três andares situado ao lado do principal hospital municipal, que, após as necessárias adaptações e investimentos, poderá sediar a Secretaria Municipal de Saúde, cuja sede atual não mais comporta todos seus setores.

Desta forma, o Município Ômega instaurou processo administrativo, no bojo do qual já houve a certificação da inexistência de imóveis públicos vagos e disponíveis que atendam ao objeto pretendido, bem como foram juntadas informações com as justificativas que demonstram a singularidade do imóvel a ser locado pela Administração e que evidenciam vantagem para ela. João, que tem interesse em alugar seu imóvel, foi procurado por agentes públicos da Secretaria Municipal de Saúde para assinar o contrato administrativo, que será firmado expressamente sob o regime jurídico da nova Lei de Licitações, mediante dispensa de licitação e com valor compatível com o preço de mercado.

Na qualidade de advogado(a) contratado por João, você lhe informou que, de acordo com a Lei nº 14.133/21, o contrato administrativo de locação

a) pode ser assinado com fundamento na dispensa de licitação, desde que haja prévias avaliação do bem e autorização do Prefeito Municipal.

b) deve ser assinado com fundamento na inexigibilidade de licitação, desde que haja prévias avaliação do bem e autorização legal da Câmara Municipal.

c) pode ser assinado com fundamento na dispensa de licitação, com avaliação prévia do bem, do seu estado de conservação e estimativa dos custos de adaptações para atender às necessidades de utilização da Secretaria Municipal de Saúde.

d) deve ser assinado com fundamento na inexigibilidade de licitação, com avaliação prévia do bem, do seu estado de conservação, dos custos de adaptações, quando imprescindíveis às necessidades de utilização, e do prazo de amortização dos investimentos.

06. FGV - OAB - 35º Exame de Ordem Unificado - Primeira Fase – Q29

O município Gama almeja realizar licitação para a escolha de um projeto urbanístico, de cunho técnico especializado, de natureza preponderantemente cultural, para a revitalização de seu centro histórico. Para tanto, fez publicar o respectivo edital com as especificações determinadas por lei. Sobre a hipótese, segundo a nova de Lei de Licitações (Lei nº 14.133/21), assinale a afirmativa correta.

a) O vencedor da licitação deverá ceder ao município Gama os direitos patrimoniais relativos ao projeto e autorizar sua execução conforme juízo de conveniência e oportunidade das autoridades competentes.

b) A elaboração do projeto técnico mencionado corresponde a serviço comum, de modo que a modalidade de licitação aplicável pelo município Gama é o pregão.

c) A modalidade de licitação a ser utilizada pelo município Gama é o diálogo competitivo, porque a Nova Lei de Licitações não prevê o concurso.

d) A licitação deverá ser realizada como concurso público de provas e títulos, tal como ocorre com a admissão de pessoal, para fins de remunerar o projeto vencedor.

07. FGV - OAB - 35º Exame de Ordem Unificado - Primeira Fase – Q31

O Estado Alfa pretende firmar com sociedade empresária ou consórcio privado contrato de concessão patrocinada de serviços públicos para manutenção de uma rodovia estadual, precedida de obra pública, sob o regime jurídico da chamada parceria público-privada. O Estado Alfa iniciou os trâmites legais para a contratação, e a sociedade empresária Delta está interessada em ser contratada. Visando calcular os riscos, em especial tirar dúvidas sobre o pedágio que será cobrado dos usuários e as providências administrativas que deve adotar previamente para ser contratada, a sociedade empresária Delta buscou orientação em escritório de advocacia especializado na matéria. Na qualidade de advogado(a) que compareceu à reunião para prestar esclarecimentos à sociedade empresária Delta, você informou ao sócio-administrador, com base na Lei nº 11.079/04, que a concessionária prestará o serviço cobrando

a) dos usuários determinado valor pela tarifa e percebendo uma remuneração adicional paga pelo poder público concedente, e, antes da celebração do contrato, deverá ser constituída sociedade de propósito específico, incumbida de implantar e gerir o objeto da parceria.

b) do Estado Alfa, na qualidade de usuário direto ou indireto dos serviços, o valor total da tarifa, e, antes da celebração do contrato, deverá ser constituída sociedade empresária subsidiária, incumbida de planejar o objeto da parceria.

c) dos usuários valor como tarifa que seja suficiente para, de forma integral, arcar com e manter o equilíbrio econômico e financeiro do contrato, sem contribuição do poder público concedente, e a contratação será precedida de licitação na modalidade concorrência.

d) do Estado Alfa, na qualidade de usuário indireto dos serviços, o valor da metade da tarifa, e a contratação será precedida de licitação na modalidade concorrência ou pregão, de acordo com o valor estimado do contrato.

08. FGV - OAB - 34º Exame de Ordem Unificado - Primeira Fase – Q29

Ataulfo é servidor público estável de um pequeno Município, ocupante de cargo administrativo de carreira junto ao Poder Executivo, cuja remuneração era composta pelas seguintes rubricas, determinadas por lei do mencionado ente federativo: (I) vencimentobase, de valor inferior ao salário-mínimo; (II) abono salarial, utilizado para alcançar o salário-mínimo; (III) adicional de tempo de serviço. O Município editou, recentemente, a Lei XYZ, que conferiu à carreira de Ataulfo nova gratificação, estipulada em 10% (dez por cento) sobre o total da remuneração até então percebida pelo mencionado servidor (somatório das rubricas (I), (II) e (III)). Acerca da remuneração de Ataulfo, com base na situação hipotética narrada, assinale a afirmativa correta.

a) A remuneração de Ataulfo é inconstitucional porque seu vencimento-base não poderia ser inferior ao salário-mínimo.

b) O Município não precisava ter editado lei para instituir a nova gratificação, na medida em que a alteração da remuneração de Ataulfo poderia ser efetuada por decreto.

c) A gratificação instituída pela Lei XYZ é inconstitucional, porque o seu cálculo incidiu sobre verbas que não podem ser computadas para a concessão de acréscimos ulteriores.

d) A remuneração de Ataulfo é inconstitucional, pois é obrigatório que sua remuneração seja realizada, exclusivamente, por subsídio, que é parcela única, vedado o acréscimo de qualquer parcela remuneratória.

09. FGV - OAB - 34º Exame de Ordem Unificado - Primeira Fase – Q31

Carlos, conhecido advogado de notório saber jurídico e de reputação ilibada, com 30 (trinta) anos de efetiva atividade profissional, acaba de ser nomeado Desembargador junto ao Tribunal de Justiça do Estado Alfa. Em razão da natureza do cargo que passará a ocupar e do grau de responsabilidade de suas novas funções, Carlos gozará da prerrogativa da vitaliciedade, que garante que a perda de seu cargo apenas pode ocorrer mediante sentença judicial transitada em julgado. A vitaliciedade no cargo do Carlos será adquirida

a) imediatamente, no momento de sua posse e exercício, não sendo necessária a observância de qualquer prazo ou a prática de qualquer ato administrativo específico.

b) após 2 (dois) anos de efetivo exercício, período no qual desempenhará estágio probatório supervisionado pelo Tribunal de Justiça estadual.

c) após 3 (três) anos de efetivo exercício, durante os quais cumprirá estágio probatório supervisionado, em conjunto, pela seccional da Ordem dos Advogados do Brasil e pelo Tribunal de Justiça estadual.

d) no prazo de 30 (trinta) dias após sua posse, por meio de ato administrativo complexo a ser praticado pela seccional da Ordem dos Advogados do Brasil e pelo Tribunal de Justiça estadual.

10. FGV - OAB - 33º Exame de Ordem Unificado - Primeira Fase – Q30

Luciano, proprietário de um terreno localizado no Município Ômega, viajou para o exterior, pelo período de 8 meses, para realizar curso de especialização profissional. Quando retornou de viagem, verificou que o Município, sem expedir qualquer notificação, de forma irregular e ilícita, invadiu sua propriedade e construiu uma escola, em verdadeiro apossamento administrativo. As aulas na nova escola municipal já se iniciaram há dois meses e verifica-se a evidente impossibilidade de se reverter a situação sem ensejar prejuízos aos interesses da coletividade. Ao buscar assistência jurídica junto a conhecido escritório de advocacia, foi manejada em favor de Luciano ação de

a) indenização por retrocessão, por abuso de poder da municipalidade, que gera direito à justa e imediata indenização, exigível quando do trânsito em julgado da ação.

b) indenização por desapropriação indireta, que visa à justa e posterior indenização, a ser paga por meio de precatório.

c) reintegração de posse por tredestinação ilícita, por desvio de finalidade, que visa à justa e posterior indenização, a ser paga por meio de precatório.

d) interdito proibitório por desvio de finalidade, que gera direito à justa e imediata indenização, exigível quando do trânsito em julgado da ação.

DIREITO ADMINISTRATIVO				
1 - C	2 - A	3 - D	4 - A	5 - D
6 - A	7 - A	8 - C	9 - A	10 - B

DIREITO ADMINISTRATIVO – QUESTÕES DA PROVA DO 43º EXAME DA OAB

01. FGV - OAB - 43º Exame de Ordem Unificado - Primeira Fase – Q30 Januário, ex-prefeito do Município Imaginário, teve conhecimento de um inquérito civil que tem por objeto avaliar condutas praticadas no exercício de seu mandato que se enquadram como atos de improbidade e que causaram prejuízo ao erário. Em razão disso, ele procurou você, na qualidade de advogada(o), para definir uma estratégia de defesa, destacando que tem provas de que atuou de forma culposa. Considerando o fato de a conduta ter sido culposa, à luz do disposto na Lei nº 8.429/1992, com a redação conferida pela Lei nº 14.230/2021, assinale a opção que apresenta, corretamente, a orientação jurídica prestada.

a) O fato é determinante para a estratégia de defesa, na medida em que os atos de improbidade não mais podem ser caracterizados na modalidade culposa.

b) O fato é importante para a estratégia de defesa, para fins de redução da pena, pois os atos de improbidade que ocasionam prejuízo ao erário admitem a modalidade culposa.

c) O fato é desinfluente para a respectiva estratégia de defesa, em um primeiro momento, pois os atos de improbidade admitem tanto a modalidade culposa quanto a dolosa.

d) O fato não tem muita relevância para a estratégia de defesa, na medida em que a responsabilização por improbidade administrativa é objetiva.

02. FGV - OAB - 43º Exame de Ordem Unificado - Primeira Fase – Q31 Rodrigo agrediu fisicamente seu desafeto Afonso, quando estava no exercício de suas atribuições como servidor público do Estado Alfa, em decorrência de uma desavença entre eles, no momento em que realizava atendimento ao público.

Em razão dos danos sofridos, Afonso ajuizou ação de responsabilidade civil em face do mencionado ente federativo. Depois do trânsito em julgado da sentença condenatória ao pagamento da quantia indenizatória de R$ 20.000 (vinte mil reais), o Estado Alfa ajuizou ação de regresso em desfavor de Rodrigo, com vistas a obter o ressarcimento do erário.

O então agente público foi citado na última segunda-feira, motivo pelo qual ele procurou você, como advogado(a), para a realização da sua defesa no respectivo processo.

Assinale a opção que indica, corretamente, a orientação jurídica que você prestou e que deve constar da contestação na ação de regresso em que Rodrigo é o demandado.

a) A responsabilidade civil do Estado é objetiva, com base na teoria do risco integral, enquanto a de Rodrigo, apesar de objetiva, com base na teoria do risco administrativo, admite a discussão acerca do elemento subjetivo.

b) A responsabilidade civil é objetiva, com base na teoria do risco administrativo, tanto para Rodrigo quanto para o Estado Alfa, motivo pelo qual a peça de defesa deve se restringir a indicar eventuais causas excludentes do nexo de causalidade.

c) A responsabilidade civil é subjetiva na situação de Rodrigo, sendo necessária a demonstração de dolo ou culpa na ação de regresso em questão, a qual foi ajuizada em decorrência da condenação do Estado fundada em sua responsabilização objetiva, com base na teoria do risco administrativo.

d) A responsabilidade civil é subjetiva tanto para Rodrigo quanto para o Estado, com base na teoria do risco administrativo, admitindo, contudo, a discussão do elemento subjetivo em ambas as hipóteses, que é imprescindível para fins de romper o nexo de causalidade.

03. FGV - OAB - 43º Exame de Ordem Unificado - Primeira Fase – Tertuliano vem acumulando ilicitamente dois cargos públicos em autarquias federais diferentes. Ao detectar tal situação, após os devidos trâmites, a autoridade competente notificou o servidor para que ele optasse pelo cargo em que pretendia permanecer.

Em decorrência da omissão de Tertuliano em realizar a aludida escolha, foi publicada a portaria atinente à instauração do processo administrativo disciplinar por acumulação ilegal de cargos. Tertuliano procurou você, como advogado(a), para saber das peculiaridades do andamento desse procedimento.

Diante dessa situação hipotética, assinale a afirmativa que indica, corretamente, sua orientação.

a) A análise do caso deverá ser feita por uma comissão processante, composta de três servidores estáveis, cujo presidente deverá ser ocupante de cargo superior ou de mesmo nível de Tertuliano.

b) A comissão processante, caracterizada a acumulação ilegal e provada a má-fé de Tertuliano, deverá indicar o cargo que estará sujeito à pena de demissão.

c) A notificação para que Tertuliano realize a opção por um dos cargos vai contra a lei, pois ele deve ser demitido de ambos os cargos ilicitamente acumulados, após o devido processo administrativo.

d) A opção de Tertuliano por um dos cargos até o último dia do prazo para defesa configura sua boa-fé, hipótese que se converterá, automaticamente, em pedido de exoneração do outro cargo.

04. FGV - OAB - 43º Exame de Ordem Unificado - Primeira Fase – O Estado Beta, após os devidos trâmites, promoveu a concessão de serviços de sua competência para a sociedade empresária *Servicaos*.

Em decorrência do descumprimento de algumas cláusulas contratuais que estão impactando a qualidade da atividade delegada, o poder concedente editou um decreto, contendo a designação do interventor, o prazo da intervenção e os objetivos e limites da medida, a fim de assegurar a adequação na prestação do serviço, bem como o fiel cumprimento das normas contratuais, regulamentares e legais pertinentes.

Em razão disso, a sociedade empresária *Servicaos* procura você, na condição de advogado(a), a fim de obter esclarecimentos acerca da validade e dos desdobramentos da medida adotada.

Assinale a opção que apresenta o esclarecimento correto a ser prestado.

a) A medida é nula, pois não poderia se materializar por meio de decreto, na medida em que o Poder Concedente deveria ter editado uma lei autorizativa para tal finalidade.

b) Após o devido processo administrativo, a constatação de inexecução do contrato deve ensejar sua extinção, constituindo causa justificadora da encampação, que independe do interesse público.

c) O Poder Concedente, declarada a intervenção, deverá, no prazo de 30 dias, instaurar procedimento administrativo para comprovar as causas determinantes da medida e apurar as responsabilidades, assegurado o direito de ampla defesa.

d) A administração do serviço, cessada a intervenção e caso não seja extinta a concessão, será devolvida à concessionária, independentemente da prestação de contas do interventor, na medida em que este não responde pelos atos por ele praticados na vigência da medida.

05. FGV - OAB - 43º Exame de Ordem Unificado - Primeira Fase – Q34 Com o intuito de promover o tombamento de dois imóveis vizinhos de inequívoco valor histórico e cultural, o Instituto do Patrimônio Histórico Nacional (Iphan), autarquia federal, no exercício de suas atribuições, promoveu a notificação dos respectivos proprietários: o Município Alfa e a senhora Maria Silva.

Maria Silva acredita que terá graves prejuízos financeiros com a materialização do tombamento de ambos os imóveis, razão pela qual, logo após a notificação, procurou você, como advogado(a), para dirimir dúvidas acerca da matéria.

À luz do disposto no Decreto-Lei nº 25/1937, assinale a opção que apresenta, corretamente, o esclarecimento que você deu a Maria Silva.

a) Com a notificação, considera-se que ocorreu o tombamento provisório do imóvel de Maria.

b) A conclusão do tombamento do imóvel do Município Alfa não gera qualquer efeito sobre o imóvel de Maria.

c) Caso Maria realize tempestivamente a impugnação relacionada ao imóvel de sua propriedade, não será cabível o tombamento compulsório.

d) Não é possível o tombamento do imóvel vizinho à propriedade de Maria, por se tratar de bem público que integra o patrimônio do Município Alfa.

GABARITO				
1 - A	2 - C	3 - A	4 - C	5 - A

DIREITO AMBIENTAL

Mateus Silveira

Sumário

1. DIREITO AMBIENTAL NA CONSTITUIÇÃO FEDERAL E COMPETÊNCIAS EM MATÉRIA AMBIENTAL

Constituição Federal

Art. 225. Todos têm direito ao meio ambiente ecologicamente equilibrado, bem de uso comum do povo e essencial à sadia qualidade de vida, impondo-se ao Poder Público e à coletividade o dever de defendê-lo e preservá-lo para as presentes e futuras gerações. [princípio da equidade ou solidariedade intergeracional]

O direito fundamental tutelado pelo art. 225 da CF/1988 é "ao meio ambiente ecologicamente equilibrado".

A Constituição Federal impõe para o poder público e à coletividade **o dever de defender e preservar o meio ambiente.**

Quais são as atribuições do Poder Público para defender e preservar o meio ambiente:

Constituição Federal

Art. 225. (...)

§ 1º Para assegurar a efetividade desse direito, incumbe ao Poder Público:

I – preservar e restaurar os processos ecológicos essenciais e prover o manejo ecológico das espécies e ecossistemas;

II – preservar a diversidade e a integridade do patrimônio genético do País e fiscalizar as entidades dedicadas à pesquisa e manipulação de material genético;

III – definir, em todas as unidades da Federação, espaços territoriais e seus componentes a serem especialmente protegidos, sendo a alteração e a supressão permitidas somente através de lei, vedada qualquer utilização que comprometa a integridade dos atributos que justifiquem sua proteção; (...)

▷ **Atenção!** Da constitucionalidade da reserva legal para alteração e supressão de espaços territoriais especialmente protegidos.

Tese: A dicção do texto constitucional não provoca maiores problemas quanto à definição de ato normativo apto à instituição/criação de espaços territorialmente protegidos, dentre os quais se pode destacar as unidades de conservação regulamentadas pela Lei 9.985/2000. **Tendo a Carta se referido à reserva de legislação somente como requisito de modificação ou supressão de unidade de conservação,** abriu margem para que outros atos do Poder Público, além de lei em sentido estrito, pudessem ser utilizados como mecanismos de instituição de espaços ambientais protegidos. **(STF – ADI nº 3.646 – rel. Min. Dias Toffoli – j. 20-9-2019** – DJE **2-12-2019)**

Constituição Federal

Art. 225. (...)

§ 1º (...)

(...)

IV – exigir, na forma da lei, para instalação de obra ou atividade potencialmente causadora de significativa degradação do meio ambiente, estudo prévio de impacto ambiental, a que se dará publicidade; (...)

▪ Aplicação dos princípios da precaução e prevenção

Princípio da prevenção: o objetivo final do princípio da prevenção é evitar que o dano possa chegar a produzir-se, para tanto, necessário se faz adotar medidas preventivas. **Certeza científica do impacto ambiental**. Conhece e previne.

Princípio da precaução: é a garantia contra os **riscos potenciais** que de acordo com o estado atual do conhecimento, **não podendo ser ainda identificados.** Desse modo, a ausência de certeza absoluta não deve servir de pretexto para se postergar a adoção de medidas efetivas para evitar a degradação ambiental. A incerteza científica milita em favor do ambiente, cabendo ao interessado o ônus de provar que as intervenções pretendidas não são perigosas e/ou poluentes. Não há certeza científica. Cautela.

Constituição Federal

Art. 225. (...)

§ 1º (...)

(...)

V – controlar a produção, a comercialização e o emprego de técnicas, métodos e substâncias que comportem risco para a vida, a qualidade de vida e o meio ambiente;

VI – promover a educação ambiental em todos os níveis de ensino e a conscientização pública para a preservação do meio ambiente;

VII – proteger a fauna e a flora, vedadas, na forma da lei, as práticas que coloquem em risco sua função ecológica, provoquem a extinção de espécies ou submetam os animais a crueldade.

▷ **Atenção!** O inciso VIII do § 1º do Art. 225 da CRFB/88 que foi acrescido pela EC nº 123/2022, agora teve o texto alterado pela EC nº 132/2023 e segue nos seguintes termos:

VIII - manter regime fiscal favorecido para os biocombustíveis e para o hidrogênio de baixa emissão de carbono, na forma de lei complementar, a fim de assegurar-lhes tributação inferior à incidente sobre os combustíveis fósseis, capaz de garantir diferencial competitivo em relação a estes, especialmente em relação às contribuições de que tratam o art. 195, I, "b", IV e V, e o art. 239 e aos impostos a que se referem os arts. 155, II, e 156-A.

- **Das decisões do STF envolvendo maus-tratos de animais:**

1) Proibição das rinhas de galo

Decisão: Lei 7.380/1998 do Estado do Rio Grande do Norte. Atividades esportivas com aves das raças combatentes. "Rinhas" ou "brigas de galo". Regulamentação. Inadmissibilidade. Meio ambiente. Animais. Submissão a tratamento cruel. Ofensa ao art. 225, § 1º, VII, da CF. (...) É inconstitucional a lei estadual que autorize e regulamente, sob título de práticas ou atividades esportivas com aves de raças ditas combatentes, as chamadas "rinhas" ou "brigas de galo" **(ADI nº 3.776 – rel. Min. Cezar Peluso – j. 14-6-2007 – *DJ* 29-6-2007 e ADI nº 1.856 – rel. Min. Celso de Mello – j. 26-5-2011 – *DJE* 14-10-2011).**

2) Da inconstitucionalidade da "farra do boi"

Decisão: A obrigação de o Estado garantir a todos o pleno exercício de direitos culturais, incentivando a valorização e a difusão das manifestações, não prescinde da observância da norma do inciso VII do art. 225 da CF, no que veda prática que acabe por submeter os animais a crueldade. Procedimento discrepante da norma constitucional denominado "farra do boi". **(RE nº 153.531 – rel. p/ o ac. Min. Marco Aurélio – j. 3-6-1997 – 2ª T. – *DJ* 13-3-1998) Vide ADI nº 1.856 – rel. Min. Celso de Mello – j. 26-5-2011 – *DJE* 14-10-2011.**

3) Da constitucionalidade do sacrifício de animais nos cultos religiosos de matriz africana

Decisão: A prática e os rituais relacionados ao sacrifício animal são patrimônio cultural imaterial e constituem os modos de criar, fazer e viver de diversas comunidades religiosas, particularmente das que vivenciam a liberdade religiosa a partir de práticas não institucionais. A dimensão comunitária da liberdade religiosa é digna de proteção constitucional e não atenta contra o princípio da laicidade. O sentido de laicidade empregado no texto constitucional destina-se a afastar a invocação de motivos religiosos no espaço público como justificativa para a imposição de obrigações. A validade de justificações públicas não é compatível com dogmas religiosos. A proteção específica dos cultos de religiões de matriz africana é compatível com o princípio da igualdade, uma vez que sua estigmatização, fruto de um preconceito estrutural, está a merecer especial atenção do Estado. **Tese fixada: "É constitucional a lei de proteção animal que, a fim de resguardar a liberdade religiosa, permite o sacrifício ritual de animais em cultos de religiões de matriz africana". (RE nº 494.601 – rel. p/ o ac. Min. Edson Fachin – j. 28-3-2019 – *DJE* 19-11-2019)**

▷ Atenção para o Caso da Vaquejada (ADI nº 4983)

- **Inconstitucionalidade da vaquejada**

A obrigação de o Estado garantir a todos o pleno exercício de direitos culturais, incentivando a valorização e a difusão das manifestações, não prescinde da observância do disposto no inciso VII do art. 225 da Carta Federal, **o qual veda prática que acabe por submeter os animais à crueldade. Discrepa da norma constitucional a denominada "vaquejada".** (ADI nº 4.983 – rel. Min. Marco Aurélio – j. 6-10-2016 – *DJE* 27-4-2017)

A) Da resposta do Congresso Nacional, pouco mais de um mês após a decisão do STF, o Congresso editou a Lei nº 13.364/2016 declarando a Vaquejada e o Rodeio manifestações culturais nacionais e bens de natureza imaterial integrantes do patrimônio cultural brasileiro, bem como regulando o bem-estar animal.

B) Após a publicação do acórdão da ADI, foi editada pelo Congresso a EC nº 96/2017, que acrescentou o § 7º ao art. 225 da CF/1988, estabelecendo que práticas esportivas que utilizam animais, se forem regulamentadas como bens de natureza imaterial integrantes do patrimônio cultural brasileiro, assegurado por lei específica o bem-estar dos animais, não configurarão maus-tratos aos animais.

C) Com a edição da Lei nº 13.364/2016 e a EC nº 96/2017, o legislativo nacional buscou superar a jurisprudência do STF, numa manifestação forte de ativismo congressual, tornando a vaquejada constitucional novamente até que a constitucionalidade das normas citadas anteriormente seja analisada pelo STF.

> **Constituição Federal**
>
> **Art. 225.** (...)
>
> (...)
>
> § 2º Aquele que explorar recursos minerais fica obrigado a recuperar o meio ambiente degradado, de acordo com solução técnica exigida pelo órgão público competente, na forma da lei.
>
> (...)
>
> § 4º A Floresta Amazônica brasileira, a Mata Atlântica, a Serra do Mar, o Pantanal Mato-Grossense e a Zona Costeira são patrimônio nacional, e sua utilização far-se-á, na forma da lei, dentro de condições que assegurem a preservação do meio ambiente, inclusive quanto ao uso dos recursos naturais.
>
> (...)
>
> § 7º Para fins do disposto na parte final do inciso VII do § 1º deste artigo, não se consideram cruéis as práticas desportivas que utilizem animais, desde

que sejam manifestações culturais, conforme o § 1º do art. 215 desta Constituição Federal, registradas como bem de natureza imaterial integrante do patrimônio cultural brasileiro, devendo ser regulamentadas por lei específica que assegure o bem-estar dos animais envolvidos.

▷ **Dica para memorizar**

A **FAMA** do **PAi** é conhecida na **ZONA** e na **SERRA**.

FA = Floresta Amazônica
MA = Mata Atlântica
PA = Pantanal mato-grossense
ZONA = Zona Costeira
SERRA = Serra do Mar

O fato de esses biomas serem classificados pela Constituição como pertencentes ao patrimônio nacional não proíbe nem inviabiliza a propriedade privada, pois a expressão "patrimônio nacional" significa que eles gozam de uma especial proteção da Constituição e das demais normas nacionais.

1.1. Política e recursos energéticos

As questões energéticas e nucleares são previstas pela Constituição Federal, nos arts. 21, XXIII; 22, XXVI; 49, XIV; 177, V; e 225, § 6º.

> **Constituição Federal**
> **Art. 225.** (...)
> (...)
> § 6º As usinas que operem com reator nuclear deverão ter sua localização definida em lei federal, sem o que não poderão ser instaladas.

1.2. Competência em matéria ambiental

1.2.1. Da competência ambiental legislativa

A Constituição Federal prevê a competência legislativa concorrente que toca aos entes União, Estados e Distrito Federal.

> **Constituição Federal**
> **Art. 24.** Compete à União, aos Estados e ao Distrito Federal legislar concorrentemente sobre:
> (...)
> VI – florestas, caça, pesca, fauna, conservação da natureza, defesa do solo e dos recursos naturais, proteção do meio ambiente e controle da poluição;
> (...)
> VIII – responsabilidade por dano ao meio ambiente, ao consumidor, a bens e direitos de valor artístico, estético, histórico, turístico e paisagístico; (...)

A competência legislativa dos municípios de interesse local é estabelecida no art. 30, I, da CF/1988.

1.2.2. Da competência ambiental administrativa ou material

A competência exclusiva da União está disposta no art. 21 da CF/1988. E a competência comum de todos os entes federados está art. 23:

> **Constituição Federal**
> **Art. 23.** É competência comum da União, dos Estados, do Distrito Federal e dos Municípios:
> (...)
> III – proteger os documentos, as obras e outros bens de valor histórico, artístico e cultural, os monumentos, as paisagens naturais notáveis e os sítios arqueológicos;
> (...)
> VI – proteger o meio ambiente e combater a poluição em qualquer de suas formas;
> VII – preservar as florestas, a fauna e a flora; (...)

▷ **Atenção!** A competência residual administrativa e legislativa dos Estados está prevista no art. 25, § 1º, da CF/1988. E a competência legislativa dos municípios está adstrita a legislar sobre interesse local.

1.3. Princípios de Direito Ambiental

Princípio do desenvolvimento sustentável: trata-se do desenvolvimento que faz face às necessidades das gerações presentes sem comprometer a capacidade das gerações futuras de satisfazer suas próprias necessidades.

Dá-se pela harmonização de três vertentes: Crescimento Econômico, Preservação Ambiental e Equidade Social. Equilíbrio entre o desenvolvimento social e econômico e a preservação ambiental é o cerne deste princípio (arts. 170, II, III, VI e VII, e 225, *caput*, da CF/1988).

Princípio da informação: as pessoas têm o direito de ser informadas e ter acesso a todas as informações relativas à proteção, preservação e repressão ao meio ambiente. Portanto, por este princípio, as pessoas têm o direito de consultar e solicitar informações e documentos de um licenciamento ambiental e outros meios de avaliação de impacto ambiental (AIA) de qualquer órgão integrante do Sistema Nacional do Meio Ambiente (SISNAMA) sem necessitar comprovar interesse específico. Os órgãos e entidades da Administração Pública, direta, indireta e fundacional, integrantes do SISNAMA estão obrigados a permitir acesso público aos documentos, expedientes e processos administrativos que tratem de matéria ambiental e a fornecer todas as informações ambientais que estejam sob sua guarda, podendo **qualquer indivíduo ter acesso às informações**

relativas ao meio ambiente mediante requerimento escrito em que assumirá a obrigação de não utilizar as informações colhidas para fins comerciais e citar a fonte caso venha a divulgar os dados obtidos nas informações solicitadas (art. 2º, I a VII e § 1º, da Lei nº 10.650/2003).

Princípio da participação ou princípio democrático: está disposto no caput do art. 225 da CF/1988 e no princípio 10 da Declaração do Rio/1992, uma vez que a Constituição Federal dispõe que é dever do poder público e da **coletividade** (entenda-se sociedade civil e todas as pessoas capazes nacionais e estrangeiras) defender e preservar o meio ambiente.

É importante ressaltar que a **participação da coletividade descrita na Constituição Federal se dá de modo pleno, ou seja, nas três esferas possíveis de poder**: participação legislativa (p. ex., lei de iniciativa popular - art. 14, III, da CF/1988), participação administrativa (p. ex., EIA/RIMA - art. 225, § 1º, IV, da CF/1988) e participação judicial ou processual (p. ex., ação popular - art. 5º, LXXIII, da CF/1988).

Princípio da educação ambiental: é fundamental e determinante para a implementação de uma garantia efetiva de um meio ambiente ecologicamente equilibrado. Pois, só com a coletividade conhecedora e educada com relação às questões ambientais é que poderemos resguardar e tutelar o direito fundamental disposto no caput do art. 225 da CF/1988.

A **Constituição Federal positivou o princípio da educação** dada a sua relevância, determinando que cabe ao poder público "promover a educação ambiental em todos os níveis de ensino e a conscientização pública para a preservação do meio ambiente" (art. 225, § 1º, VI).

Princípio da obrigatoriedade da atuação (intervenção) estatal: cabe ao poder público defender e preservar o meio ambiente ecologicamente equilibrado para as presentes e futuras gerações. Decorre da natureza indisponível do direito ao meio ambiente saudável (art. 225, caput e § 1º, da CF/1988).

Princípio do limite: é incumbência do poder público "controlar a produção, a comercialização e o emprego de técnicas, métodos e substâncias que comportem risco para a vida, a qualidade de vida e o meio ambiente". Controle do poder público sobre a produção (art. 225, § 1º, V, da CF/1988 e art. 5º, § 6º, da Lei nº 7.347/1985).

Princípio do poluidor-pagador: neste princípio, o poluidor deve arcar com os custos da prevenção dos possíveis danos ao meio ambiente que a sua atividade venha a ocasionar (**prevenção do dano**). Porém, se ocorrer dano ao meio ambiente pela atividade realizada, o poluidor será responsabilizado e terá a obrigação de reparar o dano causado (**repressão ao dano**). Este princípio visa a internalizar os custos da poluição, impondo ao empreendedor um ônus maior do que o restante da coletividade, pois as consequências negativas ao meio ambiente são exteriores à atividade e atingem toda a coletividade, enquanto o bônus pelo desenvolvimento da atividade fica restrito ao dono da atividade.

O princípio do poluidor-pagador está disposto na Constituição Federal quando fala da reparação de danos ao meio ambiente no seu art. 225, § 3º, e na Lei de Política Nacional do meio Ambiente (Lei nº 6.938/1981, no seu art. 4º, VII).

Princípio do usuário-pagador: estabelece que o usuário de recurso natural deva pagar um valor por sua utilização (**remuneração pelo uso**). Este pagamento tem o objetivo de estimular o uso racional do recurso natural e diferenciar o uso para determinado empreendimento, fazendo justiça e compensando as pessoas que usam em menor volume determinado recurso natural.

Um novo olhar junto ao princípio do usuário-pagador nos traz o chamado Pagamento por Serviços Ambientais (PSA), que consiste em aportar recursos ou incentivos para aqueles que ofertam serviços e produtos obtidos direta ou indiretamente da natureza, bem como aqueles que deixam de utilizar a natureza para exploração e a utilizam para a preservação ambiental, como nos casos da reposição florestal, conservação de bacias hidrográficas e comercialização de créditos de carbono.

> ▷ **Atenção!** O princípio do protetor-recebedor, importante destacar, envolve o mecanismo que se convencionou denominar de Pagamento por Serviços Ambientais (PSA), o qual "consiste no aporte de incentivos e recursos, de origem pública e/ou privada, para aqueles que garantem a produção e a oferta do serviço e/ou produto obtido direta ou indiretamente da natureza".

Portanto, o princípio do poluidor-pagador está presente na atividade potencialmente poluidora e nas condutas ilícitas do empreendedor, já o princípio do usuário-pagador está presente quando alguém usa determinado recurso natural licitamente para a sua atividade, sendo totalmente desnecessária a ilicitude para que haja intervenção do princípio do usuário-pagador.

Princípio da prevenção: está relacionado à **certeza científica** do impacto ambiental de determinado empreendimento, pois, com base nesta certeza, são tomadas todas as mediadas necessárias para que se evite o dano ambiental. Neste princípio há o conhecimento científico comprovado de todas as implicações de uma atividade e, desse modo, por se **conhecer** os danos da atividade é possível **preveni-los.** Portanto, este princípio age nos riscos e impactos ambientais conhecidos de certa atividade para determinar a correta e eficaz prevenção. Sua atuação ocorre para evitar os danos conhecidos, impondo estudos de impacto ambiental, licenciamentos, adequações de projetos etc.

O princípio da prevenção traz o ônus da antecipação, ou seja, há o dever de examinar antecipadamente os efeitos das intervenções humanas sobre o meio ambiente, pois este princípio visa eliminar ou reduzir as causas negativas que possam alterar a qualidade ambiental.

Contudo, prevenir danos no direito ambiental não significa que com a aplicação deste princípio nenhum dano ocorrerá, assim há uma clara diferença entre a prevenção de danos e a eliminação total deles.

Princípio da precaução: incide nas situações em que **não há certeza científica** absoluta se a atividade ocasiona dano ao meio ambiente e também nos casos em que não é possível se conhecer cientificamente a totalidade da extensão de um possível dano. Nestes casos, diante da incerteza e da possibilidade de danos irreversíveis ao meio ambiente, aplicam-se medidas que possam evitar a incidência dos danos, pois se protege o meio ambiente diante do desconhecimento dos efeitos da atividade. Este princípio traz na sua essência a **cautela**, uma vez que, na dúvida, deve-se optar pela solução que venha a proteger o ser humano e o meio ambiente. Desse modo, o princípio 15 da ECO-1992, que deu origem a este princípio, informa que os Estados/Nações devem respeitar e aplicar este princípio de acordo com as suas capacidades, sem postergar medidas eficazes e economicamente viáveis para a proteção do meio ambiente quando ameaçado de danos sérios ou irreversíveis.

Há relação direta entre o princípio da precaução e as regras previstas no estudo de impacto ambiental (EIA/RIMA), principalmente com as regras contidas na Resolução nº 1/1986 do CONAMA, no seu art. 6º, I e II.

Princípio da função socioambiental da propriedade: determina que cabe ao proprietário exercer o seu direito sem ofender o meio ambiente, preservando e mantendo os recursos naturais existentes. O termo "função social" retira o individualismo da propriedade privada e avoca para o proprietário o dever de exercer o seu direito sem prejudicar a coletividade e o meio ambiente. Este princípio fundamenta o **dever que o proprietário rural tem de manter, preservar, recuperar e recompor a vegetação em área de preservação permanente (APP) e reserva legal, mesmo que não tenha sido o autor material da supressão da vegetação protegida legalmente**, pois esta obrigação se prende ao titular do direito real, uma vez que é ligada à coisa, sendo denominada obrigação *propter rem*.

Princípio da equidade ou solidariedade intergeracional: revela a obrigação que as pessoas têm de **preservar, proteger e melhorar o meio ambiente para as gerações presentes e futuras.** Assim, neste princípio temos um **direito-dever**, ou seja, o direito de utilizar os recursos naturais e o dever de preservá-los e recuperá-los no caso de dano para que as futuras gerações possam usufruir dos mesmos recursos naturais de que dispomos hoje. O direito fundamental de terceira geração ao meio ambiente ecologicamente equilibrado, contemplado no caput do art. 225 da CF/1988, tem, na sua parte final, a inserção constitucional do princípio da equidade intergeracional.

Princípio da vedação do retrocesso ecológico (ou *non cliquet* ambiental): as garantias de proteção ambiental **não podem retroagir.** É inadmissível o recuo da salvaguarda ambiental para níveis de proteção inferiores aos consagrados, a não ser que as circunstâncias de fato sejam significativamente alteradas.

Princípio da cooperação entre os povos: deve haver ampla cooperação entre as nações no sentido de tutelar o bem maior, que é o meio ambiente.

1.4. Bens públicos (federais, estaduais e municipais) e recursos naturais

1.4.1. Bens ambientais previstos na Constituição Federal

As competências ambientais são estabelecidas pela lei (LC nº 140/2011) e pela aplicação do princípio da dominialidade dos bens envolvendo os entes federados, ou seja, se o bem é da União, a competência para os atos administrativos ambientais relativos ao bem será do ente federado proprietário do bem.

Vamos organizar aqui a separação dos bens estabelecida pela Constituição.

Bens da União (Art. 20 da CF/1988)	Bens dos Estados (Art. 26 da CF/1988)
Art. 20. São bens da União: I – os que atualmente lhe pertencem e os que lhe vierem a ser atribuídos; II – as terras devolutas indispensáveis à defesa das fronteiras, das fortificações e construções militares, das vias federais de comunicação e à preservação ambiental, definidas em lei; III – os lagos, rios e quaisquer correntes de água em terrenos de seu domínio, ou que banhem mais de um Estado, sirvam de limites com outros países, ou se estendam a território estrangeiro ou dele provenham, bem como os terrenos marginais e as praias fluviais; IV – as ilhas fluviais e lacustres nas zonas limítrofes com outros países; as praias marítimas; as ilhas oceânicas e as costeiras, excluídas, destas, as que contenham a sede de Municípios, exceto aquelas áreas afetadas ao serviço público e a unidade ambiental federal, e as referidas no art. 26, II; V – os recursos naturais da plataforma continental e da zona econômica exclusiva; VI – o mar territorial; VII – os terrenos de marinha e seus acrescidos; VIII – os potenciais de energia hidráulica; IX – os recursos minerais, inclusive os do subsolo; X – as cavidades naturais subterrâneas e os sítios arqueológicos e pré-históricos; XI – as terras tradicionalmente ocupadas pelos índios.	**Art. 26.** Incluem-se entre os bens dos Estados: I – as águas superficiais ou subterrâneas, fluentes, emergentes e em depósito, ressalvadas, neste caso, na forma da lei, as decorrentes de obras da União; II – as áreas, nas ilhas oceânicas e costeiras, que estiverem no seu domínio, excluídas aquelas sob domínio da União, Municípios ou terceiros; III – as ilhas fluviais e lacustres não pertencentes à União; IV – as terras devolutas não compreendidas entre as da União.

2. RESPONSABILIDADE AMBIENTAL

A responsabilidade pelas condutas lesivas ao meio ambiente é tríplice, conforme determina a Constituição Federal, no art. 225, § 3º. Ou seja, é uma responsabilidade penal, administrativa e civil.

> **Constituição Federal**
> **Art. 225.** (...)
> (...)
> § 3º As condutas e atividades consideradas lesivas ao meio ambiente sujeitarão os infratores, pessoas físicas ou jurídicas, a sanções penais e administrativas, independentemente da obrigação de reparar os danos causados.

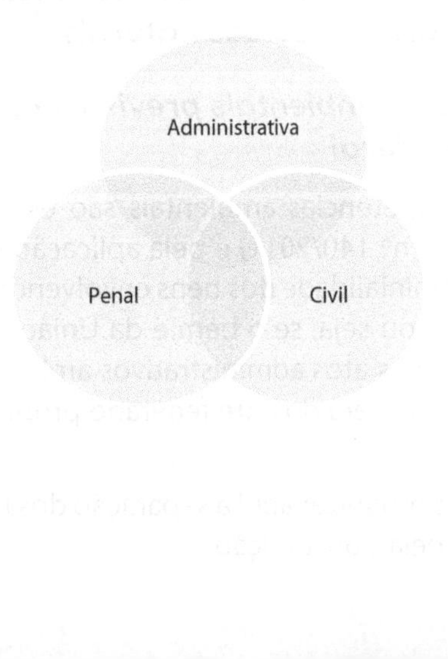

- **Tríplice responsabilidade ambiental por danos ambientais:**

Atos lesivos causados ao meio ambiente poderão ser reparados de três formas: pela responsabilidade penal, civil e administrativa.

Responsabilidade Penal	• Pessoa Física e Pessoa Jurídica respondem por crimes ambientais.
Responsabilidade Administrativa	• Poder de polícia administrativo e atuação dos entes administrativos de acordo com a competência ambiental material prevista no art. 23, III,VI ,VII da CF/1988 c/c a LC nº 140/2011.
Responsabilidade Civil	• Retorno ao status quo ante. • Obrigações propter rem.

2.1. Responsabilidade administrativa por dano ambiental

A Lei nº 9.605/1998 traz a responsabilidade administrativa, prevendo as sanções administrativas ambientais. Quando falamos de responsabilização administrativa, referimo-nos ao poder de polícia administrativa.

Infração administrativa é toda ação ou omissão que viole as regras jurídicas de uso, gozo, promoção, proteção e recuperação do meio ambiente.

Quem pode lavrar o auto de infração ambiental? As autoridades competentes para lavrar auto de infração ambiental e instaurar processo administrativo são os funcionários de órgãos ambientais integrantes do Sistema Nacional de Meio Ambiente (SISNAMA), designados para as atividades de fiscalização, bem como os agentes das Capitanias dos Portos, do Ministério da Marinha (art. 70, § 1º, da Lei nº 9.605/1998).

As infrações ambientais são apuradas em processo administrativo próprio, assegurado o direito de ampla defesa e do contraditório, observadas as disposições da Lei nº 9.605/1998 (art. 70, § 4º).

O processo administrativo ambiental é estabelecido pelo art. 71 da Lei nº 9.605/1998, pela lei do processo administrativo (Lei nº 9.784/1999) e pelo Decreto nº 6.514/2008, que dispõe sobre as infrações e sanções administrativas ao meio ambiente.

Quais são as infrações administrativas ambientais previstas na lei?

> **Lei nº 9.605/1998**
>
> **Art. 72.** As infrações administrativas são punidas com as seguintes sanções, observado o disposto no art. 6º:
>
> I – advertência;
>
> II – multa simples;
>
> III – multa diária;
>
> IV – apreensão dos animais, produtos e subprodutos da fauna e flora, instrumentos, petrechos, equipamentos ou veículos de qualquer natureza utilizados na infração;
>
> V – destruição ou inutilização do produto;
>
> VI – suspensão de venda e fabricação do produto;
>
> VII – embargo de obra ou atividade;
>
> VIII – demolição de obra;
>
> IX – suspensão parcial ou total de atividades;
>
> X – (VETADO)
>
> XI – restritiva de direitos.

Para onde vão os recursos arrecadados com as multas aplicadas com sanções administrativas?

> **Lei nº 9.605/1998**
>
> **Art. 73.** Os valores arrecadados em pagamento de multas por infração ambiental serão revertidos ao Fundo Nacional do Meio Ambiente, criado pela Lei nº 7.797, de 10 de julho de 1989, ao Fundo Naval, criado pelo Decreto nº 20.923, de 8 de janeiro de 1932, ao Fundo Nacional para Calamidades Públicas, Proteção e Defesa Civil (Funcap), criado pela Lei nº 12.340, de 1º de dezembro de 2010, e aos fundos estaduais ou municipais de meio ambiente, ou correlatos, conforme dispuser o órgão arrecadador. (Redação dada pela Lei nº 14.691, de 2023)

Da base e do valor das multas:

> **Lei nº 9.605/1998**
>
> **Art. 74.** A multa terá por base a unidade, hectare, metro cúbico, quilograma ou outra medida pertinente, de acordo com o objeto jurídico lesado.
>
> **Art. 75.** O valor da multa de que trata este Capítulo será fixado no regulamento desta Lei e corrigido periodicamente, com base nos índices estabelecidos na legislação pertinente, sendo o mínimo de R$ 50,00 (cinquenta reais) e o máximo de R$ 50.000.000,00 (cinquenta milhões de reais).

2.2. Responsabilidade civil por dano ambiental

O dano ambiental não tem um conceito específico na legislação vigente que diga exatamente o que é. No entanto, há na legislação os conceitos de degradação ambiental e poluição que formam a dimensão material do dano (art. 3º, II e II, da Lei nº 6.938/1981). Em regra, a doutrina tem conceituado o dano como algo anormal, periódico, grave e causador de prejuízo ao meio ambiente.

O dano configura-se na lesão de interesses juridicamente protegidos, e o dano ambiental se destaca, pois é a lesão a direito fundamental de todos de gozar de um meio ambiente ecologicamente equilibrado, como dispõe o art. 225, caput, da CF/1988.

O dano ambiental pode ser ecológico puro, que se configura naquele que atinge os componentes essenciais do ecossistema. Pode ser em sentido amplo (lato sensu), quando atinge qualquer componente do meio ambiente (natural, artificial, cultural ou até do trabalho).

O dano ambiental pode ser individual ou reflexo, que é aquele que atinge interesses próprios do lesado (referentes ao microbem).

Quanto à reparabilidade, pode se dar de forma direta, quando o dano é individual, reparando-se o dano diretamente ao interessado que sofreu a lesão (indenização direta para a pessoa lesada), ou **de forma indireta, quando trabalhamos com os direitos e interesses difusos e coletivos** (nesta situação, a reparação é revertida a um fundo de proteção de interesses difusos).

O **dano também pode ser patrimonial**, que possibilita a restituição, recuperação ou indenização do bem ambiental lesado, ou **extrapatrimonial (moral) ambiental,** que é todo o prejuízo não patrimonial ocasionado à sociedade ou ao indivíduo e deve ser compensado pecuniariamente.

A **responsabilidade civil ambiental é objetiva, ou seja, não vai se perquirir culpa** quando da análise desta responsabilidade.

Como fundamentos da responsabilidade civil temos: art. 927, par. ún., do CC e art. 14, § 1º, da Lei nº 6.938/1981.

Código Civil

Art. 927. Aquele que, por ato ilícito (arts. 186 e 187), causar dano a outrem, fica obrigado a repará-lo.

Parágrafo único. Haverá obrigação de reparar o dano, independentemente de culpa, nos casos especificados em lei, ou quando a atividade normalmente desenvolvida pelo autor do dano implicar, por sua natureza, risco para os direitos de outrem.

Lei nº 6.938/1981

Art. 14. (...)

§ 1º Sem obstar a aplicação das penalidades previstas neste artigo, é o poluidor obrigado, independentemente da existência de culpa, a indenizar ou reparar os danos causados ao meio ambiente e a terceiros, afetados por sua atividade. O Ministério Público da União e dos Estados terá legitimidade para propor ação de responsabilidade civil e criminal, por danos causados ao meio ambiente.

A **teoria do risco integral** determina a reparação do dano mesmo que involuntário (a exceção são os fatos exteriores ao homem), responsabilizando o poluidor por todos os acontecimentos vinculados ao evento danoso. Esta teoria relativiza a importância do nexo de causalidade para a configuração do dano.

- **Da responsabilização objetiva**

Fundamentada na teoria do risco integral, por exemplo:

a) prescindibilidade da investigação da culpa;

b) irrelevância da licitude da atividade;

c) inaplicabilidade de algumas excludentes tradicionais e de cláusula de não indenizar;

d) responsabilidade solidária do art. 942 do CC.

Quem é o responsável pela reparação do dano?

O poluidor é o sujeito responsável pela reparação do dano causado, podendo ser pessoa física, jurídica, privada ou pública.

Temos com muita frequência as pessoas jurídicas de direito privado como poluidoras e responsáveis para realizar a reparação dos danos causados, contudo, é possível que o poluidor seja também pessoa jurídica de direito público.

O poder público pode ser responsabilizado civilmente de duas formas: objetivamente, quando for ele o empreendedor ou realizador da atividade, ou seja, o próprio poluidor, e **subjetivamente, quando comprovadamente por culpa ou dolo deixa de exercer a adequada fiscalização** que lhe é atribuída pelo poder de polícia administrativa.

O dano deve ser integralmente reparado, não podendo ficar limitado ao pagamento de uma indenização em dinheiro, pois **a reparação civil deve, em primeiro lugar, buscar a restauração e a recuperação do meio ambiente poluído, e somente na impossibilidade desta poderá se restringir a indenização pecuniária.**

Portanto, além da conhecida indenização civil paga em dinheiro para reparar o dano, o direito ambiental deve, primeiramente, prever e determinar a reparação em espécie, que busca cessar com a lesão e, posteriormente, reverter e recuperar a degradação ambiental ocorrida. Outra solução reparatória é a compensação ambiental, que é a adoção de uma medida ou prática de equivalente importância ambiental para se reparar o dano esta medida só é utilizada e permitida quando restar impossível a realização da indenização específica.

- **Obrigação *propter rem***

Súm. nº 623 do STJ (DJe 17-12-2018)

As obrigações ambientais possuem natureza *propter rem*, sendo admissível cobrá-las do proprietário ou possuidor atual e/ou dos anteriores, à escolha do credor.

- **Prescrição das ações de responsabilidade civil**

Quando o objeto da ação é a proteção ao meio ambiente, como bem fundamental (essencial à sadia qualidade de vida), temos que o pedido de reparação constante na ação indenizatória será imprescritível, portanto, não caberá prescrição para o pedido de reparação de danos.

Contudo**, se a pretensão reparatória buscar reparar lesão individual** causada de forma indireta pela poluição, ou pela degradação ambiental, **o prazo prescricional será o trienal do art. 206, § 3º, V do CC.**

Posição do STJ

"É imprescritível a pretensão reparatória de danos ao meio ambiente."

REsp nº 1081257/SP – rel. Min. Og Fernandes, Segunda Turma, j. 5-6-2018 – DJe 13-6-2018.

REsp nº 1641167/RS – rel. Min. Nancy Andrighi, Terceira Turma, j. 13-3-2018 – DJe 20-3-2018.

Posição do STF

Tema de Repercussão Geral nº 999 (RE nº 654833/AC)

É imprescritível a pretensão de reparação civil de dano ambiental.

2.2.1. Ação civil pública para proteção do meio ambiente

A ação civil pública busca a responsabilidade por danos morais e patrimoniais causados ao meio ambiente.

A ação deve ser proposta no foro do local onde ocorreu o dano e pode ter como objeto a condenação em dinheiro ou o cumprimento de obrigação de fazer ou não fazer.

Quem tem legitimidade para entrar com uma ação civil pública?

São legitimados: o Ministério Público; a Defensoria Pública; a União, os Estados, o Distrito Federal e os Municípios; a autarquia, empresa pública, fundação ou sociedade de economia mista; e a associação que, concomitantemente: a) esteja constituída há pelo menos um ano nos termos da lei civil; e b) inclua entre suas finalidades institucionais a proteção ao patrimônio público e social, ao meio ambiente, ao consumidor, à ordem econômica, à livre concorrência, aos direitos de grupos raciais, étnicos ou religiosos ou ao patrimônio artístico, estético, histórico, turístico e paisagístico.

> **Súm. nº 629 do STJ:** Quanto ao dano ambiental, é admitida a condenação do réu à obrigação de fazer ou à de não fazer cumulada com a de indenizar.

2.3. Responsabilidade penal ambiental

A responsabilidade penal ambiental está estabelecida na Lei nº 9.605/1998 e lá temos a possibilidade da responsabilização penal da pessoa física e da pessoa jurídica. Portanto, o **sujeito ativo das infrações penais** ambientais pode ser **qualquer pessoa, física ou jurídica**.

Contudo, temos casos específicos de **crimes próprios** (que só podem ser cometidos por determinadas pessoas), por exemplo, os **crimes dos arts. 66 e 67 da Lei nº 9.605/1998,** que se referem expressamente ao funcionário público.

No direito penal, **não pode ser aplicada responsabilidade objetiva**, pois, penalmente, é imprescindível a comprovação do elemento subjetivo da conduta, ou seja, ou o dolo ou a culpa do agente.

2.3.1. Responsabilidade penal da pessoa jurídica por delito ambiental

Para que uma pessoa jurídica responda por crime ambiental, **dois pressupostos devem ser preenchidos cumulativamente**:

1) **a infração penal seja cometida por decisão de seu representante legal ou contratual, ou de seu órgão colegiado;**
2) **a infração penal seja cometida no interesse ou benefício da sua entidade.**

> **Lei nº 9.605/1998**
>
> **Art. 3º** As pessoas jurídicas serão responsabilizadas administrativa, civil e penalmente conforme o disposto nesta Lei, nos casos em que a infração seja cometida por decisão de seu representante legal ou contratual, ou de seu órgão colegiado, no interesse ou benefício da sua entidade.
>
> Parágrafo único. A responsabilidade das pessoas jurídicas não exclui a das pessoas físicas, autoras, coautoras ou partícipes do mesmo fato.

- **Imposição da pena**

> **Lei nº 9.605/1998**
>
> **Art. 6º** Para imposição e gradação da penalidade, a autoridade competente observará:
>
> I - a gravidade do fato, tendo em vista os motivos da infração e suas consequências para a saúde pública e para o meio ambiente;
>
> II - os antecedentes do infrator quanto ao cumprimento da legislação de interesse ambiental;
>
> III - a situação econômica do infrator, no caso de multa.
>
> **Art. 7º** As penas restritivas de direitos são autônomas e substituem as privativas de liberdade quando:
>
> I - tratar-se de crime culposo ou for aplicada a pena privativa de liberdade inferior a quatro anos; [o art. 44, I, do CP menciona pena privativa não superior a 4 anos]
>
> II - a culpabilidade, os antecedentes, a conduta social e a personalidade do condenado, bem como os motivos e as circunstâncias do crime indicarem que a substituição seja suficiente para efeitos de reprovação e prevenção do crime.
>
> Parágrafo único. As penas restritivas de direitos a que se refere este artigo terão a mesma duração da pena privativa de liberdade substituída.

- **Penas restritivas de direito das pessoas físicas**

> **Lei nº 9.605/1998**
>
> **Art. 8º** As penas restritivas de direito são:
>
> I - prestação de serviços à comunidade;
>
> II - interdição temporária de direitos;
>
> III - suspensão parcial ou total de atividades;
>
> IV - prestação pecuniária;
>
> V - recolhimento domiciliar.

- **Penas das pessoas jurídicas**

> **Lei nº 9.605/1998**
>
> **Art. 21.** As penas aplicáveis isolada, cumulativa ou alternativamente às pessoas jurídicas, de acordo com o disposto no art. 3º, são:
>
> I - multa; [aplicação do art. 18 da Lei nº 9.605/1998]
>
> II - restritivas de direitos; *[aplicação do art. 22 da Lei nº 9.605/1998]*
>
> III - prestação de serviços à comunidade. *[aplicação do art. 23 da Lei nº 9.605/1998]*
>
> **Art. 22.** As penas restritivas de direitos da pessoa jurídica são:
>
> I - suspensão parcial ou total de atividades;

II – interdição temporária de estabelecimento, obra ou atividade;

III – proibição de contratar com o Poder Público, bem como dele obter subsídios, subvenções ou doações.

§ 1º A suspensão de atividades será aplicada quando estas não estiverem obedecendo às disposições legais ou regulamentares, relativas à proteção do meio ambiente.

§ 2º A interdição será aplicada quando o estabelecimento, obra ou atividade estiver funcionando sem a devida autorização, ou em desacordo com a concedida, ou com violação de disposição legal ou regulamentar.

§ 3º A proibição de contratar com o Poder Público e dele obter subsídios, subvenções ou doações não poderá exceder o prazo de dez anos.

Art. 23. A prestação de serviços à comunidade pela pessoa jurídica consistirá em:

I – custeio de programas e de projetos ambientais;

II – execução de obras de recuperação de áreas degradadas;

III – manutenção de espaços públicos;

IV – contribuições a entidades ambientais ou culturais públicas.

▪ Circunstâncias atenuantes e agravantes

Lei nº 9.605/1998

Art. 14. São circunstâncias que atenuam a pena:

I – baixo grau de instrução ou escolaridade do agente;

II – arrependimento do infrator, manifestado pela espontânea reparação do dano, ou limitação significativa da degradação ambiental causada;

III – comunicação prévia pelo agente do perigo iminente de degradação ambiental;

IV – colaboração com os agentes encarregados da vigilância e do controle ambiental.

Art. 15. São circunstâncias que agravam a pena, quando não constituem ou qualificam o crime:

I – reincidência nos crimes de natureza ambiental;

II – ter o agente cometido a infração:

a) para obter vantagem pecuniária;

b) coagindo outrem para a execução material da infração;

c) afetando ou expondo a perigo, de maneira grave, a saúde pública ou o meio ambiente;

d) concorrendo para danos à propriedade alheia;

e) atingindo áreas de unidades de conservação ou áreas sujeitas, por ato do Poder Público, a regime especial de uso;

f) atingindo áreas urbanas ou quaisquer assentamentos humanos;

g) em período de defeso à fauna;

h) em domingos ou feriados;

i) à noite;

j) em épocas de seca ou inundações;

l) no interior do espaço territorial especialmente protegido;

m) com o emprego de métodos cruéis para abate ou captura de animais;

n) mediante fraude ou abuso de confiança;

o) mediante abuso do direito de licença, permissão ou autorização ambiental;

p) no interesse de pessoa jurídica mantida, total ou parcialmente, por verbas públicas ou beneficiada por incentivos fiscais;

q) atingindo espécies ameaçadas, listadas em relatórios oficiais das autoridades competentes;

r) facilitada por funcionário público no exercício de suas funções.

Em razão do extenso rol, entende-se que estas agravantes afastam as previstas no Código Penal. O mesmo ocorre com as circunstâncias atenuantes, à exceção da cláusula aberta inscrita no art. 66 do CP, em que se prevê que a pena poderá ser ainda atenuada em razão de circunstâncias relevantes, anterior ou posterior ao crime, embora não prevista expressamente em lei.

▪ Ação e processo penal

Lei nº 9.605/1998

Art. 26. Nas infrações penais previstas nesta Lei, a ação penal é pública incondicionada.

Parágrafo único. (VETADO)

É possível a aplicação do princípio da insignificância nos crimes ofensivos ao meio ambiente.

Posição do STF:

AÇÃO PENAL. Crime ambiental. Pescador flagrado com doze camarões e rede de pesca, em desacordo com a Portaria 84/2002, do IBAMA. Art. 34, parágrafo único, II, da Lei nº 9.605/1998. Rei furtivae de valor insignificante. Periculosidade não considerável do agente. *Crime de bagatela. Caracterização. Aplicação do princípio da insignificância. Atipicidade reconhecida. Absolvição decretada.* HC concedido para esse fim. Voto vencido. Verificada a objetiva insignificância jurídica do ato tido por delituoso, à luz das suas circunstâncias, deve o réu, em recurso ou *habeas corpus*, ser absolvido por atipicidade do comportamento. (HC nº 112563/SC – *DJe*-241 – divulg 7-12-2012 – public 10-12-2012)

▷ **Atenção!** Os crimes em espécie estão definidos nos arts. 29 a 69 da Lei nº 9.605/1998. É importante realizar a leitura deles, pois já tivemos a cobrança de crimes específicos, como o do art. 31, que prevê a introdução de espécie animal no País sem as devidas autorizações.

- **Suspensão condicional do processo**

Lei nº 9.605/1998

Art. 28. As disposições do art. 89 da Lei nº 9.099, de 26 de setembro de 1995, aplicam-se aos crimes de menor potencial ofensivo definidos nesta Lei, com as seguintes modificações:

- **Exigência da lei ambiental criminal**

I – a declaração de extinção de punibilidade, de que trata o § 5º do artigo referido no *caput*, dependerá de laudo de constatação de reparação do dano ambiental, ressalvada a impossibilidade prevista no inciso I do § 1º do mesmo artigo;

II – na hipótese de o laudo de constatação comprovar não ter sido completa a reparação, o prazo de suspensão do processo será prorrogado, até o período máximo previsto no artigo referido no *caput*, acrescido de mais um ano, com suspensão do prazo da prescrição;

III – no período de prorrogação, não se aplicarão as condições dos incisos II, III e IV do § 1º do artigo mencionado no *caput*;

IV – findo o prazo de prorrogação, proceder-se-á à lavratura de novo laudo de constatação de reparação do dano ambiental, podendo, conforme seu resultado, ser novamente prorrogado o período de suspensão, até o máximo previsto no inciso II deste artigo, observado o disposto no inciso III;

V – esgotado o prazo máximo de prorrogação, a declaração de extinção de punibilidade dependerá de laudo de constatação que comprove ter o acusado tomado as providências necessárias à reparação integral do dano.

- **Crimes ambientais em espécie**

Os crimes em espécie estão definidos nos arts. 29 a 69 da Lei nº 9.605/98. É importante realizar a leitura deles, pois já tivemos a cobrança de crimes específicos, como o do art. 31, que prevê a introdução de espécie animal no País sem as devidas autorizações.

- **Crimes contra a fauna**

Lei nº 9.605/1998

Art. 30. Exportar para o exterior peles e couros de anfíbios e répteis em bruto, sem a autorização da autoridade ambiental competente:

Pena – reclusão, de um a três anos, e multa.

Art. 31. Introduzir espécime animal no País, sem parecer técnico oficial favorável e licença expedida por autoridade competente:

Pena – detenção, de três meses a um ano, e multa.

Art. 32. Praticar ato de abuso, maus-tratos, ferir ou mutilar animais silvestres, domésticos ou domesticados, nativos ou exóticos:

Pena – detenção, de três meses a um ano, e multa.

§ 1º Incorre nas mesmas penas quem realiza experiência dolorosa ou cruel em animal vivo, ainda que para fins didáticos ou científicos, quando existirem recursos alternativos.

- **Atenção para novidade da qualificado do crime:**

§ 1º-A. Quando se tratar de cão ou gato, a pena para as condutas descritas no *caput* deste artigo será de reclusão, de 2 (dois) a 5 (cinco) anos, multa e proibição da guarda. *(Incluído pela Lei nº 14.064/2020)* – Qualificadora se o crime for cometido contra cão ou gato.

§ 1º-B. Incorre nas mesmas penas quem realiza ou permite a realização de tatuagens e a colocação de piercings em cães e gatos, com fins estéticos.

§ 2º A pena é aumentada de um sexto a um terço, se ocorre morte do animal.

Lei 7.380/1998, do Estado do Rio Grande do Norte. Atividades esportivas com aves das raças combatentes. "Rinhas" ou "Brigas de galo". Regulamentação. Inadmissibilidade. Meio ambiente. Animais. Submissão a tratamento cruel. Ofensa ao art. 225, § 1º, VII, da CF. (...) É inconstitucional a lei estadual que autorize e regulamente, sob título de práticas ou atividades esportivas com aves de raças ditas combatentes, as chamadas "rinhas" ou "brigas de galo". (ADI nº 3.776 – rel. Min. Cezar Peluso – j. 14-6-2007 – Plenário – *DJ* 29-6-2007) No mesmo sentido: ADI nº 1.856 – rel. Min. Celso de Mello – j. 26-5-2011 – Plenário – *DJE* 14-10-2011.

A obrigação de o Estado garantir a todos o pleno exercício de direitos culturais, incentivando a valorização e a difusão das manifestações, não prescinde da observância da norma do inciso VII do art. 225 da CF, *no que veda prática que acabe por submeter os animais à crueldade. Procedimento discrepante da norma constitucional denominado "farra do boi". (RE nº 153.531 – rel. p/ o ac. Min. Marco Aurélio – j. 3-6-1997 – Segunda Turma – DJ 13-3-1998.)* Vide: ADI nº 1.856 – rel. Min. Celso de Mello – j. 26-5-2011 – Plenário – DJE 14-10-2011.

- **Hipótese de exclusão da antijuridicidade (ou ilicitude) da conduta**

Lei nº 9.605/1998

Art. 37. Não é crime o abate de animal, quando realizado:

I – em estado de necessidade, para saciar a fome do agente ou de sua família;

II – para proteger lavouras, pomares e rebanhos da ação predatória ou destruidora de animais, desde que legal e expressamente autorizado pela autoridade competente;

III – (VETADO)

IV – por ser nocivo o animal, desde que assim caracterizado pelo órgão competente.

- **Crimes – Da poluição e outros crimes ambientais**

Lei nº 9.605/1998

Art. 54. Causar poluição de qualquer natureza em níveis tais que resultem ou possam resultar em danos à saúde humana, ou que provoquem a mortandade de animais ou a destruição significativa da flora:

Pena – reclusão, de um a quatro anos, e multa.

§ 1º Se o crime é culposo:

Pena – detenção, de seis meses a um ano, e multa.

§ 2º Se o crime:

I – tornar uma área, urbana ou rural, imprópria para a ocupação humana;

II – causar poluição atmosférica que provoque a retirada, ainda que momentânea, dos habitantes das áreas afetadas, ou que cause danos diretos à saúde da população;

III – causar poluição hídrica que torne necessária a interrupção do abastecimento público de água de uma comunidade;

IV – dificultar ou impedir o uso público das praias;

V – ocorrer por lançamento de resíduos sólidos, líquidos ou gasosos, ou detritos, óleos ou substâncias oleosas, em desacordo com as exigências estabelecidas em leis ou regulamentos:

Pena – reclusão, de um a cinco anos.

§ 3º Incorre nas mesmas penas previstas no parágrafo anterior quem deixar de adotar, quando assim o exigir a autoridade competente, medidas de precaução em caso de risco de dano ambiental grave ou irreversível.

Art. 55. Executar pesquisa, lavra ou extração de recursos minerais sem a competente autorização, permissão, concessão ou licença, ou em desacordo com a obtida:

Pena – detenção, de seis meses a um ano, e multa.

Parágrafo único. Nas mesmas penas incorre quem deixa de recuperar a área pesquisada ou explorada, nos termos da autorização, permissão, licença, concessão ou determinação do órgão competente.

3. DA POLÍTICA NACIONAL DO MEIO AMBIENTE

3.1. Dos objetivos e princípios da PNMA

3.1.1. Objetivos da PNMA (PMR)

A Política Nacional do Meio Ambiente tem por objetivo a preservação, melhoria e recuperação da qualidade ambiental propícia à vida, visando assegurar, no País, condições ao desenvolvimento socioeconômico, aos interesses da segurança nacional e à proteção da dignidade da vida humana.

Lei nº 6.938/1981

Art. 4º A Política Nacional do Meio Ambiente visará:

I – à compatibilização do desenvolvimento econômico social com a preservação da qualidade do meio ambiente e do equilíbrio ecológico;

II – à definição de áreas prioritárias de ação governamental relativa à qualidade e ao equilíbrio ecológico, atendendo aos interesses da União, dos Estados, do Distrito Federal, do Territórios e dos Municípios;

III – ao estabelecimento de critérios e padrões da qualidade ambiental e de normas relativas ao uso e manejo de recursos ambientais;

IV – ao desenvolvimento de pesquisas e de tecnologias nacionais orientadas para o uso racional de recursos ambientais;

V – à difusão de tecnologias de manejo do meio ambiente, à divulgação de dados e informações ambientais e à formação de uma consciência pública sobre a necessidade de preservação da qualidade ambiental e do equilíbrio ecológico;

VI – à preservação e restauração dos recursos ambientais com vistas à sua utilização racional e disponibilidade permanente, concorrendo para a manutenção do equilíbrio ecológico propício à vida;

VII – à imposição, ao poluidor e ao predador, da obrigação de recuperar e/ou indenizar os danos causados, e ao usuário, de contribuição pela utilização de recursos ambientais com fins econômicos.

3.1.2. Princípios da PNMA (art. 2º da Lei nº 6.938/1981)

Art. 2º A Política Nacional do Meio Ambiente tem por objetivo a preservação, melhoria e recuperação da qualidade ambiental propícia à vida, visando assegurar, no País, condições ao desenvolvimento sócio-econômico, aos interesses da segurança nacional e à proteção da dignidade da vida humana, atendidos os seguintes princípios:

I – ação governamental na manutenção do equilíbrio ecológico, considerando o meio ambiente como um patrimônio público a ser necessariamente assegurado e protegido, tendo em vista o uso coletivo;

II – racionalização do uso do solo, do subsolo, da água e do ar;

III – planejamento e fiscalização do uso dos recursos ambientais;

IV – proteção dos ecossistemas, com a preservação de áreas representativas;

V – controle e zoneamento das atividades potencial ou efetivamente poluidoras;

VI – incentivos ao estudo e à pesquisa de tecnologias orientadas para o uso racional e a proteção dos recursos ambientais;

VII – acompanhamento do estado da qualidade ambiental;

VIII – recuperação de áreas degradadas;

IX – proteção de áreas ameaçadas de degradação;

X – educação ambiental a todos os níveis do ensino, inclusive a educação da comunidade, objetivando capacitá-la para participação ativa na defesa do meio ambiente.

3.2. Do Sistema Nacional do Meio Ambiente (SISNAMA): IBAMA, ICMBio e Conselho Nacional do Meio Ambiente (CONAMA) – Política Nacional do Meio Ambiente

O SISNAMA é um conjunto de órgãos oriundos de todos os entes federados, responsáveis pela proteção e melhoria da qualidade ambiental (art. 6º, *caput*, da Lei nº 6.938/81).

Órgão Superior	**Conselho de Governo**: auxilia o Presidente da República na formulação de políticas públicas ligadas ao meio ambiente.
Órgão Consultivo e Deliberativo	**CONAMA (Conselho Nacional do Meio Ambiente)**: suas deliberações, por meio das resoluções do órgão, são fundamentais para a realização dos instrumentos da Política Nacional do Meio Ambiente.
Órgão Central	**Ministério do Meio Ambiente** (Secretaria do Meio Ambiente da Presidência da República não existe mais, tornando-se no atual Ministério do Meio Ambiente): é o órgão que centraliza todas as políticas públicas de meio ambiente.
Órgãos Executores	**IBAMA** (Instituto Brasileiro do Meio Ambiente e dos Recursos Naturais Renováveis) e **ICMBio** (Instituto Chico Mendes de Conservação da Biodiversidade): função de executar e fazer executar a política e as diretrizes governamentais fixadas para o meio ambiente. O ICMBio atua junto às Unidades de Conservação Federais.
Órgãos Seccionais	Órgãos ou entidades estaduais responsáveis pela execução de programas, projetos e pelo controle e fiscalização de atividades capazes de provocar a degradação ambiental.
Órgãos Locais	Órgãos ou entidades municipais, responsáveis pelo controle e fiscalização dessas atividades, nas suas respectivas jurisdições.

3.3. Instrumentos da Política Nacional do Meio Ambiente

Os instrumentos da Política Nacional do Meio Ambiente estão nos incisos do art. 9º da Lei nº 6.938/1981, entre eles: o estabelecimento de padrões de qualidade ambiental, a Avaliação de Impacto Ambiental (AIA) (EIA/RIMA, plano de manejo, relatório ambiental e outros), o Sistema Nacional de Informações sobre o Meio Ambiente (SINIMA), Licenciamento Ambiental, o Cadastro técnico federal de atividades e instrumento de defesa ambiental, o Cadastro técnico federal de atividades potencialmente poluidoras e/ou utilizadoras dos recursos ambientais e instrumentos econômicos (concessão florestal, servidão ambiental e seguro ambiental) e a garantia da prestação de informações relativas ao meio ambiente, obrigando o poder público a produzir as informações, quando inexistentes.

> **Lei nº 6.938/1981**
>
> **Art. 9º** (...)
>
> (...)
>
> XIII – instrumentos econômicos, como concessão florestal, servidão ambiental, seguro ambiental e outros.

Pela **servidão ambiental** o proprietário rural, voluntariamente, renuncia à exploração ou supressão (de parte) dos recursos naturais localizados em sua propriedade.

> **Lei nº 6.938/1981**
>
> **Art. 9º-A.** O proprietário ou possuidor de imóvel, pessoa natural ou jurídica, pode, por instrumento público ou particular ou por termo administrativo firmado perante órgão integrante do SISNAMA, limitar o uso de toda a sua propriedade ou de parte dela para preservar, conservar ou recuperar os recursos ambientais existentes, instituindo servidão ambiental. (Redação dada pela Lei nº 12.651/2012)

3.3.1. Avaliação de impacto ambiental (EIA e RIMA)

No tocante ao instrumento denominado **EIA/RIMA, o Estudo de Impacto Ambiental (EIA) é** um profundo diagnóstico do empreendimento que está em vias de ser licenciado pelo órgão ambiental competente. Este instrumento avalia os impactos e define as medidas compensatórias e mitigadoras necessárias para a realização do empreendimento. O Relatório de Impacto Ambiental (RIMA) tem por finalidade tornar compreensível para o público o conteúdo técnico do EIA. Desse modo, em decorrência do princípio da informação, o relatório deve ser objetivo, sintético e acessível a todos, porém, deve ser um retrato fiel do conteúdo do EIA, exposto de uma forma menos técnica.

3.3.2. Licenciamento e licença ambiental

- **Conceitos da Resolução nº 237/1997 do COMAMA**

Licenciamento ambiental: procedimento administrativo pelo qual o órgão ambiental competente licencia a localização, instalação, ampliação e a operação de empreendimentos e atividades utilizadoras de recursos ambientais consideradas efetiva ou potencialmente poluidoras ou aquelas que, sob qualquer forma, possam causar degradação ambiental, considerando as disposições legais e regulamentares e as normas técnicas aplicáveis ao caso. É instituído em três fases: Licença Prévia (LP), Licença de Instalação (LI) e Licença de Operação (LO).

Resolução COMAMA nº 237/1997

Art. 8º O Poder Público, no exercício de sua competência de controle, expedirá as seguintes licenças:

I – Licença Prévia (LP) – concedida na fase preliminar do planejamento do empreendimento ou atividade aprovando sua localização e concepção, atestando a viabilidade ambiental e estabelecendo os requisitos básicos e condicionantes a serem atendidos nas próximas fases de sua implementação;

II – Licença de Instalação (LI) – autoriza a instalação do empreendimento ou atividade de acordo com as especificações constantes dos planos, programas e projetos aprovados, incluindo as medidas de controle ambiental e demais condicionantes, da qual constituem motivo determinante;

III – Licença de Operação (LO) – autoriza a operação da atividade ou empreendimento, após a verificação do efetivo cumprimento do que consta das licenças anteriores, com as medidas de controle ambiental e condicionantes determinados para a operação.

Licença ambiental: ato administrativo pelo qual o órgão ambiental competente estabelece as condições, restrições e medidas de controle ambiental que deverão ser obedecidas pelo empreendedor, pessoa física ou jurídica, para localizar, instalar, ampliar e operar empreendimentos ou atividades utilizadoras dos recursos ambientais consideradas efetiva ou potencialmente poluidoras ou aquelas que, sob qualquer forma, possam causar degradação ambiental.

4. SISTEMA NACIONAL DE UNIDADES DE CONSERVAÇÃO (SNUC)

A Lei nº 9.985/2000, que cria o SNUC, regulamenta os incisos I, II, III e VII do § 1º do art. 225 da CF/1988, com destaque para o dever de definir, em todas as unidades da federação, espaços territoriais e seus componentes a serem especialmente protegidos, conforme dispõe o inciso III do artigo constitucional citado.

Podem integrar o SNUC, excepcionalmente e a critério do CONAMA, unidades de conservação estaduais e municipais que, concebidas para atender a peculiaridades regionais ou locais, possuam objetivos de manejo que não possam ser satisfatoriamente atendidos por nenhuma categoria prevista na Lei nº 9.985/2000 e cujas características permitam, em relação a estas, uma clara distinção.

União, Estados, Distrito Federal e Municípios podem instituir unidades de conservação da natureza. O SNUC é formado pelo conjunto das unidades de conservação de todos os entes federados.

As ações e a responsabilidade por todos os atos que dizem respeito à política nacional de unidades de conservação da natureza passaram a ser atribuição do Instituto Chico Mendes de Conservação da Biodiversidade (ICMBio), a partir da Lei nº 11.516/2007.

O ICMBio é uma autarquia federal ligada ao SISNAMA e ao Ministério do Meio Ambiente, que nasceu com a função de implementar a política nacional das unidades de conservação federais.

- **Conceitos importantes da lei:**

- ***Unidade de conservação:*** espaço territorial e seus recursos ambientais, incluindo as águas jurisdicionais, com características naturais relevantes, legalmente instituído pelo poder público, com objetivos de conservação e limites definidos, sob regime especial de administração, ao qual se aplicam garantias adequadas de proteção;
- ***Proteção integral:*** manutenção dos ecossistemas livres de alterações causadas por interferência humana, admitido apenas o uso indireto dos seus atributos naturais;
- ***Manejo:*** todo e qualquer procedimento que vise assegurar a conservação da diversidade biológica e dos ecossistemas;
- ***Uso indireto:*** aquele que não envolve consumo, coleta, dano ou destruição dos recursos naturais;
- ***Uso direto:*** aquele que envolve coleta e uso, comercial ou não, dos recursos naturais;
- ***Uso sustentável:*** exploração do ambiente de maneira a garantir a perenidade dos recursos ambientais renováveis e dos processos ecológicos, mantendo a biodiversidade e os demais atributos ecológicos, de forma socialmente justa e economicamente viável;
- ***Plano de manejo:*** documento técnico mediante o qual, com fundamento nos objetivos gerais de uma unidade de conservação, estabelece-se o seu zoneamento e as normas que devem presidir o uso da área e o manejo dos recursos naturais, inclusive a implantação das estruturas físicas necessárias à gestão da unidade;
- ***Zona de amortecimento:*** o entorno de uma unidade de conservação, onde as atividades humanas estão sujeitas a normas e restrições específicas, com o propósito de minimizar os impactos negativos sobre a unidade.

O **Sistema Nacional de Unidades de Conservação da Natureza (SNUC)** é constituído pelo conjunto das unidades de conservação federais, estaduais e municipais.

O **SNUC será gerido pelos seguintes órgãos**, com as respectivas atribuições:

Órgão consultivo e deliberativo: Conselho Nacional do Meio Ambiente (CONAMA), com as atribuições de acompanhar a implementação do Sistema.

Órgão central: Ministério do Meio Ambiente, com a finalidade de coordenar o Sistema.

Órgãos executores: o Instituto Chico Mendes e o IBAMA, em caráter supletivo, os órgãos estaduais e municipais, com a função de implementar o SNUC, subsidiar as propostas de criação e administrar as unidades de conservação federais, estaduais e municipais, nas respectivas esferas de atuação.

▷ **Atenção!** As **unidades de conservação da natureza** dividem-se em **unidades de proteção integral e unidades de uso sustentável.** Esta divisão dá-se conforme o grau de intensidade da proteção a ser realizada.

As **unidades de proteção integral** são os locais onde é permitido apenas o uso indireto dos atributos naturais. O uso indireto é aquele que não envolve consumo, coleta, dano ou destruição dos recursos naturais.

As categorias de unidades de proteção integral são as seguintes: estação ecológica, reserva biológica e parque nacional, todas elas públicas; já o monumento natural e o refúgio da vida silvestre podem ser constituídos por áreas pertencentes a particulares (arts. 9º a 13 da Lei nº 9.985/2000).

Unidade de Conservação	Fundamento legal	Características
Estação Ecológica	Art. 9º da Lei nº 9.985/2000	Posse e domínio público. Se houver área particular, será desapropriada. Proibida a visitação pública. Pesquisa científica depende de autorização prévia.
Reserva Biológica	Art. 10 da Lei nº 9.985/2000	Posse e domínio público. Se houver área particular, será desapropriada. Proibida a visitação pública. Pesquisa científica depende de autorização prévia.
Parque Nacional	Art. 11 da Lei nº 9.985/2000	Posse e domínio público. Área particular será desapropriada. Visitação pública está sujeita às normas e restrições do plano de manejo. Pesquisa científica depende de autorização prévia.
Monumento Natural	Art. 12 da Lei nº 9.985/2000	Pode ser constituído por áreas particulares, porém, a área será desapropriada se houver incompatibilidade entre os objetivos da área e as atividades privadas ou não havendo aquiescência do proprietário às condições propostas pelo órgão responsável pela administração da unidade para a coexistência do Monumento Natural com o uso da propriedade. Visitação pública está sujeita às condições e restrições do plano de manejo.
Refúgio da Vida Silvestre	Art. 13 da Lei nº 9.985/2000	Pode ser constituído por áreas particulares, porém, a área será desapropriada se houver incompatibilidade entre os objetivos da área e as atividades privadas ou não havendo aquiescência do proprietário às condições propostas pelo órgão responsável pela administração da unidade para a coexistência do Monumento Natural com o uso da propriedade privada. Visitação pública está sujeita às normas e restrições do plano de manejo. Pesquisa científica depende de autorização prévia.

As **unidades de uso sustentável** compatibilizam a conservação da natureza com o uso sustentável de parte dos recursos naturais. Nestas unidades é admitida a utilização e exploração de uma parcela dos recursos naturais em regime de manejo sustentável desde que o zoneamento da área compreendida seja observado, bem como as limitações legais e o plano de manejo estabelecido para unidade de conservação da natureza.

As categorias que compreendem as unidades de uso sustentável são: área de proteção ambiental, área de relevante interesse ecológico, floresta nacional, reserva extrativista, reserva de fauna, reserva de desenvolvimento sustentável e reserva particular do patrimônio natural (arts. 15 a 21 da Lei nº 9.985/2000).

Unidade de Conservação	Fundamento Legal	Características
Área de Proteção Ambiental	Art. 15 da Lei nº 9.985/2000	Constituída por terras públicas ou privadas. nas áreas públicas, as condições para realização de pesquisa e visitação são da responsabilidade do órgão gestor da UC; nas privadas, cabe ao proprietário estabelecer as condições de pesquisa e visitação. Disporá de um conselho presidido pelo órgão responsável por sua administração e constituído por representantes dos órgãos públicos, de organizações da sociedade civil e da população residente.
Área de Relevante Interesse Ecológico	Art. 16 da Lei nº 9.985/2000	Constituída por terras públicas ou particulares.
Floresta Nacional	Art. 17 da Lei nº 9.985/2000	Posse e domínio público. Áreas particulares serão desapropriadas. Visitação pública é permitida. É admitida a permanência de populações tradicionais que a habitam quando de sua criação. Pesquisa é permitida e incentivada. Dispõe de um conselho consultivo. Quando criada por Estados e Municípios, poderão ser chamadas de Floresta Estadual e Floresta Municipal, respectivamente.
Reserva Extrativista	Art. 18 da Lei nº 9.985/2000	Domínio público, com uso concedido às populações extrativistas tradicionais. Gerida por conselho deliberativo (CD). Visitação pública é permitida. Pesquisa científica é permitida e incentivada. Plano de manejo aprovado pelo CD. Exploração comercial de recursos madeireiros só será admitida em bases sustentáveis.
Reserva de Fauna	Art. 19 da Lei nº 9.985/2000	Posse e domínio público. Visitação pública pode ser permitida.
Reserva de Desenvolvimento Sustentável	Art. 20 da Lei nº 9.985/2000	Domínio público. Uso de áreas ocupadas pelas populações tradicionais. Gerida por um conselho deliberativo (CD). Plano de manejo com zonas.
Reserva Particular do Patrimônio Natural	Art. 21 da Lei nº 9.985/2000	Área privada. Gravada com perpetuidade em registro público. Pesquisa científica. Visitação com objetivos turísticos, recreativos e educacionais.

A criação de unidades de conservação da natureza pode ser realizada por lei ou por decreto do chefe do Poder Executivo federal, estadual, do Distrito Federal ou municipal. Da mesma forma ocorre quando se busca ampliar os limites da unidade de conservação já estabelecida.

No entanto, a supressão e a alteração do regime de proteção com fins de diminuir a tutela só poderão ocorrer mediante a edição de uma lei ordinária, conforme determina o art. 225, § 1º, III da CF/1988.

A zona de amortecimento (art. 25 da Lei nº 9.985/2000) é o entorno de uma unidade de conservação, onde as atividades humanas estão sujeitas a normas de restrições específicas, com propósito de minimizar os impactos negativos sobre a unidade. A zona de amortecimento não faz parte da unidade de conservação, mas está sujeita a normas e restrições específicas do ente federado administrador da unidade. Todas as unidades de conservação devem possuir zona de amortecimento, **exceto as Áreas de Proteção Ambiental (APA) e Reserva Particular do Patrimônio Natural (RPPN).**

4.1. Da criação, implantação e gestão das unidades de conservação

Lei nº 9.985/2000

Art. 22. As unidades de conservação são criadas por ato do Poder Público.

(...)

§ 2º A criação de uma unidade de conservação deve ser precedida de estudos técnicos e de consulta pública que permitam identificar a localização, a dimensão e os limites mais adequados para a unidade, conforme se dispuser em regulamento.

§ 3º No processo de consulta de que trata o § 2º, o Poder Público é obrigado a fornecer informações adequadas e inteligíveis à população local e a outras partes interessadas.

§ 4º Na criação de Estação Ecológica ou Reserva Biológica não é obrigatória a consulta de que trata o § 2º deste artigo.

§ 5º As unidades de conservação do grupo de Uso Sustentável podem ser transformadas total ou parcialmente em unidades do grupo de Proteção Integral, por instrumento normativo do mesmo nível hierárquico do que criou a unidade, desde que obedecidos os procedimentos de consulta estabelecidos no § 2º deste artigo.

§ 6º A ampliação dos limites de uma unidade de conservação, sem modificação dos seus limites originais, exceto pelo acréscimo proposto, pode ser feita por instrumento normativo do mesmo nível hierárquico do que criou a unidade, desde que obedecidos os procedimentos de consulta estabelecidos no § 2º deste artigo.

§ 7º A desafetação ou redução dos limites de uma unidade de conservação só pode ser feita mediante lei específica.

Art. 22-A. O Poder Público poderá, ressalvadas as atividades agropecuárias e outras atividades econômicas em andamento e obras públicas licenciadas, na forma da lei, decretar limitações administrativas provisórias ao exercício de atividades e empreendimentos efetiva ou potencialmente causadores de degradação ambiental, para a realização de estudos com vistas na criação de Unidade de Conservação, quando, a critério do órgão ambiental competente, houver risco de dano grave aos recursos naturais ali existentes.

§ 1º Sem prejuízo da restrição e observada a ressalva constante do *caput*, na área submetida a limitações administrativas, não serão permitidas atividades que importem em exploração a corte raso da floresta e demais formas de vegetação nativa.

§ 2º A destinação final da área submetida ao disposto neste artigo será definida no prazo de 7 (sete) meses, improrrogáveis, findo o qual fica extinta a limitação administrativa.

5. CÓDIGO FLORESTAL (LEI Nº 12.651/2012)

A legislação sobre florestas é uma competência concorrente da União, dos Estados e do Distrito Federal, com fundamento no art. 24, VI, da CF/1988, ou seja, no tema das florestas, a União faz as regras legislativas gerais e os Estados fazem as regras específicas que completarão e suplementarão, de acordo com as realidades regionais, as normas nacionais estabelecidas pela União.

A principal e mais importante norma florestal do Brasil é o **Código Florestal (Lei nº 12.651/2012).**

Conceitos importantes constantes na norma federal:

Área de Preservação Permanente (APP): área protegida, coberta ou não por vegetação nativa, com a função ambiental de preservar os recursos hídricos, a paisagem, a estabilidade geológica e a biodiversidade, facilitar o fluxo gênico de fauna e flora, proteger o solo e assegurar o bem-estar das populações humanas.

Reserva legal: área localizada no interior de uma propriedade ou posse rural, delimitada nos termos do art. 12, com a função de assegurar o uso econômico de modo sustentável dos recursos naturais do imóvel rural, auxiliar a conservação e a reabilitação dos processos ecológicos e promover a conservação da biodiversidade, bem como o abrigo e a proteção de fauna silvestre e da flora nativa.

As APPs são fixadas e definidas por lei, não havendo espaço para mudança, bem como são áreas que se constituem em espaços territoriais especialmente protegidos descritos na Constituição Federal e organizados e regulados pela legislação federal.

APPs existem tanto em área urbana quanto em área rural, pois são definidas por lei.

No Código Florestal, as APPs estão descritas nos arts. 4º a 6º. Vejamos:

> **Art. 4º** Considera-se Área de Preservação Permanente, em zonas rurais ou urbanas, para os efeitos desta Lei:
>
> I – as faixas marginais de qualquer curso d'água natural perene e intermitente, excluídos os efêmeros, desde a borda da calha do leito regular, em largura mínima de: *(Incluído pela Lei nº 12.727/2012)*
>
> *a)* 30 (trinta) metros, para os cursos d'água de menos de 10 (dez) metros de largura;
>
> *b)* 50 (cinquenta) metros, para os cursos d'água que tenham de 10 (dez) a 50 (cinquenta) metros de largura;

c) 100 (cem) metros, para os cursos d'água que tenham de 50 (cinquenta) a 200 (duzentos) metros de largura;

d) 200 (duzentos) metros, para os cursos d'água que tenham de 200 (duzentos) a 600 (seiscentos) metros de largura;

e) 500 (quinhentos) metros, para os cursos d'água que tenham largura superior a 600 (seiscentos) metros;

II – as áreas no entorno dos lagos e lagoas naturais, em faixa com largura mínima de:

a) 100 (cem) metros, em zonas rurais, exceto para o corpo d'água com até 20 (vinte) hectares de superfície, cuja faixa marginal será de 50 (cinquenta) metros;

b) 30 (trinta) metros, em zonas urbanas;

III – as áreas no entorno dos reservatórios d'água artificiais, decorrentes de barramento ou represamento de cursos d'água naturais, na faixa definida na licença ambiental do empreendimento; *(Incluído pela Lei nº 12.727/2012)*

IV – as áreas no entorno das nascentes e dos olhos d'água perenes, qualquer que seja sua situação topográfica, no raio mínimo de 50 (cinquenta) metros; *(Redação dada pela Lei nº 12.727/2012)*

V – as encostas ou partes destas com declividade superior a 45°, equivalente a 100% (cem por cento) na linha de maior declive;

VI – as restingas, como fixadoras de dunas ou estabilizadoras de mangues;

VII – os manguezais, em toda a sua extensão;

VIII – as bordas dos tabuleiros ou chapadas, até a linha de ruptura do relevo, em faixa nunca inferior a 100 (cem) metros em projeções horizontais;

IX – no topo de morros, montes, montanhas e serras, com altura mínima de 100 (cem) metros e inclinação média maior que 25°, as áreas delimitadas a partir da curva de nível correspondente a 2/3 (dois terços) da altura mínima da elevação sempre em relação à base, sendo esta definida pelo plano horizontal determinado por planície ou espelho d'água adjacente ou, nos relevos ondulados, pela cota do ponto de sela mais próximo da elevação;

X – as áreas em altitude superior a 1.800 (mil e oitocentos) metros, qualquer que seja a vegetação;

XI – em veredas, a faixa marginal, em projeção horizontal, com largura mínima de 50 (cinquenta) metros, a partir do espaço permanentemente brejoso e encharcado. *(Redação dada pela Lei nº 12.727/2012)*

§ 1º Não será exigida Área de Preservação Permanente no entorno de reservatórios artificiais de água que não decorram de barramento ou represamento de cursos d'água naturais. *(Redação dada pela Lei nº 12.727/2012)*

§ 2º *(Revogado pela Lei nº 12.727/2012)*

§ 3º (VETADO).

§ 4º Nas acumulações naturais ou artificiais de água com superfície inferior a 1 (um) hectare, fica dispensada a reserva da faixa de proteção prevista nos incisos II e III do *caput*, vedada nova supressão de áreas de vegetação nativa, salvo autorização do órgão ambiental competente do Sistema Nacional do Meio Ambiente – Sisnama. *(Redação dada pela Lei nº 12.727/2012)*

§ 5º É admitido, para a pequena propriedade ou posse rural familiar, de que trata o inciso V do art. 3º desta Lei, o plantio de culturas temporárias e sazonais de vazante de ciclo curto na faixa de terra que fica exposta no período de vazante dos rios ou lagos, desde que não implique supressão de novas áreas de vegetação nativa, seja conservada a qualidade da água e do solo e seja protegida a fauna silvestre.

§ 6º Nos imóveis rurais com até 15 (quinze) módulos fiscais, é admitida, nas áreas de que tratam os incisos I e II do *caput* deste artigo, a prática da aquicultura e a infraestrutura física diretamente a ela associada, desde que:

I – sejam adotadas práticas sustentáveis de manejo de solo e água e de recursos hídricos, garantindo sua qualidade e quantidade, de acordo com norma dos Conselhos Estaduais de Meio Ambiente;

II – esteja de acordo com os respectivos planos de bacia ou planos de gestão de recursos hídricos;

III – seja realizado o licenciamento pelo órgão ambiental competente;

IV – o imóvel esteja inscrito no Cadastro Ambiental Rural – CAR.

V – não implique novas supressões de vegetação nativa. *(Incluído pela Lei nº 12.727/2012)*

§ 7º (VETADO).

§ 8º (VETADO).

§ 9º (VETADO). *(Incluído pela Lei nº 12.727/2012)*

§ 10. Em áreas urbanas consolidadas, ouvidos os conselhos estaduais, municipais ou distrital de meio ambiente, lei municipal ou distrital poderá definir faixas marginais distintas daquelas estabelecidas no inciso I do *caput* deste artigo, com regras que estabeleçam: *(Incluído pela Lei nº 14.285/2021)*

I – a não ocupação de áreas com risco de desastres; *(Incluído pela Lei nº 14.285/2021)*

II – a observância das diretrizes do plano de recursos hídricos, do plano de bacia, do plano de drenagem ou do plano de saneamento básico, se houver; e *(Incluído pela Lei nº 14.285/2021)*

III – a previsão de que as atividades ou os empreendimentos a serem instalados nas áreas de preservação permanente urbanas devem observar os casos de utilidade pública, de interesse social ou de baixo impacto ambiental fixados nesta Lei. *(Incluído pela Lei nº 14.285/2021)*

Art. 5º Na implantação de reservatório d'água artificial destinado a geração de energia ou abastecimento público, é obrigatória a aquisição, desapropriação ou instituição de servidão administrativa pelo empreendedor das Áreas de Preservação Permanente criadas em seu entorno, conforme estabelecido no licenciamento ambiental, observando-se a faixa mínima de 30 (trinta) metros e máxima de 100 (cem) metros em área rural, e a faixa mínima de 15 (quinze) metros e máxima de 30 (trinta) metros em área urbana. *(Redação dada pela Lei nº 12.727/2012)*

§ 1º Na implantação de reservatórios d'água artificiais de que trata o *caput*, o empreendedor, no âmbito do licenciamento ambiental, elaborará Plano Ambiental de Conservação e Uso do Entorno do Reservatório, em conformidade com termo de referência expedido pelo órgão competente do Sistema Nacional do Meio Ambiente - Sisnama, não podendo o uso exceder a 10% (dez por cento) do total da Área de Preservação Permanente. *(Redação dada pela Lei nº 12.727/2012)*

§ 2º O Plano Ambiental de Conservação e Uso do Entorno de Reservatório Artificial, para os empreendimentos licitados a partir da vigência desta Lei, deverá ser apresentado ao órgão ambiental concomitantemente com o Plano Básico Ambiental e aprovado até o início da operação do empreendimento, não constituindo a sua ausência impedimento para a expedição da licença de instalação.

§ 3º (VETADO).

Art. 6º Consideram-se, ainda, de preservação permanente, quando declaradas de interesse social por ato do Chefe do Poder Executivo, as áreas cobertas com florestas ou outras formas de vegetação destinadas a uma ou mais das seguintes finalidades:

I - conter a erosão do solo e mitigar riscos de enchentes e deslizamentos de terra e de rocha;

II - proteger as restingas ou veredas;

III - proteger várzeas;

IV - abrigar exemplares da fauna ou da flora ameaçados de extinção;

V - proteger sítios de excepcional beleza ou de valor científico, cultural ou histórico;

VI - formar faixas de proteção ao longo de rodovias e ferrovias;

VII - assegurar condições de bem-estar público;

VIII - auxiliar a defesa do território nacional, a critério das autoridades militares.

IX - proteger áreas úmidas, especialmente as de importância internacional. *(Incluído pela Lei nº 12.727/2012)*

Regime de proteção das Áreas de Preservação Permanente

Art. 7º A vegetação situada em Área de Preservação Permanente deverá ser mantida pelo proprietário da área, possuidor ou ocupante a qualquer título, pessoa física ou jurídica, de direito público ou privado.

§ 1º Tendo ocorrido supressão de vegetação situada em Área de Preservação Permanente, o proprietário da área, possuidor ou ocupante a qualquer título é obrigado a promover a recomposição da vegetação, ressalvados os usos autorizados previstos nesta Lei.

§ 2º A obrigação prevista no § 1º tem natureza real e é transmitida ao sucessor no caso de transferência de domínio ou posse do imóvel rural.

§ 3º No caso de supressão não autorizada de vegetação realizada após 22 de julho de 2008, é vedada a concessão de novas autorizações de supressão de vegetação enquanto não cumpridas as obrigações previstas no § 1º.

Atenção para as regras que possibilitam a intervenção ou supressão de vegetação nativa em APP.

Art. 8º A intervenção ou a supressão de vegetação nativa em Área de Preservação Permanente somente ocorrerá nas hipóteses de utilidade pública, de interesse social ou de baixo impacto ambiental previstas nesta Lei.

§ 1º A supressão de vegetação nativa protetora de nascentes, dunas e restingas somente poderá ser autorizada em caso de utilidade pública.

§ 2º A intervenção ou a supressão de vegetação nativa em Área de Preservação Permanente de que tratam os incisos VI e VII do *caput* do art. 4º poderá ser autorizada, excepcionalmente, em locais onde a função ecológica do manguezal esteja comprometida, para execução de obras habitacionais e de urbanização, inseridas em projetos de regularização fundiária de interesse social, em áreas urbanas consolidadas ocupadas por população de baixa renda.

§ 3º É dispensada a autorização do órgão ambiental competente para a execução, em caráter de urgência, de atividades de segurança nacional e obras de interesse da defesa civil destinadas à prevenção e mitigação de acidentes em áreas urbanas.

§ 4º Não haverá, em qualquer hipótese, *direito à regularização de futuras intervenções ou supressões de vegetação nativa*, além das previstas nesta Lei.

Permissão de acesso a APP para pessoas e animais

Art. 9º É permitido o acesso de pessoas e animais às Áreas de Preservação Permanente para obtenção de água e para realização de atividades de baixo impacto ambiental.

O que é uma Reserva Legal?

Reserva legal é um espaço territorial especialmente protegido que todo imóvel rural deve manter, sem prejuízo das normas de APP.

Delimitação da Área de Reserva Legal

Art. 12. Todo imóvel rural deve manter área com cobertura de vegetação nativa, a título de Reserva Legal, sem prejuízo da aplicação das normas sobre as Áreas de Preservação Permanente, observados os seguintes percentuais mínimos em relação à área do imóvel, excetuados os casos previstos no art. 68 desta Lei:

I - localizado na Amazônia Legal:

a) 80% (oitenta por cento), no imóvel situado em área de florestas;

b) 35% (trinta e cinco por cento), no imóvel situado em área de cerrado;

c) 20% (vinte por cento), no imóvel situado em área de campos gerais;

II – localizado nas demais regiões do País: 20% (vinte por cento).

Atenção para uma novidade da lei, que permitiu a contagem das áreas de APP existentes na propriedade rural para o cálculo percentual mínimo da área de reserva legal, o que não era permitido na legislação anterior:

Art. 15. Será admitido o cômputo das Áreas de Preservação Permanente no cálculo do percentual da Reserva Legal do imóvel, desde que:

I – o benefício previsto neste artigo não implique a conversão de novas áreas para o uso alternativo do solo;

II – a área a ser computada esteja conservada ou em processo de recuperação, conforme comprovação do proprietário ao órgão estadual integrante do Sisnama; e

III – o proprietário ou possuidor tenha requerido inclusão do imóvel no Cadastro Ambiental Rural – CAR, nos termos desta Lei.

(...)

Art. 17. A Reserva Legal deve ser conservada com cobertura de vegetação nativa pelo proprietário do imóvel rural, possuidor ou ocupante a qualquer título, pessoa física ou jurídica, de direito público ou privado.

§ 1º Admite-se a exploração econômica da Reserva Legal mediante manejo sustentável, previamente aprovado pelo órgão competente do Sisnama, de acordo com as modalidades previstas no art. 20.

(...)

Art. 20. No manejo sustentável da vegetação florestal da Reserva Legal, serão adotadas práticas de exploração seletiva nas modalidades de manejo sustentável sem propósito comercial para consumo na propriedade e manejo sustentável para exploração florestal com propósito comercial.

5.1. Cadastro Ambiental Rural (CAR)

A Lei nº 12.651/2012 estabelece que o CAR é obrigatório para todos os imóveis rurais, não sendo considerado título de reconhecimento do direito de propriedade ou posse. É o que dispõe o art. 29 da Lei 12.651/2012.

Art. 29. É criado o Cadastro Ambiental Rural – CAR, no âmbito do Sistema Nacional de Informação sobre Meio Ambiente – SINIMA, registro público eletrônico de âmbito nacional, obrigatório para todos os imóveis rurais, com a finalidade de integrar as informações ambientais das propriedades e posses rurais, compondo base de dados para controle, monitoramento, planejamento ambiental e econômico e combate ao desmatamento.

A inscrição do **CAR** ocorre junto ao Sistema Nacional de Informação sobre Meio Ambiente (SINIMA) e deve ser feito, de preferência, no órgão ambiental municipal ou estadual:

Art. 29. (...)

§ 1º A inscrição do imóvel rural no CAR deverá ser feita, preferencialmente, no órgão ambiental municipal ou estadual, que, nos termos do regulamento, exigirá do proprietário ou possuidor rural:

I – identificação do proprietário ou possuidor rural;

II – comprovação da propriedade ou posse;

III – identificação do imóvel por meio de planta e memorial descritivo, contendo a indicação das coordenadas geográficas com pelo menos um ponto de amarração do perímetro do imóvel, informando a localização dos remanescentes de vegetação nativa, das Áreas de Preservação Permanente, das Áreas de Uso Restrito, das áreas consolidadas e, caso existente, também da localização da Reserva Legal.

▷ **Atenção!** Identificação da Reserva Legal, prevista no inciso III do § 1º do art. 29, pode ser dispensada:

Art. 30. Nos casos em que a Reserva Legal já tenha sido averbada na matrícula do imóvel e em que essa averbação identifique o perímetro e a localização da reserva, o proprietário não será obrigado a fornecer ao órgão ambiental as informações relativas à Reserva Legal previstas no inciso III do § 1º do art. 29.

Parágrafo único. Para que o proprietário se desobrigue nos termos do *caput*, deverá apresentar ao órgão ambiental competente a certidão de registro de imóveis onde conste a averbação da Reserva Legal ou termo de compromisso já firmado nos casos de posse.

O cadastramento no CAR não é considerado título para reconhecer propriedade ou posse:

Art. 29. (...)

(...)

§ 2º O cadastramento não será considerado título para fins de reconhecimento do direito de propriedade ou posse, tampouco elimina a necessidade de cumprimento do disposto no art. 2º da Lei nº 10.267, de 28 de agosto de 2001.

A inscrição no CAR é obrigatória para todas as propriedades rurais:

Art. 29. (...)

(...)

§ 3º A inscrição no CAR *é obrigatória e por prazo indeterminado para todas as propriedades e posses rurais.*

Inscritos no CAR poderão participar do Programa de Regularização Ambiental (PRA) (arts. 59 e 60 da Lei nº 12.651/2012):

> **Art. 29.** (...)
>
> (...)
>
> § 4º Os proprietários e possuidores dos imóveis rurais que os inscreverem no CAR até o dia 31 de dezembro de 2020 terão direito à adesão ao Programa de Regularização Ambiental (PRA), de que trata o art. 59 desta Lei.

6. DA COMPETÊNCIA ADMINISTRATIVA AMBIENTAL (LC Nº 140/2011)

No tocante às competências, é importante destacarmos o Princípio da Predominância dos Interesses:

A União: interesse em todo o país ou que importe a mais de um Estado (interesse nacional).

O Estado: se o interesse for de todo o Estado, ou de mais de um de seus municípios (interesse regional).

O Município: se o interesse não transbordar os limites de um único Município (interesse local).

A Lei Complementar nº 140/2011 fixa as normas para cooperação entre a União, os Estados, o Distrito Federal e os Municípios, para que estes entes federados possam realizar as ações administrativas decorrentes da competência constitucional material comum sobre o meio ambiente. A nova lei foi publicada para regulamentar o art. 23, III, VI e VII, e par. ún., da CF/1988.

A LC nº 140/2011 traz instrumentos de cooperação institucional dos quais os entes federativos poderão se valer.

Dos instrumentos de cooperação institucional da LC nº 140/2011:

> **Art. 4º** Os entes federativos podem valer-se, entre outros, dos seguintes instrumentos de cooperação institucional:
>
> I – consórcios públicos, nos termos da legislação em vigor;
>
> II – convênios, acordos de cooperação técnica e outros instrumentos similares com órgãos e entidades do Poder Público, respeitado o art. 241 da Constituição Federal;
>
> III – Comissão Tripartite Nacional, Comissões Tripartites Estaduais e Comissão Bipartite do Distrito Federal;
>
> IV – fundos públicos e privados e outros instrumentos econômicos;
>
> V – delegação de atribuições de um ente federativo a outro, respeitados os requisitos previstos nesta Lei Complementar;
>
> VI – delegação da execução de ações administrativas de um ente federativo a outro, respeitados os requisitos previstos nesta Lei Complementar.

Os entes federados podem delegar a execução de ações administrativas entre os entes federados.

> **Art. 5º** O ente federativo poderá delegar, mediante convênio, a execução de ações administrativas a ele atribuídas nesta Lei Complementar, desde que o ente destinatário da delegação disponha de órgão ambiental capacitado a executar as ações administrativas a serem delegadas e de conselho de meio ambiente.
>
> Parágrafo único. Considera-se órgão ambiental capacitado, para os efeitos do disposto no *caput*, aquele que possui técnicos próprios ou em consórcio, devidamente habilitados e em número compatível com a demanda das ações administrativas a serem delegadas.

Os arts. 6º a 10 da LC nº 140/2011 trazem uma longa relação de competências da União, dos Estados, dos Municípios e do Distrito Federal, em que se repete uma série de critérios que já estavam fixados pela Resolução nº 237/1997 do CONAMA. A lei dá o nome de ações de cooperação para esta relação de competências, que é muito importante para as provas de concursos

▷ **Atenção! É importante a leitura dos arts. 6º** a 10 da LC nº 140/2011, pois neles está estabelecida a competência administrativa dos entes federados, inclusive a competência para o licenciamento ambiental e o exercício do poder de polícia administrativo.

7. ESTATUTO DA CIDADE

A Lei nº 10.257/2001 (Estatuto da Cidade) regulamenta os arts. 182 e 183 da CF/1988 e estabelece as diretrizes gerais da política urbana.

Dos principais instrumentos da política urbana

Planejamento municipal: fazem parte do planejamento municipal, em especial: a) plano diretor; b) disciplina do parcelamento, do uso e da ocupação do solo; c) zoneamento ambiental; d) plano plurianual; e) diretrizes orçamentárias e orçamento anual; f) gestão orçamentária participativa; g) planos, programas e projetos setoriais; h) planos de desenvolvimento econômico e social.

Institutos tributários e financeiros: a) imposto sobre a propriedade predial e territorial urbana (IPTU); b) contribuição de melhoria; e c) incentivos e benefícios fiscais e financeiros.

Institutos jurídicos e políticos: a) desapropriação; b) servidão administrativa; c) limitações administrativas; d) tombamento de imóveis ou de mobiliário urbano; e) instituição de unidades de conservação; f) instituição de zonas especiais de interesse social; g) concessão de direito real de uso; h) concessão de uso especial para fins de moradia; i) parcelamento, edificação ou utilização compulsórios; j) usucapião especial de imóvel urbano; l) direito de superfície; m) direito de preempção; n) outorga onerosa do direito de construir e de alteração de uso; o) transferência do direito de construir; p) operações urbanas consorciadas; q) regularização fundiária; r) assistência técnica e jurídica gratuita para as comunidades e grupos sociais menos favorecidos; s) referendo popular e plebiscito; t) demarcação urbanística para fins de regularização fundiária; u) legitimação de posse.

Estudo prévio de Impacto Ambiental (EIA) e Estudo prévio de Impacto de Vizinhança (EIV).

8. POLÍTICA NACIONAL SOBRE MUDANÇA DO CLIMA (LEI Nº 12.187/2009)

Conceitos importantes da Política Nacional de Mudança Climática (PNMC):

Gases de efeito estufa: constituintes gasosos, naturais ou antrópicos, que, na atmosfera, absorvem e reemitem radiação infravermelha.

Mudança do clima: mudança de clima que possa ser, direta ou indiretamente, atribuída à atividade humana que altere a composição da atmosfera mundial e que se some àquela provocada pela variabilidade climática natural observada ao longo de períodos comparáveis.

Lei nº 12.187/2009

Art. 3º A PNMC e as ações dela decorrentes, executadas sob a responsabilidade dos entes políticos e dos órgãos da administração pública, observarão os princípios da precaução, da prevenção, da participação cidadã, do desenvolvimento sustentável e o das responsabilidades comuns, porém diferenciadas, este último no âmbito internacional, e, quanto às medidas a serem adotadas na sua execução, será considerado o seguinte:

I – todos têm o dever de atuar, em benefício das presentes e futuras gerações, para a redução dos impactos decorrentes das interferências antrópicas sobre o sistema climático;

II – serão tomadas medidas para prever, evitar ou minimizar as causas identificadas da mudança climática com origem antrópica no território nacional, sobre as quais haja razoável consenso por parte dos meios científicos e técnicos ocupados no estudo dos fenômenos envolvidos;

III – as medidas tomadas devem levar em consideração os diferentes contextos socioeconômicos de sua aplicação, distribuir os ônus e encargos decorrentes entre os setores econômicos e as populações e comunidades interessadas de modo equitativo e equilibrado e sopesar as responsabilidades individuais quanto à origem das fontes emissoras e dos efeitos ocasionados sobre o clima;

IV – o desenvolvimento sustentável é a condição para enfrentar as alterações climáticas e conciliar o atendimento às necessidades comuns e particulares das populações e comunidades que vivem no território nacional;

V – as ações de âmbito nacional para o enfrentamento das alterações climáticas, atuais, presentes e futuras, devem considerar e integrar as ações promovidas no âmbito estadual e municipal por entidades públicas e privadas;

VI – (VETADO).

A Lei nº 15.042/2024 institui o Sistema Brasileiro de Comércio de Emissões de Gases de Efeito Estufa (SBCE) estabelecendo uma regulamentação importante para o mercado de créditos de carbono no Brasil. A norma apresenta o seguinte conceito de crédito de carbono: "ativo transacionável, autônomo, com natureza jurídica de fruto civil no caso de créditos de carbono florestais de preservação ou de reflorestamento - exceto os oriundos de programas jurisdicionais, desde que respeitadas todas as limitações impostas a tais programas por esta Lei -, representativo de efetiva retenção, redução de emissões ou remoção, de 1 tCO2e (uma tonelada de dióxido de carbono equivalente), obtido a partir de projetos ou programas de retenção, redução ou remoção de GEE, realizados por entidade pública ou privada, submetidos a metodologias nacionais ou internacionais que adotem critérios e regras para mensuração, relato e verificação de emissões, externos ao SBCE."

Objetivos da PNMC

Art. 12. Para alcançar os objetivos da PNMC, o País adotará, como compromisso nacional voluntário, ações de mitigação das emissões de gases de efeito estufa, com vistas em reduzir entre 36,1% (trinta e seis inteiros e um décimo por cento) e 38,9% (trinta e oito inteiros e nove décimos por cento) suas emissões projetadas até 2020.

Parágrafo único. A projeção das emissões para 2020 assim como o detalhamento das ações para alcançar o objetivo expresso no *caput* serão dispostos por decreto, tendo por base o segundo Inventário Brasileiro de Emissões e Remoções Antrópicas de Gases de Efeito Estufa não Controlados pelo Protocolo de Montreal, a ser concluído em 2010.

9. PROTEÇÃO À FAUNA

A fauna no Brasil é protegida pela Lei nº 5.197/1967 e também por normas que trazem a previsão de crimes ambientais contra a fauna, como a Lei nº 9.605/1998.

Lei nº 5.197/1967

Art. 1º Os animais de quaisquer espécies, em qualquer fase do seu desenvolvimento e que vivem naturalmente fora do cativeiro, constituindo a fauna silvestre, bem como seus ninhos, abrigos e criadouros naturais são propriedades do Estado, sendo proibida a sua utilização, perseguição, destruição, caça ou apanha.

§ 1º Se peculiaridades regionais comportarem o exercício da caça, a permissão será estabelecida em ato regulamentador do Poder Público Federal.

§ 2º A utilização, perseguição, caça ou apanha de espécies da fauna silvestre em terras de domínio privado, mesmo quando permitidas na forma do parágrafo anterior, poderão ser igualmente proibidas pelos respectivos proprietários, assumindo estes a responsabilidade de fiscalização de seus domínios. Nestas áreas, para a prática do ato de caça é necessário o consentimento expresso ou tácito dos proprietários, nos termos dos arts. 594, 595, 596, 597 e 598 do Código Civil.

A lei proibiu a caça profissional no Brasil e estabeleceu algumas obrigações para o poder público:

Art. 6º O Poder Público estimulará:

a) a formação e o funcionamento de clubes e sociedades amadoristas de caça e de tiro ao voo objetivando alcançar o espírito associativista para a prática desse esporte.

b) a construção de criadouros destinadas à criação de animais silvestres para fins econômicos e industriais.

Art. 7º A utilização, perseguição, destruição, caça ou apanha de espécimes da fauna silvestre, quando consentidas na forma desta Lei, serão considerados atos de caça.

Art. 8º O Órgão público federal competente, no prazo de 120 dias, publicará e atualizará anualmente:

a) a relação das espécies cuja utilização, perseguição, caça ou apanha será permitida indicando e delimitando as respectivas áreas;

b) a época e o número de dias em que o ato acima será permitido;

c) a quota diária de exemplares cuja utilização, perseguição, caça ou apanha será permitida.

Parágrafo único. Poderão ser igualmente, objeto de utilização, caça, perseguição ou apanha os animais domésticos que, por abandono, se tornem selvagens ou ferais.

10. POLÍTICA NACIONAL DE RECURSOS HÍDRICOS

A Lei nº 9.433/1997 **institui a Política Nacional de Recursos Hídricos, cria o Sistema Nacional de Gerenciamento de Recursos Hídricos**, regulamenta o inciso XIX do art. 21 da CF/1988, e altera o art. 1º da Lei nº 8.001, de 13-3-1990, que modificou a Lei nº 7.990, de 28-12-1989.

Fundamentos da PNRH (art. 1º)

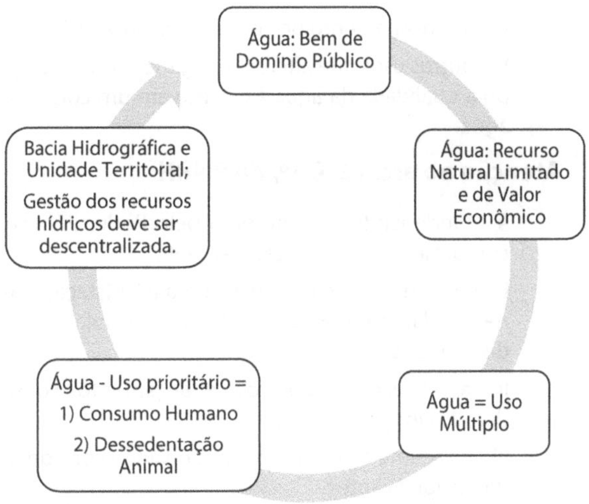

Objetivos da PNRH (art. 2º)

Assegurar para as presentes e futuras gerações a disponibilidade de água em padrões de qualidade.

Utilização racional e integrada dos recursos hídricos, incluído transporte aquaviário.

Prevenção e defesa contra eventos hidrológicos (críticos de origem natural ou decorrentes do uso inadequado).

Instrumentos da PNRH (art. 5º)

Art. 5º São instrumentos da Política Nacional de Recursos Hídricos:

I – os Planos de Recursos Hídricos;

II – o enquadramento dos corpos de água em classes, segundo os usos preponderantes da água;

III – a outorga dos direitos de uso de recursos hídricos;

IV – a cobrança pelo uso de recursos hídricos;

V – a compensação a municípios;

VI – o Sistema de Informações sobre Recursos Hídricos.

Outorga de direitos de uso de recursos hídricos

O regime de outorga de direitos de uso de recursos hídricos **tem como objetivos assegurar o controle quantitativo e qualitativo dos usos da água e o efetivo exercício dos direitos de acesso à água**.

Art. 12. Estão sujeitos a outorga pelo Poder Público os direitos dos seguintes usos de recursos hídricos:

I – derivação ou captação de parcela da água existente em um corpo de água para consumo final, inclusive abastecimento público, ou insumo de processo produtivo;

II – extração de água de aquífero subterrâneo para consumo final ou insumo de processo produtivo;

III – lançamento em corpo de água de esgotos e demais resíduos líquidos ou gasosos, tratados ou não, com o fim de sua diluição, transporte ou disposição final;

IV – aproveitamento dos potenciais hidrelétricos;

V – outros usos que alterem o regime, a quantidade ou a qualidade da água existente em um corpo de água.

Atenção ao art. 12, § 1º, da PNRH:

§ 1º Independem de outorga pelo Poder Público, conforme definido em regulamento:

I – o uso de recursos hídricos para a satisfação das necessidades de pequenos núcleos populacionais, distribuídos no meio rural;

II – as derivações, captações e lançamentos considerados insignificantes;

III – as acumulações de volumes de água consideradas insignificantes.

Pontos importantes da outorga dos recursos hídricos

A outorga de uso dos recursos hídricos deverá preservar o uso múltiplo destes.

A outorga efetivar-se-á por ato da autoridade competente do Poder Executivo Federal, dos Estados ou do Distrito Federal.

O Poder Executivo Federal poderá delegar aos Estados e ao Distrito Federal competência para conceder outorga de direito de uso de recurso hídrico de domínio da União.

A outorga de direito de uso de recursos hídricos poderá ser suspensa parcial ou totalmente, em definitivo ou por prazo determinado, nas circunstâncias do art. 15 da Lei nº 9.433/1997.

Toda outorga de direitos de uso de recursos hídricos far-se-á por prazo não excedente a 35 anos, renovável.

A outorga não implica a alienação parcial das águas, que são inalienáveis, mas o simples direito de seu uso.

11. GESTÃO DAS FLORESTAS PÚBLICAS

Florestas públicas são florestas, naturais ou plantadas, localizadas nos diversos biomas brasileiros, em bens sob o domínio da União, dos Estados, dos Municípios, do Distrito Federal ou das entidades da administração indireta.

A gestão de florestas públicas para produção sustentável compreende:

Lei nº 11.284/2006

Art. 4º A gestão de florestas públicas para produção sustentável compreende:

I – a criação de florestas nacionais, estaduais e municipais, nos termos do art. 17 da Lei nº 9.985, de 18 de julho de 2000, e sua gestão direta;

II – a destinação de florestas públicas às comunidades locais, nos termos do art. 6º desta Lei;

III – a concessão florestal, incluindo florestas naturais ou plantadas e as unidades de manejo das áreas protegidas referidas no inciso I do *caput* deste artigo.

São serviços florestais: turismo e outras ações ou benefícios decorrentes do manejo e conservação da floresta, não caracterizados como produtos florestais.

A concessão florestal consiste na delegação onerosa, feita pelo poder concedente, do direito de praticar manejo florestal sustentável para exploração de produtos e serviços numa unidade de manejo, mediante licitação, à pessoa jurídica, em consórcio ou não, que atenda às exigências do respectivo edital de licitação e demonstre capacidade para seu desempenho, por sua conta e risco e por prazo determinado.

12. POLÍTICA NACIONAL DOS RESÍDUOS SÓLIDOS

A Lei nº 12.305/2010 institui a Política Nacional de Resíduos Sólidos, dispondo sobre seus princípios, objetivos e instrumentos, bem como sobre as diretrizes relativas à gestão integrada e ao gerenciamento de resíduos sólidos, incluídos os perigosos, às responsabilidades dos geradores e do poder público e aos instrumentos econômicos aplicáveis (art. 1º).

A Lei destina-se às pessoas físicas ou jurídicas, de direito público ou privado, responsáveis, direta ou indiretamente, pela geração de resíduos sólidos e às que desenvolvam ações relacionadas à gestão integrada ou ao gerenciamento de resíduos sólidos.

▷ **Atenção!** Esta lei não se aplica aos Rejeitos Radioativos!

Conceitos importantes da norma

Resíduos sólidos (art. 3º, XVI): material, substância, objeto ou bem descartado resultante de atividades humanas em sociedade, a cuja destinação final se procede, se propõe proceder ou se está obrigado a proceder, nos estados sólido ou semissólido, bem como gases contidos em recipientes e líquidos cujas particularidades tornem inviável o seu lançamento na rede pública de esgotos ou em corpos d'água, ou exijam para isso soluções técnica ou economicamente inviáveis em face da melhor tecnologia disponível.

Rejeitos (art. 3º, XV): resíduos sólidos que, depois de esgotadas todas as possibilidades de tratamento e recuperação por processos tecnológicos disponíveis e economicamente viáveis, não apresentem outra possibilidade que não a disposição final ambientalmente adequada.

Planos Municipais de Gestão Integrada de Resíduos Sólidos

Art. 18. A elaboração de plano municipal de gestão integrada de resíduos sólidos, nos termos previstos por esta Lei, é condição para o Distrito Federal e os Municípios terem acesso a recursos da União, ou por ela controlados, destinados a empreendimentos e serviços relacionados à limpeza urbana e ao manejo de resíduos sólidos, ou para serem beneficiados por incentivos ou financiamentos de entidades federais de crédito ou fomento para tal finalidade.

Logística reversa na Política Nacional dos Resíduos Sólidos

Art. 33. São obrigados a estruturar e implementar sistemas de logística reversa, mediante retorno dos produtos após o uso pelo consumidor, de forma independente do serviço público de limpeza urbana e de manejo dos resíduos sólidos, os fabricantes, importadores, distribuidores e comerciantes de:

I – agrotóxicos, seus resíduos e embalagens, assim como outros produtos cuja embalagem, após o uso, constitua resíduo perigoso, observadas as regras de gerenciamento de resíduos perigosos previstas em lei ou regulamento, em normas estabelecidas pelos órgãos do Sisnama, do SNVS e do Suasa, ou em normas técnicas;

II – pilhas e baterias;

III – pneus;

IV – óleos lubrificantes, seus resíduos e embalagens;

V – lâmpadas fluorescentes, de vapor de sódio e mercúrio e de luz mista;

VI – produtos eletroeletrônicos e seus componentes.

Os consumidores deverão efetuar a devolução após o uso, aos comerciantes ou distribuidores, dos produtos e das embalagens a que se referem os incisos I a VI supramencionados, e de outros produtos ou embalagens objeto de logística reversa.

Consórcios Públicos na PNRS

Art. 45. Os consórcios públicos constituídos, nos termos da Lei nº 11.107, de 2005, com o objetivo de viabilizar a descentralização e a prestação de serviços públicos que envolvam resíduos sólidos, têm prioridade na obtenção dos incentivos instituídos pelo Governo Federal.

▷ **Atenção novidade!**

A Lei 15.088/2025, alterou a redação do art. 49 da Lei 12.305/2010, proibindo de forma expressa a importação de resíduos sólidos e rejeitos com o seguinte texto:

"Art. 49. É proibida a importação de resíduos sólidos e de rejeitos, inclusive de papel, derivados de papel, plástico, vidro e metal.

(Redação dada pela Lei nº 15.088, de 2025)

§ 1º É ressalvada da proibição prevista no caput deste artigo a importação de resíduos utilizados na transformação de materiais e minerais estratégicos, inclusive aparas de papel de fibra longa, nos termos de regulamento, e de resíduos de metais e materiais metálicos. (Incluído pela Lei nº 15.088, de 2025)

§ 2º O importador ou o fabricante de autopeças, exceto de pneus, são autorizados a importar resíduos sólidos derivados de produtos nacionais previamente exportados, para fins exclusivos de logística reversa e reciclagem integral, ainda que classificados como resíduos perigosos, nos termos de regulamento. (Incluído pela Lei nº 15.088, de 2025)".

13. DIRETRIZES NACIONAIS DO SANEAMENTO BÁSICO

A Política Nacional de Saneamento Básico (Lei nº 11.445/2007) foi atualizada pela Lei nº 14.026/2020.

São considerados serviços de saneamento básico (art. 3º):

Lei nº 11.445/2007

Art. 3º (...)

I – saneamento básico: conjunto de serviços públicos, infraestruturas e instalações operacionais de:

a) abastecimento de água potável: constituído pelas atividades e pela disponibilização e manutenção de infraestruturas e instalações operacionais necessárias ao abastecimento público de água potável, desde a captação até as ligações prediais e seus instrumentos de medição;

b) esgotamento sanitário: constituído pelas atividades e pela disponibilização e manutenção de infraestruturas e instalações operacionais necessárias à coleta, ao transporte, ao tratamento e à disposição final adequados dos esgotos sanitários, desde as ligações prediais até sua destinação final para produção de água de reúso ou seu lançamento de forma adequada no meio ambiente;

c) limpeza urbana e manejo de resíduos sólidos: constituídos pelas atividades e pela disponibilização e manutenção de infraestruturas e instalações operacionais de coleta, varrição manual e mecanizada, asseio e conservação urbana, transporte, transbordo, tratamento e destinação final ambientalmente adequada dos resíduos sólidos domiciliares e dos resíduos de limpeza urbana;

d) drenagem e manejo das águas pluviais urbanas: constituídos pelas atividades, pela infraestrutura e pelas instalações operacionais de drenagem de águas pluviais, transporte, detenção ou retenção para o amortecimento de vazões de cheias, tratamento e disposição final das águas pluviais drenadas, contempladas a limpeza e a fiscalização preventiva das redes; (...)

▷ **Atenção!** Os recursos hídricos não integram os serviços públicos de saneamento básico.

Aspectos econômicos e sociais do saneamento básico:

Lei nº 11.445/2007

Art. 29. Os serviços públicos de saneamento básico terão a sustentabilidade econômico-financeira assegurada por meio de remuneração pela cobrança dos serviços, e, quando necessário, por outras formas adicionais, como subsídios ou subvenções, vedada a cobrança em duplicidade de custos administrativos ou gerenciais a serem pagos pelo usuário, nos seguintes serviços:

I - de abastecimento de água e esgotamento sanitário, na forma de taxas, tarifas e outros preços públicos, que poderão ser estabelecidos para cada um dos serviços ou para ambos, conjuntamente;

II - de limpeza urbana e manejo de resíduos sólidos, na forma de taxas, tarifas e outros preços públicos, conforme o regime de prestação do serviço ou das suas atividades;

III - de drenagem e manejo de águas pluviais urbanas, na forma de tributos, inclusive taxas, ou tarifas e outros preços públicos, em conformidade com o regime de prestação do serviço ou das suas atividades.

§ 1º Observado o disposto nos incisos I a III do *caput* deste artigo, a instituição das tarifas, preços públicos e taxas para os serviços de saneamento básico observará as seguintes diretrizes:

I - prioridade para atendimento das funções essenciais relacionadas à saúde pública;

II - ampliação do acesso dos cidadãos e localidades de baixa renda aos serviços;

III - geração dos recursos necessários para realização dos investimentos, objetivando o cumprimento das metas e objetivos do serviço;

IV - inibição do consumo supérfluo e do desperdício de recursos;

V - recuperação dos custos incorridos na prestação do serviço, em regime de eficiência;

VI - remuneração adequada do capital investido pelos prestadores dos serviços;

VII - estímulo ao uso de tecnologias modernas e eficientes, compatíveis com os níveis exigidos de qualidade, continuidade e segurança na prestação dos serviços;

VIII - incentivo à eficiência dos prestadores dos serviços.

§ 2º Poderão ser adotados subsídios tarifários e não tarifários para os usuários que não tenham capacidade de pagamento suficiente para cobrir o custo integral dos serviços.

QUESTÕES DE DIREITO AMBIENTAL - ASSUNTOS MAIS RECORRENTES

01. FGV - OAB - 39º Exame de Ordem Unificado - Primeira Fase - Q35

A sociedade empresária Alfa requereu licença ambiental para empreendimento consistente em indústria de cimento que gera materiais particulados, que se instalaria em determinada zona industrial já saturada. Durante o processo de licenciamento ambiental, restou comprovado que o projeto apresentado comprometeria a capacidade de suporte da área, causando grave poluição atmosférica. Diante dos riscos e impactos já de antemão conhecidos, o órgão ambiental licenciador indeferiu o pedido de licença.

Assinale a opção que indica o princípio específico que embasou a decisão de negar a licença ambiental.

a) Precaução, que requer certeza científica conclusiva e segura sobre os impactos ambientais.

b) Prevenção, em que o risco é previamente conhecido e existe certeza a respeito da sua ocorrência.

c) Desenvolvimento sustentável, que se relaciona à informação científica inconclusiva quanto aos danos ambientais a serem causados.

d) Poluidor-pagador, que evidenciou que o perigo de dano ambiental era certo com elementos seguros para concluir que a atividade é efetivamente perigosa.

02. FGV - OAB - 39º Exame de Ordem Unificado - Primeira Fase - Q36

O engenheiro ambiental João foi contratado pelo empreendedor Alfa para coordenar uma equipe multidisciplinar durante a elaboração de estudo de impacto ambiental (EIA), referente a empreendimento que causará relevantes impactos ambientais. João também foi contratado para representar o empreendedor junto ao órgão ambiental licenciador, inclusive recebendo procuração para impulsionar o processo administrativo de requerimento de licença. Com intuito de esconder os reais impactos ambientais do empreendimento, e sem que os demais profissionais que participaram dos estudos do EIA tivessem ciência, João, de forma dolosa, elaborou e apresentou, no licenciamento ambiental, estudo de impacto ambiental parcialmente enganoso, por omissão. Diante da conduta de João, foi emitida licença ambiental sem as devidas condicionantes, de maneira que houve dano significativo ao meio ambiente, em decorrência do uso da informação incompleta e enganosa por ele apresentada ao órgão ambiental.

De acordo com a Lei nº 9.605/98, em matéria de responsabilidade penal, assinale a afirmativa correta.

a) João não praticou crime ambiental, pois não existe crime ambiental omissivo, mas deve ser responsabilizado na esfera ambiental, em âmbito cível e administrativo.

b) João não realizou conduta que configure crime ambiental, pois não é o empreendedor, que deve responder, como pessoa jurídica, nas esfera criminal, cível e administrativa.

c) João cometeu crime ambiental, e a pena deve ser aumentada, porque houve dano significativo ao meio ambiente, em decorrência do uso da informação incompleta e enganosa por ele apresentada ao órgão ambiental.

d) João incorreu em crime ambiental, e a pena pena deve ser diminuída, porque o responsável pela elaboração e apresentação do EIA não é o empreendedor e sim, o profissional técnico.

03. FGV - OAB - 36º Exame de Ordem Unificado - Primeira Fase – Q34

Pedro, proprietário de imóvel localizado em área rural, com vontade livre e consciente, executou extração de recursos minerais, consistentes em saibro, sem a competente autorização, permissão, concessão ou licença e vendeu o material para uma fábrica de cerâmica. O Ministério Público, por meio de seu órgão de execução com atribuição em tutela coletiva, visando à reparação dos danos ambientais causados, ajuizou ação civil pública em face de Pedro, no bojo da qual foi realizada perícia ambiental. Posteriormente, em razão da mesma extração mineral ilegal, o Ministério Público ofereceu denúncia criminal, deflagrando novo processo, agora em ação penal, e pretende aproveitar, como prova emprestada no processo penal, a perícia produzida no âmbito da ação civil pública. No caso em tela, de acordo com a Lei nº 9.605/98, a perícia produzida no juízo cível

a) poderá ser aproveitada no processo penal, instaurando-se o contraditório.

b) não poderá ser utilizada, em razão da independência das instâncias criminal, cível e administrativa.

c) não poderá ser aproveitada no processo criminal, eis que é imprescindível um laudo pericial produzido pela Polícia Federal, para fins de configuração da existência material do delito.

d) poderá ser aproveitada na ação penal, mas apenas pode subsistir uma condenação judicial final, para evitar o bis in idem.

04. FGV - OAB - 34º Exame de Ordem Unificado - Primeira Fase – Q33

Após regular trâmite de ação penal, João foi condenado criminalmente por ter enviado para o exterior grande quantidade de peles e couros de jacaré em bruto, sem a autorização da autoridade ambiental competente. Na sentença condenatória, o juízo substituiu a pena privativa de liberdade de reclusão de 2 (dois) anos por pena restritiva de direitos de prestação pecuniária consistente no pagamento em dinheiro à determinada entidade pública, no valor de 400 (quatrocentos) salários-mínimos. Especificamente, no que tange ao valor da prestação pecuniária, o(a) advogado(a) de João deve recorrer da sentença, alegando que, de acordo com a legislação de regência, tal montante

a) deve consistir em 40 (quarenta) salários-mínimos, sendo vedada a dedução do valor pago de eventual multa administrativa a que João for condenado.

b) deve estar limitado a 40 (quarenta) salários-mínimos, sendo certo que o valor pago será abatido do montante de eventual multa penal a que João for condenado.

c) não pode ser superior a 60 (sessenta) salários-mínimos, sendo vedada a dedução do valor pago de eventual multa civil a que João for condenado.

d) não pode ser inferior a 1 (um) salário-mínimo nem superior a 360 (trezentos e sessenta) salários-mínimos, sendo certo que o valor pago será deduzido do montante de eventual reparação civil a que João for condenado.

05. FGV - OAB - 33º Exame de Ordem Unificado - Primeira Fase – Q34

Há grande interesse das sociedades empresárias do setor petrolífero na exploração de áreas localizadas no mar. Nessas áreas, segundo grupos ambientalistas, foi constatada a presença de rara e sensível formação de recifes costeiros. Sobre a hipótese, assinale a opção que indica a medida adequada que o Poder Público deve tomar para manter a área preservada.

a) Criar uma Reserva Legal.

b) Criar um Parque Nacional Marinho.

c) Autorizar a criação de uma Zona de Amortecimento.

d) Estabelecer uma Área de Indisponibilidade da Zona Costeira.

06. FGV - OAB - 31º Exame de Ordem Unificado - Primeira Fase – Q34

Efeito Estufa Ltda., sociedade empresária que atua no processamento de alimentos, pretende instalar nova unidade produtiva na área urbana do Município de Ar Puro, inserida no Estado Y. Para esse fim, verificou que a autoridade competente para realizar o licenciamento ambiental será a do próprio Município de Ar Puro. Sobre o caso, assinale a opção que indica quem deve realizar o estudo de impacto ambiental.

a) O Município de Ar Puro.

b) O Estado Y.

c) O IBAMA.

d) Profissionais legalmente habilitados, às expensas do empreendedor.

07. FGV - OAB - 30º Exame de Ordem Unificado - Primeira Fase – Q34

Pedro, proprietário de fazenda com grande diversidade florestal, decide preservar os recursos ambientais nela existentes, limitando, de forma perpétua, o uso de parcela de sua propriedade por parte de outros possuidores a qualquer título, o que realiza por meio de instrumento particular, averbado na matrícula do imóvel no registro de imóveis competente. Assinale a opção que indica o instrumento jurídico a que se refere o caso descrito.

a) Zoneamento Ambiental.

b) Servidão Ambiental.

c) Área Ambiental Restrita.

d) Área de Relevante Interesse Ecológico.

08. FGV - OAB - 28º Exame de Ordem Unificado - Primeira Fase – Q33

A sociedade empresária Foice Ltda., dá início à construção de galpão de armazenamento de ferro-velho. Com isso, dá início a Estudo de Impacto Ambiental - EIA. No curso do EIA, verificou-se que a construção atingiria área verde da Comunidade de Flores, de modo que 60 (sessenta) cidadãos da referida Comunidade solicitaram à autoridade competente que fosse realizada, no âmbito do EIA, audiência pública. Sobre a situação, assinale a afirmativa correta.

a) A audiência pública não é necessária, uma vez que apenas deve ser instalada quando houver solicitação do Ministério Público.

b) A audiência pública não é necessária, uma vez que apenas deve ser instalada quando houver solicitação de associação civil legalmente constituída há pelo menos 1 (um) ano.

c) A audiência pública é necessária, e, caso não realizada, a eventual licença ambiental concedida não terá validade.

d) A audiência pública é necessária, salvo quando celebrado Termo de Ajustamento de Conduta com o Ministério Público.

09. FGV - OAB - 28º Exame de Ordem Unificado - Primeira Fase – Q34

O Ministro do Meio Ambiente recomenda ao Presidente da República a criação de uma Unidade de Conservação em área que possui relevante ecossistema aquático e grande diversidade biológica. Porém, em razão da grave crise financeira, o Presidente pretende que a União não seja compelida a pagar indenização aos proprietários dos imóveis inseridos na área da Unidade de Conservação a ser criada. Considerando o caso, assinale a opção que indica a Unidade de Conservação que deverá ser criada.

a) Estação Ecológica.

b) Reserva Biológica.

c) Parque Nacional.

d) Área de Proteção Ambiental.

10. FGV - OAB - 25º Exame de Ordem Unificado - Primeira Fase – Q33

Configurada a violação aos dispositivos da Lei do Sistema Nacional de Unidades de Conservação, especificamente sobre a restauração e recuperação de ecossistema degradado, o Estado Z promove ação civil pública em face de Josemar, causador do dano. Em sua defesa judicial, Josemar não nega a degradação, mas alega o direito subjetivo de celebração de Termo de Ajustamento de Conduta (TAC), com a possibilidade de transacionar sobre o conteúdo das normas sobre restauração e recuperação. Sobre a hipótese, assinale a afirmativa correta.

a) Josemar não possui direito subjetivo à celebração do TAC, que, caso celebrado, não pode dispor sobre o conteúdo da norma violada, mas sobre a forma de seu cumprimento.

b) O TAC não pode ser celebrado, uma vez que a ação civil pública foi proposta pelo Estado, e não pelo Ministério Público.

c) Josemar possui direito subjetivo a celebrar o TAC, sob pena de violação ao princípio da isonomia, mas sem que haja possibilidade de flexibilizar o conteúdo das normas violadas.

d) Josemar possui direito subjetivo a celebrar o TAC nos termos pretendidos, valendo o termo como título executivo extrajudicial, apto a extinguir a ação civil pública por perda de objeto.

DIREITO AMBIENTAL				
1 - B	2 - C	3 - A	4 - D	5 - B
6 - D	7 - B	8 - C	9 - D	10 - A

◉ DIREITO AMBIENTAL – QUESTÕES DA PROVA DO 43º EXAME DA OAB

01. FGV - OAB - 43º Exame de Ordem Unificado - Primeira Fase – A sociedade empresária XYZ, recentemente constituída, exercerá atividade econômica potencialmente causadora de degradação ambiental, tornando-se necessário o licenciamento ambiental. Os sócios da entidade verificaram, contudo, que o Município Alfa, responsável pelo licenciamento ambiental no caso concreto, não dispõe de órgão ambiental capacitado ou de conselho do meio ambiente. Logo, a entidade contratou os serviços de um(a) advogado(a) para orientá-la sobre como proceder na sequência. O patrono constatou, então, que o Estado Beta, cuja capital está no Município Alfa, e a União possuem órgãos ambientais capacitados. Nesse cenário, considerando as disposições da Lei Complementar nº 140/2011, que versa sobre a competência ambiental dos entes federativos, assinale a afirmativa correta.

a) Na ausência de órgão ambiental capacitado ou conselho do meio ambiente no Município Alfa, a ação administrativa de licenciamento ocorrerá perante a União.

b) Inexistindo órgão ambiental capacitado ou conselho do meio ambiente no Município Alfa, a ação administrativa de licenciamento ocorrerá perante o Estado Beta.

c) Até que o Município Alfa crie um órgão ambiental capacitado ou um conselho do meio ambiente, a sociedade empresária XYZ não poderá exercer, regularmente, as suas atividades, por ausência de licenciamento ambiental.

d) Como não há órgão ambiental capacitado ou conselho do meio ambiente no Município Alfa, a sociedade empresária XYZ terá direito ao licenciamento ambiental tácito, podendo exercer suas atividades de forma regular.

02. FGV - OAB - 43º Exame de Ordem Unificado - Primeira Fase – Q36 Diante das numerosas tragédias climáticas registradas, ganhou força nas recentes discussões jurídicas a pauta relacionada à designada litigância climática, por meio da qual o Judiciário é instado a se manifestar para impor medidas com vistas a reduzir efeitos deletérios sobre o clima, especialmente por meio de ações civis públicas ajuizadas pelo Ministério Público. A associação Puravida, que atua na área ambiental, tem especial interesse na aludida matéria, de modo que procurou você, como advogado(a), para esclarecer dúvidas acerca do respectivo arcabouço jurídico. Com relação à atuação jurisdicional da litigância climática, assinale a afirmativa que apresenta, corretamente, seu esclarecimento.

a) Inexiste qualquer amparo no ordenamento jurídico, diante da primazia do princípio da livre iniciativa e do desenvolvimento econômico do país.

b) Tem assento, exclusivamente, em normas infraconstitucionais, notadamente na lei que institui a Política Nacional sobre a Mudança do Clima (PNMC).

c) A temática dispõe de previsão em normas nacionais e internacionais que versam sobre o tema, mas não há fundamento constitucional que lhe confira amparo.

d) Decorre das normas previstas na CRFB/88 para a proteção do meio ambiente ecologicamente equilibrado e de normas internacionais, além das editadas internamente para tal fim, como a Política Nacional sobre a Mudança do Clima (PNMC).

GABARITO	
1 - B	2 - D

DIREITO CIVIL

Caroline Werle Junqueira

Patricia Strauss

Sumário

1. PARTE GERAL

Patrícia Strauss

Apesar de o Direito Civil ser ramo do Direito Privado, em razão de ter utilidade particular, deve ser interpretado à luz das normas constitucionais. Os ramos do Direito não podem ser interpretados de forma isolada e estanque. Há, nesse sentido, a chamada constitucionalização do Direito Privado ou do Direito Civil. Este processo refere-se à aplicação das normas constitucionais na interpretação do Direito Privado. No Direito brasileiro, este processo ocorreu especialmente a partir da Constituição Federal de 1988, quando as normas garantidoras de direitos e garantias fundamentais passaram a ser aplicados e respeitados no âmbito civil. Com isto, o Direito Civil está, permanentemente sob a tutela constitucional e os direitos fundamentais, que já eram respeitados por parte do Estado, passam a sê-lo também no âmbito privado, nas relações entre particulares. Exemplo disto são os direitos fundamentais da igualdade, liberdade, dignidade, devido processo legal etc.

O estudo da parte geral do Direito Civil divide-se em três partes: a teoria das pessoas, que trabalha com os sujeitos de direitos (pessoas naturais e jurídicas); a teoria dos bens, que se destina a estudar os objetos de direitos e, aqui, já incluímos, por questões didáticas, o estudo do bem de família; e a teoria dos fatos, que são os eventos que criam, modificam, conservam, transferem ou extinguem direitos (negócios jurídicos, atos jurídicos – lícitos e ilícitos, prescrição e decadência, prova).

1.1. Pessoas naturais

1.1.1. Capacidade de Fato e de Direito ou Personalidade Jurídica

Todo indivíduo, a partir do nascimento com vida (art. 2º, CC) é capaz de direitos e obrigações na ordem civil (art. 1º, CC). Esta é a personalidade jurídica ou capacidade de direito, de titularizar direitos e obrigações. Apesar de somente se adquirir a personalidade jurídica com o nascimento com vida, a lei coloca a salvo, desde a concepção, os direitos do nascituro.

Assim, toda pessoa tem capacidade de direito. Contudo, nem todos podem exercer seus direitos pessoalmente, pois pode faltar a aptidão para exercer, pessoalmente, os atos da vida civil, em razão de alguma incapacidade.

Aqueles que puderem atuar pessoalmente no exercício de seus direitos terão, além da capacidade de direito, a **capacidade de fato** e, com isso, possuindo as duas capacidades – de fato e de direito –, terão a **capacidade civil plena**.

1.1.2. Incapacidade Absoluta e Relativa

Quando o indivíduo não pode exercer, pessoalmente, os atos da vida civil, por lhe faltar a capacidade de fato, diz-se que é incapaz. Esta incapacidade divide-se em **incapacidade absoluta** e **incapacidade relativa**.

Incapacidade absoluta: o art. 3º, CC estabelece que são absolutamente incapazes os menores de 16 anos, não podendo praticar nenhum ato da vida civil e, dessa forma, o ato só poderá ser praticado pelo representante legal do absolutamente incapaz. O ato jurídico é praticado pelo representante legal em nome do incapaz, estabelecendo-se, assim, a forma de suprimento através da **representação**.

A inobservância dessa regra gera a nulidade do ato, nos termos do art. 166, I, CC.

Incapacidade relativa. O art. 4º, CC estabelece que são incapazes para certos atos ou a maneira de os exercer aqueles que tiverem entre 16 e 18 anos, os ébrios habituais e os viciados em tóxicos; aqueles que, por causa transitória ou permanente, não puderem exprimir sua vontade; e os pródigos.

A incapacidade relativa permite que o incapaz realize o ato, desde que esteja assistido pelo representante legal. Havendo a prática do ato pelo incapaz, sem o necessário suprimento através da **assistência**, o ato será anulável, nos termos do art. 171, I, CC, devendo a ação ser proposta no prazo de quatro anos a contar do momento em que cessar a incapacidade (art. 178, III, CC).

Maiores de 16 anos e menores de 18 anos. Caso o relativamente incapaz pratique um ato ocultando sua idade, não poderá invocar a idade para eximir-se de obrigação, pois o Código não protege a má-fé (art. 180 do CC). Essa incapacidade, por se tratar de exceção pessoal, só pode ser arguida pelo próprio incapaz ou pelo representante legal, nos termos do art. 105 do CC. Deve-se observar, também, que esse ato pode ser convalidado, conforme previsão do art. 172 do CC.

Contudo, existem atos que podem ser praticados pelo relativamente incapaz, mesmo sem a assistência do seu representante legal, como por exemplo, ser testemunha (art. 228, I), aceitar mandato (art. 666), fazer testamento (art. 1.860, parágrafo único), casar-se (art. 1.517 do CC – necessita de autorização dos genitores).

Ébrios habituais e viciados em tóxicos; aqueles que, por causa transitória ou permanente, não puderem exprimir a vontade; pródigos.

Ébrios habituais e viciados em álcool = uso habitual.

Aqueles que, por causa transitória ou permanente, não puderem exprimir a vontade = qualquer situação que impeça a manifestação da vontade. Ex.: os portadores de mal de Alzheimer.

Pródigo é aquele que dissipa seu patrimônio desvairadamente, aquele que gasta imoderadamente, colocando seus bens em risco. A justificativa da interdição do pródigo é o fato de que está permanentemente em risco de se submeter à miséria, colocando fora todo seu patrimônio. Sua interdição refere-se tão somente a atos de disposição e oneração do patrimônio. Pode administrar seu patrimônio, mas não poderá praticar atos que venham a desfalcá-lo. Os demais atos (votar, ser jurado, testemunha etc.), poderá os praticar.

Salvo a situação da idade (maiores de 16 e menores de 18 anos), nas demais hipóteses, o indivíduo é maior de idade e deverá passar por **processo de interdição**, nos termos do art. 747 e seguintes do CPC. Neste processo, haverá uma perícia, que fixará os atos que o incapaz poderá ou não praticar. Por fim, haverá a nomeação do curador, que será o representante legal do incapaz maior de idade.

O Estatuto da Pessoa com Deficiência (Lei nº 13.146/2015) alterou a teoria das incapacidades e viabilizou a inclusão da pessoa com deficiência. O art. 6º do Estatuto estabelece que a pessoa com deficiência é plenamente capaz para a prática de atos da vida civil, inclusive para contrair casamento e, nesse sentido, o art. 1.550, § 2º, CC prevê que a pessoa com deficiência mental ou intelectual, que tenha capacidade para o casamento, poderá contraí-lo, manifestando sua vontade de forma direta ou por meio do representante legal.

1.1.3. Emancipação

Nos termos do art. 5º, CC, a incapacidade etária cessa pela **maioridade** (ao se completar 18 anos) ou pela **emancipação**, que é forma de se antecipar a capacidade civil plena.

A emancipação, uma vez realizada, é definitiva, irretratável e irrevogável, salvo por ocorrência de vício de vontade (todos os negócios jurídicos ou atos praticados podem ser anulados em razão de vício de vontade). Neste sentido, há o enunciado 397 das Jornadas de Direito Civil: "A emancipação por concessão dos pais ou por sentença do juiz está sujeita à desconstituição por vício de vontade".

Emancipação voluntária: ocorre pela concessão dos pais, quando estes, em conjunto (ou um deles, na falta do outro), concedem, mediante escritura pública, independentemente de homologação judicial, a emancipação para o filho que tenha completado 16 anos. Deve ser registrada no Cartório do Registro Civil, nos termos do art. 107, § 1º, Lei nº 6.015/1973.

Emancipação judicial: a emancipação judicial é aquela concedida pelo juiz, nos casos em que o menor estiver sob tutela, sendo ouvido o tutor, se o menor contar com 16 anos completos. Pode ocorrer, também, nos casos em que um dos genitores concordar e o outro discordar da emancipação. Deve ser registrada no Cartório do Registro Civil, nos termos do art. 107, § 1º, Lei nº 6.015/1973.

Emancipação legal: a emancipação legal é aquela que advém da disposição legal, pela ocorrência das situações previstas no art. 5º, incisos II, III, IV e V, CC, ou seja, em razão de casamento, emprego público, constituição de empresa ou colação de grau em curso superior. Dispensa o registro no Cartório de Registro Civil, produzindo efeitos, independentemente desse registro.

1.1.4. Tutela e Curatela

- **Tutela**

Estabelece a representação legal de indivíduo menor de 18 anos, em razão da falta de seus pais (falecimento, ausência ou perda do poder familiar), nos termos do art. 1.728, CC.

São três as formas de tutela:

Testamentária: regulada pelos arts. 1.729 e 1.730, CC, quando o tutor será indicado pelos pais, em conjunto, por testamento ou qualquer documento autêntico.

Legítima: é a tutela que se estabelece quando não há a nomeação de tutor por parte dos pais (art. 1.731, CC), sendo estabelecida a ordem de preferência – esta ordem não é absoluta, devendo ser observado o melhor interesse da criança e do adolescente.

Dativa: quando não há a nomeação de tutor pelos pais e não há a possibilidade de ser nomeado nenhum dos parentes do menor de idade, estando prevista no art. 1.732, CC.

O art. 1.735, CC, estabelece aqueles que **não podem ser nomeados tutores** e, caso o sejam, serão exonerados da tutela.

Por sua vez, o art. 1.736, CC determina os indivíduos que podem se **escusar da tutela**, uma vez que sejam nomeados, devendo a escusa ser apresentada. O prazo a ser considerado, neste caso, é o constante no art. 760 do CPC, ou seja, deve ser apresentada a escusa no prazo de cinco dias a contar da intimação para prestar compromisso ou da ocorrência da situação de escusa.

O **exercício da tutela** importa em uma responsabilidade grande por parte do tutor, que ultrapassa os atos de mera administração de bens. Os arts. 1.740 e 1.747 do Código Civil estabelecem os atos que o tutor pode praticar com relação ao tutelado, independentemente de autorização judicial. Existem outros atos que exigem, para sua concretização, a atuação/interferência do juiz (art. 1.748, CC).

O tutor deve **prestar contas do exercício da tutela**. Esta prestação de contas não poderá ser dispensada sequer pelos pais que eventualmente tenham instituído a tutela (arts. 1.755-1.757, CC).

A tutela cessa com o término da incapacidade (art. 1.763, CC).

- **Curatela**

A curatela visa a proteção de uma pessoa maior, mas que padeça de alguma incapacidade ou de alguma circunstância que impeça a sua livre e consciente manifestação de vontade.

Para que sejam estabelecidas a curatela e a nomeação do curador, deve haver a interdição do indivíduo, nos casos dos incisos II, III e IV do art. 4º, CC (art. 1.767, CC), observando-se o procedimento do art. 747 e seguintes do CPC.

A interdição pode ser promovida pelo cônjuge ou companheiro; pelos parentes ou tutores; pelo representante da entidade em que se encontra abrigado o interditando; ou pelo Ministério Público (MP), nos termos do art. 747 do CPC.

Na inicial, devem estar especificados o motivo e os fatos que demonstrem a incapacidade do interditando para administrar seus bens (art. 749, CPC/2015). Havendo necessidade, o juiz pode nomear curador provisório (art. 749, parágrafo único, CPC/2015); contudo, deverá haver laudo médico para provar as alegações do autor (art. 750, CPC/2015). O juiz ouvirá o interditando em audiência ou, na impossibilidade de deslocamento, no local onde se encontrar (art. 751, § 1º, CPC/2015), utilizando-se dos meios tecnológicos necessários para a entrevista. O interditando pode defender-se no prazo de 15 dias (art. 752, CPC/2015). Haverá intervenção do MP como fiscal da lei (art. 752, § 1º, CPC/2015). Após este prazo de defesa, haverá a produção de prova, com perícia no interditando (art. 753, CPC/2015). O laudo deve indicar os atos para os quais há incapacidade. Trata-se, portanto, de uma interdição relativa, já que os interditandos são sempre relativamente incapazes. Uma vez que se tenha o laudo e todas as provas, o juiz sentenciará, nomeando o curador e estabelecendo os limites da curatela, segundo o estado e o desenvolvimento mental do interdito (art. 755, CPC).

Para a nomeação de curador, há previsão de ordem legal no art. 1.775, CC: cônjuge ou companheiro, não separado judicialmente ou de fato; na falta, o pai ou a mãe; e, na falta destes, o descendente que se demonstrar mais apto.

O art. 1.783, CC, estabelece que, quando o curador for o cônjuge e o regime de bens do casamento for o da comunhão universal de bens, não haverá a obrigatoriedade de prestação de contas, salvo por determinação judicial. Dessa forma, o curador deve periodicamente prestar contas ou prestá-las todas as vezes que for instado a tal mister, assim como o tutor.

Ao contrário da tutela, que é temporária, a curatela tem um ânimo definitivo. Todavia, se o interdito se recuperar, poder-se-á levantar a interdição e a curatela, nos termos do art. 756, CPC/2015.

1.1.5. Direitos da Personalidade

Os direitos da personalidade, também chamados de liberdades públicas, têm proteção especial por parte do Estado, sendo derivados da dignidade da pessoa humana (art. 1º, III, CF) e inerentes aos seres humanos, ainda que haja a proteção dos direitos da personalidade do nascituro (art. 2º, CC) e da pessoa jurídica (art. 52, CC). São qualidades que se agregam ao homem e, portanto, intransmissíveis e irrenunciáveis, não podendo sofrer limitação voluntária. No Código Civil, há um rol exemplificativo, envolvendo integridade física, nome, intimidade, imagem, honra e vida privada.

Os arts. 13-15 do CC tratam do direito ao próprio corpo. Prevê o art. 13 do CC a proteção à integridade física do indivíduo, proibindo, salvo por exigência médica, atos que importem diminuição permanente da integridade física. Em razão da exigência médica, pode ser realizada a cirurgia de adequação sexual dos **transgêneros** e, a esse respeito, deve-se observar que o STF, na ADIn nº 4.275 (rel. Min. Marco Aurélio, rel. p/ Acórdão: Edson Fachin, Tribunal Pleno, j. 1-3-2018, DJe 7-3-2019), decidiu que o transgênero não necessita submeter-se a cirurgia para que possa realizar a alteração do prenome e do sexo no Registro Civil (embora o possa). O art. 14, por sua vez, viabiliza a doação de órgãos após morte. Segundo o art. 15 do CC, ninguém pode ser obrigado a submeter-se a tratamento médico ou cirúrgico que importe risco de vida. Aqui, há a relação com os testamentos vitais, que nada mais são do que uma autorização para a prática da suspensão do tratamento médico: "É válida a declaração de vontade expressa em documento autêntico, também chamado '**testamento vital**', em que a pessoa estabelece disposições sobre o tipo de tratamento de saúde, ou não tratamento, que deseja no caso de se encontrar sem condições de manifestar a sua vontade" (Enunciado 528, das Jornadas de Direito Civil).

A proteção ao nome é prevista nos arts. 16-19 do CC. O nome, nele compreendidos o prenome e sobrenome, pode ser alterado mediante requerimento ao Oficial do Registro Civil, observado o procedimento do art. 57 e seguintes da lei nº 6.015/1973 (Lei de Registros Públicos). É vedada a utilização do nome alheio em publicações que exponham o portador ao desprezo público (art. 17 do CC), e também é vedada a utilização do nome alheio, sem autorização do portador, em propagandas comerciais (art. 18 do CC). Havendo violação ao direito ao nome, é cabível a reparação por danos. A mesma proteção conferida ao nome estende-se ao pseudônimo utilizado para fins lícitos (art. 19 do CC). Observar as disposições do art. 515-A e seguintes do Provimento 149 do CNJ.

O art. 20 do CC faz a previsão da proteção à palavra e à imagem. O STF julgou a ADIn nº 4.815 (rel. Min. Cármen Lúcia, Tribunal Pleno, j. 10-6-2015, DJe 1-2-2016), que dá ao art. 20 do CC interpretação conforme a Constituição. Nesta ação, foi autorizada a publicação das "biografias não autorizadas", ou seja, a possibilidade de publicação de obras biográficas literárias ou audiovisuais, independentemente do consentimento do biografado. Além disso, se a imagem da pessoa for utilizada para fins comerciais sem sua autorização, a **súmula nº 403 do STJ** prevê o direito de indenização, independentemente de existência de prejuízo: "Independe de prova do prejuízo a indenização pela publicação não autorizada de imagem de pessoa com fins econômicos ou comerciais". Importante destacar que existe relação entre os direitos de personalidade (imagem, vida privada) com o Marco Civil da Internet (Lei 12.965/2014), especialmente, os arts. 18 e seguintes.

1.1.5.1. Direitos de personalidade: Lei Geral de Proteção de Dados – LGPD

A Lei Geral de Proteção de Dados (LGPD) – lei 13.709/2018 – é uma norma que faz a previsão do tratamento dos dados pessoais que venham a ser fornecidos ou coletados, por meio de cadastro, por exemplo, seja por pessoas físicas, jurídicas ou pelo Poder Público. O objetivo deste tratamento é trazer proteção desses dados, e, por consequência, aos direitos de personalidade da pessoa humana, já que a reunião de dados pessoais pode gerar a identificação da pessoa.

A LGPD é aplicada aos dados, independentemente de sua localização, desde que: a operação de tratamento seja realizada no território nacional; a atividade de tratamento tenha por objetivo a oferta ou o fornecimento de bens ou serviços ou o tratamento de dados de indivíduos localizados no território nacional; ou os dados pessoais objeto do tratamento tenham sido coletados no território nacional (art. 3º, LGPD). Por outro lado, a LGPD não é aplicável nas hipóteses previstas no art. 4º da lei.

Importante observar que se entende por dados pessoais nome, endereço, linde de rede social, etc. (art. 5º, I, LGPD), os quais, uma vez contextualizados, transformam-se em informação e que reunidos podem levar à identificação da pessoa. Há dados pessoais que são sensíveis (dado pessoal sobre origem racial ou étnica, convicção religiosa, opinião política, filiação a sindicato, etc.), eis que detalham a vida privada da pessoa humana e que podem lhe causar graves prejuízos. Esses dados sensíveis terão uma proteção maior por parte da LGPD e só poderão ser tratados nas hipóteses do art. 11 da LGPD.

Deve-se esclarecer que o tratamento dos dados pessoais deve observar os princípios elencados no art. 6º, LGPD: finalidade, adequação, necessidade, livre acesso, qualidade, transparência, segurança prevenção, não discriminação, responsabilização e prestação de contas. Além disso, o titular dos dados deve ter ciência da finalidade, forma e duração do tratamento dos seus dados, além de informações sobre o controlador (art. 9º, LGPD).

1.2. Pessoa jurídica

1.2.1. Criação e Desconsideração da Personalidade Jurídica

Para o surgimento da pessoa jurídica de Direito Privado, deve-se ter sua criação por contrato ou estatuto social e a inscrição dos atos constitutivos no registro competente (art. 45 do CC). A partir do registro dos atos constitutivos, a pessoa jurídica adquire personalidade jurídica própria distinta dos seus sócios ou administradores. Referido registro deverá ser feito no registro civil das pessoas jurídicas ou na junta comercial (para as sociedades mercantis).

A pessoa física e a jurídica são separadas, não havendo confusão entre a pessoa jurídica e a pessoa física (art. 49-A, CC). Ambas possuem patrimônios e responsabilidades separados. Contudo, pode haver casos de abuso da personalidade jurídica, caracterizados pelo desvio de finalidade (art. 50, § 1º, CC: "utilização dolosa da pessoa jurídica com o propósito de lesar credores e para a prática de atos ilícitos de qualquer natureza") ou pela confusão patrimonial (art. 50, § 2º, CC: "ausência de separação de fato entre os patrimônios, caracterizada por: I – cumprimento repetitivo pela sociedade de obrigações do sócio ou do administrador ou vice-versa; II transferência de ativos ou de passivos sem efetivas contraprestações, exceto o de valor proporcionalmente insignificante; III – outros atos de descumprimento da autonomia patrimonial"), que determinem a possibilidade de pleitear a **desconsideração da personalidade jurídica** (art. 50, CC), observado o procedimento dos arts. 133 e 134 do CPC.

O objetivo da desconsideração da personalidade jurídica é evitar a fraude por meio da pessoa jurídica. Uma vez deferido o pedido, desconsidera-se a personalidade jurídica da empresa para atingir o patrimônio pessoal dos sócios ou vice-versa. Essa desconsideração também se aplica de maneira inversa ou invertida (art. 50, § 3º, CC), e serve para os casos em que se busca responsabilizar a pessoa jurídica por obrigações de seus sócios, nas situações em que um deles abusa da pessoa jurídica, transferindo bens visando ocultá-los.

1.2.2. Associações e Fundações

O art. 40 do CC afirma existirem pessoas jurídicas de Direito Público (interno ou externo) e de Direito Privado. São pessoas jurídicas de Direito Público interno a União, Estados, Distrito Federal, Territórios, Municípios, autarquias e demais entidades de caráter público (art. 41, CC). São pessoas jurídicas de Direito Público externo os Estados estrangeiros e todas as pessoas que forem regidas pelo Direito Internacional público (art. 42, CC).

Por sua vez, o art. 44, CC estabelece o rol das pessoas jurídicas de Direito Público privado, importando, para fins do estudo do Direito Civil, as associações e as fundações.

Nos termos dos arts. 53-61, CC, as associações são entidades formadas pela união de indivíduos que têm como objetivo fim não econômico. Não são, portanto, empresas. Já as fundações, previstas nos arts. 62-69, CC, resultam da afetação de um patrimônio e determinação de uma finalidade, por meio de escritura pública ou testamento (art. 62, CC). A finalidade da fundação está determinada na lei, não podendo ser criadas fundações para fins diferentes daqueles previstos no parágrafo único do art. 62, CC. Para a criação da fundação, o instituidor, através de testamento ou escritura pública, determina que seu patrimônio (e os frutos dele) seja empregado na concretização dos fins por ele escolhidos (entre o rol do parágrafo único do art. 62, CC). Se os bens destinados não foram suficientes para a criação da fundação, serão incorporados a outra fundação com mesmo propósito ou propósito semelhante (art. 63, CC)

1.3. Domicílio

O domicílio é o lugar onde a pessoa natural estabelece sua residência com ânimo definitivo, bem como o centro de suas atividades. Como o Direito vive de obrigações, para que se possa dar cumprimento às obrigações é necessário que as pessoas tenham um local no qual possam ser encontradas. Trata-se do domicílio civil das pessoas.

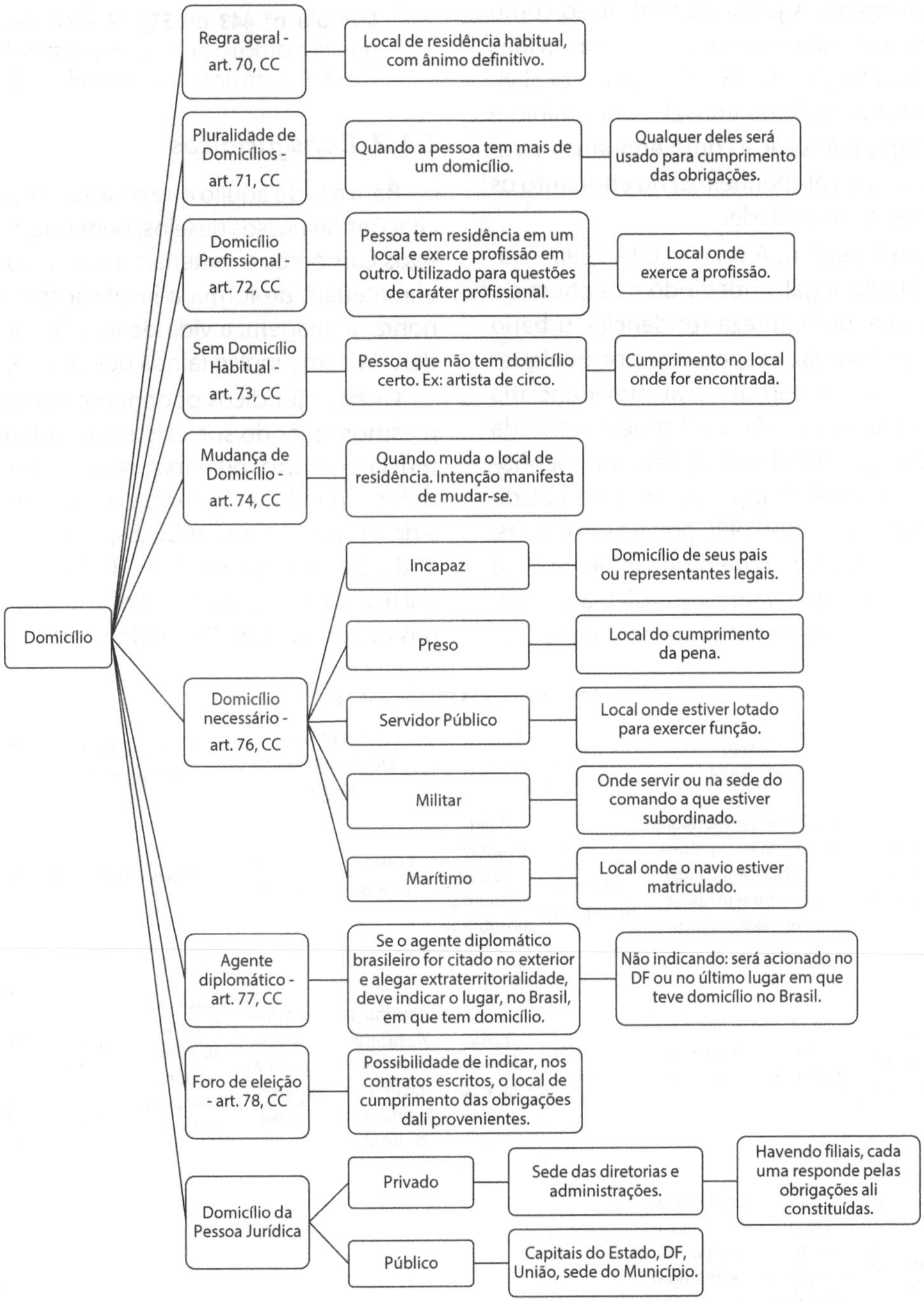

CIVIL

1.4. Bens

1.4.1. Bem de família

O direito à moradia é um direito fundamental social, garantido constitucionalmente, através do art. 6º, CF. A instituição de bem de família visa afetar bens para o destino especial de abrigar a família, protegendo-os da penhora. Pode ser convencional ou legal.

Bem de família voluntário. A instituição do bem de família voluntário pode ser feita pelo proprietário ou pela entidade familiar e incidir sobre bem que represente até 1/3 do patrimônio líquido (art. 1.711, CC). A instituição pode ocorrer via testamento ou escritura pública, devendo haver o assento no registro de imóveis (art. 1.714, CC), para que tenha oponibilidade *erga omnes*. A partir da instituição como bem de família, este não responde mais por dívidas posteriores à instituição (1.715, CC), salvo por dívidas provenientes do próprio imóvel (condomínio e IPTU, por exemplo). A isenção dura enquanto viverem os cônjuges (ou companheiros) ou enquanto os filhos forem menores de idade.

Bem de família Legal. A Lei nº 8.009/1990 institui o bem de família legal, impedindo a penhora do único bem imóvel de natureza residencial, urbano ou rural. Este imóvel não responderá por qualquer tipo de dívida (civil, comercial, fiscal, previdenciária ou qualquer natureza), conforme dispõe o art. 1º da Lei nº 8.009/1990, podendo ser oposta a impenhorabilidade em qualquer tempo ou grau de jurisdição. O art. 3º da Lei nº 8.009/1990 prevê as exceções, ou seja, situações em que o bem de família poderá ser penhorado para pagamento de dívidas, especialmente em razão de execução de alimentos (art. 3º, III, Lei nº 8.009/1990), resguardado o direito do coproprietário (art. 843 do CPC), o bem de família do fiador em contrato de locação e as dívidas provenientes do próprio imóvel (como, por exemplo, condomínio e IPTU).

> ▷ **Importante!**
>
> **Súmula nº 486 do STJ:** "É impenhorável o único imóvel residencial do devedor que esteja locado a terceiros, desde que a renda obtida com a locação seja revertida para a subsistência ou a moradia da sua família".
>
> **Súmula nº 364 do STJ:** "O conceito de impenhorabilidade de bem de família abrange também o imóvel pertencente a pessoas solteiras, separadas e viúvas".
>
> **Súmula nº 449 do STJ:** "A vaga de garagem que possui matrícula própria no registro de imóveis não constitui bem de família para efeito de penhora".

1.4.2. Bens jurídicos

Bem é tudo aquilo que possa corresponder às solicitações de nossos desejos, podendo ser tanto os objetos corpóreos e materiais (coisas), quanto os ideais e imateriais, de forma a justificar que a liberdade, a honra, a imagem, a vida de alguém possa ser considerada bem jurídico (ainda que não seja uma coisa).

Os bens jurídicos podem ser: considerados em si mesmos, quando sua existência independe da existência de outro, principal; reciprocamente considerados, quando a existência do acessório pressupõe a do principal; bens públicos, que são os de propriedade das pessoas jurídicas de Direito Público; bens particulares, que são pertencentes às pessoas naturais ou jurídicas de Direito Privado.

<table>
<tr><th colspan="13">CONSIDERADOS EM SI MESMOS</th></tr>
<tr><td colspan="3">Imóveis
art. 79-81</td><td colspan="2">Móveis
arts. 82-84</td><td colspan="2">Fungíveis
e Infungíveis
art. 85</td><td colspan="2">Consumíveis
e Inconsumíveis
art. 86</td><td colspan="2">Divisíveis e Indivisíveis
arts. 87 e 88</td><td colspan="2">Singulares e Coletivos
arts. 89 a 91</td></tr>
<tr><td colspan="3">Não podem ser transportados de um lugar para outro, sem que sua substância se altere</td><td colspan="2">Podem ser transportados, através da força própria ou alheia, de um lugar para outro sem que se altere sua substância</td><td>Bem fungível é o que admite a substituição</td><td>Bem infungível é o que não admite substituição</td><td>Consumíveis</td><td>Inconsumíveis</td><td>Divisíveis</td><td>Indivisíveis</td><td>Singulares</td><td>Coletivos</td></tr>
<tr><td>Natureza</td><td colspan="2">Acessão (o que se gruda ao bem imóvel por natureza)</td><td>Por natureza</td><td>Propriamente ditos</td><td>Soja, arroz, milho</td><td>Quadro do pintor famoso</td><td>O uso importa na destruição (alimentos) ou estão a venda (livro da livraria)</td><td>Suportam o uso continuado (carro, roupa)</td><td>Podem ser fracionados sem alterar a substância (grãos, $)</td><td>Não podem ser fracionados (cavalo)</td><td>Considerados em sua individualidade representadas por uma unidade (cavalo, livro, árvore)</td><td>Compostos de várias coisas singulares (biblioteca, floresta)</td></tr>
<tr><td>solo
(só ele)</td><td>Natural</td><td>Artificial</td><td>Semoventes movem-se sozinhos</td><td>Carro, celular, mesa (movimenta sem deterioração, com auxílio externo)</td><td colspan="8"></td></tr>
</table>

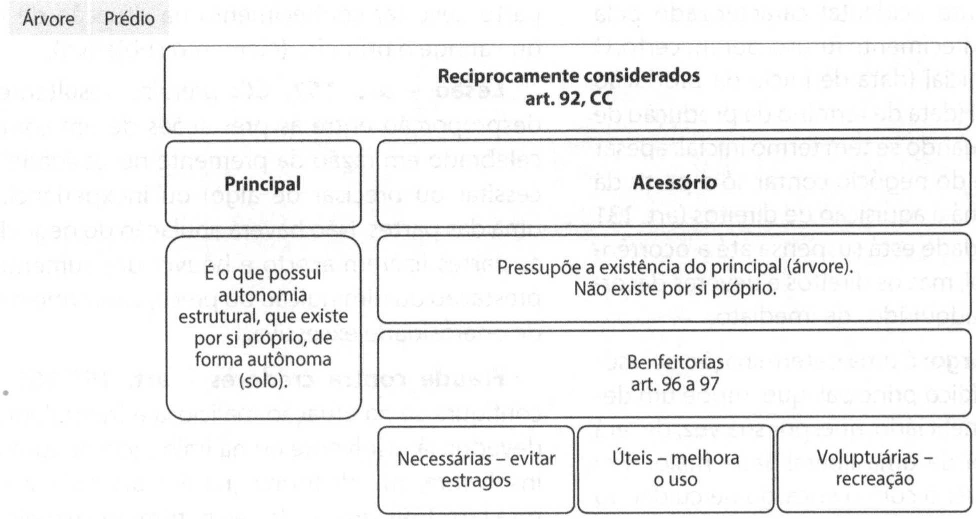

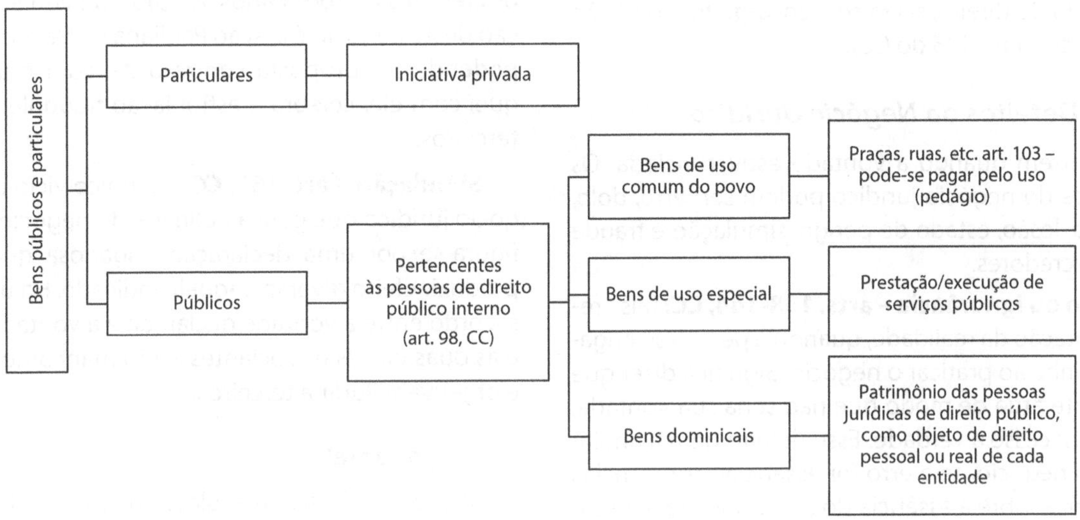

1.5. Fatos jurídicos: classificação

Fato é um acontecimento. É qualquer ocorrência que interesse ou não ao direito. Existem fatos que não importam ao meio jurídico. A chuva, por exemplo. Trata-se de um fato que ocorre e segue ocorrendo seguidamente, mas que não possui qualquer efeito jurídico. Não importa para o direito.

Interessam para o direito todos aqueles fatos que produzam efeitos aquisitivos, modificativos, conservativos ou extintivos de direito.

1.6. Negócio jurídico

O negócio jurídico envolve uma declaração de vontade que objetiva a produção de certos efeitos jurídicos admitidos pela lei. Essa declaração de vontade baseia-se na autonomia privada, na função social e na boa-fé objetiva.

O negócio jurídico deve ser analisado sob três planos: **existência** (cumprir certos requisitos mínimos: partes [ou agentes], vontade, objeto e forma. Na falta de algum desses elementos estruturais, o negócio é inexistente); **validade** (o negócio deve estar perfeito, sem qualquer vício ou defeito inviabilizante, de forma que se tenham partes ou agentes capazes; vontade livre e não viciada; objeto lícito, possível, determinado ou determinável; forma prescrita ou não defesa em lei); e **eficácia** (se produz efeitos imediatos ou se os efeitos estão limitados à ocorrência dos elementos acidentais: condição, termo ou encargo).

Condição: elemento acidental que consiste em um evento futuro e incerto (art. 121, CC). A condição pode determinar o início da produção de efeitos do negócio (suspensiva – art. 125, CC) ou o término da produção dos efeitos (resolutiva – art. 127, CC). Importante observar que o art. 130, CC permite que o titular do direito eventual, nos casos de condição suspensiva ou resolutiva, pratique os atos de conservação necessários.

Termo: elemento acidental caracterizado pela ocorrência de acontecimento futuro, porém certo. O termo pode ser inicial (data de início da produção de efeitos) ou final (data de término da produção de efeitos). Mesmo quando se tem termo inicial, apesar de a exigibilidade do negócio contar só a partir da data acordada, já há a aquisição de direitos (art. 131 do CC). A exigibilidade está suspensa até a ocorrência do termo inicial, mas os direitos e deveres decorrentes do ato são adquiridos de imediato.

Modo ou encargo: é uma determinação acessória ao negócio jurídico principal, que impõe um dever ou ônus ao beneficiário, que, por sua vez, deverá cumpri-lo em prol de uma liberalidade maior. Ex.: doação de um terreno com o encargo de cuidar do doador. O encargo não suspende a aquisição ou o exercício do direito, salvo se o encargo for condição suspensiva (art. 136 do CC).

1.6.1. Defeitos do Negócio Jurídico

Ocorrem quando a vontade estiver viciada. Os defeitos do negócio jurídico podem ser: erro, dolo, coação, lesão, estado de perigo, simulação e fraude contra credores.

Erro ou ignorância – arts. 138-144, CC: falsa representação da realidade, quando a pessoa se engana sozinha ao praticar o negócio. Significa dizer que o agente atua de modo que não seria sua vontade, se conhecesse a verdade. Esse defeito gera a anulação do negócio, se o erro for essencial (substancial, incidente sobre a essência do ato praticado) e escusável (perdoável) (art. 138 do CC).

Dolo – arts. 145-150, CC: quando o vício da vontade é provocado por terceiro, que se utiliza de artifício malicioso para induzir a celebração do negócio. Importante observar que, neste caso, se o indivíduo soubesse da realidade, não praticaria o negócio. Pode ser provocado pela parte com quem se celebra o negócio ou por terceiro (com anuência daquele que se beneficia com o negócio). Pode ocorrer por ação ou por omissão e, ainda, pode ser recíproco ou bilateral, que ocorre quando ambas as partes agem dolosamente.

Coação – arts. 151-155, CC: pressão física ou moral exercida sobre o negociante, obrigando-o a assumir uma obrigação que não quer, fundada em temor de dano iminente e considerável ao paciente, seus familiares ou seus bens.

Estado de perigo – art. 156, CC: quando alguém, premido da necessidade de salvar-se, ou a pessoa de sua família, de grave dano conhecido pela outra parte, assume obrigação excessivamente onerosa. Para que esteja presente o defeito, a outra parte deve ter conhecimento da situação de risco que atinge o primeiro (elemento subjetivo).

Lesão – art. 157, CC: prejuízo resultante da desproporção entre as prestações de um contrato celebrado em razão da premente necessidade (necessitar ou precisar de algo) ou inexperiência de uma das partes. Não haverá anulação do negócio se as partes fizerem acerto e houver um aumento da prestação ou diminuição do preço, conforme o caso de onerosidade excessiva.

Fraude contra credores – art. 158-165, CC: configura-se na atuação maliciosa e fraudulenta do devedor, já insolvente ou na iminência de tornar-se insolvente, que, de forma gratuita (art. 158) ou onerosa (art. 159), dispõe do seu patrimônio e prejudica os credores quirografários. A ação que visa a anulação deste negócio é a Ação Pauliana ou Revocatória, podendo ser proposta contra o devedor e aquele que, com ele, celebra a estipulação fraudulenta ou terceiros.

Simulação – art. 167, CC: é o único vício do negócio jurídico que gera a nulidade do negócio. Configura-se por uma declaração enganosa que visa produzir efeito diverso daquele indicado. Há um desacordo entre a vontade declarada e a vontade real, e as duas partes negociantes estão mancomunadas e objetivam iludir a terceiros.

> ▷ **Importante!**
>
> O prazo para buscar a anulação do negócio jurídico eivado de erro, dolo, coação, lesão, estado de perigo e fraude contra credores é de quatros anos, a contar da celebração do negócio, nos termos do art. 178, do CC.

1.6.2. Invalidade do Negócio Jurídico

A invalidade pode ser absoluta ou relativa.

a) **Nulidade:** é a forma de invalidade absoluta, que não tem prazo para ser pleiteada.

Hipóteses: arts. 166 e 167, CC – negócio celebrado por absolutamente incapaz; objeto ilícito, impossível ou indeterminável; motivo ilícito; não revestido da forma prescrita em lei; se não for observada solenidade essencial; objetivo de fraudar lei imperativa; se a lei o declarar nulo, ou proibir-lhe a prática; negócio simulado.

Não convalesce pelo decurso do tempo (art. 169, CC). Pode ser buscada a invalidade a qualquer tempo.

Não pode ser confirmado pelas partes (art. 169, CC).

b) Anulação: é a forma de invalidade relativa, tendo prazo para ser pleiteada.

Hipóteses: art. 171, CC – negócio celebrado por relativamente incapaz, sem a devida assistência; vício do negócio jurídico: erro, dolo, coação, lesão, estado de perigo ou fraude a credores; outros casos especificados pela lei como de anulabilidade. Ex.: arts. 1.647 e 1.649, CC; art. 496, CC.

Convalesce pelo decurso do tempo – prazo de quatro anos para propor ação de anulação – art. 178, CC. Quando a lei não fizer previsão de prazo para anulação, será ele de dois anos (art. 179, CC).

Pode ser confirmado pelas partes (arts. 172-174, CC).

1.7. Prescrição e decadência

O transcurso do tempo gera efeitos aquisitivos ou extintivos de direitos. Quando se fala em prescrição e decadência, refere-se ao transcurso do tempo que gera a perda de direitos em razão da inércia do titular.

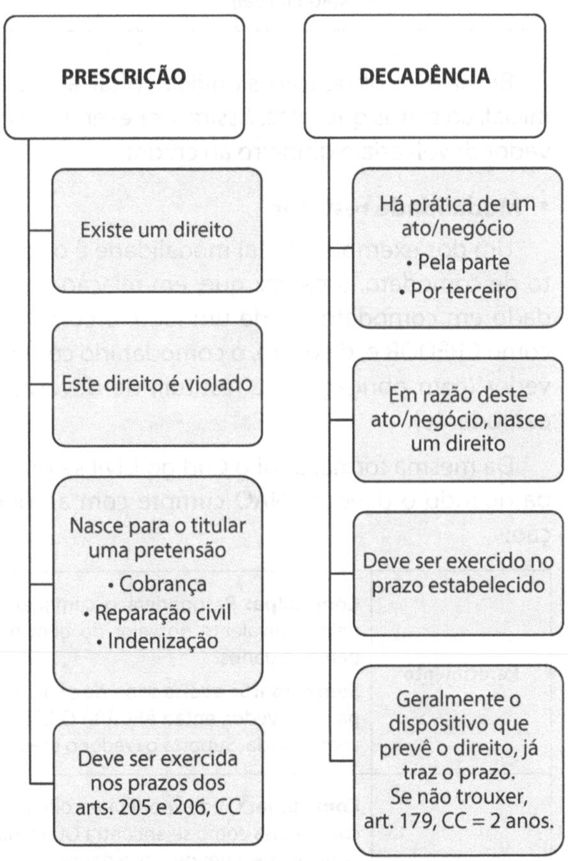

- **Prescrição**

É a perda da pretensão de reparação do direito violado (reparação do dano, cobrança da dívida, ressarcimento de despesas etc.), em razão da inércia do titular, dentro do prazo previsto pela lei (arts. 205 e 206, CC). O prazo prescricional inicia no momento em que há a violação do direito.

Pode haver renúncia da prescrição somente após a ocorrência/consumação (art. 191, CC). Prazos prescricionais (art. 192, CC) não podem ser alterados pelas partes. A prescrição pode ser alegada em qualquer grau de jurisdição (art. 193, CC). O juiz pode, de ofício, reconhecer a prescrição. Cabe ação contra os representantes que deram causa à prescrição (art. 195, CC). A prescrição iniciada contra uma pessoa continua a correr contra o sucessor (art. 196, CC).

Causas que impedem ou suspendem a prescrição: arts. 197-201, CC. Nesses casos, a contagem do prazo não se inicia enquanto estiverem as partes nas condições previstas nestes artigos. Ex.: entre ascendentes e descendentes, durante o poder familiar, não corre prescrição. Assim, somente após se alcançar 18 anos (que é quando cessa o poder familiar) é que começa a contagem do prazo.

Causas que interrompem a prescrição: art. 202, CC. Nos casos de interrupção da prescrição, o prazo começou a correr e, em razão da ocorrência de uma das hipóteses previstas, interrompe-se a contagem, recomeçando novamente a correr o prazo prescricional. A interrupção só pode ocorrer uma vez. As causas que interrompem a prescrição são: I – despacho do juiz, mesmo incompetente, que ordenar a citação, se o interessado a promover no prazo e na forma da lei processual; II – por protesto, nas condições do inciso antecedente; III – por protesto cambial; IV – pela apresentação do título de crédito em juízo de inventário ou em concurso de credores; V – por qualquer ato judicial que constitua mora ao devedor (notificação extrajudicial, feita pelo Cartório de Títulos e Documentos, não é capaz de interromper a prescrição); VI – por qualquer ato inequívoco, ainda que extrajudicial, que importe reconhecimento do direito pelo devedor (pagamento parcial da dívida, envio de carta reconhecendo a dívida etc.).

Os prazos prescricionais podem ser:

a) Ordinários: quando não houver prazo especial, o prazo prescricional é de dez anos, tanto para ações reais quanto para pessoais (art. 205 do CC).

b) Especiais: são prazos mais exíguos, previstos especificamente no art. 206 do CC, e podem ser de um, dois, três, quatro ou cinco anos.

- **Decadência**

É a perda do direito potestativo pela inércia de seu titular no período determinado pela lei. Na decadência, o prazo começa a correr no momento em que o direito nasce e os prazos decadenciais estão previstos na disposição que prevê o direito a ser exercido.

A decadência pode ser legal ou convencional. No caso da decadência convencional, estabelece o art. 211 do CC que a parte a quem aproveita pode alegá-la em qualquer grau de jurisdição, mas o juiz não pode suprir a alegação. O juiz deve, de ofício, reconhecer a decadência, quando for legal (art. 210 do CC).

Os prazos decadenciais estão previstos em locais esparsos na legislação. Tem-se alguns exemplos:

- **30 dias:** para o comprador propor ação em que pretenda rescindir o contrato e reaver o preço pago pela coisa móvel (art. 445 do CC).
- **60 dias:** para o exercício do direito de preferência, caso inexista prazo estipulado, na coisa imóvel, contados da data em que o comprador tiver notificado o vendedor (art. 516 do CC).
- **180 dias:** para o exercício do direito de preferência do condômino a quem não tenha sido dado tal direito e o imóvel tenha sido vendido a terceiro (art. 504, CC).
- **1 ano:** para revogação da doação por ingratidão ou diante da inexecução do encargo.
- **1 ano e 1 dia:** para desfazer janela, sacada, terraço ou goteira sobre o seu prédio, em face do vizinho. Prazo conta-se da conclusão da obra (art. 1.302 do CC).
- **3 anos:** anulação de casamento celebrado com erro essencial quanto à pessoa do outro, contados da data da celebração.
- **4 anos:** para anular negócio jurídico celebrado com vício do consentimento.
- **5 anos:** para impugnar a validade de testamento, contados da data do seu registro.

2. OBRIGAÇÕES

2.1. Modalidade de obrigações

2.1.1. Obrigação de Dar Coisa Certa

As modalidades de obrigações são: dar, fazer, não fazer, alternativas, indivisíveis e solidárias. A obrigação de dar se divide em: dar coisa certa e dar coisa incerta.

A obrigação de dar coisa certa (arts. 233-242 do CC), por sua vez, se divide em obrigação de dar coisa certa, modalidade entregar e obrigação de dar coisa certa, modalidade restituir. Tanto na obrigação de entregar como na de restituir, o devedor se compromete a ENTREGAR ou RESTITUIR algo específico, que pode ser tanto bem móvel quanto imóvel.

- **Modalidade entregar**

Um dos exemplos desta modalidade é o contrato de compra e venda, no qual, após efetuar o pagamento do preço, o comprador se torna CREDOR e o vendedor se torna DEVEDOR.

Para o Código Civil, o importante é quando o devedor NÃO cumpre com sua obrigação. Ao não a cumprir, a lei então disciplina a solução.

Perecimento (perda total)	**Com culpa:** A obrigação se resolve (volta ao "status quo ante" e o devedor deverá pagar ao credor perdas e danos. **Sem culpa:** A obrigação se resolve (volta ao "status quo ante").
Deterioração (perda parcial)	**Com culpa:** Credor terá duas opções: Resolver a obrigação ou ficar com a coisa como se encontra, exigindo, em qualquer dos casos, perdas e danos. **Sem culpa:** Credor terá duas opções: receber o bem como se encontra com abatimento ou resolver a obrigação (voltar ao estado inicial)

Resolver a obrigação significa voltar ao estado inicial, ao status quo ante. Assim, por exemplo, o devedor devolveria o dinheiro ao credor.

- **Modalidade restituir**

Um dos exemplos de tal modalidade é o contrato de comodato, uma vez que, em relação ao bem dado em comodato, há de um lado, o comodante como CREDOR e, de outro, o comodatário como devedor (com obrigação de restituir, de devolver ao comodante).

Da mesma forma, aqui o Código Civil se preocupa quando o devedor NÃO cumpre com a obrigação:

Perecimento	**Com culpa:** Responderá o comodatário pelo equivalente do valor do bem mais perdas e danos. **Sem culpa:** Se a coisa se perde e não é culpa do devedor, então ARCARÁ O CREDOR com a perda. Suporta o credor o prejuízo.
Deterioração	**Com culpa:** Credor poderá escolher ficar com a coisa como se encontra OU exigir o equivalente, com perdas e danos. **Sem culpa:** Sofre o credor a perda e deverá receber o bem no estado em que se encontra.

> ▷ **Importante!**
>
> **Art. 237:** Até a tradição pertence ao devedor a coisa, com os seus melhoramentos e acrescidos, pelos quais poderá exigir aumento no preço; se o credor não anuir, poderá o devedor resolver a obrigação.
>
> Parágrafo único. Os frutos percebidos são do devedor, cabendo ao credor os pendentes.

Se entre o contrato e a entrega do bem, por exemplo, houver melhoramentos no bem, o devedor poderá exigir aumento no preço a ser pago e, se o credor não concordar, poderá então o devedor pedir a resolução do contrato.

2.1.2. Obrigação de Dar Coisa Incerta (arts. 243-246, CC)

O objeto da obrigação não é algo específico, mas precisa ser, ao menos, indicado por gênero e quantidade. Assim, o objeto deve ser, ao MENOS, determinável, ou seja, virá a ser determinado.

Como exemplo, podemos pensar em um contrato em que credor e devedor estabelecem que o devedor irá entregar sacas de soja de sua fazenda. É, assim, possível que se contrate um objeto determinável, mas que precisará ser escolhido e separado, para que então possa ser entregue e vire, como consequência, determinado.

Como regra, aqui e em outros momentos do Código Civil, se nada foi estipulado pelas partes de outra maneira, a escolha cabe ao devedor.

> ▷ **Importante!**
>
> **Art. 246:** "Antes da escolha, não poderá o devedor alegar perda ou deterioração da coisa, ainda que por força maior ou caso fortuito."

Por este artigo, o "gênero nunca perece". Assim, antes da escolha, a obrigação continuava sendo INCERTA, e se houver o perecimento/deterioração, não poderá o devedor alegá-lo em defesa, ainda que tais fatos tenham ocorrido por caso fortuito ou força maior.

- **Obrigação de fazer (arts. 247-249, CC)**

Neste caso, não se tem a obrigação um objeto móvel ou imóvel e sim sua PRESTAÇÃO, que se configura no cumprimento de uma tarefa ou na realização de um serviço, por exemplo. A obrigação de fazer pode ser fungível ou infungível.

- **Obrigação de fazer infungível**

Possui natureza personalíssima. Em caso de o devedor não cumprir com a obrigação, o credor terá as seguintes opções: exigir o cumprimento da obrigação ou resolver a obrigação e pedir perdas e danos.

No entanto, se não for culpa do devedor (escultor famoso acometido por doença grave, por exemplo), então a obrigação será resolvida (art. 248).

- **Obrigação de fazer fungível**

É aquela que pode ser cumprida por outra pessoa. Em caso de não cumprimento pelo devedor, poderá o credor optar entre:

- exigir o cumprimento forçado da obrigação;
- pedir o cumprimento da obrigação por terceiro, à custa do devedor originário; ou
- requerer a conversão em perdas e danos.

- **Obrigação de não fazer (arts. 250-251, CC)**

Importante destacar o momento em que a pessoa se torna inadimplente na obrigação de não fazer. O art. 390 do Código Civil dispõe que, nas obrigações negativas, o devedor será considerado inadimplente a partir do dia em que executar o ato do qual deveria se abster.

A obrigação de não fazer extingue-se quando não é possível abster-se do ato ao qual se obrigou a não praticar, desde que o devedor não tenha culpa (art. 250, CC).

Quando o devedor praticou o ato que deveria ser abster, mas é possível desfazer o que foi feito, é possível voltar ao status quo ante – art. 251.

Regra: necessária autorização do juiz: art. 251 do Código Civil.

Exceção: se for urgente, conforme disposto no art. 251, parágrafo único do Código Civil, não será necessária autorização do juiz.

Quando o devedor praticou o ato que deveria se abster, mas não é possível desfazê-lo, não é possível voltar ao status quo ante – art. 250.

Com culpa: ocorrerá a extinção do contrato, e a pessoa será condenada a pagar indenização por perdas e danos.

Sem culpa: só será feita a extinção do contrato.

> ▷ **Importante!**
>
> **Art. 390.** "Nas obrigações negativas o devedor é havido por inadimplente desde o dia em que executou o ato de que se devia abster."

- **Obrigações alternativas**

Nas obrigações alternativas, é possível o cumprimento da obrigação através da escolha de um OU de outro objeto. A obrigação será adimplida no momento em que se efetuar o cumprimento de UM destes objetos. Assim, se Maria, devedora, se obrigou a pagar para João 1.000 sacas de arroz OU 1.000 sacas de farinha, com a entrega de somente um deles, teremos o adimplemento da obrigação.

Se nada foi estipulado, a escolha caberá ao devedor. Não poderá o credor (João) exigir, por exemplo, que Maria entregue parte em farinha e parte em arroz. Da mesma forma, não pode João solicitar tal feito a Maria, tampouco pode Maria solicitar tal feito para João (entrega em partes de cada objeto).

Além disso, se a obrigação se estipulou de forma que ocorram através de prestações periódicas (todo mês, Maria precisa entregar uma parte, por exemplo), esta escolha poderá ser exercida em cada período.

O art. 253 nos informa que, se uma das duas prestações não puder ser objeto de obrigação ou se tornada inexequível, subsistirá o débito quanto à outra. Assim, se uma das obrigações não puder ser executada (proibida por lei, por exemplo), então o que era antes obrigação alternativa passa a ser obrigação comum, já que o débito subsistirá com relação à outra prestação.

> **Art. 254:** "Se, por culpa do devedor, não se puder cumprir nenhuma das prestações, não competindo ao credor a escolha, ficará aquele obrigado a pagar o valor da que por último se impossibilitou, mais as perdas e danos que o caso determinar."

Exemplo do Art. 254: Maria (devedora) se comprometeu a entregar para João um cavalo OU uma vaca. Por culpa de Maria, os dois animais morreram, impossibilitando o cumprimento da prestação. Se a escolha couber a Maria ou a terceiro, por exemplo, temos que ficará Maria obrigada a pagar o valor da que por último se impossibilitou (o último animal que morreu, por exemplo) mais perdas e danos.

> **Art. 255:** "Quando a escolha couber ao credor e uma das prestações tornar-se impossível por culpa do devedor, o credor terá direito de exigir a prestação subsistente ou o valor da outra, com perdas e danos; se, por culpa do devedor, ambas as prestações se tornarem inexequíveis, poderá o credor reclamar o valor de qualquer das duas, além da indenização por perdas e danos."

Exemplo do Art. 255: Maria (devedora) se comprometeu a entregar para João um cavalo OU uma vaca. Aqui, um dos objetos se tornou impossível (um animal morreu, por exemplo) por culpa do devedor (Maria) poderá o credor João exigir o outro animal OU o valor do animal que morreu com perdas e danos. Se os dois morreram por culpa de Maria, então o credor poderá reclamar o valor de um OU de outro, além de indenização por perdas e danos. Vale lembrar que, neste artigo, a escolha cabia a João.

Já se todas as prestações se tornarem impossíveis sem culpa do devedor, extinguir-se-á a obrigação, conforme art. 256 do CC.

- **Obrigações divisíveis e indivisíveis**

A classificação em divisível ou indivisível somente possui relevância quando tivermos mais de um devedor ou mais de um credor.

Obrigação divisível

O art. 257 trata da obrigação divisível e nos informa que, sendo assim a obrigação, ela será dividida entre quantos credores e devedores houver. Assim, se Maria e Carla são devedoras de R$100.000,00 (cem mil reais) de João, que é o credor, de acordo com o art. 257, João somente poderá exigir R$50.000,00 (cinquenta mil reais) de cada uma: "Havendo mais de um devedor ou mais de um credor em obrigação divisível, esta presume-se dividida em tantas obrigações, iguais e distintas, quantos os credores ou devedores".

Obrigação indivisível

Segundo o art. 258, a obrigação é indivisível quando a prestação tem por objeto uma coisa ou um fato não suscetível de divisão por sua natureza, por motivo de ordem econômica, ou dada razão determinante do negócio jurídico. Pode, assim, a indivisão ser natural (um animal, por exemplo) por motivo de ordem econômica ou então legal (imposta pela lei).

Regras da obrigação indivisível

a) Plural de devedores

Maria e Carla são devedoras de um animal (indivisível) para João (credor). João poderá cobrar a dívida toda (animal) somente de uma. Aquela que entregar para João o animal, poderá cobrar da outra a quota-parte do valor do animal.

> **Art. 259:** Se, havendo dois ou mais devedores, a prestação não for divisível, cada um será obrigado pela dívida toda.
>
> Parágrafo único. O devedor, que paga a dívida, sub-roga-se no direito do credor em relação aos outros coobrigados.

b) Plural de credores

Maria é devedora de um animal para João e Carlos, que são os credores de Maria. Tanto João quanto

Carlos poderão exigir de Maria o animal, mas Maria só se desobriga da dívida entregando-o para João e Carlos em conjunto ou então entregando-o para João, que dará caução (garantia) de que o outro credor irá ratificar a entrega.

Lembrando que aquele credor que receber o animal deverá pagar em dinheiro a quota-parte dos outros credores (art. 261).

c) Remissão: art. 262

Se um dos credores perdoar (remitir) a dívida, não teremos a extinção da dívida, mas tão somente o desconto da quota do credor que perdoou. Isso também ocorre em caso de transação, novação, compensação ou confusão.

> **Art. 262.** Se um dos credores remitir a dívida, a obrigação não ficará extinta para com os outros; mas estes só a poderão exigir, descontada a quota do credor remitente.
>
> Parágrafo único. O mesmo critério se observará no caso de transação, novação, compensação ou confusão.

d) Perda da qualidade de indivisível: art. 263

A obrigação indivisível perde esta qualidade, quando se converter em perdas e danos. Se todos os devedores forem culpados, todos responderão em partes iguais. Se somente um for o culpado, os outros devedores estarão exonerados, ficando unicamente o culpado com a responsabilidade de pagar perdas e danos.

> **Art. 263.** Perde a qualidade de indivisível a obrigação que se resolver em perdas e danos.
>
> § 1º Se, para efeito do disposto neste artigo, houver culpa de todos os devedores, responderão todos por partes iguais.
>
> § 2º Se for de um só a culpa, ficarão exonerados os outros, respondendo só esse pelas perdas e danos.

2.2. Obrigações solidárias (arts. 264-285, CC)

Tanto quanto na divisibilidade e na indivisibilidade, somente há importância em se discutir sobre obrigações solidárias se tivermos MAIS de um credor ou devedor. E, como regra principal da solidariedade, temos que cada CREDOR pode exigir de cada DEVEDOR o cumprimento da obrigação por inteiro. Da mesma forma, cada DEVEDOR pode pagar a qualquer um de seus CREDORES a dívida toda.

▷ **Importante!** A solidariedade não se presume; resulta da lei ou da vontade das partes.

- **Solidariedade ativa (arts. 267-274, CC)**

Regras da solidariedade ativa

a) Credor pode exigir a prestação por inteiro:

De acordo com o art. 267, cada credor poderá exigir o cumprimento da obrigação por inteiro. Além disso, enquanto algum credor não ajuizou ação contra o devedor, este mesmo devedor poderá fazer pagamento a qualquer um dos credores e estará liberado da obrigação (art. 268).

Em adição, a dívida será extinta até o valor que for pago. Assim, se Maria deve R$50.000,00 (cinquenta mil reais) para João e Carlos, seus credores, e paga R$40.000,00 para um deles, ainda assim ficará devendo R$10.000,00 (dez mil reais).

> **Art. 267.** "Cada um dos credores solidários tem direito a exigir do devedor o cumprimento da prestação por inteiro."

b) Falecimento de um dos credores solidários

Se um dos credores solidários falecer deixando herdeiros, cada um destes herdeiros somente terá direito a exigir e receber a quota de crédito que corresponder ao seu quinhão hereditário, salvo se for obrigação indivisível, conforme art. 270 do CC.

Digamos que Maria, devedora, deve R$50.000,00 (cinquenta mil reais) para João e Carlos, seus credores solidários. João tem dois filhos, A e B. João falece. Sendo a quota de João o valor de R$25.000,00, cada filho poderia cobrar de Maria a quantia de R$12.500,00.

Um ponto muito importante na solidariedade ativa é a de que, ainda que qualquer um dos credores possa cobrar a dívida toda, ele não terá direito ao valor todo. Após cobrar a totalidade da dívida, por exemplo, deverá entregar as quotas-partes aos demais credores.

c) Manutenção da solidariedade

Ao contrário da indivisibilidade, se a prestação se converter em perdas e danos, a solidariedade entre os credores se mantém (art. 271).

> **Art. 271.** "Convertendo-se a prestação em perdas e danos, subsiste, para todos os efeitos, a solidariedade."

d) Remissão por um dos credores

Se um dos credores remitiu a dívida, responde aos demais pelas partes que lhes caibam. Assim, se João perdoou a dívida de Maria, que era de R$ 50.000,00, deverá responder para com as quotas-partes dos demais credores solidários.

- **Solidariedade passiva (arts. 275-285, CC)**

Regras da solidariedade passiva

a) Cobrança da integralidade da dívida

A principal regra aqui é a de que, havendo mais de um devedor, o credor poderá exigir de qualquer um o pagamento da dívida toda. Assim, se Maria e Carla são devedoras de R$50.000,00, Carlos, seu credor, poderá cobrar a totalidade da dívida somente de Maria, por exemplo. Se o pagamento foi parcial, ainda assim continuam as duas devedoras obrigadas à totalidade da dívida.

b) Morte de um dos devedores solidários

Se um dos devedores solidários falecer deixando herdeiros, nenhum destes será obrigado a pagar senão a quota que corresponder ao seu quinhão hereditário, salvo se a obrigação for indivisível; mas todos reunidos serão considerados como um devedor solidário em relação aos demais devedores, conforme art. 276 do CC.

Assim, se Maria e Carla são devedoras de R$ 50.000,00 e Maria falece, deixando dois herdeiros, A e B, cada um dos herdeiros será responsável apenas pela sua quota-parte. Assim, João, credor, somente poderia cobrar de A o valor de R$ 12.500,00, por exemplo.

> **Art. 276.** "Se um dos devedores solidários falecer deixando herdeiros, nenhum destes será obrigado a pagar senão a quota que corresponder ao seu quinhão hereditário, salvo se a obrigação for indivisível; mas todos reunidos serão considerados como um devedor solidário em relação aos demais devedores."

c) Remissão e pagamento parcial

Se o pagamento parcial foi realizado por um dos devedores, ou se houve o perdão da dívida para um dos devedores, isso não irá atingir os demais devedores solidários. O que os demais devedores terão é um desconto na parte paga parcial ou na parte remitida (perdoada).

> **Art. 277.** "O pagamento parcial feito por um dos devedores e a remissão por ele obtida não aproveitam aos outros devedores, senão até à concorrência da quantia paga ou relevada."

d) Impossibilidade de prestação

Se a prestação ficar impossibilitada por culpa de um dos devedores solidários, a obrigação de pagar o valor desta obrigação irá subsistir para TODOS. Pelas perdas e danos, somente responderá o culpado.

> **Art. 279.** "Impossibilitando-se a prestação por culpa de um dos devedores solidários, subsiste para todos o encargo de pagar o equivalente; mas pelas perdas e danos só responde o culpado."

e) Renúncia

O credor pode renunciar a solidariedade somente para um devedor, por exemplo ou total (em favor de todos os devedores), conforme art. 282 do CC.

> Exemplo: João é credor e possui três devedoras: Maria, Carla e Joana, que devem R$30.000,00. João renunciou a solidariedade com relação a Maria. Assim, Maria somente poderá ser cobrada por R$10.000,00, enquanto Carla e Joana poderão ser demandadas por R$20.000,00.

Importante lembrar que o exonerado da solidariedade ainda deverá arcar com a quota-parte do devedor insolvente, conforme art. 284, CC. No caso de rateio entre os codevedores, contribuirão também os exonerados da solidariedade pelo credor, com a parte que na obrigação incumbia ao insolvente.

f) Devedor insolvente

O devedor que satisfez a dívida por inteiro tem direito a exigir de cada um dos codevedores a sua quota, dividindo-se igualmente por todos a do insolvente, se o houver, presumindo-se iguais, no débito, as partes de todos os codevedores, conforme art. 283 do CC.

Assim, no caso de João credor ter três devedoras solidárias: Maria, Carla e Joana, se uma delas efetuar o pagamento da obrigação, poderá solicitar que as demais paguem as quotas-partes de cada. Se uma delas for insolvente, a sua quota-parte será dividida entre os outros codevedores.

> ▷ **Importante!** Não confundir renúncia à solidariedade (devedor ainda fica devendo a sua quota-parte) com perdão da dívida, que é a remissão (devedor não deve mais nada).

- **Transmissão das obrigações**

É importante destacar o título da matéria a ser examinada: as obrigações são transmitidas. Assim, não há o adimplemento, inadimplemento etc. O que há é a transmissão de uma obrigação de um sujeito para o outro. Ou seja: aqui não há pagamento, mas somente a transmissão de uma obrigação para outra pessoa.

a) Cessão de crédito (arts. 286-298, CC)

- Negócio jurídico bilateral;
- gratuito ou oneroso;

- credor transfere a outra pessoa total ou parcialmente a sua posição da relação jurídica;
- partes da cessão de crédito: cedente e cessionário.

Com a cessão, se transfere todo o crédito, inclusive seus acessórios. Um ponto muito importante é que, para que ocorra a cessão, não é necessário o consentimento do devedor.

▷ **Importante!** Não é possível ceder o crédito em alguns casos (alimentos, por exemplo).

A impossibilidade de cessão pode estar no documento (instrumento obrigacional) que então impede qualquer tipo de cessão.

A regra proibitiva de cessão não pode ser oposta ao cessionário de boa-fé se não constar no próprio instrumento.

Importante lembrar que a cessão entre partes (cedente e cessionário) possui total eficácia entre eles. Porém, para que tenha eficácia perante terceiros, é necessária a celebração de um acordo escrito, por meio de instrumento público ou particular.

Ainda que, para que ocorra a cessão de crédito, não seja necessária a participação do devedor (já que o credor-cedente está cedendo o crédito para outra pessoa – cessionário), é necessária a notificação do devedor. Esta notificação pode ocorrer de forma judicial ou extrajudicial (art. 290). Também pode ocorrer a notificação presumida, na qual, no próprio documento de cessão de cedente para cessionário, o devedor informa que está ciente da cessão: art. 290. A cessão do crédito não tem eficácia em relação ao devedor, senão quando a este notificada; mas por notificado se tem o devedor que, em escrito público ou particular, se declarou ciente da cessão feita.

De acordo com o art. 294, as exceções (defesas) que o devedor poderia opor ao seu antigo credor (cedente) poderão ser opostas também ao novo (cessionário).

▷ **Muito importante!** Na cessão onerosa (cessionário cobra algo do cedente pela cessão de crédito, por exemplo), o cedente fica responsável pela EXISTÊNCIA da dívida para com o cessionário, mas não pelo pagamento a ser feito pelo devedor, se assim não foi estipulado.

Além disso, o cedente não responde pela solvência do devedor. Se o devedor não pagar a dívida ao cessionário, não poderá o cessionário cobrá-la do cedente – salvo disposição em contrário (conforme art. 296).

Se ficar estipulado que o cedente responde pela solvência do devedor (art. 297), o cessionário responderá apenas com relação ao que recebeu do cessionário, com os respectivos juros.

b) Assunção de dívida (arts. 299-303, CC)

Negócio jurídico bilateral pelo qual o devedor, com a anuência do credor, transfere a um terceiro a posição de devedor em uma obrigação. De acordo com o art. 299: "É facultado a terceiro assumir a obrigação do devedor, com o consentimento expresso do credor, ficando exonerado o devedor primitivo, salvo se aquele, ao tempo da assunção, era insolvente e o credor o ignorava".

Qualquer uma das partes pode assinar prazo ao credor para que este consinta na assunção da dívida, interpretando-se o seu silêncio como recusa.

Por exemplo: João é credor e Maria, devedora. Carla, amiga de Maria, se oferece para ASSUMIR a dívida que Maria tem para com João. Com a concordância de João, Maria se libera da obrigação, nada mais devendo para João (a não ser que Carla era insolvente, caso em que Maria voltaria para o polo passivo da obrigação). O novo devedor é chamado de terceiro assuntor (Carla).

Diz o art. 300 que, a partir da assunção, deverão ser consideradas extintas as garantias especiais dadas pelo devedor primitivo (Maria). Salvo se Maria concordar que tais garantias irão permanecer.

2.3. Adimplemento e extinção das obrigações – Parte 1

2.3.1. Pagamento: Quem Paga e Para Quem se Paga

- **Considerações iniciais**

Para que se tenha a liberação do vínculo obrigacional, com a extinção da obrigação (e, como consequência, a extinção do vínculo de credor e devedor), é necessário que se cumpra o pagamento com seus cinco requisitos: quem paga, para quem se paga, o que se paga, onde se paga e quando se paga. Uma vez cumpridas tais exigências, teremos a extinção da obrigação através do pagamento. Se uma delas não for cumprida, poderá ser aplicado o ditado de que "quem paga mal, paga duas vezes".

- Quem paga;
- Para quem se paga;
- Qual o objeto do pagamento;
- Lugar do pagamento;
- Tempo do pagamento.

- **De quem deve pagar (arts. 304-307, CC)**

Quem paga, como regra, é o devedor.

Exceção 1: terceiro interessado (por exemplo: fiador). Ao pagar, se sub-roga nos direitos do credor primitivo.

Exceção 2: terceiro não interessado (por exemplo: amigo). Ao pagar, não se sub-roga nos direitos do credor, mas tem direito de reembolso contra o devedor. Isso se fizer o pagamento em seu nome. Se o fizer em nome do devedor, será como uma doação e então não terá direito a reembolso.

Segundo o art. 304, qualquer interessado poderá pagar a dívida, e se o credor se opuser, poderá o terceiro ajuizar ação de consignação em pagamento.

Se houver pagamento por terceiro não interessado, sem que o devedor saiba ou em oposição ao devedor não terá o terceiro direito de pedir o reembolso para o devedor, se este último tinha meios para ilidir a ação.

- **Para quem se paga (Artigos 308 – 312, CC)**

O pagamento será feito ao credor ou a quem de direito represente este credor.

Muito importante!

- Pagamento feito ao credor putativo terá validade se feito de boa-fé, ainda que provado depois que não era credor. Aplicação da teoria da aparência (art. 309).
- Pagamento feito cientemente ao credor incapaz como regra não terá validade, mas se for provado que o pagamento reverteu em benefício do incapaz, então será válido (art. 310).

Considera-se autorizado a receber o pagamento o portador da quitação, salvo se as circunstâncias contrariarem a presunção daí resultante, conforme art. 311 do CC.

2.4. Adimplemento e extinção das obrigações – Parte 2

2.4.1. Objeto, Prova, Lugar e Tempo

- **Objeto e prova**

Objeto do pagamento: arts. 313-318 do Código Civil. **Prova:** arts. 319-326 do Código Civil.

Com relação ao objeto de pagamento, o devedor e credor não são obrigados a pagar ou receber um objeto diferente do contratado, ainda que sejam mais valiosos. Da mesma forma, sendo a obrigação divisível, não podem credor/devedor partilhar a prestação se assim não se estipulou.

- **Princípio do Nominalismo**

> **Art. 315.** "As dívidas em dinheiro devem ser pagas em moeda corrente nacional e pelo valor nominal."

É permitida a cláusula de escala móvel ou cláusula de escalonamento, de acordo com o art. 316: "É lícito convencionar o aumento progressivo de prestações sucessivas".

Extremamente relevante o art. 317, que explicita a possibilidade de revisão contratual por fato superveniente. Para que ocorra, é necessária uma imprevisibilidade, somada a uma onerosidade excessiva. Estaria aqui consagrada a teoria da imprevisão.

> ▷ **Importante!** Contratação de pagamento em moeda estrangeira e em ouro, quando não há autorização legislativa, é tida como NULA (art. 318).

Para o STJ, não há nulidade caso o pagamento seja cotado em moeda estrangeira ou em ouro, mas há o valor correspondente em reais, por conversão (REsp 1.323.219/RJ, rel. Min. Nancy Andrighi, 3ª T., j. 27-8-2013, DJe 26-9-2013.)

- **Prova**

O devedor que paga tem direito à quitação regular e pode reter o pagamento, se não lhe for entregue a quitação. Quitação é a prova do pagamento. Seus requisitos se encontram no art. 320:

> **Art. 320**. A quitação, que sempre poderá ser dada por instrumento particular, designará o valor e a espécie da dívida quitada, o nome do devedor, ou quem por este pagou, o tempo e o lugar do pagamento, com a assinatura do credor, ou do seu representante.
>
> Parágrafo único. Ainda sem os requisitos estabelecidos neste artigo valerá a quitação, se de seus termos ou das circunstâncias resultar haver sido paga a dívida.

Desta forma, preferencialmente se espera que a quitação preencha os requisitos do *caput* do art.

320. Contudo, caso não possua todos os requisitos, poderá ainda assim o pagamento ser comprado por outros meios.

- **Presunções de pagamento:**

São presunções relativas (admitem prova em contrário).

> **Art. 322.** Quando o pagamento for em quotas periódicas, a quitação da última estabelece, até prova em contrário, a presunção de estarem solvidas as anteriores.
>
> **Art. 323.** Sendo a quitação do capital sem reserva dos juros, estes presumem-se pagos.
>
> Juros são acessórios. Uma vez pago o principal, presume-se que os acessórios também foram pagos.
>
> **Art. 324.** A entrega do título ao devedor firma a presunção do pagamento.
>
> Parágrafo único. Ficará sem efeito a quitação assim operada se o credor provar, em sessenta dias, a falta do pagamento.
>
> **Art. 325.** Presumem-se a cargo do devedor as despesas com o pagamento e a quitação; se ocorrer aumento por fato do credor, suportará este a despesa acrescida.

- **Do lugar de pagamento (arts. 327-330, CC)**

Como regra geral, se nada for estipulado, o pagamento será feito no domicílio do devedor.

Domicílio do devedor: dívida quesível ou *quérable*.

Domicílio do credor ou outro domicílio escolhido: dívida portável ou *portable*.

Designados dois ou mais lugares, caberá ao credor escolher em qual domicílio será efetuado o pagamento. Importante lembrar que, se o pagamento consistir na tradição de um imóvel, ou em prestações relativas a imóvel, far-se-á no lugar onde situado o bem.

▷ **Muito importante!**

Art. 330: "O pagamento reiteradamente feito em outro local faz presumir renúncia do credor relativamente ao previsto no contrato."

Temos uma importante relação com o princípio da boa-fé objetiva. Temos aqui a aplicação da *SUPRESSIO* e da *SURRECTIO*.

Supressio significa supressão, por renúncia tácita, pelo não exercício com o passar do tempo. Já a *SURRECTIO* significa que, ao mesmo tempo em que o credor, por exemplo perde o direito do domicílio estipulado (ocorrendo a *SUPRESSIO*), o devedor ganha um novo domicílio para efetuar o pagamento (ocorrendo a *SURRECTIO*).

- **Do tempo de pagamento (arts. 331-333, CC)**

Como regra, a dívida deve ser paga no vencimento (art. 331). No entanto, se não houver data de pagamento, poderá se exigir o cumprimento da obrigação à vista (cuidado com o contrato de mútuo, que tem regra própria no art. 592 do CC).

Já o art. 333 trata da possibilidade de vencimento antecipado da dívida. Isso ocorre:

> I - no caso de falência do devedor, ou de concurso de credores;
>
> II - se os bens, hipotecados ou empenhados, forem penhorados em execução por outro credor;
>
> III - se cessarem, ou se se tornarem insuficientes, as garantias do débito, fidejussórias, ou reais, e o devedor, intimado, se negar a reforçá-las.

2.5. Adimplemento e extinção das obrigações - Parte 3

2.5.1. Consignação em Pagamento, Sub-Rogação, Imputação, Dação e Novação.

- **Consignação em pagamento (arts. 334-345, CC)**

Depósito feito pelo devedor ou terceiro de uma coisa devida, para que consiga se liberar da obrigação. É um instituto misto, já que também é tratado no Código de Processo Civil, art. 539 e seguintes do CPC.

O depósito da coisa devida pode ser feito de forma judicial ou em estabelecimento bancário.

Uma vez julgada procedente a ação de consignação, teremos a liberação do devedor, que não será inadimplente e, assim, não terá contra si as consequências do inadimplemento.

As hipóteses do pagamento em consignação são trazidas no art. 335. A consignação tem lugar:

> I - se o credor não puder, ou, sem justa causa, recusar receber o pagamento, ou dar quitação na devida forma;
>
> II - se o credor não for, nem mandar receber a coisa no lugar, tempo e condição devidos;
>
> III - se o credor for incapaz de receber, for desconhecido, declarado ausente, ou residir em lugar incerto ou de acesso perigoso ou difícil;
>
> IV - se ocorrer dúvida sobre quem deva legitimamente receber o objeto do pagamento;
>
> V - se pender litígio sobre o objeto do pagamento.

Como a consequência da consignação é a liberação do devedor, como se tivesse realizado o pagamento, para que a consignação tenha então FORÇA DE PAGAMENTO, é necessário que concorram – em relação às pessoas, ao objeto, ao modo e ao tempo – todo os requisitos sem os quais não é válido o pagamento.

Julgado procedente o depósito, o devedor já não poderá levantá-lo (embora o credor consinta com isso), senão de acordo com os outros devedores e fiadores, conforme art. 339 do CC.

O devedor de obrigação litigiosa exonerar-se-á mediante consignação, mas, se pagá-la a qualquer dos pretendidos credores, tendo conhecimento do litígio, assumirá o risco do pagamento.

Se a dívida se vencer, pendendo litígio entre credores que se pretendem mutuamente excluir, poderá qualquer deles requerer a consignação, conforme art. 345 do CC.

▷ **Importante!** A consignação deverá ser requerida no LUGAR do pagamento – art. 337 do CC.

- **Do pagamento com sub-rogação (arts. 346-351, CC)**

A sub-rogação pode ser entendida como a substituição de uma pessoa por outra, realizada através do pagamento.

O exemplo que pode ser trazido é o caso do fiador que paga a dívida do devedor, para que não seja responsabilizado pelo pagamento. Ao fazer isso, o credor sai da relação obrigacional, já que recebeu o pagamento, e o então fiador passa a ser o novo credor do devedor (que não pagou e então continuará devendo, mas agora para o novo credor, que era seu antigo fiador).

Importante destacar que, na sub-rogação, não há a EXTINÇÃO da dívida e, sim, a substituição de uma pessoa por outra através do pagamento. Não há o surgimento de nova dívida. A sub-rogação transfere ao novo credor todos os direitos, ações, privilégios e garantias do primitivo, em relação à dívida, contra o devedor principal e os fiadores.

Há dois grandes tipos de sub-rogação: legal e convencional.

Sub-rogação legal ou automática (deriva da lei). Está no artigo 346:	Sub-rogação convencional (deriva do contrato). Está no artigo 347:
I - do credor que paga a dívida do devedor comum; II - do adquirente do imóvel hipotecado, que paga a credor hipotecário, bem como do terceiro que efetiva o pagamento para não ser privado de direito sobre imóvel; (alguém pode pagar a dívida para se afastar de eventual evicção). III - do terceiro interessado, que paga a dívida pela qual era ou podia ser obrigado, no todo ou em parte.	I - quando o credor recebe o pagamento de terceiro e expressamente lhe transfere todos os seus direitos; II - quando terceira pessoa empresta ao devedor a quantia precisa para solver a dívida, sob a condição expressa de ficar o mutuante sub-rogado nos direitos do credor satisfeito.

Na sub-rogação legal, o sub-rogado não poderá exercer os direitos e as ações do credor, senão até a soma que tiver desembolsado para desobrigar o devedor, consoante art. 350 do CC.

- **Da imputação em pagamento (arts. 352-355, CC)**

Imputar significa escolher, eleger, indicar. Quando um devedor tiver várias dívidas com um mesmo credor, sendo elas líquidas e vencidas, este mesmo devedor, em um primeiro momento, poderá escolher qual delas ele quer pagar.

- **Requisitos para a imputação:**

- mesmo credor e devedor;
- plural de dívidas;
- líquidas e vencidas;
- débitos da mesma natureza.

Como regra, quem deverá escolher qual dívida será paga é o devedor (art. 352). Caso não haja manifestação sobre quitação de dívidas (devedor ou credor), então teremos a imputação legal, ou seja, a lei, no seu art. 355, que diz quais serão as dívidas a serem pagas: "Se o devedor não fizer a indicação do art. 352, e a quitação for omissa quanto à imputação, esta se fará nas dívidas líquidas e vencidas em primeiro lugar. Se as dívidas forem todas líquidas e vencidas ao mesmo tempo, a imputação far-se-á na mais onerosa".

Assim:

- Havendo capital e juros, a imputação primeiro se fará nos juros.
- A imputação será feita na dívida vencida, em primeiro lugar.
- Se todas as dívidas forem vencidas na mesma data, então a imputação deverá ser feita na dívida mais onerosa.

- **Dação em pagamento (arts. 356-359, CC)**

A dação ocorre quando o credor consente em receber objeto diferente do contratado. Assim, se exige uma obrigação previamente criada e um acordo posterior em que o credor aceita receber objeto diverso do contratado.

Para que haja dação, podemos ter, como exemplo, a substituição de dinheiro por bens móvel ou imóvel, de uma coisa por outra, de dinheiro por fato etc.

▷ **Muito importante!**

Art. 359: "Se o credor for evicto da coisa recebida em pagamento, restabelecer-se-á a obrigação primitiva, ficando sem efeito a quitação dada, ressalvados os direitos de terceiros."

Assim, temos Maria, devedora, e João, credor; Maria deve para João a quantia de R$200.000,00 e, em dação, entrega para João um terreno. Após um ano, João sofre evicção, perdendo o terreno para Pedro. Temos que a dívida entre João e Maria será restabelecida, já que João sofreu evicção.

- **Novação: arts. 360-367**

Através da novação, temos a extinção da obrigação anterior, com a criação de uma nova. O principal efeito é a extinção da dívida antiga, com todos os seus acessórios e garantias.

Como a novação extingue a obrigação primitiva, liberando as garantias, se for feita novação sem o consentimento do fiador, este fiador estará exonerado.

Além disso, é necessária a chamada "intenção de novar". O ânimo de novar está expresso no art. 361: "Não havendo ânimo de novar, expresso ou tácito, mas inequívoco, a segunda obrigação confirma simplesmente a primeira".

Não é possível que haja novação de obrigações nulas e extintas (art. 367). Assim, a obrigação meramente anulável pode ser objeto de novação.

No **art. 360** temos as hipóteses de novação.

> I – quando o devedor contrai com o credor nova dívida para extinguir e substituir a anterior;

Temos aqui a novação objetiva ou real:

> II – quando novo devedor sucede ao antigo, ficando este quite com o credor;

Chamada de novação subjetiva passiva, já que além da criação de nova dívida, extinguindo o vínculo anterior, também temos a troca do polo passivo (devedor).

Se o devedor original não deu o seu consentimento (art. 363), teremos a novação subjetiva passiva por expromissão.

> III – quando, em virtude de obrigação nova, outro credor é substituído ao antigo, ficando o devedor quite com este.

É chamada de novação subjetiva ativa, já que, além da criação de nova dívida, extinguindo o vínculo anterior, também temos a troca do polo ativo (troca de credor).

> **Súmula nº 286 STJ:** "A renegociação de contrato bancário ou a confissão de dívida não impede a possibilidade de discussão sobre eventuais ilegalidades nos contratos anteriores."

2.6. Adimplemento e extinção das obrigações – Parte 4

2.6.1. Compensação, Confusão e Remissão

a) Compensação (arts. 368-380, CC)

Quando duas ou mais pessoas forem, ao mesmo tempo, credoras e devedoras umas das outras, extingue-se a obrigação até onde se compensarem.

Requisitos:

- sujeitos são credores e devedores entre eles;
- dívidas líquidas, vencidas e fungíveis;
- se houver determinação de qualidade, somente se compensam se for a mesma qualidade.

A compensação pode ser:

Legal: decorre da lei e independe da vontade das partes.

Convencional: decorre de acordo de vontades entre as partes. Não há necessidade de pressupostos como dívidas líquidas e vencidas etc., já que, sendo Direito Privado, as partes podem convencionar como lhes aprouver.

Prazos de favor não obstam a compensação (art. 372). Prazos de favor são prazos que os credores dão para seus devedores, de forma a aumentar o prazo para pagamento.

A diferença da causa, do motivo pela qual a compensação pode ocorrer, não impede compensação. No entanto, há casos em que não é possível a compensação (art. 373):

> I – se provier de esbulho, furto ou roubo (presença de atos ilícitos);
>
> II – se uma se originar de comodato, depósito ou alimentos;

Lembrando que honorários advocatícios não podem ser compensados, perdendo aplicação a súmula nº 306 do STJ.

> **III – se uma for de coisa não suscetível de penhora.**

Não haverá compensação quando as partes, por mútuo acordo, a excluírem, ou no caso de renúncia prévia de uma delas, de acordo com o art. 375 do CC.

Quando as duas dívidas não são pagáveis no mesmo lugar, não se podem compensar sem dedução das despesas necessárias à operação, conforme art. 378 do CC.

Sendo a mesma pessoa obrigada por várias dívidas compensáveis, serão observadas, no compensá-las, as regras estabelecidas quanto à imputação do pagamento, consoante art. 379 do CC.

b) Confusão (arts. 381-384, CC)

A confusão ocorre quando na mesma pessoa se confundem as figuras de credor e devedor. Pode ocorrer por um ato *inter vivos* ou *causa mortis*.

Ela pode ser total ou parcial, ou seja, ocorrer com relação a toda a dívida ou somente parte dela.

c) Remissão de dívidas (arts. 385-388, CC)

A remissão é o perdão da dívida, que é concedida pelo credor ao devedor. No entanto, para que se tenha a liberação do devedor, é necessário que ele ACEITE o perdão. Assim, é um negócio jurídico bilateral.

Há formas de perdão expresso (escrito) e também tácito. Um exemplo de remissão tácita ocorre no art. 386, em que o credor devolve o título da obrigação (cheque, por exemplo) ao devedor. No entanto, devolver, restituir o objeto empenhado (garantia do penhor) não significa que perdoou a dívida, mas sim que não quer mais a garantia – art. 387.

2.7. Inadimplemento

- **Das disposições gerais (arts. 389-393, CC)**

O Código Civil dá grande importância para o inadimplemento das obrigações. Temos aqui a responsabilidade civil contratual.

Temos dois tipos de inadimplemento:

Inadimplemento relativo, parcial ou mora: descumprimento parcial em que a obrigação ainda pode ser adimplida.

Inadimplemento total ou absoluto: a obrigação não pode mais ser cumprida. Ela se tornou inútil para o credor.

Como regra, de acordo com o art. 389, se não cumprida a obrigação, responde o devedor por perdas e danos, mais juros e atualização monetária, e honorários de advogado. No entanto (art. 393), o devedor não responde pelos prejuízos resultantes de caso fortuito ou força maior, se expressamente não se houver por eles responsabilizado.

Caso fortuito é evento totalmente imprevisível. Força maior é evento previsível, porém inevitável. Na parte final do art. 393, é dito que, se a parte assumir o risco, então, mesmo em caso fortuito/força maior, irá responder por ele.

- **Da mora (arts. 394-401, CC)**

Mora é atraso ou até mesmo o cumprimento incompleto da obrigação. A mora pode ser tanto do credor quanto do devedor.

Estar em mora é não cumprir a obrigação no tempo, forma, objeto, enfim, da maneira como foi originalmente contratado.

- **Mora do devedor:**

Art. 394 – "Considera-se em mora o devedor que não efetuar o pagamento e o credor que não quiser recebê-lo no tempo, lugar e forma que a lei ou a convenção estabelecer."

O devedor em mora responde pelos prejuízos a que sua mora der causa, mais juros, atualização dos valores monetários e honorários de advogado (art. 395).

Chamada de mora *solvendi* ou mora *debendi*.

▷ **Importante!** Não havendo fato ou omissão imputável ao devedor, não incorre este em mora (art. 396). Assim, se a obrigação não for cumprida em razão de algo que não seja culpa do devedor, não teremos a caracterização da mora. Esse aspecto é bem importante, já que informa que, para que haja a mora, é necessário que haja a CULPA do inadimplente. Se não houver culpa, não teremos mora.

- **Classificação da mora:**

Mora *ex re* ou mora automática: se houver data para adimplemento da obrigação e não for cumprida, temos que o seu inadimplemento já constitui automaticamente em mora o devedor ("o dia interpela o homem").

Mora *ex persona* ou mora pendente: se não houver data (termo), a mora precisa primeiro ser constituída através de interpelação judicial ou extrajudicial. É necessária uma notificação, interpelação a fim de constituir o devedor/credor em mora.

Mora irregular ou presumida: art. 398: "Nas obrigações provenientes de ato ilícito, considera-se o devedor em mora, desde que o praticou."

- **Mora do credor:**

Art. 400: "A mora do credor subtrai o devedor isento de dolo à responsabilidade pela conservação da coisa, obriga o credor a ressarcir as despesas empregadas em conservá-la, e sujeita-o a recebê-la pela estimação mais favorável ao devedor, se o seu valor oscilar entre o dia estabelecido para o pagamento e o da sua efetivação."

A mora do credor é chamada de *mora accipiendi*, *creditoris* ou *credenti*.

Há ainda a colocação do art. 399, que trata da responsabilidade do devedor que, em mora, responde pela impossibilidade de cumprimento do contrato, mesmo que essa impossibilidade resulte de caso fortuito ou força maior.

Como é possível, com a mora (inadimplemento relativo), o cumprimento da obrigação, podemos ter então a chamada PURGA DA MORA. Purga da mora é o cumprimento da obrigação que estava em atraso:

> **Art. 401.** Purga-se a mora:
>
> I – por parte do devedor, oferecendo este a prestação mais a importância dos prejuízos decorrentes do dia da oferta;

II – por parte do credor, oferecendo-se este a receber o pagamento e sujeitando-se aos efeitos da mora até a mesma data.

Inadimplemento absoluto da obrigação:

A ideia do inadimplemento absoluto é o fato de o cumprimento da obrigação não ser mais útil ao credor. Segundo o art. 395, parágrafo único: "Se a prestação, devido à mora, se tornar inútil ao credor, este poderá enjeitá-la, e exigir a satisfação das perdas e danos".

> **Súmula nº 380, STJ:** "A simples propositura da ação de revisão de contrato não inibe a caracterização da mora do autor."

- **Das perdas e danos (arts. 402-405, CC)**

Segundo o art. 402, as perdas e danos devidas ao credor abrangem, além do que ele efetivamente perdeu (danos emergentes), o que razoavelmente deixou de lucrar (lucros cessantes).

A teoria adotada pelo CC é a teoria do dano direto e imediato, ou seja, somente o que for diretamente ligado ao inadimplemento será contado como perdas e danos

Para a doutrina, as perdas e danos do CC apenas tratam de danos materiais. Caso outros danos venham a surgir do inadimplemento, podem também ser pedidos (danos morais, estéticos etc.), desde que efetivamente provados e em consonância com entendimentos jurisprudenciais.

- **Dos juros legais (arts. 406-407, CC)**

Um dos principais efeitos do inadimplemento contratual é a incidência de juros.

Classificação dos juros:

Convencionais: decorrem de um contrato entre as partes.

Legais: decorrem da lei.

Moratórios: decorrem do descumprimento parcial da obrigação (que é o significado de mora).

Compensatórios ou remuneratórios: decorrem de uma utilização acordada de determinado capital.

> ▷ **Importante!**
>
> **Observar Súmulas relativas ao tema:**
>
> **Súmula nº 530 STJ:** Nos contratos bancários, na impossibilidade de comprovar a taxa de juros efetivamente contratada – por ausência de pactuação ou pela falta de juntada do instrumento aos autos –, aplica-se a taxa média de mercado, divulgada pelo Bacen, praticada nas operações da mesma espécie, salvo se a taxa cobrada for mais vantajosa para o devedor.

- **Da cláusula penal (arts. 408–416, CC)**

Cláusula penal é uma punição, penalidade de natureza CIVIL e tem a ver com o inadimplemento obrigacional. Também é chamada de multa contratual ou pena convencional.

Ela é contratada pelas partes e ocorre em caso de inadimplemento do contrato. É uma obrigação acessória.

A cláusula penal pode ser classificada em: cláusula penal moratória e cláusula penal compensatória.

Cláusula penal moratória: no caso de inadimplemento parcial, em que ainda é possível o cumprimento. Serve para a punição de quem está em mora. A doutrina entende que a multa moratória deve ter um teto de até 10% a 20% sobre o valor da dívida. Já para contratos de consumo, o valor é de até 2%.

O art. 411 trata especificadamente da cláusula penal moratória, já que diz: "Quando se estipular a cláusula penal para o caso de mora, ou em segurança especial de outra cláusula determinada, terá o credor o arbítrio de exigir a satisfação da pena cominada, juntamente com o desempenho da obrigação principal".

Assim, quando houver cláusula penal moratória, poderá o credor exigir o cumprimento da obrigação e o cumprimento da cláusula penal moratória.

Cláusula penal compensatória: no caso de inexecução total da obrigação. Ela tem a função de antecipar as perdas e danos.

Aqui temos a aplicação da regra do art. 412: "O valor da cominação imposta na cláusula penal não pode exceder o da obrigação principal".

Segundo o art. 410: "Quando se estipular a cláusula penal para o caso de total inadimplemento da obrigação, esta converter-se-á em alternativa a benefício do credor."

Se a cláusula penal tiver um valor muito alto, deverá o juiz reduzi-la: "A penalidade deve ser reduzida equitativamente pelo juiz se a obrigação principal tiver sido cumprida em parte, ou se o montante da penalidade for manifestamente excessivo, tendo-se em vista a natureza e a finalidade do negócio" (art. 413).

Não é necessária a comprovação de culpa do devedor, para que se possa solicitar a incidência da cláusula penal:

> **Art. 416.** Para exigir a pena convencional, não é necessário que o credor alegue prejuízo
>
> Parágrafo único. Ainda que o prejuízo exceda o previsto na cláusula penal, não pode o credor exigir indenização suplementar se assim não foi convencionado. Se o tiver sido, a pena vale como mínimo

> da indenização, competindo ao credor provar o prejuízo excedente.

Assim, não se pode cumular multa compensatória com indenização por perdas e danos decorrentes do inadimplemento da obrigação. Contudo, se no contrato estiver previsto tal possibilidade, a multa compensatória será já o mínimo de indenização. Cabe ao credor então comprovar o prejuízo excedente a fim de solicitar também perdas e danos.

- **Arras ou Sinal (arts. 417-420, CC)**

Como o próprio nome nos mostra, arras é um sinal dado em um contrato, em dinheiro ou outro bem móvel, entregue por uma parte à outra. Tal sinal irá constar em um contrato preliminar. É muito comum em promessa de compra e venda de imóvel.

Há dois tipos de arras:

1) **Confirmatórias**: quando não há a possibilidade de arrependimento quanto à celebração do contrato definitivo.

Observar a alteração legislativa no art. 418:

> Art. 418. Na hipótese de inexecução do contrato, se esta se der:
>
> I - por parte de quem deu as arras, poderá a outra parte ter o contrato por desfeito, retendo-as;
>
> II - por parte de quem recebeu as arras, poderá quem as deu haver o contrato por desfeito e exigir a sua devolução mais o equivalente, com atualização monetária, juros e honorários de advogado.

Desta forma, quem deu o sinal e não dá continuidade, perde o sinal que foi dado, além de ter o contrato desfeito, se assim quiser a outra parte. Já a parte que recebeu o sinal e não deu continuidade, poderá ter o contrato desfeito, além de pagar o equivalente, mais atualização monetária, juros e honorários do advogado, se assim desejar a parte inocente.

A parte que sofreu com o inadimplemento do outro poderá pedir indenização suplementar ou execução:

> **Art. 419**. A parte inocente pode pedir indenização suplementar, se provar maior prejuízo, valendo as arras como taxa mínima. Pode, também, a parte inocente exigir a execução do contrato, com as perdas e danos, valendo as arras como o mínimo da indenização.

Como não há possibilidade de arrependimento, não cumprido o contrato, já incidem as arras. Temos então que as arras confirmatórias: não possuem cláusula de arrependimento e com perdas e danos.

2) **Penitenciais:** quando consta no contrato a possibilidade de arrependimento. Aqui as arras terão função unicamente indenizatória, já que as partes podiam se arrepender, se assim quisessem. Está no art. 420: "Se no contrato for estipulado o direito de arrependimento para qualquer das partes, as arras ou sinal terão função unicamente indenizatória. Neste caso, quem as deu perdê-las-á em benefício da outra parte; e quem as recebeu devolvê-las-á, mais o equivalente. Em ambos os casos não haverá direito a indenização suplementar".

ARRAS CONFIRMATÓRIAS: sem cláusula de arrependimento expressa e com possibilidade de pedir perdas e danos.

ARRAS PENITENCIAIS: com cláusula de arrependimento expressa e sem possibilidade de pedir perdas e danos.

3. CONTRATOS

- **Disposições gerais**

Há diversos princípios que embasam o Direito Contratual, como o Princípio da Função Social do Contrato, da Boa-fé Objetiva, e do Pacta Sunt Servanda (contratos devem ser cumpridos).

O Código Civil veda a contratação sobre herança de pessoa vida. Tal proibição está no art. 426. Caso haja tal contratação, tal negócio jurídico seria nulo, por força dos arts. 166, II, e 166, VII (2ª parte). Arts. 423 e 424 tratam de contrato de adesão e privilegiam a parte aderente, afirmando que, na dúvida, se deve interpretar o contrato de forma mais favorável a quem aderiu.

3.1. Formação dos contratos

Como regra, os contratos são perfeitos com a aceitação, envolvendo dois elementos: proposta e posterior aceitação. No entanto, o Código Civil dá muita importância para a proposta e, de acordo com o art. 427, preconiza que esta, desde que séria e consciente, vincula o proponente. A seguir, o art. 428 traz quais seriam os casos em que a proposta deixa de ser obrigatória.

Note que não há ainda contrato, já que não se está falando de aceitação, apenas em proposta.

Regra: a proposta, desde que séria e consciente, obriga o proponente (art. 427).

Exceção: deixa de ser obrigatória a proposta (art. 428):

> I – se, feita sem prazo a pessoa presente, não foi aceita na hora;
>
> II – se, feita sem prazo para pessoa ausente, tiver transcorrido prazo suficiente para chegar à resposta ao conhecimento do proponente;

III – se, feita a pessoa ausente, não tiver sido expedida a resposta dentro do prazo dado;

IV – se, antes dela, ou simultaneamente, chegar ao conhecimento da outra parte a retratação do proponente.

A retratação da proposta deve chegar ao aceitante antes que a proposta chegue até ele ou simultaneamente. Se a retratação da proposta chegar ao conhecimento do aceitante depois que a proposta tiver chegado até ele, não terá validade.

Contrato entre presentes: são exemplos pessoas frente a frente, por telefone ou outro meio de comunicação semelhante.

Contrato entre ausentes: feito por carta, por exemplo.

Para que haja aceitação e, como consequência, contrato, é necessário que a proposta seja aceita integralmente. Aceitação da proposta feita com modificação ou adições é considerada nova proposta (art. 431 do CC).

Lugar de celebração de um contrato, para o Código Civil, é onde ele foi proposto, consoante o art. 435 do CC.

Quando está perfeito o contrato entre pessoas ausentes? Como regra, de acordo com o "caput" do art. 434 do CC, quando se expede a aceitação.

Sugere-se a leitura do art. 434, *caput*: aplicação da teoria da expedição.

3.2. Vícios redibitórios e evicção

São vícios ocultos que tornam o bem impróprio para o uso e/ou diminuam seu valor.

- **Requisitos:**

Oculto
- Maioria doutrinária entende que o vício deve ser oculto.

Pré-existente
- Já existia, mas por sua natureza, só se manifestou após a utilização.

Grave
- Impossibilite de usar o bem ou reduza o valor.

Ourindo de contrato oneroso
- De alguma forma, houve perda patrimonial.

- **Ações cabíveis – Ações Edilícias:**

a) **Ação redibitória:** redibir o contrato é voltar ao *status quo* ante. O contrato será desfeito com a devolução dos valores pagos, inclusive eventuais despesas de contrato. Caso o vendedor esteja de má-fé (sabia ou tinha condições de saber do defeito): além do que prevê a lei, também irá pagar perdas e danos ao comprador.

b) **Ação estimatória ou *quanti minoris*:** o contrato é mantido, mas é solicitado um abatimento.

Caso esteja de boa-fé: ainda assim responderia pelas ações redibitórias ou estimatórias.

- **Prazos para as ações redibitórias/estimatórias:**

Prazos para manifestação do defeito		Prazos para ajuizamento da ação (contados da ciência do defeito)	
Móveis	Imóveis	Móveis	Imóveis
180 dias	1 ano	30 dias	1 ano

- **Evicção**

Evicção é a perda total ou parcial de um bem, em regra, por meio de uma sentença judicial. Esta sentença judicial atribui a outra pessoa o bem. Funda-se no mesmo princípio da garantia em que se assenta a teoria dos vícios redibitórios.

- **Partes na evicção:**

- alienante, que transferiu a coisa de forma onerosa;
- evicto (adquirente), que perdeu a coisa adquirida;
- evictor (autor da ação), que ganhou a ação judicial.

- **Requisitos da evicção:**

- perda total ou parcial da propriedade;
- a aquisição tenha sido realizada de forma onerosa;
- anterioridade do direito daquele que ganhou a ação judicial:

- **Direitos do evicto:**

Lembre-se de que evicto é aquele que perdeu a coisa em virtude de sentença judicial: a responsabilidade decorre da lei. Mesmo que o contrato seja omisso, ele existirá de acordo com a lei.

a) **Responsabilidade total: art. 450 do CC.**

Salvo estipulação em contrário, o evicto tem direito a:

- restituição integral do preço;
- indenização dos frutos que tiver sido obrigado a restituir;
- indenização pelas despesas dos contratos;
- pelos prejuízos que diretamente resultarem da evicção;
- custas judiciais e honorários do advogado.

b) **Responsabilidade parcial: art. 449 do CC.**

Podem as partes excluir a responsabilidade pela evicção? Sim, expressamente. Contudo, mesmo com a existência de tal cláusula, se a evicção se der, tem direito o evicto (aquele que perdeu a coisa) a recobrar o preço que pagou pela coisa evicta, com algumas condições:

- se não soube do risco da evicção; ou
- se informado, não assumiu o risco da evicção.

c) **Isenção de responsabilidade pelo vendedor: art. 457 do CC:**

Quando o comprador sabe que está adquirindo bem alheio ou litigioso, caso venha a perdê-lo, não poderá demandar contra quem o vendeu.

▷ **Importante!**

Evicção parcial: art. 455.

O que ocorre se houver evicção parcial e não total da coisa? **Depende.**

1) **Perda considerável: poderá o evicto (quem perdeu parcialmente o bem) optar:**
   - entre a rescisão do contrato; e a
   - restituição da parte do preço do desfalque.
2) **Perda não for considerável: poderá o evicto apenas pleitear a indenização e não a rescisão do contrato.**

- **Contrato preliminar (arts. 462-466, CC)**

Um exemplo de contrato preliminar é a promessa ou compromisso de compra e venda de bem imóvel. Nesse contrato, as partes estipulam que o comprador irá, por exemplo, pagar as parcelas convencionadas e o vendedor, ao final do pagamento de todas as prestações, se obriga a passar o imóvel para o nome do comprador. É permitido que o contrato preliminar seja feito por instrumento particular ou por instrumento público.

O contrato preliminar, uma vez registrado, passa a ser direito real, de acordo com os arts. 1.417 e 1.418 do CC (direito real do promitente comprador de imóvel).

- **Contrato com pessoa a declarar (arts. 467-471, CC)**

Uma das partes pode reservar-se (desde que acordado no contrato) o direito de colocar outra pessoa em seu lugar na relação contratual. O prazo legal dado pelo Código Civil (cinco dias, conforme art. 468) ocorre em caso de inexistência de outro prazo no contrato.

Caso o terceiro que ingressar no contrato seja insolvente etc., o contrato irá vigorar entre as partes originais.

3.3. Extinção dos contratos (arts. 472-480, CC)

Resolução: quando houver inadimplemento do contrato.

Poderá requerer:

- Cumprimento + perdas e danos; OU desfazimento + perdas e danos;

Obs.: As perdas e danos irão ocorrer quando há culpa do inadimplente.

Obs.: Teoria do adimplemento substancial.

Ocorre quando o devedor já cumpriu grande parte do contatado. Se já houve o pagamento da maior parte do contrato, o credor não poderá solicitar sua resolução, somente o adimplemento.

Resilição: não há inadimplemento, mas as partes não querem mais o contrato.

Unilateral	Bilateral
Um dos lados coloca fim no contrato, quando a lei permitir. É necessária uma notificação à outra parte. **Art. 473. A resilição unilateral, nos casos em que a lei expressa ou implicitamente o permita, opera mediante denúncia notificada à outra parte.**	Trata-se do distrato: as partes desfazem o contrato por livre vontade. A lei solicita que seja realizado da mesma forma do contrato. **Art. 472. O distrato faz-se pela mesma forma exigida para o contrato**

Exceção do contrato não cumprido: só vale para contratos bilaterais e ocorre quando a parte exige o cumprimento do contrato pela outra parte, sem ter cumprido a sua: art. 476. "Nos contratos bilaterais, nenhum dos contratantes, antes de cumprida a sua obrigação, pode exigir o implemento da do outro".

Resolução ou revisão por onerosidade excessiva: teoria da imprevisão.

Está prevista nos arts. 478 e 479 do Código Civil, e a parte que sofre com a onerosidade excessiva poderá pedir a revisão ou a resolução do contrato, preenchidas as condições da lei.

> **Art. 478.** Nos contratos de execução continuada ou diferida, se a prestação de uma das partes se tornar excessivamente onerosa, com extrema vantagem para a outra, em virtude de acontecimentos extraordinários e imprevisíveis, poderá o devedor pedir a resolução do contrato. Os efeitos da sentença que a decretar retroagirão à data da citação.
>
> **Art. 479.** A resolução poderá ser evitada, oferecendo-se o réu a modificar equitativamente as condições do contrato.

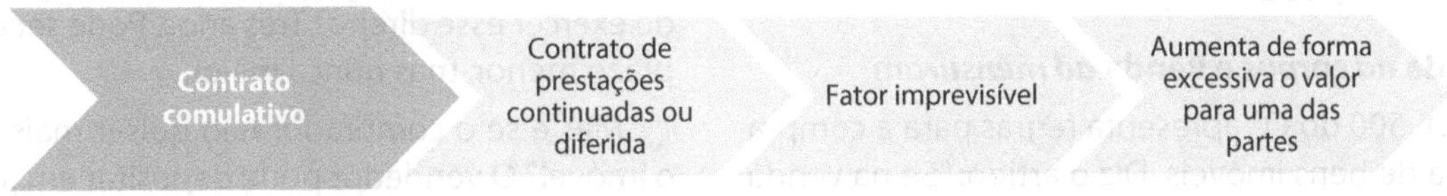

Vale lembrar que, antes da resolução (extinção do contrato), o art. 479 do CC possibilita a revisão do contrato (e não sua extinção), tendo em vista o princípio da conservação contratual.

3.4. Compra e venda

a) Conceito (art. 481)

Na compra e venda, os contratantes apenas se obrigam, ou seja, a partir da aceitação, o comprador se obriga a pagar o preço e o vendedor, a entregar a coisa.

> **Art. 481:** "Pelo contrato de compra e venda, um dos contratantes se obriga a transferir o domínio de certa coisa, e o outro, a pagar-lhe certo preço em dinheiro."

b) Natureza jurídica

Contrato bilateral.

Consensual: se aperfeiçoa com o acordo de vontade, independente da entrega da coisa. É o que diz o art. 482: "A compra e venda, quando pura, considerar-se-á obrigatória e perfeita, desde que as partes acordarem no objeto e no preço".

Oneroso.

c) Elementos da compra e venda

Preço: o preço deve sempre ser pago em dinheiro ou redutível a dinheiro (cheque, cartão etc.). Há vários modos pelos quais o preço pode ser estabelecido.

- A fixação do preço pode ser dada à taxa de mercado ou bolsa, em certo e determinado dia e lugar.
- Pode ser estabelecido que terceiro fixe o preço.
- Pode ser fixado em função dos índices ou parâmetros.

> ▷ **Importante!** Preço cuja fixação fica ao livre-arbítrio da outra parte: é nulo, segundo art. 489 do CC.

Coisa: pode ser a venda de algo que já existe ou de bens que virão a existir (coisa futura), conforme art. 483 do CC.

a) Limitações à compra e venda.

▪ Venda de ascendente a descendente

Diz o art. 496: "É anulável a venda de ascendente a descendente, salvo se os outros descendentes e o cônjuge do alienante expressamente houverem consentido. Em ambos os casos, dispensa-se o consentimento do cônjuge se o regime de bens for o da separação obrigatória."

A anuência do cônjuge e outros descendentes deve ser expressa. Caso não tenha o consentimento, será passível de anulação. Os legitimados para a propositura da ação anulatória são os outros descendentes e o cônjuge do alienante. Entende o STJ que é necessária a prova do prejuízo dos demais herdeiros, para que se tenha a anulação.

O prazo para ajuizamento da ação anulatória é de dois anos, segundo o art. 179 do Código Civil.

▪ Venda de parte indivisa em condomínio

O condômino não pode alienar sua parte indivisa a terceira pessoa, se o outro condômino a quiser, tanto por tanto. O condômino que quiser pode exercer seu direito de preferência ou preempção, ajuizando ação no prazo decadencial de 180 dias, contados da data em que teve ciência da alienação. No momento do ajuizamento, deve o condômino efetuar a consignação do valor que deseja pagar. A ação pode ser ação adjudicatória, a fim de obter o bem para si.

- **Venda entre os cônjuges**

É possível a venda entre cônjuges, com relação aos bens excluídos da comunhão.

> **Enunciado 152, CJF. É possível a venda entre cônjuges no regime da comunhão universal?** Sim, pois há bens excluídos dessa comunhão, como os de uso pessoal, por exemplo.

b) Vendas especiais

- **Venda *ad corpus* e venda *ad mensuram***

O art. 500 do CC apresenta regras para a compra e venda de bens imóveis. Diz o artigo: "Se na venda de um imóvel, se estipular o preço por medida de extensão, ou se determinar a respectiva área, e esta não corresponder, em qualquer dos casos, as dimensões dadas, o comprador terá o direito de exigir o complemento da área, e, não sendo isso possível, o de reclamar a resolução do contrato ou abatimento proporcional do preço".

No entanto, se em posterior medição, se vê que a área é menor, o comprador teria duas saídas:

1) Exigir complementação da área.
2) Se não for possível, então pode optar pela resolução do contrato ou abatimento do preço que pagou.

> ▷ **Importante!** O § 1º do mesmo artigo presume que as referências às dimensões são somente enunciativas quando a diferença encontrada não exceder de um vigésimo (1/20) da área total enunciada, ressalvado ao comprador o direito de provar que, em tais circunstâncias, não teria realizado o negócio. Dessa forma, "1/20" equivaleria a 5%. Esta diferença seria muito pequena, não justificando o litígio.

Mas e se, ao invés de falta, há excesso de área? Caberá ao comprador completar o valor correspondente ou devolver o excesso, consoante parágrafo segundo do mesmo artigo.

Já o parágrafo terceiro trata de *ad corpus*. Neste tipo de venda, o vendedor aliena o imóvel como corpo certo e determinado; assim, o comprador não poderá exigir o complemento da área, pois comprou o bem pelo conjunto, não dando importância para a área. Diz o parágrafo terceiro: "Não haverá complemento de área, nem devolução de excesso, se o imóvel for vendido como coisa certa e discriminada, tendo sido apenas enunciativa a referência as suas dimensões, ainda que não conste, de modo expresso, ter sido a venda *ad corpus*".

c) Cláusulas especiais da compra e venda

- **Retrovenda – arts. 505-508 do CC**

A retrovenda somente é válida para bens imóveis. É uma cláusula colocada no contrato de compra e venda, pela qual o vendedor reserva-se o direito de reaver o imóvel que vendeu, em um prazo máximo de até três anos, restituindo o preço, mais as despesas feitas pelo comprador.

Qual é o prazo máximo por que o vendedor pode exercer esse direito? Três anos. Pode ser colocado prazo menor, mas nunca maior.

Mas e se o comprador não quiser mais devolver o imóvel? O vendedor pode depositar em juízo, solicitando o resgate do bem e depositando os valores a serem pagos.

Importa ressaltar que o direito de resgate – retrovenda – é oponível contra terceiros e é transmissível a herdeiros.

- **Preempção ou preferência: arts. 513-520 do CC**

Pode ser convencionado que o comprador seja obrigado a oferecer ao vendedor (antigo dono) o que comprou, caso queira vendê-lo.

Se o comprador não avisar ao vendedor (antigo dono) que está revendendo a coisa, ele irá responder por perdas e danos. O adquirente responderá solidariamente se estiver de má-fé.

3.5. Doação

É o contrato em que o doador transfere bens ou vantagens para o donatário.

- **Natureza jurídica**

Unilateral: só gera obrigações para uma das partes.

Consensual: se aperfeiçoa com a aceitação.

Solene: a doação deve ser feita por escritura pública ou instrumento particular. Contudo, para bens móveis de pequeno valor, admite-se a doação verbal, desde que a doação ocorra imediatamente.

Gratuito: somente uma das partes perde patrimônio.

- **Espécies de doação**

a) **Pura:** quando há somente a doação, não havendo nenhum encargo ao beneficiário.
b) **Onerosa ou modal ou com encargo:** aquela em que o doador impõe ao donatário uma incumbência ou a prestação de um serviço. Caso o donatário não cumpra o encargo, é possível o

ajuizamento de ação de revogação de doação (art. 555 do Código Civil).

c) **Feita ao nascituro:** é válida desde que aceita pelo seu representante legal.

d) **Entre cônjuges:** art. 544: a doação de ascendentes a descendentes ou de um cônjuge a outro, importando adiantamento do que lhes cabe por herança.

e) **doação inoficiosa:** é aquela que excede o limite que o doador poderia deixar em testamento. Importante salientar que a nulidade é somente do excesso e não de toda a doação. Havendo herdeiros necessários, o testador só poderá dispor da metade de seus bens, já que a outra metade pertence aos herdeiros necessários – art. 549, CC.

f) **doação com cláusula de reversão:** pode-se estipular que, se o donatário morrer antes do doador, os bens doados irão retornar ao patrimônio do doador, consoante o art. 547 do CC, lembrando que não prevalece a cláusula de reversão em favor de terceiro.

- **Restrições à doação**

Doação de todos os bens do doador: é a chamada doação global, em que não podem todos os bens do doador serem doados, sem que fique algo para a sua subsistência. Caso isso aconteça, teremos nulidade.

Doação do cônjuge adultero a seu cúmplice – art. 550 do CC: pode ser anulada a doação pelo cônjuge ou pelos herdeiros necessários. Prazo de dois anos depois de dissolvida a sociedade conjugal.

- **Revogação da doação**

Há duas razões pelas quais é possível a revogação da doação: ingratidão do donatário e descumprimento de encargo, conforme art. 555 do CC.

Por ingratidão do donatário: as hipóteses se encontram nos arts. 557 e 558 do CC.

> **Art. 557.** Podem ser revogadas por ingratidão as doações:
>
> I – se o donatário atentou contra a vida do doador ou cometeu crime de homicídio doloso contra ele;
>
> II – ofensas físicas cometidas pelo donatário contra o doador;
>
> III – se o injuriou gravemente ou o caluniou;
>
> IV – se, podendo ministrá-los, recusou ao doador os alimentos de que este necessitava.

▷ **Importante!** Quando o ofendido não for o doador, mas cônjuge, ascendente, descendente, ou irmão deste, ou descendente adotivo, também pode o doador pleitear a revogação da doação, de acordo com o art. 558 do CC.

Qual é o prazo para que se peça a revogação por ingratidão? Dentro de um ano, a contar de quando o fato chegue ao conhecimento do doador, e cujo donatário seja seu autor.

Quem pode ajuizar a ação de revogação da doação? É personalíssima, ou seja, somente o doador pode ajuizá-la. Contudo, se a ação foi iniciada e o doador morreu, os herdeiros e sucessores podem prosseguir com a ação.

Mas e no caso de homicídio doloso? Se o doador morreu, como vai ajuizar a ação? É uma exceção: nesse caso, os herdeiros podem ajuizar a ação de revogação da doação.

De qualquer forma, só se admite a revogação da doação, por ingratidão, nas doações puras. Não se admite, portanto: nas doações puramente remuneratórias, nas oneradas com encargo já cumprido, nas que se fizerem em cumprimento de obrigação natural, e nas feitas para determinado casamento.

3.6. Troca ou permuta e contrato estimatório

a) Troca ou permuta

A troca é o contrato pelo qual as partes se obrigam a dar uma coisa por outra. Esta coisa não pode ser dinheiro e é isso que difere a compra e venda da permuta. Na compra e venda, o preço pago precisa ser dinheiro ou redutível a dinheiro.

b) Contrato estimatório

É um contrato que também é chamado de consignação. O consignante entrega bens móveis a outra pessoa, chamada de "consignatário", para que os venda pelo preço ajustado. Ao serem vendidos, o consignatário deve pagar o preço ao consignante. Caso não os venda, deverá devolver os bens ao consignante.

Exemplo: carros em uma revenda de carros.

3.7. Locação de coisas, empréstimos, prestação de serviços e empreitada

a) Locação de coisas

O contrato de locação de coisas pode ser tanto de bem móvel como imóvel.

- **Sendo bem imóvel**

O CC não dispõe a respeito da locação de prédio urbano. A locação de imóveis urbanos rege-se pela Lei nº 8.245/1991 – a Lei do Inquilinato.

Diz o art. 1º da lei que continuam regidas pelo CC as locações de imóveis de propriedade da União, dos Estados, dos Municípios, de vagas autônomas de garagem ou de espaços para estacionamento de veículos; de espaços destinados a publicidade; de apart-hotéis, hotéis residências ou equiparados; e o arrendamento mercantil.

▪ **Sendo bem móvel**

A locação de bem móvel é regida pelo CC (art. 565 e seguintes, quando não há relação de consumo) ou pelo CDC, quando há relação de consumo (Lei nº. 8.078/1990) e eventuais leis especiais.

Para contratos, então regidos pelo art. 565 do CC, a locação de coisas é conceituada: "Na locação de coisas, uma das partes se obriga a ceder a outra, por tempo determinado ou não, o uso e gozo de coisa não fungível, mediante certa retribuição."

▪ **Obrigações do locador**

Entregar ao locatário a coisa alugada.

Manter a coisa no mesmo estado em que foi locada.

Garantir o uso pacífico da coisa durante o tempo do contrato.

Responde ainda, o locador, por vícios ou defeitos da coisa, que sejam anteriores à locação.

A lei dá para o locatário a possibilidade de escolha em caso de deterioração da coisa alugada: rescindir o contrato (em caso de deterioração que possa impossibilitar o uso) ou pedir redução proporcional do aluguel.

▪ **Obrigações do locatário**

Elas estão no art. 569 do CC:

> **Art. 569.** O locatário é obrigado:
>
> I – a servir-se da coisa alugada para os usos convencionados ou presumidos, conforme a natureza dela e as circunstâncias, bem como tratá-la como se sua fosse; [Nesse caso, além de ser hipótese de rescisão do contrato, pode o locador também exigir perdas e danos, conforme art. 570 do CC.]
>
> II – a pagar pontualmente o aluguel nos prazos ajustados e, na falta de prazos, de acordo com o costume do lugar;
>
> III – a levar ao conhecimento do locador as turbações de terceiros, que se pretendam fundadas em direito;
>
> IV – a restituir a coisa quando a locação terminar no estado em que recebeu, salvas as deteriorações naturais ao uso regular.

▪ **Coisa alienada durante a locação**

O adquirente não é obrigado a respeitar o contrato de locação, se nesse contrato não houver cláusula atestando que o mesmo continua em vigor em caso de alienação e não estiver registrado. É a chamada "cláusula de vigência". Portanto, para que, após a venda da coisa, o contrato de locação continue a existir, é necessário que haja cláusula a respeito no contrato de locação e que esse contrato esteja registrado.

b) Contrato de empréstimo

Duas são as espécies de empréstimos: mútuo e comodato.

▪ **Contrato de comodato**

Comodato é o empréstimo para uso gratuito de coisas infungíveis. Podem ser bens móveis ou imóveis, mas precisam ser infungíveis. O contrato se perfectibiliza com a tradição da coisa.

▪ **Características do comodato:**

Gratuidade do contrato. Se fosse oneroso, seria contrato de locação.

Infungibilidade do bem: restituição do mesmo objeto recebido como empréstimo.

Contrato real, já que o aperfeiçoamento do contrato se dá com a tradição (e não com a aceitação).

Contrato unilateral, já que, após a tradição, só há obrigações para uma das partes, que é o comodatário (restituir a coisa) e não há obrigações para o comodante.

Contrato não solene, já que não necessita forma especial para a sua celebração.

▪ **Obrigações do comodatário:**

a) Conservar a coisa – art. 582:

O comodatário deve conservar a coisa como se fosse sua. Deve responder pelas despesas de conservação.

O comodatário não pode nunca tentar cobrar do comodante as despesas comuns, feitas com o uso e gozo da coisa emprestada.

b) **Uso da coisa de forma adequada:** responder por perdas e danos se usar o bem fora do que foi contratualmente previsto, além de também poder ser causa de resolução do contrato.

c) **Restituir a coisa:** deve ser restituída a coisa no prazo convencionado, e não havendo este prazo, finda a razão pela qual ocorreu, o empréstimo deve ser restituído (por exemplo, ao se emprestar livros para o trabalho de conclusão de curso, quando se passar o evento, eles deverão ser devolvidos).

▪ **Extinção do comodato:**

a) **Pelo final do prazo dado** ou, não havendo prazo, pela utilização da coisa de acordo com a finalidade para que foi emprestada.

b) Pela resolução por iniciativa do comodante, em caso de descumprimento do comodatário de suas obrigações.

c) Por sentença, a pedido do comodante, se provada a necessidade de restituição do bem antes do prazo acordado.

- **Contrato de mútuo**

O mútuo é o empréstimo de coisas fungíveis. O bem é emprestado para consumo. O mutuário se obriga a restituir ao mutante o que dele recebeu em coisa do mesmo gênero, qualidade e quantidade. É empréstimo para consumo, pois o mutuário não está obrigado a devolver o mesmo bem, do qual se torna dono.

Exemplo: dinheiro.

Neste tipo de empréstimo, o mutuante transfere o domínio, a propriedade do bem ao mutuário. Isso não acontece no comodato. Além disso, o mutuário se torna PROPRIETÁRIO da coisa, correndo por conta desse, todos os riscos da tradição.

- **Características do mútuo:**

O mútuo é temporário, se entende que em algum momento o que foi emprestado será devolvido. Mas e se não houver prazo para a restituição do bem? Conforme art. 592 do o mútuo terá validade:

- até a próxima colheita, se o mútuo for de produtos agrícolas;
- de 30 dias, pelo menos, se o mútuo for de dinheiro;
- pelo espaço de tempo que declarar o mutuante, se for de qualquer outra coisa fungível.

- **Mútuo com fins econômicos:**

Destinando-se o mútuo a fins econômicos, presumem-se devidos juros. Se a taxa de juros não for pactuada, aplica-se a taxa legal prevista no art. 406 deste Código.

▷ **Importante!** Mútuo para um menor: o Código Civil protege o menor, dizendo que quem empresta para um menor, não poderá reaver o que emprestou. Contudo, há várias exceções para quando o mutuante pode, portanto, reaver o que foi emprestado. São elas, conforme art. 599 do CC

- o representante do menor ratificar o empréstimo;
- se o menor, em caso de ausência do representante, se viu obrigado a contraí-lo para os seus alimentos habituais;
- se o menor tiver bens ganhos com o seu trabalho, caso em que a execução do credor não lhes poderá ultrapassar as forças;
- se o empréstimo reverteu em benefício do menor;
- se o menor obteve o empréstimo maliciosamente.

c) Prestação de serviços

O conceito está no art. 594 do CC: "Toda a espécie de serviço ou trabalho lícito, material ou imaterial, pode ser contratada mediante retribuição". É importante salientar que o CC tem caráter residual, aplicando-se somente para aquelas relações que não estão disciplinadas pela CLT e pelo CDC.

- **Características**

Remuneração:

A remuneração é paga pela pessoa que contrata o prestador de serviços. Se as partes não estipularam ou não chegaram a um acordo sobre a remuneração, esta será fixada por arbitramento, segundo o costume do lugar, o tempo de serviço e a sua qualidade. Quando se deve pagar a remuneração/retribuição? Deve ser paga, em regra, depois de prestado o serviço. Contudo, se convencionaram o contrário ou se o costume do lugar for o de pagar antes, paga-se então antes da prestação do serviço.

Prazo:

Nunca pode o contrato de prestação de serviços ultrapassar quatro anos – art. 598 do CC.

Fim do contrato:

Quando o contrato terminar, o prestador de serviços tem direito a exigir de quem o contratou a declaração de que o contrato está findo. Tem esse direito também se for despedido sem justa causa ou se tiver algum outro motivo para deixar o trabalho.

Como acaba o contrato de prestação de serviços?

1) morte de qualquer das partes;
2) conclusão da obra;
3) término do prazo;
4) rescisão do contrato mediante aviso prévio;
5) inadimplemento de qualquer das partes;
6) impossibilidade da continuação do contrato, motivada por força maior.

Impossibilidade de substituição das partes (prestador e contratante):

Aquele que contratou os serviços não pode transferir a outra pessoa o direito aos serviços ajustados.

O prestador de serviços também não pode trazer alguém em seu lugar para que cumpra com o seu dever, a menos que o contratante aceite.

a) Empreitada

As partes contratantes são: empreiteiro e dono da obra. Através de um contrato de empreitada, uma das partes – o empreiteiro – se compromete a executar determinada obra. Ele faz isso pessoalmente ou com auxílio de terceiros, em troca de remuneração a ser paga pelo outro contratante – o dono da obra.

Importa dizer que não há relação de subordinação. O empreiteiro fará a obra de acordo com as instruções dadas pelo contratante.

- **Espécies de empreitada**

A empreitada pode ser apenas de mão de obra, também chamada empreitada de lavor, ou então de mão de obra e materiais, chamada empreitada global.

Se a empreitada for de mão de obra e materiais, os prejuízos são sofridos pelo empreiteiro. Contudo, se o contratante estiver em mora, todos os riscos correm por conta do contratante da empreitada.

- **Obrigações do empreiteiro**

Entregar a coisa no tempo e na forma ajustados.

Pagar os materiais que recebeu, se por imperícia ou negligência os inutilizar. Esse caso somente é aplicado à empreitada de mão de obra.

> ▷ **Importante!** Caso o preço dos materiais empregados pelo empreiteiro tenha reduzido, o dono da obra pode pedir a diferença, desde que ocorra uma diminuição no preço do material ou da mão de obra superior a 1/10 do total (10%).

Responde o empreiteiro pela solidez do seu trabalho. É uma regra do Código Civil e está disposta no art. 618 do CC:

> **Art. 618.** Nos contratos de empreitada de edifícios ou outras construções consideráveis, o empreiteiro de materiais e execução responderá, durante o prazo irredutível de cinco anos, pela solidez e segurança do trabalho, assim em razão dos materiais como do solo.

- **Obrigações do dono da obra**

Pagamento do preço.

Receber a coisa.

E se injustificadamente recusar ambas? Caracteriza-se a mora, ficando ele responsável por todos os efeitos dela decorrentes, inclusive perecimento por caso fortuito. O empreiteiro pode requerer o depósito judicial da coisa.

3.8. Contrato de depósito e mandato

- **Contrato de depósito**

As partes contratantes são: depositante e depositário. Sua principal finalidade é a guarda (e não o uso) de coisa alheia.

Como regra, é um contrato gratuito, a não ser que haja convenção em contrário ou resultante de atividade negocial, ou ainda se o depositário o praticar por profissão, consoante art. 628 do CC.

> ▷ **Importante!** Se o depósito for oneroso e a retribuição do depositário não constar de lei, nem resultar de ajuste, será determinado pelos usos do lugar, e, na falta destes, por arbitramento.

Há dois tipos de depósito: voluntário e necessário.

- **Depósito voluntário: arts. 627-646 do CC**

É aquele livremente ajustado pelas partes. Por meio dele, o depositante confia ao depositário a guarda de uma coisa móvel. O depositário deve restituir a coisa, quando solicitado.

Como obrigações, o depositário deverá guardar a coisa, conservá-la e restituí-la, conforme art. 629 do CC.

Já o depositante possui como obrigações: reembolsar as despesas feitas pelo depositário na guarda da coisa e indenizá-lo pelos prejuízos que do depósito advierem (se ocorrerem).

- **Depósito necessário: arts. 647-652 do CC**

É aquele em que o depositante é forçado pelas circunstâncias a efetuar o depósito com pessoas desconhecidas. Há duas espécies de depósitos necessários, conforme art. 647 do CC:

1) Depósito que se faz em desempenho de obrigação legal.
2) O que se efetua por ocasião de alguma calamidade como inundação, incêndio etc.

- **Contrato de mandato**

A conceituação do contrato de mandato está no art. 653 do CC: "Opera-se o mandato quando alguém recebe de outrem poderes para, em seu nome, praticar atos ou administrar interesses. A procuração é o instrumento do mandato".

O mandatário representa o mandante dentro dos poderes a ele conferidos. Assim, os atos do mandatário vinculam o mandante, se dentro dos poderes outorgados.

Tipos de mandato:

a) **Legais: quando a lei confere poderes aos representantes.**

Exemplos: pais, tutores, curadores.

b) **Judiciais:** são os representantes nomeados pelo juiz.

Exemplo: inventariantes.

c) **Convencionais:** quando recebem procuração para agir em nome do mandante.

Exemplo: advogado.

Em regra, o contrato de mandato é gratuito, eis que o art. 658 diz que a gratuidade é presumida, se não houver sido estipulada retribuição, exceto se o objeto de mandato corresponder ao daqueles que o mandatário trata por ofício ou profissão (ex. mandato de advogado). Já se o mandato for oneroso, caberá ao mandatário a retribuição prevista em lei ou no contrato.

Pessoas que podem outorgar e receber mandato

Toda pessoa capaz é apta para outorgar mandato mediante instrumento particular. Contudo, com relação ao mandatário, há a exceção do art. 666 do CC, que permite que o mandatário seja relativamente incapaz.

> ▷ **Muito importante!**
>
> **Art. 666:** "O maior de dezesseis e menor de dezoito anos não emancipado pode ser mandatário, mas o mandante não tem ação contra ele senão de conformidade com as regras gerais, aplicáveis às obrigações contraídas por menores."

- **Obrigações do mandatário**

Agir em nome do mandante e dentro dos poderes dados por ele.

Aplicar toda a sua diligência habitual na execução do contrato e indenizar qualquer prejuízo causado por culpa sua ou daquele a quem o substabelecer. Importa salientar que, se o procurador vier a substabelecer sem estar autorizado a fazer isso, responderá pelos prejuízos que o mandante sofrer por sua culpa ou daquele substabelecido.

Prestar contas de sua gerência ao mandante, transferindo qualquer vantagem proveniente do mandato, por qualquer título que seja.

Apresentar o instrumento de mandato às pessoas com quem negocia.

Concluir negócio já começado. Assim, se o mandante, morreu, foi interditado etc., embora ciente desses fatos, o mandatário deve concluir o negócio, já que a lei entende que o mandante gostaria que tal negócio fosse concluído.

- **Obrigações do mandante**

Dever de cumprir as obrigações assumidas pelo mandatário dentro dos poderes conferidos no mandato.

Reembolsar as despesas efetuadas pelo mandatário, bem como pagar a remuneração ajustada (se for o caso de remuneração).

- **Da extinção do mandato**

Conforme o art. 682 do CC, o mandato cessará nos seguintes casos:

> I – pela revogação ou pela renúncia: se a resilição partir do mandante há revogação; [se partir do mandatário, há renúncia.]

> ▷ Importante! Se o mandante for prejudicado pela renúncia, por ser inoportuna, deve ser indenizado pelo mandatário. Essa indenização somente não ocorrerá se este provar que não podia continuar no mandato sem prejuízo considerável.

> II – pela morte ou interdição de uma das partes;
>
> III – pela mudança de estado que inabilite o mandante a conferir os poderes, ou o mandatário para os exercer;
>
> IV – pelo término do prazo ou pela conclusão do negócio. [Quando a procuração é dada com data certa, cessa a procuração com o advento do termo. Se outorgada para um negócio determinado e realizado o negócio, também cessará.

- **Contrato de comissão**

As partes são: **comitente** (em favor de quem o comissário se obriga a realizar negócios) e **comissário** (que se obriga, perante terceiros, em seu próprio nome, figurando no contrato como parte).

No contrato de comissão, é comumente fixada uma percentagem sobre as vendas para o comissário. Não estipulada a remuneração devida ao comissário, será ela arbitrada segundo os usos do lugar.

- **Obrigações do comissário**

O comissário fica diretamente obrigado para com as pessoas com quem contratar, já que tais pessoas não têm ação contra o comitente, mas somente contra o comissário.

Deve agir conforme as ordens e instruções do comitente.

Responde por qualquer prejuízo que ocasionar ao comitente, salvo por motivo de força maior.

▷ **Muito importante!**

Regra: o comissário não responde pela insolvência das pessoas com quem contratou.

Exceção: comissário responde, no entanto, se agiu com culpa ou se constar no contrato a cláusula del credere.

Tal cláusula tem por objetivo tornar o comissário responsável, perante o comitente, pelo cumprimento das obrigações – art. 698.

- **Contratos de agência e distribuição**

As partes são chamadas de *agente* e de *proponente*. Configura-se o contrato de agência quando uma pessoa assume, em caráter não eventual e sem vínculos de dependência, a obrigação de promover, a conta de outra, a realização de certos negócios, em zona determinada, conforme art. 710 do CC.

Exemplos de agentes: agentes de seguros, agentes de futebol etc.

Configura-se a distribuição quando o agente tiver à sua disposição a coisa a ser negociada.

Direitos e obrigações do proponente

Não pode constituir, ao mesmo tempo, mais de um agente, na mesma zona e com idêntica incumbência.

Não pode assumir o encargo de tratar de negócios do mesmo gênero, à conta de outros proponentes.

Direitos e obrigações do agente ou distribuidor

Deve agir com diligência, atendendo às instruções recebidas pelo proponente.

Tem direito à indenização se o proponente, sem justa causa, cessar o atendimento das propostas ou reduzi-lo tanto que se torna economicamente ruim a continuação do contrato.

Pagamento do agente ou distribuidor

O agente ou distribuidor terá direito à remuneração correspondente aos negócios concluídos dentro de sua zona, ainda que sem a sua interferência. Todas as despesas com a agência ou a distribuição correm por conta do agente ou distribuidor.

3.9. Contrato de corretagem e contrato de transporte

- **Contrato de corretagem**

Por esse contrato, uma pessoa, não ligada à outra em virtude de mandato, de prestação de serviços ou por qualquer outra relação de dependência, obriga-se a obter para a segunda um ou mais negócios conforme as instruções recebidas., consoante art. 722 do CC. A função do corretor é aproximar as pessoas que estiverem interessadas no negócio.

Direitos e deveres do corretor

A Lei nº 6.530/1978 trata da profissão de corretor. Contudo, as regras do CC também devem ser aplicadas conforme art. 729 do CC. São seus deveres:

a) Executar a mediação com diligência e prudência.

b) Prestar ao cliente todas as informações sobre o andamento dos negócios.

Remuneração do corretor

Se não estiver fixada em lei, nem ajustada entre as partes, será arbitrada segundo a natureza do negócio e os usos locais.

Quando se deve a remuneração ao corretor? a) No momento em que tenha conseguido o resultado previsto no contrato de corretagem ou mesmo. b) Quando este contrato não se efetive em razão de arrependimento das partes.

▷ **Muito importante!**

Contrato de exclusividade: se o negócio foi concluído diretamente entre comitente e terceiro, sem intervenção do corretor, nenhuma remuneração será a ele devida. Contudo, se, por escrito, for ajustada a corretagem por exclusividade, terá o corretor direito à remuneração integral, ainda que realizado o negócio sem a sua mediação, salvo se comprovada sua inércia ou ociosidade, como trata o art. 726 do CC.

- **Contrato de transporte**

Contrato de transporte é aquele em que alguém se obriga a transportar, de um lugar para outro, coisas ou pessoas mediante uma retribuição.

- **Do transporte de pessoas**

Diz o art. 734 do CC: "O transportador responde pelos danos causados as pessoas transportadas e suas bagagens, salvo motivo de força maior, sendo nula qualquer cláusula excludente da responsabilidade".

Importa lembrar que a responsabilidade contratual do transportador por acidente com o passageiro não pode ser afastada por culpa de terceiro, contra o qual tem ação regressiva, conforme disciplina o art. 735 do CC. Assim, um acidente que cause danos ao passageiro obriga o transportador a indenizá-lo. Não importa se a responsabilidade pelo dano foi de um terceiro. O transportador deve indenizar o passageiro e, se quiser, mover uma ação regressiva a este terceiro.

Direitos e obrigações do transportador

O transportador está sujeito aos horários e itinerários previstos, sob pena de responder por perdas e danos, salvo força maior, de acordo com o art. 737 do CC. Também não pode recusar passageiros, salvo os casos previstos em regramentos, ou se as condições de higiene e saúde do interessado assim o justificarem conforme art. 739 do CC.

Se a viagem for interrompida por qualquer motivo alheio à vontade do transportador, ainda que decorrente de evento imprevisto, fica a transportadora obrigada a concluir o transporte em outro veículo da mesma categoria ou, com a anuência do passageiro, em modalidade diversa, a sua custa, correndo também por sua conta as despesas de estadia e alimentação do usuário, durante a espera de novo transporte, como disciplinado no art. 741 do CC.

Direitos e obrigações do transportado

A pessoa transportada deve se submeter às normas estabelecidas pela transportadora. Além disso, também devem se abster de qualquer ato que cause incômodo ou prejuízo aos passageiros ou que impeça a execução normal dos serviços, conforme art. 738 do CC.

O passageiro também tem direito de rescindir o contrato de transporte antes de iniciada a viagem. É devida ao passageiro a restituição do valor da passagem, desde que feita a comunicação ao transportador em tempo de a passagem ser renegociada, como bem disciplina o art. 740 do CC. Pode desistir da viagem, mesmo depois de que esta seja iniciada. É devida ao passageiro a quantia do trecho não utilizado, desde que provado que outra pessoa haja sido transportada em seu lugar.

O passageiro que não apareceu para a viagem não terá reembolso da passagem. Salvo se provar que outra pessoa tenha viajado no seu lugar e, assim, a empresa tenha lucrado.

- **Do transporte de coisas**

A coisa, entregue ao transportador, deve estar caracterizada pela sua natureza, valor, peso e quantidade para que não se confunda com outras. O destinatário deve ser indicado, ao menos, com nome e endereço. Quando receber a coisa, o transportador deve emitir o chamado conhecimento de transporte.

Pode o transportador recusar o transporte da coisa? Sim, se a embalagem for inadequada, bem como puder colocar em risco a saúde das pessoas, ou danificar o veículo e outros bens, como trata o art. 746 do CC.

Obrigações do transportador de coisas

O transportador deve conduzir a coisa até o seu destino e entregá-la no prazo. Também tem a responsabilidade limitada ao valor constante no conhecimento.

Obrigações de quem teve a coisa transportada

Até a entrega da coisa, pode o remetente desistir do transporte e pedir a coisa de volta ou ordenar que seja entregue a outra pessoa. De qualquer forma, deve o remetente pagar os acrescidos mais as perdas e danos que houver, de acordo com o art. 748 do CC. Aquele que recebeu as mercadorias deve verificar se tudo está correto, sob pena de declinar dos direitos de reclamação.

3.10. Contrato de seguro e contrato de fiança

- **Contrato de seguro**

As partes envolvidas no contrato de seguro são: **segurado** e **seguradora**.

Considera-se contrato de seguro aquele pelo qual uma das partes, denominada "segurador", se obriga a garantir interesse legítimo da outra, intitulada "segurado", relativo à pessoa ou à coisa, contra riscos predeterminados.

No contrato de seguro, o segurado paga o prêmio – prestações – ao segurador, que assume o risco do segurado. Assim, a seguradora deve pagar ao segurado uma indenização caso ocorra o evento inesperado (sinistro).

Elementos do contrato de seguros

São eles: segurador, segurado, risco, prêmio e apólice (instrumento de negócio).

a) **Segurador:** contratante que, assumindo os riscos, indenizará o segurado na hipótese de sinistro.

b) **Segurado:** quem paga o prêmio e, assim, transfere o risco para o segurador.

c) **Risco:** acontecimento futuro e incerto – é o próprio objeto do seguro.

Diz o art. 762 do CC: "Nulo será o contrato para garantia de risco proveniente de ato doloso do segurado, do beneficiário, ou de representante de um ou de outro".

a) **Prêmio:** o que paga o seguro ao segurador.

> **Art. 764 do CC:** "Salvo disposição especial, o fato de se não ter verificado o risco, em previsão do qual se faz o seguro, não exime o segurado de pagar o prêmio".

b) Apólice ou bilhete de seguro: é o instrumento do contrato.

- **Princípio da boa-fé**

Segundo o art. 765 do CC: "O segurado e o segurador são obrigados a guardar na conclusão e na execução do contrato, a mais estrita boa-fé e veracidade, tanto a respeito do objeto como das circunstâncias e declarações a ele concernentes.".

Caso não tenha havido boa-fé na relação contratual, o art. 766 do CC diz que: "Se o segurado, por si ou por seu representante, fizer declarações inexatas ou omitir circunstâncias que possam influir na aceitação da proposta ou na taxa do prêmio, perderá o direito a garantia, além de ficar obrigado ao prêmio vencido".

- **Obrigações do segurado**

Pagar o prêmio estipulado no contrato.

Não pode agravar intencionalmente o risco. Caso faça isso, perderá a garantia – art. 768 do CC.

Deve comunicar o segurador, logo que souber, todo incidente que possa agravar consideravelmente o risco, sob pena de perder a garantia. Essa perda ocorrerá se o segurado sabia de algo nesse sentido e não comunicou o segurador, ou seja, agiu de má-fé.

Comunicar o sinistro ao segurador, logo que souber. Também deve tomar todas as providências para amenizar as consequências do sinistro.

- **Obrigações do segurador**

Pagar em dinheiro, se outra forma não foi convencionada (ex.: consertar o veículo), o prejuízo resultante do risco assumido e, conforme as circunstâncias, entregar outra coisa em seu lugar (ex.: dar um carro novo).

Os agentes autorizados do segurador (corretores de seguros) presumem-se seus representantes para todos os atos relativos aos contratos que agenciarem.

Se as partes não se opuserem, o contrato se renova pelo mesmo prazo. No entanto, esta renovação automática só pode ocorrer uma vez, conforme art. 774 do CC.

- **Seguro de pessoa**

Nos seguros pessoais, a indenização paga deve ser a fixada na apólice de seguros, já que os bens cobertos pelo seguro não têm valor (são inestimáveis).

O beneficiário do seguro de vida pode ser substituído a critério do segurado. É lícita a substituição do beneficiário pelo segurador. Pode ser feito por ato *inter vivos* como *causa mortis*.

Na falta de beneficiário estipulado, ou por qualquer motivo, não sendo possível que aquele beneficiário receba a indenização, o capital segurado será pago:

- metade ao cônjuge não separado judicialmente;
- metade aos herdeiros do segurado, obedecida a ordem de vocação hereditária.

Na falta de cônjuge/herdeiros, serão beneficiados aqueles que provarem que a morte do segurado os privou dos meios necessários à subsistência.

No seguro de vida/acidentes pessoais, para o caso de morte, o capital estipulado não está sujeito às dívidas do segurado, nem se considera herança para todos os efeitos do direito.

Súmulas do STJ a respeito do contrato de seguro:

> **Súmula nº 620:** "A embriaguez do segurado não exime a seguradora do pagamento da indenização prevista em contrato de seguro de vida."
>
> **Súmula nº 616:** "A indenização securitária é devida quando ausente a comunicação prévia do segurado acerca do atraso no pagamento do prêmio, por constituir requisito essencial para a suspensão ou resolução do contrato de seguro."
>
> **Súmula nº 610:** "O suicídio não é coberto nos dois primeiros anos de vigência do contrato de seguro de vida, ressalvado o direito do beneficiário à devolução do montante da reserva técnica formada."
>
> **Súmula nº 609:** "A recusa de cobertura securitária, sob a alegação de doença preexistente, é ilícita se não houve a exigência de exames médicos prévios à contratação ou a demonstração de má-fé do segurado."
>
> **Súmula nº 632:** "Nos contratos de seguro regidos pelo Código Civil, a correção monetária sobre a indenização securitária incide a partir da contratação até o efetivo pagamento."

- **Contrato de fiança**

O conceito de fiança está no art. 818 do CC: "Pelo contrato de fiança uma pessoa garante satisfazer ao credor uma obrigação assumida pelo devedor, se este não a cumpra".

> ▷ Importante: nova Súmula sobre o contrato de fiança:
>
> Súmula 656 STJ: "É válida a cláusula de prorrogação automática de fiança na renovação do contrato principal. A exoneração do fiador depende da notificação prevista no artigo 835 do Código Civil."

- **Características**

Caráter acessório, já que depende da existência do contrato principal.

Contrato solene.

> **Art. 819:** "A fiança dar-se-á por escrito, e não admite interpretação extensiva."

Unilateral, já que, uma vez celebrado, só gera obrigações do fiador para com o credor.

Gratuito, já que fiador nada recebe em troca.

Como é um contrato acessório, via de regra, se nula a obrigação principal, a fiança também será nulificada.

Pode o credor recusar o fiador? Sim, pode. Se não for pessoa idônea, domiciliada no município e não possuir bens suficientes para garantir a obrigação.

- **Benefício de ordem**

O benefício de ordem consiste em um privilégio, conferido ao fiador, de exigir que os bens do devedor principal sejam excutidos antes dos seus. O fiador que alegar o benefício de ordem deve nomear bens do devedor situados no mesmo município, livres e desembaraçados. No art. 828 do CC, há alguns casos, no entanto, em que o fiador não pode invocar tal benefício:

- se o fiador renunciou expressamente ao benefício;
- se o fiador se obrigou como principal pagador ou devedor solidário;
- se o devedor for insolvente ou falido.

- **Benefício da divisão**

Segundo o art. 829 do CC: "A fiança conjuntamente prestada a um só débito por mais de uma pessoa importa o compromisso de solidariedade entre elas, se declaradamente não se reservarem o benefício de divisão".

Estipulado este benefício, cada fiador responde unicamente pela parte que, em proporção, lhe couber no pagamento. Portanto, se houver especificação – benefício da divisão –, cada uma paga somente o que afiançou.

- **Extinção da fiança**

1) **Moratória concedida ao devedor, sem o consentimento do fiador.** Moratória é a concessão expressa de mais prazo ao devedor. Ele não quer ficar mais tempo como fiador e a moratória o permite, podendo então solicitar a exoneração da fiança.
2) **Ato do credor que torne impossível a sub-rogação nos seus direitos e preferências.** O fiador, ao aceitar a fiança, pode pensar na possibilidade de se sub-rogar nos direitos do credor para com o devedor. Se, por ato do credor, essa possibilidade não ocorre, o fiador se desonera da fiança.
3) **Dação em pagamento:** a dação em pagamento coloca fim ao contrato principal e, portanto, também ao de fiança.
4) **Retardamento do credor na execução:** quando oferecido o benefício de ordem, e o credor retarda muito em promover a execução.

3.11. Contrato de constituição de renda, jogo e aposta, transação e compromisso e de Administração Fiduciária de Garantias

Contrato de constituição de renda

Quem são as partes nesse contrato? Instituidor e rendeiro (também chamado de censuário).

Qual é o conceito do contrato de constituição de renda? Por este contrato, uma pessoa (instituidor) entrega a outrem (rendeiro ou censuário) um capital. Este capital pode consistir de bens móveis ou imóveis. O rendeiro ou censuário obriga-se a pagar uma prestação ao instituidor ou terceiro indicado (beneficiário) por este.

O objetivo do contrato de constituição de renda é o de proteger o instituidor que, ainda que proprietário dos bens, não está seguro sobre como conseguir o suficiente para sua sobrevivência. Assim, concorda em transferir propriedade ao rendeiro que, por sua vez, se compromete a lhe dar uma renda fixa durante certo tempo (prazo).

Em geral, esse prazo é até a morte do instituidor. Mas pode haver convenção em contrário.

A constituição de renda pode ser a título gratuito ou a título oneroso.

O que acontece se o rendeiro (também chamado de censuário) deixa de cumprir a obrigação estipulada? Pode o credor da renda (instituidor ou terceiro beneficiado) acionar o rendeiro para que:

1) pague as prestações atrasadas;
2) preste garantias futuras de que irá pagar o devido, sob pena de rescisão do contrato.

- **Do jogo e da aposta**

Jogo

É o ajuste pelo qual duas ou mais pessoas se obrigam a pagar certa soma para a pessoa que as vença na prática de determinado ato.

Perder ou ganhar depende da atuação e da participação efetiva de cada jogador. O vencedor fará jus a uma certa soma, previamente estipulada.

Exemplo: Joana e Maria apostam corrida. Quem ganhar, será campeã(o) do "jogo".

Aposta

O resultado não depende da participação das partes.

Exemplo: Joana e Maria apostam que, nos próximos 30 minutos, irão passar cinco carros da cor branca em frente a suas casas. Não há participação delas. O resultado depende de um ato ou fato alheio e incerto.

Apesar da diferença em conceituação, o tratamento legal dado a ambos é o mesmo.

Importa salientar que as dívidas de jogo ou de aposta não obrigam ao pagamento.

Regra: se foram pagas, quem pagou não pode querer de volta o pagamento.

Exceção: pode-se solicitar de volta o pagamento, se esse jogo ou aposta foi ganho com dolo ou se quem perdeu for menor ou interdito.

A dívida de jogo/aposta constitui obrigação natural: o ganhador não dispõe, no ordenamento jurídico, de ação para exigir seu pagamento.

- **Transação**

Contrato pelo qual as partes previnem ou terminam relações jurídicas controvertidas, por meio de concessões mútuas, conforme art. 840 do CC: "É lícito aos interessados prevenirem ou terminarem o litígio mediante concessões mútuas".

É o resultado de um acordo de vontades para evitar riscos de futura demanda ou para extinguir litígios judiciais já existentes.

- **Compromisso**

Arbitragem é o acordo de vontade em que as partes entregam para árbitros a solução dos conflitos. Essas partes preferem não se submeterem a uma decisão judicial.

Nos arts. 851-853 do CC, é regulado o compromisso, que precede o juízo arbitral. A legislação sobre o instituto encontra-se na Lei nº 9.307/1996, que trata da arbitragem nacional e internacional.

- **Contrato de Administração Fiduciária de Garantias.**

A lei 14.711/2023 incluiu uma nova espécie de contratos no Código Civil: o contrato de administração fiduciária de garantias.

A palavra fiduciário significa "confiança". Assim, um exemplo de garantia fidejussória é a fiança, na qual o fiador se obriga com seu patrimônio a responder dívida que não é sua, mas do devedor principal.

O contrato de administração fiduciária de garantias possui como partes o credor e o chamado agente de garantia.

O objeto do contrato é a gestão de garantias ofertadas. Assim, digamos que o devedor tem empréstimos com o credor que são garantidos por penhor, hipotecas etc. O agente de garantia poderá gerir essas garantias. Assim, caso o devedor não pague a dívida, o agente de garantias poderá cobrar judicial ou extrajudicialmente a execução da garantia. Também poderá, por exemplo, cuidar se o devedor está pagando as parcelas da dívida.

A verdade é que já havia, na prática, uma "terceirização" das cobranças, com os credores contratando empresas para verificarem pagamentos e cobrarem créditos. Agora há um contrato típico no qual estes credores poderão celebrar com tais empresas, que serão, então, denominadas de agentes de garantias. Desta forma, o agente de garantias irá atuar em benefício do credor e no interesse deste.

É permitido, contudo, que o agente de garantias mantenha contratos também com o devedor para prestação de serviços (parágrafo sétimo) a fim de verificar se não há oferta de crédito mais vantajosa para ele, por exemplo. Claro que o agente de garantias somente irá manter relações contratuais com o devedor se não houver conflito de interesses com o credor (credor pode ter destituído o agente de garantias). Também poderia, por exemplo, receber informações de alterações cadastrais do devedor e repassar ao credor.

Ponto importante é que o agente de garantia irá atuar em nome próprio e não em nome do devedor. Ele irá atuar em nome próprio, mas agindo no interesse de outra pessoa (credor). Assim, mesmo não sendo o titular do crédito, ele poderá atuar em nome próprio na cobrança de dívidas. Assim, poderá ajuizar ações judiciais, em nome próprio, para cobrar créditos do devedor. Assim, o agente de garantias poderá ser polo ativo e passivo em ações judiciais cujo objeto é o crédito do credor.

3.12. Atos unilaterais de vontade

- **Promessa de recompensa**

Obriga aquela pessoa que emitiu a declaração de vontade para cumprir a sua promessa. Não depende de aceitação para a formação, por isso é um ato unilateral de vontade. São elementos necessários: publicidade da promessa (torná-la pública);

especificação da condição ou serviço a ser realizado; e indicação da recompensa.

- **Gestão de negócios**

Ocorre quando uma pessoa, sem autorização do interessado, acaba por intervir em negócio alheio, com o intuito de auxiliar a pessoa que não pode cuidar do negócio naquele momento.

- **Pagamento indevido**

É espécie, do qual enriquecimento sem causa é gênero. Para que ocorra a devolução dos valores, é necessário que o pagamento tenha sido comprovadamente feito com erro.

- **Enriquecimento sem causa**

Há vários tipos de enriquecimento sem causa: pagamento indevido, construção em imóvel alheio de boa-fé etc. Para a sua configuração é necessário: enriquecimento de uma parte; empobrecimento do outro; relação de causalidade entre os dois fatos; ausência de razão (contrato, lei etc.); inexistência de outra ação para conseguir a devolução. Então, a ação cabível será a ação *in rem verso*.

4. RESPONSABILIDADE CIVIL

4.1. Ato ilícito: art. 186 do CC

Segundo o art. 186: "Aquele que, por ação ou omissão voluntária, negligência ou imprudência, violar direito e causar dano a outrem, ainda que exclusivamente moral, comete ato ilícito."

A consequência da prática de ato ilícito é a obrigação de indenizar, de acordo com os artigos 927e seguintes do CC.

- **Abuso de Direito: art. 187 do CC**

Segundo o art. 187: "Também comete ato ilícito o titular de um direito que, ao exercê-lo, excede manifestamente os limites impostos pelo seu fim econômico ou social, pela boa-fé ou pelos bons costumes." É aquele ato praticado, em seu início, dentro do direito. No entanto, o sujeito ABUSA de seu direito, dos limites impostos pelos fins econômicos e sociais, da boa-fé e dos bons costumes.

Segundo a doutrina, para que o abuso de direito esteja configurado, é importante que a conduta praticada pela pessoa exceda um direito que possui. Assim, quando se fala do art. 187, não se analisa culpa, bastando que a conduta da pessoa exceda os limites que tratam o art. 187 do CC.

Se presente abuso de direito, há responsabilidade objetiva.

Exemplos de abuso de direito: publicidade abusiva no Direito do Consumidor – art. 37, § 2º do CDC; direito das coisas: abuso do direito da propriedade. Exemplo do direito de vizinhança, que traz regras relativas ao uso nocivo da propriedade, passagem forçada etc. – art. 1.228, § 2º: "São defesos os atos que não trazem ao proprietário qualquer comodidade, ou utilidade, e sejam animados pela intenção de prejudicar outrem".

4.2. Elementos da responsabilidade civil e excludentes

- **Responsabilidade contratual x Responsabilidade extracontratual (aquiliana)**

A divisão clássica da responsabilidade civil estabelece que ela pode se dar como responsabilidade civil contratual (desobediência de regra estabelecida em um contrato) ou então porque o sujeito não respeitou alguma regra normativa (violar direito, por exemplo), sendo esta última a chamada responsabilidade extracontratual.

Responsabilidade civil contratual: nos casos de não cumprimento de uma obrigação. Está estabelecida na parte de direito das obrigações (arts. 389-391 do Código Civil).

Responsabilidade extracontratual ou aquiliana: está baseada na existência de um ato ilícito (art. 186) e também no abuso de direito (art. 187).

A responsabilidade civil, tratada nos arts. 927 e seguintes do Código Civil é a responsabilidade extracontratual ou aquiliana.

- **Excludentes de indenizar: art. 188 e arts. 929-930 do CC**

O art. 188 do CC traz situações que não configuram atos ilícitos. São elas: legítima defesa, exercício regular de um direito e estado de necessidade. Estão no referido artigo: os atos praticados em legítima defesa ou no exercício regular de um direito reconhecido (I) e a deterioração ou destruição da coisa alheia ou a lesão a pessoa, a fim de remover perigo iminente (II). Assim, no art. 188 do CC, o legislador traz a exclusão de tal pressuposto de indenizar de determinados atos.

É importante destacar que há casos em que a pessoa pode não ter praticado ato ilícito, mas terá que responder por eles, como no caso do estado de necessidade. O estado de necessidade ocorre quando, na presença de dois ou mais direitos, o autor escolhe um deles, causando dano ou não respeitando o outro direito. Enquanto, na legítima defesa, o agente atua contra uma agressão injusta, no estado de necessidade temos uma colisão de direitos. Um direito irá ter prevalência sobre outro, e quem escolhe qual direito irá prevalecer será o próprio agente.

Vamos a um exemplo doutrinário (TARTUCE, 2022): Carla deixa panela ligada e sai de casa. Há uma pessoa idosa dentro do apartamento, chamada Maria, que começa a gritar. Joana escuta os gritos de socorro de Maria e quebra a porta do condomínio onde Maria se encontra para poder salvá-la.

a) Quem causou o perigo? Carla.

b) Quem sofreu o dano? Condomínio.

c) Quem causou o dano? Joana.

De acordo com os arts. 929 e 930 do CC:

> **Art. 929.** Se a pessoa lesada, ou o dono da coisa, no caso do inciso II do art. 188, não forem culpados do perigo, assistir-lhes-á direito à indenização do prejuízo que sofreram.
>
> **Art. 930.** No caso do inciso II do art. 188, se o perigo ocorrer por culpa de terceiro, contra este terá o autor do dano ação regressiva para haver a importância que tiver ressarcido ao lesado.
>
> Parágrafo único. A mesma ação competirá contra aquele em defesa de quem se causou o dano (art. 188, inciso I).

Aplicando-se ao exemplo acima, temos que, como o condomínio não causou o perigo, poderá exigir indenização contra o causador do dano (Joana). No entanto, de acordo com o art. 930, Joana poderá ingressar com ação de regresso contra quem causou o perigo: Carla. Além disso, o parágrafo único do art. 930 também diz que é possível que Joana ajuíze ação contra "aquele em defesa de quem se causou o dano".

4.3. Responsabilidade objetiva e responsabilidade civil do incapaz

A responsabilidade civil subjetiva é baseada na "teoria da culpa", já que é necessária a verificação de culpa, para que se possa configurar tal requisito. Assim, para a verificação da responsabilidade civil subjetiva, são necessários: conduta humana, culpa, nexo causal e dano. Está no art. 927, *caput,* do CC: "Aquele que, por ato ilícito (arts. 186 e 187), causar dano a outrem, fica obrigado a repará-lo".

Já a responsabilidade objetiva está consagrada no parágrafo único do art. 927: "Haverá obrigação de reparar o dano, independentemente de culpa, nos casos especificados em lei, ou quando a atividade normalmente desenvolvida pelo autor do dano implicar, por sua natureza, risco para os direitos de outrem". Neste caso, para a configuração da responsabilidade objetiva, são necessários: conduta humana, nexo causal e dano.

Iremos nos deter na responsabilidade objetiva e nos casos previstos no CC.

- **Responsabilidade objetiva**

É baseada na **Teoria do risco**, e há várias modalidades dessa teoria:

- Teoria do risco administrativo: art. 37, § 6º da CF. É usada no caso de responsabilidade objetiva do Estado.
- Teoria do risco da atividade: art. 927, parágrafo único, segunda parte.
- Teoria do risco-proveito: risco decorre de uma atividade lucrativa, utilizada no CDC.
- Teoria do risco integral: não há excludente, como algumas situações de danos ambientais.

De acordo com o CC, haverá responsabilidade objetiva em duas situações:

1 - Nos casos expressos em lei. Exemplo: CDC, arts. 932, 936 etc.

2 - Nos casos em que o causador do dano realize uma atividade de risco. A ideia é de que o risco apresentado é excepcional, acima da normalidade. Aplicação da teoria do risco criado. **Exemplo:** motorista de cargas perigosas, de valores etc.

Responsabilidade objetiva no Código Civil

Casos de responsabilidade objetiva no CC:

- Abuso de direito (art. 187);
- Por fato de terceiro (arts. 932-934);
- Por fato de animal (art. 936);
- Pela ruína de edifício ou construção (art. 937);
- Por objeto caídos ou lançados de prédio (art. 938).

Responsabilidade civil por atos de terceiros ou responsabilidade civil indireta

No art. 932 do CC são trazidos casos nos quais terceiros respondem por atos de outras pessoas. Assim, os pais pelos filhos menores, empregador pelo empregado, etc.

> **Art. 932.** São também responsáveis pela reparação civil:
>
> I – pais, por filhos menores que estiverem sob sua autoridade e em sua companhia.
>
> II – o tutor e o curador, pelos pupilos e curatelados, que se acharem nas mesmas condições;
>
> III – o empregador ou comitente, por seus empregados, serviçais e prepostos, no exercício do trabalho que lhes competir, ou em razão dele;
>
> IV – os donos de hotéis, hospedarias, casas ou estabelecimentos onde se albergue por dinheiro, mesmo para fins de educação, pelos seus hóspedes, moradores e educandos;

V – os que gratuitamente houverem participado nos produtos do crime, até a concorrente quantia.

O art. 933 do CC prevê expressamente que a responsabilidade é objetiva, já que informa que os terceiros serão responsabilizados ainda que não HAJA CULPA por parte deles.

No entanto, a jurisprudência e a doutrina entendem que, para que haja a condenação dos pais, é necessária a comprovação da culpa dos filhos. Para que tutores e curadores sejam responsabilizados, é necessária a comprovação de culpa dos tutelados/curatelados. O mesmo ocorre com empregador/empregado etc.

De acordo com o art. 934, se o empregador, por exemplo, pagar a indenização, terá Direito de Regresso contra o empregado que causou o dano. Há uma exceção: relações entre ascendentes e descendentes incapazes não haverá direito de regresso. Assim, o ascendente não tem regresso contra o descendente, se este for incapaz.

Um ponto muito importante diz respeito à solidariedade entre todos os sujeitos do art. 942, já que o parágrafo único informa que são solidariamente responsáveis com os autores os coautores e as pessoas designadas no art. 932.

▷ **Importante!**

Responsabilidade do incapaz (art. 928 do CC).

De acordo com o artigo, a responsabilidade do incapaz é subsidiária. Assim, primeiro respondem os responsáveis pelo incapaz. Se estas pessoas não tiverem condições financeiras ou não forem obrigadas a tanto, então se irá responsabilizar o incapaz. Mesmo assim, de acordo com o parágrafo único, a indenização deverá ser equitativa e, se privar o incapaz ou as pessoas que dele dependam do seu sustento, então tal indenização não terá lugar.

Devido ao parágrafo único do 942, ainda há discussões que tratam da responsabilidade do incapaz ser ou não subsidiária. No entanto, a jurisprudência e a doutrina dizem que sim, em decorrência do art. 928, ela será SUBSIDIÁRIA, **não tendo aplicação o parágrafo único do art. 942.**

Responsabilidade civil por fato de animal

Está disciplinada no art. 936 do CC: o dono, ou detentor, do animal ressarcirá o dano por este causado, se não provar culpa da vítima ou força maior. Há somente duas excludentes nas quais o dono/detentor não será responsabilizado: culpa da vítima e força maior.

- **Responsabilidade civil do dono de edifício ou construção pela sua ruína**

O dono de edifício ou construção responde pelos danos que resultarem de sua ruína, se esta provier de falta de reparos, cuja necessidade fosse manifesta, consoante art. 937 do CC. A responsabilidade é do dono do edifício ou da construção (construtora, por exemplo).

- **Responsabilidade por objetos caídos ou lançados do prédio (defenestramento)**

Segundo o art. 938 do CC: "Aquele que habitar prédio, ou parte dele, responde pelo dano proveniente das coisas que dele caírem ou forem lançadas em lugar indevido". Ponto muito importante a ser verificado que a responsabilidade é de quem HABITA o prédio. Assim, seriam responsáveis o locatário, comodatário, proprietário... enfim, quem quer que habite o prédio.

Caso não se saiba de onde partiu o objeto caído ou lançado, os tribunais têm entendido pela responsabilização do condomínio que, após (e caso) identificado o responsável, poderá ajuizar regresso contra o ofensor.

- **Responsabilidade civil e criminal – art. 935**

Conforme art. 935: "A responsabilidade civil é independente da criminal, não se podendo questionar mais sobre a existência do fato, ou sobre quem seja o seu autor, quando estas questões se acharem decididas no juízo criminal".

Como regra, podemos pensar que as esferas cível e criminal não se comunicam. No entanto, se na esfera criminal foi decidido sobre existência de fato e/ou autoria, então haverá dependência entre as esferas cível e criminal.

- **Responsabilidade por demanda de dívida**

Há três artigos que tratam do tema, na parte de responsabilidade civil: arts. 939-941.

> **Art. 939.** O credor que demandar o devedor antes de vencida a dívida, fora dos casos em que a lei o permita, ficará obrigado a esperar o tempo que faltava para o vencimento, a descontar os juros correspondentes, embora estipulados, e a pagar as custas em dobro.
>
> **Art. 940.** Aquele que demandar por dívida já paga, no todo ou em parte, sem ressalvar as quantias recebidas ou pedir mais do que for devido, ficará obrigado a pagar ao devedor, no primeiro caso, o dobro do que houver cobrado e, no segundo, o equivalente do que dele exigir, salvo se houver prescrição.
>
> **Art. 941.** As penas previstas nos arts. 939 e 940 não se aplicarão quando o autor desistir da ação antes

de contestada a lide, salvo ao réu o direito de haver indenização por algum prejuízo que prove ter sofrido.

De acordo com o art. 941, se o autor desistir da ação antes da contestação, as punições dos artigos 939 e 940 não serão aplicadas.

- **Elementos da responsabilidade civil**

Os elementos da responsabilidade civil são também chamados de pressupostos do dever de indenizar.

Para a responsabilidade subjetiva (Art. 927, *caput*), é necessária a configuração de quatro elementos ou pressupostos de responsabilidade.

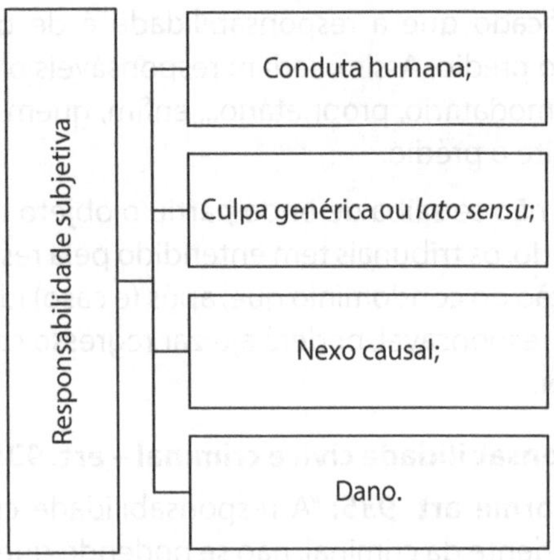

Se a responsabilidade for objetiva (art. 927, parágrafo único, por exemplo), então precisamos de três elementos:

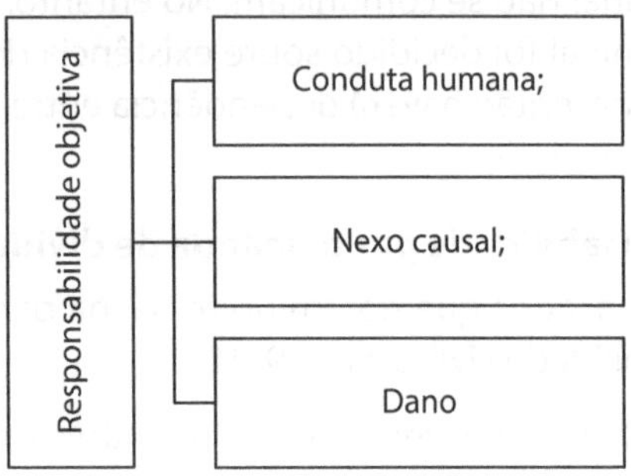

Vamos à análise dos elementos:

- **Conduta humana**

Pode ser causada por uma ação (conduta positiva) ou uma omissão (conduta negativa). Tais ações ou omissões poderão ser dolosas (com intenção) ou culposas (sem intenção), mas agindo com imprudência, imperícia e negligência.

importante! Um ponto importante com relação à OMISSÃO é que entende a doutrina ser necessário que se tenha o dever jurídico de praticar determinado ato (omissão genérica), bem como a prova de que a conduta não foi praticada (omissão específica).

Exemplo: veículo furtado dentro de condomínio. Entendem os tribunais que não há responsabilidade do condomínio, já que não tinha o dever jurídico de impedir o ilícito.

- **Culpa**

A culpa somente é necessária quando a responsabilidade for do tipo subjetiva. Aqui envolve-se dolo (intenção) e culpa (sem intenção, porém com imprudência, negligência ou imperícia).

- **Dolo**

Intenção do agente em causar dano. O dolo dentro da responsabilidade civil recebe, segundo a doutrina, o mesmo tratamento da culpa gravíssima ou grave. No dolo, o agente quer a conduta e quer o resultado. Agindo com dolo, a indenização a ser paga para a vítima deve ser plena.

- **Culpa stricto sensu ou em sentido estrito:**

Não há a intenção de se violar um dever jurídico. Na culpa, o agente quer a conduta, mas não quer o resultado.

Há três modalidades de culpa:

1) **Imprudência:** ausência de cuidado + ação. Exemplo: dirigir veículo em alta velocidade.
2) **Negligência:** falta de cuidado + omissão: Exemplo: empregado que é colocado para trabalhar na empresa sem treino. A empresa foi negligente.
3) **Imperícia:** falta de qualificação para desempenhar determinada função.

- **Nexo de causalidade**

Elemento que coloca em conjunto a relação de causa e efeito entre a conduta e o dano suportado por alguém. É uma ligação entre conduta e dano.

Há várias teorias que tratam do nexo causal, tais como:

1) **Teoria da equivalência das condições ou do histórico dos antecedentes:** todos os fatos relativos ao evento danoso geram responsabilidade civil. Não é adotada pelo CC.
2) **Teoria da causalidade adequada:** na presença de diversas causas, se identifica qual delas, potencialmente, gerou o evento danoso. Somente o fato danoso gera a responsabilidade civil. Esta teoria está consagrada nos arts. 944 e 945 do CC, sendo a preponderante na nossa doutrina.

▷ **Importante!** Causalidade alternativa: quando há um grupo e não se consegue identificar qual membro desse grupo causou dano a outra pessoa. Então, temos que o grupo responde pelo ato. Exemplo: segundo o art. 938, o condomínio responde por um objeto lançado ou caído de um prédio, quando não for possível identificar de onde caiu o objeto.

3) **Teoria do dano direto e imediato ou teoria da interrupção do nexo causal:** havendo interrupção do nexo causal, teremos a irresponsabilidade do agente. Ganham relevo aqui as excludentes totais de responsabilidade, já que o dano ocorrido não será de responsabilidade do causador. Está no art. 403 do CC, quando trata de perdas e danos.

- **Dano**

Um dos elementos de configuração da responsabilidade civil é o dano. A doutrina divide, tradicionalmente os danos em:

Danos clássicos ou tradicionais: materiais e morais

Danos novos ou contemporâneos: danos estéticos, danos morais coletivos, danos sociais e danos por perda de uma chance.

a) **Danos patrimoniais ou materiais:** constituem prejuízos ou perdas que a pessoa sofreu.

Podemos ter danos emergentes/positivos ou lucros cessantes ou negativos. Danos emergentes ou positivos: o que efetivamente se perdeu. Exemplo: art. 948, I do CC, para o caso de homicídio, em que familiares deverão ser reembolsados pelas despesas do funeral etc. Lucros cessantes/negativos: o que razoavelmente se deixou de lucrar. Exemplo: motorista de aplicativo que pleiteia lucros cessantes pela batida em seu carro.

b) **Danos morais**

Previstos na CF, art. 5º, V e X. Os danos morais são entendidos como aqueles que lesam os direitos da personalidade (arts. 11-21 do CC). No dano moral, há uma compensação pelos danos suportados. É importante destacar que, além da compensação em dinheiro, também é possível uma compensação in natura para os danos morais, como retratação pública ou outro meio.

> **Súmula nº 388 STJ:** "A simples devolução indevida de cheque caracteriza dano moral."
>
> **Súmula nº 403 STJ:** "Independe de prova do prejuízo a indenização pela publicação não autorizada de imagem de pessoa com fins econômicos ou comerciais."

c) **Danos morais em pessoa jurídica:**

Com relação ao dano moral de pessoa jurídica, o art. 52 do CC informa que a proteção dos direitos da personalidade, no que couber, também é aplicável para as pessoas jurídicas. Além disso, temos a súmula nº 227 do STJ: "A pessoa jurídica pode sofrer dano moral. Assim, os direitos da personalidade não são exclusivos da pessoa humana".

Um ponto importante a ser lembrado é que a pessoa jurídica não tem honra subjetiva, e sim OBJETIVA (consequência social da honra).

Há um debate sobre o descumprimento de um contrato poder ou não gerar dano moral. Há grande debate nos Tribunais. Há enunciado, no entanto, de número 411 do CJF, que diz: "O descumprimento de um contrato pode gerar dano moral, quando envolver valor fundamental protegido pela CF de 1988".

Algumas súmulas relativas ao assunto:

> **Súmula nº 385, STF:** "Da anotação irregular em cadastro de proteção ao crédito, não cabe indenização por dano moral, quando preexistente legítima inscrição, ressalvado o direito ao cancelamento."
>
> **Súmula nº 498, STF:** "Não incide imposto de renda sobre a indenização por danos morais."

d) **Danos estéticos:**

Os danos estéticos são danos sofridos pela pessoa natural. São exemplos: cicatrizes no rosto, perda de um braço etc.

e) **Danos por perda de uma chance:**

Ocorre quando uma pessoa vê frustrada uma expectativa futura e que, se não houvesse a "perda de uma chance", tal expectativa teria se confirmado. Entende a doutrina que haveria a perda de uma chance quando a probabilidade de oportunidade fosse maior que 50%. Um exemplo é o advogado que perde prazos na esfera judicial. Não há previsão na lei sobre a perda de uma chance, mas ela é aplicada por nossos Tribunais.

- **Excludentes de responsabilidade**

Excludentes do nexo de causalidade. São elas:

- Culpa exclusiva ou fato exclusivo da vítima;
- Culpa exclusiva ou fato exclusivo de terceiro;
- Caso fortuito e de força maior.

Caso fortuito seria o evento imprevisível decorrente de ato humano ou natureza. Já a força maior seria um evento previsível, porém inevitável, também decorrente de ato humano ou natureza. No entanto, a doutrina não é unânime com relação aos conceitos *e muitos autores usam ambos como sinônimos.*

As excludentes de responsabilidade são temas debatidos na doutrina/ jurisprudência e nem sempre é tarefa fácil a sua averiguação.

É necessária a verificação individual dos casos. Por exemplo: assalto a mão armada. Seria caso fortuito? Assalto que ocorre DENTRO da agência bancária não seria caso fortuito, já que é dever do banco assegurar segurança para os que estão dentro da agência bancária. Assim, teria o banco o dever de indenizar. Já se o assalto for fora da agência bancária, de forma que tal prática não seja corriqueira, entendem os tribunais que o banco não responde civilmente. Outro exemplo de excludente, muito comum na jurisprudência, é o assalto dentro de ônibus: tal evento totalmente independente do contrato de transporte e, portanto, a empresa de transporte não responde por ele. O mesmo ocorre com situações de "bala perdida". Há quebra do nexo causal em tais casos.

Um exemplo jurisprudencial de incidência de fato exclusivo de terceiro é o caso do estudante que ingressou em um cinema, na cidade de São Paulo, e metralhou o estabelecimento. Entenderam os tribunais que estaria afastada a responsabilidade do shopping center, já que foi uma ação de terceiro.

Na responsabilidade objetiva, existe o que a doutrina/jurisprudência chama de "caso fortuito interno", que são os casos inerentes/conexos com a atividade desenvolvida pelo agente. Há o enunciado 443 das Jornadas de Direito Civil, que informa que o caso fortuito e a força maior somente serão considerados excludentes da responsabilidade civil quando o fato gerador do dano NÃO FOR CONEXO com a atividade desenvolvida.

Fortuito externo: rompe nexo causal – não há dever de indenizar.

Fortuito interno (Inerente à atividade): não rompe nexo causal – há dever de indenizar.

4.4. Indenização

Nos arts. 944-954 do CC, é tratada a indenização.

Configurado o dever de indenizar, previsto nos artigos anteriores, se passa então para a INDENIZAÇÃO.

Segundo o art. 944, a indenização mede-se pela extensão do dano. Assim, quem estiver obrigado a reparar o dano causado deverá fazê-lo. Dessa forma, se diz que o obrigado deve satisfazer integralmente os deveres resultados de sua ofensa. A indenização, sempre que possível, deverá recolocar a vítima na posição anterior, compensando-a pelos danos sofridos.

Interessante verificar que o que mede a indenização é o dano, e não a culpa. Mesmo em casos de culpa levíssima, teremos a responsabilização do ofensor, se ele causou dano a outra pessoa. No entanto, se houver excessiva desproporção entre a gravidade da culpa e o dano, poderá o juiz reduzir, equitativamente, a indenização.

No art. 945, o Código Civil trata da culpa concorrente: se a vítima tiver concorrido culposamente para o evento danoso, a sua indenização será fixada tendo-se em conta a gravidade de sua culpa em confronto com a do autor do dano.

Em algumas situações, a vítima também é parcialmente culpada pelo evento, juntamente com o ofensor. Será então verificada a participação da vítima para o evento danoso, a fim de verificar a quem toca contribuir com cota maior ou menor de indenização.

▷ **Importante!**

Vale lembrar que, se a culpa for exclusiva da vítima, não teremos responsabilização do ofensor, já que é causa que quebra o nexo causal.

Art. 946: obrigação indeterminada:

> **Art. 946.** Se a obrigação for indeterminada, e não houver na lei ou no contrato disposição fixando a indenização devida pelo inadimplente, apurar-se-á o valor das perdas e danos na forma que a lei processual determinar.

Tal artigo informa que, quando nem o contrato, nem a lei estipular o valor de indenização a ser pago, o valor então deverá ser averiguado durante a fase processual de fixação de valor (liquidação de sentença ou durante a instrução).

> **Art. 949.** No caso de lesão ou outra ofensa à saúde, o ofensor indenizará o ofendido das despesas do tratamento e dos lucros cessantes até ao fim da convalescença, além de algum outro prejuízo que o ofendido prove haver sofrido.

Um exemplo de "outro prejuízo" seriam os danos morais ou estéticos, por exemplo.

> **Art. 950.** Se da ofensa resultar defeito pelo qual o ofendido não possa exercer o seu ofício ou profissão, ou se lhe diminua a capacidade de trabalho, a indenização, além das despesas do tratamento e lucros cessantes até ao fim da convalescença, incluirá pensão correspondente à importância do trabalho para que se inabilitou, ou da depreciação que ele sofreu.

Parágrafo único. O prejudicado, se preferir, poderá exigir que a indenização seja arbitrada e paga de uma só vez.

A indenização aqui é a indenização pela perda da capacidade de trabalho. Com relação ao parágrafo único, há entendimentos de que a indenização (fixada através de pensão) será paga integralmente de acordo com o caso concreto e pedido do autor. O magistrado deverá avaliar, no caso concreto, se deve ou não ser aplicada a regra do pagamento integral, a fim de evitar também a ruína econômica do ofensor.

Art. 951. O disposto nos arts. 948, 949 e 950 aplica-se ainda no caso de indenização devida por aquele que, no exercício de atividade profissional, por negligência, imprudência ou imperícia, causar a morte do paciente, agravar-lhe o mal, causar-lhe lesão, ou inabilitá-lo para o trabalho.

Artigo muito importante, já que tata da responsabilidade SUBJETIVA dos profissionais liberais de área de saúde, em geral.

Art. 952. Havendo usurpação ou esbulho do alheio, além da restituição da coisa, a indenização consistirá em pagar o valor das suas deteriorações e o devido a título de lucros cessantes; faltando a coisa, dever-se-á reembolsar o seu equivalente ao prejudicado.

Parágrafo único. Para se restituir o equivalente, quando não exista a própria coisa, estimar-se-á ela pelo seu preço ordinário e pelo de afeição, contanto que este não se avantaje àquele.

Segundo a jurisprudência, animais de estimação também podem se enquadrar aqui, existindo "valor de afeição".

Art. 953. A indenização por injúria, difamação ou calúnia consistirá na reparação do dano que delas resulte ao ofendido.

Parágrafo único. Se o ofendido não puder provar prejuízo material, caberá ao juiz fixar, eqüitativamente, o valor da indenização, na conformidade das circunstâncias do caso.

Neste artigo, são fixadas as indenizações por crimes contra a honra. Lembrando que o dano pode atingir tanto a honra objetiva, quanto a subjetiva. Caso a vítima não consiga comprovar o prejuízo material, caberá ao juiz fixar o valor da indenização.

Art. 954. A indenização por ofensa à liberdade pessoal consistirá no pagamento das perdas e danos que sobrevierem ao ofendido, e se este não puder provar prejuízo, tem aplicação o disposto no parágrafo único do artigo antecedente.

Parágrafo único. Consideram-se ofensivos da liberdade pessoal:

I – o cárcere privado;

II – a prisão por queixa ou denúncia falsa e de má-fé;

III – a prisão ilegal.

Seriam situações de condenações, por exemplo, contra o Estado e agentes públicos, em virtude de prisão ilegal.

Algumas súmulas relativas à responsabilidade civil:

Súmula nº 246, STJ: "O valor do seguro obrigatório deve ser deduzido da indenização judicialmente fixada."

Súmula nº 572, STJ: "O Banco do Brasil, na condição de gestor do Cadastro de Emitentes de Cheques sem Fundos (CCF), não tem a responsabilidade de notificar previamente o devedor acerca da sua inscrição no aludido cadastro, tampouco legitimidade passiva para as ações de reparação de danos fundadas na ausência de prévia comunicação."

Súmula nº 537, STJ: "Em ação de reparação de danos, a seguradora denunciada, se aceitar a denunciação ou contestar o pedido do autor, pode ser condenada, direta e solidariamente junto com o segurado, ao pagamento da indenização devida à vítima, nos limites contratados na apólice."

Súmula nº 532, STJ: "Constitui prática comercial abusiva o envio de cartão de crédito sem prévia e expressa solicitação do consumidor, configurando-se ato ilícito indenizável e sujeito à aplicação de multa administrativa."

Súmula nº 529, STJ: "No seguro de responsabilidade civil facultativo, não cabe o ajuizamento de ação pelo terceiro prejudicado direta e exclusivamente em face da seguradora do apontado causador do dano."

Súmula nº 479, STJ: "As instituições financeiras respondem objetivamente pelos danos gerados por fortuito interno relativo a fraudes e delitos praticados por terceiros no âmbito de operações bancárias."

Súmula nº 490, STF: "A pensão correspondente à indenização oriunda de responsabilidade civil deve ser calculada com base no salário-mínimo vigente ao tempo da sentença e ajustar-se-á às variações ulteriores."

Súmula nº 562 STF: "Na indenização de danos materiais decorrentes de ato ilícito cabe a atualização de seu valor, utilizando-se, para esse fim, dentre outros critérios, dos índices de correção monetária."

5. COISAS

5.1. Posse

A posse é o domínio físico que alguém tem sobre a coisa, que vem a ser protegido pelo Direito, sendo, portanto, concedido efeitos jurídicos a este domínio. É o exercício fático de um dos poderes inerentes a propriedade (art. 1.196, CC). Assim, é domínio físico/fático sobre a coisa, mas também direito, pois assim a lei reconhece.

5.1.1. *Classificação da posse: aquisição; perda; detenção; posse direta e indireta; composse; posse justa e injusta; posse de boa e má-fé; posse com justo título e sem justo título; posse nova e posse velha*

- **Aquisição da posse**

A aquisição da posse ocorre no momento em que os poderes inerentes à propriedade passam a ser exercidos pelo possuidor (art. 1.204, CC). Esta aquisição pode se dar de forma originária, quando não houver qualquer vinculação entre a posse atual e a anterior, ou derivada, quando existir uma transmissão da posse pelo antigo possuidor ao atual. Pode ainda ser transmitida aos herdeiros ou legatários (art. 1.206, CC).

A aquisição originária ocorre pelo apossamento ou ocupação, quando o sujeito assume o controle, o domínio fático da coisa. Ex.: alguém que encontra um celular no lixo. Trata-se de um apossamento, pois o sujeito adquire a posse daquela coisa de forma originária.

A aquisição derivada ocorre pela tradição, ou seja, quando o antigo possuidor transmite ao atual possuidor o domínio fático da coisa. A tradição independe de existência de documento escrito transferindo a coisa, bastando a conduta de entregar (antigo possuidor) e receber (atual possuidor) a coisa.

A posse pode ser adquirida: pela própria pessoa e, neste caso, ocorrer diretamente, ou por seu representante; ou por terceiro, sem mandato de representação, dependendo, neste último caso, de ratificação do ato por parte da pessoa em nome de quem se adquire.

Os atos de permissão ou tolerância **não induzem posse** (art. 1.208, CC). Este é o caso do detentor, que conserva a posse em nome do dono (art. 1.198, CC). De igual forma, os atos clandestinos ou violentos não autorizam a aquisição da posse. Significa que, nos casos de conflitos de terra, por exemplo, em que haja a tomada violenta da posse da área, estes não poderão adquirir a posse, em razão da violência do ato. Contudo, depois que cessar a violência ou a clandestinidade poderão eles adquirir a posse.

- **Perda da posse:**

A perda da posse ocorre quando alguém deixa de agir como se dono/proprietário fosse (arts. 1.223 e 1.224, CC). A perda pode ocorrer de várias formas, mas quatro delas são as principais: derrelicção, ou abandono voluntário da coisa; tradição, que é quando há a transmissão voluntária da posse a terceiro; esbulho, que é quando a posse é tomada/subtraída do seu possuidor, contra sua vontade; destruição da coisa, ou seja, quando a coisa deixa de existir.

- **Detenção:**

Necessário se faz compreender o conceito de detenção, pois ele se difere do conceito de posse. Na posse, o sujeito que possui o domínio físico da coisa age como se dono fosse, pois objetiva ter a coisa para si. Já na detenção, embora tenha o domínio físico da coisa, o sujeito sabe que a coisa não é sua.

O art. 1.198, CC prevê: "considera-se detentor aquele que, achando-se em relação de dependência para com outro, conserva a posse em nome deste e em cumprimento de ordens ou instruções suas". Assim, o detentor tem a coisa em razão de uma situação de dependência econômica ou de subordinação. Exemplo: o capataz da fazenda tem a detenção do imóvel, conservando a posse em nome do proprietário, em cumprimento de suas obrigações.

- **Posse direta e posse indireta – art. 1.197, CC:**

A posse direta é aquela em que o sujeito tem o controle material, físico e imediato do bem. Ex.: o locatário, no contrato de locação, exerce a posse direta do imóvel, com autorização do locador. A posse indireta é aquela exercida através de outra pessoa. Trata-se de uma concessão, geralmente por parte do proprietário, para que terceiro exerça a posse direta. Ex.: o locador, no contrato de locação, exerce a posse indireta do imóvel, e o locatário, a posse direta. Essas duas posses são coexistentes, ou seja, uma não anula a outra (art. 1.197, CC) e ambas podem ser tuteladas.

- **Composse – art. 1.199, CC:**

A composse ocorre quando existir uma posse comum sobre uma coisa, isto é, quando duas ou mais pessoas possuírem o domínio fático da coisa. Neste caso, há um condomínio de posse e este pode ser derivado da herança ou de ato inter vivos (contrato). Cada compossuidor pode usar a coisa e exercer direitos possessórios contra terceiros, mas não pode impedir que os demais compossuidores também a utilizem.

- **Posse justa e injusta – art. 1.200, CC:**

A posse justa, conforme a redação do art. 1.200, CC é aquela que não for violenta, clandestina ou precária, ou seja, ela não ofende a previsão legal, tendo sido adquirida de forma legítima e merecendo proteção legal. Trata-se de uma posse limpa. A posse injusta é aquela obtida de forma violenta, clandestina ou precária, de forma que sua aquisição tenha sido ilícita, ou seja, viciada por ter sido adquirida por violação da lei. Assim, a posse **violenta** é a retirada da coisa do antigo possuidor contra a sua vontade, por força. A posse **precária** é aquela adquirida a partir do abuso de confiança ou do abuso de direito. A posse **clandestina** é aquela obtida de forma oculta, às escondidas (não pública).

- **Posse de boa e má-fé – art. 1.201, CC:**

A posse de boa-fé é aquela na qual o possuidor acredita ser proprietário da coisa, por ignorar existência de vício que impeça a aquisição da mesma. A boa-fé é do possuidor que, no momento da aquisição da coisa, não sabia que estava lesando o direito de alguém, ou seja, o possuidor não tinha ideia de que existisse algum obstáculo que impedisse que ele viesse a adquirir a propriedade da coisa. Por sua vez, de má-fé seria a posse daquele possuidor que sabia da existência de vício ou obstáculo que impedisse a aquisição da coisa para si próprio, ou seja, quando o indivíduo sabia que sua conduta, ao adquirir a coisa, violava direito de outrem, pois ele tinha consciência de sua conduta. Assim, a existência de um justo título, pela redação do art. 1.201, parágrafo único, presume a boa-fé (um contrato de promessa de compra e venda, uma cessão de direitos possessórios etc.).

- **Posse com justo título e sem justo título:**

A posse com título é aquela na qual a transmissão da posse se deu, de um indivíduo para outro, baseada em uma causa representativa, especialmente por um documento. Deve-se observar que não se exige a formalização deste documento, mas sim a existência de uma causa representativa da transmissão da posse. A posse sem título é quando inexiste (ou aparentemente não existe) esta causa representativa de transmissão do domínio.

- **Posse nova e posse velha:**

Esta classificação da posse, em razão do tempo de exercício, traz efeitos processuais, pelo uso ou não do procedimento previsto no art. 558 e seguintes do CPC/2015. A posse nova é aquela que conta com menos de ano e dia, ou seja, é a posse de até um ano. A posse velha é a que possui, pelo menos, um ano e um dia.

5.1.2. Posse: Efeitos Materiais e Processuais da posse (ações possessórias)

O Código Civil estabelece, nos arts. 1.210 ao 1.222, os efeitos da posse. Tais efeitos podem ser de ordem material ou processual.

Os **efeitos materiais** dizem respeito à percepção dos frutos e suas consequências, ao direito à indenização e retenção das benfeitorias, às responsabilidades e ao direito de usucapião. Já os efeitos processuais dizem respeito à possibilidade de utilização dos interditos possessórios, às ações possessórias e à legítima defesa da posse e do desforço imediato.

EFEITOS MATERIAIS DA POSSE

Percepção dos frutos		Retenção das benfeitorias (art. 1.219 e 1.220, CC)						Indenização das benfeitorias (art. 1.219 e 1.220, CC)						Perda ou deterioração da coisa	
Boa-fé Art. 1.214, CC	Má-fé Art. 1.216, CC	Boa-fé			Má-fé			Boa-fé			Má-fé			Boa-fé Art. 1.217, CC	Má-fé Art. 1.218, CC
		Necessárias	Úteis	Voluptuárias	Necessárias	Úteis	Voluptuárias	Necessárias	Úteis	Voluptuárias	Necessárias	Úteis	Voluptuárias		
Direito aos frutos percebidos	Responde pelos frutos colhidos e percebidos e pelos que, por culpa, deixou de perceber	X	X	-	-	-	-	X	X	Levantar, se não lhe forem pagas	X	-	Não pode, sequer, levantá-las	Não responde pelo que não deu causa	Responde mesmo que acidentais salvo se provar que de igual modo teriam se dado nas mãos do reivindicante.

De se observar, por fim, que, nos termos do art. 1.222, CC, o reivindicante que tiver que indenizar benfeitorias ao possuidor de má-fé poderá escolher (o reivindicante escolhe) se paga o valor atual ou o custo da benfeitoria. Se tiver de indenizar o possuidor de boa-fé, será sempre pelo valor atual.

Os **efeitos processuais** são a usucapião e a proteção possessória. A **usucapião** ocorre em razão do exercício de posse de uma coisa por certo tempo e gera a chamada prescrição aquisitiva, que dá direito ao titular a pleitear a propriedade da coisa através da pretensão de usucapião. A proteção possessória pode ocorrer pelos atos de defesa desforço imediato (nos limites necessários e permitidos pela lei para a retomada ou manutenção da coisa em seu poder) ou pelas ações possessórias (art. 1.210, CC).

Deve-se observar, contudo, que, em se tratando de ações, a parte de procedimento está tratada no CPC (art. 554 e seguintes).

Assim, conforme a situação, é permitido ao possuidor defender sua posse, derivando daí os nomes "defesa" em sentido estrito (evitar o incômodo da posse – turbação) e "desforço imediato" (para recuperar a posse – esbulho). Assim, nascem as três principais ações possessórias:

1) **Interdito proibitório** – caso de ameaça ou risco ao exercício da posse do titular. Proteção de perigo iminente.
2) **Ação de manutenção de posse** – caso de turbação ou perturbação à posse, ou seja, houve um atentado à posse, mas sem retirá-la do possuidor. Preservação da posse.
3) **Ação de reintegração de posse** – caso de esbulho ou retirada da posse, quando o atentado se concretiza e o possuidor é destituído da sua posse. Devolução da posse. Cabível sempre que houver invasão, mesmo que parcial, do imóvel.

Observações processuais: a) fungibilidade das possessórias – ajuizamento de uma ao invés da outra – art. 554, CPC; b) procedimento especial – turbação ou esbulho com menos de um ano e um dia – art. 558, CPC; c) procedimento comum – turbação ou esbulho com mais de um ano e um dia – art. 558, parágrafo único, CPC; d) possibilidade de cumulação de pedidos – perdas e danos e indenização dos frutos – art. 555, CPC; e) natureza dúplice das possessórias – possibilidade de pedido contraposto em favor do réu da manutenção ou reintegração – art. 556, CPC.

5.2. Propriedade

O Código Civil estabelece, nos arts. 1.225-1.227, as disposições sobre os direitos reais. Segundo o art. 1.225, CC, são direitos reais: "I – a propriedade; II – a superfície; III – as servidões; IV – o usufruto; V – o uso; VI – a habitação; VII – o direito do promitente comprador do imóvel; VIII – o penhor; IX – a hipoteca; X – a anticrese. XI – a concessão de uso especial para fins de moradia; XII – a concessão de direito real de uso; e XIII – a laje; XIV – os direitos oriundos da imissão provisória na posse, quando concedida à União, aos Estados, ao Distrito Federal, aos Municípios ou às suas entidades delegadas e a respectiva cessão e promessa de cessão.".

O direito de propriedade é um direito real que determina que uma coisa fica submetida à vontade de uma pessoa, limitada pela lei e pela função social ou pelas cláusulas derivadas da vontade impostas sobre a coisa. Seu conceito está mais direcionado aos atributos do direito de propriedade do que, propriamente, a uma definição. Este direito consiste em poder usar, gozar e dispor do bem, podendo, também, reavê-lo contra aquele que injustamente o detenha ou possua.

Trata-se de um direito fundamental, inscrito no art. 5º, XXII, da CF, que pode ser oponível contra todos os membros da sociedade (direito erga omnes). Deve atender a uma função social, em benefício da coletividade. Por fim, seu conceito/definição está diretamente ligado aos atributos ou às faculdades relativas à propriedade: usar, gozar, dispor e reaver (art. 1.228, CC), sendo, portanto, um direito exclusivo do titular e complexo.

Direito de uso: utilização da coisa conforme as permissões legislativas, ou seja, existem limites ao uso como, por exemplo, o direito de vizinhança, a desapropriação ou o tombamento.

Direito de gozo ou fruição: a possibilidade de retirar da coisa os frutos que ela produz (sejam eles naturais ou civis), como, por exemplo, a locação de um imóvel.

Direito de disposição: sendo o proprietário da coisa, poder transmiti-la a terceiro, seja por ato entre vivos (compra e venda) ou causa mortis (testamento), seja de forma onerosa (mediante pagamento) ou gratuita (negócio benéfico, sem pagamento).

Direito de **reinvindicação**, ou seja, possibilidade de, através de ação petitória, com fundamento na propriedade, reivindicar a coisa de quem a detenha injustamente. A ação reivindicatória é a ação petitória mais comum, tratando-se de ação real fundada no domínio.

Estes quatro atributos da propriedade: gozar, reivindicar, usar e dispor, são resumidos na sigla **GRUD**. Se uma pessoa tiver todos estes atributos, terá a propriedade plena. Contudo, faltando algum deles ou, caso esses atributos sejam divididos entre duas ou mais pessoas, haverá a propriedade restrita – ex.: usufruto, onde o usufrutuário tem os poderes de usar e gozar da coisa e o nu-proprietário, os poderes de dispor e reaver.

O art. 1.228, § 1º, CC, determina que o direito de propriedade deve ser exercido conforme sua **função social**, e o § 2º proíbe a prática de atos que não tragam ao proprietário qualquer utilidade ou comodidade e visem apenas prejudicar outrem, ou seja, o exercício da propriedade deve permitir benefícios para o titular, mas, também, para a sociedade em geral. O § 3º do art. 1.228, CC, trata das sanções pela inobservância da função social da propriedade, através da desapropriação da coisa por necessidade ou utilidade pública ou interesse social e da requisição no caso de perigo. Os §§ 4º e 5º do art. 1.228, CC, tratam da chamada **desapropriação privada por posse trabalho**, que, na realidade, é a possibilidade de desapropriação de imóvel, quando se configurar em área extensa que esteja sendo ocupada por um considerado número de pessoas, que por sua vez exerçam posse ininterrupta e de boa-fé por mais de cinco anos, tendo nela realizado obras e serviços de interesse social e econômico relevante. Em situações como esta, será o imóvel desapropriado e fixada indenização justa, a ser paga ao proprietário pelos possuidores, que só adquirem a propriedade com o pagamento e o registro da sentença no Cartório de Registro de Imóveis. Importante mencionar a existência de alguns enunciados das Jornadas de Direito Civil sobre essa temática: enunciados 82-84, 240, 241, 304-310 e 496.

Já o art. 1.229, CC, trata da extensão do direito de propriedade ou conteúdo da propriedade (solo, subsolo e espaço aéreo), que abrange o solo e projeta-se tanto para o espaço aéreo como, também, para o solo, em altura e profundidade que sejam úteis ao exercício. Assim, embora possa construir tantos andares quantos necessários ao uso do solo, não pode o proprietário, por exemplo, impedir aviões de voarem sobre sua propriedade em altura que não lhe interesse.

O art. 1.230, CC, determina que a propriedade do solo não abrange os recursos minerais, potenciais de energia elétrica etc. Estes, nos termos do art. 20, IX VIII e X, CF, pertencem à União, permitindo ao proprietário do solo o uso dos recursos minerais de emprego imediato na construção civil, desde que não se submetam à transformação industrial. Ex.: possibilidade de extração de areia para construção civil, não podendo causar danos ambientais. Ex.: extração de pedras para utilização em alicerce.

Os arts. 1.233-1.237 do CC tratam da **descoberta**, que nada mais é do que o achado de uma coisa alheia que esteja perdida. Assim, quem encontrar a coisa, deverá restituí-la ao dono, e a não devolução constitui crime de "apropriação de coisa achada". O descobridor tem direito a receber uma recompensa que não pode ser inferior a 5% o valor da coisa (art. 1.234, CC), além do reembolso das despesas para a conservação da coisa e localização do proprietário.

A **propriedade imóvel** pode ser adquirida de forma **originária** (ocorre sem que a propriedade venha com as características anteriores, sem que haja manifestação de vontade do antigo dono) ou de forma **derivada** (ocorre quando há manifestação de vontade do antigo dono, transmitindo a propriedade a outra pessoa).

5.2.1. Aquisição de Propriedade Imóvel por Acessão: acessão; formação de ilhas; aluvião; avulsão; abandono do álveo; plantações e construções

- **Acessão:**

Enquanto forma de aquisição originária, refere-se ao direito do proprietário sobre tudo o que for incorporado ao bem; trata-se de uma anexação de um bem acessório novo a um bem principal já existente. Pode ocorrer por formação de ilhas, aluvião, avulsão, abandono de álveo, plantações e construções (art. 1.248, CC).

- **Formação de ilhas:**

> **Art. 1.249.** As ilhas que se formarem em correntes comuns [rios não navegáveis] ou particulares pertencem aos proprietários ribeirinhos fronteiros [ao domínio particular], observadas as seguintes regras.
>
> I – as que se formarem no meio do rio consideram-se acréscimos sobrevindos aos terrenos ribeirinhos fronteiros de ambas as margens, na proporção de suas testadas, até a linha que dividir o álveo em duas partes iguais;
>
> II – as que se formarem entre a referida linha e uma das margens consideram-se acréscimos aos terrenos ribeirinhos fronteiros desse mesmo lado;
>
> III – as que se formarem pelo desdobramento de um novo braço do rio continuam a pertencer aos proprietários dos terrenos à custa dos quais se constituíram.

▪ **Aluvião:**

São acréscimos formados por depósitos e aterros naturais de forma quase imperceptível (art. 1.250, CC). Estes acréscimos formam-se em razão do desvio natural do leito de rios ou por depósito de sedimentos e aderem à propriedade do terreno em que houve o acréscimo, sem que haja o dever de indenização por parte deste proprietário.

▪ **Avulsão:**

Há um deslocamento natural, mas brusco de terras de um terreno, que acaba se unindo a outro (art. 1.251, CC). Para que ocorra avulsão, o deslocamento deve se dar por FORÇA NATURAL VIOLENTA, ou seja, sem culpa do proprietário do imóvel de onde se desloca a terra. Neste caso, a propriedade pode ser adquirida de duas formas: se o proprietário do imóvel em que o deslocamento de terras se unir indenizar o dono do imóvel do qual a porção de terras se deslocou; se, embora não indenizando, passar mais de um ano e ninguém reclamar. Pela redação do parágrafo único, se o proprietário do imóvel em que as terras se uniram não concordar em indenizar, mas concordar na retirada da parte acrescida, ele não adquire a propriedade.

▪ **Abandono do álveo:**

Ocorre quando um curso d'água muda seu curso, de forma natural. Assim, o curso anterior (álveo) acaba sendo abandonado (art. 1.252, CC). O álveo abandonado é dividido entre os terrenos marginais, através de uma linha imaginária.

▪ **Plantações e construções:**

As plantações e construções, são bens móveis que acedem ao imóvel por conduta humana. Neste caso, o art. 1.253, CC, estabelece que elas se presumam feitas pelo proprietário do terreno e a sua custa, salvo prova em contrário. Aquele que planta ou constrói em terreno próprio, com materiais ou sementes alheias, tem o dever de indenizar o dono pelo seu valor, sem prejuízo de eventuais perdas e danos, no caso de ter agido de má-fé (art. 1.254, CC). Aquele que usar suas sementes e materiais na plantação ou construção em terreno alheio perde estes para o proprietário do solo, podendo receber indenização pelo valor respectivo se tiver agido de boa-fé. Ademais, se a plantação ou a construção exceder consideravelmente o valor do terreno, aquele que plantou ou construiu adquire a propriedade do solo, devendo indenizar o proprietário pelo valor ajustado ou, caso não haja acordo, pelo valor fixado judicialmente (art. 1.255, CC). Se ambas as partes (aquele que planta ou edifica em terreno alheio e, também, o proprietário do solo) estiverem de má-fé, o proprietário do solo adquire a propriedade das acessões, mas deverá ressarcir o valor das mesmas (art. 1.256, CC).

5.2.2. Usucapião de Bens Imóveis e Móveis

A usucapião é a forma mais comum de aquisição originária de propriedade. Trata-se de forma de aquisição de propriedade ou outros direitos reais em face do decurso do tempo, condicionada à existência de posse e com a observância dos requisitos de lei para cada uma das modalidades/espécies.

Para que se configure o/a usucapião deve-se ter: a) **posse** com a intenção de ser dono (posse *ad usucapionem*); posse deve ser **mansa e pacífica**, sem oposição; transcurso do **lapso temporal** prescrito em lei.

Usucapião extraordinária (art. 1.238 do CC): posse *ad usucapionem* e lapso temporal de 15 anos. Dispensa a existência de justo título e boa-fé. Redução de prazo: o prazo poderá ser reduzido para dez anos se o imóvel for utilizado para moradia habitual ou se tiver sido realizada obra ou serviço de caráter produtivo.

Usucapião ordinária (art. 1.242 do CC): posse *ad usucapionem*, lapso temporal de dez anos, justo título (título hábil a transferir a propriedade) e boa-fé (desconhecer ou inexistir eventuais vícios que maculem a posse). Redução de prazo: o prazo reduz-se para cinco anos se o imóvel tiver sido adquirido, de forma onerosa, devidamente registrado e, posteriormente, tiver o registro cancelado e desde que os possuidores tenham estabelecido lá sua moradia ou realizado investimentos de interesse social e econômico.

Usucapião especial rural (art. 1.239, CC + art. 191, CF): posse *ad usucapionem*, lapso temporal incontestado e ininterrupto de cinco anos, área rural de até 50 hectares, produtividade ou moradia, não ser proprietário de outro imóvel urbano ou rural.

Usucapião especial urbana (art. 1.240, CC + art. 183, CF): posse *ad usucapionem*; lapso temporal incontestado e ininterrupto de cinco anos; área urbana de até 250 m^2, usada para moradia; não ser proprietário de outro imóvel urbano ou rural.

Usucapião especial urbana por abandono do lar conjugal (art. 1.240-A, CC): posse *ad usucapionem* exercida de forma direta; lapso temporal incontestado e ininterrupto de dois anos; área urbana de até 250 m^2, usada para moradia (posse direta), da qual o usucapiente seja proprietário em conjunto com ex-cônjuge ou companheiro que tenha abandonado o lar; não ser proprietário de outro imóvel urbano ou rural.

Usucapião especial urbana coletiva (art. 10, Lei 10.257/2001): núcleos urbanos informais (aqueles clandestinos, irregulares ou nos quais não foi possível realizar, por qualquer modo, a titulação de seus ocupantes, ainda que atendida a legislação vigente à época de sua implantação ou regularização); posse *ad usucapionem*; lapso temporal de cinco anos; área por possuidor inferior a 250 m^2; não serem os possuidores proprietários de outro imóvel urbano ou rural. A pretensão de usucapião dos possuidores deve ser julgada por sentença, na qual o juiz irá determinar a formação de um condomínio indivisível entre os possuidores, e a cada um caberá uma fração ideal igual da área do terreno, independentemente da área ocupada.

Do registro do título: forma de aquisição derivada de propriedade na qual, para que a transmissão se efetive, não basta a celebração do contrato, sendo necessário, também, o registro do título aquisitivo (art. 1.245 a 1.247, CC). Lembre-se: "quem não registra, não é dono", pois somente com o registro do título translativo é que a propriedade será adquirida.

A **propriedade móvel** pode ser adquirida de forma **originária** e **derivada**. São formas de aquisição da propriedade móvel: usucapião, ocupação, achado de tesouro, tradição, especificação, confusão, comissão (comistão) e adjunção.

Usucapião ordinária (art. 1.260, CC): posse *ad usucapionem*, lapso temporal de três anos, justo título e boa-fé.

Usucapião extraordinária (art. 1.261, CC): posse *ad usucapionem*, lapso temporal de cinco anos. Não exige justo título e nem boa-fé.

Ocupação: quando alguém toma para si coisa que não tem dono, adquirindo, assim, sua propriedade. Tanto pode ser objeto da ocupação uma coisa sem dono como, também, uma coisa abandonada. O requisito mais importante desta forma aquisitiva é a "coisa sem dono" (art. 1.263, CC). Ex.: alguém que pesca um peixe no rio adquire-lhe a propriedade.

Achado do tesouro (arts. 1.264-1.266 do CC): aquele que achar coisas de valor (coisas preciosas, tesouros) que estejam ocultas e que não se sabe ou não se tem memória de quem seja seu dono adquire metade dos bens, pois a outra metade é do proprietário do prédio onde o tesouro foi encontrado. Ex.: um pedreiro que está demolindo uma parede e encontra uma pepita de ouro no meio dos tijolos.

Da especificação (arts. 1.269-1.271 do CC): ocorre especificação quando alguém, por seu trabalho, altera a coisa, transformando-a em outra. Ex.: artista que transforma mármore em obra de arte. Assim, se a matéria-prima (mármore) pertence ao artista (chamado de especificador), a obra de arte (escultura) por ele desenvolvida lhe pertence. Quando a matéria-prima não pertence ao especificador, o proprietário dessa matéria-prima tem direito a ser indenizado pelos prejuízos sofridos.

Da confusão, da comistão/comissão e da adjunção (arts. 1.272-1.274 do CC): as coisas pertencentes a diversos donos, confundidas, misturadas ou adjuntadas sem o consentimento deles, continuam a pertencer-lhes, sendo possível separá-las sem deterioração. Confusão é a mistura de substâncias, formando um líquido homogêneo. Comistão é a mistura que forma um sólido homogêneo. Adjunção é a justaposição entre duas substâncias. Não sendo possível a separação e pertencendo a donos diversos, o produto – considerado indivisível – pertencerá aos donos das substâncias, em condomínio, em fração proporcional ao valor da substância que lhe pertence. Podendo-se considerar uma das coisas como principal, seu dono adquire a propriedade, indenizando os demais. Ex.: cola e madeira para montar uma estante. A madeira é considerada a matéria-prima principal e, portanto o dono da madeira adquire a propriedade da coisa, devendo indenizar o proprietário da cola.

Da tradição (arts. 1.267 e 1.268, CC): a propriedade de coisas móveis transfere-se pela tradição/entrega da coisa, que pode ser real (entrega da própria coisa), simbólica (entrega de algo que simbolize a coisa) ou ficta (que se dá por presunção, por possuir a coisa em nome alheio e passar a pertencer em nome próprio).

Perda da propriedade imóvel e móvel (art. 1.275, CC):

> **Art. 1.275.** Além das causas consideradas neste Código, perde-se a propriedade:
>
> I – por alienação;
>
> II – pela renúncia;
>
> III – por abandono;
>
> IV – por perecimento da coisa;
>
> V – por desapropriação.

5.2.3. Propriedade Temporária: propriedade resolúvel e propriedade fiduciária

Como regra geral, a propriedade é perpétua, perene, mas a lei prevê algumas formas de propriedade especial que são temporárias: a propriedade resolúvel e a propriedade fiduciária.

Propriedade resolúvel:

Aquela que pode ser resolvida pelo implemento de uma condição resolutiva ou pelo termo final. Uma vez resolvida a propriedade, o proprietário a quem beneficia a resolução pode reivindicar a coisa em poder de quem ela esteja. Ex.: compra e venda com cláusula de retrovenda (vendedor se reserva o direito de recomprar dentro de certo prazo – até três anos). Neste caso, a propriedade do comprador é resolúvel até se operar o prazo de três anos. Ex.: venda com reserva de domínio. Até o pagamento final das parcelas, a propriedade do comprador é resolúvel. Ex.: disposição testamentária com cláusula de fideicomisso e o direito do fiduciário – art. 1.953, CC. Deve estar inscrita no Cartório de Registro de Imóveis.

Propriedade fiduciária:

A propriedade é resolúvel por uma causa contida no próprio título de propriedade, que se fundamenta em um contrato de alienação fiduciária em garantia, geralmente utilizado com relação a veículos. O devedor (fiduciante), embora mantenha a posse direta do bem, transfere a propriedade do mesmo ao credor (fiduciário). Art. 1.361, CC + Dec.-lei nº 911/1969. O devedor pode se utilizar da coisa, mas deve guardá-la com diligência (art. 1.363, CC). A propriedade fiduciária configura-se pelo registro do título no Registro de Títulos e documentos ou, no caso de veículos, junto ao DETRAN e no ato constitutivo/contrato, devem constar o valor da dívida, o prazo para pagamento, a taxa de juros, descrição da coisa etc. (art. 1.362, CC).

Com a quitação da dívida, a propriedade transfere-se das mãos do credor para o devedor (fiduciante) (art. 1.361, § 3º). Se não for quitada, o credor deve alienar judicial ou extrajudicialmente o bem e, com o produto, pagar seu crédito e entregar o saldo ao devedor (art. 1.364, CC), sendo vedado o pacto comissório (art. 1.365, CC), ou seja, ficar com a coisa se a dívida não for paga. Se a venda não for suficiente para saldar a dívida, fica o devedor obrigado com relação ao restante (art. 1.366, CC).

A propriedade fiduciária em garantia de bens móveis ou imóveis, segundo o art. 1.367, CC: "sujeita-se às disposições do Capítulo I do Título X do Livro III da Parte Especial deste Código e, no que for específico, à legislação especial pertinente, não se equiparando, para quaisquer efeitos, à propriedade plena de que trata o art. 1.231". As disposições do CC indicadas são as constantes nos arts. 1.419-1.430, CC.

No que diz respeito a bens imóveis, aplica-se a Lei nº 9.514/1997, art. 22 e seguintes. Se a dívida vencer e não for paga total ou parcialmente, tendo sido constituído em mora o fiduciante, consolida-se a propriedade do imóvel em nome do fiduciário (art. 26). Neste caso, o devedor será intimado para em 15 (quinze) dias pagar a dívida. Caso seja purgada a mora, o contrato de alienação fiduciária convalesce. Não sendo purgada, haverá a consolidação da plena propriedade nas mãos do fiduciário, comprovando-se a quitação do imposto de transmissão. Em seguida, o fiduciário, no prazo de 30 dias, a contar da averbação na matrícula da consolidação da propriedade, deve promover leilão do imóvel. Não havendo oferta, ou se esta for menor que o valor do imóvel, realizar-se-á segundo leilão em 15 dias. Se, mesmo vendido o bem, o valor apurado não for suficiente para saldar a dívida, o devedor segue responsável pelo restante. Prevê o § 5º do art. 27 que, se após duas tentativas, em dois leilões, o maior lance não for igual ou superior ao valor da dívida, das despesas, dos prêmios de seguro e encargos, a dívida considera-se extinta e o credor, exonerado de indenizar benfeitorias.

5.2.4. Direito de Vizinhança

Os direitos de vizinhança são limites impostos ao exercício da propriedade, tendo em vista a convivência social, e que se relacionam aos limites, às linhas que separam os prédios vizinhos. A vizinhança pode causar conflitos, assim, o exercício de um direito sobre o próprio prédio pode refletir no prédio vizinho, como, por exemplo, a abertura de uma janela.

Uso da propriedade (arts. 1.277 e 1.281, CC):

O proprietário de uma coisa/prédio não pode usar de sua propriedade de forma a impedir ou limitar o exercício da propriedade por parte do prédio vizinho. Desta forma, o art. 1.277, CC, permite que o proprietário de um prédio faça cessar as interferências prejudiciais a utilização da sua propriedade. Existe, portanto, uma proibição ao uso nocivo da propriedade, que importa em perturbação da segurança, do sossego ou da saúde dos vizinhos.

Árvores limítrofes (arts. 1.282-1.284, CC):

Havendo árvores sobre a linha divisória entre duas propriedades, presume-se que as mesmas pertençam a ambos os prédios (espécie de um condomínio necessário). Toda raiz ou ramo que ultrapassar o limite da divisão pode ser cortado pelo dono do terreno invadido, no limite da linha divisória. Os frutos que caírem para dentro do terreno vizinho e estiverem no solo pertencerão a este.

Passagem forçada (art. 1.285, CC):

O dono do prédio encravado – sem acesso – pode exigir do vizinho a passagem forçada. Essa passagem será concedida pelo imóvel mais natural e que mais facilmente se preste à passagem, mediante indenização cabal (conforme o valor da área da passagem + a desvalorização) e o rumo (localização da passagem) será fixado judicialmente quando não houver acordo entre as partes. Deve-se observar que a passagem forçada é diferente da servidão de passagem. Esta última é direito real e se constitui por acordo entre os proprietários de prédios vizinhos, quando um deles seja encravado. Ademais, deve ser levado a registro no Cartório de Registro de Imóveis. A passagem forçada é obrigatória e a servidão é facultativa.

Passagem de cabos e tubulações (arts. 1.286 e 1.287, CC):

Possibilidade de passagem forçada de cabos e tubulações, referentes a serviços de utilidade pública, pelo imóvel vizinho, quando tal passagem foi impossível ou excessivamente onerosa por outra forma. Quando da realização dessas instalações, se houver risco grave, o proprietário do prédio serviente poderá exigir a realização de obras de segurança.

Águas (arts. 1.288-1.296, CC):

Toda propriedade, para que possa cumprir com sua função social, necessita ser servida de água e, nesse sentido, as águas devem passar de um prédio superior para o inferior, sem que existam obstruções que impeçam o fluxo das águas naturais. Em se tratando de águas artificiais, o proprietário do imóvel que recebe tais águas não pode sofrer prejuízos, recebendo indenização quando houver dano. Há a possibilidade de canalização das águas pelos proprietários de prédios superiores, desde que não prejudique o abastecimento dos imóveis inferiores.

Limites entre prédios e do direito de tapagem (arts. 1.297 e 1.298, CC):

Os proprietários dos prédios vizinhos devem repartir as despesas referentes às divisas, sendo permitida a construção, para fins de demarcação entre os imóveis, de cercas, muros, valas ou qualquer forma de separação. Cada proprietário deve concorrer em partes iguais para a realização dos tapumes. A divisão também pode se dar por sebes vivas (cercas vivas), árvores ou plantas, as quais só podem ser cortadas ou arrancadas de comum acordo entre os proprietários dos imóveis limítrofes. Havendo a necessidade de construção de tapume para impedir a passagem de animais de pequeno porte, as despesas correrão por conta de quem deu causa a necessidade. Ex.: imóveis divididos por cerca viva e a necessidade de evitar que o cachorro ingresse na propriedade do vizinho.

Direito de construir (arts. 1.299-1.313, CC):

O proprietário tem o direito de construir sobre seu terreno devendo, contudo, respeitar os direitos de vizinhanças e as normas relativas à edificação e ocupação do solo. As construções de janelas, terraços, varandas devem observar a distância mínima de 1,5 m da divisa do terreno vizinho, para respeitar a privacidade entre os confinantes. Se a janela não for voltada para a linha divisória, a distância será de 0,75 m (75 cm). Este regramento não se aplica a aberturas de luz ou ventilação com tamanho entre 10 cm largura e 20 cm de comprimento, que sejam construídas a mais de 2 m de altura do piso. Esse regramento visa a proteção do direito à intimidade e à vida privada das pessoas, tratando-se de uma espécie de limitação, restrição legal ao direito de propriedade. É permitida, pela súmula nº 120 do STF, a construção de parede de tijolo de vidro, pois não viola a privacidade do vizinho. Na zona rural, a exigência de distância é de 3 m para qualquer construção. É possível utilizar-se da parede divisória feita pelo vizinho para dar início a sua construção, desde que indenize metade do valor da parede e do chão correspondente. Por fim, o art. 1.313 estabelece as situações em que o acesso de um vizinho no prédio do outro deve ser tolerado, mediante aviso prévio, para: "I – dele temporariamente usar, quando indispensável à reparação, construção, reconstrução ou limpeza de sua casa ou do muro divisório", corte de árvores ou cercas vivas, reparo e limpeza de esgotos, goteiras, poços etc.; "II – apoderar-se de coisas suas, inclusive animais que aí se encontrem casualmente" (exemplo: bola de futebol dos filhos, que "teima" em passar para o pátio do vizinho). Neste caso, o vizinho pode autorizar a entrada ou, então, devolver o objeto.

5.2.5. Condomínio

Quando houver mais de um titular sobre o mesmo direito de propriedade, cada um com uma fração ideal sobre a mesma coisa, haverá condomínio ou copropriedade.

Condomínio voluntário ou convencional:

O condomínio voluntário ou convencional decorre de instituição das partes, através de contrato ou por doação ou herança. Na instituição, é possível a determinação de que a coisa permaneça em comum por prazo não superior a cinco anos, podendo haver prorrogação (art. 1.320, § 1º e 2º, CC). O § 3º prevê a possibilidade de que o juiz determine a extinção/divisão deste condomínio a qualquer, sempre que houver razões graves para determiná-la.

Cada condômino tem parte ideal do bem, se houver previsão específica no título aquisitivo (50%, 30%, 5% etc.). Não havendo estabelecimento, presume-se que cada condômino seja titular de uma porção igual a dos demais. Cada condômino pode usar e gozar da coisa, mas não pode excluir o igual direito dos demais condôminos. Havendo dívidas, cada condômino responde pelo equivalente a sua fração, tendo direito a participação quanto aos frutos da coisa comum, também proporcionalmente.

Entre os condôminos, existe o direito de **preferência**, previsto pelo art. 504, CC, de forma que "não pode um condômino em coisa indivisível vender a sua parte a estranhos, se outro consorte a quiser, tanto por tanto. O condômino, a quem não se der conhecimento da venda, poderá, depositando o preço, haver para si a parte vendida a estranhos, se o requerer no prazo de cento e oitenta dias, sob pena de decadência".

O condomínio voluntário pode ser administrado por um dos condôminos ou pode ser eleita pessoa estranha ao condomínio.

O condomínio voluntário pode ser desfeito a qualquer tempo. Nos termos do art. 1.319, CC, é lícito que o condômino exija a divisão da coisa comum sempre que for possível tal intento (há condomínios que são indivisíveis por natureza), e cada condômino deverá responder pelas despesas de divisão de sua parte.

Condomínio legal ou necessário:

O condomínio necessário é o que deriva de determinação legal, sendo o de paredes, cercas, muros e valas divisórias das propriedades, remetendo, portanto, às normas do direito de vizinhança (art. 1.327, CC). Assim, pode o proprietário de um imóvel realizar a obra de divisão, mas deverá cientificar o proprietário lindeiro. Neste caso, deverão dividir as despesas e, caso não haja consenso, será arbitrado o valor por peritos (art. 1.329, CC). Também pode o proprietário do terreno vizinho adquirir a meação da cerca ou muro divisório, pagando àquele que fez a obra, a metade do valor atual dela (art. 1.328, CC) e, enquanto não pagar, não poderá fazer uso da parede ou muro divisório (art. 1.330, CC).

Condomínio edilício:

O condomínio edilício é tratado pelo CC dos arts. 1.331-1358, e é assim considerado aquele condomínio formado por unidades autônomas. Nesta modalidade, a propriedade é dividida em planos horizontais, utilizando-se o solo e subindo para o "céu". É composto de partes comuns e partes individuais (art. 1.331, CC). As partes individuais são as unidades autônomas/frações ideais (apartamentos, salas, escritórios, lojas etc.), que podem ser alienadas independentemente do exercício do direito de preferência previsto no art. 504, CC. Contudo, o boxe de garagem só pode ser alienado ou alugado a pessoa estranha ao condomínio se houver autorização da convenção de condomínio (art. 1.339, CC). Com relação à área comum: solo, telhado, áreas comuns do condomínio (garagem, saguão etc.), estas não podem ser alienadas em separado, sendo objeto de copropriedade.

Há que se destacar o entendimento do STJ, firmado na jurisprudência em teses (edição 68, n. 16 – TESE DO STJ), no sentido de que é possível a reforma e utilização exclusiva de área comum do condomínio, desde que haja autorização da assembleia geral. Ex.: uso do hall do elevador privativo de cada unidade. Também importante mencionar que outra TESE DO STJ é no sentido de que, na relação entre condomínio e condôminos, não se aplicam as normas do CDC (edição 68, n. 10): "10) Nas relações jurídicas estabelecidas entre condomínio e condôminos não incide o Código de Defesa do Consumidor – CDC".

O art. 1.332, CC estabelece que o condomínio edilício pode ser instituído por ato intervivos ou por testamento, devendo ser registrado no Cartório de Registro de Imóveis, onde deverá constar:

> I) a discriminação e individualização das unidades de propriedade exclusiva, estremadas uma das outras e das partes comuns;
>
> II) a determinação da fração ideal atribuída a cada unidade, relativamente ao terreno e partes comuns;
>
> III) o fim a que as unidades se destinam.

Já a regulamentação do condomínio, que estabelecerá seu funcionamento, direitos e obrigações, ocorrerá através da convenção de condomínio, a qual deve ser subscrita por, no mínimo, dois terços (2/3) dos titulares das frações ideais, tornando-se de observância obrigatória tanto pelos proprietários, quanto daquelas pessoas que apenas tenham detenção ou posse das unidades (art. 1.333, CC). Assim como o ato de instituição, o ato de regulamentação – convenção de condomínio – também deve ser registrado no CRI, para que produza efeitos perante terceiros. Deve-se observar, contudo, que a súmula nº 260, do STJ, prevê que, mesmo não havendo registro da convenção de condomínio, entre os condôminos ela é de observância obrigatória: "A convenção de condomínio aprovada, ainda que sem registro, é eficaz para regular as relações entre os condôminos".

Essa convenção de condomínio não pode fazer a previsão de proibições excessivas: vedação de animais de estimação que não causem embaraço aos demais condôminos; vedação de uso das áreas comuns pelos inadimplentes de condomínio etc.

A convenção deve estabelecer, além das cláusulas do art. 1.332, CC: a contribuição para despesas do condomínio; sua forma de administração; competência de assembleia e forma de convocação; sanções aos condôminos por violações; regimento interno.

O art. 1.355 estabelece os direitos dos condôminos, os quais poderão usar, fruir e livremente dispor de suas unidades; usar as partes comuns, conforme a destinação e obedecendo o regramento do condomínio, não podendo excluir a utilização dos demais condôminos; votar nas deliberações, desde que estejam quites com suas obrigações.

Por sua vez, o art. 1.336, CC estabelece os deveres do condômino, e a primeira delas é a contribuição para as despesas do condomínio, ficando sujeito a juros estabelecidos no art. 406 do CC e multa de até 2% sobre o débito. Além disto, não pode o condômino realizar obras que comprometam a segurança do prédio, nem alterar a forma ou cor da fachada, partes e esquadrias externas. Por fim, deve o condômino utilizar a edificação para o fim a que se destina, não prejudicando o sossego dos demais. Nestes dois últimos casos (realização de obras que comprometam a segurança ou alteração da fachada e, ainda, que perturbar o sossego), prevê o § 2º do art. 1.336 a possibilidade de que 2/3 dos condôminos restantes imponham multa ao violador, que será de até cinco vezes o valor da sua quota condominial. O descumprimento reiterado das obrigações permite que seja imposta multa de até cinco vezes o valor das contribuições mensais, por deliberação de três quartos (3/4) do restante dos condôminos. Se o condômino apresentar comportamento antissocial, com perturbação permanente do sossego, a multa pode chegar a dez vezes o valor de suas contribuições mensais (art. 1.337, CC).

Deve-se observar que as obrigações condominiais são consideradas propter rem, ou seja, seguem com a coisa. Assim, a aquisição da propriedade traz consigo os débitos do condomínio, inclusive quando há compromisso de compra e venda (mesmo não registrado), havendo TESE DO STJ (edição 68, n. 4) definindo que a obrigação é tanto do proprietário, quanto do promitente comprador: "Havendo compromisso de compra e venda não levado a registro, a responsabilidade pelas despesas de condomínio pode recair tanto sobre o promitente vendedor quanto sobre o promissário comprador, dependendo das circunstâncias de cada caso concreto. (Tese julgada sob o rito do art. 543-C do CPC/1973 – Tema 886.)".

Ainda é importante mencionar a possibilidade de penhora do imóvel – ainda que seja o único (art. 3º, IV, Lei nº 8009/1990) – para a garantia do pagamento das despesas de condomínio, havendo, neste sentido, TESE DO STJ (edição 68, n. 1): "É possível a penhora do bem de família para assegurar o pagamento de dívidas oriundas de despesas condominiais do próprio bem".

O art. 1.341 e seguintes prevê a possibilidade e o regramento para a realização de obras no condomínio. Sendo obras necessárias, as mesmas podem ser realizadas pelo síndico independentemente de autorização. Se forem úteis, é necessário o voto da maioria absoluta dos condôminos. Se forem voluptuárias, é necessário o voto de 2/3 dos condôminos. Sempre que possível, deve-se buscar a autorização da assembleia para a realização das obras necessárias, mas sendo urgentes, poderão ser feitas, comunicando-se-as posteriormente. A construção de novo pavimento no edifício depende de autorização por unanimidade dos condôminos.

A administração do condomínio é exercida pelo síndico, o qual pode ser condômino ou terceiro, inclusive pessoa jurídica. Deverá ser eleito em assembleia, por prazo não superior a dois anos, permitindo-se reconduções. É possível que seja eleito um conselho fiscal, por igual período, composto por três membros, para fiscalizar as contas. O síndico pode ser remunerado ou não, conforme previsão na convenção de condomínio e votação da assembleia.

O art. 1348, CC estabelece as atribuições do síndico, que poderá transferir a terceiro, parcial ou totalmente, as funções administrativas, desde que com a aprovação da assembleia. Anualmente, o síndico deve convocar assembleia ordinária, para aprovação do orçamento e da contribuição mensal. Se não o fizer, poderão convocar tal assembleia a representação de um quarto (1/4) dos condôminos (art. 1.350, CC). Havendo irregularidades, praticadas pelo síndico, a assembleia poderá destituí-lo, com voto da maioria absoluta (metade mais um) dos condôminos (art. 1.349, CC).

As deliberações da assembleia, salvo quando houver exigência de quórum especial, serão tomadas por maioria dos votos dos presentes (art. 1.352, CC), desde que haja a representação de, pelo menos, metade das frações ideais. Além disto, os votos são contabilizados conforme a fração ideal que representam, ou seja, terão pesos diferenciados.

Qualquer alteração da convenção de condomínio exige aprovação de 2/3 dos votos dos condôminos e a mudança da destinação do prédio exige a unanimidade.

Nessas votações, admite-se o voto do locatário.

O condomínio pode ser extinto em três hipóteses: venda de todas as unidades a um único condômino (neste caso, a propriedade passa a ser individual); destruição parcial ou total do condomínio; desapropriação.

Condomínio de lotes:

A Lei nº 13.465/2017 inseriu o art. 1.358-A no CC, passando a dispor a respeito do condomínio de lotes, que seria uma forma de condomínio edilício, mas sem construção, onde existem partes de propriedade exclusiva partes comuns. Seria a regulamentação dos chamados "condomínios fechados".

Conforme o art. 1.358-A, § 2º, do CC, ao condomínio de lotes aplica-se o disposto sobre o condomínio edilício e, também, sobre incorporações imobiliárias (Lei nº 4.591/1964), e toda infraestrutura necessária ao empreendimento deve ser realizada pelo empreendedor.

Multipropriedade ou *time sharing:*

A multipropriedade foi inserida no CC através dos arts. 1.358-B-1.358-U, CC. Deve-se observar a possibilidade de incidências das regras do CDC, por força do art. 1.358-B.

Trata-se de uma forma de condomínio, geralmente utilizada para locais de lazer, em que se divide a utilização do imóvel em tempo fixo, ou seja, é estabelecido o tempo/período de utilização de cada condômino e, durante aquele período, ele o exerce com exclusividade (art. 1.358-C). Ex.: aquisição de um apartamento/casa na praia por três pessoas. Elas dividirão o período de tempo de utilização e este tempo não pode ser inferior a sete dias, podendo ser em períodos fixos do ano ou de forma "flutuante" ou alternada (art. 1.358-E). Além disto, as frações de tempo são indivisíveis, não podendo desdobrar seu período de tempo em porções menores. Como regra, os multiproprietários dividem o tempo em frações iguais, mas nada impede que possa um deles ter maior período de tempo, conforme a contribuição para a aquisição (art. 1.358-E).

A multipropriedade não se extingue nem mesmo se todas as frações de tempo forem do mesmo multiproprietário (art. 1.358-C, parágrafo único).

O art. 1.358-D traz as características da multipropriedade: imóvel indivisível (não cabe ação de divisão) e móveis e equipamentos domésticos.

A instituição se dá por ato inter vivos ou por testamento, devendo ser registrado no Cartório de Registro de Imóvel, com a fixação dos períodos de tempo (art. 1.358-F). Além disto, deve ser feita uma convenção de condomínio, que poderá fixar regramento estabelecido pelos multiproprietários e, ainda (art. 1.358-G): I – poderes e deveres do multiproprietário; II – número máximo de pessoas ocupando o imóvel; III – regras para acesso do administrador ao imóvel; IV – criação de fundo de reserva; V – regramento quanto a perda ou destruição da coisa; VI – multas ao multiproprietário que descumprir deveres.

O art. 1.358-I estabelece que o instrumento de instituição da multipropriedade e a conveção de condomínio poderão estabelecer os direitos multiproprietário, mas garante ainda que este poderá usar e fruir de sua fração de tempo; ceder ou locar o uso; alienar sua fração de tempo, informando ao administrador os dados do adquirente; e participar das assembleias gerais, inclusive por procurador.

O art. 1.358-J traz as obrigações do multiproprietário: pagamento do condomínio, responder por danos ao imóvel, comunicar existência de defeitos no imóvel, não alterar ou substituir o mobiliário, manter a conservação e limpeza do imóvel, usar o imóvel conforme sua destinação, usar o imóvel somente durante sua fração de tempo, desocupar o imóvel na data estabelecida, permitir a realização de obras ou reparos urgentes. No caso de descumprimento, haverá a incidência de multa, podendo ser progressiva.

As despesas decorrentes de reparos no imóvel serão divididas entre os multiproprietários, quando derivadas do uso normal, ou, então, suportadas pelo multiproprietário que deu causa ao estrago, sem prejuízo da multa (§ 2º, art. 1.358-J).

Alienações da fração de tempo/propriedade do multiproprietário não dependerão de anuência dos demais (§ 2º, art. 1.358-L), de forma a não existir, neste caso de condomínio, o direito de preferência (como regra, podendo estar estabelecido em convenção esta preferência).

A multipropriedade será administrada pela pessoa indicada no instrumento de instituição ou convenção de condomínio ou, não havendo, pela pessoa escolhida na assembleia (art. 1.358-M). As atribuições são as mesmas do síndico.

Os arts. 1.358-O até 1.358-U estabelecem as disposições gerais acerca das unidades autônomas de condomínios edilícios. O condomínio edilício pode adotar a modalidade multipropriedade através de previsão no instrumento de instituição ou deliberação da maioria absoluta dos condôminos.

5.3. Direitos reais

5.3.1. Direitos reais sobre coisa alheia

- **Superfície**

Pelo direito de superfície, o proprietário do imóvel concede (de forma gratuita ou onerosa) a outrem, por tempo determinado ou indeterminado, o direito de construir sobre seu terreno, devendo haver registro no Cartório de Registro de Imóveis (art. 1.369, CC).

O direito de superfície pode ser transmitido a terceiros ou a herdeiros, em caso de morte do superficiário. Em qualquer caso, a concedente (fundieiro) não tem direito a receber pagamento pela transferência. Contudo, em caso de alienação do terreno ou do direito de superfície, terão direito de preferência o superficiário e o concedente, respectivamente.

Ocorre a extinção do direito real de superfície pelo advento do termo previsto (quando por prazo determinado), podendo, também, ocorrer a extinção pela destinação diversa para a qual foi concedida. Havendo extinção, o direito de uso e gozo retorna para o proprietário do terreno. Consolida-se a plena propriedade, inclusive sobre as obras, com benfeitorias e acessões realizadas sobre o terreno, independentemente de indenização, salvo se pactuada na escritura pública (art. 1.375, CC).

- **Servidão**

A servidão é o direito real pelo qual os proprietários de dois imóveis estabelecem, através de escritura pública ou por testamento, devidamente registrada no Cartório de Registro de Imóveis, a concessão de benefícios de um imóvel para o outro. A servidão pode se constituir, também, através de usucapião, pois, nos termos do art. 1.379, CC, o exercício incontestado de uma servidão aparente por dez anos autoriza a registrar a servidão no Registro de Imóveis, valendo a sentença como título. Se não houver título, o prazo de usucapião será de 20 anos.

A servidão é diferente da passagem forçada. A primeira é facultativa, enquanto a segunda é compulsória e exige pagamento de indenização. A servidão é direito real de gozo ou fruição e a passagem forçada, instituto do direito de vizinhança. A passagem forçada aplica-se a casos de prédio que não tem acesso a via pública. A servidão pode ser instituída para melhorar o uso do imóvel dominante.

O art. 1.381, CC, prevê que o dono do prédio dominante pode realizar as obras necessárias a conservação e ao uso da servidão. As despesas, neste caso, serão do(s) proprietário(s) do prédio dominante. O dono do prédio serviente não pode embaraçar o uso da servidão (art. 1.383, CC). Havendo divisão do prédio serviente, ambos responderão pela servidão e, se a divisão for do prédio dominante, ambas as partes seguem se beneficiando da servidão (art. 1.386, CC).

Segundo o art. 1.387, CC, a servidão pode ser extinta pelo cancelamento no Cartório de Registro de Imóveis, em razão de determinação legal ou desapropriação. O art. 1.388, CC, prevê as hipóteses que autorizam que o dono do prédio serviente peça o cancelamento judicial do registro da servidão:

> I – quando o titular houver renunciado a sua servidão;
>
> II – quando tiver cessado, para o prédio dominante, a utilidade ou a comodidade, que determinou a constituição da servidão;
>
> III – quando o dono do prédio serviente resgatar a servidão.

Além disto, o art. 1.389, CC prevê as hipóteses de cancelamento da servidão, mediante a prova da extinção:

> I – pela reunião dos dois prédios no domínio da mesma pessoa;
>
> II – pela supressão das respectivas obras por efeito de contrato, ou de outro título expresso;
>
> III – pelo não uso, durante dez anos contínuos.

- **Usufruto**

O usufruto concede a terceiro o direito de usar e fruir da coisa alheia por determinado período de tempo. Assim, acaba determinando que a propriedade se torne nua, pois o proprietário tem os direitos de dispor e reivindicar, mas não pode usar, nem fruir do bem que lhe pertence. Daí decorre que o direito de usar, de locar o imóvel é do usufrutuário. Por outro lado, o direito de vender o imóvel é do nu-proprietário.

Segundo o art. 1.390, CC, o usufruto pode recair sobre bens móveis ou imóveis (um ou vários), inclusive sobre todo o patrimônio. Em se tratando de usufruto de bem imóveis, necessita de registro no Cartório de Registro de Imóveis, podendo ser objeto de aquisição via usucapião. O usufruto é inalienável, mas seu exercício pode ser objeto de cessão gratuita ou onerosa (art. 1.393, CC).

O usufruto pode se constituir de forma **judicial**, em processo de execução, como forma de satisfação do crédito; **legal**, quando os pais têm usufruto e administração dos bens dos filhos menores (art. 1.689, I, CC); **convencional**, estabelecido por contrato ou testamento. Pode ser **vitalício**, quando dura para a vida toda, ou por **prazo determinado**. Pode beneficiar uma pessoa ou várias (simultâneo).

Os arts. 1.394-1.399 do CC estabelecem os direitos do usufrutuário quanto a possuir, usar e fruir da coisa, podendo cobrar dívidas quando o usufruto for de títulos de crédito; receber os frutos naturais pendentes no tempo da instituição do usufruto; receber os frutos civis que se venceram na data final do usufruto. Além disto, poderá o usufrutuário alterar a destinação econômica do prédio desde que tenha autorização expressa do proprietário.

Os arts. 1.400-1.409 do CC estabelecem os deveres do usufrutuário, que envolvem, principalmente, inventariar os bens que receber, determinando o estado em que se acham, e dar caução, fidejussória ou real, se for exigida, de velar-lhes pela conservação, e entregá-los findo o usufruto. Não é obrigado a dar caução o doador que se reserva do usufruto da coisa doada. Se o usufrutuário não puder prestar a caução exigida, perde o direito de administrar a coisa, ficando essa função nas mãos do nu-proprietário que, então, deverá, mediante caução, entregar os rendimentos ao usufrutuário. O usufrutuário deve responder pelas despesas de conservação da coisa, mas não responde pelas deteriorações do uso regular. Importante a disposição do art. 1.408, CC que determina que no caso de destruição do prédio, não é obrigado o nu-proprietário a reconstruir a coisa. Mas se houver sua reconstrução em razão da indenização do seguro, o usufruto se restabelece.

Extingue-se o usufruto nos casos previstos no art. 1.410, CC, mediante cancelamento do registro no Cartório de Registro de Imóveis:

> I – pela renúncia ou morte do usufrutuário;
>
> II – pelo término do prazo;
>
> III – pela extinção da pessoa jurídica, em favor de quem o usufruto foi constituído, ou, se ela perdurar, pelo decurso de trinta anos da data em que se começou a exercer;
>
> IV – pela cessação do motivo de que se origina;
>
> V – pela destruição da coisa, guardadas as disposições dos arts. 1.407, 1.408, 2ª parte, e 1.409;
>
> VI – pela consolidação;
>
> VII – por culpa do usufrutuário, quando aliena, deteriora, ou deixa arruinar os bens, não lhes acudindo com os reparos de conservação, ou quando, no usufruto de títulos de crédito, não dá às importâncias recebidas a aplicação prevista no parágrafo único do art. 1.395;
>
> VIII – pelo não uso, ou não fruição, da coisa em que o usufruto recai.

No caso de usufruto simultâneo, com a morte de um dos usufrutuários, salvo disposição expressa em sentido contrário, extingue-se o usufruto sobre a parte do falecido.

- **Uso**

O uso envolve o direito de utilizar a coisa para seu próprio bem. Por exemplo, uso de jazigo em cemitério. Por se tratar de direito real, deve estar inscrito no Cartório de Registro de Imóveis (até para se diferenciar da locação).

Teoricamente, não envolve o direito de fruir (neste caso, seria usufruto), mas o art. 1.412, CC, determina a possibilidade de fruir quando as necessidades do usuário ou da família o exigirem. Por fim, aplicam-se as regras de usufruto ao uso no que forem cabíveis.

- **Habitação**

O direito real de habitação envolve o direito de usar a coisa para fins de moradia. Não permite alugar, nem emprestar a coisa, apenas habitar a coisa alheia. Se for constituído em favor de várias pessoas, todas podem exercer o direito, sem impedir as demais e, se uma delas habitar sozinha, não terá dever de pagar aluguel às demais.

Em se tratando de direito real de habitação convencional, o instrumento de instituição deverá ser registrado no Cartório de Registro de Imóveis. Todavia, em se tratando de direito real de habitação legal, não haverá essa necessidade, como no caso do art. 1.831, CC (direito real de habitação do cônjuge/companheiro sobrevivente no imóvel de residência do casal).

- **Laje**

O direito real de laje está previsto nos arts. 1.510-A-1.510-E do CC e refere-se à possibilidade do proprietário de uma construção base ceder a superfície superior ou inferior de sua construção para terceiro edificar unidade distinta daquela originariamente construída sobre o solo.

O titular do direito real de laje poderá abrir matrícula própria no Registro de Imóveis, mas não será titular de parcela ideal do terreno. Terá apenas o direito de laje (construir sobre a construção já existente). A construção-base e o terreno pertencerão ao proprietário do imóvel-base.

5.3.2. Direitos reais do promitente comprador

- **Direito real de aquisição**

O direito real de aquisição é proveniente de promessa de compra e venda, com cláusula de irrevogabilidade e devidamente registrada no Cartório de Registro de Imóveis. O promitente comprador, que tenha efetivado o pagamento da coisa, pode exigir do promitente vendedor ou de terceiros a outorga da escritura pública definitiva de compra e venda e, havendo recusa, ingressar com ação de adjudicação. A súmula nº 239 do STJ autoriza a adjudicação compulsória, mesmo não havendo registro da promessa: "O direito à adjudicação compulsória não se condiciona ao registro do compromisso de compra e venda no cartório de imóveis".

5.3.3. Direitos reais de garantia

Os arts. 1.419-1.510 do CC tratam de direitos reais de garantia: penhor, hipoteca e anticrese. Tais direitos referem-se a garantias reais - vinculação a um bem - para pagamento de dívidas. Assim, estabelecem uma vinculação entre o credor e uma coisa dada em garantia para cumprimento de uma obrigação.

Apenas quem tem poder de alienar a coisa é que pode dá-la em garantia (art. 1.420). Constitui-se a garantia real sobre coisa imóvel quando o contrato é levado a registro. No caso dos móveis, basta a tradição, se a lei não exigir, também, o registro.

Assim, havendo inadimplemento, o credor deverá levar o bem a leilão (se móvel) ou praça (se imóvel), sendo vedado o pacto comissório, ou seja, segundo o qual o credor poderia ficar com a coisa em pagamento da dívida, sendo nula a cláusula que contenha tal previsão (art. 1.428, CC). O valor obtido com a alienação judicial será utilizado para quitar o débito. Se superior, devolve-se ao devedor o saldo. Se inferior, permanece o débito quanto ao saldo. Pode o credor, após o vencimento da dívida, dar a coisa em pagamento (art. 1.428, parágrafo único).

Os credores com garantia real terão preferência para receber seus créditos quando houver concurso de credores.

Pagamentos parciais do débito não exoneram a parte correspondente da garantia; ou seja, enquanto não for quitada a totalidade da dívida, não será liberada a garantia.

Considera-se vencida a dívida de forma antecipada (art. 1.425, CC):

I - se, deteriorando-se, ou depreciando-se o bem dado em segurança, desfalcar a garantia, e o devedor, intimado, não a reforçar ou substituir;

II - se o devedor cair em insolvência ou falir;

III - se as prestações não forem pontualmente pagas, toda vez que deste modo se achar estipulado o pagamento. Neste caso, o recebimento posterior da prestação atrasada importa renúncia do credor ao seu direito de execução imediata;

IV - se perecer o bem dado em garantia, e não for substituído;

V - se se desapropriar o bem dado em garantia, hipótese na qual se depositará a parte do preço que for necessária para o pagamento integral do credor.

No caso de falecimento do devedor, seus sucessores não poderão resgatar parcialmente o penhor ou hipoteca. Deverão saldar o total e se sub-rogar nos direitos do credor sobre as quotas dos demais herdeiros.

- **Penhor**

O penhor é uma forma de garantia real sobre bem móvel, através da qual o devedor entrega ao credor o bem, sendo, ainda, exigido o registro do instrumento de penhor no Cartório de Títulos e documentos (art. 1.432). O credor é chamado de credor pignoratício. No caso dos penhores especiais tratados a seguir, o próprio devedor fica na posse da coisa, funcionando como um depositário.

O art. 1.433, CC, estabelece os direitos do credor pignoratício: posse e retenção da coisa; ressarcimento dos prejuízos; execução ou venda amigável se o contrato permitir; apropriação dos frutos; promoção da venda antecipada, havendo receio fundado de que a coisa empenhada se perca ou deteriore, devendo o preço ser depositado. O dono da coisa empenhada pode impedir a venda antecipada, substituindo-a ou oferecendo outra garantia real idônea. O credor só deve devolver a coisa após o pagamento integral da dívida. O credor pignoratício tem como obrigações (art. 1.435, CC): custodiar a coisa e ressarcir os danos causados; defender a posse da coisa; imputar o valor dos frutos nas despesas de guarda e conservação, com o pagamento; restituir com os frutos e acessões; devolver o que sobrar do preço, quando a dívida for paga.

O penhor extingue-se pela extinção da obrigação; pelo perecimento da coisa; pela renúncia do credor; pela confusão, na mesma pessoa, do credor e dono da coisa; através de adjudicação judicial, remissão ou venda da coisa empenhada (art. 1.436, CC). A produção de efeitos da extinção ocorre a partir do cancelamento do registro (art. 1.437).

O penhor possui formas especiais: penhor rural; penhor industrial e mercantil; penhor de direitos e títulos de crédito; penhor de veículos; penhor legal.

- **Penhor rural (art. 1.438 a 1.446, CC):**

É o penhor agrícola ou pecuário, que se constitui por meio de instrumento público ou particular a ser registrado no CRI. O penhor agrícola, que pode recair sobre máquinas, implementos, colheitas pendentes, frutos armazenados, lenha cortada, carvão vegetal, animais de serviço, tem prazo máximo de três anos, prorrogável por igual prazo. O penhor pecuário, que pode recair sobre animais que integram a atividade pastoril, agrícola ou de laticínios, tem prazo máximo de quatro anos, também prorrogável por igual prazo. Admite-se a emissão de um título de crédito – cédula rural pignoratícia – quando o devedor se compromete a pagar a dívida em dinheiro. Os animais podem ser alienados com autorização do credor.

- **Penhor industrial e mercantil (art. 1.447 a 1.450, CC):**

Na qualidade de penhor especial, o devedor permanece na posse da coisa empenhada, incentivando o crédito da indústria e do comércio. Pode recair sobre: máquinas, aparelhos, materiais e instrumentos, instalados e em funcionamento, com os acessórios ou sem eles; animais utilizados na indústria; sal e bens destinados à exploração de salinas; produtos de cultura de suínos e animais destinados à industrialização de carnes e derivados; matérias-primas e produtos industrializados. Constitui-se mediante instrumento público ou particular a ser registrado no CRI, admitindo-se, também, a emissão de título de crédito – cédula de penhor industrial ou mercantil.

- **Penhor de direitos e títulos de crédito (art. 1.451 a 1.460, CC):**

O penhor de direitos é constituído por instrumento público ou particular a ser registrado no Registro de Títulos e Documentos, incidindo sobre coisas móveis passíveis de cessão (art. 1.451, CC). O titular de direito empenhado deverá entregar ao credor pignoratício os documentos comprobatórios desse direito, salvo se tiver interesse legítimo em conservá-los (art. 1.452, parágrafo único, CC). No caso de penhor de créditos, este só terá eficácia após notificação do devedor, que deve declarar-se ciente o penhor, por instrumento público ou particular.

- **Penhor de veículos (arts. 1.461 a 1.466, CC):**

Veículos de qualquer espécie de transporte ou condução são passíveis de penhor pelo prazo máximo de dois anos, prorrogável por igual prazo, constituído através de instrumento público ou particular a ser levado a registro no Cartório de Títulos e Documentos e anotado no certificado de propriedade. Como penhor especial, o bem fica na posse do devedor.

- **Penhor legal (arts. 1.467 a 1.472, CC):**

O art. 1.467 determina que são credores pignoratícios, independentemente de convenção:

> I – os hospedeiros, ou fornecedores de pousada ou alimento, sobre as bagagens, móveis, joias ou dinheiro que os seus consumidores ou fregueses tiverem consigo nas respectivas casas ou estabelecimentos, pelas despesas ou consumo que aí tiverem feito;
>
> II – o dono do prédio rústico ou urbano, sobre os bens móveis que o rendeiro ou inquilino tiver guarnecendo o mesmo prédio, pelos aluguéis ou rendas.

Nestes casos, o credor pode tomar em garantia um ou mais objetos para chegar ao valor da dívida (art. 1.469, CC), requerendo homologação judicial (art. 1.471, CC e arts. 703 a 706 do CPC).

- **Hipoteca**

A hipoteca é uma garantia real que recai, como regra, sobre imóveis, podendo incidir, também, sobre alguns móveis previstos na lei. Pode recair, ainda, sobre direitos reais. Necessita de registro no Cartório de Registro de Imóveis. Admite-se a emissão de cédula hipotecária, nos termos do art. 1.484, CC. A hipoteca pode ser convencional ou legal (art. 1.489, CC), conforme resulte ou não da vontade das partes.

Na hipoteca, o bem se mantém nas mãos do devedor, sendo vedada/nula cláusula que proíba o proprietário de vender o imóvel. Além disto, pode ser constituída mais de uma hipoteca sobre o mesmo imóvel. No caso de existirem várias hipotecas sobre o mesmo bem, vencendo-se a segunda hipoteca, a execução só pode correr após o vencimento da primeira, salvo nas hipóteses de insolvência do devedor. Há, portanto, um direito de preferência no recebimento das hipotecas. A hipoteca estabelece o direito de sequela, ou seja, não impede a venda do bem, mas permite ao titular que busque a coisa nas mãos de quem se encontrar. O adquirente pode exonerar-se, pagando a dívida ou abandonando ao credor hipotecário o imóvel.

A hipoteca poderá ser prorrogada por até 30 anos da data do contrato, desde que requerida a averbação por ambas as partes (art. 1.485, CC). Após este prazo, necessitará reconstituição por novo título e novo registro, mantendo a precedência sobre outras hipotecas.

> **Art. 1.499.** A hipoteca extingue-se:
>
> I – pela extinção da obrigação principal;
>
> II – pelo perecimento da coisa;

III – pela resolução da propriedade;

IV – pela renúncia do credor;

V – pela remição;

VI – pela arrematação ou adjudicação.

Além disto, extingue-se a hipoteca pela averbação do cancelamento do registro.

- **Anticrese**

Anticrese é o direito real pelo qual o devedor entrega ao credor o bem imóvel, autorizando que ele perceba os frutos e rendimentos da coisa, compensando-os na dívida. Para sua constituição, é necessário que o contrato em que haja o ajuste da garantia seja registrado no Cartório de Registro de Imóveis. Anualmente, o credor anticrético deve fazer balanço do que tiver recebido. O credor pode arrendar o imóvel a terceiro, mantendo direito de retenção do imóvel até que seja paga a dívida. Eventuais deteriorações que o imóvel sofrer por culpa do credor anticrético serão por ele respondidas, assim como os frutos que não forem percebidos. Extingue-se a anticrese quando liquidada a dívida.

6. FAMÍLIA

Caroline Cristiane Werle Junqueira

6.1. Conceito de casamento

No Direito, muitos autores se esforçaram em definir o ato matrimonial, em diversas oportunidades, refletindo-se, em cada uma das definições, os valores predominantes na época em que tais conceitos foram elaborados. A autora Maria Helena Diniz, em um livro de 2005, conceituou o casamento como sendo "o vínculo jurídico entre o homem e a mulher que visa ao auxílio mútuo material e espiritual, de modo que haja uma integração fisiopsíquica e a constituição de uma família". Paulo Lôbo, por sua vez, em uma obra publicada em 2008, definiu que o casamento é "um ato jurídico negocial solene, público e complexo, mediante o qual um homem e uma mulher constituem família, pela livre manifestação de vontade e pelo reconhecimento do Estado".

Contudo, é necessário fazer uma pontuação importante: será mesmo que o casamento é um vínculo constituído apenas entre homem e mulher? A resposta é não. Desde a emblemática decisão do STF, no ano de 201[1], o casamento pode ser celebrado entre pessoas de mesmo sexo. Por isso, traz-se um conceito contemporâneo do casamento e que melhor se adequa. Para Tartuce (2019), "o casamento pode ser conceituado como a união de duas pessoas, reconhecida e regulamentada pelo Estado, formada com o objetivo de constituição de uma família e baseado em um vínculo de afeto".

1. Julgamento da ADI 4.277 e da ADPF 132.

6.1.1. Disposições gerais

O Código Civil de 2002, no art. 1.511, estabeleceu a estrutura existencial do casamento, em um panorama de respeito à isonomia constitucional entre homem e mulher. Além disso, o art. 1.512 CC/02 estabelece que é gratuita a celebração do casamento para as pessoas que se declararem hipossuficientes. De mesmo modo, destaca-se que é proibido qualquer pessoa, seja ela de direito público ou privado, interferir na comunhão de vida instituída pela família (art. 1.513 CC/02).

Por fim, de acordo com o Código Civil, qual é o momento em que o casamento efetivamente se realiza? Conforme preceitua o art. 1.514, o casamento se realiza no instante em que os noivos manifestam, perante o juiz, a sua vontade de estabelecer vínculo conjugal, e o juiz os declara casados.

> Art. 1.511 CC/02. O casamento estabelece comunhão plena de vida, com base na igualdade de direitos e deveres dos cônjuges.
>
> Art. 1.512 CC/02. O casamento é civil e gratuita a sua celebração.

6.1.2. Capacidade para o casamento

O casamento, como muitos autores afirmam, é um negócio jurídico repleto de formalidades legais, as quais obrigatoriamente devem ser cumpridas para que o casamento tenha validade. Dentro dessas formalidades, há a questão da capacidade para casar.

A maioridade civil é atingida aos 18 anos de idade completos, marco etário em que a pessoa está habilitada para a prática de todos os atos da vida civil. No âmbito matrimonial, a capacidade núbil (capacidade para casar) é atingida aos 16 anos completos, consoante dispõe o art. 1.517 do Código Civil.

No entanto, é importante fazer uma ressalva: quando ainda estão na faixa da incapacidade relativa (entre 16 anos completos e 18 anos incompletos), os nubentes necessitam da autorização dos seus representantes legais ou, se for o caso, do próprio Juiz de Direito para casar. A autorização parental é conjunta, concedida pelos pais, ou por um deles na falta do outro (se um dos genitores é falecido, por exemplo).

> Art. 1.517 CC/02. O homem e a mulher com dezesseis anos podem casar, exigindo-se autorização de

ambos os pais, ou de seus representantes legais, enquanto não atingida a maioridade civil.

Caso um dos pais ou ambos neguem a autorização, nada impede, a teor do art. 1.519, CC/2002, o recurso à via judicial para o suprimento do consentimento. Inclusive, havendo justificativa razoável, o procedimento poderá ser instaurado, por exemplo, pelo próprio Ministério Público, a pedido dos nubentes incapazes (já que eles, por terem 16 anos, não possuem capacidade processual para iniciar, sozinhos, a postulação).

Importante aspecto a ser considerado ainda é que, a teor do art. 1.518 do CC/02, até a celebração do casamento, podem os responsáveis legais revogar a autorização dada.

6.1.3. Impedimentos matrimoniais

Os impedimentos são causas que impossibilitam a realização do casamento por algum motivo. Caso o casal se enquadre em alguma das hipóteses de impedimento matrimonial, logicamente não poderão contrair o casamento.

Os impedimentos matrimoniais estão expressamente previstos no artigo 1.521 do Código Civil e são os seguintes:

> Art. 1.521 CC/02 CC/02. Não podem casar:
>
> I – os ascendentes com os descendentes, seja o parentesco natural ou civil;
>
> II – os afins em linha reta;
>
> III – o adotante com quem foi cônjuge do adotado e o adotado com quem o foi do adotante;
>
> IV – os irmãos, unilaterais ou bilaterais, e demais colaterais, até o terceiro grau inclusive;
>
> V – o adotado com o filho do adotante;
>
> VI – as pessoas casadas;
>
> VII – o cônjuge sobrevivente com o condenado por homicídio ou tentativa de homicídio contra o seu consorte.

Observe-se, desde já, a forma verbal utilizada pelo legislador: "não podem" casar! Trata-se, pois, de uma locução imperativa, que não deixa margem à dúvida quanto à antijuridicidade do ato que se quer evitar, levando-se em conta os superiores interesses que se pretende tutelar, especialmente o parentesco, o próprio casamento e o direito à vida. Caso o casamento seja celebrado nessas condições, será considerado nulo, conforme art. 1.548, II, CC/02.

Afora isso, destaca-se que os impedimentos podem ser opostos, até o momento da celebração do casamento, por qualquer pessoa capaz, sendo que, se o juiz, ou o oficial de registro, tiver conhecimento da existência de algum impedimento, será obrigado a declará-lo (art. 1.522 CC/02).

6.1.4. Causas suspensivas do casamento

As causas suspensivas do casamento indicam o seguinte: a pessoa até pode se casar, mas se desejar fazer isso, deverá se casar pelo regime da separação obrigatória de bens. Tais causas, em verdade, são hipóteses estabelecidas no interesse da prole (preexistente ou eventual) ou de relacionamentos anteriores, evitando a confusão de patrimônios, bem como para preservar a idoneidade da manifestação de vontade, no caso de matrimônio de pessoas que se achem sob a autoridade umas das outras.

As causas suspensivas do casamento estão previstas no art. 1.523 CC/02:

> Art. 1.523 CC/02. Não devem casar:
>
> I - o viúvo ou a viúva que tiver filho do cônjuge falecido, enquanto não fizer inventário dos bens do casal e der partilha aos herdeiros;
>
> II - a viúva, ou a mulher cujo casamento se desfez por ser nulo ou ter sido anulado, até dez meses depois do começo da viuvez, ou da dissolução da sociedade conjugal;
>
> III - o divorciado, enquanto não houver sido homologada ou decidida a partilha dos bens do casal;
>
> IV - o tutor ou o curador e os seus descendentes, ascendentes, irmãos, cunhados ou sobrinhos, com a pessoa tutelada ou curatelada, enquanto não cessar a tutela ou curatela, e não estiverem saldadas as respectivas contas.

6.1.5. Processo de habilitação para o casamento

Primeiro ponto importante: o que é o processo de habilitação para o casamento? A habilitação para o casamento consiste em um procedimento administrativo, disciplinado pelo Código Civil e pela Lei de Registros Públicos, por meio do qual o Oficial do Registro Civil verifica se estão presentes todos os elementos de existência e validade do ato matrimonial.

Sobre a habilitação para o casamento, revela-se importante o art. 1.525 CC/02:

> Art. 1.525 CC/02. O requerimento de habilitação para o casamento será firmado por ambos os nubentes, de próprio punho, ou, a seu pedido, por procurador, e deve ser instruído com os seguintes documentos:
>
> I - certidão de nascimento ou documento equivalente;
>
> II - autorização por escrito das pessoas sob cuja dependência legal estiverem, ou ato judicial que a supra;
>
> III - declaração de duas testemunhas maiores, parentes ou não, que atestem conhecê-los e afirmem não existir impedimento que os iniba de casar;

IV - declaração do estado civil, do domicílio e da residência atual dos contraentes e de seus pais, se forem conhecidos;

V - certidão de óbito do cônjuge falecido, de sentença declaratória de nulidade ou de anulação de casamento, transitada em julgado, ou do registro da sentença de divórcio.

Ainda sobre a habilitação, o art. 67 da Lei de Registros Públicos (Lei nº 6.015/73) se revela importante, uma vez que ele afirma o seguinte: na habilitação para o casamento, os interessados, apresentando os documentos exigidos pela lei civil, requererão ao oficial do registro do distrito de residência de um dos nubentes, que lhes expeça certidão de que se acham habilitados para se casarem. Já o parágrafo primeiro do referido dispositivo aponta que, se estiver em ordem a documentação, o oficial de registro dará publicidade, em meio eletrônico, à habilitação e extrairá, no prazo de até 5 (cinco) dias, o certificado de habilitação, podendo os nubentes contrair matrimônio perante qualquer serventia de registro civil de pessoas naturais, de sua livre escolha, observado o prazo de eficácia do art. 1532 do Código Civil.

6.1.6. Celebração do casamento

Sem dúvida, reveste-se de enorme importância a solenidade de realização do casamento. Dada a grande importância de que se reveste o ato, a celebração do casamento deve ser realizada em estrita observância das normas legais, sob pena, a depender da situação concreta, de nulidade.

Sobre esse assunto, os arts. 1.533 e 1.534 CC/02 se mostram essenciais.

> Art. 1.533 CC/02. Celebrar-se-á o casamento, no dia, hora e lugar previamente designados pela autoridade que houver de presidir o ato, mediante petição dos contraentes, que se mostrem habilitados com a certidão do art. 1.531.
>
> Art. 1.534 CC/02. A solenidade realizar-se-á na sede do cartório, com toda publicidade, a portas abertas, presentes pelo menos duas testemunhas, parentes ou não dos contraentes, ou, querendo as partes e consentindo a autoridade celebrante, noutro edifício público ou particular.
>
> §1º Quando o casamento for em edifício particular, ficará este de portas abertas durante o ato.
>
> §2º Serão quatro as testemunhas na hipótese do parágrafo anterior e se algum dos contraentes não souber ou não puder escrever.

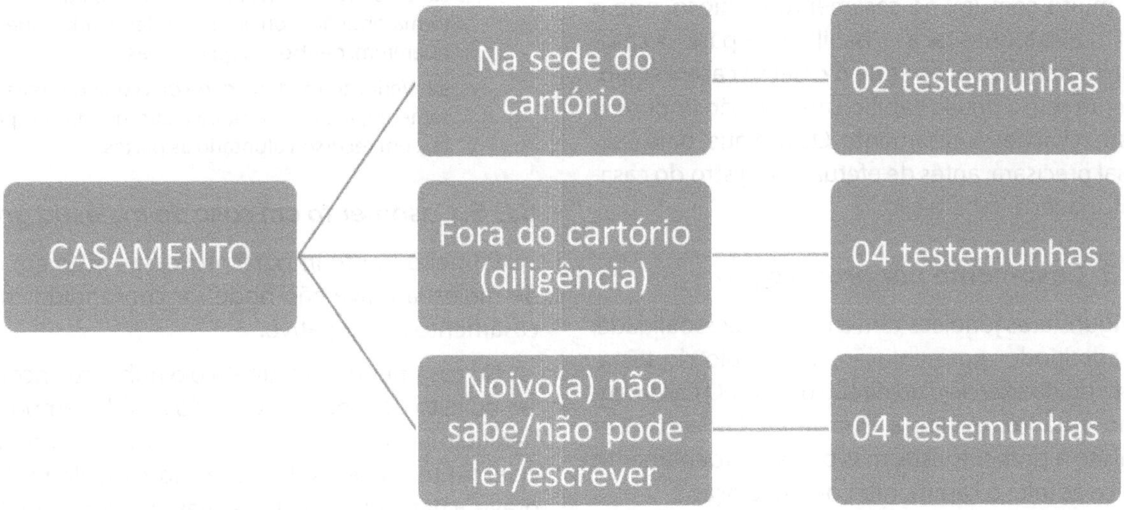

Se revela importante, também, o art. 1.538 CC/02, que afirma que a celebração do casamento será imediatamente suspensa se algum dos contraentes: recusar a solene afirmação da sua vontade; declarar que esta não é livre e espontânea; manifestar-se arrependido. Caso alguma dessas situações ocorrer, o noivo(a) não será poderá se retratar no mesmo dia.

6.2. Espécies de casamento

6.2.1. Casamento civil

O casamento civil é aquele que é celebrado pela autoridade do Estado e pode ser feito na sede do cartório ou fora de suas dependências (casamento em diligência, que geralmente é feito em chácaras, espaços de eventos, restaurantes, etc). Para que seja celebrado, em ambas as modalidades, precisa ser feita previamente a habilitação.

6.2.2. Casamento religioso com efeitos civis

No casamento religioso com efeito civil, a celebração do casamento é feita pela autoridade religiosa (padre, pastor). Após a celebração a autoridade religiosa entrega aos noivos um documento (Termo Religioso com Efeito Civil), o qual deve ser levado ao Cartório de Registro Civil para que seja feito o registro do casamento (para que possa ter os efeitos jurídicos).

Esse documento (Termo Religioso com Efeitos Civis) deve ser levado ao cartório em um prazo de 90 dias, contatos do momento da realização do casamento. É o que diz o próprio art. 1.516, §1º do Código Civil.

> Art. 1.516 CC/02: O registro do casamento religioso submete-se aos mesmos requisitos exigidos para o casamento civil.
>
> §1º O registro civil do casamento religioso deverá ser promovido dentro de noventa dias de sua realização, mediante comunicação do celebrante ao ofício competente, ou por iniciativa de qualquer interessado, desde que haja sido homologada previamente a habilitação regulada neste Código. Após o referido prazo, o registro dependerá de nova habilitação.
>
> §2º O casamento religioso, celebrado sem as formalidades exigidas neste Código, terá efeitos civis se, a requerimento do casal, for registrado, a qualquer tempo, no registro civil, mediante prévia habilitação perante a autoridade competente e observado o prazo do art. 1.532.

É muito comum, no casamento religioso, que o casal previamente faça a habilitação para o casamento. Porém, se ocorrer de o casal se casar religiosamente sem a prévia habilitação, isso não impede o registro civil desse casamento. Ocorre que, para isso, o casal precisará, antes de efetuar o registro do casamento, fazer a habilitação.

6.2.3. Casamento por procuração

Alguns atos jurídicos têm a nota da pessoalidade, não admitindo representação, a exemplo do testamento ou do exercício do direito de voto. O casamento, no entanto, escapa a essa regra. Pode parecer esquisito à primeira vista, mas o nosso ordenamento jurídico admite o casamento por procuração.

O art. 1542/CC02 traz expressamente a possibilidade do casamento por meio de procuração. Tal dispositivo afirma que o casamento pode celebrar-se mediante procuração, por instrumento público, com poderes especiais. Além disso, é importante mencionar que tal procuração somente valerá pelo prazo máximo de 90 dias.

6.2.4. Casamento nuncupativo

O casamento nuncupativo é aquele contraído, de viva voz, por nubente que se encontre em risco iminente de perder a vida, na presença de, pelo menos, 06 testemunhas, independentemente da presença da autoridade competente ou do seu substituto. Trata-se de uma modalidade excepcional de matrimônio, em que qualquer dos nubentes, detentor de saúde mental, posto no limiar da vida, resolve contrair núpcias, fazendo valer a sua derradeira vontade de receber o seu parceiro na condição de marido/mulher.

> Art. 1.540 CC/02. Quando algum dos contraentes estiver em iminente risco de vida, não obtendo a presença da autoridade à qual incumba presidir o ato, nem a de seu substituto, poderá o casamento ser celebrado na presença de seis testemunhas, que com os nubentes não tenham parentesco em linha reta, ou, na colateral, até segundo grau.
>
> Art. 1.541 CC/02. Realizado o casamento, devem as testemunhas comparecer perante a autoridade judicial mais próxima, dentro em dez dias, pedindo que lhes tome por termo a declaração de:
>
> I - que foram convocadas por parte do enfermo;
>
> II - que este parecia em perigo de vida, mas em seu juízo;
>
> III - que, em sua presença, declararam os contraentes, livre e espontaneamente, receber-se por marido e mulher.
>
> §1º Autuado o pedido e tomadas as declarações, o juiz procederá às diligências necessárias para verificar se os contraentes podiam ter-se habilitado, na forma ordinária, ouvidos os interessados que o requererem, dentro em quinze dias.
>
> §2º Verificada a idoneidade dos cônjuges para o casamento, assim o decidirá a autoridade competente, com recurso voluntário às partes.

6.2.5. Casamento em caso de moléstia grave

Primeiro ponto importante: casamento em caso de moléstia grave não pode ser confundido com o casamento nuncupativo.

No casamento nuncupativo o nubente encontra-se no leito de morte, não tendo havido tempo para habilitar-se, nem solicitar a presença da autoridade celebrante ou seu substituto. No caso de moléstia grave, a habilitação foi feita, mas, por conta de grave doença, tornou-se impossível o comparecimento à solenidade matrimonial. Em virtude, pois, da moléstia que o acomete, o nubente não pode deslocar-se ao salão de casamentos, solicitando, assim, que a própria autoridade celebrante vá ao seu encontro.

> Art. 1.539 CC/02. No caso de moléstia grave de um dos nubentes, o presidente do ato irá celebrá-lo onde se encontrar o impedido, sendo urgente, ainda que à noite, perante duas testemunhas que saibam ler e escrever.
>
> §1º A falta ou impedimento da autoridade competente para presidir o casamento suprir-se-á por qualquer dos seus substitutos legais, e a do oficial do Registro Civil por outro ad hoc, nomeado pelo presidente do ato.

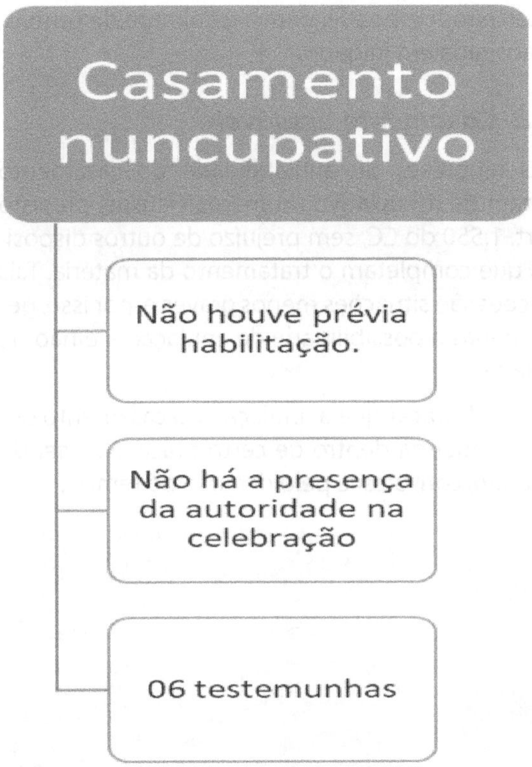

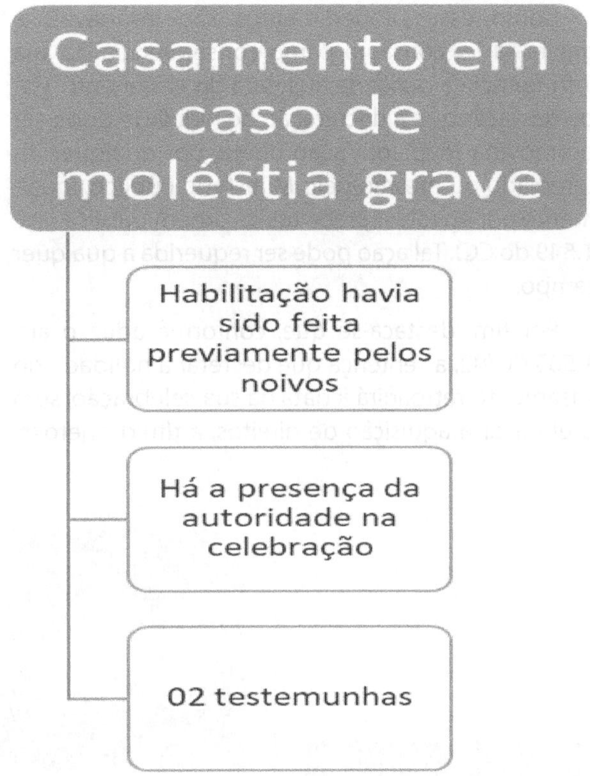

6.3. Eficácia e deveres do casamento

Cabe destacar que o casamento gera efeitos jurídicos amplos, trazendo deveres para ambos os cônjuges que pretendem essa comunhão plena de vida. Nesse sentido, quando do casamento, tanto o homem quanto a mulher, assumem mutuamente a condição de consortes, companheiros e responsáveis pelos encargos da família, havendo igualdade plena entre ambos.

> Art. 1.565 CC/02. Pelo casamento, homem e mulher assumem mutuamente a condição de consortes, companheiros e responsáveis pelos encargos da família.
>
> §1º Qualquer dos nubentes, querendo, poderá acrescer ao seu o sobrenome do outro.
>
> Art. 1.566 CC/02. São deveres de ambos os cônjuges:
>
> I - fidelidade recíproca;
>
> II - vida em comum, no domicílio conjugal;
>
> III - mútua assistência;
>
> IV - sustento, guarda e educação dos filhos;
>
> V - respeito e consideração mútuos.
>
> Art. 1.567 CC/02. A direção da sociedade conjugal será exercida, em colaboração, pelo marido e pela mulher, sempre no interesse do casal e dos filhos.

6.4. Invalidade do casamento

No âmbito da invalidade do casamento, é necessário ter em mente que a invalidade poderá gerar duas situações: a invalidade absoluta e a invalidade relativa. No âmbito da invalidade absoluta tem-se as hipóteses de casamento nulo. Já no âmbito da invalidade relativa tem-se as hipóteses de casamento anulável.

6.4.1. Casamento nulo

O art. 1.548 do Código Civil vigente traz as hipóteses de nulidade absoluta do casamento. Advirta-se, contudo, que a primeira delas foi revogada pela Lei 13.146/2015 (Estatuto da Pessoa com Deficiência), restando apenas a hipótese do inciso II.

Frente a esse panorama, tem-se que o casamento será considerado nulo se contraído por infringência a impedimento. Cabe destacar que tais impedimentos estão descritos no artigo 1.521 do referido Código.

> Art. 1.521. Não podem casar:
>
> I - os ascendentes com os descendentes, seja o parentesco natural ou civil;
>
> II - os afins em linha reta;
>
> III - o adotante com quem foi cônjuge do adotado e o adotado com quem o foi do adotante;
>
> IV - os irmãos, unilaterais ou bilaterais, e demais colaterais, até o terceiro grau inclusive;
>
> V - o adotado com o filho do adotante;
>
> VI - as pessoas casadas;
>
> VII - o cônjuge sobrevivente com o condenado por homicídio ou tentativa de homicídio contra o seu consorte.

Como esses impedimentos são insanáveis e graves, a lei consagra como consequência da sua infringência a nulidade absoluta do casamento. Cabe destacar que a decretação de nulidade pode ser promovida mediante ação direta, por qualquer interessado ou mesmo pelo Ministério Público, igualmente por envolver preceitos de ordem pública (art. 1.549 do CC). Tal ação pode ser requerida a qualquer tempo.

Por fim, destaca-se que, conforme aduz o art. 1.563 CC/02, a sentença que decretar a nulidade do casamento retroagirá à data da sua celebração, sem prejudicar a aquisição de direitos, a título oneroso, por terceiros de boa-fé, nem a resultante de sentença transitada em julgado.

6.4.2. Casamento anulável

As hipóteses de anulabilidade do casamento constam de rol taxativo (numerus clausus) previsto no art. 1.550 do CC, sem prejuízo de outros dispositivos que completam o tratamento da matéria. Tais situações são situações menos graves e, por isso, geram apenas a possibilidade de anulação – e não de nulidade.

Cabe destacar que a anulação do casamento deve ser requerida dentro de certo prazo. Não sendo requerido, convalesce pelo decurso do tempo.

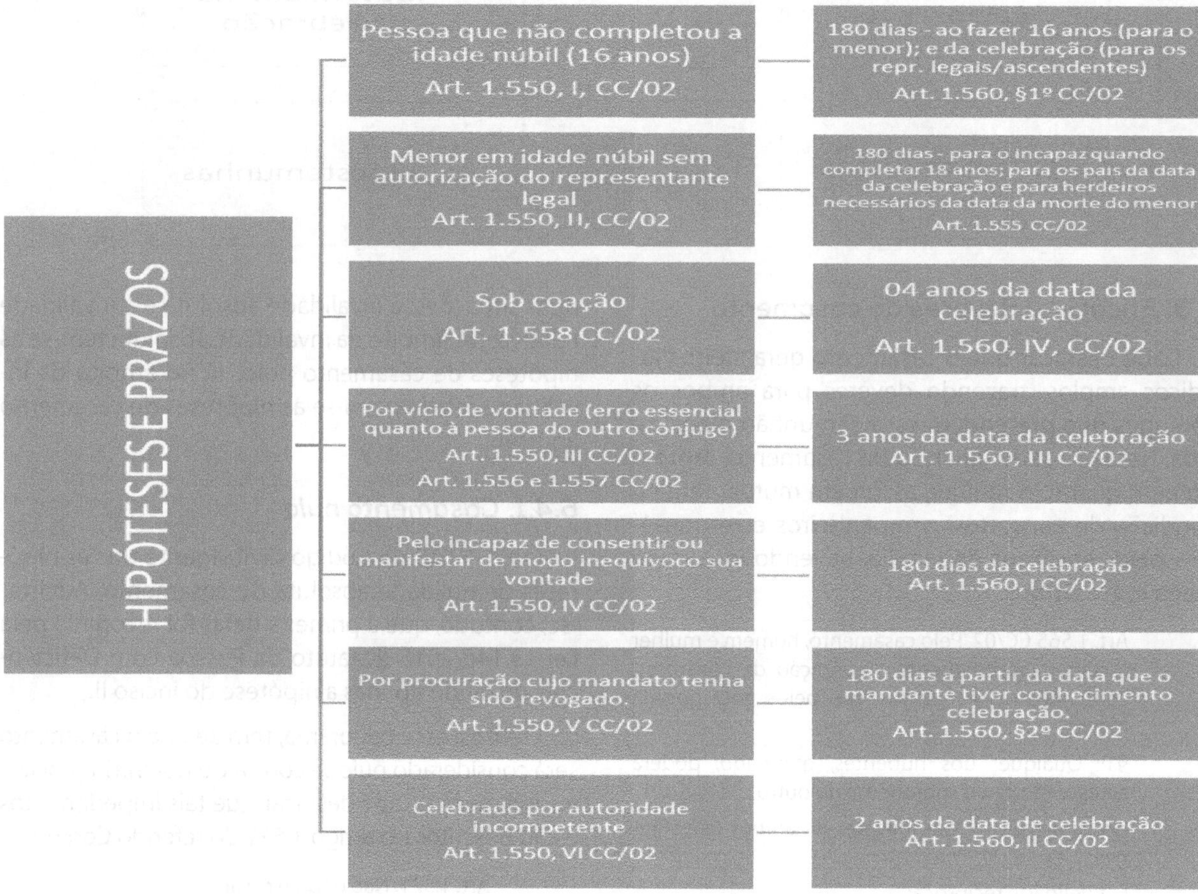

6.5. PARENTESCO

Entende-se por parentesco a relação jurídica, calcada na afetividade e reconhecida pelo Direito, entre pessoas integrantes do mesmo grupo familiar, seja pela ascendência, descendência ou colateralidade, independentemente da natureza (natural, civil ou por afinidade).

Dentro dessa linha de pensamento, lembre-se: marido e mulher NÃO SÃO PARENTES. Eles são unidos pelo vínculo do casamento, não constituindo parentesco entre si.

O texto vigente do Código Civil reconhece expressamente apenas o parentesco natural ou civil. É a regra do art. 1.593 CC/02: "o parentesco é natural ou civil, conforme resulte de consanguinidade ou outra origem". Nada menciona sobre a socioafetividade, base do vínculo parental, embora a menção a "ou outra origem" permita uma interpretação ampliativa do dispositivo. Dentro dessa classificação há o parentesco natural, decorrente da consanguinidade. Há o parentesco civil, decorrente da adoção. E há o parentesco por afinidade, que é estabelecido com os parentes do próprio cônjuge.

Parentesco natural	Parentesco civil	Afinidade
• Aquele que é biológico, decorrente da consanguinidade.	• Tem sua origem na adoção. • Muito embora não haja consanguinidade, na adoção há o parentesco civil, que estabelece os mesmos efeitos jurídicos.	• Parentesco existente a partir do casamento ou da união estável. • É aquele travado entre a pessoa e os ascendentes, descendentes e colateral de 2º grau do outro cônjuge/companheiro (Exemplo: sogro e sogra).

6.5.1. Linhas de parentesco

Falar em linha de parentesco é estabelecer a vinculação de duas pessoas a partir de um ancestral comum. Este é o critério que permite distinguir parentes em linha reta e em linha colateral.

Quando as pessoas descendem umas das outras, são chamadas de parentes em linha reta. É o que preceitua o artigo 1.591 CC/02: as pessoas que estão umas para com as outras na relação de ascendentes e descendentes. Trata-se de parentesco ilimitado e eterno entre bisavô, avô, pai, filho, neto, bisneto etc. Ascendentes e descendentes são todos parentes. Por mais afastadas que estejam as gerações, os parentes em linha reta são sempre parentes entre si.

Com relação à linha colateral, cumpre destacar o artigo 1.592 CC/02, que afirma que são parentes colaterais as pessoas provenientes de um só tronco, sem descenderem uma da outra. É o parentesco que se estabelece quando duas pessoas não descendem uma da outra, mas entre elas existe um ancestral comum.

6.5.2. Graus de parentesco

O parentesco também se classifica por graus: o número de gerações que separa os parentes. É distinta a forma de contagem dos graus de parentesco, entre os parentes em linha reta e os parentes em linha colateral.

Na linha reta identifica-se o grau de parentesco pelo número de gerações que separa os parentes. Conta-se o intervalo entre uma geração e outra. Assim, pai e filho são parentes na linha reta em primeiro grau; avó e neto são parentes em segundo grau; bisavô e bisneto são parentes na linha reta em terceiro grau, e assim por diante.

Cumpre destacar um ponto muito importante! Não existe limitação no parentesco em linha reta: todos são parentes, ainda que os separem várias gerações. Isso significa dizer que não há limitação de grau.

Na linha colateral a contagem também é pelo número de gerações que separa os parentes, mas é necessário subir até o ascendente comum e depois descer para identificar o grau de parentesco entre ambos. A partir disse, é possível concluir que não existem parentes colaterais de primeiro grau, visto que é necessário subir até um ascendente em comum para iniciar a contagem. Além disso, o próprio artigo 1.592 estabelece que na linha colateral o parentesco vai apenas até o 4º grau. Logo, há uma limitação.

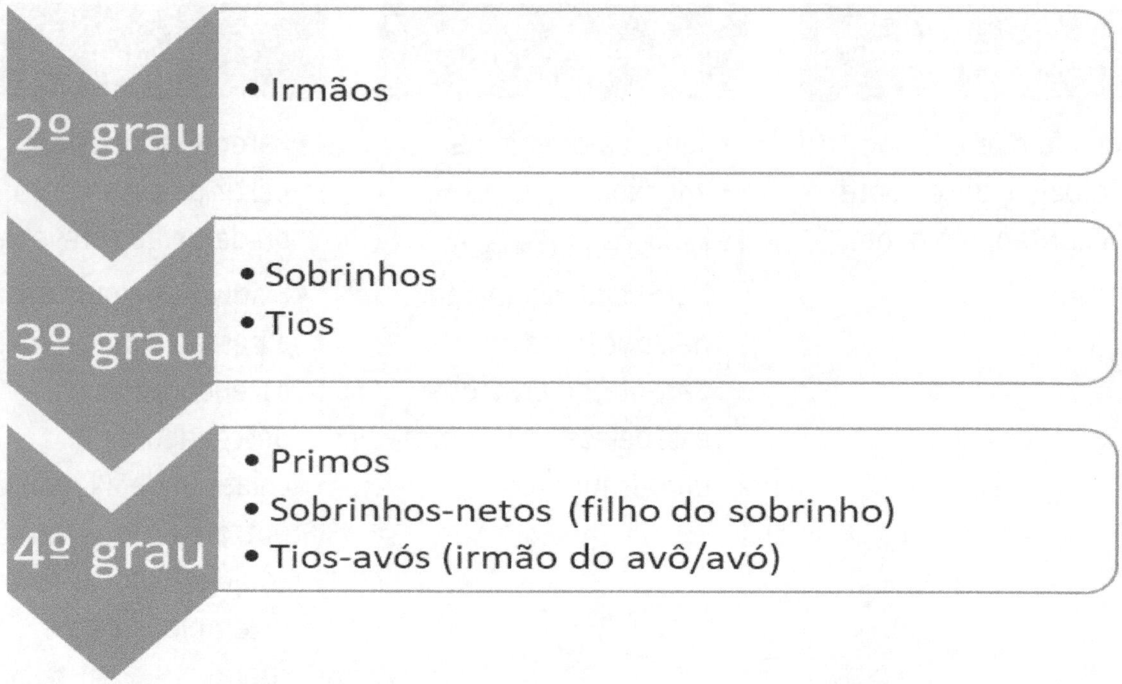

6.5.3. Parentesco por afinidade

O parentesco por afinidade é aquele que estabelece o seguinte: cada cônjuge ou convivente é aliado aos parentes do outro pelo vínculo da afinidade. Afora isso, é importante dizer que o parentesco por afinidade se limita aos ascendentes, aos descendentes e aos irmãos do cônjuge ou convivente.

> Art. 1.595 CC/02. Cada cônjuge ou companheiro é aliado aos parentes do outro pelo vínculo da afinidade.
>
> §1º O parentesco por afinidade limita-se aos ascendentes, aos descendentes e aos irmãos do cônjuge ou companheiro.
>
> §2º Na linha reta, a afinidade não se extingue com a dissolução do casamento ou da união estável.

6.6. REGIMES DE BENS

Regime de bens é o conjunto de normas que disciplina a relação jurídico-patrimonial entre os cônjuges, ou, simplesmente, o estatuto patrimonial do casamento. É preciso pontuar que a escolha do regime de bens opera-se por meio da celebração de um negócio jurídico especial e solene, denominado pacto antenupcial.

Nesse tocante, o art. 1.639 CC/02 afirma que é lícito aos nubentes, antes de celebrado o casamento, estipular, quanto aos seus bens, o que lhes aprouver, sendo que o regime de bens entre os cônjuges começa a vigorar desde a data do casamento (§1º).

Afora isso, importante também citar o art. 1.640, que aponta o seguinte: não havendo convenção, ou sendo ela nula ou ineficaz, vigorará, quanto aos bens entre os cônjuges, o regime da comunhão parcial. Já em seu parágrafo único há a informação de que poderão os nubentes, no processo de habilitação, optar por qualquer dos regimes que este código regula. Quanto à forma, reduzir-se-á a termo a opção pela comunhão parcial, fazendo-se o pacto antenupcial por escritura pública, nas demais escolhas.

Tem-se, no Brasil, 05 regimes de bens, os quais serão aqui expostos.

6.6.1. Regime de comunhão parcial de bens

Podemos definir o regime de comunhão parcial de bens como sendo aquele em que há, em regra, a comunicabilidade dos bens adquiridos a título oneroso na constância do matrimônio, por um ou ambos os cônjuges, preservando-se, assim, como patrimônio pessoal e exclusivo de cada um, os bens adquiridos por causa anterior ou recebidos a título gratuito a qualquer tempo.

A definição proposta tem raiz no art. 1.658 do Código Civil de 2002, que afirma o seguinte: "no regime de comunhão parcial, comunicam-se os bens que sobrevierem ao casal, na constância do casamento, com as exceções dos artigos seguintes".

> Art. 1.659 CC/02. Excluem-se da comunhão:
>
> I - os bens que cada cônjuge possuir ao casar, e os que lhe sobrevierem, na constância do casamento, por doação ou sucessão, e os sub-rogados em seu lugar;
>
> II - os bens adquiridos com valores exclusivamente pertencentes a um dos cônjuges em sub-rogação dos bens particulares;

III - as obrigações anteriores ao casamento;

IV - as obrigações provenientes de atos ilícitos, salvo reversão em proveito do casal;

V - os bens de uso pessoal, os livros e instrumentos de profissão;

VI - os proventos do trabalho pessoal de cada cônjuge;

VII - as pensões, meios-soldos, montepios e outras rendas semelhantes.

Art. 1.660 CC/02. Entram na comunhão:

I - os bens adquiridos na constância do casamento por título oneroso, ainda que só em nome de um dos cônjuges;

II - os bens adquiridos por fato eventual, com ou sem o concurso de trabalho ou despesa anterior;

III - os bens adquiridos por doação, herança ou legado, em favor de ambos os cônjuges;

IV - as benfeitorias em bens particulares de cada cônjuge;

V - os frutos dos bens comuns, ou dos particulares de cada cônjuge, percebidos na constância do casamento, ou pendentes ao tempo de cessar a comunhão.

6.6.2. Regime de comunhão universal de bens

O regime de comunhão universal de bens tende à unicidade patrimonial. O seu princípio básico determina, salvo as exceções legais, uma fusão do patrimônio anterior dos cônjuges e, bem assim, a comunicabilidade dos bens havidos a título gratuito ou oneroso, no curso do casamento, incluindo-se as obrigações assumidas.

É o que preceitua o art. 1.667 CC/02: "o regime de comunhão universal importa a comunicação de todos os bens presentes e futuros dos cônjuges e suas dívidas passivas, com as exceções do artigo seguinte".

Art. 1.668 CC/02. São excluídos da comunhão:

I - os bens doados ou herdados com a cláusula de incomunicabilidade e os sub-rogados em seu lugar;

II - os bens gravados de fideicomisso e o direito do herdeiro fideicomissário, antes de realizada a condição suspensiva;

III - as dívidas anteriores ao casamento, salvo se provierem de despesas com seus aprestos, ou reverterem em proveito comum;

IV - as doações antenupciais feitas por um dos cônjuges ao outro com a cláusula de incomunicabilidade;

V - Os bens referidos nos incisos V a VII do art. 1.659.

6.6.3. Regime de separação convencional

Esse regime tem como premissa a incomunicabilidade dos bens dos cônjuges, anteriores e posteriores ao casamento. É a previsão do art. 1.687, CC/02: "estipulada a separação de bens, estes permanecerão sob a administração exclusiva de cada um dos cônjuges, que os poderá livremente alienar ou gravar de ônus real".

Note-se, pois, que, neste regime, existirá uma inequívoca independência patrimonial, não havendo espaço para futura meação. Logo, no regime de separação convencional, também conhecido como regime de separação total ou absoluta de bens, cada cônjuge vai ter seus bens particulares e com eventual divórcio cada um fica com o que é seu.

Lembre-se que tal regime também é chamado de separação absoluta de bens ou separação total de bens.

6.6.4. Regime de separação obrigatória de bens

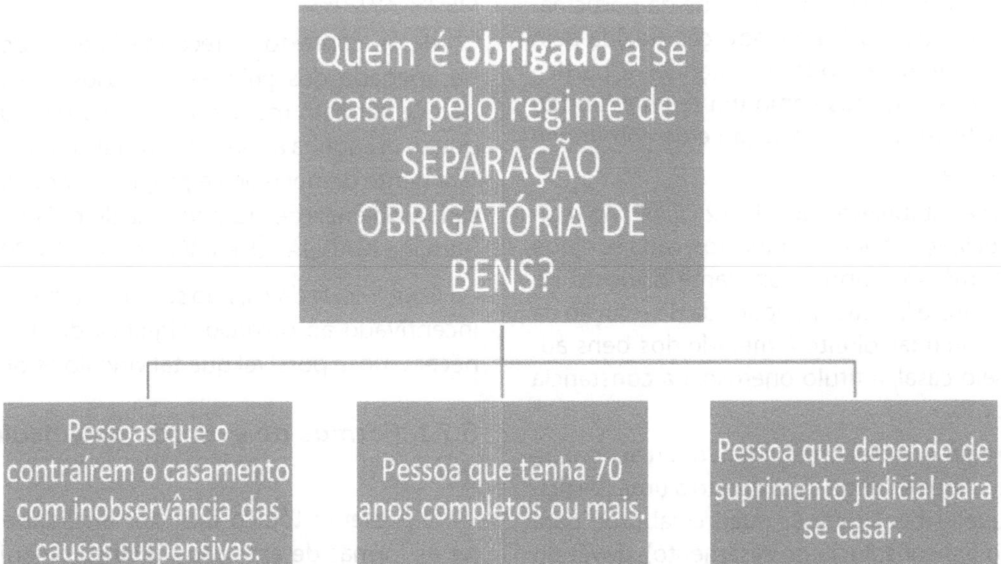

Antes de tudo, é preciso entender que o regime de separação obrigatória de bens é imposto pelo legislador a determinadas pessoas como forma de proteger o patrimônio. Mas quem são as pessoas obrigadas a casar nesse regime? O art. 1.641 CC/02 traz a resposta para essa pergunta.

Inicialmente, este regime era regido, também, pelo artigo 1.687 CC/02. Porém, uma verdadeira revolução aconteceu com a chegada da Súmula 377 STF. Tal súmula afirma o seguinte: "no regime de separação legal de bens, comunicam-se os adquiridos na constância do casamento". Essa súmula dá a entender que bens que tivessem sido adquiridos de forma onerosa após o casamento seriam bens comuns do casal. Porém, atualmente a doutrina e a jurisprudência entendem esse regime da seguinte forma: os bens que os nubentes tinham antes do casamento permanece sendo bem particular. Porém, aquilo que for adquirido posteriormente, de forma onerosa, se comunica (desde que o outro nubente comprove que contribuiu financeiramente para adquirir).

Em fevereiro de 2024 o STF definiu que o regime de separação obrigatória de bens nos casamentos e uniões estáveis envolvendo pessoas com mais de 70 anos pode ser alterado pela vontade das partes. Resultou na tese de repercussão geral, tema 1.236: "Nos casamentos e uniões estáveis envolvendo pessoa maior de 70 anos, o regime de separação de bens previsto no artigo 1.641, II, do Código Civil, pode ser afastado por expressa manifestação de vontade das partes mediante escritura pública".

6.6.5. Regime de participação final nos aquestos

Pouco utilizado no Brasil, o regime da participação final nos aquestos é uma inovação trazida pelo Código Civil de 2002. Pode-se entender a participação final nos aquestos como um regime híbrido – com características de separação e de comunhão parcial de bens.

Conforme estabelece o art. 1.672 CC/02, no regime de participação final nos aquestos, cada cônjuge possui patrimônio próprio, consoante disposto no artigo seguinte, e lhe cabe, à época da dissolução da sociedade conjugal, direito à metade dos bens adquiridos pelo casal, a título oneroso, na constância do casamento.

Nesse regime, cada cônjuge tem o seu acervo de bens particulares e, ainda, tem direito a uma participação daqueles bens para os quais colaborou para a aquisição (na constância do casamento), devendo provar o esforço para tanto.

> Art. 1.673 CC/02. Integram o patrimônio próprio os bens que cada cônjuge possuía ao casar e os por ele adquiridos, a qualquer título, na constância do casamento.

6.6.6. Mudança no regime de bens

O codificador brasileiro resolveu romper com o sistema tradicional, para admitir a mudança de regime de bens no curso do matrimônio, a teor do art. 1.639, §2º do Código Civil: "é admissível alteração do regime de bens, mediante autorização judicial em pedido motivado de ambos os cônjuges, apurada a procedência das razões invocadas e ressalvados os direitos de terceiros".

Requisitos a serem observados para a alteração do regime de bens:
Alteração não pode ser feita em cartório. Deve ser por meio de processo judicial.
O procedimento deverá ser de jurisdição voluntária, de modo que não há lide. É impossível um cônjuge ingressar com essa demanda em face do outro.
O pedido do casal deve ser motivado.
A mudança do regime de bens se dará por meio de sentença e não poderá prejudicar direitos de terceiros.
O juízo competente é o da Vara de Família (Cível, se não tiver vara especializada).

6.7. EXTINÇÃO DO VÍNCULO CONJUGAL

Por mais simplório que possa parecer, reflita: um álbum é feito para a figurinha e a figurinha é feita para o álbum, com animus de definitividade. E se é possível materialmente retirar o álbum da figurinha, é muito provável que sempre fique um pouco do álbum na figurinha e um pouco da figurinha no álbum... Por isso, não devemos maldizer aqueles que passaram por nossas vidas (GAGLIANO; PAMPLONA FILHO, 2019).

Nesse contexto, o reconhecimento do divórcio, desapegado dos grilhões religiosos que ao Direito não se afirmam mais, é imperativo para um Estado que se proponha a consagrar um sistema jurídico efetivamente democrático e propiciador de uma necessária ambiência de promoção da dignidade da pessoa humana (GAGLIANO; PAMPLONA FILHO, 2019).

Com isso, todavia, não se conclua que está sendo incentivado ao divórcio. Significa dizer que, se for necessário, é possível que tal vínculo se desfaça.

6.7.1. Formas de extinção do vínculo conjugal

O presente tópico tem por finalidade apresentar as formas de extinção do vínculo conjugal. Seu propósito é demonstrar que o divórcio, embora seja a forma de extinção do vínculo conjugal pelo exercício da autonomia da vontade, não é a única modalidade que põe termo ao casamento. Há outras modalidades que, também, extinguem o vínculo conjugal: o divórcio; a morte; a invalidade do casamento (GAGLIANO; PAMPLONA FILHO, 2019).

A morte opera a extinção do casamento, sendo, portanto, também uma forma de extinção do vínculo conjugal. É essa a linha preceituada pelo artigo 1.571, ª1º do Código Civil, que menciona que o casamento válido poderá ser dissolvido de duas maneiras: pela morte de um dos cônjuges ou pelo divórcio.

A morte, como é cediço, extinguindo a personalidade jurídica, põe fim à existência da pessoa física ou natural, desfazendo, evidentemente, o vínculo matrimonial. Com isso, o cônjuge sobrevivente (supérstite) terá o seu estado civil alterado, deixando de ser casado, para ser considerado viúvo (GAGLIANO; PAMPLONA FILHO, 2019).

Nesse contexto, é de boa cautela observar que, além da morte real - aferida por meio de exame médico do corpo morto - a morte presumida também poderá operar a dissolução do vínculo matrimonial.

Com relação à invalidade do casamento enquanto forma de extinção do vínculo conjugal, faz-se uma importante ressalva: quando se trata do divórcio, parte-se da premissa de que o casamento válido, pois, logicamente, se não o for, o desate da questão dar-se-á na seara da teoria das nulidades. Assim, torna-se juridicamente impossível o pedido de divórcio em face de um casamento inválido (nulo ou anulável). Se existe defeito ou impedimento, o vínculo matrimonial deverá ser dissolvido por meio do reconhecimento da sua invalidade (GAGLIANO; PAMPLONA FILHO, 2019).

Analisemos, agora, o divórcio no Brasil.

6.7.2. Fases históricas do divórcio no Brasil

No Código de 1916 não existia a extinção voluntária do casamento. O casamento tão somente terminava com a morte ou a anulação. Nessa fase, há apenas o desquite, instituto de influência religiosa, que gerava apenas a dissolução da sociedade conjugal, com a manutenção do vínculo conjugal, e a impossibilidade jurídica de contrair formalmente novas núpcias, o que somente gerava "famílias clandestinas", destinatárias do preconceito e da rejeição social.

A resistência positivada ao divórcio era de tal ordem, que até mesmo os textos constitucionais traziam previsão da indissolubilidade do casamento, o que perdurou até nossa penúltima Constituição (1967).

Esse panorama começou a mudar com a efetiva regulamentação do divórcio no Brasil, o que ocorreu com a Emenda Constitucional 09 de 1977 e a promulgação da famosa Lei do Divórcio, em dezembro de 1977 (Lei n. 6.515).

Esse diploma determinou expressamente que, no Código Civil, todas as disposições relativas ao antigo "desquite" fossem substituídas pelo regramento da "separação judicial". Por isso, no sistema anterior, onde se lia "desquite por mútuo consentimento" e "desquite", passou-se a ler "separação consensual", e onde se lia "desquite litigioso", passou-se a ler "separação judicial".

A Emenda Constitucional 09 de 1977 e a Lei n. 6.515/77, em apertada síntese, estabeleceram que a separação judicial (o novo nome do antigo "desquite") passava a ser requisito necessário e prévio para o pedido de divórcio, que tinha de aguardar a consumação de um prazo de três anos. Além disso, a Emenda Constitucional 09 de 1977 previa o seguinte: se o casal estivesse separado de fato pelo prazo de cinco anos – com início da separação em data anterior à data desta emenda – poderiam requerer o divórcio direto.

A ideia de exigência do decurso de um lapso temporal entre a separação judicial - extinguindo o consórcio entre os cônjuges - e o efetivo divórcio - extinguindo, definitivamente, o casamento - tinha a suposta finalidade de permitir e instar os separados a uma reconciliação, antes que dessem o passo definitivo do fim do vínculo matrimônio.

Posteriormente a essa fase, tem-se a chegada da Constituição Federal de 1988, que mudou completamente o sistema do divórcio. A partir de 1988, consolidou-se o divórcio direto – que já tinha previsão tímida na Lei n. 6.515/77, mas que em razão de questões sociais, tinha pouca aplicabilidade. Com a chegada do divórcio direto, não houve a extinção do divórcio indireto (decorrente da conversão da separação judicial). Agora, havia ambas as previsões. O único requisito para o divórcio direto era o decurso do lapso temporal de mais de dois anos de separação de fato. E, se a separação fosse judicial, era preciso aguardar 1 ano. Esse sistema, cumpre mencionar, vigorou até a entrada em vigor da nova Emenda do Divórcio.

Como marco na evolução do divórcio no Brasil, a afamada Emenda Constitucional nº 66 de 2010, promulgada em 13/07/2010, alterou o § 6º, do art. 226 da Constituição Federal atual, eliminando finalmente o prévio requisito da separação judicial ou de fato para a obtenção do divórcio.

Com o reconhecimento do divórcio como o exercício de um direito potestativo, ainda faz sentido falar-se em divórcio judicial litigioso? Se não há mais a necessidade de causas objetivas ou subjetivas para o ato de se divorciar, qual seria a resistência oponível pelo outro cônjuge, a ponto de constituir em uma lide?

A questão se responde de forma simples. A atuação judicial em divórcio litigioso será para as hipóteses em que os divorciandos não se acertam quanto aos efeitos jurídicos da separação, como, a título exemplificativo, a guarda dos filhos, alimentos, uso do nome e divisão do patrimônio familiar (GAGLIANO; PAMPLONA FILHO, 2019).

Outro ponto importante: hoje, não há mais como se falar em culpa no divórcio. Pelo que foi visto, resta claro que, se o único fundamento para a decretação do divórcio é a falência afetiva da relação, afigura-se inteiramente desnecessária a análise da culpa (GAGLIANO; PAMPLONA FILHO, 2019).

6.7.3. Conceito de divórcio

O divórcio é a medida dissolutória do vínculo matrimonial válido, importando, por consequência, a extinção de deveres conjugais. Trata-se, no vigente ordenamento jurídico brasileiro, de uma forma voluntária de extinção da relação conjugal, sem causa específica, decorrente de simples manifestação de vontade de um ou ambos os cônjuges, apta a permitir, por consequência, a constituição de novos vínculos matrimoniais (GAGLIANO; PAMPLONA FILHO, 2019).

6.7.4. Divórcio extrajudicial

Em uma sociedade acentuadamente marcada pela complexidade das relações sociais, a inafastável exigência de um processo para a dissolução do vínculo, com todas as dificuldades imanentes ao nosso sistema judicial, é, em nosso sentir, uma forma de imposição de sofrimento àqueles que já se encontram, possivelmente, pelas próprias circunstâncias da vida, suficientemente punidos (GAGLIANO; PAMPLONA FILHO, 2019).

O Judiciário é moroso, está amplamente abarrotado de processos judiciais. Como se não bastasse sofrer pelo fim do relacionamento, é preciso sofrer com a demora?

Atendendo ao reclamo da sociedade, na busca da desburocratização de procedimentos, foi editada a Lei n. 11.441, de 4 de janeiro de 2007, estabelecendo normas disciplinadoras da separação, divórcio e inventário por escritura pública. Indubitavelmente, consiste a referida lei em um marco na busca de soluções extrajudiciais para a prática de atos jurídicos onde não há litigiosidade (GAGLIANO; PAMPLONA FILHO, 2019).

Além do consenso, o segundo requisito para o exercício do divórcio extrajudicial ou administrativo, segundo a letra da lei, é a inexistência de filhos menores ou incapazes do casal. É o estabelecido no artigo 733 do CPC: o "divórcio consensual, a separação consensual e a extinção consensual de união estável, não havendo nascituro ou filhos incapazes e observados os requisitos legais, poderão ser realizados por escritura pública".

Nesta seara, cabe destacar, ainda, o artigo 33, § 2º da Resolução 571 do CNJ, que afirma o seguinte: havendo filhos comuns do casal menores ou incapazes, será permitida a lavratura da escritura pública de divórcio, desde que devidamente comprovada a prévia resolução judicial de todas as questões referentes à guarda, visitação e alimentos deles, o que deverá ficar consignado no corpo da escritura.

Por fim, registre-se que, na forma do §2º do artigo 733 do CPC, a assistência de advogados (ou defensor público) é obrigatória para a lavratura da escritura pública, o que se entende como medida de proteção da livre autonomia da vontade das partes interessadas.

6.8. União estável

Quando se fala em formas de família, o casamento sempre costuma ser citado. De fato, ele possui a sua importância jurídica. Todavia, não é correto concluir que o casamento seja a única entidade familiar juridicamente reconhecida ou que se sobreponha em face das demais. O casamento é, tão somente, uma das várias formas de manifestação deste belo fenômeno convivencial que é a família, ombreando-se a outros tipos de entidade.

De fato, é preciso ter sempre em mente que a Constituição Federal de 1988 consagrou a pluralidade familiar, ou seja, o rol constante do art. 226 (composto do casamento, união estável e família monoparental) não é taxativo, mas, sim, meramente exemplificativo.

E, dentre essas entidades, paralelas ao casamento, mas de similar importância, cita-se a união estável, que é uma modalidade de arranjo familiar extremamente comum na sociedade brasileira. Porém, seu reconhecimento não foi nada fácil, tendo em vista que foi somente após a promulgação da nossa Constituição de 1988 que o outrora denominado concubinato, agora reconhecido como união estável - expressão com carga menos pejorativa -, recebeu o justo tratamento jurídico e a proteção do Direito de Família.

Com a admissão expressa pela Constituição Federal da união estável como família, rompeu-se uma tradicional supremacia do modelo casamentário como único standard possível e legitimado.

6.8.1. Conceito e elementos caracterizadores

O próprio legislador cuidou de conceituar o que vem a ser família, por meio de seu artigo 1.723. Art. 1.723 CC/02. É reconhecida como entidade familiar a união estável entre o homem e a mulher, configurada na convivência pública, contínua e duradoura e estabelecida com o objetivo de constituição de família.

A partir da leitura do referido dispositivo, pode-se perceber a necessidade de preenchimento de alguns elementos para que a união estável fique caracterizada. E quais são esses elementos?

O primeiro elemento caracterizador essencial da união estável é a publicidade da convivência. Não é razoável se imaginar que um relacionamento que se trava de maneira furtiva possa ser considerado um núcleo familiar.

A ideia de o casal ser reconhecido socialmente como uma família, em uma convivência pública, é fundamental para a demonstração, eventualmente judicial, da existência de uma união estável.

Outro importante elemento caracterizador da união estável é o seu caráter contínuo. Relacionamentos fugazes, sem ânimo de permanência e definitividade, por mais intensos que sejam, não têm o condão de se converter em uma modalidade familiar.

Outro elemento essencial para a caracterização da união estável é a convivência duradoura entre os sujeitos, ou seja, a estabilidade. A exigibilidade dessa circunstância é intuída até mesmo do adjetivo "estável" que qualifica essa relação. Este elemento permite também diferenciar a união estável do fenômeno moderno da "ficada".

O principal e inafastável elemento para o reconhecimento da união estável, sem sombra de dúvidas, é o objetivo de constituição de família. Este, seguramente, não poderá faltar. Isso porque o casal que vive uma relação de companheirismo - diferentemente da instabilidade do simples namoro - realiza a imediata finalidade de constituir uma família, como se casados fossem.

Com relação à diversidade de sexo, cabe informar que, no sistema aberto, inclusivo e não discriminatório inaugurado a partir da Constituição de 1988, espaço não há para uma interpretação fechada e restritiva que pretenda admitir apenas a união estável heterossexual. Frente a isso, o reconhecimento da união estável homoafetiva como unidade familiar aconteceu em maio de 2011. Nesse ano, o STF julgou a ADI nº 4277 e a ADPF nº 132, sendo que tal julgamento reconheceu o **direito ao estabelecimento de união estável por casais homoafetivos.**

6.8.2. Elementos acidentais

Chamamos de elementos acidentais as circunstâncias de fato que, embora não sejam essenciais para a caracterização da união estável, facilitam a sua demonstração judicial, reforçando imensamente a tese da sua existência. É o caso do tempo de convivência, a existência de prole ou a exigência de coabitação.

A configuração da união estável, no Código Civil de 2002, na mesma vereda da Lei n. 9.278 de 1996, poderá se dar qualquer que seja o tempo de união do casal. Isso significa dizer que não há um tempo mínimo de relacionamento para que a união estável possa se configurar. Para que ela exista, basta a presença dos elementos caracterizadores já analisados.

Outra questão importante: não é necessário ter filhos para que fique configurada a união estável, tampouco a necessidade de vontade do casal em tê-los.

Cumpre acrescentar ainda que a coabitação - entendida como a convivência sob o mesmo teto - também não se afigura indispensável, posição já consolidada há muito no próprio Supremo Tribunal Federal por meio da Súmula 382. Sob essa perspectiva, mesmo vivendo em casas separadas, o casal pode haver constituído a união estável.

Outra questão pertinente sobre a união estável está justamente na necessidade ou não de haver escritura pública lavrada para que, de fato, a união estável exista entre o casal. Nesse tocante, destaca-se que não é preciso um "papel" para que a união exista. Se os elementos caracterizadores estiverem presentes, haverá uma união estável.

6.8.3. Impedimentos da união estável

O legislador brasileiro é categórico ao afirmar que a união estável não se constituirá caso concorram qualquer dos impedimentos constantes no art. 1.521 CC/02. É o que consta no artigo 1723. Art. 1.723, §1º: A união estável não se constituirá se ocorrerem os impedimentos do art. 1.521; não se aplicando a incidência do inciso VI no caso de a pessoa casada se achar separada de fato ou judicialmente.

Mas note-se que, de acordo com a ressalva constante na parte final do art. 1.723, §1º do CC/02, não configurará óbice ao reconhecimento da união estável o fato de um dos companheiros ainda estar oficialmente casado, desde que esteja separado de fato ou judicialmente. Quer-se com isso dizer que pessoas casadas, uma vez separadas de fato ou mediante sentença judicial, embora ainda impedidas de contrair casamento, já podem constituir união estável.

6.8.4. Regime de bens e conversão de união estável em casamento

Com relação ao regime de bens na união estável, segue-se, basicamente, a mesma regra aplicada ao casamento. O casal pode optar por quaisquer um dos regimes e, caso silencie, irá vigorar o regime da comunhão parcial de bens. Art. 1.725 CC/02. Na união estável, salvo contrato escrito entre os companheiros, aplica-se às relações patrimoniais, no que couber, o regime da comunhão parcial de bens.

Porém, destaca-se que é possível optar por outro regime. Contudo, nesse caso é necessária a lavratura da escritura pública de união estável em Tabelionato de Notas.

Dispõe o art. 1.726 do nosso Código Civil que a união estável poderá converter-se em casamento, mediante pedido dos companheiros ao juiz e assento no Registro Civil. O fato é que, para pessoas que já vivam em união estável, a convolação das núpcias é facilitada, dispensando-se a formalidade da celebração do ato. A intenção do legislador é a de permitir que essa conversão seja realizada de maneira célere e de forma administrativa, ou seja, diretamente no cartório de registro civil.

Cabe destacar o seguinte: o casal que vive em união estável, mas que ainda tem vínculo de casamento com outrem (caso de já está separado de fato), não pode converter a união estável em casamento, pois ainda é casado. Somente o poderá fazê-lo quando se divorciar.

Por fim, traz-se o artigo 1.727 do Código Civil, o qual estabelece que as relações não eventuais entre o homem e a mulher, impedidos de casar, constituem concubinato. Nesse caso, tem-se que o concubinato é o tipo de relação entre duas pessoas que estão impedidas de casar. Neste caso, a união não pode ser considerada estável e, portanto, não pode gerar efeitos jurídicos.

6.9. GUARDA

O Código Civil regula a guarda junto aos artigos 1.583 a 1.590, de modo que tal diploma prevê duas modalidades de guardas, quais sejam: unilateral e compartilhada.

Na guarda unilateral, um dos genitores detém a guarda física da criança ou do adolescente e o outro, por sua vez, detém o direito de visitas. É importante destacar que essa espécie de guarda será aplicável, via de regra, em três situações: quando um dos genitores manifestar que não tem interesse em deter a guarda do filho (artigo 1.584, §2º, do CC/02), quando um deles não tiver condições de exercer a guarda ou quando houver consenso.

Cabe destacar que em situações excepcionais, o juiz pode deferir a guarda a terceiros, quando concluir que nenhum dos pais tem condições de ficar com o filho (artigo 1.584, §5º, do CC/02).

Com relação à guarda compartilhada, é imperioso destacar que tal espécie é considerada como REGRA no ordenamento jurídico, podendo inclusive ser estabelecida mesmo em caso de litígio entre os genitores (artigo 1.584, §2º, do CC/02).

Conforme determina o artigo 1.583, §3º, do CC/02, a guarda compartilhada prevê a responsabilização conjunta e o exercício de direitos e deveres do pai e da mãe que não vivam sob o mesmo teto, concernentes ao poder familiar dos filhos. Insta mencionar, ainda, que mesmo residindo em locais distintos, a guarda será compartilhada, fixando-se a residência base de moradia, no local que melhor atenda aos interesses dos filhos (artigo 1.583, §3º, do CC/02).

Frisa-se que o genitor que não deter a guarda terá o direito de visitas, que se configura no direito do genitor de ter o filho em sua companhia e o de fiscalizar sua manutenção e educação, consoante aponta o artigo 1.589 do CC/02. Cabe destacar que tal direito não se restringe apenas ao genitor não guardião, mas também aos familiares deste (avós, tios, primos), ou seja, a criança deve ter contato com as famílias de ambos os genitores.

6.10. Filiação

A filiação é a ligação de uma pessoa a outra a partir do reconhecimento da parentalidade da mesma, ou seja, a ligação do filho com os seus pais, seja biologicamente ou por adoção.

Sobre este assunto, imperioso destacar o art. 1.596 CC/02, que afirma que os filhos, havidos ou não da relação de casamento, ou por adoção, terão os mesmos direitos e qualificações, proibidas quaisquer designações discriminatórias relativas à filiação.

De acordo com a lei (art. 1597 CC/02), quando um homem e uma mulher são casados, supõe-se que o marido é sempre o pai da criança gerada durante o casamento. Quando os pais da criança são casados, não há necessidade de comparecimento de ambos ao cartório. Nesse caso, é necessária a apresentação da certidão de casamento para que o registro seja efetuado em nome dos dois.

Art. 1.597 CC/02. Presumem-se concebidos na constância do casamento os filhos:

I - nascidos cento e oitenta dias, pelo menos, depois de estabelecida a convivência conjugal;

II - nascidos nos trezentos dias subsequentes à dissolução da sociedade conjugal, por morte, separação judicial, nulidade e anulação do casamento;

III - havidos por fecundação artificial homóloga, mesmo que falecido o marido;

IV - havidos, a qualquer tempo, quando se tratar de embriões excedentários, decorrentes de concepção artificial homóloga;

V - havidos por inseminação artificial heteróloga, desde que tenha prévia autorização do marido.

6.10.1. Reconhecimento de filho

O reconhecimento é o ato que declara a filiação, estabelecendo, juridicamente o parentesco entre pai, mãe e filho. Dessa maneira, o ato de reconhecimento é declaratório e não constitutivo. O reconhecimento de estado de filiação é direito personalíssimo, indisponível, imprescritível e irrevogável.

6.10.1.1. Reconhecimento voluntário

O reconhecimento será feito (art. 1.609, CC e Lei nº 8.560/1992) no registro do nascimento, com o comparecimento dos genitores; por escritura pública ou escrito particular, a ser arquivado em cartório; por testamento, ainda que incidentalmente manifestado (mesmo havendo revogação do testamento, o ato de reconhecimento segue produzindo efeitos, pois irrevogável); por manifestação direta e expressa perante o juiz, ainda que o reconhecimento não haja sido o objeto único e principal do ato que o contém. No caso de reconhecimento de filho maior de idade (art. 1.614, CC), é necessário seu consentimento. O reconhecimento pode ser anterior ao nascimento ou posterior ao seu falecimento (art. 1.609, parágrafo único) e, neste caso, só é permitido se o filho tiver deixado herdeiros.

6.10.1.2. Reconhecimento oficioso

A Lei nº 8.560/1992, em seu art. 2º dispõe o seguinte: se apenas a mãe comparecer ao Cartório de Registro Civil e indicar o nome do pai, o registrador deverá remeter ao juiz a certidão do registro e o nome do pai indicado, devidamente qualificado, para que oficiosamente se verifique a procedência da imputação da paternidade. O juiz notificará o suposto pai para que a reconheça voluntariamente em 30 dias. Se ele não se apresentar ou negar a paternidade, os autos serão remetidos ao Ministério Público para que se intente ação de investigação de paternidade, mesmo sem a iniciativa do interessado direto.

O Ministério Público age como substituto processual. Mas, se o interessado (investigado) quiser, poderá intentar a ação de investigação – art. 2°, § 6°, da Lei n° 8.560/1992.

6.10.1.3. Reconhecimento judicial:

Resulta de sentença proferida em ação de investigação de paternidade. Essa ação deve ser intentada pelo filho, por ser pessoal, mas os herdeiros poderão prosseguir nela, no caso do falecimento do titular do direito. A contestação pode ser feita por qualquer pessoa que tenha interesse moral ou econômico na ação (art. 1.615) (ex.: cônjuge do réu, herdeiros etc.). Deverá já haver a fixação dos alimentos provisionais ou definitivos. Deve ser averbada no registro competente. É ato imprescritível, pois pode ser exercido a qualquer momento (súmula n° 149 do STF).

6.10.2. Exame de DNA

O exame de DNA é a prova mais contundente quanto à filiação. Havendo negativa do suposto pai a fornecer o material genético, esse exame determina a presunção de paternidade, nos termos da súmula 301 do STJ: "Em ação investigatória, a recusa do suposto pai a submeter-se ao exame de DNA induz presunção juris tantum de paternidade".

6.11. ALIMENTOS

Quando, cotidianamente, utiliza-se a expressão "alimentos", é extremamente comum se fazer uma correspondência com a noção de "alimentação", no sentido dos nutrientes fornecidos pela comida. Todavia, a acepção jurídica do termo é muito mais ampla. De fato, juridicamente, os alimentos significam o conjunto das prestações necessárias para a vida digna do indivíduo (comida, vestuário, lazer, higiene, etc.).

6.11.1. Critérios de fixação dos alimentos

Tradicionalmente, um binômio é tomado como pressuposto fundamental para a fixação de alimentos: necessidade-possibilidade. É a conclusão lógica da interpretação do art. 1.695, CC/2002, que afirma o seguinte: "são devidos os alimentos quando quem os pretende não tem bens suficientes, nem pode prover, pelo seu trabalho, à própria mantença, e aquele, de quem se reclamam, pode fornecê-los, sem desfalque do necessário ao seu sustento".

Todavia, a doutrina mais moderna permite-se ir além da mera remissão legal, considerando que o respaldo fático da fixação estará calcado, em verdade, em um trinômio. E qual seria o terceiro pressuposto? Exatamente a justa medida entre estas duas circunstâncias fáticas: a razoabilidade ou proporcionalidade.

Importa não somente a necessidade do credor ou a capacidade econômica do devedor, mas, sim, a conjunção dessas medidas de maneira adequada. A fixação de alimentos não é um "bilhete premiado de loteria" para o alimentando (credor), nem uma "punição" para o alimentante (devedor), mas, sim, uma justa composição entre a necessidade de quem pede e o recurso de quem paga.

É justamente por essa razão que inexiste qualquer determinação legal de porcentagem ou valor mínimo ou máximo. O importante é garantir, sempre, uma prestação que permita realizar cada um dos pressupostos aqui fixados, motivo pelo qual deve ser assegurada a conservação do seu valor aquisitivo, na forma do art. 1.710, CC/2002

6.11.2. Legitimação da obrigação alimentar

Quem pode exigir alimentos? E quem está obrigado a prestá-los? Em outras palavras, quem está legitimado para demandar e ser demandado por alimentos? É justamente sobre esse assunto que o presente tópico irá se debruçar.

A obrigação alimentar, em Direito de Família, é decorrente do parentesco ou da formação de uma família.

> Art. 1.694 CC/02. Podem os parentes, os cônjuges ou companheiros pedir uns aos outros os alimentos de que necessitem para viver de modo compatível com a sua condição social, inclusive para atender às necessidades de sua educação.
>
> §1° Os alimentos devem ser fixados na proporção das necessidades do reclamante e dos recursos da pessoa obrigada.
>
> Art. 1.695 CC/02. São devidos os alimentos quando quem os pretende não tem bens suficientes, nem pode prover, pelo seu trabalho, à própria mantença, e aquele, de quem se reclamam, pode fornecê-los, sem desfalque do necessário ao seu sustento.
>
> Art. 1.696 CC/02. O direito à prestação de alimentos é recíproco entre pais e filhos, e extensivo a todos os ascendentes, recaindo a obrigação nos mais próximos em grau, uns em falta de outros.
>
> Art. 1.697 CC/02. Na falta dos ascendentes cabe a obrigação aos descendentes, guardada a ordem de sucessão e, faltando estes, aos irmãos, assim germanos como unilaterais.

Assim, tem-se que é possível pedir alimentos para as seguintes pessoas:

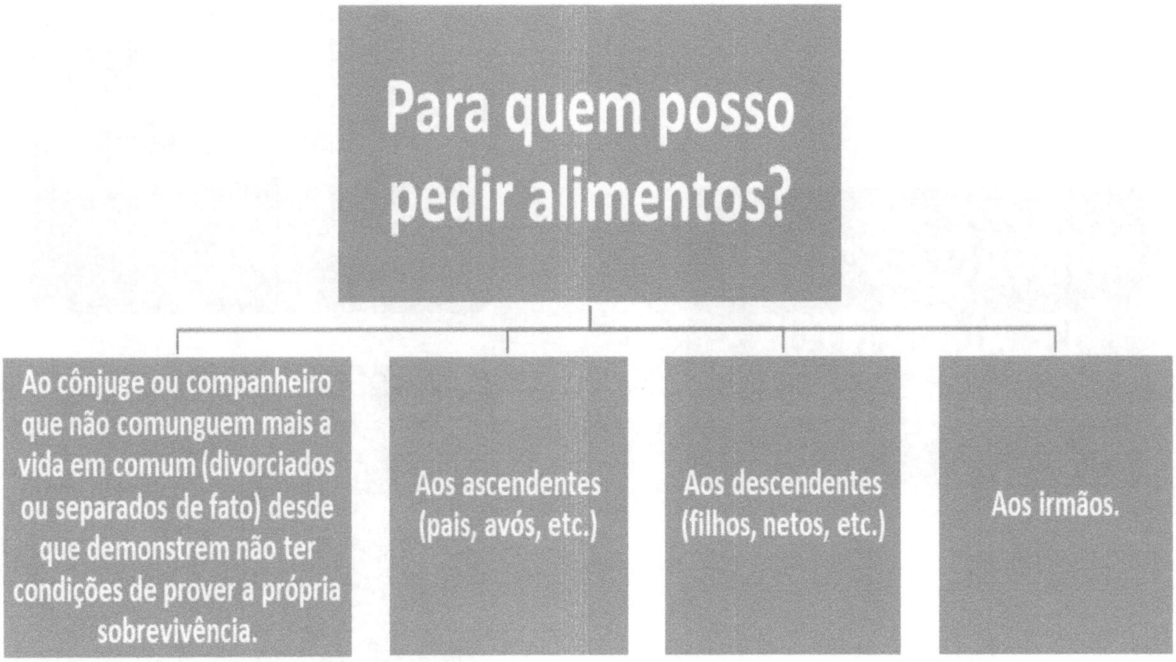

Os demais parentes: tios e sobrinhos (parentes de 3º grau), tios-avôs e sobrinhos-netos, e os primos entre si (parentes de 4º grau) não poderiam ser forçados ao pagamento de alimentos, tendo em vista o artigo 1.697 do Código Civil.

A obrigação alimentar, vale acrescentar, também é sucessiva, entendida tal característica na circunstância de que, na ausência de ascendentes, passaria para os descendentes e, na ausência destes últimos, aos irmãos, assim germanos (ou seja, irmãos dos mesmo pai e mãe) quanto unilaterais, na forma do art. 1.697, CC/2002.

> Art. 1.698 CC/02. Se o parente, que deve alimentos em primeiro lugar, não estiver em condições de suportar totalmente o encargo, serão chamados a concorrer os de grau imediato; sendo várias as pessoas obrigadas a prestar alimentos, todas devem concorrer na proporção dos respectivos recursos, e, intentada ação contra uma delas, poderão as demais ser chamadas a integrar a lide.

6.11.3. Alimentos pagos por avós

O pagamento de pensão alimentícia feita por avôs é excepcional.

A responsabilidade dos avós é subsidiária e complementar à responsabilidade dos pais, e o entendimento do STJ se manifesta no sentido de que se exige alimentos dos avôs tão somente em caso de impossibilidade de cumprimento da prestação, ou de cumprimento insuficiente, pelos genitores.

Ou seja, apenas quando pai e mãe não conseguem arcar com o sustento dos filhos ou consegue apenas de maneira parcial (SÚMULA 596, STJ). Assim, se o pai ou a mãe tiver condições de arcar com o sustento do filho, ainda que sozinho, não se obriga os avós pagarem pensão alimentícia.

6.11.4. Alimentos gravídicos

Os *alimentos gravídicos* são uma garantia à gestante e ao nascituro, visando o amparo financeiro necessário durante a gravidez. Tais alimentos existem justamente para garantir um regular desenvolvimento da gestação e adequado parto. Isso se coaduna com o entendimento constitucional, que protege o nascituro e garante a ele um desenvolvimento sadio.

No ano de 2008 entrou em vigor no Brasil a Lei 11.804/2008, a Lei de Alimentos Gravídicos. A lei garante, em suma, o direito de alimentos da mulher gestante, que compreendem os valores suficientes para cobrir as despesas adicionais do período de gravidez e que sejam dela decorrentes, da concepção ao parto, inclusive as referentes à alimentação especial, assistência médica e psicológica, exames complementares, internações, medicamentos e demais prescrições preventivas e terapêuticas indispensáveis, a juízo do médico, além de outras que o juiz considere pertinentes (artigo 2º Lei 11.804).

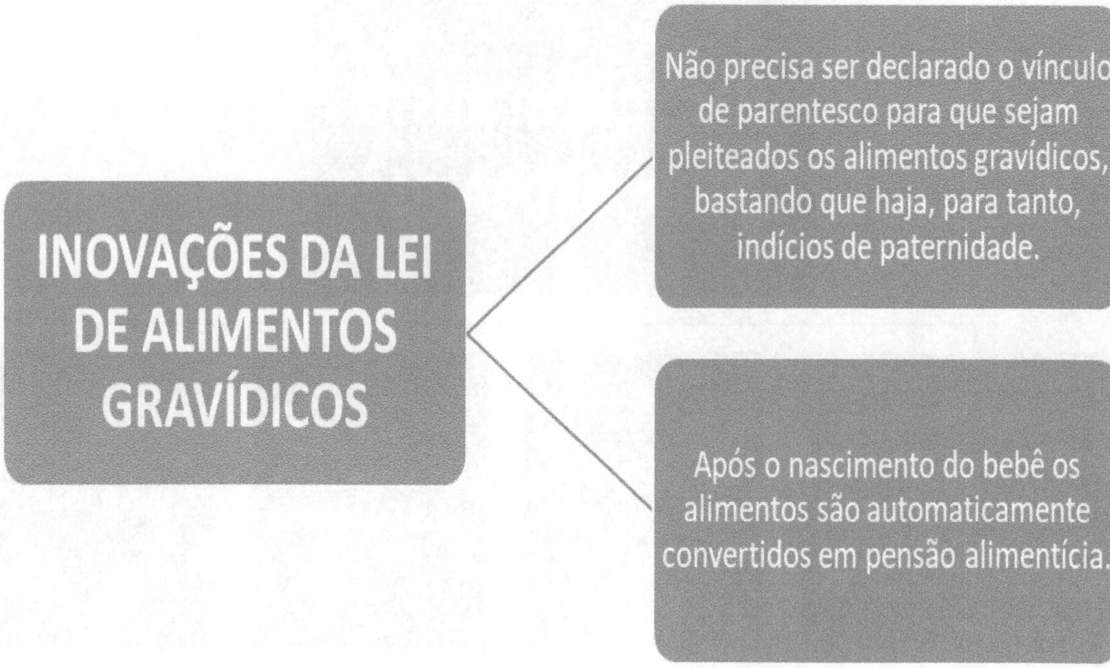

> Art. 6º Lei 11.804: Convencido da existência de indícios da paternidade, o juiz fixará alimentos gravídicos que perdurarão até o nascimento da criança, sopesando as necessidades da parte autora e as possibilidades da parte ré.
>
> Parágrafo único. Após o nascimento com vida, os alimentos gravídicos ficam convertidos em pensão alimentícia em favor do menor até que uma das partes solicite a sua revisão.

7. SUCESSÕES

7.1. Da herança e sua administração

A herança, de forma ampla, pode ser compreendida como tudo o que se transmite do de cujus a seus sucessores, de acordo com a lei ou de acordo com suas últimas vontades, nos limites da legislação.

Em razão disso, diz-se que a sucessão pode ser de dois tipos: sucessão legítima e sucessão testamentária. A sucessão legítima é a definida pela lei, por outro lado a sucessão testamentária é a que expressa a vontade individual do testador, que define a destinação dos bens a determinados destinatários.

Nos termos do art. 1.791 do Código Civil, a herança defere-se como um todo unitário, mesmo que vários sejam os herdeiros. Pelo mesmo comando legal, até a partilha, o direito dos coerdeiros, quanto à propriedade e posse da herança, será indivisível e regular-se-á pelas normas relativas ao condomínio.

Como consequência disso, o art. 1.793 CC/02 consagra a possibilidade de herdeiro ceder o seu quinhão por meio de cessão, a qual deve ser realizada via escritura pública. Inclusive, se não realizada por meio de escritura pública será considerado nulo o ato, visto que se trata de uma formalidade estabelecida em lei.

De acordo com o art. 1.793, §2º, é ineficaz a cessão, pelo coerdeiro, de seu direito hereditário sobre qualquer bem da herança considerado singularmente. Logo, antes de realizada a partilha dos bens, não há como o herdeiro ceder um bem de forma individualizada. É possível apenas ceder seu quinhão como um todo.

Afora isso, tem-se o art. 1.794 CC/02, que afirma o seguinte: o coerdeiro não poderá ceder a sua quota hereditária a pessoa estranha à sucessão, se outro coerdeiro a quiser, tanto por tanto. Tal dispositivo, em suma, estabelece que o herdeiro, antes de oferecer sua quota a terceiro, deve observar o direito de preferência que possuem os demais herdeiros no que diz respeito ao direito de adquirir tal quota.

Se, por exemplo, João pretender ceder a sua quota na herança do seu pai a um terceiro, mediante o recebimento da quantia de R$ 10.000,00, precisará, antes, comunicar aos seus dois outros irmãos (coerdeiros), para que eles, no prazo que lhes for assinado, manifestem interesse em adquiri-la, nas mesmas condições.

O ato de comunicação poderá consistir em uma notificação judicial ou extrajudicial. Se já houver inventário judicial, o cedente pode solicitar que o próprio juiz intime os demais herdeiros para, querendo, se manifestarem no prazo assinado. E se deixarem correr o prazo sem manifestação, o silêncio deve ser entendido como ato de aquiescência à cessão feita ao terceiro.

E se o direito de preferência não for observado? Nesse caso, a teor do art. 1.795 CC/02, o coerdeiro, a quem não se der conhecimento da cessão, poderá, depositado o preço, haver para si a quota cedida a estranho, se o requerer até cento e oitenta dias após a transmissão.

E se houver mais de um sucessor interessado em exercer o direito de preferência? Nesse caso, atendidos os termos da proposta de cessão, entre eles será distribuído o quinhão, na proporção das suas respectivas quotas hereditárias, conforme estabelecido no parágrafo único do art. 1.795 do CC/02, que afirma o seguinte: sendo vários os coerdeiros a exercer a preferência, entre eles se distribuirá o quinhão cedido, na proporção das respectivas quotas hereditárias.

Acerca dessa matéria, cabe enfrentar, também, o seguinte questionamento: pode o herdeiro ser demandado a pagar, com seu próprio patrimônio, as dívidas deixadas pelo autor da herança? A resposta é negativa. O art. 1.792 CC/02 afirma que o herdeiro não responde por encargos superiores às forças da herança.

7.1.1. Prazo para abertura do inventário

Conforme aponta o art. 1.796 CC/02, no prazo de trinta dias, a contar da abertura da sucessão, instaurar-se-á inventário do patrimônio hereditário, perante o juízo competente no lugar da sucessão, para fins de liquidação e, quando for o caso, de partilha da herança. Todavia, com a chegada do CPC de 2015, tal prazo foi derrogado, visto que o art. 611 da legislação processual estabelece que o processo de inventário e de partilha deve ser instaurado dentro de 2 (dois) meses, a contar da abertura da sucessão, ultimando-se nos 12 (doze) meses subsequentes, podendo o juiz prorrogar esses prazos, de ofício ou a requerimento de parte.

7.1.2. Administração da herança

Conforme determinam os arts. 1.784 e 1.791 CC/02, falecendo o autor da herança, forma-se, em abstrato, uma massa patrimonial cuja titularidade, do ponto de vista ideal, por força do Princípio da Saisine, passa aos herdeiros. Mas a quem cabe administrar essa massa patrimonial?

A resposta está no art. 1.797 CC/02, o qual estabelece uma ordem de preferência:

> Art. 1.797. Até o compromisso do inventariante, a administração da herança caberá, sucessivamente:
>
> I - ao cônjuge ou companheiro, se com o outro convivia ao tempo da abertura da sucessão;
>
> II - ao herdeiro que estiver na posse e administração dos bens, e, se houver mais de um nessas condições, ao mais velho;
>
> III - ao testamenteiro;
>
> IV - a pessoa de confiança do juiz, na falta ou escusa das indicadas nos incisos antecedentes, ou quando tiverem de ser afastadas por motivo grave levado ao conhecimento do juiz.

7.2. Da aceitação e renúncia da herança

A aceitação da herança é o ato jurídico pelo qual o herdeiro manifesta, de forma expressa, tácita ou presumida, a sua intenção de receber a herança que lhe é transmitida. Está prevista no art. 1.804 CC/02, que aduz o seguinte: aceita a herança, torna-se definitiva a sua transmissão ao herdeiro, desde a abertura da sucessão. Afora isso, consoante determina o parágrafo único do referido dispositivo, destaca-se que a transmissão se tem por não verificada quando o herdeiro renuncia à herança.

Outro dispositivo de extrema importância é o art. 1.805 CC/02:

> Art. 1.805. A aceitação da herança, quando expressa, faz-se por declaração escrita; quando tácita, há de resultar tão-somente de atos próprios da qualidade de herdeiro.
>
> § 1º Não exprimem aceitação de herança os atos oficiosos, como o funeral do finado, os meramente conservatórios, ou os de administração e guarda provisória.
>
> § 2º Não importa igualmente aceitação a cessão gratuita, pura e simples, da herança, aos demais coerdeiros.

Como exemplos de atos próprios da qualidade de herdeiro podem ser citados os seguintes: outorga de procuração a advogado para ingressar com inventário; cobrar aluguéis de eventual inquilino de um bem da herança.

O art. 1.807 CC/02, estabelece que o interessado em que o herdeiro declare se aceita, ou não, a herança, poderá, vinte dias após aberta a sucessão, requerer ao juiz prazo razoável, não maior de trinta dias, para, nele, se pronunciar o herdeiro, sob pena de se haver a herança por aceita. Esse artigo se aplica aos casos em que o herdeiro, na tentativa de prejudicar seu credor, silencia quanto ao ato de aceitar a herança (total abstenção). Assim, o credor por pedir ao juiz que intime o herdeiro para dizer se aceita ou não a herança, sendo que se o herdeiro silenciar, estará aceita a herança.

No que diz respeito à renúncia da herança, cabe destacar que ela consiste em um ato jurídico pelo qual o herdeiro irá abdicar o direito hereditário conferido. Tem efeitos com efeitos retroativos e, assim sendo, excluem o sujeito da cadeia sucessória como se herdeiro nunca houvesse sido. Sobre esse assunto, pertinente é o art. 1.808 CC/02, que aduz que não se pode aceitar ou renunciar a herança em parte, sob condição ou a termo. Deste modo, ou se renuncia tudo, ou não se renuncia. Além disso, cabe destacar que a renúncia somente se opera por meio de instrumento público ou termo judicial (art. 1.806 CC/02); e, assim como os atos de aceitação, a renúncia é irrevogável (art. 1.812 CC/02).

Cabe destacar que a renúncia não pode ser feita antes da abertura da sucessão, pois implicaria pacto sucessório, legalmente proibido (art. 426 CC/02). Vale lembrar, ainda, que, à luz do art. 1.811, CC/02, "ninguém poderá suceder, representando herdeiro renunciante. Se, porém, ele for o único legítimo da sua classe, ou se todos os outros da mesma classe renunciarem à herança, poderão os filhos vir à sucessão, por direito próprio, e por cabeça".

Se, por exemplo, José renunciar à herança de seu pai, seus filhos não poderão pretender habilitar-se no inventário do avô por direito de representação. Todavia, se todos os herdeiros da classe de José renunciarem, logicamente, os netos poderão herdar por direito próprio e por cabeça.

Isso, inclusive, casa com o art. 1.810 CC/02, que afirma que na sucessão legítima, a parte do renunciante acresce à dos outros herdeiros da mesma classe e, sendo ele o único desta, devolve-se aos da subsequente.

Quanto à renúncia, importante é o art. 1.813 CC/02, o qual aduz o seguinte:

> Art. 1.813. Quando o herdeiro prejudicar os seus credores, renunciando à herança, poderão eles, com autorização do juiz, aceitá-la em nome do renunciante.
>
> § 1.º A habilitação dos credores se fará no prazo de trinta dias seguintes ao conhecimento do fato.
>
> § 2.º Pagas as dívidas do renunciante, prevalece a renúncia quanto ao remanescente, que será devolvido aos demais herdeiros.

Para ilustrar, imagine a seguinte situação: Cassio deve R$50.000 a Pedro, e, sem dinheiro para pagar, resolve, por birra ou qualquer outra razão, renunciar a uma herança de R$90.000 havida do seu tio Francisco. Em tal caso, o credor (Pedro) poderá ingressar com medida judicial para aceitar a herança, no limite do crédito, no lugar de Cássio, prevalecendo o ato de renúncia quanto ao remanescente.

7.3. Dos excluídos da sucessão

Quando se fala em excluídos da sucessão, é preciso ter em mente que está se tratando sobre a indignidade e a deserdação. Logo, o estudo precisa ser dividido em dois blocos. Primeiro se estuda a indignidade e, após, a deserdação.

7.3.1. Indignidade

A indignidade tem natureza essencialmente punitiva, na medida em que visa a afastar da relação sucessória aquele que haja cometido ato grave que impacta a vida do autor da herança. As hipóteses autorizadoras da exclusão por indignidade estão taxativamente previstas em lei, quais sejam:

> Art. 1.814. São excluídos da sucessão os herdeiros ou legatários:
>
> I - que houverem sido autores, coautores ou partícipes de homicídio doloso, ou tentativa deste, contra a pessoa de cuja sucessão se tratar, seu cônjuge, companheiro, ascendente ou descendente;
>
> II - que houverem acusado caluniosamente em juízo o autor da herança ou incorrerem em crime contra a sua honra, ou de seu cônjuge ou companheiro;
>
> III - que, por violência ou meios fraudulentos, inibirem ou obstarem o autor da herança de dispor livremente de seus bens por ato de última vontade.

Por se tratar de uma sanção, são pessoais os efeitos da exclusão por indignidade, de maneira que os descendentes do herdeiro excluído sucedem, como se ele morto fosse antes da abertura da sucessão (art. 1.816 do CC). Imagina-se que Lauro, irmão de Pedro e Lucas, houvesse sido excluído da sucessão do seu pai, Mário, por haver cometido uma tentativa de homicídio contra seu genitor. Uma vez operada a exclusão, a quota-parte do ofensor (1/3) acrescerá o quinhão dos coerdeiros (Pedro e Lucas), ressalvada a hipótese de Lauro ter deixado filhos, pois, nesse caso, os filhos dele herdariam por representação.

Além disso, cabe trazer, ainda, o art. 1.816, parágrafo único do CC/02, o qual afirma que o excluído da sucessão não terá direito ao usufruto ou à administração dos bens que a seus sucessores couberem na herança, nem à sucessão eventual desses bens.

A exclusão do herdeiro ou legatário, em qualquer dos casos de indignidade, será declarada por sentença, sendo que o direito de demandar a exclusão do herdeiro ou legatário extingue-se em quatro anos, contados da abertura da sucessão. Importante lembrar que na hipótese do inciso I do art. 1.814, o Ministério Público tem legitimidade para demandar a exclusão do herdeiro ou legatário (art. 1.815 e §§ CC/02).

CUIDAR! Art. 1.815-A. Em qualquer dos casos de indignidade previstos no art. 1.814, o trânsito em julgado da sentença penal condenatória acarretará a imediata exclusão do herdeiro ou legatário indigno, independentemente da sentença prevista no caput do art. 1.815 deste Código.

A teor do art. 1.818 CC/02, "aquele que incorreu em atos que determinem a exclusão da herança será admitido a suceder, se o ofendido o tiver expressamente reabilitado em testamento, ou em outro ato autêntico". Admite-se, com isso, o perdão do herdeiro indigno, desde que o autor da herança o faça expressamente, mediante declaração no testamento, ou por meio de qualquer outro instrumento, público ou particular.

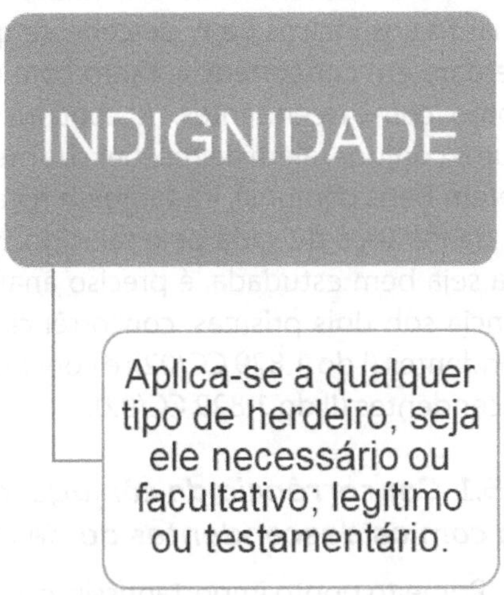

As causas de deserdação estão dispostas nos artigos 1.962 e 1.963 do CC/02. O art. 1.962 CC/02 traz especificamente as causas de deserdação em que o ascendente deserda o descendente. Por sua vez, o art. 1.963 CC/02 traz as causas de deserdação em que o descendente deserdará o ascendente.

> Art. 1.962. Além das causas mencionadas no art. 1.814, autorizam a deserdação dos descendentes por seus ascendentes:
>
> I - ofensa física;
>
> II - injúria grave;
>
> III - relações ilícitas com a madrasta ou com o padrasto;
>
> IV - desamparo do ascendente em alienação mental ou grave enfermidade.
>
> Art. 1.963. Além das causas enumeradas no art. 1.814, autorizam a deserdação dos ascendentes pelos descendentes:
>
> I - ofensa física;
>
> II - injúria grave;
>
> III - relações ilícitas com a mulher ou companheira do filho ou a do neto, ou com o marido ou companheiro da filha ou o da neta;

7.3.2. Deserdação

A deserdação também tem por finalidade a exclusão do herdeiro da relação sucessória. Para que ela ocorra na prática, é preciso que o autor da herança, por testamento, haja aplicado a pena de exclusão ao sucessor que contra si cometera atos graves, os quais estão estabelecidos nos artigos 1.962 e 1.963 do Código Civil.

Em razão disso, é notório que a deserdação somente se aplica para herdeiros necessários, uma vez que todas as demais pessoas (herdeiros eventuais ou facultativos) poderão, simplesmente, não ser beneficiados por testamento.

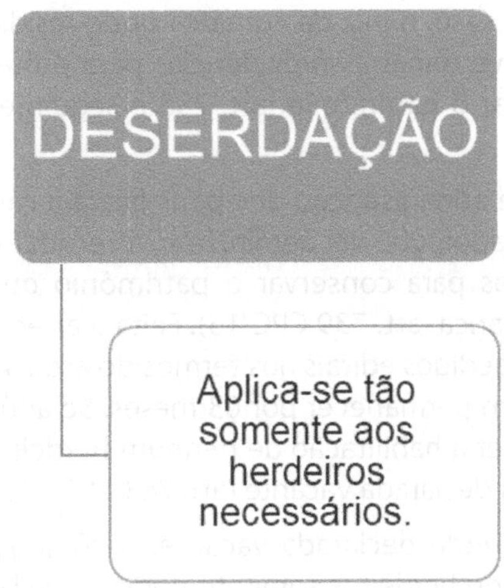

> IV - desamparo do filho ou neto com deficiência mental ou grave enfermidade.

Além disso, como se percebe no caput tanto do art. 1.962 CC/02, como no art. 1.963 CC/02, todas as causas de indignidade (art. 1.814 CC/02) podem gerar, também, deserdação. Porém, as causas próprias de deserdação não são capazes de gerar indignidade, pois o rol da indignidade é taxativo do art. 1.814 CC/02.

Por se tratar de uma sanção civil, a deserdação não admite dicção genérica ou expressão abstrata, uma vez que somente com expressa declaração de causa, pode a deserdação ser ordenada em testamento (art. 1.964 CC/02).

Aberta a relação sucessória, com a morte do testador, será necessário, ainda, que o herdeiro instituído ou beneficiário, mediante ação própria – ação de deserdação – prove a veracidade da causa alegada pelo testador (art. 1.965 CC/02). O prazo para o exercício do direito potestativo é decadencial de quatro anos, a contar da abertura do testamento (art. 1.965, parágrafo único CC/02.

7.4. Da herança jacente da herança vacante

Pode-se conceituar herança jacente como aquela em que o falecido não deixou testamento ou herdeiros notoriamente conhecidos. O art. 1.819 CC/02 afirma o seguinte: falecendo alguém sem deixar testamento nem herdeiro legítimo notoriamente conhecido, os bens da herança, depois de arrecadados, ficarão sob a guarda e administração de um curador, até a sua entrega ao sucessor devidamente habilitado ou à declaração de sua vacância.

Com a morte de alguém, abre-se a sucessão e a herança se transmite aos herdeiros legítimos e testamentários. Se o autor da herança não tiver deixado herdeiros, a herança será jacente (art. 1.819 CC/02). Nesse caso, o juiz da comarca onde residia o de cujus deve tomar as providências para proteger e arrecadar o patrimônio (art. 738 e seguintes CPC/15).

A guarda e administração dos bens ficará a cargo de um curador, que vai administrar, arrecadar e tomar medidas para conservar o patrimônio que compõe a herança (art. 739 CPC/15). Feita a arrecadação, são expedidos editais nos termos do art. 741 CPC/15. Devem permanecer por 03 meses. Se após isso não houver a habilitação de nenhum herdeiro, a herança será declarada vacante (art. 743 CPC/15).

Uma vez sendo declarada vacante, o cônjuge, companheiro ou herdeiros somente poderão reclamar seu direito por meio de ação de petição de herança (art. 743, §2º CPC/15). Após a declaração de vacância, os credores podem pedir o pagamento das dívidas reconhecidas no limite da força da herança (art. 1.821 CC/02 e art. 741, §4º CPC/15). Após a declaração de vacância, ainda é preciso esperar 05 anos da abertura da sucessão para que o patrimônio passe para o Município, DF, ou União (art. 1.822 CC/02).

7.5. Da ordem de vocação hereditária

Em linhas gerais, a ordem de vocação hereditária estabelece quem será chamado ao recebimento da herança quando do falecimento de alguém. Tal ordem está disposta no art. 1.829 CC/02 e, basicamente, é a seguinte:

> Art. 1.829. A sucessão legítima defere-se na ordem seguinte:
>
> I - aos descendentes, em concorrência com o cônjuge sobrevivente, salvo se casado este com o falecido no regime da comunhão universal, ou no da separação obrigatória de bens (art. 1.640, parágrafo único); ou se, no regime da comunhão parcial, o autor da herança não houver deixado bens particulares;
>
> II - aos ascendentes, em concorrência com o cônjuge;
>
> III - ao cônjuge sobrevivente;
>
> IV - aos colaterais.

Assim a regra geral estabelecida no ordenamento é a de que os mais próximos excluem os mais remotos, ou seja, havendo descendentes do falecido, não serão chamados os ascendentes, e assim por diante (art. 1.833 CC/02).

Importante observar o seguinte: em razão da declaração de inconstitucionalidade do art. 1.790 CC/02, por parte do STF no ano de 2017, a sucessão do cônjuge ou companheiro ocorre da mesma forma, isto é, observando o art. 1.829 CC/02.

A partir da leitura do art. 1.829, especialmente quanto aos incisos I e II, percebe-se que o cônjuge herdará em concorrência, tanto com descendentes como com ascendentes. A concorrência significa que o cônjuge, além de receber sua meação (se houverem bens comuns), irá também receber uma parte da herança deixada pelo falecido. Mas, para que ela seja bem estudada, é preciso analisar a concorrência sob dois prismas: concorrência com os descendentes (I do 1.829 CC/02); e concorrência com os ascendentes (II do 1.829 CC/02).

7.5.1. Concorrência do cônjuge/companheiro com os descendentes do de cujus

Primeiro ponto importantíssimo: quando se analisa a concorrência do cônjuge no âmbito dos descendentes, primeiro é preciso dizer que nem sempre haverá concorrência. O que irá nos dizer se vai haver concorrência ou não é o regime de bens que o de cujus era casado.

Não haverá concorrência no regime de comunhão universal, no de separação obrigatória e no regime de comunhão parcial, quando o falecido não tiver deixado bens particulares. Nos demais regimes há a concorrência.

No regime de comunhão universal, não há direito de concorrência do cônjuge/companheiro com os descendentes do falecido. Apenas há direito de meação quanto aos bens comuns. No regime da comunhão parcial de bens o cônjuge/companheiro terá direito à meação quando houver bens comuns e mais uma parcela dos bens particulares do de cujus, pois a concorrência se dá apenas em cima dos bens particulares.

No regime de separação convencional, por não haver bens comuns, não há meação. Porém, o cônjuge/companheiro tem direito de concorrência com os descendentes quanto aos bens particulares da pessoa falecida. No regime de separação obrigatória, não há concorrência do cônjuge/companheiro com os descendentes do de cujus. Contudo, em razão da súmula 377 do STF, se houverem bens comuns e houver comprovação de esforço financeiro para adquiri-los, haverá meação. Por fim, quanto ao regime de participação final nos aquestos, o cônjuge/companheiro terá direito à meação quando houver bens aquestados e mais uma parcela dos bens particulares do de cujus, pois a concorrência se dá apenas em cima dos bens particulares.

Importante lembrar do art. 1.832 CC/02, o qual estabelece a regra do 1/4. Caberá ao cônjuge quinhão igual ao dos que sucederem por cabeça, não podendo a sua quota ser inferior à quarta parte da herança, se for ascendente dos herdeiros com que concorrer. Assim, haverá divisão igualitária entre descendentes e o cônjuge/companheiro sobrevivente, quando os filhos forem unilaterais do autor da herança ou quando houver até três filhos comuns entre o sobrevivente e o autor da herança. Se o falecido deixar quatro ou mais filhos comuns entre ele e o sobrevivente, este receberá 1/4 (ou 25%) da herança e os filhos partilharão os outros 3/4 (ou 75%).

CONCORRÊNCIA DO CÔNJUGE/COMPANHEIRO COM DESCENDENTES			
REGIME DE BENS	**HÁ MEAÇÃO?**	**HÁ CONCORRÊNCIA?**	**FUNDAMENTO**
Comunhão universal de bens	Sim, em cima dos bens comuns.	Não, por força da vedação contida no art. 1.829, CC, I.	Art. 1.829, CC, I.
Comunhão parcial de bens	Sim, apenas em cima dos bens comuns.	Sim, apenas em cima dos bens particulares do de cujus.	Art. 1.829, CC, I.
Separação convencional de bens	Não, pois não há bens comuns.	Sim, apenas em cima dos bens particulares do de cujus.	Art. 1.829, CC, I.
Separação obrigatória de bens	Sim, apenas em cima dos bens comuns quando comprovado esforço na aquisição	Não, por força da vedação contida no art. 1.829, CC, I.	Art. 1.829, CC, I. Súmula 377 STF
Participação final nos aquestos	Sim, apenas em cima dos bens comuns.	Sim, apenas em cima dos bens particulares do de cujus.	Art. 1.829, CC, I.

7.5.2. Concorrência do cônjuge/companheiro com os ascendentes do de cujus

Quando o *de cujus* for casado ou convivente em união estável, se não tiver descendentes, herdarão os seus ascendentes, em concorrência com o cônjuge ou companheiro sobrevivente. Neste caso, não importa o regime de bens escolhido para a relação, a concorrência ocorre em todos os regimes.

Se o regime de bens escolhido determinar a comunicabilidade de patrimônio, o sobrevivente receberá meação sobre esses bens. Sobre a outra metade e todos os bens particulares, ou seja, sobre a totalidade da herança, haverá a concorrência com os ascendentes. O art. 1.837 CC/02 estabelece o percentual desta concorrência, de forma que se concorrer com pai e mãe, o sobrevivente herda 1/3 da herança e, se concorrer apenas com um dos genitores ou se for maior o grau de parentesco (avós ou bisavós), receberá a metade da herança.

7.5.3. Cônjuge/companheiro sobrevivente enquanto herdeiro exclusivo

Falecendo indivíduo sem deixar descendentes ou ascendentes, mas deixando o cônjuge ou o companheiro, estes herdarão a totalidade do patrimônio (50% dos bens comuns por meação e, o restante, por herança).

No entanto, é importante ter em mente o art. 1830 CC/02, que aduz o seguinte: para que o sobrevivente herde, exige-se que a relação matrimonial não esteja rompida (separação de fato por mais de 02 anos ou separação judicial) no momento da abertura da sucessão.

Afora isso, o art. 1.831 CC/02 estabelece o direito real de habitação para o cônjuge/companheiro sobrevivente, independentemente do regime de bens, sobre o imóvel destinado à residência da família, desde que seja o único daquela natureza a inventariar.

7.5.4. Parentes colaterais

Não havendo descendentes, nem ascendentes, nem sobrevivente, os colaterais até o 4º grau são chamados à sucessão. O patrimônio hereditário será deferido na seguinte ordem:

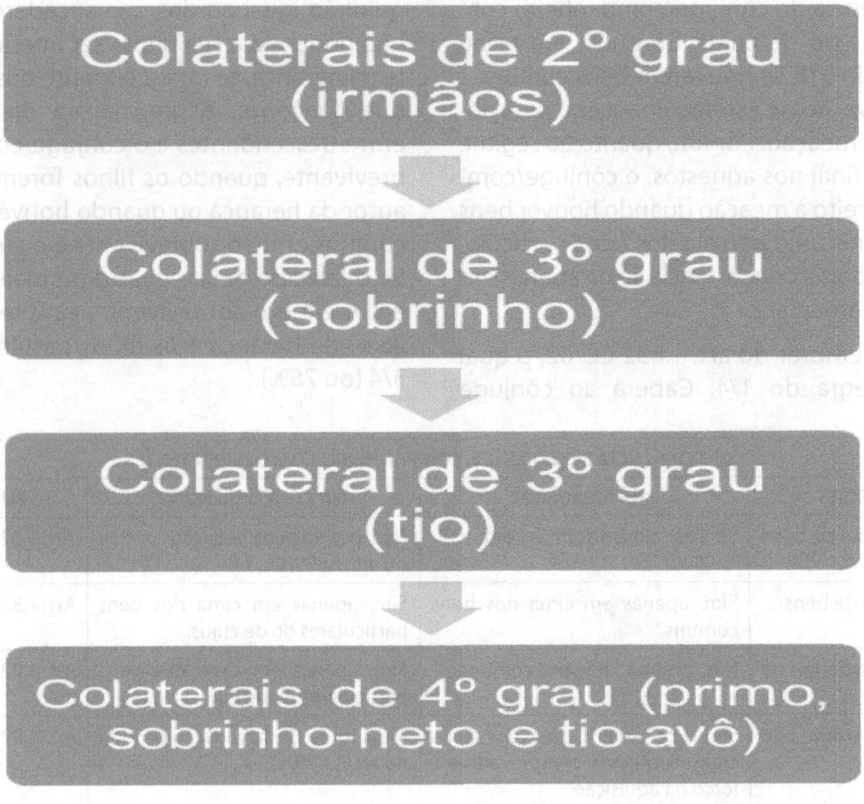

Cabe destacar dois pontos importantes: havendo sobrinhos e tios (ambos parentes colaterais de 3º grau), a preferência é dos sobrinhos – art. 1.843 CC/02. Além disso, entre os colaterais de 4º grau não há preferência, herdando todos em parcelas iguais.

O art. 1.841 CC/02 determina que, se houver concorrência na herança de irmãos bilaterais e unilaterais, os irmãos bilaterais herdam o dobro do que os unilaterais. Deve-se estabelecer peso 2 aos irmãos bilaterais e peso 1 aos herdeiros unilaterais. Assim: 2 bilaterais (2 x 2 = 4) e 2 unilaterais (2 x 1 = 2). Por fim, somam-se os resultados (4 + 2 = 6). Neste caso, os herdeiros bilaterais receberão 2/6 e os unilaterais, 1/6.

7.6. Dos herdeiros necessários

Inicialmente, vale lembrar que o herdeiro legítimo é aquele designado na lei para receber a herança ao passo que o herdeiro testamentário é aquele declinado no testamento.

Os herdeiros necessários são aqueles que têm direito à legítima, e os facultativos, todos os demais. Em nosso atual sistema, por força do art. 1.845 CC/02, são herdeiros necessários: o descendente, o ascendente e o cônjuge.

Dentro dessa perspectiva, entende-se por herdeiro necessário aquela classe de sucessores que têm, por força de lei, direito à parte legítima da herança (50%). Por exemplo, se João morre e deixa três filhos: Pedrinho, Marquinhos e Zezinho, metade da sua herança (parte legítima) tocará necessariamente a esses herdeiros, podendo, em vida, o testador, se assim o quiser, fazer o que bem entender com a sua parte disponível (a outra metade de herança).

Importante é o art. 1.848 CC/02, que afirma o seguinte: "salvo se houver justa causa, declarada no testamento, não pode o testador estabelecer cláusula de inalienabilidade, impenhorabilidade, e de incomunicabilidade, sobre os bens da legítima".

Além disso, tem-se o art. 1.849 CC/02, que estabelece que o herdeiro necessário, a quem o testador deixar a sua parte disponível, ou algum legado, não perderá o direito à legítima. Por fim, havendo apenas herdeiros colaterais/facultativos, a liberdade de dispor será plena e o art. 1.850 CC/02 prevê que para excluir os colaterais da sucessão basta que o autor da herança disponha, por testamento, sem os contemplar.

7.7. Do direito de representação

O direito de representação está estabelecido no art. 1.851 CC/02, o qual afirma o seguinte: "dá-se o direito de representação, quando a lei chama certos parentes do falecido a suceder em todos os direitos, em que ele sucederia, se vivo fosse".

De um modo geral, temos três casos que geram representação, quais sejam: quando o herdeiro é pré-morto com relação ao autor da herança; quando o herdeiro é declarado indigno (art. 1.816 CC/02); ou quando o herdeiro é deserdado (art. 1.816 CC/02). Nesses casos, os descendentes desses herdeiros receberão o quinhão no seu lugar.

Quanto ao direito de representação, é de extrema importância ter em mente que ele ocorre na linha reta descendente, mas jamais na linha reta ascendente (art. 1.853 CC/02). Imagine o seguinte: Marisa é casada com Mauro pelo regime da comunhão universal de bens. Não possuem descendentes. Marisa ainda tem sua mãe Carla viva, mas seu pai, Luís, já faleceu. No entanto, os avós paternos Lídia e Heitor estão vivos. Se Marisa falecer, Lídia e Heitor não poderão representar Luís na sucessão, pois ela não ocorre na linha reta ascendente.

Com relação aos parentes colaterais, há direito de representação, mas este fica restrito ao terceiro grau por força do artigo 1853 CC/02. Logo, só há representação se por acaso algum irmão falecer antes do *de cujus*, e este irmão deixou filhos. Por fim, é importante mencionar que nos casos em que o herdeiro renuncia à herança, não há direito de representação em favor de seus descendentes (art. 1.811 CC/02).

7.8. Da capacidade para testar

Para que um negócio jurídico seja considerado válido, é preciso que o agente emissor da vontade tenha capacidade para a sua realização. No que diz respeito à lavratura de testamento, é preciso observar o art. 1.860 CC/02, que afirma o seguinte:

> Art. 1.860. Além dos incapazes, não podem testar os que, no ato de fazê-lo, não tiverem pleno discernimento.
>
> Parágrafo único. Podem testar os maiores de dezesseis anos.

Saliente-se que o reconhecimento legal da capacidade de testar do maior de 16 anos implica, sem dúvida, a desnecessidade da assistência para sua realização, já que, juridicamente, isso seria um contrassenso, dado o caráter personalíssimo do testamento. Afora isso, frise-se que não há nenhum limite máximo de idade para fazer testamento.

Cabe destacar, também, que a capacidade é aferida no momento da realização do negócio jurídico testamentário, não importando a situação fática anterior ou posterior, uma vez que a "incapacidade superveniente do testador não invalida o testamento, nem o testamento do incapaz se valida com a superveniência da capacidade", conforme prevê o art. 1.861 CC/02.

7.9. Das formas ordinárias de testamento

Conforme determina o art. 1.862 CC/02, há três modalidades ordinárias de testamento: o público, o cerrado e o particular. Trata-se de três espécies distintas de manifestação testamentária, que se diferenciam justamente pelo aspecto da forma.

Importante se revela, também o art. 1.863 CC/02, que afirma ser "proibido o testamento conjuntivo, seja simultâneo, recíproco ou correspectivo". Entende-se por testamento conjuntivo aquele elaborado por mais de um sujeito no mesmo documento.

Sobre as modalidades de testamento conjuntivo, tem-se:

> a) simultâneo, aquele em que os sujeitos testam, ao mesmo tempo, em benefício de terceiro. Exemplo: Luiza e Beatriz fazem testamento único, designando Fernanda como sua única herdeira da parte disponível;
>
> b) recíproco, quando os sujeitos instituem um ao outro como herdeiros, de forma que o testador sobrevivente receba a herança do outro. Exemplo: Luiza e Beatriz fazem testamento único, em que Luiza designa Beatriz como sua herdeira da parte disponível e vice-versa;
>
> c) correspectivo, quando a benesse estabelecida por um dos sujeitos ao outro tem uma correspondência equivalente. Exemplo: Luiza e Beatriz fazem testamento único, em que Luiza designa Beatriz como herdeira de um determinado bem imóvel e Beatriz designa Luiza como herdeira de outro bem imóvel, havendo uma potencial troca de benefícios entre as testadoras.

7.9.1. Testamento público

Entende-se por testamento público aquele elaborado por tabelião (ou por seu substituto legal), devidamente registrado em cartório, na perspectiva do princípio da publicidade.

Atualmente, a respeito do testamento público, dispõe o art. 1.864 CC/02:

> Art. 1.864. São requisitos essenciais do testamento público:
>
> I – ser escrito por tabelião ou por seu substituto legal em seu livro de notas, de acordo com as declarações do testador, podendo este servir-se de minuta, notas ou apontamentos;
>
> II – lavrado o instrumento, ser lido em voz alta pelo tabelião ao testador e a duas testemunhas, a um só tempo; ou pelo testador, se o quiser, na presença destas e do oficial;
>
> III – ser o instrumento, em seguida à leitura, assinado pelo testador, pelas testemunhas e pelo tabelião.

> Parágrafo único. O testamento público pode ser escrito manualmente ou mecanicamente, bem como ser feito pela inserção da declaração de vontade em partes impressas de livro de notas, desde que rubricadas todas as páginas pelo testador, se mais de uma.

Se o testador não souber, ou não puder assinar, o tabelião ou seu substituto legal assim o declarará, assinando, neste caso, pelo testador, e, a seu rogo, uma das testemunhas instrumentárias (art. 1.865 CC/02).

O indivíduo inteiramente surdo, sabendo ler, lerá o seu testamento, e, se não o souber, designará quem o leia em seu lugar, presentes as testemunhas (art. 1.866 CC/02). Por fim, ao cego só se permite o testamento público, que lhe será lido, em voz alta, duas vezes, uma pelo tabelião ou por seu substituto legal, e a outra por uma das testemunhas, designada pelo testador, fazendo-se de tudo circunstanciada menção no testamento (art. 1.867 CC/02).

7.9.2. Testamento cerrado

Trata-se de uma peculiar modalidade testamentária, escrita pelo próprio autor (ou por alguém, a seu pedido) e, por ele, assinada, com conteúdo absolutamente sigiloso. O seu registro cartorário apenas certifica a sua existência, não alcançado o seu conteúdo.

No art. 1.868, estão escritos os seus requisitos essenciais:

> Art. 1.868. O testamento escrito pelo testador, ou por outra pessoa, a seu rogo, e por aquele assinado, será válido se aprovado pelo tabelião ou seu substituto legal, observadas as seguintes formalidades:
>
> I – que o testador o entregue ao tabelião em presença de duas testemunhas;
>
> II – que o testador declare que aquele é o seu testamento e quer que seja aprovado;
>
> III – que o tabelião lavre, desde logo, o auto de aprovação, na presença de duas testemunhas, e o leia, em seguida, ao testador e testemunhas;
>
> IV – que o auto de aprovação seja assinado pelo tabelião, pelas testemunhas e pelo testador.
>
> Parágrafo único. O testamento cerrado pode ser escrito mecanicamente, desde que seu subscritor numere e autentique, com a sua assinatura, todas as páginas.

Cabe destacar o art. 1.869 CC/02, que afirma que o tabelião deve começar o auto de aprovação imediatamente depois da última palavra do testador, declarando, sob sua fé, que o testador lhe entregou para ser aprovado na presença das testemunhas; passando a cerrar e coser o instrumento aprovado. Afora isso, depois de aprovado e cerrado, será o testamento entregue ao testador, e o tabelião lançará, no seu livro, nota do lugar, dia, mês e ano em que o testamento foi aprovado e entregue (art. 1.874 CC/02).

O testamento cerrado pode ser escrito em língua nacional ou estrangeira, pelo próprio testador, ou por outrem, a seu rogo (art. 1.871 CC/02). Não pode dispor de seus bens em testamento cerrado quem não saiba ou não possa ler (art. 1.872 CC/02). E, conforme art. 1.873 CC/02, pode fazer testamento cerrado o surdo-mudo, contanto que o escreva todo, e o assine de sua mão, e que, ao entregá-lo ao oficial público, ante as duas testemunhas, escreva, na face externa do papel ou do envoltório, que aquele é o seu testamento, cuja aprovação lhe pede.

Falecido o testador, o testamento deve ser apresentado ao juiz, que o abrirá e o fará registrar, ordenando seja cumprido, se não achar vício externo que o torne eivado de nulidade ou suspeito de falsidade (art. 1.875 CC/02).

7.9.3. Testamento particular

O testamento particular é aquele escrito pelo próprio testador, sem a participação de tabelião, e com a dispensa do seu registro. Conforme determina o art. 1.876 CC/02, pode ser escrito de próprio punho ou mediante processo mecânico, como datilografia, digitação ou qualquer outro meio equivalente.

Se for escrito de próprio punho, consideram-se requisitos essenciais à sua validade: a) ser lido e assinado por quem o escreveu; b) tal leitura e assinatura devem ser testemunhadas por pelo menos três pessoas, que também devem subscrever o testamento.

Caso seja elaborado por processo mecânico, não pode conter rasuras ou espaços em branco, devendo ser assinado pelo testador, depois de tê-lo lido na presença também de pelo menos três testemunhas, que subscreverão, da mesma forma, tal documento.

Sobre a elaboração do testamento particular no Brasil, é importante destacar que não se exige que ele seja escrito em português, podendo, como autorizado pelo art. 1.880 CC/02, ser escrito em língua estrangeira, contanto que as testemunhas a compreendam.

Falecido o testador, estabelece o art. 1.877 do Código Civil que deve ser publicado em juízo o testamento, com a citação dos herdeiros legítimos (art. 1.877 CC/02). Se as testemunhas forem contestes sobre o fato da disposição, ou, ao menos, sobre a sua leitura perante elas, e se reconhecerem as próprias assinaturas, assim como a do testador, o testamento será confirmado (art. 1.878 CC/02).

Se faltarem testemunhas, por morte ou ausência, e se pelo menos uma delas o reconhecer, o testamento poderá ser confirmado, se, a critério do juiz, houver prova suficiente de sua veracidade (art. 1.878, p.ú CC/02).

Por fim, destaca-se o art. 1.879 CC/02, que aduz que em circunstâncias excepcionais declaradas na cédula, o testamento particular de próprio punho e assinado pelo testador, sem testemunhas, poderá ser confirmado, a critério do juiz.

7.10. Das formas especiais de testamento

Conforme determina o art. 1.886 do Código Civil, são três as formas especiais de testamento, quais sejam: testamento marítimo, testamento aeronáutico e testamento militar. Embora incomuns, podem ser necessárias quando os passageiros, tripulantes ou militares forem acometidos por mal súbito, por exemplo, momento em que poderão exarar suas disposições de última vontade.

7.10.1. Testamento marítimo

Trata-se do testamento feito a bordo de embarcações nacionais, de guerra ou mercantes que se deslocam em alto-mar. Poderão se utilizar desta modalidade de testamento os tripulantes e os passageiros, em analogia às formas pública e cerrada de testamento ordinário. Nessa espécie de testamento são necessárias duas testemunhas. A pessoa legitimada para colher as declarações do testador no livro de bordo é o comandante.

7.10.2. Testamento aeronáutico

Espécie de testamento que segue as mesmas diretrizes do testamento marítimo (duas testemunhas, forma análoga ao testamento público ou cerrado). Nessa espécie, quem se encontrar a bordo de aeronave comercial ou militar, tripulante ou passageiro, poderá externar sua última vontade à pessoa indicada pelo comandante da aeronave, registrando-se em livro próprio. Se o testador não morrer na viagem marítima ou aérea ou em até noventa dias de seu desembarque, caducará o testamento.

7.10.3. Testamento militar

O testamento militar é o ato de disposição de última vontade que assiste aos militares e às pessoas indiretamente ligadas às Forças Armadas (médicos, dentistas, enfermeiros etc.), os quais poderão, dentro ou fora dos limites territoriais nacionais, deliberar sobre o destino de seu patrimônio, caso não seja possível produzir um testamento por qualquer das formas ordinárias. Serão necessárias duas testemunhas e, caso o testador não possa ou não saiba assinar, será indispensável mais uma. Poderá ser feito de forma manuscrita, admitindo-se, ademais, excepcionalmente, a forma oral

7.11. Das disposições testamentárias

Primeiro ponto importante: o que é uma disposição testamentária? Trata-se de uma manifestação da vontade, ordinariamente reduzida a termo, constituindo parte integrante de um testamento.

O art. 1.897 CC/02 afirma que a nomeação de herdeiro, ou legatário, pode fazer-se pura e simplesmente, sob condição, para certo fim ou modo, ou por certo motivo. Entende-se por nomeação pura e simples a disposição testamentária enunciada sem qualquer limitação, produzindo seus efeitos imediatamente.

Compreenda-se como nomeação condicional ("sob condição") a disposição testamentária submetida a um evento futuro e incerto. Interprete-se nomeação modal ("para certo fim ou modo") como a disposição testamentária a que seja imposta uma restrição da liberalidade.

Ainda, é importante lembrar do art. 1.899 CC/02, que afirma o seguinte: quando a cláusula testamentária for suscetível de interpretações diferentes, prevalecerá a que melhor assegure a observância da vontade do testador.

O testamento é um negócio jurídico unilateral (por emanar de uma única manifestação de vontade) e formal (pois deve observar rigorosos pressupostos de validade). Por isso, além das regras gerais de invalidade dos negócios jurídicos, existem as regras específicas de nulidade com relação às disposições testamentárias:

> Art. 1.900. É nula a disposição:
>
> I – que institua herdeiro ou legatário sob a condição captatória de que este disponha, também por testamento, em benefício do testador, ou de terceiro;
>
> II – que se refira a pessoa incerta, cuja identidade não se possa averiguar;
>
> III – que favoreça a pessoa incerta, cometendo a determinação de sua identidade a terceiro;
>
> IV – que deixe a arbítrio do herdeiro, ou de outrem, fixar o valor do legado;
>
> V – que favoreça as pessoas a que se referem os arts. 1.801 e 1.802.

Por outro lado, estabeleceu o codificador a validade das seguintes disposições testamentárias.

Art. 1.901. Valerá a disposição:

I – em favor de pessoa incerta que deva ser determinada por terceiro, dentre duas ou mais pessoas mencionadas pelo testador, ou pertencentes a uma família, ou a um corpo coletivo, ou a um estabelecimento por ele designado;

II – em remuneração de serviços prestados ao testador, por ocasião da moléstia de que faleceu, ainda que fique ao arbítrio do herdeiro ou de outrem determinar o valor do legado.

A disposição geral em favor dos pobres, dos estabelecimentos particulares de caridade, ou dos de assistência pública, entender-se-á relativa aos pobres do lugar do domicílio do testador ao tempo de sua morte, ou dos estabelecimentos aí sitos, salvo se manifestamente constar que tinha em mente beneficiar os de outra localidade. Importante lembrar que as instituições particulares preferirão sempre às públicas (art. 1.902 e p.ú CC/02).

O erro na designação da pessoa do herdeiro, do legatário, ou da coisa legada anula a disposição, salvo se, pelo contexto do testamento, por outros documentos, ou por fatos inequívocos, se puder identificar a pessoa ou coisa a que o testador queria referir-se (art. 1.903 CC/02). É o caso, já visto, de alguém dispor, em testamento, em benefício de uma determinada pessoa, por ela lhe ter salvado a vida, mas for apurado, posteriormente, que quem lhe prestou o socorro efetivamente foi outrem.

Observe-se que, na forma do art. 1.904, se "o testamento nomear dois ou mais herdeiros, sem discriminar a parte de cada um, partilhar-se-á por igual, entre todos, a porção disponível do testador". Para preservar a vontade do testador, não se devem fazer ilações sobre porcentagens ou divisões entre herdeiros igualmente nomeados.

Mas e se tal nomeação não for absolutamente isonômica? E, se o testador nomear individualmente alguns herdeiros (ex.: Fulano e Beltrano) e coletivamente outros (ex.: os membros do Grupo de Corrida Pés de Vento), o que fazer? A resposta é trazida pelo art. 1.905: "se o testador nomear certos herdeiros individualmente e outros coletivamente, a herança será dividida em tantas quotas quantos forem os indivíduos e os grupos designados".

Outro artigo importante é o art. 1.906 CC/02, que afirma que se forem determinadas as quotas de cada herdeiro, e não absorverem toda a herança, o remanescente pertencerá aos herdeiros legítimos, segundo a ordem da vocação hereditária.

São anuláveis as disposições testamentárias inquinadas de erro, dolo ou coação, sendo que se extingue em quatro anos o direito de anular a disposição, contados de quando o interessado tiver conhecimento do vício (art. 1.909 CC/02).

7.12. INVENTÁRIO E PARTILHA

7.12.1. Introdução ao inventário

Para iniciar o estudo, primeiro é preciso entender o que é o procedimento de inventário. Com o falecimento de uma pessoa, a herança por ela deixada é transmitida imediatamente para os seus herdeiros (testamentários ou legatários). Isso é o que preceitua o chamado princípio da saisine, que está previsto no artigo 1.784 CC/02.

Caso o *de cujus* tenha feito um testamento quando ainda estava vivo, dispondo sobre quem ficaria com cada bem/direito integrante da sua herança, a vontade do testador deverá prevalecer no momento da sucessão. Nesse caso, será aplicado o regramento da sucessão testamentária. Contudo, caso não exista testamento, deverá ser observada a ordem de vocação hereditária estabelecida na lei para que os bens/direitos integrantes do patrimônio líquido do falecido sejam distribuídos entre os seus herdeiros previstos na legislação.

Durante o inventário, ocorre o levantamento de todos os bens e direitos que o falecido deixou (também chamado "monte mor"), bem como de todas as suas dívidas. Abatendo-se o valor das dívidas do valor do "monte mor", chegamos ao patrimônio líquido do falecido. Sobre este valor é que incidirá o ITCMD, cuja alíquota depende da legislação de cada estado.

Por fim, esse patrimônio líquido é que será, então, partilhado entre os herdeiros. É nesse momento que será definido qual herdeiro ficará com cada bem e/ou direito.

7.12.2. Prazo e abertura do inventário

O processo de inventário e de partilha deve ser instaurado dentro de dois meses, a contar da abertura da sucessão, ultimando-se nos doze meses subsequentes, podendo o juiz prorrogar esses prazos, de ofício ou a requerimento de parte (art. 611 CPC/15).

Conforme mencionado, esse prazo é definido pelo Código de Processo Civil, que revogou tacitamente o prazo de 30 dias previsto no Código Civil (art. 1.796 CC/02).

No que diz respeito ao local de abertura do inventário, é preciso verificar o artigo 48 do CPC.

> Art. 48 CPC. O foro de domicílio do autor da herança, no Brasil, é o competente para o inventário, a partilha, a arrecadação, o cumprimento de disposições de última vontade, a impugnação ou anulação de partilha extrajudicial e para todas as ações em que o espólio for réu, ainda que o óbito tenha ocorrido no estrangeiro.
>
> Parágrafo único. Se o autor da herança não possuía domicílio certo, é competente:
>
> I - o foro de situação dos bens imóveis;
>
> II - havendo bens imóveis em foros diferentes, qualquer destes;
>
> III - não havendo bens imóveis, o foro do local de qualquer dos bens do espólio.

Frente a esses apontamentos, é importante lembrar que o local do óbito do autor da herança não interfere na definição do foro competente para o processamento do inventário. Além disso, caso os herdeiros optem pelo inventário extrajudicial, será competente qualquer Tabelionato de Notas, de qualquer lugar do Brasil.

7.12.3. Espécies

Com relação ao inventário, existem, comumente, cinco "espécies": o inventário comum/judicial; o arrolamento sumário; o arrolamento comum; o alvará judicial e o inventário extrajudicial.

O inventário comum/judicial é utilizado quando incabível as outras formas, em razão de suas diversas fases e morosidade. Geralmente utilizado quando há testamento deixado pelo de cujus; quando há herdeiro incapaz; e quando há litígio entre herdeiros (art. 610 CPC).

O arrolamento sumário, procedimento mais simples, está previsto no art. 659 do CPC e dispensa o inventário judicial quando os herdeiros são todos capazes e celebram partilha amigável. Não importa o valor do patrimônio do de cujus, cabe o arrolamento sumário se não houver incapazes e nem brigas entre os herdeiros. Se aplica também para o caso de único herdeiro.

O arrolamento comum se aplica nos casos em que a herança é de pequeno valor (igual ou inferior a 1.000 salários-mínimos) - arts. 664, 665 e 667 do CPC.

Inovou a legislação ao consagrar a efetividade do processo e possibilitar que, ainda que haja interesse de incapaz, tal procedimento será adotado excepcionalmente, desde que as partes e o Ministério Público estejam de acordo com a partilha (art. 665 CPC).

Com relação ao alvará judicial, este está previsto na lei 6.858/80 e será dispensado o inventário/arrolamento em determinadas situações, bastando uma simples autorização do juiz para levantamento do crédito.

De acordo com o art. 1º da Lei nº 6.858/80, os valores devidos pelos empregadores aos empregados e os montantes das contas individuais FGTS e do Fundo de Participação PIS-PASEP, não recebidos em vida pelos titulares, serão pagos aos dependentes habilitados perante a Previdência Social ou na forma da legislação específica dos servidores civis e militares. Na falta de tais dependentes, os valores serão pagos aos sucessores previstos na lei civil, indicados em alvará judicial. Nessas situações, o pagamento ocorre independentemente de inventário ou arrolamento.

Por fim, há a escritura pública de inventário e partilha, inovação trazida pela lei 11.441/07. Nesses casos, o inventário é realizado de forma extrajudicial, sem intervenção do juiz, podendo tudo ser feito no Cartório de Notas.

> Art. 610 §1º CPC: Se todos forem capazes e concordes, o inventário e a partilha poderão ser feitos por escritura pública, a qual constituirá documento hábil para qualquer ato de registro, bem como para levantamento de importância depositada em instituições financeiras.
>
> § 2º O tabelião somente lavrará a escritura pública se todas as partes interessadas estiverem assistidas por advogado ou por defensor público, cuja qualificação e assinatura constarão do ato notarial.

Sobre essa temática, é importante trazer a redação do artigo 12-A da Resolução 571 do CNJ

> Art. 12-A. O inventário poderá ser realizado por escritura pública, ainda que inclua interessado menor ou incapaz, desde que o pagamento do seu quinhão hereditário ou de sua meação ocorra em parte ideal em cada um dos bens inventariados e haja manifestação favorável do Ministério Público.
>
> § 1º Na hipótese do caput deste artigo é vedada a prática de atos de disposição relativos aos bens ou direitos do interessado menor ou incapaz.
>
> § 2º Havendo nascituro do autor da herança, para a lavratura nos termos do caput, aguardar-se-á o registro de seu nascimento com a indicação da parentalidade, ou a comprovação de não ter nascido com vida.

Além disso, a referida resolução traz, ainda, a possibilidade de realização de inventário extrajudicial mesmo se existir testamento em nome do autor da herança. Tal questão está disciplinada junto ao art. 12-B da Resolução 571 do CNJ

> Art. 12-B. É autorizado o inventário e a partilha consensuais promovidos extrajudicialmente por escritura pública, ainda que o autor da herança tenha

deixando testamento, desde que obedecidos os seguintes requisitos:

I – os interessados estejam todos representados por advogado devidamente habilitado;

II – exista expressa autorização do juízo sucessório competente em ação de abertura e cumprimento de testamento válido e eficaz, em sentença transitada em julgado;

III – todos os interessados sejam capazes e concordes;

IV – no caso de haver interessados menores ou incapazes, sejam também observadas as exigências do art. 12-A desta Resolução;

V – nos casos de testamento invalidado, revogado, rompido ou caduco, a invalidade ou ineficácia tenha sido reconhecida por sentença judicial transitada em julgado na ação de abertura e cumprimento de testamento.

Se o caso concreto não permitir que se faça arrolamento, alvará judicial ou escritura pública, parte-se para o inventário judicial, que segue um rito mais longo. Nesse procedimento, a primeira etapa consiste na nomeação de um inventariante. O artigo 1.991 diz que, desde a assinatura do compromisso até a homologação da partilha, a administração da herança será exercida por essa figura.

A partir daí, sucedem-se uma série de etapas processuais, que vão desde a prestação de declarações por parte do inventariante, citação de conviventes, herdeiros e legatários, avaliação dos bens e pagamento de impostos.

7.12.4. Pagamento de dívidas

Uma vez superada a fase de declaração dos bens, incluindo a detecção de eventual sonegação, chega o momento de pagar as dívidas do falecido. A herança responde por essas dívidas, no limite de sua capacidade. Se a dívida for menor do que o valor deixado, ela será quitada e o restante será dividido. Se, por outro lado, for maior, paga-se apenas até o limite possível. Conforme redação do art. 1.997 CC/02, a herança responde pelo pagamento das dívidas do falecido; mas, feita a partilha, só respondem os herdeiros, cada qual em proporção da parte que na herança lhe coube.

Pode acontecer de o credor reivindicar seu pagamento depois de ocorrida a partilha. Nesse caso, ele terá que ir atrás de cada um dos herdeiros, que responderão, cada qual, em proporção da parte que na herança lhe coube. Além disso, se um dos herdeiros pagar uma dívida do falecido, posteriormente ele pode entrar com uma ação regressiva contra os demais.

As despesas funerárias, haja ou não herdeiros legítimos, sairão do monte da herança; mas as de sufrágios por alma, ou seja, aquelas de cunho religioso, só obrigarão a herança quando ordenadas em testamento ou codicilo (art. 1.998 CC/02).

7.12.5. Inventário negativo

Em verdade, o inventário negativo é o modo judicial ou extrajudicial de se provar a inexistência de bens do extinto. Dessa forma, por não ter a existência de bens, o inventário negativo tem um procedimento mais simples e ágil.

Nesse caso, é instaurado o procedimento, ouve-se familiares, testemunhas, a Receita Federal, o Detran, Cartório de Imóveis do lugar onde vivia o extinto, Banco Central, etc. para verificar a existência ou não de bens/dívidas. Ao ser comprovada a inexistência de dívidas do falecido junto aos órgãos públicos, bem como a inexistência de bens tanto móveis quando imóveis, será prolatada a sentença declarando o inventário negativo.

7.12.6. Partilha

É a divisão dos bens da herança, pondo fim ao condomínio transitório decorrente da saisine. Com a partilha, os herdeiros saberão exatamente quais são os seus bens e poderão registrar os imóveis no Registro Imobiliário e os veículos no Detran.

A definição exata a respeito da divisão dos bens, definindo o que vai para quem, pode ser feita de duas formas. A primeira possibilidade, que é a mais simples, ocorre quando o autor da herança deixa um testamento indicando os bens e valores que devem compor os quinhões de cada herdeiro, deliberando ele próprio sobre a partilha. Essa vontade expressa no testamento é a que prevalecerá, salvo se o valor dos bens não corresponder às quotas estabelecidas.

Se o autor da herança não tiver feito um testamento antes de morrer, o juiz é que irá decidir quais serão os bens que irão compor o quinhão de cada herdeiro (quando há litígio); ou as próprias partes formulam a partilha de forma amigável, devendo o juiz homologar.

Mas, mesmo seguindo esse processo, é possível que ainda restem bens não partilhados? Sim! O legislador autoriza que se proceda, no prazo legal, à partilha de alguns bens, reservando-se aqueles que representam uma dificuldade maior a uma ou mais sobrepartilhas.

> Art. 2.021 CC/02. Quando parte da herança consistir em bens remotos do lugar do inventário, litigiosos, ou de liquidação morosa ou difícil, poderá proceder-se, no prazo legal, à partilha dos outros, reservando-se aqueles para uma ou mais sobrepartilhas,

sob a guarda e a administração do mesmo ou diverso inventariante, e consentimento da maioria dos herdeiros.

Art. 2.022 CC/02. Ficam sujeitos a sobrepartilha os bens sonegados e quaisquer outros bens da herança de que se tiver ciência após a partilha.

Referências

BRASIL. Lei nº 10.406, de 10 de janeiro de 2002. Institui o Código Civil. **Diário Oficial da União**, Brasília, DF, 11 jan. 2002.

BRASIL. Lei nº 13.105, de 16 de março de 2015. Código de Processo Civil. **Diário Oficial da União**: seção 1, Brasília, DF, 16 mar. 2015.

DINIZ, Maria Helena. **Curso de Direito Civil Brasileiro**: Direito de Família. São Paulo: Saraiva, 2005.

LÔBO, Paulo. **Famílias**. São Paulo: Saraiva, 2008.

TARTUCE, Flávio. **Direito civil**: direito de família. Rio de Janeiro: Forense, 2019.

GAGLIANO, Pablo Stolze; PAMPLONA FILHO, Rodolfo. **Novo curso de direito civil**: direito de família. São Paulo: Saraiva Educação, 2019.

QUESTÕES DE DIREITO CIVIL - ASSUNTOS MAIS RECORRENTES

01. FGV - OAB - 39º Exame de Ordem Unificado - Primeira Fase - Q39

Devido às consequências da pandemia, Gabriel Cervantes teve graves problemas financeiros e profissionais, levando ao consumo de álcool de forma excessiva diariamente, sendo considerado pelos médicos como ébrio habitual. Rosa Torres, sua esposa, desesperada com a condição do marido e pela situação financeira da família, procura você, como advogado(a), desejando saber a respeito da possibilidade de curatela. Informa a esposa que o casal tem dois filhos absolutamente incapazes e os pais do marido encontram-se vivos. Comunica ainda que o casal não se encontra separado de fato. Sobre a hipótese, segundo o sistema jurídico brasileiro, assinale a afirmativa correta.

a) O alcoolismo por si só não conduz à curatela, devendo a esposa demonstrar a prodigalidade do marido.

b) Em eventual curatela, os pais terão prioridade no exercício em relação à esposa, que só poderá ser designada curadora na desistência dos pais.

c) A autoridade do curador estende-se à pessoa e aos bens dos filhos do curatelado, enquanto não houver a maioridade ou a emancipação.

d) A interdição do ébrio habitual só o privará de, sem curador, emprestar, transigir, dar quitação, alienar ou hipotecar seu patrimônio, podendo praticar livremente os demais atos da vida civil.

02. FGV - OAB - 39º Exame de Ordem Unificado - Primeira Fase - Q40

Vítor contraiu empréstimo perante uma instituição bancária e ofereceu, como garantia da dívida, a hipoteca sobre um bem imóvel dele.

Considerando essa situação hipotética, assinale a afirmativa correta.

a) Vítor poderá alienar o imóvel hipotecado, salvo se o contrato de empréstimo vedar a alienação, cláusula que é considerada válida.

b) Vítor poderá alienar o imóvel hipotecado, mas a alienação implicará o vencimento automático do empréstimo, independentemente de previsão no contrato.

c) Vítor não poderá alienar o imóvel hipotecado, porque isso resultaria em conduta contrária à boa-fé objetiva.

d) Caso Vítor realize melhoramentos no imóvel após a constituição da hipoteca, eles integrarão a garantia real em prol da instituição bancária.

03. FGV - OAB - 38º Exame de Ordem Unificado - Primeira Fase - Q41

Os irmãos Eduardo e Letícia herdaram um apartamento de sua mãe. Concluído o inventário, decidiram vender o apartamento ao casal Pedro e Mariana. Para tanto, as partes celebraram contrato de compra e venda. Pedro e Mariana se obrigaram, solidariamente, a pagar o preço pactuado (R$ 600.000,00) no prazo de trinta dias. Não foi avençada cláusula de solidariedade ativa. Alcançado o prazo contratual, Pedro e Mariana não pagaram o preço. Tendo em vista a situação hipotética apresentada, assinale a afirmativa correta.

a) Eduardo, sozinho, tem direito de cobrar a integralidade do preço pactuado, R$ 600.000,00, de Mariana, sozinha.

b) Letícia, sozinha, tem direito de cobrar apenas a metade do preço pactuado, R$ 300.000,00, de Pedro, sozinho.

c) Letícia, sozinha, tem direito de cobrar apenas um quarto do preço pactuado, R$ 150.000,00, de Mariana, sozinha.

d) Eduardo e Letícia não podem pleitear sozinhos o pagamento do preço, ainda que parcial.

04. FGV - OAB - 35º Exame de Ordem Unificado - Primeira Fase - Q40

Carlos alugou um imóvel de sua propriedade a Amanda para fins residenciais pelo prazo de 30 meses. Dez meses após a celebração do contrato de locação, Carlos vendeu o imóvel locado para Patrícia, que denunciou o contrato, concedendo a Amanda o prazo de 90 dias para a desocupação do imóvel. Diante desse cenário, assinale a afirmativa correta.

a) Carlos não poderia alienar o imóvel a Patrícia, pois ainda estava vigente o prazo de locação.

b) A alienação é possível, mas, se o contrato contiver cláusula de vigência em caso de alienação e estiver averbado junto à matrícula do imóvel, Patrícia deve respeitar o prazo da locação.

c) Não há nenhum óbice à alienação do imóvel por Carlos a Patrícia e, uma vez realizada, o contrato de locação com Amanda é automaticamente desfeito.

d) Carlos tem o direito de vender o imóvel durante o prazo de locação, mas, nessa hipótese, a compradora Patrícia estará necessariamente vinculada ao contrato de locação celebrado anteriormente, devendo cumprir o prazo inicialmente pactuado por Carlos com Amanda.

05. FGV - OAB - 32º Exame de Ordem Unificado - Primeira Fase – Q36

Liz e seu marido Hélio adquirem uma fração de tempo em regime de multipropriedade imobiliária no hotel-fazenda Cidade Linda, no estado de Goiás. Pelos termos do negócio, eles têm direito a ocupar uma das unidades do empreendimento durante os meses de dezembro e janeiro, em regime fixo. No ano seguinte à realização do negócio, as filhas do casal, Samantha e Laura, ficam doentes exatamente em dezembro, o que os impede de viajar. Para contornar a situação, Liz oferece à sua mãe, Alda, o direito de ir para o Cidade Linda no lugar deles. Ao chegar ao local, porém, Alda é barrada pela administração do hotel, sob o fundamento de que somente a família proprietária poderia ocupar as instalações da unidade. Você, como advogado(a), deve esclarecer se o ato é legal, assinalando a opção que indica sua orientação.

a) O ato é legal, pois o regime de multipropriedade, ao contrário do condominial, é personalíssimo.

b) O ato é ilegal, pois, como hipótese de condomínio necessário, a multipropriedade admite o uso das unidades por terceiros.

c) O ato é ilegal, pois a possibilidade de cessão da fração de tempo do multiproprietário em comodato é expressamente prevista no Código Civil.

d) O ato é legal, pois o multiproprietário tem apenas o direito de doar ou vender a sua fração de tempo, mas nunca cedê-la em comodato.

06. FGV - OAB - 32º Exame de Ordem Unificado - Primeira Fase – Q38

Ao falecer em 2019, Januário deixa duas filhas vivas: Rosana, mãe de Luna, e Helena, mãe de Gabriel. O filho mais velho de Januário, Humberto, falecera em 2016, deixando-lhe dois netos: Lucas e João. Sobre a sucessão de Januário, assinale a afirmativa correta.

a) Lucas, João, Luna, Gabriel e Vinícius são seus herdeiros.

b) Helena, Rosana, Lucas e João são seus herdeiros, cada um herdando uma quota igual da herança deixada por Januário.

c) Apenas Helena e Rosana são suas herdeiras.

d) São seus herdeiros Helena, Rosana e os sobrinhos Lucas e João, que receberão, cada um, metade equivalente ao quinhão de uma das tias.

07. FGV - OAB - 29º Exame de Ordem Unificado - Primeira Fase – Q37

Mariana e Maurílio são filhos biológicos de Aldo. Este, por sua vez, nunca escondeu ser mais próximo de seu filho Maurílio, com quem diariamente trabalhava. Quando do falecimento de Aldo, divorciado na época, seus filhos constataram a existência de testamento, que destinou todos os bens do falecido exclusivamente para Maurílio. Sobre a situação narrada, assinale a afirmativa correta.

a) O testamento de Aldo deverá ser integralmente cumprido, e, por tal razão, todos os bens do autor da herança serão transmitidos a Maurílio.

b) A disposição de última vontade é completamente nula, porque Mariana é herdeira necessária, devendo os bens ser divididos igualmente entre os dois irmãos.

c) Deverá haver redução da disposição testamentária, respeitando-se, assim, a legítima de Mariana, herdeira necessária, que corresponde a um quinhão de 50% da totalidade herança.

d) Deverá haver redução da disposição testamentária, respeitando a legítima de Mariana, herdeira necessária, que corresponde a um quinhão de 25% da totalidade da herança.

08. FGV - OAB - 28º Exame de Ordem Unificado - Primeira Fase – Q35

Mônica, casada pelo regime da comunhão total de bens, descobre que seu marido, Geraldo, alienou um imóvel pertencente ao patrimônio comum do casal, sem a devida vênia conjugal. A descoberta agrava a crise conjugal entre ambos e acaba conduzindo ao divórcio do casal. Tempos depois, Mônica ajuíza ação em face de seu ex-marido, objetivando a invalidação da alienação do imóvel. Sobre o caso narrado, assinale a afirmativa correta.

a) O juiz pode conhecer de ofício do vício decorrente do fato de Mônica não ter anuído com a alienação do bem.

b) O fato de Mônica não ter anuído com a alienação do bem representa um vício que convalesce com o decurso do tempo.

c) O vício decorrente da ausência de vênia conjugal não pode ser sanado pela posterior confirmação do ato por Mônica.

d) Para que a pretensão de Mônica seja acolhida, ela deveria ter observado o prazo prescricional de dois anos, a contar da data do divórcio.

09. FGV - OAB - 26º Exame de Ordem Unificado - Primeira Fase – Q35

A cidade de Asa Branca foi atingida por uma tempestade de grandes proporções. As ruas ficaram alagadas e a população sofreu com a inundação de suas casas e seus locais de trabalho. Antônio, que tinha uma pequena barcaça, aproveitou a ocasião para realizar o transporte dos moradores pelo triplo do preço que normalmente seria cobrado, tendo em vista a premente necessidade dos moradores de recorrer a esse tipo de transporte. Nesse caso, em relação ao citado negócio jurídico, ocorreu

a) estado de perigo.

b) dolo.

c) lesão.

d) erro.

10. FGV - OAB - 25º Exame de Ordem Unificado - Primeira Fase – Q35

João, empresário individual, é titular de um estabelecimento comercial que funciona em loja alugada em um shopping center movimentado. No estabelecimento, trabalham o próprio João, como gerente, sua esposa, como caixa, e Márcia, uma funcionária contratada para atuar como vendedora. Certo dia, Miguel, um fornecedor de produtos da loja, quando da entrega de uma encomenda feita por João, foi recebido por Márcia e sentiu-se ofendido por comentários preconceituosos e discriminatórios realizados pela vendedora. Assim, Miguel ingressou com ação indenizatória por danos morais em face de João. A respeito do caso narrado, assinale a afirmativa correta.

a) João não deve responder pelo dano moral, uma vez que não foi causado direta e imediatamente por conduta sua.

b) João pode responder apenas pelo dano moral, caso reste comprovada sua culpa in vigilando em relação à conduta de Márcia.

c) João pode responder apenas por parte da compensação por danos morais diante da verificação de culpa concorrente de terceiro.

d) João deve responder pelos danos causados, não lhe assistindo alegar culpa exclusiva de terceiro.

DIREITO CIVIL				
1 - C	2 - D	3 - B	4 - B	5 - C
6 - D	7 - D	8 - B	9 - C	10 - D

DIREITO CIVIL – QUESTÕES DA PROVA DO 43º EXAME DA OAB

01. FGV - OAB - 43º Exame de Ordem Unificado - Primeira Fase – Q37 Fabiano e Vitória, casados pelo regime de comunhão parcial de bens, são possuidores de boa-fé de um imóvel residencial localizado no município de Quebrangulo, AL, com área de 160 m² (cento e sessenta metros quadrados).

O proprietário do imóvel é Graciliano, que se mudou para Maceió, no início do ano de 2011, nunca mais retornando à cidade. Destaca-se que Graciliano havia hipotecado o bem dias antes de sua mudança para a capital.

No dia de ontem, o casal procurou você, como advogado(a), com o propósito da verificar uma possível usucapião, visto que residem no bem desde 2018.

Com base no sistema jurídico brasileiro, assinale a opção que apresenta, corretamente, sua orientação.

a) A usucapião é forma de aquisição derivada, de modo que permanecem os ônus reais que gravavam o imóvel antes de sua declaração, não podendo ser oposta em caso de hipoteca.

b) O casal, Fabiano e Vitória, poderá adquirir o domínio do imóvel por usucapião especial urbana, desde que demonstre a posse sem oposição, a utilização para sua moradia ou de sua família e que não seja proprietário de outro imóvel urbano ou rural.

c) Em eventual falecimento do casal, os herdeiros não têm legitimidade na propositura da ação de usucapião, visto que o Código Civil impede o acréscimo da posse a dos seus antecessores, ainda que sejam contínuas e pacíficas.

d) O sistema jurídico brasileiro inibe que um casal casado por regime da comunhão adquira um bem por usucapião, mesmo para fins de moradia, pois nesse regime devem ser partilhados apenas os bens adquiridos a título oneroso.

02. FGV - OAB - 43º Exame de Ordem Unificado - Primeira Fase – Q38 Paulo e Glória mantiveram união estável por 22 anos, sem que nunca tivessem celebrado pacto de convivência. Ao longo da relação, amealharam, por esforço comum, patrimônio de R$ 1.600.000 (um milhão e seiscentos mil reais). Paulo faleceu, não deixando filhos nem pais, apenas seus quatro avós e dois irmãos.

Diante dos fatos hipotéticos narrados, sobre a sucessão de Paulo, assinale a afirmativa correta.

a) Glória terá direito à meação, R$ 800.000 (oitocentos mil reais), mais metade do valor da herança, ou seja, R$ 400.000 (quatrocentos mil reais). O valor restante, de R$ 400.000 (quatrocentos mil reais), será dividido igualmente entre os avós de Paulo.

b) Glória terá direito à meação, no valor de R$ 800.000 (oitocentos mil reais), ao direito real de habitação, mas não concorrerá com os ascendentes de Paulo.

c) Glória terá direito ao valor total dos bens, já que o cônjuge afasta da sucessão os ascendentes do falecido.

d) Glória terá direito à meação, no valor de R$ 800.000 (oitocentos mil reais), e o valor da herança será dividido em três partes iguais, recebendo Glória e os dois irmãos de Paulo, o correspondente a 1/3 (um terço) cada um.

03. FGV - OAB - 43º Exame de Ordem Unificado - Primeira Fase – Q39 No edifício em que reside Carolina, há, nas janelas das salas de todos os apartamentos, jardineiras com pequenas plantas. Trata-se de elemento original do projeto arquitetônico. Na sua jardineira, Carolina colocou alguns vasos de plantas. Certo dia, caiu um vaso da jardineira de Carolina sobre o carro de Thiago, que estava estacionado na rua, e causou um pequeno amassado.

Sobre o caso narrado, assinale a afirmativa correta.

a) Carolina somente responde pelo prejuízo de Thiago, se este provar dolo por parte dela.

b) Carolina somente responde pelo prejuízo de Thiago, se este provar dolo ou culpa por parte dela.

c) Carolina responde pelo prejuízo de Thiago, independentemente de prova de dolo ou culpa por parte dela.

d) Por se tratar de elemento original da construção, Carolina não tem responsabilidade pelo que cair da jardineira.

04. FGV - OAB - 43º Exame de Ordem Unificado - Primeira Fase – Q40 André, pessoa física, faz a coleta de dados pessoais de seus conhecidos e os arquiva em seus cadernos pessoais. A coleta é feita para fins exclusivamente particulares e não econômicos.

Sobre a aplicação da Lei Geral de Proteção de Dados Pessoais (Lei nº 13.709/2018) ao caso narrado, assinale a afirmativa correta.

a) Não é aplicável, porque se trata de pessoa natural e a referida lei somente se aplica às pessoas jurídicas, de direito público ou privado.

b) Não é aplicável, porque o tratamento de dados pessoais, na hipótese em questão, é realizado por pessoa física com finalidade exclusivamente particular e não econômica.

c) Não é aplicável, porque o tratamento de dados pessoais, na hipótese em questão, é realizado em meio físico e não digital.

d) É aplicável, porque, mesmo sendo realizada por pessoa natural, em meio físico e sem finalidade lucrativa, a lei define "tratamento" de modo amplo.

05. FGV - OAB - 43º Exame de Ordem Unificado - Primeira Fase – Q41 Mário conduzia imprudentemente seu veículo quando perdeu o controle do automóvel e colidiu contra uma banca de jornais situada na calçada. João, que estava parado ao lado da banca, foi atingido e faleceu na hora do acidente. Mário permaneceu internado por cerca de dois meses antes de também falecer em decorrência dos ferimentos sofridos.

Sobre as implicações do caso acima, segundo o ordenamento jurídico brasileiro, assinale a afirmativa correta.

a) Eventuais herdeiros de João terão o prazo decadencial de quatro anos para pleitear indenização em face do espólio de Mário.

b) A prescrição iniciada em face de Mário continua a correr contra seu sucessor.

c) O prazo prescricional, diante da inexistência de previsão legal específica, é de dez anos.

d) A prescrição intercorrente, se ajuizada ação indenizatória pelos eventuais herdeiros de João, não observará o mesmo prazo de prescrição da pretensão, possuindo prazo fixo de cinco anos.

06. FGV - OAB - 43º Exame de Ordem Unificado - Primeira Fase – Q42 Cláudia comprou um apartamento e contratou o arquiteto Lúcio para elaborar o projeto de redecoração. Pelo contrato celebrado, Lúcio deverá entregar o projeto a Cláudia no prazo de 30 dias, contados da assinatura do instrumento. Em caso de mora, Lúcio fica obrigado a pagar multa diária a Cláudia. Considerando essa hipótese, assinale a afirmativa correta.

a) Caso haja atraso na entrega do projeto, Cláudia poderá exigir a multa de Lúcio, independentemente de alegar prejuízo da mora.

b) A obrigação de pagar multa por dia de atraso afigura-se inválida, pois configura ônus manifestamente excessivo em detrimento do devedor.

c) Havendo mora, caso Cláudia cobre a verba estipulada, não poderá exigir de Lúcio o cumprimento da obrigação principal, isto é, a entrega do projeto de redecoração.

d) A obrigação de pagar a multa em caso de mora tem natureza jurídica de astreintes e não pode ser reduzida equitativamente pelo Juiz caso se revele manifestamente excessiva.

GABARITO		
1 - B	2 - A	3 - C
4 - B	5 - B	6 - A

DIREITO DA CRIANÇA E DO ADOLESCENTE

Franciele Kühl

Sumário

1. DISPOSIÇÕES INTRODUTÓRIAS SOBRE O ESTATUTO DA CRIANÇA E DO ADOLESCENTE (LEI Nº 8.069/1990)

A teoria da **Proteção Integral** aplicada ao Sistema de Direitos da Criança e do Adolescente encontra amparo jurídico na Constituição Federal, no Estatuto da Criança e do Adolescente (ECA), assim como nas Convenções Internacionais sobre os Direitos da Criança e dos Direito Humanos. Assenta-se, principalmente, em três princípios pilares: o princípio da prioridade absoluta, o princípio do melhor interesse e o princípio da proteção integral.

Dessa forma, todos os atos relacionados ao atendimento das necessidades da criança e do adolescente devem atender ao seu **melhor interesse,** e essa perspectiva deve ser seguida pelas famílias, pela sociedade e pelo Estado, que, nas suas decisões e nos seus procedimentos cotidianos, devem tomar uma série precauções e cuidados com a finalidade de proteger a criança e o adolescente, levando em conta, principalmente, a sua condição de pessoa em desenvolvimento.

Todos os direitos de crianças e adolescentes devem ser garantidos tanto para filhos havidos ou não da relação do casamento e os adotados. Todos os filhos possuem os mesmos direitos e qualificações, sendo proibidas designações discriminatórias relativas à filiação (art. 227, § 6º, da CF/1988). Três artigos constitucionais são essenciais para o estudo do direito da criança e do adolescente: arts. 227, 228 e 229.

2. DIREITOS DA CRIANÇA E DO ADOLESCENTE

O princípio basilar do direito da criança e do adolescente e da teoria da proteção integral é o **princípio da prioridade absoluta**, que está previsto no art. 4º do Estatuto, bem como no art. 227 da CF/1988. Crianças e adolescentes precisam ser o foco principal tanto do Poder Executivo, na destinação de verbas para amparo à família e à criança ou adolescente em situação de risco, como do Poder Legislativo, que precisa priorizar a elaboração e votação de leis, e do Poder Judiciário, que deve garantir que os processos que envolvam crianças e adolescentes sejam céleres e que tenham juízes comprometidos.

De acordo com o parágrafo único do art. 4º do ECA, a garantia de prioridade compreende:

> **Art. 4º** (...)
>
> Parágrafo único. (...)
>
> *a)* primazia de receber proteção e socorro em quaisquer circunstâncias;
>
> *b)* precedência de atendimento nos serviços públicos ou de relevância pública;
>
> *c)* preferência na formulação e na execução das políticas sociais públicas;
>
> *d)* destinação privilegiada de recursos públicos nas áreas relacionadas com a proteção à infância e à juventude.

E quando houver necessidade de interpretação da Lei, deverão ser levados em conta os fins sociais que ela tem, a exigência do bem comum, os direitos e deveres individuais e coletivos, bem como a condição peculiar de pessoa em desenvolvimento (art. 6º do ECA).

Nenhuma criança ou adolescente será objeto de qualquer forma de negligência, discriminação, exploração, violência, crueldade e opressão, punido na forma da lei qualquer atentado, por ação ou omissão, aos seus direitos fundamentais (art. 5º do ECA).

Considerando a importância do respeito aos seus direitos fundamentais, passamos ao estudo dos principais pontos inerentes aos direitos fundamentais garantidos pela Constituição Federal e ampliados pelo Estatuto da Criança e do Adolescente.

2.1 Direito à vida e à saúde

Em consonância com os princípios gerais de Direitos Humanos, adotados pelos pactos internacionais, os direitos fundamentais à vida e à saúde estão contemplados expressamente a partir do art. 7º:

> **Art. 7º** A criança e o adolescente têm direito a proteção à vida e à saúde, mediante a efetivação de políticas sociais públicas que permitam o nascimento e o desenvolvimento sadio e harmonioso, em condições dignas de existência.

Direito à **vida** é um direito **fundamental** previsto no art. 5º da CF/1988; já o direito à **saúde** é um **direito social**, segundo o art. 6º. A saúde é direito de todos e dever do Estado, essa competência é solidária entre União, Estados, Distrito Federal e Municípios (art. 196 da CF/1988).

É elementar observar que o legislador se preocupou com o direito desde a sua concepção; assim, o Estatuto estabelece condições de **proteção para as gestantes**, pensando no direito à vida e à saúde da criança. O art. 8º estabeleceu, em 2016, que:

> **Art. 8º** É assegurado a todas as mulheres o acesso aos programas e às políticas de saúde da mulher e de planejamento reprodutivo e, às gestantes, nutrição adequada, atenção humanizada à gravidez, ao parto e ao puerpério e atendimento pré-natal, perinatal e pós-natal integral no âmbito do Sistema Único de Saúde.

A partir da Lei da Primeira Infância (Lei nº 13.257/2016), que alterou o Estatuto, a gestante passou a ter garantida a sua vinculação, no último trimestre da gestação, ao estabelecimento em que será realizado o parto, assegurando o direito de opção da mulher (art. 8º, § 2º). Em que pese o Estatuto da Criança e do Adolescente indicar, somente a partir de 2016, que a gestante e a parturiente (art. 8º, § 6º) têm direito a um acompanhante de sua preferência (não precisa ser o pai da criança, poderá ser qualquer pessoa escolhida pela mulher), esse direito existe desde 2005, com a Lei nº 11.108/2005. Ela tem direito a parto natural cuidadoso, sendo a cesariana aplicada apenas por motivos médicos (art. 8º, § 8º).

O poder público, a partir da Lei nº 13.257/2016, deverá garantir à mulher que se encontre sob custódia em **unidade de privação de liberdade**, com filho na primeira infância, ambiência que **atenda às normas sanitárias** e assistenciais do Sistema Único de Saúde (SUS) para o acolhimento do filho, em articulação com o sistema de ensino competente, visando ao desenvolvimento integral da criança (art. 8º, § 10).

Desde 2009, incumbe ao poder público proporcionar **assistência psicológica** à gestante e à mãe em situação de privação de liberdade ou que manifestem interesse em entregar seus filhos para adoção, tanto no período pré como pós-natal, inclusive como forma de prevenir ou minorar as consequências do estado puerperal.

▷ **Atenção!** Em relação às mulheres que desejam entregar seus filhos para adoção, estas serão obrigatoriamente encaminhadas, sem constrangimento, à Justiça da Infância e da Juventude, de acordo com os arts. 13, § 1º, e 19-A do ECA. Incorre em sanção administrativa o médico, enfermeiro, dirigente de estabelecimento de saúde ou funcionário de programa oficial ou comunitário, destinado à garantia do direito à convivência familiar, que deixar de efetuar tal encaminhamento (art. 258-B do ECA).

Quanto às garantias de **aleitamento materno**, o art. 9º do Estatuto indica que o poder público, as instituições e os empregadores propiciarão condições adequadas ao aleitamento materno, inclusive aos filhos de mães submetidas a medida privativa de liberdade. Ainda, os serviços e unidades de terapia intensiva neonatal deverão dispor de banco de leite humano ou unidade de coleta de leite humano (art. 9º, § 2º, do ECA).

Neste ponto, é interessante destacar que **adolescente gestante** ou com o filho em amamentação deve ter assegurada atenção integral à sua saúde, bem como condições necessárias para que **permaneça junto à criança** durante o período de amamentação.

Os **hospitais** e demais estabelecimentos de saúde de atenção às gestantes, tanto os estabelecimentos públicos quanto os particulares, segundo o art. 10, são **obrigados** a:

> **Art. 10.** (...)
>
> I – manter registro das atividades desenvolvidas, através de prontuários individuais, pelo prazo de dezoito anos;
>
> II – identificar o recém-nascido mediante o registro de sua impressão plantar e digital e da impressão digital da mãe, sem prejuízo de outras formas normatizadas pela autoridade administrativa competente;
>
> III – proceder a exames visando ao diagnóstico e terapêutica de anormalidades no metabolismo do recém-nascido, bem como prestar orientação aos pais;
>
> IV – fornecer declaração de nascimento onde constem necessariamente as intercorrências do parto e do desenvolvimento do neonato;
>
> V – manter alojamento conjunto, possibilitando ao neonato a permanência junto à mãe.
>
> VI – acompanhar a prática do processo de amamentação, prestando orientações quanto à técnica adequada, enquanto a mãe permanecer na unidade hospitalar, utilizando o corpo técnico já existente.
>
> VII – desenvolver atividades de educação, de conscientização e de esclarecimentos a respeito da saúde mental da mulher no período da gravidez e do puerpério.

Entre outras ampliações às garantias de direitos fundamentais trazidas pela Lei da Primeira Infância, cabe destacar os §§ 1º e 2º do art. 11 do ECA, os quais reforçam a garantia de atendimento sem discriminação ou segregação de crianças e adolescentes com deficiência e o dever de oferecer **gratuitamente: medicamentos, órteses, próteses** e outras **tecnologias assistivas** relativas ao tratamento, habilitação ou reabilitação para crianças e adolescentes.

A **vacinação** de **crianças**, nos casos recomendados pelas autoridades sanitárias, é **obrigatória** (art. 14, § 1º). Nesse sentido também a obrigação de promover assistência médica, odontológica e vacinação, de acordo com o art. 14, §§ 2º e 3º, do ECA.

Dos crimes previstos no ECA:

> **Art. 228.** Deixar o encarregado de serviço ou o dirigente de estabelecimento de atenção à saúde de gestante de manter registro das atividades desenvolvidas, na forma e prazo referidos no art. 10 desta Lei, bem como de fornecer à parturiente ou a seu responsável, por ocasião da alta médica, declaração de nascimento, onde constem as intercorrências do parto e do desenvolvimento do neonato:
>
> Pena – detenção de seis meses a dois anos.
>
> Parágrafo único. Se o crime é culposo:
>
> Pena – detenção de dois a seis meses, ou multa.
>
> **Art. 229.** Deixar o médico, enfermeiro ou dirigente de estabelecimento de atenção à saúde de gestante de identificar corretamente o neonato e a parturiente, por ocasião do parto, bem como deixar de proceder aos exames referidos no art. 10 desta Lei:
>
> Pena – detenção de seis meses a dois anos.
>
> Parágrafo único. Se o crime é culposo:
>
> Pena – detenção de dois a seis meses, ou multa.

▷ **Atenção!** RE 979.742 (Tema 952 RG): Testemunhas de Jeová têm direito de recusar procedimento que envolva transfusão de sangue, decide STF: O STF definiu que a liberdade religiosa de uma pessoa pode justificar o custeio de tratamento de saúde diferenciado pelo poder público. Por unanimidade, o Plenário decidiu que Testemunhas de Jeová, adultas e capazes, têm o direito de recusar procedimento médico que envolva transfusão de sangue. Segundo a decisão, o Estado tem a obrigação de oferecer procedimentos alternativos disponíveis no Sistema Único de Saúde (SUS), ainda que seja necessário recorrer a tratamento em outra localidade. A opção pelo tratamento alternativo deve ser tomada de forma livre, consciente e informada das consequências e abrange apenas o paciente. Quando estiver em jogo o tratamento de crianças e adolescentes, a liberdade religiosa não autoriza que os pais impeçam o tratamento médico dos filhos menores de idade. Assim, de acordo com os ministros, prevalece o princípio do melhor interesse para a saúde e a vida da criança e do adolescente.

2.2 Direito à liberdade, ao respeito e à dignidade

As crianças e os adolescentes têm direito à liberdade, ao respeito e à dignidade como pessoas humanas em processo de desenvolvimento e como **sujeitos de direitos civis**, **humanos** e **sociais** garantidos na Constituição Federal e nas leis esparsas, assim como nos tratados internacionais.

O **direito à liberdade** consiste no direito de a criança ou o adolescente de: ir, vir, ter opinião e expressão, crença e culto religioso, brincar, praticar esportes, divertir-se, participar da vida familiar e comunitária sem discriminação, participar da vida política, buscar refúgio, auxílio e orientação. Sendo dever de todos (não só da família) zelar pela **dignidade** da criança ou do adolescente, sem colocá-lo em situação de tratamento desumano, violento, aterrorizante, vexatório ou constrangedor (art. 18 do ECA).

Já o **direito ao respeito** consiste, consoante o art. 17, "na inviolabilidade da integridade física, psíquica e moral da criança e do adolescente, abrangendo a preservação da imagem, da identidade, da autonomia, dos valores, ideias e crenças, dos espaços e objetos pessoais".

▷ **Atenção:** Segundo a jurisprudência do STJ, a veiculação da identidade de menor de idade pelos meios de comunicação, sem autorização do responsável, caracteriza ato ilícito por abuso do direito de informar, havendo o dever de indenizar o dano *in re ipsa*.

De suma importância os arts. 18-A e 18-B do ECA, que foram introduzidos pela Lei nº 13.010/2014, inovação legislativa para estabelecer o direito da criança e do adolescente de serem educados e cuidados sem o uso de castigos físicos ou de tratamento cruel ou degradante.

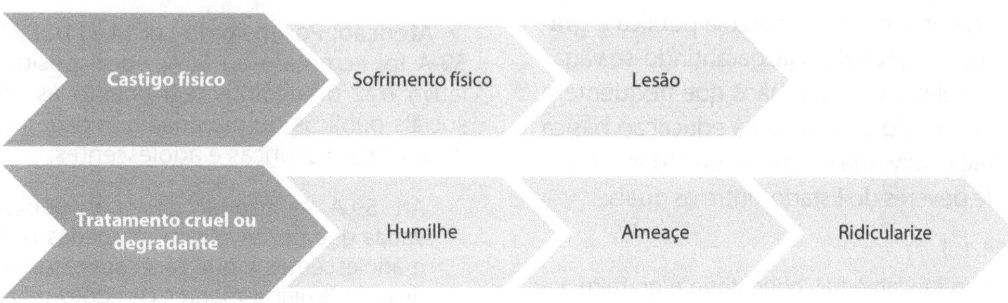

É dever dos pais, integrantes da família ampliada, responsáveis, agentes públicos ou qualquer pessoa encarregada de cuidar de crianças e adolescentes de tratá-los, educá-los ou protegê-los de castigo físico ou tratamento cruel ou degradante, como forma de correção, disciplina, estando sujeitos às seguintes **medidas** (art. 18-B, atualizado pela Lei nº 14.344/2022).

> **Art. 18-B.** (...)
>
> I – encaminhamento a programa oficial ou comunitário de proteção à família;
>
> II – encaminhamento a tratamento psicológico ou psiquiátrico;
>
> III – encaminhamento a cursos ou programas de orientação;
>
> IV – obrigação de encaminhar a criança a tratamento especializado;
>
> V – advertência;
>
> VI – garantia de tratamento de saúde especializado à vítima.

▷ **Atenção!** Compete ao Conselho Tutelar a aplicação das sanções previstas no art. 18-B do ECA. Nos casos em que houver suspeita ou confirmação de castigo físico, tratamento cruel ou degradante e de maus-tratos, o Conselho Tutelar deve ser comunicado obrigatoriamente, sem prejuízo das outras providências legais (art. 13 do ECA).

Se um médico, professor ou responsável por estabelecimento de atenção à saúde e de ensino fundamental, pré-escola ou creche, deixar de comunicar à autoridade competente quando tiver conhecimento ou suspeita de maus-tratos contra criança ou adolescente, será responsabilizado com multa (art. 245 do ECA).

Dos crimes previstos no ECA:

> **Art. 232.** Submeter criança ou adolescente sob sua autoridade, guarda ou vigilância a vexame ou a constrangimento:
>
> Pena – detenção de seis meses a dois anos.

2.3 Direito à educação, cultura, ao esporte e ao lazer

A criança e o adolescente têm **direito à educação**, visando ao pleno desenvolvimento de sua pessoa, preparo para o exercício da cidadania e qualificação para o trabalho. Na Constituição Federal, o direito à educação está previsto no art. 227, *caput;* no art. 6º, como direito social; e a partir do art. 205:

> **Constituição Federal**
>
> **Art. 205.** A educação, direito de todos e dever do Estado e da família, será promovida e incentivada com a colaboração da sociedade, visando ao pleno desenvolvimento da pessoa, seu preparo para o exercício da cidadania e sua qualificação para o trabalho.

O art. 53 do Estatuto assegura o direito à educação, embora todo o artigo seja importante; destacamos aqui o inciso V, que garante o acesso à escola pública e **gratuita, próxima de sua residência**, garantindo-se vagas no mesmo estabelecimento a irmãos que frequentem a mesma etapa ou ciclo de ensino da educação básica (segundo alteração advinda em junho de 2019), e o art. 54 elenca rol de deveres do Estado, entre os quais:

> **Art. 54.** (...)
>
> I – ensino fundamental, obrigatório e gratuito, inclusive para os que a ele não tiveram acesso na idade própria;
>
> II – progressiva extensão da obrigatoriedade e gratuidade ao ensino médio;
>
> III – atendimento educacional especializado aos portadores de deficiência, preferencialmente na rede regular de ensino;
>
> IV – atendimento em creche e pré-escola às crianças de zero a cinco anos de idade;
>
> V – acesso aos níveis mais elevados do ensino, da pesquisa e da criação artística, segundo a capacidade de cada um;
>
> VI – oferta de ensino noturno regular, adequado às condições do adolescente trabalhador;
>
> VII – atendimento no ensino fundamental, através de programas suplementares de material didático-escolar, transporte, alimentação e assistência à saúde.

O acesso gratuito ao ensino público é **direito subjetivo**, o não oferecimento pelo poder público ou, ainda, o oferecimento irregular importa **responsabilização** da autoridade competente (em que pese o art. 54, § 2º, seja vago quanto ao tipo de responsabilização e quem seria responsabilizado). No ensino fundamental, o poder público possui o dever de **recensear os educandos**, que significa listar, fazer a chamada e zelar, junto com os pais ou responsáveis, pela frequência deles (art. 54, § 3º).

Os pais ou responsáveis são **obrigados a matricular** seus filhos ou pupilos na rede regular de ensino (art. 55 do ECA), não havendo autorização para o ensino regular em casa, por exemplo. Os **dirigentes** de estabelecimento de **ensino** têm o dever de comunicar a autoridade competente situação de maus-tratos, reiteração de faltas injustificadas, evasão escolar, elevados níveis de repetência (art. 56 do ECA).

Além disso, conforme o art. 58, no processo educacional, respeitar-se-ão os valores culturais, artísticos e históricos próprios do contexto social da criança e do adolescente, garantindo-se a estes a liberdade da criação e o acesso às fontes de cultura. E os municípios, com apoio dos estados e da União, estimularão e facilitarão a destinação de recursos e espaços para programações culturais, esportivas e de lazer voltadas para a infância e a juventude, de acordo com o art. 59 do ECA.

▷ **Atenção:** Por meio da Lei 14.811/2024, o artigo 59-A foi acrescido ao ECA, no dispositivo o legislativo traz o seguinte regramento às instituições sociais públicas ou privadas que desenvolvem atividades com crianças e adolescentes:

> Art. 59-A. As instituições sociais públicas ou privadas que desenvolvam atividades com crianças e adolescentes e que recebam recursos públicos deverão exigir e manter certidões de antecedentes criminais de todos os seus colaboradores, as quais deverão ser atualizadas a cada 6 (seis) meses. (Incluído pela Lei nº 14.811, de 2024)
>
> Parágrafo único. Os estabelecimentos educacionais e similares, públicos ou privados, que desenvolvem atividades com crianças e adolescentes, independentemente de recebimento de recursos públicos, deverão manter fichas cadastrais e certidões de antecedentes criminais atualizadas de todos os seus colaboradores. (Incluído pela Lei nº 14.811, de 2024)

Por fim, interessante mencionar que a Lei nº 13.840/2019 acrescentou ao Estatuto o art. 53-A, que trata do dever das instituições de ensino, clubes e agremiações recreativas e de estabelecimentos congêneres de assegurar medidas de conscientização, prevenção e enfrentamento ao **uso ou**

dependência de drogas ilícitas, como medida de **enfrentamento** a um problema de saúde pública.

2.4 Direito à profissionalização e à proteção no trabalho

O direito à profissionalização e ao trabalho protegido estão assegurados **somente para os adolescentes.** Isso porque o **trabalho infantil é proibido**, mas o trabalho do adolescente é permitido desde que atenda a alguns critérios, essa é a regra.

▷ **Atenção!**

Diferença entre criança e adolescente:

> **Art. 2º** Considera-se criança, para os efeitos desta Lei, a pessoa até doze anos de idade incompletos, e adolescente aquela entre doze e dezoito anos de idade.
>
> Parágrafo único. Nos casos expressos em lei, aplica-se excepcionalmente este Estatuto às pessoas entre dezoito e vinte e um anos de idade.

O **art. 60 do ECA** possui uma redação **inconstitucional**, trazendo em sua composição que "é proibido qualquer trabalho a menores de quatorze anos de idade, salvo na condição de aprendiz". Essa redação nos faz pensar que é possível o trabalho antes dos 14 anos se for na condição de aprendiz, mas esse **não** é o entendimento correto. A partir da leitura dos arts. 7º, XXXIII, e 227, § 3º, I, da CF/1988, bem como do art. 403 da Consolidação das Leis do Trabalho (CLT), podemos perceber que a **idade mínima é de 16 anos**, salvo trabalho na condição de **aprendiz** a partir dos **14 anos de idade**, sendo que crianças e adolescentes até 14 anos incompletos não podem trabalhar nem ter um contrato de aprendizagem.

O Estatuto da Criança e do Adolescente aponta, em seu art. 62, que a aprendizagem é a formação **técnico-profissional** do adolescente, e para a CLT:

> **CLT**
>
> **Art. 428.** Contrato de aprendizagem é o contrato de trabalho especial, ajustado por escrito e por prazo determinado, em que o empregador se compromete a assegurar ao maior de 14 (quatorze) e menor de 24 (vinte e quatro) anos inscrito em programa de aprendizagem formação técnico-profissional metódica, compatível com o seu desenvolvimento físico, moral e psicológico, e o aprendiz, a executar com zelo e diligência as tarefas necessárias a essa formação.

Essa formação técnico-profissional do adolescente deve seguir os seguintes princípios (art. 63 do ECA):

Princípio da aprendizagem

- I - garantia de acesso e frequência obrigatória ao ensino regular.
- II - atividade compatível com o desenvolvimento do adolescente.
- III - horário especial para o exercício das atividades.

O art. 64 assegura bolsa aprendizagem ao adolescente até 14 anos de idade, mas, como é inconstitucional o trabalho antes dos 16 anos, salvo na condição de aprendiz a partir dos 14 anos, a referida norma acaba perdendo aplicação prática. Já o art. 65 tem aplicação, pois assegura direitos trabalhistas e previdenciários ao aprendiz.

Adolescente com **deficiência** tem assegurado o trabalho protegido (art. 66), sendo que o limite de idade para o contrato de aprendizagem não é aplicado para ele, isto é, se a CLT, em seu art. 428, *caput* e § 3º, diz que o contrato de aprendizado não pode ser realizado por prazo superior a 2 (dois) anos, com a idade limite de 24 anos, esse prazo e essa idade, todavia, não se aplicam ao contrato de aprendizagem com a pessoa com deficiência.

A proteção ao trabalho está regulada em lei própria, não só no Estatuto da Criança e do Adolescente. Atente-se ao fato de que, ainda que seja inconstitucional o trabalho antes dos 16 anos de idade (salvo na condição de aprendiz a partir dos 14 anos), uma criança ou adolescente que tenha sido submetido a trabalho irregular e ilegal deve ter assegurados seus direitos trabalhistas. A violação de um direito não impede o acesso a outros direitos!

A partir do estudo da Constituição Federal, do Estatuto da Criança e do Adolescente e da CLT, podemos concluir que:

Criança ou adolescente até 14 anos de idade:

- Proibida qualquer forma de contrato de aprendizagem.

Criança/jovem entre 14 e 24 anos de idade:

- Permitido o contrato de aprendizagem;
- No caso de pessoa com deficiência, não se aplica o limite de idade.

Adolescente entre 16 e 17 anos de idade:

Proibição do trabalho:

- Noturno (entre 22h e 5h);

- Perigoso;
- Insalubre;
- Penoso;
- Realizado em locais que não permitam a frequência escolar;
- Realizados em locais que prejudiquem o seu desenvolvimento físico, psíquico, moral e social;
- Essas regras de proibição também se aplicam aos contratos de aprendizagem para menores de 18 anos de idade.

Neste momento, você deve estar se perguntando, mas e o **trabalho artístico mirim e infantojuvenil**?

O art. 149 do ECA traz que cabe ao **juízo da infância e juventude** autorizar (ou não, neste caso cabendo apelação, art. 199) mediante **alvará**, bem como disciplinar por **portaria**, a entrada e permanência de crianças e adolescentes desacompanhados em: estádio, ginásio e campo desportivo; bailes ou promoções dançantes; boate ou congêneres; casa que explore comercialmente diversões eletrônicas; estúdios cinematográficos, de teatro, rádio e televisão; e a **participação** em: espetáculos públicos e seus ensaios e certames de beleza. Ou seja, havendo autorização judicial, será possível a participação de crianças e adolescentes em teatros, novelas, filmes etc.

Quanto aos contratos com atletas, a Lei nº 9.615/1998 (Normas sobre Desporto – Lei Pelé) estipula que **somente** a partir dos **16 anos** é possível celebrar contrato esportivo profissional, que antes era desporto educacional ou de rendimento: "de modo não profissional, identificado pela liberdade de prática e pela inexistência de contrato de trabalho, sendo permitido o recebimento de incentivos materiais e de patrocínio" (art. 3º, § 1º, II, da Lei nº 9.605/1998).

Atenção para jurisprudência do STJ:

- STJ – Info 674/20: Apesar da proibição do trabalho infantil, o tempo de labor rural prestado por menor de 12 anos deve ser computado para fins previdenciários.

- STJ – Info 714/22: A autorização judicial para participação de adolescente em espetáculo público em diversas comarcas deve ser concentrada na competência do juízo do seu domicílio, que solicitará providências e informações aos demais juízos, onde ocorra apresentação, quanto ao cumprimento das diretrizes previamente fixadas.

2.5 Direito à convivência familiar e comunitária

A Constituição Federal de 1988 confere maior ênfase aos laços de consanguinidade e afetividade do que ao casamento, além disso, adota-se a isonomia entre filhos havidos na constância do casamento e **filhos havidos fora do casamento**, sendo **vedada qualquer discriminação** (art. 227, § 6º, da CF/1988).

O atual entendimento é que a filiação passa a ser entendida como relação de parentesco de 1º grau e não mais vinculado ao casamento, tanto de natureza consanguínea (geração biológica) quanto civil (por adoção), e seu reconhecimento passa a ser **personalíssimo, indisponível** e **imprescritível**, que pode ser oposto contra pais e herdeiros, indiferente se havidos fora ou dentro do casamento, possuindo os mesmos direitos, observado apenas o segredo de justiça, segundo os arts. 20, 26 e 27 do ECA.

2.5.1 Poder familiar e o acolhimento de crianças e adolescentes

É direito da criança e do adolescente ser criado e educado no seio de sua família e, excepcionalmente, em família substituta, assegurada a convivência familiar e comunitária, em ambiente que garanta seu desenvolvimento integral. Inclusive será **garantida** a **convivência** da criança e do adolescente com a mãe ou o pai **privado de liberdade**, por meio de visitas periódicas promovidas pelo responsável ou, nas hipóteses de acolhimento institucional, pela entidade responsável, **independentemente** de **autorização judicial** (art. 19, § 4º, do ECA).

Claro que se o motivo que levou à privação de liberdade dos pais não se deu em razão de violência praticada contra a criança; nessas situações, poderá até haver a perda do poder familiar, como veremos na sequência. Também será garantida a **convivência** integral familiar com **adolescente** em **acolhimento institucional** (art. 19, § 5º).

Aos pais incumbe o dever de sustento, guarda e educação dos filhos menores, cabendo-lhes, ainda, no interesse destes, a obrigação de cumprir e fazer cumprir as determinações judiciais. A **mãe e o pai**, ou os responsáveis, têm **direitos iguais** e deveres e **responsabilidades compartilhados** no cuidado e na educação da criança, devendo ser resguardado o direito de transmissão familiar de suas crenças e culturas (art. 22). O poder familiar é exercido em condições de igualdade, ainda que os pais estejam separados e um dos genitores exercendo a guarda (claro, ressalvadas situações de extinção do poder familiar).

Segundo o Código Civil, compete aos pais no **poder familiar**:

Código Civil

Art. 1.634. (...)

I - dirigir-lhes a criação e a educação;

II - exercer a guarda unilateral ou compartilhada nos termos do art. 1.584;

III - conceder-lhes ou negar-lhes consentimento para casarem;

IV - conceder-lhes ou negar-lhes consentimento para viajarem ao exterior;

V - conceder-lhes ou negar-lhes consentimento para mudarem sua residência permanente para outro Município;

VI - nomear-lhes tutor por testamento ou documento autêntico, se o outro dos pais não lhe sobreviver, ou o sobrevivo não puder exercer o poder familiar;

VII - representá-los judicial e extrajudicialmente até os 16 (dezesseis) anos, nos atos da vida civil, e assisti-los, após essa idade, nos atos em que forem partes, suprindo-lhes o consentimento;

VIII - reclamá-los de quem ilegalmente os detenha;

IX - exigir que lhes prestem obediência, respeito e os serviços próprios de sua idade e condição.

Enquanto estiverem no exercício do poder familiar, os pais são **usufrutuários** dos bens dos filhos, ou seja, têm a **administração dos bens** enquanto forem menores de 18 anos de idade (art. 1.689 do CC). Como administradores dos bens dos filhos, devem praticar atos de conservação e incremento deste patrimônio. Assim, é permitido celebrar contratos (como de locação, receber aluguéis, cobrar juros, adquirir e alienar bens móveis). Alienações só serão autorizadas quando necessárias (arts. 1691 a 1.693 do CC).

O poder familiar só é **extinto** ou **suspenso** por **decisão judicial**, em procedimento que se garanta contraditório e dentro das possibilidades previstas na legislação civil, ou no descumprimento dos deveres impostos pelo art. 22 do ECA. Assim, extingue-se nas hipóteses trabalhadas pelo Código Civil:

Código Civil

Art. 1.635. Extingue-se o poder familiar:

I - pela morte dos pais ou do filho;

II - pela emancipação, nos termos do art. 5º, parágrafo único;

III - pela maioridade;

IV - pela adoção;

V - por decisão judicial, na forma do artigo 1.638.

Extinção por **violação de direitos**, por meio de **decisão judicial** (art. 1.638 do CC), conforme veremos resumidamente:

Art. 1.638. Perderá por ato judicial o poder familiar o pai ou a mãe que:

I - castigar imoderadamente o filho;

II - deixar o filho em abandono;

III - praticar atos contrários à moral e aos bons costumes;

IV - incidir, reiteradamente, nas faltas previstas no artigo antecedente;

V - entregar de forma irregular o filho a terceiros para fins de adoção.

Parágrafo único. Perderá também por ato judicial o poder familiar aquele que:

I - praticar contra outrem igualmente titular do mesmo poder familiar:

a) homicídio, feminicídio ou lesão corporal de natureza grave ou seguida de morte, quando se tratar de crime doloso envolvendo violência doméstica e familiar ou menosprezo ou discriminação à condição de mulher;

b) estupro ou outro crime contra a dignidade sexual sujeito à pena de reclusão;

II - praticar contra filho, filha ou outro descendente:

a) homicídio, feminicídio ou lesão corporal de natureza grave ou seguida de morte, quando se tratar de crime doloso envolvendo violência doméstica e familiar ou menosprezo ou discriminação à condição de mulher;

b) estupro, estupro de vulnerável ou outro crime contra a dignidade sexual sujeito à pena de reclusão.

▷ **Atenção!**

Art. 23. A falta ou a carência de recursos materiais não constitui motivo suficiente para a perda ou a suspensão do poder familiar.

§ 1º Não existindo outro motivo que por si só autorize a decretação da medida, a criança ou o adolescente será mantido em sua família de origem, a qual deverá obrigatoriamente ser incluída em serviços e programas oficiais de proteção, apoio e promoção.

§ 2º A condenação criminal do pai ou da mãe não implicará a destituição do poder familiar, exceto na hipótese de condenação por crime doloso sujeito à pena de reclusão contra outrem igualmente titular do mesmo poder familiar ou contra filho, filha ou outro descendente.

O Estatuto da Criança e do Adolescente prevê o **acolhimento institucional** (que substituiu o termo "abrigamento") de criança e adolescentes que tiveram seus direitos violados e necessitam ser afastados **temporariamente** da convivência familiar.

▷ **Cuidado!** É **medida excepcional.** Antes desta hipótese, é necessário avaliar a possibilidade de afastar o agressor do convívio familiar ou da colocação da criança ou adolescente em família extensa. Leia o art. 130!

> ▷ **Atenção para jurisprudência do STJ:**
>
> STJ – Info 704/21: O fato de o devedor de alimentos estar recolhido à prisão pela prática de crime não afasta a sua obrigação alimentar, tendo em vista a possibilidade de desempenho de atividade remunerada na prisão ou fora dela a depender do regime prisional do cumprimento da pena.

O **acolhimento** institucional é aplicado a partir de **decisão judicial**, salvo em **caráter de urgência.** No caso de uma criança ou adolescente encontrado em situação de violação de direitos e não houver outra medida cabível no momento senão o encaminhamento à instituição de acolhimento, a criança ou adolescente poderá ser imediatamente acolhido (mesmo sem a decisão do juiz). Todavia, o Juiz da Infância e Juventude deverá ser **comunicado** pela entidade no prazo máximo de **24 horas** sobre este acolhimento, sob pena de responsabilidade (art. 93 do ECA).

A **permanência** da criança e do adolescente em programa de acolhimento institucional não se prolongará por mais de **18 meses**, salvo comprovada necessidade que atenda ao seu superior interesse, devidamente fundamentada pela autoridade judiciária (art. 19 do ECA). Esse acolhimento passará por **reavaliação** no prazo de **três meses**, sendo que a manutenção ou a reintegração de criança ou adolescente à sua família terá preferência em relação a qualquer outra providência.

A criança e adolescente em situação de acolhimento institucional tem **direito** às **visitas**, que só serão suspensas pela autoridade judiciária no caso de existirem motivos sérios e fundados de sua prejudicialidade aos interesses do adolescente.

Aquele que **descumprir**, de forma **dolosa** ou **culposa**, os **deveres** inerentes ao **poder familiar** ou decorrentes de tutela ou guarda, bem como determinação da autoridade judiciária ou Conselho Tutelar está sujeito a responder por **infração administrativa** prevista no artigo 249, do ECA, cuja multa pode ser de três a vinte salário de referência, aplicando-se o dobro em caso de reincidência.

Todavia, essa multa instituída pelo art. 249 do ECA não possui caráter meramente preventivo, mas também punitivo e pedagógico, de modo que não pode ser afastada sob fundamentação exclusiva do advento da maioridade civil da vítima dos fatos que determinaram a imposição da penalidade, de acordo como entendimento do Superior Tribunal de Justiça no informativo 687/2021.

Quando uma criança ou adolescente está acolhida, ela pode ser incluída em programa de apadrinhamento. Tal programa não se confunde com o acolhimento, ele está disposto no artigo 19-B e possibilidade às crianças e adolescentes já acolhidos a convivência externa com os chamados padrinhos e madrinhas:

> Art. 19-B. A criança e o adolescente em programa de acolhimento institucional ou familiar poderão participar de programa de apadrinhamento. (Incluído pela Lei nº 13.509, de 2017)
>
> § 1º O apadrinhamento consiste em estabelecer e proporcionar à criança e ao adolescente vínculos externos à instituição para fins de convivência familiar e comunitária e colaboração com o seu desenvolvimento nos aspectos social, moral, físico, cognitivo, educacional e financeiro. (Incluído pela Lei nº 13.509, de 2017)
>
> § 2º Podem ser padrinhos ou madrinhas pessoas maiores de 18 (dezoito) anos não inscritas nos cadastros de adoção, desde que cumpram os requisitos exigidos pelo programa de apadrinhamento de que fazem parte. (Incluído pela Lei nº 13.509, de 2017)
>
> § 3º Pessoas jurídicas podem apadrinhar criança ou adolescente a fim de colaborar para o seu desenvolvimento. (Incluído pela Lei nº 13.509, de 2017)
>
> § 4º O perfil da criança ou do adolescente a ser apadrinhado será definido no âmbito de cada programa de apadrinhamento, com prioridade para crianças ou adolescentes com remota possibilidade de reinserção familiar ou colocação em família adotiva. (Incluído pela Lei nº 13.509, de 2017)
>
> § 5º Os programas ou serviços de apadrinhamento apoiados pela Justiça da Infância e da Juventude poderão ser executados por órgãos públicos ou por organizações da sociedade civil. (Incluído pela Lei nº 13.509, de 2017)
>
> § 6º Se ocorrer violação das regras de apadrinhamento, os responsáveis pelo programa e pelos serviços de acolhimento deverão imediatamente notificar a autoridade judiciária competente. (Incluído pela Lei nº 13.509, de 2017)

Das infrações administrativas previstas no ECA:

> **Art. 249.** Descumprir, dolosa ou culposamente, os deveres inerentes ao poder familiar ou decorrente de tutela ou guarda, bem assim determinação da autoridade judiciária ou Conselho Tutelar:
>
> Pena – multa de três a vinte salários de referência, aplicando-se o dobro em caso de reincidência.

2.5.2 Espécies de família

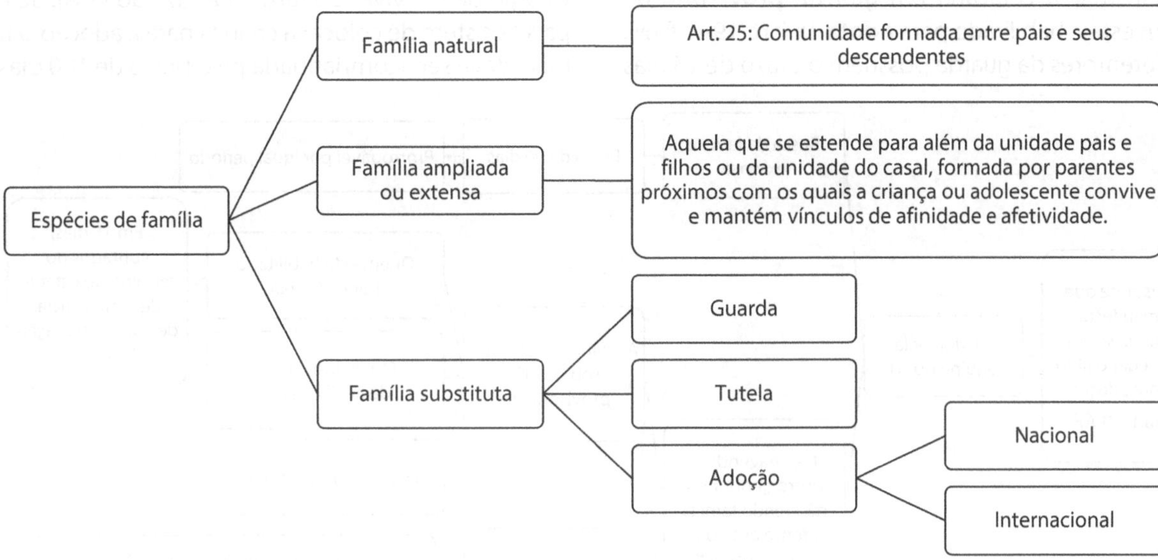

A **perda** ou **suspensão** do poder familiar só podem ser decretadas **judicialmente**, respeitado o contraditório, nas hipóteses previstas no Código Civil e se forem injustificadamente descumpridos os deveres de sustento, guarda e educação (art. 24 do ECA). A colocação de criança ou adolescente em **família substituta** é medida **excepcional**.

2.5.3 Família substituta

A colocação em **família substituta** ocorre em três modalidades: por meio da **guarda**, **tutela** ou da **adoção**, todas elas condicionadas à decisão judicial, sendo, em todos os casos, analisado se a família substituta possui compatibilidade com a natureza da medida e se oferece ambiente familiar adequado, segundo os arts. 28 e 29 do ECA.

Considerando o profundo impacto que a colocação em família substituta causa, o Estatuto determina que, sempre que possível, a criança será previamente **ouvida** por **equipe interprofissional**, sendo que sua opinião será levada em consideração; já se tratando de maior de 12 anos de idade, portanto **adolescente**, será necessário o **consentimento**, colhido em audiência, conforme o art. 28, §§ 1º e 2º, do ECA. Além disso, devem ser apreciados o parentesco e a relação de afinidade ou de afetividade, a fim de preservar o melhor interesse. Os grupos de **irmãos não** serão **separados**, é a regra, salvo situações excepcionais de solução diversa, plenamente justificados, evitando o rompimento definitivo de qualquer modo.

O Estatuto procura ainda considerar a diversidade cultural, em se tratando de criança ou adolescente **indígena** ou proveniente de **comunidade remanescente** de **quilombo**, respeitando a identidade social e cultural, costumes e tradições, prevalecendo a colocação familiar **prioritariamente** no seio de sua **comunidade** ou junto a membros da mesma etnia. No caso de crianças **indígenas,** estas deverão ter a intervenção e oitiva de representantes do órgão federal responsável pela política indigenista, no caso de crianças e adolescentes indígenas, e de **antropólogos**, perante a equipe interprofissional ou multidisciplinar que acompanhará o caso (art. 28, § 6º).

A colocação em família substituta estrangeira constitui medida excepcional, somente admissível na modalidade de adoção, segundo o art. 31 do ECA.

No caso da **gestante** que pretende **entregar** o filho à **adoção**, esta deverá ser encaminhada à Justiça da Infância e Juventude, onde será ouvida por equipe interprofissional. O juiz **buscará** primeiro pela **família extensa** (no prazo de 90 dias). Após o nascimento, a mãe e o genitor deverão confirmar sua vontade em audiência; a mãe poderá **retratar-se**, ou então **arrepender-se** do seu consentimento até dez dias contados da data de prolação da sentença de extinção do poder familiar (arts. 19-A e 166, § 5º, do ECA). Esse é o procedimento previsto em lei, contudo, para o Superior Tribunal de Justiça a retratação não gera direito potestativo, ou seja, que não admite contestação, aos pais biológicos de recuperaram o infante, mas será sopesada com outros elementos para definir o melhor interesse da criança (REsp 1578913/MG, Rel. Min. Nancy Andrighi, Terceira Turma, DJe 24/02/2017).

Nessa audiência que o juiz designará para os genitores manifestarem o desejo de entrega da criança para a adoção, também será **chamado** representante da **família extensa** para verificar a intenção de exercer o poder familiar ou a guarda da criança. Não havendo interesse ou não comparecendo o familiar, a criança será colocada em **guarda provisória** de quem esteja habilitado para **adotá-la** (art. 19-A, § 6º). Os detentores da guarda possuem o prazo de 15 dias para propor a adoção, contados do dia de término do estágio de convivência (art. 19-A, §7º do ECA). Se os pais desistem de colocar a criança para a adoção, a família deve ser acompanhada pelo prazo de 180 dias.

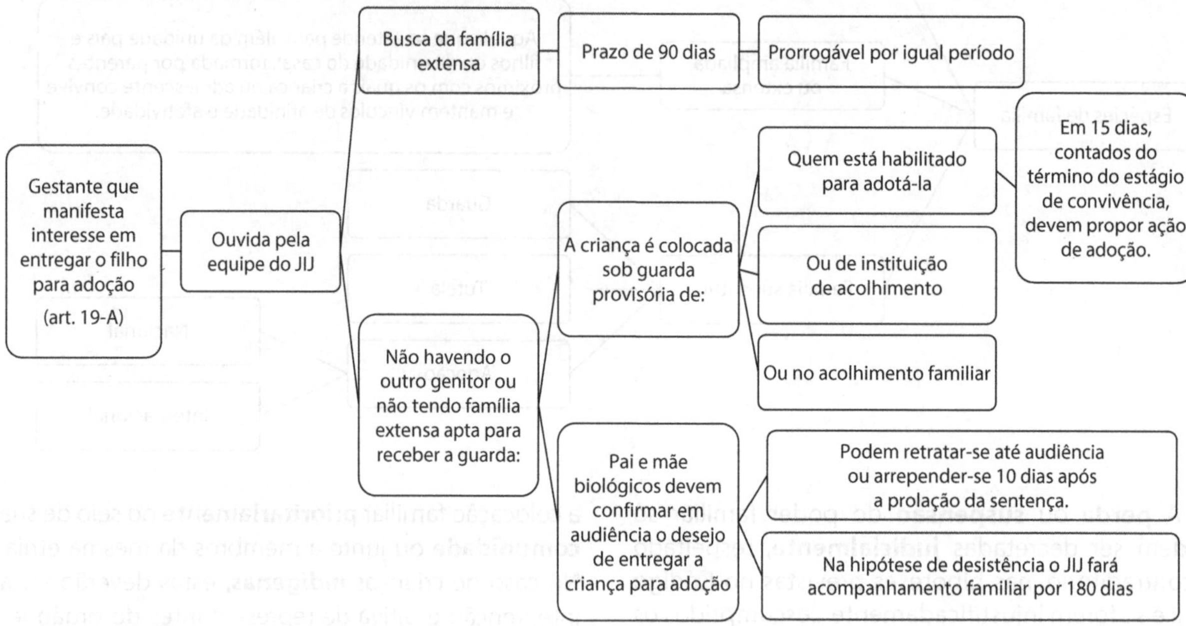

São **cadastrados** para adoção **recém-nascidos** e crianças acolhidas **não procuradas** por suas famílias no prazo de **30 dias**, contado a partir do dia do acolhimento (art. 19-A, §10 do ECA).

2.5.3.1. Adoção

A **adoção** é medida **excepcional** e **irrevogável**. Atribui a condição de filho ao adotado, análoga à do parentesco biológico, com os mesmos direitos e deveres, inclusive sucessórios, **desligando** o adotado de qualquer vínculo com pais e parentes biológicos, segundo os arts. 39, § 1º, e 40 do ECA.

Embora tenha a característica da irrevogabilidade, para o Superior Tribunal de Justiça, ela não é regra absoluta, eis que pode ser afastada sempre que, no caso concreto, verificar-se que a manutenção da medida não apresenta reais vantagens para o adotado (REsp 1293137/BA, Rel. Min. Raul Araújo, Quarta Turma, DJe 24/10/2022).

É vedada a adoção por **procuração**, ela ocorre somente pela via judicial, sendo observados os interesses do adotando. A criança ou adolescente deve contar com, no máximo, 18 anos de idade, salvo se já estiver sob a guarda ou tutela dos adotantes (art. 40).

Requisitos para adotar:

- Maiores de 18 anos de idade podem adotar;
- A criança ou adolescente deve contar com, no máximo, 18 anos, salvo se já estiver sob guarda ou tutela do adotante;
- Diferença de 16 anos de idade entre adotante e adotado;
- Consentimento dos pais biológicos ou destituição do poder familiar;
- Somente por via judicial;
- Manifestação da criança (sempre que possível) e consentimento do adolescente maior de 12 anos;
- Aprovação em estágio de convivência (para formação de vínculos):
- Adoção nacional: prazo máximo de 90 dias, podendo ser prorrogado por igual período (dispensado se houver vínculo, tutela ou guarda anterior – art. 46);
- Adoção internacional: prazo mínimo de 30 dias e máximo de 45 dias, podendo ser prorrogado por igual período. Estágio de convivência internacional deve ser cumprido em território nacional;
- Necessária prévia habilitação (é a regra, mas existem exceções);
- Idoneidade, motivos legítimos e desejo de filiação.

Segundo o art. 41, § 1º, do ECA, se um dos cônjuges ou concubinos adota o filho do outro, mantêm-se os vínculos de filiação entre o adotado e o cônjuge ou concubino do adotante e os respectivos parentes.

Quem não pode adotar?

Os ascendentes e os irmãos do adotando (art. 42, § 1º), o tutor ou curador, enquanto não der conta de sua administração e saldar o seu alcance (art. 44).

Contudo, o Superior Tribunal de Justiça já admitiu, excepcionalmente, a adoção de neto por avós, tendo em vista as seguintes particularidades do caso analisado: os avós haviam adotado a mãe biológica de seu neto aos 8 anos de idade, a qual já estava grávida do adotado em razão de abuso sexual; os avós já exerciam, com exclusividade, as funções de pai e mãe do neto desde o seu nascimento; havia filiação socioafetiva entre neto e avós; o adotado, mesmo sabendo de sua origem biológica, reconhecia os adotantes como pais e tratava a sua mãe biológica como irmã mais velha; tanto adotado quanto sua mãe biológica concordaram expressamente com a adoção; não havia perigo de confusão mental e emocional a ser gerada no adotando; e não havia predominância de interesse econômico na pretensão de adoção (REsp nº 1.448.969-SC – rel. Min. Moura Ribeiro – Terceira Turma – j. 21-10-2014).

O que é necessário para adoção conjunta?

Para adoção conjunta, é indispensável que os adotantes sejam casados civilmente ou mantenham união estável, comprovada a estabilidade da família (art. 42, § 2º).

Os **divorciados**, os **judicialmente separados** e os ex-companheiros **podem adotar conjuntamente**, contanto que acordem sobre a guarda e o regime de visitas, desde que o estágio de convivência tenha sido iniciado na constância do período de convivência e que seja comprovada a existência de vínculos de afinidade e afetividade com aquele não detentor da guarda, que justifiquem a excepcionalidade da concessão (art. 42, § 4º).

E se o adotante falecer no curso do processo de adoção?

A adoção poderá ser deferida ao adotante que, após inequívoca manifestação de vontade, vier a falecer no curso do procedimento, antes de prolatada a sentença (art. 42, § 6º). É a chamada adoção póstuma.

Casais homoafetivos podem adotar?

Sim, a jurisprudência admite a possibilidade de ação de adoção (REsp nº 1.540.814-PR – rel. Min. Ricardo Villas Bôas Cueva – Terceira Turma – j. 18-8-2015).

A adoção depende do consentimento dos pais ou do representante legal do adotando (art. 45), isto é, ela não poderá ser forçada. Esse consentimento só será dispensado se os pais forem desconhecidos ou se ocorreu a destituição do poder familiar.

No processo de adoção ocorre o **estágio de convivência,** que será acompanhado pela equipe interprofissional a serviço da Justiça da Infância e da Juventude, cumprido no **território nacional**, preferencialmente na comarca de residência da criança ou adolescente, ou, a critério do juiz, em cidade limítrofe, respeitada, em qualquer hipótese, a competência do juízo da comarca de residência da criança.

Depois de trânsito em julgado da ação de adoção (nacional ou internacional), a decisão será inscrita no **registro civil** mediante mandado. Na inscrição constará o nome dos pais adotantes, bem como de seus ascendentes. A **nova inscrição** cancelará o registro original do adotado. A sentença conferirá ao adotado o nome do adotante, inclusive será possível, a pedido de qualquer um deles, a modificação do prenome do adotado (art. 47). O prazo máximo para a **conclusão** do **processo** de **adoção** é de **120 dias** (art. 47, § 10). A morte dos adotantes não restabelece o poder familiar dos pais naturais, segundo o art. 49 do ECA.

O adotado, **após** completar **18 anos** de **idade**, tem **direito** de **conhecer** sua **origem** biológica, bem como ter acesso irrestrito ao processo de adoção; se tiver **menos de 18 anos, também poderá** ter acesso ao processo, neste caso, devem ser asseguradas orientação e assistência jurídica e psicológica, conforme o art. 48 e par. ún., do ECA.

Cabe à **autoridade judiciária** manter na comarca ou foro regional o **registro** de crianças e adolescente e pessoas aptas para adotar e serem adotadas. A inscrição será orientada pela equipe técnica da Justiça da Infância e da Juventude (art. 50 do ECA).

O Estatuto também prevê a criação e implementação de cadastros estaduais e nacional de crianças e adolescentes e postulantes à adoção. Para casais estrangeiros, o cadastro será distinto e somente serão consultados na ausência de casais nacionais habilitados (brasileiros residentes no exterior terão preferência aos estrangeiros, embora também seja considerada adoção internacional).

É considerada **adoção internacional** aquela em que os pretendentes possuem **residência** no exterior. Se o país fizer parte da Convenção de Haia, terão o procedimento de adoção simplificado. Adoção será sempre **preferencialmente nacional**, sendo que brasileiros residentes no exterior possuem preferência aos estrangeiros, somente no caso de não haver brasileiros aptos para adotar a criança ou adolescente é que ela será colocada na adoção internacional.

A adoção internacional observará o procedimento previsto nos arts. 165 a 170 do ECA. Os países que são ratificantes da Convenção de Haia, devem observar, resumidamente, o seguinte procedimento (art. 165 do ECA): a **habilitação** deve ocorrer na **Autoridade Central** em matéria de adoção do **país onde reside**, a qual deverá **emitir relatório** sobre aptidão e enviará para a **Autoridade Central Estadual**, com cópia para a **Autoridade Central Federal brasileira;** a Autoridade Central Estadual poderá exigir complementações, caso necessário, ou se as complementações já tenham sido realizadas, a Autoridade Central Estadual emitirá um laudo válido por um ano, podendo ser renovado.

De posse do **laudo de habilitação**, o interessado será autorizado a **formalizar pedido** de **adoção** perante o Juízo da Infância e da Juventude do local em que se encontra a criança ou adolescente (art. 52, VIII). Todo esse processo poderá ser intermediado por organismos credenciados, cadastrados pelo Departamento de Polícia Federal e aprovados pela Autoridade Central Federal brasileira; neste ponto, recomenda-se a leitura dos §§ 3º a 7º do art. 52 do Estatuto.

Após o **trânsito** em **julgado** da decisão que concede a adoção, é expedido o **alvará** de autorização de **viagem** do adotando; só então a família tem permissão para sair do Brasil com a criança ou adolescente brasileiro adotado.

Enquanto não localizada pessoa ou casal interessado em sua adoção, a criança ou o adolescente, sempre que possível e recomendável, será colocado sob guarda de família cadastrada em programa de **acolhimento familiar** (art. 50, § 11, do ECA).

É possível pedido de adoção de quem não tenha prévio cadastro, quando:

> **Art. 50.** (...)
>
> (...)
>
> § 13. (...)
>
> I – se tratar de pedido de adoção unilateral;
>
> II – for formulada por parente com o qual a criança ou adolescente mantenha vínculos de afinidade e afetividade
>
> II – oriundo o pedido de quem detém a tutela ou guarda legal de criança maior de três anos ou adolescente, desde que o lapso de tempo de convivência comprove a fixação de laços de afinidade e afetividade, e não seja constatada a ocorrência de má-fé ou qualquer das situações previstas nos arts. 237 ou 238 desta Lei.

Das infrações previstas no ECA:

> **Art. 258-A.** Deixar a autoridade competente de providenciar a instalação e operacionalização dos cadastros previstos no art. 50 e no § 11 do art. 101 desta Lei:
>
> Pena – multa de R$ 1.000,00 (mil reais) a R$ 3.000,00 (três mil reais).
>
> Parágrafo único. Incorre nas mesmas penas a autoridade que deixa de efetuar o cadastramento de crianças e de adolescentes em condições de serem adotadas, de pessoas ou casais habilitados à adoção e de crianças e adolescentes em regime de acolhimento institucional ou familiar.

Dos crimes previstos no ECA:

> **Art. 237.** Subtrair criança ou adolescente ao poder de quem o tem sob sua guarda em virtude de lei ou ordem judicial, com o fim de colocação em lar substituto:
>
> Pena – reclusão de dois a seis anos, e multa.
>
> **Art. 238.** Prometer ou efetivar a entrega de filho ou pupilo a terceiro, mediante paga ou recompensa:
>
> Pena – reclusão de um a quatro anos, e multa.
>
> Parágrafo único. Incide nas mesmas penas quem oferece ou efetiva a paga ou recompensa.
>
> **Art. 239.** Promover ou auxiliar a efetivação de ato destinado ao envio de criança ou adolescente para o exterior com inobservância das formalidades legais ou com o fito de obter lucro:
>
> Pena – reclusão de quatro a seis anos, e multa.
>
> Parágrafo único. Se há emprego de violência, grave ameaça ou fraude:
>
> Pena – reclusão, de 6 (seis) a 8 (oito) anos, além da pena correspondente à violência.

2.5.3.2. Guarda

Aquele que detém a **guarda** está obrigado a prestar **assistência material, moral** e **educacional**, conferindo a seu detentor o direito de **opor-se a terceiros**, inclusive aos pais (art. 33 do ECA). Ela se destina a regularizar a posse da criança ou do adolescente, podendo ser concedida no final de uma ação judicial, liminar ou incidentalmente, salvo nos casos de **adoção estrangeira**, que **não** poderá ocorrer de forma **liminar** ou **incidental**, segundo o art. 33, § 1º, do ECA.

Em regra, a guarda será utilizada para casos de tutela e adoção, excepcionalmente para atender a situações peculiares ou para suprir a falta dos pais ou responsáveis, podendo o direito de representação ser apenas para alguns atos determinados (art. 33, § 2º do ECA). Se a **guarda** estiver com a **instituição** de **acolhimento**, o guardião, para efeitos da lei, será o dirigente da entidade (art. 92, § 1º).

Ela confere à criança ou ao adolescente a condição de **dependente** para qualquer fim, **inclusive** para fins **previdenciários** (art. 33, § 3º do ECA). Ela não impede o direito de visitas dos pais, ou o dever deles de prestar alimentos.

A guarda pode ser **revogada** a qualquer momento, mediante **ato judicial** fundamentado, **ouvido o Ministério Público**, segundo o art. 35 do ECA.

O que não pode acontecer é conferir a guarda da criança ou adolescente aos avós para fins exclusivamente financeiros ou previdenciários, mas sim em situações excepcionais, para atender situações peculiares e preservar o melhor interesse da criança e adolescente (REsp 1711037/MS, Rel. Min. Nancy Andrighi, Terceira Turma, DJe 13/02/2020; AgRg no REsp 1531830/MG, Rel. Min. João Otávio de Noronha, Terceira Turma, DJe 20/05/2016).

2.5.3.3. Tutela

A tutela pode ser deferida a pessoa **até 18 anos** de idade. Ela pressupõe a prévia **decretação** da **perda** ou **suspensão** do **poder familiar** e implica, necessariamente, o dever de guarda (art. 36).

O tutor nomeado por testamento ou qualquer documento autêntico tem o prazo de 30 dias, após a abertura da sucessão, para ingressar com o pedido de tutela, sendo que nesse pedido será avaliado a vontade do tutelando e se não existe outra pessoa em melhores condições para assumir. A tutela está subordinada às regras do art. 24 do ECA e dos arts. 1.728 a 1.734 do CC. É medida que visa suprir a ausência da representação legal dos pais, para cuidado da criança ou adolescente e de seu patrimônio.

2.5.4. Perda e suspensão do poder familiar

Os procedimentos são regulados pelo Estatuto, apenas na falta de regulamentação específica é que serão aplicadas, de forma **subsidiária**, as normas gerais previstas na **legislação processual** pertinente (art. 152 do ECA). Procedimentos judiciais que envolvam criança e adolescente possuem **prioridade absoluta** na **tramitação**, assim como atos e diligências.

Os **prazos** do Estatuto da Criança e do Adolescente são **contados** em **dias corridos**, ainda que subsidiariamente se aplique os prazos do Código de Processo Civil (que são contados em dias úteis). O próprio Superior Tribunal de Justiça prepondera assim, que a interpretação se dá a partir de critérios hierárquico, cronológico ou da especialidade.

Procedimento de perda ou suspensão do poder familiar pode ser **iniciado** pelo **Ministério Público** ou **qualquer pessoa** que tenha **interesse**, como um membro da entidade familiar. Ao receber a petição inicial, havendo motivo grave, poderá a autoridade judiciária, ouvido o Ministério Público, decretar a suspensão do poder familiar, liminar ou incidentalmente, até o julgamento definitivo da causa, ficando a criança ou adolescente confiado a pessoa idônea, mediante termo de responsabilidade (art. 157).

> ▷ **Atenção!** A Lei nº 14.340/2022 alterou o art. 157, acrescentando os §§ 3º e 4º. Agora a concessão da liminar será, preferencialmente, precedida de entrevista da criança ou do adolescente perante equipe multidisciplinar de oitiva da outra parte, nos termos da Lei nº 13.431/2017. Ademais, se houver indícios de ato de violação de direitos, o juiz comunicará o fato ao Ministério Público e encaminhará os documentos pertinentes.

Ao **receber** a **petição inicial**, o juiz deve determinar a citação do requerido para apresentar **resposta escrita**, indicando as provas a serem produzidas e oferecendo, desde logo, o rol de testemunhas. O prazo para oferecimento da **resposta escrita** é de **dez dias** (art. 158). O requerido deve constituir advogado; caso não possa fazer isso, poderá requerer em cartório a nomeação de um advogado dativo (art. 159). Se o requerido estiver preso, na hora da citação o oficial deve perguntar se deseja a nomeação de um defensor.

Todos os **procedimentos** regulados pelo ECA possuem **isenção** de **custas** e **emolumentos**. A **sentença** que decretar a perda ou a suspensão do poder familiar será **averbada** à margem do **registro** de **nascimento** da criança ou do adolescente.

A inicial poderá conter pedido de guarda provisória, e nos pedidos de adoção, o requerimento para a determinação do estágio de convivência (art. 167 do ECA).

2.6. Jurisprudências sobre o tema

- Inexiste interesse processual do Ministério Público para propor ação civil pública com pedido de indenização por dano moral coletivo e dano social contra casal que teria tentado realizar "adoção à brasileira", em detrimento do procedimento previsto no Sistema Nacional de Adoção. (Processo em segredo de justiça, Rel. Ministra Nancy Andrighi, Rel. para acórdão Ministro Ricardo Villas Bôas Cueva, Terceira Turma, por maioria, julgado em 21/5/2024, DJe 10/6/2024)
- A representação processual de menor impúbere pode ser exercida em conjunto pelos genitores ou separadamente, por cada um deles,

ressalvadas as hipóteses de destituição do poder familiar, ausência ou de potencial conflito de interesses. (REsp 1.462.840-MG, Rel. Ministra Maria Isabel Gallotti, Quarta Turma, por unanimidade, julgado em 14/5/2024, DJe 21/5/2024.)

- Não é do melhor interesse da criança e do adolescente o acolhimento em abrigo institucional em detrimento do precedente acolhimento familiar, ressalvadas as hipóteses em que o abrigo institucional imediato revela-se necessário para evitar a formação de laços afetivos entre a criança e os guardiães em conjuntura de possível adoção irregular, ou ainda quando houver risco concreto à integridade física e psicológica do infante. (Processo em segredo de justiça, Rel. Ministro Antonio Carlos Ferreira, Quarta Turma, por unanimidade, julgado em 18/6/2024)
- A desistência de adoção de criança na fase do estágio de convivência, após significativo lapso temporal, não configura abuso de direito, quando os candidatos a pais não possuam condições financeiras, somado ao fato de a genitora biológica ter contestado o processo de adoção e ter requerido, por sucessivas vezes, que a criança lhe fosse devolvida ou que lhe fosse deferido o direito de visitação. (Processo em segredo de justiça, Rel. Ministra Maria Isabel Gallotti, Quarta Turma, por unanimidade, julgado em 24/10/2023, DJe 3/11/2023)
- O menor sob guarda judicial do titular de plano de saúde deve ser equiparado a filho natural, impondo-se à operadora a obrigação de inscrevê-lo como dependente natural - e não como agregado - do guardião. (REsp 2.026.425-MS, Rel. Ministra Nancy Andrighi, Terceira Turma, por unanimidade, julgado em 23/5/2023, DJe 25/5/2023)
- O pedido de nova adoção formulado pela mãe biológica, em relação à filha adotada por outrem, anteriormente, na infância, não se afigura juridicamente impossível. (Processo em segredo de justiça, Rel. Min. Raul Araújo, Quarta Turma, por unanimidade, julgado em 11/10/2022, DJe 24/10/2022.)
- Compete à Justiça da Infância e da Juventude processar e julgar causas envolvendo reformas de estabelecimento de ensino de crianças e adolescentes. (AREsp 1.840.462-SP, Rel. Min. Francisco Falcão, Segunda Turma, por unanimidade, julgado em 15/03/2022, DJe 18/03/2022)
- É inviável a expulsão de estrangeiro visitante ou migrante do território nacional quando comprovado tratar-se de pai de criança brasileira que se encontre sob sua dependência socioafetiva. (HC 666.247-DF, Rel. Min. Sérgio Kukina, Primeira Seção, por unanimidade, julgado em 10/11/2021, DJe 18/11/2021).
- A Justiça da Infância e da Juventude tem competência absoluta para processar e julgar causas envolvendo matrícula de menores em creches ou escolas, nos termos dos arts. 148, IV, e 209 da Lei n. 8.069/1990 (REsp 1.846.781-MS, Rel. Min. Assusete Magalhães, Primeira Seção, julgado em 10/02/2021, DJe 29/03/2021. (Tema 1058)
- A regra que estabelece a diferença mínima de 16 (dezesseis) anos de idade entre adotante e adotando (art. 42, § 3º do ECA) pode, dada as peculiaridades do caso concreto, ser relativizada no interesse do adotando. (REsp 1.338.616-DF, Rel. Min. Marco Buzzi, Quarta Turma, julgado em 15/06/2021, DJe 25/06/2021.)
- É obrigatória a intervenção da FUNAI em ação de destituição de poder familiar que envolva criança cujos pais possuem origem indígena. (REsp 1.698.635-MS, Rel. Min. Nancy Andrighi, Terceira Turma, por unanimidade, julgado em 01/09/2020, DJe 09/09/2020)
- É possível a mitigação da norma geral impeditiva contida no § 1º do artigo 42 do ECA, de modo a se autorizar a adoção avoenga em situações excepcionais. (REsp 1.587.477-SC, Rel. Min. Luis Felipe Salomão, Quarta Turma, por unanimidade, julgado em 10/03/2020, DJe 27/08/2020)
- A mãe biológica detém legitimidade para recorrer da sentença que julgou procedente o pedido de guarda formulado por casal que exercia a guarda provisória da criança, mesmo se já destituída do poder familiar em outra ação proposta pelo Ministério Público e já transitada em julgado. (REsp 1.845.146-ES, Rel. Min. Raul Araújo, Quarta Turma, por unanimidade, julgado em 19/11/2019, DJe 29/11/2019)
- A existência de vínculo familiar ou de parentesco não constitui requisito para a legitimidade ativa do interessado na requisição da medida de perda ou suspensão do poder familiar. (REsp 1.203.968-MG, Rel. Min. Marco Buzzi, Quarta Turma, por unanimidade, julgado em 10/10/2019, DJe 23/10/2019)
- A previsão expressa no ECA da contagem dos prazos nos ritos nela regulados em dias corridos impede a aplicação subsidiária do art. 219 do CPC/2015, que prevê o cálculo em dias úteis. (HC 475.610-DF, Rel. Min. Rogerio Schietti Cruz, Sexta Turma, por unanimidade, julgado em 26/03/2019, DJe 03/04/2019)

3. PREVENÇÃO ESPECIAL

No Título III do Estatuto da Criança e do Adolescente encontra-se o sistema de prevenção, atribuindo o dever de prevenir a ocorrência de ameaça, riscos iminentes e futuros, de violação de direitos de crianças e adolescentes (art. 70 do ECA).

▷ **Atenção!** Importante a leitura do art. 70-A do ECA, pois com a promulgação da Lei nº 14.344/2022, vários incisos foram acrescentados ao referido artigo, o qual trata das principais ações em políticas públicas da União, estados, Distrito Federal e municípios.

O Estatuto estipula medidas preventivas relativas à informação, cultura, lazer, esportes, diversões e espetáculos (arts. 74 a 80), a produtos e serviços (arts. 81 e 82) e a viagens de crianças e adolescentes (arts. 83 a 85).

É da União, dos estados, do Distrito Federal e dos municípios o **dever de agir** de forma articulada e com integração dos órgãos do Poder Judiciário, Ministério Público, Defensoria Pública, Conselho Tutelar, os Conselhos de Direitos da Criança e dos Adolescentes e entidades não governamentais, que atuam na proteção e defesa de direitos, e o dever de **articular políticas públicas** e executar ações destinadas à promoção de campanhas educativas, formação e capacitação de profissionais da saúde, educação e da assistência social.

3.1. Informação, cultura, lazer, esporte, diversão e espetáculos

O **poder público** é responsável por **regular** as diversões e espetáculos públicos, devendo os responsáveis por diversões e espetáculos públicos afixar em lugar de visível e fácil acesso, a natureza, local, horário e a **faixa etária** que poderá participar (art. 74 do ECA). A regulamentação encontra-se em Portarias do poder público. Sendo que crianças **menores de 10 anos** deverão estar sempre **acompanhadas** dos pais ou responsáveis nos locais de apresentação ou exibição (art. 75, par. ún.).

As emissoras de rádio e televisão devem respeitar horários recomendados para o público infantil, sendo que nada poderá ser apresentado ou anunciado sem o **aviso prévio** da **classificação etária.** Essa regra aplica-se aos proprietários, diretores, gerentes e funcionários de empresas que explorem a venda ou aluguel de fitas/revistas/CDs/DVDs ou qualquer tipo de material, que cuidarão para que não haja venda ou locação em desacordo com a classificação atribuída pelo órgão competente.

Nos casos de **revistas** ou **publicações** com conteúdo **impróprio** ou **inadequado**, deverão ser **comercializadas** em **embalagens lacradas**, com advertência de seu conteúdo, todavia, se o conteúdo inadequado estiver na **capa**, a **embalagem** deverá ser **opaca** (art. 78). Segundo o entendimento do Superior Tribunal de Justiça, essa exigência de capa opaca, lacrada e com advertência não é uma regra que afeta somente os editores e comerciantes, mas também todos os integrantes da cadeia de consumo, atingindo, assim, os transportadores e distribuidores (REsp nº 1.584.134/RJ – rel. Min. Napoleão Nunes Maia Filho – Primeira Turma – j. 20-2-2020).

As revistas e outras publicações destinadas ao público infantojuvenil não poderão conter ilustrações, fotografias, legendas, crônicas ou anúncios de bebidas alcoólicas, tabaco, armas e munições, e deverão respeitar os valores éticos e sociais da pessoa e da família (art. 79).

Os estabelecimentos que explorem comercialmente bilhar, sinuca ou similares e casas de jogos deverão cuidar para que não seja permitida a entrada de crianças e adolescentes, afixando orientação na entrada do local.

3.2. Produtos e serviços

É proibida a **venda,** às crianças e adolescentes, de **armas**, **munições**, **explosivos**, **bebidas alcoólicas**, **produtos** que possam causar **dependência física** ou **psíquica**, **fogos** de estampido e de artifício (exceto de reduzido potencial ofensivo), **revistas** e publicações inadequadas, **bilhetes lotéricos** e equivalente, segundo o art. 81 do ECA.

Quanto à hospedagem de crianças e adolescentes em hotéis, motéis, pensões e estabelecimentos congêneres (art. 82), fica proibida, salvo se expressamente autorizado ou acompanhados de pais ou responsáveis.

A infração a essa regra (de hospedagem) importa em sanção administrativa, conforme o art. 250 do ECA, com pena de multa, no caso de reincidência. Além da multa, o estabelecimento poderá ser fechado até 15 dias, e se comprovada a reincidência em período inferior a 30 dias, o estabelecimento será definitivamente fechado e terá sua licença cassada. E descumprir a proibição estabelecida no inciso II do art. 81 (venda de bebidas alcoólicas) incorre em infração administrativa (o estabelecimento), com pena de multa e interdição do estabelecimento até o recolhimento da multa (art. 258-C).

Dos crimes previstos no ECA:

> **Art. 242.** Vender, fornecer ainda que gratuitamente ou entregar, de qualquer forma, a criança ou adolescente arma, munição ou explosivo:

Pena – reclusão, de 3 (três) a 6 (seis) anos.

Art. 243. Vender, fornecer, servir, ministrar ou entregar, ainda que gratuitamente, de qualquer forma, a criança ou a adolescente, bebida alcoólica ou, sem justa causa, outros produtos cujos componentes possam causar dependência física ou psíquica:

Pena – detenção de 2 (dois) a 4 (quatro) anos, e multa, se o fato não constitui crime mais grave.

Art. 244. Vender, fornecer ainda que gratuitamente ou entregar, de qualquer forma, a criança ou adolescente fogos de estampido ou de artifício, exceto aqueles que, pelo seu reduzido potencial, sejam incapazes de provocar qualquer dano físico em caso de utilização indevida:

Pena – detenção de seis meses a dois anos, e multa.

Das infrações previstas no ECA:

Art. 252. Deixar o responsável por diversão ou espetáculo público de afixar, em lugar visível e de fácil acesso, à entrada do local de exibição, informação destacada sobre a natureza da diversão ou espetáculo e a faixa etária especificada no certificado de classificação:

Pena – multa de três a vinte salários de referência, aplicando-se o dobro em caso de reincidência.

Art. 253. Anunciar peças teatrais, filmes ou quaisquer representações ou espetáculos, sem indicar os limites de idade a que não se recomendem:

Pena – multa de três a vinte salários de referência, duplicada em caso de reincidência, aplicável, separadamente, à casa de espetáculo e aos órgãos de divulgação ou publicidade.

Art. 254. Transmitir, através de rádio ou televisão, espetáculo em horário diverso do autorizado ou sem aviso de sua classificação:

Pena – multa de vinte a cem salários de referência; duplicada em caso de reincidência a autoridade judiciária poderá determinar a suspensão da programação da emissora por até dois dias.

Art. 255. Exibir filme, trailer, peça, amostra ou congênere classificado pelo órgão competente como inadequado às crianças ou adolescentes admitidos ao espetáculo:

Pena – multa de vinte a cem salários de referência; na reincidência, a autoridade poderá determinar a suspensão do espetáculo ou o fechamento do estabelecimento por até quinze dias.

Art. 256. Vender ou locar a criança ou adolescente fita de programação em vídeo, em desacordo com a classificação atribuída pelo órgão competente:

Pena – multa de três a vinte salários de referência; em caso de reincidência, a autoridade judiciária poderá determinar o fechamento do estabelecimento por até quinze dias.

Art. 257. Descumprir obrigação constante dos arts. 78 e 79 desta Lei:

Pena – multa de três a vinte salários de referência, duplicando-se a pena em caso de reincidência, sem prejuízo de apreensão da revista ou publicação.

Art. 258. Deixar o responsável pelo estabelecimento ou o empresário de observar o que dispõe esta Lei sobre o acesso de criança ou adolescente aos locais de diversão, ou sobre sua participação no espetáculo:

Pena – multa de três a vinte salários de referência; em caso de reincidência, a autoridade judiciária poderá determinar o fechamento do estabelecimento por até quinze dias.

3.3. Regras da viagem

A regra geral de viagem é que nenhuma criança ou adolescente **até 16 anos de idade** pode viajar para fora da comarca onde reside desacompanhado dos pais ou responsáveis sem expressa autorização judicial. Essa é a regra, mas ela comporta exceções. Resumindo os arts. 83 a 85:

1. Viagem de criança e adolescente em comarca contígua, se na mesma unidade da Federação ou mesma região metropolitana: pode viajar sozinho, sem autorização.
2. Viagem de adolescente de 16 e 17 anos em território nacional: pode viajar sozinho, sem autorização.
3. Viagem de criança e adolescente até 16 anos de idade, no âmbito nacional, fora da comarca, da unidade de Federação ou mesma região metropolitana:

- pode viajar sozinho, desacompanhado, com autorização judicial;
- acompanhado dos pais ou responsáveis;
- acompanhado de ascendente ou colateral maior, até terceiro grau, comprovado documentalmente o parentesco;
- acompanhado de pessoa maior, expressamente autorizada pelo pai, mãe ou responsável;
- sozinho, expressamente autorizado por qualquer dos genitores ou responsável legal, por meio de escritura pública ou de documento particular com firma reconhecida (incluindo o passaporte) (Resolução nº 295/2019 do CNJ).

4. Viagem de criança ou adolescente para o exterior:

- acompanhado de ambos os pais ou responsáveis;
- se na companhia de um dos pais, o outro deve autorizar expressamente em documento com firma reconhecida;
- se na companhia de estrangeiro residente ou domiciliado no exterior, com autorização judicial;
- se desacompanhada ou em companhia de terceiro maior e capaz, desde que com autorização

dos pais, em documento com firma reconhecida (Resolução nº 131/2011 do CNJ);

- a autorização com firma reconhecida é dispensada se os pais estiverem juntos no momento do embarque (art. 3º da Lei nº 13.726/2018).

Nenhuma criança ou adolescente brasileiro poderá sair do Brasil **acompanhada** de **estrangeiro** residente no exterior sem prévia **autorização judicial**, salvo se o estrangeiro é seu genitor ou se a criança ou adolescente não tiver nacionalidade brasileira.

Quando solicitado, a autoridade judiciária poderá conceder **autorização** com validade de **dois anos** para viagem, por exemplo, nos casos de conflito de interesse dos pais, pai ou mãe desconhecido ou sem contato.

Nos casos dos arts. 83, 84 e 85, se uma empresa de ônibus ou avião, por exemplo, transportar uma criança acompanhada de ascendente, mas sem a documentação que comprova o parentesco, incorrerá em ilícito administrativo previsto no art. 251 do ECA, aplicando-se multa.

4. MEDIDAS DE PROTEÇÃO[1]

O que são medidas de proteção?

São medidas aplicadas às crianças e aos adolescentes sempre que seus direitos reconhecidos forem ameaçados ou violados (art. 98 do ECA):

> **Art. 98.** (...)
>
> I – por ação ou omissão da sociedade ou do Estado;
>
> II – por falta, omissão ou abuso dos pais ou responsável;
>
> III – em razão de sua conduta.

O rol de **medidas de proteção** está previsto no art. 101 do ECA, e são aplicáveis **isolada** ou **cumulativamente**, assim como as medidas socioeducativas, e podem ser **substituídas** a qualquer tempo pela autoridade competente (Conselho Tutelar ou Poder Judiciário). Na aplicação da medida, deve ser considerado o seu **caráter pedagógico**, como também a observância do **fortalecimento dos vínculos familiares e comunitários.** Outros princípios que regem a aplicação de medidas de proteção estão nos incisos do parágrafo único do art. 100 do ECA. É importante fazer a leitura dos princípios, pois eles são aplicados tanto às medidas protetivas quanto às medidas socioeducativas.

1. Súmula 669 do STJ: "O fornecimento de bebida alcoólica a criança ou adolescente, após o advento da lei 13.106/15, configura o crime previsto no art. 243 do ECA".

Medidas de proteção que podem ser aplicadas às crianças ou aos adolescentes:

- Encaminhamento aos pais ou responsável, mediante termo de responsabilidade: sempre que a criança ou adolescente for encontrado longe destes.
- Orientação, apoio e acompanhamento temporários.
- Matrícula e frequência obrigatórias em estabelecimentos oficiais de ensino fundamental: neste ponto, o papel importantíssimo da escola no acompanhamento de faltas e evasão escolar, e também do Conselho Tutelar para verificação dos motivos que levam às faltas.
- Inclusão em serviços e programas oficiais ou comunitários de proteção, apoio e promoção da família da criança e do adolescente.
- Requisição de tratamento médico, psicológico ou psiquiátrico, em regime hospitalar ou ambulatorial.
- Inclusão em programa oficial ou comunitário de auxílio, orientação e tratamento a alcoólatras e toxicômanos.
- Acolhimento institucional.
- Inclusão em programa de acolhimento familiar: tanto o acolhimento institucional quanto o familiar são medidas excepcionais e provisórias até a reintegração à família ou colocação em família substituta, e não implicam privação de liberdade. Qualquer uma dessas modalidades de acolhimento ocorrerá no local mais próximo à residência dos pais ou responsável. As crianças e adolescentes só podem ser encaminhados às instituições por meio de guia de acolhimento, a qual é expedida pela autoridade judiciária (o art. 101, § 3º, define o que deve conter na guia). Feito o acolhimento institucional ou familiar, será elaborado um plano individual de atendimento, que fica sob responsabilidade da equipe técnica do programa de atendimento (o art. 101, § 6º, traz o que deve constar no plano individual).
- Colocação em família substituta: afastamento do convívio familiar é competência exclusiva do Poder Judiciário, e se dá por provocação do Ministério Público ou de qualquer pessoa que tenha interesse.

O art. 101, § 11, do ECA determina que em cada comarca ou foro regional, a autoridade judiciária deverá manter cadastro com informações atualizadas sobre crianças e adolescentes que se encontram em situação de acolhimento familiar ou institucional, bem como as providências tomadas para a reintegração familiar ou colocação em família substituta, na forma do art. 28: guarda, tutela ou adoção.

Cumpre ressaltar que o Ministério Público, o Conselho Tutelar, o órgão gestor da Assistência Social e os Conselhos Municipais dos Direitos da Criança e do Adolescente e da Assistência Social terão acesso ao referido cadastro, e esses órgãos possuem o dever de deliberar sobre a implementação de políticas públicas que permitam reduzir o tempo e o número de crianças e adolescentes afastados do âmbito familiar (art. 101, §12 do ECA).

5. MEDIDAS PERTINENTES AOS PAIS OU RESPONSÁVEIS

As medidas pertinentes aos pais ou responsável estão previstas nos arts. 129 e 130 do ECA: encaminhamento a serviços e programas oficiais ou comunitários de proteção, apoio e promoção da família; inclusão em programa oficial ou comunitário de auxílio, orientação e tratamento a alcoólatras e toxicômanos; encaminhamento a tratamento psicológico ou psiquiátrico; encaminhamento a cursos ou programas de orientação; obrigação de matricular o filho ou pupilo e acompanhar sua frequência e aproveitamento escolar; obrigação de encaminhar a criança ou adolescente a tratamento especializado; advertência; perda da guarda; destituição da tutela; suspensão ou destituição do poder familiar.

6. ATO INFRACIONAL

Quando uma criança ou adolescente comete um ato análogo a crime ou contravenção penal (art. 103 do ECA), ela não será responsabilizada com base no Código Penal ou na Lei de Contravenções Penais, isso porque crianças e adolescentes são **inimputáveis,** de acordo com o art. 228 da CF/1988, o art. 104 do ECA e o art. 27 do CP.

Observe que, para efeitos da aplicação do Estatuto da Criança e do Adolescente, em relação a atos infracionais, deve ser observada a idade do adolescente à data do fato, é a chamada **teoria da atividade** ou **do fato** (art. 4º do CP), isto é, a imputabilidade do agente deve ser averiguada na data em que praticou o fato, pouco importando quando foi o resultado ou a descoberta da sua autoria (art. 104, par. ún., do ECA).

▷ **Atenção!** De acordo com o art. 105 do ECA, à criança que comete ato infracional não podem ser aplicadas medidas socioeducativas, apenas medidas de proteção! Somente aos adolescentes é possível aplicar medidas socioeducativas.

Mesmo sendo inimputável, é possível a aplicação de medidas de proteção e/ou medidas socioeducativas em razão da conduta daquele que tiver menos de 18 anos de idade. Inclusive, um adolescente só pode ser privado de sua liberdade nas seguintes hipóteses (art. 106):

a) flagrante de ato infracional;

b) por ordem escrita e fundamentada da autoridade judiciária competente.

▷ **Atenção!** A aplicação de medida de internação provisória **não** pode ultrapassar o **prazo de 45 dias** (art. 108), nem pode ser prorrogado esse prazo, de acordo com o entendimento firmado pelo Superior Tribunal de Justiça. A decisão que determinar a internação antes da sentença deverá ser fundada em indícios suficientes de autoria e materialidade, além do mais, deve ser demonstrada a necessidade imperiosa da medida.

No caso de adolescente apreendido, sua apreensão e local onde se encontra deverão ser imediatamente comunicados à autoridade judiciária e à família do adolescente ou, então, à pessoa por ele indicada (arts. 107 e 171). Sempre será examinada, desde logo, a possibilidade de liberação imediata do adolescente.

Segundo o art. 110, nenhum adolescente será privado de sua liberdade sem o devido processo legal, mas a autoridade ministerial ou judiciária pode aplicar medida socioeducativa em meio aberto sem o devido processo legal. São os casos de aplicação da remissão condicionada ao cumprimento de uma medida socioeducativa em meio aberto (advertência, obrigação de reparar o dano, prestação de serviço à comunidade ou liberdade assistida, conforme art. 112, I, II, III e IV do ECA). Ainda que não haja processo legal, poderá o adolescente ser submetido ao cumprimento de uma dessas medidas, de acordo com os arts. 126 e 127 do ECA.

6.1. Direitos individuais e garantias processuais

O art. 111 do ECA aponta as garantias que devem ser asseguradas aos adolescentes quando houver suspeita de seu envolvimento em cometimento de ato infracional:

> **Art. 111.** (...)
>
> I – pleno e formal conhecimento da atribuição de ato infracional, mediante citação ou meio equivalente;

II – igualdade na relação processual, podendo confrontar-se com vítimas e testemunhas e produzir todas as provas necessárias à sua defesa;

III – defesa técnica por advogado;

IV – assistência judiciária gratuita e integral aos necessitados, na forma da lei;

V – direito de ser ouvido pessoalmente pela autoridade competente;

VI – direito de solicitar a presença de seus pais ou responsável em qualquer fase do procedimento.

Direitos dos adolescentes **privados** de sua **liberdade**:

Art. 124. (...)

I – entrevistar-se pessoalmente com o representante do Ministério Público;

II – peticionar diretamente a qualquer autoridade;

III – avistar-se reservadamente com seu defensor;

IV – ser informado de sua situação processual, sempre que solicitada;

V – ser tratado com respeito e dignidade;

VI – permanecer internado na mesma localidade ou naquela mais próxima ao domicílio de seus pais ou responsável;

VII – receber visitas, ao menos, semanalmente;

VIII – corresponder-se com seus familiares e amigos;

IX – ter acesso aos objetos necessários à higiene e asseio pessoal;

X – habitar alojamento em condições adequadas de higiene e salubridade;

XI – receber escolarização e profissionalização;

XII – realizar atividades culturais, esportivas e de lazer:

XIII – ter acesso aos meios de comunicação social;

XIV – receber assistência religiosa, segundo a sua crença, e desde que assim o deseje;

XV – manter a posse de seus objetos pessoais e dispor de local seguro para guardá-los, recebendo comprovante daqueles porventura depositados em poder da entidade;

XVI – receber, quando de sua desinternação, os documentos pessoais indispensáveis à vida em sociedade.

Em nenhum caso, o adolescente ficará incomunicável (art. 124, § 1º do ECA). Ele pode receber visitas, e elas só ficam suspensas no caso de a autoridade judiciária determinar a suspensão temporária de visita, inclusive de pais ou responsáveis, se existirem motivos sérios e fundados de que as visitas têm prejudicado o interesse do adolescente (art. 124, § 2º do ECA).

6.2. Medidas socioeducativas em espécie

Verificada a prática do ato infracional, a autoridade competente poderá aplicar alguma das seguintes medidas (art. 112):

1) **Advertência:** consiste na admoestação verbal, a qual deve ser reduzida a termo. Admoestação significa conselho, reprimenda, repreensão (art. 115).

2) **Obrigação de reparar o dano:** ato infracional que possui reflexos patrimoniais. A autoridade pode determinar que o adolescente restitua a coisa, promova o ressarcimento ou compense o prejuízo causado à vítima (art. 116). Se o adolescente não tem condições de arcar com o prejuízo, a medida deve ser substituída por outra que ele consiga cumprir.

3) **Prestação de serviço à comunidade:** consiste na prestação de serviço comunitário, com a realização de tarefas gratuitas de interesse geral. Essas tarefas não podem ultrapassar seis meses e devem ser realizadas junto a entidades assistenciais, hospitais, escolas e outros estabelecimentos congêneres (similares), bem como em programas comunitários ou governamentais. As tarefas atribuídas ao adolescente devem estar de acordo com a sua capacidade de exercê-las, devem ser cumpridas em jornada máxima de oito horas semanais, podendo ser em sábados, domingos e feriados, ou em dias úteis mesmo, sem que prejudiquem a frequência escolar ou a jornada de trabalho (art. 117).

4) **Liberdade assistida:** nessa medida socioeducativa, a autoridade competente designará uma pessoa capacitada para acompanhar o caso, que poderá ser recomendada por entidade ou programa de atendimento às crianças e adolescentes. Seu dever é acompanhar, auxiliar e orientar o adolescente. Ela é fixada por um prazo mínimo de seis meses, podendo ser prorrogada, revogada ou substituída por outra medida a qualquer tempo, mas antes deve ser ouvido o orientador, o Ministério Público e o defensor (art. 118). Cabe ao orientador:

   Art. 119. (...)

   I – promover socialmente o adolescente e sua família, fornecendo-lhes orientação e inserindo-os, se necessário, em programa oficial ou comunitário de auxílio e assistência social;

   II – supervisionar a frequência e o aproveitamento escolar do adolescente, promovendo, inclusive, sua matrícula;

   III – diligenciar no sentido da profissionalização do adolescente e de sua inserção no mercado de trabalho;

   IV – apresentar relatório do caso.

5) **Regime de semiliberdade:** essa medida socioeducativa pode ser determinada desde logo, ou como forma de transição do adolescente para a

medida em meio aberto. Ela possibilita a realização de atividades externas, independentemente de autorização judicial. São obrigatórias algumas atividades: escolarização e profissionalização. Ela não possui prazo determinado, mas, no que couber, serão aplicados os prazos relativos à medida de internação (art. 120).

6) **Internação:** esta medida socioeducativa corresponde a medida mais grave e está sujeita aos princípios da brevidade, excepcionalidade e respeito à condição peculiar de pessoa em desenvolvimento. Ela restringe a liberdade do adolescente, contudo, é possível que a equipe técnica da entidade onde esteja cumprindo tal medida permita atividades externas, salvo se expressa proibição do juiz (art. 121, § 1º do ECA). Essa medida não comporta prazo determinado, mas sua aplicação deve ser reavaliada a cada seis meses (art. 121, § 2º do ECA), sendo que em nenhuma hipótese poderá ultrapassar o prazo máximo de três anos (art. 121, § 3º do ECA). Se atingir o prazo máximo, o adolescente deve ser liberado, colocado em regime de semiliberdade ou em liberdade assistida (art. 121, § 4º). A desinternação ocorre após autorização judicial, ouvido o Ministério Público (art. 121, § 6º).

A medida de internação só pode ser aplicada nas seguintes hipóteses:

a) ato infracional cometido mediante grave ameaça ou violência (art. 122, I);

b) reiteração no cometimento de outras infrações graves (art. 122, II);

c) descumprimento reiterado e injustificável da medida anteriormente imposta (art. 122, III): por exemplo, João, em razão de determinada conduta, recebe a medida de semiliberdade, contudo, de forma injustificada, está descumprindo a medida; nesse caso, ele poderá receber, em sanção por descumprimento da outra medida, a aplicação da medida de internação, caso em que essa sanção não poderá ultrapassar três meses, devendo ser decretada judicialmente após o devido processo legal (art. 122, § 1º).

> ▷ **Atenção para jurisprudência do STJ:**
>
> STJ – Info 732/22: Na execução de medida socioeducativa, o período de tratamento médico deve ser contabilizado no prazo de 3 anos para a duração máxima da medida de internação, nos termos do art. 121, § 3º, do ECA.

Para a aplicação de medidas socioeducativas aos adolescentes, devem ser levadas em conta: **capacidade de cumprimento, circunstâncias do fato e gravidade da infração.** Conforme o entendimento do Superior Tribunal de Justiça, é possível a incidência do **princípio da insignificância** nos procedimentos que apuram a prática de ato infracional (Jurisprudência em Tese, edição nº 54).

O trabalho forçado não pode ser admitido, e os adolescentes com doença ou deficiência mental devem receber tratamento individual e especializado em local adequado às suas condições e capacidades (art. 112, § 3º).

Local de cumprimento de medida de internação: deve ser cumprida em entidade exclusiva para adolescentes, local distinto do acolhimento institucional, e obedecida, de forma rigorosa, a separação dos adolescentes por critérios de idade, compleição física e gravidade da infração.

6.3. Apuração do ato infracional atribuído a adolescente

Quando ocorre a apreensão de um adolescente por ato infracional, imediatamente a autoridade judiciária competente e a família do apreendido precisam ser comunicadas. A **autoridade policial** deverá, ainda, lavrar o **auto** de **apreensão;** ouvir testemunhas e o adolescente; apreender o produto ou instrumento da infração; requisitar exames ou perícias; se **não** foi o caso de **flagrante**, a autoridade policial **substituirá** o auto de apreensão pelo **boletim de ocorrência** (art. 173 do ECA).

Sempre que possível, se **comparecer** qualquer dos **pais** ou **responsável**, o **adolescente** será **liberado** sob termo de compromisso e responsabilidade de sua apresentação ao representante do Ministério Público no mesmo dia ou até o primeiro dia útil subsequente (art. 174 do ECA). Em caso de gravidade do ato e sua repercussão social, o adolescente permanece apreendido, a autoridade policial deverá apresentá-lo ao Ministério Público ou a uma unidade de atendimento em até 24 horas (art. 175 do ECA). Em caso de não comparecimento voluntário do adolescente, o Ministério Público poderá requisitar concurso das polícias civil e militar (art. 179, par. ún., do ECA).

Quando o fato chega ao Ministério Público, este poderá tomar três decisões:

1) **Promover o arquivamento dos autos:** quando o promotor de justiça não identificar a existência do fato, ou se o fato não constituir ato infracional, ou se não estiver comprovada a autoria ou participação do adolescente na prática do fato, cabe ao juiz homologar ou não. Se o juiz discordar do

pedido do promotor de justiça, deverá remeter os autos ao Procurador-Geral de Justiça, para que ofereça representação, designe outro membro do Ministério Público para apresentar ou ratifique o pedido de arquivamento, estando, então, a autoridade obrigada a homologar (art. 181, § 2º, do ECA).

2) **Conceder a remissão:** a remissão extrajudicial é uma causa de exclusão do processo, não implica o reconhecimento ou comprovação da responsabilidade, nem prevalece para efeito de antecedentes, podendo incluir eventualmente a aplicação de qualquer das medidas previstas em lei, exceto a colocação em regime de semiliberdade e a internação (arts. 126 a 128 do ECA).

3) **Representar à autoridade judiciária para aplicação de medida socioeducativa:** a representação é a peça judicial que dá início à ação socioeducativa. Ela conterá o resumo dos fatos, a classificação do ato infracional, rol de testemunhas, não sendo necessária prova pré-constituída da autoria e materialidade (art. 182 do ECA).

O **juiz** também poderá conceder **remissão**, durante a ação socioeducativa; não ocorrendo, o advogado ou defensor nomeado terá o prazo de **3 dias** para apresentar **defesa prévia** e rol de testemunhas. Na audiência, serão ouvidas as testemunhas, serão feitos os debates orais (Ministério Público e defensor, cada um com o tempo de 20 minutos, prorrogáveis por mais 10 minutos), e na sequência, a autoridade judiciária proferirá a sentença (art. 186 do ECA). Se o adolescente, devidamente notificado, não comparecer injustificadamente à audiência de apresentação, a autoridade judiciária designará nova data, determinando sua condução coercitiva (art. 187 do ECA).

Na **sentença**, o juiz poderá decidir de três formas:

1) **Aplicar remissão:** a remissão, como forma de extinção ou suspensão do processo, poderá ser aplicada em qualquer fase do procedimento, antes da sentença (art. 188 do ECA).

2) **Não aplicar nenhuma medida:** o juiz poderá deixar de aplicar qualquer medida quando estiver provada a inexistência do fato, se não houver provas do fato ou da autoria/participação do adolescente, e não constituir fato infracional (art. 189 do ECA).

3) **Aplicar medida socioeducativa:** verificada a prática de ato infracional, a autoridade competente poderá aplicar ao adolescente as medidas socioeducativas, que serão estudadas no próximo capítulo (art. 112 do ECA).

Se, durante o procedimento de verificação de ato infracional, o adolescente tiver que ser mantido em internação provisória, mas não houver local adequado no município, deverá ser transferido para a localidade mais próxima. Sendo impossível a transferência, "o adolescente aguardará sua remoção em repartição policial, desde que em seção isolada dos adultos e com instalações apropriadas, não podendo ultrapassar o prazo máximo de cinco dias, sob pena de responsabilidade" (art. 185, § 2º).

Algumas súmulas importantes:

> **Súm. nº 265 do STJ:** É necessária a oitiva do menor infrator antes de decretar-se a regressão da medida socioeducativa.
>
> **Súm. nº 338 do STJ:** A prescrição penal é aplicável nas medidas socioeducativas.
>
> **Súm. nº 342 do STJ:** No procedimento para aplicação de medida socioeducativa, é nula a desistência de outras provas em face da confissão do adolescente.
>
> **Súm. nº 492 do STJ:** O ato infracional análogo ao tráfico de drogas, por si só, não conduz obrigatoriamente à imposição de medida socioeducativa de internação do adolescente.
>
> **Súm. nº 605 do STJ:** A superveniência da maioridade penal não interfere na apuração de ato infracional nem na aplicabilidade de medida socioeducativa em curso, inclusive na liberdade assistida, enquanto não atingida a idade de 21 anos.

Dos crimes previstos no ECA:

> **Art. 230.** Privar a criança ou o adolescente de sua liberdade, procedendo à sua apreensão sem estar em flagrante de ato infracional ou inexistindo ordem escrita da autoridade judiciária competente:
>
> Pena – detenção de seis meses a dois anos.
>
> § 1º Incide na mesma pena aquele que procede à apreensão sem observância das formalidades legais. (Incluído pela Lei nº 15.163, de 2025)
>
> § 2º Ao crime previsto neste artigo não se aplica a Lei nº 9.099, de 26 de setembro de 1995. (Incluído pela Lei nº 15.163, de 2025)
>
> **Art. 231.** Deixar a autoridade policial responsável pela apreensão de criança ou adolescente de fazer imediata comunicação à autoridade judiciária competente e à família do apreendido ou à pessoa por ele indicada:
>
> Pena – detenção de seis meses a dois anos.
>
> (...)
>
> **Art. 234.** Deixar a autoridade competente, sem justa causa, de ordenar a imediata liberação de criança ou adolescente, tão logo tenha conhecimento da ilegalidade da apreensão:
>
> Pena – detenção de seis meses a dois anos.
>
> **Art. 235.** Descumprir, injustificadamente, prazo fixado nesta Lei em benefício de adolescente privado de liberdade:

Pena – detenção de seis meses a dois anos.

Das infrações previstas no ECA:

Art. 246. Impedir o responsável ou funcionário de entidade de atendimento o exercício dos direitos constantes nos incisos II, III, VII, VIII e XI do art. 124 desta Lei:

Pena – multa de três a vinte salários de referência, aplicando-se o dobro em caso de reincidência.

6.4. Jurisprudências sobre o tema

- Não é possível a unificação de medidas socioeducativas estipuladas em remissão e em sentença que dá procedência à representação legal. (Processo em segredo de justiça, Rel. Ministro Messod Azulay Neto, Quinta Turma, por unanimidade, julgado em 17/6/2024, DJe 20/6/2024)
- Em processo de apuração de ato infracional, é inadmissível ação rescisória proposta pelo Ministério Público visando à desconstituição de coisa julgada absolutória. (Processo em segredo de justiça, Rel. Ministra Laurita Vaz, Sexta Turma, por unanimidade, julgado em 22/11/2022, DJe 28/11/2022)
- A gravidade do ato infracional cometido, dissociada de elementos concretos colhidos no curso da execução da medida socioeducativa, não é fundamento suficiente para, por si, justificar a manutenção de adolescente em internação. (Processo em segredo de justiça, Rel. Min. Laurita Vaz, Sexta Turma, por unanimidade, julgado em 16/08/2022, DJe 30/08/2022)
- Na execução de medida socioeducativa, o período de tratamento médico deve ser contabilizado no prazo de 3 anos para a duração máxima da medida de internação, nos termos do art. 121, § 3º, do ECA. (REsp 1.956.497-PR, Rel. Min. Ribeiro Dantas, Quinta Turma, por unanimidade, julgado em 05/04/2022)
- A superveniência da maioridade penal não interfere na apuração de ato infracional nem na aplicabilidade de medida socioeducativa em curso, inclusive na liberdade assistida, enquanto não atingida a idade de 21 anos. (REsp 1.705.149-RJ, Rel. Min. Sebastião Reis Júnior, Terceira Seção, por unanimidade, julgado em 13/06/2018, DJe 13/08/2018) (Tema 992)
- É válida a extinção de medida socioeducativa de internação quando o juízo da execução, ante a superveniência de processo-crime após a maioridade penal, entende que não restam objetivos pedagógicos em sua execução. (HC 551.319-RS, Rel. Min. Nefi Cordeiro, Sexta Turma, por unanimidade, julgado em 12/05/2020, DJe 18/05/2020)
- É legal a internação de adolescente gestante ou com o filho em amamentação, desde que assegurada atenção integral à sua saúde, bem como as condições necessárias para que permaneça com seu filho durante o período de amamentação. (HC 543.279-SP, Rel. Min. Reynaldo Soares da Fonseca, Quinta Turma, por unanimidade, julgado em 10/03/2020, DJe 25/03/2020)

7. ACESSO À JUSTIÇA

Toda criança e adolescente tem garantido o acesso à justiça, mas não só ao Poder Judiciário, como também à Defensoria Pública e ao Ministério Público (veja sobre suas competências no art. 201). Esse acesso à justiça será gratuito e essa gratuidade se dá de duas formas (art. 141):

1) sempre que a criança ou adolescente necessitar: poderá ser por intermédio do defensor público ou por um advogado nomeado (art. 141, § 1º);
2) as ações judiciais de competência da Justiça da Infância e Juventude são isentas de custas e emolumentos, independentemente de a criança ou adolescente necessitar, salvo hipótese de litigância de má-fé (art. 141, § 2º).

As crianças e adolescentes, em razão da idade, não podem buscar pessoalmente seus direitos, assim, crianças e adolescentes **até 16 anos** de idade serão **representados** judicialmente (pelos seus pais ou responsáveis: tutor, curador ou guardião), já os adolescentes de **16 e 17 anos** serão **assistidos** (pelos seus pais ou responsáveis), sendo que a capacidade civil é atingida aos 18 anos de idade, momento em que a pessoa fica habilitada para a prática de todos os atos da vida civil (art. 5º do CC).

Os **atos** judiciais, assim como os policiais e administrativos que envolvam criança e adolescente quando relativos a ato **infracional, não** podem ser **divulgados.** O art. 143 veda expressamente a divulgação, sendo que qualquer notícia a respeito do fato não poderá identificar a criança ou adolescente, vedando-se o uso de fotografia, referência a nome, apelido, filiação, parentesco, residência e inclusive meras iniciais do nome e sobrenome, absolutamente nada pode ser divulgado (que possa levar o reconhecimento da criança ou adolescente) quando for situação que envolva ato infracional.

As **cópias** ou **certidões** que envolvam informações relativas a crianças e adolescentes em ato infracional só podem ser **deferidas** pela **autoridade judiciária** competente, se for demostrado o interesse e justificativa da finalidade da cópia ou certidão, de acordo com o art. 144 do ECA.

Divulgar, total ou parcialmente, sem autorização devida, por qualquer meio de comunicação, ato ou documento de procedimento policial, administrativo ou judicial relativo à criança ou ao adolescente a que se atribua ato infracional é uma **infração administrativa** (art. 247 do ECA). Ainda, o artigo 247 sofreu alteração no ano de 2024, seu §1º refere que "Incorre na mesma pena quem exibe ou transmite imagem, vídeo ou corrente de vídeo de criança ou adolescente envolvido em ato infracional ou em outro ato ilícito que lhe seja atribuído, de forma a permitir sua identificação", essa redação foi dado ao parágrafo após a publicação da Lei 14.811/24.

7.1. Ministério Público, juiz e advogado

O **juiz** é a autoridade a que se refere a todo momento o Estatuto da Criança e do Adolescente. Juiz ou juíza da Justiça da Infância e Juventude (JIJ), ou o juiz que exerce essa função, caso não haja vara especializada na Comarca. Os arts. 148 e 149 estabelecem as competências referentes às atribuições da autoridade judiciária da infância e juventude. É importante realizar a leitura!

O **Ministério Público** tem suas competências estipuladas no art. 201, sua intimação deve ocorrer pessoalmente e, muito importante, a **falta** de **intervenção** do **Ministério Público** nas demandas que envolverem criança e adolescente gera a **nulidade** do feito, a qual deve ser declarada de ofício pelo juiz ou requerida por qualquer interessado (art. 204).

Os **advogados** nas ações envolvendo criança e adolescente serão intimados pessoalmente ou por publicação oficial, respeitado o segredo de justiça (art. 206). Aqueles que necessitarem terão acesso à gratuidade da justiça: "Será prestada assistência judiciária integral e gratuita àqueles que dela necessitarem" (art. 206, par. ún.). Nenhum adolescente a quem se atribua ato infracional será processado sem defensor, ainda que o adolescente esteja foragido (art. 207 do ECA). Se o adolescente não tiver defensor, ser-lhe-á nomeado pelo juiz, ressalvado o direito de, a todo tempo, constituir outro de sua preferência (art. 207, § 1º do ECA).

7.2. Competência

Os estados e o Distrito Federal poderão criar **varas especializadas** e exclusivas da infância e juventude (art. 145). A competência territorial da autoridade judicial, que é o juiz da infância e juventude (quando houver, ou, caso não tenha, será daquele que, na justiça estadual, recebeu tais atribuições), será determinada:

> **Art. 147.** (...)
>
> I – pelo domicílio dos pais ou responsável;
>
> II – pelo lugar onde se encontre a criança ou adolescente, à falta dos pais ou responsável;
>
> § 1º Nos casos de ato infracional, será competente a autoridade do lugar da ação ou omissão, observadas as regras de conexão, continência e prevenção.

A mesma forma de competência é aplicada aos Conselhos Tutelares.

▷ **Atenção!** Qualquer processo/procedimento que envolver criança ou adolescente deverá ocorrer com intervenção do Ministério Público, sob pena de nulidade do feito, a qual deverá ser declarada de ofício pelo juiz ou a requerimento de qualquer interessado (art. 204).

7.3. Proteção judicial dos interesses individuais, difusos e coletivos

As ações de responsabilidade por ofensa a direitos de crianças e adolescentes regem-se pelo Estatuto da Criança e do Adolescente (sem excluir a aplicação da Constituição Federal e outras legislações), referentes ao não oferecimento ou oferta irregular:

> **Art. 208.** (...)
>
> I – do ensino obrigatório;
>
> II – de atendimento educacional especializado aos portadores de deficiência;
>
> III – de atendimento em creche e pré-escola às crianças de zero a cinco anos de idade;
>
> IV – de ensino noturno regular, adequado às condições do educando;
>
> V – de programas suplementares de oferta de material didático-escolar, transporte e assistência à saúde do educando do ensino fundamental;
>
> VI – de serviço de assistência social visando à proteção à família, à maternidade, à infância e à adolescência, bem como ao amparo às crianças e adolescentes que dele necessitem;
>
> VII – de acesso às ações e serviços de saúde;
>
> VIII – de escolarização e profissionalização dos adolescentes privados de liberdade;
>
> IX – de ações, serviços e programas de orientação, apoio e promoção social de famílias e destinados ao pleno exercício do direito à convivência familiar por crianças e adolescentes;
>
> X – de programas de atendimento para a execução das medidas socioeducativas e aplicação de medidas de proteção;
>
> XI – de políticas e programas integrados de atendimento à criança e ao adolescente vítima ou testemunha de violência.

As ações envolvendo esta temática são propostas no local onde ocorreu ou deve ocorrer a ação ou a omissão, cujo juízo terá competência absoluta para processar a causa, ressalvadas a competência da Justiça Federal e a competência originária dos tribunais superiores (art. 209).

São legitimados para essas demandas, segundo o *caput* do art. 210: o Ministério Público, a administração direta (União, estados, Distrito Federal, municípios e territórios), bem como as associações legalmente constituídas há, pelo menos, um ano e que incluam entre suas finalidades a defesa dos interesses e direitos protegidos pelo Estatuto.

> **Art. 210.** (...)
>
> § 1º Admitir-se-á litisconsórcio facultativo entre os Ministérios Públicos da União e dos estados na defesa dos interesses e direitos de que cuida esta Lei.
>
> § 2º Em caso de desistência ou abandono da ação por associação legitimada, o Ministério Público ou outro legitimado poderá assumir a titularidade ativa.

Os órgãos legitimados podem tomar o compromisso de ajustamento de sua conduta (Termo de ajustamento de conduta) às exigências legais. Esse termo terá eficácia de título executivo extrajudicial (art. 211 do ECA). São admissíveis todas as espécies de ações.

Na ação que buscar o cumprimento de obrigação de fazer ou não fazer, poderá ser imposta multa diária ao réu, independentemente do pedido do autor, fixando prazo razoável para cumprimento. Essa multa só será exigível após o trânsito em julgado da sentença favorável, mas é devida desde o momento em que houver configurado o descumprimento da determinação judicial (art. 213).

A multa de que trata o art. 213 será revertida ao Fundo da Infância e Juventude (FIA), que é gerido pelo Conselho de Direitos da Criança e do Adolescente do respectivo município. A multa deve ser recolhida em até 30 dias após o trânsito em julgado, por meio de execução promovida pelo Ministério Público (facultada a iniciativa para os demais legitimados).

Se a ação é ajuizada pela associação e esta não promover a execução em 60 dias, deve ser feita pelo Ministério Público, facultada a iniciativa aos demais legitimados (art. 217).

Outros dispositivos importantes:

> **Art. 220.** Qualquer pessoa poderá e o servidor público deverá provocar a iniciativa do Ministério Público, prestando-lhe informações sobre fatos que constituam objeto de ação civil, e indicando-lhe os elementos de convicção.
>
> **Art. 221.** Se, no exercício de suas funções, os juízos e tribunais tiverem conhecimento de fatos que possam ensejar a propositura de ação civil, remeterão peças ao Ministério Público para as providências cabíveis.
>
> **Art. 222.** Para instruir a petição inicial, o interessado poderá requerer às autoridades competentes as certidões e informações que julgar necessárias, que serão fornecidas no prazo de quinze dias.
>
> **Art. 223.** O Ministério Público poderá instaurar, sob sua presidência, inquérito civil, ou requisitar, de qualquer pessoa, organismo público ou particular, certidões, informações, exames ou perícias, no prazo que assinalar, o qual não poderá ser inferior a dez dias úteis.
>
> § 1º Se o órgão do Ministério Público, esgotadas todas as diligências, se convencer da inexistência de fundamento para a propositura da ação cível, promoverá o arquivamento dos autos do inquérito civil ou das peças informativas, fazendo-o fundamentadamente.
>
> § 2º Os autos do inquérito civil ou as peças de informação arquivados serão remetidos, sob pena de se incorrer em falta grave, no prazo de três dias, ao Conselho Superior do Ministério Público.
>
> § 3º Até que seja homologada ou rejeitada a promoção de arquivamento, em sessão do Conselho Superior do Ministério público, poderão as associações legitimadas apresentar razões escritas ou documentos, que serão juntados aos autos do inquérito ou anexados às peças de informação.
>
> § 4º A promoção de arquivamento será submetida a exame e deliberação do Conselho Superior do Ministério Público, conforme dispuser o seu regimento.
>
> § 5º Deixando o Conselho Superior de homologar a promoção de arquivamento, designará, desde logo, outro órgão do Ministério Público para o ajuizamento da ação.

7.4. Sistema recursal

O art. 198 do ECA determina que nas ações relativas à Justiça da Infância e da Juventude, inclusive as relativas à execução das medidas socioeducativas, adotar-se-á o sistema recursal do Código de Processo Civil, com as seguintes adaptações:

1. não haverá necessidade de preparo para interposição de recursos;

2. prazos recursais são de dez dias, salvo embargos de declaração, que são cinco dias;

3. terão preferência no julgamento;

4. dispensam revisor;

5. da sentença de adoção, de destituição de poder familiar ou ato infracional só cabe efeito devolutivo, exceto:

a) a adoção internacional;

b) o perigo de dano irreparável ou de difícil reparação; ocasião em que será possível o efeito suspensivo do processo.

8. POLÍTICA DE ATENDIMENTO

A política de atendimento é o conjunto articulado de ações governamentais e não governamentais que tem como linha de ação desde as políticas básicas até os serviços especiais de prevenção, identificação e proteção dos direitos de crianças e adolescentes (art. 86 do ECA). Os atendimentos ocorrem de forma **municipalizada**. A linha de ação da política de atendimento está descrita no art. 87; já as diretrizes estão localizadas no art. 88.

Nos municípios são criados os **conselhos municipais**, mas eles também são instituídos no âmbito estadual e nacional. Trata-se de **órgão deliberativo** e **controlador** das políticas públicas em todos os níveis, que visa assegurar a participação popular. A atuação do membro (conselheiro) do conselho nacional e dos conselhos estaduais e municipais **não é remunerada**, pois considera-se como de interesse público relevante.

O Conselho Municipal de Direitos da Criança e do Adolescente é responsável por manter os **registros** das **inscrições** das **entidades** de **atendimento**, assim como por **reavaliar**, a **cada dois anos**, os programas em execução, constituindo critérios para renovação da autorização de funcionamento.

Essas entidades são **fiscalizadas** pelo **Judiciário**, **Ministério Público** e pelos **Conselhos Tutelares** (art. 95). Cada entidade é responsável pela manutenção da sua unidade, assim como pelo planejamento e execução de programas de proteção e socioeducativos destinados às crianças e aos adolescentes.

A eficiência das entidades de atendimento é atestada por estes órgãos mencionados e pela Justiça da Infância e da Juventude. Sendo que as entidades não governamentais somente poderão funcionar depois de registradas no Conselho Municipal de Direitos da Criança e do Adolescente. Será negada inscrição a entidade que não atender aos requisitos estabelecidos no art. 91 do ECA.

Os princípios que devem ser seguidos pelas entidades de atendimento que desenvolvam programa de acolhimento familiar ou institucional estão elencados no art. 92; já as obrigações das entidades que desenvolvem programa de internação estão dispostas no art. 94. Recomenda-se a leitura destes artigos!

Em caso de **descumprimentos** das **obrigações**, as entidades **governamentais** podem sofrer advertências, afastamento provisório ou definitivo de seus dirigentes, fechamento da unidade ou interdição do programa. Se for entidade **não governamental**, poderá haver, além da advertência, a suspensão total ou parcial do repasse de verbas públicas, interdição ou suspensão do programa e cassação do registro, segundo os arts. 96 e 97 do ECA.

A **apuração** de **irregularidades** ocorre mediante portaria da autoridade judiciária, ou, então, por representação do Ministério Público ou do Conselho Tutelar. Deve constar na portaria ou na representação o resumo dos fatos. Se houver motivo grave, poderá ser decretado liminarmente pela autoridade judiciária (após ouvido o Ministério Público) o afastamento provisório do dirigente da entidade (art. 191). O dirigente é citado para oferecer resposta escrita no prazo de dez dias, podendo juntar documentos e indicar provas (art. 192). Ainda que não apresente resposta, a autoridade judiciária deve designar audiência de instrução e julgamento intimando as partes (art. 193).

Apuração de irregularidade em **entidade de atendimento**: art. 191 ao 193:

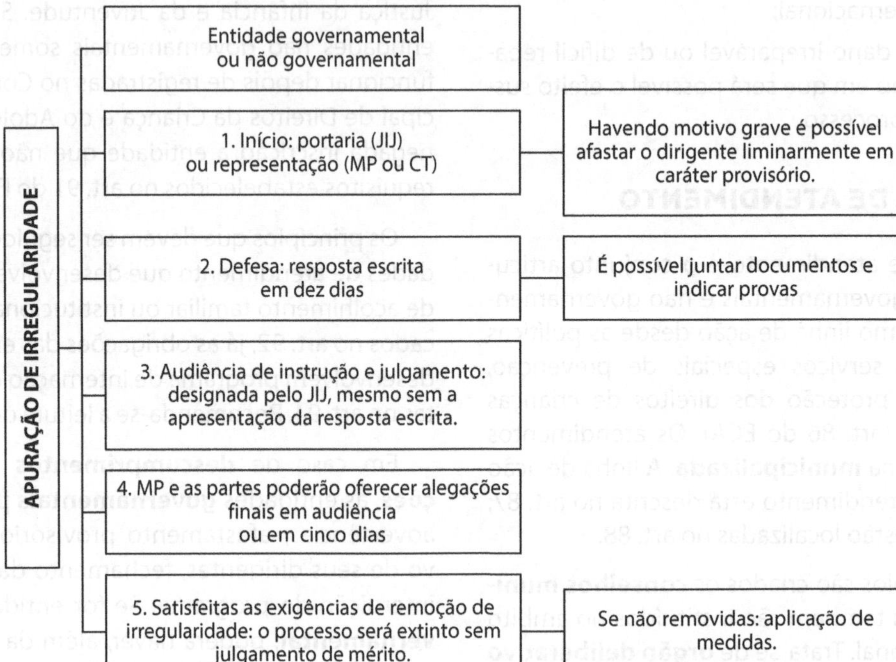

Apuração de infração administrativa às normas de proteção à criança e ao adolescente: art. 194 ao 197:

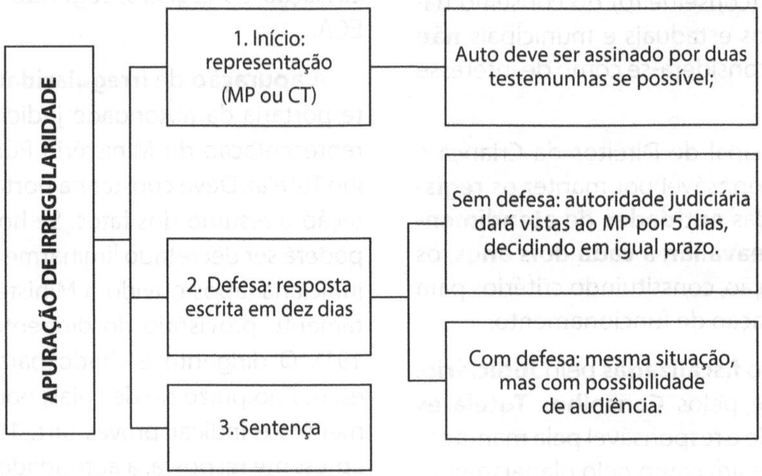

9. CONSELHO TUTELAR

O Conselho Tutelar (art. 131 do ECA) é um órgão **permanente** e **autônomo, e** também não jurisdicional, pois seus atos são administrativos. Além disso, o Conselho Tutelar não faz parte da estrutura do Poder Judiciário. Seu papel é de zelador da proteção de crianças e adolescentes.

É um **órgão coletivo**, no qual seus membros, os conselheiros tutelares, não atuam sozinhos, mas, sim, em grupo. São escolhidos pela comunidade, por meio de **eleições**. Em cada município e em cada região administrativa do Distrito Federal (art. 132) haverá, **no mínimo, um Conselho Tutelar,** composto de **cinco membros**, isto é, poderá haver mais de um Conselho Tutelar no município, desde que cada Conselho tenha cinco membros. Eles são escolhidos pelo voto popular facultativo para um **mandato de quatro anos,** com eleições que ocorrem no primeiro domingo do mês de outubro do ano subsequente às eleições presidenciais, e, desde 2019, é **permitida** a **recondução** por novos processos de escolha, ou seja, eles podem ser reeleitos de forma seguida, para novos mandatos, sem limite de reeleições. A posse dos eleitos ocorre no dia 10 de janeiro.

Cabe a Lei municipal ou distrital definir local, dia e horário de funcionamento do Conselho Tutelar, como também remuneração. Os **conselheiros tutelares** devem ter reconhecida **idoneidade moral,** idade superior a **21 anos** e **residir** no **município** (art. 133). Apesar de a lei municipal determinar a maioria das regras referentes ao mandato, o

Estatuto garante: cobertura previdenciária; gozo de férias anuais remuneradas, acrescidas de 1/3 do valor da remuneração mensal; licença-maternidade; licença-paternidade; e gratificação natalina (art. 134).

As **atribuições** do **conselheiro** são (art. 136, atualizado pela Lei nº 14.344/2022), resumidamente:

1. Atender a crianças e adolescentes;

2. Atender e aconselhar seus pais ou responsáveis;

3. Requisitar serviços públicos na área da saúde, educação, serviço social, previdência, trabalho e segurança e representar à autoridade casos de descumprimento injustificado de suas deliberações;

4. Encaminhar ao Ministério Público notícia de violação de direitos;

5. Encaminhar à autoridade judiciária casos de sua competência;

6. Providenciar a medida estabelecida pela autoridade judiciária, entre as previstas no art. 101, I a VI, do ECA, ao adolescente autor de ato infracional;

7. Expedir notificações;

8. Requisitar certidões de nascimento e de óbito de crianças e adolescentes;

9. Assessorar o poder executivo local na elaboração de proposta orçamentária para planos e programas de atendimento;

10. Representar, em nome da pessoa ou da família, contra violação de direitos previstos no art. 220, § 3º, II, da CF/1988;

11. Representar ao Ministério Público para efeito das ações de perda ou suspensão do poder familiar;

12. Promover e incentivar, na comunidade e nos grupos profissionais, ações de divulgação e treinamento para reconhecimento de maus-tratos;

13. Adotar ações direcionadas à identificação da agressão, à agilidade no atendimento da vítima de violência doméstica e familiar e à responsabilização do agressor;

14. Atender à criança e ao adolescente vítima ou testemunha de violência doméstica e familiar, ou submetido a tratamento cruel ou degradante ou a formas violentas de educação, correção ou disciplina;

15. Representar à autoridade judicial ou policial para requerer o afastamento do agressor do lar, do domicílio ou do local de convivência com a vítima;

16. Representar à autoridade judicial para requerer a concessão de medida protetiva de urgência, bem como a revisão daquelas já concedidas;

17. Representar ao Ministério Público para requerer a propositura de ação cautelar de antecipação de produção de prova nas causas que envolvam violência contra a criança e o adolescente;

18. Tomar as providências cabíveis, na esfera de sua competência, ao receber comunicação da ocorrência de ação ou omissão, praticada em local público ou privado, que constitua violência doméstica e familiar contra a criança e o adolescente;

19. Receber e encaminhar, quando for o caso, as informações reveladas por noticiantes ou denunciantes relativas à prática de violência, ao uso de tratamento cruel ou degradante ou de formas violentas de educação, correção ou disciplina contra a criança e o adolescente;

20. Representar à autoridade judicial ou ao Ministério Público para requerer a concessão de medidas cautelares direta ou indiretamente relacionadas à eficácia da proteção de noticiante ou denunciante de informações de crimes que envolvam violência doméstica e familiar contra a criança e o adolescente.

São **impedidos** de servir no mesmo Conselho (lembrando que em um mesmo município poderá haver mais de um Conselho Tutelar) marido e mulher, ascendente e descendente, sogro e genro ou nora, irmãos, cunhados, durante cunhadio, tio e sobrinho, padrasto ou madrasta e enteada. O impedimento também se aplica a autoridade judiciária e representante do Ministério Público com atuação na Justiça da Infância e Juventude, em exercício na comarca, foro regional ou distrital (art. 140).

Dos crimes previstos no ECA:

> **Art. 236.** Impedir ou embaraçar a ação de autoridade judiciária, membro do Conselho Tutelar ou representante do Ministério Público no exercício de função prevista nesta Lei:
>
> Pena – detenção de seis meses a dois anos.

10. CRIMES PRATICADOS CONTRA CRIANÇAS E ADOLESCENTES

Neste tópico, serão estudadas apenas as previsões estatutárias sobre crimes contra crianças e adolescentes, lembrando que, em direito penal, estudam-se crimes em espécie do Código Penal.

10.1. Infiltração de agentes da polícia para a investigação de crimes contra a dignidade sexual de criança e de adolescente

Algumas observações importantes trazidas pela Lei nº 13.441/2017, quanto à infiltração de agentes de polícia na internet para investigação de **crimes contra** a **dignidade sexual** de criança e adolescentes (art. 190-A e ss.):

- Deverá ocorrer por meio de requerimento do Ministério Público ou representação do Delegado de Polícia, discriminando as atividades que serão realizadas.
- Se o pedido partir da autoridade policial, o Ministério Público deverá ser ouvido previamente.
- Depende de autorização judicial.
- O prazo é de 90 dias, podendo ser renovado no prazo máximo de 720 dias.
- Durante a infiltração, deverão ser apresentados relatórios parciais a requerimento do Ministério Público ou do Juiz.
- Será admitido somente em caráter subsidiário, quando não puder se fazer provas por outros meios.
- Tramitará em sigilo.

Não comete crime o policial que oculta a sua identidade para, por meio da internet, colher indícios de autoria e materialidade dos crimes, salvo se agente policial infiltrado deixar de observar a estrita finalidade da investigação, ocasião em que responderá pelos excessos praticados.

Os órgãos de registro e cadastro público poderão incluir nos bancos de dados próprios, mediante procedimento sigiloso e requisição da autoridade judicial, as informações necessárias à efetividade da identidade fictícia criada. O procedimento sigiloso de que trata esta Seção será numerado e tombado em livro específico.

10.2. Crimes em espécie

Os crimes contra crianças e adolescentes estão previstos nos arts. 228 a 244 do ECA, sem prejuízo do Código Penal. Todos os crimes praticados contra crianças e adolescentes são de **ação pública incondicionada** (isto é, não há necessidade de representação pela vítima), tanto os crimes por ação quanto por omissão. Aplicam-se aos crimes definidos pelo ECA as normas da Parte Geral do Código Penal, e quanto ao processo, as normas do Código de Processo Penal.

▷ **Atenção!** Com a promulgação da Lei nº 14.344/2022, conforme o art. 226, §§ 1º e §2º, aos crimes cometidos contra crianças e adolescentes, independentemente da pena prevista, não pode ser aplicada a Lei nº 9.099/1995. E nos casos de violência doméstica e familiar contra criança e adolescente, é vedada a aplicação de penas de cesta básica ou de outras de prestação pecuniária, bem como a substituição de pena que implique o pagamento isolado de multa.

Alguns crimes já foram estudados no decorrer da obra, embora seja importante destacar que vale a leitura completa dos arts. 225 a 244. Agora, vejamos outros artigos, ainda não estudados aqui, que dispõem sobre crimes estabelecidos pelo Estatuto da Criança e do Adolescente:

Dos crimes previstos em relação à violência sexual:

> **Art. 240.** Produzir, reproduzir, dirigir, fotografar, filmar ou registrar, por qualquer meio, cena de sexo explícito ou pornográfica, envolvendo criança ou adolescente:
>
> Pena – reclusão, de 4 (quatro) a 8 (oito) anos, e multa.
>
> § 1º Incorre nas mesmas penas quem: (Redação dada pela Lei nº 14.811, de 2024)
>
> I - agencia, facilita, recruta, coage ou de qualquer modo intermedeia a participação de criança ou adolescente nas cenas referidas no caput deste artigo, ou ainda quem com esses contracena; (Incluído pela Lei nº 14.811, de 2024)
>
> II - exibe, transmite, auxilia ou facilita a exibição ou transmissão, em tempo real, pela internet, por aplicativos, por meio de dispositivo informático ou qualquer meio ou ambiente digital, de cena de sexo explícito ou pornográfica com a participação de criança ou adolescente. (Incluído pela Lei nº 14.811, de 2024)§ 2º Aumenta-se a pena de 1/3 (um terço) se o agente comete o crime:
>
> I – no exercício de cargo ou função pública ou a pretexto de exercê-la;
>
> II – prevalecendo-se de relações domésticas, de coabitação ou de hospitalidade; ou
>
> III – prevalecendo-se de relações de parentesco consanguíneo ou afim até o terceiro grau, ou por adoção, de tutor, curador, preceptor, empregador da vítima ou de quem, a qualquer outro título, tenha autoridade sobre ela, ou com seu consentimento.
>
> **Art. 241.** Vender ou expor à venda fotografia, vídeo ou outro registro que contenha cena de sexo explícito ou pornográfica envolvendo criança ou adolescente:
>
> Pena – reclusão, de 4 (quatro) a 8 (oito) anos, e multa.
>
> **Art. 241-A.** Oferecer, trocar, disponibilizar, transmitir, distribuir, publicar ou divulgar por qualquer meio, inclusive por meio de sistema de informática ou telemático, fotografia, vídeo ou outro registro que contenha cena de sexo explícito ou pornográfica envolvendo criança ou adolescente:
>
> Pena – reclusão, de 3 (três) a 6 (seis) anos, e multa.
>
> § 1º Nas mesmas penas incorre quem:
>
> I – assegura os meios ou serviços para o armazenamento das fotografias, cenas ou imagens de que trata o *caput* deste artigo;

II – assegura, por qualquer meio, o acesso por rede de computadores às fotografias, cenas ou imagens de que trata o *caput* deste artigo.

§ 2º As condutas tipificadas nos incisos I e II do § 1º deste artigo são puníveis quando o responsável legal pela prestação do serviço, oficialmente notificado, deixa de desabilitar o acesso ao conteúdo ilícito de que trata o *caput* deste artigo.

Art. 241-B. Adquirir, possuir ou armazenar, por qualquer meio, fotografia, vídeo ou outra forma de registro que contenha cena de sexo explícito ou pornográfica envolvendo criança ou adolescente:

Pena – reclusão, de 1 (um) a 4 (quatro) anos, e multa.

§ 1º A pena é diminuída de 1 (um) a 2/3 (dois terços) se de pequena quantidade o material a que se refere o *caput* deste artigo.

§ 2º Não há crime se a posse ou o armazenamento tem a finalidade de comunicar às autoridades competentes a ocorrência das condutas descritas nos arts. 240, 241, 241-A e 241-C desta Lei, quando a comunicação for feita por:

I – agente público no exercício de suas funções;

II – membro de entidade, legalmente constituída, que inclua, entre suas finalidades institucionais, o recebimento, o processamento e o encaminhamento de notícia dos crimes referidos neste parágrafo;

III – representante legal e funcionários responsáveis de provedor de acesso ou serviço prestado por meio de rede de computadores, até o recebimento do material relativo à notícia feita à autoridade policial, ao Ministério Público ou ao Poder Judiciário.

§ 3º As pessoas referidas no § 2º deste artigo deverão manter sob sigilo o material ilícito referido.

Art. 241-C. Simular a participação de criança ou adolescente em cena de sexo explícito ou pornográfica por meio de adulteração, montagem ou modificação de fotografia, vídeo ou qualquer outra forma de representação visual:

Pena – reclusão, de 1 (um) a 3 (três) anos, e multa.

Parágrafo único. Incorre nas mesmas penas quem vende, expõe à venda, disponibiliza, distribui, publica ou divulga por qualquer meio, adquire, possui ou armazena o material produzido na forma do *caput* deste artigo.

Art. 241-D. Aliciar, assediar, instigar ou constranger, por qualquer meio de comunicação, criança, com o fim de com ela praticar ato libidinoso:

Pena – reclusão, de 1 (um) a 3 (três) anos, e multa.

Parágrafo único. Nas mesmas penas incorre quem:

I – facilita ou induz o acesso à criança de material contendo cena de sexo explícito ou pornográfica com o fim de com ela praticar ato libidinoso;

II – pratica as condutas descritas no *caput* deste artigo com o fim de induzir criança a se exibir de forma pornográfica ou sexualmente explícita.

Art. 241-E. Para efeito dos crimes previstos nesta Lei, a expressão "cena de sexo explícito ou pornográfica" compreende qualquer situação que envolva criança ou adolescente em atividades sexuais explícitas, reais ou simuladas, ou exibição dos órgãos genitais de uma criança ou adolescente para fins primordialmente sexuais.

Do crime previsto em relação à corrupção de criança e adolescente:

Art. 244-B. Corromper ou facilitar a corrupção de menor de 18 (dezoito) anos, com ele praticando infração penal ou induzindo-o a praticá-la:

Pena – reclusão, de 1 (um) a 4 (quatro) anos.

§ 1º Incorre nas penas previstas no *caput* deste artigo quem pratica as condutas ali tipificadas utilizando-se de quaisquer meios eletrônicos, inclusive salas de bate-papo da internet.

§ 2º As penas previstas no *caput* deste artigo são aumentadas de um terço no caso de a infração cometida ou induzida estar incluída no rol do art. 1º da Lei nº 8.072, de 25 de julho de 1990.

Súm. nº 500 do STJ: A configuração do crime do art. 244-B do ECA independe da prova da efetiva corrupção do menor, por se tratar de delito formal.

Do crime previsto em relação ao desaparecimento de criança e adolescente:

Art. 244-C. Deixar o pai, a mãe ou o responsável legal, de forma dolosa, de comunicar à autoridade pública o desaparecimento de criança ou adolescente: (Incluído pela Lei nº 14.811, de 2024)

Pena - reclusão, de 2 (dois) a 4 (quatro) anos, e multa. (Incluído pela Lei nº 14.811, de 2024)

10.3. Jurisprudências sobre o tema

- A negligência ou omissão dos genitores ante o grave abuso sexual configura hipótese excepcional de destituição do poder familiar. (Processo em segredo de justiça, Rel. Ministro Raul Araújo, Quarta Turma, por unanimidade, julgado em 6/2/2024)
- Havendo juízo especializado para apurar e julgar crimes praticados contra criança e adolescente, é este o competente independentemente do tipo de crime. (HC 807.617-BA, Rel. Ministro Ribeiro Dantas, Quinta Turma, por unanimidade, julgado em 11/4/2023, DJe 18/4/2023)
- A utilização do próprio filho para a prática de crimes, por se tratar de situação de risco ao menor, obsta a concessão de prisão domiciliar. (AgRg no HC 798.551-PR, Rel. Ministro Jesuíno Rissato (Desembargador convocado do TJDFT), Sexta Turma, por unanimidade, julgado em 28/2/2023)
- É possível a conversão da prisão civil em regime fechado, em virtude de dívida de natureza alimentar, para regime domiciliar quando a devedora de alimentos for responsável pela guarda de outro filho de até 12 anos de idade. (Processo em segredo de justiça, Rel. Ministra Nancy

Andrighi, Terceira Turma, por unanimidade, julgado em 7/2/2023).

- O art. 241-E do Estatuto da Criança e do Adolescente, ao explicitar o sentido da expressão "cena de sexo explícito ou pornográfica" não restringe tal conceito apenas às imagens em que a genitália de crianças e adolescentes esteja desnuda. (Processo em segredo de justiça, Rel. Min. Laurita Vaz, Sexta Turma, por unanimidade, julgado em 15/03/2022)
- Responde civilmente por danos morais o provedor de aplicação de internet que, após formalmente comunicado de publicação ofensiva a imagem de menor, se omite na sua exclusão, independentemente de ordem judicial. (REsp 1.783.269-MG, Rel. Min. Antonio Carlos Ferreira, Quarta Turma, por maioria, julgado em 14/12/2021).
- A prática de crimes em concurso com dois adolescentes dá ensejo à condenação por dois crimes de corrupção de menores. (REsp 1.680.114-GO, Rel. Min. Sebastião Reis Júnior, por unanimidade, julgado em 10/10/2017, DJe 16/10/2017)
- Em regra, não há automática consunção quando ocorrem armazenamento e compartilhamento de material pornográfico infanto-juvenil. (REsp 1.579.578-PR, Rel. Min. Rogerio Schietti Cruz, Sexta Turma, por maioria, julgado em 04/02/2020, DJe 17/02/2020)
- O grande interesse por material que contenha cena de sexo explícito ou pornográfica envolvendo criança ou adolescente é ínsito ao crime descrito no art. 241-A da Lei n. 8.069/1990, não sendo justificável a exasperação da pena-base a título de conduta social ou personalidade. (REsp 1.579.578-PR, Rel. Min. Rogerio Schietti Cruz, Sexta Turma, por maioria, julgado em 04/02/2020, DJe 17/02/2020)

11. INFRAÇÕES ADMINISTRATIVAS ÀS NORMAS DE PROTEÇÃO À CRIANÇA E ADOLESCENTE

As infrações administrativas não podem ser confundidas com os crimes, a diferença está na própria penalidade aplicada. Nas infrações, é possível a aplicação de multa, por exemplo, não sendo possível a pena de reclusão ou detenção, que são penalidades aplicadas aos crimes.

As infrações estão previstas nos arts. 245 a 258-C do ECA, já estudadas ao longo do livro de acordo com o assunto que tratavam, mas sempre é importante fazer a leitura completa de todas, você pode fazer diretamente na legislação.

Com frequência cai na prova questões onde você precisa identificar se à situação corresponde a crime ou infração administrativa. Assim, a leitura desses artigos é importante. Mas sabendo da dificuldade que é lembrar, pois são vários artigos, fiz um resumo bem objetivo para você conseguir memorizar melhor para a prova, espero que seja útil para você.

Infração administrativa	Crimes contra crianças e adolescentes
• Comunicação de maus tratos: médico, professores; • Impedir o exercício de direito de adolesc. privado de liberdade; • Divulgação do nome em ato infracional; • Descumprir dever do poder familiar; • Hospedagem; • Transporte; • Espetáculos / diversões; • Peças teatrais / filmes; • Locadoras de filmes; • Revista pornográfica ou com conteúdo inadequado; • Encaminhamento ao JIJ de gestante que quer entregar criança à adoção;	• Registro hospitalar / identificação neonato/parturiente - detenção/multa; • Privação liberdade - detenção; • Policial – comunicação/ ilegalidade da apreensão - detenção; • Vexame/constrangimento - detenção; • Impedir atuação do JIJ, CT e MP; - detenção; • Subtrair criança ou adolescente; - reclusão/multa; • Vender o filho; - reclusão/ multa • Enviar criança e adolescente ao exterior - reclusão/multa; • Atos contra dignidade sexual; - reclusão/multa; • Armas e munição - reclusão; • Bebidas alcoólicas e produtos que causam dependência - detenção/ multa;
	• Fogos de artifício - detenção/multa; • Corromper menor para participação em crime - reclusão;

11.1. Jurisprudências sobre o tema

- Comete ato ilícito, por abuso de direito, o órgão de imprensa que, apesar de divulgar fato verídico e sem a indicação de dados objetivos quanto aos partícipes do fato, relaciona a notícia à manchete de caráter manifestamente ofensivo à honra da vítima de crime de estupro de vulnerável, atribuindo à adolescente conduta ativa ante o fato ocorrido, trazendo menções injuriosas a sua honra. (Processo em segredo de justiça, Rel.

Ministro Marco Buzzi, Quarta Turma, por unanimidade, julgado em 23/4/2024).

- É admissível a redução do valor da multa do art. 249 do Estatuto da Criança e do Adolescente, inclusive aquém do mínimo legal de três salários mínimos. (Processo em segredo de justiça, Rel. Min. Nancy Andrighi, Terceira Turma, julgado em 23/08/2022, DJe 25/08/2022)
- A hipossuficiência financeira ou a vulnerabilidade famíliar não é suficiente para afastar a multa pecuniária prevista no art. 249 do ECA. (REsp 1.658.508-RJ, Rel. Min. Nancy Andrighi, por unanimidade, julgado em 23/10/2018, DJe 26/10/2018).
- A conduta de emissora de televisão que exibe quadro que, potencialmente, poderia criar situações discriminatórias, vexatórias, humilhantes às crianças e aos adolescentes configura lesão ao direito transindividual da coletividade e dá ensejo à indenização por dano moral coletivo. (REsp 1.517.973-PE, Rel. Min. Luis Felipe Salomão, por unanimidade, julgado em 16/11/2017, DJe 01/02/2018).
- A multa instituída pelo art. 249 do ECA não possui caráter meramente preventivo, mas também punitivo e pedagógico, de modo que não pode ser afastada sob fundamentação exclusiva do advento da maioridade civil da vítima dos fatos que determinaram a imposição da penalidade. (REsp 1.653.405-RJ, Rel. Min. Maria Isabel Gallotti, Quarta Turma, julgado em 02/03/2021, DJe 10/03/2021).
- O dever de zelar pela correta comercialização de revistas pornográficas, em embalagens opacas, lacradas e com advertência de conteúdo, não se limita aos editores e comerciantes, mas se estende a todos os integrantes da cadeia de consumo, inclusive aos transportadores e distribuidores. (REsp 1.584.134-RJ, Rel. Min. Napoleão Nunes Maia Filho, Primeira Turma, por unanimidade, julgado em 20/02/2020, DJe 05/03/2020).

12. DISPOSIÇÕES FINAIS E TRANSITÓRIAS

Das disposições finais e transitórias do Estatuto, vamos destacar alguns artigos apenas. O artigo 260 trata sobre a possibilidade de doações ao Fundo da Infância e Juventude – FIA oriundas do imposto sobre renda. O artigo 260-G trata sobre órgãos responsáveis pela administração dos Fundos da Infância e Juventude. Já os artigos 260-I e 261, se referem aos conselhos de direitos, sua criação e atividades. Por fim, o artigo 262 refere que as atividades atribuídas ao Conselho Tutelar, quando não houver o respectivo órgão, devem ser executadas pela autoridade judiciária:

> **Art. 260.** Os contribuintes poderão efetuar doações aos Fundos dos Direitos da Criança e do Adolescente nacional, distrital, estaduais ou municipais, devidamente comprovadas, sendo essas integralmente deduzidas do imposto de renda, obedecidos os seguintes limites:
>
> I – 1% (um por cento) do imposto sobre a renda devido apurado pelas pessoas jurídicas tributadas com base no lucro real; e
>
> II – 6% (seis por cento) do imposto sobre a renda apurado pelas pessoas físicas na Declaração de Ajuste Anual, observado o disposto no art. 22 da Lei nº 9.532, de 10 de dezembro de 1997.
>
> § 1º *(Revogado pela Lei nº 9.532/1997)*
>
> § 1º-A. Na definição das prioridades a serem atendidas com os recursos captados pelos fundos nacional, estaduais e municipais dos direitos da criança e do adolescente, serão consideradas as disposições do Plano Nacional de Promoção, Proteção e Defesa do Direito de Crianças e Adolescentes à Convivência Familiar e Comunitária e as do Plano Nacional pela Primeira Infância.
>
> § 2º Os conselhos nacional, estaduais e municipais dos direitos da criança e do adolescente fixarão critérios de utilização, por meio de planos de aplicação, das dotações subsidiadas e demais receitas, aplicando necessariamente percentual para incentivo ao acolhimento, sob a forma de guarda, de crianças e adolescentes e para programas de atenção integral à primeira infância em áreas de maior carência socioeconômica e em situações de calamidade.
>
> § 2º-A. O contribuinte poderá indicar o projeto que receberá a destinação de recursos, entre os projetos aprovados por conselho dos direitos da criança e do adolescente. (Incluído pela Lei nº 14.692, de 2023)
>
> § 2º-B. É facultado aos conselhos chancelar projetos ou banco de projetos, por meio de regulamentação própria, observadas as seguintes regras: (Incluído pela Lei nº 14.692, de 2023)
>
> I - a chancela deverá ser entendida como a autorização para captação de recursos por meio dos Fundos dos Direitos da Criança e do Adolescente com a finalidade de viabilizar a execução dos projetos aprovados pelos conselhos; (Incluído pela Lei nº 14.692, de 2023)
>
> II - os projetos deverão garantir os direitos fundamentais e humanos das crianças e dos adolescentes; (Incluído pela Lei nº 14.692, de 2023)
>
> III - a captação de recursos por meio do Fundo dos Direitos da Criança e do Adolescente deverá ser realizada pela instituição proponente para o financiamento do respectivo projeto; (Incluído pela Lei nº 14.692, de 2023)
>
> IV - os recursos captados serão repassados para a instituição proponente mediante formalização de instrumento de repasse de recursos, conforme a

legislação vigente; (Incluído pela Lei nº 14.692, de 2023)

V - os conselhos deverão fixar percentual de retenção dos recursos captados, em cada chancela, que serão destinados ao Fundo dos Direitos da Criança e do Adolescente; (Incluído pela Lei nº 14.692, de 2023)

VI - o tempo de duração entre a aprovação do projeto e a captação dos recursos deverá ser de 2 (dois) anos e poderá ser prorrogado por igual período; (Incluído pela Lei nº 14.692, de 2023)

VII - a chancela do projeto não deverá obrigar seu financiamento pelo Fundo dos Direitos da Criança e do Adolescente, caso não tenha sido captado valor suficiente. (Incluído pela Lei nº 14.692, de 2023)

§ 3º O Departamento da Receita Federal, do Ministério da Economia, Fazenda e Planejamento, regulamentará a comprovação das doações feitas aos fundos, nos termos deste artigo.

§ 4º O Ministério Público determinará em cada comarca a forma de fiscalização da aplicação, pelo Fundo Municipal dos Direitos da Criança e do Adolescente, dos incentivos fiscais referidos neste artigo.

(...)

Art. 260-G. Os órgãos responsáveis pela administração das contas dos Fundos dos Direitos da Criança e do Adolescente nacional, estaduais, distrital e municipais devem:

I – manter conta bancária específica destinada exclusivamente a gerir os recursos do Fundo;

II – manter controle das doações recebidas; e

III – informar anualmente à Secretaria da Receita Federal do Brasil as doações recebidas mês a mês, identificando os seguintes dados por doador:

a) nome, CNPJ ou CPF;

b) valor doado, especificando se a doação foi em espécie ou em bens.

(...)

Art. 260-I. Os Conselhos dos Direitos da Criança e do Adolescente nacional, estaduais, distrital e municipais divulgarão amplamente à comunidade:

I – o calendário de suas reuniões;

II – as ações prioritárias para aplicação das políticas de atendimento à criança e ao adolescente;

III – os requisitos para a apresentação de projetos a serem beneficiados com recursos dos Fundos dos Direitos da Criança e do Adolescente nacional, estaduais, distrital ou municipais;

IV – a relação dos projetos aprovados em cada ano-calendário e o valor dos recursos previstos para implementação das ações, por projeto;

V – o total dos recursos recebidos e a respectiva destinação, por projeto atendido, inclusive com cadastramento na base de dados do Sistema de Informações sobre a Infância e a Adolescência; e

VI – a avaliação dos resultados dos projetos beneficiados com recursos dos Fundos dos Direitos da Criança e do Adolescente nacional, estaduais, distrital e municipais.

(...)

Art. 261. A falta dos conselhos municipais dos direitos da criança e do adolescente, os registros, inscrições e alterações a que se referem os arts. 90, parágrafo único, e 91 desta Lei serão efetuados perante a autoridade judiciária da comarca a que pertencer a entidade.

Parágrafo único. A União fica autorizada a repassar aos estados e municípios, e os estados aos municípios, os recursos referentes aos programas e atividades previstos nesta Lei, tão logo estejam criados os conselhos dos direitos da criança e do adolescente nos seus respectivos níveis.

Art. 262. Enquanto não instalados os Conselhos Tutelares, as atribuições a eles conferidas serão exercidas pela autoridade judiciária.

- **Quadro Resumo:**

O quadro apresenta os principais pontos da matéria, ele não dispensa o estudo completo da disciplina, mas serve de revisão.

<table>
<tr><td>Constituição Federal</td><td colspan="2">Art. 227, 228 e 229.</td></tr>
<tr><td rowspan="3">Princípios basilares</td><td colspan="2">Melhor interesse</td></tr>
<tr><td colspan="2">Proteção integral</td></tr>
<tr><td>O princípio da prioridade absoluta.</td><td>a garantia de prioridade compreende:
a) primazia de receber proteção e socorro em quaisquer circunstâncias;
b) precedência de atendimento nos serviços públicos ou de relevância pública;
c) preferência na formulação e na execução das políticas sociais públicas;
d) destinação privilegiada de recursos públicos nas áreas relacionadas com a proteção à infância e à juventude.</td></tr>
<tr><td rowspan="2">Conceito</td><td>Criança</td><td>0 até 12 anos incompletos</td></tr>
<tr><td>Adolescente</td><td>12 anos até 18 anos de idade</td></tr>
</table>

Direito à vida e à saúde	Vida	Direito fundamental
	Saúde	Direito social
	Proteção para mães e gestantes	• Planejamento reprodutivo; • Vinculação ao hospital no último trimestre da gestação; • Direito à um acompanhante; • Assistência psicológica à mãe em situação de privação de liberdade; que manifesta o interesse de entregar o filho à adoção; para prevenir o estado puerperal;
	Entrega à adoção	A mãe deve ser encaminhada sem constrangimento ao JIJ; Incorre em sanção administrativa, o médico, enfermeiro, dirigente de estabelecimento de saúde ou funcionário de programa oficial ou comunitário, destinado à garantia do direito à convivência familiar, que deixar de efetuar tal encaminhamento.
		Se os pais desistirem, a família deve ser acompanhada por 180 dias.
	Adolescente gestante ou com filho	Direito de permanecer com o seu filho em tempo integral.
	Estabelecimento de saúde	Deve manter o registro (prontuário individual) por 18 anos. É crime o desrespeito a essa regra.
	Estado deve oferecer gratuitamente	Medicamento, órtese, prótese e vacinação, sendo esta última obrigatória quando recomendada pelas autoridades sanitárias.
Direito à liberdade, ao respeito e à dignidade	Crianças e adolescentes são sujeitos de direitos civis, humanos e sociais.	
	Castigo físico	Quando causa sofrimento físico; lesão.
	Tratamento cruel ou degradante	Humilhação; ameaça; ridicularização.
	Medidas impostas pelo CT:	a) encaminhamento a programa oficial ou comunitário de proteção à família. b) encaminhamento a tratamento psicológico ou psiquiátrico. c) encaminhamento a cursos ou programas de orientação. d) obrigação de encaminhar a criança a tratamento especializado. e) advertência.
	Médico, professor ou responsável por estabelecimento de atenção à saúde e de ensino fundamental, pré-escola ou creche deve comunicar situação de maus-tratos.	É infração administrativa a falta de comunicação.
Direito à educação, cultura, ao esporte e ao lazer	Deveres do Estado:	I - ensino fundamental, obrigatório e gratuito, inclusive para os que a ele não tiveram acesso na idade própria; II - progressiva extensão da obrigatoriedade e gratuidade ao ensino médio; III - atendimento educacional especializado aos portadores de deficiência, preferencialmente na rede regular de ensino; IV – atendimento em creche e pré-escola às crianças de zero a cinco anos de idade; V - acesso aos níveis mais elevados do ensino, da pesquisa e da criação artística, segundo a capacidade de cada um; VI - oferta de ensino noturno regular, adequado às condições do adolescente trabalhador; VII - atendimento no ensino fundamental, através de programas suplementares de material didático-escolar, transporte, alimentação e assistência à saúde.
	Direito subjetivo, importando em responsabilidade da autoridade competente.	
	Pais ou responsáveis são obrigados a matricular seus filhos ou pupilos na rede regular de ensino.	

Direito à profissionalização e à proteção ao trabalho	Criança ou adolescente até 14 anos de idade	Proibida qualquer forma de trabalho ou contrato de aprendizagem segundo a CF.
	Adolescente/jovem entre 14 até 24 anos de idade	Permitida o contrato de aprendizagem No caso de pessoa com deficiência: não se aplica o limite de idade.
	Adolescente com 16 e 17 anos	Proibição do trabalho: • Noturno (Entre 22h e 5h) • Perigoso • Insalubre • Penoso • Realizado em locais que não permitam a frequência escolar. • Realizados em locais que prejudiquem o seu desenvolvimento físico, psíquico, moral e social. • Essas regras de proibição também se aplicam aos contratos de aprendizagem para menores de 18 anos de idade.
	Trabalho artístico mirim e infanto-juvenil	Se autorizado pelo JIJ.
Direito à convivência familiar e comunitária	Filhos havidos fora do casamento	Vedada qualquer discriminação
	Filiação	Direito personalíssimo, indisponível e imprescritível.
	Poder familiar	Dever de guarda, sustento e educação.
		Garantia de convivência inclusive para pais privados de liberdade, independente de autorização judicial.
		Direitos iguais da mãe e pai.
		Formas de extinção: arts. 1635 e 1638 do CC.
		Carência de recurso não é motivo suficiente para extinção do poder familiar.
		Prisão dos pais não é motivo suficiente para extinção do poder familiar, exceto na hipótese de condenação por crime doloso sujeito à pena de reclusão contra outrem igualmente titular do mesmo poder familiar ou contra filho, filha ou outro descendente.
	Acolhimento institucional	Medida excepcional e temporária.
		Requer decisão judicial, exceto em caráter de urgência, ocasião em que a autoridade judiciária deve ser informada em 24h pela entidade que acolheu.
		Permanência: 18 meses, salvo decisão justificada pela autoridade judicial.
		Reavaliação a cada 3 meses.
		Direito de visitas.
	Espécies de família	Natural: formada por ascendente e descendentes.
		Ampliada/extensa: parentes que tenham afinidade e afetividade.
		Substituta: guarda, tutela, adoção.
	Família substituta	Criança será, sempre que possível, previamente ouvida. Adolescente precisa consentir.
		Irmãs não serão separados, salvo por decisão judicial fundamentada.
		Criança indígena de comunidade remanescente de quilombo deve permanecer, prioritariamente, na sua comunidade.
		Guarda: obrigada a prestação de assistência material, moral e educacional, conferindo a seu detentor o direito de opor-se a terceiros, inclusive aos pais.
		Tutela: deferida a pessoa até 18 anos de idade, ela pressupõe a prévia decretação da perda ou suspensão do poder familiar e implica, necessariamente o dever de guarda.

<table>
<tr><td rowspan="17">Direito à convivência familiar e comunitária</td><td rowspan="7">Adoção</td><td>Cadastro para adoção de recém-nascidos: se não procurados no prazo de 30 dias.</td></tr>
<tr><td>Excepcional e irrevogável.</td></tr>
<tr><td>Vedada por procuração.</td></tr>
<tr><td>Requisitos:
• Maiores de 18 anos podem adotar;
• A criança ou adolescente deve contar com no máximo 18 anos, salvo se já estiver sob guarda ou tutela do adotante;
• Diferença de 16 anos;
• Consentimento dos pais ou destituição do poder familiar;
• Somente por via judicial;
• Manifestação da criança (sempre que possível) e consentimento do adolescente maior de 12 anos;
• Aprovação em estágio de convivência; Adoção NACIONAL: prazo máximo de 90 dias, podendo ser prorrogador por igual período (dispensado se houver vínculo, tutela ou guarda anterior, art. 46);
Adoção INTERNACIONAL: prazo mínimo de 30 dias e máximo de 45 dias, podendo ser prorrogado por igual período. Estágio de convivência internacional deve ser cumprido em território nacional;
• Necessária prévia habilitação (é a regra, mas existem exceções);
• Idoneidade, motivos legítimos e desejo de filiação.</td></tr>
<tr><td>Quem não pode adotar: avós e irmãos;</td></tr>
<tr><td>Adotante falece no curso do processo: adoção póstuma.</td></tr>
<tr><td>Conclusão do processo de adoção: 120 dias.</td></tr>
<tr><td>Adoção</td><td>Adoção internacional: brasileiros residentes no exterior tem prioridade; habilitação do estrangeiro ocorre no país de origem; quando tiver posse do laudo válido por 1 ano emitido pela autoridade central estadual brasileira, deve iniciar o processo de adoção no local onde estiver a criança no Brasil.</td></tr>
<tr><td rowspan="6">Perda ou suspensão do poder familiar</td><td>Prioridade de tramitação</td></tr>
<tr><td>Procedimento judicial ocorre em dias corridos e não úteis.</td></tr>
<tr><td>Processo iniciado pelo MP ou qualquer pessoa interessada.</td></tr>
<tr><td>Direito de defesa: prazo de 10 dias.</td></tr>
<tr><td>Isenção de custas e emolumentos.</td></tr>
<tr><td>Decisão é averbada à margem do registro</td></tr>
<tr><td rowspan="5">Prevenção</td><td>Poder Público</td><td>Deve regular por meio de portaria as diversões e espetáculos públicos, informando em lugar de visível e fácil acesso, a natureza, local, horário e a faixa etária.</td></tr>
<tr><td>Revistas inadequadas</td><td>Revistas ou publicações com conteúdo impróprio ou inadequado, deverão ser comercializadas em embalagens lacradas, com advertência de seu conteúdo, todavia, se o conteúdo inadequado estiver na capa, a embalagem deverá ser opaca.</td></tr>
<tr><td>Revistas e outras publicações destinadas ao público infanto-juvenil</td><td>Não poderão conter ilustrações, fotografias, legendas, crônicas ou anúncios de bebidas alcoólicas, tabaco, armas e munições, e deverão respeitar os valores éticos e sociais da pessoa e da família</td></tr>
<tr><td>Proibida a venda</td><td>Armas, munições, explosivos, bebidas alcoólicas, produtos que possam causar dependência física ou psíquica, fogos de estampido e de artifício (exceto de reduzido potencial ofensivo), revistas e publicações inadequadas e bilhetes lotéricos.</td></tr>
<tr><td>Hospedagem</td><td>Proibida, salvo se expressamente autorizado ou acompanhado de pais ou responsáveis.</td></tr>
</table>

<table>
<tr><td rowspan="6">Prevenção</td><td rowspan="6">Regras de viagem</td><td>Viagem de criança e adolescente em comarca contígua, se na mesma unidade de Federação ou mesma região metropolitana: Pode viajar sozinho, sem autorização.</td></tr>
<tr><td>Viagem de adolescente de 16 e 17 anos em território nacional: Pode viajar sozinho, sem autorização.</td></tr>
<tr><td>Criança e adolescente até 16 anos de idade no âmbito nacional que sai da comarca, da unidade de Federação ou mesma região metropolitana:
• Pode viajar sozinho desacompanhado com autorização judicial;
• Acompanhado dos pais ou responsáveis;
• Acompanhado de ascendente ou colateral maior, até terceiro grau, comprovado documentalmente o parentesco;
• De pessoa maior, expressamente autorizada pelo pai, mãe ou responsável;
• Sozinho, expressamente autorizado por qualquer dos genitores ou responsáveis legal, por meio de escritura pública ou de documento particular com firma reconhecida (incluindo o passaporte) (Resolução n. 295/2019 do CNJ).</td></tr>
<tr><td>Acompanhado de ambos os pais ou responsáveis:
• Se na companhia de um dos pais, o outro deve autorizar expressamente em documento com firma reconhecida;
• Se na companhia de estrangeiro residente ou domiciliado no exterior, com autorização judicial.
• Se desacompanhada ou em companhia de terceiro maiores e capaz, desde que com autorização dos pais, documento com firma reconhecida (Resolução 131/2011 do CNJ).
• A autorização com firma reconhecida é dispensada se os pais estiverem juntos no momento do embarque (Art. 3º, da Lei 13.726/2018).</td></tr>
<tr><td>Autorização judicial é válida por 2 anos.</td></tr>
<tr></tr>
<tr><td rowspan="3">Medidas de Proteção</td><td>Quando são aplicadas</td><td>I - por ação ou omissão da sociedade ou do Estado;
II - por falta, omissão ou abuso dos pais ou responsável;
III - em razão de sua conduta.</td></tr>
<tr><td colspan="2">Podem ser aplicadas de forma isolada ou cumulativamente, devem observar fortalecimento dos vínculos familiares e comunitárias.</td></tr>
<tr><td>Princípios</td><td>• Condição da Criança e Adolescente como sujeito de direito;
• Proteção Integral e Prioritária;
• Responsabilidade primária e solidária do Poder Público;
• Interesse superior da Criança e Adolescente;
• Privacidade;
• Intervenção precoce;
• Intervenção mínima;
• Proporcionalidade e atualidade;
• Responsabilidade parental;
• Prevalência da família;
• Obrigatoriedade da informação;
• Oitiva obrigatória e participação.</td></tr>
</table>

<table>
<tr><td rowspan="9">Medidas de Proteção</td><td rowspan="9">Medidas em espécie</td><td colspan="3">Encaminhamento aos pais ou responsável, mediante termo de responsabilidade</td></tr>
<tr><td colspan="3">Orientação, apoio e acompanhamento temporários</td></tr>
<tr><td colspan="3">Matrícula e frequência obrigatórias em estabelecimentos oficiais de ensino fundamental</td></tr>
<tr><td colspan="3">Inclusão em serviços e programas oficiais ou comunitários de proteção, apoio e promoção da família, da criança e do adolescente</td></tr>
<tr><td colspan="3">Requisição de tratamento médico, psicológico ou psiquiátrico, em regime hospitalar ou ambulatorial</td></tr>
<tr><td colspan="3">Inclusão em programa oficial ou comunitário de auxílio, orientação e tratamento a alcoólatras e toxicômanos</td></tr>
<tr><td colspan="3">Acolhimento institucional</td></tr>
<tr><td colspan="3">Inclusão em programa de acolhimento familiar</td></tr>
<tr><td colspan="3">Colocação em família substituta</td></tr>
<tr><td>Medidas aplicadas aos pais</td><td colspan="4">Encaminhamento a serviços e programas oficiais ou comunitários de proteção, apoio e promoção da família; inclusão em programa oficial ou comunitário de auxílio, orientação e tratamento a alcoólatras e toxicômanos; encaminhamento a tratamento psicológico ou psiquiátrico; encaminhamento a cursos ou programas de orientação; obrigação de matricular o filho ou pupilo e acompanhar sua frequência e aproveitamento escolar; obrigação de encaminhar a criança ou adolescente a tratamento especializado; advertência; perda da guarda; destituição da tutela; suspensão ou destituição do pátrio poder familiar.</td></tr>
<tr><td rowspan="7">Ato infracional</td><td>O que é</td><td colspan="3">Ato análogo a crime ou contravenção penal</td></tr>
<tr><td>Criança e adolescente são</td><td colspan="3">Inimputáveis, portanto não podem responder por crime.</td></tr>
<tr><td>Teoria da atividade ou do fato</td><td colspan="3">Imputabilidade do agente deve ser averiguada na data em que praticou o fato</td></tr>
<tr><td rowspan="2">Remissão</td><td colspan="3">Judicial</td></tr>
<tr><td colspan="3">Extrajudicial: aplicada pelo MP, esta remissão pode ser condicionada ao cumprimento de medida socioeducativa, exceto semiliberdade e internação.</td></tr>
<tr><td>Direito individuais do adolescente envolvido com ato infracional</td><td colspan="3">Artigo 11</td></tr>
<tr><td>Direitos do adolescente privado de liberdade</td><td colspan="3">Artigo 124</td></tr>
<tr><td rowspan="7">Ato infracional</td><td rowspan="6">Medidas em espécie</td><td rowspan="4">Meio aberto</td><td>Advertência</td><td>Reduzida a termo.</td></tr>
<tr><td>Obrigação de reparar o dano</td><td>Pode ser substituída a qualquer tempo.</td></tr>
<tr><td>Prestação de serviço à comunidade</td><td>Máximo 6 meses, 8h semanais, podendo ser aos feriados, sábado e domingo.</td></tr>
<tr><td>Liberdade assistida</td><td>Mínimo 6 meses.</td></tr>
<tr><td rowspan="2">Restringe a liberdade</td><td>Semiliberdade</td><td>Atividades obrigatórias, independente de autorização judicial: escolarização e profissionalização</td></tr>
<tr><td>Internação</td><td>Prazo indeterminado, mas não pode passar:
-3 anos
-21 anos de idade
-3 meses (por descumprimento reiterado e injustificado de outra medida).</td></tr>
<tr><td colspan="4">Súmulas importantes: 338. 265, 342, 492 e 605, todas do STJ.</td></tr>
</table>

ECA

<table>
<tr><td rowspan="2">Acesso à justiça</td><td colspan="2">Crianças: representadas</td></tr>
<tr><td colspan="2">Adolescentes: assistidos</td></tr>
<tr><td rowspan="3">Competência do JIJ e conselho tutelar</td><td colspan="2">1) Pelo domicílio dos pais ou responsável;</td></tr>
<tr><td colspan="2">2) Pelo lugar onde se encontre a criança ou adolescente, à falta dos pais ou responsável.</td></tr>
<tr><td colspan="2">3) Nos casos de ato infracional, será competente a autoridade do lugar da ação ou omissão, observadas as regras de conexão, continência e prevenção.</td></tr>
<tr><td rowspan="3">Conselho Tutelar</td><td>Características</td><td>Órgão autônomo, permanente e não jurisdicional.</td></tr>
<tr><td>Órgão coletivo</td><td>5 membros em cada conselho.</td></tr>
<tr><td>Conselheiros</td><td>- Escolhidos por voto popular.
- Remuneração estabelecida pelo município;
- Mandato de 4 anos, permitida a recondução em novas eleições.
- Requisitos: idoneidade moral; idade superior a 21 anos e residir no município.
- Atribuições: art. 136
- Impedimentos: art. 140</td></tr>
<tr><td>Sistema recursal</td><td colspan="2">• Não haverá necessidade de preparo para interposição de recursos;
• Prazos recursais são de 10 dias, salvo embargos de declaração que são 5 dias;
• Terão preferência no julgamento;
• Dispensam revisor;
• Da sentença de adoção, de destituição de poder familiar ou ato infracional, só cabe efeito devolutivo, exceto:
a) adoção internacional;
b) Perigo de dano irreparável ou de difícil reparação; ocasião que será possível efeito suspensivo do processo.</td></tr>
<tr><td>Juiz</td><td colspan="2">Leitura do artigo 148 e 149 – competências do JIJ.</td></tr>
<tr><td>Ministério Público</td><td colspan="2">Leitura do artigo 201 – competências do MP.</td></tr>
<tr><td>Advogado</td><td colspan="2">Leitura do artigo 207 – direito de constituir advogado.</td></tr>
<tr><td>Proteção dos interesses individuais, difusos e coletivos</td><td colspan="2">• Ações devem ser propostas no local da violação de direito da Criança ou do Adolescente;
• Legitimados: Ministério Público, a administração direta (União, estados, DF, municípios e territórios), bem como as associações legalmente constituídas há pelo menos um ano e que incluam entre suas finalidades a defesa dos interesses e direitos protegidos pelo ECA.</td></tr>
<tr><td rowspan="6">Política de atendimento</td><td rowspan="3">Conselhos de Direito da Criança e do Adolescente</td><td>Nacional, estadual ou municipal.</td></tr>
<tr><td>Órgão deliberativo e controlador.</td></tr>
<tr><td>Função não remunerada.</td></tr>
<tr><td rowspan="3">Entidades de atendimento</td><td>Devem ser registradas nos conselhos de direitos municipais. O registro deve ser reavaliado a cada 2 anos.</td></tr>
<tr><td>São fiscalizadas pelo MP, JIJ e Conselho Tutelar.</td></tr>
<tr><td>Descumprimento de obrigações importam em responsabilidade:
- Entidade governamental: advertências, afastamento provisório ou definitivo de seus dirigentes, fechamento da unidade ou interdição do programa;
- Entidade NÃO-governamental: advertência, a suspensão total ou parcial do repasse de verbas públicas, interdição ou suspensão do programa e cassação do registro.</td></tr>
<tr><td>Infiltração de agentes da polícia:</td><td colspan="2">• Deverá ocorrer através de requerimento do Ministério Público ou representação do Delegado de Polícia, através de requerimento discriminando as atividades que serão realizadas.
• Se o pedido partir da autoridade policial, o Ministério Público deverá ser ouvido previamente.
• Depende de autorização judicial.
• O prazo é de 90 dias, podendo ser renovado no prazo máximo de 720 dias.
• Durante a infiltração deverão ser apresentados relatórios parciais a requerimento do Ministério Público ou do Juiz.
• Será admitido somente em caráter subsidiário, quando não puder se fazer provas por outros meios.
• Tramitará em sigilo.</td></tr>
</table>

Crimes contra dignidade sexual	Leitura atenta do artigo 240 ao 244-A.
Crime de corrupção de menor	Leitura atenta do artigo 244-B e Súmula 500 do STJ.

QUESTÕES DE DIREITO DA CRIANÇA E DO ADOLESCENTE - ASSUNTOS MAIS RECORRENTES

01. FGV - OAB - 39º Exame de Ordem Unificado - Primeira Fase – Q43

Eduardo adotou Bernardo, criança de dois anos, regularmente e de forma unilateral, tornando-se seu pai. Quando Bernardo completou três anos, Eduardo, infelizmente, faleceu vítima de um infarto. Eduardo não deixou parentes conhecidos.

Maria, a mãe biológica de Bernardo, sempre se arrependeu de tê-lo enviado à adoção. Sabendo do ocorrido e ciente de que não há o restabelecimento do vínculo de poder familiar, pelo fato de ter ocorrido a morte do adotante, Maria o procura, como advogado(a), para buscar uma solução que permita que Bernardo volte a ser seu filho.

Assinale a opção que apresenta a solução proposta.

a) A mãe biológica, infelizmente, não tem ao seu alcance qualquer medida para restabelecer o vínculo de parentalidade com Bernardo.

b) A mãe biológica deverá se candidatar à adoção de Bernardo, da mesma forma e pelos mesmos procedimentos que qualquer outro candidato.

c) A mãe biológica não poderá se candidatar à readoção de seu filho biológico, pois a dissolução do vínculo familiar é perene.

d) A inexistência de parentes do adotante falecido causa a excepcional restauração do vínculo familiar com a mãe biológica, fugindo à regra geral.

02. FGV - OAB - 39º Exame de Ordem Unificado - Primeira Fase – Q44

Carlos e Joana, pais da criança Paula, estão dissolvendo sua união estável, ainda sem judicialização, detendo Joana a guarda de fato de Paula enquanto não regularizados os regimes de visitação ou compartilhamento da guarda.

Por razões profissionais, Carlos mudou-se para o município contíguo ao da residência de Joana e Paula. Ocorre que Carlos, estando insatisfeito com algumas decisões de Joana sobre a vida da criança, e não mais conseguindo ajustar amistosamente tais questões, precipitou o ajuizamento de processo para regulamentação da guarda e pensionamento, no Juízo da comarca em que está residindo.

Joana procura você, como advogado(a), para representá-la, reclamando de ter que se defender em outra cidade.

Com base no enunciado acima, sobre a questão da competência, assinale a orientação que você, corretamente, daria à Joana.

a) O juízo da residência de Carlos é tão competente quanto o da residência de Joana, eis que apenas quando da definição da guarda – que é o que se está pretendendo – a competência passa a ser do foro do guardião judicialmente definido.

b) A competência para este processo de regulamentação de guarda e pensão incumbe ao Juízo da comarca de residência de Paula, e não de Carlos, pois a guarda de fato já basta para tal fixação.

c) A competência será sempre definida em razão daquele que primeiro postular judicialmente a regulamentação da guarda.

d) A guarda é irrelevante para fins de determinação da competência, devendo ser processado o feito em razão do melhor interesse da criança, seja qual for o foro inicialmente escolhido.

03. FGV - OAB - 38º Exame de Ordem Unificado - Primeira Fase – Q43

Pedro, adolescente de quinze anos, foi apreendido pela prática de ato infracional análogo ao crime de roubo. Realizados todos os procedimentos legais cabíveis, o juízo determinou cautelarmente que fosse recolhido à internação em instituição dedicada ao cumprimento de medida socioeducativa dessa natureza. Ocorre que não havia vaga na entidade de internação da comarca, pelo que Pedro foi recolhido a uma repartição policial, em seção isolada dos adultos e com instalações apropriadas, lá restando internado cautelarmente há vinte dias, aguardando o surgimento de vaga no estabelecimento dedicado. Com base nos fatos acima, assinale a afirmativa correta.

a) A internação jamais poderá ser realizada em repartição policial, nem mesmo cautelarmente, mesmo que seja impossível a transferência imediata.

b) É admissível a intenação cautelar em estabelecimento policial ou prisional quando da situação exposta no enunciado, por prazo indeterminado, até que seja encontrada vaga em entidade apropriada.

c) A manutenção de Pedro na repartição policial, por mais de cinco dias, é ilegal, comportando habeas corpus para fazer cessar tal estado de ilicitude.

d) A internação em estabelecimento prisional é admisível quando neste local puderem ser desenvolvidas as atividades pedagógicas próprias dessa medida socioeducativa.

04. FGV - OAB - 37º Exame de Ordem Unificado - Primeira Fase – Q43

Wilson, 13 anos, foi apreendido por Manoel quando estava em fuga, após praticar ato de subtração de uma caixa de mil unidades de doces em sua vendinha. No curso da perseguição, os doces se perderam porque Wilson os jogou em um bueiro para, desembaraçado, correr melhor. Esgotados todos os procedimentos legais para apuração do ato infracional e constatada sua prática, a autoridade competente fixou, além das medidas socioeducativas pertinentes a Wilson, a obrigatoriedade de reparar o dano, ou seja, restituir o valor correspondente aos doces perdidos por Manoel. Acerca dos fatos acima, assinale a opção que apresenta a medida compensatória adequada para o caso concreto.

a) A compensação do dano não poderá ser exigida dos pais de Wilson.

b) Wilson deverá prestar duas horas diárias de serviços de empacotamento de compras na vendinha, até que se compense o dano, caso ele ou seus pais não possam custear financeiramente o valor.

c) Havendo manifesta impossibilidade de Wilson ou seus pais custearem a perda patrimonial de Manoel, não há como substituir a compensação por outra medida adequada.

d) A autoridade poderá determinar que Wilson compense o prejuízo de Manoel, desde que não configure trabalho forçado.

05. FGV - OAB - 36º Exame de Ordem Unificado - Primeira Fase – Q43

Luiza, hoje com cinco anos, foi adotada regularmente por Maria e Paulo quando tinha três anos. Ocorre que ambos os adotantes vieram a falecer em um terrível acidente automobilístico. Ciente disso, a mãe biológica de Luiza, que sempre se arrependera da perda da sua filha, manifestou-se em ter sua maternidade biológica restaurada. Com base nos fatos acima, assinale a afirmativa correta.

a) O falecimento dos pais adotivos conduz à imediata e automática restauração do poder familiar da ascendente biológica.

b) O falecimento dos pais adotivos não restabelece o poder familiar dos pais naturais.

c) O falecimento dos pais adotivos não transfere o poder familiar sobre o adotado supérstite ao parente mais próximo dos obituados, devendo ser reaberto processo de adoção.

d) Falecendo ambos os pais e inexistindo parentes destes aptos à tutela, somente então se restaura o poder familiar dos pais naturais.

06. FGV - OAB - 34º Exame de Ordem Unificado - Primeira Fase – Q43

José, diretor de uma entidade de acolhimento institucional, recebeu em sua instituição Maria, criança com 11 anos, em situação de verdadeiro desespero, narrando confusamente que havia sido vítima de abusos por parte do companheiro de sua mãe, e que esta nada havia feito para impedir o ato. Maria estava aos prantos e demonstrava sinais de ter sofrido violência. Procurado por José, você, como advogado(a), o orienta a

a) buscar imediato contato com a mãe de Maria, sem efetuar a institucionalização por meio de acolhimento emergencial sem que haja este prévio contato, por ser vedada tal providência.

b) comunicar o fato ao Ministério Público incontinenti, pois não é permitido o acolhimento sem prévio encaminhamento por este órgão.

c) oferecer acolhimento emergencial à Maria, comunicando ao Juiz da Infância e da Juventude tal medida, em no máximo, 24h.

d) comunicar o fato ao Conselho Tutelar para, apenas mediante encaminhamento deste órgão, efetuar o acolhimento.

07. FGV - OAB - 33º Exame de Ordem Unificado - Primeira Fase – Q42

Paulo recebeu vídeos pornográficos em seu celular, enviados por um amigo para um grupo de mensagens do qual faz parte. Em um dos vídeos, Paulo percebeu que havia uma criança em cena de ato libidinoso e nudez. Por isso, Paulo não repassou o vídeo ou o divulgou sob qualquer forma, mantendo-o em sigilo, arquivado no seu celular, sequer mencionando-o. Sobre o fato acima, assinale a afirmativa correta.

a) A conduta de Paulo foi correta, pois produzir e divulgar imagens de cunho pornográfico envolvendo crianças, e não apenas seu armazenamento, é crime específico do ECA.

b) Paulo praticou ato designado genericamente como pedofilia, mas sem cunho criminoso, por não ter sido ele o autor do vídeo.

c) Paulo ao armazenar, ainda que sem divulgar a terceiros, o vídeo de natureza pornográfica envolvendo criança, cometeu crime específico do ECA.

d) Paulo praticou ato designado genericamente como pedofilia, mas sem cunho criminoso, por não ter divulgado o vídeo, mas apenas o armazenado.

08. FGV - OAB - 31º Exame de Ordem Unificado - Primeira Fase – Q43

Maria chega à maternidade já em trabalho de parto, sendo atendida emergencialmente. Felizmente, o parto ocorre sem problemas e Maria dá à luz, Fernanda. No mesmo dia do parto, a enfermeira Cláudia escuta a conversa entre Maria e uma amiga que a visitava, na qual Maria oferecia Fernanda a essa amiga em adoção, por não se sentir preparada para a maternidade. Preocupada com a conversa, Cláudia a relata ao médico obstetra de plantão, Paulo, o qual, por sua vez, noticia o ocorrido a Carlos, diretor-geral do hospital. Naquela noite, já recuperada, Maria e a mesma amiga vão embora da maternidade, sem que nada tenha ocorrido e nenhuma providência tenha sido tomada por qualquer dos personagens envolvidos – Cláudia, Paulo ou Carlos. Diante dos fatos acima, assinale a afirmativa correta.

a) Não foi cometida qualquer infração, porque a adoção irregular não se consumou no âmbito da maternidade.

b) Carlos cometeu infração administrativa, consubstanciada no não encaminhamento do caso à autoridade judiciária, porque somente o diretor do hospital pode fazê-lo.

c) Carlos e Paulo não cometeram infração administrativa ao não encaminharem o caso à autoridade judiciária, porque não cabe ao corpo médico tal atribuição.

d) Carlos, Paulo e Cláudia cometeram infração administrativa por não encaminharem o caso de que tinham conhecimento para a autoridade judiciária.

09. FGV - OAB - 24º Exame de Ordem Unificado - Primeira Fase – Q43

Os irmãos órfãos João, com 8 anos de idade, e Caio, com 5 anos de idade, crescem juntos em entidade de acolhimento institucional, aguardando colocação em família substituta. Não existem pretendentes domiciliados no Brasil interessados na adoção dos irmãos de forma conjunta, apenas separados. Existem famílias estrangeiras com interesse na adoção de crianças com o perfil dos irmãos e uma família de brasileiros domiciliados na Itália, sendo esta a última inscrita no cadastro. Considerando o direito à convivência familiar e comunitária de toda criança e de todo adolescente, assinale a opção que apresenta a solução que atende aos interesses dos irmãos.

a) Adoção nacional pela família brasileira domiciliada na Itália.

b) Adoção internacional pela família estrangeira.

c) Adoção nacional por famílias domiciliadas no Brasil, ainda que separados.

d) Adoção internacional pela família brasileira domiciliada na Itália.

10. FGV - OAB - 23º Exame de Ordem Unificado - Primeira Fase - Q42

Agente público executor de medida socioeducativa de internação, a pretexto de manter a disciplina e a ordem na unidade em que atua, ordena que dois adolescentes se vistam com roupas femininas e desfilem para os demais internos, que escolherão a "garota da unidade". Em visita à unidade, uma equipe composta pela Comissão de Direitos Humanos da OAB e pelo Conselho Tutelar toma ciência do caso. Segundo restou apurado, o agente teria atuado de tal forma porque os dois adolescentes eram muito rebeldes e não cumpriam regularmente as determinações da unidade. Com base apenas no Estatuto da Criança e do Adolescente, sem prejuízo de outras sanções, assinale a opção que indica a medida que poderá ser adotada imediatamente pela equipe que fiscalizava a unidade.

a) Transferência imediata dos adolescentes para outra unidade socioeducativa.

b) Advertência do agente público aplicada pelo Conselho Tutelar.

c) Advertência do agente público aplicada pela Comissão de Direitos Humanos da OAB.

d) Transferência imediata do agente público para outra unidade.

DIREITO DA CRIANÇA E DO ADOLESCENTE				
1 - B	2 - B	3 - C	4 - D	5 - B
6 - C	7 - C	8 - D	9 - D	10 - B

DIREITO DA CRIANÇA E DO ADOLESCENTE – QUESTÕES DA PROVA DO 43º EXAME DA OAB

01. FGV - OAB - 43º Exame de Ordem Unificado - Primeira Fase - Q43 Carlos e Mário possuem união estável homoafetiva há mais de 15 anos. Ambos trabalham como médicos em prestigiado hospital e contam com vida estável e harmônica. O casal, em comum acordo, deseja adotar uma criança, e lhe fornecer todos os direitos que uma pessoa deve ter, tais como educação, saúde e lazer.

Para concretizar esse sonho, Carlos e Mário procuram você, como advogado(a), para que lhes preste a assessoria jurídica adequada envolvendo o processo de adoção.

Diante desse contexto, assinale a afirmativa correta.

a) Carlos e Mário não poderão realizar a adoção conjunta, sendo-lhes assegurado, entretanto, que adotem individualmente.

b) Carlos e Mário podem adotar. Entretanto, não terão preferência na lista de adotantes, pois um casal com relacionamento heteroafetivo terá prioridade.

c) Carlos e Mário podem adotar, mas precisam definir previamente sobre a guarda da criança e eventual regime de visitas para a hipótese eventual de término da união.

d) Carlos e Mário podem realizar a adoção conjunta, pois, de acordo com o ECA, é indispensável que sejam casados civilmente ou mantenham união estável, comprovada a estabilidade da família.

02. FGV - OAB - 43º Exame de Ordem Unificado - Primeira Fase - Q44 Herminda, de 50 anos, é tia materna de Júlia, de 16 anos. Após verificar que Júlia teve notas baixas no colégio, Herminda decidiu ir à porta da escola e, com o intuito de correção, ridicularizou e humilhou a adolescente na frente de seus colegas, dizendo que Júlia era desleixada, que nunca conseguiria acesso à universidade, sendo uma vergonha para a família.

Os pais de Júlia tomaram conhecimento do fato e ficaram revoltados. Decidiram, então, procurar você, como advogado(a), para que indicasse a orientação jurídica adequada para sancionar o ato praticado por Herminda.

Nesse caso, de acordo com o ECA, assinale a afirmativa que apresenta, corretamente, sua orientação.

a) Herminda pode ser encaminhada a cursos ou programas de orientação, sendo que a aplicação dessa medida só pode ser feita pela autoridade judiciária.

b) Herminda, em virtude de tal ato, pode receber sanções, como a advertência, a ser aplicada pelo Conselho Tutelar, sem prejuízo de outras providências legais.

c) Herminda pode sofrer sanções, entre elas, a advertência. Para a aplicação da medida, é preciso representação do Ministério Público e decisão da autoridade judiciária.

d) Herminda não tinha o direito de humilhar e ridicularizar Júlia, mesmo para fins corretivos, o que caberia aos pais por serem detentores do poder familiar, mas o ECA não prevê qualquer possibilidade de sanção à tia materna.

GABARITO	
1 - D	2 - B

DIREITO DO CONSUMIDOR

Patricia Strauss

Sumário

1. RELAÇÃO DE CONSUMO

1.1. Consumidor

O Código de Defesa do Consumidor (CDC – Lei nº 8.078/1990) é uma lei especial em razão dos seus destinatários, já que somente é aplicável aos consumidores e fornecedores. Assim, para que se possa ter a aplicação do Código de Defesa do Consumidor, é necessária a existência do binômio fornecedor/consumidor.

1.1.1. Características do consumidor padrão ou standard

Pessoa física ou jurídica.

Adquire/utiliza produtos ou serviços como destinatário final.

Destinatário final: é aquele que retira o bem do mercado, aquele que coloca um fim na cadeia de produção e não utiliza esse bem para continuar a produzir.

A pessoa que adquire produtos/serviços para seu uso ou de sua família é destinatária final. Não é necessária a verificação se é vulnerável ou não. Há uma presunção absoluta de vulnerabilidade. Aqui temos, sem dúvida, a configuração de um consumidor.

Ex.:

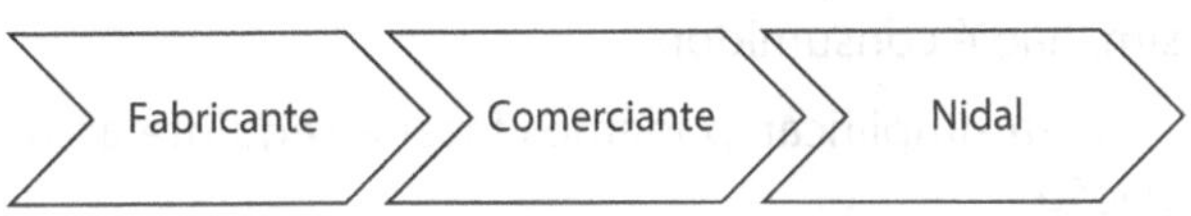

Entre fabricante e comerciante teremos uma relação civil, teremos uma relação empresarial, aplicando-se o Código Civil.

Ex.: Entre Nidal e comerciante teremos uma relação de consumo: Nidal, ao comprar cervejas artesanais do mercado, será considerado consumidor. A relação entre o comerciante e Nidal será uma relação de consumo, aplicando-se o Código de Defesa do Consumidor.

1.1.2. Consumidor equiparado

O consumidor padrão, assim, é aquele que, em posição de vulnerabilidade, adquire não profissionalmente produtos ou serviços como destinatário final. Tais bens são adquiridos de forma a satisfazer suas necessidades pessoais ou de sua família ou de terceiros que estão em suas relações domésticas.

No entanto, o Código de Defesa do Consumidor também se aplica a terceiros que não seriam consumidores padrão, mas que são **equiparados** a consumidores.

O ponto de partida da definição é a observação de que muitas pessoas, mesmo sem ter adquirido produtos/serviços, podem ser consideradas consumidores. Assim, por exemplo, alguém que efetua a compra de um alimento para seu filho, esse filho também será considerado consumidor, sendo chamado de consumidor equiparado. Temos três situações de consumidor equiparado:

> **Lei nº 8.078/1990**
>
> **Art. 2º** (...)
>
> Parágrafo único. Equipara-se a consumidor a coletividade de pessoas, ainda que indetermináveis, que haja intervindo nas relações de consumo.

O parágrafo demonstra o caráter coletivo da proteção ao consumidor. Tem por objetivo dar eficácia para a tutela coletiva de direitos e interesses difusos, coletivos e individuais homogêneos, previstos nos arts. 81 e ss. do CDC.

> **Súm. nº 601 do STJ:** O Ministério Público tem legitimidade ativa para atuar na defesa dos direitos difusos, coletivos e individuais homogêneos dos consumidores, ainda que decorrentes da prestação de serviços públicos.
>
> **Lei nº 8.078/1990**
>
> **Art. 17.** Para os efeitos desta Seção, equiparam-se aos consumidores todas as vítimas do evento. [refere-se à Seção II, que trata da responsabilidade pelo fato do produto e do serviço]

Equipara-se a consumidor todas as vítimas de um acidente de consumo. Assim, o art. 17 estende a proteção do Código de Defesa do Consumidor para qualquer pessoa eventualmente atingida por um acidente de consumo, ainda que nada tenha adquirido do fornecedor.

Ex.: Alguém é atropelado por um veículo em virtude de um defeito do freio. A pessoa atropelada será consumidora por equiparação e teremos aqui a aplicação do Código de Defesa do Consumidor. Alguém é atropelado porque o condutor se distraiu, teremos então a aplicação do Código Civil.

> **Ex.:** Ana adquire uma televisão e, alguns dias depois, realiza uma festa em sua casa. Ao ligar a televisão, esta explode, causando lesões nas amigas Carla e Joana. Ana é consumidora padrão (art. 2º). Carla e Joana são consumidoras por equiparação (art. 17).

> **Lei nº 8.078/1990**
>
> **Art. 29.** Para os fins deste Capítulo e do seguinte, equiparam-se aos consumidores todas as pessoas determináveis ou não, expostas às práticas nele previstas. [refere-se ao capítulo que trata de práticas comerciais e contratos]

A parte de práticas comerciais e contratos encontra-se nos arts. 29 a 54 o CDC. Um exemplo de consumidor por equiparação é quando terceiros são expostas a ofertas/publicidade abusivas do fornecedor. Podemos pensar aqui também em pessoas que ainda não realizaram contratos, mas que foram expostas a práticas comerciais, por exemplo: pessoa que teve seu nome colocado em cadastros de restrição sem nunca ter comprado em determinada loja poderá ser enquadrada em consumidor por equiparação do art. 29.

▷ **Muito importante!** Quando temos pessoa jurídica como consumidor?

Aqui há algumas teorias a serem verificadas:

Teoria finalista ou subjetivista: Restringe a figura do consumidor como sendo aquele que adquire/utiliza um produto para uso próprio ou de sua família. Assim, o consumidor não pode ser um profissional, já que o Código de Defesa do Consumidor não dispõe sobre a vulnerabilidade de alguém que seja profissional. Consumidores, então, seriam pessoas físicas ou jurídicas não profissionais. Somente para finalidades não profissionais. **Pessoa jurídica e profissionais não poderiam ser consumidores.**

Teoria maximalista ou objetiva: o Código de Defesa do Consumidor seria um Código geral para o consumo, instituindo normas e regramentos para todos os agentes do mercado. A definição do art. 2º deveria ser interpretada de forma mais ampla possível. Não importa a finalidade. Então abrangia todas as empresas, até as que compram insumos etc.

Teoria finalista aprofundada ou mitigada: por esta interpretação, o sujeito poderá ser considerado consumidor se estiver em uma posição de **vulnerabilidade.** A vulnerabilidade pode ser econômica, técnica (não compra para atividade-fim e sim para atividade-meio), jurídica, fática. A vulnerabilidade é verificada casuisticamente, in concreto.

Desta forma, profissionais (pessoas jurídicas/profissionais liberais etc.) podem ser consumidores quando estiverem em posição de vulnerabilidade.

Ex.: Loja de roupas (pessoa jurídica) que compra um computador (fora da área de seu domínio, há vulnerabilidade técnica).

▷ **Vejamos decisão do STJ:**

A jurisprudência do STJ, tomando por base o conceito de consumidor por equiparação previsto no art. 29 do CDC, **tem evoluído para uma aplicação temperada da teoria finalista frente às pessoas jurídicas, num processo que a doutrina vem denominando finalismo aprofundado, consistente em se admitir que, em determinadas hipóteses, a pessoa jurídica adquirente de um produto ou serviço pode ser equiparada à condição de consumidora, por apresentar frente ao fornecedor alguma vulnerabilidade, que constitui o princípio-motor da política nacional das relações de consumo, premissa expressamente fixada no art. 4º, I, do CDC, que legitima toda a proteção conferida ao consumidor.** (REsp nº 1.195.642/RJ – rel. Min. Nancy Andrighi – Terceira Turma – j. 13-11-2012)

Em conclusão, para que um profissional ou uma pessoa jurídica seja considerada consumidora, de acordo com a teoria finalista aprofundada, faz-se necessário, em **primeiro lugar**, que haja **vulnerabilidade.** Em **segundo lugar**, é preciso que os **bens por ela adquiridos sejam bens de consumo e que na pessoa jurídica esgotem a sua destinação econômica.**[1]

O conceito de destinatário final do Código de Defesa do Consumidor alcança a empresa ou o profissional que adquire bens ou serviços e os utiliza em **benefício próprio.** (REsp nº 1.080.719/MG – rel. Min. Nancy Andrighi – Terceira Turma – j. 10-2-2009 – DJe 17-8-2009)

Também no caso de aquisição de produto/serviço para a implementação de atividade econômica ou a contratação de empréstimo para financiar atividades empresariais (compra de insumo etc.) não será aplicado o Código de Defesa do Consumidor, já que não se enquadra como destinatário final e, assim, não é consumidor.

Para simplificar, podemos fazer a seguinte associação:

- Pessoa jurídica e profissionais não são consumidores, já que adquirem produtos/serviços para uso profissionalmente.
- Pessoa jurídica e profissionais podem ser consumidores, se demonstrada a situação de vulnerabilidade, a ser analisada in concreto.

Entre os tipos de vulnerabilidade, a mais comum é a vulnerabilidade técnica (fora do domínio de atuação da pessoa jurídica).

1.2. Fornecedor

O Art. 3º traz o conceito de fornecedor de acordo com o Direito do Consumidor:

Lei nº 8.078/1990

Art. 3º Fornecedor é toda pessoa física ou jurídica, pública ou privada, nacional ou estrangeira, bem como os entes despersonalizados, que desenvolvem atividade de produção, montagem, criação,

1. CAVALIERI FILHO, Sérgio. *Programa de direito do consumidor*. 6. ed. São Paulo: Atlas, 2022. .

construção, transformação, importação, exportação, distribuição ou comercialização de produtos ou prestação de serviços.

§ 1º Produto é qualquer bem, móvel ou imóvel, material ou imaterial.

§ 2º Serviço é qualquer atividade fornecida no mercado de consumo, mediante remuneração, inclusive as de natureza bancária, financeira, de crédito e securitária, salvo as decorrentes das relações de caráter trabalhista.

1.2.1. Características do fornecedor

Pessoa física ou jurídica, pública ou privada, nacional, estrangeira, ente despersonalizado.

Desenvolve atividade com habitualidade, como sendo o ofício, a profissão ou uma de suas profissões.

Temos aqui ideias de atividades profissionais habituais e com finalidade econômica.

Importante lembrar que fornecedor se enquadra como gênero. Dessa forma, não somente o fabricante, por exemplo, mas também transformadores, intervenientes e até comerciantes poderão ser responsabilizados. Não importa se regularizado ou não, com CNPJ ou não.

1.3. Produto

O produto pode ser todo bem móvel ou imóvel, material ou imaterial (muito raro, já que, em geral, atrela-se ao conceito de serviço). Também temos produtos duráveis (bens que não se extinguem após uso regular, ainda que sofram desgastes, tais como carro, mesa, brinquedos etc.) e produtos não duráveis.

1.4. Serviços

Segundo o § 2º do art. 3º do CDC, serviço é: "qualquer atividade fornecida no mercado de consumo, mediante remuneração, inclusive as de natureza bancária, financeira, de crédito e securitária, salvo as decorrentes das relações de caráter trabalhista".

Assim, as atividades de serviço podem ser de natureza material, financeira ou intelectual, prestadas por entidades públicas ou privadas, mediante **remuneração.**

▷ **Importante!** O fornecedor de serviços tem um outro requisito (que não tem o fornecedor de produtos): **remuneração.**

A remuneração pode ser direta ou indireta.

Há serviços que são gratuitos ao consumidor, mas que trazem remuneração ao fornecedor, mantendo, assim, a aplicação do Código de Defesa do Consumidor. Assim, tanto faz a remuneração ser direta ou indireta. As Cortes brasileiras aceitaram o conceito de remuneração indireta e entendem que os serviços "gratuitos" são submetidos às regras do Código de Defesa do Consumidor, se houver remuneração indireta.

Assim, transporte de passageiros idosos de forma gratuita, lavagens de carro como brinde etc., ainda que não sejam onerosos para o consumidor, dão uma retribuição para o fornecedor, enquadrando-se no Código de Defesa do Consumidor.

Os serviços públicos são regidos pelo Código de Defesa do Consumidor? Depende.

Consoante o art. 22 do CDC: "os órgãos públicos, por si ou suas empresas, concessionárias, permissionárias ou sob qualquer outra forma de empreendimento são obrigados a fornecer serviços adequados, eficientes, seguros e, quanto aos essenciais, contínuos".

Os serviços chamados de *uti universi*, tais como segurança pública, saúde pública, etc., são financiados por impostos e, dessa forma, não têm aplicação do Código de Defesa do Consumidor.

Os serviços chamados *uti singuli* são passíveis de determinação, tais como telefonia, água e energia elétrica. Nestes casos, há a aplicação do Código de Defesa do Consumidor.

No entanto, a matéria não é pacífica e há divergências doutrinárias a respeito de quais serviços públicos seriam regulados ou não pelo Código.

Para Cavalieri Filho[2]: "os serviços públicos remunerados por tributos (impostos, taxas ou contribuições de melhoria) não estão submetidos à incidência do CDC, porque trava-se entre o Poder Público e o contribuinte uma relação administrativo-tributária, conforme já ressaltado, disciplinada pelas regras do Direito Administrativo (segurança pública, saúde pública, educação pública etc.). (...) Só estão sujeitos às regras do CDC os serviços públicos remunerados por tarifa ou preço público". São os serviços *uti singuli*. A relação é individualizada (energia elétrica, telefonia, internet, água e esgoto etc.).

- **Súmulas importantes:**

  Súm. nº 297 do STJ: O Código de Defesa do Consumidor é aplicável às instituições financeiras.

  Súm. nº 302 do STJ: É abusiva a cláusula contratual de plano de saúde que limita no tempo a internação hospitalar do segurado.

---

2. CAVALIERI FILHO, Sérgio. *Programa de direito do consumidor*. 6. ed. São Paulo: Atlas, 2022, p. 49.

Súm. nº 563 do STJ: O Código de Defesa do Consumidor é aplicável às entidades abertas de previdência complementar, não incidindo nos contratos previdenciários celebrados com entidades fechadas.

Súm. nº 597 do STJ: A cláusula contratual de plano de saúde que prevê carência para utilização dos serviços de assistência médica nas situações de emergência ou de urgência é considerada abusiva se ultrapassado o prazo máximo de 24 horas contado da data da contratação.

Súm. nº 608 do STJ: Aplica-se o Código de Defesa do Consumidor aos contratos de plano de saúde, salvo os administrados por entidades de autogestão.

Súm. nº 609 do STJ: A recusa de cobertura securitária, sob a alegação de doença preexistente, é ilícita se não houve a exigência de exames médicos prévios à contratação ou a demonstração de má-fé do segurado.

2. DIREITOS BÁSICOS DO CONSUMIDOR

2.1. Da Política Nacional das Relações de Consumo

Na Política Nacional das Relações de Consumo, temos vários princípios norteadores do próprio Código de Defesa do Consumidor. Para muitos, o art. 4º é um dos artigos mais importantes do Código, já que estabelece princípios e bases por meio de normas de ordem pública e de interesse social. O Código de Defesa do Consumidor, assim, busca a igualdade material (real), por meio de uma disciplina voltada para o diferente, já que é necessário que se trate desiguais de forma desigual.

2.2. Dos direitos básicos do consumidor

O Art. 6º do CDC traz um rol exemplificativo dos Direitos Básicos do Consumidor. Tal dispositivo é comparado a uma "introdução", um "sumário", já que traz diversos direitos consumeristas que são tratados em capítulos e seções seguintes, dentro do CDC:

Lei nº 8.078/1990

Art. 6º São direitos básicos do consumidor:

I – a proteção da vida, saúde e segurança contra os riscos provocados por práticas no fornecimento de produtos e serviços considerados perigosos ou nocivos;

* Vide arts. 8º a 10 e 12 e ss.

II – a educação e divulgação sobre o consumo adequado dos produtos e serviços, asseguradas a liberdade de escolha e a igualdade nas contratações;

* Vide art. 39.

III – a informação adequada e clara sobre os diferentes produtos e serviços, com especificação correta de quantidade, características, composição, qualidade, tributos incidentes e preço, bem como sobre os riscos que apresentem;

* Vide art. 31; e art. 62 da Lei nº 13.146/2015.

IV – a proteção contra a publicidade enganosa e abusiva, métodos comerciais coercitivos ou desleais, bem como contra práticas e cláusulas abusivas ou impostas no fornecimento de produtos e serviços;

* Vide art. 36 e ss.

V – a modificação das cláusulas contratuais que estabeleçam prestações desproporcionais ou sua revisão em razão de fatos supervenientes que as tornem excessivamente onerosas;

* Vide art. 51.

VI – a efetiva prevenção e reparação de danos patrimoniais e morais, individuais, coletivos e difusos;

* Vide art. 12 e ss.

VII – o acesso aos órgãos judiciários e administrativos com vistas à prevenção ou reparação de danos patrimoniais e morais, individuais, coletivos ou difusos, assegurada a proteção Jurídica, administrativa e técnica aos necessitados;

VIII – a facilitação da defesa de seus direitos, inclusive com a inversão do ônus da prova, a seu favor, no processo civil, quando, a critério do juiz, for verossímil a alegação ou quando for ele hipossuficiente, segundo as regras ordinárias de experiências;

IX – (VETADO)

X – a adequada e eficaz prestação dos serviços públicos em geral;

XI – a garantia de práticas de crédito responsável, de educação financeira e de prevenção e tratamento de situações de superendividamento, preservado o mínimo existencial, nos termos da regulamentação, por meio da revisão e da repactuação da dívida, entre outras medidas;

XII – a preservação do mínimo existencial, nos termos da regulamentação, na repactuação de dívidas e na concessão de crédito;

XIII – a informação acerca dos preços dos produtos por unidade de medida, tal como por quilo, por litro, por metro ou por outra unidade, conforme o caso.

Parágrafo único. A informação de que trata o inciso III do *caput* deste artigo deve ser acessível à pessoa com deficiência, observado o disposto em regulamento.

O consumidor é titular de direitos fundamentais, já que sua própria proteção está inserida no art. 5º da CF/1988. O consumidor foi assim identificado na Constituição Federal como um sujeito que precisa de especial proteção.

O art. 6º do CDC traz inúmeros **direitos básicos do consumidor. Segundo a doutrina, o rol do artigo é um rol exemplificativo:**

a) **O inciso I traz a proteção da incolumidade física do consumidor:** vida, saúde e segurança. Tal proteção se consagra pela observância aos princípios da segurança e prevenção.

b) **Direito à educação para o consumo está no inciso II:** ainda que o consumidor seja, e sempre será, o sujeito vulnerável nas relações de consumo, ele também tem direito a ter conhecimento para que possa aumentar seu poder de pensamento sobre hábitos e direitos relacionados ao consumo.

c) **O inciso III traz o direito à informação e princípio da transparência:** como reflexo do princípio da transparência, há o dever de informar do fornecedor. A informação é uma conduta de boa-fé. Direito à informação é um ponto que mitiga a desigualdade, já que o consumidor não tem conhecimento da "expertise" do fornecedor.

O dever de informar é do fornecedor e o direito de informação pertence ao consumidor. A informação deve estar presente em todos os momentos da relação de consumo, seja em fase pré-contratual, seja em fase pós-contratual. Exige-se, assim, um comportamento proativo do fornecedor.

Para Cavalieri Filho[3], o fornecedor cumpre o dever de informar e deve cumprir três requisitos:

- adequação (meios de informação são compatíveis com os riscos do produto);
- veracidade; e
- consentimento informado, já que, sem informação clara e precisa, não há escolha consciente.

De qualquer forma, pergunta-se até qual contexto se espera que vá o dever de informar do fornecedor. O dever de informar deve compreender as informações necessárias e suficientes para que o consumidor possa tomar a sua decisão. Fatos notórios, assim, não constituem dever de informar.

Por exemplo, uma cirurgia eletiva que possa trazer consequências para o paciente impõe a obrigação do médico de informar cuidadosamente quais seriam as possíveis consequências indesejadas do procedimento. E então, o paciente, uma vez consciente e informado, decide pela celebração do contrato ou não.

▷ **Importante!** Por falta de informação adequada, o fornecedor pode responder civilmente pelo "risco inerente" (riscos de um produto tóxico, de uma cirurgia médica etc.).

Regra: fornecedor não responde por riscos inerentes.

Exceção: fornecedor que deixa de informar ao consumidor, por exemplo, sobre produtos nocivos e perigosos (agrotóxicos, alergênicos etc.), poderá responder por isso.

d) **O inciso IV do art. 6º, na sua primeira parte, trata do controle da publicidade.** Temos aqui o direito básico de proteção contra a publicidade enganosa e/ou abusiva.

Importa lembrar que o Código de Defesa do Consumidor obriga o fornecedor a fazer publicidade de produtos e serviços, desde que seja suficientemente precisa e que veicule o que foi ofertado, fazendo parte do contrato eventualmente celebrado.

e) **Proteção contra práticas e cláusulas abusivas estão na segunda parte do inciso IV:** "Práticas abusivas" é uma expressão genérica e abrange tudo o que vá contra os princípios do Código de Defesa do Consumidor.

Um exemplo dado pela doutrina é o consumidor que recebe cartão de crédito em casa sem que tenha solicitado. Não há necessidade de dano ao consumidor. O simples fato do envio já é prática abusiva.

> **Súm. nº 532 do STJ:** Constitui prática comercial abusiva o envio de cartão de crédito sem prévia e expressa solicitação do consumidor, configurando-se ato ilícito indenizável e sujeito à aplicação de multa administrativa.

f) **O inciso V trata de um tema muito importante:** a possibilidade de ser revisadas cláusulas contratuais: "V – a modificação das cláusulas contratuais que estabeleçam prestações desproporcionais ou sua revisão em razão de fatos supervenientes que as tornem excessivamente onerosas".

Temos no inciso V duas possíveis formas de modificações/revisão de um contrato:

1. **Lesão:** no momento da celebração, temos o desequilíbrio. A lesão estará configurada pelo simples fato de haver desequilíbrio;
2. **Causa superveniente:** após a celebração, temos o desequilíbrio, tornando o contrato excessivamente oneroso para o consumidor. Esta possibilidade somente tem lugar nos chamados contratos de execução continuada, de trato sucessivo ou de execução diferida. Ex.: acontecimento político, econômico etc.; não pode ser visto como algo individual.

Na causa superveniente, entende a doutrina (ainda que não seja pacífico) que a posição adotada

3. CAVALIERI FILHO, Sérgio. *Programa de direito do consumidor*. 6. ed. São Paulo: Atlas, 2022, p. 112.

pelo Código de Defesa do Consumidor foi a da Teoria da Quebra da Base Objetiva do Negócio, em que se procura olhar as razões pelas quais celebraram o contrato: moeda estável, juros baixos, fornecimento de insumos frequentes etc. Para que haja sua aplicação, questiona-se o passado. Se uma destas bases é modificada, um dos pilares pelo qual se fez o contrato mudou, então estaria autorizada a modificação de cláusula. A teoria da base objetiva do negócio não solicita a imprevisão.

Importante lembrar que o Código de Defesa do Consumidor não traz como requisito a imprevisão. O fato superveniente não precisa ser imprevisível para o Código. E, além disso, segundo o art. 51, § 2º, tenta-se a manutenção do contrato. Importante salientar que o consumidor pode pedir a decretação de nulidade (art. 51) ou revisão ou modificação da cláusula, com base no art. 6º, V.

g) **O inciso VI do art.6º trata da efetiva prevenção e reparação de danos para o consumidor.**

Moderno sistema de responsabilidade civil, fundamentado em:

- princípio da prevenção (arts. 8º, 9º e 10 do CDC);
- princípio da informação (arts. 8º, 9º, 10, 12 e 14 do CDC);
- princípio da segurança (arts. 12, § 1º, e 14, § 1º, do CDC);
- a indenização integral com reparação em danos materiais e morais, individuais, coletivos e difusos (art. 81, par. ún., I, II e III, do CDC).

h) **Acesso à justiça e à administração, conforme o inciso VII.** Também consagrado no art. 5º, por exemplo, a manutenção de assistência jurídica gratuita para o consumidor hipossuficiente.

i) **Extremamente importante é a possibilidade de inversão de ônus da prova, disposta no inciso VIII.** A inversão do ônus da prova pode se dar em decorrência da lei (arts. 12, § 3º, 14, § 3º, e 38) ou então em decorrência de determinação do juiz (art. 6º, VIII).

Inversão de ônus de prova judicial (art. 6º, VIII): segundo o STJ, o momento de inversão é no saneamento (art. 357 do CPC e tal ato do julgador é uma decisão).

Requisitos: alegação do consumidor é **verossímil** ou quando for **hipossuficiente.**

Inversão legal (arts. 12, § 3º, 14, § 3º, e 38): na inversão legal, independe o momento, já que mesmo antes da formação de um processo o fornecedor já sabe de sua obrigação, por foça de lei.

Quando há inversão do ônus da prova, não se quer dizer que o consumidor não deve provar o ocorrido. Ele está dispensado de provar o próprio defeito do produto ou serviço, mas não está dispensando de provar que ocorreu o acidente de consumo, por exemplo, ou então os danos causados.

j) **Direito à prestação adequada e eficaz dos serviços públicos em geral, conforme o inciso X do art. 6º.**

▷ **Obs.:**

Lei nº 8.078/1990

Art. 22. Os órgãos públicos, por si ou suas empresas, concessionárias, permissionárias ou sob qualquer outra forma de empreendimento, são obrigados a fornecer serviços adequados, eficientes, seguros e, quanto aos essenciais, contínuos.

Parágrafo único. Nos casos de descumprimento, total ou parcial, das obrigações referidas neste artigo, serão as pessoas jurídicas compelidas a cumpri-las e a reparar os danos causados, na forma prevista neste código.

k) **Direito a prevenção e tratamento do superendividamento, conforme os incisos XI e XII.**

Em 2021, entrou em vigor a Lei do Superendividamento, que alterou diversos artigos do Código de Defesa do Consumidor. Institui, assim, entre os direitos básicos do consumidor, a prevenção do superendividamento. Contudo, caso ocorra a situação de o consumidor ter se superendividado, a lei também traz a possibilidade de tratamento, nos arts. 104-A a 104-C do CDC.

Neste contexto, também foi determinado que seja preservado o chamado "mínimo existencial", que seria o valor mínimo com o que o consumidor poderá viver, incluindo vestuário, alimentação, transporte etc., quando da repactuação das dívidas ou da concessão de crédito ao consumidor.

l) **Direito à informação sobre preços de produtos e serviços por unidade de medida.**

A Lei do Superendividamento incluiu o inciso XIII ao art. 6º do CDC, nos direitos básicos do consumidor, garantindo o direito à informação aos vulneráveis na relação de consumo, em especial aos valores de produtos e serviços que forem vendidos por unidade ou por medida.

3. RESPONSABILIDADE CIVIL NAS RELAÇÕES DE CONSUMO

3.1. Da responsabilidade pelo fato do produto e do serviço ou responsabilidade por acidente de consumo (arts. 12 a 17 do CDC)

3.1.1. Pontos importantes com relação à responsabilidade civil no CDC

Ação direta do consumidor contra o fornecedor.

Não se fala aqui em responsabilidade contratual e extracontratual.

Regra de responsabilidade objetiva, exceto a dos profissionais liberais, que é a responsabilidade subjetiva, por força do § 4º do art. 14.

Havendo a ideia de danos (materiais, morais etc.), teremos o fato, que o legislador chama de defeito.

Havendo a ideia de substituição, conserto, temos a ideia de vício.

O Código de Defesa do Consumidor traz a aplicação da teoria do risco proveito, na qual todo fornecedor deve responder por eventuais vícios ou defeitos dos bens e serviços fornecidos. A responsabilidade do Código de Defesa do Consumidor é dividida em:

- responsabilidade por fato de produto ou serviço (defeitos de segurança);
- responsabilidade por vício de produto e serviço (vícios por inadequação).

Os arts. 12 a 17 tratam do fato de produto/serviço. A palavra utilizada é defeito. No fato, o defeito é tão grave que provoca um acidente de consumo.

Ex.: João compra um ferro de passar. O ferro explode, mas ninguém fica ferido. Temos vício do produto. Se alguém fica ferido, temos fato do produto. Encanador contratado para conserto em casa. O serviço não resolve o problema. Temos vício de serviço. O serviço prestado faz com que um cano exploda e cause danos na casa. Temos fato de serviço.

3.1.2. Fato do produto: segurança – defeito (arts. 12 e 13)

Acontecimento que causa dano material ou moral ao consumidor, mas que decorre de um defeito de produto.

Lei nº 8.078/1990

Art. 12. O fabricante, o produtor, o construtor, nacional ou estrangeiro, e o importador respondem, **independentemente da existência de culpa**, pela reparação dos danos causados aos consumidores por **defeitos** decorrentes de projeto, fabricação, construção, montagem, fórmulas, manipulação, apresentação ou acondicionamento de seus produtos, bem como por **informações** insuficientes ou inadequados sobre sua utilização e riscos.

O defeito pode ser de criação (projeto), de produção (montagem, fabricação) e de comercialização (informações inadequadas).

O que seria o defeito? O primeiro parágrafo do artigo 12 nos informa: "o produto é defeituoso quando não oferece **a segurança** que dele legitimamente se espera".

▷ **Obs.:** É certo que não há produto 100% seguro, por isso que a ideia de segurança é uma ideia dentro do razoável. Um shampoo que vai aos olhos, espera-se que não vá causar um dano ao olho. Um bicho de pelúcia que é colocado na boca, espera-se que não vá intoxicar. Um carro que não tenha sistema de freios ABS terá que, ainda assim, funcionar e frear.

Quem são os responsáveis por fato de produto? Como regra, será o fabricante, produtor, construtor e importador (art. 12, *caput*).

Regra: Eles serão responsáveis (fabricante, produtor, construtor e importador).

Exceção: Não serão responsabilizados se provarem:

Art. 12, §3º. O fabricante, o construtor, o produtor ou importador só não será responsabilizado quando provar:

I - que não colocou o produto no mercado;

II - que, embora haja colocado o produto no mercado, o defeito inexiste;

III - a culpa exclusiva do consumidor ou de terceiros.

E o comerciante?

▷ **Importante!** O comerciante possui responsabilidade quando se fala de fato de produto.

Art. 13. O comerciante é igualmente responsável, nos termos do artigo anterior, quando:

I - o fabricante, o construtor, o produtor ou o importador não puderem ser identificados;

II - o produto for fornecido sem identificação clara do seu fabricante, produtor, construtor ou importador;

III - não conservar adequadamente os produtos perecíveis;

(...)

Parágrafo único. Aquele que efetivar o pagamento ao prejudicado poderá exercer o direito de regresso contra os demais responsáveis, segundo sua participação na causação do evento danoso.

Prazo prescricional: 5 (cinco) anos, a contar do conhecimento do dano e da autoria (art. 27).

3.1.3. Fato de serviço (arts. 14 e 17)

Consoante o *caput* do art. 14: "O fornecedor de serviços responde, independentemente da existência de culpa, pela reparação dos danos causados aos consumidores por defeitos relativos à prestação dos serviços, bem como por informações insuficientes ou inadequadas sobre sua fruição e riscos".

Também aqui temos como fundamento o dever de segurança e com responsabilidade objetiva.

O que seria serviço defeituoso, que trará um fato de serviço? O primeiro parágrafo do art. 14 nos responde:

> **Lei nº 8.078/1990**
>
> **Art. 14.** (...)
>
> § 1º O serviço é defeituoso quando não fornece a segurança que o consumidor dele pode esperar, levando-se em consideração as circunstâncias relevantes, entre as quais:
>
> I – o modo de seu fornecimento;
>
> II – o resultado e os riscos que razoavelmente dele se esperam;
>
> III – a época em que foi fornecido.

Também já nos fala o § 2º do art. 14 que o serviço não é considerado defeituoso pela adoção de novas técnicas.

No art. 14, § 3º, temos a inversão legal do ônus da prova, já que o fornecedor responde, como regra. Ele somente não responderá se provar que: I – tendo prestado o serviço, o defeito inexiste; II – a culpa exclusiva do consumidor ou de terceiros.

3.1.4. Responsabilidade dos profissionais liberais

O § 4º do art. 14 dispõe: "A responsabilidade pessoal dos profissionais liberais será apurada mediante a verificação de culpa". Seria aquele que exerce uma profissão com autonomia, sem subordinação.

Ex.: médico, engenheiro, eletricista, pintor etc.

3.1.5. Direito de regresso

Quem paga a indenização, se não for o único causador do dano, poderá demandar regresso contra os demais responsáveis. Consequência da solidariedade passiva. Lembrando que o art. 88 do CDC veda a denunciação da lide.

▷ **Obs.:** O prazo prescricional para fato de produto ou serviço é de 5 (cinco) anos (art. 27 do CDC).

> **Lei nº 8.078/1990**
>
> **Art. 14.** O fornecedor de serviços responde, independentemente da existência de culpa, pela reparação dos danos causados aos consumidores por defeitos relativos à prestação dos serviços, bem como por informações insuficientes ou inadequadas sobre sua fruição e riscos.
>
> § 1º O serviço é defeituoso quando não fornece a segurança que o consumidor dele pode esperar, levando-se em consideração as circunstâncias relevantes, entre as quais:
>
> I – o modo de seu fornecimento;
>
> II – o resultado e os riscos que razoavelmente dele se esperam;
>
> III – a época em que foi fornecido.
>
> § 2º O serviço não é considerado defeituoso pela adoção de novas técnicas.
>
> § 3º O fornecedor de serviços só não será responsabilizado quando provar:
>
> I – que, tendo prestado o serviço, o defeito inexiste;
>
> II – a culpa exclusiva do consumidor ou de terceiros.
>
> § 4º A responsabilidade pessoal dos profissionais liberais será apurada mediante a verificação de culpa.
>
> (...)
>
> **Art. 17.** Para os efeitos desta Seção, equiparam-se aos consumidores todas as vítimas do evento.

3.2. Da responsabilidade por vício do produto e do serviço (arts. 18 a 25 do CDC)

Se a palavra para acidente de consumo é defeito, aqui a palavra necessária é vício. A doutrina argumenta que defeito seria um vício maior, e a Seção III do Capítulo IV do Título I do CDC, que trata da responsabilidade por vício, considera um vício menor. A responsabilidade aqui trata de tal vício e não dos danos causados pelo produto/defeito.

Da mesma forma que o fato de produto/serviço, a responsabilidade é objetiva.

Os vícios do Código podem ser: ocultos ou aparentes. Não importa se o vício é anterior, posterior, oculto etc. Também entende a doutrina que não se fala em responsabilização por outros danos materiais, além do valor da coisa. Assim, quando se fala em vício, não se pode pedir além do prejuízo com o produto/serviço.

Ex.: Foi em show artístico e não ocorreu. Temos vício. Foi em show artístico e houve briga, foram arremessadas garrafas, e alguém se machucou. Temos fato.

3.2.1. Espécies de vício

3.2.1.1. Vício de produto (arts. 18 e 19)

O art. 18 consagra dois tipos: qualidade e quantidade.

a) **Vício de qualidade do produto:** impróprios ou inadequados ao consumo a que se destinam ou lhes diminuam o valor, assim como aqueles decorrentes da disparidade, com as indicações constantes do recipiente, da embalagem, rotulagem ou mensagem publicitária (art. 18). No § 6º, há alguns exemplos do que seria vício de qualidade.

No caso de vício de qualidade de produto, quais seriam as soluções?

O fornecedor terá prazo de 30 dias para sanar o vício. Este prazo é para sanar, quando for possível sanar. Ex.: uma troca de peça etc. Não refazer todo o bem.

Caso não seja sanado, poderá o consumidor exigir, à sua escolha (art. 18, § 1º):

- substituição do produto por outro da mesma espécie; ou
- restituição da quantia paga (atualizada), podendo também pedir perdas e danos; ou
- abatimento proporcional do preço.

A doutrina recomenda que o consumidor exija, por escrito, que o defeito seja sanado (para fins de comprovação de prazo). O consumidor somente poderá pleitear as demais opções depois de feita a exigência ao fornecedor e ela não ter sido cumprida.

Importa também dizer que o fornecedor somente tem uma possibilidade de correção do vício, que são os 30 dias dados pela lei. Tal prazo é decadencial. Se neste interregno o produto "foi e voltou" várias vezes, não há a suspensão do prazo, ele está correndo desde a primeira vez.

Consumidor reclamou " Fornecedor tem 30 dias " Não ficou bom dentro deste prazo, já temos as outras possibilidades do consumidor.

Ex.: Consumidor reclamou no dia 18-9. Tem o fornecedor até 18-10 para arrumar. Apareceu problema de novo no dia 10-10. O prazo continua até o dia 18-10. Lembrando que são dias corridos.

Há caso, no entanto, em que se pode fazer uso das opções do § 1º do art. 18, elencadas anteriormente:

> **Lei nº 8.078/1990**
>
> **Art. 18.** (...)
>
> (...)
>
> § 3º O consumidor poderá fazer uso imediato das alternativas do § 1º deste artigo sempre que, em razão da extensão do vício, a substituição das partes viciadas puder comprometer a qualidade ou características do produto, diminuir-lhe o valor ou se tratar de produto essencial.

Tal prazo também pode ser alterado. Poderão as partes convencionar a redução ou ampliação do prazo, não podendo ser inferior a 7 (sete) nem superior a 180 (cento e oitenta) dias. Nos contratos de adesão, a cláusula de prazo deverá ser convencionada em separado, por meio de manifestação expressa do consumidor.

b) Vício de quantidade do produto: são aqueles decorrentes da disparidade com as indicações da embalagem, da mensagem publicitária.

> **Art. 19.** Os fornecedores respondem solidariamente pelos vícios de quantidade do produto sempre que, respeitadas as variações decorrentes de sua natureza, seu conteúdo líquido for inferior às indicações constantes do recipiente, da embalagem, rotulagem ou de mensagem publicitária.

Não há prazo de 30 (trinta) dias, troca etc., como no vício de qualidade de produto.

Ex.: Paguei por 1 kg de arroz e veio menos.

Em caso de vício de quantidade, o consumidor poderá exigir (art. 19):

- Abatimento proporcional do preço;
- Complementação do peso ou medida;
- Substituição do produto por outro da mesma espécie, marca ou modelo;
- Restituição imediata da quantia paga, sem prejuízo de perdas e danos.

O § 6º do art. 18 traz uma lista exemplificativa de quais seriam os vícios de produto.

3.2.2. Vício de serviço (arts. 20 e 21)

O art. 20 do CDC fala de vício de serviço. Não há prazo de 30 (trinta) dias (há prazo de 30 dias no vício de qualidade de produto).

Vício de serviço

Quais seriam as soluções? (art. 20)

- A reexecução dos serviços, sem custo adicional e quando cabível;
- A restituição imediata da quantia paga, monetariamente atualizada, sem prejuízo de eventuais perdas e danos;
- O abatimento proporcional do preço.

Observe que não há prazo para que o fornecedor corrija o vício, como ocorre no vício de qualidade de produto, podendo o consumidor já exigir algumas das alternativas que a lei garante.

▷ **Obs.:** Atenção aos casos de responsabilidade abaixo:

> **Art. 18.** (...)
>
> (...)
>
> § 5º No caso de fornecimento de produtos in natura, será responsável perante o consumidor o

fornecedor imediato, exceto quando identificado claramente seu produtor.

- Produto *in natura*. Não houve industrialização. Então o responsável será o fornecedor imediato (exceto quando identificado claramente o produtor).

> **Art. 19.** (...)
>
> (...)
>
> § 2º O fornecedor imediato será responsável quando fizer a pesagem ou a medição e o instrumento utilizado não estiver aferido segundo os padrões oficiais.

- Responde somente o fornecedor imediato (balança fora de padrões técnicos, p. ex.).

4. DECADÊNCIA E PRESCRIÇÃO

4.1. Prazos para reclamar vícios de produto (quantidade ou qualidade) ou serviço

Os prazos são decadenciais (art. 26).

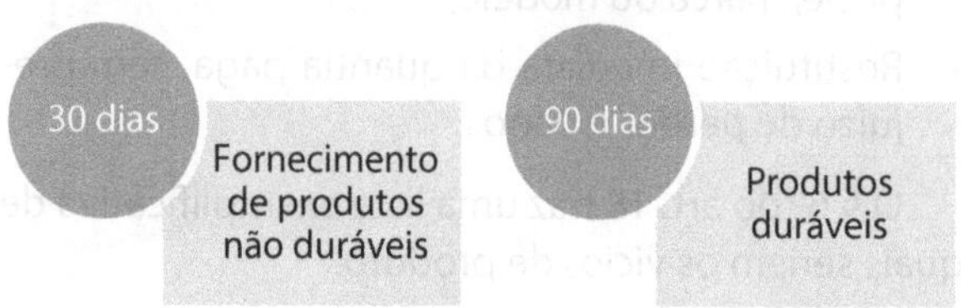

A partir de quando começam a contar os prazos?

Vício aparente: tradição – entrega do bem ao consumidor (tanto de bem durável quanto não durável).

Vício oculto: A partir do momento em que ficar evidenciado o problema. Naquele dia (barulho no motor do carro, p. ex.) começaria a contar o prazo de 90 (noventa) dias para reclamar contra o fornecedor.

Importante dizer que o Código de Defesa do Consumidor não traz quais seriam os prazos de garantia para bens duráveis ou não duráveis. Ele traz prazos para reclamação (30 dias ou 90 dias). Garantia legal é um dever de adequação, que sempre existe. É um dever inerente. Independentemente de haver uma garantia contratual ou não, sempre teremos uma garantia legal. É o que fala o art. 24:

> **Art. 24.** A garantia legal de adequação do produto ou serviço independe de termo expresso, vedada a exoneração contratual do fornecedor.

Importa ressaltar que também temos a garantia contratual, que é uma liberalidade, dada pelo fornecedor:

> **Art. 50.** A garantia contratual é complementar à legal e será conferida mediante termo escrito.
>
> Parágrafo único. O termo de garantia ou equivalente deve ser padronizado e esclarecer, de maneira adequada em que consiste a mesma garantia, bem como a forma, o prazo e o lugar em que pode ser exercitada e os ônus a cargo do consumidor, devendo ser-lhe entregue, devidamente preenchido pelo fornecedor, no ato do fornecimento, acompanhado de manual de instrução, de instalação e uso do produto em linguagem didática, com ilustrações.

Os prazos de decadência podem ser obstados.

Obstam a decadência:

> I – A reclamação comprovadamente formulada pelo consumidor perante o fornecedor de produtos e serviços até a resposta negativa correspondente, que deve ser transmitida de forma inequívoca.

Ex.: Em 6-11, o consumidor recebeu o produto, uma televisão, apresentando defeito e nesta mesma data já formaliza uma reclamação. Vício aparente – prazo de 90 (noventa) dias. Terá o fornecedor até 6-12 para sanar o vício. Se for sanado, ótimo! Digamos que há resposta negativa do fornecedor (alegação de mau uso pelo consumidor) no dia 16-11. Da resposta negativa começa a contar o prazo para que o consumidor possa ajuizar a ação. **Qual é o prazo?** 90 dias. **E se o fornecedor nunca respondeu?** Então o prazo continua parado. E o consumidor poderá ajuizar a ação.

> II – A instauração do inquérito civil.

▷ **Obs.:** Critério de vida útil.

Importa dizer que o STJ entende que o fornecedor não ficará para sempre responsável. Deve ser levado em conta o critério de "vida útil" do bem, mesmo que ultrapassado o prazo de garantia contratual. Assim, por exemplo, caso o prazo de garantia contratual de um fogão seja de 1 (um) ano, e passados 14 meses, o fogão estraga, apresentando vício, teremos, então, que no momento da evidência do vício começa a contar o prazo de 90 dias para reclamação. Isso porque um fogão tem vida útil maior que somente 14 meses. Não se poderia fazer tal pedido depois de dez anos, por exemplo, de uso do fogão.

> **Art. 26.** O direito de reclamar pelos vícios aparentes ou de fácil constatação caduca em:
>
> I – trinta dias, tratando-se de fornecimento de serviço e de produtos não duráveis;
>
> II – noventa dias, tratando-se de fornecimento de serviço e de produtos duráveis.
>
> § 1º Inicia-se a contagem do prazo decadencial a partir da entrega efetiva do produto ou do término da execução dos serviços.
>
> § 2º Obstam a decadência:
>
> I – a reclamação comprovadamente formulada pelo consumidor perante o fornecedor de produtos e serviços até a resposta negativa correspondente, que deve ser transmitida de forma inequívoca;

> II – (VETADO)
>
> III – a instauração de inquérito civil, até seu encerramento.
>
> § 3º Tratando-se de vício oculto, o prazo decadencial inicia-se no momento em que ficar evidenciado o defeito.

▷ Atenção! Desconsideração da personalidade jurídica.

No art. 28 do CDC é tratado sobre a desconsideração da personalidade jurídica da pessoa jurídica. São diversas as hipóteses pelas quais o consumidor pode pedir a desconsideração. Importa ressaltar o § 5º do art. 28, que trata sobre a denominada "teoria menor". Isso porque não seriam necessários muitos requisitos para que pudesse ser feita a desconsideração. O simples fato de haver dificuldade ao ressarcimento dos prejuízos causados ao consumidor já possibilita que o consumidor solicite a desconsideração.

Hipóteses:

- Abuso de direito;
- Excesso de poder (seria um desvio de finalidade);
- Infração da lei ou prática de ato ilícito;
- Violação dos estatutos ou do contrato social;
- Má administração (que leva à falência, estado de insolvência, encerramento ou inatividade);
- Quando for obstáculo ao ressarcimento de prejuízos causados aos consumidores.

5. PRÁTICAS COMERCIAIS

5.1. Oferta (arts. 30 a 35 do CDC)

Como elementos formadores de um contrato, temos: oferta e aceitação. A oferta está na chamada fase pré-contratual, já que não há contrato enquanto não houver aceitação. No Código Civil, a oferta é chamada de proposta (art. 427 do CC).

No Código de Defesa do Consumidor, a oferta não é personalizada e específica, como ocorre no Código Civil. Pelo contrário, ela também é feita por meios de comunicação de massa, como publicidade, exposição de mercadorias em sites de internet, vitrines etc.

O art. 30 do CDC conceitua a oferta como: "Toda informação ou publicidade, suficientemente precisa, veiculada por qualquer forma ou meio de comunicação com relação a produtos e serviços oferecidos ou apresentados, obriga o fornecedor que a fizer veicular ou dela se utilizar e integra o contrato que vier a ser celebrado".

A oferta deve assegurar informações corretas, claras, em língua portuguesa, sobre as características, qualidade, quantidade, composição, preço, garantia, prazo de validade do produto, bem como os riscos que apresentem à segurança e saúde dos consumidores (art. 31). Assim, a oferta é pautada na **transparência** e a aceitação do consumidor é fundada na **confiança.**

5.1.1. Princípio da vinculação: oferta integra o contrato

Um ponto muito importante é que a oferta integra o contrato. O art. 35 do CDC também fala do caso de o fornecedor não cumprir a oferta:

> **Lei nº 8.078/1990**
>
> **Art. 35.** Se o fornecedor de produtos ou serviços recusar cumprimento à oferta, apresentação ou publicidade, o consumidor poderá, alternativamente e à sua livre escolha:
>
> I – exigir o cumprimento forçado da obrigação, nos termos da oferta, apresentação ou publicidade;
>
> II – aceitar outro produto ou prestação de serviço equivalente;
>
> III – rescindir o contrato, com direito à restituição de quantia eventualmente antecipada, monetariamente atualizada, e a perdas e danos.

Ainda sobre a oferta:

> **Art. 32.** Os fabricantes e importadores deverão assegurar a oferta de componentes e peças de reposição enquanto não cessar a fabricação ou importação do produto.
>
> Parágrafo único. Cessadas a produção ou importação, a oferta deverá ser mantida por período razoável de tempo, na forma da lei.

Exemplo de responsabilidade pós-contratual:

> **Art. 33.** Em caso de oferta ou venda por telefone ou reembolso postal, deve constar o nome do fabricante e endereço na embalagem, publicidade e em todos os impressos utilizados na transação comercial.
>
> Parágrafo único. É proibida a publicidade de bens e serviços por telefone, quando a chamada for onerosa ao consumidor que a origina.

Como exemplo temos a situação do consumidor ligar para ter conhecimento do preço de algum produto/serviço e ter que pagar pela ligação. Não daria para o consumidor ligar, estar pagando e ficar ouvindo publicidade.

> **Art. 34.** O fornecedor do produto ou serviço é solidariamente responsável pelos atos de seus prepostos ou representantes autônomos.

Mais um caso de solidariedade.

Está na sequência da oferta. Assim, se o preposto oferece algo por determinado valor, determinado produto/serviço, o fornecedor deverá responder de forma solidária.

É utilizada aqui a teoria da aparência (STJ).

5.2. Publicidade (arts. 36 a 38 do CDC)

5.2.1. Proteção contratual do consumidor: fase pré-contratual

Um ponto extremamente importante do Código de Defesa do Consumidor e que serve de exemplo de fase "pré-contratual" é, exatamente, a publicidade. O principal objetivo da publicidade é informar o consumidor sobre produtos e serviços disponíveis no mercado de consumo.

A proteção do consumidor, com relação à publicidade, está nos arts. 36 a 38 do CDC. O Código não proíbe, obviamente, a publicidade, mas protege o consumidor de publicidades enganosas e/ou abusivas.

Algumas doutrinas diferenciam a publicidade promocional da publicidade institucional. Ambas estariam tuteladas pelo Código de Defesa do Consumidor.

Promocional: promoção de produtos e serviços no mercado de consumo.

Institucional: promoção de uma marca ou certa empresa.

▷ **Obs.:** Publicidade e propaganda não são sinônimas. Publicidade tem o objeto comercial de anunciar bens no mercado de consumo. Propaganda tem fio ideológico, com objetivo de propagar teorias, ideias, políticas etc.

5.2.2. Princípios que norteiam a publicidade

5.2.2.1. Princípio da Identificação

O Art. 36 do CDC trata sobre o chamado princípio da identificação, no qual toda e qualquer possibilidade precisa ser identificada, já que o consumidor precisa saber que a informação que está lhe sendo dirigida é um anúncio publicitário:

> **Art. 36.** A publicidade deve ser veiculada de tal forma que o consumidor, fácil e imediatamente, a identifique como tal.

Estariam proibidas, assim, a publicidade clandestina, subliminar.

Ex.: Publicidades disfarçadas de reportagem, merchandising em novelas, programas etc., sem se afirmar e demonstrar que é prática de merchandising. O consumidor precisa saber que está recebendo uma mensagem publicitária.

5.2.2.2. Princípio da vinculação contratual da publicidade

> **Art. 30.** Toda informação ou publicidade, suficientemente precisa, veiculada por qualquer forma ou meio de comunicação com relação a produtos e serviços oferecidos ou apresentados, obriga o fornecedor que a fizer veicular ou dela se utilizar e integra o contrato que vier a ser celebrado.

▷ **Importante!**

A publicidade no Código de Defesa do Consumidor equivale ao regime da oferta no Código Civil. Assim, a vinculação de preços em catálogos, por exemplo, é considerada oferta e vincula o fornecedor (a não ser em casos absurdos, então não vincularia o fornecedor).

5.2.2.3. Princípio da inversão do ônus da prova

Temos aqui mais um caso em que a Lei manda que ocorra a inversão do ônus da prova.

> **Art. 38.** O ônus da prova da veracidade e correção da informação ou comunicação publicitária cabe a quem as patrocina.

Quem patrocina a publicidade tem a obrigação de comprovar a sua veracidade, conforme mandamento legal.

5.2.2.4. Princípio da transparência na fundamentação da publicidade

O fornecedor é um devedor de informação e o consumidor é o seu credor. Assim, todo o produto e serviço que for ofertado precisa, se questionado pelo consumidor, ter a informação completa sobre qualidade, validades, etc.

> **Art. 36.** (...)
>
> Parágrafo único. O fornecedor, na publicidade de seus produtos ou serviços, manterá, em seu poder, para informação dos legítimos interessados, os dados fáticos, técnicos e científicos que dão sustentação à mensagem.

Significa que o fornecedor precisa ter consigo informações adequadas sobre os produtos e serviços que está oferecendo.

5.2.2.5. Princípio da veracidade da publicidade

O Código de Defesa do Consumidor proíbe a prática da publicidade enganosa.

> **Art. 37.** É proibida toda publicidade enganosa ou abusiva.
>
> § 1º É enganosa qualquer modalidade de informação ou comunicação de caráter publicitário, **inteira ou parcialmente falsa, ou, por qualquer outro modo, mesmo por omissão, capaz de induzir em erro o consumidor a respeito da natureza, características, qualidade, quantidade, propriedades, origem, preço** e quaisquer outros dados sobre produtos e serviços.

O elemento fundamental aqui, para a caracterização da publicidade enganosa, é o **erro**. O critério é a averiguação se houve ou não a indução do consumidor ao erro. Lembra-se que erro é a falsa percepção da realidade.

Tipos de publicidade enganosa

Há dois tipos: comissiva e omissiva.

a) **Publicidade enganosa por comissão:** fornecedor afirma algo que não é a realidade, algo que não existe, capaz de induzir o consumidor ao erro.

Ex.: Planos de saúde que anunciavam UTIs aéreas etc., mas que, na prática, não era verdade.

b) **Publicidade enganosa por omissão:** Fornecedor deixa de informar algo relevante, induzindo o consumidor ao erro. A ausência de tal informação seria decisiva na formação do convencimento do consumidor; ele soubesse da informação que foi omitida, não teria contratado.

▷ **Obs.:** Não está proibida a publicidade comparativa, segundo entendimento do STJ. Pode mencionar o produto do concorrente, mas não o prejudicar.

5.2.3. *Princípio da não abusividade da publicidade*

No art. 37, § 2º, encontra-se a definição de publicidade abusiva:

> **Art. 37.** (...)
>
> § 2º É abusiva, dentre outras, a publicidade discriminatória de qualquer natureza, a que incite à violência, explore o medo ou a superstição, se aproveite da deficiência de julgamento e experiência da criança, desrespeita valores ambientais, ou que seja capaz de induzir o consumidor a se comportar de forma prejudicial ou perigosa à sua saúde ou segurança.

▷ **Caso famoso!** Apresentadora famosa em publicidade estimulava crianças a destruírem os tênis antigos, a fim de que os pais comprassem tênis novos.

A publicidade foi proibida, por se enquadrar como publicidade abusiva.

▷ **Obs.:** Sobre publicidade de produtos nocivos à saúde, tais como tabaco e bebidas alcóolicas, há proibição na própria Constituição Federal:

> **Constituição Federal**
>
> **Art. 220.** (...)
>
> (...)
>
> § 3º Compete à lei federal:
>
> (...)
>
> II – estabelecer os meios legais que garantam à pessoa e à família a possibilidade de se defenderem de programas ou programações de rádio e televisão que contrariem o disposto no art. 221, bem como da propaganda de produtos, práticas e serviços que possam ser nocivos à saúde e ao meio ambiente.
>
> § 4º A propaganda comercial de tabaco, bebidas alcóolicas, agrotóxicos, medicamentos e terapias estará sujeita a restrições legais, nos termos do inciso II do parágrafo anterior, e conterá, sempre que necessário, advertência sobre os malefícios decorrentes de seu uso.

Há leis específicas que tratam de regramentos restritivos com relação à publicidade de tais produtos.

5.3. Práticas abusivas (arts. 39 a 41 do CDC)

No art. 39 do CDC está elencado um rol de condutas consideradas práticas abusivas, que seriam ações, condutas do fornecedor que não estariam de acordo com os padrões e as regras do jogo do Código de Defesa do Consumidor. Podem, frequentemente, caracterizar abuso de direito (art. 187 do CC).

▷ **Muito importante a diferenciação de cláusulas abusivas (que estão nos contratos).**

As práticas abusivas são vedadas ao fornecedor de produtos e serviços.

Tais práticas podem ser pré-contratuais, contratuais ou pós-contratuais. A maioria das práticas abusivas está na fase pré-contratual, e é exemplificativa:

a) **Venda casada:** condicionar o fornecimento de produto ou de serviço ao fornecimento de outro produto ou serviço, bem como, sem justa causa, a limites quantitativos. Normalmente, tais produtos/serviços são vendidos separados.

Não é porque alguns produtos são vendidos em conjunto que há venda casada.

Ex.: Nos serviços bancários, são ofertados seguro, título de capitalização etc. como condição para a contratação do serviço procurado pelo consumidor.

> **Súm. nº 473 do STJ:** O mutuário do SFH não pode ser compelido a contratar o seguro habitacional obrigatório com a instituição financeira mutuante ou com a seguradora por ela indicada.

b) **Recusa de atendimento à demanda do consumidor**: recusar atendimento às demandas dos consumidores, na exata medida de suas disponibilidades de estoque, e, ainda, de conformidade com os usos e costumes (art. 39, II).

Ex.: o taxista que recusa o transporte para determinado lugar.

c) **Fornecimento de produto ou serviço não solicitado:** enviar ou entregar ao consumidor, sem solicitação prévia, qualquer produto, ou fornecer qualquer serviço (art. 39, III). Os serviços prestados e os produtos remetidos ou entregues ao consumidor equiparam-se às amostras grátis, inexistindo obrigação de pagamento.

> **Súm. nº 532 STJ:** Constitui prática comercial abusiva o envio de cartão de crédito sem prévia e expressa solicitação do consumidor, configurando-se ato ilícito indenizável e sujeito à aplicação de multa administrativa.

▷ **Obs.**: É possível que se tenha preços diferenciados com base na forma de pagar (dinheiro, cartão etc.), nas parcelas (Lei nº 13.455/2017)

d) **Orçamento prévio**: executar serviços sem a prévia elaboração de orçamento e autorização expressa do consumidor, ressalvadas as decorrentes de práticas anteriores entre as partes.

A obrigação de fornecer orçamento prévio não é absoluta, já que há casos de urgência em que o orçamento nem sempre é possível, tais como atendimento médico/hospitalar.

> **Lei nº 8.078/1990**
>
> **Art. 40.** O fornecedor de serviço será obrigado a entregar ao consumidor orçamento prévio discriminando o valor da mão-de-obra, dos materiais e equipamentos a serem empregados, as condições de pagamento, bem como as datas de início e término dos serviços.
>
> § 1º Salvo estipulação em contrário, o valor orçado terá validade pelo prazo de dez dias, contado de seu recebimento pelo consumidor.

Caso não seja nada estipulado em contrário, a validade do orçamento é de 10 (dez) dias.

> § 2º Uma vez aprovado pelo consumidor, o orçamento obriga os contraentes e somente pode ser alterado mediante livre negociação das partes.
>
> § 3º O consumidor não responde por quaisquer ônus ou acréscimos decorrentes da contratação de serviços de terceiros não previstos no orçamento prévio.
>
> **Art. 41.** No caso de fornecimento de produtos ou de serviços sujeitos ao regime de controle ou de tabelamento de preços, os fornecedores deverão respeitar os limites oficiais sob pena de não o fazendo, responderem pela restituição da quantia recebida em excesso, monetariamente atualizada, podendo o consumidor exigir à sua escolha, o desfazimento do negócio, sem prejuízo de outras sanções cabíveis.

Não há mais controle público, não há mais tabelamento de preços. Seria prática abusiva somente aumentar (muito) sem justa causa, sem fundamento.

Há outros artigos que também trazem práticas abusivas (publicidade enganosa, cobrança vexatória etc.).

5.3.1. Cobrança de dívidas (arts. 42 e 42-A do CDC)

Segundo o art. 42 do CDC, na cobrança de débitos, o consumidor inadimplente não será exposto ao ridículo, nem submetido a qualquer tipo de constrangimento ou ameaça.

O art. 42 proíbe a cobrança abusiva, a cobrança vexatória, formas estas de abuso de direito do art. 187 do CC.

Ex.: ligações repetidas, proibir o aluno de fazer provas etc. Inclusive é crime (art. 71 do CDC).

Ex.: deixar cheque na vitrine, deixar recado com os amigos etc.

O parágrafo único do mesmo artigo traz uma punição para o fornecedor que cobrar indevidamente o consumidor. É a repetição de indébito: "O consumidor cobrado em quantia indevida tem direito à repetição do indébito, por valor igual ao dobro do que pagou em excesso, acrescido de correção monetária e juros legais, salvo hipótese de engano justificável".

Assim, haverá a restituição em dobro se o consumidor teve que pagar (precisa pagar para que possa receber em dobro). O consumidor terá direito à devolução em dobro daquilo que realmente tiver pago em excesso ou indevidamente e não é necessário provar dolo ou culpa do fornecedor.

▷ **Importante!** Cobrança vexatória gera dano moral presumido pelo STJ.

Art. 42. Na cobrança de débitos, o consumidor inadimplente não será exposto a ridículo, nem será submetido a qualquer tipo de constrangimento ou ameaça.

Parágrafo único. O consumidor cobrado em quantia indevida tem direito à repetição do indébito, por valor igual ao dobro do que pagou em excesso, acrescido de correção monetária e juros legais, salvo hipótese de engano justificável.

Art. 42-A. Em todos os documentos de cobrança de débitos apresentados ao consumidor, deverão constar o nome, o endereço e o número de inscrição no Cadastro de Pessoas Físicas - CPF ou no Cadastro Nacional de Pessoa Jurídica - CNPJ do fornecedor do produto ou serviço correspondente.

5.3.2. Dos bancos de dados e cadastros de consumidores (arts. 43 e 44 do CDC)

O Código de Defesa do Consumidor não proíbe o banco de dados. Considera os bancos de dados como entidades de caráter público. No entanto, quando utilizados de forma abusiva, poderão causar danos aos consumidores.

Determina o Código de Defesa do Consumidor que os cadastros devem ser claros e verdadeiros. Sempre que o consumidor encontrar inexatidão, poderá pedir correção. Além disso, a informação deve ser acessível e com comunicação prévia ao cadastro em órgãos de inadimplência.

Resumindo:

- Informações verdadeiras;
- Consumidor precisa ser informado;
- Consumidor deve ter acesso à informação;
- Direito à retificação no prazo de 5 (cinco) dias úteis;
- Direito a ser comunicado previamente;
- Dano moral presumido no caso de cadastramento indevido: *in re ipsa*.

▷ **Importante!**

Súm. nº 323 do STJ: A inscrição do nome do devedor pode ser mantida nos serviços de proteção ao crédito até o prazo máximo de cinco anos, independentemente da prescrição da execução.

Pessoa já negativada devidamente e recebe a negativação indevida. Não gera dano moral, mas pode pedir o cancelamento.

Súm. nº 404 do STJ: É dispensável o aviso de recebimento (AR) na carta de comunicação ao consumidor sobre a negativação de seu nome em bancos de dados e cadastros.

Súm. nº 548 do STJ: Incumbe ao credor a exclusão do registro da dívida em nome do devedor no cadastro de inadimplentes no prazo de cinco dias úteis, a partir do integral e efetivo pagamento do débito.

Súm. nº 550 do STJ: A utilização de escore de crédito, método estatístico de avaliação de risco que não constitui banco de dados, dispensa o consentimento do consumidor, que terá o direito de solicitar esclarecimentos sobre as informações pessoais valoradas e as fontes dos dados considerados no respectivo cálculo.

6. PROTEÇÃO CONTRATUAL

O contrato de adesão é conceituado no art. 54 do CDC como sendo aquele cujas cláusulas tenham sido aprovadas pela autoridade competente ou estabelecidas unilateralmente pelo fornecedor de produtos ou serviços. O consumidor não é consultado, não podendo modificar de forma substancial o seu conteúdo.

Infelizmente, o contrato de adesão pode gerar abusos por parte do fornecedor.

Como proteger o consumidor? Este capítulo trata da proteção contratual do consumidor.

O art. 46 informa que os contratos não obrigarão os consumidores se não for dada ao consumidor a oportunidade de tomar conhecimento prévio do conteúdo e não houver clareza na redação. É necessário, assim, conhecimento prévio e clareza.

Lei nº 8.078/1990

Art. 54. Contrato de adesão é aquele cujas cláusulas tenham sido aprovadas pela autoridade competente ou estabelecidas unilateralmente pelo fornecedor de produtos ou serviços, sem que o consumidor possa discutir ou modificar substancialmente seu conteúdo.

§ 1º A inserção de cláusula no formulário não desfigura a natureza de adesão do contrato.

§ 2º Nos contratos de adesão admite-se cláusula resolutória, desde que a alternativa, cabendo a escolha ao consumidor, ressalvando-se o disposto no § 2º do artigo anterior.

§ 3º Os contratos de adesão escritos serão redigidos em termos claros e com caracteres ostensivos e legíveis, cujo tamanho da fonte não será inferior ao corpo doze, de modo a facilitar sua compreensão pelo consumidor.

§ 4º As cláusulas que implicarem limitação de direito do consumidor deverão ser redigidas com destaque, permitindo sua imediata e fácil compreensão.

Com relação à interpretação das cláusulas contratuais, segundo o art. 47, elas deverão ser interpretadas de forma mais favorável ao consumidor (*in dubio pro* aderente), não importando quem redigiu o contrato.

6.1. Direito de arrependimento

O direito de arrependimento no Direito do Consumidor é consagrado no Art. 49 do CDC:

> **Art. 49.** O consumidor pode desistir do contrato, no prazo de 7 dias a contar de sua assinatura ou do ato de recebimento do produto ou serviço, sempre que a contratação de fornecimento de produtos e serviços ocorrer fora do estabelecimento comercial, especialmente por telefone ou em domicílio.
>
> Parágrafo único. Se o consumidor exercitar o direito de arrependimento previsto neste artigo, os valores eventualmente pagos, a qualquer título, durante o prazo de reflexão, serão devolvidos, de imediato, monetariamente atualizados.

Requisitos:

- Contratação fora do estabelecimento comercial;
- Especialmente: telefone, domicílio, eletrônico, telemarketing, qualquer meio eletrônico;
- Prazo de 7 (sete) dias a **contar da assinatura ou do recebimento do produto/serviço.**

A manifestação da desistência pode ser feita por qualquer meio, mas recomenda-se que o consumidor tenha a comprovação. Uma vez exercido o direito de arrependimento, o consumidor deverá ter de volta os valores pagos, corrigidos, bem como eventuais despesas.

6.2. Garantia contratual

Outro ponto muito importante dentro da proteção ao contrato é a garantia contratual:

> **Art. 50.** A garantia contratual é complementar à legal e será conferida mediante termo escrito.
>
> Parágrafo único. O termo de garantia ou equivalente deve ser padronizado e esclarecer, de maneira adequada em que consiste a mesma garantia, bem como a forma, o prazo e o lugar em que pode ser exercitada e os ônus a cargo do consumidor, devendo ser-lhe entregue, devidamente preenchido pelo fornecedor, no ato do fornecimento, acompanhado de manual de instrução, de instalação e uso do produto em linguagem didática, com ilustrações.

Primeiramente, importa destacar a diferença entre garantia legal e garantia convencional/contratual. No art. 24 do CDC, fala-se da garantia legal de adequação: "A garantia legal de adequação do produto ou do serviço independe de termo expresso, vedada a exoneração contratual do fornecedor".

6.2.1. Prazo legal de garantia

Qualidade que o produto ou serviço deve ter, em termos de segurança, durabilidade e desempenho. Tal prazo é relacionado a vícios de produtos/serviços (aparentes ou ocultos).

Os prazos para reclamar vícios de produto/serviço por serem inadequados são prazos decadenciais (30 dias para produtos/serviços não duráveis e 90 dias para produtos/serviços duráveis – art. 26). Assim, os prazos do art. 26 não são de garantia, e sim de decadência.

O art. 26 do CDC traz vícios ocultos e aparentes, diferenciando-os na contagem do dia inicial do prazo de garantia.

Vício aparente: prazo decadencial a partir da efetiva entrega do bem.

Vício oculto: prazo decadencial somente a partir do momento em que ficar evidenciado o defeito.

6.2.2. Proteção contratual

O consumidor é um credor de informação. Assim, se o devedor, que é o fornecedor, celebrar contrato com o consumidor, mas sem esclarecer plenamente as cláusulas do contrato, consoante o art. 46, temos que o consumidor não estará obrigado a este contrato.

> **Art. 46.** Os contratos que regulam as relações de consumo não obrigarão os consumidores, se não lhes for dada a oportunidade de tomar conhecimento prévio de seu conteúdo, ou se os respectivos instrumentos forem redigidos de modo a dificultar a compreensão de seu sentido e alcance.

6.3. Cláusulas abusivas (arts. 51 a 53 do CDC)

O art. 51 do CDC traz uma relação exemplificativa de cláusulas consideradas abusivas e relacionadas ao fornecimento de produtos e serviços. E já no inciso I, temos a chamada cláusula de não indenizar.

> ▷ **Obs.:** Não confundir cláusula limitativa de indenizar (fornecedor tinha a obrigação e não a cumpriu) com cláusulas limitativas de direito, que seria aquela em que o fornecedor não assume a obrigação, então não pode ser compelido a cumprir. A cláusula limitativa de direito é permitida, lembrando que há contratos em que o Estado estabelece cláusulas que tratam de conteúdo (planos de saúde, seguros etc.) e, assim, o fornecedor não pode se exonerar do cumprimento.

O Código de Defesa do Consumidor não proíbe a existência de cláusulas limitadoras de direito, mas pede, no entanto, que sejam colocadas em destaque.

No inciso IV, destaca-se a parte que fala da abusividade sobre "obrigações que coloquem o consumidor em desvantagem exagerada". Será abusiva, assim, toda e qualquer cláusula que coloque o consumidor em desvantagem exagerada, qualquer que seja o motivo. Como exemplo, temos um julgado do STJ que tratava de pacote turístico e que haveria a perda completa do valor, em caso de desistência em período anterior a 21 dias da data da viagem (REsp nº 1321655/MG – rel. Min. Paulo de Tarso Sanseverino – Terceira Turma – j. 22-10-2013).

O primeiro parágrafo trata do que seria vantagem exagerada: "Presume-se exagerada, entre outros casos, a vantagem que: I – ofende os princípios fundamentais do sistema jurídico a que pertence".

▷ **Obs.:** A cláusula de eleição de foro não é mais automaticamente nula. É necessária a demonstração de que há prejuízo ao consumidor, de que a cláusula é abusiva.

Não confundir, no entanto, *cláusulas abusivas* e *práticas abusivas* (art. 39, p. ex.). A prática pode ocorrer antes mesmo da formação do contrato, enquanto as cláusulas abusivas estão inseridas no próprio contrato.

São exemplos de práticas consideradas abusivas:

- Exigência de caução para atendimento médico;
- Cláusula que limitava o tempo em que o consumidor ficaria hospitalizado.

Demais artigos:

> **Art. 52.** No fornecimento de produtos ou serviços que envolva outorga de crédito ou concessão de financiamento ao consumidor, o fornecedor deverá, entre outros requisitos, informá-lo prévia e adequadamente sobre:
>
> I – preço do produto ou serviço em moeda corrente nacional;
>
> II – montante dos juros de mora e da taxa efetiva anual de juros;
>
> III – acréscimos legalmente previstos;
>
> IV – número e periodicidade das prestações;
>
> V – soma total a pagar, com e sem financiamento.
>
> § 1º As multas de mora decorrentes do inadimplemento de obrigações no seu termo não poderão ser superiores a dois por cento do valor da prestação.

▷ **Importante!** A multa por mora (multa moratória) quando houver aplicação do Código de Defesa do Consumidor, não pode ser superior a 2%.

> § 2º É assegurado ao consumidor a liquidação antecipada do débito, total ou parcialmente, mediante redução proporcional dos juros e demais acréscimos.

Na antecipação do pagamento, é necessário que haja o desconto correspondente.

> **Art. 53.** Nos contratos de compra e venda de móveis ou imóveis mediante pagamento em prestações, bem como nas alienações fiduciárias em garantia, consideram-se nulas de pleno direito as cláusulas que estabeleçam a perda total das prestações pagas em benefício do credor que, em razão do inadimplemento, pleitear a resolução do contrato e a retomada do produto alienado.

Cláusulas de perdimento são proibidas.

> § 2º Nos contratos do sistema de consórcio de produtos duráveis, a compensação ou a restituição das parcelas quitadas, na forma deste artigo, terá descontada, além da vantagem econômica auferida com a fruição, os prejuízos que o desistente ou inadimplente causar ao grupo.
>
> § 3º Os contratos de que trata o *caput* deste artigo serão expressos em moeda corrente nacional.

7. DEFESA DO CONSUMIDOR EM JUÍZO

A parte processual do Código de Defesa do Consumidor é dividida em: ações individuais e ações coletivas.

7.1. Ações individuais

Importante lembrar que não há uma ação específica para a defesa do consumidor individual. Todas as ações do Código de Defesa do Consumidor são admissíveis para a defesa do consumidor em geral. O que muda é o que os fundamentos das ações serão baseados no Código de Defesa do Consumidor.

O art. 101, I, do CDC permite o ajuizamento da ação de responsabilidade civil do fornecedor no domicílio do consumidor autor.

7.2. Ações coletivas

As ações coletivas podem ter por objeto qualquer espécie de matéria: ambiente, consumidor, saúde, criança e adolescente etc., desde que se enquadre nas categorias do art. 81: difusos, coletivos ou individuais homogêneos.

Os direitos coletivos são divididos em: coletivos, difusos e individuais homogêneos.

Interesses e direitos difusos: sujeitos indeterminados. Não é possível estabelecer o número de pessoas abrangidas por esse direito. O número de pessoas é indeterminável. Esses sujeitos indeterminados são ligados por uma mesma situação de fato.

Ex.: ação coletiva contra publicidade enganosa ou abusiva.

Interesses e direitos coletivos: sujeitos determináveis (grupo, categoria ou classe). Há vínculo jurídico entre eles, uma relação base.

Ex.: consumidores contestando aumento abusivo da mensalidade escolar, titulares de plano de saúde etc.

Interesses ou direitos individuais homogêneos: sujeitos determinados, objetos divisíveis, mas que têm em comum a mesma origem de fato ou jurídica.

Ex.: vítimas de um mesmo acidente aéreo.

Consequências do tratamento comum dos direitos individuais homogêneos: condenação genérica em caso de procedência do pedido, sentença fará coisa julgada *erga omnes* apenas se procedente o pedido para beneficiar a vítima e seus sucessores.

7.3. Legitimação para as ações coletivas

São legitimados para propor ações coletivas: Ministério Público, União, estados, municípios, Distrito Federal, entidades e órgãos da Administração Pública e associações legalmente constituídas (art. 82).

Órgão de administração pública: PROCON, por exemplo.

Defensoria Pública também é autorizada, em virtude da Lei da Ação Civil Pública (Lei nº 7.347/1985).

> **Lei nº 8.078/1990**
>
> **Art. 81.** A defesa dos interesses e direitos dos consumidores e das vítimas poderá ser exercida em juízo individualmente, ou a título coletivo.
>
> Parágrafo único. A defesa coletiva será exercida quando se tratar de:
>
> *I – interesses ou direitos difusos, assim entendidos, para efeitos deste código, os transindividuais, de natureza indivisível, de que sejam titulares pessoas indeterminadas e ligadas por circunstâncias de fato;*
>
> *II – interesses ou direitos coletivos, assim entendidos, para efeitos deste código, os transindividuais, de natureza indivisível de que seja titular grupo, categoria ou classe de pessoas ligadas entre si ou com a parte contrária por uma relação jurídica base;*
>
> *III – interesses ou direitos individuais homogêneos, assim entendidos os decorrentes de origem comum.*
>
> **Art. 82.** Para os fins do art. 81, parágrafo único, são legitimados concorrentemente:
>
> I – o Ministério Público,
>
> II – a União, os Estados, os Municípios e o Distrito Federal;
>
> III – as entidades e órgãos da Administração Pública, direta ou indireta, ainda que sem personalidade jurídica, especificamente destinados à defesa dos interesses e direitos protegidos por este código;
>
> IV – as associações legalmente constituídas há pelo menos um ano e que incluam entre seus fins institucionais a defesa dos interesses e direitos protegidos por este código, dispensada a autorização assemblear.
>
> § 1º O requisito da pré-constituição pode ser dispensado pelo juiz, nas ações previstas nos arts. 91 e seguintes, quando haja manifesto interesse social evidenciado pela dimensão ou característica do dano, ou pela relevância do bem jurídico a ser protegido.
>
> (...)
>
> **Art. 83.** Para a defesa dos direitos e interesses protegidos por este código são admissíveis todas as espécies de ações capazes de propiciar sua adequada e efetiva tutela.

8. SUPERENDIVIDAMENTO

Política pública de incentivo à concessão de crédito de forma responsável, de educação financeira e de promoção da conciliação, com a preservação do mínimo necessário para a manutenção da vida do consumidor.

A lei conceitua o que é superendividamento:

> **Lei nº 8.078/1990**
>
> **Art. 54-A.** (...)
>
> § 1º Entende-se por superendividamento a impossibilidade manifesta de o consumidor pessoa natural, de boa-fé, pagar a totalidade de suas dívidas de consumo, exigíveis e vincendas, sem comprometer seu mínimo existencial.

Promove a repactuação e revisão da dívida (não o perdão).

Lei protege o consumidor pessoa natural, com a preservação de uma renda mínima digna, a ser verificada no caso concreto (mínimo existencial).

Dívidas abrangidas: as dívidas referidas no § 1º do art. 54-A englobam quaisquer compromissos financeiros assumidos decorrentes de relação de consumo, inclusive operações de crédito, compras a prazo e serviços de prestação continuada.

> ▷ **Obs.: Dívidas não abrangidas:** aquelas contraídas mediante fraude ou má-fé ou decorram da aquisição ou contratação de produtos e serviços de luxo de alto valor.

Pelas modificações advindas da lei, fica vedado na oferta de crédito ao consumidor (seja por publicidade ou por outro meio) (art. 54-C):

- Indicar que a operação de crédito será concluída sem consulta a serviços de proteção ao crédito e sem avaliar a situação financeira do consumidor;

- Assediar ou pressionar o consumidor para contratar fornecimento de produto ou serviço. Proteção especial se o consumidor for alguém com vulnerabilidade agravada;
- Condicionar a oferta de crédito com a desistência de ações do consumidor contra o fornecedor.

Sanções: descumprimento dos arts. 52, 54-C e 54-D acarreta sanções ao fornecedor.

▷ **Obs.:** Redução de juros, de encargos, dilação do prazo de pagamento previsto no contrato original (sem prejuízo de outras sanções e de indenização por perdas e danos ao consumidor).

A lei também define contratos coligados ou conexos (art. 54-F): o contrato principal de fornecimento de produto ou serviço e os contratos acessórios de crédito que lhe garantam o financiamento quando o fornecedor de crédito: recorrer aos serviços do fornecedor de produto ou serviço para a preparação ou a conclusão do contrato de crédito ou oferecer o crédito no local da atividade empresarial do fornecedor de produto ou serviço financiado ou onde o contrato principal for celebrado.

Quando houver exercício do direito de arrependimento, no contrato principal ou no contrato de crédito, teremos a resolução automática do contrato conexo.

A invalidade do contrato principal implica automaticamente a invalidade do contrato de crédito que é conexo.

- **Procedimental: art. 104-A e ss.**
- Há a fase anterior à ação, que é a tentativa de conciliação entre o consumidor superendividado e os seus credores. Essa tentativa de conciliação pode ser feita de forma judicial (104-A) ou extrajudicial (104-C).
- Não havendo acordo entre consumidor e seus credores ou havendo acordo parcial, o consumidor poderá entrar com AÇÃO DE SUPERENDIVIDAMENTO PARA REVISÃO E INTEGRAÇÃO DOS CONTRATOS E REPACTUAÇÃO DE DÍVIDAS REMANESCENTES (104-B).

QUESTÕES DE DIREITO DO CONSUMIDOR - ASSUNTOS MAIS RECORRENTES

01. FGV - OAB - 39º Exame de Ordem Unificado - Primeira Fase - Q45

Em viagem realizada do Rio de Janeiro para os Estados Unidos, em janeiro de 2023, Luan e Vanessa tiveram uma de suas malas extraviada, tendo sofrido um prejuízo quantificado em cerca de R$ 15.000,00 (quinze mil reais).

Acionada, a empresa aérea alegou que sua responsabilidade estava limitada ao teto previsto na Convenção de Varsóvia e que o Código de Defesa do Consumidor (CDC) não era aplicável à hipótese, por se tratar de transporte internacional.

Considerando a jurisprudência predominante no Supremo Tribunal Federal, no que toca ao tema das indenizações por danos materiais decorrentes de extravio de bagagens de viajantes no transporte aéreo, assinale a afirmativa correta.

a) O CDC é sempre aplicável, independentemente de se tratar de um voo internacional ou doméstico, não sendo possível que qualquer tratado ou convenção internacional limite o valor das indenizações cabíveis, pois tal fato configuraria violação à soberania nacional.

b) Nos voos internacionais prevalecem integralmente as limitações contidas em normativas internacionais, como a Convenção de Varsóvia e a Convenção de Montreal, enquanto nos voos domésticos aplica-se unicamente o CDC, não sendo aplicáveis as limitações contidas naquelas convenções.

c) Em se tratando de contrato de transporte aéreo, aplicam-se as limitações contidas nas convenções internacionais tanto aos voos domésticos quanto aos voos internacionais.

d) As limitações contidas na Convenção de Varsóvia e na Convenção de Montreal somente são aplicáveis quando explicitadas no contrato assinado pelo consumidor, em obediência ao dever de informação exigido pelo CDC.

02. FGV - OAB - 39º Exame de Ordem Unificado - Primeira Fase - Q46

Adônis procurou você, como advogado(a), queixando-se de lhe ter sido negado crédito. Informou que a recusa se baseou em uma pontuação baixa atribuída por meio do uso do método para avaliação do risco de concessão de crédito, conhecido como sistema "escore de crédito". Disse que o método foi aplicado sem o seu consentimento prévio, bem como explicou que não foram prestados esclarecimentos a respeito das fontes dos dados considerados e nem das informações pessoais valoradas.

A respeito desse assunto, à luz das disposições do Código de Defesa do Consumidor sobre banco de dados e cadastro de consumidores, assinale a afirmativa correta.

a) A realização de qualquer avaliação de risco para a concessão de crédito, com o objetivo de criar sistema de escore do consumidor, deve ser sempre precedida do consentimento do interessado no prazo de 5 (cinco) dias úteis.

b) A indicação ao consumidor das fontes dos dados considerados pelo fornecedor para o cálculo do escore de crédito fica dispensada.

c) O consentimento prévio do consumidor consultado é desnecessário, mas a ele deve ser garantido o acesso às informações pessoais valoradas e às fontes dos dados considerados no cálculo do escore de crédito.

d) As informações pessoais valoradas são de autonomia do fornecedor e não precisam ser conhecidas pelo consumidor, pois são confidenciais.

03. FGV - OAB - 38º Exame de Ordem Unificado - Primeira Fase – Q45

Diego ofereceu papinha industrializada para seu filho que apresentou sintomas de diarreia e vômito algumas horas depois. Ao observar a data de validade do produto, identificou que estava vencida. O produto havia sido adquirido naquela manhã na padaria vizinha e, ao retornar ao local, observou que os demais potinhos de papinha disponíveis na prateleira estavam com a data de validade adequada para o consumo. Indagando o comerciante, Diego foi informado de que os produtos estavam na mesma caixa lacrada enviada pelo fabricante naquela manhã e alegou que também foi vítima de tal erro do fabricante. Embora se conformasse e lamentasse a infelicidade de ter adquirido justamente o pote com data vencida, Diego procurou você como advogado (a) para saber se alguma providência jurídica poderia ser tomada.

Diante desses fatos, assinale a opção correta.

a) O comerciante não responde pelo evento danoso na medida em que também foi prejudicado ao receber do fabricante o produto com a data de validade expirada.

b) Cuida-se de vício da segurança do produto, respondendo o comerciante objetivamente por ter disponibilizado o produto para venda, podendo ainda o fabricante ser responsabilizado, não podendo alegar culpa de terceiro.

c) Incide excludente de responsabilidade do fabricante e do comerciante por culpa da vítima que não observou o prazo de validade antes de consumir o produto.

D) Cuida-se de responsabilidade objetiva do fabricante do produto, recaindo sobre o comerciante a responsabilidade subsidiária.

04. FGV - OAB - 38º Exame de Ordem Unificado - Primeira Fase – Q46

Carlos foi internado para tratamento de saúde. Apresentava estado grave, sendo seus familiares informados sobre a limitação do tempo de internação. Junto à assinatura dos documentos de internação, o hospital exigiu dos familiares um depósito caução para assegurar a internação do paciente, caso extrapolado o dia-limite custeado pelo plano de saúde, o que fizeram prontamente. Os familiares de Carlos procuraram você, como advogado(a), informando o ocorrido e que, de fato, o contrato do seguro-saúde apresentava essa cláusula limitadora.

Assinale a opção que apresenta a orientação correta dada para o caso.

a) A cláusula contratual que limita, no tempo, a internação hospitalar do segurado, é abusiva.

b) O fato de o hospital ter exigido a prestação da caução não configura conduta abusiva, apesar da evidente vulnerabilidade, por força do princípio do equilíbrio contratual.

c) A cláusula contratual que limita o tempo de internação não se mostra abusiva, por ter sido redigida de forma clara e compreensível.

d) A cláusula contratual que limita o tempo de internação, embora abusiva, não é nula e, sim, anulável, por se tratar de contrato de adesão celebrado em situação de lesão ao consumidor.

05. FGV - OAB - 37º Exame de Ordem Unificado - Primeira Fase – Q44

No instrumento de oferta de crédito pessoal em favor do microempreendedor individual Eugênio Barros, dentre outras informações, constou o montante dos juros de mora e a taxa efetiva anual dos juros. Ao indagar o intermediário sobre a omissão da taxa efetiva mensal de juros, do Custo Efetivo Total da operação (CET) e do prazo de validade da oferta, o microempreendedor recebeu as seguintes explicações: i) a taxa efetiva mensal de juros estava indicada em documento apartado, apresentado ao interessado no ato; ii) o CET deveria ser consultado no aplicativo da instituição financeira ofertante, através do uso da fórmula fornecida no próprio aplicativo; iii) a oferta era válida apenas no dia de hoje, sem qualquer documento comprobatório que amparasse a informação. Considerando as explicações do intermediário em cotejo com as normas do Código de Defesa do Consumidor (CDC) quanto às informações prévias no fornecimento de serviços que envolva outorga de crédito, assinale a afirmativa correta.

a) Todas as explicações prestadas estão corretas e em conformidade com as prescrições do CDC, não havendo necessidade de comprovação do prazo de oferta caso o beneficiário seja pessoa jurídica, como o microempreendedor individual.

b) A única explicação equivocada prestada é em relação à taxa efetiva mensal de juros, que deve ser necessariamente indicada no instrumento da oferta, e não em documento apartado.

c) Todas as explicações prestadas são equivocados e violam as prescrições do CDC, eis que a taxa efetiva mensal de juros e o CET devem ser indicados no instrumento da oferta e essa deve ser de, no mínimo, 7 (sete) dias.

d) São equivocados os esclarecimentos prestados quanto ao CET, pois ele deve constar do instrumento da oferta ou em documento apartado e ser de fácil acesso ao consumidor; quanto ao prazo de validade da oferta, ele deve ser de, no mínimo, 2 (dois) dias.

06. FGV - OAB - 37º Exame de Ordem Unificado - Primeira Fase – Q45

Mota solicitou orçamento para a instalação de persianas na sua casa e, ao receber o documento, leu que a compra das persianas escolhidas somente poderia ser realizada com a compra dos tapetes da mesma coleção. Além disso, juntamente com o orçamento, Mota recebeu proposta para aquisição de seguro residencial.

O consumidor ficou em dúvida a respeito da conduta da loja de decoração e procurou você, como advogado(a), para receber orientação jurídica. A esse respeito, você informou, corretamente, ao cliente que se trata de

a) prática abusiva em relação às persianas e ao tapete, por condicionar o fornecimento de um produto à aquisição do outro; igualmente abusiva a prática de enviar oferta de serviço mediante proposta do seguro residencial ao consumidor, sem prévia solicitação.

b) prática lícita em relação às persianas e ao tapete, uma vez que se trata de produtos da mesma coleção; o seguro residencial foi meramente sugerido, não importando em venda casada.

c) prática abusiva em relação às persianas e ao tapete, por condicionar o fornecimento de um produto à aquisição do outro; o seguro residencial foi oferecido sem condicionamento, sendo lícita a prática.

d) prática lícita em relação às persianas e ao tapete, uma vez que são produtos da mesma coleção; a proposta do seguro residencial foi enviada ao consumidor sem solicitação prévia, o que torna a prática abusiva.

07. FGV - OAB - 36º Exame de Ordem Unificado - Primeira Fase - Q44

Bernardo adquiriu, mediante uso de cartão de crédito, equipamento de som conhecido como home theater. A compra, por meio do aplicativo do Magazin Novas Colinas S/A, conhecido como "loja virtual do Colinas", foi realizada na sexta-feira e o produto entregue na terça-feira da semana seguinte. Na quarta-feira, dia seguinte ao do recebimento, Bernardo entrou em contato com o serviço de atendimento ao cliente para exercer seu direito de arrependimento. A atendente lhe comunicou que deveria ser apresentada uma justificativa para o arrependimento dentre aquelas elaboradas pelo fornecedor. Essa foi a condição imposta ao consumidor para a devolução do valor referente à 1ª parcela do preço, já lançado na fatura do seu cartão de crédito.

Com base nesta narrativa, em conformidade com a legislação consumerista, assinale a afirmativa correta.

a) O direito de arrependimento precisa ser motivado diante da comunicação de cancelamento da compra feita pelo consumidor ao fornecedor após o decurso de 48 (quarenta e oito) horas da realização da transação pelo aplicativo.

b) Embora o direito de arrependimento não precise de motivação por ser potestativo, o fornecedor pode exigir do consumidor que lhe apresente uma justificativa, como condição para a realização da devolução do valor faturado.

c) Em observância ao princípio da boa-fé objetiva, aplicável tanto ao fornecedor quanto ao consumidor, aquele não pode se opor ao direito de arrependimento, mas, em contrapartida, pode exigir do consumidor a motivação para tal ato.

d) O direito de arrependimento não precisa ser motivado e foi exercido tempestivamente, devendo o fornecedor providenciar o cancelamento da compra e comunicar à administradora do cartão de crédito para que seja efetivado o estorno do valor.

08. FGV - OAB - 36º Exame de Ordem Unificado - Primeira Fase - Q45

A sociedade empresária Cimento Montanha Ltda. integra, com outras cinco sociedades empresárias, um consórcio que atua na realização de obras de construção civil. Estruturas e Fundações Pinheiro Ltda., uma das sociedades consorciadas, foi responsabilizada em ação de responsabilidade civil por danos causados aos consumidores em razão de falhas estruturais em imóveis construídos no âmbito das atividades do consórcio, que apresentaram rachaduras, um dos quais desabou.

Considerando as normas sobre a responsabilidade de sociedades integrantes de grupo econômico perante o consumidor, segundo o Código de Defesa do Consumidor, assinale a afirmativa correta.

a) Apenas a sociedade Estruturas e Fundações Pinheiro Ltda. poderá ser responsabilizada pelos danos aos consumidores, pois as demais consorciadas somente se obrigam nas condições previstas no respectivo contrato, respondendo cada uma por suas obrigações, sem solidariedade entre si.

b) As sociedades integrantes do consórcio são solidariamente responsáveis pelas obrigações da sociedade Estruturas e Fundações Pinheiro Ltda., porém a responsabilidade delas perante o consumidor é sempre em caráter subsidiário.

c) As sociedades integrantes do consórcio são solidariamente responsáveis, sem benefício de ordem entre elas, pelas obrigações da sociedade Estruturas e Fundações Pinheiro Ltda. perante os consumidores prejudicados, haja ou não previsão diversa no contrato respectivo.

d) Apenas a sociedade Estruturas e Fundações Pinheiro Ltda. poderá ser responsabilizada pelos danos aos consumidores, pois as demais consorciadas só responderão solidariamente com a primeira se ficar comprovado a culpa de cada uma delas.

09. FGV - OAB - 35º Exame de Ordem Unificado - Primeira Fase - Q44

José havia comprado um *notebook* para sua filha, mas ficou desempregado, não tendo como arcar com o pagamento das parcelas do financiamento. Foi então que vendeu para a amiga Margarida o *notebook* ainda na caixa lacrada, acompanhado de nota fiscal e contrato de venda, que indicavam a compra realizada cinco dias antes. Cerca de dez meses depois, o produto apresentou problemas de funcionamento. Ao receber o bem da assistência técnica que havia sido procurada imediatamente, Margarida foi informada do conserto referente à "placa-mãe". Na semana seguinte, houve recorrência de mau funcionamento da máquina. Indignada, Margarida ajuizou ação em face da fabricante, buscando a devolução do produto e a restituição do valor desembolsado para a compra, além de reparação por danos extrapatrimoniais. A então ré, por sua vez, alegou, em juízo, a ilegitimidade passiva, a prescrição e, subsidiariamente, a decadência. A respeito disso, assinale a afirmativa correta.

a) O fabricante é parte ilegítima, uma vez que o defeito relativo ao vício do produto afasta a responsabilidade do fabricante, sendo do comerciante a responsabilidade para melhor garantir os direitos dos consumidores adquirentes.

b) Ocorreu a prescrição, uma vez que o produto havia sido adquirido há mais de noventa dias e a contagem do prazo se iniciou partir da entrega efetiva do produto, não sendo possível reclamar a devolução do produto e a restituição do valor.

c) Somente José possui relação de consumo com a fornecedora, por ter sido o adquirente do produto, conforme consta na nota fiscal e no contrato de venda, implicando ilegitimidade ativa de Margarida para invocar a proteção da norma consumerista.

d) A decadência alegada deve ser afastada, uma vez que o prazo correspondente se iniciou quando se evidenciou o defeito e, posteriormente, a partir do prazo decadencial de garantia pelo serviço da assistência técnica, e não na data da compra do produto.

10. FGV - OAB - 29º Exame de Ordem Unificado - Primeira Fase – Q45

A concessionária de veículo X adquiriu, da montadora, trinta unidades de veículo do mesmo modelo e de cores diversificadas, a fim de guarnecer seu estoque, e direcionou três veículos desse total para uso da própria pessoa jurídica. Ocorre que cinco veículos apresentaram problemas mecânicos decorrentes de falha na fabricação, que comprometiam a segurança dos passageiros. Desses automóveis, um pertencia à concessionária e os outros quatro, a particulares que adquiriram o bem na concessionária. Nesse caso, com base no Código de Defesa do Consumidor (CDC), assinale a afirmativa correta.

a) Entre os consumidores particulares e a montadora inexiste relação jurídica, posto que a aquisição dos veículos se deu na concessionária.

b) Entre os consumidores particulares e a montadora, por se tratar de falha na fabricação, há relação jurídica protegida pelo CDC; a relação jurídica entre a concessionária e a montadora, no que se refere à unidade adquirida pela pessoa jurídica para uso próprio, é de direito comum civil.

c) Existe, entre a concessionária e a montadora, relação jurídica regida pelo CDC, mesmo que ambas sejam pessoas jurídicas, no que diz respeito ao veículo adquirido pela concessionária para uso próprio, e não para venda.

d) Somente há relação jurídica protegida pelo CDC entre o consumidor e a concessionária, que deverá ingressar com ação de regresso contra a montadora, caso seja condenada em ação judicial, não sendo possível aos consumidores demandarem diretamente contra a montadora.

DIREITO DO CONSUMIDOR				
1 - B	2 - C	3 - B	4 - A	5 - D
6 - C	7 - D	8 - C	9 - D	10 - C

DIREITO DO CONSUMIDOR – QUESTÕES DA PROVA DO 43º EXAME DA OAB

01. FGV - OAB - 43º Exame de Ordem Unificado - Primeira Fase – Q45 A sociedade empresária Fábrica de Alimentos Épsilon Ltda. alterou a embalagem de seu principal biscoito, destinado ao público infantil. O produto foi comercializado com redução de peso sem a devida ostensividade da informação no rótulo do produto, sem diminuição proporcional no preço e inexistência de indicação acerca da quantidade de açúcar e de lactose. Uma associação de defesa do consumidor procurou você, como advogada(o), a respeito da conduta da sociedade empresária. A respeito do dever de informação previsto no Código de Defesa do Consumidor, assinale a afirmativa correta.

a) A informação acerca da redução quantitativa e dos ingredientes deve estar visível, sendo disponibilizada em mensagem clara e precisa.

b) A falta e a deficiência material ou formal de informação só violam as normas de proteção do consumidor quando causam danos materiais ao consumidor.

c) As informações a respeito da quantidade, da composição e do preço dos produtos podem constar em língua portuguesa ou estrangeira, desde que seja de fácil compreensão do consumidor.

d) Caso o produto tenha na embalagem menção ao site da empresa, as informações a respeito da pesagem e dos ingredientes não precisam constar na embalagem, desde que estejam no endereço eletrônico.

02. FGV - OAB - 43º Exame de Ordem Unificado - Primeira Fase – Q46 Ângela Silva, com o propósito de celebrar os seus 20 anos de formada, adquiriu um pacote de viagens, na loja virtual de uma conhecida sociedade empresária de turismo. Ocorre que, seis dias após a aquisição, foi surpreendida por seus filhos com pacote de viagens semelhante. Em razão disso, contactou, imediatamente, a sociedade empresária, por meio dos canais de comunicação disponibilizados no sítio eletrônico, informando a sua desistência pela aquisição do serviço, pleiteando, portanto, o cancelamento da contratação. Após quatro dias da efetiva comunicação, Ângela recebeu resposta da agência de turismo, informando que o cancelamento era possível, porém seria cobrada uma taxa de 10% do valor total do pacote, pois, conforme a política da sociedade empresária, a desistência gratuita deve ser informada em até cinco dias da contratação. Diante do fato, você, consultado(a) como advogado(a), ofereceu, corretamente, a seguinte orientação.

a) A sociedade empresária não pode reter o percentual informado, pois Ângela tem justo e legítimo motivo para o cancelamento.

b) A sociedade empresária pode reter o percentual informado, desde que comprove que teve custos operacionais com o serviço cancelado.

c) A sociedade empresária pode reter o percentual informado, pois Ângela não exerceu o seu direito de arrependimento no prazo assegurado pelo CDC.

d) A sociedade empresária não pode reter o percentual informado, pois Ângela desistiu da aquisição do serviço e informou dentro do prazo estabelecido pelo CDC.

GABARITO	
1 - A	2 - D

DIREITO EMPRESARIAL

Luciana Aranalde

Cristiane Pauli

Douglas Azevedo

Sumário

1. TEORIA GERAL DO DIREITO EMPRESARIAL

Autora: Luciana Aranalde

1.1. Parte geral: empresário; estabelecimento; nome empresarial

1.1.1. A empresa

O Direito Empresarial historicamente é organizado a partir de três grandes fases.

A primeira fase é a do **Direito Mercantil**, no final da Idade Média (a partir do século XII), quando os usos e costumes eram concebidos nos estatutos das Corporações de Ofício, verdadeiras jurisdições privadas de direito consuetudinário e corporativista. Trata-se da chamada Teoria das Corporações de Ofício. É nessa fase que são criados os primeiros títulos de créditos e alguns protótipos de sociedades e de contratos.

A segunda fase do **Direito Comercial**, já na Idade Moderna, é marcada pelas inspirações advindas da codificação napoleônica. No Brasil, o Código Comercial (1850) marcou a fase da Teoria dos Atos de Comércio. O Direito Comercial era destinado a todos os comerciantes e, em razão da codificação, assumiu um papel autônomo em relação ao Direito Civil. Destaca-se que os comerciantes eram considerados exclusivamente aqueles que exerciam atos de comércio.

A terceira fase corresponde à fase atual, chamada de Teoria da Empresa. Com a criação da figura do empresário, passa-se do Direito Comercial ao **Direito Empresarial**. A inspiração foi o CC italiano de 1942. A **Teoria da Empresa** passa a ser disciplinada com a redação do art. 966 do CC, que preconiza que é considerado empresário aquele que exerce profissionalmente atividade econômica organizada para a produção ou a circulação de bens ou de serviços.

1.1.2. Empresário

Atualmente, existem no ordenamento jurídico duas categorias que são enquadradas no conceito de empresário: a) o empresário individual; e b) a sociedade empresária.

Extinção da EIRELI: A Lei nº 14.195/2021 revogou tacitamente o art. 980-A do CC e foi somente a MP nº 1.085/2021, convertida na lei 14.382/22, que revogou de forma expressa o dispositivo, extinguindo, portanto, a EIRELI.

O **empresário individual** é uma pessoa natural, porém, de natureza jurídica. Como indica o seu próprio nome, representa um tipo empresarial no qual não é admitida a existência de um sócio. Seu modelo já não é tão corriqueiro, tendo em vista que a escolha atrai a obrigação da responsabilidade direta e ilimitada. Ou seja, o CPF e o CNPJ acabam interpenetrando-se.

A responsabilidade do empresário individual é direta e ilimitada. O Enunciado nº 5 das Jornadas de Direito Comercial veio a indicar que primeiramente deve o empresário responder com os bens da empresa, depois com os particulares.

Conforme referido, o art. 966 do CC conceitua o empresário, e seu parágrafo único determina: "não se considera empresário quem exerce profissão intelectual, de natureza científica, literária ou artística, ainda com o concurso de auxiliares ou colaboradores, salvo se o exercício da profissão constituir elemento de empresa". Isso impõe destacar que aqueles que exercem profissão intelectual (dentistas, contadores, médicos, advogados, professores etc.) não são considerados empresários para os fins legais. A exceção é quando o exercício da profissão constituir elemento de empresa, ou seja, quando exploram a profissão de forma a fazer desaparecer as características personalíssimas do profissional.

O art. 972 do CC indica que, para que se possa exercer a atividade de empresário, é necessário estar em pleno gozo da capacidade civil e, ainda, não pode ser legalmente impedido. Um exemplo disso é a restrição aos magistrados, que não podem ser empresários. Não se pode confundir esse impedimento com a possibilidade de ser sócio/acionista que lhe é resguardada desde que a responsabilidade seja limitada e não exerçam cargos de administração.

Caso aquele legalmente impedido exerça a atividade, irá responder pessoalmente pelas obrigações contratadas. Nesse caso, precisamos diferenciar impedimento com incapacidade. O art. 974 do CC indica que "poderá o incapaz, por meio de representante ou devidamente assistido, continuar a empresa antes exercida por ele enquanto capaz, por seus pais ou pelo autor de herança". Assim, não se pode começar uma empresa individual sendo incapaz, contudo, é possível, em casos de **incapacidade superveniente** ou **incapacidade do sucessor** na sucessão por morte, que a empresa continue as atividades dessa forma.

Como visto, o art. 974 do CC disciplina a questão referindo que, para tanto, é necessária a autorização judicial e que, nesse caso, uma espécie de limitação da responsabilidade, referindo que "não ficam sujeitos ao resultado da empresa os bens que o incapaz já possuía, ao tempo da sucessão ou da interdição, desde que estranhos ao acervo daquela". A questão deve estar clara no alvará que concede a autorização.

O legislador previu no art. 975 do CC que "se o representante ou assistente do incapaz for pessoa que, por disposição de lei, não puder exercer atividade de empresário, nomeará, com a aprovação do juiz, um ou mais gerentes".

Em relação ao empresário casado, a regra do art. 978 do CC merece muita atenção pois refere textualmente que "o empresário casado pode, **sem necessidade de outorga conjugal**, qualquer que seja o regime de bens, alienar os imóveis que integrem o patrimônio da empresa ou gravá-los de ônus real". Contudo, há que destacar-se que o Enunciado nº 58 das Jornadas de Direito Comercial afirma que a regra apenas vale "desde que exista prévia averbação de autorização conjugal à conferência do imóvel ao patrimônio empresarial no cartório de registro de imóveis, com a consequente averbação do ato à margem de sua inscrição no registro público". Porém, cumpre reforçar que, pelo CC, esse "**porém**" não existe.

O empresário deve observar sempre a regra do art. 979 do CC, mantendo o arquivamento na Junta de todos os pactos e declarações antenupciais, bem como os títulos de doação, herança, ou legado, de bens clausulados de incomunicabilidade ou inalienabilidade. Ainda, destaque-se a previsão do art. 980 do CC, que determina que a "sentença que decretar ou homologar a separação judicial do empresário e o ato de reconciliação não podem ser opostos a terceiros, antes de arquivados e averbados no Registro Público de Empresas Mercantis".

Por fim, um empresário pode ser representado pela **sociedade empresária**, que será estudada com maiores detalhamentos na Seção 2. Contudo, para fins de caracterização, tem-se que possui natureza jurídica de pessoa jurídica. Os sócios podem ser pessoa natural ou jurídica e a responsabilidade dos sócios é subsidiária e limitada, ilimitada ou mista, a depender do tipo societário eleito.

1.1.3. Estabelecimento empresarial

A primeira questão a ser pontuada é a de que **estabelecimento empresarial** não é sinônimo de local onde são desenvolvidas as atividades empresariais, o conceito de estabelecimento comercial é muito mais longo. Segundo o art. 1.142 do CC, «considera-se estabelecimento todo complexo de bens organizado, para exercício da empresa, por empresário, ou por sociedade empresária». Ainda, o local onde se exerce a atividade empresarial poderá ser físico ou virtual:

Quando o local onde se exerce a atividade empresarial for virtual, o endereço informado para fins de registro poderá ser, conforme o caso, o do empresário individual ou o de um dos sócios da sociedade empresária; art. 1.142, § 2º do CC.

Quando o local onde se exerce a atividade empresarial for físico, a fixação do horário de funcionamento competirá ao município, observada a regra geral do inciso II do *caput* do art. 3º da Lei nº 13.874, de 20-9-2019; art. 1.142, § 3º do CC.

Com isso é preciso entender que o estabelecimento comercial compreende tanto os bens de natureza material quanto imaterial, utilizados para que possa se dar o exercício da atividade econômica. Tem-se, portanto, um olhar à universalidade dos bens. Tanto é que é possível realizar a venda do estabelecimento empresarial como um todo: o chamado contrato de **trespasse,** conforme regulado no art. 1.144 do CC.

Percebe-se que, para que seja válido perante terceiros, é necessário o seu registro e posterior publicação. Há que se pontuar que o CC determinou diversas regras aplicáveis ao trespasse, tendo em vista a sua evidente importância.

Assim, por exemplo, a regra insculpida no art. 1.145 do CC prevê que, antes da alienação, deve ser providenciado o pagamento dos credores ou deve ser colhida uma autorização que contenha o consentimento desses. Essa autorização se dá por meio de uma notificação cuja resposta deve dar-se em trinta dias, sob pena de ser considerada uma autorização tácita.

Outro ponto de suma importância diz respeito à sucessão **empresarial**, prevista no art. 1.146 do CC: "o adquirente do estabelecimento responde pelo pagamento dos débitos anteriores à transferência, desde que regularmente contabilizados, continuando o devedor primitivo solidariamente obrigado pelo prazo de um ano [...]". Esse prazo de um ano é contado, em relação aos créditos vencidos, da publicação, e, quanto aos outros, da data do vencimento.

Obviamente tal regra é considerada apenas em relação às dívidas que podem ser negociadas, o que não se aplica no caso das dívidas de natureza tributária e trabalhista. Nesses casos devem ser observadas as previsões do art. 133 do CTN e do art. 448 da CLT.

É lícito e usual que esses contratos venham com a previsão de uma cláusula de não concorrência. Em referência a isso, inclusive, o art. 1.147 do CC indica que "não havendo autorização expressa, o alienante do estabelecimento não pode fazer concorrência ao adquirente, nos cinco anos subsequentes à transferência". Nada impede de ser previsto um prazo menor, valendo esse regramento no silêncio.

Por fim, vale mencionar o caso de sub-rogação nos contratos de exploração, pelo art. 1.148 do CC, que indica que "salvo disposição em contrário, a transferência importa a sub-rogação do adquirente nos contratos estipulados para exploração do estabelecimento, se não tiverem caráter pessoal". Refere ainda que nada impede que os terceiros rescindam o contrato em noventa dias, a contar da publicação da transferência, se ocorrer justa causa, ressalvada, neste caso, a responsabilidade do alienante.

1.1.4. Nome empresarial

O nome empresarial é o que irá identificar o empresário perante a sociedade em todas as suas relações. A escolha do nome empresarial irá aparecer no ato constitutivo da sociedade, ou seja, ou no contrato social ou no estatuto, que posteriormente será arquivado na Junta Comercial. Não se confunde o nome empresarial com a marca, nome de domínio e nem com o nome fantasia.

Marca: sinal distintivo que identifica produtos e/ou serviços. *Vide* art. 122 da Lei nº 9.279/1996.

Nome de domínio: endereço eletrônico que hospeda o sítio eletrônico do empresário.

Nome fantasia: é o título do estabelecimento.

Ele deve obedecer ao princípio da novidade e da veracidade (arts. 1.158 e 1.165 do CC). Isso quer dizer que não pode valer-se de uma expressão que não corresponda à realidade empresarial e, ainda, não se deve utilizar de um registro igual ou que guarde notória semelhança com outro já registrado na Junta Comercial (*vide* arts. 1.163 e 1.666 do CC).

O nome empresarial pode ser constituído de **firma** ou **denominação**. Essa é a regra trazida no art. 1.155 do CC. Enquanto a firma necessita possuir um nome civil em seu núcleo (extenso ou abreviado), a denominação admite a inserção de qualquer expressão linguística.

Lei nº 14.195/2021: A Lei nº 14.195/2021 incluiu o art. 35-A na Lei de Registro Público de Empresas Mercantis (Lei nº 8.934/1994), dispondo que: "O empresário ou a pessoa jurídica poderá optar por utilizar o número de inscrição no Cadastro Nacional da Pessoa Jurídica (CNPJ) como nome empresarial, seguido da partícula identificadora do tipo societário ou jurídico, quando exigida por lei. Outra importante alteração se deu no art. 35 da mesma lei, que antes vedava o arquivamento de atos de empresas mercantis com nome idêntico ou semelhante a outro já existente. Agora, a palavra "semelhante" foi retirada do dispositivo, permitindo o registro de empresas com nome empresarial parecido a outro já registrado.

Existe uma polêmica no que diz respeito à necessidade de indicação da atividade empresarial. Na firma a indicação é facultativa, já na denominação, em que pese haja exigência pelo art. 1.158 do CC, a Lei nº 8.934/1994 indica a desnecessidade.

Um cuidado importante é que na sociedade limitada há a opção de escolha entre firma e denominação, contudo, ao final do nome deve estar incluída a palavra "limitada" ou "ltda.". Caso essa regra não seja observada, haverá responsabilidade solidária e ilimitada dos administradores que assim utilizarem-se da firma ou denominação.

Outro importante detalhe é que a cooperativa deve utilizar-se de denominação integrando a palavra "cooperativa" por extenso. Por outro lado, as sociedades anônimas devem utilizar-se da denominação junto do vocábulo "sociedade anônima" ou "companhia", sendo facultado utilizar-se da abreviatura "cia" ou "S.A.". Nada impede que o nome de um fundador ou acionista importante componha o nome empresarial.

Por seu turno, a sociedade em comandita por ações pode, em lugar de firma, adotar denominação aditada da expressão 'comandita por ações', facultada a designação do objeto social.

TIPO SOCIETÁRIO	NOME EMPRESARIAL
EI	FIRMA OU CNPJ
COMANDITA SIMPLES	FIRMA OU CNPJ
COMANDITA POR AÇÕES	FIRMA, DENOMINAÇÃO OU CNPJ
EM NOME COLETIVO	FIRMA OU CNPJ
LTDA	FIRMA, DENOMINAÇÃO OU CNPJ
ANÔNIMA	DENOMINAÇÃO OU CNPJ
EM CONTA DE PARTICIPAÇÃO	SEM REGISTRO

1.1.5. Registro e escrituração

O **registro** (arts. 1.150 a 1.154 do CC) dos empresários no Brasil é uma obrigação legal. A inscrição deve ser feita na Junta Comercial ainda antes do início das atividades empresariais. A questão está prevista de forma taxativa no art. 967 do CC.

O art. 984 do CC é uma exceção importante, indicando que o empresário rural é o único que possui a faculdade de registrar-se, ou seja, o seu registro é facultativo.

Caso as atividades iniciem sem o devido registro, estará imposta a sua irregularidade, mas não a sua inexistência, uma vez que desde que reúna os requisitos do art. 966 do CC, será considerado empresário.

Importante que se saiba que é a Lei nº 8.934/1994 que dispõe sobre o Registro Público de Empresas Mercantis e Atividades Afins. O registro nas Juntas Comerciais possui um principal interesse: o da publicidade dos atos e, portanto, qualquer pessoa pode consultar os contratos e documentos lá **arquivados**.

De acordo com o art. 36 da Lei nº 8.934/1994, o registro do Contrato Social deve se dar em até trinta dias contados de sua assinatura. Caso feito nesse prazo, os efeitos retroagem. Se fora do prazo, o arquivamento só possui eficácia a partir do despacho de concessão. O mesmo texto é trazido pelo art. 998 do CC.

O pedido de inscrição deve ser acompanhado do instrumento autenticado do contrato, e, de acordo com o Código Civil, "se algum sócio nele houver sido representado por procurador, o da respectiva procuração, bem como, se for o caso, da prova de autorização da autoridade competente" (letra do § 1º do art. 998).

A **escrituração** (arts. 1.179 a 1.195 do CC) é outra obrigação legal estendida aos empresários e está prevista no art. 1.179 do CC. A lei impõe a obrigação do empresário de manter a escrituração contábil dos resultados dos negócios que participa. A escrituração tem uma função interna ou administrativa, na medida em que possibilita:

- verificar os resultados do negócio;
- fundamentar ações corretivas visando aumento/diminuição dos lucros/prejuízos;
- posicionar os sócios acerca do desempenho da sociedade empresária.
- Por outro lado, também possui uma função externa:
- O Estado se vale da escrituração para fiscalizar e cobrar tributos;
- Os registros servem como prova do exercício da atividade comercial e de seus resultados perante órgãos do Poder Judiciário.

Prejuízos ao empresário pela ausência de escrituração contábil:

- Impossibilidade de usufruir dos benefícios da recuperação judicial (art. 51 da Lei nº 11.101/2005);
- Crime falimentar se for decretada a falência (art. 178 da Lei nº 11.101/2005);
- Inviabilidade de utilizar os dados da escrituração para fazer prova a seu favor;
- Possibilidade de o fisco lançar Imposto de Renda devido com base no lucro anual por arbitramento.

Assim, compreende-se que existe a obrigação de ser mantido um sistema de contabilidade (mecanizado ou não), com base na escrituração uniforme dos seus livros. A escrituração deve ser elaborada com base na documentação a ela vinculada. Ainda, anualmente deve ser levantado balanço patrimonial e **resultado econômico.**

> ▷ **Dica:** Cuidado com a exceção do § 2º, que flexibiliza a exigência aos pequenos empresários, conforme art. 970 do CC.

A regra é de que a escrituração seja elaborada pelo contabilista, em idioma e moeda corrente, a partir da obrigatoriedade da ordem cronológica de dia, mês e ano. Deve ser feita a autenticação na Junta Comercial. Esses livros são sigilosos, salvo os casos de autorização judicial ou para fins fiscalizatórios.

Lei nº 14.195/2021: A Lei nº 14.195/2021 esclarece que os órgãos e entidades envolvidos no processo de registro de empresas deverão disponibilizar, de forma gratuita, informações que permitam pesquisas prévias sobre as etapas de registro, inscrição, alteração e baixa de empresas, além de informações para licenciamento e autorização de funcionamento. Antigamente a gratuidade era apenas para pesquisa da denominação social.

Outro importante detalhe é que não poderão mais ser exigidos, no processo de registro via REDESIM, quaisquer dados e informações que já constem da base de dados do governo federal. Isso se deve à centralização de dados das empresas no CNPJ.

Além disso, o art. 6º-A da Lei nº 11.598/2007 agora dispõe que, nos casos em que o grau de risco da atividade seja considerado médio, o alvará de funcionamento e as licenças serão emitidos automaticamente, sem análise humana.

1.2. Parte geral: registro e elementos do contrato social

1.2.1. Especificidades

Constituída a sociedade pela formalização e assinatura do contrato social, devem os sócios proceder ao registro do ato constitutivo da sociedade no órgão competente (Cartório ou Junta, a depender do objeto social), para que ela adquira personalidade jurídica (art. 985 do CC) e possa dar início às suas atividades (art. 967 do CC).

De acordo com o art. 998 do CC, o prazo para a efetivação do registro do ato constitutivo da sociedade é de 30 dias após sua constituição (ver também art. 36 da Lei nº 8.934/1994).

Complementando a regra citada, dispõem seus parágrafos: "o pedido de inscrição será acompanhado do instrumento autenticado do contrato, e, se algum sócio nele houver sido representado por procurador, o da respectiva procuração, bem como, se for o caso, da prova de autorização da autoridade competente" (§ 1º); e "com todas as indicações enumeradas no artigo antecedente, será a inscrição tomada por termo no livro de registro próprio, e obedecerá a número de ordem contínua para todas as sociedades inscritas" (§ 2º).

A constituição das sociedades empresárias, do tipo limitada, para o correto registro perante o Registro Público de Empresa, deve conter, **obrigatoriamente** o instrumento de contrato social, em três vias, assinado por todos os sócios ou seus procuradores.

No caso de o instrumento de constituição social que será levado a registro conter representação por procurador, é obrigatório exigir a respectiva procuração com poderes específicos para o ato, bem com a aprovação prévia do órgão governamental competente, quando for o caso. É preciso estar devidamente consignado no corpo do instrumento de constituição a declaração de desimpedimento do administrador ou em ato separado, se não constar em cláusula própria.

Participação societária de empresa estrangeira: deve ser anexada ao instrumento de constituição que será levado a registro a prova da existência legal da empresa e da legitimidade de sua representação.

Participação societária de empresa pública: para sociedade de economia mista, autarquia ou fundação pública, é necessário juntar ao instrumento de constituição social a edição da folha do Diário Oficial da União, do Estado ou do Município que contiver o ato de autorização legislativa; ou citação, no contrato social, da natureza, número e data do ato de autorização legislativa, bem como do nome, data e folha do jornal oficial em que foi publicada; fotocópia do documento de identidade do representante legal; ficha de cadastro; comprovantes de pagamento dos emolumentos dos serviços: recolhimento federal; recolhimento estadual.

Elementos: título; preâmbulo; corpo do contrato; cláusulas obrigatórias (Lei nº 8.934/1994); fecho. O instrumento contratual não poderá conter emendas, rasuras ou entrelinhas.

Obrigatoriamente constará do preâmbulo do instrumento de constituição social a qualificação completa dos sócios, pessoas físicas ou jurídicas, e ou de seus representantes. Caso qualquer dos sócios seja representado por procurador, deve vir no preâmbulo do instrumento a qualificação completa do mesmo.

O contrato social conterá: o nome empresarial (poderá ser razão social ou denominação social – a razão social deve ser composta com sobrenome ou nome civil completo ou abreviada de, pelo menos, um dos sócios); capital da sociedade; a participação de cada sócio; a forma e o prazo de sua integralização; município da sede, com endereço completo, bem como o endereço das filiais – se houver; declaração precisa e minuciosa do objeto social; prazo de duração da sociedade; data de encerramento do exercício social, quando não coincidente com o ano civil; e a nomeação do administrador, devidamente qualificado.

No final do instrumento contratual deverá constar local e data; nomes dos sócios e respectivas assinaturas; nomes das testemunhas instrumentárias (duas, pelo menos) respectivas assinaturas, com o número do documento da identidade (RG) e órgão expedidor e o visto de advogado, sendo este último não determinado para as Microempresas (ME) e as Empresas de Pequeno Porte (EPP).

Podem ser sócios: desde que não haja empecilho legal, os absolutamente capazes e o menor emancipado. Os menores, desde que devidamente representados.

Não podem ser sócios: os estrangeiros sem visto permanente.

Nome empresarial: obedecerá ao princípio da veracidade e da novidade, incorporando os dados específicos ou complementares exigidos ou não proibidos em lei (tanto na razão social como na denominação social deve haver a indicação do objeto social).

Capital social: as quotas serão correspondentes ao montante da contribuição de cada sócio. Poderão ser utilizados para integralização de capital quaisquer bens, desde que suscetíveis de avaliação em dinheiro.

Filiais: é necessário que o instrumento de constituição para cada uma delas indique o respectivo município e endereço completo.

1.2.2. Da alteração contratual

São os mesmos requisitos exigidos para o registro de instrumento de alteração contratual e para o instrumento de constituição social, principalmente no que se refere ao preâmbulo e quanto ao seu corpo. Deve-se mencionar as alterações pretendidas e, no caso de consolidação, inserir uma nova redação, conforme a alteração efetuada.

Redução de capital: Devido a perdas irreparáveis, o instrumento de alteração contratual deverá ser firmado pelos sócios, onde se formalizará a redução, com a diminuição proporcional do valor nominal das quotas (arts. 1.082 e 1.083 do CC).

Por ser considerado demasiado em relação ao objeto da sociedade, o instrumento de alteração contratual deverá ser formalizado com a indicação da redução com a devolução de parte do valor das quotas aos sócios, ou dispensando-os de prestações ainda devidas, com a redução proporcional também neste caso, do valor nominal das quotas.

Instrumento de alteração: Em uma via original, podendo ser realizado por escritura pública ou particular, independentemente da forma de que se houver revestido o respectivo ato de constituição. Devem conter os seguintes elementos: título, preâmbulo e corpo da alteração (nova redação das cláusulas alteradas, expressando as modificações introduzidas, redação das cláusulas incluídas, indicação das cláusulas suprimidas; fecho.

Quando o instrumento de alteração for requerido por deliberação majoritária, deverá constar do preâmbulo apenas o nome dos sócios que dela fazem parte e que a deliberação se faz por maioria do capital.

O instrumento de alteração pode conter a hipótese de a sociedade adquirir quotas de sócio quando houver quotas liberadas, ou seja, integralizadas, desde que o faça com fundos disponíveis e sem ofensa ao capital, por acordo dos sócios; e quotas não liberadas de sócio remisso excluído, desde que o faça com fundos disponíveis e sem ofensa ao capital.

As alterações contratuais, quando registradas por instrumento particular, serão assinadas por todos os sócios e por duas testemunhas, salvo na hipótese de determinação majoritária.

Em hipótese alguma os registros de instrumentos de alterações sociais representam a constituição de nova sociedade.

1.2.3. Da natureza jurídica do capital social

O conceito de capital social está intrinsecamente ligado à estrutura do contrato social. Estabelece-se a partir da constituição de um patrimônio separado para a criação de uma sociedade, via de regra, para conciliar a limitação da responsabilidade dos sócios, com a garantia dos credores.

Em outras palavras, a sociedade, para dar início à sua atividade econômica, necessita de recursos. Cabe aos sócios prover tais recursos. Fazem-no transferindo do seu patrimônio ao da pessoa jurídica. O capital social é a medida da contribuição dos sócios para a sociedade e serve como referência à sua força econômica.

Capital social subscrito: mensuração do montante prometido pelos sócios para a sociedade a título de capitalização.

Capital social integralizado: recursos já transferidos para o patrimônio social.

Uma das principais funções do capital social é a de mensurar a contribuição dos sócios, de modo a funcionar como um fundo de garantia dos credores – e assenta-se na ideia da limitação da responsabilidade dos sócios.

Princípios do regime legal do capital social:

Unidade: toda sociedade deve ter um único capital social;

Fixidez: o capital social somente pode ser modificado nos casos previstos em lei e de acordo com as normas legais;

Irrevogabilidade: os sócios não podem ser dispensados da obrigação de realizar as entradas que se obrigaram perante a sociedade;

Realidade: a cifra do capital deve corresponder ao valor real das entradas feitas pelos sócios;

Intangibilidade: os sócios não podem "beliscar" o capital social, ou seja, não podem tocar neste fundo permanente enquanto a sociedade continua operando e os credores não foram integralmente satisfeitos.

1.2.3.1. Do entendimento da Junta Comercial

O art. 35, III, da Lei nº 8.934/1994 é claro e não admite concessões, quando proíbe o arquivamento dos atos constitutivos se deles não constar o capital da sociedade, a forma e o prazo de sua integralização. No mesmo sentido, temos o art. 1.054 c/c o art. 997, III e IV, do CC.

Entre as orientações das Juntas Comercial, insertas nas instruções normativas do DREI, constam a necessidade de indicação numérica e por extenso do total do capital social; bem como a necessidade de mencionar o valor nominal de cada quota, que pode ter valor desigual.

Há de se mencionar o total de quota(s) de cada sócio e declarar a forma e o prazo de integralização do capital – se houver sócio menor, o capital deverá estar totalmente integralizado.

No caso de se tratar de integralização com bem imóvel, obrigatoriamente, haverá a descrição e identificação do imóvel, sua área, dados relativos à sua titulação, número de matrícula no Registro de Imóveis e autorização do cônjuge no instrumento contratual com a referência pertinente, salvo se o regime de bens for o de separação absoluta.

O legislador concedeu liberdade aos sócios de escolherem a maneira de integralizar o capital social, tornou, porém, obrigatória cláusula contratual dispondo sobre o prazo e a forma de sua integralização (dinheiro ou bens suscetíveis de avaliação em dinheiro).

1.3. Parte geral: tipos de desconsideração da pessoa jurídica

1.3.1. Personalidade jurídica

A personalidade jurídica é o que confere à pessoa jurídica a aptidão de adquirir direitos, bem como contrair obrigações. Assim, não é pura e simplesmente a condição de sujeito de direito que caracteriza a personalidade, mas a aptidão genérica para tanto, até porque os entes despersonalizados também são sujeitos de direitos capazes de praticar atos jurídicos, ainda que de forma limitada, como é o caso da massa falida e do espólio.

1.3.2. Pessoas jurídicas

As pessoas jurídicas se dividem em dois grupos: **de direito público (interno ou externo) e de direito privado (estatais ou particulares),** que possuem regulamentação nos arts. 40, 41, 42 e 43, todos do CC:

PESSOAS JURÍDICAS DE DIREITO PÚBLICO INTERNO:	PESSOAS JURÍDICAS DE DIREITO PÚBLICO EXTERNO:	PESSOAS JURÍDICAS DE DIREITO PRIVADO:
União; Estados, DF e Territórios; Municípios; Autarquias, inclusive as associações públicas; Demais entidades de caráter público criadas por lei.	Estados estrangeiros; Todas as pessoas regidas pelo Direito Interno Público.	Associações; Sociedades; Fundações; Organizações Religiosas; Partidos públicos.

Lembre-se de que as pessoas jurídicas de direito público estão submetidas a regime distinto das pessoas jurídicas de direito privado, na medida em que têm suas regras sujeitas ao Direito Administrativo, submetendo-se ao princípio da estrita legalidade.

Quanto às pessoas jurídicas de direito privado, é importante saber que não se limitam àquelas previstas no art. 44 do CC, podendo existir outras, tais como os sindicatos, as confederações, as federações, dentre outras.

1.4. Autonomia patrimonial da pessoa jurídica

Assim prevê o **art. 1.024 do CC**: "Os bens particulares dos sócios não podem ser executados por dívidas da sociedade, senão depois de executados os bens sociais".

Isso se dá em virtude da autonomia patrimonial das sociedades, a qual determina que a responsabilidade dos sócios pelas obrigações sociais será subsidiária, podendo também ser limitada a depender do tipo societário. Essa concepção tornou-se ainda mais forte a partir da edição da Lei da Liberdade Econômica (**Lei nº 13.874/2019**) a partir da inclusão do **art. 49-A no CC**.

1.4.1. Responsabilidade subsidiária dos sócios

A regra geral, portanto, é que os bens da sociedade responderão pelas dívidas sociais enquanto a empresa ainda os possuir. Isso garante aos sócios o chamado benefício de ordem.

No caso de a empresa não possuir bens, deve-se atentar para o tipo de responsabilidade dos sócios, se limitada: seus bens particulares poderão ser executados, se ilimitada; seus bens particulares não poderão, a princípio, ser executados.

Exemplos:

Sociedade em nome coletivo: responsabilidade ilimitada.

Sociedade anônima: responsabilidade limitada.

1.5. Desconsideração da personalidade jurídica

A desconsideração da personalidade jurídica surge para solidificar o instituto do princípio da autonomia patrimonial da pessoa jurídica, a fim de evitar que haja fraude ou abuso de direito. Ou seja, ela é um reforço indireto para que sócios e administradores atuem visando ao bem comum da sociedade empresária, preservando-a e mantendo a sua função social, coibindo manipulação da pessoa jurídica com o fim de fraudar credores.

Assim, se utilizada para fazer valer fraude em detrimento de terceiros, considerar-se-á ineficaz a personificação com relação aos atos praticados de forma abusiva ou fraudulenta, podendo atingir os bens particulares dos sócios envolvidos na administração da sociedade.

O CDC foi a primeira norma a prever a possibilidade de desconsiderar a personalidade jurídica; neste caso a aplicação se dá quando há abuso em detrimento do consumidor, excesso de poder, infração da lei, fato ou ato ilícito, violação dos estatutos ou do contrato social, ou ainda quando houver falência, estado de insolvência, encerramento ou inatividade da pessoa jurídica provocados por má administração (art. 28). A teoria presente no CDC é chamada de "teoria menor", sendo a "teoria maior" aquela presente no CC (art. 50).

1.5.1. Teoria maior versus *teoria menor*

Existem duas teorias aplicadas quando da desconsideração da personalidade jurídica: a "teoria menor" e a "teoria maior".

A teoria menor é aplicada nos casos que envolvam relação de consumo (art. 28 do CDC), condutas lesivas ao meio ambiente (art. 4º da Lei nº 9.605/1998) ou ainda quando se tratar de infração da ordem econômica (art. 34 da Lei nº 12.529/2011). A teoria menor incide com a mera prova de insolvência da pessoa jurídica para o pagamento de suas obrigações, independentemente da existência de desvio de finalidade ou de confusão patrimonial.

Já a teoria maior é considerada aquela prevista no art. 50 do CC. Sobre a distinção entre o art. 50 do CC e as demais regras legais que tratam da desconsideração da personalidade jurídica, o Enunciado nº 9 das Jornadas de Direito Comercial do CJF diz o seguinte: "quando aplicado às relações jurídicas empresariais, o art. 50 do CC não pode ser interpretado analogamente ao art. 28, § 5º, do CDC ou ao art. 2º, § 2º, da CLT".

1.5.2. Desvio de personalidade e confusão patrimonial

De acordo com o art. 50, § 1º, CC: "Para os fins do disposto neste artigo, desvio de finalidade é a utilização da pessoa jurídica com o propósito de lesar credores e para a prática de atos ilícitos de qualquer natureza".

No abuso por desvio de finalidade a personificação existe para um fim ilícito, como acontece quando a atividade da pessoa jurídica é em si lícita, mas seria ilícita se exercida pelo sócio, ou seja, a pessoa jurídica é usada para encobrir a ilicitude da ação dos sócios.

Não é desvio de finalidade:

> **Art. 50, § 5º, CC.** Não constitui desvio de finalidade a mera expansão ou a alteração da finalidade original da atividade econômica específica da pessoa jurídica.

Confusão patrimonial:

> **Art. 50, § 2º, CC.** Entende-se por confusão patrimonial a ausência de separação de fato entre os patrimônios, caracterizada por:
>
> I – Cumprimento repetitivo pela sociedade de obrigações do sócio ou do administrador ou vice-versa;
>
> II – transferência de ativos ou de passivos sem efetivas contraprestações, exceto os de valor proporcionalmente insignificante; e
>
> III – outros atos de descumprimento da autonomia patrimonial.

O pagamento de obrigações do sócio pela pessoa jurídica ou vice-versa é um exemplo clássico caracterizado como hipótese de confusão patrimonial, contudo, verifica-se que o dispositivo exige expressamente que se trate de um comportamento repetitivo.

A transferência de ativos ou passivos realizada sem a devida justificativa econômica pode ser caracterizada quando os sócios ou administradores utilizam o patrimônio da pessoa jurídica e vice-versa. Empréstimos entre a pessoa jurídica e o sócio, por exemplo, embora comuns, precisam obedecer às condições normais de mercado, sob pena de representarem um mecanismo de mistura dos patrimônios.

1.6. Desconsideração da personalidade jurídica e seus efeitos

A desconsideração da personalidade jurídica tem os seus efeitos ligados ao caso concreto em que foi requerida, ou seja, continua a existir normalmente e a ter os efeitos da sua personalização respeitados em todas as demais relações jurídicas em que figurar.

A aplicação da teoria da desconsideração atinge, tão somente, aqueles sócios que se beneficiaram do uso abusivo da pessoa jurídica, logo, não significa que atingirá todos os sócios e/ou administradores da sociedade, indistintamente.

Essa interpretação ganhou reforço após a edição da Lei nº 13.874/2019 (Lei da Liberdade Econômica), que alterou a redação do *caput* do art. 50 do CC para deixar claro que a desconsideração da personalidade jurídica só pode atingir os administradores ou sócios "beneficiados direta ou indiretamente pelo abuso".

1.7. Desconsideração inversa da personalidade jurídica

Conforme já vimos, a teoria da desconsideração é aplicada com a finalidade de permitir a execução de bens particulares dos sócios e/ou administradores por dívidas da sociedade. O caminho inverso também pode ser feito: desconsiderar a pessoa jurídica para executar bens sociais por dívidas pessoais de um de seus sócios.

A **desconsideração inversa** consiste na aplicação dos fundamentos da *disregard doctrine* para permitir que a pessoa jurídica responda por obrigações pessoais de um ou mais sócios.

A aplicação da desconsideração inversa é bem comum em questões que envolvam Direito de Família, quando se constata, por exemplo, que um dos cônjuges cria uma pessoa jurídica com o objetivo de ocultar seu patrimônio, o afastando da partilha ou frustrando a cobrança de pensão alimentícia.

Dispõe o **Enunciado nº 283 das Jornadas de Direito Civil do CJF**: "é cabível a desconsideração da personalidade jurídica denominada 'inversa' para alcançar bens de sócio que se valeu da pessoa jurídica para ocultar ou desviar bens pessoais, com prejuízo a terceiros".

Vale destacar que, desde a edição da Lei nº 13.874/2019 (Lei da Liberdade Econômica), a desconsideração inversa está expressamente autorizada pelo CC no § 3º do art. 50.

1.8. Desconsideração e dissolução da personalidade jurídica

É comum ocorrer, no Brasil, a chamada "dissolução irregular" da empresa, isto é, o encerramento das atividades sem a devida baixa na Junta Comercial.

De acordo com o Súmula nº 435 do STJ, "presume-se dissolvida irregularmente a empresa que deixar de funcionar no seu domicílio fiscal, sem comunicação aos órgãos competentes, legitimando o redirecionamento da execução fiscal para o sócio-gerente".

No entanto, esse entendimento restringe-se à execução fiscal. As Turmas de direito privado do STJ (3ª e 4ª Turmas, que compõem a 2ª Seção) entendem que a mera dissolução irregular da empresa não é motivo suficiente para aplicação da desconsideração da personalidade jurídica.

1.9. Prazo para requerimento da desconsideração da personalidade jurídica

Assim prevê o art. 1.032 do CC: "a retirada, exclusão ou morte do sócio, não o exime, ou a seus herdeiros, da responsabilidade pelas obrigações sociais anteriores, até dois anos após averbada a resolução da sociedade; nem nos dois primeiros casos, pelas posteriores e em igual prazo, enquanto não se requerer a averbação".

Assim, há quem alegue que a desconsideração da personalidade jurídica não poderia, por exemplo, atingir um sócio que já se retirou da sociedade há mais de dois anos. No entanto, o STJ já decidiu que a regra do art. 1.032 do CC não tem aplicação quando se trata de desconsideração da personalidade jurídica, conforme é possível verificar no REsp nº 1.269.897 /SP (STJ, rel. Min. Nancy Andrighi – 3ª T. – *DJe* 23 -11 -2009) e REsp nº 1.312.591 /RS. (STJ, rel. Min. Luis Felipe Salomão, 4ª T. – *Dje* 11 -5 -2013).

▷ **Dica:** A desconsideração da personalidade jurídica **não se confunde** com a despersonalização da pessoa jurídica, esta atinge a validade do ato constitutivo, ao passo que a desconsideração objetiva atinge o patrimônio dos sócios, tratando-se de um ato momentâneo.

2. SOCIEDADE

Autora: Luciana Aranalde

2.1. Sociedade simples

As sociedades simples, além de se constituírem no tipo pertinente a atividade societária intelectual, também têm suas normas consideradas uma espécie de parte geral do Direito Societário, pois suas regras têm aplicação subsidiária à maioria das sociedades empresárias contratuais. Nesse sentido, inclusive, as sociedades cooperativas são consideradas sociedades simples, conforme dispõe o parágrafo único do art. 982 do CC.

Reguladas nos artigos 997 a 1.038 do CC, as sociedades simples são constituídas por meio de contrato.

2.1.1. Contrato social

2.1.2. Qualificação dos sócios

A qualificação dos sócios no contrato social está prevista no inciso I do art. 997 do CC.

Sócios pessoas naturais:	Sócios pessoas jurídicas:
- Incapazes - Impedidos - Pessoas casadas	- *Holding*

2.1.3. Qualificação das sociedades

Já quanto à qualificação das sociedades, está prevista no inciso II do art. 997 do CC.

Nome empresarial:	Objeto social:
- Firma[1] - Denominação	Profissão intelectual / atividade rural

2.1.4. Capital social

Capital social é o montante correspondente à participação dos sócios na sociedade, decorrente de aportes dos sócios, consistentes na transferência de dinheiro, bens ou créditos para a sociedade.

Segundo o inciso III do art. 997 do CC, o capital social deverá ser expresso em moeda corrente, podendo compreender qualquer espécie de bens, suscetíveis de avaliação pecuniária.

1. Enunciado 213 da III Jornada de Direito Civil: O art. 997, inc. II, não exclui a possibilidade de sociedade simples utilizar firma ou razão social.

> **Art. 1.059 do CC.** Os sócios serão obrigados à reposição dos lucros e das quantias retiradas, a qualquer título, ainda que autorizados pelo contrato, quando tais lucros ou quantia se distribuírem com prejuízo do capital.

Capital social = patrimônio inicial;

Patrimônio líquido > capital social > distribuir/reservar lucros.

O capital funciona como uma garantia dos credores, bem como é o que viabiliza a realização do objeto social e define as relações de poder dos sócios no controle da sociedade, da mesma forma que define a responsabilidade de cada sócio.

Quanto ao valor do capital social, o debate sobre a necessidade ou não de haver um capital social mínimo para constituição de uma determinada sociedade é antigo, havendo ordenamentos jurídicos que fazem essa exigência. Existem diversos fundamentos acerca da exigência de um capital mínimo, como por exemplo: cumprimento das funções de garantia e produtividade. No Brasil não se exige capital social mínimo para a constituição de sociedades.

A exigência de adequação do capital social ao objeto social pode ser extraída de uma interpretação do art. 173 da Lei nº 6.404/1976 ("a assembleia geral poderá deliberar a redução do capital social se houver perda, até o montante dos prejuízos acumulados, ou se julgá-lo excessivo") e art. 1.082, II, do CC ("pode a sociedade reduzir o capital, mediante a correspondente modificação do contrato: [...] II – se excessivo em relação ao objeto da sociedade" (princípio da congruência).

Subcapitalização formal: a sociedade possui um capital próprio ínfimo em relação à atividade que desenvolve, porque obtém recursos de terceiros (financiamentos, por exemplo).

Subcapitalização substancial: há uma clara desproporção entre o volume de negócios de uma empresa e o seu capital social, sem que existam outras fontes de recursos para compensar.

2.1.5. Subscrição do capital

No Direito brasileiro, exige-se a subscrição total do capital social no momento da constituição da sociedade, contudo, a integralização pode ser futura.

O ato de subscrição representa o comprometimento dos sócios de contribuir para a formação do capital social, e é com base nele, em tese, que se estabelecem as respectivas participações societárias.

> **Art. 997 do CC.** [...] IV – A quota de cada sócio no capital social, e o modo de realizá-la;

V – As prestações a que se obriga o sócio, cuja contribuição consista em serviços;

A integralização consiste na efetiva contribuição dos sócios para a formação do capital social, podendo ser feita de diversas formas: com bens – móveis ou imóveis, materiais ou imateriais –, dinheiro ou créditos. Na sociedade simples, admite-se até a contribuição em serviços (Enunciado nº 206 das Jornadas de Direito Civil).

Se o sócio integralizar sua quota com transferência de bens, estes devem ser suscetíveis de avaliação pecuniária, além de o sócio responder pela evicção, isto é, caso a sociedade perca esse bem posteriormente em razão de ele ser de outrem (art. 1.005, CC), o sócio que o havia transferido terá que pagar a ela o seu valor. Já se integralizar sua quota com a transferência de créditos de sua titularidade, responderá pela solvência do devedor, ou seja, caso os créditos cedidos não sejam pagos pelos seus devedores, o sócio que os cedeu terá que pagá-los (art. 1.006, CC).

2.1.6. Administração da sociedade simples

Art. 997 do CC. [...] VI – as pessoas naturais incumbidas da administração da sociedade, e seus poderes e atribuições;

Verifica-se que as sociedades simples (e isso vale também para as demais sociedades contratuais) **não podem ser administradas por pessoa jurídica**, já que o dispositivo usa a expressão **pessoas naturais** para se referir aos administradores.

Também não podem administrar a sociedade as pessoas mencionadas no art. 1.011, § 1º do CC:

> não podem ser administradores, além das pessoas impedidas por lei especial, os condenados a pena que vede, ainda que temporariamente, o acesso a cargos públicos; ou por crime falimentar, de prevaricação, peita ou suborno, concussão, peculato; ou contra a economia popular, contra o sistema financeiro nacional, contra as normas de defesa da concorrência, contra as relações de consumo, a fé pública ou a propriedade, enquanto perdurarem os efeitos da condenação.

Caso o contrato social não designe expressamente seus administradores, aplica-se o **art. 1.013 do CC**: "a administração da sociedade, nada dispondo o contrato social, compete separadamente a cada um dos sócios". Dispõem seus parágrafos: § 1º: "se a administração competir separadamente a vários administradores, cada um pode impugnar operação pretendida por outro, cabendo a decisão aos sócios, por maioria de votos"; § 2º: "responde por perdas e danos perante a sociedade o administrador que realizar operações, sabendo ou devendo saber que estava agindo em desacordo com a maioria".

E, ainda, o **art. 1.014 do CC,** que prevê que: "nos atos de competência conjunta de vários administradores, torna-se necessário o concurso de todos, salvo nos casos urgentes, em que a omissão ou retardo das providências possa ocasionar dano irreparável ou grave".

Nada impede que os sócios, embora não tenham designado o administrador no próprio contrato social, façam-no em ato separado posteriormente. Nesse caso, deve-se atentar apenas para a imprescindibilidade de averbação do ato no órgão de registro da sociedade, em obediência ao **art. 1.012 do CC**: "o administrador, nomeado por instrumento em separado, deve averbá-lo à margem da inscrição da sociedade, e, pelos atos que praticar, antes de requerer a averbação, responde pessoal e solidariamente com a sociedade".

A diferença entre o administrador nomeado no contrato social e o administrador nomeado em ato separado está no fato de que os poderes daquele, caso seja sócio, são, em tese, irrevogáveis, salvo por decisão judicial que reconheça a ocorrência de justa causa para a revogação. Já os poderes de administrador não sócio ou de administrador designado em ato separado, ainda que sócio, são revogáveis a qualquer tempo pela vontade dos demais, conforme prevê o **art. 1.019 do CC**: "são irrevogáveis os poderes do sócio investido na administração por cláusula expressa do contrato social, salvo justa causa, reconhecida judicialmente, a pedido de qualquer dos sócios. Parágrafo único. São revogáveis, a qualquer tempo, os poderes conferidos a sócio por ato separado, ou a quem não seja sócio".

Nota-se que sócio administrador contratualmente nomeado possui uma espécie de estabilidade, podendo representar aos demais sócios um grave comprometimento de seus interesses. Para afastar essa estabilidade, a nomeação dos administradores pode ser processada por ato separado. Esse termo, para efeito de eficácia externa, deverá ser averbado à margem da inscrição da sociedade. Importa mencionar que, ainda que nomeado administrador no próprio contrato, o não sócio não está protegido contra a destituição.

A atividade do administrador é personalíssima, não podendo outrem exercer suas funções; o máximo permitido é a delegação de certas atividades a mandatários, nos termos do **art. 1.018 do CC**: "ao administrador é vedado fazer-se substituir no exercício de suas funções, sendo-lhe facultado, nos limites de seus poderes, constituir mandatários da sociedade, especificados no instrumento os atos e operações que poderão praticar".

Teoria orgânica: Prevê o art. 1.022 do CC que "a sociedade adquire direitos, assume obrigações e procede judicialmente por meio de administradores com poderes especiais, ou, não os havendo, por intermédio de qualquer administrador".

Os administradores são os representantes legais da sociedade. De acordo com a teoria orgânica, o administrador não é tecnicamente representante, mas presentante (órgão integrante da própria sociedade, que externa a sua vontade, ou seja, torna-a presente). Não obstante, o art. 1.011, § 2º, do CC dispõe que "aplicam-se à atividade dos administradores, no que couber, as disposições concernentes ao mandato".

2.1.7. Dever de diligência dos administradores

O administrador da sociedade deverá ter, no exercício de suas funções, o cuidado e a diligência que todo homem ativo e probo costuma empregar na administração de seus próprios negócios (art. 1.011, CC, art. 153 da Lei nº 6.404/1976). Entende-se que esse dever de diligência será atendido sempre que o administrador atuar em conformidade com os padrões de gestão fixados pela ciência da administração de empresas. Para tanto, deve-se verificar se sua atuação foi (i) independente, (ii) desinteressada, (iii) informada e (iv) no interesse da companhia *(business judgement rule)*.

2.1.8. Limitação de poderes dos administradores

Se houver lacuna no contrato social acerca dos poderes e atribuições dos seus administradores, entende-se que estes podem praticar todos e quaisquer atos pertinentes à gestão da sociedade, salvo oneração ou alienação de bens imóveis, o que só poderão fazer se tais atos constituírem o próprio objeto social (art. 1.015, CC).

Caso o contrato social estabeleça expressamente os poderes e atribuições dos administradores, é preciso analisar que efeitos para a sociedade produzirão os atos de gestão que extrapolarem os limites estabelecidos.

2.1.9. Distribuição nos lucros e resultados

Da mesma forma que todos os sócios devem contribuir para a formação do capital social, é também requisito especial de validade do contrato social a garantia de que todos eles **participem dos resultados sociais** (lucros ou prejuízos), cabendo-lhes disciplinar a matéria no ato constitutivo.

2.1.10. Participação proporcional x participação desproporcional

O sócio participa dos lucros e das perdas, na proporção das respectivas quotas, mas aquele cuja contribuição consiste em serviços somente participa dos lucros na proporção da média do valor das quotas, salvo se os sócios dispuserem em contrário (art. 1007, CC). Portanto, em tese, a participação dos sócios é **proporcional** às suas respectivas quotas, porém o contrato social pode dispor de forma diversa, determinando uma participação **desproporcional**.

2.1.11. Cláusula leonina

Conforme art. 1.008 do CC "é nula a estipulação contratual que exclua qualquer sócio de participar dos lucros e das perdas", depreendendo-se, portanto, que é vedada a chamada **"cláusula leonina"**.

Outrossim, a distribuição de **lucros ilícitos ou fictícios** acarreta responsabilidade solidária dos administradores que a realizarem e dos sócios que os receberem, conhecendo ou devendo conhecer-lhes a ilegitimidade (art. 1.009, CC).

2.1.12. Responsabilidade dos sócios

Conforme já vimos, a pessoa jurídica não se confunde com seus sócios, administradores, associados, instituidores (art. 49-A do CC).

2.1.13. Responsabilidades subsidiária dos sócios

A responsabilidade dos sócios pelas obrigações sociais, seja qual for o tipo societário, é sempre **subsidiária** em relação à sociedade, nos termos do **art. 1.024 do CC**: "os bens particulares dos sócios não podem ser executados por dívidas da sociedade, senão depois de executados os bens sociais". Desta forma, enquanto a sociedade possuir bens, são esses bens que devem responder por suas dívidas, garantindo-se aos sócios o **benefício de ordem**.

Não havendo mais bens sociais a serem executados, a responsabilidade dos sócios pelas dívidas sociais remanescentes será determinada pelo tipo societário escolhido: na sociedade em nome coletivo, todos responderão de forma ilimitada e solidária (**art. 1.039 do CC**); na sociedade em comandita simples, apenas os comanditados responderão de forma ilimitada e solidária (**art. 1.045 do CC**); e na sociedade limitada, nenhum sócio responderá, salvo se o capital não estiver integralizado, caso em que todos responderão solidariamente pelo que faltar a integralizar (**art. 1.052 do CC**).

Em se tratando de sociedade simples "pura", a responsabilidade, em princípio, é **ilimitada**, mas não solidária, conforme previsão do **art. 1.023 do CC**: "se os bens da sociedade não lhe cobrirem as dívidas, respondem os sócios pelo saldo, na proporção em que participem das perdas sociais, salvo cláusula de responsabilidade solidária".

Destaque-se, porém, que a parte final do dispositivo legal em questão ressalva a possibilidade de pactuação de **cláusula de responsabilidade solidária**, tornando a responsabilidade dos sócios da sociedade simples "pura", nesse caso, igual à dos sócios de uma sociedade em nome coletivo.

Essa cláusula de responsabilidade solidária é a prevista no **art. 997, VIII, do CC,** que estabelece a possibilidade de o contrato social prever "se os sócios respondem, ou não, subsidiariamente, pelas obrigações sociais".

2.1.14. Responsabilidade dos sócios na sociedade simples

No caso de omissão no contrato da sociedade simples propriamente dita contrato, valerão as regras gerais dos arts. 1.023 e 1.024 do CC, ou seja, a responsabilidade dos sócios será subsidiária em relação à sociedade (art. 1.024), mas ilimitada e proporcional entre eles (art. 1.023, 1ª parte). Porém, se pactuado expressamente, a responsabilidade dos sócios será subsidiária em relação à sociedade (art. 1.024), mas ilimitada e solidária entre eles (art. 1.023, parte final).

Ainda sobre a responsabilidade dos sócios da sociedade simples, o **Enunciado nº 10 das Jornadas de Direito Comercial** diz o seguinte: "nas sociedades simples, os sócios podem limitar suas responsabilidades **entre si**, à proporção da participação no capital social, ressalvadas as disposições específicas".

> **Art. 1.025 do CC.** O sócio, admitido em sociedade já constituída, não se exime das dívidas sociais anteriores à admissão.
>
> **Art. 1.032 do CC.** A retirada, exclusão ou morte do sócio, não o exime, ou a seus herdeiros, da responsabilidade pelas obrigações sociais anteriores, até dois anos após averbada a resolução da sociedade; nem nos dois primeiros casos, pelas posteriores e em igual prazo, enquanto não se requerer a averbação.

Os ministros da 3ª turma do STJ reconheceram que o sócio que sai da sociedade responde por dívidas sociais até dois anos após sua saída, mas destacaram que essa responsabilidade se refere a **dívidas anteriores** à sua saída, e não a dívidas posteriores no julgamento do REsp 1.537.521/RJ (STJ, rel. Min. Ricardo Villas Boas Cueva – 3ª T. – *DJe* 5 -2 -2019).

> **Art. 1.026 do CC.** O credor particular de sócio pode, na insuficiência de outros bens do devedor, fazer recair a execução sobre o que a este couber nos lucros da sociedade, ou na parte que lhe tocar em liquidação.
>
> Parágrafo único. Se a sociedade não estiver dissolvida, pode o credor requerer a liquidação da quota do devedor, cujo valor, apurado na forma do art. 1.031, será depositado em dinheiro, no juízo da execução, até noventa dias após aquela liquidação.

Esse dispositivo admite a **penhora de quotas** para execução de dívida particular de sócio, nesses casos, aplica-se a regra do art. 861 do CPC.

2.1.15. Deliberações sociais

Em princípio, compete aos administradores praticar os atos pertinentes à gestão dos negócios da sociedade, conforme o seu objeto social, contudo, quando se tratar de assuntos mais relevantes, a decisão não cabe ao administrador, mas ao conjunto de sócios, ou seja, exige, **deliberação social prévia**.

As matérias que dependem da deliberação dos sócios poderão ser expressas no contrato social. Em alguns casos, porém, é a própria lei que o faz, como nas hipóteses de dissolução da sociedade (art. 1.033, III, do CC) ou de exclusão do sócio remisso (art. 1.004, parágrafo único, do CC).

Quanto ao *quórum* de deliberação dispõe o art. 1.010: "quando, por lei ou pelo contrato social, competir aos sócios decidir sobre os negócios da sociedade, as deliberações serão tomadas por maioria de votos, contados segundo o valor das quotas de cada um".

A regra é que as deliberações sejam tomadas por maioria, mas a própria lei ou o contrato social pode estabelecer quórum qualificado para certas matérias, como 2/3 (dois terços), ¾ (três quartos) ou até mesmo unanimidade (o art. 999 do CC, por exemplo, exige unanimidade para mudanças nas cláusulas obrigatórias do contrato social, descritas no art. 997).

Enunciado nº 385 das Jornadas de Direito Civil: "a unanimidade exigida para a modificação do contrato social somente alcança as matérias referidas no art. 997, prevalecendo, nos demais casos de deliberação dos sócios, a maioria absoluta, se outra mais qualificada não for prevista no contrato".

> **Art. 1.010, § 2º, do CC.** Prevalece a decisão sufragada por maior número de sócios no caso de empate, e, se este persistir, decidirá o juiz.

A maioria absoluta não diz respeito ao número de sócios votantes, mas ao valor de suas quotas. A aferição do número de sócios votantes será importante, entretanto, quando pelo valor das quotas houver **empate** na votação. Nesse caso, prevalecerá a decisão que teve o apoio da maior quantidade de sócios. No caso de empate também no número de sócios, a matéria deverá ser levada ao Poder Judiciário. Lembrando que, conforme art. 1.101, § 3º, responderá por perdas e danos sócio que, tendo interesses contrários a sociedade, participar de deliberação que aprove graças a seu voto.

2.1.16. Da morte, retirada ou exclusão do sócio

> **Art. 1.028 do CC.** No caso de morte do sócio:
>
> I – se o contrato dispuser diferentemente;
>
> II – se os sócios remanescentes optarem pela dissolução da sociedade;
>
> III – se, por acordo com os herdeiros, regular-se a substituição do sócio falecido.

Assim consta no manual de registro da sociedade limitada:

> 4.4.3. Retirada nos casos de prazo determinado ou indeterminado. Além dos casos previstos na lei ou no contrato, qualquer sócio pode retirar-se da sociedade: I – se de prazo indeterminado, mediante notificação aos demais sócios, com antecedência mínima de sessenta dias, a contar da notificação do último sócio. Nesta hipótese, observar-se-á o seguinte: a) passado o prazo, deverá ser providenciado arquivamento da notificação, que poderá ser por qualquer forma que ateste a cientificação dos sócios; b) a junta anotará no cadastro da empresa a retirada do sócio; c) a sociedade deverá, na alteração contratual seguinte, regularizar o quadro societário; e II – se de prazo determinado, provando judicialmente justa causa.

Ainda, deve-se observar o que trata o art. 1.030 sobre a exclusão do sócio:

> Ressalvado o disposto no art. 1.004 e seu parágrafo único, pode o sócio ser excluído judicialmente, mediante iniciativa da maioria dos demais sócios, por falta grave no cumprimento de suas obrigações, ou, ainda, por incapacidade superveniente.
>
> Parágrafo único. Será de pleno direito excluído da sociedade o sócio declarado falido, ou aquele cuja quota tenha sido liquidada nos termos do parágrafo único do art. 1.026.

Em resumo, quanto à exclusão do sócio, pode ser ordenada a seguinte orientação:

a) **o sócio remisso**, por iniciativa da maioria dos demais sócios, poderá ser excluído da sociedade, exclusão essa que se realizará de forma extrajudicial;

b) **o sócio declarado falido ou civilmente insolvente**, na forma das respectivas leis de regência, bem como o **sócio cuja quota for liquidada** nos termos do parágrafo único do art. 1.026 do Código, serão, de pleno direito, excluídos da sociedade, exclusão essa que se dá, portanto, no plano extrajudicial;

c) **o sócio que incorrer em falta grave** no cumprimento de suas obrigações, ou, ainda, o **sócio declarado incapaz por fato superveniente**, poderão ser excluídos por decisão da maioria dos demais sócios, mas a exclusão far-se-á judicialmente.

Nesses casos, observa-se quanto às quotas o que prevê o **art. 1.031**.

Nos casos em que a sociedade se resolver em relação a um sócio, o valor da sua quota, considerada pelo montante efetivamente realizado, liquidar-se-á, salvo disposição contratual em contrário, com base na situação patrimonial da sociedade, à data da resolução, verificada em balanço especialmente levantado.

> § 1º O capital social sofrerá a correspondente redução, salvo se os demais sócios suprirem o valor da quota.
>
> § 2º A quota liquidada será paga em dinheiro, no prazo de noventa dias, a partir da liquidação, salvo acordo, ou estipulação contratual em contrário.

Importante salientar ainda que, no que diz respeito à apuração de haveres, o ideal é que esteja disciplinado no próprio contrato social, estabelecendo:

a) O critério de apuração dos haveres (art. 606, CPC).

b) A forma e prazo de pagamento dos haveres (art. 604, §§ 1º a 3º, CPC).

c) Os direitos do sócio durante a apuração dos haveres (art. 608, parágrafo único, CPC).

A respeito da dissolução da sociedade simples, importante lembrar que a Lei nº 14.195/2021 alterou de forma significativa o art. 1.033 do CC, pois revogou seu parágrafo único, viabilizando a sociedade unipessoal. Referido parágrafo previa um prazo de 180 dias para recomposição do quadro societário na hipótese de saída de um sócio, o que, a partir da vigência da Lei nº 14.195/2021 deixa de existir.

2.2. Sociedade limitada

2.2.1. Responsabilidade dos sócios

Na sociedade limitada, conforme previsto no **Art. 1.052 do CC,** a responsabilidade de cada sócio é restrita ao valor de suas quotas, mas todos respondem solidariamente pela integralização do capital social.

Responsabilidade subsidiária: Se a sociedade tiver bens, é a própria sociedade quem responde pelas dívidas sociais (autonomia patrimonial da sociedade: arts. 49-A e 1.024 do CC).

Responsabilidade limitada: Se a sociedade não tiver mais bens, e o capital social estiver totalmente integralizado, os sócios não respondem com seus bens pessoais pelas dívidas sociais.

Responsabilidade solidária: Se a sociedade não tiver mais bens, e o capital social não estiver totalmente integralizado, os sócios respondem com seus bens pessoais pelas dívidas sociais, solidariamente, pelo que faltar para a integralização.

Responsabilidade direta: Se houver abuso de personalidade jurídica, o(s) sócio(s) que se beneficiou (aram) direta ou indiretamente do abuso responde(m) com seus bens pessoais pelas dívidas sociais, independentemente de a sociedade ainda ter bens (desconsideração da personalidade jurídica: art. 50 do CC).

2.2.2. Sociedade limitada unipessoal

Segundo o art. 1.052, § 1º, do CC, a sociedade limitada pode ser constituída por uma única pessoa.

Na limitada unipessoal não se exige capital mínimo, o sócio (mesmo sendo pessoa natural) pode constituir mais de uma limitada unipessoal e pode ser responsabilizado pelas dívidas da sociedade não apenas em caso de fraude, mas em qualquer situação que permita a desconsideração da PJ.

Não se trata de um novo tipo societário.

2.2.3. Aplicação subsidiária das normas da sociedade anônima

A aplicação supletiva das normas da sociedade anônima (art. 1.053, parágrafo único, do CC) à sociedade limitada será feita quando o contrato social previr e se tratar de matéria que os sócios podem contratar.

A regência supletiva não pode ser absoluta, somando-se ao texto da lei da sociedade limitada todo o texto das normas das sociedades simples ou todo o texto da lei das sociedades anônimas. Tal forma de regência encontra seus limites no **critério de compatibilidade**, entendida esta como a necessidade de se respeitar as questões ligadas à natureza e às finalidades econômicas e empresariais das sociedades, bem como de não lesar normas gerais e abstratas não adstritas à vontade dos sócios.

Os limites de regência supletiva se aplicam tanto em relação à **sociedade anônima** como em relação à **sociedade simples.**

Tratando-se de direitos disponíveis, reguláveis no contrato social por conta do contratualismo da sociedade, **as regras do contrato prevalecem em detrimento das normas de regência supletiva**, ainda que, sobre a questão, o capítulo da sociedade limitada seja omisso.

A regência supletiva não deve implicar a transformação do tipo societário. Assim, a limitada não deve transformar-se em subespécie de sociedade anônima ou subespécie de sociedade simples. Não pode ainda implicar a descaracterização, desnaturação, perda de flexibilidade e adaptabilidade, que são as principais riquezas da sociedade limitada, juntamente com a responsabilidade limitada dos sócios.

2.2.4. Contrato social

Quanto ao contrato social, prevê o Art. 1.054 do CC que o contrato deverá mencionar, no que couber, as indicações do art. 997, e, se for o caso, a firma social, quais sejam:

> **Art. 997 do CC.** A sociedade constitui-se mediante contrato escrito, particular ou público, que, além de cláusulas estipuladas pelas partes, mencionará:
>
> I – nome, nacionalidade, estado civil, profissão e residência dos sócios, se pessoas naturais, e a firma ou a denominação, nacionalidade e sede dos sócios, se jurídicas;
>
> II – denominação, objeto, sede e prazo da sociedade;
>
> III – capital da sociedade, expresso em moeda corrente, podendo compreender qualquer espécie de bens, suscetíveis de avaliação pecuniária;
>
> IV – a quota de cada sócio no capital social, e o modo de realizá-la;
>
> V – as prestações a que se obriga o sócio, cuja contribuição consista em serviços;
>
> VI – as pessoas naturais incumbidas da administração da sociedade, e seus poderes e atribuições;
>
> VII – a participação de cada sócio nos lucros e nas perdas;
>
> VIII – se os sócios respondem, ou não, subsidiariamente, pelas obrigações sociais.

Cláusulas obrigatórias:

- Qualificação dos sócios: sócio incapaz, sócio impedido e sócios casados.

- Qualificação da sociedade: nome empresarial, objeto, sede e prazo.
- Capital social: funções, diferença para o patrimônio e "subcapitalização".
- Subscrição e integralização das quotas: impossibilidade de contribuições em serviços.
- Administração da sociedade: administrador não sócio e conselho de administração.
- Participação nos lucros e nas perdas: quotas preferenciais.

> **Art. 1.055 do CC.** O capital social divide-se em quotas, iguais ou desiguais, cabendo uma ou diversas a cada sócio.
>
> § 1º Pela exata estimação de bens conferidos ao capital social respondem solidariamente todos os sócios, até o prazo de cinco anos da data do registro da sociedade.
>
> **Art. 1.005 do CC.** O sócio que, a título de quota social, transmitir domínio, posse ou uso, responde pela evicção; e pela solvência do devedor, aquele que transferir crédito.

2.2.5. Integralização em bens ou créditos

a) **Se o sócio integralizar sua quota com transferência de bens**, estes devem ser suscetíveis de avaliação pecuniária, além de o sócio responder pela evicção, isto é, caso a sociedade perca esse bem posteriormente em razão de ele ser de outrem, o sócio que o havia transferido terá que pagar a ela o seu valor (segundo doutrinadores, deveria o CC ter previsto também a responsabilidade do sócio por eventuais vícios redibitórios da coisa).

b) **Se o sócio integralizar sua quota com a transferência de créditos de sua titularidade**, responderá pela solvência do devedor, isto é, caso os créditos cedidos não sejam pagos pelos seus devedores, o sócio que os cedeu terá que pagá-los.

c) Nas sociedades limitadas **não é necessário laudo de avaliação dos bens** usados para integralização do capital social, e isso vale tanto para a constituição da sociedade quanto para os casos de aumento do capital social.

d) A doutrina costuma destacar que os bens cedidos à sociedade a título de integralização do capital social (i) devem estar relacionados ao objeto social, tendo utilidade direta ou indireta para a atividade exercida pela sociedade, e (ii) devem ser aptos à execução por eventuais credores sociais, de modo que não seria permitido integralizar quotas com bens impenhoráveis.

2.2.6. Integralização em bens móveis

> Art. 35, VII, 'a', da Lei nº 8.934/1994: o contrato social deve conter "a descrição e identificação do imóvel, sua área, dados relativos à sua titulação, bem como o número da matrícula no registro imobiliário".

O arquivamento de contrato social com essa estipulação **não** é suficiente para transferir a propriedade do imóvel do sócio para a sociedade. Deve-se observar o art. 64 da Lei nº 8.934/1994. Após fazer o arquivamento do contrato social, pega-se a **certidão da Junta Comercial** para que ela seja levada a registro no cartório de imóveis, e é isso o que operará a transferência de titularidade do bem.

2.2.7. Contribuição em serviços

Nas sociedades limitadas, não se admite a contribuição em serviços (art. 1.055, § 2º, do CC).

2.2.8. Indivisibilidade das Quotas

No que diz respeito às quotas, importante ressaltar que são indivisíveis em relação à sociedade, salvo para efeito de transferência, **nos termos do Art. 1.056 do CC**. De acordo com o **§ 1º**, em caso de condomínio de quota, os direitos a ela inerentes somente poderão ser exercidos pelo condômino representante, ou pelo inventariante do espólio de sócio falecido. Além do mais, dispõe o **§ 2º**, também do art. 1.056, do CC, que: sem prejuízo do disposto no art. 1.052, os condôminos de quota indivisa respondem solidariamente pelas prestações necessárias à sua integralização.

O condomínio de quotas pode ser decorrente de ato *inter vivos* ou de sucessão *causa mortis*. Nesse caso, a quota terá mais de um dono, mas, perante a sociedade, como ela é indivisível, apenas um dos condôminos poderá exercer os direitos que ela confere, o condômino-sócio (condômino escolhido ou inventariante).

2.2.9. Cessão de quotas

Já com relação à cessão de quotas, tem-se a partir da leitura do **Art. 1.002 do CC** que o sócio não poderá ser substituído no exercício das suas funções, sem que haja o consentimento dos demais sócios, expressamente previsto em modificação do contrato social.

Dispõe o **Art. 1.003 do CC** que a cessão poderá ser total ou parcial de quota, entretanto, não havendo a correspondente modificação do contrato social e o consentimento dos demais sócios, não terá eficácia quanto a estes e à sociedade.

Ainda a respeito da cessão de quotas, deve se lembrar que, nos termos do **Art. 1.057 do CC** havendo omissão do contrato, o sócio pode ceder sua quota, total ou parcialmente, a quem seja sócio, independentemente de audiência dos outros, ou a estranho, se não houver oposição de titulares de mais de um quarto do capital social. O parágrafo único do referido artigo acrescenta que a cessão terá eficácia quanto à sociedade e terceiros, inclusive para os fins do parágrafo único do art. 1.003, a partir da averbação do respectivo instrumento, subscrito pelos sócios anuentes.

2.2.9.1. Contrato social

- Quotas transferíveis/intransferíveis
- Transferência condicionada/incondicionada
- Direito de preferência aos sócios
- Silêncio
  a) Livre transferência entre sócios
  b) Transferência condicionada para estranhos

2.2.9.2. IN 81 do DREI

Item 4.4.2 do Manual de Registro da Sociedade Limitada:

> Na omissão do contrato social, a cessão de quotas de uma sociedade limitada pode ser feita por **instrumento de cessão de quotas**, total ou parcialmente, averbado junto ao registro da sociedade, com a devida repercussão no cadastro e independentemente de alteração contratual (Enunciado nº 225 das Jornadas de Direito Civil.

Notas:

> I. A reunião ou assembleia de sócios pode ser suprida, se substituída pela expressa anuência escrita, no instrumento de cessão ou em outro, de detentores de mais de setenta e cinco por cento do capital social da limitada em questão.
>
> II. Será obrigatória, na primeira alteração contratual que sobrevier após a averbação da cessão, a consolidação do Contrato Social, com o novo quadro societário.

2.2.10. Responsabilidade do cedente e do cessionário de quotas

O sócio que cedeu suas quotas a outrem não fica automaticamente exonerado de eventuais obrigações perante terceiros e perante a própria sociedade. **Art. 1.003, parágrafo único**: "Até dois anos depois de averbada a modificação do contrato, responde o cedente solidariamente com o cessionário, perante a sociedade e terceiros, pelas obrigações que tinha como sócio".

O sócio que ingressou na sociedade, por sua vez, não ficará responsável apenas pelas obrigações sociais posteriores, mas também pelas anteriores à sua entrada (art. 1.025, CC).

2.2.10.1. Sócio remisso

Ao sócio que está em mora quanto à integralização de suas quotas, nos termos do **art. 1.004 do CC**, dá-se o nome de sócio remisso, podendo os demais sócios, conforme previsto na regra em comento, cobrar dele uma **indenização** por eventuais prejuízos que sua mora tenha causado à sociedade.

Mas essa não é a única medida que os demais sócios podem tomar contra o remisso. Nos termos do **parágrafo único do art. 1.004**, "verificada a mora, poderá a maioria dos demais sócios preferir, à indenização, a exclusão do sócio remisso, ou reduzir-lhe a quota ao montante já realizado, aplicando-se, em ambos os casos, o disposto no § 1º do art. 1.031".

Assim, o sócio remisso pode ter sua participação na sociedade **reduzida** ao número de quotas que ele efetivamente já integralizou, ou ainda ser **excluído** da sociedade, por deliberação da maioria restante (ou seja, a exclusão é extrajudicial, sem necessidade de ação judicial).

Tratando-se de sociedade limitada, há regra especial sobre o sócio remisso, prevista no **art. 1.058 do CC**: "não integralizada a quota de sócio remisso, os outros sócios podem, sem prejuízo do disposto no art. 1.004 e seu parágrafo único, **tomá-la para si ou transferi-la a terceiros**, excluindo o primitivo titular e devolvendo-lhe o que houver pago, deduzidos os juros da mora, as prestações estabelecidas no contrato mais as despesas".

2.2.11. Administração

A administração da sociedade compete a uma ou mais pessoas, que serão designadas no contrato social ou em ato separado. Pode, também, haver a criação de um conselho de administração.

É importante lembrar que, conforme parágrafo único do art. 1.060 do CC, a administração atribuída no contrato a todos os sócios não se estende de pleno direito aos que posteriormente adquiram essa qualidade.

Em 2022 houve uma importante alteração do art. 1.061, do CC, por meio da Lei nº 14.451, de 2022, que diz respeito ao quórum necessário para

EMPRESARIAL

aprovação de designação de administradores, conforme segue:

> **Art. 1.061.** A designação de administradores não sócios dependerá da aprovação de, no mínimo, 2/3 (dois terços) dos sócios, enquanto o capital não estiver integralizado, e da aprovação de titulares de quotas correspondentes a mais da metade do capital social, após a integralização. (Redação dada pela Lei nº 14.451, de 2022)

Da mesma forma, houve alteração no que diz respeito à saída do sócio administrador, conforme se depreende do art. 1.076, do CC.

> Art. 1.076. Ressalvado o disposto no art. 1.061, as deliberações dos sócios serão tomadas (Redação dada pela Lei nº 13.792, de 2019)
>
> I - (revogado); (Redação dada pela Lei nº 14.451, de 2022)
>
> II - pelos votos correspondentes a mais da metade do capital social, nos casos previstos nos incisos II, III, IV, V, VI e VIII do *caput* do art. 1.071 deste Código; (Redação dada pela Lei nº 14.451, de 2022)
>
> III - pela maioria de votos dos presentes, nos demais casos previstos na lei ou no contrato, se este não exigir maioria mais elevada.

Ou seja:

Da saída do administrador:

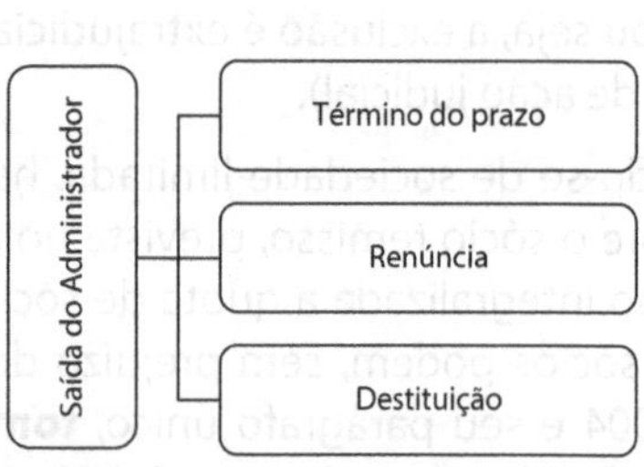

Já com relação ao art. 1.062, do CC, não houve qualquer alteração.

> **Art. 1.062 do CC.** O administrador designado em ato separado investir-se-á no cargo mediante termo de posse no livro de atas da administração.
>
> § 1° Se o termo não for assinado nos trinta dias seguintes à designação, esta se tornará sem efeito.
>
> § 2° Nos dez dias seguintes ao da investidura, deve o administrador requerer seja averbada sua nomeação no registro competente, mencionando o seu nome, nacionalidade, estado civil, residência, com exibição de documento de identidade, o ato e a data da nomeação e o prazo de gestão.

2.2.12. Conselho fiscal

O conselho fiscal é um órgão facultativo, podendo ser previsto no contrato social. É permitido ser composto por três ou mais membros, sócios ou não, desde que residentes no país, conforme art. 1.066 do CC: "Sem prejuízo dos poderes da assembleia dos sócios, pode o contrato instituir conselho fiscal composto de três ou mais membros e respectivos suplentes, sócios ou não, residentes no País, eleitos na assembleia anual prevista no art. 1.078".

Não podem figurar como membros do conselho, além daqueles elencados no § 1º do art. 1.011, membros de outros órgãos da sociedade ou de outro órgão controlado por ela. Além dos seus empregados ou dos respectivos administradores, cônjuges ou parentes dos administradores até o terceiro grau, conforme disposto no § 1º, do art. 1.066, do CC.

2.2.12.1. Deveres dos membros do conselho fiscal

De acordo com o art. 1.069 do CC, são deveres dos membros do conselho fiscal, além de outros previstos em lei ou no contrato social:

- Examinar os livros e papéis da sociedade e o estado da caixa e da carteira;
- Denunciar os erros, fraudes ou crimes que descobrirem;
- Lavrar no livro de atas e pareceres os resultados dos exames dos livros e papéis da sociedade;

- Convocar assembleia dos sócios se a diretoria retardar por mais de 30 dias sua convocação natural ou em casos graves e urgentes;
- Praticar esses atos durante o período da liquidação da sociedade;
- Apresentar à assembleia anual dos sócios parecer sobre os negócios e operações sociais do exercício que serviram.

2.2.13. Deliberação dos sócios

Depende da liberação dos sócios, de acordo com o art. 1.071 do CC: a aprovação das contas da administração; a designação dos administradores, quando feita em ato separado; a destituição dos administradores; o modo de sua remuneração, quando não estabelecido no contrato; a modificação do contrato social; a incorporação, a fusão e a dissolução da sociedade, ou a cessação do estado de liquidação; a nomeação e destituição dos liquidantes e o julgamento das suas contas e o pedido de concordata.

2.2.14. Assembleia

Depreende-se do art. 1.078 do CC que a assembleia deverá ser realizada pelo menos uma vez ao ano, nos quatro meses seguintes ao término do exercício social, tendo como objetivo:

- Tomar as contas dos administradores e deliberar sobre o balanço patrimonial e o resultado econômico;
- Designar administradores, se for o caso;
- Tratar de qualquer outro assunto constante da ordem do dia.

2.2.15. Alteração da Lei nº 14.195/2021

A Lei nº 14.195/2021 trouxe em seu texto o art. 46. Através dele, as sociedades limitadas passaram a ter o direito de emitir notas comerciais, que são as chamadas debêntures da limitada.

Essa alteração irá auxiliar as sociedades a capitalizarem e conseguir recursos em um curto prazo, com o objetivo de financiar operações e gerar capital de giro através da emissão de títulos de dívidas, uma alternativa ao financiamento bancário.

2.3. Sociedade anônima

2.3.1. Legislação aplicável

No Brasil, as sociedades anônimas são regidas pela Lei nº 6.404/1976 (LSA).

2.3.2. Características da sociedade anônima

- Natureza capitalista;
- Essência empresarial;
- Identificação por denominação;
- Limitação de responsabilidade dos acionistas.

2.3.2.1. Companhias abertas e fechadas

A companhia poderá ser aberta ou fechada conforme os valores mobiliários de sua emissão estejam ou não admitidos à negociação no mercado de valores mobiliários, nos termos do **Art. 4º da Lei nº 6.404/1976**.

Nesse aspecto, dispõe os §§1º e 2º do mesmo artigo:

> **Art. 4º.** [...]
>
> **§1º** Somente os valores mobiliários de emissão de companhia registrada na Comissão de Valores Mobiliários podem ser negociados no mercado de valores mobiliários.
>
> **§2º** Nenhuma distribuição pública de valores mobiliários será efetivada no mercado sem prévio registro na Comissão de Valores Mobiliários.

2.3.2.1.1. Abertura de capital

Pelo fato de possuir instrumentos/mecanismos de **captação de recursos junto a investidores**, a sociedade anônima – especialmente a de capital aberto, que pode emitir e negociar valores mobiliários no mercado de capitais – é o tipo societário ideal para a exploração de **grandes empreendimentos**.

Em contrapartida, para dar um mínimo de segurança a essas operações no mercado de capitais, o Estado exerce sobre a companhia aberta um maior **controle**, por meio da uma agência reguladora específica, que é a Comissão de Valores Imobiliários – CVM.

2.3.3. Comissão de Valores Imobiliários

A CVM é uma entidade autárquica federal de natureza especial, com qualidade de agência reguladora (**Art. 5º da Lei nº 6.385/1976**).

A competência da CVM no controle e na fiscalização do mercado de capitais é exercida, pode-se dizer, de três diferentes formas:

a) **Regulamentar**, uma vez que cabe à CVM estabelecer o regramento geral relativo ao funcionamento do mercado de capitais, expedindo atos normativos para tanto;

b) **Autorizante (registrária)**, uma vez que é a CVM que autoriza a constituição de companhias abertas e a emissão e negociação de seus valores mobiliários;

c) **Fiscalizatória**, uma vez que a CVM deve zelar pela lisura das operações realizadas no mercado de capitais, sendo investida, para tanto, de poderes sancionatórios.

2.3.4. Mercado bancário X mercado de capitais

Mercado bancário: operações de crédito, em que a empresa assume a posição de devedora e se compromete, não raro, a devolver os valores captados em curto espaço de tempo e a taxas de juros altas.

Mercado de capitais: operações de investimento, em que os investidores não se tornam credores da companhia, mas sócios e partes interessadas no sucesso da empresa, pois é dele que advirá o retorno do investimento feito por eles.

2.3.4.1. Mercado de capitais primário e secundário

No mercado de capitais **primário**, são realizadas as operações de **subscrição e emissão** de ações e outros valores mobiliários das companhias. Por sua vez, o mercado de capitais **secundário** compreende as operações de **compra e venda** desses valores.

Primário: operações de emissão e subscrição em que a sociedade anônima está colocando no mercado de capitais um valor mobiliário novo, de modo que há uma relação entre a própria companhia e o investidor, que pagará o **preço de emissão**.

Secundário: operações de compra e venda em que se negociam valores mobiliários já existentes, de modo que há uma relação entre o titular do valor mobiliário e o seu novo "dono", que pagará o **valor de mercado**, o qual oscilará conforme o momento pelo qual passa a companhia.

2.3.4.2. Bolsa de Valores

Trata-se de **entidades privadas** (associações ou sociedades) formadas por sociedades corretoras que, por meio de **autorização da CVM**, prestam serviço de interesse público inegável, consistente na manutenção de local adequado à realização das operações de compra e venda dos diversos valores mobiliários emitidos pelas companhias abertas.

A grande finalidade da bolsa de valores é **dinamizar** as operações do mercado de capitais, **ampliando o volume de negócios por meio da realização de pregão diário,** em que os agentes das diversas corretoras que a compõem, obedecendo às regras do mercado mobiliário, se encontram e mantêm relações constantemente.

As bolas de valores realizam operações do **mercado de capitais secundário** (compra e venda).

2.3.4.3. Mercado de balcão

O mercado de balcão compreende toda e qualquer operação do mercado de capitais realizada **fora da bolsa de valores** (não há um local físico específico).

Quem atua no mercado de balcão, portanto, são as sociedades corretoras, instituições financeiras e agentes autônomos autorizados pela CVM.

No mercado de balcão se realizam operações tanto do **mercado de capitais primário** (emissão e subscrição) quanto do **mercado de capitais secundário** (compra e venda), sendo que neste caso a liquidez é bem menor do que na bolsa de valores.

Há que se distinguir ainda o simples mercado de balcão (mercado de balcão não organizado), cujas operações são realizadas por sociedades corretoras, instituições financeiras e agentes autônomos autorizados, e o **mercado de balcão organizado (MBO),** composto no Brasil pela Sociedade Operadora do Mercado de Acesso (SOMA), companhia criada especialmente com a finalidade de manter um sistema que viabilize as operações de compra e venda de valores mobiliários, com seu registro e divulgação.

2.3.5. Constituição da sociedade anônima

Sendo a sociedade anônima uma **sociedade institucional**, e não contratual, ela se constitui não por meio de um contrato social, mas de um ato institucional ou estatutário (**estatuto social**).

Ausente a contratualidade, a constituição da sociedade anônima deve seguir uma série de requisitos formais previstos na legislação acionária, que variam conforme ela seja aberta ou fechada.

De acordo com o **art. 80 da LSA:**

> **Inciso I:** exige-se a **pluralidade de sócios**, não sendo permitida a criação de sociedade anônima unipessoal, com exceção da **subsidiária integral** (art. 251 da LSA).
>
> **Inciso II:** exigência aplicável apenas aos casos de **integralização em dinheiro e a prazo**. Ademais, há casos especiais em que se exige percentual maior (o art. 27 da Lei nº 4.595/1964 prevê 50% para instituições financeiras.
>
> **Inciso III:** pode ser em qualquer banco.

2.3.5.1. Contratação de *underwriter*

De acordo com o **art. 82 da LSA**, o fundador de uma companhia aberta deverá necessariamente contratar os serviços de uma empresa especializada para constituí-la (*underwriter*). Caberá a essa empresa colocar as ações junto aos investidores – etapa seguinte – e também cuidar de uma série de documentos a serem apresentados à CVM, assinando-os.

Contratada a empresa, será apresentado o pedido de registro à CVM, instruído com **estudo** de viabilidade econômica e financeira do empreendimento, **projeto** de estatuto social e **prospecto**, organizado e assinado pelos fundadores e pela instituição financeira intermediária (**art. 82, § 1º, da LSA**). A CVM também exige outros documentos.

2.3.5.2. Estudo de viabilidade, projeto de estatuto e prospecto

Com base nessa documentação apresentada – **estudo, projeto e prospecto** –, caberá à CVM avaliar o empreendimento. Assim, conforme disposto no § 2º do mesmo art. 82 da LSA, "a Comissão de Valores Mobiliários poderá condicionar o registro a modificações no estatuto ou no prospecto e denegá-lo por inviabilidade ou temeridade do empreendimento, ou inidoneidade dos fundadores".

Caso a CVM aprove os documentos apresentados, com ou sem modificações, ela deferirá o registro e terá início a segunda etapa desse procedimento constitutivo da companhia aberta, por meio da colocação das ações junto aos investidores interessados, a fim de que estes possam proceder à subscrição delas. Em suma, caberá à instituição financeira *underwriter* **captar recursos no mercado**, atraindo investidores para o empreendimento a ser desenvolvido pela companhia.

Colocadas as ações à disposição dos investidores interessados pela empresa *underwriter*, **todo o capital social deve ser subscrito**. Ocorrendo tal fato, passa-se à terceira etapa do procedimento, com a realização da assembleia de fundação.

Os serviços de *underwriting* podem ser por (i) melhor esforço, (ii) garantia de subscrição parcial ou (iii) garantia de subscrição total.

2.3.5.3. Assembleia de fundação

Dispõe o **art. 86 da LSA** que "encerrada a subscrição e havendo sido subscrito todo o capital social, os fundadores convocarão a assembleia geral que deverá: I – promover a avaliação dos bens, se for o caso (art. 8º); II – deliberar sobre a constituição da companhia".

O *quórum* de instalação dessa assembleia inicial de fundação está previsto no **art. 87 da LSA**: "a assembleia de constituição instalar-se-á, em primeira convocação, com a presença de subscritores que representem, no mínimo, metade do capital social, e, em segunda convocação, com qualquer número".

Para que se aprove a constituição da companhia aberta, basta que não haja oposição de mais da metade do capital social, nos termos do § 3º do art. 87 da LSA, que assim dispõe: "verificando-se que foram observadas as formalidades legais e não havendo oposição de subscritores que representem mais da metade do capital social, o presidente declarará constituída a companhia, procedendo-se, a seguir, à eleição dos administradores e fiscais".

2.3.5.4. Constituição por subscrição particular

Em se tratando de constituição de companhias fechadas, o procedimento é bem mais simplificado, uma vez que é realizado por meio de **subscrição particular, sem a captação de recursos** junto a investidores no mercado de capitais.

De acordo com o **art. 88 da LSA**, "a constituição da companhia por subscrição particular do capital pode fazer-se por deliberação dos subscritores em assembleia geral ou por escritura pública, considerando-se fundadores todos os subscritores".

Vê-se, então, que podem ser adotadas **duas modalidades de constituição**: (i) a realização de assembleia dos subscritores ou (ii) a lavratura de escritura pública em cartório.

2.3.5.5. Constituição por assembleia de fundação

Caso a opção adotada seja a realização de assembleia de fundação, ela deverá submeter-se ao mesmo procedimento da assembleia de fundação da companhia aberta, analisado no tópico antecedente. É o que determina o § 1º do art. 88 da LSA: "se a forma escolhida for a de assembleia geral, observar-se-á o disposto nos arts. 86 e 87, devendo ser entregues à assembleia o projeto do estatuto, assinado em duplicata por todos os subscritores do capital, e as listas ou boletins de subscrição de todas as ações".

2.3.5.6. Constituição por escritura pública

Caso, em contrapartida, a opção adotada seja a lavratura de escritura pública em cartório, devem ser observadas as formalidades constantes do § 2º do art. 87 da LSA: "preferida a escritura pública, será ela assinada por todos os subscritores, e conterá: a) a qualificação dos subscritores, nos termos do art. 85; b) o estatuto da companhia; c) a relação das ações tomadas pelos subscritores e a importância das entradas pagas; d) a transcrição do recibo do depósito referido no número III do art. 80; e) a transcrição do laudo de avaliação dos peritos, caso tenha havido subscrição do capital social em bens (art. 8º); f) a nomeação dos primeiros administradores e, quando for o caso, dos fiscais".

Ultimadas as referidas providências, conforme o caso, passa-se à fase denominada pela legislação acionária de **formalidades complementares** de constituição da companhia.

2.3.6. Regras gerais sobre a subscrição das ações

Independentemente da modalidade de constituição da sociedade anônima, seja por subscrição pública ou por subscrição particular, a legislação do anonimato estabelece algumas regras gerais aplicáveis aos procedimentos anteriormente analisados.

De acordo com o **art. 89 da LSA**, "a incorporação de imóveis para formação do capital social **não** exige escritura pública". De fato, pode ser que parte do capital social da companhia seja formado por bens (sejam eles móveis ou imóveis), e a lei deixou claro que, mesmo tratando-se de bens imóveis, é **dispensável** que a sua incorporação ao capital da sociedade seja feita por meio de escritura pública.

O **art. 91 da LSA** determina que "nos atos e publicações referentes a companhia em constituição, sua denominação deverá ser aditada da cláusula 'em organização'". Somente após a sua efetiva constituição, com o posterior registro dos atos constitutivos na Junta Comercial, poderá ser retirada a expressão "em organização" de sua denominação.

O **art. 92 da LSA**, por outro lado, regula as responsabilidades dos fundadores da companhia e da instituição financeira prestadora dos serviços de *underwriting*, dispondo que "os fundadores e as instituições financeiras que participarem da constituição por subscrição pública responderão, no âmbito das respectivas atribuições, pelos prejuízos resultantes da inobservância de preceitos legais".

Complementando essa regra do *caput*, estabelece o seu parágrafo único que "os fundadores responderão, solidariamente, pelo prejuízo decorrente de culpa ou dolo em atos ou operações anteriores à constituição".

Isso mostra que a exigência de contratação de instituição financeira *underwriter* é importante para dar mais segurança aos investidores.

2.3.7. Formalidades complementares

Uma vez ultrapassadas todas as etapas analisadas anteriormente, passa-se à fase de formalidades complementares da constituição da sociedade anônima, fase esta que compreende, basicamente, os procedimentos de **registro na Junta Comercial**, além de outras pequenas medidas de cunho administrativo e operacional.

Com efeito, segundo o **art. 94 da LSA**, "nenhuma companhia poderá funcionar sem que sejam arquivados e publicados seus atos constitutivos".

Afinal, conforme já estudamos, no Brasil a personalidade jurídica só se inicia com o respectivo registro no órgão competente (art. 985 do CC), e esse registro deve ser prévio ao início do exercício da atividade empresarial (art. 967 do CC).

Tratando-se de sociedade empresária, como é o caso da sociedade anônima, o órgão registral competente é justamente a Junta Comercial do Estado em que se localizar a sede da companhia.

Caso a constituição da companhia tenha ocorrido por meio da realização de assembleia de fundação, a LSA determina o arquivamento de uma série de documentos, nos termos do seu **art. 95** ("um exemplar do estatuto social, assinado por todos os subscritores", por exemplo).

Caso, entretanto, a companhia tenha sido constituída por meio da lavratura de escritura pública em cartório, o que só pode ocorrer, frise-se, com as companhias fechadas, a LSA determina que basta o arquivamento da certidão expedida pelo cartório no qual foi lavrada a escritura. É que dispõe o seu **art. 96**: "se a companhia tiver sido constituída por escritura pública, bastará o arquivamento de certidão do instrumento".

Na análise dos atos levados a registro, caberá à Junta Comercial, conforme determinação do **art. 97 da LSA**, "examinar se as prescrições legais foram observadas na constituição da companhia, bem como se no estatuto existem cláusulas contrárias à lei, à ordem pública e aos bons costumes".

Sendo negado o registro pela Junta, aplica-se a regra constante do parágrafo único do dispositivo em questão: "se o arquivamento for negado, por inobservância de prescrição ou exigência legal ou por irregularidade verificada na constituição da companhia, os primeiros administradores deverão convocar imediatamente a assembleia geral para sanar a falta ou irregularidade, ou autorizar as providências que se fizerem necessárias [...]".

Deferido o arquivamento dos atos constitutivos da companhia pela Junta Comercial, devem os administradores providenciar a publicação de tais atos na imprensa oficial de sua localidade, nos termos do **art. 98 da LSA**: "arquivados os documentos relativos à constituição da companhia, os seus administradores providenciarão, nos 30 (trinta) dias subsequentes, a publicação deles, bem como a de certidão do arquivamento, em órgão oficial do local de sua sede".

Cumpridas todas as formalidades anteriormente detalhadas, a sociedade anônima poderá, enfim, entrar em funcionamento. Assim, se a companhia começar a exercer suas atividades antes de cumpridas as formalidades complementares ora em análise, será considerada irregular, determinando, inclusive, o **art. 99, parágrafo único, da LSA** que "a companhia não responde pelos atos ou operações praticados pelos primeiros administradores antes de cumpridas as formalidades de constituição, mas a assembleia geral poderá deliberar em contrário". Isso significa que os atos e operações praticados pelos primeiros administradores antes de cumpridas as formalidades de constituição são de responsabilidade deles, e não da companhia, salvo se a assembleia geral, por exemplo, ratificar tais atos.

Finalmente, caso sobrevenha algum prejuízo para a companhia em razão de atraso na satisfação de todas essas exigências formais da lei, prevê o **art. 99 da LSA** que os primeiros administradores devem responder perante a sociedade, podendo esta ingressar com ação de reparação civil contra eles: "os primeiros administradores são solidariamente responsáveis perante a companhia pelos prejuízos causados pela demora no cumprimento das formalidades complementares à sua constituição".

2.3.8. Ações: conceito, classificação, voto e controle

A ação é o principal valor mobiliário que pode ser emitido por uma companhia. Com a aquisição da ação alguém se torna sócio (nas SA são chamados de acionistas). Para fins legais.

TIPO DE VALOR	PREVISÃO	OBSERVAÇÃO
Com valor nominal	ART. 11 e 13	Divide-se o capital social pelo número total de ações
Sem valor nominal	ART. 11	Sempre que a companhia emitir novas ações com preço de emissão inferior ao valor patrimonial das ações já existentes, estas terão seu valor patrimonial reduzido
Patrimonial	-	Leva em conta patrimônio líquido. Divide-se o patrimônio líquido pelo número de ações.[2]
Negociação	-	Feitas no mercado secundário. Alienação livre pelos acionistas. Podem ser de negociação privada ou de mercado.
Econômico	-	*Valuation.*
Preço de emissão	-	Novas ações

Ainda, as ações são classificadas quanto aos direitos conferidos aos acionistas. Assim, podem ser **ordinárias, preferenciais ou de fruição,** conforme Art. 15 da LSA.

As ações comuns são as **ordinárias** e segundo Art. 110, cada ação ordinária corresponde a um voto nas deliberações tomadas em assembleia geral.

Como mencionado no item 2.8.1, a Lei 14.195/2021 passou a disciplinar o **voto plural** (artigo 110-A), e a principal mudança é a permissão para que as empresas emitam ações ordinárias, com maior poder de voto. Na prática, a mudança permite que acionistas com uma participação pequena no capital e no interesse econômico da companhia controlem os rumos da empresa. O voto plural pode ter peso de até 10 votos.

Assim, uma empresa que tenha 100% do capital somente com ações ordinárias poderá ter um controlador com 9,1% desses papéis especiais, considerando que cada "super ação ordinária" tenha peso de 10 votos.

As ações **preferenciais** impõem vantagens ao seu titular. O Art. 17 indica que **podem** constituir: I - em prioridade na distribuição de dividendo, fixo ou mínimo; II - em prioridade no reembolso do capital, com prêmio ou sem ele; ou III - na acumulação das preferências e vantagens de que tratam os incisos I e II.

Assim, por força do Art. 18, as ações preferenciais garantem certas vantagens políticas. Isso porque, "o estatuto pode assegurar a uma ou mais classes de

2. O patrimônio líquido da S/A é calculado pela diferença entre o seu ativo e seu passivo.

ações preferenciais **o direito de eleger,** em votação em separado, **um ou mais membros dos órgãos de administração**".

Uma questão que merece todo cuidado é o tema que trata do direito de voto nas ações preferenciais. A questão é relevante tendo em vista que o Art. 111[3] indica que "estatuto poderá deixar de conferir às ações preferenciais algum ou alguns dos direitos reconhecidos às ações ordinárias, **inclusive o de voto,** ou conferi-lo com restrições".

Uma das categorias das ações preferenciais é a chamada ***golden share***[4]. Trata-se da possibilidade de uma classe possuir direito de veto, por exemplo. O Art. 17, da LSA, indica que tais ações podem ser usadas por qualquer ente da União.

Por fim, em relação às **ações de fruição,** tem-se que estas estão praticamente em desuso. Sua previsão está no Art. 44 que refere que "estatuto ou a assembleia-geral extraordinária pode autorizar a aplicação de lucros ou reservas no resgate ou na **amortização**[5] **de ações**, determinando as condições e o modo de proceder-se à operação".

Não obstante, as ações ainda podem ser classificadas quanto à forma de transferência: nominativas ou escriturais.

As **ações nominativas** presumem-se pela inscrição do nome do acionista no livro de **"Registro de Ações Nominativas"** ou pelo extrato que seja fornecido pela instituição custodiante, na qualidade de proprietária fiduciária das ações. A transferência das ações nominativas opera-se por **termo lavrado no livro de "Transferência de Ações Nominativas"**, datado e assinado pelo cedente e pelo cessionário, ou seus legítimos representantes (Art. 31).

De outro lado, as **ações escriturais** estão previstas no Art. 34, que indica que o estatuto pode autorizar ou estabelecer **que todas as ações da companhia, ou uma ou mais classes delas**, sejam mantidas em contas de depósito, em nome de seus titulares, na instituição que designar, **sem emissão de certificados.**

Assim, a propriedade da ação escritural presume-se pelo **registro na conta de depósito das ações**, aberta em nome do acionista nos livros da instituição depositária. A transferência da ação escritural **opera-se pelo lançamento efetuado pela instituição depositária em seus livros**, a débito da conta de ações do alienante e a crédito da conta de ações do adquirente, à vista de ordem escrita do alienante, ou de autorização ou ordem judicial, em documento hábil que ficará em poder da instituição.

No que diz respeito às ações, há que se ter em mente que existem direitos que recaem sobre todas as ações: são os chamados **direitos essenciais.** Tais direitos não podem ser suprimidos nem no estatuto e nem em assembleia. São eles:

DIREITO	PREVISÃO	OBSERVAÇÃO
Preferência	Art. 171	Sempre na proporção das ações que possuem. O direito pode ser cedido. Prazo não inferior a 30 dias.
Exclusão direito de preferência	Art. 172	O estatuto da companhia aberta que contiver autorização para o aumento do capital pode prever a emissão, sem direito de preferência para os antigos acionistas, ou com redução do prazo de que trata o § 4º do art. 171, de ações e debêntures conversíveis em ações, ou bônus de subscrição
Direito de retirada	Art. 137	Não se pode excluir

Outros direitos, por sua vez, são **não essenciais.** É o caso do **direito de voto.** O parágrafo único do art. 125 refere que "os acionistas **sem direito de voto** podem comparecer à assembleia-geral e discutir a matéria submetida à deliberação". Ou seja, o direito de voz é garantido a todos, porém, o de voto somente aos que podem exercê-lo em razão da natureza das ações que possuem.

---

3. § 1º As ações preferenciais sem direito de voto adquirirão o exercício desse direito se a companhia, pelo prazo previsto no estatuto, não superior a 3 (três) exercícios consecutivos, deixar de pagar os dividendos fixos ou mínimos a que fizerem jus, direito que conservarão até o pagamento, se tais dividendos não forem cumulativos, ou até que sejam pagos os cumulativos em atraso.
§ 2º Na mesma hipótese e sob a mesma condição do § 1º, as ações preferenciais com direito de voto restrito terão suspensas as limitações ao exercício desse direito.
§ 3º O estatuto poderá estipular que o disposto nos §§ 1º e 2º vigorará a partir do término da implantação do empreendimento inicial da companhia.
4. A Lei 8.031/1990 institui o Plano Nacional de Desestatização e previu que "sempre que houver razões que o justifiquem, a União deterá, direta ou indiretamente, ações de classe especial do capital social de empresas privatizadas, que lhe confiram poder de veto em determinadas matérias".
5. A amortização consiste na distribuição aos acionistas, a título de antecipação e sem redução do capital social, de quantias que lhes poderiam tocar em caso de liquidação da companhia. As ações integralmente amortizadas poderão ser substituídas por ações de fruição, com as restrições fixadas pelo estatuto ou pela assembléia-geral que deliberar a amortização; em qualquer caso, ocorrendo liquidação da companhia, as ações amortizadas só concorrerão ao acervo líquido depois de assegurado às ações não a amortizadas valor igual ao da amortização, corrigido monetariamente.

A LSA é muito clara no que diz respeito às ações que estão com alguma restrição (penhor, alienação fiduciária, ou gravadas com usufruto):

2.3.9. Ações com restrição

Art. 113, da LSA O penhor da ação não impede o acionista de exercer o direito de voto; será lícito, todavia, estabelecer, no contrato, que o acionista não poderá, sem consentimento do credor pignoratício, votar em certas deliberações.

Parágrafo único. O credor garantido por alienação fiduciária da ação não poderá exercer o direito de voto; o devedor somente poderá exercê-lo nos termos do contrato.

Art. 114, da LSA O direito de voto da ação gravada com usufruto, se não for regulado no ato de constituição do gravame, somente poderá ser exercido mediante prévio acordo entre o proprietário e o usufrutuário.

O voto pode ser considerado **abusivo ou conflitante.** Será considerado abusivo quando o voto é exercido com o fim de causar dano à companhia ou a outros acionistas, ou de obter, para si ou para outrem, vantagem a que não faz jus e de que resulte, ou possa resultar, prejuízo para a companhia ou para outros acionistas (Art. 115).

Por sua vez, o parágrafo único indica que "o acionista não poderá votar nas deliberações da assembleia-geral relativas ao laudo de avaliação de bens com que concorrer para a formação do capital social e à aprovação de suas contas como administrador, **nem em quaisquer outras que puderem beneficiá-lo de modo particular, ou em que tiver interesse conflitante com o da companhia".**

O acionista, além de responder pelos danos causados, pode ter suspenso em assembleia o exercício dos direitos de voto (Art. 120). A forma que se dão os votos é muito importante para a compreensão de uma companhia.

Dentro do âmbito do Direito de Voto ganha grande relevância a definição legal de um **acionista controlador.**

Entende-se por **acionista controlador** a pessoa, natural ou jurídica, ou o grupo de pessoas vinculadas por acordo de voto, ou sob controle comum, que:

a) é titular de direitos de sócio que lhe assegurem, de modo permanente, a maioria dos votos nas deliberações da assembleia-geral e o poder de eleger a maioria dos administradores da companhia; e

b) usa efetivamente seu poder para dirigir as atividades sociais e orientar o funcionamento dos órgãos da companhia.

Ou seja, não basta ser titular de grande parte das ações (percentual do capital votante que confere maioria na assembleia e possibilidade de eleição da maioria dos administradores), mas sim é preciso identificar se esse controle é utilizado efetivamente.

Um sócio majoritário não é necessariamente um sócio controlador. O Art. 117 impõe que "o acionista controlador responde pelos danos causados por atos praticados com abuso de pode[6-7]". Assim, podem existir votos que são vistos como

---

6. **Art. 117, § 1º** São modalidades de exercício abusivo de poder:

   a) orientar a companhia para fim estranho ao objeto social ou lesivo ao interesse nacional, ou levá-la a favorecer outra sociedade, brasileira ou estrangeira, em prejuízo da participação dos acionistas minoritários nos lucros ou no acervo da companhia, ou da economia nacional;

   b) promover a liquidação de companhia próspera, ou a transformação, incorporação, fusão ou cisão da companhia, com o fim de obter, para si ou para outrem, vantagem indevida, em prejuízo dos demais acionistas, dos que trabalham na empresa ou dos investidores em valores mobiliários emitidos pela companhia;

   c) promover alteração estatutária, emissão de valores mobiliários ou adoção de políticas ou decisões que não tenham por fim o interesse da companhia e visem a causar prejuízo a acionistas minoritários, aos que trabalham na empresa ou aos investidores em valores mobiliários emitidos pela companhia;

   d) eleger administrador ou fiscal que sabe inapto, moral ou tecnicamente;

   e) induzir, ou tentar induzir, administrador ou fiscal a praticar ato ilegal, ou, descumprindo seus deveres definidos nesta Lei e no estatuto, promover, contra o interesse da companhia, sua ratificação pela assembleia-geral;

   f) contratar com a companhia, diretamente ou através de outrem, ou de sociedade na qual tenha interesse, em condições de favorecimento ou não equitativas;

   g) aprovar ou fazer aprovar contas irregulares de administradores, por favorecimento pessoal, ou deixar de apurar denúncia que saiba ou devesse saber procedente, ou que justifique fundada suspeita de irregularidade.

   h) subscrever ações, para os fins do disposto no art. 170, com a realização em bens estranhos ao objeto social da companhia.

7. Art. 246. A sociedade controladora será obrigada a reparar os danos que causar à companhia por atos praticados com infração ao disposto nos Arts. 116 e 117.

   § 1º A ação para haver reparação cabe:

   a) a acionistas que representem 5% (cinco por cento) ou mais do capital social;

   b) a qualquer acionista, desde que preste caução pelas custas e honorários de advogado devidos no caso de vir a ação ser julgada improcedente.

   § 2º A sociedade controladora, se condenada, além de reparar o dano e arcar com as custas, pagará honorários de advogado de 20% (vinte por cento) e prêmio de 5% (cinco por cento) ao autor da ação, calculados sobre o valor da indenização.

votos de controle societário (exercido pelos sócios) ou de controle empresarial (exercido pelos administradores).

Ainda, não impede que o voto se perfectibilize a partir de um controle de um **acordo de acionistas.** Trata-se de uma modalidade de contrato **parassocial.**

O Art. 118 traz a lista de acordos típicos: "os acordos de acionistas, sobre a **compra e venda** de suas ações, **preferência** para adquiri-las, **exercício do direito a voto,** ou do **poder de controle** deverão ser observados pela companhia quando arquivados na sua sede". Esses asseguram tidos como direitos especiais, que vinculam a companhia.

Qualquer tema fora do Art. 188 configura um **acordo atípico,** onde um descumprimento gera apenas perdas e danos. Tais acordos somente podem ser opostos a terceiros depois de averbados no livro de registro e nos certificados das ações, quando emitidos. Um fato de suma importância é que as referidas ações averbadas não poderão ser negociadas em bolsa ou no mercado de balcão.

Dissolução da Sociedade Anônima

Nas sociedades contratuais, a dissolução está basicamente prevista nos Arts. 1.033 a 1.038 do Código Civil. Nas sociedades por ações, o procedimento está nos Arts. 206 a 219 da LSA.

Assim, pode-se compreender que a dissolução pode ser tanto judicial quanto extrajudicial. A primeira por meio de um processo judicial e a segunda por meio de assembleia ou distrato.

Em relação ao término do prazo, imprescindível indicar que na limitada, casa encerre o prazo, a sociedade prorroga-se, contudo, de outro lado, na SA a prorrogação depende da alteração do estatuto (Art. 35, LSA).

A dissolução pode ser total ou parcial. A parcial segue procedimento especial e a total segue o Código de Processo Civil. Assim como na limitada, quando ocorre a dissolução, não é perdida a personalidade jurídica de forma imediata, uma vez que permanece ativa enquanto durar a liquidação.

Sobre a liquidação, a regra é a observância do estatuto. Caso o estatuto silencie, cabe à assembleia-geral determinar a forma que se dará a liquidação. Quando houver Conselho de Administração é ele quem pode nomear o liquidando, assim, o conselho poderá permanecer ativo.

A liquidação poderá ser judicial e nesse caso é o liquidante que representa a CIA nesse período e é dele a capacidade de onerar bens móveis e imóveis, transigir, receber e dar quitações. Sem expressa autorização da assembleia-geral o liquidante não poderá gravar bens e contrair empréstimos, salvo quando indispensáveis ao pagamento de obrigações inadiáveis, nem prosseguir, ainda que para facilitar a liquidação, na atividade social (Art. 211, LSA).

A cada seis meses o liquidante deve convocar assembleia geral com intuito de prestação de contas. Nessa assembleia todos têm direito de voto. Respeitados os direitos dos credores preferenciais, o liquidante pagará as dívidas sociais proporcionalmente e sem distinção entre vencidas e vincendas, mas, em relação a estas, com desconto às taxas bancárias (Art. 214, LSA).

Sobre a partilha do ativo devem ser observadas as regras do Art. 215, da LSA.

2.4. Tipos menores e operações

2.4.1. Sociedade em nome coletivo

Conforme art. 1.039 do CC:

- Impossibilidade de sócio pessoa jurídica (sócio incapaz/impedido?);
- Responsabilidade ilimitada dos sócios;
- Uso de firma social (art. 1.156 do CC).

A solidariedade se dá entre os sócios. Entre eles e a própria sociedade, porém, a relação é de subsidiariedade.

Essa eventual limitação de responsabilidade só produz efeitos entre os sócios. Perante os credores da sociedade, a responsabilidade dos sócios de uma sociedade em nome coletivo é sempre ilimitada.

Havendo, todavia, a previsão contratual de limitação de responsabilidade entre eles, isso repercutirá apenas internamente, dando ensejo, por exemplo, ao direito de regresso de um sócio contra outro.

2.4.2. Legislação aplicável

Conforme prevê **o Art. 1.040 do CC,** a sociedade em nome coletivo se rege pelas normas do Capítulo II (**arts. 139 a 144**), e no que for omisso, pelas regras do Capítulo antecedente, qual seja, da sociedade simples. **Além disso, esse tipo de sociedade deve mencionar no seu** contrato a firma social, além das indicações referidas no art. 997 **(Art. 1.041 do CC).**

Contrato social: art. 997 do CC.

2.4.3. Administração da sociedade

Já com relação à administração da sociedade em nome coletivo, de acordo com o **Art. 1.042 do CC,** compete exclusivamente a sócios, sendo o uso da firma, nos limites do contrato, privativo dos que tenham os necessários poderes.

2.4.4. Penhora de cotas

No que diz respeito à penhora das quotas, dispõe o art. 1.043, do CC, o que segue:

> **Art. 1.043 do CC.** O credor particular de sócio não pode, antes de dissolver-se a sociedade, pretender a liquidação da quota do devedor.
>
> Parágrafo único. Poderá fazê-lo quando:
>
> I – a sociedade houver sido prorrogada tacitamente;
>
> II – tendo ocorrido prorrogação contratual, for acolhida judicialmente oposição do credor, levantada no prazo de noventa dias, contado da publicação do ato dilatório.

Nesse caso, aplica-se subsidiariamente o *caput* do art. 1.026 (penhora de lucros).

2.4.5. Dissolução

A sociedade se dissolve de pleno direito por qualquer das causas enumeradas no art. 1.033 e, se empresária, também pela declaração da falência (**Art. 1.044 do CC.)**

2.4.6. Sociedade em comandita simples

Comanditado: pessoa natural / responsabilidade ilimitada;

Comanditário: pessoa natural ou jurídica / responsabilidade limitada.

O regime jurídico do sócio comanditado é o mesmo do sócio da sociedade em nome coletivo, ou seja: (i) o comanditado tem que ser pessoa física, (ii) só o comanditado pode administrar a sociedade, (iii) só o nome do comanditado pode constar da **firma social** e (iv) a responsabilidade do comanditado é ilimitada.

2.4.7. Sociedade em comandita por ações

Utiliza tanto a Lei das S.A.s (art. 280) quanto o CC (art. 1.090). Segundo a doutrina, a sociedade em comandita por ações é uma sociedade empresária **híbrida:** tem aspectos de sociedade em comandita e aspectos de sociedade anônima. Com efeito, a sociedade em comandita por ações, assim como as sociedades anônimas, **tem o seu capital dividido em ações**; e, assim como as sociedades em comandita simples, **possui duas categorias distintas de sócios**, uma com responsabilidade limitada e a outra com responsabilidade ilimitada.

2.4.7.1. Nome empresarial

O nome da sociedade deverá observar o disposto nos seguintes artigos:

> **Art. 281.** A sociedade poderá comerciar sob firma ou razão social, da qual só farão parte os nomes dos sócios-diretores ou gerentes. Ficam ilimitada e solidariamente responsáveis, nos termos desta Lei, pelas obrigações sociais, os que, por seus nomes, figurarem na firma ou razão social.
>
> Parágrafo único. A denominação ou a firma deve ser seguida das palavras "Comandita por Ações", por extenso ou abreviadamente.
>
> **Art. 1.157**. A sociedade em que houver sócios de responsabilidade ilimitada operará sob firma, na qual somente os nomes daqueles poderão figurar, bastando para formá-la aditar ao nome de um deles a expressão "e companhia" ou sua abreviatura.
>
> Parágrafo único. Ficam solidária e ilimitadamente responsáveis pelas obrigações contraídas sob a firma social aqueles que, por seus nomes, figurarem na firma da sociedade de que trata este artigo.
>
> **Art. 1.161.** A sociedade em comandita por ações pode, em lugar de firma, adotar denominação aditada da expressão "comandita por ações", facultada a designação do objeto social.

2.4.7.2. Administração da sociedade

Quanto à administração dessa sociedade a Lei da Sociedade Anônima prevê o que segue:

> **Art. 282.** Apenas o sócio ou acionista tem qualidade para administrar ou gerir a sociedade, e, como diretor ou gerente, responde, subsidiária mas ilimitada e solidariamente, pelas obrigações da sociedade.
>
> **§ 1º Os diretores ou gerentes serão nomeados, sem limitação de tempo, no estatuto da sociedade, e somente poderão ser destituídos por**

deliberação de acionistas que representem 2/3 (dois terços), no mínimo, do capital social.

§ 2º O diretor ou gerente que for destituído ou se exonerar continuará responsável pelas obrigações sociais contraídas sob sua administração.

O Código Civil não prevê diferente:

Art. 1.091 do CC. Somente o acionista tem qualidade para administrar a sociedade e, como diretor, responde subsidiária e ilimitadamente pelas obrigações da sociedade.

§ 1º Se houver mais de um diretor, serão solidariamente responsáveis, depois de esgotados os bens sociais.

§ 2º Os diretores serão nomeados no ato constitutivo da sociedade, sem limitação de tempo, e somente poderão ser destituídos por deliberação de acionistas que representem no mínimo dois terços do capital social.

§ 3º O diretor destituído ou exonerado continua, durante dois anos, responsável pelas obrigações sociais contraídas sob sua administração.

2.4.7.3. Poderes da assembleia geral

Em função de os diretores não serem eleitos pela assembleia geral, mas simplesmente nomeados no ato constitutivo, e de não terem mandato, a legislação lhes impõe regras severas quanto à sua responsabilidade. Diante de tal fato, os poderes da assembleia geral são limitados, não tendo ela competência para deliberar sobre certas matérias específicas que possam repercutir na responsabilidade dos acionistas diretores.

Lei das S.A.s:

Art. 283. A assembleia geral não pode, sem o consentimento dos diretores ou gerentes, mudar o objeto essencial da sociedade, prorrogar-lhe o prazo de duração, aumentar ou diminuir o capital social, emitir debêntures ou criar partes beneficiárias nem aprovar a participação em grupo de sociedade.

Art. 284. Não se aplica à sociedade em comandita por ações o disposto nesta Lei sobre conselho de administração, autorização estatutária de aumento de capital e emissão de bônus de subscrição.

Código Civil:

Art. 1.092 do CC. A assembleia geral não pode, sem o consentimento dos diretores, mudar o objeto essencial da sociedade, prorrogar-lhe o prazo de duração, aumentar ou diminuir o capital social, criar debêntures, ou partes beneficiárias.

2.4.8. Cooperativas

2.4.8.1. Tratamento constitucional: criação livre

Art. 5º, XVIII, CF – a criação de associações e, na forma da lei, a de cooperativas independem de autorização, sendo vedada a interferência estatal em seu funcionamento;

Os arts. 17 a 20 da Lei nº 5.764/1971, que tratam da "autorização para funcionamento" das cooperativas, não foram recepcionados pela CF/1988, que assegura a livre criação de sociedades cooperativas.

2.4.8.2. Natureza: sociedade simples

Enquanto a sociedade anônima é sempre uma sociedade empresária, pouco importando a atividade que desempenha, a sociedade cooperativa é sempre uma sociedade simples (art. 982, parágrafo único, do CC).

2.4.8.3. Registro: Junta Comercial

O registro compreende o arquivamento dos documentos relativos à constituição, alteração, dissolução e extinção de firmas mercantis individuais, sociedades mercantis e cooperativas (**Lei nº 8.934/1994, Art. 32**)

Apesar de a cooperativa ter a natureza de sociedade simples, ela não se registra no Cartório (art. 1.150 do CC), mas nas Junta Comercial (art. 32, II, *a*, da Lei nº 8.934/1994).

2.4.8.4. Legislação aplicável: Lei nº 5.764/1971

Conforme dispõe o **Art. 1.093 do CC, a** sociedade cooperativa reger-se-á pelo disposto no Capítulo VII**,** ressalvada a legislação especial**.** E no **que a lei for omissa,** aplicam-se as disposições referentes à sociedade simples**,** resguardadas as características estabelecidas no art. 1.094, nos termos do **Art. 1.096 do CC.**

A legislação especial das cooperativas é a Lei nº 5.764/1971.

2.4.8.5. Nome empresarial: denominação

A sociedade cooperativa funciona sob denominação integrada pelo vocábulo "cooperativa" (**Art. 1.159 do CC),** vedado o uso da expressão "Banco", podendo adotar por objeto qualquer gênero de serviço, operação ou atividade, assegurando-se lhes o direito exclusivo e exigindo-se lhes a obrigação do uso da expressão "cooperativa" em sua denominação (Art. 5° da Lei nº 5.764/1971).

2.4.8.6. Características da cooperativa

São características da sociedade cooperativa (Art. 1.094 do CC):

- variabilidade, ou dispensa do capital social;
- concurso de sócios em número mínimo necessário a compor a administração da sociedade, sem limitação de número máximo;
- limitação do valor da soma de quotas do capital social que cada sócio poderá tomar;
- intransferibilidade das quotas do capital a terceiros estranhos à sociedade, ainda que por herança;
- quórum, para a assembleia geral funcionar e deliberar, fundado no número de sócios presentes à reunião, e não no capital social representado;
- direito de cada sócio a um só voto nas deliberações, tenha ou não capital a sociedade, e qualquer que seja o valor de sua participação;
- distribuição dos resultados, proporcionalmente ao valor das operações efetuadas pelo sócio com a sociedade, podendo ser atribuído juro fixo ao capital realizado;
- indivisibilidade do fundo de reserva entre os sócios, ainda que em caso de dissolução da sociedade.

2.4.8.7. Responsabilidade dos sócios

Segundo o art. 1.095 do CC, na sociedade cooperativa, a responsabilidade dos sócios pode ser limitada ou ilimitada:

- É limitada a responsabilidade na cooperativa em que o sócio responde somente pelo valor de suas quotas e pelo prejuízo verificado nas operações sociais, guardada a proporção de sua participação nas mesmas operações.
- É ilimitada a responsabilidade na cooperativa em que o sócio responde solidária e ilimitadamente pelas obrigações sociais.
- Ainda que a responsabilidade dos sócios da sociedade cooperativa seja ilimitada, ela não deixa de ser subsidiária em relação à sociedade (art. 1.024 do CC e art. 13 da Lei nº 5.764/1971).

2.4.8.8. Administração

A cooperativa será administrada por uma Diretoria ou Conselho de Administração, composto exclusivamente de associados eleitos pela Assembleia Geral, com mandato nunca superior a quatro anos, sendo obrigatória a renovação de, no mínimo, 1/3 do Conselho de Administração.

2.4.8.9. Fundos

Fundos de reserva **são destinados a reparar perdas e a atender ao desenvolvimento de suas atividades, constituído com 10%, pelo menos, das sobras líquidas do exercício, já os** Fundos de Assistência Técnica, Educacional e Social **são destinados à prestação de assistência aos associados, seus familiares e, quando previsto nos estatutos, aos empregados da cooperativa; constituído, pelo menos, das sobras líquidas apuradas no exercício.**

2.4.8.10. Associados

O ingresso nas cooperativas é livre a todos que desejarem utilizar os serviços prestados pela sociedade, desde que façam a adesão aos propósitos sociais e preencham as condições estabelecidas no estatuto. A previsão legal está contida nos arts. 30 e 31, ambos da Lei nº 5.764/1971.

Além disso, o órgão normativo respectivo pode restringir a admissão de associados às pessoas que exerçam determinada atividade ou profissão, ou que estejam vinculadas a determinada entidade.

2.4.8.11. Assembleia geral

É feita pelas pessoas que compõem a cooperativa e tem poderes para decidir os negócios relativos ao objeto da sociedade e tomar resoluções convenientes ao desenvolvimento e defesa desta. Ainda, suas deliberações vinculam a todos, mesmo que ausentes ou discordantes.

2.4.8.12. Dissolução e liquidação

A dissolução poderá ser feita de forma voluntária (art. 63 da Lei nº 5.764/1971) ou através de medida judicial, a pedido de qualquer associado ou por iniciativa de órgão executivo federal.

Importante ressaltar que a dissolução da cooperativa importa no cancelamento de sua autorização para funcionar e de seu registro.

> **Art. 63, Lei nº 5.764/1971.** As sociedades cooperativas se dissolvem de pleno direito:
>
> I – quando assim deliberar a Assembleia Geral, desde que os associados, totalizando o número mínimo exigido por esta Lei, não se disponham a assegurar a sua continuidade;
>
> II – pelo decurso do prazo de duração;
>
> III – pela consecução dos objetivos predeterminados;
>
> IV – devido à alteração de sua forma jurídica;
>
> V – pela redução do número mínimo de associados ou do capital social mínimo se, até a Assembleia Geral subsequente, realizada em prazo não inferior a 6 (seis) meses, eles não forem restabelecidos;
>
> VI – pelo cancelamento da autorização para funcionar;
>
> VII – pela paralisação de suas atividades por mais de 120 (cento e vinte) dias.

EMPRESARIAL

2.4.9. Sociedade em comum

A sociedade em comum está prevista nos arts. 986 a 990 do CC.

Prevê o art. 986, primeira parte, do referido Código que: "enquanto não inscritos os atos constitutivos, reger-se-á a sociedade", logo, infere-se que a sociedade, ainda que irregular, existirá de fato, porém não terá personalidade jurídica.

Na sociedade em comum, a responsabilidade dos sócios será solidária e ilimitada, de forma ampla, sendo excluído do benefício de ordem aquele que contratou, nos termos do art. 990 do CC.

2.5. Operações societárias

A matéria está disciplinada tanto na Lei nº 6.404/1976 quanto no Código Civil. Assim, se numa determinada operação societária há a participação de uma sociedade anônima, aplicam-se as regras previstas na LSA, em razão da especialidade desse diploma legislativo. Todavia, se a operação não conta com a participação de uma sociedade anônima, aplicam-se as regras do CC.

> **Enunciado nº 70 das Jornadas de Direito Civil**: "As disposições sobre incorporação, fusão e cisão previstas no CC não se aplicam às sociedades anônimas. As disposições da Lei nº 6.404/1976 sobre essa matéria aplicam-se, por analogia, às demais sociedades naquilo em que o CC for omisso".

2.5.1. Transformação

A transformação é operação pela qual a sociedade altera o seu tipo societário (por exemplo: uma sociedade limitada que passa a ser uma sociedade anônima). Não há mudança no quadro societário, no patrimônio e nas obrigações. Não há que se falar em sucessão, e os bens continuam sob mesma titularidade, sendo preciso apenas averbar no órgão de registro o novo nome da sociedade.

> **Art. 1.113 do CC.** O ato de transformação independe de dissolução ou liquidação da sociedade, e obedecerá aos preceitos reguladores da constituição e inscrição próprios do tipo em que vai converter-se.
>
> **Art. 220, da Lei das S/A.** A transformação é a operação pela qual a sociedade passa, independentemente de dissolução e liquidação, de um tipo para outro. Parágrafo único. A transformação obedecerá aos preceitos que regulam a constituição e o registro do tipo a ser adotado pela sociedade.

2.5.1.1. Transformação de sociedade cooperativa

O DREI não admitia a transformação de sociedades cooperativas em sociedades empresárias, mas, a partir da IN nº 81, o departamento alterou seu entendimento, e passou a permitir expressamente.

O novo entendimento do departamento se deu em função das regras da Lei da Liberdade Econômica (art. 3º, V e VII, e art. 4º, VII), bem como em razão da existência de decisões judiciais que reconheciam às cooperativas o direito de se transformar (converter) em sociedades empresárias:

> O art. 63, IV, da Lei 5.764/1971 prevê que, em caso de transformação da forma jurídica, ocorrerá, de pleno direito, a dissolução da sociedade cooperativa, **dissolução esta compreendida como a resolução da função social para a qual foi criada a cooperativa em decorrência da transformação do tipo de sociedade**.

O art. 1.113 do CC de 2002 autoriza o ato de transformação societária independentemente "de dissolução ou liquidação da sociedade", resguardando, apenas, a observância dos "preceitos reguladores da constituição e inscrição do tipo em que vai converter- se", de modo que a transformação do tipo societário simples (classificação das cooperativas) não impõe a necessidade de liquidá-la, porque a pessoa jurídica é uma só, tanto antes como depois da operação, mudando apenas o tipo (de cooperativa para limitada, na hipótese) (REsp nº 1.528.304/ RS, rel. Min. Humberto Martins, rel. p/ Acórdão: Humberto Martins, 2ª Turma, j. 20-8-2015, *DJe* 1-9 -2015).

2.5.2. Conversão de associação civil

Conversão é a operação pela qual uma sociedade simples se converte em sociedade empresária, passando do registro civil (Cartório) para o registro empresarial (Junta Comercial), e vice-versa.

O DREI também não admitia a conversão de associações civis em sociedades empresárias, mas, a partir da IN nº 81, o departamento alterou seu entendimento, e passou a permitir expressamente:

> Dessa forma, considerando a ausência de vedação legal e o disposto no art. 2.033 do CC uma associação que tenha interesse em realizar a operação de conversão, deverá proceder aos mesmos trâmites que uma sociedade empresária realiza ou seja, inicialmente aprovar, por unanimidade, em assembleia acerca do assunto, salvo se no estatuto social constar previsão de quórum diferenciado, nos termos da legislação (item 103 da Nota Técnica do DREI que embasou a IN nº 81).

2.5.3. Incorporação

Na incorporação, não surgirá uma nova sociedade. Apenas a sociedade incorporada desaparecerá, e será sucedida pela sociedade incorporadora em todos os seus direitos e obrigações (art. 1.116 do CC e art. 227 da LSA):

> **Art. 1.117.** A deliberação dos sócios da sociedade incorporada deverá aprovar as bases da operação e o projeto de reforma do ato constitutivo.
>
> § 1º A sociedade que houver de ser incorporada tomará conhecimento desse ato, e, se o aprovar, autorizará os administradores a praticar o necessário à incorporação, inclusive a subscrição em bens pelo valor da diferença que se verificar entre o ativo e o passivo.
>
> § 2º A deliberação dos sócios da sociedade incorporadora compreenderá a nomeação dos peritos para a avaliação do patrimônio líquido da sociedade, que tenha de ser incorporada.
>
> **Art. 227. § 1º.** A assembleia-geral da companhia incorporadora, se aprovar o protocolo da operação, deverá autorizar o aumento de capital a ser subscrito e realizado pela incorporada mediante versão do seu patrimônio líquido, e nomear os peritos que o avaliarão.
>
> § 2º A sociedade que houver de ser incorporada, se aprovar o protocolo da operação, autorizará seus administradores a praticarem os atos necessários à incorporação, inclusive a subscrição do aumento de capital da incorporadora.
>
> **Art. 1.118.** Aprovados os atos da incorporação, a incorporadora declarará extinta a incorporada, e promoverá a respectiva averbação no registro próprio.
>
> **Art. 227, § 3º.** Aprovados pela assembleia geral da incorporadora o laudo de avaliação e a incorporação, extingue-se a incorporada, competindo à primeira promover o arquivamento e a publicação dos atos da incorporação.

2.5.3.1. Incorporação: extinção da incorporada

Como na incorporação não surge uma nova sociedade, apenas a sociedade incorporada será extinta. A sociedade incorporadora continuará normalmente, mas com novo capital social (em regra, há aumento de capital, mas ele pode continuar igual ou até mesmo sofrer diminuição, porque o art. 70, parágrafo único, da IN nº 81 do DREI prevê que "não há vedação para a incorporação de sociedade com o patrimônio líquido negativo").

2.5.4. Fusão

A fusão determina a **extinção das sociedades que se unem, para formar sociedade nova,** que a elas sucederá nos direitos e obrigações (art. 1.119 do CC e art. 228 da LSA). Ou seja, ao contrário do que se dá na incorporação, ocorre a extinção de todas as sociedades envolvidas, com o surgimento de uma nova sociedade.

Na primeira etapa do procedimento, cada sociedade envolvida na operação realizará uma assembleia geral, a qual deverá aprovar a fusão e nomear os peritos que avaliarão os patrimônios das outras sociedades

Na segunda etapa do procedimento, haverá uma assembleia conjunta, na qual deverão ser aprovados os respectivos laudos (obviamente, os sócios só votarão os laudos das outras sociedades, e não o da sociedade da qual fazem parte) e a constituição definitiva da nova sociedade.

Como na fusão há a constituição de uma nova sociedade, ela deverá ser registrada na Junta Comercial competente (art. 1.121 do CC e art. 228, § 3º, da LSA).

2.5.5. Cisão

A cisão pode ser definida, sucintamente, como transferência de patrimônio de uma sociedade para outra. Se se transferem apenas alguns bens da sociedade cindida, há uma cisão parcial. Por outro lado, havendo a transferência de todos os bens da sociedade cindida, há uma cisão total, e nesse caso a sociedade cindida se extingue (art. 229 da LSA):

> **Art. 229.** § 2º Na cisão com versão de parcela do patrimônio em sociedade nova, a operação será deliberada pela assembleia geral da companhia à vista de justificação que incluirá as informações de que tratam os números do art. 224; a assembleia, se a aprovar, nomeará os peritos que avaliarão a parcela do patrimônio a ser transferida, e funcionará como assembleia de constituição da nova companhia.
>
> § 3º A cisão com versão de parcela de patrimônio em sociedade já existente obedecerá às disposições sobre incorporação (art. 227).
>
> § 4º Efetivada a cisão com extinção da companhia cindida, caberá aos administradores das sociedades que tiverem absorvido parcelas do seu patrimônio promover o arquivamento e publicação dos atos da operação; na cisão com versão parcial do patrimônio, esse dever caberá aos administradores da companhia cindida e da que absorver parcela do seu patrimônio.
>
> § 5º As ações integralizadas com parcelas de patrimônio da companhia cindida serão atribuídas a seus titulares, em substituição às extintas, na proporção das que possuíam; a atribuição em proporção diferente requer aprovação de todos os titulares, inclusive das ações sem direito a voto.

3. ARBITRAGEM E PROCEDIMENTO ARBITRAL

Autora: Luciana Aranalde

3.1. Resolução adequada ou alternativa de conflitos (ADR)

A expressão métodos adequados de resolução de conflitos (ou ainda métodos alternativos de solução de conflitos) corresponde à homônima em língua inglesa *"alternative dispute resolution" (ADR)* e representa uma variedade de métodos de resolução de disputas distintos do julgamento que se obtém ao final de um processo judicial conduzido pelo Estado.

São exemplos:

- arbitragem,
- mediação,
- conciliação,
- negociação

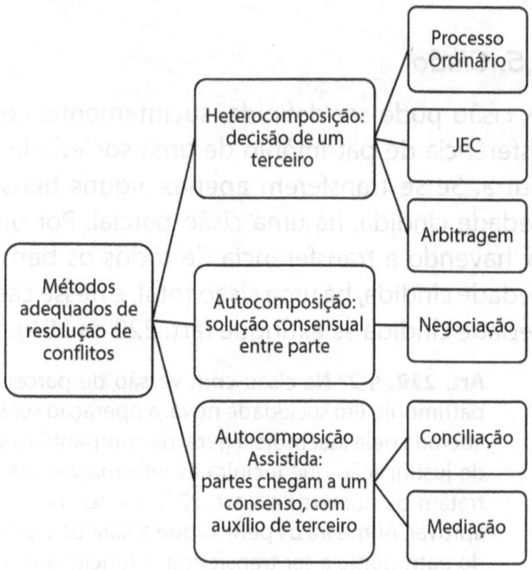

No Brasil, a história dos métodos adequados de resolução de conflitos tem uma defasagem temporal de duas décadas em relação à experiência norte-americana, por exemplo, mas se desenvolve por argumentos e etapas relativamente semelhantes: parte de uma crítica à demora e aos custos da jurisdição estatal, ancora-se inicialmente na arbitragem privada para, mais tarde, disseminar-se pela conciliação e mediação.

Assim tem-se:

- 1996 – Lei nº 9.307 – Instituição da Lei de Arbitragem no Brasil.
- Resolução nº 125/2010 do CNJ.
- Novo CPC.
- Lei nº 13.140/2015 (Lei de Mediação).

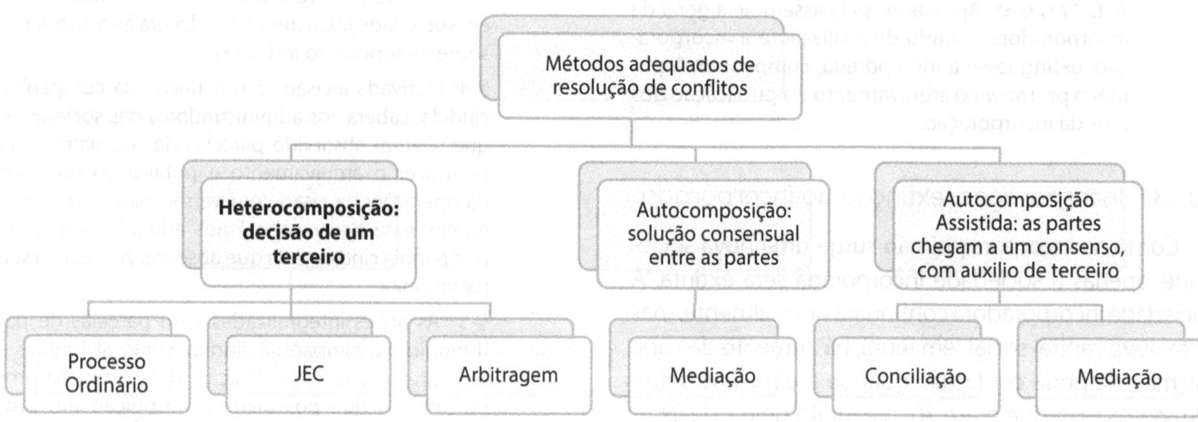

3.2. Mediação

Considera-se mediação a atividade técnica exercida por terceiro imparcial sem poder decisório, que, escolhido ou aceito pelas partes, as auxilia e estimula a identificar ou desenvolver soluções consensuais para a controvérsia (art. 1º, parágrafo único, Lei nº 13.140/2015).

O mediador, que atuará preferencialmente nos casos em que houver vínculo anterior entre as partes, auxiliará os interessados a compreender as questões e os interesses em conflito, de modo que eles possam, pelo restabelecimento da comunicação, identificar, por si próprios, soluções consensuais que gerem benefícios mútuos (art. 165, § 3º, do CPC).

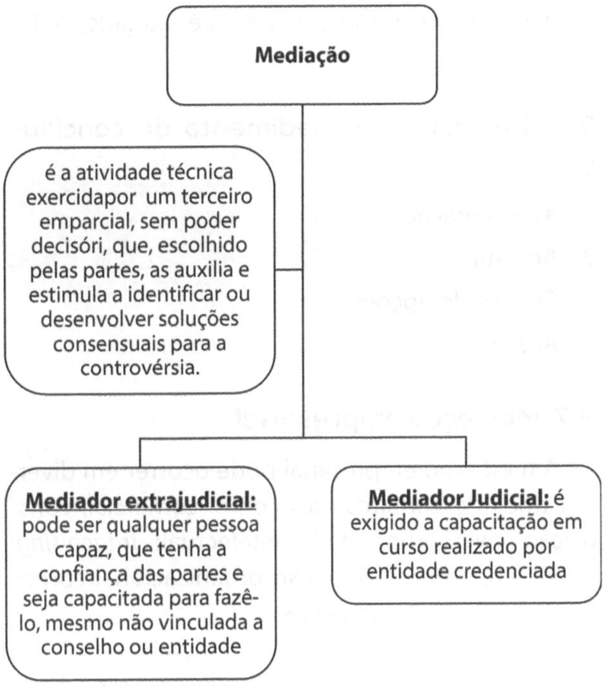

3.3. Conciliação

É exercida, normalmente, por força de lei e compulsoriamente por servidor público que usa a autoridade de seu cargo para tentar promover a solução de controvérsias.

O conciliador é uma pessoa da sociedade que atua, de forma voluntária e após treinamento específico, como facilitador do acordo entre os envolvidos, criando um contexto propício ao entendimento mútuo, à aproximação de interesses e à harmonização das relações. Conforme art. 165, § 2º, do CPC "O conciliador, que atuará preferencialmente nos casos em que não houver vínculo anterior entre as partes, poderá sugerir soluções para o litígio, sendo vedada a utilização de qualquer tipo de constrangimento ou intimidação para que as partes conciliem".

Na **conciliação judicial** o procedimento é iniciado pelo magistrado ou por requerimento da parte, com a designação de audiência e a intimação das partes para o comparecimento (arts. 165 e seguintes e 331 do CPC). Já na **conciliação pré-processual**, a parte comparece à unidade do Poder Judiciário apta a atendê-la, no caso, as unidades de conciliação já instaladas ou os Juizados Especiais, que marca uma sessão na qual a outra parte é convidada a comparecer.

Na efetivação do acordo, o termo da conciliação se transforma em título executivo.

Na falta de acordo, é dado o encaminhamento para o ingresso em juízo pelas vias normais.

3.4. Mediação e conciliação no CPC

Depreende-se do art. 3º do CPC:

> **Art. 3º** Não se excluirá da apreciação jurisdicional ameaça ou lesão a direito.
>
> § 1º É permitida **a arbitragem**, na forma da lei.
>
> § 2º O Estado promoverá, sempre que possível, a **solução consensual dos conflitos.**
>
> § 3º A **conciliação, a mediação e outros métodos de solução consensual** de conflitos deverão ser estimulados por juízes, advogados, defensores públicos e membros do Ministério Público, inclusive no curso do processo judicial.

Em consonância com o referido artigo, o Código de Processo Civil prevê no art. 165 que "Os tribunais criarão centros judiciários de solução consensual de conflitos, responsáveis pela realização de sessões e audiências de conciliação e mediação e pelo desenvolvimento de programas destinados a auxiliar, orientar e estimular a autocomposição."

Logo, constata-se claro avanço no que diz respeito ao incentivo à solução de conflitos por vias não judiciais.

Os princípios aplicados no procedimento de conciliação e mediação estão elencados no art. 166, do CPC. São eles: **independência, imparcialidade, autonomia da vontade, confidencialidade, oralidade, informalidade e decisão informada.**

> **Art. 166, CPC.** A conciliação e a mediação são informadas pelos princípios da independência, da imparcialidade, da autonomia da vontade, da confidencialidade, da oralidade, da informalidade e da decisão informada.
>
> § 1º A confidencialidade estende-se a todas as informações produzidas no curso do procedimento, cujo teor não poderá ser utilizado para fim diverso daquele previsto por expressa deliberação das partes.
>
> § 2º Em razão do dever de sigilo, inerente às suas funções, o conciliador e o mediador, assim como os membros de suas equipes, não poderão divulgar ou depor acerca de fatos ou elementos oriundos da conciliação ou da mediação.
>
> § 3º Admite-se a aplicação de técnicas negociais, com o objetivo de proporcionar ambiente favorável à autocomposição.
>
> § 4º A mediação e a conciliação serão regidas conforme a livre autonomia dos interessados, inclusive no que diz respeito à definição das regras procedimentais.

Alguns pontos principais precisam ser lembrados pelo aluno ao estudar o tema no Código de Processo Civil, quais sejam:

Tentativa de conciliação no início da audiência de instrução e julgamento:

Art. 359, CPC. Instalada a audiência, o juiz tentará conciliar as partes, independentemente do emprego anterior de outros métodos de solução consensual de conflitos, como a mediação e a arbitragem.

Produção antecipada de prova para viabilizar a autocomposição:

Art. 381, CPC. A produção antecipada da prova será admitida nos casos em que: [...]

II – a prova a ser produzida seja suscetível de viabilizar a autocomposição ou outro meio adequado de solução de conflito;

Decisão homologatória de autocomposição como título executivo judicial:

Art. 515, CPC. São títulos executivos judiciais, cujo cumprimento dar-se-á de acordo com os artigos previstos neste Título: [...]

II – a decisão homologatória de autocomposição judicial;

III – a decisão homologatória de autocomposição extrajudicial de qualquer natureza;

Homologação de autocomposição nos tribunais:

Art. 932, CPC. Incumbe ao relator:

I – dirigir e ordenar o processo no tribunal, inclusive em relação à produção de prova, bem como, quando for o caso, homologar autocomposição das partes;

Máxima priorização da solução consensual nas ações de família:

Art. 694, CPC. Nas ações de família, todos os esforços serão empreendidos para a solução consensual da controvérsia, devendo o juiz dispor do auxílio de profissionais de outras áreas de conhecimento para a mediação e conciliação.

Parágrafo único. A requerimento das partes, o juiz pode determinar a suspensão do processo enquanto os litigantes se submetem a mediação extrajudicial ou a atendimento multidisciplinar.

Art. 695, CPC. Recebida a petição inicial e, se for o caso, tomadas as providências referentes à tutela provisória, o juiz ordenará a citação do réu para comparecer à audiência de mediação e conciliação, observado o disposto no art. 694.

3.5. Etapas do procedimento de mediação

Primeiro, criam-se opções para que os mediandos busquem soluções para a situação, a fim de trazer o maior número de ideias possíveis. A agenda é utilizada como instrumento de organização de acordo com as prioridades, baseadas na importância e urgência. No fechamento, o procedimento de mediação é encerrado e o acordo é redigido, se for o caso.

3.6. Etapas do procedimento de conciliação

1) Apresentação
2) Abertura
3) Criação de opções
4) Acordo

3.7. Mediação empresarial

A mediação empresarial pode ocorrer em diversos tipos de conflitos, tais como: comercial; construção civil; propriedade intelectual; *franchising*; societária; empresa familiar; organizacional/corporativa; e com entes públicos.

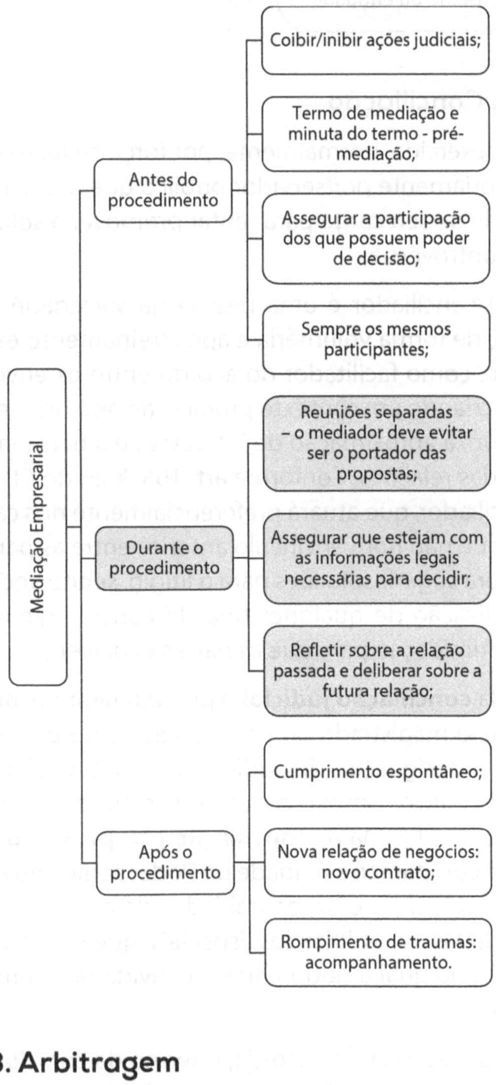

3.8. Arbitragem

Regida pela Lei nº 9.307/1996, a arbitragem é um **procedimento litigioso privado, controlado por um profissional** especializado e independente, que

dita uma sentença e soluciona o conflito entre as partes.

3.8.1. Convenção de arbitragem – Lei nº 9.307/1976

A convenção de arbitragem é gênero que se divide em duas espécies:

> **Art. 3º** As partes interessadas podem submeter a solução de seus litígios ao juízo arbitral mediante convenção de arbitragem, assim entendida a **cláusula compromissória e o compromisso arbitral.**
>
> a) Cláusula compromissória: "convenção através da qual as partes em um contrato comprometem-se a submeter à arbitragem os litígios que possam vir a surgir, relativamente a tal contrato" (art. 4º da Lei nº 9.307/1976).
>
> b) Compromisso arbitral: convenção através da qual as partes submetem um litígio à arbitragem de uma ou mais pessoas, pode ser judicial ou extrajudicial (art. 9º da Lei nº 9.307/1976).
>
> **Art. 4º** A cláusula compromissória é a convenção através da qual as partes em um **contrato comprometem-se** a submeter à arbitragem os **litígios que possam vir a surgir**, relativamente a tal contrato.
>
> § 1º A cláusula compromissória deve ser estipulada por escrito, podendo estar inserta no próprio contrato ou em documento apartado que a ele se refira.
>
> § 2º Nos **contratos de adesão**, a cláusula compromissória só terá eficácia se o aderente tomar a iniciativa de instituir a arbitragem ou concordar, expressamente, com a sua instituição, desde que por escrito em documento anexo ou em negrito, com a assinatura ou visto especialmente para essa cláusula. [...]
>
> Art. 9º O **compromisso arbitral** é a convenção através da qual as partes **submetem um litígio** à arbitragem de uma ou mais pessoas, **podendo ser judicial ou extrajudicial**.
>
> § 1º O compromisso arbitral judicial celebrar-se-á por termo nos autos, perante o juízo ou tribunal, onde tem curso a demanda.
>
> § 2º O compromisso arbitral extrajudicial será celebrado por escrito particular, assinado por duas testemunhas, ou por instrumento público.
>
> Art. 10. Constará, **obrigatoriamente**, do **compromisso arbitral**:
>
> I – o nome, profissão, estado civil e domicílio das partes;
>
> II – o nome, profissão e domicílio do árbitro, ou dos árbitros, ou, se for o caso, a identificação da entidade à qual as partes delegaram a indicação de árbitros;
>
> III – a matéria que será objeto da arbitragem; e
>
> IV – o lugar em que será proferida a sentença arbitral.
>
> **Art. 11. Poderá**, ainda, o **compromisso arbitral** conter:
>
> I – local, ou locais, onde se desenvolverá a arbitragem;
>
> II – a autorização para que o árbitro ou os árbitros julguem por equidade, se assim for convencionado pelas partes;
>
> III - o prazo para apresentação da sentença arbitral;
>
> IV - a indicação da lei nacional ou das regras corporativas aplicáveis à arbitragem, quando assim convencionarem as partes;
>
> V - a declaração da responsabilidade pelo pagamento dos honorários e das despesas com a arbitragem; e
>
> VI – a fixação dos honorários do árbitro, ou dos árbitros.
>
> Parágrafo único. Fixando as partes os honorários do árbitro, ou dos árbitros, no compromisso arbitral, este constituirá título executivo extrajudicial; não havendo tal estipulação, o árbitro requererá ao órgão do Poder Judiciário que seria competente para julgar, originariamente, a causa que os fixe por sentença.

A cláusula compromissória divide-se em duas categorias, quais sejam:

Cláusula compromissória cheia: contém definições prévias das questões relacionadas à instituição e ao procedimento arbitral, contendo os **requisitos mínimos para instauração do procedimento arbitral**, como, por exemplo, **a forma de indicação dos árbitros**, fazendo desnecessário o compromisso arbitral. As partes podem pactuar as regras, podem delegá-las aos árbitros ou podem ainda delegar ao regulamento de uma instituição arbitral já existente **(art. 5º da Lei nº 9.307/1996).**

> **Art. 5º** Reportando-se as partes, na cláusula compromissória, às regras de algum órgão arbitral institucional ou entidade especializada, a arbitragem será instituída e processada de acordo com tais regras, podendo, igualmente, as partes estabelecer na própria cláusula, ou em outro documento, a forma convencionada para a instituição da arbitragem.

Cláusula compromissória vazia (ou em branco): as partes **apenas definem a submissão do contrato a arbitragem,** sem definir ou detalhar a instituição e as características do procedimento arbitral. Assim, surgido o conflito, será necessário o compromisso arbitral para preencher as lacunas da cláusula compromissória.

Discute-se, nesse aspecto, a impossibilidade de instauração imediata da arbitragem nos casos em que a cláusula é vazia, isto porque, ausentes os elementos mínimos necessários para a instauração da arbitragem, necessário que as partes firmem acordo a respeito do compromisso arbitral e, na falta desse acordo, poderá haver a intervenção (motivada) do Poder Judiciário.

Art. 6º Não havendo acordo prévio sobre a forma de instituir a arbitragem, a parte interessada manifestará à outra parte sua intenção de dar início à arbitragem, por via postal ou por outro meio qualquer de comunicação, mediante comprovação de recebimento, convocando-a para, em dia, hora e local certos, firmar o compromisso arbitral.

Parágrafo único. Não comparecendo a parte convocada ou, comparecendo, recusar-se a firmar o compromisso arbitral, **poderá a outra parte propor a demanda de que trata o art. 7º desta Lei, perante o órgão do Poder Judiciário a que, originariamente, tocaria o julgamento da causa.**

Art. 7º Existindo cláusula compromissória e **havendo resistência quanto à instituição da arbitragem**, poderá a parte interessada requerer a citação da outra parte para comparecer em juízo a fim de lavrar-se o compromisso, designando o juiz audiência especial para tal fim.

§ 1º O autor indicará, com precisão, o objeto da arbitragem, instruindo o pedido com o documento que contiver a cláusula compromissória.

§ 2º Comparecendo as partes à audiência, o juiz tentará, previamente, a conciliação acerca do litígio. Não obtendo sucesso, tentará o juiz conduzir as partes à celebração, de comum acordo, do compromisso arbitral.

§ 3º **Não concordando as partes sobre os termos do compromisso**, decidirá o juiz, após ouvir o réu, sobre seu conteúdo, na própria audiência ou no prazo de dez dias, respeitadas as disposições da cláusula compromissória e atendendo ao disposto nos arts. 10 e 21, § 2º, desta Lei.

§ 4º Se a **cláusula compromissória nada dispuser** sobre a nomeação de árbitros, caberá ao juiz, ouvidas as partes, estatuir a respeito, podendo nomear árbitro único para a solução do litígio.

§ 5º A ausência do autor, sem justo motivo, à audiência designada para a lavratura do compromisso arbitral, importará a extinção do processo sem julgamento de mérito.

§ 6º Não comparecendo o réu à audiência, caberá ao juiz, ouvido o autor, estatuir a respeito do conteúdo do compromisso, nomeando árbitro único.

§ 7º A sentença que julgar procedente o pedido valerá como compromisso arbitral.

Cláusula arbitral escalonada: determina a solução da controvérsia por meio da mediação antes da instauração da arbitragem **(cláusula med-arb)** ou ainda, durante o procedimento arbitral (**cláusula arb-med**).

Desta forma, prestigia-se a autocomposição dos conflitos, por meio da mediação, inclusive nas hipóteses em que as partes pactuaram a arbitragem.

3.8.2. Autonomia da cláusula compromissória

A cláusula compromissória é autônoma em relação ao contrato em que estiver inserta, de tal sorte que a nulidade deste não implica, necessariamente, a nulidade da cláusula compromissória (**Art. 8º da Lei nº 9.307/1996**).

Além, disso, dispõe o parágrafo único. Caberá ao árbitro decidir de ofício, ou por provocação das partes, as questões acerca da existência, validade e eficácia da convenção de arbitragem e do contrato que contenha a cláusula compromissória.

3.8.3. Espécies de arbitragem

1) **Arbitragem institucional:** as regras procedimentais encontram-se previamente definidas por determinada câmara arbitral. Nesse caso, as partes escolhem uma entidade especializada (instituição arbitral) para conduzir o procedimento arbitral.

2) **Arbitragem *ad hoc* (ou arbitragem avulsa):** as partes definem o procedimento arbitral e, em caso de lacuna ou dúvida, os árbitros decidirão.

3.8.4. Efeitos da convenção arbitral

A convenção de arbitragem tem um duplo caráter ou efeito:

Positivo: obriga as partes a se submeterem ao juízo arbitral; deriva do princípio contratual do *pacta sunt servanda* (os contratos vinculam as partes).

A convenção arbitral é capaz de execução específica, tendo em vista que, se a sanção pelo descumprimento de uma convenção arbitral fosse meramente indenizatória, a arbitragem não estaria atingindo o seu objetivo principal.

A LBA, nesse sentido, adotou, em seu art. 7º, um mecanismo próprio para permitir a execução específica da cláusula compromissória quando houver resistência de uma das partes em instaurar o procedimento, por meio de sua instauração judicial.

Negativo: derroga a jurisdição estatal, submetendo as partes à jurisdição dos árbitros.

Um requisito de validade da convenção de arbitragem é a **arbitrabilidade**, que significa a possibilidade de um litígio ser submetido à arbitragem voluntária. Divide-se em duas espécies: **objetiva e subjetiva.**

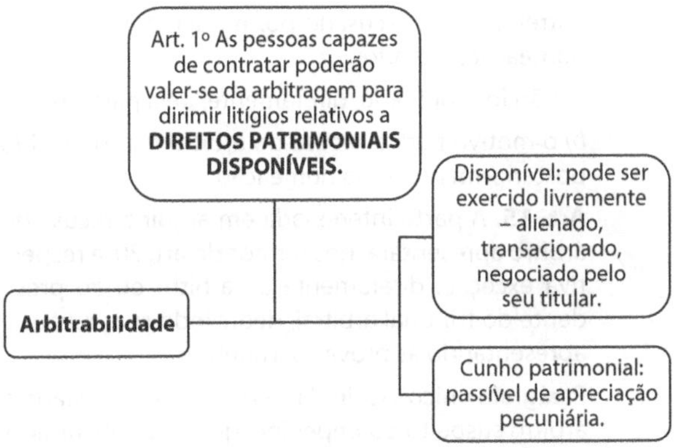

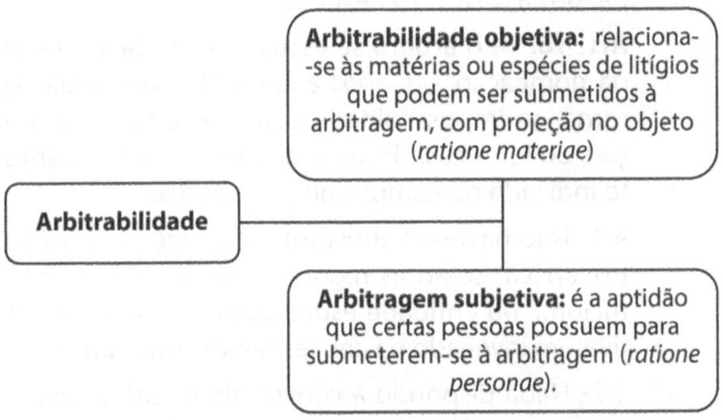

Os **entes despersonalizados**, em razão da ausência de personalidade jurídica e, portanto, de capacidade de direito e de fato, não podem firmar, em princípio, convenção arbitral.

À **exceção**, o ordenamento jurídico confere capacidade contratual para determinados entes despersonalizados, como o condomínio edilício, massa falida, espólio, que poderiam submeter suas controvérsias à solução arbitral, desde que com a devida autorização e representação adequada.

Outra inovação legislativa de grande impacto, introduzida pela **Lei nº 14.711, de 30 de outubro de 2023 (Marco Legal das Garantias)**, reside na expressa ampliação da capacidade dos **tabeliães de notas e oficiais de registro** de atuarem como conciliadores, mediadores e, em alguns casos, como árbitros. Essa faculdade é parte do movimento de desjudicialização impulsionado pela nova lei, em especial ao fortalecer a **solução consensual de conflitos** e o acesso a métodos extrajudiciais, com a previsão de que tais atuações se darão em conformidade com formação e regulamentação supervisionadas pelo Conselho Nacional de Justiça (CNJ). Essa medida democratiza significativamente o acesso à arbitragem e à resolução extrajudicial para a população em geral, permitindo que conflitos antes restritos ao âmbito judicial, como certas demandas de compra e venda de imóveis, inventários e divórcios (desde que consensuais e sem interesse de incapazes), encontrem vias mais céleres e especializadas, promovendo a eficiência e a pacificação social.

3.8.4.1. Arbitragem de direito ou de equidade

Enquanto na **arbitragem de direito**, os árbitros devem decidir a controvérsia com fundamento nas normas em vigor no ordenamento jurídico, na **arbitragem por equidade**, a decisão é adotada com apoio nos critérios de justiça, de bom senso e de equilíbrio dos árbitros.

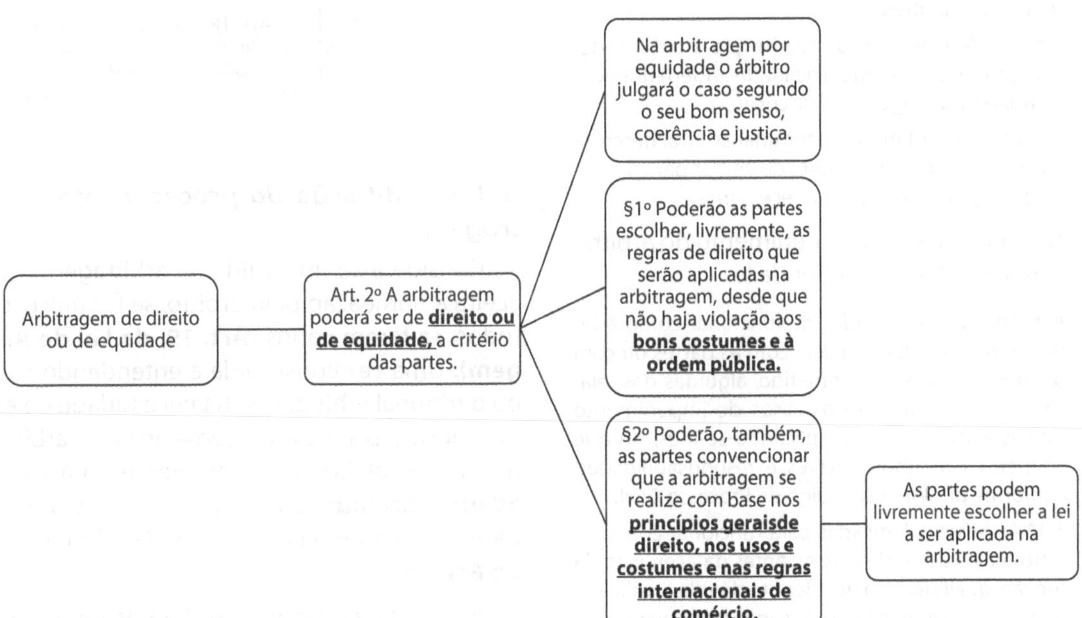

3.8.5. *Árbitros*

Quanto aos árbitros, disciplina o art. 13 da Lei nº 9.307/1996:

> **Art. 13.** Pode ser árbitro qualquer pessoa capaz e que tenha a confiança das partes.
>
> § 1º As partes nomearão um ou mais árbitros, sempre em número ímpar, podendo nomear, também, os respectivos suplentes.
>
> § 2º Quando as partes nomearem árbitros em número par, estes estão autorizados, desde logo, a nomear mais um árbitro. Não havendo acordo, requererão as partes ao órgão do Poder Judiciário a que tocaria, originariamente, o julgamento da causa a nomeação do árbitro, aplicável, no que couber, o procedimento previsto no art. 7º desta Lei.
>
> § 3º As partes poderão, de comum acordo, estabelecer o processo de escolha dos árbitros, ou adotar as regras de um órgão arbitral institucional ou entidade especializada.
>
> § 4º Sendo nomeados vários árbitros, estes, por maioria, elegerão o presidente do tribunal arbitral. Não havendo consenso, será designado presidente o mais idoso.
>
> § 4º As partes, de comum acordo, poderão afastar a aplicação de dispositivo do regulamento do órgão arbitral institucional ou entidade especializada que limite a escolha do árbitro único, coárbitro ou presidente do tribunal à respectiva lista de árbitros, autorizado o controle da escolha pelos órgãos competentes da instituição, sendo que, nos casos de impasse e arbitragem multiparte, deverá ser observado o que dispuser o regulamento aplicável.
>
> § 5º O árbitro ou o presidente do tribunal designará, se julgar conveniente, um secretário, que poderá ser um dos árbitros.
>
> § 6º No desempenho de sua função, o árbitro deverá proceder com imparcialidade, independência, competência, diligência e discrição.
>
> § 7º Poderá o árbitro ou o tribunal arbitral determinar às partes o adiantamento de verbas para despesas e diligências que julgar necessárias

E no que diz respeito ao impedimento do árbitro, preveem os arts. 14 a 16 da referida lei:

> **Art. 14.** Estão impedidos de funcionar como árbitros as pessoas que tenham, com as partes ou com o litígio que lhes for submetido, algumas das relações que caracterizam os casos de impedimento ou suspeição de juízes, aplicando-se-lhes, no que couber, os mesmos deveres e responsabilidades, conforme previsto no Código de Processo Civil.
>
> § 1º As pessoas indicadas para funcionar como árbitro têm o dever de revelar, antes da aceitação da função, qualquer fato que denote dúvida justificada quanto à sua imparcialidade e independência.
>
> § 2º O árbitro somente poderá ser recusado por motivo ocorrido após sua nomeação. Poderá, entretanto, ser recusado por motivo anterior à sua nomeação, quando:
>
> *a)* não for nomeado, diretamente, pela parte; ou
>
> *b)* o motivo para a recusa do árbitro for conhecido posteriormente à sua nomeação.
>
> **Art. 15.** A parte interessada em arguir a recusa do árbitro apresentará, nos termos do art. 20, a respectiva exceção, diretamente ao árbitro ou ao presidente do tribunal arbitral, deduzindo suas razões e apresentando as provas pertinentes.
>
> Parágrafo único. Acolhida a exceção, será afastado o árbitro suspeito ou impedido, que será substituído, na forma do art. 16 desta Lei.
>
> **Art. 16.** Se o árbitro se escusar antes da aceitação da nomeação, ou, após a aceitação, vier a falecer, tornar-se impossibilitado para o exercício da função, ou for recusado, assumirá seu lugar o substituto indicado no compromisso, se houver.
>
> § 1º Não havendo substituto indicado para o árbitro, aplicar-se-ão as regras do órgão arbitral institucional ou entidade especializada, se as partes as tiverem invocado na convenção de arbitragem.
>
> § 2º Nada dispondo a convenção de arbitragem e não chegando as partes a um acordo sobre a nomeação do árbitro a ser substituído, procederá a parte interessada da forma prevista no art. 7º desta Lei, a menos que as partes tenham declarado, expressamente, na convenção de arbitragem, não aceitar substituto.

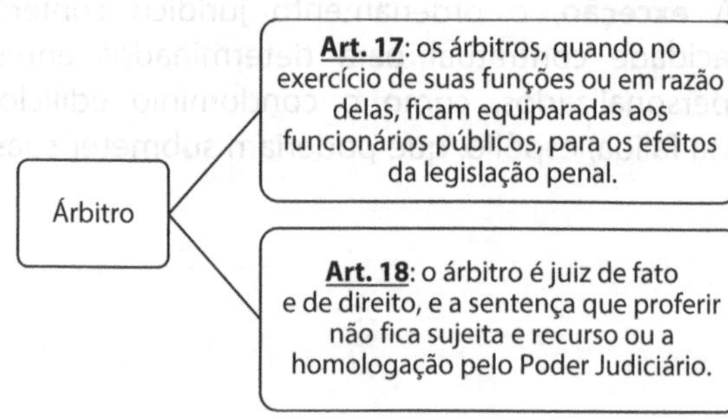

3.8.6. *Instituição do procedimento de arbitragem*

Considera-se instituída a arbitragem quando aceita a nomeação pelo árbitro, se for único, ou por todos, se forem vários (**Art. 19, da Lei de Arbitragem).** Uma vez constituída e entendendo o árbitro ou o tribunal arbitral que há necessidade de explicitar questão disposta na convenção de arbitragem, deverá ser elaborado, juntamente com as partes, **adendo firmado por todos**, que passará a fazer parte integrante da convenção de arbitragem (**§ 1º do Art. 19**).

A recusa de assinatura na "ata de missão" estipulada no artigo anteriormente mencionado não significa que a arbitragem não poderá se desenvolver.

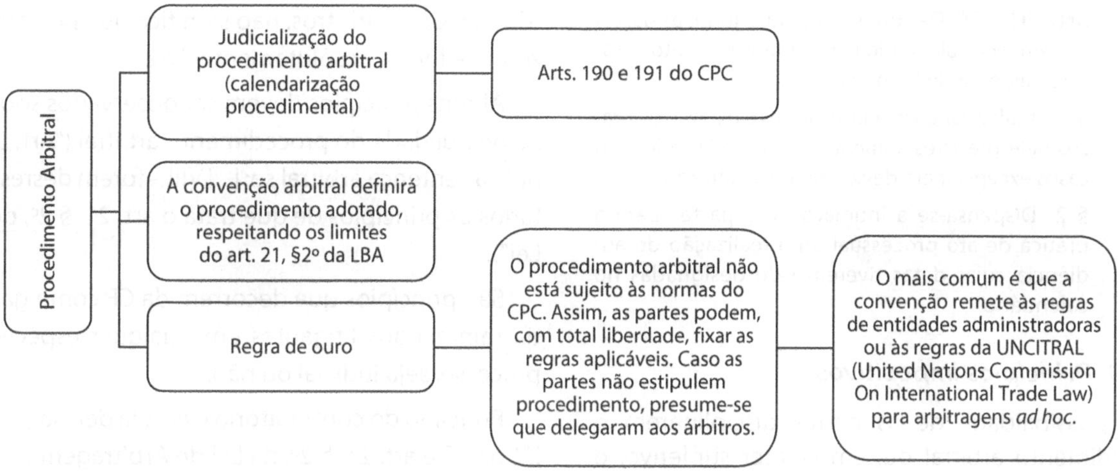

3.8.7. Três momentos do procedimento

- Instauração da arbitragem
- Organização da arbitragem
- Desenvolvimento da arbitragem

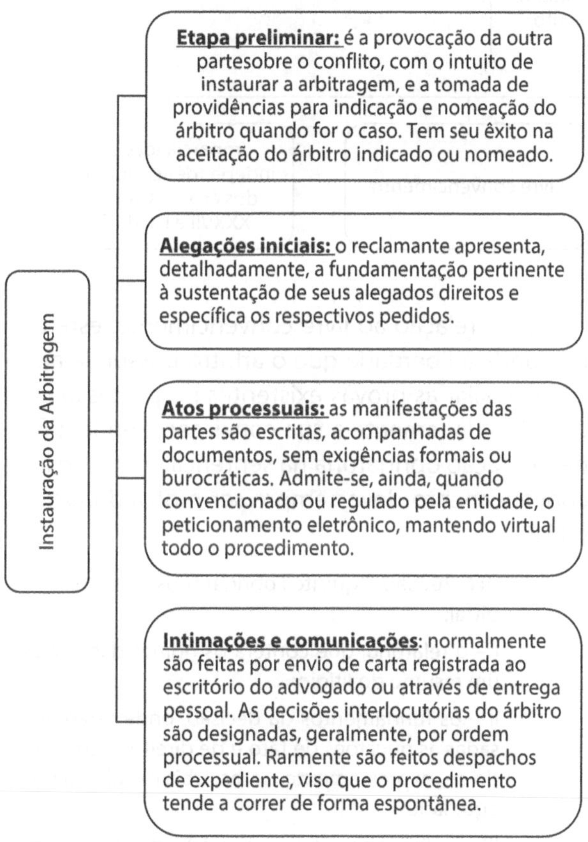

O procedimento arbitral depende da **vontade das partes** para ser instaurado. As partes precisam, voluntariamente, pactuar que a lide seja apreciada pelo juízo arbitral, abdicando da via judicial.

As partes também possuem a faculdade de indicar o(s) árbitro(s), o local da arbitragem, de optar pela arbitragem institucional ou *ad hoc*, de escolher as regras de direito a serem empregadas no caso, se a arbitragem será de direito ou de equidade e o procedimento a ser aplicado. Inclusive, podem modificar o que estabeleceram, contanto que com mútuo consentimento.

O poder conferido ao árbitro emana da lei, e não da vontade das partes.

3.8.8. Liberdade para determinar as regras

Convenção arbitral definirá o procedimento adotado respeitando os limites do art. 21, § 2º, da L.A.

> **Art. 21.** A arbitragem obedecerá ao procedimento estabelecido pelas partes na convenção de arbitragem, que poderá reportar-se às regras de um órgão arbitral institucional ou entidade especializada, facultando-se, ainda, às partes delegar ao próprio árbitro, ou ao tribunal arbitral, regular o procedimento. [...]
>
> **§ 2º** Serão, sempre, respeitados no procedimento arbitral os princípios do contraditório, da igualdade das partes, da imparcialidade do árbitro e de seu livre convencimento.

Judicialização do procedimento arbitral – arts. 190 e 191 (Calendarização procedimental) do CPC, que aproveitou o conceito de liberdade procedimental da arbitragem:

> **Art. 190, CPC.** Versando o processo sobre direitos que admitam autocomposição, é lícito às partes plenamente capazes estipular mudanças no procedimento para ajustá-lo às especificidades da causa e convencionar sobre os seus ônus, poderes, faculdades e deveres processuais, antes ou durante o processo.
>
> Parágrafo único. De ofício ou a requerimento, o juiz controlará a validade das convenções previstas neste artigo, recusando-lhes aplicação somente nos casos de nulidade ou de inserção abusiva em contrato de adesão ou em que alguma parte se encontre em manifesta situação de vulnerabilidade.

Art. 191, CPC. De comum acordo, o juiz e as partes podem fixar calendário para a prática dos atos processuais, quando for o caso.

§ 1º O calendário vincula as partes e o juiz, e os prazos nele previstos somente serão modificados em casos excepcionais, devidamente justificados.

§ 2º Dispensa-se a intimação das partes para a prática de ato processual ou a realização de audiência cujas datas tiverem sido designadas no calendário.

3.8.9. *Princípios impositivos*

A possibilidade de as partes disciplinarem o procedimento arbitral ou, em caráter supletivo, o tribunal ou os árbitros, não significa que possam fazê-lo de forma absolutamente livre.

Alguns princípios devem ser observados sob pena de nulidade do procedimento arbitral ("Art. 32. É nula a sentença arbitral se: [...] VIII – forem desrespeitados os princípios de que trata o art. 21, § 2º, desta Lei").

São princípios que decorrem da CF como garantia mínima aos litigantes em qualquer espécie de processo, seja judicial ou não.

Princípio do contraditório e ampla defesa (art. 5º, LV, da CF e art. 21, § 2º, da Lei de Arbitragem).

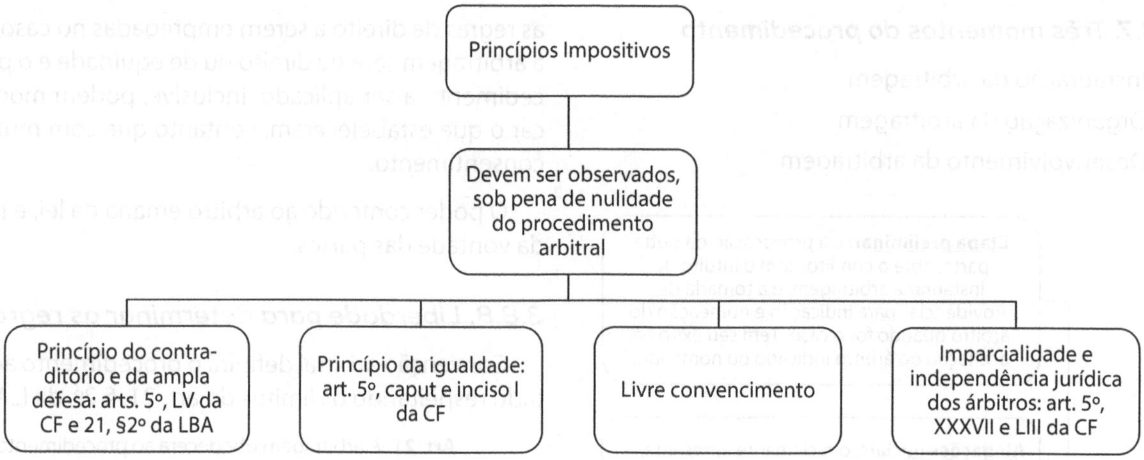

O **contraditório** consiste no direito que as partes têm de serem informadas a respeito dos atos processuais e de poderem se manifestar a respeito. Esse princípio abrange a **ampla defesa**, que representa a possibilidade dos litigantes de produzirem provas necessárias à sua defesa.

Em obediência a esses princípios, o árbitro deve, necessariamente, garantir que as partes tenham ciência dos pontos relevantes no processo e que tenham a oportunidade de se manifestar.

Através da informação dos atos praticados por uma parte é que a outra poderá reagir. Importante ressaltar que o que se protege é a oportunidade de manifestação, não havendo afronta ao contraditório se, sabendo de seu direito, o contendor se mantiver inerte.

Deve haver cautela na comunicação dos atos processuais, ainda que seja da forma estipulada pelas partes ou pela entidade arbitral, permitindo que os litigantes possam influir nas decisões que serão tomadas. É dever do árbitro tratar de maneira **igualitária as partes**, sendo imparcial e conferindo-lhes as mesmas oportunidades.

Já em relação ao livre convencimento, este corresponde à liberdade que o árbitro possui de apreciar e avaliar as provas existentes no processo para constituir livremente a sua convicção. Sendo a fundamentação obrigatória na sentença arbitral, o livre convencimento deve sempre ser motivado (art. 26 da LBA).

Art. 26. São requisitos obrigatórios da sentença arbitral:

I – o relatório, que conterá os nomes das partes e um resumo do litígio;

II – os fundamentos da decisão, onde serão analisadas as questões de fato e de direito, mencionando-se, expressamente, se os árbitros julgaram por equidade;

III – o dispositivo, em que os árbitros resolverão as questões que lhes forem submetidas e estabelecerão o prazo para o cumprimento da decisão, se for o caso; e

IV – a data e o lugar em que foi proferida.

Parágrafo único. A sentença arbitral será assinada pelo árbitro ou por todos os árbitros. Caberá ao presidente do tribunal arbitral, na hipótese de um ou alguns dos árbitros não poder ou não querer assinar a sentença, certificar tal fato.

O procedimento arbitral **depende da vontade das partes** para ser instaurado, sendo assim, as partes precisam, de forma livre, pactuar que a lide será apreciada pelo juízo arbitral, abdicando da via judicial.

As partes também podem indicar os árbitros; o local da arbitragem; se optam por arbitragem institucional ou *ad hoc*; podem escolher as regras de direito a serem aplicadas; se a arbitragem será de direito ou de equidade; e o procedimento a ser aplicado. Nada as impede, também, de alterar aquilo que pactuaram, com mútuo consentimento.

Não é obrigatória a participação de advogados no procedimento arbitral (art. 21, § 3º, LA). Sendo assim, a ausência do advogado na audiência não prejudica a realização do ato.

> **Art. 21, § 3º.** As partes poderão postular por intermédio de advogado, respeitada, sempre, a faculdade de designar quem as represente ou assista no procedimento arbitral.

Entretanto, pelo princípio da igualdade entre os litigantes, se um dos reclamantes se faz representar por advogado, o árbitro deve abrir prazo para que o outro, se quiser, igualmente nomeie procurador.

3.8.10. Prescrição na arbitragem

A respeito da prescrição, institui o art. 19, em seu § 2º, da Lei de Arbitragem que "A instituição da arbitragem interrompe a prescrição, retroagindo à data do requerimento de sua instauração, ainda que extinta a arbitragem por ausência de jurisdição".

3.8.11. Princípio da competência-competência

Oriundo do Direito alemão, o princípio da "competência-competência" está contido no parágrafo único do art. 8º da LA: "Caberá ao árbitro decidir de ofício, ou por provocação das partes, as questões acerca da existência, validade e eficácia da convenção de arbitragem e do contrato que contenha a cláusula compromissória".

Já em momento posterior, a matéria pode ser submetida à apreciação do juízo estatal, no caso de uma das partes ajuizar ação visando à anulação da sentença arbitral por invalidade da convenção. Art. 32, da LA: "É nula a sentença arbitral se: I – for nula a convenção de arbitragem".

3.8.12. Efeitos

Dois efeitos:

O positivo é a concretização da jurisdição do árbitro, na medida que é ele quem analisa, inicialmente, a viabilidade ou inviabilidade de sua atuação no processo arbitral.

O negativo consiste no afastamento do juízo estatal dessa análise, que é postergada para oportunidade posterior à sentença arbitral, **nas hipóteses previstas no art. 32 da LBA.**

O princípio competência-competência é extremamente importante para a valorização da arbitragem, pois se ao Judiciário coubesse decidir, em primeiro lugar, sobre a validade da cláusula, a instauração do procedimento arbitral restaria postergada por longo período e, por vezes, apenas com o intuito protelatório de uma das partes em esquivar-se do cumprimento da convenção.

> **Art. 20.** A parte que pretender arguir questões relativas à competência, suspeição ou impedimento do árbitro ou dos árbitros, bem como nulidade, invalidade ou ineficácia da convenção de arbitragem, deverá fazê-lo na primeira oportunidade que tiver de se manifestar, após a instituição da arbitragem.
>
> § 1º Acolhida a arguição de suspeição ou impedimento, será o árbitro substituído nos termos do art. 16 desta Lei, reconhecida a incompetência do árbitro ou do tribunal arbitral, bem como a nulidade, invalidade ou ineficácia da convenção de arbitragem, serão as partes remetidas ao órgão do Poder Judiciário competente para julgar a causa.
>
> § 2º Não sendo acolhida a arguição, terá normal prosseguimento a arbitragem, sem prejuízo de vir a ser examinada a decisão pelo órgão do Poder Judiciário competente, quando da eventual propositura da demanda de que trata o art. 33 desta Lei.

3.8.13. Carta arbitral

A Lei nº 13.129/2015 ampliou o âmbito de atuação da arbitragem brasileira, como, por exemplo, a possibilidade de a Administração Pública se utilizar da arbitragem para dirimir conflitos relativos a direitos patrimoniais disponíveis, a possibilidade da concessão de tutelas cautelares e de urgência pelos árbitros (art. 22-B da LBA), a oportunidade de prolação de sentenças parciais (art. 23, § 1º, da LBA) e a utilização da carta arbitral (art. 22-C).

> **Art. 22-C.** O árbitro ou o tribunal arbitral poderá expedir carta arbitral para que o órgão jurisdicional nacional pratique ou determine o cumprimento, na área de sua competência territorial, de ato solicitado pelo árbitro.
>
> Parágrafo único. No cumprimento da carta arbitral será observado o segredo de justiça, desde que comprovada a confidencialidade estipulada na arbitragem.

A carta arbitral consiste num procedimento específico de cooperação entre a jurisdição arbitral e estatal, por meio do qual o árbitro ou Tribunal arbitral pode solicitar a cooperação do Poder Judiciário, na área de sua competência, para prática de determinado ato, como, por exemplo:

- a condução de alguma testemunha renitente;
- a efetivação de tutela de urgência ou de evidência deferida pelo árbitro;
- ou, ainda, que um terceiro entregue documento ou coisa, bem como conceda informações específicas.

De acordo o art. 260, § 3°, do CPC, a carta arbitral atenderá, no que couber, aos requisitos a que se refere a carta de ordem, precatória e rogatória, devendo ser instruída com a **convenção de arbitragem e com as provas da nomeação do árbitro e de sua aceitação da função.**

A análise do mérito e da pertinência da expedição ou não da carta será apreciada pelo próprio juízo arbitral, sob o crivo do contraditório e de acordo com as regras do procedimento. Ao Poder Judiciário, cabe apenas, no exercício do seu poder de império, promover direta ou sob sua autoridade, o cumprimento das providências solicitadas.

O juízo estatal não reexamina o conteúdo da decisão arbitral, mas apenas lhe confere efetividade como agente colaborador. Deste modo, por exemplo, não se avalia a pertinência da oitiva da testemunha ou da necessidade de eventuais informações solicitadas aos Órgãos Públicos, muito menos a adequação dessa ou daquela medida de urgência, apenas se processa seu cumprimento.

Conforme expressamente previsto no parágrafo único do art. 22-C da LAB e no art. 189, IV, do CPC, no "cumprimento da carta arbitral será observado o segredo de justiça, desde que comprovada a confidencialidade estipulada na arbitragem".

A confidencialidade da arbitragem pode ser comprovada por meio da estipulação expressa das partes ou mediante previsão no próprio regulamento arbitral.

3.8.14. A revelia

Na arbitragem, à revelia representa deixar de praticar atos durante o procedimento (não indica árbitro, ausência de defesa, falta na audiência, omissão na produção de provas etc.) e para qualquer uma das partes (solicitante/solicitados). Art. 22, § 3º, da LBA:

> **Art. 22.** Poderá o árbitro ou o tribunal arbitral tomar o depoimento das partes, ouvir testemunhas e determinar a realização de perícias ou outras provas que julgar necessárias, mediante requerimento das partes ou de ofício. [...]
>
> § 3º A revelia da parte não impedirá que seja proferida a sentença arbitral.

O não comparecimento da parte para apresentar defesa durante o procedimento arbitral não terá como efeito a sua confissão ficta. Naturalmente, haverá grave prejuízo a quem não apresentar sua versão dos fatos e indicar as provas que as amparam. Porém, o árbitro ou tribunal arbitral apreciarão as alegações e a prova produzida no procedimento com a ausência da parte e julgarão o feito sem a imposta presunção de confissão.

Processo judicial (art. 344 do CPC) – ausência de contestação – presumem-se verdadeiros os fatos alegados pelo autor.

3.8.15. Instrução e produção de provas

O árbitro, revestido da jurisdição de juiz de fato e de direito (art. 18 da LBA), possui poderes instrutórios semelhantes aos conferidos ao Juiz de Direito, podendo requisitar documentos e informações diretamente aos órgãos públicos, determinar a oitiva de testemunhas não arroladas pelas partes, determinar vistorias e exames, e ainda aplicar regras típicas da *common law*, colhendo depoimentos técnicos, determinar que as partes forneçam todos os documentos que entender necessários para esclarecimento da controvérsia, ainda que preservado pelo sigilo (art. 22 da LBA).

Além disso, não existe previsão na LBA vinculando as partes ao CPC na ausência de fixação de procedimento próprio. A LBA autoriza as partes a criarem as regras procedimentais que serão aplicadas ao processo arbitral (art. 2º, § 1º, art. 11, IV, art. 19, § 1º, e art. 21, *caput* e §§ 1º e 2º).

Dessa forma, não existe previsão legal também a respeito do ônus da prova, ou seja, quem tiver interesse pelo esclarecimento do fato é que deve produzir ou requerer a produção da prova correspondente.

3.8.16. Depoimento das testemunhas

Poderá o árbitro ou o tribunal arbitral tomar o depoimento das partes, ouvir testemunhas e determinar a realização de perícias ou outras provas que julgar necessárias, mediante requerimento das partes ou de ofício, conforme expresso no art. 22. Deve o depoimento das partes e das testemunhas ser tomado em local, dia e hora previamente comunicados, por escrito, e reduzido a termo, assinado pelo depoente, ou a seu rogo, e pelos árbitros, de acordo com o § 1º do referido artigo.

O depoimento das testemunhas poderá ser realizado por **meio eletrônico,** se assim for convencionado respeitado sempre o prazo de 48 horas para intimação do art. 218, § 2º, do CPC.

3.8.17. Recusa de depoimento das partes

Não haverá confissão ficta (art. 385, § 1º, do CPC) e, a respeito da recusa em prestar depoimento, os árbitros levarão em consideração no momento do proferimento da sentença (art. 22, § 2º, L.A.).

> **Art. 22.** Poderá o árbitro ou o tribunal arbitral tomar o depoimento das partes, ouvir testemunhas e determinar a realização de perícias ou outras provas que julgar necessárias, mediante requerimento das partes ou de ofício.
>
> § 2º Em caso de desatendimento, sem justa causa, da convocação para prestar depoimento pessoal, o árbitro ou o tribunal arbitral levará em consideração o comportamento da parte faltosa, ao proferir sua sentença; se a ausência for de testemunha, nas mesmas circunstâncias, poderá o árbitro ou o presidente do tribunal arbitral requerer à autoridade judiciária que conduza a testemunha renitente, comprovando a existência da convenção de arbitragem.

3.8.18. Expert witness – testemunha técnica

Convocada para emitir opinião com base no seu conhecimento técnico no tema (em regra não tem conhecimento de nada sobre o conflito).

Similar a convocação de perito para esclarecimento em audiência (art. 477, § 3º, e 361, I do CPC) sem ter sido apresentado laudo.

3.8.19. Despesas com arbitragem

Prevalece a convenção, senão será estipulado por sentença (art. 27 da L.A.).

a) custas da entidade (taxa de administração do procedimento e instauração);

b) despesas com diligências, reuniões, audiências, gravações;

c) honorário(s) do(s) árbitro(s).

> **Art. 27.** A sentença arbitral decidirá sobre a responsabilidade das partes acerca das custas e despesas com a arbitragem, bem como sobre verba decorrente de litigância de má-fé, se for o caso, respeitadas as disposições da convenção de arbitragem, se houver.

3.8.19.1. Sentença arbitral

A sentença da arbitragem é definitiva, pondo fim ao procedimento e, em regra, não está sujeita a recurso. Assim, se produz um título executivo.

> **Art. 18, LA.** O árbitro é juiz de fato e de direito, e a sentença que proferir não fica sujeita a recurso ou a homologação pelo Poder Judiciário.
>
> **Art. 31, LA.** A sentença arbitral produz, entre as partes e seus sucessores, os mesmos efeitos da sentença proferida pelos órgãos do Poder Judiciário e, sendo condenatória, constitui título executivo.

3.8.20. Nulidade da sentença arbitral

Conforme previsão do art. 32 da LBA, a sentença arbitral será nula:

> **Art. 32.** É nula a sentença arbitral se:
>
> I – for nula a convenção de arbitragem;
>
> II – emanou de quem não podia ser árbitro;
>
> III – não contiver os requisitos do art. 26 desta Lei;
>
> IV – for proferida fora dos limites da convenção de arbitragem;
>
> VI – comprovado que foi proferida por prevaricação, concussão ou corrupção passiva;
>
> VII – proferida fora do prazo, respeitado o disposto no art. 12, inciso III, desta Lei; e
>
> VIII – forem desrespeitados os princípios de que trata o art. 21, § 2º, desta Lei.

De acordo com o **art. 26 da LBA**, são requisitos obrigatórios da sentença arbitral:

> I – o relatório, que conterá os nomes das partes e um resumo do litígio;
>
> II – os fundamentos da decisão, em que serão analisadas as questões de fato e de direito, mencionando-se, expressamente, se os árbitros julgaram por equidade;
>
> III – o dispositivo, em que os árbitros resolverão as questões que lhes forem submetidas e estabelecerão o prazo para o cumprimento da decisão, se for o caso; e
>
> IV – a data e o lugar em que foi proferida.

O parágrafo único do mesmo artigo detalha que: "a sentença arbitral será assinada pelo árbitro ou por todos os árbitros. Caberá ao presidente do tribunal arbitral, na hipótese de um ou alguns dos árbitros não poder ou não querer assinar a sentença, certificar tal fato".

4. CONTRATOS EMPRESARIAIS

Autora: Luciana Aranalde

4.1. Visão geral dos contratos

Viver em sociedade demanda a realização de negócios entre pessoas. Para a consecução desse objetivo é que surgiu o contrato, escrito ou verbal. Com isso, o contrato é uma avença entre duas ou mais pessoas físicas ou jurídicas para, entre si, regularem e solucionarem uma relação que os envolva, tornando-se uma das fontes mais comuns, se não a mais comum, de obrigações.

O CC brasileiro disciplina a matéria de contratos na sua Parte Especial, Livro I, sendo que no Título V trata "Dos Contratos em Geral" e no Título VI, das "Das Várias Espécies de Contratos".

Sendo um negócio jurídico, o contrato deve preencher todos os requisitos estabelecidos no art. 104 do CC: agente capaz, objeto lícito, possível, determinado ou determinável e forma prescrita ou não defesa em lei.

A vontade da parte é essencial para a configuração de um contrato, e será mitigada em maior ou menor grau a depender do momento histórico das sociedades, bem como da espécie contratual que se analisa. A massificação própria de determinados negócios modificou o papel do elemento volitivo na formação do contrato. Na visão de Fabio Ulhoa Coelho (*in Curso de direito civil: Contratos*), na atualidade vigora a distinção entre o contrato firmado pelos "iguais" e o contrato firmado entre "desiguais", prestigiando-se a vontade das partes naquele e protegendo-se o economicamente mais fraco neste, mediante normas de aplicação cogente e regras de interpretação dos pactos que buscam o equilíbrio entre os envolvidos.

Os princípios tradicionais que orientaram a formação da teoria clássica dos contratos (autonomia privada, força obrigatória e relatividade) foram, ao longo dos anos, flexibilizados em decorrência do crescimento da importância de novos princípios, tais como a boa-fé objetiva, função social do contrato, reequilíbrio econômico-financeiro do contrato e identificação da função econômica do contrato.

O CC de 2002 nos apresenta as normas básicas que regem os contratos, sejam eles civis ou empresariais. Os vetores fundamentais a serem observados estão ali: **liberdade negocial, função social do contrato, boa-fé objetiva, probidade, lealdade, eticidade** e assim por diante. **O estatuto material revogou grande parte do Código Comercial de 1850**, circunstância que deixou as relações empresariais sem um conjunto normativo próprio. Todavia, não foi apresentada uma seção específica para tratar dessas relevantes relações, mesmo que nem todas as regras obrigacionais civis sejam monoliticamente aplicadas ao Direito Empresarial e exista autonomia entre ambas.

Importante sinalar que o Código Civil foi parcialmente alterado pela Lei nº 13.874/2019, chamada de "Lei da Liberdade Econômica", a qual promoveu importantes mudanças, em boa parte aplicáveis aos contratos empresariais[8].

Ao fim, há que se destacar a existência de diversos diplomas legais na legislação extravagante tratando de forma mais detalhada de várias espécies de contratos estritamente empresariais, como, por exemplo, contrato de franquia e contrato de *leasing*.

4.1.1. Classificação dos contratos

Os contratos podem ser classificados de várias formas. As classificações mais comuns são:

Dever obrigacional: a) unilaterais, quando apenas um dos contratantes tem obrigações a cumprir (comodato); e b) bilaterais, se todos os contratantes têm obrigação a cumprir (compra e venda);

Vantagem econômica: a) onerosos, quando a regular execução do contrato implica vantagem econômica para todos (compra e venda); ou b) gratuitos, quando uma das partes não aufere vantagem econômica imediata;

Os contratos onerosos podem ser subdivididos em a) comutativos, quando todas as partes envolvidas auferem vantagem econômica, e b) aleatórios, quando apenas um dos contratantes terá vantagem econômica, não podendo saber, antecipadamente, qual deles será, em face do risco de sorte ou de azar;

Constituição: são divididos em a) consensuais, para cuja constituição é suficiente o encontro de vontades, b) formais (ou solenes), em que o aperfeiçoamento do negócio depende de num instrumento escrito, e os c) reais, que se constituem apenas com a tradição da coisa;

Forma de execução: a) instantâneos, quando a obrigação da parte corresponde a um só ato, e b)

8. Art. 421 do CC. A liberdade contratual será exercida nos limites da função social do contrato.
Parágrafo único. **Nas relações contratuais privadas, prevalecerão o princípio da intervenção mínima e a excepcionalidade da revisão contratual**.
Art. 421-A do CC. Os contratos civis e **empresariais presumem-se paritários e simétricos** até a presença de elementos concretos que justifiquem o afastamento dessa presunção, ressalvados os regimes jurídicos previstos em leis especiais, garantido também que:
I – as partes negociantes **poderão estabelecer parâmetros objetivos para a interpretação** das cláusulas negociais e de seus pressupostos de revisão ou de resolução;
II – a **alocação de riscos** definida pelas partes deve ser respeitada e observada; e
III – a **revisão contratual somente ocorrerá de maneira excepcional e limitada.**

contínuos, quando pelo menos um dos contratantes cumpre a obrigação com uma sucessão de atos;

Tipicidade: os contratos podem ser a) típicos, que possuem formalidades, direitos e obrigações disciplinados na lei, por normas cogentes ou supletivas, não se esgotando nas previsões contratuais definidas pelas partes, os b) atípicos, que são regidos exclusivamente pelo convencionado no contrato, dentro dos limites legais, e os c) mistos, que se situam na transição entre os típicos e atípicos, ou seja, as partes criam um negócio contratual não tipificado em lei com o aproveitamento de normas de um ou mais contratos típicos;

Liberdade de contratação: a) voluntários, nos quais as partes têm alternativa de não contratar, e b) necessários, nos quais não existe a opção de não contratar, pelo menos para uma das partes, como o contrato de seguro DPVAT;

Ramo jurídico: a) administrativo, no qual uma das partes será a pessoa jurídica de direito público, com a primazia, portanto, do interesse público; b) de trabalho, caracterizado quando houver entre duas pessoas privadas a relação de prestação de serviços pessoais, subordinados, não eventuais e mediante remuneração; c) de relação de consumo, formalizados entre consumidor e fornecedor, nos moldes definidos pelos arts. 3º e 5º do CDC; d) comercial ou empresarial, quando as duas partes são empresários; e) civil, pacto em que nenhum dos contratantes é pessoa jurídica de direito público, empregado, consumidor ou empresário.

4.2. Contrato empresarial e direito contratual

O cotidiano da vida empresarial deixa evidente a importância de se estabelecerem negócios com terceiros como meio de viabilizar a atividade econômica, voltada para a satisfação de alguma necessidade do mercado. Há que se reconhecer, dessarte, a essencialidade da relação contratual para a própria prática mercantil.

Assim, a atividade econômica desempenhada pela empresa resulta na celebração de diversos contratos com variados regimes jurídicos – poderão ser trabalhistas, administrativos, comerciais e até mesmo, excepcionalmente, de consumo. São inúmeros contratos bancários; de aquisição de insumos para sua atividade de produção, comércio ou prestação de serviços; de contratação de empregados, prestadores autônomos ou empresas terceirizadas; participação em licitações, e assim por diante. Em suma, as atividades econômicas de uma empresa irão demandar algum tipo de avença.

Havendo necessidade de interpretação ou intervenção externa para a readequação (judicial ou privada mediante arbitragem ou negociação direta), será preciso considerar as especificidades desta relação, o contexto de sua formação e execução, observando a necessidade de assegurar aos agentes econômicos segurança e previsibilidade nas contratações e o respeito ao direito concorrencial para evitar indesejável intervenção na liberdade própria da competitividade inerente ao capitalismo. São todos indicativos fundamentais para o bom desempenho das atividades econômicas. Do contrário, existe a possibilidade de efetivo prejuízo para a economia de mercado, pois o risco da atividade e a busca do lucro são partes integrantes da relação comercial.

4.3. Peculiaridades dos contratos empresariais

Como já referido, as normas gerais dos pactos empresariais estão estampadas no CC de 2002. Todavia, existem certas singularidades que precisam ser observadas para a correta compreensão e interpretação dessa relação contratual. É o que nos ensina Paula Forgioni (*Teoria Geral dos Contratos Empresariais*. São Paulo: Editora Revista dos Tribunais, 2010, p. 29):

> A atenção do comercialista recai necessariamente sobre os contratos interempresariais, ou seja, aqueles celebrados entre empresas, i.e., em que somente empresas fazem parte da relação. Ao assim proceder, identificamos os contratos empresariais com aqueles em que ambos (ou todos) os polos da relação têm a sua atividade movida pela busca do lucro. É preciso reconhecer: esse fato imprime viés totalmente peculiar aos negócios jurídicos entre empresários. Entretanto, adotar esse método de análise da realidade do mercado descortina visão jurídica pouco usual entre nós, porquanto: (i) Considera como objeto do direito comercial apenas os contratos celebrados entre empresas (contratos interempresariais, i.e., aqueles em que os partícipes têm sua atuação plasmada pela procura do lucro); e (ii) Coloca em relevo a necessidade do esboço da teoria geral que leve em consideração as peculiaridades dos contratos interempresariais no contexto do mercado (i.e., que considere a empresa na teia contratual em que se insere e que ajuda a construir).

Nos contratos empresariais existe, como pressuposto, a ideia de **equiparação entre os empresários-partes**, os quais estarão, em tese, em condições semelhantes de conhecimento técnico e profissionalismo para definirem seus interesses, **resultando em maior autonomia da vontade**, ainda que não se despreze a potencial assimetria de informações ou de poder econômico entre os envolvidos.

Na eventualidade de ser necessária uma readequação da avença, algo possível e eventualmente recomendável, a **linha interpretativa não pode ser a mesma adotada nas legislações trabalhista, consumerista e mesmo a puramente civilista** – afinal, como já afirmado, apesar da revogação parcial do Código Comercial, o **Direito Empresarial manteve sua autonomia**.

Postas tais premissas, percebe-se que o dirigismo contratual praticado pelo atual ordenamento jurídico (capitaneado pelos princípios da função social do contrato – art. 421 – e da probidade e boa-fé – art. 422 – ambos do CC) atua de forma singular nas relações empresariais pelo potencial efeito em toda a cadeia produtiva e econômica e o risco de irradiação dos efeitos interventivos para o mercado, tão sensível a quaisquer alterações não previstas ou precificadas. Justamente para definir melhor essa questão foi publicada a Lei nº 13.874/2019, com as mudanças já destacadas.

Se existe a importante função social do contrato, não se pode olvidar também a **função social da empresa** como um dos pilares do Direito Empresarial.

De um lado, a necessidade de um sistema contratual socialmente justo, no qual os economicamente mais frágeis ficam protegidos contra obrigações excessivamente onerosas; de outro, um importante princípio e vetor para o exercício da atividade econômica, tendo em vista que o seu sentido advém da articulação entre os diversos princípios da ordem econômica constitucional. Mais do que mera regra interpretativa e integrativa, a função social da empresa apresenta abstenções e deveres positivos que orientam a atividade empresarial, de maneira a contemplar, além dos interesses dos sócios, os interesses dos diversos sujeitos envolvidos, como é o caso dos trabalhadores, dos consumidores, dos concorrentes, do poder público e da própria sociedade, compatibilizando os diversos interesses envolvidos na atividade econômica ao mesmo tempo em que se busca a preservação da empresa e da atividade lucrativa.

No mesmo passo, percebe-se que as teorias da imprevisão e da onerosidade excessiva (art. 478 do CC) não podem ser aplicadas indistintamente aos contratos empresariais, pois, como anteriormente afirmado, uma certa dose de risco é seu elemento essencial.

O tratamento especial a incidir sobre os contratos empresariais também se justifica em virtude do ambiente dinâmico e específico no qual estão inseridos. As regras comerciais miram a rapidez de transações, e a otimização das ações e do ambiente econômico requerem uma **ampla margem de negociação dos contratos** legalmente previstos, bem como demandam a **atipicidade contratual**, possibilidade conferida às partes para a **criação de contratos não previstos na legislação**, amparados na *expertise* dos envolvidos e que visam atender necessidades de seus empreendimentos.

Os contratos atípicos não dispõem de regramentos próprios e estão expressamente consagrados pelo art. 425 do CC.[9]

Nesse tocante, leciona Paula Forgioni (*Teoria Geral dos Contratos Empresariais*. São Paulo: Editora Revista dos Tribunais, 2010, p. 65):

> As partes, quando negociam e contratam, não tomam confortavelmente assento diante de um código e escolhem, entre fórmulas pré-existentes [i.e., tipificadas], aquela que mais lhes apraz. Os contratos empresariais nascem da prática dos comerciantes e raramente de tipos normativos preconcebidos por autoridades exógenas ao mercado.

Tratando-se de contrato atípico, a criação e interpretação devem ser fundadas nas regras ordinárias aplicáveis aos contratos em geral e nos demais preceitos legais criados para situações semelhantes. Haverá maior prevalência, claro, do princípio da **força obrigatória dos contratos** (*pacta sunt servanda*), notadamente por se tratar de relação empresarial, admitindo-se a ingerência externa nas obrigações livremente pactuadas entre as partes somente em situações excepcionais.

Ao interpretar a relação contratual empresarial, não podemos esquecer:

- Presumível equiparação entre as partes;
- Maior autonomia da vontade (*pacta sunt servanda*);
- Risco da atividade e busca do lucro integram a relação;
- Função social do contrato X função social da empresa;
- Possibilidade de formação de contratos atípicos.

4.4. Enunciados das Jornadas de Direito Comercial do Conselho da Justiça Federal

Cumpre, então, destacar algumas importantes conclusões da I Jornada de Direito Comercial do Conselho da Justiça Federal (CJF) indicadas nos

9. Art. 425 do CC. É lícito às partes estipular contratos atípicos, observadas as normas gerais fixadas neste Código.

enunciados a seguir e que bem resumem as especificidades da relação contratual empresarial:

20. Não se aplica o Código de Defesa do Consumidor aos contratos celebrados entre empresários em que um dos contratantes tenha por objetivo suprir-se de insumos para sua atividade de produção, comércio ou prestação de serviços.

21. Nos contratos empresariais, o dirigismo contratual deve ser mitigado, tendo em vista a simetria natural das relações interempresariais.

23. Em contratos empresariais, é lícito às partes contratantes estabelecer parâmetros objetivos para a interpretação dos requisitos de revisão e/ou resolução do pacto contratual.

25. A revisão do contrato por onerosidade excessiva fundada no CC deve levar em conta a natureza do objeto do contrato. Nas relações empresariais, deve-se presumir a sofisticação dos contratantes e observar a alocação de riscos por eles acordada.

26. O contrato empresarial cumpre sua função social quando não acarreta prejuízo a direitos ou interesses, difusos ou coletivos, de titularidade de sujeitos não participantes da relação negocial.

27. Não se presume violação à boa-fé objetiva se o empresário, durante as negociações do contrato empresarial, preservar segredo de empresa ou administrar a prestação de informações reservadas, confidenciais ou estratégicas, com o objetivo de não colocar em risco a competitividade de sua atividade.

28. Em razão do profissionalismo com que os empresários devem exercer sua atividade, os contratos empresariais não podem ser anulados pelo vício da lesão fundada na inexperiência.

29. Aplicam-se aos negócios jurídicos entre empresários a função social do contrato e a boa-fé objetiva (arts. 421 e 422 do CC), em conformidade com as especificidades dos contratos empresariais.

4.5. Compra e venda mercantil

É a modalidade mais importante dos contratos empresariais, com enorme aplicação no cotidiano das empresas. É consensual, bilateral, oneroso e comutativo e sem maiores formalidades para sua concretização, salvo hipóteses apontadas na legislação (como bens imóveis).

O parcialmente revogado Código Comercial de 1850 estabelecia três requisitos para que o contrato fosse considerado mercantil: **subjetivo** (qualidade das partes), **objetivo** (somente bens móveis ou semoventes) e **finalístico** (destinação obrigatória da mercadoria). Só seria comercial a compra e venda que o comerciante realizasse no exercício de sua profissão, em consonância com a teoria dos atos de comércio.

Já o **CC de 2002**, que afastou a teoria dos atos de comércio para fixar o conceito de teoria jurídica de empresa, **estabeleceu como requisito único para a compra e venda mercantil a condição de empresário para ambos os contratantes.** Assim, toda compra e venda em que comprador e vendedor são empresários é considerada mercantil, não se questionando o tipo de objeto e tampouco a destinação do insumo:

> **Art. 481, CC.** Pelo contrato de compra e venda, um dos contratantes se obriga a transferir o domínio de certa coisa, e o outro, a pagar-lhe certo preço em dinheiro.

Em havendo a utilização do objeto como destinatário final, retirando-o do circuito econômico, poderemos ter uma relação de consumo, regulada pelo Código de Defesa do Consumidor, como já esclarecido anteriormente (REsp nº 1.599.042 /SP).

Existe grande liberdade para sua perfectibilização, que se dá quando as partes chegam ao consenso sobre três elementos: **preço, forma de pagamento** e **objeto do contrato** (art. 482 do CC). Este pode se constituir em grande quantidade de mercadorias, e então o contrato será compra e venda em atacado, ou poucas unidades de uma mesma mercadoria, quando então teremos uma avença varejista.

4.5.1. Situações especiais da compra e venda mercantil

A) Pacto de retrovenda

Previsto nos arts. 505 a 508 do CC.

Trata-se de cláusula acessória que funciona como cláusula resolutiva expressa de desfazimento do negócio. Assegura ao vendedor o direito de recomprar o bem vendido no prazo máximo decadencial de três anos após a venda, mediante reembolso do principal, mais as despesas do comprador. O direito pode ser exercido inclusive contra terceiro comprador (CC, art. 507).

B) Venda a contento e sujeita a prova

Previstas nos arts. 509 a 512 do CC.

Conhecida também como cláusula *ad gustum*, é adjeta ao contrato de compra e venda e **suspende** sua eficácia até que o comprador manifeste, em determinado prazo, o seu agrado com o produto entregue pelo vendedor. Enquanto não apresenta sua manifestação de vontade, o comprador é considerado comodatário dos bens.

Podemos encontrar contratos de compra e venda submetidos às condições suspensivas de a) degustação; b) peso, medida e contagem; c) experimentação; d) exame.

Já a compra e venda **sob amostra** (CC, art. 484) caracteriza-se pela manifestação de vontade positiva do comprador a partir do exame de uma amostra do produto. Houve prévia avaliação favorável, mas o contrato somente se aperfeiçoa com a constatação de que o produto entregue possui as mesmas características da amostra previamente apresentada pelo vendedor, configurando também uma condição suspensiva para o aperfeiçoamento do contrato.

C) Preempção ou preferência

Prevista nos arts. 513 a 520 do CC.

Assegura ao vendedor o chamado direito de **prelação.** Caso o comprador queira vender um bem que adquiriu a terceiros, estará obrigado pela cláusula contratual a oferecer o bem ao primitivo vendedor, que, se pagar o mesmo valor oferecido pelo terceiro (e demais termos e condições), terá preferência para a aquisição.

O prazo para exercer o direito é de no máximo 180 dias se a coisa for móvel e de dois anos se imóvel. Na ausência de estipulação contratual, presumir-se-á como sendo três dias para bem móvel e 60 dias para bem imóvel.

D) Compra e venda com reserva de domínio

Contratos nos quais a forma de pagamento for parcelada podem apresentar cláusula de reserva de domínio, pela qual a posse direta do bem alienado e os riscos da conservação são transferidos para o comprador desde o início da vigência do contrato, mas o domínio (portanto, a propriedade) somente será transferida após o pagamento da última parcela, conforme os arts. 521 a 528 do CC[10].

A venda com reserva de domínio restringe-se aos bens **móveis** e exige **forma escrita**, pois, se não houver previsão expressa da reserva de domínio, aplicar-se-á a regra geral de que a propriedade do bem móvel transfere-se com a tradição.

E) Venda sobre documentos

Prevista nos arts. 529 a 532 do CC.

A tradição da coisa é substituída pela entrega de seu título representativo e de outros documentos exigidos pelo contrato ou, no silêncio deste, pelos usos.

O pagamento, em regra, será feito na data e local da entrega dos documentos, que, estando em ordem, não permite recusa sob alegação de defeito de qualidade ou estado da coisa transacionada.

4.5.2. Termos de comércio internacional – INCOTERMS

A intensa troca de mercadorias e produtos entre países e entre empresas de países distintos demandou uma padronização de regras para viabilizar maior segurança entre as partes contratantes.

Assim, para atender à necessidade global, a Câmara Internacional de Comércio estipulou as Regras de Comercio Internacional (International Commercial Terms – INCOTERMS), padrões internacionais criados há 83 anos e utilizados em contratos de compra e venda no setor de transporte e logística para processos de importação e exportação, informando quem é o responsável pelo frete, definindo o ponto de coleta da mercadoria e identificando o responsável pelo seguro.

Os INCOTERMS são regras que dizem respeito, sobretudo, à definição de responsabilidades no transporte dos produtos comercializados entre países.

Observando a versão 2020 dos INCOTERMS, percebemos que seguem sendo 11, divididos em quatro grupos: a) Categoria E (ex / partida); b) Categoria F (free / TRANSPORTE PRINCIPAL não pago); c) Categoria C (carriage / transporte p rincipal pago); d) Categoria D (delivery/chegada).

▷ **Em resumo:** Requisito único para compra e venda mercantil: a condição de empresário para ambos os contratantes.

Possibilidade de relação de consumo regida pelo CDC: REsp nº 1.599.042/SP.

Cláusulas especiais de compra e venda: pacto de retrovenda; venda a contento e sujeita à prova; preempção ou preferência; compra e venda com reserva de domínio; e venda sobre documentos.

INCOTERMS: termos de regulação para comércio internacional.

10. Art. 521 do CC. Na venda de coisa móvel, pode o vendedor reservar para si a propriedade, até que o preço esteja integralmente pago. [...]

Art. 522 do CC. A cláusula de reserva de domínio será estipulada por escrito e depende de registro no domicílio do comprador para valer contra terceiros.

Art. 524 do CC. A transferência de propriedade ao comprador dá-se no momento em que o preço esteja integralmente pago. Todavia, pelos riscos da coisa responde o comprador, a partir de quando lhe foi entregue.

4.6. Arrendamento mercantil – *leasing*

O contrato de arrendamento mercantil está regulado pela Lei nº 6.099/1974 e pela Resolução nº 2.309/1996 do Banco Central. Operação muito comum no ambiente mercantil, o *leasing* está assim descrito:

> **Art. 1º, Lei nº 6.099/1974.** O tratamento tributário das operações de arrendamento mercantil reger-se-á pelas disposições desta Lei.
>
> Parágrafo único – Considera-se arrendamento mercantil, para os efeitos desta Lei, o negócio jurídico realizado entre pessoa jurídica, na qualidade de arrendadora, e pessoa física ou jurídica, na qualidade de arrendatária, e que tenha por objeto o arrendamento de bens adquiridos pela arrendadora, segundo especificações da arrendatária e para uso próprio desta.

Assim, é o contrato no qual uma pessoa jurídica (arrendadora) arrenda a uma pessoa física ou jurídica (arrendatária), por determinado tempo, um bem, móvel ou imóvel, de fabricação nacional ou estrangeira (desde que autorizados pelo Conselho Monetário Nacional) comprado pela primeira de acordo com as indicações da segunda.

O arrendador é o proprietário e possuidor indireto do bem (o que garante a viabilidade do aforamento de reintegração de posse), sendo que a posse direta e o usufruto, durante a vigência do contrato, são do arrendatário, o qual paga uma mensalidade para o exercício de tal direito. É a marca central dessa espécie de operação e que a diferencia claramente de um financiamento bancário, na qual o bem é de propriedade do mutuário, ainda que alienado, já no ato da compra.

No caso do *leasing*, o bem é adquirido pelo arrendador, que se torna seu proprietário. Este concede o direito de uso do bem, mediante o pagamento de contraprestações, por um prazo determinado. Ao fim do contrato, pode existir a possibilidade de compra do bem pelo arrendatário. Já no financiamento comum, a empresa compra o bem que deseja, utilizando recursos de terceiros fornecedores do crédito, que reservam a si garantias de adimplemento. Ao quitar todas as prestações, o adquirente se torna em definitivo titular do bem.

Esta distinção fica muito nítida no corriqueiro caso de aquisição de veículos, pois na hipótese de *leasing*, os documentos são emitidos em nome da sociedade de arrendamento mercantil. Com a quitação do contrato, o agente financeiro deverá, no prazo de até trinta dias úteis, após recebimento destes documentos, remeter ao arrendatário o documento único de transferência (DUT) do veículo devidamente assinado pela arrendadora, a fim de possibilitar que o arrendatário providencie a respectiva transferência de propriedade do veículo junto ao departamento de trânsito do Estado (Lei nº 11.649/2008).

Segundo a Lei nº 6.099/1974, são requisitos básicos da contratação:

> **Art. 5º** – Os contratos de arrendamento mercantil conterão as seguintes disposições:
>
> *a)* prazo do contrato;
>
> *b)* valor de cada contraprestação por períodos determinados, não superiores a um semestre;
>
> *c)* opção de compra ou renovação de contrato, como faculdade do arrendatário;
>
> *d)* preço para opção de compra ou critério para sua fixação, quando for estipulada esta cláusula.

Dessa feita, percebemos que, ao final do contrato, caberá ao arrendatário solicitar a **renovação da locação, encerrá-la ou adquirir o bem** arrendado, mediante pagamento do valor residual, menor do que o da sua aquisição inicial, se previamente fixado.

A partir dessas definições, podemos resumir as obrigações contratuais da seguinte forma:

Arrendador: adquirir o bem para ser dado em arrendamento; conceder a posse direta do bem ao arrendatário; permitir seu pleno uso, embora mantenha a propriedade; vender o bem ao final (caso haja interesse do arrendatário).

Arrendatário: pagar, na forma estabelecida, as prestações; conservar o bem arrendado, respondendo pelos prejuízos que causar; encerrado o contrato, devolver o bem ao arrendador-proprietário, caso não opte pela compra ou renovação do arrendamento.

4.6.1. Modalidades de leasing

Financeiro, puro ou bancário: o fabricante não figura como locador. Há uma empresa que desempenha esse papel, que se dedica exclusivamente a adquirir bens fabricados por terceiros para arrendá-los, através de redistribuição, a outra sociedade que necessite destes bens.

***Lease-back* ou de retorno:** forma eficiente para obtenção de capital de giro, caracterizado quando uma sociedade proprietária de um bem o vende para outra empresa, e esta última, ao adquirir o bem, em ato contínuo, o arrenda para a vendedora. Existe então o retorno do bem para a primeira empresa.

Operacional ou *renting*: casos em que a sociedade é proprietária de bens e os dá em arrendamento para terceiro, mediante o pagamento de determinadas parcelas. Não há uma terceira pessoa nesta relação, porquanto o próprio fabricante ou vendedor figurará como arrendante. Além disso, se compromete a prestar assistência ao arrendatário por todo o período do arrendamento. Difere do modelo financeiro pois neste sempre encontramos a obrigatoriedade do cumprimento da obrigação contraída por todo o período do arrendamento, enquanto no *leasing* operacional o contrato pode ser rescindido a qualquer momento pelo arrendatário desde que mediante aviso prévio.

4.6.2. Valor residual garantido – VRG

Acerca do pagamento do valor residual, importa destacar a orientação do STJ em sua Súmula nº **293,** que, mesmo não sendo recente, causa alguma confusão: "A cobrança antecipada do valor residual garantido (VRG) não descaracteriza o contrato de arrendamento mercantil".

> O pagamento adiantado do Valor Residual Garantido – VRG não implica necessariamente antecipação da opção de compra, posto subsistirem as opções de devolução do bem ou prorrogação do contrato. Pelo que não descaracteriza o contrato de leasing para compra e venda à prestação. Como as normas de regência não proíbem a antecipação do pagamento da VRG que, inclusive, pode ser de efetivo interesse do arrendatário, deve prevalecer o princípio da livre convenção entre as partes. (EREsp nº 213828/RS – rel. Min. Milton Luiz Pereira, Rel. p/ Acórdão Min. Edson Vidigal – Corte Especial –j. em 07-05-2003 – DJ 29-09-2003, p. 135).

A edição da Súmula nº 293 **cancelou a de nº 263**, que deliberava em sentido oposto: "a cobrança antecipada do valor residual (VRG) descaracteriza o contrato de arrendamento mercantil, transformando-o em compra e venda a prestação".

E quanto ao tema, lembremos o Enunciado nº 38 da I Jornada de Direito Comercial do CJF (afastando preceito do CDC): "É devida a devolução simples, e não em dobro, do valor residual garantido (VRG) em caso de reintegração de posse do bem objeto de arrendamento mercantil celebrado entre empresários".

> ▷ **Em resumo:** No *leasing*, o bem é adquirido pelo arrendador, que se torna seu proprietário. Este concede o direito de uso do bem, mediante o pagamento de contraprestações, por um prazo determinado.

Ao final do contrato, caberá ao arrendatário solicitar a renovação da locação, encerrá-la ou adquirir o bem.

Modalidades: financeiro, *lease-back* e operacional.

Valor residual garantido (VRG): Súmula nº 293 do STJ.

4.7. Alienação fiduciária

Contrato por meio do qual o devedor (fiduciante – empresa que busca crédito para obter o bem desejado) obtém financiamento para a aquisição de bem durável de uma instituição financeira credora (fiduciária – instituição financeira que concede o financiamento). A garantia do pagamento será o próprio bem, pois o devedor aliena-o ao credor. A alienação fiduciária é, portanto, um negócio jurídico onde o devedor negocia a transferência da propriedade junto ao credor como forma de garantir uma dívida.

Envolve a realização de contratos simultâneos: a) compra e venda e b) a alienação fiduciária do bem adquirido.

Lembremos as partes envolvidas no contrato: a) fiduciante – possuidor direto e devedor; b) fiduciário – possuidor indireto e credor.

Sendo uma espécie contratual com larga aplicação no mercado financeiro, e em contínua expansão, existe, como decorrência, um variado espectro normativo regulamentando as relações decorrentes, exigindo do intérprete a delimitação das hipóteses de incidência dos regimes jurídicos concorrentes.

O CC terá aplicação supletiva para casos não alcançados por legislação específica. Para aclarar o conflito das leis, restou lançado o art. 1.368-A:

> **Art. 1.368-A, CC.** As demais espécies de propriedade fiduciária ou de titularidade fiduciária submetem-se à disciplina específica das respectivas leis especiais, somente se aplicando as disposições deste Código naquilo que não for incompatível com a legislação especial.

A aplicação do CC é realizada de forma subsidiária, mas de qualquer forma é imprescindível seu conhecimento pelas partes da relação negocial.

No contrato, devem constar todas as informações sobre a operação em questão, notadamente: a) descrição detalhada do bem em alienação e o seu modo de aquisição; b) valor do bem, assim como seus critérios de atualização e revisão; c) cláusula indicando livre utilização da propriedade fiduciária, pois o bem pode ser utilizado pelo devedor (possuidor direto) como lhe aprouver enquanto vigorar o contrato; d) valor da dívida, juntamente com o seu prazo de vencimento e demais condições de pagamento; e) taxa de juros e encargos.

Para a garantia ser assentada, em se tratando de veículo automotor, necessário o registro no departamento de trânsito. Sendo bem imóvel, deve ser registrado no Ofício de Registro de Imóveis.

A alienação fiduciária apresenta largas vantagens para o mercado de crédito. Traz **segurança jurídica**, por prever a propriedade compartilhada sobre um bem (o devedor deixa de ter propriedade plena sobre o bem e assim o credor fica protegido de situações inesperadas); **menos burocracia**, por ser mais simples em seus atos formais de constituição e também para a execução da garantia do que outros contratos, como a hipoteca; **redução do risco de inadimplência**, com a ampliação das garantias e da rapidez no procedimento de cobrança frente a outros tipos de financiamento pois o processo de satisfação do crédito é mais ágil, refletindo também na diminuição do grau de risco calculado nas operações de concessão de crédito. Se houver o efetivo pagamento, o direito pleno de propriedade volta a ser do devedor. Caso não se perfectibilize a quitação da dívida, o credor retomará a coisa, que juridicamente também é sua. O preço obtido com a venda da coisa será utilizado para satisfazer o pagamento que ainda tem a receber, devolvendo-se eventual excedente.

Na hipótese de inadimplemento, a execução do contrato ocorre pela via extrajudicial. Em outras palavras, a cobrança é mais ágil para o credor.

A recente modernização do arcabouço legal das garantias no Brasil trouxe mudanças significativas ao instituto da alienação fiduciária, notadamente com a promulgação da **Lei nº 14.711, de 30 de outubro de 2023**, conhecida como Marco Legal das Garantias. Esta legislação alterou pontos cruciais da **Lei nº 9.514/1997**, permitindo agora a **alienação fiduciária de propriedade superveniente** (disciplinada pelo Art. 22, §§ 3º e 4º, da Lei nº 9.514/1997, alterado pela nova lei), bem como a constituição de **alienações fiduciárias sucessivas** sobre o mesmo bem. Ademais, foi consolidada a possibilidade do chamado "recarregamento" da garantia (prevista em outros diplomas legais alterados pela Lei nº 14.711/2023, como o Art. 1.487-A do Código Civil), além de aprimoramentos nos procedimentos de intimação do devedor e na fase de leilão extrajudicial (modificações nos Arts. 26 e 27 da Lei nº 9.514/1997), e a previsão de multa pelo não fornecimento do termo de quitação no prazo legal (Art. 25, § 1º-A, da Lei nº 9.514/1997). Tais inovações visam conferir maior dinamismo e segurança jurídica ao mercado de crédito no país.

Exemplificando a simplificação e o fortalecimento do sistema de garantias ao credor, temos dois temas repetitivos do STJ:

> **Tema Repetitivo nº 530 STJ:** A notificação extrajudicial realizada e entregue no endereço do devedor, por via postal e com aviso de recebimento, é válida quando realizada por Cartório de Títulos e Documentos de outra Comarca, mesmo que não seja aquele do domicílio do devedor.
>
> **Tema Repetitivo nº 722 STJ:** Nos contratos firmados na vigência da Lei nº 10.931/2004, compete ao devedor, no prazo de 5 (cinco) dias após a execução da liminar na ação de busca e apreensão, pagar a integralidade da dívida – entendida esta como os valores apresentados e comprovados pelo credor na inicial –, sob pena de consolidação da propriedade do bem móvel objeto de alienação fiduciária.

▷ **Em resumo:** Negócio jurídico no qual o devedor negocia a transferência da propriedade junto ao credor como forma de garantir uma dívida. Realização de contratos simultâneos: a) compra e venda e b) alienação fiduciária do bem adquirido. O Código Civil terá aplicação supletiva para casos não alcançados por legislação específica. Traz segurança jurídica, menor burocracia e redução do risco de inadimplência para o mercado de crédito.

4.8. Locação

A locação de prédio urbano com finalidade comercial está submetida à lei especial, Lei nº 8.245/1991, e assim seguiu mesmo com a edição do Código Civil de 2002, segundo define seu art. 2.036: "A locação de prédio urbano, que esteja sujeita à lei especial, por esta continua a ser regida".

No tocante, vale destacar a lição de Arnaldo Rizzardo:

> Atualmente, vige a Lei nº 8.245, de 18.10.1991, que substituiu a Lei nº 6.649, de 16.05.1979, regulando todos os contratos de locação de prédios urbanos, sejam residenciais ou não residenciais, tanto no pertinente ao campo de sua aplicação, como no que se refere aos deveres e direitos dos locadores e locatários, às garantias locatícias, à prorrogação dos contratos, ao reajuste de aluguéis, à rescisão ou resolução contratual, à retomada do prédio ou despejo do locatário, às penalidades a que se sujeitam as partes (*Contratos*. 2. Ed, Rio de Janeiro: Forense, 2001).

Todavia, algumas exceções são trazidas pela legislação especial, definindo a regulação pelo Código Civil (art. 1º, parágrafo único).

Enfim, a seção III da Lei nº 8.245/1991 está dedicada para a locação não residencial.

O ponto mais sensível da locação empresarial reside no direito de renovação do contrato, porquanto é natural da atividade mercantil a realização de elevados investimentos na estrutura física do espaço locado, bem como na construção de uma relação imaterial com a clientela.

Começou com a Lei de luvas (Decreto nº 24.150. de 20 -04-1934), cuja sistemática era a de proteção ao local onde o empresário estabelecia seu comércio. Assim a Lei de Locações (Lei nº 8.245/1991) manteve o instituto prevendo a possibilidade da ação renovatória, submetida a uma série de requisitos:

> **Art. 51.** Nas locações de imóveis destinados ao comércio, o locatário terá direito a renovação do contrato, por igual prazo, desde que, cumulativamente:
>
> I – o contrato a renovar tenha sido celebrado por escrito e com prazo determinado;
>
> II – o prazo mínimo do contrato a renovar ou a soma dos prazos ininterruptos dos contratos escritos seja de cinco anos;
>
> III – o locatário esteja explorando seu comércio, no mesmo ramo, pelo prazo mínimo e ininterrupto de três anos.
>
> § 1º O direito assegurado neste artigo poderá ser exercido pelos cessionários ou sucessores da locação; no caso de sublocação total do imóvel, o direito a renovação somente poderá ser exercido pelo sublocatário.
>
> § 2º Quando o contrato autorizar que o locatário utilize o imóvel para as atividades de sociedade de que faça parte e que a esta passe a pertencer o fundo de comércio, o direito a renovação poderá ser exercido pelo locatário ou pela sociedade.
>
> § 3º Dissolvida a sociedade comercial por morte de um dos sócios, o sócio sobrevivente fica sub-rogado no direito a renovação, desde que continue no mesmo ramo.
>
> § 4º O direito a renovação do contrato estende-se às locações celebradas por indústrias e sociedades civis com fim lucrativo, regularmente constituídas, desde que ocorrentes os pressupostos previstos neste artigo.
>
> § 5º Do direito a renovação decai aquele que não propuser a ação no interregno de um ano, no máximo, até seis meses, no mínimo, anteriores à data da finalização do prazo do contrato em vigor.

A demanda renovatória visa a garantir os direitos do locatário contra eventuais pretensões do locador em se apropriar do patrimônio imaterial que foi agregado ao imóvel pela atividade exercida pelo locatário, notadamente o fundo de comércio e o ponto comercial. Evidente que, sob outro enfoque, não pode a ação judicial se tornar uma forma de eternizar a relação locatícia, restringindo o direito de propriedade do locador. Com isso, o STJ definiu que a renovação, se acolhida, deve ser por novo prazo de cinco anos.

De outro lado, a legislação também nos informa quando **não haverá obrigação de renovação** do contrato:

> **Art. 52.** O locador não estará obrigado a renovar o contrato se:
>
> I – por determinação do Poder Público, tiver que realizar no imóvel obras que importarem na sua radical transformação; ou para fazer modificações de tal natureza que aumente o valor do negócio ou da propriedade;
>
> II – o imóvel vier a ser utilizado por ele próprio ou para transferência de fundo de comércio existente há mais de um ano, sendo detentor da maioria do capital o locador, seu cônjuge, ascendente ou descendente.
>
> § 1º Na hipótese do inciso II, o imóvel não poderá ser destinado ao uso do mesmo ramo do locatário, salvo se a locação também envolvia o fundo de comércio, com as instalações e pertences.
>
> § 2º Nas locações de espaço em shopping centers , o locador não poderá recusar a renovação do contrato com fundamento no inciso II deste artigo.
>
> § 3º O **locatário terá direito a indenização para ressarcimento** dos prejuízos e dos lucros cessantes que tiver que arcar com mudança, perda do lugar e desvalorização do fundo de comércio, **se a renovação não ocorrer em razão de proposta de terceiro, em melhores condições, ou se o locador, no prazo de três meses da entrega do imóvel, não der o destino alegado ou não iniciar as obras determinadas pelo Poder Público ou que declarou pretender realizar.**

O direito ao recebimento de indenização pelo locatário, em virtude da perda ou desvalorização do fundo de comércio, estará vinculado ao direito à renovação compulsória, bem como forma de penalizar o locador pela retomada insincera do imóvel. Ou seja, o não preenchimento de um dos requisitos legais para a renovação obrigatória afasta a possibilidade deste direito.

4.8.1. Locação built to suit

Forma de locação que foi consolidada na legislação brasileira em 2012, com a inserção do art. 54-A à Lei de Locações.

Com nítido caráter mercantil, o locador constrói ou promove substancial reforma em seu imóvel com finalidade de atender exigências específicas da empresa locatária. Assim, torna-se possível viabilizar projetos de empreendimentos imobiliários que atendam as normas estabelecidas pelos futuros usuários, ao mesmo tempo em que evita a imobilização do capital de giro da locatária. Há ampla liberdade de negociação, justamente em atenção à sofisticação do pacto, valores envolvidos e qualidades técnicas das partes envolvidas.

Nesse sentido, vale destacar a conclusão da II Jornada de Direito Comercial, no Enunciado nº 67: "Na locação *built to suit*, é válida a estipulação contratual que estabeleça cláusula penal compensatória equivalente à totalidade dos alugueres a vencer, sem prejuízo da aplicação do art. 416, parágrafo único, do CC".

Em suma, o valor da cláusula penal está limitado pelo art. 54-A, § 2º, da Lei nº 8.245/1991, mas tal regra não é incompatível com o art. 416, parágrafo único, do CC.

4.8.2. Locações em shopping center

Forma de locação mercantil em empreendimento que sinaliza um ambiente mais sofisticado de atividade comercial, também está regulada pela Lei de Locações.

> Os empreendimentos conhecidos por *shopping center* no Brasil não são núcleos de mercancia com um surgimento espontâneo, mas uma tradução de uma evolução das técnicas de administração empresarial. A orientar sua instalação há uma estratégia profissional, buscando determinar uma "concentração territorial do comércio, anteriormente disseminado pelo espaço urbano nas ruas do centro ou nos subcentros comerciais", engendrada por empreendedores conscientes da envergadura da oportunidade, bem como dos lucros de tais iniciativas. (MAMEDE, Gladston. *Contrato de locação em shopping center: abusos e ilegalidades*. Belo Horizonte: Del Rey, 2000, p. 26-28).

Não por outra razão, o art. 54 da lei em comento estipula liberdade para a pactuação das cláusulas no contrato de locação de espaço em *shopping center* firmado entre lojistas e empreendedores.

Tanto a confecção do contrato quanto a interpretação das suas cláusulas devem ter como premissa os princípios maiores do sistema de Direito Empresarial, notadamente a autonomia da vontade. Como já sinalizamos nos tópicos anteriores, o controle judicial sobre cláusulas (em tese) abusivas em contratos empresariais é mais restrito, pois as negociações são entabuladas entre profissionais da área empresarial. E quanto maior a sofisticação da avença, menor o âmbito de intervenção estatal, sendo aceita como válida até a chamada **cláusula de raio**, para obstar que o lojista com empreendimento dentro do *shopping* instale empreendimento idêntico nas proximidades.

Adiante, nessa espécie de locação, é muito usual a presença do 13º aluguel. O STJ (REsp nº 1409849 / PR – rel. Min. Paulo de Tarso Sanseverino – 3ª T. – *D Je* 05 -05 -2016) se pronunciou sobre a **legalidade da cláusula**, entendendo não ser abusiva a previsão que estabelece a duplicação do valor do aluguel no mês de dezembro.

E se existe uma parcela variável, mostra-se necessária uma forma de fiscalizar a correção desses pagamentos. A I Jornada de Direito Comercial do CJF pronunciou-se sobre o tema, no Enunciado nº 30: "Nos contratos de *shopping center*, a cláusula de fiscalização das contas do lojista é justificada desde que as medidas fiscalizatórias não causem embaraços à atividade do lojista."

> ▷ **Em resumo:** Locação comercial está submetida à Lei nº 8.245/1991. As exceções estão previstas na própria lei. Ação renovatória de locação comercial depende do implemento de requisitos objetivos. Locação *built to suit*: o locador constrói ou promove substancial reforma em seu imóvel com a finalidade de atender exigências específicas da empresa locatária. Locação em *shopping center*: o art. 54 da Lei nº 8.245/1991 estipula liberdade para pactuação das cláusulas no contrato de locação firmado entre lojistas e empreendedores.

4.9. Factoring

No *factoring*, ou fomento mercantil, o empresário transfere a uma instituição financeira (parabancária) a administração de determinado crédito. A operação caracteriza-se pela aquisição de direitos creditórios de contas a receber a prazo por um valor à vista, mediante a incidência de taxas de juros e de serviços. Possibilita liquidez financeira imediata para empresas e não deve ser confundida com a operação de crédito praticada por bancos.

Fran Martins assim o define: "O Contrato de Faturização ou Factoring é aquele em que um comerciante cede a outro os créditos, na totalidade ou em parte, de suas vendas a terceiros, recebendo o primeiro do segundo o montante desses créditos, mediante o pagamento de uma remuneração" (*Contratos e Obrigações Comerciais*. Rio de Janeiro: Forense, 2002, 15. ed., p. 469).

Ainda que o contrato de fomento mercantil se forme entre faturizador e faturizado (o vendedor do título), é de suma importância também a figura do comprador originário, uma vez que são os créditos que o vendedor tem contra esse que são cedidos. Dessarte, temos como pressupostos sempre uma inicial venda à prazo e, havendo a cessão de crédito, o comprador deve ser notificado da transação, para que efetue o pagamento do título ao faturizador.

Podemos então definir a operação em quatro etapas sucessivas: a) empresa vende seu bem ou serviço a prazo, gerando um crédito no valor correspondente; b) a empresa (faturizada) negocia este crédito com a faturizadora; c) de posse desse crédito, a *factoring* informa o comprador daquele bem ou serviço sobre o fato e a forma de cobrança; d) findo o prazo do negócio de origem, a empresa compradora pagará o valor deste crédito à faturizadora, encerrando o processo.

Modalidades:

Faturização interna: operações realizadas dentro do mesmo país ou região;

Faturização externa: operações realizadas no exterior, como nos casos de importação e exportação;

Faturização no vencimento (*maturity factoring*): as faturas são remetidas ao faturizador, que as liquida somente na data de seu vencimento.

Faturização tradicional (*old line factoring*): as faturas remetidas ao faturizador são liquidadas antes da data de vencimento. Em todos os casos há a assunção dos riscos pelo faturizador do inadimplemento por parte do comprador/cliente. Se o risco faz parte do negócio, caso a dívida não seja paga, não tem o faturizador direito de cobrança em face do faturizado (Resp nº 1.289.995 /PE, rel. Min. Luis Felipe Salomão, rel. p/ Acórdão: Luis Felipe Salomão, 4ª T., j. 20-2-2014, *Dje* 10-6-2014).

▷ **Em resumo:** Empresa vende seu bem ou serviço a prazo, gerando um crédito no valor correspondente. A empresa (faturizada) negocia esse crédito com a faturizadora. De posse desse crédito, a *factoring* informa o comprador daquele bem ou serviço sobre o fato e a forma de cobrança. Findo o prazo do negócio de origem, a empresa compradora pagará o valor deste crédito à faturizadora.

4.10. Franquia

O sistema de franquia foi inicialmente disciplinado no Brasil pela Lei nº 8.955/1994. Atualmente vigora a Lei nº 13.966, de dezembro de 2019, que dispõe sobre o sistema de franquia empresarial e expressamente revogou a normativa anterior:

> **Art. 1º** Esta Lei disciplina o sistema de franquia empresarial, pelo qual um franqueador autoriza por meio de contrato um franqueado a usar marcas e outros objetos de propriedade intelectual, sempre associados ao direito de produção ou distribuição exclusiva ou não exclusiva de produtos ou serviços e também ao direito de uso de métodos e sistemas de implantação e administração de negócio ou sistema operacional desenvolvido ou detido pelo franqueador, mediante remuneração direta ou indireta, sem caracterizar relação de consumo ou vínculo empregatício em relação ao franqueado ou a seus empregados, ainda que durante o período de treinamento.
>
> § 1º Para os fins da autorização referida no *caput*, o franqueador deve ser titular ou requerente de direitos sobre as marcas e outros objetos de propriedade intelectual negociados no âmbito do contrato de franquia, ou estar expressamente autorizado pelo titular.
>
> § 2º A franquia pode ser adotada por empresa privada, empresa estatal ou entidade sem fins lucrativos, independentemente do segmento em que desenvolva as atividades.

Franquia empresarial ou *franchising* é o sistema pelo qual um franqueador cede ao franqueado o direito de uso de marca ou patente, associado ao direito de distribuição exclusiva ou não de produtos ou serviços e, eventualmente, também ao direito de uso de tecnologia de implantação e administração de negócio ou sistema operacional desenvolvidos ou detidos pelo franqueador **sem** que, no entanto, fique caracterizado **vínculo empregatício**.

Existe autonomia jurídica, administrativa e financeira do franqueado como empresário, que não está ligado ao franqueador por qualquer vínculo de subordinação, devendo apenas obedecer às regras e limitações impostas como padronização da comercialização do produto, bem como o franqueado pagará remuneração (*royalties*) ao franqueador. Ao contrário da taxa de franquia, que é paga uma única vez, logo após a assinatura do pacto, os *royalties* são pagos regularmente em razão da contínua exploração da marca e do suporte recebido.

Há vantagens para ambos: o franqueador amplia a oferta da mercadoria e serviço sem aporte de capital; o franqueado desenvolve um negócio consolidado perante o público e sem encargos de *marketing* e criação de produto.

É um contrato atípico (nem a lei nem o Código Civil definem direitos e deveres do franqueador e do franqueado) que respeita a autonomia da vontade dos empresários. Entretanto, o franqueador deve prestar ao franqueado serviços de organização empresarial, que se desdobram em três contratos de orientação: *engineering* – do processo de montagem e planejamento do estabelecimento; *management* – no treinamento da equipe de funcionários e gerência; *marketing* – procedimento de divulgação e promoção dos produtos comercializados.

Dessarte, pelo contrato de franquia, com a colaboração do franqueador, o franqueado, com algum capital, pode estabelecer-se sem precisar proceder ao estudo e equacionamento de muitos dos aspectos do empreendimento, pois encontram-se já suficientemente equacionados pelo titular de uma marca de comércio, produto ou serviço.

Circular de Oferta de Franquia – COF (art. 2º): o franqueador deve fornecer ao potencial franqueado um documento escrito em língua portuguesa, de forma objetiva e acessível, contendo os dados fundamentais do negócio (requisitos obrigatórios) para que ele tome ciência dos riscos e custos inerentes ao negócio. O art. 2º indica vinte e três incisos que apresentam um mapeamento geral do negócio a ser entabulado pelas partes. Deve ser disponibilizada ao candidato a franqueado no mínimo dez dias antes da assinatura do contrato ou pré-contrato, ressalvada a possibilidade de licitação promovida por órgão ou entidade pública, caso em que a COF será divulgada no início do processo de seleção. Ao contrário, as relações entre franqueador e franqueado continuam regendo-se exclusivamente pelas cláusulas contratualmente pactuadas. Tal legislação visa a assegurar transparência nas negociações que antecedem a adesão do franqueado à franquia.

O contrato deve ser registrado no INPI para valer contra terceiros, como previsto na Lei de Propriedade Industrial (Lei nº 9.279/1996), em seu art. 211: "O INPI fará o registro dos contratos que impliquem transferência de tecnologia, contratos de franquia e similares para produzirem **efeitos em relação a terceiros**".

4.11. Representação comercial

A Lei nº 4.886/1965, com as alterações introduzidas pelas Leis nº 8.420/1992 e nº 12.246/2010, é a legislação aplicável ao contrato de representação comercial, sendo que deve ser celebrado por escrito e observar os diversos requisitos do art. 27.

A representação comercial é um contrato de **colaboração** (ao lado da concessão mercantil, a franquia e a distribuição). Esses têm como característica atribuir a um dos contratantes (o colaborador) a responsabilidade de criar ou ampliar mercado de bens e/ou serviços da outra parte. Em razão da obrigação essencial que os caracteriza, possuem como marca comum uma **subordinação empresarial** entre as partes. No que toca à representação em si, é o instrumento pelo qual um representante comercial autônomo se obriga, em **delimitada região geográfica**, a buscar pedidos de compra e venda das mercadorias fabricadas ou comercializadas pelo representado.

Não há, em regra, vínculo societário ou empregatício entre o representado e o representante comercial. A atividade desenvolvida possui disciplina jurídica própria, tratando-se de atividade autônoma. Além disso, o representante comercial não tem poderes para concluir a negociação em nome do representado. O representante se obriga, **mediante remuneração, mas sem vínculo de subordinação pessoal**, a obter negócios para o representado, negocia as mercadorias do representado, mas caberá exclusivamente a este a conclusão do negócio. Portanto, não se confunde com o mandato, no qual o mandatário recebe poderes para negociar em nome do mandante.

É obrigatório o registro no Conselho Regional dos Representantes Comerciais (Lei nº 4.886/1965, art. 2º).

Obrigações contratuais mais comuns do representante comercial autônomo: a) buscar, com diligência, pedidos de compra e venda, em nome do representado, ajudando-o a expandir o seu negócio e promover os seus produtos; b) seguir as instruções fixadas pelo representado; c) informar o representado sobre o andamento dos negócios, nas oportunidades definidas em contrato ou quando solicitado e prestar-lhe contas; d) observar as obrigações profissionais.

As obrigações mais comuns do representado: a) o principal dever do representado é pagar a retribuição devida ao representante, assim que o comprador efetuar o seu pagamento ou, antes, se não manifestar recusa por escrito no prazo de 15, 30, 60 ou 120 dias, conforme a localização do domicílio desse (mesma praça, mesmo Estado, Estado diverso ou exterior, respectivamente – arts. 32 e 33); b) respeitar a cláusula de exclusividade de zona, não podendo vender os seus produtos na área determinada em contrato, senão através do representante contratado para atuar naquela área. Caso concretize negócios sem a observância dessa condição, o representante terá direito à comissão correspondente (art. 31).

A resolução do contrato pode ser de forma motivada ou imotivada. Na hipótese de encerramento imotivado do contrato que haja vigorado por mais de seis meses, obriga-se o denunciante à concessão de pré-aviso, com antecedência mínima de 30 dias ou ao pagamento de 1/3 das comissões auferidas pelo representante nos três meses anteriores, além da indenização.

Se a rescisão ocorrer por justo motivo, ou seja, motivada, não cabe nenhuma indenização.

São razões de rescisão do contrato por parte do representado (art. 35 da Lei nº 4.886/1965 (na grafia original da lei):

> **Art. 35.** Constituem motivos justos para rescisão do contrato de representação comercial, pelo representado:
>
> *a)* a desídia do representante no cumprimento das obrigações decorrentes do contrato;
>
> *b)* a prática de atos que importem em descrédito comercial do representado;
>
> *c)* a falta de cumprimento de quaisquer obrigações inerentes ao contrato de representação comercial;
>
> *d)* a condenação definitiva por crime considerado infamante;
>
> *e)* força maior.

De outro lado, o art. 36 do mesmo diploma aponta os motivos de rescisão pelo representante (grafia original da lei):

> **Art. 36.** Constituem motivos justos para rescisão do contrato de representação comercial, pelo representante:
>
> *a)* redução de esfera de atividade do representante em desacôrdo com as cláusulas do contrato;
>
> *b)* a quebra, direta ou indireta, da exclusividade, se prevista no contrato;
>
> *c)* a fixação abusiva de preços em relação à zona do representante, com o exclusivo escopo de impossibilitar-lhe ação regular;
>
> *d)* o não-pagamento de sua retribuição na época devida;
>
> *e)* força maior.

O contrato pode ser firmado por prazo determinado ou indeterminado. Uma vez prorrogado, torna-se a prazo indeterminado.

A Lei nº 8.420/1992 inseriu na legislação original a **vedação** da cláusula ***del credere*** (art. 43). Esta cláusula corresponde à previsão contratual expressa que permita à parte representada deduzir de comissões e vendas do representante comercial valores na hipótese de o negócio ser cancelado ou desfeito. Há que se ter presente que a responsabilidade do representante comercial deve ser limitada apenas à transação e à intermediação do negócio e nada mais, lembrando que a representação comercial é atividade de meio na relação de venda. A responsabilidade de aceitação da venda é do representado.

Havendo rescisão contratual imotivada, discute-se a pertinência de indenização, que dependerá se o prazo do contrato é determinado ou se o contrato é por prazo indeterminado.

Sendo determinado, a indenização corresponderá à média mensal multiplicada pela metade dos meses que faltam para o fim do contrato. Se for prazo indeterminado, será 1/12 sobre o valor total do contrato (Lei nº 4.886/1965, art. 27, *j* e § 1º).

Ainda quanto à indenização, cumpre sinalar a conclusão da III Jornada de Direito Comercial do CJF, em seu Enunciado nº 82: "A indenização devida ao Representante, prevista no art. 27, alínea *j*, da Lei nº 4.886/1965, deve ser apurada com base nas comissões recebidas durante todo o período em que exerceu a representação, afastando-se os efeitos de eventual pagamento a menor, decorrente de prática ilegal ou irregular da Representada reconhecida por decisão judicial ou arbitral transitada em julgado".

> ▷ **Em resumo:** Modalidade de contrato de colaboração. Não há vínculo societário ou empregatício entre o representado e o representante comercial. Trata-se de atividade autônoma. O representante comercial não tem poderes para concluir a negociação em nome do representado. Vedada a inserção de cláusula *del credere*.

4.12. Distribuição

A criação, consolidação ou ampliação de mercados, através da colaboração empresarial, pode resultar de aproximação ou de intermediação. O contrato de distribuição é modalidade de colaboração empresarial que pode ser enquadrada em qualquer uma dessas espécies:

- **aproximação:** o colaborador identifica pessoas interessadas em adquirir produtos do outro empresário contratante. Na distribuição-aproximação, o distribuidor é remunerado por um percentual (comissão) dos negócios que ajuda a realizar.
- **intermediação:** o colaborador adquire os produtos do outro contratante e os oferece de novo ao mercado. É o clássico contrato celebrado entre distribuidores de combustível e os postos de abastecimento; fábricas de produtos alimentícios e depósitos / atacadistas em geral.

Consoante Arnaldo Rizzardo, o contrato de distribuição tem como objeto "a comercialização dos bens produzidos e fornecidos pelo fabricante, e a prestação de serviços de assistência técnica e mecânica aos bens" (*in Contratos*, ed. Forense).

O Código Civil assim tipifica o contrato de distribuição:

> **Art. 710.** Pelo contrato de agência, uma pessoa assume, em caráter não eventual e sem vínculos de dependência, a obrigação de promover, à conta de outra, mediante retribuição, a realização de certos negócios, em zona determinada, caracterizando-se a distribuição quando o agente tiver à sua disposição a coisa a ser negociada.
>
> Parágrafo único. O proponente pode conferir poderes ao agente para que este o represente na conclusão dos contratos.

Como se vê, o Código Civil regula em conjunto com o contrato de agência, o que resulta em certa celeuma. O contrato de distribuição típico (distribuição-aproximação) está associado ao contrato de agência. Nesta modalidade há maior ingerência do fornecedor sobre as atividades do distribuidor.

Tem como cláusulas (implícitas ou explícitas) a de exclusividade de distribuição (pela qual o distribuidor não pode trabalhar para outros proponentes na zona de atuação) e de exclusividade de zona (pela qual o proponente deve abster-se de realizar negócios na zona de atuação, a não ser com os aproximados pelo distribuidor ou agente).

Para garantir o cumprimento dessas obrigações, a lei assegura ao distribuidor o direito à remuneração pelos negócios realizados pelo proponente em desrespeito à cláusula de territorialidade, conforme dispõe o art. 714 do CC.

> **Art. 714.** Salvo ajuste, o agente ou distribuidor terá direito à remuneração correspondente aos negócios concluídos dentro de sua zona, ainda que sem a sua interferência.

Entretanto, o contrato de distribuição mais utilizado (distribuição-intermediação) é aquele que não é previsto em lei, ou seja, é um contrato atípico. A ele se aplicam as normas contratuais gerais, mas é regulado pelas cláusulas negociadas entre as partes, sendo muito importante que sejam estipuladas de maneira equilibrada e adequada para ambos. Nesta distribuição atípica aplicam-se os direitos e obrigações ajustadas. Age o distribuidor em seu próprio nome adquirindo o bem para posterior revenda a terceiros, tendo como proveito econômico a diferença entre o preço de venda e aquele pago ao fornecedor (margem de comercialização).

Fazendo a distinção entre as duas modalidades, o CJF editou o Enunciado nº 31 na I Jornada de Direito Comercial:

> O contrato de distribuição previsto no art. 710 do CC é uma modalidade de agência em que o agente atua como mediador ou mandatário do proponente e faz jus à remuneração devida por este, correspondente aos negócios concluídos em sua zona. No contrato de distribuição autêntico, o distribuidor comercializa diretamente o produto recebido do fabricante ou fornecedor, e seu lucro resulta das vendas que faz por sua conta e risco.

▷ **Em resumo:** Modalidade de contrato de colaboração. Pode ser típico (distribuição-aproximação) ou atípico (distribuição-intermediação). Contrato típico: regras legais. Contrato atípico: regras contratuais.

4.13. Concessão comercial

Trata-se de contrato atípico em que determinado empresário (concessionário) se obriga a comercializar, com ou sem exclusividade, com ou sem cláusula de territorialidade, os produtos fabricados por outro empresário (concedente), nas condições estipuladas pelo último.

De plano, vale destacar valiosa lição de Fábio Ulhoa Coelho (*in Curso de direito comercial*. v. 3. 17. ed. São Paulo: RT, 2016, p. 109):

> Na categoria dos contratos de colaboração por intermediação, distinguem-se duas espécies: **a distribuição-intermediação e a concessão.** A diferença entre elas é sutil, e alguns autores consideram incorreto considerá-las modalidades distintas de contrato. Orlando Gomes, por exemplo, não as diferencia. Há, entretanto, na distribuição-intermediação e na concessão certa variância do grau de subordinação da empresa do colaborador em relação à do fornecedor. **No contrato de distribuição-intermediação, o distribuído tem menos poder de ingerência sobre a organização empresarial do distribuidor que o concedente**, na concessão, relativamente à empresa do concessionário. Essa gradação na subordinação empresarial, inclusive, vocaciona a concessão como espécie de contrato de colaboração por intermediação mais apropriada à hipótese em que o colaborador não só vende os produtos do fornecedor como também **presta serviços de assistência técnica** aos consumidores ou adquirentes.

Na concessão atípica (por vezes chamada de distribuição), **os direitos e deveres das partes são aqueles previstos contratualmente**, uma vez que não existe uma legislação própria. Portanto, é fundamental que sejam objeto de pactuação:

- cláusulas de exclusividade;
- quotas de aquisição e fornecimento;
- condições e vantagens especiais ao distribuidor;
- rescisão (indenização).

Diferentemente, na concessão comercial da venda de automóveis, trata-se de contrato típico, disciplinado especificamente pela Lei nº 6.729/1979 – "Lei Ferrari" -, alterada pela Lei nº 8.132/1990. A aludida lei tem seu âmbito de aplicação restrito às relações empresariais estabelecidas entre produtores e distribuidores de veículos automotores de via terrestre, e contempla as condições comerciais para concessão comercial de veículos automotores, sendo taxativa em relação a:

- delimitação de área geográfica para comercialização de veículos de uma marca específica;
- assistência técnica, garantia e revisão;

- uso gratuito, como elemento identificador, da marca do produtor;
- fidelidade e exclusividade recíproca concernente aos produtos e à marca;
- prazo de vigência do contrato de concessão comercial por prazo indeterminado, ou pelo prazo mínimo e inicial de cinco anos.

Nos termos da iterativa jurisprudência desta Corte, a Lei nº 6.729/1979 (Lei Ferrari) não se aplica a hipóteses diversas da distribuição de veículos automotores (STJ, REsp nº 680329 /RS, rel. Min. Raul Araújo, rel. p/ Acórdão: Raul Araújo, 4ª T., j. 22-4-2014, *Dje* 29- 4 -2014.).

4.14. Comissão

Delineado pelos arts. 693 a 709 do CC.

Trata-se de vínculo contratual em que um empresário (comissário) se obriga a realizar negócios mercantis por conta de outro (comitente), mas em nome próprio, assumindo, portanto, responsabilidade pessoal pelos atos praticados. Apesar de agir em nome próprio, não tem plena liberdade e deve agir sempre considerando os limites estabelecidos pelo comitente.

Nesta forma de contratação, o comissário concretiza operações comerciais do interesse do comitente, mediante um percentual (comissão). O comitente não participa dos negócios, podendo até permanecer incógnito.

A comissão assemelha-se ao mandato. Em ambos, uma pessoa (comissário ou mandatário) se obriga a praticar atos em nome de outra pessoa (comitente ou mandante). A diferença fundamental da comissão em relação ao mandato consiste na imputação da responsabilidade perante terceiros. O comissário fica diretamente obrigado para com as pessoas com quem contratar, sem que estas tenham ação contra o comitente, nem este contra elas, salvo se o comissário ceder seus direitos a qualquer das partes (art. 694, CC).

Por expressa previsão do Código Civil, admite o contrato de comissão a inserção da cláusula *del credere*. Esta representa a obrigação do comissário de responder solidariamente com o terceiro perante o comitente, salvo estipulação em contrário, conforme nova redação do artigo 698 do CC (ex.: o comissário vende café do comitente e dá prazo ao terceiro para pagar, porém o terceiro não paga, devendo então o comissário pagar ao comitente). Inserindo-se esta cláusula *del credere*, fará o comissário jus a uma remuneração maior em face do risco assumido (art. 698 do CC).

▷ **Em resumo:** Empresário se obriga a realizar negócios em favor de outro, mas em nome próprio. O comissário atua nos limites definidos pelo comitente. Remunerado via comissão. Possível a inserção da cláusula *del credere*.

4.15. Mandato

Extensamente regulamentado no CC, nos arts. 653 a 691.

O mandato mercantil é contrato no qual mandatário se obriga a praticar atos negociais em nome e por conta do empresário mandante, que confia a outrem a gestão de um ou mais negócios mercantis.

É materializado, concretizado, pela procuração outorgada ao mandatário.

Trata-se de contrato bilateral, pois gera deveres tanto para o mandante quanto para o mandatário.

A principal obrigação do mandatário é praticar atos negociais, em nome e por conta do mandante, observando, para tanto, as instruções e poderes dele recebidos. Também é obrigado a prestar contas dos atos por ele praticados em nome do mandante, informando-lhe sobre tudo o que se passa com os negócios.

Já o mandante é obrigado a cumprir as obrigações contraídas pelo mandatário (dentro dos limites do mandato), bem como pagar o valor ajustado como remuneração. É igualmente obrigado a ressarcir ao mandatário as perdas que este sofrer com a execução do mandato, sempre que não resultem de culpa sua ou de excesso de poderes.

A extinção do mandato ocorre, segundo o art. 682 do CC, nas seguintes situações:

> **Art. 682.** Cessa o mandato:
>
> I – pela revogação ou pela renúncia;
>
> II – pela morte ou interdição de uma das partes;
>
> III – pela mudança de estado que inabilite o mandante a conferir os poderes, ou o mandatário para os exercer;
>
> IV – pelo término do prazo ou pela conclusão do negócio.

▷ **Dica:** Conferido o mandato com a cláusula "em causa própria", a sua revogação não terá eficácia, nem se extinguirá pela morte de qualquer das partes (art. 685 do CC).

▷ **Em resumo:** Mandatário atua em nome do mandante, dentro das instruções recebidas. Procuração é o instrumento do mandato. O mandato em causa própria não é extinto pelo falecimento do mandante.

4.16. Marco Legal das *Startups*

4.16.1. O que é uma startup *e quais são suas características?*

Uma *startup* é uma empresa que possui um **modelo de negócios repetível** e **escalável**, e que trabalha para desenvolver soluções em um cenário de incertezas. Além disso, ela necessita de inovação para não ser considerada uma empresa tradicional.

Nesse sentido, o modelo de negócios está ligado ao valor da empresa e à sua rentabilidade. Ou seja, **o foco do negócio é a solução para determinado problema**, e essa solução será vendida ao cliente de forma lucrativa.

Para ser uma *startup*, o modelo de negócios deve ser **inovador,** o que **não significa necessariamente algo novo**, podendo vir a ser uma **adaptação** de um modelo de negócios já utilizado.

Um produto repetível e escalável promete atingir um grande número de clientes e gerar lucro de forma rápida:

Repetível: a empresa é capaz de entregar o mesmo produto em escala potencialmente ilimitada.

Escalável: a empresa deve crescer cada vez mais sem que isso influencie o modelo de negócios.

A respeito do enquadramento de empresas *startup*, a **Lei Complementar nº 182/2021**, denominada o **Marco Legal das *Startups***, dispõe em seu art. 4º:

> **Art. 4º** São enquadradas como startups as organizações empresariais ou societárias, nascentes ou em operação recente, cuja atuação caracteriza-se pela inovação aplicada a modelo de negócios ou a produtos ou serviços ofertados.
>
> § 1º Para fins de aplicação desta Lei Complementar, são elegíveis para o enquadramento na modalidade de tratamento especial destinada ao fomento de startup o empresário individual, a empresa individual de responsabilidade limitada, as sociedades empresárias, as sociedades cooperativas e as sociedades simples:
>
> I – com receita bruta de até R$ 16.000.000,00 (dezesseis milhões de reais) no ano-calendário anterior ou de R$ 1.333.334,00 (um milhão, trezentos e trinta e três mil trezentos e trinta e quatro reais) multiplicado pelo número de meses de atividade no ano-calendário anterior, quando inferior a 12 (doze) meses, independentemente da forma societária adotada;
>
> II – com até 10 (dez) anos de inscrição no Cadastro Nacional da Pessoa Jurídica (CNPJ) da Secretaria Especial da Receita Federal do Brasil do Ministério da Economia; e
>
> III – que atendam a um dos seguintes requisitos, no mínimo:
>
> *a)* declaração em seu ato constitutivo ou alterador e utilização de modelos de negócios inovadores para a geração de produtos ou serviços, nos termos do inciso IV do *caput* do art. 2º da Lei nº 10.973, de 2 de dezembro de 2004; ou
>
> *b)* enquadramento no regime especial Inova Simples, nos termos do art. 65-A da Lei Complementar nº 123, de 14 de dezembro de 2006.

4.16.2. Diferença entre startup *e empresa tradicional*

Muitas pessoas têm dúvidas acerca das diferenças entre uma *startup* e uma empresa tradicional. A **empresa tradicional** costuma focar na **rentabilidade e na estabilidade a longo prazo**; tende a acumular lucros organicamente; se concentra na sobrevivência do negócio, com fluxo estruturado e planejamento a longo prazo; cada trabalhador costuma ter suas funções bem definidas; costuma atuar em sua zona de conforto; os sócios normalmente detêm o controle absoluto do negócio; busca operar sem necessidade de grande investimento além do inicial (receitas cobrem os custos e geram lucro).

Já uma ***startup*** se preocupa com o **potencial de crescimento a curto e médio prazo**; objetiva crescer de forma acelerada e sustentável; foca em oportunidades para atender rapidamente a uma demanda; começam a operar com grupos pequenos, em que há um acúmulo de funções entre os sócios; estimula a inovação; busca investimento externo em troca de participação no empreendimento.

4.16.3. Investidor-anjo

Segundo a Lei Complementar nº 182/2021, considera-se investidor-anjo: "aquele investidor que não é considerado sócio nem tem qualquer direito a gerência ou a voto na administração da empresa, não responde por qualquer obrigação da empresa e é remunerado por seus aportes".

Muito se confunde o investidor-anjo com o sócio oculto da Sociedade em Conta de Participação, mas a diferença é clara:

Sócio oculto é aquele que irá investir no projeto, mas sem participar da gestão da empresa, e possui participação nos lucros finais, sem se envolver no processo.

Investidor- anjo é aquele que irá investir no projeto da sociedade e permanecer anônimo.

Assim, a principal diferença é que o primeiro tem a opção de participar da gestão, enquanto o segundo só investe, sem poder se envolver na gestão da *startup*.

5. TÍTULOS DE CRÉDITO

Autora: Cristiane Pauli

5.1. Títulos de crédito: princípios e atos

5.1.1. Considerações iniciais

Os títulos de crédito são os **documentos necessários** ao exercício do direito **literal** e **autônomo,** que produzem efeitos desde que preencham os requisitos legais. É daí que nascem, inclusive, os três princípios basilares aos títulos de crédito: **cartularidade, literalidade** e **autonomia,** e que em breve serão estudados.

Os títulos de créditos são pautados na confiança e na boa-fé, uma vez que consistem em um direito ao recebimento de uma prestação futura. Além disso, o Código Civil funciona como uma teoria geral para os chamados **títulos atípicos ou inominados**, ou seja, para os títulos que não possuem lei específica que os descreva, a regulação está nos arts. 887 a 926 do CC.

Por outro lado, temos os **títulos típicos ou nominados**, que são os que possuem lei especial os definindo. Como exemplo de títulos típicos ou nominados, tem-se a duplicata, a letra de câmbio, a nota promissória e o cheque. Ainda, em relação a estes, o Código Civil apenas é aplicado em caso de lacuna na legislação especial ou quando compatível com esta.

Assim, verifica-se que as normas contidas no Código Civil são de aplicação supletiva, destinando-se a suprir o vácuo existente no regramento jurídico específico. Ressalta-se que as normas constantes no Código Civil não possuem o condão de afastar ou revogar a incidência do disposto nas leis especiais.

Pode-se dizer, ainda, que a aplicação do Código Civil é apenas quando a lei cria um novo título e não a disciplina exaustivamente, nem nomeia outra legislação cambial como fonte supletiva para regê-lo.

5.1.2. Características e princípios

Conforme já mencionado, o título de crédito é documento necessário ao exercício do direito literal e autônomo nele contido, somente produzindo efeitos quando preenchidos os requisitos previstos na lei. A partir do conceito dos títulos de crédito, extraem-se suas **principais características**. A primeira delas é a sua **natureza essencialmente comercial**, sendo que o direito cambiário é conhecido como sub-ramo específico do Direito Empresarial por ser desenvolvido com a finalidade de conferir aos títulos de crédito as prerrogativas necessárias para o cumprimento de sua função primordial – **a circulação de riqueza com segurança.**

Além disso, tem-se que os títulos de crédito são **documentos formais**, haja vista a necessidade de observação dos requisitos essenciais previstos na legislação cambiária; são **considerados bens móveis**, por se sujeitarem aos princípios basilares da circulação de tais bens, como, por exemplo, o princípio que prescreve que a posse de boa-fé possui valor de propriedade; são **títulos de apresentação**, tendo em vista serem documentos essenciais para o exercício do direito nele previsto. Ainda, os títulos de crédito são **títulos executivos extrajudiciais**, pois contêm **obrigações líquidas e certas.**

5.1.2.1. Princípio da cartularidade

O próprio conceito trazido pelo Código Civil de 2002 de que o título de crédito é um documento necessário ao exercício do direito literal nele mencionado é uma clara referência ao princípio da cartularidade, que pressupõe que, para o exercício de qualquer direito representado no título, é imprescindível a sua posse legítima.

Assim, tem-se que o titular do crédito representado na **cártula deve estar na posse desta**, sendo que este é, inclusive, o modo para comprovação da própria existência e exigibilidade do crédito.

5.1.2.2. Princípio da literalidade

De acordo com esse princípio, o título de crédito vale pelo que tem escrito nele, ou seja, somente os atos que são lançados na própria cártula produzem efeitos jurídicos.

O princípio da literalidade concede segurança às partes da relação cambial da exata correspondência entre o teor do título e o direito que ele representa. Assim, tem-se que o credor pode exigir tudo o que estiver expresso na cártula, do mesmo modo que o devedor tem o direito de pagar somente o que estiver manifesto no título.

5.1.2.3. Princípio da autonomia

Segundo o **princípio da autonomia**, o título de crédito é um documento constitutivo de um direito novo, autônomo, originário e totalmente desvinculado da relação que lhe originou.

Dessa forma, evidencia-se que o direito representado em um título de crédito é autônomo porque a sua posse legítima caracteriza a existência de um direito próprio, insuscetível a ser contaminado por vícios de relações anteriores.

No mais, importante ressaltar dois princípios decorrentes **do princípio da autonomia**: o **princípio da abstração** e o **princípio da inoponibilidade das exceções pessoais ao terceiro de boa-fé**. Tais princípios são chamados por alguns autores de subprincípios, por entenderem que estes não trazem uma ideia nova em relação à autonomia, mas apenas uma outra forma de encará-la.

O **princípio da abstração** dispõe que, **quando o título circula**, ele se **desvincula da relação que lhe originou**. Assim, tem-se que, enquanto o título está na relação cambiária que lhe originou, existe uma vinculação entre esta relação e a origem do título, mas quando o título é, por exemplo, endossado, a relação que originou a cártula não mais interessa.

Já o princípio da inoponibilidade das exceções pessoais ao terceiro de boa-fé é a exata manifestação do princípio da autonomia. Isto porque a atuação deste princípio preceitua que o portador do título de boa-fé **não será prejudicado por eventuais vícios que a relação originária do negócio jurídico venha a ter**. Os vícios constantes na relação originária apenas podem ser considerados nesta relação cambial, entre os sujeitos participantes desta. Quando o terceiro adquire o título, de boa-fé, este o adquire **sem sujeição a vícios da relação cambiária principal.** Dessa forma, o **portador do título não pode ser atingido por defesas relativas ao negócio jurídico do qual ele não participou**.

5.1.3. Atos cambiários

Endosso, aval, protesto, saque e aceite são os principais institutos cambiários aplicáveis aos títulos de crédito, assim, necessário estudar as particularidades de cada instituto referido.

5.1.3.1. Endosso

Esse instituto é classificado como um ato cambiário **necessário para a circulação de títulos de crédito nominais à ordem**, produzindo, principalmente, dois efeitos: a) **transferência da titularidade do crédito,** b) **responsabilidade do endossante, que se torna devedor indireto do título**.

O endosso deve ser realizado no **verso do título**, sendo que, nesse caso, basta a assinatura do endossante. Contudo, caso ele seja realizado no **anverso da cártula**, além da assinatura do endossante, é obrigatório que contenha a menção expressa **de que se trata de endosso**, para que assim produza seus efeitos.

O endosso deve ser **total ao valor da dívida do título**, dessa forma, tem-se que é **vedado o endosso parcial**, sendo considerado **nulo**. Ainda, o endosso **não pode ser subordinado a alguma condição**, sendo que, caso esta exista, será **considerada não escrita**, conforme disciplina o art. 12 da Lei Uniforme de Genebra (LUG) e o art. 912 do CC.

5.1.3.2. Endosso em branco e endosso em preto

Endosso em branco é o que **não identifica o beneficiário**, chamado aqui de endossatário. Nessa hipótese, o endossante somente assina no verso, não identificando a quem está endossando o título, o que, na prática, **permite que o título circule ao portador**, isto é, **circule por mera tradição da cártula**.

Já o **endosso em preto** é aquele que **identifica, expressamente, quem será o endossatário**, ou seja, a quem está sendo transferida a titularidade do título. Com o endosso em preto, **o endossatário não pode colocar o título em circulação por mera tradição**, tendo em vista que é necessário que realize novo endosso, seja ele em preto ou em branco, assumindo, assim, **a qualidade de codevedor da dívida constante no título**.

5.1.3.3. Endosso impróprio

Endosso impróprio é aquele que **não produz os principais efeitos do endosso** (transferência da titularidade do crédito e responsabilização do endossante), tendo como **finalidade**, apenas, a **legitimação da posse de alguém sobre o título**. O endosso impróprio pode ser **endosso-mandato** e **endosso-caução**.

Endosso-mandato (ou **endosso-procuração**) é aquele em que o **endossante confere poderes ao endossatário** (como, por exemplo, poderes de representação em nome do endossante, podendo cobrar o título, protestá-lo, executá-lo etc.). Esta modalidade de endosso possui previsão no art. 18 da LUG e no art. 917 do CC.

O **endosso-caução** (ou endosso-pignoratício ou endosso-garantia) caracteriza-se quando o endossante transmite o título como forma de garantia de uma dívida contraída perante o endossatário. Nesta hipótese de endosso, o endossatário não assume a titularidade do crédito, apenas fica na posse do título como forma de garantia da dívida que o endossante contraiu perante ele. Se a dívida for adimplida, o endossante resgata o título; caso a dívida não seja paga, o endossatário pode executar a garantia, assumindo a titularidade total do título. O endosso-caução está disciplinado no art. 19 da LUG e no art. 918 do CC.

5.1.3.4. Endosso póstumo ou tardio

O endosso póstumo ou tardio é disciplinado pelo art. 20 da LUG e também pelo Código Civil junto ao art. 920. Evidencia-se que o endosso pode ser dado após o vencimento do título, produzindo os efeitos de transferência do crédito e responsabilização do endossante normalmente. Contudo, percebe-se que, no caso de o endosso ser realizado após o protesto do título ou, após o prazo para protesto, este apenas valerá como cessão civil de crédito. Por fim, tem-se que se presume realizado, antes do prazo para protesto, o endosso sem data.

5.1.3.5. Aval

O aval, por sua vez, é um ato cambiário pelo qual um terceiro, chamado aqui de avalista, se responsabiliza pelo adimplemento da obrigação constante no título. Neste caso, o avalista garante o cumprimento da obrigação do avalizado, respondendo, assim, de forma equiparada a este. Tal instituto possui previsão no art. 30 da LUG e no art. 897 do CC.

O aval deve ser realizado no **anverso do título**, bastando apenas a **assinatura do avalista**, porém, e caso o aval seja realizado no **verso** da cártula, **além da assinatura do avalista, é necessária a menção expressa de que se trata de aval.**

Os avais simultâneos, também chamado de coavais, ocorrem quando duas ou mais pessoas avalizam um título conjuntamente, como forma de garantir a mesma obrigação cambial. A responsabilidade assumida pelos avalistas nos avais simultâneos é solidária, razão pela qual o avalista que adimplir a obrigação integralmente ao credor possui o chamado direito de regresso contra os demais coavalistas apenas em relação à sua parte. Ou seja, caso sejam dois avalistas e um pagou a totalidade da dívida, surge a este o direito de regresso contra o outro, apenas em relação a metade da dívida.

Já os avais sucessivos, também conhecidos como aval do aval, acontecem quando alguém avaliza outro avalista. Nesta situação, todos os avalistas dos avalistas possuem a mesma responsabilidade do avalizado, sendo que o avalista que pagar a totalidade da obrigação possui direito de regresso em relação ao total da dívida em face dos demais.

Ademais, importante referir sobre o aval parcial. Este ocorre quando o avalista se responsabiliza por parte do adimplemento da obrigação constante no título, por conseguinte, garantindo apenas uma parte do cumprimento da obrigação do avalizado.

Como regra, o aval parcial é vedado (art. 897, parágrafo único, do CC). Contudo, este é admitido caso haja expressa previsão legal na legislação especial. Neste sentido, temos que a LUG prevê, em seu art. 30, a possibilidade de aval parcial para a letra de câmbio e a nota promissória, enquanto a Lei do Cheque o prevê junto ao seu art. 29.

Já quanto à duplicata e considerando que sua legislação específica (Lei nº 5.474/1968) é omissa quanto à possibilidade ou não de aval parcial, esta segue a regra geral do Código Civil, ou seja, na duplicata não é permitido o aval parcial.

5.1.4. Protesto

O protesto pode ser definido como o ato formal através do qual se atesta um fato relevante para a relação cambial. O fato relevante pode ser: a) a falta de aceite do título; b) a falta de devolução do título; ou c) a falta de pagamento do título.

No caso de protesto por ausência de aceite, este somente poderá ser efetuado antes do vencimento da obrigação e após o decurso do prazo legal para aceite ou devolução. Se o protesto for feito após o vencimento da obrigação, somente será efetuado por falta de pagamento. Vejamos o que disciplina o art. 21 da Lei nº 9.492/1997.

O protesto, em regra, apenas é **indispensável se o credor quiser executar os codevedores do título**, como, por exemplo, os endossantes, razão pela qual se diz que **o protesto garante o direito de regresso em face dos devedores indiretos do título**. Por outro lado, caso o credor deseje executar apenas o **devedor principal do título**, o protesto se torna **desnecessário**.

5.1.4.1. Saque

O saque é a emissão de um título de crédito, ou seja, é a sua criação. Assim, quem realiza a emissão do título é chamado de sacador. Nas diferentes espécies de títulos de créditos típicos ou nominados, a figura do saque pode dar origem a situações jurídicas distintas, o que estudaremos em outro momento.

5.1.4.2. Aceite

O aceite é o ato por meio do qual o sacado assume a obrigação cambial, se tornando o devedor principal do título. O aceite ocorre apenas em títulos típicos ou nominados que estruturam uma ordem de pagamento, como é o caso da letra de câmbio e da duplicata.

O aceite pode ser facultativo, como ocorre na letra de câmbio, sendo que, após realizado o aceite, ele se torna irretratável ou obrigatório, como ocorre na duplicata, salvo exceções que serão tratadas em ponto específico.

Pelo fato de o aceite na duplicata ser obrigatório, ele pode ser expresso (ordinário) ou presumido (por presunção). Além disso, na letra de câmbio, o aceite pode ser limitativo, por meio do qual o sacado aceita apenas parte do valor do título ou, modificativo, que ocorre quando o sacado altera alguma condição de pagamento do título.

5.2. Títulos de crédito: letra de câmbio

5.2.1. Letra de câmbio

A letra de câmbio possui sua regulamentação específica na Lei Uniforme de Genebra – LUG, sendo que se estrutura como **ordem de pagamento**. Por esta razão, em relação ao **saque** da letra, ao ser emitida, a letra de câmbio dá origem a **três situações jurídicas distintas**: a) a do **sacador**, que emite a ordem; b) a do **sacado**, a quem a ordem é destinada, e c) a do **tomador**, que é o beneficiário da ordem.

Em relação às três situações jurídicas distintas referidas, é importante ressaltar que **não precisam**, necessariamente, ser ocupadas por **três pessoas diferentes**. Neste sentido, o art. 3º da LUG admite que a letra seja sacada: a) à ordem do próprio sacador; b) **sobre o próprio sacador;** e c) **por ordem e conta de terceiro**.

É admitida a emissão da letra de câmbio e de qualquer outro título de crédito, em branco ou incompleta, podendo ser completada pelo credor de boa-fé antes da cobrança ou do protesto da cártula, nos termos da Súmula nº 387 do Supremo Tribunal Federal. Vejamos: "a cambial emitida ou aceita com omissões, ou em branco, pode ser completada pelo credor de boa-fé antes da cobrança ou do protesto".

Na letra de câmbio, o aceite é um ato facultativo para o sacado. Contudo, após realizado, se torna irretratável. Assim, como o aceite é uma faculdade do sacado, ele pode simplesmente recusá-lo, sem precisar se justificar. A recusa do aceite produz efeitos relevantes para o sacador e para o tomador, uma vez que ocorrerá o vencimento antecipado do título. Com o vencimento antecipado do título, surge ao tomador a possibilidade de exigir o pronto pagamento do título do sacador, eis que é codevedor da letra.

Ainda o sacado pode aceitar parcialmente a letra, caso em que ocorrerá a recusa parcial desta. Há duas espécies de aceite parcial: a) aceite limitativo, através do qual o sacado aceita apenas parte do valor do título, e b) aceite modificativo, por meio do qual o sacado altera alguma condição de pagamento do título, como, por exemplo, o seu vencimento. Nos casos de **aceite parcial** da letra, igualmente ocorre o **vencimento antecipado do título**, podendo o tomador cobrar a totalidade do crédito do sacador.

Percebe-se assim que, ao emitir uma letra de câmbio, o sacador corre o risco de, antes mesmo do seu vencimento, ter que pagá-la, caso o sacado não aceite a letra, total ou parcialmente. Contudo, há uma possibilidade para o sacado se prevenir quanto ao vencimento antecipado da letra: colocar no título a **cláusula não aceitável**, conforme prevê o art. 22 da LUG.

Como visto, a cláusula não aceitável impõe ao tomador a obrigação de só procurar o sacado para o aceite na data do vencimento da cártula. Tal cláusula se perfaz em verdadeira garantia ao sacador de que não será surpreendido com o vencimento antecipado do título.

No que se refere ao prazo de protesto da letra de câmbio, o art. 44 da LUG nos traz essa definição. Assim, temos **dois prazos** distintos para protesto: a) em caso de **recusa de aceite** ou b) em caso de **falta de pagamento**. Em relação ao protesto por recusa de aceite, tem-se que o protesto pode ser realizado ainda no prazo de apresentação do título **ou** até o primeiro dia útil subsequente ao término do prazo ou da recusa, que gera o vencimento antecipado. Já no segundo caso, protesto por falta de pagamento, o prazo é de até dois dias úteis contados do vencimento do título.

Ressalta-se que, caso o credor **perca o prazo para realizar o protesto**, em consequência este **perde o direito de cobrar os coobrigados**.

No mais, o **prazo prescricional para ação de execução** da letra de câmbio é determinado pelo **art. 70 da LUG**, sendo: a) três anos contra o devedor principal (sacado), contados da data de vencimento; b) um ano contra os codevedores (sacador e endossantes), contados da data do protesto e, c) seis meses, a contar do dia do pagamento, quando for o caso de exercício de direito de regresso entre codevedores.

O prazo para ajuizamento de ação monitória em face do emitente é de cinco anos, contados a partir

EMPRESARIAL

do dia seguinte ao vencimento do título, de acordo o que dispõe a Súmula nº 504 do Superior Tribunal de Justiça, aqui utilizada por analogia: "O prazo para ajuizamento de ação monitória em face do emitente de nota promissória sem força executiva é quinquenal, a contar do dia seguinte ao vencimento do título".

Ademais, quanto ao prazo para interposição de ação de cobrança em face do sacador ou do aceitante, este dependerá da causa que deu origem ao título, podendo ser utilizado o prazo de dez anos, de acordo com o art. 205 do CC ou os prazos fixados junto ao art. 206 do mesmo diploma legal.

5.3. Títulos de crédito: nota promissória e duplicata

5.3.1. Nota promissória

A **nota promissória,** assim como a letra de câmbio, possui sua regulamentação específica na **Lei Uniforme de Genebra – LUG**, sendo que se estrutura como uma **promessa de pagamento**. Por esta razão, em relação ao **saque** da letra, ao ser emitida, a nota promissória dá origem a **duas situações jurídicas distintas**: a) a do **sacador** ou **promitente** (chamado na LUG de **subscritor**), que é quem **emite** a nota e **promete** pagar determinada quantia a alguém, e b) a do **tomador**, em favor de quem a nota é emitida e que **receberá** a importância prometida.

Assim como a letra de câmbio, a nota promissória deve atender aos **requisitos essenciais previstos em lei** para que possua **valor** como **título de crédito.** Tais requisitos possuem previsão no art. 75 da LUG, sendo eles: a) **a expressão nota promissória, que é uma cláusula cambiária**; b) **uma promessa incondicional de pagamento de quantia determinada**; c) **o nome do tomador**; d) **a data do saque**; e) **a assinatura do sacador**; e f) **o lugar do saque ou a menção de um lugar junto ao nome do sacador**.

Verifica-se, assim, que a nota promissória se submete ao mesmo regime jurídico da letra de câmbio. Contudo, ambos os títulos de crédito possuem suas distinções. Primeiramente, a **letra de câmbio** se estrutura como **ordem de pagamento**, enquanto a **nota promissória** é uma **promessa de pagamento.** Dessa forma, **não se aplicam** em face da nota promissória **as regras sobre o aceite** (cláusula não aceitável, prazo de respiro, vencimento antecipado por recusa do aceite etc.).

Vale ressaltar que o **prazo de prescrição para a interposição de ação de execução em face do sacador é igual ao da letra em relação ao aceitante: três anos contados do vencimento** (art. 70 da LUG). Se a execução for em face do endossante, o prazo é de **um ano, contado da data do protesto tempestivo ou do vencimento, se o protesto for dispensado,** e de **seis meses, a contar do dia do pagamento, quando for o caso de exercício de direito de regresso entre codevedores.**

Ademais cumpre mencionar o entendimento do Superior Tribunal de Justiça sobre a aceitação de propositura de **ação monitória** para a nota promissória prescrita. Vejamos o que prevê a Súmula nº 504 do Superior Tribunal de Justiça: "O prazo para ajuizamento de ação monitória em face do emitente de nota promissória sem força executiva é quinquenal, a contar do dia seguinte ao vencimento do título".

Verifica-se assim que, **apesar de prescrita** a nota promissória, **perdendo**, assim, sua **força executiva**, o credor desta ainda pode requerer o seu pagamento no prazo de **cinco anos** a contar do **dia seguinte ao vencimento do título**.

Já quanto ao prazo para interposição de **ação de cobrança em face do sacador**, este, igualmente como ocorre na letra de câmbio, **dependerá da causa que deu origem ao título**, podendo ser utilizado o prazo de **dez anos**, de acordo com o art. 205 do CC ou os **prazos fixados** junto ao art. 206 do mesmo diploma legal.

Relativamente ao **prazo para protesto** da nota promissória, tem-se que é de **dois dias úteis após a recusa de pagamento ou do seu vencimento.** Além disso, como já frisado acerca da letra de câmbio, para que possam ser **vinculados os coobrigados, o protesto é indispensável.**

Ademais, e nos termos da Súmula nº 258 do Superior Tribunal de Justiça "a Nota Promissória vinculada a contrato de abertura de crédito não goza de autonomia em razão da iliquidez do título que a originou".

5.3.2. Duplicata

A duplicata possui sua regulamentação específica na Lei nº 5.474/1968 – Lei das Duplicatas, sendo um título causal, isto é, só pode ser emitida para documentar determinadas relações jurídicas pré-estabelecidas por sua legislação, sendo elas: a) uma compra e venda mercantil ou b) um contrato de prestação de serviços.

A questão de a duplicata ser um título causal não retira dela a aplicação do princípio da abstração, sendo assim, a duplicata, igualmente aos demais títulos em espécie, se desvincula do negócio jurídico que lhe deu origem após ser aceita. A causalidade da duplicata significa tão somente que ela só pode ser emitida nas causas em que a lei admite expressamente a sua emissão. Em caso de ser posta em circulação através de endosso, o sacado não pode opor ao terceiro de boa-fé exceções pessoais que possui contra o sacador.

Na **prática**, a duplicada mais utilizada é a que representa **uma compra e venda mercantil**. Frisa-se que o Superior Tribunal de Justiça já decidiu a **nulidade da duplicata emitida em contrato de *leasing*.**

Em relação às **posições jurídicas** existentes na duplicata, temos o **sacado**, que é o **devedor**, podendo ser um **comprador** ou um **tomador de serviços,** e o **sacador**, que é o **credor**, o qual pode ser um **vendedor** ou um **prestador de serviços**.

Além de ser um título causal, a duplicata é um título de modelo vinculado, ou seja, sua **emissão deve obedecer aos padrões fixados pelo Conselho Monetário Nacional**. Percebe-se que, diferentemente do que ocorre com as notas promissórias e as letras de câmbios, as duplicatas **somente podem ser emitidas com dia certo ou à vista**, sendo **vedada sua emissão com vencimento a certo termo da vista e a certo termo da data**.

Após sua emissão, obedecendo aos requisitos anteriormente listados, a duplicata deve ser **enviada ao sacado para que ele a pague** (duplicata à vista) ou **a aceite e devolva** (duplicata a prazo).

Ademais, importa referir que a duplicata é um título estruturado como **ordem de pagamento**, sendo que seu **aceite é obrigatório**, isto é, emitido o título, com base na fatura ou nota fiscal que documenta a venda, o sacado é obrigado a aceitá-lo. Além disso, ainda que o sacado não assine o título, aceitando-o expressamente, assumirá a obrigação que nele consta.

Contudo, explica-se que o **aceite obrigatório** da duplicata **não significa aceite irrecusável**. A obrigatoriedade do aceite neste título significa que, caso o sacado o **recuse**, este deve apresentar uma **justificativa plausível** para tanto. E é neste sentido que disciplinam os arts. 8º e 21 da Lei das Duplicatas.

Assim, após a realização da remessa do título, cabe ao sacado aceitar a duplicata e devolvê-la, salvo se tiver razões para recusá-la (conforme já mencionado anteriormente), caso em que deve fazê-lo de forma escrita e justificada, de acordo com o que prevê o art. 7º da Lei das Duplicatas.

> **Art. 7º.** A duplicata, quando não for à vista, deverá ser devolvida pelo comprador ao apresentante dentro do prazo de 10 (dez) dias, contado da data de sua apresentação, devidamente assinada ou acompanhada de declaração, por escrito, contendo as razões da falta do aceite.
>
> § 1º Havendo expressa concordância da instituição financeira cobradora, o sacado poderá reter a duplicata em seu poder até a data do vencimento, desde que comunique, por escrito, à apresentante o aceite e a retenção.
>
> § 2º A comunicação de que trata o parágrafo anterior substituirá, quando necessário, no ato do protesto ou na execução judicial, a duplicata a que se refere.

Frisa-se que, considerando que o aceite no regime da duplicata é obrigatório, ele independe de ser expresso, ou seja, neste título de crédito o aceite pode ser expresso – ordinário – ou presumido – por presunção.

O aceite expresso é aquele realizado na própria cártula, no local indicado para tanto. Já o aceite presumido ocorre quando o devedor recebe, sem reclamação, as mercadorias adquiridas e enviadas pelo credor. Neste caso, o simples fato de o devedor receber as mercadorias sem recusa formal já caracteriza o aceite do título. Atualmente, na prática, a regra é a utilização do aceite presumido.

Ademais, tem-se ainda um terceiro tipo de aceite, o aceite por declaração ou comunicação. Tal modalidade é feita por uma instituição financeira ou pelo próprio devedor, sendo realizada através de uma assinatura que declara o aceite.

A principal diferença entre o aceite expresso e o presumido ocorre quando da execução da duplicata. A duplicata com aceite expresso é um título de crédito perfeito e acabado, podendo ser executada sem a exigência de maiores formalidades, bastando a apresentação do título. Já para a execução de duplicata **aceita por presunção**, **além da apresentação do título, são necessários o protesto** (mesmo que a execução seja dirigida contra o devedor principal) e **o comprovante de entrega das mercadorias**, conforme preceitua o art. 15 da Lei das Duplicatas.

Em relação ao **pagamento da duplicata**, como já vimos, este pode ser **dar à vista ou a prazo**. Quanto o pagamento for realizado **a prazo**, pode ser emitida uma **duplicata** única, discriminando todas as parcelas e seus vencimentos, ou uma **série de duplicatas**, uma para cada prestação, distinguindo-as por letras do alfabeto (art. 2º, § 3º, da Lei das Duplicatas).

Relativamente ao **protesto** da duplicata, tem-se que este pode ser realizado por três razões: a) **por falta de aceite**; b) **por falta de devolução do**

título; ou c) **por falta de pagamento**, conforme disciplina o art. 13 da Lei das Duplicatas.

No caso da especificação contida no § 1º do art. 13 do já referido dispositivo legal, tem-se que o **protesto por indicações é realizado quando há a retenção (não devolução) do título por parte do sacado** (comprador/devedor). Nesta situação, o **sacador** (vendedor/credor) não possui o título em sua posse, motivo pelo qual **deve fornecer ao cartório de protesto de títulos as indicações da duplicata emitida, retiradas da fatura e do Livro de Registro de Duplicatas** (art. 19, Lei das Duplicatas).

Ademais, a **ação de execução da duplicata prescreve** em: a) **três anos, a contar do vencimento do título, contra o devedor principal e seus avalistas;** b) **um ano, do protesto ou do vencimento (quando dispensado o protesto), contra os codevedores e seus avalistas;** e c) **um ano, para ação de regresso contra os codevedores, a contar do dia em que pagou o título ou foi acionado**, nos termos do art. 18 da Lei das Duplicatas.

Já quanto ao prazo para propositura de **ação monitória em face do sacado**, temos que é de **cinco anos**, conforme preceitua a Súmula nº 504 do Superior Tribunal de Justiça (utilizada por analogia) e o art. 206, § 5º, I do CC. Com isso, segundo a súmula nº 504, tem-se o prazo para ajuizamento de ação monitória em face do emitente de nota promissória sem força executiva é quinquenal, a contar do dia seguinte ao vencimento do título.

No que se refere ao prazo para ajuizamento de ação de cobrança em face do sacado, tem-se que é de dez anos a contar do vencimento do título, nos termos do art. 205 do CC.

5.3.2.1. Duplicata escritural ou duplicata virtual

A **duplicata escritural** ou **virtual** ou, ainda, **eletrônica** possui **regulamentação junto à Lei nº 13.775/2018**, que entrou em vigor em 20-04-2019, após os seus cento e vinte dias de *vacatio legis* (art. 13 da referida lei).

Esse modelo de duplicata é emitido "mediante lançamento em sistema eletrônico de escrituração gerido por quaisquer das entidades que exerçam a atividade de escrituração de duplicatas escriturais", conforme dispõe seu art. 3º, sendo que tais entidades devem ser autorizadas por órgão ou entidade da administração federal direta ou indireta a exercer essa atividade.

5.4. Títulos de crédito: cheque

5.4.1. Cheque

O **cheque** possui sua regulamentação específica na **Lei nº 7.357/1985 – Lei do Cheque**, sendo que se estrutura como **ordem de pagamento à vista emitida contra um banco,** em razão dos fundos que o emitente tem naquela instituição financeira. Além disso, o cheque é um **título de modelo vinculado**, haja vista que só pode ser classificado como cheque o **documento emitido pelo banco**, em **talonário específico**, com uma **numeração própria**, seguindo os **padrões fixados** pelo Banco Central do Brasil.

Em relação às **posições jurídicas** existentes no cheque, tem-se a figura do **sacador**, que é quem emite o título, a figura do **sacado**, que é a instituição financeira que deverá pagar a quantia constante no título, e o **tomador**, que é o beneficiário da importância contida na cártula.

O cheque, assim como os títulos de crédito já estudados (letra de câmbio e nota promissória), possui **requisitos essenciais** que devem ser observados. Neste sentido, a Lei do Cheque dispõe em seu art. 1º que o cheque deve conter: **a)** a expressão cheque, que é uma cláusula cambiária; **b)** uma ordem incondicional de pagamento de quantia determinada; **c)** o nome da instituição financeira contra quem foi emitido (sacado); **d)** a data do saque; **e)** o lugar do saque ou a menção de um lugar junto ao emitente; **f)** a assinatura do próprio emitente (sacador).

Importante mencionar que, como o cheque é uma ordem de pagamento à vista, a data do saque **deveria** ser sempre aquela em que o título é **emitido**. Contudo, como sabemos, na prática já se consolidou a utilização do **cheque "pré-datado"**, no qual o sacador **indica uma data posterior à sua emissão para pagamento do título**. A jurisprudência entende que nesta hipótese há um acordo entre as partes, sendo que a apresentação antecipada do cheque "pré-datado" configura dano moral, de acordo com o previsto na Súmula nº 370 do Superior Tribunal de Justiça.

Além disso, deve constar no cheque o **local de sua emissão**, que deve ser o **mesmo** onde o emitente se encontra no **momento de seu preenchimento**. Tal informação é de suma importância, pois irá determinar **a duração do prazo de apresentação do título ao banco sacado**, conforme estudaremos em breve. No mais, a **assinatura do emitente** é fundamental, sendo que esta será **conferida** pela instituição financeira antes de efetuar o pagamento da cártula.

Por se tratar de um título de crédito, o cheque possui **implícita a cláusula à ordem**, o que admite sua **circulação via endosso**. Contudo, o sacador do cheque pode fazer constar, **expressamente**, a **cláusula não à ordem**, caso em que fica **impedida**

sua circulação via endosso, não impedindo, entretanto, que **este circule via cessão civil de crédito**. Neste caso, a circulação da cártula **não** se submete às regras do regime jurídico **cambiário, mas sim do regime jurídico civil.**

Esclarece-se, ainda, que, em caso de circulação do título via cessão civil de crédito, **o cessionário não possui imunidade em relação às exceções pessoais que o emitente venha a suscitar, ainda que seja um terceiro de boa-fé**.

No mais, há algumas **modalidades específicas de cheque**, dispostas na legislação especial. A primeira a ser citada é o **cheque cruzado,** que possui previsão junto aos arts. 44 e 45 da Lei do Cheque.

Como sabemos, o **cheque cruzado** é muito utilizado na prática comercial. "Cruzar" um cheque significa fazer **dois traços transversais e paralelos no anverso do título.** A **finalidade** deste cruzamento é justamente **trazer segurança à liquidação** de cheques ao portador, tendo em vista que o cheque cruzado **só pode ser pago a um banco ou a um cliente de banco,** através de **crédito em conta, evitando** seu desconto na **"boca do caixa"**.

Ademais, o **cruzamento** pode ser realizado **em branco** ou **em preto.** No **cruzamento em branco** – também conhecido como **cruzamento geral** – apenas são apostos os **dois traços no título,** podendo ser mencionada a **expressão "banco" entre os traços.** Já no **cruzamento em preto** – também chamado de **cruzamento especial** –, **além** da aposição dos **dois traços,** é mencionado **um banco entre estes** (coloca-se o nome da instituição financeira ou seu número junto ao Banco Central), o que faz com que o cheque apenas **possa ser pago ao banco identificado ou a um cliente deste,** mediante crédito em conta-corrente.

A lei específica do cheque disciplina também o **cheque visado,** junto ao seu art. 7º. O **cheque visado** é aquele em que o **banco confirma,** mediante **assinatura no verso do título,** que o sacado possui **fundos suficientes para o pagamento do valor referenciado na cártula.** De acordo com o que a lei preceitua, **somente o cheque nominativo que ainda não tiver sido endossado pode receber o visto do banco.**

Após visar um cheque, o banco **garante que o sacador possui fundos e assegura o pagamento do título durante o prazo de apresentação.** Salienta-se que **o visto dado pelo banco não se confunde com um aceite, não implicando nenhuma assunção de obrigação cambial por parte do banco, nem exonerando** o emitente e eventuais codevedores (endossante, por exemplo) **da responsabilidade pelo pagamento do título.**

O **cheque administrativo** é previsto no inciso III do art. 9º da Lei do Cheque, sendo **emitido por um banco contra ele mesmo,** para ser liquidado em uma de suas agências. Nesta modalidade, **o banco é o emitente e o sacado,** ao mesmo tempo.

Por fim, a lei ainda menciona o **cheque para ser creditado em conta,** junto ao seu art. 46. Nesta espécie de cheque, o sacado **não pode pagar o título em dinheiro,** por **expressa vedação exposta no anverso do título** pelo sacado. Tal vedação consiste na expressão "**para ser creditado em conta**" (de acordo com o que a lei preceitua) ou da **menção ao número da conta do beneficiário entre os traços de cruzamento** (como é realizado na prática). Neste caso, o pagamento do título pelo banco sacado deve ser realizado através de **lançamento contábil** (crédito em conta, transferência ou compensação).

O ato de "**sustar**" um cheque possui previsão legal junto aos arts. 35 e 36 da Lei do Cheque. Como visto, a primeira hipótese legal que autoriza o cheque a ser "**sustado**" é a **revogação ou contraordem,** que somente produz efeitos após **expirado o prazo de apresentação do título,** devendo ser apresentadas as **razões que motivam o ato.** A segunda hipótese é a da **oposição,** que pode ser realizada **dentro do prazo de apresentação do título,** devendo o emitente apresentar **relevante razão de direito para tanto.** Contudo, a própria lei disciplina que **não cabe ao banco sacado realizar uma análise da relevância da razão invocada** pelo emitente. Assim, a exigência, feita pelos bancos na prática, de apresentação de boletim de ocorrência para realizar a sustação do cheque é descabida.

Contudo, o **prejudicado** pela sustação do cheque pode **responsabilizar o emitente,** caso entenda que houve abuso de direito. Pode, ainda, ser requerida a **responsabilização penal do emitente pela prática do crime de estelionato** (art. 171, § 2º, VI, do CP).

Em relação ao **protesto** do cheque, temos as indicações previstas no art. 6º da Lei de Protesto de Títulos (Lei nº 9.492/1997) e no art. 48 da Lei do Cheque.

Percebe-se, assim, que o **protesto** do cheque deve ser realizado ou no **lugar indicado para o pagamento** ou no **domicílio do emitente.** Além disso, o protesto do cheque pode ser realizado no Cartório de Registro de Protestos, como ocorre nos demais títulos ou, ainda, pode ser protesto bancário, realizado na instituição financeira, através de declaração do banco.

O **prazo de apresentação do cheque** é o **prazo dentro do qual o emitente deve levar o título junto à instituição financeira sacada** (art. 33 da Lei do Cheque). Importante referir que o **prazo de apresentação do cheque não se confunde com o seu prazo de prescrição.** Este funciona como "prazo de protesto dos demais títulos", pois sua finalidade, precipuamente, é de **assegurar o direito de execução contra os codevedores do título** (art. 47, II, da Lei do Cheque).

O prazo de apresentação do cheque deve observar se o cheque é "da mesma praça", ou seja, foi emitido no mesmo local onde deve ser pago ou se é "de praças diferentes", isto é, quando o lugar onde o cheque deve ser pago é diferente do que foi emitido. Levando em consideração essas observações, verifica-se a importância de constar no cheque o seu local de emissão.

Assim, caso o cheque seja "da mesma praça", o prazo para sua apresentação é de trinta dias, caso seja "de praças diferentes", o prazo de apresentação será de sessenta dias. Tal prazo é calculado a partir da emissão do título.

Dessa forma, caso o portador do cheque perca o prazo para apresentação, como consequência ele perderá o direito de executar os codevedores do título. Ainda, há um caso excepcional em que a perda do prazo de apresentação, além de retirar o direito de executar os devedores, acarreta a perda do direito de executar o próprio emitente. Tal hipótese é prevista no art. 47, § 3º, da Lei do Cheque e ocorre quando o emitente comprova que possuía fundos para quitar o valor da cártula, durante o prazo de apresentação, mas que os perdeu por motivos alheios à sua vontade.

O transcurso do prazo de apresentação, contudo, não impede que a cártula seja levada ao banco sacado para ser descontada. A instituição financeira **não pode mais processar e receber o título apenas após o transcurso do seu prazo prescricional** (art. 35, parágrafo único, da Lei do Cheque).

Como sabemos, o cheque é um título de crédito, portanto, possui **força executiva**, sendo considerado pela legislação processual civil como um título executivo extrajudicial (art. 784, I, do CPC).

Assim, em caso de seu **não pagamento**, o portador da cártula pode promover **ação de execução de título extrajudicial** contra o emitente e demais eventuais codevedores do título.

O **prazo** para promover essa **ação de execução** do cheque é de **seis meses, contados a partir do término do prazo de apresentação** (art. 59 da Lei do Cheque). Dessa forma, evidencia-se que, independentemente de quando o cheque foi apresentado ao banco sacado, o prazo de prescrição da ação de execução só se inicia após o término do prazo de apresentação.

No mais, frisa-se que por óbvio prescrito o cheque, não poderá mais ser executado. Contudo, é possível ainda a propositura de **ação de enriquecimento ilícito** (ou **ação de locupletamento**) contra o emitente e os demais coobrigados, conforme previsão do art. 61 da Lei do Cheque. Tal ação **prescreve em dois anos**, após a prescrição para propositura da ação de execução do cheque.

A ação de enriquecimento ilícito – ou ação de locupletamento – é uma **ação cambial**, que segue o **rito ordinário** de uma **ação de conhecimento**, tendo em vista que o cheque prescrito perde sua executividade. Contudo, o cheque **preserva** suas **características intrínsecas de título de crédito**, tal como sua **autonomia** e consequente **inoponibilidade das exceções pessoais ao terceiro de boa-fé**.

No mais, o cheque ainda pode ser cobrado via **ação de cobrança,** após terminado o prazo de prescrição da ação de enriquecimento ilícito – ou ação de locupletamento, **desde que seja comprovado o seu não pagamento e a relação causal que originou o título** (art. 62 da Lei do Cheque).

Esta ação de conhecimento não configura uma ação cambial, sendo que nela o portador do cheque **não mais se beneficia dos predicados decorrentes dos princípios cambiários.** Assim, nesta ação o devedor do título **pode discutir a causa que originou o cheque e opor quaisquer exceções** contra o autor da demanda.

Ademais, cumpre mencionar que já é consolidada a jurisprudência no sentido de que é **totalmente cabível a propositura de ação monitória de cheque prescrito.** É neste sentido que as Súmulas nos 299 e 503 do Superior Tribunal de Justiça foram editadas. Vejamos:

> "É admissível a ação monitória fundada em cheque prescrito" (Súmula nº 299).
>
> "O prazo para ajuizamento de ação monitória em face do emitente de cheque sem força executiva é quinquenal, a contar do dia seguinte à data de emissão estampada na cártula" (Súmula nº 503).

6. DIREITO RECUPERACIONAL E FALIMENTAR

Autora: Cristiane Pauli

6.1. Considerações iniciais

O Direito Recuperacional e Falimentar é um sub-ramo específico do Direito Empresarial, sendo aplicado tão somente aos empresários, sendo estes pessoas físicas ou jurídicas.

Esse regime jurídico disciplina a crise econômico-financeira dos empresários, trazendo sua **solução** através dos processos recuperacionais judiciais e extrajudiciais, ou as **resolvendo** por meio do processo de falência. A legislação brasileira atual que disciplina tais institutos é a Lei nº 11.101/2005 – LRF.

6.2. Aspectos gerais da falência e recuperação de empresas

A Lei nº 11.101/2005 (LRF) estrutura três principais institutos: a recuperação extrajudicial, a recuperação judicial e a falência.

Em linhas gerais, a **recuperação extrajudicial** é aquela na qual o devedor está autorizado a propor e negociar com credores plano de recuperação extrajudicial, dependendo do Poder Judiciário apenas para homologação.

A **recuperação judicial,** por sua vez, representa um procedimento judicial no qual o devedor busca seu erguimento. A recuperação judicial pode se dar de duas formas: ou de forma ordinária ou via apresentação de **plano especial para ME e EPP,** que é uma faculdade. Ou seja, uma ME ou EPP pode apresentar plano pela via ordinária se assim preferir.

Por fim, a **falência** presta-se ao procedimento de execução concursal, cujo principal objetivo é a venda dos ativos, para pagamento do passivo, a partir de uma ordem de preferência estipulada pela lei.

Feitas as primeiras considerações, passa-se à análise de todos os institutos.

6.3. Disposições comuns aos dois institutos

A **Lei nº 11.101/2005 – LRF** preceitua, inicialmente, em seu art. 1º, quem se sujeita a sua disciplina, sendo estes o **empresário individual e a sociedade empresária.**

Percebe-se assim que **as regras da LRF não são aplicadas aos devedores civis**, sendo que, em caso de serem caracterizadas suas **insolvências**, estes devem ser submetidos às regras do concurso de credores previstas no Código de Processo Civil. Além disso, a LRF igualmente **não se aplica a fundações, partidos políticos, organizações religiosas e sociedades simples**.

Ainda, o art. 2º da LRF preceitua as demais pessoas jurídicas que não se submetem ao seu regime. Referente às **empresas públicas e sociedades de economia mista,** tem-se que, ainda **que sejam exploradoras de atividade econômica, as regras da LRF não são a elas aplicadas.**

Já no que tange às instituições financeiras públicas ou privadas, cooperativas de crédito, consórcio, entidade de previdência complementar, sociedade operadora de plano de assistência à saúde, sociedade seguradora, sociedade de capitalização e outras entidades equiparadas a estas, a LRF não é aplicada, pois se trata de agentes econômicos que atuam em mercados regulados e possuem legislações específicas que disciplinam o tratamento jurídico concedido a suas insolvências, submetendo-se aos procedimentos especiais de liquidação extrajudicial.

Ainda, insta indicar que, com a alteração advinda no início de 2021, o produtor rural e as cooperativas médicas podem pleitear recuperação judicial.

Em relação ao **foro competente para julgar e processar os procedimentos recuperacionais e falimentares**, tem-se que é o **juízo do local do principal estabelecimento do devedor ou da filial da empresa que tenha sede fora do Brasil** (art. 3º, LRF). Importante referir que o local do principal estabelecimento do devedor **nem sempre** é o local da sede da empresa, tendo em vista que se considera como **principal estabelecimento o que concreta maior volume de negócios**.

Dessa forma o que se tem é a criação do **juízo universal**, sendo que as **obrigações** do empresário ou da sociedade empresária são **atraídas para este juízo**, não se falando mais em relações jurídicas bilaterais, eis que se estabelece um **foro comum**, no qual **as relações jurídicas da empresa não são mais consideradas como unidades esparsas, mas como parte de um patrimônio**.

Na LRF a atuação do Ministério Público ficou **restrita às hipóteses expressamente previstas em lei**, como, por exemplo, nos casos em que haja indícios de responsabilidade penal do devedor (art. 22, § 4º, da LRF) e em que for determinada a alienação de bens do devedor (art. 142, § 7º, da LRF), entre outras.

Ademais, a decretação da falência ou o deferimento da recuperação judicial **suspende o curso da prescrição e de todas as ações e execuções em face do devedor.** Devemos ter cuidado especial com a expressão "**todas**", utilizada no dispositivo

EMPRESARIAL

legal, haja vista que algumas ações não possuem seus trâmites suspensos. Tais informações possuem previsão no art. 6º da LRF.

Observa-se que as **ações que demandam quantias ilíquidas têm prosseguimento** no juízo em que estiverem sendo processadas. O mesmo ocorre com as **ações trabalhistas que seguem seus trâmites até a apuração do respectivo crédito**, o qual será incluído no Quadro Geral de Credores com o valor determinado na sentença. Ainda, as **execuções fiscais não são suspensas com o deferimento da recuperação judicial, salvo por questão de concessão de parcelamento pelo fisco**.

Ainda, ressalta-se que o requerimento de recuperação judicial ou de falência torna o **juízo prevento**, isto é, **previne a jurisdição para qualquer outro pedido dessa natureza, relativo ao mesmo devedor**.

A partir do art. 7º até o art. 20 da LRF temos o tratamento concedido para **a verificação e habilitação dos créditos nos processos recuperacionais e falimentares**. O art. 7º preceitua que a **verificação dos créditos será realizada pelo administrador judicial**, a partir dos livros contábeis e documentos comerciais e fiscais do devedor e nos documentos que lhe forem apresentados pelos credores. Após ser publicado o edital de decretação da falência ou de processamento da recuperação judicial, **os credores possuem o prazo de 15 (quinze) dias para apresentar suas habilitações ou divergências de crédito**, diretamente ao administrador judicial.

Após o término deste prazo, **o administrador judicial possui** o **prazo de quarenta e cinco dias para confeccionar a sua relação de credores** e posterior publicação de edital. Além disso, no edital da relação de credores do administrador judicial deve constar o local, o horário e o prazo comum em que os credores, o Comitê, o Ministério Público ou os sócios do devedor podem ter acesso aos documentos que fundamentaram a elaboração desta relação.

O art. 7º-A da LRF, incluído pela Lei nº 14.112 de 2020, disciplina que, em **processos falimentares**, após a realização das intimações e publicação do edital de decretação da Falência, incumbe ao **juiz a instauração – de ofício – para cada Fazenda Pública credora, incidente de classificação de crédito público**, determinando a **intimação eletrônica** da Fazenda credora para que, no prazo de **trinta dias**, apresente ao administrador judicial ou ao juízo – considerando o momento processual – a **relação completa de seus créditos inscritos em dívida ativa, acompanhada dos cálculos, da classificação e das informações sobre a situação atual**.

Além disso, o § 1º do art. 7º-A da LRF dispõe que se considera **Fazenda Pública credora** aquela constante na **relação presente no edital de decretação de falência** ou a que **alegue nos autos,** após intimada, possuir crédito contra o falida. Ainda, os créditos **não definitivamente constituídos, não inscritos em dívida ativa ou com exigibilidade suspensa podem ser informados em momento posterior** (art. 7º-A, § 2º, LRF).

Após o encerramento do prazo para a Fazenda Pública apresentar seus créditos, o falido, os demais credores e o administrador judicial possuem o prazo de **quinze dias para objeções sobre os cálculos e a classificação dos créditos** da Fazenda Pública (art. 7º-A, § 3º, I, LRF). Findo tal prazo, a Fazenda Pública será intimada para, no **prazo de dez dias**, prestar **esclarecimentos** sobre as eventuais objeções apresentadas (art. 7º-A, § 3º, II, LRF). Ressalta-se que **os créditos serão objeto de reserva integral até o julgamento definitivo, quando rejeitados os argumentos apresentados** (art. 7º-A, § 3º, III, LRF).

Já os **créditos incontroversos e exigíveis serão imediatamente incluídos no Quadro Geral de Credores, observada a sua classificação** (art. 7º-A, § 3º, IV, LRF). Ademais, o juiz, **antes de homologar o Quadro Geral de Credores**, concederá **prazo comum de dez dias** para que o administrador judicial e a Fazenda Pública se manifestem sobre a situação atual do crédito objeto de reserva, para que, findo o prazo, decida acerca da necessidade de mantê-lo (art. 7º-A, § 3º, V, LRF). Cumpre ressaltar que não há condenação em honorários sucumbenciais neste incidente de habilitação de crédito da Fazenda Pública (art. 7º-A, § 8º, LRF).

O art. 8º da LRF traz o **prazo de dez dias, contados da publicação do edital da relação de credores do administrador judicial**, para que os interessados apresentem, diretamente ao juízo universal, eventuais **impugnações de crédito** contra a referida relação de credores, apontando a ausência de qualquer crédito ou manifestando-se contra a legitimidade, importância ou classificação de crédito relacionado. A **impugnação de crédito será autuada em apartado**, sendo dirigida ao juiz por meio de petição, instruída com os documentos que o impugnante considerar pertinente e com a indicação de provas consideradas necessárias (art. 13, LRF).

Os requisitos necessários para que o credor realize sua **habilitação de crédito** – diretamente ao administrador judicial – estão dispostos no art. 9º da LRF.

Além disso, caso o credor perca o prazo de quinze dias para apresentar sua habilitação de crédito ao administrador judicial, ele ainda poderá apresentá-la, contudo esta será recebida como **habilitação retardatária**, possuindo alguns efeitos importantes (art. 10, LRF). A primeira consequência da habilitação retardatária que cumpre mencionar é que, no caso de **recuperação judicial** – salvo créditos derivados da relação de trabalho –, **os credores não terão direito a voto nas deliberações da Assembleia Geral de Credores** (art. 10, § 1º, LRF). Já na **falência**, os titulares de créditos retardatários **perderão o direito a eventuais rateios realizados**, podendo ser requerida pelo credor a **reserva do valor para satisfação do seu crédito** (art. 10, §§ 3º e 4º, LRF).

Ademais, caso, quando houver a Assembleia Geral de Credores, o valor do crédito constante na habilitação retardatária **não tenha sido incluído no quadro geral de credores homologado, o credor, assim como ocorre na recuperação judicial, perderá o direito ao voto.**

No mais, cumpre ainda referir que as habilitações retardatárias que forem apresentadas **antes da homologação do quadro geral de credores serão recebidas como impugnação de crédito** (art. 10, § 5º, LRF). Caso o quadro geral de credores já tenha sido homologado, o procedimento para habilitação de créditos é o ordinário, previsto no Código de Processo Civil, requerendo ao juízo da falência ou da recuperação judicial **a retificação do quadro geral para inclusão do respectivo crédito** (art. 10, § 6º, LRF).

Ademais, os §§ 7º, 8º, 9º e 10 do art. 10 da LRF restaram incluídos pela Lei nº 14.112, de 2020. Neste sentido, tem-se que o **quadro geral de credores** será **confeccionado com o julgamento das impugnações tempestivas e habilitações e impugnações retardatárias que tiverem decisão até o momento da sua formação** (art. 10, § 7º, LRF).

Por fim, o § 10 do art. 10 da LRF dispõe que o credor possui o **prazo máximo de três anos**, contados da data de publicação da sentença de decretação de falência, para **apresentar pedido de habilitação ou reserva de crédito**, sob pena de **decadência**.

No que se refere à **impugnação de créditos**, os **credores** cujos créditos forem impugnados possuem o **prazo de cinco dias para contestar** a impugnação (art. 11, LRF). Após transcorrido tal prazo, o **devedor** e o **comitê de credores** (caso haja) serão intimados para se **manifestarem** da impugnação no **prazo comum** de **cinco dias**. Por fim, o juiz intimará o **administrador judicial para emitir parecer, também no prazo de cinco dias**, devendo juntar à sua manifestação o laudo elaborado pelo profissional ou empresa especializada e todas as informações existentes nos livros fiscais e demais documentos do devedor acerca do crédito objeto da impugnação (art. 12, LRF).

Transcorridos tais prazos, os autos irão conclusos ao juiz. O art. 15 da LRF dispõe as medidas a serem tomadas pelo juiz. A **decisão judicial que julgar a impugnação é atacável por agravo** (art. 17, LRF). Caso **não haja impugnações, o juiz homologará, com efeito de quadro geral de credores, a relação de credores pelo administrador judicial,** ressalvado o disposto no art. 7º-A da LRF (art. 14, LRF).

Após o julgamento das eventuais impugnações de crédito, o administrador judicial é o responsável pela consolidação do quadro geral de credores, conforme disciplina o art. 18 da LRF.

Em caso de descoberta de falsidade, dolo, simulação, fraude, erro essencial ou documentos ignorados na época do julgamento do crédito, o administrador judicial, o comitê, qualquer credor ou o representante do Ministério Público podem pedir a exclusão, diferente classificação ou retificação de qualquer crédito, até **o encerramento da recuperação judicial ou da falência** (art. 19, LRF).

A **Seção II – A Das Conciliações e das Mediações Antecedentes ou Incidentais aos Processos de Recuperação Judicial** restou incluída na LRF através da reforma trazida pela Lei nº 14.112, de 2020. Assim, restaram acrescentados os arts. 20-A, 20-B, 20-C e 20-D.

Nesta senda, o art. 20-A estabelece que a **mediação** e a **conciliação** devem ser **incentivadas** em qualquer grau de jurisdição, até mesmo em grau de recurso, junto aos Tribunais Superiores. Importante referir que a própria previsão já aduz que a realização de tais atos não implica a suspensão dos prazos previstos na LRF – salvo consenso entre as partes em sentido contrário ou determinação judicial.

Na hipótese da letra *d*, o § 1º do referido art. prevê que será facultado às empresas em dificuldade que preencham os requisitos legais para requerer a recuperação judicial obter tutela de urgência cautelar, nos termos do art. 305 e seguintes do CPC, **com o intuito de que sejam suspensas as execuções contra elas propostas pelo prazo de até sessenta dias**, para tentativa de composição com seus credores, em procedimento de mediação ou conciliação já instaurado perante o Centro Judiciário de Solução de Conflitos e Cidadania (Cejusc) do Tribunal competente ou da câmara especializada, observados, no que couber, os arts. 16 e 17 da Lei nº 13.140/2015.

Além disso, são vedadas a conciliação e a mediação que versem sobre a natureza jurídica e a classificação de créditos, bem como sobre critérios de votação na Assembleia Geral de Credores (Art. 20-B, § 2º, LRF). Ainda, o § 3º do já referido artigo dispõe que, em caso de pedido de recuperação judicial ou extrajudicial, de acordo com os critérios da LRF, o período de suspensão previsto no § 1º deste art. (sessenta dias) será deduzido do período de suspensão previsto no art. 6º da LRF (cento e oitenta dias).

O art. 20-C inteligencia a **imprescindibilidade** da homologação pelo juízo competente do acordo obtido por meio de mediação e conciliação, nos termos da Seção II-A da LRF. A LRF trata do administrador judicial e do comitê de credores nos arts. 21 a 34.

Referente ao **administrador judicial,** cumpre ressaltar que este é o **principal auxiliar do juiz na condução dos processos falimentares e recuperacionais.** Além de desenvolver diversas atividades de cunho administrativo (como veremos em breve), este ainda é o responsável por **representar legalmente a massa falida**.

A lei aponta que a **nomeação** do administrador judicial deve ser dirigida a **profissional idôneo, preferencialmente** advogado, economista, administrador de empresa ou contador (art. 21, LRF). Além disso, a nomeação para administrador judicial pode recair em **pessoa jurídica**, devendo, para tanto, ser declarado no termo de compromisso o nome do profissional responsável pela condução do processo falimentar ou recuperacional.

O administrador judicial funciona como uma **extensão do judiciário**, sendo que sua nomeação parte muito da **confiança do magistrado**. Assim, caso o profissional deixe de cumprir com os prazos estabelecidos na legislação, ele será pessoalmente intimado para fazê-lo, no prazo de cinco dias, sob pena de desobediência. Na hipótese de não cumprimento, o juiz **destituirá** o administrador judicial e **nomeará substituto** (art. 23).

Relativamente à **remuneração** do administrador judicial (art. 24, LRF), tem-se que serão observados os seguintes critérios: a) **a capacidade de pagamento do devedor**; b) **o grau de complexidade do trabalho;** e c) **os valores praticados no mercado para o desempenho de atividades semelhantes.**

Como **regra geral** tem-se que o valor pago a título de remuneração ao auxiliar do juízo não poderá exceder **5%** do **valor devido aos credores submetidos à recuperação judicial ou do valor de venda dos bens na falência**. Ademais, no caso de **microempresas, empresas de pequeno porte** e **produtor rural,** o **valor da remuneração não poderá exceder o limite de 2%.**

A remuneração do administrador judicial deve ser paga pelo devedor – no caso de recuperação judicial, ou pela massa falida – no de falência (art. 25, LRF), salvo a exceção da nova possibilidade prevista no art. 114-A, § 1º.

Ainda quanto ao administrador judicial, tem-se que, em caso de **substituição**, sua **remuneração** será **proporcional** ao trabalho realizado. Contudo, se o profissional renunciar – sem relevante razão, ou for destituído por desídia, culpa, dolo, descumprimento de suas obrigações ou tiver sua prestação de contas desaprovada, ele não receberá remuneração.

Já quanto ao comitê de credores, temos que este não é um órgão obrigatório nos processos falimentares e recuperacionais. Se o juiz entender por **necessária** a sua criação, ele deverá **convocar a assembleia geral de credores para eleição de seus membros**. Caso o comitê **não seja formado**, deve o **administrador judicial** ou, na incompatibilidade deste, o **juiz exercer suas atribuições** (art. 28, LRF).

A **composição do comitê de credores** é discriminada no art. 26 da LRF, sendo a seguinte:

a) um representante indicado pela classe de credores trabalhistas, com dois suplentes;

b) um representante indicado pela classe de credores com direitos reais de garantia ou privilégios especiais, com dois suplentes;

c) um representante indicado pela classe de credores quirografários e com privilégios gerais, com dois suplentes;

d) um representante indicado pela classe de credores representantes de microempresas e empresas de pequeno porte, com dois suplentes.

O Art. 30 da LRF prevê as possibilidades de impedimento para exercer as funções de administrador judicial ou ser membro do comitê de credores, sendo elas:

a) quem, nos últimos cinco anos, no exercício do cargo de administrador judicial ou de membro do Comitê em Falência ou Recuperação Judicial anterior, foi destituído, deixou de prestar contas dentro dos prazos legais ou teve a prestação de contas desaprovada;

b) quem tiver relação de parentesco ou afinidade até o terceiro grau com o devedor, seus administradores, controladores ou representantes legais ou deles for amigo, inimigo ou dependente.

6.4. Insolvência transnacional

Além das já citadas importantes inovações que a Lei nº 14.112, de 2020, trouxe à LRF, temos, ainda, a criação do **Capítulo IV-A,** que trata da **"Insolvência Transnacional"**.

O referido capítulo vai desde as disposições gerais até as disposições atinentes à cooperação entre entes estatais, sendo que o art. 167-A elenca os objetivos da insolvência transnacional como mecanismo efetivo para:

a) a cooperação entre juízes e outras autoridades competentes do Brasil e de outros países em casos de insolvência transnacional;

b) o aumento de segurança jurídica para a atividade econômica e para o investimento;

c) a administração justa e eficiente de processos de insolvência transnacional, de modo a proteger os interesses de todos os credores e dos demais interessados, inclusive do devedor;

d) a proteção e maximização do valor dos ativos do devedor;

e) a promoção da recuperação de empresas em crise econômico-financeira, com a proteção de investimentos e a preservação de empregos;

f) a promoção da liquidação dos ativos da empresa em crise econômico-financeira, com a preservação e a otimização da utilização produtiva dos bens, dos ativos e dos recursos produtivos da empresa, inclusive os intangíveis.

6.5. Assembleia geral de credores

A LRF prevê a **maior participação dos credores nos processos de falência e recuperação judicial através da Assembleia Geral de Credores (AGC), que tem suas atribuições descritas no art. 35 do referido dispositivo legal.**

A **convocação** da Assembleia Geral de Credores será realizada **via edital** publicado junto ao órgão oficial (Diário de Justiça Eletrônico) e **será disponibilizado no sítio eletrônico do administrador judicial**, com o mínimo de quinze dias de **antecedência**. Tal edital deve conter: a) o local, a data e a hora da assembleia em primeira e em segunda convocação, não podendo esta ser realizada menos de cinco dias depois da primeira; b) a ordem do dia; c) o local onde os credores poderão, se for o caso, obter cópia do Plano de Recuperação Judicial a ser submetido à deliberação da assembleia. Ademais, a cópia do aviso de convocação da assembleia deve ser afixada de forma **ostensiva** na sede e filiais do devedor (art. 36 da LRD).

A Assembleia Geral de Credores é convocada pelo juiz, a pedido do administrador judicial, em caso de objeção ao plano de recuperação judicial ou requerida por credores que representem no mínimo 25% do valor total dos créditos de uma determinada classe.

O **direito de voto** na AGC é conferido aos **credores arrolados no quadro geral de credores** ou, na sua falta, na **relação de credores apresentada pelo administrador judicial** ou, caso esta ainda não tenha sido confeccionada, na **relação de credores apresentada pelo devedor, acrescidas**, em qualquer das hipóteses, **dos credores que estejam habilitados na data da realização da assembleia ou que tenham créditos admitidos ou alterados por decisão judicial, inclusive os que tenham obtido reserva de importâncias** (art. 39, LRF).

Os votos dos credores **somente** serão declarados **nulos** por abusividade quando manifestamente exercidos com o intuito de obtenção de vantagem ilícita para si ou para outrem, sendo prerrogativa do credor votar de com acordo com seu juízo de conveniência e interesse (art. 39, § 6º, LRF). No mais e relativamente à cessão ou promessa do crédito habilitado, esta deverá ser **imediatamente** comunicada ao juízo da recuperação judicial (art. 39, § 7º, LRF).

Os credores podem ser representados nas deliberações da AGC por mandatário ou representante legal, desde que o documento hábil que comprove os poderes ou a indicação das folhas dos autos do processo em que se encontre o documento seja entregue ao AJ, com no mínimo, vinte e quatro horas de antecedência da data do ato (art. 37, § 4º, LRF).

Os **sindicatos de trabalhadores** poderão representar seus associados titulares de créditos derivados da legislação do trabalho ou decorrentes de acidente de trabalho que não comparecerem, pessoalmente ou por procurador, à assembleia (art. 37, § 5º, LRF).

A Assembleia Geral de Credores, nos processos de recuperação judicial, é dividida em **quatro classes**: a) a **primeira**, formada por credores titulares de **créditos derivados da legislação do trabalho ou decorrentes de acidentes de trabalho**; b) a **segunda**, formada por credores titulares de **créditos com garantia real**; c) a **terceira**, formada por titulares de **créditos quirografários, com privilégio especial, com privilégio geral ou subordinados;** d) a **quarta**, formada por titulares de **créditos enquadrados como microempresa ou empresa de pequeno porte** (art. 41, LRF).

Em tese, as deliberações em AGC são aprovadas por voto favorável dos credores que representem

mais da metade do valor total dos créditos presentes, ou seja, por **maioria simples**. Contudo, a LRF prevê exceção à regra geral, no caso de deliberações a respeito de: a) **aprovação, rejeição ou alteração do plano de recuperação judicial**; b) **composição do comitê de credores;** c) **alternativa de realização do ativo em processos falimentares** (art. 42, LRF).

Assim, relativamente às deliberações sobre a composição do comitê de credores, tem-se a votação de cada classe separadamente, para a escolha dos seus respectivos membros (art. 44, LRF).

A respeito da votação para deliberação do **plano de recuperação judicial**, tem-se a previsão do art. 45 da LRF, que preceitua que cada classe vota separadamente, sendo necessária a aprovação do plano por todas.

Assim, na classe dos **credores com garantia real e na classe dos credores quirografários, com privilégio especial ou geral e subordinados**, a **aprovação** depende do voto **favorável dos credores que representem mais da metade do valor total dos créditos presentes** e, **cumulativamente**, pela **maioria simples dos credores da classe presentes**.

Na classe dos **credores trabalhistas ou decorrentes de acidente de trabalho** e na classe dos **credores enquadrados como ME/EPP**, a proposta precisa ser **aprovada pela maioria simples dos credores presentes, independentemente do valor dos seus créditos.**

Os credores **titulares de créditos retardatários não possuem direito a voto – salvo os trabalhistas –** e os **credores subordinados também não possuem esse direito.**

6.6. Recuperação judicial

No que tange ao instituto da **recuperação judicial (RJ)**, tem-se que é um **instrumento apto a viabilizar a superação da crise** que as empresas venham a estar passando. Todavia, **não é toda e qualquer empresa que pode se utilizar desse meio**, sendo necessário possuir alguns **requisitos** para tanto. E é nessa linha de pensamento que se passa a expor.

A recuperação judicial, conforme disciplina o art. 47 da Lei nº 11.101/2005 (LRF), possui como **objetivo viabilizar a superação da crise econômica** pela qual uma empresa está passando, objetivando a manutenção da fonte produtora, do emprego dos trabalhadores e dos interesses dos credores, preservando, dessa forma, a empresa, sua função social e o estímulo à atividade econômica.

O art. 48 da LRF dispõe os **requisitos indispensáveis** que o devedor deve apresentar para que o juiz autorize o processamento do seu pedido de recuperação judicial. Dessa forma, tem-se que o pedido de recuperação judicial só pode ser realizado por **empresas regularmente constituídas e que possuam exercício regular da atividade há pelo menos dois anos**. Além disso, é necessário que, cumulativamente, apresentem os seguintes requisitos: a) **não ser falido e, se o foi, estejam declaradas extintas, por sentença transitada em julgado, as responsabilidades daí decorrentes**; b) **não ter, há menos de cinco anos, obtido concessão de recuperação judicial**; c) **não ter, há menos de cinco anos, obtido concessão de recuperação judicial com base no plano especial;** e d) **não ter sido condenado ou não ter, como administrador ou sócio controlador, pessoa condenada por qualquer dos crimes previstos na LRF**.

Evidencia-se, assim, que tais requisitos se tratam de **verdadeiras condições da ação**, se traduzindo em **elementos de possibilidade jurídica do pedido**.

Dessa forma, evidente se torna que o primeiro requisito é que o devedor comprove estar exercendo atividade regular há pelo menos **dois anos**. Tal comprovação é feita através da **juntada de Certidão da Junta Comercial competente**, que ateste o exercício regular da atividade por prazo igual ou superior ao exigido na legislação. Contudo e a respeito da **recuperação judicial do produtor rural**, devido ao fato de ele **não ser obrigado** a se registrar na Junta Comercial, o § 2º do art. 48 da LRF – de acordo com a Lei nº 14.112/2020 – preceitua que a **comprovação do prazo de dois anos de atividade regular** pode ser através da **Escrituração Contábil Fiscal (ECF), ou por meio de obrigação legal de registros contábeis que venha a substituir a ECF**, desde que tenha sido entregue **tempestivamente**.

Para além e conforme já referido, o instituto da recuperação judicial é um importante mecanismo **apto a auxiliar na superação da crise econômico-financeira que uma empresa venha a estar passando.** Neste sentido, o art. 50 da LRF dispõe alguns **meios para que a superação ocorra**. Importante frisar que tal **rol é apenas exemplificativo**, podendo existir outros, como bem especifica o referido dispositivo legal.

Caso **não estejam presentes todos os requisitos da petição inicial**, o juiz pode pedir que o devedor **emende a inicial**, apresentando as determinações faltantes. Por outro lado, **estando presentes os requisitos** do art. 51 da LRF e os do art. 319 do CPC, o juiz **deferirá o processamento da recuperação judicial**. Frisa-se que, neste momento processual, o juiz não está concedendo ao devedor a recuperação judicial, mas sim **apenas determinando o seu processamento.**

O **Art. 51-A** restou criado pela Lei nº 14.112, de 2020, preceituando a possibilidade de **"constatação prévia"**, que se traduz na possibilidade de, **após o pedido de recuperação judicial ser distribuído**, o juiz, se reputar necessário, **nomear profissional de sua confiança**, com capacidade técnica e idoneidade, para **promover a constatação exclusivamente das reais condições de funcionamento da requerente e da regularidade e da completude da documentação apresentada junto à exordial.**

Dessa forma e com o deferimento do processamento da RJ, o juiz tomará as providências contidas no art. 52 da LRF, sendo elas: a) a nomeação do administrador judicial; b) a determinação da dispensa da apresentação de certidões negativas para que o devedor exerça suas atividades, observado o disposto no § 3º do art. 195 da CF e no art. 69 da LRF; c) a determinação da suspensão de todas as ações ou execuções contra o devedor, salvo exceções; d) a determinação ao devedor de apresentação das contas demonstrativas mensais enquanto perdurar a recuperação judicial, sob pena de destituição de seus administradores; e e) a ordenação de intimação eletrônica ao Ministério Público e às Fazendas Públicas Federal, Estaduais, Distrital e Municipais em que o devedor tiver estabelecimento, a fim de que tomem conhecimento da recuperação judicial e informem eventuais créditos perante o devedor, para divulgação aos demais interessados.

Em relação à determinação da **suspensão de todas as ações ou execuções contra o devedor**, cabe a **este realizar a comunicação aos juízos competentes** (art. 52, § 3º, LRF). Aliás, ainda sobre o prazo de suspensão por **cento e oitenta dias**, este é conhecido como ***stay period*** e encontra guarida no princípio basilar da RJ, qual seja, a **preservação da empresa**, tendo em vista que são **vedados atos que inviabilizam a possibilidade de efetiva recuperação da devedora**. Ressalta-se que também serão suspensos **eventuais pedidos de falência** que tramitem em face do devedor, ficando no aguardo do julgamento do pedido de recuperação.

Em relação ao plano de recuperação judicial, este deve ser apresentado no prazo de sessenta dias a contar do despacho de processamento da RJ, devendo conter a discriminação pormenorizada dos meios de recuperação a serem empregados, bem como um resumo de cada ato que o compõe, a demonstração **analítica** de sua viabilidade econômica e o laudo econômico-financeiro e de avaliação dos ativos do devedor, subscrito por profissional habilitado ou por sociedade especializada, conforme dispõe o art. 53 da LRF.

Caso o plano **não seja apresentado no prazo de sessenta dias**, a **falência** do devedor será **decretada**, nos termos do inciso II do art. 73 da LRF, o qual estudaremos em breve.

Caso sejam apresentadas **objeções** ao plano de recuperação judicial, o juiz deverá **convocar a Assembleia Geral de Credores para deliberar sobre este** (art. 56, LRF). Veja-se que o ato praticado pelo juiz é **apenas de convocação** da assembleia, **não cabendo a este julgar e analisar as objeções**.

No mais, a **Assembleia Geral de Credores** deverá ser **convocada** pelo juiz, para realização, em até **cento e cinquenta dias**, abrangendo a primeira e a segunda convocação, **a partir da data do despacho de deferimento da recuperação judicial** (art. 56, LRF). Tal prazo é estabelecido a fim de que se tenha uma deliberação sobre o plano **antes de cessar o período de suspensão das ações e execuções**, o ***stay period***. Além disso, antes da aprovação da Lei nº 14.112 /2020, inexistia previsão legal para a **prorrogação** do ***stay period***, sendo que a jurisprudência admitia que **sua prorrogação por mais cento e oitenta dias ou até a realização da Assembleia Geral de Credores**. Contudo, a referida lei inovou ao trazer a **previsão legal de prorrogação** desse período junto ao § 4º do art. 6º.

O plano de recuperação judicial alternativo é uma novidade da LRF e poderá ser apresentado em duas situações: 1) o decurso do prazo de suspensão a que se refere o art. 6º, sem que o PRJ tenha sido levado à deliberação em assembleia (§ 3º do art. 6º); e 2) no caso de rejeição do PRJ em assembleia e do não preenchimento para *cram down* (art. 56, § 4º).

Na segunda hipótese, caberá ao administrador judicial submeter à votação a concessão do prazo de trinta dias para que os credores realizem a apresentação de plano alternativo, sendo necessário que sua aprovação se dê com base em mais da metade dos créditos presentes na Assembleia Geral de Credores (Art. 56, § 5º, LRF).

Outra novidade veio no art. 56-A, que incluiu a possibilidade de apresentação de termo de adesão, firmado pelos credores. Em suma, tem-se que, até cinco dias antes da Assembleia Geral de Credores convocada para a deliberação do plano de recuperação judicial, **poderá** a empresa devedora apresentar termo de adesão, desde que observado o quórum previsto pelo art. 45. Apresentado o termo de adesão, a devedora irá requerer a **homologação** de tal, sendo que a realização da AGC ficará imediatamente dispensada.

Frisa-se que a **votação de aprovação, rejeição ou alteração do plano de RJ segue a regra do art. 45 da LRF**, sendo que **cada classe vota separadamente e o plano tem que ser aprovado por todas.** Na classe dos **credores com garantia real** e na classe dos **credores privilegiados, subordinados e/ou quirografários**, a **aprovação** depende do **voto dos credores que representem mais da metade do valor total dos créditos presentes** à assembleia e que representem **também a maioria simples dos credores** – da classe – presentes. Já na classe dos **credores trabalhistas ou decorrentes de acidentes de trabalhos** e na classe dos **credores enquadrados como ME ou EPP**, a aprovação precisa ser pela **maioria simples dos credores presentes, independentemente do valor de seus créditos.**

Contudo, pode ocorrer uma **situação excepcional** em que o juiz concederá a recuperação judicial ao devedor que **não tiver o plano aprovado na Assembleia Geral de Credores.** Tal hipótese é chamada de *"cram down"* e está prevista no art. 58, § 1º, da LRF.

Para que o juiz possa fazer uso de tal ferramenta, é necessário que a devedora tenha obtido as seguintes disposições de forma cumulativa: a) voto favorável de credores que representem mais da metade do valor de todos os créditos presentes à assembleia, independentemente de classes; b) a aprovação de três das classes de credores ou, caso haja somente três classes com credores votantes, a aprovação de pelo menos duas das classes ou, caso haja somente duas classes com credores votantes, a aprovação de pelo menos uma delas, sempre nos termos do art. 45 da LRF; e c) na classe que o houver rejeitado, o voto favorável de mais de um terço dos credores, computados na forma dos §§ 1º e 2º do art. 45 da LRF (art. 58, § 1º, LRF).

Ademais, a decisão judicial de concessão da recuperação judicial constitui **título executivo judicial**, podendo ser executada por qualquer credor (art. 59, § 1º, LRF), sendo que tal decisão é atacável por **agravo de instrumento**, nos termos do § 2º do art. 59 da LRF. Ainda, dessa decisão serão intimados **eletronicamente** as Fazendas Públicas Federal, Estaduais, Distrital e Municipais em que o devedor tiver estabelecimento (art. 59, § 3º, LRF).

Após ter concedida sua recuperação judicial, o devedor nela permanece até que **sejam cumpridas todas as obrigações previstas no plano que se vencerem em até dois anos depois da concessão da RJ, independentemente do eventual período de carência** (art. 61, LRF). Durante este período, o **descumprimento** de qualquer obrigação prevista no plano **enseja a convolação da recuperação judicial em falência** (art. 61, §1º, LRF).

No caso de **descumprimento das obrigações após o período de dois anos, qualquer credor poderá requerer a execução específica ou a falência do devedor** (art. 62, LRF).

A recuperação judicial, em princípio, **não retira do titular da empresa o direito de administração dos bens.** Nesse sentido, o art. 64 da LRF preceitua as hipóteses em que devem ser **destituídos.** Na eventualidade de ser declarada a **destituição dos sócios administradores**, deve-se ser convocada a Assembleia Geral de Credores, a fim de deliberarem sobre o nome do **gestor judicial que assumirá a administração das atividades do devedor**, nos termos do art. 65 da LRF. Ademais, o § 1º do referido artigo indica que, **enquanto a assembleia geral não tiver escolhido quem será o gestor judicial, deve o administrador judicial exercer tal função.**

A Lei nº 14.112/2020 inovou ao criar a **Seção IV-A – Do Financiamento do Devedor e do Grupo Devedor durante a Recuperação Judicial**, incluindo dispositivos que irão abordar o tema. Neste sentido, tem-se que o art. 69-A disciplina a possibilidade de o juiz autorizar, durante a RJ, a celebração de contratos de financiamento com o devedor, garantidos pela oneração ou pela alienação fiduciária de bens e direitos, seus ou de terceiros, pertencentes ao **ativo não circulante**, para financiar as suas atividades e as despesas de reestruturação ou de preservação do valor de ativos, após ouvido o comitê de credores. Essas modalidades de *dip financing.*

A **Seção IV-B – Da Consolidação Processual e da Consolidação Substancial** emergiu com a nova redação dada pela Lei nº14.112/ 2020 e surgiu com o objetivo de consolidar algo que há tempos vinha sendo discutido pela jurisprudência, sendo que o art. 69-G dispõe, em breves linhas, que os devedores que atendam aos requisitos elencados pela LRF e que integrem um grupo econômico poderão requerer a recuperação judicial na forma de consolidação processual.

Neste caso, é **incumbência de cada devedor apresentar – individualmente – a documentação exigida no art. 51 da LRF** (art. 69-G, § 1º, LRF). A competência para deferir a RJ é a do **juízo do local do principal estabelecimento entre os dos devedores** (art. 69-G, § 2º, LRF). O § 3º deste artigo dispõe que "exceto quando disciplinado de forma diversa, as demais disposições da LRF aplicam-se aos casos de que trata esta Seção".

No caso de a documentação de cada devedor ser aprovada, será nomeado **apenas um administrador judicial** para auxiliar o juiz na condução do processamento da RJ (art. 69-H, LRF).

A **consolidação processual acarreta a coordenação de atos processuais, garantindo a independência dos devedores, dos seus ativos e dos seus passivos** (art. 69-I, LRF). Além disso, os **meios de recuperação serão propostos independentes por cada devedor**, sendo estes específicos para a composição de seus passivos, **admitindo-se**, contudo, a sua apresentação em **plano único** (art. 69-I, § 1º, LRF).

O art. 69-J dispõe que é faculdade do juiz, em caráter excepcional, **autorizar a consolidação substancial de ativos e passivos dos devedores integrantes do mesmo grupo econômico que estejam em RJ sob consolidação processual** – independentemente da realização de Assembleia Geral de Credores – no caso de ficar constatada a **interconexão e a confusão entre ativos ou passivos dos devedores**, de modo que **não seja possível identificar a sua titularidade** sem excessivo dispêndio de tempo ou de recursos, **cumulativamente** com a ocorrência de, **no mínimo**, duas das seguintes hipóteses: a) **existência de garantias cruzadas**; b) **relação de controle ou de dependência**; c) **identidade total ou parcial do quadro societário** ; e d) **atuação conjunta no mercado entre os postulantes**.

Além disso, o art. 73 da LRF dispõe algumas hipóteses em que será decretada a falência do devedor durante o processo de recuperação judicial. Tais regras tiveram alterações em suas redações e acréscimos de possibilidades na Lei nº 14.112/2020.

6.7. Recuperação judicial de ME/EPP

Inicialmente, é imperioso relembrar questões de suma importância relativas às ME/EPP s. Dessa forma, temos que a **Lei Complementar nº 123,** de 14 -12-2016, instituiu o **Estatuto Nacional da Microempresa e da Empresa de Pequeno Porte,** alterando os dispositivos anteriormente existentes. Assim temos que são consideradas **microempresas (ME) ou empresas de pequeno porte (EPP)** a **sociedade empresária**, a **sociedade simples**, a **empresa individual de responsabilidade limitada** e o **empresário individual**, registrados devidamente no **Registro de Empresas Mercantis** ou no **Registro Civil de Pessoas Jurídicas,** desde que no caso **microempresa (ME)**, aufira, em cada ano-calendário, **receita bruta igual ou inferior a R$ 360.000,00** (trezentos e sessenta mil reais) e, em caso de **empresa de pequeno porte (EPP)**, aufira, em cada ano-calendário, **receita bruta superior a R$ 360.000,00** (trezentos e sessenta mil reais) e **igual ou inferior a R$ 4.800.000,00** (quatro milhões e oitenta mil reais) (art. 3º, LC nº 123/2016).

Inicialmente cumpre destacar que o pedido de recuperação judicial com base no **plano especial** é uma **faculdade para as empresas enquadradas como ME ou EPP**, ou seja, os devedores classificados como microempresa ou empresa de pequeno porte devem **optar em sua petição inicial pela apresentação de plano especial ou plano normal de recuperação judicial** (art. 70, § 1º, LRF).

Para que o **produtor rural** possa apresentar plano especial de recuperação judicial, o valor da causa **não pode exceder** a R$ 4.800.000,00 (quatro milhões e oitocentos mil reais) (art. 70-A, LRF). Destaca-se, contudo, que **independentemente** da opção do devedor, este deverá preencher os requisitos do art. 48 da LRF, bem como apresentar a documentação exigida no art. 51 da LRF, com as devidas ressalvas já constantes na lei.

O **prazo para a apresentação do plano especial é de sessenta dias**, assim como ocorre no plano normal (art. 71, LRF). As **condições para apresentação desse plano especial limitam-se** ao previsto no dispositivo legal anteriormente referido.

Ademais, temos que o **pedido de recuperação judicial com base em plano especial não acarreta a suspensão do curso da prescrição e das ações e execuções por créditos não abrangidos pelo plano** (art. 71, parágrafo único, LRF). Ainda, os **credores não abrangidos no plano especial não possuem seus créditos habilitados na RJ** (art. 70, § 2º, LRF).

6.8. Recuperação extrajudicial

A LRF disciplina a recuperação extrajudicial junto aos arts. 161 a 167, sendo que, logo no art. 161, dispõe que, para que o devedor possa ser **beneficiário deste instituto, deve preencher os requisitos do art. 48**.

Ademais, cumpre ressaltar que o preenchimento dos requisitos referidos é **indispensável apenas se o devedor pretender a homologação do plano de recuperação extrajudicial pelo Judiciário**. Caso o devedor apenas **pretenda negociar com seus credores** uma saída para a crise em que se encontra, em forma de **acordo privado, sem a necessidade de intervenção do juízo**, o **preenchimento dos requisitos é dispensável** (art. 167, LRF).

O art. 161, § 4º, da LRF dispõe que o pedido de homologação de plano de recuperação extrajudicial não obsta o prosseguimento das ações e execuções que tramitam em face do devedor e nem impossibilita o pedido de decretação de falência eventualmente requerido pelos credores sujeitos ao plano de recuperação extrajudicial.

Em relação ao **plano de recuperação extrajudicial,** este **não pode prever o pagamento antecipado de dívidas e tampouco o pagamento desfavorável aos credores a ele não sujeitos** (Art. 161, § 2º, LRF). Veja-se que tal disciplina possui como **finalidade o respeito ao princípio** do ***par conditio creditorum***. Além disso, apenas podem ser submetidos ao Plano de recuperação extrajudicial os créditos constituídos até a **data do pedido de homologação em juízo** (Art. 163, § 1º, LRF).

O devedor pode requerer a homologação de plano de recuperação extrajudicial, **obrigando a todos os credores a este submetidos, desde que seja assinado por credores que representem mais da metade dos créditos de cada espécie por ele abrangidos**. Nesta hipótese, salienta-se que já **não se trata de mera faculdade do devedor a homologação judicial do plano, tendo em vista que, sem ela, este não pode obrigar aos credores que não aderirem ao plano o seu cumprimento.**

Além disso, o devedor pode requerer a homologação do plano **antes de atingir** o quórum de mais da metade dos créditos por ele abrangidos, desde que o apresente com a **comprovação de anuência de credores que representem pelo menos um terço de todos os créditos** por ele abrangidos e que se comprometa a atingir o quórum exigido através de **adesão expressa, no prazo improrrogável de noventa dias, contados da data do pedido**, sendo-lhe facultada a **conversão do procedimentos em Recuperação Judicial a pedido do devedor** (Art. 163, §7º, LRF).

Se forem **apresentadas impugnações ao plano**, será ofertado **o prazo de cinco dias para o devedor se manifestar** (art. 164, § 4º, LRF). Após o término de tal prazo, sobrevindo ou não manifestação do devedor, os autos irão **conclusos ao juiz**, para que este, no **prazo de cinco dias, aprecie e decida acerca das eventuais impugnações, homologando o plano sentença, se entender que este não implica prática de atos com a intenção de prejudicar credores e que** não há outras irregularidades que recomendem sua rejeição (art. 164, § 5º, LRF).

Caso haja **comprovação de simulação de créditos ou vícios de representação dos credores que assinaram o plano, sua homologação será indeferida** (art. 164, § 6º, LRF). Da **sentença** que homologa ou não o plano do devedor, cabe **apelação sem efeito suspensivo** (art. 164, § 7º, LRF).

6.9. Falência

O **procedimento falimentar** ocorre quando a **crise econômico-financeira** de uma empresa se torna **invencível**, ou seja, não se localizam mais possibilidades de recuperação para a empresa. Outrossim, e como ocorre com os legitimados para a recuperação judicial, a falência é destinada **somente a empresários e sociedades empresárias**, ou seja, é vedado o uso do instituto para empresas públicas, sociedades de economia mista, instituições financeiras, entre outras.

Importante referir que a falência é vista como uma **execução coletiva concursal**, haja vista ser **arrecadado o ativo** do falido para ser realizado o **pagamento dos credores**, ou seja, o **pagamento do passivo**. Além disso, são previstas **punições aos atos considerados criminosos** eventualmente praticados pelo falido.

Ademais e a se considerar o processo falimentar como uma **execução coletiva concursal**, evidencia-se a submissão de **todos os credores** ao princípio do ***par conditio creditorum***, o qual indica a necessidade de ser concedido a todos os credores do devedor um **tratamento igualitário**.

O art. 75 da LRF estabelece que, ao **promover o afastamento do devedor de suas atividades**, a falência possui como **objetivos**: a) preservar e otimizar a utilização produtiva dos bens, dos ativos e dos recursos produtivos, inclusive os intangíveis, da empresa; b) permitir a liquidação célere das empresas inviáveis, com vistas à realocação eficiente de recursos na economia; e c) fomentar o empreendedorismo, inclusive por meio da viabilização do retorno célere do empreendedor falido à atividade econômica.

O instituto falimentar pressupõe a necessidade de formação do **juízo universal**. Neste aspecto, cumpre ressaltar que a **competência** para a arrecadação de todos os bens e para a suspensão das execuções individuais pertence a este juízo universal, objetivando-se, assim, garantir que todos os credores sejam submetidos ao processo falimentar, sendo classificados e satisfeitos de acordo com a natureza de suas obrigações.

No que tange ao **sujeito ativo da falência**, temos que, conforme dispõe o art. 97 da LRF, podem **requerer a falência do devedor**: a) o **próprio devedor**, neste caso se trata de uma **liquidação**

voluntária, chamada de **autofalência**; b) o **cônjuge supérstite, herdeiros ou inventariante do devedor,** tratando-se de **uma liquidação póstuma**; c) o **sócio cotista ou acionista do devedo**r; e d) **qualquer credor,** se configurando em uma **liquidação involuntária**.

Em relação à resposta do devedor quanto ao pedido de decretação de sua falência, temos que o prazo é de **dez dias**, de acordo com o art. 98 da LRF. Na contestação o devedor pode alegar: a) a falsidade do título; b) a prescrição; c) a nulidade de obrigação ou de título; d) o pagamento da dívida; e) qualquer outro fato que extinga ou suspenda obrigação ou não legitime a cobrança de título; f) o vício em protesto ou em seu instrumento; g) a apresentação de pedido de recuperação judicial no prazo da contestação, observados os requisitos do art. 51 da LRF; e h) a cessação das atividades empresariais há mais de dois anos antes do pedido de falência, comprovada por documento hábil do Registro Público de Empresas, o qual não prevalecerá contra prova de exercício posterior ao ato registrado (art. 96, LRF).

O devedor pode, ainda, **elidir a falência**, ou seja, fazer **depósito em juízo do valor da dívida reclamada no pedido falimentar**, sendo que o depósito deve ser **acrescido de correção monetária, juros e honorários advocatícios** (art. 98, LRF). Nesta hipótese, não haverá a decretação da falência do devedor, por expressa disposição legal. Contudo, caso o pedido venha a ser procedente, o juiz irá ordenar o levantamento do valor pelo autor.

Já no que tange ao foro competente em que o pedido de decretação de falência deve ser ajuizado, tem-se que é o foro do local do principal estabelecimento do devedor, ou seja, é o mesmo da recuperação judicial. Assim, entende-se que deve ser onde a empresa possui maior volume de negócios.

O art. 94 traz as hipóteses plausíveis para pedido de quebra. A **impontualidade injustificada** é a primeira hipótese hábil a elucidar o pedido de decretação da falência, na medida em que a decretação da falência do devedor apenas pode ocorrer se este ficou inadimplente sem relevante razão de direito. Cumpre ressaltar a previsão de requisitos indispensáveis para que o **título possa embasar o pedido**: a) seja **executivo** – judicial ou extrajudicial; b) esteja **protestado;** e c) represente **dívida superior a quarenta salários mínimos**. No que se refere ao último requisito, há previsão expressa na LRF que **permite** a reunião de credores em **litisconsórcio** a fim de alcançar o limite mínimo (art. 94, § 1º, LRF).

A **execução frustrada** se traduz na segunda hipótese em que pode ser decretada a falência do devedor. Esta possibilidade se caracteriza pela **tríplice omissão** do devedor. Contudo, é necessário que a petição inicial seja instruída com a **apresentação de uma certidão emitida pelo juízo onde se processe a execução** (art. 94, § 2º, LRF), sendo **prescindível o protesto do título e sem a imposição de valor mínimo.**

Por fim, têm-se os chamados **atos de falência,** que possuem disciplina – **taxativa** – no rol do art. 94, III, de acordo com o já indicado. As referidas práticas, caso exercidas pelo devedor, possuem o condão de ocasionar o requerimento e a decretação de sua falência.

No que tange aos recursos cabíveis, da sentença que **denega** o pedido cabe **apelação**, enquanto a decisão que **decreta** a falência é atacável por **agravo de instrumento** (art. 100, LRF).

Neste sentido, o art. 99 da LRF estabelece o conteúdo que deve estar presente na sentença que decretar a falência. Ademais, e a se considerar que a **sentença que decreta a falência inicia o procedimento falimentar propriamente dito**, esta é uma **decisão interlocutória especial**, tendo em vista que **se interlocuta entre a cognição e a execução**. A **natureza jurídica** dessa sentença é **híbrida**, sendo ao mesmo tempo **constitutiva e declaratória**. Possui efeito ***ex nunc***, ou seja, da **constituição em diante**, enquanto o **decreto falimentar possui efeito *ex tunc***, tendo em vista que será **fixado o termo legal da falência em até noventa dias anteriores ao seu pedido**.

Assim, importante frisar que a **fixação do termo legal** da falência, conforme dispõe o inciso II do art. 99, é importantíssima, haja vista ser a partir dessa fixação que se torna possível **determinar a presunção de fraude e a consequente ineficácia de certos atos praticados pelo devedor.** Este lapso temporal é conhecido como **período suspeito**.

Relativamente à determinação de suspensão das ações e execuções individuais movidas em face do falido, salvo as ações que demandam quantias ilíquidas e as reclamatórias trabalhistas, tem-se que, diferentemente do que ocorre na recuperação judicial, em que são suspensas pelo prazo de cento e oitenta dias, na falência, a **suspensão perdura por todo o processo falimentar**.

Em relação às execuções fiscais, tem-se que é competência do juízo da execução decidir quanto ao valor do crédito, à exigibilidade e à existência, nos termos do art. 7º-A, § 4º, II, LRF e, a habilitação e classificação de tal crédito acontecerá no incidente processual previsto no *caput* do art. 7º-A da LRF. Veja-se que as execuções fiscais ficarão suspensas até o fim do feito falimentar, sendo possível seu prosseguimento em face dos corresponsáveis (art. 7º-A, V, LRF).

Ademais, a decretação da falência **inaugura o juízo universal**, que é **indivisível e competente para conhecer todas as ações sobre bens, interesses e negócios do falido**, salvo as ações trabalhistas, fiscais e as não reguladas na LRF, nas quais o falido figure como autor ou litisconsorte ativo, de acordo com o previsto no art. 76 da LRF.

No mais, a decretação da quebra **determina o vencimento antecipado das dívidas do devedor,** realizando o abatimento proporcional dos juros e a conversão dos créditos em moeda estrangeira para a moeda brasileira, considerando o câmbio da data da decisão judicial (art. 77, LRF). Isso ocorre, haja vista, a exigência de ser confeccionada a relação de credores.

Insta mencionar que, no caso de falência de concessionárias de serviços públicos, a quebra implica, de imediato, a extinção da concessão, de acordo com o preceituado pelo art. 195 da LRF.

A decretação da falência acarreta a **inabilitação empresarial do falido**, que **subsiste da decretação da falência até a sentença que extinguir suas obrigações** (art. 102, LRF). Já no caso de o falido ser **condenado por crime falimentar** e essa condenação tenha o **efeito específico de inabilitação** para o exercício de atividade empresarial, esta se manterá **por até cinco anos após a extinção da punibilidade** (art. 181, § 1º, LRF).

A regra geral contida na legislação estabelece que os **contratos bilaterais não se resolvem de imediato** pela decretação da quebra, podendo ser **cumpridos pelo administrador judicial** (art. 117, LRF). O contratante pode entrar em contato com o administrador judicial, no **prazo de noventa dias** contados a partir da assinatura do termo de compromisso do auxiliar, para que, no prazo de **dez dias,** o administrador judicial **declare se irá cumprir o contrato ou não** (art. 117, § 1º, LRF).

A partir da decretação da falência, a **administração dos bens do falido passa a ser atribuição do administrador judicial**, que deve, após assinar o termo de compromisso, efetuar a **arrecadação dos bens e documentos e fazer a avaliação destes**, onde eles se encontrarem. A fim de realizar as medidas citadas, o AJ pode requerer ao juiz o que for necessário para tanto (art. 108, LRF).

A **arrecadação dos bens do falido pode atingir bens de terceiros** que estejam em sua posse na data da decretação da falência, sendo prevista, assim, a possibilidade de os titulares de tais bens formularem **pedidos de restituição**. É o que preceitua o art. 85 da LRF. Exemplos desse caso seriam os bens que estavam na posse do falido em virtude de contratos de alienação fiduciária em garantia ou arrendamento mercantil.

Além disso, o parágrafo único do art. 85 da LRF prevê que também é possível o **pedido de restituição de bem que foi vendido a crédito ao falido e entregue a ele em até quinze dias antes do pedido de falência**, se ainda não alienado para terceiros.

Nesta senda, o art. 86 da LRF inteligência as **possibilidades em que a restituição será realizada em dinheiro**. Ainda, o pedido de restituição deve ser fundamentado, individualizando, de maneira específica, o bem reclamado, nos termos do art. 87 da LRF. Oportuno destacar que tal pedido **suspende a disponibilidade do bem até o trânsito em julgado da ação** (art. 91, LRF).

Caso o **pedido de restituição seja julgado procedente**, a **entrega do bem ao requerente deve ser realizada no prazo de quarenta e oito horas,** sendo tal determinado na sentença que o reconhecer (art. 88, LRF). No entanto, se a **sentença negar a restituição**, o requerente **poderá**, se for o caso, **ser incluído no quadro geral de credores** da falida (art. 89, LRF).

Além disso, a sentença do pedido de restituição, seja ela procedente ou improcedente, é atacável por **apelação sem efeito suspensivo** (art. 90, LRF). No mais, o interessado pode ajuizar **embargos de terceiro,** na eventualidade em que não se encaixar pedido de restituição (art. 93, LRF).

Evidencia-se, portanto, que o art. 129 da LRF dispõe um **rol taxativo** de situações que, quando caracterizadas, o **ato será objetivamente ineficaz**. Além disso, e conforme disciplina o parágrafo único do art. 129, a **ineficácia do ato** pode ser declarada **de ofício pelo juiz, alegada em defesa ou pleiteada em ação própria ou incidentalmente no curso do processo falimentar**. No entanto, o art. 131 prevê que, no caso de os atos referidos nos incisos I, II, III e VI do *caput* do art. 129 terem **sido previstos e realizados na forma definida no plano de recuperação judicial ou extrajudicial, eles não serão declarados ineficazes ou revogados**.

Já o art. 130 da LRF prevê os casos em que, para a **revogação dos atos** praticados pelo falido, é necessária a **prova da intenção de prejudicar os credores**, o **conluio fraudulento praticado entre o devedor e o terceiro com quem ele contratar** e o **efetivo prejuízo sofrido pela massa falida**. A ação própria para revogação de atos é chamada de

ação revocatória, que pode ter como o autor o administrador judicial, qualquer credor ou o Ministério Público, no prazo de **três anos contados da decretação da falência**, nos termos do art. 132 da LRF.

A fase de **realização do ativo** é iniciada após a arrecadação dos bens do falido, se realizando na alienação dos bens arrecadados (art. 139, LRF), com a finalidade de angariar valores a fim de propiciar o pagamento dos credores. Sabe-se que, após o administrador judicial assinar o termo de compromisso, o auxiliar possui o prazo de sessenta dias para apresentar o plano de venda dos ativos, devendo realizá-lo em prazo não superior a cento e oitenta dias, contados da juntada do auto de arrecadação.

As modalidades de venda dos bens do falido estão previstas no art. 140 da LRF, em ordem de preferência, sendo elas: a) alienação da empresa, com a venda de seus estabelecimentos em bloco; b) alienação da empresa, com a venda de suas filiais ou unidades produtivas isoladamente; c) alienação em bloco dos bens que integram cada um dos estabelecimentos do devedor; ou d) alienação dos bens individualmente considerados. Além disso, o § 2º do referido diploma legal dispõe que a venda dos bens pode iniciar antes mesmo da formação do Quadro Geral de Credores.

A **alienação do ativo** ocorrerá sob uma das modalidades típicas preceituadas no art. 142 da LRF, sendo através de **leilão eletrônico**, **presencial** ou **híbrido**; **processo competitivo organizado promovido por agente especializado e de reputação ilibada, cujo procedimento deverá ser detalhado em relatório anexo ao plano de realização do ativo ou ao plano de recuperação judicial**, conforme o caso, ou **qualquer outra modalidade, desde que aprovada nos termos da LRF**.

Como já exposto e a respeito da **verificação e habilitação de créditos**, temos que, já na decisão que decreta a quebra do devedor, o juiz toma duas medidas importantes para tanto, o fato de ordenar ao falido que apresente, no prazo máximo de cinco dias, a sua **relação nominal de credores** e a explicação sobre o **prazo para as habilitações de crédito**.

De acordo com o já estudado, a classificação dos créditos ocorre a fim de possibilitar a reunião de credores de acordo com a similaridade de seus créditos, objetivando tratamento idêntico perante a liquidação dos ativos no processo falimentar. Assim, objetiva-se atingir o princípio do *par conditio creditorum*.

Antes de expor a classificação de créditos concursais, necessário abordar os chamados créditos extraconcursais.

Os **créditos extraconcursais** referidos estão descritos no art. 84 da LRF, sendo eles: I-A) as quantias referidas nos arts. 150 e 151 da LRF; I-B) o valor efetivamente entregue ao devedor em recuperação judicial pelo financiador, em conformidade com o disposto na Seção IV-A da LRF (*dip financing*); I-C) os créditos em dinheiro objeto de restituição, conforme previsto no art. 86 da LRF; I-D) as remunerações devidas ao administrador judicial e aos seus auxiliares, os reembolsos devidos a membros do comitê de credores, e os créditos derivados da legislação trabalhista ou decorrentes de acidentes de trabalho relativos a serviços prestados após a decretação da falência; I-E) as obrigações resultantes de atos jurídicos válidos praticados durante a recuperação judicial, nos termos do art. 67 da LRF, ou após a decretação da falência; II) as quantias fornecidas à massa falida pelos credores; III) as despesas com arrecadação, administração, realização do ativo, distribuição do seu produto e custas do processo de falência; IV) as custas judiciais relativas às ações e às execuções em que a massa falida tenha sido vencida; V) os tributos relativos a fatos geradores ocorridos após a decretação da falência, respeitada a ordem estabelecida no art. 83 da LRF.

Evidencia-se, assim, que os **créditos extraconcursais são créditos que surgiram após a decretação da falência, em decorrência dela**. Sendo assim, são **dívidas da própria massa falida,** e não do devedor falido. Neste sentido, a Corte Especial do Superior Tribunal de Justiça decidiu que os honorários advocatícios resultantes de trabalhos prestados à massa falida após a decretação da quebra são classificados como créditos extraconcursais.

Após os pagamentos das restituições em dinheiro e dos créditos extraconcursais, inicia-se o pagamento dos credores constantes no **Quadro Geral de Credores,** os chamados **créditos concursais**, que seguem uma **ordem de classificação legal**.

Essa ordem de classificação legal é estabelecida no art. 83 da LRF, sendo ela: I – os créditos derivados da legislação do trabalho, limitados a cento e cinquenta salários mínimos por credor, e os decorrentes de acidentes de trabalho; II – os créditos gravados com direito real de garantia até o limite do valor do bem gravado; III – os créditos tributários, independentemente da sua natureza e do tempo de constituição, exceto os créditos extraconcursais e as multas tributárias; IV – os créditos quirografários, a saber: a) aqueles não previstos nos demais incisos deste artigo; b) os saldos dos créditos não cobertos pelo produto da alienação dos bens vinculados ao seu pagamento; e c) os saldos dos créditos derivados da legislação trabalhista que excederem o limite estabelecido no inciso i do *caput* deste artigo; V – as multas contratuais e as penas pecuniárias por infração das leis penais ou administrativas, incluídas as multas tributárias; VI – os créditos subordinados, a saber: a) os previstos em lei ou em contrato; e b) os créditos dos sócios e dos administradores sem vínculo empregatício cuja contratação não tenha observado as condições estritamente comutativas e as práticas de mercado; VII – os juros vencidos após a decretação da falência, conforme previsto no art. 124 desta lei.

Ademais, indica-se que a Lei nº 14.112/ 2020 **excluiu da classificação de créditos concursais os créditos com privilégio geral e com privilégio especial, incluindo-os nos créditos quirografários**, conforme preceituado no § 6º do art. 83 da LRF.

Além disso, os créditos cedidos, a qualquer título, manterão sua natureza e classificação (art. 83, § 5º, LRF).

A limitação de pagamento de até cento e cinquenta salários mínimos por trabalhador não engloba os créditos decorrentes de acidente de trabalho, os quais concorrem como créditos preferenciais pela totalidade do seu valor.

Sobre créditos concursais, tem-se que os créditos devidos aos representantes comerciais autônomos a título de comissões (art. 44 da Lei nº 4.886/1965), os créditos referentes a honorários advocatícios e quaisquer créditos que tenham natureza alimentar são créditos que possuem equiparação à trabalhistas para fins de classificação na falência.

Os créditos com garantia real, até o limite do bem gravado, estão em segundo lugar na ordem de classificação legal (art. 83, II, LRF). Necessário mencionar que o valor considerado do bem objeto de garantia real é o arrecadado com a sua venda ou, no caso de venda em bloco, o valor da sua avaliação individual (art. 83, § 1º, LRF). Além disso, o § 2º do art. 83 da LRF inteligência que, da massa falida, não são exigíveis os valores referentes ao direito de sócio ao recebimento de sua parcela do capital social na liquidação da sociedade.

Os créditos tributários estão dispostos em **terceiro lugar na ordem de classificação legal,** sem ter em conta sua natureza e tempo de constituição, com exceção das multas tributárias. Já as **multas tributárias** são classificadas em **sétimo lugar**, juntamente com as outras penas pecuniárias e multas contratuais.

Os créditos com **privilégio especial** e com **privilégio geral** eram classificados em **quarto e quinto lugar**, respectivamente. Contudo, com a reforma da LRF, suas disposições foram revogadas, fazendo parte, a partir de então, dos créditos quirografários.

Os **créditos quirografários**, que são os que não possuem nenhuma espécie de preferência ou garantia, estão em **sexto lugar** na ordem de classificação. Como exemplo de tais créditos temos os decorrentes de obrigações contratuais ou cambiais não adimplidas.

Além disso, classificam-se como quirografários o saldo do crédito trabalhista ou equiparado, excedente a cento e cinquenta salários-mínimos, e o saldo do crédito com garantia real, cujos valores arrecadados com a alienação dos bens vinculados não tenham sido suficientes.

Ademais e conforme já mencionado, os créditos com **privilégio geral** ou **especial** passaram a fazer parte dos créditos quirografários a partir da reforma da LRF.

As **multas contratuais** e **tributárias** e as **penas pecuniárias** por infração de leis penais ou administrativas se encontram em **sétimo lugar** na ordem legal de classificação. Assim, apesar de a LRF permitir a cobranças de tais penas à falida, sua classificação está abaixo dos créditos quirografários.

Os **créditos subordinados**, que são basicamente os créditos dos próprios sócios da falida, são classificados em **oitavo lugar**.

Por fim, os **juros vencidos após a decretação da falência** se classificam em **nono lugar,** nos termos da previsão contida no art. 124 da LRF.

Como vimos, o objetivo do processo falimentar é a liquidação do ativo para o pagamento do passivo.

Antes de iniciar o pagamento dos credores concursais descritos no quadro geral de credores, o administrador judicial tem que realizar alguns pagamentos com os recursos que possui em caixa. Como exemplos deste caso, temos o que preceitua o art. 150 da LRF, que dispõe que **as despesas cujo pagamento antecipado seja indispensável à administração da falência**, inclusive na hipótese de continuação provisória das atividades, serão pagas pelo administrador judicial com os recursos disponíveis em caixa, e o art. 151 da LRF, que preceitua que os **créditos trabalhistas de natureza estritamente salarial vencidos nos três meses anteriores à decretação da falência, até o limite de cinco salários mínimos por trabalhador**, serão pagos tão logo haja disponibilidade em caixa. Percebe-se, portanto, que **tais pagamentos devem ser realizados a partir do momento em que se tenha disponibilidade de valores em caixa**.

Além disso, também devem ser pagos, antes dos credores concursais, as **restituições em dinheiro deferidas pelo juiz e os créditos extraconcursais** (art. 149, LRF).

O pagamento dos credores concursais, como estudado, deve observar a ordem legal de classificação prevista no art. 83 da LRF.

7. PROPRIEDADE INDUSTRIAL

Autor: Douglas Azevedo

Noções introdutórias importantes: propriedade intelectual é gênero dentro do qual encontram-se duas espécies: a propriedade industrial e o direito de autor. Nosso conteúdo envolve somente sobre propriedade industrial.

Outro aspecto fundamental consiste na ideia de função social da propriedade industrial, previsto tanto no art. 5º, XXIX, da CF como no art. 2º da Lei de Propriedade Industrial (LPI). Assim como os imóveis possuem função social – devem ser utilizados, por exemplo –, os bens de propriedade industrial também devem ser utilizados sempre que pleiteados, pois trata-se de uma ideia de desenvolvimento tecnológico e social de um país. Caso você seja um titular de patente, deverá utilizá-la, atentando-se a sua função social e finalidade, sob pena de ter a titularidade licenciada compulsoriamente (veremos tal ponto em breve).

Também é vital lembrar que, conforme o art. 5º da LPI, os bens tutelados pela lei são equiparados a coisas móveis. Assim, mesmo bens incorpóreos como marcas e patentes possuem proteção especial e podem ser comercializados.

7.1. Propriedade industrial: patentes

A patente consiste no direito temporário garantido pelo Estado ao titular para que possa explorar economicamente um dos seguintes bens: invenção e modelo de utilidade. Em outras palavras, quando você desenvolve um dos bens que a seguir iremos trabalhar, você possui um determinado tempo para, exclusivamente, usufruir desta criação derivada do seu intelecto.

O art. 6º da LPI nos revela quem pode ser titular de uma patente (via de regra, o próprio autor ou seus sucessores), já o art. 7º nos introduz uma importante noção sobre a LPI: não importa quem foi o primeiro a criar algo, o dono será aquele que primeiro buscar a concessão da patente junto ao INPI – por isso, lembrem: a busca da patente é ato constitutivo do direito.

Os artigos subsequentes nos trazem o conceito de modelo de utilidade e os requisitos da patente de invenção e de modelo de utilidade.

Invenção:

> **Art. 8º da Lei nº 9.279/1996.** É patenteável a **invenção** que atenda aos requisitos de novidade, atividade inventiva e aplicação industrial.

Modelo de utilidade:

> **Art. 9º da Lei nº 9.279/1996.** É patenteável como **modelo de utilidade** o objeto de uso prático, ou parte deste, suscetível de aplicação industrial, que apresente nova forma ou disposição, envolvendo ato inventivo, **que resulte em melhoria funcional no seu uso ou em sua fabricação.**

▷ **Importante**: requisitos da patenteabilidade.

1) novidade, arts. 11 e 12;
2) atividade inventiva, arts. 13 e 14;
3) aplicação industrial, art. 15;
4) ausência de impedimentos legais, art. 18.

Já o art. 10 nos ilustra o que **não pode ser considerado uma invenção**. São muitos incisos, mas associem sempre a algo derivado da criatividade humana e com aplicação prática na indústria. Por exemplo, descobrir algo é diferente de inventar algo. Na descoberta, o objeto já existia. No ato de inventar, algo novo é criado. Obras artísticas são protegidas pela lei de direitos autorais, e não pela LPI. Ainda, vale destacar que *softwares* independentes (aplicativos, por exemplo) são protegidos pela Lei de *Softwares*, contudo, se estivermos falando de um *software* acoplado em uma criação, esta poderá ser patenteada junto do *software*.

Após concedida, a patente vigorará por: 20 anos, se for invenção, e 15 anos, se for modelo de utilidade. **Importante atentar que o prazo passa a contar da data do depósito, ou seja, do dia em que houve o encaminhamento do pedido ao INPI, e não da concessão.**

Os direitos concedidos ao titular da patente encontram-se no art. 41 e subsequentes. Violação a estes direitos gerarão indenizações, que, conforme art. 44, retroagem à data da publicação pelo INPI.

Contratos de licença

Temos três tipos de contratos de licença:

> I – Voluntária (art. 61) – ato de vontade do autor da patente, que deseja, voluntariamente, licenciar outrem para realizar a exploração. Tal ato deverá ser averbado junto ao INPI para que produza efeitos – a contar de sua publicação. **Caso a parte que esteja utilizando, mediante licença, patente, venha a melhorá-la, tal melhoria lhe pertence (art. 63).**

EMPRESARIAL

II – Por oferta (art. 64) – cuida-se de espécie de "leilão" – o titular da patente solicita ao INPI que este a coloque em oferta para fins de exploração. Ou seja, o INPI anuncia a oferta e em suas revistas no intuito de atrair interessados.

III – Compulsória (art. 68) – caso o titular exerça a patente de forma abusiva, ou pratique abuso de poder econômico (decisão administrativa do CADE), poderá ter sua patente licenciada de forma compulsória após decisão administrativa ou judicial. Isso significa que, em virtude da má utilização da patente, o ente público permite que outras empresas a utilizem, desde que preenchidos requisitos (legítimo interesse e capacidade de produção). O titular não deixa de ser dono da patente, apenas perderá a exclusividade na exploração econômica da mesma. O art. 69 apresenta as hipóteses de defesa daquele que está sendo alvo de licenciamento compulsório:

Art. 69. Não haverá a concessão da licença compulsória caso o titular:

I – justificar o desuso por razões legítimas;

II – comprovar a realização de sérios e efetivos preparativos para a exploração; ou

III – justificar a falta de fabricação ou comercialização por obstáculo de ordem legal.

Fala-se, ainda, em licença compulsória nos casos do art. 70, se preenchidos alguns requisitos **cumulativamente:**

I – ficar caracterizada situação de dependência de uma patente em relação a outra (aquela cuja exploração depende obrigatoriamente da utilização de patente anterior. Imagine uma invenção que é aplicada a uma linha de montagem recém-inventada – temos duas patentes distintas, mas a primeira depende da segunda para funcionar);

II – o objeto da patente dependente constituir substancial progresso técnico em relação à patente anterior; e

III – o titular não realizar acordo com o titular da patente dependente para exploração da patente anterior.

Por fim, há a patente compulsória nos casos de emergência nacional ou interesse público (art. 71).

Nesses casos, se o titular não for capaz de suprir demanda emergencial (como uma epidemia, por exemplo), poderá haver a licença da patente de ofício – sem prejuízo dos direitos do titular. Trata-se de medida temporária para suprir alguma questão emergencial.

Patente por empregado ou prestador de serviço

Temos, como regra apresentada pelo art. 88 da LPI, que as patentes desenvolvidas durante a vigência do contrato de trabalho pertencem ao empregador. Isto porque é o empregador quem fornece os meios e recursos pelos quais o empregado desenvolve a produção intelectual que resultará na patente. A remuneração do empregado, nesses casos, é o próprio salário. Contudo, é importante atentarmos para um detalhe, caso o empregado interrompa seu contrato de trabalho:

Art. 88, § 2º. Salvo prova em contrário, consideram-se desenvolvidos na vigência do contrato a invenção ou o modelo de utilidade, cuja patente seja requerida pelo empregado até 1 (um) ano após a extinção do vínculo empregatício.

Ainda sobre a remuneração, o empregador poderá conceder ao empregado, autor do invento, participação nos ganhos econômicos resultantes da exploração da patente. Tal participação, contudo, não conta como salário do empregado.

Já nas hipóteses em que o empregado desenvolver algo no seu âmbito particular, sem utilização de recursos do empregador, a ele toca a propriedade da patente. Caso empregado e empregador contribuam com recursos materiais, monetários, intelectuais etc., a patente pertencerá a ambos.

7.2. Propriedade industrial: patentes e desenho industrial

A característica de fundo do desenho industrial é a sua **futilidade**: a alteração não amplia a utilidade do objeto, apenas o reveste de um aspecto diferente. Esse traço também aproxima o desenho industrial da obra de arte, com a diferença de que o objeto revestido de desenho industrial tem necessariamente função utilitária, ao contrário da arte, desprovida dessa função.

Os requisitos do desenho industrial são a novidade absoluta (art. 95), a originalidade (art. 97), a aplicação industrial (art. 95) e a legalidade (art. 100).

Já o prazo de proteção é diferente do da patente. Aqui, conforme art. 108, temos que o período de proteção é de dez anos a contar da concessão, prorrogável por mais três períodos de cinco anos, ou seja, o mínimo é dez anos e o máximo é vinte e cinco anos.

7.3. Propriedade industrial: marca

Conceito: marca é o sinal distintivo visualmente perceptível. Ou seja, é o elemento visual que serve para diferenciar um produto ou um serviço, facilitando muito a vida dos consumidores que buscam estes produtos/serviços. No Brasil, os sinais sonoros não são suscetíveis de registro como marca. O mesmo ocorre com características de cheiro, gosto ou tato de que se revestem os produtos e os serviços.

Apenas podem ser registrados como marca no INPI os sinais visualmente perceptíveis. Os signos não visuais são tutelados pela disciplina jurídica da concorrência, se sua usurpação servir de meio fraudulento para desviar clientela.

Classificação das marcas

Nominativas (compostas exclusivamente por palavras, sem apresentar particular forma de letras);

Figurativas (consistentes de desenhos ou logotipos);

Mistas (palavras escritas com letras revestidas de uma particular forma, ou inseridas em logotipos).

Para fins jurídicos, qualquer que seja o tipo de marca, a proteção é idêntica. Também existem as marcas tridimensionais e de posição, contudo, estas ainda são praticamente inexistentes no país.

Requisitos das marcas

Novidade relativa: a marca precisa ser nova dentro da sua classe, quer dizer, seu ramo de atividade. O INPI possui uma lista com diversos segmentos mercadológicos e, ao fazer o registro, o titular deve especificar a qual classe o produto pertence. Assim, a marca precisa ser novidade dentro daquela classe, sendo perfeitamente possível marcas com o mesmo nome coexistirem, contanto que em segmentos distintos. Ex.: desinfetante VEJA e revista *VEJA*. Não há como haver confusão entre os consumidores.

Não colidência com marca de alto renome ou notória: a marca não pode incidir nas hipóteses previstas nos arts. 125 e 126 da LPI (veremos a seguir).

Ausência de impedimento legal: o art. 124 da LPI apresenta um rol de diversos incisos apontando o que não é registrável como marca. A ideia central do artigo é, por um lado, proteger o consumidor, que não pode ser enganado, e, em um segundo momento, proteger o titular legítimo de marca e evitar que este seja prejudicado. Assim, temos incisos versando, por exemplo, sobre a proibição da utilização de bandeiras na marca (o que passa a ideia de que o produto foi fabricado em outro país), bem como vedação de marcas muito semelhantes ou idênticas à marcas já registradas.

O que é uma marca de alto renome?

> **Art. 125.** À marca registrada no Brasil considerada de alto renome será assegurada proteção especial, em todos os ramos de atividade.

Sua eficiência e alcance extrapolam a marca originária (exorbitando o princípio da especialidade – proteção dentro de um ramo de atividade).

Para conseguir, requerer no INPI provando:

- reconhecimento da marca por ampla parcela do público;
- qualidade, reputação e prestígio dos produtos ou serviços;
- grau de distintividade e exclusividade do sinal marcário.
- O que é uma marca notoriamente conhecida?

> **Art. 126.** A marca notoriamente conhecida em seu ramo de atividade nos termos do art. 6º *bis* (I), da Convenção da União de Paris para Proteção da Propriedade Industrial, goza de proteção especial, independentemente de estar previamente depositada ou registrada no Brasil.

Vigência da marca

O registro da marca vigorará pelo prazo de **dez anos, contados da data da concessão do registro, prorrogável por períodos iguais e sucessivos.** Ou seja, diferente dos outros bens da propriedade industrial, a marca pode, em tese, vigorar para sempre, contanto que seja renovada a cada dez anos.

EMPRESARIAL

QUESTÕES DE DIREITO EMPRESARIAL - ASSUNTOS MAIS RECORRENTES

01. FGV - OAB - 39º Exame de Ordem Unificado - Primeira Fase - Q47

Quatro professores, que dão aulas particulares, decidiram constituir uma sociedade simples e chamaram para integrar a sociedade Belfort Pereira, empresário individual, inscrito na Junta Comercial do Estado do Rio de Janeiro, sob a condição dele investir na sociedade como sócio minoritário.

Sobre as condições para o enquadramento de uma sociedade simples como microempresa, assinale a afirmativa correta.

a) É lícito o enquadramento como microempresa apenas em razão da participação do sócio Belfort Pereira no capital ser minoritária.

b) O enquadramento como microempresa é exclusivo para as sociedades empresárias, de modo que a sociedade simples está impedida.

c) É facultado o enquadramento como microempresa porque todos os sócios são pessoas naturais, independentemente da condição de empresário de um deles.

d) É vedada a participação de pessoa física inscrita como empresário no capital de uma sociedade enquadrada como microempresa.

02. FGV - OAB - 39º Exame de Ordem Unificado - Primeira Fase - Q48

Pastifício Ponte Serrada S/A celebrou contrato de comissão com Eloi Mendes para aquisição de cereais. O negócio foi efetuado pelo comissário conforme as instruções recebidas, mas a vendedora, Cerealista Campos Novos Ltda., ficou inadimplente na entrega do produto.

Considerando-se que o contrato de comissão celebrado entre Pastifício Ponte Serrada S/A e Eloi Mendes não contém cláusula del credere, assinale a afirmativa correta.

a) O comissário não responde perante o comitente pelo inadimplemento do vendedor Cerealista Campos Novos Ltda., devendo o segundo suportar os prejuízos advindos.

b) Tanto o comissário quanto o vendedor Cerealista Campos Novos Ltda. respondem solidariamente perante o comitente pelos prejuízos advindos.

c) Apenas o comissário responde perante o comitente pelos prejuízos advindos do inadimplemento do vendedor Cerealista Campos Novos Ltda.

d) O comissário e o vendedor Cerealista Campos Novos Ltda. respondem solidariamente perante o comitente pelos prejuízos advindos, mas o primeiro apenas em caráter subsidiário.

03. FGV - OAB - 39º Exame de Ordem Unificado - Primeira Fase – Q49

Pedreira Anitápolis Ltda. está passando por sérias dificuldades de fluxo de caixa a curto e médio prazo e não está conseguindo crédito no mercado financeiro para honrar seus compromissos urgentes, em especial com credores trabalhistas e por acidentes de trabalho. A sociedade empresária pretende elaborar um plano de recuperação extrajudicial para apresentar a seus credores e negociar com eles sua aprovação.

Sobre a pretensão de submeter créditos trabalhistas e por acidentes de trabalho aos efeitos da recuperação extrajudicial, assinale a afirmativa correta.

a) Os créditos de natureza trabalhista e por acidentes de trabalho podem ser incluídos no plano de recuperação extrajudicial, mas, para a homologação, é necessária prévia negociação coletiva com o sindicato da respectiva categoria funcional.

b) Os créditos de natureza trabalhista e por acidentes de trabalho, à semelhança do que ocorre com os créditos de natureza tributária, não podem ser incluídos no plano de recuperação extrajudicial, por não se sujeitarem aos efeitos da recuperação extrajudicial.

c) Os créditos decorrentes de acidentes de trabalho, no limite máximo de 150 (cento e cinquenta) salários mínimos por empregado, podem ser incluídos no plano de recuperação extrajudicial, mas os créditos de natureza trabalhista não se sujeitam aos efeitos da recuperação extrajudicial.

d) Os créditos de natureza trabalhista podem ser incluídos no plano de recuperação extrajudicial, mediante negociação coletiva prévia com o sindicato da respectiva categoria funcional, mas os créditos decorrentes de acidentes de trabalho não se sujeitam aos efeitos da recuperação extrajudicial.

04. FGV - OAB - 39º Exame de Ordem Unificado - Primeira Fase – Q50

O empresário individual Valério Pavão deseja alterar a forma de exercício da sociedade empresária, passando a admitir como sócios Jerônimo e Atílio, e mantendo a mesma atividade e localização de seu estabelecimento.

Sobre a mudança pretendida, assinale a opção que apresenta as ações que Valério Pavão deverá executar.

a) Dissolver sua empresa individual e, após o encerramento da liquidação, constituir uma sociedade com os sócios Jerônimo e Atílio.

b) Solicitar ao Registro Público de Empresas Mercantis a transformação de seu registro de empresário para registro de sociedade empresária.

c) Solicitar ao Registro Público de Empresas Mercantis o enquadramento de sua empresa como microempresa para, em seguida, requerer a transformação do registro para sociedade empresária.

d) Dissolver sua empresa individual e, no curso da liquidação e após o levantamento do balanço patrimonial, constituir uma sociedade com os sócios Jerônimo e Atílio.

05. FGV - OAB - 38º Exame de Ordem Unificado - Primeira Fase – Q47

Marco Araripe pretende iniciar uma empresa em nome próprio e mediante responsabilidade ilimitada pelas obrigações. Antes de realizar sua inscrição na Junta Comercial, Marco Araripe precisa indicar o nome que adotará para o exercício de empresa.

Consoante a determinação contida no Código Civil quanto à formação de firma individual, ela deve ser constituída

a) pelo nome do empresário, completo ou abreviado, aditando-lhe, se quiser, designação mais precisa da sua pessoa ou do gênero de atividade.

b) pelo nome de fantasia livremente escolhido, aditando-lhe, se quiser, designação do gênero de atividade.

c) pelo nome abreviado do empresário ou pelo nome de fantasia, aditando-lhe, se quiser, designação mais precisa da sua pessoa.

d) em duas partes: a primeira, o nome completo do empresário e, a segunda, o nome de fantasia, sendo vedada a indicação do gênero de atividade.

06. FGV - OAB - 38º Exame de Ordem Unificado - Primeira Fase – Q48

Para honrar um empréstimo que lhe foi concedido, o empresário Ruy Barbosa subscreveu nota promissória em favor de Medeiros Neto, com vencimento para o dia 30 de março de 2023. O primeiro endossante transferiu o título em preto para Wagner Desidério e proibiu novo endosso.

Considerando o efeito legal da cláusula de proibição de novo endosso, assinale a afirmativa correta.

a) para o endossante Medeiros Neto, a cláusula de proibição de novo endosso tem efeito de cessão de crédito perante o endossatário direto e de endosso perante os endossatários posteriores.

b) Wagner Desidério não poderá realizar novo endosso no título sob pena de desoneração de responsabilidade cambial dos coobrigados.

c) a cláusula de proibição de novo endosso é nula, tal qual a de endosso parcial, por restringir a responsabilidade cambiária do endossante a seu endossatário imediato.

d) Medeiros Neto, embora coobrigado, não responde pelo pagamento da nota promissória perante os endossatários posteriores a Wagner Desidério.

07. FGV - OAB - 37º Exame de Ordem Unificado - Primeira Fase – Q47

Aral adquiriu bens de consumo de uma sociedade empresária, ficando esta de lhe entregar as mercadorias em até 10 (dez) dias úteis. Entretanto, a entrega não se realizou em razão da decretação de falência da vendedora e o consequente encerramento das atividades com o lacre dos estabelecimentos. O administrador judicial recebeu interpelação de Aral sobre a posição da massa falida quanto a entrega das mercadorias que comprou ou a devolução das parcelas já pagas. O administrador judicial se manifestou no sentido de não entregar a mercadoria ao comprador justificando a ausência de redução do passivo da massa falida e a extinção do contrato. Não há comitê de credores em funcionamento no processo falimentar.

Considerando os fatos narrados e as disposições da Lei nº 11.101/2005, assinale a afirmativa que indica a atitude a ser tomada por Aral.

a) Pedir ao juiz da falência a indisponibilidade de bens da massa até o valor de seu crédito para fins de futuro pagamento.

b) Pedir a restituição em dinheiro das parcelas pagas pela aquisição dos bens.

c) Habilitar o crédito relativo ao valor pago na classe dos credores quirografários.

d) Ajuizar ação de execução por quantia certa em face da massa falida para recebimento das parcelas pagas.

08. FGV - OAB - 37º Exame de Ordem Unificado - Primeira Fase – Q48

A empresária individual Marília da Rocha, inscrita há mais de dez anos na Junta Comercial do Estado de São Paulo, sempre exerceu empresa sem designação de prepostos. Todavia, em razão do aumento de trabalho e necessidades de múltiplas viagens, tornou-se necessário nomear Jandira Franco como gerente na sede de sua empresa. Antes de efetuar a nomeação, Marília da Rocha consulta seu advogado para que este lhe esclareça sobre as prerrogativas do gerente e sua atuação como preposto.

Assinale a opção que está de acordo com a disposição legal e pode ser dada como orientação a Marília da Rocha.

a) O gerente não está autorizado a praticar os atos necessários ao exercício dos poderes que lhe foram outorgados, pois tais atos sempre exigem poderes especiais.

b) Se o empresário nomear dois ou mais gerentes, na falta de estipulação diversa, os poderes conferidos a eles presumem-se para atuação individual, sem solidariedade.

c) O gerente nunca poderá estar em juízo em nome do preponente pelas obrigações resultantes do exercício da sua função porque tal prerrogativa é exclusiva do administrador.

d) A alteração ou revogação do mandato conferido pelo empresário ao gerente, para ser oposta a terceiros, deve ser arquivada e averbada no Registro Público de Empresas Mercantis.

09. FGV - OAB - 37º Exame de Ordem Unificado - Primeira Fase – Q49

A proteção dos direitos relativos à propriedade industrial, por meio da concessão do direito de exclusividade para exploração da criação pelo seu titular, considerado seu interesse social e o desenvolvimento tecnológico e econômico do país, efetua-se mediante concessão de registro

a) de marca.

b) para o nome empresarial.

c) para o título de estabelecimento.

d) de obras literárias, arquitetônicas, artísticas.

10. FGV - OAB - 36º Exame de Ordem Unificado - Primeira Fase – Q46

Cerâmica Água Doce do Norte teve sua falência requerida pelo Banco Boa Esperança S/A, em razão do não pagamento de cinco duplicatas que lhe foram endossadas por Castelo, Vivacqua & Cia. Os títulos estão protestados para fins falimentares e não se verificou pagamento até a data da citação. Ao ser citada, a sociedade devedora apresentou tempestivamente a contestação e, no mesmo prazo, em peça processual própria, requereu recuperação judicial, sem, contudo, se manifestar sobre a efetivação de depósito elisivo.

Com base nas informações acima, a sociedade empresária

a) tinha a faculdade de pleitear sua recuperação judicial no prazo de contestação, ainda que não tivesse se manifestado pela efetivação de depósito elisivo.

b) não deveria ter requerido sua recuperação judicial e sim ter efetuado o depósito elisivo, eliminando a presunção de insolvência para, somente após esse ato, pleitear recuperação judicial.

c) deveria ter pleiteado sua recuperação judicial, pois o devedor pode se utilizar do benefício até o trânsito em julgado da sentença de falência, portanto, o pedido foi tempestivo e correto.

d) estava impedida de requerer recuperação judicial, pois já havia, na data do pedido de recuperação, requerimento de falência contra si, ajuizado pelo credor das duplicatas.

DIREITO EMPRESARIAL				
1 - D	2 - A	3 - A	4 - B	5 - A
6 - D	7 - C	8 - D	9 - A	10 - A

DIREITO EMPRESARIAL – QUESTÕES DA PROVA DO 43º EXAME DA OAB

01. FGV - OAB - 43º Exame de Ordem Unificado - Primeira Fase – Q47 Lucélia, Marília e Natividade constituíram uma sociedade empresária sem levar o documento escrito de constituição a qualquer registro. Ficou estabelecido verbalmente entre as sócias que os atos sociais seriam praticados por Marília, no interesse comum.

Inadimplida uma obrigação social, o credor, ciente da existência da sociedade, demandou a sociedade e todas as sócias, responsabilizando-as solidariamente e sem benefício de ordem pela obrigação assumida por Marília.

Considerados tais fatos, assinale a afirmativa correta.

a) O credor não poderia demandar a sociedade em razão da ausência de personalidade jurídica, sendo, contudo, possível exigir de todas as sócias, solidariamente e sem benefício de ordem, a obrigação assumida por Marília.

b) O credor agiu corretamente ao demandar a sociedade, ainda que diante da ausência de personalidade jurídica; contudo, mesmo havendo solidariedade entre as sócias, Lucélia e Natividade possuem benefício de ordem.

c) O credor está autorizado a demandar a sociedade, diante da ausência de personalidade jurídica, como também poderá responsabilizar as sócias Lucélia e Natividade, solidariamente e sem benefício de ordem, pela obrigação assumida por Marília.

d) O credor está totalmente equivocado, pois a sociedade não poderia ser demandada, em razão da ausência de personalidade jurídica, e deve ser respeitado o benefício de ordem das sócias Lucélia e Natividade, que não contrataram pela sociedade.

02. FGV - OAB - 43º Exame de Ordem Unificado - Primeira Fase – Q48 Uma sociedade simples que adotou um dos tipos societários previstos no Código Civil, com sede em Guarapari/ES, foi constituída por prazo determinado, até 31 de dezembro de 2023.

Sobre a situação da sociedade empresária a partir de 1º de janeiro de 2024, assinale a afirmativa correta.

a) Ela continuará em atividade normalmente até que algum sócio ou credor requeira sua dissolução judicial nos 30 (trinta) dias seguintes após o término do prazo de duração.

b) Os administradores devem providenciar imediatamente a investidura do liquidante, mantendo os negócios sociais por até 180 dias (cento e oitenta dias); findo esse prazo, a continuidade da atividade implica na responsabilidade ilimitada e solidária deles.

c) A dissolução judicial da sociedade pode ser requerida por qualquer sócio, devido ao exaurimento do fim social, cabendo ao Juiz a nomeação do liquidante.

d) A sociedade reputa-se dissolvida em razão do vencimento do prazo de duração, salvo se, sem oposição de sócio, não entrar a sociedade em liquidação, caso em que se prorrogará por tempo indeterminado.

03. FGV - OAB - 43º Exame de Ordem Unificado - Primeira Fase – Q49 Itarana Avícola e Abatedouro S.A. celebrou contrato de alienação fiduciária de veículos automotores com o Banco Alegre S.A.

O valor financiado deveria ser pago em 60 (sessenta) prestações mensais, mas, após o vencimento da 14ª (décima quarta) prestação, a fiduciante cessou o pagamento.

Sobre a hipótese, assinale a opção que indica a providência assegurada por lei ao fiduciário.

a) Vender os bens alienados a terceiros, independentemente de leilão, hasta pública, avaliação prévia ou qualquer outra medida judicial ou extrajudicial, após a comprovação prévia da mora do fiduciante, salvo disposição expressa em contrário prevista no contrato.

b) Requerer, independentemente de comprovação da mora, contra o fiduciante, a busca e apreensão dos bens alienados fiduciariamente, a qual será concedida liminarmente, podendo ser apreciada em plantão judiciário.

c) Ajuizar ação de execução para a entrega de coisa certa, pleiteando nos mesmos autos a busca e apreensão, que será deferida liminarmente, salvo na hipótese de ter sido requerida recuperação judicial pelo fiduciante.

d) Promover, alternativamente ao pedido de busca e apreensão dos bens, independentemente de comprovação da mora, a consolidação da propriedade perante o competente cartório de registro de títulos e documentos, desde que haja previsão expressa no contrato em cláusula em destaque.

04. FGV - OAB - 43º Exame de Ordem Unificado - Primeira Fase – Q50 Bento de Abreu e Bernardino de Campos são os únicos sócios e fundadores da sociedade empresária Abreu & Campos Ltda. Os sócios deliberaram a transformação da sociedade de limitada para companhia e lhe pediram orientação sobre o nome empresarial.

Considerando algumas das regras para a formação do nome empresarial do tipo que a sociedade adotará, assinale a afirmativa correta.

a) A companhia adotará denominação, na qual poderá constar o(s) nome(s) do(s) fundador(es), sendo facultada a designação do objeto social.

b) A companhia adotará firma, sendo formada por nome de fantasia a partir da escolha dos sócios, seguido obrigatoriamente pela designação do objeto social.

c) A companhia adotará denominação, formada apenas pelo nome dos sócios, seguida facultativamente pela expressão Sociedade Anônima ou Companhia, indicadas unicamente ao final.

d) A companhia poderá adotar firma ou denominação, devendo ser mantido o nome antigo Abreu & Campos, substituindo-se o aditivo Ltda. pelo aditivo Companhia ou Cia.

GABARITO			
1 - B	2 - D	3 - A	4 - A

PROCESSO CIVIL

Leonardo Fetter

Tatiane Kipper

Sumário

1. AÇÃO DE CONHECIMENTO

1.1. Jurisdição, ação, rito/procedimento

1.1.1. Considerações Iniciais

O Direito Processual Civil emerge, no mundo jurídico, com uma função bem específica – regular as formas, meios e maneiras de o cidadão buscar seu direito material perante o Poder Judiciário.

Aparece, então, como forma de **igualdade**, já que fixa as mesmas normas para todos os cidadãos, indistintamente, e como **instrumento**, pois busca o reconhecimento do direito material pretendido.

Dessa forma, e com esse objetivo, existem alguns conceitos básicos que devem ser entendidos e fixados, sendo eles:

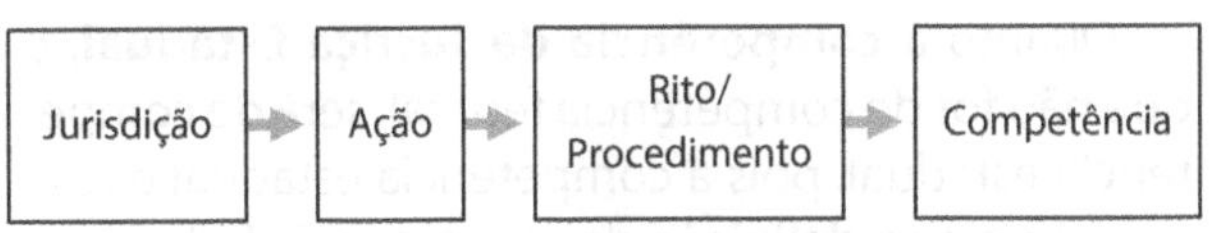

- **Jurisdição**

A jurisdição é o **poder-dever do Estado de compor/solucionar litígios**. Assim, considerando as regras inerentes ao Estado Democrático de Direito, faz-se necessário identificar quem possui esse poder-dever, quem possui a responsabilidade de não deixar que os cidadãos, por suas próprias mãos, busquem **solucionar um conflito de interesses**.

O Poder Judiciário é responsável pela jurisdição, o **Poder Judiciário está investido em jurisdição**. Compreende-se que esta função jurisdicional é delegada ao Poder Judiciário pelo Estado. Ainda, fala-se em poder-dever, uma vez que, o Poder Judiciário não pode abrir mão dessa responsabilidade. Quando um conflito de interesses é levado até **o Poder Judiciário**, ele tem a obrigação de o resolver, **não pode negar a solução do litígio**.

O exercício da jurisdição (este poder-dever de solucionar litígios) é do Poder Judiciário. Contudo, **uma importante característica da jurisdição é a inércia**, ou seja, para o Estado-Juiz exercer a jurisdição, faz-se necessária a **provocação**. O juiz não tem autonomia para agir por conta própria, em outras palavras, agir de ofício.

O Poder Judiciário deve, necessariamente, ser provocado pela parte interessada, conforme o art. 2º do CPC: "O processo começa por iniciativa da parte e se desenvolve por impulso oficial, salvo as exceções previstas em lei". É o chamado princípio da ação ou da demanda, ou ainda, princípio da iniciativa da parte. Nesse sentido, uma vez que o cidadão possui o direito à jurisdição, surge a ação, forma de provocação da jurisdição.

- **Ação**

A **forma adequada** de o cidadão **provocar o Poder Judiciário**, retirando-o da sua inércia, é a **ação**, ou seja, é através da ação que o Poder Judiciário sai da sua inércia e passa a exercer a jurisdição, o poder-dever de solucionar conflitos de interesses.

O direito de ação não está vinculado ao direito material, dessa forma, o cidadão não precisa ter um direito material garantido para provocar o Judiciário. O direito de ação se trata de um **direito abstrato** (não concreto); e para sua propositura necessário respeitar os seguintes requisitos:

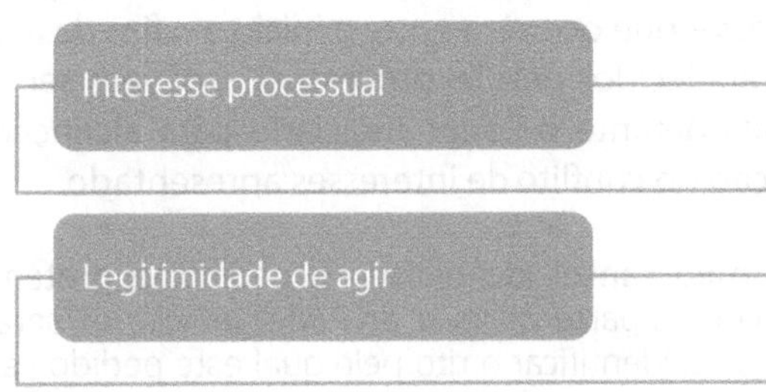

Importante a leitura dos arts. 17 e 18 do CPC, Cabeçones!

> **Art. 17.** Para postular em juízo é necessário ter interesse e legitimidade.
>
> **Art. 18.** Ninguém poderá pleitear direito alheio em nome próprio, salvo quando autorizado pelo ordenamento jurídico.
>
> Parágrafo único. Havendo substituição processual, o substituído poderá intervir como assistente litisconsorcial.

▷ **Atenção!** O sistema processual civil brasileiro definiu dois tipos de ação: ação de conhecimento e ação de execução. Uma ação jamais vai iniciar de ofício pelo magistrado, pois o Poder Judiciário é inerte, dessa maneira, faz-se necessária a provocação por parte do cidadão.

Ação de conhecimento:

- Quando o cidadão deseja uma postura condenatória, declaratório ou constitutiva por parte do Poder Judiciário, essa é a pretensão e aparecerá através do pedido. A propositura da ação aparece através da petição inicial, e um dos requisitos da petição inicial, nos termos do art. 319, inciso IV do CPC, é o pedido. Assim, o juiz ao julgar o pedido, vai julgá-lo procedente, improcedente ou parcialmente procedente.

Ação de execução:

- O autor busca a cobrança, o ressarcimento, de uma obrigação. O autor vai propor uma ação executiva quando pretender cobrar um crédito, cobrar uma obrigação pré-constituída, em outras palavras, uma obrigação fixada em um título, seja ele judicial (art. 515 do CPC) ou extrajudicial (art. 784 do CPC).

- **Rito ou procedimento**

Frise-se, já de início, que rito e procedimento são sinônimos. E, de forma bem objetiva e simples, pode-se definir o rito/procedimento como: conjunto de atos – que ocorrem entre o início e o fim da ação – estabelecidos pela lei processual e, devem ser seguidos perante o Poder Judiciário para alcançar a solução do conflito de interesses apresentado.

▷ **Importante!** Identificado o pedido (a pretensão que a parte vai levar ao Poder Judiciário), será possível identificar o rito pelo qual este pedido vai tramitar perante o Poder Judiciário.

Mas qual a forma desta identificação?

PROCEDIMENTO ESPECIAL

- Todos os pedidos que vão tramitar utilizando ou respeitando um rito/procedimento especial devem ter previsão expressa no CPC, a partir do art. 539. Cabeção, importante: também pode haver previsão em lei especial, como por exemplo a Lei de Alimentos, a qual prevê procedimento especial para o pedido de alimentos.

PROCEDIMENTO COMUM

- O uso deste também é definido pelo pedido, mas de uma forma ainda mais simples: para todos os pedidos que não tiverem previsão de uso do procedimento especial, será utilizado o procedimento comum.

Para encerrar estas considerações iniciais, vale fazer referência a um último e indispensável conceito: a competência.

1.2. Competência

Todo o órgão do Poder Judiciário (juiz, desembargador, ministro) tem jurisdição. Apesar de todo o órgão do Poder Judiciário ter jurisdição, o exercício desta **jurisdição é delimitado pelas regras de competência** – as quais possuem a intenção de organizar o exercício jurisdicional. Contudo, pode-se compreender a competência como o limite de atuação dos órgãos jurisdicionais, uma vez que, o juiz federal, por exemplo, só trabalha em lides de competência federal.

Quando se estuda competência, a primeira grande divisão que deve ser feita é acerca da competência **estadual** e **federal**. Assim, para fixar a **competência da Justiça Federal**, faz-se necessário verificar o art. 109 da Constituição Federal – ali ficaram definido quais seriam os conflitos de interesses de competência federal (da Justiça Federal).

Quanto à **competência da Justiça Estadual**, o que não for de competência federal, será de competência estadual, pois a competência estadual é residual. Tem-se a definição da competência federal e o que não for de competência federal é considerado de competência estadual.

A **lide de competência absoluta** só pode ser julgada por aquele juízo, não há possibilidade de alteração de competência. A **competência relativa** existe a possibilidade de alteração da competência. A **competência federal será sempre absoluta**, assim como, por exemplo, em relação à matéria. Por outro lado, a **competência territorial** (prevista no CPC) **é um critério de competência relativa**, ou seja, pode ser modificada pela vontade ou omissão das partes.

- **Da incompetência**

A incompetência é dividida em **absoluta** e **relativa**. A absoluta pode ser reconhecida de ofício e em qualquer grau de jurisdição (art. 64, § 1º, CPC) – a **competência absoluta** trata dos casos de interesses públicos. Já a **competência relativa** não pode ser reconhecida de ofício (art. 337, § 5º, CPC e súmula nº 33 do STJ) e deve ser alegada em preliminar da contestação (art. 337, II, CPC), sob pena de prorrogação (art. 65, CPC) – a competência relativa disciplina os casos de interesses privados.

Já a prevenção visa confirmar e manter a competência de um juiz respectivo quando houver mais de um juízo competente para o julgamento de uma mesma causa. Conforme previsto no art. 59 do CPC, o que torna o juízo prevento é o registro ou a distribuição da petição inicial.

COMPETÊNCIA	
ABSOLUTA	**RELATIVA**
• Interesse Público; • Não há possibilidade de modificação de competência; • Matéria; • A incompetência absoluta pode ser decretada de ofício e em qualquer grau de jurisdição (art. 64, § 1º do CPC); • A incompetência absoluta não preclui; • O reconhecimento da incompetência não gera a extinção do processo (art. 64 do CPC).	• Interesse Privado; • Existe possibilidade de alteração de competência; • Territorial (CPC); • A incompetência não pode ser reconhecida de ofício (súmula nº 33 do STJ); • Precisa ser requerida em preliminar de contestação; • Na incompetência relativa incide a preclusão; • Prorrogação processual (art. 65 do CPC); • O reconhecimento da incompetência não gera a extinção do processo (art. 64 do CPC).

▷ **Importante, Cabeçones!** O art. 63 do CPC, traz uma exceção. No art. 63 do CPC, temos uma possibilidade do reconhecimento da incompetência relativa pelo juízo, ou seja, de ofício.

> ***Art. 63.*** As partes podem modificar a competência em razão do valor e do território, elegendo foro onde será proposta ação oriunda de direitos e obrigações.
>
> § 1º A eleição de foro somente produz efeito quando constar de instrumento escrito, aludir expressamente a determinado negócio jurídico e guardar pertinência com o domicílio ou a residência de uma das partes ou com o local da obrigação, ressalvada a pactuação consumerista, quando favorável ao consumidor. (Redação dada pela Lei nº 14.879, de 4 de junho de 2024)
>
> § 2º O foro contratual obriga os herdeiros e sucessores das partes.
>
> § 3º Antes da citação, a cláusula de eleição de foro, se abusiva, pode ser reputada ineficaz de ofício pelo juiz, que determinará a remessa dos autos ao juízo do foro de domicílio do réu.
>
> § 4º Citado, incumbe ao réu alegar a abusividade da cláusula de eleição de foro na contestação, sob pena de preclusão.
>
> § 5º O ajuizamento de ação em juízo aleatório, entendido como aquele sem vinculação com o domicílio ou a residência das partes ou com o negócio jurídico discutido na demanda, constitui prática abusiva que justifica a declinação de competência de ofício. (Incluído pela Lei nº 14.879, de 4 de junho de 2024)

As partes escolhem um foro competente para julgar, por exemplo, as cláusulas de um contrato. Os contratantes estão, de forma antecipada, definindo onde será produzida as discussões judiciais relacionadas ao contrato. Mas atenção para quando essa cláusula pode ser interpretada como abusiva, por exemplo, nos contratos de adesão.

O reconhecimento da incompetência (tanto relativa quando absoluta) gera a remessa dos autos para o juízo competente, mas não gera a extinção do processo, conforme o art. 64, § 3º, CPC.

▷ **Importante!** As regras de competência fixadas pelo CPC são **territoriais**, ou seja, definem o lugar onde deverá ser proposta a ação. A **competência do JEC** (Lei nº 9.099/1995), **JEF** (Lei nº 10.259/2001) e **JEFP** (Lei nº 12.153/2009) é definida, também, pelo valor da causa (no estado causas de valor até 40 salários-mínimos e nos juizados federais causas de até 60 salários-mínimos). A **competência do JEC é relativa** – em uma lide de competência Estadual de até 40 salários-mínimos, a parte autora **pode optar** entre ingressar no JEC ou na justiça comum – e a **competência do JEF é absoluta** – em uma causa de competência federal de até 60 salários-mínimos, é obrigatório entrar no JEF, a parte autora não pode escolher. O reconhecimento da incompetência no JEC ou JEF acarreta a extinção do processo sem resolução do mérito – art. 51, inciso III, da Lei nº 9.099/1995.

	COMPETÊNCIA		
	Justiça Estadual (Comum) Residual	**Justiça Federal (Comum) art. 109 da CF**	**Justiça do Trabalho**
1º Grau	• Juiz de Direito • Relativa	• Juiz Federal • Absoluta	• Juiz do Trabalho • Absoluta
2º Grau	• TJ • Cabe recurso para o STJ quando houver ofensa a lei federal • Cabe recurso para o STF quando houver ofensa à Constituição Federal	• TRF • Cabe recurso para o STJ quando houver ofensa a lei Federal • Cabe recurso para o STF quando houver ofensa à Constituição Federal	• TRT • Recurso para o TST

PROCESSO CIVIL

Exceção constitucional: art. 109, § 3º da CF:

> **Art. 109.** Aos juízes federais compete processar e julgar:
>
> § 3º Lei poderá autorizar que as causas de competência da Justiça Federal em que forem parte instituição de previdência social e segurado possam ser processadas e julgadas na justiça estadual quando a comarca do domicílio do segurado não for sede de vara federal.

A Constituição Federal traz que, em uma ação contra o INSS, se a comarca do domicílio do segurado não for sede de vara federal, é possível entrar com essa ação contra o INSS na justiça estadual. Contudo, de acordo com o § 4º do art. 109 da CF, o recurso cabível nessa hipótese "será sempre para o Tribunal Regional Federal na área de jurisdição do juiz de primeiro grau".

1.3. Conexão, continência, litisconsórcio e litispendência

1.3.1. Conexão e Continência

Importante ressaltar que **conexão e continência são regras processuais de modificação de competência**, conforme o art. 54 do CPC. Faz-se necessário afirmar também que não são causas que geram a extinção do processo. A ideia da conexão e da continência é evitar que aconteçam decisões conflitantes.

A **conexão** está prevista no art. 55 do CPC e determina que duas ou mais ações podem se reunir para julgamento conjunto, quando o pedido e a causa de pedir lhes forem comuns; busca evitar que ações iguais tenham julgamentos diferentes. O critério jurídico processual que se deve usar para reunir ações conexas está previsto nos arts. 58 e 59 do CPC, ou seja, a prevenção se dá através da distribuição da petição inicial. As ações conexas serão reunidas perante o juízo onde houve a primeira distribuição da inicial.

> **Art. 55.** Reputam-se conexas 2 (duas) ou mais ações quando lhes for comum o pedido ou a causa de pedir.
>
> § 1º Os processos de ações conexas serão reunidos para decisão conjunta, salvo se um deles já houver sido sentenciado.
>
> § 2º Aplica-se o disposto no *caput*:
>
> I – à execução de título extrajudicial e à ação de conhecimento relativa ao mesmo ato jurídico;
>
> II – às execuções fundadas no mesmo título executivo.
>
> § 3º Serão reunidos para julgamento conjunto os processos que possam gerar risco de prolação de decisões conflitantes ou contraditórias caso decididos separadamente, mesmo sem conexão entre eles.

Atenção para o § 3º do art. 55 do CPC: ainda que não haja relação com o pedido ou com a causa de pedir, mas existindo qualquer risco de decisão conflitante, devem ser reunidos os processos para decisão em conjunto. Ainda, é importante prestar atenção à parte final do § 1º do art. 55 do CPC: quando um processo já houver sido sentenciado, não haverá conexão.

A **continência** está disciplinada no art. 56 do CPC e determina que, para haver a modificação de competência, é necessário que duas ou mais ações tenham identidade quanto às partes e a causa de pedir, e que o pedido de uma, por ser mais amplo, abranja o das demais. Aqui também ocorre a reunião de duas ou mais ações, visando evitar decisões divergentes. As regras aplicadas à conexão aplicam-se também à continência.

> **Art. 56.** Dá-se a continência entre 2 (duas) ou mais ações quando houver identidade quanto às partes e à causa de pedir, mas o pedido de uma, por ser mais amplo, abrange o das demais.

CONEXÃO

- Quando for comum o pedido ou a causa de pedir em 2 ou mais ações.

CONTINÊNCIA

- Quando em 2 ou mais ações houver identidade quanto às partes e à causa de pedir, mas o pedido de uma, por ser mais amplo, abrange o das demais.

- **Litisconsórcio**

O litisconsórcio ocorre quando duas ou mais pessoas são partes em um mesmo processo:

> **Art. 113.** Duas ou mais pessoas podem litigar, no mesmo processo, em conjunto, ativa ou passivamente, quando:
>
> I – entre elas houver comunhão de direitos ou de obrigações relativamente à lide;
>
> II – entre as causas houver conexão pelo pedido ou pela causa de pedir;
>
> III – ocorrer afinidade de questões por ponto comum de fato ou de direito.
>
> § 1º O juiz poderá limitar o litisconsórcio facultativo quanto ao número de litigantes na fase de conhecimento, na liquidação de sentença ou na execução, quando este comprometer a rápida solução do litígio ou dificultar a defesa ou o cumprimento da sentença.
>
> § 2º O requerimento de limitação interrompe o prazo para manifestação ou resposta, que recomeçará da intimação da decisão que o solucionar.

Há algumas classificações importantes quanto ao litisconsórcio, vejamos:

a) Quanto ao polo

No caso de haver mais de um autor, o litisconsórcio será chamado de ativo; havendo mais de um réu, litisconsórcio passivo; e se houver pluralidade de autores e réus, será chamado de misto.

b) Quanto à obrigatoriedade

O litisconsórcio também pode ser obrigatório ou facultativo, ou seja, a presença de duas ou mais pessoas é obrigatória, sob pena da ação não prosseguir.

> **Art. 114.** O litisconsórcio será necessário por disposição de lei ou quando, pela natureza da relação jurídica controvertida, a eficácia da sentença depender da citação de todos que devam ser litisconsortes.

Será necessário ou obrigatório quando decorrer de expressa previsão legal, como, por exemplo, no caso do art. 73 do CPC, que exige que ambos os cônjuges ou companheiros figurem conjuntamente em ações que versem sobre direito real imobiliário ou, ainda, devido à natureza da relação entre as partes.

Será facultativo quando derivar apenas da vontade da parte autora, que pode optar por propor uma única ação contra todos os réus que tenham ligação na demanda (ex: obrigação solidária).

c) Quanto à uniformidade da decisão

Ainda, o litisconsórcio poderá ser simples, quando a sentença não tiver que ser igual para todos os litisconsortes, ou unitário, quando necessariamente precisar ser igual para todos.

> **Art. 116.** O litisconsórcio será unitário quando, pela natureza da relação jurídica, o juiz tiver de decidir o mérito de modo uniforme para todos os litisconsortes.

d) Quanto à limitação na formação do litisconsórcio

Por fim, o litisconsórcio será multitudinário quando ocorrer um número elevado de partes integrantes em um dos polos da ação, e o juiz, ao se deparar com isto, poderá limitar a quantidade de participantes.

> **Art. 113.** Duas ou mais pessoas podem litigar, no mesmo processo, em conjunto, ativa ou passivamente, quando:
>
> § 1º O juiz poderá limitar o litisconsórcio facultativo quanto ao número de litigantes na fase de conhecimento, na liquidação de sentença ou na execução, quando este comprometer a rápida solução do litígio ou dificultar a defesa ou o cumprimento da sentença.
>
> § 2º O requerimento de limitação interrompe o prazo para manifestação ou resposta, que recomeçará da intimação da decisão que o solucionar.

Atenção para o art. 229 do CPC. A possibilidade da incidência do prazo em dobro requer mais do que litisconsórcio, é necessário também partes com advogados diferentes; esses advogados devem ser de diferentes escritórios e os autos precisam ser autos físicos. Se não houver presente os quatro critérios, não haverá a incidência do prazo em dobro.

> **Art. 229.** Os litisconsortes que tiverem diferentes procuradores, de escritórios de advocacia distintos, terão prazos contados em dobro para todas as suas manifestações, em qualquer juízo ou tribunal, independentemente de requerimento.
>
> § 1º Cessa a contagem do prazo em dobro se, havendo apenas 2 (dois) réus, é oferecida defesa por apenas um deles.
>
> § 2º Não se aplica o disposto no *caput* aos processos em autos eletrônicos.

- **Litispendência**

Existe uma grande confusão entre litisconsórcio e litispendência. Uma coisa não se relaciona com a outra.

O conceito de litispendência está nos §§ 1º e 2º do art. 337 do CPC. Atenção, a litispendência se difere de conexão: a conexão trata do mesmo pedido ou da mesma causa de pedir, não das mesmas partes, e a litispendência trata de duas ações iguais, mesmo pedido, mesmas partes e mesma causa de pedir.

> **Art. 337.** Incumbe ao réu, antes de discutir o mérito, alegar:
>
> § 1º Verifica-se a litispendência ou a coisa julgada quando se reproduz ação anteriormente ajuizada.
>
> § 2º Uma ação é idêntica a outra quando possui as mesmas partes, a mesma causa de pedir e o mesmo pedido.

A litispendência é causa de extinção sem resolução do mérito de um processo, conforme o art. 485, V do CPC. **Qual das ações será extinta?** De acordo com o art. 240 do CPC, a primeira ação, se houve citação, permanecerá e a outra será extinta.

1.4. Princípios, atos do juiz, suspeição e impedimento

1.4.1. Princípios Constitucionais e Processuais

- **Princípio do devido processo legal**

O direito ao processo é uma das garantias constitucionais, direito fundamental previsto no art. 5º, inciso XXXV, portanto, é um princípio constitucional e processual.

O devido processo legal está relacionado com os outros princípios, como contraditório, ampla defesa.

- **Princípio do contraditório**

É uma ideia de reação: sempre que houver a possibilidade de uma decisão judicial contra uma das partes, essa parte tem que ser ouvida, tem que ser dada a oportunidade de a parte se manifestar. Objetivamente, é o direito de reação – garante às partes a oportunidade de se manifestar em todos os atos do processo, e tratamento paritário para dialogar com o juiz, sob pena de nulidade, não podendo, assim, o juiz julgar qualquer ação sem que os litigantes tenham tido a oportunidade de se defender. Veja o art. 9º do CPC: "Não se proferirá decisão contra uma das partes sem que ela seja previamente ouvida".

Exceção: o juiz pode decidir sem dar a oportunidade de uma das partes se manifestar, conforme o parágrafo único do art. 9º do CPC.

> Parágrafo único. O disposto no *caput* não se aplica:
>
> I – à tutela provisória de urgência;
>
> II – às hipóteses de tutela da evidência previstas no art. 311, incisos II e III;
>
> III – à decisão prevista no art. 701.

▷ **Importante, Cabeçones!** O juiz não pode proferir nenhuma decisão sem antes ter ouvido todas as partes. É vedada a decisão-surpresa, até mesmo quando se tratar de matéria que deva ser decidida de ofício.

> **Art. 10.** O juiz não pode decidir, em grau algum de jurisdição, com base em fundamento a respeito do qual não se tenha dado às partes oportunidade de se manifestar, ainda que se trate de matéria sobre a qual deva decidir de ofício.

O art. 10 do CPC traz que todas as decisões devem ser fundamentadas, ou seja, juiz deve apresentar para as partes o motivo pelo qual ele chegou à determinada decisão. Quanto a esses fundamentos, é obrigatório ter sido oportunizado o debate nos autos.

- **Princípio da publicidade dos atos processuais**

Está previsto nos arts. 5º, LX, e 93, IX, ambos da CF e arts. 11, *caput*, e 368, ambos do CPC. Impõe que sejam públicos os julgamentos dos órgãos do Poder Judiciário, e justifica-se no fato de haver interesse público maior que somente das partes, pois visa a garantia da paz e harmonia social.

Importante recordar a exceção deste princípio: processos que tramitam com segredo de justiça (art. 189 do CPC).

> **Art. 189.** Os atos processuais são públicos, todavia tramitam em segredo de justiça os processos:
>
> I – em que o exija o interesse público ou social;
>
> II – que versem sobre casamento, separação de corpos, divórcio, separação, união estável, filiação, alimentos e guarda de crianças e adolescentes;
>
> III – em que constem dados protegidos pelo direito constitucional à intimidade;
>
> IV – que versem sobre arbitragem, inclusive sobre cumprimento de carta arbitral, desde que a confidencialidade estipulada na arbitragem seja comprovada perante o juízo.
>
> § 1º O direito de consultar os autos de processo que tramite em segredo de justiça e de pedir certidões de seus atos é restrito às partes e aos seus procuradores.
>
> § 2º O terceiro que demonstrar interesse jurídico pode requerer ao juiz certidão do dispositivo da sentença, bem como de inventário e de partilha resultantes de divórcio ou separação.

- **Princípio da isonomia**

Trata-se de um princípio que visa dar tratamento igual às partes, objetivando um processo justo e equilibrado. Encontra-se presente no art. 5º, *caput*, da Constituição Federal, bem como no art. 7º do CPC: "É assegurada às partes paridade de tratamento em relação ao exercício de direitos e faculdades processuais, aos meios de defesa, aos ônus, aos deveres e à aplicação de sanções processuais, competindo ao juiz zelar pelo efetivo contraditório".

- **Princípio da imparcialidade**

O princípio do juiz natural determina que as partes têm direito a um julgamento realizado por um juiz competente e imparcial (art. 5º, LIII e XXXVII, da CF).

O primeiro inciso desse artigo dispõe que ninguém será processado nem sentenciado senão pela autoridade competente, e o segundo, dispõe que não haverá juízo ou tribunal de exceção.

Requisitos para caracterização do juiz natural: a) o julgamento deve ser proferido por alguém investido de jurisdição; b) o órgão deve ser preexistente; c) a causa deve ser submetida ao juiz competente, de acordo com as regras postas pela CF e por lei.

- **Princípio da motivação das decisões judiciais**

Este princípio disciplina que todas as decisões judiciais devem obrigatoriamente ser fundamentadas, de acordo com o art. 93, inciso IX, da Constituição Federal e art. 11 do CPC:

> **Art. 93, CF:** (...)
>
> IX – todos os julgamentos dos órgãos do Poder Judiciário serão públicos, e fundamentadas todas as decisões, sob pena de nulidade, podendo a lei limitar a presença, em determinados atos, às próprias partes e a seus advogados, ou somente a estes, em casos nos quais a preservação do direito à intimidade do interessado no sigilo não prejudique o interesse público à informação.

> **Art. 11, CPC.** Todos os julgamentos dos órgãos do Poder Judiciário serão públicos, e fundamentadas todas as decisões, sob pena de nulidade.

- **Princípio da boa-fé processual**

Este princípio visa o bom comportamento das partes: com boa-fé, lealdade e urbanidade (art. 5º do CPC); está ligado ao princípio da dignidade da pessoa humana. A parte que agir com má-fé pode ser penalizada com multa – art. 81 do CPC. Além disso, as práticas consideradas de má-fé estão previstas no art. 80 do CPC, vejamos:

> **Art. 80.** Considera-se litigante de má-fé aquele que:
>
> I - deduzir pretensão ou defesa contra texto expresso de lei ou fato incontroverso;
>
> II - alterar a verdade dos fatos;
>
> III - usar do processo para conseguir objetivo ilegal;
>
> IV - opuser resistência injustificada ao andamento do processo;
>
> V - proceder de modo temerário em qualquer incidente ou ato do processo;
>
> VI - provocar incidente manifestamente infundado;
>
> VII - interpuser recurso com intuito manifestamente protelatório.

- **Princípio da duração razoável do processo**

O princípio da duração razoável do processo é também conhecido como princípio da celeridade processual. Não há na lei uma predeterminação de duração do processo, todavia não se pode tolerar a procrastinação injustificável do Judiciário e seus serviços.

Está previsto no art. 5º, inciso LXXVIII, da CF, "a todos, no âmbito judicial e administrativo, são assegurados a razoável duração do processo e os meios que garantam a celeridade de sua tramitação" e nos arts. 4º e 6º do CPC.

- **Princípio do duplo grau de jurisdição**

Este princípio não se encontra expresso na Constituição Federal, mas diante de terem sido criados juízos e tribunais cuja competência é julgar os recursos contra as decisões de primeiro grau, automaticamente estabeleceu-se o duplo grau de jurisdição, que busca reanalisar os atos judiciais que geram inconformismo na parte e estão substanciados por falhas, ilegalidades, provas, através do julgamento de um órgão superior.

- **Princípio da proporcionalidade e razoabilidade**

De acordo com o art. 8º do CPC o juiz, ao aplicar as normas, deverá atender aos fins sociais e às exigências do bem comum, resguardando e promovendo a dignidade da pessoa humana e observando a proporcionalidade, a razoabilidade, a legalidade, a publicidade e a eficiência. O exemplo clássico de aplicação dos princípios da proporcionalidade e razoabilidade emerge com a fixação do *quantum* (valor) devido na obrigação alimentar.

1.4.2. Atos Processuais do Juiz

O pronunciamento do juiz poderá ser feito através de **sentenças, decisões interlocutórias** e **despachos.**

De acordo com art. 203, § 1º do CPC, sentença é o meio pelo qual o juiz extingue a ação (art. 316 do CPC), com ou sem resolução do mérito (arts. 487 e 485 do CPC).

Decisão interlocutória é toda decisão judicial que não se enquadra no conceito de sentença (§ 2º), que não gera a extinção do processo.

E despacho são os demais procedimentos do juiz realizados no processo, de ofício ou a requerimento da parte (§ 3º): são manifestações do juiz, não atingem as partes, e dessa forma, são manifestações irrecorríveis, na forma do art. 1.001 do CPC.

> **Art. 203.** Os pronunciamentos do juiz consistirão em sentenças, decisões interlocutórias e despachos.
>
> § 1º Ressalvadas as disposições expressas dos procedimentos especiais, sentença é o pronunciamento por meio do qual o juiz, com fundamento nos arts. 485 e 487, põe fim à fase cognitiva do procedimento comum, bem como extingue a execução.
>
> § 2º Decisão interlocutória é todo pronunciamento judicial de natureza decisória que não se enquadre no § 1º.
>
> § 3º São despachos todos os demais pronunciamentos do juiz praticados no processo, de ofício ou a requerimento da parte.
>
> § 4º Os atos meramente ordinatórios, como a juntada e a vista obrigatória, independem de despacho, devendo ser praticados de ofício pelo servidor e revistos pelo juiz quando necessário.

Existem outros atos do juiz nos Tribunais. Os juízes se manifestam nos outros tribunais por decisão monocrática ou por acórdão.

Decisão monocrática (exceção):

- Trata-se da decisão do relator (art. 932 do CPC).

Acórdão (regra):

- Decisão proferida por um colegiado, ou seja, por um grupo de juízes. Essa decisão pode ser unânime ou por maioria.

PROCESSO CIVIL

1.4.3. Suspeição e Impedimento

Faz-se necessário recordar o princípio da imparcialidade. O magistrado, como órgão do Poder Judiciário, deve atuar com imparcialidade. Atenção, ele não tem que ser neutro, ele tem que ser imparcial. No entanto, existem circunstâncias que acarretam a sua parcialidade, as quais são definidas como suspeição e impedimento.

As causas que fundamentam o impedimento estão inseridas no art. 144, e as de suspeição, no art. 145 do CPC.

> **Art. 144.** Há impedimento do juiz, sendo-lhe vedado exercer suas funções no processo:
>
> I – em que interveio como mandatário da parte, oficiou como perito, funcionou como membro do Ministério Público ou prestou depoimento como testemunha;
>
> II – de que conheceu em outro grau de jurisdição, tendo proferido decisão;
>
> III – quando nele estiver postulando, como defensor público, advogado ou membro do Ministério Público, seu cônjuge ou companheiro, ou qualquer parente, consanguíneo ou afim, em linha reta ou colateral, até o terceiro grau, inclusive;
>
> IV – quando for parte no processo ele próprio, seu cônjuge ou companheiro, ou parente, consanguíneo ou afim, em linha reta ou colateral, até o terceiro grau, inclusive;
>
> V – quando for sócio ou membro de direção ou de administração de pessoa jurídica parte no processo;
>
> VI – quando for herdeiro presuntivo, donatário ou empregador de qualquer das partes;
>
> VII – em que figure como parte instituição de ensino com a qual tenha relação de emprego ou decorrente de contrato de prestação de serviços;
>
> VIII – em que figure como parte cliente do escritório de advocacia de seu cônjuge, companheiro ou parente, consanguíneo ou afim, em linha reta ou colateral, até o terceiro grau, inclusive, mesmo que patrocinado por advogado de outro escritório;[1]
>
> IX – quando promover ação contra a parte ou seu advogado.
>
> § 1º Na hipótese do inciso III, o impedimento só se verifica quando o defensor público, o advogado ou o membro do Ministério Público já integrava o processo antes do início da atividade judicante do juiz.
>
> § 2º É vedada a criação de fato superveniente a fim de caracterizar impedimento do juiz.
>
> § 3º O impedimento previsto no inciso III também se verifica no caso de mandato conferido a membro de escritório de advocacia que tenha em seus quadros advogado que individualmente ostente a condição nele prevista, mesmo que não intervenha diretamente no processo.
>
> **Art. 145.** Há suspeição do juiz:
>
> I – amigo íntimo ou inimigo de qualquer das partes ou de seus advogados;
>
> II – que receber presentes de pessoas que tiverem interesse na causa antes ou depois de iniciado o processo, que aconselhar alguma das partes acerca do objeto da causa ou que subministrar meios para atender às despesas do litígio;
>
> III – quando qualquer das partes for sua credora ou devedora, de seu cônjuge ou companheiro ou de parentes destes, em linha reta até o terceiro grau, inclusive;
>
> IV – interessado no julgamento do processo em favor de qualquer das partes.
>
> § 1º Poderá o juiz declarar-se suspeito por motivo de foro íntimo, sem necessidade de declarar suas razões.
>
> § 2º Será ilegítima a alegação de suspeição quando:
>
> I – houver sido provocada por quem a alega;
>
> II – a parte que a alega houver praticado ato que signifique manifesta aceitação do arguido.

Verificada a parcialidade do juiz, através dessas duas hipóteses, não será declarada a extinção do processo – deverá o magistrado ser afastado do processo, e os autos, encaminhados ao seu substituto legal (sendo invalidados os atos decisórios praticados até a substituição).

▷ **Importante, Cabeçones!** O magistrado pode reconhecer de ofício a sua parcialidade e remeter os autos para o seu substituto legal. O juiz poderá declarar-se suspeito por motivo de foro íntimo, sem necessidade de declarar suas razões (§ 1º, art. 145, CPC), protegendo a sua intimidade. Se o magistrado não reconhecer de ofício a sua parcialidade, no prazo de 15 dias, a contar do conhecimento do fato, a parte deverá alegar o impedimento ou suspeição, em petição específica, dirigida ao juiz do processo, na qual deverá ser indicado o fundamento da recusa, podendo instruí-la com documentos em que se fundar a alegação e com rol de testemunhas (art. 146, CPC).

Se reconhecer o impedimento ou a suspeição, o juiz ordenará imediatamente remessa dos autos a seu substituto legal. Caso contrário (não reconhecendo sua parcialidade), determinará a autuação

---

1 O inciso foi declarado inconstitucional na ADI 5.953. Pende trânsito em julgado: Decisão: O Tribunal, por maioria, julgou procedente a presente ação direta, declarando-se a inconstitucionalidade do inciso VIII do art. 144 da Lei 13.105, de 16 de março de 2015, do Código de Processo Civil (CPC), nos termos do voto do Ministro Gilmar Mendes, Redator para o acórdão, vencidos os Ministros Edson Fachin (Relator), Rosa Weber (Presidente), Cármen Lúcia e Roberto Barroso. Plenário, Sessão Virtual de 11.8.2023 a 21.8.2023.

em apartado e, no prazo de 15 dias, deverá apresentar suas razões, acompanhadas de documentos e de rol de testemunhas, se houver, ordenando remessa ao tribunal para que julgue o incidente (§ 1º, art. 146, CPC).

Caberá ao relator, quando ordenada a remessa do incidente ao tribunal, decidir o efeito suspensivo do incidente.

Impedimento	Suspeição
• Causa de parcialidade absoluta. • Pode ser requerida em qualquer momento e qualquer grau de jurisdição. • O prazo do art. 146 do CPC não é absoluto para o impedimento. • O impedimento pode ser alegado até em Ação Rescisória, ou seja, após o trânsito em julgado.	• Causa de parcialidade relativa. • Tem que respeitar o prazo do art. 146 do CPC.

▷ **Atenção** para o art. 148 do CPC. Os mesmos motivos de impedimento e suspeição vão ser aplicados ao Ministério Público, aos auxiliares da justiça e aos demais sujeitos imparciais do processo.

Art. 148. Aplicam-se os motivos de impedimento e de suspeição:

I – ao membro do Ministério Público;

II – aos auxiliares da justiça;

III – aos demais sujeitos imparciais do processo.

§ 1º A parte interessada deverá arguir o impedimento ou a suspeição, em petição fundamentada e devidamente instruída, na primeira oportunidade em que lhe couber falar nos autos.

§ 2º O juiz mandará processar o incidente em separado e sem suspensão do processo, ouvindo o arguido no prazo de 15 (quinze) dias e facultando a produção de prova, quando necessária.

§ 3º Nos tribunais, a arguição a que se refere o § 1º será disciplinada pelo regimento interno.

§ 4º O disposto nos §§ 1º e 2º não se aplica à arguição de impedimento ou de suspeição de testemunha.

Quanto à testemunha, impedimento e suspeição serão alegados através da contradita (art. 457 do CPC): impedimento na forma do art. 447, § 2º do CPC e suspeição na forma do art. 447, § 3º do CPC.

1.5. Custas e despesas processuais, honorários advocatícios e honorários de sucumbência, justiça gratuita e procuração

1.5.1. Custas e Despesas Processuais

Foi definido, no art. 82 do CPC, que o autor, ao propor uma ação, deverá fazer o adiantamento das custas processuais (ou seja, a parte autora deverá fazer o recolhimento das custas para ter sua ação distribuída). Objetivamente, o Estado cobra para prestar jurisdição.

De acordo com o art. 82, § 2º do CPC, o juiz, ao sentenciar o processo, condenará a parte vencida ao pagamento ou ressarcimento das custas e despesas que a parte vencedora antecipou. Essa circunstância decorre da sucumbência, a qual pode ser definida pela consequência da derrota na ação. A parte vencida será condenada aos ônus de sucumbência.

1.5.2. Honorários Advocatícios e dos Honorários de Sucumbência

Os **honorários advocatícios** são a **remuneração do advogado**, pois o advogado atua no processo como um prestador de serviço, assim, é possível convencionar com o cliente os honorários advocatícios. Trata-se da contraprestação pelo serviço prestado.

Os **honorários de sucumbências** são oriundos de um processo judicial, trata-se de **honorários fixados pelo juiz para pagamento pela parte vencida para o advogado da parte vencedora**. A parte vencida no processo é denominada sucumbente – e deverá arcar com os ônus desta derrota (da sucumbência).

Dentre os ônus da parte vencida, está o pagamento das custas (art. 82, § 2º do CPC) para a parte vencedora (como já referido anteriormente). E, por segundo, será também a parte vencida condenada a pagar os honorários advocatícios ao ADVOGADO da parte vencedora, conforme previsão expressa do art. 85 do CPC. Tal condenação deverá ser fixada na forma estabelecida no art. 85, § 2º do CPC.

Art. 85. A sentença condenará o vencido a pagar honorários ao advogado do vencedor.

§ 1º São devidos honorários advocatícios na reconvenção, no cumprimento de sentença, provisório ou definitivo, na execução, resistida ou não, e nos recursos interpostos, cumulativamente.

§ 2º Os honorários serão fixados entre o mínimo de dez e o máximo de vinte por cento sobre o valor da condenação, do proveito econômico obtido ou, não sendo possível mensurá-lo, sobre o valor atualizado da causa, atendidos:

PROCESSO CIVIL

I – o grau de zelo do profissional;

II – o lugar de prestação do serviço;

III – a natureza e a importância da causa;

IV – o trabalho realizado pelo advogado e o tempo exigido para o seu serviço.

De acordo com o art. 85, § 2º, do CPC, os honorários serão fixados entre o mínimo de 10 e o máximo de 20%. Não existe qualquer possibilidade de termos honorários fixados em percentual superior a 20%; contudo, existem circunstâncias legais em que é possível a fixação de honorários em percentual inferior a 10%, como por exemplo, o caso do art. 90, § 4º e art. 85, § 3º, ambos do CPC.

Art. 90. Proferida sentença com fundamento em desistência, em renúncia ou em reconhecimento do pedido, as despesas e os honorários serão pagos pela parte que desistiu, renunciou ou reconheceu.

§ 4º Se o réu reconhecer a procedência do pedido e, simultaneamente, cumprir integralmente a prestação reconhecida, os honorários serão reduzidos pela metade.

Art. 85. A sentença condenará o vencido a pagar honorários ao advogado do vencedor.

§ 3º Nas causas em que a Fazenda Pública for parte, a fixação dos honorários observará os critérios estabelecidos nos incisos I a IV do § 2º e os seguintes percentuais:

I – mínimo de dez e máximo de vinte por cento sobre o valor da condenação ou do proveito econômico obtido até 200 (duzentos) salários-mínimos;

II – mínimo de oito e máximo de dez por cento sobre o valor da condenação ou do proveito econômico obtido acima de 200 (duzentos) salários-mínimos até 2.000 (dois mil) salários-mínimos;

III–- mínimo de cinco e máximo de oito por cento sobre o valor da condenação ou do proveito econômico obtido acima de 2.000 (dois mil) salários-mínimos até 20.000 (vinte mil) salários-mínimos;

IV – mínimo de três e máximo de cinco por cento sobre o valor da condenação ou do proveito econômico obtido acima de 20.000 (vinte mil) salários-mínimos até 100.000 (cem mil) salários-mínimos;

V – mínimo de um e máximo de três por cento sobre o valor da condenação ou do proveito econômico obtido acima de 100.000 (cem mil) salários--mínimos.

Ainda, importante ressaltar o § 11 do art. 85 do CPC, pois poderá haver majoração dos honorários em 2º grau, contudo, o juiz deverá observar o limite de 20 %.

§ 11. O tribunal, ao julgar recurso, majorará os honorários fixados anteriormente levando em conta o trabalho adicional realizado em grau recursal, observando, conforme o caso, o disposto nos §§ 2º a 6º, sendo vedado ao tribunal, no cômputo geral da fixação de honorários devidos ao advogado do vencedor, ultrapassar os respectivos limites estabelecidos nos §§ 2º e 3º para a fase de conhecimento.

1.5.3. Justiça Gratuita

O art. 82 do CPC prevê que, no caso de justiça gratuita, restará a parte isenta do pagamento de custas e despesas processuais. Nesse sentido, o art. 98 do CPC garante à pessoa natural ou jurídica, tanto brasileira, quanto estrangeira, que tenha insuficiência de recursos para o pagamento das custas, das despesas processuais e dos honorários advocatícios, o direito à justiça gratuita.

O direito à justiça gratuita é concedido a qualquer das partes, podendo ser, inclusive, a um terceiro que interveio no processo, desde que cumpra os requisitos impostos na lei. O pedido ao benefício poderá ser feito em várias fases do processo: na inicial, contestação, em recursos ou até mesmo na petição que traz um terceiro ao processo.

No caso da pessoa natural, basta a alegação de ser hipossuficiente, não podendo o juiz indeferir o benefício sem que esteja evidenciado no processo o contrário. Nesse caso, ainda, antes do indeferimento, a parte tem a oportunidade de provar o contrário, conforme o art. 99, § 2º e 3º do CPC). Diferentemente é a situação da pessoa jurídica, que, para fazer jus à justiça gratuita, deve provar ser financeiramente hipossuficiente.

▷ **Importante, Cabeção!** Caso a parte vencida seja beneficiária da justiça gratuita, ela poderá ser condenada ao pagamento das custas e dos honorários, conforme o § 2º do art. 98 do CPC. Contudo, de acordo com o § 3º do art. 98 do CPC, referida condenação é suspensa, por consequência do benefício da justiça gratuita, pelo prazo de até cinco anos.

1.5.4. Procuração

A parte para litigar em juízo precisa estar representada por advogado. O advogado, para atuar em nome da parte, precisa ter poderes, os quais serão fixados por procuração, documento indispensável. Contudo, a segunda parte do art. 104 do CPC traz uma exceção:

Art. 104. O advogado não será admitido a postular em juízo sem procuração, salvo para evitar preclusão, decadência ou prescrição, ou para praticar ato considerado urgente.

§ 1º Nas hipóteses previstas no *caput*, o advogado deverá, independentemente de caução, exibir a procuração no prazo de 15 (quinze) dias, prorrogável por igual período por despacho do juiz.

§ 2º O ato não ratificado será considerado ineficaz relativamente àquele em cujo nome foi praticado, respondendo o advogado pelas despesas e por perdas e danos.

▷ **Atenção:** A procuração não se faz necessária quando o advogado atua em causa própria.

- **Direitos do advogado – acesso aos autos**

O advogado pode ter vista de qualquer processo judicial em tramitação, mesmo sem procuração, desde que não esteja sob a proteção do segredo de justiça, caso em que é necessária procuração (art. 107, I do CPC).

Importante lembrar que este mesmo direito é assegurado aos processos eletrônicos, conforme previsão do art. 107, § 5º do CPC.

Tem o advogado direito à carga (levar consigo) dos autos do processo em tramitação, situação em que será necessário apresentar procuração (art. 107, II e III do CPC).

▷ **Importante!** Para que o advogado faça carga dos processos que estão arquivados, não é necessária procuração (art. 7º, XVI, da Lei nº 8.906/1994 - Estatuto da Advocacia e da OAB).

1.6. Tutelas provisórias

O cidadão busca do Poder Judiciário a solução de um conflito de interesses, a solução de uma lide. O Poder Judiciário possui jurisdição, ou seja, possui poder-dever de solucionar um litígio. Contudo, o que o cidadão quer do Poder Judiciário é definido como **tutela jurisdicional** – decisão do conflito levado a juízo.

A **tutela jurisdicional possui uma classificação**, sendo ela:

Tutela definitiva:

- Tutela que põe fim ao conflito de interesses levado a juízo.

Tutela provisória:

- É uma decisão provisória, ainda não definitiva. Pretende-se uma decisão provisória no decorrer do processo, ainda não definitiva, pois ela ainda pode ser modificada. As tutelas provisórias são divididas em: tutela de evidência e tutela de urgência.

O pedido da **tutela provisória de evidência** deverá estar fundamentado em um direito claro e objetivo, em um direito evidente. Essa tutela somente poderá ser pedida e concedida/deferida nos casos previstos no art. 311 do CPC e sua análise será incidental.

> **Art. 311.** A tutela da evidência será concedida, independentemente da demonstração de perigo de dano ou de risco ao resultado útil do processo, quando:
>
> I – ficar caracterizado o abuso do direito de defesa ou o manifesto propósito protelatório da parte;
>
> II – as alegações de fato puderem ser comprovadas apenas documentalmente e houver tese firmada em julgamento de casos repetitivos ou em súmula vinculante;
>
> III – se tratar de pedido reipersecutório fundado em prova documental adequada do contrato de depósito, caso em que será decretada a ordem de entrega do objeto custodiado, sob cominação de multa;
>
> IV – a petição inicial for instruída com prova documental suficiente dos fatos constitutivos do direito do autor, a que o réu não oponha prova capaz de gerar dúvida razoável.
>
> Parágrafo único. Nas hipóteses dos incisos II e III, o juiz poderá decidir liminarmente.

Por outro lado, a tutela de urgência exige, para sua concessão, a presença dos requisitos do art. 300 do CPC, podendo ser requerida e analisada de forma **incidente** ou **antecedente**.

> **Art. 300.** A tutela de urgência será concedida quando houver elementos que evidenciem a probabilidade do direito e o perigo de dano ou o risco ao resultado útil do processo.
>
> § 1º Para a concessão da tutela de urgência, o juiz pode, conforme o caso, exigir caução real ou fidejussória idônea para ressarcir os danos que a outra parte possa vir a sofrer, podendo a caução ser dispensada se a parte economicamente hipossuficiente não puder oferecê-la.
>
> § 2º A tutela de urgência pode ser concedida liminarmente ou após justificação prévia.
>
> § 3º A tutela de urgência de natureza antecipada não será concedida quando houver perigo de irreversibilidade dos efeitos da decisão.

A **tutela de urgência** necessita de probabilidade do direito, ou seja, é um direito provável, ainda não é concreto. É necessário indicar ao Judiciário indícios de que exista esse direito. Faz-se necessário, ainda, demonstrar que exista perigo de dano – não é possível esperar até a concessão da tutela definitiva, é preciso uma decisão judicial naquele momento para se evitar que o direito pretendido sofra dano irreparável – ou demonstrar que exista risco de o processo não alcançar resultado útil – diante de uma atitude da outra parte: isso é, corre-se o risco de a ação proposta não alcançar o resultado útil, necessitando-se de uma decisão que garanta que essa ação possa alcançar resultado útil, por exemplo, quando o devedor começa a se desfazer de seu patrimônio.

A tutela de urgência ainda se subdivide em:

Tutela de urgência antecipada:

- Quando a urgência incidir sobre direitos materiais.

Tutela de urgência cautelar:

- Quando a urgência incidir sobre direitos processuais.

▷ **Importante, Cabeção!** A tutela provisória poderá ser pedida e concedida tanto ao autor, quanto ao réu, em qualquer momento do processo. Inclusive, é possível requerer a tutela provisória em 2° grau (art. 932, II do CPC).

As decisões interlocutórias que dizem respeito às tutelas provisórias são passíveis de recurso, ou seja, são decisões recorríveis. O art. 1.015, inciso I do CPC menciona que:

> **Art. 1.015.** Cabe agravo de instrumento contra as decisões interlocutórias que versarem sobre:
>
> I – tutelas provisórias;

O pedido de tutela provisório pode ser feito de duas maneiras, de forma incidental e de forma antecedente, vejamos:

De forma incidental:

- É o pedido normal, dentro do processo. Pode ser tanto de tutela provisória de urgência como de evidência.

De forma antecedente:

- É o pedido antes de se entrar com a ação. Existe uma grande necessidade de uma decisão judicial. Esse pedido só ocorre na tutela provisória de urgência e é baseado nos arts. 303 ou 305 do CPC.

> **Art. 303.** Nos casos em que a urgência for contemporânea à propositura da ação, a petição inicial pode limitar-se ao requerimento da tutela antecipada e à indicação do pedido de tutela final, com a exposição da lide, do direito que se busca realizar e do perigo de dano ou do risco ao resultado útil do processo.
>
> § 1º Concedida a tutela antecipada a que se refere o *caput* deste artigo:
>
> I – o autor deverá aditar a petição inicial, com a complementação de sua argumentação, a juntada de novos documentos e a confirmação do pedido de tutela final, em 15 (quinze) dias ou em outro prazo maior que o juiz fixar;
>
> II – o réu será citado e intimado para a audiência de conciliação ou de mediação na forma do art. 334;
>
> III – não havendo autocomposição, o prazo para contestação será contado na forma do art. 335.
>
> § 2º Não realizado o aditamento a que se refere o inciso I do § 1º deste artigo, o processo será extinto sem resolução do mérito.
>
> § 3º O aditamento a que se refere o inciso I do § 1º deste artigo dar-se-á nos mesmos autos, sem incidência de novas custas processuais.
>
> § 4º Na petição inicial a que se refere o *caput* deste artigo, o autor terá de indicar o valor da causa, que deve levar em consideração o pedido de tutela final.
>
> § 5º O autor indicará na petição inicial, ainda, que pretende valer-se do benefício previsto no *caput* deste artigo.
>
> § 6º Caso entenda que não há elementos para a concessão de tutela antecipada, o órgão jurisdicional determinará a emenda da petição inicial em até 5 (cinco) dias, sob pena de ser indeferida e de o processo ser extinto sem resolução de mérito.
>
> **Art. 305.** A petição inicial da ação que visa à prestação de tutela cautelar em caráter antecedente indicará a lide e seu fundamento, a exposição sumária do direito que se objetiva assegurar e o perigo de dano ou o risco ao resultado útil do processo.
>
> Parágrafo único. Caso entenda que o pedido a que se refere o *caput* tem natureza antecipada, o juiz observará o disposto no art. 303.

▷ **Importante!** O instituto da estabilização da tutela provisória somente será aplicável nos pedidos de tutela provisória de urgência antecipada antecedente (art. 304 do CPC). Esse pedido precisa ser deferido e que não haja recurso.

> **Art. 304.** A tutela antecipada, concedida nos termos do art. 303, torna-se estável se da decisão que a conceder não for interposto o respectivo recurso.
>
> § 1° No caso previsto no *caput*, o processo será extinto.
>
> § 2° Qualquer das partes poderá demandar a outra com o intuito de rever, reformar ou invalidar a tutela antecipada estabilizada nos termos do *caput*.
>
> § 3° A tutela antecipada conservará seus efeitos enquanto não revista, reformada ou invalidada por decisão de mérito proferida na ação de que trata o § 2°.
>
> § 4° Qualquer das partes poderá requerer o desarquivamento dos autos em que foi concedida a medida, para instruir a petição inicial da ação a que se refere o § 2°, prevento o juízo em que a tutela antecipada foi concedida.

§ 5º O direito de rever, reformar ou invalidar a tutela antecipada, previsto no § 2º deste artigo, extingue-se após 2 (dois) anos, contados da ciência da decisão que extinguiu o processo, nos termos do § 1º.

§ 6º A decisão que concede a tutela não fará coisa julgada, mas a estabilidade dos respectivos efeitos só será afastada por decisão que a revir, reformar ou invalidar, proferida em ação ajuizada por uma das partes, nos termos do § 2º deste artigo.

1.7. Partes, Capacidade e Intervenção de Terceiros

1.7.1. Partes

Em uma ação, é necessário identificar o autor, aquele que figura no polo ativo da demanda, ou seja, quem propôs a ação, e o réu, aquele que figura no polo passivo da demanda, ou seja, contra quem foi proposta a ação.

Ao se falar em pessoa, seja pessoa natural, seja pessoa jurídica, necessita-se compreender como elas adquirem personalidade, como elas exercem os diretos decorrentes dessa personalidade.

Juridicamente falando, **ter personalidade é ser titular de direitos e obrigações**. A pessoa natural, quando nasce com vida, adquire personalidade e, por consequência, é titular de direitos e obrigações. A pessoa jurídica adquire personalidade quando os seus atos constitutivos, seu contrato social, é registrado no local competente.

O exercício desses direitos e dessas obrigações pode ter que acontecer por representante ou a pessoa deve estar assistida. Há uma diferença entre ter personalidade e poder exercer esses direitos e essas obrigações sozinho, e para isso devemos avaliar a capacidade.

1.7.2. Capacidade

Legalmente, **o menor de 16 anos é absolutamente incapaz**; **a pessoa de 16 a 18 anos é denominada relativamente incapaz** e **a pessoa maior de 18 anos é plenamente capaz**.

O absolutamente incapaz possui direitos e obrigações, contudo, ele não pode exercer os direitos e obrigações sozinho, precisa estar representado. O relativamente capaz precisa ser assistido. A pessoa plenamente capaz exerce sozinha os seus direitos e obrigações.

O menor de 16 anos pode ser autor ou réu de uma ação, todavia, deve exercer os seus direitos e obrigações por um representante. Ex.: ação de alimentos. Uma criança de seis meses precisa receber alimentos do pai, então ela será a autora da ação, representada por sua mãe.

1.7.3. Intervenção de Terceiros

A intervenção de terceiros é a possibilidade de uma pessoa que não é parte – ou seja, não figura no polo ativo ou passivo – intervir no processo. A intervenção de terceiros pode se dar através das seguintes formas:

Assistência → Denunciação da lide → Chamamento ao processo → Incidente da desconsideração da personalidade jurídica → *Amicus curiae*

a) Assistência

Trata-se de uma intervenção voluntária, em que um terceiro interessado no conteúdo da sentença intervém no processo a fim de assistir e ajudar a parte com a qual tenha relação jurídica. Ex.: uma relação de locação. O proprietário de um imóvel entra com ação de despejo contra o inquilino, porém, o inquilino havia sublocado o imóvel para um terceiro. O terceiro, nesse caso, será prejudicado se a decisão for procedente para o proprietário: assim, ele tem interesse jurídico nesse processo, podendo se habilitar para defesa de seus direitos.

Art. 119. Pendendo causa entre 2 (duas) ou mais pessoas, o terceiro juridicamente interessado em que a sentença seja favorável a uma delas poderá intervir no processo para assisti-la.

Parágrafo único. A assistência será admitida em qualquer procedimento e em todos os graus de jurisdição, recebendo o assistente o processo no estado em que se encontre.

Art. 120. Não havendo impugnação no prazo de 15 (quinze) dias, o pedido do assistente será deferido, salvo se for caso de rejeição liminar.

Parágrafo único. Se qualquer parte alegar que falta ao requerente interesse jurídico para intervir, o juiz decidirá o incidente, sem suspensão do processo.

b) Denunciação da lide

Aqui, a intervenção é originada pela iniciativa de uma das partes, que será chamada de denunciante, cujo objetivo é garantir o direito de regresso no caso de improcedência do processo. Somente acontece nos casos do art. 125, do CPC.

> **Art. 125.** É admissível a denunciação da lide, promovida por qualquer das partes:
>
> I – ao alienante imediato, no processo relativo à coisa cujo domínio foi transferido ao denunciante, a fim de que possa exercer os direitos que da evicção lhe resultam;
>
> II – àquele que estiver obrigado, por lei ou pelo contrato, a indenizar, em ação regressiva, o prejuízo de quem for vencido no processo.
>
> § 1º O direito regressivo será exercido por ação autônoma quando a denunciação da lide for indeferida, deixar de ser promovida ou não for permitida.
>
> § 2º Admite-se uma única denunciação sucessiva, promovida pelo denunciado, contra seu antecessor imediato na cadeia dominial ou quem seja responsável por indenizá-lo, não podendo o denunciado sucessivo promover nova denunciação, hipótese em que eventual direito de regresso será exercido por ação autônoma.

▷ **Importante!** Se, por exemplo, a pessoa não fez a denunciação da lide, de acordo com o § 1º do art. 125 do CPC, ela não perde o direito de regresso, pode exercer o direito de regresso através de ação autônoma. Art. 129 do CPC – esse direito de regresso somente será julgado pelo juiz se o denunciante perder a ação principal.

c) Chamamento ao processo

Será possível o chamamento ao processo nos casos de fiança e nos casos de responsabilidade solidária.

> **Art. 130.** É admissível o chamamento ao processo, requerido pelo réu:
>
> I – do afiançado, na ação em que o fiador for réu;
>
> II – dos demais fiadores, na ação proposta contra um ou alguns deles;
>
> III – dos demais devedores solidários, quando o credor exigir de um ou de alguns o pagamento da dívida comum.

d) Incidente da desconsideração da personalidade jurídica

O incidente de desconsideração da personalidade jurídica vem regulado nos arts. 133 a 137 do CPC. Sua finalidade é a responsabilização das pessoas físicas, sócias de empresas, pelos atos da pessoa jurídica.

Os requisitos para as relações civis são: abuso de poder, confusão patrimonial ou desvio de finalidade, conforme art. 50 do Código Civil, bem como aqueles inseridos no Código de Defesa ao Consumidor (art. 28).

e) *Amicus curiae*

O *amicus curiae* está previsto no art. 138 do CPC e sua finalidade é auxiliar na formação de convencimento do juiz. Para que seja admitido o *amicus curiae*, deverá ser observada a relevância da matéria, a especificidade do tema objeto da demanda e a repercussão social da controvérsia. Ainda, deve haver representatividade: aquele que se habilita como *amicus curiae* deve ter representatividade, ou seja, deve falar em nome de um grupo.

> **Art. 138.** O juiz ou o relator, considerando a relevância da matéria, a especificidade do tema objeto da demanda ou a repercussão social da controvérsia, poderá, por decisão irrecorrível, de ofício ou a requerimento das partes ou de quem pretenda manifestar-se, solicitar ou admitir a participação de pessoa natural ou jurídica, órgão ou entidade especializada, com representatividade adequada, no prazo de 15 (quinze) dias de sua intimação.
>
> § 1º A intervenção de que trata o *caput* não implica alteração de competência nem autoriza a interposição de recursos, ressalvadas a oposição de embargos de declaração e a hipótese do § 3º.
>
> § 2º Caberá ao juiz ou ao relator, na decisão que solicitar ou admitir a intervenção, definir os poderes do amicus curiae
>
> § 3º O amicus curiae pode recorrer da decisão que julgar o incidente de resolução de demandas repetitivas.

1.8. Petição Inicial, Emenda, Indeferimento, Improcedência Liminar

1.8.1. Petição Inicial

Quando existe um conflito de interesses e a pessoa não consegue solucionar de forma consensual com a outra parte, é necessário buscar no Poder Judiciário essa solução. O juiz não age por ofício nos processos, isto é, faz-se necessária a iniciativa da parte através da petição inicial.

A petição inicial deve obedecer aos requisitos dos arts. 319 e 320 do CPC.

> **Art. 319.** A petição inicial indicará:
>
> I – o juízo a que é dirigida;
>
> II – os nomes, os prenomes, o estado civil, a existência de união estável, a profissão, o número de inscrição no Cadastro de Pessoas Físicas ou no Cadastro Nacional da Pessoa Jurídica, o endereço eletrônico, o domicílio e a residência do autor e do réu;
>
> III – o fato e os fundamentos jurídicos do pedido;
>
> IV – o pedido com as suas especificações;
>
> V – o valor da causa;
>
> VI – as provas com que o autor pretende demonstrar a verdade dos fatos alegados;
>
> VII – a opção do autor pela realização ou não de audiência de conciliação ou de mediação.
>
> § 1º Caso não disponha das informações previstas no inciso II, poderá o autor, na petição inicial,

requerer ao juiz diligências necessárias a sua obtenção.

§ 2º A petição inicial não será indeferida se, a despeito da falta de informações a que se refere o inciso II, for possível a citação do réu.

§ 3º A petição inicial não será indeferida pelo não atendimento ao disposto no inciso II deste artigo se a obtenção de tais informações tornar impossível ou excessivamente oneroso o acesso à justiça.

Art. 320. A petição inicial será instruída com os documentos indispensáveis à propositura da ação.

▷ **Importante, Cabeção!** A petição inicial deverá indicar se o autor deseja ou não que seja designada audiência de conciliação ou mediação (art. 334 do CPC).

Conforme o exposto nos arts. 322 e 324 do CPC, os pedidos da petição inicial devem ser certos e determinados; em outras palavras, o pedido não pode ser presumido – o que o autor não pediu o juiz não pode julgar – e não pode ser genérico. Excepcionalmente, o pedido poderá ser genérico, conforme o § 1º do art. 324 do CPC.

Art. 322. O pedido deve ser certo.

§ 1º Compreendem-se no principal os juros legais, a correção monetária e as verbas de sucumbência, inclusive os honorários advocatícios.

§ 2º A interpretação do pedido considerará o conjunto da postulação e observará o princípio da boa-fé.

Art. 324. O pedido deve ser determinado.

§ 1º É lícito, porém, formular pedido genérico:

I – nas ações universais, se o autor não puder individuar os bens demandados;

II – quando não for possível determinar, desde logo, as consequências do ato ou do fato;

III – quando a determinação do objeto ou do valor da condenação depender de ato que deva ser praticado pelo réu.

§ 2º O disposto neste artigo aplica-se à reconvenção.

▷ **Importante!** Há possibilidade de alteração dos pedidos, de acordo com o art. 329 do CPC.

Art. 329. O autor poderá:

I – até a citação, aditar ou alterar o pedido ou a causa de pedir, independentemente de consentimento do réu;

II – até o saneamento do processo, aditar ou alterar o pedido e a causa de pedir, com consentimento do réu, assegurado o contraditório mediante a possibilidade de manifestação deste no prazo mínimo de 15 (quinze) dias, facultado o requerimento de prova suplementar.

Parágrafo único. Aplica-se o disposto neste artigo à reconvenção e à respectiva causa de pedir.

1.8.2. Valor da Causa

Toda petição inicial deverá ter, obrigatoriamente, valor da causa. O valor da causa, como regra, corresponde ao valor do pedido ou dos pedidos, caso ocorra a cumulação, ou seja, mais de um pedido, conforme o art. 292 do CPC. Contudo, importante observar o inciso III do art. 292 do CPC: "na ação de alimentos, a soma de 12 (doze) prestações mensais pedidas pelo autor".

O § 3º do art. 292 do CPC traz uma importante informação, qual seja: "O juiz corrigirá, de ofício e por arbitramento, o valor da causa quando verificar que não corresponde ao conteúdo patrimonial em discussão ou ao proveito econômico perseguido pelo autor, caso em que se procederá ao recolhimento das custas correspondentes".

▷ **Importante!** A parte deverá juntar a procuração contendo nome do advogado, OAB, endereço completo (art. 105, § 2º do CPC). A não juntada será admitida somente, para evitar preclusão, decadência ou prescrição, ou para praticar ato considerado urgente (art. 287, I c/c art. 104, ambos do CPC). Importa destacar ainda que, se o autor for absolutamente ou relativamente incapaz, deverá ser indicado a pessoa que o representa ou assiste.

1.8.3. Emenda da Petição Inicial

Se a petição inicial estiver irregular, por faltar algum dos requisitos dos arts. 319 e 320 do CPC, ou apresentar defeitos e irregularidades capazes de dificultar o julgamento de mérito, o juiz determinará que o autor emende ou a complete, no **prazo de 15 dias** (informando, com precisão, o que deve ser corrigido ou completado – art. 321, do CPC).

Não cumprida tal diligência, a petição inicial será indeferida (art. 321, parágrafo único, do CPC) – restando a ação extinta sem resolução do mérito, na forma do art. 485, I do CPC.

1.8.4. Indeferimento da Petição Inicial

As hipóteses de indeferimento são aquelas previstas no art. 330, CPC. Identificada pelo magistrado alguma das situações do art. 330 do CPC, deverá intimar o autor para emendar/completar a inicial (art. 321, c/c o art. 317 do CPC).

Art. 330. A petição inicial será indeferida quando:

I –for inepta;

II – a parte for manifestamente ilegítima;

III – o autor carecer de interesse processual;

IV – não atendidas as prescrições dos arts. 106 e 321.

§ 1º Considera-se inepta a petição inicial quando:

I – lhe faltar pedido ou causa de pedir;

II – o pedido for indeterminado, ressalvadas as hipóteses legais em que se permite o pedido genérico;

III – da narração dos fatos não decorrer logicamente a conclusão;

IV – contiver pedidos incompatíveis entre si.

§ 2º Nas ações que tenham por objeto a revisão de obrigação decorrente de empréstimo, de financiamento ou de alienação de bens, o autor terá de, sob pena de inépcia, discriminar na petição inicial, dentre as obrigações contratuais, aquelas que pretende controverter, além de quantificar o valor incontroverso do débito.

§ 3º Na hipótese do § 2º, o valor incontroverso deverá continuar a ser pago no tempo e modo contratados.

A decisão que indefere a inicial, por gerar a extinção sem resolução do mérito (art. 485, I do CPC), é uma sentença (art. 316 do CPC) recorrível via recurso de apelação.

No caso de apelação, segundo o art. 331, do CPC, o juiz poderá retratar-se de sua decisão de indeferimento, no prazo de cinco dias; se não se retratar, o réu será citado para responder ao recurso.

1.8.5. Improcedência Liminar do Pedido

Quando o juiz verificar que a inicial preenche os requisitos, determinará a citação do réu para que possa ser integrado ao processo, mas se verificar uma das hipóteses do art. 332, do CPC, estará autorizado a proferir decisão liminar de total improcedência, sentença essa com resolução do mérito, conforme o art. 487, I do CPC.

Art. 332. Nas causas que dispensem a fase instrutória, o juiz, independentemente da citação do réu, julgará liminarmente improcedente o pedido que contrariar:

I – enunciado de súmula do Supremo Tribunal Federal ou do Superior Tribunal de Justiça;

II – acórdão proferido pelo Supremo Tribunal Federal ou pelo Superior Tribunal de Justiça em julgamento de recursos repetitivos;

III – entendimento firmado em incidente de resolução de demandas repetitivas ou de assunção de competência;

IV – enunciado de súmula de tribunal de justiça sobre direito local.

§ 1º O juiz também poderá julgar liminarmente improcedente o pedido se verificar, desde logo, a ocorrência de decadência ou de prescrição.

§ 2º Não interposta a apelação, o réu será intimado do trânsito em julgado da sentença, nos termos do art. 241.

§ 3º Interposta a apelação, o juiz poderá retratar-se em 5 (cinco) dias.

§ 4º Se houver retratação, o juiz determinará o prosseguimento do processo, com a citação do réu, e, se não houver retratação, determinará a citação do réu para apresentar contrarrazões, no prazo de 15 (quinze) dias.

▷ **Importante, Cabeção!** Também pode configurar causa/fundamento para a improcedência liminar dos pedidos a identificação de prescrição ou decadência (art. 332, § 1º, do CPC) – neste caso, haverá extinção com resolução de mérito conforme o art. 487, II do CPC.

Para que não viole o princípio da ampla defesa e do contraditório, o juiz deverá ouvir o autor. No entanto, não é necessária a oitiva do réu, pois as causas de improcedência liminar não prejudicam o réu, apenas ao autor; ademais, essa decisão liminar ocorre antes da citação do réu.

1.9. Contestação, revelia e reconvenção

1.9.1. Contestação

O Direito Processual Civil obedece ao devido processo legal, assim, após a primeira manifestação do autor, que se dá através da petição inicial, o réu deve ter a oportunidade de se defender. A forma processual do réu/demandado de apresentar sua defesa é chamada de contestação. Deverá ser protocolada no **prazo de 15 dias**, obedecido o art. 335 do CPC:

Art. 335. O réu poderá oferecer contestação, por petição, no prazo de 15 (quinze) dias, cujo termo inicial será a data:

I – da audiência de conciliação ou de mediação, ou da última sessão de conciliação, quando qualquer parte não comparecer ou, comparecendo, não houver autocomposição;

II – do protocolo do pedido de cancelamento da audiência de conciliação ou de mediação apresentado pelo réu, quando ocorrer a hipótese do art. 334, § 4º, inciso I ;

III – prevista no art. 231, de acordo com o modo como foi feita a citação, nos demais casos.

§ 1º No caso de litisconsórcio passivo, ocorrendo a hipótese do art. 334, § 6º , o termo inicial previsto no inciso II será, para cada um dos réus, a data de apresentação de seu respectivo pedido de cancelamento da audiência.

§ 2º Quando ocorrer a hipótese do art. 334, § 4º, inciso II, havendo litisconsórcio passivo e o autor desistir da ação em relação a réu ainda não citado, o prazo para resposta correrá da data de intimação da decisão que homologar a desistência.

A contestação é dividida em dois momentos, sendo eles a **defesa processual** e a **defesa de mérito**.

A defesa processual é denominada preliminares, e o réu encontra-se limitado ao rol apresentado no art. 337 do CPC, ou seja, não cabe ao réu trazer em preliminar algo que não esteja elencado no referido artigo. A defesa de mérito é a contestação, específica e objetiva, dos fatos e dos pedidos que o autor alegou na petição inicial, de acordo com o art. 336 do CPC.

- **Princípio da eventualidade ou da concentração de defesa**

Ao contrário do que ocorrer na petição inicial, a contestação não possui requisitos a serem preenchidos obrigatoriamente. Cabe ao réu alegar na contestação toda matéria de defesa, de forma específica, expondo as razões de fato e de direito para impugnar o pedido do autor (art. 336, do CPC).

- **Preliminares**

Quanto às preliminares, vale recordar algumas situações específicas:

a) **Incorreção do valor da causa:** A não impugnação pelo réu gera a preclusão, isto é, de acordo com o art. 293, do CPC, não haverá outro momento para impugnar o valor da causa.

b) **Ausência de legitimidade ou de interesse processual - art. 337, XI do CPC:** neste caso será permitido ao autor, segundo o art. 338 do CPC, concordar com a alegação de ilegitimidade do réu, aceitando a sua exclusão e redirecionando a ação contra o demandado correto.

c) **Indevida concessão do benefício da gratuidade de justiça - art. 337, XIII do CPC:** se a gratuidade da justiça for concedida após a petição inicial, o pedido de revogação será formulado por petição simples, no prazo de 15 dias (art. 100, caput, CPC).

- **Ônus da impugnação especificada**

O réu não pode apresentar, como regra, contestação genérica, devendo enfrentar de forma específica tudo aquilo que foi alegado pelo autor, na petição inicial. E, aqui, fato não contestado será considerado presumidamente verdadeiro, conforme o art. 341 do CPC.

Excepcionalmente, conforme previsão do art. 341, parágrafo único do CPC, será autorizada e permitida a contestação genérica. O réu pode então, na contestação, apresentar sua defesa processual (as denominadas preliminares, previstas no art. 337 do CPC) e de mérito (rebatendo de forma específica os fatos - art. 341 do CPC - e os pedidos, art. 336 do CPC).

> **Art. 341.** Incumbe também ao réu manifestar-se precisamente sobre as alegações de fato constantes da petição inicial, presumindo-se verdadeiras as não impugnadas, salvo se:
>
> I - não for admissível, a seu respeito, a confissão;
>
> II - a petição inicial não estiver acompanhada de instrumento que a lei considerar da substância do ato;
>
> III - estiverem em contradição com a defesa, considerada em seu conjunto.
>
> Parágrafo único. O ônus da impugnação especificada dos fatos não se aplica ao defensor público, ao advogado dativo e ao curador especial.

Todas as alegações, documentos e provas o autor precisa trazer na inicial, da mesma forma, o réu tem a mesma obrigação com a contestação, assim, a lide está limitada pelos fatos trazidos na inicial e na contestação. Contudo, de acordo com o art. 342 do CPC, é lícito ao réu, depois da contestação, deduzir novas alegações quando:

> I - relativas a direito ou a fato superveniente;
>
> II - competir ao juiz conhecer delas de ofício;
>
> III - por expressa autorização legal, puderem ser formuladas em qualquer tempo e grau de jurisdição.

1.9.2. Revelia

A revelia é configurada pela inércia do réu, que deixa de apresentar defesa em relação aos fatos narrados na inicial - objetivamente, ocorrerá à revelia quando o réu não apresentar contestação, ou apresentar de forma intempestiva.

> **Art. 344.** Se o réu não contestar a ação, será considerado revel e presumir-se-ão verdadeiras as alegações de fato formuladas pelo autor.

- **Efeitos da revelia**

De regra, à revelia do réu acarreta a presunção de veracidade dos fatos narrados na petição inicial (art. 344, segunda parte do CPC) e a desnecessidade de sua intimação para os demais atos do processo caso não tenha constituído procurador nos autos.

Importante observar o art. 345 do CPC, pois o referido artigo traz hipóteses que afastam a aplicação dos efeitos da revelia; em outras palavras, de acordo com o art. 345 do CPC, o réu que não contestar a ação permanece revel, mas contra ele não há presunção de veracidade dos fatos.

> **Art. 345.** A revelia não produz o efeito mencionado no art. 344 se:
>
> I - havendo pluralidade de réus, algum deles contestar a ação;
>
> II - o litígio versar sobre direitos indisponíveis;

III – a petição inicial não estiver acompanhada de instrumento que a lei considere indispensável à prova do ato;

IV – as alegações de fato formuladas pelo autor forem inverossímeis ou estiverem em contradição com prova constante dos autos.

▷ **Atenção ainda para o art. 349 do CPC:** "Ao réu revel será lícita a produção de provas, contrapostas às alegações do autor, desde que se faça representar nos autos a tempo de praticar os atos processuais indispensáveis a essa produção". Assim, ao réu, habilitando-se no processo, através de seu advogado, é permitida a produção de provas, em qualquer fase do processo, conforme o parágrafo único do art. 346 do CPC.

1.9.3. Reconvenção

Além da contestação, o réu poderá se valer da reconvenção para contra-atacar o autor, isto é, através da reconvenção, o réu poderá formular pretensões, assim como fez o autor na petição inicial.

Segundo a expressa previsão do art. 343 do CPC, deverá a reconvenção ser apresentada na contestação.

▷ **Atenção:** a reconvenção não será apresentada em peça separada. A reconvenção é um tópico dentro da contestação, produzindo pedidos próprios e, consequentemente, apresentada no prazo da contestação.

▷ **Importante!** Só a contestação não terá valor da causa, mas a contestação com a reconvenção terá valor da causa, ou seja, deverá apresentar o valor da reconvenção, na forma do art. 292 do CPC.

Há possibilidade de o réu que não deseja contestar apresentar apenas a reconvenção, conforme o § 6º do art. 343 do CPC. Ainda, a desistência da ação ou a ocorrência de alguma causa extintiva que impeça o exame do mérito da petição inicial não prejudicará o prosseguimento do processo quanto à reconvenção (§ 2º, do art. 343 do CPC).

> **Art. 343.** Na contestação, é lícito ao réu propor reconvenção para manifestar pretensão própria, conexa com a ação principal ou com o fundamento da defesa.
>
> § 1º Proposta a reconvenção, o autor será intimado, na pessoa de seu advogado, para apresentar resposta no prazo de 15 (quinze) dias.
>
> § 2º A desistência da ação ou a ocorrência de causa extintiva que impeça o exame de seu mérito não obsta ao prosseguimento do processo quanto à reconvenção.
>
> § 3º A reconvenção pode ser proposta contra o autor e terceiro.
>
> § 4º A reconvenção pode ser proposta pelo réu em litisconsórcio com terceiro.
>
> § 5º Se o autor for substituto processual, o reconvinte deverá afirmar ser titular de direito em face do substituído, e a reconvenção deverá ser proposta em face do autor, também na qualidade de substituto processual.
>
> § 6º O réu pode propor reconvenção independentemente de oferecer contestação.

1.10. Atos Processuais, citação, intimação, prazos, intervenção do MP

1.10.1. Atos Processuais

O processo consiste em uma sucessão de atos. Atos processuais são os atos humanos realizados no processo, os quais devem ser praticados em conformidade com o que determina a lei. Podem ser orais ou por escrito; todavia, sempre que forem orais, serão reduzidos a termo pelo escrivão, para sua documentação nos autos. Independentemente de sua forma, em regra, os atos processuais serão públicos, salvo aqueles cuja ação tramitar em segredo de justiça, conforme o art. 189 do CPC.

Tempo dos atos processuais: Os atos processuais serão praticados em **dias úteis**, das **06 às 20 horas**, conforme o art. 212 do CPC; contudo, essa informação não quer dizer que o Poder Judiciário precise estar aberto durante esse horário. Observe o § 3º do art. 212 do CPC: "Quando o ato tiver de ser praticado por meio de petição em autos não eletrônicos, essa deverá ser protocolada no horário de funcionamento do fórum ou tribunal, conforme o disposto na lei de organização judiciária local".

O *caput* do art. 212 do CPC traz um limite de horário, porém, cada lei de organização judiciária tem competência para definir o seu horário de funcionamento, por consequência, a regra é que o advogado deve protocolar um recurso, por exemplo, no horário de funcionamento do fórum ou tribunal, se os autos não forem eletrônicos.

Quando se tratar de prática eletrônica de ato processual, é necessário observar o art. 213 do CPC: "A prática eletrônica de ato processual pode ocorrer em qualquer horário até as 24 (vinte e quatro) horas do último dia do prazo". Assim, se o prazo processual é de autos eletrônicos, o advogado pode protocolar o recurso, por exemplo, até as 23h59min do último dia do prazo.

- **Comunicação dos atos processuais**

Existem atos processuais que podem acontecer fora dos dias e dos horários estipulados no art. 212 do CPC. Existem formas de comunicação de atos processuais, sendo elas: citação e intimação. A **citação** é a forma pela qual o réu toma conhecimento de que existe uma ação contra ele e, a partir desse ato, abre a oportunidade de o réu se defender. No processo civil, a citação ocorre apenas para o réu, uma única vez, e os demais atos processuais são comunicados através da intimação. A **intimação**, no processo civil, é avisar as partes ou qualquer outro terceiro que por acaso intervir no processo, para fazer ou deixar de fazer alguma coisa.

1.10.2. Citação

A partir da alteração do CPC ocorrida em 2021, a citação eletrônica se tornou a regra (preferencial), conforme art. 246 do CPC, assim como a intimação, na forma do art. 270 do CPC. Diante dessa regra, a contagem do prazo, quando a comunicação do ato for eletrônica, também foi alterada, sendo incluído o inciso IX ao art. 231: "o quinto dia útil seguinte à confirmação, na forma prevista na mensagem de citação, do recebimento da citação realizada por meio eletrônico".

Importante destacar a referência de que as citações e intimações **serão sempre acompanhadas das orientações para confirmação**, conforme art. 246, § 4º: "As citações por correio eletrônico serão acompanhadas das orientações para realização da confirmação de recebimento e de código identificador que permitirá a sua identificação na página eletrônica do órgão judicial citante".

Destaque-se ainda que a **citação** deverá ser efetivada **em até 45 dias após a propositura da ação**, conforme o art. 238, parágrafo único, do CPC. Nessa mesma linha, fixou o caput do art. 246 do CPC que a citação deve acontecer em até dois dias úteis da decisão que a determinar:

> **Art. 246.** A citação será feita preferencialmente por meio eletrônico, no prazo de até 2 (dois) dias úteis, contado da decisão que a determinar, por meio dos endereços eletrônicos indicados pelo citando no banco de dados do Poder Judiciário, conforme regulamento do Conselho Nacional de Justiça.

E, não menos importante, a ausência de confirmação, em até três dias, gera a necessidade de que a citação ocorra de forma não eletrônica, conforme o art. 246, § 1º-A do CPC.

É necessário atentar-se para que a falta de confirmação deve ser justificada, sob pena de configurar ato atentatório a dignidade da justiça, conforme § 1º-C do art. 246 do CPC: "Considera-se ato atentatório à dignidade da justiça, passível de multa de até 5 % (cinco por cento) do valor da causa, deixar de confirmar no prazo legal, sem justa causa, o recebimento da citação recebida por meio eletrônico".

▷ **Importante, Cabeçones!** A microempresa e a empresa de pequeno porte somente serão citadas pelo método antigo se não tiverem o endereço eletrônico cadastrado, conforme previsão do § 5º do art. 246 do CPC: "As microempresas e as pequenas empresas somente se sujeitam ao disposto no § 1º deste artigo quando não possuírem endereço eletrônico cadastrado no sistema integrado da Rede Nacional para a Simplificação do Registro e da Legalização de Empresas e Negócios (Redesim)".

Vale recordar que as empresas públicas e privadas têm obrigação de manter cadastro, na forma do § 1º do art. 246 do CPC: "As empresas públicas e privadas são obrigadas a manter cadastro nos sistemas de processo em autos eletrônicos, para efeito de recebimento de citações e intimações, as quais serão efetuadas preferencialmente por esse meio".

As situações em que não será possível a citação de forma eletrônica encontram-se no art. 247 do CPC.

> **Art. 247.** A citação será feita por meio eletrônico ou pelo correio para qualquer comarca do País, exceto:
>
> I – nas ações de estado, observado o disposto no art. 695, § 3º;
>
> II – quando o citando for incapaz;
>
> III – quando o citando for pessoa de direito público;
>
> IV – quando o citando residir em local não atendido pela entrega domiciliar de correspondência;
>
> V – quando o autor, justificadamente, a requerer de outra forma.

1.10.3. Intimação

Intimação é a **forma de dar ciência às partes sobre atos e termos do processo**, conforme estabelece o art. 269 do CPC, e pode acontecer nas mesmas circunstâncias da citação.

O diferencial é a chamada intimação direta, que é feita pelo advogado de uma das partes para o advogado da parte adversa, na forma do art. 269, §§ 1º e 2º do CPC, visando a celeridade do ato processual. Essa intimação deve ser comprovada nos autos, mediante juntada de aviso de recebimento com a descrição dos documentos enviados.

> **Art. 269.** Intimação é o ato pelo qual se dá ciência a alguém dos atos e dos termos do processo.
>
> § 1º É facultado aos advogados promover a intimação do advogado da outra parte por meio do correio, juntando aos autos, a seguir, cópia do ofício de intimação e do aviso de recebimento.
>
> § 2º O ofício de intimação deverá ser instruído com cópia do despacho, da decisão ou da sentença.
>
> § 3º A intimação da União, dos Estados, do Distrito Federal, dos Municípios e de suas respectivas autarquias e fundações de direito público será realizada perante o órgão de Advocacia Pública responsável por sua representação judicial.

1.10.4. Cartas

Segundo o art. 67 do CPC, **as cartas são formas de cooperação entre órgãos jurisdicionais.** O art. 69, § 2º do CPC, elenca alguns atos processuais que poderão ser produzidos via cartas. Os tipos de cartas existentes estão definidos no art. 237 do CPC:

> **Art. 237.** Será expedida carta:
>
> I – de ordem, pelo tribunal, na hipótese do § 2º do art. 236;
>
> II – rogatória, para que órgão jurisdicional estrangeiro pratique ato de cooperação jurídica internacional, relativo a processo em curso perante órgão jurisdicional brasileiro;
>
> III – precatória, para que órgão jurisdicional brasileiro pratique ou determine o cumprimento, na área de sua competência territorial, de ato relativo a pedido de cooperação judiciária formulado por órgão jurisdicional de competência territorial diversa;
>
> IV – arbitral, para que órgão do Poder Judiciário pratique ou determine o cumprimento, na área de sua competência territorial, de ato objeto de pedido de cooperação judiciária formulado por juízo arbitral, inclusive os que importem efetivação de tutela provisória.
>
> Parágrafo único. Se o ato relativo a processo em curso na justiça federal ou em tribunal superior houver de ser praticado em local onde não haja vara federal, a carta poderá ser dirigida ao juízo estadual da respectiva comarca.

Nesses casos, compete ao STJ autorizar o cumprimento da carta rogatória passiva, chamado exequatur (art. 105, I, i da CF).

> ▷ **Cuidado, Cabeçones!** O STJ apenas vai autorizar a execução da carta rogatória, pois quem vai de fato executar, escutar a testemunha ou parte, será o juiz federal (art. 109, X da CF).

- **Nulidade dos atos processuais**

Um ato processual será considerado nulo quando não observar todos os requisitos de validade e acarretar algum prejuízo. Se o juiz identificar uma nulidade durante o processo, ordenará que seja corrigida, avaliando, inclusive, se os atos posteriores que dele dependam também devem ser reparados.

> **Art. 282.** Ao pronunciar a nulidade, o juiz declarará que atos são atingidos e ordenará as providências necessárias a fim de que sejam repetidos ou retificados.
>
> § 1º O ato não será repetido nem sua falta será suprida quando não prejudicar a parte.
>
> § 2º Quando puder decidir o mérito a favor da parte a quem aproveite a decretação da nulidade, o juiz não a pronunciará nem mandará repetir o ato ou suprir-lhe a falta.

A nulidade de um ato só poderá anular os atos posteriores que dele dependam, não prejudicando os atos posteriores independentes, conforme disciplina o art. 281 do CPC: "Anulado o ato, consideram-se de nenhum efeito todos os subsequentes que dele dependam, todavia, a nulidade de uma parte do ato não prejudicará as outras que dela sejam independentes".

De acordo com o art. 277 do CPC, **o ato será considerado válido pelo juiz, desde que tenha alcançado a finalidade para o qual foi previsto, mesmo que tenha sido realizado de forma contrária à lei.** Isso porque se adota o **princípio da instrumentalidade das formas**, que diz que a forma é necessária apenas para que o ato alcance o seu objetivo, e se atingir o objetivo por outro meio, não existirá o vício (exemplo: o réu é citado de forma incorreta, mas comparece à audiência e se defende – o ato que inicialmente era nulo se tornará válido).

> ▷ **Importante!** Identificando que o ato processual, mesmo nulo, não trouxe **prejuízo** e alcançou a sua **finalidade**, não será decretada sua nulidade.

1.10.5. Prazos dos Atos Processuais

Os prazos, no Direito Processual Civil, serão contados **apenas em dias úteis**, na forma do art. 219 do CPC. Para contagem dos prazos, como regra, **será identificado o dia do começo** (art. 231 do CPC), **excluindo-se tal dia** conforme o art. 224 do CPC, ou seja, **exclui-se o dia do começo e inclui-se o do final**.

> ▷ **Importante!** Na contagem de prazos quando a intimação acontecer via publicação no Diário da Justiça Eletrônico, serão levados em consideração os §§ 2º e 3º do art. 224 do CPC. Além disso, conforme inovação do inciso IX do art. 231, deve-se atentar ao dia de começo do prazo para as intimações feitas por meio eletrônico. Configura-se no quinto dia útil posterior à confirmação de recebimento da mensagem intimatória.

Para as partes, a consequência da não observância dos prazos processuais é a **preclusão temporal**, ou seja, **a perda do direito de manifestação**. Trata-se de um mecanismo que gera a perda da faculdade processual, ou seja, **a parte não poderá mais praticar determinado ato processual**, podendo ser gerada por não ter sido exercida no tempo devido (preclusão temporal), na forma do art. 223 do CPC: "Decorrido o prazo, extingue-se o direito de praticar ou de emendar o ato processual, independentemente de declaração judicial, ficando assegurado, porém, à parte provar que não o realizou por justa causa".

Ademais, importante ressaltar que, é possível cumprir um ato processual antes mesmo do início da contagem do prazo, conforme o § 4º do art. 218 do CPC: "Será considerado tempestivo o ato praticado antes do termo inicial do prazo".

Ainda **há a preclusão lógica**, na qual a parte deixa de ter a possibilidade de praticar algum ato, diante de já ter realizado ato anterior incompatível com ele. Exemplo: art. 1.000 do CPC. E, por fim, **há a preclusão consumativa**, que se trata da impossibilidade de a parte refazer ou aperfeiçoar algum ato já realizado. Por exemplo: a reconvenção deverá ser apresentada junto com a contestação, nem antes, nem depois, junto.

Suspensão e Interrupção de Prazos

Ainda, apesar de não termos esse assunto expressamente no CPC, é importante observar as regras quanto à suspensão e à interrupção de prazos.

Quanto à suspensão de um prazo: por exemplo, em um prazo de 15 dias. Se o prazo for suspenso no quinto dia, encerrada a causa suspensiva do prazo, tem-se mais dez dias, ou seja, a causa suspensiva está encerrada, e faz com que se conte o restante do prazo.

Na interrupção de um prazo, encerrada a causa interruptiva, tem-se todo o prazo, não apenas o restante. Assim, se o prazo era de 15 dias e a interrupção aconteceu no quinto dia, encerrada a causa interruptiva do prazo, a parte terá novamente os 15 dias.

▷ **Importante, Cabeçones!**

- Ocorrendo uma causa interruptiva de prazo, terminada a interrupção, o prazo reiniciará na sua integralidade (terminada a causa interruptiva, a parte tem todo o prazo de volta).
- Emergindo uma causa suspensiva, encerrada a mesma, a parte terá apenas o que restou (o saldo) do prazo.

O magistrado também deverá obedecer a prazos processuais, na forma do art. 226 do CPC:

> **Art. 226.** O juiz proferirá:
>
> I – os despachos no prazo de 5 (cinco) dias;
>
> II – as decisões interlocutórias no prazo de 10 (dez) dias;
>
> III – as sentenças no prazo de 30 (trinta) dias.

Contudo, ao contrário da parte – que, não cumprindo um prazo, incide a preclusão, ou seja, perde o direito de praticar um ato –, contra os atos do magistrado não incide a preclusão.

O magistrado que exceder os prazos processuais haverá representação, nos termos do art. 235 do CPC: "Qualquer parte, o Ministério Público ou a Defensoria Pública poderá representar ao corregedor do tribunal ou ao Conselho Nacional de Justiça contra juiz ou relator que injustificadamente exceder os prazos previstos em lei, regulamento ou regimento interno".

- **Causas que geram modificação do prazo**

O MP, conforme o art. 180 do CPC, goza de prazo em dobro para se manifestar nos autos. Ainda, de acordo com o art. 183 do CPC: "A União, os Estados, o Distrito Federal, os Municípios e suas respectivas autarquias e fundações de direito público gozarão de prazo em dobro para todas as suas manifestações processuais, cuja contagem terá início a partir da intimação pessoal". A Defensoria Pública (art. 186 do CPC) também incidirá o prazo em dobro, bem como no caso do art. 229 do CPC, sobre o litisconsórcio com diferentes procuradores de escritórios distintos.

▷ **Importante, Cabeçones!** Conforme o § 2º do 229 do CPC, tal dispositivo não se aplica aos processos em autos eletrônicos.

1.10.6. Intervenção do Ministério Público no Processo Civil

A atuação do MP pode acontecer **como parte ou como fiscal da ordem jurídica**. Sua atuação como fiscal da ordem jurídica será emitindo parecer/opinião – e esta atuação se restringe aos casos definidos no art. 178 do CPC.

> **Art. 178.** O Ministério Público será intimado para, no prazo de 30 (trinta) dias, intervir como fiscal da ordem jurídica nas hipóteses previstas em lei ou na Constituição Federal e nos processos que envolvam:
>
> I – interesse público ou social;
>
> II – interesse de incapaz;
>
> III – litígios coletivos pela posse de terra rural ou urbana.
>
> Parágrafo único. A participação da Fazenda Pública não configura, por si só, hipótese de intervenção do Ministério Público.

Nesses casos definidos no art. 178 do CPC, a intimação do MP será obrigatória (art. 179, I do CPC), e a falta de intimação acarretará a nulidade do processo (art. 279 do CPC).

- **Possibilidade de alteração no procedimento**

Conforme previsão do art. 190 do CPC, as partes podem estipular, de comum acordo, mudanças no procedimento:

Art. 190. Versando o processo sobre direitos que admitam autocomposição, é lícito às partes plenamente capazes estipular mudanças no procedimento para ajustá-lo às especificidades da causa e convencionar sobre os seus ônus, poderes, faculdades e deveres processuais, antes ou durante o processo.

Parágrafo único. De ofício ou a requerimento, o juiz controlará a validade das convenções previstas neste artigo, recusando-lhes aplicação somente nos casos de nulidade ou de inserção abusiva em contrato de adesão ou em que alguma parte se encontre em manifesta situação de vulnerabilidade.

E, nesse sentido, poderão inclusive criar um calendário processual próprio, conforme art. 191, CPC: "De comum acordo, o juiz e as partes podem fixar calendário para a prática dos atos processuais, quando for o caso". Ainda de acordo com o § 1º: "O calendário vincula as partes e o juiz, e os prazos nele previstos somente serão modificados em casos excepcionais, devidamente justificados".

Atenção ainda para o § 2º do art. 191 do CPC: "Dispensa-se a intimação das partes para a prática de ato processual ou a realização de audiência cujas datas tiverem sido designadas no calendário".

1.11. Julgamento antecipado, decisão de saneamento e organização do processo, teoria geral da prova

1.11.1. Julgamento Antecipado

Se já foram cumpridas as providências preliminares, o juiz procederá ao julgamento conforme estado do processo, momento em que deverá analisar o destino da relação processual. Assim, ocorrendo qualquer hipótese prevista nos arts. 485 e 487, incisos II e III do CPC, o juiz proferirá sentença, conforme art. 354, do CPC.

Essa decisão poderá ser apenas uma parcela do processo, caso em que será impugnável por agravo de instrumento, conforme parágrafo único do art. 354, CPC.

- **Julgamento antecipado do mérito – total**

Reconhecendo o magistrado a desnecessidade de produção de mais provas em audiência de instrução e julgamento (provas orais, periciais e inspeção judicial), estará autorizado a proferir sentença com resolução de mérito, segundo art. 355, do CPC.

Art. 355. O juiz julgará antecipadamente o pedido, proferindo sentença com resolução de mérito, quando:

I – não houver necessidade de produção de outras provas;

II – o réu for revel, ocorrer o efeito previsto no art. 344 e não houver requerimento de prova, na forma do art. 349.

▷ **Atenção, Cabeçones!** Nesse caso, todos os pedidos serão julgados e, assim, essa decisão extinguirá o processo com resolução do mérito, na forma do art. 487, I do CPC. Essa decisão é uma sentença, assim, será recorrível via apelação, nos termos do art. 1.009 do CPC.

- **Julgamento antecipado parcial do mérito**

O CPC também contempla a possibilidade de serem proferidas decisões parciais de mérito, ou seja, o juiz entende que alguns pedidos não necessitam de produção de provas e já estão maduros para serem julgados. Esses pedidos terão o mérito julgado e o processo prosseguirá quanto aos demais pedidos.

Art. 356. O juiz decidirá parcialmente o mérito quando um ou mais dos pedidos formulados ou parcela deles:

I – mostrar-se incontroverso;

II – estiver em condições de imediato julgamento, nos termos do art. 355.

§ 1º A decisão que julgar parcialmente o mérito poderá reconhecer a existência de obrigação líquida ou ilíquida.

§ 2º A parte poderá liquidar ou executar, desde logo, a obrigação reconhecida na decisão que julgar parcialmente o mérito, independentemente de caução, ainda que haja recurso contra essa interposto.

§ 3º Na hipótese do § 2º, se houver trânsito em julgado da decisão, a execução será definitiva.

§ 4º A liquidação e o cumprimento da decisão que julgar parcialmente o mérito poderão ser processados em autos suplementares, a requerimento da parte ou a critério do juiz.

§ 5º A decisão proferida com base neste artigo é impugnável por agravo de instrumento.

▷ **Atenção!** À decisão de julgamento antecipado parcial do mérito, cabe agravo de instrumento, como instrumento correto para impugnação, segundo o § 5º, do art. 356, do Código de Processo Civil. Nessa decisão, o juiz não está extinguindo o processo.

1.11.2. Decisão de Organização e Saneamento do Processo

Passada a fase de providências preliminar e não sendo o caso de julgamento antecipado do mérito, o juiz proferirá decisão de organização e saneamento do processo, conforme art. 357 do CPC:

Art. 357. Não ocorrendo nenhuma das hipóteses deste Capítulo, deverá o juiz, em decisão de saneamento e de organização do processo:

I - resolver as questões processuais pendentes, se houver;

II - delimitar as questões de fato sobre as quais recairá a atividade probatória, especificando os meios de prova admitidos;

III - definir a distribuição do ônus da prova, observado o art. 373;

IV - delimitar as questões de direito relevantes para a decisão do mérito;

V - designar, se necessário, audiência de instrução e julgamento.

§ 1º Realizado o saneamento, as partes têm o direito de pedir esclarecimentos ou solicitar ajustes, no prazo comum de 5 (cinco) dias, findo o qual a decisão se torna estável.

§ 2º As partes podem apresentar ao juiz, para homologação, delimitação consensual das questões de fato e de direito a que se referem os incisos II e IV, a qual, se homologada, vincula as partes e o juiz.

§ 3º Se a causa apresentar complexidade em matéria de fato ou de direito, deverá o juiz designar audiência para que o saneamento seja feito em cooperação com as partes, oportunidade em que o juiz, se for o caso, convidará as partes a integrar ou esclarecer suas alegações.

§ 4º Caso tenha sido determinada a produção de prova testemunhal, o juiz fixará prazo comum não superior a 15 (quinze) dias para que as partes apresentem rol de testemunhas.

§ 5º Na hipótese do § 3º, as partes devem levar, para a audiência prevista, o respectivo rol de testemunhas.

§ 6º O número de testemunhas arroladas não pode ser superior a 10 (dez), sendo 3 (três), no máximo, para a prova de cada fato.

§ 7º O juiz poderá limitar o número de testemunhas levando em conta a complexidade da causa e dos fatos individualmente considerados.

§ 8º Caso tenha sido determinada a produção de prova pericial, o juiz deve observar o disposto no art. 465 e, se possível, estabelecer, desde logo, calendário para sua realização.

§ 9º As pautas deverão ser preparadas com intervalo mínimo de 1 (uma) hora entre as audiências.

Havendo necessidade de produção de prova testemunhal, o juiz fixará o prazo não superior a 15 dias para que as partes apresentem o rol de testemunhas, não superior a dez e no máximo três para cada fato, nos termos dos §§ 4º e 6º do art. 357 do CPC. Ainda, nos termos do § 7º do mesmo dispositivo legal, o juiz poderá limitar o número de testemunhas levando em conta a complexidade da causa e dos fatos individualmente considerados.

▷ **Importante!** Pode o juiz, se entender necessário, marcar uma audiência de saneamento em cooperação, prevista no § 3º do art. 357 do CPC, com o objetivo de tomar as decisões referentes ao saneamento nesta audiência. Caso seja marcada a audiência nos termos do art. 357, § 3º do CPC, o prazo para arrolar testemunhas muda, devendo o rol de testemunhas ser apresentado na audiência de saneamento, conforme o mesmo art. 357, § 5º, CPC.

▪ **Audiência de instrução**

A audiência de instrução serve, basicamente, para produzir prova oral, conforme art. 361 do CPC, podendo, ainda, neste ato, serem esclarecidas questões de perícia, produzir debates orais e decidir a causa. A audiência é pública, ressalvada algumas exceções legais (art. 368 e 189, CPC).

Segundo os incisos do art. 361 do CPC, acontecerá nesta audiência a ouvida do perito e assistentes técnicos (se existente a prova pericial), os depoimentos pessoais do autor e do réu (ouvida das partes) e a inquirição de testemunhas.

▪ **A possibilidade de adiamento de tal audiência está prevista no art. 362, nas hipóteses de:**

Veja o esquema a seguir...

- Resolvendo e julgando as questões processuais pendentes;
- Fixando os fatos controvertidos (os quais serão objeto de produção probatória);
- Estabelecendo o ônus (obrigação) de produzir a prova (respeitado o art. 373 do CPC);
- Definindo os meios de prova;
- Identificando as questões de direito relevantes (até em respeito ao art. 10 do CPC);
- Aprazando audiência de instrução e julgamento, caso necessário.

▷ **Importante, cabeçones!** O Juiz poderá dispensar a produção das provas requeridas pela parte cujo advogado ou defensor público não tenha comparecido nem tenha se justificado, aplicando a mesma regra ao Ministério Público (§ 2º do art. 362, CPC).

Finda a instrução, o juiz passará a palavra para o advogado do autor, logo depois, ao advogado do réu, bem como ao membro do Ministério Público, se for o caso de sua intervenção. Cada um terá o prazo de 20 minutos, que poderá ser prorrogado por mais dez minutos, se o juiz achar necessário (art. 364, CPC).

Quando a causa apresentar complexidade em fatos ou de direito, o debate oral poderá ser substituído por razões finais escritas (antigamente classificados como memoriais), que serão apresentadas pelo autor e pelo réu, bem como pelo Ministério Público, se for o caso de intervenção, em prazos sucessivos de 15 dias para cada, sendo assegurada vista aos autos (§ 2º, art. 364, CPC). Encerrados os debates orais ou oferecidas as razões finais, o juiz proferirá sentença em audiência ou no prazo de 30 dias (art. 366, CPC).

1.11.3. Teoria Geral da Prova

▪ **Conceito de prova**

A prova é um instrumento ou meio hábil para demonstrar a existência de um fato. O objeto da prova serão, então, os fatos controvertidos, aqueles que têm mais de uma versão nos autos.

Conforme o art. 369 do CPC: "As partes têm o direito de empregar todos os meios legais, bem como os moralmente legítimos, ainda que não especificados neste Código, para provar a verdade dos fatos em que se funda o pedido ou a defesa e influir eficazmente na convicção do juiz". São inadmissíveis, no processo, as provas obtidas por meios ilícitos, segundo o inciso LVI, do art. 5º da Constituição Federal.

Não dependem de prova, de acordo com o art. 374 do CPC, os fatos:

> I – notórios: de conhecimento geral, como datas históricas;
>
> II – afirmados por uma parte e confessados pela outra parte: quando a parte confirma as alegações da parte contrária;
>
> III – admitidos no processo como incontroversos;
>
> IV – em cujo favor milita presunção legal de existência ou de veracidade.

Cabe ao juiz apreciar a prova constante nos autos, independentemente de quem a tiver promovido, e indicará na decisão as razões da formação de seu convencimento, conforme o art. 371 do CPC.

A quem cabe o requerimento de produção de provas? As partes, em regra, têm o dever de requer a produção das provas e cabe ao Poder Judiciário deferi-las ou não. O juiz não pode substituir a vontade de uma das partes determinando a produção de alguma prova que a parte não produziu ou nem mesmo citou, exceto quando se tratar de direito indisponível, ocasião em que poderá solicitar de ofício a produção de provas, tratando-se de uma exceção.

▪ **Ônus da prova**

Caberá o ônus da prova **ao autor**, quanto ao fato constitutivo de seu direito, e **ao réu**, quanto à existência de fato impeditivo, modificativo ou extintivo do direito do autor. Essa é a regra geral, conforme art. 373, CPC.

O art. 373, § 1º do CPC autoriza o julgador, mediante decisão fundamentada, a inverter o ônus da prova – é a chamada distribuição diversa do ônus da prova ou distribuição dinâmica.

Essa alteração ou inversão do ônus da prova também poderá ser acertada entre as partes, conforme prevê os §§ 3º e 4º do art. 373 do CPC.

> **Art. 373.** O ônus da prova incumbe:
>
> I – ao autor, quanto ao fato constitutivo de seu direito;
>
> II – ao réu, quanto à existência de fato impeditivo, modificativo ou extintivo do direito do autor.
>
> § 1º Nos casos previstos em lei ou diante de peculiaridades da causa relacionadas à impossibilidade ou à excessiva dificuldade de cumprir o encargo nos termos do *caput* ou à maior facilidade de obtenção da prova do fato contrário, poderá o juiz atribuir o ônus da prova de modo diverso, desde que o faça por decisão fundamentada, caso em que deverá dar à parte a oportunidade de se desincumbir do ônus que lhe foi atribuído.
>
> § 2º A decisão prevista no § 1º deste artigo não pode gerar situação em que a desincumbência do encargo pela parte seja impossível ou excessivamente difícil.
>
> § 3º A distribuição diversa do ônus da prova também pode ocorrer por convenção das partes, salvo quando:
>
> I – recair sobre direito indisponível da parte;
>
> II – tornar excessivamente difícil a uma parte o exercício do direito.
>
> § 4º A convenção de que trata o § 3º pode ser celebrada antes ou durante o processo.

▪ **Prova emprestada**

Em nome do **princípio da economia processual e da celeridade**, o juiz poderá admitir a utilização de prova produzida em outro processo, atribuindo-lhe o valor que considerar adequado, observado o contraditório, conforme o art. 372 do CPC.

- **Produção antecipada de prova**

A prova pode ser antecipada, nos termos do art. 381 do CPC:

- Quando exista fundado receio de impossibilidade ou dificuldade de verificação de certos fatos;
- Com o objetivo de alcançar provas que motivem as partes para autocomposição;
- Identificar fatos que possam justificar ou evitar o ajuizamento de uma ação.

- **Prova em espécie**

a) **Ata notarial:** é um documento lavrado pelo tabelião de notas exclusivamente, que tem a finalidade de atestar a existência ou o estado de coisas.

b) **Depoimento pessoal:** depoimento das partes – autor e réu. Cabe à parte adversa requerer o depoimento pessoal da outra parte, conforme art. 385, do CPC.

> ▷ **Importante, Cabeçone!** Em caso de pessoa jurídica, o depoimento poderá ser prestado por seus representantes legais ou prepostos indicados pelo contrato social, desde que tenham poderes para isso e, obviamente, tenham conhecimento dos fatos.

As partes serão ouvidas em separado, sendo vedado a quem ainda não depôs assistir ao interrogatório da outra parte, de acordo com o art. 385, § 2º, CPC.

Somente não será obrigada a prestar depoimento pessoal nas hipóteses elencadas no art. 388, do CPC, ou seja, nestes casos, a negativa de prestar depoimento ou de responder às perguntas não acarretará a pena de confissão.

c) **Confissão:** segundo o art. 389 do CPC, há confissão quando a parte admite a verdade de um fato contrário ao seu próprio interesse e favorável aos interesses do adversário.

Quanto à eficácia da confissão por representante (art. 392, § 2º, CPC e art. 213, parágrafo único, CC), é possível a confissão espontânea feita pelo representante legal. Contudo, quem confessa é o representado, o representante é quem apresentará a confissão espontânea ao magistrado, ou seja, ele é mero condutor da vontade declarada pelo real confitente.

Para isso serão necessários poderes especiais (arts. 390, § 1º, e 105, ambos do CPC). A confissão, uma vez feita, é irrevogável, salvo se for provado que ela acontece em decorrência de erro de fato ou coação (art. 393, caput, do CPC) – nesse caso, poderá ser anulada.

d) **Exibição de documento ou coisa:** o juiz pode ordenar que a parte exiba documento ou coisa que se encontre em seu poder, conforme o art. 396 do CPC, sempre que o exame desses bens seja útil ou necessário para a instrução processual.

Quando o juiz não admitirá a recusa da exibição por parte do demandado? Se o requerido não efetuar a exibição, nem fizer nenhuma declaração no prazo de cinco dias, o juiz admitirá como verdadeiros os fatos que a parte contrária pretendia demonstrar pelo documento ou coisa a ser exibida (art. 400, I, CPC) – ou, ainda, se a recusa de exibição for ilegítima (art. 400, II, CPC).

e) **Prova documental:** conceito e força probante. Documentos podem ser públicos ou particulares. Ex.: desenhos, fotografias, gravações sonoras, filmes cinematográficos etc.

- Documentos públicos: o documento público faz prova não só da sua formação, mas também dos fatos que o escrivão, o chefe de secretaria, o tabelião ou o servidor declararem que ocorreram em sua presença (art. 405, CPC).
- Documentos particulares: são, por óbvio, aqueles que não ocorrem por interferência de órgão público em sua elaboração.

O documento particular de cuja autenticidade não se duvida prova que o seu autor fez a declaração que lhe é atribuída (art. 412, CPC).

O valor do documento particular cessa, conforme o art. 428, CPC.

> **Art. 428.** Cessa a fé do documento particular quando:
>
> I – for impugnada sua autenticidade e enquanto não se comprovar sua veracidade;
>
> II – assinado em branco, for impugnado seu conteúdo, por preenchimento abusivo.

> Parágrafo único. Dar-se-á abuso quando aquele que recebeu documento assinado com texto não escrito no todo ou em parte formá-lo ou completá-lo por si ou por meio de outrem, violando o pacto feito com o signatário.

A quem cabe o dever de produzir a prova documental? Incumbe à parte instituir a petição inicial ou a contestação com os documentos destinados a provar suas alegações (art. 434, CPC), cabendo à parte diversa manifestar-se aos documentos anexados. Sempre que uma das partes requerer a juntada de documento aos autos, o juiz ouvirá a outra parte, no prazo de 15 dias, podendo esse prazo ser dilatado, levando-se em consideração a complexidade da documentação (art. 437, §1º CPC).

f) **Prova testemunhal:** a prova testemunhal é um dos meios mais utilizados no processo civil, e consiste na inquirição em audiência de pessoas que não sejam as próprias partes, que tenham presenciado ou possam contribuir para os fatos relevantes no julgamento.

A prova testemunhal, em regra, será sempre admissível:

> **Art. 442.** A prova testemunhal é sempre admissível, não dispondo a lei de modo diverso.
>
> **Art. 443.** O juiz indeferirá a inquirição de testemunhas sobre fatos:
>
> I - já provados por documento ou confissão da parte;
>
> II - que só por documento ou por exame pericial puderem ser provados.

- **Direitos e deveres da testemunha**

Qualquer pessoa poderá depor como testemunhas, exceto as incapazes, impedidas ou suspeitas (art. 447 do CPC). A pessoa que depõe na condição de testemunha assumirá e prestará o compromisso de dizer a verdade.

Quando necessário, a oitiva de testemunhas impedidas, menores ou suspeitas (§ 4º do 447, CPC), isto é, seus depoimentos serão prestados independentemente de compromisso de se dizer a verdade (ou seja, como informantes) e o juiz lhes atribuirá o valor que possam merecer (§ 5º do 447, CPC).

- **Produção da prova testemunhal**

O momento adequado para requerer a prova testemunhal é a petição inicial (para o autor), na contestação (para o réu), ou, então, na fase de especificação da prova, durante as providências preliminares (fase de saneamento).

Será na decisão de saneamento que o juiz irá determinar quais provas serão deferidas e quais testemunhas serão ouvidas, sendo designada audiência de instrução para sua oitiva.

Cada parte poderá arrolar até dez testemunhas, três para cada fato, podendo o juiz dispensar as que considerar impertinentes (art. 357, § 6º, CPC).

- **Contradita**

Tem direito à contradita a parte, caso a testemunha seja impedida, suspeita ou incapaz de contraditá-la – ou seja, demonstrar que o depoente não pode prestar depoimento sob o juramento (compromisso de dizer a verdade).

A contradita aceita pelo juiz não impede o depoimento, apenas retira do depoente a condição de testemunha, passando para informante (o qual depõem sem o compromisso de dizer a verdade.

- **Intimação da testemunha**

Cabe ao advogado da parte informar ou intimar a testemunha por ele arrolada, dispensando, assim, a intimação pelo juiz (art. 455, caput, CPC).

A intimação deve ser realizada por carta com aviso de recebimento (AR), devendo o advogado juntá-la aos autos, com antecedência de três dias da data da audiência, cópia do AR e do comprovante de recebimento pela testemunha (art. 455, § 1º, CPC).

A testemunha que, intimada por AR ou pela via judicial, deixar de comparecer sem motivo justificado será conduzida e responderá pelas despesas do adiamento (§ 5º do art. 455, CPC).

> ▷ **Importante!** Quando arrolados como testemunhas, as pessoas (autoridades) elencadas no art. 454, elas terão o direito de prestar o depoimento no seu domicílio ou local de trabalho.

g) Prova pericial: a prova pericial é o meio utilizado quando a apuração dos fatos exige estudos técnicos, conhecimento de profissionais especializados em determinadas áreas. Nestes casos, são nomeados peritos, que realizam exame, vistoria ou avaliação. Quando a prova não for complexa, poderá o juiz de ofício ou a requerimento das partes substituir a perícia por prova técnica simplificada, que consiste na inquirição de especialista. O juiz, ao nomear o perito, fixará a data da entrega do laudo e caberá às partes, dentro de 15 dias contados da intimação da decisão que nomeou o perito, apresentar, se for o caso, impedimento ou suspeição, indicar assistente técnico e apresentar quesitos (que poderão ser indeferidos pelo juízo, caso sejam impertinentes). Ciente da nomeação o perito apresentará em cinco dias, nos termos do art. 465, § 2º do CPC.

Poderá o juiz determinar o pagamento da metade dos honorários do perito antes de os trabalhos começarem sendo o restante pago posteriormente a sua conclusão, depois de entregue o laudo e prestados os esclarecimentos necessários, nos termos do art. 465, § 4º do CPC. As partes podem escolher o perito, nos termos do art. 471 do CPC, ou seja, indicando-o mediante requerimento, desde que estejam em comum acordo, sejam capazes e a causa possa ser resolvida por autocomposição. E, mesmo indicando o perito, poderão indicar também assistente técnico.

1.12. Audiência de mediação/conciliação

De acordo com o art. 334 do CPC, o juiz, ao receber a petição, e se não for caso de improcedência liminar ou indeferimento, deverá designar a audiência de conciliação ou mediação com antecedência mínima de 30 dias, sendo o réu citado em pelo menos 20 dias antes da audiência.

> **Art. 334.** Se a petição inicial preencher os requisitos essenciais e não for o caso de improcedência liminar do pedido, o juiz designará audiência de conciliação ou de mediação com antecedência mínima de 30 (trinta) dias, devendo ser citado o réu com pelo menos 20 (vinte) dias de antecedência.

Lembrando que, de acordo com o art. 319, inciso VII do CPC, o autor deverá mencionar na petição inicial a opção pela realização ou não de audiência de conciliação ou de mediação; contudo, para não ocorrer a audiência, ambas as partes deverão demonstrar desinteresse. Também não será realizada se o juiz, ao receber a inicial, entender que não é o caso de autocomposição, situação em que mandará citar o réu para contestar, conforme o art. 334, § 4º do CPC: "

> § 4º A audiência não será realizada:
>
> I – se ambas as partes manifestarem, expressamente, desinteresse na composição consensual;
>
> II – quando não se admitir a autocomposição.

O autor deve afirmar seu desinteresse na petição inicial, e o réu, em até dez dias antes da audiência, por simples petição, art. 334, § 5º do CPC: "O autor deverá indicar, na petição inicial, seu desinteresse na autocomposição, e o réu deverá fazê-lo, por petição, apresentada com 10 (dez) dias de antecedência, contados da data da audiência". Ainda, o § 6º do art. 334 do CPC traz a situação do litisconsórcio: "Havendo litisconsórcio, o desinteresse na realização da audiência deve ser manifestado por todos os litisconsortes".

É possível que a audiência de conciliação ou de mediação possa realizar-se por meio eletrônico? Sim, de acordo com o § 7º do art. 334 do CPC: "A audiência de conciliação ou de mediação pode realizar-se por meio eletrônico, nos termos da lei".

Ocorrendo a audiência, o comparecimento das partes é obrigatório, sob pena de ato atentatório contra a dignidade da justiça e sob pena de multa de 2% da vantagem econômica pretendida ou do valor da causa, conforme o exposto no art. 334, § 8º, do CPC:

> § 8º O não comparecimento injustificado do autor ou do réu à audiência de conciliação é considerado ato atentatório à dignidade da justiça e será sancionado com multa de até dois por cento da vantagem econômica pretendida ou do valor da causa, revertida em favor da União ou do Estado.

▷ **Importante, Cabeçones!** O benefício da justiça gratuita não afasta a incidência de multa, ou seja, o fato de a parte que, por qualquer razão, receber uma multa processual ser beneficiária da justiça gratuita não a isenta do pagamento.

As partes devem comparecer e estarem acompanhadas de seus respectivos advogados ou defensores públicos, art. 334, § 9º do CPC. Contudo, se a parte não puder comparecer, poderá ser representada por seu advogado, desde que tenha procuração com poderes específicos, na forma do art. 334, §10, do CPC.

A autocomposição obtida será reduzida a termo e homologada por sentença, conforme o § 11 do art. 334 do CPC. Dessa forma, estamos diante de uma decisão de mérito.

1.13. Sentença, extinção com mérito, coisa julgada, ação rescisória, extinção sem mérito

1.13.1. Sentença

A sentença é ato do juiz que extingue o processo, conforme o art. 316 do CPC, com ou sem resolução do mérito (arts. 485 e 487, do CPC). O Poder Judiciário julga o mérito quando julga os pedidos. Conforme o art. 490 do CPC, "o juiz resolverá o mérito acolhendo ou rejeitando, no todo ou em parte, os pedidos formulados pelas partes".

Atenção, o juiz só pode julgar o que foi pedido, ele está sempre vinculado aos pedidos. A sentença possui limites que, se não respeitados, provocam sua nulidade: são as chamadas sentenças *ultra petita, citra petita* e *extra petita*.

Sentença ***extra petita*** é aquela que o juiz julga pedido que não foi proposto pelo autor. Sentença

PROCESSO CIVIL

ultra petita é aquela que o juiz condena o réu em quantidade superior à pedida. A sentença ***infra ou citra petita*** é quando o juiz deixa de apreciar algum pedido da parte, no caso de haver cumulação de pedidos.

> **Art. 492.** É vedado ao juiz proferir decisão de natureza diversa da pedida, bem como condenar a parte em quantidade superior ou em objeto diverso do que lhe foi demandado.
>
> Parágrafo único. A decisão deve ser certa, ainda que resolva relação jurídica condicional.

Uma vez publicada a sentença, em regra, o juiz não pode mais alterá-la. Contudo, os arts. 494 e 505 do CPC trazem duas exceções:

> **Art. 494.** Publicada a sentença, o juiz só poderá alterá-la:
>
> I – para corrigir-lhe, de ofício ou a requerimento da parte, inexatidões materiais ou erros de cálculo;
>
> II – por meio de embargos de declaração.
>
> **Art. 505.** Nenhum juiz decidirá novamente as questões já decididas relativas à mesma lide, salvo:
>
> I – se, tratando-se de relação jurídica de trato continuado, sobreveio modificação no estado de fato ou de direito, caso em que poderá a parte pedir a revisão do que foi estatuído na sentença;
>
> II – nos demais casos prescritos em lei.

▪ Sentença terminativa

A sentença terminativa põe fim ao processo, sem resolver o mérito, conforme o art. 485 do CPC, e o direito à ação permanece, mesmo após proferida a sentença.

> **Art. 485.** O juiz não resolverá o mérito quando:
>
> I – indeferir a petição inicial;
>
> II – o processo ficar parado durante mais de 1 (um) ano por negligência das partes;
>
> III – por não promover os atos e as diligências que lhe incumbir, o autor abandonar a causa por mais de 30 (trinta) dias;
>
> IV – verificar a ausência de pressupostos de constituição e de desenvolvimento válido e regular do processo;
>
> V – reconhecer a existência de perempção, de litispendência ou de coisa julgada;
>
> VI – verificar ausência de legitimidade ou de interesse processual;
>
> VII – acolher a alegação de existência de convenção de arbitragem ou quando o juízo arbitral reconhecer sua competência;
>
> VIII - homologar a desistência da ação;
>
> IX – em caso de morte da parte, a ação for considerada intransmissível por disposição legal; e
>
> X – nos demais casos prescritos neste Código.
>
> § 1º Nas hipóteses descritas nos incisos II e III, a parte será intimada pessoalmente para suprir a falta no prazo de 5 (cinco) dias.
>
> § 2º No caso do § 1º, quanto ao inciso II, as partes pagarão proporcionalmente as custas, e, quanto ao inciso III, o autor será condenado ao pagamento das despesas e dos honorários de advogado.
>
> § 3º O juiz conhecerá de ofício da matéria constante dos incisos IV, V, VI e IX, em qualquer tempo e grau de jurisdição, enquanto não ocorrer o trânsito em julgado.
>
> § 4º Oferecida a contestação, o autor não poderá, sem o consentimento do réu, desistir da ação.
>
> § 5º A desistência da ação pode ser apresentada até a sentença.
>
> § 6º Oferecida a contestação, a extinção do processo por abandono da causa pelo autor depende de requerimento do réu.
>
> § 7º Interposta a apelação em qualquer dos casos de que tratam os incisos deste artigo, o juiz terá 5 (cinco) dias para retratar-se.

▪ Sentença de mérito

A sentença de mérito é aquela que decide o mérito da questão, no todo ou em parte, decisão essa com resolução do mérito, segundo o art. 487, do CPC.

> **Art. 487.** Haverá resolução de mérito quando o juiz:
>
> I – acolher ou rejeitar o pedido formulado na ação ou na reconvenção;
>
> II – decidir, de ofício ou a requerimento, sobre a ocorrência de decadência ou prescrição;
>
> III – homologar:
>
> *a)* o reconhecimento da procedência do pedido formulado na ação ou na reconvenção;
>
> *b)* a transação;
>
> *c)* a renúncia à pretensão formulada na ação ou na reconvenção.
>
> Parágrafo único. Ressalvada a hipótese do § 1º do art. 332, a prescrição e a decadência não serão reconhecidas sem que antes seja dada às partes oportunidade de manifestar-se.

No art. 487, inciso I, encontra-se a forma mais completa de extinção da causa com resolução do mérito. Ela ocorre quando o juiz acolhe ou rejeita (no todo ou em parte) o pedido formulado na ação (inicial) ou na reconvenção. O inciso II traz a resolução do mérito também quando o juiz reconhecer a prescrição ou a decadência (importante observar que o dispositivo autoriza ao juízo o reconhecimento da prescrição ou da decadência de ofício). E, por fim, também haverá resolução do mérito quando o juiz homologar o reconhecimento do pedido (art. 487, III, "a" do CPC), transação (art. 487, III, "b" do CPC) e a renúncia à pretensão formulada na ação ou na reconvenção (Art. 487, III, "c" do CPC).

Extinção Sem Resolução do Mérito: a extinção sem resolução do mérito (art. 485 do CPC) não gera coisa julgada material (art. 502 do CPC) e não impede que o autor entre novamente com a mesma ação (art. 486 do CPC).

> **Art. 486.** O pronunciamento judicial que não resolve o mérito não obsta a que a parte proponha de novo a ação.
>
> § 1º No caso de extinção em razão de litispendência e nos casos dos incisos I, IV, VI e VII do art. 485, a propositura da nova ação depende da correção do vício que levou à sentença sem resolução do mérito.
>
> § 2º A petição inicial, todavia, não será despachada sem a prova do pagamento ou do depósito das custas e dos honorários de advogado.
>
> § 3º Se o autor der causa, por 3 (três) vezes, a sentença fundada em abandono da causa, não poderá propor nova ação contra o réu com o mesmo objeto, ficando-lhe ressalvada, entretanto, a possibilidade de alegar em defesa o seu direito.

A desistência da ação, como causa de extinção sem resolução do mérito, pode ser apresentada até a sentença (art. 485, § 5º do CPC), antes do oferecimento da contestação sem necessidade de consentimento do réu; se o pedido ocorrer depois da contestação, será necessário o consentimento do réu (art. 485, § 4º do CPC).

Quando ocorre o falecimento do titular do direito intransmissível, o direito se extingue com a pessoa do titular, conforme o inciso IX (no entanto, quando o direito for transmissível, aplica-se o art. 110 do CPC, sem a extinção, mas sim com a sucessão da parte falecida pelos seus herdeiros ou sucessores).

▷ **Importante!** Identificar os conceitos de perempção (art. 486, § 3º do CPC), litispendência (art. 337, §§ 1º, 2º e 3º do CPC) e coisa julgada (art. 337, §§ 1º e 4º, e art. 502, ambos do CPC).

1.13.2. Coisa Julgada

A coisa julgada é o feito que atinge a decisão de mérito não mais sujeita a recurso, tornando-a imutável e indiscutível, ou seja, ela não pode mais ser alterada, conforme o art. 502 do CPC: "Denomina-se coisa julgada material a autoridade que torna imutável e indiscutível a decisão de mérito não mais sujeita a recurso". Ultrapassado o prazo para o recurso – ou seja, 15 dias, sem recurso –, o prazo transitará em julgado, e essa decisão adquirirá a qualidade de coisa julgada.

A decisão sem mérito não mais sujeita a recurso gera a denominada coisa julgada formal (a qual permite que se promova uma nova ação discutindo e buscando os mesmos pedidos – art. 486 do CPC).

▷ **Importante, Cabeçones!** Nenhum juiz pode decidir questões já decididas anteriormente (efeito da coisa julgada); todavia, existem exceções previstas nos incisos do art. 505, I e II do CPC. A coisa julgada não atinge terceiros (que não participaram do processo) – art. 506 do CPC. Não é permitido às partes discutirem novamente questões já decididas e preclusas (art. 507 do CPC).

> **Art. 503.** A decisão que julgar total ou parcialmente o mérito tem força de lei nos limites da questão principal expressamente decidida.
>
> § 1º O disposto no *caput* aplica-se à resolução de questão prejudicial, decidida expressa e incidentemente no processo, se:
>
> I – dessa resolução depender o julgamento do mérito;
>
> II – a seu respeito tiver havido contraditório prévio e efetivo, não se aplicando no caso de revelia;
>
> III – o juízo tiver competência em razão da matéria e da pessoa para resolvê-la como questão principal.
>
> § 2º A hipótese do § 1º não se aplica se no processo houver restrições probatórias ou limitações à cognição que impeçam o aprofundamento da análise da questão prejudicial.
>
> **Art. 504.** Não fazem coisa julgada:
>
> I – os motivos, ainda que importantes para determinar o alcance da parte dispositiva da sentença;
>
> II – a verdade dos fatos, estabelecida como fundamento da sentença.
>
> **Art. 505.** Nenhum juiz decidirá novamente as questões já decididas relativas à mesma lide, salvo:
>
> I – se, tratando-se de relação jurídica de trato continuado, sobreveio modificação no estado de fato ou de direito, caso em que poderá a parte pedir a revisão do que foi estatuído na sentença;
>
> II – nos demais casos prescritos em lei.
>
> **Art. 506.** A sentença faz coisa julgada às partes entre as quais é dada, não prejudicando terceiros.
>
> **Art. 507.** É vedado à parte discutir no curso do processo as questões já decididas a cujo respeito se operou a preclusão.
>
> **Art. 508.** Transitada em julgado a decisão de mérito, considerar-se-ão deduzidas e repelidas todas as alegações e as defesas que a parte poderia opor tanto ao acolhimento quanto à rejeição do pedido.

1.13.3. Remessa necessária

Nestes casos, se não for interposta apelação no prazo legal, o juiz ordenará a remessa dos autos ao tribunal, e se não o fizer, deverá o presidente do respectivo tribunal avocá-los.

Art. 496. Está sujeita ao duplo grau de jurisdição, não produzindo efeito senão depois de confirmada pelo tribunal, a sentença:

I – proferida contra a União, os Estados, o Distrito Federal, os Municípios e suas respectivas autarquias e fundações de direito público;

II – que julgar procedentes, no todo ou em parte, os embargos à execução fiscal.

§ 1º Nos casos previstos neste artigo, não interposta a apelação no prazo legal, o juiz ordenará a remessa dos autos ao tribunal, e, se não o fizer, o presidente do respectivo tribunal avocá-los-á.

§ 2º Em qualquer dos casos referidos no § 1º, o tribunal julgará a remessa necessária.

§ 3º Não se aplica o disposto neste artigo quando a condenação ou o proveito econômico obtido na causa for de valor certo e líquido inferior a:

I –1.000 (mil) salários-mínimos para a União e as respectivas autarquias e fundações de direito público;

II –500 (quinhentos) salários-mínimos para os Estados, o Distrito Federal, as respectivas autarquias e fundações de direito público e os Municípios que constituam capitais dos Estados;

III – 100 (cem) salários-mínimos para todos os demais Municípios e respectivas autarquias e fundações de direito público.

§ 4º Também não se aplica o disposto neste artigo quando a sentença estiver fundada em:

I – súmula de tribunal superior;

II – acórdão proferido pelo Supremo Tribunal Federal ou pelo Superior Tribunal de Justiça em julgamento de recursos repetitivos;

III – entendimento firmado em incidente de resolução de demandas repetitivas ou de assunção de competência;

IV – entendimento coincidente com orientação vinculante firmada no âmbito administrativo do próprio ente público, consolidada em manifestação, parecer ou súmula administrativa.

- **Esta regra da remessa necessária comporta duas exceções:**

a) Quanto ao valor (art. 496, § 3º do CPC). Não se aplicará a remessa necessária quando a condenação for inferior a:

I –1.000 (mil) salários-mínimos para a União e respectivas autarquias e fundações de direito público;

II –500 (quinhentos) salários-mínimos para os Estados, o Distrito Federal e respectivas autarquias e fundações de direito público e os Municípios que constituam capitais dos Estados; e

III –100 (cem) salários-mínimos para todos os demais Municípios e respectivas autarquias e fundações de direito público.

b) Também não se aplicará o reexame necessário, conforme o art. 496, § 4º do CPC, quando a sentença estiver fundada em:

I - súmula de tribunal superior;

II - acórdão proferido pelo Supremo Tribunal Federal ou pelo Superior Tribunal de Justiça em julgamento de recursos repetitivos;

III - entendimento firmado em incidente de resolução de demandas repetitivas ou de assunção de competência;

IV - entendimento coincidente com orientação vinculante firmada no âmbito administrativo do próprio ente público, consolidada em manifestação, parecer ou súmula administrativa.

1.13.4. Ação Rescisória

A ação rescisória serve, apenas, para **atacar a coisa julgada**. A única forma de propor uma ação rescisória é atacar decisões de mérito que adquiriram qualidade de coisa julgada. Mas atenção: só cabe ação rescisória se a decisão estiver fundamentada em um dos requisitos do art. 966 do CPC:

Art. 966. A decisão de mérito, transitada em julgado, pode ser rescindida quando:

I – se verificar que foi proferida por força de prevaricação, concussão ou corrupção do juiz;

II – for proferida por juiz impedido ou por juízo absolutamente incompetente;

III – resultar de dolo ou coação da parte vencedora em detrimento da parte vencida ou, ainda, de simulação ou colusão entre as partes, a fim de fraudar a lei;

IV – ofender a coisa julgada;

V – violar manifestamente norma jurídica;

VI – for fundada em prova cuja falsidade tenha sido apurada em processo criminal ou venha a ser demonstrada na própria ação rescisória;

VII - obtiver o autor, posteriormente ao trânsito em julgado, prova nova cuja existência ignorava ou de que não pôde fazer uso, capaz, por si só, de lhe assegurar pronunciamento favorável;

VIII – for fundada em erro de fato verificável do exame dos autos.

§ 1º Há erro de fato quando a decisão rescindenda admitir fato inexistente ou quando considerar inexistente fato efetivamente ocorrido, sendo indispensável, em ambos os casos, que o fato não represente ponto controvertido sobre o qual o juiz deveria ter se pronunciado.

§ 2º Nas hipóteses previstas nos incisos do *caput*, será rescindível a decisão transitada em julgado que, embora não seja de mérito, impeça:

I – nova propositura da demanda; ou

II – admissibilidade do recurso correspondente.

§ 3º A ação rescisória pode ter por objeto apenas 1 (um) capítulo da decisão.

§ 4º Os atos de disposição de direitos, praticados pelas partes ou por outros participantes do processo e homologados pelo juízo, bem como os atos homologatórios praticados no curso da execução, estão sujeitos à anulação, nos termos da lei.

§ 5º Cabe ação rescisória, com fundamento no inciso V do *caput* deste artigo, contra decisão baseada em enunciado de súmula ou acórdão proferido em julgamento de casos repetitivos que não tenha considerado a existência de distinção entre a questão discutida no processo e o padrão decisório que lhe deu fundamento.

§ 6º Quando a ação rescisória fundar-se na hipótese do § 5º deste artigo, caberá ao autor, sob pena de inépcia, demonstrar, fundamentadamente, tratar-se de situação particularizada por hipótese fática distinta ou de questão jurídica não examinada, a impor outra solução jurídica.

Ainda, pode ser proposta no prazo de dois anos a partir do trânsito em julgado, conforme o art. 975 do CPC. A ação rescisória é uma ação de competência originária. A competência para julgar a rescisória é do Tribunal.

O art. 968 do CPC traz que um dos requisitos da ação rescisória é: "II – depositar a importância de cinco por cento sobre o valor da causa, que se converterá em multa caso a ação seja, por unanimidade de votos, declarada inadmissível ou improcedente".

2. AÇÃO DE EXECUÇÃO

2.1. Execução de título extrajudicial, penhora, impenhorabilidade, fraude a execução, embargos à execução

A ação de execução exige a existência de um título ou obrigação executável. Este título pode ser **judicial** (conforme art. 515 CPC) ou **extrajudicial** (aqueles elencados art. 784 CPC), a fim de que a atividade executiva seja exercida. O legislador resolveu denominar a execução baseada em título judicial de cumprimento de sentença, mas não são apenas as sentenças os títulos executivos judiciais, mas sim todos aqueles definidos no art. 515 do CPC.

Art. 515. São títulos executivos judiciais, cujo cumprimento dar-se-á de acordo com os artigos previstos neste Título:

I – as decisões proferidas no processo civil que reconheçam a exigibilidade de obrigação de pagar quantia, de fazer, de não fazer ou de entregar coisa;

II – a decisão homologatória de autocomposição judicial;

III – a decisão homologatória de autocomposição extrajudicial de qualquer natureza;

IV – o formal e a certidão de partilha, exclusivamente em relação ao inventariante, aos herdeiros e aos sucessores a título singular ou universal;

V – o crédito de auxiliar da justiça, quando as custas, emolumentos ou honorários tiverem sido aprovados por decisão judicial;

VI – a sentença penal condenatória transitada em julgado;

VII – a sentença arbitral;

VIII – a sentença estrangeira homologada pelo Superior Tribunal de Justiça;

IX – a decisão interlocutória estrangeira, após a concessão do exequatur à carta rogatória pelo Superior Tribunal de Justiça;

X –(VETADO).

§ 1º Nos casos dos incisos VI a IX, o devedor será citado no juízo cível para o cumprimento da sentença ou para a liquidação no prazo de 15 (quinze) dias.

§ 2º A autocomposição judicial pode envolver sujeito estranho ao processo e versar sobre relação jurídica que não tenha sido deduzida em juízo.

Art. 784. São títulos executivos extrajudiciais:

I – a letra de câmbio, a nota promissória, a duplicata, a debênture e o cheque;

II – a escritura pública ou outro documento público assinado pelo devedor;

III – o documento particular assinado pelo devedor e por 2 (duas) testemunhas;

IV – o instrumento de transação referendado pelo Ministério Público, pela Defensoria Pública, pela Advocacia Pública, pelos advogados dos transatores ou por conciliador ou mediador credenciado por tribunal;

V – o contrato garantido por hipoteca, penhor, anticrese ou outro direito real de garantia e aquele garantido por caução;

VI – o contrato de seguro de vida em caso de morte;

VII – o crédito decorrente de foro e laudêmio;

VIII – o crédito, documentalmente comprovado, decorrente de aluguel de imóvel, bem como de encargos acessórios, tais como taxas e despesas de condomínio;

IX – a certidão de dívida ativa da Fazenda Pública da União, dos Estados, do Distrito Federal e dos Municípios, correspondente aos créditos inscritos na forma da lei;

X – o crédito referente às contribuições ordinárias ou extraordinárias de condomínio edilício, previstas na respectiva convenção ou aprovadas em assembleia geral, desde que documentalmente comprovadas;

XI – a certidão expedida por serventia notarial ou de registro relativa a valores de emolumentos e demais despesas devidas pelos atos por ela praticados, fixados nas tabelas estabelecidas em lei;

XII – todos os demais títulos aos quais, por disposição expressa, a lei atribuir força executiva.

§ 1º A propositura de qualquer ação relativa a débito constante de título executivo não inibe o credor de promover-lhe a execução.

§ 2º Os títulos executivos extrajudiciais oriundos de país estrangeiro não dependem de homologação para serem executados.

> § 3º O título estrangeiro só terá eficácia executiva quando satisfeitos os requisitos de formação exigidos pela lei do lugar de sua celebração e quando o Brasil for indicado como o lugar de cumprimento da obrigação.
>
> § 4º Nos títulos executivos constituídos ou atestados por meio eletrônico, é admitida qualquer modalidade de assinatura eletrônica prevista em lei, dispensada a assinatura de testemunhas quando sua integridade for conferida por provedor de assinatura. (Incluído pela Lei nº 14.620, de 2023)

- **Legitimidade na execução**

A legitimidade ativa para propor a execução está prevista no art. 778 do CPC:

> **Art. 778.** Pode promover a execução forçada o credor a quem a lei confere título executivo.
>
> § 1º Podem promover a execução forçada ou nela prosseguir, em sucessão ao exequente originário:
>
> I – o Ministério Público, nos casos previstos em lei;
>
> II – o espólio, os herdeiros ou os sucessores do credor, sempre que, por morte deste, lhes for transmitido o direito resultante do título executivo;
>
> III – o cessionário, quando o direito resultante do título executivo lhe for transferido por ato entre vivos;
>
> IV – o sub-rogado, nos casos de sub-rogação legal ou convencional.
>
> § 2º A sucessão prevista no § 1º independe de consentimento do executado.

Importante realçar o caso da sub-rogação na fiança, pois quando o fiador paga a dívida pelo afiançado está autorizado a executá-lo nos autos do mesmo processo. É o que dispõem os arts. 831, do CC, e 794, § 2º, do CPC.

> ▷ **Importante, cabeçones!** Outro legitimado ativo da execução previsto na doutrina é o advogado. O art. 23 da Lei nº 8.906/1994 conferiu ao advogado o direito de executar os honorários advocatícios de sucumbência.

Os legitimados do polo passivo da execução estão previstos no art. 779 do CPC. O art. 779, II do CPC prevê a possibilidade de figurar como executado o espólio, os herdeiros ou os sucessores do devedor. Importante destacar que a execução deverá respeitar os limites da herança.

Sobre a legitimidade passiva prevista no art. 779, III do CPC (novo devedor que assumiu com consentimento do credor, a obrigação resultante do título executivo), é importante destacar a necessidade de concordância prévia do credor, já que o devedor responde com seus bens pela execução.

O caso do art. 779, IV, do CPC é aquele em que figura no polo passivo da execução o fiador do débito constante em título extrajudicial. É importante frisar que o fiador, caso não tenha renunciado, tem direito ao benefício de ordem (art. 827 CC), podendo requerer que sejam executados primeiramente os bens do devedor, sitos no mesmo município, livres e desembargados (tantos quantos bastarem para quitação do débito).

Quanto à cumulação de dois ou mais títulos na mesma execução, não há nenhum impedimento legal, desde que os títulos apresentem os requisitos de cumulação previstos nos arts. 327 § 1º e 780 do CPC.

- **Requisitos do título executivo (judicial e extrajudicial)**

O art. 783 do CPC dispõem que: "A execução para cobrança de crédito fundar-se-á sempre em título de obrigação certa, líquida e exigível".

Ou seja:

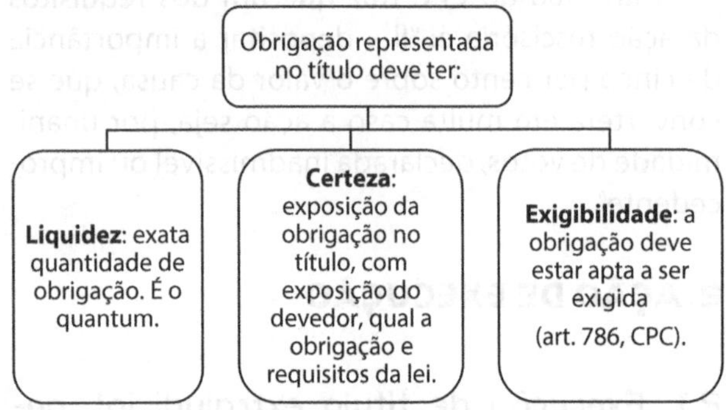

- **Responsabilidade patrimonial**

A lei sempre vai prever uma possibilidade de pagamento voluntário do devedor, ou seja, um prazo. Não pagando a dívida, não existindo o pagamento voluntário, a forma de se alcançar a satisfação do crédito será infletir sobre o patrimônio do devedor. O mecanismo para acessar o patrimônio do devedor é a penhora.

2.1.1. Penhora de Bens

Uma vez promovida a execução e não quitado o débito voluntariamente, buscar-se-á a penhora dos bens de propriedade do devedor (seu patrimônio), de acordo com o art. 835 do CPC.

> **Art. 835.** A penhora observará, preferencialmente, a seguinte ordem:
>
> I – dinheiro, em espécie ou em depósito ou aplicação em instituição financeira;
>
> II – títulos da dívida pública da União, dos Estados e do Distrito Federal com cotação em mercado;
>
> III – títulos e valores mobiliários com cotação em mercado;
>
> IV – veículos de via terrestre;

V – bens imóveis;

VI – bens móveis em geral;

VII – semoventes;

VIII – navios e aeronaves;

IX – ações e quotas de sociedades simples e empresárias;

X – percentual do faturamento de empresa devedora;

XI – pedras e metais preciosos;

XII – direitos aquisitivos derivados de promessa de compra e venda e de alienação fiduciária em garantia;

XIII – outros direitos.

§ 1º É prioritária a penhora em dinheiro, podendo o juiz, nas demais hipóteses, alterar a ordem prevista no *caput* de acordo com as circunstâncias do caso concreto.

§ 2º Para fins de substituição da penhora, equiparam-se a dinheiro a fiança bancária e o seguro garantia judicial, desde que em valor não inferior ao do débito constante da inicial, acrescido de trinta por cento.

§ 3º Na execução de crédito com garantia real, a penhora recairá sobre a coisa dada em garantia, e, se a coisa pertencer a terceiro garantidor, este também será intimado da penhora.

▷ **Importante, cabeção!** Destaca-se que a penhora nada mais é do que a individualização dos bens que serão afetados pelo pagamento da obrigação. O art. 854, do CPC, na linha desta preferência, regula a **penhora on-line**, que ocorre quando o juiz determina o bloqueio de valores diretamente da conta do devedor, através da emissão de comandos às unidades supervisoras das instituições financeiras.

Todavia, o legislador resolveu preservar determinados bens, tornando-os impenhoráveis. O rol dos bens impenhoráveis encontra-se no art. 833 do CPC.

Art. 833. São impenhoráveis:

I – os bens inalienáveis e os declarados, por ato voluntário, não sujeitos à execução;

II – os móveis, os pertences e as utilidades domésticas que guarnecem a residência do executado, salvo os de elevado valor ou os que ultrapassem as necessidades comuns correspondentes a um médio padrão de vida;

III – os vestuários, bem como os pertences de uso pessoal do executado, salvo se de elevado valor;

IV – os vencimentos, os subsídios, os soldos, os salários, as remunerações, os proventos de aposentadoria, as pensões, os pecúlios e os montepios, bem como as quantias recebidas por liberalidade de terceiro e destinadas ao sustento do devedor e de sua família, os ganhos de trabalhador autônomo e os honorários de profissional liberal, ressalvado o § 2º;

V – os livros, as máquinas, as ferramentas, os utensílios, os instrumentos ou outros bens móveis necessários ou úteis ao exercício da profissão do executado;

VI – o seguro de vida;

VII – os materiais necessários para obras em andamento, salvo se essas forem penhoradas;

VIII – a pequena propriedade rural, assim definida em lei, desde que trabalhada pela família;

IX – os recursos públicos recebidos por instituições privadas para aplicação compulsória em educação, saúde ou assistência social;

X – a quantia depositada em caderneta de poupança, até o limite de 40 (quarenta) salários-mínimos;

XI – os recursos públicos do fundo partidário recebidos por partido político, nos termos da lei;

XII – os créditos oriundos de alienação de unidades imobiliárias, sob regime de incorporação imobiliária, vinculados à execução da obra.

§ 1º A impenhorabilidade não é oponível à execução de dívida relativa ao próprio bem, inclusive àquela contraída para sua aquisição.

§ 2º O disposto nos incisos IV e X do *caput* não se aplica à hipótese de penhora para pagamento de prestação alimentícia, independentemente de sua origem, bem como às importâncias excedentes a 50 (cinquenta) salários-mínimos mensais, devendo a constrição observar o disposto no art. 528, § 8º, e no art. 529, § 3º.

§ 3º Incluem-se na impenhorabilidade prevista no inciso V do *caput* os equipamentos, os implementos e as máquinas agrícolas pertencentes a pessoa física ou a empresa individual produtora rural, exceto quando tais bens tenham sido objeto de financiamento e estejam vinculados em garantia a negócio jurídico ou quando respondam por dívida de natureza alimentar, trabalhista ou previdenciária.

2.1.2. Súmulas Importantes

Súmula nº 364 do STJ: "O conceito de impenhorabilidade de bem de família abrangem também o imóvel pertencente a pessoas solteiras, separadas ou divorciadas e viúvas."

Súmula nº 449 do STJ: "A vaga de garagem possui matrícula própria no registro de imóveis e não constitui bem de família, podendo ser penhorada."

Súmula nº 486 do STJ: "É impenhorável o único imóvel do devedor que esteja locado a terceiros, desde que a renda obtida com a locação se reverta para subsistência ou moradia da família."

▷ **Importante, cabeção! Poupança:** art. 833, X, do CPC: "A impenhorabilidade dos bens depositados na caderneta de poupança é limitada a 40 salários-mínimos".

Caso o devedor possua diversas cadernetas de poupança, o limite de impenhorabilidade deve considerar a soma de todas elas.

Dívida relativa ao próprio bem: lembre-se de que a impenhorabilidade não é oponível à execução de dívida relativa ao próprio bem, inclusive àquela contraída para sua aquisição, na forma do art. 833, § 1º do CPC.

Boxe de estacionamento: caso o boxe do estacionamento tenha matrícula individualizada, poderá ser objeto de penhora (súmula nº 449 do STJ). O art. 833, § 2º é categórico ao afirmar que a impenhorabilidade prevista nos incisos IV e X não se aplica aos casos de penhora para pagamento de prestação alimentícia. A segunda parte do inciso 2º do art. 833 refere-se à possibilidade de penhora dos ganhos excedentes a 50 salários-mínimos mensais, seja qual for a origem da obrigação.

Impenhorabilidade do bem de família: previsão na Lei nº 8.009/1990. O imóvel residencial familiar é impenhorável por dívidas de qualquer natureza.

Exceção: pode haver penhora do bem de família nos casos previstos no art. 3º da Lei nº 8.009/1990.

2.1.3. Fraude a Execução X Fraude contra Credores

Tanto a fraude contra execução quanto a fraude contra credores visam atacar o desfazimento do patrimônio pelo devedor. A fraude contra credores é um defeito do negócio jurídico previsto nos arts. 158-165 do Código Civil. Ocorre fraude contra credores quando o devedor se desfaz do seu patrimônio antes de iniciado o processo judicial (que não precisa ser necessariamente uma ação de execução), ficando totalmente insolvente para adimplir as obrigações assumidas. Para atacar a fraude contra credores, é possível valer-se da **Ação Pauliana** ou **Ação Revocatória** com o objetivo de anular o negócio jurídico viciado pela fraude. Deve-se provar na ação o *consilium fraudis*, ou seja, que o devedor e o terceiro adquirente de seus bens tinham o objetivo de fraudar o adimplemento do débito. Observa-se, ainda, que a ação deve conter o pedido de nulidade da transferência dos bens.

A fraude contra a execução tem previsão processual e atenta contra o credor e contra o Poder Judiciário, já que a alienação dos bens ocorre somente após a ciência da ação de execução. O pedido de reconhecimento de fraude contra a execução poderá ser feito através de petição e seu reconhecimento poderá ocorrer nos próprios autos da ação de execução.

▷ **Importante, cabeçones!** Antes de declarar a fraude à execução, o juiz deverá intimar o terceiro adquirente, que, se quiser, poderá opor embargos de terceiro, no prazo de 15 dias, conforme art. 792, § 4º, do CPC. Ainda, o art. 828 do CPC permite que o exequente obtenha certidão comprobatória da admissão da execução a fim de averbar no registro de imóveis, de veículos ou de outros bens passiveis de penhora. Após a averbação, é considerado fraude à execução à alienação do bem - § 4º do art. 828 do CPC.

Como se transforma o bem penhorado em pagamento?

A **expropriação** dos bens é o meio pelo qual o credor alcançará a satisfação de seu crédito na execução por quantia certa e consiste na adjudicação, alienação ou apropriação de frutos e rendimentos de empresa ou estabelecimento e de outros bens.

A **adjudicação** ocorre quando o bem móvel ou imóvel penhorado é transferido para o credor a fim de satisfazer seu crédito e nunca poderá ocorrer por valor inferior ao da avaliação, na forma do art. 876 do CPC. Caso o valor do crédito seja inferior ao valor da avaliação, o credor deve depositar a diferença em juízo, na forma do art. 876, § 4º, I, do CPC. Caso o valor do crédito seja superior ao valor da avaliação do bem, após a adjudicação do bem, o credor poderá seguir com a execução a fim de efetuar a cobrança, na forma do art. 876, § 4º, II do CPC.

A **alienação** do bem far-se-á por **iniciativa particular** ou em **leilão judicial eletrônico ou presencial** (art. 879, CPC). Na alienação por iniciativa particular, o juiz fixará as regras para a venda do bem penhorado, além de fixar a forma de publicidade, preço mínimo, comissão de corretagem (se for o caso), condições de pagamento e as garantias que devem ser prestadas pelo adquirente, em caso de pagamento parcelado. O leilão judicial abrange tanto a expropriação de bens imóveis como os móveis.

Será necessária a publicação do edital do leilão com antecedência de, no mínimo, cinco dias da data de sua primeira realização, devendo constar no edital todos os requisitos previstos no art. 886 e 887, do CPC, sob pena de nulidade da arrematação.

Além da publicação do edital, também é necessária a intimação das pessoas arroladas no art. 889, do CPC, com antecedência mínima de cinco dias da data do leilão Judicial.

O bem poderá ser alienado por valor abaixo do previsto na avaliação, desde que não seja por preço vil (preço inferior ao mínimo estipulado pelo juiz e ao constante no edital; não constando no edital, considera-se vil o preço inferior a 50% do valor de sua avaliação), conforme art. 891, do CPC.

Quando o bem penhorado pertencer a incapaz e não alcançar em leilão pelo menos 80% do valor da avaliação, o juiz o confiará à guarda e à administração de depositário idôneo, adiando a alienação pelo prazo de um ano, conforme art. 896, do CPC.

Efetivada a arrematação, será lavrado auto devidamente assinado pelo leiloeiro, arrematante e juiz, passando a fluir o prazo de dez dias para que se postule a invalidade, ineficácia ou resolução da arrematação nos casos previstos no art. 903, § 1º, do CPC.

Não havendo impugnação no prazo de dez dias, a carta de arrematação será expedida e conforme o caso, a ordem de entrega ou mandado de imissão na posse.

▷ **Importante, cabeçones!** Após a expedição da carta de arrematação, a invalidação somente poderá ser pedida em ação autônoma (e o arrematante figurará como litisconsorte necessário - 903, § 4º, do CPC). Será autorizada a desistência da arrematação pelo arrematante nos casos do art. 903, § 5º, do CPC.

Exceção de pré-executividade: é apresentada através de simples petição a ser juntada nos autos, alegando a nulidade da execução, conforme art. 803 do CPC.

▷ **Importante!** Não é permitida produção probatória na exceção de pré-executividade.

2.1.4. Execução por Quantia Certa – Título Executivo Extrajudicial

A execução por quantia certa tem o objetivo de compelir o devedor a pagar determinada quantia em dinheiro. Ao receber a petição inicial, o juiz fixará honorários advocatícios de 10% (art. 827 do CPC) e determinará a citação do devedor para pagar o débito em três dias, sob pena de penhora (art. 829 do CPC). Não ocorrendo o pagamento em três dias, o oficial de justiça fará a penhora dos bens indicados pelo credor na petição inicial e, caso não haja indicação, fará a penhora sobre os bens que localizar em diligência, observado o rol de bens impenhoráveis previsto no art. 833 do CPC e da Lei nº 8.009/1990.

Importante referir, ainda, que a penhora de bens que estão em posse de terceiro é plenamente possível, sendo cabível, neste caso, o terceiro apresentar embargos de terceiro, conforme art. 674 do CPC.

2.1.5. Embargos à Execução

A propositura de embargos à execução é a forma que o executado ataca a ação de execução fundada em título executivo extrajudicial. Trata-se de uma ação autônoma, mas vinculada à execução (deve ser proposta no juízo da execução e a distribuição deve ser por dependência com tramitação em autos apartados). Tem natureza de ação de conhecimento e se presta para desconstituir ou declarar a nulidade ou inexistência do crédito. Importante destacar que o caput do art. 914 do CPC previu a possibilidade da interposição dos embargos independentemente de penhora, depósito ou caução.

O prazo para apresentação dos embargos é de 15 dias, conforme preceitua o art. 915 do CPC e observado o art. 231 do CPC, que fixa as regras para a contagem do prazo.

▷ **Cabeçones!** Atenção para o art. 917 do CPC, o qual traz as alegações possíveis do executado nos embargos à execução.

▷ **Atenção!** Quando alegar excesso de execução, demonstrar o valor e como chegou nesse valor, ou seja, é necessário juntar o cálculo atualizado, sob pena de indeferimento liminar dos embargos.

Caso o executado reconheça o crédito do exequente no prazo dos embargos e comprove o depósito de 30% do valor da execução (acrescido de custas e honorários), poderá requerer o **parcelamento** do restante em até seis parcelas mensais, acrescidas de correção monetária e juros de 1 % por mês (art. 916, CPC). Com o deferimento do pedido de parcelamento, a execução ficará suspensa até a quitação integral do débito.

Importante destacar que o credor não poderá opor-se ao parcelamento, pois se trata de um direito que a lei confere ao devedor, mas será intimado (art. 916 § 1º do CPC) para manifestar-se em cinco dias sobre o preenchimento dos pressupostos.

O inadimplemento de qualquer das prestações do parcelamento acarretará o vencimento antecipado das prestações subsequentes e o prosseguimento do processo com o imediato reinício dos atos executivos, além de multa de 10 % sobre o valor das prestações não pagas (§ 5º do art. 916 do CPC).

▷ **Importante!** A opção pelo parcelamento acarreta renúncia ao direito de apresentar embargos (art. 916, § 6º do CPC). O parcelamento só é aplicável às execuções de título extrajudicial (não cabe no cumprimento de sentença – § 7º do art. 916 do CPC).

- **Execução contra a Fazenda Pública – Lei nº 6.830/1980**

A execução contra Fazenda Pública fundada em título extrajudicial está regulada no art. 910, do CPC, que determina sua citação para opor embargos à execução em 30 dias. Não havendo interposição de embargos ou rejeitados em decisão transitada em julgado, será expedido precatório ou requisição de pequeno valor em favor do exequente, observado o disposto no art. 100 da CF. Não existe expropriação de bens contra a Fazenda Pública.

▷ **Importante, cabeçones!**

Efeito suspensivo: o art. 919 do CPC prevê que os embargos à execução não terão efeito suspensivo (ou seja, prossegue a execução). Como forma de exceção, poderá ser concedida tal efeito, para suspender a execução, desde que presentes os requisitos do art. 919, § 1º do CPC.

Impugnação aos embargos: conforme art. 920, I do CPC, recebidos os embargos, o exequente será intimado para o impugnar em 15 dias. Esta impugnação tem natureza de contestação – sua falta leva à revelia. Apresentada a impugnação, o rito será da ação de conhecimento.

- **Da suspensão do processo de execução (arts. 921-923 do CPC)**

No caso de concessão de efeito suspensivo aos embargos à execução ou da impugnação, a execução ficará suspensa, no todo ou em parte, até o julgamento dos embargos/impugnação ou revogação do efeito concedido. A hipótese frequente de suspensão da execução é a inexistência de bens do devedor. Neste caso, a execução ficará suspensa pelo prazo de um ano, consoante art. 921 § 1º do CPC. Decorrido o prazo de um ano sem localização de bens passiveis de penhora, o juiz determinará o arquivamento dos autos (§ 2º), nada impedindo seu posterior desarquivamento se a qualquer tempo forem encontrados bens penhoráveis (§ 3º). Com o parcelamento do débito (previsto no art. 916, CPC), a execução também deve ser suspensa até o adimplemento das parcelas.

- **Extinção da execução**

Os motivos que levam à extinção da execução estão previstos no art. 924 do CPC; o rol apresentado é exemplificativo, já que existem outras formas que acarretam na extinção da execução, como, por exemplo, o acolhimento dos embargos. O art. 925 do CPC determina a necessidade de sentença para que a extinção da execução produza efeitos.

- **Desistência da ação de execução x embargos/impugnação**

Se a execução for extinta, os embargos serão extintos? Em caso de desistência da ação de execução, serão extintas a impugnação e os embargos que versarem apenas sobre as questões processuais, devendo o exequente adimplir as custas processuais e honorários advocatícios (art. 775, parágrafo único, I, do CPC). Neste caso (embargos atacando apenas aspectos processuais), a extinção da impugnação e dos embargos independe de concordância do embargante/impugnante.

Nos demais casos, quando houver a extinção da ação de execução e os embargos versarem sobre questões de direito material, a extinção dos embargos dependerá de concordância do embargante/impugnante (art. 775, parágrafo único, II, do CPC).

Não se aplica aos embargos à execução o prazo em dobro para litisconsortes com advogados distintos, de escritórios diferentes, previsto nos arts. 229 e 915, 3º do CPC. Na contagem do prazo para embargos, havendo litisconsórcio de devedores na execução, tal prazo será individual e independente (salvo se os devedores forem casados ou estiverem em união estável: nesse caso, o prazo será comum, começando a contar a partir da juntada do último comprovante citatório aos autos) – art. 915, § 1º do CPC.

2.2. Cumprimento de sentença, impugnação, execução de alimentos

2.2.1. Execução de Título Judicial – Cumprimento de Sentença

O cumprimento de sentença é utilizado quando o credor tem um título executivo judicial (rol de títulos executivos judiciais no art. 515, CPC). Para que seja iniciado o cumprimento de sentença, é necessária a presença de três requisitos:

1) o título executivo judicial;
2) inadimplemento do devedor;
3) iniciativa do exequente (513, § 1º, do CPC).

É possível fazer o cumprimento de sentença de decisões interlocutórias (ex.: fixação liminar de alimentos), cumprimento de sentença provisório (quando a decisão exigida ainda pode ser modificada) e, ainda, cumprimento de sentença definitivo (sentença já transitada em julgado).

- **Cumprimento de sentença de quantia certa**

Para que o cumprimento de sentença seja iniciado, é necessária a manifestação do credor, através de petição nos mesmos autos, requerendo a intimação do devedor para que efetue o pagamento do débito no prazo de 15 (quinze) dias, nos termos do art. 523 do CPC. O devedor será intimado na forma do art. 513, § 2º do CPC. Não ocorrendo o pagamento voluntário, de acordo com o art. 523 § 1º do CPC, "o débito será acrescido de multa de dez por cento e, também, de honorários de advogado de dez por cento." Em caso de pagamento parcial do débito, aplica-se o § 2º: "Efetuado o pagamento parcial no prazo previsto no caput, a multa e os honorários previstos no § 1º incidirão sobre o restante".

- **Penhora de bens**

Todas as regras de penhora que se aplicam à execução de título extrajudicial aplicar-se-ão também ao cumprimento de sentença.

- **Protesto da decisão judicial**

A possibilidade de protesto da decisão judicial transitada em julgado está prevista no art. 517 do CPC: A decisão judicial transitada em julgado poderá ser levada a protesto, nos termos da lei, depois de transcorrido o prazo para pagamento voluntário previsto no art. 523 do CPC.

- **A possibilidade de negativação do nome do devedor**

Além do protesto, o CPC prevê a possibilidade da negativação do nome do executado no cadastro dos inadimplentes até que efetive o pagamento do valor devido, garanta o cumprimento de sentença ou até que o processo seja extinto por outro motivo, conforme art. 782, § 3º, do CPC. O exequente poderá requerer, na petição inicial, a inclusão do executado no cadastro de inadimplentes, conforme previsão do art. 782, § 3º, do CPC. A inscrição no cadastro será imediatamente cancelada no caso do pagamento da dívida, se garantida a execução ou se a execução for extinta por qualquer outro motivo, na forma do art. 782, § 4º do CPC.

2.2.2. Impugnação ao Cumprimento de Sentença

A impugnação é o meio adequado de defesa do devedor no cumprimento de sentença (título executivo judicial), tratando-se de incidente da fase de cumprimento de sentença, julgado por intermédio de decisão interlocutória. O prazo para apresentação de impugnação ao cumprimento de sentença é de 15 dias após o decurso do prazo para pagamento voluntário, independentemente de penhora ou nova intimação, conforme art. 525 do CPC.

Prazo em dobro: diferentemente dos embargos, aplica-se, na impugnação, o prazo em dobro previsto no art. 229 do CPC.

A impugnação ao cumprimento de sentença ocorre por intermédio de petição direcionada ao juízo da execução, nos próprios autos, devendo seu mérito basear-se de acordo com os fundamentos do art. 525, § 1º, do CPC. Além disso, caso o impugnante deseje, deverá formular o pedido do efeito suspensivo. Caso a impugnação esteja de acordo com os requisitos legais, o juiz a receberá e determinará a intimação do impugnado (exequente) para apresentar sua resposta no prazo de 15 dias.

- **Cumprimento de sentença contra a Fazenda Pública**

Constituído o título judicial contra a Fazenda Pública, no cumprimento de sentença deve constar cálculo discriminado do valor do débito, de acordo com os requisitos previstos no art. 534, do CPC. A Fazenda Pública será intimada na pessoa de seu representante judicial, por carga, remessa ou meio eletrônico, para, querendo, no prazo de 30 dias e nos próprios autos, impugnar a execução, podendo arguir as matérias elencadas nos incisos do art. 535, do CPC. Se a Fazenda Pública não apresentar impugnação, será expedido o precatório ou requisição de pequeno valor.

Os precatórios referentes à créditos alimentares terão preferência sobre os demais, conforme súmula nº 144 do STJ: "Os créditos de natureza alimentícia gozam de preferência, desvinculados os precatórios da ordem cronológica dos créditos de natureza diversa".

2.2.3. Execução de Alimentos

A execução de alimentos pode, como toda e qualquer execução, ter como fundamento título executivo judicial ou extrajudicial. Todavia, a grande diferença está no fato de que, numa execução de alimentos, poderá o credor optar pelo procedimento no qual, caso não exista o pagamento voluntário por parte do devedor (no prazo legal), a consequência não será a penhora, mas a prisão do devedor. Assim, a execução de alimentos tem a seguinte divisão:

a) Fundamentada em título executivo extrajudicial

Com pedido de penhora, usará o rito previsto nos arts. 827 e 829 do CPC: apresentada a petição inicial, o juiz fixará honorários de 10% e mandará citar o devedor para pagar em três dias. Feito o pagamento neste prazo, terá desconto de 50% nos honorário. Não efetuado o pagamento, a execução prossegue com a penhora e expropriação de bens.

Com pedido de prisão, será usado o rito previsto no art. 911 do CPC, no qual o devedor será citado para, no prazo de três dias, pagar, provar que já pagou ou justificar a falta de pagamento. Não efetuado o pagamento (ou não provado ou afastada a justificativa), será decretada a prisão civil do devedor.

b) Fundamentada em título executivo judicial/ cumprimento de sentença de obrigação alimentar

Com pedido de penhora, usar-se-á o rito previsto no art. 523 e seguintes do CPC – apresentada a petição, o juiz mandará intimar o devedor para pagá-la em 15 dias. Feito o pagamento neste prazo, não haverá incidência de honorários. Não efetuado o pagamento, a execução/cumprimento de sentença prossegue (incidindo multa de 10 % e honorários advocatícios de 10 % – art. 523, § 1º do CPC) com a penhora e expropriação de bens.

c) Quanto à execução de alimentos com pedido de prisão (tanto fundamentada em título judicial quanto extrajudicial)

Conforme previsão do art. 528, § 7º do CPC, somente podem ser cobrados com pedido de prisão o atraso de até três últimas prestações anteriores ao ajuizamento. O cumprimento da pena não gera o pagamento da dívida alimentar (uma vez cumprida a pena, a dívida ainda existe).

A prisão por débito alimentar deve ser cumprida em regime fechado.

Paga a dívida, a ordem de prisão deve ser imediatamente suspensa, com a soltura do devedor.

Com pedido de prisão, será usado o rito previsto no art. 528 do CPC, no qual o devedor será intimado pessoalmente para, no prazo de três dias, pagar, provar que já pagou ou justificar a falta de pagamento. Não efetuado o pagamento (ou não provado ou afastada a justificativa), será decretada a prisão civil do devedor (bem como determinado o protesto judicial da decisão).

3. PROCEDIMENTOS ESPECIAIS

Os procedimentos especiais constituem-se em algumas ações específicas que possuem uma sequência de atos processuais determinada e diferenciada.

Os procedimentos especiais encontram-se previstos no CPC a partir do artigo 539 até o 770 do CPC, podendo ser citados como exemplos: ação de consignação em pagamento (art. 539-549 do CPC); ação de exigir contas (art. 550-553 do CPC); oposição (arts. 682-686 do CPC); embargos de terceiros (arts. 674-681 do CPC); possessórias a partir do artigo 554 do CPC; ações de família nos artigos 693 e seguintes do CPC, entre outros. É de se observar que, além do CPC, outras leis especiais podem prever procedimento específico para determinadas ações.

Ainda, a partir do art. 719, o CPC trouxe procedimentos especiais de jurisdição voluntária, como exemplo: o do divórcio e da separação consensuais, da extinção consensual de união estável e da alteração do regime de bens do matrimônio.

3.1. Da ação de consignação em pagamento

- **Previsão legal**

A previsão legal da ação de consignação em pagamento está nos art. 539 a 549 do Novo CPC. O CPC não traz as hipóteses de cabimento da consignação em pagamento. Ver como exemplo o artigo 335 do Código Civil. A consignação em pagamento pode se dar de forma judicial ou extrajudicial. A consignação pode ser de coisa ou de quantia em dinheiro.

Observa-se, que, se for consignação de coisa, somente se admite a mesma na via judicial. A consignação de quantia em dinheiro pode ser tanto judicial quanto extrajudicial:

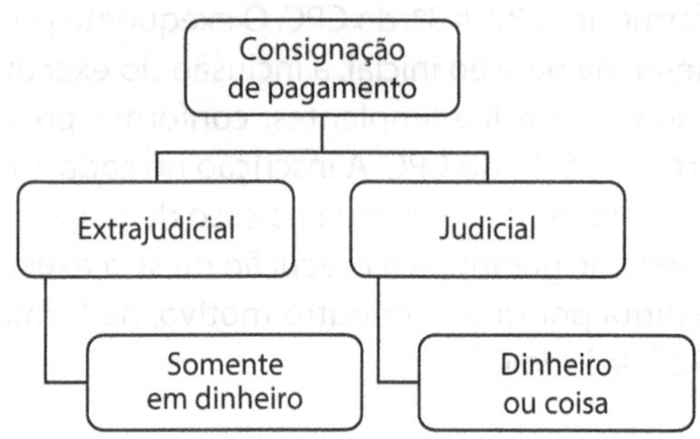

Além da previsão de cabimento da consignação no Código Civil, pode haver leis prevendo a mesma, como por exemplo art. 67 da Lei nº 8.245/1991 e o art. 164 do Código Tributário Nacional.

O objetivo da consignação em pagamento é justamente extinguir a obrigação: por exemplo, porque ocorreu uma situação prevista no art. 335 do Código Civil, e o devedor precisa se liberar da obrigação, então, ele poderá consignar a coisa ou quantia devida.

- **Da consignação em pagamento extrajudicial**

Os parágrafos do art. 539 do CPC estabelecem o procedimento da consignação extrajudicial, quando se tratar de obrigação de pagar quantia em dinheiro.

Como ocorre o procedimento da consignação na via extrajudicial? Conforme o § 1º do art. 539 do CPC, sendo a obrigação a ser cumprida obrigação em dinheiro, poderá o valor ser depositado em estabelecimento bancário oficial, onde houver, no local do pagamento, devendo o credor ser cientificado por carta com aviso de recebimento, assinado o prazo de 10 dias para a manifestação de recusa, caso não concorde com o depósito.

De acordo com o § 2º do art. 539 do CPC, uma vez decorrido o prazo do § 1º (ou seja, 10 dias) a contar do retorno do aviso de recebimento, sem a manifestação de recusa, o devedor é considerado liberado da obrigação, e a quantia que foi depositada fica à disposição do credor.

Porém, se o credor recusar o depósito dentro do prazo de forma expressa, ou seja, de forma escrita ao estabelecimento bancário, poderá ser proposta, dentro de 1 mês, a ação de consignação, instruindo-se a petição inicial com a prova do depósito e da recusa. Se, porém, houve a recusa do credor no procedimento extrajudicial e o devedor não ingressar com a ação no prazo de 1 mês, ficará sem efeito o depósito, podendo levantá-lo o depositante. Isto é, passado 1 mês, o devedor poderá ingressar com a ação, mas deverá requerer novo depósito.

> **Art. 539.** Nos casos previstos em lei, poderá o devedor ou terceiro requerer, com efeito de pagamento, a consignação da quantia ou da coisa devida.
>
> § 1º Tratando-se de obrigação em dinheiro, poderá o valor ser depositado em estabelecimento bancário, oficial onde houver, situado no lugar do pagamento, cientificando-se o credor por carta com aviso de recebimento, assinado o prazo de 10 (dez) dias para a manifestação de recusa.
>
> § 2º Decorrido o prazo do § 1º, contado do retorno do aviso de recebimento, sem a manifestação de recusa, considerar-se-á o devedor liberado da obrigação, ficando à disposição do credor a quantia depositada.
>
> § 3º Ocorrendo a recusa, manifestada por escrito ao estabelecimento bancário, poderá ser proposta, dentro de 1 (um) mês, a ação de consignação, instruindo-se a inicial com a prova do depósito e da recusa.
>
> § 4º Não proposta a ação no prazo do § 3º, ficará sem efeito o depósito, podendo levantá-lo o depositante.[2]

2. BRASIL. Lei nº 13.105, de 16 de março de 2015. *Código de Processo Civil*. Disponível em: https://www.planalto.gov.br/ccivil_03/_ato2015-2018/2015/lei/l13105.htm

Destaca-se que a consignação bancária não constitui etapa anterior à consignação judicial, sendo assim uma opção. "Dessa forma, poderá o devedor desprezar a possibilidade de consignação bancária e ingressar diretamente com a consignação judicial".[3]

- **Ação de consignação em pagamento na via judicial**

a) **Competência:** A competência para ajuizamento da ação de consignação em pagamento encontra-se prevista no art. 540 do CPC/15, sendo que no mesmo sentido encontra-se o artigo 337 do CC[4]:

> **Art. 540.** Requerer-se-á a consignação no lugar do pagamento, cessando para o devedor, à data do depósito, os juros e os riscos, salvo se a demanda for julgada improcedente.[5]

Verifica-se que a regra também está prevista no artigo 337 do Código Civil:

> Art. 337. O depósito requerer-se-á no lugar do pagamento, cessando, tanto que se efetue, para o depositante, os juros da dívida e os riscos, salvo se for julgado improcedente.[6]

b) **No caso de se tratar de obrigações sucessivas:** quando a obrigação envolver prestações sucessivas (há quem denomine de periódicas), ou seja, aquelas que se decompõem em mais de uma prestação, é de se observar a previsão do art. 541 do CPC:

> **Art. 541.** Tratando-se de prestações sucessivas, consignada uma delas, pode o devedor continuar a depositar, no mesmo processo e sem mais formalidades, as que se forem vencendo, desde que o faça em até 5 (cinco) dias contados da data do respectivo vencimento.[7]

De acordo com o art. 541 do CPC, pode o devedor, consignando uma delas, continuar a depositar

3. ADEDE Y CASTRO, João Marcos. Novo código de processo civil comentado para concursos: procedimentos especiais – arts. 539 a 770. Curitiba: Juruá, 2016, p. 540
4. MARINONI, Luiz Guilherme; ARENHART, Sérgio Cruz; MITIDIERO, Daniel. Curso de processo civil: volume 3 – tutela dos direitos mediante procedimentos diferenciados. São Paulo: Editora Revista dos Tribunais, 2017.
5. BRASIL. Lei nº 13.105, de 16 de março de 2015. *Código de Processo Civil*. Disponível em: https://www.planalto.gov.br/ccivil_03/_ato2015-2018/2015/lei/l13105.htm
6. BRASIL. Lei nº 10.406, de 10 de janeiro de 2002, Código Civil. Disponível em: https://www.planalto.gov.br/ccivil_03/leis/2002/l10406compilada.htm
7. BRASIL. Lei nº 13.105, de 16 de março de 2015. *Código de Processo Civil*. Disponível em: https://www.planalto.gov.br/ccivil_03/_ato2015-2018/2015/lei/l13105.htm

no mesmo processo e sem maiores formalidades as que forem vencendo, desde que deposite em até 5 dias a contar da data do vencimento de cada prestação.

c) **Da petição inicial:** a petição inicial da ação de consignação em pagamento observará o art. 319 do CPC bem como a previsão específica da petição inicial da consignação em pagamento prevista no artigo 542 do CPC. Nesse caso, o art. 542 do CPC estabelece os requisitos da petição inicial da ação de consignação em pagamento, conforme houve ou não o procedimento extrajudicial quando se tratar de obrigação em dinheiro:

REQUISITOS DA PETIÇÃO INICIAL DA AÇÃO DE CONSIGNAÇÃO EM PAGAMENTO	
AMBAS DEVEM CUMPRIR OS ARTS. 319 + 320 DO CPC	
Direto na via judicial (ou depois da recusa expressa do credor na via extrajudicial, se o devedor não ingressou com a ação no prazo de 1 mês)	Se primeiro fez o procedimento extrajudicial – houve recusa do credor no prazo –, mas o devedor ingressou com a ação no prazo de 1 mês
1. Requerer o depósito da coisa ou quantia devida (art. 542, I do CPC) – deve ser realizado no prazo de 5 dias a contar do deferimento do juiz, sob pena de extinção do processo sem resolução de mérito (Parágrafo único do art. 542 do CPC); 2. Requerer a citação do réu para levantar o depósito ou oferecer contestação (art. 542, II do CPC).	1. Juntar o comprovante do depósito e da recusa (art. 542, I e 539, § 3º do CPC); 2. Requerer a citação do réu para levantar o depósito ou oferecer contestação (art. 542, II do CPC).

Ainda, de acordo com o art. 542 do CPC/2015, o autor deve realizar o depósito no prazo de 5 dias, contados do deferimento, sob pena de extinção do processo sem resolução de mérito.

Deve-se cuidar para que, se a ação de consignação for oriunda do depósito extrajudicial e houve recusa do credor, não será requerido o depósito, porque este já foi realizado. Então, vai ser juntado com a inicial o comprovante do depósito e da recusa, conforme art. 542, II e 539, § 3º do CPC, desde que o devedor ingresse com a ação no prazo de 1 mês, porque se passar o prazo, por mais que se possa ingressar com a ação, o depósito feito na via extrajudicial fica sem efeito.

Nesse sentido:

> A petição inicial deve observar as exigências do art. 319, mas cabe ao autor requerer o depósito da quantia ou da coisa devida, o que deve ser efetuado no prazo de cinco dias após o deferimento, a não ser que se já o tenha efetuado em banco, nos termos do §3º do art. 539. Ou seja, se o autor da ação de consignação já tentou a consignação bancária e o credor recusou o recebimento, bastará que o devedor apresente o comprovante do depósito já feito e a recusa do credor.[8]

d) **Quando se tratar de obrigação de coisa indeterminada e escolha pelo credor:** previsão no art. 543 do CPC/15.

> **Art. 543.** Se o objeto da prestação for coisa indeterminada e a escolha couber ao credor, será este citado para exercer o direito dentro de 5 (cinco) dias, se outro prazo não constar de lei ou do contrato, ou para aceitar que o devedor a faça, devendo o juiz, ao despachar a petição inicial, fixar lugar, dia e hora em que se fará a entrega, sob pena de depósito.[9]

e) **Contestação pelo réu:** em se tratando de procedimento especial, deve ser seguido o procedimento específico previsto. No caso da ação de consignação em pagamento, conforme previsão do inciso II do art. 542, o réu será citado para levantar o depósito ou oferecer contestação.

Se oferecer contestação, poderá alegar, conforme o art. 544 do CPC:

> **Art. 544.** Na contestação, o réu poderá alegar que:
>
> I - Não houve recusa ou mora em receber a quantia ou a coisa devida;
>
> II - Foi justa a recusa;
>
> III - o depósito não se efetuou no prazo ou no lugar do pagamento;
>
> IV - O depósito não é integral.
>
> Parágrafo único. No caso do inciso IV, a alegação somente será admissível se o réu indicar o montante que entende devido.[10]

8. ADEDE Y CASTRO, João Marcos. Novo código de processo civil comentado para concursos: procedimentos especiais – arts. 539 a 770. Curitiba: Juruá, 2016, p. 9

9. BRASIL. Lei nº 13.105, de 16 de março de 2015. *Código de Processo Civil*. Disponível em: https://www.planalto.gov.br/ccivil_03/_ato2015-2018/2015/lei/l13105.htm

10. BRASIL. Lei nº 13.105, de 16 de março de 2015. *Código de Processo Civil*. Disponível em: https://www.planalto.gov.br/ccivil_03/_ato2015-2018/2015/lei/l13105.htm

f) Da alegação do depósito não ser integral (inciso IV do art. 544 do CPC): caso o réu alegue em sua contestação a hipótese do inciso IV, essa alegação somente será admitida se o réu alegar qual é o montante devido.

Caso o réu alegue em sede de contestação que o depósito feito pelo autor (devedor) não é integral, será permitido a este complementar o depósito no prazo de 10dias, conforme o artigo 545 do CPC.

> **Art. 545.** Alegada a insuficiência do depósito, é lícito ao autor completá-lo, em 10 (dez) dias, salvo se corresponder a prestação cujo inadimplemento acarrete a rescisão do contrato.
>
> § 1º No caso do *caput*, poderá o réu levantar, desde logo, a quantia ou a coisa depositada, com a consequente liberação parcial do autor, prosseguindo o processo quanto à parcela controvertida.
>
> § 2º A sentença que concluir pela insuficiência do depósito determinará, sempre que possível, o montante devido e valerá como título executivo, facultado ao credor promover-lhe o cumprimento nos mesmos autos, após liquidação, se necessária.[11]

Assim, se o credor alegar em contestação que o depósito não foi integral deverá indicar o valor que entende devido e o devedor poderá completá-lo no prazo de 10 dias.

g) Do julgamento procedente da consignação em pagamento (Previsão do art. 546 do CPC/ 2015) : conforme visto, o réu será citado na ação de consignação em pagamento para levantar o depósito ou oferecer contestação. Se julgada procedente a ação, será declarada extinta a obrigação e o réu é condenado a pagar custas e honorários. Será procedido da mesma forma se o credor receber e der quitação.

> **Art. 546.** Julgado procedente o pedido, o juiz declarará extinta a obrigação e condenará o réu ao pagamento de custas e honorários advocatícios.
>
> Parágrafo único. Proceder-se-á do mesmo modo se o credor receber e der quitação.[12]

h) Se ocorrer dúvida sobre quem deve receber o pagamento: previsão do art. 547 do CPC/2015:

> **Art. 547.** Se ocorrer dúvida sobre quem deva legitimamente receber o pagamento, o autor requererá o depósito e a citação dos possíveis titulares do crédito para provarem o seu direito.[13]

> **Art. 548.** No caso do art. 547:
>
> I – não comparecendo pretendente algum, converter-se-á o depósito em arrecadação de coisas vagas;
>
> II – comparecendo apenas um, o juiz decidirá de plano;
>
> III – comparecendo mais de um, o juiz declarará efetuado o depósito e extinta a obrigação, continuando o processo a correr unicamente entre os presuntivos credores, observado o procedimento comum.[14]

De acordo com o art. 547 do CPC, se houver dúvida sobre quem deve receber a quantia ou a coisa devida, deverá o autor requerer a citação de todos os possíveis titulares, sendo formado assim um litisconsórcio passivo.

Verificar que é situação em que se autoriza a consignação em pagamento, conforme artigo 335, inciso IV do CC:

> Art. 335. A consignação tem lugar:
>
> I - se o credor não puder, ou, sem justa causa, recusar receber o pagamento, ou dar quitação na devida forma;
>
> II - se o credor não for, nem mandar receber a coisa no lugar, tempo e condição devidos;
>
> III - se o credor for incapaz de receber, for desconhecido, declarado ausente, ou residir em lugar incerto ou de acesso perigoso ou difícil;
>
> IV - se ocorrer dúvida sobre quem deva legitimamente receber o objeto do pagamento;
>
> V - se pender litígio sobre o objeto do pagamento.[15]

Além disso, o art. 548 do CPC estabelece a consequência caso não compareça nenhum possível credor, compareça somente um dos credores ou compareça mais de um.

3.2. Ação monitória

Previsão legal: Arts. 700 a 702 do CPC.

Conceito e cabimento: O cabimento da ação monitória está previsto no art. 700 do CPC, e é a ação que pode ser ajuizada pelo credor que afirmar, COM BASE EM PROVA ESCRITA SEM EFICÁCIA DE TÍTULO EXECUTIVO, TER O DIREITO DE EXIGIR DO DEVEDOR CAPAZ, o cumprimento da obrigação de pagar quantia em dinheiro, a entrega de coisa fungível ou infungível, bem móvel ou imóvel, assim como o adimplemento da obrigação de fazer ou não fazer.

---

11. BRASIL. Lei nº 13.105, de 16 de março de 2015. *Código de Processo Civil*. Disponível em: https://www.planalto.gov.br/ccivil_03/_ato2015-2018/2015/lei/l13105.htm
12. BRASIL. Lei nº 13.105, de 16 de março de 2015. *Código de Processo Civil*. Disponível em: https://www.planalto.gov.br/ccivil_03/_ato2015-2018/2015/lei/l13105.htm
13. BRASIL. Lei nº 13.105, de 16 de março de 2015. *Código de Processo Civil*. Disponível em: https://www.planalto.gov.br/ccivil_03/_ato2015-2018/2015/lei/l13105.htm
14. BRASIL. Lei nº 13.105, de 16 de março de 2015. *Código de Processo Civil*. Disponível em: https://www.planalto.gov.br/ccivil_03/_ato2015-2018/2015/lei/l13105.htm
15. BRASIL. Lei nº 10.406, de 10 de janeiro de 2002, Código Civil. Disponível em: https://www.planalto.gov.br/ccivil_03/leis/2002/l10406compilada.htm

Nesse sentido é a previsão do art. 700, *caput* e incisos I, II e III do CPC.

▷ **Importante!**

Quando cabe ação monitória?

A ação monitória pode ser proposta por aquele que afirmar, com base em PROVA ESCRITA SEM EFICÁCIA DE TÍTULO EXECUTIVO, ter direito de exigir do devedor capaz:

- pagamento de quantia em dinheiro;
- entrega de coisa fungível ou infungível ou de bem móvel ou imóvel;
- adimplemento de obrigação de fazer ou não fazer.

▪ **Da prova escrita**

Como exemplos de prova escrita, podem ser citados o cheque prescrito, como prevê a súmula nº 299 do STJ: "É admissível a ação monitória fundada em cheque prescrito". Além disso, o contrato de abertura de crédito em conta corrente, acompanhado do demonstrativo de débito, é prova escrita admitida para ação monitória, inclusive conforme previsão da súmula nº 247 do STJ: "O contrato de abertura de crédito em conta corrente, acompanhado do demonstrativo de débito, constitui documento hábil para o ajuizamento da ação monitória".

Verifica-se que é possível que a prova escrita seja proveniente de prova oral que foi produzida antecipadamente. Ou seja, se produz a prova escrita mediante produção antecipada de prova, se se tinha a prova oral, com a finalidade de propor a monitória, conforme o § 1º do art. 700 do CPC: "§ 1º A prova escrita pode consistir em prova oral documentada, produzida antecipadamente nos termos do art. 381".[16]

▪ **Da monitória em face da Fazenda Pública**

O CPC permite que a ação monitória seja proposta em face da Fazenda Pública, conforme previsão do § 6º do art. 700 do CPC: **"§ 6º É admissível ação monitória em face da Fazenda Pública"**.[17]

Inclusive, é esse o entendimento da súmula nº 339 do STJ: "É cabível ação monitória contra a Fazenda Pública".

16. BRASIL. Lei nº 13.105, de 16 de março de 2015. *Código de Processo Civil*. Disponível em: https://www.planalto.gov.br/ccivil_03/_ato2015-2018/2015/lei/l13105.htm

17. BRASIL. Lei nº 13.105, de 16 de março de 2015. *Código de Processo Civil*. Disponível em: https://www.planalto.gov.br/ccivil_03/_ato2015-2018/2015/lei/l13105.htm

▪ **Da petição inicial**

O art. 700, § 2º do Novo CPC estabelece que a petição inicial da ação monitória deve explicitar os valores, conforme o tipo de obrigação que está sendo buscada:

> § 2º Na petição inicial, incumbe ao autor explicitar, conforme o caso:
>
> I – a importância devida, instruindo-a com memória de cálculo;
>
> II – o valor atual da coisa reclamada;
>
> III – o conteúdo patrimonial em discussão ou o proveito econômico perseguido.[18]

Ainda, conforme o § 3º do art. 700 do CPC, o valor da causa que deve constar na petição inicial deve estar de acordo com esses valores dos incisos do § 2º do art. 700 do CPC: "O valor da causa deverá corresponder à importância prevista no § 2º, incisos I a III".[19]

Sobre a petição inicial ensina Adede Y Castro:

> Além das exigências do art. 319, a petição inicial da ação monitória deverá informar a importância devida e sua memória de cáculo, o valor atualizado da coisa reclamada e o valor econômico perseguido. Como já referido, trata-se de ação com pretensão condenatória ao pagamento de valor ou entrega de objeto, de forma que o pedido deve ser especificado, de forma a que possa ser executada, uma vez que a sentença dará ao documento escrito força de executividade.[20]

▪ **Do indeferimento da petição inicial**

Conforme previsão do § 4º do art. 700 do CPC, a petição inicial da ação monitória será indeferida nas hipóteses do art. 330 do CPC, bem como se não for atendido o disposto no § 2º do art. 700 do CPC, ou seja, se o autor não explicitar na petição inicial da ação monitória os referidos valores: "§ 4º Além das hipóteses do art. 330, a petição inicial será indeferida quando não atendido o disposto no § 2º deste artigo" (CPC/2015).[21]

18. BRASIL. Lei nº 13.105, de 16 de março de 2015. *Código de Processo Civil*. Disponível em: https://www.planalto.gov.br/ccivil_03/_ato2015-2018/2015/lei/l13105.htm

19. BRASIL. Lei nº 13.105, de 16 de março de 2015. *Código de Processo Civil*. Disponível em: https://www.planalto.gov.br/ccivil_03/_ato2015-2018/2015/lei/l13105.htm

20. ADEDE Y CASTRO, João Marcos. Novo código de processo civil comentado para concursos: procedimentos especiais – arts. 539 a 770. Curitiba: Juruá, 2016, p. 122

21. BRASIL. Lei nº 13.105, de 16 de março de 2015. *Código de Processo Civil*. Disponível em: https://www.planalto.gov.br/ccivil_03/_ato2015-2018/2015/lei/l13105.htm

▪ **Emenda da petição inicial**

Por sua vez, o § 5º do art. 700 do CPC prevê a emenda da petição inicial da ação monitória quando o juiz não se convencer da idoneidade da prova escrita que instrui a ação monitória, devendo o juiz intimar o autor para, querendo, emendar a petição inicial e adaptá-la ao procedimento comum. Ex: se for obrigação de pagar, a uma ação de cobrança.

> § 5º Havendo dúvida quanto à idoneidade de prova documental apresentada pelo autor, o juiz intimá-lo-á para, querendo, emendar a petição inicial, adaptando-a ao procedimento comum.[22]

▪ **Meios de citação na ação monitória**

O § 7º do art. 700 do CPC admite a citação do réu na ação monitória por qualquer um dos meios admitidos ao procedimento comum: **"§ 7º Na ação monitória, admite-se citação por qualquer dos meios permitidos para o procedimento comum".**[23]

Inclusive, no que tange à citação por edital, tem-se a súmula nº 282 do STJ, que diz: "Cabe a citação por edital em ação monitória".

▪ **Procedimento na ação monitória**

De acordo com o art. 701 do CPC, se o juiz se convencer da idoneidade da prova escrita juntada, ou seja, sendo evidente o direito do autor, o juiz expede mandado de pagamento ou para entrega de coisa, ou para execução de obrigação de fazer ou não fazer, concedendo o prazo ao réu de 15 dias para cumprir. Caso haja o cumprimento no prazo, o réu estará isento do pagamento de custas (§ 1º do art. 701 do CPC) e os honorários de advogado são fixados em 5 % do valor da causa:

> **Art. 701.** Sendo evidente o direito do autor, o juiz deferirá a expedição de mandado de pagamento, de entrega de coisa ou para execução de obrigação de fazer ou de não fazer, concedendo ao réu prazo de 15 (quinze) dias para o cumprimento e o pagamento de honorários advocatícios de cinco por cento do valor atribuído à causa.
>
> § 1º O réu será isento do pagamento de custas processuais se cumprir o mandado no prazo.[24]

Nesse sentido destaca-se entendimento da doutrina:

> Havendo dúvida quanto à idoneidade de prova documental apresentada, o autor é intimado para emendar a petição inicial, adaptando-a ao procedimento comum. Ao contudo, se considerado evidente o direito do autor é expedido mandado de pagamento, de entrega de coisa ou de execução de obrigação de fazer ou de não fazer, concedendo ao réu prazo de 15 dias para cumprimento, mais o pagamento de 5% do valor atribuído à causa. Se o réu atender ao mandado, fica ele isento do pagamento das custas, encerrando-se o processo. Mas, se quiser, e no mesmo prazo de 15 dias, poderá o réu opor embargos, independentemente de pagamento ou de prévia segurança do juízo.[25]

As consequências e andamento da ação monitória vão depender de uma das condutas tomadas pelo réu.

No que tange à constituição de pleno direito do título executivo judicial, caso o réu fique inerte, prevê o § 2º do art. 701 do CPC:

> § 2º Constituir-se-á de pleno direito o título executivo judicial, independentemente de qualquer formalidade, se não realizado o pagamento e não apresentados os embargos previstos no art. 702, observando-se, no que couber, o Título II do Livro I da Parte Especial.[26]

Porém, se a ré for a Fazenda Pública, o § 4º do art. 701 do CPC prevê que, caso não apresentados os embargos previstos no art. 702, aplicar-se-á o disposto no art. 496, observando-se, a seguir, no que couber, o Título II do Livro I da Parte Especial.

▪ **Do parcelamento**

De acordo com a previsão do § 5º do art. 701 do CPC, "aplica-se à ação monitória, no que couber, o art. 916". Isto é, a possibilidade de depositar 30% e o restante e 06 parcelas.

▪ **Do meio de defesa na ação monitória: os embargos à ação monitória**

O meio de defesa do réu na ação monitória dar-se-á por meio de embargos à ação monitória, também chamados de embargos monitórios. O oferecimento dos embargos independe de prévia segurança do juízo, consoante disposição do art. 702 do CPC:

> **Art. 702.** Independentemente de prévia segurança do juízo, o réu poderá opor, nos próprios autos, no

22. BRASIL. Lei nº 13.105, de 16 de março de 2015. *Código de Processo Civil*. Disponível em: https://www.planalto.gov.br/ccivil_03/_ato2015-2018/2015/lei/l13105.htm
23. BRASIL. Lei nº 13.105, de 16 de março de 2015. *Código de Processo Civil*. Disponível em: https://www.planalto.gov.br/ccivil_03/_ato2015-2018/2015/lei/l13105.htm
24. BRASIL. Lei nº 13.105, de 16 de março de 2015. *Código de Processo Civil*. Disponível em: https://www.planalto.gov.br/ccivil_03/_ato2015-2018/2015/lei/l13105.htm
25. FÜHRER, Maximilianus Cláudio Américo; FÜHRER, Maximiliano Roberto. Resumo de processo civil. 41 ed. São Paulo: Malheiros, 2016, p. 163
26. BRASIL. Lei nº 13.105, de 16 de março de 2015. *Código de Processo Civil*. Disponível em: https://www.planalto.gov.br/ccivil_03/_ato2015-2018/2015/lei/l13105.htm

prazo previsto no art. 701, embargos à ação monitória.[27]

Quanto à matéria de defesa que pode ser alegada nos embargos à ação monitória, o § 1º do art. 702 permite que: "Os embargos podem se fundar em matéria passível de alegação como defesa no procedimento comum".[28]

Porém, se o réu ALEGAR QUE O AUTOR PLEITEIA QUANTIA SUPERIOR À DEVIDA, o réu tem que indicar então o valor que entenda correto, apresentando demonstrativo discriminado e atualizado do débito, porque se fizer tal alegação e não indicar o valor correto e nem juntar o demonstrativo, e for o único argumento de defesa, os embargos vão ser rejeitados liminarmente. Agora, se o réu alegar excesso de cobrança e não indicar o valor correto e nem juntar o demonstrativo, mas cumular com outro argumento de defesa, o juiz recebe os embargos, mas deixa de examinar a alegação de excesso, consoante disposição dos §§ 2º e 3º do art. 702 do CPC.

Oferecidos os embargos à ação monitória, o autor será intimado para oferecer resposta aos embargos no prazo de 15 dias, conforme previsto no § 5º do art. 702 do CPC: "§ 5º O autor será intimado para responder aos embargos no prazo de 15 (quinze) dias".[29]

A DEFESA NA AÇÃO MONITÓRIA NÃO É CONTESTAÇÃO, E SIM EMBARGOS À AÇÃO MONITÓRIA OU EMBARGOS MONITÓRIOS.

- **Da reconvenção**

O § 6º do art. 702 do CPC permite o oferecimento da reconvenção, vendando, porém, o oferecimento da reconvenção à reconvenção: **"§ 6º Na ação monitória admite-se a reconvenção, sendo vedado o oferecimento de reconvenção à reconvenção".**[30]

- **Da sentença**

Uma vez rejeitados os embargos à ação monitória, será constituído o título executivo judicial, conforme previsão do § 8º do art. 702 do CPC:

> § 8º Rejeitados os embargos, constituir-se-á de pleno direito o título executivo judicial, prosseguindo-se o processo em observância ao disposto no Título II do Livro I da Parte Especial, no que for cabível.[31]

Ainda, conforme o § 9º do art. 702 do CPC, cabe o recurso de APELAÇÃO contra a sentença, seja a que acolhe ou a que rejeita os embargos monitórios: **"§ 9º Cabe apelação contra a sentença que acolhe ou rejeita os embargos".**[32]

E mais, de acordo com o que prevê o §10º do art. 702 do CPC, o juiz condenará o AUTOR em favor do réu a multa de até 10 % do valor da causa se proposta de forma indevida e de má-fé a ação monitória. Da mesma forma, o juiz condenará o RÉU ao pagamento de multa de até 10 % do valor da causa em favor do autor, se opuser embargos à ação monitória de má-fé:

> § 10. O juiz condenará o autor de ação monitória proposta indevidamente e de má-fé ao pagamento, em favor do réu, de multa de até dez por cento sobre o valor da causa.
>
> § 11. O juiz condenará o réu que de má-fé opuser embargos à ação monitória ao pagamento de multa de até dez por cento sobre o valor atribuído à causa, em favor do autor.[33]

3.3. Ação de Dissolução parcial da sociedade

- **Conceito**

O procedimento especial da dissolução parcial da sociedade encontra-se previsto no Código de Processo Civil, nos arts. 599 a 609 do CPC, sendo utilizado quando ocorre apenas a dissolução parcial da sociedade, como por exemplo um sócio falece, pede para sair ou é excluído, mas a sociedade continua.

Assim, com a dissolução parcial, ocorre apenas a resolução da sociedade em relação a um ou alguns sócios, desfazendo-se os respectivos vínculos.

- **Do objeto da ação de dissolução parcial da sociedade**

Previsão do art. 599 do CPC:

> **Art. 599.** A ação de dissolução parcial de sociedade pode ter por objeto:

27. BRASIL. Lei nº 13.105, de 16 de março de 2015. *Código de Processo Civil*. Disponível em: https://www.planalto.gov.br/ccivil_03/_ato2015-2018/2015/lei/l13105.htm
28. BRASIL. Lei nº 13.105, de 16 de março de 2015. *Código de Processo Civil*. Disponível em: https://www.planalto.gov.br/ccivil_03/_ato2015-2018/2015/lei/l13105.htm
29. BRASIL. Lei nº 13.105, de 16 de março de 2015. *Código de Processo Civil*. Disponível em: https://www.planalto.gov.br/ccivil_03/_ato2015-2018/2015/lei/l13105.htm
30. BRASIL. Lei nº 13.105, de 16 de março de 2015. *Código de Processo Civil*. Disponível em: https://www.planalto.gov.br/ccivil_03/_ato2015-2018/2015/lei/l13105.htm
31. BRASIL. Lei nº 13.105, de 16 de março de 2015. *Código de Processo Civil*. Disponível em: https://www.planalto.gov.br/ccivil_03/_ato2015-2018/2015/lei/l13105.htm
32. BRASIL. Lei nº 13.105, de 16 de março de 2015. *Código de Processo Civil*. Disponível em: https://www.planalto.gov.br/ccivil_03/_ato2015-2018/2015/lei/l13105.htm
33. BRASIL. Lei nº 13.105, de 16 de março de 2015. *Código de Processo Civil*. Disponível em: https://www.planalto.gov.br/ccivil_03/_ato2015-2018/2015/lei/l13105.htm

> I – a resolução da sociedade empresária contratual ou simples em relação ao sócio falecido, excluído ou que exerceu o direito de retirada ou recesso; e
>
> II – a apuração dos haveres do sócio falecido, excluído ou que exerceu o direito de retirada ou recesso; ou
>
> III – somente a resolução ou a apuração de haveres.[34]

O CPC ainda prevê, no § 2º do art. 599 do CPC:

> § 2º. A ação de dissolução parcial de sociedade pode ter também por objeto a sociedade anônima de capital fechado quando demonstrado, por acionista ou acionistas que representem cinco por cento ou mais do capital social, que não pode preencher o seu fim[35].

▪ Legitimados para propor a ação de dissolução parcial

Previsão no art. 600 do CPC/15:

> **Art. 600.** A ação pode ser proposta:
>
> I – pelo espólio do sócio falecido, quando a totalidade dos sucessores não ingressar na sociedade;
>
> II – pelos sucessores, após concluída a partilha do sócio falecido;
>
> III – pela sociedade, se os sócios sobreviventes não admitirem o ingresso do espólio ou dos sucessores do falecido na sociedade, quando esse direito decorrer do contrato social;
>
> IV – pelo sócio que exerceu o direito de retirada ou recesso, se não tiver sido providenciada, pelos demais sócios, a alteração contratual consensual formalizando o desligamento, depois de transcorridos 10 (dez) dias do exercício do direito;
>
> V – pela sociedade, nos casos em que a lei não autoriza a exclusão extrajudicial; ou
>
> VI – pelo sócio excluído.
>
> Parágrafo único. O cônjuge ou companheiro do sócio cujo casamento, união estável ou convivência terminou poderá requerer a apuração de seus haveres na sociedade, que serão pagos à conta da quota social titulada por este sócio.[36]

O cônjuge ou companheiro do sócio cujo casamento, união estável ou convivência terminou serão legitimados para requerer a apuração de seus haveres na sociedade, que serão pagos à conta da quota social titulada por este sócio.

▪ Do procedimento

Observar de início a previsão do § 1º do art. 599 do CPC/2015: **"§ 1º A petição inicial será necessariamente instruída com o contrato social consolidado".**[37]

Os réus terão direito a contestar, conforme preceitua o art. 601 do Novo CPC:

> **Art. 601.** Os sócios e a sociedade serão citados para, no prazo de 15 (quinze) dias, concordar com o pedido ou apresentar contestação.
>
> Parágrafo único. A sociedade não será citada se todos os seus sócios o forem, mas ficará sujeita aos efeitos da decisão e à coisa julgada.[38]

Na ação de dissolução parcial de sociedade, uma vez citados, os réus possuem o prazo de 15 dias para concordar com o pedido ou contestar a ação. Caso haja concordância, não haverá condenação em honorários advocatícios e as custas do processo vão ser divididas de acordo com a participação das partes no capital social. Porém, caso haja contestação, segue-se o procedimento comum:

> **Art. 603.** Havendo manifestação expressa e unânime pela concordância da dissolução, o juiz a decretará, passando-se imediatamente à fase de liquidação.
>
> § 1º Na hipótese prevista no *caput*, não haverá condenação em honorários advocatícios de nenhuma das partes, e as custas serão rateadas segundo a participação das partes no capital social.
>
> § 2º Havendo contestação, observar-se-á o procedimento comum, mas a liquidação da sentença seguirá o disposto neste Capítulo.[39]

▪ Da apuração dos haveres

Previsão no art. 604 do CPC/2015. O art. 604 estabelece os elementos para a apuração dos haveres. Ou seja, deverá o juiz:

> I –fixará a data da resolução da sociedade;
>
> II – definirá o critério de apuração dos haveres à vista do disposto no disposto no contrato social; e
>
> III – nomeará o perito.[40]

PROCESSO CIVIL

34. BRASIL. Lei nº 13.105, de 16 de março de 2015. *Código de Processo Civil*. Disponível em: https://www.planalto.gov.br/ccivil_03/_ato2015-2018/2015/lei/l13105.htm
35. BRASIL. Lei nº 13.105, de 16 de março de 2015. *Código de Processo Civil*. Disponível em: https://www.planalto.gov.br/ccivil_03/_ato2015-2018/2015/lei/l13105.htm
36. BRASIL. Lei nº 13.105, de 16 de março de 2015. *Código de Processo Civil*. Disponível em: https://www.planalto.gov.br/ccivil_03/_ato2015-2018/2015/lei/l13105.htm
37. BRASIL. Lei nº 13.105, de 16 de março de 2015. *Código de Processo Civil*. Disponível em: https://www.planalto.gov.br/ccivil_03/_ato2015-2018/2015/lei/l13105.htm
38. BRASIL. Lei nº 13.105, de 16 de março de 2015. *Código de Processo Civil*. Disponível em: https://www.planalto.gov.br/ccivil_03/_ato2015-2018/2015/lei/l13105.htm
39. BRASIL. Lei nº 13.105, de 16 de março de 2015. *Código de Processo Civil*. Disponível em: https://www.planalto.gov.br/ccivil_03/_ato2015-2018/2015/lei/l13105.htm
40. BRASIL. Lei nº 13.105, de 16 de março de 2015. *Código de Processo Civil*. Disponível em: https://www.planalto.gov.br/ccivil_03/_ato2015-2018/2015/lei/l13105.htm

- **Da data da resolução da sociedade**

Conforme se verificou no art. 604 do CPC/2015, o juiz deve fixar a data de resolução da sociedade, cujos critérios estão definidos no art. 605 do CPC:

A DATA DE RESOLUÇÃO DA SOCIEDADE SERÁ

- No caso de falecimento do sócio e não aceitação de ingresso do espólio ou dos sucessores, a do óbito.
- No caso de retirada imotivada, o sexagésimo dia do recebimento da notificação pela sociedade.
- No caso da retirada por justa causa de sociedade por prazo determinado e na exclusão judicial de sócio, a do trânsito em julgado da decisão que dissolver a sociedade.
- No caso de recesso, o dia do recebimento da notificação pela sociedade.
- No caso da exclusão extrajudicial, a data da assembleia ou reunião que tiver liberado.

Observar sempre em primeiro lugar a previsão do contrato social – art. 606 do CPC/2015:

> **Art. 606.** Em caso de omissão do contrato social, o juiz definirá, como critério de apuração de haveres, o valor patrimonial apurado em balanço de determinação, tomando-se por referência a data da resolução e avaliando-se bens e direitos do ativo, tangíveis e intangíveis, a preço de saída, além do passivo também a ser apurado de igual forma.
>
> Parágrafo único. Em todos os casos em que seja necessária a realização de perícia, a nomeação do perito recairá preferencialmente sobre especialista em avaliação de sociedades.[41]

▷ **Atenção!** Conforme o art. 607 do CPC, os critérios podem ser revisados pelo juiz a pedido da parte, a qualquer tempo antes do início da perícia.

O momento de se revisar os critérios é antes do início da perícia. O juiz não pode de ofício, e sim **a pedido de qualquer das partes.** Pode ser revista a data da resolução e o critério de apuração.

- **Do pagamento dos haveres – previsão do artigo 609 do CPC:**

Art. 609. Uma vez apurados, os haveres do sócio retirante serão pagos conforme disciplinar o contrato social e, no silêncio deste, nos termos do § 2º do art. 1.031 da Lei 10.406, de 10 de janeiro de 2002 (Código Civil).[42]

41. BRASIL. Lei nº 13.105, de 16 de março de 2015. *Código de Processo Civil*. Disponível em: https://www.planalto.gov.br/ccivil_03/_ato2015-2018/2015/lei/l13105.htm

42. BRASIL. Lei nº 13.105, de 16 de março de 2015. *Código de Processo Civil*. Disponível em: https://www.planalto.gov.br/ccivil_03/_ato2015-2018/2015/lei/l13105.htm

3.4. Embargos de terceiro

Previsão legal: Arts. 674 a 681 do CPC.

- **Conceito**

Conforme o artigo 674 do CPC, os embargos de terceiro são utilizados pelo terceiro (quem não é parte no processo) no caso de haver constrição ou ameaça de constrição sobre bens que possua ou sobre os quais tenha direito incompatível com o ato constritivo. Logo, por meio desse procedimento especial, o terceiro poderá requerer o desfazimento ou a inibição dessa constrição.

Partes nos embargos de terceiro:

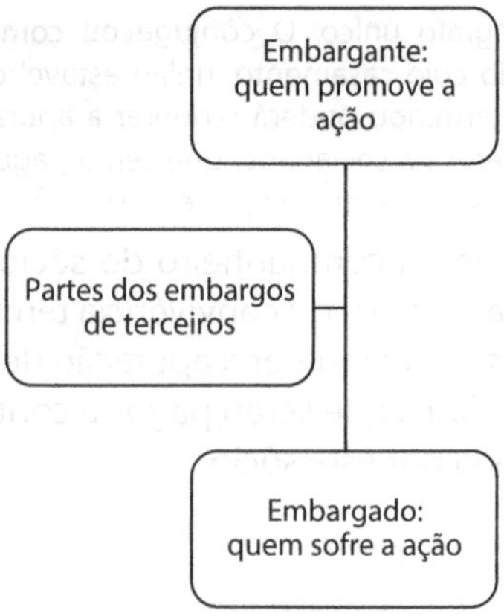

Chama-se embargante: quem **promove** a ação.

Chama-se embargado: quem **sofre** a ação.

Chamam-se embargos de terceiro porque justamente são opostos por quem não faz parte do processo principal no qual há a ameaça ou há a constrição indevida do bem.

O § 1º do art. 674 do Novo CPC elenca quem são os legitimados: "§ 1º Os embargos podem ser de terceiro proprietário, inclusive fiduciário, ou possuidor".[43]

Vide súmula nº 84 do STJ.

No que tange à legitimidade ativa para ajuizamento dos embargos de terceiro, é de se observar, ainda, a previsão do § 2º do art. 674 do CPC:

> I – o cônjuge ou companheiro, quando defende a posse de bens próprios ou de sua meação, ressalvado o disposto no art. 843; [Vide súmula nº 134 do STJ.]
>
> II – o adquirente de bens cuja constrição decorreu de decisão que declara a ineficácia da alienação realizada em fraude à execução;
>
> III – quem sofre constrição judicial de seus bens por força de desconsideração da personalidade jurídica, de cujo incidente não fez parte;
>
> IV – o credor com garantia real para obstar expropriação judicial do objeto de direito real de garantia, caso não tenha sido intimado, nos termos legais dos atos expropriatórios respectivos.[44]

- **Prazo**

Previsão do art. 675 do CPC:

> **Art. 675.** Os embargos podem ser opostos a qualquer tempo no processo de conhecimento enquanto não transitada em julgado a sentença e, no cumprimento de sentença ou no processo de execução, até 5 (cinco) dias depois da adjudicação, da alienação por iniciativa particular ou da arrematação, mas sempre antes da assinatura da respectiva carta.
>
> Parágrafo único. Caso identifique a existência de terceiro titular de interesse em embargar o ato, o juiz mandará intimá-lo pessoalmente.[45]

Então, via de regra, verifica-se não o termo inicial, mas até quando podem ser opostos os embargos de terceiro, a depender se é processo de conhecimento ou execução ou, ainda, fase de cumprimento de sentença:

Até o trânsito em julgado da sentença – QUANDO O PROCESSO FOR DE CONHECIMENTO.

No cumprimento de sentença ou no processo de execução – até 5 dias depois da adjudicação, da alienação por iniciativa particular ou da arrematação, mas sempre antes da assinatura da respectiva carta.

Da mesma forma ensina Adede Y Castro: "Em se tratando de processo de conhecimento, os embargos podem ser apresentados a qualquer tempo, desde que não transitado em julgado a sentença".[46] Observar, a previsão do 792, §4º do CPC: "§ 4º Antes de declarar a fraude à execução, o juiz deverá intimar o terceiro adquirente, que, se quiser, poderá opor embargos de terceiro, no prazo de 15 (quinze) dias".

- **Competência**

Conforme o *caput* do art. 676 do CPC, os embargos de terceiros vão ser distribuídos por dependência ao juízo que ordenou a constrição e autuados em apartado. Porém, nos casos de ato de constrição realizado por carta, os embargos de terceiro devem ser oferecidos no JUÍZO DEPRECADO – salvo se indicado pelo juízo deprecante o bem constrito, ou se já devolvida a carta (previsão do art. 676, parágrafo único do CPC):

> **Art. 676.** Os embargos serão distribuídos por dependência ao juízo que ordenou a constrição e autuados em apartado.
>
> Parágrafo único. Nos casos de ato de constrição realizado por carta, os embargos serão oferecidos no juízo deprecado, salvo se indicado pelo juízo deprecante o bem constrito ou se já devolvida a carta.[47]

- **Da petição inicial**

A petição inicial dos embargos de terceiro deve observar a previsão do artigo 677 do CPC:

> **Art. 677.** Na petição inicial, o embargante fará a prova sumária de sua posse ou de seu domínio e da qualidade de terceiro, oferecendo documentos e rol de testemunhas.
>
> § 1º É facultada a prova da posse em audiência preliminar designada pelo juiz.
>
> § 2º O possuidor direto pode alegar, além da sua posse, o domínio alheio.
>
> § 3º A citação será pessoal, se o embargado não tiver procurador constituído nos autos da ação principal.
>
> § 4º Será legitimado passivo o sujeito a quem o ato de constrição aproveita, assim como o será seu adversário no processo principal quando for sua a indicação do bem para a constrição judicial.[48]

---

43. BRASIL. Lei nº 13.105, de 16 de março de 2015. *Código de Processo Civil*. Disponível em: https://www.planalto.gov.br/ccivil_03/_ato2015-2018/2015/lei/l13105.htm

44. BRASIL. Lei nº 13.105, de 16 de março de 2015. *Código de Processo Civil*. Disponível em: https://www.planalto.gov.br/ccivil_03/_ato2015-2018/2015/lei/l13105.htm

45. BRASIL. Lei nº 13.105, de 16 de março de 2015. *Código de Processo Civil*. Disponível em: https://www.planalto.gov.br/ccivil_03/_ato2015-2018/2015/lei/l13105.htm

46. BRASIL. Lei nº 13.105, de 16 de março de 2015. Código de Processo Civil. Disponível em: https://www.planalto.gov.br/ccivil_03/_ato2015-2018/2015/lei/l13105.htm

47. BRASIL. Lei nº 13.105, de 16 de março de 2015. *Código de Processo Civil*. Disponível em: https://www.planalto.gov.br/ccivil_03/_ato2015-2018/2015/lei/l13105.htm

48. BRASIL. Lei nº 13.105, de 16 de março de 2015. *Código de Processo Civil*. Disponível em: https://www.planalto.gov.

Assim, já na petição inicial dos embargos de terceiro, o embargante deve trazer os documentos para comprovar a sua legitimidade para opor os embargos, sendo que, pode ocorrer, conforme a previsão do § 1º, a designação de audiência preliminar, ou seja, de justificação a fim de demonstrar o seu direito na hipótese de não ter conseguido comprová-lo por meio de documentos.

Consoante o § 2º do art. 677 do CPC: "O possuidor direto pode alegar, além da sua posse, o domínio alheio".

- **Legitimado passivo: o embargado**

> Conforme o §4º do artigo 677 do CPC: "Será legitimado passivo o sujeito a quem o ato de constrição aproveita, assim como o será seu adversário no processo principal quando for sua a indicação do bem para a constrição judicial".[49]

- **Liminar**

Sobre a liminar nos embargos de terceiro, estabelece o art. 678 do CPC que pode ocorrer a manutenção ou reintegração provisória da posse se o embargante a requerer:

> **Art. 678.** A decisão que reconhecer suficientemente provado o domínio ou a posse determinará a suspensão das medidas constritivas sobre os bens litigiosos objeto dos embargos, bem como a manutenção ou a reintegração provisória da posse, se o embargante a houver requerido.
>
> Parágrafo único. O juiz poderá condicionar a ordem de manutenção ou de reintegração provisória de posse à prestação de caução pelo requerente, ressalvada a impossibilidade da parte economicamente hipossuficiente.[50]

- **Citação do embargado**

De início, é de se verificar se o embargado possui ou não procurador constituído nos autos. Se não o possuir, a citação do embargado deve ser pessoal.

Dessa forma, "se o embargado tiver procurador constituído na ação que originou os embargos, será citado através dele. Se não tiver tal advogado, a citação será feita na pessoa do embargado". [51]

- **Contestação**

Os embargos de terceiro poderão ser contestados no prazo de 15 dias, findo o qual se seguirá o procedimento comum. O art. 680 do CPC trata, por sua vez, da contestação no caso dos embargos do credor com garantia real:

> **Art. 680.** Contra os embargos do credor com garantia real, o embargado somente poderá alegar que:
>
> I – o devedor comum é insolvente;
>
> II – o título é nulo ou não obriga a terceiro;
>
> III – outra é a coisa dada em garantia.[52]

O art. 680 trata da defesa no caso dos embargos opostos pelo credor com garantia real.

- **Do julgamento dos embargos de terceiro**

Se os embargos forem julgados procedentes, a constrição judicial estará cancelada, com o consequente reconhecimento do domínio, a manutenção da posse ou a reintegração definitiva do bem ao embargante.

3.5. Ações possessórias

a) Cabimento das ações possessórias:

Sobre o cabimento das possessórias, pode-se afirmar que a ação de reintegração de posse é utilizada "no aso de esbulho, o possuidor fica privado da posse. Ação de Manutenção de posse no caso de turbação, o possuidor é molestado mas continua na posse, é efetivado um incômodo no exercício da posse. Interdito proibitório: ameaça de esbulho ou turbação".[53]

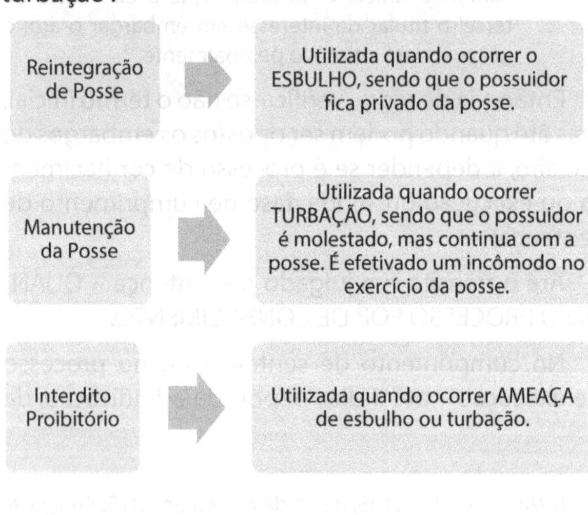

br/ccivil_03/_ato2015-2018/2015/lei/l13105.htm

49. BRASIL. Lei nº 13.105, de 16 de março de 2015. *Código de Processo Civil*. Disponível em: https://www.planalto.gov.br/ccivil_03/_ato2015-2018/2015/lei/l13105.htm

50. BRASIL. Lei nº 13.105, de 16 de março de 2015. *Código de Processo Civil*. Disponível em: https://www.planalto.gov.br/ccivil_03/_ato2015-2018/2015/lei/l13105.htm

51. ADEDE Y CASTRO, João Marcos. Novo código de zprocesso civil comentado para concursos: procedimentos especiais – arts. 539 a 770. Curitiba: Juruá, 2016, p. 107

52. BRASIL. Lei nº 13.105, de 16 de março de 2015. *Código de Processo Civil*. Disponível em: https://www.planalto.gov.br/ccivil_03/_ato2015-2018/2015/lei/l13105.htm

53. SILVA, Jaqueline Mielke; COLOMBO, Juliano. Manual de prática civil: teoria e prática. Porto Alegre: Verbo Jurídico, 2017, p. 238

b) Fungibilidade das ações possessórias

Previsão do art. 554 do CPC:

> **Art. 554.** A propositura de uma ação possessória em vez de outra não obstará a que o juiz conheça do pedido e outorgue a proteção legal correspondente àquela cujos pressupostos estejam provados.[54]

c) Possibilidade de cumular outros pedidos

Consoante previsão do art. 555 do CPC, é permitido ao autor da ação possessória cumular ao pedido possessório o pedido de condenação em perdas e danos e indenização dos frutos. Nesse sentido é o entendimento da doutrina: "o art. 555 admite a cumulação do pedido possessório aos pedidos de perdas e danos, indenização de frutos e inibição de novo esbulho ou turbação, a par do requerimento de medidas judiciais tendentes ao cumprimento da 'tutela provisória ou final[55]'.

O parágrafo único do art. 555 estabelece que, além disso, o autor pode requerer imposição de medida necessária e adequada para evitar nova turbação ou esbulho e cumprir-se a tutela provisória ou final.

d) Caráter dúplice

O art. 556 do CPC estabelece que é permitido ao réu na contestação da ação possessória alegar que foi ele o ofendido em sua posse, e então demandar a proteção possessória e a indenização pelos prejuízos resultantes da turbação ou do esbulho cometido pelo autor.[56]

e) Discussão sobre domínio na ação possessória

Previsão do art. 557 do CPC:

> **Art. 557.** Na pendência de ação possessória é vedado, tanto ao autor quanto ao réu, propor ação de reconhecimento do domínio, exceto se a pretensão for deduzida em face de terceira pessoa.
>
> Parágrafo único. Não obsta à manutenção ou à reintegração de posse a alegação de propriedade ou de outro direito sobre a coisa.[57]

f) Ação possessória por força nova e por força velha

A ação possessória será regida pelo procedimento especial se a ação for proposta dentro de ano e dia a contar da turbação ou do esbulho afirmado na inicial, tendo nesse caso a possibilidade de liminar específica do art. 562 do CPC. Decorrido esse prazo, o procedimento será o comum, não perdendo o caráter possessório.[58] Se a ação possessória for pelo procedimento comum, deverá ser requerida a tutela provisória nos termos do artigo 294 e seguintes do CPC.

g) Da ação de manutenção e da reintegração de posse

Previsão a partir do art. 560 do CPC: "Art. 560. O possuidor tem direito a ser mantido na posse em caso de turbação e reintegrado em caso de esbulho".[59]

h) Requisitos da petição inicial: arts. 319 e 561 do CPC.

Nas ações possessórias, além do art. 319, que traz os requisitos da petição inicial, esta deve ser adaptada às exigências do art. 561 do CPC, o qual traz os requisitos específicos da petição inicial das possessórias:

> **Art. 561.** Incumbe ao autor provar:
>
> I – a sua posse;
>
> II – a turbação ou o esbulho praticado pelo réu;
>
> III – a data da turbação ou do esbulho;
>
> IV – a continuação da posse, embora turbada, na ação de manutenção, ou a perda da posse, na ação de reintegração.[60]

i) Da medida liminar: previsão do art. 562 do CPC:

Se a ação possessória, seguir o procedimento especial, tem a liminar específica do art. 562 do CPC. Se for ação por força velha, poderá ser requerida a

54. BRASIL. Lei nº 13.105, de 16 de março de 2015. *Código de Processo Civil*. Disponível em: https://www.planalto.gov.br/ccivil_03/_ato2015-2018/2015/lei/l13105.htm
55. MARINONI, Luiz Guilherme; ARENHART, Sérgio Cruz; MITIDIERO, Daniel. Curso de processo civil: volume 3 – tutela dos direitos mediante procedimentos diferenciados. São Paulo: Editora Revista dos Tribunais, 2017, p. 168
56. ALVIM, J.E. Carreira. Ações possessórias no Novo CPC: manutenção de posse, reintegração de posse e interdito proibitório. 2. Ed. Curitiba: Juruá, 2017, p. 41
57. BRASIL. Lei nº 13.105, de 16 de março de 2015. *Código de Processo Civil*. Disponível em: https://www.planalto.gov.br/ccivil_03/_ato2015-2018/2015/lei/l13105.htm
58. ALVIM, J.E. Carreira. Ações possessórias no Novo CPC: manutenção de posse, reintegração de posse e interdito proibitório. 2. Ed. Curitiba: Juruá, 2017, p. 56
59. BRASIL. Lei nº 13.105, de 16 de março de 2015. *Código de Processo Civil*. Disponível em: https://www.planalto.gov.br/ccivil_03/_ato2015-2018/2015/lei/l13105.htm
60. BRASIL. Lei nº 13.105, de 16 de março de 2015. *Código de Processo Civil*. Disponível em: https://www.planalto.gov.br/ccivil_03/_ato2015-2018/2015/lei/l13105.htm

tutela provisória nos termos do art. 294 e seguintes do CPC:

> **Art. 562.** Estando a petição inicial devidamente instruída, o juiz deferirá, sem ouvir o réu, a expedição do mandado liminar de manutenção ou de reintegração, caso contrário, determinará que o autor justifique previamente o alegado, citando-se o réu para comparecer à audiência que for designada.
>
> Parágrafo único. Contra as pessoas jurídicas de direito público não será deferida a manutenção ou a reintegração liminar sem prévia audiência dos respectivos representantes judiciais.[61]

Sobre o procedimento das ações possessórias:

> 1) Caso a agressão à posse tenha ocorrido há até ano e dia (força nova), o rito será especial, ficando possibilitada a concessão de liminar possessória provado os requisitos do art. 562. 2) Nas ações de força velha, ou seja, passados ano e dia da agressão à posse (esbulho ou turbação), o rito será comum, não sendo admitida a concessão de liminar possessória. Sendo o rito comum, poderá o Autor valer-se da tutela provisória.[62]

j) Da justificação:

Ainda, poderá ser necessária a audiência de justificação para que o autor possa produzir provas necessárias a fim de obter a medida liminar, ocorrendo essa audiência após a citação. Previsão do art. 563 do CPC: "Art. 563. Considerada suficiente a justificação, o juiz fará logo expedir mandado de manutenção ou de reintegração".[63]

Ou seja, "se o juiz acatar a petição inicial que atenda os requisitos legais, concederá medida liminar em favor do autor. Em caso contrário, determinará que o autor justifique previamente em audiência, o alegado, citando-se o réu para comparecer na audiência que for designada (art. 562) (...)".[64]

k) Citação do réu: Previsão do art. 564 do CPC:

> **Art. 564.** Concedido ou não o mandado liminar de manutenção ou de reintegração, o autor promoverá, nos 5 (cinco) dias subsequentes, a citação do réu para, querendo, contestar a ação no prazo de 15 (quinze) dias.
>
> Parágrafo único. Quando for ordenada a justificação prévia, o prazo para contestar será contado da intimação da decisão que deferir ou não a medida liminar.[65]

l) Do interdito proibitório

O interdito proibitório é a possessória a ser utilizada quando há o risco/ameaça/justo receio de o possuidor direto ou indireto ser molestado na posse.

> **Art. 567.** O possuidor direto ou indireto que tenha justo receio de ser molestado na posse poderá requerer ao juiz que o segure da turbação ou esbulho iminente, mediante mandado proibitório em que se comine ao réu determinada pena pecuniária caso transgrida o preceito.[66]

3.6. Ação de exigir contas

a) Previsão legal: Arts. 550 a 553 do CPC.

b) Cabimento e legitimidade

A ação de exigir contas encontra previsão legal no art. 550 do CPC:

> **Art. 550.** Aquele que afirmar ser titular do direito de exigir contas requererá a citação do réu para que as preste ou ofereça contestação no prazo de 15 (quinze) dias.[67]

A legitimidade para ajuizar a ação de exigir contas, procedimento especial, é daquele que afirma ser titular do direito de exigir as contas em face de outra pessoa.

c) Procedimento

Conforme o *caput* do art. 550, o autor deve requerer a citação do réu para que este:

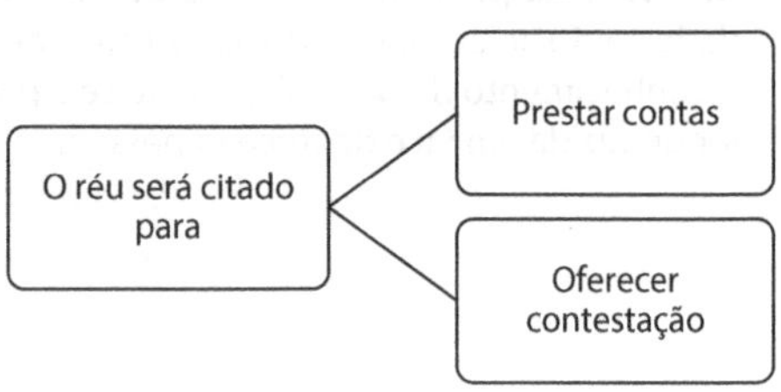

61. BRASIL. Lei nº 13.105, de 16 de março de 2015. *Código de Processo Civil*. Disponível em: https://www.planalto.gov.br/ccivil_03/_ato2015-2018/2015/lei/l13105.htm
62. SILVA, Jaqueline Mielke; COLOMBO, Juliano. Manual de prática civil: teoria e prática. Porto Alegre: Verbo Jurídico, 2017, p. 241
63. BRASIL. Lei nº 13.105, de 16 de março de 2015. *Código de Processo Civil*. Disponível em: https://www.planalto.gov.br/ccivil_03/_ato2015-2018/2015/lei/l13105.htm
64. PARIZATTO, João Roberto. Ações possessórias: divisão e demarcação de terras, usucapião judicial e extrajudicial. São Paulo: EDIPA, 2018, p. 28
65. BRASIL. Lei nº 13.105, de 16 de março de 2015. *Código de Processo Civil*. Disponível em: https://www.planalto.gov.br/ccivil_03/_ato2015-2018/2015/lei/l13105.htm
66. BRASIL. Lei nº 13.105, de 16 de março de 2015. *Código de Processo Civil*. Disponível em: https://www.planalto.gov.br/ccivil_03/_ato2015-2018/2015/lei/l13105.htm
67. BRASIL. Lei nº 13.105, de 16 de março de 2015. *Código de Processo Civil*. Disponível em: https://www.planalto.gov.br/ccivil_03/_ato2015-2018/2015/lei/l13105.htm

Na ação de exigir contas, "a citação do réu para que preste as contas deverá ser requerida pelo autor, abrindo-se prazo de quinze dias para contestação. Na resposta, o réu poderá prestar as contas exigidas, alegar que já as prestou ou que não tem contas a prestar ao autor uma vez que não mantém com ele relação negocial alguma de representação ou administração de bens ou interesses que possa gerar a obrigação de prestar contas".[68]

E se o réu não prestar contas nem contestar? Observa-se o disposto no art. 355 do CPC, ou seja, haverá julgamento antecipado do mérito:

Se o pedido for julgado improcedente – o réu fica desobrigado a prestar contas exigidas pelo autor, que responderá pelo ônus da sucumbência.

Se o pedido for julgado procedente – previsão do § 5º do art. 550 do CPC/2015. Decisão vai condenar o réu a prestar as contas no prazo de 15 dias, se não o fizer, não poderá impugnar as contas apresentadas pelo autor.

Ou seja, "no prazo de 15 dias, poderá o réu contestar o direito de exigir contas ou oferecê-las (art. 550, caput, do CPC), bem como permanecer revel". Assim, se o réu não prestar as contas de forma imediata neste prazo, mas conteste a ação ou permaneça revel, o juiz deverá decidir sobre a exigência de prestar contas. "Se reconhecendo o direito de exigir contas, o réu deverá fazê-lo em quinze dias, sob ena de não poder impugnar as que o autor apresentar (cf. §5º do art. 550 do CPC)".[69]

> § 5º A decisão que julgar procedente o pedido condenará o réu a prestar as contas no prazo de 15 (quinze) dias, sob pena de não lhe ser lícito impugnar as que o autor apresentar.
>
> § 6º Se o réu apresentar as contas no prazo previsto no § 5º, seguir-se-á o procedimento do § 2º, caso contrário, o autor apresentá-las-á no prazo de 15 (quinze) dias, podendo o juiz determinar a realização de exame pericial, se necessário.[70]

Se o réu prestar as contas por determinação do juiz, o autor poderá se manifestar no prazo de 15 dias , e se o réu não o fizer, o autor poderá apresentá-las no prazo de 15 dias, não podendo o réu impugnar neste caso.

d) Da apresentação das contas

De acordo com o que prevê o art. 551, as contas prestadas pelo réu deverão ter as receitas especificadas, inclusive as despesas e os investimentos, caso tenham ocorrido.

Por sua vez, o § 1º estabelece que, se houver impugnação específica e fundamentada pelo autor, deverá ser fixado um prazo razoável pelo juiz para que o réu apresente os documentos justificativos dos lançamentos que foram individualmente impugnados.

Da mesma forma, o CPC prevê que as contas quando prestadas pelo autor se darão de forma adequada, com especificação das receitas, despesas e investimentos:

> § 2º As contas do autor, para os fins do art. 550, § 5º, serão apresentadas na forma adequada, já instruídas com os documentos justificativos, especificando-se as receitas, a aplicação das despesas e os investimentos, se houver, bem como o respectivo saldo.[71]

e) Sentença

De acordo com a previsão do art. 552 do CPC: "A sentença apurará o saldo e constituirá título executivo judicial"[72]. Ou seja, se for apurado eventual saldo, será constituído título executivo judicial.

f) Das contas pelo inventariante, curador, tutor, depositário

O art. 553 estabelece previsão sobre as contas de determinadas pessoas nomeada em processo, como tutor, curador ou depositário, por exemplo:

> **Art. 553.** As contas do inventariante, do tutor, do curador, do depositário e de qualquer outro administrador serão prestadas em apenso aos autos do processo em que tiver sido nomeado.
>
> Parágrafo único. Se qualquer dos referidos no *caput* for condenado a pagar o saldo e não o fizer no prazo legal, o juiz poderá destituí-lo, sequestrar os bens sob sua guarda, glosar o prêmio ou a gratificação a que teria direito e determinar as medidas executivas necessárias à recomposição do prejuízo.[73]

68. ADEDE Y CASTRO, João Marcos. Novo código de processo civil comentado para concursos: procedimentos especiais – arts. 539 a 770. Curitiba: Juruá, 2016, p. 15
69. MEDINA, José Miguel Garcia. Direito processual civil moderno. 2 ed. São Paulo: Editora Revista dos Tribunais, 2016, P. 815
70. BRASIL. Lei nº 13.105, de 16 de março de 2015. *Código de Processo Civil*. Disponível em: https://www.planalto.gov.br/ccivil_03/_ato2015-2018/2015/lei/l13105.htm
71. BRASIL. Lei nº 13.105, de 16 de março de 2015. *Código de Processo Civil*. Disponível em: https://www.planalto.gov.br/ccivil_03/_ato2015-2018/2015/lei/l13105.htm
72. BRASIL. Lei nº 13.105, de 16 de março de 2015. *Código de Processo Civil*. Disponível em: https://www.planalto.gov.br/ccivil_03/_ato2015-2018/2015/lei/l13105.htm
73. BRASIL. Lei nº 13.105, de 16 de março de 2015. *Código de Processo Civil*. Disponível em: https://www.planalto.gov.br/ccivil_03/_ato2015-2018/2015/lei/l13105.htm

3.7. Oposição

a) Previsão legal: Arts. 682 a 686 do CPC.

b) Cabimento

Hoje, pelo Novo CPC, a oposição não é mais forma de intervenção de terceiros, mas sim, procedimento especial, na forma do 682 do CPC:

> **Art. 682.** Quem pretender, no todo ou em parte, a coisa ou o direito sobre que controvertem autor e réu poderá, até ser proferida a sentença, oferecer oposição contra ambos.[74]

Procedimento especial: proposta por terceiro (quem não é parte de um processo principal em curso). Quando? Quando o terceiro pretender, no todo ou em parte, a coisa ou o direito sobre o que controvertem autor e réu, ele poderá, até ser proferida a sentença, oferecer oposição contra ambos.

Pode ser definida, portanto, como "procedimento especial no qual alguém vai a juízo postular no todo ou em parte, o objeto ou direito em litígio, pelo ajuizamento de ação autônoma contra autor e réu de outro processo".[75]

Terceiro que propõe a oposição é chamado de opoente. Autor e réu do processo principal são os opostos na oposição. Essa ação é, portanto, proposta contra o autor e réu do processo principal.

c) Prazo

Além dos demais requisitos, a ação de oposição deve ser ajuizada dentro de determinado prazo, ou seja, até a sentença do processo já instaurado.

d) Petição inicial

A oposição deve ser feita observando os requisitos para propositura da ação, nos termos do art. 683 do CPC: "O opoente deduzirá o pedido em observação aos requisitos exigidos para propositura da ação".[76]

e) Partes e procedimento da oposição

As partes na ação de oposição são:

Opoente: terceiro que ajuiza a ação de oposição.

Opostos: polo passivo da ação de oposição, sendo o autor e réu do processo principal.

A oposição passa a ser distribuída por dependência, sendo as partes citadas para contestar no prazo COMUM de 15 dias.

Previsão do parágrafo único do art. 683:

> Parágrafo único. Distribuída a oposição por dependência, serão os opostos citados, na pessoa de seus respectivos advogados, para contestar o pedido no prazo comum de 15 (quinze) dias.[77]

E se uma das partes reconhecer a procedência do pedido? A oposição continua contra a outra. A oposição ficará em apenso à ação originária, sendo julgada juntamente a esta, conforme previsão do art. 685 do Novo CPC:

> **Art. 685.** Admitido o processamento, a oposição será apensada aos autos e tramitará simultaneamente à ação originária, sendo ambas julgadas pela mesma sentença.[78]

Ocorre, assim, que proposta a inicial, procede-se à citação dos denominados opostos, autor e réu do processo principal, por intermédio de seus respectivos advogados, sendo que o prazo para contestar é de 15 dias. Caso o pedido seja reconhecido por algum deles, contra os outros prosseguirá o opoente.[79]

Além disso, se a oposição for proposta após o início da audiência de instrução, o juiz suspenderá o curso do processo ao fim da produção das provas, salvo se concluir que a unidade da instrução atenda melhor ao princípio da duração razoável do processo;

Previsão do parágrafo único do art. 685:

> **Art. 685,** Parágrafo único. Se a oposição for proposta após o início da audiência de instrução, o juiz suspenderá o curso do processo ao fim da produção das provas, salvo se concluir que a unidade da instrução atende melhor ao princípio da duração razoável do processo.[80]

---

74. BRASIL. Lei nº 13.105, de 16 de março de 2015. *Código de Processo Civil*. Disponível em: https://www.planalto.gov.br/ccivil_03/_ato2015-2018/2015/lei/l13105.htm
75. ADEDE Y CASTRO, João Marcos. Novo código de processo civil comentado para concursos: procedimentos especiais – arts. 539 a 770. Curitiba: Juruá, 2016, p. 109
76. BRASIL. Lei nº 13.105, de 16 de março de 2015. *Código de Processo Civil*. Disponível em: https://www.planalto.gov.br/ccivil_03/_ato2015-2018/2015/lei/l13105.htm
77. BRASIL. Lei nº 13.105, de 16 de março de 2015. *Código de Processo Civil*. Disponível em: https://www.planalto.gov.br/ccivil_03/_ato2015-2018/2015/lei/l13105.htm
78. BRASIL. Lei nº 13.105, de 16 de março de 2015. *Código de Processo Civil*. Disponível em: https://www.planalto.gov.br/ccivil_03/_ato2015-2018/2015/lei/l13105.htm
79. FÜHRER, Maximilianus Cláudio Américo; FÜHRER, Maximiliano Roberto. Resumo de processo civil. 41 ed. São Paulo: Malheiros, 2016, p. 161
80. BRASIL. Lei nº 13.105, de 16 de março de 2015. *Código de Processo Civil*. Disponível em: https://www.planalto.gov.br/ccivil_03/_ato2015-2018/2015/lei/l13105.htm

Ainda, é de se observar, quanto ao julgamento da oposição, a previsão do art. 686 do CPC: "Cabendo ao juiz decidir simultaneamente a ação originária e a oposição, desta conhecerá em primeiro lugar".[81]

Como a ação originária e a oposição devem ser julgadas de forma conjunta (mesma sentença), deverá o juiz conhecer a oposição em primeiro lugar, tendo em vista que a sua solução interfere no resultado que terá a primeira ação.

3.8. Homologação do penhor legal

a) Previsão legal

A previsão legal da homologação do penhor legal está nos arts. 1.467-1.472 do Código Civil e arts. 703-706 do Código de Processo Civil.

b) Cabimento e do procedimento especial de homologação do penhor legal

O procedimento para homologar o penhor legal encontra-se previsto a partir do art. 703 do CPC.

c) Da homologação do penhor legal e petição inicial

De acordo com o art. 703 do CPC, tomado o penhor legal nas hipóteses previstas em lei requererá o credor, em ato contínuo sua homologação. São requisitos da homologação do penhor legal – Previsão do § 1º do art. 703 do CPC: "§ 1º Na petição inicial, instruída com o contrato de locação ou a conta pormenorizada das despesas, a tabela dos preços e a relação dos objetos retidos, o credor pedirá a citação do devedor para pagar ou contestar na audiência preliminar que for designada".[82]

A petição inicial deverá ser instituída assim:

- Contrato de locação ou a conta pormenorizada das despesas;
- A tabela dos preços;
- A relação dos objetos retidos;
- Citação: para pagar ou contestar na audiência preliminar que for designada.

d) Homologação do penhor legal extrajudicial

Previsão do § 2º ao 4º do art. 703 do CPC.

Há a possibilidade de a homologação ocorrer de forma extrajudicial perante notário, preenchendo os requisitos do § 1º. Uma vez recebido o requerimento pelo notário, este deverá promover a notificação extrajudicial do devedor. O devedor terá o prazo de cinco dias para pagar o débito ou impugnar a cobrança. Na impugnação, que deverá ser por escrito, poderá alegar uma das causas previstas no art. 704 do CPC/2015.

Caso ocorra a impugnação na via extrajudicial, o procedimento será encaminhado ao juiz competente para este decidir. E se não houver manifestação do devedor neste prazo de 05 dias? O notário deverá homologar o penhor legal por escritura pública, na forma do art. 703, § 4º do CPC.

e) Da defesa do devedor

O art. 704 enumera as alegações de defesa do réu:

As causas seriam:

- I - nulidade do processo;
- II - extinção da obrigação;
- III - não estar a dívida compreendida entre as previstas em lei ou não estarem os bens sujeitos a penhor legal;
- IV - alegação de haver sido ofertada caução idônea, rejeitada pelo credor.

81. BRASIL. Lei nº 13.105, de 16 de março de 2015. *Código de Processo Civil*. Disponível em: https://www.planalto.gov.br/ccivil_03/_ato2015-2018/2015/lei/l13105.htm

82. BRASIL. Lei nº 13.105, de 16 de março de 2015. *Código de Processo Civil*. Disponível em: https://www.planalto.gov.br/ccivil_03/_ato2015-2018/2015/lei/l13105.htm

Na via judicial, o § 1º do art. 703 do CPC estabelece que o devedor será citado para pagar ou oferecer contestação na audiência preliminar a ser designada. E de acordo com o art. 705 do CPC: "A partir da audiência preliminar, observar-se-á o procedimento comum"[83]. Ou seja, **recebida a Inicial,** o requerido será citado para comparecer na audiência preliminar. Após esta audiência, será observado o procedimento comum.

E se for homologado o penhor legal? Previsão do art. 706 do CPC/2015:

> **Art. 706.** Homologado judicialmente o penhor legal, consolidar-se-á a posse do autor sobre o objeto.
>
> § 1º Negada a homologação, o objeto será entregue ao réu, ressalvado ao autor o direito de cobrar a dívida pelo procedimento comum, salvo se acolhida a alegação de extinção da obrigação.
>
> § 2º Contra a sentença caberá apelação, e, na pendência de recurso, poderá o relator ordenar que a coisa permaneça depositada ou em poder do autor.[84]

Uma vez homologado o penhor legal, a posse dos bens será consolidada em favor do autor. Reconhece-se a legitimidade dos bens que foram tomados.

E se for negada a homologação?

> § 1º Negada a homologação, o objeto será entregue ao réu, ressalvado ao autor o direito de cobrar a dívida pelo procedimento comum, salvo se acolhida a alegação de extinção da obrigação.[85]

O bem objeto de penhor será devolvido ao réu, podendo o autor cobrar a dívida ainda pelo procedimento comum, salvo se for acolhida a alegação de extinção da obrigação do réu. Contra a sentença de penhor legal, o recurso cabível é a **APELAÇÃO**.

3.9. Divisão e demarcação de terras particulares

a) Previsão legal

A previsão legal da divisão e demarcação de terras particulares está nos arts. 569 a 598 do Código de Processo Civil.

b) Disposições gerais previstas nos arts. 569-573 do CPC

Consoante disposição do art. 569 do CPC:

DEMARCAÇÃO – ao proprietário, cabe a ação de demarcação, para obrigar o seu confinante a estremar os respectivos prédios, fixando-se novos limites entre eles ou aviventando-se os já apagados;

DIVISÃO – ao condômino, cabe a ação de divisão, para obrigar os demais consortes a estremar os quinhões.

c) Da possibilidade de Cumulação das ações de demarcação e divisão: previsão do art. 570 do CPC:

> **Art. 570.** É lícita a cumulação dessas ações, caso em que deverá processar-se primeiramente a demarcação total ou parcial da coisa comum, citando-se os confinantes e os condôminos.[86]

Realização via escritura pública: previsão do art. 571 do CPC:

> **Art. 571.** A demarcação e a divisão poderão ser realizadas por escritura pública, desde que maiores, capazes e concordes todos os interessados, observando-se, no que couber, os dispositivos deste Capítulo.[87]

Então, poderão serem realizadas por meio de escritura pública, desde que preenchidos estes requisitos:

As partes são maiores e capazes.

Há acordo entre as partes, ou seja, entre os confitentes ou condôminos.

d) Petição inicial da ação de demarcação de terras – vide art. 574 do CPC:

> **Art. 574.** Na petição inicial, instruída com os títulos da propriedade, designar-se-á o imóvel pela situação e pela denominação, descrever-se-ão os limites por constituir, aviventar ou renovar e nomear-se-ão todos os confinantes da linha demarcada.[88]

Ainda, sobre a possibilidade de se requerer a demarcação, o art. 575 do CPC prevê: "Art. 575. Qualquer condômino é parte legítima para promover a demarcação do imóvel comum, requerendo a

83. BRASIL. Lei nº 13.105, de 16 de março de 2015. *Código de Processo Civil*. Disponível em: https://www.planalto.gov.br/ccivil_03/_ato2015-2018/2015/lei/l13105.htm

84. BRASIL. Lei nº 13.105, de 16 de março de 2015. *Código de Processo Civil*. Disponível em: https://www.planalto.gov.br/ccivil_03/_ato2015-2018/2015/lei/l13105.htm

85. BRASIL. Lei nº 13.105, de 16 de março de 2015. *Código de Processo Civil*. Disponível em: https://www.planalto.gov.br/ccivil_03/_ato2015-2018/2015/lei/l13105.htm

86. BRASIL. Lei nº 13.105, de 16 de março de 2015. *Código de Processo Civil*. Disponível em: https://www.planalto.gov.br/ccivil_03/_ato2015-2018/2015/lei/l13105.htm

87. BRASIL. Lei nº 13.105, de 16 de março de 2015. *Código de Processo Civil*. Disponível em: https://www.planalto.gov.br/ccivil_03/_ato2015-2018/2015/lei/l13105.htm

88. BRASIL. Lei nº 13.105, de 16 de março de 2015. *Código de Processo Civil*. Disponível em: https://www.planalto.gov.br/ccivil_03/_ato2015-2018/2015/lei/l13105.htm

intimação dos demais para, querendo, intervir no processo".[89]

e) Petição inicial da ação de divisão – sobre a petição inicial da ação de divisão, o art. 588 do CPC exige:

> **Art. 588.** A petição inicial será instruída com os títulos de domínio do promovente e conterá:
>
> I – a indicação da origem da comunhão e a denominação, a situação, os limites e as características do imóvel;
>
> II – o nome, o estado civil, a profissão e a residência de todos os condôminos, especificando-se os estabelecidos no imóvel com benfeitorias e culturas;
>
> III – as benfeitorias comuns.[90]

3.10. Restauração de autos

a) Previsão legal e cabimento

Procedimento previsto a partir do art. 712 do CPC, quando houver o desaparecimento dos autos eletrônicos ou não, podendo ser promovida pelo Juiz, de ofício, pelo Ministério Público e por qualquer das partes.

b) Da petição inicial e do procedimento

O art. 713 do CPC dispõe sobre a petição inicial da ação e restauração e autos, trazendo exigências específicas:

> **Art. 713.** Na petição inicial, declarará a parte o estado do processo ao tempo do desaparecimento dos autos, oferecendo:
>
> I – certidões dos atos constantes do protocolo de audiências do cartório por onde haja corrido o processo;
>
> II – cópia das peças que tenha em seu poder;
>
> III – qualquer outro documento que facilite a restauração.[91]

Na restauração de autos, a parte contrária será citada para oferecer contestação no prazo de cinco dias, trazendo também as peças e cópias que dispuser:

> **Art. 714.** A parte contrária será citada para contestar o pedido no prazo de 5 (cinco) dias, cabendo-lhe exibir as cópias, as contrafés e as reproduções dos atos e dos documentos que estiverem em seu poder.
>
> § 1º Se a parte concordar com a restauração, lavrar-se-á o auto que, assinado pelas partes e homologado pelo juiz, suprirá o processo desaparecido.
>
> § 2º Se a parte não contestar ou se a concordância for parcial, observar-se-á o procedimento comum.[92]

Sobre o procedimento da restauração de autos, destaca-se:

> A petição inicial deve informar o estado do processo ao tempo de desaparecimento, juntando certidões cartorárias, cópia das peças que estejam em poder do autor e qualquer outro documento útil. A parte contrária é citada para contestar em cinco dias, trazendo também as peças e cópias que dispuser. Havendo concordância com a restauração, é lavrado um auto, homologado pelo juiz, que supre a falta do processo desaparecido. Não havendo contestação, ou se a concordância for apenas parcial, segue-se o procedimento comum. Havendo necessidade, são repetidas as provas colhidas em audiência e as perícias.[93]

c) Sobre as provas

Consoante previsão do art. 715 do CPC, as provas que foram produzidas no processo que desapareceu/extraviou somente serão repetidas, caso houver necessidade:

> § 1º Serão reinquiridas as mesmas testemunhas: salvo, em caso de impossibilidade, poderão ser substituídas de ofício ou a requerimento.
>
> § 2º Se não houver certidão ou cópia do laudo, far-se-á nova perícia, sempre que possível pelo mesmo perito;
>
> § 3º Não havendo certidão de documentos, esses serão reconstituídos mediante cópias ou, na falta dessas, pelos meios ordinários de prova.
>
> § 4º Os serventuários e os auxiliares da justiça não podem eximir-se de depor como testemunhas a respeito de atos que tenham praticado ou assistido.
>
> § 5º Se o juiz houver proferido sentença da qual ele próprio ou o escrivão possua cópia, esta será juntada aos autos e terá a mesma autoridade da original.[94]

Julgada a restauração, seguirá o processo os seus termos. E, de acordo com o artigo 716 e parágrafo

89. BRASIL. Lei nº 13.105, de 16 de março de 2015. *Código de Processo Civil*. Disponível em: https://www.planalto.gov.br/ccivil_03/_ato2015-2018/2015/lei/l13105.htm

90. BRASIL. Lei nº 13.105, de 16 de março de 2015. *Código de Processo Civil*. Disponível em: https://www.planalto.gov.br/ccivil_03/_ato2015-2018/2015/lei/l13105.htm

91. BRASIL. Lei nº 13.105, de 16 de março de 2015. *Código de Processo Civil*. Disponível em: https://www.planalto.gov.br/ccivil_03/_ato2015-2018/2015/lei/l13105.htm

92. BRASIL. Lei nº 13.105, de 16 de março de 2015. *Código de Processo Civil*. Disponível em: https://www.planalto.gov.br/ccivil_03/_ato2015-2018/2015/lei/l13105.htm

93. FÜHRER, Maximilianus Cláudio Américo; FÜHRER, Maximiliano Roberto. Resumo de processo civil. 41 ed. São Paulo: Malheiros, 2016, p. 166

94. BRASIL. Lei nº 13.105, de 16 de março de 2015. *Código de Processo Civil*. Disponível em: https://www.planalto.gov.br/ccivil_03/_ato2015-2018/2015/lei/l13105.htm

único do CPC, caso apareçam os autos originais, neles o processo terá prosseguimento, sendo-lhes apensados os autos da restauração.

É de se destacar que, caso o desaparecimento ou extravio ocorrer no Tribunal, quem será competente para a restauração será o relator do processo, sempre que possível, de acordo com o Código de Processo Civil no seu art. 717. E no caso de atos que dependem de instrução, deverão acarretar a remessa do procedimento ao juízo de origem para a coleta das provas. Depois de realizadas as diligências necessárias, ocorre a remessa do procedimento ao Tribunal para que continue com o procedimento de restauração.

d) Culpa e responsabilidade

O art. 718 do CPC estabelece que quem houver dado causa ao desaparecimento dos autos responderá pelas custas da restauração e pelos honorários de advogado, sem prejuízo da responsabilidade civil ou penal em que incorrer.

3.11. Habilitação

a) Previsão legal e cabimento

Prevista nos arts. 687-692 do CPC, a habilitação tem cabimento quando houver o falecimento de qualquer das partes no processo tal qual previsão do art. 687 do CPC: "Artigo 687. A habilitação ocorre quando, por falecimento de qualquer das partes, os interessados houverem de suceder-lhe no processo".[95]

b) Legitimidade e procedimento

Os legitimados, ou seja, quem pode requerer a habilitação estão previstos no art. 688 do CPC/2015:

> **Art. 688.** A habilitação pode ser requerida:
>
> I – Pela parte, em relação aos sucessores do falecido;
>
> II – Pelos sucessores do falecido, em relação à parte.[96]

O procedimento está previsto no art. 689 do CPC/2015: art. 689. "Proceder-se-á à habilitação nos autos do processo principal, na instância em que estiver suspendendo-se, a partir de então, o processo".[97]

Consoante a previsão do art. 690 do CPC, a parte ré na habilitação será citada para se pronunciar no prazo de cinco dias acerca da habilitação. E, caso ainda não tenha procurador constituído, a citação deve ocorrer de forma pessoal:

> **Art. 690.** Recebida a petição, o juiz ordenará a citação dos requeridos para se pronunciarem no prazo de 5 (cinco) dias.
>
> Parágrafo único. A citação será pessoal, se a parte não tiver procurador constituído nos autos.[98]

Sobre o julgamento da habilitação prevê o art. 691 do CPC:

> **Art. 691.** O juiz decidirá o pedido de habilitação imediatamente, salvo se este for impugnado e houver necessidade de dilação probatória diversa da documental, caso em que determinará que o pedido seja autuado em apartado e disporá sobre a instrução.[99]

Ainda, conforme o art. 692 do CPC, uma vez transitada em julgado a sentença de habilitação, o processo principal toma o seu curso: "Transitada em julgado a sentença de habilitação, o processo principal retomará o seu curso, e cópia da sentença será juntada aos autos respectivos".[100]

3.12. Divórcio, separação, extinção da união estável, alteração de regime de bens de forma consensual

a) Previsão legal: Arts. 731 a 734 do CPC.

b) Cabimento

Tais regras se aplicam quando houver o divórcio ou a separação de forma consensual, ou ainda a extinção consensual de união estável, bem como a alteração do regime de bens do matrimônio de forma consensual.

O Supremo Tribunal Federal (STF) definiu, em 08/11/2023, que as normas do Código Civil que tratam da separação judicial perderam a validade com a entrada em vigor da Emenda Constitucional (EC) 66/2010. Segundo a decisão, depois que essa exigência foi retirada da Constituição Federal, a efetivação do divórcio deixou de ter qualquer requisito, a não ser a vontade dos cônjuges. (https://portal.

95. BRASIL. Lei nº 13.105, de 16 de março de 2015. *Código de Processo Civil*. Disponível em: https://www.planalto.gov.br/ccivil_03/_ato2015-2018/2015/lei/l13105.htm
96. BRASIL. Lei nº 13.105, de 16 de março de 2015. *Código de Processo Civil*. Disponível em: https://www.planalto.gov.br/ccivil_03/_ato2015-2018/2015/lei/l13105.htm
97. BRASIL. Lei nº 13.105, de 16 de março de 2015. *Código de Processo Civil*. Disponível em: https://www.planalto.gov.br/ccivil_03/_ato2015-2018/2015/lei/l13105.htm
98. BRASIL. Lei nº 13.105, de 16 de março de 2015. *Código de Processo Civil*. Disponível em: https://www.planalto.gov.br/ccivil_03/_ato2015-2018/2015/lei/l13105.htm
99. BRASIL. Lei nº 13.105, de 16 de março de 2015. *Código de Processo Civil*. Disponível em: https://www.planalto.gov.br/ccivil_03/_ato2015-2018/2015/lei/l13105.htm
100. BRASIL. Lei nº 13.105, de 16 de março de 2015. *Código de Processo Civil*. Disponível em: https://www.planalto.gov.br/ccivil_03/_ato2015-2018/2015/lei/l13105.htm

stf.jus.br/noticias/verNoticiaDetalhe.asp?idConteudo=518572&ori=1).

A tese de repercussão geral fixada para o Tema 1.053 é a seguinte:

Após a promulgação da Emenda Constitucional 66/2010, a separação judicial não é mais requisito para o divórcio, nem subsiste como figura autônoma no ordenamento jurídico. Sem prejuízo, preserva-se o estado civil das pessoas que já estão separadas por decisão judicial ou escritura pública, por se tratar de um ato jurídico perfeito. (https://portal.stf.jus.br/noticias/verNoticiaDetalhe.asp?idConteudo=518572&ori=1).

c) Requisitos da petição inicial

O art. 731 do CPC determina que a homologação do divórcio ou da separação consensuais, observados os requisitos legais, poderá ser requerida em petição assinada por ambos os cônjuges, da qual constarão:

> I – as disposições relativas à descrição e à partilha dos bens comuns;
>
> II – as disposições relativas à pensão alimentícia entre os cônjuges;
>
> III – o acordo relativo à guarda dos filhos incapazes e ao regime de visitas; e
>
> IV – o valor da contribuição para criar e educar os filhos.[101]

d) Previsão expressa de aplicação das regras à extinção consensual da união estável

O CPC estabelece que se aplicam as regras contidas referentes ao divórcio e separação consensuais também à extinção consensual de união estável.

e) Possibilidade de realização do divórcio, separação e extinção da união estável por meio de escritura pública

O artigo 733 do CPC estabelece a possibilidade de realização do divórcio e extinção da União Estável por meio de escritura pública nos seguinte termos:

> Art. 733. O divórcio consensual, a separação consensual e a extinção consensual de união estável, não havendo nascituro ou filhos incapazes e observados os requisitos legais, poderão ser realizados por escritura pública, da qual constarão as disposições de que trata o art. 731.
>
> § 1º A escritura não depende de homologação judicial e constitui título hábil para qualquer ato de registro, bem como para levantamento de importância depositada em instituições financeiras.
>
> § 2º O tabelião somente lavrará a escritura se os interessados estiverem assistidos por advogado ou por defensor público, cuja qualificação e assinatura constarão do ato notarial.[102]

No entanto, é de se observar a Resolução 571 do CNJ que em seu artigo 34 estabelece sobre a possibilidade de ser realizado via extrajudicial mesmo que tenha filho incapaz:

> Art. 34. As partes devem declarar ao tabelião, no ato da lavratura da escritura, que não têm filhos comuns ou, havendo, indicar seus nomes, as datas de nascimento e se existem incapazes.
>
> § 1ºAs partes devem, ainda, declarar ao tabelião, na mesma ocasião, que o cônjuge virago não se encontra em estado gravídico, ou ao menos, que não tenha conhecimento sobre esta condição.
>
> § 2º Havendo filhos comuns do casal menores ou incapazes, será permitida a lavratura da escritura pública de divórcio, desde que devidamente comprovada a prévia resolução judicial de todas as questões referentes à guarda, visitação e alimentos deles, o que deverá ficar consignado no corpo da escritura.
>
> § 3º Na dúvida quanto às questões de interesse do menor ou do incapaz, o tabelião submeterá a questão à apreciação do juiz prolator da decisão.[103]

f) Partilha de bens após o divórcio: possibilidade de acordo com a previsão do parágrafo único do art. 731

O artigo 731 em seu parágrafo único permite que se os cônjuges não acordarem sobre a partilha dos bens, far-se-á esta depois de homologado o divórcio, na forma estabelecida nos arts. 647 a 658.[104]

g) Alteração do regime de bens do casamento

A alteração do regime de bens do casamento, poderá ser requerida, motivadamente, em petição assinada por ambos os cônjuges, na qual serão expostas as razões que justificam a alteração, ressalvados os direitos de terceiros, tal qual preceitua o artigo 734 do CPC.

Conforme determina o Código de Processo Civil, o juiz, ao receber a petição inicial, determinará a intimação do Ministério Público e a publicação de edital que divulgue a pretendida alteração de bens, somente podendo decidir depois de decorrido o prazo de 30 dias da publicação do edital.

101. BRASIL. Lei nº 13.105, de 16 de março de 2015. *Código de Processo Civil*. Disponível em: https://www.planalto.gov.br/ccivil_03/_ato2015-2018/2015/lei/l13105.htm.

102. BRASIL. Lei nº 13.105, de 16 de março de 2015. *Código de Processo Civil*. Disponível em: https://www.planalto.gov.br/ccivil_03/_ato2015-2018/2015/lei/l13105.htm.

103. Disponível em: https://atos.cnj.jus.br/atos/detalhar/5705.

104. BRASIL. Lei nº 13.105, de 16 de março de 2015. *Código de Processo Civil*. Disponível em: https://www.planalto.gov.br/ccivil_03/_ato2015-2018/2015/lei/l13105.htm.

Ainda, os cônjuges, na petição inicial ou em petição avulsa, podem propor ao juiz meio alternativo de divulgação da alteração do regime de bens, a fim de resguardar direitos de terceiros.

Após o trânsito em julgado da sentença, serão expedidos mandados de averbação aos cartórios de registro civil e de imóveis e, caso qualquer dos cônjuges seja empresário, ao Registro Público de Empresas Mercantis e Atividades Afins.

3.13. Ações de família

a) Previsão legal e cabimento

As regras contidas a partir do art. 693 do CPC são aplicadas quando houver litígio, ou seja, aos processos contenciosos de divórcio, separação, reconhecimento e extinção de união estável, guarda, visitação e filiação. No que tange à ação de alimentos e ao que versar sobre interesse de criança ou de adolescente, observar-se-á o procedimento previsto em legislação específica, aplicando-se, no que couber, as disposições do procedimento especial previsto no CPC.

b) Objetivo de obter a solução consensual da controvérsia

Nas ações de família, conforme o art. 694 do CPC, todos os esforços serão empreendidos para a solução consensual da controvérsia, devendo o juiz dispor do auxílio de profissionais de outras áreas de conhecimento para a mediação e conciliação. Ainda, a requerimento das partes, o juiz pode determinar a suspensão do processo enquanto os litigantes se submetem a mediação extrajudicial ou a atendimento multidisciplinar.

c) Petição e procedimento

Recebida a petição inicial e tomadas providências referentes à tutela provisória o juiz ordena a citação do réu para comparecer à audiência de mediação ou conciliação.

O mandado de citação deverá estar desacompanhado de cópia da petição inicial, assegurado ao réu o direito de examinar seu conteúdo a qualquer tempo.

A citação do réu ocorrerá com antecedência mínima de 15 (quinze) dias da data designada para a audiência.

A citação será feita na pessoa do réu.

Na audiência, as partes deverão estar acompanhadas de seus advogados ou de defensores públicos.

A audiência de mediação e conciliação poderá dividir-se em tantas sessões quantas sejam necessárias para viabilizar a solução consensual, sem prejuízo de providências jurisdicionais para evitar o perecimento do direito.

Se não for realizado o acordo, passam a incidir as normas do procedimento comum – prazo para o réu em testar observado o art. 335. Isso conforme previsão do artigo 697 do CPC.

d) Intervenção do Ministério Público

A intervenção do Ministério Público vai ocorrer em duas situações nas ações de família:

1) **Envolver interesse de incapaz** (art. 698, *caput*) –sendo necessária a oitiva do MP antes de homologar acordo;

A intervenção do Ministério Público vai ocorrer em duas situações nas ações de família:

Envolver interesse de incapaz (art. 698, *caput*) –sendo necessária a oitiva do MP antes de homologar acordo;

A ação de família envolver parte que é vítima de violência doméstica e familiar.

O artigo 699 do CPC foi alterado pela Lei 14.713 de 2023, passando a ter a letra A, nos seguintes termos:

> **Art. 699.** Quando o processo envolver discussão sobre fato relacionado a abuso ou a alienação parental, o juiz, ao tomar o depoimento do incapaz, deverá estar acompanhado por especialista.
>
> **Art. 699-A.** Nas ações de guarda, antes de iniciada a audiência de mediação e conciliação de que trata o art. 695 deste Código, o juiz indagará às partes e ao Ministério Público se há risco de violência doméstica ou familiar, fixando o prazo de 5 (cinco) dias para a apresentação de prova ou de indícios pertinentes.

Ou seja, consoante alteração, nas ações de guarda, antes de iniciada a audiência de mediação e conciliação de que trata o art. 695 deste procedimento especial, o juiz indagará às partes e ao Ministério Público se há risco de violência doméstica ou familiar, fixando o prazo de 5 (cinco) dias para a apresentação de prova ou de indícios pertinentes.

3.14. Ação de interdição

Previsão legal: o CPC estabelece o procedimento da ação de interdição a partir do artigo 747 do CPC.

Da legitimidade para propositura da ação de interdição: O artigo 747 do CPC estabelece que a ação de interdição pode ser promovida pelo:

> I - pelo cônjuge ou companheiro;
>
> II - pelos parentes ou tutores;
>
> III - pelo representante da entidade em que se encontra abrigado o interditando;
>
> IV - pelo Ministério Público.

Consoante o artigo 748 do CPC, o Ministério Público terá a legitimidade para promover a interdição nos seguintes casos:

Se a causa da interdição for doença mental grave;

Se não houver cônjuge ou companheiro, parente ou tutor ou representante da entidade em que se encontra abrigado interditando;

Se por mais que existirem cônjuge ou companheiro, parente ou tutor tais pessoas forem incapazes;

Nesse sentido é a previsão do artigo 748 do CPC:

> Art. 748. O Ministério Público só promoverá interdição em caso de doença mental grave:
>
> I - se as pessoas designadas nos incisos I, II e III do art. 747 não existirem ou não promoverem a interdição;
>
> II - se, existindo, forem incapazes as pessoas mencionadas nos incisos I e II do art. 747 .

Da petição inicial: a petição inicial da ação de interdição segue os requisitos do artigo 319 do CPC mais as exigências do CPC.

No caso, se destaca a previsão do parágrafo único do artigo 747 do CPC que estabelece que a petição inicial da ação de interdição deve vir acompanhada de documentação que comprove a legitimidade.

Ainda, consoante o artigo 749 do CPC, na petição inicial da ação de interdição, o autor deve especificar os fatos que demonstram a incapacidade do interditando para administrar seus bens e, se for o caso, para praticar atos da vida civil, bem como o momento em que a incapacidade se revelou:

Poderá ser nomeado curador provisório, de acordo com a previsão do parágrafo único do artigo 749 do CPC: "Justificada a urgência, o juiz pode nomear curador provisório ao interditando para a prática de determinados atos". (BRASIL, 2015)

O artigo 750 do CPC determina que o requerente da ação de interdição deverá juntar laudo médico para fazer prova de suas alegações ou informar a impossibilidade de fazê-lo.

De acordo com o procedimento especial previsto no CPC, o interditando será citado para entrevista nos termos do artigo 751:

> Art. 751. O interditando será citado para, em dia designado, comparecer perante o juiz, que o entrevistará minuciosamente acerca de sua vida, negócios, bens, vontades, preferências e laços familiares e afetivos e sobre o que mais lhe parecer necessário para convencimento quanto à sua capacidade para praticar atos da vida civil, devendo ser reduzidas a termo as perguntas e respostas.
>
> § 1º Não podendo o interditando deslocar-se, o juiz o ouvirá no local onde estiver.
>
> § 2º A entrevista poderá ser acompanhada por especialista.
>
> § 3º Durante a entrevista, é assegurado o emprego de recursos tecnológicos capazes de permitir ou de auxiliar o interditando a expressar suas vontades e preferências e a responder às perguntas formuladas.
>
> § 4º A critério do juiz, poderá ser requisitada a oitiva de parentes e de pessoas próximas.

Dentro do prazo de 15 (quinze) dias contado da entrevista, o interditando poderá impugnar o pedido. Após o prazo, o juiz determinará a produção de prova pericial para avaliação da capacidade do interditando para praticar atos da vida civil. Essa perícia pode ser realizada por equipe composta por expertos com formação multidisciplinar. Além disso, o laudo pericial indicará especificadamente, se for o caso, os atos para os quais haverá necessidade de curatela. Apresentado o laudo, produzidas as demais provas e ouvidos os interessados, o juiz proferirá sentença.

4. RECURSOS

4.1. Cabimento

Os recursos atacam decisões judiciais, sejam elas: sentença, decisão interlocutória, decisão monocrática ou acórdão, com objetivo, em regra, de reformar/invalidar ou suprir algum vício dessa decisão.

4.2. Das decisões recorríveis

As decisões recorríveis são aquelas com conteúdo decisório, por isso, se excluem os despachos e os atos meramente ordinatórios.

Os despachos são irrecorríveis conforme previsão do art. 1.001 do CPC: "Art. 1.001. Dos despachos não cabe recurso". Nesse sentido ensina Lourenço: "em nosso sistema, somente os atos judiciais com conteúdo decisório podem ser alvos de recursos. Assim, os despachos, por não possuírem conteúdo decisório, são irrecorríveis (art. 1001 do CPC/2015) (...)". [105]

O art. 203, § 1º define sentença e no § 2º tem-se a definição de decisão interlocutória:

> **Art. 203.** Os pronunciamentos do juiz consistirão em sentenças, decisões interlocutórias e despachos.
>
> § 1º Ressalvadas as disposições expressas dos procedimentos especiais, sentença é o pronunciamento por meio do qual o juiz, com fundamento nos arts. 485 e 487, põe fim à fase cognitiva do

105. LOURENÇO, Haroldo. Processo civil sistematizado. 3. Ed. Rio de Janeiro: Forense; São Paulo: Método, 2017, p. 446

PROCESSO CIVIL

> procedimento comum, bem como extingue a execução.
>
> § 2º Decisão interlocutória é todo pronunciamento judicial de natureza decisória que não se enquadre no § 1º.
>
> § 3º São despachos todos os demais pronunciamentos do juiz praticados no processo, de ofício ou a requerimento da parte.
>
> § 4º Os atos meramente ordinatórios, como a juntada e a vista obrigatória, independem de despacho, devendo ser praticados de ofício pelo servidor e revistos pelo juiz quando necessário.[106]

Portanto, a sentença possui esse conceito no CPC, em seu art. 203, § 1º, de que, ressalvadas as previsões expressas dos procedimentos especiais, a sentença é o ato do juiz de primeiro grau que, com ou sem resolução de mérito, coloca fim à fase cognitiva do procedimento comum, bem como extingue a execução.

Já as decisões interlocutórias estão definidas no § 2º do art. 203 do CPC como um conceito por exclusão, ou seja, não se enquadra no § 1º, não colocando fim ao processo.

No âmbito dos Tribunais, tem-se as decisões unipessoais (monocráticas) e o acórdão. O art. 204 do CPC traz o conceito de acórdão:

> **Art. 204.** Acórdão é o julgamento colegiado proferido pelos tribunais.[107]

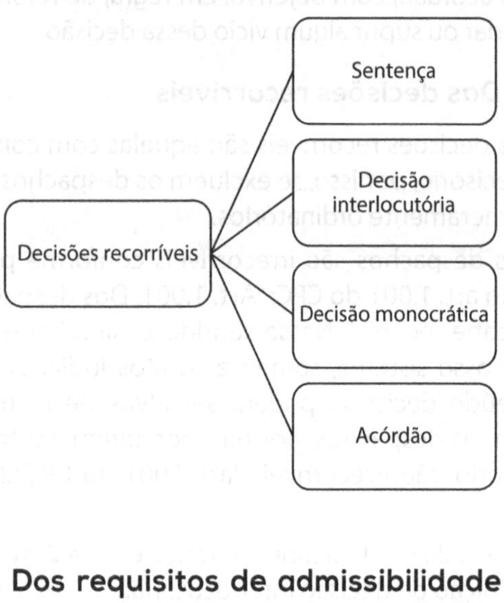

4.3. Dos requisitos de admissibilidade dos recursos

106. BRASIL. Lei nº 13.105, de 16 de março de 2015. *Código de Processo Civil*. Disponível em: https://www.planalto.gov.br/ccivil_03/_ato2015-2018/2015/lei/l13105.htm

107. BRASIL. Lei nº 13.105, de 16 de março de 2015. *Código de Processo Civil*. Disponível em: https://www.planalto.gov.br/ccivil_03/_ato2015-2018/2015/lei/l13105.htm

Os recursos devem preencher alguns requisitos/exigências para que sejam conhecidos/admitidos e possam assim ser julgados.

Há alguns requisitos que são genéricos, ou seja, aplicáveis a todos os recursos, e há alguns requisitos que são específicos, somente atingindo determinado recurso. Não há na doutrina uma unanimidade sobre quais seriam tais requisitos.

Nesse sentido, Aguirre e Montans de Sá "os pressupostos podem ser divididos em subjetivos e objetivos. Os primeiros estão atrelados ao sujeito que recorre e o segundo, ao recurso em si considerado".[108]

Pressupostos objetivos (extrínsecos)	**Pressupostos subjetivos (intrínsecos)**
Recorribilidade da decisão	Legitimidade
Adequação do recurso	Interesse Recursal
Tempestividade	Inexistência de fato impeditivo
Preparo	
Forma	
Motivação	

a) Legitimidade para recorrer

De acordo com o art. 996 do CPC/2015, possuem legitimidade para recorrer: as partes (vencido, mesmo que parcial), o terceiro prejudicado e o Ministério Público.

Então, possuem legitimidade para recorrer:

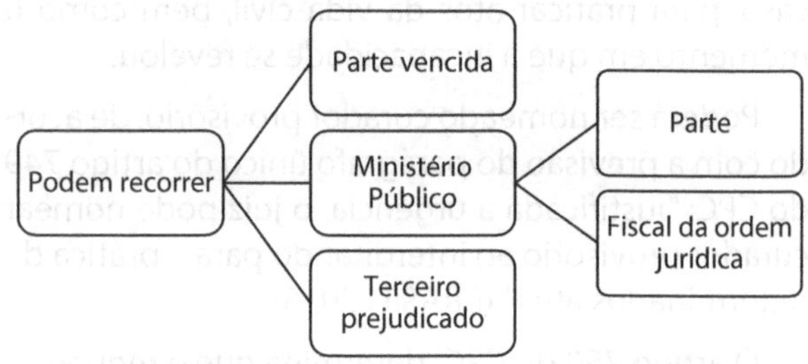

b) Interesse recursal

Tem interesse recursal a pessoa legitimada que precisa alterar/invalidar a decisão. Por isso é que o terceiro prejudicado deve demonstrar que seu direito foi atingido ou que pode recorrer como substituto processual, conforme o parágrafo único do art. 996 do CPC.

c) Inexistência de fato impeditivo

A inexistência de fato impeditivo significa que a parte não pode renunciar, desistir ou aceitar a

108. AGUIRRE, João; MONTANS DE SÁ. Prática Civil. 7. Ed. São Paulo: Saraiva, 2017, p. 81

decisão para que o recurso seja admitido/julgado. O interessado em recorrer não pode praticar qualquer ato incompatível com a vontade de recorrer, tal como a renúncia ao direito de recorrer, a aceitação da decisão ou a desistência.

Há existência de fato impeditivo em três situações
Renúncia do direito de recorrer
Desistência do recurso
Concordância com a decisão

Para renunciar ao direito de recorrer, conforme o art. 999 do CPC, não é preciso concordância da parte contrária:

> **Art. 999.** A renúncia ao direito de recorrer independe da aceitação da outra parte.[109]

A desistência ocorre quando a parte recorreu, mas posteriormente decide desistir, ou seja, não continuar mais com o recurso interposto. Para desistir do recurso, não há necessidade de concordância da parte contrária nem dos litisconsortes, conforme previsão do art. 998 do CPC/2015:

> **Art. 998.** O recorrente poderá, a qualquer tempo, sem a anuência do recorrido ou dos litisconsortes, desistir do recurso.[110]

Observe-se ainda, que a desistência do recurso não impede a análise de questão, cuja repercussão geral já tenha sido reconhecida, bem como daquele objeto de julgamento de recursos (extraordinário ou especial) repetitivos, consoante prevê o parágrafo único do art. 998 do CPC.

A concordância com a decisão significa que a parte aceitou a decisão, sendo que essa aceitação pode ser expressa ou tácita. A concordância tácita se daria por meio de ato incompatível com a vontade de recorrer. Neste caso, cabe verificar a previsão do art. 1.000 do CPC/15:

> **Art. 1.000.** A parte que aceitar expressa ou tacitamente a decisão não poderá recorrer.
>
> Parágrafo único. Considera-se aceitação tácita a prática, sem nenhuma reserva, de ato incompatível com a vontade de recorrer.[111]

Observe-se, no entanto, a previsão do art. 520, § 3º do CPC:

> § 3º Se o executado comparecer tempestivamente e depositar o valor, com a finalidade de isentar-se da multa, o ato não será havido como incompatível com o recurso por ele interposto.[112]

d) Recorribilidade da decisão

Como dito anteriormente, nem todo pronunciamento judicial vai ser passível de recurso. Consoante previsão do CPC, em seu art. 1.001, dos despachos não cabe recurso. Além disso, a decisão tem que ser recorrível para que o recurso seja admitido.

e) Adequação

O recurso interposto deve ser o adequado. A adequação significa que o recurso interposto deve ser aquele previsto na lei para a decisão atacada.

Exemplo: da sentença cabe apelação e não agravo de instrumento.

f) Tempestividade

A tempestividade significa que o recorrente deve interpor o recurso no prazo. O recurso interposto fora do prazo é considerado intempestivo, não sendo admitido. No CPC, **QUASE TODOS** os recursos possuem **prazo de 15 dias** para serem interpostos, conforme previsão do § 5º do art. 1.003 do CPC:

> **Art. 1.003.** O prazo para interposição de recurso conta-se da data em que os advogados, a sociedade de advogados, a Advocacia Pública, a Defensoria Pública ou o Ministério Público são intimados da decisão.
>
> § 1º Os sujeitos previstos no *caput* considerar-se-ão intimados em audiência quando nesta for proferida a decisão.
>
> § 2º Aplica-se o disposto no art. 231, incisos I a VI, ao prazo de interposição de recurso pelo réu contra decisão proferida anteriormente à citação.
>
> § 3º No prazo para interposição de recurso, a petição será protocolada em cartório ou conforme as normas de organização judiciária, ressalvado o disposto em regra especial.
>
> § 4º Para aferição da tempestividade do recurso remetido pelo correio, será considerada como data de interposição a data de postagem.
>
> § 5º Excetuados os embargos de declaração, o prazo para interpor os recursos e para responder-lhes é de 15 (quinze) dias.
>
> § 6º O recorrente comprovará a ocorrência de feriado local no ato de interposição do recurso, e, se não o fizer, o tribunal determinará a correção do vício

109. BRASIL. Lei nº 13.105, de 16 de março de 2015. *Código de Processo Civil*. Disponível em: https://www.planalto.gov.br/ccivil_03/_ato2015-2018/2015/lei/l13105.htm

110. BRASIL. Lei nº 13.105, de 16 de março de 2015. *Código de Processo Civil*. Disponível em: https://www.planalto.gov.br/ccivil_03/_ato2015-2018/2015/lei/l13105.htm

111. BRASIL. Lei nº 13.105, de 16 de março de 2015. *Código de Processo Civil*. Disponível em: https://www.planalto.gov.br/ccivil_03/_ato2015-2018/2015/lei/l13105.htm

112. BRASIL. Lei nº 13.105, de 16 de março de 2015. *Código de Processo Civil*. Disponível em: https://www.planalto.gov.br/ccivil_03/_ato2015-2018/2015/lei/l13105.htm

formal, ou poderá desconsiderá-lo caso a informação já conste do processo eletrônico. (Redação dada pela Lei nº 14.939, de 2024)

Ou seja, a **EXCEÇÃO** é no caso dos embargos de declaração, cujo prazo para o recurso é de 5 (cinco) dias. Cuidar também o prazo do recurso inominado no JEC, que é 10 (dez) dias.

Consoante ensina a doutrina, o recurso deve ser interposto dentro do prazo, e por ser prazo fixado em dias, se computam apenas os dias úteis (art. 219 do CPC)[113].

Prazo dos recursos:

No que tange ao feriado local, observar que o artigo 1.003 do CPC teve alteração em seu parágrafo 6º.

De acordo com o *caput* do art. 1.003 do CPC/2015, o início do prazo para interposição de recurso conta-se da data em que os advogados, a sociedade de advogados, a Advocacia Pública, a Defensoria Pública ou o Ministério Público são intimados da decisão.

O § 1º do art. 1.003, por sua vez, estabelece que os sujeitos acima referidos se consideram intimados quando a decisão for proferida em audiência.

Além disso, o § 2º do art. 1.003 do CPC diz que: "Aplica-se o disposto no art. 231, incisos I a VI, ao prazo de interposição de recurso pelo réu contra decisão proferida anteriormente à citação"[114]. Neste caso, o prazo para interposição do recurso pelo réu contra uma decisão que foi proferida antes mesmo da sua citação deve observar a previsão do art. 231 do CPC, que prevê quando se considera o dia do começo do prazo.

Isso porque se "a decisão recorrida for proferida liminarmente, o réu ainda não se encontra nos autos e, por isso, seu advogado não pode ser intimado. Assim, nesses casos, aplica-se o disposto no art. 231, inciso I a VI do CPC, para a contagem do prazo para o réu recorrer dessa decisão (art. 1003, §2º)".[115]

g) Custas (preparo e porte de remessa e de retorno)

Consoante ensina a doutrina[116] o chamado preparo recursal se refere ao recolhimento das custas e despesas processuais referentes ao processamento do recurso, configurando taxa judiciária pela prestação do serviço jurisdicional. Já o porte de remessa e de retorno que o artigo 1.007 do CPC também faz referência, diz respeito à despesa de encaminhamento do recurso aos órgãos julgadores. Frisa-se que se o processo for eletrônico, é dispensado o recolhimento do porte de remessa e de retorno, conforme previsão do § 3º do art. 1.007 do CPC/2015.

Assim, cabe ao recorrente, quando da interposição do recurso, comprovar o recolhimento do preparo recursal, juntado as guias de recolhimento. Caso haja o recolhimento insuficiente do preparo, bem como do porte de remessa e de retorno, o recorrente deve ser intimado na pessoa do seu advogado para completá-lo no prazo de 5 (cinco) dias.

Caso não tenha recolhido nada, a parte será intimada, também na pessoa do seu advogado, porém neste caso deverá proceder ao recolhimento em dobro.

Observe-se que existem aqueles que estão dispensados do recolhimento do preparo, inclusive de porte de remessa de retorno, como no caso dos recursos interpostos pela União, Estados, Distrito Federal, Municípios, e respectivas autarquias, Ministério Público e por aqueles que gozam de isenção legal, tais como os beneficiários da Justiça Gratuita, consoante previsão do art. 1.007 do CPC/2015:

> **Art. 1.007.** No ato de interposição do recurso, o recorrente comprovará, quando exigido pela legislação pertinente, o respectivo preparo, inclusive porte de remessa e de retorno, sob pena de deserção.
>
> § 1º São dispensados de preparo, inclusive porte de remessa e de retorno, os recursos interpostos pelo Ministério Público, pela União, pelo Distrito Federal, pelos Estados, pelos Municípios,

113. DIDIER JUNIOR, Fredie; CUNHA, Leonardo Carneiro da. Curso de direito processual civil: meios de impugnação às Decisões Judiciais e Processos nos Tribunais. 15 ed. São Paulo: Juspodivm, 2018.

114. BRASIL. Lei nº 13.105, de 16 de março de 2015. *Código de Processo Civil*. Disponível em: https://www.planalto.gov.br/ccivil_03/_ato2015-2018/2015/lei/l13105.htm

115. DIDIER JUNIOR, Fredie; CUNHA, Leonardo Carneiro da. Curso de direito processual civil: meios de impugnação às Decisões Judiciais e Processos nos Tribunais. 15 ed. São Paulo: Juspodivm, 2018, p. 151

116. TARTUCE, Fernanda; DELLORE, Luiz. Manual de prática civil. 12 ed. Rio de Janeiro: Forense. São Paulo: Método, 2016.

e respectivas autarquias, e pelos que gozam de isenção legal. (...)[117]

▷ **Importante!**

No ato de interposição	Comprovar o preparo, inclusive de porte de remessa e retorno
Insuficiência do valor do preparo, inclusive de porte de remessa e retorno	Deserção: se o recorrente, intimado na pessoa de seu advogado, não suprir no prazo de 5 dias
Se não houver a comprovação do recolhimento do preparo, inclusive de porte de remessa e retorno	Será intimado, na pessoa de seu advogado, para recolher em dobro sob pena de deserção – caso não recolha em dobro, NÃO poderá suprir

h) Forma

Os recursos devem ser interpostos de acordo com a forma prevista em lei. **Exemplo**: no caso da apelação, deve haver a petição de interposição ao juiz de primeiro grau que proferiu a sentença já acompanhada com as razões dirigida ao Tribunal. Outro **exemplo** é no que se refere ao agravo de instrumento, que exige a juntada de certas cópias obrigatórias.

i) Motivação

A motivação é a exposição das razões pelas quais o recorrente impugna a decisão judicial.

4.4. Dos efeitos dos recursos

a) Efeito devolutivo

Significa a devolução da matéria impugnada ao outro órgão julgador. Assim, via de regra, os recursos consistem no encaminhamento do conhecimento da matéria impugnada ao Tribunal *ad quem*. Sobre o efeito devolutivo ensina Chacon: "é da essência do recurso que o conteúdo de uma decisão seja reapreciado conforme impugnado, devolvendo ao órgão *ad quem* o conhecimento da matéria impugnada (...)".[118]

b) Efeito suspensivo

O efeito suspensivo acarreta que a decisão não seja cumprida enquanto o recurso não for julgado, já que a decisão recorrida estaria suspensa, ou seja, sem surtir efeitos. No novo CPC, com exceção da apelação, os demais recursos como regra NÃO POSSUEM O EFEITO SUSPENSIVO. Verificar a previsão do art. 987, § 1º quando o recurso especial e o extraordinário terão efeito suspensivo do julgamento do incidente de resolução de demandas repetitivas.

Porém, quando os recursos não tiverem efeito suspensivo automático, **poderá ser requerido o efeito suspensivo com base no parágrafo único do art. 995 do CPC.**

Portanto, a regra é que os recursos não impedem a eficácia da decisão, de acordo com o art. 995:

> **Art. 995.** Os recursos não impedem a eficácia da decisão, salvo disposição legal ou decisão judicial em sentido diverso.
>
> Parágrafo único. A eficácia da decisão recorrida poderá ser suspensa por decisão do relator, se da imediata produção de seus efeitos houver risco de dano grave, de difícil ou impossível reparação, e ficar demonstrada a probabilidade de provimento do recurso.[119]

Quais os requisitos para ser atribuído o efeito suspensivo aos recursos, conforme o parágrafo único do art. 995 do CPC?

▷ *Para todos verem: esquema*

c) Efeito translativo

Significa a possibilidade do Tribunal ad quem reavaliar questões de ordem pública, de ofício.

d) Efeito regressivo

Significa a possibilidade de o próprio juízo que proferiu a decisão reconsiderar a decisão impugnada. **Exemplo:** a apelação de regra não terá o efeito regressivo, salvo nas hipóteses legais. Pelo CPC: indeferimento da petição inicial (art. 331 CPC), improcedência liminar do pedido (art. 332, §3° CPC) e quando houver extinção do processo sem resolução de mérito (art. 485, § 7º CPC). Exemplo:

117. BRASIL. Lei nº 13.105, de 16 de março de 2015. *Código de Processo Civil*. Disponível em: https://www.planalto.gov.br/ccivil_03/_ato2015-2018/2015/lei/l13105.htm

118. CHACON, Luis Fernando Rabelo. Manual de prática forense civil. 7. Ed. São Paulo: Saraiva Educação, 2020, p. 219

119. BRASIL. Lei nº 13.105, de 16 de março de 2015. *Código de Processo Civil*. Disponível em: https://www.planalto.gov.br/ccivil_03/_ato2015-2018/2015/lei/l13105.htm

a possibilidade de o relator se retratar no caso do agravo interno, conforme o artigo 1.021, §2º, do CPC.

e) Efeito substitutivo

O efeito substitutivo está previsto no art. 1.008 do CPC, quando refere que o julgamento proferido pelo Tribunal substituirá a decisão impugnada no que tiver sido objeto de recurso.

f) Efeito expansivo: Sobre o efeito expansivo destacam-se os ensinamentos de Chacon:

> Em alguns casos o juízo ad quem pode terminar que sua decisão atingisse partes que não recorreram daquela decisão, sobretudo, quando a matéria que for alegada pelo recorrente for comum aos demais sujeitos do processo e, no mesmo sentido, pode abranger pedidos outros do processo que não foram objeto do recurso, mas que guardam com estas questões de prejudicialidade, como por exemplo, pedidos subsidiários e alternativos).[120]

4.5. Dos recursos cabíveis no Novo CPC

Os recursos cabíveis no CPC/2015 estão elencados no art. 994:

> **Art. 994.** São cabíveis os seguintes recursos:
>
> I – apelação;
>
> II – agravo de instrumento;
>
> III – agravo interno;
>
> IV – embargos de declaração;
>
> V – recurso ordinário;
>
> VI – recurso especial;
>
> VII – recurso extraordinário;
>
> VIII – agravo em recurso especial ou extraordinário;
>
> IX – embargos de divergência.[121]

Isso não inibe que haja recurso previsto em lei específica. Ex: recurso inominado do juizado especial.

4.6. Do Recurso Adesivo

Conforme o art. 997 do CPC, o recurso pode ser interposto de forma independente ou adesiva. Interpor de forma independente é quando cada parte interpõe o seu recurso dentro do prazo legal a contar da intimação da decisão a ser recorrida.

Já o recurso adesivo ocorre quando houver sucumbência recíproca, ou seja, ambas as partes são vencedoras e vencidas, sendo que apenas uma delas interpôs o recurso dentro do prazo legal a contar da intimação da decisão, sendo a outra intimada para oferecer contrarrazões. Então, esta última poderá no prazo que tem para oferecer contrarrazões aderir ao recurso da outra.

> **Art. 997.** Cada parte interporá o recurso independentemente, no prazo e com observância das exigências legais.
>
> § 1º Sendo vencidos autor e réu, ao recurso interposto por qualquer deles poderá aderir o outro.[122]

Entende-se que o Recurso Adesivo não constitui nova espécie de recurso, mas, sim, forma de interposição.

Ainda, é de se destacar que nem todos os recursos permitem a interposição de forma adesiva. É permitido o recurso adesivo nos seguintes recursos, conforme o art. 997, § 2º, II do CPC: no recurso de apelação, no recurso especial e no recurso extraordinário.

É admissível o recurso adesivo (art. 997, §2º, CPC)
Apelação
Recurso Especial
Recurso Extraordinário

O recurso adesivo deve observar o seguinte:

O recurso adesivo fica subordinado ao recurso interposto de forma independente, sendo aplicáveis ao recurso adesivo as mesmas regras do recurso independente quanto aos requisitos de admissibilidade e julgamento no Tribunal, salvo disposição diversa.

O recurso adesivo vai ser dirigido ao órgão perante o qual o recurso independente foi interposto.

O recurso adesivo deve ser interposto no prazo das contrarrazões, ou seja, no prazo que a parte tem para responder ao recurso interposto de forma independente.

O recurso adesivo não será conhecido se houver desistência do recorrente quanto ao recurso principal ou se o recurso principal for inadmitido:

> **Art. 997.** (...). § 2º O recurso adesivo fica subordinado ao recurso independente, sendo-lhe aplicáveis as mesmas regras deste quanto aos requisitos de admissibilidade e julgamento no tribunal, salvo disposição legal diversa, observado, ainda, o seguinte:
>
> I – será dirigido ao órgão perante o qual o recurso independente fora interposto, no prazo de que a parte dispõe para responder;

120. CHACON, Luis Fernando Rabelo. Manual de prática forense civil. 7. Ed. São Paulo: Saraiva Educação, 2020, p. 221

121. BRASIL. Lei nº 13.105, de 16 de março de 2015. *Código de Processo Civil*. Disponível em: https://www.planalto.gov.br/ccivil_03/_ato2015-2018/2015/lei/l13105.htm

122. BRASIL. Lei nº 13.105, de 16 de março de 2015. *Código de Processo Civil*. Disponível em: https://www.planalto.gov.br/ccivil_03/_ato2015-2018/2015/lei/l13105.htm

II – será admissível na apelação, no recurso extraordinário e no recurso especial;

III – não será conhecido, se houver desistência do recurso principal ou se for ele considerado inadmissível.[123]

4.7. Apelação

Previsão legal: A apelação tem previsão legal no art. 994, I e arts. 1.009 a 1.014 do CPC/2015.

- **Cabimento**

Cabe recurso de apelação da sentença de primeiro grau, seja sentença terminativa ou definitiva, conforme previsão do *caput* do art. 1.009 do CPC/2015: "Da sentença cabe apelação".

O CPC define sentença no art. 203, § 1º do CPC como:

> § 1º: Ressalvadas as disposições expressas dos procedimentos especiais, sentença é o pronunciamento por meio do qual o juiz, com fundamento nos arts. 485 e 487, põe fim à fase cognitiva do procedimento comum, bem como extingue a execução.[124]

Consoante destaca a doutrina, o recurso de apelação possui como objetivo possibilitar o o reexame da decisão judicial pelos tribunais de segundo grau para reformar a sentença ou mesmo invalidá-la[125]. Salienta-se que, conforme o art. 1.002 do CPC, a decisão pode ser impugnada no todo ou em parte: "decisão pode ser impugnada no todo ou em parte".[126]

Preliminares de apelação: § 1º do art. 1.009 do CPC – servem para atacar decisão interlocutória proferida na fase de conhecimento que não coube agravo de instrumento. Como não foi possível interpor o agravo de instrumento, não precluem, podendo tal decisão ser impugnada em preliminar de apelação ou nas contrarrazões. Ver art. 1.009:

> § 1º: As questões resolvidas na fase de conhecimento, se a decisão a seu respeito não comportar agravo de instrumento, não são cobertas pela preclusão e devem ser suscitadas em preliminar de apelação, eventualmente interposta contra a decisão final, ou nas contrarrazões.
>
> § 2º Se as questões referidas no § 1º forem suscitadas em contrarrazões, o recorrente será intimado para, em 15 (quinze) dias, manifestar-se a respeito delas.[127]

Matérias do art. 1015 decididas na sentença: art. 1.009, § 3º do CPC.

Ainda, conforme previsão do § 3º do art. 1.009 do CPC, se na sentença o juiz se manifestar sobre alguma matéria do art. 1.015 do CPC, será impugnado no recurso de apelação: "O disposto no *caput* deste artigo aplica-se mesmo quando as questões mencionadas no art. 1.015 integrarem capítulo da sentença".[128]

Se na sentença o juiz confirma, concede ou revoga a tutela provisória: art. 1.013, § 5º do CPC – se na sentença o juiz confirmar, conceder ou revogar a tutela provisória, isso será impugnável na apelação. Então, se a decisão da tutela provisória for através de decisão interlocutória (antes da sentença), caberá agravo de instrumento, conforme art. 1.015, I do CPC, mas se na sentença o juiz se manifestar sobre tutela provisória, impugna-se na apelação, conforme o § 5º do art. 1.013 do CPC: "O capítulo da sentença que confirma, concede ou revoga a tutela provisória é impugnável na apelação".[129]

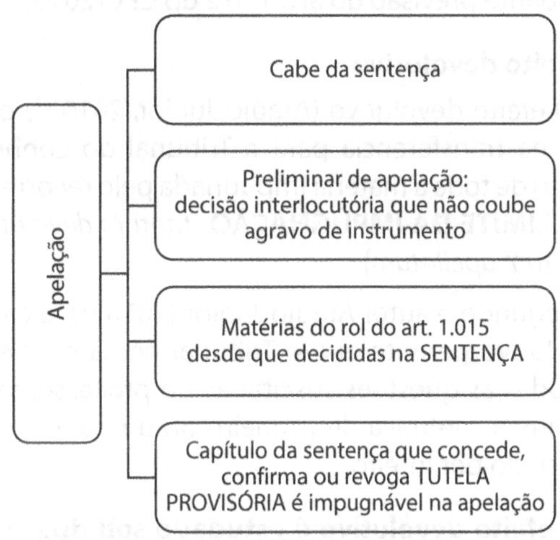

- **Estrutura da petição da apelação**

A apelação será interposta por meio de duas petições:

123. BRASIL. Lei nº 13.105, de 16 de março de 2015. *Código de Processo Civil*. Disponível em: https://www.planalto.gov.br/ccivil_03/_ato2015-2018/2015/lei/l13105.htm

124. BRASIL. Lei nº 13.105, de 16 de março de 2015. *Código de Processo Civil*. Disponível em: https://www.planalto.gov.br/ccivil_03/_ato2015-2018/2015/lei/l13105.htm

125. VIANA, Joseval Martins. Prática forense em processo civil: teoria e prática. 2. Ed. Salvador: Editora Juspodivm, 2018, p. 353

126. BRASIL. Lei nº 13.105, de 16 de março de 2015. *Código de Processo Civil*. Disponível em: https://www.planalto.gov.br/ccivil_03/_ato2015-2018/2015/lei/l13105.htm

127. BRASIL. Lei nº 13.105, de 16 de março de 2015. *Código de Processo Civil*. Disponível em: https://www.planalto.gov.br/ccivil_03/_ato2015-2018/2015/lei/l13105.htm

128. BRASIL. Lei nº 13.105, de 16 de março de 2015. *Código de Processo Civil*. Disponível em: https://www.planalto.gov.br/ccivil_03/_ato2015-2018/2015/lei/l13105.htm

129. BRASIL. Lei nº 13.105, de 16 de março de 2015. *Código de Processo Civil*. Disponível em: https://www.planalto.gov.br/ccivil_03/_ato2015-2018/2015/lei/l13105.htm

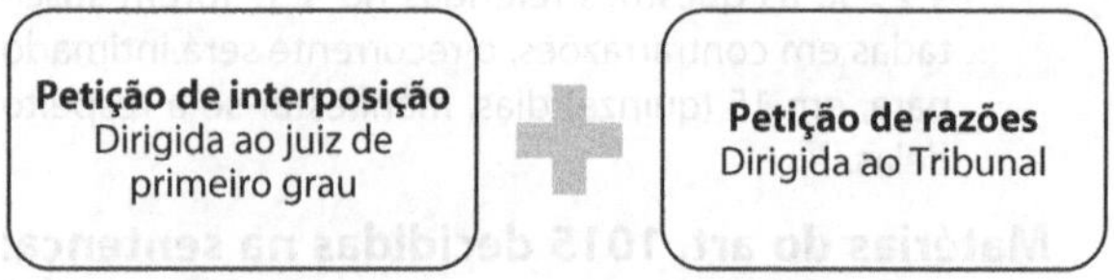

De acordo com o art. 1.010 do CPC/2015, a apelação terá os seguintes elementos:

> **Art. 1.010.** A apelação, interposta por petição dirigida ao juízo de primeiro grau, conterá:
>
> I – os nomes e a qualificação das partes;
>
> II – a exposição do fato e do direito;
>
> III – as razões do pedido de reforma ou de decretação de nulidade;
>
> IV – o pedido de nova decisão. (...)[130]

Portanto, a apelação será interposta perante o juízo de primeiro grau que proferiu a sentença, tendo duas partes: uma chamada de petição de interposição, que vai conter o endereçamento ao juiz da causa, e a petição das razões, a qual é dirigida ao tribunal.

- **Efeitos do recurso de apelação**

Como regra, a apelação é recebida nos efeitos devolutivo e suspensivo, ou seja, no duplo efeito, consoante previsão do art. 1.012 do CPC/2015.

- **Efeito devolutivo**

O efeito devolutivo (Araújo Junior, 2016[131]) consiste na transferência para o Tribunal do conhecimento de toda a matéria impugnada pelo recorrente e no **LIMITE DA IMPUGNAÇÃO** (*tantum devolutum quantum apellatum*).

Segundo o autor Araújo Junior (2016[132]), o efeito devolutivo permite que o Tribunal possa conhecer de todas as questões suscitadas no processo, mesmo que a sentença de primeiro grau não as tenha apreciado por inteiro.

- **O efeito devolutivo é estudado sob duas vertentes: profundidade e extensão.**

A extensão liga-se à ideia daquilo que é ou não impugnado pelo apelante. Assim, a matéria impugnada, e apenas esta, é devolvida ao conhecimento do Tribunal, cabendo ressaltar que o órgão ad quem fica adstrito a examinar somente a matéria que foi objeto do recurso (*tantum devolutum quantum apellatum*). É o apelante que definirá qual o capítulo da sentença apelada que pretende que seja reexaminada pelo Tribunal, até porque nada impede que o recurso seja parcial, conforme previsão do art. 1002 do CPC[133].

No que tange à profundidade do efeito devolutivo, esta se refere aos fatos e fundamentos que serão analisados na apelação, ainda que não considerados pela decisão recorrida. Assim, o Tribunal, ao julgar a apelação, apreciará todas as questões suscitadas e discutidas no processo, ainda que não tenham sido solucionadas, desde que relativas ao capítulo impugnado[134] Conforme previsão do art. 1.013, § 1º do CPC:

> § 1º Serão, porém, objeto de apreciação e julgamento pelo tribunal todas as questões suscitadas e discutidas no processo, ainda que não tenham sido solucionadas, desde que relativas ao capítulo impugnado.[135]

Segundo os autores, também pegam carona no efeito devolutivo todos os fundamentos do pedido ou da defesa, embora o juiz tenha acolhido apenas um deles (art. 1.013, § 2º). É o caso da multiplicidade de fundamentos para o pedido ou para a defesa[136] (DONOSO; SERAU JUNIOR, 2017, p. 163).

> § 2º Quando o pedido ou a defesa tiver mais de um fundamento e o juiz acolher apenas um deles, a apelação devolverá ao tribunal o conhecimento dos demais.[137]

- **Efeito suspensivo:**

Via de regra, a apelação terá efeito suspensivo, conforme previsão do art. 1.012, *caput* do CPC. Ou seja, a apelação tem de regra o efeito suspensivo automático, não dependendo de requerimento do apelante.

Exceções: a apelação não terá efeito suspensivo pelo CPC nas hipóteses do § 1º do art. 1.012 do CPC:

---

130. BRASIL. Lei nº 13.105, de 16 de março de 2015. *Código de Processo Civil*. Disponível em: https://www.planalto.gov.br/ccivil_03/_ato2015-2018/2015/lei/l13105.htm

131. ARAUJO JUNIOR, Gediel Claudino. Prática de Recursos no Processo Civil. 3. Ed. São Paulo: Atlas, 2015.

132. ARAUJO JUNIOR, Gediel Claudino. Prática de Recursos no Processo Civil. 3. Ed. São Paulo: Atlas, 2015.

133. DONOSO, Denis; SERAU JUNIOR, Marco Aurélio. Manual dos recursos cíveis: teoria e prática. 2 ed. São Paulo: Juspodivm, 2017, p. 162

134. DONOSO, Denis; SERAU JUNIOR, Marco Aurélio. Manual dos recursos cíveis: teoria e prática. 2 ed. São Paulo: Juspodivm, 2017, p. 163

135. BRASIL. Lei nº 13.105, de 16 de março de 2015. *Código de Processo Civil*. Disponível em: https://www.planalto.gov.br/ccivil_03/_ato2015-2018/2015/lei/l13105.htm

136. DONOSO, Denis; SERAU JUNIOR, Marco Aurélio. Manual dos recursos cíveis: teoria e prática. 2 ed. São Paulo: Juspodivm, 2017, p. 163

137. BRASIL. Lei nº 13.105, de 16 de março de 2015. *Código de Processo Civil*. Disponível em: https://www.planalto.gov.br/ccivil_03/_ato2015-2018/2015/lei/l13105.htm

> **Art. 1.012.** A apelação terá efeito suspensivo.
>
> § 1º Além de outras hipóteses previstas em lei, começa a produzir efeitos imediatamente após a sua publicação a sentença que:
>
> I – homologa divisão ou demarcação de terras;
>
> II – condena a pagar alimentos;
>
> III – extingue sem resolução do mérito ou julga improcedentes os embargos do executado;
>
> IV – julga procedente o pedido de instituição de arbitragem;
>
> V – confirma, concede ou revoga tutela provisória;
>
> VI – decreta a interdição.[138]

Se não tiver efeito suspensivo, a consequência é de que o apelado, uma vez publicada a sentença, poderá promover o pedido de cumprimento provisório, conforme § 2º do art. 1.012 do CPC: "§ 2º Nos casos do § 1º, o apelado poderá promover o pedido de cumprimento provisório depois de publicada a sentença".[139]

Observar que uma lei especial pode prever que a apelação não terá efeito suspensivo automático.

Possibilidade de ser requerido o efeito suspensivo – nas situações em que a apelação não terá efeito suspensivo automático, poderá ser requerido, nos termos dos §§ 3º e 4º do art. 1.012 do CPC:

> § 3º O pedido de concessão de efeito suspensivo nas hipóteses do § 1º poderá ser formulado por requerimento dirigido ao:
>
> I – tribunal, no período compreendido entre a interposição da apelação e sua distribuição, ficando o relator designado para seu exame prevento para julgá-la;
>
> II – relator, se já distribuída a apelação.
>
> § 4º Nas hipóteses do § 1º, a eficácia da sentença poderá ser suspensa pelo relator se o apelante demonstrar a probabilidade de provimento do recurso ou se, sendo relevante a fundamentação, houver risco de dano grave ou de difícil reparação.[140]

▪ Efeito regressivo - possibilidade de retratação pelo juiz de primeiro grau:

É de se apontar ainda que o juiz ao receber a apelação não pode se retratar. No entanto, há três exceções, pelo CPC:

1) Nos casos em que o juiz indefere a inicial – art. 331 do CPC:

> **Art. 331.** Indeferida a petição inicial, o autor poderá apelar, facultado ao juiz, no prazo de 5 (cinco) dias, retratar-se.[141]

2) No caso de extinção do processo sem resolução de mérito – art. 485, § 7º do CPC:

> **Art. 485.** O juiz não resolverá o mérito quando:
>
> (...)
>
> § 7º Interposta a apelação em qualquer dos casos de que tratam os incisos deste artigo, o juiz terá 5 (cinco) dias para retratar-se.[142]

3) No caso de improcedência liminar do pedido – art. 332, § 3º do CPC:

> **Art. 332.** Nas causas que dispensem a fase instrutória, o juiz, independentemente da citação do réu, julgará liminarmente improcedente o pedido que contrariar:
>
> (...)
>
> § 3º Interposta a apelação, o juiz poderá retratar-se em 5 (cinco) dias.[143]

▪ Procedimento da apelação

Uma vez interposta a apelação perante o juiz de primeiro grau, este intimará o apelado para, querendo, oferecer contrarrazões no prazo de 15 dias, conforme art. 1.010, § 1º do CPC.

É de se destacar que, conforme o § 3º do art. 1.010 do CPC, no Novo CPC, o juiz de primeiro grau não faz mais o exame de admissibilidade do recurso de apelação, remetendo os autos ao tribunal independente do juízo de admissibilidade.

> § 1º O apelado será intimado para apresentar contrarrazões no prazo de 15 (quinze) dias.
>
> § 2º Se o apelado interpuser apelação adesiva, o juiz intimará o apelante para apresentar contrarrazões.
>
> § 3º Após as formalidades previstas nos §§ 1º e 2º, os autos serão remetidos ao tribunal pelo juiz, independentemente de juízo de admissibilidade.[144]

Recebido o recurso de apelação no Tribunal, e distribuído imediatamente, o relator deverá de acordo com a previsão do art. 1.011 do CPC:

---

138. BRASIL. Lei nº 13.105, de 16 de março de 2015. *Código de Processo Civil*. Disponível em: https://www.planalto.gov.br/ccivil_03/_ato2015-2018/2015/lei/l13105.htm

139. BRASIL. Lei nº 13.105, de 16 de março de 2015. *Código de Processo Civil*. Disponível em: https://www.planalto.gov.br/ccivil_03/_ato2015-2018/2015/lei/l13105.htm

140. BRASIL. Lei nº 13.105, de 16 de março de 2015. *Código de Processo Civil*. Disponível em: https://www.planalto.gov.br/ccivil_03/_ato2015-2018/2015/lei/l13105.htm

141. BRASIL. Lei nº 13.105, de 16 de março de 2015. *Código de Processo Civil*. Disponível em: https://www.planalto.gov.br/ccivil_03/_ato2015-2018/2015/lei/l13105.htm

142. BRASIL. Lei nº 13.105, de 16 de março de 2015. *Código de Processo Civil*. Disponível em: https://www.planalto.gov.br/ccivil_03/_ato2015-2018/2015/lei/l13105.htm

143. BRASIL. Lei nº 13.105, de 16 de março de 2015. *Código de Processo Civil*. Disponível em: https://www.planalto.gov.br/ccivil_03/_ato2015-2018/2015/lei/l13105.htm

144. BRASIL. Lei nº 13.105, de 16 de março de 2015. *Código de Processo Civil*. Disponível em: https://www.planalto.gov.br/ccivil_03/_ato2015-2018/2015/lei/l13105.htm

> I – decidi-lo-á monocraticamente apenas nas hipóteses do art. 932, incisos III a V;
>
> II – se não for o caso de decisão monocrática, elaborará seu voto para julgamento do recurso pelo órgão colegiado. (Hipótese do inciso II do art. 1.011 do CPC);[145]

Outro tema a ser abordado no recurso de apelação é a chamada TEORIA DA CAUSA MADURA, de acordo com a previsão do art. 1.013, §§ 3º e 4º do CPC/2015:

> § 3º Se o processo estiver em condições de imediato julgamento, o tribunal deve decidir desde logo o mérito quando:
>
> I – reformar sentença fundada no art. 485;
>
> II – decretar a nulidade da sentença por não ser ela congruente com os limites do pedido ou da causa de pedir;
>
> III – constatar a omissão no exame de um dos pedidos, hipótese em que poderá julgá-lo;
>
> IV – decretar a nulidade de sentença por falta de fundamentação.
>
> § 4º Quando reformar sentença que reconheça a decadência ou a prescrição, o tribunal, se possível, julgará o mérito, examinando as demais questões, sem determinar o retorno do processo ao juízo de primeiro grau.[146]

Tal dispositivo refere que, em tais situações, se o processo estiver apto para julgamento, o Tribunal deverá desde logo decidir o mérito, sem devolver o processo à origem. Ou seja, em tais situações, haverá o julgamento de mérito pelo próprio Tribunal.

- **Das alegações de novas matérias**

Não pode haver inovação na apelação, via de regra. No entanto, o art. 1.014 do CPC/2015 permite que a parte faça alegações sobre matéria ainda não deduzidas no primeiro grau, desde que comprove que deixou de fazer oportunamente por motivo de força maior.

> **Art. 1.014.** As questões de fato não propostas no juízo inferior poderão ser suscitadas na apelação, se a parte provar que deixou de fazê-lo por motivo de força maior.[147]

Assim, caso o apelante deseje manifestar questão nova deverá comprovar o motivo de força maior.

Esse é o entendimento da doutrina: "O art. 1.014 do CPC permite que o apelante ou apelado suscite questões novas no procedimento de apelação, desde que prove que deixou de fazê-lo por motivo de força maior".[148]

4.8. Agravo de Instrumento

Previsão legal: Art. 994, II e arts. 1.015 a 1.020 do CPC/2015.

- **Cabimento**

Tem cabimento contra as decisões interlocutórias, conforme disposição do *caput* do art. 1.015 do CPC. Porém, é de se ressaltar que nem de toda decisão interlocutória seria possível recorrer via agravo de instrumento.

A decisão interlocutória está definida no art. 203, § 2º do CPC, e é justamente um conceito por exclusão, ou seja, que não se enquadra em sentença.

As decisões interlocutórias que não são recorríveis por agravo de instrumento deverão ser impugnadas em sede de preliminar do recurso de apelação ou nas contrarrazões, conforme preceitua o art. 1.009, § 1º, do CPC/2015.

Segundo o art. 1.015 cabe Agravo de Instrumento das seguintes decisões:

> **Art. 1.015.** Cabe agravo de instrumento contra as decisões interlocutórias que versarem sobre:
>
> I – tutelas provisórias;
>
> II – mérito do processo;
>
> III – rejeição da alegação de convenção de arbitragem;
>
> IV – incidente de desconsideração da personalidade jurídica;
>
> V – rejeição do pedido de gratuidade da justiça ou acolhimento do pedido de sua revogação;
>
> VI – exibição ou posse de documento ou coisa;
>
> VII – exclusão de litisconsorte;
>
> VIII – rejeição do pedido de limitação do litisconsórcio;
>
> IX – admissão ou inadmissão de intervenção de terceiros;
>
> X – concessão, modificação ou revogação do efeito suspensivo aos embargos à execução;
>
> XI – redistribuição do ônus da prova nos termos do art. 373, § 1º;
>
> XII – (VETADO);
>
> XIII – outros casos expressamente referidos em lei.

---

145. BRASIL. Lei nº 13.105, de 16 de março de 2015. *Código de Processo Civil*. Disponível em: https://www.planalto.gov.br/ccivil_03/_ato2015-2018/2015/lei/l13105.htm

146. BRASIL. Lei nº 13.105, de 16 de março de 2015. *Código de Processo Civil*. Disponível em: https://www.planalto.gov.br/ccivil_03/_ato2015-2018/2015/lei/l13105.htm

147. BRASIL. Lei nº 13.105, de 16 de março de 2015. *Código de Processo Civil*. Disponível em: https://www.planalto.gov.br/ccivil_03/_ato2015-2018/2015/lei/l13105.htm

148. DIDIER JUNIOR, Fredie; CUNHA, Leonardo Carneiro da. Curso de direito processual civil: meios de impugnação às Decisões Judiciais e Processos nos Tribunais. 15 ed. São Paulo: Juspodivm, 2018, p. 227

Parágrafo único. Também caberá agravo de instrumento contra decisões interlocutórias proferidas na fase de liquidação de sentença ou de cumprimento de sentença, no processo de execução e no processo de inventário.[149]

a) **Tutela provisória:** qualquer decisão interlocutória acerca de tutela provisória de urgência ou evidência, seja ela concedendo, negando, revogando ou modificando.

b) **Mérito do processo:** caso ocorra decisão interlocutória do mérito do processo.

Ainda, de acordo com o art. 356 do CPC, o juiz poderá julgar de forma antecipada parcialmente o mérito do processo. Os requisitos para o julgamento parcial do mérito estão estabelecidos no art. 356 do CPC:

> **Art. 356.** O juiz decidirá parcialmente o mérito quando um ou mais dos pedidos formulados ou parcela deles:
>
> I - mostrar-se incontroverso;
>
> II - estiver em condições de imediato julgamento, nos termos do art. 355.
>
> (...) § 5º A decisão proferida com base neste artigo é impugnável por agravo de instrumento.[150]

Conforme a previsão do § 5º do art. 356, quando houver essa decisão PARCIAL acerca do mérito, o recurso cabível é o de agravo de instrumento.

O art. 354, parágrafo único, também estabelece que naquelas situações será cabível **AGRAVO DE INSTRUMENTO.**

Vide art. 354, parágrafo único do CPC:

> **Art. 354.** Ocorrendo qualquer das hipóteses previstas nos arts. 485 e 487, incisos II e III, o juiz proferirá sentença.
>
> Parágrafo único. A decisão a que se refere o *caput* pode dizer respeito a apenas parcela do processo, caso em que será impugnável por agravo de instrumento.[151]

c) **Rejeição da alegação de convenção de arbitragem:** se as partes estipularem a convenção de arbitragem e uma delas ingressar com a ação perante o Poder Judiciário, deve o réu alegar em contestação a preliminar de convenção de arbitragem:

> **Art. 337.** Incumbe ao réu, antes de discutir o mérito, alegar: (...)
>
> X - convenção de arbitragem;[152]

Então, podem ocorrer duas situações:

1) Se o juiz aceitar a alegação de existência da convenção de arbitragem e proferir sentença extinguindo o processo sem resolução de mérito, com base no art. 485, VII do CPC - o recurso é **APELAÇÃO.**

> **Art. 485.** O juiz não resolverá o mérito quando: (...)
>
> VII - acolher a alegação de existência de convenção de arbitragem ou quando o juízo arbitral reconhecer sua competência;
>
> § 7º Interposta a apelação em qualquer dos casos de que tratam os incisos deste artigo, o juiz terá 5 (cinco) dias para retratar-se.[153]

2) Se o juiz não acatar a alegação de convenção de arbitragem - o processo continua, então essa decisão é atacada por meio de **AGRAVO DE INSTRUMENTO.**

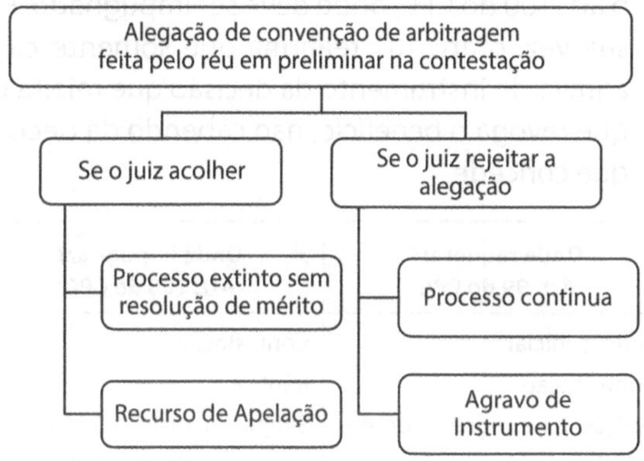

Nesse sentido:

> Se o juiz acata a alegação de convenção de arbitragem e sentencia o feito, que neste caso é extinto sem resolução de mérito (art. 485, VII, CPC),o recurso cabível contra essa decisão é apelação; contudo, se o juiz rejeitar a alegação, esta decisão poderá ser impugnada por meio de agravo de instrumento.[154]

d) **Incidente de desconsideração da personalidade jurídica**

---

149. BRASIL. Lei nº 13.105, de 16 de março de 2015. *Código de Processo Civil*. Disponível em: https://www.planalto.gov.br/ccivil_03/_ato2015-2018/2015/lei/l13105.htm

150. BRASIL. Lei nº 13.105, de 16 de março de 2015. *Código de Processo Civil*. Disponível em: https://www.planalto.gov.br/ccivil_03/_ato2015-2018/2015/lei/l13105.htm

151. BRASIL. Lei nº 13.105, de 16 de março de 2015. *Código de Processo Civil*. Disponível em: https://www.planalto.gov.br/ccivil_03/_ato2015-2018/2015/lei/l13105.htm

152. BRASIL. Lei nº 13.105, de 16 de março de 2015. *Código de Processo Civil*. Disponível em: https://www.planalto.gov.br/ccivil_03/_ato2015-2018/2015/lei/l13105.htm

153. BRASIL. Lei nº 13.105, de 16 de março de 2015. *Código de Processo Civil*. Disponível em: https://www.planalto.gov.br/ccivil_03/_ato2015-2018/2015/lei/l13105.htm

154. ARAUJO JUNIOR, Gediel Claudino. Prática de Recursos no Processo Civil. 3. Ed. São Paulo: Atlas, 2015, p. 36

O incidente de desconsideração da personalidade jurídica é previsto no art. 134 do CPC/2015: "O incidente de desconsideração é cabível em todas as fases do processo de conhecimento, no cumprimento de sentença e na execução fundada em título executivo extrajudicial"[155]. Conforme o art. 136, concluída a instrução do incidente, este será resolvido mediante decisão interlocutória, o que enseja agravo de instrumento. Porém, caso a decisão seja do relator, caberá agravo interno, conforme o parágrafo único do art. 136 do CPC:

> **Art. 136.** Concluída a instrução, se necessária, o incidente será resolvido por decisão interlocutória.
>
> Parágrafo único. Se a decisão for proferida pelo relator, cabe agravo interno.[156]

e) Rejeição do pedido de gratuidade da justiça ou acolhimento do pedido de sua revogação: o pedido de gratuidade da justiça está regulado a partir do art. 98 do CPC, sendo que o art. 99 do CPC refere onde o benefício pode ser requerido e o art. 100 do CPC, onde deve ser impugnado. Por sua vez, o art. 101 reafirma que somente cabe agravo de instrumento da decisão que rejeita ou que revoga o benefício, não cabendo da decisão que concede.

Onde requerer? Art. 99 do CPC	Onde impugnar? Art. 100 do CPC
Petição inicial Contestação Petição para ingresso de terceiros Simples petição (superveniente) Razões de recurso	Contestação Réplica Simples petição - 15 dias Simples petição - 15 dias Contrarrazões

O recurso quanto à decisão que REJEITA OU QUE REVOGA o benefício é o agravo de instrumento, conforme previsão do art. 101 do CPC/2015:

> **Art. 101.** Contra a decisão que indeferir a gratuidade ou a que acolher pedido de sua revogação caberá agravo de instrumento, exceto quando a questão for resolvida na sentença, contra a qual caberá apelação.[157]

f) Exibição ou posse de documento ou coisa

De acordo com o art. 396 do CPC, o juiz pode determinar que a outra parte do processo exiba documento ou coisa que esteja sob sua posse: "O juiz pode ordenar que a parte exiba documento ou coisa que se encontre em seu poder".[158]

g) Exclusão de litisconsorte

Quando houver decisão acerca de exclusão de litisconsórcio, caberá agravo de instrumento, POIS O PROCESSO CONTINUA EM RELAÇÃO AO OUTRO OU AOS DEMAIS LITISCONSORTES.

h) Rejeição do pedido de limitação de litisconsórcio

Previsão nos §§ 1º e 2º do art. 113 do CPC/2015:

> § 1º O juiz poderá limitar o litisconsórcio facultativo quanto ao número de litigantes na fase de conhecimento, na liquidação de sentença ou na execução, quando este comprometer a rápida solução do litígio ou dificultar a defesa ou o cumprimento da sentença.
>
> § 2º O requerimento de limitação interrompe o prazo para manifestação ou resposta, que recomeçará da intimação da decisão que o solucionar.[159]

Portanto, é cabível agravo de instrumento contra a decisão que nega o pedido de limitação do número de litisconsortes. Nesse sentido, destaca-se que "o dispositivo trata do chamado litisconsórcio multitudinário, o que pode ser fracionado (desmembrando a causa), desde que se trate de litisconsórcio facultativo, para atender aos comandos legais[160]".

i) Admissão ou inadmissão de intervenção de terceiros

155. BRASIL. Lei nº 13.105, de 16 de março de 2015. *Código de Processo Civil*. Disponível em: https://www.planalto.gov.br/ccivil_03/_ato2015-2018/2015/lei/l13105.htm

156. BRASIL. Lei nº 13.105, de 16 de março de 2015. *Código de Processo Civil*. Disponível em: https://www.planalto.gov.br/ccivil_03/_ato2015-2018/2015/lei/l13105.htm

157. BRASIL. Lei nº 13.105, de 16 de março de 2015. *Código de Processo Civil*. Disponível em: https://www.planalto.gov.br/ccivil_03/_ato2015-2018/2015/lei/l13105.htm

158. BRASIL. Lei nº 13.105, de 16 de março de 2015. *Código de Processo Civil*. Disponível em: https://www.planalto.gov.br/ccivil_03/_ato2015-2018/2015/lei/l13105.htm

159. BRASIL. Lei nº 13.105, de 16 de março de 2015. *Código de Processo Civil*. Disponível em: https://www.planalto.gov.br/ccivil_03/_ato2015-2018/2015/lei/l13105.htm

160. DONOSO, Denis; SERAU JUNIOR, Marco Aurélio. Manual dos recursos cíveis: teoria e prática. 2 ed. São Paulo: Juspodivm, 2017, p. 208

No Código de Processo Civil de 2015, cinco são as formas de intervenção de terceiros.

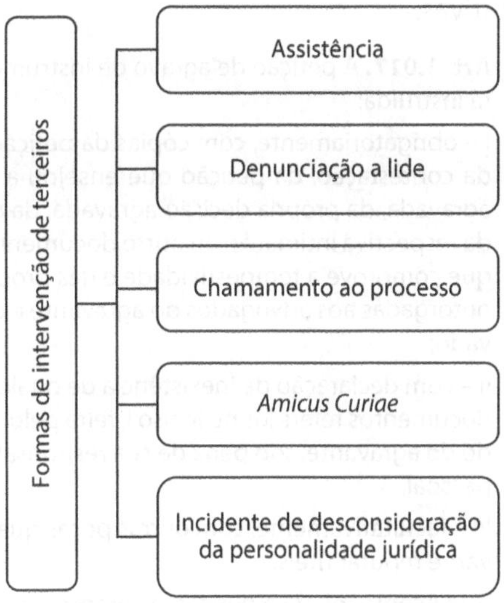

É de se observar, entretanto, a exceção que fica por conta do *amicus curiae*[161]:

> **Art. 138.** O juiz ou o relator, considerando a relevância da matéria, a especificidade do tema objeto da demanda ou a repercussão social da controvérsia, poderá, por decisão irrecorrível, de ofício ou a requerimento das partes ou de quem pretenda manifestar-se, solicitar ou admitir a participação de pessoa natural ou jurídica, órgão ou entidade especializada, com representatividade adequada, no prazo de 15 (quinze) dias de sua intimação.[162]

j) Concessão, modificação ou revogação do efeito suspensivo aos embargos à execução

Os embargos à execução é o meio pelo qual o executado impugna a ação de execução de título executivo extrajudicial, sendo que, de regra, não possuem efeito suspensivo, conforme o *caput* do art. 919 do CPC[163]. Porém, conforme o § 1º do art. 919 pode ser concedido o efeito suspensivo, se estiverem presentes os REQUISITOS DA TUTELA PROVISÓRIA E A EXECUÇÃO ESTEJA GARANTIDA POR PENHORA, CAUÇÃO OU DEPÓSITO.

> **Art. 919.** Os embargos à execução não terão efeito suspensivo.
>
> § 1º O juiz poderá, a requerimento do embargante, atribuir efeito suspensivo aos embargos quando verificados os requisitos para a concessão da tutela provisória e desde que a execução já esteja garantida por penhora, depósito ou caução suficientes.
>
> § 2º Cessando as circunstâncias que a motivaram, a decisão relativa aos efeitos dos embargos poderá, a requerimento da parte, ser modificada ou revogada a qualquer tempo, em decisão fundamentada.
>
> (...)[164]

k) Redistribuição do ônus da prova nos termos do art. 373, § 1º do CPC

O art. 373 estabelece o ônus da prova. No § 1º do art. 373, há a previsão de que o juiz inverta o ônus da prova.

l) Parágrafo único do art. 1.015 do CPC

Conforme o parágrafo único do art. 1.015 do CPC, o recurso de agravo de instrumento também terá cabimento contra decisões interlocutórias proferidas na fase de liquidação de sentença ou de cumprimento de sentença, no processo de execução e no processo de inventário.

m) Outros casos expressamente referidos em lei

O CPC ainda estabelece que cabe agravo de instrumento em razão de outras hipóteses previstas em lei.

O CPC em seu art. 1.037, §13º, inciso I, prevê o cabimento do agravo de instrumento sobre a decisão que resolver o requerimento de distinção no caso de processo sobrestado em razão do julgamento de recursos repetitivos:

> **Art. 1.037.** Selecionados os recursos, o relator, no tribunal superior, constatando a presença do pressuposto do *caput* do art. 1.036, proferirá decisão de afetação, na qual:
>
> § 13. Da decisão que resolver o requerimento a que se refere o § 9º caberá:
>
> I – agravo de instrumento, se o processo estiver em primeiro grau;
>
> II – agravo interno, se a decisão for de relator.[165]

Além disso, conforme o CPC, outras leis podem prever o cabimento do agravo de instrumento. Exemplos: art. 19, § 2º da Lei nº 5.478/1968 (Lei de Alimentos); art. 7º, § 1º da Lei nº 12.016/2009 (Lei do Mandado de Segurança).

161. DONOSO, Denis; SERAU JUNIOR, Marco Aurélio. Manual dos recursos cíveis: teoria e prática. 2 ed. São Paulo: Juspodivm, 2017, p. 208

162. BRASIL. Lei nº 13.105, de 16 de março de 2015. *Código de Processo Civil*. Disponível em: https://www.planalto.gov.br/ccivil_03/_ato2015-2018/2015/lei/l13105.htm

163. DONOSO, Denis; SERAU JUNIOR, Marco Aurélio. Manual dos recursos cíveis: teoria e prática. 2 ed. São Paulo: Juspodivm, 2017, p. 209

164. BRASIL. Lei nº 13.105, de 16 de março de 2015. *Código de Processo Civil*. Disponível em: https://www.planalto.gov.br/ccivil_03/_ato2015-2018/2015/lei/l13105.htm

165. BRASIL. Lei nº 13.105, de 16 de março de 2015. *Código de Processo Civil*. Disponível em: https://www.planalto.gov.br/ccivil_03/_ato2015-2018/2015/lei/l13105.htm

n) Da taxatividade mitigada: em 2018 o STJ entendeu pela taxatividade mitigada do rol do art. 1.015 do CPC no sentido de ser possível o cabimento do agravo de instrumento no processo de conhecimento em outras situações que não previstas no rol desde que urgentes, ou seja, desde que seja inútil esperar até a sentença para impugnar eventual decisão interlocutória que não esteja no rol do art. 1.015 em preliminar de apelação.

- **Efeitos do agravo de instrumento**

De acordo com a regra contida no art. 995 do CPC/2015, o agravo de instrumento não possui o efeito suspensivo.

Porém, o agravante poderá, com base no art. 1.019, I do CPC, requerer que o relator, ao receber o agravo de instrumento, atribua efeito suspensivo ou defira, em antecipação de tutela, total ou parcialmente, a pretensão recursal:

> **Art. 1.019.** Recebido o agravo de instrumento no tribunal e distribuído imediatamente, se não for o caso de aplicação do art. 932, incisos III e IV, o relator, no prazo de 5 (cinco) dias:
>
> I – poderá atribuir efeito suspensivo ao recurso ou deferir, em antecipação de tutela, total ou parcialmente, a pretensão recursal, comunicando ao juiz sua decisão;[166]

- **Da petição de agravo de instrumento**

Previsão nos arts. 1.016 e 1.017 do CPC/2015:

> **Art. 1.016.** O agravo de instrumento será dirigido diretamente ao tribunal competente, por meio de petição com os seguintes requisitos:
>
> I – os nomes das partes;
>
> II – a exposição do fato e do direito;
>
> III – as razões do pedido de reforma ou de invalidação da decisão e o próprio pedido;
>
> IV – o nome e o endereço completo dos advogados constantes do processo[167]

Conforme o art. 1.016 do CPC/2015, o recurso é dirigido diretamente ao tribunal competente, por meio de petição com os requisitos do artigo 1.016 do CPC. E ainda, conforme o inciso IV do art. 1.016 do CPC, deve o agravante informar na petição do agravo o nome e endereço completo dos advogados constantes do processo.

Além do art. 1.016 do CPC/2015, o agravante deve cumprir os requisitos do art. 1.017 do CPC, no sentido de juntar com o recurso peças obrigatórias e facultativas.

> **Art. 1.017.** A petição de agravo de instrumento será instruída:
>
> I – obrigatoriamente, com cópias da petição inicial, da contestação, da petição que ensejou a decisão agravada, da própria decisão agravada, da certidão da respectiva intimação ou outro documento oficial que comprove a tempestividade e das procurações outorgadas aos advogados do agravante e do agravado;
>
> II – com declaração de inexistência de qualquer dos documentos referidos no inciso I, feita pelo advogado do agravante, sob pena de sua responsabilidade pessoal;
>
> III – facultativamente, com outras peças que o agravante reputar úteis.
>
> § 1º Acompanhará a petição o comprovante do pagamento das respectivas custas e do porte de retorno, quando devidos, conforme tabela publicada pelos tribunais.[168]

Ainda, conforme o § 5º do art. 1.017 do CPC/2015, sendo eletrônico o processo, não precisarão ser juntadas as peças referidas nos incisos I e II do art. 1.017:

> § 5º Sendo eletrônicos os autos do processo, dispensam-se as peças referidas nos incisos I e II do *caput*, facultando-se ao agravante anexar outros documentos que entender úteis para a compreensão da controvérsia.[169]

- **Do preparo no agravo de instrumento**

No agravo de instrumento, deve haver o preparo, inclusive porte de retorno, sob pena de deserção, salvo as exceções previstas no art. 1.007, do CPC. É a exigência constante no § 1º do art. 1.017 do CPC/2015:

> § 1º Acompanhará a petição o comprovante do pagamento das respectivas custas e do porte de retorno, quando devidos, conforme tabela publicada pelos tribunais.[170]

- **Procedimento do agravo de instrumento**

Interposto o agravo de instrumento diretamente no Tribunal, o art. 1.018 do CPC estabelece que

166. BRASIL. Lei nº 13.105, de 16 de março de 2015. *Código de Processo Civil*. Disponível em: https://www.planalto.gov.br/ccivil_03/_ato2015-2018/2015/lei/l13105.htm
167. BRASIL. Lei nº 13.105, de 16 de março de 2015. *Código de Processo Civil*. Disponível em: https://www.planalto.gov.br/ccivil_03/_ato2015-2018/2015/lei/l13105.htm
168. BRASIL. Lei nº 13.105, de 16 de março de 2015. *Código de Processo Civil*. Disponível em: https://www.planalto.gov.br/ccivil_03/_ato2015-2018/2015/lei/l13105.htm
169. BRASIL. Lei nº 13.105, de 16 de março de 2015. *Código de Processo Civil*. Disponível em: https://www.planalto.gov.br/ccivil_03/_ato2015-2018/2015/lei/l13105.htm
170. BRASIL. Lei nº 13.105, de 16 de março de 2015. *Código de Processo Civil*. Disponível em: https://www.planalto.gov.br/ccivil_03/_ato2015-2018/2015/lei/l13105.htm

o agravante poderá, no prazo de 3 dias, requerer a juntada da cópia do agravo no processo de primeiro grau, conforme prevê o art. 1.018 do CPC.

> **Art. 1.018.** O agravante poderá requerer a juntada, aos autos do processo, de cópia da petição do agravo de instrumento, do comprovante de sua interposição e da relação dos documentos que instruíram o recurso.[171]

A referida previsão visa possibilitar o juízo de retratação pelo juiz de primeiro grau, bem como possibilitar a ciência do agravado sobre o recurso interposto.

Caso não seja atendida essa previsão e forem autos físicos de acordo com a redação do Código de Processo Civil, isso acarretará a inadmissibilidade do recurso pelo Tribunal, desde que seja arguido pelo agravado e provado por este.

> § 2º Não sendo eletrônicos os autos, o agravante tomará a providência prevista no *caput*, no prazo de 3 (três) dias a contar da interposição do agravo de instrumento.
>
> § 3º O descumprimento da exigência de que trata o § 2º, desde que arguido e provado pelo agravado, importa inadmissibilidade do agravo de instrumento.[172]

Recebido o agravo de instrumento, o relator e distribuído imediatamente, se não for o caso de aplicação do art. 932, incisos III e IV, o relator, no prazo de 5 dias, conforme o art. 1.019 do CPC:

1. O relator poderá conceder o efeito suspensivo ao recurso ou deferir, em antecipação de tutela, total ou parcialmente, a pretensão recursal, comunicando ao juiz sua decisão.
2. Deverá ordenar a intimação do agravado para contrarrazões, na forma do inciso II do art. 1.019 do CPC: "ordenará a intimação do agravado pessoalmente, por carta com aviso de recebimento, quando não tiver procurador constituído, ou pelo Diário da Justiça ou por carta com aviso de recebimento dirigida ao seu advogado, para que responda no prazo de 15 (quinze) dias, facultando-lhe juntar a documentação que entender necessária ao julgamento do recurso".
3. Determinará, quando for o caso de intervenção, a intimação do Ministério Público, preferencialmente por meio eletrônico, para que se manifeste no prazo de 15 dias.

4.9. Agravo Interno

- **Previsão legal**

O agravo interno tem previsão legal no art. 994, III e art. 1.021 do Código de Processo Civil.

Ainda, conforme o próprio *caput* do art. 1.021 do CPC, devem ser observadas, quanto ao processamento, as regras do regimento interno do Tribunal.

- **Cabimento**

O recurso de agravo interno tem cabimento contra as decisões unipessoais/monocráticas proferidas no âmbito dos Tribunais, conforme art. 1.021 do Código de Processo Civil, que dispõe:

> **Art. 1.021.** Contra decisão proferida pelo relator caberá agravo interno para o respectivo órgão colegiado, observadas, quanto ao processamento, as regras do regimento interno do tribunal.[173]

Em tese, o objetivo do agravo interno é fazer com que o órgão colegiado reexamine a decisão que foi proferida de forma monocrática pelo relator.

Cabe, portanto, de decisões singulares do relator. Observe-se, no entanto, outras hipóteses de cabimento do agravo interno e que estão estabelecidas no próprio CPC:

a) Previsão do parágrafo único do art. 136 do CPC

Caso a decisão sobre a desconsideração da personalidade jurídica seja do relator, caberá o agravo interno:

> **Art. 136.** Concluída a instrução, se necessária, o incidente será resolvido por decisão interlocutória.
>
> Parágrafo único. Se a decisão for proferida pelo relator, cabe agravo interno. [174]

b) Previsão do art. 1.037, § 13, II do CPC

> **Art. 1.037.** Selecionados os recursos, o relator, no tribunal superior, constatando a presença do pressuposto do *caput* do art. 1.036, proferirá decisão de afetação, na qual:
>
> § 9º Demonstrando distinção entre a questão a ser decidida no processo e aquela a ser julgada no recurso especial ou extraordinário afetado, a parte poderá requerer o prosseguimento do seu processo.
>
> § 13. Da decisão que resolver o requerimento a que se refere o § 9º caberá:
>
> I – agravo de instrumento, se o processo estiver em primeiro grau;

---

171. BRASIL. Lei nº 13.105, de 16 de março de 2015. *Código de Processo Civil*. Disponível em: https://www.planalto.gov.br/ccivil_03/_ato2015-2018/2015/lei/l13105.htm

172. BRASIL. Lei nº 13.105, de 16 de março de 2015. *Código de Processo Civil*. Disponível em: https://www.planalto.gov.br/ccivil_03/_ato2015-2018/2015/lei/l13105.htm

173. BRASIL. Lei nº 13.105, de 16 de março de 2015. *Código de Processo Civil*. Disponível em: https://www.planalto.gov.br/ccivil_03/_ato2015-2018/2015/lei/l13105.htm

174. BRASIL. Lei nº 13.105, de 16 de março de 2015. *Código de Processo Civil*. Disponível em: https://www.planalto.gov.br/ccivil_03/_ato2015-2018/2015/lei/l13105.htm

II – agravo interno, se a decisão for de relator.[175]

Ou seja, a decisão de distinção é recorrível. Estando o processo em primeiro grau, a decisão é impugnável por meio de agravo de instrumento; se a decisão for de relator, cabe recurso de agravo interno.

c) Previsão do art. 1.030, I e III c/c § 2º do CPC:

No caso de inadmissão de recurso especial ou extraordinário pelo presidente ou vice do Tribunal Recorrido, via de regra o recurso é o agravo em recurso especial ou extraordinário (art. 1.042 do CPC). Porém, se a decisão que inadmitir o recurso especial ou extraordinário estiver fundada na aplicação de entendimento firmado em regime de repercussão geral ou em julgamento de recurso repetitivo, será cabível o agravo interno e não mais o agravo em recurso especial ou extraordinário (art. 1.030, I e III C/C § 2º do CPC):

> **Art. 1.030.** Recebida a petição do recurso pela secretaria do tribunal, o recorrido será intimado para apresentar contrarrazões no prazo de 15 (quinze) dias, findo o qual os autos serão conclusos ao presidente ou ao vice-presidente do tribunal recorrido, que deverá:
>
> I – negar seguimento:
>
> *a)* a recurso extraordinário que discuta questão constitucional à qual o Supremo Tribunal Federal não tenha reconhecido a existência de repercussão geral ou a recurso extraordinário interposto contra acórdão que esteja em conformidade com entendimento do Supremo Tribunal Federal exarado no regime de repercussão geral;
>
> *b)* a recurso extraordinário ou a recurso especial interposto contra acórdão que esteja em conformidade com entendimento do Supremo Tribunal Federal ou do Superior Tribunal de Justiça, respectivamente, exarado no regime de julgamento de recursos repetitivos;
>
> III – sobrestar o recurso que versar sobre controvérsia de caráter repetitivo ainda não decidida pelo Supremo Tribunal Federal ou pelo Superior Tribunal de Justiça, conforme se trate de matéria constitucional ou infraconstitucional;
>
> § 2º Da decisão proferida com fundamento nos incisos I e III caberá agravo interno, nos termos do art. 1.021.[176]

d) Previsão do art. 1.035, § 7º do CPC

> **Art. 1.035.** O Supremo Tribunal Federal, em decisão irrecorrível, não conhecerá do recurso extraordinário quando a questão constitucional nele versada não tiver repercussão geral, nos termos deste artigo.
>
> § 6º O interessado pode requerer, ao presidente ou ao vice-presidente do tribunal de origem, que exclua da decisão de sobrestamento e inadmita o recurso extraordinário que tenha sido interposto intempestivamente, tendo o recorrente o prazo de 5 (cinco) dias para manifestar-se sobre esse requerimento.
>
> § 7º Da decisão que indeferir o requerimento referido no § 6º ou que aplicar entendimento firmado em regime de repercussão geral ou em julgamento de recursos repetitivos caberá agravo interno.[177]

e) Previsão do art. 1.036, § 3º do CPC:

> **Art. 1.036.** Sempre que houver multiplicidade de recursos extraordinários ou especiais com fundamento em idêntica questão de direito, haverá afetação para julgamento de acordo com as disposições desta Subseção, observado o disposto no Regimento Interno do Supremo Tribunal Federal e no do Superior Tribunal de Justiça.
>
> § 1º O presidente ou o vice-presidente de tribunal de justiça ou de tribunal regional federal selecionará 2 (dois) ou mais recursos representativos da controvérsia, que serão encaminhados ao Supremo Tribunal Federal ou ao Superior Tribunal de Justiça para fins de afetação, determinando a suspensão do trâmite de todos os processos pendentes, individuais ou coletivos, que tramitem no Estado ou na região, conforme o caso.
>
> § 2º O interessado pode requerer, ao presidente ou ao vice-presidente, que exclua da decisão de sobrestamento e inadmita o recurso especial ou o recurso extraordinário que tenha sido interposto intempestivamente, tendo o recorrente o prazo de 5 (cinco) dias para manifestar-se sobre esse requerimento.
>
> § 3º Da decisão que indeferir o requerimento referido no § 2º caberá apenas agravo interno.[178]

- **Estrutura e processamento do recurso de agravo interno**

O agravo interno segue as regras previstas no regimento interno de cada tribunal.

O recorrente, no agravo interno, deve impugnar especificamente os fundamentos da decisão

175. BRASIL. Lei nº 13.105, de 16 de março de 2015. *Código de Processo Civil*. Disponível em: https://www.planalto.gov.br/ccivil_03/_ato2015-2018/2015/lei/l13105.htm

176. BRASIL. Lei nº 13.105, de 16 de março de 2015. *Código de Processo Civil*. Disponível em: https://www.planalto.gov.br/ccivil_03/_ato2015-2018/2015/lei/l13105.htm

177. BRASIL. Lei nº 13.105, de 16 de março de 2015. *Código de Processo Civil*. Disponível em: https://www.planalto.gov.br/ccivil_03/_ato2015-2018/2015/lei/l13105.htm

178. BRASIL. Lei nº 13.105, de 16 de março de 2015. *Código de Processo Civil*. Disponível em: https://www.planalto.gov.br/ccivil_03/_ato2015-2018/2015/lei/l13105.htm

agravada, ou seja, da decisão monocrática do relator, consoante previsão do § 1º do art. 1.021 do CPC:

> § 1º Na petição de agravo interno, o recorrente impugnará especificadamente os fundamentos da decisão agravada.[179]

O agravo interno deverá ser dirigido ao relator que proferiu a decisão, indicando o ponto com que não concorda e os motivos que ensejam a reforma da decisão, consoante previsão do § 2º do art. 1.021 do CPC.

É admissível a retratação pelo relator e, caso não haja, ele deverá encaminhar a julgamento pelo órgão colegiado.

- **Reprodução dos fundamentos**

É vedado ao relator limitar-se à reprodução dos fundamentos da decisão agravada para julgar improcedente o agravo interno. Essa é a previsão do § 3º do art. 1.021 do CPC:

> § 3º É vedado ao relator limitar-se à reprodução dos fundamentos da decisão agravada para julgar improcedente o agravo interno.[180]

- **Multa**

Consoante previsão do § 4º do art. 1.021 do CPC, caso o agravo interno seja declarado manifestamente inadmissível ou improcedente em votação unânime, o órgão colegiado poderá condenar o agravado a pagar multa fixada entre 1 e 5 % do valor atualizado da causa; e mais: qualquer interposição de outro recurso está condicionada ao pagamento da multa.

4.10. Embargos de Declaração

Previsão Legal: Art. 994, IV, arts. 1.022 a 1.026 do CPC.

- **Cabimento**

Conforme o art. 1.022 do CPC, os embargos de declaração atacam qualquer decisão judicial quando esta for obscura, omissa ou contraditória ou quando contiver erro material. Cabe destacar que "os embargos de declaração não têm como função principal a modificação do julgado. Esse mister compete aos demais recursos. A finalidade precípua dos embargos é esclarecer ou integrar uma decisão que padece de algum vício de conteúdo[181]". E ainda: "pode-se dizer então que os embargos são um recurso de fundamentação vinculada, pois suas hipóteses de cabimento estão previamente enumeradas no CPC[182]".

As hipóteses de cabimento estão no art. 1.022 do CPC:

> **Art. 1.022.** Cabem embargos de declaração contra qualquer decisão judicial para:
>
> I – esclarecer obscuridade ou eliminar contradição;
>
> II – suprir omissão de ponto ou questão sobre o qual devia se pronunciar o juiz de ofício ou a requerimento;
>
> III – corrigir erro material.[183]

O parágrafo único do art. 1.022 do CPC refere que se considera omissa a decisão que:

> I – deixe de se manifestar sobre tese firmada em julgamento de casos repetitivos ou em incidente de assunção de competência aplicável ao caso sob julgamento;
>
> II – incorra em qualquer das condutas descritas nº 1º.[184]

- **Prazo para interposição dos embargos: 5 dias.**

Conforme o art. 1.023 do CPC, os embargos de declaração devem ser opostos no prazo de cinco dias e não estão sujeitos ao recolhimento do preparo recursal:

> **Art. 1.023.** Os embargos serão opostos, no prazo de 5 (cinco) dias, em petição dirigida ao juiz, com indicação do erro, obscuridade, contradição ou omissão, e não se sujeitam a preparo.
>
> § 1º Aplica-se aos embargos de declaração o art. 229.
>
> § 2º O juiz intimará o embargado para, querendo, manifestar-se, no prazo de 5 (cinco) dias, sobre os embargos opostos, caso seu eventual acolhimento implique a modificação da decisão embargada.[185]

- **Efeitos**

Quanto ao efeito suspensivo

PROCESSO CIVIL

179. BRASIL. Lei nº 13.105, de 16 de março de 2015. *Código de Processo Civil*. Disponível em: https://www.planalto.gov.br/ccivil_03/_ato2015-2018/2015/lei/l13105.htm

180. BRASIL. Lei nº 13.105, de 16 de março de 2015. *Código de Processo Civil*. Disponível em: https://www.planalto.gov.br/ccivil_03/_ato2015-2018/2015/lei/l13105.htm

181. AGUIRRE, João; MONTANS DE SÁ. Prática Civil. 7. Ed. São Paulo: Saraiva, 2017, p. 102

182. AGUIRRE, João; MONTANS DE SÁ. Prática Civil. 7. Ed. São Paulo: Saraiva, 2017, p. 103

183. BRASIL. Lei nº 13.105, de 16 de março de 2015. *Código de Processo Civil*. Disponível em: https://www.planalto.gov.br/ccivil_03/_ato2015-2018/2015/lei/l13105.htm

184. BRASIL. Lei nº 13.105, de 16 de março de 2015. *Código de Processo Civil*. Disponível em: https://www.planalto.gov.br/ccivil_03/_ato2015-2018/2015/lei/l13105.htm

185. BRASIL. Lei nº 13.105, de 16 de março de 2015. *Código de Processo Civil*. Disponível em: https://www.planalto.gov.br/ccivil_03/_ato2015-2018/2015/lei/l13105.htm

Os embargos de declaração não possuem efeito suspensivo, conforme previsão do *caput* do art. 1.026 do CPC. Porém, tal efeito suspensivo poderá ser concedido, de acordo com a previsão do § 1º do art. 1.026 do CPC. Ou seja, a decisão recorrida poderá ser suspensa pelo respectivo juiz ou relator se demonstrada a probabilidade de provimento do recurso ou, sendo relevante a fundamentação, se houver risco de dano grave ou de difícil reparação.

Quanto ao efeito interruptivo

Os embargos de declaração interrompem o prazo para interposição do recurso. A interrupção se constitui em ter novamente todo o prazo para a interposição de outro recurso da decisão embargada, que só começará a correr depois da intimação da decisão dos embargos.

Caso os embargos de declaração sejam considerados manifestamente protelatórios, há previsão de multa de 2 %, consoante o art. 1.026, § 2º do CPC:

> § 2º Quando manifestamente protelatórios os embargos de declaração, o juiz ou o tribunal, em decisão fundamentada, condenará o embargante a pagar ao embargado multa não excedente a dois por cento sobre o valor atualizado da causa.[186]

Quanto ao efeito infringente (modificativo)

Fala-se em efeitos infringentes, nos embargos de declaração, quando o acolhimento dos mesmos acarretar a modificação da decisão embargada. Neste caso, quando os embargos puderem alterar a decisão embargada, necessário se faz observar o contraditório, intimando-se a parte embargada para oferecer contrarrazões, conforme previsão do § 2º do art. 1.023 do CPC.

- **Processamento**

Os embargos devem ser opostos perante o próprio órgão que proferiu a decisão, na forma do art. 1.023 do CPC. Poderão ser admitidos ou não, conforme forem preenchidos os seus requisitos de admissibilidade.

Os embargos de declaração são cabíveis no prazo de cinco dias úteis e são isentos de preparo (art. 1.023 do CPC), visto que são dirigidos ao mesmo órgão prolator da decisão.[187]

Ademais, nem sempre vai haver a intimação da parte contrária para oferecer resposta aos embargos de declaração. Ou seja, somente vai haver essa intimação se os embargos tiverem efeitos infringentes, conforme previsão do art. 1.023, § 2º, do CPC:

> § 2º O juiz intimará o embargado para, querendo, manifestar-se, no prazo de 5 (cinco) dias, sobre os embargos opostos, caso seu eventual acolhimento implique a modificação da decisão embargada.[188]

Dos recursos interpostos antes do julgamento dos embargos de declaração

Previsão dos §§ 4º e 5º do art. 1.024 do CPC:

> § 4º Caso o acolhimento dos embargos de declaração implique modificação da decisão embargada, o embargado que já tiver interposto outro recurso contra a decisão originária tem o direito de complementar ou alterar suas razões, nos exatos limites da modificação, no prazo de 15 (quinze) dias, contado da intimação da decisão dos embargos de declaração.
>
> § 5º Se os embargos de declaração forem rejeitados ou não alterarem a conclusão do julgamento anterior, o recurso interposto pela outra parte antes da publicação do julgamento dos embargos de declaração será processado e julgado independentemente de ratificação.[189]

Da referida previsão decorre:

Recurso interposto pela parte contrária antes da intimação do julgamento dos embargos de declaração:

Não precisam ser ratificados caso os embargos de declaração forem rejeitados ou não alterarem a conclusão do julgamento anterior.

O recorrente vai ter direito a complementar ou alterar suas razões nos exatos limites do que foi modificado, caso os embargos de declaração sejam acolhidos e isso implique na modificação da decisão embargada. O prazo é de 15 (quinze) dias a contar da intimação da decisão dos embargos de declaração.

Por isso, a súmula nº 418 do STJ, que dizia: "É inadmissível o recurso especial interposto antes da publicação do acórdão dos embargos de declaração, sem posterior ratificação", foi CANCELADA, valendo agora a súmula nº 579 do STJ: "Não é necessário ratificar o recurso especial interposto na pendência do

186. BRASIL. Lei nº 13.105, de 16 de março de 2015. *Código de Processo Civil*. Disponível em: https://www.planalto.gov.br/ccivil_03/_ato2015-2018/2015/lei/l13105.htm

187. LOURENÇO, Haroldo. Processo civil sistematizado. 3. Ed. Rio de Janeiro: Forense; São Paulo: Método, 2017, p. 507

188. BRASIL. Lei nº 13.105, de 16 de março de 2015. *Código de Processo Civil*. Disponível em: https://www.planalto.gov.br/ccivil_03/_ato2015-2018/2015/lei/l13105.htm

189. BRASIL. Lei nº 13.105, de 16 de março de 2015. *Código de Processo Civil*. Disponível em: https://www.planalto.gov.br/ccivil_03/_ato2015-2018/2015/lei/l13105.htm

julgamento dos embargos de declaração, quando inalterado o resultado anterior".

Dos embargos para fins de pré-questionamento

De acordo com a previsão do art. 1.025 do CPC os embargos de declaração podem ser opostos para fins de pré-questionamento (cumprindo assim, requisito específico do recurso especial e extraordinário):

> **Art. 1.025.** Consideram-se incluídos no acórdão os elementos que o embargante suscitou, para fins de pré-questionamento, ainda que os embargos de declaração sejam inadmitidos ou rejeitados, caso o tribunal superior considere existentes erro, omissão, contradição ou obscuridade.[190]

4.11. Recurso Ordinário

Previsão legal

O recurso ordinário encontra respaldo nos arts. 994, V, e 1.027 e 1.028 do Código de Processo Civil. Encontra previsão também nos arts. 102, II, e 105, II, da Constituição Federal.

O recurso ordinário é julgado pelo STF ou pelo STJ, conforme for situação do inciso I ou II do art. 1.027 do CPC.

- **Cabimento**

As hipóteses de cabimento do recurso ordinário estão previstas no art. 1.027, incisos I e II do Código de Processo Civil e arts. 102, II e 105, II, ambos da Constituição Federal, permitindo, em regra, o reexame de algumas decisões que foram proferidas em competência originária pelos tribunais.

O recurso ordinário é cabível contra determinadas decisões proferidas em ações cuja competência originária seja dos Tribunais e contempla também a situação do art. 1.027, inciso II, alínea *b* do CPC. É julgado pelo STJ ou pelo STF e tem previsão constitucional nos arts. 102, II e 105, II da CF:

> **Art. 102.** Compete ao Supremo Tribunal Federal, precipuamente, a guarda da Constituição, cabendo-lhe:
>
> II – julgar, em recurso ordinário:
>
> *a)* o *habeas corpus*, o mandado de segurança, o *habeas data* e o mandado de injunção decididos em única instância pelos Tribunais Superiores, se denegatória a decisão;
>
> *b)* o crime político;[191]
>
> **Art. 105.** Compete ao Superior Tribunal de Justiça:
>
> II – julgar, em recurso ordinário:
>
> *a)* os *habeas corpus* decididos em única ou última instância pelos Tribunais Regionais Federais ou pelos tribunais dos Estados, do Distrito Federal e Territórios, quando a decisão for denegatória;
>
> *b)* os mandados de segurança decididos em única instância pelos Tribunais Regionais Federais ou pelos tribunais dos Estados, do Distrito Federal e Territórios, quando denegatória a decisão;
>
> *c)* as causas em que forem partes Estado estrangeiro ou organismo internacional, de um lado, e, do outro, Município ou pessoa residente ou domiciliada no País;[192]

- **Recurso ordinário a ser julgado pelo STF:**

No art. 1.027, inciso I do CPC está estabelecido o cabimento do recurso ordinário a ser julgado pelo STF:

> **Art. 1.027.** Serão julgados em recurso ordinário:
>
> I – pelo Supremo Tribunal Federal, os mandados de segurança, os *habeas data* e os mandados de injunção decididos em única instância pelos tribunais superiores, quando denegatória a decisão;[193]

- **Recurso ordinário a ser julgado pelo STJ:**

O recurso ordinário também poderá ser julgado pelo STJ, caso ocorra uma das situações previstas no art. 1.027, II, alíneas *a* e *b* do CPC, e do art. 105, II, alíneas *a*, *b* e *c* da Constituição Federal.

Conforme previsão do Código de Processo Civil:

> **Art. 1.027.** Serão julgados em recurso ordinário:
>
> (...)
>
> II – pelo Superior Tribunal de Justiça:
>
> *a)* os mandados de segurança decididos em única instância pelos tribunais regionais federais ou pelos tribunais de justiça dos Estados e do Distrito Federal e Territórios, quando denegatória a decisão;
>
> *b)* os processos em que forem partes, de um lado, Estado estrangeiro ou organismo internacional e, de outro, Município ou pessoa residente ou domiciliada no País.[194]

190. BRASIL. Lei nº 13.105, de 16 de março de 2015. *Código de Processo Civil*. Disponível em: https://www.planalto.gov.br/ccivil_03/_ato2015-2018/2015/lei/l13105.htm

191. BRASIL, 1988. Constituição da República Federativa do Brasil de 1988. Disponível em: https://www.planalto.gov.br/ccivil_03/constituicao/constituicao.htm

192. BRASIL, 1988. Constituição da República Federativa do Brasil de 1988. Disponível em: https://www.planalto.gov.br/ccivil_03/constituicao/constituicao.htm

193. BRASIL. Lei nº 13.105, de 16 de março de 2015. *Código de Processo Civil*. Disponível em: https://www.planalto.gov.br/ccivil_03/_ato2015-2018/2015/lei/l13105.htm

194. BRASIL. Lei nº 13.105, de 16 de março de 2015. *Código de Processo Civil*. Disponível em: https://www.planalto.gov.br/ccivil_03/_ato2015-2018/2015/lei/l13105.htm

- **Interposição**

Interposição no caso do art. 1.027, II, alínea b do CPC:

Na hipótese da alínea *b* do inciso II do art. 1.027 do CPC, a interposição do recurso ordinário vai seguir os requisitos de admissibilidade e o procedimento, os relativos à APELAÇÃO e o regimento interno do STJ, conforme previsão do art. 1.028 do CPC:

> **Art. 1.028.** Ao recurso mencionado no art. 1.027, inciso II, alínea *b*, aplicam-se, quanto aos requisitos de admissibilidade e ao procedimento, as disposições relativas à apelação e o Regimento Interno do Superior Tribunal de Justiça.

Ainda, é de se destacar a previsão do § 1º do art. 1.027 do CPC quando menciona que, nos processos referidos na alínea *b* do inciso II do mesmo artigo, contra as decisões interlocutórias, CABERÁ AGRAVO DE INSTRUMENTO DIRIGIDO AO STJ:

> § 1º Nos processos referidos no inciso II, alínea *b*, contra as decisões interlocutórias caberá agravo de instrumento dirigido ao Superior Tribunal de Justiça, nas hipóteses do art. 1015.[195]

Interposição no caso do art. 1.027, I e inciso II, alínea a do CPC:

Nestes casos, quando o recurso ordinário for interposto em razão do art. 1.027, incisos I e II, alínea *a* do CPC, deverá ser interposto perante o Presidente ou Vice do Tribunal, com a folha das razões dirigida ao STF ou STJ, conforme o caso:

> § 2º O recurso previsto no art. 1.027, incisos I e II, alínea *a*, deve ser interposto perante o tribunal de origem, cabendo ao seu presidente ou vice-presidente determinar a intimação do recorrido para, em 15 (quinze) dias, apresentar as contrarrazões.
>
> § 3º Findo o prazo referido no § 2º, os autos serão remetidos ao respectivo tribunal superior, independentemente de juízo de admissibilidade.[196]

Ou seja, em tais situações, o recurso ordinário vai ser interposto perante o tribunal de origem, devendo o presidente ou vice-presidente determinar a intimação do recorrido para apresentar as contrarrazões no prazo de 15 dias. Findo o prazo das contrarrazões, os autos serão remetidos ao tribunal (STJ ou STF, conforme o caso) independentemente do juízo de admissibilidade.

195. BRASIL. Lei nº 13.105, de 16 de março de 2015. *Código de Processo Civil*. Disponível em: https://www.planalto.gov.br/ccivil_03/_ato2015-2018/2015/lei/l13105.htm

196. BRASIL. Lei nº 13.105, de 16 de março de 2015. *Código de Processo Civil*. Disponível em: https://www.planalto.gov.br/ccivil_03/_ato2015-2018/2015/lei/l13105.htm

Por fim, conforme previsão do § 2º do art. 1.027 do CPC, aplicam-se ao recurso ordinário o disposto nos arts. 1.013, § 3º, e 1.029, § 5º.

4.12. Recurso Especial

Previsão legal: Art. 994, VI do CPC; art. 105, III da CF; e art. 1.029 a 1.035 do CPC.

O Código de Processo Civil não traz as hipóteses de cabimento do recurso especial, e sim, a Constituição Federal, em seu art. 105, inciso III.

- **Cabimento**

O recurso especial é julgado pelo STJ nas causas decididas em única ou última instância pelos tribunais regionais ou pelos tribunais de justiça e do distrito federal, quando a decisão recorrida:

> III – julgar, em recurso especial, as causas decididas, em única ou última instância, pelos Tribunais Regionais Federais ou pelos tribunais dos Estados, do Distrito Federal e Territórios, quando a decisão recorrida:
>
> *a)* contrariar tratado ou lei federal, ou negar-lhes vigência;
>
> *b)* julgar válido ato de governo local contestado em face de lei federal;(Redação dada pela Emenda Constitucional nº 45, de 2004)
>
> *c)* der a lei federal interpretação divergente da que lhe haja atribuído outro tribunal.[197]

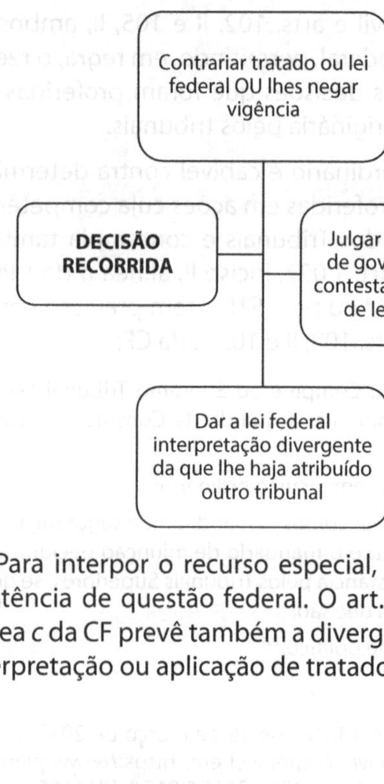

Para interpor o recurso especial, é necessária a existência de questão federal. O art. 105, inciso III, alínea *c* da CF prevê também a divergência quanto à interpretação ou aplicação de tratado ou lei federal.

197. BRASIL, 1988. Constituição da República Federativa do Brasil de 1988. Disponível em: https://www.planalto.gov.br/ccivil_03/constituicao/constituicao.htm

Não cabe, no recurso especial, impugnação de questões de fato ou de direito local. Veja-se a súmula nº 7 do STJ, no sentido de que o recurso especial só pode veicular matéria de direito: "A pretensão de simples reexame de prova não enseja recurso especial".

Verificar súmula nº 203 do STJ: "Não cabe recurso especial contra decisão proferida por órgão de segundo grau dos Juizados Especiais".

- **Requisitos de admissibilidade**

Deve preencher os requisitos gerais de admissibilidade de qualquer recurso. Porém, há ainda requisitos específicos, tais como o prequestionamento. A Emenda Constitucional 125/2022, de 14 de julho de 2022, trouxe previsão legal sobre o requisito da relevância das questões de direito federal infraconstitucional.

Destacam-se entre os requisitos para o recurso especial:

Esgotamento das instâncias recursais ordinárias. No que tange ao esgotamento das instâncias recursais ordinárias, assim como no recurso extraordinário, "a interposição desses recursos fica condicionada à não existência de mais nenhum outro recurso[198]" para atacar a referida decisão.

Proibição do reexame de matéria fática: súmula nº 7 DO STJ: "A pretensão de simples reexame de prova não enseja recurso especial"; súmula 05 DO STJ: "A simples interpretação de cláusula contratual não enseja recurso especial".

- **Relevância das questões de direito infraconstitucional**

A Emenda Constitucional nº 125/2022, de 14 de julho de 2022, acarretou a alteração no art. 105 da Constituição Federal para instituir, no recurso especial, o requisito da relevância das questões de direito federal infraconstitucional.

Com isso, o art. 105, da Constituição Federal passou a ter os § 2º e o § 3º com a seguinte redação, consoante segue o texto da Emenda Constitucional:

> § 2º No recurso especial, o recorrente deve demonstrar a relevância das questões de direito federal infraconstitucional discutidas no caso, nos termos da lei, a fim de que a admissão do recurso seja examinada pelo Tribunal, o qual somente pode dele não conhecer com base nesse motivo pela manifestação de 2/3 (dois terços) dos membros do órgão competente para o julgamento.
>
> § 3º Haverá a relevância de que trata o § 2º deste artigo nos seguintes casos:
>
> I – ações penais;
>
> II – ações de improbidade administrativa;
>
> III – ações cujo valor da causa ultrapasse 500 (quinhentos) salários mínimos;
>
> IV – ações que possam gerar inelegibilidade;
>
> V – hipóteses em que o acórdão recorrido contrariar jurisprudência dominante o Superior Tribunal de Justiça;
>
> VI – outras hipóteses previstas em lei.[199]

- **Prequestionamento:**

É requisito do recurso especial o pré-questionamento. Ou seja, que a matéria de direito infraconstitucional federal já tenha sido objeto de análise pelas instâncias inferiores. É de se observar que os embargos de declaração podem ser opostos para fins de prequestionamento, conforme previsão do art. 1.025 do CPC:

> **Art. 1.025.** Consideram-se incluídos no acórdão os elementos que o embargante suscitou, para fins de pré-questionamento, ainda que os embargos de declaração sejam inadmitidos ou rejeitados, caso o tribunal superior considere existentes erro, omissão, contradição ou obscuridade.[200]

- **Dissídio de jurisprudência entre tribunais:**

Para que seja admitido o recurso especial fundado no dissídio jurisprudencial deve ser demonstrada a divergência jurisprudencial entre o acórdão recorrido e o acórdão tido como paradigma, conforme determina o art. 1.029, § 1º do CPC:

> § 1º Quando o recurso fundar-se em dissídio jurisprudencial, o recorrente fará a prova da divergência com a certidão, cópia ou citação do repositório de jurisprudência, oficial ou credenciado, inclusive em mídia eletrônica, em que houver sido publicado o acórdão divergente, ou ainda com a reprodução de julgado disponível na rede mundial de computadores, com indicação da respectiva fonte, devendo-se, em qualquer caso, mencionar as circunstâncias que identifiquem ou assemelhem os casos confrontados[201]

Destaca-se, como referido anteriormente, que a súmula nº 418 do STJ está superada e foi editada

198. AGUIRRE, João; MONTANS DE SÁ. Prática Civil. 7. Ed. São Paulo: Saraiva, 2017, p. 109

199. BRASIL, 1988. Constituição da República Federativa do Brasil de 1988. Disponível em: https://www.planalto.gov.br/ccivil_03/constituicao/constituicao.htm

200. BRASIL. Lei nº 13.105, de 16 de março de 2015. *Código de Processo Civil*. Disponível em: https://www.planalto.gov.br/ccivil_03/_ato2015-2018/2015/lei/l13105.htm

201. BRASIL. Lei nº 13.105, de 16 de março de 2015. *Código de Processo Civil*. Disponível em: https://www.planalto.gov.br/ccivil_03/_ato2015-2018/2015/lei/l13105.htm

nova súmula nº 579 do STJ[202] (DONOSO; SERAU JUNIOR, 2017, p. 305):

> **Súmula nº 418 do STJ:** É inadmissível o recurso especial interposto antes da publicação do acórdão dos embargos de declaração, sem posterior ratificação. (A Corte Especial, na sessão de 1º de julho de 2016, determinou o CANCELAMENTO da súmula nº 418-STJ.
>
> **Súmula nº 579 do STJ:** "Não é necessário ratificar o recurso especial interposto na pendência do julgamento dos embargos de declaração, quando inalterado o resultado anterior". **VIGORANDO!**

Isso, em razão da previsão do art. 1.024, §§ 4º e 5º do Novo CPC, sobre o recurso interposto antes do julgamento dos embargos de declaração.

- **Efeito devolutivo e suspensivo do recurso especial**

Via de regra, o recurso especial não possui efeito suspensivo. Não tendo efeito suspensivo automático, pode ser requerido, conforme previsão do parágrafo único do art. 995 do CPC.

Além disso, no caso específico do recurso especial e extraordinário, havendo necessidade de se requerer o efeito suspensivo, aplica-se o disposto no art. 1.029, § 5º do CPC:

> **Art. 1.029.** O recurso extraordinário e o recurso especial, nos casos previstos na Constituição Federal, serão interpostos perante o presidente ou o vice-presidente do tribunal recorrido, em petições distintas que conterão:
>
> § 5º O pedido de concessão de efeito suspensivo a recurso extraordinário ou a recurso especial poderá ser formulado por requerimento dirigido:
>
> I – ao tribunal superior respectivo, no período compreendido entre a publicação da decisão de admissão do recurso e sua distribuição, ficando o relator designado para seu exame prevento para julgá-lo;
>
> II – ao relator, se já distribuído o recurso;
>
> III – ao presidente ou ao vice-presidente do tribunal recorrido, no período compreendido entre a interposição do recurso e a publicação da decisão de admissão do recurso, assim como no caso de o recurso ter sido sobrestado, nos termos do art. 1.037.[203]

Observe-se que o recurso especial e extraordinário possui efeito suspensivo na hipótese do art. 987, § 1º do CPC.

- **Petição**

O recurso especial deve ser interposto por petição endereçada ao **presidente ou vice-presidente do tribunal que proferiu a decisão.**

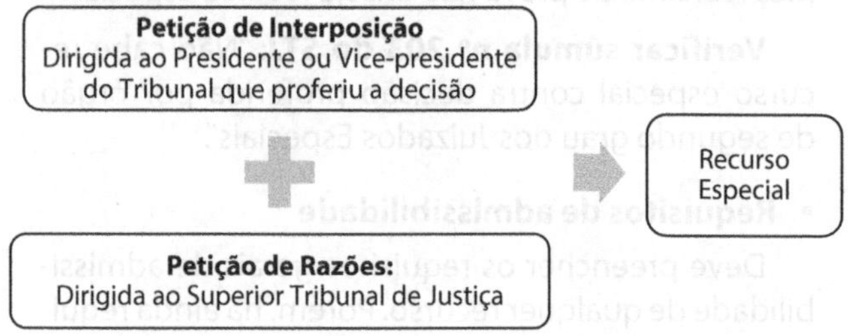

Interposto o recurso especial perante o presidente ou vice-presidente do Tribunal recorrido, deverá ser determinada a intimação do recorrido para que apresente as contrarrazões no prazo de 15 dias, findo o qual os autos serão conclusos ao presidente ou vice-presidente do Tribunal Recorrido que deverá tomar uma das condutas do art. 1.030 do CPC. O recurso especial é julgado pelo STJ.

4.13. Recurso Extraordinário

Previsão legal: Art. 102, III da CF; 994, VII e 1.029 e seguintes do CPC.

- **Cabimento**

O Código de Processo Civil não especifica as situações de cabimento do recurso extraordinário, e sim, a Constituição Federal, em seu art. 102, inciso III:

> **Art. 102.** Compete ao Supremo Tribunal Federal, precipuamente, a guarda da Constituição, cabendo-lhe: [...]
>
> III – julgar, mediante recurso extraordinário, as causas decididas em única ou última instância, quando a decisão recorrida:
>
> *a)* contrariar dispositivo desta Constituição;
>
> *b)* declarar a inconstitucionalidade de tratado ou lei federal;
>
> *c)* julgar válida lei ou ato de governo local contestado em face desta Constituição
>
> *d)* julgar válida lei local contestada em face de lei federal. (Incluída pela Emenda Constitucional nº 45, de 2004)[204]

Entende-se que, como não fala em Tribunais, cabe recurso extraordinário também das decisões proferidas pelas Turmas Recursais do JEC.

Verificar súmula nº 281 do STF: "É inadmissível o recurso extraordinário, quando couber na Justiça de origem, recurso ordinário da decisão impugnada".

---

202. DONOSO, Denis; SERAU JUNIOR, Marco Aurélio. Manual dos recursos cíveis: teoria e prática. 2 ed. São Paulo: Juspodivm, 2017, p. 305

203. BRASIL. Lei nº 13.105, de 16 de março de 2015. *Código de Processo Civil*. Disponível em: https://www.planalto.gov.br/ccivil_03/_ato2015-2018/2015/lei/l13105.htm

204. BRASIL, 1988. Constituição da República Federativa do Brasil de 1988. Disponível em: https://www.planalto.gov.br/ccivil_03/constituicao/constituicao.htm

Da mesma forma, é de se observar que, assim como no recurso especial, no recurso extraordinário também não se pode discutir matéria de fato – súmula nº 279 do STF: "Para simples reexame de prova não cabe recurso extraordinário".

Da admissibilidade do recurso extraordinário

Além dos requisitos de admissibilidade gerais dos recursos, o recurso extraordinário ainda apresenta requisitos específicos. Assim, como requisitos específicos de admissibilidade do recurso extraordinário podem ser apontados os seguintes:

Requisitos de admissibilidade do Recurso Extraordinário

- Pré-questionamento.
- Esgotamento das vias recursais – não se discute matéria de fato.
- A decisão deve ser prolatada em única ou última instância.
- Repercussão geral.

- **Prequestionamento**

Deve haver o prequestionamento, ou seja, é preciso que a matéria objeto do recurso extraordinário tenha sido objeto de análise pelas instâncias inferiores.

> **Súmula nº 282 do STF:** "É inadmissível Recurso Extraordinário quando não ventilada, na decisão recorrida, a questão federal suscitada".
>
> **Súmula nº 356 do STF:** "O ponto omisso da decisão sobre o qual não foram opostos embargos declaratórios, não pode ser objeto de recurso extraordinário, por faltar o requisito do prequestionamento".

Assim, como já referido no recurso especial, os embargos de declaração podem ser opostos para fins de prequestionamento, na forma do art. 1.025 do CPC.

- **Repercussão geral**

Como requisito de admissibilidade específico do recurso extraordinário, de acordo com o § 3º do art. 102 da CF, ainda deve haver a repercussão geral das questões constitucionais, isto é, que a questão constitucional tem que ter importância política, jurídica, econômica ou social:

> § 3º No recurso extraordinário o recorrente deverá demonstrar a repercussão geral das questões constitucionais discutidas no caso, nos termos da lei, a fim de que o Tribunal examine a admissão do recurso, somente podendo recusá-lo pela manifestação de dois terços de seus membros.[205]

No que tange à repercussão geral frisa-se que se entende por repercussão geral aquela que "se origina de questões que ultrapassem os interesses subjetivos da causa, por envolver controvérsias que vão além do direito individual da parte. É preciso que as questões repercutam fora do processo e se mostrem relevantes do ponto de vista econômico, politico, social ou jurídico".[206]

A necessidade de repercussão geral foi regulamentada no art. 1.035 do CPC:

> **Art. 1.035.** O Supremo Tribunal Federal, em decisão irrecorrível, não conhecerá do recurso extraordinário quando a questão constitucional nele versada não tiver repercussão geral, nos termos deste artigo.
>
> § 1º Para efeito de repercussão geral, será considerada a existência ou não de questões relevantes do ponto de vista econômico, político, social ou jurídico que ultrapassem os interesses subjetivos do processo.
>
> § 2º O recorrente deverá demonstrar a existência de repercussão geral para apreciação exclusiva pelo Supremo Tribunal Federal.[207]

O § 3º do art. 1.035 refere que haverá repercussão geral sempre que o recurso extraordinário impugnar acórdão que:

> I – contrarie súmula ou jurisprudência dominante do Supremo Tribunal Federal;
>
> II – (Revogado);

205. BRASIL, 1988. Constituição da República Federativa do Brasil de 1988. Disponível em: https://www.planalto.gov.br/ccivil_03/constituicao/constituicao.htm

206. VIANA, Joseval Martins. Prática forense em processo civil: teoria e prática. 2. Ed. Salvador: Editora Juspodivm, 2018, p. 414-415

207. BRASIL. Lei nº 13.105, de 16 de março de 2015. *Código de Processo Civil*. Disponível em: https://www.planalto.gov.br/ccivil_03/_ato2015-2018/2015/lei/l13105.htm

> III – tenha reconhecido a inconstitucionalidade de tratado ou de lei federal, nos termos do art. 97 da Constituição Federal.[208]

- **Efeito devolutivo e suspensivo do recurso extraordinário**

Via de regra, o recurso extraordinário não possui efeito suspensivo, mas poderá ser requerido conforme previsão do parágrafo único do art. 995 do CPC. Além disso, no caso específico do recurso especial e extraordinário, havendo necessidade de se requerer o efeito suspensivo, aplica-se o disposto no art. 1.029, § 5º do CPC.

- **Processamento do recurso extraordinário**

Conforme o art. 1.029 do CPC, tanto o recurso especial, quanto o recurso extraordinário serão interpostos perante o presidente ou vice-presidente do Tribunal de origem:

> **Art. 1.029.** O recurso extraordinário e o recurso especial, nos casos previstos na Constituição Federal , serão interpostos perante o presidente ou o vice-presidente do tribunal recorrido, em petições distintas que conterão.[209]

Após o prazo das contrarrazões, oferecidas ou não, e admitido o recurso extraordinário, este será encaminhado ao STF.

Caso admitido o recurso extraordinário – os autos serão remitidos ao STF.

- **Petição de interposição e petição das razões**

A petição de interposição é dirigida ao Presidente do Tribunal de origem. Já a petição das razões é dirigida ao STF.

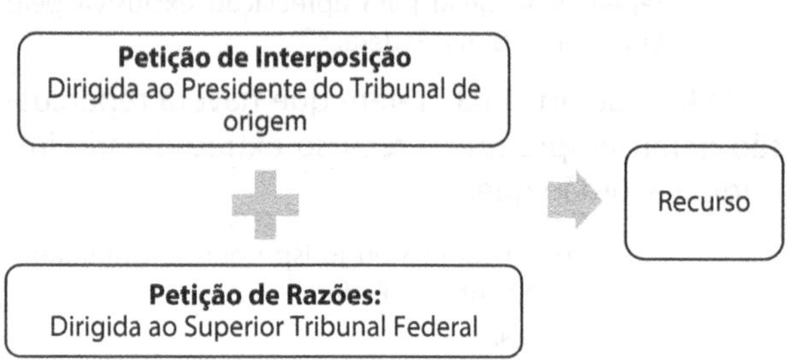

4.14. Agravo em Recurso Especial e Extraordinário

Previsão legal: Arts. 994, VIII e 1.042 do CPC/ 2015.

- **Cabimento**

O agravo em recurso especial e extraordinário cabe, portanto, quando o Presidente ou Vice-Presidente do Tribunal de origem não admitir o recurso especial ou extraordinário, conforme previsão do art. 1.042 do CPC/2015:

> **Art. 1.042.** Cabe agravo contra decisão do presidente ou do vice-presidente do tribunal recorrido que inadmitir recurso extraordinário ou recurso especial, salvo quando fundada na aplicação de entendimento firmado em regime de repercussão geral ou em julgamento de recursos repetitivos.[210]

É utilizado quando o recurso especial ou extraordinário for inadmitido na forma do art. 1.042 do CPC pelo Presidente ou Vice-Presidente do Tribunal Recorrido.

Ocorre que, uma vez interposto o recurso especial ou extraordinário, e findo o prazo para contrarrazões, os autos vão ser conclusos ao presidente ou vice-presidente do tribunal recorrido, o qual poderá tomar uma das condutas do art. 1.030 do CPC.

Assim, cabe agravo em recurso especial ou extraordinário contra decisão do presidente ou vice-presidente do Tribunal recorrido que inadmitir recurso especial ou extraordinário, salvo quando fundada na aplicação de entendimento firmado em regime de repercussão geral ou em julgamento de recurso repetitivo, situação que cabe agravo interno (art. 1.030, § 2º).

- **Processamento**

Não há recolhimento de preparo recursal, nem porte de remessa ou de retorno, conforme art. 1.042, § 2º, do CPC/2015, e a petição do agravo em recurso especial ou extraordinário será dirigida ao presidente ou vice do tribunal de origem:

> § 2º A petição de agravo será dirigida ao presidente ou ao vice-presidente do tribunal de origem e independe do pagamento de custas e despesas postais, aplicando-se a ela o regime de repercussão geral e de recursos repetitivos, inclusive

208. BRASIL. Lei nº 13.105, de 16 de março de 2015. *Código de Processo Civil*. Disponível em: https://www.planalto.gov.br/ccivil_03/_ato2015-2018/2015/lei/l13105.htm

209. BRASIL. Lei nº 13.105, de 16 de março de 2015. *Código de Processo Civil*. Disponível em: https://www.planalto.gov.br/ccivil_03/_ato2015-2018/2015/lei/l13105.htm

210. BRASIL. Lei nº 13.105, de 16 de março de 2015. *Código de Processo Civil*. Disponível em: https://www.planalto.gov.br/ccivil_03/_ato2015-2018/2015/lei/l13105.htm

quanto à possibilidade de sobrestamento e do juízo de retratação.[211]

O agravado será intimado para oferecer contrarrazões no prazo de 15 dias, conforme previsto no art. 1.042, § 3º, do CPC/2015. Poderá haver retratação. Se não houver, após o prazo de resposta, o agravo será remetido ao Tribunal competente, ou seja, STJ ou STF.

E na hipótese de a parte interpor recurso especial e recurso extraordinário ao mesmo tempo e nenhum deles ser admitido? Deverá interpor dois recursos de agravo, conforme previsão do § 6º do art. 1.042 do CPC. Diante da interposição de dois recursos de agravo, primeiro os autos serão remetidos ao STJ e depois ao STF:

> § 7º Havendo apenas um agravo, o recurso será remetido ao tribunal competente, e, havendo interposição conjunta, os autos serão remetidos ao Superior Tribunal de Justiça.
>
> § 8º Concluído o julgamento do agravo pelo Superior Tribunal de Justiça e, se for o caso, do recurso especial, independentemente de pedido, os autos serão remetidos ao Supremo Tribunal Federal para apreciação do agravo a ele dirigido, salvo se estiver prejudicado.[212]

4.15. Embargos de Divergência

- **Previsão legal**

Os embargos de divergência encontram respaldo legal nos arts. 994, IX, 1.043 e 1.044 do Código de Processo Civil. Ainda, importante observar o regimento interno do Tribunal para qual o recurso é direcionado.

- **Cabimento**

Ensina Medina[213] que os embargos de divergência possuem por função uniformizar a jurisprudência dos próprios tribunais superiores, não se tratando de recurso que tenha por finalidade corrigir erro de acórdão proferido em julgamento do STJ ou STF.

No CPC/2015, o cabimento tem previsão no art. 1.043:

> **Art. 1.043.** É embargável o acórdão de órgão fracionário que:
>
> I – em recurso extraordinário ou em recurso especial, divergir do julgamento de qualquer outro órgão do mesmo tribunal, sendo os acórdãos, embargado e paradigma, de mérito;
>
> III – em recurso extraordinário ou em recurso especial, divergir do julgamento de qualquer outro órgão do mesmo tribunal, sendo um acórdão de mérito e outro que não tenha conhecido do recurso, embora tenha apreciado a controvérsia; [214]

Nesse sentido, Medina[215] explica que "o recurso de embargos de divergência é cabível contra acórdãos de órgãos fracionários que divirjam, em se tratando de decisão de mérito ou, ainda, que o outro acórdão não tenha conhecido o recurso, tenha apreciado a controvérsia (cf. inc. III do art. 1.043 do CPC/2015)".

Observe-se que não cabem embargos de divergência com fundamento em acórdão paradigma de outra turma que, no passado, detinha competência para julgar aquela matéria, mas atualmente não tem, estando válida a súmula nº 158 do STJ.[216]

Ainda, conforme o § 3º do art. 1.043, cabem embargos de divergência de decisão (julgado) da mesma turma, se houver tido mudança de composição em mais da metade dos membros:

> § 3º Cabem embargos de divergência quando o acórdão paradigma for da mesma turma que proferiu a decisão embargada, desde que sua composição tenha sofrido alteração em mais da metade de seus membros.[217]

O § 2º do art. 1.043 estabelece que a divergência que autoriza a interposição de embargos de divergência pode verificar-se na aplicação do direito material ou do direito processual.

- **Comprovação da divergência**

Quanto aos requisitos dos embargos de divergência, destaca-se o art. 1.043, § 4º, que traz a necessidade de comprovação da divergência, devendo o

211. BRASIL. Lei nº 13.105, de 16 de março de 2015. *Código de Processo Civil*. Disponível em: https://www.planalto.gov.br/ccivil_03/_ato2015-2018/2015/lei/l13105.htm

212. BRASIL. Lei nº 13.105, de 16 de março de 2015. *Código de Processo Civil*. Disponível em: https://www.planalto.gov.br/ccivil_03/_ato2015-2018/2015/lei/l13105.htm

213. MEDINA, José Miguel Garcia. Direito processual civil moderno. 2 ed. São Paulo: Editora Revista dos Tribunais, 2016, p. 1.402-1.403

214. BRASIL. Lei nº 13.105, de 16 de março de 2015. *Código de Processo Civil*. Disponível em: https://www.planalto.gov.br/ccivil_03/_ato2015-2018/2015/lei/l13105.htm

215. MEDINA, José Miguel Garcia. Direito processual civil moderno. 2 ed. São Paulo: Editora Revista dos Tribunais, 2016, p. 1.403

216. DONOSO, Denis; SERAU JUNIOR, Marco Aurélio. Manual dos recursos cíveis: teoria e prática. 2 ed. São Paulo: Juspodivm, 2017, p. 375

217. BRASIL. Lei nº 13.105, de 16 de março de 2015. *Código de Processo Civil*. Disponível em: https://www.planalto.gov.br/ccivil_03/_ato2015-2018/2015/lei/l13105.htm

embargante juntar cópia do acórdão paradigma com declaração de autenticidade.

> § 4º O recorrente provará a divergência com certidão, cópia ou citação de repositório oficial ou credenciado de jurisprudência, inclusive em mídia eletrônica, onde foi publicado o acórdão divergente, ou com a reprodução de julgado disponível na rede mundial de computadores, indicando a respectiva fonte, e mencionará as circunstâncias que identificam ou assemelham os casos confrontados.[218]

Ainda, conforme o art. 1.043, § 4º, o embargante deve fazer uma comparação entre o acórdão embargado e o acórdão paradigma, justamente demonstrando que se trata de situações semelhantes, mas que foi dado o entendimento diverso.

Observe-se a súmula nº 168 do STJ, no sentido de que o recurso deve trazer dissidio atual: "Não cabem embargos de divergência quando a jurisprudência do tribunal se firmou no mesmo sentido do acórdão embargado".

- **Processamento dos embargos**

De acordo com o art. 1.044 do CPC, os embargos de divergência seguem o previsto nos regimentos internos dos tribunais:

> **Art. 1.044.** No recurso de embargos de divergência, será observado o procedimento estabelecido no regimento interno do respectivo tribunal superior.[219]

- **Efeito interruptivo dos embargos de divergência**

Previsão do art. 1.044, § 1º, do CPC/2015:

> § 1º A interposição de embargos de divergência no Superior Tribunal de Justiça interrompe o prazo para interposição de recurso extraordinário por qualquer das partes.[220]

Por fim, a previsão do § 2º do art. 1.044 do CPC diz que não precisa o embargante reiterar o recurso extraordinário interposto antes do julgamento dos embargos de divergência se não houver alteração na decisão:

> § 2º Se os embargos de divergência forem desprovidos ou não alterarem a conclusão do julgamento anterior, o recurso extraordinário interposto pela outra parte antes da publicação do julgamento dos embargos de divergência será processado e julgado independentemente de ratificação.[221]

5. JUIZADO ESPECIAL CÍVEL

- **Previsão legal**

- Lei nº 9.099/1995; Lei nº 10.259/2001; Lei nº 12.153/2009;
- Juizado Especial Cível Estadual – Lei nº 9.099/1995;
- Juizado Especial Cível Federal – Lei nº 10.259/2001;
- Juizado Especial da Fazenda Pública – Lei nº 12.153/2009;

- **Competência e partes do juizado especial da fazenda pública:**

Competência definida no art. 2º da Lei nº 12.153/2009.

> ▷ **Importante!** Causas até 60 salários-mínimos. INTERESSE DOS ESTADOS E MUNICÍPIOS.

Quem pode ser parte no juizado especial da FAZENDA PÚBLICA? Previsão do art. 5º da Lei nº 12.153/2009.

> **Art. 5º** Podem ser partes no Juizado Especial da Fazenda Pública:
>
> I – *como autores*, as pessoas físicas e as microempresas e empresas de pequeno porte, assim definidas na Lei Complementar nº 123, de 14 de dezembro de 2006;
>
> II – *como réus*, os Estados, o Distrito Federal, os Territórios e os Municípios, bem como autarquias, fundações e empresas públicas a eles vinculadas.[222]

- **Competência e partes do Juizado Especial Cível Federal**

Competência definida no art. 3º da Lei nº 10.259/2001:

---

218. BRASIL. Lei nº 13.105, de 16 de março de 2015. *Código de Processo Civil*. Disponível em: https://www.planalto.gov.br/ccivil_03/_ato2015-2018/2015/lei/l13105.htm
219. BRASIL. Lei nº 13.105, de 16 de março de 2015. *Código de Processo Civil*. Disponível em: https://www.planalto.gov.br/ccivil_03/_ato2015-2018/2015/lei/l13105.htm
220. BRASIL. Lei nº 13.105, de 16 de março de 2015. *Código de Processo Civil*. Disponível em: https://www.planalto.gov.br/ccivil_03/_ato2015-2018/2015/lei/l13105.htm
221. BRASIL. Lei nº 13.105, de 16 de março de 2015. *Código de Processo Civil*. Disponível em: https://www.planalto.gov.br/ccivil_03/_ato2015-2018/2015/lei/l13105.htm
222. BRASIL, 2009. Lei 12.153/09. Dispõe sobre os Juizados Especiais da Fazenda Pública no âmbito dos Estados, do Distrito Federal, dos Territórios e dos Municípios.

▷ **Importante!** Causas até 60 salários-mínimos. INTERESSE DA UNIÃO, AUTARQUIAS, FUNDAÇÕES E EMPRESAS PÚBLICAS FEDERAIS.

Quem pode ser parte nos juizados especiais cíveis federais? Previsão do art. 6º da Lei nº 10.259/2001.

> **Art. 6º** Podem ser partes no Juizado Especial Federal Cível:
>
> I - *como autores*, as pessoas físicas e as microempresas e empresas de pequeno porte, assim definidas na Lei nº 9.317, de 5 de dezembro de 1996;
>
> II - *como rés*, a União, autarquias, fundações e empresas públicas federais.[223]

▪ Competência e partes nos juizados especiais cíveis estaduais

a) Competência definida no art. 3º da Lei nº 9.099/1995:

> **Art. 3º** O Juizado Especial Cível tem competência para conciliação, processo e julgamento das causas cíveis de menor complexidade, assim consideradas:
> I - as causas cujo valor não exceda a quarenta vezes o salário mínimo;
> II - as enumeradas no art. 275, inciso II, do Código de Processo Civil;
> III - a ação de despejo para uso próprio;
> IV - as ações possessórias sobre bens imóveis de valor não excedente ao fixado no inciso I deste artigo.[224]

O § 1º do art. 3º da Lei nº 9.099/1995 prevê ainda a execução no âmbito dos juizados, referindo que pode haver a execução dos próprios julgados (cumprimento de sentença) ou de execução de título executivo extrajudicial, desde que fique no valor de 40 salários-mínimos.

É de se apontar que o Código de Processo Civil foi alterado pela Lei 14.976 de 2024, tendo o artigo 1.063 trazendo referência expressa que: "Art. 1.063. Os juizados especiais cíveis previstos na Lei nº 9.099, de 26 de setembro de 1995, continuam competentes para o processamento e o julgamento das causas previstas no inciso II do art. 275 da Lei nº 5.869, de 11 de janeiro de 1973".

Além disso, no art. 4º da Lei nº 9.099/1995, está definida a competência territorial, ou seja, onde a ação deve ser proposta, sendo, de regra, o domicílio do réu

> **Art. 4º** É competente, para as causas previstas nesta Lei, o Juizado do foro:
>
> I - do domicílio do réu ou, a critério do autor, do local onde aquele exerça atividades profissionais ou econômicas ou mantenha estabelecimento, filial, agência, sucursal ou escritório;
>
> II - do lugar onde a obrigação deva ser satisfeita;
>
> III - do domicílio do autor ou do local do ato ou fato, nas ações para reparação de dano de qualquer natureza.
>
> Parágrafo único. Em qualquer hipótese, poderá a ação ser proposta no foro previsto no inciso I deste artigo.[225]

E quem pode ser parte no âmbito dos juizados especiais? O art. 8º da Lei nº 9.099/1995 deixa expresso que não podem ser partes nos juizados (seja no polo passivo ou ativo) O INCAPAZ, O PRESO, AS PESSOAS JURÍDICAS DE DIREITO PÚBLICO, AS EMPRESAS PÚBLICAS DA UNIÃO, A MASSA FALIDA E O INSOLVENTE CIVIL. Apenas cuide-se que, quanto às pessoas jurídicas de direito público e empresas públicas da União, tem-se os demais juizados.

PROCESSO CIVIL

A regra está definida no art. 8º da Lei nº 9.099/1995:

> **Art. 8º** Não poderão ser partes, no processo instituído por esta Lei, o incapaz, o preso, as pessoas jurídicas de direito público, as empresas públicas da União, a massa falida e o insolvente civil.[226]

Ainda, no que tange às partes, o § 1º do art. 8º da Lei nº 9.099/1995 estabelece que PODEM SER AUTORAS NO JUIZADO:

> § 1º Somente serão admitidas a propor ação perante o Juizado Especial:
> I - as pessoas físicas capazes, excluídos os cessionários de direito de pessoas jurídicas; *(Incluído pela Lei nº 12.126, de 2009)*
>
> II - as pessoas enquadradas como microempreendedores individuais, microempresas e empresas de pequeno porte na forma da Lei Complementar nº 123, de 14 de dezembro de 2006;
>
> III - as pessoas jurídicas qualificadas como Organização da Sociedade Civil de Interesse Público, nos termos da Lei nº 9.790, de 23 de março de 1999;
>
> IV - as sociedades de crédito ao microempreendedor, nos termos do art. 1º da Lei nº 10.194, de 14 de fevereiro de 2001.[227]

b) Critérios orientadores dos Juizados

Chamados por alguns de princípios, orientam os juizados os seguintes critérios:

223. BRASIL, 2001. Lei 10.259/01. Dispõe sobre a instituição dos Juizados Especiais Cíveis e Criminais no âmbito da Justiça Federal.

224. BRASIL, 1995. Lei 9099/95. Dispõe sobre os Juizados Especiais Cíveis e Criminais e dá outras providências.

225. BRASIL, 1995. Lei 9099/95. Dispõe sobre os Juizados Especiais Cíveis e Criminais e dá outras providências.

226. BRASIL, 1995. Lei 9099/95. Dispõe sobre os Juizados Especiais Cíveis e Criminais e dá outras providências.

227. BRASIL, 1995. Lei 9099/95. Dispõe sobre os Juizados Especiais Cíveis e Criminais e dá outras providências.

C eleridade | E conomia processual | I nformalidade | O ralidade | S implicidade

c) Da intervenção do Ministério Público

O art. 11 da Lei nº 9.099/1995 permite a intervenção do Ministério Público no âmbito dos juizados, nos casos previstos em lei: "Art. 11. O Ministério Público intervirá nos casos previstos em lei".[228]

d) Da possibilidade de não ter advogado no âmbito dos juizados

O art. 9º da Lei nº 9.099/1995 refere que, nas causas até 20 salários-mínimos, no primeiro grau de jurisdição, não há necessidade de advogado. Porém, se o valor da causa ultrapassar 20 salários-mínimos, a assistência por advogado é obrigatória.

Ademais, mesmo sendo facultativa, a assistência de advogado, conforme previsão dos parágrafos do artigo 9º da lei 9.099/95, deve se observar o seguinte: SE UMA DAS PARTES COMPARECER ASSISTIDA POR ADVOGADO, ou se o RÉU FOR PESSOA JURÍDICA OU FIRMA INDIVIDUAL, terá a parte contrária, se quiser, a assistência judiciária por advogado.

E, mesmo sendo facultativa a assistência por advogado nas causas até 20 salários-mínimos, o juiz alertará as partes sobre a conveniência de ter advogado quando a causa assim recomendar.

e) Dos atos processuais

NOS ATOS PROCESSUAIS NO ÂMBITO DOS JUIZADOS COMPUTAM-SE SOMENTE OS DIAS ÚTEIS, tal qual previsão do art. 12-A da lei 9.099/1995.

f) Da petição inicial

O art. 14 da Lei nº 9.099/1995 estabelece os requisitos para a petição inicial no âmbito dos juizados.

Além disso, a petição inicial no âmbito dos juizados pode ser apresentada de forma oral, inclusive em respeito aos critérios que a orientam o juizado.

Conforme o art. 15 da Lei nº 9.099/1995, PODE HAVER PEDIDOS CUMULADOS OU ALTERNATIVOS desde que não ultrapasse o valor de 40 salários-mínimos.

E, caso haja pedido genérico na petição inicial, a sentença deve ser líquida.

228. BRASIL, 1995. Lei 9099/95. Dispõe sobre os Juizados Especiais Cíveis e Criminais e dá outras providências.

g) Da audiência de conciliação:

O art. 21 da Lei nº 9.099/1995 estabelece que, aberta a audiência de conciliação, as partes presentes serão esclarecidas sobre as vantagens da conciliação, mostrando-lhes os riscos e as consequências do litígio, especialmente quanto ao disposto no § 3º do art. 3º desta Lei, pois o referido art. 3º, § 3º prevê que, se ultrapassar 40 salários-mínimos, a opção pelo procedimento previsto na Lei nº 9.099/1995 importará em renúncia ao crédito excedente ao limite estabelecido neste artigo, excetuada a hipótese de conciliação.

Ainda, referente à conciliação, é de se ressaltar que houve alteração legislativa em 2020, passando os arts. 22 e 23 da Lei nº 9.099/1995 a ter a seguinte redação:

> **Art. 22.** A conciliação será conduzida pelo Juiz togado ou leigo ou por conciliador sob sua orientação.
>
> § 1º Obtida a conciliação, esta será reduzida a escrito e homologada pelo Juiz togado mediante sentença com eficácia de título executivo.
>
> § 2º É cabível a conciliação não presencial conduzida pelo Juizado mediante o emprego dos recursos tecnológicos disponíveis de transmissão de sons e imagens em tempo real, devendo o resultado da tentativa de conciliação ser reduzido a escrito com os anexos pertinentes.[229]
>
> **Art. 23.** Se o demandado não comparecer ou recusar-se a participar da tentativa de conciliação não presencial, o Juiz togado proferirá sentença.[230]

h) Da contestação

A contestação poderá ser oral ou escrita. Não se admite a reconvenção no âmbito dos juizados, mas sim, o pedido contraposto.

i) Das provas no âmbito dos juizados

Todas as provas são produzidas na audiência de instrução e julgamento. TESTEMUNHAS: NO MÁXIMO TRÊS PARA CADA PARTE.

j) Da sentença e do recurso inominado

A sentença no âmbito dos juizados dispensa o relatório. Além disso, por mais que o pedido seja

229. BRASIL, 1995. Lei 9099/95. Dispõe sobre os Juizados Especiais Cíveis e Criminais e dá outras providências.

230. BRASIL, 1995. Lei 9099/95. Dispõe sobre os Juizados Especiais Cíveis e Criminais e dá outras providências.

genérico, não se admite sentença condenatória por quantia ilíquida.

O parecer do juiz leigo deve ser submetido ao juiz togado. O juiz tomado PODE HOMOLOGAR O PARECER, PROFERIR OUTRA DECISÃO EM SUBSTITUIÇÃO AO PARECER OU, AINDA, DETERMINAR A REALIZAÇÃO DE ATOS PROBATÓRIOS INDISPENSÁVEIS.

Conforme o art. 41 da Lei nº 9.099/1995: "**Art. 41.** Da sentença, excetuada a homologatória de conciliação ou laudo arbitral, caberá recurso para o próprio Juizado".

Ou seja, não cabe recurso contra a sentença que homologa a conciliação ou o laudo arbitral. O recurso contra a sentença é O RECURSO INOMINADO E NÃO APELAÇÃO.[231]

k) Do recurso inominado:

O recurso será interposto no prazo de dez dias, contados da ciência da sentença, por petição escrita, da qual constarão as razões e o pedido do recorrente. O preparo será feito, independentemente de intimação, nas quarenta e oito horas seguintes à interposição, sob pena de deserção. Após o preparo, a Secretaria intimará o recorrido para oferecer resposta escrita no prazo de dez dias. O recurso terá somente efeito devolutivo, podendo o Juiz dar-lhe efeito suspensivo, para evitar dano irreparável para a parte.

l) Dos embargos de declaração

Cabem embargos de declaração no âmbito dos juizados, devendo os embargos de declaração ser opostos no prazo de 5 dias e interrompendo o prazo para qualquer recurso. Os embargos de declaração podem ser opostos de forma ORAL OU ESCRITA. O recurso inominado, somente escrito.

m) Das hipóteses de extinção do processo sem resolução de mérito

O art. 51 da Lei nº 9.099/1995 estabelece situações em que o processo no âmbito dos juizados vai ser extinto sem resolução de mérito.

> **Art. 51.** Extingue-se o processo, além dos casos previstos em lei:
>
> I – quando o autor deixar de comparecer a qualquer das audiências do processo;
>
> II – quando inadmissível o procedimento instituído por esta Lei ou seu prosseguimento, após a conciliação;
>
> III – quando for reconhecida a incompetência territorial;
>
> IV – quando sobrevier qualquer dos impedimentos previstos no art. 8º desta Lei;
>
> V – quando, falecido o autor, a habilitação depender de sentença ou não se der no prazo de trinta dias;
>
> VI – quando, falecido o réu, o autor não promover a citação dos sucessores no prazo de trinta dias da ciência do fato.[232]

Os §§ 1º e 2º do art. 51 da Lei nº 9.099/1995 ainda estabelecem:

> § 1º A extinção do processo independerá, em qualquer hipótese, de prévia intimação pessoal das partes.
>
> § 2º No caso do inciso I deste artigo, quando comprovar que a ausência decorre de força maior, a parte poderá ser isentada, pelo Juiz, do pagamento das custas.[233]

n) Execução no âmbito dos juizados

O art. 52 da Lei nº 9.099/1995 estabelece a execução no âmbito dos juizados especiais.

Por fim, o art. 53 da Lei nº 9.099/1995 trata da execução de título executivo extrajudicial no limite de até 40 salários-mínimos:

> **Art. 53.** A execução de título executivo extrajudicial, no valor de até quarenta salários-mínimos, obedecerá ao disposto no Código de Processo Civil, com as modificações introduzidas por esta Lei.
>
> § 1º Efetuada a penhora, o devedor será intimado a comparecer à audiência de conciliação, quando poderá oferecer embargos (art. 52, IX), por escrito ou verbalmente.
>
> § 2º Na audiência, será buscado o meio mais rápido e eficaz para a solução do litígio, se possível com dispensa da alienação judicial, devendo o conciliador propor, entre outras medidas cabíveis, o pagamento do débito a prazo ou a prestação, a dação em pagamento ou a imediata adjudicação do bem penhorado.
>
> § 3º Não apresentados os embargos em audiência, ou julgados improcedentes, qualquer das partes poderá requerer ao Juiz a adoção de uma das alternativas do parágrafo anterior.
>
> § 4º Não encontrado o devedor ou inexistindo bens penhoráveis, o processo será imediatamente extinto, devolvendo-se os documentos ao autor.[234]

o) Da rescisória

Não é admitida ação rescisória no âmbito dos juizados especiais cíveis:

> **Art. 59.** Não se admitirá ação rescisória nas causas sujeitas ao procedimento instituído por esta Lei.[235]

231. BRASIL, 1995. Lei 9099/95. Dispõe sobre os Juizados Especiais Cíveis e Criminais e dá outras providências.

232. BRASIL, 1995. Lei 9099/95. Dispõe sobre os Juizados Especiais Cíveis e Criminais e dá outras providências.

233. BRASIL, 1995. Lei 9099/95. Dispõe sobre os Juizados Especiais Cíveis e Criminais e dá outras providências.

234. BRASIL, 1995. Lei 9099/95. Dispõe sobre os Juizados Especiais Cíveis e Criminais e dá outras providências.

235. BRASIL, 1995. Lei 9099/95. Dispõe sobre os Juizados Especiais Cíveis e Criminais e dá outras providências.

p) Das despesas

Não há condenação de custas e honorários de advogado no primeiro grau de jurisdição, salvo se reconhecida litigância de má-fé. No recurso inominado, precisa haver o recolhimento do preparo. O recorrente no segundo grau vai ser condenado em custas e honorários se for sucumbente, consoante os artigos 54 a 55 da Lei nº 9099/1995.

QUESTÕES DE PROCESSO CIVIL – ASSUNTOS MAIS RECORRENTES

01. FGV - OAB - 39º Exame de Ordem Unificado - Primeira Fase – Q51

A *General Food* é uma reconhecida sociedade empresária britânica do ramo de alimentos presidida, desde 2018, pelo brasileiro Rodrigo Bottas.

Em 2021, o jornal "Folha de Londres" publicou uma série de reportagens apontando irregularidades na gestão de Rodrigo Bottas, que foi imediatamente afastado da sociedade empresária. Ato contínuo, a *General Food* investigou as irregularidades suscitadas pelo jornal e, após confirmá-las, instaurou arbitragem na Inglaterra para obter indenização pelos prejuízos causados por seu antigo executivo.

Após regular participação de Rodrigo Bottas no referido procedimento, o Tribunal Arbitral proferiu sentença julgando procedente o pedido indenizatório da *General Food*.

Como Rodrigo Bottas não tinha bens na Inglaterra, a *General Food* procurou um(a) advogado(a) para buscar informações sobre a possibilidade de executar a sentença arbitral estrangeira no Brasil.

Na qualidade de advogado(a) da *General Food*, assinale a afirmativa correta.

a) A *General Food* deverá ajuizar ação de execução contra Rodrigo Bottas, uma vez que a sentença arbitral estrangeira é título executivo judicial.

b) A *General* Food deverá instaurar arbitragem contra Rodrigo Bottas, uma vez que não são admissíveis a homologação e a execução de sentença arbitral estrangeira no Brasil.

c) A *General Food* deverá ajuizar ação indenizatória contra Rodrigo Bottas, uma vez que não são possíveis a homologação e a execução de sentença arbitral estrangeira no Brasil.

d) A *General Food* deverá apresentar pedido de homologação da sentença arbitral estrangeira contra Rodrigo Bottas antes de executar a referida decisão no Brasil.

02. FGV - OAB - 39º Exame de Ordem Unificado - Primeira Fase – Q52

Stefano Carneiro, após ganhar indenização de R$ 60.000,00 em processo judicial movido em face de Estevão Braga, inicia o cumprimento definitivo de sentença requerendo ao juízo competente que intime o devedor para o pagamento da condenação.

No prazo para pagar, Estevão Braga reconhece o débito e solicita ao seu advogado que realize o depósito de trinta por cento do valor da execução, acrescido de custas e de honorários do advogado, e que o restante seja parcelado em seis parcelas mensais, acrescidas de correção monetária e de juros de um por cento ao mês, pois soube que o Código de Processo Civil permite ao devedor o parcelamento nessas condições.

Na condição de advogado(a) de Estevão Braga, assinale a afirmativa correta.

a) O parcelamento pretendido por Estevão é possível, independentemente da aceitação do exequente, pois é um direito do executado.

b) O parcelamento pretendido por Estevão é possível, pois o reconhecimento do débito ocorreu dentro no prazo para pagar.

c) O parcelamento pretendido por Estevão só é possível antes do início do cumprimento de sentença.

d) O parcelamento pretendido por Estevão não se aplica ao cumprimento de sentença.

03. FGV - OAB - 39º Exame de Ordem Unificado - Primeira Fase – Q54

Ademir Leone, servidor público aposentado, atualmente obtém sua maior fonte de renda por meio da compra e venda de ações na bolsa de valores brasileira, tendo em vista a perda do poder econômico de sua aposentadoria.

Certo dia, ao tentar comprar ações na bolsa de valores, recebe a notificação de que seu nome havia sido inscrito nos órgãos de proteção ao crédito em razão do inadimplemento das parcelas de um empréstimo firmado com o Banco Prata, e por isso a transação não poderia ser completada, bem como soube que suas ações foram bloqueadas.

Incrédulo com tal situação, pois nunca contratou com tal banco, além de temer pelo sustento de sua família, Ademir procurou você, como advogado(a), para saber da possibilidade de limpar seu nome o quanto antes, ajuizando ação judicial, mas sem precisar esperar o fim do processo.

Assinale a afirmativa que apresenta, corretamente, a orientação que atende à pretensão do seu cliente.

a) Não existe essa possibilidade no direito brasileiro, o qual pauta-se no contraditório e na ampla defesa, respeitando o devido processo legal, seguindo todas as fases processuais, para que, somente ao final, seja dada uma decisão justa e equânime.

b) É possível que seja concedida a tutela de urgência, sendo desnecessário a demonstração de elementos que evidenciem a probabilidade do direito e o perigo de dano ou o risco ao resultado útil do processo.

c) Existe a possibilidade de que seja concedida a tutela de evidência, desde que demonstrado o perigo de dano ou o risco ao resultado útil do processo.

d) Há a possibilidade de que seja concedida a tutela de urgência, pois existem elementos que evidenciam a probabilidade do direito e o perigo de dano ou o risco ao resultado útil do processo.

04. FGV - OAB – 39º Exame de Ordem Unificado - Primeira Fase – Q55

Martina ajuizou ação pelo procedimento comum contra Marcela visando à indenização milionária, oportunidade na qual informou na petição inicial que não tinha interesse na audiência de conciliação.

Após analisar a petição inicial, o MM. Juízo da 100ª Vara Cível da Comarca de Florianópolis/SC determinou a citação de Marcela para comparecer em audiência de conciliação, na forma do Art. 334 do Código de Processo Civil e, eventualmente, apresentar contestação na forma do Art. 335 do mesmo diploma legislativo.

Após tomar conhecimento da ação indenizatória de Martina, Marcela apresentou petição concordando com o pedido de cancelamento da audiência de conciliação e se reservando o direito de apresentar contestação no prazo legal.

Considerando que foram prestadas todas as informações e apresentados todos os documentos necessários para a elaboração da contestação, a ser apresentada no prazo de 15 dias, assinale a opção que indica o momento em que se inicia a contagem desse prazo.

a) Da juntada nos autos do aviso de recebimento positivo do seu mandado de citação por correios.

b) Da publicação da decisão do MM. Juízo da 100ª Vara Cível da Comarca de Florianópolis/SC que cancelar a audiência de conciliação agendada no despacho citatório.

c) Do ato de protocolar o pedido de cancelamento da audiência de conciliação formulado por Marcela.

d) Da audiência de conciliação, uma vez que o Código de Processo Civil obriga a realização desse ato processual, o qual não poderá ser cancelado por despacho do MM. Juízo da 100ª Vara Cível da Comarca de Florianópolis/SC.

05. FGV - OAB - 39º Exame de Ordem Unificado - Primeira Fase – Q56

Samuel ajuizou ação de exigir contas contra Maria, requerendo sua citação para que as preste ou ofereça contestação, no prazo de 15 (quinze) dias úteis. Em sua petição inicial, Samuel alegou que, por força de contrato de mandato, teria confiado a administração de recursos próprios a Maria, que, no entanto, não prestou regularmente contas de forma extrajudicial, conforme entre si acordado. Em que pese Maria tenha oferecido contestação à ação, o juiz julgou procedente o pedido, condenando Maria a prestar as contas, no prazo de 15 (quinze) dias úteis.

Sobre a situação hipotética descrita, assinale a afirmativa correta.

a) Caso Maria deixe de prestar as contas no prazo assinalado de 15 (quinze) dias úteis, Samuel será intimado a apresentá-las, não podendo o juiz determinar a realização de perícia para sua certificação.

b) Ainda que Maria deixe de prestar as contas no prazo assinalado de 15 (quinze) dias úteis, lhe será lícito impugnar as contas que venham a ser apresentadas por Samuel.

c) Maria poderá interpor recurso de apelação contra a sentença, ao fundamento de que o prazo previsto em lei para a prestação de contas é de 30 (trinta), e não 15 (quinze) dias úteis, como assinalado pelo juiz.

d) Caso Maria venha a prestar as contas, deverá fazê-lo no prazo de 15 (quinze) dias úteis assinalado pelo juiz e de forma adequada, especificando-se as receitas, a aplicação das despesas e os investimentos, se houver.

06. FGV - OAB - 37º Exame de Ordem Unificado - Primeira Fase – Q56

Marco Aurélio atuou como advogado em uma ação indenizatória movida em face de uma operadora de plano de saúde que foi condenada a pagar indenização por danos morais de R$ 100.000,00 (cem mil reais) ao seu cliente. Apesar de o processo ter corrido perante juízo cível, a sentença condenatória deixou de fixar honorários de sucumbência em favor de Marco Aurélio, tendo transitado em julgado sem que ele percebesse a omissão. Considerando o caso narrado, assinale a afirmativa correta.

a) Após o trânsito em julgado da sentença, Marco Aurélio não poderá pleitear mais a condenação em honorários de sucumbência.

b) Marco Aurélio poderá ajuizar ação autônoma para definir o valor dos honorários de sucumbência.

c) Após o trânsito em julgado da sentença, apesar de omissa quanto à condenação em honorários de sucumbência, Marco Aurélio poderá executar somente o valor mínimo de dez por cento sobre o valor da condenação.

d) Marco Aurélio poderá opor embargos de declaração em face da sentença omissa, pois a matéria de honorários de sucumbência não transita em julgado.

07. FGV - OAB - 32º Exame de Ordem Unificado - Primeira Fase – Q52

Guilherme, em 13/03/2019, ajuizou ação indenizatória contra Rodrigo, a qual tramita no Juízo da 5ª Vara Cível da Comarca de Belo Horizonte, em autos físicos. Em contestação, Rodrigo defendeu, preliminarmente, a incompetência do Poder Judiciário, pois as partes teriam pactuado convenção de arbitragem no contrato que fundamentava a demanda movida por Guilherme. Rodrigo, no mérito de sua defesa, requereu a improcedência do pedido indenizatório, uma vez que teria cumprido o contrato celebrado entre as partes. Após a apresentação de réplica, o Juízo da 5ª Vara Cível da Comarca de Belo Horizonte proferiu decisão na qual rejeitou a preliminar arguida por Rodrigo e intimou as partes para informar as provas que pretendiam produzir. Inconformado, Rodrigo interpôs agravo de instrumento contra a parcela da decisão que rejeitou a preliminar de convenção de arbitragem. No entanto, Rodrigo não cumpriu a obrigação de comunicação ao juízo de primeiro grau da interposição do agravo no prazo de 3 dias, deixando de apresentar a cópia da petição do agravo de instrumento e o comprovante de sua interposição para o Juízo da 5ª Vara Cível da Comarca de Belo Horizonte. Para que o recurso de Rodrigo não seja conhecido com base nesse vício formal, assinale a opção que apresenta a medida a ser adotada por Guilherme.

a) Ele não pode fazer nada, pois o vício formal é sanável, de ofício, pelo desembargador responsável por relatar o agravo de instrumento, o qual deve intimar Rodrigo para apresentar cópia da petição do agravo de instrumento e o comprovante de sua interposição.

b) Ele poderá, em qualquer momento da tramitação do agravo de instrumento, apontar que Rodrigo descumpriu a exigência de comunicação ao primeiro grau.

c) Ele deverá, em suas contrarrazões ao agravo de instrumento, apontar que Rodrigo descumpriu a exigência de comunicação em questão.

d) Ele não precisará fazer nada, pois esse vício formal é insanável e poderá ser conhecido, de ofício, pelo desembargador responsável por relatar o agravo de instrumento.

08. FGV - OAB - 31º Exame de Ordem Unificado - Primeira Fase – Q51

Julieta ajuizou demanda em face de Rafaela e, a fim de provar os fatos constitutivos de seu direito, arrolou como testemunhas Fernanda e Vicente. A demandada, por sua vez, arrolou as testemunhas Pedro e Mônica. Durante a instrução, Fernanda e Vicente em nada contribuíram para o esclarecimento dos fatos, enquanto Pedro e Mônica confirmaram o alegado na petição inicial. Em razões finais, o advogado da autora requereu a procedência dos pedidos, ao que se contrapôs o patrono da ré, sob o argumento de que as provas produzidas pela autora não confirmaram suas alegações e, ademais, as provas produzidas pela ré não podem prejudicá-la. Consideradas as normas processuais em vigor, assinale a afirmativa correta.

a) O advogado da demandada está correto, pois competia à demandante a prova dos fatos constitutivos do seu direito.

b) O advogado da demandante está correto, porque a prova, uma vez produzida, pode beneficiar parte distinta da que a requereu.

c) O advogado da demandante está incorreto, pois o princípio da aquisição da prova não é aplicável à hipótese.

d) O advogado da demandada está incorreto, porque as provas só podem beneficiar a parte que as produziu, segundo o princípio da aquisição da prova.

09. FGV - OAB - 27º Exame de Ordem Unificado - Primeira Fase – Q54

Diego e Thaís, maiores e capazes, ambos sem filhos, são formalmente casados pelo regime legal da comunhão parcial de bens. Ocorre que, devido a problemas conjugais e divergências quanto à divisão do patrimônio comum do casal, o matrimônio teve fim de forma conturbada, o que motivou Thaís a ajuizar ação de divórcio litigioso cumulada com partilha de bens em face do ex-cônjuge.

Na petição inicial, a autora informa que tem interesse na realização de audiência de conciliação ou de mediação. Diego, regularmente citado, busca orientação jurídica sobre os possíveis desdobramentos da demanda ajuizada por sua ex-cônjuge.

Na qualidade de advogado(a) de Diego, assinale a opção que apresenta os esclarecimentos corretos que foram prestados.

a) Diego, ainda que de forma injustificada, possui a faculdade de deixar de comparecer à audiência regularmente designada para fins de solução consensual do conflito, não sofrendo qualquer sanção processual em virtude da ausência.

b) Descabe, no processo contencioso de divórcio ajuizado por Thaís, a solução consensual da controvérsia, uma vez que o direito em questão possui feição extrapatrimonial e, portanto, indisponível.

c) Ante a existência de vínculo prévio entre as partes, a audiência a ser realizada para fins de autocomposição entre Diego e Thaís deverá ser conduzida por um conciliador, que poderá sugerir soluções para o litígio, vedada a utilização de qualquer tipo de constrangimento ou intimidação.

d) A partir de requerimento que venha a ser formulado por Diego e Thaís, o juiz pode determinar a suspensão do processo enquanto os litigantes se submetem à mediação extrajudicial.

10. FGV - OAB - 26º Exame de Ordem Unificado - Primeira Fase – Q52

Uma fábrica da sociedade empresária Tratores Ltda. despejou 10 toneladas de lixo reciclável no rio Azul, que corta diversos municípios do estado do Paraná. Em decorrência de tal fato, constatou-se a redução da flora às margens do rio. Sobre a medida cabível em tal cenário, assinale a afirmativa correta.

a) É cabível ação popular, na qual deve figurar obrigatoriamente o Ministério Público como autor.

b) É cabível ação civil pública, na qual deve figurar obrigatoriamente como autor um dos indivíduos afetados pelos danos.

c) Não é cabível ação civil pública ou ação coletiva, considerando a natureza dos danos, mas o Ministério Público pode ajuizar ação pelo procedimento comum, com pedido de obrigação de não fazer.

d) É cabível ação civil pública, na qual o Ministério Público, se não for autor, figurará como fiscal da lei.

PROCESSO CIVIL				
1 - D	2 - D	3 - D	4 - C	5 - D
6 - B	7 - C	8 - B	9 - D	10 - D

PROCESSO CIVIL – QUESTÕES DA PROVA DO 43º EXAME DA OAB

01. FGV - OAB - 43º Exame de Ordem Unificado - Primeira Fase – Q51 Anacleto ajuizou ação de indenização contra a sociedade empresária de telefonia Alô, tendo sido proferida sentença de procedência do pedido, com a condenação da ré ao pagamento de indenização por danos morais e materiais, mas sem especificação dos valores.

A sociedade Alô interpôs recurso de apelação, ainda pendente de julgamento, mas Anacleto deseja desde logo obter a definição do montante correspondente aos danos sofridos. Acerca da situação apresentada, assinale a afirmativa correta.

a) A liquidação da sentença antes do trânsito em julgado só é cabível caso o autor ofereça caução.

b) É possível a liquidação de sentença mesmo antes do trânsito em julgado, independentemente dos efeitos em que foi recebido o recurso de apelação.

c) Anacleto poderá promover a liquidação de sentença antes do trânsito em julgado, caso a apelação tenha sido recebida unicamente no efeito devolutivo.

d) Anacleto não poderá promover a liquidação de sentença antes do trânsito em julgado, uma vez que a decisão ainda pode ser modificada quando do julgamento de recurso de apelação.

02. FGV - OAB - 43º Exame de Ordem Unificado - Primeira Fase – Q52 Henrique propôs ação condenatória de alimentos em face de Juliano, seu pai. A sentença julgou procedente o pedido, condenando o réu ao pagamento de R$ 5.000 (cinco mil reais) por mês. Inconformado, Juliano interpôs recurso de apelação, buscando a reforma da sentença.

Após a intimação para apresentação de contrarrazões, você, como advogado(a) contratado por Henrique, deseja requerer o cumprimento provisório da sentença, com o intuito de, desde logo, receber os alimentos vincendos.

Tomando o caso acima como premissa, assinale a afirmativa correta.

a) Você poderá requerer o cumprimento provisório de sentença, com dispensa de caução para a execução da decisão.

b) Eventual reforma parcial da sentença, em razão do recurso de apelação, levará à perda de eficácia total do cumprimento, em razão de sua provisoriedade.

c) Não incidirão multa e honorários no cumprimento provisório de sentença, pois o executado, em razão da pendência do recurso, não é obrigado a cumprir a decisão até o seu trânsito em julgado.

d) Iniciado o cumprimento provisório de sentença, caso Juliano deposite o valor exequendo para se exonerar da multa, seu recurso de apelação não será conhecido ante a preclusão lógica do direito de recorrer.

03. FGV - OAB - 43º Exame de Ordem Unificado - Primeira Fase – Q53 Rodrigo e Thaís, após o início do namoro, assistiam a um show em uma arena lotada, com cerca de dez mil pessoas, promovido pela Alegria Produções Artísticas. Em um determinado momento, eles perceberam que o teto montado especialmente para o evento estava desabando e, em consequência, duas mil pessoas ficaram feridas, entre elas, Rodrigo e Thaís.

Após a negativa da Alegria Produções Artísticas em reparar os danos causados, Rodrigo e Thaís convenceram todas as pessoas feridas no show a proporem ação, em conjunto, em face da produtora.

Sobre o caso concreto, assinale a afirmativa correta.

a) Duas ou mais pessoas não podem litigar no mesmo processo, haja vista que a ação judicial deverá ser proposta de forma individualizada.

b) Duas ou mais pessoas podem litigar no mesmo processo, em conjunto, mas apenas no polo ativo, ficando vedado o litisconsórcio passivo.

c) O Juiz poderá limitar o litisconsórcio facultativo quanto ao número de litigantes na fase de conhecimento, quando este comprometer a rápida solução do litígio ou dificultar a defesa ou o cumprimento de sentença.

d) O Juiz não poderá limitar o litisconsórcio facultativo, por ausência de previsão legal, sendo direito de todos os envolvidos no acidente propor a ação em conjunto.

04. FGV - OAB - 43º Exame de Ordem Unificado - Primeira Fase – Q54 Maria ajuizou ação em face da União, com pedido de condenação desta à entrega de remédios, por ser portadora de grave doença cardíaca.

Após o regular processamento, o Juízo da Vara Federal competente proferiu sentença de procedência condenando a União a entregar o medicamento solicitado. A Fazenda Pública foi vencida e, na hipótese, foi aplicado pelo Juiz o instituto da remessa necessária, com o envio do processo ao Tribunal Regional Federal, embora a União não tenha apelado da sentença. Acerca da remessa necessária, segundo o ordenamento jurídico brasileiro, assinale a afirmativa correta.

a) Aplica-se a remessa necessária quando a sentença estiver fundada em entendimento firmado em incidente de assunção de competência.

b) Aplica-se a remessa necessária quando a condenação ou o proveito econômico obtido na causa for de valor certo e líquido inferior a mil salários mínimos para a União.

c) Não se aplica a remessa necessária aos casos de competência de Juizados Especiais da Fazenda Pública, mas pode ser aplicada às sentenças de ações ajuizadas em Varas Federais.

d) Como a União não interpôs o recurso de apelação no prazo legal, o Juiz não poderá ordenar a remessa do processo para o reexame necessário no Tribunal, independentemente do valor dos remédios.

05. FGV - OAB - 43º Exame de Ordem Unificado - Primeira Fase – Q55 João e Marina celebraram contrato de arrendamento com previsão de cláusula compromissória arbitral, na qual estipularam que qualquer disputa de natureza patrimonial decorrente do contrato seria submetida à arbitragem.

Após desentendimentos acerca do cumprimento de uma das obrigações previstas em contrato, Marina resolveu ajuizar ação judicial contra João, na qual busca indenização pelos prejuízos que alega ter sofrido. Uma vez citado, João não apresentou contestação.

Durante a fase instrutória, ao examinar o contrato celebrado entre as partes, o Magistrado do caso visualizou a existência de cláusula compromissória celebrada entre as partes. Considerando o caso narrado, assinale a afirmativa correta.

a) Caso João instaure procedimento arbitral contra Marina no curso da ação judicial ajuizada por ela, ambos terão seu caso julgado exclusivamente pelo Tribunal Arbitral.

b) As partes terão seu caso julgado pela jurisdição estatal, tendo em vista que João não alegou convenção de arbitragem como preliminar de contestação, circunstância que representa renúncia à jurisdição arbitral.

c) João deve arguir a existência de cláusula compromissória quando apresentar manifestação requerendo a produção de provas, por se tratar do momento apropriado para apontar a existência de cláusula compromissória no contrato celebrado entre as partes.

d) João não precisa se manifestar nos autos acerca da existência de cláusula compromissória no contrato, pois cabe ao Magistrado conhecer de ofício a existência de tal cláusula e extinguir a ação sem resolução do mérito, uma vez que não tem competência para julgar o caso.

06. FGV - OAB - 43º Exame de Ordem Unificado - Primeira Fase – Q56 Você, como advogado(a), foi procurado(a) por Joana e por Regina, cada uma pretendendo propor ação reparatória perante os Juizados Especiais Cíveis. Joana deseja ajuizar ação para cobrar o equivalente a 100 salários mínimos, ao passo que Regina pretende cobrar o correspondente a 30 salários mínimos. Sobre as ações pretendidas por Joana e Regina, assinale a afirmativa correta.

a) Regina poderá propor ação sem advogado, pois nas causas de até 30 salários mínimos não é obrigatória a assistência de advogado.

b) Em nenhuma hipótese Joana poderá ingressar no Juizado Especial Cível, pois este não tem competência para processar causas cujo valor exceda a 40 salários mínimos, independentemente da matéria.

c) Para o deferimento da gratuidade de justiça, Joana e Regina deverão comprovar ter renda inferior a 10 salários mínimos.

d) Se nas ações propostas por Joana e Regina, o demandado não comparecer à sessão de conciliação ou à audiência de instrução e julgamento, reputar-se-ão verdadeiros os fatos alegados no pedido inicial, salvo se o contrário resultar da convicção motivada do Juiz.

GABARITO		
1 - B	2 - A	3 - C
4 - C	5 - B	6 -D

DIREITO PENAL

Nidal Ahmad

Arnaldo Quaresma

Sumário

1. APLICAÇÃO DA LEI PENAL

1.1. Da lei penal no tempo (art. 2º do CP)

Pelo princípio *tempus regit actum* ("o tempo rege o ato"), a lei aplicável a um crime é aquela vigente ao tempo da execução deste crime.

Exceção:

a) A **retroatividade da lei mais benéfica** significa que a lei mais benigna prevalece sobre a mais severa, prolongando-se além do instante de sua revogação ou retroagindo ao tempo em que não tinha vigência;

b) **Ultratividade** quer dizer que se a lei antiga for mais favorável, prevalecerá ao tempo da vigência da lei nova, mesmo estando revogada.

1.1.1 Abolitio criminis (*art. 2º, caput, do CP)*

Ocorre a chamada *abolitio criminis* quando a lei nova deixa de considerar crime fato que anteriormente era considerado ilícito penal.

A *abolitio criminis* **apaga todos os efeitos penais da sentença condenatória**, permanecendo, no entanto, íntegros os efeitos na esfera extrapenal (na esfera cível e administrativa, por exemplo).

Assim, se o agente praticar novo crime depois do trânsito em julgado de uma sentença condenatória por crime anterior que foi abolido, não será considerado reincidente, podendo, no entanto, ser demandado na esfera cível, para reparar o dano causado à vítima.

Trata-se de causa de extinção da punibilidade, nos termos do artigo 107, III, do CP.

1.1.2. Novatio legis in mellius *(art. 2º, par. ún., do CP)*

Significa que a lei posterior, que de qualquer modo favorecer o agente, aplica-se aos fatos anteriores, ainda que decididos por sentença condenatória transitada em julgado (art. 2º, par. ún., do CP).

Assim, se uma lei posterior deixar de prever uma circunstância de aumento de pena em relação a determinado crime, retroagirá para beneficiar o réu.

1.1.3. Novatio legis *incriminadora*

A *novatio legis* incriminadora, ao contrário da *abolitio criminis*, considera crime fato anteriormente não incriminado, e somente gerará efeitos para fatos praticados após a sua vigência.

Por conferir tratamento severo, a *novatio legis* incriminadora, por evidente, não retroage para alcançar fatos praticados antes da sua vigência, tendo eficácia, portanto, somente em relação aos fatos praticados a partir da sua vigência.

1.1.4. Novatio legis in pejus

Significa que a lei nova conferiu tratamento mais severo do que a anterior, como, por exemplo, lei nova aumentar a pena cominada anteriormente ao crime.

Incide, no caso, o princípio da irretroatividade da lei penal: "a lei penal não retroagirá, salvo para beneficiar o réu" (art. 5º, XL, da CF/1988).

1.1.5. Crime permanente e crime continuado e a lei penal mais benéfica

Crime permanente é aquele cuja consumação se prolonga ou protrai no tempo, por vontade do sujeito ativo. Ex: extorsão mediante sequestro (art. 159 do CP).

Crime continuado ocorre quando o agente, mediante mais de uma ação ou omissão, pratica dois ou mais crimes da mesma espécie, devendo os subsequentes, pelas condições de tempo, lugar, maneira de execução e outras semelhantes, ser havidos como continuação do primeiro, nos termos do artigo 71 do CP.

Nesses casos, aplica-se a lei nova durante a atividade executória do crime permanente ou do crime continuado, ainda que seja prejudicial ao réu, já que a cada momento da atividade criminosa está presente a vontade do agente. É o que se extrai da Súm. 711 do STF: "a lei penal mais grave aplica-se ao crime continuado ou ao crime permanente, se a sua vigência é anterior à cessação da continuidade ou da permanência."

Ex: imaginemos o fato de o agente sequestrar a vítima no dia 5-10-2021, com a intenção de exigir resgate, praticando o crime de extorsão mediante sequestro (CP, art. 159), que previa pena de reclusão, de 8 a 15 anos. No dia 15-10-2021, enquanto a vítima estava no cativeiro, sobrevém lei nova, elevando a pena do crime de extorsão mediante sequestro, para 10 a 20 anos, de reclusão. A vítima é resgatada no dia 20-10-2021, cessando, portanto, a permanência. Nesse caso, aplica-se a lei nova, ainda que mais grave, já que entrou em vigor antes da cessação da permanência, ou seja, enquanto o crime de extorsão mediante sequestro estava sendo executado.

1.2. Lei temporária e lei excepcional (art. 3º do CP)

Leis excepcionais: são feitas para durar enquanto um estado anormal ocorrer. Cessa a sua vigência ao mesmo tempo que a situação excepcional também terminar. Portanto, são aquelas promulgadas em caso de calamidade pública, guerras, revoluções, cataclismos, epidemias etc.

Leis temporárias: são as editadas com período determinado de duração, portanto, dotadas de autorrevogação. É feita para vigorar em um período de tempo previamente fixado pelo legislador. Traz em seu bojo a data do início e da cessação de sua vigência. É uma lei que, desde a sua entrada em vigor, está marcada para morrer.

Reúnem duas características:

1) **Autorrevogabilidade**: em regra, uma lei somente pode ser revogada por outra lei posterior. As leis de vigência temporária e excepcional constituem exceção a essa regra, uma vez que a lei temporária se autorrevoga com o término da sua vigência e a lei excepcional com a cessação da situação excepcional.
2) **Ultratividade**: significa que uma lei revogada continua gerando efeitos. É o caso da lei temporária e da lei excepcional, que continuarão gerando efeitos em relação aos fatos praticados durante sua vigência, mesmo após revogadas.

1.3. Do tempo do crime (art. 4º do CP)

Em relação ao tempo do crime, o Código Penal adotou a **teoria da atividade**, segundo a qual se reputa praticado o delito no momento da conduta, não importando o instante do resultado.

Assim, se um adolescente com 17 anos, 11 meses e 29 dias efetuar disparo de arma de fogo contra a vítima, que vem a falecer cinco dias depois (quando já terá adquirido a maioridade), responderá conforme as normas do ECA, diante da teoria da atividade que rege o tempo do crime.

1.4. Territorialidade (art. 5º do CP)

Pelo princípio da territorialidade, aplicam-se as leis brasileiras aos delitos cometidos dentro do território nacional. Esta é uma regra geral, que advém do conceito de soberania, ou seja, a cada Estado cabe decidir e aplicar as leis pertinentes aos acontecimentos dentro do seu território.

Nos termos do art. 5º, § 1º, do CP, há duas situações de território brasileiro por equiparação:

a) embarcações e aeronaves brasileiras de natureza pública ou a serviço do governo brasileiro onde estiverem;
b) embarcações e aeronaves brasileiras, de propriedade privada, que estiverem navegando em alto-mar ou sobrevoando águas internacionais.

Os navios estrangeiros em águas territoriais brasileiras, desde que públicos, não são considerados parte do nosso território. Em face disso, os crimes neles cometidos devem ser julgados de acordo com a lei da bandeira que ostentam. Se, entretanto, são de natureza privada, aplica-se a lei brasileira (art. 5º, § 2º, do CP).

1.5. Do lugar do crime (art. 6º do CP)

O Código Penal adotou a **teoria da ubiquidade ou mista**, segundo a qual é lugar do crime tanto onde houve a conduta quanto o local onde se deu o resultado.

Assim, na hipótese de o agente, que se encontra na cidade brasileira de Santana do Livramento-RS, efetuar disparos contra a vítima que se encontra na cidade de Rivera, em solo uruguaio, separada por uma rua do Município brasileiro, vindo este a falecer, aplica-se a lei penal brasileira, já que os atos executórios do crime foram praticados em território brasileiro, embora o resultado tenha sido produzido em país estrangeiro.

1.6. Extraterritorialidade (art. 7º do CP)

Mesmo que o crime seja cometido fora do Brasil, os agentes sujeitam-se à lei brasileira, nas hipóteses mencionadas no art. 7° do CP, quais sejam:

EXTRATERRITORIALIDADE INCONDICIONADA (INCISO I)	a) contra a vida ou a liberdade do Presidente da República; b) contra o patrimônio ou a fé pública da União, do Distrito Federal, de Estado, de Território, de Município, de empresa pública, sociedade de economia mista, autarquia ou fundação instituída pelo Poder Público; c) contra a administração pública, por quem está a seu serviço; d) de genocídio, quando o agente for brasileiro ou domiciliado no Brasil;	Nestes casos, o agente é punido segundo a lei brasileira, ainda que absolvido ou condenado no estrangeiro.
EXTRATERRITORIALIDADE CONDICIONADA (INCISO II)	a) que, por tratado ou convenção, o Brasil se obrigou a reprimir; b) praticados por brasileiro; c) praticados em aeronaves ou embarcações brasileiras, mercantes ou de propriedade privada, quando em território estrangeiro e aí não sejam julgados.	Nestes casos, a aplicação da lei brasileira depende do concurso das seguintes condições (§ 2º): a) entrar o agente no território nacional; b) ser o fato punível também no país em que foi praticado; c) estar o crime incluído entre aqueles pelos quais a lei brasileira autoriza a extradição; d) não ter sido o agente absolvido no estrangeiro ou não ter aí cumprido a pena; e) não ter sido o agente perdoado no estrangeiro ou, por outro motivo, não estar extinta a punibilidade, segundo a lei mais favorável.
EXTRATERRITORIALIDADE CONDICIONADA (INCISO II)	a) que, por tratado ou convenção, o Brasil se obrigou a reprimir;	Nestes casos, a aplicação da lei brasileira depende do concurso das seguintes condições (§ 2º):

1.7. Conflito aparente de normas

Ocorre o conflito quando aparentemente duas ou mais normas podem ser aplicadas ao mesmo fato. É aparente, porque apenas uma delas acaba sendo aplicada à hipótese.

1.7.1. Princípio da especialidade

A norma especial prevalece sobre a norma geral. A norma penal especial é aquela que reúne todos os elementos típicos da lei geral, mas reveste-se de outros elementos que a tornam especial, que a particularizam, chamados especializantes.

Ex.: tomemos como exemplo o caso de uma mãe matar, sob influência do estado puerperal, o próprio filho, logo após o parto. Nesse caso, o crime de infanticídio, previsto no artigo 123 do CP, por ser especial, prevalece sobre a norma geral do homicídio, previsto no artigo 121 do CP, prevalecendo, no caso, a norma penal que define o crime de infanticídio, já que as elementares contidas nesse crime a tornam especial em relação à norma geral que define o homicídio.

1.7.2. Princípio da subsidiariedade

Ocorre quando a infração penal de maior gravidade absorve a menor de gravidade. Ou seja, a infração menos grave somente incide se o fato não constituir crime mais grave.

A subsidiariedade pode ser expressa ou tácita:

a) A **subsidiariedade expressa ou explícita** ocorre quando o seu próprio texto, subordina a sua aplicação à não aplicação de outra, de maior gravidade punitiva. Ex.: o crime de importunação sexual, previsto no art. 215-A do CP, incluído pela Lei nº 13.718/2018, incidirá "se o ato não constitui crime mais grave", conforme expressamente prevê o referido dispositivo legal. Logo, o delito de importunação sexual somente incidirá se a conduta do agente não caracterizar crime mais grave, por exemplo, estupro (art. 213 do CP) ou estupro de vulnerável (art. 217-A do CP).

b) A **subsidiariedade tácita ou implícita** ocorre quando a norma penal não ressalva, de modo expresso, a sua incidência na hipótese de outra norma

PENAL

de maior gravidade punitiva não ser aplicável ao caso concreto. Ex.: o crime de constrangimento ilegal (art. 146 do CP) é tacitamente subsidiário em relação ao crime de estupro (art. 213 do CP). Assim, se, no caso concreto, o crime mais grave (art. 213 do CP) não restar caracterizado, ou seja, não ficar demonstrado que o constrangimento não teve por finalidade violar a dignidade sexual da vítima, pode-se aventar a incidência do crime de constrangimento ilegal (art. 146 do CP).

1.7.3. Princípio da consunção

O princípio da consunção é aplicado para dirimir conflito aparente de normas decorrente de uma **sequência de fatos delituosos**, que, isoladamente, constituem crime, mas que, ao final, devem ser subsumidos a um único tipo penal.

Tomemos como exemplo o agente que pretende desde o início produzir a morte da vítima. Para tanto, utiliza-se de uma faca, golpeando a vítima em várias partes do corpo, vindo, ao final, a aplicar o golpe fatal, causando-lhe a morte. Há um único elemento subjetivo, sendo a conduta composta por vários atos praticados de forma progressiva até atingir o resultado mais grave. Surge, assim, o conflito aparente de normas: o agente responderá pelos delitos de lesão corporal (art. 129 do CP) e homicídio (art. 121 do CP) ou apenas pelo crime de homicídio? Nesse caso, aplicando-se o princípio da consunção, o agente responderá apenas pelo crime de homicídio (art. 121 do CP), pois as várias lesões corporais produzidas pelos golpes de faca constituíram meio necessário para a execução do delito pretendido, sendo, por isso, absorvidas pelo crime de homicídio.

2. DO CRIME

2.1. Relação de causalidade ou nexo causal (art. 13 do CP)

Via de regra, a conduta do agente produz o resultado criminoso de forma direta. Trata-se de relação de causa (conduta) e efeito (resultado): nexo de causalidade.

Todavia, pode ocorrer de, aliada à conduta do agente, outra causa contribuir para o resultado. É a chamada concausa.

Esta "concausa" pode ser absolutamente independente ou relativamente independente, dependendo se teve ou não origem na conduta do agente.

2.1.1. Causas absolutamente independentes

São aquelas que **não têm origem na conduta do agente**. A expressão "absolutamente" serve para designar que a outra causa independente por si só produziu o resultado. São causas que não se inserem na linha do desdobramento natural da conduta do agente, ou seja, causas inusitadas, desvinculadas da ação do agente, surgindo de fonte distinta.

Há, na verdade, uma **quebra do nexo causal**.

São três as espécies de causas absolutamente independentes:

a) Preexistentes

Trata-se de causa que existia antes da conduta do agente e produz o resultado independentemente da sua atuação. Ou seja, com ou sem a ação do agente o resultado ocorreria do mesmo modo.

Ex.: o agente desfere um disparo de arma de fogo contra a vítima, que, no entanto, vem a falecer pouco depois, não em consequência dos ferimentos recebidos, mas porque antes ingerira veneno com a intenção de se suicidar.

b) Concomitantes

São as causas que não têm nenhuma relação com a conduta e produzem o resultado independentemente desta, no entanto, por coincidência, atuam exatamente no instante em que a ação é realizada.

Ex.: "A" desfere golpe de faca contra "B" no exato momento em que este vem a falecer exclusivamente por força da queda da marquise de um prédio em sua cabeça.

c) Supervenientes

São causas que atuam após a conduta. Ou seja, que surgem depois da conduta desenvolvida pelo agente.

Ex.: "A" ministra veneno na alimentação de "B". Antes de o veneno produzir efeitos, há um desabamento ou incêndio na casa da vítima, que morre exclusivamente por conta dos escombros que caíram sobre sua cabeça ou queimada pelo fogo.

▷ **Consequência.** Quando a causa é absolutamente independente da conduta do sujeito, o problema é resolvido pelo *caput* do art. 13: há exclusão da causalidade decorrente da conduta. Ou seja, o agente responde somente por aquilo que deu causa. Nos exemplos, a causa da morte não tem ligação alguma com o comportamento do agente. Em face disso, ele não responde pelo resultado morte, mas, sim, pelos atos praticados antes de sua produção. Isso porque ocorreu quebra do nexo causal. Assim, se o dolo era de matar, o agente responderia por tentativa de homicídio.

▷ **Cuidado!** Se o enunciado apontar dolo de lesão corporal, por exemplo, o agente responderá por aquilo que deu causa: lesão corporal (leve, grave ou gravíssima).

2.1.2. Causas relativamente independentes

Como são causas independentes, produzem por si sós o resultado, não se situando dentro da linha de desdobramento causal da conduta. Por serem, no entanto, apenas relativamente independentes, **encontram sua origem na própria conduta praticada pelo agente**.

Aqui não há, de regra, uma quebra do nexo causal, mas uma soma entre as causas, que, ao final, conduzem ao resultado lesivo.

Também são três as espécies de causas relativamente independentes:

a) Preexistentes

A causa que efetivamente gerou o resultado já existia ao tempo da conduta do agente, que concorreu para a sua produção.

Nesse caso, como há uma soma de causas e não quebra do nexo causal, o agente responde pelo resultado pretendido. No caso, homicídio consumado, a menos que não tenha concorrido para ele com dolo ou culpa.

Cuidado: se o agente não sabia do estado de saúde da vítima ou não lhe era previsível, não poderia lhe ser atribuído o resultado morte. Assim, se pretendia ferir a vítima, agredindo-a com um soco e esta, em razão da hemofilia, desconhecida pelo agente, vem a falecer em razão da eclosão de uma hemorragia, o agente somente será responsabilizado pelo delito de lesão corporal (leve, grave ou gravíssima, conforme constar no enunciado).

b) Concomitantes

A causa que efetivamente produziu o resultado surge no exato momento da conduta do agente.

Ex.: considera-se o ataque à vítima, por meio de faca, que, no exato momento da agressão, tentando desviar dos golpes, a vítima se desequilibra e cai de um penhasco, sofre ataque cardíaco, vindo a falecer, apurando-se que a soma desses fatores (causas) produziu a morte, já que a agressão e o ataque cardíaco, considerados isoladamente, não teriam o condão do produzir o resultado morte.

c) Supervenientes (art. 13, § 1º, do CP)

A causa que efetivamente produziu o resultado ocorre depois da conduta praticada pelo agente.

Ex.: o agente desfere um golpe de faca contra a vítima, com a intenção de matá-la. Ferida, a vítima é levada ao hospital e sofre acidente no trajeto, vindo, por este motivo, a falecer. A causa é independente, porque a morte foi provocada pelo acidente e não pela facada, mas essa independência é relativa, já que, se não fosse o ataque, a vítima não estaria na ambulância acidentada e não morreria. Tendo atuado posteriormente à conduta, denomina-se causa superveniente.

Na hipótese das causas supervenientes, embora exista nexo físico-naturalístico, a lei, por expressa disposição do art. 13, § 1º, do CP, que excepcionou a regra geral, exclui a imputação do resultado ao agente, devendo, no entanto, responder pelos atos anteriores efetivamente praticados. Assim, o agente não responde pelo resultado ocorrido, mas somente pelos atos anteriores, que, no caso, foi tentativa de homicídio.

▷ **Cuidado!** Se o enunciado apontar dolo de lesão corporal, por exemplo, o agente responderá pelos atos anteriores praticados, no caso, lesão corporal (leve, grave ou gravíssima).

2.2. Relevância da omissão: crimes omissivos (art. 13, § 2º, do CP)

O crime omissivo configura-se quando o agente deixa de fazer aquilo que poderia e deveria fazer, que estaria obrigado em virtude de lei.

Os crimes omissivos podem ser próprios ou impróprios (ou comissivos por omissão).

2.2.1. Crimes omissivos próprios

O verbo nuclear do tipo descreve uma conduta omissiva. Nesse caso, o crime consiste em o sujeito amoldar a sua conduta ao tipo legal que descreve uma conduta omissiva. Em síntese, o agente será responsabilizado por não cumprir o dever de agir contido implicitamente na norma incriminadora.

Exemplo: crime de omissão de socorro:

> **Art. 135.** Deixar de prestar assistência, quando possível fazê-lo sem risco pessoal, à criança abandonada ou extraviada, ou à pessoa inválida ou ferida, ao desamparo ou em grave e iminente perigo; ou não pedir, nesses casos, o socorro da autoridade pública:
>
> Pena – detenção, de um a seis meses, ou multa.
>
> Parágrafo único. A pena é aumentada de metade, se da omissão resulta lesão corporal de natureza grave, e triplicada, se resulta a morte.

2.2.2. Crimes omissivos impróprios ou comissivos por omissão (art. 13, § 2º, do CP)

Para que alguém responda por crime comissivo por omissão, é preciso que tenha o dever jurídico de impedir o resultado, previsto no art. 13, § 2º, do CP:

PENAL

a) Ter por lei obrigação de cuidado, proteção ou vigilância

Nesse caso, por expressa imposição da lei, o agente estará obrigado a agir para evitar o resultado. Assim, se o agente se omitir, ou seja, deixar de agir, quando lhe era possível, responderá pelo resultado gerado. Ex.: mãe que deixa de alimentar o filho, que, por conta da sua negligência, acaba morrendo por inanição. Essa mãe deverá responder pelo resultado gerado, qual seja, homicídio culposo. Se, de outro lado, a mãe desejou a morte do filho ou assumiu o risco de produzi-la, responderá por homicídio doloso.

b) De outra forma, assumir a responsabilidade de impedir o resultado

Aqui a obrigação de agir para evitar o resultado não decorre de lei, mas do fato de o agente ter assumido a responsabilidade de impedi-lo. Ex.: babá que, por negligência, deixa de cumprir corretamente sua obrigação de cuidar da criança, que acaba caindo na piscina e, por isso, morre afogada. Nesse caso, responderá pelo resultado gerado, qual seja, homicídio culposo. Se, de outro lado, desejou a morte da criança ou assumiu o risco de produzi-la, responderá por homicídio doloso.

c) Com o comportamento anterior, criar o risco da ocorrência do resultado

Nesta hipótese, o sujeito, com o comportamento anterior, cria situação de perigo para bens jurídicos alheios penalmente tutelados, de sorte que, tendo criado o risco, fica obrigado a evitar que ele se degenere ou desenvolva para o dano ou lesão. Ex.: aluno veterano, por ocasião de um trote acadêmico, sabendo que a vítima não sabe nadar, joga o incauto calouro na piscina. Nesse caso, contrai o dever jurídico de agir para evitar o resultado, sob pena de responder por homicídio.

2.3. Iter criminis e tentativa (art. 14 do CP)

2.3.1. Iter criminis

O primeiro momento do *iter criminis* é a **cogitação**. O agente idealiza, internamente, a atividade criminosa. É exatamente por isso que a fase da cogitação não é punível.

Nos **atos preparatórios**, é a partir dos atos preparatórios que o agente começa a materializar, ou seja, exteriorizar sua busca pela consumação da infração penal. A aquisição de uma arma, por exemplo, para a prática do homicídio constitui ato preparatório. Da mesma forma, o estudo do local do crime, buscando identificar a melhor hora e forma de ingressar no ambiente, constitui ato preparatório do crime de furto.

Os **atos preparatórios**, via de regra, não são puníveis, nem na forma tentada, uma vez que, nos termos do art. 14, II, do CP, afigura-se necessário o início da execução do delito, com a realização da conduta nuclear descrita no tipo penal.

Todavia, em casos excepcionais, o legislador descreve atos que na sua concepção seriam preparatórios como delitos autônomos, por exemplo, os crimes de associação criminosa (art. 288 do CP) e petrechos para falsificação de moedas (art. 291 do CP).

Nos atos executórios, o agente passa a desenvolver conduta voltada a realizar o verbo nuclear do tipo. A partir dos atos executórios, o fato passa a ser punível, ao menos na forma tentada. Isso porque o próprio art. 14, II, do CP atrelou a tentativa ao início da execução do crime, condicionando, pois, sua punibilidade ao início da prática de atos executórios.

A **consumação** é o momento de conclusão do delito, reunindo todos os elementos do tipo penal.

Atenção: o exaurimento não integra o *iter criminis*, que encerra com a consumação. O crime exaurido, também chamado de esgotado, é aquele no qual, após ser alcançada a consumação, continua produzindo efeitos decorrentes da conduta lesiva do agente. Ex.: a consumação do crime de corrupção passiva (art. 317 do CP) ocorre com a solicitação da vantagem indevida. O efetivo proveito ulterior com o recebimento dessa vantagem não integra o *iter criminis*, constituindo-se no exaurimento do crime.

2.3.2. Tentativa (art. 14, II, do CP)

Nos termos do art. 14, II, do CP, para caracterizar ao menos crime tentado, deve o agente passar pelos atos preparatórios e **dar início à execução do delito**, que, por razões alheias à sua vontade, **não alcance a consumação**.

Nos termos do art. 14, II, do CP, para caracterizar ao menos crime tentado, deve o agente passar pelos atos preparatórios e **dar início à execução do delito**, que, por razões alheias à sua vontade, **não alcance a consumação**.

Algumas infrações que não admitem a tentativa:

a) Crimes culposos: no crime culposo, o agente não deseja nem assume o risco na produção do resultado. Na tentativa, o agente deseja ou assume o risco na produção do resultado, que, no entanto, não ocorre por circunstâncias alheias à sua vontade.

Logo, verifica-se a absoluta incompatibilidade entre o crime culposo e a tentativa.

Há, no entanto, uma classe de crimes culposos que admitem a tentativa: culpa imprópria.

b) Crimes preterdolosos: nos crimes preterdolosos, a conduta é desenvolvida de forma dolosa, mas o resultado agravador é culposo. Assim, como no crime preterdoloso o resultado agravador não é desejado pelo agente, não há que se falar em tentativa, que pressupõe a não consumação do delito por circunstâncias alheias à sua vontade.

c) Contravenções penais: nos termos do art. 4º do Decreto-lei nº 3.688/1941, "não é punível a tentativa de contravenção".

d) Crimes omissivos próprios: os crimes omissivos próprios não admitem tentativa, porque não se afigura possível fracionar a conduta omissiva do agente. Isso porque ou o agente observa o seu dever de agir implícito no tipo penal, e o crime se consuma; ou pratica a conduta, e não há crime.

Os crimes omissivos impróprios admitem tentativa.

e) Crimes unissubsistentes: os crimes unissubsistentes ou de ato único não admitem tentativa, diante da impossibilidade de fracionamento dos atos de execução. Ou seja, não é possível dar início à execução do delito e não atingir a consumação por circunstâncias alheias à vontade do agente.

2.4. Desistência voluntária e arrependimento eficaz (art. 15 do CP)

Na desistência voluntária e no arrependimento eficaz, o agente dá início à execução do delito, mas não consuma por vontade própria, ou porque desistiu de prosseguir nos atos executórios, ou porque se arrependeu eficazmente.

2.4.1. Desistência voluntária

A desistência voluntária caracteriza-se por um comportamento negativo do agente, que, após dar início à execução do delito, adota uma postura de abstenção, ou seja, **cessa o seu comportamento delitivo, não leva adiante a atividade executória;** mesmo podendo prosseguir, desiste da realização típica.

Tomemos como exemplo a conduta do agente que, com a intenção homicida, desfere um disparo de arma de fogo contra a vítima, acertando-a em região não letal. Podendo prosseguir, já que tinha mais cinco balas no revólver, o agente resolve, por vontade própria, não efetuar mais disparos, deixando a vítima sobreviver.

2.4.2. Arrependimento eficaz

No arrependimento eficaz, o agente, após ter esgotado todos os meios à sua disposição para a consumação do delito, arrepende-se e, adotando uma postura ativa, impede que o resultado se produza.

Exemplo: agente que, com a intenção homicida, após efetuar disparos de arma de fogo contra a vítima, utilizando todas as balas do revólver, arrepende-se e, adotando postura ativa, leva a vítima até o hospital, que, submetida a intervenção cirúrgica exitosa, acaba sobrevivendo.

2.4.3. Consequência

Nos termos da parte final do art. 15 do CP, verificada hipótese de desistência voluntária ou arrependimento eficaz, o agente jamais responderá pelo crime na modalidade tentada, já que, como visto, trata-se de causa excludente da tipicidade da tentativa, mas pelos atos até então praticados, se típicos.

Assim, o agente que ingressa numa residência e, por ato voluntário, desiste de consumar a subtração, não responderá por tentativa de furto, mas pelos atos até então praticados, quais sejam, violação de domicílio (art. 150 do CP).

2.5. Arrependimento posterior (art. 16 do CP)

Trata-se de **causa obrigatória de diminuição da pena** que incide quando o agente, responsável pelo crime praticado sem violência ou grave ameaça à pessoa, repara o dano provocado ou restitui a coisa, desde que de forma voluntária, até o recebimento da denúncia ou da queixa.

Assim, se o agente subtraiu uma TV do seu local de trabalho e, ao chegar em casa com a coisa subtraída, é convencido pela esposa a devolvê-la, o que efetivamente vem a fazer no dia seguinte, mesmo quando o fato já havia sido registrado na delegacia, haverá arrependimento posterior, com reflexo na dosimetria da pena.

2.6. Crime impossível (art. 17 do CP)

O **crime impossível por ineficácia absoluta do meio** guarda relação com o meio de execução ou instrumento utilizado pelo agente, que, por sua natureza, será incapaz de produzir qualquer resultado, ou seja, jamais alcançará a consumação do delito. É o caso do agente que, pretendendo matar a vítima, usa como meio executório arma completamente defeituosa, que jamais efetuaria qualquer disparo.

O **crime impossível pela impropriedade absoluta do objeto** guarda relação com o objeto material, compreendendo a pessoa ou coisa sobre o qual recai a conduta do agente. Tomemos como exemplo a conduta do agente que, pretendendo matar a vítima, desfere vários disparos de arma de fogo contra o seu corpo, verificando-se, após, que, ao receber os disparos, já se encontrava morta, em decorrência de ter sofrido, momentos antes, fulminante ataque cardíaco. Evidente, neste caso, a impropriedade absoluta do objeto, diante da impossibilidade de ceifar a vida de pessoa que já estava morta.

2.7. Crime doloso e culposo (art. 18 do CP)

2.7.1. Crime doloso

Com o sistema finalista, o dolo passou a integrar a conduta, elemento do fato típico. Trata-se de um elemento psicológico introduzido no tipo penal, característico do crime doloso.

a) Dolo direto: também chamado dolo determinado, intencional, imediato ou incondicionado, é aquele que se caracteriza pela vontade do agente estar dirigida especificamente à produção do resultado típico, abrangendo os meios utilizados para tanto. No dolo direto, o agente quer o resultado por ele anteriormente representado. **Adota-se a teoria da vontade.**

b) Dolo eventual: em relação ao dolo eventual, adota-se a teoria do consentimento ou assentimento, inserta na expressão "assumiu o risco de produzi-lo", encartada no art. 18, I, do CP. Tomemos como exemplo a conduta do agente que pretende atirar contra o seu desafeto, que se encontra conversando com outra pessoa. O agente prevê que também pode atingir a outra pessoa, mas segue em diante na sua conduta, assumindo o risco de errar o disparo contra o seu desafeto e atingir a outra pessoa, sendo-lhe indiferente quanto ao resultado que possa a vir a ser produzido em relação ao terceiro. Se efetuar disparos matando o seu desafeto e também a outra pessoa, o agente responderá por dois crimes de homicídio: o primeiro, a título de dolo direto; o segundo, a título de dolo eventual.

2.7.2. Teoria do crime culposo

É a conduta humana voluntária desenvolvida sem observar o dever de cuidado objetivo, que, por imprudência, negligência ou imperícia, produz um resultado involuntário, objetivamente previsível, que poderia ter sido evitado.

A inobservância do dever objetivo de cuidado, que é a quebra do dever de cuidado imposto a todos, é manifestada por meio de três modalidades de culpa, todas previstas no art. 18, II, do CP: imprudência, negligência e imperícia.

Imprudência: A conduta imprudente caracteriza-se por um agir positivo, sem a observância do dever de cuidado objetivo. Ocorre quando o agente pratica fato perigoso, de forma intempestiva e precipitada. Tomemos como exemplo condutor de veículo automotor que, imprimindo excessiva velocidade, atropela e mata um pedestre.

Negligência: Trata-se de modalidade negativa de culpa, em que a inobservância do dever de cuidado do agente é retratada pela ausência de cautela e precaução. É a culpa na forma de deixar de adotar as cautelas. Tomemos como exemplo o condutor de veículo que, antes de sair de viagem, deixa de reparar os pneus e verificar os freios.

Imperícia: A imperícia caracteriza-se pela falta de capacidade, preparo ou de conhecimentos técnicos suficientes de agente autorizado a desempenhar determinada arte, profissão ou ofício. Assim, se um médico cirurgião, que não domina determinada técnica inerente à certa intervenção cirúrgica, causar a morte do paciente, responderá por homicídio culposo (art. 121, § 3º, do CP), já que agiu com imperícia no exercício da sua profissão.

Na **culpa consciente** há a previsão do resultado, mas o agente realiza a conduta considerando, sinceramente, que nenhum resultado se produzirá ou, ainda, que reúne habilidade suficiente para evitá-lo. É a chamada culpa com previsão. Ex.: Leonardo conduz seu veículo por uma avenida. No banco do carona está sua namorada, Célia. Durante o percurso, Leonardo imprime velocidade excessiva no veículo, gerando protestos por parte de Célia, que lhe pedia para reduzir a velocidade. Leonardo responde dizendo que nada aconteceria, até porque era um excelente motorista. Todavia, ao fazer uma curva, Leonardo perde o controle do veículo e atropela uma pessoa, causando-lhe a morte. Diante disso, Leonardo responderá pelo crime de homicídio culposo na condução de veículo automotor (art. 302 da Lei nº 9.503/1997). Note-se que, no caso, havia por parte do motorista a previsibilidade do resultado, que não era aceito nem esperado e, ainda, a leviana percepção de que sua habilidade como condutor impediria a produção de qualquer evento lesivo.

Culpa Consciente

- Previsão do resultado;
- Acredita que o resultado não irá ocorrer;
- Considera ter habilidade para evitar o resultado.

Dolo Eventual

- Previsão do resultado;
- Assume o risco de produzir o resultado;
- Aceita o resultado.

2.8. Erro de tipo essencial e erro de proibição

2.8.1. Erro de tipo essencial

O erro de tipo essencial é aquele que repercute na própria tipificação da conduta do agente, pois, se não tivesse a falsa percepção da realidade, o agente não teria praticado o fato típico, ou, pelo menos, não nas circunstâncias que envolveram o contexto fático.

O erro de tipo essencial pode ser:

a) Invencível, inevitável, escusável

É aquele erro em que qualquer pessoa, nas mesmas circunstâncias, incorreria. É o erro inevitável, desculpável ou escusável, que não poderia ser evitado, mesmo por uma pessoa cautelosa e prudente.

Tomemos como exemplo a conduta de uma estudante que deixa seu celular carregando na tomada da sala de aula e sai para comprar café na cantina do local. Quando retorna, retira um celular da tomada que, na verdade, não era o seu aparelho, mas de sua colega, que havia colocado um celular idêntico para carregar em substituição ao da estudante. Nesse caso, há evidente erro de tipo, pois a estudante, por conta da falsa percepção da realidade (supôs ser seu o celular, já que idêntico), errou em relação ao elemento "alheio" do tipo que define o crime de furto. E, trata-se de erro de tipo invencível, porque qualquer pessoa, nas circunstâncias, consideraria que era o seu telefone celular que estava carregando na tomada em que havia deixado.

O erro de tipo invencível, inevitável ou escusável exclui o dolo e a culpa. Sendo a conduta elemento do fato típico, a ausência de dolo ou culpa leva à atipicidade da conduta.

b) Vencível, evitável ou inescusável

É aquele erro em que uma pessoa mais cautelosa e prudente, nas mesmas circunstâncias, não incorreria. É o erro evitável, indesculpável ou inescusável, que uma pessoa cautelosa e prudente teria evitado. Assim, se o fato for punido sob a forma culposa, o agente responderá por crime culposo. Quando o tipo, entretanto, não admitir essa modalidade, a consequência será inexoravelmente a exclusão do crime, já que configurará fato atípico.

No exemplo do caçador que praticava a caça em mata próxima à zona urbana, onde havia circulação de pessoas, o agente responderá pelo crime de homicídio culposo, já que se trata de erro de tipo vencível.

2.8.2. Do erro de proibição (art. 21 do CP)

O erro de proibição é o **erro que incide sobre a ilicitude do fato**. Encontra-se disciplinado no art. 21 do CP.

No erro de proibição, o agente tem consciência da conduta praticada, mas lhe falta potencial consciência da ilicitude do fato.

O erro de proibição pode ser:

a) erro de proibição escusável, inevitável ou invencível: ocorre quando o erro sobre a ilicitude do fato é impossível de ser evitado, valendo-se o ser humano da sua diligência ordinária. Ex.: um telejornal de alcance nacional informa, de forma equivocada, a aprovação da lei que autoriza a eutanásia de doentes em estágio terminal. Não havendo nenhuma razão para duvidar da veracidade da notícia, o agente dirige-se até o hospital e desliga os aparelhos que mantinham vivo um ente querido, que se encontrava sofrendo com a doença que o acometia e em estágio terminal, causando-lhe a morte. Praticou fato típico e ilícito, mas lhe faltou potencial consciência da ilicitude, incidindo o erro de proibição inevitável, cuja consequência será a exclusão da culpabilidade.

b) erro de proibição inescusável ou evitável: ocorre quando o erro sobre a ilicitude do fato que não se justifica, pois, se tivesse havido um mínimo de empenho em se informar, o agente poderia ter tido conhecimento da realidade. O critério de aferição do erro de proibição inescusável, vencível ou evitável encontra-se no parágrafo único do art. 21 do CP, segundo o qual "considera-se evitável o erro se o agente atua ou se omite sem a consciência da ilicitude do fato, quando lhe era possível, nas circunstâncias, ter ou atingir essa consciência". Tratando-se de erro de proibição evitável, permanece hígida a culpabilidade do agente, **sendo, no entanto, causa de diminuição da pena de um sexto a um terço.**

2.9. Erro de tipo acidental

2.9.1. Erro quanto à pessoa (art. 20, § 3º, do CP)

O erro sobre pessoa, previsto no art. 20, § 3º, do CP, incide quando o agente desenvolve conduta voltada a atingir a pessoa pretendida, mas, confundindo-se em relação à sua identidade, atinge pessoa diversa.

Consideremos, por exemplo, a hipótese do filho desalmado que, pretendendo matar seu pai, realiza disparos de arma de fogo contra o homem que estava na varanda da residência do genitor, causando a morte deste. O filho, então, deixa o local satisfeito, por acreditar ter concluído seu intento delitivo, mas vem a descobrir que matara um amigo de seu pai, que contava com 65 anos de idade, que, de costas, era com ele parecido.

Nesse caso, nos termos do art. 20, § 3º, do CP, consideram-se as condições e qualidades da vítima pretendida. Logo, o filho desalmado responderá pelo crime de homicídio, com a incidência da agravante de ter praticado crime contra ascendente, prevista no art. 61, II, e, 1ª parte, do CP.

2.9.2. *Erro na execução ou aberratio ictus (art. 73 do CP)*

A *aberratio ictus* pode ocorrer quando, **por acidente**, o agente, em vez de atingir a pessoa pretendida, atinge pessoa diversa. Suponhamos, nesse caso, que o agente pretende matar Wilson, deixando na sua mesa de trabalho uma xícara de café contendo veneno. Todavia, quem toma o café é Pedro, que acaba falecendo.

Pode ocorrer também quando, **por erro nos meios de execução**, o agente, em vez de atingir a pessoa pretendida, atinge pessoa diversa. Ex.: agente pretendendo matar Wilson, visualiza a vítima, tendo-a como certa, faz a mira e efetua o disparo, mas, no entanto, erra o alvo pretendido, atingindo pessoa diversa, que se encontrava próxima ao local.

A consequência jurídica da conduta do agente encontra-se retratada no art. 73, 1ª parte, do CP, que faz expressa remissão ao art. 20, § 3º, do CP. Ou seja, na hipótese de erro na execução, deve-se observar o disposto no art. 20, § 3º, segundo o qual, embora tenha atingido pessoa diversa, o agente deve receber tratamento penal considerando-se as condições ou qualidades da pessoa pretendida (vítima virtual), desprezando-se as condições pessoais da vítima efetivamente atingida.

Na *aberratio ictus* com resultado duplo, o agente, além de atingir a vítima pretendida, atinge também pessoa diversa. Nesse caso, com uma única ação, o agente produz mais de um resultado: atinge a pessoa pretendida e, também, pessoa diversa. Por essa razão, o art. 73, 2ª parte, do CP faz expressa remissão ao art. 70 do CP, devendo ser aplicada a regra do concurso formal de crimes.

2.9.3. *Resultado diverso do pretendido ou aberratio criminis (art. 74 do CP)*

Na *aberratio criminis*, o agente pretende ofender determinado bem jurídico, mas, por acidente ou erro na execução, acaba produzindo resultado diverso do pretendido. Na verdade, o agente pretendia praticar um crime, mas acaba praticando crime diverso do pretendido.

Na *aberratio criminis* com unidade simples, o agente somente atinge o bem jurídico diverso do pretendido. Ou seja, o agente quer atingir uma coisa e atinge uma pessoa.

Nesse caso, o agente responde pelo resultado produzido a título de culpa, se o fato é previsto como crime culposo.

Assim, se o agente, pretendendo atingir o veículo do desafeto, com o intuito de praticar o crime dano, por erro na execução, não atingir o objeto, mas somente uma pessoa que se encontrava próxima ao local, responderá por lesão corporal culposa (art. 129, § 6º, do CP), se resultar lesão corporal; ou por homicídio culposo (art. 121, § 3º, do CP), se resultar morte.

Na *aberratio criminis* com resultado duplo, o agente, além de praticar o crime pretendido, também acaba produzindo um resultado diverso do pretendido. Ou seja, com uma ação ou omissão, acaba provocando dois resultados. Nesse caso, como expressamente prevê a parte final do art. 74 do CP, aplica-se a regra do concurso formal de crimes (art. 70 do CP), considerando-se a pena do crime mais grave aumentada de um sexto até metade, de acordo com o número de resultados diversos produzidos.

2.10. Descriminante putativa

2.10.1. *Conceito*

É a causa excludente da ilicitude erroneamente imaginada pelo agente. Só existe, portanto, na mente, na imaginação do agente. Por essa razão, é também conhecida como descriminante imaginária ou erroneamente suposta.

Logo, é possível que o sujeito, por erro plenamente justificado pelas circunstâncias do caso concreto, suponha encontrar-se em estado de necessidade, legítima defesa, estrito cumprimento do dever legal ou em exercício regular do direito. Quando isso ocorre, aplica-se o disposto no art. 20, § 1º, 1ª parte.

2.10.2. *Espécies*

a) Descriminante putativa por erro de tipo: trata-se, na verdade, de erro de tipo permissivo, uma vez que o agente, erroneamente, imagina estar diante de uma situação de perigo inexistente, ou de uma agressão injusta inexistente, mas que, se existisse, tornaria sua ação legítima.

Assim, por exemplo, se o agente praticar uma conduta supondo estar diante de uma agressão injusta, mas que, na verdade, não existe, trata-se de legítima defesa putativa. Se o agente pratica uma conduta supondo estar numa situação de perigo, que, na verdade, não existe, trata-se de estado de necessidade putativo.

Os **efeitos** são os mesmos do erro de tipo, já que a descriminante putativa por erro de tipo não é outra coisa senão erro de tipo essencial incidente sobre tipo permissivo.

Assim, cuidando-se de erro invencível, há exclusão do dolo e culpa. Tratando-se de erro vencível, responde o sujeito por crime culposo, se prevista a modalidade culposa. Provando-se que o sujeito não foi diligente ao se verificar as circunstâncias do fato, responde por crime de homicídio culposo (art. 20, § 1°, do CP).

b) Descriminante putativa por erro de proibição: o agente tem perfeita noção de tudo o que está ocorrendo. Não há qualquer engano acerca da realidade. Não há erro sobre a situação de fato. Ele supõe que está diante da causa que exclui o crime, porque avalia equivocadamente a norma: pensa que esta permite, quando, na verdade, ela proíbe; imagina que age certo, quando está errado; supõe que o injusto é justo.

O sujeito imagina estar em legítima defesa, estado de necessidade etc., porque supõe estar autorizado e legitimado pela norma a agir em determinada situação.

Ex.: uma pessoa de idade avançada recebe um violento tapa em seu rosto, desferido por um jovem atrevido. O idoso tem perfeita noção do que está acontecendo, sabe que seu agressor está desarmado e que o ataque cessou. Não existe, portanto, qualquer equívoco sobre a realidade concreta. Nessa situação, no entanto, imagina-se equivocadamente autorizado pelo ordenamento jurídico a matar aquele que o humilhou, atuando, assim, em legítima defesa de sua honra.

As consequências dessa descriminante putativa encontram-se no art. 21 do CP e são as mesmas do erro de proibição direto ou propriamente dito.

O dolo não pode ser excluído, porque o engano incide sobre a culpabilidade e não sobre a conduta (por isso, erro de proibição). Se o erro for inevitável, o agente terá cometido um crime doloso, mas não responderá por ele; se evitável, responderá pelo crime doloso, com pena diminuída de um sexto a um terço.

2.11. Coação moral irresistível e obediência hierárquica (art. 22 do CP)

2.11.1. Coação moral irresistível

Na coação moral, o agente coator, para alcançar o resultado desejado, emprega grave ameaça contra o coagido, que, por medo de suportar um mal grave contra si ou contra outrem, acaba realizando a conduta criminosa exigida. A coação empregada pelo agente vicia a vontade do coagido, retirando-lhe a exigência de se comportar de modo diferente. Nesse caso, em relação ao coagido, incide a causa de exclusão da culpabilidade decorrente da inexigibilidade de conduta diversa.

> Ex.: se o sujeito é coagido a assinar um documento falso, responde pelo crime de falsidade o autor da coação. O coato não responde pelo crime, uma vez que sobre o fato incide a causa de exclusão da culpabilidade. Assim, quando o sujeito comete o fato típico e antijurídico sob coação moral irresistível, não há culpabilidade em face da inexigibilidade de outra conduta (não é reprovável o comportamento). A culpabilidade desloca-se da figura do coato para a do coator.

Convém sinalar que, se o sujeito pratica o fato sob coação física irresistível, não praticará crime por ausência de conduta. Trata-se de causa excludente da tipicidade.

2.11.2. Obediência hierárquica

Obediência hierárquica decorre da conduta do subordinado que, por força de ordem não manifestamente ilegal emanada por superior hierárquico, pratica fato típico e ilícito.

A ordem não manifestamente ilegal é aquela que revela aparente legalidade, mas que, na realidade, é contrária ao direito. O subordinado, por força da ordem emanada do superior hierárquico, realiza a conduta que lhe foi ordenada, considerando-a lícita, quando, na realidade, constitui fato típico e ilícito.

Tomemos como exemplo a hipótese de um Delegado de Polícia que determina a um inspetor de polícia recém-empossado na instituição que conduza um desafeto até a Delegacia, sem nenhuma razão plausível para isso. Desconhecendo os motivos do superior hierárquico, o subordinado cumpre estritamente a ordem. Nesse caso, o subordinado não será responsabilizado criminalmente, já que incide em seu favor a causa excludente de culpabilidade. O crime de abuso de autoridade deve ser atribuído exclusivamente ao autor da ordem.

Se a ordem for manifestamente ilegal, tanto o superior hierárquico quanto o subordinado responderão pelo delito praticado. Nesse caso, para

PENAL

o superior hierárquico incide a agravante genérica descrita no art. 62, III, 1ª parte, do CP. E em relação ao subordinado, aplica-se a atenuante prevista no art. 65, III, *c*, do CP.

2.12. Excludentes de ilicitude (art. 23 do CP)

As causas legais de exclusão de ilicitude estão previstas no art. 23 do CP: estado de necessidade, legítima defesa, estrito cumprimento do dever legal e exercício regular do direito.

2.12.1. Estado de necessidade (art. 24 do CP)

Tem como fundamento um estado de perigo para certo interesse jurídico, que somente pode ser resguardado mediante a lesão de outro.

Ex.: um pedestre joga-se na frente de um motorista, que, para preservar a vida humana, opta por desviar e colidir com outro que se encontrava estacionado nas proximidades. Entre sacrificar uma vida e um bem material, o agente fez a opção claramente mais razoável. Não pratica crime de dano, pois o fato, apesar de típico, não é ilícito.

2.12.2. Legítima defesa (art. 25 do CP)

A legítima defesa, nos termos em que é proposta pelo nosso Código Penal, exige a presença simultânea dos seguintes requisitos: a) agressão injusta; b) atual ou iminente; c) contra direito próprio ou alheio; d) reação com os meios necessários; e) moderação no uso dos meios necessários; f) elemento subjetivo: consciência de que está reagindo a injusta agressão.

A agressão injusta deve decorrer de ação ou omissão humana. Não há legítima defesa contra ataque instintivo e espontâneo de um animal, porque ausente consciência e vontade inerente à agressão. Nesse caso, como vimos, o agente estará diante de uma situação de perigo, ensejando a incidência do estado de necessidade.

Convém registrar, no entanto, que, se o agente atiça um animal, cão feroz, por exemplo, a atacar a vítima, estaremos diante de uma agressão injusta, não em decorrência do comportamento do animal, mas pela conduta do agente instigador, que usou o cão como verdadeira arma ou instrumento de ataque. Nesse caso, tratando-se de agressão injusta humana (agente que atiçou o animal a atacar), a vítima poderá praticar um fato típico, que não será ilícito, porque estará amparada pela legítima defesa.

A Lei nº 13.964/2019 introduziu o parágrafo único ao art. 25 do CP, segundo o qual "Observados os requisitos previstos no *caput* deste artigo, considera-se também em legítima defesa o agente de segurança pública que repele agressão ou risco de agressão a vítima mantida refém durante a prática de crimes". É o caso, por exemplo, de o agente de segurança efetuar disparos contra o sujeito que, durante a prática de roubo a banco, mantém vítima refém.

2.12.3. Estrito cumprimento do dever legal

Estará ao abrigo do estrito cumprimento do dever legal o agente que praticar um fato típico em face do cumprimento de um dever observando rigorosamente os limites impostos pela lei, de natureza penal ou não. Ex.: policial que prende o agente em flagrante ou mediante cumprimento de mandado de prisão, embora atinja o seu direito de liberdade, não comete crime algum, porque amparado pelo estrito cumprimento do dever legal.

2.12.4. Exercício regular de direito

A Constituição Federal dispõe que ninguém será obrigado a fazer ou deixar de fazer alguma coisa senão em virtude de lei (art. 5º, II). Logo, se a lei autoriza o agente a praticar determinada conduta, não poderá, à evidência, considerá-la ilícita.

Qualquer pessoa pode exercitar um direito subjetivo ou uma faculdade prevista em lei (penal ou extrapenal). Exemplo clássico é do particular que realiza a prisão em flagrante, conforme prevê o art. 301 do CPP. A prática de determinadas atividades esportivas produz, invariavelmente, lesões corporais, tais como o futebol, o boxe e a luta livre.

2.12.5. Consentimento do ofendido

O consentimento do ofendido, como causa excludente de ilicitude, incide nos crimes em que é o único titular do bem ou interesse penalmente tutelado, e que pode dele livremente dispor, ou seja, somente em relação a bens disponíveis.

As infrações penais que geralmente admitem a possibilidade do consentimento do ofendido, por tutelarem, em regra, bens disponíveis, envolvem: a) crimes contra o patrimônio, praticados sem violência ou grave ameaça; b) crimes contra a integridade física; c) crimes contra a honra; d) crimes contra a liberdade individual.

Ex.: imaginemos que o agente está praticando a subtração de um celular, momento em que é avistado pela vítima, que consente com o desapossamento, por considerar que as funções do aparelho já estão superadas. O fato é típico, pois se enquadra na descrição do modelo de conduta proibida prevista no art. 155 do CP; não será, contudo, ilícito, por força do consentimento da vítima, já que se trata de bem disponível.

3. DA IMPUTABILIDADE PENAL

3.1. Inimputabilidade por doença mental, desenvolvimento mental incompleto ou desenvolvimento mental retardado (art. 26, *caput*, do CP)

A inimputabilidade pela enfermidade mental é aferida pelo critério biopsicológico. Isso significa que, além de o agente estar acometido da enfermidade, é necessário que, em consequência desse estado biológico, o agente seja, no momento da conduta, inteiramente incapaz de entender o caráter ilícito do fato ou de determinar- se de acordo com esse entendimento.

A natureza jurídica da sentença que reconhece a inimputabilidade pela enfermidade mental é **absolutória imprópria**, pois o juiz aplicará medida de segurança, consistente em internação em hospital de custódia ou tratamento ambulatorial, nos termos do art. 386, par. ún., III, do CPP.

O período de duração da medida de segurança, segundo o Código Penal, é por tempo indeterminado, perdurando enquanto não ficar constada a cessação da periculosidade do agente (art. 97, § 1º, do CP). Como forma de evitar a aplicação de uma sanção de caráter perpétuo, o STJ estabeleceu um limite para o prazo de duração da medida de segurança, que seria o correspondente à pena máxima cominada ao delito pelo qual o agente foi acusado, conforme se extrai da Súmula 527 do STJ.

A semi-imputabilidade ou imputabilidade diminuída ou restrita encontra previsão no art. 26, par. ún., do CP. Trata-se, na verdade, de uma causa de diminuição da pena.

3.2. Da inimputabilidade por embriaguez completa proveniente de caso fortuito ou força maior (art. 28, § 1º, do CP)

Quando a embriaguez acidental, proveniente de caso fortuito ou força maior, for completa, ou seja, apta a deixar o agente, ao tempo da ação ou da omissão, inteiramente incapaz de entender o caráter ilícito do fato ou de determinar-se de acordo com esse entendimento, há exclusão da imputabilidade, nos termos do que dispõe o art. 28, § 1°, do CP.

Quando a embriaguez acidental, proveniente de caso fortuito ou força maior, é incompleta, não há exclusão da imputabilidade. O sujeito responde pelo crime com a pena atenuada, desde que haja redução de sua capacidade intelectiva ou volitiva. A sentença é condenatória. Aplica-se o disposto no art. 28, § 2º, do CP.

A embriaguez voluntária ou culposa não exclui a imputabilidade (art. 28, II, do CP).

4. CONCURSO DE PESSOAS (ARTS. 29, 30 E 31 DO CP)

4.1. Conceito

Ocorre quando duas ou mais pessoas, em conjugação de esforços e comunhão de vontades, reúnem-se para a prática de um ou mais delitos.

4.2. Requisitos

4.2.1. Pluralidade de condutas

Para que haja concurso de pessoas, exige-se que cada um dos agentes tenha realizado ao menos uma conduta relevante. Pode ser em coautoria, em que há duas condutas principais; ou autoria e participação, em que há uma conduta principal e outra acessória, praticadas, respectivamente, por autor e partícipe.

4.2.2. Relevância causal das condutas

Para justificar a punição de duas ou mais pessoas em concurso, afigura-se necessário que a conduta do agente tenha efetivamente contribuído, ainda que minimamente, para a produção do resultado. Em outras palavras, se a conduta não tem relevância causal, isto é, se não contribuiu em nada para a produção do resultado, não pode ser considerada integrante do concurso de pessoas.

Ex: empregada doméstica, desejando se vingar da patroa, após verificar a presença de um cidadão com atitude de quem pretendia ingressar na residência para praticar subtração, deixa a porta da frente aberta. Contudo, o cidadão ingressa na residência pela porta dos fundos. Nesse caso, como a conduta da empregada doméstica foi absolutamente irrelevante para a subtração, ela não será responsabilizada criminalmente.

4.2.3. Do liame subjetivo e normativo (vínculo subjetivo e normativo entre os participantes)

Os agentes devem atuar conscientes de que participam de crime comum, ainda que não tenha havido acordo prévio de vontades. Ou seja, devem agir em busca da produção de um mesmo resultado.

Ex.: uma empregada doméstica, percebendo a presença de um ladrão, para vingar-se do patrão, deliberadamente deixa a porta aberta, facilitando a prática do furto. O agente ingressa pela porta da frente e pratica a subtração. Embora não tenha ocorrido ajuste prévio, há vínculo subjetivo entre a conduta da empregada doméstica e do ladrão, já que ambos pretendiam a subtração de objetos na residência. Por isso, a empregada responderá pelo crime de furto qualificado pelo concurso de pessoas (art. 155, § 4º, IV, do CP), ao passo que o outro agente pelo crime de furto simples, já que não sabia que estava sendo auxiliado, ou seja, não sabia que outra pessoa concorreu para a prática do furto.

4.2.4. Identidade de infração para todos os participantes

Nos termos do art. 29 do CP, todos que concorrem para o crime respondem pelo mesmo delito, na medida de sua culpabilidade.

4.3. Participação de menor importância (art. 29, § 1º, do CP)

Essa causa de diminuição da pena alcança somente o partícipe.

Imaginemos que o agente apenas deu carona para o comparsa até o local onde ele iria praticar a subtração e foi embora. Nesse caso, concorreu para o crime de furto, já que, se não tivesse dado carona ao comparsa, o furto não teria ocorrido da forma como ocorreu. Todavia, a participação foi de menor importância, podendo o agente que deu carona responder pelo crime de furto qualificado pelo concurso de pessoas, com a pena diminuída em 1/6 a 1/3.

4.3.1. Da cooperação dolosamente distinta ou desvio subjetivo entre os participantes (art. 29, § 2º, do CP)

O agente que desejava praticar um delito, sem a condição de prever a concretização de crime mais grave, deve responder pelo que pretendeu fazer, não se podendo a ele imputar outra conduta indesejada, sob pena de se estar tratando de responsabilidade objetiva.

Ex.: "A" determina a "B" que espanque "C". "B" mata "C". Segundo o art. 29, § 2º, "A" responde por crime de lesão corporal, cuja pena deve ser aumentada até metade se a morte da vítima lhe era previsível.

4.4. Comunicabilidade dos elementares e circunstâncias do crime (art. 30 do CP)

Via de regra, as circunstâncias e condições pessoais relacionadas a um dos agentes não se comunica aos outros que contribuíram para a prática delituosa.

Todavia, há determinadas circunstâncias ou condições pessoais que compõem, integram o tipo penal, figurando, no caso, como verdadeira elementar no tipo penal. Nesse caso, quando também constituem o tipo penal, ou seja, figuram como elementares do tipo penal, as circunstâncias ou condições pessoais relacionadas a um dos sujeitos se comunicam aos demais coautores ou partícipes.

Ex.: "A", funcionário público, comete um crime de peculato (art. 312), com a participação de "B", não funcionário público. A condição pessoal (funcionário público) é elementar do crime de peculato, comunicando-se, portanto, ao agente que não é funcionário público. Logo, os dois respondem por crime de peculato.

De outro lado, as circunstâncias objetivas alcançam o partícipe ou coautor se, sem haver praticado o fato que as constitui, integraram o dolo ou culpa.

Ex.: "A" instiga "B" a praticar homicídio contra "C". "B", para a execução do crime, emprega asfixia. O partícipe não responde por homicídio qualificado (art. 121, § 2º, III, 4ª figura), a não ser que o meio de execução empregado pelo autor principal tenha ingressado na esfera de seu conhecimento.

5. APLICAÇÃO DA PENA

5.1. Regime inicial de cumprimento de pena (art. 33 do CP)

Após estabelecer a quantidade da pena imposta da sentença, cumpre ao juiz fixar o regime inicial de cumprimento da pena privativa de liberdade, levando em conta: a) a quantidade da pena imposta; b) a reincidência; c) as circunstâncias judiciais do art. 59 do CP.

Nos termos do art. 33, caput, do CP, nos crimes apenados com reclusão, o juiz poderá fixar o regime inicial fechado, semiaberto ou aberto. Aos crimes apenados com detenção, o juiz poderá fixar o regime inicial semiaberto ou aberto.

Logo, nos crimes apenados com detenção, não é possível ao juiz fixar o regime inicial fechado, podendo, no entanto, haver regressão para o regime fechado, no caso, por exemplo, de falta grave.

O início do cumprimento da pena para os crimes apenados com reclusão dar-se-á da seguinte forma, nos termos do art. 33, § 2º, do CP:

a) o condenado a pena superior a oito anos deverá começar a cumprir a pena privativa de liberdade no regime fechado;
b) o primário, cuja pena seja superior a quatro anos e não exceda a oito, poderá, desde o princípio, cumpri-la em regime semiaberto;
c) o primário, cuja pena seja igual ou inferior a quatro anos, poderá, desde o início, cumpri-la em regime aberto.

Cuidado:

> **Súm. nº 269 do STJ:** É admissível a adoção do regime prisional semi-aberto aos reincidentes condenados à pena igual ou inferior a 4 anos se favoráveis as circunstâncias judiciais.

Nos crimes apenados com detenção, os critérios para a definição do regime inicial são os seguintes:

a) se a pena for superior a quatro anos, o juiz fixará o regime inicial semiaberto;
b) se a pena for igual ou inferior a quatro anos, o regime inicial será o aberto;
c) se o condenado for reincidente, o regime inicial será o semiaberto, independentemente da quantidade da pena.

Além disso, a imposição de regime inicial mais severo depende de fundamentação adequada, não se revestindo a gravidade em abstrato do delito motivação idônea para a fixação do regime de cumprimento de pena mais severo do que a pena aplicada exigir. É o que se extrai das Súm. nº 718 e 719 do STF, e Súm. nº 440 do STJ.

5.2. Penas restritivas de direitos (art. 44 do CP)

5.2.1. Conceito

Nos termos do art. 43 do CP, as penas restritivas de direitos são: a) prestação pecuniária; b) perda de bens e valores; c) prestação de serviço à comunidade ou a entidades públicas; d) interdição temporária de direitos; e) limitação de fim de semana.

As penas restritivas de direitos são **substitutivas**, uma vez que o juiz, depois de fixar a pena privativa de liberdade, verificando a presença dos requisitos, efetua a substituição por uma ou mais penas restritivas de direitos, conforme o caso. Isso porque não há, no preceito secundário dos tipos penais incriminadores, previsão direta de pena restritiva de direitos, mas tão somente pena privativa de liberdade.

5.2.2. Requisitos objetivos

a) Quantidade da pena aplicada

a) Quantidade da pena aplicada: o legislador estabeleceu como parâmetro para a concessão da pena restritiva de direitos a pena aplicada na sentença, independentemente da pena abstratamente cominada no preceito secundário do tipo penal.

Nos crimes dolosos, praticados sem violência ou grave ameaça, apenados com reclusão ou detenção, o limite estabelecido pelo legislador é de 4 (quatro) anos.

No caso de condenação por crime culposo, a substituição será possível, independentemente da quantidade da pena imposta, não existindo tal requisito, ainda que resulte violência contra a pessoa, por exemplo, no homicídio culposo do Código Penal (art. 121, § 3º) e no homicídio culposo na condução de veículo automotor (art. 302 do CTB).

Cuidado: nos termos do art. 312-B do CTB, se o agente for condenado pela prática do crime de homicídio culposo na condução de veículo automotor qualificado por estar sob efeito de álcool (art. 302, § 3º, do CTB), ou pelo crime de lesão corporal culposa na condução de veículo automotor sob o efeito de álcool, resultando em lesão corporal gravíssima, não terá direito ao benefício da substituição da pena privativa de liberdade por restritiva de direitos (art. 303, § 2º, CTB).

b) Natureza do crime cometido: em relação aos crimes dolosos, as penas restritivas de direitos são aplicáveis aos crimes cometidos sem violência ou grave ameaça à pessoa. Nos crimes culposos, será possível a aplicação do benefício, ainda que tenha decorrido crime a partir de resultado violento (homicídio culposo, por exemplo), já que não havia dolo de violência ou grave ameaça na conduta do agente.

5.2.3. Requisitos subjetivos

Os requisitos subjetivos levam em conta as características pessoais do sentenciado.

a) Réu não reincidente em crime doloso

Nos termos do art. 44, II, do CP, para concessão do benefício, é necessário que o sujeito não seja reincidente em crime doloso. O texto não trata de qualquer

PENAL

reincidente. Refere-se ao não reincidente em crime "doloso", de modo que não há impedimento à aplicação da pena alternativa quando: a) os dois delitos são culposos; b) o anterior é culposo e o posterior é doloso; c) o anterior é doloso e o posterior culposo.

Ainda que o réu seja reincidente em crime doloso, o Código Penal, no seu art. 44, § 3º, prevê uma exceção. Se, em face de condenação anterior, a medida for socialmente recomendável e a reincidência não se tenha operado em virtude da prática do mesmo crime, será possível aplicar a substituição da pena privativa de liberdade por restritiva de direitos.

b) A culpabilidade, os antecedentes, a conduta ou a personalidade ou ainda os motivos e circunstâncias recomendarem a substituição

Conforme o art. 44, III, do CP, "a culpabilidade, os antecedentes, a conduta social e a personalidade do condenado, bem como os motivos e as circunstâncias indicarem que essa substituição seja suficiente".

Convém notar que esses requisitos praticamente reproduzem as circunstâncias judiciais previstas no art. 59, *caput*, do CP, com exceção de duas: comportamento da vítima e consequências do crime, coincidentemente as únicas de natureza objetiva. Logo, verifica-se que o art. 44, III, do CP somente levou em conta as circunstâncias subjetivas.

5.2.4. Penas restritivas de direitos e violência doméstica ou familiar contra a mulher

Nos termos do art. 17 da Lei nº 11.340/2006, conhecida como Lei Maria da Penha, "É vedada a aplicação, nos casos de violência doméstica e familiar contra a mulher, de penas de cesta básica ou outras de prestação pecuniária, bem como a substituição de pena que implique o pagamento isolado de multa".

Conforme a Súm. nº 588 do STJ, a prática de crime ou contravenção penal contra a mulher com violência ou grave ameaça no ambiente doméstico impossibilita a substituição de pena privativa de liberdade por restritiva de direitos.

5.3. Da pena de multa (arts. 49, 50, 51 e 60 do CP)

5.3.1. Conceito

Trata-se de uma sanção penal, de natureza patrimonial, consistente no pagamento de determinada quantia em pecúnia, previamente fixada em lei, em favor do Fundo Penitenciário Nacional.

5.3.2. Critério de fixação da pena de multa

Diversamente da pena privativa de liberdade, cujo sistema é o trifásico, a aplicação da pena de multa observa um sistema bifásico, comportando, pois, duas fases distintas e sucessivas.

Para o cálculo da pena de multa, o Código Penal adotou o sistema do dia-multa.

Na 1ª fase, o juiz deverá estabelecer o número de dias-multa, que varia de, no mínimo, 10 (dez) dias-multa a, no máximo, 360 (trezentos e sessenta) dias-multa. É o que se extrai do art. 49 do CP.

Para chegar ao número de dias-multa, o Magistrado considera as circunstâncias judiciais do art. 59, *caput*, do CP, bem como eventuais atenuantes e agravantes, além de causas de diminuição e aumento de pena.

Na 2ª fase, o juiz deverá fixar o valor do dia-multa, não podendo ser inferior a um trigésimo do salário-mínimo mensal de referência vigente ao tempo do fato, nem superior a cinco vezes esse salário (art. 49, § 1º, do CP).

Para aferir o valor do dia-multa, o juiz deverá considerar a situação econômica do réu, podendo chegar ao triplo, se considerada insuficiente e ineficaz diante da situação financeira do réu, conforme dispõe o art. 60 do CP.

5.3.3. Execução da pena de multa

Conforme o ordenamento jurídico vigente, a inadimplência no pagamento da multa estatal não conduz, em nenhuma hipótese, à aplicação da pena de prisão. Ninguém pode ser privado da liberdade em razão do não pagamento de uma multa estatal.

Nos termos do art. 51 do CP, transitada em julgado a sentença condenatória, o valor da multa deve ser inscrito como dívida ativa em favor da Fazenda Pública. A multa permanece com sua natureza penal. A execução é que se procede em termos extrapenais. Em face disso, a obrigação de seu pagamento não se transmite aos herdeiros do condenado.

A novidade introduzida pela Lei nº 13.964/2019 diz respeito à execução da pena de multa. Nos termos da atual redação do art. 51 do CP, a legitimidade para a execução da pena de multa passa a ser do Ministério Público, sendo executada perante o juiz da execução penal.

5.4. Da aplicação da pena e reincidência

5.4.1. Da aplicação da pena (art. 68 do CP)

5.4.1.1. Introdução

Da leitura do art. 68 do CP verifica-se que, em relação à pena privativa de liberdade, a legislação penal adotou o critério trifásico, segundo o qual se deve encontrar a pena-base atendendo-se ao critério do art. 59 deste Código; em seguida, serão consideradas as circunstâncias atenuantes e agravantes; por último, as causas de diminuição e de aumento.

Em relação à pena de multa, convém repetir, o Código Penal adotou o sistema bifásico, conforme se extrai do art. 49 do CP.

5.4.1.2. Primeira fase da fixação da pena: pena-base e circunstâncias jurídicas

Não há nenhum dispositivo legal norteando o juiz na fixação da pena-base, encarregando-se a doutrina e a jurisprudência de estabelecer critérios basilares para o montante da pena-base, sempre ressaltando a discricionariedade do juiz.

Todavia, em que pese o grau de discricionariedade, o juiz, nessa fase, está restrito à cominação legal da pena, devendo observar o mínimo e o máximo da pena legalmente prevista. Em outras palavras, ainda que todas as circunstâncias judiciais sejam favoráveis ao réu, a pena-base não poderá ficar abaixo do mínimo legal. De outro lado, se as circunstâncias judiciais forem desfavoráveis ao réu, não será possível ao juiz fixar a pena-base além do máximo da pena cominada ao delito. Assim, por exemplo, em relação ao crime de furto simples (art. 155, *caput*, do CP), o juiz somente poderá fixar a pena-base dentro do limite de 1 (um) a 4 (quatro) anos.

De todo modo, se todas as circunstâncias judiciais do art. 59 do CP forem favoráveis ao réu, a pena-base, como regra óbvia, deverá ser fixada no mínimo legal. Se alguma circunstância judicial for desfavorável ao réu, o juiz está autorizado a fixar a pena-base acima do mínimo legal.

Todavia, em que pese o grau de discricionariedade, o juiz, nessa fase, está restrito à cominação legal da pena, devendo observar o mínimo e o máximo da pena legalmente prevista. Em outras palavras, ainda que todas as circunstâncias judiciais sejam favoráveis ao réu, a pena-base não poderá ficar abaixo do mínimo legal. De outro lado, se as circunstâncias judiciais forem desfavoráveis ao réu, não será possível ao juiz fixar a pena-base além do máximo da pena cominada ao delito. Assim, por exemplo, em relação ao crime de furto simples (art. 155, *caput*, do CP), o juiz somente poderá fixar a pena-base dentro do limite de 1 (um) a 4 (quatro) anos.

De todo modo, se todas as circunstâncias judiciais do art. 59 do CP forem favoráveis ao réu, a pena-base, como regra óbvia, deverá ser fixada no mínimo legal. Se alguma circunstância judicial for desfavorável ao réu, o juiz está autorizado a fixar a pena-base acima do mínimo legal.

5.4.1.3. Segunda fase da fixação da pena: circunstâncias agravantes e atenuantes

Após a fixação da pena-base, adotando como parâmetro as circunstâncias judiciais, cumpre ao juiz passar para a segunda fase, fixando a pena, ainda provisória, levando em conta as circunstâncias agravantes e atenuantes.

No *caput* do art. 61, o Código Penal emprega o advérbio "sempre", indicando que, via de regra, as agravantes são de aplicação obrigatória. Em razão disso, o juiz não pode deixar de agravar a pena, ficando o quantum da pena a seu critério.

Todavia, quando uma das circunstâncias agravantes funciona como elementar ou como circunstância qualificadora, não se aplica a agravante, a fim de evitar o bis in idem.

Assim, se, por exemplo, o agente praticar homicídio por motivo fútil (art. 121, § 2º, II, do CP), não incide a agravante do art. 61, II, *a*, 1ª figura (ter sido o crime cometido por motivo fútil), pois a circunstância genérica funciona como "qualificadora" do homicídio.

A quantidade da pena a ser agravada ou atenuada fica a critério do juiz, uma vez que não há nenhum dispositivo legal fixando os parâmetros.

As circunstâncias atenuantes são de aplicação em regra obrigatória, pois o *caput* do art. 65 reza que: "são circunstâncias que sempre atenuam a pena".

Entretanto, quando a pena-base for fixada no mínimo legal, a incidência da circunstância atenuante não pode conduzir à redução da pena abaixo da pena mínima cominada. É o que se extrai da Súm. nº 231 do STJ: "A incidência da circunstância atenuante não pode conduzir à redução da pena abaixo do mínimo legal".

É possível que a atenuante do art. 65 funcione na Parte Especial do Código Penal como causa da diminuição da pena. Nesse caso, não se aplica a atenuante genérica. Ex.: a circunstância consistente em praticar crime por motivo de relevante valor moral ou social integra o homicídio privilegiado (art. 121, § 1º, do CP); logo, não poderá ser considerada atenuante genérica.

Ao contrário das circunstâncias agravantes, que somente podem ser aplicadas se expressamente previstas em lei, pode o Magistrado considerar, na segunda fase de fixação da pena, atenuante não prevista em lei, levando em conta circunstância relevante, anterior ou posterior ao crime. É o que se extrai do art. 66 do CP.

Assim, se, por exemplo, restar comprovado que o agente praticou o crime de furto em razão de desemprego ou moléstia grave na família, poderá o

Magistrado considerar essa circunstância para atenuar a pena, ainda que não expressamente prevista em lei.

Convém sinalar alteração promovida no artigo 65, I, do Código Penal. A regra consiste na aplicação da atenuante quando o agente for menor de 21 anos à época do fato, ou maior de 70 anos, na data da sentença. Todavia, o legislador introduziu uma exceção: Se o crime envolver violência sexual contra a mulher, essa atenuante não poderá ser aplicada. Atenção: não se trata de qualquer crime contra a mulher, mas somente aquele envolver violência sexual, como, por exemplo, estupro (art. 213 do CP). Essa vedação não incidirá quando a vítima for homem.

5.4.1.4. Terceira fase da aplicação da pena: causas de aumento e de diminuição da pena

Na terceira e última fase de aplicação da pena, o juiz deve considerar as causas de aumento e de diminuição da pena presentes no caso concreto. Essas causas de aumento e de diminuição da pena podem estar previstas tanto na Parte Geral do Código Penal quanto na Parte Especial.

O cálculo decorrente da causa de aumento ou diminuição da pena deve incidir sobre a pena provisória, encontrada na segunda fase, de forma cumulada.

É **importante salientar** que, com o reconhecimento de causa de aumento ou de diminuição de pena, o juiz pode aplicar pena acima da máxima ou inferior à mínima cominada em abstrato.

5.4.2. Da reincidência (art. 63 do CP)

5.4.2.1. Conceito

A reincidência pressupõe uma sentença condenatória transitada em julgado por prática de crime. Há reincidência somente quando o novo crime for cometido após a sentença condenatória de que não cabe mais recurso. É o que se extrai do art. 63 do CP.

> Ex.: o agente pratica um crime, sendo processado e condenado. Não recorre, vindo a sentença transitar em julgado. Meses depois, vem a praticar novo crime. É considerado reincidente, uma vez que cometeu novo delito após o trânsito em julgado de sentença que o condenou por prática de crime.

Se o agente praticar o novo crime exatamente no dia em que transitar em julgado a sentença penal condenatória pelo crime anterior, não incide a agravante da reincidência, pois a lei é expressa ao mencionar que o novo crime deve ser praticado "depois" do trânsito em julgado. No dia do trânsito, portanto, não se encaixa na hipótese legal.

Além disso, complementando os pressupostos da reincidência, o art. 7º da Lei de Contravenções Penais (Decreto-lei nº 3.688/1941) dispõe que: "verifica-se a reincidência quando o agente pratica uma contravenção depois de passar em julgado a sentença que o tenha condenado, no Brasil ou no estrangeiro, por qualquer crime, ou, no Brasil, por motivo de contravenção".

Assim, podem ocorrer várias hipóteses:

a) o agente, condenado irrecorrivelmente pela prática de um crime, vem a cometer outro delito: é reincidente (art. 63 do CP);
b) o agente pratica um crime; condenado irrecorrivelmente, vem a cometer uma contravenção: é reincidente (art. 7º da LCP);
c) o sujeito pratica uma contravenção, vindo a ser condenado por sentença transitada em julgado; comete outra contravenção: é considerado reincidente (art. 7º da LCP);
d) o sujeito comete uma contravenção; é condenado por sentença irrecorrível; pratica um crime: não é reincidente (art. 63 do CP).

> **Informativo 636 STF:** Condenações anteriores pelo delito do art. 28 da Lei nº 11.343/2006 não são aptas a gerar reincidência.

5.4.2.2. Eficácia temporal da condenação anterior para efeito da reincidência

Nos termos do art. 64, I, do CP, não prevalece a condenação anterior se entre a data do cumprimento ou extinção da pena e a infração posterior tiver decorrido período de tempo superior a 5 (cinco) anos, computado o período de prova da suspensão ou do livramento condicional, se não ocorrer revogação.

Logo, o prazo de 5 (cinco) anos começa a correr a partir do cumprimento da pena ou a sua extinção por outro modo, por exemplo, incidência de uma causa extintiva da punibilidade, como a prescrição da pretensão executória, graça ou indulto.

O período de prova do livramento condicional e da suspensão condicional da pena será computado para fins de cessar os efeitos da reincidência.

Assim, em tese, ao agente condenado a 6 (seis) anos de reclusão, cumprindo 1/3 (ou seja, 2 anos), será concedido o livramento condicional (art. 83, I, do CP), restando outros 4 (quatro) anos para o término da pena, que será o período de prova.

Consideremos a hipótese de o agente ter iniciado o cumprimento da pena no dia 10-8-2010. Após cumprir 1/3 da pena, dois anos, portanto, obteve o livramento condicional em 10-8-2012, cumprindo integralmente a pena no dia 10-8-2016.

Em 10-9-2017, o agente pratica novo crime. Nesse caso, não será considerado reincidente, pois passaram-se mais de 5 (cinco) anos entre a data do cumprimento da pena e a prática do novo crime, **computando-se o período de prova do livramento condicional**.

5.4.2.3. Crimes que não induzem reincidência

O art. 64, II, do CP dispõe que, para efeito de reincidência, não se consideram os crimes militares próprios ou políticos.

Convém ressaltar que, conquanto não gere reincidência, o trânsito em julgado de uma sentença penal condenatória por crime militar próprio ou crime político gera maus antecedentes, já que o art. 64, II, do CP limita-se a afastar a reincidência, nada dispondo sobre maus antecedentes.

5.5. Concurso de crimes

5.5.1. Concurso material (art. 69 do CP)

Ocorre o concurso material, também chamado de real, quando o agente, mediante mais de uma ação ou omissão, pratica dois ou mais crimes, idênticos ou não (art. 69, *caput*, do CP). Há, pois, pluralidade de condutas e pluralidade de resultados.

Na hipótese de crimes conexos apurados na mesma ação penal, a soma das penas, pelo concurso material, será realizada na própria sentença, após a adoção do critério trifásico para cada um dos delitos. Ex.: o agente pratica o crime de estupro (art. 213 do CP) e, para assegurar a sua impunidade, mata, na sequência, a vítima (art. 121, § 2º, V, do CP). Imaginemos que o juiz fixe, em relação ao delito de estupro, a pena de 8 (oito) anos; e em relação ao crime de homicídio qualificado, a pena de 20 (vinte) anos. Ao final, verificando-se tratar de concurso material de crimes, o Magistrado aplicará o sistema do cúmulo material, somando as penas, alcançando a pena definitiva de 28 anos.

De outro lado, na hipótese de não haver conexão entre os crimes, sendo, por isso, julgados em processos distintos, a soma das penas será realizada perante o juízo da execução criminal, por força do disposto no art. 66, III, *a*, da Lei de Execução Penal (Lei nº 7.210/1984).

Nos termos do art. 69, *caput*, do CP, quando o agente realiza o concurso real de crimes, "aplicam-se cumulativamente as penas em que haja incorrido". Portanto, no concurso material, as penas são cumuladas, somadas.

Aplica-se, pois, o **sistema do cúmulo material de fixação da pena**.

5.5.2. Concurso formal (art. 70 do CP)

5.5.2.1. Conceito

Ocorre o concurso formal (ou ideal) quando o agente, mediante uma só ação ou omissão, pratica dois ou mais crimes (art. 70, *caput*, do CP). **Há unidade de conduta e pluralidade de crimes.**

A unidade de conduta concretiza-se quando os atos são realizados no mesmo contexto espacial e temporal, não exigindo, necessariamente, ato único. De fato, pode haver unidade de conduta mesmo quando fracionada em vários atos, por exemplo, agente que subtrai objetos pertencentes a pessoas distintas, no mesmo contexto fático.

O Superior Tribunal de Justiça tem entendido que, praticado o crime de roubo em um mesmo contexto fático, mediante uma só ação, contra vítimas diferentes, tem-se configurado o concurso formal de crimes.

5.5.2.2. Concurso formal perfeito e concurso formal imperfeito

a) concurso formal perfeito, ou próprio (primeira parte do art. 70 do CP): ocorre quando o agente pratica duas ou mais infrações penais por meio de uma única conduta. Resulta de um único desígnio. O agente, de um só impulso volitivo, dá causa a dois ou mais resultados, sem desígnios autônomos em relação a cada um dos resultados.

Desígnio autônomo caracteriza-se pelo fato de o agente pretender, mediante uma única conduta, atingir dois ou mais resultados. Ou seja, o agente, mediante uma ação ou omissão, age com consciência e vontade em relação a cada um deles, considerados isoladamente.

Assim, se, por exemplo, o agente, na condução de veículo automotor, atropela e causa a morte de uma pessoa e lesão corporal em outra, pratica crime de homicídio culposo na condução de veículo automotor (art. 302 do CTB), em concurso formal perfeito, já que não tinha desígnios autônomos em relação a cada um dos resultados.

b) concurso formal imperfeito, ou impróprio (segunda parte do art. 70 do CP): ocorre quando o agente, mediante uma ação ou omissão, pretende, de forma consciente e voluntária, o resultado em relação a cada um dos crimes.

Ex.: o agente provoca fogo em uma residência com a intenção de matar todos os moradores. O agente tem desígnios autônomos (intenção de matar) em relação a cada um dos moradores da residência.

PENAL

A expressão "desígnios autônomos" abrange tanto o dolo direto quanto o dolo eventual. Assim, haverá concurso formal imperfeito, por exemplo, entre o delito de homicídio doloso com dolo direto e outro com dolo eventual.

5.5.2.3. Aplicação da pena no concurso formal

Em relação ao concurso formal perfeito, ou próprio, o Código Penal adotou o sistema de exasperação da pena. Aplica-se a pena do crime mais grave ou, se iguais, somente uma delas, mas aumentada, em qualquer caso, de um sexto até metade.

O critério adotado pela jurisprudência para a fixação do aumento da pena em decorrência do concurso formal perfeito de crimes tem relação com o número de crimes cometidos pelo agente.

Número de crimes	2 crimes	3 crimes	4 crimes	5 crimes	5 ou mais crimes
Aumento da pena	1/6 de aumento	1/5 de aumento	1/4 de aumento	1/3 de aumento	1/2 de aumento

No concurso formal imperfeito, ou impróprio, por conta do maior grau de reprovabilidade da conduta do agente, visando a não beneficiar agente que agiu com desígnios autônomos em relação a cada resultado, as penas devem ser somadas, adotando-se o critério do cúmulo material, nos termos do art. 70, caput, 2ª parte, do CP.

5.5.3. Concurso material benéfico (art. 70, par. ún., do CP)

Se da aplicação da regra da exasperação da pena, no concurso formal, a pena tornar-se superior à que resultaria se somadas, deve-se adotar o critério do cúmulo material, porque, nesse caso, será mais benéfico (art. 70, par. ún., do CP).

Ex.: suponha-se que o agente tenha praticado um homicídio simples (art. 121 do CP – pena de 6 a 20 anos) e uma lesão corporal leve (art. 129, *caput*, do CP – pena de 3 meses a 1 ano), em concurso formal. Aplicado o critério da exasperação da pena, considerando-se a pena do crime mais agrave, acrescido de 1/6, resultaria na pena de 7 (sete) anos.

Se aplicada a pena considerando-se o critério do cúmulo material, considerando-se a pena aplicada para crime de homicídio simples (6 anos) e lesão corporal leve (3 meses), a pena definitiva ficaria em 6 (seis) anos e 3 (três) meses. Essa seria a pena a ser aplicada, já que a aplicação do critério do concurso material é mais benéfica.

Em face disso, a pena a ser aplicada não pode ser superior à que seria cominada se fosse caso de concurso material, aplicando-se, nesse caso, o disposto no art. 70, par. ún., do CP.

5.5.4. Crime continuado (art. 71 do CP)

5.5.4.1. Conceito

Ocorre o crime continuado quando o agente, mediante mais de uma ação ou omissão, pratica dois ou mais crimes da mesma espécie, devendo os subsequentes, pelas condições de tempo, lugar, maneira de execução e outras semelhantes, ser havidos como continuação do primeiro.

5.5.4.2. Requisitos

Para a incidência das regras do crime continuado é preciso verificar a presença de requisitos dispostos no art. 71 do CP, consistentes: a) na pluralidade de condutas; b) na pluralidade de crimes da mesma espécie; c) nas mesmas condições de tempo, lugar, maneira de execução e outras semelhantes.

a) Pluralidade de condutas: nos termos do art. 71 do CP, o crime continuado caracteriza-se pelo fato de o agente praticar crimes mediante mais de uma ação ou omissão, exigindo, pois, pluralidade de condutas.

Distingue-se do concurso material, que também exige pluralidade de condutas, por força da incidência dos demais requisitos, ou seja, a prática de crimes de mesma espécie, nas mesmas condições de tempo, lugar e maneira de execução.

b) Crimes da mesma espécie: crimes da mesma espécie são os que estiverem previstos no mesmo tipo penal, considerando-se, inclusive, as figuras simples ou qualificadas, dolosas ou culposas, tentadas ou consumadas.

De outro lado, a teor da jurisprudência do Superior Tribunal de Justiça, não há como reconhecer a continuidade delitiva entre os crimes de roubo e de latrocínio, porquanto são delitos de espécies diversas, já que tutelam bens jurídicos diferentes.[1]

c) Condições de tempo: exige-se, para caracterizar crime continuado, conexão temporal entre as condutas praticadas para que se configure a continuidade delitiva. Deve existir, em outros termos, certa periodicidade que permita se observar certo ritmo, certa uniformidade, entre as ações sucessivas, embora não se possam fixar, a respeito, indicações precisas.

A jurisprudência tem admitido crime continuado quando entre as infrações penais não houver decorrido período superior a 30 (trinta) dias.

d) Condições de lugar: deve existir entre os crimes da mesma espécie uma conexão espacial para caracterizar o crime continuado.

A prática de crimes da mesma espécie em locais diversos não exclui a continuidade. Assim, crimes praticados em bairros diversos de uma mesma cidade, ou em cidades próximas, podem ser entendidos como praticados em condições de lugar semelhantes.

e) Maneira de execução: a lei exige que a forma de execução das infrações continuadas seja semelhante, traduzindo-se no modo, forma e meios empregados para a prática dos delitos. Ex.: empregado de um estabelecimento comercial que subtrai, diariamente, objetos da empresa.

Todavia, um crime de furto qualificado pela escalada e outro furto qualificado pela destreza, conquanto crimes da mesma espécie, inviabilizam a incidência do crime continuado, já que empregaram modos de execução distintos.

1, STJ – HC 384875/SP – rel. Min. Ribeiro Dantas – 5ª Turma – j. 20-3-2018.

5.5.4.3. Crime continuado específico (art. 71, par. ún., do CP)

O crime continuado específico prevê a necessidade de três requisitos, que devem ocorrer simultaneamente:

1) Contra vítimas diferentes: admite-se nexo de causalidade entre crimes que lesam interesses jurídicos pessoais, ainda que praticados contra vítimas diversas.

Assim, admite o Código Penal nexo de continuidade entre homicídios, lesões corporais ou roubos contra vítimas diversas, podendo o juiz, de acordo com as circunstâncias judiciais do art. 59, *caput*, do CP, aumentar a pena de um dos delitos até o triplo, desde que a pena não seja superior à que seria imposta se o caso fosse de concurso material.

2) Com violência ou grave ameaça à pessoa: mesmo que o crime seja contra vítimas diferentes, se não houver violência – real ou ficta – contra a pessoa, não haverá a continuidade específica, mesmo que haja violência contra a coisa.

3) Somente em crimes dolosos: se a ação criminosa for praticada contra vítimas diferentes, com violência à pessoa, mas não for produto de uma conduta dolosa, não estará caracterizada a exceção.

5.5.4.4. Aplicação da pena

Tratando-se de crime continuado comum, aplica-se a pena do crime mais grave, aumentada de 1/6 até 2/3.

O parâmetro para o aumento da pena entre 1/6 e 2/3 deve ser proporcional ao número de infrações praticadas. É o que se extrai da Súmula 659 do STJ: "A fração de aumento em razão da prática de crime continuado deve ser fixada de acordo com o número de delitos cometidos, aplicando-se 1/6 pela prática de duas infrações, 1/5 para três, 1/4 para quatro, 1/3 para cinco, 1/2 para seis e 2/3 para sete ou mais infrações."

Número de crimes	2 crimes	3 crimes	4 crimes	5 crimes	6 crimes	7 ou mais crimes
Aumento de pena	1/6 de aumento	1/5 de aumento	1/4 de aumento	1/3 de aumento	1/2 de aumento	2/3 de aumento

Com relação a crime continuado específico, previsto no art. 71, par. ún., do CP, aplica-se a pena do crime mais grave aumentada até o triplo. Todavia, segundo o entendimento do Supremo Tribunal Federal, no crime continuado qualificado, a majoração da pena não está adstrita ao número de infrações praticadas, haja vista que o art. 71, par. ún., do CP determina que poderá o juiz, "considerando a culpabilidade, os antecedentes, a conduta social e a personalidade do agente, bem como os motivos e as circunstâncias, aumentar a pena de um só dos crimes, se idênticas, ou a mais grave, se diversas, até o triplo". Logo, a fração de aumento de pena no crime continuado qualificado lastreia-se nos vetores em questão, e não apenas no número de infrações praticadas.

6. DA SUSPENSÃO CONDICIONAL DA PENA

6.1. Conceito

Trata-se de um instituto de política criminal, tendo por fim a suspensão da execução da pena privativa de liberdade, evitando o recolhimento ao cárcere do condenado não reincidente condenado à pena não superior a 2 (dois) anos (ou a 4 anos, na hipótese de *sursis* etário ou humanitário), mediante o cumprimento de determinadas condições, fixadas pelo juiz, durante o período de prova.

Os requisitos da suspensão condicional da execução da pena estão previstos no art. 77 do CP.

6.1.1. Requisitos objetivos

a) Pena privativa de liberdade: quanto à qualidade da pena, somente a pena privativa de liberdade, seja reclusão, seja detenção, admite a suspensão condicional da execução da pena.

Não cabe *sursis* em relação à pena restritiva de direitos e à pena de multa. É o que se extrai do art. 80 do CP, segundo o qual "a suspensão não se estende às penas restritivas de direitos nem à multa".

Não se aplica o *sursis* às medidas de segurança, uma vez que o instituto é voltado a suspender a execução da pena. E medida de segurança não tem natureza jurídica de pena. Além disso, verificada a inimputabilidade pela enfermidade mental, a sentença será absolutória imprópria, não havendo, pois, execução da pena a suspender.

b) Quantidade da pena privativa de liberdade: como regra, a quantidade da pena imposta na sentença não pode ser superior a 2 (dois) anos, ainda que resulte, no concurso de crimes, de sanções inferiores a ela.

Tratando-se, entretanto, de condenado maior de 70 anos de idade, ao tempo da sentença ou do acórdão (*sursis* etário) ou em razão de saúde (*sursis* humanitário ou profilático), a pena aplicada pode ser igual ou inferior a 4 (quatro) anos (art. 77, § 2º, do CP).

Em relação a concurso de crimes, em qualquer das suas espécies, a pena aplicada, considerando os critérios da exasperação da pena ou cúmulo material, não pode ser superior a 2 (dois) anos (ou 4 anos, na hipótese de *sursis* etário ou humanitário).

c) Impossibilidade de substituição por pena restritiva de direitos: somente se aplica o *sursis* quando incabível ou não recomendável a substituição da pena privativa de liberdade por restritiva de direitos (art. 77, III, do CP).

6.1.2. Requisitos subjetivos

a) Condenado não reincidente em crime doloso

Nem toda reincidência impede a concessão do sursis, mas somente a reincidência em crime doloso. Isso quer dizer que a condenação anterior, mesmo definitiva, por crime culposo ou por simples contravenção, por si só, não é causa impeditiva da suspensão condicional da pena.

Todavia, a reincidência, ainda que em crime doloso, em decorrência de anterior condenação a pena de multa, não impede a concessão do *sursis* (art. 77, § 1º, do CP).

b) Circunstâncias judiciais favoráveis ao agente

Não é indispensável que todas as circunstâncias sejam favoráveis, como ocorre com *sursis* especial. Basta que, no geral, não sejam desfavoráveis de modo a criar dúvidas fundadas sobre a possibilidade de o condenado voltar a delinquir.

6.2. Condições

Durante o período do sursis, o condenado deve cumprir determinadas condições, sob pena de ser revogada a medida e ter de cumprir a sanção privativa de liberdade. Essas condições são: a) legais: impostas pela lei (arts. 78, § 1º, e 81 do CP); b) judiciais: impostas pelo juiz na sentença (art. 79 do CP).

No *sursis* simples, a condição legal e obrigatória consiste na prestação de serviços à comunidade ou limitação de fim de semana, no primeiro ano do período de suspensão (art. 78, § 1º, 1ª parte, do CP).

Tratando-se de *sursis* especial, satisfeitos os seus requisitos, as condições alternativas da prestação de serviços à comunidade e a limitação de fim de semana são substituídas por: proibição de frequentar determinados lugares; proibição de o condenado ausentar-se da comarca onde reside, sem autorização judicial; e comparecimento pessoal e obrigatório a juízo, mensalmente, para informar e justificar suas atividades (art. 78, § 2º, *a* e *c*, do CP).

As condições legais do *sursis* especial, previstas no art. 78, § 2º, *a*, *b* e *c*, do CP, devem ser impostas cumulativamente.

6.3. Período de prova

É o prazo em que a execução da pena privativa de liberdade imposta fica suspensa, mediante o cumprimento das condições estabelecidas.

Como regra, o período de prova varia entre 2 (dois) a 4 (quatro) anos (art. 77, *caput*, do CP). Sendo o condenado maior de 70 anos de idade ou por razões de saúde, o prazo varia de 4 (quatro) a 6 (seis) anos (art. 77, § 2º, do CP). Tratando-se da contravenção, o período de prova varia de 1 (um) a 3 (três) anos (art. 11 da LCP).

O período de prova deve ser fixado segundo a natureza do crime, personalidade do agente e intensidade da pena, não podendo o juiz, senão em hipótese excepcional, estabelecê-lo no prazo máximo.

6.3.1. Causas de revogação do sursis

Incidindo uma causa de revogação do *sursis*, deverá o condenado cumprir integralmente a pena privativa de liberdade cuja execução se encontrava suspensa, desconsiderando o tempo que permaneceu no período de prova, ainda que tenha cumprido as condições impostas.

Assim, se, por exemplo, no primeiro ano o agente cumpriu prestação de serviço à comunidade, sobrevindo causa de revogação do *sursis*, esse período não será descontando/detraído da pena privativa de liberdade que deverá ser executada.

a) Revogação obrigatória: a revogação obrigatória decorre de lei, não ficando a critério do Magistrado decretá-la ou não. A margem de discricionariedade do Magistrado é limitada pela lei, sendo seu dever revogar o benefício.

Nos termos do art. 81 do CP, a suspensão condicional da execução da pena será revogada, no curso do prazo, ao beneficiário que:

1) é condenado, sem sentença irrecorrível, por crime doloso: a lei não faz ressalva no sentido de que a condenação deva ser por crime praticado no curso da suspensão condicional da pena. Logo, não se mostra relevante se o crime foi praticado antes ou depois do início da suspensão condicional da pena. Basta que tenha havido sentença condenatória transitada em julgado pela prática de crime doloso, independentemente de quando foi praticado.

Todavia, se a nova condenação se referir somente à pena de multa, não haverá revogação do benefício. Com efeito, se a condenação anterior à pena de multa, mesmo por crime doloso, não impede a concessão do *sursis* (art. 77, § 1º, do CP), também não pode ser causa de revogação do benefício.

2) frustra, embora solvente, a execução de pena de multa ou não efetua, sem motivo justificado, a reparação do dano: trata-se da hipótese de o condenado solvente criar embaraços para frustrar a execução da pena de multa que obstem a cobrança da multa, não efetuando o seu pagamento.

3) Também constitui causa obrigatória de revogação do *sursis* a ausência injustificada da reparação do dano. Assim, se justificada a impossibilidade de reparação do dano, por exemplo, a precária situação financeira do condenado, não incidirá a causa de revogação do benefício.

4) descumpre a condição do § 1º do art. 78 do CP: como ocorre na hipótese da reparação do dano, somente o descumprimento injustificado da prestação de serviços à comunidade ou da limitação de fim de semana ensejará a revogação do benefício.

b) Revogação facultativa: incidindo uma causa de revogação facultativa do *sursis*, ficará a critério do juiz revogar ou não o benefício.

As hipóteses de revogação facultativa estão previstas no art. 81, § 1º, do CP. Nesse caso, o juiz não está obrigado a revogar o benefício, podendo optar por advertir novamente o sentenciado, prorrogar o período de prova até o máximo ou exacerbar as condições impostas, conforme dispõe o art. 81, § 3º, do CP.

São duas as hipóteses de revogação facultativa:

1) o condenado deixa de cumprir qualquer outra condição imposta: na hipótese de revogação facultativa, a decisão fica sujeita à discricionariedade do juiz, que, em vez de revogar a suspensão, poderá prorrogar o período de prova. Aqui, a lei refere-se às condições legais previstas para o *sursis* especial (art. 78, § 2º, do CP) e às condições judiciais que foram determinadas (art. 79 do CP).

2) condenação irrecorrível, por crime culposo ou contravenção, à pena privativa de liberdade e restritiva de direitos: essa hipótese afasta a condenação à pena de multa, já que se refere, especificamente, às outras duas modalidades de penas.

6.4. Extinção da pena

Se o período de prova termina sem que haja ocorrido motivo para a revogação, não mais se executa a pena privativa de liberdade (art. 82 do CP).

Assim, expirado o prazo de suspensão ou de prorrogação sem que tenha havido motivo para a revogação, o juiz deve declarar extinta a pena privativa de liberdade.

Trata-se de sentença declaratória. Em face disso, considera-se, para fins de extinção da pena, a data do término do período de prova e não a data em que o juiz profere a decisão, ainda que seja em período posterior.

7. DO LIVRAMENTO CONDICIONAL

7.1. Conceito

Trata-se de um instituto de política criminal, destinado a antecipar o retorno do condenado ao convívio social, mediante determinadas condições e de forma precária, desde que preenchidos os requisitos legais.

7.2. Requisitos

Os requisitos do livramento condicional, de ordem objetiva e subjetiva, encontram-se no art. 83 do CP.

a) Natureza e quantidade da pena: assim como na suspensão condicional do processo, o livramento condicional somente pode ser concedido em relação à pena privativa de liberdade. Não cabe, pois, à pena restritiva de direitos e multa.

Além disso, o benefício somente poderá ser concedido à pena privativa de liberdade igual ou superior a 2 (dois) anos (art. 83 do CP). A soma das penas é permitida para atingir esse limite mínimo, mesmo que tenham sido aplicadas em processos distintos, nos termos do art. 84 do CP.

b) Cumprimento de parte da pena: nos termos do art. 83, I, do CP, se o criminoso não for reincidente em crime doloso e ostentar bons antecedentes, deverá cumprir mais de 1/3 da pena privativa de liberdade para obter o benefício. É a hipótese de livramento condicional simples.

Se o condenado for reincidente em crime doloso, deverá cumprir mais da metade da pena privativa de liberdade, conforme dispõe o art. 83, II, do CP. Trata-se do livramento condicional qualificado. Por conta da ausência de expressa previsão legal, deve-se conferir ao condenado o tratamento mais benéfico. Ou seja, o condenado não reincidente em crime doloso, mas portador de maus antecedentes, deverá cumprir mais de 1/3 da pena para obtenção do livramento condicional.

Tratando-se de condenado por prática de tortura, crime hediondo, tráfico ilícito de entorpecentes e drogas afins, terrorismo e tráfico de pessoas (introduzido pela Lei nº 13.344/2016), desde que não seja reincidente específico em tais delitos, deve cumprir mais de 2/3 da pena (art. 83, V, do CP). Trata-se do livramento condicional específico.

Assim, sendo reincidente específico em crime hediondo ou equiparado, não é admissível o livramento condicional. Há reincidência específica, para efeito desse dispositivo, quando o sujeito, já tendo sido condenado por qualquer dos delitos hediondos por sentença transitada em julgado, vem novamente a cometer crime dessa mesma natureza. Ex.: após condenação definitiva por crime de homicídio qualificado, o agente pratica e é condenado pelo crime de tráfico de drogas. Nesse caso, não terá direito a livramento condicional, por ser reincidente específico por crime de natureza hedionda e equiparado.

c) Reparação do dano, salvo efetiva impossibilidade: nos termos do art. 91, I, do CP, a condenação torna certa a obrigação de indenizar o dano resultante do crime. Assim, o condenado não pode obter o livramento condicional enquanto não reparar o dano causado, salvo quando insolvente.

Na prática, esse requisito tem limitado alcance, uma vez que, via de regra, os condenados são pessoas pobres, absolutamente insolventes, sem a menor possibilidade de reparar o dano causado.

d) Bom comportamento durante a execução da pena: o bom comportamento carcerário, via de regra, é aferido com base no atestado emitido pelo diretor do estabelecimento carcerário, considerando-se a conduta do condenado ao longo da execução da pena. Em outras palavras, para a verificação do requisito subjetivo não se leva em conta o crime praticado pelo condenado, mas seu comportamento durante o cumprimento da pena.

Convém sinalar, por pertinente, que a prática de falta grave não interrompe o prazo para a concessão do livramento condicional. É o que se extrai da Súm. nº 441 do STJ, segundo a qual "A falta grave não interrompe o prazo para obtenção de livramento condicional".

De acordo com a Súm. nº 439/STJ, "admite-se o exame criminológico pelas peculiaridades do caso, desde que em decisão motivada".

e) Não cometimento de falta grave nos últimos doze meses: a Lei nº 13.964/2019 acrescentou mais um requisito para a obtenção do livramento condicional, consistente no não cometimento de falta grave nos últimos 12 meses de execução da pena.

As hipóteses de falta grave durante a execução da pena estão previstas no art. 50 da Lei nº 7.210/1984.

Se o condenado praticou falta grave ao longo dos últimos 12 meses, não terá direito à obtenção do livramento condicional, ainda que preenchidos os demais requisitos.

f) Bom desempenho no trabalho que lhe foi atribuído: trata-se de uma exigência salutar para o retorno do condenado ao convívio social, mas, infelizmente, de pouca efetividade prática, por conta da carência ou dificuldade de inserção do apenado no mercado de trabalho.

Ao referir-se a "trabalho que lhe foi atribuído", fica claro que não se trata apenas das atividades laborais desenvolvidas no interior do cárcere, mas também se refere ao trabalho efetuado fora da prisão, por exemplo, o serviço externo, tanto na iniciativa privada como na pública.

g) Aptidão para prover a própria subsistência mediante trabalho honesto: a lei não determina que o apenado deve ter emprego assegurado no momento da liberação. O que a lei exige é a aptidão, isto é, a disposição, a habilidade, a inclinação do condenado para viver às custas de seu próprio e honesto esforço.

h) Constatação de condições pessoais que façam presumir que o liberado não voltará a delinquir na hipótese de condenado por crime doloso, cometido com violência ou grave ameaça: tratando-se de condenado por crime doloso cometido com violência ou grave ameaça à pessoa, a concessão do livramento fica subordinada, além dos requisitos do art. 83 do CP, à constatação, mediante perícia, de condições pessoais que façam presumir que o liberado não voltará a delinquir (art. 83, par. ún., do CP).

7.3. Livramento condicional vedado

A Lei nº 13.964/2019, que altera o art. 112 da Lei nº 7.210/1984 (LEP), passou a prever vedação do livramento condicional a condenados pela prática de determinados crimes.

É vedado o livramento condicional:

- ao condenado pela prática de crime hediondo ou equiparado, com resultado morte (art. 112, VI, *a* e *c*, da LEP);
- ao condenado expressamente em sentença, por integrar organização criminosa ou por crime praticado por meio de organização criminosa, não será facultada a progressão de regime de cumprimento de pena ou a obtenção do livramento condicional ou outros benefícios prisionais se houver elementos probatórios que indiquem a manutenção do vínculo associativo (art. 2º, § 9º, da Lei nº 12.850/2013);
- ao reincidente em crime hediondo ou equiparado (art. 83, V, do CP).

7.4. As causas de revogação do livramento condicional

O livramento condicional, pela própria natureza do benefício, é passível de revogação a qualquer momento, desde que presente alguma hipótese que a justifique.

As causas de revogação obrigatórias estão previstas no art. 86 do CP, ao passo que as causas de revogação facultativa estão previstas no art. 87.

7.4.1. Causas de revogação obrigatória

Quando ocorre uma causa obrigatória, não fica a critério do juiz revogar o livramento condicional ou não, a revogação decorre da própria lei.

A revogação obrigatória incide quando o liberado vem a ser condenado a pena privativa de liberdade, em sentença irrecorrível, por crime praticado durante ou antes da concessão do livramento condicional.

A condenação pela prática de contravenção penal ou por crime a pena que não seja privativa de liberdade constitui causa de revogação facultativa.

7.4.2. Causas de revogação facultativa

Nas hipóteses de revogação facultativa, cumpre ao juiz deliberar acerca da revogação ou manutenção do livramento condicional. Trata-se, pois, de causas judiciais de revogação do livramento condicional.

Se mantido o livramento condicional, na hipótese da revogação facultativa, o Juiz deverá advertir o liberado ou agravar as condições (art. 140, par. ún., da LEP).

Nos termos do art. 87 do CP, duas são as hipóteses de revogação facultativa:

a) se o liberado deixar de cumprir qualquer das obrigações constantes na sentença;
b) se o liberado for irrecorrivelmente condenado, por crime ou contravenção, a pena que não seja privativa de liberdade.

8. EFEITOS DA CONDENAÇÃO

8.1. Efeitos principais

Como corolário lógico da sentença penal condenatória, o efeito principal consiste na aplicação de uma pena privativa de liberdade, restritiva de direitos e/ou multa, além de medida de segurança, no caso de agente semi-imputável que revela periculosidade.

8.2. Efeitos secundários

Além dos efeitos principais, a sentença condenatória gera efeitos secundários, também denominados efeitos mediatos, acessórios, reflexos ou indiretos, de natureza penal e extrapenal.

8.2.1. Efeitos secundários de natureza penal

São inúmeros os efeitos secundários da sentença penal condenatória transitada em julgado, entre os quais podem ser destacados os seguintes:

a) gerar a reincidência (art. 63 do CP);
b) configuração de maus antecedentes, se não utilizada para fins de reincidência;
c) fixação do regime inicial fechado na hipótese de prática de novo crime, ressalvada a hipótese da Súm. nº 269 do STJ;
d) vedação da substituição da pena privativa de liberdade por restritiva de direitos na hipótese de prática de novo crime, ressalvada a hipótese do art. 44, § 3º, do CP;
e) vedação da concessão da suspensão condicional da pena em relação ao novo crime (art. 77, I, do CP), e revogação do *sursis* (art. 81, I, e § 1º, do CP);
f) causa de revogação do livramento condicional (arts. 86 e 87 do CP);
g) aumento e interrupção do prazo da prescrição da pretensão executória, quando reconhecida a reincidência pela prática de outro crime (arts. 110, *caput*, e 117, VI, do CP);
h) vedação da concessão da transação penal e da suspensão condicional do processo, em relação ao novo crime (arts. 76, § 2º, I, e 89, *caput*, da Lei nº 9.099/1995).

8.2.2. Efeitos secundários de natureza extrapenal

Além de gerar efeitos penais, a sentença penal condenatória transitada em julgado gera efeitos extrapenais, ou seja, em outras áreas do direito, como na esfera cível, administrativa, trabalhista, eleitoral etc. Esses efeitos se dividem em genéricos e específicos.

Os efeitos genéricos incidem sobre todos os crimes e estão previstos no art. 91 do CP, consistentes em reparar o dano e confisco. Incidem de forma automática, não sendo necessário, portanto, o juiz declarar na sentença. É o que se extrai, *a contrario sensu*, do disposto no art. 92, §1º, do CP.

Os efeitos específicos são aqueles previstos no art. 92 do CP. Nos termos do §1º do art. 92, esses efeitos não incidem de forma automática, devendo o juiz declará-los motivadamente na sentença. Observada a exceção do §2º do art. 92, do CP.

8.2.3. Efeitos genéricos

a) Tornar certa a obrigação de indenizar o dano causado pelo crime: nos termos do art. 91, I, do CP, constitui efeito da sentença penal condenatória "tornar certa a obrigação de indenizar o dano causado pelo crime". Trata-se de efeito automático decorrente da sentença penal condenatória, já que meramente declaratória no tocante à indenização civil, não sendo necessário mandamento expresso no sentido de o réu reparar o dano resultante do crime.

A sentença penal condenatória transitada em julgado permite à vítima promover a ação de execução *ex delicto*, nos termos do art. 63 do CPP, já que constitui título executivo judicial, conforme prevê o art. 515, I, do CPC.

Assim, transitada em julgado a sentença penal condenatória, a sua execução no juízo cível visa tão somente estabelecer o quantum da reparação do dano, não sendo, portanto, objeto de discussão o mérito da causa.

b) A perda em favor da União, ressalvado o direito do lesado ou de terceiro de boa-fé, dos instrumentos do crime, desde que consistam em coisas cujo fabrico, alienação, uso, porte ou detenção constitua fato ilícito: é a hipótese do confisco como efeito da condenação, previsto no art. 91, II, do CP. Trata-se da perda em favor da União de bens de origem ilícita, decorrente do delito praticado.

Constitui efeito automático da sentença penal condenatória transitada em julgado, não sendo, pois, necessário que o juiz declare expressamente na sentença.

8.2.4. Efeitos específicos

1. Perda de cargo, função pública ou mandato eletivo: o art. 92, I, do CP prevê duas hipóteses de perda de cargo, função ou mandato eletivo como efeito da sentença penal condenatória:

a) quando aplicada pena privativa de liberdade por tempo igual ou superior a 1 (um) ano, nos crimes praticados com abuso de poder ou violação de dever para com a Administração Pública;
b) quando for aplicada pena privativa de liberdade por tempo superior a 4 (quatro) anos nos demais casos.

A primeira hipótese, pode incidir quando o funcionário público praticar o delito no exercício das suas funções ou em razão dela, e a pena privativa de liberdade seja aplicada por tempo igual ou superior a 1 (um) ano.

Não se tratando de crime funcional, a perda do cargo, função pública ou mandato eletivo poderá incidir quando a pena aplicada for igual ou superior a 4 (quatro) anos.

Esse efeito, no entanto, não é automático, ou seja, exige para sua incidência que o juiz declare expressamente em decisão motivada (art. 92, §1º, do CP), observada a exceção do §2º que trataremos adiante.

2. Incapacidade para o exercício do pátrio poder (poder familiar), tutela ou curatela e crimes cometidos contra a mulher por razões da condição do sexo feminino: além do vínculo entre o autor do fato e a vítima, a incidência do efeito específico consistente na incapacidade para o exercício do poder familiar, tutela ou curatela, depende de duas condições: a) que o crime seja doloso; b) que seja cominada pena de reclusão.

Esse efeito não é automático, devendo ser declarado na sentença em decisão motivada, conforme se extrai do art. 92, §1º, do CP. No entanto, conforme a alteração da Lei 14.994/2024, em se tratando dos crimes cometidos contra a mulher, nas formas do artigo 121-A, §1º, do CP, o efeito passa a ser automático.

3. Inabilitação para dirigir veículo, quando utilizado como meio para a prática de crime doloso: a aplicação desse efeito específico depende de dois requisitos: a) que o crime seja doloso; b) que o veículo tenha sido utilizado "como meio" para a sua prática. Logo, não incide esse efeito no caso de crime culposo .

Cuidado: Com a alteração promovida pela Lei 14.994/2024, **efeitos automáticos** passaram a estar previstos no artigo 92, §2º, do CP. Neste sentido, tratando-se de crimes cometidos contra a mulher, em um contexto de violência doméstica ou familiar, ou por motivação de menosprezo ou discriminação (art. 121-A, §1º, CP) independentemente de solicitação da acusação ou de decisão motivada, três efeitos automáticos são aplicados.

Sendo:

a) a perda do cargo, função pública ou mandato eletivo;

b) a incapacidade de exercer o poder familiar;

c) a proibição de nomeação, designação ou diplomação para qualquer função ou mandato eletivo, até a extinção da pena.

A perda do cargo, função ou mandato, quando contemporâneos ao crime, não exige que a infração esteja relacionada a abuso de poder ou violação de dever público, nem depende do tipo de crime ou da duração da pena, sendo suficiente que o crime seja cometido contra a mulher em razão de seu gênero.

Ainda, com o objetivo de proteger o interesse público e a intenção do legislador, a lei prevê uma proibição futura: "até a extinção da pena". Isso afasta possíveis manobras, visto que o agente exonerado poderia ser nomeado para outro cargo logo após a decretação da perda.

8.2.5. Confisco alargado

A Lei nº 13.964/2019 ("Pacote Anticrime") introduziu mais um efeito da sentença penal condenatória.

Nos termos do art. 91-A do CP, na hipótese de condenação por infrações às quais a lei comine pena máxima superior a 6 (seis) anos de reclusão, poderá ser decretada a perda, como produto ou proveito do crime, dos bens correspondentes à diferença entre o valor do patrimônio do condenado e aquele que seja compatível com o seu rendimento lícito.

Para efeito da perda prevista no caput do referido artigo, entende-se por patrimônio do condenado todos os bens:

> **Art. 91-A.** (...)
>
> I – de sua titularidade, ou em relação aos quais ele tenha o domínio e o benefício direto ou indireto, na data da infração penal ou recebidos posteriormente; e
>
> II – transferidos a terceiros a título gratuito ou mediante contraprestação irrisória, a partir do início da atividade criminal.
>
> § 2° O condenado poderá demonstrar a inexistência da incompatibilidade ou a procedência lícita do patrimônio.
>
> § 3° A perda prevista neste artigo deverá ser requerida expressamente pelo Ministério Público, por ocasião do oferecimento da denúncia, com indicação da diferença apurada.
>
> § 4° Na sentença condenatória, o juiz deve declarar o valor da diferença apurada e especificar os bens cuja perda for decretada.
>
> § 5° Os instrumentos utilizados para a prática de crimes por organizações criminosas e milícias deverão ser declarados perdidos em favor da União ou do Estado, dependendo da Justiça onde tramita a ação penal, ainda que não ponham em perigo a segurança das pessoas, a moral ou a ordem pública, nem ofereçam sério risco de ser utilizados para o cometimento de novos crimes.

PENAL

9. EXTINÇÃO DA PUNIBILIDADE

9.1. Conceito

Com a prática da infração penal, surge para o Estado o direito de punir o responsável, incidindo a possibilidade jurídica de o Estado impor uma sanção penal ao responsável pela prática do crime ou contravenção penal.

9.2. Efeitos da extinção da punibilidade

Em regra, as causas extintivas da punibilidade só alcançam o direito de punir do Estado, subsistindo o crime em todos os seus requisitos e a sentença condenatória irrecorrível.

Excepcionalmente, a causa extintiva de punibilidade apaga o fato praticado pelo agente e rescinde a sentença condenatória irrecorrível. É o que ocorre com a *abolitio criminis* e a anistia.

9.3. Causas de extinção de punibilidade (art. 107 do CP)

9.3.1. Morte do agente

A morte do agente constitui causa de extinção da punibilidade, por conta do princípio da personalidade da pena, segundo a qual a pena não pode passar da pessoa do condenado (art. 5º, XLV, 1ª parte, da CF/1988).

Essa extinção da punibilidade incide sobre todas as espécies de penas, inclusive a pena de multa. Assim, se, no curso da execução da pena de multa convertida em dívida ativa, o réu vier a falecer, deve ser declarada extinta a punibilidade do agente pela sua morte, não sendo possível, assim, direcionar a execução da pena de multa aos seus sucessores.

9.3.2. Da anistia, graça e indulto

A anistia, graça e indulto constituem espécies de indulgência, ensejando a renúncia do Estado ao direito de punir.

São benefícios concedidos por órgãos diversos do Poder Judiciário, mas que somente ensejam a extinção da punibilidade após decisão judicial.

9.3.2.1. Anistia

Trata-se de uma espécie de exclusão da incidência do Direito Penal sobre uma ou mais infrações penais. Não exclui o crime, mas apenas a possibilidade de o Estado punir o agente que o praticou, razão pela qual tem efeito retroativo.

A competência para a concessão de anistia é exclusiva da União e privativa do Congresso Nacional (art. 48, VIII, da CF/1988), com a sanção do Presidente da República, só podendo ser concedida por meio de lei federal.

Não se aplica aos delitos referentes à prática de tortura, ao tráfico ilícito de entorpecentes e drogas afins, ao terrorismo e aos definidos como crimes hediondos (art. 5º, XLIII, da CF/1988; art. 2º, I, da Lei nº 8.072/1990).

9.3.2.2. Graça

A graça, ao contrário do indulto, é um benefício concedido a pessoa determinada, condenada definitivamente pela prática de crime comum, consistente na extinção ou comutação da pena.

Nos termos do art. 5º, XLIII, da CF/1988, a graça não pode ser aplicada em relação a delitos referentes à prática de tortura, ao tráfico ilícito de entorpecentes e drogas afins, ao terrorismo e aos definidos como crimes hediondos.

A competência para conceder a graça é do Presidente da República, nos termos do art. 84, XII, da CF/1988, podendo, nos termos do parágrafo único desse artigo, delegar a atribuição "aos Ministros de Estado, ao Procurador-Geral da República ou ao Advogado-Geral da União".

9.3.2.3. Indulto

O indulto coletivo constitui modalidade de clemência concedida a todo condenado que preencher os requisitos previstos no Decreto presidencial publicado geralmente no final de cada ano. Como se vê, o indulto, ao contrário da graça, tem caráter coletivo e é concedido espontaneamente.

Assim como a graça, a competência para conceder o indulto é do Presidente da República, nos termos do art. 84, XII, da CF/1988, podendo, nos termos do parágrafo único desse artigo, delegar a atribuição "aos Ministros de Estado, ao Procurador-Geral da República ou ao Advogado-Geral da União".

Os requisitos para a concessão do indulto variam de acordo com cada decreto publicado, considerando, invariavelmente, requisitos subjetivos (primariedade e bom comportamento carcerário, sem registro de falta grave ao longo do ano) e objetivos (tempo de cumprimento de pena).

Nos termos do art. 2º, I, da Lei nº 8.072/1990, o indulto não pode ser aplicado em relação a delitos referentes à prática de tortura, ao tráfico ilícito de entorpecentes e drogas afins, ao terrorismo e aos definidos como crimes hediondos. O art. 44 da Lei nº 11.343/2006 também veda a concessão do indulto aos condenados pelo crime de tráfico de drogas.

O indulto também extingue somente a punibilidade, subsistindo o crime, a condenação irrecorrível e seus efeitos secundários. Assim, se o agente beneficiado com o indulto praticar novo crime, será considerado reincidente.

9.3.3. Lei posterior que deixa de considerar o fato criminoso (*abolitio criminis*)

A lei penal retroage, atingindo fatos ocorridos antes de sua entrada em vigor, sempre que beneficiar o agente de qualquer modo (art. 5º, XL, da CF/1988).

Se a lei posterior deixar de considerar o fato como criminoso, excluir da seara penal a conduta como sendo delituosa, retroagirá para alcançar os fatos praticados antes da sua vigência, com a consequente extinção da punibilidade dos responsáveis.

Nos termos do art. 2º do CP, a *abolitio criminis* gera o efeito de fazer cessar a execução e os efeitos penais da sentença condenatória, por exemplo, a reincidência, maus antecedentes, lançamento do nome do réu no rol dos culpados.

Todavia, não apaga os efeitos civis da prática delituosa, já que a lei fala em cessação dos efeitos "penais" da sentença.

9.3.4. Prescrição, decadência e perempção

O art. 107, IV, do CP prevê como causas de extinção da punibilidade a prescrição, a decadência e a perempção.

A prescrição será analisada em capítulo próprio, diante da abrangência do tema.

9.3.4.1. Decadência

A decadência é a perda do direito do ofendido e dos demais legitimados de oferecer representação, no caso de ação penal pública condicionada à representação, e de ajuizar a queixa-crime, na hipótese de ação penal privada, em face do decurso do tempo.

Os legitimados para apresentar representação ou queixa-crime têm o prazo de 6 (seis) meses, a contar da inequívoca ciência da autoria do fato, para exercer esse direito. Escoado esse prazo sem iniciativa do ofendido ou do seu representante legal, incide a decadência, e a consequente extinção da punibilidade do agente ofensor.

Com efeito, nos termos do art. 103 do CP e do art. 38 do CPP, o ofendido ou seu representante legal decai do direito de queixa ou de representação se não o exerce dentro do prazo de 6 (seis) meses, contados a partir do dia em que veio a saber quem é o autor do crime, ou, no caso da ação penal privada subsidiária da pública, do dia em que se esgotou o prazo para o oferecimento da denúncia.

Como se trata de prazo penal, a contagem segue as regras do art. 10 do CP, incluindo-se o dia do começo, excluindo-se o último dia, considerando o calendário comum. Assim, se, por exemplo, o ofendido tomou ciência da autoria do fato no dia 3-3-2018, terá até o dia 2-9-2018 para oferecer a representação ou ajuizar a queixa-crime. A partir do dia 3-9-2018 já incidirá a decadência e a causa de extinção da punibilidade.

9.3.4.2. Perempção

A perempção é uma causa de extinção da punibilidade que incide por conta da inércia processual do querelante.

A perempção só é possível na ação penal exclusivamente privada, não sendo aplicável à ação penal privada subsidiária da pública, já que, diante da negligência do querelante, o Ministério Público retoma a ação penal (art. 29, parte final, do CPP).

As hipóteses de perempção estão elencadas no art. 60 do CPP. E, segundo se extrai desse dispositivo, a perempção somente é possível após o ajuizamento da ação penal privada.

9.3.5. Da renúncia ao direito de queixa ou perdão aceito nos crimes de ação penal privada

1) Renúncia ao direito de queixa: é a abdicação do ofendido ou de seu representante legal do direito de promover a ação penal privada. Trata-se de ato unilateral pelo qual o ofendido delibera por não ajuizar a queixa-crime contra o suposto ofensor.

Nos termos do art. 104, *caput*, do CP: "o direito de queixa não pode ser exercido quando renunciado expressa ou tacitamente".

A renúncia ao direito de queixa somente pode ser exercida na ação penal exclusivamente privada, não sendo possível na ação penal privada subsidiária da pública, uma vez que, se o ofendido não oferecer a queixa-crime, o Ministério Público poderá oferecer a denúncia enquanto não incidir causa de extinção da punibilidade do agente, por exemplo, pela prescrição.

2) Perdão do ofendido: o perdão do ofendido ou do seu representante legal consiste na

PENAL

manifestação, expressa ou tácita, de desistir do prosseguimento da ação penal privada. É a desistência manifestada após o oferecimento da queixa, que obsta o prosseguimento da ação penal privada, conforme prevê o art. 105 do CP.

O perdão aceito do ofendido é causa extintiva de punibilidade que incide somente na ação penal exclusivamente privada.

Tratando-se de ação penal privada subsidiária da pública (art. 100, § 3º, do CP), a desistência do ofendido de prosseguir com o processo não determina a extinção da punibilidade, mesmo que o réu aceite o perdão, pois se trata de ação penal pública, devendo o Ministério Público assumi-la como parte principal (art. 29 do CPP).

Depois de iniciada a ação penal privada, o perdão do ofendido pode ser manifestado até o trânsito em julgado da sentença penal condenatória (art. 106, § 2º, do CPP).

9.3.6. Da retratação do agente

A retratação significa desdizer-se, retirar o que foi dito, confessar que errou.

Em regra, a retratação do agente não tem relevância jurídica, funcionando somente como circunstância judicial na aplicação da pena. Excepcionalmente, o estatuto penal empresta-lhe força extintiva da punibilidade (art. 107, VI, do CP).

A retratação, como causa de extinção da punibilidade, somente incide nos casos expressamente previstos em lei, por exemplo, nos crimes contra a honra, conforme prevê o art. 143 do CP.

Nos crimes contra a honra, a retratação só é cabível na calúnia e na difamação, sendo inadmissível na injúria. Nos dois primeiros casos, importa à vítima que o ofensor se retrate negando que ela praticou o fato imputado. Na injúria, porém, não há imputação de fato, mas atribuição ao ofendido de qualidade negativa, não importando a esta a retratação.

Também incide na hipótese prevista no art. 342, § 2º, do CP, que trata do crime de falso testemunho ou falsa perícia, segundo o qual o fato deixa de ser punível, se, antes da sentença, o agente se retrata ou declara a verdade. Essa retratação só é possível até a sentença final do procedimento em que foi praticado o falso testemunho.

9.3.7. Perdão judicial

Perdão judicial é o instituto pelo qual o juiz, não obstante a incidência da infração penal praticada por agente culpável, deixa de aplicar a pena nos casos expressamente previstos em lei.

O perdão judicial constitui causa extintiva da punibilidade de aplicação restrita. Significa que não é aplicável a todas as infrações penais, mas somente àquelas especialmente indicadas pelo legislador.

A sentença que concede o perdão judicial é meramente declaratória da extinção da punibilidade, não surtindo nenhum efeito penal ou extrapenal. É o que se extrai da Súm. nº 18 do STJ, segundo a qual "A sentença concessiva do perdão judicial é declaratória da extinção da punibilidade, não subsistindo qualquer efeito condenatório".

9.4. Prescrição

9.4.1. Introdução

Quando um indivíduo pratica, em tese, um fato típico e ilícito, surge para o Estado o poder e o dever de buscar a punição do responsável. E essa punição é concretizada com a sentença penal condenatória transitada em julgado, com a imposição de uma pena, surgindo, a partir de então, a pretensão do Estado de executar essa pena.

Todavia, a pretensão punitiva e executória do Estado é limitada, não perdurando, via de regra, por tempo indeterminado. Com efeito, o direito de punir e de executar a pena imposta ao apenado encontra limites temporais, que, se não observados, podem levar à extinção da punibilidade do agente pela incidência de prescrição da pretensão punitiva ou prescrição da pretensão executória.

A prescrição penal, pois, é a perda da pretensão punitiva ou executória do Estado pelo decurso do tempo sem o seu exercício.

9.4.2. Imprescritibilidade

Em regra, a prescrição alcança todas as infrações penais, inclusive os crimes hediondos e equiparados.

Todavia, nos termos da Constituição Federal, alguns crimes são imprescritíveis, viabilizando, assim, o exercício da pretensão punitiva e executória a qualquer tempo.

São imprescritíveis os crimes de racismo (art. 5º, XLII, da CF/1988; Lei nº 7.716/1989) e os referentes à ação de grupos armados, civis ou militares, contra a ordem constitucional e o Estado Democrático (art. 5º, XLIV, da CF/1988). Os Tribunais Superiores passaram a considerar imprescritível também o crime de injúria racial (art. 140, § 3º, do CP).

9.4.3. Prazos para o cálculo da prescrição (art. 109 do CP)

A prescrição é regulada pelos prazos previstos no art. 109 do CP. Ou seja, os prazos previstos nesse artigo servem de parâmetro para o cálculo da prescrição da pretensão punitiva e executória:

I – em vinte anos, se o máximo da pena é superior a doze;

II – em dezesseis anos, se o máximo da pena é superior a oito anos e não excede a doze;

III – em doze anos, se o máximo da pena é superior a quatro anos e não excede a oito;

IV – em oito anos, se o máximo da pena é superior a dois anos e não excede a quatro;

V – em quatro anos, se o máximo da pena é igual a um ano ou, sendo superior, não excede a dois;

VI – em 3 (três) anos, se o máximo da pena é inferior a 1 (um) ano.

Convém destacar que as penas restritivas de direitos, que substituem a pena privativa de liberdade, prescrevem no mesmo prazo das penas substituídas, nos termos do art. 109, par. ún., do CP.

Ex.: suponha-se que o agente tenha sido condenado a 1 (um) ano pela prática do crime de furto, sendo a pena privativa de liberdade substituída por uma de prestação de serviços à comunidade. Essa pena prescreverá em 4 (quatro) anos.

9.4.4. Redução dos prazos de prescrição em face da idade do sujeito (art. 115 do CP)

O art. 115 determina que são reduzidos de metade os prazos da prescrição quando o criminoso era, ao tempo do crime, menor de 21 anos ou maior de 70 anos na data da sentença.

Convém sinalar alteração promovida no artigo 115 do CP. A regra consiste na redução do prazo prescricional pela metade quando o agente for menor de 21 anos à época do fato, ou maior de 70 anos, na data da sentença. Todavia, o legislador introduziu uma exceção: Se o crime envolver violência sexual contra a mulher, essa redução não poderá ser aplicada. Atenção: não se trata de qualquer crime contra a mulher, mas somente aquele envolver violência sexual, como, por exemplo, estupro (art. 213 do CP). Essa vedação não incidirá quando a vítima for homem.

9.4.5. Prescrição da pretensão punitiva

9.4.5.1. Prescrição da pretensão punitiva em abstrato (art. 109, caput, do CP)

a) Contagem do prazo da prescrição da pretensão punitiva em abstrato: na prescrição da pretensão punitiva, o decurso do tempo faz com que o Estado perca o direito de punir no tocante à pretensão de o Poder Judiciário julgar a lide e aplicar a sanção penal.

A prescrição da pretensão punitiva ocorre antes de a sentença final transitar em julgado.

Para saber qual o prazo de prescrição da pretensão abstrata punitiva devemos verificar o limite máximo da pena imposta em abstrato no preceito sancionador e enquadrá-lo em um dos incisos do art. 109 do CP.

Ex.: suponha-se que um sujeito cometa um crime de lesão corporal leve (pena de 3 meses a 1 ano), não se descobrindo a autoria. Se o Estado, dentro de 4 (quatro) anos, não exercer o direito de punir, opera-se a extinção da punibilidade pela prescrição da pretensão punitiva. Aplica-se o disposto no art. 109.

No concurso de crimes (concurso material, formal e continuado), a prescrição atinge a pretensão punitiva em relação a cada infração considerada isoladamente (art. 119 do CP).

b) Termos iniciais da prescrição da pretensão punitiva (art. 111 do CP): o primeiro termo inicial é a data da consumação do delito (I).

No caso da tentativa (II), o termo a quo da prescrição da pretensão punitiva é o dia da cessação da atividade criminosa.

No crime permanente (III), a prescrição começa a correr do dia em que cessou a permanência (art. 111, III, 1ª figura, do CP). Ex.: suponha-se que a vítima de sequestro permaneça presa durante 30 dias. A prescrição começa a correr a partir do dia em que conseguiu a liberdade.

No crime continuado, a prescrição deve ser considerada em relação a cada crime, isoladamente (art. 119).

Nos crimes de bigamia e de falsificação ou alteração de assentamento de registro civil (arts. 235 e 299, par. ún.), a prescrição começa a correr da data em que o fato se tornou conhecido de qualquer autoridade pública (art. 111, IV).

Com o advento da Lei nº 14.344, de 24-5-2022, o legislador alterou a redação do art. 111, V, do CP. Agora, além de crimes contra a dignidade sexual contra crianças e adolescentes, o termo inicial do prazo prescricional a partir do momento em que a vítima completar 18 anos também contempla qualquer crime que envolva violência contra crianças e adolescentes. Eis a nova redação do inciso V do art. 111 do CP: "V – nos crimes contra a dignidade sexual ou que envolvam violência contra a criança e adolescente, previstos neste Código ou em legislação especial, da data em que a vítima completar 18 (dezoito) anos, salvo se a esse tempo já houver sido proposta a ação penal".

Nesse sentido, se uma criança de 10 anos for vítima de crime de estupro de vulnerável, por exemplo, ou qualquer outro crime praticado com violência, e a ação ainda não tiver sido instaurada, o prazo prescricional passará a correr a partir da data em que ela completar 18 anos.

9.4.5.2. Prescrição da pretensão punitiva retroativa (art. 110, § 1º, parte final, do CP)

A prescrição retroativa tem por pressuposto o trânsito em julgado da sentença penal condenatória para a acusação. Com o trânsito em julgado da sentença penal condenatória para a acusação, a base para calcular a prescrição se altera, passando a ser considerada a pena aplicada na sentença. Nesse caso, deve-se considerar a pena aplicada na sentença e enquadrá-la num dos incisos do art. 109 do CP para verificar o prazo prescricional.

Verificado o prazo prescricional com base na pena aplicada na sentença, a prescrição retroativa deve ser considerada a partir da publicação da sentença ou acórdão condenatório para trás. Por isso o nome retroativo, porque sua incidência é verificada entre os marcos interruptivos existentes antes da sentença condenatória.

Nos crimes em geral, a prescrição da pretensão retroativa pode ocorrer entre a publicação da sentença ou acórdão condenatório e o recebimento da denúncia ou queixa.

No contexto dos crimes de competência do Tribunal do Júri, a prescrição retroativa pode incidir: a) entre a data da publicação da sentença condenatória e decisão confirmatória da pronúncia; b) entre a decisão confirmatória da pronúncia até a decisão de pronúncia; c) entre a pronúncia e o recebimento da denúncia.

9.4.5.3. Prescrição da pretensão punitiva intercorrente ou superveniente à sentença condenatória (art. 110, § 1º, do CP)

Sendo espécie de prescrição da pretensão punitiva, a prescrição da pretensão punitiva intercorrente incide somente antes do trânsito em julgado da sentença penal condenatória para todos.

Como visto, nos termos do que dispõe o art. 109, *caput*, do CP, a prescrição da pretensão punitiva, salvo a exceção do § 1º do art. 110, é regulada pelo máximo da sanção privativa de liberdade.

Há, porém, no art. 110, § 1º, uma primeira exceção: caso em que, não obstante se tratar de prescrição da pretensão punitiva, transitando em julgado a sentença condenatória para a acusação, ou sendo improvido o seu recurso, a partir da sua publicação começa a correr o prazo prescricional regulado pela pena concreta.

Ex.: suponha-se que o réu venha a ser condenado a 2 (dois) anos de detenção, tendo transitado em julgado a sentença para a acusação. Sendo a pena aplicada de 2 (dois) anos, o prazo prescricional é de 4 (quatro) anos (art. 109, V, do CP). O réu interpôs recurso de apelação, que, passados quatro anos, ainda não havia sido julgado pelo Tribunal. No caso, passados quatro anos da data da publicação da sentença sem que o recurso interposto pela defesa tenha sido apreciado, ocorrerá a prescrição da pretensão punitiva superveniente ou intercorrente, prevista no art. 110, § 1º, do CP.

9.4.6. Prescrição da pretensão executória (art. 110, caput, do CP)

9.4.6.1. Conceito

Na prescrição da pretensão executória, o decurso do tempo sem o seu exercício faz com que o Estado perca o direito de executar a sanção imposta na sentença condenatória.

A prescrição da pretensão executória incide após o trânsito em julgado da sentença condenatória.

Nos termos do *caput* do art. 110, a prescrição, depois de transitar em julgado a sentença condenatória, regula-se pela pena imposta na sentença e verifica-se nos prazos fixados no art. 109, os quais aumentam de 1/3 se o condenado é reincidente.

Ex.: suponha-se que o agente tenha sido condenado irrecorrivelmente a 4 (quatro) anos de reclusão pela prática do delito de roubo simples (art. 157 do CP). O prazo prescricional, considerando a pena aplicada, será de 8 (oito) anos (art. 109, IV, do CP). Nesse caso, se o Estado não iniciar a execução da pena dentro de 8 (oito) anos, opera-se a extinção da punibilidade pela prescrição da pretensão executória. Aplica-se o disposto no art. 110 do CP.

Ex.: réu condenado a 1 (um) ano de reclusão: prazo da prescrição executória: 4 (quatro) anos (art. 109, V).

Tratando-se de reincidente, o prazo da prescrição da pretensão executória da pena privativa de liberdade é aumentado de 1/3 (art. 110, *caput, in fine*). Para tanto, é necessário que a sentença condenatória tenha reconhecido a reincidência.

No concurso material e formal, cada delito tem seu prazo prescricional **isolado**, ainda que as penas tenham sido impostas na mesma sentença (art. 119 do CP).

9.4.6.2. Termos iniciais da prescrição da pretensão executória (art. 112 do CP)

a) do dia em que transita em julgado a sentença condenatória, para a acusação, ou a que revoga a suspensão condicional da pena ou o livramento condicional: em que pese o teor do artigo 112, I, do CP, o STF e o STJ consideram que o termo inicial seria a data do trânsito em julgado para todos.

b) do dia em que se interrompe a execução, salvo quando o tempo da interrupção deva computar-se na pena: interrompida a execução da pena pela fuga do condenado, inicia-se a contagem do prazo prescricional da prescrição executória (art. 112, II, 1ª parte, do CP).

Nos casos dos arts. 41 e 42 do CP (superveniência de doença mental ou internação em hospital), em que se aplica o princípio da detração penal, embora interrompida a efetiva execução da pena, não corre a prescrição (art. 112, II, 2ª parte).

9.4.6.3. Prescrição no caso de evasão do condenado ou de revogação do livramento condicional (art. 113 do CP)

Ex.: suponha-se que o detento fuja faltando 2 (dois) anos para o cumprimento da pena. A partir da data da fuga começa a correr a prescrição da pretensão executória (art. 112, II, 1ª parte), ocorrendo em 4 (quatro) anos (art. 109, V, do CP). Ou seja, se nesse período de quatro anos o apenado não for localizado para dar continuidade ao cumprimento da pena, ocorrerá a prescrição da pretensão executória.

9.4.7. Causas suspensivas da prescrição

O Código Penal prevê causas impeditivas ou suspensivas da prescrição (art. 116), distintas das causas interruptivas (art. 117). Na suspensão da prescrição, o tempo decorrido antes da causa é computado no prazo; na interrupção, o tempo decorrido antes da causa não é computado no prazo, que recomeça a correr por inteiro.

9.4.7.1. Causas suspensivas da prescrição punitiva

a) Enquanto não resolvida, em outro processo, questão de que dependa o reconhecimento da existência do crime: nos termos do art. 116, I, do CP, a prescrição não corre enquanto não resolvida, em outro processo, questão de que depende o reconhecimento da existência do crime (questão prejudicial, tratada nos arts. 92 a 94 do CPP).

b) Enquanto o agente cumpre pena no exterior: a segunda causa suspensiva é prevista no art. 116, II, do CP: antes de passar em julgado a sentença final, a prescrição não corre enquanto o agente cumprir pena no estrangeiro. Não impede o decurso do prazo prescricional, entretanto, estar o sujeito cumprindo pena, em razão de outro processo, no Brasil.

c) Na pendência de embargos de declaração ou de recursos aos Tribunais Superiores, quando inadmissíveis: a Lei nº 13.964/2019 introduziu mais uma causa suspensiva da prescrição, visando a dificultar a incidência da prescrição da pretensão punitiva na pendência de recursos interpostos perante os Tribunais Superiores.

Assim, enquanto tramitam os embargos de declaração ou recursos aos Tribunais Superiores, o prazo prescricional ficará suspenso, aguardando julgamento inadmissível, sendo considerado o período de suspensão do prazo prescricional, se inadmissíveis os recursos.

d) Enquanto não cumprido ou não rescindido o acordo de não persecução penal.

9.4.7.2. Causas suspensivas da prescrição da pretensão executória (art. 116, par. ún., do CP)

Depois de passada em julgado a sentença condenatória, a prescrição não corre durante o tempo em que o condenado está preso por outro motivo.

Ex.: suponha-se que o sujeito seja condenado em duas comarcas, iniciando o cumprimento da pena imposta na ação penal de uma delas. Enquanto está cumprindo a pena, não corre a prescrição da pretensão executória em relação à outra condenação.

9.4.8. Causas interruptivas da prescrição (art. 117 do CP)

Ocorrendo uma causa interruptiva, o curso da prescrição interrompe-se, desaparecendo o lapso temporal já decorrido, recomeçando sua contagem desde o início.

A incidência das causas do art. 117, salvo a do inciso V, faz com que seja extinto o prazo decorrido antes da interrupção, recomeçando a correr a prescrição por inteiro (§ 2º).

9.4.8.1. Pelo recebimento da denúncia ou da queixa

O recebimento da denúncia interrompe o prazo prescricional, recomeçando a correr a prescrição da pretensão punitiva por inteiro, não se levando em conta o tempo já decorrido antes da interrupção.

9.4.8.2. Pela pronúncia

A pronúncia também interrompe a prescrição (art. 117, II). A decisão do juiz tem força de interromper a prescrição, ainda que o réu venha a ser absolvido no Júri.

9.4.8.3. Pela decisão confirmatória da pronúncia

Se o réu recorre da pronúncia e o Tribunal confirma, o Acórdão também interrompe a prescrição (art. 117, III, do CP), o mesmo ocorrendo quando é impronunciado ou absolvido sumariamente e o tribunal o pronuncia.

9.4.8.4. Pela publicação da sentença ou acórdão condenatórios recorríveis

O art. 117, IV, do CP determina que a prescrição se interrompe pela sentença condenatória recorrível. A interrupção ocorre na data da publicação da sentença, i.e., no dia em que o escrivão recebe a sentença do juiz e a junta aos autos, independentemente do registro e de outras diligências.

O acórdão condenatório, ainda que não unânime, e por isso sujeito a embargos infringentes, também interrompe o prazo prescricional da pretensão punitiva. Isso ocorre quando, tendo sido absolvido em primeiro grau, o réu vem a ser condenado pelo acórdão do tribunal. Trata-se de acórdão recorrível.

9.4.8.5. Pelo início ou continuação do cumprimento da pena

Iniciando-se o prazo da prescrição da pretensão executória com o trânsito em julgado da sentença condenatória, interrompe-se pelo começo do cumprimento da pena. Fugindo o condenado, a prescrição começa a correr da data da fuga (art. 112, II, 1ª parte), regulando-se pelo tempo que resta da pena (art. 113). Recapturado, interrompe-se a prescrição.

9.4.8.6. Pela reincidência

A reincidência somente interrompe o prazo da prescrição da pretensão executória, sendo inaplicável à prescrição da pretensão punitiva (art. 109). Nesse sentido, a Súm. nº 220 do STJ: "A reincidência não influi no prazo da prescrição da pretensão punitiva".

10. CRIMES CONTRA A VIDA

10.1. Homicídio

O homicídio consiste na eliminação da vida humana extrauterina provocada por outra pessoa. A eliminação da vida intrauterina (feto) caracteriza o delito de aborto.

10.1.1. Homicídio privilegiado (art. 121, § 1º, do CP)

O art. 121, § 1º, do CP descreve o homicídio privilegiado como o fato de o sujeito cometer o delito impelido por motivo de relevante valor social ou moral, ou sob o domínio de violenta emoção, logo em seguida a injusta provocação da vítima. Neste caso, o juiz pode reduzir a pena de 1/6 a 1/3.

Motivo de relevante valor social: ocorre quando a causa do delito diz respeito a um interesse coletivo. A conduta, então, é ditada em face de um interesse que diz respeito a todos os cidadãos de uma coletividade. Ex.: pai desesperado pelo vício que impregna seu filho e vários outros alunos, mata um traficante que distribui drogas num colégio, sem qualquer ação eficaz da polícia para contê-lo.

Motivo de relevante valor moral: diz respeito a um interesse particular, de ordem pessoal. Será motivo de relevante valor moral aquele que, em si mesmo, é aprovado pela ordem moral, pela moral prática, por exemplo, a compaixão ou piedade diante do irremediável sofrimento da vítima.

Sob o domínio de violenta emoção, logo em seguida a injusta provocação da vítima: o texto legal exige, ainda, que o impulso emocional e o ato dele resultante se sigam imediatamente à provocação da vítima, ou seja, tem de haver a imediatidade entre a provocação injusta e a conduta do sujeito.

10.1.2. Homicídio qualificado (art. 121, § 2º, do CP)

O art. 121, § 2º, do CP prevê circunstâncias que qualificam o crime de homicídio, quando é cometido: a) mediante paga ou promessa de recompensa, ou por outro motivo torpe; b) motivo fútil; c) com emprego de veneno, fogo, explosivo, asfixia, tortura ou outro meio insidioso ou cruel, ou de que possa resultar perigo comum; d) à traição, de emboscada, ou mediante dissimulação ou outro recurso que dificulte ou torne impossível a defesa do ofendido; e) para assegurar a execução, a ocultação, a impunidade ou vantagem de outro crime; f) revogado; g) contra agente de segurança pública; h) com emprego de arma de fogo de uso restrito ou proibido.

Também merece destaque a qualificadora do homicídio funcional (art. 121, § 2º, VII, do CP). A qualificadora alcança integrantes dos órgãos de segurança pública, bem como seus parentes consanguíneos até terceiro grau, desde que o homicídio tenha sido praticado no exercício da função ou em decorrência dela. Ou seja, para incidir a qualificadora, o homicídio deve estar necessariamente vinculado à função desempenhada pelo agente de segurança pública.

Vale destacar a publicação da Lei 15.134 de 2025 a qual alterou o referido dispositivo legal estendendo a qualificadora em questão para os membros do Poder Judiciário, membros do Ministério Público, membros da Defensoria Pública, membros da Advocacia Pública e Oficiais de Justiça bem como seus cônjuges, companheiros, parentes, inclusive por afinidade, até o terceiro grau em razão dessa condição:

a) autoridade ou agente descrito nos arts. 142 e 144 da Constituição Federal, integrantes do sistema prisional e da Força Nacional de Segurança Pública, no exercício da função ou em decorrência dela, ou contra seu cônjuge, companheiro ou parente consanguíneo até o terceiro grau, em razão dessa condição;

b) membro do Poder Judiciário, do Ministério Público, da Defensoria Pública ou da Advocacia Pública, de que tratam os arts. 131 e 132 da Constituição Federal, ou oficial de justiça, no exercício da função ou em decorrência dela, ou contra seu cônjuge, companheiro ou parente, inclusive por afinidade, até o terceiro grau, em razão dessa condição.

A Lei nº 14.344/2022 introduziu mais uma qualificadora ao crime de homicídio, quando se tratar de vítima menor de 14 anos de idade (art. 121, § 2º, IX). Com isso, encontra-se tacitamente revogada a segunda parte do art. 121, § 4º, do CP, no que se refere à majorante em face de a vítima ser menor de 14 anos de idade. Além disso, passou a prever novas causas de aumento de pena. Nos termos do art. 121, § 2º-B, do CP, a pena do homicídio contra menor de 14 anos é aumentada de:

> I – 1/3 (um terço) até a metade se a vítima é pessoa com deficiência ou com doença que implique o aumento de sua vulnerabilidade; II – 2/3 (dois terços) se o autor é ascendente, padrasto ou madrasta, tio, irmão, cônjuge, companheiro, tutor, curador, preceptor ou empregador da vítima ou por qualquer outro título tiver autoridade sobre ela.

Vale destacar que a Lei nº 14.811/2024 introduziu mais uma causa de aumento de pena para o homicídio cometido contra menor de 14 anos (art. 121, §2º, inciso III): "2/3 (dois terços) se o crime for praticado em instituição de educação básica pública ou privada.".

Além disso, a Lei 15.159 de 2025 incluiu outra qualificadora no rol do artigo 121, §2º (inciso X), qual seja: o crime de homicídio cometido nas dependências de instituição de ensino.

10.1.3. Homicídio privilegiado-qualificado

Perfeitamente possível a coexistência do homicídio privilegiado e as qualificadoras de natureza objetiva, já que relacionadas ao fato praticado, por exemplo, o meio e o modo de execução.

As qualificadoras relacionadas ao motivo torpe (inciso I) ou fútil (inciso II), bem como à conexão com outro crime (inciso V) ou ao fato de a vítima integrar órgão de segurança pública (VII), são consideradas de natureza subjetiva. Isso porque não estão vinculadas diretamente ao fato praticado, mas a condições ou características subjetivas ou pessoais, como a motivação, ou em relação à pessoa da vítima. Até mesmo o crime de homicídio por conexão é de natureza subjetiva, pois guarda relação com o motivo do crime, ou seja, o agente desenvolve a conduta homicida para assegurar a execução, a ocultação, a impunidade ou vantagem de outro crime.

As qualificadoras relacionadas aos meios (inciso III) ou modos (IV) de execução, bem como a do feminicídio (VII), são consideradas de natureza objetiva. As duas primeiras, porque relacionadas diretamente ao fato praticado, não havendo qualquer vinculação com características ou condições pessoais da vítima.

10.1.4. Homicídio culposo (art. 121, § 3º, do CP)

É um tipo penal aberto, que depende, pois, da interpretação do juiz para poder ser aplicado. A culpa, conforme o art. 18, II, do CP, é constituída de "imprudência, negligência ou imperícia". Portanto, matar alguém por imprudência, negligência ou imperícia concretiza o tipo penal incriminador do homicídio culposo. Ex.: ao manejar arma carregada para limpá-la, o agente aciona, imprudentemente, o gatilho e mata uma pessoa que está ao seu lado.

10.1.5. Perdão judicial (art. 121, § 5º, do CP)

É a clemência do Estado, que deixa de aplicar a pena prevista para determinados delitos, em hipóteses expressamente previstas em lei.

Somente ao autor do homicídio culposo pode-se aplicar a clemência, desde que ele tenha sofrido com o crime praticado uma consequência tão séria e grave que a sanção penal se torne desnecessária.

> Ex.: o pai que provoca a morte do próprio filho, num acidente fruto de sua imprudência, já teve punição mais do que severa. A dor por ele experimentada é mais forte do que qualquer pena que se lhe pudesse aplicar. Por isso, surge a hipótese do perdão. O crime existiu, mas a punibilidade é afastada.

10.2. Feminicídio

10.2.1. Hipóteses de incidência

A partir da publicação da Lei 14.994/2024, matar mulher no contexto de violência doméstica e familiar ou por menosprezo ou discriminação à condição de mulher, deixou de ser qualificadora do crime de homicídio e passou a ser crime autônomo.

Não basta a vítima ser mulher para incidir o crime de feminicídio; é preciso que o crime tenha sido praticado no contexto de violência doméstica e familiar ou por menosprezo ou discriminação à condição de mulher.

Logo, para fins de incidência do tipo penal do art. 121-A, CP, deve-se cuidar para não confundir feminicídio ou femicídio. O primeiro é praticado em razão da vítima ser do sexo feminino, ao passo que o femicídio consiste no homicídio contra a mulher, independentemente da sua condição de ser do sexo feminino.

Assim, se, por exemplo, o agente matar uma mulher apenas porque é torcedora do Sport Clube Internacional, não incide o feminicídio, já que o crime não foi praticado em razão da vítima ser do sexo feminino, podendo incidir qualificadora descrita no artigo 121, §2º, como, por exemplo, a do motivo fútil. Trata-se, nesse caso, de femicídio e não de feminicídio.

Em síntese, para caracterizar o crime de feminicídio, além de a vítima ser mulher, o crime deve ser praticado por razões da condição de sexo feminino. E, conforme o artigo 121-A, § 1º, incisos I e II , do Código Penal, considera-se que há razões de condição de sexo feminino quando o crime envolve: a) violência doméstica e familiar; b) menosprezo ou discriminação à condição de mulher.

10.2.1.1. Feminicídio em face da violência doméstica e familiar

10.2.1.1.1. Conceito

Nos termos do artigo 5º da Lei 11.340/2006, configura violência doméstica e familiar contra a mulher qualquer ação ou omissão baseada no gênero que lhe cause morte, lesão, sofrimento físico, sexual ou psicológico e dano moral ou patrimonial, quando praticada: a) no âmbito da unidade doméstica; b) no âmbito da família; c) qualquer relação íntima de afeto.

a) Âmbito da unidade doméstica

Incide a qualificadora do feminicídio quando o fato for praticado no âmbito da unidade doméstica, assim compreendida como o espaço de convívio permanente de pessoas, com ou sem vínculo familiar, inclusive as esporadicamente agregadas (Lei nº 11.340/2006, art. 5º, I).

Conforme se extrai do texto legal, não se afigura necessário vínculo familiar ou afetivo entre o agressor e a ofendida. Basta que o fato tenha sido praticado dentro da unidade doméstica, considerada como sendo espaço de convívio permanente de pessoas.

Nesse contexto, percebe-se que podem figurar como vítimas de feminicídio não somente a esposa ou companheira, mas também outras mulheres que se situem na esfera das relações domésticas, desde que seja possível verificar a relação de poder e submissão exercido sobre a mulher, sendo, em razão disso, possível considerar a proteção da Lei Maria da Penha em relação à empregada doméstica.

b) Âmbito da família

Haverá feminicídio feminicídio quando o crime for praticado no âmbito da família, assim compreendida como a comunidade formada por indivíduos que são ou se consideram aparentados, unidos por laços naturais, por afinidade ou por vontade expressa (Lei nº 11.340/2006, art. 5º, II).

Nesse caso, já não prevalece a caráter espacial do lar ou da coabitação, mas sim o vínculo familiar decorrente do parentesco natural, por afinidade ou por vontade expressa (civil). Assim, mesmo fora do recinto doméstico, a existência de relações familiares entre agressor e vítima, já permitirá a caracterização da violência doméstica.

Não só esposas estão no âmbito de abrangência do delito de violência doméstica como sujeitos passivos. Também as filhas e netas do agressor, bem como sua mãe, sogra, avó ou qualquer outra parente que mantém vínculo familiar, por laços naturais ou por afinidade, com ele podem integrar o polo passivo da ação delituosa.

c) Qualquer relação íntima de afeto

O incide na hipótese de existir qualquer relação íntima de afeto, na qual o agressor conviva ou tenha convivido com a ofendida, independentemente de coabitação (Lei nº 11.340/2006, art. 5º, III).

Nesta modalidade dispensa-se tanto a coabitação sob o mesmo teto, quanto o parentesco familiar, sendo suficiente relação íntima de afeto e convivência, presente ou pretérita. É o caso de namorados ou casais que não convivem sob o mesmo teto. É o que se extrai da Súmula 600 do Superior Tribunal de Justiça: "Para a configuração da violência doméstica e familiar prevista no artigo 5º da Lei n. 11.340/2006

(Lei Maria da Penha) não se exige a coabitação entre autor e vítima."

10.2.1.2. Feminicídio em face do menosprezo ou discriminação à condição de mulher

Nessa hipótese de incidência do feminicídio não se exige qualquer relação de violência doméstica ou familiar.

O legislador tornou mais reprovável a conduta do agente em face da desvalorização da qualidade de mulher da vítima, depreciando a sua condição de ser do sexo feminino.

Pune-se com mais rigor a postura mais evidente da odiosa cultura machista, que considera a mulher um ser inferior, revelando total desconsideração e menoscabo à sua condição de ser do sexo feminino.

Da mesma forma, pune-se com mais rigor a conduta do agente que age com intolerância, preconceito, com distinção, restrição em relação à mulher.

Portanto, configura o crime de feminicídio

Imaginemos, por exemplo, que o diretor de uma empresa perde a disputa ao cargo de vice-presidente para uma colega, que também integrava a diretoria da instituição. E, por não admitir ter sido preterido na disputa com uma mulher, resolve matar a colega. Ou seja, o agente matou a colega de diretoria, porque não aceitou ser superado por uma mulher. Trata-se, pois, de crime de feminicídio, já que matou uma mulher em razão do menosprezo dela ser do sexo feminino.

10.2.2. Causas de aumento de pena

O artigo 121-A, § 2º, do Código Penal, prevê circunstâncias que elevam a pena do crime de feminicídio de 1/3 (um terço) até a metade. Ou seja, sobre a pena de 20 (vinte) a 40 (quarenta) anos, verificando a presença de uma das circunstâncias previstas no referido dispositivo, o juiz, na terceira fase de fixação da pena, acrescentará a fração de 1/3 (um terço) até a metade, podendo, portanto, a pena definitiva alcançar ou, até mesmo superar, 60 (sessenta) anos, se presente alguma agravante, por exemplo.

Para evitar responsabilidade objetiva, vedada no nosso ordenamento jurídico, a incidência da causa de aumento de pena tem por pressuposto estar na esfera de conhecimento do agente. Ou seja, somente será possível aplicar a causa de aumento de pena, se demonstrado que a circunstância integrava o dolo do agente.

Em síntese, a pena do feminicídio é aumentada de 1/3 (um terço) até a metade se o crime for praticado:

a) durante a gestação, nos 3 (três) meses posteriores ao parto ou se a vítima é a mãe ou a responsável por criança, adolescente ou pessoa com deficiência de qualquer idade;
b) contra pessoa menor de 14 (catorze) anos, maior de 60 (sessenta) anos, com deficiência ou portadora de doenças degenerativas que acarretem condição limitante ou de vulnerabilidade física ou mental; (Incluído pela Lei nº 14.994, de 2024)
c) na presença física ou virtual de descendente ou de ascendente da vítima; (Incluído pela Lei nº 14.994, de 2024)
d) IV – em descumprimento das medidas protetivas de urgência previstas nos incisos I, II e III do caput do art. 22 da Lei nº 11.340, de 7 de agosto de 2006 (Lei Maria da Penha); (Incluído pela Lei nº 14.994, de 2024)
e) V – nas circunstâncias previstas nos incisos III, IV e VIII do § 2º do art. 121 deste Código.

A Lei 14.994/2024 introduziu mais causas de aumento em relação delito de feminicídio, voltadas ao meio e modo de execução do delito, bem como o emprego de arma de fogo de uso proibido ou restrito. Assim, se o agente matar sua esposa, valendo-se de meio cruel, responderá pelo delito de feminicídio, com pena aumentada de 1/3 até a metade.

Convém destacar que o legislador não incluiu no rol das causas de aumento de pena a motivação do delito. Logo, se, por exemplo, o agente matar a esposa por motivo torpe, não incidirá a causa de aumento de aumento de pena, por ausência de previsão legal, podendo, a nosso ver, incidir a agravante prevista no artigo 61, II, "a", do CP.

10.3. Induzimento, instigação ou auxílio a suicídio ou a automutilação

10.3.1. Conceito de suicídio e automutilação

O suicídio decorre da conduta voluntária e consciente da própria vítima, que, por ato positivo ou negativo, busca eliminar a sua vida. É o chamado autocídio ou autoquíria.

A automutilação decorre da conduta voluntária e consciente da própria vítima, que, por ato positivo ou negativo, busca provocar lesão em si própria. Nesse caso, a vítima não tem a intenção de eliminar a sua própria vida, mas de provocar autolesão, por exemplo, produzir cortes na pele, amputar alguma parte do corpo, bater com a cabeça na parede, utilizar fogo para queimar parte da pele.

Portanto, o crime consiste no fato de o agente induzir, instigar ou prestar auxílio a suicídio ou automutilação. Em outras palavras, constitui crime a conduta voltada a fazer com que a vítima pratique atos executórios para eliminar sua própria vida ou provocar lesões em si mesma. Trata-se, em síntese, do crime de participação em suicídio ou automutilação.

10.3.2. Consumação

Com as alterações introduzidas pela Lei nº 13.968/2019, o delito de participação em suicídio ou automutilação passou a ser crime formal, não mais exigindo para a sua consumação a produção do resultado naturalístico morte ou lesão corporal de natureza grave.

Agora, para a consumação do delito, basta a conduta de induzir, instigar ou prestar auxílio ao suicídio ou à automutilação, ainda que resulte lesão corporal de natureza leve ou não resulte qualquer lesão. Nesse caso, o agente responderá pelo crime de participação em suicídio ou automutilação na sua modalidade simples, nos termos do art. 122, *caput*, do CP.

A participação em suicídio ou automutilação com resultado lesão grave ou gravíssima, bem como com resultado morte configuram o crime na modalidade qualificada (art. 122, §§ 1º e 2º, do CP).

10.3.3. Figuras qualificadoras

A Lei nº 13.968/2019 introduziu no ordenamento jurídico duas qualificadoras do crime de participação em suicídio ou automutilação: a) se resultar lesão corporal de natureza grave ou gravíssima; b) se resultar morte.

Nos termos do art. 122, § 1º, do CP, se da automutilação ou da tentativa de suicídio resulta lesão corporal de natureza grave ou gravíssima, a pena será de 1 (um) a 3 (três) anos.

Se da indução, instigação ou auxílio ao suicídio ou automutilação resultar qualquer um dos resultados previstos no art. 129, §§ 1º e 2º, do CP, incidirá a qualificadora do crime de participação em suicídio ou automutilação (art. 122, § 1º, do CP); ausente qualquer circunstância que qualifica a lesão corporal, o crime será de participação em suicídio ou automutilação, na sua modalidade simples (art. 122, *caput*).

Nos termos do art. 122, § 2º, do CP, se o suicídio se consuma ou se da automutilação resulta morte, a pena será de 2 (dois) a 6 (seis) anos.

Se o agente, de forma dolosa, induzir, instigar ou auxiliar a vítima a eliminar a sua própria vida, o que efetivamente vem a ocorrer, responderá pelo crime de participação em suicídio na sua forma qualificada.

O crime de participação em automutilação com resultado morte necessariamente é preterdoloso. Isso porque estará presente o dolo na conduta de induzir, instigar ou auxiliar a automutilação, ao passo que o resultado morte decorre de culpa. Se o agente desejasse ou assumisse o risco em relação ao resultado morte, o crime seria de participação em suicídio e não em automutilação.

10.3.4. Causas de aumento de pena

O art. 122, §§§ 3º, 4º e 5º, do CP prevê circunstâncias que elevam a pena do crime de participação em suicídio. A pena será duplicada se o crime é praticado por motivo egoístico, torpe ou fútil, ou se a vítima é menor ou tem diminuída, por qualquer causa, a capacidade de resistência (art. 122, § 3º, I e II). A pena é aumentada até o dobro se a conduta é realizada por meio da rede de computadores, de rede social ou transmitida em tempo real (art. 122, § 4º). Aumenta-se a pena em dobro se o agente é líder, coordenador ou administrador de grupo ou de rede virtual, ou por estes é responsável (art. 122, § 5º com redação atualizada pela lei 14.811, de 2024).

Cumpre destacar que o crime do artigo 122, §4º, foi incluído no rol dos crimes hediondos com o advento da Lei 14.811 de 2024.

10.3.5. Vítima menor de 14 anos ou contra quem não tem discernimento para a prática do ato

Nos termos do art. 122, § 6º, do CP:

> Se o crime de que trata o § 1º deste artigo resulta em lesão corporal de natureza gravíssima e é cometido contra menor de 14 (quatorze) anos ou contra quem, por enfermidade ou deficiência mental, não tem o necessário discernimento para a prática do ato, ou que, por qualquer outra causa, não pode oferecer resistência, responde o agente pelo crime descrito no § 2º do art. 129 deste Código.

Logo, se a vítima for menor de 14 anos de idade, e se resultar lesão corporal gravíssima, o agente responderá pelo crime descrito no art. 129, § 2º, do CP (art. 122, § 6º, *in fine*, do CP).

Também responderá pelo crime de lesão corporal gravíssima se a vítima for acometida de enfermidade ou deficiência mental, e, por essa razão, não tem o necessário discernimento para a prática do ato. Não basta, pois, que a vítima seja portadora de enfermidade ou deficiência mental, sendo necessário que, em razão disso, não tenha qualquer discernimento para o ato.

Se a enfermidade ou deficiência mental não tem a potencialidade de retirar a plena capacidade de discernimento da vítima, o agente responderá pelo crime de participação em automutilação, se resultar lesão grave ou gravíssima, nos termos do art. 122, § 1º, do CP.

O art. 122, § 6º, faz expressa remissão somente ao art. 129, § 2º, do CP. Nesse contexto, se da tentativa de suicídio ou da automutilação resultar lesão corporal grave em vítima menor de 14 anos de idade, portadora de enfermidade ou deficiência mental sem o necessário discernimento ou sem qualquer capacidade de resistência, forçoso concluir que o agente responderá pelo crime de induzimento, instigação ou auxílio ao suicídio ou automutilação qualificado, com a pena aumentada em dobro (art. 122, §§ 1º e 3º, II, do CP).

Conforme o art. 122, § 7º, do CP, se o suicídio se consuma ou se da automutilação resulta morte, e o crime tiver sido praticado contra vítima menor de 14 anos ou contra quem não tem o necessário discernimento para a prática do ato, ou que, por qualquer outra causa, não pode oferecer resistência, responde o agente pelo crime de homicídio, nos termos do art. 121 do CP.

10.4. Infanticídio (art. 123 do CP)

10.4.1. Conceito

Trata-se de homicídio cometido pela mãe contra seu filho, nascente ou recém-nascido, sob a influência do estado puerperal.

Estado puerperal é o estado que envolve a mulher durante o parto. Há profundas alterações psíquicas e físicas, que chegam a transtornar a mãe, deixando-a sem plenas condições de entender o que está fazendo.

10.4.2. Sujeitos do delito

A autora do infanticídio só pode ser a mãe. Cuida-se de crime próprio, uma vez que não pode ser cometido por qualquer autor.

O tipo penal exige qualidade especial do sujeito ativo. Entretanto, isso não impede que terceiro responda por infanticídio diante do concurso de agentes.

Sujeito passivo é o neonato ou nascente, de acordo com a ocasião da prática do fato: durante o parto ou logo após.

Antes do parto, o sujeito passivo será o feto, caracterizando, portanto, o delito de aborto.

Segundo boa parte da doutrina, estando a mulher sob influência do estado puerperal, responde ela por infanticídio, delito que também será atribuído aos eventuais concorrentes do fato, uma vez que se trata de circunstância de caráter pessoal que constitui elementar do crime. Logo, comunica-se aos coautores ou partícipes, nos termos do art. 30 do CP.

10.5. Aborto (arts. 124 a 128 do CP)

10.5.1. Aborto provocado pela gestante ou com seu consentimento (art. 124)

Trata-se de crime de mão própria, pois somente a gestante pode realizá-lo; contudo, isso não afasta a possibilidade de participação no crime em questão.

Na primeira figura, é a própria mulher quem executa a ação material do crime, ou seja, ela própria emprega os meios ou manobras abortivas em si mesma. Se um terceiro executar ato de provocação do aborto, não será partícipe do crime do art. 124 do CP, mas, sim, autor do fato descrito no art. 126 (provocação do aborto com consentimento da gestante).

Na segunda figura, a mulher apenas consente na prática abortiva, mas a execução material do crime é realizada por terceira pessoa. Em tese, a gestante e o terceiro deveriam responder pelo delito do art. 124. Contudo, o Código Penal prevê uma modalidade especial de crime para aquele que provoca o aborto com o consentimento da gestante (art. 126).

10.5.2. Aborto provocado por terceiro sem o consentimento da gestante (art. 125 do CP)

Trata-se de forma mais gravosa do delito de aborto.

Ao contrário da figura típica do art. 126, não há o consentimento da gestante no emprego dos meios ou manobras abortivas por terceiro. Aliás, a ausência de consentimento constitui elementar do tipo penal.

As formas de dissentimento estão retratadas no parágrafo único do art. 126:

a) dissentimento presumido: é necessário que a gestante tenha capacidade para consentir, não se tratando de capacidade civil. Para o Código Penal, quando a vítima não é maior de 14 anos ou é alienada mental, não possui consentimento válido, levando à consideração de que o aborto se deu contra a sua vontade;
b) dissentimento real: quando o agente emprega violência, grave ameaça ou mesmo fraude, é natural supor que extraiu o consentimento da vítima à força, de modo que o aborto necessita se encaixar na figura do art. 125.

10.5.3. Aborto consensual (art. 126)

Para que se caracterize a figura do aborto consentido (art. 126), é necessário que o consentimento da gestante seja válido, isto é, que ela tenha

PENAL

capacidade para consentir. Ausente essa capacidade, o delito poderá ser outro (art. 125).

Trata-se de uma exceção à teoria monista. O legislador, para punir mais severamente o terceiro que provoca o aborto, criou o art. 126, aplicando a teoria pluralista do concurso de pessoas.

10.5.4. Aborto legal (art. 128)

a) Aborto necessário ou terapêutico

É a interrupção da gravidez realizada pelo médico quando a gestante estiver correndo perigo de vida e inexistir outro meio para salvá-lo.

A excludente da ilicitude em estudo do crime de aborto somente abrange a conduta do médico. Não obstante isso, a enfermeira, ou parteira, não responderá pelo delito em questão se praticar o aborto por força do art. 24 do CP (estado de necessidade, no caso, de terceiro).

b) Aborto humanitário, sentimental ou piedoso

O aborto humanitário, também denominado ético ou sentimental, é autorizado quando a gravidez é consequência do crime de estupro e a gestante consente na sua realização. A lei não exige autorização judicial, processo judicial ou sentença condenatória contra o autor do crime de estupro para a prática do aborto sentimental. Basta prova idônea do atentado sexual.

11. LESÃO CORPORAL (ART. 129 DO CP)

11.1. Lesão corporal leve ou simples (art. 129, *caput*)

A definição de lesão corporal leve é formulada por exclusão, ou seja, configura-se quando não ocorre nenhum dos resultados previstos nos §§ 1º, 2º e 3º do art. 129.

11.2. Lesão corporal grave (art. 129, § 1º)

A lesão corporal de natureza grave (ou mesmo a gravíssima) é uma ofensa à integridade física ou à saúde da pessoa humana, considerada muito mais séria e importante do que a lesão simples ou leve.

a) Incapacidade para as ocupações habituais, por mais de trinta dias

Deve-se compreender como tal toda e qualquer atividade regularmente desempenhada pela vítima, e não apenas a sua ocupação laborativa, enquadrando-se, inclusive, as atividades de lazer.

b) Perigo de vida

É a concreta possibilidade de a vítima morrer em face das lesões sofridas.

A doutrina e a jurisprudência majoritária consideram que, neste caso, somente pode haver dolo na conduta antecedente (lesão corporal) e culpa no tocante ao resultado mais grave (perigo de vida), pois, havendo dolo em ambas as fases, haverá tentativa de homicídio.

Portanto, o tipo só admite o preterdolo, uma vez que, se houver dolo quanto ao perigo de vida, o agente responderá por tentativa de homicídio.

c) Debilidade permanente de membro, sentido ou função

Não se exige que seja uma debilidade perpétua, bastando que tenha longa duração.

> Ex.: perda de um dos dedos (membro); perda da visão de um dos olhos (sentido); perda de um dos rins é debilidade permanente e não perda de função, pois se trata de órgão duplo.

d) Aceleração de parto

Significa antecipar o nascimento da criança antes do prazo normal previsto pela medicina. Nesse caso, é indispensável o conhecimento da gravidez pelo agente.

Se, em virtude da lesão corporal praticada contra a mãe, a criança nascer morta, terá havido lesão corporal gravíssima (art. 129, § 2º, V, do CP).

11.3. Lesão corporal gravíssima (art. 129, § 2º)

Todas as circunstâncias qualificadoras elencadas neste parágrafo são tanto dolosas quanto preterdolosas, com exceção da circunstância contida no inciso V (aborto), que é necessariamente preterdolosa.

a) Incapacidade permanente para o trabalho

Trata-se de inaptidão duradoura para exercer qualquer atividade laborativa lícita. A permanência não significa perpetuidade.

Nesse contexto, diferentemente da incapacidade para as ocupações habituais, exige-se atividade remunerada, que implique sustento, portanto, acarrete prejuízo financeiro para o ofendido.

b) Enfermidade incurável

É a doença irremediável, de acordo com os recursos da medicina na época do resultado, causada na vítima.

c) Perda ou inutilização do membro, sentido ou função

Perda implica destruição ou privação de algum membro (ex.: corte de um braço), sentido (ex.: aniquilamento dos olhos) ou função (ex.: ablação da bolsa escrotal, impedindo a função reprodutora).

No tocante a órgãos duplos, ter-se-á a perda quando houver a supressão de ambos, por exemplo, cegueira ou surdez total. Nessa hipótese, há a perda total da visão ou audição. Quando se der a supressão de apenas um órgão, estaremos diante da hipótese de debilidade (art. 129, § 1º, III, do CP), pois a função não foi totalmente abolida, por exemplo, surdez em apenas um dos ouvidos.

d) Deformidade permanente

Deformidade é o dano estético de certa monta. Permanente é a deformidade indelével, irreparável. Entende-se por irreparável a deformidade que não é passível de ser corrigida pelo transcurso do tempo. Ex.: perda de orelhas, mutilação grave do nariz, entre outros.

e) Aborto

Nesta hipótese, o agente, ao lesionar a vítima, não quer nem mesmo assumir o risco do advento do resultado agravador aborto.

Portanto, para que possa se caracterizar a qualificadora da lesão corporal gravíssima, não pode ter sido objeto de dolo do agente, pois, nesse caso, terá de responder pelos dois crimes, lesão corporal e aborto, em concurso formal impróprio, ou, ainda, por aborto qualificado, se a lesão em si mesma for grave.

11.4. Lesão corporal seguida de morte (art. 129, § 3º)

O evento morte não deve ser desejado, nem ter o agente assumido o risco de causá-lo, sob pena de responder pelo crime de homicídio. Em outras palavras, trata-se de típico crime preterdoloso, em que o agente desenvolve conduta com dolo em relação a determinado resultado, mas, por culpa, acaba produzindo resultado mais grave.

No caso, o agente age com dolo em relação à lesão corporal, mas acaba produzindo, involuntariamente, a morte da vítima.

A tentativa é inadmissível, pois o crime preterdoloso envolve a forma culposa e esta é totalmente incompatível com a figura da tentativa.

11.5. Violência doméstica (art. 129, § 9º)

Se a lesão for praticada contra ascendente, descendente, irmão, cônjuge ou companheiro, ou com quem conviva ou tenha convivido, ou, ainda, prevalecendo-se o agente das relações domésticas, de coabitação ou de hospitalidade, a pena será de reclusão, de 2 (dois) a 5 (cinco) anos.

Diversamente do que possa parecer, a qualificadora prevista no art. 129, § 9º, do CP não se limita a alcançar apenas vítima mulher, incidindo ainda que a vítima seja homem, por exemplo, a agressão praticada pelo agente contra o irmão.

O art. 129, § 9º, do CP incide se a lesão corporal for de natureza leve. Se for grave, gravíssima ou seguida de morte, incidirá, ainda, causa de aumento de pena em 1/3, nos termos do art. 129, § 10.

11.6. Lesão corporal contra a agente de segurança pública (art. 129, § 12, do CP)

Se a lesão for praticada contra autoridade ou agente descrito nos arts. 142 e 144 da CF/1988, integrantes do sistema prisional e da Força Nacional de Segurança Pública, no exercício da função ou em decorrência dela, ou contra seu cônjuge, companheiro ou parente consanguíneo até terceiro grau, em razão dessa condição, bem como a lesão praticada contra membro do Poder Judiciário, do Ministério Público, da Defensoria Pública ou da Advocacia Pública, de que tratam os arts. 131 e 132 da Constituição Federal, ou oficial de justiça, no exercício da função ou em decorrência dela, ou contra seu cônjuge, companheiro ou parente, inclusive por afinidade, até o terceiro grau, em razão dessa condição a pena é aumentada de um a dois terços.

Cumpre destacar que a lesão corporal gravíssima ou seguida de morte cometida em tais circunstâncias possui natureza hedionda, conforme se extrai do art. 1º, I-A, da Lei nº 8.072/1990.

Por sua vez, a Lei 15.159 de 2025 alterou o referido §12 para incluir mais uma causa de aumento, qual seja a lesão corporal dolosa cometida nas dependências de instituição de ensino.

Ademais, vale destacar que tal lesão corporal terá sua pena aumentada de 2/3 (dois terços) ao dobro se a) a lesão dolosa for praticada nas dependências de instituição de ensino e a vítima for pessoa com deficiência ou com doença que acarrete condição limitante ou de vulnerabilidade física ou mental; ou b) o autor for ascendente, padrasto ou madrasta, tio, irmão, cônjuge, companheiro, tutor, curador, preceptor ou empregador da vítima ou por qualquer outro título tiver autoridade sobre ela ou, ainda, for professor ou funcionário da instituição de ensino.

11.7. Lesão corporal no contexto de violência doméstica e familiar contra a mulher (art. 129, §13, do CP)

Se a lesão é praticada contra a mulher, por razões da condição do sexo feminino, nos termos do § 1º do art. 121-A do CP, a pena será de 2 (dois) a 5 (cinco) anos.

12. CRIMES CONTRA A HONRA

12.1. Calúnia (art. 138 do CP)

Calúnia é o fato de atribuir a outrem, falsamente, a prática de fato definido como crime. O Código Penal tutela a honra objetiva (reputação).

A lei exige, expressamente, que o fato atribuído seja definido como crime. O fato criminoso deve ser determinado, ou seja, um caso concreto. É fundamental, para a existência de calúnia, que a imputação de fato definido como crime seja falsa. Se o fato for verdadeiro, não há que se falar em crime de calúnia.

O momento consumativo da calúnia ocorre no instante em que a imputação chega ao conhecimento de um terceiro que não a vítima.

A calúnia verbal não admite a figura da tentativa. Ou o sujeito diz a imputação, e o fato está consumado, ou não diz, e não há conduta relevante para o Direito Penal.

Já a calúnia escrita admite a tentativa. Ex.: o sujeito remete uma carta caluniosa e ela se extravia. O crime não atinge a consumação, por intermédio do conhecimento do destinatário, por circunstâncias alheias à vontade do sujeito.

12.2. Difamação (art. 139 do CP)

Difamar significa desacreditar publicamente uma pessoa, ofendendo sua reputação.

O legislador protege a honra objetiva (reputação). A exemplo do crime de calúnia, o bem jurídico protegido é a honra, isto é, a reputação do indivíduo, a sua boa fama, o conceito que a sociedade lhe atribui.

Dizer que uma pessoa é caloteira configura uma injúria, ao passo que espalhar o fato de que ela não pagou aos credores "A", "B" e "C", quando as dívidas X, Y e Z venceram, configura a difamação.

Considerando que não se enquadra no tipo penal que define a calúnia, já que exige imputação falsa de fato definido como crime, se o agente imputar falsamente fato definido como contravenção, responderá pelo crime de difamação.

A difamação atinge o momento consumativo quando um terceiro, que não o ofendido, toma conhecimento da imputação ofensiva à reputação.

Quanto à tentativa, é inadmissível, quando se trata de fato cometido por intermédio da palavra oral. Tratando-se, entretanto, de difamação praticada por meio escrito, é admissível.

12.3. Injúria (art. 140 do CP)

Injúria é a ofensa à dignidade ou ao decoro de outrem.

Ao contrário dos delitos de calúnia e difamação, que tutelam a honra objetiva, o bem protegido por essa norma penal é a honra subjetiva, que é constituída pelo sentimento próprio de cada pessoa acerca de seus atributos morais (chamados de honra-dignidade), intelectuais e físicos (chamados de honra-decoro).

Trata-se de crime formal. O crime consuma-se quando o sujeito passivo toma ciência da imputação ofensiva, independentemente de o ofendido sentir-se ou não atingido em sua honra subjetiva, sendo suficiente, tão só, que o ato seja revestido de idoneidade ofensiva.

A injúria, quando cometida por escrito, admite a tentativa; quando por meio verbal, não.

Nos termos do artigo 140, parágrafo 2º do CP se a injúria consiste em violência ou vias de fato, que, por sua natureza ou pelo meio empregado, se considerem aviltantes haverá a injúria real com pena de detenção de três meses a um ano, e multa, além da pena correspondente à violência.

Por sua vez, nos termos do artigo 140, parágrafo 3º CP (já com a redação atualizada pela lei 14.532 de 2023), se a injúria consiste na utilização de elementos referentes à religião ou à condição de pessoa idosa ou com deficiência, haverá a injúria qualificada com pena de reclusão, de 1 a 3 anos e multa.

Quando o agente se dirige a uma pessoa de determinada raça, insultando-a com argumentos ou palavras de conteúdo pejorativo, responderá por injúria racial, nos termos do artigo 2º A da lei 7716 de 1989, com pena de reclusão de 2 a 5 anos e multa, não podendo alegar que houve uma injúria simples, tampouco uma mera exposição do pensamento (como dizer que todo "judeu é corrupto" ou que "negros são desonestos"), uma vez que não há limite para tal liberdade.

Assim, quem simplesmente dirigir a terceiro palavras referentes à "raça", "cor", "etnia" ou "procedência nacional", com o intuito de ofender, responderá por injúria racial nos termos do dispositivo legal citado. Ademais, vale destacar que, nos termos do parágrafo único do artigo 2ºA da Lei 7.716 de 1989 a pena será aumentada de metade se o crime for praticado mediante o concurso de duas ou mais pessoas.

12.4. Ação penal

Conforme se extrai do art. 145 do CP, nos crimes contra a honra, a regra é a de ação penal privada da vítima ou do seu representante legal. Todavia, resultando lesão física na vítima (injúria real com lesão corporal), apura-se o crime mediante ação penal pública incondicionada. No entanto, com o advento da Lei nº 9.099/1995, alguns autores entendem que se trata de ação penal pública condicionada à representação, já que é a prevista para os crimes de lesão corporal leve.

Será penal pública condicionada à representação no caso de o delito ser cometido contra funcionário público, no exercício das funções (art. 141, II), e condicionada à requisição do Ministro da Justiça no caso do inciso I do art. 141 (contra o Presidente da República ou Chefe de Governo Estrangeiro).

Convém ressaltar a Súm. nº 714 do STF:

> É concorrente a legitimidade do ofendido, mediante queixa, e do Ministério Público, condicionada à representação do ofendido, para a ação penal por crime contra a honra de servidor público em razão do exercício de suas funções.

Além das causas de aumento de pena já previstas no art. 141 do CP, o legislador acrescentou, por meio da Lei nº 14.344/2022, mais uma majorante, aumentando-se de um terço, se qualquer dos crimes contra a honra forem praticados contra criança, adolescente, pessoa maior de 60 anos ou pessoa com deficiência (inciso IV), exceto na hipótese prevista no § 3º do art. 140 deste Código.

Cumpre destacar que recentemente a lei antifeminicídio (Lei 14994 de 2024) acrescentou o §3º ao artigo 141 dispondo que se o crime é cometido contra a mulher por razões da condição do sexo feminino, nos termos do § 1º do art. 121-A deste Código, aplica-se a pena em dobro. Desta feita, por se tratar de norma prejudicial ao agente somente deve ser aplicada aos fatos posteriores a sua vigência.

Por último, vale destacar que a injúria qualificada do parágrafo 3º do artigo 140 será de ação penal pública condicionada à representação enquanto a injúria racial (art. 2ºA da lei 7.716 de 1989) será de ação penal pública incondicionada.

13. CRIMES CONTRA O PATRIMÔNIO

13.1. Furto (art. 155 do CP)

13.1.1. Conceito

O crime de furto consubstancia-se no verbo subtrair, que significa tirar, retirar de outrem bem móvel, sem a sua permissão, com o fim de assenhoreamento definitivo. A subtração implica sempre a retirada do bem sem o consentimento do possuidor ou proprietário.

É indispensável que o agente tenha a intenção de possuir a coisa alheia móvel, submetendo-a ao seu poder, isto é, de não devolver o bem, de forma alguma. Assim, se ele o subtrai apenas para uso transitório e depois o devolve no mesmo estado, não haverá a configuração do tipo penal. Cuida-se, na hipótese, de mero furto de uso, que não constitui crime, pela ausência do ânimo de assenhoreamento definitivo do bem.

13.1.2. Consumação e tentativa

O furto atinge a consumação no momento em que o objeto material é retirado da esfera de posse e disponibilidade do sujeito passivo, ingressando na livre disponibilidade do autor, ainda que este não obtenha a posse tranquila. A subtração opera-se no exato instante em que o possuidor perde o poder e o controle sobre a coisa, tendo de retomá-la porque já não está mais consigo.

Pode-se usar, por analogia, o teor da Súm. nº 582 do STJ, relativa ao roubo: consuma-se o crime de roubo com a inversão da posse do bem mediante emprego de violência ou grave ameaça, ainda que por breve tempo e em seguida à perseguição imediata ao agente e recuperação da coisa roubada, sendo prescindível a posse mansa e pacífica ou desvigiada.

A tentativa é admissível. Ocorre sempre que o sujeito ativo não consegue, por circunstâncias alheias à sua vontade, retirar o objeto material da esfera de proteção e vigilância da vítima, submetendo-a à sua própria disponibilidade.

13.1.3. Furto noturno (art. 155, § 1º, do CP)

A causa de aumento de pena do repouso noturno só é aplicável ao furto simples, previsto no *caput* do art. 155, tendo em vista a sua posição sistemática na construção do tipo penal. Não se aplica, portanto, ao furto qualificado do § 4º.

13.1.4. Furto privilegiado (art. 155, § 2º, do CP)

A corrente majoritária sustenta ser de pequeno valor a coisa que não ultrapassa quantia equivalente a um salário-mínimo vigente à época do fato.

13.1.5. Furto qualificado (art. 155, § 4º, do CP)

13.1.5.1. Com destruição ou rompimento de obstáculo à subtração da coisa

É necessário que o sujeito pratique violência contra "obstáculo" à subtração do objeto material. A violência contra a coisa subtraída não qualifica o furto.

PENAL

13.1.5.2. Com abuso de confiança, ou mediante fraude, escalada ou destreza

a) Abuso de confiança: é a confiança que decorre de certas relações (que pode ser a empregatícia, a decorrente de amizade ou parentesco) estabelecidas entre o agente e o proprietário do objeto. O agente, dessa forma, aproveita-se da confiança nele depositada para praticar o furto, pois há menor vigilância do proprietário sobre os seus bens.

b) Mediante fraude: é o ardil, artifício, meio enganoso empregado pelo agente para diminuir, iludir a vigilância da vítima e realizar a subtração. São exemplos de fraude: agente que se disfarça de empregado de empresa telefônica e logra entrar em residência alheia para furtar, ou agente que, a pretexto de realizar compras em uma loja, distrai a vendedora, de modo a lograr apoderar-se dos objetos.

c) Mediante escalada: escalada, que em direito penal tem sentido próprio, é a penetração no local do furto por meio anormal, artificial ou impróprio, que demanda esforço incomum. Escalada não implica, necessariamente, subida, pois tanto é escalada galgar alturas quanto saltar fossos, rampas ou mesmo subterrâneos, desde que o faça para vencer obstáculos.

d) Mediante destreza: consiste na habilidade física ou manual do agente que lhe permite o apoderamento do bem sem que a vítima perceba. É a chamada punga. Tal ocorre com a subtração de objetos que se encontrem junto à vítima, por exemplo, carteira, dinheiro no bolso ou na bolsa, colar etc., que são retirados sem que ela note.

Importa dizer que se a vítima perceber a subtração no momento em que ela se realiza, considera-se o furto tentado na forma simples, pois não há que se falar no caso em destreza do agente (ex.: a vítima sente a mão do agente em seu bolso).

13.1.5.3. Com emprego de chave falsa

Chave falsa é qualquer instrumento de que se sirva o agente para abrir fechaduras, tendo ou não formato de chave. Ex.: grampo, alfinete, prego, fenda, gazua etc.

13.1.5.4. Mediante concurso de duas ou mais pessoas

Se for praticado em concurso de pessoas, seja na condição de coautoria ou participação e autoria, o furto será qualificado pelo concurso de pessoas.

13.1.5.5. Furto de veículo automotor (art. 155, § 5º, do CP)

Esta qualificadora diz respeito, especificamente, à subtração de veículo automotor. Consideram-se como tal os automóveis, ônibus, caminhões, motocicletas, aeronaves, lanchas, jet-skis. Para caracterizar essa qualificadora, afigura-se necessário que o veículo seja efetivamente transportado para outro Estado ou exterior. Se não ultrapassar a fronteira do Estado ou do País, essa qualificadora não incide, sendo o crime de furto simples, salvo se presente outra qualificadora.

13.1.5.6. Emprego de explosivo que cause perigo comum

A Lei nº 13.654/2018 acrescentou o § 4º-A do art. 155 do CP prevendo outra **qualificadora** para o crime de furto, quando praticado com emprego de explosivo ou de artefato análogo que causa perigo comum.

A partir da edição do Pacote Anticrime (Lei nº 13.964/2019), o crime de furto com emprego de explosivo ou de artefato análogo que causa perigo comum passou a ser considerado hediondo (art. 1º, IX, da Lei nº 8.072/1990).

13.1.5.7. Utilização de substâncias explosivas

A Lei nº 13.654/2018 acrescentou também o § 7º do art. 155 do CP prevendo outra **qualificadora** para o crime de furto, segundo o qual a pena é de reclusão de 4 (quatro) a 10 (dez) anos e multa se a subtração for de substâncias explosivas ou de acessórios que, conjunta ou isoladamente, possibilitem sua fabricação, montagem ou emprego.

13.1.5.8. Alterações promovidas pela Lei nº 14.155/2021

Cumpre ressaltar que a Lei nº 14.155/2021, que entrou em vigor em 27-5-2021, acrescentou os §§ 4º-B e 4º-C ao art. 155 do CP:

> § 4º-B. A pena é de reclusão, de 4 (quatro) a 8 (oito) anos, e multa, se o furto mediante fraude é cometido por meio de dispositivo eletrônico ou informático, conectado ou não à rede de computadores, com ou sem a violação de mecanismo de segurança ou a utilização de programa malicioso, ou por qualquer outro meio fraudulento análogo.
>
> § 4º-C. A pena prevista no § 4º-B deste artigo, considerada a relevância do resultado gravoso:
>
> I – aumenta-se de 1/3 (um terço) a 2/3 (dois terços), se o crime é praticado mediante a utilização de servidor mantido fora do território nacional;
>
> II – aumenta-se de 1/3 (um terço) ao dobro, se o crime é praticado contra idoso ou vulnerável.

13.1.5.9. Alterações promovidas pela Lei nº 15.181 de 2025

Cumpre ressaltar que a Lei nº 15.185, de 2021, que entrou em vigor em 28/07/2025, alterou o crime de furto para o fim de incluir nova qualificadora no artigo 155, §4º, bem como incluir outra qualificadora com a inclusão do §8º:

> "Art. 155, § 4º: V - contra quaisquer bens que comprometam o funcionamento de órgãos da União, de Estado ou de Município ou de estabelecimentos públicos ou privados que prestem serviços públicos essenciais.
>
> Art. 155, § 8º A pena é de reclusão de 2 (dois) a 8 (oito) anos e multa, se a subtração for de fios, cabos ou equipamentos utilizados para fornecimento ou transmissão de energia elétrica ou de telefonia ou para transferência de dados, bem como equipamentos ou materiais ferroviários ou metroviários, aplicável, em qualquer caso, o disposto no § 2º deste artigo."

13.2. Roubo (art. 157 do CP)

13.2.1. Conduta típica

A ação nuclear do tipo consubstancia-se no verbo subtrair, que significa tirar, retirar, de outrem, no caso bem móvel. Agora, contudo, estamos diante de um crime mais grave que o furto, na medida em que a subtração é realizada mediante o emprego de grave ameaça ou violência contra a pessoa, ou por qualquer outro meio que reduza a capacidade de resistência da vítima. Esta última hipótese constitui violência imprópria, consistente em outro meio que não constitua violência física ou grave ameaça, por exemplo, fazer a vítima ingerir bebida alcoólica, narcóticos, soníferos ou hipnotizá-la.

13.2.2. Roubo próprio e roubo impróprio

No roubo próprio, a violência ou a grave ameaça (ou a redução da impossibilidade de defesa) são praticadas contra a pessoa para a subtração da coisa. Os meios violentos são empregados antes ou durante a execução da subtração.

O roubo impróprio ocorre quando o sujeito, logo depois de subtraída a coisa, emprega violência contra a pessoa ou grave ameaça, a fim de assegurar a impunidade do crime ou a detenção da coisa para ele ou para terceiro (art. 157, § 1º, do CP).

São exemplos típicos de roubo impróprio aquele em que o sujeito ativo, já se retirando do portão com a res furtiva, alcançado pela vítima, abate-a (assegurando a detenção), ou, então, já na rua, constata que deixou um documento no local, que o identificará, e, retornando para apanhá-lo, agride o morador que o estava apanhando (garantindo a impunidade).

13.2.3. Consumação e tentativa

Nos termos da Súm. nº 582 do STJ, "Consuma-se o crime de roubo com a inversão da posse do bem mediante emprego de violência ou grave ameaça, ainda que por breve tempo e em seguida à perseguição imediata ao agente e recuperação da coisa roubada, sendo prescindível a posse mansa e pacífica ou desvigiada".

13.2.4. Causas especiais de aumento de pena: roubo majorado (circunstanciado) (art. 157, § 2º)

a) Se há o concurso de duas ou mais pessoas

Pode haver concurso material entre roubo majorado e quadrilha armada, pois os bens jurídicos são diversos. Enquanto o tipo penal de roubo protege o patrimônio, o tipo da quadrilha ou bando guarnece a paz pública.

b) Se a vítima está em serviço de transporte de valores e o agente conhece tal circunstância

A pena é agravada se a vítima, por dever de ofício (caixeiro viajante, empresa de segurança especialmente contratada para o transporte de valores), realiza serviço de transporte de valores (dinheiro, joia etc.).

c) Se a subtração for de veículo automotor que venha a ser transportado para outro estado ou para o exterior

Assim como no furto, esta majorante diz respeito, especificamente, à subtração de veículo automotor. Consideram-se como tal os automóveis, ônibus, caminhões, motocicletas, aeronaves, lanchas, jet-skis.

d) Se o agente mantém a vítima em seu poder, restringindo sua liberdade

Ocorre quando o agente restringe a liberdade da vítima por tempo superior ao necessário ou valendo-se de forma anormal para garantir a subtração planejada. Ex.: subjugando a vítima, o agente, pretendendo levar-lhe o veículo, manda que entre no porta-malas, rodando algum tempo pela cidade, até permitir que seja libertada ou o carro seja abandonado.

Trata-se de crime hediondo (art. 1º, II, *a*, da Lei nº 8.072/1990, com a redação dada pela Lei nº 13.964/2019).

e) Se a violência ou grave ameaça é exercida com emprego de arma branca

Essa qualificadora foi introduzida pela Lei nº 13.964/2019, e só terá incidência para fatos praticados a partir da sua vigência, ou seja, fatos praticados a partir do dia 23-1-2020.

Arma branca é aquela em que o instrumento ou objeto é dotado de ponta ou gume, apto a matar ou ferir uma pessoa, por exemplo, punhal e espada.

f) Se a subtração for de substâncias explosivas ou de acessórios que, conjunta ou isoladamente, possibilitem sua fabricação, montagem ou emprego

13.2.5 Roubo com emprego de arma de fogo (art. 157, § 2º-A, do CP)

Importante alteração trazida pela Lei nº 13.654/2018, na qual o roubo "com emprego de arma" deixou de ser uma hipótese de roubo circunstanciado no art. 157, § 2º. Já o roubo com emprego de arma de fogo continua sendo punido como roubo circunstanciado no art. 157, § 2º-A, I, do CP.

Ou seja, o emprego de arma branca majora o crime de roubo de 1/3 até a metade, ao passo que o emprego de arma de fogo majora o crime de roubo em 2/3.

A arma de brinquedo não serve para majorar a pena, uma vez que não causa à vítima maior potencialidade lesiva. Pode, no entanto, gerar grave ameaça e, justamente por isso, servir para configurar o tipo penal do roubo, na figura simples.

Trata-se de crime hediondo (art. 1º, II, *b*, da Lei nº 8.072/1990, com a redação dada pela Lei nº 13.964/2019).

13.2.6 Roubo com emprego de explosivo ou de artefato análogo que cause perigo comum

Para caracterizar essa qualificadora, deve restar demonstrada a capacidade de o artefato causar perigo comum, apto a causar risco a um número indeterminado de pessoas.

Curiosamente, o legislador considerou hediondo o crime de furto qualificado pelo emprego de explosivo ou artefato análogo, mas não considera hediondo o crime de roubo com emprego de explosivo ou de artefato análogo que cause perigo comum. Como, à evidência, não existe analogia in malam partem no Direito Penal, essa omissão do legislador significa que não será possível considerar esse tipo de roubo como hediondo.

13.2.7 Roubo qualificado pelo resultado (art. 157, § 3º, do CP)

Prevalece o entendimento doutrinário que passou a admitir a possibilidade, indistintamente, de o resultado agravador poder decorrer tanto de culpa quanto de dolo, direto ou eventual.

a) Crime qualificado pelo resultado lesões graves

É uma das hipóteses de delito qualificado pelo resultado, que se configura pela presença de dolo na conduta antecedente (roubo) e dolo ou culpa na conduta subsequente (lesões corporais graves).

Trata-se de crime hediondo (art. 1º, II, *c*, da Lei nº 8.072/1990, com a redação dada pela Lei nº 13.964/2019).

b) Crime qualificado pelo resultado morte: LATROCÍNIO

O crime de latrocínio ocorre quando do emprego da violência física contra a pessoa com o fim de subtrair o bem, ou para assegurar a sua posse ou a impunidade do crime, decorre a morte da vítima. Tratando-se de crime qualificado pelo resultado, a morte da vítima ou de terceiro tanto pode resultar de dolo (o assaltante atira na cabeça da vítima e a mata) quanto de culpa (o agente desfere um golpe contra o rosto do ofendido para feri-lo, vindo, no entanto, a matá-lo).

Trata-se de crime hediondo (art. 1º, II, *c*, da Lei nº 8.072/1990, com a redação dada pela Lei nº 13.964/2019).

> **Súm. nº 610 do STF:** Há crime de latrocínio, quando o homicídio se consuma, ainda que não realize o agente a subtração de bens da vítima.
>
> **Súm. nº 603 do STF:** A competência para o processo e julgamento de latrocínio é do juiz singular e não do Tribunal do Júri.

13.2.8. Alterações promovidas pela Lei nº 15.181 de 2025

Cumpre ressaltar que a Lei nº 15.185, de 2021, que entrou em vigor em 28/07/2025, alterou o crime de roubo para o fim de incluir nova qualificadora no artigo 157, §1º-A, bem como incluir nova majorante no artigo 157, §2º:

> Art. 157, § 1º-A A pena é de reclusão de 6 (seis) a 12 (doze) anos e multa, se a subtração for cometida contra quaisquer bens que comprometam o funcionamento de órgãos da União, de Estado ou de Município ou de estabelecimentos públicos ou privados que prestem serviços públicos essenciais.
>
> Art. 157, § 2º, VIII – se a subtração for de fios, cabos ou equipamentos utilizados para fornecimento ou transmissão de energia elétrica ou de telefonia ou para transferência de dados, bem como equipamentos ou materiais ferroviários ou metroviários.

13.3. Extorsão (art. 158 do CP)

13.3.1. Conduta típica

Extorsão é o fato de o sujeito constranger alguém, mediante violência ou grave ameaça, e com o intuito de obter para si ou para outrem indevida vantagem econômica, a fazer, tolerar que se faça ou deixar de fazer alguma coisa.

A diferença em relação ao roubo concentra-se no fato de a extorsão exigir a participação ativa da vítima fazendo alguma coisa, tolerando que se faça ou deixando de fazer algo em virtude da ameaça ou da violência sofrida.

A ação nuclear do tipo consubstancia-se no verbo constranger, que significa coagir, compelir, forçar, obrigar alguém a fazer (ex.: quitar uma dívida não paga), tolerar que se faça (ex.: permitir que rasgue um contrato) ou deixar de fazer alguma coisa (ex.: obrigar a vítima a não propor ação judicial contra o agente).

O constrangimento pode ser exercido mediante o emprego de violência ou grave ameaça, os quais podem atingir tanto o titular do patrimônio quanto pessoa ligada a ele (filhos, pai, mãe etc.).

13.3.2. Consumação e tentativa

A extorsão atinge a consumação com a conduta típica imediatamente anterior à produção do resultado visado pelo sujeito.

Para a consumação, portanto, o agente deve atingir o segundo estágio, isto é, a consumação ocorre quando a vítima cede ao constrangimento imposto e faz ou deixa de fazer algo. Esse é o entendimento que prevalece na doutrina. Nesse sentido, a Súm. nº 96 do STJ: "O crime de extorsão consuma-se independentemente da obtenção da vantagem indevida".

A tentativa é admissível. Ocorre quando o sujeito passivo, não obstante constrangido pelo autor por meio da violência física ou moral, não realiza a conduta positiva ou negativa pretendida, por circunstâncias alheias à sua vontade.

13.3.3. Extorsão qualificada (art. 158, §§ 2º e 3º)

As duas hipóteses (lesão corporal grave ou morte) elencadas, como no roubo, caracterizam condições de exasperação da punibilidade em razão da maior gravidade do resultado.

Inusitadamente, o legislador deixou de considerar hediondo o crime de extorsão qualificada pelo resultado morte, ao dar nova redação ao art. 1º, III, da Lei nº 8.072/1990, que passou a prever como crime hediondo somente a extorsão qualificada pela restrição da liberdade da vítima, ocorrência de lesão corporal ou morte (art. 158, § 3º).

13.3.4. Extorsão qualificada pela privação da liberdade (art. 158, § 3º)

Trata-se da hipótese em que a privação da liberdade da vítima é condição indispensável para obtenção da vantagem indevida. É o chamado sequestro-relâmpago.

Ex.: ladrão constrange a vítima a entregar-lhe o cartão magnético e a fornecer-lhe a senha, acompanhando-a até caixas eletrônicos de bancos para sacar dinheiro. Nesse caso, ocorre o crime de extorsão qualificada, uma vez que é imprescindível a atuação do sujeito passivo do ataque patrimonial para a obtenção da vantagem indevida por parte do autor. Difere do roubo majorado pela restrição da liberdade da vítima, porque, neste caso, a restrição da liberdade é irrelevante para obtenção da vantagem indevida. Imaginemos o agente subtrair objetos da vítima, prendendo-a no banheiro. Trata-se de roubo majorado pela restrição da liberdade da vítima, pois trancá-la no banheiro não é condição indispensável para a subtração.

A extorsão qualificada pela privação da liberdade da vítima com resultado lesão grave ou morte passou a ser considerada crime hediondo (art. 1º, III, da Lei nº 8.072/1990).

13.4. Extorsão mediante sequestro (art. 159 do CP)

13.4.1. Conduta típica

O crime consubstancia-se no verbo sequestrar, que significa privar a vítima de sua liberdade de locomoção, ainda que por breve espaço de tempo.

Exige a presença de um elemento subjetivo específico, consistente na finalidade de obtenção, para si ou para outrem, de qualquer vantagem como condição ou preço de resgate.

É crime hediondo.

13.4.2. Consumação

A consumação ocorre com a privação de liberdade de locomoção da vítima, exigindo-se tempo juridicamente relevante.

Trata-se de crime permanente, cuja consumação se prolonga no tempo. Assim, enquanto a vítima estiver submetida à privação de sua liberdade de locomoção, o crime estará em fase de consumação.

Tratando-se de crime formal, pune-se a mera atividade de sequestrar pessoa, tendo a finalidade de obter vantagem. Assim, embora o agente não consiga a vantagem almejada, o delito está consumado quando a liberdade da vítima é cerceada.

13.4.3. Formas qualificadas (art. 159, § 1º, do CP)

São formas qualificadas:

a) sequestro por mais de 24 horas;

b) sequestro de menor de 18 ou maior de 60 anos;

c) sequestro praticado por bando ou quadrilha.

É possível responsabilizar-se o agente pelo crime autônomo de associação criminosa (art. 288) em concurso material com a forma qualificada em estudo. Não há falar em *bis in idem*, uma vez que os momentos consumativos e a objetividade jurídica entre tais crimes são totalmente diversos, além do que a figura prevista no art. 288 do CP existe independentemente de algum crime vir a ser praticado pela quadrilha ou bando.

13.4.4. Extorsão mediante sequestro qualificada pelo resultado: lesão grave ou morte (art. 159, §§ 2º e 3º, do CP)

A regra, repetindo, é que, nesses crimes, o resultado agravador seja sempre produto de culpa. Contudo, na hipótese em apreço, a extrema gravidade das sanções cominadas uniu o entendimento doutrinário que passou a admitir a possibilidade, indistintamente, de o resultado agravador poder decorrer tanto de culpa quanto de dolo, direto ou eventual:

a) se resulta em lesão corporal grave;

b) se resulta em morte.

13.4.5. Delação premiada (art. 159, § 4º, do CP)

A Lei nº 8.072/1990, que instituiu os crimes hediondos, houve por bem criar, no Brasil, a delação premiada, que significa a possibilidade de se reduzir a pena do criminoso que entregar o(s) comparsa(s) a qualquer autoridade capaz de levar o caso à solução almejada, causando a liberação da vítima (delegado, juiz, promotor, entre outros).

13.5. Dano (art. 163 do CP)

13.5.1. Conduta típica

Destruir quer dizer arruinar, extinguir ou eliminar. Inutilizar significa tornar inútil ou imprestável alguma coisa aos fins para os quais se destina. Deteriorar é a conduta de quem estraga ou corrompe alguma coisa parcialmente.

É o dolo. Não há a forma culposa.

Em que pese o art. 163 CP não exija expressamente um fim especial de agir, a jurisprudência tem entendido pela necessidade do *animus nocendi*, que é a vontade específica de causar um prejuízo patrimonial ao dono da coisa.

Neste sentido, vem se entendendo que a conduta do apenado que rompe a tornozeleira eletrônica é atípica, justamente pela ausência de tal *animus* (RHC 151173-RS).

13.5.2. Dano qualificado (art. 163, par. ún., do CP)

Há o dano qualificado se o crime for cometido:

> I – com violência à pessoa ou grave ameaça;
>
> II – com emprego de substância inflamável ou explosiva, se o fato não constitui crime mais grave;
>
> III – contra o patrimônio da União, de Estado, do Distrito Federal, de Município ou de autarquia, fundação pública, empresa pública, sociedade de economia mista ou empresa concessionária de serviços públicos;
>
> IV – por motivo egoístico ou com prejuízo considerável para a vítima.

13.5.3. Ação penal (art. 167 do CP)

De acordo com o art. 167, a ação penal privada é cabível no crime de dano simples (art. 163, *caput*, do CP) e dano qualificado pelo motivo egoístico ou prejuízo considerável.

A ação penal pública incondicionada é cabível nas demais hipóteses.

13.6. Apropriação indébita (art. 168 do CP)

13.6.1. Conduta típica

O núcleo do tipo é o verbo "apropriar-se", que significa fazer sua a coisa alheia. Tendo o sujeito a posse ou a detenção do objeto material, em dado momento faz mudar o título da posse ou da detenção, comportando-se como se dono fosse. O pressuposto do crime de apropriação indébita é a anterior posse lícita da coisa alheia, da qual o agente se apropria indevidamente. A posse, que deve preexistir ao crime, deve ser exercida pelo agente em nome alheio, isto é, em nome de outrem.

A apropriação indébita propriamente dita ocorre quando o sujeito realiza ato demonstrativo de que inverteu o título da posse, como a venda, doação, consumo, penhor, ocultação etc. Na negativa de restituição, o sujeito afirma claramente ao ofendido que não devolverá o objeto material.

O art. 168, § 1º, do CP prevê causas de aumento de pena, consistentes em ter recebido a coisa: a) em depósito necessário; b) na qualidade de tutor, curador, síndico, liquidatário, inventariante, testamenteiro ou depositário judicial; c) em razão de ofício, emprego ou profissão.

13.7. Estelionato (art. 171 do CP)

13.7.1. Conduta típica

Consiste em induzir ou manter alguém em erro, mediante o emprego de artifício, ardil, ou qualquer meio fraudulento, a fim de obter, para si ou para outrem, vantagem ilícita em prejuízo alheio.

A característica primordial do estelionato é a fraude: engodo empregado pelo sujeito para induzir ou manter a vítima em erro, com o fim de obter um indevido proveito patrimonial.

O meio de execução deve ser apto a enganar a vítima. Tratando-se de meio grotesco, que facilmente demonstra a intenção fraudulenta, não há nem tentativa, por atipicidade do fato.

13.7.2. Consumação e tentativa

Trata-se de crime material. Consuma-se com a obtenção da vantagem ilícita indevida, em prejuízo alheio, ou seja, quando o agente aufere o proveito econômico, causando dano à vítima. Via de regra, esses resultados ocorrem simultaneamente. Há, assim, ao mesmo tempo, a obtenção de proveito pelo estelionatário e o prejuízo da vítima.

13.7.3. Fraude no pagamento por meio de cheque (art. 171, § 2º, VI, do CP)

Se o indivíduo emite um cheque na certeza de que tem fundos disponíveis para o devido pagamento pelo banco, quando na realidade não há qualquer numerário depositado na agência bancária, não se pode falar em ilícito criminal, diante da ausência de má-fé.

O que a lei penal pune é o pagamento fraudulento. Nesse sentido é o teor da Súm. nº 246 do STF: "Comprovado não ter havido fraude, não se configura o crime de emissão de cheque sem fundos".

Emitir cheque significa pôr em circulação o título de crédito; frustrar o pagamento quer dizer iludir ou enganar o credor, evitando a sua remuneração.

a) Emitir cheque sem provisão de fundos

O agente preenche, assina e coloca o cheque em circulação sem ter numerário suficiente na instituição bancária (banco sacado) para cobrir o valor quando da apresentação do título pelo tomador. No momento da emissão do cheque – que não significa simplesmente o seu preenchimento, mas a entrega a terceiro –, é preciso que o estabelecimento bancário, encarregado da compensação, já não possua fundo suficiente para cobrir o pagamento.

b) Frustrar o pagamento de cheque

Neste caso, o agente possui fundos suficientes na instituição bancária quando da emissão do cheque, contudo, antes de o beneficiário apresentar o título ao banco, aquele retira todo o numerário depositado ou apresenta uma contraordem de pagamento.

c) Competência

Conforme o art. 70, § 4º, do CPP, incluído pela Lei nº 14.155/2021, nos crimes previstos no art. 171 do CP, quando praticados mediante depósito, mediante emissão de cheques sem suficiente provisão de fundos em poder do sacado ou com o pagamento frustrado ou mediante transferência de valores, a competência será definida pelo local do domicílio da vítima, e, em caso de pluralidade de vítimas, a competência firmar-se-á pela prevenção.

d) Reparação do dano

Arrependendo-se o agente antes da apresentação do título pelo beneficiário no banco sacado, e depositando o numerário necessário para cobrir a quantia constante do cheque, haverá arrependimento eficaz, não respondendo ele por crime algum.

Se, por outro lado, o agente arrepender-se somente após a consumação do crime, ou seja, após a recusa do pagamento pelo banco sacado, incidirá a Súm. nº 554 do STF: "O pagamento de cheque emitido sem provisão de fundos, após o recebimento da denúncia, não obsta ao prosseguimento da ação penal".

Assim, o pagamento do cheque antes do recebimento da denúncia extingue a punibilidade do agente.

13.7.4. Ação penal (art. 171, § 5º, do CP)

A Lei nº 13.964/2019, ao incluir o § 5º ao art. 171 do CP, passou a considerar que o crime de estelionato será, via de regra, de ação penal pública condicionada à representação. Logo, a vítima terá o prazo de 6 (seis) meses a contar da ciência da autoria do fato para manifestar sua vontade acerca da persecução penal, sob pena de, extrapolado esse prazo, ocorrer a extinção da punibilidade, com base no art. 107, IV, do CP.

Excepcionalmente, será, no entanto, de ação penal pública incondicionada se o crime de estelionato for praticado contra: a) a Administração Pública, direta ou indireta; b) criança ou adolescente; c) pessoa com deficiência mental; d) maior de 70 anos de idade ou incapaz.

13.7.5. Alterações promovidas pela Lei nº 14.155/2021

Cumpre ressaltar que a Lei nº 14.155/2021, que entrou em vigor em 27-5-2021, acrescentou os §§ 2º-A e 2º-B ao art. 171:

§ 2º-A. A pena é de reclusão, de 4 (quatro) a 8 (oito) anos, e multa, se a fraude é cometida com a utilização de informações fornecidas pela vítima ou por terceiro induzido a erro por meio de redes sociais, contatos telefônicos ou envio de correio eletrônico fraudulento, ou por qualquer outro meio fraudulento análogo. (Incluído pela Lei nº 14.155/2021)

§ 2º-B. A pena prevista no § 2º-A deste artigo, considerada a relevância do resultado gravoso, aumenta-se de 1/3 (um terço) a 2/3 (dois terços), se o crime é praticado mediante a utilização de servidor mantido fora do território nacional. (Incluído pela Lei nº 14.155/2021)

13.8. Receptação (art. 180 do CP)

13.8.1. Conduta típica

Nos termos do art. 180, *caput*, do CP, a receptação é o fato de adquirir, receber, transportar, conduzir ou ocultar, em proveito próprio ou alheio, coisa que sabe ser produto de crime, ou influir para que terceiro, de boa-fé, a adquira, receba ou oculte.

É pressuposto do crime de receptação a existência de crime anterior. Trata-se de delito acessório, em que o objeto material deve ser produto de crime antecedente, chamado de delito pressuposto.

A receptação culposa constitui o fato de o sujeito adquirir ou receber coisa que, por sua natureza ou pela desproporção entre o valor e o preço, ou pela condição de quem a oferece, deve presumir-se obtida por meio criminoso (art. 180, § 3º).

13.8.2. Receptação qualificada (art. 180, § 1º, do CP)

Forma qualificada: tem como elemento subjetivo o dolo, seja direto ou eventual.

13.8.3. Receptação punível autonomamente (art. 180, § 4º, do CP)

Para a concretização do crime de receptação não importa se houve a condenação do autor do crime anterior. Porém, é necessário evidenciar-se a existência do crime anterior.

13.8.4. Perdão judicial (art. 180, § 5º, do CP)

Nos termos do art. 180, § 5º, 1a parte, do CP, na hipótese da receptação culposa, se o criminoso é primário, deve o juiz, tendo em consideração determinadas circunstâncias, deixar de aplicar a pena. No caso, fixaram a doutrina e a jurisprudência que, além da primariedade, deve-se exigir o seguinte: a) diminuto valor da coisa objeto da receptação; b) bons antecedentes; c) ter o agente atuado com culpa levíssima.

13.8.5. Tipo qualificado (art. 180, § 6º, do CP)

Outra forma qualificada: quando o produto de crime pertencer à União, Estado, Município, empresa de serviços públicos ou sociedade de economia mista. Exige-se que o agente tenha conhecimento disso.

13.8.6 Alterações promovidas pela Lei nº 15.181 de 2025

Cumpre ressaltar que a Lei nº 15.185 de 2021, que entrou em vigor em 28/07/2025, alterou o crime de receptação para o fim de incluir nova majorante (art. 180, §7º):

> Art. 180, § 7º Se a receptação for de fios, cabos ou equipamentos utilizados para fornecimento ou transmissão de energia elétrica ou de telefonia, transferência de dados, ou de cargas transportadas em modais logísticos ferroviários ou metroviários, aplica-se em dobro a pena prevista no caput ou no § 1º deste artigo, conforme o caso." (NR)

13.9. Escusas absolutórias (arts. 181 a 183 do CP)

13.9.1. Imunidade absoluta (art. 181)

Trata-se da chamada imunidade penal absoluta, também conhecida como escusa absolutória, incidente sobre os crimes contra o patrimônio, nas seguintes hipóteses:

> I – do cônjuge, na constância da sociedade conjugal;
>
> II – de ascendente ou descendente, seja o parentesco legítimo ou ilegítimo, seja civil ou natural.

13.9.2. Imunidade relativa (art. 182, I, II e III, do CP)

Consubstancia-se em imunidade penal relativa ou processual, que não extingue a punibilidade, mas tão somente impõe uma condição objetiva de procedibilidade.

Neste caso, ao contrário da imunidade absoluta, o autor do crime não é isento de pena, mas os crimes de ação penal pública incondicionada passam a ser condicionados à representação do ofendido.

13.9.3. Exclusão de imunidade ou privilégio (art. 183 do CP)

Dá-se nas seguintes hipóteses:

I – se o crime é de roubo ou de extorsão, ou, em geral, quando haja emprego de grave ameaça ou violência à pessoa;

II – ao estranho que participa do crime;

III – se o crime é praticado contra pessoa com idade igual ou superior a 60 (sessenta) anos.

13.10. Aumento de Pena

Cumpre destacar que a lei 14967 de 09 de setembro de 2024 (que institui o Estatuto de Segurança Privada e da Segurança das Instituições Financeiras) incluiu o artigo 183-A no CP prevendo causa de aumento de pena de 1/3 até o dobro para os crimes patrimoniais, quando cometidos contra as instituições financeiras e os prestadores de serviço de segurança privada. Por se tratar de norma prejudicial ao agente somente deve ser aplicada aos fatos posteriores a sua vigência.

14. CRIMES CONTRA A DIGNIDADE SEXUAL

14.1. Estupro (art. 213 do CP)

14.1.1. Conduta típica

Constranger significa tolher a liberdade, forçar ou coagir. Nesse caso, o cerceamento destina-se a obter a conjunção carnal. Ato libidinoso é aquele destinado a satisfazer a lascívia, o apetite sexual do agente. Considerando que a conjunção carnal é a cópula vagínica, todos os demais atos que servem à satisfação do prazer sexual são considerados libidinosos, tais como o sexo oral ou anal, o toque em partes íntimas, a masturbação, o beijo lascivo, a introdução dos dedos na vagina.

14.1.2. Sujeito ativo e passivo

Antes da alteração introduzida no art. 213 do CP, o sujeito passivo do crime de estupro era apenas a mulher. Atualmente, o estupro poderá ter como sujeito passivo homens ou mulheres, quando constrangidos à prática de atos libidinosos de qualquer natureza.

Atinente ao sujeito ativo, por sua vez, este pode ser homem ou mulher, indistintamente.

14.1.3. Consumação e tentativa

O delito consuma-se com a prática do ato de libidinagem (gênero que abrange conjunção carnal e vasta enumeração de atos libidinosos ofensivos à dignidade sexual da vítima), sendo perfeitamente possível a tentativa, quando, iniciada a execução, o ato sexual visado não se consuma por circunstâncias alheias à vontade do agente.

Antes da Lei nova, se ocorresse conjunção carnal e atos libidinosos substanciais contra a mesma mulher, tínhamos estupro e atentado violento ao pudor. Discutia-se, apenas, se deveria incidir a continuidade delitiva ou se se tratava de concurso material de crimes.

Agora, tendo o legislador unificado os tipos penais do estupro e do atentado violento ao pudor, passando a existir apenas o estupro e o estupro contra vulnerável, haverá crime único, se praticado no mesmo contexto fático.

14.1.4. Formas qualificadas (art. 213, §§ 1º e 2º, do CP)

Duas são as hipóteses: 1ª) ocorrência de lesões graves (que abrangem as lesões gravíssimas) decorrentes da conduta do agente; 2ª) vítima maior de 14 anos e menor de 18 anos na data do fato.

Quanto às lesões graves (ou gravíssimas), devem ocorrer da conduta. Com isso, deixou claro o legislador que tais resultados devem decorrer da conduta, portanto, da violência ou grave ameaça empregadas contra a vítima.

O § 2º do art. 213, por sua vez, prevê o resultado qualificador morte, também decorrente da conduta. Neste particular, houve redução da pena máxima, que anteriormente era de 25 anos, passando para 20 anos de reclusão.

Em ambos os casos, os resultados lesões graves (ou gravíssimas) e morte devem ocorrer a título de culpa do agente.

14.2. Violação sexual mediante fraude (art. 215 do CP)

14.2.1. Conduta típica

O crime do art. 215 do CP abarca a prática de conjunção carnal ou a prática de ato libidinoso diverso contra homens ou mulheres, mediante fraude ou outro meio que impeça ou dificulte a livre manifestação de vontade da vítima.

Exemplo que se tem visto é a prática de simulações por médico no sentido de sugestionar estar examinando o(a) paciente para obter aludidos atos libidinosos, ou mesmo rituais de cura fraudulentamente praticados com o mesmo fim.

Atentar para que não se configure a hipótese prevista no novel § 1º do art. 217-A, que prevê o tipo penal de estupro contra vulnerável, isto é, quando a vítima, além das demais hipóteses lá elencadas (vítima menor de 14 anos, pessoa que, por enfermidade ou deficiência mental, não tiver o necessário discernimento para a prática do ato), por qualquer outra causa, não possa oferecer resistência. Se a vítima, por exemplo, estiver absolutamente embriagada, absolutamente narcotizada, dormindo, em estados de inconsciência, elevada

PENAL

senilidade, deficiência física que a incapacite de resistir etc., teremos estupro contra vulnerável.

O sujeito ativo e passivo da aludida infração penal pode ser homem e mulher, indistintamente. Trata-se, pois, de crime comum. No entanto, no caso de menor de 14 anos, o crime será o do art. 217-A do CP (estupro de vulnerável).

14.2.2. Consumação e tentativa

Tal como ocorre no estupro, consuma-se o delito com a prática do ato de libidinagem, sendo perfeitamente possível a tentativa quando, iniciada a execução, o ato sexual visado não se consuma por circunstâncias alheias à vontade do agente.

14.3. Importunação sexual (art. 215-A do CP)

14.3.1. Conduta típica

A conduta do agente consiste em praticar ato libidinoso, com o propósito de satisfazer sua lascívia ou a de terceiro. A partir da introdução do art. 215-A do CP, o art. 61 do Decreto-lei nº 3.688/1941 está revogado. Deve o ato libidinoso ser praticado contra alguém, ou seja, contra pessoa determinada. Assim, pratica o crime de importunação sexual o agente que se masturba diante de uma pessoa para satisfazer a sua lascívia. Agora, se o agente se masturbar em praça pública, sem visar a uma pessoa determinada, estará praticando o crime de ato obsceno (art. 233 do CP).

Trata-se de crime que contém subsidiariedade expressa, ou seja, aplicam-se as penas da importunação sexual se a conduta não caracteriza crime mais grave. Assim, se, por exemplo, o agente empregar violência na prática do ato libidinoso, incidirá o crime de estupro (art. 213 do CP).

É tipificado também como crime comum, não se exigindo, portanto, qualidade especial da vítima. Pode, assim, ser praticado por qualquer pessoa. Da mesma forma, qualquer pessoa pode figurar como vítima.

O agente desenvolve conduta com a consciência de praticar o ato libidinoso contra alguém. Eis o dolo. Além disso, o tipo prevê um elemento subjetivo específico, consistente no agente atuar com a finalidade de satisfazer a própria lascívia ou a de terceiro.

14.3.2. Consumação e tentativa

A consumação ocorre com a prática do ato libidinoso. Embora seja de difícil incidência, já que, se o agente inicia o ato libidinoso, estará consumado o crime, é possível a tentativa.

14.4. Estupro de vulnerável (art. 217-A do CP)

14.4.1. Conduta típica

O crime de estupro de vulnerável consiste na conduta de ter conjunção carnal ou praticar outro ato libidinoso com menor de 14 anos, bem como com pessoa portadora de enfermidade ou deficiência mental ou incapaz de discernimento para a prática do ato, ou que, por qualquer outra causa, não apresenta condições de oferecer resistência (§ 1º).

O crime é punido a título de dolo, devendo o agente ter ciência de que age em face de pessoa vulnerável. Se o agente não sabia que a vítima era menor de 14 anos de idade, pode incidir o erro de tipo (art. 20, *caput*, do CP).

Nos termos do art. 217-A, § 5º, do CP, incide o crime de estupro de vulnerável independentemente do consentimento da vítima ou do fato de ela ter mantido relações sexuais anteriormente ao crime.

14.4.2. Consumação ou tentativa

Tratando-se de crime material, a consumação ocorrerá com o resultado naturalístico, ou seja, com a conjunção carnal ou ato libidinoso diverso da conjunção carnal.

14.4.3. Formas qualificadas (Art. 217-A, §§ 3º e 4º, do CP)

Os §§ 3º e 4º qualificam o delito de estupro contra vulnerável se da conduta ocorrer o resultado lesão grave (por consequência, gravíssima também) ou morte da vítima.

14.5. Ação penal (art. 225 do CP)

Em relação aos crimes contra a dignidade sexual, a ação penal será sempre pública incondicionada.

Em 20 de junho de 2024 foi aprovada o enunciado da súmula 670 do STJ o qual dispõe:

Nos crimes sexuais cometidos contra a vítima em situação de vulnerabilidade temporária, em que ela recupera suas capacidades físicas e mentais e o pleno discernimento para decidir acerca da persecução penal de seu ofensor, a ação penal é pública condicionada à representação se o fato houver sido praticado na vigência da redação conferida ao art. 225 do Código Penal pela Lei n. 12.015, de 2009.

Cumpre destacar que antes da alteração promovida pela lei 13718 de 2018 a ação penal nos crimes sexuais via de regra era pública e condicionada à representação, sendo que se a vítima era menor de 18 anos ou pessoa vulnerável a ação penal era pública e incondicionada.

Discutia-se qual era ação penal no caso de vulnerabilidade temporária se a ação era pública incondicionada ou condicionada à representação) prevalecendo o entendimento que em tal caso a ação penal era pública condicionada à representação, sendo editada a súmula neste sentido. Com o advento da lei 13718/18 os crimes sexuais passaram a ser em sua integralidade de ação penal pública e incondicionada.

14.6. Lei 15.035 de 27/11/2024)

Em novembro de 2024 foi publicada a Lei 15.035 de 2024 alterando o artigo 234-B do CP, o qual passou a ter a seguinte redação:

> Art. 234-B. Os processos em que se apuram crimes definidos neste Título correrão em segredo de justiça. (Incluído pela Lei nº 12.015, de 2009)
>
> § 1º O sistema de consulta processual tornará de acesso público o nome completo do réu, seu número de inscrição no Cadastro de Pessoas Físicas (CPF) e a tipificação penal do fato a partir da condenação em primeira instância pelos crimes tipificados nos arts. 213, 216-B, 217-A, 218-B, 227, 228, 229 e 230 deste Código, inclusive com os dados da pena ou da medida de segurança imposta, ressalvada a possibilidade de o juiz fundamentadamente determinar a manutenção do sigilo. (Incluído pela Lei nº 15.035, de 2024)
>
> § 2º Caso o réu seja absolvido em grau recursal, será restabelecido o sigilo sobre as informações a que se refere o § 1º deste artigo. (Incluído pela Lei nº 15.035, de 2024)
>
> § 3º O réu condenado passará a ser monitorado por dispositivo eletrônico. (Incluído pela Lei nº 15.035, de 2024)

15. CRIMES CONTRA A FÉ PÚBLICA

15.1. Moeda falsa (art. 289 do CP)

15.1.1. Conduta típica

O tipo básico (*caput*) pune aquele que falsificar, fabricando ou alterando, moeda metálica ou papel-moeda de curso legal no País ou no estrangeiro.

Falsificar significa conferir aparência enganadora, recaindo a conduta sobre moeda metálica ou papel-moeda (nacional ou estrangeira).

É essencial que a falsificação seja convincente, isto é, capaz de iludir os destinatários da moeda.

15.1.2. Consumação e tentativa

O crime consuma-se no momento da fabricação ou da alteração da moeda, desde que idônea a iludir. A tentativa é perfeitamente possível.

15.1.3. Formas equiparadas (art. 289, § 1º, do CP)

Nas mesmas penas incorre quem, por conta própria ou alheia, importa ou exporta, adquire, vende, troca, cede, empresta, guarda ou introduz na circulação moeda falsa.

15.1.4. Privilégio (art. 289, § 2º, do CP)

Quem, tendo recebido de boa-fé, como verdadeira, moeda falsa ou alterada, a restitui à circulação, depois de conhecer a falsidade, é punido com detenção, de 6 (seis) meses a 2 (dois) anos, e multa.

15.1.5. Falsificação funcional (art. 289, § 3º, do CP)

É punido com reclusão, de 3 (três) a 15 (quinze) anos, e multa, o funcionário público ou diretor, gerente, ou fiscal de banco de emissão que fabrica, emite ou autoriza a fabricação ou emissão:

> I – de moeda com título ou peso inferior ao determinado em lei;
>
> II – de papel-moeda em quantidade superior à autorizada.

15.2. Falsificação de documento público (art. 297 do CP)

15.2.1. Conduta típica

O art. 297 do CP trata da falsidade material, ou seja, aquela que diz respeito à forma do documento.

As ações nucleares consubstanciam-se nos verbos falsificar, que significa formar, criar um documento; e alterar, que significa modificar o documento. Na hipótese, o documento é verdadeiro, e o agente substitui seu conteúdo, isto é, frases, palavras que alterem sua essência, incidindo, portanto, sobre aspectos relevantes do documento.

15.2.2. Consumação e tentativa

O crime consuma-se com a falsificação ou alteração do documento, sendo prescindível o uso efetivo deste.

A tentativa é possível, pois há um *iter criminis* que pode ser fracionado. A tentativa ocorrerá se, por exemplo, o agente, estando no início do processo de formação da escritura pública falsa, tendo preenchido apenas algumas linhas, é surpreendido por terceiro. Nessa hipótese, não ocorreu ainda a contrafação total do documento, portanto, o crime reputa-se tentado.

Aplica-se a Súm. nº 17 do STJ: "Quando o falso se exaure no estelionato, sem mais potencialidade lesiva, é por este absorvido". Trata-se da aplicação da regra de que o crime-fim absorve o crime-meio.

15.3. Falsificação de documento particular (art. 298 do CP)

15.3.1. Conduta típica

Também se trata de falsidade material, ou seja, aquela que diz respeito à forma do documento.

Falsificar: significa formar, criar um documento. Ex.: o agente aproveitou-se do espaço em branco existente entre o conteúdo da carta e a assinatura do missivista para inserir aí uma confissão de dívida, cortando a parte do conteúdo da carta, e criando, dessarte, parcialmente o documento.

Alterar: significa modificar o documento. Na hipótese, o documento é verdadeiro, e o agente substitui seu conteúdo, isto é, frases, palavras que alterem sua essência, incidindo, portanto, sobre aspectos relevantes do documento.

15.3.2. Consumação e tentativa

O crime consuma-se com a falsificação ou alteração do documento, sendo prescindível o uso efetivo deste.

A tentativa é possível, pois há um *iter criminis* que pode ser fracionado. A tentativa ocorrerá quando, por exemplo, o agente, estando no início do processo de forjamento de um instrumento de cessão de direitos, em que ele figura como beneficiário, é interrompido por terceiros antes de sua finalização.

15.4. Falsidade ideológica (art. 299 do CP)

15.4.1. Conduta típica

Na falsidade ideológica, o documento é formalmente perfeito, sendo, no entanto, falsa a ideia nele contida.

O sujeito tem legitimidade para emitir o documento, mas acaba por lhe inserir um conteúdo sem correspondência com a realidade dos fatos.

> Ex.: assim, uma escritura lavrada pelo funcionário do Cartório de Registro de Imóveis é formalmente perfeita, pois a ele incumbe formar o instrumento público. Entretanto, se essa escrita encerrar declarações falsas prestadas pelo particular, haverá o crime de falsidade ideológica.

Trata-se de crime de ação múltipla. Diversas são as ações nucleares típicas previstas:

OMITIR – deixar de inserir ou não mencionar.

INSERIR – colocar ou introduzir.

FAZER INSERIR – proporcionar que se introduza.

15.4.2. Consumação e tentativa

Consuma-se com a omissão ou a inserção da declaração falsa ou diversa da que deveria constar.

Trata-se de crime formal; prescinde-se, portanto, da ocorrência efetiva do dano, bastando a capacidade de lesar terceiro. Assim, o prejuízo a direito, a criação da obrigação ou a alteração da verdade sobre fato juridicamente relevante não são necessários à consumação do crime.

16. CRIMES CONTRA A ADMINISTRAÇÃO PÚBLICA

16.1. Dos crimes praticados por funcionário público contra a Administração em geral

16.1.1. Peculato (art. 312 do CP)

16.1.1.1. Conduta típica

O peculato próprio, na realidade, constitui uma apropriação indébita, só que praticada por funcionário público com violação do dever funcional. Antes de ser uma ação lesiva aos interesses patrimoniais da Administração Pública, é principalmente uma ação que fere a moralidade administrativa, em virtude de quebra do dever funcional.

O peculato próprio é formado pelo peculato-apropriação e peculato-desvio.

No peculato-apropriação, a ação nuclear típica consubstancia-se no verbo apropriar. Assim como no crime de apropriação indébita, o agente tem a posse (ou detenção) lícita do bem móvel, público ou particular, e inverte esse título, pois passa a comportar-se como se dono fosse, isto é, alienando, doando, consumindo com o bem.

O peculato-desvio está previsto na segunda parte do *caput* do art. 312: "ou desviá-lo, em proveito próprio ou alheio".

O agente tem a posse da coisa e lhe dá destinação diversa da exigida por lei, agindo em proveito próprio ou de terceiro.

Por exemplo, o funcionário empresta o dinheiro público para perceber os juros.

O peculato-furto é o denominado peculato impróprio, e está previsto no art. 312, § 1º, do CP. Trata-se de um crime de furto, só que praticado por funcionário público, o qual se vale dessa qualidade para cometê-lo. Aqui o agente não tem a posse ou detenção do bem como no peculato-apropriação ou desvio, mas se vale da facilidade que lhe proporciona a qualidade de funcionário público para realizar a subtração.

16.1.1.2. Sujeitos do delito

Trata-se de crime próprio. Somente o funcionário público (art. 327, *caput*) e as pessoas a ele equiparadas legalmente (art. 327, §§ 1º e 2º) podem praticar o delito de peculato.

A condição especial funcionário público, como elementar do crime de peculato, comunica-se ao particular que eventualmente concorra, na condição de coautor ou partícipe, para a prática do crime, nos termos do art. 30 do CP. Portanto, é perfeitamente possível o concurso de pessoas, dada a comunicabilidade da elementar do crime (art. 30).

16.1.1.3. Peculato culposo (art. 312, § 2º, do CP)

Pune-se aqui o funcionário público que, por negligência, imprudência ou imperícia, concorre para a prática de crime de outrem.

O funcionário, para ser punido, insere-se na figura do garante, prevista no art. 13, § 2º. Assim, tem ele o dever de agir, impedindo o resultado de ação delituosa de outrem. Não o fazendo, responde por peculato culposo.

> Ex.: se um vigia de prédio público se desvia de sua função de guarda, por negligência, permitindo, pois, que terceiros invadam o lugar e de lá subtraiam bens, responde por peculato culposo.

Nos termos do art. 312, § 3º, do CP, a reparação do dano, para dar causa à extinção da punibilidade, deve ser anterior ao trânsito em julgado da sentença criminal.

Deve ser completa e não exclui eventual sanção administrativa contra o funcionário. A extinção da punibilidade somente aproveita o funcionário, autor do peculato culposo.

Consoante a segunda parte do § 3º, no crime culposo, se a reparação do dano é posterior à sentença irrecorrível, isto é, transitada em julgado, haverá redução de metade da pena imposta.

16.1.2. Concussão (art. 316 do CP)

16.1.2.1. Conduta típica

A ação nuclear consubstancia-se no verbo exigir, isto é, ordenar, reivindicar, impor como obrigação.

A vítima cede às exigências formuladas pelo agente diante do temor de represálias relacionadas ao exercício da função pública por ele exercida.

Assim, não é necessária a promessa da causação de um mal determinado; basta o temor que a autoridade inspira.

> Ex.: carcereiro que exige dinheiro dos presos sob sua custódia. Na hipótese, o simples fato de os presos encontrarem-se sob a guarda daquele gera neles o temor de eventuais represálias.

Contudo, não pratica esse delito, mas o de extorsão ou roubo, por exemplo, o policial militar que exige vantagem indevida da vítima utilizando-se de violência, ou ameaçando-a gravemente de sequestrar seu filho.

16.1.2.2. Consumação e tentativa

Trata-se de crime formal. A consumação ocorre com a mera exigência da vantagem indevida, independentemente de sua efetiva obtenção. Se esta sobrevém, há mero exaurimento do crime.

É possível a tentativa, na hipótese em que o crime é plurissubsistente.

16.1.3. Excesso de exação (art. 316, § 1º, do CP)

16.1.3.1. Conduta típica

Há duas formas de incidir o crime de excesso de exação: a primeira, quando se trata de exigência de tributo ou contribuição social indevido; a segunda, o tributo ou contribuição social é devido, mas o agente emprega meio gravoso ou vexatório para o devedor, o qual não é autorizado por lei.

16.1.3.2. Consumação e tentativa

a) Exigência indevida: aqui o delito se consuma no momento em que é feita a exigência do tributo ou contribuição social.

Trata-se de crime formal, portanto, a consumação independe do efetivo pagamento do tributo ou contribuição social pela vítima.

A tentativa é possível. Ex.: carta contendo a exigência de vantagem, a qual é interceptada antes de chegar ao conhecimento da vítima.

b) Cobrança vexatória ou gravosa: consuma-se com o emprego do meio vexatório ou gravoso na cobrança do tributo ou contribuição social, independentemente de seu efetivo recebimento.

A tentativa é possível.

> Ex.: com o devido aparato já se acha na casa ou estabelecimento do ofendido, mas é obstado antes que inicie a cobrança.

16.1.3.3. Excesso de exação qualificado (art. 316, § 2º, do CP)

Nessa modalidade mais gravosa do crime de excesso de exação, pune-se o funcionário público que, em vez de recolher o tributo ou contribuição social, indevidamente exigido (§ 1º), para os cofres públicos, desvia-o em proveito próprio ou alheio.

16.1.4. Corrupção passiva (art. 317 do CP)

16.1.4.1. Conduta típica

Trata-se de crime de ação múltipla. Três são as condutas típicas previstas:

PENAL

a) **solicitar**: pedir, manifestar que deseja algo. Não há o emprego de qualquer ameaça explícita ou implícita. O funcionário solicita vantagem, e a vítima cede por deliberada vontade.

b) **receber:** aceitar, entrar na posse. Significa obter, direta ou indiretamente, para si ou para outrem, vantagem indevida.

Aqui a proposta parte de terceiros e a ela adere o funcionário, ou seja, o agente não só aceita a proposta como recebe a vantagem indevida.

Ao contrário da primeira modalidade, é condição essencial para sua existência que haja a anterior configuração do crime de corrupção ativa, isto é, o oferecimento de vantagem indevida (art. 333). Sem essa oferta pelo particular, não há como falar em recebimento de vantagem.

c) **aceitar a promessa de recebê-la:** nessa modalidade típica, basta que o funcionário concorde com o recebimento da vantagem. Não há o efetivo recebimento dela. Deve haver, necessariamente, uma proposta formulada por terceiros, à qual adere o funcionário, mediante a aceitação de receber a vantagem.

Na corrupção passiva, o funcionário, em troca de alguma vantagem, pratica ou deixa de praticar ato de ofício para beneficiar alguém. O ato a ser praticado pode ser ilegítimo, ilícito ou injusto. É a chamada corrupção própria.

Ex.: o funcionário do cartório criminal solicita indevida vantagem econômica para suprimir documentos do processo judicial.

Também configura o crime a prática de ato legítimo, lícito, justo. É a chamada corrupção passiva imprópria.

Ex.: oficial de justiça solicita vantagem econômica ao advogado, a fim de dar prioridade ao cumprimento do mandado judicial expedido em processo em que aquele atua.

16.1.4.2. Consumação e tentativa

Trata-se de crime formal. Portanto, a consumação ocorre com o ato de solicitar, receber ou aceitar a promessa de vantagem indevida.

A corrupção passiva consuma-se instantaneamente, isto é, com a simples solicitação da vantagem indevida, o recebimento desta ou com a aceitação da mera promessa daquela.

O tipo penal não exige que o funcionário pratique ou se abstenha da prática do ato funcional. Se isso suceder, haverá mero exaurimento do crime, o qual constitui condição de maior punibilidade (causa de aumento de pena prevista no § 1º do art. 317).

A tentativa é de difícil ocorrência, mas não é impossível. Basta que haja um iter criminis a ser cindido.

Ex.: solicitação feita por carta, a qual é interceptada pelo chefe de repartição.

16.1.4.3. Causa de aumento de pena (art. 317, § 1º)

Eleva-se em 1/3 a pena do agente que, em razão da vantagem recebida ou prometida, efetivamente retarda (atrasa ou procrastina) ou deixa de praticar (não leva a efeito) ato de ofício que lhe competia desempenhar ou termina praticando o ato, mas desrespeitando o dever funcional. É o que a doutrina classifica de corrupção exaurida.

16.1.4.4. Figura privilegiada (art. 317, § 2º)

Trata-se de conduta de menor gravidade, na medida em que o agente pratica, deixa de praticar ou retarda o ato de ofício, não em virtude do recebimento de vantagem indevida, mas cedendo a pedido ou influência de outrem, isto é, para satisfazer interesse de terceiros ou para agradar ou bajular pessoas influentes.

16.1.5. Prevaricação (art. 319 do CP)

16.1.5.1. Conduta típica

O crime de prevaricação caracteriza-se pela conduta do funcionário público em retardar ou deixar de praticar, indevidamente, ato de ofício, ou praticá-lo contra disposição expressa de lei, para satisfazer interesse ou sentimento pessoal.

a) Retardar: é atrasar, adiar, protelar, procrastinar, não praticar o ato de ofício dentro do prazo estabelecido (crime omissivo).

Ex.: atendente de cartório judicial que, devendo expedir alvará de soltura, por não simpatizar com o advogado, deixa de fazê-lo com a brevidade que a medida exige.

b) Deixar de praticar: trata-se de mais uma modalidade omissiva do crime em estudo. Aqui, no entanto, ao contrário da conduta precedente, há o ânimo definitivo de não praticar o ato de ofício.

c) Praticar (contra disposição expressa de lei): cuida-se aqui de conduta comissiva, em que o agente efetivamente executa o ato, só que de forma contrária à lei.

O interesse pessoal é qualquer proveito, vantagem, podendo ser patrimonial ou moral.

Quanto ao interesse patrimonial, importa distinguir algumas situações:

a) se o ato praticado, retardado ou omitido tiver sido objeto de acordo anterior entre o funcionário e o particular, visando aquele indevida vantagem, o crime passará a ser outro: corrupção passiva;

b) se houver, anteriormente à prática ou omissão do ato, a exigência de vantagem indevida pelo funcionário público, haverá o crime de concussão.

- **Sentimento pessoal**

Sentimento pessoal reflete um estado afetivo ou emocional do próprio agente, que pode manifestar-se em suas mais variadas formas, tais como amor, paixão, emoção, ódio.

16.2. Dos crimes praticados por particular contra a Administração em geral

16.2.1. Resistência (art. 329 do CP)

16.2.1.1. Conduta típica

A conduta típica consiste em opor-se o particular à execução de ato legal mediante o emprego de violência ou ameaça.

Para grande parte da doutrina, a violência e a ameaça devem ser dirigidas à pessoa do funcionário, e não contra coisas, por exemplo, quebrar os vidros da viatura policial. Poderá o agente, nesse caso, responder pelo crime de dano qualificado.

A oposição pode também se dar mediante o emprego de ameaça, a qual pode ser real, por exemplo, apontar uma faca para o funcionário público ou uma arma de fogo, ainda que desmuniciada; ou verbal, por exemplo, indivíduo que promete ao policial, que, se ele for preso, mandará seus comparsas eliminá-lo.

16.2.1.2. Consumação e tentativa

Consuma-se com o emprego da violência ou ameaça contra o funcionário.

Tratando-se de crime formal, não se exige que o agente efetivamente impeça a execução do ato legal.

É perfeitamente possível a tentativa. Por exemplo: agente é impedido por terceiros de desferir uma paulada no funcionário público. Ressalve-se que, no caso de ameaça, somente haverá a tentativa se ela for realizada por escrito.

16.2.2. Desobediência (art. 330 do CP)

16.2.2.1. Conduta típica

O delito de desobediência em muito se parece com o de resistência, uma vez que em ambos o sujeito ativo pretende subtrair-se à execução de ato legal; contudo, no crime de desobediência, não ocorre o emprego de violência ou ameaça contra funcionário público.

O núcleo do tipo está consubstanciado no verbo desobedecer, desatender, não aceitar, não se submeter, no caso, à ordem legal de funcionário público.

Para que exista o crime de desobediência é necessário que haja ordem legal emanada de funcionário público competente. Não se cuida aqui de pedido ou solicitação, por exemplo, de promotor de justiça que, mediante ofício, solicita documentos.

16.2.2.2. Consumação e tentativa

Trata-se de delito formal (aquele que não exige resultado naturalístico, consistente na ocorrência de algum prejuízo efetivo para a administração por conta do não cumprimento da ordem).

A tentativa somente é possível na forma comissiva do descumprimento da ordem legal.

16.2.3. Desacato (art. 331 do CP)

16.2.3.1. Conduta típica

O desacato consiste na prática de qualquer ato ou emprego de palavras que causem vexame, humilhação, falta de respeito ao funcionário público.

Pode implicar qualquer tipo de palavra grosseira ou ato ofensivo contra a pessoa que exerce função pública, incluindo ameaças e agressões físicas.

Ex.: cuspir no rosto do oficial de justiça, atirar papéis no promotor de justiça, rogar praga contra o funcionário.

No exercício da função: diz com a ofensa praticada contra funcionário público que esteja no desempenho de sua função, isto é, praticando atos de ofício.

Em razão do exercício da função: nessa hipótese, o funcionário está fora do exercício de sua função, mas a ofensa contra ele irrogada diz respeito a ela.

16.2.3.2. Consumação e tentativa

Trata-se de crime formal (delito que não exige o resultado naturalístico, consistente no efetivo desprestígio da função pública). Consuma-se, portanto, no momento em que os atos ofensivos são praticados (vias de fato, lesão corporal, gestos, gritos etc.) ou as palavras ultrajantes irrogadas (calúnia, difamação, injúria) são proferidas contra o funcionário público.

Como se trata de crime formal, não se exige que o funcionário público se sinta ofendido com os atos praticados.

16.2.4. Corrupção ativa (art. 333 do CP)

16.2.4.1. Conduta típica

As ações nucleares do tipo estão consubstanciadas nos verbos:

OFERECER vantagem indevida, ou seja, propor ou apresentar para que seja aceita.

PROMETER vantagem indevida, isto é, comprometer-se, fazer promessa, garantir a entrega de algo ao funcionário.

Por não se tratar de crime bilateral, prescinde-se da aceitação da vantagem pelo funcionário público.

Caso aceite, o funcionário deverá responder pelo delito de corrupção passiva.

16.2.4.2. Consumação e tentativa

Trata-se de crime formal, uma vez que a consumação se dá com a simples oferta ou promessa de vantagem indevida por parte do agente ao funcionário público, isto é, independentemente de ele aceitá-la ou recusá-la. Também não é necessário que o funcionário pratique, retarde ou omita o ato de ofício de sua competência.

A tentativa é possível. Ex.: suponha-se a hipótese de que a correspondência contendo a oferta de dinheiro não chegue às mãos do funcionário destinatário por ter sido apreendida pela polícia.

16.2.4.3. Causa de aumento de pena (art. 333, par. ún.)

Eleva-se a pena em 1/3 quando, em razão da promessa ou da vantagem, o funcionário público efetivamente atrasa ou não faz o que deveria, ou mesmo pratica o ato, infringindo dever funcional. Nessa hipótese, o crime é material, isto é, exige resultado naturalístico.

16.2.5. Descaminho (art. 334 do CP)

16.2.5.1. Conduta típica

Descaminho é a fraude voltada a frustrar, total ou parcialmente, o pagamento de direitos de importação ou exportação ou do imposto de consumo sobre mercadorias.

Em síntese, no descaminho, o agente busca iludir, mediante o emprego de fraude, o pagamento de direito ou imposto devido em face de entrada e saída de mercadoria não proibida.

- **Princípio da insignificância**

O STF, baseado no art. 20 da Lei nº 10.522/2002 e na Portaria MF nº 75/2012, estabeleceu que o valor que dispensa a cobrança fiscal em juízo é de R$ 20.000,00, incidindo, em relação a esse valor, o princípio da insignificância.

16.2.5.2. Consumação e tentativa

O descaminho consuma-se com a liberação pela alfândega, sem o pagamento dos impostos inerentes. Consuma-se, ainda, com a entrada e saída da mercadoria do território nacional.

A tentativa é possível. No caso de exportação, o crime é tentado se a mercadoria não chega a sair do País. No caso de importação, se o agente entrar com a mercadoria no País, mas for preso na alfândega, o crime já estará consumado.

16.2.5.3. Figuras equiparadas (art. 334, § 1º)

Incorre na pena do *caput* do art. 334 (reclusão, de 1 a 4 anos) quem:

> I – pratica navegação de cabotagem, fora dos casos permitidos em lei;
>
> II – pratica fato assimilado, em lei especial, a descaminho;
>
> III – vende, expõe à venda, mantém em depósito ou, de qualquer forma, utiliza em proveito próprio ou alheio, no exercício de atividade comercial ou industrial, mercadoria de procedência estrangeira que introduziu clandestinamente no País ou importou fraudulentamente ou que sabe ser produto de introdução clandestina no território nacional ou de importação fraudulenta por parte de outrem;
>
> IV – adquire, recebe ou oculta, em proveito próprio ou alheio, no exercício de atividade comercial ou industrial, mercadoria de procedência estrangeira, desacompanhada de documentação legal ou acompanhada de documentos que sabe serem falsos.

16.2.5.4. Causa de aumento de pena (art. 334, § 3º)

A pena aplica-se em dobro se o crime de descaminho é praticado em transporte aéreo, marítimo ou fluvial.

16.2.6. Contrabando (art. 334-A do CP)

16.2.6.1. Conduta típica

Contrabando é a clandestina importação ou exportação de mercadorias cuja entrada no País, ou saída dele, é absoluta ou relativamente proibida.

16.2.6.2. Consumação e tentativa

Na importação ou exportação de mercadorias proibidas com passagem pelos órgãos alfandegários, o crime consuma-se quando transposta a barreira fiscal, mesmo que a mercadoria não chegue ao seu destino.

A tentativa é possível. No caso de exportação, o crime é tentado se a mercadoria não chega a sair do País. No caso de importação, se o agente entrar com a mercadoria no País, mas for preso na alfândega, o crime já estará consumado.

16.2.6.3. Figuras equiparadas (art. 334-A, § 1º)

> §1º Incorre na mesma pena quem:
>
> I – pratica fato assimilado, em lei especial, a contrabando;

II – importa ou exporta clandestinamente mercadoria que dependa de registro, análise ou autorização de órgão público competente;

III – reinsere no território nacional mercadoria brasileira destinada à exportação;

IV – vende, expõe à venda, mantém em depósito ou, de qualquer forma, utiliza em proveito próprio ou alheio, no exercício de atividade comercial ou industrial, mercadoria proibida pela lei brasileira;

V – adquire, recebe ou oculta, em proveito próprio ou alheio, no exercício de atividade comercial ou industrial, mercadoria proibida pela lei brasileira.

16.2.6.4. Causa de aumento de pena (art. 334-A, § 3º)

A pena aplica-se em dobro se o crime de descaminho é praticado em transporte aéreo, marítimo ou fluvial.

17. DOS CRIMES CONTRA A ADMINISTRAÇÃO DA JUSTIÇA

17.1. Denunciação caluniosa (art. 339 do CP)

17.1.1. Conduta típica

Trata-se da conduta do agente que dá causa à instauração de inquérito policial, de procedimento investigatório criminal, de processo judicial, de processo administrativo disciplinar, de inquérito civil ou de ação de improbidade administrativa contra alguém, imputando-lhe crime, infração ético-disciplinar ou ato ímprobo de que o sabe inocente.

O elemento do tipo "alguém" indica, nitidamente, tratar-se de pessoa certa, não se podendo cometer o delito ao indicar para a autoridade policial apenas a materialidade do crime e as várias possibilidades de suspeitos.

17.1.2. Elemento subjetivo

É o dolo, consistente na vontade livre e consciente de dar causa à instauração de investigação policial, de processo judicial, instauração de investigação administrativa contra alguém, imputando-lhe crime.

É imprescindível que o denunciante saiba (dolo direto) que o denunciado é inocente, conforme expressa exigência legal contida na expressão "de que o sabe inocente". Sem ele, não há crime. A dúvida (dolo eventual) afasta a tipicidade do delito.

17.1.3. Consumação

Trata-se de crime formal, ou seja, delito que não exige, para sua consumação, resultado naturalístico, consistente no efetivo prejuízo para a administração da justiça.

Consuma-se, portanto, com a instauração de investigação policial, de processo judicial, de investigação administrativa, inquérito civil ou ação de improbidade administrativa contra alguém.

Não se exige que a autoridade policial, formalmente, instaure o inquérito policial para que se consume o crime. Basta que inicie investigação policial no sentido de coletar dados que apurem a veracidade da denúncia.

17.2. Comunicação falsa de crime ou de contravenção (art. 340 do CP)

17.2.1. Conduta típica

Consubstancia-se no verbo provocar, isto é, dar causa à ação da autoridade pública (delegado de polícia, juiz, promotor de justiça, bem como todas as autoridades administrativas que tenham atribuição legal para iniciar investigações).

Na hipótese, o agente comunica à autoridade a prática de crime ou contravenção penal que não se verificou.

Ao contrário do que ocorre no crime de denunciação caluniosa, não há no delito em estudo a imputação a uma pessoa determinada da prática de crime. Se assim suceder, estará caracterizado o crime de denunciação caluniosa.

17.2.2. Consumação e tentativa

É crime formal, que não exige, para sua consumação, resultado naturalístico.

Consuma-se, portanto, o crime no momento em que a autoridade pratica alguma ação no sentido de elucidar o fato criminoso. Semelhantemente ao crime de denunciação caluniosa, não se exige a efetiva instauração de inquérito policial.

É possível a tentativa. Desse modo, se o agente fizer a comunicação falsa à autoridade, e esta não iniciar as investigações por circunstâncias alheias à vontade dele, haverá tentativa.

17.3. Falso testemunho ou falsa perícia (art. 342 do CP)

17.3.1. Conduta típica

Trata-se de crime de ação múltipla, pois três são as ações típicas:

a) "Fazer afirmação falsa". Segundo a doutrina, cuida-se aqui da falsidade positiva, pois o agente declara a ocorrência de fato inverídico.

Ex.: testemunha que, para forjar um álibi em favor do acusado, afirma falsamente que, no momento do crime, ele estava em sua companhia.

b) "negar a verdade". Essa modalidade constitui a chamada falsidade negativa, pois o agente tem ciência da verdade, mas nega o que sabe.

Ex.: testemunha de acusação que nega falsamente que a vítima de homicídio tenha anteriormente tentado estuprar a filha do acusado.

c) "calar a verdade". É, segundo a doutrina, a chamada reticência. Aqui há o silêncio a respeito do que se sabe ou se recusa em manifestar a ciência que se tem dos fatos. Há, assim, resistência por parte do agente em declarar a verdade. Não há, ao contrário das demais modalidades, qualquer afirmação falsa ou negativa.

Ex.: perito que omite dados relevantes ao elaborar o laudo pericial, de forma a criar prova benéfica ao acusado.

17.3.2. Sujeitos do delito

Trata-se de crime de mão própria (de atuação pessoal ou de conduta infungível). Nesse passo, somente pode ser cometido pelo sujeito em pessoa.

São sujeitos ativos desse delito a testemunha, o perito, o tradutor ou o intérprete. A Lei nº 10.268/2001 acrescentou um novo sujeito ativo, não previsto na antiga redação do dispositivo, qual seja, o contador que atue em processo judicial, ou administrativo, inquérito policial ou em juízo arbitral.

Se a testemunha não assina o compromisso de dizer a verdade, não pode praticar o delito em tela. Portanto, é indispensável que seja reconhecida como testemunha, e não como simples declarante ou informante, pessoas estas que não narram seu entendimento sobre algo sem o compromisso de dizer a verdade.

17.3.3. Consumação e tentativa

É crime formal, não exigindo, portanto, para a sua consumação, resultado naturalístico.

Consuma-se o falso testemunho com o encerramento do depoimento. Em tese, o crime consuma-se no momento em que é proferido o falso; contudo, como o depoente pode retificar o que foi declarado até o encerramento do depoimento, entende-se consumado o crime nesse exato instante.

17.3.4. Retratação (art. 342, § 2º)

No caso, o agente, antes da sentença no processo em que ocorreu o falso testemunho, declara a verdade.

Na realidade, o crime já se consumou no momento em que o depoimento foi encerrado, contudo, a lei faculta ao agente o direito de arrepender-se antes da prolação da sentença de primeiro grau, possibilitando com isso o esclarecimento da verdade dos fatos e, consequentemente, a extinção da punibilidade.

Trata-se, portanto, de condição resolutiva da punibilidade. Embora já consumado o crime, a punição depende, ainda, de o agente não se retratar ou declarar a verdade, oportunamente.

17.4. Favorecimento pessoal (art. 348 do CP)

17.4.1. Conduta típica

Comete este delito o agente que presta auxílio, de qualquer natureza, a quem acaba de cometer um crime, com a finalidade de subtraí-lo à ação da autoridade, prejudicando a ação de autoridade pública (policiais civis ou militares, membros do Judiciário).

O favorecimento pessoal é delito acessório, ficando sua tipificação na dependência da existência de um crime antecedente, que pode ser de qualquer natureza (doloso, culposo, tentado ou consumado etc.).

Não incidirá o crime de favorecimento pessoal quando em relação ao fato anterior: a) houver causa excludente de ilicitude; b) já estiver extinta a punibilidade; c) houver escusa absolutória.

Se o agente autor do crime antecedente vier a ser absolvido por qualquer motivo (salvo na hipótese de absolvição imprópria, em que é aplicada medida de segurança), o sujeito que o auxiliou não poderá ser condenado pelo crime de favorecimento pessoal.

17.4.2. Consumação e tentativa

O crime consuma-se no momento em que, prestado o efetivo auxílio, o agente favorecido obtém êxito em sua ocultação, ainda que momentaneamente. Trata-se, pois, de crime material.

É possível a tentativa, por exemplo, quando o auxílio chega a ser prestado, mas o agente beneficiário não se livra da autoridade.

17.4.3. Escusa absolutória (art. 348, § 2º)

Se quem presta o auxílio é ascendente, descendente, cônjuge ou irmão do criminoso, fica isento de pena.

17.5. Favorecimento real (art. 349 do CP)

17.5.1. Conduta típica

O presente dispositivo visa a tutelar a administração da justiça, no sentido de punir o comportamento daquele que auxilia o criminoso a tornar seguro o proveito do crime.

Comete este delito o agente que prestar a criminoso, fora dos casos de coautoria ou de receptação, auxílio destinado a tornar seguro o proveito do crime.

Assim como o delito anterior, o favorecimento real também é delito acessório, ficando sua tipificação na dependência da existência de um crime antecedente, que pode ser de qualquer natureza (doloso, culposo, tentado ou consumado etc.).

Para a incidência deste delito, o auxílio deve ser destinado a tornar seguro o proveito do crime, referindo-se a qualquer vantagem alcançada com a prática do delito principal, podendo abranger:

a) o objeto material do crime, como o próprio bem subtraído;

b) o preço do crime, por exemplo, dinheiro que o homicida ganhou para matar alguém.

Não incide o delito se o agente desconhece a procedência criminosa do bem.

Se autor do crime antecedente for menor de idade ou já estiver extinta a sua punibilidade, pela prescrição, por exemplo, continua sendo possível o favorecimento real, pois o objeto continua sendo produto de crime. A menoridade e a extinção da punibilidade apenas impedem a aplicação de sanção penal ao autor do crime antecedente.

Somente haverá o crime de favorecimento real se o agente não estava previamente ajustado com os autores do delito antecedente. Se houve prévio ajuste, o agente responderá pelo mesmo delito, em concurso de pessoas.

17.5.2. Consumação e tentativa

O crime consuma-se no momento em que o agente presta auxílio, independentemente de saber se o agente conseguiu ou não tornar seguro o proveito do crime anterior. Trata-se, pois, de crime formal.

É possível a tentativa.

PENAL

QUESTÕES DE DIREITO PENAL – ASSUNTOS MAIS RECORRENTES

01. FGV - OAB - 39º Exame de Ordem Unificado - Primeira Fase – Q57

Caio, lutador de MMA, estava na praia quando viu uma senhora ser agredida por um terceiro. Caio foi em direção ao agressor e tentou persuadi-lo a parar com as agressões, mas o agressor não deu ouvidos e continuou a agredir a senhora. Dessa forma, Caio não viu outra alternativa a não ser desferir um soco no agressor para afastá-lo da senhora e imobilizá-lo em seguida, até a chegada da polícia.

Diante do exposto, a conduta de Caio pode ser beneficiada pela exclusão da:

a) tipicidade em razão da coação física irresistível.

b) culpabilidade em razão da coação moral irresistível.

c) ilicitude em razão do exercício regular de um direito.

d) ilicitude por legítima defesa.

02. FGV - OAB - 39º Exame de Ordem Unificado - Primeira Fase – Q58

Paulo nasceu em outubro de 1990. Em julho de 2011, Paulo cometeu o delito de homicídio simples contra um vizinho. O Ministério Público ofereceu denúncia no ano de 2022.

Sobre a hipótese apresentada, assinale a afirmativa correta.

a) Ocorreu a prescrição da pretensão punitiva no ano de 2021, pois, no caso de Paulo, a prescrição é reduzida pela metade.

b) A prescrição da pretensão punitiva só ocorrerá em 20 anos da data dos fatos, ou seja, no ano de 2031.

c) Por se tratar de crime hediondo, o prazo prescricional da prescrição da pretensão punitiva é acrescido de 1/3, de forma que a prescrição ocorrerá somente no ano de 2024.

d) Por se tratar de crime hediondo, o crime cometido por Paulo é imprescritível.

03. FGV - OAB - 39º Exame de Ordem Unificado - Primeira Fase – Q59

João completou 20 anos e foi colocado em liberdade, após cumprir 3 anos de internação por medida socioeducativa em razão da prática de atos infracionais análogos a estupro e furto, conforme sentença proferida pelo Juizado da Infância e da Juventude de sua Comarca.

Ao ser solto da unidade de internação, foi preso em flagrante pela prática do crime de roubo, sendo que João nunca respondeu por outros crimes.

Para os fins deste novo processo, assinale a afirmativa correta.

a) João é primário e com bons antecedentes, ante a inaptidão de atos infracionais serem utilizados como circunstâncias judiciais ou induzir reincidência.

b) João é reincidente e com maus antecedentes, ante a pluralidade de infrações pretéritas, anteriores aos delitos de roubo.

c) João é tecnicamente primário, porém, com maus antecedentes, sendo este único efeito possível gerado pela aplicação de medidas socioeducativas.

d) João é reincidente ou com maus antecedentes, pois não é possível que a reincidência seja também considerada circunstância judicial, ainda que se tratem de condenações distintas.

04. FGV - OAB - 39º Exame de Ordem Unificado - Primeira Fase – Q60

Maciel teve sua prisão temporária prolongada sem motivo justo e excepcionalíssimo, por decisão de Xavier, diretor da unidade prisional em que Maciel estava custodiado.

Esgotado o prazo legal para que ele fosse posto em liberdade, Xavier ignorou dolosamente o alvará de soltura por 5 (cinco) dias, com o objetivo de prejudicar Maciel, seu inimigo declarado.

Sobre o procedimento de Xavier, assinale a afirmativa correta.

a) Ele praticou o crime de corrupção passiva privilegiada.

b) Ele praticou o crime de abuso de autoridade.

c) Ele praticou o crime de desobediência.

d) Não praticou crime algum, tendo em vista que o alvará de soltura foi cumprido.

05. FGV - OAB - 39º Exame de Ordem Unificado - Primeira Fase – Q61

Pablo (13 anos) e Luís (19 anos), amigos de longa data, decidiram cometer suicídio. Durante todo o período em que conversaram sobre o tema, sempre condicionaram a realização do ato à presença de ambos, sendo certo que diariamente um instigava o outro a praticar o ato.

No dia combinado, os dois se dirigiram à principal ponte da cidade e se posicionaram no vão central. Afastados um do outro, apenas se olharam para iniciar a contagem até se jogarem. Os dois pularam ao mesmo tempo. Apesar de a altura ser a mesma, Pablo ficou em coma por 90 dias no hospital e ao retornar teve diagnosticada a sua tetraplegia, perdendo completamente os movimentos dos braços e das pernas. Luís, por sua vez, sofreu apenas algumas escoriações.

Sobre a participação de Luís no caso narrado, assinale a afirmativa correta, conforme expressa previsão legal.

a) Deverá responder pelo crime de instigação ao suicídio qualificado pelo resultado morte.

b) Será responsabilizado nas penas do crime de lesão corporal gravíssima.

c) Incidiu na conduta de tentativa de instigação ao suicídio.

d) Não será responsabilizado, porque será beneficiado pelo instituto do perdão judicial, independentemente de as consequências da infração o terem atingido de forma grave.

06. FGV - OAB - 32º Exame de Ordem Unificado - Primeira Fase – Q60

Paulo é dono de uma loja de compra e venda de veículos usados. Procurado por um cliente interessado na aquisição de um veículo Audi Q7 e não tendo nenhum similar para vender, Paulo promete ao cliente que conseguirá aquele modelo no prazo de sete dias. No dia seguinte, Paulo verifica que um carro, do mesmo modelo pretendido, se achava estacionado no pátio de um supermercado e, assim, aciona Júlio e Felipe, conhecidos furtadores de carros da localidade, prometendo a eles adquirir o veículo após sua subtração pela dupla, logo pensando na venda vantajosa que faria para o cliente interessado. Júlio e Felipe, tranquilos com a venda que seria realizada, subtraíram o carro referido e Paulo efetuou a compra e o pagamento respectivo. Dias após, Paulo vende o carro para o cliente. Todavia, a polícia identificou a autoria do furto, em razão de a ação ter sido monitorada pelo sistema de câmeras do supermercado, sendo o veículo apreendido e recuperado com o cliente de Paulo. Paulo foi denunciado pela prática dos crimes de receptação qualificada e furto qualificado em concurso material. Confirmados integralmente os fatos durante a instrução, inclusive com a confissão de Paulo, sob o ponto de vista técnico, cabe ao advogado de Paulo buscar o reconhecimento do

a) crime de receptação simples e furto qualificado, em concurso material.

b) crime de receptação qualificada, apenas.

c) crime de furto qualificado, apenas.

d) crime de receptação simples, apenas.

07. FGV - OAB - 31º Exame de Ordem Unificado - Primeira Fase – Q62

Yuri foi denunciado pela suposta prática de crime de estupro qualificado em razão da idade da vítima, porque teria praticado conjunção carnal contra a vontade de Luana, de 15 anos, mediante emprego de grave ameaça. No curso da instrução, Luana mudou sua versão e afirmou que, na realidade, havia consentido na prática do ato sexual, sendo a informação confirmada por Yuri em seu interrogatório. Considerando apenas as informações expostas, no momento de apresentar alegações finais, a defesa técnica de Yuri deverá pugnar por sua absolvição, sob o fundamento de que o consentimento da suposta ofendida, na hipótese, funciona como

a) causa supralegal de exclusão da ilicitude.

b) causa legal de exclusão da ilicitude.

c) fundamento para reconhecimento da atipicidade da conduta.

d) causa supralegal de exclusão da culpabilidade.

08. FGV - OAB - 27º Exame de Ordem Unificado - Primeira Fase – Q61

Leonardo, nascido em 20/03/1976, estava em dificuldades financeiras em razão de gastos contínuos com entorpecente para consumo. Assim, em 05/07/2018, subtraiu, em comunhão de ações e desígnios com João, nascido em 01/01/1970, o aparelho de telefonia celular de seu pai, Gustavo, nascido em 05/11/1957, tendo João conhecimento de que Gustavo era genitor do comparsa. Após a descoberta dos fatos, Gustavo compareceu em sede policial, narrou o ocorrido e indicou os autores do fato, que vieram a ser denunciados pelo crime de furto qualificado pelo concurso de agentes. No momento da sentença, confirmados os fatos, o juiz reconheceu a causa de isenção de pena em relação aos denunciados, considerando a condição de a vítima ser pai de um dos autores do fato. Inconformado com o teor da sentença, Gustavo, na condição de assistente de acusação habilitado, demonstrou seu interesse em recorrer. Com base apenas nas informações expostas, o(a) advogado(a) de Gustavo deverá esclarecer que

a) os dois denunciados fazem jus a causa de isenção de pena da escusa absolutária, conforme reconhecido pelo magistrado, já que a circunstância de a vítima ser pai de Leonardo deve ser estendida para João.

b) nenhum dos dois denunciados faz jus à causa de isenção de pena da escusa absolutória, devendo, confirmada a autoria, ambos ser condenados e aplicada pena.

c) somente Leonardo faz jus a causa de isenção de pena da escusa absolutória, não podendo esta ser estendida ao coautor.

d) somente João faz jus a causa de isenção de pena da escusa absolutória, não podendo esta ser estendida ao coautor.

09. FGV - OAB - 27º Exame de Ordem Unificado - Primeira Fase - Q62

Inconformado com o fato de Mauro ter votado em um candidato que defendia ideologia diferente da sua, João desferiu golpes de faca contra seu colega, assim agindo com a intenção de matá-lo. Acreditando ter obtido o resultado desejado, João levou o corpo da vítima até uma praia deserta e o jogou no mar. Dias depois, o corpo foi encontrado, e a perícia constatou que a vítima morreu afogada, e não em razão das facadas desferidas por João. Descobertos os fatos, João foi preso, denunciado e pronunciado pela prática de dois crimes de homicídio dolosos, na forma qualificada, em concurso material. Ao apresentar recurso contra a decisão de pronúncia, você, advogado(a) de João, sob o ponto de vista técnico, deverá alegar que ele somente poderia ser responsabilizado

a) pelo crime de lesão corporal, considerando a existência de causa superveniente, relativamente independente, que, por si só, causou o resultado.

b) por um crime de homicídio culposo, na forma consumada.

c) por um crime de homicídio doloso qualificado, na forma tentada, e por um crime de homicídio culposo, na forma consumada, em concurso material.

d) por um crime de homicídio doloso qualificado, na forma consumada.

10. FGV - OAB - 25º Exame de Ordem Unificado - Primeira Fase - Q61

Laura, nascida em 21 de fevereiro de 2000, é inimiga declarada de Lívia, nascida em 14 de dezembro de 1999, sendo que o principal motivo da rivalidade está no fato de que Lívia tem interesse no namorado de Laura. Durante uma festa, em 19 de fevereiro de 2018, Laura vem a saber que Lívia anunciou para todos que tentaria manter relações sexuais com o referido namorado. Soube, ainda, que Lívia disse que, na semana seguinte, iria desferir um tapa no rosto de Laura, na frente de seus colegas, como forma de humilhá-la. Diante disso, para evitar que as ameaças de Lívia se concretizassem, Laura, durante a festa, desfere facadas no peito de Lívia, mas terceiros intervêm e encaminham Lívia diretamente para o hospital. Dois dias depois, Lívia vem a falecer em virtude dos golpes sofridos. Descobertos os fatos, o Ministério Público ofereceu denúncia em face de Laura pela prática do crime de homicídio qualificado. Confirmados integralmente os fatos, a defesa técnica de Laura deverá pleitear o reconhecimento da

a) inimputabilidade da agente.

b) legítima defesa.

c) inexigibilidade de conduta diversa.

d) atenuante da menoridade relativa.

DIREITO PENAL				
1 - D	2 - A	3 - A	4 - B	5 - B
6 - C	7 - C	8 - B	9 - D	10 - A

DIREITO PENAL – QUESTÕES DA PROVA DO 43º EXAME DA OAB

01. FGV - OAB - 43º Exame de Ordem Unificado - Primeira Fase - Q57 Oliver, que já fora condenado por crime culposo anteriormente e que terminara de cumprir sua pena há dois anos, cometeu o crime de lesão corporal de natureza grave, previsto no Art. 129, § 1º, do CP, cuja pena cominada é de um a cinco anos de reclusão. Ele foi condenado à pena de um ano e oito meses de reclusão, tendo sua condenação sido proferida três anos após o término do cumprimento da pena pelo crime culposo anterior. Tomando por base o delito praticado e a pena aplicada, sobre a possibilidade de Oliver ter sua pena privativa de liberdade substituída por duas penas restritivas de direitos, assinale a afirmativa correta.

a) A reincidência só impediria a substituição se o crime anterior também fosse doloso.

b) A reincidência em crime culposo não impede a substituição e tampouco há óbice pelo fato de o crime ser cometido com violência à pessoa.

c) Uma vez que Oliver é reincidente, a substituição é vedada, sendo indiferente o fato de o crime anterior ser culposo ou mesmo o fato de o novo crime ter sido cometido com violência à pessoa.

d) Apesar de a reincidência em crime culposo não obstar a substituição, o fato de o crime ter sido cometido com violência à pessoa impede a substituição pela pena restritiva de direitos.

02. FGV - OAB - 43º Exame de Ordem Unificado - Primeira Fase - Q58 João mora em Ipanema e, há dois anos, faz aula de futevôlei na praia do Leblon, três vezes por semana. João sempre realiza tal trajeto em sua bicicleta elétrica, da marca Bike legal, cor preta com banco de couro marrom. No mês passado, ao final do treino, João pegou uma bicicleta elétrica idêntica à sua e voltou para casa. Dias depois, João foi intimado a comparecer à Delegacia de Polícia para prestar declarações sobre um possível crime de furto, uma vez que o circuito de câmeras permitiu identificar que João havia levado a bicicleta de uma moça de nome Fernanda. No caso narrado, é correto afirmar que João agiu diante de

a) erro de tipo essencial.

b) erro de tipo acidental.

c) estado de necessidade.

d) erro de proibição direto.

PENAL

03. FGV - OAB - 43º Exame de Ordem Unificado - Primeira Fase – Q59 Após ter seu pedido de aumento salarial negado, Sara, empregada doméstica, adicionou, com intenção de matar, veneno na feijoada que preparou para Raquel, sua patroa. Raquel sentiu-se mal, sendo socorrida por terceiros e levada ao hospital, onde contraiu uma infecção. Ela veio a falecer dois meses após ser internada, pois a infecção fora agravada pela ingestão de veneno. Sobre tal situação hipotética, assinale a opção que indica, corretamente, o delito praticado por Sara.

a) Homicídio doloso tentado.

b) Homicídio culposo tentado.

c) Homicídio doloso consumado.

d) Lesão corporal seguida de morte.

04. FGV - OAB - 43º Exame de Ordem Unificado - Primeira Fase – Q60 Um grupo realizava uma manifestação social pacífica contra o aumento da tarifa de ônibus. A atividade era acompanhada por grande contingente de policiais militares. Rodrigo, um dos manifestantes, de forma exaltada, arremessou uma pedra em uma viatura da Polícia Militar estacionada na localidade, quebrando dolosamente o vidro do para-brisa dianteiro. A partir das informações acima trazidas, assinale a opção que indica o crime cometido por Rodrigo.

a) Terrorismo.

b) Dano simples.

d) Dano qualificado.

d) Ilícito civil, pois a conduta descrita não configura crime.

05. FGV - OAB - 43º Exame de Ordem Unificado - Primeira Fase – Q61 Ateneu e Moisés combinaram a prática conjunta de um crime de furto. Moisés, exímio motorista, aguardou na rua com o carro já ligado e Ateneu, especialista em abertura de cofres, ingressou na residência de um famoso jogador de futebol que atuava no exterior. Ambos pensavam que a casa estava vazia, mas ao ingressar no imóvel, Ateneu se deparou com Izabel, empregada doméstica que trabalhava no local, tendo, então, sacado a arma de fogo que portava, sem a ciência de Moisés, e matado Izabel com um tiro na testa. Ateneu levou consigo joias e dinheiro. Ao tomar ciência da morte de Izabel, Moisés não quis ficar com nada. Diante de tal situação hipotética, assinale a afirmativa correta.

a) Moisés não praticou fato criminalmente punível.

b) Ambos praticaram, em coautoria, os delitos de homicídio e roubo.

c) Ateneu praticou o delito de furto qualificado pelo resultado morte.

d) Moisés deve ser responsabilizado mediante aplicação da pena relativa ao crime de furto.

06. FGV - OAB - 43º Exame de Ordem Unificado - Primeira Fase – Q62 Rodrigo, brasileiro, obteve bolsa de estudos para intercâmbio de seis meses em uma universidade nos Estados Unidos. Nesse período, Rodrigo começou a namorar Mary, uma jovem estadunidense. Após uma crise de ciúmes, Rodrigo matou Mary, por estrangulamento, no apartamento em que morava na Flórida. O feminicídio constitui infração penal nos Estados Unidos. No dia seguinte aos fatos, Rodrigo retornou ao Brasil. Como advogado da família da vítima, esclareça a viabilidade de aplicação da Lei Penal brasileira a Rodrigo, identificando o princípio penal correspondente.

a) O princípio da bandeira ou do pavilhão admite a responsabilidade penal de Rodrigo pelo fato ocorrido no estrangeiro.

b) O princípio da personalidade passiva impede a responsabilidade penal de Rodrigo, pois a vítima era estadunidense.

c) O princípio da personalidade ativa enseja a hipótese de extraterritorialidade condicionada, autorizando a aplicação da Lei Penal brasileira a Rodrigo.

d) O princípio da defesa ou da proteção impede a aplicação da Lei brasileira a fatos ocorridos no exterior, especialmente quando o autor do fato for brasileiro nato.

GABARITO		
1 - D	2 - A	3 - C
4 - C	5 - D	6 - C

PROCESSO PENAL

Letícia Sinatora Neves

Mauro Stürmer

Sumário

1. PRINCÍPIOS FUNDAMENTAIS DO DIREITO PROCESSUAL PENAL

Neste ponto do material serão apresentados, de maneira sucinta e objetiva, os mais importantes princípios de Processo Penal, pois, no decorrer do material, dentro de cada ponto da disciplina, quando necessário, serão feitos menção e comentário específicos.

1.1. Princípio da legalidade

Princípio muito caro ao Direito Penal e Processual Penal, pois ligado diretamente à segurança jurídica. No seu viés, é importante ao processo penal, assim está previsto na Constituição Federal: art. 5º, II, da CF, que assegura que: "ninguém será obrigado a fazer ou deixar de fazer alguma coisa senão em virtude de lei".

1.2. Princípio da humanidade

Art. 5º, III e XLIX, da CF:

> "Ninguém será submetido à tortura nem a tratamento desumano ou degradante";
>
> "É assegurado aos presos o respeito à integridade física e moral".

Garantias processuais de que o processo penal **não pode expor o homem** a situações **degradantes** e **torturantes**.

1.3. Princípio do devido processo legal

Art. 5º, LIV, afirma que "ninguém será privado da liberdade ou de seus bens **sem o devido processo legal**".

1.4. Imparcialidade do juiz

O juiz, no processo penal, situa-se **entre** as partes e **acima** delas – tendo em vista o seu caráter substitutivo. Certo de que ele **não vai ao processo em nome próprio,** jamais poderá haver conflito de interesse entre o Magistrado e a parte. Trata-se de uma **característica subjetiva** do órgão jurisdicional.

Para isso estipulam-se:

Proibição dos **Tribunais** e **Juízes** de Exceção (art. 5º, XXXVII).

Dessas regras decorre que ninguém será processado por órgão criado após a ocorrência do fato.

1.5. Igualdade processual

Nada mais é do que um desdobramento do mandamento esculpido no *caput* do art. 5º de nossa Constituição, que nos informa que **todos são iguais perante a lei**. Assim, em juízo, as partes devem ter as mesmas oportunidades.

Devemos observar, apenas, que tal princípio pode ser atenuado, pois existem situações em que a defesa terá algumas prerrogativas processuais que a acusação não possuirá:

Exemplo:

Princípio do favor rei. O acusado goza de alguns privilégios em contraste com a pretensão acusatória. Exemplos:

- art. 609, parágrafo único **(embargos infringentes e de nulidade)**;
- art. 621 e seguintes (**revisão criminal**).

Somente a defesa poderá entrar com embargos infringentes ou com a revisão criminal.

1.6. Contraditório

As partes têm o direito de não apenas **produzir provas e de sustentar suas razões**, mas também de vê-las **seriamente apreciadas** e valoradas pelo julgador.

↓

Dessa forma elas têm o direito de ser cientificadas sobre os fatos ocorridos no processo (citações, intimações e notificações).

↓

Tal princípio foi mais uma vez prestigiado com a reforma de 2008 que proibiu (art. 155 do CPP) a fundamentação da decisão com base exclusivamente em elementos informativos.

1.7. Ampla defesa

Implica o dever do Estado de proporcionar a todo acusado a **mais completa defesa**, seja autodefesa (pessoal) ou técnica (efetivada por profissional do Direito inscrito na OAB). Implica, ainda, o fato de que ao Estado cabe prestar assistência jurídica e integral aos necessitados (art. 5º, LXXIV).

Decorre, ainda, a necessidade de se observar, como regra, a ordem natural do processo, em que a defesa será a última a se manifestar.

1.8. Da ação ou da demanda

Cabe sempre à parte provocar a prestação da jurisdição, tendo em vista que os órgãos jurisdicionais são inertes.

1.9. Garantia contra a autoincriminação

Art. 5º, LXIII, da CF, com a seguinte redação: "O preso será informado de seus direitos, entre os quais o de permanecer calado [...]".

Nemo tenetur se detegere

Ninguém pode ser obrigado a produzir provas contra si mesmo.

1.10. Princípio da inocência

O princípio da inocência revela-se no fato de que ninguém pode ser considerado culpado senão após o trânsito em julgado de uma sentença condenatória (conforme art. 5º, LVII, CF/1988).

1.11. Princípio do juiz natural

Previsto no art. 5º, LIII, da CF/1988, significa dizer que é **a garantia de um julgamento por um juiz competente.**

Estabelecido por regras objetivas (de competência) previamente previstas no ordenamento jurídico.

Proibição de criação de tribunais de exceção, constituídos *a posteriori* à infração penal e especificamente para julgá-la.

1.12. Princípio da persuasão racional ou convencimento motivado do magistrado

O juiz decide com base nos elementos existentes no processo, mas deve avaliá-los por critérios racionais e sempre motivar suas decisões.

> ▷ **Atenção!** No Tribunal do Júri vale o sistema do livre convencimento ou íntima convicção do julgador, pois os jurados não são obrigados a motivar suas decisões, ou seja, não são obrigados a dizer o por que condenam ou por que absolvem.

1.13. Duplo grau de jurisdição

Consiste na possibilidade de revisão, por via recursal, das causas já analisadas/julgadas pelo Juiz de primeiro grau.

Não é tratado de forma expressa nos textos legais e constitucional, mas decorre da própria organização do Poder Judiciário.

Há casos em que o mencionado princípio não é aplicável, por exemplo, em julgamento pelo STF (nos casos de foro por prerrogativa da função).

1.14. Princípio do promotor natural

Segundo a Constituição Federal, este princípio refere-se à necessidade de que o julgamento somente ocorra pelo juiz previamente investido na respectiva competência.

> **Art. 5º, LIII, CF** – ninguém será **processado** nem sentenciado senão pela autoridade competente.

Segundo o STF, não pode haver designação casuística de um determinado membro do MP. Isso irá ferir o princípio do promotor natural.

1.15. Razoável duração do processo

Garantia de todos, direito fundamental expresso em nossa CF, a razoável duração do processo, foi acrescida no rol do art. 5º pela EC/45. Conforme abaixo se apresenta:

> **Art. 5, LXXVIII da CF:** a todos, no âmbito **judicial** e administrativo, são assegurados a razoável duração do processo e os meios que garantam a celeridade de sua tramitação. *(Incluído pela Emenda Constitucional nº 45, de 2004)*

2. APLICAÇÃO DA LEI PROCESSUAL PENAL

2.1. Conceito de processo penal

É um conjunto **de princípios e normas** que disciplinam a composição das lides penais, por meio da aplicação do Direito Penal objetivo.

É o conjunto de princípios e normas que regulam a **aplicação jurisdicional do Direito Penal**, bem como as atividades persecutórias da **Polícia Judiciária**, e a estruturação dos órgãos da função jurisdicional e respectivos auxiliares.

2.2. Tipo de processo penal – sistemas

> ▷ **Atenção!** Adotamos no processo penal brasileiro o **sistema acusatório.**

2.3. Lei processual no tempo

O mais importante artigo sobre esse assunto é o abaixo transcrito:

> **Art. 2º do CPP.** A lei processual penal aplicar-se-á desde logo, sem prejuízo da validade dos atos realizados sob a vigência da lei anterior.

- **Ainda que prejudique a situação do réu, ela é aplicável retroativamente;**
- **Isso porque é diferente da lei penal (essa sim não retroage para prejudicar o acusado).**

2.3.1. *Tempus regit actum*

Atos processuais praticados sob a égide da lei antiga são considerados válidos e não são atingidos pela nova lei processual.

Normas novas têm aplicação imediata.

2.4. Lei processual e sua interpretação

Interpretar é o ato pelo qual se extrai da norma o seu exato alcance.

2.4.1. *Espécies de interpretação*

Existe um **recurso mnemônico** que vai ajudar a não esquecer as espécies de interpretação:

> "Um (i) **sujeito** busca um (ii) **meio** de chegar a um (iii) **resultado**."

- **Quanto ao sujeito:**

A) **Autêntica ou legislativa:** feita pelo próprio órgão encarregado da elaboração da lei. Exemplo: a própria lei explica do que é funcionário público para fins penais (art. 327 do CP).

> ▷ **Atenção! Esta interpretação vincula os intérpretes.**

B) **Doutrinária:** feita pelos estudiosos do Direito.

> ▷ **Atenção!** A exposição de motivos do CP é interpretação doutrinária e não autêntica.

C) **Judicial:** feita pelos órgãos do Poder Judiciário (não é obrigatória).

> ▷ **Cuidado!** Poderá ter caráter vinculante. Ex.: súmulas vinculantes.

- **Quanto ao meio**

A) **Gramatical / filológica:** leva-se em conta o sentido literal das palavras.

B) **Lógica ou teleológica:** busca-se a vontade da lei, atendendo-se aos seus fins no ordenamento jurídico.

C) **Sistemática:** analisa a coerência da lei com as demais normas do sistema, bem como em conjunto com os demais princípios de Direito.

D) **Histórica:** analisa as condições e fundamento da origem da norma. Busca investigar a sociedade na época da edição da norma.

E) **Progressiva:** busca o significado legal de acordo com o progresso da ciência.

- **Quanto ao resultado**

A) **Declarativa:** a letra da lei corresponde exatamente ao significado desejado pelo legislador.

B) **Restritiva:** o legislador disse mais do que desejava dizer, cabendo ao intérprete restringir seu significado.

C) **Extensiva:** a lei ficou aquém da vontade do legislador (disse menos do que desejava), cabendo ao intérprete ampliar seu significado.

- **Interpretação analógica**

É ***intra legem*** **(dentro da lei).**

O texto traz uma cláusula genérica, após trazer uma fórmula casuística.

Ocorre, por exemplo, no **homicídio qualificado**, veja:

> **Art. 121, § 2º** – Se o homicídio é cometido:
>
> I – mediante paga ou promessa de recompensa, ou por outro motivo torpe; [...]
>
> IV – outro recurso que dificulte ou torne impossível a defesa da vítima.

> ▷ **Muita atenção quando se fala em analogia, pois:**

Não é forma de interpretação, mas sim de integração, pois serve para suprir lacunas legislativas.
Nada mais é do que a utilização de lei para outro caso semelhante.
Fundamento: "Onde está a mesma razão, aplica-se o mesmo direito".

- **Espécies de analogia**

In bonam partem: aplica-se ao caso omisso uma lei que beneficia o réu.

In malam partem: consiste em aplicar a um caso concreto uma lei que irá prejudicar o réu.

- **Interpretação da norma processual:**

> **Art. 3º do CPP.** A lei processual penal **admitirá interpretação extensiva** e aplicação **analógica**, bem como o suplemento dos **princípios gerais de direito.**

2.5. Imunidades diplomáticas

Chefes de Estado, representantes de governo estrangeiros, agentes diplomáticos, pessoal técnico e administrativo.

Admite-se renúncia (pelo Estado), ou seja, o Estado pode deixar de considerar determinada pessoa como seu representante e isso leva a perda da imunidade, mas essa imunidade não pode ser renunciada diretamente pelo agente.

Embaixadas (sede diplomática) não são consideradas extensões do território estrangeiro (são, porém, invioláveis).

2.6. Imunidades parlamentares

- **Material**

> **Art. 53 da CF.** Os Deputados e Senadores são invioláveis, civil e penalmente, por quaisquer de suas opiniões, palavras e votos. *(Redação dada pela Emenda Constitucional nº 35, de 2001).*

- **Processual ou formal**

Garantia quanto à instauração do processo;

Não ser preso (salvo flagrante delito de crime inafiançável);

Foro privilegiado;

Servir como testemunha.

2.7. Imunidades temporárias do Presidente da República

Veja o que, expressamente, prevê nossa Carta Política sobre o tema:

> **Art. 86, § 4º.** O Presidente da República, na vigência de seu mandato, não pode ser responsabilizado por atos estranhos ao exercício de suas funções.

3. INQUÉRITO POLICIAL

O processo penal não serve apenas para que o **Estado** aplique o seu direito de punir, mas também para que o **indivíduo** possa defender-se deste Estado. A Persecução Penal, ou seja, o caminho a ser percorrido pelo Estado para exercer seu direito de punir, é dividido em duas etapas. Uma do inquérito policial e outra da ação penal. Aqui trabalharemos a primeira etapa.

3.1. Conceito

O inquérito policial pode ser conceituado como um procedimento administrativo, preparatório, inquisitivo e sigiloso, presidido pela autoridade policial, que tem por finalidade reunir elementos necessários à apuração da prática de uma infração penal e sua autoria, a fim de propiciar a propositura da denúncia ou queixa-crime.

3.2. Natureza jurídica

Pessoal, sempre que for perguntado: "Qual a natureza Jurídica?" de algum instituto, na verdade, o que se deseja saber é: "o que é isso para o Direito".

Assim, percebemos que a natureza jurídica do inquérito (o que ele é para o Direito) é de um **procedimento administrativo – não é processo**, pois não se constitui de uma relação trilateral (delegado – parte A, parte B contrária – contraditório e ampla defesa), por isso se fala em investigado, que pode ser o **objeto** de uma investigação.

3.3. Espécies de inquéritos

Segundo o artigo abaixo, outras autoridades, desde que autorizadas por lei, podem investigar. Vejamos:

> **Art. 4º do CPP.** *A polícia judiciária será exercida pelas autoridades policiais no território de suas respectivas circunscrições e terá por fim a apuração das infrações penais e da sua autoria.*
>
> **Parágrafo único.** *A competência definida neste artigo não excluirá a de autoridades administrativas, a quem por lei seja cometida a mesma função.*

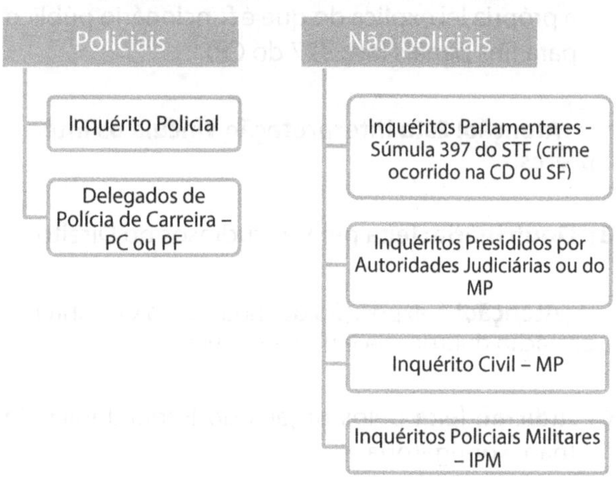

▷ **Cuidado!** Segundo o STF, o Ministério Público poderá investigar. O fundamento encontrado pela Suprema Corte foi a teoria dos poderes implícitos. Tal investigação será instrumentalizada por meio de um PIC (procedimento investigatório criminal) e não por meio de inquérito policial.

3.4. Finalidade

Fornecer **elementos** de convicção para que o titular da ação penal (MP ou ofendido) ingresse em juízo.

3.5. Instauração do IP

Colegas, estamos diante de **um dos pontos mais cobrados em primeira fase**. Logo, **leia com MUITA atenção.**

A forma de início do inquérito irá depender, necessariamente, da espécie de ação penal.

Ler com muita atenção o art. 5º do CPP, explicado abaixo:

1 – Crimes de ação penal pública incondicionada

A) De ofício – a autoridade inicia o IP sem a necessidade de que alguém o informe, toma conhecimento da infração sem a necessidade da ação penal, a peça inaugural é uma **portaria** e se trata de uma **cognição imediata.**

B) Requisição do juiz ou do MP – o delegado age provocado pelo juiz ou pelo MP – **a peça inaugural pode ser a própria requisição, ou** pode ser uma **portaria**, é uma **cognição mediata**.

▷ **Cuidado!**

É importante saber essa forma de início do inquérito para os casos de HC. Autoridade coatora. Perceba que nela a autoridade coatora não será o Delegado, mas sim o juiz ou promotor que requisitou a instauração do IP.

C) Requerimento da vítima ou do seu representante legal – art. 5º, II, CPP

A peça inaugural pode ser a **petição da vítima**, ou o delegado inaugura por portaria, trata-se de uma **cognição mediata.**

D) Flagrante – pode ser instaurado mediante prisão em flagrante.

A peça inaugural é o auto de prisão em flagrante, trata-se de uma cognição coercitiva.

E) Notícia formulada por qualquer do povo – A notícia pode ser anônima ou apócrifa?

Notícia anônima pode fundamentar a instauração de IP, **desde que se apure preliminarmente a viabilidade da notícia, investigue antes, realize rápida diligência para verificar a veracidade** da notícia, se procedente, elabora-se portaria e instaura-se o IP.

2 – Crimes de ação penal pública condicionada

Art. 5º, § 4º, CPP. *O inquérito, nos crimes em que a ação pública depender de representação [Ação Penal Pública Condicionada], não poderá sem ela ser iniciado.*

3 – Crimes de ação penal de iniciativa privada

Art. 5º, § 5º, CPP. Nos crimes de ação privada, a autoridade policial somente poderá proceder a inquérito a requerimento de quem tenha qualidade para intentá-la.

3.6. Características do inquérito policial

1) **Instrumental:** o IP tem por finalidade apurar a materialidade da infração penal e indícios da autoria. Ele não é um fim em si mesmo, mas um instrumento para a instauração da futura ação penal.

2) **Obrigatório:** havendo justa causa, o delegado não pode deixar de instaurar o procedimento investigatório, a autoridade não pode deixar de instaurar.

E no caso de ser requerida a instauração e o Delegado indeferir? Aplica-se o artigo abaixo:

Art. 5º, § 2º, CPP. Nos crimes de ação pública o inquérito policial será iniciado: [...]

§ 2º Do despacho que indeferir o requerimento de abertura de inquérito caberá **recurso para o chefe de Polícia**.

3) **Discricionário** – os atos de investigação são da análise exclusiva da autoridade policial, que estudará sua conveniência e oportunidade; a discricionariedade diz respeito às diligências.

▷ **Cuidado!** No caso de o crime deixar vestígios (não transeunte), o exame de corpo de delito (art. 158 do CPP) será obrigatório.

Art. 14. O ofendido, ou seu representante legal, e o indiciado poderão requerer qualquer diligência, que **será realizada, ou não,** a juízo da autoridade.

4) **Dispensável** – se o titular da ação penal tiver provas da materialidade e indícios da autoria por outro meio, o IP é dispensável.

Art. 39. [...] § 5º O órgão do Ministério Público **dispensará o inquérito,** se com a representação forem oferecidos elementos que o habilitem a promover a ação penal, e, neste caso, oferecerá a denúncia no prazo **de 15 dias.**

5) **Informativo** – os elementos colhidos no IP servirão apenas para subsidiar a ação penal;

Art. 155. O juiz formará sua convicção pela livre apreciação da **prova produzida em contraditório**

judicial, não podendo fundamentar sua decisão exclusivamente nos elementos informativos colhidos na investigação, ressalvadas as provas cautelares, não repetíveis e antecipadas.

6) **Escrito**

Art. 9º Todas as peças do inquérito policial serão, num só processado, reduzidas a escrito ou datilografadas e, neste caso, rubricadas pela autoridade.

7) **Sigiloso**

Art. 20. A autoridade assegurará no inquérito o sigilo necessário à elucidação do fato ou exigido pelo interesse da sociedade.

Porém ele não é sigiloso para:

- **o juiz;**
- **o MP** – pode acompanhar o inquérito e ser o mesmo promotor na ação penal – Súmula nº 234, STJ.

Súmula nº 234 – A participação de membro do ministério público na fase investigatória criminal não acarreta o seu impedimento ou suspeição para o oferecimento da denúncia.

- **o advogado** – art. 7º, XIV, do EOAB e Súmula Vinculante nº 14.

Art. 7, XXI (EAOB) – assistir a seus clientes investigados durante a apuração de infrações, sob pena de nulidade absoluta do respectivo interrogatório ou depoimento e, subsequentemente, de todos os elementos investigatórios e probatórios dele decorrentes ou derivados, direta ou indiretamente, podendo, inclusive, no curso da respectiva apuração:

a) apresentar razões e quesitos; (perguntas...)

Art. 7, XIV, da Lei 8.906/1994 (EOAB) – examinar, em qualquer instituição responsável por conduzir investigação, mesmo sem procuração, autos de flagrante e de investigações de qualquer natureza, findos ou em andamento, ainda que conclusos à autoridade, podendo copiar peças e tomar apontamentos, em meio físico ou digital;

Súmula Vinculante nº 14 – É direito do defensor, no interesse do representado, ter acesso amplo aos elementos de prova que, já documentados em procedimento investigatório realizado por órgão com competência de polícia judiciária, digam respeito ao exercício do direito de defesa.

8) **Inquisitivo – não havendo acusado**, mas somente **suspeito**, não se aplica ao IP o contraditório.

▷ **Atenção!** Segundo a doutrina, o contraditório fica postergado (diferido) para ser usado durante a ação penal.

9) **Indisponível** – art. 17 do CPP.

Art. 17. *A autoridade policial não* **poderá mandar arquivar** *autos de inquérito.*

10) **Temporário** – é uma garantia constitucional, art. 5º, LXXVIII, CF – duração razoável do processo.

3.7. Prazo do IP

3.7.1. Regra geral

Art. 10 do CPP. *O inquérito deverá terminar no prazo de 10 dias, se o indiciado tiver sido preso em flagrante, ou estiver preso preventivamente, contado o prazo, nesta hipótese, a partir do dia em que se executar a ordem de prisão, ou no prazo de 30 dias, quando estiver solto, mediante fiança ou sem ela.*

§ 1º A autoridade fará minucioso relatório do que tiver sido apurado e enviará autos ao juiz competente.

§ 2º No relatório poderá a autoridade indicar testemunhas que não tiverem sido inquiridas, mencionando o lugar onde possam ser encontradas.

§ 3º Quando o fato for de difícil elucidação, e o indiciado estiver solto, a autoridade poderá requerer ao juiz a devolução dos autos, para ulteriores diligências, que serão realizadas no prazo marcado pelo juiz.

Anota aí:

- Indiciado **preso – 10 dias. Improrrogável**
- Indiciado **solto – 30 dias. Prorrogável**

3.7.2. Prazos especiais

Lei nº 5.010/1966 – prazo de conclusão do IP na **Justiça Federal** – art. 66: **Indiciado preso – 15 dias**, prorrogado por mais 15 dias;

Segundo o art. 66, o preso deverá ser apresentado ao juiz para a prorrogação: **Indiciado solto – 30 dias**, prorrogáveis a critério do juiz – segue o CPP.

Lei nº 11.343/2006 – Lei de Drogas

- Indiciado preso – 30 dias, prorrogável por mais 30 dias.
- Indiciado solto – 90 dias, prorrogável por mais 90 dias.

3.8. Vícios no inquérito policial

Não sendo o inquérito policial um ato do Poder Judiciário, mas sim um procedimento administrativo, **os vícios que existam nesta fase da persecução penal não acarretam nulidade processual.**

▷ Cuidado! **A irregularidade poderá, entretanto, acarretar a invalidade de um ato. É o que ocorre com a prisão em flagrante irregular etc.**

3.9. Indiciamento

É o ato pelo qual o delegado atribui a alguém a prática de uma infração penal, baseado em indícios da autoria e prova da materialidade.

Pergunta: seria possível o indiciamento determinado por um juiz ou promotor?

O SFT já respondeu e disse que **não.**

STF. 2ª T. – HC nº 115015/SP – rel. Min. Teori Zavascki – j. em 27-8-2013 (Info 717 do STF).

O indiciamento é ato privativo da autoridade policial, segundo sua análise técnico-jurídica do fato. O juiz não pode determinar que o Delegado de Polícia faça o indiciamento de alguém.

3.10. Encerramento do inquérito policial

- **Previsão legal**

> **Art. 10.** *do CPP. [...] § 1 A autoridade fará minucioso relatório do que tiver sido apurado e* **enviará autos ao juiz competente**.
>
> *§ 2 No relatório poderá a autoridade indicar testemunhas que não tiverem sido inquiridas, mencionando o lugar onde possam ser encontradas. [...]*
>
> *Art. 19. Nos crimes em que não couber ação pública, os autos do inquérito serão remetidos ao juízo competente,* **onde aguardarão a iniciativa do ofendido ou de seu representante legal, ou serão entregues ao requerente, se o pedir, mediante traslado.**

- **Procedimentos no encerramento**

Novo art. 28 do CPP e a suspensão pelo STF:

> **Art. 28.** *Ordenado o arquivamento do inquérito policial ou de quaisquer elementos informativos da mesma natureza,* **o órgão do Ministério Público comunicará à vítima***, ao investigado e à autoridade policial e encaminhará os autos para a instância de revisão ministerial para fins de homologação, na forma da lei. (Redação dada pela Lei nº 13.964, de 2019)*
>
> *§ 1º Se a vítima, ou seu representante legal, não concordar com o arquivamento do inquérito policial, poderá,* **no prazo de 30 (trinta) dias do recebimento da comunicação***, submeter a matéria à revisão da instância competente do órgão ministerial, conforme dispuser a respectiva lei orgânica. (Incluído pela Lei nº 13.964, de 2019)*
>
> *§ 2º Nas ações penais relativas a crimes praticados em detrimento da União, Estados e Municípios, a revisão do arquivamento do inquérito policial poderá ser* **provocada pela chefia do órgão** *a quem couber a sua representação judicial. (Incluído pela Lei nº 13.964, de 2019)*

▷ **Importante!** O STF (Min. Luiz Fux) suspendeu o trecho que modificou o art. 28 do CPP e estabeleceu regras para o arquivamento de inquéritos policiais. Com a norma, o Ministério Público (MP) deveria comunicar à vítima, ao investigado e à polícia no caso de arquivamento do inquérito, além de encaminhar os "autos para a instância de revisão ministerial para fins de homologação, na forma da lei". Para Fux, a medida desconsiderou os impactos financeiros no âmbito do MP em todo o país. Assim, continuamos utilizando, enquanto a decisão do STF não for revisada, a sistemática do revogado art. 28, abaixo transcrito:

> *Com a suspensão do art. 28 do CPP, em face da decisão acima apresentada, o arquivamento na prática continua a ser realizado mediante requerimento (promoção) do MP e por decisão judicial.*

Assim:

Se o órgão do Ministério Público, em vez de apresentar a denúncia, requerer o arquivamento do inquérito policial ou de quaisquer peças de informação, o juiz, no caso de considerar improcedentes as razões invocadas, fará remessa do inquérito ou peças de informação ao procurador-geral, e este oferecerá a denúncia, designará outro órgão do Ministério Público para oferecê-la, ou insistirá no pedido de arquivamento, ao qual só então estará o juiz obrigado a atender.

▷ **Cuidado com a alteração legislativa:**

> **Art. 14-A.** *Nos casos em que servidores vinculados às instituições dispostas no art. 144 da Constituição Federal figurarem como investigados em inquéritos policiais, inquéritos policiais militares e demais procedimentos extrajudiciais, cujo objeto for a investigação de fatos relacionados ao uso da força letal praticados no exercício profissional, de forma consumada ou tentada, incluindo as situações dispostas no art. 23 do Decreto-Lei nº 2.848, de 7 de dezembro de 1940 (Código Penal), o indiciado poderá constituir defensor. (Incluído pela Lei nº 13.964, de 2019)*
>
> *§ 1º Para os casos previstos no caput deste artigo,* **o investigado deverá ser citado da instauração do procedimento investigatório***, podendo constituir defensor no prazo de até 48 (quarenta e oito) horas a contar do recebimento da citação. (Incluído pela Lei nº 13.964, de 2019)*
>
> *§ 2º Esgotado o prazo disposto no § 1º deste artigo com ausência de nomeação de defensor pelo investigado, a autoridade responsável pela investigação* **deverá intimar a instituição a que estava vinculado o investigado** *à época da ocorrência dos fatos, para que essa, no prazo de 48 (quarenta e oito) horas, indique defensor para a representação do investigado. (Incluído pela Lei nº 13.964, de 2019)*

§ 3º Havendo necessidade de indicação de defensor nos termos do § 2º deste artigo, a defesa caberá preferencialmente à Defensoria Pública, e, nos locais em que ela não estiver instalada, a União ou a Unidade da Federação correspondente à respectiva competência territorial do procedimento instaurado deverá disponibilizar profissional para acompanhamento e realização de todos os atos relacionados à defesa administrativa do investigado. (Incluído pela Lei nº 13.964, de 2019)

§ 4º A indicação do profissional a que se refere o § 3º deste artigo deverá ser precedida de manifestação de que não existe defensor público lotado na área territorial onde tramita o inquérito e com atribuição para nele atuar, hipótese em que poderá ser indicado profissional que não integre os quadros próprios da Administração. (Incluído pela Lei nº 13.964, de 2019)

§ 5º Na hipótese de não atuação da Defensoria Pública, os custos com o patrocínio dos interesses dos investigados nos procedimentos de que trata este artigo correrão por conta do orçamento próprio da instituição a que este esteja vinculado à época da ocorrência dos fatos investigados. (Incluído pela Lei nº 13.964, de 2019)

§ 6º As disposições constantes deste artigo se aplicam aos servidores militares vinculados às instituições dispostas no art. 142 da Constituição Federal, desde que os fatos investigados digam respeito a missões para a Garantia da Lei e da Ordem. (Incluído pela Lei nº 13.964, de 2019)

4. ACORDO DE NÃO PERSECUÇÃO PENAL (ANPP)

Recentemente incluído no art. 28-A do CPP, vem a reforçar o objetivo de o Estado Brasileiro de cada vez mais aderir ao Direito Penal negocial.

Condições para sua implementação.

Conforme o art. 28-A do CPP, para que o ANPP venha a ser possível, devem ser verificadas, cumulativamente, as exigências abaixo:

a) não sendo caso de arquivamento;
b) o investigado confessado formal e circunstancialmente a prática;
c) a infração penal ter sido praticada sem violência ou grave ameaça;
d) pena mínima inferior a quatro anos.

No caso de ter sido proposto o acordo, as seguintes condições alternativamente ou cumulativamente devem ser observadas:

1) Reparar o dano ou restituir a coisa à vítima, exceto na impossibilidade de fazê-lo.
2) Renunciar voluntariamente a bens e direitos indicados pelo Ministério Público como instrumentos, produto ou proveito do crime.
3) Prestar serviço à comunidade ou a entidades públicas por período correspondente à pena mínima cominada ao delito diminuída de um a dois terços, em local a ser indicado pelo juízo da execução.
4) Pagar prestação pecuniária, a ser estipulada nos termos do art. 45 do Decreto-Lei nº 2.848, de 7 de dezembro de 1940 (Código Penal), a entidade pública ou de interesse social, a ser indicada pelo juízo da execução, que tenha, preferencialmente, como função proteger bens jurídicos iguais ou semelhantes aos aparentemente lesados pelo delito.

Além das condições anteriormente apresentadas, **outra poderá será indicada pelo MP,** desde que proporcional e compatível com a infração penal imputada.

Embora as condições acima estejam preenchidas, **a lei processual vedou, expressamente, o ANPP em algumas situações, são elas**:

a) Se for cabível transação penal de competência dos Juizados Especiais Criminais, pois ela é melhor para o investigado e terá preferência, impedindo a realização do ANPP.
b) se o investigado for reincidente ou se houver elementos probatórios que indiquem conduta criminal habitual, reiterada ou profissional, exceto se insignificantes as infrações penais pretéritas. Quanto a ser reincidente, não há dificuldade na compreensão, mas, quanto a ser a conduta do agente insignificante, a doutrina critica essa expressão. Porém, para fins de prova, a mesma deve ser observada.
c) ter sido o agente beneficiado nos cinco anos anteriores ao cometimento da infração, em acordo de não persecução penal, transação penal ou suspensão condicional do processo.
d) nos crimes praticados no âmbito de violência doméstica ou familiar, ou praticados contra a mulher por razões da condição de sexo feminino, em favor do agressor.

No tocante à **formalização do acordo**, necessário mencionar que o juiz dele não participa, sob pena de nulidade. Sua participação será apenas na homologação. Assim, tal negociação deve ser feita entre o Ministério Público, o investigado e seu Advogado. Importante, também, mencionar aqui que a falta da defesa técnica (Advogado) conduz à nulidade do acordo.

A mencionada homologação do acordo será, necessariamente, feita em uma audiência. Nela o Magistrado verificará a voluntariedade do investigado – que necessariamente deverá estar presente – e observará a legalidade do acordo.

No caso de **o juiz se negar a homologar o acordo**, é possível a interposição de recurso em sentido estrito (RESE), na forma do previsto no art. 581, XXV, do CPP.

Uma vez homologado judicialmente o acordo, este será devolvido ao Ministério Público para que o execute no juízo das Execuções.

Importante mencionar que o legislador pensou na vítima, pois determinou que o acordo, uma vez homologado ou descumprido, deverá a vítima ser comunicada.

No caso de descumprimento do acordo, o MP deverá comunicar o juízo competente e posteriormente oferecer a denúncia. Neste caso o MP poderá deixar de oferecer a suspensão condicional do processo prevista na Lei do Juizado Especial Criminal.

Uma vez cumprido integralmente o acordo de não persecução penal, o juízo competente decretará a extinção de punibilidade.

Por derradeiro, importante não esquecer que celebração e cumprimento do acordo de não persecução penal não constarão de certidão de antecedentes criminais, salvo para que o mesmo não seja ofertado novamente no prazo de cinco anos.

Por ser um assunto novo, a jurisprudência sobre esse instituto ainda é pouca. Todavia, para fins de prova, a colacionada abaixo deverá ser observada:

> EMENTA: Direito penal e processual penal. Agravo regimental em *habeas corpus*. Acordo de não persecução penal (art. 28-A do CPP). Retroatividade até o recebimento da denúncia. 1. A Lei nº 13.964/2019, no ponto em que institui o acordo de não persecução penal (ANPP), é considerada lei penal de natureza híbrida, admitindo conformação entre a retroatividade penal benéfica e o tempus regit actum. 2. O ANPP se esgota na etapa pré-processual, sobretudo porque a consequência da sua recusa, sua não homologação ou seu descumprimento é inaugurar a fase de oferecimento e de recebimento da denúncia. 3. O recebimento da denúncia encerra a etapa pré-processual, devendo ser considerados válidos os atos praticados em conformidade com a lei então vigente. Dessa forma, a retroatividade penal benéfica incide para permitir que o ANPP seja viabilizado a fatos anteriores à Lei nº 13.964/2019, desde que não recebida a denúncia. 4. Na hipótese concreta, ao tempo da entrada em vigor da Lei nº 13.964/2019, havia sentença penal condenatória e sua confirmação em sede recursal, o que inviabiliza restaurar fase da persecução penal já encerrada para admitir-se o ANPP. 5. Agravo regimental a que se nega provimento com a fixação da seguinte tese: "o acordo de não persecução penal (ANPP) aplica-se a fatos ocorridos antes da Lei nº 13.964/2019, desde que não recebida a denúncia. (HC nº 191464 AgR – rel. Roberto Barroso – 1ª T. – j. 11-11-2020 – Processo Eletrônico *DJe*-280 – Divulg 25-11-2020 – Public 26-11-2020)

▷ **Em resumo:** o acordo de não persecução penal (ANPP) aplica-se a fatos ocorridos antes da Lei nº 13.964/2019, desde que não recebida a denúncia.

5. AÇÃO PENAL

É o direito **subjetivo** de pedir ao Estado-Juiz, titular exclusivo do *ius puniendi* (direito de punir), a aplicação do direito penal objetivo a um caso concreto.

5.1. Condições da ação penal

São requisitos que irão subordinar o exercício do direito de ação.

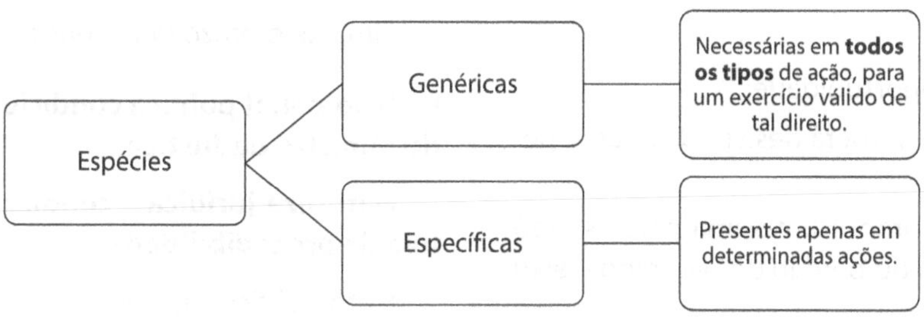

- **Condições genéricas**

1) Possibilidade jurídica do pedido – pedido na ação de estar previsto no ordenamento – **tipicidade;**
2) Legitimidade para agir – **possibilidade de ocupar o polo passivo e ativo da ação;**
3) Interesse em agir (necessidade, **utilidade**, adequação);
4) Justa causa.

- **Exemplos de condições específicas:**

Representação do ofendido (art. 88 da Lei do JECRIM – Lei nº 9.099/1995).

Requisição do Ministro da Justiça (art. 145 do CP).

5.2. Classificação da ação penal

No **processo civil** a classificação das ações leva em conta o **provimento jurisdicional** invocado (ação de conhecimento, ação cautelar, ação de execução).

No **processo penal,** a classificação se dá não pelo provimento, mas sim pela **titularidade do sujeito ativo.**

- **Ação Penal Pública:**

1. Incondicionada

2. Condicionada

2.1. Representação

2.2. Requisição

- **Ação Penal Privada:**

1. Personalíssima

2. Exclusiva

3. Subsidiária da Pública

Regra Geral: art. 100, Código Penal – A Ação penal será pública, salvo quando a lei expressamente a declara privativa do ofendido.

5.3. Principios da ação penal

- **Pública:**

- Obrigatoriedade;
- Indisponibilidade;
- Oficialidade – o órgão ministerial é uma instituição Oficial – pertencente ao Estado.

- **Privada:**

- Conveniência e oportunidade;
- Disponibilidade – poderá desistir da Ação – perdão ou perempção;
- Indivisibilidade – importantíssima para as hipóteses de renúncia ou perdão do ofendido – estudaremos a seguir.

5.4. Ação penal pública

- **Ação penal pública – titular é o MP – art. 129, I, CF.**

> **Art. 129, CF/1988.** São funções institucionais do Ministério Público:
>
> I – Promover, privativamente, a ação penal pública, na forma da lei;

Pode ser classificada como:

a) Ação penal pública **incondicionada**

b) Ação penal pública **condicionada**

- **Ação penal pública incondicionada**

Regra no Direito Penal

Titular – MP

Não está adstrita ao preenchimento de qualquer condição específica. Bastam as genéricas.

- **Ação penal pública condicionada: a representação do ofendido.**

Quanto à representação (condição específica da ação penal) não podemos esquecer:

Manifestação de que tem interesse na persecução penal do agente.

Natureza jurídica – **condição objetiva de procedibilidade.**

Não há formalismo.

Não vincula o Ministério Público.

Prazo: decadencial de seis meses. Leia o artigo abaixo:

> **Art. 38 do CPP.** Salvo disposição em contrário, o ofendido, ou seu representante legal, **decairá no direito de queixa ou de representação**, se não o exercer dentro do prazo de **seis meses**, contado do dia em que vier a saber quem é o autor do crime, ou, no caso do art. 29, do dia em que se esgotar o prazo para o oferecimento da denúncia.

Retratação da retratação da representação (aqui a vítima autorizou, depois desautorizou (voltou atrás) e agora deseja autorizar a persecução penal novamente. Possível?

Sim, até o prazo decadencial de seis meses.

- **Ação penal pública condicionada a requisição do Ministro da Justiça**

Natureza jurídica – **condição específica objetiva de procedibilidade.**

É ato político. Não vincula o Ministério Público a oferecer a denúncia.

Prazo – não tem prazo decadencial, porém, **o delito está sujeito ao prazo prescricional.**

Hipóteses:

a) Crime cometido por estrangeiro contra brasileiro, fora do país (art. 7º, § 3º, b, do CP).

b) Crimes contra a honra praticados contra o PR (art. 141, c/c art. 145 do parágrafo único).

▷ **Muita atenção!**

Art. 24, § 2º do CPP. Seja qual for o crime, quando praticado em detrimento do patrimônio ou interesse da União, Estado e Município, a ação **penal será pública.**

5.5. Ação penal privada

- **Classificação:**

Ação penal privada: em alguns casos, o crime **atenta a um interesse particular da pessoa que o Estado deixa a seu cargo o início da ação penal.** A legitimidade é do ofendido ou do representante legal.

- **Espécies:**

a) **Ação penal privada personalíssima** – **não** há sucessão processual, ou seja, morrendo o ofendido, estará extinta a punibilidade. Temos apenas um caso em nosso ordenamento jurídico (art. 236 do CP)

> **Induzimento a erro essencial e ocultação de impedimento**
>
> **Art. 236.** Contrair casamento, induzindo em erro essencial o outro contraente, ou ocultando-lhe impedimento que não seja casamento anterior:
>
> Pena – detenção, de seis meses a dois anos.
>
> **Parágrafo único.** A ação penal **depende de queixa do contraente enganado** (somente ele pode ingressar com a queixa) e não pode ser intentada senão depois de transitar em julgado a sentença que, por motivo de erro ou impedimento, anule o casamento.

b) **Ação penal privada exclusivamente privada** – há sucessão processual, se o autor morrer, o direito de ingressar com a queixa é transmitida aos sucessores. Art. 31 do CPP – CADI (cônjuge, ascendente, descendente ou irmão).

c) **Ação penal privada subsidiária da pública** – só é cabível diante da **inércia** do MP, ou seja, se o MP não fizer nada pode se entrar com a queixa subsidiária.

▷ **Observações:** É possível quando houver inércia do MP

- Trata-se de um Direito fundamental, pois previsto no art. 5º da CF/88.

Prazo para oferecer a denúncia (CPP) – que deve ser cumprido pelo MP (sob pena de autorizar a ação penal privada subsidiária):

- Réu preso: cinco dias.
- Réu solto: quinze dias.

> Art. 46. O prazo para **oferecimento** da denúncia, estando o réu preso, será de 5 dias, contado da data em que o órgão do Ministério Público receber os autos do inquérito policial, e de 15 dias, se o réu estiver solto ou afiançado. No último caso, se houver devolução do inquérito à autoridade policial (art. 16), contar-se-á o prazo da data em que o órgão do Ministério Público receber novamente os autos.

Poderes do Ministério Público: a ação penal privada subsidiária da pública continua a ter natureza jurídica de ação pública (veja o art. 29 do CPP abaixo):

> **Art. 29. do CPP.** Será admitida ação privada nos crimes de ação pública, se esta não for intentada no prazo legal, cabendo ao Ministério Público aditar a queixa, repudiá-la e oferecer denúncia substitutiva, intervir em todos os termos do processo, fornecer elementos de prova, interpor recurso e, a todo tempo, no caso de negligência do querelante, retomar a ação como parte principal.

- **Ação penal – peças acusatórias**
  - Ação Penal Pública: **denúncia (capacidade postulatório do Promotor).**
  - Ação Penal Privada: **queixa-crime (capacidade postulatória do Advogado).**

- **Institutos previstos apenas para a ação penal privada.**

Aqui veremos a importância do princípio da indivisibilidade da ação penal privada.

▷ **Atenção!** Esses institutos não se aplicam à ação penal privada subsidiária da pública, pois nela – segundo o art. 29 do CPP – o MP poderá reassumir a titularidade do MP.

1 – Renúncia

É um ato unilateral (não depende do outro) do ofendido ou do seu representante legal renunciando ao direito de promover a ação penal privada, com a consequente extinção da punibilidade (art. 107, V, do CP).

Só é cabível antes do início do processo.

Renúncia concedida a um dos coautores se estende aos demais – em virtude do princípio da indivisibilidade.

> **Art. 49 do CPP.** A renúncia ao exercício do direito de queixa, em relação a um dos autores do crime, a todos se estenderá.

Pode ser:

PROCESSO PENAL

Renúncia expressa: é aquela feita por declaração inequívoca.

> **Art. 50. do CPP.** A renúncia expressa constará de declaração assinada pelo ofendido, por seu representante legal ou procurador com poderes especiais.
>
> **Parágrafo único.** A renúncia do representante legal do menor que houver completado 18 (dezoito) anos não privará este do direito de queixa, nem a renúncia do último excluirá o direito do primeiro.

Renúncia tácita: ocorre diante da **prática de ato incompatível** com a vontade de processar.

O fato de o ofendido receber indenização pelo dano causado pelo crime não implica renúncia expressa ou tácita do direito de queixa.

> **Art. 104 do CP.** O direito de queixa não pode ser exercido quando renunciado expressa ou tacitamente.
>
> **Parágrafo único.** Importa renúncia tácita ao direito de queixa a prática de ato **incompatível com a vontade de exercê-lo.**

2 – Perdão – ação penal privada

Conceito: é o ato pelo qual o ofendido ou seu representante legal desiste de **prosseguir com o andamento do processo já em curso**, perdoando seu ofensor com a consequente extinção da punibilidade, **o querelante deve aceitar, pois é bilateral.**

O perdão só é cabível **após o início do processo e até o trânsito em julgado de sentença penal condenatória.**

Coautores: perdão concedido a **um dos coautores**, estende-se aos demais (indivisibilidade), mas uns poderão aceitar e outros não.

> **Art. 51 do CPP.** O perdão concedido a um dos querelados aproveitará a todos, sem que produza, todavia, efeito em relação ao que o recusar.
>
> (...)
>
> **Art. 55 do CPP.** O perdão poderá ser aceito por procurador com **poderes especiais**.

Perdão poderá ser:

Processual: quando concedido dentro do processo. Neste caso, a aceitação poderá ser expressa ou tácita. Será tácita quando não houver manifestação após três dias da intimação (deve constar do mandado de intimação) **art. 58, CPP.**

Extraprocessual: neste caso, a aceitação também poderá ser expressa ou tácita. A expressa, conforme o art. 59, deverá ser feita por declaração assinada pelo querelado ou por seu representante legal (com poderes especiais), já na aceitação **tácita ocorrerá quando praticar ato incompatível com a intenção de prosseguir com o processo.**

Não confunda com perdão judicial! O perdão judicial é oferecido pelo juiz; o perdão do ofendido é concedido pelo ofendido; o perdão judicial é previsto na lei.

> **Art. 121, § 5º, do CP.** Na hipótese de homicídio culposo, o juiz poderá deixar de aplicar a pena, se as consequências da infração atingirem o próprio agente de forma tão grave que a sanção penal se torne desnecessária.

- **Perdão e renúncia – naturezas jurídicas**

A **renúncia** e o **perdão** são institutos que geram a extinção da punibilidade, tudo na forma do art. 107 do CP.

> **Extinção da punibilidade**
>
> **Art. 107 do CP** - Extingue-se a punibilidade:
>
> I - pela morte do agente;
>
> II - pela anistia, graça ou indulto;
>
> III - pela retroatividade de lei que não mais considera o fato como criminoso;
>
> IV - pela prescrição, decadência ou perempção;
>
> V - pela renúncia do direito de queixa ou pelo perdão aceito, nos crimes de ação privada;
>
> VI - pela retratação do agente, nos casos em que a lei a admite;
>
> (...)
>
> IX - pelo perdão judicial, nos casos previstos em lei.

3 – Perempção

Conforme art. 107 do CP, a perempção, na forma do artigo abaixo, é causa extintiva da punibilidade.

> **Art. 60 do CPP.** Nos casos em que somente se procede mediante queixa, considerar-se-á perempta a ação penal:
>
> I – quando, iniciada esta, o querelante deixar de promover o andamento do processo durante 30 dias seguidos;
>
> II – quando, falecendo o querelante, ou sobrevindo sua incapacidade, não comparecer em juízo, para prosseguir no processo, dentro do prazo de 60 (sessenta) dias, qualquer das pessoas a quem couber fazê-lo, ressalvado o disposto no art. 36;
>
> III – quando o querelante deixar de comparecer, sem motivo justificado, a qualquer ato do processo a que deva estar presente, ou deixar de formular o pedido de condenação nas alegações finais;
>
> IV – quando, sendo o querelante pessoa jurídica, esta se extinguir sem deixar sucessor.

Ação civil – ***ex delicto***

É aquela ação oriunda de uma condenação em processo penal no qual o autor busca uma indenização em face do dano sofrido pelo crime do qual foi vítima, pois conforme art. 91 do CP um dos efeitos da sentença penal condenatória é tornar certa a obrigação de indenizar o dano causado pelo crime.

- **Artigos fundamentais:**

> **Art. 63.** Transitada em julgado a sentença condenatória, poderão promover-lhe a execução, no juízo cível, **para o efeito da reparação do dano**, o ofendido, seu representante legal ou seus herdeiros.
>
> **Parágrafo único.** Transitada em julgado a sentença condenatória, a execução poderá ser efetuada pelo valor fixado nos termos do inciso IV do *caput* do art. 387 deste Código sem prejuízo da liquidação para a apuração do dano efetivamente sofrido. *(Incluído pela Lei nº 11.719, de 2008).*
>
> **Art. 64.** Sem prejuízo do disposto no artigo anterior, a ação para ressarcimento do dano poderá ser **proposta no juízo cível**, contra o autor do crime e, se for caso, contra o responsável civil.
>
> **Parágrafo único.** Intentada a ação penal, o juiz da ação civil poderá suspender o curso desta, até o julgamento definitivo daquela.
>
> **Art. 65.** Faz coisa julgada no cível a sentença penal que reconhecer ter sido o ato **praticado em estado de necessidade, em legítima defesa, em estrito cumprimento de dever legal ou no exercício regular de direito.**
>
> **Art. 66.** Não obstante a **sentença absolutória** no juízo criminal, a ação civil poderá ser proposta quando **não tiver sido**, categoricamente, **reconhecida a inexistência** material do fato.
>
> **Art. 67.** Não impedirão igualmente a propositura da ação civil:
>
> I - o despacho de **arquivamento** do inquérito ou das peças de informação;
>
> II - a decisão que julgar **extinta a punibilidade**;
>
> III - a sentença absolutória que decidir que o fato imputado **não constitui crime**.
>
> **Art. 68.** Quando o titular do direito à reparação do dano for pobre (art. 32, §§ 1º e 2º), a execução da sentença condenatória (art. 63) ou a ação civil (art. 64) será promovida, a seu requerimento, pelo Ministério Público.

6. COMPETÊNCIA E JURISDIÇÃO

6.1. Conceitos

Poder atribuído com exclusividade ao Judiciário para decidir um determinado litígio segundo as regras legais existentes.

É o poder das autoridades judiciárias regularmente investidas no cargo de **dizer o direito** no caso concreto.

6.2. Jurisdição x competência

Não se pode confundir a jurisdição com a competência, sendo que esta é uma limitação daquela. Competência **seria a parte da jurisdição** que cada órgão jurisdicional pode legalmente exercer.

6.3. Características da jurisdição

Substitutividade: a jurisdição é a atividade desenvolvida pelo órgão judicial em substituição as partes.

Inércia: Não há, como regra, prestação jurisdicional de ofício. O Poder Judiciário dever ser provocado.

Exceção: Concessão de HC de ofício.

Coisa julgada: impossibilidade de decisão judicial ser revista por órgão estranho ao Poder Judiciário.

6.4. Princípio do juiz natural

Quando se busca fixar de maneira correta a competência, temos por objetivo respeitar o princípio do juiz natural (princípio de assento constitucional).

> **Art. 5º da CF.** [...] XXXVII – não haverá juízo ou tribunal de exceção;
>
> LIII – ninguém será processado nem sentenciado senão pela autoridade competente.

Aplicação **imediata** de lei que altera competência:

Tenha cuidado com a lei processual penal no tempo, pois, segundo o art. 2º do CPP, ela é aplicada imediatamente (ainda que o processo esteja tramitando). Neste caso, o juiz que deixou de ser competente encaminha os autos ao que passou a ser.

6.5. Lei processual que altera as regras de competência

> **Art. 2º.** A lei processual penal aplicar-se-á desde logo, sem prejuízo da validade dos atos realizados sob a vigência da lei anterior.

6.6. Competências

Guia de fixação de competência: Aqui temos "perguntas" que devem ser respondidas para fixarmos corretamente a competência.

- **Competência originária** – o acusado tem foro por prerrogativa de função?
- **Competência de jurisdição** – qual é a justiça competente?
- **Competência territorial** – qual a comarca competente?
- **Competência de juízo** – qual a vara competente?
- **Competência interna** – qual o juiz competente?

- **Competência recursal** – para onde vai o recurso?

Agora você fará uma leitura com bastante atenção.

A fixação da competência por prerrogativa da função é aquela que deriva da relevante função pública exercida pelo autor da infração. Como regra, ela está prevista na Constituição Federal. Ocorre que o STF vem cada vez mais restringindo sua aplicação, tudo em respeito ao princípio republicano. Segundo nossa Suprema Corte:

> As normas da Constituição de 1988 que estabelecem as hipóteses de foro por prerrogativa de função devem ser interpretadas restritivamente, **aplicando-se apenas** aos **crimes que tenham sido praticados durante o exercício do cargo** e **em razão dele**. Assim, por exemplo, se o crime foi praticado antes de o indivíduo ser diplomado como Deputado Federal, não se justifica a competência do STF, devendo ele ser julgado pela 1ª instância mesmo ocupando o cargo de parlamentar federal. Além disso, mesmo que o crime tenha sido cometido após a investidura no mandato, se o delito não apresentar relação direta com as funções exercidas, também não haverá foro privilegiado. Foi fixada, portanto, a seguinte tese: **O foro por prerrogativa de função aplica-se apenas aos crimes cometidos durante o exercício do cargo e relacionados às funções desempenhadas**. (STF. Plenário. AP nº 937 QO/RJ – rel. Min. Roberto Barroso – j. 03-05-2018 – Informativo nº 900 do STF).

▷ **Em resumo:** O foro por prerrogativa de função aplica-se apenas aos crimes cometidos durante o exercício do cargo e relacionados às funções desempenhadas.

Previsão legal para fixação da competência:

> **Art. 69.** Determinará a competência jurisdicional:
>
> I – o lugar da infração:
>
> II – o domicílio ou residência do réu;
>
> III – a natureza da infração;
>
> IV – a distribuição;
>
> V – a conexão ou continência;
>
> VI – a prevenção;
>
> VII – a prerrogativa de função.

▷ Muito cuidado com essa decisão judicial!

- **Crimes contra vida – teoria do esboço do resultado**

Em regra, o CPP acolhe a teoria do resultado, considerando como lugar do crime o local onde o delito se consumou (crime consumado) ou onde foi praticado o último ato de execução (no caso de crime tentado), nos termos do art. 70 do CPP. Excepcionalmente no caso de crimes contra a vida (dolosos ou culposos), se os atos de execução ocorreram em um lugar e a consumação se deu em outro, **a competência para julgar o fato será do local onde foi praticada a conduta (local da execução).** Adota-se a teoria da atividade. (STF – RHC nº 116200/RJ, rel. Min. Dias Toffoli, 1ª T., *Dje* 13.8.2013.)

A) Competência pelo lugar da infração

> **Art. 70.** A competência será, de regra, determinada pelo **lugar em que se consumar** a infração, ou, no caso de tentativa, pelo lugar em que for praticado o último ato de execução.
>
> § 1º Se, iniciada a execução no território nacional, a infração se consumar fora dele, a competência será determinada pelo lugar em que tiver sido praticado, no Brasil, o último ato de execução.
>
> § 2º Quando o último ato de execução for praticado fora do território nacional, será competente o juiz do lugar em que o crime, embora parcialmente, tenha produzido ou devia produzir seu resultado.
>
> § 3º Quando incerto o limite territorial entre duas ou mais jurisdições, ou quando incerta a jurisdição por ter sido a infração consumada ou tentada nas divisas de duas ou mais jurisdições, a competência firmar-se-á pela **prevenção (art. 83 do CPP abaixo transcrito)**.

- **Novidade legislativa abaixo**

Crime continuado ou permanente. Competência é fixada pela prevenção

> **Art. 71.** Tratando-se de infração continuada ou permanente, praticada em território de duas ou mais jurisdições, a competência firmar-se-á pela prevenção.

A regra no Processo Penal Brasileiro é a adoção da teoria do resultado, pois a competência será determinada pelo lugar da consumação do delito. Sendo este tentado, pelo lugar do último ato de execução.

Devemos dar muita atenção para os crimes permanentes, aqueles em que a consumação se prolonga no tempo, pois nestes casos a competência será firmada pela prevenção (art. 83 do CPP, abaixo transcrito).

Por derradeiro, não se pode esquecer da recente alteração legislativa do § 4º do art. 70, pois agora nos casos de estelionatos por meio de depósito, mediante emissão de cheques sem suficiente provisão de fundos em poder do sacado ou com o pagamento frustrado ou mediante transferência de valores, a competência será do local de residência da vítima. No caso de termos várias vítimas, mais uma vez, adota-se o critério da prevenção (art. 83 do CPP).

> **Art. 83.** Verificar-se-á a competência por prevenção toda vez que, concorrendo dois ou mais juízes

igualmente competentes ou com jurisdição cumulativa, um deles tiver antecedido aos outros na prática de algum ato do processo ou de medida a este relativa, ainda que anterior ao oferecimento da denúncia ou da queixa (arts. 70, § 3º, 71, 72, § 2º, e 78, II, c).

B) Competência pelo domicílio ou residência do réu

Este critério de fixação da competência é subsidiário, ou seja, será utilizado quando não conhecermos o local em que o crime foi praticado. No caso de a vítima possuir mais de uma residência, o critério será o da prevenção (art. 83 do CPP). No caso de não possuir residência fixa (a exemplo de um circense), a competência será o primeiro juiz que tiver conhecimento do fato.

> **Art. 72.** Não sendo conhecido o lugar da infração, a competência regular-se-á pelo domicílio ou residência do réu.
>
> § 1º Se o réu tiver mais de uma residência, a competência firmar-se-á pela prevenção.
>
> § 2º Se o réu não tiver residência certa ou for ignorado o seu paradeiro, será competente o juiz que primeiro tomar conhecimento do fato.

- **Foro de eleição em processo penal**

Nesta espécie de competência é possível que a vítima de um crime de ação privada (calúnia, difamação ou injúria, por exemplo) escolha onde irá propor a ação: se no seu domicílio ou no local em que o crime foi praticado.

> **Art. 73.** Nos casos de **exclusiva ação privada**, o querelante poderá preferir o foro de domicílio ou da residência do réu, ainda quando conhecido o lugar da infração.

- **Crimes dolosos contra a vida**

Segundo a Constituição Federal de 1988, os crimes dolosos contra a vida, previstos nos arts. 121 a 124 do CP, são de competência do Tribunal do Júri. Veja o dispositivo constitucional:

> **Art. 5º, XXXVIII da CF** – é reconhecida a instituição do júri, com a organização que lhe der a lei, assegurados:
>
> a) a plenitude de defesa;
>
> b) o sigilo das votações;
>
> c) a soberania dos veredictos;
>
> d) a competência para o julgamento dos crimes dolosos contra a vida.

6.7. Causas de modificação da competência

Agora que você já leu os dispositivos que determinam a fixação da competência, devemos atentar para as situações em que ela poderá ser **modificada**. É o que ocorre com os **casos de conexão e continência**.

a) Conexão:

> **Art. 76.** A competência será determinada pela **conexão**:
>
> I – se, ocorrendo duas ou mais infrações, houverem sido praticadas, ao mesmo tempo, por várias pessoas reunidas (simultaneidade), ou por várias pessoas em concurso, embora diverso o tempo e o lugar, ou por várias pessoas, umas contra as outras (reciprocidade);
>
> II – se, no mesmo caso, houverem sido umas praticadas para facilitar ou ocultar as outras, ou para conseguir impunidade ou vantagem em relação a qualquer delas; (lógica, objetiva e material)
>
> III – quando a prova de uma infração ou de qualquer de suas circunstâncias elementares influir na prova de outra infração. (instrumental ou probatória).

- **Conexão intersubjetiva por simultaneidade**

Diante da **primeira parte do art. 76 (conexão intersubjetiva por simultaneidade)**, há conexão se, ocorrendo duas ou mais infrações, "houverem sido praticadas, ao mesmo tempo, **por várias pessoas reunidas**" – não há liame subjetivo.

> **Exemplo:** diversos expectadores de um jogo de futebol, ocasionalmente reunidos, praticarem **depredações no estádio**.

- **Conexão intersubjetiva por concurso**

Pelo art. 76, I, **2ª parte**, há conexão se as infrações forem praticadas "por várias **pessoas em concurso**, embora **diverso o tempo e o lugar**". É a hipótese de concurso de pessoas em várias infrações.

> Exemplo: quadrilha que trafica entorpecentes em **vários pontos da cidade.**

- **Conexão intersubjetiva por reciprocidade**

Pelo art. 76, I, última parte, há conexão se os crimes forem praticados "por várias pessoas, **umas contra as outras**".

> Exemplo: agressões entre componentes de dois grupos de pessoas em um baile.

- **Conexão objetiva, lógica ou material: art. 76, II**

Nos termos do art. 76, II, a competência é determinada pela conexão se, no caso de várias infrações, *"houverem sido umas praticadas para facilitar ou ocultar as outras, ou para conseguir impunidade ou vantagem em relação a qualquer delas".*

- **Conexão instrumental ou probatória – art. 76, III**

Conforme o art. 76, III, *"quando a prova de uma infração ou de qualquer de suas circunstâncias elementares influir na prova de outra infração".*

b) Continência:

> **Art. 77.** A competência será determinada pela **continência** quando:
>
> I – duas ou mais pessoas forem acusadas pela mesma infração; (concurso de pessoas – cumulação subjetiva)
>
> II – no caso de infração cometida nas condições previstas nos arts. 51, § 1º, 53, segunda parte, e 54 do Código Penal.

- **Continência em razão do concurso de pessoas – Art. 77, I (cumulação subjetiva)**

Justifica-se a junção de processos contra diferentes réus, desde que eles tenham cometido o crime em **conluio**, com unidade de propósitos, **tornando único o fato** a ser apurado. Difere da conexão por concurso, porque nesta há vários agentes praticando vários fatos.

- **Continência em razão do concurso formal de crimes – Art. 77, II (cumulação objetiva)**

> ▷ **Observação:** A referência feita aos **arts. 51, § 1º, 53 segunda parte e 54 do CP** atualmente corresponde aos arts. 70, 73 e 74 do CP.

O art. **70** refere-se ao **concurso formal de crimes**, em que, com uma mesma conduta, o agente pratica dois ou mais crimes.

O art. **73, 2ª parte, refere-se ao erro de execução (*aberratio ictus*)**, em que, por acidente ou erro no uso dos meios de execução, o agente, além de atingir a pessoa que pretendia ofender, lesa outra.

O art. **74, 2ª parte**, refere-se ao **resultado diverso do pretendido** (*aberratio criminis*), em que fora da hipótese anterior, o agente, além do resultado pretendido, causa outro.

Em todos os casos, está-se diante de concurso formal, razão pela qual, na essência, o fato a ser apurado é um só, embora existam dois ou mais resultados.

Agora que você entendeu o que é conexão e continência**, devemos saber como resolver as situações apresentadas.** Para tanto, temos que seguir as regras trazidas pelo art. 78 do CPP.

> **Art. 78.** Na determinação da competência por conexão ou continência, serão observadas as seguintes regras:
>
> I – no concurso entre a competência do júri e a de outro órgão da jurisdição comum, prevalecerá a competência do júri;
>
> II – no concurso de jurisdições da mesma categoria:
>
> *a)* preponderará a do lugar da infração, à qual for cominada a pena mais grave;
>
> *b)* prevalecerá a do lugar em que houver ocorrido o maior número de infrações, se as respectivas penas forem de igual gravidade;
>
> *c)* firmar-se-á a competência pela prevenção, nos outros casos;
>
> III – no concurso de jurisdições de diversas categorias, predominará a de maior graduação;
>
> IV – no concurso entre a jurisdição comum e a especial, prevalecerá esta.
>
> **Art. 79.** A conexão e a continência importarão unidade de processo e julgamento, **salvo:**
>
> I – no concurso entre a jurisdição comum e a militar;
>
> II – no concurso entre a jurisdição comum e a do juízo de menores.
>
> § 1º Cessará, em qualquer caso, a unidade do processo, se, em relação a algum corréu, sobrevier o caso previsto no art. 152. (doença mental)
>
> § 2º A unidade do processo não importará a do julgamento, se houver corréu foragido que não possa ser julgado à revelia, ou ocorrer a hipótese do art. 461.
>
> **Art. 80.** Será facultativa a separação dos processos quando as infrações tiverem sido praticadas em circunstâncias de tempo ou de lugar diferentes, ou, quando pelo excessivo número de acusados e para não lhes prolongar a prisão provisória, ou por outro motivo relevante, o juiz reputar conveniente a separação.
>
> **Art. 81.** Verificada a reunião dos processos por conexão ou continência, ainda que no processo da sua competência própria venha o juiz ou tribunal a proferir sentença absolutória ou que desclassifique a infração para outra que não se inclua na sua competência, continuará competente em relação aos demais processos.
>
> **Parágrafo único.** Reconhecida inicialmente ao júri a competência por conexão ou continência, o juiz, se vier a desclassificar a infração ou impronunciar ou absolver o acusado, de maneira que exclua a competência do júri, remeterá o processo ao juízo competente.
>
> **Art. 82.** Se, não obstante a conexão ou continência, forem instaurados processos diferentes, a autoridade de jurisdição prevalente deverá avocar os processos que corram perante os outros juízes, salvo se já estiverem com sentença definitiva. Neste caso, a unidade dos processos só se dará, ulteriormente, para o efeito de soma ou de unificação das penas.

- **Competência por prevenção**

> **Art. 83.** Verificar-se-á a competência por prevenção toda vez que, concorrendo dois ou mais juízes igualmente competentes ou com jurisdição cumulativa, um deles tiver antecedido aos outros na prática de algum ato do processo ou de medida a este relativa, ainda que anterior ao oferecimento da denúncia ou da queixa (arts. 70, § 3º, 71, 72, § 2º, e 78, II, *c*).

▷ **Atenção!**

Art. 88. No processo por crimes praticados fora do território brasileiro, será competente o juízo da Capital do Estado onde houver por último residido o acusado. Se este nunca tiver residido no Brasil, será competente o juízo da Capital da República.

Art. 89. Os crimes cometidos em qualquer embarcação nas águas territoriais da República, ou nos rios e lagos fronteiriços, bem como a bordo de embarcações nacionais, em alto-mar, serão processados e julgados pela justiça do primeiro porto brasileiro em que tocar a embarcação, após o crime, ou, quando se afastar do País, pela do último em que houver tocado. [...]

Art. 90. Os crimes praticados a bordo de aeronave nacional, dentro do espaço aéreo correspondente ao território brasileiro, ou ao alto-mar, ou a bordo de aeronave estrangeira, dentro do espaço aéreo correspondente ao território nacional, serão processados e julgados pela justiça da comarca em cujo território se verificar o pouso após o crime, ou pela da comarca de onde houver partido a aeronave.

6.8. Competência da Justiça Federal

A) Órgãos da Justiça Federal

São órgãos da Justiça Federal, segundo o art. 106 da CF:

- Tribunais Regionais Federais,
- Juízes federais.

▷ **Cuidado!** O STJ é um Tribunal Nacional - não faz parte da Justiça Federal.

B) Competência da Justiça Militar

JMU (art. 124 da CF)

- Julga militares e civis,
- Tem somente competência criminal.

JME (art. 125, § 4º, da CF)

- Julga somente militares dos Estados,
- Julga crimes e questões relacionadas a punições disciplinares militares.

C) Competência criminal da Justiça Eleitoral

É fixada em razão da matéria, cabendo à Justiça Eleitoral o processo e julgamento dos crimes eleitorais. Os crimes eleitorais são aqueles previstos no Código Eleitoral e os que a lei, eventual e expressamente, defina como eleitorais.

Questão: Quem julga crime eleitoral conexo a crime doloso contra a vida?

Resposta: O crime eleitoral é julgado pela Justiça Eleitoral e o **crime doloso contra a vida será julgado pelo Tribunal do Júri**, porque as competências desses crimes estão previstas na CF.

- **Competência dos TRFs**

I – Processar e julgar, originariamente:

- os juízes federais da área de sua jurisdição, incluídos os da **Justiça Militar** e da **Justiça do Trabalho**, nos crimes comuns e de responsabilidade, e os membros do **Ministério Público da União**, ressalvada a competência da **Justiça Eleitoral**;
- as **revisões criminais** e as ações rescisórias de julgados seus ou dos juízes federais da região;
- os mandados de segurança e os *habeas data* contra ato do próprio tribunal ou de juiz federal.

- **Competência dos juízes federais**

▷ **Atenção!** Juiz federal não julga contravenção penal. Mesmo que ela seja praticada contra bens, interesses ou serviços da União.

Súmula nº 38 do STJ – Compete à Justiça Estadual Comum, na vigência da CF/88, o processo por contravenção penal, ainda que praticada em detrimento de bens, serviços ou interesse da União ou de suas entidades.

Art. 109. Aos juízes federais compete processar e julgar: [...]

IV – os crimes políticos e as infrações penais praticadas em detrimento de bens, serviços ou interesse (BIS) da União ou de suas entidades autárquicas ou empresas públicas, **excluídas as contravenções** e ressalvada a competência da Justiça Militar e da Justiça Eleitoral;

V – os crimes previstos em tratado ou convenção internacional, quando, iniciada a execução no País, o resultado tenha ou devesse ter ocorrido no estrangeiro, ou reciprocamente;

V-A – as causas relativas a direitos humanos a que se refere o § 5º deste artigo; *(Incluído pela Emenda Constitucional nº 45, de 2004)*

§ 5º Nas hipóteses de grave violação de direitos humanos, o Procurador-Geral da República, com a finalidade de assegurar o cumprimento de obrigações decorrentes de tratados internacionais de direitos humanos dos quais o Brasil seja parte, poderá suscitar, perante o Superior Tribunal de Justiça, em qualquer fase do inquérito ou processo, incidente de deslocamento de competência para a Justiça Federal. *(Incluído pela Emenda Constitucional nº 45, de 2004)*

VI – os crimes contra a organização do trabalho e, nos casos determinados por lei, contra o sistema financeiro e a ordem econômico-financeira; [...]

IX – os crimes cometidos a bordo de navios ou aeronaves, ressalvada a competência da Justiça Militar.

- **Algumas questões pontuais sobre a competência da Justiça Federal**

1) Processos contra índios:

Súmula nº 140 STJ – Compete à Justiça Comum Estadual processar e julgar crime em que o indígena figure como autor ou vítima.

2) Crimes contra sociedades de economia mista e empresas públicas (cuidado!):

Crime contra **sociedades de economia mista:**

- **Banco do Brasil**
- **Petrobras**

Súmula nº 42 STJ – Compete a Justiça Comum Estadual processar e julgar as causas cíveis em que é parte sociedade de economia mista e os crimes praticados em seu detrimento.

3) Crimes contra os Correios:

Exploração direta pela Empresa Brasileira de Correios e Telégrafos (casos de agências oficiais): Justiça Federal.

Franquias (agências exploradas por particulares mediante o sistema de franquias): Justiça Estadual.

4) Fundação Pública Federal - FURG

Justiça Federal.

5) Bens tombados

Depende de quem tombou:

Se tombado pela União – Justiça Federal,

Se tombado pelo Estado ou Município – Justiça Estadual.

6) Desvio de verba federal por prefeito

Súmulas nos 208 e 209 do STJ.

- Verba já incorporada ao patrimônio do **Município** – o prefeito responde no Tribunal de Justiça do Estado.
- Verba sujeita a prestação de contas junto ao **TCU** – o prefeito responde no Tribunal Regional Federal.

▷ **Cuidado!** O prefeito responde no TRE (Tribunal Regional Eleitoral) por crime eleitoral.

7) Crimes contrabando e descaminho

Em ambos os casos, a competência será da Justiça Federal.

A questão é saber: se do local que as mercadorias ingressaram no Brasil ou do local da apreensão dos bens. A resposta é obtida pela súmula abaixo:

Súmula nº 151 do STJ – A competência para o processo e julgamento por crime de contrabando ou descaminho define-se pela prevenção do Juízo Federal do lugar da apreensão dos bens.

8) Crime cometido contra funcionário público federal em razão de sua função

Se este funcionário for federal, a Justiça Federal será a competente:

Súmula nº 147 do STJ – Compete à Justiça Federal processar e julgar os crimes praticados contra funcionário público federal, quando relacionados com o exercício da função.

▷ Atenção para o art. 109, IX, da CF!

IX – os crimes cometidos a bordo de navios ou aeronaves, **ressalvada a competência da Justiça Militar;**

Navio: é a embarcação apta para a navegação em alto-mar;

Aeronave: é todo aparelho manobrável em voo, que possa sustentar-se e circular no espaço aéreo, mediante reações aerodinâmicas, apto a transportar pessoas ou coisas.

Atenção para a súmula abaixo!

Súmula nº 546 do STJ – A competência para processar e julgar o crime de uso de documento falso é firmada em razão da entidade ou órgão ao qual foi apresentado o documento público, não importando a qualificação do órgão expedidor.

Exemplo: falsifico uma Carteira Nacional de Habilitação (que é um documento expedido pelo Estado Membro (via Detran). Utilizo para obter um benefício junto ao INSS (que é uma autarquia federal). A competência será da Justiça Federal (art. 109, IV, da CF), pois a União foi prejudicada. Não importa aqui que o documento era estadual.

Atenção especial para a Súmula nº 122 do STJ:

Súmula nº 122 do STJ – Compete a Justiça Federal o processo e julgamento unificado dos crimes conexos de competência federal e estadual, não se aplicando a regra do art. 78, II, "a", do Código de Processo Penal.

Não esqueça que **NUNCA** um juiz federal julgará uma contravenção penal:

As contravenções penais não são processadas e julgadas pela **Justiça Federal**, conforme dispõe a Súmula nº 38 do STJ, cabendo à Justiça Estadual a competência, ainda que a contravenção tenha sido praticada em detrimento de bens, serviços e interesses da União ou entidades autárquicas.

Desse modo, mesmo que haja conexão entre um crime federal e uma contravenção penal, prevalece a regra constitucional, indicando a necessidade do desmembramento do processo, não se aplicando neste caso o teor da **Súmula nº 122 do STJ.**

> **Súmula nº 38 do STJ** – Compete à Justiça Estadual Comum, na vigência da Constituição de 1988, o processo por contravenção penal, ainda que praticada em detrimento de bens, serviços ou interesse da União ou de suas entidades.".

6.9. Conflito de jurisdição

Ocorre sempre que, em qualquer fase do processo, um ou mais juízes, contemporaneamente, tomam ou recusam tomar conhecimento do mesmo fato delituoso.

Conflito **positivo**: quando dois ou mais juízes se julgam competentes para conhecer e julgar o mesmo fato;

Conflito **negativo**: quando dois ou mais juízes se julgam incompetentes para conhecer e julgar o mesmo fato.

- **Processamento**

a) Compete **ao STJ** os conflitos de competência:
   - Entre quaisquer tribunais;
   - Entre tribunal e juiz a ele não vinculado;
   - Entre juízes vinculados a tribunais diversos.

b) Compete ao **STF** os conflitos de competência:
   - Entre o STJ e qualquer outro tribunal;
   - Entre Tribunais Superiores e qualquer outro tribunal;
   - Entre Tribunais Superior entre si.

c) Compete aos **TRFs** solucionar conflitos entre:
   - Juízes federais a eles vinculados;
   - Juiz federal e juiz estadual investido na jurisdição federal.

d) Na Justiça Militar da União os conflitos devem ser suscitados perante o STM.

e) Conflitos entre TRE ou juízes eleitorais de Estados diferentes são julgados pelo TSE. Se for do mesmo Estado, compete ao TRE.

▷ **Muita atenção!** Entre juiz e tribunal ao qual ele está vinculado não se fala em conflito de jurisdição, é resolvido pela hierarquia.

7. PROVAS

7.1. Conceito doutrinário

Elementos produzidos pelas partes ou determinados pelo juiz, dentro de um processo estabelecido, visando à formação do convencimento do julgado quanto a atos, fatos e circunstâncias que interessam para a decisão da causa.

- **Liberdade de provas**

Vige como regra, conforme art. 155 do CPP abaixo transcrito, no processo penal a ampla liberdade probatória.

> **Art. 155.** O juiz formará sua convicção pela livre apreciação da prova produzida em contraditório judicial, não podendo fundamentar sua decisão exclusivamente nos elementos informativos colhidos na investigação, ressalvadas as provas cautelares, não repetíveis e antecipadas.

A exceção à ampla liberdade está no parágrafo único e refere-se ao estado das pessoas. Vejam:

> **Parágrafo único.** Somente quanto ao estado das pessoas serão observadas as restrições estabelecidas na lei civil.

7.2. Objetivo da prova

Formar a convicção do juiz ou tribunal acerca dos elementos necessários para a decisão da lide.

7.3. Princípios gerais da prova

a) Princípio da autorresponsabilidade das partes: as partes assumem as consequências de sua inatividade, erro e atos intencionais.

b) Princípio da audiência contraditória: toda prova admite a contraprova, não sendo admissível a produção por uma parte sem o conhecimento da outra.

c) Princípio da aquisição ou comunhão da prova: a prova pertence ao processo. Não há prova de uma ou de outra parte.

d) Princípio da oralidade: necessário haver **predominância** da palavra falada. Os depoimentos devem ser orais.

e) Princípio da Concentração: deve-se buscar concentrar toda a produção de prova na audiência. Audiência UNA (art. 400 do CPP).

f) Princípio da publicidade: os atos judiciais (entre os quais a produção de prova) são públicos. Excepcionalmente admite-se o segredo de justiça para alguns casos, legalmente estipulados. (Art. 93, IX, da CF)

g) **Princípio do livre convencimento motivado:** as provas não recebem, previamente, um valor pela lei. Deve o julgador ter liberdade para valorá-las, limitando-se apenas aos fatos e circunstâncias constantes nos autos.

7.4. Sistemas de valoração da prova

1. **Sistema da certeza moral, da íntima convicção do juiz:** permite que o juiz avalie a prova **com ampla liberdade,** decidindo ao final de acordo com sua **livre convicção, sem necessidade de fundamentar a decisão.**

> ▷ Cuidado! Como regra, não mais existe em nosso processo penal, prevalece no Tribunal do Júri – jurados não fundamentam a decisão.

2. **Sistema da verdade legal, tarifado de provas:** a lei atribui o **valor** a cada prova, cabendo ao juiz simplesmente fazer um **cálculo aritmético.** Não há convicção pessoal do julgador na valoração do contexto probatório, mas sim uma obediência estrita ao sistema de pesos e valores imposto pela lei.

3. **Sistema do livre convencimento motivado, da persuasão racional do juiz:** o juiz tem ampla liberdade na valoração das provas, mas deve fundamentar seu convencimento.

Este é o sistema adotado pelo art. 93, IX, CF e art. 155 do CPP.

7.5. Elementos informativos e prova: diferenças

Anteriormente tal diferenciação era trabalhada tão somente pela doutrina, sendo que a partir da reforma de 2008 passou a constar também na lei (art. 155 do CPP).

a) **Elementos informativos**

São aqueles obtidos na **fase investigatória, sem a participação dialética das partes**; caracterizam-se por **não** haver contraditório e ampla defesa quando da sua produção. Presta-se para a fundamentação de medidas cautelares e, também, para a formação da *opinio delicti* do titular da ação penal.

b) **Provas**

As provas têm seu regime jurídico ligado ao **contraditório judicial**, são aquelas produzidas com a **participação do acusador e do acusado** e mediante a direta e constante supervisão do julgador.

> ▷ Cuidado! Exceção:

Provas **cautelares, não repetíveis e antecipadas**, embora sejam produzidas na fase **investigatória**, podem ser utilizadas para fundamentar sentença condenatória, pois em relação a elas o contraditório é diferido.

7.6. Ônus da prova

Conceito: é o **encargo** que tem a parte de provar, pelos meios que em direito são admitidos, a veracidade do fato alegado.

Prova da alegação incumbe a quem a fizer

> **Art. 156.** A **prova da alegação incumbirá a quem a fizer**, sendo, porém, facultado ao juiz **de ofício:** [...] *(Redação dada pela Lei nº 11.690, de 2008)*

7.7. Prova emprestada

É aquela que foi produzida em um processo e depois será carreada para outro. Isso pode acontecer **por certidão** ou qualquer outro meio de autenticação para produzir efeitos como prova em outro processo.

A prova emprestada sempre será considerada uma **prova documental**, ainda que no processo original tenha sido testemunhal ou, até mesmo, pericial. **Não se admite prova emprestada carreada de inquérito policial.** Primeiro porque ela não esteve sujeita ao crivo do contraditório, segundo porque nem prova ela é, e sim mero elemento informativo.

7.8. Prova ilegal

É ilegal toda vez que sua obtenção caracterize violação de normas legais ou de princípios gerais do ordenamento, de natureza processual ou material.

Prova ilegal é gênero que tem **como espécies:**

a) **Provas ilícitas (obtidas por meios ilícitos):** quando for obtida em violação a regra de **direito material**; em regra, a obtenção da prova ilícita é obtida fora do processo; é extraprocessual.

Exemplo: confissão mediante tortura; prisão de traficante e apreensão de celular com últimas chamadas, mensagens.

Na prova ilícita tem-se o chamado **direito de exclusão**, surgiu no Direito americano e se materializa através do desentranhamento e da inutilização da prova.

b) **Provas legítimas (obtidas por meios ilegítimos):** sua obtenção viola uma regra de direito **processual**; além disso, em regra, a ilegalidade ocorre no momento de sua produção no processo; é intraprocessual.

Exemplo: juntada e leitura de documentos no plenário do **júri** com menos de três dias úteis de antecedência.

Prova ilegítima deve ser analisada através da teoria das nulidades.

7.9. Prova ilícita por derivação

Meios probatórios que, não obstante, produzidos em momento posterior, encontram-se afetados pelo vício da ilicitude originário, que a ele se transmite contaminando-os por efeito de repercussão causal.

- **Teoria dos frutos da árvore envenenada**

Essa teoria é adotada no Brasil; STF – RHC nº 90.376/RJ.

> **Art. 157. [...] § 1º** São também inadmissíveis as provas derivadas das ilícitas, salvo quando não evidenciado o nexo de causalidade entre umas e outras, ou quando as derivadas puderem ser obtidas por uma fonte independente das primeiras.

7.9.1. Limitações a prova ilícita

Fonte independente

> **Art. 157.** São inadmissíveis, devendo ser desentranhadas do processo, as provas ilícitas, assim entendidas as obtidas em violação a normas constitucionais ou legais. *(Redação dada pela Lei nº 11.690, de 2008)*
>
> § 1º São também inadmissíveis as provas derivadas das ilícitas, **salvo quando não evidenciado o nexo de causalidade entre umas e outras, ou quando as derivadas puderem ser obtidas por uma fonte independente das primeiras**. *(Incluído pela Lei nº 11.690, de 2008)*
>
> § 2º Considera-se fonte independente aquela que por si só, seguindo os trâmites típicos e de praxe, próprios da investigação ou instrução criminal, seria capaz de conduzir ao fato objeto da prova. *(Incluído pela Lei nº 11.690, de 2008)*
>
> § 3º Preclusa a decisão de desentranhamento da prova declarada inadmissível, esta será inutilizada por decisão judicial, facultado às partes acompanhar o incidente.

7.10. Princípio do *nemo tenetur se detegere*

O acusado não é obrigado a produzir prova contra si mesmo; muitos doutrinadores dizem que esse princípio é o direito ao **silêncio**; **mas o silêncio é uma forma desse princípio**; esse é o princípio que veda a autoincriminação.

O direito ao silêncio ou de ficar calado – art. 5º, LXIII, CF.

Direito de não praticar qualquer comportamento ativo que possa lhe incriminar.

7.11. Provas em espécie

Exame de corpo de delito: obrigatoriedade (ainda que haja confissão do acusado).

> **Art. 158.** Quando a infração deixar vestígios, será indispensável o exame de corpo de delito, direto ou indireto, **não podendo supri-lo a confissão do acusado.**
>
> **Parágrafo único.** Dar-se-á prioridade à realização do exame de corpo de delito quando se tratar de crime que envolva: *(Incluído pela Lei nº 13.721, de 2018)*
>
> I – violência doméstica e familiar contra mulher; *(Incluído pela Lei nº 13.721, de 2018)*
>
> II – violência contra criança, adolescente, idoso ou pessoa com deficiência. *(Incluído pela Lei nº 13.721, de 2018)*

- **Espécies de ECD:**

Impossibilidade do ECD. Supressão pela prova testemunhal.

> **Art. 167.** Não sendo possível o exame de corpo de delito, por haverem desaparecido os vestígios, a prova testemunhal poderá suprir-lhe a falta.

▷ Atenção! Questões pontuais:

- O EDCL poderá ser feito em qualquer dia e horário.
- A autópsia deverá ser feita pelo menos seis horas após a morte, salvo se os peritos entenderem (e isso deverá constar do auto) que ela pode ser realizada antes.
- Os cadáveres serão fotogravados na posição em que se encontrarem.

- **ECDL e lesão corporal**

Se o primeiro for incompleto, poderá ser feito outro.

Se o exame tiver por fim precisar a classificação do delito no art. 129, § 1º, I, do Código Penal, deverá ser feito logo que decorra o prazo de 30 dias, contado da data do crime.

A falta de exame complementar poderá ser suprida pela prova testemunhal.

- **Perícia de laboratório**

Os peritos guardarão material suficiente para a eventualidade de nova perícia. Sempre que conveniente, os laudos serão ilustrados com provas fotográficas, ou microfotográficas, desenhos ou esquemas.

- **Crimes com rompimento de obstáculo ou escalada**

Os peritos, além de descrever os vestígios, indicarão com que instrumentos, por quais meios e em que época presumem ter sido o fato praticado.

- **Incêndios**

Os peritos verificarão a causa e o lugar em que houver começado, o perigo que dele tiver resultado para a vida ou para o patrimônio alheio, a extensão do dano e o seu valor e as demais circunstâncias que interessarem à elucidação do fato.

- **Exame grafotécnico**

> **Art. 174.** No exame para o reconhecimento de escritos, por comparação de letra, observar-se-á o seguinte:
>
> I – A pessoa a quem se atribua ou se possa atribuir o escrito será intimada para o ato, se for encontrada;
>
> II – Para a comparação, poderão servir quaisquer documentos que a dita pessoa reconhecer ou já tiverem sido judicialmente reconhecidos como de seu punho, ou sobre cuja autenticidade não houver dúvida;
>
> III – A autoridade, quando necessário, requisitará, para o exame, os documentos que existirem em arquivos ou estabelecimentos públicos, ou nestes realizará a diligência, se daí não puderem ser retirados;
>
> IV – Quando não houver escritos para a comparação ou forem insuficientes os exibidos, **a autoridade mandará que a pessoa escreva o que lhe for ditado**. Se estiver ausente a pessoa, mas em lugar certo, esta última diligência poderá ser feita por precatória, em que se consignarão as palavras que a pessoa será intimada a escrever.

Segundo a melhor doutrina, a previsão do inciso IV não foi recepcionada pela Constituição Federal, pois ele fere o princípio do *nemo tenetur se detegere*.

- **Perito**

É um auxiliar da Justiça, compromissado, portador de um conhecimento técnico e sem impedimentos.

Espécies:

- Oficial – 1 (concursado)
- Louvado ou não oficial – 2

- **Não podem ser peritos:**

> **Art. 279.** Não poderão ser peritos
>
> I – Os que estiverem sujeitos à interdição de direito mencionada nos n[os] I e IV do art. 69 do Código Penal;
>
> II – Os que tiverem prestado depoimento no processo ou opinado anteriormente sobre o objeto da perícia;
>
> III – os analfabetos e os menores de 21 anos.

▷ **Atenção!**

> **Art. 280.** É extensivo aos peritos, no que lhes for aplicável, o disposto sobre suspeição dos juízes.
>
> **Art. 281.** Os intérpretes são, para todos os efeitos, equiparados aos peritos.

- **Assistente técnico**

Serão facultadas ao Ministério Público, ao assistente de acusação, ao ofendido, ao querelante e ao acusado a formulação de quesitos e indicação de assistente técnico.

O assistente técnico atuará a partir de sua admissão pelo juiz e após a conclusão dos exames e elaboração do laudo pelos peritos oficiais, sendo as partes intimadas desta decisão.

- **ECDL e o juiz**

> **Art. 182. O juiz não ficará adstrito ao laudo**, podendo aceitá-lo ou rejeitá-lo, no todo ou em parte.
>
> **Art. 184.** Salvo o caso de exame de corpo de delito, o juiz ou a autoridade policial negará a perícia requerida pelas partes, quando não for necessária ao esclarecimento da verdade.

- **Interrogatório**

Alterações trazidas pela Lei nº 11.719/2008

Reforçou a natureza de ser um meio de defesa.

Passou a ser o último ato de instrução (dentro da audiência una – art. 400 do CPP).

O STF passou a entender que esse procedimento se aplica aos processos de sua competência originária.

No caso de *mutatio libelli* pode o juiz proceder a novo interrogatório.

O interrogatório é ato não preclusivo (qualquer tempo)

> **Art. 196.** A todo tempo o juiz poderá proceder a novo interrogatório de ofício ou a pedido fundamentado de qualquer das partes.

- **Ausência de interrogatório**

Nulidade relativa ou nulidade absoluta? Prevalece que se trata de **nulidade absoluta**, cujo prejuízo é presumido.

Tal prejuízo é de ordem constitucional – ampla defesa.

- **Prova testemunhal**

  - O depoimento deverá ser oral, não sendo possível trazer por escrito.
  - É possível, todavia, consultar apontamentos.

- Não poderá a testemunha se eximir da obrigação de depor.
- As testemunhas não poderão ouvir o depoimento uma das outras.
- São proibidas de depor as pessoas que, em razão de função, ministério, ofício ou profissão, devam guardar segredo, salvo se, desobrigadas pela parte interessada, quiserem dar o seu testemunho.

> **Art. 208.** Não se deferirá o compromisso a que alude o art. 203 aos doentes e deficientes mentais e aos menores de 14 (quatorze) anos, nem às pessoas a que se refere o art. 206.
>
> **Art. 209.** O juiz, quando julgar necessário, poderá ouvir outras testemunhas, além das indicadas pelas partes.
>
> § 1º Se ao juiz parecer conveniente, serão ouvidas as pessoas a que as testemunhas se referirem.
>
> § 2º **Não será computada como testemunha a pessoa que nada souber que interesse à decisão da causa.**

- **Dispensa e proibição**

> **Art. 206.** A testemunha não poderá eximir-se da obrigação de depor. Poderão, entretanto, recusar-se a fazê-lo o ascendente ou descendente, o afim em linha reta, o cônjuge, ainda que desquitado, o irmão e o pai, a mãe, ou o filho adotivo do acusado, **salvo quando não for possível, por outro modo, obter-se ou integrar-se a prova do fato e de suas circunstâncias.**
>
> **Art. 207.** São proibidas de depor as pessoas que, em razão de função, ministério, ofício ou profissão, devam guardar segredo, salvo se, desobrigadas pela parte interessada, quiserem dar o seu testemunho.

- **Procedimento**

Não mais vige o sistema presidencialista.

Atualmente o sistema é o do ***crossexamination*** (inspiração americana).

- **Perguntas diretas pelas partes às testemunhas**

> **Art. 212.** As **perguntas serão formuladas pelas partes** diretamente à testemunha, não admitindo o juiz aquelas que puderem induzir a resposta, não tiverem relação com a causa ou importarem na repetição de outra já respondida.

- **Questões finais**

Falso testemunho: crime previsto no art. 342 do CP.

8. SUJEITOS PROCESSUAIS

▷ **NÃO C-O-N-F-U-N-D-A:** A figura do assistente com a do seu advogado (capacidade postulatória).

O assistente poderá ser admitido no processo até o trânsito em julgado da sentença. Receberá os autos na forma em que se encontram (cuidado: não há assistente na fase do IP).

- **Ingresso do assistente**

É decidido pelo juiz da causa.

Trata-se de uma decisão **interlocutória** (simples), segundo o CPP (art. 273) é irrecorrível.

É necessária a oitiva prévia do RMP.

O MP, embora deva ser previamente ouvido, não analisa a conveniência e oportunidade do ingresso do assistente. Seu parecer deve ater-se a legalidade ou não do ato.

No caso de codelinquência o outro agente não poderá habilitar-se como assistente, pois também figura no polo passivo.

Uma vez admitido no processo o Assistente deve ser intimado de todos os atos processuais – por meio de seu advogado.

▷ Cuidado! **Caso intimado deixe de comparecer a algum ato, não será mais intimado para os demais.**

- **Quais recursos podem ser interpostos pelo assistente da acusação?**

Segundo o entendimento majoritário, o assistente da acusação somente pode interpor:

- **Apelação**

RESE contra a decisão que extingue a punibilidade.

▷ **Obs. 1:** o assistente da acusação somente poderá recorrer se o MP não tiver recorrido.

▷ **Obs. 2:** o assistente de acusação não pode recorrer contra ato privativo do MP.

- **Poderes do assistente**

a) propor meios de prova;

b) formular quesitos para a perícia e indicar assistente técnico;

PROCESSO PENAL

c) formular perguntas às testemunhas (sempre depois do MP);

d) aditar os articulados, ou seja, complementar as peças escritas apresentadas pelo MP;

e) participar do debate oral;

f) arrazoar os recursos interpostos pelo MP;

g) interpor e arrazoar seus próprios recursos;

h) requerer a decretação da prisão preventiva e de outras medidas cautelares;

i) requerer o desaforamento no rito do júri.

Qual é o prazo para o ofendido (ou sucessores) apelar contra a sentença?

Se já estava habilitado como assistente: cinco dias (art. 593 do CPP).

Se ainda não estava habilitado: quinze dias (art. 598, parágrafo único, do CPP).

O prazo só tem início depois que o prazo do MP se encerra.

> **Súmula nº 448 do STF:** O prazo para o assistente recorrer supletivamente começa a correr imediatamente após o transcurso do prazo do MP.

9. COMUNICAÇÃO DOS ATOS PROCESSUAIS DAS CITAÇÕES E INTIMAÇÕES

9.1. Citações

Trata-se do ato processual por meio do qual é comunicado à parte (acusado) que contra ele foi recebida uma denúncia (**APPública**) ou queixa-crime (**APPrivada**), com o objetivo de que ele venha a juízo defender-se.

De acordo com o art. 363 do CPP – com a redação determinada pela Lei nº 11.719/2008 – é com citação que **se tem completada a formação do processo**.

> **Art. 363.** O processo terá completada a sua formação quando realizada a citação do acusado. *(Redação dada pela Lei nº 11.719, de 2008).*

O destinatário da citação é sempre o réu. Não pode ser citada qualquer outra pessoa em seu lugar, nem mesmo o Advogado, ainda que possua procuração com poderes para tanto.

Como regra o réu é citado para **apresentar resposta à acusação.**

> **Art. 396.** Nos procedimentos ordinário e sumário, oferecida a denúncia ou queixa, o juiz, se não a rejeitar liminarmente, recebê-la-á e ordenará a citação do acusado para responder à acusação, por escrito, no prazo de 10 (dez) dias. *(Redação dada pela Lei nº 11.719, de 2008).*

9.1.1. Espécies de citação

Real ou Ficta (presumida)

Real: É aquela realizada na pessoa do réu, sendo efetivada por: mandado (cumprido por Oficial de Justiça no âmbito da Jurisdição do juiz da causa – carta precatória, carta rogatória, carta de ordem, ofício requisitório).

Ficta: Efetivada por meio de edital (publicado na imprensa ou fixado no átrio ou na porta do fórum) ou no caso de citação por hora certa.

A) Citação real: por mandado

- **Requisitos intrínsecos do mandado:**

> **Art. 352.** O mandado de citação indicará:
>
> I – o nome do juiz;
>
> II – o nome do querelante nas ações iniciadas por queixa;
>
> III – o nome do réu, ou, se for desconhecido, os seus sinais característicos;
>
> IV – a residência do réu, se for conhecida;
>
> V – o fim para que é feita a citação;
>
> VI – o juízo e o lugar, o dia e a hora em que o réu deverá comparecer;
>
> VII – a subscrição do escrivão e a rubrica do juiz.

- **Requisitos extrínsecos do mandado:**

> **Art. 357.** São requisitos da citação por mandado:
>
> I – Leitura do mandado ao citando pelo oficial e entrega da contrafé, na qual se mencionarão dia e hora da citação;
>
> II – Declaração do oficial, na certidão, da entrega da contrafé, e sua aceitação ou recusa.

- **Hora e dia para o cumprimento:**

A lei processual penal é silente quanto a isto. Poderá, portanto, o Oficial de Justiça cumprir a qualquer dia e a qualquer hora.

Respeitadas as inviolabilidades de domicílio.

- **Réu fora da área de jurisdição do juiz processante:**

No caso de estar o réu fora da área de jurisdição do juiz da causa – mas em território nacional –, deverá ele valer-se da **citação por precatória** (art. 353 do CPP).

Precatória é uma comunicação processual entre juízes.

Temos:

- **Juiz deprecante:** quem expede a precatória (art. 354).
- **Juiz deprecado:** quem recebe a precatória (art. 354).

Após o cumprimento, é devolvida ao juiz deprecante (art. 355 do CPP).

- **Caráter itinerante da carta precatória:**

Segundo o art. 355, § 1º, do CPP, no caso de o réu não mais residir no território de jurisdição do juiz deprecado e este souber onde se encontre o destinatário da carta, deverá encaminhá-la diretamente.

- **Carta de Ordem:**

Usada quando o **Tribunal determina que o juiz de primeiro grau** cumpra uma determinação.

- **Questões pontuais**

Réu militar: não é citado por mandado, mas sim por intermédio de seu Comandante. (art. 358 do CPP).

Funcionário público: deve-se, além de citar o funcionário público, oficiar a sua chefia para que não seja interrompida a prestação do serviço (continuidade do serviço público) (art. 359 do CPP).

Réu preso: será citado pessoalmente (art. 360 do CPP).

- **Situações possíveis:**

a) O réu não é encontrado pelo Oficial de Justiça

Citação por edital (ficta) com prazo de 15 dias (art. 361 do CPP).

O edital deve ser:

- publicado na imprensa oficial,
- publicado em jornal local de grande circulação,
- afixado no átrio do fórum.

A citação editalícia é medida excepcional, que só pode ser adotada depois de *esgotados todos os meios de localização.*

> **Súmula nº 351 STF.** É nula a citação por edital de réu preso na mesma unidade da federação em que o juiz exerce a sua jurisdição.

- **Réu citado por edital – consequência:**

> **Art. 366.** Se o acusado, citado por edital, (1) não comparecer, (2) nem constituir advogado, ficarão suspensos o processo e o curso do prazo prescricional, podendo o juiz determinar a produção antecipada das provas consideradas urgentes e, se for o caso, decretar prisão preventiva, nos termos do disposto no art. 312. *(Redação dada pela Lei nº 9.271, de 17.4.1996)*
>
> **Súmula nº 415 do STJ.** O período de suspensão do prazo prescricional é regulado pelo máximo da pena cominada.

b) O réu que se oculta para não ser citado

Neste caso, deverá o Oficial de Justiça proceder à citação **por hora certa.**

Tal modalidade de citação passou a ser prevista no processo penal apenas em 2008, com o advento da Lei nº 11.719 do mesmo ano.

- **Previsão Legal:**

> **Art. 362.** Verificando que o réu se oculta para não ser citado, o oficial de justiça certificará a ocorrência e procederá à citação com hora certa, na forma estabelecida nos arts. 227 a 229 da Lei nº 5.869, de 11 de janeiro de 1973 – Código de Processo Civil. *(Redação dada pela Lei nº 11.719, de 2008).*
>
> **Parágrafo único.** Completada a citação com hora certa, se o acusado não comparecer, ser-lhe-á nomeado defensor dativo.

Obedecerá ao regramento do Código de Processo Civil:

Procura o acusado por duas vezes:

- Não o encontra e suspeita de sua ocultação;
- Intima pessoa da família ou vizinho;
- No dia imediato comparece na hora marcada e efetua a citação.

c) O réu está no estrangeiro – art. 368 do CPP

Estando em lugar sabido, será citado por **carta rogatória**. Comunicação entre Juízes de **países diferentes**. Com o réu no estrangeiro – desde que em lugar sabido – **proíbe-se o uso de edital** e exige carta rogatória. Ocorrerá a **suspensão da prescrição (até o seu cumprimento). A rogatória seguirá** a via diplomática.

9.2. Intimações

9.2.1. Diferença entre intimação e notificação

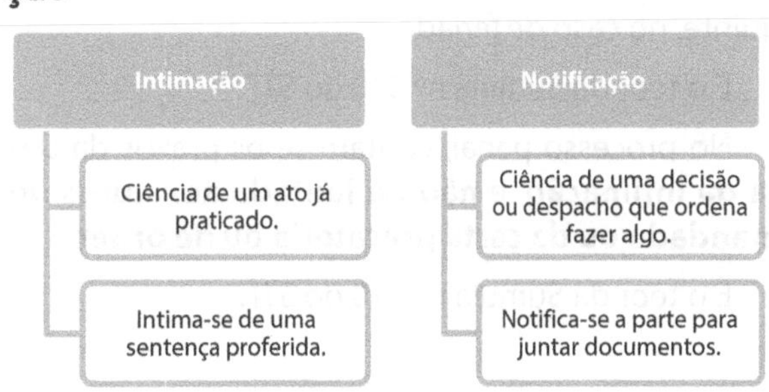

PROCESSO PENAL

9.2.2. *Regras gerais*

Aplica-se a elas o que foi estudado para citação (art. 370, *caput*).

Ministério Público – defensor nomeado e Defensoria Pública: **intimação pessoal.** Segundo o **STF, ainda que o defensor público esteja presente ao ato, terá direito a intimação pessoal.**

Advogado constituído, querelante, assistente: **intimação pela imprensa oficial.**

No caso de intimação direta pelo Escrivão, a publicação fica dispensada.

Não havendo imprensa oficial: **escrivão, mandado, via postal (AR) ou através de outro meio hábil.**

> **Art. 370, § 1º.** A intimação do defensor constituído, do advogado do querelante e do assistente far-se-á por publicação no órgão incumbido da publicidade dos atos judiciais da comarca, incluindo, sob pena de nulidade, o nome do acusado. *(Incluído pela Lei nº 9.271, de 17.4.1996)*
>
> **Art. 370, § 2º.** Caso não haja órgão de publicação dos atos judiciais na comarca, a intimação far-se-á diretamente pelo escrivão, por mandado, ou via postal com comprovante de recebimento, ou por qualquer outro meio idôneo.
>
> **Art. 370, § 3º.** A intimação pessoal, feita pelo escrivão, dispensará a aplicação a que alude o § 1º.
>
> **Art. 370, § 4º.** A intimação do Ministério Público e do defensor nomeado será pessoal.
>
> **Art. 371.** Será admissível a intimação por despacho na petição em que for requerida, observado o disposto no art. 357.
>
> **Art. 357.** São requisitos da citação por mandado:
>
> I – Leitura do mandado ao citando pelo oficial e entrega da contrafé, na qual se mencionarão dia e hora da citação;
>
> II – Declaração do oficial, na certidão, da entrega da contrafé, e sua aceitação ou recusa.

9.2.3. *Questões relevantes de intimação x prazos*

Sempre que a intimação (seja pessoal, seja por publicação) se der em uma **sexta-feira,** o início do prazo será na **segunda-feira** ou no primeiro dia seguinte, no caso de feriado.

É o teor da Súmula nº 310 do STF.

No processo penal, contam-se os prazos da **data da intimação**, e **não da juntada aos autos do mandado ou da carta precatória ou de ordem**.

É o teor da Súmula nº 710 do STF.

- **Súmulas importantes**

> **Súmula nº 310 do STF.** Quando a intimação tiver lugar na sexta-feira, ou a publicação com efeito de intimação for feita nesse dia, o prazo judicial terá início na segunda-feira imediata, salvo se não houver expediente, caso em que começará no primeiro dia útil que se seguir.
>
> **Súmula nº 710 do STF.** No processo penal, contam-se os prazos da data da intimação, e não da juntada aos autos do mandado ou da carta precatória ou de ordem.

Questão que gerou muita controvérsia relaciona-se ao **exato momento em que o prazo iniciava a correr para o MP e Defensorias**. Se do ingresso dos autos no Órgão ou do "ciente" do Membro.

Atualmente o STF pacificou a questão ao afirmar que "**reputa-se intimado da decisão o MP**" a partir da data "**de entrega dos autos, com vista, à secretaria do órgão ou ao representante mesmo**" (Cezar Peluso – HC 84.166/SP).

Atenção ao artigo abaixo:

> **Art. 798 do CPP. [...]** § 1ºNão se computará no prazo o dia do começo, incluindo-se, porém, o do vencimento. [...]
>
> § 3º O prazo que terminar em domingo ou dia feriado considerar-se-á prorrogado até o dia útil imediato.

- **Novidade Legislativa:**

> **Art. 798-A.** Suspende-se o curso do prazo processual nos dias compreendidos entre 20 de dezembro e 20 de janeiro, inclusive, salvo nos seguintes casos: *(Incluído pela Lei nº 14.365, de 2022)*
>
> I – que envolvam réus presos, nos processos vinculados a essas prisões;
>
> II – nos procedimentos regidos pela Lei nº 11.340, de 7 de agosto de 2006 (Lei Maria da Penha)
>
> III – nas medidas consideradas urgentes, mediante despacho fundamentado do juízo competente.
>
> **Parágrafo único.** Durante o período a que se refere o *caput* deste artigo, fica vedada a realização de audiências e de sessões de julgamento, salvo nas hipóteses dos incisos I, II e III deste artigo.

10. PRISÕES

É a privação a liberdade de locomoção determinada por ordem escrita e fundamentada da autoridade competente ou em caso de flagrante delito.

> **Art. 5º, LXI, CF.** ninguém será preso senão em flagrante delito ou por ordem escrita e fundamentada de autoridade judiciária competente, salvo nos casos de transgressão militar ou crime propriamente militar, definidos em lei.

10.1. Espécies de prisão

10.1.1. Prisão em flagrante

Art. 301. Qualquer do povo poderá (facultativo) e as autoridades policiais e seus agentes deverão (obrigatório) prender quem quer que seja encontrado em flagrante delito.

Art. 302. Considera-se em flagrante delito quem:

I – está cometendo a infração penal; (**próprio**)

II – acaba de cometê-la; (**próprio**)

III – é perseguido, logo após, pela autoridade, pelo ofendido ou por qualquer pessoa, em situação que faça presumir ser autor da infração; (**impróprio, quase-flagrante ou irreal**)

IV – é encontrado, logo depois, com instrumentos, armas, objetos ou papéis que façam presumir ser ele autor da infração.

- **Infrações permanentes**

Art. 303. Nas infrações permanentes, entende-se o agente em flagrante delito enquanto não cessar a permanência.

- **Falta de testemunha do crime impede a prisão em flagrante?**

Não. Neste caso necessitaremos de testemunhas para presenciar a apresentação do preso a autoridade (essas testemunhas são conhecidas como **fedatárias**).

- **Fundamento:**

Art. 304, § 2º. A falta de testemunhas da infração não impedirá o auto de prisão em flagrante; mas, nesse caso, com o condutor, deverão assiná-lo pelo menos duas pessoas que hajam testemunhado a apresentação do preso à autoridade.

- **Procedimento – comunicações obrigatórias**

Art. 306. A prisão de qualquer pessoa e o local onde se encontre serão comunicados imediatamente ao juiz competente, ao Ministério Público e à família do preso ou à pessoa por ele indicada.

§ 1º Em até 24 (vinte e quatro) horas após a realização da prisão, será encaminhado ao juiz competente o auto de prisão em flagrante e, caso o autuado não informe o nome de seu advogado, cópia integral para a Defensoria Pública.

§ 2º No mesmo prazo (24h), será entregue ao preso, mediante recibo, a nota de culpa, assinada pela autoridade, com o motivo da prisão, o nome do condutor e os das testemunhas.

▷ **Cuidado!** A não comunicação leva à prisão ilegal que dever ser relaxada (art. 5º, LXV, da CF e art. 310, I, do CPP).

- **Decisões possíveis do juiz**

Art. 310. Após receber o auto de prisão em flagrante, no prazo máximo de até 24 (vinte e quatro) horas após a realização da prisão, o juiz deverá promover audiência de custódia com a presença do acusado, seu advogado constituído ou membro da Defensoria Pública e o membro do Ministério Público, e, nessa audiência, o juiz deverá, fundamentadamente: *(Redação dada pela Lei nº 13.964, de 2019)*

I -relaxar a prisão ilegal; ou

II -converter a prisão em flagrante em preventiva, quando presentes os requisitos constantes do art. 312 deste Código, e se revelarem inadequadas ou insuficientes as medidas cautelares diversas da prisão; ou

III – conceder liberdade provisória, com ou sem fiança.

§ 1º Se o juiz verificar, pelo auto de prisão em flagrante, que o agente praticou o fato nas condições constantes dos incisos I a III do *caput* do art. 23 do Decreto-Lei nº 2.848, de 7 de dezembro de 1940 – Código Penal, poderá, fundamentadamente, conceder ao acusado liberdade provisória, mediante termo de comparecimento a todos os atos processuais, sob pena de revogação.

§ 2º Se o juiz verificar que o agente é reincidente ou que integra organização criminosa armada ou milícia, ou que porta arma de fogo de uso restrito, deverá denegar a liberdade provisória, com ou sem medidas cautelares. *(Incluído pela Lei nº 13.964, de 2019)*

§ 3º A autoridade que deu causa, sem motivação idônea, à não realização da audiência de custódia no prazo estabelecido no *caput* deste artigo responderá administrativa, civil e penalmente pela omissão. *(Incluído pela Lei nº 13.964, de 2019)*

§ 4º Transcorridas 24 (vinte e quatro) horas após o decurso do prazo estabelecido no *caput* deste artigo, a não realização de audiência de custódia sem motivação idônea ensejará também a ilegalidade da prisão, a ser relaxada pela autoridade competente, sem prejuízo da possibilidade de imediata decretação de prisão preventiva. *(Incluído pela Lei nº 13.964, de 2019)* Suspensa por decisão do Min FUX na ADI 6298.

Súmula 676 do STJ: "Em razão da Lei n. 13.964/2019, não é mais possível ao juiz, de ofício, decretar ou converter prisão em flagrante em prisão preventiva."

A súmula 676 do STJ, consolidando entendimento já majoritário, consagra a adoção do sistema acusatória e reforça a inércia da jurisdição ao exigir uma previa manifestação da acusação para a conversão da prisão em flagrante em prisão preventiva.

10.1.2. Prisão preventiva

- **Cabimento e competência**

Art. 311. Em qualquer fase da **investigação policial ou do processo penal,** caberá a prisão preventiva decretada pelo juiz, a requerimento do Ministério Público, do querelante ou do assistente, ou por representação da autoridade policial.

▷ **Atenção!** Até o pacote anticrime (Lei nº 13.964/ 2019) **era** possível que, durante o processo, o juiz determinasse a prisão preventiva de ofício. Hoje, como vimos na leitura acima, não é mais possível. Abaixo a antiga redação:

Redação antiga para comparação:

> **Art. 311.** Em qualquer fase da investigação policial ou do **processo** penal, caberá a prisão preventiva decretada pelo juiz, ~~**de ofício**~~, se no curso da ação penal, ou a requerimento do Ministério Público, do querelante ou do assistente, ou por representação da autoridade policial.

- **Fundamentos e requisitos**

Resumindo:

> **Art. 312.** A prisão preventiva poderá ser decretada como **garantia da ordem pública, da ordem econômica, por conveniência da instrução criminal ou para assegurar a aplicação da lei penal**, quando houver prova da existência do crime e indício suficiente de autoria e de perigo gerado pelo estado de liberdade do imputado. *(Redação dada pela Lei nº 13.964, de 2019)*

Quando houver:

1) prova da existência do crime,
2) indício suficiente de autoria,
3) **perigo gerado pela liberdade do imputado (esse requisito também foi acrescido pelo pacote anticrime).**

A prisão preventiva poderá ser decretada como:

1) garantia da ordem pública,
2) da ordem econômica,
3) por conveniência da instrução criminal, ou
4) para assegurar a aplicação da lei penal.

- **Outros fundamentos:**

> § 1º A prisão preventiva também poderá ser decretada em **caso de descumprimento de qualquer das obrigações impostas por força de outras medidas cautelares** (art. 282, § 4º). *(Incluído pela Lei nº 12.403, de 2011). (Redação dada pela Lei nº 13.964, de 2019)*

Necessidade de fundamentação em fatos novos ou contemporâneos a prisão. Princípio da contemporaneidade

> § 2º A decisão que decretar a prisão preventiva deve ser motivada e fundamentada em receio de perigo e existência concreta de fatos **novos ou contemporâneos** que justifiquem a aplicação da medida adotada. *(Incluído pela Lei nº 13.964, de 2019)*

Casos de admissão da preventiva. Não basta que a situação se aperfeiçoe ao art. 312 do CPP se não estiver admitida na forma do artigo abaixo:

▷ Atenção! Essas situações são alternativas e não cumulativa. Ou seja: basta uma para possibilitar a prisão preventiva.

> **Art. 313.** Nos termos do art. 312 deste Código, será admitida a decretação da prisão preventiva:
>
> I -nos crimes dolosos punidos com pena privativa de liberdade máxima superior a 4 (quatro) anos;
>
> II -se tiver sido condenado por outro crime doloso, em sentença transitada em julgado, ressalvado o disposto no inciso I do *caput* do art. 64 do Decreto-Lei nº 2.848, de 7 de dezembro de 1940 – Código Penal;
>
> III – se o crime envolver violência doméstica e familiar contra a mulher, criança, adolescente, idoso, enfermo ou pessoa com deficiência, para garantir a execução das medidas protetivas de urgência;
>
> § 1º **Também** será admitida a prisão preventiva quando **houver dúvida sobre a identidade civil** da pessoa ou **quando esta não fornecer elementos suficientes para esclarecê-la, devendo o preso ser colocado imediatamente em liberdade após a identificação, salvo se outra hipótese recomendar a manutenção da medida.**
>
> § 2º **Não será admitida** a decretação da prisão preventiva com a finalidade de **antecipação de cumprimento** de pena ou como decorrência imediata de investigação criminal ou da apresentação ou recebimento de denúncia. *(Incluído pela Lei nº 13.964, de 2019)*

Não admissão, motivação e revogação. Causa excludentes de ilicitude.

> **Art. 314.** A prisão preventiva em nenhum caso será decretada se o juiz verificar pelas provas constantes dos autos ter o agente praticado o fato nas condições previstas nos incisos I, II e III do *caput* do art. 23 do Decreto-Lei nº 2.848, de 7 de dezembro de 1940 – Código Penal.

Apesar de o art. 93, IX, da CF trazer a necessidade de motivação para todas as decisões judiciais, a Lei nº 13.964/2019, expressamente, passou a exigir nos casos de preventiva, bem como elencou algumas situações em que não será considerada válida a fundamentação apresentada.

> **Art. 315.** A decisão que decretar, substituir ou denegar a prisão preventiva será sempre motivada e fundamentada. *(Redação dada pela Lei nº 13.964, de 2019)*
>
> § 1º Na motivação da decretação da prisão preventiva ou de qualquer outra cautelar, o juiz deverá indicar concretamente a existência de fatos novos ou contemporâneos que justifiquem a aplicação da medida adotada. *(Incluído pela Lei nº 13.964, de 2019)*
>
> § 2º Não se considera fundamentada qualquer decisão judicial, seja ela interlocutória, sentença ou acórdão, que: *(Incluído pela Lei nº 13.964, de 2019)*

I - limitar-se à indicação, à reprodução ou à paráfrase de ato normativo, sem explicar sua relação com a causa ou a questão decidida; *(Incluído pela Lei nº 13.964, de 2019)*

II - empregar conceitos jurídicos indeterminados, sem explicar o motivo concreto de sua incidência no caso; *(Incluído pela Lei nº 13.964, de 2019)*

III - invocar motivos que se prestariam a justificar qualquer outra decisão;

IV - não enfrentar todos os argumentos deduzidos no processo capazes de, em tese, infirmar a conclusão adotada pelo julgador; *(Incluído pela Lei nº 13.964, de 2019)*

V - limitar-se a invocar precedente ou enunciado de súmula, sem identificar seus fundamentos determinantes nem demonstrar que o caso sob julgamento se ajusta àqueles fundamentos; *(Incluído pela Lei nº 13.964, de 2019)*

VI - deixar de seguir enunciado de súmula, jurisprudência ou precedente invocado pela parte, sem demonstrar a existência de distinção no caso em julgamento ou a superação do entendimento. *(Incluído pela Lei nº 13.964, de 2019)*

- **Revogação da preventiva - previsão legal.**

▷ Atenção! Segundo a doutrina este fundamento para revogação - quando não mais é necessária a prisão que foi legalmente imposta - serve também para **a prisão temporária.**

Art. 316. O juiz poderá, de ofício ou a pedido das partes, revogar a prisão preventiva se, no correr da investigação ou do processo, **verificar a falta de motivo para que ela subsista**, bem como novamente decretá-la, se sobrevierem razões que a justifiquem.

Necessidade de revisão a cada 90 dias:

Art. 316. Parágrafo único. Decretada a prisão preventiva**, deverá o órgão emissor da decisão revisar a necessidade de sua manutenção a cada 90 (noventa) dias**, mediante decisão fundamentada, de ofício, sob pena de tornar a prisão ilegal.

- **Prisão preventiva domiciliar**

Previsão legal

Art. 317. A prisão domiciliar consiste no recolhimento do indiciado ou acusado em sua residência, só podendo dela ausentar-se com autorização judicial.

Cabimento

Art. 318. Poderá o juiz substituir a prisão preventiva pela domiciliar quando o agente for:

I - maior de 80 (oitenta) anos;

II - extremamente debilitado por motivo de doença grave;

III - imprescindível aos cuidados especiais de **pessoa** menor de 6 (seis) anos de idade ou com **deficiência**;

IV - **gestante**;

V - **mulher com filho de até 12 (doze) anos de idade incompletos;** *(Incluído pela Lei nº 13.257, de 2016)*

VI - **homem**, caso seja **o único responsável pelos cuidados do filho de até 12 (doze)** anos de idade incompletos. *(Incluído pela Lei nº 13.257, de 2016)*

Parágrafo único. Para a substituição, o juiz exigirá **prova idônea** dos requisitos estabelecidos neste artigo.

Prisão domiciliar de mulher ou gestante

Art. 318-A. A prisão preventiva imposta à mulher gestante ou que for mãe ou responsável por crianças ou pessoas com deficiência **será** substituída por prisão domiciliar, desde que: *(Incluído pela Lei nº 13.769, de 2018).*

I - não tenha cometido crime com violência ou grave ameaça a pessoa; *(Incluído pela Lei nº 13.769, de 2018).*

II - não tenha cometido o crime contra seu filho ou dependente.

Possibilidade de cumulação da prisão preventiva domiciliar com medidas alternativas diversas da prisão do art. 319 do CPP.

Art. 318-B. A substituição de que tratam os arts. 318 e 318-A poderá ser efetuada **sem prejuízo da aplicação concomitante das medidas alternativas previstas no art. 319 deste Código**. *(Incluído pela Lei nº 13.769, de 2018).*

10.1.3. Prisão temporária

Prevista na Lei nº 7.960/1992, com cabimento **somente na fase do inquérito policial**, em hipótese alguma pode ser decretada de oficial pelo juiz (se for, é ilegal e o pedido deve ser de relaxamento). No caso de não mais ser necessária a prisão temporária legalmente imposta, o pedido deve ser revogação, forte no art. 316 do CPP.

Tal medida restritiva de liberdade só é cabível nos casos dos crimes previstos no rol taxativo do art. 1º, III, da Lei de Regência. Será ela decretada pelo juiz, em face da representação da autoridade policial ou de requerimento do Ministério Público, e terá o prazo de cinco dias, prorrogável por igual período em caso de extrema e comprovada necessidade. Nos casos de prisão temporária por crime hediondo (Lei nº 8.072/1990), o prazo será de 30 dias, prorrogável por mais 30. O mandado de prisão conterá necessariamente o período de duração da prisão e o dia que o preso deverá ser libertado. Sua execução somente poderá ocorrer depois da expedição de mandado judicial.

Uma vez decorrido o prazo contido no mandado de prisão, a autoridade responsável pela custódia deverá, independentemente de nova ordem da autoridade judicial, pôr imediatamente o preso em liberdade, salvo se já tiver sido comunicada da prorrogação da prisão temporária ou da decretação da prisão preventiva. O dia de início de cumprimento deve ser computado no prazo da prisão. Os presos temporários deverão ficar separados dos demais detentos.

11. MEDIDAS ASSECURATÓRIAS PATRIMONIAIS

11.1. Conceito

São medidas cautelares de natureza processual, urgentes e provisórias, que tem por objetivo garantir a eficácia de uma futura decisão judicial.

11.2. Espécies principais

Arresto

Sequestro

Hipoteca legal

▷ **Cuidado!** Diferença doutrinária entre sequestro e arresto.

Sequestro: retenção de um objeto específico, cuja propriedade esteja sendo discutida, recaindo sobre bem determinado.

Arresto: medida acautelatória que incide sobre uma generalidade de bens. O arresto pode ser:

a) arresto prévio a hipoteca;

b) arresto de bens móveis.

11.2.1. Sequestro (arts. 125 a 132 do CPP)

Cabível para bens **imóveis** (art. 125) e bens **móveis** (art. 132).

> **Art. 125.** Caberá o sequestro dos bens imóveis, **adquiridos pelo indiciado com os proventos da infração**, ainda que já tenham sido transferidos a terceiro.
>
> **Art. 132.** Proceder-se-á ao sequestro dos bens móveis se, verificadas as condições previstas no art. 126, não for cabível a medida regulada no Capítulo XI do Título VII deste Livro.

- **Requisitos para o sequestro**

Não se exige prova plena. Bastam indícios veementes da origem ilícita dos bens (mais que meros indícios e menos que prova plena).

> **Art. 126.** Para a decretação do sequestro, **bastará a existência de indícios veementes da proveniência ilícita dos bens.**

- **Competência e legitimidade para requerer e cabimento (o sequestro cabe durante o IP)**

> **Art. 127.** O juiz, de ofício, a **requerimento do Ministério Público ou do ofendido, ou mediante representação da autoridade policial, poderá ordenar o sequestro, em qualquer fase do processo ou ainda antes de oferecida a denúncia ou queixa.**

- **Recurso contra decisão que determina o sequestro de bens:**

Desta decisão cabe o **recurso de apelação.**

Art. 593, II, do CPP.

- **Jurisprudência sobre a apelação:**

> É possível a interposição de **apelação, com fundamento no art. 593, II, do CPP**, contra decisão que tenha determinado medida assecuratória prevista no art. 4º, *caput*, da Lei nº 9.613/98 (Lei de lavagem de Dinheiro), a despeito da possibilidade de postulação direta ao juiz constritor objetivando a liberação total ou parcial dos bens, direitos ou valores constritos (art. 4º, §§ 2º e 3º, da mesma Lei). O indivíduo que sofreu os efeitos da medida assecuratória prevista no art. 4º da Lei nº 9.613/98 tem a possibilidade de postular diretamente ao juiz a liberação total ou parcial dos bens, direitos ou valores constritos. No entanto, isso não proíbe que ele decida não ingressar com esse pedido perante o juízo de 1º instância e queira, desde logo, interpor apelação contra a decisão proferida, na forma do art. 593, II, do CPP. STJ. 5ª T. – REsp nº 1.585.781/RS – rel. Min. Felix Fischer, j. 28-6-2016 (Informativo nº 587 do STJ).

- **Embargos ao sequestro (tecnicamente contestação)**

> **Art. 130.** O sequestro poderá ainda ser **embargado**:
>
> I – pelo **acusado**, sob o fundamento de **não terem** os bens sido adquiridos com os proventos da infração;
>
> II – pelo **terceiro**, a quem houverem os bens **sido transferidos a título oneroso**, sob o fundamento de **tê-los adquirido de boa-fé.**
>
> **Parágrafo único.** Não poderá ser pronunciada decisão nesses embargos antes de passar em julgado a sentença condenatória.

- **Competência para julgar os embargos**

Juiz penal competente para o julgamento.

Os embargos **somente serão julgados após a sentença condenatória irrecorrível.**

- **Levantamento do sequestro**

Trata-se de uma situação que gera a perda da eficácia do sequestro:

> **Art. 131.** O sequestro será levantado:
>
> I – se a ação penal **não for intentada no prazo de sessenta dias**, contado da data em que ficar concluída a diligência;

> II – se o terceiro, a quem tiverem sido transferidos os bens, **prestar caução** que assegure a aplicação do disposto no art. 74, II, *b*, segunda parte, do Código Penal;
>
> III – se for **julgada extinta a punibilidade ou absolvido** o réu, por sentença transitada em julgado.

- **Leilão e depósito**

Após o sequestro dos bens (móveis ou imóveis), o juízo criminal (art. 133 do CPP) providenciará a avaliação e venda de tais bens.

▷ **Cuidado com as alterações trazidas pelo Pacote Anticrime**

> **Art. 133.** Transitada em julgado a sentença condenatória, o juiz, de ofício ou a requerimento do interessado ou do Ministério Público, **determinará a avaliação e a venda dos bens em leilão público cujo perdimento tenha sido decretado.** *(Redação dada pela Lei nº 13.964, de 2019)*
>
> § 1º Do dinheiro apurado, será recolhido aos cofres públicos o que não couber ao lesado ou a terceiro de boa-fé. *(Incluído pela Lei nº 13.964, de 2019)*
>
> § 2º O valor apurado deverá ser recolhido ao Fundo Penitenciário Nacional, exceto se houver previsão diversa em lei especial. *(Incluído pela Lei nº 13.964, de 2019)*

- **Autorização para que órgãos de segurança utilizem os bens sequestrados**

> **Art. 133-A.** O juiz poderá autorizar, constatado o interesse público, a utilização de bem sequestrado, apreendido ou sujeito a qualquer medida assecuratória pelos órgãos de segurança pública previstos no art. 144 da Constituição Federal, do sistema prisional, do sistema socioeducativo, da Força Nacional de Segurança Pública e do Instituto Geral de Perícia, para o desempenho de suas atividades. *(Incluído pela Lei nº 13.964, de 2019)*
>
> § 1º O órgão de segurança pública participante das ações de investigação ou repressão da infração penal que ensejou a constrição do bem terá prioridade na sua utilização. *(Incluído pela Lei nº 13.964, de 2019)*
>
> § 2º Fora das hipóteses anteriores, demonstrado o interesse público, o juiz poderá autorizar o uso do bem pelos demais órgãos públicos. *(Incluído pela Lei nº 13.964, de 2019)*
>
> § 3º Se o bem a que se refere o *caput* deste artigo for veículo, embarcação ou aeronave, o juiz ordenará à autoridade de trânsito ou ao órgão de registro e controle a expedição de certificado provisório de registro e licenciamento em favor do órgão público beneficiário, o qual estará isento do pagamento de multas, encargos e tributos anteriores à disponibilização do bem para a sua utilização, que deverão ser cobrados de seu responsável. *(Incluído pela Lei nº 13.964, de 2019)*
>
> § 4º Transitada em julgado a sentença penal condenatória com a decretação de perdimento dos bens, ressalvado o direito do lesado ou terceiro de boa-fé, o juiz poderá determinar a transferência definitiva da propriedade ao órgão público beneficiário ao qual foi custodiado o bem. *(Incluído pela Lei nº 13.964, de 2019)*

11.2.2. Hipoteca legal

Medida que recai sobre o **patrimônio lícito do réu ou indiciado. A grande diferença para o sequestro de imóveis é que a hipoteca recai sobre patrimônio lícito e o sequestro sobre ilícito.**

Objetiva uma futura ação civil *ex delito* (art. 91, I do CP).

Aquela ação ajuizada pelo ofendido, na esfera cível, para obter indenização pelo dano causado pelo crime (art. 91 do CP), quando existente.

Pressupostos

Prova inequívoca da materialidade delitiva.

Indícios suficientes de autoria.

Legitimidade

> **Art. 134.** A hipoteca legal sobre os imóveis do indiciado poderá ser requerida pelo ofendido **em qualquer fase do processo**, desde que haja certeza da infração e indícios suficientes da autoria.

MP também possui legitimidade. Quando **ofendido pobre ou houver interesse da Fazenda Pública.**

> **Art. 142.** Caberá ao Ministério Público promover as medidas estabelecidas nos arts. 134 e 137, **se houver interesse da Fazenda Pública, ou se o ofendido for pobre e o requerer.**

- **Finalidade**

Satisfação do dano *ex delicto.*

Pagamento de eventuais penas pecuniárias e despesas processuais.

- **Cabimento da hipoteca legal**

> **Art. 134.** A hipoteca legal sobre os **imóveis** do indiciado poderá ser requerida pelo ofendido **em qualquer fase do processo**, desde que haja certeza da infração e indícios suficientes da autoria.

Especialização da hipoteca (nada mais é do que a "escolha" do bem imóvel que restará de fato hipotecado)

> **Art. 135.** Pedida a especialização mediante requerimento, em que a parte estimará o valor da responsabilidade civil, **e designará e estimará o imóvel ou imóveis que terão de ficar especialmente hipotecados**, o juiz mandará logo proceder

PROCESSO PENAL

ao arbitramento do valor da responsabilidade e à avaliação do imóvel ou imóveis.

- **Arresto prévio à hipoteca legal (art. 136)**

Ocorre nas situações em que haverá uma demora na especialização da hipoteca.

Previsão legal.

> **Art. 136.** O arresto do imóvel poderá ser decretado de início, revogando-se, porém, se no prazo de 15 (quinze) dias não for promovido o processo de inscrição da hipoteca legal.

- **Arresto do art. 137 do CPP**

Medida semelhante à hipoteca legal, porém com incidência sobre bens móveis. Recai sobre bens de origem lícita (essa é a diferença para o sequestro) quando os imóveis forem insuficientes para garantir o pagamento.

> **Art. 137.** Se o responsável **não possuir bens imóveis ou os possuir de valor insuficiente**, poderão ser arrestados bens móveis suscetíveis de penhora, nos termos em que é facultada a hipoteca legal dos imóveis.
>
> § 1º Se esses bens forem coisas **fungíveis e facilmente deterioráveis**, proceder-se-á na forma do § 5º do art. 120. (avaliadas – leilão)
>
> § 2º Das rendas dos bens móveis poderão ser fornecidos recursos arbitrados pelo juiz, para a manutenção do indiciado e de sua família.

11.2.3. Arresto

O arresto também é modalidade de medida assecuratória que **tem por objeto o patrimônio lícito do agente**, não se destinando, portanto, à constrição de bens adquiridos com o produto da infração. São duas as espécies de arresto:[1]

- arresto de **imóveis** preparatório da hipoteca legal (art. 136 do CPP);
- arresto de bens **móveis** (art. 137 do CPP).

▷ **Atenção com essa jurisprudência**

Para que seja autorizada a decretação da medida de arresto, **não é necessário que fique demonstrado que o réu está praticando atos concretos de desfazimento de bens.** Porém, é imperiosa a demonstração da plausibilidade do direito e do perigo na demora. A indisponibilidade dos bens não traz prejuízos desarrazoados ao réu, pois ele terá seus bens desbloqueados, se absolvido ao fim do processo. Assim, é possível o arresto prévio de bens de acusados por suposta prática de crime único de corrupção passiva em concurso de agentes. STF. 1ª T. – Pet nº 7.069/DF – rel. Min. Marco Aurélio, red. p/o acordão Min. Luís Roberto Barroso, j. 13-3-2019 (Info 933 – STF).

- **Das exceções**

A **defesa** em matéria penal pode ser:

- direta, quando se nega o fato; ou
- indireta, quando procura-se evitar a análise do fato supostamente criminoso.

A indireta ocorrerá por meio das exceções. Podemos defini-las como sendo "o meio pelo qual o acusado busca a extinção do processo, sem o conhecimento do mérito, ou o atraso em seu andamento" (CAPES, *Curso de processo penal*, 27ª ed., p. 372).

12. DAS QUESTÕES E PROCESSOS INCIDENTES

Quanto às espécies, podem assim ser apresentadas:

- **Peremptórias:** quando acolhidas, põem termo à causa, extinguindo o processo.
- **Dilatórias:** quando acolhidas, apenas prorrogam o curso do processo, procrastinam seu fim.

Vamos analisar cada uma das previstas no CPP:

12.1. Exceção de suspeição

Destinada a rejeitar o juiz que demonstre parcialidade ou quando existem motivos relevantes que ensejam suspeição de sua isenção em razão de interesses ou sentimentos pessoais (**art. 254, CPP**).

Pode ser arguida pelas partes ou pelo MP ou o juiz pode se dar por suspeito (*ex officio*).

Muita atenção, pois esta exceção deve preceder as demais, salvo quando fundada em motivo superveniente. Sua interposição deve ser por petição fundamentada, acompanhada de prova documental e do rol de testemunhas, quando necessário.

▷ Cuidado! Pode ser cobrado em prova: é necessária procuração com poderes especiais (ou é assinada também pela parte) – art. 98 do CPP.

> **Art. 254.** O juiz dar-se-á por suspeito, e, se não o fizer, poderá ser recusado por qualquer das partes:
>
> I – se for amigo íntimo ou inimigo capital de qualquer deles;
>
> II – se ele, seu cônjuge, ascendente ou descendente, estiver respondendo a processo por fato análogo, sobre cujo caráter criminoso haja controvérsia;
>
> III – se ele, seu cônjuge, ou parente, consanguíneo, ou afim, até o terceiro grau, inclusive, sustentar

1. REIS, Alexandre Cebrian; GONÇALVES, Victor Eduardo Rios. *Direito Processual Penal esquematizado*. 7. ed. São Paulo: Saraiva, 2018, p. 202.

demanda ou responder a processo que tenha de ser julgado por qualquer das partes;

IV – se tiver aconselhado qualquer das partes;

V – se for credor ou devedor, tutor ou curador, de qualquer das partes;

VI – se for sócio, acionista ou administrador de sociedade interessada no processo.

Uma vez interposta a suspeição:

O juiz pode reconhecer a suspeição, remetendo os autos ao seu substituto. Desta decisão não cabe recurso.

O juiz pode declarar que não é suspeito, apresentando resposta escrita no prazo de cinco dias, anexando documentos e arrolando testemunhas; remeterá os autos ao tribunal de justiça em 24 horas.

No caso de não ter aceito a suspeição, chegando ao tribunal, o relator poderá rejeitar liminarmente a exceção, se a entender infundada; ou mandar processar a exceção.

- **Poderá ser alegada contra:**

I – Juízes de qualquer instância.

Membros do Ministério Público – cuidado com a Súmula nº 234 do STJ.

> **Súmula nº 234 do STJ.** A participação de membro do Ministério Público na fase investigatória criminal não acarreta o seu impedimento ou suspeição para o oferecimento da denúncia.

II – Intérpretes, peritos, funcionários da justiça, serventuários e jurados.

Consequência – quando declarada a suspeição, ficam nulos os atos processuais do processo principal.

- **Outro ponto bastante questionado é se cabe exceção de suspeição contra autoridades policiais.**

Não. Os delegados não ensejam suspeição em razão da natureza do inquérito por eles presidido como procedimento preparatório da ação penal. Contudo, têm obrigação de se declararem suspeitos.

> **Art. 107.** Não se poderá opor suspeição às autoridades policiais nos atos do inquérito, mas deverão elas declarar-se suspeitas, quando ocorrer motivo legal.

Existe recurso contra reconhecimento espontâneo de suspeição?

Não. Somente é passível de correição parcial, por tumultuar a tramitação do feito.

12.2. Exceção de incompetência de juízo

Fundamenta-se na ausência de capacidade funcional do juiz.

Pressuposto para propositura é que uma ação penal esteja em andamento, **em foro incompetente**, de acordo com as regras dos arts. 69 e seguintes do CPP.

Caso não seja reconhecida de ofício pelo juiz, poderá ser arguida pelo réu, querelado e MP, **não podendo ser arguida pelo autor da ação.**

Incompetência relativa pode ser arguida **no prazo da resposta da acusação** (art. 396 do CPP), sob pena de preclusão e **prorrogação** da competência.

Incompetência absoluta poderá ser arguida a qualquer tempo.

Procedimento:

a) Deve ser oposta junto ao próprio juiz da causa;
b) Pode ser arguida verbalmente ou por escrito;
c) O juiz mandará autuar em apartado;
d) O MP deve ser ouvido a respeito da exceção, desde que não seja ele o proponente;
e) O juiz julga então a exceção.

O que poderá ocorrer?

1. Caso o juiz julgue exceção improcedente, cabe HC.
2. Caso julgue procedente, cabe RESE (art. 581, III, do CPP).
3. Caso remeta ao Juízo que entende competente, este poderá não concordar e suscitará o conflito de competência.
4. Julgada procedente a exceção, serão declarados nulos os atos decisórios.
5. Não há suspensão do processo.
6. Não **alegada a exceção de incompetência *ratione loci,*** ocorre preclusão (o juiz torna-se competente, pois prorrogada estará sua competência. Trata-se de uma competência relativa).

12.3. Exceção de litispendência

Ocorre litispendência quando uma ação repete outra em curso, ou seja, quando a imputação atribuir ao acusado, mais de uma vez, em processos diferentes, a mesma conduta delituosa.

Para existir litispendência, **os processos devem ter o mesmo pedido, as mesmas partes e a mesma causa de pedir.**

Destinada a evitar o **trâmite em paralelo de dois processos idênticos.**

Acolhendo-se a exceção de litispendência, cabe recurso em sentido estrito (art. 581, III, do CPP).

O rito é o mesmo da incompetência.

Não há prazo para interposição.

Deve ser arguida no segundo processo.

Não há suspensão do processo.

12.4. Exceção por ilegitimidade de parte

Abrange não apenas a titularidade do direito de ação, como a capacidade de exercício.

A exceção poderá ser arguida quando:

- A queixa é oferecida em caso de ação pública;
- A denúncia é oferecida em hipótese de ação privada;
- O querelante é incapaz;
- O querelante não é o representante legal do ofendido;
- Na ação privada personalíssima, quando a queixa é oferecida pelo sucessor da vida.

Reconhecida a exceção, o recurso cabível é em sentido estrito (art. 581, III, do CPP). A exceção de ilegitimidade segue o mesmo procedimento da incompetência do juízo.

12.5. Exceção de coisa julgada

Transitada em julgado uma decisão, é impossível um mesmo processo pelo mesmo fato. Isso tem por objetivo evitar o odioso *bis in idem*.

Importante ressaltar que a imutabilidade da coisa julgada não é absoluta no Direito Penal, pois existe hipótese, especialmente na revisão criminal de a coisa julgada ser revista (art. 621 do CPP).

Esta exceção deve ser proposta quando se verificar a identidade de demanda entre a ação proposta e uma outra já decidida por sentença já transitada em julgado.

Quando proposta a ação idêntica, o **juiz poderá:**

a) rejeitar a denúncia;

b) declarar a exceção de ofício;

c) caso o juiz não declare de ofício, poderá o MP ou o réu argui-la.

Ela seguirá o mesmo rito, é o mesmo da exceção de incompetência.

Fases:

a) Pode ser arguida verbalmente em qualquer fase do processo;

b) Juiz deve ouvir a outra parte e o MP;

c) Deve ser autuada em separado;

d) Se for julgada procedente, a ação principal será extinta, cabendo recurso em sentido estrito (art. 581, III, do CPP).

e) Se julgar improcedente, processo continua e não cabe recurso, cabendo, entretanto, *habeas corpus*.

12.6. Conflito de Jurisdição

Ocorre sempre que, em qualquer fase do processo, um ou mais juízes, contemporaneamente, tomam ou recusam tomar conhecimento do mesmo fato delituoso.

O conflito poderá ser:

- Conflito **positivo**: quando dois ou mais juízes se julgam competentes para conhecer e julgar o mesmo fato;
- Conflito **negativo**: quando dois ou mais juízes se julgam incompetentes para conhecer e julgar o mesmo fato.

Processamento (órgão competente para resolver o conflito – matéria prevista constitucionalmente).

Compete **ao STJ** os conflitos de competência:

- Entre quaisquer tribunais,
- Entre tribunal e juiz a ele não vinculado,
- Entre juízes vinculados a tribunais diversos.

Compete ao **STF** os conflitos de competência:

- Entre o STJ e qualquer outro tribunal,
- Entre Tribunais Superiores e qualquer outro tribunal,
- Entre Tribunais Superior entre si.

Compete aos **Tribunais Regionais Federais** solucionar conflitos entre:

- Juízes federais a eles vinculados,
- Juiz federal e juiz estadual investido na jurisdição federal.

Na Justiça Militar, conflitos devem ser suscitados perante o STM, já conflitos entre TRE ou juízes eleitorais de Estados diferentes são julgados pelo TSE. Se forem juízes eleitorais do mesmo Estado, compete ao TRE.

Muita atenção!

Entre juiz e tribunal ao qual ele está vinculado não se fala em conflito de jurisdição, é resolvido pela hierarquia.

13. PROCEDIMENTOS PENAIS

13.1. Considerações iniciais

O **procedimento** é a ordem, a sucessão de atos, que deve ser respeitado durante o processo penal. O art. 394 do CPP dispõe que os procedimentos penais podem ser divididos em comum ou especial.

13.2. Procedimento comum

Nos termos do art. 394, § 1º, do CPP, o procedimento comum divide-se em: *ordinário, sumário* e *sumaríssimo*. O critério adotado para diferenciá-los é a **quantidade máxima de pena privativa de liberdade** prevista ao tipo penal, da seguinte forma:

PROCEDIMENTO COMUM	PENA PRIVATIVA DE LIBERDADE
ORDINÁRIO	Crimes com pena máxima prevista igual ou superior a 04 (quatro) anos
SUMÁRIO	Crimes com pena máxima prevista inferior a 04 (quatro) anos
SUMARÍSSIMO	Crimes com pena máxima prevista não superior a 02 (dois) anos (Infrações penais de menor potencial ofensivo)

Para adoção do procedimento comum, deve ser observada a existência de majorantes ou minorantes, as quais poderão interferir no procedimento a ser adotado.

As disposições do *procedimento comum ordinário* aplicam-se subsidiariamente aos procedimentos *especiais, sumário* e *sumaríssimo* (art. 394, § 5º, do CPP).

Os processos que apurem a prática de *crime hediondo ou violência contra a mulher terão prioridade de tramitação em todas as instâncias* (art. 394-A do CPP).

> Art. 394-A. do CPP (...)
>
> § 1º Os processos que apurem violência contra a mulher independerão do pagamento de custas, taxas ou despesas processuais, salvo em caso de má-fé. (Incluído pela Lei nº 14.994, de 2024)
>
> § 2º As isenções de que trata o § 1º deste artigo aplicam-se apenas à vítima e, em caso de morte, ao cônjuge, ascendente, descendente ou irmão, quando a estes couber o direito de representação ou de oferecer queixa ou prosseguir com a ação. (Incluído pela Lei nº 14.994, de 2024)

13.2.1. Procedimento comum ordinário

O regramento que deverá ser observado está disposto nos arts. 395 a 405 do CPP.

Oferecida a denúncia ou queixa, se o juiz não rejeitar liminarmente, nos termos do art. 395 do CPP, receberá a peça acusatória e determinará a citação do acusado para responder à acusação, no prazo de 10 dias (art. 396 do CPP).

Importante registrar que no processo penal o prazo é contado a partir da ciência. No caso da citação, a contagem ocorrerá a partir do conhecimento, ou seja, do dia em que for citado e não da juntada do mandado aos autos. Veja a súmula 710 do STF.

Neste caso, se a pessoa foi citada numa quarta-feira, o primeiro dia do prazo para apresentação da resposta à acusação será o primeiro dia útil subsequente à ciência, no caso quinta-feira, independentemente do dia que for juntado o mandado de citação. Assim seguirá a contagem de forma contínua, nos termos do art. 798, §1º, CPP, não se interrompendo por feriados ou sábados e domingos.

Em relação à resposta à acusação, tem-se que é o momento processual que o defensor poderá arguir toda a matéria pertinente à defesa, inclusive, apontar a necessidade de o magistrado reapreciar o recebimento da denúncia ou queixa, indicando a possibilidade de rejeição da peça acusatória (art. 395 do CPP). Trata-se de peça obrigatória, nos termos do art. 396-A, § 2º, do CPP, caso não seja apresentada no prazo legal, ou se o acusado, citado, não constituir defensor, o juiz nomeará defensor para oferecê-la, concedendo-lhe vista dos autos por dez dias. A não nomeação de defensor pelo juiz para oferecimento da defesa gerará nulidade absoluta.

Após a apresentação da resposta à acusação, ocasião em que poderá ser alegado **tudo que interesse à defesa**, o juiz decidirá pela **absolvição sumária ou designará audiência de instrução e julgamento**.

Hipóteses de Absolvição Sumária

O juiz **absolverá sumariamente**, nas hipóteses do art. 397 do CPP:

- I. existência manifesta de causa excludente da ilicitude do fato (ver: art. 23 do CP);
- II. existência manifesta de causa excludente da culpabilidade do agente, salvo inimputabilidade; (ver: art. 22 do CP);
- III. que o fato narrado evidentemente não constitui crime;
- IV. extinta a punibilidade do agente.

A decisão que absolve sumariamente o acusado produz coisa julgada material, logo, transitada em julgado não será possível modificar esta decisão.

Não sendo caso de absolvição sumária, o magistrado designará audiência de instrução e julgamento, nos termos do art. 400 do CPP, que deverá ser realizada no prazo de 60 dias. Na audiência, será observada a seguinte ordem:

* **Oitiva do ofendido**
* **Testemunhas de Acusação**
* **Testemunhas de Defesa**
* **Acareações, Reconhecimento de Pessoas e coisas**
* **Peritos**
* **Interrogatório**
* **Alegações finais**
* **Sentença**

▷ **Cuidado!**

- **Lei Mariana Ferrer – art. 400-A do CPP**

Durante a audiência e, em especial, nas que apurem crimes contra a dignidade sexual, todas as partes e demais sujeitos processuais presentes no ato devem zelar pela integridade física e psicológica da vítima, sob pena de responsabilização civil, penal e administrativa, cabendo ao juiz garantir a observância, sendo vedado a manifestação sobre circunstâncias ou elementos alheios aos fatos objeto de apuração nos autos; e a utilização de linguagem, de informações ou de material que ofendam a dignidade da vítima ou de testemunhas.

Terminado o interrogatório, não havendo requerimento de diligências, ou sendo indeferido, serão oferecidas alegações finais orais por 20 minutos, respectivamente, pela acusação e pela defesa, prorrogáveis por mais de 10 minutos, proferindo o juiz, a seguir sentença. Havendo mais de um acusado, o tempo previsto para a defesa de cada um será individual.

A regra no procedimento comum ordinário é a oralidade.

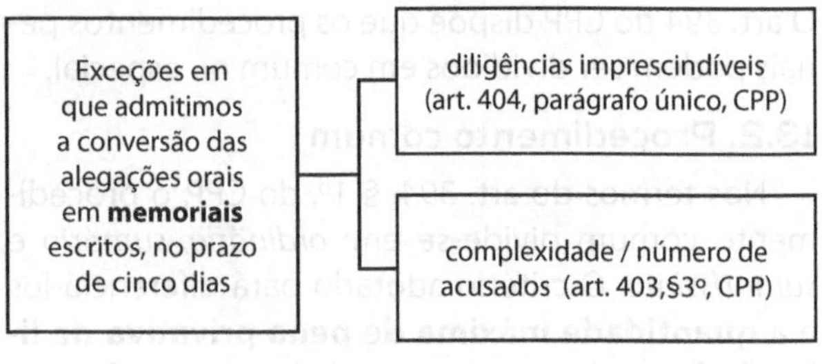

Nesses casos, serão apresentados memoriais escritos, no prazo de cinco dias. O juiz terá o prazo de dez dias para proferir sentença, nos termos dos arts. 403, § 3º, e 404, parágrafo único, fundamentando a decisão com base nos arts. 386 ou 387 do CPP.

Importante registrar que deverá ser observado o **princípio da correlação entre a denúncia e a sentença**, a fim de se resguardar a máxima de que o acusado se defende dos fatos, e não da capitulação jurídica atribuída pela acusação.

Desta forma, importante relembrar o instituto da ***emendatio libelli***, previsto no art. 383 do CPP, que permite ao magistrado dar ao fato definição jurídica diversa da que constar da queixa ou da denúncia, ainda que, em consequência, tenha de aplicar pena mais grave. Diferente é a situação quando encerrada a instrução probatória, for cabível nova definição jurídica do fato, em consequência de prova existente nos autos de elemento ou circunstância da infração penal não contida na acusação. Neste caso, o Ministério Público deverá aditar a denúncia ou queixa, nos termos do art. 384 do CPP, configurando o que se denomina ***mutatio libelli***.

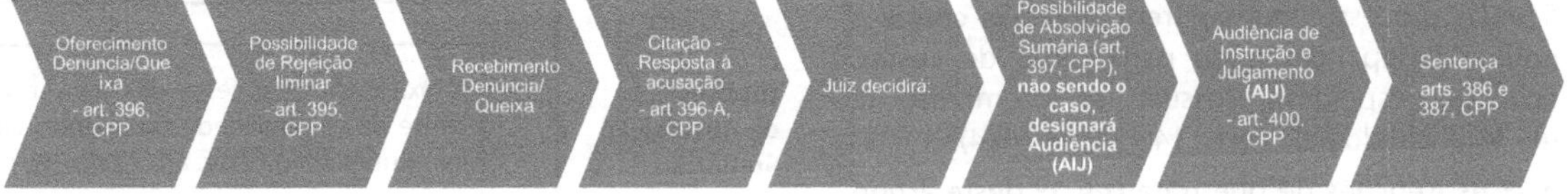

13.2.2. Procedimento comum sumário

O procedimento comum sumário deverá observar os arts. 396 e 397 do CPP, acrescendo a parte específica dos arts. 531 a 538 do CPP. É similar ao comum ordinário, com poucas alterações, vejamos.

Com a resposta do acusado, o juiz analisará a possibilidade de absolvição sumária (art. 397 do CPP). Não sendo hipótese de absolvição sumária, o juiz designará dia e hora para a audiência de instrução e julgamento, a ser realizada no prazo máximo de 30 dias, ordenando a intimação do acusado, do seu defensor, do Ministério Público e, se for o caso, do querelante e do assistente. Na audiência, será observada a seguinte ordem: após o interrogatório, será dada a palavra para a acusação e para a defesa, para alegações finais orais (art. 534 do CPP), por vinte minutos prorrogáveis por mais dez minutos para cada parte. Se existir assistente de acusação habilitado, a sua manifestação será após o Ministério Público, pelo prazo de dez minutos; sendo oportunizado igual período para manifestação da defesa. Após o magistrado proferirá sentença.

No procedimento comum sumário **não há previsão** expressa acerca de eventuais diligências, mas fique atento em caso de indeferimento de pedidos, pois poderá acarretar cerceamento de defesa. Da mesma forma, **não há previsão** de conversão das alegações finais orais em memoriais (aplica-se a regra do art. 394, § 5º, do CPP, utilizando-se de forma subsidiária as regras do procedimento comum ordinário).

- **Procedimento comum sumaríssimo**

O procedimento será apresentado quando realizarmos o estudo dos Juizados Especiais Criminais.

13.3. Procedimentos especiais

O procedimento especial é a exceção, possui regramento próprio, sendo aplicado em razão da prática de determinado crime (por exemplo, crimes dolosos contra a vida) ou no caso de acusado com foro determinado em virtude da função exercida (arts. 1º a 12º da Lei nº 8.038/1990). Esses procedimentos podem estar previstos no CPP ou na legislação especial, vejamos:

a) procedimento especial para apuração dos crimes dolosos contra a vida (arts. 406 a 497 do CPP);

b) crimes de responsabilidade dos funcionários públicos (arts. 513 a 518 do CPP);

c) procedimento especial das ações penais originárias dos tribunais (arts. 1º a 12 da Lei nº 8.038/1990);

d) procedimento especial da Lei de Drogas (arts. 54 a 58 da Lei nº 11.343/2006);

e) procedimento especial dos crimes contra a honra nos casos de ações penais privadas – arts. 519 ao 523 do CPP (obs.: em regra, aplica-se a Lei nº 9.099/1995);

f) procedimento para os crimes contra a propriedade imaterial – arts. 524 a 530, I, CPP.

13.3.1. Procedimento especial dos crimes dolosos contra a vida

Trata-se de um procedimento especial, conforme o art. 394, § 3º, do CPP. Além da previsão no art. 5º, XXXVIII, da CF, o Código de Processo Penal regula os atos nos arts. 406 a 497.

Conforme o art. 74, § 1º, do CPP, são crimes dolosos contra a vida: a) homicídio doloso; b) aborto; c) induzimento, instigação e auxílio ao suicídio; d) infanticídio. Obs.: o Júri julgará também os crimes conexos (art. 78, I, CPP).

O procedimento dos crimes dolosos contra a vida possui duas fases bem definidas:

- **Procedimento da primeira fase – *judicium accusationis***

A chamada fase da acusação, prevista nos arts. 406 a 421 do CPP, é muito similar ao procedimento comum ordinário. Neste momento há tão somente uma admissibilidade ou não de uma acusação.

Ao receber a denúncia ou queixa, é determinada a citação do acusado, com a abertura do prazo para a defesa responder à acusação, no prazo de dez dias (art. 406 do CPP). Neste momento, a defesa poderá arguir preliminares e alegar tudo que interesse à sua defesa, oferecer documentos e justificações, especificar as provas pretendidas e arrolar testemunhas, **até o máximo de oito**, qualificando-as e requerendo sua intimação, quando necessário.

A resposta à acusação é peça indispensável também no procedimento do Júri. Apresentada, o juiz dará vista à acusação, pelo prazo de cinco dias, nos termos do art. 409 do CPP. Logo após, será designada a realização de audiência de instrução, nos termos do art. 411 do CPP (não há possibilidade expressa em lei de o juiz absolver sumariamente antes da audiência de instrução, como ocorre em outros procedimentos).

A audiência obedecerá a seguinte ordem: 1ª) declarações do ofendido, se possível; 2ª) declarações de testemunhas; 3ª) interrogatório do acusado; 4ª) debates orais; 5ª) decisão.

Durante as alegações orais, concede-se a palavra à acusação e à defesa, respectivamente, pelo prazo de 20 minutos, prorrogáveis por mais 10; havendo mais de um acusado, o tempo previsto para a acusação e a defesa de cada um deles será individual; ao assistente do Ministério Público, após a manifestação deste, serão concedidos 10 minutos, prorrogando-se por igual período o tempo de manifestação da defesa.

Finda a primeira fase do procedimento do Júri, o magistrado poderá decidir pela pronúncia, impronúncia, absolvição sumária do acusado, ou pela desclassificação da infração penal para crime diverso da prática de crime doloso contra a vida.

Preclusa a decisão de pronúncia, os autos serão remetidos ao juiz Presidente do Tribunal do Júri (art. 421 do CPP).

- **Procedimento da segunda fase do Júri – *judicium causae***

A segunda fase do Tribunal do Júri destina-se ao julgamento do acusado perante o Conselho de Sentença, está disposta nos arts. 422 a 497 do CPP.

O Tribunal do Júri, em conformidade com o art. 447 do CPP, é composto por um juiz togado, seu presidente, e 25 jurados, sorteados entre os previamente alistados na forma do art. 425 do CPP. Desses 25 jurados, serão sorteados 7, que formarão o Conselho de Sentença.

No dia da sessão de julgamento, deverão comparecer, no mínimo, 15 jurados daqueles 25 convocados (arts. 447 e 463 do CPP), para que seja feito o sorteio do Conselho de Sentença. Formado o Conselho, será iniciada a instrução em plenário (art. 473 do CPP).

A *instrução em plenário* segue a mesma ordem que o procedimento comum ordinário (lembrando que, nesta segunda fase, o número de testemunhas é de cinco para cada parte – art. 422, CPP). A oitiva da vítima e testemunhas deve observar as orientações do art. 474-A do CPP.

Após a instrução, iniciam-se os *debates orais*, sendo concedida a palavra primeiramente à acusação e, após, à defesa, sendo o tempo destinado para cada parte de *uma hora e meia*. Além disso, poderá a acusação replicar e a defesa treplicar, utilizando-se do tempo de *uma hora* cada parte. Havendo mais de um acusado, o tempo para a acusação e a defesa será acrescido de uma hora e elevado ao dobro o da réplica e da tréplica.

▷ **Importante:**

- A decisão de pronúncia limita a acusação, não podendo, durantes os debates orais, a acusação ultrapassar os limites ali previstos (art. 476 do CPP).
- Durante os debates orais não poderão as partes, sob pena de nulidade, fazer referência à decisão de pronúncia ou de decisão posterior que a tenha confirmado como argumento de autoridade. Da mesma forma, não poderão fazer referência ao silêncio do acusado (art. 478 do CPP).
- Somente poderão ser mostrados no plenário do Júri documentos juntados até três dias úteis antes do julgamento, dando-se ciência à outra parte, conforme determina o art. 479 do CPP.

Encerrados os debates orais, o Conselho de Sentença será questionado sobre matéria de fato e se o acusado deve ser absolvido, por meio de quesitos que serão formulados pelo juiz presidente (art. 483 do CPP). A sentença será proferida após o julgamento pelos jurados e com base na decisão tomada por maioria de votos (art. 489 do CPP).

Em caso de desclassificação pelos jurados para outra infração que não seja da competência do Tribunal do Júri, o juiz presidente deverá sentenciar, conforme o art. 492, § 1º, do CPP.

Ainda, em caso de condenação, é competência do juiz presidente determinar a prisão do condenado, se presentes os requisitos da prisão preventiva previstos no art. 312 do CPP. Destaca-se que, com a publicação da Lei nº 13.964/2019 (Pacote Anticrime), foi inserida a regra de **execução provisória de pena** nos processos julgados pelo Tribunal do Júri quando a pena cominada na sentença condenatória for **igual ou superior a 15 anos** (art. 492, I, *e*, 2ª parte), sem prejuízo do conhecimento de eventual recurso a ser interposto. Entretanto, poderá ser concedido efeito suspensivo a esta apelação desde que observado o disposto no § 5º do referido dispositivo. Importante mencionar que o Supremo Tribunal Federal, em setembro de 2024, reconheceu a constitucionalidade da execução provisória no júri e, de acordo com o tema 1.068, foi estabelecido que independentemente da quantidade de pena aplicada, em razão do princípio da soberania dos veredictos, é autorizada a execução automática da pena.

13.3.2. Alguns apontamentos sobre os demais procedimentos especiais

- **Procedimento da Lei nº 11.343/2006**

Na Lei nº 11.343/2006, a instrução criminal está regulada a partir do art. 55, caracterizando-se como um procedimento especial. Desta forma, oferecida a denúncia, o juiz notificará o acusado para oferecer **defesa prévia**, por escrito, no prazo de dez dias. Neste momento, o acusado poderá invocar todos os argumentos para defesa, especificar as provas e arrolar até **cinco testemunhas**. Se não for apresentada, o juiz nomeará defensor para oferecê-la.

Importante registrar que a lei determina que, recebida a denúncia, o juiz designe dia e hora para audiência de instrução, ordenando a **citação do acusado**. Na audiência de instrução, nos termos do art. 57, a lei dispõe como primeiro ato o **interrogatório do acusado,** após a inquirição das testemunhas de acusação e defesa, ao final, será oportunizada a palavra para o Ministério Público e para o defensor do acusado. Após os debates, o juiz proferirá sentença.

No tocante ao interrogatório, destaca-se que o entendimento jurisprudencial atualizado do STF e STJ tem determinado a observância do **interrogatório como último**, aplicando a ordem prevista no art. 400 do CPP. Inclusive, caracterizando nulidade a inobservância do interrogatório como último ato (Informativo nº 683 do STJ – REsp nº 1.808.389/AM – DJe 23-11-2020 e HC nº 127.900-AM – STF).

Crimes contra Administração Pública praticado por funcionários públicos

Nos termos do art. 514 do CPP, nos crimes funcionais afiançáveis, após o oferecimento da denúncia, o réu será notificado para apresentar, no prazo de

15 dias, resposta preliminar. De acordo com a Súmula nº 330 do STJ entende-se dispensável a resposta preliminar quando a ação penal estiver instruída com inquérito policial.

Se recebida a denúncia, será o acusado citado, seguindo-se o rito comum, nos termos do art. 518 do CPP.

14. JUIZADOS ESPECIAIS CRIMINAIS

14.1. Considerações iniciais

Em conformidade com o art. 24, X e XI, da CF, compete à União, aos Estados e ao Distrito Federal legislar concorrentemente sobre: a criação, o funcionamento e o processo do juizado de pequenas causas (inciso X); procedimentos em matéria processual (inciso XI).

O art. 98, I, da CF/1988 dispõe que os Juizados serão providos por juízes togados ou togados e leigos competentes para conciliação, o julgamento e execução de infrações de menor potencial ofensivo.

Inobstante a existência de duas legislações, no âmbito do Juizado Especial Criminal observa-se o regramento previsto na Lei nº 9.099/1995, visto que, na Lei nº 10.259/2001, não há previsão do procedimento a ser observado (art. 1º da Lei nº 10.259/2001).

14.2. Conceito de infrações de menor potencial ofensivo

Conforme o art. 61 da Lei nº 9.099/1995, consideram-se **infrações de menor potencial ofensivo** as contravenções penais e os crimes a que a lei comine pena máxima não superior a dois anos, cumulada ou não com multa.

▷ **Importante:** As contravenções não serão objeto de julgamento nos Juizados Especiais Criminais Federais, por força do art. 109, IV, da CF, que exclui da competência de julgamento dos juízes federais o julgamento das contravenções.

> **Súmula nº 38 do STJ:** "Compete à Justiça Estadual Comum, na vigência da CF/1988, o processo por contravenção penal, ainda que praticada em detrimento de bens, serviços ou interesse da União ou de suas entidades".

Na reunião de processos, perante o juízo comum ou tribunal do júri, decorrentes das regras de conexão ou continência, serão observados os institutos da transação penal e da composição civil, conforme o art. 60, parágrafo único, da Lei nº 9.099/1995.

▷ **Obs.:** as causas de aumento e diminuição de pena (majorantes e minorantes) deverão ser observadas para definição de competência. Assim, deverão incidir as causas de aumento que mais aumentem a pena e as causas que menos diminuem. Por exemplo, no caso de tentativa, deverá incidir a diminuição da pena máxima em abstrato no mínimo em 1/3 (art. 14, parágrafo único, CP).

14.3. Critérios e objetivos dos Juizados Especiais

O art. 62 da Lei nº 9.099/1995 traz os critérios e objetivos que orientam os Juizados Especiais Criminais. Vejamos os critérios:

Além dos critérios, os Juizados Especiais Criminais orientam-se pelos seguintes objetivos: celeridade, economia processual, informalidade, oralidade e simplicidade. Já os objetivos, manifestam-se na ideia de

a) Reparação do dano (diferente da ação civil *ex delicto*), e
b) Aplicação de pena não privativa de liberdade (sempre que possível).

14.4. Competência no Juizado Especial Criminal

Conforme o art. 63 da Lei nº 9.099/1995, a competência do Juizado será determinada pelo lugar em que foi praticada a infração penal.

14.5. Situações de remessa para o Juízo Comum

Existem algumas situações em que a competência de julgamento no âmbito dos Juizados Especiais Criminais é afastada por determinação legal. Vejamos:

Complexidade ou circunstância do caso – art. 77, § 2º e § 3º, da Lei nº 9.099/1995;

Acusado não localizado para ser citado – art. 66, parágrafo único, da Lei nº 9.099/1995;

Quando ocorrer conexão ou continência com delitos da competência do Júri ou crimes mais graves, será afastada a competência – art. 60 da Lei nº 9.099/1995;

Poderá também restar afastada a competência do JECRIM caso incida uma causa de aumento de pena, ultrapassando o patamar da pena máxima de dois anos;

A Lei nº 11.340/2006, no art. 41, exclui a aplicação da Lei nº 9.099/1995, logo não há que se falar em JECRIM nos casos de violência doméstica e familiar.

> **Art. 538 do CPP.** Nas infrações penais de menor potencial ofensivo, quando o juizado especial criminal encaminhar ao juízo comum as peças existentes para a adoção de outro procedimento, observar-se-á o procedimento sumário previsto neste Capítulo.

> **A Lei nº 10.741/2006**, no art. 94, exclui a aplicação da Lei nº 9.099/1995, assim aos crimes previstos no Estatuto da Pessoa Idosa e aos crimes praticados com violência contra a pessoa idosa, independentemente da pena prevista não se aplica os institutos ou o procedimento do Juizado Especial Criminal (alteração da Lei 15.163/2025).

14.6. Citação no âmbito do Juizado Especial Criminal

O art. 66 da Lei nº 9.099/1995 é claro ao informar que a citação será pessoal ou por mandado. Logo, se o acusado não for encontrado, o processo será remetido ao juízo comum.

A regra é que a citação seja pessoal e no próprio Juizado Especial Criminal, pois a pretensão legislativa é de que, inexistindo acordo entre as partes ou não tendo ocorrido a transação, seja determinada a citação do acusado no final da audiência preliminar, conforme consta no art. 78 da Lei nº 9.099/1995.

Não cabe citação por edital no JECRIM, pois, não sendo encontrado o acusado, haverá remessa ao juízo comum.

14.7. Fase preliminar

A fase preliminar ao processo está prevista nos arts. 69 a 76 da Lei nº 9.099/1995. Nesta fase, fica evidenciado o caráter consensual do Juizado, visto que inclui a possibilidade de composição civil dos danos ou a aceitação da proposta de transação penal como medidas despenalizadoras, que evitariam a propositura da ação penal.

- **Termo circunstanciado – art. 69 da Lei nº 9.099/1995**

A autoridade policial que tomar conhecimento da ocorrência de uma infração de menor potencial ofensivo lavrará o chamado termo circunstanciado, que conterá de forma simplificada o relato dos acontecimentos, indicações de eventuais testemunhas e, se for possível, o exame de corpo de delito (neste momento pode ser dispensado).

Não se imporá prisão em flagrante para o autor do fato que se comprometer a comparecer aos atos perante o Juizado Especial Criminal.

- **Audiência preliminar**

De acordo com os arts. 70 e 71, a audiência ocorreria imediatamente, porém, na prática, o que ocorre é a remessa do termo circunstanciado ao JECRIM, para após ser marcada uma data para audiência, sendo as partes intimadas a comparecerem.

Na **audiência preliminar, o juiz** esclarecerá sobre a possibilidade de **composição civil ou de aceitação da transação** (art. 72 da Lei nº 9.099/1995).

A **composição civil dos danos** constitui um acordo de natureza civil, que, se realizado pelas partes no caso de **ação penal privada ou pública condicionada à representação, resultará na extinção da punibilidade**. Nos casos de ação penal pública incondicionada, a composição dos danos não gera nenhuma consequência no tocante à punibilidade, dando-se continuidade ao trâmite legal.

Em caso de não haver a composição civil, ou sendo o caso de ação penal incondicionada, e, em qualquer situação não caracterizar possibilidade de arquivamento, será oferecida a proposta de transação, ainda na audiência preliminar, que se trata de uma proposta de aplicação de pena restritiva de direito ou pena de multa para evitar que haja processo penal.

A **transação penal** evita o processo e não gera reincidência ou maus antecedentes. Todavia, há a exigência de preenchimento dos seguintes requisitos:

- O autor do fato não poderá ter usufruído de outra transação nos últimos cinco anos;
- Não pode ter sido condenado definitivamente a crime anterior por pena privativa de liberdade;
- As circunstâncias, como antecedentes, conduta social, personalidade, devem indicar a possibilidade da medida.

O cumprimento da transação penal resulta na extinção da punibilidade, já o descumprimento resulta na retomada da situação no momento que parou, podendo, inclusive, ser oferecida ação penal (Súmula Vinculante nº 35 do STF).

Da **decisão que aplica a transação** caberá **recurso de apelação** (arts. 76, § 5º, e 82, da Lei nº 9.099/1995).

Não sendo obtido qualquer acordo, prosseguirá a audiência preliminar e, **no final, será oferecida a denúncia ou queixa-crime**, em regra oralmente, depois reduzida a termo, no momento **será realizada**

no próprio JECRIM a citação do acusado (art. 78 da Lei nº 9.099/1995), se possível. **Neste momento, inicia-se o procedimento sumaríssimo.**

Atente-se para o fato de que a **audiência preliminar**, como o próprio nome remete, **precede a fase processual**, logo somente haverá procedimento sumaríssimo se não houver adoção de nenhuma das medidas anteriores.

14.8. Procedimento sumaríssimo (fase processual)

Após o oferecimento oral da acusação, será reduzida a termo, e o acusado, caso presente na audiência, **será citado pessoalmente**, no Juizado Especial Criminal, e imediatamente **cientificado da designação de dia e hora para a audiência de instrução e julgamento**, da qual também tomarão ciência o Ministério Público, o ofendido, o responsável civil e seus advogados. Caso o acusado não esteja presente, será citado na forma do art. 66 da lei, por mandado a ser cumprido pelo Oficial de Justiça.

No dia da audiência de instrução e julgamento (art. 81 da Lei nº 9.099/1995), a sucessão dos atos segue a seguinte ordem:

1. Proposta de composição ou transação, se não tiverem sido propostas;
2. Palavra ao defensor para responder à acusação;
3. Juiz decidirá se recebe ou não a denúncia ou queixa;
4. Em caso de recebimento, serão ouvidas a vítima e as testemunhas de acusação e defesa;
5. Após, o acusado será interrogado, se presente;
6. Debates orais (acusação e defesa);
7. Sentença.

As principais diferenças entre os demais procedimentos são as seguintes: no caso do sumaríssimo, a resposta à acusação é oral; a citação é feita antes do recebimento da acusação, em audiência e na forma oral; se o juiz optar por rejeitar a denúncia ou queixa, caberá o recurso de apelação, nos termos do art. 82 da Lei nº 9.099/1995. Inclusive, o prazo da apelação neste procedimento é dez dias.

14.9. Recursos e ações impugnativas no âmbito do Juizado Especial Criminal

- **Recursos de apelação**

Conforme o art. 82 da Lei nº 9.099/1995, da decisão de rejeição da denúncia ou queixa e da sentença caberá apelação. Também será cabível apelação na hipótese de concessão da transação (art. 76, § 5º, da Lei nº 9.099/1995).

O recurso de apelação no JECRIM é dirigido à Turma Recursal, sendo interposto no prazo de dez dias a contar da ciência da sentença. A petição é escrita e conterá as razões e o pedido, não se aplicando o art. 600, § 4º, do CPP. Para contrarrazoar o prazo é o mesmo, dez dias, art. 82, §§ 1º e 2º, da Lei nº 9.099/1995.

- **Embargos declaratórios**

Os embargos declaratórios no JECRIM possuem o prazo de cinco dias, conforme dispõe o art. 83 da Lei nº 9.099/1995, e poderão ser opostos diante da obscuridade, contradição ou omissão contida na sentença ou acórdão. Interrompem a contagem do prazo para os demais recursos.

- **Recurso especial e recurso extraordinário**

No âmbito do JECRIM, não é cabível recurso especial. Há, inclusive, a Súmula nº 203 do STJ, negando o cabimento de recurso especial. Tal posicionamento se justifica em razão de o art. 105, III, da CF somente mencionar decisões de Tribunais, não sendo o caso das Turmas Recursais, por isso a ausência de competência do Superior Tribunal de Justiça para julgamento nesse caso.

Destaca-se que é plenamente cabível recurso extraordinário das decisões das Turmas Recusais (Súmula nº 640 do STF).

- ***Habeas corpus***

As turmas recursais julgarão os *habeas corpus* impetrados contra atos de juízes dos Juizados. Porém, o julgamento de *habeas corpus* contra ato das Turmas Recursais Criminais deverá ser realizado pelo Tribunal de Justiça do respectivo Estado ou Tribunal Regional Federal.

14.10. Suspensão condicional do processo

A suspensão condicional do processo viabiliza a suspensão do processo criminal mediante o cumprimento de condições. Embora o instituto esteja previsto no art. 89 da Lei nº 9.099/1995, é aplicável em **todos os procedimentos** processuais, **desde que** não haja vedação legal.

A sua aplicação deverá se destinar aos **crimes em que a pena mínima prevista ao delito não ultrapasse um ano**, observando os seguintes requisitos:

- o acusado **não esteja** sendo **processado** por **outro crime;**
- **não** tenha sido **condenado por outro crime;**
- a culpabilidade, os antecedentes, os motivos e as circunstâncias do crime autorizem a concessão do instituto (demais exigências do art. 77 do CP).
- Preenchidos os demais requisitos do art. 77 do CP, importante o parágrafo 1º que prevê que a

PROCESSO PENAL

condenação anterior à pena de multa não impede a concessão de suspensão condicional da pena, como também não impede a concessão de suspensão condicional do processo.

Aceita as condições contidas na proposta e previstas no art. 89, §§ 1º e 2º, da Lei nº 9.099/1995, o juiz receberá a denúncia e suspenderá o processo pelo período de dois a quatro anos.

▷ **Cuidado!**

- **Súmula nº 536 do STJ e art. 41 da Lei nº 11.340/2006.**

A suspensão condicional do processo não se aplica na hipótese de delitos sujeitos ao rito da Lei Maria da Penha.

Em regra, o oferecimento da proposta é feito pelo Ministério Público, no momento do oferecimento da denúncia, conforme a lei. Porém, poderá ser feita em momento posterior, nos casos de desclassificação ou procedência parcial da acusação, nos termos da Súmula nº 337 do STJ, e ainda nas hipóteses de *emendatio* e *mutatio libelli* (art. 383, § 1º, e 384, § 3º, do CPP).

O legislador omitiu a possibilidade da suspensão condicional do processo no caso de ações penais privadas, todavia a doutrina e jurisprudência admitem a hipótese. O que é matéria controvertida é de quem seria a titularidade para o oferecimento da proposta, existindo duas posições:

a) No âmbito do STJ, a legitimidade seria titular da ação, ou seja, do querelante.
b) Enunciado nº 112 do FONAJE: a legitimidade para o oferecimento é do MP.

Caso não seja oferecido o sursis processual, aplica-se o teor da Súmula nº 696 do STF.

- **Concurso de crimes – Súmulas nº 243 do STJ e nº 723 do STF**

a) concurso material: a suspensão condicional do processo somente será possível se a soma das penas mínimas não exceder a um ano;
b) concurso formal e crime continuado: a suspensão somente será possível se o aumento mínimo de 1/6 (arts. 70 e 71 do CP), aplicado sobre a pena mínima do crime mais grave, não superar o limite de um ano.

Durante o período de provas, a suspensão condicional do processo poderá ser revogada nos seguintes casos:

- **Revogação obrigatória:** art. 89, § 3º, da Lei nº 9.099/1995 – se, no curso do prazo, o beneficiário vier a ser processado por outro crime ou não efetuar, sem motivo justificado, a reparação do dano.
- **Revogação facultativa:** art. 89, § 4º, da Lei nº 9.099/1995 – se o acusado vier a ser processado, no curso do prazo, por contravenção, ou descumprir qualquer outra condição imposta.

A consequência da revogação será a retomada imediata do curso do processo e da contagem do prazo prescricional. Importante destacar que, durante a suspensão do processo, a contagem do prazo prescricional restará suspensa.

Frisa-se: eventual aceitação de proposta de suspensão condicional do processo não prejudica a análise do pedido de trancamento de ação penal, é o entendimento firmado na súmula 667 do STJ.

Por fim, expirado o período de provas e cumpridas as condições, o juiz declarará a extinção da punibilidade, nos termos do art. 89, § 5º, da Lei nº 9.099/1995.

15. SENTENÇA E COISA JULGADA

Em relação à sentença penal é imprescindível o conhecimento dos arts. 386 e 387 do CPP.

A sentença penal, como regra geral, pode ser absolutória (própria), absolutória imprópria ou condenatória.

15.1. Sentença absolutória

A sentença absolutória **própria** é aquela que absolve o réu com fundamento no art. 397 ou 386 do CPP.

O art. 397 do CPP dispõe sobre a possibilidade de absolvição sumária, ocasião em que, após a apresentação da resposta à acusação, se for o caso, o juiz deverá absolver o acusado desde logo.

▷ **Atenção!** Se estivermos diante do Tribunal do Júri, a sentença que absolver sumariamente o réu terá fundamento no **art. 415 do CPP**, e ocorrerá após a instrução probatória, e o juiz, em regra, decidirá **após a apresentação de memoriais**.

A absolvição após o fim da instrução tem fundamento no art. 386 do CPP, em todos os procedimentos, oportunidade em que, analisadas as provas, após a instrução processual, considera-se o réu absolvido nos termos do referido artigo.

Especialmente em relação à possibilidade de absolvição por **não existir prova suficiente para condenação** (art. 386, inciso VII, do CPP), sinaliza-se a utilização do princípio ***in dubio pro reo***, ou seja, diante do acervo probatório, existem dúvidas quanto à autoria.

Absolvido o réu, o juiz determinará sua soltura – se preso estiver – ou mandará cessar eventuais medida cautelaras aplicadas.

Ainda, no art. 386 do CPP, há possibilidade da **absolvição imprópria**, qual seja aquela que reconhece a causa de isenção de pena, sendo uma delas a constante no art. 26 do CP. Se diz **imprópria** porque, embora seja causa de absolvição, conforme se percebe do parágrafo único, III, do mesmo dispositivo legal, é aplicada uma **medida de segurança.**

▷ Atenção! Se estivermos diante do Tribunal do Júri, a sentença que absolver impropriamente o réu, em razão da inimputabilidade, com base no art. 26, *caput*, do CP, terá fundamento no **art. 415, inciso IV, do CPP**, e deverá ocorrer **nos termos do parágrafo único do referido artigo.** Ou seja, somente se absolverá sumariamente no júri em razão da inimputabilidade com base na doença mental **se esta for a única tese defensiva.** Havendo tese alternativa, o réu deverá ser remetido ao plenário, uma vez que há possibilidade de absolvição própria, ou seja, sem aplicação de medida de segurança.

15.2. Sentença condenatória

Não sendo reconhecida nenhuma das hipóteses acima expostas, o juiz proferirá sentença penal condenatória, por reconhecer a autoria e materialidade do agente.

▷ Obs.: Nos crimes de **ação pública,** ainda que o Ministério Público tenha se manifestado pela absolvição, o juiz poderá proferir sentença condenatória, bem como poderá reconhecer agravantes, ainda que não tenham sido alegadas - art. 385 do CPP.

Proferida a sentença condenatória, o juiz realizará a dosimetria da pena, observando o sistema de aplicação de pena determinado no art. 387 do CPP (arts. 59 e 68 do CP).

Ainda, se for o caso, o juiz poderá fixar valor mínimo para reparação de danos, em razão de prejuízos sofridos pelo ofendido – art. 387, inciso IV, do CPP.

Se a sentença condenatória for proferida pelo Conselho de Sentença, ou seja, no procedimento do Tribunal do Júri, o juiz, para aplicar a pena, observará o regramento do art. 492 do CPP.

▷ **Atenção!** Se o condenado tiver respondido o processo segregado, em razão de prisão provisória, administrativa ou de internação, no Brasil ou no estrangeiro, o tempo transcorrido deverá ser detraído da pena definitiva, para fins de fixação do regime prisional - art. 387, § 2º, do CPP. Vejamos o julgado abaixo:

> AGRAVO REGIMENTAL NO *HABEAS CORPUS*. DETRAÇÃO PENAL. PERÍODO DE PRISÃO PROVISÓRIA. CÔMPUTO SOBRE A PENA APLICADA NA SENTENÇA. INSTITUTO APLICADO CORRETAMENTE. AGRAVO REGIMENTAL NÃO PROVIDO. 1. O tempo de prisão provisória será computado na sentença, para fins de determinação do regime prisional (art. 387, § 2º, do CPP) ou na fase da execução, quando expedida a guia de recolhimento, com o propósito de progressão de regime ou de outros benefícios (art. 65, III, "c", da LEP). 2. Em todo caso, a detração incide a posteriori da pena privativa de liberdade efetivamente cominada ao réu, conforme o art. 68 do CP. Por isso, nas condenações iguais ou superiores a quatro anos de reclusão, o instituto não pode ser utilizado para afastar, por vias transversas, a vedação legal à substituição da pena (art. 44, I, do CP), visto estar relacionado apenas ao saldo ainda a cumprir da sanção e à sua individualização executória. 3. Agravo regimental não provido (AgRg no HC nº 728.824/MG –rel. Min. Rogerio Schietti Cruz - 6ª T., j. 14-6-2022, DJe 21-6-2022).

15.3. Coisa julgada

A garantia de coisa julgada significa atribuir à decisão um efeito imutável e irrevogável. Tal efeito é considerado uma garantia - art. 5º, XXXVI, da CF/1988, evitando a prática de *bis in idem*, ou seja, ninguém será julgado mais de uma vez mesmo pelo **mesmo fato.** A coisa julgada é subdividida em duas categorias, a coisa julgada **formal** e a coisa julgada **material.**

Coisa julgada **formal** gerada por decisões não analisa e nem julga o mérito, não discorre sobre o fato processado, é imutável dentro do seu processo, após o trânsito em julgado, por óbvio. É um exemplo de coisa julga formal a decisão de impronúncia, a qual não analisa se o acusado é inocente ou culpado, arquivando o processo a partir de uma análise indiciária, razão pela qual pode haver nova denúncia acerca daquele mesmo fato, se houve novas provas.

Já a coisa julgada **material** é aquela decisão que julga o mérito da ação proposta. Na oportunidade, o fato é analisado de forma a absolver ou condenar o réu, o que ocorre após o trânsito em julgado da sentença penal. Além das sentenças penais, também é exemplo de decisão com efeitos de coisa julgada material aquela que declara a extinção da punibilidade.

▷ **Atenção!** O efeito da coisa julgada é um direito do cidadão, visando impedir a pluralidade de denúncias sobre um mesmo fato. A única possibilidade de **mitigação** do efeito de coisa julgada material seria em atenção ao princípio *in dubio pro reo*, jamais sob argumento do *in dubio pro societate*. Sendo assim, somente pode haver reforma de decisão em favor do réu, razão pela qual somente é a revisão criminal para benefício do agente.

16. RECURSOS EM PROCESSO PENAL

16.1. Considerações iniciais sobre recursos em processo penal

Recurso é o meio processual adequado para impugnar decisões judiciais dentro de uma mesma relação jurídica, provocando o reexame das questões. Recorre-se da decisão de um julgador/órgão julgador, que será chamado de juízo *a quo*, e outro órgão jurisdicional apreciará o recurso, que, nesse caso, será chamado de juízo *ad quem*.

Em recente atualização legislativa, no art. 615, parágrafo 1º, do CPP restou assegurado que em todos os julgamentos em matéria penal ou processual penal em órgãos colegiados, havendo empate, prevalecerá a decisão mais favorável ao indivíduo imputado, proclamando-se de imediato esse resultado, ainda que, nas hipóteses de vaga aberta a ser preenchida, de impedimento, de suspeição ou de ausência, tenha sido o julgamento tomado sem a totalidade dos integrantes do colegiado.

16.2. Pressupostos recursais

Classificam-se em subjetivos e objetivos.

a) Pressupostos recursais subjetivos: interesse e legitimidade.

Não será admitido recurso em processo penal da parte que não tenha interesse na reforma da decisão (art. 577, parágrafo único, do CPP).

Eventualmente é questionado em prova: é possível o réu absolvido recorrer? A resposta é sem sentido de que, se existir interesse na alteração dos fundamentos indicados no art. 386 do CPP, seria possível, por exemplo, buscar alterar a hipótese de absolvição, visando evitar uma eventual ação indenizatória no juízo civil.

Em relação à legitimidade, no processo penal temos o que chamamos de legitimidade múltipla, em que o Ministério Público, o querelante, o réu, seu procurador ou defensor poderão recorrer. Inclusive, em determinados casos a vítima, ou quem legalmente a represente ou as pessoas do art. 31 do CPP, poderá recorrer, ainda que não tenha se habilitado como assistente de acusação. Por exemplo, no caso do art. 598 do CPP.

b) Pressupostos recursais objetivos: previsão legal, adequação e tempestividade.

O pressuposto recursal da **previsão legal** corresponde à existência do recurso em matéria penal, ou seja, se há previsão na legislação processual penal do recurso em questão. Por exemplo, aqui no processo penal não há previsão do chamado recurso de revista, utilizado em matéria trabalhista.

Já a **adequação** pressupõe que, entre os recursos previstos na legislação, o recurso utilizado esteja observando o seu adequado cabimento.

A **tempestividade** também é um pressuposto recursal objetivo. Todo recurso deverá observar o prazo legal: os prazos são peremptórios e, se não observados, resultam em intempestividade, ausência do requisito.

A contagem do prazo se dá na forma do art. 798 do CPP, excluindo o dia da ciência e computando o último. Para tanto, devemos observar as seguintes regras: a) o primeiro dia sempre terá que ser um dia útil; b) se o último dia não for útil, como sábado, domingos ou feriados, prorroga-se para o próximo dia útil; c) em regra, os prazos não se interrompem, nem suspendem; d) a contagem é diferente daquela que se faz no processo civil.

TERÇA	QUARTA	QUINTA	SEXTA	SÁBADO	DOMINGO	SEGUNDA
	Intimação (prazo: 5d)	1º dia do prazo	2º dia do prazo	3º dia do prazo	4º dia do prazo	**5º dia** **FIM DO PRAZO**
			Intimação	-	-	**1º dia do prazo**
Intimação (prazo: 5d)	1º dia do prazo	2º dia do prazo	3º dia do prazo	4º dia do prazo	5º dia ÚLTIMO DIA DO PRAZO	**FIM DO PRAZO**

No processo penal, os prazos são contados da ciência, e não da juntada aos autos de eventuais mandados, conforme a Súmula nº 710 do STF. Da mesma forma, a Súmula nº 310 do STF reforça a ideia ilustrada na tabela de que, se a intimação ocorrer na sexta, o início da contagem se dará somente na segunda, pois é o dia útil subsequente ao da intimação, e o início somente poderá ocorrer em dias úteis.

Importante registrar que a Lei nº 14.365/2022 introduziu o art. 798-A no CPP, que dispõe sobre a **suspensão do curso do prazo processual** nos dias 20 de dezembro a 20 de janeiro, sendo proibida também a realização de audiências e sessões de julgamento, não se aplicando essas disposições aos casos que envolvam réus presos, nos processos vinculados a essas prisões; nos procedimentos regidos pela Lei Maria da Penha; e nas medidas consideradas urgentes, mediante despacho fundamentado.

Por fim, de um modo geral, pode-se dizer que a lei prevê diversos prazos diferentes para interposição dos recursos em matéria processual penal, observando-se que o prazo mais comum é o prazo de cinco dias:

Prazo	Recursos – Interposição
48 horas	Carta testemunhável
2 dias	Embargos declaratórios no Código de Processo Penal
5 dias	Apelação, recurso em sentido estrito, agravo em execução, embargos declaratórios no JECRIM, recurso ordinário constitucional em habeas corpus
10 dias	Apelação no JECRIM e embargos infringentes e de nulidades
15 dias	Recurso especial e recurso extraordinário, recurso ordinário em mandado de segurança

16.3. Recursos em espécie

Os recursos processuais penais admitidos no processo penal são os seguintes:

16.3.1. Recurso em sentido estrito (RESE)

É o recurso destinado à impugnação de decisões interlocutórias, que não tenham caráter definitivo ou terminativo. No entanto, é cabível contra decisões que encerram o processo ou determinada fase processual, sem julgamento do mérito, como se verá.

- **Hipóteses de cabimento**

As hipóteses de cabimento do recurso em sentido estrito estão previstas no art. 581 do CPP, podendo, eventualmente, ser adotada interpretação extensiva, desde que não modifique o conteúdo da norma. Por exemplo, recurso em sentido estrito contra decisão rejeitou o aditamento próprio da denúncia ou queixa.

Cabe recurso em sentido contra as seguintes decisões:

- **Decisão que rejeitar a denúncia ou queixa (art. 581, I, do CPP): as hipóteses de rejeição estão no art. 395 do CPP. Em regra, da decisão contrária, ou seja, aquela que recebe a denúncia ou queixa, não cabe nenhum recurso, apenas impetração de *habeas corpus*, ante a absoluta falta de previsão legal. Obs.: No caso das infrações penais de competência do Juizado Especial Criminal, não cabe recurso em sentido estrito da decisão que rejeitar a denúncia ou queixa, mas apelação, com prazo de dez dias (art. 82, *caput*, da Lei nº 9.099/1995).**

Decisão que concluir pela incompetência do juízo (art. 581, II, do CPP): é o caso do reconhecimento *ex officio* da incompetência pelo próprio juiz, que determina a remessa dos autos ao juízo competente, nos termos do art. 109 do CPP. No procedimento do júri da decisão de desclassificação do fato para crime não doloso contra a vida (art. 419 do CPP), cabe recurso em sentido estrito com base nesse inciso, pois o juiz estará, em última análise, concluindo pela incompetência do Tribunal do Júri para julgar a causa.

Da decisão do juiz dando-se por competente não cabe nenhum recurso, podendo a parte prejudicada intentar apenas *habeas corpus*.

Decisão que julgar procedente as exceções, salvo a de suspeição (art. 581, III, do CPP): o art. 95 do CPP enumera as cinco exceções oponíveis, a saber: suspeição, incompetência do juízo, litispendência, ilegitimidade de parte e coisa julgada.

Decisão que pronunciar (art. 581, IV, do CPP): a decisão de pronúncia é uma decisão interlocutória mista não terminativa, que encerra uma fase do procedimento, sem julgar o mérito, isto é, sem declarar o réu culpado.

Decisão que conceder, negar, arbitrar, cassar ou julgar inidônea a fiança, indeferir requerimento de prisão preventiva ou revogá-la, conceder liberdade provisória ou relaxar a prisão em flagrante (art. 581, V, do CPP): nessa hipótese, a lei prevê tanto situação favorável ao réu quanto desfavorável. Assim, concedida a fiança ou fixado um valor muito baixo, pode o Ministério Público recorrer. Negada, cassada ou considerada inidônea, cabe ao acusado apresentar o seu inconformismo.

Decisão que julgar quebrada a fiança ou perdido o seu valor (art. 581, VII, do CPP): quando houver o quebramento, implicando a obrigação de se recolher à prisão, pode dar ensejo à impetração de *habeas corpus*.

Decisão que julgar extinta a punibilidade do acusado (art. 581, VIII, do CPP): trata-se de sentença terminativa de mérito, isto é, que encerra o processo com julgamento do mérito, sem absolver ou condenar o réu.

Decisão que indeferir pedido de extinção de punibilidade (art. 581, IX, do CPP): é o contraponto do inciso anterior, negada a extinção da punibilidade, o processo seguirá seu curso normal.

Decisão que conceder ou negar a ordem de *habeas corpus* (art. 581, X, do CPP): dispositivo refere-se à decisão do juiz de primeira instância, da qual, na hipótese de concessão, cabe também recurso *ex officio* (art. 574, I, do CPP). Importante fazer menção que, quando o juiz de 1º negar ordem de *habeas corpus*, cabível recurso no sentido estrito; entretanto se a ordem de *habeas corpus* for denegada no âmbito de Tribunal, será cabível **recurso ordinário constitucional**, como logo mais será explicado.

Decisão que conceder, negar ou revogar a suspensão condicional da pena (art. 581, XI, do CPP): no caso de a decisão estar embutida em sentença condenatória, cabe apelação. Após o trânsito em julgado da condenação, cabe agravo em execução (art. 197 da Lei nº 7.210/1984). Assim, esse dispositivo tem aplicação prejudicada.

Decisão que anular a instrução criminal no todo ou em parte (art. 581, XIII, do CPP): reconhecida essa hipótese, que é típica decisão interlocutória, cabe à parte inconformada ter que reiniciar a instrução ou reproduzir determinados atos, impugnar a decisão anulatória pelo recurso em sentido estrito.

Decisão que incluir ou excluir jurado na lista geral (art. 581, XIV, do CPP): há autores que sustentam a revogação desse inciso, em razão do art. 426, § 1º, do CPP.

Decisão que denegar a apelação ou julgá-la deserta (art. 581, XV, do CPP): no caso da apelação, o juízo de prelibação (admissibilidade) deve ser feito tanto na primeira quanto na instância superior. Assim, o juiz *a quo* pode deixar de receber o apelo (o que equivale a denegá-lo), se entender não preenchido algum pressuposto recursal objetivo ou subjetivo.

Nessa hipótese, cabe recurso em sentido estrito contra o despacho denegatório da apelação.

Se o juiz denegar também o recurso em sentido estrito dessa decisão, caberá **carta testemunhável** dirigida ao escrivão (arts. 639 e 640 do CPP).

Decisão que ordenar a suspensão do processo, em virtude de questão prejudicial (art. 581, XVI, do CPP): as questões prejudiciais estão previstas nos arts. 92 e 93 do CPP.

Decisão que decidir o incidente de falsidade (art. 581, XVIII, do CPP): o incidente de falsidade está previsto nos arts. 145 a 148 do CPP.

Decisão que recusar homologação ao acordo de não persecução penal (art. 581, XXV, do CPP): o acordo de não persecução penal está previsto no art. 28-A do CPP.

Além das hipóteses previstas no art. 581 do CPP, consta no art. 294 do CTB (Lei nº 9.503/1997) que: em qualquer fase da investigação ou da ação penal, havendo necessidade para a garantia da ordem pública, poderá o juiz, como medida cautelar, de ofício, ou a requerimento do Ministério Público ou ainda mediante representação da autoridade policial, decretar, em decisão motivada, a suspensão da permissão ou da habilitação para dirigir veículo automotor, ou a proibição de sua obtenção. Da decisão que decretar a suspensão ou a medida cautelar, ou da que indeferir o requerimento do Ministério Público, **caberá recurso em sentido estrito**, sem efeito suspensivo.

- **Hipóteses revogadas:**

- Art. 581, XII, XVII e XIX a XXIII, do CPP – Essas hipóteses não são mais objeto de recurso em sentido estrito, e sim de agravo em execução penal, em virtude do art. 197 da LEP, que introduziu recurso específico das decisões do juiz da Vara de Execução Penal. Portanto, consideram-se hipóteses tacitamente revogadas.
- Art. 581, XXIV, do CPP também é hipótese em desuso, pois, com a atual redação do art. 51 do CP, o descumprimento da pena de multa não poderá gerar prisão, a não ser dívida da Fazenda Pública.

- **Prazo**

O prazo para interposição do recurso em sentido estrito é de **cinco dias (art. 586 do CPP). Já para oferecer as razões e contrarrazões**, será de dois dias (art. 588 do CPP).

Exceções:

- Prazo de 20 dias, no caso de inclusão ou exclusão de jurado na lista, conforme art. 581, XIV, do CPP (como já mencionado, há posicionamento que sustenta a revogação desta hipótese).
- Prazo de 15 dias para interposição (dois dias para razões), quando a impugnação é feita pelo assistente à acusação não habilitado, nos termos dos arts. 584, § 1º, e 598, parágrafo único, do CPP. A contagem do prazo para o assistente de acusação interpor recurso segue a regra disposta na Súmula nº 448 do STF:

"O prazo para o assistente recorrer, supletivamente, começa a correr imediatamente após o transcurso do prazo do Ministério Público".

- **Competência para o julgamento – art. 582**

A interposição do recurso deve ser dirigida ao juiz de primeiro grau que proferiu a decisão, para que este possa rever a decisão, em sede de juízo de retratação.

As razões de recurso devem ser endereçadas ao Tribunal competente (Tribunal de Justiça, se da competência da Justiça Comum Estadual; ou Tribunal Regional Federal, se da competência da Justiça Federal).

- **Efeitos do recurso em sentido estrito**

O recurso em sentido estrito possui **efeito regressivo**, uma vez que a interposição do recurso obriga o juiz que prolatou a decisão recorrida a reapreciar a questão, mantendo-a ou reformando-a, conforme dispõe o art. 589, *caput*, do CPP.

No tocante ao efeito regressivo do recurso: recebendo os autos, o juiz, dentro de dois dias, reformará ou sustentará a sua decisão, mandando instruir o recurso com as cópias que lhe parecerem necessárias.

Se o juiz mantiver o despacho, remeterá os autos à instância superior; se reformá-la, o recorrido, por simples petição, e dentro do prazo de cinco dias, poderá requerer a subida dos autos. O recorrido deverá ser intimado, no caso de retratação do juiz.

Em geral, o recurso em sentido estrito não tem efeito suspensivo, salvo nas hipóteses previstas no art. 584 do CPP.

16.3.2. Apelação

É o recurso interposto da sentença definitiva ou com força de definitiva, para a segunda instância, com o fim de que se proceda ao reexame da matéria, com a consequente modificação parcial ou total da decisão.

- **Hipóteses de cabimento da apelação – art. 593 do CPP**

Sentenças definitivas de condenação ou absolvição proferidas por juiz singular (art. 593, I, do CPP).

Cabe apelação nas sentenças definitivas de condenação ou absolvição. São as decisões que encerram a relação jurídica processual, julgando o seu mérito, quer absolvendo, quer condenando o acusado. De toda sentença condenatória cabe apelação, e de toda absolutória também.

Da sentença de absolvição sumária no júri (art. 416) e daquelas proferidas nos processos de competência do juiz singular (art. 397 do CPP), exceto a decisão que declara extinta a punibilidade (art. 397, IV, do CPP), como as proferidas nos processos de competência do júri, na primeira fase do procedimento (art. 415 do CPP).

Decisões definitivas, ou com força de definitivas, proferidas por juiz singular nos casos não previstos no capítulo anterior.

Cabe, ainda, apelação das sentenças que, julgando o mérito, põe fim à relação jurídica processual ou ao procedimento, sem, contudo, absolver ou condenar o acusado. Logo, no caso, consistem na hipótese de decisões interlocutórias mistas (definitivas ou com força de definitivas), que não integram o rol do art. 581 do CPP, sendo, assim, cabível, na forma residual, portanto, o recurso de apelação, previsto no inciso II do art. 593 do CPP.

Decisões definitivas são aquelas que encerram o processo, incidental ou principal, com julgamento do mérito, sem, no entanto, absolver ou condenar.

Decisões com força de definitivas são aquelas decisões que encerram o processo, sem julgamento do mérito (decisão interlocutória mista terminativa) ou uma etapa procedimental (decisão interlocutória mista não terminativa). Ex.: decisão de impronúncia (art. 416 do CPP).

- **Apelação das decisões do júri**

Quando a parte pretender recorrer de decisão proferida no Tribunal do Júri, deve apresentar logo na petição de interposição qual o motivo que o leva a apelar, deixando expressa a alínea eleita do inciso III do art. 593 do CPP. Posteriormente, no momento de apresentação das razões, fica vinculado ao motivo declinado.

Assim sendo, o Tribunal somente pode julgar nos limites da interposição. Nesse sentido é a Súmula nº 713 do STF: "O efeito devolutivo da apelação contra decisões do júri é adstrito aos fundamentos da sua interposição". No caso de apelação das decisões da segunda fase do júri, as hipóteses são as seguintes, expostas no art. 593, III, do CPP:

a) Nulidade posterior à pronúncia

Por exemplo, alguma das partes suscita em grau de recurso alguma nulidade ocorrida após a pronúncia, a fim de anular o julgamento, em busca de um novo.

b) Sentença do juiz presidente contrária à letra expressa da lei ou à decisão dos jurados

O juiz está obrigado a cumprir as decisões do Júri, não havendo supremacia do juiz togado sobre os jurados, mas simples atribuições diversas de funções. Os jurados decidem o fato e o juiz presidente aplica a pena, de acordo com essa decisão, não podendo dela desgarrar-se.

c) Quando houver erro ou injustiça no tocante à aplicação da pena ou da medida de segurança

Por exemplo, a aplicação de penas muito acima do mínimo legal para réus primários, ou excessivamente brandas para reincidentes, sem ter fundamento razoável. Neste caso, o Tribunal, ao julgar o recurso, pode alterar a pena.

d) Quando a decisão dos jurados for manifestamente contrária à prova dos autos

Contrária à prova dos autos é a decisão que não encontra respaldo em nenhum elemento de convicção colhido sob o crivo do contraditório. Não é o caso de condenação que apoia em versão mais fraca. Só caberá apelação com base nesse fundamento uma única vez, não importando qual das partes tenha apelado.

Destaca-se que o Tribunal ao julgar a referida Apelação "não determinará novo Júri quando tiver ocorrido a apresentação, constante na Ata do julgamento, de tese conducente à clemência ao acusado, e esta for acolhida pelos jurados, desde que seja compatível com a Constituição, os precedentes vinculantes do Supremo Tribunal Federal e com as circunstâncias fáticas apresentadas nos autos" (Tema 1.087).

- **Prazo**

O prazo de interposição é de cinco dias, conforme art. 593, *caput*, do CPP.

O prazo para razões de apelação e contrarrazões é de oito dias (art. 600 do CPP). No caso de contravenção, o prazo para razões e contrarrazões é de três dias quando não for da competência do JECRIM.

No JECRIM, o prazo único é dez dias, devendo ser apresentadas as razões junto com a interposição. Salienta-se que é cabível apelação da decisão que rejeitar a denúncia ou queixa; da sentença e da decisão que conceder apelação (arts. 76, § 5º, e 82 da Lei nº 9.099/1995).

- **Legitimidade**

Podem interpor recurso de apelação o Ministério Público, o querelante (ação penal privada), o réu ou seu defensor (art. 577 do CPP) e o assistente de acusação.

Importante a Súmula nº 705 do STF.

> **Súmula 705 do STF** - A renúncia do réu ao direito de apelação, manifestada sem a assistência do defensor, não impede o conhecimento da apelação por este interposta.

A legitimidade do assistente de acusação está prevista no art. 598 do CPP. Pode ser: a) habilitado nos autos, sendo, portanto, intimado dos atos processuais, podendo, nessa condição, interpor recurso no prazo de cinco dias; b) não habilitado nos autos, não sendo até então, portanto, intimado dos atos processuais, razão pela qual terá o prazo mais dilatado para interpor recurso de apelação, qual seja, 15 dias, nos termos do art. 598, parágrafo único, do CPP.

A contagem do prazo para o assistente de acusação interpor recurso segue a regra disposta na Súmula nº 448 do STF: "O prazo para o assistente recorrer, supletivamente, começa a correr imediatamente após o transcurso do prazo do Ministério Público".

- **Processamento**

A apelação poderá ser interposta por termo ou petição. Interposta a apelação, as razões devem ser oferecidas dentro do prazo de oito dias, se for crime, salvo nos crimes de competência do Juizado Especial Criminal, quando as razões deverão ser apresentadas no ato de interposição. É obrigatória a intimação do apelante para que passe a correr o prazo para oferecimento das razões de apelação.

Se houver assistente, este arrazoará no prazo de três dias após o Ministério Público.

Outra peculiaridade é, se o apelante desejar, poderá oferecer as suas razões em segunda instância, perante o juízo *ad quem* (art. 600, § 4º, do CPP).

Importante registrar que a apresentação tardia das razões de apelação não impede o conhecimento do recurso e é considerada mera irregularidade.

- **Efeitos da apelação**

São eles:

Devolutivo: devolve o conhecimento da matéria à instância superior.

Suspensivo: trata-se do efeito da dilação procedimental, que retarda a execução da sentença condenatória.

Extensivo (art. 580 do CPP): ocorre nos casos de concursos de agentes, quando a decisão do recurso interposto somente por um dos corréus beneficia o corréu que não recorreu, mas isso somente é possível se a matéria não for de caráter exclusivamente pessoal.

Não há efeito regressivo no recurso de apelação.

- **Vedação à reformatio *in pejus***

Embora a apelação permita o reexame da matéria decidida na sentença, o efeito devolutivo não é pleno. Quando **apenas a defesa recorrer,** não é possível haver reforma da sentença para agravar a situação, nos termos do art. 617 do CPP. De outro modo, importante lembrar que o recurso da acusação tem caráter limitado, não pode o tribunal dar provimento em maior extensão contra o apelado, inclusive temos a Súmula nº 160 do STF.

A ***reformatio in pejus* pode ser indireta** quando ocorre a anulação da sentença ou de determinado ato do processo, por recurso exclusivo do réu, e a outra decisão proferida agravar a situação do acusado. Ainda que seja uma nova decisão, deverá respeitar a antiga, não podendo piorar a situação do réu.

Assim, caso o réu seja condenado a cinco anos de reclusão, mas obtenha a defesa a anulação dessa decisão, quando o magistrado – ainda que seja outro – venha a proferir outra sentença, está restrito a uma condenação máxima de cinco anos.

A proibição de *reformatio in pejus* aplica-se a todos os recursos e ações penais, não somente ao recurso de apelação.

16.3.3. Embargos infringentes e de nulidade

Trata-se de recurso privativo da defesa, voltado a garantir o reexame da matéria decidida em segundo grau, por ter havido decisão não unanime desfavorável ao réu, previsto no art. 609, parágrafo único, do CPP.

Importante referir que, quando se tratar de matéria de mérito, o nome que devemos utilizar é embargos infringentes; caso a matéria em divergência seja de nulidades, utilizaremos somente embargos de nulidade; se porventura a divergência for de matéria de mérito e nulidade, utilizaremos o nome completo: embargos infringentes e de nulidade.

Por exemplo, se no julgamento de uma apelação, dois desembargadores mantiverem a sentença e um desembargador proferir voto divergente absolvendo o acusado, caberá embargos infringentes.

- **Hipóteses de cabimento**

Só são cabíveis embargos infringentes e de nulidades de acórdãos de apelação e recurso em sentido estrito. A doutrina e jurisprudência ampliam para possibilidade de acórdãos referentes ao agravo em execução, pois o processamento deste recurso segue as regras do recurso em sentido estrito. Importante lembrar que não são cabíveis de acórdãos de *habeas corpus* e revisão criminal.

- **Prazo**

O prazo para interposição é de dez dias, a contar da publicação do acórdão (art. 609, parágrafo único, do CPP). Por ocasião da interposição, deve o recurso ser devidamente instruído com as razões, pois não será aberta vista para essa finalidade.

16.3.4. Embargos de declaração

Encontram-se previstos nos arts. 382 e 619 do CPP e 83 da Lei nº 9.099/1995.Trata-se de recurso posto à disposição de qualquer das partes, voltado ao esclarecimento de dúvidas surgidas no acórdão, quando configurada ambiguidade, obscuridade, contradição ou omissão, permitindo, então, o efetivo conhecimento do teor do julgado, facilitando a sua aplicação e proporcionando, quando for o caso, a interposição de recurso especial ou extraordinário.

Ambiguidade: é o estado daquilo que possui duplo sentido, gerando equivocidade e incerteza, capaz de comprometer a segurança do afirmado. No julgado, significa a utilização, pelo magistrado, de termos com duplo sentido, que ora apresentam uma determinada orientação, ora seguem em caminho oposto, fazendo com que o leitor, seja ele leigo, seja ele não leigo, termine não entendendo qual o seu real conteúdo.

Obscuridade: é o estado daquilo que é difícil de entender, gerando confusão e ininteligência, no receptor da mensagem. No julgado, evidencia-se a utilização de frases e termos complexos e desconexos, impossibilitando ao leitor da decisão, leigo ou não, captar-lhe o sentido e o conteúdo.

Contradição: trata-se de uma incoerência entre uma afirmação anterior e outra posterior, referentes ao mesmo tema e no mesmo contexto, gerando a impossibilidade de compreensão do julgado.

Omissão: é a lacuna ou o esquecimento. No julgado, traduz-se pela falta de abordagem do magistrado acerca de alguma alegação ou requerimento formulado, expressamente, pela parte interessada, merecedor de apreciação.

- **Prazo**

Os embargos devem ser interpostos no prazo de dois dias perante o próprio juiz prolator da sentença (art. 382 do CPP) ou, no caso dos tribunais (art. 619 do CPP), endereçados ao próprio relator do acórdão embargado. No caso de embargos nos Juizados Especiais Criminais, o prazo é de cinco dias.

- **Efeito interruptivo**

Por analogia ao disposto no art. 1.026 do CPC, os embargos de declaração possuem o efeito de interromper o prazo para interposição de recurso. Conforme art. 83, § 2º, da Lei nº 9.099/1995, os embargos de declaração no âmbito do Juizado Especial Criminal também possuem efeito interruptivo.

16.3.5. Carta testemunhável

É o recurso que tem por fim provocar o reexame da decisão que denegar ou impedir o seguimento de recurso em sentido estrito e do agravo em execução (art. 639 do CPP).

Com relação ao não recebimento da apelação, cabe recurso em sentido estrito (art. 581, XV, do CPP), não sendo necessária carta testemunhável.

- **Procedimento**

A carta testemunhável deve ser requerida dentro de 48 horas, após a ciência do despacho que denegar o recurso ou da decisão que obstar o seu seguimento. Não terá efeito suspensivo.

O requerimento deve ser endereçado ao escrivão, indicando o requerente as peças do processo que deverão ser trasladadas. O escrivão dará recibo à parte recorrente da entrega do recurso. Este, dentro do prazo máximo de cinco dias, fará a entrega da carta devidamente formada com as peças indicadas; o escrivão que se negar a dar o recibo ou deixar de entregar, sob qualquer pretexto, será suspenso por 30 dias.

Na instância superior, o recurso seguirá o rito do recurso denegado. O tribunal mandará processar o recurso ou, se a carta estiver suficientemente instruída, julgará diretamente o recurso.

16.3.6. Agravo em execução penal

É o recurso cabível das decisões do juiz da Vara de Execução Penal, nos termos do art. 197 da Lei nº 7.210/1984. É possível encontrar no art. 66 da LEP um rol exemplificativo da competência do juiz da Vara de Execução, por exemplo: decidir sobre progressão de regime, livramento condicional, saída temporária, entre outros. Logo, dessas decisões o recurso será o agravo em execução, que poderá ser interposto pelo Ministério Público ou pelo apenado, conforme o interesse de cada parte.

- **Prazo**

O prazo para interposição é de cinco dias, conforme se extrai da Súmula nº 700 do STF.

Prazo para razões e contrarrazões é de dois dias (art. 588 do CPP).

- **Processamento**

Idêntico ao recurso em sentido estrito, pois na Lei de Execução Penal não há processamento específico. Logo, no agravo em execução também é permitido o juízo de retratação, nos termos do art. 589 do CPP.

▷ Obs.: Em regra, o recurso de agravo não possui efeito suspensivo (art. 197 da LEP). Todavia, é importante ressaltar que, no tocante às medidas de segurança, somente poderá ocorrer a desinternação ou liberação de tratamento ambulatorial após transitar em julgado essa decisão (art. 179 da LEP).

16.3.7. Recurso ordinário constitucional em habeas corpus

É o recurso cabível das decisões denegatórias de *habeas corpus* proferidas no âmbito dos tribunais.

- **Cabimento**

Cabe recurso ordinário constitucional ao STF da decisão dos Tribunais Superiores que julgar em única instância o *habeas corpus*, desde que denegatória (art. 102, II, a, da CF).

Cabe recurso ordinário constitucional ao STJ da decisão denegatória de *habeas corpus*, proferida em única ou última instância pelos Tribunais Regionais Federais, ou pelos tribunais dos Estados e do Distrito Federal (art. 105, II, a, da CF).

- **Prazo**

O prazo para interposição e oferecimento das razões é de cinco dias, conforme art. 30 da Lei nº 8.038/1990 e Súmula nº 319 do STF.

▷ Obs.: Da mesma forma às decisões denegatórias de **mandado de segurança** por tribunais caberá recurso ordinário em mandado de segurança, no prazo de 15 dias, nos termos do art. 33 da Lei nº 8.038/1990 e arts. 102, II, e 105, II, da CF.

16.3.8. Recurso extraordinário e recurso especial

São recursos com caráter constitucional, os quais remetem ao Supremo Tribunal Federal ou ao Superior Tribunal de Justiça as decisões proferidas por qualquer tribunal do país.

O recurso extraordinário é de competência do Supremo Tribunal Federal, o qual analisará questões que versem sobre a constitucionalidade da decisão recorrida, com fundamento no art. 102, III, alíneas, da CF/1988.

Já o recurso especial é julgado pelo Superior Tribunal de Justiça, o qual, ao analisar a decisão recorrida, dará atenção a eventual afronta à legislação vigente, com fundamento no art. 105, III, alíneas, da CF/1988.

- **Prazo**

Para aferição do prazo dos referidos recursos utiliza-se o Código de Processo Civil, o qual, em seus arts. 1.003, § 3º, e 1.030, dispõe que, para interposição, o prazo a ser observado é de quinze dias, a contar da intimação do acórdão recorrido.

O prazo é único, devendo ocorrer a interposição acompanhada das razões. De igual forma, considera-se o prazo de quinze dias para apresentação de contrarrazões.

▷ Atenção! Tratando-se de matéria penal, os prazos anteriormente descritos seguem a regra do art. 798 do CPP, contando-se de forma corrida os dias.

- **Processamento**

Interpõe-se os referidos recursos perante o tribunal recorrido, com endereçamento das razões à corte correspondente.

Para que sejam admitidos, é imprescindível que a matéria recorrida tenha sido prequestionada, ou seja, que a matéria aventada no recurso extraordinário ou no recurso especial tenha sido suscitada e discutida anteriormente.

Especialmente quanto ao recurso extraordinário, para sua admissão, também é necessário que se demonstre a hipótese de repercussão geral da matéria a ser discutida. A repercussão geral será considerada se houver questão de interesse do ponto de vista econômico, político, social ou jurídico que ultrapassem o interesse do processo – art. 102, § 3º, da CF/1988 c/c o art. 1.035, § 1º, do CPC.

No que tange ao recurso especial, em 15 de julho de 2022, a partir da Emenda Constitucional nº 125/2022, passou a ser exigido à admissão do referido recurso a demonstração da relevância das questões de Direito federal inconstitucional, ora suscitadas. O impedimento do conhecimento do recurso especial interposto, por considerar-se irrelevante a questão suscitada, somente poderá ocorrer se houver manifestação nesse sentido de 2/3 dos membros do órgão competente – art. 105, § 2º, da CF. Entretanto, conforme o § 3º da CF, entende-se que haverá relevância nos casos de ações penais.

17. AÇÕES AUTÔNOMAS DE IMPUGNAÇÃO: REVISÃO CRIMINAL, *HABEAS CORPUS* E MANDADO DE SEGURANÇA

17.1. Revisão criminal

A revisão criminal é uma ação autônoma de impugnação que, de forma excepcional, tem como objetivo modificar a sentença penal condenatória transitada em julgado, relativizando assim a coisa julgada, sempre em benefício do réu, sendo vedada a revisão criminal *pro societate*.

É pressuposto da revisão criminal a existência de sentença penal condenatória transitada em julgado.

Conforme dispõe o art. 621 do CPP, é cabível revisão criminal:

- Quando a sentença penal condenatória, transitada em julgado, for contrária ao texto da lei ou à evidência dos autos;
- Quando for fundamentada em depoimentos, exames ou documentos comprovadamente falsos;
- Quando, após a sentença penal condenatória transitada em julgado, forem descobertas novas provas de inocência ou de causa de diminuição da pena.

▷ Obs.: A doutrina e a jurisprudência admitem revisão criminal nas hipóteses de sentença absolutória imprópria, visto que resultam na aplicação de medida de segurança, uma sanção penal.

A revisão criminal pode ser proposta a qualquer tempo, desde que após o trânsito em julgado, até mesmo após a morte do réu (art. 622 do CPP).

Em regra, é vedada a reiteração de pedido, ou seja, o mesmo réu não pode propor revisão criminal mais de uma vez, em relação ao mesmo fato, tendo a mesma causa de pedir (art. 622, parágrafo único, do CPP). Todavia, a referida vedação é incabível quando se estiver diante de novas provas ou circunstâncias diversas do pedido feito anteriormente.

- **Legitimidade**

Pode propor ação de revisão criminal o réu ou o procurador legalmente habilitado, em caso de morte do réu, pelo cônjuge, ascendente, descendente ou irmão (art. 623 do CPP).

Perceba que o próprio réu pode ingressar com revisão criminal, mesmo que não seja advogado.

- **Competência**

O art. 624 do CPP dispõe sobre o processamento e julgamento das revisões criminais.

O Supremo Tribunal Federal será competente para julgar as ações de revisão criminal que digam respeito às condenações por ele proferidas. A referida competência estará restrita ao mérito, ou seja, o fundamento da revisão deve dizer respeito ao que foi discutido em sede de recurso extraordinário (art. 102, I, j, da CF/1988).

Nessa esteira, é a competência do Superior Tribunal de Justiça, sendo o referido órgão competente para julgar as revisões criminais que versarem sobre as condenações por ele proferidas, sendo a matéria restrita ao conteúdo discutido em recurso especial (art. 105, I, e, da CF/1988).

Em casos de condenação em segundo grau, o TJ ou TRF que a proferiu será competente para julgar eventual revisão criminal, de igual forma, se o réu tiver sido absolvido em primeiro grau e condenado em segundo grau após recurso interposto pelo Ministério Público.

- **Efeitos**

Trata-se de uma ação de impugnação excepcional, admitida somente em favor do réu, sendo assim, é possível que o Tribunal profira decisão *ultra petita*, como, por exemplo, decidir pela absolvição do réu, ainda que o pedido tenha sido somente de anulação.

Julgada procedente a revisão criminal, o tribunal poderá alterar a classificação do réu, absolvê-lo, modificar sua pena ou anular o processo (art. 626 do CPP).

Não há possibilidade de decisão que agrave a situação do réu, sendo vedada *reformatio in pejus* (art. 626, parágrafo único, do CPP). Ainda que a decisão tenha anulado o processo e tenhamos uma nova tramitação processual e, consequentemente, nova decisão, esta não pode ser mais gravosa que a anterior, sob pena de *reformatio in pejus indireta*.

É chamado de *juízo rescindente* aquele que desconstitui a decisão impugnada, quando cassa uma decisão. Já aquele que reforma a decisão impugnada, substituindo a anterior, reexaminando seu mérito, havendo, ainda, novo julgamento, é chamado *juízo rescisório ou revisório*.

Havendo decisão absolutória, todos os direitos perdidos pelo réu serão restabelecidos, devendo o tribunal, em caso de absolvição imprópria, impor a medida de segurança cabível (art. 627 do CPP).

Por fim, se tiver sido postulado pelo interessado, o tribunal poderá reconhecer o direito a uma justa indenização, tendo em vista os prejuízos sofridos (art. 630 do CPP).

17.2. *Habeas corpus*

O *habeas corpus* é uma ação autônoma de impugnação com o fim de garantir o direito à liberdade do indivíduo. Embora se encontre no Livro III do Código de Processo Penal, não é considerado um recurso, e sim ação impugnativa, com previsão nos arts. 5º, LXVIII, da CF/1988 e 647 e seguintes do CPP.

Recentemente foi inserido na legislação o artigo 647-A, do CPP, que dispõe sobre o *habeas corpus coletivo*, ou seja, aquele destinado a determinado grupo de pessoas, ultrapassando o caráter individual. Inclusive, restou também assegurada de forma enfática a possibilidade da concessão de *habeas corpus* de ofício tanto por juiz ou tribunal, ainda que a referida ação não seja conhecida, quando identificada coação ilegal.

- **Pressupostos**

Para impetração de *habeas corpus* é necessária a exposição de fatos que possam interferir na liberdade do indivíduo, fatos que devem ser revestidos de violência ou coação.

O termo *violência* refere-se ao emprego da força física com finalidade de restringir a liberdade de alguém. É o que ocorre, por exemplo, em uma prisão em flagrante numa situação não revestida de flagrância.

Já a expressão *coação ilegal* consiste no constrangimento da liberdade de locomoção por meio de ameaça, medo ou intimidação (violência moral). Atos que representem perigo à liberdade de alguém.

De acordo com o art. 648 do CPP, a coação será considerada ilegal quando:

1. Não houver justa causa;
2. Alguém estiver preso por mais tempo do que determina a lei;
3. Ordenada por quem não tem competência para fazê-lo;
4. Houver cessado o motivo que autorizou a coação;
5. Não for admitida fiança nos casos em que a lei autoriza;
6. O processo for manifestamente nulo;
7. Estiver extinta a punibilidade.

- **Espécies**

O *habeas corpus* pode ser liberatório/repressivo, preventivo ou trancativo/profilático.

Quando estivermos diante da existência da restrição de liberdade ilegal, sob fato já existente, com coação ou violência evidenciada, o impetrante o fará em caráter **liberatório/repressivo.**

Existindo evidência de ameaça à liberdade do indivíduo, a impetração do *habeas corpus* deverá ser feita em **caráter preventivo**, conhecido como *salvo* *conduto*, com o fim de prevenir a ocorrência de restrição da liberdade.

Ainda, poderá ser impetrado com o fim de trancar o inquérito ou a ação penal, em caráter **trancativo/profilático.**

- **Legitimidade**

Vislumbrada a ilegalidade na privação de liberdade de alguém, qualquer um poderá impetrar *habeas corpus*, inclusive o próprio paciente, e até mesmo o Ministério Público (art. 654 do CPP).

Ainda, se no curso do processo juízes e tribunais competentes verificarem que alguém sofre ou está na iminência de sofrer coação ilegal, poderão expedir, *ex officio*, ordem de *habeas corpus* (art. 654, § 2º, do CPP)

A ação de *habeas corpus* é judicialmente gratuita (art. 5º, LXXVII, da CF/1988).

- **Competência**

A competência para recebimento do *habeas corpus* será definida da seguinte forma:

AUTORIDADE COMPETENTE	AUTORIDADE COAUTORA
Juiz de primeira instância	Delegado de polícia
Tribunais de Justiça	Juiz de direito ou promotor de justiça.
TRF	Juiz Federal ou contra membros do MPU, MPT, MPF e DF.
STF	Tribunal Superior ou autoridade, funcionário público, cujos atos estejam sujeitos diretamente àquela jurisdição.
STJ	Governador de Estado ou DF, desembargadores do TJ ou DF e membros do TRF, TRE e TRT. Ou, aqueles sujeitos à sua jurisdição, ministro de Estado ou comandante da Marinha, do Exército ou da Aeronáutica, ressalvada a competência da justiça eleitoral.
Turmas recursais	Decisão exarada no âmbito do JECRIM.

- **Recurso**

Súmulas – STF

Súmula nº 606 – Não cabe *habeas corpus* originário para o Tribunal Pleno de decisão de Turma, ou do Plenário, proferida em *habeas corpus* ou no respectivo recurso.

Súmula nº 691 – Não compete ao Supremo Tribunal Federal conhecer de *habeas corpus* impetrado contra decisão do Relator que, em *habeas corpus* requerido a tribunal superior, indefere a liminar.

Súmula nº 692 – Não se conhece de *habeas corpus* contra omissão de relator de extradição, se fundado em fato ou direito estrangeiro cuja prova não constava dos autos, nem foi ele provocado a respeito.

Súmula nº 693 – Não cabe *habeas corpus* contra decisão condenatória a pena de multa, ou relativo a processo em curso por infração penal a que a pena pecuniária seja a única cominada.

Súmula nº 694 – Não cabe *habeas corpus* contra a imposição da pena de exclusão de militar ou de perda de patente ou de função pública.

Súmula nº 695 – Não cabe *habeas corpus* quando já extinta a pena privativa de liberdade.

17.3. Mandado de segurança

- **Considerações gerais**

Conforme art. 5º, LXIX, da CF e art. 1º, *caput*, da Lei nº 12.016/2009, mandado de segurança é uma ação autônoma de impugnação, com status de remédio constitucional, que intenta tutelar direito líquido e certo que estiver sendo violado. Na esfera penal, é utilizado de forma subsidiária, na impossibilidade de impetração de *habeas corpus ou habeas data*, bem como se não houver recurso ordinário específico.

- **Prazo**

Por força do art. 23 da Lei nº 12.016/2009, o mandado de segurança tem prazo **decadencial** de **120 dias**, contados da ciência do ato impugnado.

- **Bem jurídico tutelado**

O mandado de segurança tutela direito *líquido e certo* prejudicado por autoridade.

Eventual controvérsia sobre a matéria de direito não impede a concessão do mandado de segurança, conforme Súmula nº 625 do STF.

- **Hipóteses de cabimento no processo penal**

Indeferimento de habilitação do assistente de acusação.

Trancamento do inquérito policial ou ação penal – que não tratar de delito com pena privativa de liberdade.

Proteção da pessoa jurídica no processo pena – ex.: no processo ambiental com dupla imputação, a pessoa jurídica não é dotada de liberdade de locomoção.

Da determinação do sequestro de bens.

Para concessão de efeito suspensivo a recurso que não o tenha (Súmula nº 604 do STJ – O mandado de segurança não se presta para atribuir efeito suspensivo a recurso criminal interposto pelo Ministério Público).

Para franquear o acesso de advogado a inquérito policial, quando este se ver impedido pela autoridade (Súmula Vinculante nº 14 do STF).

- **Hipóteses em que não caberá**

A Lei nº 12.016/2009, em seu art. 5º, dispõe sobre as hipóteses de não cabimento do mandado de segurança, são elas:

- **De ato do qual caiba recurso administrativo com efeito suspensivo, independentemente de caução:** havendo interposição de recurso administrativo com efeito suspensivo, restará prejudicado o conhecimento do mandado de segurança.
- **De decisão judicial da qual caiba recurso com efeito suspensivo:** Súmula nº 267 do STF – "Não cabe Mandado de Segurança contra ato judicial passível de recurso ou correição".

- **Requisitos de admissibilidade**

Ilegalidade ou abuso de poder praticado por uma autoridade (Art. 1º, § 1º, da Lei nº 12.016/2019)

Demonstração do direito líquido e certo – que deverá ser provado documentalmente, demonstrando a lesão ou ameaça de direito: Não havendo provas suficientes, o MS não será admitido, pois não há dilação probatória em sua tramitação. A denegação do MS sem julgamento do mérito não impede sua renovação (dentro do prazo decadencial). Art. 6º, § 6º, da Lei nº 12.016/2019 – O pedido de mandado de segurança poderá ser renovado dentro do prazo decadencial, se a decisão denegatória não lhe houver apreciado o mérito.

Comprovação da ilegalidade ou do abuso de poder: não se admite impetração de MS de forma preventiva.

- **Legitimidade ativa e passiva**

Podem impetrar mandado de segurança o querelante, o assistente de acusação, o acusado ou seu defensor, bem como terceiros interessados.

No processo penal, o Ministério Público poderá impetrar mandado de segurança em defesa da sua pretensão acusatória, neste caso, o acusado deverá ser citado como *litisconsorte passivo* (Súmula nº 701 do STF).

A legitimidade passiva refere-se ao impetrado, autoridade que pratica o ato impugnado ou da qual se emana a ordem para sua prática, conforme dispõe o art. 6º, § 3º, da Lei nº 12.016/2009.

- **Competência:**

AUTORIDADE COMPETENTE	AUTORIDADE COAUTORA
STF	Atos do Presidente da República, das mesas da Câmara dos Deputados e do Senado Federal, do TCU, do PGR e do próprio STF – art. 102, I, d, da CF/1988.
STJ	Atos de Ministro do Estado, Comandantes da Marinha, do Exército e da Aeronáutica, ou do próprio STJ – art. 105 da CF/1988.
TRF	Ato do próprio tribunal ou de juiz federal – art. 108 da CF/1988.
Tribunais de Justiça	Simetria TRF
Juiz de primeiro grau	Atos de autoridade de polícia

- **Recursos**

Julgado o mandado de segurança, estará sujeito ao duplo grau de jurisdição (art. 14, § 1º, da Lei nº 12.016/2009).

18. NULIDADES NO PROCESSO PENAL

Nulidade é o vício que contamina determinado ato processual, praticado sem a observância da forma prevista em lei, podendo invalidar o ato ou o processo, no todo ou em parte.

18.1. Nulidade absoluta e relativa

Nulidades absolutas são aquelas que devem ser proclamadas pelo magistrado, de ofício ou a requerimento de qualquer das partes, pois violam normas de interesse público, como, por exemplo, um interrogatório realizado sem a presença de defensor.

Importante lembrar da Súmula nº 160 do STF, segundo a qual é nulo o reconhecimento de nulidade não arguida pela acusação em desfavor do acusado.

Já as nulidades relativas são aquelas que somente serão reconhecidas caso arguidas pela parte interessada, demonstrando o prejuízo sofrido pela inobservância da formalidade legal prevista para ato realizado.

Se o ato, ainda que produzido de forma irregular, atingiu a sua finalidade, inexiste razão para anulá-lo (art. 563 do CPP). Exige-se que tenha a parte prejudicada pela nulidade interesse no seu reconhecimento. Logo, não pode ser ela a geradora do defeito (CPP, art. 565).

18.2. Alguns princípios referentes às nulidades

a) Princípio do prejuízo (art. 563 do CPP) – nenhum ato será declarado nulo, se da nulidade não resultar prejuízo para a acusação ou para a defesa.

b) Princípio da tipicidade – em regra todo ato tem sua forma prescrita em lei, a inobservância poderá acarretar nulidade.

c) Princípio da convalidação – trata-se de sanar o ato, aplicável, em regra, aos casos de nulidade relativa. Em outros termos, não se declara a nulidade se for possível suprir o vício.

18.3. Nulidades arroladas no art. 564 do CPP

- **Vícios referentes à jurisdição e competência**

a) **Incompetência:** a competência absoluta (em razão da matéria e de foro privilegiado) não admite prorrogação; logo, se infringida, é de ser reconhecido o vício como nulidade absoluta.

b) **Suspeição:** se houver suspeição do juiz, caberá às partes, se o próprio magistrado não se abstiver de funcionar no feito, argui-la, nos termos do art. 98 do CPP. Reconhecida a suspeição, ficarão nulos todos os atos (probatórios e decisórios), como estabelece o art. 101 do CPP. Os motivos legais de suspeição estão elencados no art. 254 do CPP.

- **Vícios referentes à ilegitimidade da parte**

Tratando-se de ilegitimidade do representante da parte, poderão ser sanados antes da sentença, com a simples ratificação dos atos processuais (CPP, art. 564, II).

Falta de atos essenciais ou termos (CPP, art. 564, III)

Há, no processo, atos considerados essenciais, imprescindíveis para a validade da relação processual. São assim considerados porque a omissão (do ato) de qualquer deles é nulidade absoluta. São atos estruturais, ou essenciais, os alinhados no inciso III do art. 564 do CPP. Faz-se exceção àqueles elencados nas letras d e e, segunda parte, e, finalmente, g e h desse mesmo inciso. O próprio legislador admitiu sanar esses atos, nos termos do art. 572 do CPP. O inciso IV do art. 564 do CPP cuida da omissão da formalidade que constitua elemento essencial do ato.

a) **Denúncia ou queixa e a representação (art. 564, III, *a*, do CPP):** a falta de denúncia ou de queixa impossibilita o início da ação penal, razão pela qual este inciso, na realidade, refere-se à ausência das fórmulas legais previstas para essas peças processuais. Uma denúncia ou queixa formulada sem os requisitos indispensáveis (art. 41 do CPP) certamente é nula.

A falta de representação pode gerar nulidade, pois termina provocando ilegitimidade para o órgão acusatório agir. Entretanto, é possível convalidá-la, se dentro do prazo decadencial.

b) **Exame de corpo de delito (art. 564, III, b):** quando o crime deixa vestígios, é indispensável a realização do exame de corpo de delito, direto ou indireto, conforme preceitua o art. 158 do CPP.

Assim, havendo um caso de homicídio, por exemplo, sem laudo necroscópico, nem outra forma válida de produzir a prova de existência da infração penal, deve ser decretada a nulidade do processo. Trata-se de nulidade absoluta.

c) **Defesa do réu (art. 564, III, *c*, do CPP):** preceitua a Constituição Federal que "aos litigantes, em processo judicial ou administrativo, e aos acusados em geral são assegurados o contraditório e ampla defesa, com os meios e recursos a ela inerentes" (art. 5º, LV, da CF).

Nessa esteira, o Código de Processo Penal prevê que "nenhum acusado, ainda que ausente ou foragido, será processado ou julgado sem defensor" (art. 261 do CPP). Assim, a falta de defesa é motivo de nulidade absoluta.

Não nomeação de defensor dativo: é caso de nulidade absoluta.

Ausência de defesa ou deficiência de defesa: Súmula nº 523 do STF: "No processo penal, a falta de defesa constitui nulidade absoluta, mas a sua deficiência só o anulará se houver prova de prejuízo para o réu".

d) **Falta de intervenção do Ministério Público (art. 564, III, d, do CPP)**: é causa de nulidade se o representante do Ministério Público não interferir nos feitos por ele intentados (ação pública), bem como naqueles que foram propostos pela vítima, em atividade substitutiva do Estado-acusação (ação privada subsidiária da pública) e nas ações privadas.

e) **Falta ou nulidade da citação do réu para se ver processar (ampla defesa e contraditório e interrogatório)** – art. 564, III, e, do CPP.

Citação: se o réu não for citado ou se a citação for feita em desacordo com as normas processuais, prejudicando ou cerceando o réu, é motivo para anulação do feito a partir da ocorrência do vício. Trata-se de nulidade absoluta.

A falta ou a nulidade da citação estará sanada desde que o interessado compareça antes de o ato consumar-se (art. 570 do CPP).

Porém, haverá nulidade insanável se a falta de citação prejudicar a defesa do acusado, não sendo possível a convalidação do vício apenas pelo comparecimento do réu ao ato.

Interrogatório – art. 564, III, e, do CPP.

O interrogatório, sendo ato fundamental – mesmo que não imprescindível –, deve sempre ser realizado quando o acusado estiver presente, em qualquer momento do procedimento, a fim de que ele, no exercício de sua defesa pessoal, possa apresentar diretamente a sua versão a respeito do fato, influindo sobre o convencimento do juiz. Por isso, o CPP estatui, no art. 564, III, e, que há nulidade na falta de interrogatório do réu presente. Cuida-se de nulidade insanável.

Concessão de prazos à acusação e à defesa: ao longo da instrução, vários prazos para manifestações e produção de provas são concedidos às partes. Deixar de fazê-lo pode implicar um cerceamento de acusação ou de defesa, resultando em nulidade relativa, ou seja, se houver prejuízo demonstrado.

f) **Decisão de pronúncia** (art. 564, III, f, do CPP) – com a abolição do libelo, a alínea f fica restrita à pronúncia.

g) **Intimação do réu para a sessão de julgamento pelo Tribunal do Júri** – art. 564, III, g, do CPP.

Tornou-se possível a realização do julgamento em plenário do Tribunal do Júri, mesmo estando o réu ausente (art. 457). Entretanto, é direito do acusado ter ciência de que se realizará a sessão, podendo exercer o seu direito de comparecimento. Logo, a falta de intimação poderá gerar nulidade.

h) **Intimação de testemunhas** – art. 564, III, h, do CPP.

Com a abolição do libelo, as partes poderão arrolar suas testemunhas para Plenário do Júri, máximo cinco para cada uma das partes, conforme dispõem os arts. 422 e 423 do CPP. Se não forem intimadas e, sem embargo, comparecerem, a nulidade será considerada sanada, nos termos do art. 572 do CPP. Não comparecendo, por não terem sido intimadas, a nulidade é absoluta.

i) **Instalação da sessão do júri** – art. 564, III, i, do CPP.

Trata-se de norma cogente, implicando nulidade absoluta a instalação dos trabalhos, no Tribunal do Júri, com menos de 15 jurados (art. 463 do CPP).

j) **Incomunicabilidade dos jurados** – art. 564, III, j, do CPP.

É causa de nulidade absoluta a comunicação dos jurados, entre si, sobre os fatos relacionados ao processo, ou com o mundo exterior – pessoas estranhas ao julgamento –, sobre qualquer assunto.

k) **Inexistência dos quesitos e suas respostas** – art. 564, III, k, do CPP.

Súmula nº 156 do STF: "É absoluta a nulidade do julgamento pelo júri, por falta de quesito obrigatório".

l) **Acusação e defesa no julgamento pelo Tribunal do Júri** – art. 564, III, l, do CPP.

m) **Ausência da sentença** – art. 564, III, m, do CPP.

n) **Recurso de ofício** – art. 564, III, n, do CPP.

Na verdade, cuida-se do duplo grau de jurisdição necessário. Em determinadas hipóteses, impôs a lei que a questão, julgada em primeiro grau, seja obrigatoriamente revista por órgão de segundo grau. Ex.: a sentença concessiva de *habeas corpus* (art. 574, I, do CPP). O desrespeito a esse dispositivo faz com que a sentença não transite em julgado (Súmula nº 423 do STF).

o) **Intimação para recurso** – art. 564, III, o, do CPP.

As partes têm direito a recorrer de sentenças e despachos, quando a lei prevê a possibilidade, motivo pelo qual devem ter ciência do que foi decidido. Omitindo-se a intimação, o que ocorrer, a partir daí, é nulo, por evidente cerceamento de acusação ou de defesa, conforme o caso. Nos termos do art. 564, IV, do CPP, haverá nulidade por omissão de formalidade que constitua elemento essencial do ato. Por exemplo, regularização da falta ou nulidade da citação, intimação ou notificação – estabelece o art. 570 do CPP que o comparecimento do interessado, ainda que somente com o fim de arguir a irregularidade, sana a falta ou nulidade da citação, intimação ou notificação.

p) **no Supremo Tribunal Federal e nos Tribunais de Apelação, o quórum legal para o julgamento** – art. 564, III, p, do CPP.

19. LEI DE EXECUÇÃO PENAL

19.1. Considerações iniciais

A execução das penas e medidas de segurança no Brasil é regulada pela Lei nº 7.210/1984 (LEP). A sua finalidade é efetivar as disposições da sentença ou decisão criminal, propiciando condições para harmônica integração social do condenado ou internado.

A formação do processo de execução criminal (PEC), em regra, se dá quando se está diante de uma sentença penal condenatória transitada em julgado. Todavia, antes do trânsito em julgado, tem sido admitida a execução penal provisória com frequência em nosso país, nos casos em que houver necessidade de se manter a prisão preventiva, mesmo após a sentença condenatória. Neste sentido, a Súmula nº 716 do STF assegura a possibilidade de progredir de regime antes do trânsito em julgado. Da mesma forma, dispõe que, caso haja execução provisória, o regime da sentença deverá ser aplicado, por exemplo, se a pessoa foi condenada ao semiaberto, deverá ser transferida ao regime menos gravoso, previsto na sentença.

19.2. Competência do juiz da Vara de Execução

O art. 66 da Lei nº 7.210/1984 traz um rol exemplificativo da competência do juiz da Vara de Execução. Por exemplo, competirá ao juiz da Vara de Execução aplicar na execução lei penal que favorecer o apenado, nos termos da Súmula nº 611 do STF e art. 66, I, da LEP, em atenção ao art. 5º, LV, da CF.

A competência na execução penal é determinada pelo local de recolhimento, independente da origem da condenação. Por exemplo, condenada por tráfico internacional de drogas, está recolhida em penitenciária estadual, o juiz competente para acompanhar a execução é um juiz da vara de execução estadual, e não federal. O inverso também acontece, alguém foi condenado pela Justiça Estadual e por alguma razão foi transferido para uma Penitenciária Federal, o juiz competente será um juiz da Vara de Execução Federal. Isso se dá em decorrência da aplicação da Súmula nº 192 do STJ.

19.3. Individualização da pena na execução

A individualização da pena na execução penal deverá observar as regras dos arts. 5º ao 9º da LEP.

Os condenados serão classificados segundo os seus antecedentes e personalidade.

O condenado à pena privativa de liberdade em regime fechado, **será submetido ao exame criminológico para uma adequada classificação**. Já os **condenados em regime semiaberto poderão ser submetidos ao exame criminológico** (art. 8º).

Esse exame criminológico que a lei está tratando é para o início da execução da pena e não para progressão de regime/livramento condicional.

Além disso, a LEP prevê, em seu art. 9º-A, de forma obrigatória, a **identificação do perfil genético** do condenado por crime doloso praticado com violência grave contra a pessoa, bem como por crime contra a vida, contra a liberdade sexual ou por crime sexual contra vulnerável.

Constitui **falta grave** a **recusa** do condenado em submeter-se ao procedimento de identificação do perfil genético (arts. 9-A, § 8º, e 50, VIII, da LEP).

19.4. Detração penal

A detração penal é o cômputo na pena privativa de liberdade e na medida de segurança, de prisão provisória, no Brasil ou no estrangeiro, ou de internação. O instituto está previsto no art. 42 do CP.

A detração penal deverá ser observada, desde logo, na sentença condenatória, para fins de fixação de regime prisional, conforme art. 387, § 2º, do CPP.

19.5. Regimes prisionais e modificações durante a execução da pena

Em regra, o regime a ser cumprido vem estabelecido na sentença penal condenatória ou quando for aplicada a pena em um acórdão pelo tribunal. Será determinado conforme as regras contidas no Código Penal, nos arts. 33, § 2º, e 59 do CP.

Caso sobrevenha **nova condenação durante o cumprimento de uma pena**, a determinação do regime será feita através da soma do restante da que está sendo cumprida com a nova condenação, conforme art. 111, parágrafo único, da LEP.

19.6. Sistema progressivo: progressão de regime

A LEP adotou o sistema progressivo para o cumprimento da pena, ou seja, a transferência do regime mais rigoroso para um menos rigoroso mediante a observância de alguns requisitos, sendo "inadmissível a chamada progressão *per saltum* de regime prisional", nos termos da Súmula nº 491 do STJ.

Para fins de progressão de regime, observa-se a pena total, nos termos da Súmula nº 715 do STF, e não o limite máximo de cumprimento da pena, previsto no art. 75 do CP.

Desta forma, quem estiver executando pena poderá progredir, ainda que esteja aguardando definição de recurso (Súmula nº 716 do STF), bastando o preenchimento do requisito objetivo (lapso temporal) e subjetivo (bom comportamento), observando as especificidades referentes à natureza do delito, vejamos:

- **Requisitos para progressão de regime**

A progressão de regime exige o preenchimento de dois requisitos, quais sejam: requisito subjetivo e objetivo.

Em relação ao requisito subjetivo, é exigido para concessão da progressão o atestado de bom comportamento carcerário emitido pelo Diretor do estabelecimento prisional, nos termos do artigo 112, § 1º, da LEP. Aliás, em caso de prática de falta grave, o parágrafo 7º do artigo 112 da LEP dispõe que o bom comportamento é readquirido após 1 (um) ano da ocorrência do fato, ou antes, após o cumprimento do requisito temporal exigível para a obtenção do direito.

Além do atestado emitido pelo diretor do estabelecimento, deverá ser comprovada a boa conduta pelos resultados do exame criminológico, o qual, a partir da nova redação do artigo 112, parágrafo 1º, da Lei 7.210/1984, dada pela Lei 14.843/2024, voltou a ser requisito obrigatório para concessão da progressão de regime.

O exame criminológico, em regra, é realizado por psicólogos e assistentes sociais vinculados ao sistema prisional, muito rara a presença de psiquiatras. A partir desses exames são obtidas informações sociais e psicológicas sobre o apenado, subsidiando a decisão do magistrado sobre o direito à progressão de regime.

Em relação ao requisito objetivo, ou seja, o lapso temporal, previamente estabelecido para o alcance da progressão ao regime mais brando, o legislador optou por estabelecer uma exigência em percentual de cumprimento de pena, não mais em formato de fração, excetuando a hipótese da progressão especial para mulheres do parágrafo 3º do artigo em questão, restando a seguinte previsão na nova redação:

16% da pena	Primário	Crime tiver sido cometido **sem violência à pessoa** ou grave ameaça
20% da pena	Reincidente	
25% da pena	Primário	Crime cometido **com violência à pessoa** ou grave ameaça
30% da pena	Reincidente **EM**	
40% da pena	Condenado pela prática de **crime hediondo ou equiparado**, se for **primário**	
50% da pena	Se o apenado for: a) condenado pela prática de **crime hediondo ou equiparado, com resultado morte**, se for primário, vedado livramento condicional; b) condenado por exercer comando, individual ou coletivo, de **organização criminosa estruturada para prática de crime hediondo ou equiparado**; ou c) condenado pela prática do **crime de constituição de milícia privada**.	
55% da pena	se o apenado for condenado pela prática de feminicídio, se for primário, vedado o livramento condicional	
60% da pena	Se o apenado for **reincidente na prática de crime hediondo ou equiparado** (reincidência específica)	
70% da pena	Se o apenado for **reincidente em crime hediondo ou equiparado com resultado morte**, vedado o livramento condicional (reincidência específica)	

Somente estarão sujeitos aos novos prazos que eventualmente trouxerem um tratamento mais gravoso à progressão de regime aqueles que praticarem crimes a partir da data da vigência do Pacote Anticrime (Lei nº 13.964/2019), qual seja, dia 23 de janeiro de 2020. **Neste sentido, sempre que a nova lei trouxer algum benefício ao apenado, deverá retroagir.**

Dentro deste contexto, não se pode olvidar a Súmula nº 471 do STJ, que assegura a aplicação do prazo de 1/6 para todos os crimes, inclusive os hediondos e equiparados, desde que praticados antes do dia 29 de março de 2007, haja vista os efeitos atribuídos ao *Habeas Corpus* nº 82.959-7/SP, julgado pelo Supremo Tribunal Federal, em fevereiro de 2006.

a) Falta grave e progressão de regime

O cometimento de falta grave durante a execução da pena privativa de liberdade interrompe o prazo para a obtenção da progressão de regime, resultando no reinício da contagem do requisito objetivo, que terá como base a pena remanescente, nos termos do art. 112, § 6º, da LEP. Trata-se da incorporação do entendimento jurisprudencial, pois o novel parágrafo incorporou o teor da **Súmula nº 534 do STJ**.

b) Progressão de regime especial para mulheres

Conforme o art. 112, § 3º, da LEP, no caso de mulher gestante ou que for mãe ou responsável por crianças ou pessoas com deficiência, os requisitos para progressão de regime são, cumulativamente:

1) não ter cometido crime com violência ou grave ameaça a pessoa;
2) não ter cometido o crime contra seu filho ou dependente;
3) ter cumprido ao menos 1/8 (um oitavo) da pena no regime anterior;
4) ser primária e ter bom comportamento carcerário, comprovado pelo diretor do estabelecimento;
5) não ter integrado organização criminosa.

Destaca-se que o cometimento de fato definido como crime doloso ou falta grave, conforme dispõe a lei, implica a revogação da progressão de regime diferenciada (art. 112, § 4º, LEP).

c) Tratamento diferenciado para integrantes de organização criminosa – reconhecidos expressamente em sentença

É vedada a **progressão de regime ou obtenção do livramento condicional**, bem como de outros benefícios prisionais, para os casos de integrante de organização criminosa, expressamente reconhecido em sentença, ou de condenado por crime praticado por meio de organização criminosa, quando houver elementos probatórios que indiquem a manutenção do vínculo associativo, conforme consta no art. 2º, § 9º, da Lei nº 12.850/2013.

d) Progressão para o regime aberto

A progressão para o regime aberto possui algumas condições específicas, previstas nos arts. 114 e 115 da LEP, como, por exemplo, estar trabalhando ou possuir condições de trabalhar imediatamente. Neste caso, convém reforçar que a inexistência, por exemplo, de vaga para trabalho não autoriza o juiz a suprir essa condição impondo uma pena restritiva de direito, pois caracteriza uma afronta à legalidade. **Inclusive, há vedação expressa na Súmula nº 493 do STJ, matéria já cobrada no Exame da OAB.**

Vale ressaltar que a Lei 14.843/2024, que alterou a Lei 7.210/1984, incluiu como condição para o ingresso no regime aberto, de acordo com o artigo 114, II, da Lei de Execução Penal, a demonstração pelos resultados do exame criminológico que o apenado apresenta fundados indícios que se ajustará, com autodisciplina, baixa periculosidade e senso de responsabilidade, ao novo regime.

Ademais, inseriu também no artigo 115, que o juiz da Vara de Execução Penal poderá estabelecer como condições especiais para progressão para o regime aberto a monitoração eletrônica.

e) Exame Criminológico e progressão de regime

O exame criminológico, conforme dispõe a redação do artigo 112, parágrafo 1º, da Lei 7.210/1984, passou a ser novamente requisito obrigatório para obtenção da progressão regime prisional, uma vez que a comprovação da boa conduta carcerária está atrelada ao resultado dos exames. Porém, como é fruto de uma alteração legislativa recente, vamos observar as orientações jurisprudenciais, especialmente no sentido do reconhecimento da irretroatividade da Lei 14.843/2024, eis que ao nosso entender trata-se de *novatio legis in pejus*, pois torna obrigatório um requisito que poderá implicar diretamente de forma restritiva no direito de liberdade do apenado.

f) Progressão de regime e crimes contra Administração Pública

Nos casos de condenados por crimes contra a Administração Pública, aplica-se como requisito para progressão, além do tempo e do comportamento, a reparação do prejuízo gerado ao erário, conforme dispõe o art. 33, § 4º, do CP.

19.7. Regressão de regime

As hipóteses de regressão estão previstas nos arts. 118 e 146-C, parágrafo único, da LEP, vejamos:

O apenado praticar fato definido como crime doloso ou falta grave (art. 50 a 52 da LEP) – art. 118, I, LEP.

- Falta grave na execução penal: as hipóteses de faltas graves estão previstas no arts. 50, 51 (penas restritivas de direito) e 52 (primeira parte) da LEP.

Em relação às hipóteses de faltas de natureza grave, importante indicar as recentes Súmulas 660 e 661 do STJ, referentes aos aparelhos celulares e seus componentes. De acordo com o atual entendimento do STJ, "a falta grave prescinde da perícia do celular apreendido ou de seus componentes essenciais" (Súmula 661 do STJ).

Nos casos em que o apenado praticar alguma falta grave, antes da regressão de regime deverá ser ouvido, previamente, o apenado, conforme o art. 118, § 2º, da LEP.

Regressão cautelar: a jurisprudência tem admitido a regressão cautelar, hipótese em que se regride o regime **antes de ouvir** o preso, dispensando a audiência, visto se tratar de medida excepcional e emergencial, mas, para a **regressão em caráter definitivo, exige-se a oitiva.**

> **Súmula nº 526 do STJ** – O reconhecimento de falta grave decorrente do cometimento de fato definido como crime doloso no cumprimento da pena prescinde do trânsito em julgado de sentença penal condenatória no processo penal instaurado para apuração do fato.

Quando o apenado sofrer condenação, por crime anterior, cuja soma da pena restante com a nova condenação torne impossível a manutenção do regime (art. 111, parágrafo único, da LEP) – art. 118, II, LEP.

Quando o apenado em regime aberto frustrar os fins da execução ou não pagar, podendo,

a multa cumulativamente imposta. Tal hipótese deve ser analisada com cautela – art. 118, § 1º, LEP.

A violação comprovada dos deveres inerentes ao monitoramento eletrônico poderá ensejar a regressão (art. 146-C, parágrafo único, I, da LEP).

19.8. Prisão domiciliar

Para cumprir a pena em residência particular o preso deverá estar em regime aberto e se enquadrar em uma das quatro hipóteses do art. 117 da LEP, quais sejam:

- Condenado maior de setenta anos;
- Condenado acometido de doença grave;
- Condenada com filho menor ou deficiente físico ou metal;
- Condenada gestante.

Conforme a Súmula Vinculante nº 56 do STF, a falta de estabelecimento penal adequado não autoriza a manutenção do condenado em regime prisional mais gravoso, devendo-se observar, nessa hipótese, os parâmetros fixados no RE nº 641.320/RS, precedente representativo da súmula:

> 4. Havendo déficit de vagas, deverão ser determinados: (i) a saída antecipada de sentenciado no regime com falta de vagas; (ii) a liberdade eletronicamente monitorada ao sentenciado que sai antecipadamente ou é posto em prisão domiciliar por falta de vagas; (iii) o cumprimento de penas restritivas de direito e/ou estudo ao sentenciado que progride ao regime aberto. Até que sejam estruturadas as medidas alternativas propostas, poderá ser deferida a prisão domiciliar ao sentenciado (RE nº 641320, rel. Min. Gilmar Mendes – Tribunal Pleno – j. 11-5-2016, DJe 8-8-2016).

Destaca-se ainda que a jurisprudência dos Tribunais Superiores admite a concessão de prisão domiciliar nos casos de regime semiaberto e fechado, de forma excepcional, envolvendo doença grave ou a necessidade de tratamento de saúde quando não há possibilidade de ser prestado no sistema prisional o tratamento adequado, caracterizando uma prisão domiciliar de caráter humanitário.

Da mesma forma, no âmbito do STJ, entende-se que poderá ser concedida prisão domiciliar para mães ou gestantes, inclusive em regime fechado ou semiaberto, em casos excepcionais (Ver: **HC 836.849-SP**). Trata-se de uma aplicação extensiva do entendimento firmado no âmbito do STF no julgamento do *Habeas Corpus* Coletivo 143.641, destinado inicialmente aos casos de prisão provisória.

19.9. Remição de pena

A remição, prevista nos arts. 126 a 130 da LEP, é o cômputo na pena dos dias trabalhados ou estudados como pena efetivamente cumprida (art. 128 da LEP). A remição pode se dar em razão do trabalho ou estudo.

A remição de pena por trabalho pode ser usufruída por presos no regime fechado ou semiaberto. A lei não prevê a hipótese de remição por trabalho no regime aberto, sendo o entendimento do STF e STJ de que, diante da ausência de previsão, não deve ser concedido.

A contagem se dá da seguinte forma: três dias de trabalho equivalem a um dia da pena. O trabalho poderá ser realizado internamente ou externamente, a depender do caso específico. Neste sentido, a Súmula nº 562 do STJ reitera que é "possível a remição de parte do tempo de execução da pena quando o condenado, em regime fechado ou semiaberto, desempenha atividade laborativa, ainda que extramuros".

Já a remição por estudo pode ser usufruída em qualquer regime (fechado, semiaberto ou aberto) e, inclusive, quem estiver em livramento condicional. A cada doze horas de estudo divididas, no mínimo, em três dias, equivale a um dia da pena.

Alguns aspectos gerais que devem ser observados para fins de prova são:

O preso impossibilitado, por acidente, de prosseguir no trabalho ou nos estudos continuará a beneficiar-se com a remição.

O tempo a remir em função das horas de estudo será acrescido de um terço no caso de conclusão do Ensino Fundamental, Médio ou Superior durante o cumprimento da pena, desde que certificada pelo órgão competente do sistema de educação.

A remição é aplicada também aos presos cautelares.

Forjar acidente de trabalho é falta grave (art. 50 da LEP).

Possível cumular remição por trabalho e estudo, desde que compatíveis.

Por fim, destaca-se que o juiz poderá revogar **até um terço** do tempo remido daquele que praticar falta grave durante a execução (art. 127 da LEP).

19.10. Autorizações de saída: permissão de saída e saída temporária

As autorizações de saída dividem-se em: permissão de saída e saída temporária.

- **Permissão de saída**

Em conformidade com a Lei de Execução Penal, poderão obter permissão de saída (arts. 120 e 121 da LEP), **mediante autorização do diretor**, os apenados que cumprem pena em regime fechado, semiaberto e provisórios, **devidamente escoltados**, em duas hipóteses:

1. Falecimento ou doença grave do cônjuge, companheiro, ascendente, descendente ou irmão (CCADI);
2. Necessidade de tratamento médico.

- **Saída temporária**

A saída temporária, prevista nos artigos 122 a 125 da Lei de Execução Penal, é um instituto assegurado ao apenado que cumpre pena em regime semiaberto, que permite a sua saída do estabelecimento sem vigilância direta, porém poderá ser determinado o monitoramento eletrônico, a critério do juiz da Vara de Execução Penal.

Destaca-se que o referido instituto sofreu profunda alteração pela Lei 14.843/2024, que entrou em vigência no dia 11 de abril de 2024, modificando de forma significativa os artigos 122 e 124 da Lei de Execução Penal, especialmente ao restringir a possibilidade de saída temporária dos apenados em regime semiaberto apenas para os casos de "frequência a curso supletivo profissionalizante, bem como de instrução do 2º grau ou superior, na Comarca do Juízo da Execução".,

O tempo da saída será o necessário para o cumprimento das atividades discentes.

Porém, consta expressamente, no parágrafo 2º do artigo 122, que não terá direito à saída temporária ou ao trabalho externo sem vigilância direta o condenado que cumpre pena por prática de hediondo ou por crime com violência ou grave ameaça contra a pessoa.

Ressalta-se que essas alterações por resultarem da aplicação de uma lei penal mais gravosa, devem ser dirigidas para aqueles que praticarem crimes a partir do dia 11 de abril de 2024. Prevalecendo, para todos aqueles que praticaram crimes antes da vigência da lei atual, o direito de usufruir de saídas para visitar a família e participar de atividades que concorram ao retorno do convívio social, como constava anteriormente nos incisos I e III do artigo 122 da Lei de Execução Penal. Nesse sentido, o Ministro do STF, André Mendonça, se manifestou em decisão monocrática no HC 240770-MG.

Para fins de prova, eventual questionamento da matéria neste sentido, exige que a Banca Examinadora informe elementos suficientes sobre a legislação anterior que subsidiem o examinando, haja vista que o exame é baseado no conteúdo legislativo vigente na época do edital.

Por fim, o artigo 123 da Lei de Execução Penal informa os requisitos para obtenção, quais sejam: tempo (cumprimento mínimo de 1/6 para apenado primário e de, no mínimo, 1/4 para reincidentes) e comportamento adequado, bem como a compatibilidade com os objetivos da pena.

19.11. Monitoramento eletrônico

O monitoramento eletrônico é uma faculdade judicial, pois, de acordo com a lei, poderá ser definido pelo juiz nos casos definidos em lei, desde que seja necessário.

A lei admite a monitoração eletrônica nas seguintes situações: prisão domiciliar, saída temporária no regime semiaberto, quando for aplicada pena privativa de liberdade a ser cumprida nos regimes aberto ou semiaberto, ou conceder progressão para tais regimes, quando houver aplicação de pena restritiva de direitos que estabeleça limitação de frequência a lugares específicos e quando for concedido o livramento condicional.

O instituto está previsto a partir do artigo 146-B da Lei de Execução Penal.

Em caso de violação comprovada dos deveres em relação ao monitoramento eletrônico, nos termos do artigo 146, C, parágrafo único, o juiz da Vara de Execução, após ouvir o Ministério Público e a Defesa, poderá: regredir o regime prisional, revogar a saída temporária, a prisão domiciliar ou o livramento condicional, converter a pena restritiva em privativa de liberdade, ou apenas advertir, por escrito, o apenado caso não adote alguma das possibilidades anteriores.

Nos casos de condenação por feminicídio, de acordo com a nova redação do art. 146-E da LEP, o condenado ao usufruir de qualquer benefício em que ocorra a sua saída de estabelecimento penal, será fiscalizado por meio de monitoração eletrônica.

19.12. Livramento condicional

O livramento condicional é a liberdade mediante condições. Trata-se da última etapa do cumprimento de pena, **não se confundindo com progressão de regime, pois o livramento condicional não é regime prisional**.

Em regra, não há fiscalização direta, mas o juiz da Vara de Execução Penal poderá determinar a fiscalização por meio da monitoração eletrônica ao deferir o livramento condicional (art. 146, VIII, da LEP).

O instituto é regulado pelos arts. 83 a 90 do CP e arts. 131 a 146 da LEP. Acrescenta-se o art. 44, parágrafo único, da Lei nº 11.343/2006, que traz regras específicas para o livramento nos casos de delitos da Lei de Drogas.

Diferente do que ocorre para progressão de regime, a prática de falta grave não interrompe o prazo para obtenção do instituto, como dispõe a **Súmula nº 441 do STJ**. Porém, a prática de falta grave nos últimos doze meses obsta o livramento condicional, sendo fator que deverá ser observado por ocasião da elaboração do atestado de conduta carcerária.

A liberdade condicional poderá ser concedida para condenados com pena privativa de liberdade igual ou superior a dois anos.

Os requisitos para obtenção de livramento estão previstos no art. 83 do CP em combinação com o art. 112, § 2º, da LEP. São requisitos objetivos e subjetivos.

Os requisitos subjetivos estão no art. 83, III e IV, e é exigido o bom comportamento carcerário atestado pelo diretor, por força do art. 112 da LEP.

> **Art. 83, inciso III, do Código Penal**
>
> *a)* bom comportamento durante a execução da pena;
>
> *b)* não cometimento de falta grave nos últimos doze meses;
>
> *c)* bom desempenho no trabalho que lhe foi atribuído; e
>
> *d)* aptidão para prover a própria subsistência mediante trabalho honesto.
>
> **Art. 83, inciso IV, do CP.** Tenha reparado, salvo efetiva impossibilidade de fazê-lo, o dano causado pela infração.

No tocante ao lapso temporal, deverá ser observado o enquadramento abaixo:

Requisito Objetivo	Hipóteses cabíveis
+ 1/3	Não reincidente em crime doloso
+ 1/2	Reincidente em crime doloso
+ 2/3	Condenados por crimes hediondos, tráfico, tortura, terrorismo e **tráfico de pessoas** se enquadram nesta hipótese. Ressaltando que, em caso de reincidência em delitos dessa natureza, não será possível a concessão de livramento condicional.

Após concedido, o livramento condicional somente poderá ser revogado obrigatoriamente se durante o período de prova for trazida ao processo de execução nova **sentença penal condenatória irrecorrível** por **crime** praticado antes ou durante o período em que estava em liberdade (art. 86 do CP).

Também é possível que, a critério do juiz, seja revogado o livramento condicional, nos termos do art. 87 da LEP, quando descumpridas as condições ou superveniência de condenação irrecorrível por crime que não tenha sido determinada pena de prisão ou contravenção penal.

Portanto, são duas espécies de revogação: obrigatória e facultativa. Se chegar até o final do período de provas sem que haja revogação ou suspensão, declara-se extinta a pena (art. 90 do CP). Se porventura, após o término do período de provas, se descobrirem causas de revogação, não poderá afetar a declaração de extinção.

> **Súmula nº 617 do STJ:** A ausência de suspensão ou revogação do livramento condicional antes do término do período de prova enseja a extinção da punibilidade pelo integral cumprimento da pena.

Os efeitos das diferentes formas de revogação estão previstos nos arts. 88 do CP e 141 e 142 da LEP.

Aspectos importantes sobre livramento condicional no tocante ao delito de associação ao tráfico (art. 35 da Lei nº 11.343/2006):

O **crime de associação ao tráfico não é considerado hediondo** – não há previsão na Lei dos Crimes Hediondos do referido tipo penal. Logo, para progressão de regime se utiliza o lapso temporal de 1/6 da pena. Porém, o art. 44, parágrafo único, da Lei nº 11.343/2006, dispõe para livramento condicional deverá ser exigido mais de 2/3 da pena, incluindo o delito de associação.

19.13. Regime disciplinar diferenciado

O regime disciplinar diferenciado foi um dos institutos da execução penal que sofreu alterações com o advento do Pacote Anticrime.

Conforme o art. 52 da LEP, a prática de fato previsto como crime doloso constitui falta grave e, quando ocasionar subversão da ordem ou disciplina internas, sujeitará o preso provisório, ou condenado, nacional ou estrangeiro, sem prejuízo da sanção penal, ao regime disciplinar diferenciado, com as seguintes características:

- Duração máxima de até dois anos, sem prejuízo de repetição da sanção por nova falta grave de mesma espécie;
- Recolhimento em cela individual;
- Visitas quinzenais, de duas pessoas por vez, a serem realizadas em instalações equipadas para impedir o contato físico e a passagem de objetos, por pessoa da família ou, no caso de terceiro, autorizado judicialmente, com duração de duas horas;

- Direito do preso à saída da cela por duas horas diárias para banho de sol, em grupos de até quatro presos, desde que não haja contato com presos do mesmo grupo criminoso;
- Entrevistas sempre monitoradas, exceto aquelas com seu defensor, em instalações equipadas para impedir o contato físico e a passagem de objetos, salvo expressa autorização judicial em contrário;
- Fiscalização do conteúdo da correspondência;
- Participação em audiências judiciais preferencialmente por videoconferência, garantindo-se a participação do defensor no mesmo ambiente do preso.

Conforme o § 1º do art. 52 da LEP, o regime disciplinar diferenciado também será aplicado aos presos provisórios ou condenados, nacionais ou estrangeiros:

- que apresentem alto risco para a ordem e a segurança do estabelecimento penal ou da sociedade;
- sob os quais recaiam fundadas suspeitas de envolvimento ou participação, a qualquer título, em organização criminosa, associação criminosa ou milícia privada, independentemente da prática de falta grave.

Importante registrar que a **inclusão do preso no regime disciplinar diferenciado** depende de **decisão do juiz**.

19.14. Incidentes da execução penal

Durante a execução penal poderão ocorrer alguns incidentes, como, por exemplo: superveniência de doença mental daquele que está cumprindo pena; a conversão da pena restritiva de direito em pena privativa de liberdade diante do descumprimento, entre outras possibilidades.

Conversão da PPL em PRD (art. 180 da LEP) – PPL não superior a dois anos; condenado em regime aberto; cumprido pelo menos 1/4; antecedentes e personalidade indiquem.

Conversão da PRD em PPL (art. 181 da LEP) – ocorrerá na forma do art. 45 do CP.

Conversão da pena em medida de segurança (art. 183 da LEP)

Desvio ou excesso de execução (art. 185 da LEP)

19.15. Limite de cumprimento das penas privativas de liberdade

O limite de cumprimento de pena é o previsto no art. 75 do CP, qual seja, 40 anos. Antes da vigência do Pacote Anticrime, o limite previsto era de 30 anos. Trata-se de *novatio legis in pejus*, sendo aplicável somente para aqueles que praticarem crimes a partir da vigência da norma.

No tocante à incidência dos benefícios (direitos), conforme preconiza a Súmula nº 715 do STF, o limite do art. 75 do CP não é parâmetro ou base de cálculo para os demais direitos em sede de execução penal. A súmula refere o lapso temporal previsto antes das alterações do Pacote Anticrime, logo deverá ser atualizada, observando o novo limite de 40 anos. Desta forma, se o apenado estiver cumprindo uma pena que totaliza 60 anos, será sobre este total que deverá ser calculada a viabilidade de concessão de algum direito, e não sobre o limite máximo.

19.16. Graça, indulto e comutação de pena

São institutos que extinguem a punibilidade, conforme o art. 107, II, do CP.

A graça é o perdão individual da pena, perdoa-se a pessoa. É concedida pelo Presidente da República, por meio de uma avaliação discricionária. É uma medida de caráter excepcional, concedida mediante análise do caso individual. De acordo com o art. 5º, XLIII, não é permitida nem a graça nem a anistia para delitos considerados hediondos ou equiparados.

Já o indulto também é uma causa extintiva da punibilidade. No entanto, é concedido de forma coletiva, Assim sendo, qualquer preso que preencher as condições passará a ter direito ao indulto, devendo ser apenas declarado pelo juiz da Vara de Execuções. Importante registrar o conteúdo da Súmula 631 do STJ, que assegura que o indulto extingue os efeitos primários da condenação (pretensão executória), mas não atinge os efeitos secundários, penais ou extrapenais. Logo, os efeitos para fins de reincidência permanecem.

A comutação de pena, por sua vez, difere-se do indulto por ser o abatimento parcial do tempo da pena (prevista em forma de fração), desde que preenchido os requisitos previstos no decreto presidencial.

QUESTÕES DE PROCESSO PENAL – ASSUNTOS MAIS RECORRENTES

01. FGV - OAB - 39º Exame de Ordem Unificado - Primeira Fase – Q63

André, primário, subtraiu o computador de Gustavo, enquanto este estava distraído em via pública, em uma sexta-feira.

Na terça-feira da semana seguinte, após consultar as câmeras de vigilância, Gustavo identificou André como o responsável pela subtração, e acionou a Polícia Civil que, com base nas declarações de Gustavo, abordou André em via pública e com ele encontrou o computador subtraído dias antes. André foi, então, preso em flagrante pelo delito de receptação, na modalidade "conduzir" produto de furto. As penas do furto e da receptação são de 1 a 4 anos.

Como advogado(a) de André, assinale a afirmativa correta.

a) Deve ser postulado o relaxamento da prisão em flagrante, porque André praticou apenas o delito de furto, crime de natureza instantânea, inexistindo situação flagrancial.

b) Deve ser postulada a liberdade provisória, pois, não obstante ter praticado dois delitos em concurso material, ainda assim é cabível a suspensão condicional do processo.

c) André praticou delito de furto em concurso formal com receptação, o que autoriza a prisão em flagrante pelo delito de natureza permanente, mas é cabível a liberdade provisória, mediante fiança.

d) André praticou apenas o delito de receptação, cuja pena máxima é igual a quatro anos, por isso, não é cabível a prisão preventiva, devendo ser postulada a liberdade provisória.

02. FGV - OAB - 39º Exame de Ordem Unificado - Primeira Fase – Q64

Arthur, Bruno, Fernanda e Camille foram acusados de furto simples praticado em 2020.

Arthur foi definitivamente condenado, Bruno foi condenado, porém, recorreu e ainda não houve decisão definitiva. Fernanda aceitou suspensão condicional do processo, já cumprida, e Camille foi absolvida, tendo havido recurso do Ministério Público, ainda não julgado.

Em julho de 2023, sobreveio acusação de uso de documento particular falso contra os quatro. Considerando preenchidos os demais requisitos, e considerando apenas os antecedentes criminais mencionados, assinale a opção que indica os que podem celebrar Acordo de Não Persecução Penal.

a) Arthur e Bruno.

b) Arthur e Fernanda.

c) Bruno e Camille.

d) Fernanda e Camille.

03. FGV - OAB - 39º Exame de Ordem Unificado - Primeira Fase – Q66

Júnior foi condenado pelo delito de latrocínio, na modalidade tentada, a uma pena de 8 (oito) anos e 6 (seis) meses de reclusão, a ser cumprida em regime inicial fechado, já tendo a sentença transitado em julgado, sem nulidade. Júnior inicia a execução das penas e procura você, na qualidade de advogado(a).

Assinale a afirmativa que apresenta, corretamente, a orientação jurídica que possibilita reduzir o tempo de encarceramento de Júnior.

a) Postular o perdão do ofendido e, assim, reduzir sua pena.

b) Aguardar o decreto presidencial de comutação de pena.

C) Requerer a classificação de Júnior para trabalho e estudo no sistema carcerário, a fim de viabilizar a remição de penas.

d) Pleitear um decreto de anistia no âmbito da Assembleia Legislativa do seu Estado.

04. FGV - OAB - 39º Exame de Ordem Unificado - Primeira Fase – Q67

Osvaldo foi denunciado pela prática do crime de estelionato em coautoria com Flávio.

Durante a instrução processual, o Juízo ouviu três testemunhas da acusação, e, uma delas, Fabiana, apresentou versão conflitante com as apresentadas pelas defesas. Por isso, o Ministério Público requereu a realização de acareação prevista no Art. 229 do CPP, entre Osvaldo, Flávio e Fabiana.

A defesa de Osvaldo informou que o acusado não iria participar da acareação, mas o Ministério Público insistiu com o Juízo que determinasse que Osvaldo se submetesse ao ato, sob pena de incidir nas penas do crime de desobediência.

Sobre o caso narrado, assinale a afirmativa que indica o princípio que você, como advogado(a) de Osvaldo, deve alegar em defesa do seu cliente.

a) O da ampla defesa veda a realização de acareação entre testemunhas de defesa e de acusação, pois cada parte tem o ônus de provar os fatos que alega.

b) O de fundamentação das decisões exige que, ao determinar a realização de uma prova, o Juízo indique concretamente as razões que a justifiquem, sob pena de nulidade.

c) O de presunção de inocência impede a participação do réu em procedimento de acareação, ainda que a ele se apresente voluntariamente.

d) O de não autoincriminação ampara a pretensão de Osvaldo de não se submeter à produção de provas que exigem participação ativa do denunciado, tal como a acareação.

05. FGV - OAB - 39º Exame de Ordem Unificado - Primeira Fase – Q68

Fabrício foi preso em flagrante pela prática do crime de roubo, tendo havido a regular conversão do flagrante em prisão preventiva.

Contudo, passados mais de dois anos, a instrução processual não logrou finalizar a oitiva das testemunhas de acusação, pois o Ministério Público insiste na oitiva de policiais que, constantemente, faltam à audiência por motivos pessoais, alegando férias e licença. Fabrício permanece preso preventivamente, o que ensejou impetração de *habeas corpus* para o Tribunal de Justiça competente. O Tribunal de Justiça, em decisão colegiada, denegou a ordem de *habeas corpus*.

Identifique, corretamente, a medida judicial a ser proposta para o caso narrado.

a) Recurso ordinário constitucional, dirigido ao Superior Tribunal de Justiça.

b) Recurso de apelação, dirigido ao Superior Tribunal de Justiça.

c) Agravo interno, dirigido para o Tribunal de Justiça.

d) Recurso extraordinário, dirigido ao Supremo Tribunal Federal.

06. FGV - OAB - 35º Exame de Ordem Unificado - Primeira Fase – Q67

Tendo sido admitido a cursar uma universidade nos Estados Unidos da América (EUA), cuja apresentação deveria ocorrer em 05 (cinco) dias, Lucas verificou que o seu passaporte brasileiro estava vencido e entrou em contato com Bento, na cidade de Algarve, no Estado do Paraná, o qual lhe entregaria um passaporte feito pelo mesmo, idêntico ao expedido pelas autoridades brasileiras. Lucas fez a transferência da quantia de R$ 5.000,00 (cinco mil reais) para a conta corrente de Bento numa agência bancária situada na cidade de Vigo (PR). Confirmado o depósito, Lucas se encontrou com Bento no interior de um hospital federal, onde o primeiro aguardava uma consulta, na cidade de Antonésia (PR). Já no aeroporto de São Paulo, Lucas apresentou às autoridades brasileiras o passaporte feito por Bento, oportunidade em que a polícia federal constatou que o mesmo era falso. Lucas foi preso em flagrante delito. O Ministério Público do Estado de São Paulo ofereceu denúncia contra Lucas pelo crime de uso de documento falso, a qual foi recebida pelo juízo da 48ª Vara Criminal da Comarca da Capital (SP), oportunidade em que foi posto em liberdade, sendo-lhe impostas duas medidas cautelares diversas da prisão. O advogado de Lucas foi intimado para apresentar resposta à acusação, oportunidade em que se insurgiu contra a incompetência absoluta do juízo da 48ª Vara Criminal da Comarca da Capital (SP). Assinale a opção que indica a peça processual em que o advogado de Lucas deverá arguir a relatada incompetência.

a) Exceção de incompetência, por entender que o juízo natural seria uma das Varas Criminais da Comarca de Vigo (PR), onde se consumou o crime imputado, haja vista que a compra do passaporte se aperfeiçoou na cidade em que Bento possuía conta bancária e recebeu a quantia de R$ 5.000,00 (cinco mil reais).

b) Na própria resposta à acusação, sustentando que o juízo natural seria uma das Varas Criminais da Comarca de Algarve (PR), onde o passaporte falso foi confeccionado.

c) Na própria resposta à acusação, por entender que o juízo natural seria uma das Varas Criminais Federais da Seção Judiciária do Estado do Paraná, em razão de Bento ter entregue o passaporte falsificado no interior de um hospital federal na cidade de Antonésia (PR), onde Lucas aguardava uma consulta.

d) Exceção de incompetência, por entender que o juízo natural seria uma das Varas Criminais Federais da Seção Judiciária do Estado de São Paulo, em razão de Lucas ter tentado embarcar para os EUA manuseando o passaporte falso confeccionado por Bento.

07. FGV - OAB - 33º Exame de Ordem Unificado - Primeira Fase – Q65

Durante uma festa em uma casa noturna, Michele se desentende com sua amiga Flávia e lhe desfere um tapa no rosto, causando-lhe lesão corporal de natureza leve. Flávia, então, se dirige à autoridade policial e registra o fato, manifestando expressamente seu interesse em representar contra Michele, tendo em vista a natureza de ação penal pública condicionada à representação. Findo o procedimento policial, os autos foram encaminhados ao Juizado Especial competente e o Ministério Público apresentou proposta de transação penal à Michele, que não a aceitou. Após o oferecimento de denúncia pelo Parquet, Flávia se diz arrependida e manifesta ao seu advogado interesse em se retratar da representação oferecida, destacando que ainda não foi recebida a inicial acusatória. Considerando os fatos acima narrados, você, como advogado(a) de Flávia, deverá esclarecer que

a) a representação será irretratável na hipótese, por já ter sido oferecida a denúncia.

b) a retratação da representação poderá ser realizada até o momento da sentença, não dependendo de formalidades legais.

c) a retratação da representação será cabível até o recebimento da denúncia, em audiência perante o juiz, especialmente designada para tal finalidade.

d) a representação será irretratável, independentemente do momento processual, por se tratar de ação penal de natureza pública, de modo que o Ministério Público continua sendo o titular da ação.

08. FGV - OAB - 31º Exame de Ordem Unificado - Primeira Fase – Q64

Ricardo foi pronunciado pela suposta prática do crime de homicídio qualificado. No dia anterior à sessão plenária do Tribunal do Júri, o defensor público que assistia Ricardo até aquele momento acostou ao processo a folha de antecedentes criminais da vítima, matérias jornalísticas e fotografias que poderiam ser favoráveis à defesa do acusado. O Ministério Público, em sessão plenária, foi surpreendido por aquele material do qual não tinha tido ciência, mas o juiz presidente manteve o julgamento para a data agendada e, após o defensor público mencionar a documentação acostada, Ricardo foi absolvido pelos jurados, em 23/10/2018 (terça-feira). No dia 29/10/2018, o Ministério Público apresentou recurso de apelação, acompanhado das razões recursais, requerendo a realização de novo júri, pois a decisão dos jurados havia sido manifestamente contrária à prova dos autos. O Tribunal de Justiça conheceu do recurso interposto e anulou o julgamento realizado, determinando nova sessão plenária, sob o fundamento de que a defesa se utilizou em plenário de documentos acostados fora do prazo permitido pela lei. A família de Ricardo procura você, como advogado(a), para patrocinar os interesses do réu. Considerando as informações narradas, você, como advogado(a) de Ricardo, deverá questionar a decisão do Tribunal, sob o fundamento de que

a) respeitando-se o princípio da amplitude de defesa, não existe vedação legal na juntada e utilização em plenário de documentação pela defesa no prazo mencionado.

b) diante da nulidade reconhecida, caberia ao Tribunal de Justiça realizar, diretamente, novo julgamento, e não submeter o réu a novo julgamento pelo Tribunal do Júri.

c) não poderia o Tribunal anular o julgamento com base em nulidade não arguida, mas tão só reconhecer, se fosse o caso, que a decisão dos jurados era manifestamente contrária à prova dos autos.

d) o recurso foi apresentado de maneira intempestiva, de modo que sequer deveria ter sido conhecido.

09. FGV - OAB - 27º Exame de Ordem Unificado - Primeira Fase – Q67

Após receber denúncia anônima, por meio de disque-denúncia, de grave crime de estupro com resultado morte que teria sido praticado por Lauro, 19 anos, na semana pretérita, a autoridade policial, de imediato, instaura inquérito policial para apurar a suposta prática delitiva. Lauro é chamado à Delegacia e apresenta sua identidade recém-obtida; em seguida, é realizada sua identificação criminal, com colheita de digitais e fotografias. Em que pese não ter sido encontrado o cadáver até aquele momento das investigações, a autoridade policial, para resguardar a prova, pretende colher material sanguíneo do indiciado Lauro para fins de futuro confronto, além de desejar realizar, com base nas declarações de uma testemunha presencial localizada, uma reprodução simulada dos fatos; no entanto, Lauro se recusa tanto a participar da reprodução simulada quanto a permitir a colheita de seu material sanguíneo. É, ainda, realizado o reconhecimento de Lauro por uma testemunha após ser-lhe mostrada a fotografia dele, sem que fossem colocadas imagens de outros indivíduos com características semelhantes. Ao ser informado sobre os fatos, na defesa do interesse de seu cliente, o(a) advogado(a) de Lauro, sob o ponto de vista técnico, deverá alegar que

a) o inquérito policial não poderia ser instaurado, de imediato, com base em denúncia anônima isoladamente, sendo exigida a realização de diligências preliminares para confirmar as informações iniciais.

b) o indiciado não poderá ser obrigado a fornecer seu material sanguíneo para a autoridade policial, ainda que seja possível constrangê-lo a participar da reprodução simulada dos fatos, independentemente de sua vontade.

c) o vício do inquérito policial, no que tange ao reconhecimento de pessoa, invalida a ação penal como um todo, ainda que baseada em outros elementos informativos, e não somente no ato viciado.

d) a autoridade policial, como regra, deverá identificar criminalmente o indiciado, ainda que civilmente identificado, por meio de processo datiloscópico, mas não poderia fazê-lo por fotografias.

10. FGV - OAB - 26º Exame de Ordem Unificado - Primeira Fase – Q66

Maicon, na condução de veículo automotor, causou lesão corporal de natureza leve em Marta, desconhecida que dirigia outro automóvel, que inicialmente disse ter interesse em representar em face do autor dos fatos, diante da prática do crime do Art. 303, caput, do Código de Trânsito Brasileiro. Em audiência preliminar, com a presença de Maicon e Marta acompanhados por seus advogados e pelo Ministério Público, houve composição dos danos civis, reduzida a termo e homologada pelo juiz em sentença. No dia seguinte, Marta se arrepende, procura seu advogado e afirma não ter interesse na execução do acordo celebrado. Considerando apenas as informações narradas, o advogado de Marta deverá

a) interpor recurso de apelação da sentença que homologou a composição dos danos civis.

b) esclarecer que o acordo homologado acarretou renúncia ao direito de representação.

c) interpor recurso em sentido estrito da sentença que homologou composição dos danos civis.

d) esclarecer que, sendo crime de ação penal de natureza pública, não caberia composição dos danos civis, mas sim transação penal, de modo que a sentença é nula.

PROCESSO PENAL				
1 - A	2 - C	3 - C	4 - D	5 - A
6 - D	7 - A	8 - C	9 - A	10 - B

PROCESSO PENAL – QUESTÕES DA PROVA DO 43º EXAME DA OAB

01. FGV - OAB - 43º Exame de Ordem Unificado - Primeira Fase – Q63 Marcos foi denunciado como incurso nas penas do delito de furto simples, que consiste em um a quatro anos de reclusão.

Ao apresentar resposta à acusação, a defesa se resguardou o direito de se manifestar sobre o mérito em momento oportuno. Entretanto, antes da audiência de instrução e do julgamento, você foi nomeado(a), em substituição ao advogado anterior, e percebeu que, à época da citação, já havia sido concluída a prescrição da pretensão punitiva.

Assinale a opção que apresenta, corretamente, sua conduta para o caso.

a) Somente pela via do habeas corpus perante o Tribunal será possível alegar, pela primeira vez, a tese de extinção da punibilidade.

b) Não há que se falar em preclusão, porque o requerimento de extinção da punibilidade pode ser formulado a qualquer tempo.

c) Há preclusão temporal para alegar a matéria, porque a alegação de extinção da punibilidade somente pode ser feita por ocasião da resposta à acusação.

d) Aguardar o momento das alegações finais para postular a extinção da punibilidade, sendo certo que a viabilidade de debater o tema depende do reconhecimento de deficiência da defesa anteriormente constituída.

02. FGV - OAB - 43º Exame de Ordem Unificado - Primeira Fase – Q64 Leda se candidatou a uma vaga de emprego na sociedade empresária X. Ao se apresentar, a sócia-administradora Vera afirmou que "pessoas de cor de pele escura não são compatíveis com o perfil da vaga", impedindo, assim, que Leda prosseguisse no processo seletivo. Indignada, Leda procura você, como advogado(a), a fim de defender seus interesses. Atuando na seara criminal em defesa dos interesses de Leda, você pode

a) propor acordo de não persecução penal à sociedade empresária X.

b) ajuizar queixa-crime em face de Vera pelo delito de ação penal privada em tese ocorrido.

c) promover, diretamente, a ação penal privada subsidiária da pública, de competência da Justiça Federal.

d) comunicar o fato à autoridade policial e/ou ao Ministério Público, por se tratar de fato sujeito à ação penal pública incondicionada.

03. FGV - OAB - 43º Exame de Ordem Unificado - Primeira Fase – Q65 Gabriela se dirigiu a uma agência da Caixa Econômica Federal, empresa pública federal, a fim de tentar sacar benefício assistencial pago pela União a pessoas em situação de vulnerabilidade financeira, munida de documentos falsos, em nome de terceira pessoa.

Gabriela foi presa em flagrante, sendo constatado que ela estava cumprindo pena em regime aberto domiciliar por condenação relativa a outro fato.

Em relação à execução penal, assinale a afirmativa que define as consequências do evento narrado.

a) A responsabilização de Gabriela depende de representação da vítima, por se tratar de delito de estelionato.

b) Ao tomar conhecimento do novo crime, o Juiz da execução pode reconhecer a falta grave e determinar a regressão de regime sem necessidade de contraditório.

c) Em razão da prática de crime, em tese, no curso da execução, Gabriela perdeu em definitivo o direito de obter livramento condicional pela condenação em execução.

d) A prática de novo crime cometido por Gabriela configura, em tese, falta disciplinar de natureza grave, autorizando, de forma fundamentada, a regressão de regime per saltum.

04. FGV - OAB - 43º Exame de Ordem Unificado - Primeira Fase – Q66 Fábio foi submetido a julgamento pelo Tribunal do Júri e, ao final, condenado a uma pena de 15 anos de reclusão, em regime inicial fechado. Você, como advogado(a) de Fábio, interpôs tempestivo e cabível recurso.

Assinale a opção que indica o recurso correto interposto e/ou suas características.

a) O recurso cabível é de apelação e o efeito devolutivo é restrito aos fundamentos de interposição.

b) A alegação de decisão manifestamente contrária à prova dos autos só pode ser repetida por, no máximo, três vezes.

c) O recurso cabível é o recurso em sentido estrito e tem efeito regressivo que pode ser exercido pelos próprios jurados.

d) O recurso cabível tem ampla devolutividade, podendo o Tribunal rever todos os aspectos da sentença penal condenatória, inclusive as teses atinentes à materialidade e à autoria.

05. FGV - OAB - 43º Exame de Ordem Unificado - Primeira Fase – Q67 Em uma audiência, o Ministério Público indicou como testemunha a psiquiatra do réu. Após a qualificação da testemunha, você, na condição de advogado(a) do réu, deve

a) solicitar exceção de suspeição da testemunha, em razão de sua profissão.

b) oferecer contradita, alegando ser a testemunha proibida de depor por ter conhecimento dos fatos em razão de sua profissão.

c) oferecer exceção de litispendência, já que a testemunha tem conhecimento dos fatos em razão de sua profissão.

d) aguardar para alegar a nulidade apenas em eventual recurso extraordinário, momento previsto na legislação como o único adequado para esse tipo de arguição.

06. FGV - OAB - 43º Exame de Ordem Unificado - Primeira Fase – Q68 Bernardo agrediu Carolina, sua ex-companheira, causando-lhe lesões corporais leves, em razão de a vítima ser mulher. O delito em questão é apenado com reclusão de dois a cinco anos.

Na qualidade de advogado(a) de Carolina, cabe notar que,

a) apesar do término do relacionamento, as disposições da Lei de Violência Doméstica e Familiar contra a Mulher são aplicáveis; ademais, não é cabível o Acordo de Não Persecução Penal, não havendo medida processual consensual em favor de Bernardo.

b) devido ao término do relacionamento, as disposições da Lei de Violência Doméstica e Familiar contra a Mulher não são aplicáveis, mas Bernardo não pode se beneficiar de sursis processual ante a quantidade de pena abstratamente cominada ao delito.

c) apesar do término do relacionamento, as disposições da Lei de Violência Doméstica e Familiar contra a Mulher são aplicáveis, de forma a se admitir a retratação da representação de Carolina, antes do recebimento da denúncia, em audiência especialmente designada para tal fim.

d) devido ao término do relacionamento, as disposições da Lei de Violência Doméstica e Familiar contra a Mulher não são aplicáveis, de modo que Bernardo pode se beneficiar de sursis processual.

GABARITO		
1 - B	2 - D	3 - D
4 - A	5 - B	6 - A

DIREITO DO TRABALHO

Luiz Henrique Dutra

Sumário

1. PRINCÍPIOS

1.1. Princípios do Direito Individual do Trabalho

1.1.1. Princípio da proteção

a) Manutenção da condição mais benéfica: Somente é possível a alteração do contrato se for uma condição mais benéfica ao empregado (ver arts. 468 e 469 da CLT).

b) Aplicação da norma jurídica mais benéfica: Havendo previsão de um direito em mais de uma fonte, aplica-se aquela que foi mais benéfica. Exceção: entre acordo e convenção coletiva, sempre se deve aplicar o disposto no acordo (art. 620 da CLT).

c) *In dubio pro operario:* Na dúvida de interpretação de uma norma jurídica, deve ocorrer da maneira que favoreça o empregado.

1.1.2. Princípio da indisponibilidade de direitos

O empregado não pode abrir mão de seus direitos.

Ex.: não querer usufruir das suas férias (ver art. 9º da CLT).

1.1.3. Princípio da continuidade da relação de emprego

Na dúvida, presume-se pela manutenção da existência de vínculo de emprego.

Ex.: Súm. nº 212 do TST; Súm. nº 32 do TST; art. 482, i, da CLT.

1.1.4. Princípio da primazia da realidade

Não importa o que está no papel, mas, sim, o que de fato aconteceu.

Ex.: Súm. nº 338 do TST; Súm. nº 225 do STF.

1.1.5. Princípio da não discriminação

O direito do trabalho não admite qualquer forma de discriminação.

Ex.: arts. 461 e 442-A da CLT.

2. APLICAÇÃO DA NORMA JURÍDICA TRABALHISTA

2.1. Fontes

Fontes autônomas: produzidas pelas partes.

Ex.: acordo coletivo, convenção coletiva, regimento interno, contrato de trabalho etc.

Fontes heterônomas: produzidas por terceiros.

Ex.: Constituição Federal, Consolidação das Leis do Trabalho, normas internacionais, sentenças, etc.

2.1.1. Aplicação das normas jurídicas

Em regra, o direito aplica-se para os empregados contratados via regime CLT, não sendo aplicado para estatutários (art. 7º da CLT).

Na omissão da legislação trabalhista, pode ser resolvido o conflito por meio de princípios, normas gerais de direito, analogia por equidade (caput do art. 8º da CLT).

O direito comum será fonte subsidiária do direito do trabalho (§ 1º do art. 8º da CLT).

Súmulas e outros enunciados de jurisprudência editados pelo Tribunal Superior do Trabalho e pelos Tribunais Regionais do Trabalho não poderão restringir direitos legalmente previstos nem criar obrigações que não estejam previstas em lei (§ 2º do art. 8º da CLT).

2.2. Direito Constitucional do Trabalho

Importante a leitura dos arts. 7º a 11 da CF/1988, os quais estão a seguir transcritos:

> **Art. 7º** São direitos dos trabalhadores urbanos e rurais, além de outros que visem à melhoria de sua condição social:
>
> I – relação de emprego protegida contra despedida arbitrária ou sem justa causa, nos termos de lei complementar, que preverá indenização compensatória, dentre outros direitos;
>
> II – seguro-desemprego, em caso de desemprego involuntário; *(ver Lei nº 7.998/1990)*
>
> III – fundo de garantia do tempo de serviço; *(ver Lei nº 8.036/1990, em especial arts. 15, 18 e 20)*
>
> IV – salário-mínimo, fixado em lei, nacionalmente unificado, capaz de atender às suas necessidades vitais básicas e às de sua família com moradia, alimentação, educação, saúde, lazer, vestuário, higiene, transporte e previdência social, com reajustes periódicos que lhe preservem o poder aquisitivo, sendo vedada sua vinculação para qualquer fim;
>
> V – piso salarial proporcional à extensão e à complexidade do trabalho;
>
> VI – irredutibilidade do salário, salvo o disposto em convenção ou acordo coletivo; *(ver art. 611-A, § 3º, da CLT)*
>
> VII – garantia de salário, nunca inferior ao mínimo, para os que percebem remuneração variável;
>
> VIII – décimo terceiro salário com base na remuneração integral ou no valor da aposentadoria; *(ver Leis nº 4.749/1965 e nº 4.090/1962)*

IX – remuneração do trabalho noturno superior à do diurno; *(ver art. 73 da CLT)*

X – proteção do salário na forma da lei, constituindo crime sua retenção dolosa;[1]

XI – participação nos lucros, ou resultados, desvinculada da remuneração, e, excepcionalmente, participação na gestão da empresa, conforme definido em lei; *(ver Súm. nº 451 do TST e Lei nº 10.101/2000)*

XII – salário-família pago em razão do dependente do trabalhador de baixa renda nos termos da lei; *(ver Lei nº 4.266/1963)*

XIII – duração do trabalho normal não superior a oito horas diárias e quarenta e quatro semanais, facultada a compensação de horários e a redução da jornada, mediante acordo ou convenção coletiva de trabalho; *(ver arts. 58 a 62 da CLT)*

XIV – jornada de seis horas para o trabalho realizado em turnos ininterruptos de revezamento, salvo negociação coletiva; *(ver Súm. n. 423 do TST e OJs nº 420 e nº 275 da SDI-1 do TST)*

XV – repouso semanal remunerado, preferencialmente aos domingos; *(ver arts. 385 e 67 da CLT)*

XVI – remuneração do serviço extraordinário superior, no mínimo, em cinquenta por cento à do normal; *(ver art. 59, § 1º, da CLT)*

XVII – gozo de férias anuais remuneradas com, pelo menos, um terço a mais do que o salário normal;

XVIII – licença à gestante, sem prejuízo do emprego e do salário, com a duração de cento e vinte dias;

XIX – licença-paternidade, nos termos fixados em lei;

XX – proteção do mercado de trabalho da mulher, mediante incentivos específicos, nos termos da lei; *(ver arts. 372 a 401 da CLT)*

XXI – aviso prévio proporcional ao tempo de serviço, sendo no mínimo de trinta dias, nos termos da lei; *(ver arts. 487 a 491 da CLT)*

XXII – redução dos riscos inerentes ao trabalho, por meio de normas de saúde, higiene e segurança; *(ver arts. 154 a 200 da CLT)*

XXIII – adicional de remuneração para as atividades penosas, insalubres ou perigosas, na forma da lei; *(ver arts. 189 a 197 da CLT)*

XXIV – aposentadoria;

XXV – assistência gratuita aos filhos e dependentes desde o nascimento até 5 (cinco) anos de idade em creches e pré-escolas;

XXVI – reconhecimento das convenções e acordos coletivos de trabalho; *(ver arts. 611 a 625 da CLT)*

XXVII – proteção em face da automação, na forma da lei;

XXVIII – seguro contra acidentes de trabalho, a cargo do empregador, sem excluir a indenização a que este está obrigado, quando incorrer em dolo ou culpa;

XXIX – ação, quanto aos créditos resultantes das relações de trabalho, com prazo prescricional de cinco anos para os trabalhadores urbanos e rurais, até o limite de dois anos após a extinção do contrato de trabalho; *(ver arts. 11 e 11-A da CLT)*

XXX – proibição de diferença de salários, de exercício de funções e de critério de admissão por motivo de sexo, idade, cor ou estado civil; *(ver art. 461 da CLT)*

XXXI – proibição de qualquer discriminação no tocante a salário e critérios de admissão do trabalhador portador de deficiência; *(ver art. 461 da CLT)*

XXXII – proibição de distinção entre trabalho manual, técnico e intelectual ou entre os profissionais respectivos; *(ver art. 461 da CLT)*

XXXIII – proibição de trabalho noturno, perigoso ou insalubre a menores de dezoito e de qualquer trabalho a menores de dezesseis anos, salvo na condição de aprendiz, a partir de quatorze anos; *(ver arts. 402 a 440 da CLT)*

XXXIV – igualdade de direitos entre o trabalhador com vínculo empregatício permanente e o trabalhador avulso;

Parágrafo único. São assegurados à categoria dos trabalhadores domésticos os direitos previstos nos incisos IV, VI, VII, VIII, X, XIII, XV, XVI, XVII, XVIII, XIX, XXI, XXII, XXIV, XXVI, XXX, XXXI e XXXIII e, atendidas as condições estabelecidas em lei e observada a simplificação do cumprimento das obrigações tributárias, principais e acessórias, decorrentes da relação de trabalho e suas peculiaridades, os previstos nos incisos I, II, III, IX, XII, XXV e XXVIII, bem como a sua integração à previdência social.

Art. 8º É livre a associação profissional ou sindical, observado o seguinte:

I – a lei não poderá exigir autorização do Estado para a fundação de sindicato, ressalvado o registro no órgão competente, vedadas ao Poder Público a interferência e a intervenção na organização sindical;

II – é vedada a criação de mais de uma organização sindical, em qualquer grau, representativa de categoria profissional ou econômica, na mesma base territorial, que será definida pelos trabalhadores ou empregadores interessados, não podendo ser inferior à área de um Município;

III – ao sindicato cabe a defesa dos direitos e interesses coletivos ou individuais da categoria, inclusive em questões judiciais ou administrativas;

IV – a assembleia geral fixará a contribuição que, em se tratando de categoria profissional, será descontada em folha, para custeio do sistema confederativo da representação sindical respectiva, independentemente da contribuição prevista em lei;

V – ninguém será obrigado a filiar-se ou a manter-se filiado a sindicato;

VI – é obrigatória a participação dos sindicatos nas negociações coletivas de trabalho;

VII – o aposentado filiado tem direito a votar e ser votado nas organizações sindicais;

---

1 ADO 82

STF dá prazo de 180 dias para Congresso criar crime de retenção dolosa de salários: O Supremo Tribunal Federal (STF) decidiu, por unanimidade, que há omissão do Congresso Nacional ao não criar lei que defina como crime a retenção dolosa dos salários (quando o patrão deixa intencionalmente de pagar o salário do empregado ou parte dele). A Corte deu prazo de 180 dias para que seja elaborada uma norma tipificando o delito. (...) A Constituição Federal estabelece a proteção do salário como direito de todos os trabalhadores urbanos e rurais, "constituindo crime sua retenção dolosa". Ocorre que não foi editada norma penal para tipificar esse delito desde a promulgação da Carta, em 1988.

VIII – é vedada a dispensa do empregado sindicalizado a partir do registro da candidatura a cargo de direção ou representação sindical e, se eleito, ainda que suplente, até um ano após o final do mandato, salvo se cometer falta grave nos termos da lei.

Parágrafo único. As disposições deste artigo aplicam-se à organização de sindicatos rurais e de colônias de pescadores, atendidas as condições que a lei estabelecer.

Art. 9º É assegurado o direito de greve, competindo aos trabalhadores decidir sobre a oportunidade de exercê-lo e sobre os interesses que devam por meio dele defender.

§ 1º A lei definirá os serviços ou atividades essenciais e disporá sobre o atendimento das necessidades inadiáveis da comunidade.

§ 2º Os abusos cometidos sujeitam os responsáveis às penas da lei.

Art. 10. É assegurada a participação dos trabalhadores e empregadores nos colegiados dos órgãos públicos em que seus interesses profissionais ou previdenciários sejam objeto de discussão e deliberação.

Art. 11. Nas empresas de mais de duzentos empregados, é assegurada a eleição de um representante destes com a finalidade exclusiva de promover-lhes o entendimento direto com os empregadores.

3. PRESCRIÇÃO TRABALHISTA

A prescrição trabalhista está no art. 11 da CLT, sendo que o empregado tem dois após o término do contrato de trabalho para entrar com ação, cobrando os últimos 5 anos da data do ajuizamento.

CLT

Art. 11. A pretensão quanto a créditos resultantes das relações de trabalho prescreve em cinco anos para os trabalhadores urbanos e rurais, até o limite de dois anos após a extinção do contrato de trabalho.

I – (revogado);

II – (revogado).

§ 1º O disposto neste artigo não se aplica às ações que tenham por objeto anotações para fins de prova junto à Previdência Social.

§ 2º Tratando-se de pretensão que envolva pedido de prestações sucessivas decorrente de alteração ou descumprimento do pactuado, a prescrição é total, exceto quando o direito à parcela esteja também assegurado por preceito de lei.

§ 3º A interrupção da prescrição somente ocorrerá pelo ajuizamento de reclamação trabalhista, mesmo que em juízo incompetente, ainda que venha a ser extinta sem resolução do mérito, produzindo efeitos apenas em relação aos pedidos idênticos.

▷ **Importante!** Não se conhece de prescrição não arguida na instância ordinária (Súm. nº 153 do TST).

Da extinção do último contrato começa a fluir o prazo prescricional do direito de ação em que se objetiva a soma de períodos descontínuos de trabalho (Súm. nº 156 do TST).

A prescrição começa a fluir no final da data do término do aviso prévio (art. 487, § 1º, da CLT).

OJ n. 83 da SDI-1 do TST: A suspensão do contrato de trabalho, em virtude da percepção do auxílio-doença ou da aposentadoria por invalidez, não impede a fluência da prescrição quinquenal, ressalvada a hipótese de absoluta impossibilidade de acesso ao Judiciário. (OJ n. 375 da SDI-1 do TST)

4. RELAÇÃO DE EMPREGO

4.1. CTPS

O conteúdo da Carteira de Trabalho e Previdência Social (CTPS) está previsto nos arts. 13 a 58 da CLT, sendo o principal o art. 29.

A assinatura da CTPS deve ocorrer pelo empregador no prazo de cinco dias úteis (caput do art. 29 da CLT), sendo vedada qualquer anotação desabonadora da conduta do empregado (§ 4º).

Súm. nº 225 do STF: Não é absoluto o valor probatório das anotações da carteira profissional.

OJ nº 82 da SDI-1 do TST: A data de saída a ser anotada na CTPS deve corresponder à do término do prazo do aviso prévio, ainda que indenizado.

4.2. Empregado

O conceito e requisitos para que ocorra a configuração do vínculo de emprego estão previstos no art. 3º da CLT, ao qual segue transcrição:

Art. 3º Considera-se empregado toda pessoa física que prestar serviços de natureza não eventual a empregador, sob a dependência deste e mediante salário.

Parágrafo único. Não haverá distinções relativas à espécie de emprego e à condição de trabalhador, nem entre o trabalho intelectual, técnico e manual.

São requisitos para a configuração de vínculo de emprego:

1) ser pessoa física;
2) onerosidade;
3) trabalho não eventual;
4) pessoalidade;
5) subordinação.

▷ **Importante!** Ter exclusividade não é requisito para configuração de vínculo.

O policial militar será considerado empregado se preenchidos todos os requisitos (Súm. nº 386 do TST).

4.3. Empregador

4.3.1. Conceito

> **Art. 2º** Considera-se empregador a empresa, individual ou coletiva, que, assumindo os riscos da atividade econômica, admite, assalaria e dirige a prestação pessoal de serviço.
>
> § 1º Equiparam-se ao empregador, para os efeitos exclusivos da relação de emprego, os profissionais liberais, as instituições de beneficência, as associações recreativas ou outras instituições sem fins lucrativos, que admitirem trabalhadores como empregados.

Um cuidado que o aluno deve ter ao analisar uma questão sobre empregador é que o **risco do negócio é exclusivo deste**, não podendo haver a transferência de prejuízos para o empregado.

4.3.2. Grupo econômico

Empresas que, embora tenham CNPJs distintos, desde que possuam uma coordenação integrada e interesses comuns, serão consideradas grupo econômico, possuindo entre si responsabilidade solidária.

> **Art. 2º (...)**
>
> (...)
>
> § 2º Sempre que uma ou mais empresas, tendo, embora, cada uma delas, personalidade jurídica própria, estiverem sob a direção, controle ou administração de outra, ou ainda quando, mesmo guardando cada uma sua autonomia, integrem grupo econômico, serão **responsáveis solidariamente** pelas obrigações decorrentes da relação de emprego.
>
> § 3º Não caracteriza grupo econômico a mera identidade de sócios, sendo necessárias, para a configuração do grupo, a demonstração do interesse integrado, a efetiva comunhão de interesses e a atuação conjunta das empresas dele integrantes.

A prestação de serviços a mais de uma empresa do mesmo grupo econômico, durante a mesma jornada de trabalho, não caracteriza a coexistência de mais de um contrato de trabalho, salvo ajuste em contrário (Súm. nº 129 do TST).

4.3.3. Sócio retirante

Sócio retirante é aquele sócio que se retira da empresa, estando prevista essa situação no art. 10-A da CLT.

> **Art. 10-A.** O sócio retirante responde subsidiariamente pelas obrigações trabalhistas da sociedade relativas ao período em que figurou como sócio, somente em ações ajuizadas até dois anos depois de averbada a modificação do contrato, observada a seguinte ordem de preferência:
>
> I – a empresa devedora;
>
> II – os sócios atuais; e
>
> III – os sócios retirantes.
>
> Parágrafo único. O sócio retirante responderá solidariamente com os demais quando ficar comprovada fraude na alteração societária decorrente da modificação do contrato.

4.3.4. Alteração na estrutura jurídica do empregador

A alteração de dono da empresa não afeta os direitos previstos no contrato de trabalho do empregado, conforme previsão nos arts. 10 e 448 da CLT.

> **Art. 10.** Qualquer alteração na estrutura jurídica da empresa não afetará os direitos adquiridos por seus empregados.
>
> **Art. 448.** A mudança na propriedade ou na estrutura jurídica da empresa não afetará os contratos de trabalho dos respectivos empregados.

4.3.5. Sucessão empresarial

Quando uma empresa adquire outra, assume a responsabilidade por todas as suas dívidas.

> **Art. 448-A.** Caracterizada a sucessão empresarial ou de empregadores prevista nos arts. 10 e 448 desta Consolidação, as obrigações trabalhistas, inclusive as contraídas à época em que os empregados trabalhavam para a empresa sucedida, são de responsabilidade do sucessor.
>
> Parágrafo único. A empresa sucedida responderá solidariamente com a sucessora quando ficar comprovada fraude na transferência.

5. RELAÇÃO DO TRABALHO

A relação do trabalho ocorre quando, na prestação de serviços, não estão previstos todos os requisitos do art. 3º da CLT, conforme as situações a seguir:

- **Autônomo:** prestador de serviços sem subordinação, possui regulamentação no art. 442-B da CLT.
- **Eventual:** prestador de serviços sem subordinação e eventual, não possui regulamentação específica.
- **Voluntário:** prestador de serviços sem onerosidade, podendo prestar serviços apenas para entidades sem fins lucrativos de cunho social.
- **Avulso:** embora não seja empregado, visto que sua contratação é realizada pela intermediação de mão de obra de um terceiro (p. ex., trabalhador portuário), possui todos os direitos trabalhistas como se empregado fosse, nos termos do art. 7º, XXXIV, da CF/1988.

6. TRABALHADOR TEMPORÁRIO E TERCEIRIZAÇÃO

6.1. Trabalho Temporário

O trabalho temporário é regulamentado pela Lei nº 6.019/1974 e ocorre quando uma empresa contrata outra específica de trabalho temporário, para fornecimentos de trabalhadores.

A contratação de temporário somente pode ocorrer quando houver acréscimo temporário de serviço ou ausência temporária de empregados (p. ex., muitos trabalhadores afastados pelo INSS). O empregado temporário terá pessoalidade e subordinação com a tomadora dos serviços.

O prazo da prestação de serviços do temporário será de, no máximo, 180 dias, com a possibilidade de renovação por até 90 dias.

A empresa que recebe o empregado temporário será responsável subsidiariamente em eventual ação trabalhista, salvo na hipótese de a empresa temporária ter sua falência decretada, passando a responsabilidade a ser solidária.

6.2. Terceirização

O trabalho terceirizado é regulamentado pela Lei nº 6.019/1974 e ocorre quando uma empresa contrata outra para fornecimento de trabalhadores.

A contratação do terceirizado pode ocorrer sem a existência qualquer requisito, para qualquer tipo de atividade e sem limite de prazo. O empregado terceirizado não terá pessoalidade nem subordinação com a tomadora dos serviços.

A empresa que recebe o empregado temporário será responsável subsidiariamente em eventual ação trabalhista.

7. CONTRATO DE TRABALHO

O conteúdo referente ao contrato de trabalho está previsto no art. 442 e seguintes da CLT, ao qual destacamos os dispositivos a seguir elencados.

7.1. Conceito

O conceito de contrato de trabalho está previsto no art. 442 da CLT, sendo que o art. 442-A traz a regra para exigência de experiência para contratação de um empregado e o art. 442-B, regras para contratação do trabalhador autônomo.

> **Art. 442.** Contrato individual de trabalho é o acordo tácito ou expresso, correspondente à relação de emprego.
>
> § 1º Qualquer que seja o ramo de atividade da sociedade cooperativa, não existe vínculo empregatício entre ela e seus associados, nem entre estes e os tomadores de serviços daquela. (Redação dada pela Lei nº 14.647, de 2023)
>
> § 2º Não existe vínculo empregatício entre entidades religiosas de qualquer denominação ou natureza ou instituições de ensino vocacional e ministros de confissão religiosa, membros de instituto de vida consagrada, de congregação ou de ordem religiosa, ou quaisquer outros que a eles se equiparem, ainda que se dediquem parcial ou integralmente a atividades ligadas à administração da entidade ou instituição a que estejam vinculados ou estejam em formação ou treinamento. (Incluído pela Lei nº 14.647, de 2023)
>
> § 3º O disposto no § 2º não se aplica em caso de desvirtuamento da finalidade religiosa e voluntária. (Incluído pela Lei nº 14.647, de 2023)
>
> **Art. 442-A.** Para fins de contratação, o empregador não exigirá do candidato a emprego comprovação de experiência prévia por tempo superior a 6 (seis) meses no mesmo tipo de atividade.
>
> **Art. 442-B.** A contratação do autônomo, cumpridas por este todas as formalidades legais, com ou sem exclusividade, de forma contínua ou não, afasta a qualidade de empregado prevista no art. 3º desta Consolidação.

▷ **Importante! É nulo contrato de trabalho inerente à prática do jogo do bicho (OJ nº** 199 da SDI-1 do TST).

7.2. Prazo do contrato

Conforme previsão do art. 443 da CLT, a regra para contratação é por prazo indeterminado, sendo a exceção o prazo determinado pelo § 2º do mesmo artigo.

Será determinado quando:

a) **atividade ou empresa transitória:** com prazo máximo de dois anos, podendo ser renovado uma vez dentro do prazo máximo. Ex.: 1 ano + 1 ano.

b) **experiência:** com prazo máximo de 90 dias, podendo ser renovado uma vez dentro do prazo máximo: Ex.: 45 dias + 45 dias.

▷ **Atenção!** O disposto no art. 443 da CLT não se aplica aos atletas profissionais.

Art. 30 da Lei nº 9.615/1998 – Mínimo de três meses e máximo de cinco anos.

7.3. Empregado hipersuficiente

Nos termos do parágrafo único do art. 444 da CLT, o empregado que possuir diploma de curso

TRABALHO

superior e ganhar duas vezes o teto do INSS pode negociar direitos previstos no art. 611-A da CLT, diretamente com o empregador, sem a presença do sindicato da categoria.

7.4. Alteração contratual

Nos termos do art. 468 da CLT, a alteração contratual somente pode ocorrer quando o empregado aceitar e ela for mais benéfica.

Nos termos dos §§ 1º e 2º do art. 468 da CLT, não se considerada alteração ilícita a reversão do empregado ao seu cargo origem (p. ex., gerente voltar a ser vendedor) e a respectiva perda da gratificação de função.

Quanto à transferência para outra localidade, somente pode ocorrer quando o empregado concordar, conforme previsão do caput do art. 469 da CLT.

A transferência sem a concordância do empregado pode ocorrer nas seguintes situações:

a) havendo necessidade da empresa, para os empregados que possuem cargo de confiança ou que tenham previsão da transferência no contrato de trabalho;

b) quando fechar o estabelecimento em que o empregador trabalha.

Existem dois tipos de transferência dos empregados:

- **Provisória:** o empregado receberá o adicional de transferência no valor de 25% sobre o seu salário (art. 469, §3º).
- **Definitiva:** o empregado receberá somente ajuda de custo, que seria a mudança (art. 470).

7.5. Uniforme

A empresa escolhe o uniforme, podendo ter o seu logo e o de empresas parceiras. A limpeza, em regra, é de responsabilidade do empregado, salvo se houver necessidade de uma limpeza com produtos especiais.

> **Art. 456-A.** Cabe ao empregador definir o padrão de vestimenta no meio ambiente laboral, sendo lícita a inclusão no uniforme de logomarcas da própria empresa ou de empresas parceiras e de outros itens de identificação relacionados à atividade desempenhada.
>
> Parágrafo único. A higienização do uniforme é de responsabilidade do trabalhador, salvo nas hipóteses em que forem necessários procedimentos ou produtos diferentes dos utilizados para a higienização das vestimentas de uso comum.

7.6. Contrato de Teletrabalho

O contrato de teletrabalho está previsto no art. 75-A e seguintes da CLT, os quais possuem como conceito a possibilidade do trabalho em casa ou remoto, de maneira preponderante ou não, fora das dependências da empresa.

O empregado submetido ao regime de teletrabalho ou trabalho remoto poderá prestar serviços por jornada ou por produção ou tarefa (§ 2º do art. 75-B da CLT).

O tempo de uso de equipamentos tecnológicos e de infraestrutura necessária, de softwares, de ferramentas digitais ou de aplicações de internet utilizados para o teletrabalho, fora da jornada de trabalho normal do empregado, não constitui tempo à disposição, regime de prontidão ou de sobreaviso, exceto se houver previsão em acordo individual ou em acordo ou convenção coletiva de trabalho (§ 5º do art. 75-B da CLT).

Fica permitida a adoção do regime de teletrabalho ou trabalho remoto para estagiários e aprendizes (§ 6º do art. 75-B da CLT).

O empregado só fará teletrabalho ou trabalho remoto se concordar. Estando no teletrabalho, compete ao empregador determinar o seu retorno ao trabalho presencial, tendo o empregado prazo de 15 dias para o retorno, conforme previsão do § 2º do art. 75-C da CLT.

Já o art. 75-D da CLT menciona que os custos do teletrabalho para o empregado devem ser acordados com o empregador, sendo que eventuais utilidades fornecidas não podem ser consideradas verbas salariais.

Os empregadores deverão conferir prioridade aos empregados com deficiência e aos empregados e empregadas com filhos ou criança sob guarda judicial até 4 anos de idade na alocação em vagas para atividades que possam ser efetuadas por meio do teletrabalho ou trabalho remoto (art. 75-F da CLT).

7.7. Contrato Intermitente

O intermitente é aquele ***EMPREGADO*** (com CTPS e tudo) que não tem dias e horários fixos de trabalho, devendo ser convocado ao trabalho sempre que houver necessidade dos seus serviços, exceto para os aeronautas, que não podem ser contratados nessa modalidade (§ 3º do art. 443 da CLT).

Como não tem dias e horários fixos de trabalho, o intermitente deve ser convocado ao trabalho com antecedência de três dias corridos (§ 3º art. 452-A da

CLT), tendo o prazo de 24 horas para responder se aceita ou não o serviço (§ 2º).

Caso aceite o serviço, o empregado receberá 50% do valor acordado para o dia de trabalho; caso não compareça ao serviço, caberá a ele o pagamento da multa (§ 4º art. 452-A da CLT).

7.8. Termos de quitação anual

O termo de quitação anual pode ser com qualquer empregado, independentemente de sua remuneração, desde que tenha o aval do sindicato da categoria.

> **Art. 507-B.** É facultado a empregados e empregadores, na vigência ou não do contrato de emprego, firmar o termo de quitação anual de obrigações trabalhistas, perante o sindicato dos empregados da categoria.
>
> Parágrafo único. O termo discriminará as obrigações de dar e fazer cumpridas mensalmente e dele constará a quitação anual dada pelo empregado, com eficácia liberatória das parcelas nele especificadas.

7.9. Cláusula de arbitragem

A Cláusula compromisso de arbitragem somente pode incluída nos contratos de trabalho de empregado que ganham uma remuneração superior a 2x o teto do INSS.

> **Art. 507-A.** Nos contratos individuais de trabalho cuja remuneração seja superior a duas vezes o limite máximo estabelecido para os benefícios do Regime Geral de Previdência Social, poderá ser pactuada cláusula compromissória de arbitragem, desde que por iniciativa do empregado ou mediante a sua concordância expressa, nos termos previstos na Lei nº 9.307, de 23 de setembro de 1996.

7.10. Dano Extrapatrimonial

O dano extrapatrimonial nada mais é do que o dano moral e está previsto no art. 223-A e seguintes da CLT.

A honra, a imagem, a intimidade, a liberdade de ação, a autoestima, a sexualidade, a saúde, o lazer e a integridade física são os bens juridicamente tutelados inerentes à pessoa física (art. 223-C da CLT).

A imagem, a marca, o nome, o segredo empresarial e o sigilo de correspondência são bens juridicamente tutelados inerentes à pessoa jurídica (art. 223-D da CLT).

> ▷ **Importante!**
>
> Dano extrapatrimonial = Dano moral

Tanto pessoa física quanto jurídica pode sofrer dano extrapatrimonial.

Pode-se cumular o pedido de dano material com o de dano extrapatrimonial.

Importante frisar que em decorrência do julgamento das ADI 6050, 6069 e 6082, para fins de quantificação do dano extrapatrimonial, não se aplica o tabelamento previsto no art. 223-G da CLT.

7.11. Interrupção e suspensão do contrato de trabalho

A interrupção e a suspensão do contrato de trabalho estão previstas nos arts. 471 a 476-A da CLT, sendo muito importante a sua leitura. A seguir, quadro exemplificativo dos efeitos da interrupção e suspensão no contrato de trabalho:

	Suspensão	Interrupção	Acidente de trabalho e serviço militar
Salário	Não é devido	Devido	Não é devido
Trabalho	Não há	Não há	Não há
Tempo de serviço e FGTS	Não conta e não deposita	Conta e deposita	Conta e deposita

> ▷ **Importante!**
>
> **Art. 320, § 3º, da CLT:** Não serão descontadas, no decurso de 9 (nove) dias, as faltas verificadas por motivo de gala ou de luto em consequência de falecimento do cônjuge, do pai ou mãe, ou de filho.

Para os demais empregados, dois dias no caso de falecimento e três dias na hipótese de casamento.

> ***Art. 473** - O empregado poderá deixar de comparecer ao serviço sem prejuízo do salário:*
>
> I - até 2 (dois) dias consecutivos, em caso de falecimento do cônjuge, ascendente, descendente, irmão ou pessoa que, declarada em sua carteira de trabalho e previdência social, viva sob sua dependência econômica;
>
> II - até 3 (três) dias consecutivos, em virtude de casamento;
>
> III - por 5 (cinco) dias consecutivos, em caso de nascimento de filho, de adoção ou de guarda compartilhada;
>
> IV - por um dia, em cada 12 (doze) meses de trabalho, em caso de doação voluntária de sangue devidamente comprovada;
>
> V - até 2 (dois) dias consecutivos ou não, para o fim de se alistar eleitor, nos termos da lei respectiva.

VI - no período de tempo em que tiver de cumprir as exigências do Serviço Militar referidas na letra "c" do art. 65 da Lei nº 4.375, de 17 de agosto de 1964 (Lei do Serviço Militar).

VII - nos dias em que estiver comprovadamente realizando provas de exame vestibular para ingresso em estabelecimento de ensino superior.

VIII - pelo tempo que se fizer necessário, quando tiver que comparecer a juízo.

IX - pelo tempo que se fizer necessário, quando, na qualidade de representante de entidade sindical, estiver participando de reunião oficial de organismo internacional do qual o Brasil seja membro.

X - pelo tempo necessário para acompanhar sua esposa ou companheira em até 6 (seis) consultas médicas, ou em exames complementares, durante o período de gravidez;

XI - por 1 (um) dia por ano para acompanhar filho de até 6 (seis) anos em consulta médica.

XII - até 3 (três) dias, em cada 12 (doze) meses de trabalho, em caso de realização de exames preventivos de câncer devidamente comprovada.

§ 1º O prazo a que se refere o inciso III do caput deste artigo será contado a partir da data de nascimento do filho.

§ 2º Na hipótese de nascimento ou de adoção de criança com deficiência permanente decorrente de síndrome congênita associada à infecção pelo vírus Zika, o prazo a que se refere o inciso III do caput deste artigo será ampliado para 20 (vinte) dias.

8. JORNADA DE TRABALHO

8.1. Jornada

Conforme previsão no art. 58 da CLT, a jornada normal dos empregados é oito horas diárias e 44 horas semanais, sendo possível uma variação de cinco minutos para mais ou para menos no início e no término da jornada.

▷ **Importante!**

Súm. nº 366 do TST: Não serão descontadas nem computadas como jornada extraordinária as variações de horário do registro de ponto não excedentes de cinco minutos, observado o limite máximo de dez minutos diários. Se ultrapassado esse limite, será considerada como extra a totalidade do tempo que exceder a jornada normal, pois configurado tempo à disposição do empregador, não importando as atividades desenvolvidas pelo empregado ao longo do tempo residual (troca de uniforme, lanche, higiene pessoal etc.).

Súm. nº 449 do TST: A partir da vigência da Lei nº 10.243, de 19.06.2001, que acrescentou o § 1º ao art. 58 da CLT, não mais prevalece cláusula prevista em convenção ou acordo coletivo que elastece o limite de 5 minutos que antecedem e sucedem a jornada de trabalho para fins de apuração das horas extras.

Depois da reforma trabalhista, conforme previsão do § 2º do art. 58 da CLT, não conta mais tempo de serviço o período de deslocamento do empregado da sua casa até a empresa.

▷ **Cuidado!** Com a reforma trabalhista, a Súm. nº 90 do TST perdeu a sua eficácia.

8.2. Tempo a disposição

Conforme previsão do art. 4º da CLT, conta como tempo de serviço sempre que o empregado estiver efetivamente trabalhando ou aguardando ordens.

No período em que o empregado fica dentro da empresa, mas realizando atividades particulares e facultativas, não conta como tempo de serviço. Ex.: estudando, aguardando uma carona para ir para casa, atividades religiosas.

8.3. Empregado em regime de tempo especial

Empregado em regime de tempo parcial (art. 58-A da CLT) também pode chamado de "meio turno", e é dividido em dois tipos:

- com jornada de 27 a 30 horas semanais: sem a possibilidade de fazer hora extra;
- com jornada de até 26 horas semanais: com a possibilidade de fazer seis horas extras por semana.

O salário do empregado poderá ser proporcional à sua jornada e as suas férias são iguais aos demais empregados.

8.4. Empregado em turno ininterrupto de revezamento

O empregado em turno ininterrupto de revezamento é aquele que trabalha em turnos que se alternam com determinada frequência. Por exemplo, todos os meses há troca de turno de trabalho.

Diante do desgaste decorrente dessa troca de turno de trabalho, que afeta seu sono, ele terá sua jornada reduzida de oito para seis horas diárias.

Constituição Federal

Art. 7º São direitos dos trabalhadores urbanos e rurais, além de outros que visem à melhoria de sua condição social:

(...)

XIV – jornada de seis horas para o trabalho realizado em turnos ininterruptos de revezamento, salvo negociação coletiva; (...)

OJ nº 275 da SDI-1 do TST: Inexistindo instrumento coletivo fixando jornada diversa, o empregado horista submetido a turno ininterrupto de revezamento faz jus ao pagamento das horas extraordinárias laboradas além da 6ª, bem como ao respectivo adicional.

Súm. nº 423 do TST: Estabelecida jornada superior a seis horas e limitada a oito horas por meio de regular negociação coletiva, os empregados submetidos a turnos ininterruptos de revezamento não têm direito ao pagamento da 7ª e 8ª horas como extras.

OJ nº 420 da SDI-1 do TST: É inválido o instrumento normativo que, regularizando situações pretéritas, estabelece jornada de oito horas para o trabalho em turnos ininterruptos de revezamento.

8.5. Horas extras, Banco de Horas e Compensação de Jornada

8.5.1. Das horas extras

Sempre que o empregado trabalhar mais do que a sua jornada prevista, terá direito ao recebimento da hora extra, com adicional de, no mínimo, 50%, conforme previsão do art. 59 da CLT.

Caso as horas extras sejam realizadas no descanso semanal remunerado ou no feriado, o adicional de horas extras será de 100%, conforme previsão da Súmula nº 146 do TST, exceto para empregado que trabalha em regime 12x36, que receberá o pagamento normal, ou seja, sem o referido adicional.

8.5.2. Do banco de horas

O banco de horas ocorre por meio de uma negociação, em que o empregado realiza as horas extras e elas "vão para um banco". Quando for viável ao empregador, ele "retira" essas horas do banco e dá em folga ao empregado.

Se o banco for negociado com o empregado, a folga deve ocorrer no prazo de até seis meses; já se a negociação for com o sindicato, a folga pode ocorrer em até 12 meses.

Banco de horas	Sindicato (§ 2º art. 59 da CLT)	12 meses
Banco de horas	Acordo individual (§ 5º art. 59 da CLT)	6 meses

8.5.3. Da compensação de jornada

A compensação de jornada difere do banco de horas, pois nela já existe um acordo de quando ocorrerá a folga, ou seja, o empregado faz horas extras em um dia já sabendo quando ocorrerá a devida compensação (§ 6º do art. 59 da CLT).

Ex.: o empregado trabalha de segunda a sexta-feira, 8h e 48min., havendo a compensação de não trabalhar aos sábados.

▷ **Cuidado!** Quando ocorrer acordo de compensação nulo, verificar a aplicação do art. 59-B da CLT.

Art. 59-B. O não atendimento das exigências legais para compensação de jornada, inclusive quando estabelecida mediante acordo tácito, não implica a repetição do pagamento das horas excedentes à jornada normal diária se não ultrapassada a duração máxima semanal, sendo devido apenas o respectivo adicional.

Parágrafo único. A prestação de horas extras habituais não descaracteriza o acordo de compensação de jornada e o banco de horas.

8.5.3.1. Jornada 12 x 36

O trabalho em turnos de 12 x 36 horas é um dos exemplos de acordo de compensação de jornada visto anteriormente, em que o empregado trabalha 12 horas em um dia, compensando com um descanso de 36 horas. Tem previsão específica no art. 59-A da CLT e devem ser observados os seguintes detalhes:

- tem direito à hora noturna, mas não tem direito à prorrogação da hora noturna;
- tem direito a intervalo de uma hora, mas este pode ser indenizado;
- não tem direito ao adicional quando trabalha nos feriados;
- pode ser estipulado por acordo individual.

▷ **Cuidado!** Não se aplica mais a Súm. nº 444 do TST e a OJ nº 388 da SDI-1 do TST, visto prevalecer o disposto no art. 59-A da CLT.

8.6. Hora noturna

Jornada	Trabalhador urbano	Trabalhador rural na lavoura	Trabalhador rural na pecuária
Noturna	Entre 22h e 5h	Entre 21h e 5h	Entre 20h e 4h

8.6.1. Hora noturna urbana

O empregado urbano que trabalhar no período noturno (22h às 05h), terá direito a receber um adicional de 20% sobre a sua remuneração, bem como a hora noturna reduzida, como 52 minutos e 30 segundos.

CLT

Art. 73. Salvo nos casos de revezamento semanal ou quinzenal, o trabalho noturno terá remuneração superior à do diurno e, para esse efeito, sua remuneração terá um acréscimo de 20 % (vinte por cento), pelo menos, sobre a hora diurna.

§ 1º A hora do trabalho noturno será computada como de 52 minutos e 30 segundos.

§ 2º Considera-se noturno, para os efeitos deste artigo, o trabalho executado entre as 22 horas de um dia e as 5 horas do dia seguinte.

Súm. nº 60 do TST

I – O adicional noturno, pago com habitualidade, integra o salário do empregado para todos os efeitos. (ex-Súm. nº 60 – RA 105/1974, DJ 24.10.1974)

II – Cumprida integralmente a jornada no período noturno e prorrogada esta, devido é também o adicional quanto às horas prorrogadas. Exegese do art. 73, § 5º, da CLT. (ex-OJ nº 6 da SBDI-1 – inserida em 25.11.1996)

8.6.2. Hora noturna rural

O trabalhador rural não terá a hora noturna reduzida assim como o urbano, mas em compensação o seu adicional é de 25% sobre a sua remuneração.

Lei nº 5.889/1973

Art. 7º Para os efeitos desta Lei, considera-se trabalho noturno o executado entre as vinte e uma horas de um dia e as cinco horas do dia seguinte, na lavoura, e entre as vinte horas de um dia e as quatro horas do dia seguinte, na atividade pecuária.

Parágrafo único. Todo trabalho noturno será acrescido de 25% (vinte e cinco por cento) sobre a remuneração normal.

8.6.3. Hora noturna do advogado

▷ Cuidado com a hora noturno do advogado, pois ela é diferente da hora noturno dos demais trabalhadores urbanos, visto que é das 20 horas até **à**s 05:00.

Lei nº 8.906/1994

Art. 20. A jornada de trabalho do advogado empregado, quando prestar serviço para empresas, não poderá exceder a duração diária de 8 (oito) horas contínuas e a de 40 (quarenta) horas semanais.

(...)

§ 3º As horas trabalhadas no período das vinte horas de um dia até as cinco horas do dia seguinte são remuneradas como noturnas, acrescidas do adicional de vinte e cinco por cento.

8.7. Controle de Jornada

Todas as empresas que possuem mais de 20 empregados em seus estabelecimentos têm a obrigação de possuir controle de jornada (§ 2º do art. 74 da CLT).

É permitida a utilização de registro de ponto por exceção à jornada regular de trabalho, mediante acordo individual escrito, convenção coletiva ou acordo coletivo de trabalho (§ 4º do art. 74 da CLT).

8.8. Excluídos da jornada de trabalho

Nos termos do art. 62 da CLT, não possuem controle de jornada e, logo, não possuem direito a horas extras os seguintes empregados:

- trabalhador externo;
- gerentes;
- teletrabalhador por produção ou tarefa.

8.9. Sobreaviso e prontidão

Sobreaviso e prontidão estão previstos no art. 244 da CLT e ocorrem quando o empregado fica à disposição do empregador após a sua jornada de trabalho, conforme esquema a seguir:

SOBREAVISO	PRONTIDÃO
1/3 do salário hora	2/3 do salário hora
Em casa	No trabalho
Máximo 24 horas	Máximo 12 horas, com uma hora de intervalo caso a empresa não tenha refeitório

Súm. n. 428 do TST - SOBREAVISO

I - O uso de instrumentos telemáticos ou informatizados fornecidos pela empresa ao empregado, por si só, não caracteriza o regime de sobreaviso.

II - Considera-se em sobreaviso o empregado que, à distância e submetido a controle patronal por instrumentos telemáticos ou informatizados, permanecer em regime de plantão ou equivalente, aguardando a qualquer momento o chamado para o serviço durante o período de descanso.

8.10. Intervalos

8.10.1. Interjornada

Intervalo interjornada é aquele que ocorre entre uma jornada e outra e deve ser de, no mínimo, 11 horas.

CLT

Art. 66. Entre 2 (duas) jornadas de trabalho haverá um período mínimo de 11 (onze) horas consecutivas para descanso.

OJ nº 355 da SDI-1 do TST: O desrespeito ao intervalo mínimo interjornadas previsto no art. 66 da CLT acarreta, por analogia, os mesmos efeitos previstos no § 4º do art. 71 da CLT e na Súmula nº 110 do TST, devendo-se pagar a integralidade das horas que foram subtraídas do intervalo, acrescidas do respectivo adicional.

Súm. nº 110 do TST: No regime de revezamento, as horas trabalhadas em seguida ao repouso semanal de 24 horas, com prejuízo do intervalo mínimo de 11 horas consecutivas para descanso entre jornadas, devem ser remuneradas como extraordinárias, inclusive com o respectivo adicional.

8.10.2. Intrajornada

O intervalo intrajornada está previsto no art. 71 da CLT e é aquele que ocorre dentro da jornada de trabalho.

Art. 71. Em qualquer trabalho contínuo, cuja duração exceda de 6 (seis) horas, é obrigatória a concessão de um intervalo para repouso ou alimentação, o qual será, no mínimo, de 1 (uma) hora e, salvo acordo escrito ou contrato coletivo em contrário, não poderá exceder de 2 (duas) horas.

§ 1º Não excedendo de 6 (seis) horas o trabalho, será, entretanto, obrigatório um intervalo de 15 (quinze) minutos quando a duração ultrapassar 4 (quatro) horas.

§ 2º Os intervalos de descanso não serão computados na duração do trabalho.

§ 3º O limite mínimo de uma hora para repouso ou refeição poderá ser reduzido por ato do Ministro do Trabalho, Indústria e Comércio, quando ouvido o Serviço de Alimentação de Previdência Social, se verificar que o estabelecimento atende integralmente às exigências concernentes à organização dos refeitórios, e quando os respectivos empregados não estiverem sob regime de trabalho prorrogado a horas suplementares.

§ 4º A não concessão ou a concessão parcial do intervalo intrajornada mínimo, para repouso e alimentação, a empregados urbanos e rurais, implica o pagamento, de natureza indenizatória, apenas do período suprimido, com acréscimo de 50% (cinquenta por cento) sobre o valor da remuneração da hora normal de trabalho.

▷ **Cuidado!**

A Súm. nº 437 do TST não tem mais aplicação, visto que se aplica o disposto no § 4º do art. 71 da CLT.

JORNADA DE TRABALHO	TEMPO DE INTERVALO
Até 4 horas diárias	Sem intervalo
De 4 a 6 horas diárias	15 minutos
+ de 6 horas diárias	Mínimo 1 hora e máximo 2 horas

8.10.3. DSR

O descanso semanal remunerado (DSR) está previsto no art. 67 da CLT:

Art. 67. Será assegurado a todo empregado um descanso semanal de 24 (vinte e quatro) horas consecutivas, o qual, salvo motivo de conveniência pública ou necessidade imperiosa do serviço, deverá coincidir com o domingo, no todo ou em parte.

Parágrafo único. Nos serviços que exijam trabalho aos domingos, com exceção quanto aos elencos teatrais, será estabelecida escala de revezamento, mensalmente organizada e constando de quadro sujeito à fiscalização.

8.10.4. Férias

As férias são os intervalos anuais a que o trabalhador tem direito e estão previstas nos arts. 130 a 146 da CLT, concedidas da seguinte forma:

NÚMERO DE FALTAS INJUSTIFICADAS	NÚMERO DE DIAS DE FÉRIAS
Até 5 faltas	30 dias
De 6 a 14 faltas	24 dias
De 15 a 23 faltas	18 dias
De 24 a 32 faltas	12 dias

CLT

Art. 134. As férias serão concedidas por ato do empregador, em um só período, nos 12 (doze) meses subsequentes à data em que o empregado tiver adquirido o direito.

§ 1º Desde que haja concordância do empregado, as férias poderão ser usufruídas em até três períodos, sendo que um deles não poderá ser inferior a quatorze dias corridos e os demais não poderão ser inferiores a cinco dias corridos, cada um.

§ 2º (Revogado).

§ 3º É vedado o início das férias no período de dois dias que antecede feriado ou dia de repouso semanal remunerado.

Art. 135. A concessão das férias será participada, por escrito, ao empregado, com antecedência de, no mínimo, 30 (trinta) dias. Dessa participação o interessado dará recibo.

Art. 136. A época da concessão das férias será a que melhor consulte os interesses do empregador.

§ 1º Os membros de uma família, que trabalharem no mesmo estabelecimento ou empresa, terão direito a gozar férias no mesmo período, se assim o desejarem e se disto não resultar prejuízo para o serviço.

§ 2º O empregado estudante, menor de 18 (dezoito) anos, terá direito a fazer coincidir suas férias com as férias escolares.

Art. 137. Sempre que as férias forem concedidas após o prazo de que trata o art. 134, o empregador pagará em dobro a respectiva remuneração.

(...)

Art. 143. É facultado ao empregado converter 1/3 (um terço) do período de férias a que tiver direito em abono pecuniário, no valor da remuneração que lhe seria devida nos dias correspondentes.

§ 1º O abono de férias deverá ser requerido até 15 (quinze) dias antes do término do período aquisitivo.

§ 2º Tratando-se de férias coletivas, a conversão a que se refere este artigo deverá ser objeto de acordo coletivo entre o empregador e o sindicato representativo da respectiva categoria profissional, independendo de requerimento individual a concessão do abono.

§ 3º (Revogado pela Lei nº 13.467/2017)

(...)

Art. 145. O pagamento da remuneração das férias e, se for o caso, o do abono referido no art. 143 serão efetuados até 2 (dois) dias antes do início do respectivo período.

Parágrafo único. O empregado dará quitação do pagamento, com indicação do início e do termo das férias.

8.10.5. Intervalos especiais

Mecanógrafo ou digitador: 10 minutos para cada 90 minutos trabalhados (art. 72 da CLT e Súm. nº 346 do TST).

Trabalhador em câmaras frias: 20 minutos a cada 1h40 de trabalho contínuo (art. 253 da CLT e Súm. nº 438 da CLT).

Minas de subsolo: 15 minutos a cada três horas trabalhadas (art. 298 CLT).

Amamentação: dois intervalos de 30 minutos até a criança completar 6 meses de idade (art. 396 da CLT).

Telefonista: 20 minutos de descanso a cada três horas trabalhadas (arts. 227 a 331 da CLT).

9. REMUNERAÇÃO E SALÁRIO

9.1. Conceito

Remuneração = salário + gorjetas (art. 457 da CLT).

Salário é tudo o que o empregado recebe do empregador, conforme previsto do § 1º do art. 457 da CLT:

Art. 457. (...)

§ 1º Integram o salário a importância fixa estipulada, as gratificações legais e as comissões pagas pelo empregador.

Já as verbas de natureza não salarial ou indenizatória estão previstas no § 2º do art. 457 da CLT.

Art. 457. (...)

(...)

§ 2º As importâncias, ainda que habituais, pagas a título de ajuda de custo, auxílio-alimentação, vedado seu pagamento em dinheiro, diárias para viagem, prêmios e abonos não integram a remuneração do empregado, não se incorporam ao contrato de trabalho e não constituem base de incidência de qualquer encargo trabalhista e previdenciário.

9.2. Salário *in natura*

O salário, além do pagamento em dinheiro, pode também ser realizado por meio de utilidades fornecidas pelo empregador ao empregado, com exceção de drogas nocivas e bebidas alcoólicas.

Para saber se uma utilidade é ou não verba salarial, deve-se observar se ela se encontra no § 2º do art. 458 da CLT, que lista quais utilidades não são consideradas salariais, nesse sentido:

Art. 458. (...)

(...)

§ 2º Para os efeitos previstos neste artigo, não serão consideradas como salário as seguintes utilidades concedidas pelo empregador:

I – vestuários, equipamentos e outros acessórios fornecidos aos empregados e utilizados no local de trabalho, para a prestação do serviço;

II – educação, em estabelecimento de ensino próprio ou de terceiros, compreendendo os valores relativos a matrícula, mensalidade, anuidade, livros e material didático;

III – transporte destinado ao deslocamento para o trabalho e retorno, em percurso servido ou não por transporte público;

IV – assistência médica, hospitalar e odontológica, prestada diretamente ou mediante seguro-saúde;

V – seguros de vida e de acidentes pessoais;

VI – previdência privada;

VII – (VETADO)

VIII – o valor correspondente ao vale-cultura.

Caso a utilidade esteja listada no § 2º citado, não será considerada salário utilidade. Se não estiver, deve ser observada a regra do PARA ou PELO trabalho.

SE A UTILIDADE FOR *PARA* O TRABALHO	NÃO É SALÁRIO
SE A UTILIDADE FOI DADA *PELO* TRABALHO PRESTADO	É SALÁRIO

Art. 458. (...)

(...)

§ 5º O valor relativo à assistência prestada por serviço médico ou odontológico, próprio ou não, inclusive o reembolso de despesas com medicamentos, óculos, aparelhos ortopédicos, próteses, órteses, despesas médico-hospitalares e outras similares, mesmo quando concedido em diferentes modalidades de planos e coberturas, não integram o salário do empregado para qualquer efeito nem o salário de contribuição, para efeitos do previsto na alínea *q* do § 9º do art. 28 da Lei nº 8.212, de 24 de julho de 1991.

9.3. Prazo e forma de pagamento

O pagamento do salário dos empregados deve observar algumas regras, ao qual destaca-se o pagamento até o 5 dia útil do mês subsequente e em moeda corrente nacional.

CLT

Art. 459. O pagamento do salário, qualquer que seja a modalidade do trabalho, não deve ser estipulado por período superior a 1 (um) mês, salvo no que concerne a comissões, percentagens e gratificações.

§ 1º *Quando o pagamento houver sido estipulado por mês, deverá ser efetuado, o mais tardar, até o quinto dia útil do mês subsequente ao vencido.*

(...)

Art. 460. Na falta de estipulação do salário ou não havendo prova sobre a importância ajustada, o empregado terá direito a perceber salário igual ao daquela que, na mesma empresa, fizer serviço equivalente ou do que for habitualmente pago para serviço semelhante.

(...)

Art. 463. A prestação, em espécie, do salário será paga em moeda corrente do País.

Parágrafo único. O pagamento do salário realizado com inobservância deste artigo considera-se como não feito.

Art. 464. O pagamento do salário deverá ser efetuado contrarrecibo, assinado pelo empregado; em se tratando de analfabeto, mediante sua impressão digital, ou, não sendo esta possível, a seu rogo.

Parágrafo único. Terá força de recibo o comprovante de depósito em conta bancária, aberta para esse fim em nome de cada empregado, com o consentimento deste, em estabelecimento de crédito próximo ao local de trabalho.

Art. 465. O pagamento dos salários será efetuado em dia útil e no local do trabalho, dentro do horário do serviço ou imediatamente após o encerramento deste, salvo quando efetuado por depósito em conta bancária, observado o disposto no artigo anterior.

9.4. Equiparação salarial

Equiparação salarial ocorre quando um empregado pretende ganhar o mesmo valor que um colega que (art. 461 da CLT):

1. trabalha para o mesmo empregador;
2. no mesmo estabelecimento;
3. com a mesma função;
4. com a mesma qualidade;
5. não tendo com o colega diferença de tempo na função de dois anos;
6. não tendo com o colega diferença de tempo na empresa de quatro anos.

Não haverá equiparação salarial nas seguintes hipóteses:

1. tiver na empresa Quadro Organizado em Carreira que preveja promoções por mérito ou antiguidade;
2. o empregado paradigma for readaptado por motivo de função.

Na hipótese de discriminação por motivo de sexo, raça, etnia, origem ou idade, o pagamento das diferenças salariais devidas ao empregado discriminado não afasta seu direito de ação de indenização por danos morais, consideradas as especificidades do caso concreto. Ainda, caberá multa no valor de 10 vezes do último salário, podendo ser em dobro em caso reincidência.

9.5. Desconto salarial

Nos termos do art. 462 da CLT, somente é permitido o desconto salarial referente a adiantamento salarial, em decorrência de previsão legal (INSS ou vale-transporte) ou por autorização contratual, por meio de benefício ao empregado, por exemplo, um plano de saúde, previdência privada ou plano odontológico.

Se houver confirmação de que o empregado causou prejuízo ao empregador por culpa (sem intenção), será autorizado o desconto se houver previsão contratual, já no caso de prejuízo por dolo, não existe necessidade de previsão contratual.

9.6. Comissões

Além do pagamento em dinheiro ou utilidade, também é possível o pagamento do salário dos empregados através das comissões.

Importante lembrar que o risco do negócio é algo exclusivo do empregador, logo, havendo inadimplência por parte do cliente, mesmo assim a comissão deve continuar a ser paga pelo empregador.

> **CLT**
>
> **Art. 466.** O pagamento de comissões e percentagens só é exigível depois de ultimada a transação a que se referem.
>
> § 1º Nas transações realizadas por prestações sucessivas, é exigível o pagamento das percentagens e comissões que lhes disserem respeito proporcionalmente à respectiva liquidação.
>
> § 2º A cessação das relações de trabalho não prejudica a percepção das comissões e percentagens devidas na forma estabelecida por este artigo.

9.7. Adicionais

9.7.1. De horas extras

Ver tópico das Horas extras.

9.7.2. De hora noturna

Ver tópico das Horas noturnas.

9.7.3. De transferência

Ver tópico de Alteração contratual.

9.7.4. De insalubridade

O adicional de insalubridade é devido quando o empregado em um ambiente prejudicial à saúde do trabalhador. Para a percepção do adicional, são necessários dois requisitos:

- Realização de perícia (salvo se houve previsão em lei);
- O agente insalubre estiver previsto na NR 15 do MTE; (Não é necessário decorar os agentes insalubres da referida NR)

> **CLT**
>
> **Art. 190.** O Ministério do Trabalho aprovará o quadro das atividades e operações insalubres e adotará normas sobre os critérios de caracterização da insalubridade, os limites de tolerância aos agentes agressivos, meios de proteção e o tempo máximo de exposição do empregado a esses agentes.
>
> Parágrafo único. As normas referidas neste artigo incluirão medidas de proteção do organismo do trabalhador nas operações que produzem aerodispersóides tóxicos, irritantes, alérgicos ou incômodos.
>
> **Art. 191.** A eliminação ou a neutralização da insalubridade ocorrerá:
>
> I – com a adoção de medidas que conservem o ambiente de trabalho dentro dos limites de tolerância;
>
> II – com a utilização de equipamentos de proteção individual ao trabalhador, que diminuam a intensidade do agente agressivo a limites de tolerância.
>
> Parágrafo único. Caberá às Delegacias Regionais do Trabalho, comprovada a insalubridade, notificar as empresas, estipulando prazos para sua eliminação ou neutralização, na forma deste artigo.
>
> **Art. 192.** O exercício de trabalho em condições insalubres, acima dos limites de tolerância estabelecidos pelo Ministério do Trabalho, assegura a percepção de adicional respectivamente de 40% (quarenta por cento), 20% (vinte por cento) e 10% (dez por cento) do salário-mínimo da região, segundo se classifiquem nos graus máximo, médio e mínimo.

9.7.5. Periculosidade

O adicional de periculosidade é devido quando o empregado trabalha em um ambiente perigoso. Importante destacar que não é possível acumular o recebimento do adicional de insalubridade com o de periculosidade.

> CLT
>
> Art. 193. São consideradas atividades ou operações perigosas, na forma da regulamentação aprovada pelo Ministério do Trabalho e Emprego, aquelas que, por sua natureza ou métodos de trabalho, impliquem risco acentuado em virtude de exposição permanente do trabalhador a:
>
> I – inflamáveis, explosivos ou energia elétrica;
>
> II – roubos ou outras espécies de violência física nas atividades profissionais de segurança pessoal ou patrimonial.
>
> III – colisões, atropelamentos ou outras espécies de acidentes ou violências nas atividades profissionais dos agentes das autoridades de trânsito.
>
> § 1º O trabalho em condições de periculosidade assegura ao empregado um adicional de 30% (trinta

por cento) sobre o salário sem os acréscimos resultantes de gratificações, prêmios ou participações nos lucros da empresa.

§ 2º O empregado poderá optar pelo adicional de insalubridade que porventura lhe seja devido.

§ 3º Serão descontados ou compensados do adicional outros da mesma natureza eventualmente já concedidos ao vigilante por meio de acordo coletivo.

§ 4º São também consideradas perigosas as atividades de trabalhador em motocicleta.

§ 5º O disposto no inciso I do caput deste artigo não se aplica às quantidades de inflamáveis contidas nos tanques de combustíveis originais de fábrica e suplementares, para consumo próprio de veículos de carga e de transporte coletivo de passageiros, de máquinas e de equipamentos, certificados pelo órgão competente, e nos equipamentos de refrigeração de carga.

10. RESCISÃO DO CONTRATO DE TRABALHO

10.1. Aviso prévio

10.1.1. Conceito

Como, em regra, os contratos são por prazo indeterminado, a parte que pretende fazer a sua rescisão deve comunicar a outra com antecedência, por meio do aviso prévio, previsto no art. 487 da CLT.

Art. 487 - Não havendo prazo estipulado, a parte que, sem justo motivo, quiser rescindir o contrato deverá avisar a outra da sua resolução com a antecedência mínima de:

I - oito dias, se o pagamento for efetuado por semana ou tempo inferior;

II - trinta dias aos que perceberem por quinzena ou mês, ou que tenham mais de 12 (doze) meses de serviço na empresa.

§ 1º - A falta do aviso prévio por parte do empregador dá ao empregado o direito aos salários correspondentes ao prazo do aviso, garantida sempre a integração desse período no seu tempo de serviço.

§ 2º - A falta de aviso prévio por parte do empregado dá ao empregador o direito de descontar os salários correspondentes ao prazo respectivo.

§ 3º - Em se tratando de salário pago na base de tarefa, o cálculo, para os efeitos dos parágrafos anteriores, será feito de acordo com a média dos últimos 12 (doze) meses de serviço.

§ 4º - É devido o aviso prévio na despedida indireta.

§ 5º - O valor das horas extraordinárias habituais integra o aviso prévio indenizado.

§ 6º - O reajustamento salarial coletivo, determinado no curso do aviso prévio, beneficia o empregado pré-avisado da despedida, mesmo que tenha recebido antecipadamente os salários correspondentes ao período do aviso, que integra seu tempo de serviço para todos os efeitos legais.

10.1.2. Redução de jornada

Quando o aviso prévio partir do empregador, poderá o funcionar requerer a redução do trabalho em 2 horas diárias ou 7 dias corridos.

CLT

Art. 488. O horário normal de trabalho do empregado, durante o prazo do aviso, e se a rescisão tiver sido promovida pelo empregador, será reduzido de 2 (duas) horas diárias, sem prejuízo do salário integral.

Parágrafo único. É facultado ao empregado trabalhar sem a redução das 2 (duas) horas diárias previstas neste artigo, caso em que poderá faltar ao serviço, sem prejuízo do salário integral, por 1 (um) dia, na hipótese do inciso I, e por 7 (sete) dias corridos, na hipótese do inciso II do art. 487 desta Consolidação.

10.1.3. Desistência do aviso prévio

A parte que comunicar o aviso prévio poderá desistir do mesmo, desde que a outra parte concorde com a desistência.

Art. 489. Dado o aviso prévio, a rescisão torna-se efetiva depois de expirado o respectivo prazo, mas, se a parte notificante reconsiderar o ato, antes de seu termo, à outra parte é facultado aceitar ou não a reconsideração.

Parágrafo único. Caso seja aceita a reconsideração ou continuando a prestação depois de expirado o prazo, o contrato continuará a vigorar, como se o aviso prévio não tivesse sido dado.

▷ **Importante!** Em caso de readmissão, conta-se a favor do empregado o período de serviço anterior, encerrado com a saída espontânea (Súm. nº 138 do TST).

O pagamento relativo ao período de aviso prévio, trabalhado ou não, está sujeito a contribuição para o FGTS (Súm. nº 305 do TST).

É inválida a concessão do aviso prévio na fluência da garantia de emprego, diante da incompatibilidade dos dois institutos (Súm. nº 348 do TST).

A projeção do contrato de trabalho para o futuro, pela concessão do aviso prévio indenizado, tem efeitos limitados às vantagens econômicas obtidas no período de pré-aviso, ou seja, salários, reflexos e verbas rescisórias. No caso de concessão de auxílio-doença no curso do aviso prévio, todavia, só se concretizam os efeitos da dispensa depois de expirado o benefício previdenciário (Súm. nº 371 do TST).

TRABALHO

10.2. Verbas rescisórias

- **Definitivo:**

É devido em todas as rescisões:

A) Saldo do salário;

B) Férias vencidas.

- **Proporcional:**

Não é devido na justa causa – art. 482 da CLT.

Devido pela metade na culpa recíproca – art. 484 da CLT.

A) Férias proporcionais;

B) 13º salário proporcional.

- **Indenizatórias:**

Não é devido quando o empregado deu causa a rescisão:

- Morte;
- Pedido de demissão;
- Justa causa – art. 482 da CLT.

Devido pela metade:

- Culpa recíproca – art. 484 da CLT;
- Acordo – art. 484-A da CLT.

A) Aviso prévio;

B) Multa dos 40%;

C) Art. 479 e 480 da CLT.

10.3. Rescisão dos contratos por prazo determinado

10.3.1. Rescisão antecipada pelo empregador

Na rescisão antecipada pelo empregador, temos uma demissão sem justa causa, devendo o aviso prévio ser substituído pela multa do art. 479 da CLT.

> **CLT**
>
> **Art. 479.** Nos contratos que tenham termo estipulado, o empregador que, sem justa causa, despedir o empregado será obrigado a pagar-lhe, a título de indenização, e por metade, a remuneração a que teria direito até o termo do contrato.
>
> Parágrafo único. Para a execução do que dispõe o presente artigo, o cálculo da parte variável ou incerta dos salários será feito de acordo com o prescrito para o cálculo da indenização referente à rescisão dos contratos por prazo indeterminado.

10.3.2. Rescisão antecipada pelo empregado

Na rescisão antecipada pelo empregado, temos um pedido de demissão, devendo o aviso prévio ser substituído pela multa do art. 480 da CLT. A multa somente é devida, se o empregador comprovar que teve prejuízo com a saída antecipada do empregado.

> **Art. 480.** Havendo termo estipulado, o empregado não se poderá desligar do contrato, sem justa causa, sob pena de ser obrigado a indenizar o empregador dos prejuízos que desse fato lhe resultarem.
>
> § 1º A indenização, porém, não poderá exceder àquela a que teria direito o empregado em idênticas condições.

10.4. Rescisão do contrato por prazo indeterminado e determinado

10.4.1. Justa causa

A justa causa é a punição mais grave que pode ocorrer, devendo obrigatoriamente o ilícito do empregado estar enquadrado em uma das hipóteses do art. 482 da CLT.

> **CLT**
>
> **Art. 482.** Constituem justa causa para rescisão do contrato de trabalho pelo empregador:
>
> a) ato de improbidade;
>
> b) incontinência de conduta ou mau procedimento;
>
> c) negociação habitual por conta própria ou alheia sem permissão do empregador, e quando constituir ato de concorrência à empresa para a qual trabalha o empregado, ou for prejudicial ao serviço;
>
> d) condenação criminal do empregado, passada em julgado, caso não tenha havido suspensão da execução da pena;
>
> e) desídia no desempenho das respectivas funções;
>
> f) embriaguez habitual ou em serviço;
>
> g) violação de segredo da empresa;
>
> h) ato de indisciplina ou de insubordinação;
>
> i) abandono de emprego;
>
> j) ato lesivo da honra ou da boa fama praticado no serviço contra qualquer pessoa, ou ofensas físicas, nas mesmas condições, salvo em caso de legítima defesa, própria ou de outrem;
>
> k) ato lesivo da honra ou da boa fama ou ofensas físicas praticadas contra o empregador e superiores hierárquicos, salvo em caso de legítima defesa, própria ou de outrem;
>
> l) prática constante de jogos de azar.
>
> m) perda da habilitação ou dos requisitos estabelecidos em lei para o exercício da profissão, em decorrência de conduta dolosa do empregado.
>
> Parágrafo único. Constitui igualmente justa causa para dispensa de empregado a prática, devidamente comprovada em inquérito administrativo, de atos atentatórios à segurança nacional.

10.4.2. Rescisão indireta

Quando a empresa comete uma falta grave, é possível que o empregado ajuíze uma ação, pedindo a rescisão indireta. Na rescisão indireta, é devido ao empregado, todos os requisitos, inclusive saque do FGTS e seguro-desemprego (se preencher o requisito do prazo).

> **Art. 483.** O empregado poderá considerar rescindido o contrato e pleitear a devida indenização quando:
>
> *a)* forem exigidos serviços superiores às suas forças, defesos por lei, contrários aos bons costumes, ou alheios ao contrato;
>
> *b)* for tratado pelo empregador ou por seus superiores hierárquicos com rigor excessivo;
>
> *c)* correr perigo manifesto de mal considerável;
>
> *d)* não cumprir o empregador as obrigações do contrato;
>
> *e)* praticar o empregador ou seus prepostos, contra ele ou pessoas de sua família, ato lesivo da honra e boa fama;
>
> *f)* o empregador ou seus prepostos ofenderem-no fisicamente, salvo em caso de legítima defesa, própria ou de outrem;
>
> *g)* o empregador reduzir o seu trabalho, sendo este por peça ou tarefa, de forma a afetar sensivelmente a importância dos salários.
>
> § 1º O empregado poderá suspender a prestação dos serviços ou rescindir o contrato, quando tiver de desempenhar obrigações legais, incompatíveis com a continuação do serviço.
>
> § 2º No caso de morte do empregador constituído em empresa individual, é facultado ao empregado rescindir o contrato de trabalho.
>
> § 3º Nas hipóteses das letras "d" e "g", poderá o empregado pleitear a rescisão de seu contrato de trabalho e o pagamento das respectivas indenizações, permanecendo ou não no serviço até final decisão do processo.

10.4.3. Culpa recíproca

A culpa recíproca ocorre quando tanto empregado e empregador cometem falta graves.

> **Art. 484.** Havendo culpa recíproca no ato que determinou a rescisão do contrato de trabalho, o tribunal de trabalho reduzirá a indenização à que seria devida em caso de culpa exclusiva do empregador, por metade.

10.4.4. Acordo de rescisão

No acordo de rescisão nenhuma das partes comete uma falta grave, porém ambas possuem interesse na rescisão contratual, podendo assim, realizar a rescisão por acordo.

> **Art. 484-A.** O contrato de trabalho poderá ser extinto por acordo entre empregado e empregador, caso em que serão devidas as seguintes verbas trabalhistas:
>
> I – por metade:
>
> *a)* o aviso prévio, se indenizado; e
>
> *b)* a indenização sobre o saldo do Fundo de Garantia do Tempo de Serviço, prevista no § 1º do art. 18 da Lei nº 8.036, de 11 de maio de 1990;
>
> II – na integralidade, as demais verbas trabalhistas.
>
> § 1º A extinção do contrato prevista no caput deste artigo permite a movimentação da conta vinculada do trabalhador no Fundo de Garantia do Tempo de Serviço na forma do inciso I-A do art. 20 da Lei nº 8.036, de 11 de maio de 1990, limitada até 80% (oitenta por cento) do valor dos depósitos.
>
> § 2º A extinção do contrato por acordo prevista no caput deste artigo não autoriza o ingresso no Programa de Seguro-Desemprego.

10.4.5. Fato do príncipe

A rescisão por fato do príncipe ocorre quando a empresa fecha por culpa de um ato de um ente federativo. Nesse caso, ao demitir o empregado ele irá receber todas as verbas rescisórias, sendo que as indenizatórias (aviso prévio e multa dos 40%) serão de responsabilidade do ente federativo.

> **Art. 486.** No caso de paralisação temporária ou definitiva do trabalho, motivada por ato de autoridade municipal, estadual ou federal, ou pela promulgação de lei ou resolução que impossibilite a continuação da atividade, prevalecerá o pagamento da indenização, que ficará a cargo do governo responsável.
>
> § 1º Sempre que o empregador invocar em sua defesa o preceito do presente artigo, o tribunal do trabalho competente notificará a pessoa de direito público apontada como responsável pela paralisação do trabalho, para que, no prazo de 30 (trinta) dias, alegue o que entender devido, passando a figurar no processo como chamada à autoria.
>
> § 2º Sempre que a parte interessada, firmada em documento hábil, invocar defesa baseada na disposição deste artigo e indicar qual o juiz competente, será ouvida a parte contrária, para, dentro de 3 (três) dias, falar sobre essa alegação.
>
> § 3º Verificada qual a autoridade responsável, a Junta de Conciliação ou Juiz dar-se-á por incompetente, remetendo os autos ao Juiz Privativo da Fazenda, perante o qual correrá o feito nos termos previstos no processo comum.

10.4.6. Dispensa discriminatória

> **Súm. nº 443 do TST:** DISPENSA DISCRIMINATÓRIA. PRESUNÇÃO. EMPREGADO PORTADOR DE DOENÇA GRAVE. ESTIGMA OU PRECONCEITO. DIREITO À REINTEGRAÇÃO – Res. 185/2012, DEJT divulgado em 25, 26 e 27-9-2012

Presume-se discriminatória a despedida de empregado portador do vírus HIV ou de outra doença grave que suscite estigma ou preconceito. Inválido o ato, o empregado tem direito à reintegração no emprego.

10.5. Ato de rescisão do contrato de trabalho

O ato de rescisão do contrato de trabalho é quando se formaliza a rescisão, devendo observar algumas regras, como por exemplo o prazo de 10 dias para pagamento das verbas rescisórias.

CLT

Art. 477. Na extinção do contrato de trabalho, o empregador deverá proceder à anotação na Carteira de Trabalho e Previdência Social, comunicar a dispensa aos órgãos competentes e realizar o pagamento das verbas rescisórias no prazo e na forma estabelecidos neste artigo.

§ 1º (Revogado).

§ 2º O instrumento de rescisão ou recibo de quitação, qualquer que seja a causa ou forma de dissolução do contrato, deve ter especificada a natureza de cada parcela paga ao empregado e discriminado o seu valor, sendo válida a quitação, apenas, relativamente às mesmas parcelas.

§ 3º (Revogado pela Lei nº 13.467/2017)

§ 4º O pagamento a que fizer jus o empregado será efetuado:

I – em dinheiro, depósito bancário ou cheque visado, conforme acordem as partes; ou

II – em dinheiro ou depósito bancário quando o empregado for analfabeto.

§ 5º Qualquer compensação no pagamento de que trata o parágrafo anterior não poderá exceder o equivalente a um mês de remuneração do empregado.

§ 6º A entrega ao empregado de documentos que comprovem a comunicação da extinção contratual aos órgãos competentes bem como o pagamento dos valores constantes do instrumento de rescisão ou recibo de quitação deverão ser efetuados até dez dias contados a partir do término do contrato.

§ 7º (Revogado).

§ 8º A inobservância do disposto no § 6º deste artigo sujeitará o infrator à multa de 160 BTN, por trabalhador, bem assim ao pagamento da multa a favor do empregado, em valor equivalente ao seu salário, devidamente corrigido pelo índice de variação do BTN, salvo quando, comprovadamente, o trabalhador der causa à mora.

§ 9º (Vetado).

§ 10. A anotação da extinção do contrato na Carteira de Trabalho e Previdência Social é documento hábil para requerer o benefício do seguro-desemprego e a movimentação da conta vinculada no Fundo de Garantia do Tempo de Serviço, nas hipóteses legais, desde que a comunicação prevista no *caput* deste artigo tenha sido realizada.

10.6. Dispensa coletiva

A dispensa individual nos termos do art. 477-A da CLT é igual a dispensa coletiva, logo os trâmites para rescisão são iguais.

Art. 477-A. As dispensas imotivadas individuais, plúrimas ou coletivas equiparam-se para todos os fins, não havendo necessidade de autorização prévia de entidade sindical ou de celebração de convenção coletiva ou acordo coletivo de trabalho para sua efetivação.

10.7. PDV

Qualquer empresa, pode, através de instrumento normativo, estabelecer um Plano de Demissão Voluntária, ao qual, se oferece vantagens para que determinados empregados (critérios definidos pela empresa) peçam demissão da empresa.

Art. 477-B. Plano de Demissão Voluntária ou Incentivada, para dispensa individual, plúrima ou coletiva, previsto em convenção coletiva ou acordo coletivo de trabalho, enseja quitação plena e irrevogável dos direitos decorrentes da relação empregatícia, salvo disposição em contrário estipulada entre as partes.

11. DA FORÇA MAIOR

A Força Maior é um acontecimento inevitável que trouxe prejuízos para empresa, a qual possibilita à empresa, ter alguns benefícios, como redução de verbas rescisórias, na hipótese de demissão dos seus empregados.

CLT

Art. 501. Entende-se como força maior todo acontecimento inevitável, em relação à vontade do empregador, e para a realização do qual este não concorreu, direta ou indiretamente.

§ 1º A imprevidência do empregador exclui a razão de força maior.

§ 2º À ocorrência do motivo de força maior que não afetar substancialmente, nem for suscetível de afetar, em tais condições, a situação econômica e financeira da empresa não se aplica as restrições desta Lei referentes ao disposto neste Capítulo.

Art. 502. Ocorrendo motivo de força maior que determine a extinção da empresa, ou de um dos estabelecimentos em que trabalhe o empregado, é assegurada a este, quando despedido, uma indenização na forma seguinte:

I – sendo estável, nos termos dos arts. 477 e 478;

II – não tendo direito à estabilidade, metade da que seria devida em caso de rescisão sem justa causa;

III – havendo contrato por prazo determinado, aquela a que se refere o art. 479 desta Lei, reduzida igualmente à metade.

Art. 503. É lícita, em caso de força maior ou prejuízos devidamente comprovados, a redução geral dos salários dos empregados da empresa, proporcionalmente aos salários de cada um, não podendo, entretanto, ser superior a 25% (vinte e cinco por cento), respeitado, em qualquer caso, o salário-mínimo da região.

Parágrafo único. Cessados os efeitos decorrentes do motivo de força maior, é garantido o restabelecimento dos salários reduzidos.

Art. 504. Comprovada a falsa alegação do motivo de força maior, é garantida a reintegração aos empregados estáveis, e aos não-estáveis o complemento da indenização já percebida, assegurado a ambos o pagamento da remuneração atrasada.

12. ESTABILIDADE

12.1. Regra geral

Os empregados que, em razão do cargo que ocupam (CIPA, representante pessoal e dirigente sindical) ou em razão da sua condição física ou de saúde (acidente ou gestante/adotante), têm risco de ser demitidos sem justa causa possuem estabilidade.

12.2. Empregados estáveis

12.2.1. Dirigente sindical

O dirigente sindical possui estabilidade no emprego desde o registro da sua candidatura até um ano após o término do mandato, nos termos do art. 8º, VIII, da CF/1988 e do art. 543 da CLT, somente podendo ser demitido por justa causa e por inquérito judicial para apuração de falta grave.

Súm. nº 369 do TST

DIRIGENTE SINDICAL. ESTABILIDADE PROVISÓRIA

I – É assegurada a estabilidade provisória ao empregado dirigente sindical, ainda que a comunicação do registro da candidatura ou da eleição e da posse seja realizada fora do prazo previsto no art. 543, § 5º, da CLT, desde que a ciência ao empregador, por qualquer meio, ocorra na vigência do contrato de trabalho.

II – O art. 522 da CLT foi recepcionado pela Constituição Federal de 1988. Fica limitada, assim, a estabilidade a que alude o art. 543, § 3º, da CLT a sete dirigentes sindicais e igual número de suplentes.

III – O empregado de categoria diferenciada eleito dirigente sindical só goza de estabilidade se exercer na empresa atividade pertinente à categoria profissional do sindicato para o qual foi eleito dirigente.

IV – Havendo extinção da atividade empresarial no âmbito da base territorial do sindicato, não há razão para subsistir a estabilidade.

V – O registro da candidatura do empregado a cargo de dirigente sindical durante o período de aviso prévio, ainda que indenizado, não lhe assegura a estabilidade, visto que inaplicável a regra do § 3º do art. 543 da Consolidação das Leis do Trabalho.

Súm. nº 379 do TST

DIRIGENTE SINDICAL. DESPEDIDA. FALTA GRAVE. INQUÉRITO JUDICIAL. NECESSIDADE

O dirigente sindical somente poderá ser dispensado por falta grave mediante a apuração em inquérito judicial, inteligência dos arts. 494 e 543, § 3º, da CLT.

▷ **Importante!**

- OJ nº 365 da SDI-1 do TST – Membro do Conselho Fiscal não possui estabilidade.
- OJ nº 253 da SDI-1 do TST – Diretores suplentes de cooperativas não possuem estabilidade.
- OJ nº 369 da SDI-1 do TST – Delegado sindical não possui estabilidade.

12.2.2. Representante pessoal dos empregados

Os representantes pessoais não têm qualquer relação com o sindicato da categoria, visto que tratam apenas de questões internas da empresa e não de direitos trabalhistas. Os representantes são na verdade, os responsáveis pelo diálogo entre empregador e empregador.

CLT

Art. 510-A. Nas empresas com mais de duzentos empregados, é assegurada a eleição de uma comissão para representá-los, com a finalidade de promover-lhes o entendimento direto com os empregadores. (Incluído pela Lei nº 13.467/2017)

§ 1º A comissão será composta:

I – nas empresas com mais de duzentos e até três mil empregados, por três membros;

II – nas empresas com mais de três mil e até cinco mil empregados, por cinco membros;

III – nas empresas com mais de cinco mil empregados, por sete membros.

§ 2º No caso de a empresa possuir empregados em vários Estados da Federação e no Distrito Federal, será assegurada a eleição de uma comissão de representantes dos empregados por Estado ou no Distrito Federal, na mesma forma estabelecida no § 1º deste artigo.

Art. 510-B. A comissão de representantes dos empregados terá as seguintes atribuições:

I – representar os empregados perante a administração da empresa;

II – aprimorar o relacionamento entre a empresa e seus empregados com base nos princípios da boa-fé e do respeito mútuo;

III – promover o diálogo e o entendimento no ambiente de trabalho com o fim de prevenir conflitos;

IV – buscar soluções para os conflitos decorrentes da relação de trabalho, de forma rápida e eficaz, visando à efetiva aplicação das normas legais e contratuais;

V – assegurar tratamento justo e imparcial aos empregados, impedindo qualquer forma de discriminação por motivo de sexo, idade, religião, opinião política ou atuação sindical;

VI – encaminhar reivindicações específicas dos empregados de seu âmbito de representação;

VII – acompanhar o cumprimento das leis trabalhistas, previdenciárias e das convenções coletivas e acordos coletivos de trabalho.

§ 1º As decisões da comissão de representantes dos empregados serão sempre colegiadas, observada a maioria simples.

§ 2º A comissão organizará sua atuação de forma independente.

Art. 510-C. A eleição será convocada, com antecedência mínima de trinta dias, contados do término do mandato anterior, por meio de edital que deverá ser fixado na empresa, com ampla publicidade, para inscrição de candidatura.

§ 1º Será formada comissão eleitoral, integrada por cinco empregados, não candidatos, para a organização e o acompanhamento do processo eleitoral, vedada a interferência da empresa e do sindicato da categoria.

§ 2º Os empregados da empresa poderão candidatar-se, exceto aqueles com contrato de trabalho por prazo determinado, com contrato suspenso ou que estejam em período de aviso prévio, ainda que indenizado.

§ 3º Serão eleitos membros da comissão de representantes dos empregados os candidatos mais votados, em votação secreta, vedado o voto por representação.

§ 4º A comissão tomará posse no primeiro dia útil seguinte à eleição ou ao término do mandato anterior.

§ 5º Se não houver candidatos suficientes, a comissão de representantes dos empregados poderá ser formada com número de membros inferior ao previsto no art. 510-A desta Consolidação.

§ 6º Se não houver registro de candidatura, será lavrada ata e convocada nova eleição no prazo de um ano.

Art. 510-D. O mandato dos membros da comissão de representantes dos empregados será de um ano.

§ 1º O membro que houver exercido a função de representante dos empregados na comissão não poderá ser candidato nos dois períodos subsequentes.

§ 2º O mandato de membro de comissão de representantes dos empregados não implica suspensão ou interrupção do contrato de trabalho, devendo o empregado permanecer no exercício de suas funções.

§ 3º Desde o registro da candidatura até um ano após o fim do mandato, o membro da comissão de representantes dos empregados não poderá sofrer despedida arbitrária, entendendo-se como tal a que não se fundar em motivo disciplinar, técnico, econômico ou financeiro.

§ 4º Os documentos referentes ao processo eleitoral devem ser emitidos em duas vias, as quais permanecerão sob a guarda dos empregados e da empresa pelo prazo de cinco anos, à disposição para consulta de qualquer trabalhador interessado, do Ministério Público do Trabalho e do Ministério do Trabalho.

12.2.3. Membro da CIPA

A CIPA é a Comissão Interna de Prevenção de Acidentes, sendo composta por representantes dos empregados (eleitos) e do empregador (indicados). Somente os representantes eleitos possuem estabilidade.

CLT

Art. 163. Será obrigatória a constituição de Comissão Interna de Prevenção de Acidentes (CIPA), de conformidade com instruções expedidas pelo Ministério do Trabalho, nos estabelecimentos ou locais de obra nelas especificadas.

Parágrafo único. O Ministério do Trabalho regulamentará as atribuições, a composição e o funcionamento das CIPA(s).

Art. 164. Cada CIPA será composta de representantes da empresa e dos empregados, de acordo com os critérios que vierem a ser adotados na regulamentação de que trata o parágrafo único do artigo anterior.

§ 1º Os representantes dos empregadores, titulares e suplentes, serão por eles designados.

§ 2º Os representantes dos empregados, titulares e suplentes, serão eleitos em escrutínio secreto, do qual participem, independentemente de filiação sindical, exclusivamente os empregados interessados.

§ 3º O mandato dos membros eleitos da CIPA terá a duração de 1 (um) ano, permitida uma reeleição.

§ 4º O disposto no parágrafo anterior não se aplicará ao membro suplente que, durante o seu mandato, tenha participado de menos da metade do número de reuniões da CIPA.

§ 5º O empregador designará, anualmente, dentre os seus representantes, o Presidente da CIPA e os empregados elegerão, dentre eles, o Vice-Presidente.

Art. 165. Os titulares da representação dos empregados nas CIPA(s) não poderão sofrer despedida arbitrária, entendendo-se como tal a que não se fundar em motivo disciplinar, técnico, econômico ou financeiro.

Parágrafo único. Ocorrendo a despedida, caberá ao empregador, em caso de reclamação à Justiça do Trabalho, comprovar a existência de qualquer dos motivos mencionados neste artigo, sob pena de ser condenado a reintegrar o empregado.

Súm. nº 339 do TST

CIPA. SUPLENTE. GARANTIA DE EMPREGO. CF/1988

I – O suplente da CIPA goza da garantia de emprego prevista no art. 10, II, "a", do ADCT a partir da promulgação da Constituição Federal de 1988.

II – A estabilidade provisória do cipeiro não constitui vantagem pessoal, mas garantia para as atividades dos membros da CIPA, que somente tem razão de ser quando em atividade a empresa. Extinto o estabelecimento, não se verifica a despedida arbitrária, sendo impossível a reintegração e indevida a indenização do período estabilitário.

12.2.4. *Acidentado*

Ao empregado afastado pelo INSS por auxílio-doença acidentário será devida estabilidade no emprego de 12 meses após o seu retorno, nos termos do art. 118 da Lei nº 8.213/1991.

Súm. nº 378 do TST

ESTABILIDADE PROVISÓRIA. ACIDENTE DO TRABALHO. ART. 118 DA LEI Nº 8.213/1991.

I – É constitucional o artigo 118 da Lei nº 8.213/1991 que assegura o direito à estabilidade provisória por período de 12 meses após a cessação do auxílio-doença ao empregado acidentado.

II – São pressupostos para a concessão da estabilidade o afastamento superior a 15 dias e a consequente percepção do auxílio-doença acidentário, salvo se constatada, após a despedida, doença profissional que guarde relação de causalidade com a execução do contrato de emprego.

III – O empregado submetido a contrato de trabalho por tempo determinado goza da garantia provisória de emprego decorrente de acidente de trabalho prevista no n no art. 118 da Lei nº 8.213/1991.

▷ **Importante!** Não são consideradas doenças do trabalho:

a) a doença degenerativa;
b) a inerente a grupo etário;
c) a que não produza incapacidade laborativa;
d) a doença endêmica.

12.2.5. *Gestante e adotante*

Tanto a empregada gestante quanto a adotante possuem estabilidade no emprego, não podendo serem demitidas, salvo na hipótese de justa causa.

CLT

Art. 391. Não constitui justo motivo para a rescisão do contrato de trabalho da mulher o fato de haver contraído matrimônio ou de encontrar-se em estado de gravidez.

Parágrafo único. Não serão permitidos em regulamentos de qualquer natureza contratos coletivos ou individuais de trabalho, restrições ao direito da mulher ao seu emprego, por motivo de casamento ou de gravidez.

Art. 391-A. A confirmação do estado de gravidez advindo no curso do contrato de trabalho, ainda que durante o prazo do aviso prévio trabalhado ou indenizado, garante à empregada gestante a estabilidade provisória prevista na alínea *b* do inciso II do art. 10 do Ato das Disposições Constitucionais Transitórias.

Parágrafo único. O disposto no *caput* deste artigo aplica-se ao empregado adotante ao qual tenha sido concedida guarda provisória para fins de adoção.

Súm. nº 244 do TST

GESTANTE. ESTABILIDADE PROVISÓRIA

I – O desconhecimento do estado gravídico pelo empregador não afasta o direito ao pagamento da indenização decorrente da estabilidade (art. 10, II, "b" do ADCT).

II – A garantia de emprego à gestante só autoriza a reintegração se esta se der durante o período de estabilidade. Do contrário, a garantia restringe-se aos salários e demais direitos correspondentes ao período de estabilidade.

III – A empregada gestante tem direito à estabilidade provisória prevista no art. 10, inciso II, alínea "b", do Ato das Disposições Constitucionais Transitórias, mesmo na hipótese de admissão mediante contrato por tempo determinado.

13. FUNDO DE GARANTIA DO TEMPO DE SERVIÇO

O Fundo de Garantia do Tempo de Serviço (FGTS) tem previsão na Lei nº 8.036/1990 e no art. 7º, III, da CF/1988.

Têm direito: empregado, empregado doméstico, aprendiz e trabalhador avulso.

13.1. Regras para o depósito do FGTS

Todos os empregados possuem direito ao depósito do FGTS em uma conta vinculada. O depósito deve observar as regras do art. 15 da lei nº 8.036/90.

Lei nº 8.036/1990

Art. 15. Para os fins previstos nesta Lei, todos os empregadores ficam obrigados a depositar, até o vigésimo dia de cada mês, em conta vinculada, a importância correspondente a 8% (oito por cento) da remuneração paga ou devida, no mês anterior, a cada trabalhador, incluídas na remuneração as parcelas de que tratam os arts. 457 e 458 da Consolidação das Leis do Trabalho (CLT), aprovada pelo Decreto-Lei nº 5.452, de 1º de maio de 1943, e a Gratificação de Natal de que trata a Lei nº 4.090, de 13 de julho de 1962. (Redação dada pela Lei nº 14.438/2022)

> § 1º Entende-se por empregador a pessoa física ou a pessoa jurídica de direito privado ou de direito público, da administração pública direta, indireta ou fundacional de qualquer dos Poderes, da União, dos Estados, do Distrito Federal e dos Municípios, que admitir trabalhadores a seu serviço, bem assim aquele que, regido por legislação especial, encontrar-se nessa condição ou figurar como fornecedor ou tomador de mão-de-obra, independente da responsabilidade solidária e/ou subsidiária a que eventualmente venha obrigar-se.
>
> § 2º Considera-se trabalhador toda pessoa física que prestar serviços a empregador, a locador ou tomador de mão-de-obra, excluídos os eventuais, os autônomos e os servidores públicos civis e militares sujeitos a regime jurídico próprio.
>
> § 3º Os trabalhadores domésticos poderão ter acesso ao regime do FGTS, na forma que vier a ser prevista em lei.
>
> § 4º Considera-se remuneração as retiradas de diretores não empregados, quando haja deliberação da empresa, garantindo-lhes os direitos decorrentes do contrato de trabalho de que trata o art. 16.
>
> **§ 5º O depósito de que trata o *caput* deste artigo é obrigatório nos casos de afastamento para prestação do serviço militar obrigatório e licença por acidente do trabalho.**
>
> § 6º Não se incluem na remuneração, para os fins desta Lei, as parcelas elencadas no § 9º do art. 28 da Lei nº 8.212, de 24 de julho de 1991.
>
> § 7º Os contratos de aprendizagem terão a alíquota a que se refere o caput deste artigo reduzida para dois por cento.

13.2. Da multa dos 40% sobre o FGTS

O art. 18 da Lei 8.036/90 traz a informação da multa dos 40% do FGTS nas hipóteses de rescisão contratual por parte da empresa ou por culpa da empresa.

> **Art. 18.** Ocorrendo rescisão do contrato de trabalho, por parte do empregador, ficará este obrigado a depositar na conta vinculada do trabalhador no FGTS os valores relativos aos depósitos referentes ao mês da rescisão e ao imediatamente anterior, que ainda não houver sido recolhido, sem prejuízo das cominações legais.
>
> § 1º Na hipótese de despedida pelo empregador sem justa causa, depositará este, na conta vinculada do trabalhador no FGTS, importância igual a quarenta por cento do montante de todos os depósitos realizados na conta vinculada durante a vigência do contrato de trabalho, atualizados monetariamente e acrescidos dos respectivos juros.
>
> § 2º Quando ocorrer despedida por culpa recíproca ou força maior, reconhecida pela Justiça do Trabalho, o percentual de que trata o § 1º será de 20 (vinte) por cento.
>
> § 3º As importâncias de que trata este artigo deverão constar da documentação comprobatória do recolhimento dos valores devidos a título de rescisão do contrato de trabalho, observado o disposto no art. 477 da CLT, eximindo o empregador, exclusivamente, quanto aos valores discriminados.

13.3. Hipóteses de saques

As hipóteses de saques estão previstas no art. 20 e seguintes da Lei nº 8.036/1990, as quais destacamos:

- despedida sem justa causa;
- despedida indireta;
- extinção da empresa;
- aposentadoria do INSS;
- desastre natural com autorização do governo;
- aquisição de moradia;
- conta inativa por mais de três anos;
- HIV ou câncer;
- avulso, sem trabalhar por 90 dias;
- idade superior a 70 anos;
- extinção normal do contrato a termo;
- falecimento do empregado;
- portador de deficiência para aquisição órtese ou prótese para promoção de acessibilidade e de inclusão social;
- saque aniversário.

14. SEGURANÇA E MEDICINA DO TRABALHO

14.1. Considerações iniciais

A segurança do trabalhador é um dever do empregador, desdobrando em quatro deveres específicos: organização racional do trabalho, higiene e segurança, preservação de acidentes e reparação de sinistros.

Prevê a Constituição Federal:

> **Art. 7º** São direitos dos trabalhadores urbanos e rurais, além de outros que visem à melhoria de sua condição social:
>
> (...)
>
> XXII – redução dos riscos inerente ao trabalho, por meio de normas de saúde, higiene e segurança;
>
> XXIII – adicional de remuneração para as atividades penosas, insalubres ou perigosas, na forma da lei;
>
> (...)
>
> XXVIII – seguro contra acidentes de trabalho, a cargo do empregador, sem excluir a indenização a que este está obrigado, quando incorrer em dolo ou culpa; (...)

14.2. Inspeção prévia, embargo ou interdição

O art. 160 da CLT indica os cuidados quanto a abertura de uma empresa.

CLT

Art. 160. Nenhum estabelecimento poderá iniciar suas atividades sem prévia inspeção e aprovação das respectivas instalações pela autoridade regional competente em matéria de segurança e medicina do trabalho.

§ 1º Nova inspeção deverá ser feita quando ocorrer modificação substancial nas instalações, inclusive equipamentos, que a empresa fica obrigada a comunicar, prontamente, à Delegacia Regional do Trabalho.

§ 2º É facultado às empresas solicitar prévia aprovação, pela Delegacia Regional do Trabalho, dos projetos de construção e respectivas instalações.

Art. 161. O Delegado Regional do Trabalho, à vista do laudo técnico do serviço competente que demonstre grave e iminente risco para o trabalhador, poderá interditar estabelecimento, setor de serviço, máquina ou equipamento, ou embargar obra, indicando na decisão, tomada com a brevidade que a ocorrência exigir, as providências que deverão ser adotadas para prevenção de infortúnios de trabalho.

§ 1º As autoridades federais, estaduais e municipais darão imediato apoio às medidas determinadas pelo Delegado Regional do Trabalho.

§ 2º A interdição ou embargo poderão ser requeridos pelo serviço competente da Delegacia Regional do Trabalho e, ainda, por agente da inspeção do trabalho ou por entidade sindical.

§ 3º Da decisão do Delegado Regional do Trabalho poderão os interessados recorrer, no prazo de 10 (dez) dias, para o órgão de âmbito nacional competente em matéria de segurança e medicina do trabalho, ao qual será facultado dar efeito suspensivo ao recurso.

§ 4º Responderá por desobediência, além das medidas penais cabíveis, quem, após determinada a interdição ou embargo, ordenar ou permitir o funcionamento do estabelecimento ou de um dos seus setores, a utilização de máquina ou equipamento, ou o prosseguimento de obra, se, em consequências, resultarem danos a terceiros.

§ 5º O Delegado Regional do Trabalho, independente de recurso, e após laudo técnico do serviço competente, poderá levantar a interdição.

§ 6º Durante a paralisação dos serviços, em decorrência da interdição ou embargo, os empregados receberão os salários como se estivessem em efetivo exercício.

14.3. Equipamento de Proteção Individual

O art. 166 e 167 da CLT indica os cuidados quanto ao fornecimento de equipamentos de proteção individual, destacando que em qualquer momento, o custo dos EPIs é exclusivo do empregador.

CLT

Art. 166. A empresa é obrigada a fornecer aos empregados, gratuitamente, equipamento de proteção individual adequado ao risco e em perfeito estado de conservação e funcionamento, sempre que as medidas de ordem geral não ofereçam completa proteção contra os riscos de acidentes e danos à saúde dos empregados.

Art. 167. O equipamento de proteção só poderá ser posto à venda ou utilizado com a indicação do Certificado de Aprovação do Ministério do Trabalho.

14.4. Medidas de prevenção

O art. 168 da CLT indica os cuidados quanto aos exames médicos realizados durante todos os períodos contratuais, destacando que em qualquer momento, o custo dos exames é exclusivo do empregador.

CLT

Art. 168. Será obrigatório exame médico, por conta do empregador, nas condições estabelecidas neste artigo e nas instruções complementares a serem expedidas pelo Ministério do Trabalho:

I – a admissão;

II – na demissão;

III – periodicamente.

§ 1º O Ministério do Trabalho baixará instruções relativas aos casos em que serão exigíveis exames:

a) por ocasião da demissão;

b) complementares.

§ 2º Outros exames complementares poderão ser exigidos, a critério médico, para apuração da capacidade ou aptidão física e mental do empregado para a função que deva exercer.

§ 3º O Ministério do Trabalho estabelecerá, de acordo com o risco da atividade e o tempo de exposição, a periodicidade dos exames médicos.

§ 4º O empregador manterá, no estabelecimento, o material necessário à prestação de primeiros socorros médicos, de acordo com o risco da atividade.

§ 5º O resultado dos exames médicos, inclusive o exame complementar, será comunicado ao trabalhador, observados os preceitos da ética médica.

§ 6º Serão exigidos exames toxicológicos, previamente à admissão e por ocasião do desligamento, quando se tratar de motorista profissional, assegurados o direito à contraprova em caso de resultado positivo e a confidencialidade dos resultados dos respectivos exames.

§ 7º Para os fins do disposto no § 6º, será obrigatório exame toxicológico com janela de detecção mínima de 90 (noventa) dias, específico para substâncias psicoativas que causem dependência ou, comprovadamente, comprometam a capacidade de direção, podendo ser utilizado para essa finalidade o exame toxicológico previsto na Lei nº 9.503, de 23 de setembro de 1997 – Código de Trânsito Brasileiro, desde que realizado nos últimos 60 (sessenta) dias.

15. TUTELAS ESPECIAIS DO DIREITO DO TRABALHO

15.1. Bancários

Base legal: **arts. 224 a 226 da CLT.**

Escriturário e Caixa	6 horas diárias e 30 horas semanais	Caput do art. 224 da CLT
Gerente de Agência	8 horas diárias e 40 horas semanais	§ 2º do art. 224 da CLT
Gerente Geral	Não tem jornada	Art. 62, II, da CLT

15.2. Telefonistas

Base legal: **arts. 227 a 231 da CLT.**

Jornada: seis horas diárias e 36 horas semanais.

Horários variáveis: Jornada máxima de sete horas diárias.

Para cada três horas de trabalho, descanso de 20 minutos.

15.3. Músicos

Base legal: **arts. 232 a 233 da CLT.**

Se trabalhar em teatro e congêneres, a jornada é de seis horas diárias.

15.4. Operadores cinematográficos

Base legal: **arts. 234 e 235 da CLT**

Jornada de seis horas diárias, sendo cinco horas de gravação e uma hora para ajustes dos equipamentos.

15.5. Motoristas profissionais

Base legal: **arts. 235-A a 235-H da CLT.**

Jornada de oito horas diárias, com prorrogação de duas horas diárias ou quatro horas (se houver previsão no instrumento normativo).

Não conta tempo de serviço o intervalo para refeição, repouso e descanso.

Tempo de espera é quando o empregado fica aguardando carga ou descarga do veículo.

As horas do tempo de espera serão pagas normalmente após julgamento do STF que entendeu inconstitucional o pagamento de apenas 30% da hora para o tempo de espera.

Salvo previsão contratual, não tem o motorista horário fixo de entrada e saída do serviço.

15.6. Trabalho em minas de subsolo

Base Legal: **arts. 293 a 301 da CLT.**

Regra geral: jornada de seis horas diárias e 36 horas semanais.

O deslocamento da boca da mina ao local de trabalho e vice-versa conta como tempo de serviço.

A jornada poderá ser prorrogada para oito horas diárias, desde que ocorra acréscimo de 25% para as 7ª e 8ª horas.

Para cada período de três horas, terá o empregado direito a um intervalo de 15 minutos.

Somente pode trabalhar em mina de subsolo o maior de 21 anos e menor de 50 anos de idade.

15.7. Jornalistas

Base legal: **arts. 302 a 316 da CLT.**

Jornada de cinco horas diárias, podendo ser aumentada para sete horas se houver acordo escrito.

15.8. Professores

Base legal: **arts. 317 a 323 da CLT.**

Pode o professor trabalhar mais de um turno no mesmo estabelecimento.

Não tem desconto a ausência de nove dias do trabalho por motivo de casamento ou falecimento de parente.

No período de férias escolares, é garantido o pagamento integral ao professor.

15.9. Trabalho da mulher

Base legal: **arts. 372 a 400 da CLT.**

Nas empresas com mais de 30 funcionárias mulheres, será fornecido local apropriado para deixar seus filhos ou convênio com um local próximo.

Limite de esforço físico de 20 quilos para trabalho contínuo e 25 quilos para eventual, não havendo limite se houver um meio que evite o esforço (p. ex., uma maca para as enfermeiras).

Quem adota e engravida possui estabilidade, de acordo com o seguinte:

GESTANTE	Da confirmação da gravidez até cinco meses após o parto
ADOTANTE	Cinco meses após a adoção

Tanto a gestante quanto a adotante têm licença-maternidade de 120 dias após o nascimento ou adoção da criança, salvo se a empresa estiver inscrita no Programa Empresa Cidadã, em que esse período será de 180 dias.

A licença-maternidade será prorrogada por 60 (sessenta) dias em razão de nascimento ou de adoção de criança com deficiência permanente decorrente de síndrome congênita associada à infecção pelo vírus Zika.

A gestante ou lactante não pode trabalhar em local insalubre.

Se a gestante sofrer um aborto não criminoso, terá direito a licença de duas semanas.

Durante o período de amamentação (até o 6º mês da criança), terá direito a dois intervalos extras de 30 minutos.

15.10. Trabalho do menor

Base legal: **arts. 402 a 441 da CLT.**

O trabalhador menor é aquele maior de 16 anos e menor de 18 anos.

O menor não pode exercer:

- trabalho noturno;
- trabalho insalubre;
- trabalho perigoso;
- trabalho que prejudique a frequência no colégio;
- trabalho que prejudique a sua moral.

O menor não pode prorrogar a jornada de trabalho salvo: a) se for compensada por horas extras; b) se ocorrer força maior (Art. 413).

Quando o menor de 18 anos for empregado em mais de um estabelecimento, as horas de trabalho em cada um serão totalizadas (Art. 414).

Não corre prazo prescricional para o menor (Art. 440).

O menor não pode assinar sozinho o termo de rescisão do contrato de trabalho (Art. 439).

15.11. Trabalho do aprendiz

Base legal: **arts. 424 a 433 da CLT.**

De acordo com o art. 7º, inciso XXXIII da CF, a idade mínima para o trabalhador é 16 anos, salvo se na condição de aprendiz, que é de 14 a 24 anos.

O prazo máximo do contrato de aprendizagem é de 2 anos, salvo aprendiz portador de deficiência.

A idade máxima de 24 anos não se aplica ao portador de deficiência.

A jornada máxima do aprendiz é de 6 horas diárias.

O FGTS do aprendiz é na importância de 2% sobre a sua remuneração.

Os estabelecimentos de qualquer natureza são obrigados a empregar e matricular nos cursos dos Serviços Nacionais de Aprendizagem número de aprendizes equivalente a 5%, no mínimo, e 15%, no máximo, dos trabalhadores existentes em cada estabelecimento, cujas funções demandem formação profissional (art. 429 da CLT).

As empresas não poderão ter menos de 5% de aprendizes, sob pena de pagar multa administrativa à União, prevista no artigo 434 da CLT.

16. DIREITO COLETIVO DO TRABALHO

O direito coletivo do trabalho está previsto nos arts. 511 a 625 da CLT, sendo que os principais serão apresentados neste material.

16.1. Conceito

O art. 511 da CLT indica o conceito do sindicato e a divisão entre categoria econômica, profissional e profissional diferenciada.

CLT

Art. 511. É lícita a associação para fins de estudo, defesa e coordenação dos seus interesses econômicos ou profissionais de todos os que, como empregadores, empregados, agentes ou trabalhadores autônomos ou profissionais liberais exerçam, respectivamente, a mesma atividade ou profissão ou atividades ou profissões similares ou conexas.

§ 1º A solidariedade de interesses econômicos dos que empreendem atividades idênticas, similares ou conexas, constitui o vínculo social básico que se denomina categoria econômica.

§ 2º A similitude de condições de vida oriunda da profissão ou trabalho em comum, em situação de emprego na mesma atividade econômica ou em atividades econômicas similares ou conexas, compõe a expressão social elementar compreendida como categoria profissional.

§ 3º Categoria profissional diferenciada é a que se forma dos empregados que exerçam profissões ou funções diferenciadas por força de estatuto profissional especial ou em consequência de condições de vida singulares.

§ 4º Os limites de identidade, similaridade ou conexidade fixam as dimensões dentro das quais a categoria econômica ou profissional é homogênea e a associação é natural.

TRABALHO

16.2. Prerrogativas e deveres

Os arts. 513 e 514 da CLT nos elencam as prerrogativas e deveres dos sindicatos.

CLT

Art. 513. São prerrogativas dos sindicatos:

a) representar, perante as autoridades administrativas e judiciárias os interesses gerais da respectiva categoria ou profissão liberal ou interesses individuais dos associados relativos à atividade ou profissão exercida;

b) celebrar contratos coletivos de trabalho;

c) eleger ou designar os representantes da respectiva categoria ou profissão liberal;

d) colaborar com o Estado, como órgãos técnicos e consultivos, na estudo e solução dos problemas que se relacionam com a respectiva categoria ou profissão liberal;

e) impor contribuições a todos aqueles que participam das categorias econômicas ou profissionais ou das profissões liberais representadas.

Parágrafo único. Os sindicatos de empregados terão, outrossim, a prerrogativa de fundar e manter agências de colocação.

Art. 514. São deveres dos sindicatos:

a) colaborar com os poderes públicos no desenvolvimento da solidariedade social;

b) manter serviços de assistência judiciária para os associados;

c) promover a conciliação nos dissídios de trabalho.

d) sempre que possível, e de acordo com as suas possibilidades, manter no seu quadro de pessoal, em convênio com entidades assistenciais ou por conta própria, um assistente social com as atribuições específicas de promover a cooperação operacional na empresa e a integração profissional na Classe.

Parágrafo único. Os sindicatos de empregados terão, outrossim, o dever de:

a) promover a fundação de cooperativas de consumo e de crédito;

b) fundar e manter escolas de alfabetização e pré-vocacionais.

16.3. Acordo e convenção coletiva

16.3.1. Conceito

O art. 611 da CLT indica quando estamos diante de um **acordo coletivo** (sindicato x empresa) e quando estamos diante de uma **convenção coletiva** (sindicato x sindicato).

CLT

Art. 611. Convenção Coletiva de Trabalho é o acordo de caráter normativo, pelo qual dois ou mais Sindicatos representativos de categorias econômicas e profissionais estipulam condições de trabalho aplicáveis, no âmbito das respectivas representações, às relações individuais de trabalho.

§ 1º É facultado aos Sindicatos representativos de categorias profissionais celebrar Acordos Coletivos com uma ou mais empresas da correspondente categoria econômica, que estipulem condições de trabalho, aplicáveis no âmbito da empresa ou das acordantes respectivas relações de trabalho.

§ 2º As Federações e, na falta desta, as Confederações representativas de categorias econômicas ou profissionais poderão celebrar convenções coletivas de trabalho para reger as relações das categorias a elas vinculadas, inorganizadas em Sindicatos, no âmbito de suas representações.

16.3.2. O que pode ser negociado por instrumento coletivo

O art. 611-A da CLT indica quais os direitos podem ser negociados por acordo ou convenção coletiva.

CLT

Art. 611-A. A convenção coletiva e o acordo coletivo de trabalho têm prevalência sobre a lei quando, entre outros, dispuserem sobre:

I – pacto quanto à jornada de trabalho, observados os limites constitucionais;

II – banco de horas anual;

III – intervalo intrajornada, respeitado o limite mínimo de trinta minutos para jornadas superiores a seis horas;

IV – adesão ao Programa Seguro-Emprego (PSE), de que trata a Lei nº 13.189, de 19 de novembro de 2015;

V – plano de cargos, salários e funções compatíveis com a condição pessoal do empregado, bem como identificação dos cargos que se enquadram como funções de confiança;

VI – regulamento empresarial;

VII – representante dos trabalhadores no local de trabalho;

VIII – teletrabalho, regime de sobreaviso, e trabalho intermitente;

IX – remuneração por produtividade, incluídas as gorjetas percebidas pelo empregado, e remuneração por desempenho individual;

X – modalidade de registro de jornada de trabalho;

XI – troca do dia de feriado;

XII – enquadramento do grau de insalubridade;

XIII – prorrogação de jornada em ambientes insalubres, sem licença prévia das autoridades competentes do Ministério do Trabalho;

XIV – prêmios de incentivo em bens ou serviços, eventualmente concedidos em programas de incentivo;

XV – participação nos lucros ou resultados da empresa.

§ 1º No exame da convenção coletiva ou do acordo coletivo de trabalho, a Justiça do Trabalho observará o disposto no § 3º do art. 8º desta Consolidação.

§ 2º A inexistência de expressa indicação de contrapartidas recíprocas em convenção coletiva ou acordo coletivo de trabalho não ensejará sua nulidade por não caracterizar um vício do negócio jurídico.

§ 3º Se for pactuada cláusula que reduza o salário ou a jornada, a convenção coletiva ou o acordo coletivo de trabalho deverão prever a proteção dos empregados contra dispensa imotivada durante o prazo de vigência do instrumento coletivo.

§ 4º Na hipótese de procedência de ação anulatória de cláusula de convenção coletiva ou de acordo coletivo de trabalho, quando houver a cláusula compensatória, esta deverá ser igualmente anulada, sem repetição do indébito.

§ 5º Os sindicatos subscritores de convenção coletiva ou de acordo coletivo de trabalho deverão participar, como litisconsortes necessários, em ação individual ou coletiva, que tenha como objeto a anulação de cláusulas desses instrumentos.

16.3.3. O que não pode ser negociado por instrumento coletivo

O art. 611-B da CLT indica quais os direitos não podem ser negociados por acordo ou convenção coletiva.

CLT

Art. 611-B. Constituem objeto ilícito de convenção coletiva ou de acordo coletivo de trabalho, exclusivamente, a supressão ou a redução dos seguintes direitos:

I – normas de identificação profissional, inclusive as anotações na Carteira de Trabalho e Previdência Social;

II – seguro-desemprego, em caso de desemprego involuntário;

III – valor dos depósitos mensais e da indenização rescisória do Fundo de Garantia do Tempo de Serviço (FGTS);

IV – salário-mínimo;

V – valor nominal do décimo terceiro salário;

VI – remuneração do trabalho noturno superior à do diurno;

VII – proteção do salário na forma da lei, constituindo crime sua retenção dolosa;

VIII – salário-família;

IX – repouso semanal remunerado;

X – remuneração do serviço extraordinário superior, no mínimo, em 50% (cinquenta por cento) à do normal;

XI – número de dias de férias devidas ao empregado;

XII – gozo de férias anuais remuneradas com, pelo menos, um terço a mais do que o salário normal;

XIII – licença-maternidade com a duração mínima de cento e vinte dias;

XIV – licença-paternidade nos termos fixados em lei;

XV – proteção do mercado de trabalho da mulher, mediante incentivos específicos, nos termos da lei;

XVI – aviso prévio proporcional ao tempo de serviço, sendo no mínimo de trinta dias, nos termos da lei;

XVII – normas de saúde, higiene e segurança do trabalho previstas em lei ou em normas regulamentadoras do Ministério do Trabalho;

XVIII – adicional de remuneração para as atividades penosas, insalubres ou perigosas;

XIX – aposentadoria;

XX – seguro contra acidentes de trabalho, a cargo do empregador;

XXI – ação, quanto aos créditos resultantes das relações de trabalho, com prazo prescricional de cinco anos para os trabalhadores urbanos e rurais, até o limite de dois anos após a extinção do contrato de trabalho;

XXII – proibição de qualquer discriminação no tocante a salário e critérios de admissão do trabalhador com deficiência;

XXIII – proibição de trabalho noturno, perigoso ou insalubre a menores de dezoito anos e de qualquer trabalho a menores de dezesseis anos, salvo na condição de aprendiz, a partir de quatorze anos;

XXIV – medidas de proteção legal de crianças e adolescentes;

XXV – igualdade de direitos entre o trabalhador com vínculo empregatício permanente e o trabalhador avulso;

XXVI – liberdade de associação profissional ou sindical do trabalhador, inclusive o direito de não sofrer, sem sua expressa e prévia anuência, qualquer cobrança ou desconto salarial estabelecidos em convenção coletiva ou acordo coletivo de trabalho;

XXVII – direito de greve, competindo aos trabalhadores decidir sobre a oportunidade de exercê-lo e sobre os interesses que devam por meio dele defender;

XXVIII – definição legal sobre os serviços ou atividades essenciais e disposições legais sobre o atendimento das necessidades inadiáveis da comunidade em caso de greve;

XXIX – tributos e outros créditos de terceiros;

XXX – as disposições previstas nos arts. 373-A, 390, 392, 392-A, 394, 394-A, 395, 396 e 400 desta Consolidação.

Parágrafo único. Regras sobre duração do trabalho e intervalos não são consideradas como normas de saúde, higiene e segurança do trabalho para os fins do disposto neste artigo.

▷ **Importante!** O prazo máximo de vigência de um acordo ou convenção é de dois anos, sendo vedada sua ultratividade (§ 3º do art. 614 da CLT);

TRABALHO

Havendo conflito de normas previstas no acordo ou convenção coletiva, deverá prevalecer o que estiver no acordo (art. 620 da CLT).

16.4. Greve

A greve está disciplina na Lei nº 7.783/1989, a qual segue a transcrição:

Art. 1º É assegurado o direito de greve, competindo aos trabalhadores decidir sobre a oportunidade de exercê-lo e sobre os interesses que devam por meio dele defender.

Parágrafo único. O direito de greve será exercido na forma estabelecida nesta Lei.

Art. 2º Para os fins desta Lei, considera-se legítimo exercício do direito de greve a suspensão coletiva, temporária e pacífica, total ou parcial, de prestação pessoal de serviços a empregador.

Art. 3º Frustrada a negociação ou verificada a impossibilidade de recursos via arbitral, é facultada a cessação coletiva do trabalho.

Parágrafo único. A entidade patronal correspondente ou os empregadores diretamente interessados serão notificados, com antecedência mínima de 48 (quarenta e oito) horas, da paralisação.

Art. 4º Caberá à entidade sindical correspondente convocar, na forma do seu estatuto, assembleia geral que definirá as reivindicações da categoria e deliberará sobre a paralisação coletiva da prestação de serviços.

§ 1º O estatuto da entidade sindical deverá prever as formalidades de convocação e o quórum para a deliberação, tanto da deflagração quanto da cessação da greve.

§ 2º Na falta de entidade sindical, a assembleia geral dos trabalhadores interessados deliberará para os fins previstos no caput, constituindo comissão de negociação.

Art. 5º A entidade sindical ou comissão especialmente eleita representará os interesses dos trabalhadores nas negociações ou na Justiça do Trabalho.

Art. 6º São assegurados aos grevistas, dentre outros direitos:

I – o emprego de meios pacíficos tendentes a persuadir ou aliciar os trabalhadores a aderirem à greve;

II – a arrecadação de fundos e a livre divulgação do movimento.

§ 1º Em nenhuma hipótese, os meios adotados por empregados e empregadores poderão violar ou constranger os direitos e garantias fundamentais de outrem.

§ 2º É vedado às empresas adotar meios para constranger o empregado ao comparecimento ao trabalho, bem como capazes de frustrar a divulgação do movimento.

§ 3º As manifestações e atos de persuasão utilizados pelos grevistas não poderão impedir o acesso ao trabalho nem causar ameaça ou dano à propriedade ou pessoa.

Art. 7º Observadas as condições previstas nesta Lei, a participação em greve suspende o contrato de trabalho, devendo as relações obrigacionais, durante o período, ser regidas pelo acordo, convenção, laudo arbitral ou decisão da Justiça do Trabalho.

Parágrafo único. É vedada a rescisão de contrato de trabalho durante a greve, bem como a contratação de trabalhadores substitutos, exceto na ocorrência das hipóteses previstas nos arts. 9º e 14.

Art. 8º A Justiça do Trabalho, por iniciativa de qualquer das partes ou do Ministério Público do Trabalho, decidirá sobre a procedência, total ou parcial, ou improcedência das reivindicações, cumprindo ao Tribunal publicar, de imediato, o competente acórdão.

Art. 9º Durante a greve, o sindicato ou a comissão de negociação, mediante acordo com a entidade patronal ou diretamente com o empregador, manterá em atividade equipes de empregados com o propósito de assegurar os serviços cuja paralisação resultem em prejuízo irreparável, pela deterioração irreversível de bens, máquinas e equipamentos, bem como a manutenção daqueles essenciais à retomada das atividades da empresa quando da cessação do movimento.

Parágrafo único. Não havendo acordo, é assegurado ao empregador, enquanto perdurar a greve, o direito de contratar diretamente os serviços necessários a que se refere este artigo.

Art. 10. São considerados serviços ou atividades essenciais:

I – tratamento e abastecimento de água; produção e distribuição de energia elétrica, gás e combustíveis;

II – assistência médica e hospitalar;

III – distribuição e comercialização de medicamentos e alimentos;

IV – funerários;

V – transporte coletivo;

VI – captação e tratamento de esgoto e lixo;

VII – telecomunicações;

VIII – guarda, uso e controle de substâncias radioativas, equipamentos e materiais nucleares;

IX – processamento de dados ligados a serviços essenciais;

X – controle de tráfego aéreo e navegação aérea;

XI – compensação bancária.

XII – atividades médico-periciais relacionadas com o regime geral de previdência social e a assistência social;

XIII – atividades médico-periciais relacionadas com a caracterização do impedimento físico, mental, intelectual ou sensorial da pessoa com deficiência, por meio da integração de equipes multiprofissionais e interdisciplinares, para fins de reconhecimento de direitos previstos em lei, em especial na Lei nº 13.146, de 6 de julho de 2015 (Estatuto da Pessoa com Deficiência); e

XIV – outras prestações médico-periciais da carreira de Perito Médico Federal indispensáveis ao atendimento das necessidades inadiáveis da comunidade.

XV – atividades portuárias.

Art. 11. Nos serviços ou atividades essenciais, os sindicatos, os empregadores e os trabalhadores ficam obrigados, de comum acordo, a garantir, durante a greve, a prestação dos serviços indispensáveis ao atendimento das necessidades inadiáveis da comunidade.

Parágrafo único. São necessidades inadiáveis, da comunidade aquelas que, não atendidas, coloquem em perigo iminente a sobrevivência, a saúde ou a segurança da população.

Art. 12. No caso de inobservância do disposto no artigo anterior, o Poder Público assegurará a prestação dos serviços indispensáveis.

Art. 13. Na greve, em serviços ou atividades essenciais, ficam as entidades sindicais ou os trabalhadores, conforme o caso, obrigados a comunicar a decisão aos empregadores e aos usuários com antecedência mínima de 72 (setenta e duas) horas da paralisação.

Art. 14. Constitui abuso do direito de greve a inobservância das normas contidas na presente Lei, bem como a manutenção da paralisação após a celebração de acordo, convenção ou decisão da Justiça do Trabalho.

Parágrafo único. Na vigência de acordo, convenção ou sentença normativa não constitui abuso do exercício do direito de greve a paralisação que:

I – tenha por objetivo exigir o cumprimento de cláusula ou condição;

II – seja motivada pela superveniência de fatos novo ou acontecimento imprevisto que modifique substancialmente a relação de trabalho.

Art. 15. A responsabilidade pelos atos praticados, ilícitos ou crimes cometidos, no curso da greve, será apurada, conforme o caso, segundo a legislação trabalhista, civil ou penal.

Parágrafo único. Deverá o Ministério Público, de ofício, requisitar a abertura do competente inquérito e oferecer denúncia quando houver indício da prática de delito.

Art. 16. Para os fins previstos no art. 37, inciso VII, da Constituição, lei complementar definirá os termos e os limites em que o direito de greve poderá ser exercido.

Art. 17. Fica vedada a paralisação das atividades, por iniciativa do empregador, com o objetivo de frustrar negociação ou dificultar o atendimento de reivindicações dos respectivos empregados (lockout).

Parágrafo único. A prática referida no caput assegura aos trabalhadores o direito à percepção dos salários durante o período de paralisação.

Art. 18. Ficam revogados a Lei nº 4.330, de 1º de junho de 1964, o Decreto-Lei nº 1.632, de 4 de agosto de 1978, e demais disposições em contrário.

Art. 19. Esta Lei entra em vigor na data de sua publicação.

▷ **Importante! Requisitos para a greve:** prévia negociação coletiva (frustrada), aprovação da assembleia geral e comunicação prévia ao empregador.

Atividade normal: comunicação prévia de 48 horas.

Atividade essencial: comunicação prévia de 72 horas.

Greve é legal e suspende o contrato de trabalho.

Lockout é ilegal e interrompe o contrato de trabalho.

TRABALHO

QUESTÕES DE DIREITO DO TRABALHO - ASSUNTOS MAIS RECORRENTES

01. FGV - OAB - 39º Exame de Ordem Unificado - Primeira Fase - Q71

Plínio Salgado ficou afastado do trabalho por 8 meses em benefício previdenciário decorrente de doença ocupacional relacionada ao trabalho. Ao retornar após a alta médica, foi informado que não teria direito ao gozo de férias, pois necessitaria cumprir mais um ano de trabalho, bem como seu FGTS deixou de ser depositado, já que não houve trabalho. Além disso, seu salário permaneceu congelado, por não haver trabalho, não lhe sendo devidas as diferenças salariais decorrentes do aumento espontâneo concedido pelo empregador aos empregados que estavam ativos.

Na qualidade de advogado(a) de Plínio, assinale a opção que, corretamente, contempla os efetivos direitos de seu cliente.

a) Plínio apenas faz jus aos depósitos do FGTS do período de afastamento, bem como ao reajuste salarial concedido pelo empregador.

b) Plínio faz jus aos depósitos do FGTS do período de afastamento, bem como ao reajuste salarial concedido pelo empregador e ao cômputo do período de afastamento no período aquisitivo de férias.

c) Plínio não tem direito ao reajuste salarial, pois não houve contraprestação no período do aumento espontâneo, não se tratando de norma coletiva.

d) Plínio não tem direito aos valores do FGTS do período, pois em gozo do benefício previdenciário não há cômputo do tempo de serviço.

02. FGV - OAB - 39º Exame de Ordem Unificado - Primeira Fase - Q72

Em determinada sociedade empresária trabalham, entre outras, as seguintes pessoas: José, que é teletrabalhador e recebe salário por produção; Vanilda, que trabalha externamente sem que o empregador consiga controlar o seu horário, situação que foi anotada em sua CTPS e na ficha de registro de empregados; Regina, que exerce a função de gerente, comanda um grupo de 45 pessoas, é dispensada da marcação de ponto e recebe salário de R$ 8.000,00 acrescido de gratificação de função de R$ 4.000,00.

De acordo com a CLT, em relação ao direito a horas extras, assinale a afirmativa correta.

a) Somente José terá direito a horas extras, caso ultrapasse a jornada constitucional.

b) Nenhum dos empregados indicados no enunciado terá direito a horas extras.

c) Vanilda e Regina terão direito a horas extras, caso ultrapassem a jornada constitucional.

d) José e Regina terão direito a horas extras, caso ultrapassem a jornada constitucional.

03. FGV - OAB - 39º Exame de Ordem Unificado - Primeira Fase – Q73

Uma família, composta de pai, mãe e uma filha, respectivamente Jorge, Paula e Rita, trabalha na mesma sociedade empresária como funcionários do departamento de produção.

Rita tem 16 anos de idade, estuda na parte da manhã em uma escola vizinha ao local de trabalho, e está cursando o primeiro ano do ensino médio. Os pais são responsáveis pelo setor de qualidade, que não conta com nenhum outro funcionário.

Os três procuraram você, como advogado(a), porque desejam fazer coincidir as férias escolares de Rita, no mês de julho, com as férias de Jorge e Paula, a fim de viabilizar uma viagem familiar. Entretanto, o empregador indeferiu o requerimento das férias de Jorge e Paula, tendo deferido apenas o de Rita.

Sobre o direito às férias, assinale a afirmativa correta. De acordo com a CLT, em relação ao direito a horas extras, assinale a afirmativa correta.

a) Cabe o ajuizamento de reclamação trabalhista requerendo que o juiz marque as férias dos 3 membros da mesma família, pois Rita tem direito às férias no período escolar e deverá ser acompanhada pelos pais.

b) Cabe aos empregados a designação do período de férias, inexistindo direito ao empregador de indeferi-las.

c) Os três poderão gozar férias juntos, mas Rita não tem direito de requerer férias concomitantemente com o período de férias escolares.

d) Rita tem direito a fazer coincidir suas férias no emprego com as férias escolares e seus pais terão direito a gozar férias no mesmo período, desde que isso não resulte prejuízo para o serviço, causa do indeferimento pelo empregador.

04. FGV - OAB - 39º Exame de Ordem Unificado - Primeira Fase – Q74

Você, como advogado, trabalha no setor de recursos humanos de uma grande empresa multinacional. Como o gerente do setor está de férias, e é ele, na condição de gerente, que defere ou indefere as licenças reivindicadas pelos funcionários, a secretária do setor, agora, lhe indagou sobre as solicitações de quatro funcionários: o primeiro está com o contrato suspenso por doença, em gozo de benefício previdenciário de auxílio doença comum e requer pagamento de salário; o segundo requereu o abono de um dia de trabalho, em razão de doação de sangue; o terceiro formulou requerimento de dispensa para ser ouvido como testemunha na Justiça do Trabalho em audiência presencial e, o quarto e último, aduziu que o primo faleceu e requereu a dispensa do dia de trabalho.

Sobre as solicitações, considerando o teor da legislação trabalhista em vigor, assinale a afirmativa correta.

a) Na hipótese de falecimento do primo, sendo parente do funcionário, a dispensa ao trabalho é devida por um dia.

b) Em caso de doação de sangue voluntária, devidamente comprovada, o empregado tem direito a um dia de licença remunerada a cada 12 meses.

c) O empregado em gozo de auxílio doença tem direito a receber a complementação salarial da diferença entre o benefício previdenciário e o salário.

d) A ausência ao trabalho para comparecimento em juízo refere-se tão somente aos casos de o empregado ser parte na demanda, mas não para servir como testemunha.

05. FGV - OAB - 39º Exame de Ordem Unificado - Primeira Fase – Q75

Determinada sociedade empresária possui cerca de 100 funcionários e, em razão de mudança na direção, decidiu realizar algumas dispensas. Ocorre que alguns dos funcionários indicados para a dispensa são detentores de garantias no emprego, sendo uma em decorrência de gestação; outra por ser dirigente sindical; outro por ser membro da Comissão Interna de Prevenção de Acidentes (CIPA) eleito pelos empregados. Além desses casos existe um quarto funcionário, que informou não poder ser dispensado por também ser membro da CIPA, indicado pelo próprio empregador.

Diante disso, a sociedade empresária consultou você, como advogado(a), para saber os períodos e as possibilidades de dispensa.

A esse respeito, assinale a afirmativa correta.

a) Todas as modalidades de estabilidade ou garantia de emprego possuem a mesma duração.

b) A estabilidade gestante dá-se da confirmação da gravidez até cinco meses após o parto; a do membro da CIPA eleito pelos empregados, dá-se do registro da candidatura até um ano após o término do mandato, assim como a do dirigente sindical.

c) Os empregados representantes da CIPA, seja o eleito pelos empregados, seja o indicado como representante do empregador, têm garantia no emprego até um ano após o término do mandato.

d) O conhecimento por parte do empregador do estado gravídico da empregada gestante é requisito para o reconhecimento da estabilidade.

06. FGV - OAB - 37º Exame de Ordem Unificado - Primeira Fase – Q70

Um sindicato de categoria profissional, após ser procurado por uma sociedade empresária e seguir os trâmites legais, pretende assinar com ela um acordo coletivo que, entre outras cláusulas, fixa redução em 20% da jornada e 20% do salário durante 1 ano para todos os empregados. Em relação a esse acordo coletivo, considerando a previsão da CLT, assinale a afirmativa correta.

a) O acordo coletivo deverá prever a proteção dos empregados contra dispensa imotivada durante o prazo de vigência do instrumento coletivo.

b) O acordo coletivo será nulo porque deveria ser pactuado por, no mínimo, 2 anos.

c) O acordo coletivo será inconstitucional, porque não pode haver redução do salário, haja vista o prejuízo direto que isso causa ao trabalhador.

d) A redução da jornada e do salário somente seria válida se fosse prevista em convenção coletiva, pois essa previsão é vedada pela CLT no acordo coletivo.

07. FGV - OAB - 37º Exame de Ordem Unificado - Primeira Fase – Q71

João Luiz trabalha desde os 18 anos no Banco Dinheiro Futuro S/A. Começou como caixa em 1990. Devido ao seu desempenho brilhante, agora, no dia 30/05/2022, foi eleito diretor. Em razão dessa nova condição, consultou você, na qualidade de advogado(a), acerca dos desdobramentos jurídicos relacionados ao seu contrato de trabalho. Sobre a hipótese, considerando o teor das normas trabalhistas em vigor e o entendimento jurisprudencial consolidado do TST, assinale a afirmativa correta.

a) O empregado eleito para ocupar cargo de diretor tem o respectivo contrato de trabalho suspenso, não se computando o tempo de serviço deste período, salvo se permanecer a subordinação jurídica inerente à relação de emprego.

b) Com a eleição do empregado para o cargo de diretor, o respectivo contrato de trabalho será extinto com o pagamento dos direitos rescisórios pertinentes.

c) A eleição de empregado para o cargo de diretor não induz suspensão ou interrupção do contrato de trabalho, uma vez que se considera promoção, podendo haver a reversão ao cargo efetivo após o término do mandato.

d) O contrato de trabalho ficará interrompido, já que permanecem as obrigações de pagamento de remuneração, contagem do tempo de serviço e de recolhimento do FGTS.

08. FGV - OAB - 34º Exame de Ordem Unificado - Primeira Fase – Q70

Rita trabalha, desde a contratação, das 22h às 5h, como recepcionista em um hospital. Tendo surgido uma vaga no horário diurno, a empresa pretende transferir Rita para o horário diurno. Diante disso, de acordo com o entendimento consolidado da jurisprudência do TST, assinale a afirmativa correta.

a) A alteração do turno de trabalho do empregado é vedada, pois implica redução remuneratória pela perda do respectivo adicional.

b) A alteração do turno noturno para o diurno é lícita, mesmo com a supressão do adicional noturno.

c) A alteração de turno depende do poder diretivo do empregador, mas o adicional noturno não pode ser suprimido.

d) A alteração do turno de trabalho será lícita, desde que haja a incorporação definitiva do adicional ao salário de Rita.

09. FGV - OAB - 33º Exame de Ordem Unificado - Primeira Fase – Q70

Walmir foi empregado da sociedade empresária Lanchonete Chapa Quente Ltda., na qual atuou como atendente por um ano e três meses, sendo dispensado sem justa causa em julho de 2021. A sociedade empresária procura você, como advogado(a), para saber o modo de pagamento dos direitos devidos a Walmir. De acordo com o que dispõe a CLT, sabendo-se que a norma coletiva nada dispõe a respeito, assinale a afirmativa correta.

a) Uma vez que o contrato vigorou por mais de um ano, deve ser feita a homologação perante o sindicato de classe do empregado ou perante o Ministério do Trabalho.

b) O pagamento poderá ocorrer na própria empresa, pois não há mais necessidade de homologação da rescisão contratual pelo sindicato profissional ou pelo Ministério do Trabalho.

c) Não havendo discórdia sobre o valor devido a Walmir, deverá ser apresentada uma homologação de acordo extrajudicial na Justiça do Trabalho, com assinatura de advogado comum.

d) A sociedade empresária, ao optar por fazer o pagamento em suas próprias instalações, deverá obrigatoriamente depositar o valor na conta do trabalhador para ter a prova futura do adimplemento.

10. FGV - OAB - 31º Exame de Ordem Unificado - Primeira Fase – Q71

Paulo trabalhou para a Editora Livro Legal Ltda. de 10/12/2017 a 30/08/2018 sem receber as verbas rescisórias ao final do contrato, sob a alegação de dificuldades financeiras da empregadora. Em razão disso, ele pretende ajuizar ação trabalhista e procurou você, como advogado(a). Sabe-se que a empregadora de Paulo estava sob o controle e a direção da sócia majoritária, a Editora Mundial Ltda. Assinale a afirmativa que melhor atende à necessidade e à segurança de satisfazer o crédito do seu cliente.

a) Poderá incluir a sociedade empresária controladora no polo passivo da demanda, e esta responderá solidariamente com a empregadora, pois se trata de grupo econômico.

b) Poderá incluir a sociedade empresária controladora no polo passivo da demanda, e esta responderá subsidiariamente com a empregadora, pois se trata de grupo econômico.

c) Não há relação de responsabilização entre as sociedades empresárias, uma vez que possuem personalidades jurídicas distintas, o que afasta a caracterização de grupo econômico.

d) Não se trata de grupo econômico, porque a mera identidade de sócios não o caracteriza; portanto, descabe a responsabilização da segunda sociedade empresária.

DIREITO DO TRABALHO				
1 - A	2 - B	3 - D	4 - B	5 - B
6 - A	7 - A	8 - B	9 - B	10 - A

DIREITO DO TRABALHO – QUESTÕES DA PROVA DO 43º EXAME DA OAB

01. FGV - OAB - 43º Exame de Ordem Unificado - Primeira Fase – Q71 As irmãs Margarida, Hortência e Rosa aderiram ao plano de demissão voluntária (PDV) oferecido pelos seus respectivos empregadores.

No caso de Margarida, a previsão do PDV encontrava-se em acordo coletivo de trabalho; no caso de Hortência, estava previsto em convenção coletiva de trabalho; e, no caso de Rosa, em norma interna definida pelo empregador. Feitas as extinções dos contratos em 2024, sem ressalvas, as irmãs pretendem ajuizar reclamação trabalhista postulando direitos supostamente lesados ao longo do pacto laboral.

Considerando a situação apresentada e os termos da CLT, assinale a afirmativa correta.

a) Margarida e Hortência deram quitação plena e irrevogável dos direitos decorrentes da relação empregatícia, não podendo postular diferenças.

b) As três irmãs poderão ajuizar ação trabalhista com chance de sucesso, porque não houve homologação do PDV no sindicato de classe das empregadas.

c) A quitação geral somente ocorrerá no caso de Hortência, porque foi elaborada em convenção coletiva de trabalho.

d) Nenhuma das irmãs poderá ajuizar ação, porque elas se submeteram às regras do PDV e não fizeram constar ressalva.

02. FGV - OAB - 43º Exame de Ordem Unificado - Primeira Fase – Q72 Em sede de sentença prolatada nos autos de reclamação trabalhista, na qual você advoga para a sociedade empresária, parte ré, o Juiz reconheceu que tanto o seu cliente como o autor da ação foram responsáveis pela rescisão motivada do contrato de trabalho, tendo se operado a justa causa do empregado, concomitantemente com a rescisão indireta por parte do empregador.

Sobre os fatos apresentados, assinale a afirmativa correta.

a) Dada a concomitância de motivações para o término motivado da relação contratual, presume-se pela dispensa imotivada, sendo devidas as verbas trabalhistas daí decorrentes.

b) Configurada a culpa recíproca, seu cliente terá direito apenas a 50% das férias vencidas e ao saldo de salários integral, não havendo direito aos valores de aviso prévio, férias e 13º salário proporcionais e à multa sobre o FGTS.

c) Configurada a culpa recíproca, seu cliente terá direito a 50% do valor do aviso prévio, das férias proporcionais e do 13º salário proporcional, além dos valores das férias vencidas e do saldo de salários. A multa sobre o FGTS, no entanto, não será devida.

d) Configurada a culpa recíproca, seu cliente terá direito a 50% do valor do aviso prévio, das férias proporcionais e do 13º salário proporcional e 20% da multa sobre o FGTS, além dos valores que já seriam devidos na hipótese de justa causa, quais sejam, férias vencidas e saldo de salários.

03. FGV - OAB - 43º Exame de Ordem Unificado - Primeira Fase – Q73 Determinada sociedade empresária firmou acordo coletivo com o sindicato dos empregados dispondo sobre banco de horas e compensação de horas extras, assim como sobre redução de intervalo.

A jornada inicial de oito horas diárias, de segunda a sexta-feira, e quatro horas no sábado, perfazendo um total de 44 horas foi alterada. Pelo acordo coletivo, foi estabelecido que os empregados trabalhariam 30 minutos a mais no final do dia de segunda a quinta-feira e teriam apenas 30 minutos de intervalo, o que aumentaria o total trabalhado para nove horas diárias. Na sexta-feira o trabalho seria normal, com oito horas de jornada e intervalo de uma hora, e não haveria mais trabalho aos sábados.

As horas extras excedentes seriam compensadas em até três meses com folgas ou redução da jornada diária de acordo com o banco de horas.

Alguns empregados ajuizaram reclamação trabalhista questionando a alteração, alegando prejuízo por trabalharem mais, com a redução do intervalo e uma maior jornada, afirmando que isso contrariava a CLT e a CRFB.

Sobre a hipótese apresentada, assinale a afirmativa correta.

a) O acordo coletivo é válido, exceto quanto ao banco de horas.

b) O acordo coletivo é inválido com relação ao acréscimo de jornada, pois o limite diário constitucional é de oito horas.

c) O acordo coletivo é inválido apenas com relação à redução do intervalo, pois, para a jornada de oito horas, o intervalo mínimo é de uma hora.

d) Em todas as hipóteses, não há violação à CLT ou à CRFB, pois admite-se a prevalência do negociado sobre o legislado, respeitados os limites mínimos previstos na Constituição.

04. 04. FGV - OAB - 43º Exame de Ordem Unificado - Primeira Fase Sérgio foi contratado, em 2022, por uma indústria mecânica para receber um salário mensal de R$ 3.000 (três mil reais). Ele pediu para não ter a CTPS assinada, porque estava recebendo o seguro-desemprego do emprego anterior.

Também não queria ter contracheque formal para que a ex-esposa não soubesse do novo emprego, uma vez que estava devendo a pensão alimentícia e não queria que houvesse desconto judicial. A sociedade empresária cedeu aos seus argumentos e não assinou sua carteira profissional.

Sobre a decisão da sociedade empresária, considerando o que dispõe a CLT, assinale a afirmativa correta.

a) Ela não precisa assinar a CTPS, desde que isso esteja previsto em norma coletiva.

b) Ela agiu incorretamente, porque deveria anotar o contrato de trabalho na CTPS no prazo de cinco dias úteis.

c) Ela está equivocada, pois a anotação da CTPS é direito irrenunciável e deve ser feita em 15 (quinze) dias corridos.

d) Ela agiu corretamente, porque essa era a vontade livre manifestada pelo empregado e, atualmente, o negociado suplanta o legislado.

05. FGV - OAB - 43º Exame de Ordem Unificado - Primeira Fase - Q75 Rogéria, sócia de uma sociedade empresária especializada em festas infantis, saiu fraudulentamente da empresa em 2018, transferindo formalmente suas cotas sociais a um dos empregados da sociedade empresária que não tinha condições econômicas ou solvabilidade.

Rogéria, mesmo após sua saída, permaneceu com uma procuração da sociedade empresária para movimentar as contas bancárias e fazia uso regular delas com transferências para sua conta, pagamentos de empregados, fornecedores e outros compromissos.

Em 2022, um dos empregados ajuizou uma reclamação trabalhista que terminou em acordo no valor de R$ 30.000 (trinta mil reais), que não foram pagos na data acertada. Não havendo condições de executar a sociedade empresária, você, como advogado(a) do exequente, requereu o incidente de desconsideração da personalidade jurídica, incluindo os sócios atuais e Rogéria.

Sobre a ação interposta, considerando o que dispõe a CLT, assinale a afirmativa correta.

a) Rogéria não poderá ser alcançada, porque desligou-se formalmente da sociedade empresária há mais de dois anos.

b) A ex-sócia, em razão da fraude perpetrada, terá responsabilidade subsidiária em relação aos sócios atuais.

c) Rogéria terá responsabilidade solidária para com os demais sócios, em virtude da fraude na alteração societária.

d) Não existe responsabilidade dos sócios atuais, porque eles não agiram com fraude e, assim, Rogéria também não pode ser responsabilizada.

GABARITO				
1 - A	**2** - Anulada	**3** - D	**4** - B	**5** - C

TRABALHO

PROCESSO DO TRABALHO

Cleize Kohls

Sumário

1. TEORIA GERAL DO PROCESSO DO TRABALHO

1.1. Fontes

São fontes do Direito Processual do Trabalho:

a) Lei:

- Constituição Federal;
- Leis processuais trabalhistas;
- Código de Processo Civil e leis processuais civis.

b) Regimentos Internos dos Tribunais

c) Costume

d) Princípios

e) Jurisprudência

f) Equidade

g) Doutrina

Conforme o art. 8º da CLT, "as autoridades administrativas e a Justiça do Trabalho, na falta de disposições legais ou contratuais, decidirão, conforme o caso, pela jurisprudência, por analogia, por equidade e outros princípios e normas gerais de direito, principalmente do direito do trabalho, e, ainda, de acordo com os usos e costumes, o direito comparado, mas sempre de maneira que nenhum interesse de classe ou particular prevaleça sobre o interesse público."

Mas o § 2º refere que súmulas e outros enunciados de jurisprudência editados pelo Tribunal Superior do Trabalho e pelos Tribunais Regionais do Trabalho não poderão restringir direitos legalmente previstos nem criar obrigações que não estejam previstas em lei. E o § 3º, estabelece que no exame de convenção coletiva ou acordo coletivo de trabalho, a Justiça do Trabalho analisará exclusivamente a conformidade dos elementos essenciais do negócio jurídico, respeitado o disposto no art. 104 do Código Civil, e balizará sua atuação pelo princípio da intervenção mínima na autonomia da vontade coletiva.

1.2. Aplicabilidade do Código de Processo Civil

Nos casos **omissos**, o direito processual comum será fonte subsidiária do direito processual do trabalho, exceto naquilo em que for **incompatível** com as normas processuais trabalhistas (**art. 769 da CLT**).

Instrução Normativa TST nº 39/2016

Art. 1º Aplica-se o Código de Processo Civil, subsidiária e supletivamente, ao Processo do Trabalho, em caso de omissão e desde que haja compatibilidade com as normas e princípios do Direito Processual do Trabalho, na forma dos arts. 769 e 889 da CLT e do art. 15 da Lei nº 13.105, de 17.03.2015.

§ 1º Observar-se-á, em todo caso, o princípio da irrecorribilidade em separado das decisões interlocutórias, de conformidade com o art. 893, § 1º da CLT e Súmula nº 214 do TST.

§ 2º O prazo para interpor e contra-arrazoar todos os recursos trabalhistas, inclusive agravo interno e agravo regimental, é de oito dias (art. 6º da Lei nº 5.584/70 e art. 893 da CLT), exceto embargos de declaração (CLT, art. 897-A).

	DIFERENÇAS	
	CLT	**CPC**
Prazos para recursos	8 dias	15 dias
Agravo de instrumento	Destranca recursos	Decisão interlocutória
Contestação	Audiência	Após a audiência: 15 dias
Honorários de sucumbência	5%-15%	10%-20%
Depósito prévio da ação rescisória	20%	5%
Embargos à execução	Necessidade de garantia do juízo	Não precisa de garantia do juízo

1.3. Princípios

Oralidade: prevalência da palavra como meio de expressão. A oralidade pressupõe outro princípio: *imediação* ou *imediatidade*, isto é, o contato direto do juiz com as partes e com as provas. Localiza-se na CLT, arts. 840, § 2º, 846, 848 e 850.

Pagamento imediato das parcelas salariais incontroversas: impõe pesados encargos ao empregador que protela pagamento de verbas salariais incontroversas. O art. 467 da CLT manda pagar acrescidas de cinquenta por cento as verbas salariais incontroversas.

CLT

Art. 467. Em caso de rescisão de contrato de trabalho, havendo controvérsia sobre o montante das verbas rescisórias, o empregador é obrigado a pagar ao trabalhador, à data do comparecimento à Justiça do Trabalho, a parte incontroversa dessas verbas, sob pena de pagá-las acrescidas de cinquenta por cento.

▷ **Lembre-se!** Não é qualquer verba que se pode sofrer o acréscimo; apenas as de natureza jurídica salarial e, mesmo assim, se incontroversas.

Irrecorribilidade das interlocutórias: visa a impedir, tanto quanto possível, interrupções da marcha processual, motivadas por recursos opostos pelas partes das decisões do juiz. A matéria fica imune à preclusão, sendo apreciada depois, pelo Tribunal. Atende ao princípio da celeridade processual. Localiza-se na CLT, arts. 799, § 2º, e 893, § 1º.

CLT

Art. 799. (...)

(...)

§ 2º Das decisões sobre exceções de suspeição e incompetência, salvo, quanto a estas, se terminativas do feito, não caberá recurso, podendo, no entanto, as partes alegá-las novamente no recurso que couber da decisão final.

Art. 893. (...)

§ 1º Os incidentes do processo são resolvidos pelo próprio Juízo ou Tribunal, admitindo-se a apreciação do merecimento das decisões interlocutórias somente em recursos da decisão definitiva. (...)

Celeridade: significa que todos os sujeitos processuais (partes, advogado, juízes, auxiliares, perito, intérprete, testemunhas etc.) devem agir de modo a que se chegue rapidamente ao deslinde da controvérsia com o menor dispêndio de atos, energia e custo e com o maior grau de justiça e de segurança na entrega da prestação jurisdicional. Localiza-se na CLT, arts. 765, 768 (nos casos de falência) e 843 a 852.

Protecionismo temperado: para alguns, trata-se, na verdade, do princípio da igualdade substancial. No processo do trabalho, encontramos situações em que o legislador estabeleceu especial proteção ao trabalhador, como no caso de depósito recursal, na fixação da competência territorial, entre outros.

Informalidade: o processo do trabalho é menos burocrático que o processo comum, buscando uma linguagem mais acessível e atos mais simples, por exemplo, com a possibilidade de petição inicial e contestação verbal, comparecimento das testemunhas independentemente de intimação, entre outros.

Conciliação: tradicionalmente, a Justiça do Trabalho é conhecida por ser uma justiça que busca a conciliação. E tal objetivo está estampado no art. 764 da CLT que refere que: "Os dissídios individuais ou coletivos submetidos à apreciação da Justiça do Trabalho serão sempre sujeitos à conciliação".

Majoração dos poderes do juiz: em alguns artigos, a CLT autoriza o juiz a adotar medidas que entender necessárias, como no art. 765, que refere que: "Os Juízos e Tribunais do Trabalho terão ampla liberdade na direção do processo e velarão pelo andamento rápido das causas, podendo determinar qualquer diligência necessária ao esclarecimento delas". E também se observa essa majoração na possibilidade de iniciar o incidente de desconsideração da personalidade jurídica e a execução, de ofício, quando a parte não estiver representada por advogado.

Função social do processo do trabalho: busca-se um processo célere, justo e confiável, sendo que o art. 8º da CLT destaca que: "As autoridades administrativas e a Justiça do Trabalho, na falta de disposições legais ou contratuais, decidirão, conforme o caso, pela jurisprudência, por analogia, por equidade e outros princípios e normas gerais de direito, principalmente do direito do trabalho, e, ainda, de acordo com os usos e costumes, o direito comparado, mas sempre de maneira que nenhum interesse de classe ou particular prevaleça sobre o interesse público".

Princípio da normatização coletiva: advém da possibilidade de a Justiça do Trabalho criar, dentro dos limites constitucionais, normas aplicáveis no âmbito das categorias profissionais e econômicas envolvidas no conflito coletivo.

Princípio da impugnação específica: o réu/reclamado deve se manifestar precisamente sobre os fatos, caso contrário, há presunção de veracidade dos fatos não impugnados, exceto se não for admissível a confissão, se a petição inicial não estiver acompanhada de instrumento que a lei considerar substância do ato, ou estiver em contradição com a defesa considerada em seu conjunto. Está previsto no art. 341 do CPC.

Princípio da eventualidade: as partes devem utilizar todas as matérias de defesa ou interesse no momento próprio. Está previsto no art. 336 da CPC.

Princípio da preclusão: decorre da ideia lógica do processo, de que é formado por etapas, e que há atos a serem desenvolvidos em cada momento. É estampado quando a CLT refere que a nulidade deve ser alegada na primeira oportunidade, sob pena de preclusão (art. 795), somente não se aplicando em caso de nulidade absoluta, já que pode ser conhecida a qualquer tempo e grau de jurisdição. A preclusão também está prevista no art. 879, §§ 2º e 3º, da CLT.

Princípio da economia processual: busca evitar o dispêndio desnecessário de tempo e de dinheiro. Aproveitamento dos atos processuais.

Princípio da busca da verdade real: esse princípio deriva do princípio do direito material do trabalho da primazia da realidade. O art. 765 da CLT refere que o juiz deve determinar as diligências necessárias ao escarmento das causas.

Princípio da boa-fé processual: também chamado de princípio da probidade e da lealdade, trata do dever das partes de não agir com má-fé. Está estampado no art. 5º do CPC.

> **Art. 793-A.** Responde por perdas e danos aquele que litigar de má-fé como reclamante, reclamado ou interveniente.

Igualdade/isonomia: não só a formal, necessidade de adaptação.

Exceções: custas dispensadas aos necessitados e carentes; duplo grau de jurisdição obrigatório; pessoas jurídicas de direito público.

- **Contraditório e ampla defesa;**
- **Imparcialidade do juiz;**
- **Devido processo legal;**
- **Acesso à justiça.**

2. ORGANIZAÇÃO DA JUSTIÇA DO TRABALHO E COMPETÊNCIA TERRITORIAL

2.1. Órgãos que compõem a Justiça do Trabalho (art. 111 da CF/1988)

a) Tribunal Superior do Trabalho (TST) (Brasília)

b) Tribunais Regionais do Trabalho (TRTs)

c) Juízes do Trabalho (Varas do Trabalho)

2.2. Varas do Trabalho

Conforme o art. 652 da CLT, compete às Varas do Trabalho:

a) conciliar e julgar: os dissídios em que se pretenda o reconhecimento da estabilidade de empregado; os dissídios concernentes a remuneração, férias e indenizações por motivo de rescisão do contrato individual de trabalho; os dissídios resultantes de contratos de empreitadas em que o empreiteiro seja operário ou artífice; os demais dissídios concernentes ao contrato individual de trabalho; as ações entre trabalhadores portuários e os operadores portuários ou o Órgão Gestor de Mão de Obra (OGMO) decorrentes da relação de trabalho; (alínea *a*)

b) processar e julgar os inquéritos para apuração de falta grave; (alínea *b*)

c) julgar os embargos opostos às suas próprias decisões; (alínea *c*)

d) impor multas e demais penalidades relativas aos atos de sua competência; (alínea *d*)

e) decidir quanto à homologação de acordo extrajudicial em matéria de competência da Justiça do Trabalho. (alínea *e*)

E, nos termos do art. 653 da CLT, compete, ainda, às Varas: **requisitar às autoridades competentes a realização das diligências necessárias** ao esclarecimento dos feitos sob sua apreciação, representando contra aquelas que não atenderem a tais requisições; realizar as diligências e praticar os atos processuais ordenados pelos Tribunais Regionais do Trabalho ou pelo Tribunal Superior do Trabalho; **julgar as suspeições arguidas contra os seus membros; julgar as exceções de incompetência que lhes forem opostas;** expedir precatórias e cumprir as que lhes forem deprecadas; exercer, em geral, no interesse da Justiça do Trabalho, quaisquer outras atribuições que decorram da sua jurisdição (alíneas *a, b, c, d, e* e *f*).

Ademais, nos termos do art. 659 da CLT, competem privativamente ao Juízes do Trabalho as seguintes atribuições: **presidir às audiências (inciso I)**; **executar as suas próprias decisões**, as proferidas pela Vara e aquelas cuja execução lhes for deprecada (inciso II); **despachar os recursos interpostos pelas partes (inciso VI)**; conceder medida liminar, até decisão final do processo, em reclamações trabalhistas que visem a tornar sem efeito transferência disciplinada pelos parágrafos do art. 469 da CLT (inciso IX); conceder medida liminar, até decisão final do processo, em reclamações trabalhistas que visem reintegrar no emprego dirigente sindical afastado, suspenso ou dispensado pelo empregador (inciso X).

- **TST** – competência para julgar o Recurso de Revista, Embargos ao TST e Recurso Ordinário (de ações de competência originárias do TRT). Além disso, julga ações de competência originárias, tais como: MS, AR, DC.

Conforme art. 111-A da CF:

> O Tribunal Superior do Trabalho compõe-se de vinte e sete Ministros, escolhidos dentre brasileiros com mais de trinta e cinco e menos de setenta anos de idade, de notável saber jurídico e reputação ilibada, nomeados pelo Presidente da República após aprovação pela maioria absoluta do Senado Federal, sendo: um quinto dentre advogados com mais de dez anos de efetiva atividade profissional e membros do Ministério Público do Trabalho com mais de dez anos de efetivo exercício, e os demais dentre juízes dos Tribunais

Regionais do Trabalho, oriundos da magistratura da carreira, indicados pelo próprio Tribunal Superior.

- **TRT** – competência para julgar o Recurso Ordinário, Agravo de Petição. Além disso, julga ações de competência originárias, tais como: MS, AR, DC.

Na CLT, encontramos que:

> **Art. 678.** Aos Tribunais Regionais, quando divididos em Turmas, compete:
>
> I - ao Tribunal Pleno, especialmente:
>
> a) processar, conciliar e julgar originariamente os dissídios coletivos;
>
> b) processar e julgar originariamente:
>
> 1) as revisões de sentenças normativas;
>
> 2) a extensão das decisões proferidas em dissídios coletivos;
>
> 3) os mandados de segurança;
>
> 4) as impugnações à investidura de vogais e seus suplentes nas Juntas de Conciliação e Julgamento;
>
> c) processar e julgar em última instância:
>
> 1) os recursos das multas impostas pelas Turmas;
>
> 2) as ações rescisórias das decisões das Juntas de Conciliação e Julgamento, dos juízes de direito investidos na jurisdição trabalhista, das Turmas e de seus próprios acórdãos;
>
> 3) os conflitos de jurisdição entre as suas Turmas, os juízes de direito investidos na jurisdição trabalhista, as Juntas de Conciliação e Julgamento, ou entre aqueles e estas;
>
> d) julgar em única ou última instâncias:
>
> 1) os processos e os recursos de natureza administrativa atinentes aos seus serviços auxiliares e respectivos servidores;
>
> 2) as reclamações contra atos administrativos de seu presidente ou de qualquer de seus membros, assim como dos juízes de primeira instância e de seus funcionários.
>
> II - às Turmas:
>
> a) julgar os recursos ordinários previstos no art. 895, alínea a;
>
> b) julgar os agravos de petição e de instrumento, estes de decisões denegatórias de recursos de sua alçada;
>
> c) impor multas e demais penalidades relativas e atos de sua competência jurisdicional, e julgar os recursos interpostos das decisões das Juntas dos juízes de direito que as impuserem.

2.3. Competência territorial

A competência territorial é disciplinada pelo art. 651 da CLT.

> **Art. 651.** A competência das Juntas de Conciliação e Julgamento é determinada pela localidade onde o empregado, reclamante ou reclamado, prestar serviços ao empregador, ainda que tenha sido contratado noutro local ou no estrangeiro.

Logo, a regra é que a ação seja ajuizada no local da prestação dos serviços.

Quando, porém, for parte de dissídio agente ou viajante comercial, a competência será da Vara da localidade em que a empresa tenha agência ou filial e a esta o empregado esteja subordinado e, na falta, será competente a da localização em que o empregado tenha domicílio ou a localidade mais próxima.

Ademais, a competência das Varas estende-se aos dissídios ocorridos em agência ou filial no estrangeiro, desde que o empregado seja brasileiro e não haja convenção internacional dispondo em contrário.

Tratando-se de empregador que promova realização de atividades fora do lugar do contrato de trabalho, é assegurado ao empregado apresentar reclamação no foro da celebração do contrato ou no da prestação dos respectivos serviços.

3. COMPETÊNCIA MATERIAL DA JUSTIÇA DO TRABALHO

A competência material da Justiça do Trabalho está estabelecida no art. 114 da CF/1988:

> **Art. 114.** Compete à Justiça do Trabalho processar e julgar:
>
> I – as ações oriundas da *relação de trabalho*, abrangidos os entes de direito público externo e da administração pública direta e indireta da União, dos Estados, do Distrito Federal e dos Municípios;
>
> II – as ações que envolvam exercício do *direito de greve*;
>
> III – as ações sobre *representação sindical*, entre sindicatos, entre sindicatos e trabalhadores, e entre sindicatos e empregadores;
>
> IV – os *mandados de segurança, habeas corpus* e *habeas data*, quando o ato questionado envolver matéria sujeita à sua jurisdição;
>
> V – os conflitos de competência entre órgãos com jurisdição trabalhista, ressalvado o disposto no art. 102, I, o;
>
> VI – as *ações de indenização por dano moral ou patrimonial*, decorrentes da relação de trabalho;
>
> VII – as ações relativas às *penalidades administrativas* impostas aos empregadores pelos órgãos de fiscalização das relações de trabalho;
>
> VIII – a *execução*, de ofício, *das contribuições sociais* previstas no art. 195, I, a, e II, e seus acréscimos legais, decorrentes das sentenças que proferir;
>
> IX – outras controvérsias decorrentes da relação de trabalho, na forma da lei.

Além disso, temos que observar os posicionamentos consolidados do TST e STF sobre o tema.

> **Súm. Vinc. nº 23 do STF:** A Justiça do Trabalho é competente para processar e julgar ação possessória ajuizada em decorrência do exercício do direito de greve pelos trabalhadores da iniciativa privada.
>
> **Súm. nº 62 do STJ:** Compete à Justiça Estadual processar e julgar o crime de falsa anotação na Carteira de Trabalho e Previdência Social, atribuído à empresa privada.
>
> **Súm. nº 189 do TST:** A Justiça do Trabalho é competente para declarar a abusividade, ou não, da greve.
>
> **Súm. nº 300 do TST:** Compete à Justiça do Trabalho processar e julgar ações ajuizadas por empregados em face de empregadores relativas ao cadastramento no Programa de Integração Social (PIS).
>
> **Súm. nº 363 do STJ:** Compete à Justiça estadual processar e julgar a ação de cobrança ajuizada por profissional liberal contra cliente.
>
> **Súm. nº 368 do TST:** I – A Justiça do Trabalho é competente para determinar o recolhimento das contribuições fiscais. A competência da Justiça do Trabalho, quanto à execução das contribuições previdenciárias, limita-se às sentenças condenatórias em pecúnia que proferir e aos valores, objeto de acordo homologado, que integrem o salário de contribuição. (...)
>
> **Súm. nº 389 do TST:** I – Inscreve-se na competência material da Justiça do Trabalho a lide entre empregado e empregador tendo por objeto indenização pelo não-fornecimento das guias do seguro-desemprego. II – O não-fornecimento pelo empregador da guia necessária para o recebimento do seguro-desemprego dá origem ao direito à indenização.
>
> **Súm. nº 392 do TST:** Nos termos do art. 114, inc. VI, da Constituição da República, a Justiça do Trabalho é competente para processar e julgar ações de indenização por dano moral e material, decorrentes da relação de trabalho, inclusive as oriundas de acidente de trabalho e doenças a ele equiparadas, ainda que propostas pelos dependentes ou sucessores do trabalhador falecido.

O Plenário do Supremo Tribunal Federal (STF) decidiu que cabe à Justiça Comum julgar processos decorrentes de contrato de **previdência complementar privada**. A decisão ocorreu nos Recursos Extraordinários (REs) nº 586.453 e nº 583.050. A matéria teve repercussão geral reconhecida e, portanto, passa a valer para todos os processos semelhantes que tramitam nas diversas instâncias do Poder Judiciário.

O Supremo Tribunal Federal, na Ação Direta de Inconstitucionalidade (ADI) nº 5.326, entendeu que a competência é da Justiça comum para a **autorização de trabalho de menor**, pois o legislador, no Estatuto da Criança e do Adolescente (ECA), determinou que o juiz da Infância e da Juventude fosse a autoridade judiciária responsável pelos processos de tutela integral dos menores.

▷ Para não esquecer:

4. PARTES E PROCURADORES

- ***Jus postulandi***

O *jus postulandi* tem sua previsão no art. 791 da CLT e encontra seus limites na Súm. nº 425 do TST.

> **CLT**
>
> **Art. 791.** Os empregados e os empregadores poderão reclamar pessoalmente perante a Justiça do Trabalho e acompanhar as suas reclamações até o final.

▷ **Respira, não pira... Olha a súmula!**

> **Súm. nº 425 do TST:** O *jus postulandi* das partes, estabelecido no art. 791 da CLT, limita-se às Varas do Trabalho e aos Tribunais Regionais do Trabalho, *não alcançando* a ação rescisória, a ação cautelar, o mandado de segurança e os recursos de competência do Tribunal Superior do Trabalho.

▷ Para não esquecer:

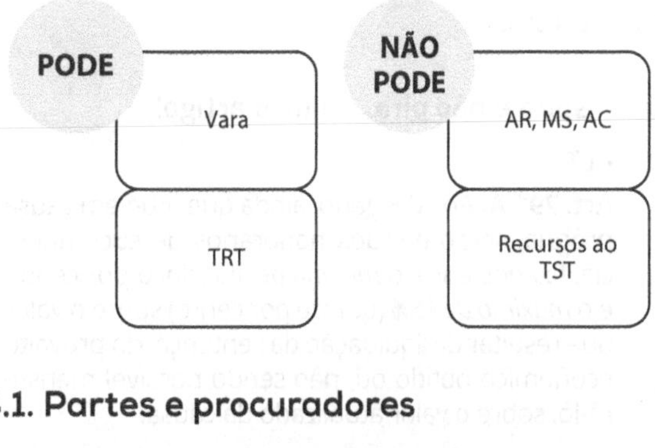

4.1. Partes e procuradores

Sobre as partes e procuradores, fique atento para:

a) a reclamação do menor de 18 anos = representação: a reclamação trabalhista do menor de 18 anos será feita por seus representantes legais e, na falta destes, pela Procuradoria da Justiça do Trabalho, pelo sindicato, pelo Ministério Público estadual ou curador nomeado em juízo (art. 793 da CLT).

b) não aplicação do prazo em dobro para litisconsortes: inaplicável ao processo do trabalho a norma contida no art. 229, *caput* e §§ 1º e 2º, do CPC, em razão de incompatibilidade com a celeridade que lhe é inerente (OJ nº 310 da SDI-1).

c) necessidade de procuração para interpor recurso: é inadmissível recurso firmado por advogado sem procuração juntada aos autos até o momento da sua interposição, salvo mandato tácito. Em caráter excepcional (art. 104 do CPC), admite-se que o advogado, independentemente de intimação, exiba a procuração no prazo de 5 (cinco) dias após a interposição do recurso, prorrogável por igual período mediante despacho do juiz. Caso não a exiba, considera-se ineficaz o ato praticado e não se conhece do recurso. Verificada a irregularidade de representação da parte em fase recursal, em procuração ou substabelecimento já constante dos autos, o relator ou o órgão competente para julgamento do recurso designará prazo de 5 (cinco) dias para que seja sanado o vício. Descumprida a determinação, o relator não conhecerá do recurso, se a providência couber ao recorrente, ou determinará o desentranhamento das contrarrazões, se a providência couber ao recorrido (art. 76, § 2º, do CPC). (Súm. nº 383 do TST)

4.2. Honorários de sucumbência

O advogado da parte vencedora terá direito ao recebimento de honorários de sucumbência. Segundo o art. 791-A da CLT, ao advogado, ainda que atue em causa própria, serão devidos honorários de sucumbência, fixados entre o mínimo de 5% e o máximo de 15%.

> ▷ **Respira e não pira... Olha o artigo!**
>
> **CLT**
>
> **Art. 791-A.** Ao advogado, ainda que atue em causa própria, serão devidos honorários de sucumbência, fixados entre o *mínimo de 5%* (cinco por cento) e o *máximo de 15%* (quinze por cento) sobre o valor que resultar da liquidação da sentença, do proveito econômico obtido ou, não sendo possível mensurá-lo, sobre o valor atualizado da causa.

Os honorários são devidos também nas ações contra a Fazenda Pública e nas ações em que a parte estiver assistida ou substituída pelo sindicato de sua categoria.

Ao fixar os honorários, o juízo observará:

a) o grau de zelo do profissional;

b) o lugar de prestação do serviço;

c) a natureza e a importância da causa;

d) o trabalho realizado pelo advogado e o tempo exigido para o seu serviço.

Na hipótese de procedência parcial, o juízo arbitrará honorários de sucumbência recíproca, **VEDADA** a compensação entre os honorários (§ 3º do art. 791-A da CLT).

Vencido o beneficiário da justiça gratuita, as obrigações decorrentes de sua sucumbência ficarão sob condição suspensiva de exigibilidade e somente poderão ser executadas se, nos dois anos subsequentes ao trânsito em julgado da decisão que as certificou, o credor demonstrar que deixou de existir a situação de insuficiência de recursos que justificou a concessão de gratuidade, extinguindo-se, passado esse prazo, tais obrigações do beneficiário.

E, finalmente, são devidos honorários de sucumbência na reconvenção.

4.3. Custas e justiça gratuita

O art. 790 da CLT estabelece os requisitos para a concessão do benefício da gratuidade da justiça.

Respira e não pira... Olha o artigo!

> **CLT**
>
> **Art. 790.** (...)
>
> (...)
>
> § 3º É facultado aos juízes, órgãos julgadores e presidentes dos tribunais do trabalho de qualquer instância conceder, a requerimento ou de ofício, o benefício da justiça gratuita, inclusive quanto a traslados e instrumentos, àqueles que *perceberem salário igual ou inferior a 40% (quarenta por cento) do limite máximo dos benefícios do regime geral de previdência social.*
>
> § 4º O benefício da justiça gratuita será concedido à parte que comprovar insuficiência de recursos para o pagamento das custas do processo.

Ademais, conforme entendimento consolidado do TST, o benefício pode ser requerido a qualquer tempo e grau de jurisdição, desde que, na fase recursal, seja o requerimento formulado no prazo alusivo ao recurso. Indeferido o requerimento de justiça gratuita formulado na fase recursal, cumpre ao relator fixar prazo para que o recorrente efetue o preparo (art. 99, § 7º, do CPC) **(OJ nº 269 da SDI-1 do TST).**

Sobre as custas, a CLT estabelece que:

> **Art. 789.** Nos dissídios individuais e nos dissídios coletivos do trabalho, nas ações e procedimentos de competência da Justiça do Trabalho, bem como nas demandas propostas perante a Justiça Estadual, no exercício da jurisdição trabalhista, as custas relativas ao processo de conhecimento incidirão à base de 2% (dois por cento), observado o mínimo de R$ 10,64 (dez reais e sessenta e quatro centavos) e o máximo de quatro vezes o limite máximo dos benefícios do Regime Geral de Previdência Social, e serão calculadas:
>
> I – quando houver acordo ou condenação, sobre o respectivo valor;
>
> II – quando houver extinção do processo, sem julgamento do mérito, ou julgado totalmente improcedente o pedido, sobre o valor da causa;
>
> III – no caso de procedência do pedido formulado em ação declaratória e em ação constitutiva, sobre o valor da causa;
>
> IV – quando o valor for indeterminado, sobre o que o juiz fixar.

As custas serão pagas pelo vencido, após o trânsito em julgado da decisão. No caso de recurso, as custas serão pagas e comprovado o recolhimento dentro do prazo recursal.

Não sendo líquida a condenação, o juízo arbitrar-lhe-á o valor e fixará o montante das custas processuais.

Sempre que houver acordo, se de outra forma não for convencionado, o pagamento das custas caberá, em partes iguais, aos litigantes.

Nos dissídios coletivos, as partes vencidas responderão solidariamente pelo pagamento das custas, calculadas sobre o valor arbitrado na decisão, ou pelo Presidente do Tribunal.

▷ **Atenção!** O art. 790-A da CLT diz que são isentos do pagamento de custas, além dos beneficiários de justiça gratuita:

> I – a União, os Estados, o Distrito Federal, os Municípios e respectivas autarquias e fundações públicas federais, estaduais ou municipais que não explorem atividade econômica;
>
> II – o Ministério Público do Trabalho.

5. ATOS, TERMOS, PRAZOS E VÍCIOS DOS ATOS PROCESSUAIS

5.1. Atos e Prazos Processuais

Sobre os atos processuais, a CLT dispõe que eles serão públicos, salvo quando o contrário determinar o interesse social, e realizar-se-ão nos dias úteis das 6 (seis) às 20 (vinte) horas. Mas a penhora poderá realizar-se em domingo ou dia feriado, mediante autorização expressa do juiz ou presidente (art. 770 da CLT).

Os prazos são disciplinados pelo art. 774 e ss. da CLT, mencionando que:

▷ **Respira e não pira... Olha o artigo!**

> **CLT**
>
> **Art. 774.** Salvo disposição em contrário, os prazos previstos neste Título contam-se, conforme o caso, *a partir da data em que for feita pessoalmente*, ou recebida a notificação, daquela em que for publicado o edital no jornal oficial ou no que publicar o expediente da Justiça do Trabalho, ou, ainda, daquela em que for afixado o edital na sede da Junta, Juízo ou Tribunal.

Tratando-se de notificação postal, no caso de não ser encontrado o destinatário ou no de recusa de recebimento, o Correio ficará obrigado, sob pena de responsabilidade do servidor, a devolvê-la, no prazo de 48 (quarenta e oito) horas, ao Tribunal de origem.

É muito importante saber que os prazos processuais são contados em dias úteis no processo do trabalho.

▷ **Respira, não pira... Olha esse artigo!**

> **CLT**
>
> **Art. 775.** Os prazos estabelecidos neste Título serão contados em DIAS ÚTEIS, com exclusão do dia do começo e inclusão do dia do vencimento.
>
> § 1º Os prazos podem ser prorrogados, pelo tempo estritamente necessário, nas seguintes hipóteses:
>
> I – quando o juízo entender necessário;
>
> II – em virtude de força maior, devidamente comprovada.
>
> § 2º Ao juízo incumbe dilatar os prazos processuais e alterar a ordem de produção dos meios de prova, adequando-os às necessidades do conflito de modo a conferir maior efetividade à tutela do direito.

Ademais, fique atento aos entendimentos do TST:

> **Súm. nº 1 do TST:** Quando a intimação tiver lugar na sexta-feira, ou a publicação com efeito de intimação for feita nesse dia, o prazo judicial será contado da segunda-feira imediata, inclusive, salvo se não houver expediente, caso em que fluirá no dia útil que se seguir.
>
> **Súm. nº 262 do TST:** *PRAZO JUDICIAL:* I – Intimada ou notificada a parte no sábado, o início do prazo se

PROCESSO DO TRABALHO

dará no primeiro dia útil imediato e a contagem, no subsequente. II – O recesso forense e as férias coletivas dos Ministros do Tribunal Superior do Trabalho suspendem os prazos recursais.

Súm. nº 385 do TST: I – Incumbe à parte o ônus de provar, quando da interposição do recurso, a existência de feriado local que autorize a prorrogação do prazo recursal (art. 1.003, § 6º, do CPC de 2015). No caso de o recorrente alegar a existência de feriado local e não o comprovar no momento da interposição do recurso, cumpre ao relator conceder o prazo de 5 (cinco) dias para que seja sanado o vício (art. 932, parágrafo único, do CPC de 2015), sob pena de não conhecimento se da comprovação depender a tempestividade recursal; II – Na hipótese de feriado forense, incumbirá à autoridade que proferir a decisão de admissibilidade certificar o expediente nos autos; III – Admite-se a reconsideração da análise da tempestividade do recurso, mediante prova documental superveniente, em agravo de instrumento, agravo interno, agravo regimental, ou embargos de declaração, desde que, em momento anterior, não tenha havido a concessão de prazo para a comprovação da ausência de expediente forense.

Os prazos processuais podem ser suspensos e interrompidos. Cuide para não confundir:

Suspensão: a contagem é paralisada e retoma de onde parou. Ex.: férias forenses.

Interrupção: a contagem é inutilizada e recomeça-se a contagem do início. Ex.: embargos de declaração.

Também é importante lembrar do Decreto-lei nº 779/1969, que refere:

Art. 1º Nos processos perante a Justiça do Trabalho, constituem privilégio da União, dos Estados, do Distrito Federal, dos Municípios e das autarquias ou fundações de direito público federais, estaduais ou municipais que não explorem atividade econômica:

II – o quádruplo do prazo fixado no artigo 841, *"in fine"*, da Consolidação das Leis do Trabalho;

III – o prazo em dobro para recurso; (...)

5.2. Nulidades

A **nulidade absoluta** é imposta quando determinado ato fere norma fundamentada no interesse público, de ordem pública absoluta. **As partes não têm o poder de dispor em relação a um interesse público e, se assim o fizerem, restará configurada a nulidade absoluta**, ou seja, mesmo estando as partes de acordo com o ato praticado, versando este sobre norma de interesse público, de ordem pública absoluta, estará presente tal nulidade. **Esta nulidade compromete todo o processo.**

Já a **nulidade relativa** representa um vício sanável, posto que decorre da ofensa ao interesse da parte, isto é, quando a norma desrespeitada tiver por base o interesse da parte e não o público. Assim, esta nulidade desaparecerá se a parte interessada sanar o vício que a determina.

Na CLT encontramos que:

▷ **Respira, não pira... Olha esse artigo!**

CLT

Art. 794. Nos processos sujeitos à apreciação da Justiça do Trabalho *só haverá nulidade quando resultar dos atos inquinados manifesto prejuízo às partes litigantes.*

Conforme o art. 795 da CLT, as nulidades não serão declaradas senão mediante **provocação das partes**, as quais deverão argui-las na primeira vez em que tiverem de falar em audiência ou nos autos.

Deverá, entretanto, ser declarada de ofício a nulidade fundada em incompetência de foro. Nesse caso, serão considerados nulos os atos decisórios.

E o juiz ou Tribunal que se julgar incompetente determinará, na mesma ocasião, que se faça remessa do processo, com urgência, à autoridade competente, fundamentando sua decisão.

Ainda:

CLT

Art. 796. A nulidade não será pronunciada:

a) quando for possível suprir-se a falta ou repetir-se o ato;

b) quando arguida por quem lhe tiver dado causa.

Art. 797. O juiz ou Tribunal que pronunciar a nulidade declarará os atos a que ela se estende.

Art. 798. A nulidade do ato não prejudicará senão os posteriores que dele dependam ou sejam consequência.

E o TST já consolidou entendimento no sentido de que:

Súm. nº 427 do TST: Havendo pedido expresso de que as intimações e publicações sejam realizadas exclusivamente em nome de determinado advogado, a comunicação em nome de outro profissional constituído nos autos é nula, salvo se constatada a inexistência de prejuízo.

6. PROCEDIMENTOS TRABALHISTAS

6.1. Procedimento Sumaríssimo

O procedimento sumaríssimo é o mais cobrado em prova. Encontra-se previsto na CLT a partir do art. 852-A.

▷ **Respira, não pira... Olha o artigo!**

CLT

Art. 852-A. Os dissídios individuais cujo valor *não exceda a quarenta vezes o salário-mínimo* vigente na data do ajuizamento da reclamação ficam submetidos ao procedimento sumaríssimo.

Parágrafo único. Estão excluídas do procedimento sumaríssimo as demandas em que é parte a Administração Pública direta, autárquica e fundacional.

Assim, **não pode** ser parte órgão da administração pública direta, autárquica ou fundacional (portanto, as empresas públicas e sociedades de economia mista podem figurar como parte).

Ademais, conforme o art. 852-B, nas reclamações enquadradas no procedimento sumaríssimo:

CLT

Art. 852-B. (...)

I – o pedido deverá ser certo ou determinado e indicará o valor correspondente;

II – não se fará citação por edital, incumbindo ao autor à correta indicação do nome e endereço do reclamado;

III – a apreciação da reclamação deverá ocorrer no prazo máximo de quinze dias do seu ajuizamento, podendo constar de pauta especial, se necessário, de acordo com o movimento judiciário da Junta de Conciliação e Julgamento.

§ 1º O não atendimento, pelo reclamante, do disposto nos incisos I e II, importará no arquivamento da reclamação e condenação ao pagamento de custas sobre o valor da causa.

§ 2º As partes e advogados comunicarão ao juízo as mudanças de endereço ocorridas no curso do processo, reputando-se eficazes as intimações enviadas ao local anteriormente indicado, na ausência de comunicação.

Art. 852-C. As demandas sujeitas a rito sumaríssimo serão instruídas e julgadas em audiência única, sob a direção de juiz presidente ou substituto, que poderá ser convocado para atuar simultaneamente com o titular.

Art. 852-D. O juiz dirigirá o processo com liberdade para determinar as provas a serem produzidas, considerado o ônus probatório de cada litigante, podendo limitar ou excluir as que considerar excessivas, impertinentes ou protelatórias, bem como para apreciá-las e dar especial valor às regras de experiência comum ou técnica.

Art. 852-E. Aberta a sessão, o juiz esclarecerá as partes presentes sobre as vantagens da conciliação e usará os meios adequados de persuasão para a solução conciliatória do litígio, em qualquer fase da audiência.

Art. 852-F. Na ata de audiência serão registrados resumidamente os atos essenciais, as afirmações fundamentais das partes e as informações úteis à solução da causa trazidas pela prova testemunhal.

Art. 852-G. Serão decididos, de plano, todos os incidentes e exceções que possam interferir no prosseguimento da audiência e do processo. As demais questões serão decididas na sentença.

▷ **Muita atenção!** No procedimento sumaríssimo, quanto às provas, serão ouvidas até 2 testemunhas para cada parte e elas comparecem na audiência independentemente de intimação, sendo possível a sua intimação apenas com prova do convite. Além disso, é possível ter prova pericial, desde que seja essencial para a resolução do caso.

▷ **Respira, não pira... olha o artigo!**

CLT

Art. 852-H. Todas as provas serão produzidas na audiência de instrução e julgamento, ainda que não requeridas previamente.

§ 1º Sobre os documentos apresentados por uma das partes manifestar-se-á imediatamente a parte contrária, sem interrupção da audiência, salvo absoluta impossibilidade, a critério do juiz.

§ 2º *As testemunhas, até o máximo de duas para cada parte*, comparecerão à audiência de instrução e julgamento independentemente de intimação.

§ 3º Só será deferida intimação de testemunha que, *comprovadamente convidada, deixar de comparecer*. Não comparecendo a testemunha intimada, o juiz poderá determinar sua imediata condução coercitiva.

§ 4º Somente quando a prova do fato o exigir, ou for legalmente imposta, será deferida prova técnica, incumbindo ao juiz, desde logo, fixar o prazo, o objeto da perícia e nomear perito.

§ 5º (VETADO)

§ 6º As partes serão intimadas a manifestar-se sobre o laudo, no prazo comum de cinco dias.

§ 7º Interrompida a audiência, o seu prosseguimento e a solução do processo dar-se-ão no prazo máximo de trinta dias, salvo motivo relevante justificado nos autos pelo juiz da causa.

▷ Para não esquecer:

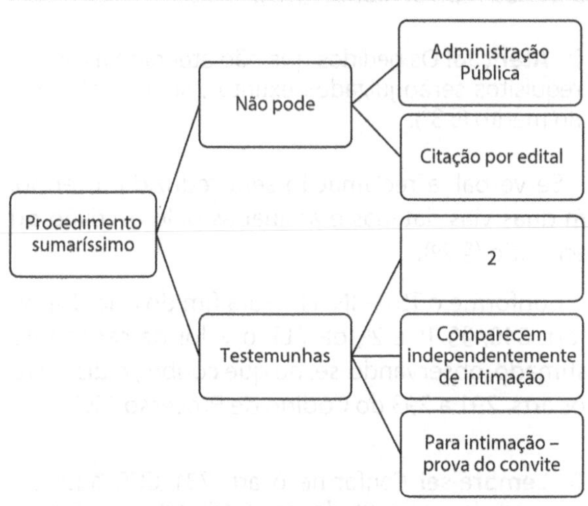

6.2. Procedimento sumário

O procedimento sumário é o procedimento adotado para as demandas de **até dois salários-mínimos.** Também conhecido como rito de alçada, é previsto na Lei nº 5.584/1970.

Nesse procedimento, não há possibilidade de recurso, salvo se versar sobre matéria constitucional.

6.3. Procedimento ordinário

O procedimento ordinário é adotado para as demandas que ultrapassam 40 salários-mínimos ou que por algum outro motivo não podem tramitar por outro procedimento.

6.4. Procedimentos especiais

Os procedimentos especiais são adotados para Inquérito judicial, Ação rescisória, Mandado de segurança, Ação de consignação em pagamento, Ação de exigir contas, Ação cominatória, Ações possessórias, Habilitação incidente, Restauração de autos, *Habeas corpus*, Ações relativas às prestações de fazer ou não fazer, entre outros.

7. PETIÇÃO INICIAL E RESPOSTA DO RÉU

7.1. Reclamação trabalhista

Segundo o art. 840 CLT, a reclamação poderá ser escrita ou verbal.

Sendo escrita, a reclamação deverá conter a designação do juízo, a qualificação das partes, a breve exposição dos fatos de que resulte o dissídio, o pedido, que deverá ser certo, determinado e com indicação de seu valor, a data e a assinatura do reclamante ou de seu representante (§ 1º).

> ▷ **Atenção!** Os pedidos que não atendam a esses requisitos serão julgados extintos, sem resolução do mérito (§ 3º).

Se verbal, a reclamação será reduzida a termo, em duas vias datadas e assinadas pelo escrivão ou secretário (§ 2º).

Conforme o TST – IN 41 - Para fim do que dispõe o art. 840, §§ 1º e 2º, da CLT, o valor da causa será estimado, observando-se, no que couber, o disposto nos arts. 291 a 293 do Código de Processo Civil.

> ▷ **Lembre-se!** Conforme o art. 731 CLT, aquele que, tendo apresentado ao distribuidor reclamação verbal, não se apresentar, no prazo estabelecido no parágrafo único do art. 786, à Junta ou Juízo para fazê-lo tomar por termo incorrerá na pena de perda, pelo prazo de 6 (seis) meses, do direito de reclamar perante a Justiça do Trabalho.

E nos termos do art. 732 CLT, na mesma pena do artigo anterior incorrerá o reclamante que, por duas vezes seguidas, der causa ao arquivamento de que trata o art. 844.

7.2. Distribuição

O art. 841 da CLT dispõe que, recebida e protocolada a reclamação, o escrivão ou secretário, dentro de 48 (quarenta e oito) horas, remeterá a segunda via da petição, ou do termo, ao reclamado, notificando-o ao mesmo tempo para comparecer à audiência do julgamento, que será a primeira desimpedida, **depois de 5 (cinco) dias.**

7.3. Reclamação plúrima

Prevista no art. 842 da CLT, a reclamação plúrima consiste numa modalidade de litisconsórcio ativo. Sendo várias as reclamações e havendo **identidade de matéria**, poderão ser acumuladas num só processo, se se tratar de **empregados da mesma empresa ou estabelecimento.**

7.4. Desistência

Conforme o art. 841, § 3º, da CLT, **oferecida a contestação**, ainda que eletronicamente, o reclamante **não poderá, sem o consentimento do reclamado**, desistir da ação.

7.5. Defesa do réu

7.5.1. Contestação

Prevista no art. 847 da CLT.

> ▷ **Respira, não pira... Olha o artigo!**
>
> **CLT**
>
> **Art. 847.** Não havendo acordo, o reclamado terá *vinte minutos* para aduzir sua defesa, após a leitura da reclamação, quando esta não for dispensada por ambas as partes. Parágrafo único. A parte poderá apresentar defesa escrita pelo sistema de processo judicial eletrônico *até a audiência.*

Na contestação, podem ser arguidas as seguintes preliminares, como as do art. 337 do CPC: inexistência ou nulidade da citação (inciso I); incompetência absoluta (inciso II); inépcia da petição inicial (inciso IV); perempção (inciso V); litispendência (inciso VI); coisa julgada (inciso VII); conexão (inciso VIII); incapacidade da parte, defeito de representação ou falta de autorização (inciso IX); convenção de arbitragem (inciso X) etc.

Também pode ser alegada a prejudicial de prescrição. Sobre ela, lembre-se de que a prescrição é contatada na forma disposta no art. 11 da CLT:

> **Art. 11.** A pretensão quanto a créditos resultantes das relações de trabalho prescreve em *cinco anos* para os trabalhadores urbanos e rurais, até o limite de *dois anos* após a extinção do contrato de trabalho.
>
> § 1º O disposto neste artigo não se aplica às ações que tenham por objeto anotações para fins de prova junto à Previdência Social.
>
> § 2º Tratando-se de pretensão que envolva pedido de *prestações sucessivas* decorrente de alteração ou descumprimento do pactuado, a *prescrição é total*, exceto quando o direito à parcela esteja também assegurado por preceito de lei.
>
> § 3º A *interrupção* da prescrição somente ocorrerá pelo ajuizamento de reclamação trabalhista, mesmo que em juízo incompetente, ainda que venha a ser extinta sem resolução do mérito, produzindo efeitos apenas em relação aos pedidos idênticos.

Ou seja, do término do contrato, a pessoa possui prazo de 2 (dois) anos para ajuizar a ação, e do ajuizamento pode buscar verbas retroativas até o limite de 5 (cinco) anos.

Ademais:

> **Súm. nº 308 do TST:** I. Respeitado o biênio subsequente à cessação contratual, a prescrição da ação trabalhista concerne às pretensões imediatamente anteriores a cinco anos, contados da data do ajuizamento da reclamação e, não, às anteriores ao quinquênio da data da extinção do contrato. II. A norma constitucional que ampliou o prazo de prescrição da ação trabalhista para 5 (cinco) anos é de aplicação imediata e não atinge pretensões já alcançadas pela prescrição bienal quando da promulgação da CF/1988.

7.5.2. Exceções

Conforme o art. 799 da CLT, nas causas da jurisdição da Justiça do Trabalho, somente podem ser opostas, com suspensão do feito, as exceções de suspeição ou incompetência.

> **CLT**
>
> **Art. 799.** (...)
>
> § 1º As demais exceções serão alegadas como matéria de defesa.
>
> § 2º Das decisões sobre exceções de suspeição e incompetência, salvo, quanto a estas, se terminativas do feito, não caberá recurso, podendo, no entanto, as partes alegá-las novamente no recurso que couber da decisão final.

7.5.2.1. Exceção de incompetência

Diz o art. 800 da CLT que, apresentada exceção de incompetência territorial no **prazo de 5 (cinco) dias a contar da notificação**, antes da audiência e em peça que sinalize a existência desta exceção, seguir-se-á o procedimento ali estabelecido, qual seja:

Protocolada a petição, será suspenso o processo e não se realizará a audiência até que se decida a exceção (§ 1º).

Os autos serão imediatamente conclusos ao juiz, que intimará o reclamante e, se existentes, os litisconsortes, para manifestação no prazo comum de cinco dias (§ 2º).

Se entender necessária a produção de prova oral, o juízo designará audiência, garantindo o direito de o excipiente e de suas testemunhas serem ouvidos, por carta precatória, no juízo que este houver indicado como competente (§ 3º).

Decidida a exceção de incompetência territorial, o processo retomará seu curso, com a designação de audiência, a apresentação de defesa e a instrução processual perante o juízo competente (§ 4º).

7.5.2.2. Exceção de suspeição

Segundo o art. 801 da CLT, o juiz, presidente ou vogal, é obrigado a dar-se por suspeito, e pode ser recusado, por algum dos seguintes motivos, em relação à pessoa dos litigantes: inimizade pessoal; amizade íntima; parentesco por consanguinidade ou afinidade até o terceiro grau civil; interesse particular na causa.

> **CLT**
>
> **Art. 801.** (...)
>
> Parágrafo único. Se o recusante houver praticado algum ato pelo qual haja consentido na pessoa do juiz, não mais poderá alegar exceção de suspeição, salvo sobrevindo novo motivo. A suspeição não será também admitida, se do processo constar que o recusante deixou de alegá-la anteriormente, quando já a conhecia, ou que, depois de conhecida, aceitou o juiz recusado ou, finalmente, se procurou de propósito o motivo de que ela se originou.

7.5.3. Reconvenção

Conforme o art. 343 do CPC, aplicável ao processo do trabalho, **na contestação, é lícito ao réu propor reconvenção** para manifestar pretensão própria, conexa com a ação principal ou com o fundamento da defesa.

> **CPC**
>
> **Art. 343.** (...)

§ 1º Proposta a reconvenção, o autor será intimado, na pessoa de seu advogado, para apresentar resposta no prazo de 15 (quinze) dias.

§ 2º A desistência da ação ou a ocorrência de causa extintiva que impeça o exame de seu mérito não obsta ao prosseguimento do processo quanto à reconvenção.

§ 3º A reconvenção pode ser proposta contra o autor e terceiro.

§ 4º A reconvenção pode ser proposta pelo réu em litisconsórcio com terceiro.

§ 5º Se o autor for substituto processual, o reconvinte deverá afirmar ser titular de direito em face do substituído, e a reconvenção deverá ser proposta em face do autor, também na qualidade de substituto processual.

§ 6º O réu pode propor reconvenção independentemente de oferecer contestação.

8. AUDIÊNCIA

Nos termos do art. 813 da CLT, as audiências dos órgãos da Justiça do Trabalho serão públicas e realizar-se-ão na sede do Juízo ou Tribunal, em dias úteis previamente fixados, **entre 8h e 18h**, não podendo ultrapassar cinco horas seguidas, salvo quando houver matéria urgente. Em casos especiais, poderá ser designado outro local para a realização das audiências, mediante edital afixado na sede do Juízo ou Tribunal, com a antecedência mínima de 24 (vinte e quatro) horas.

Observe-se que, conforme a OJ nº 245 SDI-1, **inexiste previsão legal tolerando atraso no horário de comparecimento da parte na audiência**. E consoante o art. 815 da CLT, à hora marcada, o juiz ou presidente declarará aberta a audiência, sendo feita pelo secretário ou escrivão a chamada das partes, testemunhas e demais pessoas que devam comparecer. Se, **até 15 minutos** após a hora marcada, o juiz ou presidente não houver comparecido, os presentes poderão retirar-se, devendo o ocorrido constar do livro de registro das audiências. Se, até 30 (trinta) minutos após a hora marcada, a audiência, injustificadamente, não houver sido iniciada, as partes e os advogados poderão retirar-se, consignando seus nomes, devendo o ocorrido constar do livro de registro das audiências. E, nesse caso, a audiência deverá ser remarcada pelo juiz ou presidente para a data mais próxima possível, vedada a aplicação de qualquer penalidade às partes.

▷ **Atenção!** Um tema muito cobrado em prova diz respeito ao comparecimento das partes na audiência. Sobre a possibilidade de representação e substituição delas, muita atenção ao artigo transcrito a seguir.

▷ **Respira, não pira... Olha o artigo!**

CLT

Art. 843. A audiência de julgamento deverão estar presentes o reclamante e o reclamado, independentemente do comparecimento de seus representantes salvo, nos casos de Reclamatórias Plúrimas ou Ações de Cumprimento, quando os empregados poderão fazer-se representar pelo Sindicato de sua categoria.

§ 1º É facultado ao *empregador* fazer-se *substituir pelo gerente, ou qualquer outro preposto* que tenha conhecimento do fato, e cujas declarações obrigarão o proponente.

§ 2º Se por doença ou qualquer outro motivo poderoso, devidamente comprovado, não for possível ao *empregado* comparecer pessoalmente, poderá fazer-se representar por *outro empregado* que pertença à mesma profissão, ou pelo seu *sindicato*.

§ 3º O preposto a que se refere o § 1º deste artigo *não* precisa ser empregado da parte reclamada.

Observe que, conforme o TST, IN 41, nos termos do art. 843, § 3º, e do art. 844, § 5º, da CLT, não se admite a cumulação das condições de advogado e preposto.

Ademais, as consequências do não comparecimento são observadas no seguinte artigo:

▷ **Respira, não pira... Olha o artigo!**

CLT

Art. 844. O não-comparecimento do *reclamante* à audiência importa o *arquivamento da reclamação*, e o não-comparecimento do *reclamado* importa *revelia, além de confissão* quanto à matéria de fato.

§ 1º Ocorrendo motivo relevante, poderá o juiz suspender o julgamento, designando nova audiência.

2º Na hipótese de ausência do reclamante, este será condenado ao pagamento das *custas* calculadas na forma do art. 789 desta Consolidação, *ainda* que beneficiário da justiça gratuita, *salvo* se comprovar, no prazo de quinze dias, que a ausência ocorreu por motivo legalmente justificável.

§ 3º O pagamento das custas a que se refere o § 2º é condição para a propositura de nova demanda.

Já a revelia não produz o efeito se:

Art. 844. (...)

§ 4º (...)

I – havendo pluralidade de reclamados, algum deles contestar a ação;

II – o litígio versar sobre direitos indisponíveis;

III – a petição inicial não estiver acompanhada de instrumento que a lei considere indispensável à prova do ato;

IV – as alegações de fato formuladas pelo reclamante forem inverossímeis ou estiverem em contradição com prova constante dos autos;

§ 5º E, ainda que ausente o reclamado, presente o advogado na audiência, serão aceitos a contestação e os documentos eventualmente apresentados.

E conforme entendimento consolidado do TST:

Súm. nº 9 do TST: A ausência do reclamante, quando adiada a instrução após contestada a ação em audiência, não importa arquivamento do processo.

Súm. nº 74 do TST: *CONFISSÃO.* I – Aplica-se a confissão à parte que, expressamente intimada com aquela cominação, não comparecer à audiência em prosseguimento, na qual deveria depor. II – A prova pré-constituída nos autos pode ser levada em conta para confronto com a confissão ficta (arts. 442 e 443, do CPC de 2015), não implicando cerceamento de defesa o indeferimento de provas posteriores. III – A vedação à produção de prova posterior pela parte confessa somente a ela se aplica, não afetando o exercício, pelo magistrado, do poder/dever de conduzir o processo.

Súm. nº 122 do TST: A reclamada, ausente à audiência em que deveria apresentar defesa, é revel, ainda que presente seu advogado munido de procuração, podendo ser ilidida a revelia mediante a apresentação de atestado médico, que deverá declarar, expressamente, a impossibilidade de locomoção do empregador ou do seu preposto no dia da audiência.

OJ nº 152 SDI-1: Pessoa jurídica de direito público sujeita-se à revelia prevista no artigo 844 da CLT.

▷ Para não esquecer:

Substituição e Representação

Ausência

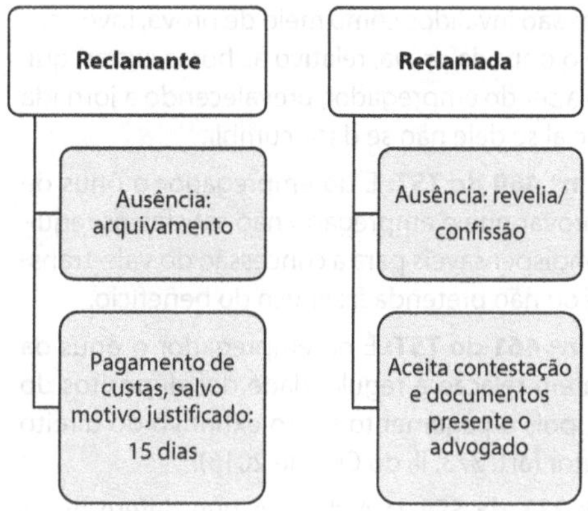

9. PROVAS

▷ **Lembre-se!** Conforme o art. 5º, LV, da CF/1988, aos litigantes, em processo judicial ou administrativo, e aos acusados em geral são assegurados o contraditório e a ampla defesa, com os meios e recursos a eles inerentes.

9.1. Ônus da prova

Sobre o ônus da prova, fique atento ao que dispõe o art. 818 da CLT.

▷ **Respira, não pira... Olha o artigo!**

CLT

Art. 818. O ônus da prova incumbe:

I – ao reclamante, quanto ao fato constitutivo de seu direito;

II – ao reclamado, quanto à existência de fato impeditivo, modificativo ou extintivo do direito do reclamante.

Conforme o artigo citado, nos casos previstos em lei ou diante de peculiaridades da causa relacionadas à impossibilidade ou à excessiva dificuldade de cumprir o encargo nos termos deste artigo ou à maior facilidade de obtenção da prova do fato contrário, poderá o juízo atribuir o ônus da prova de modo diverso, desde que o faça por decisão fundamentada, caso em que deverá dar à parte a oportunidade de se desincumbir do ônus que lhe foi atribuído (§ 1º).

A decisão deverá ser proferida antes da abertura da instrução e, a requerimento da parte, implicará o adiamento da audiência e possibilitará provar os fatos por qualquer meio em direito admitido. E a decisão não pode gerar situação em que a desincumbência do encargo pela parte seja impossível ou excessivamente difícil (§§ 2º e 3º).

E o TST já consolidou entendimento no seguinte sentido:

> **Súm. nº 212 do TST:** O ônus de provar o término do contrato de trabalho, quando negados a prestação de serviço e o despedimento, é do empregador, pois o princípio da continuidade da relação de emprego constitui presunção favorável ao empregado.
>
> **Súm. nº 338 do TST:** I – É ônus do empregador que conta com mais de 10 (dez) [leia-se 20] empregados o registro da jornada de trabalho na forma do art. 74, § 2º, da CLT. A não-apresentação injustificada dos controles de frequência gera presunção relativa de veracidade da jornada de trabalho, a qual pode ser elidida por prova em contrário. II – A presunção de veracidade da jornada de trabalho, ainda que prevista em instrumento normativo, pode ser elidida por prova em contrário. III – Os cartões de ponto que demonstram horários de entrada e saída uniformes são inválidos como meio de prova, invertendo-se o ônus da prova, relativo às horas extras, que passa a ser do empregador, prevalecendo a jornada da inicial se dele não se desincumbir.
>
> **Súm. nº 460 do TST:** É do empregador o ônus de comprovar que o empregado não satisfaz os requisitos indispensáveis para a concessão do vale-transporte ou não pretenda fazer uso do benefício.
>
> **Súm. nº 461 do TST:** É do empregador o ônus da prova em relação à regularidade dos depósitos do FGTS, pois o pagamento é fato extintivo do direito do autor (art. 373, II, do CPC de 2015).
>
> **OJ nº 233 da SDI-1:** A decisão que defere horas extras com base em prova oral ou documental não ficará limitada ao tempo por ela abrangido, desde que o julgador fique convencido de que o procedimento questionado superou aquele período.

9.2. Depoimento pessoal

Conforme o art. 379 do CPC, preservado o direito de não produzir prova contra si, incumbe à parte comparecer em juízo, respondendo ao que lhe for interrogado.

Terminada a defesa, seguir-se-á a instrução do processo, podendo o presidente, *ex officio* ou a requerimento de qualquer juiz temporário, interrogar os litigantes (art. 848). Ademais, as partes e testemunhas serão inquiridas pelo juiz ou presidente, podendo ser reinquiridas, por seu intermédio, a requerimento dos vogais, das partes, seus representantes ou advogados (art. 820).

Mas, conforme o Código de Processo Civil:

> **Art. 388.** A parte não é obrigada a depor sobre fatos:
>
> I – criminosos ou torpes que lhe forem imputados;
>
> II – a cujo respeito, por estado ou profissão, deva guardar sigilo;
>
> III – acerca dos quais não possa responder sem desonra própria, de seu cônjuge, de seu companheiro ou de parente em grau sucessível;
>
> IV – que coloquem em perigo a vida do depoente ou das pessoas referidas no inciso III.
>
> Parágrafo único. Esta disposição não se aplica às ações de estado e de família.

9.3. Prova documental

Devem ser produzidas no primeiro momento em que a parte se manifesta no processo, sob pena de preclusão do direito de produzir essa prova, salvo se comprovar que não tinha acesso à prova no momento da petição inicial ou contestação.

Conforme o art. 830 da CLT, o documento em cópia oferecido para prova poderá ser declarado autêntico pelo próprio advogado, sob sua responsabilidade pessoal. Impugnada a autenticidade da cópia, a parte que a produziu será intimada para apresentar cópias devidamente autenticadas ou o original, cabendo ao serventuário competente proceder à conferência e certificar a conformidade entre esses documentos.

> **Súm. nº 8 do TST:** A juntada de documentos na fase recursal só se justifica quando provado o justo impedimento para sua oportuna apresentação ou se referir a fato posterior à sentença.
>
> **Súm. nº 12 do TST:** As anotações apostas pelo empregador na carteira profissional do empregado não geram presunção "juris et de jure", mas apenas "juris tantum".

9.4. Intérprete

Conforme o art. 819 da CLT, o depoimento das partes e testemunhas que não souberem falar a língua nacional será feito por meio de intérprete nomeado pelo juiz ou presidente. Proceder-se-á da forma indicada, quando se tratar de surdo-mudo, ou de mudo que não saiba escrever (§ 1º).

As despesas decorrentes do disposto neste artigo correrão por conta da parte sucumbente, **salvo** se beneficiária de justiça gratuita (§ 2º).

9.5. Testemunhas

Cada uma das partes não poderá indicar mais **de três testemunhas**, salvo quando se tratar de inquérito, caso em que esse número poderá ser elevado a **seis** (art. 821 da CLT).

No procedimento sumaríssimo, o número de testemunhas é de duas para cada parte. E só será deferida a intimação de testemunha que, comprovadamente convidada, deixar de comparecer. Não comparecendo a testemunha intimada, o juiz poderá determinar sua imediata condução coercitiva.

Respira, não pira.... Olha o artigo!

CLT

Art. 825. As testemunhas *comparecerão a audiência independentemente de notificação ou intimação.*

Parágrafo único. As que não comparecerem serão intimadas, ex officio ou a requerimento da parte, ficando sujeitas a condução coercitiva, além das penalidades do art. 730, caso, sem motivo justificado, não atendam à intimação.

Também, conforme a CLT (art. 822), as testemunhas **não poderão sofrer qualquer desconto pelas faltas** ao serviço, ocasionadas pelo seu comparecimento para depor, quando devidamente arroladas ou convocadas.

Se a testemunha for funcionário civil ou militar, e tiver de depor em hora de serviço, será **requisitada ao chefe da repartição para comparecer à audiência marcada (art. 823).**

O juiz ou presidente providenciará para que o depoimento de uma testemunha não seja ouvido pelas demais que tenham de depor no processo (art. 824).

E conforme o art. 828 da CLT, toda testemunha, antes de prestar o compromisso legal, será qualificada, indicando o nome, nacionalidade, profissão, idade, residência, e, quando empregada, o tempo de serviço prestado ao empregador, ficando sujeita, em caso de falsidade, às leis penais. Os depoimentos das testemunhas serão resumidos, por ocasião da audiência, pelo secretário da Junta ou funcionário para esse fim designado, devendo a súmula ser assinada pelo Presidente do Tribunal e pelos depoentes.

▷ **Respira, não pira.... Olha o artigo!**

CLT

Art. 829. A testemunha que for parente até o terceiro grau civil, amigo íntimo ou inimigo de qualquer das partes, não prestará compromisso, e seu depoimento valerá como simples informação.

E consoante o TST:

Súm. nº 357 TST: *Não* torna suspeita a testemunha o simples fato de estar litigando ou de ter litigado contra o mesmo empregador.

9.6. Perícia

Segundo o art. 790-B da CLT, a responsabilidade pelo pagamento dos honorários periciais é da **parte sucumbente na pretensão objeto da perícia.**

Ao fixar o valor dos honorários periciais, o juízo deverá respeitar o limite máximo estabelecido pelo Conselho Superior da Justiça do Trabalho (§ 1º).

O juízo poderá deferir parcelamento dos honorários periciais (§ 2º).

O **juízo não poderá** exigir adiantamento de valores para realização de perícias (§ 3º). Nesse caso, caberá mandado de segurança:

OJ nº 98 da SDI-2: É ilegal a exigência de depósito prévio para custeio dos honorários periciais, dada a incompatibilidade com o processo do trabalho, sendo cabível o mandado de segurança visando à realização da perícia, independentemente do depósito.

▷ **Lembre-se!**

Súm. nº 457 do TST: A União é responsável pelo pagamento dos honorários de perito quando a parte sucumbente no objeto da perícia for beneficiária da assistência judiciária gratuita, observado o procedimento disposto nos arts. 1º, 2º e 5º da Resolução nº 66/2010 do Conselho Superior da Justiça do Trabalho – CSJT.

Não confunda a responsabilidade pelos honorários periciais com a responsabilidade pelos honorários do assistente técnico, pois, de acordo com a ***Súm. nº 341 do TST***, a indicação do perito assistente é faculdade da parte, a qual deve responder pelos respectivos honorários, ainda que vencedora no objeto da perícia.

Por fim, observe que:

CLT

Art. 195. (...)

(...)

§ 2º Arguida em juízo *insalubridade ou periculosidade*, seja por empregado, seja por Sindicato em favor de grupo de associado, o juiz *designará perito habilitado* na forma deste artigo, e, onde não houver, requisitará perícia ao órgão competente do Ministério do Trabalho.

OJ nº 165 da SDI-1: O art. 195 da CLT não faz qualquer distinção entre o médico e o engenheiro para efeito de caracterização e classificação da insalubridade e periculosidade, bastando para a elaboração do laudo seja o profissional devidamente qualificado.

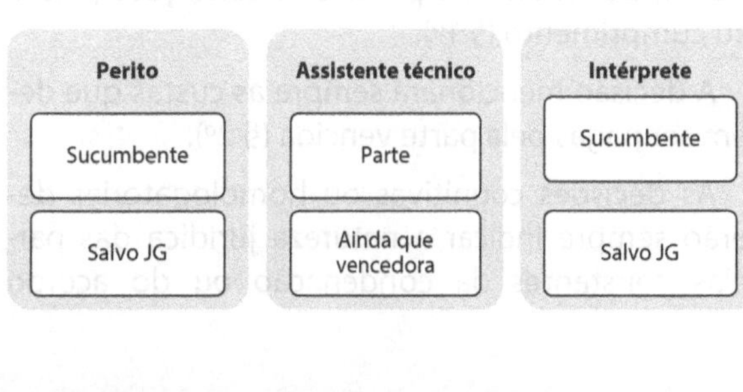

10. RAZÕES FINAIS, SENTENÇA E COISA JULGADA

10.1. Alegações finais

Conforme o art. 850 da CLT, terminada a instrução, poderão as partes aduzir razões finais, em prazo não excedente de **10 (dez) minutos para cada uma**. Em seguida, o juiz ou presidente renovará a proposta de conciliação, e não se realizando esta, será proferida a decisão.

10.2. Acordo

O art. 764 da CLT dispõe que os dissídios individuais ou coletivos submetidos à apreciação da Justiça do Trabalho serão sempre sujeitos à conciliação.

Para isso, os juízes e Tribunais do Trabalho empregarão sempre os seus bons ofícios e persuasão no sentido de uma solução conciliatória dos conflitos (§ 1º).

Não havendo acordo, o juízo conciliatório converter-se-á obrigatoriamente em arbitral, proferindo decisão (§ 2º).

E é lícito às partes celebrar acordo que ponha termo ao processo, ainda mesmo depois de encerrado o juízo conciliatório (§ 3º).

Também, segundo o art. 831 da CLT, a decisão será proferida depois de rejeitada pelas partes a proposta de conciliação, sendo que no caso de conciliação, o termo que for lavrado valerá como decisão irrecorrível, salvo para a Previdência Social quanto às contribuições que lhe forem devidas.

Assim, havendo acordo, este será lavrado como decisão irrecorrível, só podendo ser atacado por ação rescisória, conforme dispõe a Súm. nº 259 do TST.

10.3. Sentença

O art. 832 da CLT determina que da decisão deverão constar o nome das partes, o resumo do pedido e da defesa, a apreciação das provas, os fundamentos da decisão e a respectiva conclusão.

Quando a decisão concluir pela procedência do pedido, determinará o prazo e as condições para o seu cumprimento (§ 1º).

A decisão mencionará sempre as custas que devam ser pagas pela parte vencida (§ 2º).

As decisões cognitivas ou homologatórias deverão sempre indicar a natureza jurídica das parcelas constantes da condenação ou do acordo homologado, inclusive o limite de responsabilidade de cada parte pelo recolhimento da contribuição previdenciária, se for o caso (§ 3º).

Conforme o art. 833 da CLT, existindo na decisão evidentes erros ou enganos de escrita, de datilografia ou de cálculo, poderão eles, antes da execução, ser **corrigidos, ex officio**, ou a requerimento dos interessados ou da Procuradoria da Justiça do Trabalho.

Também, salvo nos casos previstos na CLT, a **publicação** das **decisões** e sua notificação aos litigantes, ou a seus patronos, consideram-se realizadas nas próprias audiências em que forem proferidas (art. 834).

10.4. Coisa julgada

O art. 5º, XXXVI, da CF/1988 dispõe que a lei não prejudicará o direito adquirido, o ato jurídico perfeito e a coisa julgada.

Coisa julgada formal: tanto as sentenças terminativas quanto as definitivas atingem o estado de coisa julgada formal, quando há como consequência a preclusão recursal.

Coisa julgada material: resulta da sentença que julga total ou parcialmente a lide. Abrange a coisa julgada formal.

No Código de Processo Civil, encontramos que:

> **Art. 502.** *Denomina-se coisa julgada material* a autoridade que torna imutável e indiscutível a decisão de mérito não mais sujeita a recurso.

10.5. Reparação por dano material

De acordo com o art. 793-A da CLT, responde por perdas e danos aquele que litigar de má-fé como reclamante, reclamado ou interveniente. E, nos termos do art. 793-B, considera-se litigante de má-fé aquele que: "I – deduzir pretensão ou defesa contra texto expresso de lei ou fato incontroverso; II – alterar a verdade dos fatos; III – usar do processo para conseguir objetivo ilegal; IV – opuser resistência injustificada ao andamento do processo; V – proceder de modo temerário em qualquer incidente ou ato do processo; VI – provocar incidente manifestamente infundado; VII – interpuser recurso com intuito manifestamente protelatório".

De ofício ou a requerimento, o juízo condenará o litigante de má-fé a **pagar multa**, que deverá ser superior a 1% e inferior a 10% do valor corrigido da causa, para **indenizar a parte contrária** pelos prejuízos que sofreu e a arcar com os honorários advocatícios e com todas as despesas que efetuou (art. 793-C).

Quando forem dois ou mais os litigantes de má-fé, o juízo condenará cada um na proporção de seu respectivo interesse na causa ou, solidariamente, aqueles que se coligaram para lesar a parte contrária (§ 1º).

Quando o valor da causa for irrisório ou inestimável, a multa poderá ser fixada em até duas vezes o limite máximo dos benefícios do Regime Geral de Previdência Social (§ 2º).

O valor da indenização será fixado pelo juízo ou, caso não seja possível mensurá-lo, liquidado por arbitramento ou pelo procedimento comum, nos próprios autos (§ 3º).

Por fim, conforme o art. 793-D, aplica-se a multa à testemunha que intencionalmente alterar a verdade dos fatos ou omitir fatos essenciais ao julgamento da causa. E a execução da multa prevista neste artigo dar-se-á nos mesmos autos.

11. DISSÍDIO COLETIVO

É o conflito resultante da infrutífera negociação havida entre os sindicatos patronais e os dos trabalhadores.

É interposto no Tribunal Regional do Trabalho se a discussão for de âmbito regional ou estadual e no Tribunal Superior do Trabalho se a discussão for de âmbito nacional.

São requisitos para a interposição dos dissídios coletivos:

- Frustração da negociação coletiva: não chegando as partes a um consenso quanto ao conteúdo de eventual acordo ou convenção coletiva de coletiva de trabalho.
- Comum acordo entre as partes: dispõe o art. 114, § 2º, da CF/1988 que, "recusando-se qualquer das partes à negociação coletiva ou à arbitragem, é facultado às mesmas, de comum acordo, ajuizar dissídio coletivo de natureza econômica, podendo a Justiça do Trabalho decidir o conflito, respeitadas as disposições mínimas legais de proteção ao trabalho, bem como as convencionadas anteriormente".

Constituição Federal

Art. 114. (...)

§ 1º Frustrada a negociação coletiva, as partes poderão eleger árbitros.

§ 2º Recusando-se qualquer das partes à negociação coletiva ou à arbitragem, é facultado às mesmas, de comum acordo, ajuizar dissídio coletivo de natureza econômica, podendo a Justiça do Trabalho decidir o conflito, respeitadas as disposições mínimas legais de proteção ao trabalho, bem como as convencionadas anteriormente.

§ 3º *Em caso de greve em atividade essencial, com possibilidade de lesão do interesse público, o Ministério Público do Trabalho poderá ajuizar dissídio coletivo, competindo à Justiça do Trabalho decidir o conflito.*

RITST

Art. 241. Os dissídios coletivos podem ser:

I – de natureza econômica, para a instituição de normas e condições de trabalho;

II – de natureza jurídica, para interpretação de cláusulas de sentenças normativas, de instrumentos de negociação coletiva, acordos e convenções coletivas, de disposições legais particulares de categoria profissional ou econômica e de atos normativos;

III – originários, quando inexistentes ou em vigor normas e condições especiais de trabalho, decretadas em sentença normativa;

IV – de revisão, quando destinados a reavaliar normas e condições coletivas de trabalho preexistentes que se tornarem injustas ou ineficazes pela modificação das circunstâncias que as ditaram;

V – de declaração sobre a paralisação do trabalho decorrente de greve.

Na CLT, a instância será instaurada mediante **representação escrita ao Presidente do Tribunal.** Poderá ser também instaurada **por iniciativa do presidente**, ou, ainda, **a requerimento da Procuradoria da Justiça do Trabalho,** sempre que ocorrer suspensão do trabalho **(art. 856).**

A representação para instaurar a instância em dissídio coletivo **constitui prerrogativa das associações sindicais**, excluídas as hipóteses aludidas no art. 856, quando ocorrer suspensão do trabalho. Quando não houver sindicato representativo da categoria econômica ou profissional, poderá a representação ser instaurada pelas federações correspondentes e, na falta destas, pelas confederações respectivas, no âmbito de sua representação **(art. 857).**

A representação será apresentada em tantas vias quantos forem os reclamados e deverá conter: designação e qualificação dos reclamantes e dos reclamados e a natureza do estabelecimento ou do serviço, os motivos do dissídio e as bases da conciliação **(art. 858).**

A representação dos sindicatos para instauração da instância fica subordinada à aprovação de assembleia, da qual participem os associados interessados na solução do dissídio coletivo, em primeira convocação, por maioria de 2/3, ou, em segunda convocação, por 2/3 dos presentes **(art. 859).**

PROCESSO DO TRABALHO

Recebida e protocolada a representação, e estando na devida forma, o Presidente do Tribunal **designará a audiência de conciliação**, dentro do prazo de 10 (dez) dias, determinando a notificação dos dissidentes. Quando a instância for instaurada *ex officio*, a audiência deverá ser realizada dentro do prazo mais breve possível, após o reconhecimento do dissídio **(art. 860).**

É facultado ao empregador fazer-se representar na audiência pelo gerente, ou por qualquer outro preposto que tenha conhecimento do dissídio, e por cujas declarações será sempre responsável **(art. 861).**

Na audiência designada, comparecendo ambas as partes ou seus representantes, o Presidente do Tribunal as convidará para se pronunciarem sobre as bases da conciliação. Caso não sejam aceitas as bases propostas, o Presidente submeterá aos interessados a solução que lhe pareça capaz de resolver o dissídio **(art. 862).**

Havendo acordo, o Presidente o submeterá à homologação do Tribunal na primeira sessão (art. 863).

Não havendo acordo, ou não comparecendo ambas as partes ou uma delas, o presidente submeterá o processo a julgamento, depois de realizadas as diligências que entender necessárias e ouvida a Procuradoria (art. 864).

Quando o dissídio ocorrer fora da sede do Tribunal, poderá o presidente, se julgar conveniente, delegar à autoridade local as atribuições de que tratam os arts. 860 e 862. Nesse caso, não havendo conciliação, a autoridade delegada encaminhará o processo ao Tribunal, fazendo exposição circunstanciada dos fatos e indicando a solução que lhe parecer conveniente (art. 866).

As partes serão notificadas da decisão do Tribunal, ou seus representantes, em registro postal, com franquia, fazendo-se a sua publicação no jornal oficial, para ciência dos demais interessados. A sentença normativa vigorará: a partir da data de sua publicação, quando ajuizado o dissídio após o prazo do art. 616, § 3º, ou, quando não existir acordo, convenção ou sentença normativa em vigor, da data do ajuizamento; a partir do dia imediato ao termo final de vigência do acordo, convenção ou sentença normativa, quando ajuizado o dissídio no prazo do art. 616, § 3º (art. 867).

Em caso de dissídio coletivo que tenha por motivo novas condições de trabalho e no qual figure como parte apenas uma fração de empregados de uma empresa, poderá o Tribunal competente, na própria decisão, estender tais condições de trabalho, se julgar justo e conveniente, aos demais empregados da empresa que forem da mesma profissão dos dissidentes. O Tribunal fixará a data em que a decisão deve entrar em execução, bem como o prazo de sua vigência, **o qual não poderá ser superior a 4 (quatro) anos** (art. 868).

A decisão sobre novas condições de trabalho poderá também ser estendida a todos os empregados da mesma categoria profissional compreendida na jurisdição do Tribunal: a) por solicitação de um ou mais empregadores, ou de qualquer sindicato destes; b) por solicitação de um ou mais sindicatos de empregados; c) ex officio, pelo Tribunal que houver proferido a decisão; d) por solicitação da Procuradoria da Justiça do Trabalho (art. 869).

Celebrado o acordo, ou transitada em julgado a decisão, seguir-se-á o seu cumprimento (art. 872).

Decorrido mais de 1 (um) ano de sua vigência, caberá revisão das decisões que fixarem condições de trabalho, quando houver modificação das circunstâncias que as ditaram, de modo que tais condições tenham se tornado injustas ou inaplicáveis (art. 873).

12. SISTEMA RECURSAL TRABALHISTA

12.1. Introdução aos recursos

Cabem os seguintes recursos no processo do trabalho:

- Recurso Ordinário
- Embargos de Declaração
- Recurso de Revisa
- Embargos ao TST
- Agravo de Petição (fase de execução)
- Agravo de Instrumento
- Agravo Regimental
- Pedido de Revisão
- Recurso Extraordinário
- Contrarrazões
- Recuso adesivo

Irrecorribilidade das decisões interlocutórias: apenas em recurso definitivo (art. 893, § 1º, da CLT), ou da decisão de incompetência em razão da matéria (art. 799, § 2º, da CLT); da decisão do TRT que contrarie súmula ou OJ do TST; das decisões suscetíveis de recurso para o próprio tribunal; da decisão que acolhe exceção de incompetência territorial com remessa a TRT diverso.

Conforme o art. 893, § 1º, da CLT, os incidentes do processo são resolvidos pelo próprio Juízo ou Tribunal, admitindo-se a apreciação do merecimento das decisões interlocutórias somente em recursos da decisão definitiva.

E a Súm. nº 214 do TST *diz que* na Justiça do Trabalho, nos termos do art. 893, § 1º, da CLT, as decisões interlocutórias não ensejam recurso imediato, **salvo** nas hipóteses de decisão:

a) de Tribunal Regional do Trabalho contrária a Súmula ou Orientação Jurisprudencial do Tribunal Superior do Trabalho;
b) suscetível de impugnação mediante recurso para o mesmo Tribunal;
c) que acolhe exceção de incompetência territorial, com a remessa dos autos para Tribunal Regional distinto daquele a que se vincula o juízo excepcionado (art. 799, § 2º, da CLT).

12.2. Efeito

Os recursos têm efeito **devolutivo**, conforme estabelece o art. 899 da CLT.

> ▷ **Respira, não pira... olha o artigo!**
>
> **CLT**
>
> **Art. 899.** Os recursos serão interpostos por simples petição e terão efeito meramente devolutivo, salvo as exceções previstas neste Título, permitida a execução provisória até a penhora.

Mas **existem exceções**, como a prevista no art. 14 da Lei nº 10.192/2001, no caso de decisão normativa, na medida e extensão conferidas em despacho do Presidente do Tribunal Superior do Trabalho.

E na dicção da Súm. nº 414, I, do TST: "A tutela provisória concedida na sentença não comporta impugnação pela via do mandado de segurança, por ser impugnável mediante recurso ordinário. É admissível a obtenção de efeito suspensivo ao recurso ordinário mediante requerimento dirigido ao tribunal, ao relator ou ao presidente ou ao vice-presidente do tribunal recorrido, por aplicação subsidiária ao processo do trabalho do artigo 1.029, § 5º, do CPC de 2015".

Profundidade: qualidade das matérias que são submetidas à apreciação (vários fundamentos na RT ou contestação e o juiz acolhe só um, silenciando os demais). O RO devolve todos os fundamentos (art. 1.013, § 2º, do CPC).

> **Súm. nº 393 do TST:** I – *O efeito devolutivo em profundidade do recurso ordinário, que se extrai do § 1º do art. 1.013 do CPC de 2015 (art. 515, § 1º, do CPC de 1973), transfere ao Tribunal a apreciação dos fundamentos da inicial ou da defesa, não examinados pela sentença, ainda que não renovados em contrarrazões, desde que relativos ao capítulo impugnado.*
> II – Se o processo estiver em condições, o tribunal, ao julgar o recurso ordinário, deverá decidir desde logo o mérito da causa, nos termos do § 3º do art. 1.013 do CPC de 2015, inclusive quando constatar a omissão da sentença no exame de um dos pedidos.

12.3. Pressupostos de admissibilidade

Pressupostos de admissibilidade: requisitos para que o recurso seja conhecido.

- **Intrínsecos (ligados às partes):**
  - **Legitimidade da parte**: pessoa natural ou jurídica que tenha participado, como parte, do processo em primeiro grau de jurisdição, ainda que revel.
  - **Capacidade da parte**: é preciso que o recorrente, no momento de interposição do recurso, esteja plenamente capaz.
  - **Interesse da parte**: necessidade e utilidade.
- **Extrínsecos (ligados ao recurso):**
  - **Recorribilidade e adequação**: a decisão atacada é passível de recurso e o recurso é o adequado.
  - **Tempestividade**: Regra de oito dias (art. 6º da Lei nº 5.584/1970), salvo Embargos de Declaração. A Fazenda Pública e o Ministério Público possuem **prazo em dobro** para recorrer e em quádruplo para contestar.
  - **Preparo** (**depósito recursal + custas**)
  - **Regularidade de representação.**

Sobre o **depósito recursal,** é necessário observar o art. 899 da CLT.

Conforme o § 4º do citado artigo, o depósito recursal será feito em conta vinculada ao juízo e corrigido com os mesmos índices da poupança.

Já o § 7º refere que, no ato de interposição do agravo de instrumento, o depósito recursal corresponderá a 50% do valor do depósito do recurso ao qual se pretende destrancar. E, conforme o § 8º, quando o agravo de instrumento tem a finalidade de destrancar recurso de revista que se insurge contra decisão que contraria a jurisprudência uniforme do Tribunal Superior do Trabalho, consubstanciada nas suas súmulas ou em orientação jurisprudencial, não haverá obrigatoriedade de se efetuar o depósito.

▷ **Respira, não pira... Olha o artigo!**

CLT

Art. 899. (...)

(...)

§ 9º O valor do depósito recursal será *reduzido pela metade* para entidades sem fins lucrativos, empregadores domésticos, microempreendedores individuais, microempresas e empresas de pequeno porte.

§ 10. São *isentos* do depósito recursal os beneficiários da justiça gratuita, as entidades filantrópicas e as empresas em recuperação judicial.

§ 11. O depósito recursal poderá ser *substituído* por fiança bancária ou seguro garantia judicial.

Ademais, conforme o TST:

Súm. nº 86 do TST: Não ocorre deserção de recurso da massa falida por falta de pagamento de custas ou de depósito do valor da condenação. Esse privilégio, todavia, não se aplica à empresa em liquidação extrajudicial.

Súm. nº 99 do TST: Havendo recurso ordinário em sede de rescisória, o depósito recursal só é exigível quando for julgado procedente o pedido e imposta condenação em pecúnia, devendo este ser efetuado no prazo recursal, no limite e nos termos da legislação vigente, sob pena de deserção.

Súm. nº 128 do TST: I – É ônus da parte *recorrente efetuar o depósito legal, integralmente, em relação a cada novo recurso interposto, sob pena de deserção. Atingido o valor da condenação, nenhum depósito mais é exigido para qualquer recurso.* II – Garantido o juízo, na fase executória, a exigência de depósito para recorrer de qualquer decisão viola os incisos II e LV do art. 5º da CF/1988. Havendo, porém, elevação do valor do débito, exige-se a complementação da garantia do juízo. III – *Havendo condenação solidária de duas ou mais empresas, o depósito recursal efetuado por uma delas aproveita as demais, quando a empresa que efetuou o depósito não pleiteia sua exclusão da lide.*

Súm. nº 161 do TST: *Se não há condenação a pagamento em pecúnia, descabe o depósito* de que tratam os §§ 1º e 2º do art. 899 da CLT.

Súm. nº 245 do TST: O depósito recursal deve ser feito e comprovado no prazo alusivo ao recurso. A interposição antecipada deste não prejudica a dilação legal.

OJ nº 140 da SDI-1: Em caso de recolhimento insuficiente das custas processuais ou do depósito recursal, somente haverá deserção do recurso se, concedido o prazo de 5 (cinco) dias previsto no § 2º do art. 1.007 do CPC de 2015, o recorrente não complementar e comprovar o valor devido.

IN TST nº 3/1993:

(...)

IX – é exigido depósito recursal para o recurso adesivo, observados os mesmos critérios e procedimentos do recurso principal previsto nesta Instrução Normativa.

X – Não é exigido depósito recursal, em qualquer fase do processo ou grau de jurisdição, dos entes de direito público externo e das pessoas de direito público contempladas no Decreto-Lei nº 779, de 21.8.69, bem assim da massa falida e da herança jacente.

Sobre a regularidade de representação, lembrar que:

Súm. nº 383 do TST: I – É inadmissível recurso firmado por advogado sem procuração juntada aos autos até o momento da sua interposição, salvo mandato tácito. Em caráter excepcional (art. 104 do CPC de 2015), admite-se que o advogado, independentemente de intimação, exiba a procuração no prazo de 5 (cinco) dias após a interposição do recurso, prorrogável por igual período mediante despacho do juiz. Caso não a exiba, considera-se ineficaz o ato praticado e não se conhece do recurso. II – Verificada a irregularidade de representação da parte em fase recursal, em procuração ou substabelecimento já constante dos autos, o relator ou o órgão competente para julgamento do recurso designará prazo de 5 (cinco) dias para que seja sanado o vício. Descumprida a determinação, o relator não conhecerá do recurso, se a providência couber ao recorrente, ou determinará o desentranhamento das contrarrazões, se a providência couber ao recorrido (art. 76, § 2º, do CPC de 2015).

12.4. Recurso Ordinário

O recurso ordinário é o recurso que cabe da sentença, equivalendo à apelação do processo civil. Mas, ele também tem uma segunda hipótese de cabimento: das decisões do TRT em ações de competência originária, tais como a AR, MS e DC.

▷ **Respira, não pira... Olha o artigo!**

CLT

Art. 895. Cabe recurso ordinário para a instância superior:

I – *das decisões definitivas ou terminativas das Varas e Juízos, no prazo de 8 (oito) dias;* e

II – *das decisões definitivas ou terminativas dos Tribunais Regionais, em processos de sua competência originária, no prazo de 8 (oito) dias, quer nos dissídios individuais, quer nos dissídios coletivos.*

Conforme o § 1º do art. 895, nas **reclamações sujeitas ao procedimento sumaríssimo**, o recurso ordinário: "II – será **imediatamente distribuído**, uma vez recebido no Tribunal, devendo o relator liberá-lo no prazo máximo de dez dias, e a Secretaria do Tribunal ou Turma colocá-lo imediatamente em pauta para julgamento, sem revisor III – terá **parecer**

oral do representante do Ministério Público presente à sessão de julgamento, se este entender necessário o parecer, com registro na certidão IV – **terá acórdão consistente unicamente na certidão de julgamento**, com a indicação suficiente do processo e parte dispositiva, e das razões de decidir do voto prevalente. Se a sentença for confirmada pelos próprios fundamentos, a certidão de julgamento, registrando tal circunstância, servirá de acórdão".

E, conforme o § 2º, os Tribunais Regionais, divididos em Turmas, **poderão designar Turma para o julgamento dos recursos ordinários interpostos das sentenças prolatadas nas demandas sujeitas ao procedimento sumaríssimo.**

Ademais, conforme entendimento consolidado do TST:

> **Súm. nº 158 do TST:** Da decisão de Tribunal Regional do Trabalho, em ação rescisória, é cabível recurso ordinário para o Tribunal Superior do Trabalho, em face da organização judiciária trabalhista.
>
> **Súm. nº 201 do TST:** Da decisão de Tribunal Regional do Trabalho em mandado de segurança cabe recurso ordinário, no prazo de 8 (oito) dias, para o Tribunal Superior do Trabalho, e igual dilação para o recorrido e interessados apresentarem razões de contrariedade.

12.5. Recurso de Revista

O Recurso de Revista é o recurso que cabe das decisões TRTs em Recurso Ordinário e Agravo de Petição.

> ▷ **Respira, não pira... Olha o artigo!**
>
> **CLT**
>
> **Art. 896.** Cabe Recurso de Revista para Turma do Tribunal Superior do Trabalho das decisões proferidas em grau de recurso ordinário, em dissídio individual, pelos Tribunais Regionais do Trabalho, quando:
>
> *a)* derem ao mesmo dispositivo de lei federal interpretação diversa da que lhe houver dado outro Tribunal Regional do Trabalho, no seu Pleno ou Turma, ou a Seção de Dissídios Individuais do Tribunal Superior do Trabalho, ou contrariarem súmula de jurisprudência uniforme dessa Corte ou súmula vinculante do Supremo Tribunal Federal;
>
> *b)* derem ao mesmo dispositivo de lei estadual, Convenção Coletiva de Trabalho, Acordo Coletivo, sentença normativa ou regulamento empresarial de observância obrigatória em área territorial que exceda a jurisdição do Tribunal Regional prolator da decisão recorrida, interpretação divergente, na forma da alínea a;
>
> *c)* proferidas com violação literal de disposição de lei federal ou afronta direta e literal à Constituição Federal.

O recurso de revista, dotado de efeito apenas devolutivo, será interposto perante o Presidente do Tribunal Regional do Trabalho, que, por decisão fundamentada, poderá recebê-lo ou denegá-lo (§ 1º).

Conforme o § 1º-A, sob pena de não conhecimento, é ônus da parte: "I – indicar o trecho da decisão recorrida que consubstancia o prequestionamento da controvérsia objeto do recurso de revista; II – indicar, de forma explícita e fundamentada, contrariedade a dispositivo de lei, súmula ou orientação jurisprudencial do Tribunal Superior do Trabalho que conflite com a decisão regional; III – expor as razões do pedido de reforma, impugnando todos os fundamentos jurídicos da decisão recorrida, inclusive mediante demonstração analítica de cada dispositivo de lei, da Constituição Federal, de súmula ou orientação jurisprudencial cuja contrariedade aponte; IV – transcrever na peça recursal, no caso de suscitar preliminar de nulidade de julgado por negativa de prestação jurisdicional, o trecho dos embargos declaratórios em que foi pedido o pronunciamento do tribunal sobre questão veiculada no recurso ordinário e o trecho da decisão regional que rejeitou os embargos quanto ao pedido, para cotejo e verificação, de plano, da ocorrência da omissão".

> ▷ **Atenção!** Das decisões proferidas pelos Tribunais Regionais do Trabalho ou por suas Turmas, em **execução de sentença**, inclusive em processo incidente de embargos de terceiro, não caberá Recurso de Revista, salvo na hipótese de **ofensa direta e literal de norma da Constituição Federal (§ 2º).**

A divergência apta a ensejar o recurso de revista deve ser atual, não se considerando como tal a ultrapassada por súmula do Tribunal Superior do Trabalho ou do Supremo Tribunal Federal, ou superada por iterativa e notória jurisprudência do Tribunal Superior do Trabalho (§ 7º).

Quando o recurso se fundar em dissenso de julgados, incumbe ao recorrente o ônus de produzir prova da divergência jurisprudencial, mediante certidão, cópia ou citação do repositório de jurisprudência, oficial ou credenciado, inclusive em mídia eletrônica, em que houver sido publicada a decisão divergente, ou ainda pela reprodução de julgado disponível na internet, com indicação da respectiva fonte, mencionando, em qualquer caso, as circunstâncias que identifiquem ou assemelhem os casos confrontados (§ 8º).

Nas causas sujeitas ao **procedimento sumaríssimo**, somente será admitido recurso de revista por contrariedade a súmula de jurisprudência uniforme do Tribunal Superior do Trabalho ou a súmula vinculante do Supremo Tribunal Federal e por violação direta da Constituição Federal (§ 9º).

Cabe recurso de revista por violação a lei federal, por divergência jurisprudencial e por ofensa à Constituição Federal nas execuções fiscais e nas controvérsias da fase de execução que envolvam a Certidão Negativa de Débitos Trabalhistas (CNDT), criada pela Lei nº 12.440/2011 (§ 10).

Quando o recurso tempestivo contiver defeito formal que não se repute grave, o Tribunal Superior do Trabalho poderá desconsiderar o vício ou mandar saná-lo, julgando o mérito (§ 11).

Da decisão denegatória caberá agravo, no prazo de 8 (oito) dias (§ 12).

O relator do recurso de revista poderá denegar-lhe seguimento, em decisão monocrática, nas hipóteses de intempestividade, deserção, irregularidade de representação ou de ausência de qualquer outro pressuposto extrínseco ou intrínseco de admissibilidade (§ 14).

12.5.1. Transcendência

A transcendência é um requisito para a admissibilidade de recurso de revistas, consistindo basicamente em ter a causa uma relevância social, para além dos interesses apenas das partes.

> **CLT**
>
> **Art. 896-A.** O Tribunal Superior do Trabalho, no recurso de revista, examinará previamente se a causa oferece transcendência com relação aos reflexos gerais de natureza econômica, política, social ou jurídica.
>
> § 1º São indicadores de transcendência, entre outros:
>
> I – econômica, o elevado valor da causa;
>
> II – política, o desrespeito da instância recorrida à jurisprudência sumulada do Tribunal Superior do Trabalho ou do Supremo Tribunal Federal;
>
> III – social, a postulação, por reclamante-recorrente, de direito social constitucionalmente assegurado;
>
> IV – jurídica, a existência de questão nova em torno da interpretação da legislação trabalhista.

Poderá o relator, monocraticamente, denegar seguimento ao recurso de revista que não demonstrar transcendência, cabendo agravo desta decisão para o colegiado (§ 2º).

Em relação ao recurso que o relator considerou não ter transcendência, o recorrente poderá realizar sustentação oral sobre a questão da transcendência, durante cinco minutos em sessão (§ 3º).

Mantido o voto do relator quanto à não transcendência do recurso, será lavrado acórdão com fundamentação sucinta, que constituirá decisão irrecorrível no âmbito do tribunal (§ 4º).

É irrecorrível a decisão monocrática do relator que, em agravo de instrumento em recurso de revista, considerar ausente a transcendência da matéria (§ 5º).

O juízo de admissibilidade do recurso de revista exercido pela Presidência dos Tribunais Regionais do Trabalho limita-se à análise dos pressupostos intrínsecos e extrínsecos do apelo, não abrangendo o critério da transcendência das questões nele veiculadas (§ 6º).

E, conforme entendimento do TST:

> **Súm. nº 126 do TST:** Incabível o recurso de revista ou de embargos (arts. 896 e 894, *b*, da CLT) para reexame de fatos e provas.
>
> **Súm. nº 184 do TST:** Ocorre preclusão se não forem opostos embargos declaratórios para suprir omissão apontada em recurso de revista ou de embargos.
>
> **Súm. nº 218 do TST:** É incabível recurso de revista interposto de acórdão regional prolatado em agravo de instrumento.
>
> **Súm. nº 221 do TST:** A admissibilidade do recurso de revista por violação tem como pressuposto a indicação expressa do dispositivo de lei ou da Constituição tido como violado.
>
> **Súm. nº 266 do TST:** A admissibilidade do recurso de revista interposto de acórdão proferido em agravo de petição, na liquidação de sentença ou em processo incidente na execução, inclusive os embargos de terceiro, depende de demonstração inequívoca de violência direta à Constituição Federal.
>
> **Súm. nº 296 do TST:** I – A divergência jurisprudencial ensejadora da admissibilidade, do prosseguimento e do conhecimento do recurso há de ser específica, revelando a existência de teses diversas na interpretação de um mesmo dispositivo legal, embora idênticos os fatos que as ensejaram. II – Não ofende o art. 896 da CLT decisão de Turma que, examinando premissas concretas de especificidade da divergência colacionada no apelo revisional, conclui pelo conhecimento ou desconhecimento do recurso.
>
> **Súm. nº 297 do TST:** I – Diz-se *prequestionada* a matéria ou questão quando na decisão impugnada haja sido adotada, explicitamente, tese a respeito. II – Incumbe à parte interessada, desde que a matéria haja sido invocada no recurso principal, opor embargos declaratórios objetivando o pronunciamento sobre o tema, sob pena de preclusão. III – Considera-se prequestionada a questão jurídica invocada no recurso principal sobre a qual se omite o Tribunal de pronunciar tese, não obstante opostos embargos de declaração.
>
> **Súm. nº 333 do TST:** Não ensejam recurso de revista decisões superadas por iterativa, notória e atual jurisprudência do Tribunal Superior do Trabalho.

Súm. nº 442 do TST: Nas causas sujeitas ao procedimento sumaríssimo, a admissibilidade de recurso de revista está limitada à demonstração de violação direta a dispositivo da Constituição Federal ou contrariedade a Súmula do Tribunal Superior do Trabalho, não se admitindo o recurso por contrariedade a Orientação Jurisprudencial deste Tribunal (Livro II, Título II, Capítulo III, do RITST), ante a ausência de previsão no art. 896, § 6º, da CLT.

12.6. Embargos de Declaração

Os Embargos de Declaração são cabíveis para sanar omissão, obscuridade, contradição ou manifesto equívoco nos pressupostos de admissibilidade. Buscam, pois sanar um vício e não a reforma da decisão.

▷ **Respira, não pira... Olha o artigo!**

CLT

Art. 897-A. Caberão embargos de declaração da sentença ou acórdão, no prazo de cinco dias, devendo seu julgamento ocorrer na primeira audiência ou sessão subsequente a sua apresentação, registrado na certidão, admitido efeito modificativo da decisão nos casos de omissão e contradição no julgado e manifesto equívoco no exame dos pressupostos extrínsecos do recurso.

Os erros materiais poderão ser corrigidos de ofício ou a requerimento de qualquer das partes (§ 1º).

Os embargos de declaração interrompem o prazo para interposição de outros recursos, por qualquer das partes, salvo quando intempestivos, irregular a representação da parte ou ausente a sua assinatura (§ 3º).

Objeto: (fundamentação vinculada)

1) Omissão: a omissão pode ser de ponto, questão ou matéria sobre os quais devia o juiz ou tribunal se pronunciar.
2) Obscuridade: se a sentença ou acordão não for claro, impedindo ou dificultando a correta compreensão do julgado.
3) Contradição (interna à decisão): a contradição pode ocorrer entre o relatório e a fundamentação, ou entre a fundamentação e o dispositivo, ou qualquer das partes da sentença.
4) Manifesto equívoco quanto ao exame dos pressupostos extrínsecos dos recursos.

CLT

Art. 897-A. (...)

(...)

§ 2º Eventual efeito modificativo dos embargos de declaração somente poderá ocorrer em virtude da correção de vício na decisão embargada e desde que ouvida a parte contrária, no prazo de 5 dias. *(Incluído pela Lei nº 13.015/2014)*

OJ nº 142 da SDI-1: É passível de nulidade decisão que acolhe embargos de declaração com efeito modificativo sem que seja concedida oportunidade de manifestação prévia à parte contrária.

12.7. Agravo de Instrumento

O Agravo de Instrumento é o recurso que cabe diante de decisão denegatória de recurso. Ou seja, quando o juízo a quo não remete o recurso para o juízo ad quem.

▷ **Respira, não pira... Olha o artigo!**

CLT

Art. 897. Cabe agravo, no prazo de 8 (oito) dias:

(...)

b) de instrumento, dos despachos que denegarem a interposição de recursos.

O agravo de instrumento interposto contra o despacho que não receber agravo de petição não suspende a execução da sentença (§ 2º).

O agravo **será julgado pelo Tribunal que seria competente para conhecer o recurso cuja interposição foi denegada (§ 4º).**

Sob pena de não conhecimento, as partes promoverão a formação do instrumento do agravo de modo a possibilitar, caso provido, o imediato julgamento do recurso denegado, instruindo a petição de interposição: obrigatoriamente, com cópias da decisão agravada, da certidão da respectiva intimação, das procurações outorgadas aos advogados do agravante e do agravado, da petição inicial, da contestação, da decisão originária, do depósito recursal referente ao recurso que se pretende destrancar, da comprovação do recolhimento das custas e do depósito recursal a que se refere o § 7º do art. 899 da CLT; facultativamente, com outras peças que o agravante reputar úteis ao deslinde da matéria de mérito controvertida (§ 5º).

O agravado será intimado para oferecer resposta ao agravo e ao recurso principal, instruindo-a com as peças que considerar necessárias ao julgamento de ambos os recursos (§ 6º).

Provido o agravo, a Turma deliberará sobre o julgamento do recurso principal, observando-se, se for o caso, daí em diante, o procedimento relativo a esse recurso (§ 7º).

O agravo de instrumento cabe em recurso ordinário, recurso de revista, recurso extraordinário, recurso adesivo e agravo de petição. Não cabe em

Embargos ao TST, pois, nesse caso, caberia agravo regimental.

O **depósito recursal será de 50% do valor do recurso que se pretende destrancar (no ato de interposição – art. 899, § 7º).** Não será necessário, no entanto, em recurso de revista quando contrariar jurisprudência uniforme do TST, consubstanciada nas súmulas ou OJs.

12.8. Embargos ao TST

Este recurso é utilizado quando já há uma decisão do TST, podendo ser subdividido em Embargos de Divergência – nos dissídios individuais e Embargos Infringentes – nos dissídios coletivos.

▷ **Respira, não pira... Olha o artigo!**

CLT

Art. 894. No Tribunal Superior do Trabalho cabem embargos, no prazo de 8 (oito) dias:

I – de decisão não unânime de julgamento que:

a) conciliar, julgar ou homologar conciliação em dissídios coletivos que excedam a competência territorial dos Tribunais Regionais do Trabalho e estender ou rever as sentenças normativas do Tribunal Superior do Trabalho, nos casos previstos em lei; e

b) (VETADA)

II – das decisões das Turmas que divergirem entre si ou das decisões proferidas pela Seção de Dissídios Individuais, ou contrárias a súmula ou orientação jurisprudencial do Tribunal Superior do Trabalho ou súmula vinculante do Supremo Tribunal Federal.

Infringentes: são dirigidos ao Presidente do TST, devendo ser requerido o encaminhamento das razões à Seção Especializada em Dissídios Coletivos.

Embargos de divergência: interpostos perante o Presidente da Turma do TST que julgou o recurso, e encaminhamento das razões à Subseção 1 da Seção Especializada em Dissídios Individuais do TST.

Cabimento: reexame pela SDI da decisão proferida pelo TST, quando se tratar de matéria exclusivamente de direito e a decisão da Turma do TST:

- contrariar acórdão de outra Turma do TST;
- contrariar acórdão da SDI;
- contrariar súmula do TST;
- contrariar orientação jurisprudencial do TST;
- contrariar súmula vinculante.

Sobre o tema, observe o entendimento do TST:

Súm. nº 433 TST: A admissibilidade do recurso de embargos contra acórdão de Turma em Recurso de Revista *em fase de execução*, publicado na vigência da Lei nº 11.496, de 26.06.2007, *condiciona-se à demonstração de divergência jurisprudencial entre Turmas ou destas e a Seção Especializada em Dissídios Individuais do Tribunal Superior do Trabalho em relação à interpretação de dispositivo constitucional.*

12.9. Agravo de Petição

O agravo de petição está previsto no art. 897, a, da CLT. Ele cabe, no prazo de 8 (oito) dias, das decisões do Juiz ou Presidente, nas **execuções.**

Das decisões na execução – Agravo de Petição (Ao, Ao)

O agravo de petição só será recebido quando o agravante delimitar, justificadamente, as matérias e os valores impugnados, permitida a execução imediata da parte remanescente até o final, nos próprios autos ou por carta de sentença (§ 1º).

12.10. Recurso Extraordinário

A competência é do Superior Tribunal Federal. O recurso extraordinário é interposto das decisões proferidas pelo Tribunal Superior do Trabalho, desde que agridam a Constituição Federal, no prazo de 15 (quinze) dias. Previsão no art. 102, III, da CF/1988.

- **Requisitos:**
  - esgotamento das vias recursais trabalhistas;
  - prequestionamento da matéria constitucional;
  - ofensa literal e direta à Constituição.

12.11. Agravo Interno

O agravo interno é o recurso cabível diante de decisão de relator e tem por finalidade levar a discussão da matéria para o colegiado.

CPC

Art. 1.021. Contra decisão proferida pelo relator caberá agravo interno para o respectivo órgão colegiado, observadas, quanto ao processamento, as regras do regimento interno do tribunal.

RITST

Art. 265. Cabe agravo interno contra decisão dos Presidentes do Tribunal e das Turmas, do Vice-Presidente, do Corregedor-Geral da Justiça do Trabalho ou de relator, nos termos da legislação processual, no prazo de 8 (oito) dias úteis, pela parte que se considerar prejudicada.

Recurso	Cabimento
RO	• Da sentença • Decisões em ações de competência originária (EX: AR , MS)
AI	• Dos despachos que denegarem a interposição de recursos
ED	• Para sanar omissão, contradição e obscuridade
RR	• Recurso para o TST • Da decisão do TRT em grau de recurso ordinário
ETST	• Em caso de divergência no TST
Rext	• Para o STF • Em caso de violação da CF
AP	• Da decisão na Execução

13. LIQUIDAÇÃO DE SENTENÇA

▷ **Atenção!** Sobre a liquidação de sentença, você precisa ficar de olho no art. 879 da CLT, pois ele é muito cobrado em prova.

▷ **Respira, não pira.... olha o artigo!**

> **Art. 879.** Sendo ilíquida a sentença exequenda, ordenar-se-á, previamente, a sua liquidação, que poderá ser feita por cálculo, por arbitramento ou por artigos.
>
> § 1º Na liquidação, não se poderá modificar, ou inovar, a sentença liquidanda nem discutir matéria pertinente à causa principal.
>
> § 1º-A. A liquidação abrangerá, também, o cálculo das contribuições previdenciárias devidas.
>
> § 1º-B. As partes deverão ser previamente intimadas para a apresentação do cálculo de liquidação, inclusive da contribuição previdenciária incidente.
>
> § 2º Elaborada a conta e tornada líquida, o juízo deverá abrir às partes prazo comum de oito dias para impugnação fundamentada com a indicação dos itens e valores objeto da discordância, sob pena de preclusão.
>
> § 3º Elaborada a conta pela parte ou pelos órgãos auxiliares da Justiça do Trabalho, o juiz procederá à intimação da União para manifestação, no prazo de 10 (dez) dias, sob pena de preclusão.

A atualização do crédito devido à Previdência Social observará os critérios estabelecidos na legislação previdenciária. O Ministro de Estado da Fazenda poderá, mediante ato fundamentado, dispensar a manifestação da União quando o valor total das verbas que integram o salário de contribuição, na forma do art. 28 da Lei nº 8.212/1991, ocasionar perda de escala decorrente da atuação do órgão jurídico (§§ 4º e 5º do art. 879 da CLT).

Tratando-se de cálculos de liquidação complexos, o juiz poderá nomear perito para a elaboração e fixará, depois da conclusão do trabalho, o valor dos respectivos honorários, com observância, entre outros, dos critérios de razoabilidade e proporcionalidade (§ 6º).

Ainda de acordo com o artigo citado, a atualização dos créditos decorrentes de condenação judicial será feita pela Taxa Referencial (TR), divulgada pelo Banco Central do Brasil, conforme a Lei nº 8.177/1991. Porém, o STF declarou inconstitucional essa correção – valendo o IPCA-E e a SELIC (STF – ADC nº 58/DF 0076586-62.2018.1.00.0000 – rel. Gilmar Mendes – Tribunal Pleno – j. 18-12-2020 – Data de publicação 7-4-2021).

13.1. Juros e correção de mora

Sobre os juros e correção nos processos trabalhistas, observe:

> **Súm. nº 200 do TST:** Os juros de mora incidem sobre a importância da condenação já corrigida monetariamente.
>
> **Súm. nº 211 do TST:** Os juros de mora e a correção monetária incluem-se na liquidação, ainda que omisso o pedido inicial ou a condenação.
>
> **Súm. nº 381 do TST:** O pagamento dos salários até o 5º dia útil do mês subsequente ao vencido não está sujeito à correção monetária. Se essa data limite for ultrapassada, incidirá o índice da correção monetária do mês subsequente ao da prestação dos serviços, a partir do dia 1º.
>
> **Súm. nº 439 do TST:** Nas condenações por dano moral, a atualização monetária é devida a partir da data da decisão de arbitramento ou de alteração do valor. Os juros incidem desde o ajuizamento da ação, nos termos do art. 883 da CLT.
>
> **OJ nº 400 da SDI-1:** Os juros de mora decorrentes do inadimplemento de obrigação de pagamento em dinheiro não integram a base de cálculo do imposto de renda, independentemente da natureza jurídica da obrigação inadimplida, ante o cunho indenizatório conferido pelo art. 404 do Código Civil de 2002 aos juros de mora.

14. EXECUÇÃO TRABALHISTA

14.1. Execução

Analogia – Aplicação subsidiária

A execução trabalhista altera a ordem de aplicação subsidiária da normativa processual.

Aplicação subsidiária das normas da **Lei de Execuções Fiscais**, restando o **Código de Processo Civil em última posição. Assim, será observada a seguinte ordem:** CLT; Lei nº 6.830/1980; CPC.

Iniciativa: conforme o art. 878 da CLT, a execução será promovida pelas partes, permitida a execução de ofício pelo juiz ou pelo Presidente do Tribunal apenas nos casos em que as partes não estiverem representadas por advogado.

14.2. Título executivo

Execução de títulos judiciais (art. 876 da CLT)

1) Decisões passadas em julgado;
2) Decisões das quais não tenha havido recurso com efeito suspensivo;
3) Acordos, quando não cumpridos (art. 831 da CLT);
4) Créditos previdenciários decorrentes de sentença condenatória.

Execução de títulos extrajudiciais (art. 876 da CLT)

1) Termos de ajustamento de conduta firmados perante o Ministério Público do Trabalho;
2) Termos celebrados na Comissão de Conciliação Prévia (CCP);
3) Certidão da dívida ativa da União (multas da fiscalização).

Respira, não pira... Olha o artigo!

CLT

> **Art. 876.** As decisões passadas em julgado ou das quais não tenha havido recurso com efeito suspensivo; os acordos, quando não cumpridos; os termos de ajuste de conduta firmados perante o Ministério Público do Trabalho e os termos de conciliação firmados perante as Comissões de Conciliação Prévia serão executada pela forma estabelecida neste Capítulo.
>
> Parágrafo único. A Justiça do Trabalho executará, de ofício, as contribuições sociais previstas na alínea *a* do inciso I e no inciso II do *caput* do art. 195 da Constituição Federal, e seus acréscimos legais, relativas ao objeto da condenação constante das sentenças que proferir e dos acordos que homologar.

Também são títulos executivos:

a) cheque e nota promissória (art. 13 da IN TST nº 39/2016);
b) multas (art. 114, VII, da CF/1988 e art. 784, IX, do CPC).
c) sentença arbitral.

CPC

> **Art. 784.** São títulos executivos extrajudiciais:
>
> (...)
>
> IX – a certidão de dívida ativa da Fazenda Pública da União, dos Estados, do Distrito Federal e dos Municípios, correspondente aos créditos inscritos na forma da lei; (...)

14.3. Competência

A competência para processar a execução será do juízo em que tramitou o processo de conhecimento ou onde deveria ter tramitado, no caso de título extrajudicial.

CLT

> **Art. 877.** É competente para a execução das decisões o Juiz ou Presidente do Tribunal que tiver conciliado ou julgado originariamente o dissídio.
>
> **Art. 877-A.** É competente para a execução de título executivo extrajudicial o juiz que teria competência para o processo de conhecimento relativo à matéria.

14.4. Citação do executado

Cita-se o executado para que pague em 48 (quarenta e oito) horas ou garanta a execução, sob pena de penhora.

Respira, não pira... Olha o artigo!

CLT

> **Art. 880.** Requerida a execução, o juiz ou presidente do tribunal mandará expedir mandado de citação do executado, a fim de que cumpra a decisão ou o acordo no prazo, pelo modo e sob as cominações estabelecidas ou, quando se tratar de pagamento em dinheiro, inclusive de contribuições sociais devidas à União, para que o faça em 48 (quarenta e oito) horas ou garanta a execução, sob pena de penhora.
>
> O mandado de citação deverá conter a decisão exequenda ou o termo de acordo não cumprido (§ 1º).

A citação será feita pelos oficiais de diligência (§ 2º).

Se o executado, procurado por duas vezes no decurso de 48 (quarenta e oito) horas, não for encontrado, far-se-á citação por edital, publicado no jornal oficial ou, na falta deste, afixado na sede da Junta ou Juízo, durante 5 (cinco) dias (§ 3º).

Conforme o art. 882 da CLT, o executado que não pagar a importância reclamada poderá garantir a execução mediante **depósito da quantia** correspondente, atualizada e acrescida das despesas processuais, apresentação de **seguro-garantia judicial ou nomeação de bens à penhora**, observada a ordem preferencial estabelecida no art. 835 do CPC.

14.5. Penhora

De acordo com o art. 883 da CLT, não pagando o executado, nem garantindo a execução, seguir-se-á a penhora dos bens, tantos quantos bastem ao pagamento da importância da condenação, acrescida de custas e juros de mora, sendo estes, em qualquer caso, devidos a partir da data em que for ajuizada a reclamação inicial.

Para a penhora, observam-se as normas do Código de Processo Civil quanto à ordem e a impenhorabilidade de bens.

Já conforme o art. 883-A da CLT, a decisão judicial transitada em julgado somente poderá ser levada a **protesto**, gerar inscrição do nome do executado em órgãos de proteção ao crédito ou no Banco Nacional de Devedores Trabalhistas (BNDT), nos termos da lei, depois de transcorrido o **prazo de 45 (quarenta e cinco) dias a contar da citação do executado,** se não houver garantia do juízo.

▷ **Cuidado!** Para a decisão judicial ser levada a protesto, precisa ter passado o prazo de 45 (quarenta e cinco) dias sem garantia do juízo.

14.6. Embargos à execução

Os embargos à execução, ou embargos do executado, estão previstos no art. 884 da CLT.

▷ **Respira, não pira... Olha o artigo!**

Art. 884. Garantida a execução ou penhorados os bens, terá o executado *5 (cinco) dias* para apresentar embargos, cabendo igual prazo ao exequente para impugnação.

A matéria de defesa será restrita às alegações de cumprimento da decisão ou do acordo, quitação ou prescrição da dívida (§ 1º).

Se, na defesa, tiverem sido arroladas testemunhas, poderá o Juiz ou o Presidente do Tribunal, caso julgue necessários seus depoimentos, marcar audiência para a produção das provas, a qual deverá se realizar dentro de 5 (cinco) dias (§ 2º).

Somente nos embargos à penhora poderá o executado impugnar a sentença de liquidação, cabendo ao exequente igual direito e no mesmo prazo (§ 3º).

Julgar-se-ão na mesma sentença os embargos e as impugnações à liquidação apresentadas pelos credores trabalhista e previdenciário (§ 4º).

Considera-se inexigível o título judicial fundado em lei ou ato normativo declarados inconstitucionais pelo Supremo Tribunal Federal ou em aplicação ou interpretação tidas por incompatíveis com a Constituição Federal (§ 5º).

A exigência da garantia ou penhora não se aplica às entidades filantrópicas e/ou àqueles que compõem ou compuseram a diretoria dessas instituições (§ 6º).

Fique atento ao prazo: 5 (cinco) dias contados da garantia ou penhora. O prazo começa a fluir do depósito da importância da condenação ou assinatura do termo de penhora.

Dispensa do cumprimento da garantia do juízo: Fazenda Pública (arts. 910 do CPC e 100 da CF/1988).

Se o juízo não estiver garantido e o executado tiver matérias de ordem pública, poderá arguir em exceção de pré-executividade.

14.7. Embargos de terceiro

Os embargos de terceiro, por sua vez, buscam defender terceiro no processo.

No art. 674 do CPC temos que: quem, não sendo parte no processo, sofrer constrição ou ameaça de constrição sobre bens que possua ou sobre os quais tenha direito incompatível com o ato constritivo, poderá requerer seu desfazimento ou sua inibição por meio de embargos de terceiro.

Considera-se terceiro para ajuizamento dos embargos, conforme o § 2º: "I – o cônjuge ou companheiro, quando defende a posse de bens próprios ou de sua meação, ressalvado o disposto no art. 843; II – o adquirente de bens cuja constrição decorreu de decisão que declara a ineficácia da alienação realizada em fraude à execução; III – quem sofre constrição judicial de seus bens por força de desconsideração da personalidade jurídica, de cujo incidente não fez parte; IV – o credor com garantia real para obstar expropriação judicial do objeto de direito real de garantia, caso não tenha sido intimado, nos termos legais dos atos expropriatórios respectivos".

Os embargos podem ser opostos a qualquer tempo no processo de conhecimento enquanto não transitada em julgado a sentença e, no cumprimento de sentença ou no processo de execução, até 5 (cinco) dias depois da adjudicação, da alienação por iniciativa particular ou da arrematação, mas sempre antes da assinatura da respectiva carta **(art. 675)**.

Os embargos serão distribuídos por dependência ao juízo que ordenou a constrição e autuados em apartado. Nos casos de ato de constrição realizado por carta, os embargos serão oferecidos no juízo deprecado, salvo se indicado pelo juízo deprecante o bem constrito ou se já devolvida a carta **(art. 676).**

Na petição inicial, o embargante fará a prova sumária de sua posse ou de seu domínio e da qualidade de terceiro, oferecendo documentos e rol de testemunhas. É facultada a prova da posse em audiência preliminar designada pelo juiz. O possuidor direto pode alegar, além da sua posse, o domínio alheio. A citação será pessoal, se o embargado não tiver procurador constituído nos autos da ação principal. Será legitimado passivo o sujeito a quem o ato de constrição aproveita, assim como o será seu adversário no processo principal, quando for sua a indicação do bem para a constrição judicial **(art. 677).**

A decisão que reconhecer suficientemente provado o domínio ou a posse determinará a suspensão das medidas constritivas sobre os bens litigiosos objeto dos embargos, bem como a manutenção ou a reintegração provisória da posse, se o embargante a houver requerido. O juiz poderá condicionar a ordem de manutenção ou de reintegração provisória de posse à prestação de caução pelo requerente, ressalvada a impossibilidade da parte economicamente hipossuficiente **(art. 678).**

Os embargos poderão ser contestados no prazo de 15 (quinze) dias, findo o qual se seguirá o procedimento comum **(art. 679).**

E, acolhido o pedido inicial, o ato de constrição judicial indevida será cancelado, com o reconhecimento do domínio, da manutenção da posse ou da reintegração definitiva do bem ou do direito ao embargante **(art. 681).**

14.8. Desconsideração da personalidade jurídica

Responsabilidade do sócio (desconsideração)

Adota-se a teoria do Código de Defesa do Consumidor (CDC), art. 28, para a possibilidade de desconsideração.

Sobre o procedimento:

▷ **Respira, não pira... olha o artigo!**

CLT

Art. 855-A. Aplica-se ao processo do trabalho o incidente de desconsideração da personalidade jurídica previsto nos arts. 133 a 137 da Lei nº 13.105, de 16 de março de 2015 – Código de Processo Civil.

§ 1º Da decisão interlocutória que acolher ou rejeitar o incidente:

I – na fase de cognição, não cabe recurso de imediato, na forma do § 1º do art. 893 desta Consolidação;

II – na fase de execução, cabe *agravo de petição*, independentemente de garantia do juízo;

III – cabe agravo interno se proferida pelo relator em incidente instaurado originariamente no tribunal.

§ 2º A instauração do incidente suspenderá o processo, sem prejuízo de concessão da tutela de urgência de natureza cautelar de que trata o art. 301 da Lei nº 13.105, de 16 de março de 2015 (Código de Processo Civil).

14.9. Expropriação

Conforme o art. 888, concluída a avaliação, dentro de 10 (dez) dias, contados da data da nomeação do avaliador, seguir-se-á a arrematação, que será anunciada por edital afixado na sede do juízo ou tribunal e publicado no jornal local, se houver, com a antecedência de 20 (vinte) dias.

A arrematação far-se-á em dia, hora e lugar anunciados e os bens serão vendidos pelo maior lance, tendo o exequente a preferência para a adjudicação (§ 1º).

O arrematante deverá garantir o lance com o sinal correspondente a 20% do seu valor (§ 2º).

Não havendo licitante, e não requerendo o exequente a adjudicação dos bens penhorados, poderão estes ser vendidos por leiloeiro nomeado pelo Juiz ou Presidente (§ 3º).

Se o arrematante, ou seu fiador, não pagar dentro de 24 (vinte e quatro) horas o preço da arrematação, perderá, em benefício da execução, o sinal de 20%, voltando os bens executados à praça (§ 4º).

15. AÇÕES ESPECIAIS

15.1. Inquérito judicial para apuração de falta grave

Trata-se de ação judicial proposta pelo empregador em face do empregado, prevista nos arts. 853 a 855 da CLT. É ação constitutiva (negativa) necessária para **apuração de falta grave** que autoriza a resolução do contrato de trabalho do **empregado estável.**

Empregado estável + falta grave = inquérito

Conforme o art. 494 da CLT, o empregado acusado de falta grave poderá ser suspenso de suas funções, mas a sua despedida só se tornará efetiva após o inquérito e verificada a procedência da acusação.

A suspensão perdurará até a decisão final do processo.

Reconhecida a inexistência de falta grave praticada pelo empregado, fica o empregador obrigado a readmiti-lo no serviço e a pagar-lhe os salários a que teria direito no período da suspensão (**art. 495**).

Quando a reintegração do empregado estável for desaconselhável, dado o grau de incompatibilidade resultante do dissídio, especialmente quando for o empregador pessoa física, o tribunal do trabalho poderá converter aquela obrigação em indenização devida **(art. 496).**

▷ **Respira, não pira... Olha o artigo!**

CLT

Art. 853. Para a instauração do inquérito para apuração de falta grave contra empregado garantido com estabilidade, o empregador apresentará reclamação por escrito à Junta ou Juízo de Direito, *dentro de 30 (trinta) dias*, contados da data da suspensão do empregado.

▷ **Lembre-se!**

CLT

Art. 482. Constituem justa causa para rescisão do contrato de trabalho pelo empregador:

a) ato de improbidade;

b) incontinência de conduta ou mau procedimento;

c) negociação habitual por conta própria ou alheia sem permissão do empregador, e quando constituir ato de concorrência à empresa para a qual trabalha o empregado, ou for prejudicial ao serviço;

d) condenação criminal do empregado, passada em julgado, caso não tenha havido suspensão da execução da pena;

e) desídia no desempenho das respectivas funções;

f) embriaguez habitual ou em serviço;

g) violação de segredo da empresa;

h) ato de indisciplina ou de insubordinação;

i) abandono de emprego;

j) ato lesivo da honra ou da boa fama praticado no serviço contra qualquer pessoa, ou ofensas físicas, nas mesmas condições, salvo em caso de legítima defesa, própria ou de outrem;

k) ato lesivo da honra ou da boa fama ou ofensas físicas praticadas contra o empregador e superiores hierárquicos, salvo em caso de legítima defesa, própria ou de outrem;

l) prática constante de jogos de azar;

m) perda da habilitação ou dos requisitos estabelecidos em lei para o exercício da profissão, em decorrência de conduta dolosa do empregado.

Súm. nº 379 do TST: *O dirigente sindical somente poderá ser dispensado por falta grave mediante a apuração em inquérito judicial,* inteligência dos arts. 494 e 543, § 3º, da CLT.

Efeitos da sentença:

a) se procedente o inquérito: a ação tem natureza constitutiva, autorizando a dispensa por justa causa. Se houver suspensão prévia do obreiro, a extinção do contrato é considerada a partir da data da interposição do inquérito.

b) se improcedente o inquérito: inexistindo suspensão, o contrato permanece íntegro, como se nada tivesse ocorrido. Se houver suspensão, deverá o obreiro ser reintegrado, pagando-se os salários do período e demais direitos trabalhistas, como já asseveramos anteriormente. Se desaconselhável a reintegração, a obrigação poderá ser convertida em indenização, nos termos do art. 496 da CLT.

▷ **Lembre-se!** Será permitido a cada parte trazer seis testemunhas para a audiência.

15.2. Mandado de Segurança

O mandado de segurança é o meio impugnativo constitucional para a proteção de direito individual, próprio, líquido e certo, não amparado por *habeas corpus* ou *habeas data*. Ele pode se impetrado tanto por pessoa física quanto jurídica.

▷ **Respira, não pira... olha o artigo!**

Constituição Federal

Art. 5º (...)

LXIX – conceder-se-á mandado de segurança para proteger direito líquido e certo, não amparado por *habeas corpus* ou *habeas data*, quando o responsável pela ilegalidade ou abuso de poder for autoridade pública ou agente de pessoa jurídica no exercício de atribuições do Poder Público; (...)

Lei nº 12.016/2009

Art. 23. O direito de requerer mandado de segurança extinguir-se-á decorridos 120 (cento e vinte) dias, contados da ciência, pelo interessado, do ato impugnado.

Quando ataca ato de juiz de primeiro grau, a competência originária é do respectivo TRT; se o ato é do desembargador do TRT, ao colegiado desta caberá a apreciação; e se interposto contra ato de Ministro do TST, ao colegiado deste caberá a sua apreciação.

Para a impetração do Mandado de Segurança há **um prazo de 120 (cento e vinte) dias,** contados da

PROCESSO DO TRABALHO

data em que o interessado tiver conhecimento oficial do ato arbitrário.

▷ **Atenção!** Atenção às súmulas sobre Mandado de Segurança.

Súm. nº 33 do TST: Não cabe mandado de segurança de decisão judicial transitada em julgado.

Súm. nº 414 do TST: I – A tutela provisória concedida na sentença não comporta impugnação pela via do mandado de segurança, por ser impugnável mediante recurso ordinário. É admissível a obtenção de efeito suspensivo ao recurso ordinário mediante requerimento dirigido ao tribunal, ao relator ou ao presidente ou ao vice-presidente do tribunal recorrido, por aplicação subsidiária ao processo do trabalho do artigo 1.029, § 5º, do CPC de 2015. II – No caso de a tutela provisória haver sido concedida ou indeferida antes da sentença, cabe mandado de segurança, em face da inexistência de recurso próprio. III – A superveniência da sentença, nos autos originários, faz perder o objeto do mandado de segurança que impugnava a concessão ou o indeferimento da tutela provisória.

Súm. nº 417 do TST: I – Não fere direito líquido e certo do impetrante o ato judicial que determina penhora em dinheiro do executado para garantir crédito exequendo, pois é prioritária e obedece à gradação prevista no art. 835 do CPC de 2015.II – Havendo discordância do credor, em execução definitiva, não tem o executado direito líquido e certo a que os valores penhorados em dinheiro fiquem depositados no próprio banco, ainda que atenda aos requisitos do art. 840, I, do CPC de 2015.

Súm. nº 418 do TST: A homologação de acordo constitui faculdade do juiz, inexistindo direito líquido e certo tutelável pela via do mandado de segurança.

OJ nº 54 da SDI-2: Ajuizados embargos de terceiro (art. 674 do CPC de 2015) para pleitear a desconstituição da penhora, é incabível mandado de segurança com a mesma finalidade.

OJ nº 65 da SDI-2: Ressalvada a hipótese do art. 494 da CLT, não fere direito líquido e certo a determinação liminar de reintegração no emprego de dirigente sindical, em face da previsão do inciso X do art. 659 da CLT.

OJ nº 67 da SDI-2: Não fere direito líquido e certo a concessão de liminar obstativa de transferência de empregado, em face da previsão do inciso IX do art. 659 da CLT.

OJ nº 88 da SDI-2: Incabível a impetração de mandado de segurança contra ato judicial que, de ofício, arbitrou novo valor à causa, acarretando a majoração das custas processuais, uma vez que cabia à parte, após recolher as custas, calculadas com base no valor dado à causa na inicial, interpor recurso ordinário e, posteriormente, agravo de instrumento no caso de o recurso ser considerado deserto.

OJ nº 92 da SDI-2: Não cabe mandado de segurança contra decisão judicial passível de reforma mediante recurso próprio, ainda que com efeito diferido.

OJ nº 98 da SDI-2: É ilegal a exigência de depósito prévio para custeio dos honorários periciais, dada a incompatibilidade com o processo do trabalho, sendo cabível o mandado de segurança visando à realização da perícia, independentemente do depósito.

OJ nº 99 da SDI-2: Esgotadas as vias recursais existentes, não cabe mandado de segurança.

OJ nº 137 da SDI-2: Constitui direito líquido e certo do empregador a suspensão do empregado, ainda que detentor de estabilidade sindical, até a decisão final do inquérito em que se apure a falta grave a ele imputada, na forma do art. 494, "caput" e parágrafo único, da CLT.

OJ nº 140 da SDI-2: Não cabe mandado de segurança para impugnar despacho que acolheu ou indeferiu liminar em outro mandado de segurança.

OJ nº 142 da SDI-2: Inexiste direito líquido e certo a ser oposto contra ato de Juiz que, antecipando a tutela jurisdicional, determina a reintegração do empregado até a decisão final do processo, quando demonstrada a razoabilidade do direito subjetivo material, como nos casos de anistiado pela Lei nº 8.878/1994, aposentado, integrante de comissão de fábrica, dirigente sindical, portador de doença profissional, portador de vírus HIV ou detentor de estabilidade provisória prevista em norma coletiva.

15.3. Ação rescisória

A ação rescisória cabe nas hipóteses previstas pelo **art. 966** do CPC, pois o art. **836 da CLT** direciona para o procedimento comum, apenas referindo que o depósito prévio será de 20%.

▷ **Respira, não pira.... Olha o artigo!**

CLT

Art. 836. É vedado aos órgãos da Justiça do Trabalho conhecer de questões já decididas, excetuados os casos expressamente previstos neste Título e a ação rescisória, que será admitida na forma do disposto no Capítulo IV do Título IX da Lei nº 5.869, de 11 de janeiro de 1973 – Código de Processo Civil, sujeita ao depósito prévio de 20% (vinte por cento) do valor da causa, salvo prova de miserabilidade jurídica do autor.

Sobre as hipóteses de cabimento, utiliza-se o CPC:

Art. 966. A decisão de mérito, transitada em julgado, pode ser rescindida quando:

I – se verificar que foi proferida por força de prevaricação, concussão ou corrupção do juiz;

II – for proferida por juiz impedido ou por juízo absolutamente incompetente;

III – resultar de dolo ou coação da parte vencedora em detrimento da parte vencida ou, ainda, de simulação ou colusão entre as partes, a fim de fraudar a lei;

IV – ofender a coisa julgada;

V – violar manifestamente norma jurídica;

VI – for fundada em prova cuja falsidade tenha sido apurada em processo criminal ou venha a ser demonstrada na própria ação rescisória;

VII – obtiver o autor, posteriormente ao trânsito em julgado, prova nova cuja existência ignorava ou de que não pôde fazer uso, capaz, por si só, de lhe assegurar pronunciamento favorável;

VIII – for fundada em erro de fato verificável do exame dos autos.

Fique atento também ao que dispõe a Súm. nº 100 do TST, sobre o prazo decadencial: "I – O prazo de decadência, na ação rescisória, conta-se do dia imediatamente subsequente ao trânsito em julgado da última decisão proferida na causa, seja de mérito ou não. (...) V – **O acordo homologado** judicialmente tem força de decisão irrecorrível, na forma do art. 831 da CLT. Assim sendo, o termo conciliatório **transita em julgado na data da sua homologação judicial**. (...) IX – Prorroga-se até o primeiro dia útil, imediatamente subsequente, o prazo decadencial para ajuizamento de ação rescisória quando expira em férias forenses, feriados, finais de semana ou em dia em que não houver expediente forense. Aplicação do art. 775 da CLT. (...)".

A Súm. nº 299 do TST, por sua vez, trata da prova do trânsito em julgado, referindo que: "I – É indispensável ao processamento da ação rescisória a prova do trânsito em julgado da decisão rescindenda. II – Verificando o relator que a parte interessada não juntou à inicial o documento comprobatório, abrirá prazo de 15 (quinze) dias para que o faça (art. 321 do CPC de 2015), sob pena de indeferimento. III – A comprovação do trânsito em julgado da decisão rescindenda é pressuposto processual indispensável ao tempo do ajuizamento da ação rescisória. Eventual trânsito em julgado posterior ao ajuizamento da ação rescisória não reabilita a ação proposta, na medida em que o ordenamento jurídico não contempla a ação rescisória preventiva. IV – O pretenso vício de intimação, posterior à decisão que se pretende rescindir, se efetivamente ocorrido, não permite a formação da coisa julgada material. Assim, a ação rescisória deve ser julgada extinta, sem julgamento do mérito, por carência de ação, por inexistir decisão transitada em julgado a ser rescindida".

CPC

Art. 975. O direito de propor ação rescisória se extingue em 2 (dois) anos, contados do trânsito em julgado da decisão.

15.4. Ação de consignação

Trata-se de ação prevista no Código de Processo Civil (art. 539 e ss.), mas que também tem utilidade no processo do trabalho quando: havendo recusa do trabalhador em receber o importe de suas verbas rescisórias ou dúvida sobre quem deva legitimamente receber pagamento de crédito ou indenização trabalhista ou contribuição sindical, poderá o empregador requerer o depósito da quantia correspondente, com a consequente extinção da obrigação, mediante ação de consignação em pagamento.

▷ **Respira, não pira... olha o artigo!**

CPC

Art. 539. Nos casos previstos em lei, poderá o devedor ou terceiro requerer, com efeito de pagamento, a consignação da quantia ou da coisa devida.

Requerer-se-á a consignação no lugar do pagamento, cessando para o devedor, à data do depósito, os juros e os riscos, salvo se a demanda for julgada improcedente (art. 540).

Tratando-se de prestações sucessivas, consignada uma delas, pode o devedor continuar a depositar, no mesmo processo e sem mais formalidades, as que se forem vencendo, desde que o faça em até 5 (cinco) dias contados da data do respectivo vencimento (art. 541).

Conforme **o art. 542,** na petição inicial, o autor requererá: "I – o depósito da quantia ou da coisa devida, a ser efetivado no prazo de 5 (cinco) dias contados do deferimento; II – a citação do réu para levantar o depósito ou oferecer contestação".

Não realizado o depósito no prazo, o processo será extinto sem resolução do mérito (art. 542, par. ún.).

Se o objeto da prestação for coisa indeterminada e a escolha couber ao credor, será este citado para exercer o direito dentro de 5 (cinco) dias, se outro prazo não constar de lei ou do contrato, ou para aceitar que o devedor a faça, devendo o juiz, ao despachar a petição inicial, fixar lugar, dia e hora em que se fará a entrega, sob pena de depósito (art. 543).

Na contestação, conforme o **art. 544,** o réu poderá alegar que: "I – não houve recusa ou mora em receber a quantia ou a coisa devida; II – foi justa a recusa; III – o depósito não se efetuou no prazo ou no lugar do pagamento; IV – o depósito não é integral" (a alegação somente será admissível se o réu indicar o montante que entende devido).

Alegada a insuficiência do depósito, é lícito ao autor completá-lo, em 10 (dez) dias, salvo se corresponder a prestação cujo inadimplemento acarrete a rescisão do contrato (art. 545).

A sentença que concluir pela insuficiência do depósito determinará, sempre que possível, o montante devido e valerá como título executivo, facultado ao credor promover-lhe o cumprimento nos mesmos autos, após liquidação, se necessária.

Julgado procedente o pedido, o juiz declarará extinta a obrigação e condenará o réu ao pagamento de custas e honorários advocatícios (art. 546).

Se ocorrer dúvida sobre quem deva legitimamente receber o pagamento, o autor requererá o depósito e a citação dos possíveis titulares do crédito para provarem o seu direito (art. 547). Nesse caso, não comparecendo pretendente algum, converter-se-á o depósito em arrecadação de coisas vagas; comparecendo apenas um, o juiz decidirá de plano; comparecendo mais de um, o juiz declarará efetuado o depósito e extinta a obrigação, continuando o processo a correr unicamente entre os presuntivos credores, observado o procedimento comum (art. 548).

15.5. Ação monitória

A ação monitória é prevista no art. 700 do CPC:

▷ **Respira, não pira... olha o artigo!**

CPC

Art. 700. A ação monitória pode ser proposta por aquele que afirmar, com base em prova escrita sem eficácia de título executivo, ter direito de exigir do devedor capaz:

I – o pagamento de quantia em dinheiro;

II – a entrega de coisa fungível ou infungível ou de bem móvel ou imóvel;

III – o adimplemento de obrigação de fazer ou de não fazer.

15.6. Acordo extrajudicial

Empregado e empregador podem fazer um acordo extrajudicial e levar para homologação, mas, nesse caso, **devem constituir advogado**.

O processo de jurisdição voluntária para homologação de acordo extrajudicial está previsto na CLT:

▷ **Respira, não pira... olha o artigo!**

CLT

Art. 855-B. O processo de homologação de acordo extrajudicial terá início por petição conjunta, *sendo obrigatória a representação das partes por advogado.*

§ 1º As partes *não poderão ser representadas por advogado comum.*

§ 2º Faculta-se ao trabalhador ser assistido pelo advogado do sindicato de sua categoria.

Essa possibilidade de acordo não prejudica o prazo estabelecido no § 6º do art. 477 da CLT (dez dias do término do contrato) e não afasta a aplicação da multa prevista no § 8º art. 477 (160 BTN), ou seja, o prazo para pagamento das verbas rescisórias deve ser observado, sob pena de aplicação de multa.

Ainda, conforme o art. 855-D da CLT, no prazo de 15 (quinze) dias a contar da distribuição da petição, o juiz analisará o acordo, designará audiência, se entender necessário, e proferirá sentença. Da sentença que não homologar o acordo cabe Recurso Ordinário.

Por fim, o art. 855-E da CLT refere que a petição de homologação de acordo extrajudicial suspende o prazo prescricional da ação quanto aos direitos nela especificados. O prazo prescricional voltará a fluir no dia útil seguinte ao do trânsito em julgado da decisão que negar a homologação do acordo.

Para não esquecer:

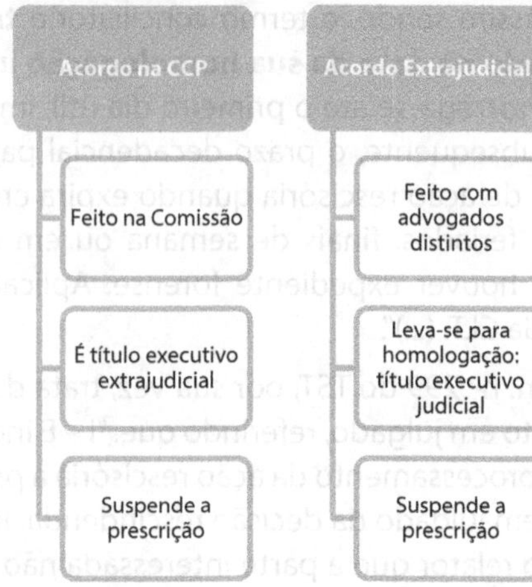

16. LGPD

16.1. LGPD e o Processo do Trabalho

A Lei Geral de Proteção de Dados (13.709/18) tem como objetivo proteger os direitos fundamentais de liberdade e de privacidade da personalidade da pessoa natural.

A LGPD se aplica no direito de trabalho, no sentido que o empregador, durante todas as fases contratuais (pré-contratual, contratual e pós contratual), tem acesso a dados dos seus empregados, sendo, portanto, responsabilizado, caso não respeite os limites impostos pela lei.

Um cuidado que deve ser observado pelos empregadores é sobre a necessidade do consentimento do empregado para a utilização dos seus dados, bem como a descrição e informação da finalidade específica para qual a informação ou dado está sendo solicitado, não podendo, portanto, os dados serem usados para situações não previstas no consentimento.

Outra situação que merece atenção é que, após a publicação da lei, sob pena de configurar ato discriminatório, não pode a empresa solicitar aos seus funcionários dados que não são necessários para a realização do trabalho, como, por exemplo: religião, opção sexual, se o empregado é sindicalizado ou não. Esses dados são denominados pela lei como dados sensíveis, cabendo à empresa comprovar eventual necessidade de ter acesso a essas informações.

Qualquer violação por parte da empresa a dados dos seus funcionários possibilita o ajuizamento de uma reclamatória trabalhista com o pedido de indenização por dano extrapatrimonial nos termos do art. 223-A e seguintes da CLT.

QUESTÕES DE PROCESSO DO TRABALHO – ASSUNTOS MAIS RECORRENTES

01. FGV - OAB - 39º Exame de Ordem Unificado - Primeira Fase – Q76

Determinada sociedade empresária, sua cliente, recebeu a visita de fiscais do trabalho, os quais apontaram haver irregularidades quanto às condições de trabalho de alguns empregados, bem como entenderam irregular, no dia, estarem nas dependências da empresa pessoas prestadoras de serviço por intermédio de MEI – Micro Empreendedor Individual.

Diante disso, foram lavrados dois autos de infração aplicando multas severas, sendo concedido prazo de 30 dias para pagamento, sob pena de fechamento do estabelecimento. Não foi facultado à sua cliente nenhum direito à ampla defesa, sendo certo que, de fato, nada foi verificado pelos fiscais. A sociedade empresária tem a documentação de todas as condições de trabalho e alega que os prestadores de serviço são autônomos.

Assinale a opção que indica a medida juridicamente cabível que melhor atenda, com urgência, aos interesses da sua cliente de sustar os autos de infração.

a) Mandado de Segurança na Justiça do Trabalho.

b) Agravo de Petição na Justiça do Trabalho.

c) Mandado de Segurança na Justiça Federal.

d) Agravo de Instrumento na Justiça do Trabalho.

02. FGV - OAB - 39º Exame de Ordem Unificado - Primeira Fase – Q78

De uma sentença trabalhista, que julgou o pedido procedente em parte, somente o reclamante recorreu. No prazo de 8 dias da intimação acerca do recurso, a sociedade empresária apresentou contrarrazões ao recurso ordinário e recurso ordinário adesivo.

Do recurso adesivo, o juiz concedeu vista ao reclamante, que se manifestou desistindo do recurso principal.

Diante do caso retratado e dos termos da legislação em vigor, assinale a afirmativa correta.

a) Não existe previsão de recurso adesivo na CLT e, por isso, ele não pode ser interposto na Justiça do Trabalho.

b) O recurso adesivo pode ser manejado na seara trabalhista, e, com a desistência do recurso principal, o adesivo será admitido e apreciado pelo TRT.

c) O recurso adesivo, com a desistência do recurso principal, não poderá ser conhecido, ocorrendo assim o trânsito em julgado da sentença.

d) A desistência do recurso principal dependerá de concordância da parte contrária, porque isso pode gerar consequência ao recurso adesivo.

03. FGV - OAB - 39º Exame de Ordem Unificado - Primeira Fase – Q79

O Município de Sete Lagoas/MG foi condenado de forma subsidiária numa reclamação trabalhista envolvendo terceirização. Sendo infrutífera a execução contra o prestador dos serviços, a execução foi direcionada em desfavor do Município, que pretende ajuizar embargos à execução questionando os cálculos.

Sobre o caso, de acordo com a Lei de Regência, assinale a afirmativa correta.

a) Será obrigatório garantir o juízo, porque não há privilégios na Justiça do Trabalho.

b) É desnecessária a garantia do juízo diante da natureza jurídica do executado.

c) Para serem admitidos os embargos, o Município deverá depositar metade do valor exequendo.

d) O juízo precisa ser garantido com seguro fiança judicial para não abalar as finanças do ente público.

04. FGV - OAB - 33º Exame de Ordem Unificado - Primeira Fase – Q79

Uma sociedade de economia mista do Estado do Maranhão, após devidamente citada em reclamação trabalhista de um empregado, apresentou defesa e produziu provas em juízo, mas foi condenada na sentença. Assinale a opção que, de acordo com a CLT, indica o prazo que a empresa em questão possui para recorrer ao TRT.

a) 8 dias úteis.

b) 16 dias úteis.

c) 8 dias corridos.

d) 16 dias corridos.

05. FGV - OAB - 32º Exame de Ordem Unificado - Primeira Fase – Q76

A sociedade empresária de transportes Mundo Pequeno Ltda. foi condenada ao pagamento de horas extras e diferença salarial na ação movida por Mauro Duarte, seu ex-empregado. Após o trânsito em julgado e apuração do valor devido, a executada foi citada para efetuar o pagamento de R$ 120.000,00. Ocorre que a sociedade empresária pretende apresentar embargos à execução, pois entende que o valor homologado é superior ao devido, mas não tem o dinheiro disponível para depositar nos

PROCESSO DO TRABALHO

autos. Sobre o caso relatado, de acordo com o que está previsto na CLT, assinale a afirmativa correta.

a) Na Justiça do Trabalho não é necessário garantir o juízo para ajuizar embargos à execução.

b) A sociedade empresária poderá apresentar seguro-garantia judicial para então apresentar embargos à execução.

c) A sociedade empresária poderá assinar uma nota promissória judicial e, com isso, ter direito a ajuizar embargos de devedor.

d) Se for comprovada a situação de necessidade, a sociedade empresária, depositando 50% do valor da dívida, poderá embargar.

06. FGV - OAB - 31º Exame de Ordem Unificado - Primeira Fase – Q77

José da Silva, que trabalhou em determinada sociedade empresária de 20/11/2018 a 30/04/2019, recebeu, apenas parcialmente, as verbas rescisórias, não tendo recebido algumas horas extras e reflexos. A sociedade empresária pretende pagar ao ex-empregado o que entende devido, mas também quer evitar uma possível ação trabalhista. Sobre a hipótese, na qualidade de advogado(a) da sociedade empresária, assinale a afirmativa correta. José da Silva, que trabalhou em determinada sociedade empresária de 20/11/2018 a 30/04/2019, recebeu, apenas parcialmente, as verbas rescisórias, não tendo recebido algumas horas extras e reflexos. A sociedade empresária pretende pagar ao ex-empregado o que entende devido, mas também quer evitar uma possível ação trabalhista. Sobre a hipótese, na qualidade de advogado(a) da sociedade empresária, assinale a afirmativa correta.

a) Deverá ser indicado e custeado um advogado para o empregado, a fim de que seja ajuizada uma ação para, então, comparecerem para um acordo, que já estará previamente entabulado no valor pretendido pela empresa.

b) Deverá ser instaurado um processo de homologação de acordo extrajudicial, proposto em petição conjunta, mas com cada parte representada obrigatoriamente por advogado diferente.

c) Deverá ser instaurado um processo de homologação de acordo extrajudicial, proposto em petição conjunta, mas cada parte poderá ser representada por advogado, ou não, já que, na Justiça do Trabalho, vigora o jus postulandi.

d) Deverá ser instaurado um processo de homologação de acordo extrajudicial, proposto em petição conjunta, mas com advogado único representando ambas as partes, por se tratar de acordo extrajudicial.

07. FGV - OAB - 31º Exame de Ordem Unificado - Primeira Fase – Q78

Você foi contratado(a) para atuar nas seguintes ações trabalhistas: (i) uma ação de cumprimento, como advogado da parte autora; (ii) uma reclamação plúrima, também como advogado da parte autora; (iii) uma reclamação trabalhista movida por João, ex-empregado de uma empresa, autor da ação; (iv) uma reclamação trabalhista, por uma sociedade empresária, ré na ação. Sobre essas ações, de acordo com a legislação trabalhista em vigor, assinale a afirmativa correta.

a) Tanto na ação de cumprimento como na ação plúrima, todos os empregados autores deverão obrigatoriamente estar presentes. O mesmo deve ocorrer com João. Já a sociedade empresária poderá se fazer representar por preposto não empregado da ré.

b) O sindicato de classe da categoria poderá representar os empregados nas ações plúrima e de cumprimento. João deverá estar presente, em qualquer hipótese, de forma obrigatória. A sociedade empresária tem que se fazer representar por preposto, que não precisa ser empregado da ré.

c) Nas ações plúrima e de cumprimento, a parte autora poderá se fazer representar pelo Sindicato da categoria. João deverá estar presente, mas, por doença ou motivo ponderoso comprovado, poderá se fazer representar por empregado da mesma profissão ou pelo seu sindicato. Na ação em face da sociedade empresária, o preposto não precisará ser empregado da ré.

d) O sindicato da categoria poderá representar os empregados nas ações plúrima e de cumprimento. João deverá estar presente, mas, por doença ou motivo ponderoso comprovado, poderá se fazer representar por empregado da mesma profissão ou pelo seu sindicato. Na ação em face da sociedade empresária, o preposto deverá, obrigatoriamente, ser empregado da ré.

08. FGV - OAB - 30º Exame de Ordem Unificado - Primeira Fase – Q77

Em sede de reclamação trabalhista proposta por Sávio, os pedidos liquidados somaram valor inferior a 40 salários mínimos nacionais. A ação foi movida em face do ex-empregador e da União, em razão de alegação de responsabilidade subsidiária. Sobre o caso apresentado, assinale a opção que indica o procedimento a ser seguido.

a) A ação correrá sob o rito sumaríssimo, pois cabível o rito especial para qualquer parte na Justiça do Trabalho, desde que o valor da causa seja compatível.

b) A ação correrá sob o rito ordinário, porque, em que pese o valor da causa, figura ente de direito público no polo passivo.

c) A ação correrá no rito ordinário, mas, caso a primeira ré não seja encontrada, não será possível realizar a citação por edital, em vista de a segunda ré ser a União.

d) A ação correrá no rito sumaríssimo, e, em caso de prova testemunhal, cada parte terá direito a ouvir até três testemunhas.

09. FGV - OAB - 29º Exame de Ordem Unificado - Primeira Fase – Q78

O réu, em sede de reclamação trabalhista, ajuizada em 20/04/2018, apresentou defesa no processo eletrônico, a qual não foi oferecida sob sigilo. Feito o pregão, logo após a abertura da audiência, a parte autora manifestou interesse em desistir da ação. Sobre a desistência da ação pela parte autora, assinale a afirmativa correta.

a) O juiz deverá, imediatamente, homologar a desistência.

b) Não é possível desistir da ação após a propositura desta.

c) Oferecida a contestação, ainda que eletronicamente, o reclamante não poderá, sem o consentimento do reclamado, desistir da ação.

d) O oferecimento da defesa pelo réu em nada se relaciona à questão da desistência de pedidos ou da demanda.

10. FGV - OAB - 27º Exame de Ordem Unificado - Primeira Fase – Q80

Em uma reclamação trabalhista, o autor afirmou ter sido vítima de discriminação estética, pois fora dispensado pelo ex-empregador por não ter querido raspar o próprio bigode. Requereu, na petição inicial, tutela de urgência para ser imediatamente reintegrado em razão de prática discriminatória. O juiz, não convencido da tese de discriminação, indeferiu a tutela de urgência e determinou a designação de audiência, com a respectiva citação. Como advogado(a) do autor, assinale a opção que contém, de acordo com a Lei e o entendimento consolidado do TST, a medida judicial a ser manejada para reverter a situação e conseguir a tutela de urgência desejada.

a) Interpor recurso ordinário seguido de medida cautelar.

b) Nada poderá ser feito, por tratar-se de decisão interlocutória, que é irrecorrível na Justiça do Trabalho.

c) Impetrar mandado de segurança.

d) Interpor agravo de instrumento.

PROCESSO DO TRABALHO				
1 - A	2 - C	3 - B	4 - A	5 - B
6 - B	7 - C	8 - B	9 - C	10 - C

PROCESSO DO TRABALHO – QUESTÕES DA PROVA DO 43º EXAME DA OAB

01. FGV - OAB - 43º Exame de Ordem Unificado - Primeira Fase – Q76 Você, na qualidade de advogado(a) de Pedro, ajuizou reclamação trabalhista em face da indústria de calçados Guanabara.

Pedro trabalhou para a sociedade empresária ré, entre os anos de 2018 e 2022, e afirma que não recebeu o 13º salário de 2021 e que trabalhava cerca de 10 horas por dia. Você ajuizou reclamação trabalhista, pretendendo o pagamento do 13º salário de 2021 e as horas extras.

A ex-empregadora apresentou defesa, aduzindo que pagou o 13º salário, que, conforme cartões de ponto juntados, Pedro não realizava horas extras e sua jornada estava prevista em norma coletiva da categoria. Na qualidade de advogado(a) de Pedro, você impugnou os cartões de ponto argumentando que não refletiam o real horário laborado, sendo certo que os documentos mostram horários variados de início e fim da jornada.

Acerca do ônus da prova que incumbirá ao seu cliente, de acordo com a CLT, e o entendimento jurisprudencial consolidado do TST, assinale a afirmativa correta.

a) O ônus da prova do pagamento do 13º salário caberá à ré e, o das horas extras, ao autor.

b) A ré deverá provar o pagamento do 13º salário, assim como a inexistência das horas extras, uma vez que os controles de ponto foram impugnados.

c) Em razão da variação de horários registrada nos cartões de ponto, o ônus da prova recairá sobre a ré para as horas extras, bem como para o 13º salário, já que o pagamento é fato extintivo da obrigação.

d) Dada a variação de horários, há presunção absoluta da validade da jornada indicada nos cartões de ponto, tendo a ré se desincumbido do ônus. Cabe à ré a prova do pagamento do 13º salário, por ser fato extintivo da obrigação.

02. FGV - OAB - 43º Exame de Ordem Unificado - Primeira Fase – Q77 Em sede de reclamação trabalhista, você é advogado(a) da parte autora, um ex-empregado de uma sociedade empresária. No curso da instrução, após ser ouvida uma testemunha da ré, o advogado da parte contrária requereu a oitiva da segunda testemunha, que estava sentada dentro da sala de audiência, tendo presenciado o curso da instrução até aquele momento.

Apesar da sua manifestação em sentido contrário, o Juiz deferiu a produção da prova, prosseguindo com a instrução, sendo certo que permitiu que o advogado da parte ré interrogasse diretamente a testemunha, o que causava o risco de indução de respostas.

A fim de assegurar o bom curso da instrução probatória, assinale a afirmativa que apresenta a ação que você, corretamente, assumiu na defesa do interesse de seu cliente.

a) Interpor reclamação correicional imediatamente, o que acarretará na suspensão da audiência.

b) Interpor agravo de instrumento contra a decisão de prosseguimento na instrução, acarretando a suspensão do processo.

c) Lavrar protesto quanto à presença da testemunha na sala de audiência durante a instrução, mas não há irregularidade quanto à forma de inquirição.

d) Consignar protestos pela contaminação do depoimento da segunda testemunha da ré, bem como pela inquirição direta da testemunha, na primeira oportunidade de se manifestar em audiência.

03. FGV - OAB - 43º Exame de Ordem Unificado - Primeira Fase – Q78 Você, como advogado(a), foi procurado(a) por Orlando, ex-funcionário da sociedade empresária Limpeza Total Ltda., a qual prestava serviços para uma autarquia pública federal, aduzindo que foi dispensado sem receber as verbas rescisórias.

Você deseja propor uma reclamação trabalhista em face da ex-empregadora, mas tem conhecimento de que esta não possui lastro financeiro algum, apesar do valor da causa da ação, que monta o equivalente a 30 salários mínimos.

Orlando, como trabalhava no Departamento de Recursos Humanos, forneceu dados e provas de que a tomadora dos serviços nunca fiscalizou o contrato, nem conferiu o adimplemento de quaisquer dos direitos trabalhistas dos empregados terceirizados.

Na melhor defesa de seu cliente, assinale a afirmativa que apresenta, corretamente, o que você deverá propor.

a) Uma ação apenas em face da ex-empregadora, pois não cabe responsabilidade subsidiária da autarquia pública federal.

b) Uma ação exclusivamente em face da tomadora dos serviços, pelo rito sumaríssimo, pois já tem conhecimento do inadimplemento da ex-empregadora.

c) Uma reclamação trabalhista em face da ex-empregadora e da tomadora dos serviços, que responderá subsidiariamente, sendo certo que a ação correrá pelo rito ordinário.

d) Uma reclamação trabalhista em face da ex-empregadora e da tomadora dos serviços, que responderá subsidiariamente, sendo certo que a ação correrá pelo rito sumaríssimo.

04. FGV - OAB - 43º Exame de Ordem Unificado - Primeira Fase Em execução que tramita perante a 120ª Vara do Trabalho de Salvador, o executado é um ente público condenado de forma subsidiária em virtude de uma terceirização na qual foi comprovado que não houve fiscalização adequada. Contudo, o valor homologado pelo Juízo não obteve a concordância do executado, que entende estar majorado em relação à coisa julgada formada.

Considerando a dinâmica da execução prevista na norma de regência, assinale a afirmativa correta.

a) É desnecessária a garantia do Juízo e o ente público terá 30 (trinta) dias para embargar.

b) Caberá ao ente público garantir o Juízo e ajuizar embargos à execução no prazo de oito dias.

c) É desnecessária a garantia do Juízo e o ente público terá oito dias para embargar.

d) Caberá ao ente público garantir o Juízo e ajuizar embargos à execução no prazo de 16 dias.

05. FGV - OAB - 43º Exame de Ordem Unificado - Primeira Fase – Q80 José Luiz ajuizou reclamação trabalhista em face de Lojas Internacionais Ltda., pleiteando verbas resilitórias e horas extras.

No dia da audiência, apesar de regularmente notificado, José Luiz injustificadamente não compareceu. Seu advogado, presente, requereu a dispensa de custas pela gratuidade de justiça, o que foi deferido pelo Juiz, com a concordância do réu e do respectivo advogado, também presentes na audiência.

Ação idêntica foi ajuizada um mês após o fato, e, de novo, José Luiz injustificadamente não compareceu, sendo que, dessa vez, uma hora após a audiência, ele compareceu à sala de audiência e disse ao Juiz e ao secretário da audiência que dormira demais, perdendo a hora, e, por isso, atrasou-se e não chegou no horário. Foi juntada certidão do fato ao processo, no qual, novamente, foi acolhido o seu requerimento de gratuidade de justiça.

As duas ações anteriormente ajuizadas foram extintas sem resolução do mérito. Agora, você foi procurado por José Luiz para, como advogado(a), ajuizar outra ação idêntica.

Sobre as consequências das ausências de José Luiz para o ajuizamento de outra demanda, assinale a afirmativa correta.

a) Ocorrerá a confissão do autor.

b) Não há penalidade, já que José Luiz, em ambas as situações, foi dispensado do pagamento das custas.

c) José Luiz incorrerá na pena da perempção, perdendo, pelo prazo de seis meses, o direito de reclamar perante a Justiça do Trabalho.

d) José Luiz poderá reclamar imediatamente, mas, independentemente, da prescrição parcial quinquenal, será descontado do prazo da sua reclamação o período de seis meses.

GABARITO		
1 - A	2 - D	3 - C
4 - A	5 - C	

DIREITO ELEITORAL

Alejandro César Rayo Werlang

Sumário

1. CONCEITO E PRINCÍPIOS DO DIREITO ELEITORAL

1.1. Conceito

O Direito Eleitoral é um ramo autônomo do Direito Público e tem como objetivo regular os direitos políticos e o processo eleitoral. Abrange todas as etapas do processo eleitoral, desde o alistamento, passando pela convenção partidária, pelo registro da candidatura, pela propaganda política, pela votação, pela apuração e, por fim, pela diplomação.

É um subsistema dentro do sistema constitucional dos Direito Políticos, de modo que é possível afirmar que os Direito Políticos são uma categoria ampla, dentro da qual está incluída o Direito Eleitoral.

As mais importantes **fontes direitas do Direito Eleitoral** são as seguintes:

- Constituição Federal;
- Código Eleitoral;
- Lei das Eleições (Lei 9.504/97);
- Lei dos Partidos Políticos (Lei 9.096/95);
- Lei das Inelegibilidades (Lei Complementar 64/90);
- Resoluções do TSE.

Sobre as Resoluções do TSE, trata-se de importante fonte do Direito Eleitoral que decorre do poder regulamentar outorgado ao TSE. Esse poder, previsto no art. 1º, parágrafo único, e no art. 23, inciso IX, do Código Eleitoral, significa que o TSE poderá expedir instruções para regulamentação da legislação eleitoral. Essas resoluções não são leis, mas são atos normativos com força de lei. Nesse sentido versa o art. 105 da Lei 9.504/97 (Lei das Eleições).

Importante notar que **compete privativamente à União legislar sobre direito eleitoral,** conforme art. 22, I, da CF/88:

> **Art. 22.** Compete privativamente à União legislar sobre:
>
> I - direito civil, comercial, penal, processual, **eleitoral**, agrário, marítimo, aeronáutico, espacial e do trabalho.

Ainda, sobre a temática, lembre-se de que é vedada a edição de medidas provisórias sobre matéria relativa a direito eleitoral (art. 62, § 1º, inciso I, da CF/88).

1.2. Princípios

São princípios do Direito Eleitoral:

a) **Princípio da isonomia**: decorre do art. 5º, caput, da Constituição Federal, que diz que todos são iguais perante a lei. No Direito Eleitoral, parte-se da premissa de que todos os candidatos devem concorrer em igualdade de condições. Mas igualdade também deve ser vista em sua vertente material: tratar igualmente os iguais e desigualmente os desiguais, na medida das suas desigualdades. Para isso, por vezes, o poder público tem que agir para promover a igualdade, criando mecanismos que permitam igualar os desiguais. Uma dessas medidas vem no art. 10, § 3º, da Lei 9.504/97 (Lei das Eleições), que diz: "Do número de vagas resultante das regras previstas neste artigo, cada partido ou coligação preencherá o mínimo de 30% (trinta por cento) e o máximo de 70% (setenta por cento) para candidaturas de cada sexo. Com isso, a legislação eleitoral tenta corrigir a desigualdade existente entre homens e mulheres, já que a grande maioria dos nossos representantes são homens".

b) **Princípio da celeridade**: a Justiça Eleitoral precisa ser célere, rápida nos seus julgamentos, de modo a que haja o bom andamento do processo eleitoral e que não paire insegurança jurídica durante e após o pleito. Em razão disso, como regra, os prazos para os recursos eleitorais são mais curtos do que o de outros ramos do Direito, como se vê do disposto no art. 258 do Código Eleitoral: "Sempre que a lei não fixar prazo especial, o recurso deverá ser interposto em três dias da publicação do ato, resolução ou despacho". No mesmo sentido, ou seja, para que haja uma solução célere aos litígios, há o disposto no art. 97-A da Lei 9504/97 (Lei das Eleições), que prevê um prazo para o julgamento de ações que possam resultar em perda do mandato eletivo: "Nos termos do inciso LXXVIII do art. 5º da Constituição Federal, considera-se duração razoável do processo que possa resultar em perda de mandato eletivo o período máximo de 1 (um) ano, contado da sua apresentação à Justiça Eleitoral".

c) **Princípio da lisura eleitoral**: esse princípio preocupa-se com a proteção da cidadania, para que se tenha uma eleição limpa, que obedeça a probidade e a moralidade. Manifesta-se esse princípio no art. 14, § 9º, da CF, o qual afirma que lei complementar estabelecerá outros casos de inelegibilidade e os prazos de sua cessação, a fim de proteger a probidade administrativa, a moralidade para exercício de mandato considerada vida pregressa do candidato, e a normalidade e legitimidade das eleições contra a influência do poder econômico ou o abuso do exercício de função, cargo ou emprego na administração direta ou indireta.

Ainda, podemos verificar esse princípio no art. 41-A da Lei das Eleições: "Ressalvado o disposto no art. 26 e seus incisos, constitui captação de sufrágio, vedada por esta Lei, o candidato doar, oferecer, prometer, ou entregar, ao eleitor, com o fim de obter-lhe o voto, bem ou vantagem pessoal de qualquer natureza, inclusive emprego ou função pública, desde o registro da candidatura até o dia da eleição, inclusive, sob pena de multa de mil a cinquenta mil Ufir, e cassação do registro ou do diploma, observado o procedimento previsto no art. 22 da Lei Complementar nº 64, de 18 de maio de 1990".

d) **Princípio do aproveitamento do voto**: vige a ideia de *in dubio pro voto*, de modo que o juiz não pode pronunciar nulidades sem que haja prejuízo. Como manifestação desse princípio se verifica o art. 176 do Código Eleitoral, o qual indica que o voto, na eleição proporcional (por exemplo, para vereador), deve ser aproveitado à legenda (ao partido político) quando o eleitor votou em candidato inexistente, mas digitou corretamente os dois primeiros números, ou seja, os números do partido político.

e) **Princípio da anualidade eleitoral**: também conhecido como princípio da anterioridade eleitoral, vem previsto no art. 16 da CF: "A lei que alterar o processo eleitoral entrará em vigor na data de sua publicação, não se aplicando à eleição que ocorra até um ano da data de sua vigência". Significa que toda lei que alterar o processo eleitoral passará a viger imediatamente. Contudo, a produção de seus efeitos ocorrerá após um ano da sua entrada em vigor. Busca-se com isso trazer segurança jurídica para as eleições, evitando-se alterações legislativas que possam prejudicar ou beneficiar determinados candidatos ou agremiações.

Cumpre notar que o STF entende que o art. 16 da CF/88 tem natureza de cláusula pétrea. Esse princípio não se aplica às resoluções do TSE, já que estas são editadas para o bom andamento das eleições e em complementação à legislação eleitoral. Nota-se que o próprio art. 105 da Lei 9.504/97 (Lei das Eleições) afirma que, no ano da eleição, até o dia 5 de março, o Tribunal Superior Eleitoral, atendendo ao caráter regulamentar e sem restringir direitos ou estabelecer sanções distintas das previstas nesta Lei, poderá expedir todas as instruções necessárias para sua fiel execução.

2. SISTEMAS ELEITORAIS

No Brasil, adotamos dois sistemas: majoritário e proporcional.

O **sistema majoritário** parte da ideia de que o candidato que obtiver mais votos vence a eleição. Esse sistema pode ser:

a) **por maioria absoluta**: o candidato, para ser eleito, precisa de mais da metade dos votos válidos. São eleitos por este sistema: Presidente da República; Governadores dos Estados e do Distrito Federal; Prefeitos nos Municípios com mais de 200.000 eleitores (possibilidade de 2º turno);

b) **por maioria simples**: o candidato, para ser eleito, precisa ter mais votos que os demais candidatos. São eleitos por esse sistema: Prefeitos nos Municípios com menos de 200.000 eleitores e Senadores.

No **sistema proporcional** adotado no Brasil (sistema proporcional com lista aberta), não importa apenas quantos votos recebeu o candidato; importa, primeiramente, quantos votos recebeu o partido político. Após apurado o número total de votos de todos os candidatos do partido (e do próprio partido político), é definido o número de cadeiras que serão ocupadas pelo partido político, qualificando-se os mais votados dentro do partido.

Para verificar quais serão os eleitos por esse sistema, utiliza-se o quociente eleitoral e o quociente partidário, conforme arts. 106 e 107 do Código Eleitoral, que assim dispõe:

> **Art. 106.** Determina-se o quociente eleitoral dividindo-se o número de votos válidos apurados pelo de lugares a preencher em cada circunscrição eleitoral, desprezada a fração se igual ou inferior a meio, equivalente a um, se superior.
>
> **Art. 107.** Determina-se para cada partido o quociente partidário dividindo-se pelo quociente eleitoral o número de votos válidos dados sob a mesma legenda, desprezada a fração.

Assim:

- Quociente partidário = nº de votos válidos de um partido político dividido pelo quociente eleitoral;
- Quociente eleitoral = nº de votos válidos apurados dividido pelo nº de lugares a preencher.

Exemplo: um Estado tem 70 deputados federais e 21 milhões de votos válidos:

Quociente eleitoral = 21 milhões dividido por 70 cargos a preencher de deputado

Quociente eleitoral = 300.000

Assim, a cada 300.000 votos que um partido receber, elegerá um deputado.

Digamos que um partido recebeu 1.200.000 votos. Assim:

Quociente partidário = 1.200.000 dividido por 300.000 (quociente eleitoral)

Quociente partidário = 4

Ou seja, esse partido teria direito a quatro cadeiras na câmara dos deputados, sendo eleitos os quatro mais votados nesse partido, mesmo que algum deles não tenha feito 300.000 votos.

São eleitos por este sistema todos os membros do Poder Legislativo (deputado federal, deputado estadual e vereador), exceto os Senadores.

Ainda, há um **sistema eleitoral misto**, o qual não é adotado no Brasil. Esse é um sistema intermediário entre o sistema majoritário e o proporcional, adotado em países como Alemanha e México.

3. ORGANIZAÇÃO E COMPETÊNCIA DA JUSTIÇA ELEITORAL

3.1. Introdução

A Justiça Eleitoral é uma justiça especial da União e tem uma peculiaridade de não possuir um corpo de magistrados próprio.

Para entender a organização da Justiça Eleitoral, é necessário fazer uso tanto da Constituição Federal quanto do Código Eleitoral.

Segundo o art. 118 da CF/88, são órgãos da Justiça Eleitoral:

> I - o Tribunal Superior Eleitoral;
>
> II - os Tribunais Regionais Eleitorais;
>
> III - os Juízes Eleitorais;
>
> IV - as Juntas Eleitorais.

A organização e a competência dos tribunais, dos juízes de direito e das juntas eleitorais será disciplinada por lei complementar, conforme dispõe o art. 121 da CF/88.

Nesse âmbito, cumpre informar que o Código Eleitoral (Lei nº 4.737/65), que é lei ordinária, foi recepcionado pela CF/88 como Lei Complementar na parte que trata da organização e da competência da Justiça Eleitoral.

Outra informação importante é que os membros da Justiça Eleitoral, seja do TSE, do TRE ou juízes eleitorais, têm investidura por tempo determinado, ou seja, são cargos temporários. Por isso, esses membros não possuem vitaliciedade. Essa é previsão do art. 121, § 2º, da CF/88:

> Os juízes dos tribunais eleitorais, salvo motivo justificado, servirão por dois anos, no mínimo, e nunca por mais de dois biênios consecutivos, sendo os substitutos escolhidos na mesma ocasião e pelo mesmo processo, em número igual para cada categoria.

No mais, os membros da Justiça Eleitoral gozarão de plenas garantias e serão inamovíveis (art. 121, § 1º, da CF/88).

3.2. Funções da Justiça Eleitoral

Dentro do Direito Eleitoral, a Justiça Eleitoral exerce inúmeras funções:

a) **Função administrativa**: por essa função que a Justiça Eleitoral desempenha o seu papel de organização e administração do processo eleitoral.

b) **Função jurisdicional:** por meio desta, a Justiça Eleitoral soluciona conflitos, aplicando o direito ao caso concreto.

c) **Função normativa**: prevista no art. 1º, parágrafo único, e no art. 23, inciso IX, do Código Eleitoral, significa que o Tribunal Superior Eleitoral (TSE) poderá expedir instruções para regulamentação da legislação eleitoral. Com base nesses dispositivos, o TSE edita resoluções. Essas resoluções não são leis, mas são atos normativos com força de lei. Nesse sentido o art. 105 da Lei 9.504/97 (Lei das Eleições) afirma: até o dia 5 de março do ano da eleição, o Tribunal Superior Eleitoral, atendendo ao caráter regulamentar e **sem restringir direitos ou estabelecer sanções distintas das previstas nesta Lei**, poderá expedir todas as instruções necessárias para sua fiel execução, ouvidos, previamente, em audiência pública, os delegados ou representantes dos partidos políticos.

Importante notar: essas resoluções não têm o poder de revogar leis, apesar de ser consideradas fontes primárias (diretas) do Direito Eleitoral.

a) **Função consultiva**: é o pronunciamento da Justiça Eleitoral, sem caráter de decisão judicial, sobre questões que lhe são apresentadas em tese (em abstrato). Esse poder de responder a consultas é conferido ao Tribunal Superior Eleitoral (TSE) e ao Tribunal Regional Eleitoral (TRE) nos arts. 23, inciso XII, e 30, inciso VIII, do Código Eleitoral:

> **Art. 23.** Compete, ainda, privativamente, ao Tribunal Superior: (...)

XII – responder, sobre matéria eleitoral, às consultas que lhe forem feitas em tese por autoridade com jurisdição federal ou órgão nacional de partido político;

Art. 30. Compete, ainda, privativamente, aos tribunais regionais: (...)

VIII – responder, sobre matéria eleitoral, às consultas que lhe forem feitas, em tese, por autoridade pública ou partido político.

3.3. Órgãos da Justiça Eleitoral e suas Competências

a) **Tribunal Superior Eleitoral (TSE):** É o órgão de cúpula da Justiça Eleitoral. Obviamente, o STF está acima do TSE, mas o STF não é órgão da Justiça Eleitoral.

O TSE será composto, no mínimo, por sete membros, os quais serão escolhidos:

I - mediante eleição, pelo voto secreto:

a) três juízes dentre os Ministros do Supremo Tribunal Federal;

b) dois juízes dentre os Ministros do Superior Tribunal de Justiça;

II - por nomeação do Presidente da República, dois juízes dentre seis advogados de notável saber jurídico e idoneidade moral, indicados pelo Supremo Tribunal Federal.

Assim, cinco membros são eleitos (três do STF e dois do STJ) e dois membros nomeados pelo Presidente da República (entre advogados).

O Presidente e o Vice-Presidente do TSE serão eleitos entre os ministros do STF. Já o Corregedor Eleitoral será eleito entre os Ministros do Superior Tribunal de Justiça (art. 119, parágrafo único, da CF/88).

Em relação aos advogados, não são impedidos de advogar, salvo em matéria de direito eleitoral.

Não podem fazer parte do Tribunal Superior Eleitoral cidadãos que tenham entre si parentesco, ainda que por afinidade, até o quarto grau, seja o vínculo legítimo ou ilegítimo, excluindo-se neste caso o que tiver sido escolhido por último (art. 16, § 1º, do Código Eleitoral).

Os advogados que detêm cargo em comissão ou que são donos ou sócios de empresa que gozem de favores estatais ou que exercerem cargo eletivo não podem ser nomeados (art. 16, § 2º, do Código Eleitoral).

E o Ministro do STF que exerce também a função de Ministro do TSE, se analisar um caso no TSE, poderá depois julgar esse mesmo caso no STF? Sim, conforme Súmula 72 do STF, que diz: "No julgamento de questão constitucional, vinculada à decisão do TSE, não estão impedidos os ministros do STF que ali tenham funcionado no mesmo processo, ou no processo originário".

Lembre-se de que os membros do TSE servirão por dois anos, no mínimo, e nunca por mais de dois biênios consecutivos. A competência do TSE está nos arts. 22 e 23 do Código Eleitoral.

Entre elas, pode-se destacar a competência originária para processar e julgar (art. 22 do Código Eleitoral):

- o registro e a cassação de registro de partidos políticos, dos seus diretórios nacionais e de candidatos à Presidência e Vice-Presidência da República;
- os conflitos de jurisdição entre tribunais regionais e juízes eleitorais de estados diferentes;
- as impugnações à apuração do resultado geral, proclamação dos eleitos e expedição de diploma na eleição de presidente e vice-presidente da República;
- a ação rescisória, nos casos de inelegibilidade, desde que intentada dentro do prazo de cento e vinte dias de decisão irrecorrível, possibilitando-se o exercício do mandato eletivo até o seu trânsito em julgado.

Ainda, compete ao TSE, privativamente (art. 23 do Código Eleitoral):

- elaborar o seu regimento interno
- conceder aos seus membros licença e férias, assim como afastamento do exercício dos cargos efetivos;
- propor a criação de Tribunal Regional na sede de qualquer dos territórios;
- propor ao Poder Legislativo o aumento do número dos juízes de qualquer Tribunal Eleitoral, indicando a forma desse aumento;
- aprovar a divisão dos estados em zonas eleitorais ou a criação de novas zonas;
- expedir as instruções que julgar convenientes à execução deste código;
- enviar ao presidente da República a lista tríplice organizada pelos tribunais de justiça, nos termos do art. 25;
- requisitar força federal necessária ao cumprimento da lei, de suas próprias decisões ou das decisões dos tribunais regionais que o solicitarem, e para garantir a votação e a apuração;
- requisitar funcionários da União e do Distrito Federal quando o exigir o acúmulo ocasional do serviço de sua Secretaria.

b) Tribunal Regional Eleitoral (TRE). Haverá um Tribunal Regional Eleitoral em cada Estado e um no Distrito Federal (art. 120 da CF/88).

Os TREs, que terão sete membros, serão compostos (art. 120, § 1º, da CF/88):

> I - mediante eleição, pelo voto secreto:
>
> a) de dois juízes dentre os desembargadores do Tribunal de Justiça;
>
> b) de dois juízes, dentre juízes de direito, escolhidos pelo Tribunal de Justiça;
>
> II - de um juiz do Tribunal Regional Federal com sede na Capital do Estado ou no Distrito Federal, ou, não havendo, de juiz federal, escolhido, em qualquer caso, pelo Tribunal Regional Federal respectivo;
>
> III - por nomeação, pelo Presidente da República, de dois juízes dentre seis advogados de notável saber jurídico e idoneidade moral, indicados pelo Tribunal de Justiça.

O Tribunal Regional Eleitoral elegerá seu Presidente e o Vice-Presidente dentre os desembargadores do Tribunal de Justiça (art. 120, § 2º, da CF/88). A competência dos TREs está nos arts. 29 e 30 do Código Eleitoral.

Em especial, compete aos TREs processar e julgar originariamente (art. 29 do Código Eleitoral):

- o registro e o cancelamento do registro dos diretórios estaduais e municipais de partidos políticos, bem como de candidatos a governador, vice-governadores, e membro do Congresso Nacional e das assembleias legislativas;
- os conflitos de jurisdição entre juízes eleitorais do respectivo estado;
- a suspeição ou impedimentos aos seus membros, ao procurador regional e aos funcionários da sua Secretaria assim como aos juízes e escrivães eleitorais;
- os crimes eleitorais cometidos pelos juízes eleitorais.

Em grau recursal, compete aos TREs julgar os recursos interpostos: a) dos atos e das decisões proferidas pelos juízes e juntas eleitorais; b) das decisões dos juízes eleitorais que concederem ou denegarem habeas corpus ou mandado de segurança.

Ainda, cabe privativamente ao TRE (art. 30 do Código Eleitoral):

- elaborar o seu regimento interno
- conceder aos seus membros e aos juízes eleitorais licença e férias, assim como afastamento do exercício dos cargos efetivos, submetendo, quanto àqueles, a decisão à aprovação do Tribunal Superior Eleitoral;
- constituir as juntas eleitorais e designar a respectiva sede e jurisdição;
- apurar, com os resultados parciais enviados pelas juntas eleitorais, os resultados finais das eleições de governador e vice-governador, de membros do Congresso Nacional e expedir os respectivos diplomas, remetendo dentro do prazo de 10 (dez) dias após a diplomação, ao Tribunal Superior, cópia das atas de seus trabalhos;
- responder, sobre matéria eleitoral, às consultas que lhe forem feitas, em tese, por autoridade pública ou partido político;
- dividir a respectiva circunscrição em zonas eleitorais, submetendo esta divisão, assim como a criação de novas zonas, à aprovação do Tribunal Superior;
- requisitar a força necessária ao cumprimento de suas decisões e solicitar ao Tribunal Superior a requisição de força federal.

c) Juiz Eleitoral: Como dito anteriormente, não há um quadro de juízes próprios da Justiça Eleitoral. Assim, o juiz eleitoral é um juiz de direito membro da Justiça Estadual, o qual cumulará a função eleitoral. É designado pelo TRE para exercer a função eleitoral por dois anos, podendo ser reconduzido por mais dois anos. No entanto, caso seja juiz de comarca com vara única e que também seja zona eleitoral, enquanto for juiz da comarca de vara única, ele também será Juiz eleitoral. Em outras palavras, nessa hipótese de juiz estadual de comarca com vara única, não há a limitação temporal.

Quando houver mais de um juiz apto a exercer função eleitoral, haverá um rodízio que seguirá a regra da antiguidade decrescente para os magistrados poderem exercer a função eleitoral.

Quanto à competência do juiz eleitoral, está prevista no art. 35 do Código Eleitoral. A eles compete, especialmente:

- cumprir e fazer cumprir as decisões e determinações do Tribunal Superior e do Regional;
- processar e julgar os crimes eleitorais e os comuns que lhe forem conexos, ressalvada a competência originária do Tribunal Superior e dos tribunais regionais;
- decidir habeas corpus e mandado de segurança, em matéria eleitoral, desde que essa competência não esteja atribuída privativamente à instância superior;
- fazer as diligências que julgar necessárias à ordem e presteza do serviço eleitoral;

- dirigir os processos eleitorais e determinar a inscrição e a exclusão de eleitores;
- expedir títulos eleitorais e conceder transferência de eleitor;
- dividir a zona em seções eleitorais;
- ordenar o registro e cassação do registro dos candidatos aos cargos eletivos municipais e comunicá-los ao Tribunal Regional;
- designar, até 60 (sessenta) dias antes das eleições, os locais das seções;
- nomear, 60 (sessenta) dias antes da eleição, em audiência pública anunciada com pelo menos 5 (cinco) dias de antecedência, os membros das mesas receptoras.

Nota-se que, diferentemente da Justiça Comum Estadual, que é dividida em comarcas, a **Justiça Eleitoral é dividida em zonas eleitorais**, as quais nem sempre coincidem com o território de um município ou de uma comarca. Ainda, é possível que um município grande tenha mais de uma zona eleitoral. Em outras palavras, a zona eleitoral é o espaço territorial sob a jurisdição do juiz eleitoral.

Não confundir zona eleitoral com seção eleitoral. Esta é uma subdivisão da zona eleitoral, que corresponde ao local onde os eleitores comparecem para votar. Em cada seção eleitoral haverá uma urna na data da eleição.

Já **circunscrição eleitoral** é a organização correspondente ao ente da federação ao qual se vincula um determinado processo eleitoral.

Haverá três circunscrições:

- Circunscrição Nacional (ou Federal): é a circunscrição da eleição para Presidente e Vice-Presidente da República;
- Circunscrição Estadual: é a circunscrição das eleições gerais/estaduais, ou seja, para Governador, Vice-Governador, Senador, Deputados Federais, Deputados Estaduais e Deputados Distritais;
- Circunscrição Municipal: é a circunscrição das eleições municipais, ou seja, para Prefeito, Vice-Prefeito, Vereador.

d) Junta Eleitoral. Junta eleitoral é algo próprio da Justiça Eleitoral. Segundo o art. 36 do Código Eleitoral, compor-se-ão as juntas eleitorais de um juiz de direito, que será o presidente, e de 2 (dois) ou 4 (quatro) cidadãos de notória idoneidade. Ou seja, as juntas eleitorais serão compostas por 3 ou 5 membros. Assim, é um órgão colegiado.

Os membros da junta eleitoral serão nomeados 60 dias antes da eleição, depois de aprovação do TRE, pelo presidente deste. Até 10 dias antes da nomeação, os nomes das pessoas indicadas para compor as juntas serão publicados no órgão oficial do Estado, podendo qualquer partido político, no prazo de três dias, impugnar as indicações (art. 36, §§ 1º e 2º, do Código Eleitoral).

O órgão diplomador das eleições municipais de Prefeito, Vice-Prefeito, Vereadores e Juiz de Paz é a junta eleitoral (art. 36 do Código Eleitoral). Se houver várias juntas eleitorais, a diplomação será feita pela junta eleitoral do juiz mais antigo.

Não podem ser nomeados membros das juntas (art. 36. § 3º):

> I – os candidatos e seus parentes, ainda que por afinidade, até o segundo grau, inclusive, e bem assim o cônjuge;
>
> II – os membros de diretórios de partidos políticos devidamente registrados e cujos nomes tenham sido oficialmente publicados;
>
> III – as autoridades e agentes policiais, bem como os funcionários no desempenho de cargos de confiança do Executivo;
>
> IV – os que pertencerem ao serviço eleitoral.

4. PARTIDOS POLÍTICOS

4.1. Conceito e Natureza Jurídica

Os partidos políticos são instrumentos importantes na concretização da soberania popular e da democracia. Nesse sentido, o pluralismo político está entre os fundamentos da República Federativa do Brasil (art. 1º, V, CF/88), bem como o art. 17, caput, da CF/88 consagra a liberdade de organização partidária, uma vez que são livres a criação, a fusão, a incorporação e a extinção dos partidos políticos.

Partidos políticos são associações civis de cunho político-ideológico, compostas por um grupo de pessoas que tem o objetivo de assumir e manter o poder político, para realizar o seu programa de governo.

Conforme dispõe o art. 1º da Lei 9.096/95 (Lei dos Partidos Políticos), o partido político é pessoa jurídica de direito privado e destina-se a assegurar, no interesse do regime democrático, a autenticidade do sistema representativo e a defender os direitos fundamentais definidos na Constituição Federal.

O partido político não se equipara às entidades paraestatais, conforme art. 1º, parágrafo único, da Lei dos Partidos Políticos.

4.2. Criação do Partido Político

Como pessoa jurídica de direito privado, deverá ser registrado no Cartório de Registro Civil de Pessoa Jurídica do local de sua sede. Para que possa fazê-lo, deverá o pedido ser subscrito pelos seus fundadores, que devem ser no mínimo 101, com domicílio eleitoral em, no mínimo 1/3 dos Estados (art. 8º, caput, da Lei dos Partidos Políticos).

Após adquirida a personalidade jurídica, deverá o partido realizar o registro o seu estatuto perante o TSE, quando adquirirá capacidade político-ideológica. Nesse sentido o § 2º do art. 17 da CF/88:

> **Art. 17, § 2º.** Os partidos políticos, após adquirirem personalidade jurídica, na forma da lei civil, registrarão seus estatutos no Tribunal Superior Eleitoral.

Mas para que seja possível essa criação, será necessário obter uma quantidade mínima de eleitores que assinem uma declaração de apoio a esse novo partido. É o chamado apoiamento mínimo de eleitores, que vem disposto no art. 7º, § 1º, da Lei dos Partidos Políticos:

> **Art. 7º, § 1º.** Só é admitido o registro do estatuto de partido político que tenha caráter nacional, considerando-se como tal aquele que comprove, no **período de dois anos**, o **apoiamento de eleitores não filiados** a partido político, correspondente a, pelo menos, **0,5% (cinco décimos por cento) dos votos dados na última eleição geral para a Câmara dos Deputados**, não computados os votos em branco e os nulos, **distribuídos por um terço, ou mais, dos Estados, com um mínimo de 0,1% (um décimo por cento) do eleitorado que haja votado em cada um deles.**

Nota-se que, com isso, garante-se o caráter nacional do partido político, exigido pelo art. 17, inciso I, da Constituição Federal. Nota-se, ainda, que o apoiamento deve se dar por pessoas não filiadas a nenhum partido e que tal deve ocorrer no prazo de dois anos. Pode-se assim dizer que essas são as etapas para a criação de um partido político:

1) Fundação;
2) Aquisição da personalidade jurídica;
3) Apoiamento mínimo;
4) Registro perante o TSE.

Para um partido político participar de um pleito eleitoral, deverá ter existência mínima de 6 meses, conforme art. 4º da Lei 9.504/97:

> **Art. 4º:** Poderá participar das eleições o partido que, até seis meses antes do pleito, tenha registrado seu estatuto no Tribunal Superior Eleitoral, conforme o disposto em lei, e tenha, até a data da convenção, órgão de direção constituído na circunscrição, de acordo com o respectivo estatuto.

4.3. Liberdade e Autonomia Partidária

Vige a **liberdade de organização partidária**, pois, conforme arts. 17 da CF/88 e 2º da Lei dos Partidos Políticos, é livre a criação, fusão, incorporação e extinção de partidos políticos.

Não obstante, a liberdade partidária não é absoluta, já que deverão ser resguardados a soberania nacional, o regime democrático, o pluripartidarismo, os direitos fundamentais da pessoa humana e, ainda, deverão ser observados (art. 17, caput e § 4º, da CF/88):

- preceitos de caráter nacional;
- proibição de recebimento de recursos financeiros de entidade ou governo estrangeiros ou de subordinação a estes;
- prestação de contas à Justiça Eleitoral;
- funcionamento parlamentar de acordo com a lei; e
- vedação da utilização pelos partidos políticos de organização paramilitar.

Corroborando, está o art. 6º da Lei 9.096/95, que afirma que é vedado ao partido político ministrar instrução militar ou paramilitar, utilizar-se de organização da mesma natureza e adotar uniforme para seus membros.

Ainda, assegura-se aos partidos políticos **autonomia** para definir sua estrutura interna e estabelecer regras sobre escolha, formação e duração de seus órgãos permanentes e provisórios e sobre sua organização e funcionamento e para adotar os critérios de escolha e o regime de suas coligações nas eleições majoritárias, **vedada a sua celebração nas eleições proporcionais**, sem obrigatoriedade de vinculação entre as candidaturas em âmbito nacional, estadual, distrital ou municipal, devendo seus estatutos estabelecer normas de disciplina e fidelidade partidária (art. 17, § 1º, da CF/88 e art. 3º da Lei dos Partidos Políticos).

Importante ressaltar que o STF, por meio da ADI 6230, julgada em agosto de 2022, decidiu pela inconstitucionalidade do prazo de oito anos para os órgãos provisórios (art. 3º, § 3º, da Lei dos Partidos Políticos).

4.4. Federação Partidária

Trata-se da reunião de dois ou mais partidos políticos que possuam afinidade ideológica ou programática e que, depois de constituída e registrada no TSE, atuará como se fosse uma única agremiação partidária.

Essa possibilidade foi inserida pela Lei nº 14.208/2021 no art. 11-A da Lei nº 9.096/95 (Lei dos Partidos Políticos).

> **Art. 11-A.** Dois ou mais partidos políticos poderão reunir-se em federação, a qual, após sua constituição e respectivo registro perante o Tribunal Superior Eleitoral, atuará como se fosse uma única agremiação partidária.

Ressalte-se que o STF, na ADI 7022, decidiu que a figura da federação partidária é compatível com a Constituição Federal.

Às federações aplicam-se todas as normas que regem o funcionamento parlamentar e a fidelidade partidária, apesar de ser assegurada a preservação da identidade e da autonomia dos partidos integrantes de federação (art. 11-A, §§ 1º e 2º, da Lei 9.096/95).

A criação de federação obedecerá às seguintes regras (art.11-A, § 3º, da Lei 9.096/95):

- a federação somente poderá ser integrada por partidos com registro definitivo no Tribunal Superior Eleitoral;
- os partidos reunidos em federação deverão permanecer a ela filiados por, no mínimo, 4 (quatro) anos;
- a federação poderá ser constituída até a data final do período de realização das convenções partidárias;
- a federação terá abrangência nacional e seu registro será encaminhado ao Tribunal Superior Eleitoral.

Em relação ao terceiro requisito (federação ser constituída até a data final do período das convenções), **o STF** entendeu, na já citada ADI 7022, que esse **prazo viola o princípio da isonomia**, já que as federações teriam um prazo maior para se constituírem do que os partidos políticos (os partidos políticos devem estar registrados, junto ao TSE, até seis meses antes do pleito, ou seja, até o início de abril do ano eleitoral, a fim de participarem das eleições).

Diante disso, o STF entendeu que se deve exigir que as federações obtenham o registro de seu estatuto junto ao TSE com a mesma antecedência exigida dos partidos (até 6 meses antes do pleito).

A não permanência pelo prazo de 4 anos na federação acarretará ao partido vedação de ingressar em federação, de celebrar coligação nas duas eleições seguintes e, até completar o prazo mínimo remanescente, de utilizar o fundo partidário (art. 11-A, § 4º, da Lei 9.096/95).

Conforme o § 5º do art. 11-A, na hipótese de desligamento de um ou mais partidos, a federação continuará em funcionamento, até a eleição seguinte, desde que nela permaneçam dois ou mais partidos.

Para que seja feita uma federação, necessário que haja a resolução pela maioria absoluta dos votos dos órgãos de deliberação nacional de cada um dos partidos integrantes da federação. Ainda, deverão ser realizados programa e estatuto comuns da federação constituída, bem como eleição do órgão de direção nacional da federação, o que deverá ser levado ao TSE para registro (art. 11-A, § 6º, da Lei 9.096/95).

Aplicam-se à federação de partidos todas as normas que regem as atividades dos partidos políticos no que diz respeito às eleições, inclusive no que se refere à escolha e ao registro de candidatos para as eleições majoritárias e proporcionais, à arrecadação e aplicação de recursos em campanhas eleitorais, à propaganda eleitoral, à contagem de votos, à obtenção de cadeiras, à prestação de contas e à convocação de suplentes (art. 11-A, § 8º, da Lei 9.096/95).

Perderá o mandato o detentor de cargo eletivo que se desfiliar, sem justa causa, de partido que integra federação (art. 11-A, § 9º, da Lei 9.096/95).

4.5. Programa e Estatuto Partidários

Diante da já falada liberdade partidária, o partido é livre para fixar, em seu programa, seus objetivos políticos e para estabelecer, em seu estatuto, a sua estrutura interna, organização e funcionamento, claro, desde que observadas as disposições constitucionais e legais (art. 14 da Lei 9.096/95).

No que se refere à responsabilidade, inclusive civil e trabalhista, cabe exclusivamente ao órgão partidário municipal, estadual ou nacional que tiver dado causa ao não cumprimento da obrigação, à violação de direito, a dano a outrem ou a qualquer ato ilícito, excluída a solidariedade de outros órgãos de direção partidária (art. 15-A da Lei 9.096/95).

4.6. Filiação Partidária

Para que alguém possa concorrer a um cargo eletivo, deve estar filiado a algum partido político, já que não se admite candidatura avulsa.

Só pode filiar-se ao partido o eleitor que estiver no pleno gozo de seus direitos políticos (art. 16 da Lei 9.096/95).

Deferido internamente o pedido de filiação, o partido político, por seus órgãos de direção municipais, regionais ou nacional, deverá inserir os dados do filiado no sistema eletrônico da Justiça Eleitoral, que automaticamente enviará aos juízes eleitorais, para arquivamento, publicação e cumprimento dos prazos de filiação partidária para efeito de candidatura a cargos eletivos, a relação dos nomes de todos os seus filiados, da qual constará a data de filiação, o número dos títulos eleitorais e das seções em que estão inscritos (art. 19 da Lei 9.096/95).

Os órgãos de direção nacional dos partidos políticos terão pleno acesso às informações de seus filiados constantes do cadastro eleitoral (art. 19, § 3º, da Lei 9.096/95).

É facultado ao partido político estabelecer, em seu estatuto, prazos de filiação partidária superiores aos previstos nesta Lei, com vistas a candidatura a cargos eletivos. Mas os prazos de filiação partidária, fixados no estatuto do partido, com vistas à candidatura a cargos eletivos, não podem ser alterados no ano da eleição (art. 20 da Lei 9.096/95).

Para desligar-se do partido, o filiado faz comunicação escrita ao órgão de direção municipal e ao Juiz Eleitoral da Zona em que for inscrito. Decorridos dois dias da data da entrega da comunicação, o vínculo torna-se extinto, para todos os efeitos (art. 21 da Lei 9.096/95).

O **cancelamento imediato da filiação** partidária verifica-se nos casos de (art. 22, caput, da Lei 9.096/95):

> I - morte;
>
> II - perda dos direitos políticos;
>
> III - expulsão;
>
> IV - outras formas previstas no estatuto, com comunicação obrigatória ao atingido no prazo de quarenta e oito horas da decisão.
>
> V - filiação a outro partido, desde que a pessoa comunique o fato ao juiz da respectiva Zona Eleitoral.

Havendo coexistência de filiações partidárias, prevalecerá a mais recente, devendo a Justiça Eleitoral determinar o cancelamento das demais (art. 22, parágrafo único, da Lei 9.096/95).

Perderá o mandato o detentor de cargo eletivo que se desfiliar, sem justa causa, do partido pelo qual foi eleito (art. 22-A, caput, da Lei 9.096/95).

Consideram-se justa causa para a desfiliação partidária somente as seguintes hipóteses (art. 22-A, parágrafo único, da Lei 9.096/95):

> I - mudança substancial ou desvio reiterado do programa partidário;
>
> II - grave discriminação política pessoal; e
>
> III - mudança de partido efetuada durante o período de trinta dias que antecede o prazo de filiação exigido em lei para concorrer à eleição, majoritária ou proporcional, ao término do mandato vigente.

4.7. Fusão, Incorporação e Extinção dos Partidos Políticos

Na **fusão** entre partidos políticos, ocorre que um partido se une ao outro, tornando-se somente uma unidade. Os órgãos nacionais dos partidos decidem e elaboram projeto e estatuto comuns. Aqui surge um novo partido, que terá existência legal com o registro no ofício civil competente na nova sede do partido político formado. Os partidos que até então existiam ficarão cancelados junto ao ofício civil e ao TSE (art. 29, caput e § 1º, da Lei 9.096/95).

Na **incorporação**, um partido absorve outro, mantendo (o partido que absorveu) a sua identidade originária. Aqui também se leva ao registro civil, que cancelará o registro do partido incorporado (art. 29, caput e § 2º, da Lei 9.096/95).

Somente será admitida a fusão ou a incorporação de partidos políticos que tenham obtido o registro definitivo do Tribunal Superior Eleitoral há, pelo menos, cinco anos (art. 29, caput e § 9º, da Lei 9.096/95).

O **cancelamento** de um partido político pode ocorrer, como visto, em razão da fusão ou da incorporação. Ainda pode ser cancelado caso decida se dissolver (art. 27 da Lei 9.096/95).

Se um partido receber recursos financeiros de procedência estrangeira, subordinar-se à entidade ou a governo estrangeiros, não prestar as devidas contas à Justiça Eleitoral ou manter organização paramilitar, após decisão transitada em julgado, terá seu registro cancelado (art.28 da Lei 9.096/95).

4.8. Prestação de Contas

Prestação de constas é um procedimento jurisdicional no qual partidos políticos e candidatos demonstram à Justiça Eleitoral quais foram os valores arrecadados na campanha, com as respectivas fontes e destinos dos gastos eleitorais.

Mesmo que o candidato renuncie, desista, ou seja, substituído, deverá prestar contas à Justiça Eleitoral. E isso mesmo que não tenha realizado campanha. Além disso, se o candidato falecer, a obrigação de prestar contas será de responsabilidade de seu administrador financeiro ou, na sua ausência, da respectiva direção partidária.

Referente aos Partidos Políticos, estes devem, conforme art. 32 da Lei 9.096/95, enviar, anualmente, à Justiça Eleitoral, o balanço contábil do exercício findo, **até o dia 30 de junho do ano seguinte**. O balanço contábil do órgão nacional será enviado ao Tribunal Superior Eleitoral, o dos órgãos estaduais aos Tribunais Regionais Eleitorais e o dos órgãos municipais aos Juízes Eleitorais.

No entanto, estão desobrigados de prestar contas os órgãos partidários municipais que não haja movimentado recursos financeiros ou arrecadado bens estimáveis em dinheiro. Exige-se, porém, do responsável partidário, até o dia 30 de junho do ano seguinte, a apresentação de declaração da ausência de movimentação de recursos nesse período (art. 32, § 4º, da Lei 9.096/95).

Caso haja a desaprovação das contas do partido, tal não ensejará sanção alguma que o impeça de participar do pleito eleitoral (art. 32, § 5º, da Lei 9.096/95).

Sobre as espécies de verbas que o partido político não pode receber, importante é a previsão do art. 31 da Lei 9.096/95, que diz que é vedado ao partido receber, direta ou indiretamente, sob qualquer forma ou pretexto, contribuição ou auxílio pecuniário ou estimável em dinheiro, inclusive por meio de publicidade de qualquer espécie, procedente de:

> I - entidade ou governo estrangeiros;
>
> II - entes públicos e pessoas jurídicas de qualquer natureza, ressalvadas as dotações referidas no art. 38 desta Lei e as provenientes do Fundo Especial de Financiamento de Campanha;
>
> III - (revogado);
>
> IV - entidade de classe ou sindical.
>
> V - pessoas físicas que exerçam função ou cargo público de livre nomeação e exoneração, ou cargo ou emprego público temporário, ressalvados os filiados a partido político.

Constatada a violação de normas legais ou estatutárias, ficará o partido sujeito às seguintes sanções (art. 36 da Lei 9.096/95):

> I - no caso de recursos de origem não mencionada ou esclarecida, fica suspenso o recebimento das quotas do fundo partidário até que o esclarecimento seja aceito pela Justiça Eleitoral;
>
> II - no caso de recebimento de recursos mencionados no art. 31, fica suspensa a participação no fundo partidário por um ano;
>
> III - no caso de recebimento de doações cujo valor ultrapasse os limites previstos no art. 39, § 4º, fica suspensa por dois anos a participação no fundo partidário e será aplicada ao partido multa correspondente ao valor que exceder aos limites fixados.

Segundo art. 37 da Lei 9.096/95, a pena que será aplicada pela desaprovação das contas do partido será, exclusivamente, a sanção de **devolução da importância apontada como irregular, acrescida de multa de até 20%**. Essa sanção será aplicada exclusivamente à esfera partidária responsável pela irregularidade, não suspendendo o registro ou a anotação de seus órgãos de direção partidária nem tornando devedores ou inadimplentes os respectivos responsáveis partidários.

A sanção a que se refere o art. 37 deverá ser aplicada de forma proporcional e razoável, pelo período de 1 (um) a 12 (doze) meses, e o pagamento deverá ser feito por meio de desconto nos futuros repasses de cotas do fundo partidário a, no máximo, 50% (cinquenta por cento) do valor mensal, desde que a prestação de contas seja julgada, pelo juízo ou tribunal competente, em até 5 (cinco) anos de sua apresentação, vedada a acumulação de sanções (art. 37, § 3º, da Lei 9.096/95).

Esse desconto no repasse de cotas resultante da aplicação da sanção a que se refere o art. 37 será suspenso durante o segundo semestre do ano em que se realizarem as eleições (art. 37, § 9º, da Lei 9.096/95).

Caso haja erros formais ou materiais que, no conjunto da prestação de contas, não comprometam o conhecimento da origem das receitas e a destinação das despesas, não ocorrerá a desaprovação das contas (art. 37, § 12, da Lei 9.096/95).

A responsabilização pessoal civil e criminal dos dirigentes partidários decorrente da desaprovação das contas partidárias e de atos ilícitos atribuídos ao partido político somente ocorrerá se verificada irregularidade grave e insanável resultante de conduta dolosa que importe enriquecimento ilícito e lesão ao patrimônio do partido (art. 37, § 13, da Lei 9.096/95).

4.9. Fundo Partidário

O Fundo Partidário é um Fundo Especial de Assistência Financeira aos Partidos Políticos que tenham seu estatuto registrado no Tribunal Superior Eleitoral e prestação de contas regular perante a Justiça Eleitoral. Trata-se da principal fonte de recursos financeiros para manutenção das agremiações.

Esse fundo é formado por dotações orçamentárias da União, multas, penalidades, doações e outros recursos financeiros previstos no art. 38 da Lei n.º 9.096/95:

> **Art. 38.** O Fundo Especial de Assistência Financeira aos Partidos Políticos (Fundo Partidário) é constituído por:
>
> I - multas e penalidades pecuniárias aplicadas nos termos do Código Eleitoral e leis conexas;
>
> II - recursos financeiros que lhe forem destinados por lei, em caráter permanente ou eventual;
>
> III - doações de pessoa física ou jurídica, efetuadas por intermédio de depósitos bancários diretamente na conta do Fundo Partidário;

> IV - dotações orçamentárias da União em valor nunca inferior, cada ano, ao número de eleitores inscritos em 31 de dezembro do ano anterior ao da proposta orçamentária, multiplicados por trinta e cinco centavos de real, em valores de agosto de 1995.

Os valores que estão no Fundo Partidário são divididos da seguinte forma (art. 41-A da Lei 9.096/95:

- 5% (cinco por cento) serão destacados para entrega, em partes iguais, a todos os partidos que atendam aos requisitos constitucionais de acesso aos recursos do Fundo Partidário; e
- 95% (noventa e cinco por cento) serão distribuídos aos partidos na proporção dos votos obtidos na última eleição geral para a Câmara dos Deputados.

Para efeito da distribuição dos 95% antes citados, serão desconsideradas as mudanças de filiação partidária em quaisquer hipóteses.

5. ALISTAMENTO ELEITORAL, ELEGIBILIDADE E INELEGIBILIDADE

5.1. Alistamento Eleitoral

Sobre o tema alistamento eleitoral, importante ter em mente o disposto no Código Eleitoral (arts. 42 a 81) e na Resolução 23.659/2021 do TSE (que revogou a Res. 21.538/03 do TSE).

A Res. 23.659/2021 do TSE dispõe sobre a **gestão do Cadastro Eleitoral** e sobre os serviços eleitorais que lhe são correlatos. Essa Resolução adveio, em substituição à anterior (Res. 21.538/03 do TSE), para que os avanços tecnológicos fossem incorporados aos serviços eleitorais (em conjunto com medidas que assegurem o exercício da cidadania a pessoas ainda não alcançadas pela inclusão digital), bem como para atender aos ditames da Lei Geral de Proteção de Dados (LGPD). Ainda, há uma preocupação no sentido da ampliação do exercício da cidadania por parte de grupos socialmente vulneráveis e minorizados.

O art. 1º da Res. 23.659/2021 do TSE deixa claras quais são as diretrizes da gestão do Cadastro Eleitoral:

> I - modernização e desburocratização da gestão do Cadastro Eleitoral e dos serviços que lhe forem correlatos;
>
> II - conformidade do tratamento dos dados aos princípios e regras previstos na Lei Geral de Proteção dos Dados - LGPD (Lei nº 13.709/2018) ;
>
> III - preservação e facilitação do exercício da cidadania por pessoas ainda não alcançadas pela inclusão digital; e
>
> IV - expansão e especialização dos serviços eleitorais com vistas ao adequado atendimento a pessoas com deficiência e grupos socialmente vulneráveis e minorizados.

Importantes previsões para o atendimento das diretrizes da Resolução estão nos seus arts. 13, 14 e 16:

> **Art. 13.** É direito fundamental da pessoa **indígena** ter considerados, na prestação de serviços eleitorais, sua organização social, seus costumes e suas línguas, crenças e tradições.
>
> **Art. 14.** É direito fundamental da pessoa com **deficiência**, inclusive a que for declarada relativamente incapaz para a prática de atos da vida civil, estiver excepcionalmente sob curatela ou tiver optado pela tomada de decisão apoiada, a implementação de medidas destinadas a promover seu alistamento e o exercício de seus direitos políticos em igualdade de condições com as demais pessoas.
>
> **Art. 16.** É direito fundamental da pessoa **transgênera**, preservados os dados do registro civil, fazer constar do Cadastro Eleitoral seu nome social e sua identidade de gênero.

O cidadão tem direito à emissão de certidão que reflita sua situação atual no Cadastro Eleitoral (art. 3º da Res. 23.659/2021 do TSE).

No que se refere especificamente ao alistamento eleitoral, é por meio dele que se adquirem os direitos políticos. Com o alistamento, o sujeito se torna eleitor e, portanto, cidadão, adquirindo a capacidade eleitoral ativa. É a primeira etapa do processo eleitoral. Uma vez alistado, poderá participar ativamente da vida política do Estado, pois poderá votar, realizar iniciativa popular de lei, participar de plebiscito e referendo e, ainda, ajuizar ação popular.

Quanto ao tema, importante lembrar o disposto no art. 14, § 1º, da CF/88, que afirma que o alistamento eleitoral e o voto são:

> I - obrigatórios para os maiores de dezoito anos;
>
> II - facultativos para:
>
> a) os analfabetos;
>
> b) os maiores de setenta anos;
>
> c) os maiores de dezesseis e menores de dezoito anos.
>
> § 2º Não podem alistar-se como eleitores os estrangeiros e, durante o período do serviço militar obrigatório, os conscritos.

Porém, a partir da data em que a pessoa completar 15 anos, é facultado o seu alistamento eleitoral, sendo que tal será requerido diretamente pela pessoa menor de idade e independe de autorização ou assistência de seu/sua representante legal. O título eleitoral emitido ao adolescente de 15 anos somente surtirá o efeito quando a pessoa completar

16 anos (art. 30, caput e §§, da Res. 23.659/2021 do TSE).

Conforme o art. 11 da Res. 23.659/2021 do TSE, o alistamento eleitoral é assegurado:

> I – a todas as pessoas brasileiras que tenham atingido a idade mínima constitucionalmente prevista, salvo os que, pertencendo à classe dos conscritos, estejam no período de serviço militar obrigatório e dele não tenham se desincumbido; e
>
> II – às pessoas portuguesas que tenham adquirido o gozo dos direitos políticos no Brasil, observada a legislação específica.

O pedido de alistamento eleitoral é realizado por meio do chamado Requerimento de Alistamento Eleitoral (RAE), que será processado eletronicamente, por atendente da Justiça Eleitoral ou, em caráter prévio, pelo próprio indivíduo, no site do TSE.

O alistamento possui duas fases: a qualificação e a inscrição. Na qualificação, verifica-se se o sujeito preenche todos os requisitos para se alistar, como idade mínima e ausência de prévio alistamento. Se forem atendidos todos os requisitos, ocorrerá a inscrição do indivíduo no Cadastro Eleitoral.

Os documentos necessários para o alistamento estão dispostos no art. 34 da Res. 23.659/2021 do TSE, sendo que a pessoa pode apresentar um ou mais deles. Como exemplo de documento, cita-se a carteira de identidade ou mesmo um documento público do qual se infira ter a pessoa requerente a idade mínima de 15 anos, e do qual constem os demais elementos necessários à sua qualificação.

O alistamento pode ser deferido ou indeferido pelo juiz eleitoral, sendo que, conforme art. 29 da Res. 23.659/2021 do TSE, o alistamento será realizado quando a pessoa requerer inscrição e:

> I - em seu nome não for identificada inscrição em nenhuma zona eleitoral do país ou no exterior; ou
>
> II - a única inscrição localizada em seu nome estiver cancelada por determinação de autoridade judiciária.

Caso deferido o pedido, Partido Político ou o Ministério Público poderá recorrer no prazo de 10 dias (art. 57 da Res. 23.659/2021 do TSE).

Caso indeferido o pedido, o eleitor ou o Ministério Público poderá recorrer, no prazo de 5 dias (art. 58 da Res. 23.659/2021 do TSE).

O próprio eleitor menor de 18 anos tem capacidade para estar em juízo, como recorrente ou recorrido, nos feitos que versem sobre sua inscrição eleitoral, sendo-lhe facultada a assistência por seu/sua representante legal (art. 59 da Res. 23.659/2021 do TSE). E, enquanto o processo tramitar nas instâncias ordinárias, não será exigida do eleitor ou da eleitora representação por advogado, inclusive no âmbito do tribunal regional eleitoral (art. 60 da Res. 23.659/2021 do TSE).

Importante notar que há um período no qual o **alistamento está fechado**. Conforme art. 91 da Lei das Eleições (Lei 9.504/97), nenhum requerimento de inscrição eleitoral ou de transferência será recebido **dentro dos cento e cinquenta dias anteriores à data da eleição.**

5.2. Revisão, Transferência e 2ª Via

A **revisão** ocorrerá quando a pessoa necessitar (art. 39 da Res. 23.659/2021 do TSE):

- alterar o local de votação no mesmo município, ainda que não haja mudança de zona eleitoral;
- retificar os dados pessoais; ou,
- nas hipóteses em que for permitida a reutilização do número de inscrição, regularizar a situação de inscrição cancelada.

Já a **transferência** será realizada quando a pessoa desejar alterar seu domicílio eleitoral (art. 37 da Res. 23.659/2021 do TSE). Essa transferência só será admitida quando satisfeitas as seguintes exigências (art. 38 da Res. 23.659/2021 do TSE):

- apresentação do requerimento perante a unidade de atendimento da Justiça Eleitoral do novo domicílio no prazo estabelecido pela legislação vigente;
- transcurso de, pelo menos, um ano do alistamento ou da última transferência;
- tempo mínimo de três meses de vínculo com o município, dentre aqueles aptos a configurar o domicílio eleitora;
- regular cumprimento das obrigações de comparecimento às urnas e de atendimento a convocações para auxiliar nos trabalhos eleitorais.

Mas os prazos de um ano de alistamento e tempo mínimo de três meses de domicílio eleitoral não se aplicam à transferência eleitoral de:

- servidora ou servidor público civil e militar ou de membro de sua família, por motivo de remoção, transferência ou posse; e
- indígenas, quilombolas, pessoas com deficiência, trabalhadoras e trabalhadores rurais safristas e pessoas que tenham sido forçadas, em razão de tragédia ambiental, a mudar sua residência.

Por fim, o pedido de **segunda via** ocorrerá no caso de perda, extravio, inutilização ou dilaceração do título eleitoral, conforme (art. 40 da Res. 23.659/2021 do TSE).

5.3. Domicílio Eleitoral

O conceito de domicílio é mais elástico no Direito Eleitoral que o Direito Civil. É possível que haja um domicílio civil em um local e um eleitoral em outro. Isso porque o domicílio eleitoral satisfaz-se com vínculos de natureza política, econômica, social, familiar, afetiva. Nesse sentido é o art. 23 da Res. 23.659/2021 do TSE:

> **Art. 23.** Para fins de fixação do domicílio eleitoral no alistamento e na transferência, deverá ser comprovada a existência de vínculo residencial, afetivo, familiar, profissional, comunitário ou de outra natureza que justifique a escolha do município.

5.4. Correição e Revisão do Eleitorado

Revisão do eleitorado é um procedimento para purificação do cadastro eleitoral, diante da existência de uma possível fraude no alistamento. Já a correição do eleitorado é um procedimento prévio para verificar se é necessária a revisão do eleitorado. Ocorrerá somente se houver disponibilidade de recursos (art. 102 da Res. 23.659/2021 do TSE).

Se, na correição do eleitorado, for comprovada a fraude em proporção que comprometa a higidez do Cadastro Eleitoral, o tribunal regional eleitoral, comunicando a decisão ao Tribunal Superior Eleitoral, ordenará a revisão do eleitorado, obedecidas as instruções contidas na Resolução 23.659/2021 e as recomendações que subsidiariamente baixar (art. 104 da Res. 23.659/2021 do TSE). Mas a execução da revisão de eleitorado com fundamento no *caput* deste artigo dependerá da existência de dotação orçamentária, a ser avaliada após já destacados os recursos para as revisões de ofício (art. 104, § 1º, da Res. 23.659/2021 do TSE).

O TSE também pode determinar, de ofício, a revisão do eleitorado, observada a conveniência e a disponibilidade de recursos, quando (art. 105 da Res. 23.659/2021 do TSE):

> I - o total de transferências ocorridas no ano em curso seja 10% superior ao do ano anterior;
>
> II - o eleitorado for superior ao dobro da população entre dez e quinze anos, somada à de idade superior a setenta anos do território daquele município; e
>
> III - o eleitorado for superior a 80% da população projetada para aquele ano pelo Instituto Brasileiro de Geografia e Estatística (IBGE).

Nota-se que não será realizada revisão de eleitorado (art. 107 da Res. 23.659/2021 do TSE):

> I - em ano eleitoral, salvo se iniciado o procedimento revisional no ano anterior ou se, verificada situação excepcional, o Tribunal Superior Eleitoral autorizar que a ele se dê início; e
>
> II - que abranja apenas parcialmente o território do município, ainda que seja este dividido em mais de uma zona eleitoral.

A revisão de eleitorado deverá ser sempre presidida pelo juiz eleitoral da respectiva zona (art. 109 da Res. 23.659/2021 do TSE), e o prazo do procedimento revisional será previsto no ato que determinar sua realização e será, no mínimo, de 30 dias. Já a conclusão dos procedimentos revisionais será fixada em data que não ultrapasse 31 de março do ano de realização das eleições (art. 111 da Res. 23.659/2021 do TSE).

Concluídos os trabalhos de revisão, o juiz ou a juíza juntará aos autos relatório sintético das operações de RAE realizadas, extraído do Sistema Elo e, ouvido o Ministério Público, determinará o cancelamento das inscrições relativas a eleitoras e eleitores que não tenham comparecido. Mas esse cancelamento das inscrições somente deverá ser efetivado no sistema após a homologação da revisão pelo tribunal regional eleitoral (art. 122 da Res. 23.659/2021 do TSE),

Transcorrido o prazo recursal, o juiz ou juíza eleitoral fará minucioso relatório dos trabalhos desenvolvidos, que encaminhará, com os autos do processo de revisão, à corregedoria regional eleitoral (art. 124 da Res. 23.659/2021 do TSE).

Apreciado o relatório e ouvido o Ministério Público, a corregedora ou corregedor regional eleitoral (art. 125 da Res. 23.659/2021 do TSE):

> I - indicará providências a serem tomadas, se verificar a ocorrência de vícios comprometedores à validade ou à eficácia dos trabalhos;
>
> II - submetê-lo-á ao tribunal regional, propondo:
>
> a) a homologação da revisão, se entender pela regularidade dos trabalhos revisionais; ou
>
> b) a não homologação da revisão, se verificar o não comparecimento de quantitativo que ultrapasse 20% do total de convocados para o procedimento ou a existência de circunstâncias peculiares que impeçam o adequado atendimento das demandas de regularização das inscrições que vierem a ser canceladas.

5.5. Cancelamento e Exclusão da Inscrição Eleitoral

Os arts. 71 a 81 do Código Eleitoral regulamentam a matéria.

O art. 71 indica as causas de cancelamento. São elas:

> I – a infração dos arts. 5º e 42;
>
> II – a suspensão ou perda dos direitos políticos;
>
> III – a pluralidade de inscrição;

IV – o falecimento do eleitor;

V – deixar de votar em 3 (três) eleições consecutivas.

Para a exclusão da inscrição, haverá um procedimento e, durante ele, até a exclusão, poderá o eleitor votar validamente (art. 72 do Código Eleitoral).

Esse procedimento vem disposto no art. 77 do Código Eleitoral:

1º) o juiz eleitoral mandará autuar a petição ou representação com os documentos que a instruírem;

2º) o juiz fará publicar edital com prazo de 10 (dez) dias para ciência dos interessados, que poderão contestar dentro de 5 (cinco) dias;

3º) o juiz concederá dilação probatória de 5 (cinco) a 10 (dez) dias, se requerida;

4º) o juiz decidirá no prazo de 5 (cinco) dias.

Da decisão do juiz eleitoral caberá recurso no prazo de 3 dias, para o Tribunal Regional, interposto pelo excluendo ou por delegado de partido (art. 80 do Código Eleitoral).

A exclusão não é definitiva, ou seja, é possível que, cessada a causa do cancelamento, o interessado venha a requerer novamente a sua qualificação e inscrição (art. 81 do Código Eleitoral).

5.6. Elegibilidade

Para que possamos ser votados, ou seja, sermos um representante eleito do povo, precisamos preencher os requisitos de elegibilidade. Uma vez que preenchidos esses requisitos e não incidente causa de inelegibilidade ou de perda/suspensão dos direitos políticos, o agente terá concretizada a sua capacidade eleitoral passiva (direitos políticos passivos). Elegível é o cidadão apto a receber votos em um certame.

Segundo a Constituição Federal, em seu art. 14, § 2º, são condições de elegibilidade:

I - a nacionalidade brasileira;

II - o pleno exercício dos direitos políticos;

III - o alistamento eleitoral;

IV - o domicílio eleitoral na circunscrição;

V - a filiação partidária;

VI - a idade mínima de:

a) trinta e cinco anos para Presidente e Vice-Presidente da República e Senador;

b) trinta anos para Governador e Vice-Governador de Estado e do Distrito Federal;

c) vinte e um anos para Deputado Federal, Deputado Estadual ou Distrital, Prefeito, Vice-Prefeito e juiz de paz;

d) dezoito anos para Vereador.

A filiação partidária é requisito porque não se admitem as candidaturas avulsas, ou seja, sem partido. E, para concorrer às eleições, deve ter ocorrido a filiação pelo menos seis meses antes da data para as eleições (mesmo prazo do domicílio eleitoral).

Para o exercício absoluto do direito de ser votado, o candidato não pode incorrer em nenhuma das causas de inelegibilidade.

5.7. Inelegibilidade

A inelegibilidade significa a existência de causas negativas que impedem o cidadão de exercer a sua capacidade eleitoral passiva, ou seja, impede o indivíduo de ser votado. A inelegibilidade pode ser vista como um impedimento ao exercício da cidadania passiva, ficando o sujeito impossibilitado de ser escolhido para ocupar cargo público eletivo.

Importante notar que a inelegibilidade não impede o indivíduo de votar, só impede de ser votado. As inelegibilidades podem **ser absolutas ou relativas**.

As **inelegibilidades absolutas** são as regras que impedem a candidatura para qualquer cargo eletivo. Diante desse caráter absoluto, somente podem ser previstas, de forma taxativa, na CF/88.

Já as inelegibilidades relativas impedem a candidatura para algum cargo eletivo ou mandato, em função da situação em que se encontre o cidadão candidato, previstas no art. 14, §§ 5º a 8º, da CF/88 e/ou em lei complementar.

a.1) Inelegibilidades absolutas: de acordo com o art. 14, § 4º, da CF/88, são **absolutamente inelegíveis o inalistável e o analfabeto**. Importante destacar que os estrangeiros e os conscritos durante o serviço militar obrigatório não podem alistar-se como eleitores e, portanto, não podem ser eleitos. Estão relacionadas a uma condição pessoal, diferentemente das inelegibilidades relativas, que estão relacionadas a cargos.

Sobre o tema, duas súmulas importantes do TSE:

Súmula nº 15 do TSE: O exercício de mandato eletivo não é circunstância capaz, por si só, de comprovar a condição de alfabetizado do candidato.

Súmula nº 55 do TSE: A Carteira Nacional de Habilitação gera a presunção da escolaridade necessária ao deferimento do registro de candidatura.

a.2) Inelegibilidades relativas: a inelegibilidade relativa dá-se, conforme as regras constitucionais, **por motivos funcionais ou por motivo de parentesco, bem como em virtude das situações previstas em lei complementar** (art. 14, § 9º, da CF/88).

- Inelegibilidade por **motivos funcionais**: São duas hipóteses.

i) inelegibilidade para os mesmos cargos, num terceiro mandado subsequente: o Presidente da República, os Governadores de Estado e do Distrito Federal, os Prefeitos e quem os houver sucedido ou substituído no curso dos mandatos não poderão ser reeleitos para um terceiro mandato sucessivo (art. 14, § 5º, da CF/88). Quanto à situação do vice, como ele não titulariza mandato, segundo o Supremo Tribunal Federal, não se lhe aplica a inelegibilidade em tela, salvo se ele assumiu, por sucessão, a titularidade no curso do mandato e vem a se eleger como titular para o segundo. Ou seja, somente quando o vice suceder o titular é que passa a exercer definitivamente um mandato como titular do cargo. Ainda, nota-se que essa inelegibilidade vale para mandatos sucessivos.

A CF/88 permite a figura do "prefeito itinerante", ou está vedada pelo § 5º do art. 14 da CF/88? O "prefeito itinerante" é aquele que exerceu dois mandatos consecutivos de Prefeito em um Município e depois vai concorrer a um terceiro mandato consecutivo de Prefeito em uma cidade próxima. O STF decidiu que o indivíduo que já exerceu dois mandatos consecutivos de Prefeito fica inelegível para um terceiro mandato, ainda que seja em município diferente. Ou seja, a figura do "prefeito itinerante" não é permitida.

ii) inelegibilidade para concorrerem a outros cargos: para concorrerem a outros cargos, o Presidente da República, os Governadores de Estado e do Distrito Federal e os Prefeitos devem renunciar aos respectivos mandatos até seis meses antes do pleito (art. 14, § 6º, da CF/88). Trata-se do instrumento da desincompatibilização. Importante destacar que de acordo com o entendimento do STF, não será necessária a desincompatibilização no caso de candidatura a reeleição para o mesmo cargo de Chefe de Executivo.

- Inelegibilidades por **motivos de parentesco**:

De acordo com o art. 14, § 7º, da CF/88, são inelegíveis, no território da circunscrição do titular, o cônjuge e os parentes consanguíneos ou afins, até o segundo grau ou por adoção, do Presidente da República, do Governador de Estado, Território ou Distrito Federal, do Prefeito ou quem os haja substituído dentro dos 6 meses anteriores ao pleito, salvo se já titular de mandato eletivo e candidato à reeleição.

Importante ressaltar que o STF pacificou sua jurisprudência, por meio da edição da **Súmula Vinculante nº 18**, no sentido de que a **dissolução da sociedade ou do vínculo conjugal, no curso do mandato, não afasta a inelegibilidade prevista no § 7.º do artigo 14 da Constituição Federal.** Contudo, a Corte entende que não atrai a aplicação do entendimento constante na referida súmula a extinção do vínculo conjugal pela morte de um dos cônjuges e, portanto, é possível a candidatura do cônjuge ou parente do Chefe do Executivo quando o titular, causador da inelegibilidade, pudesse, ele mesmo, candidatar-se à reeleição, mas tenha se afastado do cargo até 6 meses antes do pleito ou tenha falecido.

- Inelegibilidades previstas em **lei complementar**:

De acordo com o art. 14, § 9º, da CF/88, lei complementar estabelecerá outros casos de inelegibilidade e os prazos de sua cessação, a fim de que sejam protegidos os preceitos da probidade administrativa, da moralidade para o exercício de mandato, considerada a vida pregressa do candidato, a normalidade e legitimidade das eleições contra a influência do poder econômico ou abuso do exercício de função, cargo ou emprego na administração direita ou indireta. A Lei Complementar, que regulamentou o § 9º do art. 14, é a LC 64/90.

Interessante questão é a dos **militares**. Prevê o art. 14, § 8º, da CF/88 que o militar alistável (ou seja, o militar que não está conscrito) é elegível, atendidas as seguintes condições:

- se tiver menos de dez anos de serviço, deverá afastar-se da atividade;
- se tiver mais de dez anos de serviço, será agregado pela autoridade superior e, se eleito, passará automaticamente, no ato da diplomação, para a inatividade.

Esses dispositivos foram interpretados pelo STF no julgamento do RE 279.469. Na hipótese de contar com menos de 10 anos de serviço, embora o texto diga apenas que o militar deverá se afastar, esse afastamento deve ser entendido como definitivo. Assim, ao se candidatar a cargo eletivo, o militar com menos de 10 anos será excluído do serviço ativo mediante demissão ou licenciamento *ex officio* e o consequente desligamento da organização a que estiver vinculado. No entanto, se o militar contar com mais de 10 anos de serviço (art. 14, § 8º, II), será agregado (afastado temporariamente) pela autoridade superior e, se eleito, passará automaticamente, no ato da diplomação, para a inatividade.

5.8. Inelegibilidades Previstas na LC 64/90

Como visto, o art. 14, § 9º, da CF/88 afirma que lei complementar estabelecerá outros casos de inelegibilidade. A Lei Complementar 64/90 é que estabelece esses casos. Importante notar que somente lei complementar pode fazer isso, ou seja, não é possível que uma lei ordinária traga casos de inelegibilidades.

A citada LC 64/90 traz um extenso rol com hipóteses de inelegibilidades. Essa lei complementar sofreu importantes alterações pela LC 135/2010, que ficou conhecida como Lei da Ficha Limpa. Aqui serão abordadas as mais importantes hipóteses:

a) **Art. 1º, inciso I, alínea "e", da LC 64/90** - São inelegíveis os que forem condenados, em decisão transitada em julgado ou proferida por órgão judicial colegiado, desde a condenação até o transcurso do prazo de 8 (oito) anos após o cumprimento da pena, pelos crimes:

1. contra a economia popular, a fé pública, a administração pública e o patrimônio público;
2. contra o patrimônio privado, o sistema financeiro, o mercado de capitais e os previstos na lei que regula a falência;
3. contra o meio ambiente e a saúde pública;
4. eleitorais, para os quais a lei comine pena privativa de liberdade;
5. de abuso de autoridade, nos casos em que houver condenação à perda do cargo ou à inabilitação para o exercício de função pública;
6. de lavagem ou ocultação de bens, direitos e valores; (Incluído pela Lei Complementar
7. de tráfico de entorpecentes e drogas afins, racismo, tortura, terrorismo e hediondos;
8. de redução à condição análoga à de escravo;
9. contra a vida e a dignidade sexual;
10. praticados por organização criminosa, quadrilha ou bando;

Nota-se que, conforme o art. 15, III, da CF, a condenação criminal transitada em julgado importa em suspensão dos direitos políticos enquanto perdurarem seus efeitos. Esses efeitos da suspensão dos direitos políticos cessam a partir do cumprimento ou da extinção da pena. Mas a inelegibilidade, de forma diferente, persistirá até 8 anos após o cumprimento da pena.

▷ **IMPORTANTE:** Havia questionamento sobre a constitucionalidade da inelegibilidade perdurar por 8 anos após o cumprimento da pena. O STF, em 2022, no julgamento da ADI 6630, entendeu que é constitucional esse prazo. Decidiu o STF que a fluência integral do prazo de 8 anos de inelegibilidade após o fim do cumprimento da pena (art. 1º, I, "e", da LC 64/1990) é medida proporcional, isonômica e necessária para a prevenção de abusos no processo eleitoral e para a proteção da moralidade e probidade administrativas.

No entanto, a inelegibilidade prevista nessa alínea "e" não se aplica aos crimes culposos e àqueles definidos em lei como de menor potencial ofensivo, nem aos crimes de ação penal privada (§ 4º do art. 1º da LC 64/90).

Cuidar as Súmulas 59 e 60 do TSE:

> **Súmula 59 do TSE:** O reconhecimento da prescrição da pretensão executória pela Justiça Comum não afasta a inelegibilidade prevista no art. 1º, I, e, da LC nº 64/90, porquanto não extingue os efeitos secundários da condenação.
>
> **Súmula 60 do TSE:** O prazo da causa de inelegibilidade prevista no art. 1º, I, e, da LC nº 64/1990 deve ser contado a partir da data em que ocorrida a prescrição da pretensão executória e não do momento da sua declaração judicial.

Crimes tributários e licitatórios atraem a inelegibilidade prevista no art. 1º, I, "e", da LC 64/90, já que enfraquecem as regras que regem a Administração Pública. Além disso, incide na hipótese de condenação pelo Tribunal do Júri, já que se trata de um órgão colegiado.

b) **Art. 1º, inciso I, alínea "g", da LC 64/90** – São inelegíveis os que tiverem suas contas relativas ao exercício de cargos ou funções públicas rejeitadas por irregularidade insanável que configure ato doloso de improbidade administrativa, e por decisão irrecorrível do órgão competente, salvo se esta houver sido suspensa ou anulada pelo Poder Judiciário, para as eleições que se realizarem nos 8 (oito) anos seguintes, contados a partir da data da decisão, aplicando-se o disposto no inciso II do art. 71 da Constituição Federal, a todos os ordenadores de despesa, sem exclusão de mandatários que houverem agido nessa condição.

Esse dispositivo prevê que são inelegíveis para qualquer cargo os que tiverem suas contas rejeitadas pelo Tribunal de Contas por irregularidade insanável que configure **ato doloso** de improbidade administrativa.

Ressalte-se que a LC 184/2021 incluiu o § 4º-A determinado que só haverá inelegibilidade na hipótese da alínea "g" do inciso I do art. 1º se as contas do administrador forem julgadas irregulares com imputação de débito (ressarcimento ao erário). Se o órgão aplicar apenas multa, essa decisão não gerará inelegibilidade.

c) **Art. 1º, inciso I, alínea "j", da LC 64/90** - São inelegíveis os que forem condenados, em decisão transitada em julgado ou proferida por órgão colegiado da Justiça Eleitoral, por corrupção eleitoral, por captação ilícita de sufrágio, por doação, captação ou gastos ilícitos de recursos de campanha ou por conduta vedada aos agentes públicos em campanhas eleitorais **que impliquem cassação do registro ou do diploma**, pelo prazo de 8 anos a contar da eleição

Nota-se que é necessário, para incidência dessa hipótese, que haja cassação do registro ou do diploma. A aplicação isolada de multa não acarreta a inelegibilidade.

Sobre o tema, importante o conteúdo da Súmula 69 do TSE: Os prazos de inelegibilidade previstos nas alíneas j e h do inciso I do art. 1º da LC nº 64/90 têm termo inicial no dia do primeiro turno da eleição e termo final no dia de igual número no oitavo ano seguinte.

d) **Art. 1º, inciso I, alínea "l", da LC 64/90** - São inelegíveis os que forem condenados à suspensão dos direitos políticos, em decisão transitada em julgado ou proferida por órgão judicial colegiado, por ato doloso de improbidade administrativa que importe lesão ao patrimônio público e enriquecimento ilícito, desde a condenação ou o trânsito em julgado até o transcurso do prazo de 8 (oito) anos após o cumprimento da pena.

e) **Art. 1º, inciso I, alínea "p", da LC 64/90** – São inelegíveis a pessoa física e os dirigentes de pessoas jurídicas responsáveis por doações eleitorais tidas por ilegais por decisão transitada em julgado ou proferida por órgão colegiado da Justiça Eleitoral, pelo prazo de 8 (oito) anos após a decisão, observando-se o procedimento previsto no art. 22.

Como exemplo de doação ilegal, pode-se citar o caso da pessoa que doa mais do que 10% do seu rendimento bruto no ano anterior ao da eleição, já que, segundo a Lei 9.504/97, o limite de doação é 10%.

▷ **Importante:** Além de não ser inelegível, para que o sujeito possa ser votado, não podem os seus direitos políticos estarem suspensos ou tê-los perdido. Perda e suspensão de direitos políticos são limitações excepcionais que anulam os próprios direitos políticos positivos (ativos e passivos), atingindo a capacidade de votar e de ser votado. A perda dos direitos políticos é a privação definitiva. A suspensão dos direitos políticos é a privação temporária.

Cumpre destacar que, em nenhuma hipótese, será permitida a cassação de direitos políticos, conforme expressa previsão do art. 15 da CF/88.

A perda dos direitos políticos ocorre em dois casos:

- cancelamento da naturalização por sentença transitada em julgado, tendo em vista que o indivíduo deixa de ostentar a nacionalidade brasileira (art. 15, inciso I, da CF);
- perda da nacionalidade brasileira em virtude de aquisição de outra. Apesar de não expressa no art. 15 da CF/88, é possível concluir que esta também é uma forma de perda dos direitos políticos, uma vez que a nacionalidade é pressuposto para aquisição dos direitos políticos (art. 12, § 4º, II, CF/88).

A suspensão dos direitos políticos ocorre em quatro casos:

- incapacidade civil absoluta (art. 15, II, da CF/88), na forma dos arts. 1.767 e 1.768 do Código Civil;
- condenação criminal transitada em julgado (art. 15, III, da CF/88). Perdura a suspensão enquanto durarem os efeitos da condenação;
- recusa no cumprimento de obrigação a todos imposta ou prestação alternativa (art. 15, II, da CF/88). Embora exista divergência doutrinária, majoritariamente esta hipótese é considerada como uma hipótese de suspensão dos direitos políticos, que cessará quando a pessoa decidir prestar o serviço alternativo.

6. LEI DAS ELEIÇÕES

6.1. Período das Eleições

A Lei das Eleições (Lei nº 9.504/97) prevê, em seu art. 1º, que, no primeiro domingo de outubro, ocorrerão as eleições para Presidente e Vice-Presidente da República, Governador e Vice-Governador de Estado e do Distrito Federal, Prefeito e Vice-Prefeito, Senador, Deputado Federal, Deputado Estadual, Deputado Distrital e Vereador.

Em um dos certames, serão realizadas, simultaneamente, as eleições para Presidente e Vice-Presidente da República, Governador e Vice-Governador de Estado e do Distrito Federal, Senador, Deputado Federal, Deputado Estadual e Deputado Distrital.

Dois anos após, haverá, simultaneamente, as eleições para Prefeito, Vice-Prefeito e Vereador.

Presidente da República, Governador e Prefeito de Município com mais de 200 mil eleitores serão eleitos pelo sistema majoritário absoluto, ou seja, deve ser atingida a maioria absoluta para ser eleito. Isso faz com seja possível ocorrer 2º turno (que ocorrerá no último domingo de outubro), caso nenhum candidato atinja a maioria absoluta no primeiro turno.

Caso, antes de realizado o segundo turno, ocorrer morte, desistência ou impedimento legal de candidato, convocar-se-á, dentre os remanescentes, o de maior votação, sendo que, se remanescer, em segundo lugar, mais de um candidato com a mesma votação, qualificar-se-á o mais idoso (art. 2º, §§ 2º e 3º, da Lei 9.504/97).

Senador e Prefeito de Município com menos de 200 mil eleitores serão eleitos pelo sistema majoritário simples, ou seja, para serem eleitos basta alcançar a maioria relativa. Desse modo, para esses cargos, não haverá segundo turno.

Note-se que os votos em branco e nulo não são computados para que seja verificada a maioria (arts. 2º, caput, e 3º, caput, da Lei 9.504/97).

Deputados Federais, Deputados Estaduais, Deputados Distritais e Vereadores serão eleitos pelo sistema proporcional, em um único turno de votação. Aqui utiliza-se, para verificar os eleitos, o quociente eleitoral e o quociente partidário (arts. 106 e 107 do Código Eleitoral).

Somente poderá participar das eleições o partido que, até seis meses antes do pleito, tenha registrado seu estatuto no Tribunal Superior Eleitoral (art. 4º da Lei 9.504/97).

6.2. Coligações Partidárias

Partidos políticos são associações de caráter nacional que congregam cidadãos com ideologia similar. Esses partidos podem coligar-se entre si.

E o que é uma coligação? É uma união temporária, apenas no período eleitoral, de dois ou mais partidos, com o propósito de escolherem, em conjunto, quem será candidato ao pleito.

Essa coligação é possível **somente em eleição majoritária**, **vedada nas eleições proporcionais**, na forma do art. 17, § 1º, da CF/88:

> **Art. 17, § 1º.** É assegurada aos partidos políticos autonomia para definir sua estrutura interna e estabelecer regras sobre escolha, formação e duração de seus órgãos permanentes e provisórios e sobre sua organização e funcionamento e para adotar os critérios de **escolha e o regime de suas coligações nas eleições majoritárias**, vedada a sua celebração nas eleições proporcionais, **sem obrigatoriedade de vinculação entre as candidaturas em âmbito nacional, estadual, distrital ou municipal**, devendo seus estatutos estabelecer normas de disciplina e fidelidade partidária.

No mesmo sentido é o art. 6º da Lei 9.504/97, que diz:

> **Art. 6º.** É facultado aos partidos políticos, dentro da mesma circunscrição, celebrar coligações para eleição majoritária.

Não haverá obrigatoriedade de vinculação entre as candidaturas em âmbito nacional, estadual e municipal, conforme previsto no mesmo art. 17, § 1º, da CF/88. Ou seja, não há necessidade de verticalização das coligações partidárias.

A coligação deve funcionar como um partido único, não podendo cada partido atuar de forma isolada no processo eleitoral, salvo quando questionar a validade da própria coligação (art. 6º, § 4º, da Lei 9.504/97).

Quanto à propaganda realizada pela coligação, duas regras importantes:

- a coligação deve usar sob a sua denominação as legendas de todos os partidos (§ 2º do art. 6º da Lei 9.504/97);
- a responsabilidade pelo pagamento de multa é do candidato em solidariedade com o partido, não alcançando os outros partidos da coligação (§ 5º do art. 6 da Lei 9.504/97).

6.3. Convenções Partidárias

Para alguém se candidatar a um cargo eletivo, deve estar filiado a algum partido político, já que não são admitidas candidaturas avulsas (art. 11, § 14, da Lei 9.504/97). Para que possa concorrer, essa filiação deve ocorrer seis meses antes do pleito.

E para concorrer, deverá ter domicílio eleitoral na circunscrição (art. 9º da Lei 9.50/97). Exemplo: Prefeito, para concorrer ao cargo no Município X, deve ter domicílio eleitoral no Município X; Senador, para concorrer ao cargo pelo Estado-membro Y, deverá ter domicílio eleitoral no Estado-membro Y.

Mas nem todos que querem, podem concorrer. Para que possam concorrer, **tem que ser escolhidos em convenções partidárias**.

Convenção partidária é a reunião formada pelos filiados de partido político, cuja finalidade é eleger os que concorrerão ao pleito. Em outras palavras, convenção partidária é o órgão máximo de deliberação de cada partido político.

As convenções podem ser municipais (para escolha de prefeito, vice-prefeito e vereadores), estaduais (para escolha de deputados federais, deputados estaduais, deputados distritais, senador, governador e vice-governador) e nacional (para escolha de Presidente da República e Vice-Presidente da República).

Para a realização das convenções de escolha de candidatos, os partidos políticos poderão usar gratuitamente prédios públicos, responsabilizando-se por danos causados com a realização do evento (art. 8º, § 2º, da Lei 9.504/97). O STF, na ADI 2530, declarou a inconstitucionalidade do art. 8º, § 1º, da Lei 9.504/97.

Data das convenções: devem ser realizadas de 20 de julho a 05 de agosto do ano das eleições.

6.4. Registro das Candidaturas

Uma vez realizada a convenção partidária e escolhidos os candidatos, deve ocorrer o registro das candidaturas perante a Justiça Eleitoral, para que, como isso, tal seja oficializado.

O pedido de registro da candidatura é feito por partido ou coligação partidária mediante a apresentação da documentação exigida em lei (art. 11, caput e § 1º, da Lei 9.504/97). Caso o partido ou a coligação não o fizerem, o próprio candidato poderá fazer o pedido de registro da sua candidatura (art. 11, § 4º, da Lei 9.504/97).

O pedido do registro pelos partidos e pelas coligações devem ocorrer até as dezenove horas do dia 15 de agosto do ano em que se realizarem as eleições (art. 11, caput, da Lei 9.504/97). Caso não seja feito, o candidato terá o prazo de 48 horas após a publicação da lista dos candidatos pela Justiça eleitoral para fazê-lo (art. 11, § 4º, da Lei 9.504/97).

Cada partido poderá registrar candidatos para a Câmara dos Deputados, a Câmara Legislativa, as Assembleias Legislativas e as Câmaras Municipais no total de até 100% do número de lugares a preencher mais 1 (art. 10 da Lei 9.504/97).

Com o fim de trazer isonomia entre homens e mulheres (igualdade material), o art. 10, § 3º, da Lei 9.504/97 trouxe uma importante ação afirmativa: Do número de vagas resultante das regras previstas neste artigo, cada partido ou coligação preencherá o mínimo de 30% (trinta por cento) e o máximo de 70% (setenta por cento) para candidaturas de cada sexo.

A idade mínima constitucionalmente estabelecida como condição de elegibilidade (art. 14, § 3º, VI, da CF/88) é verificada tendo por referência a data da posse, salvo no caso do cargo de vereador (art. 11, § 2º, da Lei 9.504/97). Exemplo: um candidato a Governador pode ter durante o processo eleitoral 29 anos, desde que, até a sua posse, complete 30 anos de idade. Mas, se for caso de vereador, a idade mínima, que é 18 anos de idade, deve ser aferida na data-limite para o pedido de registro.

Para que um cidadão possa ser candidato, até a data da formalização do seu pedido de registro de candidatura, precisará pagar as multas que eventualmente tenham sido impostas. É possível também que seja realizado o parcelamento da multa (art. 11, § 8º, da Lei 9.504/97).

O pedido de registro de candidatura deve ser realizado perante o juízo competente, que variará de acordo com a espécie de eleição.

- Se for eleição para Prefeito, Vice-Prefeito e Vereador, a competência será do juiz eleitoral;
- Se a eleição for para Governador, Vice-Governador, Deputado Estadual, Deputado Distrital, Deputado Federal e Senadores (com seus suplentes), a competência será do TRE;
- Se for eleição para Presidente e Vice-Presidente, a competência será do TSE.

As instâncias ordinárias da Justiça Eleitoral, até 20 dias antes das eleições, deverão analisar os pedidos (art. 16, § 1º, da Lei 9.504/97). Nota-se que o processo de registro de candidatura tem prioridade sobre os demais (art. 16, § 2º, da Lei 9.504/97).

O candidato que teve seu registro impugnado na Justiça Eleitoral, enquanto não houver sentença transitada em julgado, poderá participar normalmente do processo eleitoral (art. 16-A da Lei 9.504/97).

Cumpre informar que, recentemente, o STF, nas ADIs 4542 e 4513, fixou a seguinte tese: "Em atenção aos princípios democrático, da soberania popular e da centralidade dos partidos políticos no sistema proporcional, o parágrafo único do art. 16-A da Lei nº 9.504/1997 deve ser interpretado no sentido de excluir do cômputo para o respectivo partido apenas os votos atribuídos ao candidato cujo registro esteja indeferido sub judice no dia da eleição, não se aplicando no caso de candidatos com pedido de registro deferido ou não apreciado, tudo nos termos do voto do Relator".

Seguem algumas Súmulas importantes do TSE:

> **Súmula 45 do TSE:** Nos processos de registro de candidatura, o juiz eleitoral pode conhecer de ofício da existência de causas de inelegibilidade ou da ausência de condição de elegibilidade, desde que resguardados o contraditório e a ampla defesa.
>
> **Súmula 51 do TSE:** O processo de registro de candidatura não é o meio adequado para se afastarem os eventuais vícios apurados no processo de prestação de contas de campanha ou partidárias.

ELEITORAL

Súmula 52 do TSE: Em registro de candidatura, não cabe examinar o acerto ou desacerto da decisão que examinou, em processo específico, a filiação partidária do eleitor.

Súmula 55 do TSE: A Carteira Nacional de Habilitação gera a presunção da escolaridade necessária ao deferimento do registro de candidatura.

Súmula 58 do TSE: Não compete à Justiça Eleitoral, em processo de registro de candidatura, verificar a prescrição da pretensão punitiva ou executória do candidato e declarar a extinção da pena imposta pela Justiça Comum.

É facultado ao partido ou coligação substituir candidato que for considerado inelegível, renunciar ou falecer após o termo final do prazo do registro ou, ainda, tiver seu registro indeferido ou cancelado (art. 13, caput, da Lei 9.504/97). Porém, seja nas eleições majoritárias, seja nas proporcionais, a substituição só se efetivará se o novo pedido for apresentado até 20 dias antes do pleito, exceto em caso de falecimento de candidato, quando a substituição poderá ser efetivada após esse prazo (art. 13, § 3º, da Lei 9.504/97).

E como ocorre a identificação numérica dos candidatos? A resposta está no art. 15 da Lei 9.504/97, que afirma serão observados os seguintes critérios:

I - os candidatos aos cargos majoritários concorrerão com o **número identificador do partido** ao qual estiverem filiados;

II - os candidatos à Câmara dos Deputados concorrerão com o número do partido ao qual estiverem filiados, **acrescido de dois algarismos à direita**;

III - os candidatos às Assembleias Legislativas e à Câmara Distrital concorrerão com o número do partido ao qual estiverem filiados **acrescido de três algarismos à direita**;

IV - o Tribunal Superior Eleitoral baixará resolução sobre a numeração dos candidatos concorrentes às eleições municipais.

Importante relembrar o número de senadores e deputados que cada Estado elegerá:

- Cada Estado e o Distrito Federal elegerão três Senadores, com mandato de oito anos (art. 46, § 1º, da CF/88), sendo que a representação de cada Estado e do Distrito Federal será renovada de quatro em quatro anos, alternadamente, por um e dois terços (art. 46, § 2º, da CF/88). Ainda, cada Senador será eleito com dois suplentes (art. 46, § 3º, da CF/88);
- A Câmara dos Deputados terá, por Estado, proporcionalmente à sua população, entre oito e setenta Deputados (art. 45, § 1º, CF/88);
- As Assembleias Legislativas terão o número de Deputados Estaduais correspondentes ao triplo da representação do Estado na Câmara dos Deputados e, atingido o número de trinta e seis, será acrescido de tantos quantos forem os Deputados Federais acima de doze;
- A Câmara Municipal será composta por no mínimo 9 e no máximo 55 vereadores, de acordo com o número de habitantes (art. 29, IV, da CF/88).

6.5. Fundo Especial de Financiamento de Campanha (FEFC)

As Leis 13.487/2017 e 13.488/2017 criaram um fundo para custear as campanhas eleitorais, acrescentando os arts. 16-C e 16-D na Lei 9.504/97.

O Fundo Especial de Financiamento de Campanha (FEFC) é constituído por dotações orçamentárias da União em ano eleitoral.

Conforme art. 16-D, os recursos do Fundo Especial de Financiamento de Campanha (FEFC), para o primeiro turno das eleições, serão distribuídos entre os partidos políticos, obedecidos os seguintes critérios:

I - 2% (dois por cento), divididos igualitariamente entre todos os partidos com estatutos registrados no Tribunal Superior Eleitoral;

II - 35% (trinta e cinco por cento), divididos entre os partidos que tenham pelo menos um representante na Câmara dos Deputados, na proporção do percentual de votos por eles obtidos na última eleição geral para a Câmara dos Deputados;

III - 48% (quarenta e oito por cento), divididos entre os partidos, na proporção do número de representantes na Câmara dos Deputados, consideradas as legendas dos titulares;

IV - 15% (quinze por cento), divididos entre os partidos, na proporção do número de representantes no Senado Federal, consideradas as legendas dos titulares.

Os partidos podem comunicar ao Tribunal Superior Eleitoral até o 1º (primeiro) dia útil do mês de junho a renúncia ao FEFC, vedada a redistribuição desses recursos aos demais partidos (art. 16-C, § 16, da Lei 9.504/97).

E os recursos provenientes do Fundo Especial de Financiamento de Campanha que não forem utilizados nas campanhas eleitorais deverão ser devolvidos ao Tesouro Nacional, integralmente, no momento da apresentação da respectiva prestação de contas (art. 16-C, § 11, da Lei 9.504/97).

Importante disposição veio com o art. 2º da Emenda Constitucional 111/2021, que disse que, para fins de distribuição entre os partidos políticos dos recursos do fundo partidário e do Fundo Especial de Financiamento de Campanha (FEFC), os **votos dados a candidatas mulheres ou a candidatos**

negros para a Câmara dos Deputados nas eleições realizadas de 2022 a 2030 serão contados em dobro.

6.6. Arrecadação e Aplicação de Recursos nas Campanhas Eleitorais

A arrecadação e aplicação de recursos nas campanhas eleitorais são regidas pelo princípio da responsabilidade financeira autônoma entre partidos e candidatos (art. 17 da Lei 9.504/97). Ou seja, responsabilidade do candidato ou do partido é autônoma, não se falando em responsabilidade solidária. Não obstante, o art. 29, §§ 3º e 4º, da Lei 9.504/97 autoriza que o partido político, por decisão do seu órgão nacional, assuma dívidas de campanha não quitadas pelos candidatos, passando a agremiação a responder solidariamente pelo débito.

A legislação trará limites para os gastos com a campanha eleitoral, o que será divulgado pelo TSE (art. 18 da Lei 9.504/97).

O descumprimento dos limites de gastos fixados para cada campanha acarretará o pagamento de multa em valor equivalente a 100% da quantia que ultrapassar o limite estabelecido, sem prejuízo da apuração da ocorrência de abuso do poder econômico (art. 18-B da Lei 9.504/97).

Mas é importante notar que os gastos advocatícios e de contabilidade referentes a consultoria, assessoria e honorários, relacionados à prestação de serviços em campanhas eleitorais e em favor destas, bem como em processo judicial decorrente de defesa de interesses de candidato ou partido político, não estão sujeitos a limites de gastos ou a limites que possam impor dificuldade ao exercício da ampla defesa (art. 18-A, parágrafo único, da Lei 9.504/97).

É obrigatório para o partido e para os candidatos abrir conta bancária específica para registrar todo o movimento financeiro da campanha (art. 22 da Lei 9.504/97). Caso haja uso de recursos financeiros para pagamento de gastos que não provenham da conta específica, acarretará desaprovação da prestação de contas (art. 22, § 3º, da Lei 9.504/97).

As contas bancárias utilizadas para o registro da movimentação financeira de campanha eleitoral não estão submetidas ao sigilo para o Ministério Público e para a Justiça Eleitoral. Seus extratos são de natureza pública (não são informações de caráter privado) e compõem a prestação de contas à Justiça Eleitoral.

Desde o dia 15 de maio do ano eleitoral, é facultada aos pré-candidatos a arrecadação prévia de recursos (chamada "vaquinha eleitoral"). No entanto, a liberação de recursos por parte das entidades arrecadadoras fica condicionada ao registro da candidatura (art. 22-A, § 3º, da Lei 9.504/97).

A Lei 9.504/97, em seu art. 23, § 4º, V, previu também a possibilidade de que os candidatos e partidos vendam bens (ex: bonés, camisetas), serviços ou realizem eventos pagos (ex: jantares) para a arrecadação de recursos.

De extrema importância ressaltar que pessoas jurídicas não podem realizar doações eleitorais.

Quanto às pessoas físicas, elas podem doar, mas limitadas a 10% dos rendimentos brutos auferidos pelo doador no ano anterior à eleição (art. 23, § 1º, da Lei 9.504/97). Note-se que o autofinanciamento é possível, desde que observe o limite de 10% antes citado (art. 23, § 2º-A, da Lei 9.504/97).

A doação de quantia acima dos limites fixados neste artigo sujeita o infrator ao pagamento de multa no valor de até 100% (cem por cento) da quantia em excesso (art. 23, § 3º, da Lei 9.504/97).

Há algumas vedações:

> **Art. 24.** É vedado, a partido e candidato, receber direta ou indiretamente doação em dinheiro ou estimável em dinheiro, inclusive por meio de publicidade de qualquer espécie, procedente de:
>
> I - entidade ou governo estrangeiro;
>
> II - órgão da administração pública direta e indireta ou fundação mantida com recursos provenientes do Poder Público;
>
> III - concessionário ou permissionário de serviço público;
>
> IV - entidade de direito privado que receba, na condição de beneficiária, contribuição compulsória em virtude de disposição legal;
>
> V - entidade de utilidade pública;
>
> VI - entidade de classe ou sindical;
>
> VII - pessoa jurídica sem fins lucrativos que receba recursos do exterior.
>
> VIII - entidades beneficentes e religiosas;
>
> IX - entidades esportivas;
>
> X - organizações não-governamentais que recebam recursos públicos;
>
> XI - organizações da sociedade civil de interesse público.

O partido que descumprir as normas referentes à arrecadação e aplicação de recursos fixadas nesta Lei perderá o direito ao recebimento da quota do Fundo Partidário do ano seguinte, sem prejuízo de responderem os candidatos beneficiados por abuso do poder econômico (art. 25, caput, da Lei 9.504/97).

Essa sanção de suspensão do repasse de novas quotas do Fundo Partidário, por desaprovação total ou parcial da prestação de contas do candidato, deverá ser aplicada de forma proporcional e razoável, pelo período de 1 (um) mês a 12 (doze) meses, ou por meio do desconto, do valor a ser repassado, na importância apontada como irregular, não podendo ser aplicada a sanção de suspensão, caso a prestação de contas não seja julgada, pelo juízo ou tribunal competente, após 5 (cinco) anos de sua apresentação (art. 25, parágrafo único, da Lei 9.507/97).

Referente aos gastos eleitorais, eles devem ser contabilizados para serem apresentados após o encerramento da eleição, por ocasião da prestação de contas. O art. 26 traz uma lista do que considera gastos eleitorais, ficando, portanto, sujeito aos limites antes explicitados:

- confecção de material impresso de qualquer natureza e tamanho, observado o disposto no § 3º do art. 38 desta Lei; (Redação dada pela Lei nº 12.891, de 2013);
- propaganda e publicidade direta ou indireta, por qualquer meio de divulgação, destinada a conquistar votos;
- aluguel de locais para a promoção de atos de campanha eleitoral;
- despesas com transporte ou deslocamento de candidato e de pessoal a serviço das candidaturas, observadas as exceções previstas no § 3º deste artigo. (Redação dada pela Lei nº 13.488, de 2017);
- correspondência e despesas postais;
- despesas de instalação, organização e funcionamento de Comitês e serviços necessários às eleições;
- remuneração ou gratificação de qualquer espécie a pessoal que preste serviços às candidaturas ou aos comitês eleitorais;
- montagem e operação de carros de som, de propaganda e assemelhados;
- a realização de comícios ou eventos destinados à promoção de candidatura;
- produção de programas de rádio, televisão ou vídeo, inclusive os destinados à propaganda gratuita;
- realização de pesquisas ou testes pré-eleitorais;
- custos com a criação e inclusão de sítios na internet e com o impulsionamento de conteúdos contratados diretamente com provedor da aplicação de internet com sede e foro no País.

Não são consideradas gastos eleitorais nem se sujeitam a prestação de contas as seguintes despesas de natureza pessoal do candidato (art. 26, § 3º, da Lei 9.507/97):

> a) combustível e manutenção de veículo automotor usado pelo candidato na campanha;
>
> b) remuneração, alimentação e hospedagem do condutor do veículo a que se refere a alínea a deste parágrafo;
>
> c) alimentação e hospedagem própria;
>
> d) uso de linhas telefônicas registradas em seu nome como pessoa física, até o limite de três linhas.

As despesas com consultoria, assessoria e pagamento de honorários realizadas em decorrência da prestação de serviços advocatícios e de contabilidade no curso das campanhas eleitorais serão consideradas gastos eleitorais, mas serão excluídas do limite de gastos de campanha (art. 26, § 4º, da Lei 9.507/97).

Qualquer eleitor poderá realizar gastos, em apoio a candidato de sua preferência, até a quantia equivalente a um mil UFIR, não sujeitos a contabilização, desde que não reembolsados (art. 27da Lei 9.507/97).

6.7. Prestação de Contas

Uma vez finalizada a eleição, os candidatos e partidos devem prestar contas à Justiça Eleitoral acerca dos recursos e gastos realizados durante a campanha eleitoral. Com isso, permitem-se a avaliação e o controle financeiro do certame, que tem o objetivo de cercear o abuso de poder, notadamente o econômico, conferindo ao processo eleitoral mais transparência e legitimidade. Devem prestar contar todo e qualquer candidato.

Note-se que a prestação de contas dos candidatos às eleições majoritárias será feita pelo próprio candidato, devendo ser acompanhada dos extratos das contas bancárias referentes à movimentação dos recursos financeiros usados na campanha e da relação dos cheques recebidos, com a indicação dos respectivos números, valores e emitentes (art. 28, § 1º, da Lei 9.504/97).

As prestações de contas dos candidatos às eleições proporcionais, de forma semelhante, serão feitas pelo próprio candidato (art. 28, § 2º, da Lei 9.504/97).

Os partidos políticos, as coligações e os candidatos são obrigados, durante as campanhas eleitorais, a divulgar em sítio criado pela Justiça Eleitoral para esse fim na internet (art. 28, § 4º, da Lei 9.504/97):

> I - os recursos em dinheiro recebidos para financiamento de sua campanha eleitoral, em até 72 (setenta e duas) horas de seu recebimento;

> II - no dia 15 de setembro, relatório discriminando as transferências do Fundo Partidário, os recursos em dinheiro e os estimáveis em dinheiro recebidos, bem como os gastos realizados.

Ficam também dispensadas de comprovação na prestação de contas (art. 28, § 6º, da Lei 9.504/97):

> I - a cessão de bens móveis, limitada ao valor de R$ 4.000,00 (quatro mil reais) por pessoa cedente;
>
> II - doações estimáveis em dinheiro entre candidatos ou partidos, decorrentes do uso comum tanto de sedes quanto de materiais de propaganda eleitoral, cujo gasto deverá ser registrado na prestação de contas do responsável pelo pagamento da despesa.
>
> III - a cessão de automóvel de propriedade do candidato, do cônjuge e de seus parentes até o terceiro grau para seu uso pessoal durante a campanha.

A Justiça Eleitoral adotará sistema simplificado de prestação de contas para candidatos que apresentarem movimentação financeira correspondente a, no máximo, R$ 20.000,00 (vinte mil reais), atualizados monetariamente, a cada eleição (art. 28, § 9º, da Lei 9.504/97).

Nas eleições para Prefeito e Vereador de Municípios com menos de cinquenta mil eleitores, a prestação de contas será feita sempre pelo sistema simplificado (art. 28, § 11, da Lei 9.504/97).

A Justiça Eleitoral verificará a regularidade das contas de campanha, decidindo (art. 30 da Lei 9.504/97):

> I - pela **aprovação**, quando estiverem regulares;
>
> II - pela **aprovação com ressalvas**, quando verificadas falhas que não lhes comprometam a regularidade;
>
> III - pela **desaprovação**, quando verificadas falhas que lhes comprometam a regularidade;
>
> IV - pela **não prestação**, quando não apresentadas as contas após a notificação emitida pela Justiça Eleitoral, na qual constará a obrigação expressa de prestar as suas contas, no prazo de setenta e duas horas.

Erros formais e materiais corrigidos não autorizam a rejeição das contas e a cominação de sanção a candidato ou partido (art. 30, § 2º, da Lei 9.504/97).

Erros formais ou materiais irrelevantes no conjunto da prestação de contas, que não comprometam o seu resultado, não acarretarão a rejeição das contas (art. 30, § 2º-A, da Lei 9.504/97).

Da decisão que julgar as contas prestadas pelos candidatos caberá recurso ao órgão superior da Justiça Eleitoral, no prazo de 3 (três) dias, a contar da publicação no Diário Oficial (art. 30, § 5º, da Lei 9.504/97).

7. PESQUISAS ELEITORAIS E PROPAGANDA POLÍTICA

7.1. Pesquisas Eleitorais

Pesquisas eleitorais servem como bússolas do processo eleitoral, tanto para os candidatos, quanto para os publicitários, jornalistas e eleitores. Estão previstas entre os arts. 33 e 35 da Lei 9.504/97.

Paras as entidades/empresas fazerem essas pesquisas eleitorais, há a obrigatoriedade de, para cada pesquisa, registrar, junto à Justiça Eleitoral, até cinco dias antes da divulgação, as seguintes informações (art. 33, caput, da Lei 9.504/97):

- quem contratou a pesquisa;
- valor e origem dos recursos despendidos no trabalho;
- metodologia e período de realização da pesquisa;
- plano amostral e ponderação quanto a sexo, idade, grau de instrução, nível econômico e área física de realização do trabalho a ser executado, intervalo de confiança e margem de erro;
- sistema interno de controle e verificação, conferência e fiscalização da coleta de dados e do trabalho de campo;
- questionário completo aplicado ou a ser aplicado;
- nome de quem pagou pela realização do trabalho e cópia da respectiva nota fiscal.

As informações relativas às pesquisas serão registradas nos órgãos da Justiça Eleitoral aos quais compete fazer o registro dos candidatos (art. 33, § 1º, da Lei 9.504/97).

Nota-se que a divulgação de pesquisa sem o prévio registro das informações de que trata este artigo sujeita os responsáveis a multa (art. 33, § 3º, da Lei 9.504/97).

Para além disso, é crime a divulgação de pesquisa fraudulenta, punível com detenção de seis meses a um ano e multa (art. 33, § 4º, da Lei 9.504/97).

Importante notar que pesquisa eleitoral é diferente de enquete eleitoral. Estas não possuem rigor científico e, em razão disso, são proibidas no período de campanha eleitoral (art. 33, § 5º, da Lei 9.504/97). Mas, fora do período eleitoral, podem ser divulgadas livremente, segundo a Resolução do TSE nº 23.549/2017. No entanto, para que seja veiculada a enquete eleitoral, é necessário um destaque esclarecendo de que não se trata de pesquisa eleitoral.

7.2. Propaganda Política

Propaganda política é o conjunto de técnicas que tem por objetivo a difusão de ideologias para sugestionar a opinião pública.

Podemos verificar os seguintes **princípios** que regem o tema:

a) Princípio da legalidade: a lei federal regula a propaganda, estabelecendo normas cogentes que devem ser obedecidas.

b) Princípio da liberdade: a propaganda política pode ser exercida livremente, nos termos da lei.

c) Princípio da responsabilidade: toda propaganda política é de responsabilidade dos partidos político e coligações, solidariamente com os candidatos, sendo todos responsáveis pelos abusos e excessos cometidos.

d) Princípio da igualdade: todos, na forma da lei, têm acesso à propaganda.

e) Princípio da disponibilidade: partidos, coligações e candidatos podem dispor da propaganda política lícita, sendo punível com sanções penais e administrativas as propagandas ilícitas.

f) Princípio do controle judicial da propaganda: a Justiça Eleitoral tem a competência para aplicar as regras jurídicas atinentes à propaganda política, exercendo, inclusive, o poder de polícia.

Verificam-se **três espécies** de propaganda política:

a) **Propaganda partidária**, que tem como objetivo promover a difusão dos programas partidários, transmitir mensagens aos filiados sobre a execução do programa partidário, os eventos com este relacionados e as atividades congressuais do partido, divulgar a posição do partido em relação a temas políticos e ações da sociedade civil, incentivar a filiação partidária e esclarecer o papel dos partidos na democracia brasileira, promover e difundir a participação política das mulheres, dos jovens e dos negros (art. 50-A e seguintes da Lei 9.096/95), dispositivo incluído pela Lei nº 14.291/ 2022).

b) **Propaganda intrapartidária**, que é aquela realizada pelo postulante à candidatura a cargo eletivo, com o objetivo de que seja escolhido pelo partido ou coligação na convenção partidária (art. 36, § 1º, da Lei 9.504/97).

c) **Propaganda eleitoral**, que é a espécie mais importante de propaganda política, a qual é dirigida à conquista do voto do eleitor, sendo permitida somente após o dia 15 de agosto do ano eleitoral (assim, somente a partir do dia 16 de agosto), conforme art. 36 e seguintes da Lei 9.504/97. Nota-se que antes desse período será considerada propaganda antecipada e, assim, irregular.

7.3. Propaganda Antecipada (Extemporânea)

Como visto, a propaganda eleitoral somente é lícita quando realizada após 15 de agosto do ano das eleições. Quando ela é realizada antes dessa data é uma propaganda irregular chamada de propaganda antecipada.

No entanto, algumas condutas praticadas até 15 de agosto do ano das eleições são permitidas pela legislação eleitoral. São os atos de pré-campanha. O art. 36-A na Lei 9.504/97 traz um rol de condutas que não configuram propaganda antecipada. Como se verifica, há uma visão bem liberal dos atos preparatórios para as campanhas eleitorais, praticamente vinculando a caracterização da propaganda eleitoral antecipada ao pedido explícito de voto.

> **Art. 36-A.** Não configuram propaganda eleitoral antecipada, desde que não envolvam pedido explícito de voto, a menção à pretensa candidatura, a exaltação das qualidades pessoais dos pré-candidatos e os seguintes atos, que poderão ter cobertura dos meios de comunicação social, inclusive via internet:
>
> I - a participação de filiados a partidos políticos ou de pré-candidatos em entrevistas, programas, encontros ou debates no rádio, na televisão e na internet, inclusive com a exposição de plataformas e projetos políticos, observado pelas emissoras de rádio e de televisão o dever de conferir tratamento isonômico;
>
> II - a realização de encontros, seminários ou congressos, em ambiente fechado e a expensas dos partidos políticos, para tratar da organização dos processos eleitorais, discussão de políticas públicas, planos de governo ou alianças partidárias visando às eleições, podendo tais atividades ser divulgadas pelos instrumentos de comunicação intrapartidária;
>
> III - a realização de prévias partidárias e a respectiva distribuição de material informativo, a divulgação dos nomes dos filiados que participarão da disputa e a realização de debates entre os pré-candidatos;
>
> IV - a divulgação de atos de parlamentares e debates legislativos, desde que não se faça pedido de votos;
>
> V - a divulgação de posicionamento pessoal sobre questões políticas, inclusive nas redes sociais;
>
> VI - a realização, a expensas de partido político, de reuniões de iniciativa da sociedade civil, de veículo ou meio de comunicação ou do próprio partido, em qualquer localidade, para divulgar ideias, objetivos e propostas partidárias.

VII - campanha de arrecadação prévia de recursos na modalidade prevista no inciso IV do § 4º do art. 23 desta Lei.

Importa destacar que será considerada propaganda eleitoral antecipada a convocação, por parte do Presidente da República, dos Presidentes da Câmara dos Deputados, do Senado Federal e do Supremo Tribunal Federal, de redes de radiodifusão para divulgação de atos que denotem propaganda política ou ataques a partidos políticos e seus filiados ou instituições. Inclusive, nos casos permitidos de convocação das redes de radiodifusão, é vedada a utilização de símbolos ou imagens, exceto símbolos da República Federativa do Brasil, quais sejam, a bandeira, o hino, as armas e o selo nacionais (art. 36-B da Lei 9.504/97).

Sem prejuízo, entende o TSE que se aplicam aos atos de pré-campanha as proibições impostas durante o período eleitoral. Por exemplo, não é possível a distribuição de brindes por parte do candidato durante a campanha eleitoral (após 15 de agosto). Assim, também não será possível ao pré-candidato fazer distribuição de brindes, ainda que não haja pedido expresso de voto. Da mesma forma, como impulsionamento na internet contratado por pessoa natural em período de campanha eleitoral é meio vedado, de igual forma é vedada sua contratação por pretensos candidatos no período de pré-campanha.

Ainda sobre o assunto, decidiu o TSE que o discurso de ódio na pré-campanha em face de pré-candidatos veiculado por cidadão comum em perfil privado de redes sociais pode configurar propaganda eleitoral antecipada negativa.

A violação às regras de propaganda política sujeita o responsável pela divulgação e quando comprovado o prévio conhecimento, o beneficiário da propaganda, à multa de R$ 5.000,00 a R$ 25.000,00, ou o equivalente ao custo da propaganda, se este for maior.

E, conforme disposto no art. 6º, § 5º, da Lei 9.504/97, a responsabilidade pelo pagamento de multas decorrentes de propaganda eleitoral é solidária entre os candidatos e os respectivos partidos, não alcançando outros partidos mesmo quando integrantes de uma mesma coligação.

7.4. Propaganda Eleitoral

Como visto, a propaganda política pode ser partidária, intrapartidária ou eleitoral. Passamos agora a analisar a **propaganda eleitoral**, ou seja, aquela que ocorre durante o período eleitoral, após 15 de agosto do ano das eleições.

A propaganda eleitoral é aquela elaborada e pensada para captar os votos dos eleitores.

O legislador trouxe grande preocupação pelo tema, trazendo um regramento detalhado sobre as proibições (apesar de também trazer diversas exceções). O objetivo é combater o abuso do poder econômico na propaganda eleitoral, buscando o equilíbrio de oportunidades entre os candidatos.

O art. 37, *caput*, da Lei 9.504/97, tem grande importância quanto a essa temática. Diz esse dispositivo legal que é proibida a propaganda eleitoral:

- em bens cujo uso dependa de cessão ou permissão do poder público, ou que a ele pertençam;
- em bens de uso comum, como postes de iluminação pública, sinalização de tráfego, viadutos, passarelas, pontes, paradas de ônibus e outros equipamentos urbanos;
- de qualquer natureza, inclusive pichação, inscrição a tinta e exposição de placas, estandartes, faixas, cavaletes, bonecos e assemelhados.

Se houver veiculação de propaganda em desacordo com o disposto no caput do citado art. 37, o responsável, após a notificação, deverá restaurar o bem e, caso não o faça no prazo, haverá a multa no valor de R$ 2.000,00 a R$ 8.000,00 (art. 37, § 1º, da Lei 9.504/97).

Nota-se que, como regra, não é permitida a veiculação de propaganda eleitoral em bens públicos ou particulares. No entanto, é permitida essa propaganda se for(em) (art. 37, § 2º, da Lei 9.504/97):

- bandeiras ao longo de vias públicas, desde que móveis e que não dificultem o bom andamento do trânsito de pessoas e veículos;
- adesivo plástico em automóveis, caminhões, bicicletas, motocicletas e janelas residenciais, desde que não exceda a 0,5 m^2 (meio metro quadrado).

Para fins eleitorais, bens de uso comum são os assim definidos pelo Código Civil e, também, aqueles a que a população em geral tem acesso, tais como cinemas, clubes, lojas, centros comerciais, templos, ginásios, estádios, ainda que de propriedade privada (art. 37, § 4º, da Lei 9.504/97).

Nas árvores e nos jardins localizados em áreas públicas, bem como em muros, cercas e tapumes divisórios, não é permitida a colocação de propaganda eleitoral de qualquer natureza, mesmo que não lhes cause dano (art. 37, § 5º, da Lei 9.504/97).

Mais relativizações acerca das regras do caput vem nos § 3º e 6º do art. 37:

§ 3º Nas dependências do Poder Legislativo, a veiculação de propaganda eleitoral fica a critério da Mesa Diretora.

§ 6º É permitida a colocação de mesas para distribuição de material de campanha e a utilização de bandeiras ao longo das vias públicas, desde que móveis e que não dificultem o bom andamento do trânsito de pessoas e veículos.

§ 7º A mobilidade referida no § 6º estará caracterizada com a colocação e a retirada dos meios de propaganda entre as seis horas e as vinte e duas horas.

A veiculação de propaganda eleitoral em bens particulares deve ser espontânea e gratuita, sendo vedado qualquer tipo de pagamento em troca de espaço para esta finalidade (art. 37, § 8º, da Lei 9.504/97).

É vedada na campanha eleitoral a confecção, utilização, distribuição por comitê, candidato, ou com a sua autorização, de camisetas, chaveiros, bonés, canetas, brindes, cestas básicas ou quaisquer outros bens ou materiais que possam proporcionar vantagem ao eleitor (art. 39, § 6º, da Lei 9.504/97).

Quando for veiculada propaganda dos candidatos a cargo majoritário (Prefeito, Governador, Presidente e Senador), deverão constar, também, os nomes dos candidatos a vice ou a suplentes de senador, de modo claro e legível, em tamanho não inferior a 30% do nome do titular (art. 36, § 4º, da Lei 9.504/97).

Importante notar que no material impresso de campanha deverá constar a identificação do responsável pela confecção e pela contratação, bem como a tiragem. O objetivo da norma é trazer maior transparência para o processo de contratação desses materiais. De campanha. Nesse sentido o art. 38 da Lei 9.504/97:

Art. 38. Independe da obtenção de licença municipal e de autorização da Justiça Eleitoral a veiculação de propaganda eleitoral pela distribuição de folhetos, adesivos, volantes e outros impressos, os quais devem ser editados sob a responsabilidade do partido, coligação ou candidato.

§ 1º Todo material impresso de campanha eleitoral deverá conter o número de inscrição no Cadastro Nacional da Pessoa Jurídica - CNPJ ou o número de inscrição no Cadastro de Pessoas Físicas - CPF do responsável pela confecção, bem como de quem a contratou, e a respectiva tiragem.

§ 2º Quando o material impresso veicular propaganda conjunta de diversos candidatos, os gastos relativos a cada um deles deverão constar na respectiva prestação de contas, ou apenas naquela relativa ao que houver arcado com os custos

§ 3º Os adesivos de que trata o caput deste artigo poderão ter a dimensão máxima de 50 (cinquenta) centímetros por 40 (quarenta) centímetros.

§ 4º É proibido colar propaganda eleitoral em veículos, exceto adesivos microperfurados até a extensão total do para-brisa traseiro e, em outras posições, adesivos até a dimensão máxima fixada no § 3º.

7.4.1. Comícios, Showmícios, alto-falantes, trios elétricos e outdoor na campanha eleitoral

Em primeiro lugar, cabe referir que a realização de qualquer ato de propaganda partidária ou eleitoral, em recinto aberto ou fechado, não depende de licença da polícia, bastando que haja a comunicação à autoridade policial 24 horas antes da realização (art. 39, caput e § 1º, da Lei 9.504/97).

Fora desse evento, alto-falantes e amplificadores somente podem ser utilizados entre as 8 e as 24 horas, mas tais não podem ser instalados a distância menor de 200 metros das sedes dos Poderes Executivos e Legislativos, bem como da sede dos Tribunais Judiciais e dos quartéis militares. Ainda, deverão estar longe 200 metros de hospitais e casas de saúde, bem como de escolas, bibliotecas públicas, igrejas e teatros, quando em funcionamento (art. 39, § 3º, da Lei 9.504/97).

Comícios e aparelhagens de sonorização fixas podem ser utilizados, desde que entre as 8 e as 24 horas. No entanto, ficar atento, pois, o comício de encerramento da campanha pode ser prorrogado por mais 2 horas (art. 39, § 4º, da Lei 9.504/97).

Até as vinte e duas horas do dia que antecede a eleição, serão permitidos distribuição de material gráfico, caminhada, carreata, passeata ou carro de som que transite pela cidade divulgando jingles ou mensagens de candidatos (art. 39, § 9º, da Lei 9.504/97).

Já os showmícios (utilização de shows artísticos) estão vedados, mesmo que de forma gratuita (art. 39, § 7º, da Lei 9.504/97).

Cuidado, pois o TSE e o STF (ADI 5970) entenderam que a realização de "lives" na internet para angariar fundos para campanhas eleitorais não configura showmício e pode ser realizada.

A utilização de trios elétricos também está vedada, salvo para sonorização de comícios (art. 39, § 10, da Lei 9.504/97).

No entanto, foi acrescentada uma exceção, que autoriza carros de som e minitrios como meio de propaganda eleitoral, desde que observado o limite de oitenta decibéis de nível de pressão sonora, medido a sete metros de distância do veículo (art. 39, § 11, da Lei 9.504/97).

7.4.2. Boca de urna e manifestação individual e silenciosa

Conforme disposto pelo próprio TSE, a propaganda de boca de urna consiste na atuação de cabos eleitorais e demais ativistas junto aos eleitores que se dirigem à seção eleitoral, no dia da votação, visando a promover e pedir votos para seu candidato ou partido. A legislação eleitoral proíbe a realização de atividades de aliciamento de eleitores e quaisquer outras que tenham o objetivo de convencer o cidadão mediante boca de urna.

Essa conduta é criminalizada pela Lei 9.504/97, em seu art. 39, § 5º:

> **Art. 39, § 5º**. Constituem crimes, no dia da eleição, puníveis com detenção, de seis meses a um ano, com a alternativa de prestação de serviços à comunidade pelo mesmo período, e multa no valor de cinco mil a quinze mil UFIR:
>
> I - o uso de alto-falantes e amplificadores de som ou a promoção de comício ou carreata;
>
> II - a arregimentação de eleitor ou a propaganda de boca de urna;
>
> III - a divulgação de qualquer espécie de propaganda de partidos políticos ou de seus candidatos.
>
> IV - a publicação de novos conteúdos ou o impulsionamento de conteúdos nas aplicações de internet de que trata o art. 57-B desta Lei, podendo ser mantidos em funcionamento as aplicações e os conteúdos publicados anteriormente.

Importa referir que é permitida, no dia das eleições, a manifestação individual e silenciosa da preferência do eleitor por partido político, coligação ou candidato, revelada exclusivamente pelo uso de bandeiras, broches, dísticos e adesivos (art. 39-A da Lei 9.504/97).

Apesar disso, não é permitido, até o término do horário de votação, a aglomeração de pessoas portando vestuário padronizado, pois tal caracteriza manifestação coletiva, o que é vedado (art. 39-A, § 1º, da Lei 9.504/97).

Também não é permitido, mesmo que deforma silenciosa, no recinto das seções eleitorais e juntas apuradoras, que servidores da Justiça Eleitoral, mesários e escrutinadores usem vestuário ou objetos que contenham qualquer propaganda de partido político, de coligação ou de candidato (art. 39-A, § 2º, da Lei 9.504/97).

Quanto aos fiscais partidários, nos trabalhos de votação, só pode, em seus crachás, constar o nome e a sigla do partido político ou coligação a que sirvam, vedada a padronização do vestuário (art. 39-A, § 3º, da Lei 9.504/97).

7.4.3. Poder de polícia e o art. 41 da Lei das Eleições (Lei 9.504/97)

Como sabido, a Justiça Eleitoral, por meio dos seus magistrados, exerce o poder de polícia no que se refere à propaganda irregular. No entanto, conforme o art. 41 da Lei das Eleições, a propaganda exercida nos termos da legislação eleitoral não poderá ser objeto de multa nem cerceada sob alegação do exercício do poder de polícia ou de violação de postura municipal.

Aqui tem-se uma restrição ao poder de polícia dos magistrados eleitorais.

Além disso, conforme o § 2º da referida legislação, o poder de polícia se restringe às providências necessárias para inibir práticas ilegais, vedada a censura prévia sobre o teor dos programas a serem exibidos na televisão, no rádio ou na internet.

7.4.4. Propaganda eleitoral na imprensa escrita

É permitida a propaganda eleitoral na imprensa escrita. No entanto, há limites a esse exercício, conforme art. 43 da Lei 9.504/97. Um deles, é que somente pode ocorrer até a antevéspera das eleições. Ademais, deverá constar do anúncio, o valor pago pela inscrição. Qualquer violação a essas regras, poderá haver aplicação de multa. Transcreve-se o disposto no art. 43:

> **Art. 43.** São permitidas, até a antevéspera das eleições, a divulgação paga, na imprensa escrita, e a reprodução na internet do jornal impresso, de até 10 (dez) anúncios de propaganda eleitoral, por veículo, em datas diversas, para cada candidato, no espaço máximo, por edição, de 1/8 (um oitavo) de página de jornal padrão e de 1/4 (um quarto) de página de revista ou tabloide.
>
> § 1º Deverá constar do anúncio, de forma visível, o valor pago pela inserção.
>
> § 2º A inobservância do disposto neste artigo sujeita os responsáveis pelos veículos de divulgação e os partidos, coligações ou candidatos beneficiados a multa no valor de R$ 1.000,00 (mil reais) a R$ 10.000,00 (dez mil reais) ou equivalente ao da divulgação da propaganda paga, se este for maior.

7.4.5. Propaganda eleitoral no rádio e na televisão

A disciplina quanto a este ponto está entre os arts. 44 e 57 da Lei das eleições (Lei 9.504/97).

No rádio e na TV a propaganda será sempre gratuita, sendo vedada a propaganda paga nesses meios de comunicação (art. 44, caput, da Lei. 9.504/97).

Na TV, deverá haver o uso da Linguagem Brasileira de Sinais - LIBRAS ou o recurso de legenda, que deverão constar obrigatoriamente do material entregue às emissoras (art. 44, § 1º, da Lei. 9.504/97).

E nessa propaganda não se permitirá utilização comercial ou propaganda realizada com a intenção, ainda que disfarçada ou subliminar, de promover marca ou produto (art. 44, § 2º, da Lei. 9.504/97).

Além disso, a legislação eleitoral trouxe uma série de restrições aos veículos de comunicação, com o objetivo de evitar privilégios a certos candidatos.

> **Art. 45.** Encerrado o prazo para a realização das convenções no ano das eleições, é vedado às emissoras de rádio e televisão, em sua programação normal e em seu noticiário:
>
> I - transmitir, ainda que sob a forma de entrevista jornalística, imagens de realização de pesquisa ou qualquer outro tipo de consulta popular de natureza eleitoral em que seja possível identificar o entrevistado ou em que haja manipulação de dados;
>
> II - usar trucagem, montagem ou outro recurso de áudio ou vídeo que, de qualquer forma, degradem ou ridicularizem candidato, partido ou coligação, ou produzir ou veicular programa com esse efeito; (Vide ADIN 4.451)
>
> III - veicular propaganda política ou difundir opinião favorável ou contrária a candidato, partido, coligação, a seus órgãos ou representantes; (Vide ADIN 4.451)
>
> IV - dar tratamento privilegiado a candidato, partido ou coligação;
>
> V - veicular ou divulgar filmes, novelas, minisséries ou qualquer outro programa com alusão ou crítica a candidato ou partido político, mesmo que dissimuladamente, exceto programas jornalísticos ou debates políticos;
>
> VI - divulgar nome de programa que se refira a candidato escolhido em convenção, ainda quando preexistente, inclusive se coincidente com o nome do candidato ou com a variação nominal por ele adotada. Sendo o nome do programa o mesmo que o do candidato, fica proibida a sua divulgação, sob pena de cancelamento do respectivo registro.

▷ **Importante:** O STF, na ADI 4451, declarou a inconstitucionalidade dos incisos II e III do caput do art. 45 da Lei das Eleições, bem como dos §§ 4º e 5º do mesmo art. 45. Com isso, houve uma liberação do humor nas eleições e permitiu-se uma maior liberdade no exercício da cobertura jornalística.

Ainda, a partir de 30 de junho do ano da eleição, é vedado, ainda, às emissoras transmitir programa apresentado ou comentado por pré-candidato, sob pena, no caso de sua escolha na convenção partidária, de imposição da multa prevista no § 2º e de cancelamento do registro da candidatura do beneficiário (art. 44, § 1º, da Lei. 9.504/97).

7.4.6. Debates

Podem as emissoras de rádio e TV transmitir debates eleitorais, tanto para eleições majoritárias quanto para as proporcionais. Claro, devem obedecer às regras legais para tanto.

Uma dessas regras é a de que a emissora deve assegurar a participação dos candidatos dos partidos políticos que tenham cinco ou mais representantes no Congresso Nacional. Aos que não alcançam esse número, a participação é facultativa. Ademais, nas eleições majoritárias a apresentação dos debates poderá ser feita: a) em conjunto, estando presentes todos os candidatos a um mesmo cargo eletivo; ou b) em grupos, estando presentes, no mínimo, três candidatos (art. 46, caput, I, da Lei das Eleições).

Nas eleições proporcionais, os debates deverão ser organizados de modo que assegurem a presença de número equivalente de candidatos de todos os partidos a um mesmo cargo eletivo e poderão desdobrar-se em mais de um dia, respeitada a proporção de homens e mulheres estabelecida no § 3º do art. 10 desta Lei (art. 46, caput, II, da Lei das Eleições).

Os debates deverão ser parte de programação previamente estabelecida e divulgada pela emissora, fazendo-se mediante sorteio a escolha do dia e da ordem de fala de cada candidato, salvo se celebrado acordo em outro sentido entre os partidos e coligações interessados (art. 46, caput, III, da Lei das Eleições).

Nota-se que a ausência de um candidato não ocasiona a impossibilidade de realização do debate, desde que o veículo de comunicação responsável comprove havê-lo convidado com a antecedência mínima de setenta e duas horas da realização do debate (art. 46, § 1º, da Lei das Eleições).

O debate será realizado segundo as regras estabelecidas em acordo celebrado entre os partidos políticos e a pessoa jurídica interessada na realização do evento, dando-se ciência à Justiça Eleitoral (art. 46, § 4º, da Lei das Eleições).

Para os debates que se realizarem no primeiro turno das eleições, serão consideradas aprovadas as regras, inclusive as que definirem o número de participantes, que obtiverem a concordância de pelo menos 2/3 (dois terços) dos candidatos aptos, no caso de eleição majoritária, e de pelo menos 2/3 (dois terços) dos partidos com candidatos aptos, no caso de eleição proporcional (art. 46, § 5º, da Lei das Eleições).

7.4.7. Horário eleitoral gratuito

O horário eleitoral gratuito em rádios e TVs ocorre nos 35 dias anteriores a antevéspera das eleições (art. 47, caput, da Lei das Eleições).

Caso haja segundo turno, as emissoras de rádio e televisão reservarão, a partir da sexta-feira seguinte à realização do primeiro turno e até a antevéspera da eleição, horário destinado à divulgação da propaganda eleitoral gratuita, dividida em dois blocos diários de dez minutos para cada eleição, e os blocos terão início às sete e às doze horas, no rádio, e às treze e às vinte horas e trinta minutos, na televisão (art. 49, caput, da Lei das Eleições).

No primeiro turno, os horários reservados serão divididos entres todos os partidos e coligações que tenham candidato, de forma proporcional. O § 2º do art. 47 traz os critérios para divisão:

> § 2º Os horários reservados à propaganda de cada eleição, nos termos do § 1º, serão distribuídos entre todos os partidos e coligações que tenham candidato, observados os seguintes critérios:
>
> I - 90% (noventa por cento) distribuídos proporcionalmente ao número de representantes na Câmara dos Deputados, considerado, no caso de coligação para as eleições majoritárias, o resultado da soma do número de representantes dos 6 (seis) maiores partidos que a integrem;
>
> II - 10% (dez por cento) distribuídos igualitariamente.

Para esse efeito, a representação de cada partido na Câmara dos Deputados é a resultante da eleição, sendo que serão desconsideradas as mudanças de filiação partidária em quaisquer hipóteses (art. 47, §§ 3º e 7º, da Lei das Eleições).

Já no segundo turno, independente dos critérios antes citados, o tempo será dividido igualmente.

O art. 47 da Lei das Eleições estipula que canais de rádio e TV, nos trinta e cinco dias anteriores à antevéspera das eleições, reservarão horário destinado à divulgação, em rede, da propaganda eleitoral gratuita. Para Presidente da República e Deputado Federal, as propagandas ocorrerão às terças, quintas e sábados; para Senador, Deputado Estadual, Deputado Distrital, Governador de Estado e do Distrito Federal às segundas, quartas e sextas; para Prefeito, de segunda a sábado.

Não serão admitidos cortes instantâneos ou qualquer tipo de censura prévia nos programas eleitorais gratuitos (art. 53 da Lei das Eleições).

É vedada a veiculação de propaganda que possa degradar ou ridicularizar candidatos, sujeitando-se o partido ou coligação infratores à perda do direito à veiculação de propaganda no horário eleitoral gratuito do dia seguinte. Sem prejuízo, a requerimento de partido, coligação ou candidato, a Justiça Eleitoral impedirá a reapresentação de propaganda ofensiva à honra de candidato, à moral e aos bons costumes (§§ 1º e 2º do art. 53 da Lei das Eleições).

7.4.8. Propaganda eleitoral na internet

A previsão sobre a propaganda eleitoral na internet está entre os art. 57-A e o art. 57-I da Lei das Eleições.

O art. 57-A diz que é permitida a propaganda eleitoral na internet, nos termos desta Lei, após o dia 15 de agosto do ano da eleição. Essa é a regra geral da propaganda eleitoral.

A propaganda eleitoral na internet poderá ser realizada nas seguintes formas (art. 57-B):

> I - em sítio do candidato, com endereço eletrônico comunicado à Justiça Eleitoral e hospedado, direta ou indiretamente, em provedor de serviço de internet estabelecido no País;
>
> II - em sítio do partido ou da coligação, com endereço eletrônico comunicado à Justiça Eleitoral e hospedado, direta ou indiretamente, em provedor de serviço de internet estabelecido no País;
>
> III - por meio de mensagem eletrônica para endereços cadastrados gratuitamente pelo candidato, partido ou coligação;
>
> IV - por meio de blogs, redes sociais, sítios de mensagens instantâneas e aplicações de internet assemelhadas cujo conteúdo seja gerado ou editado por:
>
> a) candidatos, partidos ou coligações; ou
>
> b) qualquer pessoa natural, desde que não contrate impulsionamento de conteúdos.

No entanto, conforme art. 57-C, é proibida a veiculação de qualquer tipo de propaganda eleitoral paga na internet. Somente será possível o impulsionamento de conteúdos, desde que identificado de forma inequívoca como tal e contratado exclusivamente por partidos, coligações e candidatos e seus representantes.

Da mesma forma, é proibida, mesmo que gratuitamente, a veiculação de propaganda eleitoral na internet, em sites de pessoas jurídicas (com ou sem fins lucrativos) e em sites oficiais ou hospedados por órgãos ou entidades da administração pública direta ou indireta da União, dos Estados, do Distrito Federal e dos Municípios (Art. 57-C, § 1º).

O art. 57-D garante que é livre a manifestação do pensamento, mas vedado o anonimato durante a campanha eleitoral, por meio da internet, assegurado o direito de resposta.

O art. 57-F traz a possibilidade de solidariedade entre o provedor do conteúdo que hospeda a divulgação da propaganda se, no prazo determinado pela Justiça Eleitoral, não tomar providências para a cessação da irregularidade. Diz o art. 57-F:

> **Art. 57-F.** Aplicam-se ao provedor de conteúdo e de serviços multimídia que hospeda a divulgação da propaganda eleitoral de candidato, de partido ou de coligação as penalidades previstas nesta Lei, se, no prazo determinado pela Justiça Eleitoral, contado a partir da notificação de decisão sobre a existência de propaganda irregular, não tomar providências para a cessação dessa divulgação.
>
> Parágrafo único. O provedor de conteúdo ou de serviços multimídia só será considerado responsável pela divulgação da propaganda se a publicação do material for comprovadamente de seu prévio conhecimento.

Quanto às mensagens encaminhadas por aplicativos, como WhatsApp, deverão dispor de mecanismo que permita seu descadastramento pelo destinatário, obrigado o remetente a providenciá-lo no prazo de quarenta e oito horas (art. 57-G).

Por fim, o art. 57-I afirma que, a requerimento de candidato, partido ou coligação, observado o rito previsto no art. 96 da Lei das Eleições, a Justiça Eleitoral poderá determinar a suspensão do acesso a todo conteúdo veiculado que deixar de cumprir as disposições legais, devendo o número de horas de suspensão ser definida proporcionalmente à gravidade da infração cometida em cada caso, observado o limite máximo de vinte e quatro horas. No período de suspensão a que se refere este artigo, a empresa informará, a todos os usuários que tentarem acessar seus serviços, que se encontra temporariamente inoperante por desobediência à legislação eleitoral.

7.4.9. Direito de resposta

O direito de resposta se encontra no art. 58 da Lei das Eleições. Tal direito poderá ser exercido desde a escolha do candidato em convenção, ou seja, mesmo antes do início do período de propaganda eleitoral.

> **Art. 58.** A partir da escolha de candidatos em convenção, é assegurado o direito de resposta a candidato, partido ou coligação atingidos, ainda que de forma indireta, por conceito, imagem ou afirmação caluniosa, difamatória, injuriosa ou sabidamente inverídica, difundidos por qualquer veículo de comunicação social.

O ofendido, ou seu representante legal, poderá pedir o exercício do direito de resposta à Justiça Eleitoral nos seguintes prazos, contados a partir da veiculação da ofensa (art. 58, § 1º, da Lei das Eleições):

- vinte e quatro horas, quando se tratar do horário eleitoral gratuito;
- quarenta e oito horas, quando se tratar da programação normal das emissoras de rádio e televisão;
- setenta e duas horas, quando se tratar de órgão da imprensa escrita.
- a qualquer tempo, quando se tratar de conteúdo que esteja sendo divulgado na internet, ou em 72 (setenta e duas) horas, após a sua retirada.

Recebido o pedido, a Justiça Eleitoral notificará imediatamente o ofensor para que se defenda em vinte e quatro horas, devendo a decisão ser prolatada no prazo máximo de setenta e duas horas da data da formulação do pedido (art. 58, § 2º, da Lei das Eleições).

Da decisão sobre o exercício do direito de resposta cabe recurso às instâncias superiores, em vinte e quatro horas da data de sua publicação em cartório ou sessão, assegurado ao recorrido oferecer contrarrazões em igual prazo, a contar da sua notificação (art. 58, § 5º, da Lei das Eleições).

A Justiça Eleitoral deve proferir suas decisões no prazo máximo de vinte e quatro horas (art. 58, § 6º, da Lei das Eleições).

Os pedidos de direito de resposta e as representações por propaganda eleitoral irregular em rádio, televisão e internet tramitarão preferencialmente em relação aos demais processos em curso na Justiça Eleitoral (art. 58-A da Lei das Eleições).

8. AÇÕES E RECURSOS ELEITORAIS

Dentro do sistema jurídico eleitoral existe um conjunto de ações que podem ser utilizadas pelos interessados na busca da concretização dos princípios que regem o Direito Eleitoral.

Importante relembrar que o Código de Processo Civil se aplica subsidiariamente ao processo eleitoral, quando este não tiver normas próprias regulando o tema, conforme art. 15 do CPC:

> **Art. 15 do CPC.** Na ausência de normas que regulem processos eleitorais, trabalhistas ou administrativos, as disposições deste Código lhes serão aplicadas supletiva e subsidiariamente.

Passamos a analisar as ações eleitorais individualmente.

8.1. Ação de Impugnação de Registro de Candidatura (AIRC)

A ação de impugnação de registro de candidatura (AIRC) é o instrumento hábil a impedir que candidato escolhido em convenção partidária seja registrado, em virtude do não atendimento de algum requisito legal ou constitucional.

Isso pode ocorrer pela:

- ausência de uma das condições de elegibilidade;
- presença de uma das hipóteses de inelegibilidade; ou
- pela ausência de algum dos documentos essenciais ao registro.

Quem possui **legitimidade** para a AIRC?

A legitimidade ativa, ou seja, quem pode ingressar com a ação eleitoral, cabe a qualquer candidato, partido, coligação ou ao Ministério Público (art. 3º da LC 64/90). Importante notar que, quando a lei fala em candidato, na verdade se refere à pré-candidato, porquanto só se fala em candidato após o deferimento do pedido de registro de candidatura.

Já a legitimidade passiva, ou seja, contra quem deve ser proposta a AIRC, recai sobre o pré-candidato.

Qual o **prazo** para ajuizar a AIRC?

A AIRC precisa ser ajuizada no prazo de 5 dias, a contar da publicação do pedido de registro. Ou seja, o prazo não tem relação com a data-limite do registro (15/08), mas, sim, com a publicação desses pedidos (art. 3º da LC 64/90).

Esse prazo é decadencial. Assim, se transcorrido o prazo sem impugnação, não será mais possível ajuizar AIRC. No entanto, ainda será possível alegar inelegibilidades previstas na Constituição Federal posteriormente, por meio do Recurso contra Diplomação (RCD).

Quem é **competente** para o julgamento da AIRC?

Isso vai depender de qual o cargo pleiteado:

- Juiz eleitoral julga AIRC em face de candidatos a prefeito, vice-prefeito e vereador;
- TRE julga AIRC em face de candidatos a governador, vice-governador, senador, suplentes de senador, deputado federal, deputado estadual e deputado distrital;
- TSE julga AIRC em face de candidato a presidente da república e vice-presidente da república.

E qual o **procedimento** da AIRC?

Caso seja **AIRC que será julgada por juiz eleitoral**, o procedimento é o que segue:

A petição inicial já deve indicar, além dos fundamentos da ação, os meios de prova, arrolando testemunhas (no máximo 6). Após, o pré-candidato impugnado será notificado para contestar no prazo de 7 dias. Na contestação, assim como ocorre para o impugnante, deverá indicar todos os meios de prova que pretender usar, incluindo o rol de testemunhas (no máximo de 6), conforme art. 4º da LC 64/90.

Não sendo possível o julgamento antecipado, o processo vai prosseguir com a designação de audiência para a inquirição das testemunhas, as quais serão ouvidas em uma só assentada (art. 5º da LC 64/90).

Após a oitiva das testemunhas, caso seja necessário, o juiz poderá determinar a realização de diligências, de ofício ou a requerimento das partes (art. 5º, § 2º, da LC 64/90).

Finalizada a instrução, abre-se o prazo comum de 5 dias para a apresentação de alegações finais, a todas as partes, inclusive para o Ministério Público (art. 6º da LC 64/90).

Uma vez apresentadas as alegações finais, os autos serão conclusos ao juiz, que deverá decidir em 3 dias. Dessa decisão cabe recurso ao TRE no prazo de 3 dias (art. 8º da LC 64/90). Caso o juiz sentencie após o prazo de 3 dias, o prazo recursal inicia após a publicação (art. 9º da LC 64/90).

Da decisão do TRE, cabe recurso para o TSE no prazo de três dias.

> **Art. 12.** Havendo recurso para o Tribunal Superior Eleitoral, a partir da data em que for protocolizada a petição passará a correr o prazo de 3 (três) dias para a apresentação de contrarrazões, notificado por telegrama o recorrido.
>
> Parágrafo único. Apresentadas as contrarrazões, serão os autos imediatamente remetidos ao Tribunal Superior Eleitoral.

Julgada procedente a AIRC e transitada em julgado ou publicada a decisão proferida por órgão colegiado que declarar a inelegibilidade do candidato, ser-lhe-á negado registro, ou cancelado, se já tiver sido feito, ou declarado nulo o diploma, se já expedido (art. 15 da LC 64/90).

Caso a AIRC deva ser julgada diretamente pelo TRE ou pelo TSE, deve ser observado o disposto no art. 13 da LC 64/90:

> **Art. 13.** Tratando-se de registro a ser julgado originariamente por Tribunal Regional Eleitoral, observado o disposto no art. 6º desta lei complementar, o pedido de registro, com ou sem impugnação, será

> julgado em 3 (três) dias, independentemente de publicação em pauta.
>
> Parágrafo único. Proceder-se-á ao julgamento na forma estabelecida no art. 11 desta lei complementar e, havendo recurso para o Tribunal Superior Eleitoral, observar-se-á o disposto no artigo anterior.
>
> **Art. 14.** No Tribunal Superior Eleitoral, os recursos sobre registro de candidatos serão processados e julgados na forma prevista nos arts. 10 e 11 desta lei complementar.

Em suma, pode-se dizer que, recebidos os autos na secretaria do Tribunal, serão distribuídos a um relator, que, mandará abrir vista ao Ministério Público, pelo prazo de dois dias. Findo o prazo, com ou sem parecer, os autos irão ao relator que os apresentará em mesa para julgamento em três dias, independente de publicação em pauta.

Sobre a AIRC, o art. 16 da LC 64/90 ainda determina que:

> **Art. 16.** Os prazos a que se referem o art. 3º e seguintes desta lei complementar são peremptórios e contínuos e correm em secretaria ou Cartório e, a partir da data do encerramento do prazo para registro de candidatos, não se suspendem aos sábados, domingos e feriados.

Segundo o art. 16 da Lei 9.504/97 (Lei das Eleições), os pedidos de registro de candidatura deverão ser julgados até 20 dias antes das eleições, inclusive os pedidos de registro impugnados e os seus recursos. E isso ocorre porque não haveria sentido julgar um pedido de impugnação de registro da candidatura depois que o sujeito já foi eleito e até mesmo já cumpriu o seu mandato.

Por fim, importante notar que, enquanto não transitar em julgado a decisão sobre a impugnação do registro de candidatura, o candidato poderá continuar disputando a eleição, inclusive participando do horário eleitoral gratuito (art. 16-A da Lei 9.504/97).

8.2. Ação de Investigação Judicial Eleitoral (AIJE)

A ação de investigação judicial eleitoral (AIJE) está prevista no art. 22 da LC 64/90. Assim dispõe o citado dispositivo legal:

> **Art. 22.** Qualquer partido político, coligação, candidato ou Ministério Público Eleitoral poderá representar à Justiça Eleitoral, diretamente ao Corregedor-Geral ou Regional, relatando fatos e indicando provas, indícios e circunstâncias e pedir abertura de investigação judicial para apurar uso indevido, desvio ou abuso do poder econômico ou do poder de autoridade, ou utilização indevida de veículos ou meios de comunicação social, em benefício de candidato ou de partido político, obedecido o seguinte rito:
>
> (...)

Utiliza-se essa ação quando ocorrer abuso de poder econômico; abuso de poder político; captação ou uso ilícito de recursos na campanha eleitoral; utilização indevida de veículos ou meios de comunicação social.

Nota-se que para configuração do ato abusivo não será considerada a potencialidade de o fato alterar o resultado da eleição, mas apenas a gravidade das circunstâncias que o caracterizam, na forma do inciso XVI do art. 22 da LC/64/90.

Quem possui **legitimidade** para AIJE?

A legitimidade ativa é igual à da AIRC (qualquer candidato, partido, coligação ou o Ministério Público), conforme caput do citado art. 22.

A legitimidade passiva é do candidato (ou pré-candidato) e o cidadão que não é candidato, mas que concorreu para prática do abuso de poder econômico ou político. Há entendimento reiterado do TSE no sentido de que pessoa jurídica não possui legitimidade para estar no polo passivo da AIJE.

Qual o **prazo** para propor a AIJE?

A legislação eleitoral não fixou o prazo para o ajuizamento da AIJE, de modo que coube a doutrina essa tarefa. Majoritariamente, entende-se que a AIJE deve ser ajuizada após o registro de candidatura. O termo final para o ajuizamento dessa ação é a diplomação dos eleitos, quando se opera a decadência do direito de se utilizar a AIJE.

Mas importante saber que o TSE proferiu decisão que flexibilizou essa regra. No caso julgado, o TSE admitiu que a AIJE pode ser ajuizada antes mesmo de iniciado o período eleitoral, desde que as circunstâncias do caso concreto demonstrem de maneira cabal o abuso cometido.

Quem é **competente** para julgar a AIJE?

- No caso de AIJE manejada em face do Presidente da República ou do Vice-Presidente, a competência é do Corregedor-Geral Eleitoral (TSE).
- Caso os legitimados passivos sejam os Governadores, Vice-Governadores, Deputados Federais, Senadores ou Deputados Estaduais/Distritais o julgamento será feito pelo Corregedor-Regional Eleitoral (TRE).
- No caso de os legitimados passivos serem Prefeitos, Vice-Prefeitos ou Vereadores, a competência será do juiz eleitoral (art. 24 da LC 64/90).

Qual o **procedimento** da AIJE?

Como visto, salvo nos casos em que está no polo passivo da demanda Prefeitos, Vice-Prefeitos ou Vereadores, a competência para a AIJE é do Corregedor.

Ajuizada a ação, poderá o Corregedor, rejeitar a inicial (art. 22, I, "c", da LC 64/90).

Recebida a inicial, pode ser concedida medida cautelar, quando o Corregedor determinará que se suspenda o ato que deu motivo à representação (art. 22, I, "b", da LC 64/90).

Concedida ou não a medida cautelar, será determinada a notificação do acusado para que apresente defesa em 5 dias (art. 22, I, "a", da LC 64/90).

Após, será realizada a inquirição de testemunhas (no máximo cada parte pode arrolar 6) na audiência de instrução. Realizada a inquirição, abre-se o prazo de 3 dias para a realização de eventuais diligências (art. 22, V e VI, da LC 64/90).

Na sequência, serão apresentadas alegações finais no prazo comum de 2 dias.

Com isso, os autos irão conclusos ao Corregedor para elaboração de relatório conclusivo.

O Ministério Público apresentará parecer e, após, a AIJE será julgada. Se for procedente, o acusado será declarado inelegível para as eleições que se realizarem nos 8 anos subsequentes à eleição em que se verificou o abuso, e terá seu registro ou diploma cassado, conforme art. 22, XIV, da LC 64/90:

> **Art. 22. XIV** – julgada procedente a representação, ainda que após a proclamação dos eleitos, o Tribunal declarará a inelegibilidade do representado e de quantos hajam contribuído para a prática do ato, cominando-lhes sanção de inelegibilidade para as eleições a se realizarem nos 8 (oito) anos subsequentes à eleição em que se verificou, além da cassação do registro ou diploma do candidato diretamente beneficiado pela interferência do poder econômico ou pelo desvio ou abuso do poder de autoridade ou dos meios de comunicação, determinando a remessa dos autos ao Ministério Público Eleitoral, para instauração de processo disciplinar, se for o caso, e de ação penal, ordenando quaisquer outras providências que a espécie comportar;

8.3. Ação de Impugnação de Mandato Eletivo (AIME)

A ação de impugnação de mandato eletivo (AIME) está prevista na Constituição Federal, no art. 14, §§ 10 e 11:

> **Art. 14. § 10** - O mandato eletivo poderá ser impugnado ante a Justiça Eleitoral no prazo de quinze dias contados da diplomação, instruída a ação com provas de abuso do poder econômico, corrupção ou fraude.

> **Art. 14. § 11** - A ação de impugnação de mandato tramitará em segredo de justiça, respondendo o autor, na forma da lei, se temerária ou de manifesta má-fé.

Como se pode verificar, a AIME tem o objetivo de invalidar diplomas de candidatos que tenham agido com abuso do poder econômico, corrupção ou fraude.

Abuso de poder econômico não engloba o abuso de poder político ou de autoridade.

Corrupção afeta a lisura do pleito e relaciona-se com o crime disposto no art. 299 do Código Eleitoral:

> **Art. 299.** Dar, oferecer, prometer, solicitar ou receber, para si ou para outrem, dinheiro, dádiva, ou qualquer outra vantagem, para obter ou dar voto e para conseguir ou prometer abstenção, ainda que a oferta não seja aceita:
>
> Pena – reclusão até quatro anos e pagamento de 5 a 15 dias-multa.

Fraude significa utilizar artifícios, burlar, enganar para favorecer determinado candidato. Não necessariamente estes artifícios precisam ser utilizados no dia da votação. Ex: votar mais de uma vez, alterar os dados da urna eletrônica.

O **procedimento** da AIME é o previsto na Lei Complementar nº 64/1990 para a AIRC (Resolução 21.634 do TSE), sendo que, conforme determinação constitucional, tramitará em segredo de justiça e será gratuita, salvo se temerária ou comprovada a má-fé.

A **competência** é verificada de acordo com o art. 2º da LC 64/90, ou seja, dependerá de qual o cargo pleiteado:

- Juiz eleitoral julga AIME em face de candidatos a prefeito, vice-prefeito e vereador;
- TRE julga AIME em face de candidatos a governador, vice-governador, senador, suplentes de senador, deputado federal, deputado estadual e deputado distrital;
- TSE julga AIME em face de candidato a presidente da república e vice-presidente da república.

É **legítimo** para propor AIME (legitimidade ativa) candidato, partido, coligação ou o Ministério Público (art. 3º da LC 64/90). O TSE entendeu que o eleitor, isoladamente, não possui legitimidade para propositura da AIME.

Já a legitimidade passiva, ou seja, contra quem deve ser proposta a AIME, recai sobre o diplomado.

Quanto ao **prazo**, como já falado, será de quinze dias contados da diplomação (art. 14, § 10, da CF).

Esse prazo é decadencial, de modo que, uma vez transcorrido, os legitimados não poderão mais propor a AIME.

Por fim, importante notar o disposto no art. 96-B, § 3º, da Lei das Eleições, o qual impede que se conheça uma nova ação que verse sobre o mesmo fato presente em outra ação que já transitou em julgado, mesmo que seja de natureza diversa:

> **Art. 96-B, § 3º** Se proposta ação sobre o mesmo fato apreciado em outra cuja decisão já tenha transitado em julgado, não será ela conhecida pelo juiz, ressalvada a apresentação de outras ou novas provas.

8.4. Representação do Artigo 96 da Lei das Eleições

O art. 96 da Lei das Eleições (Lei 9.504/97) traz a representação relativa ao descumprimento das disposições da própria Lei das Eleições. Especialmente, esta representação será cabível quando houver violações às regras da propaganda eleitoral:

> **Art. 96.** Salvo disposições específicas em contrário desta Lei, as reclamações ou representações relativas ao seu descumprimento podem ser feitas por qualquer partido político, coligação ou candidato, e devem dirigir-se:
>
> (...)

Conforme o já citado art. 96, a **legitimidade ativa** da representação cabe a candidato, partido político ou coligação. Ainda, o Ministério Público também é legitimado, diante do disposto no art. 96-B, § 1º, da mesma lei.

Quanto à legitimidade passiva, recairá sobre a pessoa que violar as regras previstas na Lei das Eleições. Importante notar que, como regra, as sanções aplicadas em decorrência da procedência do pedido dessa representação somente são imputadas ao próprio agente violador, não atingindo o partido político ao qual ele pertence, ainda que o partido tenha se beneficiado da conduta ilícita, exceto se o partido tiver participado da ilicitude.

> **Art. 96, § 11.** As sanções aplicadas a candidato em razão do descumprimento de disposições desta Lei não se estendem ao respectivo partido, mesmo na hipótese de esse ter se beneficiado da conduta, salvo quando comprovada a sua participação.

A **competência** será, conforme incisos do caput do art. 96:

- dos Juízes Eleitorais, nas eleições municipais;
- dos Tribunais Regionais Eleitorais, nas eleições federais, estaduais e distritais;
- do Tribunal Superior Eleitoral, na eleição presidencial.

Quanto ao **procedimento,** recebida a reclamação ou representação, a Justiça Eleitoral notificará imediatamente o reclamado ou representado para, querendo, apresentar defesa em quarenta e oito horas. Transcorrido o prazo, apresentada ou não a defesa, o órgão competente da Justiça Eleitoral decidirá e fará publicar a decisão em vinte e quatro horas (art. 96, §§ 5º e 7º, da Lei das Eleições).

Quando cabível recurso contra a decisão, este deverá ser apresentado no prazo de vinte e quatro horas da publicação da decisão em cartório ou sessão, assegurado ao recorrido o oferecimento de contrarrazões, em igual prazo, a contar da sua notificação. Os Tribunais julgarão o recurso no prazo de quarenta e oito horas (art. 96, §§ 8º e 9º, da Lei das Eleições).

8.5. Representação por Captação Ilícita de Sufrágio

A captação ilícita de sufrágio está disposta no art. 41-A da Lei das Eleições (Lei 9.504/97):

> **Art. 41-A.** Ressalvado o disposto no art. 26 e seus incisos, constitui captação de sufrágio, vedada por esta Lei, o candidato doar, oferecer, prometer, ou entregar, ao eleitor, com o fim de obter-lhe o voto, bem ou vantagem pessoal de qualquer natureza, inclusive emprego ou função pública, desde o registro da candidatura até o dia da eleição, inclusive, sob pena de multa de mil a cinquenta mil Ufir, e cassação do registro ou do diploma, observado o procedimento previsto no art. 22 da Lei Complementar nº 64, de 18 de maio de 1990.

Assim, caberá a representação pode captação ilícita de sufrágio quando o candidato doar, oferecer, prometer, ou entregar, ao eleitor, com o fim de obter-lhe o voto, bem ou vantagem pessoal de qualquer natureza, inclusive emprego ou função pública. A ameaça ao eleitor, com o intuito de conquistar o seu voto também caracteriza captação ilícita de sufrágio.

No entanto, promessas genéricas de campanha não caracterizam a promessa de vantagem de cunho pessoal que ensejam a aplicação do art. 41-A.

A **legitimidade ativa** recai sobre candidato, partido político, coligação ou Ministério Público.

No **polo passivo** deve estar o candidato ou pré-candidato com requerimento de candidatura formalizado. Ainda, conforme art. 41-A, § 2º, outras pessoas, que praticarem atos de violência ou grave ameaça a pessoa, com o fim de obter-lhe o voto, também poderão estar no polo passivo, mas submeter-se-ão somente à pena de multa.

Nota-se que, conforme entendimento do TSE, o termo inicial da incidência do art. 41-A é a data em que há o requerimento do registro de candidatura (e não o seu deferimento).

A representação poderá ser ajuizada **até a data da diplomação** (Art. 41-A, § 3º).

Importante notar que, para caracterização da captação ilícita de sufrágio do art. 41-A não é necessária a potencialidade lesiva da conduta. Assim, a violação da liberdade de voto de um eleitor já é suficiente, não sendo necessária a capacidade de gerar desequilíbrio nas eleições.

Ainda, para a caracterização da conduta ilícita, é desnecessário o pedido explícito de votos, bastando a evidência do dolo, consistente no especial fim de agir (art. 41-A, § 1º).

O **procedimento** é o do art. 22 da LC 64/90, o mesmo previsto para AIJE.

A **competência** será:

- No caso de representação manejada em face do Presidente da República ou do Vice-Presidente, a competência é do Corregedor-Geral Eleitoral (TSE).
- Caso os legitimados passivos sejam os Governadores, Vice-Governadores, Deputados Federais, Senadores ou Deputados Estaduais/Distritais o julgamento será feito pelo Corregedor-Regional Eleitoral (TRE).
- No caso de os legitimados passivos serem Prefeitos, Vice-Prefeitos ou Vereadores, a competência será do juiz eleitoral (art. 24 da LC 64/90).

Julgado procedente o pedido, haverá a imposição de multa e a cassação do registro ou do diploma do candidato.

O prazo de recurso contra decisões proferidas com base neste artigo será de 3 (três) dias, a contar da data da publicação do julgamento no Diário Oficial (Art. 41-A. § 4º).

8.6. Representação para Apuração de Arrecadação e Gastos Ilícitos (Captação Ilícita de Recursos)

Está prevista no art. 30-A da Lei das Eleições (lei 9.504/97):

> **Art. 30-A.** Qualquer partido político ou coligação poderá representar à Justiça Eleitoral, no prazo de 15 (quinze) dias da diplomação, relatando fatos e indicando provas, e pedir a abertura de investigação judicial para apurar condutas em desacordo com as normas desta Lei, relativas à arrecadação e gastos de recursos.

Assim, caberá essa representação quando forem praticadas condutas que violem as regras de arrecadação e gastos de recursos, conforme previsão da Lei das Eleições.

A legitimidade ativa recai sobre coligação e partido político. Não há previsão expressa, mas o entendimento é no sentido de que o Ministério Público também possui legitimidade para propositura dessa representação.

Já o candidato não possui legitimidade.

Quanto ao prazo, a representação precisa ser ajuizada em até 15 dias após a diplomação.

O procedimento a ser adotado é do art. 22 da LC 64/90 (mesmo da AIJE), conforme art. 30-A, § 1º, da Lei das Eleições.

Uma vez comprovado o abuso do poder econômico, será declarada a inelegibilidade do candidato e, por consequência, seu diploma será negado ou cassado (art. 30-A, § 2º, da Lei das eleições).

O prazo de recurso contra decisões proferidas em representações propostas com base neste artigo será de 3 dias, a contar da data da publicação do julgamento no Diário Oficial (art. 30-A, § 3º, da Lei das Eleições).

8.7. Recurso Contra Diplomação (RCD)

O recurso contra diplomação (RCD), com previsão no art. 262 do Código Eleitoral, tem como objetivo a decretação de inelegibilidade ou de incompatibilidade de candidato diplomado quando, depois do deferimento do registro, mas antes da diplomação, aparecer uma inelegibilidade superveniente ou quando verificada uma inelegibilidade prevista na Constituição Federal e não arguida em AIRC.

> **Art. 262.** O recurso contra expedição de diploma caberá somente nos casos de inelegibilidade superveniente ou de natureza constitucional e de falta de condição de elegibilidade.

Importante o conteúdo da Súmula 47 do TSE:

> **Súmula 47 do TSE:** A inelegibilidade superveniente que autoriza a interposição de recurso contra expedição de diploma, fundado no art. 262, do CE - Código Eleitoral, é aquela de índole constitucional ou, se infraconstitucional, superveniente ao registro de candidatura, e que surge até a data do pleito.

Em resumo pode-se dizer que o RCD cabe:

- para alegar inelegibilidade superveniente;

- para alegar inelegibilidade prevista na CF/88; e
- para alegar falta de condição de elegibilidade.

Apesar de o RCD ter esse nome e estar disposto no Código Eleitoral no Capítulo referente aos recursos, ele não é recurso, mas, sim, ação constitutiva negativa de ato administrativo, já que a diplomação é um ato administrativo no qual o juiz eleitoral ou o presidente do Tribunal certifica o resultado das eleições por meio do diploma.

O RCD pode ser manejado por candidato, partido ou Ministério Público.

A legitimidade passiva recai sobre os diplomados (candidatos e, quando houver, seus vices e suplentes).

O prazo para o RCD é de 3 dias, a contar do último dia para a diplomação:

> **Art. 262, § 3º do Código Eleitoral.** O recurso de que trata este artigo deverá ser interposto no prazo de 3 (três) dias após o último dia limite fixado para a diplomação e será suspenso no período compreendido entre os dias 20 de dezembro e 20 de janeiro, a partir do qual retomará seu cômputo.

A sistemática do RCD é um pouco diferente das demais ações eleitorais. Aqui, é importante fazer uma diferença entre endereçamento e processamento. O RCD é endereçado a um órgão julgador, mas é processado e julgado por outro órgão:

- Nas eleições municipais, o endereçamento é para o juiz eleitoral, mas o julgamento do RCD ocorrerá no TRE;
- Nas eleições gerais e estaduais, o endereçamento é para o TRE, mas o julgamento ocorrerá no TSE;
- No caso de eleição presidencial, aí o endereçamento e julgamento ocorrerá perante o TSE.

8.8. Ação Rescisória Eleitoral

A Ação Rescisória Eleitoral está prevista no art. 22, I, "j" do Código Eleitoral:

> **Art. 22.** Compete ao Tribunal Superior:
>
> I – processar e julgar originariamente:
>
> (...)
>
> j) a ação rescisória, nos casos de inelegibilidade, desde que intentada dentro do prazo de cento e vinte dias de decisão irrecorrível, possibilitando-se o exercício do mandato eletivo até o seu trânsito em julgado;

Daí extrai-se que compete ao TSE processar e julgar originalmente a ação rescisória, desde que dentro do prazo de 120 dias da decisão irrecorrível.

Nota-se que o entendimento pacífico é de que a ação rescisória só é cabível contra decisões do TSE. Dizendo de outra forma, TRE e juiz eleitoral não julgam ação rescisória.

8.9. Recursos Eleitorais

Recurso é o meio de impugnação de decisão judicial, que ocorre dentro do mesmo processo e antes da preclusão, com o objetivo da sua reforma, invalidação, integração ou esclarecimento.

Os recursos eleitorais, como regra, não possuem efeito suspensivo, conforme disposto no art. 257 do Código Eleitoral. Essa regra não se aplica ao RCD (que nem recurso é, como visto) diante do disposto no art. 216 do Código Eleitoral, e nem contra a decisão que decreta inelegibilidade, conforme art. 15 da LC 64/90. Ainda sobre o tema importante trazer o disposto no § 2º do art. 257 do Código Eleitoral:

> § 2º O recurso ordinário interposto contra decisão proferida por juiz eleitoral ou por Tribunal Regional Eleitoral que resulte em cassação de registro, afastamento do titular ou perda de mandato eletivo será recebido pelo Tribunal competente com efeito suspensivo.

Os prazos para interposição de recurso, como regra, são de 3 dias. Não se aplica ao processo eleitoral a contagem dos prazos em dias úteis, conforme art. 7º da Resolução 23.478/2016 do TSE. Nos processos de apuração de crime eleitoral em que resulte condenação ou absolvição, o prazo recursal será de 10 dias (art. 362 do Código Eleitoral).

De forma geral, são irrecorríveis em separado as decisões interlocutórias, que deverão ser atacadas quando do recurso contra a decisão final (art. 19 da Resolução 23.478).

Os recursos eleitorais são gratuitos, não existindo preparo.

a) **Aplicação do CPC ao processo eleitoral:** a Resolução 23.478/2016 do TSE trouxe o regramento, estabelecendo o que é e o que não é aplicado ao processo eleitoral;

- Aplicam-se aos processos eleitorais o contido nos arts. 9º e 10 do Código de Processo Civil de 2015 (art. 3º da Resolução 23.478);
- Não se aplica aos feitos eleitorais o instituto do *amicus curiae* de que trata o art. 138 do Código de Processo Civil de 2015 (art. 5º da Resolução 23.478);
- Não se aplicam aos feitos eleitorais as regras relativas à conciliação ou mediação previstas nos

arts. 165 e seguintes do Código de Processo Civil de 2015 (art. 6º da Resolução 23.478);

- O prazo de 30 (trinta) dias de que trata o art. 178 do Código de Processo Civil de 2015 não se aplica na Justiça Eleitoral (prazo para manifestação do Ministério Público) (art. 8º da Resolução 23.478);
- A suspensão dos prazos processuais entre os dias 20 de dezembro e 20 de janeiro de que trata o art. 220 do Código de Processo Civil de 2015 aplica-se no âmbito dos cartórios eleitorais e dos tribunais regionais eleitorais (art. 10 da Resolução 23.478);
- A sistemática dos recursos repetitivos prevista nos arts. 1.036 a 1.042 do Código de Processo Civil de 2015 não se aplica aos feitos que versem ou possam ter reflexo sobre inelegibilidade, registro de candidatura, diplomação e resultado ou anulação de eleições (art. 20 da Resolução 23.478).

b) Recursos contra decisões do juiz eleitoral. São eles:

- Recurso criminal eleitoral;
- Recurso em sentido estrito;
- Recurso inominado;
- Embargos de declaração.

O **recurso eleitoral criminal (REC)** nada mais é do que a apelação criminal eleitoral, ou seja, cabe em caso de condenação ou absolvição. Está previsto no art. 362 do Código Eleitoral:

> **Art. 362.** Das decisões finais de condenação ou absolvição cabe recurso para o Tribunal Regional, a ser interposto no prazo de 10 (dez) dias.

Esse recurso possui efeito suspensivo, o que foge a regra dos recursos eleitorais.

O **recurso em sentido estrito (RESE) eleitoral** é recurso previsto no Código de Processo Penal (art. 581 e seguintes). Esse recurso permite a retratação judicial. Cuidar, pois o prazo desse recurso é o previsto na legislação eleitoral (art. 258 do Código Eleitoral), ou seja, deve ser interposto no prazo de 3 dias.

O **recurso inominado eleitoral** está previsto no art. 265 do Código Eleitoral e é cabível da decisão do juiz eleitoral, podendo ser manejada por candidatos, partidos, coligações ou pelo Ministério Público Eleitoral. Também é cabível de decisões da junta eleitoral quando fiscais, delegados de partidos, candidatos e o Ministério Público Eleitoral poderão recorrer.

Segundo o citado art. 265, esse recurso será cabível dos atos, resoluções ou despachos dos juízes ou juntas eleitorais. Ex: decisão do juiz que indeferir requerimento de inscrição eleitoral, ou que indeferir a transferência do título eleitoral.

Deve ser interposto no prazo de 3 dias.

Os **embargos de declaração**, que, em verdade, cabem também das decisões dos tribunais, são cabíveis em face de decisões que forem omissas, obscuras ou contraditórias. Ainda são cabíveis os aclaratórios para corrigir erro material da decisão. Estão previstos no art. 275 do Código Eleitoral, que remete ao Código de Processo Civil. Devem ser opostos no prazo de 3 dias e a sua interposição interrompe o prazo recursal.

c) Recursos contra decisão da junta eleitoral. São eles:

- Recurso inominado (já visto anteriormente contra a decisão do juiz eleitoral);
- Embargos de declaração (já vistos);
- Recurso parcial.

O **recurso parcial** está previsto no art. 261 do Código Eleitoral.

> **Art. 261.** Os recursos parciais, entre os quais não se incluem os que versarem matéria referente ao registro de candidatos, interpostos para os tribunais regionais no caso de eleições municipais, e para o Tribunal Superior no caso de eleições estaduais ou federais, serão julgados à medida que derem entrada nas respectivas secretarias.

Cabível diante do julgamento de eventuais impugnações às urnas, cédulas e votos durante a apuração das eleições. São apresentadas por fiscais, delegados de partido, candidatos. O prazo desse recurso é de 3 dias.

Importante notar que esse recurso está em desuso, diante da implantação do sistema eletrônico de votação e apuração, já que praticamente não há contagem manual de votos.

d) Recursos contra decisões do TRE. São eles:

- Recurso parcial
- Recurso ordinário eleitoral para o TSE;
- Recurso especial eleitoral (REspe) para o TSE;
- Agravo de instrumento eleitoral ou agravo;
- Agravo regimental ou agravo interno para o próprio TRE;
- Embargos de declaração (já visto anteriormente).

O **recurso parcial** é cabível das decisões de impugnações proferidas pelo TRE em eleição cuja apuração for de sua competência (eleição estadual ou federal). O procedimento é o mesmo referente ao recurso parcial às decisões das juntas eleitorais.

O **recurso ordinário eleitoral** está previsto nas alíneas "a" e "b" do inciso II do art. 276 do Código Eleitoral. Serão cabíveis das decisões que versarem sobre inelegibilidades ou expedição de diplomas nas eleições federais ou estaduais, das decisões de anulação de diploma ou decretação de perda de mandatos eletivos federais ou estaduais e das decisões denegatórias de habeas corpus, mandado de segurança, habeas data ou mandado de injunção.

O prazo de interposição desse recurso é de 3 dias.

O **recurso especial eleitoral** está previsto no art. 276, inciso I, do Código Eleitoral. É cabível das decisões do TRE quando forem proferidas contra expressa disposição de lei e quando ocorrer divergência na interpretação de lei entre dois ou mais tribunais eleitorais.

O prazo de interposição é de 3 dias.

O **agravo de instrumento eleitoral** deve ser interposto quando não recebido o recurso especial, objetivando que haja o seu recebimento.

Sobre o recurso especial, seguem alguns **entendimentos sumulados pelo TSE**:

> **Súmula-TSE nº 24**: Não cabe recurso especial eleitoral para simples reexame do conjunto fático-probatório.
>
> **Súmula-TSE nº 25**: É indispensável o esgotamento das instâncias ordinárias para a interposição de recurso especial eleitoral.
>
> **Súmula-TSE nº 28**: A divergência jurisprudencial que fundamenta o recurso especial interposto com base na alínea b do inciso I do art. 276 do Código Eleitoral somente estará demonstrada mediante a realização de cotejo analítico e a existência de similitude fática entre os acórdãos paradigma e o aresto recorrido.
>
> **Súmula-TSE nº 29**: A divergência entre julgados do mesmo Tribunal não se presta a configurar dissídio jurisprudencial apto a fundamentar recurso especial eleitoral.
>
> **Súmula-TSE nº 30**: Não se conhece de recurso especial eleitoral por dissídio jurisprudencial, quando a decisão recorrida estiver em conformidade com a jurisprudência do Tribunal Superior Eleitoral.
>
> **Súmula-TSE nº 31**: Não cabe recurso especial eleitoral contra acórdão que decide sobre pedido de medida liminar.
>
> **Súmula-TSE nº 32**: É inadmissível recurso especial eleitoral por violação à legislação municipal ou estadual, ao Regimento Interno dos Tribunais Eleitorais ou às normas partidárias.
>
> **Súmula-TSE nº 71**: Na hipótese de negativa de seguimento ao recurso especial e da consequente interposição de agravo, a parte deverá apresentar contrarrazões tanto ao agravo quanto ao recurso especial, dentro do mesmo tríduo legal.

O **agravo regimental**, na forma do art. 264 do Código Eleitoral, cabe no prazo de 3 dias, de atos, resoluções ou despachos proferidos pelo Presidente do TRE para o pleno do tribunal.

e) **Recursos contra decisões do TSE**. De acordo com o disposto no art. 281 do Código Eleitoral, são irrecorríveis as decisões do Tribunal Superior, salvo as que declararem a invalidade de lei ou ato contrário à Constituição Federal e as denegatórias de habeas corpus ou mandado de segurança, das quais caberá recurso ordinário para o Supremo Tribunal Federal, interposto no prazo de 3 dias.

Além disso, em conformidade com o disposto no art. 121, § 3º, da CF/88, caberá recurso extraordinário de decisão do TSE que contrariar a Constituição. Caso o recurso seja denegado, caberá agravo de instrumento, também no prazo de 3 dias.

9. ABUSO DE PODER E CONDUTAS VEDADAS AOS AGENTES PÚBLICOS EM CAMPANHA

O Direito Eleitoral tem como uma de suas principais metas garantir a normalidade e a legitimidade das eleições, para que prevaleça a vontade suprema do povo.

Mas há abusos do poder político e econômico que abalam a normalidade e legitimidade das eleições, motivo pelo qual a legislação eleitoral traz mecanismos para combater essas condutas.

Abuso de poder político é verificado quando o detentor de poder (no Poder Executivo ou Legislativo), valendo-se dessa condição, age com abuso de autoridade, prejudicando a liberdade de voto. Exemplo: uso indevido de propaganda institucional; coação de servidores públicos.

Abuso de poder econômico ocorre quando o candidato utiliza recursos financeiros vedados ou acima dos permitidos pela legislação.

9.1. Condutas Vedadas aos Agentes Públicos em Campanhas Eleitorais

Aqui nós analisamos os arts. 73 e seguintes da Lei das eleições (Lei 9.504/97), que trazem uma série de condutas vedadas aos agentes públicos durante as campanhas eleitorais, como o objetivo de preservar a normalidade e a legitimidade das eleições.

Nota-se que é considerado agente público, para esse fim, quem exerce, ainda que transitoriamente ou sem remuneração, por eleição, nomeação, designação, contratação ou qualquer outra forma de investidura ou vínculo, mandato, cargo, emprego ou função nos órgãos ou entidades da administração pública direta, indireta ou fundacional (art. 73, § 1º).

O art. 73, caput, traz uma séria de condutas que são vedadas aos agentes públicos:

> **Art. 73.** São proibidas aos agentes públicos, servidores ou não, as seguintes condutas tendentes a afetar a igualdade de oportunidades entre candidatos nos pleitos eleitorais:
>
> I - ceder ou usar, em benefício de candidato, partido político ou coligação, bens móveis ou imóveis pertencentes à administração direta ou indireta da União, dos Estados, do Distrito Federal, dos Territórios e dos Municípios, ressalvada a realização de convenção partidária;
>
> II - usar materiais ou serviços, custeados pelos Governos ou Casas Legislativas, que excedam as prerrogativas consignadas nos regimentos e normas dos órgãos que integram;
>
> III - ceder servidor público ou empregado da administração direta ou indireta federal, estadual ou municipal do Poder Executivo, ou usar de seus serviços, para comitês de campanha eleitoral de candidato, partido político ou coligação, durante o horário de expediente normal, salvo se o servidor ou empregado estiver licenciado;
>
> IV - fazer ou permitir uso promocional em favor de candidato, partido político ou coligação, de distribuição gratuita de bens e serviços de caráter social custeados ou subvencionados pelo Poder Público;
>
> V - nomear, contratar ou de qualquer forma admitir, demitir sem justa causa, suprimir ou readaptar vantagens ou por outros meios dificultar ou impedir o exercício funcional e, ainda, ex officio, remover, transferir ou exonerar servidor público, na circunscrição do pleito, nos três meses que o antecedem e até a posse dos eleitos, sob pena de nulidade de pleno direito, ressalvados:
>
> a) a nomeação ou exoneração de cargos em comissão e designação ou dispensa de funções de confiança;
>
> b) a nomeação para cargos do Poder Judiciário, do Ministério Público, dos Tribunais ou Conselhos de Contas e dos órgãos da Presidência da República;
>
> c) a nomeação dos aprovados em concursos públicos homologados até o início daquele prazo;
>
> d) a nomeação ou contratação necessária à instalação ou ao funcionamento inadiável de serviços públicos essenciais, com prévia e expressa autorização do Chefe do Poder Executivo;
>
> e) a transferência ou remoção ex officio de militares, policiais civis e de agentes penitenciários;
>
> VI - nos três meses que antecedem o pleito:
>
> a) realizar transferência voluntária de recursos da União aos Estados e Municípios, e dos Estados aos Municípios, sob pena de nulidade de pleno direito, ressalvados os recursos destinados a cumprir obrigação formal preexistente para execução de obra ou serviço em andamento e com cronograma prefixado, e os destinados a atender situações de emergência e de calamidade pública;
>
> b) com exceção da propaganda de produtos e serviços que tenham concorrência no mercado, autorizar publicidade institucional dos atos, programas, obras, serviços e campanhas dos órgãos públicos federais, estaduais ou municipais, ou das respectivas entidades da administração indireta, salvo em caso de grave e urgente necessidade pública, assim reconhecida pela Justiça Eleitoral;
>
> c) fazer pronunciamento em cadeia de rádio e televisão, fora do horário eleitoral gratuito, salvo quando, a critério da Justiça Eleitoral, tratar-se de matéria urgente, relevante e característica das funções de governo;
>
> VII - empenhar, no primeiro semestre do ano de eleição, despesas com publicidade dos órgãos públicos federais, estaduais ou municipais, ou das respectivas entidades da administração indireta, que excedam a 6 (seis) vezes a média mensal dos valores empenhados e não cancelados nos 3 (três) últimos anos que antecedem o pleito;
>
> VIII - fazer, na circunscrição do pleito, revisão geral da remuneração dos servidores públicos que exceda a recomposição da perda de seu poder aquisitivo ao longo do ano da eleição, a partir do início do prazo estabelecido no art. 7º desta Lei e até a posse dos eleitos.

Nota-se que a vedação do inciso I do *caput* não se aplica ao uso, em campanha, de transporte oficial pelo Presidente da República, obedecido o disposto no art. 76, nem ao uso, em campanha, pelos candidatos à reeleição de Presidente e Vice-Presidente da República, Governador e Vice-Governador de Estado e do Distrito Federal, Prefeito e Vice-Prefeito, de suas residências oficiais para realização de contatos, encontros e reuniões pertinentes à própria campanha, desde que não tenham caráter de ato público (art. 73, § 2º).

Quanto ao inciso IV, importante ter em mente o disposto nos §§ 10 e 11 do art. 73:

> § 10. No ano em que se realizar eleição, fica proibida a distribuição gratuita de bens, valores ou benefícios por parte da Administração Pública, exceto nos casos de calamidade pública, de estado de emergência ou de programas sociais autorizados em lei e já em execução orçamentária no exercício anterior, casos em que o Ministério Público poderá promover o acompanhamento de sua execução financeira e administrativa.
>
> § 11. Nos anos eleitorais, os programas sociais de que trata o § 10 não poderão ser executados por

entidade nominalmente vinculada a candidato ou por esse mantida.

As vedações do inciso VI do caput, alíneas b e c, aplicam-se apenas aos agentes públicos das esferas administrativas cujos cargos estejam em disputa na eleição (art. 73, § 3º).

E quais as consequências quanto à prática dessas condutas vedadas?

Em primeiro lugar, acarretará a suspensão imediata da conduta vedada, quando for o caso, e sujeitará os responsáveis a multa no valor de cinco a cem mil UFIR (art. 73, § 4º).

Ainda, sem prejuízo dessa penalidade, o candidato beneficiado, agente público ou não, ficará sujeito à cassação do registro ou do diploma (art. 73, § 5º).

Aplicam-se as sanções do § 4º aos agentes públicos responsáveis pelas condutas vedadas e aos partidos, coligações e candidatos que delas se beneficiarem (art. 73, § 8º).

O art. 74 dispõe que configura abuso de autoridade, para os fins do disposto no art. 22 da Lei Complementar nº 64, de 18 de maio de 1990, a infringência do disposto no § 1º do art. 37 da Constituição Federal, ficando o responsável, se candidato, sujeito ao cancelamento do registro ou do diploma. O art. 37, § 1º, da CF, combate o uso de publicidade institucional em favor de servidores públicos ou autoridades, visando a preservar o princípio da impessoalidade da administração pública.

O art. 75 traz a vedação de contratação de shows artísticos pagos com recursos públicos nos três meses que antecedem o pleito:

> **Art. 75.** Nos três meses que antecederem as eleições, na realização de inaugurações é vedada a contratação de shows artísticos pagos com recursos públicos.
>
> Parágrafo único. Nos casos de descumprimento do disposto neste artigo, sem prejuízo da suspensão imediata da conduta, o candidato beneficiado, agente público ou não, ficará sujeito à cassação do registro ou do diploma.

Conforme art. 77, é vedado que candidato participe de inauguração de obra pública nos três meses que antecedem o pleito, sob pena de cassação do registro ou do diploma.

> **Art. 77.** É proibido a qualquer candidato comparecer, nos 3 (três) meses que precedem o pleito, a inaugurações de obras públicas
>
> Parágrafo único. A inobservância do disposto neste artigo sujeita o infrator à cassação do registro ou do diploma.

A violação a essas condutas vedadas, assim como no caso de propaganda eleitoral irregular, deverá ser arguida por meio da representação prevista no art. 96 da Lei das Eleições.

9.2. Captação Ilícita de Sufrágio

A captação ilícita de sufrágio está disposta no art. 41-A da Lei das Eleições (Lei 9.504/97).

Busca-se com o citado dispositivo combater a compra de votos de modo a preservar a liberdade do eleitor.

Para a propositura de ação com base nesse dispositivo, ao contrário da AIJE e da AIME, não é necessária a chamada potencialidade lesiva, capaz de alterar significativamente o resultado das eleições. Basta, aqui, a comprovação da compra de um único voto para que o ato seja caracterizado.

Diz o art. 41-A:

> **Art. 41-A.** Ressalvado o disposto no art. 26 e seus incisos, constitui captação de sufrágio, vedada por esta Lei, o candidato doar, oferecer, prometer, ou entregar, ao eleitor, com o fim de obter-lhe o voto, bem ou vantagem pessoal de qualquer natureza, inclusive emprego ou função pública, desde o registro da candidatura até o dia da eleição, inclusive, sob pena de multa de mil a cinquenta mil Ufir, e cassação do registro ou do diploma, observado o procedimento previsto no art. 22 da Lei Complementar nº 64, de 18 de maio de 1990.
>
> § 1º Para a caracterização da conduta ilícita, é desnecessário o pedido explícito de votos, bastando a evidência do dolo, consistente no especial fim de agir.
>
> § 2º As sanções previstas no caput aplicam-se contra quem praticar atos de violência ou grave ameaça a pessoa, com o fim de obter-lhe o voto.
>
> § 3º A representação contra as condutas vedadas no caput poderá ser ajuizada até a data da diplomação.
>
> § 4º O prazo de recurso contra decisões proferidas com base neste artigo será de 3 (três) dias, a contar da data da publicação do julgamento no Diário Oficial.

9.3. Fornecimento Gratuito de Transporte e Alimentação em dias de eleição

O oferecimento indevido de transporte no dia das eleições configura abuso de poder econômico.

Segundo o art. 5º da Lei 6.091/74, nenhum veículo ou embarcação poderá fazer transporte de eleitores desde o dia anterior até o posterior à eleição, salvo: a serviço da Justiça Eleitoral; coletivos de linhas regulares e não fretados; de uso individual do proprietário, para o exercício do próprio voto e dos membros da sua família; o serviço normal, sem finalidade eleitoral, de veículos de aluguel.

Também é vedado o oferecimento de refeições a eleitores no dia das eleições, conforme art. 8º da Lei 6.091/74:

> **Art. 8º.** Somente a Justiça Eleitoral poderá, quando imprescindível, em face da absoluta carência de recursos de eleitores da zona rural, fornecer-lhes refeições, correndo, nesta hipótese, as despesas por conta do Fundo Partidário.

9.4. Violência Política Contra Mulher

A Lei nº 14.192/2021 estabeleceu normas para prevenir, reprimir e combater a violência política contra a mulher.

O art. 3º da referida lei estabelece que se considera violência política contra a mulher toda ação, conduta ou omissão com a finalidade de impedir, obstaculizar ou restringir os direitos políticos da mulher. Constituem igualmente atos de violência política contra a mulher qualquer distinção, exclusão ou restrição no reconhecimento, gozo ou exercício de seus direitos e de suas liberdades políticas fundamentais, em virtude do sexo.

A citada lei criou ainda um tipo penal, acrescentando ao Código Eleitoral o art. 326-B:

> **Art. 326-B.** Assediar, constranger, humilhar, perseguir ou ameaçar, por qualquer meio, candidata a cargo eletivo ou detentora de mandato eletivo, utilizando-se de menosprezo ou discriminação à condição de mulher ou à sua cor, raça ou etnia, com a finalidade de impedir ou de dificultar a sua campanha eleitoral ou o desempenho de seu mandato eletivo.
>
> Pena - reclusão, de 1 (um) a 4 (quatro) anos, e multa.
>
> Parágrafo único. Aumenta-se a pena em 1/3 (um terço), se o crime é cometido contra mulher:
>
> I - gestante;
>
> II - maior de 60 (sessenta) anos;
>
> III - com deficiência.

Ainda, a Lei 14.192/2021 cria o inciso X no art. 243 do Código Eleitoral, asseverando que não será tolerada propaganda que deprecie a condição de mulher ou estimule sua discriminação em razão do sexo feminino, ou em relação à sua cor, raça ou etnia.

10. ORGANIZAÇÃO DAS ELEIÇÕES

A Justiça Eleitoral possui diversas atribuições, que se iniciam com alistamento eleitoral e vão até a diplomação. Ou seja, a Justiça Eleitoral, como já visto, possui importante função administrativa (executiva), além da sua função jurisdicional.

Agora serão estudadas as diversas etapas da organização das eleições.

10.1. Organização das Seções Eleitorais

Como já visto, a divisão geográfica da Justiça Eleitoral de primeira instância se dá por meio de zonas eleitorais (que podem englobar mais de um município ou, eventualmente, em municípios muito grandes, ter mais de uma zona eleitoral por município).

As zonas eleitorais são subdivididas em seções eleitorais, local onde os eleitores comparecem para votar. Em cada seção eleitoral haverá uma urna de votação e funcionará uma mesa receptora, formada por uma equipe de mesários, nomeada pelo juiz eleitoral.

Apesar de o Código Eleitoral (art. 117) falar que as seções eleitorais devem ter no mínimo 50 eleitores e no máximo 300 eleitores (sendo que nas capitais o máximo seria 400), o art. 84 da Lei das Eleições (Lei 9.504/97) diz que cabe à Justiça Eleitoral fixar o número de eleitores por seção. Assim, diante desta última previsão legal, admite-se seções eleitorais com mais de 400 eleitores, conforme juízo de conveniência da Justiça Eleitoral.

As seções eleitorais funcionarão preferencialmente em prédios públicos, mas, em caso de necessidade, podem ficar em edifícios particulares.

Esses prédios onde funcionam as seções eleitorais são chamados de locais de votação.

Até 60 dias antes da eleição, o juiz eleitoral designará os locais de votação onde funcionarão as mesas receptoras, sendo vedada a escolha de locais pertencentes a candidatos, membros de diretórios ou delegados de partidos políticos ou de coligação, autoridade judicial ou cônjuges e parentes, consanguíneos, por adoção ou afins, até o 2º grau, de candidato.

Divulgados os locais de votação, inicia-se o prazo de 03 dias para impugnação, sendo legitimados para tanto os partidos políticos (art. 135, § 7º, do Código Eleitoral), as coligações e o Ministério Público.

O eleitor, no momento do seu alistamento, poderá escolher o seu local de votação, a partir da lista dos locais de votação disponíveis na sua respectiva zona eleitoral.

10.2. Organização das Mesas Receptoras

Em cada seção eleitoral funcionará uma mesa receptora, constituída por mesários nomeados pelo juiz eleitoral.

Segundo art. 120 do Código Eleitoral, constituem a mesa receptora um presidente, um primeiro e um segundo mesários, dois secretários e um suplente, nomeados pelo juiz eleitoral sessenta dias antes da eleição, em audiência pública, anunciado pelo menos com cinco dias de antecedência.

Não podem ser nomeados presidentes e mesários (art. 120, § 1º, do Código Eleitoral c/c art. 63, § 2º, da Lei 9.504/97):

- os candidatos e seus parentes ainda que por afinidade, até o segundo grau, inclusive, e bem assim o cônjuge;
- os membros de diretórios de partidos desde que exerça função executiva;
- as autoridades e agentes policiais, bem como os funcionários no desempenho de cargos de confiança do Executivo;
- os que pertencerem ao serviço eleitoral;
- os eleitores menores de dezoito anos.

Qualquer partido pode reclamar ao Juiz Eleitoral, no prazo de cinco dias, da nomeação da Mesa Receptora, devendo a decisão ser proferida em 48 horas (art. 63, caput, da Lei das Eleições).

Os nomeados que não declararem a existência de qualquer dos impedimentos incorrem no crime do art. 310 do Código Eleitoral.

Destaca-se que o presidente da mesa receptora tem poder de polícia na sua respectiva seção, podendo, para isso, requisitar força pública. O presidente da mesa é a autoridade superior, devendo zelar pela ordem do pleito, com poderes, inclusive, para retirar do recinto quem não guardar a devida compostura ou estiver praticando ato atentatório à liberdade eleitoral. Nenhuma autoridade estranha à mesa poderá intervir nela, sob pretexto algum, salvo o juiz eleitoral.

10.3. Sistema Eletrônico de Votação

Com a adoção da urna eletrônica, o antigo sistema de votação por cédulas foi substituído pelo sistema eletrônico de votação e totalização dos votos (art. 59, da Lei das Eleições). Atualmente, somente em caráter excepcional utiliza-se o sistema de votação convencional.

> **Art. 59.** A votação e a totalização dos votos serão feitas por sistema eletrônico, podendo o Tribunal Superior Eleitoral autorizar, em caráter excepcional, a aplicação das regras fixadas nos arts. 83 a 89.

A votação eletrônica será feita no número do candidato ou da legenda partidária, devendo o nome e fotografia do candidato e o nome do partido ou a legenda partidária aparecer no painel da urna eletrônica, com a expressão designadora do cargo disputado no masculino ou feminino, conforme o caso (art. 59, § 1º, da Lei das Eleições).

Na votação para as eleições proporcionais, serão computados para a legenda partidária os votos em que não seja possível a identificação do candidato, desde que o número identificador do partido seja digitado de forma correta (art. 59, § 2º, da Lei das Eleições).

A urna eletrônica contabilizará o voto, assegurando-lhe o sigilo e a inviolabilidade, garantida a ampla fiscalização do processo aos candidatos, partidos e coligações.

A votação deverá ser iniciada às 8 horas e encerrada às 17 horas (art. 144 do Código Eleitoral). Se ainda houver pessoas na fila para votar às 17 horas, o presidente fará entregar as senhas a todos os eleitores presentes e, em seguida, os convidará, em voz alta, a entregar à mesa seus títulos, para que sejam admitidos a votar (art. 153 do Código Eleitoral).

Antes do início da votação será emitida a zerésima, documento que comprova a ausência de votos antes do início da votação. Ao final da votação, será emitido o boletim de urna.

Para votar, o eleitor deverá apresentar um documento oficial de identificação com foto. Conforme decidiu o STF (ADI 4467), o título de eleitor não é documento obrigatório.

Dentro da cabina de votação, e vedado portar aparelho de telefonia celular, máquina fotográfica ou filmadora (art. 91-A, parágrafo único).

Importante notar que o art. 233-A do Código Eleitoral autorizou o voto em trânsito no território nacional para presidente da República, governador, senador, deputado federal, deputado estadual e deputado distrital em urnas especialmente instaladas nas capitais e nos municípios com mais de cem mil eleitores.

10.4. Nulidades na Votação

Do art. 219 ao art. 224 o Código Eleitoral trata das nulidades na votação.

O art. 219 traz a ideia do *in dubio pro voto*:

> **Art. 219.** Na aplicação da lei eleitoral o juiz atenderá sempre aos fins e resultados a que ela se dirige, abstendo-se de pronunciar nulidades sem demonstração de prejuízo.

O art. 220 diz que é nula a votação:

I – quando feita perante mesa não nomeada pelo juiz eleitoral, ou constituída com ofensa à letra da lei;

II – quando efetuada em folhas de votação falsas;

III – quando realizada em dia, hora, ou local diferentes do designado ou encerrada antes das 17 horas;

IV – quando preterida formalidade essencial do sigilo dos sufrágios;

V – quando a seção eleitoral tiver sido localizada com infração do disposto nos §§ 4º e 5º do art. 135.

O art. 221 afirma que é anulável a votação:

I – quando houver extravio de documento reputado essencial;

II – quando for negado ou sofrer restrição o direito de fiscalizar, e o fato constar da ata ou de protesto interposto, por escrito, no momento;

III – quando votar, sem as cautelas do art. 147, § 2º:

a) eleitor excluído por sentença não cumprida por ocasião da remessa das folhas individuais de votação à mesa, desde que haja oportuna reclamação de partido;

b) eleitor de outra seção, salvo a hipótese do art. 145;

c) alguém com falsa identidade em lugar do eleitor chamado.

Conforme art. 223, a nulidade de qualquer ato, não decretada de ofício pela junta, só poderá ser arguida quando de sua prática, não mais podendo ser alegada, salvo se a arguição se basear em motivo superveniente ou de ordem constitucional.

Mas, sobre a temática, o mais importante é entender que é mito que, se houver mais da metade de votos nulos e brancos, haverá nova eleição. Esse mito surgiu diante do disposto no art. 224 do Código Eleitoral:

> **Art. 224.** Se a nulidade atingir a mais de metade dos votos do país nas eleições presidenciais, do Estado nas eleições federais e estaduais ou do município nas eleições municipais, julgar-se-ão prejudicadas as demais votações e o Tribunal marcará dia para nova eleição dentro do prazo de 20 (vinte) a 40 (quarenta) dias.

Mas, conforme já decidido pelo TSE, o art. 224 não tem aplicação quando mais da metade dos eleitores, voluntariamente, votam em branco ou nulo, pois tais votos não possuem nenhum valor. A nulidade prevista no artigo citado é a que decorre das causas elencadas nos arts. 220 e 221 do Código Eleitoral.

10.5. Justificativa de não Comparecimento

Aos brasileiros alfabetizados entre 18 e 70 anos, o voto é obrigatório. Se essas pessoas não votarem, haverá consequências, conforme art. 7º, § 1º, do Código Eleitoral.

Mas, caso esse eleitor justifique a sua ausência ao pleito, também estará quite com a Justiça Eleitoral.

Estando o eleitor no Brasil, ele poderá justificar sua ausência na votação no dia da realização do pleito ou até 60 dias após, em cartório eleitoral. Caso esteja fora do Brasil, terá o prazo de 30 dias, a conta do seu retorno ao país, para apresentar a justificativa.

Nota-se que o pedido de justificativa é sempre dirigido ao juiz eleitoral da zona eleitoral da inscrição do eleitor, mas pode ser formulada em qualquer zona eleitoral.

Caso o eleitor deixe de votar em três eleições consecutivas, sem justificativa, terá cancelada a sua inscrição eleitoral. Importante saber que cada turno da eleição e considerado uma eleição.

10.6. Garantias Eleitorais

Com o objetivo de preservar a liberdade de voto e impedir atos arbitrários, o Código Eleitoral traz algumas garantias eleitorais.

Conforme art. 235, o juiz eleitoral, ou o presidente da mesa receptora, pode expedir salvo-conduto com a cominação de prisão por desobediência até 5 (cinco) dias, em favor do eleitor que sofrer violência, moral ou física, na sua liberdade de votar, ou pelo fato de haver votado.

Além disso, o art. 236, caput, diz que nenhuma autoridade poderá, desde 5 (cinco) dias antes e até 48 (quarenta e oito) horas depois do encerramento da eleição, prender ou deter qualquer eleitor, salvo em flagrante delito ou em virtude de sentença criminal condenatória por crime inafiançável, ou, ainda, por desrespeito a salvo-conduto.

O § 1º do art. 235 garante que os membros das mesas receptoras e os fiscais de partido, durante o exercício de suas funções, não poderão ser detidos ou presos, salvo o caso de flagrante delito; da mesma garantia gozarão os candidatos desde 15 (quinze) dias antes da eleição.

O § 2º do art. 235 garante que, ocorrendo qualquer prisão, o preso será imediatamente conduzido à presença do juiz competente que, se verificar a ilegalidade da detenção, a relaxará e promoverá a responsabilidade do coator.

Ainda, o art. 238 c/c art. 141, ambos do Código Eleitoral, asseveram que é proibida, durante o ato eleitoral, a presença de força pública no edifício em

ELEITORAL

que funcionar mesa receptora, ou nas imediações, devendo manter uma distância de 100 metros, não podendo se aproximar do lugar da votação, ou nele penetrar, sem ordem do presidente da mesa.

10.7. Apuração e Proclamação dos Resultados

A apuração das eleições é o procedimento por meio do qual se afere o resultado do pleito, devendo ser iniciada tão lodo se encerre a votação.

A competência para apuração das eleições é exclusiva da Justiça Eleitoral. Nas eleições municipais, tal atribuição é da junta eleitoral. Nas eleições federais (deputado federal e senador) e estaduais/distritais (deputado estadual/distrital, governador e vice-governador), a atribuição é do TRE. Nas eleições presidenciais, a incumbência fica com o TSE.

Mas, na prática, a atribuição da junta eleitoral é muito importante em todas as eleições, na medida em que as juntas são as responsáveis pela transmissão dos dados que constam nas urnas para o TRE e para o TSE. Assim, eventuais impugnações a urnas deverão ser feitas perante as juntas eleitorais. A impugnação não recebida pela junta pode ser apresentada ao TRE em 48 horas, acompanhada de declaração de duas testemunhas.

Encerradas as apurações, as instâncias competentes da Justiça Eleitoral proclamarão os resultados, marcando data para diplomação.

10.8. Diplomação dos Eleitos

A diplomação dos leitos é a última fase do processo eleitoral. É por meio dela que a Justiça Eleitoral, por meios dos seus órgãos competentes, em solenidade própria, concederá aos candidatos eleitos o diploma e o direito de assumirem o respectivo mandato eletivo para o qual foram eleitos.

Esse ato é realizado em audiência pública e deve ser realizado até o dia 19 de dezembro do ano em que ocorreu a eleição. Tanto os eleitos quando os suplentes serão diplomados.

Nota-se que o ato de diplomação é um ato declaratório, de modo que, caso algum eleito não compareça, não será prejudicado, podendo comparecer posteriormente no órgão competente da Justiça Eleitoral.

Os diplomas de prefeito, vice e vereadores são expedidos pela junta eleitoral; os diplomas de deputado federais, estaduais, distritais, senadores, governadores e vice são expedidos pelo TRE; os diplomas de presidente e vice são expedidos pelo TSE.

Sobre a posse, importante atentar para a EC 111/2021, que alterou, a partir das eleições de 2026, os arts. 28 e 82 da CF/88, prevendo novas datas para as posses dos governadores e do presidente da república. Os eleitos até o ano de 2022, tomaram posse em 1º de janeiro. Quem for eleito após, tomará posse em 05 (presidente) e 06 (governador) de janeiro:

> **Art. 28 da CF/88.** A eleição do Governador e do Vice-Governador de Estado, para mandato de 4 (quatro) anos, realizar-se-á no primeiro domingo de outubro, em primeiro turno, e no último domingo de outubro, em segundo turno, se houver, do ano anterior ao do término do mandato de seus antecessores, e a posse ocorrerá em 6 de janeiro do ano subsequente, observado, quanto ao mais, o disposto no art. 77 desta Constituição.
>
> **Art. 82.** O mandato do Presidente da República é de 4 (quatro) anos e terá início em 5 de janeiro do ano seguinte ao de sua eleição.

11. DIREITO PENAL E PROCESSUAL PENAL ELEITORAL

11.1. Introdução

Todos os crimes eleitorais são de ação penal pública incondicionada e de natureza dolosa. Não há crimes eleitorais culposos.

São leis que trazem crimes eleitorais:

a) Código Eleitoral (art. 289 a 354-A)

b) Lei das Eleições (Lei 9.504/97)

c) Lei dos Transportes e Alimentação (art. 11 da Lei 6.091/74)

d) LC 64/90 (art. 25)

e) Lei 7.021/82 (art. 5º)

f) Lei 6.996/82 (art. 15)

11.2. Aplicação subsidiária do Código Penal e do Código de Processo Penal

Conforme o disposto no art. 287 do Código Eleitoral, aplicam-se aos fatos incriminados nesta lei as regras gerais do Código Penal.

Na mesma linha, o art. 364 do mesmo diploma legal afirma que, no processo e julgamento dos crimes eleitorais e dos comuns que lhes forem conexos, assim como nos recursos e na execução, que lhes digam respeito, aplicar-se-á, como lei subsidiária ou supletiva, o Código de Processo Penal.

11.3. Competência

Para que se fale em crime eleitoral e, portanto, da competência da Justiça Eleitoral, é necessário que haja violação substancial de bens jurídicos relevantes para a Justiça Eleitoral (finalidade eleitoral). Dizendo de outra forma, não basta que a conduta esteja descrita como crime eleitoral, é necessário que um bem jurídico caro ao Direito Eleitoral seja atingido. Por exemplo, não há crime eleitoral quando um agente destrói título de eleitor de terceira pessoa visando a tão somente impedir a identificação pessoal dela, sem qualquer vinculação com pleitos eleitorais, mesmo que, formalmente, essa conduta esteja descrita como crime no Código Eleitoral.

Como regra, diante da aplicação subsidiária do CPP, as regras de competência são as mesmas que estudamos no direito processual penal.

No que se refere à competência em razão da matéria, a competência da Justiça Eleitoral não se restringe aos crimes eleitorais, pois os crimes comuns praticados em conexão aos eleitorais também serão julgados pela Justiça Eleitoral (art. 78, IV, do CPP e art. 35, II, do Código Eleitoral).

Quanto à competência em razão da pessoa, se a autoridade tem foro por prerrogativa de função no STF e no STJ, será julgada nesses tribunais superiores, mesmo se praticar crime eleitoral.

Porém, algumas pessoas que têm foro por prerrogativa de função serão julgadas nos TREs. Nestes tribunais regionais, serão processados e julgados todos aqueles que tiverem prerrogativa de foro nos tribunais de justiça estaduais, como os prefeitos municipais (art. 29, X, CF)

Além disso, prefeitos, promotores de justiça e deputados estaduais, caso pratiquem crimes eleitorais, também serão julgados pelo TRE.

Caso a pessoa não tenha foro por prerrogativa de função e cometa algum crime eleitoral, será julgada por um juiz eleitoral, seguindo as regras do art. 69 e seguintes do CPP.

Havendo conexão entre um crime da justiça eleitoral e outro de competência da justiça comum (estadual ou federal), ambos serão julgados pela justiça eleitoral, na forma do art. 78, IV, do CPP.

No entanto, caso haja conexão entre crime eleitoral e crime militar, haverá a cisão processual, na medida em que ambas são justiças especializadas.

Compete rememorar o decidido pelo STF na AP 937 QO: O foro por prerrogativa de função aplica-se apenas aos crimes cometidos durante o exercício do cargo e relacionados às funções desempenhadas.

11.4. Funcionário público para crimes eleitorais

Aplica-se o art. 283 do Código Eleitoral, que afirma:

> **Art. 283.** Para os efeitos penais são considerados membros e funcionários da Justiça Eleitoral:
>
> I - os magistrados que, mesmo não exercendo funções eleitorais, estejam presidindo Juntas Apuradoras ou se encontrem no exercício de outra função por designação de Tribunal Eleitoral;
>
> II - Os cidadãos que temporariamente integram órgãos da Justiça Eleitoral;
>
> III - Os cidadãos que hajam sido nomeados para as mesas receptoras ou Juntas Apuradoras;
>
> IV - Os funcionários requisitados pela Justiça Eleitoral.
>
> § 1º Considera-se funcionário público, para os efeitos penais, além dos indicados no presente artigo, quem, embora transitoriamente ou sem remuneração, exerce cargo, emprego ou função pública.
>
> § 2º Equipara-se a funcionário público quem exerce cargo, emprego ou função em entidade paraestatal ou em sociedade de economia mista.

11.5. Pena mínima

Sempre que a lei penal eleitoral não indicar o grau mínimo da pena, entende-se que será ele de quinze dias para a pena de detenção e de um ano para a de reclusão (art. 284 do Código Eleitoral).

11.6. Causas de agravação e de diminuição de pena

Quando a lei determina a agravação ou atenuação da pena sem mencionar o "quantum", deve o juiz fixá-lo entre um quinto e um terço, guardados os limites da pena cominada ao crime (art. 285 do Código Eleitoral).

11.7. Imunidade eleitoral

Para proteção do exercício da liberdade do voto, o legislador previu algumas imunidades no período próximo das eleições. São garantias eleitorais aos eleitores, candidatos, membros das mesas receptoras e fiscais de partidos. Dispõe o art. 236 do Código Eleitoral:

> **Art. 236.** Nenhuma autoridade poderá, desde 5 (cinco) dias antes e até 48 (quarenta e oito) horas depois do encerramento da eleição, prender ou deter qualquer eleitor, salvo em flagrante delito ou em virtude de sentença criminal condenatória por crime inafiançável, ou, ainda, por desrespeito a salvo-conduto.
>
> § 1º Os membros das mesas receptoras e os fiscais de partido, durante o exercício de suas funções, não poderão ser detidos ou presos, salvo o caso de flagrante delito; da mesma garantia gozarão os candidatos desde 15 (quinze) dias antes da eleição.
>
> § 2º Ocorrendo qualquer prisão o preso será imediatamente conduzido à presença do juiz competente que, se verificar a ilegalidade da detenção, a relaxará e promoverá a responsabilidade do coator.

11.8. Responsabilidade penal do diretório do partido político

Quando houver a condenação por determinados crimes, deve o juiz verificar se o diretório local do partido concorreu para prática do crime. Caso tal tenha ocorrido, imporá o juiz ao diretório responsável pena de suspensão de sua atividade eleitoral por prazo de 6 a 12 meses, agravada até o dobro nas reincidências. Dispõe o art. 336 do Código Eleitoral:

> **Art. 336.** Na sentença que julgar ação penal pela infração de qualquer dos artigos. 322, 323, 324, 325, 326,328, 329, 331, 332, 333, 334 e 335, deve o juiz verificar, de acôrdo com o seu livre convencionamento, se diretório local do partido, por qualquer dos seus membros, concorreu para a prática de delito, ou dela se beneficiou conscientemente.
>
> Parágrafo único. Nesse caso, imporá o juiz ao diretório responsável pena de suspensão de sua atividade eleitoral por prazo de 6 a 12 meses, agravada até o dôbro nas reincidências.

11.9. Inquérito policial

A Resolução nº 23.640/2021 do TSE dispõe sobre a apuração de crimes eleitorais.

A Polícia Federal ficará à disposição da Justiça Eleitoral quando houver eleições, sendo que exercerá, com prioridade sobre suas atribuições regulares, a função de polícia judiciária em matéria eleitoral (arts. 1º e 2º da citada Resolução).

Quando no local da infração não existirem órgãos da Polícia Federal, a Polícia do respectivo Estado terá atuação supletiva (art. 2º, parágrafo único, da mesma Resolução).

Qualquer pessoa que tiver conhecimento da existência de infração penal eleitoral deverá, verbalmente ou por escrito, comunicar à autoridade policial, Ministério Público Eleitoral ou ao Juiz Eleitoral. Verificando a autenticidade e veracidade das informações, a autoridade policial mandará instaurar inquérito (art. 3º da Resolução).

Quando o investigado possuir foro por prerrogativa de função o inquérito policial deverá ser imediatamente distribuído e registrado no Tribunal competente a fim de supervisão judicial das investigações (art. 5º da Resolução).

Conforme o art. 9º da Resolução, o inquérito policial eleitoral será instaurado de ofício pela autoridade policial; por requisição do Ministério Público Eleitoral ou determinação da Justiça Eleitoral (art. 5º, I e II, do CPP).

Sobre a prisão em flagrante, dispõe o art. 7º da Resolução:

> **Art. 7º** As autoridades policiais e seus agentes deverão prender quem for encontrado em flagrante pela prática de crime eleitoral, salvo quando se tratar de infração penal de menor potencial ofensivo, comunicando a prisão imediatamente ao Juiz Eleitoral, ao Ministério Público Eleitoral e à família do preso ou à pessoa por ele indicada (Código de Processo Penal, art. 306, caput).
>
> § 1º Em até 24 (vinte e quatro) horas após a realização da prisão, será encaminhado ao juiz competente o auto de prisão em flagrante e, caso o autuado não informe o nome de seu advogado, cópia integral para a Defensoria Pública (Código de Processo Penal, art. 306, § 1º).
>
> § 2º No mesmo prazo de até 24 (vinte e quatro) horas após a realização da prisão, será entregue ao preso, mediante recibo, a nota de culpa, assinada pela autoridade policial, com o motivo da prisão, o nome do condutor e os nomes das testemunhas (Código de Processo Penal, art. 306, § 2º).
>
> § 3º A apresentação do preso ao Juiz Eleitoral, bem como os atos subsequentes, observarão o disposto no art. 304 do Código de Processo Penal.

> Uma vez recebido o auto de prisão em flagrante, o juiz deverá realizar audiência de custódia, no prazo de 24 horas após a realização da prisão. Nessa audiência deverá, fundamentadamente (art. 8º da Resolução):
>
> I - relaxar a prisão ilegal; ou
>
> II - converter a prisão em flagrante em preventiva, quando presentes os requisitos constantes do art. 312 do Código de Processo Penal e se revelarem inadequadas ou insuficientes as medidas cautelares diversas da prisão; ou
>
> III - conceder liberdade provisória, com ou sem fiança.

Conforme o art. 10 da Resolução, o prazo para conclusão do inquérito dependerá do fato de o indiciado estar ou não preso. Se tiver sido preso em flagrante ou preventivamente, o inquérito policial eleitoral será concluído em até 10 dias, contado o prazo a partir do dia em que se executar a ordem de prisão (Código de Processo Penal, art. 10). Se o indiciado estiver solto, o inquérito policial eleitoral será concluído em até 30 dias.

A conclusão do inquérito policial será feita por meio de relatório minucioso, que será encaminhado ao juiz eleitoral.

Com os autos, o Ministério Público Eleitoral poderá:

- requerer novas diligências, desde que necessárias à elucidação dos fatos (art. 11 da Resolução);
- requerer o arquivamento do inquérito, por falta de elementos mínimos para o início do processo penal;
- oferecer denúncia.

Nota-se que, uma vez determinado o arquivamento por falta de elementos mínimos para o oferecimento da denúncia, a autoridade policial poderá proceder a nova investigação se de outras provas tiver conhecimento (art. 12 da Resolução).

Importante lembrar que todos os crimes tipificados no Código Eleitoral são de ação pública incondicionada, conforme dispõe o **art. 355 do Código Eleitoral**. Pode ocorrer o ajuizamento de ação penal privada subsidiária da pública, em caso de inércia do Ministério Público, conforme prevê o art. 5º, inciso LIX, da CF/88.

11.10. Procedimento penal

Conforme disposto no art. 357 do Código Eleitoral, o Ministério terá o prazo de 10 dias para oferecer a denúncia, a qual conterá a exposição do fato criminoso com todas as suas circunstâncias, a qualificação do acusado ou esclarecimentos pelos quais se possa identificá-lo, a classificação do crime e, quando necessário, o rol das testemunhas.

A ação penal eleitoral observará os procedimentos previstos no Código Eleitoral, com a aplicação obrigatória dos artigos 395, 396, 396-A, 397 e 400 do Código de Processo Penal (art. 13 da Resolução).

Dessa forma, pode-se dizer que são as seguintes fases do processo penal eleitoral:

- Oferecimento da denúncia;
- Recebimento da denúncia, caso não seja caso de rejeição;
- Citação do acusado;
- Oferecimento de resposta à acusação;
- Análise da possibilidade de absolvição sumária;
- Designação de audiência de instrução e julgamento, caso não seja caso de absolvição sumária;
- Realização da audiência de instrução, ouvindo-se vítima, testemunhas, peritos e, por último, realizando-se o interrogatório;
- Alegações finais das partes;
- Sentença.

Importa notar que os institutos despenalizadores da transação penal (art. 76 da Lei 9.099/95), da suspensão condicional do processo (art. 89 da Lei 9.099/95) e do acordo de não persecução penal (art. 28-A do CPP) são aplicáveis aos processos que correm perante a Justiça Eleitoral, se preenchidos os requisitos legais.

QUESTÕES DE DIREITO ELEITORAL - ASSUNTOS MAIS RECORRENTES

01. FGV - OAB - 39º Exame de Ordem Unificado - Primeira Fase - Q19

Joana, deputada estadual no Estado Alfa, vinha recebendo inúmeras críticas de alguns correligionários do seu partido político. Apesar do amplo apoio popular que recebia, para sua surpresa, não foi escolhida, na convenção partidária, para concorrer à reeleição ao cargo de deputada estadual. A esse respeito, assinale a afirmativa correta.

a) Como Joana busca a reeleição, deve ser considerada candidata nata.

b) A deliberação adotada na convenção partidária é lícita, caso tenha sido adotada por maioria absoluta.

c) Os partidos políticos têm autonomia para a escolha dos seus candidatos, observados os balizamentos legais.

d) Joana pode requerer pessoalmente o registro de sua candidatura, ainda que não tenha sido aprovada na convenção partidária.

02. FGV - OAB - 39º Exame de Ordem Unificado - Primeira Fase - Q20

Os partidos políticos Alfa, Beta e Gama decidiram celebrar uma coligação para a eleição municipal majoritária que se avizinhava. Apesar do apoio recebido da maior parte dos correligionários dessas agremiações, alguns tinham dúvidas em relação aos efeitos dessa iniciativa quanto à autonomia de cada partido político durante o processo eleitoral, mais especificamente, se poderiam atuar isoladamente ou se apenas a coligação poderia fazê-lo.

De acordo com a narrativa e a sistemática estabelecida na Lei nº 9.504/97, assinale a afirmativa correta.

a) Alfa, Beta e Gama somente podem atuar isoladamente no processo eleitoral para questionar a validade da própria coligação, isto no período delimitado em lei.

b) Em qualquer fase do processo eleitoral, somente a coligação pode atuar, mas isto não afeta a autonomia de Alfa, Beta e Gama, que devem referendar cada ato praticado.

c) Alfa, Beta e Gama podem atuar isoladamente em todas as fases do processo eleitoral, sempre que os seus interesses colidirem com os da coligação.

d) As prerrogativas e obrigações da coligação são distintas daquelas afetas a Alfa, Beta e Gama, de modo que cada qual atua em sua própria esfera de atribuições.

03. FGV - OAB - 38º Exame de Ordem Unificado - Primeira Fase - Q19

No ano anterior à realização de eleições para cargos eletivos federais e estaduais, os dirigentes dos partidos políticos Alfa e Gama iniciaram tratativas para se aliançarem, tanto nas eleições majoritárias como nas proporcionais, mas havia dúvida em relação ao modelo a ser utilizado. Após consultarem a legislação de regência, concluíram corretamente que deveriam formar

a) coligação, que se extinguirá ao fim do prazo para o ajuizamento da ação de impugnação de mandato eletivo.

b) gestão colegiada, somente utilizada nas eleições proporcionais, que deve perdurar até o fim do prazo do mandato eletivo obtido.

c) ajuntamento partidário, que se extinguirá após a diplomação dos eleitos.

d) federação, sendo que os partidos devem permanecer filiados por no mínimo quatro anos, contados da data do respectivo ingresso.

04. FGV - OAB - 38º Exame de Ordem Unificado - Primeira Fase – Q20
Helena, filiada ao partido político Beta e candidata ao cargo de governadora do Estado Alfa, consultou seu advogado a respeito da composição dos gastos de campanha, mais especificamente se o pagamento de honorários em razão da prestação de serviços advocatícios, no curso e em razão da campanha eleitoral, teria essa natureza jurídica. A assessoria respondeu, corretamente, que os referidos honorários

a) estão incluídos no limite de gastos de campanha, sendo tidos como despesas eleitorais.

b) são considerados gastos eleitorais e não estão incluídos no limite de gastos de campanha.

c) pela sua essência alimentar, não têm correlação com os gastos eleitorais, o que afasta a possibilidade de serem enquadrados em qualquer limitador de despesas.

d) podem ser considerados gastos eleitorais, caso o candidato assim os declare, e estão incluídos no limite de gastos de campanha.

DIREITO ELEITORAL			
1 - C	2 - A	3 - D	4 - B

DIREITO ELEITORAL – QUESTÕES DA PROVA DO 43º EXAME DA OAB

01. FGV - OAB - 43º Exame de Ordem Unificado - Primeira Fase No curso da campanha eleitoral, João, candidato ao cargo de Prefeito Municipal, doou três sacos de cimento a Pedro, sob o compromisso de que este nele votaria. Ao tomar conhecimento dos fatos, Ana, candidata ao mesmo cargo, procurou você, como advogado(a), e solicitou que fosse ajuizada a ação cabível, de modo que o registro ou o diploma de João fosse cassado. Assinale a opção que indica, corretamente, a ação cabível no caso.

a) Ação de impugnação do registro, que pode ser ajuizada até a data da eleição.

b) Recurso contra a expedição de diploma, que pode ser ajuizada até três dias após a diplomação.

c) Ação penal por ato de corrupção eleitoral, que pode ser ajuizada até fluir o prazo prescricional.

d) Representação por captação ilícita de sufrágio, que pode ser ajuizada até a data da diplomação.

02. FGV - OAB - 43º Exame de Ordem Unificado - Primeira Fase – Q20 Maria estava concorrendo ao cargo de Governadora do Estado Alfa. No decorrer da campanha, obteve prova documental e testemunhal de que Joana, sua adversária direta na disputa, praticara abuso do poder econômico. Por essa razão, solicitou a você, como advogado(a), que a representasse à Justiça Eleitoral para a abertura de investigação judicial eleitoral. Assinale a opção que indica, corretamente, a quem deve ser encaminhada a petição.

a) A um dos Juízes Eleitorais em atuação no Estado Alfa.

b) Ao Presidente do Tribunal Regional Eleitoral, que deve apreciar os fatos.

c) À livre distribuição do Tribunal Regional Eleitoral, que deve apreciar os fatos.

d) Ao Corregedor Regional do Tribunal Regional Eleitoral, que deve apreciar os fatos.

DIREITO ELEITORAL	
1 - D	2 - D

DIREITO FINANCEIRO

Guilherme Pedrozo

Sumário

1. ATIVIDADE FINANCEIRA – INTRODUÇÃO AO DIREITO FINANCEIRO

Quando vamos estudar Direito Financeiro, vários outros termos poderiam ser denominados em nosso edital, como: Administração Financeira e Orçamentária (AFO). Assim, seja AFO, Finanças Públicas e/ou Direito Financeiro, estaremos narrando e compreendendo a mesma temática. Lembramos ainda que quando tratamos de qualquer desses temas, eles se equivalem em praticamente 90% do que poderá ser cobrado e/ou exigido em sua prova.

1.1. Breve Histórico

Qual será o **marco legislativo** que tratará desta matéria? O marco será a **lei nº 4.320/64**, lembrando que, sob muitos aspectos nela encontrados, encontram-se superados. Ademais, para efeitos legais, destaca-se a **Lei de Responsabilidade Fiscal (Lei Complementar nº 101)**, bem como os **artigos constitucionais (163 até 169)** como importantes referenciais teóricos para o estudo do Direito Financeiro.

1.2. Poder de Tributar e Atividade Financeira

Do que se trata esta administração financeira? Trata-se de atividade financeira realizada pelos entes competentes com o objetivo de atender as necessidades de toda coletividade, controlando as despesas e obtendo (gerindo) receitas como forma de potencializar e entregar os cuidados essenciais para toda população, concretizando assim o ideal constitucional/institucional.

Ademais, nunca é demais ressaltar que **o Direito Tributário presta grande referência a administração financeira, por ser certamente a principal fonte de financiamento dos entes públicos, proporcionando assim grande entrada de receitas para os mesmos.**

Outro conceito de Administração Financeira: "Esse obter e gastar é a atividade financeira do Estado; trata-se do conjunto de ações que o Estado desempenha visando à obtenção de recursos para seu sustento e a respectiva realização de gastos para a execução de necessidades públicas."[1]

Considerando a necessidade de manter os entes competentes, os mesmos deverão observar os princípios balizadores, seja para obtenção de recursos, seja para realização de gastos. Tudo isto com base no que disposto em nossa Constituição Federal.

Ainda, entende Piscitelli:[2]

> [...] a obtenção de receitas e a realização de despesas está na base desse conceito, naturalmente que devemos perguntar como e mediante quais condições, do ponto de vista formal e material, as receitas são obtidas e podem ser gastas. Isso implica um estudo detalhado (i) do orçamento público, como peça responsável pela delimitação das receitas e despesas em um dado exercício, (ii) das formas, condições e limites de obtenção de receita para fazer frente às despesas fixadas; e (iii) das formas, condições e limites de gasto do dinheiro público e, assim, os métodos de aplicação e dispêndio das receitas. Tal detalhamento será realizado nos capítulos subsequentes.

Ademais, será que **bastará a existências de receitas para que os entes possam gastar e assim manter os seus deveres básicos com toda sociedade? A resposta é não, eis que os mesmos deverão prever, planejar, ter um orçamento, com a finalidade de justificar e atingir seus propósitos de gestão.** Exercer de forma racional seus propósitos é a forma de perseguir e atender as finalidades coletivas.

Estarão obrigadas à presente racionalização das receitas e despesas todas as esferas da administração pública? A resposta é negativa, eis que, via de regra, os órgãos da administração indireta (empresas públicas e sociedades de economia mista) não se incluem neste princípio, eis que suas atividades estarão reguladas na forma dos setores privados. **Assim apenas os entes, exercendo suas atividades próprias estarão albergadas pela atividade financeira.**

Mas acaso estas sociedades de economia mista e/ou empresas públicas receberem dinheiro público, não estarão controladas pelo Tribunal de Contas, por exemplo? A resposta é sim, eis que, inobstante tenham por observância a legislação privada, eles poderão ter seus atos controlados pelos Tribunais de Contas na forma do artigo 71, II da Constituição Federal. Desta forma já decidiu inclusive o Supremo Tribunal Federal nas seguintes demandas: MS 25.092 e MS 25.181.

FINANCEIRO

1. Piscitelli, Tathiane. Direito Financeiro (p. 45). Atlas. Edição do Kindle.

2. Piscitelli, Tathiane. Direito Financeiro (p. 47). Atlas. Edição do Kindle.

Art. 71. O controle externo, a cargo do Congresso Nacional, será exercido com o auxílio do Tribunal de Contas da União, ao qual compete:

II - julgar as contas dos administradores e demais responsáveis por dinheiros, bens e valores públicos da administração direta e indireta, incluídas as fundações e sociedades instituídas e mantidas pelo Poder Público federal, e as contas daqueles que derem causa a perda, extravio ou outra irregularidade de que resulte prejuízo ao erário público.

▷ **Atenção: o direito financeiro terá por conduta orientar e disciplinar a vida financeira dos entes públicos, mais especificadamente no que diz respeito às receitas, despesas e orçamento público.**

Por fim, e não menos importante para que depois possamos adentrar ao orçamento público, vamos estudar alguns dos princípios mais importantes das finanças públicas e/ou direito financeiro, quando do estudo do orçamento público. Tais princípios balizam os seguintes instrumentos orçamentários:

a) PPA – Plano Plurianual – Plano Estratégico;

b) LDO – Lei de Diretrizes Orçamentárias – Plano Tático;

c) LOA – Lei Orçamentária Anual – Plano Operacional.

2. ESTUDO DO ORÇAMENTO PÚBLICO

2.1. Princípios Orçamentários

Os princípios orçamentários são as premissas/regras de todo o processo orçamentário. Serão eles que darão base para a existência e formalidades que deverão ser observados pelos gestores públicos. Lembre-se ainda de que **inexiste qualquer rol e/ou disposição legal citando quais são os referidos princípios, diferenciando-se, portanto, dos princípios tributários.**

E, considerando a inexistência de previsão legal sobre os referidos princípios, utilizamos do Manual da Contabilidade Aplicada ao Setor Público para extrair os mais importantes e mais cobrados em prova.

2.1.1. Princípio da Unidade / Totalidade

O referido princípio estará relacionado à LOA, na qual cada ente deverá entregar por meio de documento único toda a sua previsão orçamentária e fixação de suas despesas. Lembra-se ainda de que pelo presente princípio defende-se a necessidade de a LOA estar registrado em um único documento, impossibilitando-se assim que cada esfera de poder do ente federativo tenha seu documento.

O princípio da unidade tem por referência evitar orçamentos paralelos e/ou interesses omissos da boa gestão financeira.

Igualmente é importante referir que inexiste a possibilidade de uma LOA de caráter nacional, devendo cada ente competente tratar de seu orçamento de forma unificada, porém única.

Lei 4.320/64 - Art. 2° A Lei do Orçamento conterá a discriminação da receita e despesa de forma a evidenciar a política econômica financeira e o programa de trabalho do Governo, obedecidos os princípios de unidade universalidade e anualidade.

Art. 165 da CF - Leis de iniciativa do Poder Executivo estabelecerão:

§ 5º A lei orçamentária anual compreenderá:

I - o orçamento fiscal referente aos Poderes da União, seus fundos, órgãos e entidades da administração direta e indireta, inclusive fundações instituídas e mantidas pelo Poder Público;

II - o orçamento de investimento das empresas em que a União, direta ou indiretamente, detenha a maioria do capital social com direito a voto;

III - o orçamento da seguridade social, abrangendo todas as entidades e órgãos a ela vinculados, da administração direta ou indireta, bem como os fundos e fundações instituídos e mantidos pelo Poder Público.

Logo é importante o candidato fixar que todas as previsões de receitas e fixação de despesas deverão estar em um documento único.

▷ **Atenção: duas questões importantes ainda de prova para finalizar.**

A) Poderemos ter a existência de vários orçamentos autônomos dentro de um único documento? A resposta é positiva, desde que apresentados e inseridos em um único documento.

B) Também poderá ser apresentado como princípio da Totalidade.

2.1.2. Princípio da Universalidade

O referido princípio guarda conexão com o princípio acima exposto, eis que todas as receitas e despesas deverão, via de regra, estar previstas dentro da LOA. Assim, **o referido princípio nos ensina que a universalidade de receitas e despesas deverão estar dentro da lei orçamentária de cada ente competente.**

Entretanto é importante referir que apenas as receitas orçamentárias estarão dentro da LOA, eis que é cediço que, durante o curso do ano, poderá ocorrer a necessidade de créditos extraordinários. Logo, estes créditos inicialmente não estarão, porém, após sua devida abertura, serão inseridos na LOA através de retificação.

Lembre-se ainda de que tais créditos extraordinários, referente às despesas não planejadas, entrarão na LOA de forma mais rápida, sem prévia análise do legislativa e sem indicação prévia de recursos.

Perguntinha de prova: poderá o Poder Público fazer uso do dinheiro sem registrar na LOA? A resposta é negativa.

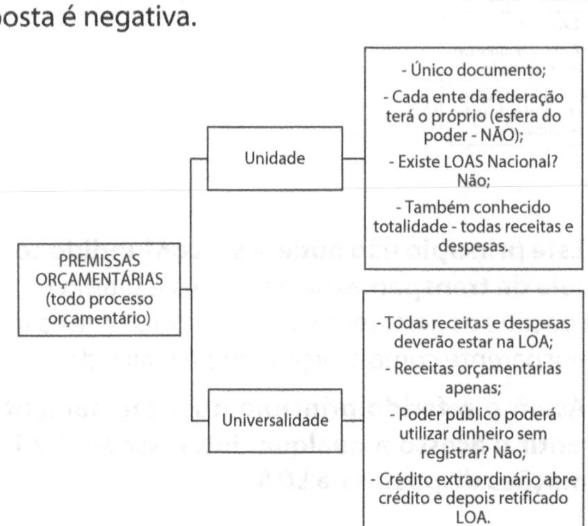

2.1.3. Princípio da Anualidade

O referido princípio guarda respeito ao prazo de duração da Lei Orçamentária Anual (LOA). Lembrando que, por tratar da previsão orçamentária para um ano de gestão pública, **a LOA terá duração anual, ou seja, perdurará durante o exercício financeiro para o ano que foi aprovada (ano civil).**

Mas o referido princípio comporta uma exceção bastante importante, que são as **reaberturas de créditos especiais e extraordinários**, na forma do que disposto na Constituição Federal e na própria Lei 4.320/64.

> **Art. 167 da CF:** São vedados:
>
> § 2º Os créditos especiais e extraordinários terão vigência no exercício financeiro em que forem autorizados, salvo se o ato de autorização for promulgado nos últimos quatro meses daquele exercício, caso em que, reabertos nos limites de seus saldos, serão incorporados ao orçamento do exercício financeiro subsequente.
>
> **Lei 4.320/64**
>
> **Art. 45.** Os créditos adicionais terão vigência adstrita ao exercício financeiro em que forem abertos, salvo expressa disposição legal em contrário, quanto aos especiais e extraordinários.

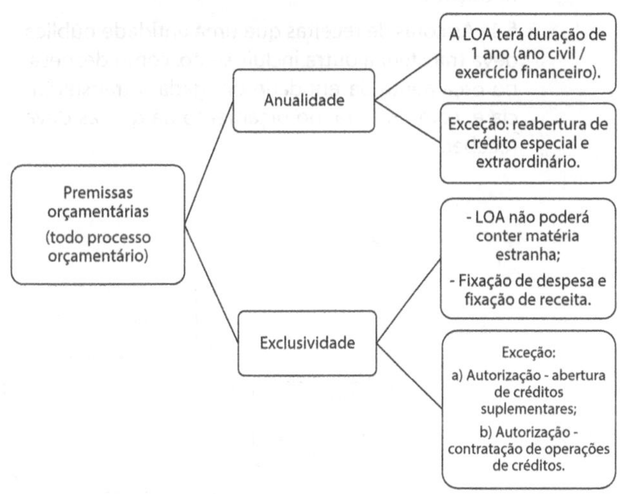

2.1.4. Princípio da Exclusividade

O referido princípio guarda respeito à matéria que deverá estar prescrita na LOA. Assim, **nesta Lei Orçamentária Anual não poderá coexistir matéria estranha ao orçamento público.** Assim deverão os gestores necessariamente fixar as despesas e realizar a previsão das receitas.

Entretanto, conforme Manual Prático de Contabilidade, tal princípio comporta algumas exceções:

a) Autorização para Abertura de Créditos Adicionais Suplementares;

b) Autorização para Contratação de Operações de Crédito.

Art. 165, §8º da CF

§ 8º Os recursos que, em decorrência de veto, emenda ou rejeição do projeto de lei orçamentária anual, ficarem sem despesas correspondentes poderão ser utilizados, conforme o caso, mediante créditos especiais ou suplementares, com prévia e específica autorização legislativa.

2.1.5. Princípio do Orçamento Bruto

O referido princípio diz respeito aos valores que deverão constar dentro da LOA. Logo, os valores lá dispostos deverão estar demonstrados de forma bruta, não podendo ser operacionalizadas deduções, por mais que ocorram verdadeiramente.

Imagine a situação de transferência de arrecadação tributária entre entes. Deverão ser declarados os valores arrecadados ou apenas os valores que ficarão no caixa do ente que arrecadou? Senhores, o valor que deverá constar na LOA será o montante arrecadado, inobstante ocorra o repasse à posterior face à redistribuição de receitas tributárias.

Lei 4.320/64

Art. 6º Todas as receitas e despesas constarão da Lei de Orçamento pelos seus totais, vedadas quaisquer deduções.

§ 1º As cotas de receitas que uma entidade pública deva transferir a outra incluir-se-ão, como despesa, no orçamento da entidade obrigada a transferência e, como receita, no orçamento da que as deva receber.

Igualmente é importante referir que o candidato não poderá confundir o referido princípio com aquele da especificação, pois este último se refere apenas e tão somente à necessidade de descriminar a origem e destino do montante.

2.1.6. Princípio da Legalidade

O referido princípio diz respeito a necessidade de os gestores públicos observarem as leis orçamentárias, fazendo jus à observância do que votado e aprovado pela Casa do Povo de cada ente competente.

Assim, os entes competentes, gestores do dinheiro público somente poderão fazer ou deixar de fazer o que estiver na lei. Logo se deseja utilizar do dinheiro que pertence a coletividade, que peça e tenha autorização para tanto.

Entretanto, sempre é importante lembrar: **será que todo o dinheiro público precisará de autorização legislativa para ser utilizado? A resposta é não**, eis que excepcionalmente poderá o gestor público abrir créditos extraordinários e isto não passará por prévia autorização e discussão legislativa.

A lei orçamentária poderá ser questionada junto aos órgãos do Poder Judiciário? A resposta é sim, eis que através da ADI 5449 decidiu-se que poderão ocorrer questionamentos, tanto no sentido formal, quanto no sentido material.

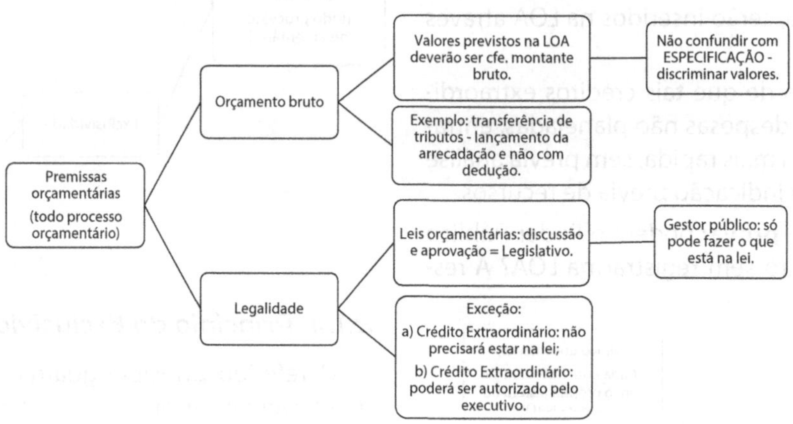

2.1.7. Princípio da Publicidade

O referido princípio parte também do que disposto no artigo 37 da CF e os princípios que deverão nortear a administração pública. Assim **o orçamento público deverá ser público e divulgado de forma ampla, inclusive com a disponibilização de relatórios e demais informações para toda e qualquer pessoa/cidadão.**

Este princípio não poderá ser confundido com aquele da transparência, porque este último traz a obrigação aos gestores de informarem de forma leal e transparente como o orçamento é realizado.

Assim **o referido princípio quer tão somente garantir o acesso a qualquer interessado das informações dispostas na LOA.**

2.1.8. Princípio da Transparência

O referido princípio requer ao gestor pública a obrigação de divulgar como será realizado o orçamento, ou seja, demonstrar como o mesmo é feito e realizado.

Logo, aqui, igualmente você não poderá confundir com publicitar no Diário Oficial, eis que estaríamos nos referindo apenas e tão somente ao princípio da publicidade acima visto.

Quais são os instrumentos de transparência que poderão ser verificados pela coletividade?

a) Prestação de Contas.

b) Parecer de Tribunal de Contas.

c) PPA.

d) LDO.

e) LOA.

> **LRF - Art. 48**
>
> São instrumentos de transparência da gestão fiscal, aos quais será dada ampla divulgação, inclusive em meios eletrônicos de acesso público: os planos, orçamentos e leis de diretrizes orçamentárias; as prestações de contas e o respectivo parecer prévio; o Relatório Resumido da Execução Orçamentária e o Relatório de Gestão Fiscal; e as versões simplificadas desses documentos.

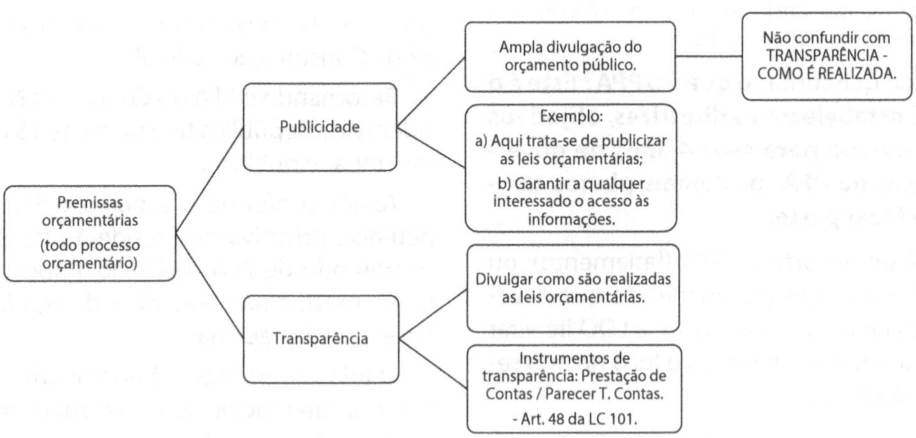

2.1.9. Princípio da Não Afetação

O referido princípio está muito vinculado ao direito tributário, o qual deixa claro que os impostos não poderão ter sua arrecadação destinada a uma reserva própria, ou seja, a caixa determinado. Vale ressaltar que apenas os impostos e não os tributos é que não poderão ser comprometidos com despesas próprias.

> **Art. 167 da CF**
>
> São vedados:
>
> IV - a vinculação de receita de impostos a órgão, fundo ou despesa, ressalvadas a repartição do produto da arrecadação dos impostos a que se referem os arts. 158 e 159, a destinação de recursos para as ações e serviços públicos de saúde, para manutenção e desenvolvimento do ensino e para realização de atividades da administração tributária, como determinado, respectivamente, pelos arts. 198, § 2º, 212 e 37, XXII, e a prestação de garantias às operações de crédito por antecipação de receita, previstas no art. 165, § 8º, bem como o disposto no § 4º deste artigo.

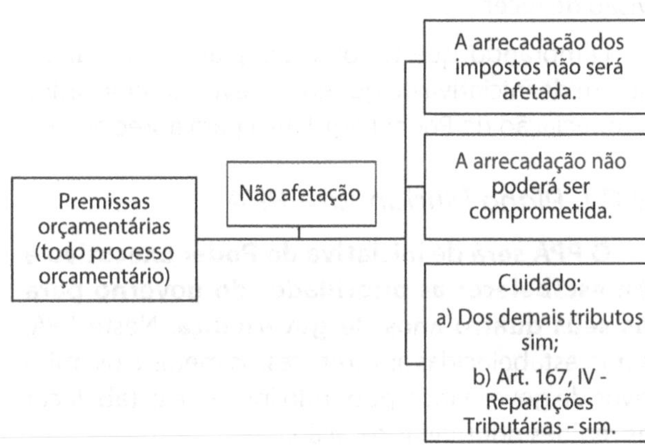

2.2. Planos Orçamentários

O orçamento público é tratado pela Constituição Federal no seu artigo 165.

> **Art. 165.** Leis de iniciativa do Poder Executivo estabelecerão:
>
> I - o plano plurianual;
>
> II - as diretrizes orçamentárias;
>
> III - os orçamentos anuais.

Logo, será de iniciativa (proposição) do Poder Executivo a criação dos seguintes orçamentos/planos:

a) PPA → Plano Plurianual → Unidade por cada 4 anos → Plano Estratégico;

b) LDO → Lei de Diretrizes Orçamentárias → 1 por cada ano → Plano Tático;

c) LOA → Lei de Orçamento Anual → 1 por cada ano → Plano Operacional.

Entretanto, é importante ressaltar que **não são apenas estes os planos previstos em nossa Constituição Federal. Podemos citar o Plano Nacional de Saúde (3 anos) e o Plano Nacional de Educação (10 anos), tudo isto conforme o que disposto no artigo 165, §4º da CF.**

> § 4º Os planos e programas nacionais, regionais e setoriais previstos nesta Constituição serão elaborados em consonância com o plano plurianual e apreciados pelo Congresso Nacional.

Mas afinal do que contas **o que é o PPA? Este é o plano que irá estabelecer as diretrizes, objetivos e metas de governo para seus 4 anos de governança. Ademais no PPA, os demais planos também deverão fazer parte.**

Já a LDO é um recorte da PPA (fatiamento), ou seja, apontará metas e as prioridades do que deverá ser realizado no último ano. Assim a LDO irá virar lei em determinado ano, mas com o foco no ano seguinte e que irá virar a LO.

Por fim a LOA irá fixar às despesas e trazer a previsão de receitas.

Lembrando que todos estes planos, apesar de serem de iniciativa do governo, deverão ser levados a apreciação do Poder Legislativa para apreciação.

2.2.1. Plano Plurianual - PPA

O PPA será de iniciativa do Poder Executivo e irá estabelecer as prioridades do governo para os seus quatro anos de governança. Neste PPA, serão estabelecidas as diretrizes, as metas e os objetivos de governança, podendo inclusive estabelecer as regiões prioritárias de ação.

Tal plano será encaminhado no primeiro ano do mandato para apreciação pelo Poder Legislativo. Foi criado pela CF/88 e terá a participação de outros poderes e órgãos para sua feitura.

> § 1º A lei que instituir o plano plurianual estabelecerá, de forma regionalizada, as diretrizes, objetivos e metas da administração pública federal para as despesas de capital e outras delas decorrentes e para as relativas aos programas de duração continuada.

Cuidado: lembre-se de que se trata de função típica do Poder Executivo. Prova disso é que, se o Chefe do Executivo não elaborar, ele responderá por crime de responsabilidade.

> ▷ **Muita atenção: o prazo de duração do PPA, já que apresentado no primeiro ano do governo, serão contados do segundo ano do mandato até o término do primeiro ano seguinte do novo mandado (seja do governo atual ou novo governo).**

O PPA será enviado, na esfera federal, até o dia 31de agosto e deverá ser devolvido até o dia 22 de dezembro. Lembra-se ainda que cada ente competente poderá dispor de prazo próprio. Tal prazo mencionado é da esfera federal.

Acaso não for aprovado o PPA no prazo, o Congresso Nacional igualmente entrará em recesso, permitindo-se convocação extraordinária para votação do mesmo conforme o que disposto no artigo 57 da Constituição Federal.

Retornando o PPA do Congresso Nacional, o Presidente da República terá prazo de 15 dias úteis para sancionar e publicar.

Assim, conforme já exposto, o PPA será de competência privativa do Presidente da República, em se tratando de PPA da União. Importante ressaltar que o mesmo não poderá se delegado e deverá ter abrangência nacional.

O PPA Federal poderá adotar critérios macrorregionais, internacionais e nacionais, tudo isto para atender as prioridades de cada região do país.

No tocante aos aspectos formais e materiais, o PPA não estará preocupado em discriminar receita e despesa de forma objetiva. Por exemplo: teremos despesas que estarão na LOA, mas não estarão no PPA, por exemplo.

Mas afinal de contas **existem despesas que deverão estar no PPA?**

a) Despesas com Programa de Duração Continuada: são despesas continuadas que ultrapassam 1 ano;

b) Despesas com Capital: referente a aquisição de bens, como por exemplo um veículo automotor.

Agora tenha muito cuidado: a gasolina, por exemplo, é despesa corrente e não de capital, e logo não estará no PPA. Lembrando que a despesa de capital é aquela que contribuirá positivamente para aquisição/formação de capital. As inversões financeiras não precisarão estar no PPA.

Assim se lhe perguntarem na prova: despesa continuada para construção de um ginásio e que durará mais de 1 ano, precisará estar no PPA? Sim, eis que se trata de despesa que perdurará por mais de 1 ano.

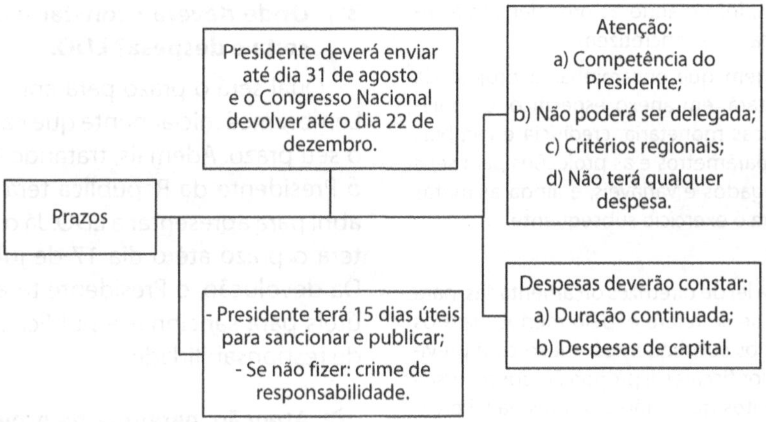

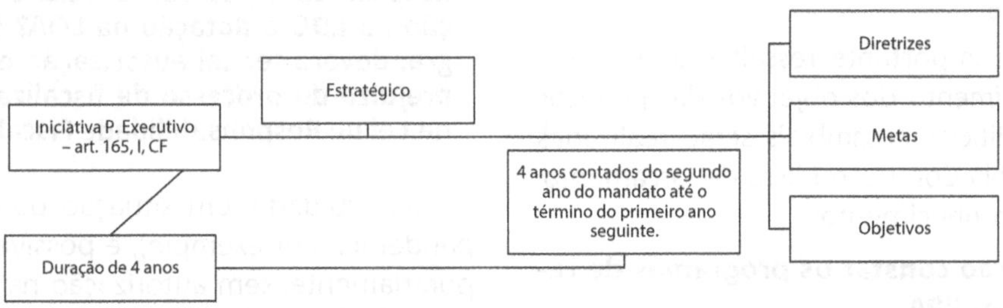

2.2.2. Lei de Diretrizes Orçamentárias - LDO

As leis de diretrizes orçamentárias serão o grande elo entre o plano plurianual e a lei orçamentária anual. Assim, para muitos, trata-se de um instrumento tático capaz de fatiar os principais interesses governamentais para determinado ano de governo.

Mas cuidado na prova:

a) LDO → irá estabelecer as prioridades e metas;

b) LOA → irá fixar as despesas e prever as receitas.

Logo as LDO´s irão definir as metas e prioridades do governo para o próximo ano. Mas lembre-se de que aqui serão metas táticas, eis que as metas a médio prazo estarão estabelecidas no PPA.

As LDO´s terão, igualmente, iniciativa do Chefe do Poder Executivo e serão elaboradas no ano anterior a LOA. Logo, a LDO de 2020 irá orientar a LOA de 2021, lembrando que precisará virar lei ainda no ano de 2020, tudo isso com a finalidade de orientar à melhor direção e utilização dos recursos frente as despesas fixadas na LOA do ano seguinte.

O conteúdo de uma LDO será estruturado na forma do artigo 165, §2º da CF:

> § 2º A lei de diretrizes orçamentárias compreenderá as metas e prioridades da administração pública federal, estabelecerá as diretrizes de política fiscal e respectivas metas, em consonância com trajetória sustentável da dívida pública, orientará a elaboração da lei orçamentária anual, disporá sobre as alterações na legislação tributária e estabelecerá a política de aplicação das agências financeiras oficiais de fomento.

Igualmente a Lei de Responsabilidade Fiscal traz dispositivos sobre as LDO´S, quando afirma que a mesma terá que ser composta de três anexos (metas fiscais | riscos fiscais | conteúdo específicos).

Assim como o PPA, a LDO será de iniciativa do Poder Executivo e deverá passar pela casa do povo, *in casu*, o Poder Legislativo para aprovação. Ainda, segundo decisões reiteradas do Supremo Tribunal Federal, a LDO poderá ser fiscalizada tanto pelo Legislativo, quanto pelo Tribunal de Contas.

Igualmente a LDO apresenta um importante papel, pois poderá propor/sugerir alteração na legislação tributária, bem como estabelecerá as formas de políticas de aplicação de agências financeiras, como por exemplo: Caixa e BNDES.

> **Art. 4º da LC 101** - A lei de diretrizes orçamentárias atenderá o disposto no § 2º do art. 165 da Constituição e:
>
> I - disporá também sobre:
>
> § 1º Integrará o projeto de lei de diretrizes orçamentárias Anexo de Metas Fiscais, em que serão estabelecidas metas anuais, em valores correntes e constantes, relativas a receitas, despesas, resultados nominal e primário e montante da dívida pública, para o exercício a que se referirem e para os dois seguintes.
>
> § 2º O Anexo conterá, ainda: (segue o baile ...)
>
> § 3º A lei de diretrizes orçamentárias conterá Anexo de Riscos Fiscais, onde serão avaliados os passivos contingentes e outros riscos capazes de afetar as

contas públicas, informando as providências a serem tomadas, caso se concretizem.

§ 4º A mensagem que encaminhar o projeto da União apresentará, em anexo específico, os objetivos das políticas monetária, creditícia e cambial, bem como os parâmetros e as projeções para seus principais agregados e variáveis, e ainda as metas de inflação, para o exercício subsequente.

Art. 165 da CF

§ 12. Integrará a lei de diretrizes orçamentárias, para o exercício a que se refere e, pelo menos, para os 2 (dois) exercícios subsequentes, anexo com previsão de agregados fiscais e a proporção dos recursos para investimentos que serão alocados na lei orçamentária anual para a continuidade daqueles em andamento.

Igualmente é importante ressaltar que a avaliação do cumprimento dos objetivos das políticas monetárias, creditícias e cambiais serão realizadas pelo BACEN e pela Comissão Mista de Orçamento. Logo, para fixar conhecimento:

1º) Onde deverão constar os programas de regionalização? PPA.

2º) Onde deverão constar os programas de duração continuada? PPA.

3º) Onde deverão constar o equilíbrio entre receita e despesa? LDO.

Qual será o prazo para aprovação de uma LDO? Lembramos inicialmente que cada ente poderá fixar o seu prazo. Ademais, tratando-se da esfera federal, o Presidente da República terá prazo de até 15 de abril para apresentar a LDO. Já o Congresso Nacional terá o prazo até o dia 17 de julho para devolução. Da devolução, o Presidente terá o prazo de 15 dias úteis para sancionar e publicar, sob pena de crime de responsabilidade.

> ▷ **Atenção: pergunta de prova. Para aumentar despesa com pessoal, deverá existir autorização na LDO e dotação na LOA? Sim, via de regra, deverá ter tal autorização e dotação, sem prejuízo do processo de fiscalização com base na Lei de Responsabilidade Fiscal.**

Mas cuidado: em situação de calamidade (via pandemia, por exemplo), é possível contratar temporariamente, sem autorização na LDO e sem que exista inclusive dotação orçamentária na forma da Emenda Constitucional 106/2020 – art. 2º.

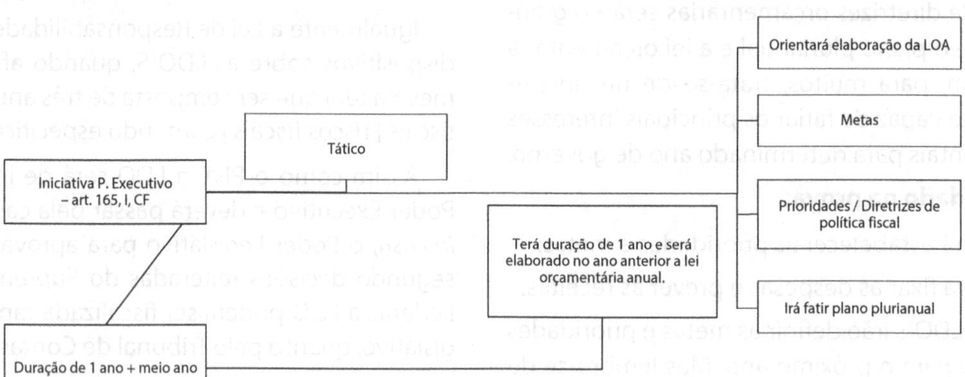

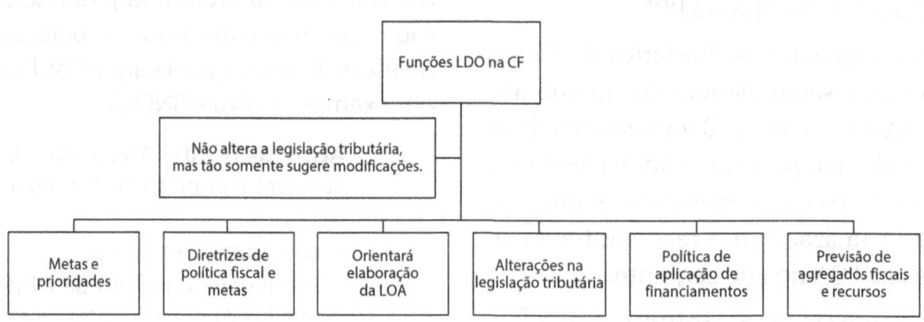

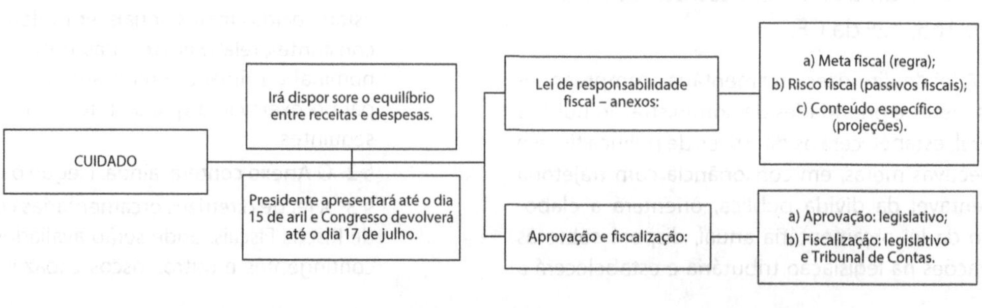

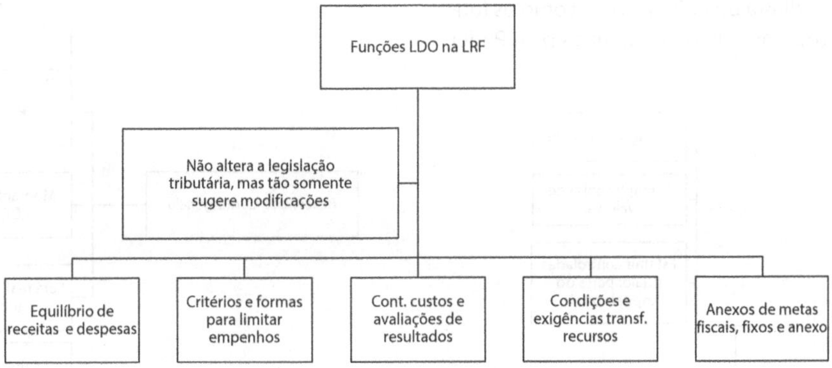

2.2.3. Lei Orçamentária Anual - LOA

As leis orçamentárias anuais tratam-se de instrumentos operacionais que serão elaborados anualmente de modo a fixar (destinar) as despesas e prever as receitas. Assim tais leis irão viabilizar em um sentido macro o PPA e o que fora priorizado na LDO, de modo a não gastar mais do que fora arrecadado.

▷ **Lembre-se sempre de que:**

a) **Visão Macro – Estratégia – PPA**
b) **Visão Tática – Prioridades – LDO**
c) **Visão Operacional – Execução – LOA**

Estas leis orçamentárias anuais, serão organizadas em três esferas orçamentárias, porém apresentadas em um documento único, de iniciativa do Executivo, muito embora os demais poderes também participem em sua elaboração.

São as três esferas:

a) **Orçamento Fiscal:** é a regra geral, ou seja, não sendo de seguridade ou de investimento, será este orçamento fiscal. Assim, despesas com Educação, Defesa Nacional, Transporte, Segurança, estarão aqui.

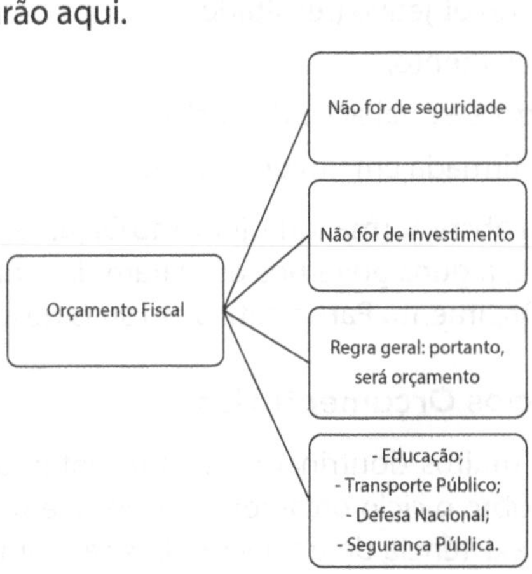

b) **Orçamento de Seguridade:** será o orçamento destinado a custear/financiar a seguridade social, ou seja, a Previdência, Assistência e Saúde da coletividade. Assim, por meio do SUS, Bolsa Família, temos exemplos de onde são extraídos os recursos para referidas rubricas (dotação).

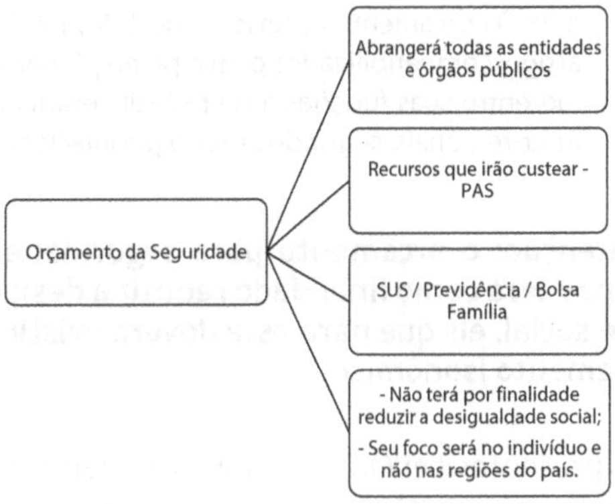

c) **Orçamento de Investimento:** será o orçamento do lucro (bolsa de valores, por exemplo). Na maior parte das vezes, o orçamento diz respeito às ações ordinárias de empresas estatais que o governo possua, principalmente aquelas em que tem a maior parte do capital social. Vale ressaltar aqui que **nas estatais que não são controladas pelo governo, o orçamento não precisará estar na LOA. Ou seja, tal orçamento servirá basicamente para demonstrar o quanto de dinheiro público se tem aplicado nestas estatais.**

Art. 165 da CF

§ 5º A lei orçamentária anual compreenderá:

I - o orçamento fiscal referente aos Poderes da União, seus fundos, órgãos e entidades da administração direta e indireta, inclusive fundações instituídas e mantidas pelo Poder Público;

II - o orçamento de investimento das empresas em que a União, direta ou indiretamente, detenha a maioria do capital social com direito a voto;

III - o orçamento da seguridade social, abrangendo todas as entidades e órgãos a ela vinculados, da

FINANCEIRO

administração direta ou indireta, bem como os fundos e fundações instituídos e mantidos pelo Poder Público.

Qual a finalidade do presente orçamento?

Art. 165 (Orçamento Fiscal e Investimentos)

§ 7º Os orçamentos previstos no § 5º, I e II, deste artigo, compatibilizados com o plano plurianual, terão entre suas funções a de reduzir desigualdades inter-regionais, segundo critério populacional.

> ▷ **Atenção: o orçamento para seguridade social não terá como finalidade reduzir a desigualdade social, eis que para este deverá existir um tratamento isonômico.**

As presentes Lei Orçamentárias Anuais terão vigência no ano civil, ou seja, entre 1º de janeiro até 31 de dezembro, também chamado em provas de exercício financeiro.

Ainda, deverão as LOA´s de cada ente ter alguma reserva para algum imprevisto? A resposta é positiva, ou seja, deverão ter uma reserva de contingência para situações de emergência. A Lei de Responsabilidade Fiscal é clara ao afirmar que todos os entes deverão ter a referida reserva. Quem definirá o montante à ser reservado serão as LDO´s de cada ente, através de dotação global (percentual), definindo igualmente as LDO´s os critérios de utilização.

Art. 5º da LC 101 - O projeto de lei orçamentária anual, elaborado de forma compatível com o plano plurianual, com a lei de diretrizes orçamentárias e com as normas desta Lei Complementar:

III - conterá reserva de contingência, cuja forma de utilização e montante, definido com base na receita corrente líquida, serão estabelecidos na lei de diretrizes orçamentárias, destinada ao:

a) (VETADO)

b) atendimento de passivos contingentes e outros riscos e eventos fiscais imprevistos.

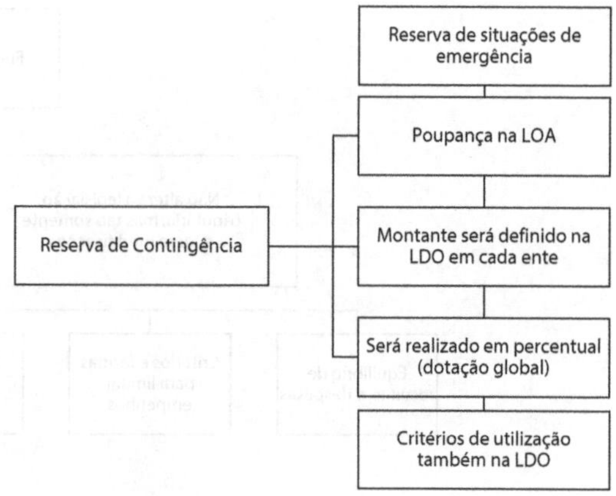

2.3. Técnicas Orçamentárias

O Brasil já apresentou várias técnicas e/ou espécies de orçamento público. Do método Tradicional, repassando pelo Incremental, acrescendo ainda o método da Base Zero e trazendo junto o Participativo. Diante desse contexto, vários foram as metodologias orçamentárias utilizadas pelos gestores públicos.

Até 1964, por exemplo, o Brasil adotou a metodologia do orçamento Clássico, proveniente da Inglaterra. Tal orçamento apresentava as seguintes características:

a) Desvinculado do Planejamento: sem limites de gastos;
b) Focava no objeto e não no objetivo;
c) Documentação não era obrigatória;
d) Despesa identificada pelo gestor que se utilizava do crédito.

Após 1964, o Brasil passou adotar o modelo de Orçamento Programado, tendo como base a própria Lei 4.320/64. Tal orçamento apresenta as seguintes características:

a) Foco no objetivo (resultado);
b) Planejamento;
c) Controle e Avaliação de Gastos;
d) Base firmada em um programa.

Nada obsta afirmar que, junto ao Orçamento Programado, alguns governos utilizaram da metodologia do Orçamento Participativo em suas gestões.

2.4. Ciclos Orçamentários

Para muitos doutrinadores, apresentamos duas visões sobre o ciclo orçamentário. Poderemos dizer sobre a existência de uma visão básica e uma visão estendida. Entretanto, apesar destas visões, trabalharemos aqui com a visão básica, que para efeitos de prova, é a mais lembrada pelos examinadores.

Quando tratar-se de uma visão básica, resumimos o ciclo orçamentário em 4º momentos distintos, ou seja, da elaboração até a fiscalização. Já, quando tratarmos de uma visão estendida, estaremos trabalhando o ciclo em 6º momentos diferentes, acrescendo a discussão e emendas dos instrumentos orçamentários.

Mas afinal de contas, quais são as etapas do ciclo orçamentário, quando da elaboração dos planos orçamentários:

1º) Elaboração → Poder Executivo;

2º) Aprovação → Poder Legislativo;

3º) Execução → Poder Executivo;

4º) Controle e Fiscalização → P. Legislativo auxiliado pelo Tribunal de Contas.

Logo, em rápido e breve resumo, compreendemos que este ciclo terá um início, meio e fim.

2.5. Processo Legislativo

Uma vez elaborados os planos orçamentários de iniciativa do Poder Executivo, eles chegarão até o Poder Legislativo para que lá sejam discutidos, aprovados e fiscalizados. Logo a aprovação desses planos dependerá de prévia discussão e votação.

Daí já realizamos a primeira pergunta: **quando da discussão estes planos poderão ser alterados? A resposta é positiva, e em se tratando da LOA, por exemplo, as mudanças poderão ocorrer através de emendas parlamentares.**

Uma vez apresentadas tais emendas parlamentares, será proposta nova discussão e votação pelos membros do Congresso Nacional (sem se tratando de planos orçamentários federais). Uma vez aprovados, serão remetidos novamente até o Chefe do Executivo para sanção e publicação.

Lembramos ainda que cada ente terá seus planos orçamentários e processos próprios.

▷ **Atenção:** outra questão bastante importante é de que não poderá ocorrer a confusão entre o processo legislativo comum e o processo legislativo orçamentário, eis que por exemplo: o processo legislativo comum será iniciado, sob a ótica federal, dentro de uma das casas do Poder Legislativo, seja no Senado ou na Câmara dos Deputados. Já o processo legislativo orçamentário será remetido diretamente a Mesa Diretora do Congresso Nacional.

Logo, é preciso dizer que o procedimento legislativo orçamentário apresenta regras próprias e que somente poderá adotar as regras atinentes ao processo legislativo comum, o que não contraria as regras específicas do artigo 166 da CF, conforme preceitua o parágrafo 7º do referido texto constitucional.

> § 7º Aplicam-se aos projetos mencionados neste artigo, no que não contrariar o disposto nesta seção, as demais normas relativas ao processo legislativo.

Assim, tendo como base o Projeto de Lei Orçamentário Anual Federal, passaremos a estudar o procedimento legislativo orçamentário conforme o disposto na Constituição Federal. Logo, uma vez proposto o PLOA, o Presidente enviará para o Congresso Nacional até o dia 31 de agosto.

A propósito, **este PLOA poderá ser emendado caso ocorra defasagem na previsão das receitas? A resposta é positiva, e isto ocorrerá através de um novo projeto de lei.**

De que forma será enviado o PLOA? Será enviado por meio de mensagem presidencial, de forma eletrônica. Tal mensagem será encaminhada pelo Sistema Integrado de Planejamento e Orçamento à Mesa Diretora do Congresso Nacional.

Após análise da Mesa Diretora, o PLOA será encaminhado para Comissão Mista de Orçamento que será composta por 40 parlamentares das duas casas. Tal comissão mista será permanente, porém renovada a cada ano. Atualmente é regulada pela Resolução nº 01/06 do Congresso Nacional.

> **Art. 166.** Os projetos de lei relativos ao plano plurianual, às diretrizes orçamentárias, ao orçamento anual e aos créditos adicionais serão apreciados pelas duas Casas do Congresso Nacional, na forma do regimento comum.
>
> § 1º Caberá a uma Comissão mista permanente de Senadores e Deputados:
>
> I - examinar e emitir parecer sobre os projetos referidos neste artigo e sobre as contas apresentadas anualmente pelo Presidente da República;
>
> II - examinar e emitir parecer sobre os planos e programas nacionais, regionais e setoriais previstos nesta Constituição e exercer o acompanhamento e a fiscalização orçamentária, sem prejuízo da atuação das demais comissões do Congresso Nacional e de suas Casas, criadas de acordo com o art. 58.

Qual será a forma de atuação da CMO? Fiscalização e execução das normas.

Quando da análise pela CMO (Comissão Mista Orçamentária) poderá algum parlamentar sugerir alteração na destinação de recursos, ou seja, modificar a área de destino? A resposta é positiva, sendo possível inclusive que parlamentares que não são membros da Comissão sugerirem tais alterações, o que chamamos de emendas parlamentares. Lembrando ainda que somente serão possíveis 25 emendas individuais.

Para propor alteração existem requisitos? A resposta é positiva, conforme abaixo demonstrado:

1º) **Emenda Parlamentar terá que ter compatibilidade com o PPA e com a LDO.**

2º) **Emendar Parlamentar terá que indicar a fonte de recursos.**

Ademais, será igualmente possível que um parlamentar venha modificar a dotação orçamentária, retirando recursos alocados para atender a determinada rubrica para atender outra de seu melhor interesse. Logo o parlamentar poderá anular uma despesa, apropriando-se de um recurso, desde que, atenda aos requisitos acima expostos.

Entretanto, existem despesas que jamais poderão ser anuladas:

1º) Despesa com Pessoal e Seus Encargos;

2º) Serviços da Dívida;

3º) Transferências Constitucionais Tributárias.

> **Art. 166, §3º da CF:**
>
> As emendas ao projeto de lei do orçamento anual ou aos projetos que o modifiquem somente podem ser aprovadas caso:
>
> I - sejam compatíveis com o plano plurianual e com a lei de diretrizes orçamentárias;
>
> II - indiquem os recursos necessários, admitidos apenas os provenientes de anulação de despesa, excluídas as que incidam sobre:
>
> a) dotações para pessoal e seus encargos;
>
> b) serviço da dívida;
>
> c) transferências tributárias constitucionais para Estados, Municípios e Distrito Federal;

Sobre a reestimativa de receitas, sempre é importante ressaltar que elas poderão ser feitas seja pelo Poder Executivo, mas também pelo Poder Legislativo quando da análise do PLO. Normalmente o PLO tem suas receitas reestimadas quando ocorre omissão ou erro. Lembro ainda se a receita diminuir, chamaremos de emenda supressiva, logo não será necessário indicar à fonte.

Igualmente, questiona-se: **quais serão as fontes para que ocorram emendas parlamentares?**

1º) A primeira fonte será aquela decorrente de anulação de despesas (poderá ser total ou parcial);

2º) Já a segunda fonte será aquela decorrente de reestimativa de receita.

Por fim, outros pontos importantes sobre o processo legislativo:

1º) Quando já iniciada votação do projeto, poderá o Presidente da República buscar modificá-lo? A resposta é negativa. Assim, quando já iniciada a votação o Chefe do Executivo já não mais poderá enviar projetos alterando.

2º) Poderá o PLOA ser rejeitado totalmente? A resposta é positiva. Em caso de rejeição total, poderá ser utilizado a LOA do ano anterior? A resposta é igualmente negativa em face da lesão ao princípio da anualidade.

3º) Chefe do Executivo será obrigado a concordar com todas as mudanças | emendas sugeridas pelo Congresso? A resposta é negativa, eis que o mesmo terá o poder de vetar tais alterações.

2.6. Vedações e Execuções Orçamentárias

Reza o artigo 167 da Constituição Federal quais são as condutas e/ou matérias que não poderão ser incluídos (vedadas) quando da elaboração dos orçamentos públicos por nossos gestores.

Sobre as vedações no que tange à execução orçamentária, podemos destacar os incisos I, VI, VIII, X, XII e XIV. Nestes temas, vamos encontrar importantes informações e limitações ao andamento e propostas de orçamento, suas limitações para realização de receitas e fixação dos gastos.

Já sobre abertura de créditos adicionais, é importante que o aluno conheça do artigo 167 mais dois incisos: VII e V.

Por fim, sobre as discriminações das receitas e despesas, a leitura deverá percorrer o artigo 167 da Constituição Federal, e os respectivos incisos II, III e IV.

Já sobre a Execução Orçamentária, é muito importante que o aluno conheça da disponibilidade (ciclo) financeira das unidades orçamentárias:

a) Empenho;

b) Nota de Empenho;

c) Liquidação;

d) Ordem de Pagamento;

e) Pagamento.

2.7. Programações Orçamentárias

Toda programação e execução orçamentária servirá para o acompanhamento do fluxo de entradas (receitas) e saídas (despesas) do orçamento público. Ademais sempre é importante relembrar que não teremos despesas, sem prévia definição de suas respectivas receitas.

Logo, a referida programação orçamentária e financeira servirá para integrar o planejamento (plano) com à execução do orçamento público. Desta feita irá detalhar a nível operacional a Lei Orçamentária Anual.

Já a execução orçamentária também poderá ser conceituada como a utilização dos créditos consignados no orçamento disposto no plano.

Por fim, ainda sobre os conceitos, conceitua-se a execução financeira como a utilização dos recursos financeiros.

Diante do que tudo isto, o referido acompanhamento será necessário para garantir o cumprimento das metas fiscais e o equilíbrio do orçamento público, um dos pilares de uma boa gestão fiscal.

Na forma do artigo 8º da Lei de Responsabilidade Fiscal, após 30 dias da publicação do orçamento, terá o gestor público de publicar um Decreto de Programação, onde programará este fluxo de entradas e saídas.

Ademais, na forma do artigo 9º da Lei Complementar 101 se houver percepção e verificação da perda de receitas, terá o gestor público que realizar a limitação dos empenhos, sob pena de não ter a observância do cumprimento das metas fiscais.

Lembro que tal limitação de empenho será obrigação e não opção do gestor público. Igualmente tais regramentos estarão previstos na Lei de Diretrizes Orçamentárias do ente competente.

A verificação será realizada de forma bimestral. Por fim, caso exista o restabelecimento das receitas, a recomposição será proporcional, de acordo com as dotações que inicialmente foram perdidas e agora se recupera.

Compreendida a fase organizacional, passaremos a estudar a descentralização do crédito orçamentário. Tal momento se constitui na movimentação dos créditos e dos recursos.

A descentralização poderá ser orçamentária ou financeira.

No que tange a descentralização orçamentária, podemos afirmar que tratar-se da movimentação (dotação) que órgão central para os órgãos setoriais. Ademais, quando tratar-se de descentralização interna, vamos chamar de provisão. Entretanto quando ocorrer entre estruturas externas, ou seja, entre órgãos distintos, vamos nominar de Destaque.

Já no que tange a descentralização financeira, ou seja, dos recursos, teremos o repasse da cota financeira do órgão central aos órgãos setoriais. Tratando-se da movimentação entre órgão de unidades vinculadas vamos nominar de Sub-Repasse. Entretanto, acaso ocorra entre órgãos distintos, vamos nominar de Repasse.

3. RECEITAS E DESPESAS PÚBLICAS

3.1. Receitas Públicas – Aspectos Gerais

As receitas públicas são a entrada de dinheiro no público definitivamente. Esta definição envolve assumir a diferença entre a receita do governo e receita simples ou fluxo de caixa, que inclui valores transferidos para a Administração, seja por lei, ou por contrato estabelecido.

Existem vários conceitos de receita. Ela apresenta, a depender da esfera doutrinária, vários conceitos. Entretanto, para efeitos dos nossos estudos, **interessa o conceito de receita pública. Afinal de contas, do que se trata? Trata-se da entrada de dinheiro na conta corrente dos entes competentes, conforme previsão orçamentária.**

Ademais, quais são as etapas do dinheiro público?

a) Previsão de Arrecadação;
b) Receita Arrecadada de Forma Efetiva;
c) Depósito na Conta Única do Tesouro (não afetação | cada ente terá sua conta).

Igualmente, **do que se trata o conceito de receita orçamentária? Esta servirá para custear o gasto do orçamento, notadamente, financiamento o atendimento das políticas públicas. Tais despesas estarão fixadas na LOA.**

Importante ainda ressaltar que nem toda receita estará prevista, como as doações.

Reza o artigo 11 da Lei 4.320/64 que as receitas públicas serão classificadas em receitas correntes e de capital.

> **Lei 4.320/64**
>
> **Art. 11** - A receita classificar-se-á nas seguintes categorias econômicas: Receitas Correntes e Receitas de Capital.
>
> **Art. 57** - Ressalvado o disposto no parágrafo único do artigo 3º desta lei serão classificadas como receita orçamentária, sob as rubricas próprias, todas as receitas arrecadadas, inclusive as provenientes de operações de crédito, ainda que não previstas no Orçamento.

São denominadas receitas correntes:

a) Impostos, Taxas;
b) Patrimonial;
c) Agropecuária;
d) Serviços;
e) Industrial;
f) Transferências Correntes;
g) Receitas Correntes;
h) Outras Contribuições.

Após compreendido o conceito de receita orçamentária, passaremos a estudar as **receitas extraorçamentárias. O que são estas receitas? São aquelas que não estarão previstas na LOA e basicamente se resumem à 3 (três) tipos:**

a) **Operação de Crédito por Antecipação de Receita Orçamentária (ARO):** é receita extra, mas que por ser uma antecipação, não se computa para gerar duplicidade. Assim, para muitos doutrinadores, trata-se de um empréstimo que o ente faz, dando como garantia, uma receita futura. Normalmente, tal contratação se dá para atender insuficiência de caixa. Importante ressaltar que gera dívida flutuante (deverá ser paga em menos de 12 meses e não poderá ser contratada em duplicidade para uma mesma finalidade.

b) **Emissão de Papel Moeda:** substituição de notas antigas, não se considerando ingresso de novo papel moeda no mercado.

c) **Entrada Compensatórias no Ativo e Financeiro:** município recebe uma garantia quando da contratação de uma licitação pública. Como esta garantia não lhe pertence, ele será considerado extra orçamentário.

Logo, podemos resumir as receitas públicas em:

a) **Orçamentárias: disponibilidade de recursos financeiros;**

b) **Extra Orçamentárias: apenas entradas compensatórias.**

3.1.1. Receitas Públicas – Créditos Adicionais

Dentro de um PLOA, várias serão as previsões de receitas para cumprir com os gastos igualmente programados. Entretanto, por diversas razões e circunstâncias, poderá ocorrer que as receitas não sejam suficientes para cumprir com os gastos quando da execução do planejamento. Logo, será necessária a abertura de créditos adicionais.

Assim, retomando conceitos, é importante dizer que existem os créditos orçamentários (aqueles já previstos), mas também teremos os créditos adicionais, referentes às despesas não previstas. **Quais serão os tipos de créditos adicionais?**

a) **Crédito Suplementar | Quantitativo: reforça crédito ordinário;**

b) **Crédito Especial | Qualitativo: atende nova despesa, não urgente;**

c) **Crédito Extraordinário | Imprevistas | Qualitativo: nova despesa, porém urgente.**

Qual será a grande diferença entre eles? É que apenas o Crédito Extraordinário estará dispensado, inicialmente, de questões burocráticos, sendo, portanto, aberto o crédito independentemente de autorização do Legislativo, normalmente sendo criado por meio de Medida Provisória na forma do artigo 62 da CF. Os demais precisarão de lei.

> **Lei n. 4.320/1964:**
>
> **Art. 41.** Os créditos adicionais classificam-se em:
>
> I – suplementares, os destinados a reforço de dotação orçamentária;
>
> II – especiais, os destinados a despesas para as quais não haja dotação orçamentária específica;
>
> III – extraordinários, os destinados a despesas urgentes e imprevistas, em caso de guerra, comoção intestina ou calamidade pública.
>
> **Art. 167, §3º da CF:**
>
> A abertura de crédito extraordinário somente será admitida para atender a despesas imprevisíveis e urgentes, como as decorrentes de guerra, comoção interna ou calamidade pública, observado o disposto no art. 62.

Os créditos suplementares poderão reforçar apenas os créditos ordinários. Lembre-se ainda de que não existe um limite para pedir crédito, porém deverá ser observado o valor estimado da fonte de recursos para atender.

Quem fará a análise da abertura do crédito será o Poder Executivo, junto com o Ministério da Economia será a Secretaria de Orçamento Federal.

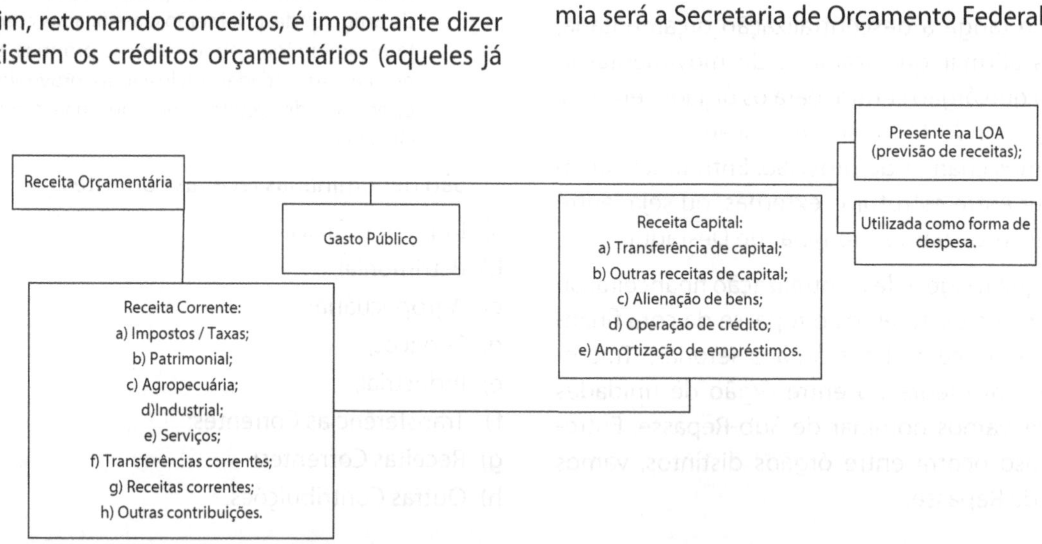

3.1.2. Receitas públicas – repartição de receitas públicas

Independentemente da competência tributária do ente e da importância fiscal do crédito tributário como fonte de receita principal ao titular de sua competência, fato é que em alguns casos os tributos arrecadados serão redistribuídos para os demais entes, como forma de compensar e colaborar os esforços mútuos para o cumprimento das garantias e direitos fundamentais da coletividade.

Logo, é importante que compreenda-se que muitas vezes os valores arrecadados quando da cobrança dos tributos, não ficarão estritamente e exclusivamente para o ente competente. E será neste ponto e momento que adentraremos ao tópico da repartição de receitas tributárias.

Iniciamos com a repartição das receitas tributárias referente ao Imposto de Renda, de competência da União. Na forma dos artigos 157 e 158 da Constituição Federal quando do pagamento do pró-labore para os servidores dos demais entes (Municípios, Estados e Distrito Federal) deverão estes realizarem a retenção do Imposto de Renda na Fonte. E este montante do Imposto de Renda retido na fonte, permanecerá 100% com o ente competente que reteve.

> **Art. 157.** Pertencem aos Estados e ao Distrito Federal:
>
> I - o produto da arrecadação do imposto da União sobre renda e proventos de qualquer natureza, incidente na fonte, sobre rendimentos pagos, a qualquer título, por eles, suas autarquias e pelas fundações que instituírem e mantiverem;
>
> **Art. 158.** Pertencem aos Municípios:
>
> I - o produto da arrecadação do imposto da União sobre renda e proventos de qualquer natureza, incidente na fonte, sobre rendimentos pagos, a qualquer título, por eles, suas autarquias e pelas fundações que instituírem e mantiverem;

Ainda, no tocante aos Estados e o Distrito Federal, na forma do artigo 157, II da Constituição Federal, estes terão o direito de receber 20% do produto da arrecadação de um novo imposto, acaso a União venha criar.

Já no que tange aos municípios, estes terão direito, acaso venha firmar convênio com a União na forma do artigo 153, §4º, III da Constituição Federal de receber 100% da arrecadação realizada referente ao ITR pago pelos proprietários de imóveis rurais localizados no respectivo município. Entretanto, acaso o convênio não seja realizado pelo município, este terá direito a redistribuição de apenas 50% da arrecadação realizada pela União quando do pagamento do ITR pelos contribuintes.

Ainda, os municípios terão o direito de receber 50% da arrecadação do IPVA realizada pelos Estados, referente aos veículos licenciados dentro do respectivo município. Por fim, terão direito os Municípios ao percentual correspondente à 25% do produto da arrecadação do ICMS realizado pelo respectivo estado que faça parte.

> **Art. 158.** Pertencem aos Municípios:
>
> II - cinquenta por cento do produto da arrecadação do imposto da União sobre a propriedade territorial rural, relativamente aos imóveis neles situados, cabendo a totalidade na hipótese da opção a que se refere o art. 153, § 4º, III;
>
> III - cinquenta por cento do produto da arrecadação do imposto do Estado sobre a propriedade de veículos automotores licenciados em seus territórios e, em relação a veículos aquáticos e aéreos, cujos proprietários sejam domiciliados em seus territórios;
>
> IV - vinte e cinco por cento do produto da arrecadação do imposto do Estado sobre operações relativas à circulação de mercadorias e sobre prestações de serviços de transporte interestadual e intermunicipal e de comunicação.

As parcelas de receita pertencentes aos Municípios, referente a repartição do ICMS, serão creditadas conforme os seguintes critérios:

a) **65% (sessenta e cinco por cento)**, no mínimo, na proporção do valor adicionado nas operações relativas à circulação de mercadorias e nas prestações de serviços, realizadas em seus territórios;

b) **até 35% (trinta e cinco por cento)**, de acordo com o que dispuser lei estadual, observada, obrigatoriamente, a distribuição de, no mínimo, 10 (dez) pontos percentuais com base em indicadores de melhoria nos resultados de aprendizagem e de aumento da equidade, considerado o nível socioeconômico dos educandos.

Por fim, será vedada a retenção ou qualquer restrição à entrega e ao emprego dos recursos atribuídos na Repartição das Receitas Tributárias, aos Estados, ao Distrito Federal e aos Municípios, neles compreendidos adicionais e acréscimos relativos a impostos.

3.2. Despesas Públicas – Aspectos Gerais

A despesa pública pode ser definida como todo o Estado, cujo objetivo é promover a satisfação das necessidades públicas, o que implica o bom funcionamento e desenvolvimento dos serviços públicos e a manutenção do administrativas necessárias para isso. É óbvio que a despesa pública depende de uma contrapartida nas receitas e o nível de é determinante na qualidade e na amplitude das necessidades.

Despesas Públicas e/ou Orçamentárias são os gastos realizados com base na previsão de receitas orçamentárias. Lembrando que, inclusive, despesas não previstas na LOA poderão ser realizadas, por exemplo: para retificação de despesas e/ou inserção de novas despesas.

Igualmente é importante salientar que novas despesas poderão ser inseridas na LOA desde que existam recursos para tanto. Logo, muitos doutrinadores costumam afirmar que a despesa orçamentária está associada à um limite (dotação).

E como será realizado o ciclo (execução) da despesa:

a) Empenho (mera expectativa);

b) Liquidação;

c) Pagamento (saída efetiva do dinheiro do Caixa Único).

As despesas, assim como as receitas, poderão ser orçamentárias ou extraorçamentárias.

As despesas orçamentárias são aquelas previstas na LOA (anual) e serão classificadas em corrente e de capital. Dependerão de autorização legal (em razão da LOA). São exemplos de despesa orçamentária: quando a administração pública adquire um bem para o seu uso, bem como as subvenções sociais para o custeio de determinada instituição sem fins lucrativos.

Já as despesas extra orçamentárias são as devoluções das receitas extra orçamentárias. Lembrando que estas não dependerão de autorização legislativa. São exemplos de devolução: devolução de restos a pagar | garantia | caução.

▷ **Cuidado:** é possível contratar temporariamente sem autorização da LDO e sem que haja dotação suficiente na LDO (EC 106/2020 - art. 2º).

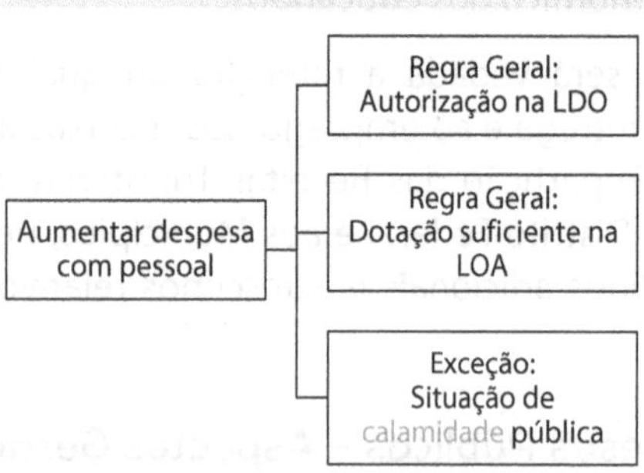

3.3. Endividamento Público e as Etapas da Despesa Pública

A definição do endividamento público encontra-se respaldado no artigo 29 da Lei de Responsabilidade Fiscal. No referido artigo vamos encontrar duas questões bastantes distintas, porém importantes: a dívida poderá ser consolidada ou mobiliária.

A dívida consolidada será "montante total, apurado sem duplicidade, das obrigações financeiras do ente da Federação, assumidas em virtude de leis, contratos, convênios ou tratados e da realização de operações de crédito, para amortização em prazo superior a doze meses".

Já a dívida mobiliária será aquela que "representada por títulos emitidos pela União, inclusive os do Banco Central do Brasil, Estados e Municípios".

Igualmente é cediço que toda administração pública, com a finalidade de cumprir suas metas fiscais e buscar o equilíbrio para com o orçamento público, deverá prever suas receitas e fixar suas despesas. E sem devida, através da programação, a análise deste fluxo de entradas e saídas será realizada pelos gestores públicos.

Ademais, o ciclo para que ocorra o pagamento das despesas, até pelas questões burocráticas, levam algum tempo para serem realizadas pelas administrações públicas. Como ocorre de praxe o pagamento de uma despesa:

1º) Empenho;

2º) Liquidação;

3º) Pagamento.

Porém, em face de circunstâncias eventuais, algumas despesas terão de ser adiantadas, o que chamamos de Suprimentos de Fundos. Logo, neste caso, quando for necessário adiantar o pagamento das despesas, ocorrerá uma informação na execução do pagamento:

1º) Empenho;

2º) Pagamento;

3º) Prestação de Contas.

Note-se que o empenho sempre será realizado, modificando-se apenas o momento em que o pagamento será realizado.

O suprimento de fundos constitui uma despesa orçamentária. No momento da liquidação, no enfoque patrimonial, observam-se os seguintes efeitos: aumento no ativo e aumento no passivo.

No processo de concessão de suprimentos de fundos, a variação patrimonial diminutiva ocorre somente quando da prestação de contas do suprido.

Ao analisar processos relativos à concessão de suprimentos de fundos, um agente de controle deve estar atento para o seguinte equívoco tais adiantamentos representam uma variação patrimonial diminutiva.

Mas afinal de contas, quais serão as situações em que se permite o regime de adiantamento, ou seja, os suprimentos de fundos necessários e que não poderão aguardar a execução das despesas normais.

a) **Despesas Eventuais:** são aquelas despesas para cobrir os gastos eventuais dos agentes públicos, como através do pagamento de viagens, serviços especiais, diárias, e/ou ajuda de custos.

b) **Despesas com Caráter Sigilo:** as despesas com caráter sigilo são aquelas que não poderão estar demonstradas e publicidades, principalmente em razão da segurança dos agentes públicos. Neste interim, podemos citar as verbas secretas, como por exemplo a alimentação e bebida que é consumida pela Presidente da República. Igualmente aqui também podemos citar as diárias para policiais em atividade/serviço.

c) **Despesas de Pequeno Vulto:** são aquelas despesas que serão realizadas, observadas as questões licitatórias, para o bom andamento da administração e gestão pública, adequando-se as necessidades dos serviços que serão desempenhados. Por exemplo, aqui citamos, a compra de lâmpadas, papel higiênico, tinta para impressora.

Na forma do artigo 68 da Lei 4.320/64, o regime de adiantamento é aplicável aos casos de despesas expressamente definidos em lei e consiste na entrega de numerário a servidor, sempre precedida de empenho na dotação própria para o fim de realizar despesas, que não possam subordinar-se ao processo normal de aplicação.

Vale ressaltar que o valor sempre será satisfeito em espécie (dinheiro) e, igualmente, sempre será necessário o empenho.

Igualmente na forma do artigo 69 da Lei 4.320/64 não se fará adiantamento a servidor em alcance nem a responsável por dois adiantamentos. Diante disto, se algum agente público recebeu o dinheiro, não prestou contas e/ou tem dois adiantamentos em andamento, não poderá receber outro.

O pagamento ocorrerá, via de regra, principalmente tratando-se da esfera federal (União) mediante o cartão. O referido cartão é regulado através de Portaria do Ministério da Fazenda nº 95/2002, onde nela constam os limites globais e individuais.

Igualmente no tocante ao cartão (CPGF) o pagamento apresenta duas modalidades: fatura (regra) e através de saque (exceção). O método do saque será realizado basicamente por aqueles que prestem serviços e/ou necessitem do adiantamento em locais fora da zona econômica tradicional, como por exemplo, por funcionários da FUNAI e Policiais em Atividade.

Por fim, o pagamento também poderá ser realizado através da Conta Tipo B, onde o SIAF irá transferir os valores para suprir as despesas necessárias de adiantamento. Quem utilizará desta forma de pagamento, será o Legislativo, Judiciário e Defensoria, por exemplo.

3.4. Disciplina Constitucional dos Precatórios

As condenações judiciais que forem impostas contra a Administração Pública serão igualmente consideradas despesas para o ente federativo. Todavia tais condenações e pagamentos serão disciplinados por um sistema próprio e constitucionalmente previsto no artigo 100 da Constituição Federal.

Ademais é importante ressaltar, desde já, que o pagamento da condenação que será realizado pelo ente federativo não será realizado, quando condenado, diretamente em dinheiro para a parte vencedora, mas sim através da inclusão de tal despesa no orçamento e o devido pagamento através de precatório ou requisição de pequeno valor.

E como ocorrerá este pagamento? O juízo de 1º Grau fará determinação e solicitação ao Presidente do Tribunal de Justiça Competente para que este requisito o valor necessário à fim de que o credor venha receber o pagamento do crédito em face de decisão judicial.

Mas afinal de contas, o que é um precatório? Precatório é um instrumento jurídico utilizado para o pagamento de dívidas decorrentes de condenações judiciais definitivas impostas ao poder público. Geralmente, essas dívidas são resultado de ações judiciais movidas contra um ente federado, como a União, os estados, o Distrito Federal ou os municípios.

Os precatórios são expedidos pelo Poder Judiciário, por intermédio do juiz responsável pelo processo, após o trânsito em julgado da decisão. Eles representam o reconhecimento da dívida e determinam que o ente federado devedor deve efetuar o pagamento dentro de um prazo estabelecido.

E qual será a diferença para a Requisição de Pequeno Valor? Trata-se de uma modalidade de pagamento utilizada quando o valor da dívida é considerado inferior a um determinado limite estabelecido pela Constituição Federal. As RPV's são destinadas a valores menores, que podem ser pagos de forma mais ágil e simplificada, sem a necessidade de inclusão na fila de precatórios.

A Constituição Federal estabelece limites para a inclusão de dívidas em precatórios e RPV's. Esses limites são definidos para garantir uma ordem de prioridade no pagamento das obrigações, levando em consideração a capacidade financeira dos entes federados. Os principais limites são os seguintes:

> a) Limite para RPV: A Constituição estabelece que as dívidas de pequeno valor podem ser pagas por meio de RPVs, desde que não ultrapassem o limite de 60 salários mínimos, por exemplo, quando tratar-se de débitos da União. No entanto, esse limite pode variar de acordo com a legislação de cada ente federado.
>
> Art. 87 da ADCT. Para efeito do que dispõem o § 3º do art. 100 da Constituição Federal e o art. 78 deste Ato das Disposições Constitucionais Transitórias serão considerados de pequeno valor, até que se dê a publicação oficial das respectivas leis definidoras pelos entes da Federação, observado o disposto no § 4º do art. 100 da Constituição Federal, os débitos ou obrigações consignados em precatório judiciário, que tenham valor igual ou inferior a:
>
> I – quarenta salários-mínimos, perante a Fazenda dos Estados e do Distrito Federal;
>
> II – trinta salários-mínimos, perante a Fazenda dos Municípios.
>
> b) Limite para inclusão em precatórios: Os valores que excedem o limite estabelecido para RPVs devem ser pagos por meio de precatórios. A Constituição fixa que os precatórios devem ser pagos por ordem cronológica de apresentação, dentro do limite de até 2% da receita corrente líquida do ente federado devedor.

Ainda sobre o pagamento dos precatórios, eles dependerão de inclusão na Lei Orçamentária. A partir deste momento as dotações orçamentárias serão vinculadas ao Poder Judiciário emissor da ordem, cabendo ao Presidente do Tribunal autorizar/determinar o pagamento. Igualmente é importante referir que o pagamento deverá observar a ordem cronológica de apresentação.

Também é importante dizer que alguns débitos, por força da Constituição Federal, serão satisfeitos com preferência sobre os demais:

> a) Preferência dos Débitos de Natureza Alimentícia: Na forma do artigo 100, §1º da Constituição Federal – "Os débitos de natureza alimentícia compreendem aqueles decorrentes de salários, vencimentos, proventos, pensões e suas complementações, benefícios previdenciários e indenizações por morte ou por invalidez, fundadas em responsabilidade civil, em virtude de sentença judicial transitada em julgado, e serão pagos com preferência sobre todos os demais débitos, exceto sobre aqueles referidos no § 2º deste artigo."
>
> b) Preferência em Razão de Idade, Doença ou Deficiência: Na forma do artigo 100, §2º da Constituição Federal – "Os débitos de natureza alimentícia cujos titulares, originários ou por sucessão hereditária, tenham 60 (sessenta) anos de idade, ou sejam portadores de doença grave, ou pessoas com deficiência, assim definidos na forma da lei, serão pagos com preferência sobre todos os demais débitos, até o valor equivalente ao triplo fixado em lei para os fins do disposto no § 3º deste artigo, admitido o fracionamento para essa finalidade, sendo que o restante será pago na ordem cronológica de apresentação do precatório."

A disciplina constitucional dos precatórios e RPVs é de extrema importância no contexto do direito financeiro. Os precatórios representam a forma de pagamento das dívidas decorrentes de condenações judiciais contra os entes federados, enquanto as RPVs destinam-se a valores menores. A Constituição Federal estabelece limites para a inclusão de dívidas em precatórios e RPVs, com o objetivo de garantir a ordem de pagamento e a capacidade financeira dos entes devedores. Embora os entes federados possam regulamentar o procedimento de pagamento, eles não podem estipular limites distintos daqueles previstos na Constituição Federal.

3.5. Emendas Impositivas

Emendas impositivas são instrumentos do processo orçamentário pelo qual parlamentares (deputados federais, estaduais e vereadores) têm o poder de propor a destinação de partes específicas do orçamento para projetos, obras, ou serviços que considerem importantes para suas bases eleitorais ou para o país, estado ou município como um todo. No Brasil, essas emendas são uma maneira de os legisladores influenciarem a alocação dos recursos públicos, direcionando-os para áreas que eles julgam prioritárias.

A principal característica das emendas impositivas é a obrigatoriedade de execução pelo Poder Executivo. Ou seja, diferentemente das emendas parlamentares comuns, onde o governo pode optar por não executar a destinação de recursos proposta pelo parlamentar, as emendas impositivas devem ser obrigatoriamente incluídas no orçamento e executadas, sujeitas a determinadas regras e limitações, como um percentual máximo do orçamento que pode ser destinado a essas emendas.

No Brasil, um percentual do orçamento é reservado para as emendas individuais dos parlamentares, e uma parte desse valor deve ser obrigatoriamente destinada a ações e serviços públicos de saúde. Essa regra busca garantir um mínimo de investimento em áreas consideradas essenciais para a população.

Art. 166-A. As emendas individuais impositivas apresentadas ao projeto de lei orçamentária anual poderão alocar recursos a Estados, ao Distrito Federal e a Municípios por meio de:

I - transferência especial; ou

II - transferência com finalidade definida.

§ 1º Os recursos transferidos na forma do caput deste artigo não integrarão a receita do Estado, do Distrito Federal e dos Municípios para fins de repartição e para o cálculo dos limites da despesa com pessoal ativo e inativo, nos termos do § 16 do art. 166, e de endividamento do ente federado, vedada, em qualquer caso, a aplicação dos recursos a que se refere o caput deste artigo no pagamento de:

I - despesas com pessoal e encargos sociais relativas a ativos e inativos, e com pensionistas; e

II - encargos referentes ao serviço da dívida.

§ 2º Na transferência especial a que se refere o inciso I do caput deste artigo, os recursos:

I - serão repassados diretamente ao ente federado beneficiado, independentemente de celebração de convênio ou de instrumento congênere;

II - pertencerão ao ente federado no ato da efetiva transferência financeira; e

III - serão aplicadas em programações finalísticas das áreas de competência do Poder Executivo do ente federado beneficiado, observado o disposto no § 5º deste artigo.

§ 3º O ente federado beneficiado da transferência especial a que se refere o inciso I do caput deste artigo poderá firmar contratos de cooperação técnica para fins de subsidiar o acompanhamento da execução orçamentária na aplicação dos recursos.

§ 4º Na transferência com finalidade definida a que se refere o inciso II do caput deste artigo, os recursos serão:

I - vinculados à programação estabelecida na emenda parlamentar; e

II - aplicados nas áreas de competência constitucional da União

§ 5º Pelo menos 70% (setenta por cento) das transferências especiais de que trata o inciso I do caput deste artigo deverão ser aplicadas em despesas de capital, observada a restrição a que se refere o inciso II do § 1º deste artigo.

4. LEI DE RESPONSABILIDADE FISCAL

Trata-se de uma das várias leis que compõem e organizam o orçamento público. Muitas vezes, o examinador pergunta e propõe como assertiva correta a seguinte questão: a lei de responsabilidade fiscal é a norma que vem a disciplinar as finanças públicas.

Qual é o objetivo desta lei? Ela buscará a responsabilidade na gestão fiscal, buscando o equilíbrio com os gastos que são realizados pelos gestores com o dinheiro público. Tal preceito, fica bastante claro pela simples leitura da lei, quando assim ela determina:

> **Art. 1º.** Esta Lei Complementar estabelece normas de finanças públicas voltadas para a responsabilidade na gestão fiscal, com amparo no Capítulo II do Título VI da Constituição.
>
> § 1º A responsabilidade na gestão fiscal pressupõe a ação planejada e transparente, em que se previnem riscos e corrigem desvios capazes de afetar o equilíbrio das contas públicas, mediante o cumprimento de metas de resultados entre receitas e despesas e a obediência a limites e condições no que tange a renúncia de receita, geração de despesas com pessoal, da seguridade social e outras, dívidas consolidada e mobiliária, operações de crédito, inclusive por antecipação de receita, concessão de garantia e inscrição em Restos a Pagar.

Igualmente é importante referir que tal norma não busca sancionar a pessoa física do gestor, mas sim o seu ato, sua instituição, o próprio ente e/ou o órgão que ele pertence.

Logo, é correto afirmar que **a lei de responsabilidade fiscal pressupõe um conjunto de ações planejadas e transparentes, que visa a prevenir riscos, corrigir desvio com o grande objetivo de equilibrar as contas públicas.**

Para muitos doutrinadores, a referida Lei Complementar acabou por disciplinar os artigos 163 até 169 da Constituição Federal, tipificando condutas que deverão ser adotadas pelos gestores, com a ideia do que pode ou não ser feito com o dinheiro público.

Ademais tal regulamentação tornou-se extremamente necessária eis que os gastos públicos se tornaram cada vez mais frequentes, muitas vezes sendo muito superiores aos valores arrecadados pelos gestores. Logo, como forma de compatibilizar tais receitas e despesas, tornou-se necessário endividar e/ou empobrecer os cofres públicos, tudo isso com ideia de gerar um equilíbrio, pelo menos formal, nas contas públicas (receita igual despesa).

Também nunca é demais salientar que existem despesas correntes (primárias) e aquelas decorrentes de capital, que servem para pagar os juros de dívidas já contraídas pelos gestores anteriores. Essas despesas chamamos de despesas financeiras.

Entretanto, tem-se observado que as despesas primárias notadamente são maiores que as receitas primárias, ou seja, os gestores públicos têm realizado gastos que superam e muito suas arrecadações. Assim, para gerar uma formalidade financeira, acabam por contrair dívidas e/ou vendendo patrimônio.

Mas afinal de contas **a lei de responsabilidade fiscal foi criada para impedir à realização de despesas e financiamentos para estas? A resposta é negativa, desde que se mantenha o equilíbrio e controle das mesmas.**

Estarão submetidos à lei de responsabilidade fiscal todos os entes, poderes, ou seja, em geral, toda administração pública direta e/ou indireta.

▷ **Atenção: empresas estatais estarão submetidas também a lei de responsabilidade fiscal? A resposta será depende, eis que as estatais dependentes do setor público e que tenham o seu capital (maior parte do capital votante) majoritário público, estarão submetidos a lei de responsabilidade fiscal.**

Também a empresa estatal dependente é a empresa controlada que recebe do ente controlador recursos financeiros para pagamento de despesas com pessoal ou de custeio em geral ou de capital, excluídos, no último caso, aqueles provenientes de aumento de participação acionária.

Já as empresas estatais independentes (só relação negocial) não estarão vinculadas à lei de responsabilidade fiscal.

A lei de responsabilidade fiscal irá limitar gastos com base na previsão de arrecadação prevista na PLOA, ou seja, a arrecadação é utilizada como referência para a limitação de gastos, visando o equilíbrio das contas públicas.

E qual será a base referencial para definir os limites para com os gastos públicos? A base será a receita corrente líquida (RCL).

A receita corrente líquida consubstancia-se nas receitas correntes com o desconto das deduções previstas na LRF. Ademais é importante ressaltar que as receitas de capital não farão parte na conta da receita corrente líquida.

Logo a receita corrente líquida é a soma das receitas correntes de forma bruta, diluídas (subtraídas) das deduções legais. Lembrando que cada ente terá suas deduções possíveis, na forma da LRF. Sobre o tema, reza o artigo 2º da norma:

> IV - receita corrente líquida: somatório das receitas tributárias, de contribuições, patrimoniais, industriais, agropecuárias, de serviços, transferências correntes e outras receitas também correntes, deduzidos:
>
> a) na União, os valores transferidos aos Estados e Municípios por determinação constitucional ou legal, e as contribuições mencionadas na alínea a do inciso I e no inciso II do art. 195, e no art. 239 da Constituição;
>
> b) nos Estados, as parcelas entregues aos Municípios por determinação constitucional;
>
> c) na União, nos Estados e nos Municípios, a contribuição dos servidores para o custeio do seu sistema de previdência e assistência social e as receitas provenientes da compensação financeira citada no § 9º do art. 201 da Constituição.
>
> § 1º Serão computados no cálculo da receita corrente líquida os valores pagos e recebidos em decorrência da Lei Complementar nº 87, de 13 de setembro de 1996, e do fundo previsto pelo art. 60 do Ato das Disposições Constitucionais Transitórias.
>
> § 2º Não serão considerados na receita corrente líquida do Distrito Federal e dos Estados do Amapá e de Roraima os recursos recebidos da União para atendimento das despesas de que trata o inciso V do § 1º do art. 19.

Por fim, é importante ressaltar que a apuração da receita corrente líquida ocorrerá da seguinte forma: "A receita corrente líquida será apurada somando-se as receitas arrecadadas no mês em referência e nos onze anteriores, excluídas as duplicidades".

Muito embora existam as programações necessárias, principalmente na LDO e na LOA, será necessário que os gestores públicos, de forma transparente, trabalhem com uma ideia mensal de fluxo de caixa, tudo isto para corrigir eventuais equívocos e riscos.

E tal demonstrativo mensal faz nascer o princípio da programação ratificado pelo artigo 8º da Lei de Responsabilidade Fiscal. Reza o referido artigo que:

> **Art. 8º** Até trinta dias após a publicação dos orçamentos, nos termos em que dispuser a lei de diretrizes orçamentárias e observado o disposto na alínea c do inciso I do art. 4º, o Poder Executivo estabelecerá a programação financeira e o cronograma de execução mensal de desembolso.
>
> Parágrafo único. Os recursos legalmente vinculados a finalidade específica serão utilizados exclusivamente para atender ao objeto de sua vinculação, ainda que em exercício diverso daquele em que ocorrer o ingresso.

Entretanto, **deste princípio, duas perguntas são frequentes em provas**:

a) A limitação de gastos e/ou movimentação financeira será realizada de forma mensal? Não, eis que na forma do artigo 9º da LRF se verificado, ao final de um bimestre, que a realização da receita poderá não comportar o cumprimento das metas de resultado primário ou nominal estabelecidas no Anexo de Metas Fiscais, os Poderes e o Ministério Público promoverão, por ato próprio e nos montantes necessários, nos trinta dias subsequentes, limitação de empenho e movimentação financeira, segundo os critérios fixados pela lei de diretrizes orçamentárias.

b) Precisará de lei próprio de iniciativa do Poder Executivo o envio deste demonstrativo mensal? Não, tal ato poderá ocorrer por simples decreto.

Para melhor análise e interpretação do orçamento público, compreende a lei de responsabilidade fiscal que os demonstrativos orçamentários deverão ser classificados, ou seja, deverá ocorrer classificação orçamentária.

A classificação orçamentária terá por propósito clarear as fontes de financiamento com as despesas fixadas no orçamento. Logo, esta classificação estará expressa em códigos e irá indicar a destinação dos recursos para realização de despesas.

Importante ressaltar que tal classificação será obrigatória.

A referida classificação orçamentária será dividida, portanto, por fonte de recursos e será dividida em cincos grupos.

Toda ação que vise a criação, expansão ou aperfeiçoamento de ação governamental que acarrete aumento da despesa deverá cumprir os requisitos dispostos no artigo 16 da LRF, quais sejam:

a) estimativa do impacto orçamentário-financeiro no exercício em que deva entrar em vigor e nos dois subsequentes;

b) declaração do ordenador da despesa de que o aumento tem adequação orçamentária e financeira com a lei orçamentária anual e compatibilidade com o plano plurianual e com a lei de diretrizes orçamentárias.

E, se não cumpridos os requisitos dispostos em lei, serão consideradas não autorizadas, irregulares e lesivas ao patrimônio público a geração de despesa ou assunção de obrigação na forma do artigo 15 da LRF.

Já no que tange à despesa com pessoal, é importante a leitura do artigo 18 da LRF:

> **Art. 18.** Para os efeitos desta Lei Complementar, entende-se como despesa total com pessoal: o somatório dos gastos do ente da Federação com os ativos, os inativos e os pensionistas, relativos a mandatos eletivos, cargos, funções ou empregos, civis, militares e de membros de Poder, com quaisquer espécies remuneratórias, tais como vencimentos e vantagens, fixas e variáveis, subsídios, proventos da aposentadoria, reformas e pensões, inclusive adicionais, gratificações, horas extras e vantagens pessoais de qualquer natureza, bem como encargos sociais e contribuições recolhidas pelo ente às entidades de previdência.
>
> § 1º Os valores dos contratos de terceirização de mão-de-obra que se referem à substituição de servidores e empregados públicos serão contabilizados como «Outras Despesas de Pessoal».
>
> § 2º A despesa total com pessoal será apurada somando-se a realizada no mês em referência com as dos 11 (onze) imediatamente anteriores, adotando-se o regime de competência, independentemente de empenho.
>
> § 3º Para a apuração da despesa total com pessoal, será observada a remuneração bruta do servidor, sem qualquer dedução ou retenção, ressalvada a redução para atendimento ao disposto no art. 37, inciso XI, da Constituição Federal.

Assim, trouxe a lei de responsabilidade fiscal limitações para os gastos com pessoal, tudo isso para que se tente evitar o acúmulo de servidores que não atenderiam os preceitos fundamentais.

Lembre-se ainda de que os gastos com indenização igualmente não serão considerados gastos com pessoal.

Por fim, não será considerado como despesa com pessoal o disposto no artigo 19, §1º da LRF:

> **Art. 19.** Para os fins do disposto no caput do art. 169 da Constituição, a despesa total com pessoal, em cada período de apuração e em cada ente da Federação, não poderá exceder os percentuais da receita corrente líquida, a seguir discriminados:
>
> I - União: 50% (cinqüenta por cento);
>
> II - Estados: 60% (sessenta por cento);
>
> III - Municípios: 60% (sessenta por cento).
>
> § 1º Na verificação do atendimento dos limites definidos neste artigo, não serão computadas as despesas:
>
> I - de indenização por demissão de servidores ou empregados;
>
> II - relativas a incentivos à demissão voluntária;
>
> III - derivadas da aplicação do disposto no inciso II do § 6º do art. 57 da Constituição;
>
> IV - decorrentes de decisão judicial e da competência de período anterior ao da apuração a que se refere o § 2º do art. 18;
>
> V - com pessoal, do Distrito Federal e dos Estados do Amapá e Roraima, custeadas com recursos transferidos pela União na forma dos incisos XIII e XIV do art. 21 da Constituição e do art. 31 da Emenda Constitucional nº 19;
>
> VI - com inativos e pensionistas, ainda que pagas por intermédio de unidade gestora única ou fundo previsto no art. 249 da Constituição Federal, quanto à parcela custeada por recursos provenientes:
>
> a) da arrecadação de contribuições dos segurados;
>
> b) da compensação financeira de que trata o § 9º do art. 201 da Constituição;
>
> c) de transferências destinadas a promover o equilíbrio atuarial do regime de previdência, na forma

definida pelo órgão do Poder Executivo federal responsável pela orientação, pela supervisão e pelo acompanhamento dos regimes próprios de previdência social dos servidores públicos.

§ 2º Observado o disposto no inciso IV do § 1º, as despesas com pessoal decorrentes de sentenças judiciais serão incluídas no limite do respectivo Poder ou órgão referido no art. 20.

§ 3º Na verificação do atendimento dos limites definidos neste artigo, é vedada a dedução da parcela custeada com recursos aportados para a cobertura do déficit financeiro dos regimes de previdência.

QUESTÕES DE DIREITO FINANCEIRO – ASSUNTOS MAIS RECORRENTES

01. FGV - OAB - 39º Exame de Ordem Unificado - Primeira Fase – Q23

Em um determinado ano, diante de grave impasse entre o Poder Executivo federal e o Congresso Nacional, o que vem dificultando a aprovação das leis orçamentárias, e em face da relevância e urgência em autorizar a realização de uma série de despesas públicas, o chefe do Poder Executivo avalia a hipótese de adotar Medidas Provisórias para legislar sobre o tema, especialmente sobre o plano plurianual, diretrizes orçamentárias, orçamento anual, abertura de créditos suplementares, especiais e extraordinários.

Diante desse cenário, à luz da CRFB/88, assinale a afirmativa correta.

a) A Medida Provisória pode ser usada apenas para abrir crédito suplementar ou especial voltado a atender a despesas de saúde e educação.

b) A instituição da lei de diretrizes orçamentárias e da lei do orçamento anual, em caso de urgência e relevância, pode ser feita por Medida Provisória, mas não a instituição do Plano Plurianual.

c) A abertura de crédito extraordinário por meio de Medida Provisória somente será admitida para atender a despesas imprevisíveis e urgentes, como as decorrentes de guerra, comoção interna ou calamidade pública.

d) A Medida Provisória para dispor sobre qualquer matéria orçamentária, pode ser editada, desde que haja relevância e urgência, e que seja aprovada pelo Congresso Nacional no prazo de 60 (sessenta) dias.

02. FGV - OAB - 39º Exame de Ordem Unificado - Primeira Fase – Q24

O deputado federal José, por meio das emendas individuais impositivas constitucionalmente previstas que a ele competem, deseja destinar recursos para o Município Alfa. Contudo, deseja fazê-lo por meio de repasses diretos ao referido Município, independentemente de celebração de convênio ou de instrumento congênere. Assinale a opção que indica o instrumento constitucional que ele deve adotar.

a) Transferência especial.

b) Transferência com finalidade definida.

c) Transferência individual.

d) Transferência extraordinária.

03. FGV - OAB - 38º Exame de Ordem Unificado - Primeira Fase – Q23

O Presidente da República está elaborando projeto de lei que estabelece, de forma regionalizada, as diretrizes, objetivos e metas da Administração Pública federal para as despesas de capital e outras delas decorrentes e para as relativas aos programas de duração continuada. Diante desse cenário, assinale a afirmativa correta.

a) A matéria tratada em tal projeto de lei objetiva instituir a Lei de Diretrizes Orçamentárias, a qual deve ser aprovada por quórum de maioria simples no Congresso Nacional.

b) Tal projeto versa sobre a Lei de Diretrizes Orçamentárias e se submete à reserva de lei complementar.

c) Embora institua o Plano Plurianual, tal projeto de lei necessita ser aprovado por quórum de maioria absoluta no Congresso Nacional.

d) Trata-se de projeto de lei que institui o Plano Plurianual, a ser veiculado por meio de lei ordinária.

04. 4) FGV - OAB - 38º Exame de Ordem Unificado - Primeira Fase – Q24

João ganhou uma ação movida em face do Estado Gama, na qual este foi condenado a pagar o equivalente a 30 salários mínimos a título de danos morais pelo uso indevido de sua imagem em uma publicidade institucional do governo estadual. A ação transitou em julgado em 15 de julho de 2022. Seu advogado verifica que não há legislação específica estadual acerca de prazos e limites de valores sobre pagamentos pela Fazenda Pública em caso de condenação judicial. Diante desse cenário, e à luz da Constituição Federal de 1988, João receberá o valor a que tem direito

a) por meio de precatório alimentar, que tem prioridade em relação aos demais, dentro do próprio ano do trânsito em julgado.

b) por meio de Requisição de Pequeno Valor (RPV).

c) por meio de precatório comum, a ser pago no ano seguinte ao do trânsito em julgado da condenação judicial.

d) em dinheiro, no prazo máximo de 15 (quinze) dias contados da intimação da Fazenda Pública do trânsito em julgado da ação, através de transferência bancária entre a instituição financeira que administra o tesouro estadual e o banco em que João tem sua conta.

DIREITO FINANCEIRO			
1 - C	2 - A	3 - D	4 - B

DIREITO FINANCEIRO – QUESTÕES DA PROVA DO 43º EXAME DA OAB

01. FGV - OAB - 43º Exame de Ordem Unificado - Primeira Fase – Q23 O projeto da Lei Orçamentária Anual (LOA) de determinado ente federativo, encaminhado ao Poder Legislativo pelo Poder Executivo, prevê apenas o orçamento fiscal do referido ente. Na mensagem de encaminhamento do projeto de LOA, está esclarecido que o orçamento de investimentos das empresas em que o ente, direta ou indiretamente, detenha a maioria do capital social com direito a voto, bem como o orçamento da seguridade social do ente, será encaminhado individualmente por meio de outros projetos. Diante desse cenário, sobre esse procedimento assinale a afirmativa correta.

a) Viola a regra constitucional de que o orçamento da seguridade social deve integrar a Lei de Diretrizes Orçamentárias.

b) Não atende à regra constitucional de que a LOA compreenderá também o orçamento de investimentos e o orçamento da seguridade social.

c) Está correto, pois apenas o orçamento fiscal compõe a LOA, devendo o orçamento de investimento e o orçamento da seguridade social serem previstos em leis próprias para cada um desses tipos de orçamentos.

d) É inadequado em relação ao orçamento de investimentos, que deveria compor a LOA, mas é admitido em relação ao orçamento da seguridade social, que pode ser previsto em outra lei, desde que seu valor global esteja previsto na LOA.

02. FGV - OAB - 43º Exame de Ordem Unificado - Primeira Fase – Q24 O Estado Beta, no último ano, ultrapassou o limite de despesa total de pessoal, que, segundo a Lei de Responsabilidade Fiscal (LRF), é de, no máximo, 60% da Receita Corrente Líquida (RCL). Por falta de gestão responsável, apesar de os demais Poderes e órgãos autônomos terem se enquadrado dentro dos respectivos percentuais fixados como limites individuais, o Poder Executivo Estadual ainda não conseguiu alcançar a redução determinada pela própria LRF, dentro do prazo por ela estipulado, para atender ao percentual máximo de 49% da RCL, fixado como limite individual de despesas com pessoal para o Poder Executivo Estadual. Diante desse cenário, à luz da Lei de Responsabilidade Fiscal, o Poder Executivo estadual **não** poderá

a) realizar qualquer operação de crédito, apenas.

b) receber transferências voluntárias (exceto nas áreas de educação, saúde e assistência social), mas poderá obter garantia de outro ente, bem como poderá contratar operações de crédito.

c) obter garantia de outro ente, nem contratar operações de crédito, ressalvadas as que visem à redução das despesas com pessoal, mas poderá receber transferências voluntárias em quaisquer áreas.

d) receber transferências voluntárias (exceto nas áreas de educação, saúde e assistência social), nem obter garantia de outro ente, nem contratar operações de crédito, ressalvadas as destinadas ao pagamento da dívida mobiliária e as que visem à redução das despesas com pessoal.

GABARITO	
1 - B	2 - D

DIREITO PREVIDENCIÁRIO

Guilherme Volpato

Sumário

1. SEGURIDADE SOCIAL

1.1. Conceito Constitucional

No decorrer da leitura você verá que o direito previdenciário é parte de uma grande engrenagem chamada seguridade social. A seguridade social é composta por previdência social, assistência social e saúde. Cada uma destas partes tem suas particularidades na Constituição Federal a partir do artigo 194:

> **Art. 194.** A seguridade social compreende um conjunto integrado de ações de iniciativa dos Poderes Públicos e da sociedade, destinadas a assegurar os direitos relativos à saúde, à previdência e à assistência social.

A seguridade social na forma como está disposta na CF/1988 é uma adaptação a realidade brasileira do modelo de seguridade social proposto por William Beveridge, na Inglaterra, em 1942. Foi construída em um contexto entre as duas grandes guerras mundiais, de uma sociedade industrial e com uma série de problemas, entre eles os sociais, inerentes àquele momento histórico.

Este modelo de seguridade social protege tanto os trabalhadores que contribuem para o sistema previdenciário, quanto às pessoas que pelas mais variadas razões não contribuem, mas preenchem outros requisitos legais, para obtenção de um benefício. Por esta razão, é reconhecido como um "sistema" de **repartição/universalização** de proteção social.

Surgiu em contraposição ao "sistema" de **capitalização** proposto pelo Chanceler alemão Otto Von Bismarck, na Alemanha, no ano de 1883. Neste modelo, a proteção era exclusiva ao trabalhador, proporcionalmente contribuição do trabalhador para o sistema previdenciário. Em síntese, quem contribuía tinha proteção e quem não contribuía ficava sem qualquer proteção Estatal em matéria de seguridade social. Foi uma forma que o Chanceler Alemão encontrou para responder aos anseios da classe trabalhadora na fase final da revolução industrial e no começo da transição do Estado Liberal para o Estado Social.

Importante aqui referir que não se trata de modelos necessariamente excludentes, mas que surgem em momentos distintos, tendo, então, respostas distintas, em razão das contingências das respectivas épocas.

Logo, afirmar que **a seguridade social brasileira tem como modelo o sistema de repartição/universalização não significa excluir o sistema de capitalização, afinal, como será visto a seguir, a seguridade social brasileira divide-se em um tripé composto por: previdência social, assistência social, e, saúde.** A primeira exige contribuição, e as duas últimas não.

1.2. Previdência Social e Assistência Social

Tendo em vista uma possível sobreposição de disciplinas (previdenciário e constitucional), nesta disciplina o enfoque será sobre a previdência social (de caráter contributivo) e a assistência social (de caráter não contributivo)

Comecemos pela previdência social, disposta no artigo 201 da CF/1988:

> **Art. 201.** A previdência social será organizada sob a forma do Regime Geral de Previdência Social, de caráter contributivo e de filiação obrigatória, observados critérios que preservem o equilíbrio financeiro e atuarial, e atenderá, na forma da lei.

O caput do artigo 201 possui muitas informações importantes para a disciplina. A primeira, que **a previdência social será organizada em forma de Regime Geral de Previdência Social**, o que é representado pela sigla (RGPS). Esta menção é feita, pois os servidores públicos, em sua maioria, terão um Regime Próprio de Previdência Social (RPPS). E, quando não houver regime próprio para garantia do servidor público, este será protegido pelo regime geral, o que se aplica aos cargos de confiança, de livre nomeação e exoneração, por exemplo. **O grande objetivo da Seguridade Social é não deixar o trabalhador desprotegido.**

A segunda informação importante trazida pelo caput do artigo 201 é que **o Regime Geral de Previdência Social será de caráter contributivo.** Isso significa dizer que quem contribui financeiramente para o sistema previdenciário estará protegido, e, quem não contribui não terá proteção previdenciária, com exceção aos que se encontram no período de graça, que será visto adiante.

A terceira informação colhida do caput é que a previdência social é de **filiação obrigatória.** Isto quer dizer que qualquer pessoa que tenha uma fonte de renda decorrente de atividade laborativa, seja ela qual for, deverá obrigatoriamente contribuir para a previdência social. Não é uma faculdade/escolha. É uma obrigação, nos termos do artigo 5º, inciso II da CF/1988, que, ao prescrever o princípio da legalidade para particular, determina que "ninguém será obrigado a fazer ou deixar de fazer alguma coisa senão em virtude de lei".

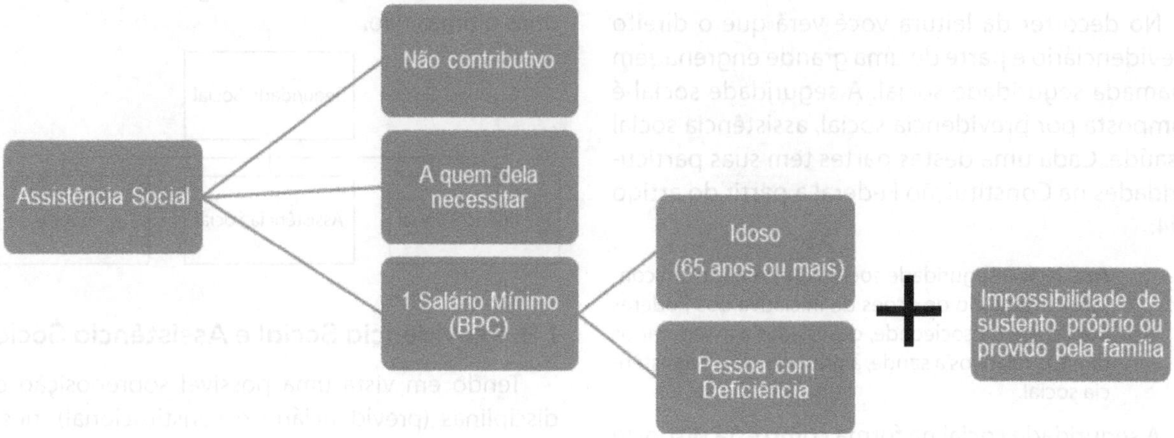

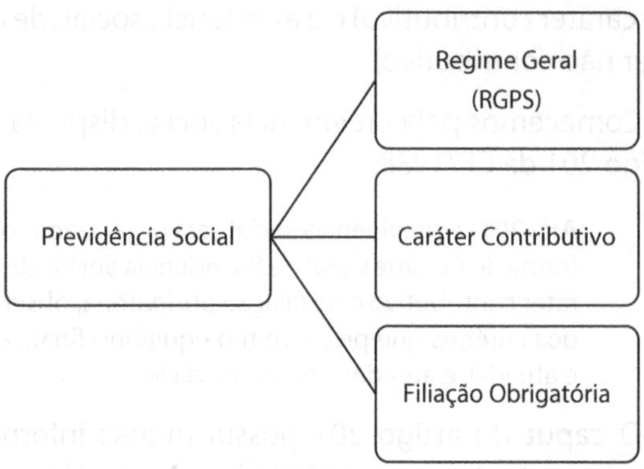

Art. 201.

I - cobertura dos eventos de incapacidade temporária ou permanente para o trabalho e idade avançada;

II - proteção à maternidade, especialmente à gestante;

III - proteção ao trabalhador em situação de desemprego involuntário;

IV - salário-família e auxílio-reclusão para os dependentes dos segurados de baixa renda;

V - pensão por morte do segurado, homem ou mulher, ao cônjuge ou companheiro e dependentes, observado o disposto no § 2º.

Por fim, quando a CF/1988 menciona o **equilíbrio financeiro e atuarial**, isso significa que um dos objetivos da seguridade social brasileira é ser autossustentável, quando comparados as contribuições e os benefícios pagos pelo sistema. Nesse sentido, as reformas, como a realizada no ano de 2019, justificam-se na medida em que neste momento histórico se vivencia uma redução de natalidade, que é somada ao aumento da expectativa de sobrevida (período computado entre a aposentadoria e a data do óbito) em razão, entre outros, dos avanços tecnológicos vivenciados, como na saúde, por exemplo.

Os incisos I à V do artigo 201 da CF/1988 trazem o que chamamos em direito previdenciário de **riscos sociais** protegidos pela previdência social, tanto aos segurados quanto aos seus dependentes. Aos segurados, os riscos sociais protegidos são: a incapacidade temporária ou permanente para o trabalho, a idade avançada, à maternidade e a adoção, e, o desemprego involuntário. Aos dependentes, a morte do segurado, e, aos segurados que se enquadram como sendo de baixa renda, que terão acesso a benefícios específicos nesta condição.

Far-se-á um parágrafo para falar sobre a **previdência privada**, a qual, ao contrário da previdência social, será de filiação facultativa (ou seja, é uma escolha da pessoa), terá um caráter contributivo complementar à previdência social, e será organizado de forma autônoma ao Regime Geral de Previdência Social, sendo regulado por lei complementar, tal qual previsto no artigo 202 da CF/1988:

> **Art. 202.** O regime de previdência privada, de caráter complementar e organizado de forma autônoma em relação ao regime geral de previdência social, será facultativo, baseado na constituição de reservas que garantam o benefício contratado, e regulado por lei complementar.

Por seu turno, a **assistência social** tem previsão constitucional no artigo 203 da CF/1988:

> **Art. 203.** A assistência social será prestada a quem dela necessitar, independentemente de contribuição à seguridade social, e tem por objetivos:

Na assistência social, é importante perceber que não se faz menção a qualquer regime. A garantia constitucional é que será prestada a quem dela necessitar, sem qualquer contribuição à seguridade social. Como anteriormente referido, protege, quando implementados os demais requisitos previstos em lei, as pessoas que, por quaisquer razões, não contribuem para a seguridade social.

Para o objeto de estudo de seguridade social, o único inciso a ser estudado na disciplina será o inciso V, o qual estabelece:

> **Art. 203.** (...)
>
> V - a garantia de um salário-mínimo de benefício mensal à pessoa portadora de deficiência e ao idoso que comprovem não possuir meios de prover à própria manutenção ou de tê-la provida por sua família, conforme dispuser a lei.

Isto significa que **o benefício da assistência social**, que será chamado de **Benefício de Prestação Continuada (BPC)**, será devido a quem dele necessitar, independentemente de contribuição, **será no valor de um salário mínimo mensal**, e será pago em duas hipóteses: quando se tratar de pessoa com deficiência, nos termos do artigo 2º da Lei nº 13.146/2015, e, ao idoso com 65 (sessenta e cinco) anos ou mais, desde que, em ambas as condições, a pessoa com deficiência e o idoso não tenham condições de prover a própria manutenção, ou de tê-la provida por sua família. Mais adiante haverá um tópico específico sobre o benefício de prestação continuada (benefício da assistência social), no qual será detalhada do que se trata essa condição de impossibilidade de sustento próprio.

1.3. Princípios Constitucionais Previdenciários

Vistos os conceitos constitucionais de seguridade social, previdência social, previdência complementar e assistência social, passa-se ao estudo dos princípios constitucionais previdenciários, previstos nos incisos I à VII do parágrafo único do artigo 194 da CF/1988:

> **Art. 194.** (...)
>
> Parágrafo único. Compete ao Poder Público, nos termos da lei, organizar a seguridade social, com base nos seguintes objetivos:
>
> I - universalidade da cobertura e do atendimento.

Por **universalidade da cobertura** e do atendimento deve ser compreendida a cobertura de contingência sociais, em modalidades distintas, para os casos nos quais existe, ou não, contribuição para a seguridade social. Lembrem-se de que a seguridade social é formada pelo tripé previdência social, assistência social e saúde.

> **Art. 194.** (...)
>
> Parágrafo único. Compete ao Poder Público, nos termos da lei, organizar a seguridade social, com base nos seguintes objetivos:
>
> II - uniformidade e equivalência dos benefícios e serviços às populações urbanas e rurais.

Por **uniformidade e equivalência dos benefícios e serviços às populações urbanas e rurais,** entenda-se aplicação por analogia ao que dispõe o artigo 7º da CF/1988 que confere tratamento uniforme a trabalhadores urbanos e rurais. Importante referir que tratamento uniforme não significa que os benefícios previdenciários serão necessariamente no mesmo valor para a população urbana e rural. Para os benefícios previdenciários, os valores terão como base de cálculo os valores efetivamente contribuídos. Logo, o valor do benefício dependerá de cada caso especificadamente.

> **Art. 194.** (...)
>
> Parágrafo único. Compete ao Poder Público, nos termos da lei, organizar a seguridade social, com base nos seguintes objetivos:
>
> III - seletividade e distributividade na prestação dos benefícios e serviços.

A **seletividade e distributividade na prestação de benefícios e serviços** são em alguma medida expressão do modelo democrático em que vivemos, por meio do qual o legislador, representante do povo, regulamentará quem terá direito a algum benefício ou serviço, quando isso ocorrerá, por quanto tempo isso ocorrerá e qual valor será pago. Para além disso, a distributividade diz respeito também como garantia ao bem-estar e justiça social.

> **Art. 194.** (...)
>
> Parágrafo único. Compete ao Poder Público, nos termos da lei, organizar a seguridade social, com base nos seguintes objetivos:
>
> IV - irredutibilidade do valor dos benefícios.

A **irredutibilidade do valor dos benefícios** significa que os benefícios previdenciários e assistencial não podem ter seu valor nominal reduzido. Na prática, o que ocorre é que os benefícios são corrigidos por índices que via de regra são inferiores a inflação. Isso faticamente acarreta uma perda de valor real do benefício (poder de compra), mas não significa redução do valor nominal.

> **Art. 194.** (...)
>
> Parágrafo único. Compete ao Poder Público, nos termos da lei, organizar a seguridade social, com base nos seguintes objetivos:
>
> V - equidade na forma de participação no custeio.

A **equidade na forma de participação do custeio** deve ser entendida como contribuição conforme a capacidade contributiva. Como será visto adiante, o pequeno produtor rural contribui com um percentual muito inferior ao empresário, por exemplo. Entretanto, a seguridade social protegerá a ambos, na proporção da contribuição de cada um deles.

> **Art. 194.** (...)
>
> Parágrafo único. Compete ao Poder Público, nos termos da lei, organizar a seguridade social, com base nos seguintes objetivos:
>
> VI – diversidade da base de financiamento, identificando-se, em rubricas contábeis específicas para cada área, as receitas e as despesas vinculadas a ações de saúde, previdência e assistência social, preservado o caráter contributivo da previdência social.

Como anteriormente exposto, a seguridade social brasileira adota o modelo de repartição/universalização, alcançando proteção social à contribuintes e não contribuintes. Entretanto, para que isto seja possível, existem várias fontes pagadoras. Tanto é assim que o caput do artigo 194 da CF/1988 aponta a seguridade social como resultado de um conjunto integrado de ações, de iniciativa pública e privada. Logo, há contribuição da iniciativa pública e privada para a seguridade social. Isso faz com que a **diversidade da base de financiamento** seja um princípio constitucional da seguridade social.

> **Art. 194.** (...)
>
> Parágrafo único. Compete ao Poder Público, nos termos da lei, organizar a seguridade social, com base nos seguintes objetivos:
>
> VII – caráter democrático e descentralizado da administração, mediante gestão quadripartite, com participação dos trabalhadores, dos empregadores, dos aposentados e do Governo nos órgãos colegiados.

O **caráter democrático e descentralizado da administração** guarda relação a existência de intermediação e discussão de toda a sociedade quando se trata de gestão de recursos, programas, planos, serviços e ações em matéria de previdência social, assistência social, e, saúde. Em outras palavras, os conselhos possuem composição paritária e são integrados por representantes do Governo, dos trabalhadores, dos empregadores, e, dos aposentados.

2. PREVIDÊNCIA SOCIAL

2.1. Conceito

A previdência social antes de qualquer outra coisa é um direito fundamental. Essa afirmação decorre da positivação constitucional no caput do artigo 6º da CF/1988. Trata-se de um direito fundamental em sentido tanto formal, por constar expressamente no texto constitucional, quanto material, na medida em que contribui decisivamente para a concretização da dignidade da pessoa humana. Em verdade, a previdência social se revela fundamental em especial nos momentos nos quais o cidadão tem, de forma temporária ou permanente, sua força laboral afetada, por quaisquer razões que se possa cogitar.

Entretanto, a proteção do cidadão pela previdência social dependerá da observância do caráter contributivo que ela possui. Essa obrigatoriedade no recolhimento de contribuições implica restrição no acesso à cobertura previdenciária. Dessa realidade se percebe a intenção do legislador em estabelecer uma relação de direitos e deveres do cidadão e da Administração Pública. É em razão desse vínculo estabelecido entre capacidade contributiva do cidadão e as prestações previdenciárias ofertadas que se materializa a expectativa jurídica legítima de proteção social em momentos previstos na legislação.

Distingue-se fundamentalmente da proteção social oferecida pela Assistência Social e da Saúde, as quais são caracterizadas pelas prestações não contributivas, que asseguram, com fundamento no princípio da universalidade da cobertura e do atendimento, direitos a quem delas necessitar, observados os requisitos legais de cada uma das espécies.

Importante ainda mencionar que a previdência social é moldada na **solidariedade**, na medida em que é organizada de forma coletiva compulsória, com o objetivo de proteger os trabalhadores e seus dependentes, no período de tempo e no valor determinado em lei, contra ameaça ou efeitos decorrentes dos riscos sociais estabelecidos nos incisos I à V do artigo 201 da CF/1988.

Em termos conceituais, a previdência social pode ser classificada como um direito prestacional, na medida em que gera o dever de atuação protetiva da Administração Pública, e é distribuída em benefícios e serviços, como aposentadorias, pensão por morte, salário-maternidade, salário-família, auxílio-reclusão, reabilitação profissional, entre outros.

Isso posto, a previdência social pode ser entendida como técnica proteção que objetiva reduzir o máximo possível os efeitos nocivos dos riscos sociais previstos em lei e na CF/1988, estruturada a partir da forma econômica de um seguro obrigatório, financiado por toda a sociedade (trabalhadores, empresas e o Estado).

2.2. Aplicação da Lei Previdenciária no Tempo

A discussão sobre a aplicação da lei previdenciária no tempo surge em razão da sucessão de leis destinadas a disciplinar fenômenos sociais idênticos em momentos distintos. Alguns doutrinadores utilizam a expressão direito intertemporal, no qual deve ser definida, em razão da alteração legislativa e do conflito de leis no tempo, qual é a norma aplicável a determinado fato ou relação jurídica.

Pode-se afirmar que a questão da aplicação da lei previdenciária no tempo guarda estrita relação com o princípio constitucional da segurança jurídica, previsto no artigo 5º, inciso XXXVI da CF/1988, condicionando a solução do conflito de leis de modo que "a lei não prejudicará o direito adquirido, o ato jurídico perfeito e a coisa julgada".

Em matéria previdenciária, **a existência do direito e as condições para sua concessão deverão ser determinadas conforme a lei vigente quando da reunião dos requisitos para sua concessão**, e, não necessariamente, quanto da formalização do requerimento. Isto porque, a lei em vigor quando do requerimento pode ser menos favorável ao segurado, seja por alterar os pressupostos legais, ou ainda, que empregue metodologia de cálculo que implique em benefício de menor valor se comparado com a lei anterior.

Nesse sentido, veja a Súmula 340 do STJ (Superior Tribunal de Justiça): *"A lei aplicável à concessão de pensão previdenciária por morte é aquela vigente na data do óbito do segurado."*. De igual modo o Supremo Tribunal Federal (STF) já se manifestou no mesmo sentido repetidas vezes:

> *Em matéria previdenciária, a lei de regência é a vigente ao tempo em que reunidos os requisitos para a concessão do benefício (princípio tempus regit actum). Precedentes. (STF, RE 577827 AgR/RJ, 2ª TURMA, Rel. Min. ELLEN GRACIE, DJe-112 DIVULG 10-06-2011 PUBLIC 13-06-2011)*
>
> *O Supremo Tribunal Federal tem orientação firmada no sentido de que, em matéria previdenciária, se aplica a lei vigente ao tempo da reunião dos requisitos para a concessão do benefício. Aplicação da máxima tempus regit actum. (STF, ARE 1172975 AgR/RJ, 2ª TURMA, Rel. Min. EDSON FACHIN, DJe-191 DIVULG 02-09-2019 PUBLIC 03-09-2019)*

Em outras palavras, a lei que disciplinará a relação jurídica é a lei vigente ao tempo em que foram preenchidos os requisitos legais para a concessão do benefício previdenciário, ou seja, a lei vigente no tempo em que o direito foi adquirido, pois, o *tempus regit actum* impede a retroação da lei nova mais restritiva de direito à proteção social.

2.3. Regime Geral de Previdência Social

Regime geral de previdência social é o meio pelo qual se concretiza o direito o direito fundamental à previdência social. Pode ser entendido como o conjunto de normas que disciplinam as relações jurídicas entre a instituição responsável pela concessão e manutenção das prestações previdenciárias e o grupo de pessoas protegidas, os beneficiários.

Deve levar em consideração as condições particulares decorrentes de fatores econômicos, sociais, políticos e ideológicos, os quais contribuem de forma decisiva na implementação e efetivação do regime geral de previdência social. Por exemplo, em países que adotam o sistema de repartição/universalização, a projeção populacional é fator determinante nas decisões a serem tomadas, levando-se em consideração o número de contribuintes, o número de beneficiários, a expectativa de sobrevida, e, os índices de natalidade.

A justificativa para que sejam levados em consideração tantos fatores decorre do compromisso estatal de estimar, avaliar e quantificar o montante de recursos financeiros frente a proteção previdenciária devida. Tem-se então que em um regime geral de previdência social são realizadas economias forçadas ao trabalhador, para além das outras fontes de receitas, de modo que a instituição responsável possa efetivar a redistribuição no tempo das rendas arrecadadas, de modo a permitir uma vida digna aos trabalhadores nos momentos de necessidade social.

No Brasil, o regime geral de previdência social é regulamentado pela Lei 8.213/91, a lei de benefícios da previdência social (LBPS), sendo a responsável por sua gestão o Instituto Nacional do Seguro Social (INSS). Importante também mencionar o Decreto 3.048/99, o regulamento da previdência social, sendo esta a legislação que atualmente está em conformidade com a última grande reforma previdenciária, decorrente da Emenda Constitucional 103/19.

Merece destaque aqui o campo de aplicação do regime geral de previdência social. Ele abrange não somente as pessoas que exercem atividade remunerada, mas pode abranger pessoas que não tem atividade remunerada que escolhem contribuir e ter proteção previdenciária. São os segurados facultativos, que serão estudados em um tópico específico adiante.

Além destes, o regime geral de previdência social abrange "ao agente público ocupante, exclusivamente, de cargo em comissão declarado em lei de livre nomeação e exoneração, de outro cargo temporário, inclusive mandato eletivo, ou de emprego público", nos termos do artigo 40, parágrafo 13º da CF/1988.

O regime geral de previdência social destina-se ainda ao servidor público civil ocupante de cargo efetivo ou militar que não dispuser de Regime Próprio de Previdência Social (RPPS), afinal, um dos objetivos da previdência social é proteger o trabalhador, mediante contribuição compulsória, quando acometido por algum dos riscos sociais previstos em lei. Por exemplo, o município de Canela, na região da Serra Gaúcha, não possui regime próprio de previdência. Neste caso, os servidores públicos efetivos contribuem compulsoriamente e são protegidos pelo regime geral de previdência social.

Por fim, o regime geral de previdência social é destinado ao servidor ou o militar que "venham a exercer, concomitantemente, uma ou mais atividades abrangidas pelo Regime Geral de Previdência Social". Por exemplo, um médico que é servidor público em um hospital, e, concomitantemente possui uma clínica particular. Da remuneração na clínica particular será devida contribuição previdenciária obrigatória ao regime geral de previdência social, havendo como contrapartida a proteção caso o médico seja acometido por algum risco social previsto em lei.

Com isto, pode-se concluir que **é inverídica a afirmação de que o regime geral de previdência social é destinado exclusivamente aos trabalhadores da iniciativa privada**. Como visto nos parágrafos anteriores, **em algumas hipóteses haverá proteção ao servidor público ou militar, a depender do caso.**

2.4. Segurados do Regime Geral de Previdência Social

Tratar de segurados do regime geral de previdência social significa falar sobre as pessoas que são protegidas pelo seguro social. Entre eles, sua grande maioria estará protegido em razão da contribuição obrigatória a que são submetidos, seja da iniciativa privada, ou ainda, nos casos específicos, da iniciativa pública. Além dos que contribuem de forma obrigatória, o legislador autorizou que pessoas que não têm fonte de renda decorrente de atividade laborativa que queiram participar do regime geral de previdência social o façam, por meio de contribuição, que será facultativa.

Por uma questão metodológica, os segurados serão apresentados a partir do Decreto 3048/99, o Regulamento da Previdência Social, uma vez que esta legislação, em matéria previdenciária, é a que está atualizada com a última grande reforma da previdência, a Emenda Constitucional 103/19. De todo modo, serão indicados os artigos respectivos na Lei nº 8.213/91, a Lei de Benefícios da Previdência Social.

O artigo 9º do Decreto 3.048 e o artigo 11 da Lei 8.213/91 trazem em seus incisos os segurados obrigatórios (empregado, empregado doméstico, contribuinte individual, trabalhador avulso, e, segurado especial). Comecemos pelo segurado empregado:

> **Art. 9º** São segurados obrigatórios da previdência social as seguintes pessoas físicas:
>
> I - como empregado:
>
> a) aquele que presta serviço de natureza urbana ou rural a empresa, em caráter não eventual, sob sua subordinação e mediante remuneração, inclusive como diretor empregado;
>
> b) aquele que, contratado por empresa de trabalho temporário, na forma prevista em legislação específica, por prazo não superior a cento e oitenta dias, consecutivos ou não, prorrogável por até noventa dias, presta serviço para atender a necessidade transitória de substituição de pessoal regular e permanente ou a acréscimo extraordinário de serviço de outras empresas;
>
> c) o brasileiro ou o estrangeiro domiciliado e contratado no Brasil para trabalhar como empregado no exterior, em sucursal ou agência de empresa constituída sob as leis brasileiras e que tenha sede e administração no País;
>
> d) o brasileiro ou o estrangeiro domiciliado e contratado no Brasil para trabalhar como empregado em empresa domiciliada no exterior com maioria do capital votante pertencente a empresa constituída sob as leis brasileiras, que tenha sede e

administração no País e cujo controle efetivo esteja em caráter permanente sob a titularidade direta ou indireta de pessoas físicas domiciliadas e residentes no País ou de entidade de direito público interno;

e) aquele que presta serviço no Brasil a missão diplomática ou a repartição consular de carreira estrangeira e a órgãos a elas subordinados, ou a membros dessas missões e repartições, excluídos o não-brasileiro sem residência permanente no Brasil e o brasileiro amparado pela legislação previdenciária do país da respectiva missão diplomática ou repartição consular;

f) o brasileiro civil que trabalha para a União no exterior, em organismos oficiais internacionais dos quais o Brasil seja membro efetivo, ainda que lá domiciliado e contratado, salvo se amparado por regime próprio de previdência social;

g) o brasileiro civil que presta serviços à União no exterior, em repartições governamentais brasileiras, lá domiciliado e contratado, inclusive o auxiliar local de que tratam os arts. 56 e 57 da Lei nº 11.440, de 29 de dezembro de 2006, este desde que, em razão de proibição legal, não possa filiar-se ao sistema previdenciário local;

h) o bolsista e o estagiário que prestam serviços a empresa, em desacordo com a Lei nº 11.788, de 25 de setembro de 2008;

i) o servidor da União, Estado, Distrito Federal ou Município, incluídas suas autarquias e fundações, ocupante, exclusivamente, de cargo em comissão declarado em lei de livre nomeação e exoneração;

j) o servidor do Estado, Distrito Federal ou Município, bem como o das respectivas autarquias e fundações, ocupante de cargo efetivo, desde que, nessa qualidade, não esteja amparado por regime próprio de previdência social;

l) o servidor contratado pela União, Estado, Distrito Federal ou Município, bem como pelas respectivas autarquias e fundações, por tempo determinado, para atender a necessidade temporária de excepcional interesse público, nos termos do inciso IX do art. 37 da Constituição Federal;

m) o servidor da União, Estado, Distrito Federal ou Município, incluídas suas autarquias e fundações, ocupante de emprego público;

n) (Revogada pelo Decreto nº 3.265, de 1999)

o) o escrevente e o auxiliar contratados por titular de serviços notariais e de registro a partir de 21 de novembro de 1994, bem como aquele que optou pelo Regime Geral de Previdência Social, em conformidade com a Lei nº 8.935, de 18 de novembro de 1994; e

p) aquele em exercício de mandato eletivo federal, estadual, distrital ou municipal, desde que não seja vinculado a regime próprio de previdência social;

q) o empregado de organismo oficial internacional ou estrangeiro em funcionamento no Brasil, salvo quando coberto por regime próprio de previdência social;

r) o trabalhador rural contratado por produtor rural pessoa física, na forma do art. 14-A da Lei nº 5.889, de 8 de junho de 1973, para o exercício de atividades de natureza temporária por prazo não superior a dois meses dentro do período de um ano;

s) aquele contratado como trabalhador intermitente para a prestação de serviços, com subordinação, de forma não contínua, com alternância de períodos de prestação de serviços e de inatividade, em conformidade com o disposto no § 3º do art. 443 da Consolidação das Leis do Trabalho, aprovada pelo Decreto-Lei nº 5.452, de 1º de maio de 1943.

Em que pese existirem muitas variações dentro da classificação do segurado empregado, o importante é que você **guarde bem os quatro requisitos caracterizadores da relação de emprego: pessoalidade, habitualidade/não eventualidade, subordinação, e, remuneração.**

Além destas características, é importante que você lembre, em especial das alíneas "b" e "s" do inciso I do artigo 9º do Decreto 3.048/99, ambas acrescidas pelo Decreto 10.410/2020, que tratam do contrato de trabalho temporário, e do trabalhador intermitente. Por serem novidades, têm probabilidade de serem cobrados em prova.

Por fim, vale reforçar o cuidado com as alíneas "i, j, l, m" do inciso I do artigo 9º do Decreto 3.048/99 que tratam de servidores ligados à União, Estados, Distrito Federal e Municípios que possuem vínculo com o RGPS.

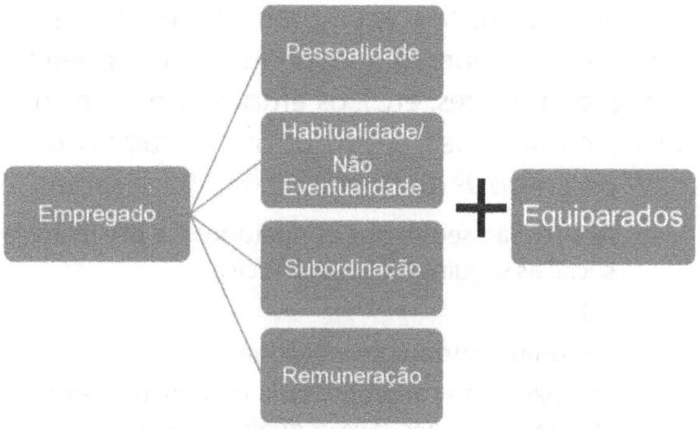

A segunda categoria de segurado trazida pela legislação é o empregado doméstico.

Art. 9º São segurados obrigatórios da previdência social as seguintes pessoas físicas:

(...)

II - como empregado doméstico - aquele que presta serviço de forma contínua, subordinada, onerosa e pessoal a pessoa ou família, no âmbito residencial

PREVIDENCIÁRIO

desta, em atividade sem fins lucrativos, por mais de dois dias por semana.

Faz-se esta ressalva, pois na hora da prova você precisará fazer esta distinção entre as duas categorias a partir do que o enunciado da questão trouxer. Por exemplo: um cozinheiro, a depender do caso, poderá ser empregado ou empregado doméstico. O cozinheiro que trabalha em um restaurante terá finalidade lucrativa. Logo, será empregado. Agora, se o cozinheiro trabalhar para uma família, sem que exista finalidade lucrativa com o trabalho do cozinheiro, ele será empregado doméstico, obviamente, se a prestação de serviço ocorrer por mais de dois dias na semana.

Outro cuidado que você precisa ter é a respeito da situação onde o empregador doméstico realiza as contribuições do empregado doméstico em atraso. Esta conduta não implica em prejuízo ao segurado empregado doméstico. Pode aparecer em enunciado de questão ou em alternativa referindo que o empregador doméstico não pagou as contribuições em dia, e, questionando se este pagamento em atraso implica prejuízo para o empregado doméstico. Nesse sentido a Súmula 29 da TNU (Turma Nacional de Uniformização dos Juizados Especiais Federais) assegura que: *"O recolhimento tardio de contribuições a cargo do empregador não implica prejuízo de ordem previdenciária à segurada empregada doméstica.*

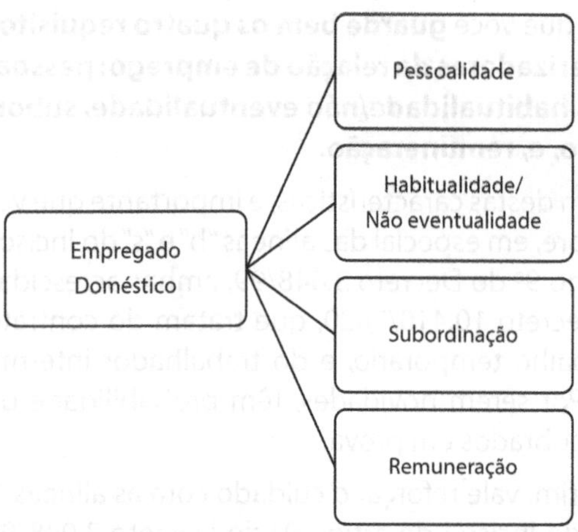

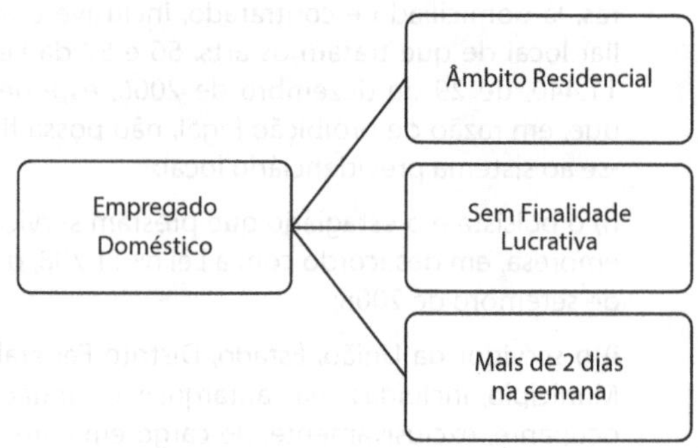

A terceira categoria de segurado trazida pela legislação é o contribuinte individual. Nesta modalidade, estão os que têm atividade remunerada sem a existência da relação de emprego. Entre eles estão os profissionais liberais (advogados, engenheiros, médicos, contadores, etc.), os empresários, em suas diversas modalidades, entre outros elencados no inciso "V" do artigo 9º do Decreto 3.048/99, a saber:

> **Art. 9º** São segurados obrigatórios da previdência social as seguintes pessoas físicas:
>
> (...)
>
> V - como contribuinte individual:
>
> a) a pessoa física, proprietária ou não, que explora atividade agropecuária, a qualquer título, em caráter permanente ou temporário, em área, contínua ou descontínua, superior a quatro módulos fiscais; ou, quando em área igual ou inferior a quatro módulos fiscais ou atividade pesqueira ou extrativista, com auxílio de empregados ou por intermédio de prepostos; ou ainda nas hipóteses dos §§ 8º e 23 deste artigo;
>
> b) a pessoa física, proprietária ou não, que explora atividade de extração mineral - garimpo -, em caráter permanente ou temporário, diretamente ou por intermédio de prepostos, com ou sem o auxílio de empregados, utilizados a qualquer título, ainda que de forma não contínua;
>
> c) o ministro de confissão religiosa e o membro de instituto de vida consagrada, de congregação ou de ordem religiosa;
>
> d) o brasileiro civil que trabalha no exterior para organismo oficial internacional do qual o Brasil é membro efetivo, ainda que lá domiciliado e contratado, salvo quando coberto por regime próprio de previdência social;
>
> e) desde que receba remuneração decorrente de trabalho na empresa:
>
> 1. o empresário individual e o titular de empresa individual de responsabilidade limitada, urbana ou rural;
>
> 2. o diretor não empregado e o membro de conselho de administração de sociedade anônima;
>
> 3. o sócio de sociedade em nome coletivo; e
>
> 4. o sócio solidário, o sócio gerente, o sócio cotista e o administrador, quanto a este último, quando não for empregado em sociedade limitada, urbana ou rural;
>
> f) (Revogado pelo Decreto nº 10.410, de 2020).
>
> g) (Revogado pelo Decreto nº 10.410, de 2020).
>
> h) (Revogado pelo Decreto nº 10.410, de 2020).
>
> i) o associado eleito para cargo de direção em cooperativa, associação ou entidade de qualquer

natureza ou finalidade, bem como o síndico ou administrador eleito para exercer atividade de direção condominial, desde que recebam remuneração;

j) quem presta serviço de natureza urbana ou rural, em caráter eventual, a uma ou mais empresas, sem relação de emprego;

l) a pessoa física que exerce, por conta própria, atividade econômica de natureza urbana, com fins lucrativos ou não;

m) o aposentado de qualquer regime previdenciário nomeado magistrado classista temporário da Justiça do Trabalho, na forma dos incisos II do § 1º do art. 111 ou III do art. 115 ou do parágrafo único do art. 116 da Constituição Federal, ou nomeado magistrado da Justiça Eleitoral, na forma dos incisos II do art. 119 ou III do § 1º do art. 120 da Constituição Federal;

n) o cooperado de cooperativa de produção que, nesta condição, presta serviço à sociedade cooperativa mediante remuneração ajustada ao trabalho executado;

o) (Revogado pelo Decreto nº 7.054, de 2009)

p) o Microempreendedor Individual - MEI de que tratam os arts. 18-A e 18-C da Lei Complementar nº 123, de 14 de dezembro de 2006, que opte pelo recolhimento dos impostos e contribuições abrangidos pelo Simples Nacional em valores fixos mensais;

q) o médico participante do Projeto Mais Médicos para o Brasil, instituído pela Lei nº 12.871, de 22 de outubro de 2013, exceto na hipótese de cobertura securitária específica estabelecida por organismo internacional ou filiação a regime de seguridade social em seu país de origem, com o qual a República Federativa do Brasil mantenha acordo de seguridade social;

r) o médico em curso de formação no âmbito do Programa Médicos pelo Brasil, instituído pela Lei nº 13.958, de 18 de dezembro de 2019.

Em relação ao contribuinte individual, é preciso ter o cuidado de não confundir a alínea "b", que tratará do garimpeiro, com o seringueiro. O seringueiro, como será visto adiante, se enquadra como segurado especial.

Outro ponto de atenção está na alínea "c", que trata do ministro de confissão religiosa. Nesta categoria entram o padre, o pastor, rabinos, pai de santo, entre outros.

No 38º Exame de Ordem uma das questões cobradas exigia do candidato que ele fizesse a associação do empresário como segurado obrigatório na qualidade de contribuinte individual. Neste sentido, veja-se a questão:

Manoel, empresário do segmento de alimentação, desempenha suas atividades como sócio administrador de sua sociedade empresária, a qual desenvolve suas atividades em mais de uma cidade, recebendo seu pró-labore regularmente. Além da condição de empresário, Manoel também é engajado em diversas ações voluntárias em prol de pessoas carentes.

Diante dessa realidade, sobre os direitos previdenciários de Manoel assinale a afirmativa correta.

(A) Devido à atividade beneficente de Manoel, ele poderá verter contribuições ao Regime Geral de Previdência Social na condição de facultativo, além de seus aportes como empresário.

(B) Na condição de empresário administrador de sua sociedade empresária, Manoel é segurado obrigatório do Regime Geral de Previdência Social, como contribuinte individual.

(C) Manoel, na condição de administrador de sua sociedade, não poderá aposentar-se por invalidez, tendo em vista a prestação ser restrita a segurados empregados, somente.

(D) Manoel, caso encerre suas atividades profissionais, não poderá manter recolhimentos ao Regime Geral de Previdência Social, haja vista a perda da qualidade de segurado.

O gabarito preliminar indica como correta a alternativa "B", com fundamento no artigo 9º, inciso V, "e", 4, do Decreto 3.048/99.

A quarta categoria de segurado trazida pela legislação é o trabalhador avulso. Estes também podem prestar serviços a uma ou mais empresas, sem relação de emprego, com uma observação importantíssima: a atividade será intermediada obrigatoriamente por um órgão gestor de mão de obra ou sindicato de categoria.

São trabalhadores avulsos:

Art. 9º São segurados obrigatórios da previdência social as seguintes pessoas físicas:

(...)

VI - como trabalhador avulso - aquele que:

a) sindicalizado ou não, preste serviço de natureza urbana ou rural a diversas empresas, ou equiparados, sem vínculo empregatício, com intermediação obrigatória do órgão gestor de mão de obra, nos termos do disposto na Lei nº 12.815, de 5 de junho de 2013, ou do sindicato da categoria, assim considerados:

1. o trabalhador que exerça atividade portuária de capatazia, estiva, conferência e conserto de carga e vigilância de embarcação e bloco;
2. o trabalhador de estiva de mercadorias de qualquer natureza, inclusive carvão e minério;
3. o trabalhador em alvarenga (embarcação para carga e descarga de navios);
4. o amarrador de embarcação;
5. o ensacador de café, cacau, sal e similares;
6. o trabalhador na indústria de extração de sal;
7. o carregador de bagagem em porto;
8. o prático de barra em porto;
9. o guindasteiro; e

10. o classificador, o movimentador e o empacotador de mercadorias em portos; e

b) exerça atividade de movimentação de mercadorias em geral, nos termos do disposto na Lei nº 12.023, de 27 de agosto de 2009, em áreas urbanas ou rurais, sem vínculo empregatício, com intermediação obrigatória do sindicato da categoria, por meio de acordo ou convenção coletiva de trabalho, nas atividades de:

1. cargas e descargas de mercadorias a granel e ensacados, costura, pesagem, embalagem, enlonamento, ensaque, arrasto, posicionamento, acomodação, reordenamento, reparação de carga, amostragem, arrumação, remoção, classificação, empilhamento, transporte com empilhadeiras, paletização, ova e desova de vagões, carga e descarga em feiras livres e abastecimento de lenha em secadores e caldeiras;

2. operação de equipamentos de carga e descarga; e

3. pré-limpeza e limpeza em locais necessários às operações ou à sua continuidade.

▷ **Observação:** Quando a questão tratar do trabalhador avulso, aparecerá, inevitavelmente, a INTERMEDIAÇÃO POR ÓRGÃO GESTOR DE MÃO DE OBRA OU SINDICATO DE CATEGORIA!!

A quinta categoria de segurado trazida pela legislação é o **segurado especial**.

> **Art. 9º** São segurados obrigatórios da previdência social as seguintes pessoas físicas:
>
> (...)
>
> VII - como segurado especial: a pessoa física residente no imóvel rural ou em aglomerado urbano ou rural próximo que, individualmente ou em regime de economia familiar, ainda que com o auxílio eventual de terceiros, na condição de:
>
> a) produtor, seja ele proprietário, usufrutuário, possuidor, assentado, parceiro ou meeiro outorgados, comodatário ou arrendatário rurais, que explore atividade:
>
> 1. agropecuária em área contínua ou não de até quatro módulos fiscais; ou
>
> 2. de seringueiro ou extrativista vegetal na coleta e extração, de modo sustentável, de recursos naturais renováveis, e faça dessas atividades o principal meio de vida;
>
> b) pescador artesanal ou a este assemelhado, que faça da pesca profissão habitual ou principal meio de vida; e
>
> c) cônjuge ou companheiro, bem como filho maior de dezesseis anos de idade ou a este equiparado, do segurado de que tratam as alíneas "a" e "b" deste inciso, que, comprovadamente, tenham participação ativa nas atividades rurais ou pesqueiras artesanais, respectivamente, do grupo familiar.

Nunca é demais lembrar: os segurados do RGPS serão sempre pessoa física. Logo, o segurado especial não será diferente. A primeira informação que o inciso VII nos traz é que o segurado deve ser residente em imóvel rural ou em aglomerado urbano ou rural. A segunda informação é que a atividade pode ser desenvolvida de forma individual ou em regime de economia familiar. O parágrafo quinto explicita o que se trata este instituto:

> **Art. 9º** São segurados obrigatórios da previdência social as seguintes pessoas físicas:
>
> (...)
>
> VII – (...)
>
> § 5º Entende-se como regime de economia familiar a atividade em que o trabalho dos membros da família é indispensável à própria subsistência e ao desenvolvimento socioeconômico do núcleo familiar e é exercido em condições de mútua dependência e colaboração, sem a utilização de empregados permanentes.

Assim, no regime de economia familiar, todos os membros do grupo trabalham em condição de mútua dependência e colaboração. Não há empregados permanentes. A existência de empregado permanente retira a condição de segurado especial. O que a legislação autoriza é o auxílio eventual de terceiros, previsto no parágrafo 6º:

> **Art. 9º** São segurados obrigatórios da previdência social as seguintes pessoas físicas:
>
> (...)
>
> VII – (...)
>
> § 6º Entende-se como auxílio eventual de terceiros o que é exercido ocasionalmente, em condições de mútua colaboração, não existindo subordinação nem remuneração.

O parágrafo 21 trará ainda a possibilidade do que vamos denominar de "safrista", que é aquele que trabalha na proporção de 1x120 dias no ano civil. Trata-se de uma fórmula matemática. Um safrista por cento e vinte dias, dois safristas por sessenta dias, podendo chegar a 120 safristas em um dia no ano. Neste sentido:

> **Art. 9º** São segurados obrigatórios da previdência social as seguintes pessoas físicas:
>
> (...)
>
> VII – (...)
>
> § 21. O grupo familiar poderá utilizar-se de empregado contratado por prazo determinado, inclusive daquele referido na alínea "r" do inciso I do **caput**, ou de trabalhador de que trata a alínea "j" do inciso V do **caput**, à razão de, no máximo, cento e vinte pessoas por dia no mesmo ano civil, em períodos corridos ou intercalados, ou, ainda, por tempo equivalente em horas de trabalho, à razão de oito horas por dia e quarenta e quatro horas por semana, hipóteses em que períodos de afastamento em decorrência de percepção de auxílio por incapacidade temporária não serão computados.

A atividade do segurado especial admite várias formas de formalização. Poderá ser realizada em área própria, em área de usufruto, em área onde se tenha a posse, onde seja assentado, com contrato de parceria, contrato de comodato, ou ainda, com arrendamento rural. Pode ser atividade relacionada a agricultura, pecuária, extrativismo vegetal (seringueiro) ou pescador artesanal.

Importante observação deve ser feita em relação a possibilidade de reconhecimento de serviço rural por menor entre 12 e 14 anos de idade, conforme Súmula nº 5 da TNU, no sentido de que: *"A prestação de serviço rural por menor de 12 a 14 anos, até o advento da Lei 8.213, de 24 de julho de 1991, devidamente comprovada, pode ser reconhecida para fins previdenciários."*

Em se tratando de atividade agropecuária, a legislação limita o segurado especial em área de até quatro módulos fiscais. **Não confundir módulo fiscal com hectare.**

▷ **Atenção:** módulo fiscal é uma unidade de medida do INCRA que leva em consideração fatores como localização da área, população economicamente ativa, produtividade do solo, distância de grandes centros e portos etc. Por exemplo: em Santa Cruz do Sul (RS), um módulo fiscal corresponde a 20 hectares. Já em São Paulo (SP), um módulo fiscal corresponde a 5 hectares. Pode acontecer de um módulo fiscal ser em algum caso igual a um hectare, mas esta não é uma regra.

Por sua vez, o seringueiro ou extrativista vegetal não tem limites quanto a área explorada. Entretanto, a legislação determina que essas atividades sejam o principal meio de vida.

O pescador artesanal ou assemelhado também encontra na legislação requisitos específicos para enquadramento nesta condição. Precisa ser profissão habitual ou principal meio de vida, e, além disso, o parágrafo 14 do inciso VII estabelece que o pescador artesanal é aquele que não utiliza embarcação, ou, que utilize embarcação de pequeno porte, que são as que possuem arqueação bruta igual ou menor que 20. Neste sentido:

> **Art. 9º** São segurados obrigatórios da previdência social as seguintes pessoas físicas:
>
> (...)
>
> VII – (...)
>
> § 14. Considera-se pescador artesanal aquele que, individualmente ou em regime de economia familiar, faz da pesca sua profissão habitual ou meio principal de vida, desde que:
>
> I - não utilize embarcação; ou
>
> II - utilize embarcação de pequeno porte, nos termos da Lei nº 11.959, de 29 de junho de 2009.

Importante frisar que o assemelhado ao pescador artesanal está previsto no parágrafo 14-A do inciso VII, sendo aquele que "realiza atividade de apoio à pesca artesanal, exercendo trabalhos de confecção e de reparos de artes e petrechos de pesca e de reparos em embarcações de pequeno porte ou atuando no processamento do produto da pesca artesanal."

Ainda em relação ao segurado especial, a alínea "c" do inciso VII enquadra como segurado especial o cônjuge ou companheiro(a) e o filho maior de dezesseis anos ou equiparado que comprovem participação ativa na atividade agropecuária, de seringa, de extrativismo vegetal ou de pesca artesanal. *O Tema 54 da TNU firmou a tese de que "A exigência etária de no mínimo 16 anos, para caracterização da qualidade de segurado especial, só se aplica ao filho do produtor rural ou pescador artesanal, não se estendendo a seu cônjuge ou companheiro que exerçam atividade rural em regime de economia familiar."*

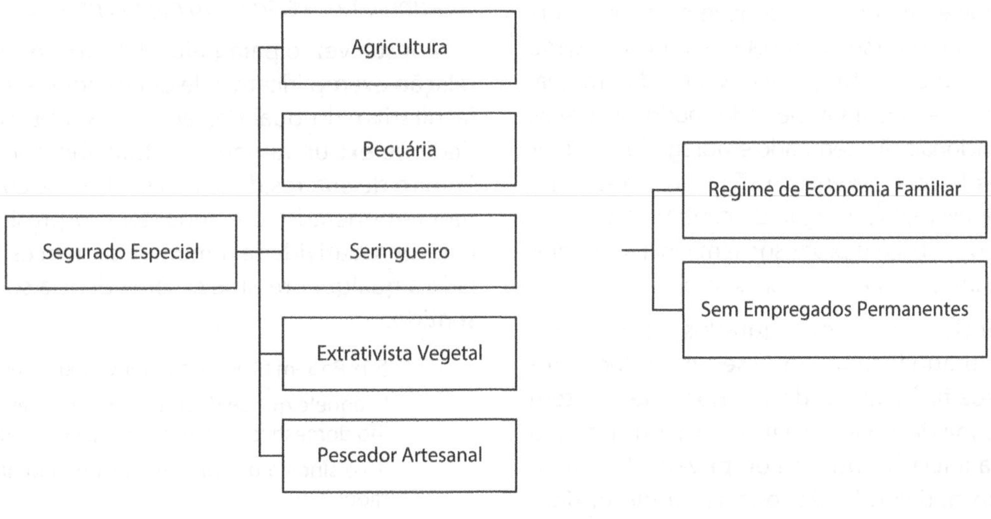

Como estudado anteriormente, o servidor público ocupante de cargo efetivo, como regra geral possui Regime Próprio de Previdência Social, sendo excluído do Regime Geral de Previdência Social. Isto inclusive está disposto no caput do artigo 10 do Decreto 3.048/99:

> Art. 10. O servidor civil ocupante de cargo efetivo ou o militar da União, Estado, Distrito Federal ou Município, bem como o das respectivas autarquias e fundações, são excluídos do Regime Geral de Previdência Social consubstanciado neste Regulamento, desde que amparados por regime próprio de previdência social.

Entretanto, é preciso ter cautela ao falar de servidor público ocupante de cargo efetivo. Isto porque, caso ele não possua Regime Próprio de Previdência Social, será protegido pelo Regime Geral de Previdência Social, na condição de segurado empregado, como já estudado.

Mas, para além do que já foi estudado, é preciso ter atenção caso o enunciado da questão diga que o servidor público ocupante de cargo efetivo venha a exercer de forma concomitante (ao mesmo tempo) uma ou mais atividades abrangidas pelo Regime Geral de Previdência Social, o servidor público ocupante de cargo efetivo tornar-se-á também segurado obrigatório do Regime Geral nessa situação. Em outras palavras, será segurado obrigatório tanto do Regime Próprio, quanto do Regime Geral.

Por exemplo: pensem nos professores do CEISC que são servidores públicos de cargo efetivo. Por esta razão, estão vinculados ao Regime Próprio. Mas, ao mesmo tempo, eles são professores no CEISC, enquadrando-se como segurados obrigatórios do Regime Geral também. Caso o assunto seja cobrado na prova, será com um caso prático, você precisa estar atento quanto a esta possibilidade.

Ainda quanto ao servidor público ocupante de cargo efetivo que exerce de forma concomitante atividade que o enquadra como segurado obrigatório do Regime Geral, é no caso concreto que será verificado em qual modalidade se enquadrará. De todo modo, as formas mais convencionais são: segurado empregado (servidor público e professor empregado CLT de ensino superior privado, por exemplo), e segurado contribuinte individual (servidor público e professor sem vínculo empregatício de curso preparatório, por exemplo).

Finalizando o tema dos segurados, é preciso estudar o segurado facultativo. O segurado facultativo é a pessoa física, maior de 16 anos, que não tem fonte de renda de atividade laborativa, ou seja, não trabalha na iniciativa pública ou privada. Se trabalhasse na iniciativa privada seria segurado obrigatório do RGPS, e, se trabalhasse no serviço público seria segurado obrigatório do RPPS. Mesmo que não tenha fonte de renda de atividade laborativa, faz a opção em contribuir para a previdência social para fins de proteção em caso de risco social protegido por lei.

O segurado facultativo está no artigo 13 da Lei 8.213/91, e, artigo 11 do Decreto 3.048/99:

> **Art. 13** (Lei 8.213/91). É segurado facultativo o maior de 14 (quatorze) anos que se filiar ao Regime Geral de Previdência Social, mediante contribuição, desde que não incluído nas disposições do art. 11.
>
> **Art. 11 (Decreto 3.048/99).** É segurado facultativo o maior de dezesseis anos de idade que se filiar ao Regime Geral de Previdência Social, mediante contribuição, na forma do art. 199, desde que não esteja exercendo atividade remunerada que o enquadre como segurado obrigatório da previdência social.

Atenção: Aqui se verifica um conflito entre a Lei de Benefícios e o Regulamento da Previdência Social no que diz respeito a idade mínima para o segurado facultativo. Enquanto a Lei 8.213/91 autoriza que o segurado facultativo seja o maior de 14 (quatorze) anos, o Decreto 3.048/99 estabelece como idade mínima 16 (dezesseis) anos de idade. Esta observação precisa ser feita pois caso o assunto seja abordado na prova será objeto invariavelmente de recurso em razão da dicotomia existente na legislação previdenciária, o que torna o assunto mais improvável de aparecer na prova. De todo modo, é uma observação que precisa ser feita.

Vale o destaque que, como regra geral, quem é servidor público (segurado obrigatório do RPPS) não pode ser segurado facultativo do RGPS. Neste sentido é o parágrafo 2º do artigo 11, prescrevendo que *"É vedada a filiação ao Regime Geral de Previdência Social, na qualidade de segurado facultativo, de pessoa participante de regime próprio de previdência social, salvo na hipótese de afastamento sem vencimento e desde que não permitida, nesta condição, contribuição ao respectivo regime próprio."*

Por sua vez, o parágrafo 1º do artigo 11 traz uma relação exemplificativa de quem pode ser segurado facultativo, do qual destacaremos a pessoa que se dedique exclusivamente ao trabalho doméstico no âmbito de sua residência, o síndico de condomínio não remunerado, o estudante, e o presidiário que não exerça atividade remunerada nem esteja vinculado a qualquer regime de previdência social. Neste sentido:

> § 1º Podem filiar-se facultativamente, entre outros:
>
> I - aquele que se dedique exclusivamente ao trabalho doméstico no âmbito de sua residência;
>
> II - o síndico de condomínio, quando não remunerado;
>
> III - o estudante;

IV - o brasileiro que acompanha cônjuge que presta serviço no exterior;

V - aquele que deixou de ser segurado obrigatório da previdência social;

VI - o membro de conselho tutelar de que trata o art. 132 da Lei nº 8.069, de 13 de julho de 1990, quando não esteja vinculado a qualquer regime de previdência social;

VII - o estagiário que preste serviços a empresa nos termos do disposto na Lei nº 11.788, de 2008;

VIII - o bolsista que se dedique em tempo integral a pesquisa, curso de especialização, pós-graduação, mestrado ou doutorado, no Brasil ou no exterior, desde que não esteja vinculado a qualquer regime de previdência social;

IX - o presidiário que não exerce atividade remunerada nem esteja vinculado a qualquer regime de previdência social;

X - o brasileiro residente ou domiciliado no exterior

XI - o segurado recolhido à prisão sob regime fechado ou semiaberto, que, nesta condição, preste serviço, dentro ou fora da unidade penal, a uma ou mais empresas, com ou sem intermediação da organização carcerária ou entidade afim, ou que exerce atividade artesanal por conta própria.

XII - o atleta beneficiário da Bolsa-Atleta não filiado a regime próprio de previdência social ou não enquadrado em uma das hipóteses previstas no art. 9º.

Ainda em relação ao segurado facultativo, o parágrafo 5º autoriza que o segurado obrigatório que estiver afastado de sua atividade laborativa que o enquadra como segurado obrigatório, poderá contribuir na modalidade facultativa, condicionando esta possibilidade ao não recebimento de remuneração ou exercício de outra atividade que o vincule ao regime geral ou próprio de previdência social.

▷ Revisando: SEGURADOS DO RGPS

2.5. Manutenção e Perda da Qualidade de Segurado

Como visto anteriormente **a previdência social é de caráter contributivo.** Logo, é segurado e mantém esta condição quem contribui para a previdência social.

Entretanto, o fato de deixar de contribuir para a previdência social não necessariamente implica perda da qualidade de segurado. O legislador previu o que se chama em direito previdenciário de período de graça. Neste período, cujos prazos estão determinados em lei, o segurado mantém a condição de segurado independentemente de contribuir para a previdência social.

Isso significa que neste período o segurado mantém a qualidade mesmo sem contribuir (período de graça). Em outras palavras, ele está protegido pela previdência social caso seja acometido por algum dos riscos sociais previstos em lei. Neste sentido é o disposto no parágrafo terceiro do artigo 13: **"Durante os prazos deste artigo, o segurado conserva todos os seus direitos perante a previdência social."**

O período de graça está previsto no artigo 15 da Lei 8.213/91, no artigo 13 do Decreto 3.048/99:

> **Art. 13.** Mantém a qualidade de segurado, independentemente de contribuições:
>
> I - sem limite de prazo, o segurado que estiver em gozo de benefício, exceto na hipótese de auxílio-acidente;
>
> II - até doze meses após a cessação de benefício por incapacidade ou das contribuições, observado o disposto nos § 7º e § 8º e no art. 19-E
>
> III - até doze meses após cessar a segregação, o segurado acometido de doença de segregação compulsória;
>
> IV - até doze meses após o livramento, o segurado detido ou recluso;
>
> V - até três meses após o licenciamento, o segurado incorporado às Forças Armadas para prestar serviço militar; e
>
> VI - até seis meses após a cessação das contribuições, o segurado facultativo.

O inciso primeiro estabelece que mantém a qualidade de segurado quem está recebendo benefício previdenciário. Só não manterá a qualidade de segurado, independentemente de contribuições quem estiver recebendo o auxílio acidente. E, isto tem sua razão de ser: o auxílio-acidente, como será abordado adiante, é um benefício previdenciário que possui caráter indenizatório e é recebido de forma cumulativa ao salário. A pessoa retorna ao trabalho com perda ou redução da capacidade laborativa e recebe uma indenização em razão desta condição, que será o auxílio-acidente.

Os incisos II, III e IV estabelecem a manutenção da condição de segurado, até doze meses para o segurado que tiver cessado o benefício por incapacidade (temporária ou permanente), para o segurado que por quaisquer razões deixar de contribuir para a previdência social, para o segurado que tiver a segregação compulsória em razão de doença cessada, e, para o segurado detido ou recluso, após o livramento.

Para o segurado que preste serviço militar, o período de graça será de até três meses após o licenciamento, e, para o segurado facultativo, seis meses após a cessação das contribuições.

Os parágrafos do artigo 13 possuem algumas informações importantes e que podem ser cobradas em prova.

O parágrafo primeiro prevê um adicional de 24 meses de manutenção da qualidade de segurado (período de graça) para o segurado que tiver cessado o benefício por incapacidade ou que deixe de contribuir para a previdência social, desde que ele possua mais de 120 contribuições sem perder a qualidade de segurado. Não precisa que as 120 contribuições sejam ininterruptas. Elas precisam tão somente que sejam realizadas sem interrupção que acarrete a perda da qualidade de segurado. Neste sentido:

> **Art. 13.** Mantém a qualidade de segurado, independentemente de contribuições:
>
> II - até doze meses após a cessação de benefício por incapacidade ou das contribuições, observado o disposto nos § 7º e § 8º e no art. 19-E.
>
> § 1º O prazo do inciso II será prorrogado para até vinte e quatro meses, se o segurado já tiver pago mais de cento e vinte contribuições mensais sem interrupção que acarrete a perda da qualidade de segurado.

O parágrafo segundo também prevê um adicional de 24 meses de manutenção da qualidade de segurado (período de graça) para o segurado que tiver cessado o benefício por incapacidade ou que deixe de contribuir para a previdência social, mas com outra condição. O prazo de até 12 meses passará para 24 meses se o segurado comprovar a condição de desemprego involuntário. A legislação prevê que essa comprovação se fará por registro em órgão próprio do Ministério do Trabalho e Emprego. Neste sentido:

> **Art. 13.** Mantém a qualidade de segurado, independentemente de contribuições:
>
> II - até doze meses após a cessação de benefício por incapacidade ou das contribuições, observado o disposto nos § 7º e § 8º e no art. 19-E.
>
> § 2º O prazo do inciso II ou do § 1º será acrescido de doze meses para o segurado desempregado, desde que comprovada essa situação por registro no órgão próprio do Ministério do Trabalho e Emprego.

A jurisprudência entende que esta comprovação pode ser feita com outros meios de prova, como cadastro no SINE (Sistema Nacional de Emprego), cadastros em agencias de recrutamento e seleção de pessoas, entre outros. Nesse sentido é a Súmula nº 27 da TNU: *"A ausência de registro em órgão do Ministério do Trabalho não impede a comprovação do desemprego por outros meios admitidos em Direito"*

Ainda da leitura do parágrafo segundo extrai-se que o segurado que possui mais de cento e vinte contribuições sem a perda da qualidade de segurado (período de graça de 24 meses) pode ter o acréscimo de mais 12 meses, caso comprove o desemprego involuntário por meio de registro no órgão próprio do Ministério do Trabalho e Emprego. Neste caso, o período de graça pode chegar a 36 meses.

Por fim, o parágrafo oitavo faz menção ao segurado que teve a contribuição abaixo do limite mínimo legal. Nestes casos, como a contribuição abaixo do limite mínimo não conta como tempo de contribuição, deverá o segurado realizar a complementação, o agrupamento, ou ainda, os valores maiores ao limite mínimo dentro do mesmo ano para que mantenha a qualidade de segurado.

> **Art. 13.** Mantém a qualidade de segurado, independentemente de contribuições:
>
> § 8º O segurado que receber remuneração inferior ao limite mínimo mensal do salário de contribuição somente manterá a qualidade de segurado se efetuar os ajustes de complementação, utilização e agrupamento a que se referem o § 1º do art. 19-E e o § 27-A do art. 216.

▷ Relembrando: período de graça. Manutenção da qualidade de segurado mesmo sem contribuição.

Regra geral	Exceção 1
12 meses	24 meses (+ de 120 contribuições sem a perda da qualidade de segurado)
Exceção 2	**Exceção 3**
24 meses (- de 120 contribuições + prova desemprego involuntário)	36 meses (+ de 120 contribuições + prova desemprego involuntário)

2.6. Dependentes do Segurado

Os benefícios previdenciários têm a função de substituir a renda do trabalhador no momento em que ele estiver acometido por um risco social. Entretanto, em alguns riscos sociais, os protegidos são os dependentes do segurado, mais especificadamente quando houver morte ou reclusão do segurado.

Os dependentes estão elencados no artigo 16, tanto da Lei 8.213/91, quanto do Decreto 3.048/99, sendo divididos em três classes. Nesse sentido:

> **Art. 16.** São beneficiários do Regime Geral de Previdência Social, na condição de dependentes do segurado:
>
> I - o cônjuge, a companheira, o companheiro e o filho não emancipado, de qualquer condição, menor de vinte e um anos de idade ou inválido ou que tenha deficiência intelectual, mental ou grave;
>
> II - os pais; ou
>
> III - o irmão não emancipado, de qualquer condição, menor de vinte e um anos de idade ou inválido ou que tenha deficiência intelectual, mental ou grave.

A **primeira classe** é composta por cônjuge, companheiro(a), filho não emancipado, de qualquer condição, menor de vinte e um anos, ou filho inválido, ou com deficiência intelectual, mental ou grave, enquanto permanecer nesta condição. Cuidado para não confundir a relação de dependência com a praxe no direito de família, que em muitos casos reconhece um filho como dependente até os 24 anos, ou, enquanto cursa o ensino superior. **Para o direito previdenciário, filho é dependente tão somente até completar 21 anos.** O STJ no Tema 643 posicionou-se da seguinte forma: *"Não há falar em restabelecimento da pensão por morte ao beneficiário, maior de 21 anos e não inválido, diante da taxatividade da lei previdenciária, porquanto não é dado ao Poder Judiciário legislar positivamente, usurpando função do Poder Legislativo".* No mesmo sentido é a Súmula 37 da TNU: *"A pensão por morte, devida ao filho até os 21 anos de idade, não se prorroga pela pendência do curso universitário."*

O § 4º do artigo 16 da Lei 8.213/91 garante ao dependente de primeira classe a permanência nesta condição sem a necessidade de comprovar dependência econômica. Em outras palavras, **para o dependente de primeira classe a dependência econômica é presumida.**

A primeira exceção fica por conta do enteado e do menor tutelado, e, a partir da lei 15.108/2025, do menor sob guarda, que **SÃO EQUIPARADOS** a filho, mas precisam comprovar dependência econômica, conforme previsão do § 2º do artigo 16 da Lei 8.213/91. Nesse sentido:

> **Art. 16.**
>
> § 2º O enteado, o menor sob tutela e o menor sob guarda judicial equiparam-se a filho, mediante declaração do segurado e desde que não possuam condições suficientes para o próprio sustento e educação. (Redação dada pela Lei nº 15.108, de 2025)

A segunda exceção fica por conta do(a) ex-cônjuge/companheiro(a), que serão considerados dependentes desde que exista dependência econômica, o que será provado por meio do pagamento de pensão alimentícia, conforme previsto no artigo 76, § 2º, da Lei 8.213/91.

Antes de tratar da segunda e terceira classe, algumas observações são importantes. O parágrafo primeiro do artigo 16 do Decreto 3.048/99 garante que os dependentes "de uma mesma classe concorrem em igualdade de condições." Isso significa, por exemplo, que havendo cônjuge e três filhos, o benefício será dividido em quatro partes iguais.

Outra observação importante está no parágrafo primeiro do artigo 16 da Lei 8.213/91, ao afirmar que a "existência de dependente de qualquer das classes deste artigo exclui do direito às prestações os das classes seguintes." Isto significa que havendo dependente de primeira classe, os dependentes de segunda e terceira classe, se existirem, não terão direito ao benefício. Isso foi assunto de questão envolvendo dependentes do segurado na prova do 42º Exame de Ordem.

Com relação às provas de dependência econômica e união estável, a comprovação está condicionada nos termos do § 5º do artigo 16 da Lei 8.213/91, ao prescrever que:

> As provas de união estável e de dependência econômica exigem início de prova material contemporânea dos fatos, produzido em período não superior aos vinte e quatro meses anteriores à data do óbito ou do recolhimento à prisão do segurado, não admitida a prova exclusivamente testemunhal, exceto na ocorrência de motivo de força maior ou caso fortuito, observado conforme disposto no regulamento

Importante também referir que o § 7º do artigo 16 da Lei 8.213/91 prevê a possibilidade de exclusão da condição de dependente para os casos em que o dependente "tiver sido condenado criminalmente por sentença transitada em julgado, como autor, coautor ou partícipe de homicídio doloso, ou de tentativa desse crime, cometido contra a pessoa do segurado, ressalvados os absolutamente incapazes e os inimputáveis."

Isso posto, os **dependentes de segunda classe** são os pais. A partir do que foi visto, os pais, para terem reconhecida a condição de dependentes previdenciários, dependerão da inexistência de dependente de primeira classe. Além disso, os pais precisam provar a dependência econômica em relação ao filho. Em relação à dependência econômica, a prova deve observar o previsto no parágrafo 6-A, no sentido de ser necessário *"início de prova material contemporânea dos fatos, produzido em período não superior aos vinte e quatro meses anteriores à data do óbito ou do recolhimento à prisão do segurado, não admitida a prova exclusivamente testemunhal, exceto na ocorrência de motivo de força maior ou caso fortuito, observado o disposto no § 2º do art. 143.". Importante observação se extrai do Tema 147 da TNU, que firmou tese no sentido de que: "A dependência econômica dos genitores em relação aos filhos não necessita ser exclusiva, porém a contribuição financeira destes deve ser substancial o bastante para a subsistência do núcleo familiar, e devidamente comprovada,* ***não sendo mero auxílio financeiro o suficiente para caracterizar tal dependência****."*

Ao seu turno, o **dependente de terceira classe** é o irmão não emancipado, de qualquer condição, menor de 21 (vinte e um) anos de idade ou inválido ou que tenha deficiência intelectual, mental ou grave. Para que o irmão ostente a condição de dependente, dependerá da inexistência de dependente de primeira e segunda classe. Assim como os dependentes de segunda classe, precisam provar a dependência econômica em relação ao irmão. Deverá também observar o previsto no parágrafo 6º-A, no sentido de ser necessário "início de prova material contemporânea dos fatos, produzido em período não superior aos vinte e quatro meses anteriores à data do óbito ou do recolhimento à prisão do segurado, não admitida a prova exclusivamente testemunhal, exceto na ocorrência de motivo de força maior ou caso fortuito, observado o disposto no § 2º do art. 143."

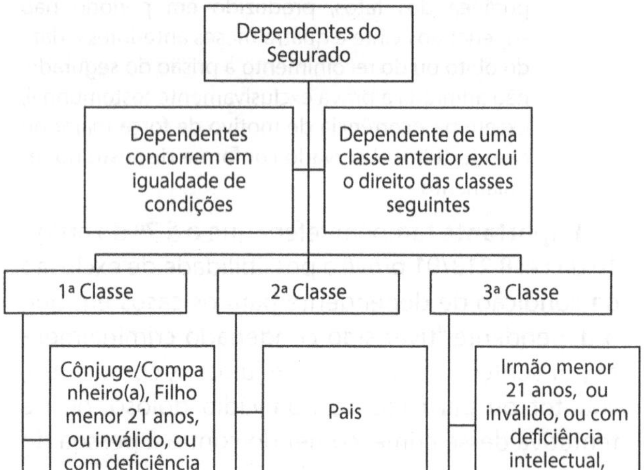

2.7. Salário de Contribuição e Salário de Benefício

Sendo a previdência social de caráter contributivo e integrante de um sistema de seguridade social pautado na solidariedade, com equidade na participação do custeio, **é um imperativo que o segurado, para ter direito à proteção social, contribua para o sistema**. Por essa razão, neste ponto, serão estudadas as alíquotas e formas de contribuição dos segurados do regime geral de previdência social.

Antes de abordar as contribuições, é importante mencionar que **os segurados do Regime de Previdência Social têm a contribuição, e, consequentemente, os benefícios, limitados a um teto máximo, que será indicado por portaria do Ministério do Trabalho e Previdência nos primeiros dias de cada ano.** Em 2025, o teto de contribuição e de benefícios foi fixado em R$ 8.157,41 (oito mil, cento e cinquenta e sete reais e quarenta e um centavos). Assim, se uma pessoa recebe, a título exemplificativo, R$ 20.000,00 (vinte mil reais), a contribuição dela para o Regime Geral de Previdência Social incidirá somente sobre R$ 8.157,41 (oito mil, cento e cinquenta e sete reais e quarenta e um centavos). Entre R$ 8.157,42 (oito mil, cento e cinquenta e sete reais e quarenta e dois centavos) e R$ 20.000,00 (vinte mil reais) não haverá contribuição previdenciária do trabalhador para o Regime Geral de Previdência Social.

Em relação a valor mínimo de contribuição, a Emenda Constitucional 103/19 fez uma adaptação das contribuições previdenciárias, muito em razão do que se chama no direito de trabalho de "uberização" das relações de trabalho, bem como da regulamentação de novas formas de trabalho pela Reforma Trabalhista de 2017, que criou, entre outros, o trabalho intermitente, modelo no qual o trabalhador pode, a depender do caso concreto, receber valores inferiores ao salário-mínimo. Assim, o artigo 195, § 14º da Constituição Federal estabeleceu que, para fins previdenciários, só será computado como tempo de contribuição que for igual ou superior à contribuição mínima mensal exigida para a categoria, que, com exceção do segurado especial, será de um salário-mínimo mensal. Nesse sentido:

> **Art. 195.** A seguridade social será financiada por toda a sociedade, de forma direta e indireta, nos termos da lei, mediante recursos provenientes dos orçamentos da União, dos Estados, do Distrito Federal e dos Municípios, e das seguintes contribuições sociais:
>
> (...)
>
> § 14. O segurado somente terá reconhecida como tempo de contribuição ao Regime Geral de

Previdência Social a competência cuja contribuição seja igual ou superior à contribuição mínima mensal exigida para sua categoria, assegurado o agrupamento de contribuições.

A parte final do § 14º contempla a solução para quem, porventura, contribua com valor abaixo do salário-mínimo. É possível que o segurado opte pela complementação, pelo agrupamento, ou ainda, pela utilização de valores superiores ao mínimo exigido em outras competências do mesmo ano, o que foi regulamentado de forma infraconstitucional no § 27-A do artigo 216, do Decreto 3.048/99:

> **Art. 216.** A arrecadação e o recolhimento das contribuições e de outras importâncias devidas à seguridade social, observado o que a respeito dispuserem o Instituto Nacional do Seguro Social e a Secretaria da Receita Federal, obedecem às seguintes normas gerais:
>
> (...)
>
> § 27-A. O segurado que, no somatório de remunerações auferidas no período de um mês, receber remuneração inferior ao limite mínimo mensal do salário de contribuição poderá solicitar o ajuste das competências pertencentes ao mesmo ano civil, na forma por ele indicada, ou autorizar que os ajustes sejam feitos automaticamente, para que o limite mínimo mensal do salário de contribuição seja alcançado, por meio da opção por:

O inciso I do § 27-A trata da possibilidade de complementação da contribuição. Isso significa que o segurado, por iniciativa própria, contribui para a Previdência Social com o valor que falta entre o que foi recebido no mês e valor da contribuição mínima.

Por exemplo, um empregado intermitente teve seu salário de contribuição de R$ 800,00 (oitocentos reais). Sobre este valor, já houve contribuição. Entretanto, como o salário-mínimo em 2025 é de R$ 1.518,00 (mil quinhentos e dezoito reais), o trabalhador deverá complementar a contribuição sobre o valor de R$ 718,00 (setecentos e dezoito reais), que é a diferença entre o que ele recebeu, e, a contribuição mínima exigida. Nesse sentido:

> **Art. 216.**
>
> (...)
>
> § 27-A.
>
> I - complementar a sua contribuição, observado que:
>
> a) o recolhimento da complementação deverá ser efetuado pelo próprio segurado até o dia quinze do mês seguinte ao da competência de referência e, após essa data, com incidência dos acréscimos legais de que tratam os art. 238 e art. 239;
>
> b) para o empregado, o empregado doméstico e o trabalhador avulso, a complementação será efetuada por meio da aplicação da alíquota de sete inteiros e cinco décimos por cento, inclusive para o mês em que exista contribuição concomitante na condição de contribuinte individual; e
>
> c) para o contribuinte individual que preste serviço a empresa, de que trata o § 26, e que contribua exclusivamente nessa condição, a complementação será efetuada por meio da aplicação da alíquota de vinte por cento.

O inciso II do § 27-A trata da possibilidade de utilização de valor excedente ao limite mínimo de outra competência. Em outras palavras o segurado utiliza o valor da contribuição acima do limite mínimo em um mês para aproveitamento em um mês em que a contribuição seja inferior ao limite mínimo legal, realizando uma espécie de compensação.

Sigamos com o exemplo do empregado intermitente. No mês "x/2025", o salário de contribuição foi R$ 2.118,00 (dois mil cento e dezoito reais). No mês "y/2025", o salário de contribuição foi R$ 918,00 (novecentos e dezoito reais). Para que a contribuição no mês "y/2025" seja considerada como tempo de contribuição, ele utiliza o valor superior ao mínimo legal do mês "x/2025", ficando as contribuições da seguinte forma: "x/2025" R$ 1.518,00, e, "y/2025" R$ 1.518,00. Em outras palavras, ele desloca os R$ 600,00 que excederam o limite mínimo no mês "x/2025" para o mês "y/2025". Neste sentido:

> **Art. 216.**
>
> § 27-A.
>
> II - utilizar o valor da contribuição que exceder o limite mínimo de uma competência em outra, observado que:
>
> a) para efeito de utilização da contribuição, serão considerados os salários de contribuição apurados por categoria, consolidados na competência de origem;
>
> b) o salário de contribuição poderá ser utilizado para complementar uma ou mais competências com valor inferior ao limite mínimo, mesmo que em categoria distinta; (Incluída pelo Decreto nº 10.410, de 2020)
>
> c) poderão ser utilizados valores excedentes ao limite mínimo do salário de contribuição de mais de uma competência para compor o salário de contribuição de apenas uma competência; e
>
> d) utilizado o valor excedente, caso o salário de contribuição da competência favorecida ainda permaneça inferior ao limite mínimo, esse valor poderá ser complementado nos termos do disposto no inciso I;

Por fim, o inciso III do § 27-A trata da possibilidade de agrupar valores inferiores ao limite mínimo legal. Isso significa que o segurado somará uma ou mais contribuições inferiores ao limite mínimo legal, de forma a conseguir que ao menos em uma competência/mês tenha considerada a contribuição como tempo de contribuição.

Sigamos com o exemplo do empregado intermitente. No mês "w/2025" o salário de contribuição foi R$ 618,00 (seiscentos e dezoito reais). No mês "z/2025", o salário de contribuição foi R$ 900,00 (novecentos reais). Tanto no mês "w/2025" quanto no mês "z/2025", as contribuições não são contadas como tempo de contribuição, conforme previsão do art. 195, § 14º da CF/1988. A partir disso, o segurado faz o agrupamento, deixando as contribuições da seguinte forma: no mês "w/2025" R$ 1.518,00, e, mês "z/2025" R$ 00,00. No mês "w/2025", ele tem o cômputo do tempo de contribuição, e, no mês "z/2025" ele permanece sem o computo do tempo de contribuição, o que poderá ser posteriormente regularizado, caso o trabalhador assim deseje. Nesse sentido:

> **Art. 216.**
>
> § 27-A.
>
> III - agrupar contribuições inferiores ao limite mínimo de diferentes competências, para aproveitamento em contribuições mínimas mensais, observado que:
>
> a) as competências que não atingirem o valor mínimo do salário de contribuição poderão ser agrupadas desde que o resultado do agrupamento não ultrapasse o valor mínimo do salário de contribuição;
>
> b) na hipótese de o resultado do agrupamento ser inferior ao limite mínimo do salário de contribuição, o segurado poderá complementar na forma prevista no inciso I ou utilizar valores excedentes na forma prevista no inciso II; e
>
> c) as competências em que tenha havido exercício de atividade e tenham sido zeradas em decorrência do agrupamento poderão ser objeto de recolhimento pelo segurado, respeitado o limite mínimo.

Feitas estas considerações preliminares, passemos para as contribuições dos segurados. Os segurados empregado, empregado doméstico e trabalhador avulso contribuem da mesma forma, conforme disposto no artigo 198 do Decreto 3048/99. **A contribuição ocorre de forma progressiva**. Quanto maior o valor, maior o percentual de contribuição. Para isso, foram criadas pelo legislador faixas incidentes sobre o salário de contribuição. As faixas são alteradas anualmente, juntamente com o salário-mínimo, por meio de portaria do Ministério do Trabalho e Previdência. Depois será feito um exemplo, mas é importante que fique claro desde já que o percentual incidirá sobre a faixa de salário de contribuição, sendo os percentuais de 7,5%, 9,0%, 12,0% e 14%. Neste sentido:

> **Art. 198.** A contribuição do segurado empregado, inclusive o doméstico, e do trabalhador avulso é calculada por meio da aplicação da alíquota correspondente, de forma progressiva, sobre o seu salário de contribuição mensal, observado o disposto no art. 214, de acordo com a seguinte tabela, com vigência a partir de 1º de março de 2020.

Salário de Contribuição (R$)	Alíquota para Fins de Recolhimento ao INSS
Até R$ 1.518,00	7,5%
de 1.518,01 até 2.793,88	9%
de 2.793,89 até 4.190,83	12%
de 4.190,84 até 8.157,41	14%

Por exemplo: uma pessoa é contratada por uma empresa e recebe salário de contribuição fixo de R$ 3.000,00 (três mil reais) por mês. Neste caso, tendo em visto o valor do salário de contribuição, o cálculo da contribuição incidirá nas faixas de 7,5%, 9,0%, e, 12%. Esta conclusão se chega a partir da tabela que faz parte do artigo 198 do Decreto 3048/99.

A contribuição da pessoa do exemplo, na faixa de 7,5%, será até um salário-mínimo (em 2025 = R$ 1.518,00). Logo, 7,5% de R$ 1.518,00 totaliza R$ 113,85.

Até R$ 1.412,00 × 7,5% = R$ 105,90

Na faixa de 9,0%, a contribuição será calculada sobre o salário de contribuição entre R$ 1.518,01 à 2.793,88. Diminuindo esses valores, tem-se R$ 1.275,88. Este valor deverá ser multiplicado por 9,0%. Assim, a contribuição nesta faixa de salário de contribuição será de R$114,82.

R$ 2.793,88 − R$ 1.518,00 = R$ 1.275,88

R$ 1.275,88 × 9,0% = R$ 114,82

Na faixa de 12%, a contribuição será calculada sobre o salário de contribuição entre R$ 2.793,88 à R$ 3.000,00, que é o salário de contribuição da pessoa do exemplo. Diminuindo esses valores, tem-se R$ 206,12, que será o valor a ser multiplicado por 12,0%. Assim, a contribuição nesta faixa de salário de contribuição será de R$ 24,73.

R$ 3.000,00 − 2.793,88 = R$ 206,12

R$ 206,12 × 12,0% = R$ 24,73

Assim, a contribuição será o resultado da soma dos valores apurados em cada uma das faixas de percentuais sobre o salário de contribuição, totalizando, neste exemplo, em **R$ 253,40**.

R$ 113,85 + R$ 114,82 + R$ 24,73 = R$ 253,40

Os segurados contribuinte individual e segurado facultativo, como regra geral, contribuem com 20% do salário de contribuição, que deverá ser no mínimo de um salário-mínimo, e, no máximo, no teto de contribuição do INSS para o ano. Este percentual está previsto no artigo 199 do Decreto 3048/99:

> **Art. 199.** A alíquota de contribuição dos segurados contribuinte individual e facultativo é de vinte por cento aplicada sobre o respectivo salário-de-contribuição, observado os limites a que se referem os §§ 3º e 5º do art. 214.

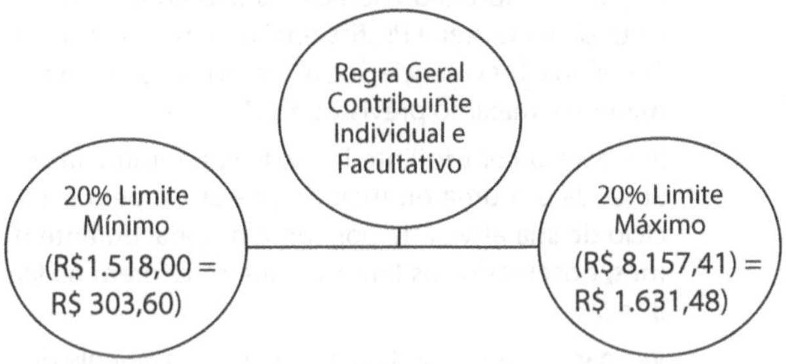

Entretanto, caso os segurados contribuinte individual e segurado facultativo façam a escolha de não terem direito à aposentadoria por tempo de contribuição, e da emissão de certidão de tempo de contribuição, podem contribuir 11% do salário do limite mínimo de contribuição, o que em 2025 representa R$ 166,98. Esta possibilidade está prevista no artigo 199-A do Decreto 3.048/99:

> **Art. 199-A.** A partir da competência em que o segurado fizer a opção pela exclusão do direito ao benefício de aposentadoria por tempo de contribuição, é de onze por cento, sobre o valor correspondente ao limite mínimo mensal do salário-de-contribuição, a alíquota de contribuição:

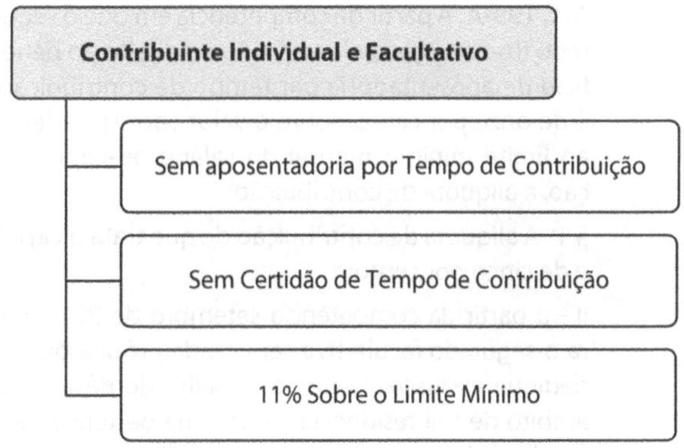

O contribuinte individual que foi microempreendedor individual (MEI) poderá contribuir com a alíquota de 5% do limite mínimo mensal (salário-mínimo), o que em 2025 representa R$ 75,90. Nessa modalidade, também não há direito à aposentadoria por tempo de contribuição e certidão de tempo de contribuição. A previsão está no § 1º, inciso I, do artigo 199-A do Decreto 3.048/99:

> **Art. 199-A.** A partir da competência em que o segurado fizer a opção pela exclusão do direito ao benefício de aposentadoria por tempo de contribuição, é de onze por cento, sobre o valor correspondente ao limite mínimo mensal do salário-de-contribuição, a alíquota de contribuição:
>
> § 1º A alíquota de contribuição de que trata o **caput** é de cinco por cento:
>
> I - a partir da competência maio de 2011, para o MEI, de que trata o § 26 do art. 9º, cuja contribuição deverá ser recolhida na forma regulamentada em ato do Comitê Gestor do Simples Nacional;

O segurado facultativo que se dedique exclusivamente ao trabalho doméstico no âmbito de sua residência, se pertencente à família de baixa renda, poderá contribuir com a alíquota de 5% do limite mínimo mensal (salário-mínimo), o que em 2025 representa R$ 75,90. Nesta modalidade, também não há direito à aposentadoria por tempo de contribuição e certidão de tempo de contribuição. O enquadramento como família de baixa renda se dá por meio do cadastro no CADÚNICO (Cadastro Único para Programas Sociais do Governo Federal), cuja renda mensal seja de até dois salários-mínimos mensais. A previsão está no § 1º, inciso II, do artigo 199-A do Decreto 3.048/99:

> **Art. 199-A.** A partir da competência em que o segurado fizer a opção pela exclusão do direito ao benefício de aposentadoria por tempo de contribuição, é de onze por cento, sobre o valor correspondente ao limite mínimo mensal do salário-de-contribuição, a alíquota de contribuição:
>
> § 1º A alíquota de contribuição de que trata o **caput** é de cinco por cento:
>
> II - a partir da competência setembro de 2011, para o segurado facultativo sem renda própria que se dedique exclusivamente ao trabalho doméstico no âmbito de sua residência, desde que pertencente a família de baixa renda, observado o disposto no § 5º.

Por fim, o segurado especial não tem limite mínimo de contribuição. A contribuição deste segurado não está condicionada ao salário de contribuição, mas sim a receita bruta da comercialização da produção rural. A contribuição do segurado especial será de 1,3%, sendo 1,2% para a Seguridade Social, e, 0,1% para o RAT (riscos ambientais do trabalho). A previsão legal está no artigo 200 do Decreto 3048/99:

> **Art. 200.** A contribuição do empregador rural pessoa física, em substituição à contribuição de que tratam o inciso I do art. 201 e o art.202, e a do segurado especial, incidente sobre a receita bruta da comercialização da produção rural, é de:
>
> I - um inteiro e dois décimos por cento; e
>
> II - zero vírgula um por cento para o financiamento dos benefícios concedidos em razão do grau de incidência de incapacidade laborativa decorrente dos riscos ambientais do trabalho.

Finaliza-se este ponto, destacando a importância de se observar percentuais diferentes para diferentes categorias de trabalhador. Em verdade, estes percentuais refletem o princípio da equidade na participação do custeio, bem como comprovam o caráter de solidariedade previsto na Seguridade Social.

2.7.1. Salário de Contribuição

Ao estudarmos as contribuições dos segurados, em muitas oportunidades foi mencionado o salário de contribuição. Entretanto, não se tinha, até o momento, abordado especificadamente sobre o salário de contribuição.

O salário de contribuição nada mais é que a base de cálculo das contribuições previdenciárias. E, como será visto a seguir, algumas verbas que o trabalhador recebe podem não ser consideradas salário de contribuição. Esta é a razão pela qual nos exemplos dados até aqui utiliza-se a expressão salário de contribuição, e não simplesmente a palavra salário.

O artigo 214 do Decreto 3048/99 estabelece o que é o salário de contribuição para cada uma das categorias de segurados do Regime Geral de Previdência Social, com exceção do segurado especial, que tem a contribuição a partir da receita bruta da comercialização da produção rural, sendo:

> **Art. 214.** Entende-se por salário-de-contribuição:
>
> I - para o empregado e o trabalhador avulso: a remuneração auferida em uma ou mais empresas, assim entendida a totalidade dos rendimentos pagos, devidos ou creditados a qualquer título, durante o mês, destinados a retribuir o trabalho, qualquer que seja a sua forma, inclusive as gorjetas, os ganhos habituais sob a forma de utilidades e os adiantamentos decorrentes de reajuste salarial, quer pelos serviços efetivamente prestados, quer pelo tempo à disposição do empregador ou tomador de serviços, nos termos da lei ou do contrato ou, ainda, de convenção ou acordo coletivo de trabalho ou sentença normativa;
>
> II - para o empregado doméstico: a remuneração registrada na Carteira Profissional e/ou na Carteira de Trabalho e Previdência Social, observados os limites mínimo e máximo previstos nos §§ 3º e 5º;
>
> III - para o contribuinte individual: a remuneração auferida em uma ou mais empresas ou pelo exercício de sua atividade por conta própria, durante o mês, observados os limites a que se referem os §§ 3º e 5º;
>
> VI - para o segurado facultativo: o valor por ele declarado, observados os limites a que se referem os §§ 3º e 5º.

Ainda sobre o salário de contribuição, uma importante consideração precisa ser feita sobre o § 9º do artigo 214, o qual apresenta rubricas que não integram o salário de contribuição. Trata-se de verbas que são, em sua maior parte, de caráter indenizatório, não representando remuneração por tempo do trabalhador à disposição do empregador ou tomador do serviço.

2.7.2. Salário de Benefício

O salário de benefício é outro conceito importante no direito previdenciário. Importante desde já destacar o salário de benefício não é o valor que a pessoa receberá. O salário de benefício é o resultado de uma fórmula matemática que servirá como base de cálculo para os benefícios previdenciários.

Sua previsão está no artigo 32 do Decreto 3048/99:

> **Art. 32.** O salário de benefício a ser utilizado para o cálculo dos benefícios de que trata este

Regulamento, inclusive aqueles previstos em acordo internacional, consiste no resultado da média aritmética simples dos salários de contribuição e das remunerações adotadas como base para contribuições a regime próprio de previdência social ou como base para contribuições decorrentes das atividades militares de que tratam os art. 42 e art. 142 da Constituição, considerados para a concessão do benefício, atualizados monetariamente, correspondentes a cem por cento do período contributivo desde a competência julho de 1994 ou desde o início da contribuição, se posterior a essa competência.

A partir da leitura do artigo é possível afirmar que o salário de benefício será o resultado de uma média de todas as contribuições do segurado, desde a competência de julho de 1994, ou, desde o início da contribuição, se posterior a julho de 1994.

2.8. Carência

Seguindo com o raciocínio de que o Regime Geral de Previdência Social é um seguro social obrigatório e contributivo, que protegerá o segurado acometido por um dos riscos sociais previstos em lei, torna-se fundamental abordar a questão da carência, que é o número mínimo de contribuições que o beneficiário precisa ter em alguns casos, para receber o benefício.

Pode-se fazer uma analogia com um plano de saúde. Ao contratar um plano, alguns serviços podem ser acessados de forma imediata, entretanto, alguns serviços exigirão que a pessoa tenha um número "x" de contribuições para ter cobertura do plano.

O assunto está disciplinado dos artigos 24 a 27-A da Lei 8.213/91, e, artigos 26 a 30 do Decreto 3.048/99. O caput do artigo 26 do Decreto 3.048/99 possui a seguinte redação:

> **Art. 26.** Período de carência é o tempo correspondente ao número mínimo de contribuições mensais indispensáveis para que o beneficiário faça jus ao benefício, consideradas as competências cujo salário de contribuição seja igual ou superior ao seu limite mínimo mensal.

Importante referência tem-se na parte final do artigo, observando que só será considerada para fins de carência as contribuições de valor igual ou superior ao limite mínimo mensal, que é de um salário-mínimo, conforme já demonstrado no ponto 2.7 do livro.

Outro ponto bem importante está na leitura conjunta dos parágrafos 4º e 4-A do artigo 26, ao dizer que se considera presumido o recolhimento das contribuições do segurado empregado, trabalhador avulso, e, empregado doméstico.

Em relação ao contribuinte individual que presta serviço a uma ou mais empresas, o recolhimento dele também será presumido. Caso o contribuinte individual não prestar serviço a uma ou mais empresas, precisará comprovar o recolhimento das contribuições.

Por sua vez, o segurado especial precisa comprovar o exercício da atividade rural pelo tempo mínimo necessário, e, o segurado facultativo também precisa comprovar o recolhimento de suas contribuições.

Após estas considerações iniciais, o artigo 27-A traz a situação explicando o que acontece com quem deixa de ter a qualidade de segurado, ou seja, que por alguma razão deixou de recolher suas contribuições para a Seguridade Social. Diz o artigo que para que a pessoa possa aproveitar as contribuições anteriores novamente, ela precisará retornar a contribuir e contribuir com metade do número de contribuições exigidas para ter direito ao benefício pretendido. Nesse sentido:

> **Art. 27-A.** Na hipótese de perda da qualidade de segurado, para fins da concessão dos benefícios de auxílio por incapacidade temporária, de aposentadoria por incapacidade permanente, de salário-maternidade e de auxílio-reclusão, as contribuições anteriores à perda somente serão computadas para fins de carência depois que o segurado contar, a partir da nova filiação ao RGPS, com metade do número de contribuições exigidas para o cumprimento do período de carência definido no art. 29.

Por exemplo: João trabalhou por cinco anos como empregado. Foi demitido durante a pandemia e ficou dois anos desempregado. Perdeu a qualidade de segurado. Começou em um novo emprego, readquiriu a qualidade de segurado, mas, meses após o retorno ao trabalho, foi diagnosticado com uma doença que o incapacitará para o trabalho pelo período mínimo de seis meses. Como se trata de benefício por incapacidade, a regra geral é de que são necessárias 12 contribuições mensais. Entretanto, como ele já tinha contribuições anteriores, para que ele tenha direito ao benefício, ele pode ter seis contribuições, que serão somadas aos cinco anos anteriores. Mas é necessário que após o reingresso ele tenha no mínimo seis contribuições mensais.

Dito isso, o artigo 29 disciplina o número mínimo de contribuições para cada espécie de benefício. Em outras palavras, o artigo 29 diz quantas contribuições um segurado precisa ter para conseguir um benefício previdenciário, o que será apresentado para você em forma de esquemas:

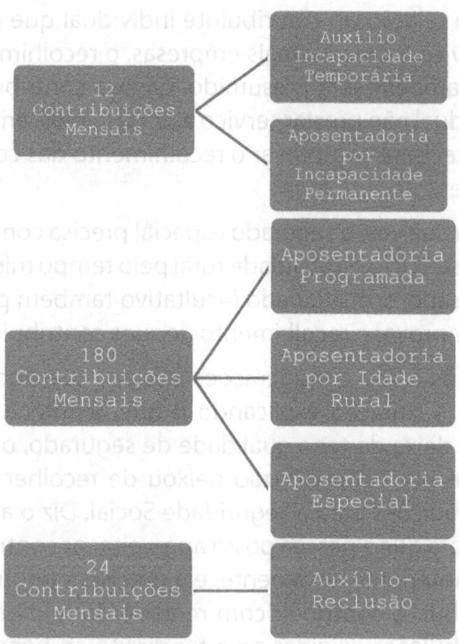

▷ **Atenção:** Em decisão em sede de controle concentrado de constitucionalidade julgada no mês de março/2024 e publica no mês de abril/2024, o STF na ADI 2110 entendeu pela ***"inconstitucionalidade da exigência de carência para a fruição de salário--maternidade"*** para as seguradas especial, contribuinte individual e facultativa.

Entretanto, a legislação prevê no artigo 30 do Decreto 3048/99 algumas excepcionalidades, no qual a lei dispensará um número mínimo de contribuições para que o beneficiário tenha direito a benefício previdenciário. Novamente, será apresentado em forma de esquemas para melhor visualização:

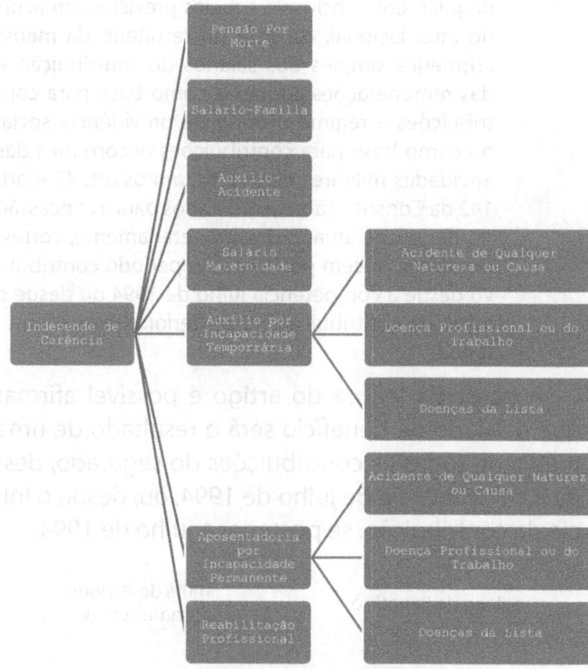

Duas observações precisam ser feitas ainda. O § 1º do artigo 30 do Decreto 3048/99 explica o que se entende por acidente de qualquer natureza ou causa. Neste sentido:

> **Art. 30**, § 1º. Entende-se como acidente de qualquer natureza ou causa aquele de origem traumática e por exposição a agentes exógenos, físicos, químicos ou biológicos, que acarrete lesão corporal ou perturbação funcional que cause a morte ou a perda ou a redução permanente ou temporária da capacidade laborativa.

Ainda, em relação as doenças da lista mencionada na dispensa de carência para o auxílio por incapacidade temporária e aposentadoria por incapacidade permanente, o § 2º do artigo 30 do Decreto 3048/99 determina que:

> § 2º Até que seja elaborada a lista de doenças ou afecções a que se refere o inciso III do caput, independerá de carência a concessão de auxílio por incapacidade temporária e de aposentadoria por incapacidade permanente ao segurado que, após filiar-se ao RGPS, seja acometido por alguma das seguintes doenças:
>
> I - tuberculose ativa;
>
> II - hanseníase;
>
> III - alienação mental;
>
> IV - esclerose múltipla;
>
> V - hepatopatia grave;
>
> VI - neoplasia maligna;
>
> VII - cegueira;
>
> VIII - paralisia irreversível e incapacitante;
>
> IX - cardiopatia grave;
>
> X - doença de Parkinson;
>
> XI - espondiloartrose anquilosante;
>
> XII - nefropatia grave;

XIII - estado avançado da doença de Paget (osteíte deformante)

XIV - síndrome da imunodeficiência adquirida (aids); ou

XV - contaminação por radiação, com base em conclusão da medicina especializada.

Finalizada a questão da carência, onde é exigida e onde não é, passamos ao estudo dos benefícios em espécie.

3. BENEFÍCIOS EM ESPÉCIE[3]

3.1. Auxílio por Incapacidade Temporária

O auxílio por incapacidade temporária, antigo auxílio-doença, é o benefício previdenciário pago ao segurado que fique incapacitado para seu trabalho ou atividade habitual por mais de 15 (quinze) dias, conforme disposto no caput do artigo 71 do Decreto 3.048/99:

> **Art. 71.** O auxílio por incapacidade temporária será devido ao segurado que, uma vez cumprido, quando for o caso, o período de carência exigido, ficar incapacitado para o seu trabalho ou para a sua atividade habitual por mais de quinze dias consecutivos, conforme definido em avaliação médico-pericial.

Quem definirá qual o prazo da incapacidade será a avaliação médico-pericial. Mesmo que porventura o atestado médico do segurado indique um prazo superior ao estipulado pela perícia médica realizada no INSS, prevalecerá o prazo estipulado pela perícia médica do INSS.

O caput artigo menciona o cumprimento, quando for o caso do cumprimento de carência. Carência é o número mínimo de contribuições que o segurado precisa ter direito ao benefício. Neste sentido dispõe o artigo 26 do Decreto 3048/99:

> **Art. 26.** Período de carência é o tempo correspondente ao número mínimo de contribuições mensais indispensáveis para que o beneficiário faça jus ao benefício, consideradas as competências cujo salário de contribuição seja igual ou superior ao seu limite mínimo mensal.

Como regra geral, o auxílio por incapacidade temporária exige o cumprimento de 12 contribuições mensais, conforme artigo 29, inciso I, do Decreto 3048/99:

> **Art. 29.** A concessão das prestações pecuniárias do Regime Geral de Previdência Social, ressalvado o disposto no art. 30, depende dos seguintes períodos de carência:
>
> I - doze contribuições mensais, nos casos de auxílio por incapacidade temporária e aposentadoria por incapacidade permanente; e

Entretanto, o legislador entendeu que em alguns casos o período de carência fica dispensado, conforme artigo 30, inciso III, do Decreto 3048/99:

> **Art. 30.** Independe de carência a concessão das seguintes prestações:
>
> III - auxílio por incapacidade temporária e aposentadoria por incapacidade permanente nos casos de acidente de qualquer natureza ou causa e de doença profissional ou do trabalho e nos casos de segurado que, após filiar-se ao RGPS, seja acometido de alguma das doenças ou afecções especificadas em lista elaborada pelos Ministérios da Saúde e da Economia, atualizada a cada três anos, de acordo com os critérios de estigma, deformação, mutilação, deficiência ou outro fator que lhe confira especificidade e gravidade que mereçam tratamento particularizado;

A partir do disposto no inciso III percebe-se que a incapacidade decorrente de acidente de qualquer natureza, decorrente de doença profissional ou doença do trabalho, ou ainda, de lista elaborada pelos Ministérios da Saúde e da Economia, dispensam o cumprimento das 12 contribuições mensais.

Como até o momento não foi elaborada a lista das doenças pelos Ministérios da Saúde e da Economia, as doenças que dispensam carência foram elencadas no § 2º do artigo 30 do Decreto 3048/99:

> § 2º Até que seja elaborada a lista de doenças ou afecções a que se refere o inciso III do **caput**, independerá de carência a concessão de auxílio por incapacidade temporária e de aposentadoria por incapacidade permanente ao segurado que, após filiar-se ao RGPS, seja acometido por alguma das seguintes doenças:
>
> I - tuberculose ativa;
>
> II - hanseníase;
>
> III - alienação mental;
>
> IV - esclerose múltipla;
>
> V - hepatopatia grave;
>
> VI - neoplasia maligna;
>
> VII - cegueira;
>
> VIII - paralisia irreversível e incapacitante;
>
> IX - cardiopatia grave;
>
> X - doença de Parkinson;
>
> XI - espondiloartrose anquilosante;
>
> XII - nefropatia grave;

3 A Lei 15.157/2025 altera a Lei nº 8.213, de 24 de julho de 1991 (Lei de Benefícios da Previdência Social), e a Lei nº 8.742, de 7 de dezembro de 1993 (Lei Orgânica da Assistência Social), para dispensar o segurado do Regime Geral de Previdência Social e o beneficiário do benefício de prestação continuada da reavaliação periódica das condições da concessão do benefício quando a incapacidade for permanente, irreversível ou irrecuperável e para determinar a participação de especialista em infectologia na perícia médica de pessoa com síndrome da imunodeficiência adquirida. Por gentileza, analisar a pertinência de incluir comentários sobre as novidades.

XIII - estado avançado da doença de Paget (osteíte deformante);

XIV - síndrome da imunodeficiência adquirida (**aids**); ou

XV - contaminação por radiação, com base em conclusão da medicina especializada.

O § 1º do artigo 71 possui uma informação bem importante nos benefícios por incapacidade temporária: doença pré-existente a filiação do segurado no Regime Geral de Previdência Social não tem cobertura, salvo se a incapacidade decorrer de progressão ou o agravamento da doença. Neste sentido:

> **Art. 71.** (...)
>
> § 1º Não será devido auxílio por incapacidade temporária ao segurado que se filiar ao RGPS já portador de doença ou lesão invocada como causa para a concessão do benefício, exceto quando a incapacidade sobrevier por motivo de progressão ou agravamento dessa doença ou lesão.

Para compreender o que é a doença pré-existente, basta fazer uma analogia com um seguro veicular. Não adianta querer fazer o seguro do carro após o acidente de trânsito. A mesma lógica vale para o direito previdenciário. Não terá proteção o trabalhador que ingressa com a doença no sistema previdenciário. Ele somente terá proteção se ficar comprovado na perícia médica que a incapacidade tem relação com a progressão ou agravamento da doença.

Nos casos em que o segurado exercer mais de uma atividade laborativa, a perícia médica federal deverá indicar se a incapacidade é para uma ou para todas as atividades do segurado, conforme previsão do artigo 73 do Decreto 3048/99:

> **Art. 73.** O auxílio por incapacidade temporária do segurado que exercer mais de uma atividade abrangida pela previdência social será devido mesmo no caso de incapacidade apenas para o exercício de uma delas, hipótese em que o segurado deverá informar a Perícia Médica Federal a respeito de todas as atividades que estiver exercendo.

O auxílio por incapacidade temporária durará o tempo entendido pela perícia médica para recuperação da capacidade laborativa. Caso não ocorra a recuperação da capacidade laborativa, durará até a conversão em aposentadoria por incapacidade permanente, ou, se ocorrer a recuperação para a atividade laborativa, mas sobrevenha perda ou redução da capacidade para o trabalho em razão de acidente do trabalho ou acidente de qualquer natureza, o auxílio por incapacidade temporária durará até a conversão em auxílio acidente, conforme disposto no art. 78 do Decreto 3048/99:

> **Art. 78.** O auxílio por incapacidade temporária cessa pela recuperação da capacidade para o trabalho, pela concessão de aposentadoria por incapacidade permanente ou, na hipótese de o evento causador da redução da capacidade laborativa ser o mesmo que gerou o auxílio por incapacidade temporária, pela concessão do auxílio acidente.

O benefício por incapacidade temporária terá uma renda mensal inicial de 91% do salário de benefício (que é o resultado da média aritmética de todo o período contributivo do segurado).

Auxílio por Incapacidade Temporária → 91% do Salário de Benefício

Observação: Nos termos do artigo 75 do Decreto 3048/99: "Durante os primeiros quinze dias consecutivos de afastamento da atividade por motivo de incapacidade temporária, compete à empresa pagar o salário ao segurado empregado." **ESTA REGRA SE APLICA SOMENTE AO SEGURADO EMPREGADO.**

3.2. Aposentadoria por Incapacidade Permanente

A aposentadoria por incapacidade permanente, antiga aposentadoria por invalidez, possui muitas semelhanças com o auxílio por incapacidade temporária, visto no tópico anterior. Sua concessão está condicionada a incapacidade para o trabalho/ atividade habitual, e, impossibilidade de reabilitação para outra atividade que possa lhe garantir a subsistência. Está prevista no artigo 43 do Decreto 3048/99:

> **Art. 43.** A aposentadoria por incapacidade permanente, uma vez cumprido o período de carência exigido, quando for o caso, será devida ao segurado que, em gozo ou não de auxílio por incapacidade temporária, for considerado incapaz para o trabalho e insuscetível de reabilitação para o exercício de atividade que lhe garanta a subsistência, que lhe será paga enquanto permanecer nessa condição.

Atenção: O fato da recuperação da capacidade depender de intervenção cirúrgica não autoriza automaticamente a concessão da aposentadoria por incapacidade permanente. Isso pode aparecer em enunciado de questão. Nesse sentido posicionou-se a TNU no Tema 272: *"A circunstância de a recuperação da capacidade depender de intervenção cirúrgica não autoriza, automaticamente, a concessão de aposentadoria por invalidez (aposentadoria por incapacidade permanente), sendo necessário verificar a inviabilidade de reabilitação profissional, consideradas as condições pessoais do segurado, e a sua manifestação inequívoca a respeito da recusa ao procedimento cirúrgico."*

O caput artigo menciona o cumprimento, quando for o caso do cumprimento de carência. Carência é o número mínimo de contribuições que o segurado precisa ter direito ao benefício. Neste sentido dispõe o artigo 26 do Decreto 3048/99:

> **Art. 26.** Período de carência é o tempo correspondente ao número mínimo de contribuições mensais indispensáveis para que o beneficiário faça jus ao benefício, consideradas as competências cujo salário de contribuição seja igual ou superior ao seu limite mínimo mensal.

Como regra geral, a aposentadoria por incapacidade permanente exige o cumprimento de 12 contribuições mensais, conforme artigo 29, inciso I, do Decreto 3048/99:

> **Art. 29.** A concessão das prestações pecuniárias do Regime Geral de Previdência Social, ressalvado o disposto no art. 30, depende dos seguintes períodos de carência:
>
> I - doze contribuições mensais, nos casos de auxílio por incapacidade temporária e aposentadoria por incapacidade permanente;

Entretanto, o legislador entendeu que em alguns casos o período de carência fica dispensado, conforme artigo 30, inciso III, do Decreto 3048/99:

> **Art. 30.** Independe de carência a concessão das seguintes prestações:
>
> III - auxílio por incapacidade temporária e aposentadoria por incapacidade permanente nos casos de acidente de qualquer natureza ou causa e de doença profissional ou do trabalho e nos casos de segurado que, após filiar-se ao RGPS, seja acometido de alguma das doenças ou afecções especificadas em lista elaborada pelos Ministérios da Saúde e da Economia, atualizada a cada três anos, de acordo com os critérios de estigma, deformação, mutilação, deficiência ou outro fator que lhe confira especificidade e gravidade que mereçam tratamento particularizado;

A partir do disposto no inciso III percebe-se que a incapacidade permanente decorrente de acidente de qualquer natureza, decorrente de doença profissional ou doença do trabalho, ou ainda, de lista elaborada pelos Ministérios da Saúde e da Economia, dispensam o cumprimento das 12 contribuições mensais.

Como até o momento não foi elaborada a lista das doenças pelos Ministérios da Saúde e da Economia, as doenças que dispensam carência foram elencadas no § 2º do artigo 30 do Decreto 3048/99:

> § 2º Até que seja elaborada a lista de doenças ou afecções a que se refere o inciso III do **caput**, independerá de carência a concessão de auxílio por incapacidade temporária e de aposentadoria por incapacidade permanente ao segurado que, após filiar-se ao RGPS, seja acometido por alguma das seguintes doenças:
>
> I - tuberculose ativa;
>
> II - hanseníase;
>
> III - alienação mental;
>
> IV - esclerose múltipla;
>
> V - hepatopatia grave;
>
> VI - neoplasia maligna;
>
> VII - cegueira;
>
> VIII - paralisia irreversível e incapacitante;
>
> IX - cardiopatia grave;
>
> X - doença de Parkinson;
>
> XI - espondiloartrose anquilosante;
>
> XII - nefropatia grave;
>
> XIII - estado avançado da doença de Paget (osteíte deformante);
>
> XIV - síndrome da imunodeficiência adquirida (**aids**); ou
>
> XV - contaminação por radiação, com base em conclusão da medicina especializada.

O § 2º do artigo 43 possui uma informação bem importante para a aposentadoria por incapacidade permanente: doença pré-existente a filiação do segurado no Regime Geral de Previdência Social não tem cobertura. No mesmo sentido da legislação dispõe o Tema 38 da TNU: *"A incapacidade laboral preexistente veda a concessão de auxílio-doença e aposentadoria por invalidez, mesmo nos casos de reingresso no RGPS."*. A exceção fica por contada incapacidade decorrente de progressão ou o agravamento da doença. Neste sentido:

> **Art. 43.** (...)
>
> § 2º A doença ou lesão de que o segurado já era portador ao filiar-se ao RGPS não lhe conferirá direito à aposentadoria por incapacidade permanente, exceto quando a incapacidade sobrevier por motivo de progressão ou agravamento dessa doença ou lesão.

Outra informação relevante está no começo do § 1º do artigo 44 do Decreto 3048/99, ao afirmar que a aposentadoria por incapacidade permanente dependerá da conclusão, por parte da perícia médica, de "existência de incapacidade total e definitiva para o trabalho".

Mais do que a constatação de incapacidade total e definitiva para o trabalho na perícia médica, o segurado aposentado por incapacidade permanente, nos termos do artigo 46 do Decreto 3048/99 "poderá ser convocado a qualquer momento para avaliação das condições que ensejaram o afastamento ou a aposentadoria, concedida judicial ou administrativamente, sem prejuízo do disposto no § 1º e sob pena de suspensão do benefício.".

O aposentado por incapacidade permanente ficará dispensado das convocações somente após "completar cinquenta e cinco anos de idade e quando decorridos quinze anos da data de concessão da aposentadoria por incapacidade permanente ou do auxílio por incapacidade temporária que a tenha precedido", ou, "após completar sessenta anos de idade"

Sendo constatada em perícia médica a recuperação da capacidade laborativa, ou, retornando o aposentado por incapacidade permanente para o mercado de trabalho, a aposentadoria por incapacidade permanente será cessada, conforme disposto nos artigos 48 e 49 do Decreto 3048/99.

Por outro lado, caso o aposentado por incapacidade permanente necessite de auxílio constante de terceira pessoa, o benefício terá um acréscimo de 25% (vinte e cinco por cento), podendo inclusive, somado o valor da aposentadoria e do acréscimo, superar o teto de benefícios do Regime Geral de Previdência Social. Nesse sentido:

> **Art. 45.** O valor da aposentadoria por incapacidade permanente do segurado que necessitar da assistência permanente de outra pessoa será acrescido de vinte e cinco por cento, observada a relação constante do Anexo I, e:
>
> I - devido ainda que o valor da aposentadoria atinja o limite máximo legal; e
>
> II - recalculado quando o benefício que lhe deu origem for reajustado.

Atenção: O adicional de 25% só é possível nos casos de aposentadoria por incapacidade permanente, não sendo possível nos demais casos de aposentadorias. Nesse sentido o STF fixou tese no Tema 1095: *"No âmbito do Regime Geral de Previdência Social (RGPS), somente lei pode criar ou ampliar benefícios e vantagens previdenciárias, **não havendo, por ora, previsão de extensão do auxílio da grande invalidez a todas às espécies de aposentadoria.**"*

Em relação a renda mensal inicial da aposentadoria por incapacidade permanente, ela possui uma regra geral, e, uma exceção, ambas previstas no artigo 44 do Decreto 3048/99:

> **Art. 44.** A aposentadoria por incapacidade permanente será devida a partir do dia imediato ao da cessação do auxílio por incapacidade temporária, ressalvado o disposto no § 1º, e consistirá em renda mensal decorrente da aplicação dos seguintes percentuais incidentes sobre o salário de benefício, definido na forma do disposto no art. 32:
>
> I - sessenta por cento, com acréscimo de dois pontos percentuais para cada ano de contribuição que exceder o tempo de vinte anos de contribuição, para os homens, ou quinze anos de contribuição, para as mulheres; ou
>
> II - cem por cento, quando a aposentadoria decorrer de:
>
> a) acidente de trabalho;
>
> b) doença profissional; ou
>
> c) doença do trabalho.

A regra do inciso I estabelece que a aposentadoria por incapacidade permanente terá uma renda mensal que terá um valor base de 60% do salário de benefício. O aumento deste percentual dependerá para os homens, que tenham mais que vinte anos de tempo de contribuição, e, para as mulheres, que tenham mais de quinze anos de tempo de contribuição. Caso o homem não tenha atingido os 20 anos de tempo de contribuição ou a mulher não tenha atingido os 15 anos de tempo de contribuição, receberão tão somente 60% do salário de benefício.

Observação: Nos termos do artigo 201, § 2º da Constituição Federal ***"Nenhum benefício que substitua o salário de contribuição ou o rendimento do trabalho do segurado terá valor mensal inferior ao salário-mínimo."***

Agora, tomemos como exemplo um homem que é aposentado por incapacidade permanente com 25 de tempo de contribuição. A legislação estabelece um acréscimo de 2% (dois por cento) a cada ano que ultrapasse os 20 anos de tempo de contribuição para os homens. Neste caso, o homem receberá 60% do salário de benefício, acrescido de mais 10%, que é o resultado dos 5 anos que passam dos 20 anos de tempo de contribuição, multiplicados por 2%. Logo, a renda mensal inicial, neste caso, será de 70% do salário de benefício.

Utilizemos os mesmos 25 anos de tempo de contribuição, mas com uma mulher que será aposentada por incapacidade permanente. A mulher receberá 60% do salário de benefício, que será acrescido de mais 20%, que é o resultado dos 10 anos a mais que os 15 anos de tempo de contribuição determinado para as mulheres. Logo, a renda mensal inicial, neste caso, será de 80% do salário de benefício.

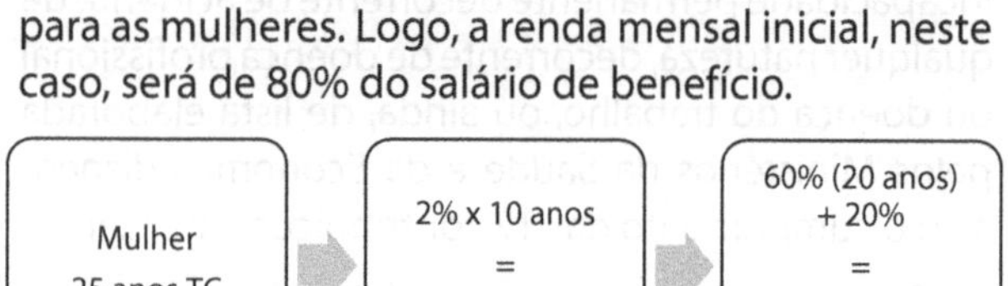

O que se percebe a partir dos exemplos acima é que com os mesmos tempos de contribuição, homens e mulheres, na regra geral, terão rendas mensais iniciais com valores diferentes, a partir dos critérios definidos na legislação.

Entretanto, o inciso II cria uma exceção, não fazendo distinção entre homens e mulheres. Todavia, determina que a aposentadoria por incapacidade permanente seja precedida de acidente do trabalho, doença profissional ou doença do trabalho. Quando se tratar de aposentadoria por incapacidade permanente com alguma destas três causas, o salário de benefício será de 100% do salário de benefício.

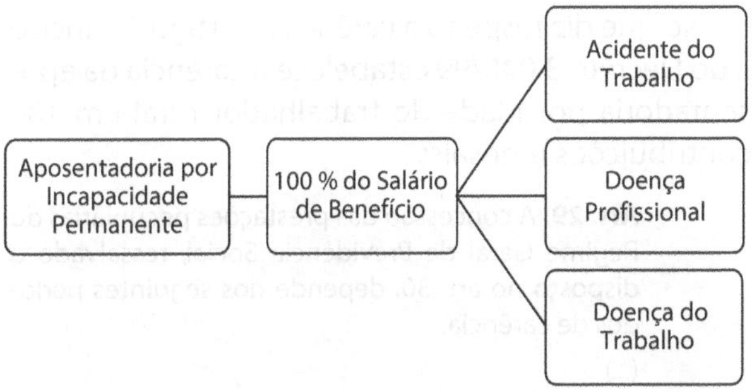

▷ **Observação:** Os conceitos previdenciários de acidente do trabalho, doença profissional e doença do trabalho estão entre os artigos 19 e 21 da Lei 8.213/91.

3.3. Auxílio-Acidente

O auxílio-acidente é o **único benefício previdenciário que possui natureza indenizatória**. Será pago após o retorno ao trabalho para o segurado que tiver a consolidação de lesão que resulte em perda ou redução da capacidade para a atividade habitual. Esta perda ou redução da capacidade para a atividade habitual poderá ter como origem um acidente do trabalho ou um acidente de qualquer natureza. Está previsto no artigo 86 da Lei 8.213/91, e, artigo 104 do Decreto 3048/99:

> **Art. 104.** O auxílio-acidente será concedido, como indenização, ao segurado empregado, inclusive o doméstico, ao trabalhador avulso e ao segurado especial quando, após a consolidação das lesões decorrentes de acidente de qualquer natureza, resultar sequela definitiva que, a exemplo das situações discriminadas no Anexo III, implique redução da capacidade para o trabalho que habitualmente exercia.

Perceba que o artigo 104 não aborda, como no auxílio por incapacidade temporária e na aposentadoria por invalidez, a questão da carência. Isto porque, nos termos do artigo 30, inciso I, do Decreto 3048/99, **o auxílio acidente independe de carência**. Neste sentido:

> **Art. 30.** Independe de carência a concessão das seguintes prestações:
>
> I - pensão por morte, salário-família e auxílio-acidente de qualquer natureza, observado, quanto à pensão por morte, o disposto no inciso V do **caput** e nos § 3º e § 4º do art. 114;

Uma observação fundamental de ser feita é que o **auxílio-acidente não é pago a todos os segurados**. Conforme princípio da seletividade e distributividade anteriormente visto neste material, o legislador entendeu que este benefício é concedido tão somente aos segurados empregado, empregado doméstico, trabalhador avulso, e, segurado especial. O contribuinte individual e o segurado facultativo foram excluídos dos beneficiários.

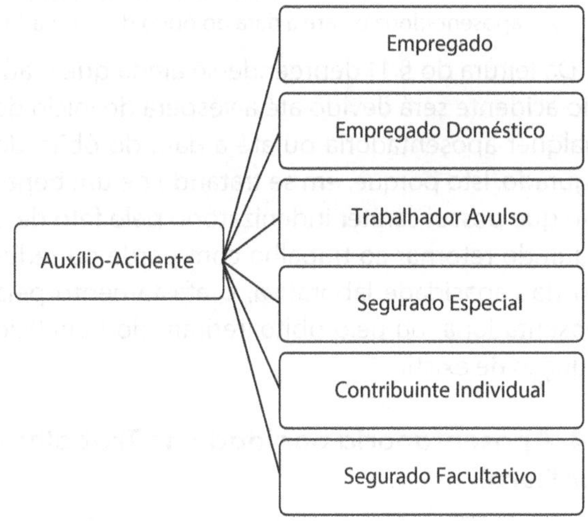

Além disso, a concessão do **auxílio-acidente** depende da consolidação das lesões que impliquem perda ou redução da capacidade laborativa. Se a consolidação da lesão não implicar perda ou redução da capacidade laborativa não será devido o auxílio acidente, conforme art. 104, § 4º, inciso I, do Decreto 3048/99. Nesse sentido é a tese firmada pelo STJ no Tema 156: *"Será devido o auxílio-acidente quando* ***demonstrado o nexo de causalidade entre a redução de natureza permanente da capacidade laborativa e a atividade profissional desenvolvida****, sendo irrelevante a possibilidade de reversibilidade da doença."*.

Tem-se ainda a tese firmada no Tema 416 do STJ no sentido de que o auxílio-acidente é devido independentemente do grau da lesão, que poderá ser mínima, desde que implique redução para a atividade habitualmente exercida: *"Exige-se, para concessão do auxílio-acidente, a existência de lesão, decorrente de acidente do trabalho, que implique redução da capacidade para o labor habitualmente exercido.* ***O nível do dano e, em consequência, o grau do maior esforço, não interferem na concessão do benefício, o qual será devido ainda que mínima a lesão.****"*

Enquanto as lesões não estiverem consolidadas, o segurado receberá o auxílio por incapacidade temporária. Tanto é assim que o § 2º do artigo 104 estabelece que "O auxílio-acidente será devido a partir do dia seguinte ao da cessação do auxílio por incapacidade temporária (...)".

Quanto à renda mensal inicial, esta será de 50% do salário de benefício que deu origem ao auxílio-doença do segurado. Neste sentido:

> **Art. 104.** (...)
>
> § 1º O auxílio-acidente mensal corresponderá a cinquenta por cento do salário-de-benefício que deu

> origem ao auxílio-doença do segurado, corrigido até o mês anterior ao do início do auxílio-acidente e será devido até a véspera de início de qualquer aposentadoria ou até a data do óbito do segurado.

Da leitura do § 1º depreende-se ainda que o auxílio acidente será devido até a véspera de início de qualquer aposentadoria ou até a data do óbito do segurado. Isto porque, em se tratando de um benefício que possui caráter indenizatório pelo fato de o segurado retornar ao trabalho com perda ou redução da capacidade laborativa, o afastamento pela aposentadoria, ou pelo óbito, retiram do benefício a função de existir.

3.4. Aposentadoria por Idade do Trabalhador Rural

Com a reforma da previdência da Emenda Constitucional 103/19, o trabalhador rural foi o único que teve o requisito idade mantido para fins de aposentadoria por idade, até mesmo pelo fato de que, conforme será visto adiante, a aposentadoria por idade foi substituída pela aposentadoria programada, que agora exige idade mínima e tempo de contribuição mínimo.

A aposentadoria por idade do trabalhador rural está prevista no artigo 56 do Decreto 3048/99, exigindo cumprimento de carência e idade mínima de 55 anos para as mulheres, e, 60 anos para os homens. Neste sentido:

> **Art. 56.** A aposentadoria por idade do trabalhador rural, uma vez cumprido o período de carência exigido, será devida aos segurados a que se referem a alínea "a" do inciso I, a alínea "j" do inciso V e os incisos VI e VII do *caput* do art. 9º e aos segurados garimpeiros que trabalhem, comprovadamente, em regime de economia familiar, conforme definido no § 5º do art. 9º, quando completarem cinquenta e cinco anos de idade, se mulher, e sessenta anos de idade, se homem.

Os segurados que fazem jus a aposentadoria por idade do trabalhador rural foram delimitados no caput do artigo, sendo eles: o empregado rural; o contribuinte individual que presta serviço de natureza rural, em caráter eventual, a uma ou mais empresas, sem relação de emprego; o trabalhador avulso que presta serviço de natureza rural, com intermediação obrigatória do órgão gestor de mão de obra; o segurado especial (atividade agropecuária, pescador artesanal, seringueiro, extrativista vegetal), e, o garimpeiro que trabalhe em regime de economia familiar.

Observação: O garimpeiro não é segurado especial. Se aposentará com idade diferenciada se trabalhar em regime de economia familiar.

No que diz respeito a carência, o artigo 29, inciso II do Decreto 3.048/99 estabelece a carência da aposentadoria por idade do trabalhador rural em 180 contribuições mensais:

> **Art. 29.** A concessão das prestações pecuniárias do Regime Geral de Previdência Social, ressalvado o disposto no art. 30, depende dos seguintes períodos de carência:
>
> (...)
>
> II - cento e oitenta contribuições mensais, nos casos de aposentadoria programada, por idade do trabalhador rural e especial;

O § 1º do artigo 56 do Decreto 3.048/99 determina ainda que para ter direito à aposentadoria por idade, o trabalhador rural precisa comprovar estar na atividade no período imediatamente anterior ao requerimento do benefício. Neste sentido:

> **Art. 56.** (...)
>
> § 1º Para fins do disposto no *caput*, o segurado a que se refere o inciso VII do *caput* do art. 9º comprovará o efetivo exercício de atividade rural, ainda que de forma descontínua, no período imediatamente anterior ao requerimento do benefício ou, conforme o caso, ao mês em que tiver cumprido o requisito etário, por tempo igual ao número de meses de contribuição correspondente à carência do benefício pretendido, computados os períodos pelos quais o segurado especial tenha recebido os rendimentos a que se referem os incisos III ao VIII do § 8º do art. 9º.

A exigência da prova da atividade rural no período imediatamente anterior ao implemento da idade ou do requerimento administrativo é corroborado no Tema 145 da TNU: *"Para a obtenção de aposentadoria por idade rural, é indispensável o exercício e a demonstração da atividade campesina correspondente à carência no período imediatamente anterior ao atingimento da idade mínima ou ao requerimento administrativo."*

Quando o § 1º do artigo 56 refere ao exercício de atividade rural, ainda que de forma descontínua, isso significa dizer que a aposentadoria por idade rural não exige atividade que a atividade rural ocorra de forma ininterrupta. A jurisprudência admite inclusive períodos de atividade urbana. Nesse sentido tem-se o Tema 37 da TNU: *"Não afasta o direito à aposentadoria por idade rural o exercício de atividade urbana intercalada ou breves períodos descontínuos de atividade rural. Vide Súmula 46 da TNU."* Por sua vez, a Súmula 46 da TNU assevera que *"O exercício de atividade urbana intercalada não impede a concessão de benefício previdenciário de trabalhador rural, condição que deve ser analisada no caso concreto."*

Em relação ao valor da renda mensal inicial, o segurado especial receberá um salário-mínimo, afinal, sua contribuição é a mais baixa dentre todos os segurados. Neste sentido:

> **Art. 56.** (...)
>
> § 3º O valor da renda mensal do benefício de que trata este artigo para os trabalhadores rurais a que se refere o inciso VII do *caput* do art. 9º será de um salário-mínimo.

Os demais segurados que tem direito a aposentadoria por idade do trabalhador rural receberão uma renda mensal de 70% do salário de benefício, com acréscimo de 1% (um por cento) para cada ano de contribuição. Neste sentido:

> **Art. 56.** (...)
>
> § 2º O valor da renda mensal da aposentadoria de que trata este artigo para os trabalhadores rurais a que se referem a alínea "a" do inciso I, a alínea "j" do inciso V e o inciso VI do **caput** do art. 9º, para o garimpeiro e para o segurado especial que contribua facultativamente corresponderá a setenta por cento do salário de benefício definido na forma prevista no art. 32, com acréscimo de um ponto percentual para cada ano de contribuição.

Há ainda que se falar na possibilidade de aposentadoria por idade do trabalhador rural na **modalidade hibrida**. Embora a legislação não traga esta expressão, é a modalidade na qual o trabalhador utiliza tempo rural e tempo urbano para se aposentar. Entretanto, como nem todo o período é rural, a legislação muda o critério de idade para conseguir o benefício. Neste sentido:

> **Art. 57.** Os trabalhadores rurais que não atendam ao disposto no art. 56 mas que satisfaçam essa condição, se considerados períodos de contribuição sob outras categorias de segurado, farão jus ao benefício ao atenderem os requisitos definidos nos incisos I e II do **caput** do art. 51.

Os incisos I e II do artigo 51 do Decreto 3048/99 estabelecem o tempo mínimo de contribuição de 20 anos para os homens e de 15 anos para as mulheres, e, as idades mínimas de 65 anos para os homens, e, 62 anos para as mulheres.

Na modalidade híbrida, a renda mensal também é diferente. Será pago 60% do salário de benefício, acrescido de dois pontos percentuais para cada ano que ultrapassar os quinze anos de tempo de contribuição para as mulheres e os 20 anos de tempo de contribuição para os homens.

Por fim, nos termos do § 2º do artigo 57 do Decreto 3048/99, não se exige que ao momento da aposentadoria *"o segurado não se enquadre como trabalhador rural."*

3.5. Aposentadoria Programada

A aposentadoria programada foi uma das grandes mudanças trazidas pela Emenda Constitucional 103/19. Veio para substituir as aposentadorias por idade, e, aposentadoria por tempo de contribuição. Neste contexto, a legislação passa a exigir que o segurado cumpra de forma cumulativa os requisitos etário e de tempo de contribuição mínimo para aposentadoria. Sua previsão está no artigo 51 do Decreto 3048/99:

> **Art. 51.** A aposentadoria programada, uma vez cumprido o período de carência exigido, será devida ao segurado que cumprir, cumulativamente, os seguintes requisitos:
>
> I - sessenta e dois anos de idade, se mulher, e sessenta e cinco anos de idade, se homem; e
>
> II - quinze anos de tempo de contribuição, se mulher, e vinte anos de tempo de contribuição, se homem.

Quanto ao requisito carência, o artigo 29, inciso II estabelece a exigência de 180 contribuições mensais:

> **Art. 29.** A concessão das prestações pecuniárias do Regime Geral de Previdência Social, ressalvado o disposto no art. 30, depende dos seguintes períodos de carência:
>
> (...)
>
> II - cento e oitenta contribuições mensais, nos casos de aposentadoria programada, por idade do trabalhador rural e especial;

Exige-se ainda a idade mínima de 62 anos, cumulado com 15 anos de tempo mínimo de contribuição para as mulheres, e, 65 anos, cumulado com 20 anos de tempo mínimo de contribuição para os homens. A renda mensal inicial será de 60% do salário de benefício, acrescido de dois pontos percentuais para cada ano que ultrapassar os quinze anos de tempo de contribuição para as mulheres e os 20 anos de tempo de contribuição para os homens. Logo, tal qual no exemplo da regra geral da aposentadoria por incapacidade permanente, homens e mulheres terão rendas mensais diferentes, mesmo que tenham os mesmos períodos de tempo de contribuição.

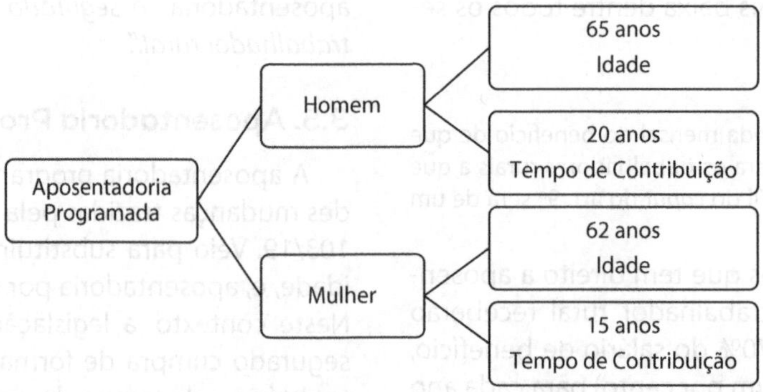

Em se tratando de professor(a) da educação infantil, ensino fundamental ou ensino médio, cumprida a carência exigida (180 contribuições mensais), tem-se requisitos idade e tempo de contribuição diversos, conforme artigo 54 do Decreto 3.048/99:

> **Art. 54.** Para o professor que comprove, exclusivamente, tempo de efetivo exercício em função de magistério na educação infantil, no ensino fundamental ou no ensino médio, desde que cumprido o período de carência exigido, será concedida a aposentadoria de que trata esta Subseção quando cumprir, cumulativamente, os seguintes requisitos:
>
> I - cinquenta e sete anos de idade, se mulher, e sessenta anos de idade, se homem; e
>
> II - vinte e cinco anos de contribuição, para ambos os sexos, em efetivo exercício na função a que se refere o *caput*.

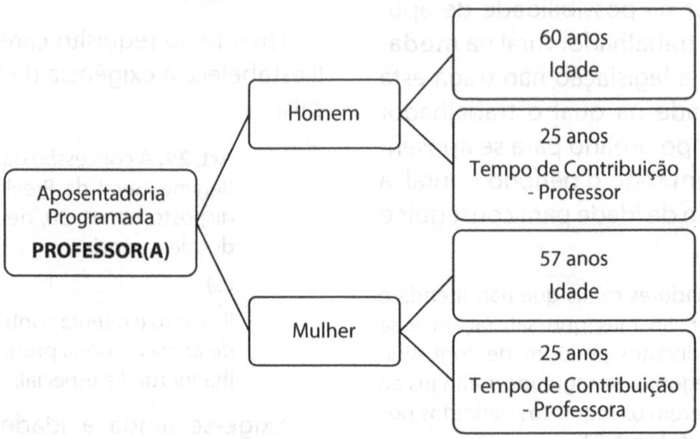

Quanto à renda mensal inicial, será de 60% do salário de benefício, acrescido de dois pontos percentuais para cada ano que ultrapassar os quinze anos de tempo de contribuição para as mulheres e os 20 anos de tempo de contribuição para os homens.

3.6. Aposentadoria Especial

A aposentadoria especial, é importante que se diga desde já, não é a aposentadoria do segurado especial. É a aposentadoria devida ao trabalhador exposto a agente físico, químico, biológico, ou ainda, associação destes agentes, que colocam em risco a saúde e a integridade física do trabalhador.

Também não é devida a todo trabalhador que recebe insalubridade ou periculosidade, pois, para ter direito à aposentadoria especial é necessário que o trabalhador seja exposto de forma permanente ao agente prejudicial, que precisará ser comprovado mediante um documento específico, o PPP (perfil profissiográfico previdenciário).

A reforma da previdência da Emenda Constitucional 103/19 trouxe significativa mudança para a aposentadoria especial. Antes da Emenda, era necessário tão somente o tempo mínimo de atividade especial. Após a Emenda, é necessário tempo mínimo de atividade especial, bem como idade mínima para acesso ao benefício. Estas considerações são feitas a partir da leitura do artigo 64 do Decreto 3048/99:

> **Art. 64.** A aposentadoria especial, uma vez cumprido o período de carência exigido, será devida ao segurado empregado, trabalhador avulso e contribuinte individual, este último somente quando cooperado filiado a cooperativa de trabalho ou de produção, que comprove o exercício de atividades com efetiva exposição a agentes químicos, físicos e biológicos prejudiciais à saúde, ou a associação desses agentes, de forma permanente, não ocasional

nem intermitente, vedada a caracterização por categoria profissional ou ocupação, durante, no mínimo, quinze, vinte ou vinte e cinco anos, e que cumprir os seguintes requisitos:

I - cinquenta e cinco anos de idade, quando se tratar de atividade especial de quinze anos de contribuição;

II - cinquenta e oito anos de idade, quando se tratar de atividade especial de vinte anos de contribuição; ou

III - sessenta anos de idade, quando se tratar de atividade especial de vinte e cinco anos de contribuição.

A primeira observação a ser feita é que a aposentadoria especial não é devida a todos os segurados. Conforme se verifica no caput do artigo 64, somente o segurado empregado, o trabalhador avulso, e, o contribuinte individual (desde que filiado à cooperativa de trabalho ou de produção) terão direito à aposentadoria especial.

Quanto ao requisito carência, o artigo 29, inciso II estabelece a exigência de 180 contribuições mensais:

Art. 29. A concessão das prestações pecuniárias do Regime Geral de Previdência Social, ressalvado o disposto no art. 30, depende dos seguintes períodos de carência:

(...)

II - cento e oitenta contribuições mensais, nos casos de aposentadoria programada, por idade do trabalhador rural e especial;

A exposição ao agente físico, químico, biológico, ou, associação destes agentes, nos termos do § 2º do artigo 64 do Decreto 3048/99 *"deverá superar os limites de tolerância estabelecidos segundo critérios quantitativos ou estar caracterizada de acordo com os critérios da avaliação qualitativa de que trata o § 2º do art. 68."*

A exposição permanente aos agentes de risco é especificada no caput do artigo 65 do Decreto 3048/99, indicando que o *"tempo de trabalho permanente aquele que é exercido de forma não ocasional nem intermitente, no qual a exposição do empregado, do trabalhador avulso ou do cooperado ao agente nocivo seja indissociável da produção do bem ou da prestação do serviço."*

Como anteriormente referido, o documento que comprova o exercício da atividade especial é o Perfil Profissiográfico Previdenciário (PPP), descrito no artigo 68, § 8º e 9º do Decreto 3048/99:

Art. 68. A relação dos agentes nocivos químicos, físicos, biológicos ou associação de agentes prejudiciais à saúde ou à integridade física, considerados para fins de concessão de aposentadoria especial, consta do Anexo IV.

§ 8º A empresa deverá elaborar e manter atualizado o perfil profissiográfico previdenciário, ou o documento eletrônico que venha a substituí-lo, no qual deverão ser contempladas as atividades desenvolvidas durante o período laboral, garantido ao trabalhador o acesso às informações nele contidas, sob pena de sujeição às sanções previstas na alínea "h" do inciso I do *caput* do art. 283.

§ 9º Para fins do disposto no § 8º, considera-se perfil profissiográfico previdenciário o documento que contenha o histórico laboral do trabalhador, elaborado de acordo com o modelo instituído pelo INSS.

O valor da renda mensal inicial do benefício seguirá a regra da aposentadoria programada, sendo de "sessenta por cento do salário de benefício definido na forma prevista no art. 32, com acréscimo de dois pontos percentuais para cada ano de contribuição que exceder o tempo de vinte anos de contribuição exceto no caso da aposentadoria a que se refere o inciso I do *caput* do art. 64 e das mulheres, cujo acréscimo será aplicado para cada ano de contribuição que exceder quinze anos de contribuição."

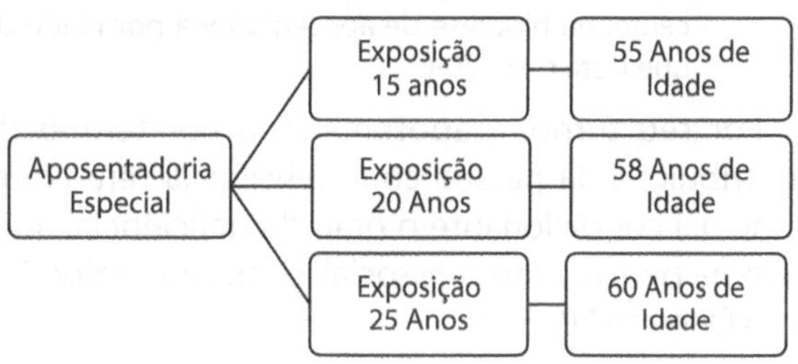

3.7. Aposentadoria da Pessoa com Deficiência

A aposentadoria da pessoa com deficiência pode ser de duas formas: por idade ou por tempo de contribuição.

A aposentadoria por idade da pessoa com deficiência está prevista no artigo 70-C do Decreto 3048/99:

Art. 70-C. A aposentadoria por idade da pessoa com deficiência, cumprida a carência, é devida ao segurado aos sessenta anos de idade, se homem, e cinquenta e cinco anos de idade, se mulher.

Em relação a carência, na aposentadoria por idade da pessoa com deficiência a legislação exige que **a carência seja cumprida na condição de pessoa com deficiência**, conforme se verifica no § 1º do artigo 70-C do Decreto 3048/99:

Art. 70-C. (...)

> § 1º Para efeitos de concessão da aposentadoria de que trata o *caput*, o segurado deve contar com no mínimo quinze anos de tempo de contribuição, cumpridos na condição de pessoa com deficiência, independentemente do grau, observado o disposto no art. 70-D.

A condição de pessoa com deficiência será avaliada por meio de **avaliação biopsicossocial**, a qual, nos termos do caput do artigo 70-A do Decreto 3048/99 será *"realizada por equipe multiprofissional e interdisciplinar"*, que indicará *"grau de deficiência leve, moderada ou grave"*.

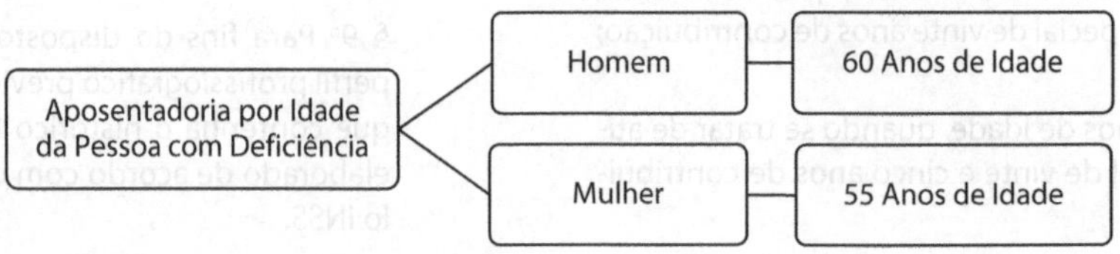

A renda mensal inicial da aposentadoria por idade da pessoa com deficiência está prevista no artigo 70-J, inciso II do Decreto 3048/99:

> **Art. 70-J.** A renda mensal da aposentadoria devida ao segurado com deficiência será calculada a partir da aplicação dos seguintes percentuais sobre o salário de benefício definido na forma prevista no art. 32:
>
> (...)
>
> II - setenta por cento, acrescido de um ponto percentual do salário de benefício por grupo de doze contribuições mensais até o máximo de trinta por cento, na hipótese de aposentadoria por idade de que trata o art. 70-C.

Por seu turno, a aposentadoria por tempo de contribuição da pessoa com deficiência terá como principal condicionante o grau da deficiência, apurado na perícia biopsicossocial, conforme artigo 70-B do Decreto 3048/99:

> **Art. 70-B.** A aposentadoria por tempo de contribuição do segurado com deficiência, cumprida a carência, é devida ao segurado empregado, inclusive o doméstico, trabalhador avulso, contribuinte individual e facultativo, observado o disposto no art. 199-A e os seguintes requisitos:
>
> I - aos vinte e cinco anos de tempo de contribuição na condição de pessoa com deficiência, se homem, e vinte anos, se mulher, no caso de segurado com deficiência grave;
>
> II - aos vinte e nove anos de tempo de contribuição na condição de pessoa com deficiência, se homem, e vinte e quatro anos, se mulher, no caso de segurado com deficiência moderada; e
>
> III - aos trinta e três anos de tempo de contribuição na condição de pessoa com deficiência, se homem, e vinte e oito anos, se mulher, no caso de segurado com deficiência leve.

Em relação a carência, na aposentadoria por tempo de contribuição da pessoa com deficiência a legislação também exige que **a carência seja cumprida na condição de pessoa com deficiência**, conforme se verifica no § 1º do artigo 70-C do Decreto 3048/99:

> **Art. 70-C.** (...)
>
> § 1º Para efeitos de concessão da aposentadoria de que trata o *caput*, o segurado deve contar com no mínimo quinze anos de tempo de contribuição, cumpridos na condição de pessoa com deficiência, independentemente do grau, observado o disposto no art. 70-D.

A renda mensal inicial da aposentadoria por tempo de contribuição da pessoa com deficiência está prevista no artigo 70-J, inciso I do Decreto 3048/99:

> **Art. 70-J.** A renda mensal da aposentadoria devida ao segurado com deficiência será calculada a partir da aplicação dos seguintes percentuais sobre o salário de benefício definido na forma prevista no art. 32:
>
> I - cem por cento, na hipótese de aposentadoria por tempo de contribuição de que trata o art. 70-B.

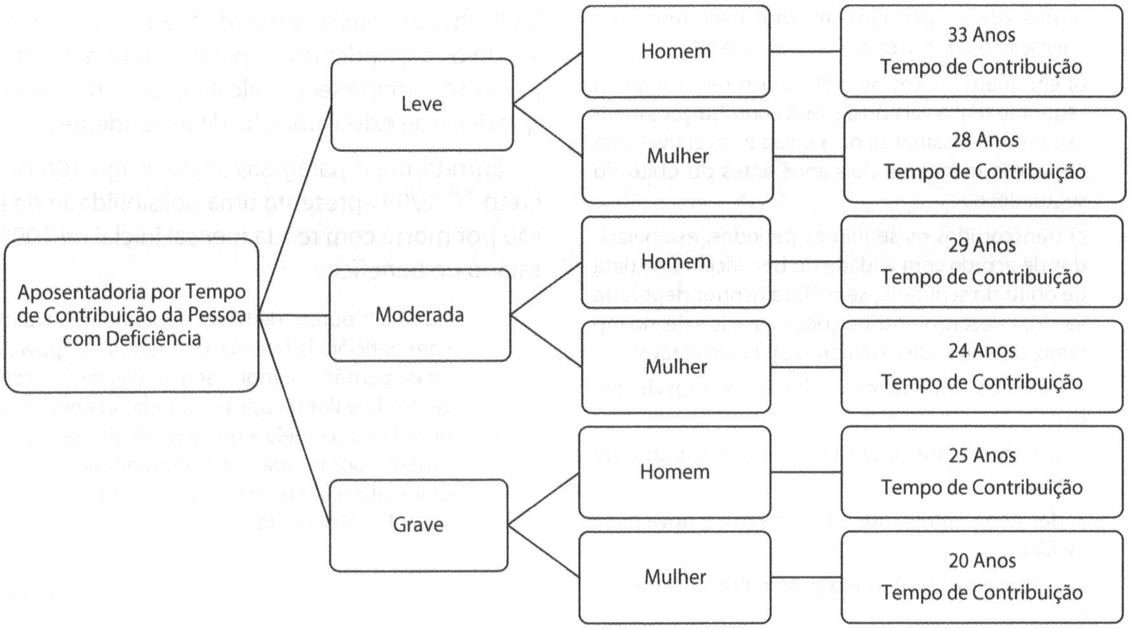

3.8. Pensão por Morte

A pensão por morte, com previsão entre os artigos 74 e 78 da Lei 8.213/91, e, artigos 105 à 115 do Decreto 3048/99 é um benefício pago aos dependentes do segurado, aposentado ou não, em caso de óbito ou de morte presumida. Nos termos do artigo 30, inciso I, do Decreto 3048/99, a pensão por morte independe de carência:

> **Art. 30.** Independe de carência a concessão das seguintes prestações:
>
> I - pensão por morte, salário-família e auxílio-acidente de qualquer natureza, observado, quanto à pensão por morte, o disposto no inciso V do **caput** e nos § 3º e § 4º do art. 114;

O benefício será dividido em partes iguais entre todos os dependentes da mesma classe, conforme determinação do artigo 113 do Decreto 3048/99, no sentido de que *"A pensão por morte, havendo mais de um pensionista, será rateada entre todos, em partes iguais."*

Em alguns casos, os dependentes podem perder o direito a pensão por morte, a saber:

> **Art. 105.** (...)
>
> § 4º Perde o direito à pensão por morte o condenado criminalmente por sentença transitada em julgado, como autor, coautor ou partícipe de homicídio doloso, ou de tentativa desse crime, cometido contra a pessoa do segurado, ressalvados os absolutamente incapazes e os inimputáveis.
>
> § 5º Perde o direito à pensão por morte o cônjuge ou o companheiro ou a companheira se comprovada, a qualquer tempo, simulação ou fraude no casamento ou na união estável, ou a formalização desses com o fim exclusivo de constituir benefício previdenciário, apurada em processo judicial, assegurados os direitos ao contraditório e à ampla defesa.

Uma inovação trazida pela Emenda Constitucional 103/19 foi a de que, cessada a cota de um dependente, ela não é repassada aos demais, como acontecia anteriormente. Por exemplo, são 3 dependentes e o benefício é de R$ 3.000,00 (três mil reais). Neste caso, cada dependente terá uma cota de R$ 1.000,00 (mil reais). Quando um dos dependentes completar 21 anos, perderá a condição de dependente, e, com a perda da condição de dependente, a cota que tinha direito não é repassada aos demais. Assim, ao invés dos outros dois dependentes passarem a receber R$ 1.500,00 (mil e quinhentos reais cada), continuarão recebendo a cota de R$ 1.000,00 (mil reais) cada. Isto é o que se extrai da primeira parte do § 3º do artigo 113 do Decreto 3048/99: *"As cotas por dependente cessarão com a perda dessa qualidade e não serão reversíveis aos demais dependentes".*

Merece destaque o fato de que para o cônjuge, companheiro(a), a pensão por morte será vitalícia somente se o viúvo(a) tiver quarenta e quatro anos ou mais. Até completar esta idade, a pensão por morte durará por um tempo proporcional a data do viúvo(a) na data do óbito. Neste sentido:

> **Art. 114.** O pagamento da cota individual da pensão por morte cessa:
>
> (...)
>
> V - para o cônjuge ou o companheiro ou a companheira:
>
> a) se inválido ou com deficiência, pela cessação da invalidez ou pelo afastamento da deficiência,

respeitados os períodos mínimos decorrentes da aplicação do disposto nas alíneas "b" e "c";

b) em quatro meses, se o óbito ocorrer sem que o segurado tenha vertido dezoito contribuições mensais ou se o casamento ou a união estável tiver sido iniciado a menos de dois anos antes do óbito do segurado; ou

c) transcorridos os seguintes períodos, estabelecidos de acordo com a idade do beneficiário na data de óbito do segurado, se o óbito ocorrer depois de vertidas dezoito contribuições mensais e de, no mínimo, dois anos de casamento ou união estável:

1. três anos, com menos de vinte e um anos de idade;

2. seis anos, entre vinte e um e vinte e seis anos de idade;

3. dez anos, entre vinte e sete e vinte e nove anos de idade;

4. quinze anos, entre trinta e quarenta anos de idade;

5. vinte anos, entre quarenta e um e quarenta e três anos de idade; ou

6. vitalícia, com quarenta e quatro ou mais anos de idade;

Atenção: conforme Portaria ME nº 424/2020, a pensão por morte somente será vitalícia a partir dos 45 anos de idade. Esta observação precisa ser feita pois caso o assunto seja abordado na prova será objeto invariavelmente de recurso em razão da dicotomia existente entre a legislação previdenciária e a Portaria Governamental, o que torna o assunto mais improvável de aparecer na prova. De todo modo, é uma observação que precisa ser feita.

Quanto à renda mensal inicial, a regra geral é de que será paga uma cota familiar de 50% do salário de benefício, que será acrescida de 10% para cada dependente, limitado a 100% do salário de benefício. Neste sentido:

> **Art. 106.** A pensão por morte consiste em renda mensal equivalente a uma cota familiar de cinquenta por cento do valor da aposentadoria recebida pelo segurado ou daquela a que teria direito se fosse aposentado por incapacidade permanente na data do óbito, acrescida de cotas de dez pontos percentuais por dependente, até o máximo de cem por cento.

Por exemplo: uma família com pai, mãe e dois filhos, de 6 e 8 anos. Com o falecimento do pai, restam a mãe e os dois filhos. Neste caso, a pensão por morte será composta pela cota familiar de 50% do salário de benefício, acrescida de 3 cotas de 10%, uma para cada dependente, totalizando 80% do salário de benefício.

Se a esposa tiver 44 anos ou mais, a pensão para ela será vitalícia, do contrário, durará conforme disposto no artigo 114, inciso V, do Decreto 3048/99. Para os filhos, salvo condição de inválido, de deficiência intelectual, mental ou grave, durará até os 21 anos. Deixando os dependentes de possuírem esta condição, a pensão por morte será recalculada, até o momento em que deixe de existir, por falta de dependentes.

Entretanto, o parágrafo 2º do artigo 106 do Decreto 3048/99 apresenta uma possibilidade de pensão por morte com renda mensal inicial de 100% do salário de benefício:

> § 2º Na hipótese de haver dependente inválido ou com deficiência intelectual, mental ou grave, o valor da pensão por morte será equivalente a cem por cento do valor da aposentadoria recebida pelo segurado ou daquela a que teria direito se fosse aposentado por incapacidade permanente na data do óbito, até o limite máximo do salário de benefício do RGPS, observado o disposto no § 1º do art. 113.

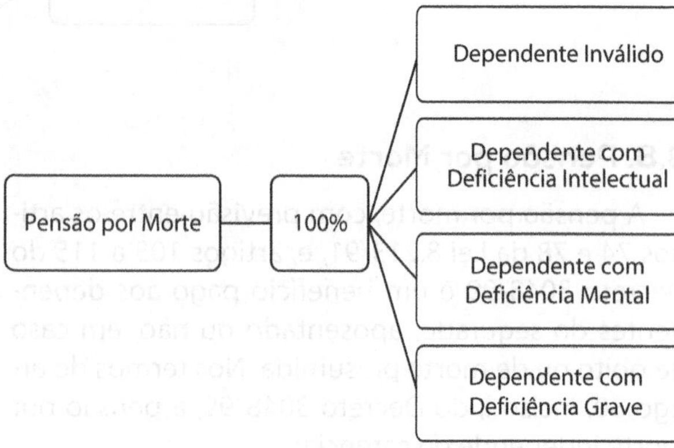

3.9. Auxílio-Reclusão

O auxílio-reclusão é outro benefício pago aos dependentes do segurado, que precisará se enquadrar no conceito de baixa renda, e, que esteja recolhido à prisão em regime fechado. Ao contrário da pensão por morte, o auxílio-reclusão depende de um número mínimo de contribuições do segurado para que os dependentes possam ter direito. Neste sentido:

> **Art. 29.** A concessão das prestações pecuniárias do Regime Geral de Previdência Social, ressalvado o disposto no art. 30, depende dos seguintes períodos de carência:
>
> IV - vinte e quatro contribuições mensais, no caso de auxílio-reclusão.

Logo, para que os dependentes do segurado tenham direito ao auxílio reclusão, é necessário que ele tenha cumprido a carência de 24 contribuições mensais. Para além da carência, os demais requisitos são dispostos no artigo 80 da Lei 8.213/91, e no artigo 116 do Decreto 3048/99:

> **Art. 116.** O auxílio-reclusão, cumprida a carência prevista no inciso IV do **caput** do art. 29, será devido, nas condições da pensão por morte, aos dependentes do segurado de baixa renda recolhido à prisão em regime fechado que não receber

remuneração da empresa nem estiver em gozo de auxílio por incapacidade temporária, de pensão por morte, de salário-maternidade, de aposentadoria ou de abono de permanência em serviço.

Quanto ao enquadramento como segurado de baixa renda, o limite máximo do salário de contribuição é fixado pela mesma portaria que é editada todos os inícios de ano pelo Ministério do Trabalho e Previdência que estabelece os valores mínimo e máximo de contribuição do Regime Geral de Previdência Social.

Para o ano de 2025, por exemplo, a renda precisa ser igual ou inferior a R$ 1.906,04 (um mil novecentos e seis reais e quatro centavos). Entretanto, **para a prova basta que você saiba que o auxílio reclusão é pago aos dependentes do segurado de baixa renda**.

Outro requisito é que o segurado esteja **recolhido à prisão em regime fechado**, de modo que o § 2º do artigo 116 determina que *"O requerimento do auxílio-reclusão será instruído com certidão judicial que ateste o recolhimento efetivo à prisão e será obrigatória a apresentação de prova de permanência na condição de presidiário para a manutenção do benefício."* No mesmo sentido, o § 1º do artigo 117 estabelece que *"Até que o acesso à base de dados a que se refere o § 2º-B do art. 116 seja disponibilizado pelo Conselho Nacional de Justiça, o beneficiário apresentará trimestralmente atestado de que o segurado continua em regime fechado, que deverá ser firmado pela autoridade competente".*

Em caso de fuga, o auxílio-reclusão será suspenso, conforme previsão do § 2º do artigo 117 do Decreto 3048/99: *"No caso de fuga, o benefício será suspenso e, se houver recaptura do segurado, será restabelecido a contar da data em que esta ocorrer, desde que esteja ainda mantida a qualidade de segurado."*

A renda mensal inicial será calculada da mesma forma que a pensão por morte, seja na possibilidade de pagamento da cota familiar de 50% do salário de benefício, acrescido de cotas de 10% por cento por dependente, ou ainda, de 100% do salário de benefício em caso de dependente na condição de dependente inválido, com deficiência intelectual, mental ou grave. **Entretanto, o auxílio reclusão não poderá exceder o valor de um salário-mínimo mensal.** Neste sentido:

> **Art. 117.** O valor do auxílio-reclusão será apurado na forma estabelecida para o cálculo da pensão por morte, não poderá exceder o valor de um salário-mínimo e será mantido enquanto o segurado permanecer em regime fechado.

Com o cumprimento da pena ou com a mudança de regime, o benefício é cessado. No caso de óbito do segurado, o auxílio-reclusão será convertido em pensão por morte aos dependentes do segurado.

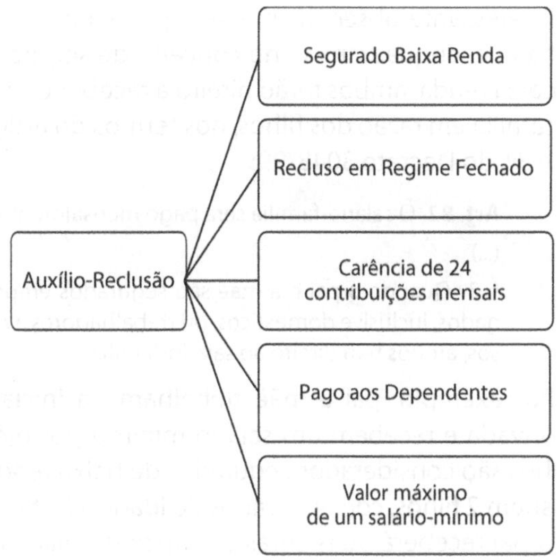

3.10. Salário-Família

O salário-família previsto entre os artigos 65 e 70 da Lei 8.213/91, e, artigos 81 e 92 do Decreto 3048/99 é outro benefício pago aos segurados que se enquadrarem no conceito de baixa renda. Entretanto, não é devido a todos os segurados, conforme dispõe o artigo 81 do Decreto 3048/99. É devido ao segurado empregado, empregado doméstico e ao trabalhador avulso. São excluídos o segurado especial, o contribuinte individual e o segurado facultativo. Neste sentido:

> **Art. 81.** O salário-família é devido, mensalmente, ao segurado empregado, inclusive o doméstico, e ao trabalhador avulso com salário de contribuição inferior ou igual a R$ 1.425,56 (mil quatrocentos e vinte e cinco reais e cinquenta e seis centavos), na proporção do respectivo número de filhos ou de enteados e de menores tutelados, desde que comprovada a dependência econômica dos dois últimos nos termos do disposto no art. 16, observado o disposto no art. 83.

Como referido no parágrafo anterior, o salário-família é devido ao segurado considerado como baixa renda, com valor atualizado anualmente. O valor indicado no caput do artigo se refere ao limite máximo do salário de contribuição para o ano de 2020. Assim, como para o auxílio-reclusão, a informação que você precisa levar para a prova, é que o salário família é pago ao segurado considerado de baixa renda, que, no ano de 2025, foi fixado em R$ 1.906,04 (um mil novecentos e seis reais e quatro centavos).

O salário-família diferentemente dos outros benefícios previdenciários não possui uma forma de cálculo de renda mensal inicial. O valor do salário família é fixo, pago conforme o número de filhos ou de enteados e menores tutelados. No caso dos dois últimos, é necessário comprovar a dependência econômica em relação ao segurado de baixa renda.

Interessante observar que, se o pai e a mãe trabalham, e, enquadram-se no conceito de segurado de baixa renda, ambos terão direito a receber o salário-família em razão dos filhos, nos termos do artigo 82, § 3º, do Decreto 3048/99:

> **Art. 82.** O salário-família será pago mensalmente:
>
> (...)
>
> § 3º Quando o pai e a mãe são segurados empregados, inclusive domésticos, ou trabalhadores avulsos, ambos têm direito ao salário-família.

Por exemplo: pai e mãe trabalham na iniciativa privada e recebem um salário-mínimo por mês. Ambos são considerados segurados de baixa renda. Possuem 2 filhos, com 4 e 2 anos de idade. Neste caso, o pai receberá duas cotas de salário-família, um para cada filho, e a mãe, também receberá duas cotas de salário família, um para cada filho.

O valor da cota do salário-família é atualizado anualmente por meio de Portaria do Ministério de Trabalho e Previdência. Para o ano de 2025, o valor da cota foi fixado em R$ 65,00 (sessenta e cinco reais). Não é demais lembrar que para a prova você não precisa saber o valor exato, mas sim que **o salário família é pago por meio de cota fixa** por filho, enteado ou menor tutelado (nos dois últimos, quando comprovada a dependência econômica) até os 14 anos de idade, ou inválido, nos termos do artigo 83 do Decreto 3.048/99:

> **Art. 83.** O valor da cota do salário-família por filho ou por enteado e por menor tutelado, desde que comprovada a dependência econômica dos dois últimos, até quatorze anos de idade ou inválido, é de R$ 48,62 (quarenta e oito reais e sessenta e dois centavos).

▷ **Observação:** O valor da cota do salário-família indicado no artigo 83 refere-se ao ano de 2020.

Para ter direito ao benefício, o artigo 84 do Decreto 3048/99 condiciona a apresentação "da certidão de nascimento do filho ou da documentação relativa ao enteado e ao menor tutelado, desde que comprovada a dependência econômica dos dois últimos , e fica condicionado à apresentação anual de atestado de vacinação obrigatória dos referidos dependentes, de até seis anos de idade, e de comprovação semestral de frequência à escola dos referidos dependentes, a partir de quatro anos de idade, observado, para o empregado doméstico, o disposto no § 5º."

Para além da documentação exigida no artigo 84, o segurado firmará termo de responsabilidade "no qual se comprometerá a comunicar à empresa, ao empregador doméstico ou ao INSS, conforme o caso, qualquer fato ou circunstância que determine a perda do direito ao benefício e ficará sujeito, em caso de descumprimento, às sanções penais e trabalhistas.", conforme disposto no artigo 89 do Decreto 3048/99.

O benefício é cessado quando o filho, o enteado ou menor tutelado completam 14 anos de idade, quando há a cessação da condição de inválido, se maior de 14 anos de idade, ou, quando o segurado fica desempregado.

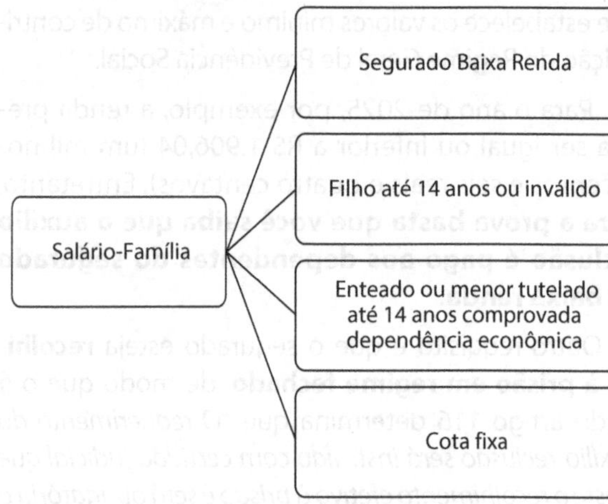

3.11. Salário-Maternidade

O salário-maternidade com previsão entre os artigos 71 e 73 da Lei 8.213/91, e, artigos 93 e 103 do Decreto 3048/99 é o benefício pago em razão do nascimento, adoção ou guarda judicial de criança com até 12 anos de idade, com duração, como regra geral, de 120 dias, conforme disposto no artigo 93 do Decreto 3048/99:

> **Art. 93.** O salário-maternidade é devido à segurada da previdência social, durante cento e vinte dias, com início vinte e oito dias antes e término noventa e um dias depois do parto, podendo ser prorrogado na forma prevista no § 3º.

Excepcionalmente, poderá ser prorrogado em até 28 dias, sendo 14 dias antes, e, 14 dias depois do parto, conforme atestado médico que será submetido a avaliação médico pericial a cargo do INSS, conforme previsão do § 3º do artigo 93 do Decreto 3048/99.

Para as seguradas empregada, empregada doméstica e trabalhadora avulsa, não há exigência do cumprimento de carência. Neste sentido:

> **Art. 30.** Independe de carência a concessão das seguintes prestações:
>
> (...)
>
> II - salário-maternidade, para as seguradas empregada, empregada doméstica e trabalhadora avulsa;

Entretanto, para as seguradas especial, contribuinte individual e facultativa a legislação prevê a exigência de **10 contribuições mensais** para acesso ao benefício.

Em decisão em sede de controle concentrado de constitucionalidade julgada no mês de março/2024 e publica no mês de abril/2024, o STF na ADI 2110 entendeu pela ***"inconstitucionalidade da exigência de carência para a fruição de salário-maternidade"*** para as seguradas especial, contribuinte individual e facultativa.

Para as indígenas, atendidos os requisitos de segurada especial do RGPS e observado o período de carência, será devido o salário maternidade nos termos da Súmula 657 do STJ, a saber:

> "Atendidos os requisitos de segurada especial no RGPS e do período de carência, a indígena menor de 16 anos faz jus ao salário-maternidade".

Em casos de aborto não criminoso, a legislação prevê salário-maternidade por duas semanas. Neste sentido:

> **Art. 93.** O salário-maternidade é devido à segurada da previdência social, durante cento e vinte dias, com início vinte e oito dias antes e término noventa e um dias depois do parto, podendo ser prorrogado na forma prevista no § 3º.
>
> (...)
>
> § 5º Em caso de aborto não criminoso, comprovado mediante atestado médico, a segurada terá direito ao salário-maternidade correspondente a duas semanas.

A renda mensal inicial terá uma forma de cálculo conforme a qualidade de segurado. Em relação a **segurada empregada, o salário maternidade pode ser superior ao teto do valor dos benefícios previdenciários**, quando sua remuneração mensal for superior ao teto do INSS. Neste sentido:

> **Art. 94.** O salário-maternidade para a segurada empregada consiste numa renda mensal igual à sua remuneração integral e será pago pela empresa, efetivando-se a compensação, observado o disposto no art. 248 da Constituição, quando do recolhimento das contribuições incidentes sobre a folha de salários e demais rendimentos pagos ou creditados, a qualquer título, à pessoa física que lhe preste serviço, devendo aplicar-se à renda mensal do benefício o disposto no art. 198.

A trabalhadora avulsa tem o benefício calculado conforme previsto no artigo 100 do Decreto 3048/99:

> **Art. 100.** O salário-maternidade da segurada trabalhadora avulsa, pago diretamente pela previdência social, consiste em renda mensal igual à sua remuneração integral, observado o disposto no art. 19-E, hipótese em que se aplica à renda mensal do benefício o disposto no art. 198.

Por seu turno, os valores do salário-maternidade das empregadas doméstica, contribuinte individual, segurada facultativa e segurada especial estão previstos no artigo 101 do Decreto 3048/99:

> **Art. 101.** O salário-maternidade, observado o disposto nos art. 35, art. 198, art. 199, art. 199-A ou art. 200, pago diretamente pela previdência social, consistirá:
>
> I - no valor correspondente ao do último salário de contribuição, para a segurada empregada doméstica, observado o disposto no art. 19-E;
>
> II - em um salário-mínimo, para a segurada especial;
>
> III - em um doze avos da soma dos doze últimos salários de contribuição, observado o disposto no art. 19-E, apurados em período não superior a quinze meses, para as seguradas contribuinte individual e facultativa e para a desempregada que mantenha a qualidade de segurada na forma prevista no art. 13.

Perceba que o inciso III tem consigo a previsão do salário-maternidade para a segurada desempregada que mantenha a qualidade de segurada, isto é, no período de graça, já estudado neste material. Nesse sentido veja-se tese firmada pela TNU no Tema 113: *"O salário-maternidade é devido mesmo nos casos de desemprego da gestante, hipótese em que deverá ser pago diretamente pela Previdência Social."*

Outra observação importante em relação ao salário-maternidade é que ele não pode ser recebido concomitantemente com o benefício por incapacidade. Neste sentido, o § único do artigo 102 do Decreto 3048/99 determina que "Quando ocorrer incapacidade em concomitância com o período de pagamento do salário-maternidade, o benefício por incapacidade, conforme o caso, deverá ser suspenso enquanto perdurar o referido pagamento, ou terá sua data de início adiada para o primeiro dia seguinte ao término do período de cento e vinte dias."

Um caso como este pode aparecer em uma questão da prova, afinal, é bem comum que em casos de gravidez de risco permaneça afastada do trabalho até a data do parto, recebendo benefício por incapacidade, que será convertido em salário-maternidade posteriormente, afinal, são inacumuláveis.

3.12. Reabilitação Profissional

A reabilitação profissional, prevista entre os artigos 89 e 93 da Lei 8.213/91 e, entre os artigos 136 e 141 do Decreto 3048/99, tem como função, nos termos do artigo 136 do Decreto 3048/99 "proporcionar aos beneficiários, incapacitados parcial ou totalmente para o trabalho, em caráter obrigatório, independentemente de carência, e às pessoas portadoras de deficiência, os meios indicados para proporcionar o reingresso no mercado de trabalho e no contexto em que vivem."

É destinada, **de forma obrigatória,** ao trabalhador que se encontra incapacitado para a atividade habitual, de modo que, ao invés de passar a receber benefício por incapacidade permanente, possa, a depender do caso, aprender um novo ofício, retornando ao mercado de trabalho, e assim, tornando-se novamente segurado obrigatório do Regime Geral de Previdência Social.

Para isto, a legislação prevê funções básicas no processo de reabilitação profissional, expressas no artigo 137 do Decreto 3048/99:

> **Art. 137.** O processo de habilitação e de reabilitação profissional do beneficiário será desenvolvido por meio das funções básicas de:
>
> I - avaliação do potencial laborativo;
>
> II - orientação e acompanhamento da programação profissional;
>
> III - articulação com a comunidade, inclusive mediante a celebração de convênio para reabilitação física restrita a segurados que cumpriram os pressupostos de elegibilidade ao programa de reabilitação profissional, com vistas ao reingresso no mercado de trabalho; e
>
> IV - acompanhamento e pesquisa da fixação no mercado de trabalho.

Importante mencionar que a reabilitação profissional, embora seja obrigatória "Não constitui obrigação da previdência social a manutenção do segurado no mesmo emprego ou a sua colocação em outro para o qual foi reabilitado".

Por fim, **o artigo 141 do Decreto 3048/99 faz a previsão de que empresas com mais de cem funcionários deve preencher um percentual de seus cargos com beneficiários reabilitados ou na condição de pessoas com deficiência.** Neste sentido:

> **Art. 141.** A empresa com cem ou mais empregados está obrigada a preencher de dois por cento a cinco por cento de seus cargos com beneficiários reabilitados ou pessoas portadoras de deficiência, habilitadas, na seguinte proporção:
>
> I - até duzentos empregados, dois por cento;
>
> II - de duzentos e um a quinhentos empregados, três por cento;
>
> III - de quinhentos e um a mil empregados, quatro por cento; ou
>
> IV - mais de mil empregados, cinco por cento.

Feitas estas observações, encerra-se o tópico dos benefícios previdenciários, sendo estudado, a seguir, o benefício de prestação continuada a da assistência social.

4. ASSISTÊNCIA SOCIAL

A assistência social, conforme disposto no artigo 203 da CF/1988 será prestada a quem dela necessitar, conquanto se enquadre na condição de pessoa com 65 anos ou mais, ou, pessoa com deficiência, sendo que, em ambos os casos, o postulante ao benefício deverá comprovar não possuir meios de prover à própria manutenção ou de tê-la provida por sua família.

Em âmbito infraconstitucional, o benefício de prestação continuada é regulamentado pela Lei 8742/93, mais especificadamente no artigo 20, a saber:

> **Art. 20.** O benefício de prestação continuada é a garantia de um salário-mínimo mensal à pessoa com deficiência e ao idoso com 65 (sessenta e cinco) anos ou mais que comprovem não possuir meios de prover a própria manutenção nem de tê-la provida por sua família.

O conceito de pessoa com deficiência se extrai da leitura do artigo § 2º do artigo 20 da Lei 8742/93:

> § 2º Para efeito de concessão do benefício de prestação continuada, considera-se pessoa com deficiência aquela que tem impedimento de longo prazo de natureza física, mental, intelectual ou sensorial, o qual, em interação com uma ou mais barreiras, pode obstruir sua participação plena e efetiva na sociedade em igualdade de condições com as demais pessoas.

O impedimento de longo prazo é fixado pelo § 10º do artigo 20 da Lei 8742/93:

> § 10. Considera-se impedimento de longo prazo, para os fins do § 2º deste artigo, aquele que produza efeitos pelo prazo mínimo de 2 (dois) anos.

A fixação deste lapso temporal mínimo permite afirmar que uma doença ou incapacidade pode ser considerada deficiência, desde que produza efeito pelo prazo mínimo de 2 (dois) anos. De todo modo, quando não produzir efeito pelo prazo mínimo de 2 (dois) anos, não se terá o reconhecimento da condição da pessoa com deficiência.

> ▷ **Observação:** Caso o conceito de pessoa com deficiência seja cobrado na prova, o enunciado obrigatoriamente deverá trazer subsídios para isto. Não há como criar uma regra geral e abstrata. A condição de pessoa com deficiência será aferida no caso concreto.

O conceito de família também é apresentado na Lei 8742/93:

> **Art. 20.** (...)
>
> § 1º Para os efeitos do disposto no **caput**, a família é composta pelo requerente, o cônjuge ou companheiro, os pais e, na ausência de um deles, a madrasta ou o padrasto, os irmãos solteiros, os filhos e enteados solteiros e os menores tutelados, desde que vivam sob o mesmo teto.

A legislação ainda exige que a família esteja cadastrada no CADÚNICO (Cadastro Único para Programas do Governo Federal):

> **Art. 20.** (...)
>
> § 12. São requisitos para a concessão, a manutenção e a revisão do benefício as inscrições no Cadastro de Pessoas Físicas (CPF) e no Cadastro Único para Programas Sociais do Governo Federal - Cadastro Único, conforme previsto em regulamento.

Além do cadastro no CADÚNICO, o requerente ou seu responsável legal deverá ter registro biométrico nos cadastros da Carteira de Identidade Nacional (CIN), do título eleitoral ou da Carteira Nacional de

Habilitação, conforme dispõe o § 12-A do artigo 20, incluído pela Lei 14.973/24, a saber:

> Art. 20. (...)
>
> § 12-A. Ao requerente do benefício de prestação continuada, ou ao responsável legal, será solicitado registro biométrico nos cadastros da Carteira de Identidade Nacional (CIN), do título eleitoral ou da Carteira Nacional de Habilitação (CNH), nos termos de ato conjunto dos órgãos competentes.

Observação: caso o registro biométrico não possa ser realizado pelo requerente, será obrigatório que o responsável legal possua, nos termos do § 12-B do artigo 20, incluído pela Lei 15.077/24.

Em relação ao requisito econômico, o idoso ou pessoa com deficiência deve provar a impossibilidade de sustento próprio ou provido pela família. A aferição ocorre mediante comprovação da renda per capita familiar não pode ser superior à ¼ do salário-mínimo, conforme disposto no § 3º do artigo 20. Neste sentido:

> **Art. 20.** (...)
>
> § 3º Observados os demais critérios de elegibilidade definidos nesta Lei, terão direito ao benefício financeiro de que trata o caput deste artigo a pessoa com deficiência ou a pessoa idosa com renda familiar mensal per capita igual ou inferior a 1/4 (um quarto) do salário-mínimo.

Na prática, isto é aferido caso a caso. Por exemplo: em 2025 o salário-mínimo é de R$ 1.518,00 (mil quinhentos e dezoito reais). ¼ do salário-mínimo representa R$ 379,50 (trezentos e setenta e nove reais e cinquenta centavos). Logo, para calcular a renda per capita familiar é feito o somatório das rendas dos integrantes do grupo familiar, que será dividida pelo número de integrantes. O resultado precisa ser inferior a R$ 379,50, em 2025, para que o seja preenchido o requisito de renda per capita inferior a ¼ do salário-mínimo.

Outra observação importante a ser feita é que se alguém do grupo familiar receber benefício de prestação continuada ou benefício previdenciário com valor de um salário-mínimo, o valor deste benefício não entrará no computo da renda familiar caso exista mais uma pessoa com 65 anos ou uma pessoa com deficiência naquele grupo familiar postulando o benefício de prestação continuada. Neste sentido:

> **Art. 20.** (...)
>
> § 14. O benefício de prestação continuada ou o benefício previdenciário no valor de até 1 (um) salário-mínimo concedido a idoso acima de 65 (sessenta e cinco) anos de idade ou pessoa com deficiência não será computado, para fins de concessão do benefício de prestação continuada a outro idoso ou pessoa com deficiência da mesma família, no cálculo da renda a que se refere o § 3º deste artigo.

O benefício será mantido até o óbito do beneficiário, ou, enquanto permanecerem as condições que lhe deram origem, sendo, nos termos do artigo 21 da Lei 8742/93 "revisto a cada 2 (dois) anos para avaliação da continuidade das condições que lhe deram origem.".

Nos termos do artigo 21-B da Lei 8742/93, caso não ocorra a atualização do CADÚNICO há mais de 2 (dois) anos, ocorrerá a suspensão do benefício até que ocorra sua atualização.

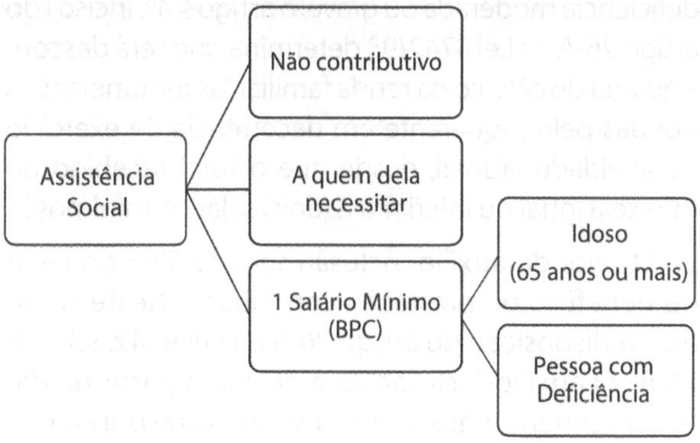

Além do benefício de prestação continuada, a Lei 8742/93 prevê a possibilidade do benefício denominado **auxílio-inclusão**, que é destinado à pessoa com deficiência moderada ou grave que receba benefício de prestação continuada e passe a exercer atividade remunerada, com limites previstos no artigo 26-A da Lei 8742/93, a saber:

> **Art. 26-A.** Terá direito à concessão do auxílio-inclusão de que trata o art. 94 da Lei nº 13.146, de 6 de julho de 2015 (Estatuto da Pessoa com Deficiência), a pessoa com deficiência moderada ou grave que, cumulativamente:
>
> I – receba o benefício de prestação continuada, de que trata o art. 20 desta Lei, e passe a exercer atividade:
>
> a) que tenha remuneração limitada a 2 (dois) salários-mínimos; e
>
> b) que enquadre o beneficiário como segurado obrigatório do Regime Geral de Previdência Social ou como filiado a regime próprio de previdência social da União, dos Estados, do Distrito Federal ou dos Municípios;
>
> II – tenha inscrição atualizada no CadÚnico no momento do requerimento do auxílio-inclusão;
>
> III – tenha inscrição regular no CPF; e
>
> IV – atenda aos critérios de manutenção do benefício de prestação continuada, incluídos os critérios relativos à renda familiar mensal per capita exigida para o acesso ao benefício, observado o disposto no § 4º deste artigo.

Tem-se então alguns requisitos a serem preenchidos para acesso ao benefício. Além da deficiência moderada ou grave, precisa estar recebendo o benefício de prestação continuada, passar a exercer atividade remunerada, limitada a 2 (dois) salários-mínimos mensais, ser segurado obrigatório do Regime Geral de Previdência Social ou Regime Próprio de Previdência Social, ter cadastro atualizado no CADÚNICO (Cadastro Único para Programas do Governo Federal), e, atender aos critérios de manutenção do benefício de prestação continuada, em especial, a renda per capita familiar de até ¼ do salário-mínimo.

De modo a não constituir um ônus à pessoa com deficiência moderada ou grave, o artigo § 4º, inciso I do artigo 26-A da Lei 8742/93 determina que será desconsiderada do cálculo da renda familiar "as remunerações obtidas pelo requerente em decorrência de exercício de atividade laboral, desde que o total recebido no mês seja igual ou inferior a 2 (dois) salários-mínimos".

O valor do auxílio-inclusão será de 50% do valor do benefício de prestação continuada. Neste sentido é a disposição do artigo 26-B da Lei 8742/93: Art. 26-B. O auxílio-inclusão será devido a partir da data do requerimento, e o seu valor corresponderá a 50% (cinquenta por cento) do valor do benefício de prestação continuada em vigor. Em outras palavras, o auxílio-inclusão é no valor de meio salário-mínimo mensal, sendo devido enquanto permanecerem preenchidos os critérios para o recebimento do benefício de prestação continuada, bem como os requisitos do próprio benefício.

5. PRESCRIÇÃO E DECADÊNCIA

Prescrição e decadência são temas que se aplicam aos mais variados ramos do direito. No direito previdenciário não seria diferente, razão pela qual o tema será visto, sob a ótica da disciplina, neste tópico específico.

A questão da decadência no direito previdenciário encontra-se regulamentada nos artigos 103 e 103-A da Lei 8.213/91, e, nos artigos 347 e 347-A do Decreto 3.048/99, os quais determinam:

> **Art. 347.** É de dez anos o prazo de decadência de todo e qualquer direito ou ação do segurado ou beneficiário para a revisão dos atos de concessão, indeferimento, cancelamento ou cessação de benefício e dos atos de deferimento, indeferimento ou não concessão de revisão de benefício, contado:
>
> I - do primeiro dia do mês subsequente ao do recebimento da primeira prestação ou da data em que a prestação deveria ter sido paga com o valor revisto; ou
>
> II - do dia em que o segurado tiver ciência da decisão de indeferimento, cancelamento ou cessação do seu pedido de benefício ou da decisão de deferimento ou indeferimento de revisão de benefício no âmbito administrativo.
>
> **Art. 347-A.** O direito da Previdência Social de anular os atos administrativos de que decorram efeitos favoráveis para os seus beneficiários decai em dez anos, contados da data em que foram praticados, salvo comprovada má-fé.

Isto significa que tanto o segurado quanto a Administração Pública têm o prazo de 10 (dez) anos para pedir a revisão de atos de concessão, deferimento, indeferimento, cancelamento ou cessação de benefício. Para a Administração Pública, havendo prova de má-fé do segurado, não se aplica o prazo decadencial de 10 (dez) anos.

Ao seu modo, a prescrição está regulamentada no § 1º do artigo 347 do Decreto 3048/99, indicando que os efeitos financeiros, salvo direito dos menores, incapazes e ausentes, limitam-se aos últimos cinco anos. Neste sentido:

> **Art. 347.** (...)
>
> § 1º Prescreve em cinco anos, a contar da data em que deveriam ter sido pagas, toda e qualquer ação para haver prestações vencidas ou quaisquer restituições ou diferenças devidas pela previdência social, salvo o direito dos menores, incapazes e ausentes, na forma do Código Civil.

Isto posto, é necessário lembrar que o prazo de decadência no direito previdenciário é de 10 (dez) anos, e, o prazo prescricional é de 5 (cinco) anos.

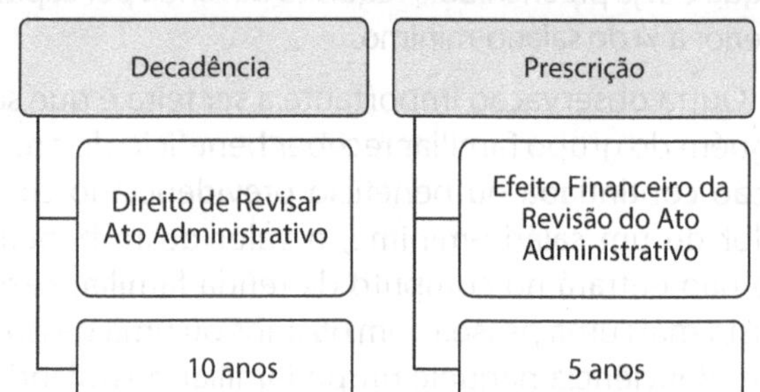

QUESTÕES DE DIREITO PREVIDENCIÁRIO - ASSUNTOS MAIS RECORRENTES

01. FGV - OAB - 39º Exame de Ordem Unificado - Primeira Fase – Q69

Marina, empregada doméstica, é casada com Pedro, trabalhador avulso. Ambos são pessoas de baixa renda. O casal possui 2 (dois) filhos, um com 7 (sete) anos e outro com 15 (quinze) anos, sendo este inválido. Marina contribui para a Previdência Social há 2 (dois) anos e Pedro iniciou a contribuição há 4 (quatro) meses.

Diante do caso narrado, assinale a afirmativa correta.

a) Pedro não possui a carência mínima para receber o benefício do salário-família.

b) Marina e Pedro não fazem jus ao salário-família por possuírem um filho maior de 14 (quatorze) anos.

c) Marina e Pedro têm direito ao benefício do salário-família, na proporção do respectivo número de filhos.

d) Pedro, na qualidade de trabalhador avulso, não possui direito ao benefício do salário-família.

02. FGV - OAB - 39º Exame de Ordem Unificado - Primeira Fase – Q70

Henrique e Amanda foram casados por 30 anos. Em 02/03/2022, Amanda, que era segurada obrigatória do Regime Geral de Previdência Social, veio a óbito. Henrique fez o requerimento de pensão por morte ao INSS no dia 02/05/2022.

Segundo a Lei nº 8213/91, assinale a afirmativa que indica a data a partir da qual Henrique terá direito ao benefício.

a) Do requerimento, já que foi requerido 60 dias após o óbito.

b) Do óbito, já que foi requerido em até 90 dias após o óbito.

c) Da decisão judicial, já que Henrique perdeu o prazo para requerer o benefício administrativamente.

d) Do óbito, independentemente da data em que foi feito o requerimento.

03. FGV - OAB - 40º Exame de Ordem Unificado - Primeira Fase - Q 69

Manoel é segurado de baixa renda, tendo sido recolhido à prisão, em regime fechado, no dia 01/01/2022. Antes da prisão, ele recolheu 12 contribuições mensais à Previdência Social e tem, como único dependente, o filho Maurício, de 19 anos. Diante destas considerações, sobre o auxílio-reclusão assinale a afirmativa correta.

a) Maurício não faz jus ao benefício do auxílio-reclusão, uma vez que seu pai, Manoel, não cumpriu a carência de 24 (vinte e quatro) meses.

b) Maurício, apesar de Manoel cumprir a carência exigida, não faz jus ao benefício do auxílio-reclusão por possuir mais de 18 (dezoito) anos.

c) Caso Manoel venha a exercer atividade, ainda que em regime fechado, haverá a perda do direito ao recebimento do auxílio-reclusão para seu dependente.

d) O requerimento de Manoel solicitando o auxílio-reclusão deve ser instruído com a certidão de nascimento do dependente, sem a necessidade de certidão sobre o seu recolhimento à prisão.

04. FGV - OAB - 38º Exame de Ordem Unificado - Primeira Fase – Q70

Manoel, empresário do segmento de alimentação, desempenha suas atividades como sócio administrador de sua sociedade empresária, a qual desenvolve suas atividades em mais de uma cidade, recebendo seu pro-labore regularmente. Além da condição de empresário, Manoel também é engajado em diversas ações voluntárias em prol de pessoas carentes. Diante dessa realidade, sobre os direitos previdenciários de Manoel assinale a afirmativa correta.

a) Devido à atividade beneficente de Manoel, ele poderá verter contribuições ao Regime Geral de Previdência Social na condição de facultativo, além de seus aportes como empresário.

b) Na condição de empresário administrador de sua sociedade empresária, Manoel é segurado obrigatório do Regime Geral de Previdência Social, como contribuinte individual.

c) Manoel, na condição de administrador de sua sociedade, não poderá aposentar-se por invalidez, tendo em vista a prestação ser restrita a segurados empregados, somente.

d) Manoel, caso encerre suas atividades profissionais, não poderá manter recolhimentos ao Regime Geral de Previdência Social, haja vista a perda da qualidade de segurado.

DIREITO PREVIDENCIÁRIO			
1 - C	2 - B	3 - A	4 - B

DIREITO PREVIDENCIÁRIO – QUESTÕES DA PROVA DO 43º EXAME DA OAB

01. FGV - OAB - 43º Exame de Ordem Unificado - Primeira Fase – Q69] Lucas, segurado obrigatório do Regime Geral de Previdência Social (RGPS), cometeu um crime e foi recolhido à prisão em regime fechado, em 1º/1/2023, tendo contribuído previamente por 24 meses.

Sobre a hipótese narrada, assinale a afirmativa correta.

a) O auxílio-reclusão é destinado ao segurado que foi preso, para que ele não fique desamparado.

b) Os dependentes de Lucas fazem jus ao auxílio-reclusão, mesmo que o segurado preso não seja de baixa renda.

c) A cônjuge de Lucas não poderá acumular o auxílio por incapacidade temporária que hoje recebe com o auxílio reclusão decorrente da prisão do marido, devendo optar pelo mais favorável.

d) O exercício de atividade remunerada do segurado recluso, em cumprimento de pena em regime fechado, não acarreta a perda do direito ao recebimento do auxílio-reclusão para seus dependentes.

02. FGV - OAB - 43º Exame de Ordem Unificado - Primeira Fase - Q70 Maria, empregada doméstica desde julho de 1990, no deslocamento para seu local de trabalho, sofreu um acidente em virtude de uma queda na saída do ônibus.

Maria não sabe se deve procurar o sistema previdenciário desde já e se tem direito a algum benefício. Por isso, procurou você, como advogado(a).

Assinale a opção que apresenta, corretamente, sua orientação.

a) O direito ao benefício não é reconhecido, pois os empregados domésticos não são cobertos pela Previdência Social brasileira.

b) Sobre o afastamento do trabalho, sendo superior a 15 dias consecutivos, haverá direito ao benefício previdenciário por incapacidade temporária.

c) O benefício previdenciário deve ser requerido de imediato pelo sítio eletrônico do Instituto Nacional do Seguro Social (INSS) ou por central telefônica.

d) Sobre o afastamento do trabalho, se a incapacidade for inferior a 30 dias de afastamento, não haverá qualquer direito subjetivo a benefício previdenciário.

GABARITO	
1 - D	2 - B

EDITORA JusPODIVM
www.editorajuspodivm.com.br

COLOR system

JUS4670